国家自然科学基金项目　国家社会科学基金项目（魏晋南北朝政区研究，编号10BZS018）
上海市社会科学重大项目　南京大学人文基金项目

周振鹤　主编

中国行政区划通史

三国两晋南朝卷（上册）

胡阿祥　孔祥军　徐　成　著

复旦大学出版社

三国两晋南朝卷 提要

本卷旨在通过对传世文献与文物考古资料的精细考证、系统分析，并充分吸取学界已有的研究成果，对三国两晋南朝之疆域变迁与政区制度进行全面讨论，对三国两晋南朝之政区建置，包括政区沿革、领属关系、治所变迁、境域盈缩以及置废并析诸般情形，作尽可能详尽的复原。

本卷所涉及的相关概念、学术回顾、文献资料、基本思路、核心理论、关键原则等问题，置于"绪言"中加以说明；"结语"则从宏观的视角，统合政区制度与政区建置二者，归纳现象、指陈规律、思考利弊得失，并就相关的政治地理问题，进行典型案例分析，以为"魏晋南北朝政治地理研究"开题。

本卷的主体撰述，分为十编。

第一编概述三国两晋南朝之疆域变迁与政区制度。疆域与政区为政治地理的一体两面，政区与区划又为地方行政的一体两面。本编先就三国、两晋、南朝各别政权的疆域变迁作出梳理与分析，再就这些政权的政区制度，分为一般制度如府州郡县乡里制度，特殊制度如尉部、遥领、虚封、侨置、双头以及宁蛮府、左郡左县、俚郡僚郡，加以说明与考证；所梳理与分析的疆域变迁，所说明与考证的政区制度，既为接续的九编张目，也以接续的九编之具体考述为基础。

第二编辑考三国两晋南朝都督区。都督区从临时设置到相对稳定，从单一的大军区设置到分层分级设置，逐步形成基于州、郡、县而又凌驾其上的另一套行政区划系列。本编即从实证的角度，全面展现了这一多头并进的历史进程。

第三编、第四编分别考述三国、西晋诸州郡县沿革，第五编至第九编分别考述东晋与南朝宋、齐、梁、陈之实州郡县沿革；又与各编之考述文字对应，分别选择断代年份，排出其时行政区划，并配以对应的政区地图，展现各政权相对稳定的政区状况。对于相应时段内其他独立的地方政权或政治势力，如汉末公孙氏、梁陈间之后梁与王琳的政区沿革考证，则附于相关政权之后。

第十编略依《晋书·地理志》所列州郡顺序，以考表的形式，通过原州郡县与侨州郡县的对照、州郡县侨置经过的叙述、附注与备考的说明，集中处理东晋南朝尤为复杂繁琐的侨州郡县，既力求呈现其沿革之全貌，亦与东晋、宋、齐、梁、陈实州郡县各编中的相关内容彼此呼应。

本卷之"附录"，除了梁、陈两朝难以绘制外，制作了三国、西晋州郡沿革表与东晋、南朝宋、南朝齐实州郡沿革表。由此沿革表，可以全面直观地从时间维度考察相关各朝政区变迁的诸多细节。

本卷可与《中国历史地图集》三国两晋南朝部分相互参照，也可供高等院校历史、地理专业师生及相关研究人员参考使用。

目 录

绪 言 ··· 1
 一、相关概念 ·· 1
 二、学术回顾 ·· 4
 三、文献资料 ·· 7
 四、基本思路与核心理论 ··· 12
 五、关键原则 ··· 15
 六、"理解的同情" ·· 19

第一编　三国两晋南朝疆域变迁与政区制度概述

第一章　三国两晋南朝之疆域变迁 ···································· 25
 第一节　三国疆域变迁 ·· 28
  一、曹魏疆域 ··· 28
  二、蜀汉疆域 ··· 33
  三、孙吴疆域 ··· 35
 第二节　西晋疆域变迁 ·· 38
 第三节　东晋南朝疆域变迁 ······································· 41
  一、东晋疆域 ··· 42
  二、刘宋疆域 ··· 44
  三、萧齐疆域 ··· 46
  四、萧梁疆域 ··· 46
  五、陈朝疆域（附后梁疆域）··································· 49
 第四节　三国两晋南朝疆域变迁的分析 ························· 51

第二章　三国两晋南朝之政区制度 ……………………………… 57

第一节　三国两晋南朝的府州郡县乡里制度 ……………………… 58
一、都督与都督府 …………………………………………………… 58
二、州与刺史 ………………………………………………………… 60
三、郡、国与太守、内史、相 ……………………………………… 61
四、县与令、长、相 ………………………………………………… 64
五、乡里与乡里吏 …………………………………………………… 66

第二节　三国比于郡县的尉部 ……………………………………… 68
一、诸部都尉、属国都尉、典农校尉：比郡的尉部 ……………… 69
二、典农都尉、屯田都尉：比县的尉部 …………………………… 72
三、西晋废尉部为郡县 ……………………………………………… 73

第三节　三国、东晋南朝的遥领与虚封 …………………………… 74
一、三国的遥领与虚封 ……………………………………………… 76
二、东晋南朝的遥领与虚封 ………………………………………… 79
三、遥领、虚封所见之正统观念及实践 …………………………… 82

第四节　东晋南朝的侨州郡县 ……………………………………… 83
一、侨州郡县的产生背景与成立原因 ……………………………… 85
二、侨州郡县的设立情形及其分析 ………………………………… 96
三、侨州郡县与侨籍的整理：土断 ………………………………… 119
四、侨州郡县的地理分布 …………………………………………… 137

第五节　东晋南朝的双头州郡 ……………………………………… 153
一、双头州郡的概念 ………………………………………………… 153
二、双头州郡的种类与名称 ………………………………………… 154
三、双头州郡的设置与判断 ………………………………………… 156
四、双头州郡的设置原因 …………………………………………… 162

第六节　南朝的宁蛮府、左郡左县、俚郡僚郡 …………………… 163
一、宁蛮府、左郡左县、俚郡僚郡一览 …………………………… 164
二、蛮、左、俚、僚试释 …………………………………………… 167
三、宁蛮府 …………………………………………………………… 172
四、左郡左县、俚郡僚郡 …………………………………………… 174

第二编　三国两晋南朝都督区

本编凡例 ……………………………………………………… 181

第一章　三国都督区 …………………………………………… 184

　　第一节　曹魏都督区 ………………………………………… 184
　　　　一、州以上都督区 ……………………………………… 185
　　　　二、郡以上都督区 ……………………………………… 189
　　　　三、郡以下都督区 ……………………………………… 191
　　第二节　蜀汉都督区 ………………………………………… 191
　　　　一、郡以上都督区 ……………………………………… 191
　　　　二、郡以下都督区 ……………………………………… 192
　　第三节　孙吴都督区 ………………………………………… 193
　　　　一、州以上都督区 ……………………………………… 194
　　　　二、郡以上都督区 ……………………………………… 195

第二章　西晋都督区 …………………………………………… 198

　　第一节　州以上都督区 ……………………………………… 198
　　第二节　郡以上都督区 ……………………………………… 208
　　第三节　郡以下都督区 ……………………………………… 209

第三章　东晋都督区 …………………………………………… 211

　　第一节　州以上都督区 ……………………………………… 211
　　第二节　郡以上都督区 ……………………………………… 226

第四章　南朝宋、齐都督区 …………………………………… 232

　　第一节　州以上都督区 ……………………………………… 232
　　第二节　郡以上都督区 ……………………………………… 256

第五章　南朝梁、陈都督区 ·· 259

第一节　州以上都督区 ·· 259

第二节　郡以上都督区 ·· 283

第三编　三国诸州郡县沿革

本编凡例 ·· 289

第一章　曹魏诸州郡县沿革 ·· 291

第一节　司隶部沿革 ·· 291

第二节　豫州沿革 ·· 309

第三节　冀州沿革 ·· 324

第四节　兖州沿革 ·· 340

第五节　徐州沿革 ·· 351

第六节　扬州沿革 ·· 359

第七节　青州沿革 ·· 363

第八节　荆州沿革 ·· 372

第九节　雍州沿革 ·· 393

第十节　凉州沿革 ·· 410

第十一节　并州沿革 ·· 418

第十二节　幽州沿革 ·· 426

第十三节　梁州沿革 ·· 435

第十四节　益州沿革 ·· 438

　　附　公孙氏所领诸郡沿革 ·· 441

第二章　蜀汉诸州郡县沿革 ·· 445

益州沿革 ·· 445

第三章　孙吴诸州郡县沿革 ·· 480

第一节　扬州沿革 ·· 480

第二节　荆州沿革 …………………………………… 519
　　第三节　交州沿革 …………………………………… 543
　　第四节　广州沿革 …………………………………… 557

第四章　三国诸州郡县各断代的地方行政区划 …………… 561

　　第一节　曹魏黄初二年、蜀汉章武元年、孙吴建安二十六年的行政
　　　　　　区划 ……………………………………………… 561
　　　　一、曹魏黄初二年(221)的州郡诸县 ………………… 561
　　　　二、蜀汉章武元年(221)的州郡诸县 ………………… 566
　　　　三、孙吴建安二十六年(221)的州郡诸县 …………… 567
　　第二节　曹魏景初三年、蜀汉延熙二年、孙吴赤乌二年的行政区划
　　　　　　…………………………………………………… 569
　　　　一、曹魏景初三年(239)的州郡诸县 ………………… 569
　　　　二、蜀汉延熙二年(239)的州郡诸县 ………………… 574
　　　　三、孙吴赤乌二年(239)的州郡诸县 ………………… 575
　　第三节　曹魏景元三年、蜀汉景耀五年、孙吴永安五年的行政区划
　　　　　　…………………………………………………… 577
　　　　一、曹魏景元三年(262)的州郡诸县 ………………… 577
　　　　二、蜀汉景耀五年(262)的州郡诸县 ………………… 582
　　　　三、孙吴永安五年(262)的州郡诸县 ………………… 583

第四编　西晋诸州郡县沿革

本编凡例 …………………………………………………………… 589

第一章　西晋诸州郡县沿革 ………………………………………… 592

　　第一节　司州沿革 …………………………………… 592
　　第二节　兖州沿革 …………………………………… 604
　　第三节　豫州沿革 …………………………………… 611
　　第四节　冀州沿革 …………………………………… 621
　　第五节　幽州沿革 …………………………………… 629

- 第六节 平州沿革 ………………………………………………… 635
- 第七节 并州沿革 ………………………………………………… 637
- 第八节 雍州沿革 ………………………………………………… 641
- 第九节 凉州沿革 ………………………………………………… 650
- 第十节 秦州沿革 ………………………………………………… 655
- 第十一节 梁州沿革 ……………………………………………… 659
- 第十二节 益州沿革 ……………………………………………… 668
- 第十三节 宁州沿革 ……………………………………………… 677
- 第十四节 青州沿革 ……………………………………………… 683
- 第十五节 徐州沿革 ……………………………………………… 693
- 第十六节 荆州沿革 ……………………………………………… 704
- 第十七节 扬州沿革 ……………………………………………… 726
- 第十八节 湘州沿革 ……………………………………………… 744
- 第十九节 江州沿革 ……………………………………………… 748
- 第二十节 交州沿革 ……………………………………………… 752
- 第二十一节 广州沿革 …………………………………………… 759

第二章 西晋诸州郡县各断代的地方行政区划 ………………………… 766

- 第一节 西晋太康二年(281)的行政区划 ……………………… 766
- 第二节 西晋永兴元年(304)的行政区划 ……………………… 775

第五编 东晋实州郡县沿革

本编凡例 …………………………………………………………………… 789

第一章 东晋实州郡县沿革 ……………………………………………… 791

- 第一节 扬州沿革 ………………………………………………… 791
- 第二节 徐州沿革 ………………………………………………… 802
- 第三节 北徐州沿革 ……………………………………………… 809
- 第四节 兖州沿革 ………………………………………………… 813
- 第五节 豫州沿革 ………………………………………………… 819

第六节　青州沿革 ·· 828
第七节　司州沿革 ·· 832
第八节　北雍州沿革 ······································ 836
第九节　荆州沿革 ·· 837
第十节　湘州沿革 ·· 850
第十一节　江州沿革 ······································ 853
第十二节　梁州沿革 ······································ 858
第十三节　益州沿革 ······································ 866
第十四节　宁州沿革 ······································ 870
第十五节　安州沿革 ······································ 880
第十六节　广州沿革 ······································ 881
第十七节　交州沿革 ······································ 891

第二章　东晋义熙十四年(418)实州郡县行政区划 ············ 895

第六编　南朝宋实州郡县沿革

本编凡例 ·· 907

第一章　南朝宋实州郡县沿革 ································ 909

第一节　扬州沿革 ·· 909
第二节　东扬州沿革 ······································ 916
第三节　南徐州所辖实郡沿革 ······························ 917
第四节　南徐州沿革 ······································ 920
第五节　南兖州所辖实郡沿革 ······························ 922
第六节　徐州沿革 ·· 924
第七节　徐州所辖实郡沿革 ································ 929
第八节　东徐州沿革 ······································ 930
第九节　兖州沿革 ·· 930
第十节　豫州沿革 ·· 935
第十一节　南豫州所辖实郡沿革 ···························· 946

第十二节　青州沿革 951
第十三节　东青州沿革 955
第十四节　司州沿革 957
第十五节　荆州沿革 958
第十六节　郢州沿革 969
第十七节　湘州沿革 975
第十八节　雍州所辖实郡沿革 980
第十九节　江州沿革 986
第二十节　梁州沿革 991
第二十一节　益州沿革 996
第二十二节　宁州沿革 1000
第二十三节　广州沿革 1005
第二十四节　交州沿革 1021
第二十五节　越州沿革 1025
第二十六节　司州所辖实郡沿革 1026

第二章　南朝宋大明八年(464)实州郡县行政区划 1027

第七编　南朝齐实州郡县沿革

本编凡例 1039

第一章　南朝齐实州郡县沿革 1041

第一节　扬州沿革 1041
第二节　南徐州所辖实郡沿革 1046
第三节　豫州所辖实郡沿革 1047
第四节　南豫州所辖实郡沿革 1052
第五节　南兖州所辖实郡沿革 1054
第六节　北徐州所辖实郡沿革 1056
第七节　冀州所辖实县沿革 1057
第八节　青州所辖实县沿革 1057

第九节　江州沿革 …………………………………………… 1058
　　第十节　广州沿革 …………………………………………… 1062
　　第十一节　交州沿革 ………………………………………… 1075
　　第十二节　越州沿革 ………………………………………… 1079
　　第十三节　荆州沿革 ………………………………………… 1084
　　第十四节　巴州沿革 ………………………………………… 1088
　　第十五节　郢州沿革 ………………………………………… 1089
　　第十六节　司州所辖实郡沿革 ……………………………… 1095
　　第十七节　雍州所辖实郡沿革 ……………………………… 1102
　　第十八节　宁蛮府沿革 ……………………………………… 1106
　　第十九节　湘州沿革 ………………………………………… 1110
　　第二十节　梁州沿革 ………………………………………… 1114
　　第二十一节　益州沿革 ……………………………………… 1124
　　第二十二节　宁州沿革 ……………………………………… 1131
　第二章　南朝齐建武四年(497)实州郡县行政区划 …………… 1140

第八编　南朝梁实州郡县沿革

本编凡例 ……………………………………………………………… 1157

　第一章　南朝梁实州郡县沿革 ………………………………… 1159
　　第一节　江表诸州 …………………………………………… 1159
　　　一、扬州沿革 ………………………………………………… 1159
　　　二、吴州沿革 ………………………………………………… 1162
　　　三、东扬州沿革 ……………………………………………… 1163
　　　四、震州沿革 ………………………………………………… 1164
　　　五、婺州沿革 ………………………………………………… 1164
　　　六、东嘉州沿革 ……………………………………………… 1165
　　　七、南徐州所辖实郡沿革 …………………………………… 1165
　　　八、江州沿革 ………………………………………………… 1166

九、西江州沿革 …………………………………………… 1168
　　十、南江州沿革 …………………………………………… 1168
　　十一、豫州沿革 …………………………………………… 1169
　　十二、宁州沿革 …………………………………………… 1169
　　十三、吴州沿革 …………………………………………… 1169
　　十四、高州沿革 …………………………………………… 1170
　　附　江表诸实县存考 ……………………………………… 1170
第二节　淮南诸州 …………………………………………… 1186
　　一、南兖州所辖实郡沿革 ………………………………… 1187
　　二、泾州沿革 ……………………………………………… 1187
　　三、北兖州所辖实郡沿革 ………………………………… 1188
　　四、西兖州所辖实郡沿革 ………………………………… 1189
　　五、南豫州所辖实郡沿革 ………………………………… 1189
　　六、豫州所辖实郡沿革 …………………………………… 1191
　　七、南谯州所辖实郡沿革 ………………………………… 1192
　　八、晋州沿革 ……………………………………………… 1192
　　九、西晋州沿革 …………………………………………… 1193
　　十、东晋州沿革 …………………………………………… 1193
　　十一、湘州所辖实郡沿革 ………………………………… 1193
　　十二、霍州沿革 …………………………………………… 1194
　　十三、安丰州沿革 ………………………………………… 1194
　　十四、义州沿革 …………………………………………… 1194
　　十五、北徐州所辖实郡沿革 ……………………………… 1195
　　十六、安州沿革 …………………………………………… 1196
　　十七、建州沿革 …………………………………………… 1197
　　十八、光州沿革 …………………………………………… 1197
　　十九、朔州沿革 …………………………………………… 1198
　　二十、郧州沿革 …………………………………………… 1198
　　附　淮南诸实县存考 ……………………………………… 1198
第三节　淮北诸州 …………………………………………… 1204
　　一、武州沿革 ……………………………………………… 1205
　　二、西徐州所辖实郡沿革 ………………………………… 1205
　　三、东徐州沿革 …………………………………………… 1206

四、谯州沿革 …………………………………………………… 1208
　　五、仁州沿革 …………………………………………………… 1208
　　六、睢州沿革 …………………………………………………… 1209
　　七、潼州沿革 …………………………………………………… 1209
　　八、陈州沿革 …………………………………………………… 1210
　　九、青、冀二州所辖实郡沿革 ………………………………… 1211
　　十、南、北二青州所辖实郡沿革 ……………………………… 1212
　　十一、汴州沿革 ………………………………………………… 1212
　　附　淮北诸实县存考 …………………………………………… 1212
第四节　河南诸州 …………………………………………………… 1217
　　一、豫州所辖实郡沿革 ………………………………………… 1217
　　二、滇州沿革 …………………………………………………… 1218
　　三、西豫州所辖实郡沿革 ……………………………………… 1218
　　四、淮州沿革 …………………………………………………… 1218
　　五、殷州沿革 …………………………………………………… 1219
　　六、南荆州沿革 ………………………………………………… 1219
　　附　河南诸实县存考 …………………………………………… 1220
第五节　江汉诸州 …………………………………………………… 1220
　　一、鲁州沿革 …………………………………………………… 1220
　　二、楚州沿革 …………………………………………………… 1220
　　三、华州沿革 …………………………………………………… 1222
　　四、荆州沿革 …………………………………………………… 1222
　　五、宜州沿革 …………………………………………………… 1223
　　六、西荆州沿革 ………………………………………………… 1224
　　七、郢州沿革 …………………………………………………… 1224
　　八、沙州沿革 …………………………………………………… 1226
　　九、隽州沿革 …………………………………………………… 1226
　　十、新州沿革 …………………………………………………… 1226
　　十一、交州沿革 ………………………………………………… 1227
　　十二、梁州沿革 ………………………………………………… 1227
　　十三、北新州沿革 ……………………………………………… 1227
　　十四、土州沿革 ………………………………………………… 1228
　　十五、富州沿革 ………………………………………………… 1228

十六、洄州沿革 …………………………………………… 1228
十七、泉州沿革 …………………………………………… 1228
十八、豪州沿革 …………………………………………… 1229
十九、巴州沿革 …………………………………………… 1229
二十、武州沿革 …………………………………………… 1229
二十一、卢州沿革 ………………………………………… 1230
二十二、司州所辖实郡沿革 ……………………………… 1230
二十三、南司州所辖实郡沿革 …………………………… 1231
二十四、应州沿革 ………………………………………… 1232
二十五、北郢州沿革 ……………………………………… 1232
二十六、定州沿革 ………………………………………… 1232
二十七、沙州沿革 ………………………………………… 1233
二十八、北江州沿革 ……………………………………… 1233
二十九、齐州沿革 ………………………………………… 1234
三十、德州沿革 …………………………………………… 1234
三十一、湘州所辖实郡沿革 ……………………………… 1235
三十二、雍州所辖实郡沿革 ……………………………… 1235
三十三、宛州沿革 ………………………………………… 1237
三十四、宁蛮府沿革 ……………………………………… 1238
三十五、郧州沿革 ………………………………………… 1238
　附　江汉诸实县存考 …………………………………… 1238
第六节　岭南诸州 ………………………………………… 1249
一、广州沿革 ……………………………………………… 1249
二、瀛州沿革 ……………………………………………… 1252
三、新州沿革 ……………………………………………… 1253
四、高州沿革 ……………………………………………… 1253
五、成州沿革 ……………………………………………… 1254
六、合州沿革 ……………………………………………… 1255
七、建州沿革 ……………………………………………… 1255
八、双州（泷州）沿革 …………………………………… 1256
九、崖州沿革 ……………………………………………… 1256
十、石州沿革 ……………………………………………… 1256
十一、东宁州沿革 ………………………………………… 1257

十二、龙州沿革 …………………………………… 1258
十三、静州沿革 …………………………………… 1258
十四、南定州沿革 ………………………………… 1259
十五、桂州沿革 …………………………………… 1260
十六、庐州沿革 …………………………………… 1261
十七、交州沿革 …………………………………… 1261
十八、兴州沿革 …………………………………… 1263
十九、爱州沿革 …………………………………… 1263
二十、黄州沿革 …………………………………… 1263
二十一、利州沿革 ………………………………… 1264
二十二、明州沿革 ………………………………… 1264
二十三、德州沿革 ………………………………… 1264
二十四、安州沿革 ………………………………… 1264
二十五、越州沿革 ………………………………… 1265
二十六、罗州沿革 ………………………………… 1266
二十七、衡州沿革 ………………………………… 1267
二十八、东衡州沿革 ……………………………… 1269
附 岭南诸实县存考 ……………………………… 1270

第七节 沅湘诸州 …………………………………… 1292
一、湘州沿革 ……………………………………… 1292
二、罗州沿革 ……………………………………… 1293
三、营州沿革 ……………………………………… 1294
四、郴州沿革 ……………………………………… 1294
附 沅湘诸实县存考 ……………………………… 1294

第八节 巴汉诸州 …………………………………… 1298
一、北梁州沿革 …………………………………… 1298
二、东梁州所辖实郡沿革 ………………………… 1302
三、南梁、北巴州沿革 …………………………… 1304
四、黎州沿革 ……………………………………… 1307
五、直州沿革 ……………………………………… 1307
六、南洛州沿革 …………………………………… 1308
七、洵州沿革 ……………………………………… 1308
八、岐州沿革 ……………………………………… 1308

九、绥州沿革 …… 1309
十、兴州沿革 …… 1309
十一、北益州沿革 …… 1309
十二、华州沿革 …… 1311
十三、巴州沿革 …… 1311
十四、东巴州沿革 …… 1313
十五、渠州沿革 …… 1314
十六、邻州沿革 …… 1314
十七、万州沿革 …… 1314
十八、并州沿革 …… 1315
十九、叠州沿革 …… 1316
二十、安州沿革 …… 1316
附　巴汉诸实县存考 …… 1316

第九节　蜀中（含南中）诸州 …… 1322
一、益州沿革 …… 1322
二、东益州沿革 …… 1327
三、楚州沿革 …… 1327
四、戎州沿革 …… 1327
五、信州沿革 …… 1327
六、新州沿革 …… 1328
七、青州沿革 …… 1329
八、江州沿革 …… 1329
九、泸州沿革 …… 1329
十、邛州沿革 …… 1330
十一、西益、潼二州沿革 …… 1330
十二、绳州沿革 …… 1330
十三、巂州沿革 …… 1331
十四、宁州沿革 …… 1331
十五、南宁州沿革 …… 1334
附　蜀中（含南中）诸实县存考 …… 1334

第二章　南朝梁中大同元年(546)实州郡行政区划 …… 1340
一、江表诸州 …… 1340

二、淮南诸州 …… 1341

三、淮北诸州 …… 1343

四、河南诸州 …… 1345

五、江汉诸州 …… 1345

六、岭南诸州 …… 1347

七、沅湘诸州 …… 1351

八、巴汉诸州 …… 1351

九、蜀中(含南中)诸州 …… 1353

第九编　南朝陈实州郡县沿革

本编凡例 …… 1359

第一章　南朝陈实州郡县沿革 …… 1361

第一节　江表诸州 …… 1361

一、扬州沿革 …… 1361

二、吴州沿革 …… 1371

三、东扬州沿革 …… 1372

四、缙州沿革 …… 1375

五、丰州沿革 …… 1376

六、南徐州所辖实郡沿革 …… 1378

七、南豫州所辖实郡沿革 …… 1380

八、北江州所辖实郡沿革 …… 1383

九、吴州沿革 …… 1383

十、江州沿革 …… 1384

十一、高州沿革 …… 1392

十二、宁州沿革 …… 1395

第二节　淮南、淮北诸州 …… 1396

一、晋州沿革 …… 1396

二、南兖州所辖实郡沿革 …… 1397

三、义州沿革 …… 1399

四、北兖州所辖实郡沿革 …… 1400

五、南谯州所辖实郡沿革 …………………………………… 1401
　　六、合州沿革 …………………………………………………… 1404
　　七、安州沿革 …………………………………………………… 1405
　　八、沅州沿革 …………………………………………………… 1405
　　九、冀州所辖实郡沿革 …………………………………………… 1406
　　十、南、北二青州所辖实郡沿革 ………………………………… 1407
　　十一、豫州所辖实郡沿革 ………………………………………… 1407
　　十二、仁州沿革 ………………………………………………… 1408
　　十三、司州所辖实郡沿革 ………………………………………… 1409
　　十四、霍州沿革 ………………………………………………… 1410
　　十五、谯州沿革 ………………………………………………… 1411
　　十六、元州沿革 ………………………………………………… 1412
　　十七、北徐州所辖实郡沿革 ……………………………………… 1412
　　十八、潼州沿革 ………………………………………………… 1413
　　十九、豫州所辖实郡沿革 ………………………………………… 1414
　　二十、永州沿革 ………………………………………………… 1415
　　二十一、建州沿革 ……………………………………………… 1416
　　二十二、朔州沿革 ……………………………………………… 1417
　　二十三、光州沿革 ……………………………………………… 1417
　　二十四、定州沿革 ……………………………………………… 1419
　　二十五、蕲州沿革 ……………………………………………… 1420
　　二十六、沔州沿革 ……………………………………………… 1420
　第三节　沅湘诸州 ………………………………………………… 1421
　　一、郢州沿革 …………………………………………………… 1421
　　二、巴州沿革 …………………………………………………… 1424
　　三、湘州沿革 …………………………………………………… 1424
　　四、武州沿革 …………………………………………………… 1430
　　五、沅州沿革 …………………………………………………… 1434
　　六、荆州沿革 …………………………………………………… 1434
　　七、南荆州所辖实郡沿革 ………………………………………… 1436
　　八、信州沿革 …………………………………………………… 1437
　第四节　岭南诸州 ………………………………………………… 1437
　　一、广州沿革 …………………………………………………… 1439

二、新州沿革 …………………………………… 1445

三、高州沿革 …………………………………… 1448

四、南合州沿革 ………………………………… 1451

五、罗州沿革 …………………………………… 1451

六、越州沿革 …………………………………… 1452

七、兴州沿革 …………………………………… 1454

八、桂州沿革 …………………………………… 1455

九、东衡州沿革 ………………………………… 1457

十、西衡州沿革 ………………………………… 1459

十一、东宁州沿革 ……………………………… 1463

十二、成州沿革 ………………………………… 1464

十三、静州沿革 ………………………………… 1465

十四、建州沿革 ………………………………… 1466

十五、双州（泷州）沿革 ……………………… 1467

十六、石州沿革 ………………………………… 1468

十七、南定州沿革 ……………………………… 1469

十八、安州沿革 ………………………………… 1471

十九、龙州沿革 ………………………………… 1472

二十、崖州沿革 ………………………………… 1473

二十一、宜州沿革 ……………………………… 1473

二十二、黄州沿革 ……………………………… 1473

二十三、利州沿革 ……………………………… 1474

二十四、明州沿革 ……………………………… 1474

二十五、交州沿革 ……………………………… 1474

二十六、爱州沿革 ……………………………… 1476

二十七、德州沿革 ……………………………… 1477

第二章　南朝陈祯明二年(588)实州郡县行政区划 ……… 1479

一、江表诸州 …………………………………… 1479

二、沅湘诸州 …………………………………… 1481

三、岭南诸州 …………………………………… 1482

附一　后梁政区沿革 ……………………………… 1487

一、雍州所辖实郡沿革 ………………………… 1487

二、荆州沿革 …… 1489
三、基州沿革 …… 1491
四、平州沿革 …… 1491
五、郢州沿革 …… 1492
六、武州沿革 …… 1492
七、巴州沿革 …… 1493
八、湘州沿革 …… 1493

附二 王琳辖区政区沿革 …… 1493
一、湘州沿革 …… 1494
二、郢州沿革 …… 1495
三、巴州沿革 …… 1496
四、武州沿革 …… 1497
五、隽州沿革 …… 1497
六、北新州沿革 …… 1498
七、土州沿革 …… 1499
八、富州沿革 …… 1499
九、洄州沿革 …… 1499
十、泉州沿革 …… 1500
十一、豪州沿革 …… 1500
十二、罗州沿革 …… 1500

第十编 东晋南朝侨州郡县考表

本编凡例 …… 1503

第一章 《晋书·地理志》司兖豫诸州之部侨州郡县考表 …… 1506

司州部 …… 1506
兖州部 …… 1517
豫州部 …… 1530

第二章 《晋书·地理志》冀幽平并雍凉秦梁益诸州之部侨州郡县考表 …… 1549

冀州部 …… 1549

幽州部 …………………………………………………………… 1556
　　　平州部 …………………………………………………………… 1559
　　　并州部 …………………………………………………………… 1559
　　　雍州部 …………………………………………………………… 1563
　　　凉州部 …………………………………………………………… 1571
　　　秦州部 …………………………………………………………… 1573
　　　梁州部 …………………………………………………………… 1582
　　　益州部 …………………………………………………………… 1591

第三章　《晋书·地理志》青徐荆湘扬江诸州之部侨州郡县考表 ……… 1594
　　　青州部 …………………………………………………………… 1594
　　　徐州部 …………………………………………………………… 1600
　　　荆州部 …………………………………………………………… 1613
　　　湘州部 …………………………………………………………… 1619
　　　扬州部 …………………………………………………………… 1620
　　　江州部 …………………………………………………………… 1627

结　语 ……………………………………………………………………… 1629
　　　一、政区建置的增滥现象 ………………………………………… 1630
　　　二、政区增置滥置的后果 ………………………………………… 1637
　　　三、关于三国两晋南朝政区的若干思考 ………………………… 1643
　　　四、政治地理之典型案例：东晋南朝地方州镇分析 …………… 1647

附录　三国两晋南朝宋齐政区沿革表 ………………………………… 1659
　　　一、三国州郡沿革表 ……………………………………………… 1661
　　　二、西晋州郡沿革表 ……………………………………………… 1667
　　　三、东晋实州郡沿革表 …………………………………………… 1676
　　　四、南朝宋实州郡沿革表 ………………………………………… 1686
　　　五、南朝齐实州郡沿革表 ………………………………………… 1699

引用文献 …………………………………………………………………… 1709

后　记 ……………………………………………………………………… 1729

绪　　言

本卷的三位作者，胡阿祥自1985年至今，涉足该研究领域已近30年，出版了三部主要著作，即《六朝疆域与政区研究》（西安地图出版社，2000年）、《宋书州郡志汇释》（安徽教育出版社，2006年）、《东晋南朝侨州郡县与侨流人口研究》（江苏教育出版社，2008年）；孔祥军自2004年至今，涉足该研究领域已近10年，出版了《晋书地理志校注》（新世界出版社，2012年）、《汉唐地理志考校》（新世界出版社，2012年）、《三国政区地理研究》（花木兰文化出版社，2012年）三部专著；又徐成亦有多篇相关论文刊发，如《梁陈二朝州的增置》（《中国历史地理论丛》2010年第1辑）、《论曹魏都督辖区的形成及定型》（《中国历史地理论丛》2012年第3辑）、《南朝政区研究五题》（《历史地理》第27辑，2013年）。本卷的撰述，即以上述前期成果为基础。

本卷正文十编，第一编概述三国两晋南朝之疆域变迁与政区制度，政区制度重在特殊政区制度的讨论；第二编稽考三国两晋南朝之都督区，都督区的性质可认作准行政区；第三编至第九编考述三国、西晋和东晋、南朝实州郡县之沿革；而东晋、南朝侨州郡县之沿革，则以表的形式考述于第十编。如此，三国两晋南朝之政区建置既略为齐备而少有缺漏，相关之疆域变迁、政区制度也可见其大概。

今于正文十编之前，先作"绪言"，简要交代相关概念、学术回顾、文献资料、基本思路、核心理论、关键原则诸端。据此，三国两晋南朝政区研究的依据、困难与意义，以及如何理解三国两晋南朝之政区及其变迁，能够获得大体之轮廓。

一、相关概念

"三国两晋南朝"作为习称的概念，"三国"指的是魏（曹魏，都洛阳，220年十月—265年十二月①）、汉（季汉、蜀汉、蜀，都成都，221年四月—263年十一

---

① 265年十二月，实际相当于266年1月。

月)、吴(孙吴、东吴,229年四月都武昌,今湖北鄂州市,229年九月迁都建业,今江苏南京市,265年九月再迁都武昌,266年十二月①还都建业;222年十月②—280年三月),时为鼎足而三的分裂时代;"两晋"指的是西晋(都洛阳,265年十二月—316年十一月)和东晋(都建康,317年三月③—420年六月),按后人习称的"西晋"为统一王朝,后人习称的"东晋"为南方王朝,其实晋朝的皇统皆为承袭不替的河内司马氏;"南朝"指的是宋(刘宋,都建康,420年六月—479年四月)、齐(南齐、萧齐,都建康,479年四月—502年三月)、梁(萧梁、南梁,552年十一月—554年十一月都江陵,今湖北江陵县,其他时间都建康,502年四月—557年十月)、陈(都建康,557年十月—589年一月)四个连续的南方朝代。又以上诸多政权与朝代中,吴、东晋、宋、齐、梁、陈也被习称为"六朝",如《宋史》卷375《张守传》"建康自六朝为帝王都",南宋张敦颐撰《六朝事迹编类》,以叙吴、东晋、宋、齐、梁、陈之建业、建康古迹。

然则三国(魏、汉、吴)、两晋(西晋、东晋)、南朝(宋、齐、梁、陈)之政治格局,或为分裂(三国、东晋、南朝),或为统一(西晋),疆域范围也或据一方(三国之魏、汉、吴),或有全域(西晋),或拥南方(东晋、南朝),其疆域变迁之复杂可见。又就各别政权与朝代之起讫时间论,魏、汉、吴开始与结束之年不一;西晋代魏时,孙吴尚在;西晋未亡时,304年北方十六国已起,307年开东晋局面的司马睿已经南渡建邺(313年改称建康)。凡此,又可见其时政局演变之复杂。

综上所述并作权衡考量,本卷叙疆域变迁,乃以曹魏、蜀汉、孙吴、西晋、东晋、刘宋、萧齐、萧梁、陈朝为顺序,以求各明概况;考政区沿革,则各自酌定起始年份与终结年份,以求与前后朝代或对立政权彼此衔接。如三国,曹魏起于黄初元年(220),终于咸熙二年(265);蜀汉起于章武元年(221),终于炎兴元年(263);孙吴(吴地)起于建安二十五年(220),终于天纪四年(280)而标注天纪三年(279)。西晋,原孙吴政区起于太康元年(280),其他政区起于泰始元年(266),与东晋政区相接者终于建兴四年(316),与十六国政区相接者终结年份则以具体考证为准。又东晋南朝实州郡县的沿革时间,东晋起于建武元年(317),终于元熙二年(420);刘宋起于永初二年(421),终于升明二年(478);萧齐起于建元元年(479),终于中兴元年(501);萧梁起于天监元年(502),终于太

---

① 266年十二月,实际相当于267年1月。
② 222年十月孙权自建年号"黄武",229年四月孙权称帝。
③ 317年三月司马睿自建年号"建武",318年三月司马睿称帝。

平二年(557);陈朝起于永定二年(558),终于祯明二年(588)。至于可见政区建置之总体面貌的具体断代年份,分别设定如下:三国以221年(曹魏黄初二年、蜀汉章武元年、孙吴建安二十六年)、239年(曹魏景初三年、蜀汉延熙二年、孙吴赤乌二年)、262年(曹魏景元三年、蜀汉景耀五年、孙吴永安五年)为断代,西晋以281年(太康二年)、304年(永兴元年)为断代,东晋实州郡县以418年(义熙十四年)为断代,刘宋实州郡县以464年(大明八年)为断代,萧齐实州郡县以497年(建武四年)为断代,萧梁实州郡以546年(中大同元年)为断代,陈朝实州郡县以588年(祯明三年)为断代。

特别需要说明者还有,本卷围绕行政区域与行政区划①的考述,若以政区与区划的诸多要素进行衡量,仍是有欠全面与系统的。

本来,行政区域与行政区划两者,都有着丰富的研究内容。以言行政区域,构成一个名副其实的政区,必须具备以下八个要素:一定数量的人口,一定范围的地域空间(即有明确的、封闭的边界,同级政区既不重叠,亦无空白),相应的机构(如行政、监察等机构或其派出机构、分支机构),一个行政中心(即地方政府驻地,旧称"治所"),隶属关系(即某个政区在整个政区体系中的地位以及与上下级政区间的从属、辖属关系),行政建制(即政区通名,用以区分政区的不同类型,并在一定程度上反映政区的行政等级),行政等级(即政区的行政地位),政区的名称。至于行政区划变更的内容,又可分为以下六类:建制变更,包括增置、裁撤、改设政区;行政区域界线变更,即政区地域范围的扩大或者缩小;地方政府驻地迁移,包括新增设的政区确定新的行政中心;政区隶属关系的变更;政区行政等级的变更,包括升级或降级;政区的更名与命名。换言之,研究政区与区划,若从理想的境界来说,竟然需要考虑到以上这14个方面的问题。也许,以资料齐备、身临其境为前提,现代政区与区划的研究,可以追求达到这种理想的境界;至于历史时期特别是如同魏晋南北朝这样相关资料欠缺的乱世,则这种理想的境界应是根本无法达到的。职此之故,本卷所致力者,政区指向州级政区的地域空间、州郡两级政区的治所、州郡县三级政区的隶属关系(萧梁除外)、各级政区与准政区的行政建制与行政等级以及名称等方面的考述;又区划变更的六类内容,则属有欠全面与系统,多为随文涉及。

---

① "行政区域"可以简称"政区","行政区划"可以简称"区划"。本卷对于"行政区域"与"行政区划"或者"政区"与"区划"的概念,有所区别。简而言之,作为人文地理实体的"行政区域"是作为行政手段的"行政区划"的结果。

二、学术回顾

有关三国两晋南朝政区的研究成果，可分旧史学、新史学两个层次来作粗略回顾。旧史学以著史、考史、评史为基本路数，新史学则力图通过分析史料，寻找隐藏在历史表象背后的动因、联系和演进规律。

先看旧史学的研究成果，这里主要以具有总结意义的清人的相关专著为例。

比较而言，主要的三家三国地理方面的补志补表，符合后来者居上的一般情形，即吴增仅的《三国郡县表》胜过谢钟英的《三国疆域表》，谢钟英的《三国疆域表》又胜过洪亮吉的《补三国疆域志》。至于东晋南朝的诸家地理补志补表，质量的优劣可以作出这样的排列：洪齮孙的《补梁疆域志》、洪亮吉的《东晋疆域志》、徐文范的《东晋南北朝舆地表》、胡孔福的《南北朝侨置州郡考》。又有杨守敬《历代舆地图》之三国、西晋、东晋、刘宋、南齐、萧梁、陈各册，成为谭其骧师主编的《中国历史地图集》之三国、西晋、东晋、南朝图幅的基础。这里特别讨论一下为人熟悉的洪亮吉、徐文范、杨守敬的相关著作与不太为人熟悉的胡孔福的相关著作。

洪亮吉撰有《补三国疆域志》、《十六国疆域志》与《东晋疆域志》。其中《补三国疆域志》用时两年，完成于乾隆四十五年(1780)，是清人补作《地理志》的第一部。前人评价洪亮吉，如清人江藩称他"深于史学，而尤精地理沿革所在"[①]，今人张舜徽称他"一生究心疆域沿革，最号专门"[②]。其实，洪亮吉的考证工夫远不及钱大昕，甚至也不及其子洪齮孙。即以同样费时两年、完成于乾隆五十一年的《东晋疆域志》为例，志中存在的各类问题就可谓不胜枚举，如断限不严，实州郡县误为侨州郡县，侨郡县误为实郡县，实州郡县误为遥立州郡县，侨州郡县误为遥立州郡县，误一郡为二郡，误二郡为一郡，郡县重出，以及统属、置废时间、侨地与治所、引证资料、行文、句读等方面的错误；更加严重的是，志中整个的政区隶属系统没有考虑到土断前后的改属情况，所以需要重新排列[③]。然而问题在于，《东晋疆域志》既得到了钱大昕等人的高度赞誉，如钱《序》称道"读之益叹其才大而思精，诚史家不可少之书"云云，后人又大多照抄洪氏的说法而不察其误[④]。其

[①] 江藩：《国朝汉学师承记》，中华书局，1983年，第73页。
[②] 张舜徽：《清儒学记》，齐鲁书社，1991年，第496页。
[③] 胡阿祥：《六朝疆域与政区研究史料评说》，《历史地理》第12辑，上海人民出版社，1995年。
[④] 如近人汪兆镛的《稿本晋会要·舆地》(北京图书馆出版社，1988年)，石璋如、程发轫等著《中国历史地理》(台湾·中国文化大学出版部，1983年)"两晋篇"，张承宗等主编《六朝史》(江苏古籍出版社，1991年)第二章第二节"东晋的偏安及侨州郡县"等，几乎全承洪氏。

实,对钱《序》不必过分当真。古今为序,例多溢美之词,钱氏也未能免俗,所以不能依据钱《序》就完全信从了洪氏的《东晋疆域志》。

至于徐文范的《东晋南北朝舆地表》,虽然规模相当庞大,经历了二十寒暑方成(尚为未定之稿),并得到了钱大昕、王鸣盛、顾颉刚等人的盛赞①,但学术水平又不及洪亮吉。要而言之,其"年表"依年记各国所有的州郡县,又或三、五年或十数年铺叙疆域,提明州郡,虽然条列细致,但是仔细计较下来,却大体难免主观臆断、缺乏根据之病。又东晋南朝州郡县侨寓纷乱,往往于一郡一县之地分立州郡,徐氏既列侨州郡县于郡县表中,也随时附见年表;又欲使读者知州郡实土所在,故详州郡的建置分合于郡县之下,"其苦心孤诣,有足多者"②,而"州郡表"、"郡县沿革表"却因此前后失据、紊乱难理。至于徐《表》承用《晋书·地理志》以及其他各类失误,钱大昕曾经专门致书进行讨论③。据此,笔者认为,对徐《表》的价值不宜估价过高,更不宜轻率征引。钱、王二序也属命文,不能据以为说,而且因为其贻误后学,还有待肃清其影响。

再说杨守敬在门人协助下编绘刊行的《历代舆地图》之相关各册,即《三国疆域图》(1907年)、《西晋地理图》、《东晋疆域图》、《刘宋州郡图》、《南齐州郡图》(以上1909年)、《萧梁疆域图》、《陈疆域图》(以上1911年),存在的问题实在不少,而且有些问题是带有普遍性的:其一,各史地理志对政区断限年代一般都不够重视,往往混一朝前后不同年代的政区建置于一篇。杨《图》上举各册,全部按正史地理志或清人补志编绘成图,限于体例,断限不清在所难免,致使一册之内所绘一朝政区建制,其年代相去或数十年或百余年,准确性因此大受影响。其二,杨《图》地名定位,州郡县疆界,采取前人所作比较可靠的解说,但也不免凭臆位置,强作区划。比如东晋南朝图每每凌乱,而且有些错误极为显然。其三,内容上也多脱漏讹误。如《东晋疆域图》,杨氏在《序》中既指出洪亮吉的《东晋疆域志》"何其疏也",却又基本依据洪《志》作图,于是沿袭洪《志》之误者十之七八;又如《萧梁疆域图》、《陈疆域图》,梁总图依据洪齮孙的《补梁疆域志》,梁分图则"就极盛时为图",而以徐文范的《东晋南北朝舆地表》标目,陈图依据徐《表》太建初疆域(有州80余,郡240余)为图,而以徐《表》太建末

---

① 如王《序》赞其"包络始末,绳贯丝联,使纠纷错互,他人所望而目迷者,豁然如指上螺文,可一一数";钱《序》也称此书"能钩稽载籍,究其离合,分剖毫厘,穷极玩眇";商务《二十五史补编》收入此书,顾颉刚《跋》曰:"综览全书,体大而思精,于一表之中具东晋南北各朝暨分裂各国地理志之规模者,首推年表;以年表与州郡、郡县表参互以观,则东晋南北朝地理沿革史具是矣。虽体例未严,而取材之富,以视《历代地理沿革表》,详略迥殊。"云云。
② 《东晋南北朝舆地表·跋》,《二十五史补编》本,第500页。
③ 《潜研堂集》之"潜研堂文集"卷35"与徐仲圃书",上海古籍出版社,1989年,第628—630页。

标目(州 64,郡 166,县近 600)。这些处理方法,都令人费解,甚至匪夷所思。如上所述,徐《表》不可取信,尤其梁、陈部分更为粗劣,其断限不严、领属任意、滥入漏载,不胜枚举;而杨氏据以为图,其内容上、考位定点上存在的问题,也就可想而知了。

再说到清末胡孔福的《南北朝侨置州郡考》,水平又在徐文范之下,不仅考述极为紊乱,错误百出,各家的说法也是杂抄卷中,既少加辩证,又不注出处,可以认为,胡孔福的《侨置考》之考证是基本失败、略不足观。然而也需肯定的是,胡氏所作《南北朝侨置州郡考·叙》却颇见思想,如指出侨置的起源与演变:"自汉末创为侨置……初不过偶见一二。逮至东晋,泥马金牛,度分南北,井蛙穴鼠,地裂东西,州郡沦没,遂效魏蜀故事,虚建名号,侨立别所。"又认为侨置"洵属计出权宜",并与规复失地、安辑流离、保持地望、铺张声势四者有关。胡氏还注意到了东晋侨州郡县的分布,以为"不出荆扬二州",并就五胡元魏的相关情况与东晋南朝稍作比较。这些论述,可以说相当全面,并具有较大的启示意义。

由以上所举四例,这里可以引出一个带有普遍性的问题,即如何看待清人的成果。以笔者的经验,特别值得指出者两点:

第一,清人勤搜博采、钩沉稽遗、排比考证,所汇集的资料以及部分研究成果,虽然不可完全信从,但仍然具有较大的参考价值。我们要做考证文章,必须系统全面地掌握清人的资料与成果。就三国两晋南朝政区言,除了上面提到的专门著作外,比如需要注意者尚有:毕沅的《晋书地理志新补正》,方恺的《新校晋书地理志》,成孺的《宋州郡志校勘记》,孙彭的《宋书考论》,温曰鉴的《魏书地形志校录》,张穆的《延昌地形志》,汪士铎的《南北史补志·地理志》,杨守敬的《隋书地理志考证附补遗》,王鸣盛的《十七史商榷》,钱大昕的《廿二史考异》、《十驾斋养新录》、《十驾斋养新余录》,洪颐煊的《诸史考异》,以及顾祖禹的《读史方舆纪要》,官修的《嘉庆重修一统志》等①。

第二,必须慎重看待序跋一类文字,不能盲目信从。比如钱大昕虽然在《东晋疆域志》、《东晋南北朝舆地表》的"序"中极尽赞美之词,但在与洪亮吉、徐文范的通信中,以及在《十驾斋养新录》中,却有很多实质性的批评意见。所

---

① 同样可以归属"旧史学"范畴的清朝以后的成果,除了本卷三位作者的相关论著已见前述外,列举若干如下:杨守敬、熊会贞《水经注疏》,金兆丰《校补三国疆域志》,马与龙《晋书地理志注》,臧励龢《补陈疆域志》,安介生《〈魏延昌地形志〉存稿辑校》,王仲荦《北周地理志》,施和金《北齐地理志》、《中国行政区划通史·隋代卷》,方国瑜《中国西南历史地理考释》,以及谭其骧《〈宋州郡志校勘记〉校补》、《〈补陈疆域志〉校补》,金麟(施和金)《〈补陈疆域志〉订补》等。

以清人文集、笔记中零散的内容,其实也值得我们重视①。

其次看新史学的三国两晋南朝政区研究成果。这方面的情况,据本卷之"引用文献"可以略知大概,故此仅稍说至关重要者。在政区制度方面,严耕望的鸿篇巨制《中国地方行政制度史》上编卷中之上《魏晋南朝地方行政制度》(1963年)虽已问世半个多世纪,总体而论还没有能够超越者;在政区建置方面,谭其骧师主编的奠基之作《中国历史地图集》第三册、第四册(1982年),是学界查检的权威工具书。然而,严著规整的考辨与丰富的史料,重点落在地方政府的长官僚佐方面,对于州郡县普通政区以及都督区以外的其他各种特殊政区的建置情形,并未进行系统的考证,这在一定程度上又影响了严著政区制度研究的细致化与复杂化;谭图因为受到"文革"期间贬低分裂时代、反对繁琐哲学的不可抗影响,魏晋南北朝图组既存在全图设置过少的问题,分幅图更缺南朝宋、梁、陈,而这两方面的遗憾,由于当时编图材料的散乱甚至佚失,今天看来已经难以弥补了。进而言之,在政区制度方面,除了日本学者小尾孟夫的《六朝都督制研究》(2001年)及胡阿祥的《六朝疆域与政区研究》(2000年)与《东晋南朝侨州郡县与侨流人口研究》外,很缺乏考证性质的相关专著;在政区建置方面,只有陈健梅的《孙吴政区地理研究》(2008年)、孔祥军的《三国政区地理研究》(南京大学博士论文,2007年),又相关成果也只有孔祥军的《晋书地理志校注》(2012年)、胡阿祥的《宋书州郡志汇释》(2006年)与《南齐书州郡志汇释》(未刊稿)。这当然是远远不够的,也难以满足历史学界甚至历史地理学界的参用。

综上研究回顾,则三国两晋南朝政区这一领域,可谓至今还留存着继续研究的巨大空间。

三、文献资料

有关三国两晋南朝政区研究的相对原始的文献资料,包括传世文献、考古文献。传世文献又可分为习见文献、扩展文献,其中,集中记载三国两晋南朝政区的传世习见文献的特点,可以用"乱"、"错"、"简"、"散"四字概括。"乱"如《宋书·州郡志》,"错"如《晋书·地理志》,"简"如《南齐书·州郡志》,"散"如《隋书·地理志》中有关梁、陈政区的内容。以下稍作说明。

关于《宋书·州郡志》之"乱"。某种意义上说,《宋书·州郡志》是沈约依据各类资料编撰的一篇"论文"。由于当时政区本身的混乱,加上专门的地理沿革之学又非沈约所长,导致了《宋志》存在诸多的问题,比如记载疏漏或欠

---

① 谭其骧主编:《清人文集地理类汇编》,凡七册,浙江人民出版社,1986—1990年陆续出版。

缺、考辨讹误、叙次不清、失之繁冗、体例较为混乱。而影响全局的四个最突出问题，一是断限不严。《宋书·州郡志》并没有按照"今志大较以大明八年为正……内史、侯、相，则以昇明末为定"①划一政区记载。比如所载二十二州，即非大明八年(464)建制：大明八年(464)有东扬州，志中阙载，却有后来泰始六年(470)始置的司州、泰始七年始置的越州；这样的情况，在郡县级政区中尤为常见②。我们甚至可以说，《宋书·州郡志》并无某一特定的标准年代。二是为例不纯。比如实土州郡记载水陆道里，侨置而无实土的州郡当然也就没有水陆道里，然而细检志文，却发现实土州郡有失书水陆道里者，又有侨郡已经割为实土，而水陆道里仍缺书者。由此造成的麻烦是，依据有无水陆道里判断州郡有无实土，又不可一概而论③。三是彼此矛盾。最明显的例子是户口数与郡县数。《宋书·州郡志》各州小序中所说的户口数，与该州各郡户口数之和，只有郢州是相合的，其他都不一样；《宋书·州郡志》各州小序中所说的郡县数，以及各郡所说的县数，也与各州实列郡县数、各郡实列县数常有出入。为什么会造成这样的情况呢？其原因在于年代断限不严格与所据材料来源不一致两方面。比如《宋书·州郡志》各州所列户口总数反映的是大明八年的状况，而各郡户口数则是宋末的数字，具体是"宋末"的哪一年，又难以确定④。四是点校错误。如中华书局1974年点校本中，《宋书·州郡志》梁州刺史晋寿太守条的"南晋寿、南兴乐、南兴安县"，竟然被点成了"南晋寿、南兴、乐南、兴安县"，这就错得离奇了⑤。

---

① 沈约：《宋书》卷35《州郡志》，中华书局，1974年。
② 如徐州"今领郡三"，"今"指徽元年(473)；荆州刺史"今领郡十二"，"今"为泰始三年；湘州刺史"领郡十，县六十二"，数之则六十六县，多出的四县，为元徽二年所立之湘阴，"宋末立"之抚宁、乐化左县，"宋末度"之建陵，故湘州之郡县领属实以宋末为断。参考胡阿祥：《〈宋书·州郡志〉平议》，《南京晓庄学院学报》2006年第3期。
③ 参考胡阿祥：《钱大昕论〈宋书·州郡志〉所载水陆道里》，《历史地理》第7辑，上海人民出版社，1990年。
④ 参考何德章：《读〈宋书·州郡志〉札记二则》，《魏晋南北朝隋唐史资料》第15辑，武汉大学出版社，1995年。这方面的情况再往下说，就更加复杂了。比如《宋书·州郡志》所载户口数，既有土著户口，也有侨流户口，而侨流户口又包括经过土断的黄籍户口与未经土断的白籍户口，就其准确性来说，土著黄籍户口数胜过侨流黄籍户口数，侨流黄籍户口数又胜过侨流白籍户口数，如此，我们要研究刘宋户口，比如谭其骧师的《晋永嘉丧乱后之民族迁徙》、葛剑雄的《中国移民史》与《中国人口史》，对于《宋书·州郡志》这份珍贵的人口资料，就得分别进行处理，而分别处理的难度又极大。
⑤ 按针对四卷《宋书·州郡志》中存在的以上各类问题，笔者写有178条札记，详胡阿祥：《六朝疆域与政区研究》(增订本)"附录二：《〈宋书·州郡志〉献疑"，学苑出版社，2005年，第541—612页。又在《宋书州郡志汇释·代序》中，笔者更说了这样的一段"狠话"："如果不甚明了这些问题，不但《宋书·州郡志》无可替代的史料价值难以充分发挥出来，而且严重者还会误读误用史料，或者根本就无法理解史料。"

关于《晋书·地理志》之"错"。相对于《宋书·州郡志》的"乱",《晋书·地理志》的"错"越发显得麻烦。《晋书·地理志》有两大类错。一是志文往往与纪传不合,如钱大昕曾称:"即一部《晋书》论之,纪传之文,无有与志相应者;以矛刺盾,当不待鸣鼓之攻矣。"① 这缘于《晋书》成于众手,参加编写者有20多人,彼此之间既不相互关照,而又缺乏统一的加工修订。这也是众手成书的官修史书的普遍问题,唐人刘知几在《史通》中对此即多有批评。二是往往误刘宋制度以为东晋制度。最明显的例子是侨置州郡名称,《晋书·地理志》中东晋的南兖、南徐、南青、南豫等州,南东海、南琅琊、南东平、南沛、南清河、南下邳、南东莞、南平昌、南济阴、南濮阳等郡,其实都是刘宋时的名称,东晋时并无"南"字;而出现这样低级的失误,盖因编修《晋书》的唐初史臣多属文学之士,既不懂地理之学,又乱抄沈约的《宋书·州郡志》一类前人史书②。

关于《南齐书·州郡志》之"简"。与《宋书·州郡志》失之繁冗相反,《南齐书·州郡志》存在的主要问题是失之太简。萧齐年祀虽短,政区却度属宏多,置立不少,《南齐书·州郡志》对此略而不书处太多,如清人牛运震以为:《南齐书·州郡志》"第存郡县名目大概,疆域沿革,邑里物产,均阙如也,岂特户口不详而已"云云③;又民国姚士鳌《历代地理志评议》也说:

> 无总序。州下略举沿革,间略谈形胜,与当时名人之言论,以资参证耳。……记述之法,以州统郡,郡下仅具县名,鲜有注释,而沿革且尽缺略。既未言物产风俗,亦未言户口数目,盖一残缺之郡县名册表耳。州郡之下,如巴郡、梁州,郡县多付阙如。取材不备,而考证之功复缺。又未举缺略之故以告人,其何以自解于后人耶?总而论之,惟视北齐、北周、陈书等,聊胜于无耳。④

按姚氏"巴郡、梁州,郡县多付阙如"的评说,其实有失平允⑤;责其"未举缺略之故以告人",则疏于检索。据高似孙《史略》卷2所引《子显进书

---

① 钱大昕:《十驾斋养新录》附《十驾斋养新余录》卷中"晋书地理志之误"条,商务印书馆,1957年,第500页。
② 细校《晋书·地理志》与《宋书·州郡志》,犯复者颇多,如《晋书·地理志》扬州后篇一些文字因袭《宋书·州郡志》扬州刺史淮南太守条之迹,就非常明显。
③ 牛运震:《读史纠谬》第7卷"南齐书"之"州郡志"条,齐鲁书社,1989年,第299页。
④ 载《地学杂志》第12年第1期,1921年。
⑤ 姚士鳌《历代地理志评议(续)》《地学杂志》第12年第2期,1921年)具体云:"巴州郡县全缺,东晋寿郡县邑事亡,梁州四十五郡荒无民户。"按据张元济《校史随笔》(商务印书馆,1938年)"南齐书·补阙二叶"条,殿本志第七卷郡下缺十八行,明监本、汲古本同,其行数适当宋本之一页,而宋本此页犹存,则"巴州郡县全缺"是因流传所致,不可归责于萧子显。

表》："素不知户口，故州郡志辄不载。"看来《南齐书·州郡志》的简略，主要还是材料不足的缘故①。再者，今本《南齐书·州郡志》的错误与问题不少，如断代不严，谬述沿革，置废迁徙时间错误，郡县统属乖乱，郡县重出，州下列郡、郡下列县次序不合志例，侨郡名称多省称"南"、"北"二字，行文过简致伤文意，多有脱字、误字、衍字、错简，以及整理者句读错误，这些错误与问题，又或为萧子显本文的错误与问题，或为传抄、翻刻或校订中所造成者。

关于《隋书·地理志》中有关梁、陈政区内容之"散"。按《隋书》十志本名《五代史志》，是修成后才编入先前成书的《隋书》的。这些志或按梁、陈、北齐、北周、隋的次序记述，面貌比较清楚；或以隋为主为纲，梁、陈、北齐、北周四代的面貌就不清楚。《隋书·地理志》属于不清楚的情形，如梁、陈政区仅以小字夹注，不仅谈不上系统、全面，而且失之简略、零散。然而问题在于，《隋书·地理志》中关于梁、陈政区的记载，又是最值得重视的、最为集中的第一手资料，如此，《隋书·地理志》中梁、陈政区记载之"散"，也就造成了梁、陈政区研究的极大麻烦。

那么，对于这些或乱或错、或简或散的相关正史地理志，我们在利用时需要注意些什么呢？以下简单提出三点：

其一，注意成书次序。比如研究两晋政区，《宋书·州郡志》比《晋书·地理志》更加重要，更加是第一手资料。这不仅因为《晋书·地理志》断限在统一之初的太康初年，显得太早，而且因为《晋书·地理志》的不少内容尤其是永嘉以后及东晋百余年的记载，来自《宋书·州郡志》，柴德赓就直言《晋书·地理志》"钞撮《宋书》而未精密"②。何以如此呢？很简单，《晋书》的成书时间晚于《宋书》。古人编书修史，往往抄袭，所以明确典籍的史料来源或者承袭关系非常重要。就关涉三国两晋南朝政区研究的主要九部正史来说，其成书先后如下：《三国志》、《宋书》、《南齐书》、《魏书》、《梁书》、《陈书》、《晋书》、《隋书》、《南史》。

其二，注意版本参照。现在学界习用的正史是中华书局点校本，这没问题，但要存有两个意识，一是必要时参照其他的版本，二是不要完全相信中华

---

① 另外值得注意的原因是《南齐书》的叙事风格向称简洁，而《百官志》尤为简明扼要。如后来唐人李延寿的《南史》，于《南齐书》一般都增添史实，这颇不同于其他之删削文字。当然，《南史》的删削有时也会删出问题。如研究都督区的基础资料，刺史"都督某某几州诸军事"、"都督某州之某某郡军事"，《南史》大多简化为"某州刺史加都督"、"都督某州刺史"、"都督几州诸军事"、"都督某州之几郡军事"，这不仅臆造出了本不存在的官称，连都督区的范围也消失不见了。

② 柴德赓：《史籍举要》，北京出版社，1982年，第48页。

本的校勘记。朱绍侯曾经指出："由于当时人力不足,时间短促,又处于一种特殊时期,中华本《宋书》还没有达到尽善尽美的程度。"①其实不仅《宋书》,这也是中华书局点校本"二十四史"的普遍情形。就以《宋书》为例,张元济的《百衲本二十四史校勘记·宋书校勘记》②就值得参考,因为中华本对一些字句的判断、对一些换行格式的处理,并不一定正确。

其三,注意断限年代。正史地理志所载政区,理论上都是某个特定年代的情况,明确这一点,是利用正史地理志资料的前提③。然而问题在于,正史地理志的断限年代有时并不严格,有时则不清楚。不清楚者,比如《南齐书·州郡志》的断限,有建元年间(479—482)、永明八年(490)两说;《晋书·地理志》的断限,也有太康三年(282)、太康四年两说。这就需要我们下工夫考证,起码要能自圆其说,否则正史地理志如何去用?

集中记载三国两晋南朝政区的传世习见文献,如上所述,既相当错乱、简略、零散,则其对于政区考证尤其是政区复原而言,实在是不敷使用,如此,我们还必须充分关注传世扩展文献与考古出土文献。

先说传世扩展文献。魏晋南北朝文献学有个明显的特点,就是作注之风盛行,或者进行文字训诂,或者大量拾遗补阙。在这些注里,或者保存了许多今已失传的古籍,或者反映了作注者当时的情况。其中,多种注颇有助于三国两晋南朝政区的研究,而有些注是为研究者所忽视的,这里姑且称为"传世扩展文献"。举例来说,为人熟知的北魏郦道元的《水经注》,注的是三国的《水经》,《水经》的现势地名与政区当然是三国的,而《水经注》的现势地名与政区则是南北朝后期的。类似者有高诱注《战国策》、《淮南子》所见汉末魏初地名与政区,杜预《春秋经传集解》、《春秋释例》所见魏末晋初地名与政区,郭璞注

---

① 朱绍侯:《中华本〈宋书〉校点失误商榷》,《庆祝何兹全先生九十岁论文集》,北京师范大学出版社,2001年,第591—592页。按所谓"处于一种特殊时期",或就导致了本来详尽的校勘记,却被颇欠恰当地"删繁就简"的结果,这正如王仲荦《宋书校勘记长编》(中华书局,2009年)"出版说明"所指出的:"由于当时客观条件的制约和整理体例的限制,点校过程中的大量成果并未能在最终出版的点校本中得到完全的体现。"
② 商务印书馆,2001年。
③ 按历史地理专业的学者都有这个意识,其他专业的学者就不一定了,于是往往闹出笑话。如周振鹤批评清人刘文淇所著《楚汉诸侯疆域志》直接套用《汉书·地理志》所载郡县,以汉末史志来划定汉元年各诸侯的封域,结果"谬误百出,几无一是,必须重加考订"(周振鹤:《西汉政区地理》,人民出版社,1987年,第245页)。再如马王堆汉墓联系着西汉的长沙国,曾有几位考古专家径以《汉书·地理志》所载13县认定长沙国的辖境,又在此基础之上大事发挥,论述长沙国的政治状况、经济发展、文化面貌、科技水平。这便差之千里了。汉初马王堆汉墓时期的长沙国,比汉末《汉书·地理志》的长沙国大了两倍以上。参考胡阿祥:《合则兼美 离则俱伤》,《东南文化》2002年第6期。

《山海经》所见东晋地名与政区等。

再说考古出土文献。关涉三国两晋南朝政区研究的考古出土文献不少,如已经公布的50多方东晋南朝墓志,见诸报道的40多方六朝买地券,长沙走马楼发现的数量巨大、多达十几万枚的三国吴简,湖南郴州苏仙桥出土的约千枚西晋木简。这些出土文献,当然包含着大量的地名、政区、基层组织名称,其零零碎碎、枝枝节节的证史补史作用,这里不必赘言,而如果我们善用出土文献,有时还会有意想不到的收获。如日本学者中村圭尔依据南朝几方墓志的出土地点与具体内容,推断南朝著名的实土侨县琅琊郡临沂县的范围,为西、南靠近建康城,北至长江,东以栖霞山附近为界①。又如东晋太宁元年(323)谢鲲墓志说"假葬建康县石子罡……旧墓在荥阳",及东晋义熙三年(407)谢球墓志已说"安厝丹杨郡秣陵县赖乡石泉里牛头山",刘宋永初二年(421)谢琉墓志也说"安厝丹杨郡江宁县赖乡石泉里中"。"假葬"指临时葬地,"安厝"为最终埋葬之意②,由此可见,东晋初年仍然保留着北归故里之期盼的陈郡谢氏,到了晋末宋初,已经接受了安处南方的事实。这是一件非常重要的史事。作为北方南迁大族,陈郡谢氏本来特别在乎郡望,故土意识强烈,而经过百年左右,还是不可避免地成了南方的一员。那么,南迁的中下层士族与一般百姓,无论是否经过土断,只要历年长久,就会不以个人意志与家族意志为转移地由北方人成为南方人,这也就是东晋义熙年间刘裕"请土断表"所说的:"所谓父母之邦以为桑梓者,诚以生焉终焉,敬爱所托耳。今所居累世,坟垄成行,敬恭之诚,岂不与事而至?"③

围绕三国两晋南朝政区研究的文献资料,当然还有诸多其他的正史纪、传、志,类书、政书、会要、编年、辑佚,"全文"、"全诗",以及各家专门典籍,这在一般的史料书上都有介绍,这里就不再赘言了。

四、基本思路与核心理论

先说基本思路。简而言之一句话,政区制度与政区建置作为一个问题的两个方面,必须兼顾。理解相对抽象的政区制度,当以全面明了相对具象的政区建置为条件,否则势必陷入凌空蹈虚的境地,不少的制度史论著正是如此;

---

① 中村圭尔:《关于南朝贵族地缘性的考察——以对侨郡县的探讨为中心》,原刊《东洋学报》第64卷第1、2期,1983年;刘驰译文载《南京晓庄学院学报》2005年第4期。
② 张学锋:《南京象山东晋王氏家族墓志研究》,《社会与国家关系视野下的汉唐历史变迁》,华东师范大学出版社,2006年,第335页。
③ 沈约:《宋书》卷1《武帝纪》。

而系统复原政区建置，又以真切把握政区制度，尤其是新生的政区制度的设计精神为前提，否则亦会遭遇混淆而无线索的尴尬，不少的历史地理论著涉及三国两晋南朝政区时亦犯此病。进而言之，政区制度与政区建置两者比较，政区建置又是主体问题，因为"文本"性质的政区制度，只有通过具体的政区建置，才能转变为"实际"制度；而"实际"制度与"文本"制度之间，往往存在着差别，这样的差别，在三国、东晋南朝政区建置上又表现得相当复杂、明显与普遍，乃至偏离或游离政区制度的政区建置，不仅使一些政区制度走向混乱乃至虚妄，甚至最终葬送了诸多的政区制度。

以此，三国两晋南朝政区研究的基本思路应该是：先致力于政区建置的考证，再展开政区制度的讨论。展开来说，即以各级、各类政区的层级、辖属、境域、治所及其变迁的考证为基础，力求最大限度地复原各政权与各时段的政区建置面貌；以一般政区制度（州郡县）的实施原则、运作状况、效果评价与特殊政区制度（如三国比于郡县的尉部，东晋南朝的侨州郡县、双头州郡，南朝的左郡左县、俚郡僚郡）、类政区制度（如三国、东晋南朝的遥领、虚封，东晋南朝的都督区）的设计精神、影响因素、施用对象、演变脉络为延伸，讨论诸如正统观念、人口迁移、民族政策、侨旧关系、世族权力、军事形势、经济开发、地域意识等因素，对于政区制度创立、调整乃至破坏、消亡的作用，以及对具体的政区建置的影响①。

再说核心理论。笔者在《理解与重视"老生常谈"的理论与学说》②一文中，引述了近年中、日学者的看法。2007 年，日本学者中村圭尔指出：从 20 世纪 70 年代中期至今，"在日本魏晋南北朝史研究中，除开少部分之外，在研究中回避理论问题，致力于具体化、精密化的倾向日益增强，虽然在各自的领域也都取得了不少成果，但不能不说，在此基础之上探索构成魏晋南北朝总体历史形象的研究却十分薄弱"③。又 2002 年，中国学者曹文柱、李传军总结道："魏晋南北朝史的研究课题的日趋细化，已成为近年来一道很显眼的学术景观"，其带来的负面影响是，"选题的杂乱和琐碎，随意性较大，难以得出普遍性

---

① 前此，笔者《东晋南朝侨州郡县与侨流人口研究》一书，分为《宋书·州郡志》与《南齐书·州郡志》研究"、"东晋南朝侨州郡县考表"、"东晋南朝侨州郡县述论"、"东晋南朝侨流人口专题"四编，这正是按照文献考辨、政区建置、政区制度、影响因素的工作流程进行的。按东晋南朝侨州郡县如此，三国两晋南朝其他的一般政区、特殊政区、类政区当然也不例外。
② 载《史学月刊》2011 年第 11 期。
③ 中村圭尔：《日本的魏晋南北朝史研究》，中国魏晋南北朝史学会、武汉大学中国三至九世纪研究所编：《魏晋南北朝史研究：回顾与探索》，湖北教育出版社，2009 年，第 1 页。

的结论",中青年学者"过早地埋头于琐细的局部问题之中,则很难成大器"①。而以笔者的感觉,虽然文章是一篇一篇写的,但最好心中能够预设比较宏观的体系、框架,这样,等到十年、二十年做下来了,应该可以总结出一些具备"立言"意义的东西,也就是所谓的"理论"吧。

具体到魏晋南北朝政区研究,笔者在相关论著中也试图提出一些略带理论色彩的观点。比如笔者觉得,东晋十六国南北朝时代,北方地区的主角是入主的"五胡"与留居的汉族,在颇多艰难曲折的胡人"汉化"的同时,是北方的整体"胡化";在南方,则特别表现为退守南方的北方汉族与南方汉族以及越、蛮、俚、僚等族的自然融合与强制融合。也就是说,北方"胡化"与南方"汉化",是我们理解北方政区与南方政区的前提之一②。再比如说,东晋十六国南北朝的历史,虽然错综复杂,但其中也有主要线索可循。这种主要线索,在十六国北朝为胡汉问题,在东晋南朝为侨旧问题。胡汉之间、侨旧之间既颇多矛盾,又有各种形式的合作。因为有合作,所以十六国北朝得以立国于北方,东晋南朝得以立国于南方;而因为胡汉之间有矛盾,引起大量北方人口的侨流南方,侨旧之间有矛盾,又促成了东晋南朝侨州郡县的大量设置。以此,理解东晋南朝的侨州郡县,胡汉、侨旧两对关系就成为核心③。

对于前辈学者提出的、与魏晋南北朝政区研究相关的理论,我们也要善于结合与运用。比如韩国汉城大学校(今首尔大学校)朴汉济提出了十六国北朝胡、汉民族由冲突到融汇的"胡汉体制论",东晋南朝侨民、旧人由冲突到融汇的"侨旧体制论",以及统合北方、南方的"侨民体制论";也就是说,在朴汉济看来,东晋十六国南北朝的历史,是在脱离故乡的人即侨民的主导下发展与变迁的,相关的制度与文化,也是非胡非汉又亦胡亦汉、非侨非旧又亦侨亦旧的第三种制度与文化。对于这样的"侨民体制论",笔者从自身的研究经历出发,感觉相当管用,把它称为打开这个时代大门的一把钥匙,并不为过。比如南方多设侨州郡县、北方少设侨州郡县的现象,根本原因即在北方的"侨民"是作为统治者的胡族,他们既拥有传统的汉族中原之地,当然就不必通过侨州郡县表达正统观念,而南方的"侨民"是失去祖宗之地、郡望观念强烈、身份也都很高的北方南迁汉族,所以就反客为主,大量设立侨州郡县,以安置南迁人口并且使

---

① 曹文柱、李传军等:《二十世纪魏晋南北朝史研究》,《历史研究》2002年第5期。
② 胡阿祥等:《魏晋南北朝史十五讲》,凤凰出版社,2010年,第1—2页。
③ 胡阿祥著,岛田悠译:《東晋・十六国・南北朝の人口移動とその影響》,《魏晋南北朝における貴族制の形成と三教・文學——歷史學・思想史・文學の連攜による》,日本:汲古書院,2011年,第224页。

之享受一定时间的优复待遇。再如在解释东晋南朝侨州郡县往往选择侨流领袖担任刺史、太守、令长,而且存在世袭任职这一现象时,日本京都大学谷川道雄的"豪族共同体"、"地域共同体"理论,显得非常给力、恰当。又如陈寅恪围绕家族、地域、文化士族、武力强宗等提出的诸多理论,田余庆之东晋一朝为门阀政治学说,在解释江南地域各类政区的分布、东晋都督区的格局、南朝江汉流域分州的情形等具体问题时,都能发挥迎刃而解、涣然冰释的功效。这就是理论的力量吧!

五、关键原则

这里所谓关键原则,指在三国两晋南朝政区研究中,往往需要考虑到的一些切入角度、论证路径、影响因素。这当然很多,以下举例式地提出几条关键原则。

彰显正统原则。欧阳修《正统论》说:"正者,所以正天下之不正也;统者,所以合天下之不一也。……夫居天下之正,合天下于一,斯正统矣。"①正统在统一王朝是不成问题的,在分裂时代则很成问题,而且各别政权与民族对于正统的争夺与彰显,往往还会产生广泛的影响②。具体到三国与东晋南朝政区,就也涂抹了彰显正统的浓墨重彩,如三国的遥领、虚封,东晋南朝的侨置,即是正统原则主导下的产物。以言遥领、虚封,黄龙元年(229)孙权称帝,吴汉结盟,平分天下,《三国志》卷47《吴书·孙权传》记载:"豫、青、徐、幽属吴,兖、冀、并、凉属蜀。其司州之土,以函谷关为界。"而此举的目的,在于"讨恶翦暴,必声其罪,宜先分裂,夺其土地,使士民之心,各知所归"。又《晋书》卷14《地理志》记载:"刘备章武元年,亦以郡国封建诸王,或遥采嘉名,不由检土地所出。……孙权赤乌五年,亦取中州嘉号封建诸王。"这样的遥领、虚封,实质反映了蜀汉自居汉家正统与孙吴得悉汉家正统的政治追求。以言侨州郡县,《魏书》卷60《韩显宗传》记韩显宗之语:"自南伪相承,窃有淮北,欲擅中华之称,且以招诱边民,故侨置中州郡县。"则东晋南朝借侨州郡县表达正统地位的政治意图、表明不弃失土的政治决心,可谓一目了然。甚至我们理解南北朝政区的滥置,也要考虑到正统的影响,盖州郡多,则显得土地广、国力强、户口众,所以南北双方都滥置州郡,以虚张声势。

---

① 李逸安点校:《欧阳修全集》,中华书局,2001年,第275、278页。
② 胡阿祥:《东晋十六国南北朝的疆域变动与侨州郡县设置》,《中国古中世史研究》第22辑,韩国:冠岳社,2009年。

疆域盈缩原则。疆域与政区本是一体两面。完全意义上的疆域,是设置了政区的地域,疆域盈缩,政区随之而有增减;政区的置废,也往往代表了疆域的得失。三国两晋南朝政权的疆域得失极为频繁,研究三国两晋南朝政区,也就必须考虑到三国两晋南朝以及接壤的对立政权之疆域与政区的变迁。这是常识,毋庸赘言。然而麻烦的是,本来能与疆域彼此印证与相互说明的政区,在三国两晋南朝时代却往往大不同于传统的统一时代,比如遥领、虚封、侨置等类虚幻的特殊政区的出现,不仅不能说明疆域的拥有,反而指示着疆域的丧失,在政治地理层面,这类虚幻的政区,反映了那些已经丧失的疆域,在统治者的心目中,仍是有待收复的真实疆域;更加麻烦的是,哪些政区是遥领、虚封、侨置,往往难以判断,而能否作出准确的判断,又以复杂的攻伐攘夺事迹的考证、细致的疆域归属的判断为前提,这又谈何容易!还有一些政区问题,质而言之也是疆域问题,比如非常紊乱的东晋、刘宋的实州郡与侨州郡加"北"字,先是晋末刘裕北伐,青、兖、徐、豫、司、雍等州一度收复,原来的侨置州郡又保留不废,于是在收复诸州郡名称上加"北"字,以资区别;及至刘宋建国,永初元年(420)诏令收复的州郡去"北"字,而侨置的州郡加"南"字;再往后,中原、关西、淮北等地再度沦陷,诸州郡南侨又加"北"字。这样,史籍中诸多带"北"字的州郡,哪些是实哪些是侨,就必须仔细梳理疆域变迁的过程,才能明其大概。

因人而异原则。划分政区是为了"设官分职"、治理百姓,官的身份不同,百姓的情况不同,政区的划分也会因之而异①。就三国两晋南朝政区来说,针对不同治理对象的"一国多制"表现得相当明显,而要说清楚这些相关政区,就要明了这些不同治理对象的各方面情况。如有了侨流人口高标郡望的社会风气、持久深固的地域观念、"乡族集团"的迁徙形式、恢复故土的强烈愿望,才有了东晋南朝侨州郡县长期、普遍、广泛的设置乃至成为制度;有了南迁地方军政长官的兵力以及侨寓政府缺少实州实郡官位的难堪,才有了东晋南朝为了位置失地官吏而专门设置若干侨州侨郡;有了蛮族所处军事地理位置的重要以及人口的众多,才有了齐、梁为治理雍州蛮而使军事性的统治机构宁蛮府划领郡县,于是宁蛮府兼具了地方政区性质;有了蛮人对"蛮"称忌讳的心理以及汉文化中以"左"代"蛮"的语境,才有了宋、齐为豫州等地蛮族所置的郡县称为"左"郡"左"县;有了相对蛮族而言,俚族、僚族的地位较为次要、分布也较为僻远,才有了齐既为部分降附的俚族、僚族设置俚郡、僚郡,俚郡、僚郡又较之左

---

① 以现代中国为例,就有省、市、县、乡各级民族自治政区,有香港、澳门特别行政区,有处于自治区与地区(塔城地区、阿勒泰地区)之间而显得非常特殊的伊犁哈萨克自治州等。

郡少得多的情形。我们知道,"人"的因素是至为复杂的,而三国两晋南朝政区的研究又无法不联系到人的研究,于是三国两晋南朝政区的研究,也就变得至为复杂了,变成绝不仅仅是制度史、历史地理的研究,而也包括了广义的社会史的研究①。

内外轻重原则。众所周知,魏晋南北朝是内轻外重的时代,《续汉书》志第28《百官志》"州郡"条梁刘昭注曰:"大建尊州之规,竟无一日之治。……汉之殄灭,祸源乎此。及臻后代,任寄弥广,委之邦宰之命,授之斧钺之重,假之都督之威,开之征讨之略。……牧镇愈重,据地分争,竟覆天下。"②在这样的大形势下,一方面,"牧镇"亦即都督刺史辖地既广,职权又重,既握兵符,复理民政,既有州郡属吏,复置将军幕府,文武僚佐,纵横捭阖,东晋因此而荆扬争衡,内乱不已,宋、齐、梁、陈也无一不是以镇将拥兵,势成尾大,举兵向阙而改朝换代;另一方面,由门阀政治回归皇权政治的南朝,又力图改变这样的局面,所以宋武帝刘裕分荆立湘,宋文帝刘义隆分荆立雍,宋孝武帝刘骏分荆立郢,然而连续分割荆州的结果,又导致了雍州的后来居上,萧衍即以雍州为根据地而夺取齐朝的天下。又在这种内轻外重即扬州轻、荆州或雍州重的格局中,居于其间的江州、郢州、豫州地位的轻重变迁,也显得极有讲究。比如江州,如果扬州所在的中央信任江州刺史,则江州治于控扼长江的寻阳,反之,则治于内地的豫章。再往下说,内轻外重的都督刺史,甚至改变了制度上的州郡县三级制,而成事实上的府州郡县四级制,所谓"府",正是都督府,其所辖称都督区,于是州的地位下降,都督区俨然成为最高一级政区,这样的情形,颇类似于明清时代的总督制与巡抚制。

主导因素原则。上面说到,北方的胡汉关系、南方的侨旧关系,是错综复杂的十六国北朝与东晋南朝历史的主要线索;同样,在三国两晋南朝政区的研究中,也可寻到若干的主要线索,姑且称为"主导因素原则"。以东晋南朝侨州郡县为例,既是当时政区制度与政区设置紊乱、特殊、随宜状况的集中反映,也

---

① 按在这方面,有三篇关涉三国两晋南朝之"人"与"政区"两方面、堪称经典的文章值得参考,即谭其骧师的《晋永嘉丧乱后之民族迁徙》、周一良的《南朝境内之各种人及政府对待之政策》、陈寅恪的《述东晋王导之功业》(分别首载于《燕京学报》第15期,1934年;《历史语言研究所集刊》1938年第7分;《中山大学学报》1956年第1期)。谭文通过考证侨州郡县的原地与侨地,以明侨流人口的输出地与输入地;周文讨论了东晋南朝政府对待三种人即"北方迁来之侨人"、"三吴地方土著"、"蛮俚溪僚等文化低下之土著"的政策;陈文分析了东晋南朝并兼及孙吴的"北人南来之路线及其居住地域问题"。这些,都颇关多种三国两晋南朝特殊政区的设置、变迁及其地理分布的讨论。
② 范晔:《后汉书》,中华书局,1965年。

是造成当时政区设置的南北名称混通、增置滥置现象以及多种特殊政区成立的最大原因。以言名称的南北混通，本来设置杂乱、没有实土的侨州郡县，经过土断，成了现实正规、拥有属地的"侨"州郡县，并与当地政区混合编制，发生行政辖属关系，于是政区名称南北纠缠，名实因此混淆；以言增置滥置现象，东晋、宋、齐之侨州、侨郡、侨县在全部政区中所占的比例，分别达到40%左右、35%左右、将近30%①，则东晋南朝政区的增滥，有别于其他时代的特殊原因，正在侨州郡县；以言特殊政区的成立，如东晋南朝所有的双头州，都有侨州参与组成，而73例双头郡中，59例是有侨郡参与组成的②，据此可以断言，如果没有侨州郡，将无双头州郡这类特殊政区。再由政区的滥置往下说，演变到南朝后期，已经大量出现了州不领郡、郡不领县的情况，这严重违背了州郡县三级制成立以来州必统郡、郡必辖县的成规，而州、郡乃至于某些地区县的滥置，又使一些州郡县的幅员大小与人口规模缩减到了最低极限，其结果是，南朝政区制度走向了没落与虚妄，及至开皇九年（589）隋灭陈，重新规划南方的政区制度，于是种种特殊的、混乱的、随宜的、滥置的政区，也被一并废除。

　　有关三国两晋南朝政区研究的关键原则，当然还有一些。比如军政至上原则，在此原则之下，都督重于刺史，府级统理州级，府吏侵夺州吏郡吏职权，民刑诸政遭到轻视，乡里组织遭到动摇。比如权宜流变原则，亦即政区的设置既多权宜之计，又往往处于一种流变状态。这样的权宜与流变，如孙吴出于政治原因而有遥领、虚封，出于军事（诸部都尉）、经济（典农校尉、典农都尉、屯田都尉）、民族（属国都尉）多方面考虑而有郡县级各种尉部，东晋南朝为了安置侨流人口而权设侨州郡县；而随着时代的推移，各种特殊政区制度也在发生着流变乃至消亡，如西晋灭吴后废尉部为郡县，孙吴的遥领、虚封，到了东晋南朝变为侨置，东晋南朝的侨置，又因土断而废除或割实，左郡左县、俚郡僚郡入梁、陈后，则为新的治蛮俚僚政策所替代。如此缺乏稳定的制度或凝固的制度，按照严耕望的说法，就是魏晋南北朝的300多年，只是差别巨大的汉制与唐制的过渡时期③；也因为此，魏晋南北朝从中央官制到地方制度，各种制度显得尤为复杂，政区也不例外，甚至比较而言，十六国北朝的政区制度与政区建置，其权宜与流变更过于东晋南朝。而要明了这一点，则比较原则又是研究三国两晋南朝政区时不得不加以运用的，也就是说，研究三国之曹魏、孙吴、蜀

---

① 胡阿祥：《六朝政区增置滥置述论》，《中国历史地理论丛》1993年第3辑。
② 胡阿祥：《述东晋南朝侨州郡县对当时政区之影响》，《中国古中世史研究》第18辑，韩国：冠岳社，2007年。
③ 严耕望：《魏晋南北朝地方行政制度约论》，《大陆杂志》第27卷第4期，1963年。

汉政区,需要相互比较,以见其异同,探讨东晋南朝政区,需要一并明了十六国北朝政区,进而言之,讨论三国两晋南朝政区,还需与前此的秦汉、后此的隋唐进行比较。唯有如此,我们的认识才能客观、全面、立体、准确。

六、"理解的同情"

以上种种的原则,依笔者的体会,借用陈寅恪"对于古人之学说,应具了解之同情……始可以真了解"的语境①,也能一言以蔽之:理解的同情。当然,这不是上面所谈的研究原则话题,而是指我们应持的一种研究态度。

何谓"理解的同情"?即对于我们所研究的时代,所探讨的主题,所关注的古人与故事,不随意评判,不轻易贬斥。不妨举个例子。南宋建炎四年(1130),给事中兼直学士院汪藻上疏说:

> 自东晋以来,中原失据,故江南北侨立州郡,纳其流亡之人。比金人入犯,多驱两河之民,列之行阵,号为"签军"。彼其劫质而来,盖非得已。今年建康、镇江为将臣所招,遁归者无虑万人,此其情可见。莫若用六朝侨寓法,分浙西诸县,皆以两河州郡名之,假如金坛谓之南相州,许相州之人皆就金坛而居,其它类此。俟其入犯,徐以其职招之。彼既知所居各有定处,粗成井邑,父兄骨肉、亲戚故旧皆在,亦何为而不归我哉?况浙西州县,昨经杀戮之后,户绝必多,如令有司籍定田产顷亩,以侨寓之人,计口而给。俟稍安居,料其丁壮,教以战阵,皆精兵也,必争先用命,永无溃散,与夫从彼驱掳、反为我敌者,其利害岂止相万哉?②

几年后的绍兴八年(1138),右正言李谊也进奏道:

> 金人入居汴都,西北之民,感恩戴旧,襁负而归,相属于路。此殆天所以兴吾宋。臣愿于淮南、荆襄,侨建西北州郡,分处归正之民。给以闲田,贷以牛具,使各遂其耕种之业,而又亲戚故旧,同为一所,相爱相恤,不异于闾里,将见中原之人,同心效顺,敌人之谋,当不攻而自屈矣③。

然而,看上去如此优良的建议,却并未得到施行。我们理解的同情,非不想也,实不敢也,因为紧接着的宋金关系演变,是绍兴十一年宋金和议,东以淮河、西

---

① 陈寅恪:《冯友兰中国哲学史上册审查报告》,《金明馆丛稿二编》,上海古籍出版社,1980年,第247页。
② 李心传:《建炎以来系年要录》,中华书局,1956年,第640—641页。
③ 同上书,第1915—1916页。

以大散关为界,宋向金称臣。既然如此,如果南宋侨置淮河、大散关以北的州县,招徕北人,意存规复,必为金廷所不容,所以南宋朝廷断然不敢模仿东晋南朝政府那样,侨置北方故地的州县。我们再进一步理解的同情,则东晋南朝设置侨州郡县、制定侨置政策,应当就是权衡利弊后作出的选择,又正是因为利大于弊,才决定了东晋南朝政府宁愿承受弊以追求利。然则建立在这样的认识之上,我们就不会如有的学者那样,作出如下的评判:东晋南朝的侨州郡县,"对行政、治安、征税等政府管理,极为不便,给国家统一造成的影响尤为重大。即(既)不易控制,更不便监察";也不会作出如下的贬斥:"一个个侨州郡县,都是运动不规则的'扫帚星',使离心力无限扩大,中央政府无力驾驭"①。

　　为了理解地同情三国两晋南朝政区制度与政区建置,我们需要系统全面地理解魏晋南北朝诸如深层的分裂局面、复杂的民族关系、特殊的社会结构、频繁的人口迁徙、变动的典章制度等时代特征②;而在这种理解的基础之上,我们便会建立起真切的同情:三国两晋南朝多特殊政区制度与特殊政区建置,这些制度的成立与建置的政区,又各有其必要性,是三国两晋南朝政权针对不同时期、不同地区、不同民族、不同层次、不同人群、不同统治形势及疆域状况而采取的随宜而明智的措施。其实以古例今,当今政府治理领土广袤、民族众多、自然地理面貌复杂、经济发展水平各异的现代中国,又何尝不是如此呢?

　　最后需要赘言的是,所谓"理解的同情",还有作为本卷作者的我们,对于读者诸君的期盼,即无论建议还是批评,也都请抱着"理解的同情"的态度。然则何故会有这种特别的期盼呢?

　　一般而言,历史政区既是传统沿革地理不可或缺的研究内容,也是历史研究必须关注的组成部分。而具体到三国两晋南朝,就政区制度言,童书业在《中国疆域沿革略》中声明:

　　　　当时南北地方制度同入混乱状态,实无法细加研究;即当时之沈约已不明其究竟,何况千余年后之我辈耶!③

又就政区建置言,当时之沈约在《宋书》卷35《州郡志·序》中说:

　　　　地理参差,其详难举,实由名号骤易,境土屡分,或一郡一县,割成四

---

① 王超:《我国封建时代中央与地方关系述论》,《中国社会科学》1983年第1期。
② 胡阿祥:《六朝文化研究刍议》,《东南文化》2009年第1期。
③ 童书业:《中国疆域沿革略》,台湾开明书店,1982年,第70页。

> 五,四五之中,亟有离合,千回百改,巧历不算,寻校推求,未易精悉。

虽然,"无法细加研究"的地方制度,"寻校推求,未易精悉"的政区建置,正显示了三国两晋南朝政区研究的价值与魅力;然而,混乱参差的政区本身,残缺零散的文献记载,也决定了三国两晋南朝政区的研究,无论是政区制度的探讨,还是政区建置的复原,都极为困难。尽管我们广事搜集、尽力考证传世文献资料,并辅以文物考古资料的补充与印证,但还是有不少的时代(比如梁朝、陈朝)与诸多的地区(尤其边疆地区、疆域频繁易手地区),政区的面貌及其变迁情况难以全面地或者准确地复原;至于本着"史料缺佚者推理之、史料相互矛盾者化解之、史料分散者拾掇条理之"(周振鹤语)的思路,通过逻辑推理手段弥缝与缀连而得出的结果,当然更仅仅是提供了某种我们认为最具可能的趋向。要而言之,本卷有关政区制度特别是政区建置的考述,疏漏甚至错误之处肯定不在少数,我们所寄望于读者诸君与学界同行者,理解的同情之前提下的补漏与纠错。

第一编　三国两晋南朝疆域变迁与政区制度概述

中国历史上的三国两晋南朝时代,由于军阀混战而导致的三国鼎立,由于"八王之乱"、"五胡南下"而导致的统一的西晋很快走向衰亡,由于非汉民族因素的强力介入中原地区而导致的汉人正统政权东晋、南朝(宋、齐、梁、陈)无奈地退守南方,中国政治地理版图进入了深度分裂、频繁动荡、反复重组的阶段;而作为政治地理关键内容的疆域与政区,其时疆域变迁之复杂、政区制度之特殊、政区建置之混乱,既胜过此前统一的秦汉时代,也远胜此后统一的隋唐时代。本编先就三国、两晋、南朝之各别政权的疆域变迁稍作梳理,再就这些政权的政区制度(分为一般制度与特殊制度)略加说明。盖疆域变迁与政区制度既明,然后方可细考备述具体的政区建置。

有关疆域与政区(包括"政区"即行政区域、"区划"即行政区划)的定义,周振鹤所撰《中国行政区划通史·总论》①已有广泛的论证,本卷不赘。要而言之,疆域是个政治概念,其判定标准也应当是政治标准,即政治上的服从与一致,有效的占领或控制;应以其实质为断,而不能只看名义。又,疆域与政区实为一个问题的两个方面。完全意义上的疆域,是设置了政区的地域,疆域盈缩,政区随之而有增减;政区作为疆域的一种政治结构,其置废增减也往往指示了疆域的得失变动。再者,政区是人为划分的结果,这种人为的划分即行政区划,其根本目的在于对疆域实施有效的行政管理与政治统治,从这个意义上讲,政区与区划又成为地方行政的一体两面——区划其手段,政区其实施②。立足于这样的认识,本编所梳理之疆域变迁、所说明之政区制度,既为接续的有关政区建置的各编张目,也以政区建置的各编之考述为基础。

---

① 复旦大学出版社,2009年。
② 长期以来,"行政区划"和"行政区域"两词多有人通用。按"行政区划"的中心词是"区划",即划分,其性质是工作,是一项对于行政区域进行划分与调整的工作;"行政区域"的中心词是"区域",是划分后的结果,其性质是一种地理单元。

第一章 三国两晋南朝之疆域变迁

三国两晋南朝的疆域变迁及疆域形势,总体决定于对立政权之间的征伐与争战,即所谓"更相侵伐,互有胜负,疆境之守,彼此不常,才得遽失,则不暇存"①。以言三国,曹魏与孙吴、蜀汉对立,而孙吴与蜀汉之间也不乏争战;以言西晋,其后期在非汉民族割据立国的情形下,已经金瓯有缺;以言东晋、南朝,更是与十六国北朝长期对峙。为清眉目,兹先略分南北,依据唐人杜佑《通典·州郡典》与清人顾祖禹《读史方舆纪要》的大致总结,制作稍备对照意味的下表②:

表1 三国西晋东晋十六国南北朝各政权疆域表

南方各别政权的疆域	北方各别政权的疆域
蜀汉(221—263):蜀主全制巴蜀,以汉中、兴势、白帝,并为重镇	曹魏(220—265):魏氏据中原。东自广陵、寿春、合肥、沔口、西阳、襄阳,重兵以备吴;西自陇西、南安、祁山、汉阳、陈仓,重兵以备蜀
孙吴(222—280):吴主北据江,南尽海。以建平、西陵、乐乡、南郡、巴丘、夏口、武昌、皖城、牛渚圻、濡须坞,并为重镇。其后得沔口、邾城、广陵	西晋(265—316):晋武帝太康元年平吴,分为十九州部。以为冠带之国,尽秦汉之土
东晋(317—420):及永嘉南渡,境宇殊狭,九州之地有其二焉。初,元帝命祖逖镇雍丘,逖死,北境渐蹙。于是豫、青、兖、冀四州及徐州之半,陷刘曜、石勒,以合肥、淮阴、寿阳、泗口、角城为重镇。成帝时,郗守将退屯襄阳,穆帝时,平蜀汉,复梁、益之地。又遣军西入关,至灞上,再北伐,一至洛阳,一至	前凉(301—376):盛时,尝南逾河、湟,东至秦、陇,西包葱岭,北暨居延
	汉—后赵(304—329):盛时,其地东不过太行,南不越嵩、洛,西不逾陇坻,北不出汾、晋

---

① 《通典》卷171《州郡典》,中华书局,1988年。
② 表中曹魏、蜀汉、孙吴、西晋、东晋、宋、齐、梁、陈疆域部分略据《通典·州郡典一》,十六国、北朝及后梁疆域部分略据《读史方舆纪要》卷3、卷4。又今越南中南部之林邑,为制表方便,附见于北方栏。

续　表

南方各别政权的疆域	北方各别政权的疆域
枋头，所得郡县，军旋又失。洎苻坚东平慕容暐，西南陷蜀汉，西北克姑臧，则汉水、长淮以北，悉为坚有。及坚败，再复梁、益、青、徐、兖、豫之地，其后青、兖陷于慕容德，豫、司陷于姚兴，以彭城为北境藩扞。后益、梁又陷于谯纵。每因刘、石、苻、姚衰乱之际，则进兵屯戍于汉中、襄阳、彭城，然大抵上明、江陵、夏口、武昌、合肥、寿阳、淮阴，常为晋氏镇守，义熙以后，又复青、兖、司、豫、梁、益之地，而政移于宋矣	成—汉(304—347)：盛时，东守三峡，南兼僰、爨，西尽岷、邛，北据南郑
	代(315—376)：什翼犍代立，国益强，东自濊貊，西及破落那，南距阴山，北尽沙漠，悉皆归服
	后赵(319—351)：盛时，其地南逾淮、汉，东滨于海，西至河西，北尽燕、代
	前燕(337—370)：盛时，南至汝、颍，东尽青、齐，西抵崤、黾，北守云中
	冉魏(350—352，都邺)：同后赵
	前秦(350—394)：盛时，南至邛、僰，东抵淮、泗，西极西域，北尽大碛
	后秦(384—417)：盛时，其地南至汉川，东逾汝、颍，西控西河，北守上郡
宋(420—479)：宋武帝北平广固，西定梁、益，又克长安，尽得河南之地。长安寻为赫连勃勃所陷，至废帝荥阳王景平中，虎牢以西，复陷于后魏。初，文帝元嘉中遣将北伐，水军入河，克魏碻磝、滑台、虎牢、洛阳四城，其后又失。又分军北伐，西军克弘农、开方二城，以东攻滑台不克，而平碻磝，守之，寻皆败退。于是后魏主太武总师，经彭城临江，屯于瓜步，退攻盱眙，不拔而旋。明帝时，后魏又南侵淮北，青、冀、徐、兖四州及豫州西境悉陷没，则长淮为北境，侨徐、兖于淮南，立青、冀二州，寄治赣榆。其后十余年而宋亡。然初强盛也，南郑、襄阳、悬瓠、彭城、历城、东阳，皆为宋氏藩扞	后燕(384—407)：盛时，南至琅邪，东迄辽海，西届河、汾，北暨燕、代
	西燕(385—394)：有上党、太原、平阳、河东、乐平、新兴、西河、武乡八郡地
	西秦(385—431)：盛时，其地西逾浩亹，东极陇坻，北距河，南略吐谷浑
	后凉(386—403)：初有前凉旧壤，其后大削，姑臧而外唯余仓松、番禾二郡而已
	南凉(397—414)：盛时，东自金城，西至西海，南有河、湟，北据广武
	南燕(398—410)：南燕之地，东至海，南滨泗上，西带巨野，北薄于河
	西凉(400—421)：有郡凡七，最为弱小
	北凉(401—439)：盛时，西控西域，东尽河、湟，前凉旧壤几奄有之

续 表

南方各别政权的疆域	北方各别政权的疆域
齐(479—502)：淮北之地所以多少，青州治朐山，冀治连口，豫治寿春，北兖治淮阴，北徐治钟离，又置巴州，治巴东郡。其余州郡，悉因宋代。其后频为后魏所侵，至东昏永元初，沔北诸郡，相继败没。又遣军北伐，败于马圈，退屯盆城，又失寿春，后三年，齐亡。始全盛也，南郑、樊城、襄阳、义阳、寿春、淮阳、角城、涟口、朐山为重镇	后蜀(405—413)：谯纵之地，北不得汉中，南不逾邛、僰
	夏(407—431)：盛时，南阻秦岭，东戍蒲津，西收秦、陇，北薄于河
	北燕(407—436)：袭燕旧壤之一部
	北魏(386—534)：后魏起自北荒。道武珪克并州，下常山，拔中山，尽取慕容燕河北地
梁(502—557)：武帝受禅，数年即失汉川及淮西之地，其后诸将频年与魏军交战于淮南淮北，互有胜负。虽得悬瓠、彭城，俄而又失。又克寿春。中大通初，大举北伐，淮北城镇，相次克平，直至洛阳，暂为梁有。其后又复汉中。至东魏将侯景以河南地降，逆乱相寻，有名无实。及景陷后，江北之地，悉陷高齐，汉川、蜀川没于西魏。大抵雍州、下溠戍、夏口、白苟堆、硖石城、合州、钟离、淮阴、朐山为重镇	明元嗣时，渐有河南州镇。太武焘西克统万，东平辽西，又西克姑臧，南临瓜步。献文之世，长淮以北悉为魏有。孝文都洛，复取南阳。宣武恪时又得寿春，复取淮西，续收汉川，至于剑阁。于是魏地北逾大碛，西至流沙，东接高丽，南临江、汉。追胡后内乱，六镇外挠，尔朱构祸，国分为二，而魏亡矣
	东魏(534—550)：有洛阳以东的原北魏疆域
后梁(555—587)：萧詧虽承梁祀，所得者仅江陵三百里，又称臣于魏，比诸附庸	西魏(535—557)：有洛阳以西的原北魏疆域及益州、襄阳等地
陈(557—589)：陈氏比于梁代，土宇弥蹙，西不得蜀汉，北失淮肥，以长江为境。宣帝太建中，频年北伐，诸将累捷，尽复淮南之地。更经略淮北，大破齐军于吕梁。及旋师，属高齐国亡，又总军北伐，至吕梁，周军来拒，又大破之。旋为周军所败，悉虏其众，自是江北之地，尽没于周，又以长江为界。及隋军来伐，遣将守狼尾滩、荆门、安蜀城、公安、巴陵以下，并风靡退散，隋军自采石、京口渡江而平之	北齐(550—577)：高欢起自晋州，东有殷、冀，遂灭尔朱，劫魏迁邺，覆其宗嗣。于是河北自晋州东，河南自洛阳东，皆为齐境。（此专举周、齐分界言之。齐天保中其地北界沙漠，东滨海。又梁侯景之乱，遣将略地，南至于江）。高纬时，陈人取淮南地，周师拔淮阴，拔平阳，而齐遂亡
	北周(557—581)：宇文周起自高平，拥有关、陇，魏主西奔，渐移其祚。于是河南自洛阳之西，河北自晋州之西，皆为周境。文帝泰既西并梁、益，南克江、汉，武帝邕又东并高齐，兼取陈淮南地。杨坚以内戚擅权，遂易周祚。取梁并陈，天下为一
孙吴、西晋、东晋、宋、齐、梁、陈	林邑(192—1471)：今越南中南部

以下四节，即以具体的史实与扼要的分析，对上表予以考述、补正与讨论。

第一节 三国疆域变迁

三国疆域格局的形成，不始于曹、刘、孙三家称王称帝，而实肇始于汉末群雄的割据兼并。要言之，曹操自初平三年(192)以兖州牧割据兖州，建安元年(196)迎汉献帝都于许，三年攻取徐州，十二年定河北，十九年又进而定关中、陇右，北方局势底定，曹魏建国即基于此。刘备于建安十六年以荆州牧入蜀，十九年定成都，二十四年又平汉中，蜀汉规模遂建①。孙策于兴平二年(195)领父孙坚遗部入江东，席卷六郡，弟孙权又继而次第平定长江中游以南及岭南地区，孙氏遂保据江东近六十年，成其霸业。三国纷争互扰，建置繁复。边境接壤地区，拉锯频仍，转瞬易手，"天水汉沔，蜀魏互争；荆楚桂零，吴蜀攘夺；江淮之间，时魏时吴；遥领虚封，复淆观听"②。赤壁战后，荆州之地三分，曹、刘、孙各占其一，后孙氏尽得刘氏所占，荆州遂为魏、吴所分；房陵、上庸、西城三郡，魏得之于张鲁，不数年失之于蜀汉，旋又自蜀汉返魏，五六年间竟三度易手。又三国平定宇内以巩固政权，如魏讨辽东公孙，蜀汉征南蛮，吴伐山越。其纷繁如此，今略述三国疆域之盈缩始末如下。

一、曹魏疆域

汉末攘乱，董卓以关西兵入洛阳，挟持汉帝，西迁长安；关东群雄并起。曹操纠集宗族、宾客、部曲起兵于陈留讨董。初平三年(192)，青州黄巾西进，击杀兖州刺史刘岱，兖州无主，众推曹操出任兖州牧。曹操于济北击溃青州黄巾主力，"受降卒三十余万，男女百余万口，收其精锐者，号为青州兵"③，并驱逐长安政府所属兖州刺史金尚，曹氏势力始大。初平四年，曹操击破袁术于封丘，袁术走奔淮南，于是曹氏便将袁术势力驱逐出兖州。

是年秋，曹操东征徐州陶谦，"攻拔十余城，至彭城，大战，谦兵败，走保郯。……操攻郯不能克，乃去，攻取虑、睢陵、夏丘，皆屠之，鸡犬亦尽，墟邑无

---

① 陈寿《三国志》以刘备、刘禅政权为《蜀书》，但是自始至终，刘备、刘禅并未自称为"蜀国"，而是以"汉"作为国号。如《资治通鉴》记事，即以汉称之。对此问题，本卷随宜处置，蜀汉、蜀等因文之便。参胡阿祥：《蜀汉史读书随笔二则》，《南京晓庄学院学报》2009 年第 1 期。
② 王恢：《中国历史地理》(下册)，台湾学生书局，1984 年，第 820 页。"遥领虚封"，如"吴有犍为之守，蜀存京兆之名；武都一郡，土归西国而名列扶风；房陵一区，实隶当涂而虚领益土"。(清)洪亮吉：《补三国疆域志·序》，《补三国疆域志》，第 1 页，《二十五史补编》，中华书局，1955 年。
③ 《三国志》卷 1《魏书·武帝纪》，中华书局，1982 年。

复行人"①。兴平元年（194），曹操复东征徐州，"略地至琅邪、东海，所过残灭"②。是曹氏尽得徐州北部诸郡县。然曹操悬军在外，吕布趁乱联合陈留太守张邈与东郡之陈宫拒曹，兖州郡县一时响应，唯有鄄城、范、东阿三县为曹氏坚守。曹操乃释徐州而回军兖州，与吕布相持。兴平二年，曹氏败吕布于定陶，分兵平定诸县，复夺兖州，"天子拜太祖（曹操）兖州牧"③，至此，曹氏在兖州的根基日趋稳定。

建安元年（196），曹操南讨豫州汝南、颍川黄巾军，攻克许县，曹氏势力由此伸入豫州境内。是年，曹操将汉献帝自洛阳迎至许，自领司隶校尉，录尚书事，并攻拔杨奉于河南梁县，于是司隶部之河南地区也渐为曹氏掌控，曹氏遂得以"挟天子以令诸侯"，那些服膺汉室的郡县也就变相地成为曹氏的势力范围。

建安二年正月，曹操为解除许都所受之威胁，南征张绣于宛，张绣降而复叛，曹操退屯南阳之舞阴，旋还许。南阳章陵诸县复叛附张绣；十月，曹操复讨张绣，克湖阳、舞阴，势力延伸至荆州汉水之东北部。是年，曹操南征袁术，大败袁术于陈，袁术势力退出豫州，保据淮南，于是曹氏遂有豫州全境。

建安三年九月，曹操东征吕布于徐州，进克彭城，围吕布于下邳。十一月，攻陷下邳，杀吕布，乃尽得徐州之地。建安四年，又令吕布部将"臧霸等入青州破齐、北海、东安"④，尽获青州之大河以南地区。是年，袁绍所属河内太守张扬为部下所杀，曹操即命军渡河北进，取河内，曹氏始尽得司隶东部大河南北地方，与袁氏并州接壤。其年，盘踞淮南的袁术窘迫而死，曹氏取其九江郡，建合肥为淮南重镇，与孙氏相持于庐江。此时，曹氏势力已然东尽大海，西至潼关，北阻大河，南达江淮间，北与袁氏对峙于黄河及河东、河内一线，南与孙氏拉锯于淮南。

建安五年正月，因刘备叛据徐州，曹操复东征，攻破刘备，再定徐州。旋北上，与袁绍相持于黎阳。九月，曹操败袁氏于官渡。六年再败袁绍于仓亭津。七年，袁绍病死，其子袁尚使郭援、高干与匈奴南单于等共攻河东，"援所经城邑皆下"⑤。曹操乃使钟繇击破之，斩郭援，降南单于，河东乃定。九年，曹操再攻袁尚，向北推进至邺，"易阳令韩范、涉长梁岐举县降"⑥，至八月，曹军破

---

① 《资治通鉴》卷60初平四年，中华书局，1956年。
② 《资治通鉴》卷61兴平元年。
③④ 《三国志》卷1《魏书·武帝纪》。
⑤ 《资治通鉴》卷64建安七年。
⑥ 《三国志》卷1《魏书·武帝纪》。

邺城,袁尚北走中山,投袁熙于幽州,十月,并州刺史高干以州降。"太祖(曹操)之围邺也,(袁)谭略取甘陵、安平、勃海、河间……太祖将讨之,谭乃拔平原,并南皮,自屯龙凑。十二月,太祖军其门,谭不出,夜遁奔南皮,临清河而屯。(建安)十年正月,攻拔之,斩谭及(郭)图等。"①于是青、冀二州悉平。"是月,袁熙大将焦触、张南等叛攻熙、尚,熙、尚奔三郡乌丸。触等举其县降。"②八月,故安赵犊、霍奴及三郡乌桓等攻杀曹操所属幽州刺史及涿郡、渔阳太守。曹操旋击斩赵犊,逐走乌桓。于是幽州右北平以西遂定。十月,高干以并州反,举兵守上党之壶关口,河内张晟起兵攻崤渑;张琰起应之,与高干互通往来。十一年,曹操攻并州,降壶关,高干败死,并州遂定。十二年八月,曹操率大军出卢龙塞,经白檀,历平冈,东指柳城,败辽西乌桓,斩其首领蹋顿,降胡汉二十余万口,辽西平。于是,原袁氏所领四州尽为曹氏所有,曹操遂由兖州牧改任冀州牧,于魏郡之邺城设霸府,曹氏统治中心便自河南北移至河北。至此,曹氏占有汉室之兖、豫、徐、冀、并、青六州及司隶之潼关以东、幽州之辽东以西、扬州之淮南地区。

建安十三年九月,曹操南征荆州至新野,荆州刺史刘琮举州降。曹军南进,遂据江陵。十月,曹军为孙权、刘备联军败于赤壁,曹氏乃退保江陵、襄阳,南郡之夷陵又为孙氏攻取。十四年,江陵复为孙氏攻占,南郡遂失,曹氏乃退保襄阳一带。后南北虽于此地多次往来拉锯,但曹氏荆州南界大致稳定于江汉之间。至此,曹氏集团南进受阻,遂致力于经营关中、陇右、汉中地区。

建安十六年,曹操欲西征汉中张鲁,关中马超、韩遂等十余部皆以袭己,乃屯兵潼关。九月,曹操破关中联军于渭南,进屯长安。十月,曹氏又北征,平安定。十七年,曹将夏侯渊讨平马超余众于蓝田,又平鄘,曹氏遂定冯翊。十八年,马超攻入天水冀城,凉州别驾杨阜、抚夷将军姜叙等击败马超,夏侯渊并击长离诸羌及韩遂,转战于兴国、高平、屠各。关中大体平定。然是年初,曹操与孙权相持于濡须口,曹操"恐滨江郡县为孙权所略,欲徙令近内……既而民转相惊,自庐江、九江、蕲春、广陵,户十余万皆东渡江,江西遂虚,合肥以南,惟有皖城"③。是曹氏江北诸郡县为之虚耗。

建安十九年,夏侯渊自兴国讨称王枹罕之宋建。宋建败死,夏侯氏别遣张郃渡入小湟中,河西诸羌皆降,陇右遂平。

---

① 《三国志》卷6《魏书·袁绍传》。
② 《三国志》卷1《魏书·武帝纪》。乌丸即乌桓,据《三国志》卷30《魏书·乌丸传》,三郡乌桓者,辽西蹋顿,辽东属国苏仆延,右北平乌延。
③ 《资治通鉴》卷66建安十八年。

建安二十年正月,因羌人扰乱,乃"省云中、定襄、五原、朔方郡,郡置一县领其民,合以为新兴郡"①,同时又省上郡,于是并州西部地区弃守,此盖承东汉羌胡内徙之势,虽下启"五胡乱华之基焉"②,但不能因此归咎于曹氏一方。三月,曹操亲统兵攻汉中张鲁,遣军攻破白马氏于武都。五月,曹操又攻杀武都氐王窦茂于河池。七月,曹军自武都攻入汉中,取阳平,张鲁逃奔巴中,曹操遂入南郑,定汉中,并从中分立出西城、锡、上庸三郡。巴、賨夷帅朴胡、杜濩、任约降曹,曹操乃自巴郡分出巴东、巴西二郡,即以三人为三巴太守。是曹氏势力自汉中复南伸至巴中。十一月,朴胡、任约等为刘备所败,曹操乃使张郃督诸军攻三巴,旋亦败于宕渠,张郃走还南郑,三巴遂失。曹、刘乃相持于武都下辨、汉中阳平一线。

建安二十三年,幽州代郡上谷乌桓无臣氐等反,曹操使其子曹彰破之于桑干,鲜卑大人轲比能惧而降,代平。二十四年正月,刘备斩夏侯渊于汉中定军山。五月,曹操以与刘备相持月余,军士多亡,乃引汉中诸军回长安,房陵、上庸一时陷没,汉中诸郡得而复失,曹氏势力退至长安一线,遂无秦岭以南之地。八月,蜀汉关羽自江陵北攻樊城,荆州刺史胡修、南乡太守傅方皆降于关羽,许都震动,曹氏甚至有迁都之议。十月,曹操联合孙权败关羽,襄樊之地遂定。

延康元年(220)五月,凉州西平麹演与张掖张进、酒泉黄华相连,驱逐守宰,不遵朝命,武威三种胡又叛,金城太守、护羌校尉苏则击杀张进,黄华降,曹氏遂定河西之地。七月,蜀汉将孟达降,曹氏取蜀汉秦岭以南之房陵、上庸、西城三郡,并为新城郡,长安得以转为内线。至此,曹氏疆域主体最终形成,论其形势,"东自广陵、寿春、合肥、洈口、西阳、襄阳,重兵以备吴;西自陇西、南安、祁山、汉阳、陈仓,重兵以备蜀"③。清代吴增仅《〈三国郡县表〉序》中所云"曹魏建置始于汉末建安之际,实大关键",诚非虚言。

要之,曹魏疆域多为曹氏以汉臣讨不归顺者所得,因而名为汉域,实为曹氏天下。有论者或谓建安十八年曹操晋爵魏公建国,以冀州之河东、河内、魏郡、赵国、中山、常山、巨鹿、安平、甘陵、平原十郡为魏国,曹魏始有疆土;殊不知曹氏封公建国之本意在于摆脱汉帝对其在名义上的羁縻,渐离君臣的窠臼,为曹氏代汉奠定基础,封国疆域与曹氏统治范围并无必然联系,故此论有避实

---

① 《三国志》卷1《魏书·武帝纪》。
② 童书业:《中国疆域沿革略》,台湾开明书店,1982年,第31页。
③ 《通典》卷171《州郡典》。

就虚、舍本逐末之嫌。

延康元年十月,曹操子曹丕代汉称帝,改元黄初,建都洛阳,曹氏得称天子,魏国疆域尽袭建安中曹氏势力范围,境内州郡县虽屡有析分,然而疆土范围大体稳定。建安十八年虽"诏书并十四州,复为九州"①,但只能施行于曹氏区域内,孙、刘并不奉诏。及曹氏代汉,又复十四州制,改以关陇为雍州,以河西为凉州。计辖有司(治洛阳)、豫(治汝南安成)、冀(治安平信都)、兖(治东郡廪丘)、徐(治下邳下邳)、青(治临淄)、雍(治京兆长安)、凉(治武威姑臧)、并(治太原晋阳)、幽(治燕国蓟县)十州,又有荆(治南阳新野)、扬(治淮南寿春)二州,均唯有原州之北境。是曹魏乃有十二州。

黄初三年(222)、五年,魏两次伐吴,进攻广陵、濡须、南郡,均临江而返,难有拓土之功。然黄初五年十一月,鲜卑步度根部万余落保聚于太原、雁门,轲比能部遂强,屡屡袭扰幽、并二州,数为边患。六年八月,魏南征至广陵,有渡江之志,吴人沿江固守,魏军无功而还。太和元年(227)十二月,新城孟达以城附蜀汉,然旋为司马懿所破。太和二年,蜀汉诸葛亮来攻,天水、南安、安定皆降蜀汉,旋张郃败蜀汉于街亭,蜀汉军退至汉中,魏复得三郡。三年春,武都、阴平二郡为蜀汉攻取。四年,魏攻蜀汉,相持于汉中成固三十余日而退。是年,魏筑合肥新城以备吴,吴亦筑东兴堤以阻巢湖水,是魏、吴二国在下游大致以江北之巢湖为界。

景初元年(237),公孙渊称燕王于辽东,自置官署。二年,司马懿平公孙渊,魏遂尽取辽东地,收辽东、带方、乐浪、玄菟四郡,使属幽州,于是曹魏东北边境深入今朝鲜半岛北部。正始三年(242)七月,高句丽王位宫袭辽东西安平,焚掠而去。五年九月,"鲜卑内附,置辽东属国,立昌黎县以居之"②。七年二月,魏攻高句丽,破丸都,追击其王位宫,"过沃沮千有余里,至肃慎氏南界,刻石纪功,刊丸都之山,铭不耐之城"③。五月,魏又讨濊貊,破之,于是幽州之东境延伸至今韩国北部地区。

正元元年(254)十月,陇西之河关、临洮诸县皆为蜀汉攻占,旋魏军来援,乃复失地。二年,蜀汉军又自陇西之枹罕东进,魏军败于洮水之西,狄道受困,旋因援军大至,蜀汉军复退至钟鍉,陇西得以无虞。

是年春,扬州刺史文钦、镇东将军毌丘俭以讨司马氏为名,起兵于淮南寿

---

① 《三国志》卷1《魏书·武帝纪》。
② 《三国志》卷4《魏书·三少帝纪》。
③ 《三国志》卷28《魏书·毌丘俭传》。

春,并渡淮进至项城,司马师破之,淮南平。甘露二年(257),魏征东大将军诸葛诞复据寿春,称臣于吴,魏司马昭遣军围寿春。三年,司马昭破寿春,淮南底定。

景元四年(263),魏大举攻蜀汉。九月,钟会攻入汉中,邓艾攻入阴平,降武都之武兴,蜀汉退守剑阁,魏尽取蜀汉北境之汉中、武都、阴平三郡。十月,邓艾自阴平南进,行无人之地七百余里,凿山通路,避剑阁而取道江油,进克涪城,继而又破绵竹。十一月,邓艾兵至成都,蜀汉主刘禅降。魏乃尽得蜀汉地,并分益州北境立梁州,治汉中。是魏末乃有十四州。咸熙二年(265),司马炎代魏称帝,国号晋,魏之疆域尽为晋所承。

二、蜀汉疆域

蜀汉先主刘备,汉灵帝末年起兵涿郡以讨黄巾军。汉室衰颓,群雄并起,刘备先后投奔公孙瓒、陶谦、吕布、曹操、袁绍,建安六年(201),又依附荆州牧刘表于新野。刘备转战四方近二十年,无有基业。建安十三年,曹操南征,刘备联合江东孙权,败曹操于赤壁,曹操北还,留兵守江陵、襄阳,刘备即表刘表子刘琦为荆州刺史,自引兵招抚荆州江南之武陵、长沙、桂阳、零陵,四郡皆降。十四年,周瑜破江陵,孙权以周瑜领南郡太守,屯江陵。刘琦死,孙权表刘备为荆州牧,刘备乃自孙氏南郡太守周瑜处分得南郡之江南岸地①。刘备乃立营于油口,改名公安,与江陵隔江相对。十五年,"备以周瑜所给地少,不足以容其众,乃自诣京见孙权,求都督荆州"②。孙氏虑及联刘抗曹之必要,即以南郡之江北地予刘备。刘备乃迁镇江陵,北与曹氏之襄樊接壤。至此,除曹氏占有荆州北境之南阳(包括由南郡、南阳郡析出之襄阳郡,由南阳郡析出之章陵、南乡二郡)及江夏之江北地,孙氏占有东境之江夏江南地外,刘备尽有荆州南郡及江南之武陵、长沙、桂阳、零陵四郡之地。

建安十六年,刘备因益州牧刘璋之邀入蜀,屯葭萌以备汉中张鲁。十七年十二月,刘备自葭萌袭占白水关,又南下进据梓潼之涪城。十八年,刘备屡败刘璋,进围雒城,并分遣众将平定诸县。十九年,诸葛亮、张飞、赵云等自荆州溯流而上,克巴东,直至江州,再破巴郡,又分遣赵云从外水定江阳、犍为,张飞定巴西、德阳。闰五月,刘备破雒城,进围成都,刘璋以成都降。刘备遂尽取刘

---

① 《资治通鉴》卷66建安十四年:"周瑜分南岸地以给备。"胡三省注曰:"荆江之南岸,则零陵、桂阳、武陵、长沙四郡也。"按胡注恐误,时周瑜克曹氏江陵,为南郡太守,所分之南岸地自当为南郡之江南区域。零陵等四郡为刘备自得,非分自孙氏。
② 《资治通鉴》卷58建安十五年。

璋所属益州地，并兼领荆、益二州牧，直接与汉中张鲁南北相持。

建安二十年，荆州之长沙、桂阳、零陵三郡为孙权袭取，孙、刘二军相持于长沙之益阳。会闻曹操将攻汉中，刘备惧失益州，乃求和于孙权，分荆州为二，"江夏、长沙、桂阳东属，南郡、零陵、武陵西属"①，于是刘氏之荆州东界西缩至洞庭、湘水一线。

是年，曹操得汉中，并遣军攻三巴。刘备北上，使张飞破曹将张郃于宕渠，刘备遂定三巴之地。建安二十二年，刘备将攻汉中，乃使张飞、马超等屯兵于武都之下辨，与曹氏相持。二十三年，蜀汉军败于下辨之固山，张飞、马超等乃退出下辨。四月，刘备自至汉中阳平关，与曹操相持。二十四年，刘备击斩魏将夏侯渊于定军山，复与曹军相持月余，曹军撤至长安，刘备遂有汉中之地。同时，蜀汉将孟达自秭归北上攻取房陵，刘封自汉中东下与孟达会攻上庸，上庸降，并取西城。于是刘氏再得秦岭以南之地，直逼长安。至此，刘氏疆域臻于极盛，占有益州全境及荆州之西部，北抵关中，南至蛮中，横跨二州之地。刘备遂即位汉中王。

建安二十四年八月，蜀汉将关羽自江陵北上，围攻樊城，魏荆州刺史、南乡太守皆降。十月，吴袭取江陵，蜀汉失南郡，刘备所属荆州将吏皆归附孙氏。十一月，刘备所属宜都太守樊友弃郡走，诸城长吏及蛮夷君长皆降孙权，关羽亦为孙权俘杀。刘氏荆州遂失。延康元年（220），孟达降魏，房陵、上庸、西城三郡一时陷没。蜀汉又失秦岭以南及沔水上游之地。诸葛亮《隆中对》所言宛洛、秦川两路伐曹之计划遂告搁浅。

刘备于章武元年（221）即帝位后，即出兵伐吴。七月，刘备败吴军于巫，进逼秭归。二年二月，自秭归东进，至夷道之猇亭。蜀汉军自巫峡建平连营至夷陵界，直迫南郡之西境。旋败于吴，退回蜀中。于是蜀汉荆州之地遂不复得，唯保三峡以西益州之地。此后，刘氏不得不退守蜀中，蜀汉疆域之主体大致形成。论其形势，"以汉中、兴势、白帝，并为重镇"②，其疆域为三国中最小者。

是年十二月，蜀汉汉嘉太守黄元据郡反。建兴元年（223），平黄元，定汉嘉。六月，益州郡帅雍闿附吴，郡人孟获煽动群蛮，牂柯太守朱褒、越嶲夷王高定反。诸葛亮乃"闭关息民"③，是蜀汉无暇顾及之，乃暂置南中诸郡于度外。

---

① 《三国志》卷32《蜀书·先主传》。
② 《通典》卷171《州郡典》。
③ 《资治通鉴》卷70黄初四年。胡三省注曰："闭越嶲之灵关也。"

三年,诸葛亮南征,益州、永昌、牂柯、越巂诸郡皆平,然"越巂郡自丞相亮讨高定之后,叟夷数反,杀太守龚禄、焦璜,是后太守不敢之郡,只住安上县,去郡八百余里,其郡徒有名而已"①。是蜀汉虽复得南中地,却未必能于南中具有完全的统治力。

建兴五年,魏新城守将孟达私下致书于诸葛亮,以图自附,然六年魏司马懿平孟达,新城未克降附。是年,诸葛亮以南中既定,乃北伐攻魏,天水、南安、安定三郡皆叛魏降蜀汉。旋街亭兵败,蜀汉军退回汉中,三郡复失于魏。七年,蜀汉再攻魏,取武都、阴平二郡。于是蜀汉之西北境乃直通魏之陇右诸郡。此后,诸葛亮虽屡屡北伐,直至建兴十一年病逝军中,但均无功而返,难得魏之寸土。

延熙三年(240),越巂太守张嶷平定越巂郡,又定汉嘉郡内之旄牛夷。七年,魏伐蜀汉,蜀汉军与之相持于汉中兴势,旋魏军败还。十一年,涪陵夷反,邓芝即讨平之。十七年,蜀汉姜维攻魏陇西之河关、临洮诸县,旋魏援军至,蜀汉乃弃其地,徙民而归。十八年,姜维复自魏陇西郡之枹罕破魏军于洮西,悬军深入魏境,进围狄道,旋魏援军至,蜀汉军退。

景耀元年(258),姜维复筹划纵敌深入以歼之,乃撤外围之守,使诸军屯于汉寿、乐城、汉城之地。于是蜀汉自弃险要,自拆藩篱。炎兴元年(263),魏大举攻蜀汉,汉中、武都、阴平三郡一时陷没,蜀汉军退守剑阁,魏军乃自阴平出奇兵,绕剑阁后,克涪城、绵竹,进围成都,十一月,蜀汉主刘禅降魏,蜀汉疆土尽为魏有。

三、孙吴疆域

孙吴基业肇始于孙坚,然而孙坚早死,子侄多附于袁术,及孙坚子孙策方才立足江东,故孙氏之有疆土,实自孙策始。汉兴平二年(195),孙策自袁术处得父遗众,自淮南渡江攻入江东,所向皆破,丹阳诸县先后为孙策所得,扬州刺史刘繇走奔豫章。孙策之丹阳都尉朱治又逐吴郡太守许贡。此即是孙氏开创江东基业之始,所辖不出长江下游沿江南岸之丹阳、吴二郡,且其于丹阳,"已定宣城以东,惟泾以西六县未服"②。建安元年(196),孙策取会稽,剪平吴中山越严伯虎。三年,又平丹阳西部陵阳、泾诸县。四年,袁术死,孙策渡江北袭庐江,拔皖城,于是孙策势力延伸至江北。是年,孙策溯江西上,

---

① 《三国志》卷43《蜀书·张嶷传》。
② 《三国志》卷49《吴书·太史慈传》。

败黄祖于荆州之江夏，又南攻扬州之豫章，豫章太守华歆降。至此，孙策据有扬州江南之吴郡、会稽、丹阳、豫章、庐陵（自豫章分出）以及江北之庐江凡六郡之地，得扬州大半，北与曹操对峙于江北①，东尽大海，西逼荆州刘表，南抵交州，即包括了"长江下游今大别山、幕阜山、九岭山、罗霄山以东，广东省以北，东至海，北抵江（江北又有皖中庐江郡地）的广大区域"②，孙氏疆域基础由此而定。

建安五年，孙策死，弟孙权代领其众。八年，孙权遣将击平鄱阳、乐安、海昏等地山越；又使南部都尉贺齐讨建安、汉兴、南平等地宗帅，"复立县邑，料出兵万人"③。十三年春，孙权击杀江夏太守黄祖，孙氏势力遂西通于荆州。十月，孙、刘联军败曹操于赤壁，吴将甘宁乃取南郡之夷陵，孙、曹相持于江陵。十四年，吴周瑜克江陵，取南郡，又分南郡江南地予刘备。及原江夏太守刘琦（刘表子）卒，孙氏又略取江夏郡江南诸县。孙权乃以"（周）瑜领南郡太守，屯据江陵；程普领江夏太守，治沙羡；吕范领彭泽太守；吕蒙领寻阳"④。至此，孙氏荆州有南郡、江夏之南岸地，由此与江东诸郡络绎相接。十五年，孙氏为联刘抗曹计，以南郡江北地予刘备，孙氏西境乃东退至江夏。

建安十六年，孙氏遣步骘南下，斩杀原刘表所属交州刺史吴巨，岭南豪强士燮等"相率供命，南土之宾，自此始也"⑤。

建安二十年，孙权以刘备得西蜀，致书刘备索要荆州，刘备不予。孙权乃使吕蒙攻取荆州之长沙、桂阳、零陵，三郡均降孙氏。刘备以曹氏将取汉中，乃求和于孙权，两家同分荆州，以湘水为界，其东之长沙、江夏、桂阳三郡悉属孙氏，孙氏西境已推进至湘水。二十四年，孙权与曹氏联手，袭取刘氏江陵，刘氏荆州诸郡皆降孙权，孙权乃迁都武昌以震慑上游。刘备称帝后，即率军来争荆州，孙氏复败之于猇亭。于是孙氏便保有荆州，其势力向西推进至三峡以东，东汉荆州大半为其所占。至此，孙吴疆域大体底定，合计有交州全境及荆、扬二州之大部，约三州之地，后虽析交州合浦以北为广州，然而地未拓展。

黄武元年（222），孙权称王，魏伐吴。吴、魏相持于广陵、海陵、濡须、江陵一线。三年、四年，魏两次伐吴，均临江而返。五年，丹阳、吴兴、会稽山民为

---

① 《资治通鉴》卷55建安五年：时曹氏之扬州"独有九江"。
② 胡阿祥：《六朝疆域与政区研究》，学苑出版社，2005年，第42页。
③ 《三国志》卷60《吴书·贺齐传》。
④ 《资治通鉴》卷66建安十四年。
⑤ 《三国志》卷52《吴书·步骘传》。

乱,攻没郡县,吴乃分三郡险地为东安郡,以经营山越。是年,吴交趾太守士燮卒,乃分交州为二,海东四郡为广州,海南四郡为交州,士氏遂为激反。吴平士氏,复交、广二州为一。孙吴遂真正控制了岭南,将其势力伸入今南岭以南之广东、广西大部及越南中北部地区。

黄龙二年(230),孙权遣卫温、诸葛直率甲士浮海入夷洲(今台湾),停留数月而不能有其地。是年,武陵夷叛。嘉禾二年(233),潘濬讨平武陵夷,斩获数万,甚为惨烈。是年,诸葛恪又以丹阳太守大规模镇压山蛮。三、四年间,"庐陵贼李桓、路合、会稽东冶贼随春、南海贼罗历等一时并起"①。吕岱平之,三郡乃定。六年,鄱阳郡民吴遽聚众"攻没诸县。豫章、庐陵宿恶民,并应遽为寇"②,旋为陆逊所破,诸郡皆平。赤乌二年(239),廖式杀临贺太守,攻零陵、桂阳,动摇交州诸郡。吕岱攻之一年,始平。五年,吴遣将军聂友、校尉陆凯领兵南进,置珠崖、儋耳二郡于今雷州半岛,以遥领珠崖洲(今海南岛)。十二年,交趾、九真夷攻没城邑,交部骚动,刺史陆胤喻其恩信,州境复宁。太平二年(257),会稽南部大乱,杀都尉,鄱阳、新都亦生民变,丁密等率军讨平之。是孙氏建国以后,镇抚山越为孙吴政权之要务。

永安六年(263),交趾郡吏以太守贪暴而起事,遣使至魏,请派太守及增兵。九真、日南皆响应。吴不得不于次年以交州东部之南海、苍梧、郁林三郡重置广州(治番禺)。及晋代魏,交趾、九真、日南三郡转而附晋。宝鼎三年(268),郁林又叛吴附晋,是原交州之西、南二境全失。建衡三年(271),吴复克交趾,九真、日南等郡还属吴,吴复有交州,然广州不废。于是,吴便有四州,此建置终吴迄未再变。

综论孙吴疆域形势,东尽海,南临林邑,西拒蜀汉,北拒曹魏,"以建平、西陵、乐乡、南郡、巴丘、夏口、武昌、皖城、牛渚圻、濡须坞,并为重镇。其后得沔口、邾城、广陵"③。又吴、魏对峙于淮南,"江、淮之间,不居各数百里。魏舍合肥,退保新城,吴城江陵,移民南涘,濡须之戍,家停羡溪。及襄阳之屯,民夷离散"④。边疆之荒废如是,而吴、魏往来拉锯亦多在此区域内。孙吴疆域大体承东汉东南区域之旧壤,对北重在防曹,对内重在剿灭山越,其向南拓展则力不能及。汉末林邑建国,侵占交州日南郡象林县以南地区,故孙氏交州南界较

---

① 《三国志》卷60《吴书·吕蒙传》。
② 《三国志》卷58《吴书·陆逊传》。
③ 《通典》卷171《州郡典》。
④ 《宋书》卷64《何承天传》,中华书局,1974年。

之于汉有北缩之势①。天纪三年(279),晋大举攻吴,六路并进。四年,晋克江陵、横江、西陵、乐乡、夷道、江安、武昌、夏口又降晋。"于是沅、湘以南,接于交、广,州郡皆望风送印绶。"②三月,晋军逼建业,吴主孙皓降,吴之疆土尽为晋有,三分至此归于一统。

第二节　西晋疆域变迁

晋室之立肇基于魏。魏咸熙二年(265),司马炎代魏称晋,仍都洛阳。因洛阳处东晋都城建康之西,故史称西晋。晋朝建立之前,魏已灭蜀汉,因而晋室初兴时占有原魏、蜀汉两国十四州之地。泰始五年(269),"以雍州陇右五郡及凉州之金城、梁州之阴平,合七郡置秦州,镇冀城"③。七年,"分益州之建宁、兴古、云南,交州之永昌,合四郡为宁州"④。十年,又以幽州之昌黎、辽东、玄菟、带方、乐浪五郡国置平州⑤。于是原魏、蜀汉十四州之地转为西晋十七州。

泰始四年,吴交趾、九真、日南三郡皆来降附,晋室势力延伸至岭南。六年,鲜卑秃发树机能叛,攻杀秦州刺史胡烈。七年,北地胡又内叛,勾结树机能攻金城郡,刺史牵弘兵败身死,秦凉扰乱。是年,吴复克交趾,九真、日南皆还属吴。咸宁五年(279),树机能攻陷凉州,晋遣马隆西击树机能,斩之,凉州遂平。

太康元年(280),晋六路攻吴,沿江之戍皆为所克,乃进围建业,吴降。晋尽得吴境扬、荆、交、广四州地,三分始得一统。晋乃将南北所置之二荆州、二

---

① 胡阿祥《六朝疆域与政区研究》第57—58页载:"东汉末年初平(190—193年)之乱后,林邑建国,象林县以南之地遂脱离了东汉王朝。按汉代象林县之地在今越南广南省维川县南茶荞(即典冲),约北纬16°处。当孙吴时,原日南郡象林县之地仍为林邑所有,且疆界又有所变化。《水经·温水注》:'三国鼎争,(林邑)未有所附。吴有交土,与之邻接。(林邑)进侵寿泠,以为疆界。'又'魏正始九年,林邑进侵至寿泠县,以为疆界'。是林邑与吴交州日南部的交界在寿泠一带。寿泠县吴置,治所在今越南广治省广治县北广治河东岸,约近北纬17°处;又有寿泠水,即今广治西南向东北流之河,此河殆即吴日南郡南部与林邑之间的界河。这样,吴较之东汉,在中南半岛长山山脉以东的狭长地带又北缩约一个纬度,一百八十余公里。此线以北,则孙吴疆土仍略同于东汉。"
② 《资治通鉴》卷81太康元年。
③ 《晋书》卷14《地理志》"秦州"条,中华书局,1974年。
④ 《晋书》卷14《地理志》"宁州"条。
⑤ 《晋书》卷14《地理志》"平州"条:"咸宁二年十月,分昌黎、辽东、玄菟、带方、乐浪等郡国五置平州";《晋书》卷3《武帝纪》:泰始十年"二月,分幽州五郡置平州"。钱大昕《廿二史考异》卷19以为"平州当置于泰始,不当在咸宁也"(江苏古籍出版社1997年《嘉定钱大昕全集》本,第433页),今从之。

扬州皆合并为一,故西晋全盛时有司(治洛阳)、兖(治廪丘)、豫(治陈县)、冀(治信都)、幽(治涿县)、平(治襄平)、并(治晋阳)、雍(治长安)、凉(治姑臧)、秦(治冀县)、梁(治南郑)、益(治成都)、宁(治滇池)、青(治临淄)、徐(治彭城)、荆(治江陵)、扬(治建邺)、交(治龙编)、广(治番禺)十九州。后秦、宁二州虽时置时废,惠帝又割荆、扬二州置江州(治豫章),怀帝再分荆、江二州置湘州(治长沙),然而晋室疆域不出此十九州之范围,"略与三国之全疆相当,不能复两汉之旧"[1]。唯太康三年,迁交州之日南郡治卢容县,基本恢复到汉末以前交州南界的位置。

晋承魏朝羌胡内徙之势,边境多虞。内有诸王之争,无暇顾及外患,因此诸边日有烽火。太康元年,鲜卑轲比能攻西平、浩亹。二年,内徙辽东之北的鲜卑慕容涉归攻昌黎,又每岁进犯辽西,常为边寇。元康四年(294),匈奴郝散攻上党,杀长吏。六年,匈奴郝元度联合冯翊、北地之马兰羌、卢水胡起事,秦雍等地之羌纷起响应,以氐人齐万年为帝,围攻泾阳。是年,略阳清水氏杨茂搜(令狐茂搜)自略阳率四千余家避齐万年之乱,走保仇池。此后,杨氏遂世据仇池。及元康九年,晋将孟观于中亭大败齐万年,秦陇暂平。

永康元年(300),益州刺史赵廞依靠流民之力据蜀,断关中入蜀之道。二年,赵廞为李特等流民所败,晋室以罗尚为刺史。然李特等旋集聚自秦雍入蜀之流民,屯聚绵竹,进据广汉,蜀中之乱自此始。永宁二年(302),李特频败晋军,据梓潼,降巴西。太安二年(303)春,李特渡江击罗尚,成都少城降,乃进逼广汉之德阳。五月,李雄领流民之众攻杀汶山太守陈图,又取成都西北之郫城。闰十二月,李雄攻入成都。至此,晋遂失益州成都以北数郡之地。

太安二年,义阳蛮张昌以晋之"壬午诏"驱民从征入蜀,乃聚众攻安陆,并北向破宛、襄阳,"张昌党石冰寇扬州,败刺史陈徽,诸郡尽没;又攻破江州,别将陈贞攻武陵、零陵、豫章、武昌、长沙,皆陷之,临淮人封云起兵寇徐州以应冰。于是荆、江、徐、扬、豫五州之境,多为昌所据"[2]。旋陶侃等大败张昌于竟陵,晋乃重置荆州失陷诸郡县守宰。永安元年(304),义阳周玘潜结前南平内史王矩及江东人士围攻石冰,石冰降晋,徐、扬二州平定,是为周玘"一定江南"。

永安元年十月,匈奴左贤王刘渊自并州西河之离石迁至左国城,叛晋建国,又遣军寇太原,取泫氏、屯留、长子、中都、介休,于是,西河、上党、太原三郡

---

[1] 童书业:《中国疆域沿革略》,第32页。
[2] 《资治通鉴》卷85太安二年。

皆陷于战火。

永兴二年(305),陈敏以击败石冰之功,谋据江东,因据历阳叛,"扬州刺史刘机、丹杨太守王广等皆弃官奔走。……(陈敏弟)昶将精兵数万据乌江。弟恢率钱端等南寇江州……弟斌东略诸郡,遂据有吴越之地"①。永嘉元年(307),周玘及吴国顾荣等约征东大将军刘淮发兵历阳,攻陈敏,己为内应,陈敏败死江乘,吴越之地定,是为周玘"二定江南"。

永嘉二年,汉王刘渊遣军南据太行,东下赵魏。七月,克司州之平阳。汉石勒、刘灵等"率众三万寇魏郡、汲郡、顿丘,百姓望风降附者五十余垒"②。三年,魏郡之黎阳、汲郡之延津为刘渊攻占。于是,司州北部、并州南部大多为汉所有,晋、汉犬牙交错于黄河两岸,晋都洛阳已有烽火之警。是年,汉将王弥南寇豫州之襄城诸县,"河东、平阳、弘农、上党诸流人之在颍川、襄城、汝南、南阳、河南者数万家,为旧居人所不礼,皆焚烧城邑,杀二千石长吏以应弥"③。四年正月,石勒又自黎阳南济河,克兖州濮阳之白马,王弥以兵会石勒,共侵徐、豫、兖三州,石勒东袭濮阳之鄄城,克陈留之仓垣,复北渡河,攻冀州诸郡。四月,降河内,"河北诸堡大震,皆请降送任于勒"④。汉曹嶷又自大梁东下克东平、琅邪,刘粲等又长驱取洛川,掠梁、陈、汝、颍。于是,司州之南、豫州之西、荆州之北臻于扰乱,而大河两岸区域及山东诸地皆难为晋守。

永嘉四年二月,吴兴钱璯反,进寇阳羡,周玘纠合乡里,共郭逸等讨平之。是为周玘"三定江南"。四月,益州梓潼郡为成汉攻取。十月,并州刺史刘琨倚鲜卑拓跋部为援,代公拓跋猗卢"以封邑去国悬远,民不相接,乃从琨求句注陉北之地。琨自以托附,闻之大喜,乃徙马邑、阴馆、楼烦、繁畤、崞五县之民于陉南,更立城邑,尽献其地。"⑤于是,晋又失陉北之地。

永嘉四年末,石勒又引军南下,克襄阳,攻陷江西垒壁三十余所。五年春,石勒又渡沔克江夏,旋回军北返,克豫州汝阴之新蔡,拔颍川之许昌,进掠豫州诸郡,直至于江。同时,涪陵、巴西又为成汉所夺。五月,杜弢起兵于湘州,长沙沦陷。杜弢乘胜南破零陵、桂阳,侵武昌,杀长沙、宜都、邵陵郡守,湘州全境大震。六月,洛阳沦没于汉,怀帝被俘,汉军进而西破潼关,长驱至下邽,南阳王司马模更以长安降。

---

① 《晋书》卷100《陈敏传》。
② 《资治通鉴》卷86永嘉二年。
③ 《晋书》卷100《王弥传》。
④ 《晋书》卷104《石勒载记》。
⑤ 《魏书》卷1《序纪》,中华书局,1974年。

永嘉六年,石勒自葛陂北返,弃淮南之地,专力经营河朔,晋乃复据淮南之寿春。七月,司州广平郡之襄国为石勒所据,石勒"分命诸将攻冀州郡县壁垒,率多归附"①。十二月,石勒北进,攻入冀州信都,杀刺史王象。是年,晋关中诸将败汉军,复得长安,乃迎秦王司马邺入长安为主。汉势力东撤,与晋并州刺史刘琨往复拉锯于晋阳一带。建兴元年(313),石勒又使石虎攻陷邺城,进而定兖州,山东郡县多为其攻取。于是,晋山东之地,除并州北部及幽州外,皆沦丧于敌。

建兴二年正月,成汉取汉嘉、涪陵、汉中,益、梁二州之地皆为其所有。三月,石勒率军至蓟,袭杀幽州刺史王浚,幽州陷,至是"东北八州,勒灭其七"②。三年,晋将陶侃败杜弢,湘州定。四年,汉军攻取北地,进至泾阳,渭北诸城皆溃。十一月,长安失守,愍帝司马邺出降,关中沦陷,西晋至此而亡。十二月,并州又为石勒攻取。按值此离乱之际,入塞内附各族又常舍鞍马而就农牧,形同割据,鲜卑之慕容部盘踞辽西地,平州亡其半,氐人杨茂搜尽占武都郡,建有仇池国。至此,晋室尽丧司、青、冀、幽、雍、并、梁、益八州地,兖、豫、徐、宁四州亡其半,平、秦二州虽为晋守,然胡汉杂半,不能尽为晋室疆土,荆、扬北境转为两属之地,唯有张氏保据凉州,奉戴晋室。于是,司马氏不得不据守江左,南北相峙之势形成。

第三节 东晋南朝疆域变迁

自五胡迫使晋室南渡,江左偏安政权虽为衣冠正朔所在,然而始终不能克复中原,还都旧壤。北伐西征,旋得旋失,东晋南朝疆域极不固定。略而言之,东晋百余年大多北抵淮河、西有巴蜀、南极交州、东尽大海;南朝疆域唯晋末宋初最大,北抵大河,西及关中,陈氏最小,北守大江,西失巴蜀。大体上,南朝疆域"伸于宋,屈于齐,赢于梁,缩于陈"③。其中以南北相持于淮河一线最为常态,据河则为进取之势,守江则为退缩之局。又南疆交州日南郡自东晋以来便不能全有西晋之势,至南朝已退至横山,唯梁陈置崖州,遂有海外境土。今概

---

① 《晋书》卷100《石勒载记》。
② 《晋书》卷62《刘琨传》。并见《资治通鉴》卷89建兴二年,胡三省注曰:"勒入邺,杀都督东燕王腾;寇信都,杀冀州刺史王斌;袭鄴城,杀兖州刺史袁孚;攻新蔡,杀豫州刺史新蔡王确;袭蒙城,擒青州都督苟晞;克上白,斩青州刺史李恽;攻信都,杀冀州刺史王象;攻定陵,杀兖州刺史田徽;袭幽州,擒王浚;除李恽、田徽,王浚承制所授,是灭其七也。"
③ 〔日〕重野安绎、河田罴:《支那疆域沿革略说》第8图,东京富山房,1903年。

述东晋、宋、齐、梁、陈五朝疆域如下。

一、东晋疆域

晋室中原不守，怀、愍二帝先后出降。建武元年(317)，琅邪王司马睿称帝建康以承晋统，史称东晋。大兴二年(319)，平州为鲜卑慕容廆袭取，秦州又叛降匈奴，故是时东晋仅有扬、荆、江、湘、交、广之全部，宁州大部，梁、益二州小部，徐、兖、豫三州之残存部分。东晋立国之初，北界与后赵犬牙交错于河南、淮北，西与成汉相拒于三峡。张氏凉州虽奉晋室正朔，然而隔绝悬远，形同割据，司马氏其实难以染指。

然自西晋末，晋将祖逖屯兵淮阴，进取中原，攻取后赵河南、淮北地。克太丘、谯城，至大兴三年，祖逖进至封丘、雍丘一带，"由是黄河以南尽为晋土"①。但晋室不予祖逖以支持，大兴四年，祖逖卒，弟祖约领其众，石勒即于次年南下，徐、兖之地复失。至太宁三年(325)，豫州淮北地又失于后赵，东晋之对北防线退至淮南。

咸和三年(328)，后赵因祖约、苏峻之乱攻取寿春、合肥、南阳、襄阳，于是淮南沔北不能尽为晋有。咸和八年，宁州刺史尹奉及建宁太守霍彪降成汉，晋唯保有牂柯。及咸康五年(339)，后赵再取弋阳、西阳、义阳、江夏，晋淮南地再收缩，几有临江而守之势。

永和二年(346)，晋桓温西征成汉，次年灭之，除宁州南境之永昌郡于咸康八年(342)弃守外，晋尽取其所占梁、益、宁三州，东晋之西北境直达关陇。此后数年，蜀中虽频有祸乱，然旋起旋灭，其地终为晋有。

永和五年，后赵乱，其扬州刺史王浃以寿春降。晋乃大举北伐，徐兖二州刺史褚裒"率众三万，径进彭城，河朔士庶归降者日以千计"②，旋军败，寿春亦弃守。六年，冉闵篡赵建魏(史称冉魏)，晋乘乱取合肥；七年，冉魏鄴城、洛阳、廪丘等并降晋。八年，晋谢尚又克许昌。九年，晋朝殷浩自寿春北伐，前锋羌帅姚襄叛，败殷浩，侵扰淮泗，出没于许洛之间，据有豫州之半，晋军乃退屯谯城。

永和十年，桓温伐前秦，"步骑四万发江陵，水军自襄阳入均口，至南乡，步自淅川以征关中，命梁州刺史司马勋出子午道。别军攻上洛"③。晋军数胜，

---

① 《晋书》卷62《祖逖传》。
② 《晋书》卷93《外戚·褚裒传》。
③ 《晋书》卷98《桓温传》。

直抵灞上,前秦坚壁清野以待。桓温只得退军,先前所得之三辅地区复弃守。

是年,降将周成反,自宛袭据洛阳。永和十一年,兰陵、济北、河内、黎阳等郡降前燕。十二年,桓温再自江陵北伐,克洛阳。至此,东晋收复寿春及徐、豫、荆三州北境,兖、司二州河南地,晋室疆域扩展。

晋室虽取河南地,但并无进取之意,及兴宁元年(363),前燕鲜卑慕容氏南下,二年取陈、汝,三年取洛阳,太和元年(366)取宛,而许昌、颍川、谯、沛、鲁、高平等地也先后为前燕所得,晋河南之地一时陷没。太和四年,桓温伐前燕,讨平谯、梁,旋败于枋头,所收复之淮北地又陷没。至此,东晋所收复之司、豫、青、兖等地再失,唯保有淮北之徐州部分。宁康元年(373)冬,前秦攻梁、益二州,取汉中、剑阁、梓潼、绵竹,益、梁二州尽失。邛、莋、夜郎等皆降附前秦,东晋乃退守建平、巴东一线。此后,前秦侵入沔汉地区,东晋又失襄阳、南阳、顺阳、魏兴诸郡,东部彭城又陷,淮南临敌,于是东晋之北疆退至淮水—武当山—大巴山—长江(今重庆市境与四川省境)一线以北,其疆域收缩至极点。

太元八年(383),前秦伐晋,大败于淝水,晋复取寿阳,即刻北征。九年,晋军克谯城,深入徐、豫、兖三州,又复克襄阳、南阳,夺荆州北境。是年,晋取前秦魏兴、上庸、新城三郡,又取成固,逐其梁州刺史,取其汉中地。晋军据鲁阳,屯洛阳,驻彭城,又克兖州,进据碻磝,再取青州。十年,晋克成都,复益州地,于是徐、兖、青、司、豫、梁、益七州复为晋所取,其境向北、西二方向拓展,包括大致今河南、山东、陕西西南部、四川、重庆等地区,略与永和年间相当。然太元十一年后,随着后秦、后燕的崛起,河南之地又渐沦陷。后秦陷荆、豫、司三州之汝、颍、沔北等地,晋不得不守汉水以防后秦;后燕陷河、济以南之徐、兖、青诸州数郡。隆安三年(399),鲜卑慕容德取晋广固,于青州地建南燕,南与晋相持于泗水。晋因孙恩、卢循之变,继以桓玄之乱,无力北顾,淮汉以北之地遂相继沦丧。

义熙元年(405),谯纵割据蜀中,晋又失梁、益二州。是年,晋刘裕向后秦索得隆安时失地,得南乡、顺阳、新野、舞阴、随等十二郡,晋遂有沔北之地。五年,刘裕伐南燕,取临朐。六年,刘裕克广固,灭南燕,东晋复有青州。八年,刘裕西征谯纵。九年,蜀中平,益、梁二州复为东晋疆土。十二年,刘裕以姚兴死而伐后秦,四路并进,许昌、仓垣、阳城、荥阳、滑台、洛阳均为晋有,晋军直指潼关。十三年,晋军自渭水攻入长安,定关中,后秦灭亡。至此,晋室江左政权疆土臻于极盛,北抵大河,西有关中,增置北徐州、北兖州、北青州、司州、雍州。于是东晋有扬(治建康)、徐(治广陵)、北徐(治彭城)、兖(治滑台)、北青(治东阳)、司(治虎牢)、北雍(治长安)、荆(治江陵)、江(治溢口)、梁(治城固)、益(治成都)、宁(治味)、广(治番禺)、交(治龙编)十四实州及兖(侨广陵)、豫(侨寿阳)、冀(侨东阳)、并(侨广陵一带)、并(侨蒲坂)、雍(侨襄阳)、秦(侨南郑)、东秦(侨临晋)、青(侨广陵)九侨州①。此时疆土之广为东晋、南朝所仅见。然而晋得关中却不能守。义熙十四年(418),夏攻关中,取咸阳,郡县悉降于夏。十月,晋关中弃守。元熙二年(420),刘裕代晋建宋,东晋亡。

综而论之,东晋疆域之伸缩变动,可谓频仍。始终为东晋保有者唯扬、江、湘、交、广五州及豫、徐二州的淮南与荆州的汉南区域。又交州南境的日南郡,由于遭林邑侵扰,大部分地区为其所有,不得不北撤至朱吾。钱大昕论东晋疆土曰:"实土之广狭无常,建武、太宁,规抚粗定,始削于咸和而旋振于永和,再蹙于宁康而复拓于太元,三挫于隆安而大辟于义熙。试即全晋十有九州论之,始终梗化者唯秦、并、冀、幽、平五州,雍则兵威所加而不能守,凉则职贡所通而不能有,皆可置之不论。若夫青、梁、益、宁之始陷卒复,司、兖、豫之时得时失,即扬之江西、徐之淮北、荆之沔中,亦间或沦陷。疆场一彼一此,前史莫之详也。"②

二、刘宋疆域

刘裕建宋,承晋末疆域,东尽海,北抵河,西至潼关,南及交州。宋"初强盛也,南郑、襄阳、悬瓠、彭城、历城、东阳,皆为宋氏藩扞"③。然其在与北魏争夺中屡屡败北,渐失河南地。

永初三年(422),大河南岸之滑台为魏所取。景平元年(423),魏军渡河,宋东失濮阳、东郡、陈留、东平、济阳、高平、泰山、金乡等郡,西失河南、荥阳、颍川、汝阳、济北诸郡。虎牢守将毛德祖被俘。是宋失兖州西部、豫州北部诸郡,司州全境尽没于魏,唯"兖州之地自湖陆以南,豫州之地自项城以南,皆为宋守"④。元嘉七年(430)三月,宋遣到彦之北伐,不战而克复河南故地,"列守南岸,至于潼关"⑤,于是司、兖皆平。十月,魏复南下,克金埔、虎牢,到彦之"引兵自清入济,南至历城,焚舟弃甲,步趋彭城",兖州刺史竺灵秀亦"弃须昌,南奔湖陆,青、兖大扰"⑥。元嘉八年,滑台又失,河南之地再陷。此后,宋之疆域

---

① 参胡阿祥:《六朝疆域与政区研究》,第425—439页。
② 钱大昕:《东晋疆域志·序》,《东晋疆域志》,第1页,《二十五史补编》本。
③ 《通典》卷171《州郡典》。
④ 《资治通鉴》卷119景平元年胡三省注。
⑤⑥ 《资治通鉴》卷121元嘉七年。

得以暂时稳定,有扬(治建康)、南徐(治京口)、徐(治彭城)、南兖(治广陵)、南豫(治姑熟)、豫(治寿阳)、江(治寻阳)、青(治东阳)、冀(治历城)、荆(治江陵)、湘(治临湘)、雍(治襄阳)、梁(治南郑)、秦(治南郑)、益(治成都)、宁(治味)、广(治番禺)、交(治龙编)十八州①。其中南徐、南兖、南豫、雍等本皆侨州,至宋,州名前始冠以"南"字,且渐有实土,南徐分自扬州江南岸地,南兖分自徐州淮南地,南豫分自扬、豫,雍州分自荆州沔汉地。

元嘉二十七年,魏军南下,南顿、颍川二郡太守弃城走,魏军进围悬瓠。宋乃借此大举北伐,东路拔碻磝、乐安,围滑台,中路拔长社,逼虎牢,西路取卢氏,拔陕县、弘农,据潼关,关中义徒蜂起响应。十月,魏军大败宋军,分路乘胜南下,长驱至江。二十八年,魏军退,而宋之北疆为之残破。二十九年,宋又北伐,无功而返,无拓土开疆之功。至大明八年(464),宋乃有扬、东扬、南徐、徐、南兖、兖、南豫、豫、江、青、冀、幽、荆、郢、湘、雍、梁、秦、益、宁、广、交二十二州②。其中兖州为元嘉三十年分徐、冀二州立,治瑕丘;郢州为孝建元年(454)分荆、湘、江三州立,治夏口;东扬州为孝建元年分扬州立,治山阴,永光元年(465)又罢之;幽州则寄置梁邹。是州置虽有增加,疆域大抵仍同于元嘉之末,西有秦岭以南,东有淮河以北,包括今河南南部,江苏、安徽之北部及山东半岛。直至泰始中,刘宋疆土才有大变。

泰始二年(466),宋明帝北讨徐州刺史薛安都,安都降魏,引魏军南下,汝南太守常珍奇以悬瓠降魏。兖、徐二州于是年陷没,淮西汝南、新蔡、汝阳、汝阴、陈郡、南顿、颍川七郡并附魏。四年,冀州(侨于青州境,治历城)为魏所陷,五年,青州亦陷。至是,淮北四州及豫州淮西地并没,"自淮以北,化成虏庭"③,淮北所保者唯有近海尺寸之地及孤悬之海岛郁洲。刘宋北疆遂自河南退至于淮,于是豫州退至淮南,另分得南豫州境土,治寿春;分南兖州立北兖州(治淮阴);六年,移青、冀二州于郁洲;元徽元年(473),复分南兖州置北徐州(治钟离)。宋明帝又分南豫州之淮西立司州(治义阳),分广州之桂林立越州,是虽有失地而州数有增无减。又交州日南郡南界北撤至横山,其南诸地为林邑国所取。至此,刘氏疆域终宋世少有变更。

---

① 谭其骧主编:《简明中国历史地图集·宋魏时期图说》,中国地图出版社,1991年,第29—30页。
② 胡阿祥:《六朝疆域与政区研究》,第444—456页。
③ 《宋书》卷35《州郡志》。

三、萧齐疆域

萧齐代宋,承宋守淮之势,与魏修好,疆域维系宋末局面,少有更张。据《南齐书·州郡志》所载,齐有扬(治建康)、南徐(治京口)、豫(治寿春)、南豫(治姑熟)、南兖(治广陵)、北兖(治淮阴)、北徐(治钟离)、青(治郁州)、冀(治郁州,与青州共一刺史)①、江(治寻阳)、广(治番禺)、交(治龙编)、越(治漳平)、荆(治江陵)、巴(治巴东)、郢(治夏口)、司(治义阳)、雍(治襄阳)、湘(治临湘)、梁(治南郑)、秦(治南郑)、益(治成都)、宁(治同乐)二十三州,是境土不及宋元嘉、大明之广阔,州置乃过之。其中巴州为建元二年(480)分荆、益二州立,永明元年(483)又废。故齐之二十三州唯当宋大明中十八州地(即大明二十二州中除去徐、兖、青、冀四州)。齐"始全盛也,南郑、樊城、襄阳、义阳、寿春、淮阳、角城、涟口、朐山为重镇"②。建元二年,魏拔马头,寇寿阳,围朐山,北徐、豫、青、冀四州受敌。永明五年,"荒人"桓天生据南阳降魏,沔北又受敌。及齐中叶后,南北纷争大起,齐土益局促。

及建武元年(494),魏迁都洛阳,逼近齐境。于是南北"所争者西在宛、邓,中在义阳,东在淮上矣"③。魏军乃逼近南郑、襄阳、义阳、钟离,北境梁、雍、司、豫、徐诸州皆受敌。二年,齐失沔北、汉中诸郡县。至五年,沔北南阳、新野、顺阳、北襄城、西汝南北义阳五郡尽没,雍州北境全失,齐军退守襄阳,魏军直抵沔水,齐、魏隔沔水相峙。永元二年(500),齐豫州刺史裴叔业以寿阳降魏,魏军渡淮南进,取寿阳、合肥及北新蔡郡,豫州淮南地遂为魏、齐所共有,淮河便难以再作为阻隔胡骑南下之天险。三年,雍州刺史萧衍起兵东下建康。第二年,萧衍建梁,齐亡。

四、萧梁疆域

萧梁建国,略承齐末二十二州之制,然而沿淮一带烽火不息,淮上之争迄未停止。

天监二、三年间(503、504),梁连失淮南角城、东关等要塞,魏又取司州治义阳及武阳、平靖、黄岘三关。四年,梁州长史夏侯道迁以汉中降魏,魏军深入巴西、晋寿,又入剑阁,破梓潼,于是"梁州十四郡地,东西七百里,南北千里,皆

---

① 青冀二州共一刺史,为双头州,说详胡阿祥:《六朝疆域与政区研究》,第 320—347 页。
② 《通典》卷 171《州郡典》。
③ 吕思勉:《两晋南北朝史》,上海古籍出版社,2005 年,第 463 页。

入于魏"①。梁唯保有梁州东部地区。

天监五年,梁北伐,张惠绍拔魏南徐州,治宿预,进击下邳,昌义之拔梁城,韦叡取合肥,裴邃克羊石城。旋梁军溃败,弃梁城、宿预,唯韦叡保合肥。六年,梁在钟离之战中大胜魏军,并进驻淮北涉水。至此,梁虽失汉中,东部却推至淮北,与魏犬牙交错于淮河北岸。

天监六年,雍州冯翊等沔东七郡降魏,魏淮阳太守安乐降梁。七年,义阳三关、宿豫、悬瓠又来降。"时魏郢(治义阳)、豫(治悬瓠)二州,自悬瓠以南至于安陆诸城皆没,惟义阳一城为魏坚守。"②是年,悬瓠、义阳三关复为魏所取。十年,朐山为魏所取,梁复夺之。是年,梁有二十三州:扬、南徐、荆、江、雍、郢、南兖、湘、豫、司、北兖、北徐、青、梁、益、交、广、南梁、宁、衡、桂、越、霍③。其中霍州为天监六年分豫州南境置,治灉县;衡州为分湘、广二州置,治含洭;桂州为分广州苍梧、郁林置;梁州因南郑陷没而移治魏兴,并于天监八年以北巴西郡置南梁州;豫州因寿春陷没,以南豫州并入,改治合肥;司州因义阳陷没而移治南义阳。其疆域"大约视齐末少寿阳、汉中,而广淮北之宿豫、淮阳"④。其北境诸州较之齐末省秦、冀、南豫三州而增梁、霍二州,南疆则增桂、衡二州。此后,梁室"务恢境宇,频事经略,开拓闽、越,克复淮浦,平俚洞,破牂柯,又以旧州遐阔,多有析置"⑤,其州数实难详记,其疆域之盈缩亦不能以州数计矣⑥。

天监十二年,魏攻入益州,并抚绥宁州,旋复归萧梁。十三年正月,魏东豫州蛮田鲁生等引梁军进光城以南诸戍。三月,鲁生等败,诸戍复为魏取。及十四、十五年,梁略取魏东益州(原梁之梁州)临边诸戍,未久又为魏取。

普通四年(523),北魏六镇起义,萧梁乘机北伐,淮南、淮北、淮西、青齐各地多有为梁所攻占者。六年,梁克郑城,汝、颍响应,又克魏南乡郡,破马圈、彤阳等城。七年,梁克淮南重镇寿阳,又克沔北穰城。大通元年(527),梁军复北进,取琅邪,克平静(即平靖)、穆陵、阴山三关,又取临潼、竹邑、萧城、厥固,魏东豫州治广陵降。二年,魏郢州降,义阳复归梁,梁军进逼新蔡、围南顿,攻陈

---

① 《资治通鉴》卷146 天监四年。
② 《资治通鉴》卷147 天监七年。
③ 钱大昕:《廿二史考异》卷33,第721页。
④ 徐文范:《东晋南北朝舆地表》卷7,《二十五史补编》本,第109页。
⑤ 《隋书》卷29《地理志》,中华书局,1973年,第807页。
⑥ 据徐文范《东晋南北朝舆地表》统计,天监十八年(519)有州四十五,中大通五年(533)有州八十六,中大同元年(546)有一百零四。据《隋书·地理志》,大同中有州一百七十七。胡阿祥在《六朝疆域与政区研究》第十五章《史料评说及梁、陈政区建置表》中则认为中大同元年有州一百零九。

郡项县。是时适逢魏"河阴之变",怀仁、春陵等地皆来降,于是淮、汝、沂、泗间,大体为梁所取。

是年,羊侃败于瑕丘,魏复取泰山。梁又遣陈庆之护送魏北海王元颢北还,"发自铚县,进拔荥城,遂至睢阳"①。又进趋大梁。三年五月,元颢、陈庆之攻入洛阳,"自发铚县至于洛阳十四旬,平三十二城,四十七战,所向无前"②。然援军不至,闰六月,陈庆之为魏所败,所得河南诸城一时复没于魏。

中大通三年(531),魏南兖州(治谯)降,四年复陷魏。五年,蛮酋劳州刺史曹凤、东荆州刺史雷能胜举城降魏,魏东徐州民杀刺史,以下邳来降。是年,魏侵沔北,雍州之冯翊、安定、沔阳、鄀城均沦丧,"沔北荡为丘墟矣"③。大同元年(535),梁取魏东益州,又取汉中地。至此,梁之疆土"北逾淮、汝,东距彭城,西开牂牁,南平俚洞"④,并于今海南岛西北部设立崖州⑤。梁臻于全盛。综论萧梁疆域形势,淮、沔南北,得失不恒,"大抵雍州、下涘戍、夏口、白苟堆、硖石城、合州、钟离、淮阴、朐山为重镇"⑥。

太清元年(547),东魏侯景以河南地降。梁遣军至悬瓠、项城相迎,并大举伐东魏。东魏大败梁军,侯景退保涡阳。二年,侯景溃败,渡淮奔寿阳,梁援军退还,悬瓠、项城弃守。"东魏既得悬瓠、项城,悉复旧境。"⑦是年八月,侯景于寿阳举兵,袭取谯州,再取历阳,直临长江,渡江至采石,围台城。三年,台城破,建康为侯景所操纵。东魏乘乱在太清二、三年间南略,钟离、寿阳、下邳、东海、怀仁、淮阴、山阳、合肥及义阳诸州镇均为其所取。至承圣元年(552),取代东魏的北齐又取梁广陵、秦郡、阳平、历阳诸地,北齐之地已南至长江。及三年,西魏破江陵,梁室无主,北齐又拔谯郡,取皖城,克东关。至此,江北诸州尽没于齐。

又梁室内争,太清三年,雍州刺史萧詧以州附西魏,西魏略取汉水以东地,于是沔汉流域尽失。西魏军进至石城,逼近江陵。大宝元年(550),梁荆州刺史萧绎乃与西魏结盟,"魏以石城为封,梁以安陆为界"⑧。于是萧绎等乃东击侯景,收复郢、江二州,附于侯景之诸州郡相率归附。三年,侯景平,萧绎称帝

---

① 《梁书》卷32《陈庆之传》,中华书局,1973年。
② 《梁书》卷32《陈庆之传》。
③ 《魏书》卷80《贺拔胜传》。
④ 《资治通鉴》卷158大同五年。
⑤ 详参谭其骧:《自汉至唐海南岛历史政治地理》,《长水集续编》,人民出版社,1994年。
⑥ 《通典》卷171《州郡典》。
⑦ 《资治通鉴》卷161太清二年。
⑧ 《资治通鉴》卷163大宝元年。

于江陵,改元承圣。是年,西魏趁梁荆、益二州相争之际,袭取梁秦,剑阁以北之汉中、上津、魏兴等地均沦陷。承圣二年,西魏军复南下,取成都,抚南中,梁又失益、宁二州。三年,梁之巴州又附西魏,梁于巴峡以西之地尽失。是年十一月,西魏陷梁都江陵,梁元帝被擒。至此,梁末动荡使其版图大减,江淮、江汉、巴蜀之地丧失殆尽,梁所保有者唯大江以南、巴峡以东之地。太平二年(557),陈霸先代梁建陈,梁亡。

五、陈朝疆域(附后梁疆域)

陈氏建国虽承自梁,然而梁末扰乱,广州刺史萧勃割据岭南,湘州刺史王琳盘踞湘、郢等地,江州及闽中则多地方豪强,周敷据江州临川而为宁州,黄法氍据江州巴山而割江西四郡为高州,欧阳頠据始兴乃分割衡州而立东衡州,李洪雅占湘州营阳遂为营州,又留异据东扬州东阳遂为缙州,陈宝应据江州晋安遂为闽州,余孝顷占江州新吴便为西江州。于是湘州之东,扬州之南,含整个江州,几乎山头林立,朝令不行。因此陈氏建国之初,实际所辖不出江东千里之地。

天嘉元年(560),陈氏大败王琳,陈军西上克江州及郢州江南地区,与北周所扶持之后梁相峙于长沙、武陵、南平、巴陵诸郡。二年,周师北归,陈尽取湘州及荆州江南之武陵、天门、南平、义阳、河东、宜都诸郡。是年,陈以黔中地及鲁山镇赂周以换陈文帝弟陈顼,于是陈氏势力便完全退出汉沔及蜀地[①]。对于江南崛起之豪帅,陈氏则剿抚并用,天嘉元年定豫章,二年定东阳,四年定巴山,五年定晋安,六年定临川。及光大元年(567),陈平湘州华皎之叛,进而取后梁之河东郡。太建二年(570),陈又取后梁安蜀城,尽取其江南地。至此,巴蜀以东、长江以南皆为陈有,陈之疆域大体底定。

太建五年,陈应北周之邀,跨江击齐,齐之江北淮南郡县次第为陈攻取,淮北之地亦有响应。七年,陈军深入吕梁,大败齐军。于是,陈氏尽有江北、淮泗之地,陈之疆域达于极盛。

太建十年,周以灭齐之势大败陈于清口,陈非但北进受阻,淮南且不能守。至十一年冬,"南北兖、晋三州,及盱眙、山阳、阳平、马头、秦、历阳、沛、北谯、南梁等九郡,并自拔还京师。谯、北徐州又陷。自是淮南之地尽没于周矣"[②]。

---

① 胡三省曰:"周得黔中,则全有巴蜀,得鲁山,则全有汉沔,故因其所欲而饵之。"《资治通鉴》卷168天嘉二年。
② 《陈书》卷5《宣帝纪》,中华书局,1972年。

陈不得不仍划江为守。十二年,周司马消难以郧、随、温、应、土、顺、沔、儇、岳九州及鲁山等八镇降陈,并乞援兵。惜陈又为周所败,司马消难所献之地多为周取,"其真得举以归陈者仅鲁山镇、甑山镇等数地"①。此后,陈之疆域遂无复振之机。

按陈之疆域,"西守三峡,北防江岸,土地之小,最于南朝"②。唯陈氏州置,仍略承梁之繁杂,故众说纷纭,颇难明晰③。陈之州置虽繁,却"西亡蜀、汉,北丧淮、肥,威力所加,不出荆、扬之域"④,其疆域略似孙吴而少江陵之地,陈之数十州略当吴四州之地,故以州之多寡以论陈之疆域大小不足信。

几乎与陈同始终而占据上流者,尚有后梁。后梁宣帝萧詧本为梁末雍州刺史,镇襄阳。因梁室内乱,以州附西魏。梁承圣三年(554),萧詧协助西魏攻破梁都江陵,西魏乃取其雍州,易以荆州之地,立萧詧为梁主。大定元年(555),萧詧称帝,然而所统虽称有一州之地,"延袤三百里",实不过"江陵缘江之地,延袤三百里,广不及三百里也"⑤。又萧詧居江陵东城,西魏置江陵防主,统兵于西城,后梁内外局蹙可见一斑。

大定四年,萧詧于陈氏与王琳相争之际,渡江略取王琳之长沙、武陵、南平、巴陵诸郡,深入郢、湘腹地。五年,王琳取萧詧监利郡。王琳寻败,后梁乃与陈氏相峙于洞庭、湘水一线。七年,助后梁戍守江南之周师败于陈,后梁之长沙、武陵、南平诸郡尽失。天保六年(567),陈湘州刺史华皎叛附后梁,后梁自巴陵南下,寻败于陈,河东、巴陵又为陈所攻取。九年,后梁复为陈败于竟陵青泥,峡口南岸之安蜀城陷于陈。至是,后梁尽失江南地,江陵受敌。十年,北周以后梁无江南地,势甚窘迫,乃以基(治章山)、平(治漳川)、鄀(治武宁)三州益其北境,然本皆江陵旧土。后梁疆域至此遂定,有四州之地,其实论之广狭,唯当"全有西晋南郡之地"⑥。

隋开皇七年(587),杨坚召后梁主萧琮入长安,废后梁。九年,隋师从广陵、横江两路入建康,陈后主陈叔宝降,并手书诏谕诸将,荆、湘、巴、郢次第降隋,吴、东扬二州为隋平定,岭南诸州亦受安抚,陈亡。至是南并于北,疆土一统。

---

① 胡阿祥:《六朝疆域与政区研究》,第127页。
② 顾颉刚、史念海:《中国疆域沿革史》,商务印书馆,2004年,第118页。
③ 徐文范《东晋南北朝舆地表》以陈太建五年(573)有州八十,太建十二年有州六十四;胡阿祥《六朝疆域与政区研究》第十二章《史料评说及梁、陈政区建置表》则认为祯明二年(588)有州四十三。
④ 《隋书》卷29《地理志》。
⑤ 《资治通鉴》卷165承圣三年及胡三省注。
⑥ 胡阿祥:《六朝疆域与政区研究》,第126页。

第四节　三国两晋南朝疆域变迁的分析

就上述三国两晋南朝之疆域变迁概况进行归纳与分析，可以显示出一些带有规律性的事实以及这些事实背后的影响因素。

其一，对立政权之间的征伐与争战是疆域变迁的直接原因。

三国两晋南朝370年间，先是承东汉末年的群雄角逐，而达成三方鼎峙、彼此争战的局面；再是八王之乱、五胡立国、中原板荡，晋室被迫南渡；随后的东晋、南朝虽然偏安江左，却也与十六国北朝相互征伐。至于政权之间边境线上的争城掠地，更是少有间断。诸如此类，使得各别政权的疆域屡有盈缩，疆场之间，或此或彼，极为复杂。

以东晋南朝为例，大略言之，东晋较稳定的疆域范围，北抵淮南、江北，东及东海，南达南海兼有交趾。西土巴蜀、南中，当成汉衰亡以后，为东晋所取；后来又落入前秦苻坚之手，继为东晋叛乱的地方官谯纵割据，及东晋末年义熙中，重新收复。又义熙年间，东晋大将刘裕北伐，平南燕，灭后秦，于是东北有今山东半岛，西北有关中，北抵黄河，疆域范围之大，不仅居东晋之首，而且为东晋南朝270余年间所仅见，只是这一极盛疆域，维持的时间十分短暂，关中旋即丧失。至于南朝疆域，也是很不稳定。当刘宋初年强盛时，北以秦岭、黄河（今黄河稍北）与北魏为界，西至四川大雪山，西南包有今云南，南以今越南横山与林邑接壤，东、东南抵海，这是南朝疆域最大的时期。后来河南、淮北逐渐为北魏所侵夺，刘宋疆域于是几乎回复到东晋原有的版图。齐朝疆域大致与刘宋后期相同，而北界时有变动，后来更内移到大巴山脉、淮河以南一线。又梁朝疆域起初与萧齐后期相仿佛，一度乘北魏衰乱而向北扩展，并几乎恢复到刘宋初期的疆域。及侯景乱后，长江以北沦陷于北齐，巴蜀地区沦陷于西魏，放弃云贵高原于当地土著民族，不久又失襄樊一带于西魏，失江陵一带于西魏的附庸国后梁。及继起的南朝最后一个朝代陈朝，其疆域遂西不得巴蜀云贵，北不得淮泗荆襄，以长江为界，成为南朝四代中疆域最小的王朝。再从区域来看，东晋南朝的北部疆界（关中、河南、青齐、江汉、江淮）与西部疆界（汉中、巴蜀）的变迁最为明显，而且总的趋势是越来越向南、向东内缩，于是疆域越变越小。

东晋南朝上述的疆域变迁，既与边境线上的反复拉锯、你降我叛相关，而更主要者，还是由东晋南朝的北伐西征与十六国北朝的南征东进之成败引起的。如东晋屡次北伐西征，以争北方失地与西部梁益。即以东晋与前秦之间的进退为例,前秦苻坚用王猛为相,秦国大治,并迅速开疆拓土:370年东灭前燕;373年西南取东晋梁、益二州,邛、筰、夜郎等西南诸夷悉附;376年,西灭前凉,北向灭代。此后,又陷东晋襄阳、南阳、顺阳、魏兴、彭城等郡,于是前秦南境抵淮水—武当山—大巴山—长江(今重庆市境与四川省境)一线以北。是时,前秦疆域最大而东晋疆域最小。然而,383年苻坚举全国之力、志在灭晋的淝水之战溃败,本来单纯依靠军事征服维系着的鲜卑、羌、匈奴等族乘时纷起,割据建国,北方统一之局迅速瓦解;东晋则乘淝水大捷北伐西征,至385年,徐、兖、青、司、豫、梁、益七州之地尽为东晋短期收复。又南朝较大规模的北伐也有十多次,以争中原、淮北、淮西、淮南、江北、汉沔、汉中等地,但最终都难以持久、归于失败,疆域因此而有较大的内缩。

其二,地理条件的限制作用决定着疆域变迁的走向与幅度。

《三国志·蜀书·诸葛亮传》注引《汉晋春秋》:

> 今议者咸以(孙)权利在鼎足,不能并力,且志望以满,无上岸之情,推此,皆似是而非也。何者?其智力不侔,故限江自保。权之不能越江,犹魏贼之不能渡汉,非力有余而利不取也。

如此,孙吴"限江自保"国策的制定,是由于国力断然无法与曹魏争雄,即便与蜀汉联手,仍不足以扫定北方。再者,"限江自保"也是孙吴以己之长、克敌之短的自然选择。《三国志·吴书·周瑜传》记赤壁战前,周瑜论曹操必败,有语云:

> 舍鞍马,仗舟楫,与吴越争衡,本非中国所长。又今盛寒,马无藁草,驱中国士众远涉江湖之间,不习水土,必生疾病①。

按曹魏居北方,多步骑,水战本非所长,难逾天堑长江。又长江两岸众多的港、汊、洲、渚,于吴则易守,于魏则难攻,这也使得曹魏军队难以大举南下。同样,吴军因短于陆战,也难以北进。《资治通鉴》卷68建安二十四年胡注云:"吴国之兵力不足北向以争中原者,知车骑之地,非南兵之所便也。"即此之谓。

今考孙吴所谓"限江自保",即依托长江,守在江北。依托长江,则沿江部

---

① 同样的意思,亦见《宋书》卷95《索虏传》"史臣曰":"夫地势有便习,用兵有短长,胡负骏足,而平原悉车骑之地,南习水斗,江湖固舟楫之乡……盖天地所以分区域也。若谓毡裘之民,可以决胜于荆、越,必不可矣;而曰楼船之夫,可以争锋于燕、冀,岂或可乎。"

署,实行要点防御①;守在江北,即在江淮之间、江汉之间建立起前沿防线。然则孙吴与曹魏以及后来的西晋在江淮、江汉之间争城夺地,战事繁多,疆界最无一定,原因即在于此。

再举一例。公元 450 年至 452 年间,在潼关以东的黄河、长江之间,北魏南征、刘宋北伐,北魏再南征、刘宋再北伐,南北双方频有进退。北魏南征,围淮西重镇悬瓠,再南征,三路大军(横江、瓜步、广陵)临江;刘宋北伐,则两次进至黄河一线。值得关注的是,北魏并未渡江而南,刘宋也未越河而北,衡之当时的情形,是不能也而非不愿。如刘宋再次北伐时,青州刺史刘兴祖主张"长驱中山,据其关要。冀州以北,民人尚丰,兼麦已向熟,因资为易,向义之徒,必应响赴。若中州震动,黄河以南,自当消溃。臣请发青、冀七千兵,遣将领之,直入其心腹",然后"河南众军,一时济河,若能成功,清壹可待"②;对此,南宋李焘《六朝通鉴博议》卷 7 云:"南北相持之际,河北固不可攻,盖其地远,虽攻而得之,必不得守;河南亦不可攻,盖其地平,虽得之,而守之必不固。……况新造之国,而可以轻议人之腹心乎?文帝之攻河南,固为失矣;而兴祖之计,亦未为得也。"同样,以北魏当时的实力,也无法渡江直捣刘宋之心腹。

按三国两晋南朝时代,如黄河、长江这样险固的地理条件,一定程度上决定着南北或东西对抗的各别政权之疆域变迁的走向与幅度。以与曹魏对抗的孙吴、与十六国北朝对抗的东晋南朝言,由于其东、南两面被大海封闭,缺乏回旋余地,又处低地,不便仰攻,所以对曹魏与十六国北朝着重采取以守为主的防御战略,守国所恃则在长川大山。如在其疆界的东部,因时而异,就有守黄河、守淮河与守长江三道防线:

> 吴之备魏,东晋之备五胡,宋、齐、梁之备元魏,陈之备高齐、周、隋,力不足者守江,进图中原者守淮,得中原而防北寇者守河。……吴有强敌,无上岸之情,陈之国势已弱,不能进取,故其所守止于江。自晋至梁,惟宋武帝守河,其余皆保淮为固,或守淮西,或守淮北,或守淮南③。

而总孙吴与东晋南朝保守疆域论之,一为守黄河,特别是守住洛阳、虎牢、滑

---

① 如《三国志》卷 48《吴书·孙皓传》注引干宝《晋纪》云:吴光禄大夫纪陟使魏,司马昭"又问:'吴之戍备几何?'对曰:'自西陵以至江都,五千七百里。'又问:'道里甚远,难为坚固?'对曰:'疆界虽远,而其险要必争之地,不过数四。'"又清谢锺英《三国疆域表》云:"其固国江外,则以广陵、涂中、东兴、皖、寻阳、邾、夏口、江陵、西陵、建平为重镇,江东则以京口、建业、牛渚、柴桑、半洲、武昌、沙羡、陆口、巴丘、乐乡、公安、夷道、荆门为重镇,夹江置守。"(《二十五史补编》本)
② 《资治通鉴》卷 126 元嘉二十九年。
③ 李焘:《六朝通鉴博议》卷 1,南京出版社,2007 年,第 154 页。

台、碻磝四镇,以保河淮之间;二为守淮河、汉水、秦岭、大巴、米仓,守住淮北的彭城、淮南的寿阳、淮西的悬瓠、汉北的南阳、汉南的襄阳、秦岭南的南郑诸多重镇,以保江淮之间、江汉之间以及汉中、巴蜀;三为守长江,如下游的历阳与广陵、中游的江陵与武昌,以保江南根本。这三条防线中,守黄河、长江的时间其实都不长,"盖守江则已蹙,守河则已远。蹙国而守,非勇者不能;远国而守,非强者不能。孙氏臣主俱豪,兵锋所向,迎之者破,故能画长江而守之,魏人不敢南向;其后宿将旧臣,彫落继尽,而其孙用之则危矣。刘氏将卒俱精,威震天下,力倾五胡,能分命虎臣列守河南,拓跋、赫连不敢顾眄;而其子效之则败矣。故惟勇者为能守近,惟强者为能坐远"①。守黄河既不长,则关中不旋踵而失,淮北河南及青齐之地也未能久有;守长江既不长,则孙吴终为西晋所灭,陈朝终为隋所灭。比较而言,还是以守淮河、汉水、秦岭、大巴、米仓为常态,盖此线位居南北对峙时的中间推移地带,其得失往往关乎南北双方如孙吴蜀汉与曹魏之间、东晋南朝与十六国北朝之间的强弱存亡,此线南北的疆域变迁也因此最为频繁,这就诚如徐文范所言:"南北朝舆地最难分明者,莫如淮南东西及沔北汉东,以干戈战场,南北划界分疆,各有重兵镇守,位号轻无以副人望。地当险要,戍守自倍寻常。"②

问题的复杂之处还在于,若"江陵去襄阳,步道五百,势同唇齿。无襄阳,则江陵受敌不立"③,此即疆域变迁中的唇齿原则。如此,孙吴与东晋南朝欲保长江,就必须控制江北,布兵于江淮之间与江汉之间,以为长江屏蔽。同样的道理,保淮河守汉水,也必须尽可能地控制淮汉以北的土地,以为南北缓冲,如有可能,当固黄河防线,以屏蔽淮汉。而在河淮之间,青齐与中原又相为唇齿。至于西部地区的汉中与巴蜀、巴蜀与南中,长江一线的巴蜀与荆楚、荆楚与吴越、荆楚与巴蜀及吴越等,也无不体现出唇齿相依的关系。

要之,长川大山的层层设防、重镇要地的此呼彼应、边境区域的唇齿相依,影响着据南面北的孙吴、蜀汉与东晋南朝保守疆域的成效,甚至决定了其疆域变迁的走向与幅度。与此相对应,据北面南的曹魏、统一前的西晋以及十六国、北朝,自然也不例外。在东部,其南向开拓疆域的极限是兵临长江;在中部,其南向开拓疆域的极限是据有汉水流域;而在西部,则一旦拥有了汉中,南方政权的巴蜀甚至南中便难以维持。

---

① 李焘:《六朝通鉴博议》卷9,第243页。
② 徐文范:《东晋南北朝舆地表·郡县表》卷1,《二十五史补编》本,第329页。
③ 《南齐书》卷14《州郡志》,中华书局,1972年。

地理条件的限制作用,还不仅表现在南北对抗的双方疆域的开拓方向与保守范围方面,也表现在东西对抗的政权之间。比如东汉末年以来,孙权与刘备之间围绕荆州的争夺,以及三国时代孙吴与蜀汉之间的疆界状况,就受到了地理条件的深刻影响。以言荆州,东汉建安十八年(208)赤壁战后,先是刘备有荆州大部,孙权有荆州小部,再是孙、刘两家分荆州,"长沙、江夏、桂阳以东属权,南郡、零陵、武陵以西属备"①;再是孙权夺有荆州,其势力延伸至三峡以东,东汉荆州之大部入其掌握之中;最后在222年,孙权再败刘备,保有荆州。在此过程中,刘备及其汉政权、孙权及其吴政权之疆域随之盈缩,频繁变迁。而两家之所以拼死以争荆州,盖从当时形势看,荆州对孙权、对刘备都至关重要。荆州交通便利,地势险固,位当冲要,经济条件优越,户口繁盛;又南北士人多避乱于此,荟萃了天下人才。对于刘备来说,荆州本是安身立命之地,若据有之,北可出伊、洛进击曹操,西可规取巴、蜀。反之,孙权若据有荆州,既屏蔽江东,与曹操抗衡,亦可沿江而上,扩展地盘。因此,"彼荆州者,孙、刘之所必争也"②,而对比刘备,荆州的重要性对孙权似乎还更强一些。及至围绕荆州长期的明争暗斗告终,孙吴与蜀汉的疆域规模因此底定,而三国鼎立形势也才正式确立,从此曹魏、孙吴、蜀汉三国都有了比较稳定的疆界。其中,以结成同盟、共抗曹魏为主的蜀汉与孙吴之间的疆界,又与长江三峡之特殊的地理形势有关。蜀汉东拒孙吴,以白帝(今重庆奉节县东)为重镇;孙吴西拒蜀汉,则以建平(今重庆巫山县北)为西门。

其三,正统观念的影响造成疆域变迁的若干特征。

以上主要从"守"的角度,讨论了孙吴、蜀汉、东晋南朝疆域变迁与地理条件之间的关系;再从"攻"的角度来看,则正统观念的影响非常明显。

何谓正统?欧阳修《正统论》云:"正者,所以正天下之不正也;统者,所以合天下之不一也。……夫居天下之正,合天下于一,斯正统矣。"③"正"者文化,"统"者地理,即文化上得皇位继承或禅让的资格、有饮食衣服诗书礼乐的传承,地理上拥据中州大地乃至统一华夏,是为正统。正统在统一王朝是不成问题的,而在分裂时代,各个政权、各个民族的争夺、宣称、彰显正统,理由既丰富多彩,做法也五花八门,影响则极为广泛。比如正是在正统观念的影响下,十六国前秦苻坚发动淝水之战,意在完成政治版图的统一;北魏孝文帝迁都洛

---

① 《三国志》卷47《吴书·孙权传》。
② 《三国志》卷10《魏书·贾诩传》裴注。
③ 李逸安点校:《欧阳修全集》,中华书局,2001年,第275、278页。

阳与厉行汉化,意在强化地理位置的居中与文化地位的正宗;而失去地理正统的蜀汉政权,既以汉室正统自居,又秉持着"王业不偏安"的理念,故而屡次起兵北伐曹魏;至于退守南方的东晋南朝政权,也一直着意于恢复中原故地,或从未放弃扬言恢复中原故地。

在魏晋南北朝长期的南北分裂、东西对立的形势中,最具地理正统与文化正统象征意味者,为东汉旧都洛阳。"洛阳四面受敌,非用武之地"①,而诸多政权必欲得洛阳,看重的是其位居天下之中的特殊的政治与文化地位②。比如具体到正统意识强烈、拥有文化传承正统、无奈退守南方的东晋南朝,虽然以守为本,"至于乘间攻取,则亦不惮用兵"③;而其用兵的一个关键指向,便是洛阳所在的中原核心地域:

> 东晋以还,虽皆守淮,晋讨慕容暐梁宋,元颢所争亦在于河南。然考其兵之所出,不过二道。一自建康济江,或指梁宋,或向青齐;一自荆襄逾沔,或掠秦雍,或徇许洛。东晋之祖逖、庾亮、褚裒、殷浩、桓温、谢玄,宋之武帝、檀道济、到彦之、萧斌、思话,梁之韦叡、裴邃、曹景宗、陈庆之之徒,北伐之师不由于此则由于彼,中原有衅则进兵,寇盗方强则入守,史策所载,皆可知矣④。

东晋南朝北伐中,洛阳中州之地的地位由此可见。就具体史实言,则东晋桓温、谢玄、刘裕与宋到彦之、梁陈庆之都曾收复洛阳,而每次收复,也都会引起南方建康朝野迁都洛阳、光复故土、疆理华夏之议。然而也因为志在洛阳的政治目的太过直接与明显,决定了东晋南朝的北伐往往逆水而上,过分依赖水军,战略战术单一,从而导致失败,开拓的中原疆土也就难以保持⑤。

---

① 《周书》卷18《王思政传》,中华书局,1971年。按洛阳东据成皋,西阻崤、渑,背倚大河,面向伊、洛,即也有关河之固,然而诚如《汉书·张良传》所载张良之言:"虽有此固,其中小,不过数百里,田地薄,四面受敌,此非用武之国。"
② 万绳楠整理的《陈寅恪魏晋南北朝史讲演录》指出:"洛阳为东汉、魏、晋故都,北朝汉人有认庙不认神的观念,谁能定鼎嵩洛,谁便是文化正统的所在。正统论中也有这样一种说法,谁能得到中原的地方,谁便是正统。如果想被人们认为是文化正统的代表,假定不能并吞南朝,也要定鼎嵩洛。"黄山书社,1987年,第234页。
③ 李焘:《六朝通鉴博议》卷1,第155页。
④ 李焘:《六朝通鉴博议》卷1,第155页。
⑤ 参阅胡阿祥:《"天下之中"及其正统意义》,《文史知识》2010年第11期。

第二章 三国两晋南朝之政区制度

三国两晋南朝政区的考述，简而言之，应该包括政区建置与政区制度两大方面。政区制度指导着或者规范了政区建置，政区建置实践着或者改变了政区制度。如此，讨论政区建置，则政区制度从中可见大概，而探讨政区制度，也可加深对于政区建置的理解。本着这样的思路，本章以第二编至第十编的政区建置之考证为基础，先行集中叙述三国两晋南朝之政区制度。

按三国两晋南朝的政区建置，从层级看，是州、郡、县三级制；从种类看，除了一般的州、郡、县政区外，也有相当特殊的政区，如蜀汉、孙吴的遥领、虚封，东晋、南朝的侨州、侨郡、侨县以及双头州、双头郡，南朝领有郡县的宁蛮府以及左郡左县、俚郡僚郡①；又从领属上看，发展到南朝特别是南朝的中后期，有些州只领很少的郡，有些郡只领很少的县，甚至有州不领郡、郡不领县者，这实际上意味着正常的州、郡、县领属关系遭到了破坏。

无疑，上述三国两晋南朝政区建置的层级、种类、领属，与对应时期的政区制度密不可分，相当程度上即是政区制度指导下的产物；然而另一方面，其时政区建置的事实，由于复杂的原因，也在逐渐地改变、突破政区制度的规范，甚至在这种改变与突破中，形成了新的成文或者不成文的政区制度。比如通常认为，三国两晋南朝政区实行的是州、郡、县三级制，其实不然。考东晋应詹上疏："都督可课佃二十顷，州十顷，郡五顷，县三顷。"②东晋范宁陈时政："夫府以统州，州以监郡，郡以莅县。"③又南齐孔稚珪表云："今府州郡县千有余狱。"④这里所谓"府"，指的是都督府。虽然，东晋南朝都督府从制度上说属

---

① 所谓特殊政区，为了便于理解，不妨举我国现行政区为例。2005年底，我国省级政区34个，23省是"一般政区"，4直辖市、5自治区、2特别行政区即为"特殊政区"；同样，地级政区中，地级市是"一般政区"，而17地区、30自治州、3盟则是"特殊政区"。又"僚"郡以及作为民族名称的"僚"，本作"獠"，本编统一改作"僚"。
② 《晋书》卷70《应詹传》。
③ 《晋书》卷75《范宁传》。
④ 《南齐书》卷48《孔稚珪传》。

于军事性质,但据上引史料的课佃、统州、设狱之民刑诸政以及府与州、郡、县并述,则都督府已经逐渐过渡到兼具地方行政机构的性质,于是东晋南朝在州级之上,就俨然有了更高更大的一级政区,即都督区,其统制机构则称都督府①。又如东晋南朝的侨州郡县,本属随宜性的临时建置,然而长期地"随宜"下来,也就成了东晋南朝政区中重要的组成部分、重要而且特殊的政区制度。

诸如此类的问题,都可归入"三国两晋南朝政区制度"的讨论范围之内。今即分节讨论如下。需要说明者,鉴于千数百年来,学者们围绕三国两晋南朝政区制度的研究,大多集中在一般州郡县制度方面,而于遥领、虚封、侨置、双头、左郡左县等特殊制度,或语焉不详或缺乏分析,所以笔者将略前人所详、详前人所略,重点探讨若干种特殊政区制度;至于一般制度(如府州郡县乡里),仅作简单交代。

第一节 三国两晋南朝的府州郡县乡里制度

三国两晋南朝政区,正式实行的是州、郡、县三级制,县以下则为乡、里;东晋南朝时代,军事性质的都督府又逐渐具有了行政性质。以下略述三国两晋南朝的府、州、郡、县、乡、里制度之一般情形②。

一、都督与都督府

《南齐书》卷16《百官志》以为,都督"起汉从[顺]帝时,御史中丞冯赦③讨九江贼,督扬、徐二州军事"。汉末三国时期,由于分裂割据的混乱局面,都督一职遂为常态。《晋书》卷34《羊祜传》载羊祜之言:"昔魏武帝置都督,类皆与州相近,以兵势好合恶离。"又唐长孺指出:"延康元年曹丕称帝前都督职称已制度化了。"④《宋书》卷39《百官志》亦载:"魏文帝黄初二年⑤,始置都督诸州

---

① 严耕望《中国地方行政制度史》乙部卷上《魏晋南朝地方行政制度》指出:"魏晋南北朝时代,都督对于属州之控制权虽较唐代节镇之于属州为弱,然影响政局亦至深远。且就督区而言,其固定性既不在唐代节度区之下,而幅员则又过之,故魏晋南北朝之此一制度实为一重要而至堪注意之制度。"台湾中研院历史语言研究所,1990年,第1页。
② 关于三国两晋南朝一般意义上的府州郡县制度,过去学者已多有研究,最称详赡者为严耕望的《中国地方行政制度史》乙部卷上《魏晋南朝地方行政制度》。本节于严氏大著多有参考。
③ "冯赦"当作"冯绲",《后汉书》卷38《冯绲传》:"征拜御史中丞。顺帝末,以绲持节督扬州诸郡军事。"(中华书局,1965年)
④ 唐长孺:《西晋分封与宗王出镇》,收入氏著《魏晋南北朝史论拾遗》,中华书局,1983年,第127页。
⑤ 《晋书》卷24《职官志》作"黄初三年"。

军事,或领刺史。"据"或领刺史",可知当时大多数都督不领刺史。晋承魏制,"晋太康中,都督知军事,刺史治民,各用人"①,即军民分治;及"惠帝末,乃并任,非要州则单为刺史"②。从此以后,都督多领治所之州刺史,而且军民合治。

都督本来是为了治军而设的,与刺史分统军民。但是因为都督的地位较高,而且常常兼统两州以上,所以在军事方面,刺史势必统隶于都督。由此而言,都督对于刺史似有统辖指挥之权,但事实上刺史仍然保有其独立的地位,两者间的关系很不正常;再者,都督与治所之州刺史同驻一城,往往争衡不睦,曹魏尤其如此。及至西晋,都督、刺史间的关系,形式上仍同于曹魏,但都督持节统军,威权日隆,时间既久,其与刺史间的统隶关系也逐渐定型化,刺史常退避以免冲突,都督遂有越权兼理民事者。于是西晋惠帝末,乃制都督兼领治所之州刺史(也有不兼刺史者),以收事权统一之效;晋室南渡后,都督则例兼治所之州刺史。

都督既例兼治所之州刺史,则本州之内,军事与民刑诸政已由都督全权控制,《历代职官表》卷50"总督巡抚"条所谓"有不治军之刺史,而无不治民之都督,江左尤重其任"即是。又都督常兼统两三州,或四五州以上(且有兼统某州之某某数郡者),彼此间也有上下统属关系。这样,都督就俨然成为州刺史之上的更高一级军民长官。对于属州(属郡),统府既有指挥督察之权,可征聚兵戎,可调用财物,可板授郡守,又可上言黜陟刺史(太守)。然而,属州刺史也还保持着半独立的地位,如统府反叛中央时,属州刺史常有不听命者,都督并不能完全控制。

都督实际为一通称。依其统军(有都督、监、督三级)和加节(有使持节、持节、假节三级)的轻重高低,可分为九等,依次为:使持节都督、持节都督、假节都督、使持节监、持节监、假节监、使持节督、持节督、假节督,其职权大小都不一致。如"使持节得杀二千石以下;持节杀无官位人,若军事得与使持节同;假节唯军事得杀犯军令者"③。又凡统军,不论都督、监、督,皆加将军名号,开府置佐④,其佐吏分三类,即上佐(长史、司马等)、外曹(诸曹参军,如录事、记室、户曹等)、阁内(功曹史、主簿等)。阁内可由都督自行辟用;上佐、外曹按制度应由朝廷除授,但都督可以提出人选,进行推荐,而且某些位尊权重的都督所

---

① ② 《南齐书》卷16《百官志》。
③ 《宋书》卷39《百官志》。
④ "统军"、"加节"两者比较,当时重在统军的等级,加节的等级则尚次要。

荐，照例获得批准，实际上是先已任用，再上一表，关照一声而已，由此可见都督用人权之大。

综上所述，都督就其军事统率权而言，大多并不局限于一州；就其行政管辖权而论，虽限于本州，但由于都督加节有专杀特权，故其军事辖区内所有属州刺史也不得不受其控制，从而实际上在大多数地方形成了比州更高一级的大政区，即大都督区，这种情形，略同于唐中叶以后的节度观察使制与明清时代的总督制。

二、州与刺史

汉制刺史为监察官，地方政区为郡、县两级制。及汉末大乱，刺史渐得操持行政权，遂转变为一州的行政长官，地方行政也形成为事实上的州郡县三级制。陈寿曰："自汉季以来，刺史总统诸郡，赋政于外，非若曩时司察之而已。"①即此之谓。

刺史又称州牧②，州牧地位且高于刺史。大体曹魏以称刺史为多，蜀汉或称牧（诸葛亮以丞相领益州牧）或称刺史，而孙吴多称牧。西晋则还称刺史，唯首都洛阳所在的司州称牧③，以示尊崇。东晋南朝时代，首都建康所在的扬州长官仍称刺史，州牧一称遂废④。

刺史的品第，有领兵与不领兵之分。曹魏领兵刺史，第四品，不领兵的单车刺史，第五品。及西晋统一，"太康三年，罢刺史将军官。刺史依汉制，三年一入奏事"⑤，即刺史为单车。而自西晋末年开始，刺史又大多领兵，兼治军旅。其领兵者，首为加将军、加督、加节的都督刺史，位二品；次为只加将军的刺史，位四品；又次为不领兵即不加将军名号者，称为单车刺史，位五品。在这三种刺史中，单车刺史较少，地位也最低，仅有治理本州民政之权。领兵刺史则开府置佐，各有军府机构。而不论领兵与否，作为刺史，都各有一套处理州

---

① 《三国志》卷15史臣评。按东汉末年以前，州并非行政区域，而是监察区域；刺史不过以六条察郡国（详《汉书》卷19《百官公卿表》颜师古注），品秩为六百石（郡国长官守、相二千石）。这种制度有其缺陷。当地方多事之秋，由于郡境过小，以一郡的权力与能力无法进行治理，因此在郡以上再设置一级政区的需要，一直隐然存在。及东汉末年，黄巾民变，郡太守难以镇压，于是朝廷不得不派中央高级官员九卿出任州牧，为二千石，而且掌握了辟官、莅政、理财、治军等权力，以镇压民变。这样，州就自然转化为郡以上的一级政区。
② 州牧借用的是《尚书·尧典》十二州牧的旧名。
③ 西晋之司州牧，约等同于曹魏之司隶校尉。东汉、曹魏司隶校尉所辖区为司隶校尉部，曹魏时也称司州，及西晋始定名司州。
④ 宋顺帝昇明二年（478）改刺史为牧，后仍称刺史。
⑤ 《北堂书钞》卷72引王隐《晋书》，中华书局，1989年。

政的机构,其属吏也可分为三类,即所谓上纲(别驾、治中等从事)、外系(祭酒、议曹等从事)、内系(即门下,有主簿、西曹书佐、录事等)。单车刺史属吏的任用,由刺史自辟,也偶尔由中央除授。领兵刺史的佐吏,有州吏与府佐两个系统。州吏任用权自属刺史;至于将军府佐,本非地方官吏,依制当由朝廷除授,不由长官自辟,而事实上,刺史荐举之权甚重,且得直接板授地位较低的参军。刺史用人权之大且不限于军府曹佐,还可察举秀才;即于外郡太守、县令,也可自由表请任用之。另外,自东晋以至梁、陈,为加强刺史的控制权,诸州刺史颇有自领都郡(刺史治所之郡)太守者。

州的地位有时又有大小高卑之别。如《宋书》卷40《百官志》:秀才,"晋江左扬州岁举二人,诸州举一人,或三岁一人,随州大小",可见其时州至少分作三等。梁制见于《隋书》卷26《百官志》。此志详述诸州佐吏地位不同,"各因其州之大小而置员"。天监中,诸州佐吏以班多者为贵,其中以扬州第一,南徐州次之,荆、江、雍、郢、南兖五州又次之,湘、豫、司、益、广、青、衡七州再次之,北徐、北兖、梁、交、南梁五州复次之,越、桂、宁、霍四州殿后,是分州为六等。又据《隋书》卷24《食货志》,扬、南徐等大州比令、仆班,宁、桂等小州比参军班。按此尚为天监初年制度。其后州疆大见分割,至大同年间有州百余,《资治通鉴》卷158大同五年(539)记事,云分州为五品,"上品二十州,次品十州,次品八州,次品二十三州,下品二十一州。……五品之外,又有二十余州,不知处所","其位秩高卑,参僚多少,皆以是为差",可见其时州的等级悬殊,又过于天监。及陈,诸州据《隋书》卷26《百官志》,扬、南徐、东扬三州为上(三品);荆、江、南兖、郢、湘、雍等州次之(四品);豫、益、广、衡、青(领冀州)、北兖、北徐、梁(领南秦州)、司、南梁、交、越、桂、霍、宁十五州为下(五品);凡单车刺史,加督进一品,都督进二品,不论持节、假节。按此处列述者仍为著名的旧州,新置小州必有地位在霍、宁以下者,难以详考。

三、郡、国与太守、内史、相

三国两晋南朝政区,大体以州统郡、国,以郡、国统县。其中,蜀汉、孙吴虽有封王之制,但似并不立国①;曹魏则承汉制,王国置相如郡太守。西晋太康十年,"改诸王国相为内史"②,而公国所置仍为相;东晋南朝亦有王国、公国,

---

① 《三国志》卷32《蜀书·刘备传》载章武三年(223)遗诏,有"其郡国太守、相、都尉、县令长,三日便除服"云云。按此国相,盖为虚号,实际并不治民。
② 《晋书》卷3《武帝纪》。

与郡为平行政区,王国置内史,公国置公相,以掌太守之任①。至于郡长官,仍承汉制称太守,唯京师所在之郡,如曹魏、西晋之河南郡,东晋南朝之丹阳郡,为示尊崇,而沿汉制称尹。

太守、内史、相也有加将军、加督、加节、置军府如刺史者,这几种制度为汉制所无。

其一,加将军。三国时代,郡太守常有以功加将军者,如曹魏安丰太守王基加讨寇将军,蜀汉越巂太守张嶷加抚戎将军,孙吴诸葛恪为抚越将军、领丹阳太守。及至西晋末叶,郡国长官加将军者更加普遍,"时有不得者,或为耻辱"②。此后历东晋、南朝,郡守加将军之例,史传所见俯拾即是。

其二,加督。《隋书》卷26《百官志》述陈制略云:丹阳尹、会稽太守、吴郡、吴兴二郡太守,品并第五。加督,进在第四品;加都督,进在第三品。诸郡若督及都督,皆以此差次为例,云云。是则太守、内史、相不但加将军,而且有加督者。考加督也始于西晋末叶丧乱之际,如李矩为都督河南三郡军事、安西将军、荥阳太守,南平太守应詹为督南平、天门、武陵三郡军事。东晋南朝郡国长官加督者日渐普遍。加督等级,前期基本为"督",至陈则几乎都加"都督"。又所督除本郡本国外,多有兼督他郡他国者,属郡属国遂受其控制。而加督的郡国太守、内史、相,也相应地成为一个地区的军政长官,这样,就形成了略同于都督刺史的都督区,只是其级别不在州之上,而处于州之下、郡之上。

其三,加节。加节以齐、梁、陈为常见,而且如刺史所加,有假节、持节、使持节之别,所加多为重要的郡国,如吴郡、吴兴、豫章、竟陵、琅邪、历阳、巴西等。

其四,置军府。太守、内史、相加督者皆置军府,加将军者也或置军府。此类加将军之太守所置军府,三国、西晋时已不少见。东晋以降,郡国长官更常有置军府者,大约重要或边地郡国如会稽、丹阳、吴郡、吴兴、琅邪、宣城、东阳、江夏、竟陵、武陵、巴东、建平、始兴等置军府者为多,也有视情势需要,始置军府者。

郡国开军府,置吏略同于州军府,也有长史、司马、功曹、主簿、录事、参军等员。而作为地方行政长官,太守、内史、相自然另有一套常规行政机构,其建制如州府,也有所谓上佐(丞等)、外系(纲纪、列曹掾史、督邮等)与内系(即门下,有主簿、记室、录事、书佐等)。而就军府与郡府的作用看,前者有取代后者实掌郡政的趋势。

---

① 按在诸史纪传中,也存在"内史"、"相"这类特殊官名混称为"太守"这个一般官名的现象。详细讨论,参见姚乐、胡阿祥:《略论两晋统县政区长官之官名问题》,《中古社会文明论集》,天津古籍出版社,2010年,第27—44页。
② 《晋书》卷65《王导传》。

至于郡国长官品秩,则较为复杂。三国两晋南朝一般的太守、内史、相秩二千石,加崇则为中二千石,这略同于汉制。其加秩至中二千石者,多为大郡国,如吴郡、吴兴、会稽、晋陵、南东海、豫章、东阳、宣城等;又如果其人的政治地位较高,中等郡国长官也时得加秩。秩禄表示官位,而自曹魏立九品之制后,又以品表位。郡国长官的品位,正史官志以及《通典》记之颇详(唯齐、梁之制无考。但梁制以班序位,班多者为贵,大郡如丹阳、吴郡、会稽等高至第十三、四班,即同列曹尚书、太子詹事班;小郡如高凉、晋康等,则低至三班),又郡国长官加督得进品。兹综合有关资料①,作三国两晋南朝郡国长官品秩表如下。

表 2　三国两晋南朝郡国长官品秩表

朝　代	郡 国 长 官	品	秩
曹魏	河南尹	第三品	中二千石(?)
	太守、相	第五品	二千石
蜀汉	太守	第五品	二千石
孙吴	太守	第五品	二千石
晋	河南尹、丹阳尹	第三品	中二千石
	太守、内史、相	第五品	二千石
宋	丹阳尹	第三品	中二千石
	太守、内史、相	第五品	二千石
齐	丹阳尹		中二千石
	太守、内史		二千石
梁	丹阳尹	第十三、四班至第三班	中二千石
	太守、内史		二千石
陈	丹阳尹	第五品	加督进一品,加都督进二品	中二千石
	会稽、吴郡、吴兴太守	第五品		二千石
	万户以上太守、内史、相	第六品		二千石
	不满万户太守、内史、相	第七品		二千石

---

① 《通典》卷 36—38《职官典》;《宋书》卷 40《百官志》;《隋书》卷 26《百官志》;洪饴孙《三国职官表》卷下(《二十五史补编》本,中华书局,1955 年);以及严耕望《中国地方行政制度史》乙部卷上《魏晋南朝地方行政制度》,第 227—229 页。

据上表也可大略看出郡国地位的高下。其中梁制分十多等,陈制至少分四、五等。又如东晋、刘宋时郡国等级,《宋书》卷40《百官志》记云:"江左以丹阳、吴、会稽、吴兴并大郡。"再查考列传,湘东称"远小"①,豫章为"远郡"②;资望欠足,不宜超莅大郡(吴郡),则"转为临海太守"③;特请降黜,则由吴兴郡转为豫章郡④。又王羲之上书论郡守考课曰:"三县不举,二千石必免,或可左降,令在疆塞极难之地。"⑤如此则东晋、刘宋郡国地位也有高下远近之异,唯其详难以确考。

四、县与令、长、相

县为三国两晋南朝基层地方行政单位,其建制大体承袭两汉:"县大率方百里,其民稠则减,稀则旷"⑥;大县置令,小县置长;县为国(有公、侯、伯、子、男五种封国,因诸县之地而封建)者长官称相,任同令、长。

县的大小,汉制万户以上为令,万户以下为长,是以户数多少为定,但已并不尽然。三国时代,令、长区别标准已不可考,各国境内令、长的多少也无确切数字,但似乎曹魏、蜀汉令、长参差有之,孙吴则长远多于令。至于晋制,《北堂书钞》卷78引《晋令》:"县千户以上,州郡治五百以上,皆为令;不满此为长。"是晋朝令、长之别虽仍以户数为断,而标准已大为降低。又宋制见《宋书·州郡志》,凡县皆注明为令、为长或为相。就《宋书·州郡志》所载1 300余县统计,长近80,相约160,其他皆为令;论其分布,则东部基本为令,长多在西南宁、交、益三州,相分布于中部江、湘、郢、荆等州⑦;其户数标准已不明显,数十户、百余户之县置令者甚多,颇疑当时户数标准仍然存在,但较之晋以千户为准者又降低许多;至于数十户或百数十户而置令者,当有特殊原因,或缘边国防,捍卫为重,或地

---

① 《晋书》卷76《王彪之传》。
② 《晋书》卷76《王允之传》。
③ 《晋书》卷67《郗愔传》。
④ 《宋书》卷56《谢瞻传》。
⑤ 《晋书》卷80《王羲之传》。
⑥ 《汉书》卷19《百官公卿表》,中华书局,1962年。
⑦ 王鸣盛《十七史商榷》卷57"宋州郡国相"条:"扬州、南徐州诸州但有令长。自南豫州以下始有国相,然甚少。江州一州各郡所属之县,几尽是公侯伯子男国相,令但一二见焉。此下青、冀、司仍多是令,其下荆、郢、湘、雍四州令与相相间,其下梁州、秦州、益州、宁州、广州、交州、越州又纯是令长,而国相偶一见焉。"(上海书店,2005年)周一良《魏晋南北朝史札记》之"《梁书》札记·封国之地域"条(中华书局,1985年,第272—273页)以为:"王氏虽是着眼于职官,然其所概括诸点,恰足从一侧面说明宋代以至整个南朝封建统治阶级内部皇家与宗室贵族之矛盾,反映彼等相互竞争而又相互依存之关系。扬及南豫但有令长者,因其为皇室财政垄断地区。江州几尽是国相,则以其土地较佳而又去建康较近,便于征收国秩。荆郢湘雍四州军事要地,而朝廷亦不愿多立封国,此所以四州令与相相间也。然封于江州之地者,亦有因剥削收入少而改封荆州者。……至于梁益交广诸州,封地之收入虽未必少,然以地处悬远,催缴为劳……此所以南境诸州绝大多数是令长,而偶见国相也。"

属边区,时赖镇摄,故特崇其制,或各有旧俗,相承未改。要之,以户数区别令、长,自汉以下各代莫不如此,唯有因政治、地理情势而例外者;其户数标准也逐渐降低。

令、长、相掌治一县,为基层地方行政主官。《宋书》卷5《文帝纪》元嘉八年(431)闰六月诏曰:"县宰,亲民之主。"所以职事最烦。《抱朴子·外篇》卷28《百里》云:

> 三台九列,坐而论道;州牧郡守,操纲举领。其官益大,其事愈优。烦剧所钟,其唯百里。众役于是乎出,调求之所丛赴。牧守虽贤,而令长不堪,则国事不举,万机有阙,其损败岂徒止乎一境而已哉?令长尤宜得才,乃急于台省之官也。用之不得其人,其故无他也,在乎至公之情不行,而任私之意不违也。

县事烦扰之情状,《南齐书》卷53《良政·傅琰传》有例:

> 琰为山阴令。卖针卖糖老姥争团丝,来诣琰。琰不辨核,缚团丝于柱鞭之,密视有铁屑,乃罚卖糖者。二野父争鸡,琰各问"何以食鸡"。一人云"粟",一人云"豆"。乃破鸡得粟,罪言豆者。县内称神明,无敢复为偷盗。琰父子并著奇绩,江右鲜有。世云"诸傅有《治县谱》,子孙相传,不以示人"。

由此观之,县宰的行政方式与"州牧郡守"迥异,其躬亲民事,政务烦忙。又县宰既于县事无所不综,兵政自不例外。汉末以降,兵戈扰攘,县宰兵权日益加重,所以县令、长、相也有加将军或校尉者,如孙吴朱然迁山阴令,加折冲校尉,督五县;吕蒙拜偏将军,领寻阳令;西晋乔智明为殄寇将军,隆虑、共二县令;宋末萧赤斧出为建威将军、钱塘令;梁沈瑀起为振武将军、余姚令。

县级佐吏也可分为上佐和外、内两系。上佐由中央任命,主要指丞、尉二职。三国、西晋承汉制置丞,东晋与南朝不置。尉则三国、两晋、南朝均有,其职甚重,一般次县、小县设一尉,大县设二尉,西晋京师首县洛阳置六部尉,东晋以降京师首县建康也置有六七尉。外系主要包括纲纪(功曹,又廷掾东晋以下不见史传)与分职诸曹(户曹、法曹等)。内系诸职又称门下,主簿为长,其下有录事史、门下书佐等。内、外两系属吏,令长可以自辟。又县令加将军者,且得置参军。

县宰的品位,大抵自六品至八、九品不等;县的等级高低悬殊也甚大。三国诸县令千石者,第六品;诸县令相六百石者,第七品;诸县令长相,第九品。晋制略同三国,唯诸县令长相第八品①。是县宰品秩分作三等,而县则至少有

---

① 《通典》卷36《职官典》"魏官品"条、卷37《职官典》"晋官品"条。按洪饴孙《三国职官表》卷下云:"魏,诸县大者置令一人,千石,第六品,其次六百石,第七品,小者置长,三百石,第八品。"又"蜀,同","吴,同"。

六七等。刘宋制度同晋,齐制无考。又梁"县制七班,用人各拟内职"①。按梁以十八班序位,县宰上下至七个班品;其"大县六班,小县两转方至一班"②,故县也分七等③。陈制见《隋书》卷26《百官志》:建康令,千石,第七品;五千户以上县令、相,千石,第八品;不满五千户以下县令、相,六百石,第九品。按陈时户口寡少,五千户实为大县,其下应当还分有若干等级。

五、乡里与乡里吏

三国两晋南朝县以下行政体系,由于史料的缺乏与研究的薄弱,较难明其详细,而求诸史传的零星记载,大体为沿袭汉制的乡里组织。如《宋书》卷40《百官志》所记"乡有乡佐、三老、有秩、啬夫、游徼各一人。乡佐、有秩主赋税,三老主教化,啬夫主争讼,游徼主奸非",此与《汉书》卷19《百官公卿表》所载"乡有三老、有秩、啬夫、游徼。三老掌教化,啬夫职听讼,收赋税,游徼徼循禁贼盗",可谓大同小异,如此则自汉至宋,乡里制度大抵沿而未革。

《通典》卷36"魏官品"条:诸乡有秩、三老,第八品;诸乡有秩,第九品。杨晨《三国会要·职官》:"乡置有秩、三老,百石,第八品。小者置有秩、啬夫,亦百石,第九品。"④如此,大县的有秩、三老地位尊显,有如大县的长吏(第八品),有过小县的令长(第九品)。又《晋书》卷24《职官志》述晋时乡制云:

> 县五百以上皆置乡,三千以上置二乡,五千以上置三乡,万以上置四乡。乡置啬夫一人。乡户不满千以下,置治书史一人;千以上,置史、佐各一人,正一人;五千五百以上,置史一人,佐二人。

据此,晋之乡吏设置,无有秩、三老,此与汉制略有出入,而"此等制度,宋、齐、梁、陈,度当沿之"⑤。至于上述的户数标准,则实际情形多有不及。如《宋书》卷38《州郡志》广州绥建郡"领县七"⑥,3 764户,平均每县近540户。其中一

---

① 《隋书》卷26《百官志》。
② 《隋书》卷24《食货志》。
③ 严耕望《中国地方行政制度史》乙部卷上《魏晋南朝地方行政制度》推测东晋县的等级也至少有六七等,所以梁制县分七等,实不始于梁。"然则县之等级自有定制,固不能全以令长秩位为准也。"(第21页)
④ 杨晨:《三国会要》卷10《职官》,中华书局,1956年,第178—179页。
⑤ 吕思勉《两晋南北朝史》,第1239页。
⑥ 中华本校勘记:"按此云领县七,而下只有六县,故校者注云疑。《南齐书·州郡志》绥建郡领县尚有化注县,疑《宋志》夺化注。"按"中华校"疑误,盖上文已云"化注、永固、绥南、宋昌、宋泰五县","今唯有绥南,余并无",则何来"化注"?故所夺一县待考。

县为四会,另有新招县"本四会之官细乡",化蒙县"本四会古蒙乡",怀集县"本四会之银屯乡",皆以元嘉十三年(436)分立为县,则四会一县原来至少有三乡。此时入宋未久,应当仍承晋制,而以晋制衡量,五千户以上始置三乡,四会必不满五千户。再如《宋书》卷92《良吏传·序》,称元嘉年间"凡百户之乡,有市之邑,歌谣舞蹈,触处成群,盖宋世之极盛也"。状宋世之极盛,其乡也不过百户,又可见实况与制度的不相符合。

三国两晋南朝又有都乡之制。汉有都乡、都乡侯,三国以降沿承汉旧。都乡如"湘州始安郡始安县都乡都唐里"、"南阳郡涅阳县都乡上支里"、"丹阳石城都乡"、"兰陵郡兰陵县都乡中都里"、"豫章南昌都乡吉阳里"、"扬州丹杨建康都乡中黄里"、"陈郡阳夏县都乡扶乐里"、"豫州陈[郡]阳夏县都乡吉迁里"①等。都乡侯之封,如曹魏张既、赵俨、郭淮,蜀汉李严,孙吴周胤、阚泽、陈表等封都乡侯,宋褚湛之以南奔赐爵都乡侯,又墓志云:"晋兴宁二年吴郡嘉兴县故丞相参军都乡侯褚府君墓。"按都乡指设置在城市和附郭的乡政单位,顾炎武称为"盖即今之坊厢也"②。非都乡之处则径称为乡,所封称乡侯,如"芜湖西乡"、"长沙郡临湘县北乡白石里"、"扬州丹阳郡句容县南乡糜里"、"扬州丹阳郡秣陵县西乡显安里"③,魏安乐乡侯桓阶、吴永安乡侯沈珩、梁末新安太守湘西乡侯萧隐等。

又据上段引述的诸多出土资料,以及《抱朴子·内篇》卷6《微旨》所云"一州有生地,一郡有生地,一县有生地,一乡有生地,一里有生地,一宅有生地",则乡下为里。里为乡以下单位,也常见于史传,即《宋书》卷27—29《符瑞志》记某瑞征见于某县某乡某里者已十余次,又《宋书》卷91《孝义传》凡孝行皆表里,或改里名。里置里吏,《晋书》卷24《职官志》:"县率百户置里吏一人,其土广人稀,听随宜置里吏,限不得减五十户。"宋以下承之,梁、陈则称里司。《梁书》卷22《安成王秀传》:天监六年(507),出为都督江州刺史,"闻前刺史取征士陶潜曾孙为里司";又《南史》卷9《陈本纪》:高祖"初仕乡为里司"。

南朝时代,里以下又有村。《宋书》卷100《自序》:"七世祖延始居(武康)县东乡之博陆里余乌邨④(村)。"《宋书》卷97《蛮传》:太宗初,"晋熙蛮梅式

---

① 梁翼:《南方六朝墓中出土文字杂识》,《东南文化》第3辑,1988年;朱智武:《东晋南朝墓志研究》,南京大学博士学位论文,2006年5月。
② 顾炎武:《日知录》卷22"都乡"条,《日知录集释》,岳麓书社,1994年,第783页。
③ 参见梁翼《南方六朝墓中出土文字杂识》,朱智武《东晋南朝墓志研究》。
④ "邨",按照诸多古代字书的解释,与"村"通,即如本条史料,在唐人所作《南史》卷57《沈约传》中,已改为"余乌村"。

生……封高山侯,食所统牛岗、下柴二村三十户"。村有村长,又称村司①。

村下有伍。《宋书》卷74《沈攸之传》:为都督郢州刺史,"将吏一人亡叛,同籍符伍充代者十余人"。卷91《孝义·蒋恭传》州议曰:"赃不还家,所寓村伍,容有不知,不合加罪。"伍有伍长,《宋书》卷40《百官志》所谓"五家为伍,伍长主之"。

综上所述,三国两晋南朝县以下的基层组织为乡、里、村、伍,它直接渗透到编户齐民,以协助县机构完成各项任务,与县一起构成为基层行政体系。

第二节 三国比于郡县的尉部

《晋书》卷24《职官志》说:"孙吴、刘蜀,多依汉制,虽复临时命氏,而无忝旧章。"三国政区制度,大体因于东汉。东汉末年,以州统郡国,郡国之下,复有县、邑、道、国。东汉安帝以后,又有属国比郡②。三国以降,邑、道之名渐不见于史籍,当已废省,其他则多因于东汉。而需加述论的是,"多依汉制"以外,三国地方行政也逐渐产生出一些特殊制度,如遥领、虚封,典农校尉,典农都尉、屯田都尉;又诸部都尉、属国都尉虽然沿自东汉,在三国时期却也有了进一步的普及或发展。本节先略述三国时比于郡县的各种尉部,下节再讨论三国以及东晋南朝的遥领、虚封。

何谓比于郡县的各种尉部?据洪亮吉《补三国疆域志》,在47个吴郡中,有毗陵典农校尉,治毗陵,领三县;庐陵南部都尉,治零都,领六县;合浦北部都尉,治平山,领三县。又据谢锺英《三国疆域表》,曹魏有郡81,国11,属国1(辽东属国);蜀汉有郡20,属国1(涪陵属国);孙吴有郡45,都尉2(庐陵南部都尉、合浦北部都尉),属国1(九真属国)。金兆丰的《校补三国疆域志》中,孙吴郡级政区也列入了校尉(毗陵典农校尉,领二县)、都尉(建昌都尉领六县,庐陵南部都尉领六县,合浦北部都尉领三县)。据知三国郡级行政区,除了郡、国外,尚有诸部都尉、属国都尉、典农校尉。又考《宋书》卷35《州郡志》,扬州吴郡盐官令条引《吴记》:"盐官本属嘉兴,吴立为海昌(屯田)都尉治③,此后改为

---

① 《南齐书》卷5《海陵王纪》延兴元年十月癸巳诏曰:"诸县使村长路都防城直吏,为剧尤深,亦宜禁断。"《梁书》卷2《武帝纪》天监十七年正月丁丑朔诏曰:"若流移之后,本乡无复居宅者,村司三老及余亲属,即为诣县,请占村内官地官宅,令相容受,使恋本者还有所托。"

② 《续汉书》志23《郡国志》:"安帝又命属国别领比郡者六。"收入范晔《后汉书》,中华书局,1965年。而据本志,比郡的六个属国为广汉属国、蜀郡属国、犍为属国、张掖属国、张掖居延属国、辽东属国。

③ 按汉海盐县地有盐官。盖汉末置为海昌县,吴又改为海昌屯田都尉。

县。"南徐州南琅邪郡江乘令条:"汉旧县,本属丹阳。吴省为典农都尉。"扬州丹阳尹溧阳令条:"汉旧县,吴省为屯田。"湖熟令条:"汉旧县,吴省为典农都尉。"则孙吴曾改县令为典农都尉、屯田都尉,比于县。凡此,皆属三国的特殊政区。

然则这些尉部何以成了比于郡县的政区呢?

一、诸部都尉、属国都尉、典农校尉:比郡的尉部

《续汉书》志 28《百官志》本注曰:

> (郡尉)典兵禁,备盗贼。景帝更名都尉。……边郡置农都尉,主屯田殖谷。又置属国都尉,主蛮夷降者。中兴建武六年,省诸郡都尉,并职太守。……唯边郡往往置都尉及属国都尉,稍有分县,治民比郡。

又《宋书》卷 40《百官志》云:

> 秦灭诸侯,随以其地为郡,置守、丞、尉各一人。守治民,丞佐之。……尉典兵,备盗贼。汉景帝中二年,更名守曰太守,尉为都尉。光武省都尉,后又往往置东部、西部都尉。有蛮夷者,又有属国都尉。汉末及三国,多以诸部都尉为郡。

上引资料说都尉及尉部事已甚详明,今不再赘,仅就其重要处及在三国的有关情况予以诠释、列述。

其一,都尉职主武装,东汉光武帝虽罢之,其实不能全罢。《续汉书》志 28《百官志》注引东汉应劭说:建安六年(201)后,"每有剧贼,郡临时置都尉,事讫罢之。"又边郡或以郡境太广、难于控制,或以有失安宁,设都尉也仍属必要。内地每郡都尉一人,边郡、要郡则都尉可多至二三人。如建安中,有魏郡东部都尉、魏郡西部都尉;孙氏割据江东以后,会稽郡有东部都尉、南部都尉、西部都尉之设。

其二,都尉可以分县治民,有治所,有辖区。从原则上讲,都尉佐助太守①,郡置一名都尉时,都尉辖区即为郡区;郡置两名或两名以上都尉时,各辖郡区一部,而诸部都尉辖区的总和当为郡区。原则如此,实际却不尽然。当分部设立都尉时,诸尉辖区不一定包括郡内所有各县,某些县可能只属太守,而不属都尉;又都尉也可以领县,成为行政区最高长官。如曹魏景初元年(237),分襄阳郡临沮、宜城、旍阳、邔四县,置襄阳南部都尉;孙吴太平二年(257)以

---

① 都尉地位稍低于太守。太守秩二千石,一般的都尉秩比二千石,均为第五品。

前,会稽郡治山阴,会稽东部都尉治章安,会稽南部都尉治侯官,会稽西部都尉治长山,各有辖区与领县,三部都尉治民管政,职同太守。

其三,边郡往往置属国都尉,而属国都尉与诸部都尉不同之处在于:第一,属国都尉是属国长官。《汉书》卷19《百官公卿表》:"典属国,秦官,掌蛮夷降者。武帝元狩三年昆邪王降,复增属国,置都尉。"①按典属国为中央官,成帝河平元年(前28年)省并大鸿胪;属国都尉为属国长官。所谓属国,颜师古说:"凡言属国者,存其国号而属汉朝,故曰属国。"②其长官属国都尉秩比二千石③,"主蛮夷降者"。依此,属国是边远地区为内附少数民族特置的一种政区,与郡平级,而地位稍低。三国时,曹魏正始五年(244)"鲜卑内附,置辽东属国,立昌黎县以居之"④。蜀汉沿置与新置的属国都尉则颇常见,如巴东属国都尉、广汉属国都尉、犍为属国都尉、涪陵属国都尉、蜀郡属国都尉。又考孙吴所置有九真属国,《晋书》卷57《陶璜传》:

> (孙)皓以璜为使持节、都督交州诸军事、前将军、交州牧。武平、九德、新昌土地阻险,夷僚劲悍,历世不宾,璜征讨,开置三郡及九真属国,三十余县。

据知孙吴末年,交州有九真属国,是陶璜征讨夷僚后所开建。其领县无考,或领十余县⑤。第二,都尉为太守佐副,即便领县治民,有自己的治所与辖区,名义上仍然属于郡的一部分。属国则不然,它是完全独立的行政区,往往是因该地区设郡尚不够条件,设县又嫌级别太低,且因"主蛮夷降者"而政策上必多特殊之处,所以特建属国都尉一官以统领辖区,治民如郡守。

其四,改诸部都尉与属国都尉为郡,是汉末尤其是三国分置新郡的主要方式之一。如魏郡东部都尉、西部都尉,曹魏黄初二年(221)改为阳平郡、广平郡;辽东属国都尉,曹魏改为昌黎郡。蜀郡北部都尉,刘备定蜀后改为汶山郡;又巴东、广汉、犍为、涪陵、蜀郡诸属国都尉,蜀汉分别改为涪陵郡、阴平郡、朱提郡、涪陵郡、汉嘉郡。然而比较言之,改诸部都尉为郡,又以孙吴表现得最为突出。如太平二年,以长沙东部都尉为湘东郡,长沙西部都尉为衡阳郡,会稽

---

① 《汉书》卷6《武帝纪》:元狩二年(前121)"秋,匈奴昆邪王杀休屠王,并将其众合四万余人来降,置五属国以处之"。
② 《汉书》卷6《武帝纪》颜师古注。按颜师古所谓"存其国号",若改为"存其部族",当更为贴切。如《汉书》卷55《卫青传》颜师古注即称:"不改其本国之俗而属于汉,故号属国。"
③ 《续汉书》志28《百官志》。
④ 《三国志》卷6《齐王芳纪》。
⑤ 据胡阿祥《六朝疆域与政区研究》第413页所考,天纪四年(280)武平、九德、新兴(晋武帝改新昌)三郡领县20,"三十余县"减去20,故云"或领十余县"。

东部都尉为临海郡,豫章东部都尉为临川郡;永安三年(260),以宜都西部都尉为建平郡,会稽南部都尉为建安郡;宝鼎元年(266),以会稽西部都尉为东阳郡,零陵北部都尉为邵陵郡;甘露元年(265),又以零陵南部都尉为始安郡,桂阳南部都尉为始兴郡。

其五,汉制"边郡置农都尉,主屯田殖谷",而三国孙吴之制较特殊者,为置典农校尉,比于郡级,可考者有毗陵典农校尉。《宋书》卷35《州郡志》南徐州刺史晋陵太守条:"吴时分吴郡无锡以西为毗陵典农校尉。"按毗陵典农校尉是改吴郡西部都尉所置的,实为比郡的民屯行政区长官①,辖有毗陵、云阳、武进三县。而追溯其制度来源,则与北方曹氏有关,此极应注意者。《资治通鉴》卷62建安元年胡注引《魏志》云:

  曹公置典农中郎将,秩二千石;典农都尉,秩六百石或四百石;典农校尉,秩比二千石,所主如中郎。

又洪饴孙《三国职官表》卷上:

  魏,典农中郎将,郡县有屯田者置。二千石,第六品,主屯田。建安元年太祖置。……建安元年郡国列置田官,即指典农中郎将、校尉、都尉诸官也。……咸熙元年,诏罢屯田官,以均政役,诸典农皆为太守,都尉皆为令长。是典农中郎将、校尉分列诸郡国,典农都尉分列诸县也。其或置中郎将,或置校尉,则郡国大小之别。诸列传及传注有为是官者,可以取证。……《裴潜传》:潜为二郡典农,奏通贡举,比之郡国,由是农官进仕路。
  魏,典农校尉,郡县有屯田者置。比二千石,第六品。所主如中郎将。

按与曹魏典农中郎将对应,蜀汉"置督农,供继军粮,屯汉中,他郡无考"②,孙吴无;与曹魏典农校尉对应,蜀汉无,孙吴"于诸郡有屯田者亦置典农校尉,统诸县如太守"③。

以上曹魏、蜀汉、孙吴三国对照,并结合相关史料的分析,可知曹操屯田先

---

① 《三国志》卷52《吴书·诸葛瑾传附子融传》注引《吴书》云:"赤乌中,诸郡出部伍。新都都尉陈表、吴郡都尉顾承各率所领人会佃毗陵,男女各数万口。"按《三国志》卷52《吴书·顾承传》,顾承曾官居吴郡西部都尉,《吴书》所谓"吴郡都尉"当即此。又据陈玉屏《论孙吴毗陵屯田的性质》(《西南民族学院学报》1988年第2期)一文的考证,毗陵会佃始于嘉禾中(嘉禾三年,234)而非赤乌中,初为军屯,嘉禾六年末或赤乌元年(238)初始转变为民屯,于是"分吴郡无锡以西"设置毗陵典农校尉,划出毗陵、云阳、武进三县归其管辖。由其辖区及顾承的官称又可知,毗陵典农校尉是改吴郡西部都尉(亦治毗陵)所置。
② 如《三国志》卷39《蜀书·吕乂传》:"徙为汉中太守,兼领督农,供继军粮。"
③ 洪饴孙:《三国职官表》卷上,第28—29页。

于刘备、孙权,早在建安元年许下屯田后,曹操就以羽林监枣祗为屯田都尉,逐步建立起隶属于大司农的典农中郎将、典农校尉、典农都尉的民屯系统。后来孙吴于诸郡有屯田者置典农校尉、典农都尉等,受中央监农御史监督,其名号当即采诸曹氏,品秩疑也相同,即典农校尉比二千石,第六品,典农都尉六百石或四百石,第七品。然而孙吴制度与曹魏制度也存在着重要的不同。曹魏典农校尉仅主管屯务,即只是从原郡辖区划出一部分没有郡县户的地域,设置领民划一的郡级屯田行政区。孙吴则不然,它是将原郡辖区整个地或部分地改置为郡级屯田行政区,在此范围内仍存在着郡县编户,他们既不会全部迁出,也不可能统一改编为屯田户,所以孙吴的毗陵典农校尉既管屯务,又兼民政,即"统诸县如太守"①。又孙吴比县的屯田行政区的名义与性质,也是大略如此。

二、典农都尉、屯田都尉:比县的尉部

洪饴孙《三国职官表》卷上:

> 魏,典农都尉,郡县有屯田者置。秩六百石或四百石。第七品,主屯田。太祖置。
> 蜀无。
> 吴所置同。

按孙吴又有屯田都尉,《三国志》卷58《吴书·陆逊传》:

> 孙权为将军,逊年二十一,始仕幕府,历东西曹令史,出为海昌屯田都尉,并领县事。县连年亢旱,逊开仓谷以振贫民,劝督农桑,百姓蒙赖。

有关江东的屯田,以这条史料为最早,具体时间约在建安八、九年(203—204),而建安元年,曹操即以羽林监枣祗为屯田都尉,可见孙氏屯田都尉、典农都尉的官称也是仿自曹氏。当然,在后来实施屯田的过程中,与典农校尉一样,孙吴典农都尉、屯田都尉并不等同于曹魏的典农都尉。曹魏的典农都尉仅管屯田,辖区内为单一的屯田户;而孙吴是将原县整个地或部分地改置为县级屯田行政区,长官典农都尉、屯田都尉管理屯田户及原县编户,既理屯田,又治民事,比于县级。海昌屯田都尉、溧阳屯田都尉、江乘典农都尉、湖熟典农都尉莫不如此②。

---

① 严耕望《中国地方行政制度史》甲部《秦汉地方行政制度》(台北中研院历史语言研究所,1990年)第186页指出:"按此典农之官,名称职掌与郡都尉不同,然亦划疆领民,实如郡职。"
② 也有例外。据《三国志》卷65《吴书·华核传》,华核曾身兼上虞县县丞与典农都尉二职。按会稽郡上虞县为汉旧县。上虞的这种情形,可能是由于屯田户与县户数量相近,或前者略少,因而以县政为主,县官与农官并置,并由县官副职县尉兼任农官。如此,则该尉部就不具有政区意义。

三、西晋废尉部为郡县

西晋灭吴的次年即太康二年(281),省毗陵典农校尉为毗陵郡;太康三年,以庐陵南部都尉为南康国;太康七年,又改原合浦北部(属国)都尉为宁浦郡①;另外,九真属国不见于以太康初年建置为准的《晋书·地理志》,应该已经罢省:这是废尉部立郡。又太康元年,省江乘典农都尉、湖熟典农都尉、溧阳屯田都尉,复立江乘、湖熟、溧阳三县:这是废尉部立县。至此,三国尉部制度告终②。

西晋司马氏废尉部为郡县,原因何在?按司马氏为河内儒学大族,外廷士大夫阶级的代表;曹氏则沛国谯地寒族,内廷阉宦阶级的代表③。在政策上,司马氏自与曹氏多有不同。咸熙元年(264)即司马氏篡魏的前一年,诏废屯田,"诸典农皆为太守,都尉皆为令长"。泰始二年(266)即司马炎代曹的第二年,重申"罢农官为郡县"。而这项政策的推行,即"有讨好大地主作为篡位条件的意义"④。又司马炎即位后,虽然尚未统一全国,但吴地日促,吴政日敝,统一之势已成,所以诏郡国守相以民事为本,不以军事为重⑤。及至平吴之后,又"诏天下罢军役,示海内大安,州郡悉去兵,大郡置武吏百人,小郡五十人"⑥。从此诸部都尉渐废。"及永宁之后,屡有变难,寇贼森起,郡国皆以无备不能制,天下遂以大乱"⑦,晋廷虽然复以军事为重,但在形式上却变成了以刺史、太守、相、内史加将军号兼领兵事,也不再新置都尉一职。西晋灭吴以后,省废孙吴尉部,改置郡县,即是司马氏上述政策的推广。

另一方面,当孙吴中期,民屯已经难以维持。考典农校尉、典农都尉等本系武官之名,这表明孙吴屯田户实以军事形式编制,集中营式的严酷管理,沉

---

① 据《宋书》卷38《州郡志》广州刺史宁浦太守条,吴永安三年分合浦郡立合浦北部都尉,晋太康七年改合浦国都尉为宁浦郡。疑晋灭吴后,改合浦北部都尉为合浦属国都尉。
② 东晋南朝时,比郡的诸部都尉,唯见的特例是《南齐书》卷15《州郡志》益州领郡有北部都尉,及梁改为北部郡。考此北部都尉的渊源,实承汉旧。《后汉书》卷86《西南夷传》:"冉駹夷者,武帝所开。元鼎六年,以为汶山郡。至地节三年,夷人以立郡赋重,宣帝乃省并蜀郡,为北部都尉。……灵帝时,复分蜀郡北部为汶山郡云。"又《三国志》卷39《蜀书·陈震传》:"随先主入蜀。蜀既定,为蜀郡北部都尉,因易郡名,为汶山太守,转在犍为。"按南齐时,此处为僚人聚居地,权置都尉以行郡事,且实施某种特殊政策,一如汉制。不同之处则在于,汉置北部都尉,名义上附属于蜀郡;而南齐北部都尉当是独立的郡级政区。
③ 陈寅恪:《书世说新语文学类钟会撰四本论始毕条后》,收入所著《金明馆丛稿初编》,上海古籍出版社,1980年。
④ 唐长孺:《西晋田制试释》,收入所著《魏晋南北朝史论丛》,三联书店,1955年,第42页。
⑤ 《续汉书》志28《百官志》刘昭注所谓"当韬戢干戈,与天下休息。……二千石专治民之重"是也。
⑥⑦ 《晋书》卷43《山涛传》。

重的赋役负担,加上随着社会秩序的相对稳定,手工业与商业的逐渐发展,屯田户弃农经商成为趋势,孙吴民屯到孙权末年已经近于崩坏,"耕种既废,所在无复输入"①。所以司马氏废除孙吴农官、改置为郡县,也属水到渠成、顺理成章之举。

第三节　三国、东晋南朝的遥领与虚封

顾颉刚、史念海在所撰《中国疆域沿革史》中着重指出:

> 三国时有二种特别制度,为前代所不经见者,则遥领与虚封是也。遥领者,不入版图之地,而别于国内他处设刺史、郡守以辖之也。虚封者,则仅有封爵而无实土之谓也。此二种制度在其时建置极盛②。

通俗些讲,把不属于本国(即本国政府不能行使行政权)的地方算作自己的,于自己国内设置该地地方长官,对其地行使象征性的统治,是为"遥领";以事实上不属于本国的土地,作为本国王侯等封爵的封土,是为"虚封"。虚封与遥领相同,也是象征性的统治。

诚如顾、史两位所言,遥领、虚封在三国时建置极盛,但称"为前代所不经见者"则欠准确③。更确切的说法,应该是三国连带着东晋南朝,遥领与虚封

---

① 《三国志》卷61《吴书·陆凯传》。
② 顾颉刚、史念海:《中国疆域沿革史》,商务印书馆,1999年,第100页。
③ 按遥领与虚封这样的现象,亘古及今,颇见其例。如《汉书》卷1《高帝纪》:高祖五年"诏曰:'故衡山王吴芮与子二人、兄子一人,从百粤之兵,以佐诸侯,诛暴秦,有大功,诸侯立以为王。项羽侵夺之地,谓之番君。其以长沙、豫章、象郡、桂林、南海立番君芮为长沙王。'"其时"象郡、桂林、南海属尉佗,佗未降,遥虚夺以封芮耳"(《汉书》卷1《高帝纪》注引"文颖曰"。又豫章郡时属淮南王英布,亦不得吴芮,有疑),即此三郡实为南越赵佗据有,对于吴芮来说,只是虚封而已。又《三国志》卷32《蜀书·先主传》注引《英雄记》:"建安三年春,布使人赍金欲诣河内买马,为备兵所钞。布由是遣中郎将高顺、北地太守张辽等攻备。"其时的吕布何来地处西北的北地郡? 张辽遥领北地太守耳。又《资治通鉴》卷291显德元年:"以枢密副使王仁镐为永兴军节度使,以殿前都指挥使李重进领武信节度使,马军都指挥使樊爱能领武定节度使,步军都指挥使何徽领昭武节度使,……北汉主自将兵三万,以义成节度使白从晖为行军都部署,武宁节度使张元徽为前锋都指挥使,与契丹自团柏南趣潞州。"此后周的武信、武定、昭武三节度使,北汉的义成、武宁二节度使,正如元胡三省所注:"武信军,遂州;武定军,洋州;昭武军,利州;三镇皆属蜀,李重进等遥领也。……义成军,滑州;武宁军,徐州;皆属周。白从晖等亦遥领。"其时的南方政权也是这样,如杨吴有昭武节度使杨濛、宣武节度使卢进、忠武节度使王令谋等,而昭武军利州时属后蜀,宣武军汴州、忠武军许州时属后晋,诸人所领,自然也是遥领。然则五代十国时,"列国自相署置多此类"(《资治通鉴》卷282天福五年胡注)。延至现代,竟然还有类似的情形,如1949年国民党政权退台以后,仍然推举大陆各省"主席",亦属某种意义上的虚封之类。

最为盛行、最为复杂①;而其所导致的各别政权的疆域误判情况,也尤为严重。略举两例如下。

或以为蜀汉有交州,《三国志》卷43《蜀书·李恢传》"以恢为庲降都督,使持节领交州刺史"即为证据。然考李恢领交州时,"住平夷县",平夷为牂柯郡属县,若其时蜀汉果有交州,岂能设治于益州牂柯郡境内?所以蜀汉虽有交州之名,交州实土却属吴不属汉。

又如襄阳郡的设立时间,《宋书》卷37《州郡志》:

> 襄阳公相,魏武帝平荆州,分南郡编以北及南阳之山都立,属荆州。
> 鱼豢云,魏文帝立。

到底是魏武帝曹操所立还是魏文帝曹丕所立?唐官修《晋书》卷15《地理志》荆州条、北宋乐史《太平寰宇记》卷145引《荆州图副》都说汉献帝建安十三年(208)曹操立,而三国魏人、《魏略》的作者鱼豢却说曹丕立。按照一般的理解,鱼豢之说在前,当从;但据《三国志》卷36《蜀书·关羽传》,208年赤壁战后,"曹公引军退归。先主收江南诸郡,乃封拜元勋,以羽为襄阳太守、荡寇将军,驻江北"。当时刘备并无襄阳之地,所以关羽的襄阳太守是遥领性质,而这又证明了曹操统下的襄阳郡之存在是肯定的②,所以鱼豢之说不确。

当然,关注三国以及东晋南朝的遥领与虚封问题,并不仅仅是考虑到明了这方面的情况,大有助于相关之疆域范围的划定与政区虚实的判断③;更重要者还在于,其时遥领与虚封的政治文化背景及其政治文化象征性,在中国历史

---

① 值得指出的是,遥领与虚封还有其他情况。以言遥领,如《晋书》卷98《桓温传》:"温至赭圻,诏又使尚书车灌止之,温遂城赭圻,固让内录,遥领扬州牧。"又《新唐书》卷49《百官志》:"京兆、河南牧,大都督,大都护,皆亲王遥领。两府之政,以尹主之。"(中华书局,1975年)这是担任职名而不亲往任职,其职名所涉政区在疆域范围之内,本节不讨论这类"遥领"。以言虚封,《三国志》卷1《魏书·武帝纪》:建安二十年"冬十月,始置名号侯至五大夫,与旧列侯、关内侯凡六等,以赏军功",因为"皆不食租",故裴注云:"臣松之以为今之虚封盖自此始。"《资治通鉴》卷78咸熙元年:"五月,庚申,晋王奏复五等爵,封骑督以上六百余人。"胡三省注:"赏平蜀之功也。……献帝建安二十年,魏王操置名号侯以赏军功,虚封自此始矣。今虽复五等爵,亦虚封也。"按此所谓"虚封",意在酬赏功劳、表达宠荣,但没有封地、"皆不食租",本节也不讨论这类"虚封"。
② 吴增仅《三国郡县表附考证》卷3:"三国诸臣遥领敌郡,皆实有其地,从无虚领其名者。"《二十五史补编》本,第65页)
③ 遥领与虚封的存在,根本有异于治民之官必莅其地、受封之君必有疆土的周汉常制,也极大地打破了依据政区的设置划定疆域范围的基本原理。本来,完全意义上的疆域,是设置了政区的地域;政区的置废,也往往代表了疆域的得失。然而,遥领、虚封所涉的政区,却是特定政权并不拥有的地域空间,这就造成了认识的混淆。即以上注所引史料为例,很容易得出汉高祖五年(前202年)有象、桂林、南海三郡之地与后周显德元年(954)有遂、洋、利三州之地的推论,但事实上这样的推论却是错误的。

上也极具典型代表意义。

一、三国的遥领与虚封

遥领与虚封在三国最为盛行。洪亮吉《补三国疆域志·序》：

> 三国土壤既分，舆图复窄，州郡之号，类多遥领。吴有犍为之守，蜀存京兆之名。武都一郡，土归西国，而名列扶风；房陵一区，实隶当涂，而虚领益土。近而易混，骤每不详。

洪氏称补三国疆域志有"十难"，此所云遥领即为其中之一难。又《晋书》卷14《地理志》：

> 刘备章武元年，亦以郡国封建诸王，或遥采嘉名，不由检土地所出。……孙权赤乌五年，亦取中州嘉号封建诸王。

所谓"遥采嘉名"、"取中州嘉号"封建诸王，即属虚封的范畴。

三国之曹魏、蜀汉、孙吴三家尤其是汉、吴两家，遥领与虚封甚多。据《三国志》及裴注，东汉建安中，孙权杀关羽、取荆州后，先以刘璋为益州牧、驻秭归，刘璋卒，又以刘璋子刘阐为益州刺史，处交州、益州界首。其时益州已属刘备。三国伊始，蜀汉章武元年（221）以马超为骠骑将军，领凉州牧，张飞为车骑将军，领司隶校尉①，尚书杨仪左迁遥署弘农太守。其时凉州、司州、弘农郡皆为魏国所有。又章武三年刘备崩后，蜀汉益州郡大姓雍闿反，求附于吴，吴遥署雍闿为永昌太守。其时永昌郡在蜀汉辖下。再后，曹魏有益州刺史杨阜、黄权，平州刺史田豫、扬州牧曹休、交州牧孙壹，丹阳太守蒋济，吴王曹彪、阆中侯张鲁、吴侯孙壹、浈阳子司马珪；蜀汉有凉州刺史魏延、姜维，交州刺史李恢，扶风太守张翼、汉阳太守法邈，刘备二子鲁王刘永、梁王刘理，刘禅诸子安定王刘瑶、西河王刘琮、新平王刘瓒、北地王刘谌、新兴王刘恂、上党王刘虔，陈仓侯马岱、平襄侯姜维、济阳侯吴壹，此皆遥领、虚封之例。至于孙吴的遥领、虚封，建置尤盛。以州论，有徐州牧贺齐、兖州牧朱然、冀州牧步骘、幽州牧文钦、青州牧诸葛诞；以郡论，周泰破关羽后拜汉中太守，潘璋夷陵之战后任襄阳太守，甘宁以拒关羽功为西陵太守，韩当先后领永昌太守、冠军太守，又顾雍弟顾徽拜巴东太守，虞翻二子虞耸为河间太守、虞昺为济阴太守，朱育为清河太守，均为遥领。以封爵论，孙和为南阳王居长沙，孙奋为齐王居武昌，孙休为琅邪王居虎林；又孙霸封鲁王，文钦入吴后封谯侯，滕胤在孙亮时、滕牧在孙皓时封高密

---

① 此前领司隶校尉者为刘备，张飞卒后则为诸葛亮，皆遥领司州。

侯，濮阳兴在孙休时封外黄侯，诸葛诞在孙皓时封寿春侯。这些王国与侯国都是虚封。

三国尤其是蜀汉、孙吴之盛建遥领、广事虚封，其意安在？这里不妨以一条关键史料来说明问题。《三国志》卷47《吴书·孙权传》：

> 黄龙元年春，公卿百司皆劝权正尊号。夏四月，夏口、武昌并言黄龙、凤凰见。丙申，南郊即皇帝位。是日大赦，改年。……六月，蜀遣卫尉陈震庆权践位。权乃参分天下，豫、青、徐、幽属吴，兖、冀、并、凉属蜀。其司州之土，以函谷关为界，造为盟曰："……九州幅裂，普天无统，民神痛怨，靡所戾止。及操子丕，桀逆遗丑，荐作奸回，偷取天位，而睿么麼，寻丕凶迹，阻兵盗土，未伏厥诛。……今日灭睿，禽其徒党，非汉与吴，将复谁任？夫讨恶翦暴，必声其罪，宜先分裂，夺其土地，使士民之心，各知所归。是以《春秋》晋侯伐卫，先分其田以畀宋人，斯其义也。且古建大事，必先盟誓……汉之于吴，虽信由中，然分土裂境，宜有盟约。……自今日汉、吴既盟之后，戮力一心，共讨魏贼，救危恤患，分灾共庆，好恶齐之，无或携贰。若有害汉，则吴伐之；若有害吴，则汉伐之。各守分土，无相侵犯。传之后叶，克终若始。……"秋九月，权迁都建业。

上引史料，为遥领、虚封制度作了最好的注脚，盖遥领、虚封，绝非止于图其空名、虚张声势，作为一种政治举措，它意在表明本身的正统地位与不弃是土的决心。就三国来说，曹操虽"奸阉遗丑"，但据有地广人众的中原之地，而且"托名汉相，挟天子以征四方，动以朝廷为辞"①，在政治上占有不可动摇的优势；曹氏代汉称帝后，更是虎视蜀汉、孙吴，志在一统天下。蜀汉政权虽偏处一隅，土狭民少，然而刘备、刘禅以"帝室之胄"为依托，用兴复汉室为旗帜，自居为汉家正统，东联孙吴②，与曹氏势不两立。至于"割据江东，地方数千里"而政治上却处在劣势的孙吴③，则打出了"为汉家除残去秽"的旗号④，并通过与蜀汉缔结同盟，以共讨"偷取天位"的曹氏，从而在军事上免去西顾之忧，在政治上也得承汉统。然则遥领、虚封，正是蜀汉、孙吴此种国策与心态的产物与具

---

① 《三国志》卷54《吴书·周瑜传》。
② 蜀汉对孙吴的态度，《三国志》卷35《蜀书·诸葛亮传》注引《汉晋春秋》云："权僭逆之心久矣。国家所以略其衅情者，求掎角之援。"
③ 陶元珍《三国吴兵考》(《燕京学报》第13期，1933年)云："坚事举未就，中道战死，策以一校尉渡江，权以一孝廉领郡，名位尚低，声望不著。"又王夫之《读通鉴论》卷10称："蜀汉之义正，魏之势强，吴介其间，皆不敌也。"(中华书局，1975年，第267页)
④ 《三国志》卷54《吴书·周瑜传》。

体化。

　　黄龙元年(229)孙吴、蜀汉缔结盟约后,两国遂按照盟约中的分界,各自于其范围内遥置刺史、州牧,于是蜀汉有冀州刺史张翼,兖州刺史邓芝、宗预,并州刺史廖化,凉州刺史魏延、姜维;孙吴有青州牧朱桓,豫州牧诸葛瑾、陆凯,徐州牧全琮、丁奉,幽州牧孙韶。然而上述各州实属曹魏据有,蜀汉、孙吴固不得稍加染指①。如孙韶领幽州牧,考《南齐书》卷14《州郡志》:"南徐州,镇京口。吴置幽州牧,屯兵在焉。"京口在江南,自与幽州远隔南北,风马牛不相及耳。又吴、汉分天下后,汉以交州为吴国属地,故解李恢交州刺史职,又"徙鲁王永为甘陵王,梁王理为安平王,皆以鲁、梁在吴分界故也"②。吴先以朱然牧兖州,步骘牧冀州,至是以地属汉国,为表示对盟约的尊重,也解其牧职,以示不侵;而且自武昌还都建业,表明对蜀汉无西顾之忧的信任。

　　三国鼎立的结果,曹魏先灭蜀汉,司马氏又代曹魏建立晋朝,晋再灭吴,统一天下。当天下尚未统一的魏吴或晋吴对峙时,也有遥领虚封现象。如吴主孙皓即位,加陆抗为"镇军大将军,领益州牧"③,其时蜀汉已经灭国,益州也已并入魏晋,所以孙吴此举,颇有继承蜀汉遗志、自居汉家正统的意味④;又"晋平蜀,以蜀建宁太守霍弋遥领交州,得以便宜选用长吏","弋表遣建宁爨谷为交趾太守"⑤,这是264年发生的事情,表明曹魏权臣、晋王司马昭已经视孙吴的天下为囊中之物了;又凤皇元年(272),孙吴西陵督步阐据城降晋,晋乃以步阐遥领交州牧。

　　值得注意的是,除了上述基于正统地位的争夺或彰显而出现的遥领与虚封外,还有两种情形,实际也有如遥领。

　　其一,虽在疆域之内,但统治实力不到彼处。如《三国志》卷43《蜀书·张嶷传》:

　　　　初,越嶲郡自丞相亮讨高定之后,叟夷数反,杀太守龚禄、焦璜,是后太守不敢之郡,只住安上县,去郡八百余里,其郡徒有名而已。

---

① 曹魏九州,蜀汉、孙吴既各取其四,其首都所在的司州,则以函谷关为界,各取其半。然而也因为司州是各取其半,为了表示对彼此的尊重,故汉、吴双方都未置司隶校尉以遥领司州。
② 《三国志》卷33《蜀书·后主传》。
③ 《三国志》卷58《吴书·陆抗传》。
④ 杨晨《三国会要·职官》(第538页)、洪饴孙《三国职官表》下(第86页),顾颉刚、史念海《中国疆域沿革史》(第101页),都认为吴以陆抗为益州牧,是未能遵照汉吴盟约。其实陆抗领益州牧时,蜀汉已灭,故陆抗领益州,并无败约之嫌。
⑤ 《晋书》卷15《地理志》、《资治通鉴》卷78咸熙元年。

这样的状况,自建兴三年(225)诸葛亮南征斩越巂夷王高定以后,一直延续到延熙三年(240)越巂太守张嶷"招慰新附,诛讨强猾,蛮夷畏服,郡界悉平,复还旧治"①才告结束;换言之,其间的15年,蜀汉越巂太守之于越巂郡,遥领而已,并不具备实际的统治力。

其二,遥领的地域,属于不在掌控范围内的"化外之地"。《三国志》卷47《吴书·孙权传》:

> (赤乌五年)秋七月,遣将军聂友、校尉陆凯以兵三万讨珠崖、儋耳。

先是,汉武帝元鼎六年(前111年)或元封元年(前110年)在今海南岛上开置珠崖、儋耳二郡。及汉昭帝始元五年(前82年)罢儋耳郡,并属珠崖;汉元帝初元三年(前46年)又罢珠崖郡。从此,海南岛便成为脱离王朝统治的"化外之地"。赤乌五年(242)孙权的用兵,意在将海南岛(时称"珠崖洲")重新收入版图,但是并未成功。而为了这次军事行动,孙权发兵之前,任命聂友为珠崖太守、陆凯为儋耳太守,这无疑都是遥领的性质。儋耳太守的职名在用兵失败之后就不再存在;珠崖太守亦即珠崖郡却被保留到晋灭吴时,只是此珠崖郡没有汉珠崖郡故地,而是寄在合浦郡境,即今海北雷州半岛的南端。相关的史料依据,如《初学记》卷8引晋初王范《交广二州记》:"朱崖在大海中,南极之外。吴时复置太守,住徐闻县,遥抚之。"质言之,这"住徐闻县"的珠崖太守,仍属遥领②。

可以肯定地说,以上这两种实际有如遥领的情形,在司马氏篡魏灭吴、重建统一后,仍会存在;但与正统地位的争夺或彰显有关的遥领、虚封,因为失去了其存在的政治理由,应该就随着280年的统一而退隐了。及至与十六国北朝对峙的东晋南朝,遥领、虚封又再度出现。

二、东晋南朝的遥领与虚封

三国的鼎立,毕竟还是汉室军阀之间混战兴灭的最终结果;东晋南朝与十六国北朝的分裂,则是汉、胡民族之间以及各个胡族之间的对抗。这种更加复杂的政治与民族形势,也影响到了东晋南朝的遥领与虚封现象。以胡汉之间的对抗所致的遥领言,如《晋书》卷14《地理志》:

> 然自元帝渡江,所置州亦皆遥领。初以魏该为雍州刺史,镇邺城,寻省。

---

① 《资治通鉴》卷74正始元年。
② 本段据谭其骧:《自汉至唐海南岛历史政治地理——附论梁隋间高凉冼夫人功业及隋唐高凉冯氏地方势力》,《历史研究》1988年第5期。

> 惠帝之后，李特僭号于蜀，称汉，益州郡县皆没于特。……是时益州郡县虽没李氏，江左并遥置之。

可见在侨州郡县作为制度行用之前，江左的东晋政府对于沦陷区域的诸多州郡县，仍然任命官员以遥领之，以示金瓯无缺或志在恢复，而并不在意有无侨流人口。又《魏书》卷95《铁弗刘虎附定传》：

> （赫连定）与刘义隆连和，遥分河北，自恒山以东属义隆，恒山以西属定。

衡之当时形势，夏国君匈奴的赫连定与宋文帝刘义隆相约，共伐鲜卑拓跋的北魏，所以"遥分河北"，这就仿佛于黄龙元年孙吴、蜀汉中分天下的盟约，只不过民族关系更形复杂了。

然则若以三国的遥领、虚封作为参照，东晋南朝的遥领与虚封，粗作区分，略有以下的三类情况：

其一，遥领与虚封的对象是所谓"内臣"。这与三国时代占有主体地位的遥领、虚封是一致的，也可以认为是"正规"的遥领与虚封。如《魏书》卷61《张谠传》："刘彧之立，遥授冠军将军、东徐州刺史。及革徐兖，谠乃归顺于尉元。元亦表授冠军、东徐州刺史。"很显然，宋明帝授予张谠的东徐州刺史是遥领，而北魏授予的东徐州刺史则是实领；《陈书》卷36《始兴王叔陵传》："太建元年，授都督江、郢、晋三州诸军事，江州刺史。"按太建五年（573）陈朝始克晋州，故陈叔陵所督晋州实为遥领①。诸如此类者尚多，如梁朝封降梁的元魏宗室元树为魏郡王、邺王，元略为中山王，元贞为咸阳王等，这是以北魏郡国为封号的虚封；陈朝余孝顷为益州刺史，这是以北周益州相授的遥领②。

---

① 谭其骧：《〈补陈疆域志〉校补》，收入所著《长水集》，人民出版社，1987年，第114页。
② 以"内臣"为遥领与虚封的对象，在十六国北朝也多见其例。如《资治通鉴》卷97永和二年，后赵有凉州刺史麻秋，胡三省注："赵使麻秋攻凉州，故授以刺史。"当时凉州为前凉疆域，麻秋之凉州刺史显然为遥领；《资治通鉴》卷114义熙元年载，南燕慕容超以慕容法为都督徐、兖、扬、南兖四州诸军事，洪亮吉《十六国疆域志》卷13云："案扬、南兖二州，《载记》及《南燕录》等并无可考，疑亦遥领也。"（《二十五史补编》本，中华书局，1955年）《魏书》卷55《游明根传》："父幼，冯跋假广平太守。"《十六国疆域志》卷14："今考北燕无广平郡，盖遥领耳。"（韩国京仁教育大学校崔珍烈博士曾与笔者讨论《魏书》的这条史料，认为"从游明根家的本籍为广平郡任县来看，本人认为将游幼的事例归为本郡太守，即侨郡应该更恰当些"。按是否侨郡或遥领，按照笔者的理解，则与担任太守者的本籍无关）诸如此类者尚多，如《北齐书》所见之高长命为雍州刺史、李密为并州刺史，《资治通鉴》所见之刘洪徽为河州刺史，都是东魏所授的遥领西魏之州；又据《资治通鉴》，西魏韦孝宽为晋州刺史，是以东魏之州的遥领。北魏明元帝有六子分别被封为乐平王、安定王、乐安王、永昌王、建宁王、新兴王，其时乐平等六郡不在北魏疆域范围之内，另外如交趾公、襄城公、武原侯、平舒侯之类，其爵名中的郡县也在北魏辖境之外，所以也都是虚封。

其二，遥领与虚封的对象是所谓"外臣"①。这种情况下，不仅遥领虚封的地域不在本国的实际疆域范围内，遥领虚封的对象也非本国真正的臣子，所以称为"虚授"、"遥封"也许更加妥当。按三国时也有类似情形，如《三国志》卷47《吴书·孙权传》嘉禾元年(232)：

> 冬十月，魏辽东太守公孙渊遣校尉宿舒、阆中令孙综称藩于权，并献貂马。权大悦，加渊爵位。

孙权加予公孙渊者，为"使持节督幽州，领青州牧，辽东太守，燕王"，这里所涉的四地，幽州、辽东郡、燕地本在割据一方的公孙渊的势力范围之内，青州则为曹魏控制的要州，如此，孙权之于公孙渊，只是"虚授"、"遥封"。及至东晋南朝，亦见此类遥领、虚封。如东晋咸安二年(372)正月，百济王遣使供方物，"六月，遣使拜百济王馀句为镇东将军，领乐浪太守"②，当时远在东北的乐浪郡实为高句丽控制，东晋虚授百济王而已。再如"晋安帝义熙九年，高丽王高琏遣长史高翼奉表，献赭白马，晋以琏为使持节、都督营州诸军事、征东将军、高丽王、乐浪公。宋武帝践阼，加琏征东大将军，余官并如故。三年，加琏散骑常侍，增督平州诸军事"③。东晋、刘宋当然不曾拥有营、平二州，而当时的高句丽也不曾拥有营、平二州，如此，东晋、刘宋授予高句丽的都督诸军事，也是虚授④。又《南齐书》卷59《河南传》所云南朝宋、齐授予河南王吐谷浑拾寅为都督西秦河沙三州诸军事、西秦河二州刺史，也属于虚授的情形⑤。

其三，实际有如遥领的情形。这与上述之蜀汉越巂太守的例子相同。以东晋南朝西南边疆的宁州为例，朝廷虽然任命了宁州刺史，刺史却往往并不到

---

① "外臣"是与直属皇帝的朝廷百官即所谓"内臣"相对而言的。中原王朝的皇帝对周边国家的君主乃至臣下或者偏远之地的部族首领进行册封，形成名义上的君臣关系，即所谓"外臣"。"外臣"往往是定期朝贡但却"不知朝事"。
② 《晋书》卷9《简文帝纪》。
③ 《南史》卷79《高句丽传》，中华书局，1975年。
④ 韩昇：《论魏晋南北朝对高句丽的册封》，收入《地域社会与魏晋南北朝研究学术研讨会论文·讨论提纲》，中山大学历史系，2008年。
⑤ 以"外臣"为遥领与虚封的对象，在十六国北朝同样多见其例。如保守仇池一隅的氐酋杨难敌称藩于前赵刘曜，"曜大悦，署难敌为使持节、侍中、假黄钺、都督益宁南秦凉梁巴六州陇上西域诸军事、上大将军、益宁南秦三州牧、领南氐校尉、宁羌中郎将、武都王"(《晋书》卷103《刘曜载记》)，这里所涉的地域，大多不在前赵控制之下，而杨难敌之于刘曜，也最多勉强算位外臣。又《隋书》卷37《梁睿传》所云北周"遥授"爨瓒、爨震父子相继为南宁州刺史，爨瓒、爨震父子之于北周，则明显为外臣。

任,宁州的实际统治者常是以大姓爨氏为首的土著势力①。也就是说,某些地方虽然实在政权疆域范围内,但由于该地土著民族势力大或者距离悬远,所任命的地方官员无法进入该地实施统治②。

三、遥领、虚封所见之正统观念及实践

综上所述,我们已经可以作出这样的判断:三国、东晋南朝时代,遥领与虚封多见其例。其中的三国时代,遥领、虚封蔚为大观;东晋南朝时代,因为侨州郡县代之而兴③,所以遥领、虚封的规模较小、事例较少。遥领、虚封的意义,或为军事的分化手段,或为外交的合纵连横,又或在笼络招抚远人、奖赏尊荣降将、劝勉激励臣下等,所谓"虚名假人,内收大利"④是也;然而比较言之,终究还是以表达正统意识、彰显正统地位为主。

在中国历史上的分裂割据之世,比如三国、东晋十六国南北朝,争夺正统是一种普遍现象。《三国志》卷43《蜀书·吕凯传》记蜀汉地方大姓雍闿之言曰:

> 盖闻天无二日,土无二王,今天下鼎立,正朔有三,是以远人惶惑,不知所归也。

又《魏书》卷60《韩显宗传》:

> 显宗上言:"自南伪相承,窃有淮北,欲擅中华之称,且以招诱边民,故侨置中州郡县。自皇风南被,仍而不改。凡有重名,其数甚众。疑惑书记,错乱区宇,非所谓疆域物土,必也正名之谓也。"

---

① 据现存于云南陆良的《爨龙颜碑》(大明二年),龙颜及其祖、父三代并任建宁、晋宁二郡太守,宁州刺史;又《爨宝子碑》载宝子(东晋后期人)曾任建宁太守。然而上述这些显赫的官职都不见于《晋书》、《宋书》的记载,可知爨氏官职乃自相袭代,非经朝廷任命,即爨氏掌握宁州实权,刺史则朝廷另外任命。但爨氏仍奉朝廷正朔,并一直没有公开打出自己的旗号称王割据。
② 其在北朝之例,如《魏书》卷70《刘藻传》所载,北魏太和中,刘藻为秦州刺史时,"秦人恃险,率多粗暴,或拒课输,或害长吏,自前守宰,率皆依州遥领,不入郡县。藻开示恩信,诛戮豪横,羌氏惮之,守宰于是始得居其旧所"。
③ 如果说三国时代显示正统意识、正统地位的主要政治地理手段是遥领、虚封的话,那么,侨州郡县在东晋南朝时代就起着同样的作用。换言之,遥领、虚封、侨置三者,其立制的政治与文化原理是一致的。当然,侨州郡县与遥领、虚封也有不同。遥领、虚封并无寄治之所与原土之民,重在象征意义;侨州郡县则与失地之间具有一种天然的联系:安置原土之民。详见下节的讨论。
④ 据《晋书》卷126《秃发傉檀载记》,秃发傉檀献马三千匹、羊三万头给后秦姚兴,姚兴乃署傉檀"为使持节、都督河右诸军事、车骑大将军、领护匈奴中郎将、凉州刺史",而这诚如傉檀西曹从事史嵩对姚兴所言:"陛下虽鸿罗遐被,凉州犹在天网之外。……今以虚名假人,内收大利,乃知妙算自天,圣与道合,虽云迁授,盖亦时宜。"亦即姚兴迁授秃发傉檀的凉州刺史,实为"犹在天网之外"的"虚名"。东晋南朝之对"外臣"的虚授,情形与之仿佛。

由雍闿、韩显宗所言,不难感受到当时立国者拥有正统或者争夺正统的重要性。以三国论,曹魏拥有地理的正统,蜀汉拥有文化的正统,孙吴则依附于蜀汉的正统;由此,蜀汉、孙吴通过大量的遥领、虚封,以求弥补地理正统的缺陷,而曹魏之不乏遥领、虚封,则意在显示统一天下的志向与对蜀汉、孙吴政权的否定。及至东晋十六国南北朝,正统问题与胡汉之民族问题、文化问题牵扯在了一起,于是显得更为关键。东晋南朝正是出于弥补失去的地理正统的考虑,才广泛设置侨州郡县,而遥领与虚封,同样具有表明规复失地的决心或者自慰正统地位的作用;进而言之,遥领、虚封、侨置这类具有象征意义的政区设置,与真刀真枪的北伐西征,正是东晋南朝争夺正统、彰显正统的目标在虚实两个方面的体现。

要之,三国、东晋南朝的遥领与虚封,从形式上看仿佛镜中之花、水中之月,实际却有着丰富的内容,它是我们理解当时军事、外交、政治特别是正统观念作用下的正统实践的重要途径之一。

第四节 东晋南朝的侨州郡县

侨州郡县是我国传统沿革地理学中特定时代的特定名词。完全意义上的侨州郡县,指某州某郡某县的实有领地陷没,而政府仍保留其政区名称,寄寓他州他郡他县,并且设官施政,统辖民户。大凡侨州郡县设立之初,和当地州郡县无涉,不过借土寄寓;然而侨置既久,部分侨州郡县因侨得实,拥有了实土,其名称却仍旧沿用侨名,遂致实土也类侨置,侨置又多实土。

侨州郡县的普遍设置乃至成为一种制度,是东晋十六国南北朝时代而尤其是东晋南朝地方政区设置的特殊现象。然则由于其特殊性,甚至使得定义侨州郡县都颇为不易。关于侨州郡县的定义,上海辞书出版社1979年版《辞海》"侨州郡县"条首句云:

> 东晋、南朝时在其管辖地区内用北方地名设立的郡县。

又上海辞书出版社2000年版《中国历史大辞典·魏晋南北朝史卷》"侨州郡县"全条云:

> 西晋末,北方战乱,人口大量南移,总数约达九十二万。东晋专设侨州郡县,统率北来流民,在京口境内侨立南徐州和南兖州、广陵界内侨立南青州和南豫州、襄阳境内侨立秦州和雍州。幽冀等州南徙侨民较少,不侨立州,仅在长江南北侨立幽冀诸州之郡县。《宋书·州郡志》载,仅长江下游今江苏北部地界,就有侨置三十三郡、七十五县。侨人不列入当地户

籍册,以别土著。实行土断前,侨人不负担赋役。东晋设置侨州郡县,一为安置流民,二为保持北方门阀士族地望。侨州郡县的官吏,均以北方门阀士族充任。

按以上两种定义,都存在可以商榷之处:其一,侨州郡县并非东晋南朝所独有。东汉已有侨置郡县的记载,而隋统一南北后的此后各代也有在边地设置侨州郡县者。即以东晋十六国南北朝时代言之,十六国北朝的侨州郡县也不少,唯大规模的设置却在东晋南朝。只是东晋初期之置侨州郡县,原为一种临时建置,后因南、北长期分裂,乃成长期制度。其二,所谓侨州郡县,是原州郡县沦没后,"皆取旧壤之名"①设立的,是甲地的地名移用到了乙地(也有少数侨郡县不沿用旧名而新创,仅称"用北方地名设立",概念似乎模糊。其三,如南徐、南兖、南青、南豫等州的名称,是刘宋才出现的,约略言之,东晋初期侨州郡县皆用所沦没之原州郡县名,东晋末年刘裕北伐后,始在新收复的原州郡县名前加"北"字,与侨州郡县相区别,刘宋初年又多取消"北"字,而在侨州郡县前加"南"字。其四,东晋南朝既"侨立幽冀诸州之郡县",也曾侨立幽、冀等州。

据上讨论,可以认为,借土寄寓是侨州郡县最重要的性质。一般州郡县既有其人民,又有其土地;而侨州郡县,虽然大多领有侨流人口,却"无有境土"②。但问题的复杂之处在于还存在着另外一种情况,即侨置既久,相当一部分侨州郡县通过土断等途径,分割当地州郡县,有了实土。割成实土后,这些侨州郡县与一般州郡县无异,本质上就不再是"侨"州郡县了。按侨州郡县的这种虚实变化,也造成了本书在处理研究对象"侨州郡县"方面的麻烦,此作特别说明如下:

其一,为了能比较完整地研究原州郡县沦没—侨州郡县设立—侨州郡县割实(或省并或改属)的全过程,充分揭示侨置制度的前后变化,本书对于"侨州郡县"概念的运用,是视侨置改为实土前后为一体。因为侨州郡县即使分得了实土,其"侨"置的形式没有变,称的仍是"侨"名,领的也多是侨流人口及其后裔,侨置所代表的政治意义(如表示正统所在与收复失地的决心、吸引与安抚侨流等)也未失去。而基于上述考虑,本书讨论与考证的东晋南朝侨州郡县,范围就比较广泛了,寄寓无实土者固然是探讨的重点,而初寄寓、后有实土的实土"侨"州郡县,也在考论之列。

其二,有关东晋南朝侨州郡县的具体考证,详见本卷第十编。本节则集中探讨东晋南朝侨置制度与侨州郡县的若干基本问题,包括侨州郡县的产生背

---

① 《隋书》卷24《食货志》。
② 《资治通鉴》卷128 大明元年:"侨郡县无有境土,新旧错乱,租课不时。"

景、成立原因,侨州郡县的设立情形及其与原州郡县、当地州郡县的关系,侨州郡县的设官施政与户籍制度,土断与侨州郡县、侨籍的整理,侨州郡县地理分布格局及其形成诸因素。从某种意义上说,明确了东晋南朝侨置制度与侨州郡县的以上这些方面,也就等于解决了东晋南朝政区建置与政区制度中最为复杂繁难的问题。

一、侨州郡县的产生背景与成立原因

侨州郡县并非东晋南朝所独有。溯源追本,至迟在东汉安帝永初以前,就有侨郡侨县的设置;而流风余韵,则如唐有侨都督府、州、县,辽有侨县,蒙古侵宋过程中也有侨州①。至于十六国北朝的侨州郡县就更多了②。但侨州郡县的广泛设置乃至成为一种正式的制度,还是东晋南朝的特殊现象。

《隋书》卷24《食货志》云:"晋自中原丧乱,元帝寓居江左,百姓之自拔南奔者,并谓之侨人。皆取旧壤之名,侨立郡县③,往往散居,无有土著。"又《宋书》卷35《州郡志·序》:"自夷狄乱华,司、冀、雍、凉、青、并、兖、豫、幽、平诸州一时沦没,遗民南渡,并侨置牧司,非旧土也。"分析上引文,则完全意义上的侨置,起码应具备如下三个要素:其一是原州郡县的沦没与侨置,而且侨置应"皆取旧壤之名";其二是侨人即所谓"遗民南渡"者的存在④;其三是"侨置牧司"亦即行政机

---

① 详见胡阿祥:《六朝政区》,南京出版社,2008年,第221—227页。
② 详见胡阿祥:《十六国北朝侨州郡县与侨流人口研究引论》,《中国历史地理论丛》2009年第3辑。
③ 《梁书》卷1《武帝纪》及《南史》卷6《梁本纪》称萧衍为"南兰陵中都里人",梁桂阳国萧融(萧衍之弟)墓志称萧融为"兰陵郡兰陵县都乡中都里人";而据《南齐书》卷1《高帝纪》:"萧何居沛,侍中彪免官居东海兰陵县中都乡中都里。晋元康元年,分东海为兰陵郡。中朝乱,淮阴令整字公齐,过江居晋陵武进县之东城里。寓居江左者,皆侨置本土,加以南名,于是为南兰陵兰陵人也。"则"(中)都乡中都里",实为过江以前,东海兰陵县之乡里名。又《新唐书》卷72《宰相世系表》记王元"避秦乱,迁于琅邪,后徙临沂。四世孙吉……始家皋虞,后徙临沂都乡南仁里",则琅邪王氏的原籍,确切者为"琅邪郡临沂县都乡南仁里";而东晋王兴之、王闽之、王企之、王建之等墓志并云籍贯为"琅邪临沂都乡南仁里",尤其梁桂阳国太妃王慕韶墓志所记籍贯是"南徐州琅邪郡临沂县都乡南仁里",则"都乡南仁里"也存在于本为侨置的琅邪郡临沂县。如此,则侨置郡县时,并乡、里一体侨置乎?果然如此,则有侨乡、侨里的存在。按从情理上说,侨县下分乡置里极有可能沿用原县乡、里名称,但因见例太少,终不敢断以究竟,也难以展开研究。
④ 本节涉及侨人(侨民)、流民、侨流人口等概念较多。按侨人(侨民)、流民,本是各时代都存在的人群,离开本土而寄居、客居他乡者为侨人(侨民),离开本土而继续流浪者为流民。至于本节所谓的"侨流人口",则是与侨州郡县配合使用的概念。据《晋书》卷65《王导传》"洛京倾覆,中州士女避乱江左者十六七",又《宋书》卷76《王玄谟传》"雍土多侨寓,玄谟请土断流民,当时百姓不愿属籍",则"侨流人口"不仅也可称为"侨人"、"侨民"、"侨寓"、"流民"(按《宋书》、《南齐书》中多见"侨民"、"流民"之称。及唐修《晋书》、《南史》、《隋书》等,因避唐太宗李世民名讳,遂用"侨人"、"流人"之称),还或可称为南渡遗民、"中州士女避乱江左者",即大体指"五胡乱华"、"永嘉丧乱"后徙居东晋南朝疆域内的北方人口及其近几代后裔;其身份较为复杂,而主要为北方士人及其宗族、佃客、部曲等。

构的初备。而东晋南朝侨州郡县的产生,就与此三个要素在当时所具有的社会意义密切相关。

1. 侨州郡县的存在基础

侨人或侨流人口是东晋南朝侨州郡县存在的基础。

侨流人口的大量出现,始于晋惠帝元康年间(291—299)。据刘掞藜《晋惠帝时代汉族之大流徙》①一文的研究结果,列表如下。

表3 晋惠帝时代汉族流徙情况

徙出地	徙入地	流徙之家数	流徙之人数
陕西、甘肃	四川、河南	十万家左右	当二十万人以上
山西	河南	十万家左右	三十万人上下
四川	云南、湖南、湖北	十数万家	当六七十万人
河北	山东、河南	一万家左右	五六万人
云南	越南北部	"甚众"	"甚众"
汉中	四川、湖北	当数万家	当数十万人

又王仲荦统计:"汉族人民迁徙的数目,大概从秦、雍迁出者约四五万户,约占当地总人口数的三分之一;从并州迁出者约四万户,约占当地总人口数的三分之二;从梁、益迁出者约二十万户,约占当地总人口数的十分之九;从冀州迁出者约一万户,约占当地总人口数的三十分之一。总计迁徙的户口,见于记载的,将近三十万户,约占西晋全国总户数(三百七十七万)十二分之一强。占秦、雍、并、冀、梁、益、宁等州总户数(合计约六十万户)的二分之一弱。"②按产生这种巨大规模的流徙,原因颇为复杂,既联系着西、北各非汉民族的内迁及其引起的动乱,又与灾害饥饿有着直接的关系。而由于西晋各级政府采取了以武力胁迫侨流回返本乡的简单做法,未能处理好这一问题,导致了此起彼伏的侨流变乱③,从而加速了西晋的灭亡。另一方面,可以认为,东晋南朝采取侨立州郡县的措施以应对侨流问题,也正是汲取前代历史教训、改变统治政策的结果。

相对于晋惠帝时代以"就食"为主的汉族的大流徙,永嘉丧乱引起的官民

---

① 载《禹贡》第4卷第11期,1936年。
② 王仲荦:《魏晋南北朝史》上册,上海人民出版社,1979年,第223页。
③ 如荆州张昌变乱(303—304)、南阳王如变乱(310—312)、荆湘杜弢变乱(311—315)等。

迁移则政治性强、目的地较为明显。按司马氏的统一,在290年晋武帝死后即陷入混乱。所谓"藩王争权,自相诛灭",前后达16年(291—306)之久①;"遂使戎狄乘隙,毒流中原"②。建武元年(304)十月,匈汉刘渊、巴氏李雄建号称尊③。永嘉五年(311),刘聪(刘渊之子,继刘渊之位)大将石勒歼灭晋军主力十余万于宁平城(今河南鹿邑县西南),俘杀太尉王衍等;刘曜(刘渊之侄)则破晋都洛阳,俘获怀帝(年号永嘉,307年即位),并杀王公士民三万余人。此永嘉之乱以后,及至建兴四年(316),刘曜陷长安,俘愍帝,西晋灭亡。又次年,司马睿在建康(今江苏南京市)称晋王④,改元建武;又次年,愍帝崩问至,司马睿即皇帝位,是为东晋元帝,改元大兴。

由于上述之永嘉丧乱及东晋建立,黄河流域胡骑纵横,殆无宁静之土,南方则成为新的正统所在。于是中原百姓或所在屯聚、结坞自保;或纷纷为避兵之计,北走辽西,西奔张凉⑤,而究以南渡江左者最多,如颜之推《观我生赋》自注:"中原冠盖随晋渡江者百家。"又据《晋书》卷62《刘琨传》,当时民众迁徙,亦万分艰难⑥。长途跋涉,兵荒马乱,迫使人们要有组织地行动;老弱妇孺沿途死亡,父兄子弟希望白骨得到落葬;人们需要粮食、衣物与医药。此时,地方豪族与将帅固有的势力与影响就发挥了作用。

汉魏以来,多聚族而居,社会经济的基本单位是一个个名宗大族。当南北分裂之世,北人以笃于亲族之谊著称。《宋书》卷46《王懿传》:"北土重同姓,谓之骨肉,有远来相投者,莫不竭力营赡,若不至者,以为不义,不为乡里相

---

① 《晋书》卷62《祖逖传》。按"藩王争权"的原因在于大封诸王,并使之将兵出镇。晋武帝认为,曹氏代汉,司马氏代魏,都是由于汉室魏室孤立。"本根无所庇荫"(《晋书》卷59《八王传·序》),于是复采周汉遗制,分封皇子及宗室,并变本加厉,命其出镇方面重镇,即任为都督,以拱卫皇室。当晋武帝时,中央力量强大,诸王尚不敢图谋不轨;迨惠帝暗弱,贾后专权,诸王遂骨肉相残,演成八王之乱。以此论之,"西晋之政乱朝危,虽由时主,然而煽其风,速其祸者,咎在八王"(《晋书》卷59《八王传·序》),而八王之乱的根源,又在于诸王政治地位与军事权力的结合。
② 《晋书》卷62《祖逖传》。
③ 刘渊起兵据左国城(今山西离石县北)称汉王,李雄攻取成都(今四川成都市)称成都王。又永兴三年(306)李雄称帝,国号成;永嘉二年(308)刘渊称帝,国号汉。
④ 琅邪王司马睿永嘉元年(307)任安东将军、都督扬州江南诸军事,出镇建业。永嘉五年,被封为镇东大将军、都督扬江湘交广五州诸军事。建武元年(313),又为左丞相、大都督(督陕东诸军事)。
⑤ 辽西慕容氏燕政权名义上承认东晋宗主国的地位,而河西张氏汉族凉政权更是长期效忠于司马氏,这是山东、河北部分官民北走辽西,而中原、河东、关陇部分官民西奔张凉的关键原因。另外,张凉政权拥有的河西走廊地区较为适合农业开发,慕容燕政权拥有的辽西地区早在秦汉之际、两汉之际、东汉末年都有不少汉人迁入,也是值得注意的原因。
⑥ 《晋书》卷62《刘琨传》载刘琨上表曰:"流移四散,十不存二,携老扶弱,不绝于路。及其在者,鬻卖妻子,生相捐弃,死亡委危,白骨横野,哀呼之声,感伤和气。群胡数万,周匝四山,动足遇掠,开目睹寇。"此盖道路流离之一般情状。

容。"又"河北士人,虽三二十世,犹呼为从伯从叔"①。至于北土大族数世同居者,史传所载,更是屡见不鲜。这种厚家族、重亲亲、倡孝友的风教,也显著表现在大难来时、迁徙途中。如《晋书》卷62《祖逖传》略云:

> 祖逖,字士稚,范阳遒人也。世吏二千石,为北州旧姓。逖轻财好侠,慷慨有节尚,每至田舍,辄称兄意散谷帛以赒贫之,乡党、宗族以是重之。及京师大乱,逖率亲党数百家避地淮泗,以所乘车马载同行老疾,躬自徒步,药物衣粮与众共之,又多权略,是以少长咸宗之,推逖为行主。达泗口,元帝逆用为徐州刺史,寻征军咨祭酒,居丹徒之京口。

祖逖"率亲党数百家避地淮泗"途中,车马、药物、衣粮"与众共之,又多权略",通过赈危济贫,通过军事性的庇护,他很自然地被推为"行主",成为这一带有浓厚宗族乡里色彩的流徙集团的领袖。褚翜、郗鉴、徐澄之等人,也是凭借着习惯的宗族关系,统领宗亲乡里,奔往江南。

宗族系统是以家庭为单位组成的。由于各个家庭之间亲疏贫富的不同,内部有阶级、阶层的区分,所以宗族纽带并非怎样地牢固。但在流徙过程中,"戮力一心,同恤危难",则往往加强了一个个家庭间的联系,又使得宗主与族人的关系愈加密切,发生主从关系;另外,一些没有能力自保的散户依附随行,也从而扩大了流徙集团。及至定居他乡,与土著主客相抗,欲求立足,欲保安全,尤须倚仗宗主与集团的力量。于是宗主、豪族与所谓宗亲、乡党、部曲、门徒、义附等人群,逐渐结成为不可解散的、牢固的整体,我们可称之为"乡族集团"②。

乡族集团与迁徙前的宗族系统,内部结构基本保持着一致;其领袖人物多是有势力的大族、将帅,下面有各级小帅起辅佐作用,这就如同军众有部曲督将,乡里有三老里吏。以领袖—小帅为核心、以宗族乡里为主体的这种流徙集团,势力是很大的;而他们自身又是司马睿、王导侨寓政权的组成分子与依靠

---

① 颜之推撰,王利器集释:《颜氏家训集释》卷2《风操》,上海古籍出版社,1980年,第94页。
② 安田二郎《晋宋革命和雍州(襄阳)的侨民——从军政统治到民政统治》(原刊《东洋史研究》第42卷第1号,1983年;收入刘俊文主编《日本中青年学者论中国史》六朝隋唐卷,王轶群译,周蕴石校,上海古籍出版社,1995年)对"乡族集团"的概念有所论述。又谷川道雄著、马彪译《中国中世社会与共同体》(中华书局,2002年)第265页指出:"自汉帝国瓦解以来,饱受社会矛盾、天灾、战乱等威胁的民众,依附于地方上拥有势力的豪族,以谋求生活的安定。作为豪族的一方面,其与民众的连带关系对于维持自身势力是有利的。……对于依附于豪族的民众,是经常使用宗族、乡党等用语来给予表达的。"具体到两晋之际的流徙,谷川道雄举了郗鉴的例子(第281页):"郗鉴是在永嘉之乱严重缺乏粮食之时,把别人赠送的物资周济于宗族、乡党穷困者,而获得人们深厚信赖的人物。在无法应付五胡的压迫的时候,他率领民众渡长江南下。"

力量①。因此，如何安置、利用这些大族、将帅及其控制的侨流人口，就成为晋元帝及其后继者们异乎寻常的一桩大事。由于侨流人口的迁徙与定居新地，基本保持着乡族集团的形式，这就使得安辑侨流采取设立郡县的方法，比较简便可行；而就乡族集团置州郡县，既有利于保证这一集团内部组织的稳定性，符合大族、将帅及侨流人民的利益，也便于政府在军事、政治、经济等方面对他们的利用（详后）。

然而，侨流人口的存在不是东晋南朝独有的现象，各代立郡（州）县以处侨流的事极多，为什么只是这一时代普遍采取设立侨州郡县的方式呢？其缘故可以从正统观念以及讲究地望的社会风气中推求。

2. 侨州郡县的政治含义

正统者，即"君子大居正"，"王者大一统"，"夫居天下之正，合天下于一，斯正统矣"②。这在统一时代是不成问题的。而在分裂时代，谁为正统，各个政权各有理由；又各个政权彰显正统的方式也不一样。以东晋十六国为例，匈奴刘渊初建国号为汉，自称汉王，"立汉高祖以下三祖五宗神主而祭之"③；匈奴刘勃勃则"自以匈奴夏后氏之苗裔也，国称大夏"④，以继承夏朝法统的中国皇帝自居。又如羯人石勒、氐人苻坚，都因拥有长安、洛阳两京，而自居"中国皇帝"，蔑称东晋为"司马家儿"、"吴人"。南北朝时期，南朝政权和东晋一样，自认正统所在，斥北朝为"索虏"；而北朝政权以占据着传统的中原地区，遂以正统自居，反骂南朝为"岛夷"。在这种种的正统之争中，地域与文化是各自最重要的依据：五胡尤其北魏政权之自居正统，多以占有中原地区为由；离开了中原的东晋南朝政权，则拥有皇统继承或禅让以及传统文化的多重正统资格。

对于东晋南朝统治者来说，因为存在着对立的十六国北朝政权，所以彰显正统是至关重要的大事，这不仅关系到其政权的合法性问题，而且关系到民心向背与军事形势。应该说，东晋南朝在这方面拥有相当的优势。南宋李焘《六朝通鉴博议》卷1云：

---

① 胡阿祥《中古时期郡望郡姓地理分布考论》（载《历史地理》第11辑，上海人民出版社，1993年）："八王之乱及永嘉之乱后，西晋败亡，司马睿在大家族的拥戴、扶持下，建立起南方的东晋政权。当时其政权支柱是侨姓与吴姓。侨姓依地理的远近，又有区别。一类是河南郡姓，以路近而多举宗南迁……这些郡姓的主要房支与南方政权密切结合，迅速显要起来。另一类郡姓距离南方较远，有一部分播迁江左，成为侨姓，另一部分则留居北方原籍，就该郡姓而言，形成南北二支平衡发展的现象。"
② 李逸安点校：《欧阳修全集》，第275、278页。
③ 《晋书》卷101《刘元海载记》。
④ 《晋书》卷130《赫连勃勃载记》。

> 若夫东晋、宋、齐、梁、陈之君,虽居江南,中国也,五胡、元魏,虽处神州,夷狄也。……王猛丁宁垂死之言,以江南正朔相承,劝苻坚不宜图晋;崔浩指南方为衣冠所在,历事两朝,常不愿南伐。

又《资治通鉴》卷104记前秦苻融谏苻坚曰:"国家本戎狄也,正朔会不归人。江东虽微弱仅存,然中华正统,天意必不绝之。"由此可以看出,当时虽南北分裂、各朝均自认为正统,但时人一般的概念是:五胡、拓跋魏虽入主中原,然而"自古以来未有戎狄作天子者"①;反之,晋自元帝渡江,"虽僻陋吴越,乃正朔所承"②。但残酷的现实是:东晋南朝毕竟失去了重要的地理上的正统依据。如东晋初年,全隶版图者仅有荆、扬及分置之江、湘以及边徼之交、广、宁数州,余皆瓯缺瓦解。此瓯缺瓦解的疆域形势,东晋南朝一直未能有实质的改变。所谓"祖宗疆土,当以死守,不可尺寸与人",既偏安一隅,又讳言削弱,则侨置不失为解决问题的良好办法;东晋南朝还例不侨置十六国北朝新立的州郡县,借以表明对其政权的否定。至于北方政权,对于东晋南朝自恃正统、侨立州郡县的做法,则是极为反感,斥为"欲擅中华之称,且以招诱边民,故侨置中州郡县"③。

按北方政权所以反感东晋南朝"侨置中州郡县",还有其他原因:侨立沦陷区域的州郡县,不仅是对故土的一种怀念,更重要的是,它还表明了规复失地的决心。在东晋南朝统治者看来,十六国北朝虽肇基建国,帝制自为,实不过"紫色蛙声"、"余分闰位"而已。神州陆沉,已愧对列祖列宗;侨立州郡县,则既可以虚名自慰一番正统观念,又表示不忘故土,恢复有望。侨置从一时权宜之计,发展为经久之制,与此可谓密切相关。

然而值得细究的是,通过政区或者准政区的设置乃至名义的建立,以表达正统观念与规复失地的决心,途径或曰方法本是多种多样的。其必大规模、普遍性地设置"侨"州郡县者,当有特殊原因在。如以上节所述的遥领、虚封进行比较,则三国时代的遥领、虚封,更多的是一种象征意义;而东晋南朝的侨州郡县,除了表示正统地位与规复失地的决心外,还与失地之间具有一种天然的联系:安置原土之民。又正是原土之民高标郡望的风气及其深刻牢固的地域乡里观念,直接促成了东晋南朝大规模而普遍性地设立侨州郡县。

---

① 《晋书》卷116《姚弋仲载记》。
② 《晋书》卷114《苻坚载记附王猛传》。
③ 《魏书》卷60《韩显宗传》。

3. 侨州郡县设立的直接原因

中国中古时代是一个家族时代,呈现出鲜明的家族政治、家族经济与家族文化的特征。中古时代的家族,其特征之一,便是家族与地域之间不可分离的关系,家族都基于特定的地域之上,诚如陈寅恪《论李栖筠自赵迁卫事》①所云:

> 吾国中古士人其祖坟住宅与田产皆有连带关系。……故其家非万不得已,决无舍弃其祖茔旧宅并与茔宅有关之田产,而他徙之理。……李栖筠既不得已舍弃其累世之产业,徙居异地,失其经济来源,其生计所受影响之巨,自无待言。又旅居异地,若无尊显之官职,则并其家前此之社会地位亦失坠之矣!

陈寅恪在此点透,家族的地域性关键在于"累世之产业",即特定地区连片的大地产(一般是庄园经济形态)。以此为基础,既维系着家族内部的宗法关系与血缘纽带,又垄断了地方官职,并进而猎取中央政治权力,奠定其政治地位与社会影响。家族的这种情形,即地域观念、经济势力与政治权力三者的结合,使家族与地域产生了固定的联系;家族之讲究地域观念,也在中古时代蔚成风气。

家族的地域观念是通过郡望来表现的。郡望,从字面上理解,即显贵的家族世代聚居某地,为当地所仰望;形式上则一般以郡名表示②,如弘农杨氏、太原王氏、范阳卢氏。有时也写作姓望(姓氏所系之地望)、族望(家族籍贯)、地望等。这种显贵的家族称为郡姓(一般指在全国有影响的郡中著姓)③,其他称法尚多,如望族、世族、世家大族、冠族、甲族、门阀士族、名门、大姓、著姓、右姓等。他们据以显耀者,"太上有立德,其次有立功,其次有立言,其次有爵为公、卿、大夫,世世不绝"④。也因如此,崇尚源流成为家族的又一特征。这一特征与家族的地域观念相结合,便形成了郡望顽强的继承性与稳定性。

当然,郡望的继承性与稳定性在中古时代的各个时期并不都是一致的,而是有所流变。伴随着大家族的形成与发展,早在东汉时,南北各郡就逐渐形成了一批较固定的、被普遍承认的当权大姓。如《魏略》载"天水旧有姜、阎、任、

---

① 收入所著《金明馆丛稿二编》,上海古籍出版社,1980年。按李栖筠是唐赵郡李氏李德裕之祖。
② 在一些地志中,专门列有"郡望地名"一目,如敦煌文书伯2511号唐韦澳《诸道山河地名要略》第二残卷,存河东道州府八,所开列的"郡望地名",有"太原郡"、"雁门,代州雁门郡也"、"云中,云州郡名"、"马邑,朔州郡名也"、"上党"等。
③ 《资治通鉴》卷140建武三年胡注:"郡姓者,郡之大姓、著姓也。"
④ 《新唐书》卷95《高俭传》。

赵四姓,常推于郡中"①;桓、田、吉、郭为冯翊郡甲族②;又颍川荀、陈、钟,吴郡朱、张、顾、陆,会稽虞、魏、孔、贺,则世所习知③。三国时进一步发展。及至两晋南北朝,崇尚郡望更是蔚成风气,所谓"自世重高门,人轻寒族,竞以姓望所出,邑里相矜"④。郡望作为高贵家族的标帜,在这一时期,以其极为重要的政治、社会意义,影响着家族群体与个人的社会地位、婚媾关系、仕宦前途等各方面⑤。大家族凭借着高贵的郡望,可以顺利无碍地"世仕州郡为冠盖"⑥,可以理直气壮地"平流进取,坐至公卿"⑦。而由郡望的这种政治、社会意义出发,从以大家族为统治基础的国家,到拥有高贵郡望的家族,都严守郡望、严防假冒,也就势所当然。如南朝齐明帝时,荒伧人王泰宝买袭琅邪王氏谱,为琅邪王氏中人、尚书令王晏举报,主事者、"世传谱学"的平阳贾渊"坐被收,当极法,子栖长谢罪,稽颡流血,朝廷哀之,免渊罪"⑧,即是显例。

据上所述,两晋南北朝之家族尤其是大家族都十分注重郡望、讲究地域观念,便是不难理解的了。进之,注重郡望、讲究地域观念,在当时又有着不同的表现形式。比如历世稍远、支胤繁衍、分房分支后,各房各支在相当长的时间内保持原来的郡望不变⑨;诚如岑仲勉《唐史余瀋》卷4"唐史中望与贯"条所云,因为"土地之限制,饥馑之驱迫,疾疫之蔓延,乱离之迁徙,游宦之侨寄,基于种种情状,遂不能不各随其便,散之四方",然而"人仍多自称其望者,亦以明厥氏所从出也"。具体到东晋南朝,大量"乱离之迁徙"的家族"仍多自称其望",正是我们理解当时之侨州郡县与侨置制度的关键。

在当时南北分裂的特殊政治形势与社会背景下,对于东晋南朝南渡士族来说,如何保持原来的郡望,可谓头等重要的大事。本来,汉代改籍是常见之

---

① 《三国志》卷13《魏书·王肃传》裴注。
② 《三国志》卷23《魏书·裴潜传》裴注。
③ 唐长孺:《东汉末期的大姓名士》,收入所著《魏晋南北朝史论拾遗》。
④ 刘知几撰,浦起龙释:《史通通释》,上海书店,1988年,第94页。
⑤ 如西晋时同为王氏高门,有太原晋阳王氏与琅邪临沂王氏。太原王氏以王浑为代表,是当时首屈一指的高门;而琅邪王氏以王祥为代表,虽为士族,但权势名位不盛。及东晋,琅邪王氏之王导为侨姓士族领袖,上升为一流高门;而此时太原王氏却权势稍减。这种起伏浮沉,即对太原王氏与琅邪王氏成员的婚宦发生影响。详《晋书》卷42《王浑传》、卷33《王祥传》、卷65《王导传》,《梁书》卷21"史臣曰"等。
⑥ 《后汉书》卷66《王允传》。
⑦ 《南齐书》卷23"史臣曰"。按隋唐时代,因为科举制度的施行,郡望在仕宦上的地位降低,但郡望仍是维持社会地位及维护阶级婚姻的法宝,重视郡望的风气也仍然存在并更加普遍。又唐以后,郡望的政治、社会意义渐趋消失,然而作为一种社会风气、社会习惯,郡望的流风余韵,直到清及民国时代,还是绵绵不绝。详胡阿祥:《中古时期郡望郡姓地理分布考论》。
⑧ 《南齐书》卷52《文学·贾渊传》。
⑨ 如同为琅邪王氏,侨居江南后,有"乌衣诸王"、"马粪诸王"等之分,但同为琅邪王则一。

事；及三国，孙吴境内有大量北方人流寓，一段时间后，也颇多落籍江南者，如《晋书》卷68《薛兼传》所载薛家及卷70《甘卓传》所载甘家之落籍丹阳，《晋书》卷58《周访传》所载周家之落籍庐江等皆是。而这一时代，倘使琅邪王氏、陈郡谢氏等高门，流寓江南而附籍所居郡县，成为"丹阳王氏"、"会稽谢氏"等，那无异于取消了他们的高贵标帜①。而一旦失去这种"高贵标帜"，他们在异土他乡就很难保持其原有的社会地位。因为与宗族、乡里的密切关系，保持郡望，标榜本籍，乃是世家大族存在的基础。

那么，如何保持这种"高贵标帜"——郡望呢？"皆取旧壤之名，侨立郡县"，便是一种主要方法。胡孔福《南北朝侨置州郡考·叙》：

> 衣冠望族，桑梓情殷。汝南应劭、鲁国孔融，地因人重，名以望传。虽迁徙靡常，寄寓他所，而称名所系，仍冠旧邦，庶邑居井里，以亡为有，实去名存。

这正道出了南渡衣冠望族要求保持原来郡望与侨置州郡县之间的关系。而东平郡的侨置经过，又为这种关系作了最好的注脚。《南齐书》卷14《州郡志》北兖州条：

> 永明七年，光禄大夫吕安国启称："北兖州民戴尚伯六十人诉：旧壤幽隔，飘寓失所。……东平既是望邦，衣冠所系，希于山阳、盱眙二界间，割小户置此郡，始招集荒落，使本壤族姓，有所归依。臣寻东平郡既是此州本领，臣贱族桑梓，愿立此邦。"见许。

按东平郡得以侨立，就在于它是"望邦"，是东平吕氏一类"衣冠所系"的"桑梓"。考东晋南朝南渡士族，以琅邪临沂王氏、陈郡阳夏谢氏与袁氏、颍川鄢陵庾氏、汝南安城周氏、河东闻喜裴氏、河南阳翟褚氏、济阳考城江氏、陈郡长平殷氏、河东解县柳氏、京兆杜陵韦氏、太原晋阳王氏、谯国龙亢桓氏、颍川临颍荀氏、泰山南城羊氏，以及鲁国孔氏、琅邪颜氏与诸葛氏、济阴冤句卞氏、高平金乡郗氏与檀氏、东莞莒县刘氏与臧氏、东海郯县徐氏、清河东武城崔氏、平原刘氏、济阳考城蔡氏、陈留尉氏（此"尉氏"为县名）阮氏、彭城武原到氏、彭城吕县刘氏等为大为盛；又晋皇室为河内温县司马氏，宋皇室为彭城刘氏，齐、梁皇室为东海兰陵萧氏，陈皇室为颍川陈氏。而上述诸氏郡望所系的郡县，除鄢陵、阳翟、解三县无考外，都有相应的侨郡侨县的设置；其中琅邪临沂王氏、东海兰陵萧氏等高门，更进一步利用手中的政治权力，通过土断，改侨为实，以达

---

① 参看王仲荦：《魏晋南北朝史》上册，第348页。

到既保持郡望又获得实土的目的(详后)①。这些情形应当都不是偶然的,其背后有着高标郡望的风气、重视地域乡里的观念之深刻的社会背景在发挥着作用。

4. 侨州郡县的现实作用

尽管有着诸多的理由,使得东晋南朝设置侨州郡县、建立侨置制度,然而,所谓正统观念与规复失地的决心,以及高标郡望的风气、重视地域乡里的观念,毕竟在一定意义上还停留于"虚"的层面;至于安置数量庞大的侨流人口,也只是问题的一个方面,对于东晋南朝中央与地方政府来说,更关心的也许是如何发挥出侨流人口的现实作用。事实上,侨州郡县的大量设置与侨置制度的逐渐建立,造成了东晋南朝在地方行政、户籍管理等方面的诸多麻烦,仅以政区名目为例,《史通·邑里》指出:

> 异哉,晋氏之有天下也!自洛阳荡覆,衣冠南渡,江左侨立州县,不存桑梓。由是斗牛之野,郡有青、徐;吴越之乡,州编冀、豫。欲使南北不乱、淄渑可分,得乎?系虚名于本土者,虽百代无易。

以此,东晋南朝政府长期而广泛地设置侨州郡县,应当是权衡利弊后作出的选择,只有利大于弊,才能决定东晋南朝政府宁愿承受弊以追求利。

所谓"利",即侨州郡县的现实作用。就最明显者言,有以下两个方面:

其一,侨置以招诱北方人民。

在中国古代,人口是经济与军事极为重要的因素。人口的优胜往往就是经济与军事的优胜。而当分裂之世,各别政权为争取兵源与劳力计,一般也必须吸引并保持流民,使不为敌资。具体到东晋十六国南北朝时期,东晋南朝的人口较之十六国北朝的人口要少得多②。在这种情况下,从根本上说,东晋南朝政府是乐意接受侨流人口的。而除了主动迁移入南者外,政府出于增加人口与安边的需要,也必须致力于招诱边民。招诱边民的主要措施之一,便是设立侨州郡县。一般是先侨立某州、郡、县于南,即以招引北土此州、郡、县人民,

---

① 又如果进一步分析南渡士族的侨寓地(有时表现为仕宦地)、墓地所在,就可发现南渡士族与本籍侨郡侨县间的关系是相当复杂的。参见中村圭尔《关于南朝贵族地缘性的考察——以对侨郡县的探讨为中心》(原载《东洋学报》第 64 卷第 1、2 期,1983 年;刘驰译,载《南京晓庄学院学报》2005 年第 4 期)、罗宗真《略论江苏地区出土六朝墓志》(载《南京博物院集刊》第 2 辑,1980 年)。

② 万绳楠整理:《陈寅恪魏晋南北朝史讲演录》,第 226—227 页,据《晋书》卷 113《苻坚载记》与《通典·食货典》等材料,略言其梗概云:"前燕户数为二百四十余万,口数为九百九十余万;后魏户数为三百三十余万;后周大象中,户数为三百五十余万,口数为九百万。而南方宋孝武帝大明八年,户仅九十余万,口仅四百六十余万;陈亡之时,户为五十万,口为二百万。"

其用心可谓良苦。由于这一策略顺应了人们心理之共同所眷,所以颇起招徕之功。据《宋书》卷95《索虏传》元嘉二十三年(446)记载,因南朝"不依城土,多滥北境名号"侨置州郡县,招引来大量北方人民,这引起了北魏地方政府的恐慌,遂移书相质。南朝地方政府予以驳斥,就"不因土立州,招引亡命"答云:

> 夫古有分土,而无分民,德之休明,四方禔负。昔周道方隆,灵台初构,民之附化,八十万家。彼不思弘善政,而恐人之弃己,纵威肆虐,老弱无遗。详观今古,略听舆诵,未有穷凶以延期,安忍而怀众者也。若必宜因土立州,则彼立徐、扬,岂有其地?①

据此可知,侨置者,自为用地统人的一种号召。当一地陷于异邦,其民有不及奔避者,有眷念丘园者,也有去留不定、多怀彼此者②,然而"人生安可久淹异域"③,大多数北土遗黎不愿接受异族统治,"既南向而泣者,日夜以觊;北顾而辞者,江淮相属"④;而若东晋南朝政府侨立其本籍州郡县,对北方人民产生吸引力,是可以想见的。另一方面,政府还可以利用北民的怀土情绪,动员他们抗击北方政权的南犯,为北伐收复失地效力。如祖逖自"将本流徙部曲百余家渡江",进攻石勒,使"黄河以南尽为晋土"⑤;淝水之战中东晋赖以击败前秦的主要军事力量北府兵将士,也多是北方侨流及其后裔⑥。进而言之,十六国北朝在军事方面本就胜过东晋南朝,而东晋南朝又逐渐形成了重文轻武的风气,于是其捍城猛将、临敌劲卒,便大多是荒伧远人、淮南楚子、雍州骑射。这些侨流久习兵事,强悍剽勇,又多为近边地带的侨州郡县所安置,这种状况,深深影

---

① 《宋书》卷95《索虏传》。
② "疆场之民,多怀彼此",这种情形在民族意识转趋模糊的南北朝时期颇为常见与复杂,如《宋书》卷64《何承天传》载何承天所上"安边论"云:"今遗黎习乱,志在偷安,非皆耻为左衽,远慕冠冕,徒以残害剥辱,视息无寄,故襁负归国,先后相寻。……疆场之民,多怀彼此。……今青、兖旧民,冀州新附,在界首者二万家,此寇之资也。今悉可内徙。……民性重迁,闇于图始,无房之时,喜生咨怨。今新被钞掠,余惧未息,若晓示安危,居以乐土,宜其歌抃载路,视迁如归。"又《宋书》卷86《刘勔传》、卷95《索虏传》元嘉二十五年也有类似记载。
③ 《梁书》卷39《羊侃传》。
④ 《南齐书》卷47《王融传》。
⑤ 《晋书》卷62《祖逖传》。
⑥ 就此问题,谷川道雄《中国中世社会与共同体》第284、281页举了祖逖与郗鉴两例:"属于东晋政权,而又活跃于恢复北方失土的军团,有范阳的名望家祖逖率领的宗族、乡党集团";又"京口军团即设置在首都建康东北边之京口的国家军队,原是为防备五胡政权之南下而设置的。其起源在于山东名望家郗鉴率领故乡民众,于峄山所建立的坞垒集团"。郗鉴领众南渡后,"迄今因未拥有过直属军队而不安定的东晋王朝,由此获得了极大安定。淝水之战中击败前秦苻坚大军的,正是这支京口军团。众所熟知,取代东晋而建立宋王朝的刘裕,就是京口军团的将校。要之,作为确立江南政权的军力源泉,正在于北方的名望家统治"。

响了东晋南朝的军事形势。就前线而言,侨流人口以及侨州郡县自觉不自觉地起到了"捍边长城"的作用;对内地来说,则等于筑起了一道坚固的屏障。

其二,侨置以安抚流民,促进生产。

《宋书》卷11《志序》:"自戎狄内侮,有晋东迁,中土遗氓,播徙江外。……百郡千城,流寓比室。人仂鸿雁之歌,士蓄怀本之念,莫不各树邦邑,思复旧井。"东晋南朝政府既不能很快就恢复失地,乃"各因其所居旧土"①,陆续成立侨流人口的各级流亡政府——侨州、侨郡、侨县,而且"侨置牧司",分设刺史、守、令,作为安置和管理侨流人口的机构,"因人所思,以安百姓也"②。如此,侨流庶可免漂泊无归,减少了社会内部的动乱因素③;他们的安定治业,又从而促进了生产的恢复与发展。

侨流人口为侨州郡县所安置,又转而促进经济的发展,这集中体现在地区的开发方面。如皖南傍江一带,本是江水宣泄之地,地低蓄水,湖泊较多,土地是肥沃的,但有待开发。东晋以来,豫、并、兖诸州及江淮间流人南渡江,侨寓在这一带,因置侨州郡县。这些侨流人口不仅给当地提供了劳力,而且带来了北方先进的生产经验和技术,皖南傍江经济文化因之迅速发展④。这种情形,在江南晋陵郡境、江淮之间的邗沟沿线,以及长江中游、汉水流域的南郡周围、寻阳地区、江夏一带、襄阳等处,也表现得很是明显。

要之,在上述种种社会背景、思想观念、现实因素的综合作用下,晋自司马睿、王导时代始即置侨州郡县,而由于北方失地的一直未能恢复,其后继者以及南朝宋、齐、梁、陈,也就续有侨州郡县的设置,于是侨置制度遂历江左五朝而不废。

二、侨州郡县的设立情形及其分析

上文讨论了东晋南朝侨州郡县的产生背景与成立原因,指出自西晋永嘉丧乱,元帝南渡,出于招抚侨流计,出于正统观念计,出于表达规复失地的决心计,出于北方大族利益计,也出于现实的政治、军事与经济需要计,乃置侨州郡

---

① 胡三省:《通鉴释文辩误》卷4,中华书局1956年《资治通鉴》校点本附录。
② 《太平御览》卷168引梁鲍至《南雍州记》:"永嘉之乱,三辅豪杰流于樊沔,侨于汉侧。立雍州,因人所思,以安百姓也。"(中华书局,1960年)
③ 侨流问题如果处理不当,则西晋末年那样的侨流民变或会重演,而南渡人口也会返出北土。如《晋书》卷117《姚兴载记》:"京兆韦华、谯郡夏侯轨、始平庞眺等率襄阳流人一万叛晋,奔于兴。"又《晋书》卷116《姚襄载记》:"流人郭斁等千余人执晋堂邑内史刘仕降于襄,朝廷大震。"又《宋书》卷45《刘粹传》:"少帝景平二年,谯郡流离六十余家叛没房。"按史籍所载,类此者尚多。
④ 详万绳楠:《江东侨郡县的建立与经济的开发》,《中国史研究》1992年第3期。

县。东晋已是"侨州至十数,侨郡至百,侨县至数百"①,而宋承其流,齐、梁、陈沿波于后,自此南北名号既多重复,东晋南朝政区也是侨实相杂。本小节谨就东晋南朝侨州郡县设立的几种主要情形,侨州郡县与原州郡县、当地州郡县的关系,侨州郡县设立后的变化,以及侨州郡县设官施政的特点诸问题,进行概括与分析②。

1. 侨州郡县设立的几种主要情形

东晋南朝侨州郡县有着复杂的产生背景与成立原因,而侨州郡县的设立情形,也相应地多种多样。

(1) 处侨流而立

侨流人口是侨州郡县存在的基础,"无民焉牧"? 考侨州郡县设置的主要年代及其主要分布区域,基本上与侨流人口大举迁徙时间及其相对集中分布地区一致,这说明处侨流而立,是侨州郡县设立的一种主要形式。

东晋最早设立的侨郡县,是安置具有特殊地位的南迁琅邪国人的琅邪郡及所领费、怀德诸县。《宋书》卷35《州郡志》南徐州刺史南琅邪太守条云:

> 晋乱,琅邪国人随元帝过江千余户。太兴三年,立怀德县。丹阳虽有琅邪相而无土地。成帝咸康元年,桓温领郡,镇江乘之蒲洲金城上,求割丹阳之江乘县境立郡,又分江乘地立临沂县。《永初郡国》有阳都、费、即丘三县,并割临沂及建康为土。费县治宫城之北。

又唐人许嵩《建康实录》卷5太兴三年(320)七月条:"诏琅邪国人随在此者近有千户,以立为怀德县,统丹杨郡,永复为汤沐邑。"③许嵩自注云:

> 中宗初,琅邪国人置怀德县,在宫城南七里,今建初寺前路东,后移于宫城西北三里耆园寺西。帝又创巳北为琅邪郡,而怀德属之,后改名费县。其宫城南旧处,咸和中,移建康县,自苑城出居之。案《南徐州记》:费县西北八里有迎担湖。昔中宗南迁,衣冠席卷过江,客主相迎,负担于此湖侧,至今名迎担湖,世亦呼为迎担洲,在县城西石城后五里余④。

依据上引,可以明确者几点:其一,本来北方的徐州琅邪国是东晋创业之主中

---

① 洪亮吉:《东晋疆域志·序》,《二十五史补编》本,中华书局,1955年,第2页。
② 关于东晋南朝侨郡县的具体设置,以及本小节未注明资料出处者,参见第五编至第十编。
③ "丹杨"或作"丹扬"、"丹阳","杨"是本字,"扬"、"阳"皆属假借。又"汤沐邑",汉制,皇帝、诸侯、皇后、公主等皆有汤沐邑,收取赋税以供个人奉养。又"复",免除赋税徭役之意。
④ 许嵩撰,张忱石点校:《建康实录》卷5,中华书局,1986年,第134页。

宗元皇帝司马睿的旧封地、起家之国①，而最早设立的侨置琅邪郡、费县、怀德县以及临沂县、阳都县、即丘县等，除了怀德是县名新创、以名表意外，其余都是原琅邪国及其领县的侨置②，而侨置的直接目的，在于安置并优遇随司马睿过江的旧封地琅邪国千户左右的侨人。其二，起初侨郡县并无实土，但有行政管理机构（如"丹阳虽有琅邪相而无土地"，"桓温领郡，镇江乘之蒲洲金城上"，"怀德县，在宫城南七里"，云云）与行政隶属关系（如"琅邪郡，而怀德属之"）。换言之，无实土的侨郡县，乃是寄寓在他地固有行政区域之中的另外一套行政管理体系，管理的对象则是特殊的、原则上应为同一本贯的侨人的集合体。其三，此无实土的侨郡县，可以分得寄寓地的实土，从而由虚幻走向现实，如琅邪郡、临沂县、阳都县、费县、即丘县，即割丹阳郡之江乘县、建康县领域而获得了实土③；与此同时，寄寓地的原实土政区，领域、治所、边界等也相应地进行调整。其四，《南徐州记》④所记迎担湖地名的由来，又形象地反映了司马睿南迁、北方衣冠士族过江的情形，从而为这批最早的侨郡县的成立过程，添上了别样的注脚。

按以上四点并非这批侨郡县的特殊情形，此不赘说。值得强调的是，琅邪郡及其所领费县、怀德县的侨置丹阳郡境，正是可以考见的处侨流而立侨郡县的开始⑤。此后遂侨置纷纭，兹略言之，以见大概。

先是，"晋永嘉大乱，幽、冀、青、并、兖州及徐州之淮北流民，相率过淮，亦

---

① 据《晋书》卷15《地理志》徐州，琅邪国都开阳（治今山东临沂市北），领开阳、临沂、阳都、即丘、费等9县（国），户29 500。
② 东晋时又领有开阳侨县。《宋书》卷35《州郡志》南徐州刺史南彭城太守开阳令条云："晋侨立，犹属琅邪，安帝度属彭城。"
③ 以临沂县为例，中村圭尔《关于南朝贵族地缘性的考察——以对侨郡县的探讨为中心》依据文献与墓志的记载，考证推断"临沂县的具体疆域"为"其向建康城的东、北郊扩展，北至长江，东以栖霞山附近为界"；当然，"具有如此广大县境的侨县是极为特殊的例子"，而这与"能左右东晋王朝初期政局的琅邪王氏"有直接的关系。又王去非、赵超《南京出土六朝墓志综考》（载《考古》1990年第10期）考证临沂的大致范围为北至长江，南到今富贵山至鸡鸣寺北一线，东到甘家巷一带，西至下关江岸。
④ 此《南徐州记》，当指刘宋山谦之所撰《南徐州记》，二卷，见《隋书》卷33《经籍志》。
⑤ 一般认为怀德县是东晋最早设立的侨县，如顾颉刚、史念海《中国疆域沿革史》第113页指出："元帝太兴三年以琅邪国过江人民侨立怀德县于建康，是盖此种制度之滥觞也。"周振鹤《地方行政制度志》第266页并就此发挥道："怀德并非琅邪国旧县名，这说明当时虽侨县，但尚未想到要用旧壤之名。据《建康实录》，怀德县后改名费县，这就是琅邪国属之旧县。"（上海人民出版社，1998年）今检《宋书》卷28《符瑞志》："晋元帝太兴三年四月，甘露降琅邪费。"而当时徐州琅邪国及费县都已不为晋守，所以这里的"琅邪费"当指侨郡县。而如果这一推论不误，则琅邪郡及费县的侨置在太兴三年（320）四月以前，早于怀德县。立怀德县据《晋书》卷6《元帝纪》及上引《建康实录》卷5，在太兴三年七月，怀德县废除时间则不详。至于《建康实录》卷5怀德"后改名费县"之说，别无证据，颇为可疑。

有过江在晋陵郡界者。……其徙过江南及留在江北者,并立侨郡县以司牧之。徐、兖二州或治江北,江北又侨立幽、冀、青、并四州"。明帝又立沛、清河、下邳、东莞、平昌、济阴、濮阳、广平、泰山、济阳、鲁等侨郡并所领县于江南、北。"其后中原乱,胡寇屡南侵,淮南民多南度。成帝初,苏峻、祖约为乱于江淮,胡寇又大至,民南度江者转多,乃于江南侨立淮南郡及诸县。"又侨立庐江郡于春谷,汝南郡于涂口,安丰、松滋二郡于寻阳。咸康三年(337),以司州侨户立河东郡于上明,统安邑、闻喜、永安等八县。东晋元、明、成时期,以侨流所立侨州郡县,主要分布在淮南及长江下游南北,长江中游也渐有所及。是为第一次侨置高潮。

东晋中叶以后,石赵政权崩溃,中原兵燹连年,而以关右最甚,于是陕甘之人多南出汉水流域,也有南下四川者;前秦苻坚败亡后,中原人民大量南迁。侨置因之又起第二次高潮。如穆帝时,"以义阳流人在南郡者立为义阳郡";胡亡氐乱,"秦、雍流人多南出樊沔,孝武始于襄阳侨立雍州,仍立京兆、始平、扶风、河南、广平、义成、北河南七郡,并属襄阳";秦州也寄在襄阳。这是汉水流域的侨置。又孝武宁康元年(373),"分割谯、梁二郡见民,置之浣川,立为南谯、梁郡";上党百姓南渡,"侨立上党郡为四县,寄居芜湖";"秦国流人至江南",寄居堂邑,"安帝改堂邑为秦郡"。这是长江下游的侨置。再如安固郡,"晋哀帝时,民流入蜀,侨立此郡";怀宁郡"秦、雍流民,晋安帝立";始康郡,"关、陇流民,晋安帝立",并"寄治成都"。这是蜀地的侨置。

东晋义熙(405—418)末年,刘裕北伐,河南、关中先后收复。不久复失关中。宋初刘裕死,又失河南,于是北人南迁。文帝元嘉(424—453)初年,拓跋魏与赫连夏相争,关陇人民又多避难南走汉中、襄沔及剑南。元嘉末年,魏人大举南犯,曾进至瓜步,流民再南渡江淮。政府为安抚这些侨流人口,一次次地侨立郡县。如宋永初(420—422)中,于襄阳侨置华山郡及蓝田县,安置康穆所举迁的乡族三千余家;关中流民前后出汉川,元嘉二年侨置京兆、扶风、冯翊等郡,六年又侨置陇西、宋康二郡;元嘉中,裴方明平仇池,氐人数千家随居襄阳,侨立天水郡、略阳县;又南晋寿、南新巴二郡,元嘉十二年于剑南以侨流立;北扶风郡,孝建二年(455)于汉中"以秦、雍流民立"。如此等等。此期侨置,多在汉中、襄沔及剑南一带。

按北人南迁,以东晋时最盛,"大抵东晋时之侨民半因不屑服属于胡族,半因于避兵祸及北人之酷虐。故由淮北而淮南,由淮南而江南,当其相率而来也"[①]。

[①] 周一良:《南朝境内之各种人及政府对待之政策》,收入所著《魏晋南北朝史论集》,中华书局,1963年,第36页。

宋时北人南迁的次数与人数已远少于东晋,其地域也偏于自西北而向西南。处侨流而立侨州郡县,也以东晋最多,宋时渐少。及至齐、梁、陈时,南北战事时有发生,北民南迁仍未停息,但"治乱形势既非昔比,而中原人民南迁之风,亦因之大杀"①,其直接因处侨流而侨置者,也就可考寥寥②;然而州郡县的侨置却并不见少,而且更加纷乱难理,则非因侨流而立,可以断言。

(2) 备职方而立

这类侨州郡县,就数量言并不比处侨流而立者少,可与疆域盈缩联系起来考察。盖东晋南朝每每沦邦失土,出于正统观念计,职方不可不备,于是侨设沦陷区域的州郡县,初不必有侨民。如宋明帝初年,北魏南侵,"青、冀、徐、兖及豫州淮西,并皆不守,自淮以北,化成虏庭。于是于钟离置徐州,淮阴为北兖,而青、冀二州治赣榆之县",各领侨郡县若干。而查考史传,"皆未尝言司、徐、兖、青、冀之人相携流转入南。……其士庶固有留[流]于淮南者。然非户户尽室而行,四州之侨治[置]亦非应北人南徙之需而设,徒以职方不可不备,遂画地立名耳"③。故这类侨州郡县统领侨人很少,"流荒之民,郡县虚置","十无八九,但有名存",即较之处侨流而立的侨州郡县,更加虚幻。

"郡县虚置"以备职方,最典型的例子莫过于刘宋泰始(465—471)中豫州郡县的侨置。据《宋书》卷36《州郡志》,豫州领淮西10郡43县,泰始中这10郡43县陷没北魏,乃侨置于淮南。其侨置情形如下表④。

表4 刘宋泰始年间豫州郡县的侨置情况

原 郡 领 县	侨 郡 领 县
汝南郡,上蔡、平舆、慎阳、北新息、安成、南新息、朗陵、阳安、西平、瞿阳、安阳	汝南郡,上蔡、平舆、真阳、北新息、安城、南新息、临汝、阳安、西平、瞿阳、安阳
新蔡郡,鲖阳、固始、新蔡、苞信	新蔡郡,鲖阳、固始、新蔡、东苞信、西苞信

---

① 谭其骧:《晋永嘉丧乱后之民族迁徙》,收入所著《长水集》上册,人民出版社,1987年,第223页。
② 如《南齐书》卷14《州郡志》南徐州南琅邪郡:"建元二年,平阳郡流民在临江郡者,立宣祚县,寻改为谯。"又《陈书》卷3《世祖纪》天嘉二年:"以武昌国川为竟陵郡,以安流民。"又《陈书》卷5《宣帝纪》太建十一年:"三月丁未,诏淮北义人率户口归国者,建其本属旧名,置立郡县。"
③ 周一良:《南朝境内之各种人及政府对待之政策》,《魏晋南北朝史论集》,第32页。
④ 下表据《宋书》卷36《州郡志》豫州刺史、南豫州刺史以及《南齐书》卷14《州郡志》北徐州等整理。其中,侨郡领县之阳夏县,《宋书》卷36《州郡志》豫州刺史陈郡太守:"永初郡国》有……阳夏";侨郡领县之陈留郡襄邑、封丘、尉氏三县,《晋书》卷14《地理志》兖州陈留国领有襄邑、封丘、尉氏。

续　表

原　郡　领　县	侨　郡　领　县
谯郡,蒙、蕲、宁陵、襄邑、长垣、魏	谯郡,己吾(余无考) 魏郡(领县无考)
梁郡,下邑、砀	梁郡(领县无考)
陈郡,项城、西华、谷阳、长平	陈郡,项城、西华、谷阳、长平、阳夏
南顿郡,南顿、和城	南顿郡,南顿、和城
颍川郡,邵陵、临颍、曲阳	颍川郡,邵陵、临颍、曲阳
汝阳郡,汝阳、武津	汝阳郡,汝阳、武津
汝阴郡,汝阴、宋、宋[安]城、楼烦	西汝阴郡,汝阴、宋、安城、楼烦
陈留郡,浚仪、小黄、白马、雍丘	陈留郡,浚仪、小黄、白马、雍丘、襄邑、封丘、尉氏

据上,不仅陷没十郡悉数予以侨置,即各郡领县也几乎全部侨立。这种"一一对应"地侨置郡县,虽然不排除安置侨流的现实考虑,但更主要者是为备职方计。如果对照《晋书·地理志》、《宋书·州郡志》、《南齐书·州郡志》,可以发现侨置郡县类此者还有不少。至于梁、陈之际,疆域更加萎缩,侨州郡县也颇有增置者,盖亦虚张图籍、夸耀职方一类,所谓"屡主偏安,群雄割据,一则边圉见侵,讳言削弱;一则鸿图乍启,妄自尊大。国本小而多署空名,地未辟而预置镇守。好大喜功,铺张声势"①是也。

(3) 招诱侨流而立

齐永明七年(489),光禄大夫吕安国启置东平侨郡,其理由之一即是"始招集荒落,使本壤族姓,有所归依"②;又永元二年(500),萧衍于沔南立新野郡,也是为了"以集新附"③。至于前述处侨流、备职方而立的侨州郡县,当然也可以起到招诱侨流的作用。

(4) 安置失地官吏而立

据《元和郡县图志》卷10河南道兖州峄山、《晋书》卷67《郗鉴传》及卷14《地理志》兖州:东晋建武(317—318)初,兖州寄理峄山。西晋永嘉中洛阳倾

---

① 胡孔福:《南北朝侨置州郡考·叙》,1912年刊行。
② 《南齐书》卷14《州郡志》北兖州。
③ 《梁书》卷1《武帝纪》。

覆,高平金乡人郗鉴获归,州乡人士并宗附之,遂共推郗鉴为主,与千余家避难于峄山为坞主①。元帝初镇江左,假郗鉴龙骧将军、兖州刺史,镇峄山;三年间,众至数万,加辅国将军、都督兖州诸军事。其后为石勒侵逼,郗鉴率文武等南徙,元帝侨置兖州,寄居京口。及明帝初即位,王敦专制,内外危逼,谋仗郗鉴为外援,于是拜安西将军、兖州刺史、都督扬州江西诸军事、假节,镇合肥;太宁三年(325),又镇广陵。"夫兖州已置于京口矣,又因刺史而改置于广陵,且郗鉴之为兖州刺史已久矣,非自明帝始,是兖州之所以侨置,非为遗黎而为郗鉴也,固极显焉。"②又梁承圣元年(552),鲁悉达以平侯景功,授持节、仁威将军、散骑常侍、北江州刺史,寄治新蔡;后鲁悉达勒麾下数千人,济江而归陈武帝,得授平南将军、散骑常侍、北江州刺史,寄治南陵。北江州的侨置,非为流寓而为鲁悉达,也由此可见。

然则何以要如此呢? 关键因素有二。其一,自西晋末年开始,刺史大多领兵,开府置佐,兼治军旅,各有军府机构。又西晋末年以后,郡国长官之太守、内史、相也有加将军、加督、加节、置军府如刺史者。换言之,本为地方民政长官的刺史、太守、内史、相,往往实质上成了地方民政与军政长官。及永嘉乱后东晋建国南方,便时常有北方失土的刺史、太守、内史、相挟带兵力来归,而由于其兵权尚在,东晋政府为了利用他们,同时也不得不姑息他们,乃每每就其所至,侨立州郡,并假以名号。其二,大凡乱离之世,"府库空虚,赏赐悬乏,白银难得,黄札易营,权以官阶,代于钱绢"③。在这种情形下,以侨置机构安置官吏特别是迁来官吏,"义存抚接,无计多少"④,也不失为一种可行并且有效的方法。

(5) 出于边防需要或军事形势而立

出于边防需要而立者,如宋泰始(465—471)中,淮北没魏,侨立徐州,州治

---

① 坞主者,未有朝命的坞壁之主。按永嘉之乱后,地方豪强或官僚贵族聚众筑坞(小城、土堡)以武装自守,或自为坞主,或被推为坞主。当时中原之地,坞壁林立。
② 班书阁:《东晋侨置州郡释例》,《禹贡》第 5 卷第 7 期,1936年。又班氏《释例》共列 22 例,即:因流寓侨置州郡例,侨置非为流寓例,因位亲失地官吏而设侨州例,实州侨置侨州实郡例,省实郡为侨郡例,侨置改为实土例,数侨州置于一郡例,实土恢复侨置尚存例,侨实并存例,侨置中复有侨置例,侨州迁徙无定例,侨置省而复置例,郡没州存侨郡仍复原州例,郡没州存侨郡置于他州例,沦没一郡析置数侨郡例,旧国侨置改郡例,旧县侨置改郡例,侨郡改为侨县例,以侨州领旧有实郡例,侨于旧实州属他侨州例,侨置不属于原属之侨州而属于其他侨州例,侨置于甲州而隶属于乙州例。按班氏此数例,或有不妥者,或有举证不确乃至错误者。本小节就侨州郡县的设立、侨州郡县与原州郡县、侨州郡县与当地州郡县、侨州郡县系统自身四个方面,重拟数例。
③④ 《陈书》卷 26《徐陵传》。

钟离,"防镇缘淮"①;又司州,泰始六年立于义阳郡,"有三关之隘,北接陈、汝,控带许、洛,自此以来,常为边镇"②。又有视军事形势的变化而侨治迁徙不定、侨置分合无常者,这以豫州最为明显。按东晋豫州先侨芜湖,后移姑熟,进主寿春,退主历阳,割成实土后,常治寿春。宋初又分淮西诸郡为豫州,治所却在淮南寿春;淮东诸郡为南豫,所治不一。然自永初(420—422)以迄大明(457—464),南豫与豫州乍分乍合,而以分立居多,豫州始终治寿春,这正是从军事需求出发的,所谓"江西连接汝、颍,土旷民希,匈奴越逸,唯以寿春为阻。若使州任得才,房动要有声闻,豫设防御,此则不俟南豫。假令或虑一失,丑羯之来,声不先闻,胡马倏至,寿阳婴城固守,不能断其路,朝廷遣军历阳,已当不得先机。戎车初戒,每事草创,孰与方镇常居,军府素正。临时配助,所益实少。安不忘危,古之善政。所以江左屡分南豫,意亦可求"③,云云即是。再如司州,起初侨立于徐,移合肥,及庾亮欲北伐开复中原,乃表桓宣为都督沔北前锋诸军事、平北将军、司州刺史,镇于备御北边之重地襄阳。进之,如果分析东晋南朝侨州郡县的设置,可以发现,侨寄于军事重镇、边防要地者甚多,则侨州郡县关系到边防需要、军事形势,殆非虚论。

以上区别东晋南朝侨州郡县的设立为五种情形。当然,具体到某州某郡或某县的侨置,则往往情形并非单一,如处侨流者,又可收备职方、安置官吏、招诱侨流的效果,而备职方者,也可起到招诱侨流、安置官吏及巩固边防等方面的作用。唯计其初立之意,仍可粗分为上述五类。又大体说来,处侨流而立者,以东晋及刘宋时期为多,而且以侨郡、侨县为主;备职方而立者,刘宋泰始以后及齐、梁、陈三代的侨州,即多属此类;至于安置失地官吏及因边防或军事而立者,要以侨州最为重要。

2. 侨州郡县与原州郡县的关系

所谓侨州郡县,是相对于原州郡县而言的。原州郡县沦陷后,其地人民迁寓他处,"皆取旧壤之名",侨置州郡县,是为原州郡县及其领民与侨州郡县及其领民的正常对应关系。考东晋南朝侨州郡县,符合这一关系者不在少数,如晋永嘉乱后,幽、冀、青、并、兖州及徐州之淮北流民,相率过淮过江,乃侨立幽、冀、青、并、兖五州并侨郡县;又以弘农人流寓寻阳者侨立弘农郡,以河东人南寓者侨立河东郡并安邑、闻喜等县于上明,以琅邪国人随司马睿渡江者侨立琅

---

① 《南齐书》卷14《州郡志》北徐州。
② 《南齐书》卷15《州郡志》司州。
③ 《南齐书》卷14《州郡志》南豫州。参考《十七史商榷》卷57相关各条。

邪郡及费县等于建康,因新蔡人于譙布旧城侨立新蔡郡,以义阳流人在南郡者立为义阳郡,以入居襄阳之华山蓝田乡族立为华山郡蓝田县,如此等等,即"寓居江左者,皆侨置本土"①一类。

另外,侨州—郡的隶属关系,在土断前,基本维持原州—郡隶属关系不变②;而侨郡所领侨县,也往往为原郡所领之县。然而,这种与原州—郡—县系统保持完全一致的侨州—郡—县系统,其实相对说来并不多见。原州郡县一经侨置,就发生诸多变化。若从侨州郡县与原州郡县互相关系的角度分析之,大略可得如下12种情形。

(1) 侨州—侨郡—侨县系统,脱离原州郡(国)县系统,重新组合

就目前可见的比较系统的史料言,东晋南朝侨置前的原州郡(国)县系统,是以《晋书·地理志》(大要以太康元年即280年以后、太康四年即283年之前为定)为代表的州郡县统辖系统;这些州郡县侨置以后,其侨州(实州)—侨郡系统、侨郡(实郡)—侨县系统,则反映于《宋书·州郡志》(略以大明八年即464年为标准年代)与《南齐书·州郡志》(略以永明八年即490年为标准年代)中。

对照侨置系统与原系统,明显可见侨置系统并未能保持住原系统的隶属关系;反之,脱离原系统的约束、重新组合的州—郡、郡—县隶属关系,所在皆是。以州统郡县言,据《宋书·州郡志》,南徐州领郡17、县63,其原属徐州者有东海、琅邪、兰陵、东莞、临淮、淮陵、彭城诸郡及部分领县,原属兖州者有高平、济阴、濮阳、泰山、济阳五郡及部分领县,原属幽州者有阳乐县,原属冀州者有清河等郡及长乐、新乐等县,原属青州者有平昌郡、高密县等,原属并州者有榆次县,原属扬州者有晋陵、义兴二郡及领县;又有鲁郡,《晋书·地理志》属豫州,广平县本为司州广平郡。然则南徐一州,遂备有徐、兖、幽、冀、青、并、扬、豫、司九州郡(国)县。类此者,南兖州备有兖、徐、豫、雍、冀、青、并、幽等州郡(国)县,雍州备有雍、秦、司、荆等州郡县,实土江州也领有司、豫等州郡县。再以郡统县言,侨郡所领侨县非原郡所领县者,极是普遍,如司州河南郡领县中有原属豫州汝阴郡、汝南郡者;司州弘农郡三县原分属司州广平、上洛二郡及兖州陈留国;司州魏郡所领九县中,有原属司州广平、顿丘二郡者,原属冀州平原、高阳二国者,又有原属兖州济北国者;幽州辽西郡四县,原分属冀州中山

---

① 《南齐书》卷1《高帝纪》。
② 若无侨州,则侨郡一般犹存隶属原州之名,虽然这种隶属仅是名义上的,并不具备实际的行政意义。

国、常山郡、幽州燕国及本郡；雍州北扶风郡三县，原属雍州始平郡及司州弘农郡，竟无属本郡者；豫州新蔡郡三县，原均属豫州汝阴郡；又雍州秦郡九县，原分属雍、兖、司、豫、扬五州及秦、陈留、顿丘、沛、淮南五郡国。

侨置系统何以会重新组合？其一，当与侨流人口本身有关。当侨流人口多时，政府成立州一级侨置机构，如兖、豫、徐诸州；而幽州、冀州流寓南土者较少，起先虽侨立了州级机构，却终予废除，其幽州、冀州侨郡县遂分拨徐、兖等侨州。另外，原属不同州郡县的侨流，或寄寓一处，政府设立侨郡县时，常合置为一个侨郡—县单位，如新兴郡统六县，即包含原新兴郡四县及雍州京兆郡一县、梁州巴西郡一县。而在这种情况下，估计侨流人数多或势力大者，即以其原郡（国）立为侨郡名，人数少或势力小者则成立侨县，如南阳侨郡领顺阳县，顺阳本郡，侨立为县；又鲁郡领樊县，樊本兖州任城国属县，任城国侨流既少，于是只侨立一县，归隶侨鲁郡，此即所谓"莫不各树邦邑，思复旧井。既而民单户约，不可独建，故魏邦而有韩邑，齐县而有赵民"[①]。其二，更主要的原因是与土断有关。土断对侨州郡县进行大规模的省并、改隶或者割实，这便使得侨置系统完全脱离了原系统的隶属关系，而重新组合。详见下一小节的讨论。

（2）原州郡（国）县侨置后，名称上加"南"、"北"、"东"、"西"等方位词

侨置政区名称上加"南"字，绝大多数是在宋永初元年（420）以后。晋末刘裕北伐，青、兖、徐、豫、司、雍等州一度收复，侨置州郡又保留不废，于是在收复诸州郡名称上加"北"字，以资区别。宋永初元年，又诏令"诸旧郡县以北为名者，悉除；寓立于南者，听以南为号"[②]，不独郡县，即州名也从而改易，于是有南青、南徐、南兖、南豫等州及南琅邪、南兰陵、南东莞、南彭城、南清河、南高平、南济阴、南濮阳、南泰山、南鲁、南河东等郡。其后中原、关西、淮北等再度沦陷，诸州郡南侨则冠以"北"字，如北徐、北兖等州及北济阴、北淮阳、北下邳、北京兆等郡即是。

又有东晋始侨立即称"南"称"北"者，如北河南、北陈留、南梁、南谯、南汝阴、南义阳等郡[③]。至于加"东"冠"西"者，东宕渠、东京兆、西京兆、西扶风、西汝阴、西南顿等郡皆是。

侨县名称加方位词者也不少，如南汉中郡所领南长乐、南苞中、南沔阳、南城固，北梁郡所领北蒙、北陈，新蔡郡所领东苞信、西苞信，北上洛郡所领东丰

[①] 《宋书》卷11《志序》。
[②] 《宋书》卷3《武帝纪》。
[③] 详胡阿祥：《〈南齐书·州郡志〉札记》，《历史地理》第10辑，上海人民出版社，1992年。

阳、西丰阳等。

侨置政区的名称冠以方位词，虽然可资区别，但是，若宕渠侨郡则"东"、"西"、"南"、"北"，上洛侨郡则二"南"二"北"，于是"东"、"西"并陈，"南"、"北"互见，侨州郡县遂益形纷乱。

(3) 原县侨置改名

原县一经侨置而改名者甚多，如灵改零(清河侨郡)，东朝阳改朝阳(东平侨郡)，西平昌改平昌(平原侨郡)，北新城改新城(高阳侨郡)，褒信改苞信(新蔡侨郡)，獂道改桓道(南安侨郡)，平州改平周(白水侨郡)，等等皆是。

(4) 沦没一州一郡一县，而侨置数州数郡数县

以州言，宋同时有豫、南豫二侨州，徐、南徐二侨州。侨郡如弘农则有上明、寻阳两地侨置，广平则有丹徒、襄阳之东西并列，天水一郡侨有襄阳、汉中、川东北三处，义阳侨郡东晋并立者凡四；阴平一郡陷没，于梁、益二州各立南、北二阴平郡，于是阴平侨郡有四。侨县如尉氏、考城、楼烦、苞信、桓陵、新丰、始平等，也都侨有多处。

按此种情形的产生，与侨流寄寓及疆域变迁有关。以京兆郡为例，东晋侨治襄阳；刘裕北平关、洛，京兆郡收复，称北京兆郡，而侨襄阳者不废，时又有东京兆郡侨荥阳；后关中丧失，北京兆郡乃侨于襄阳一带；及元嘉中，关中流民出汉川，遂又侨立西京兆郡于汉中。再如上党郡，先侨淮阳，后上党民又南流，于是于芜湖分侨此郡。安固郡也是这样，先寄汉中，晋哀帝时民流入蜀，乃分侨南安固郡。大凡一郡一县之人，侨寄数处，于是此郡此县遂有数处侨置；又一州一郡一县之地陷没，于是侨置，后收复又再沦陷，于是再次侨置。

(5) 实土恢复而侨置尚存

侨置者，以其实土陷没所以侨置；如果实土恢复，则侨置应予省废。然而仍不省废者却也不少。如永嘉丧乱，青州沦没，乃于广陵侨置青州；及义熙六年(410)，刘裕收复青州，侨州不废，原州反而称作北青州。又益州江阳郡，中失本土，寄治武阳，后旧郡恢复，改称东江阳郡，而侨郡尚存。类此者尚多，《宋书·州郡志》南徐州所领南彭城、南下邳、南东莞、南兰陵、南东海、南琅邪及南豫州所领南汝阴等郡及部分领县皆是。

(6) 侨实并存

此谓实土并未全部陷没，而也侨置别处，与实土建置并存者。如晋元帝渡江后，徐州沦没大半，即侨置徐州于淮南；安帝义熙中，刘裕北伐，收复徐州全境，乃分淮北为北徐州，淮南犹为徐州。从此，实土之"北徐州"与侨置之"徐州"并存。宋永初二年(421)，淮北实州改称"徐州"，而淮南侨州则称"南

徐州"。

（7）以侨州领原郡县

此谓原州已失，侨在他地，及原州逐渐恢复而侨置如故，并且以侨州遥领已恢复的原郡县。如豫州，"晋江左胡寇强盛，豫部歼覆，元帝永昌元年，刺史祖约始自谯城退还寿春"，咸和四年（329）侨立豫州于淮南。及义熙末，刘裕收复豫州淮北故土，永初三年（422），分淮南诸郡为南豫州，治历阳；淮北诸郡为豫州，州治却寄在淮南寿春，而遥领淮北汝南、新蔡等郡县，迄于泰始不变。

（8）实土恢复不再建置而仅存侨置

《晋书》卷15《地理志》徐州彭城郡有武原、傅阳二县；后彭城郡没，乃侨置于武进，仍领有武原、傅阳二侨县。考《宋书》卷35《州郡志》徐州刺史彭城太守领县无此二县。盖原县沦没后，人民南徙，县境沦为丘墟，所以实土恢复后也不再立县，而仅存侨县。东晋南朝侨县中，此例尚多。

（9）原国侨置改郡

西晋郡级政区有郡、国之别。河间、高密、燕国等，侨置仍为国；而冀州平原国、乐陵国、清河国、巨鹿国及并州太原国、雍州秦国等，一经侨置，即改国为郡。

（10）原县侨置改郡

侨置各郡，有未经陷没时本为县，而一经侨置乃改为郡者。如义成，原为扬州淮南郡属县，晋成帝咸康三年（337），与郡同入后赵；孝武帝时，侨立为义成郡，治襄阳，后移治均。又松滋，原为豫州安丰郡属县，晋成帝初，于寻阳侨置松滋郡。其他如白水、新平、高唐诸县侨置为郡，也属同样情形。

（11）侨置旧郡（国）县

山阳，汉旧郡，西晋改置为高平国，而东晋侨置山阳郡。广川，汉旧国，后更名乐安，及东晋又侨立广川郡。又楼烦，秦县，西晋废；阴馆，汉县，三国魏废。及东晋，雁门侨郡领有楼烦、阴馆二县。又乐平，汉旧县，西晋废，东晋侨置，属钟离郡。又西海，《续汉书》志21《郡国志》徐州琅邪郡领县，西晋废，而刘宋或因此县侨置西海郡。按这种原郡（国）已废，后又侨置者，例不多见。

（12）侨名不沿旧称而创新名

所谓侨置者，"建其本属旧名"①。然而也有虽不沿用旧称而创新名、但又确为侨置者。如《宋书》卷38《州郡志》益州刺史始康太守：

  关陇流民，晋安帝立。领县四。……寄治成都。始康令，晋安帝立。

---

① 《陈书》卷5《宣帝纪》。

新城子相,晋安帝立。谈令,晋安帝立。晋丰令,晋安帝立。

洪亮吉《东晋疆域志》卷4益州侨郡县中有此一郡四县,并云:

> 此郡县名虽新创,然因流民所在创立,又寄治成都,非有实土,故亦列侨郡中。他皆仿此。

洪氏依据"因流民所在创立"、"寄治成都,非有实土",确定始康郡及始康、新城、谈、晋丰四县为侨郡县,无疑是合理的。考东晋南朝侨置郡县,其实多有这类情况。如怀宁、华阳、广长、东宁、长宁、绥安、宋康、怀安、晋昌、宋兴、宋宁、晋熙、建昌、昌国等郡及部分领县;又义安县(西阳郡领),宣祚县、怀化县(临江郡领),怀德县(琅邪郡领),永昌县(蜀郡领),等等皆是。这自可视作侨置郡县的一种特例。

按侨郡侨县名称不沿用旧名的原因,大致有二。其一,若宋兴郡、宋宁郡,"免吴兵三十六营"侨立①;建昌郡、昌国郡,"免军户"立。营户、军户本著兵籍,不在民籍之内,所以为此等免除兵籍者侨立的郡县,并无旧称可沿。其二,若绥安郡"更招集流人立",怀宁郡以"秦、雍流民"立,广长郡以"氐民"立;又晋昌郡以"巴汉流人立",所领十县,则分别以"蜀郡流民"、"巴东夷人"、"建平流民"、"益州流民"等立。似此等流民成分错杂,来自不同的州郡县,"皆取旧壤之名,侨立郡县",不仅困难重重,有的就几至不可能,则不如另创新名、侨置郡县。此类新创的侨名,大多含有吉祥如意、抚绥流亡等象征意义。

以上就原州郡县之统属、名称及领民,与侨州郡县之统属、侨名及领民,分析了其间的对应关系。据此可以明了,原州郡县系统与侨州郡县系统之间的关系虽然密切,然而并不能够完全对应起来②。

3. 侨州郡县设立后的变化

如上所述,原州郡县一经侨置,就发生这样那样的变化。侨州、侨郡、侨县设立后,也并不稳定,而综以观之,大致有如下8种情形。

(1) 侨置迁徙不定

侨置州郡,多有先侨于此地,后移于彼处,而非一经侨置即无变更。以兖

---

① 《宋书》卷45《刘道济传》。
② 按从根本上说,原州郡县系统是实土政区,故以属地原则为基础,侨州郡县系统初无实土,故以属人原则为基础;地是固定的,人是流动的,尤其侨流人口的流动性、分散性、随意性更为明显,以此,这两个系统之间,实难完全对应。周振鹤对此问题的分析是:"侨州郡县只是社会集团,并没有境土……设置侨州郡县之时,只是从侨流人民的本贯出发,随意给定政区的名称,任意性很大,形态相当复杂……其实这与原州郡县体系一致的侨州郡县体系并不多见",云云。参所著《地方行政制度志》,第269页。

州论,元帝时在京口,明帝时先治合肥,移还广陵;后或还京口,或治盱眙,或居山阳,或镇广陵,或徙下邳,或移淮阴,东晋末年始定治在广陵,宋时又移治盱眙。青州侨治之无一定,与兖州相类似。又豫州,晋时迁治更为频繁,始侨立在芜湖,后依次移邾城、武昌、芜湖、牛渚、芜湖、寿春、历阳、马头、谯、寿春、历阳、姑熟、马头、历阳、姑熟,东晋义熙十四年(418)始定治于寿春①。侨郡也是大体如此,如琅邪郡,先寄在丹阳郡城,后移丹阳郡所领江乘县之蒲洲金城,齐永明中再迁治建康城北郊之白下;冯翊郡,初侨在襄阳,宋移治郢。侨县也有迁徙者,如宋失淮北后,齐郡侨治郁洲,领临淄、西安、昌国、益都四侨县;及齐建元初,徙齐郡治瓜步,四县随之迁徙。

然而比较言之,侨县迁徙者终属少数,侨郡移治也多在小区域内进行;唯侨州的迁镇,不仅频繁,而且地域跨度较大。按侨州出于安置失地官吏、出于军事需要、出于备职方而立者居多,侨郡、侨县则多是处侨流而置,而侨流一经安顿,非万不得已,一般不会再迁居。这便可以解释侨州的兴废迁徙为什么多独立于侨郡县之外,也可以由此推论无实土时侨州与下领侨郡县的关系并不密切。有的侨郡县虽然名义上仍悬属于原隶侨州,实际则归所在的实土州兼督。

(2) 侨置省置无常

侨置州郡,并非置即不省,省即不置。如冀州先侨置江北,后省;晋义熙中刘裕平南燕,更立冀州治青州东阳城,又省;宋文帝元嘉九年(432),又分青州立,治历城,割土置郡县。又南豫州,宋永初三年(422)分淮东立,元嘉七年罢,十六年复立,二十二年又罢,大明三年(459)又立,泰始二年(466)又罢又立,次年又罢,五年又立又罢,七年又立,齐建元二年(480)又罢,永明二年(484)又立,其乍立乍省,可谓频繁。侨郡如北河南郡,晋太元十年(385)立,后省,宋泰始末复立;又广平郡,东晋侨立,成帝咸康四年(338)省,后又立,宋元嘉十八年又省;又河间、顿丘、勃海、魏郡,"江左屡省置,宋孝武又侨立"。而相对于侨州、侨郡,侨县的省置无常则不多见,如南东海郡所领襄贲、祝其、西隰,"是徐志后所省也"②,而《南齐书》卷14《州郡志》南徐州南东海郡领有此三县,盖省后又置。

(3) 侨置并合改属

侨置州郡,有侨置不久,即并合于其他侨州、侨郡者,侨县也从而改属。如

---

① 详胡阿祥:《宋书州郡志汇释》南豫州刺史条,安徽教育出版社,2006年。
② "徐志"谓徐爰《宋书·州郡志》。《廿二史考异》卷23云:"爰书起自义熙之初,讫于孝武之末。休文志州郡,大较以孝武大明八年为正,盖因徐氏之旧。"

"徐、兖二州或治江北，江北又侨立幽、冀、青、并四州。……后又以幽、冀合徐、青、并合兖"，所领侨郡县则分拨于徐、兖二州。又何承天《宋书·州郡志》诸侨郡县有雁门郡领楼烦、阴馆、广武三县，平原郡领茌平、临淄、营城、平原四县，东平郡领范、朝阳、历城三县；而徐爰《宋书·州郡志》南东平郡领上述十县，则是雁门、平原二郡并合于东平郡，所领七侨县随之改属。按这种并合、改属，在东晋南朝侨州郡县中极为常见；而且不仅有侨置系统内部的并合、改属，又有并合、改属于当地州郡县者(详下一小节)。

(4) 侨置失而复侨

随着疆域的变迁，侨州郡县也还或有陷没，政府于是再次侨置陷没区域的侨州郡县。如冀州，侨治历城，割土置郡县，"泰始初，遇房寇，并荒没"，遂重新侨置于郁洲，原领侨郡县则不再置立；又魏郡，先侨在谯郡蒙县，后降为县，泰始后陷没北魏，再于北徐州境内侨立魏郡；又陈留郡，寄治谯郡长垣县界，泰始后地入北魏，乃并所领小黄、浚仪等侨县重置于淮南安丰；又淮阳郡，先侨在角城，泰始失淮北，并所领晋宁、上党等侨县复置于广陵境。

(5) 侨置更加分析

宋泰始后，侨置陈郡于淮南，领项、西华、阳夏、长平、谷阳五侨县，齐永元后分置北陈郡，领项、西华、阳夏、长平四侨县，而陈郡改称南陈郡，领南陈县；又宋南梁郡，至齐分析为南梁、梁、北梁三侨郡。又沛国侨流，起初寄寓在长江南、北如京口、无锡、广陵等地，于是侨立沛郡于江南，所辖侨县则分在江南、江北；宋初改侨郡名南沛郡，及元嘉八年(431)划江而分南徐、南兖二州，南沛郡也分析为二：江北属南兖州者立为北沛郡，江南属南徐州者仍立南沛郡；类此者尚有平原郡(属南兖州)与南平原郡(属南徐州)、东平郡(属南兖州)与南东平郡(属南徐州)、雁门郡(属南兖州)与雁门郡(属南徐州)及所领侨县，也是由一郡一县析为二郡二县。

(6) 侨国改为侨郡

河间、燕、高密等在西晋时为国，侨置仍为国，后则改为郡。

(7) 侨郡改为侨县

侨置各郡，有侨置不久即改为侨县者。如弘农，"江左立侨郡，后并省为县"；又广平，"文帝元嘉十八年，省广平郡为广平县，属南泰山"；又濮阳，"本流寓郡"，后并省为县，属阳平侨郡；又东燕，元嘉十九年(442)，"省东燕郡为东燕县，属南濮阳"，等等皆是。

(8) 侨郡侨县更名

晋安帝侨立长宁郡，"宋明帝以名与文帝陵同，改为永宁"，及齐明帝时张稷为太守，以郡名触犯其父名讳，复改为长宁；又西县，后改名西平（怀宁侨郡）；桓陵，后改名北桓陵（北阴平郡）。唯此类更名，尚不涉及根本，另有一类更名则不然，是此侨郡改名彼侨郡，如梁天监元年（502），改南东海郡为兰陵郡，陈永定二年（558）又改兰陵郡为东海郡；考东海、兰陵，都是侨郡，而其彼此更名，则使面目全非矣。

按原州郡县侨置后，侨州郡县的统属、侨名及领民，已与之不能够完全对应。而上述侨州、侨郡、侨县本身的变化又是如此地复杂多端，于是原州郡县系统与侨州郡县系统之间的距离拉开得更大。

4. 侨州郡县与当地州郡县的关系

尽管侨州郡县的产生，是由于原州郡县的沦没；而州郡县一经侨置，与之直接发生关系者，还是侨置当地的州郡县。起初，侨州郡县不过是借土寄寓，甚至可以说，侨州郡县存在的意义，只在侨流人口的安抚与登录户籍，并不存在实际地理意义上的新设政区，而当地州郡县则仍为当地州郡县，即当地原有的行政区域并未因此改变。但一段时间以后，侨州郡县与当地州郡县的关系逐渐起了变化：

其一，有相当一部分的侨州郡县分割当地州郡县，有了实土，当地郡县又有改隶于侨州郡者。

其二，甚至有"反客为主"，省当地郡县为侨郡县者。

其三，也有当地州郡增领侨郡县者。

其四，后来还存在一经侨置即隶属于当地州的特殊情况。

当然，侨州郡县始终寄寓、未改实土者，也有不少。如幽、冀、青、并四州寄在江北，南鲁、南平昌、南泰山、南济阳诸郡寓于江南，直到省废之时，仍然是侨寄无实土。另一方面，则是当地州郡县系统在上述种种冲击、干扰、插入之下，遂与侨置系统叠合，而究其侨实关系，主要情形约有7种（以下"实"州、郡、县谓当地州郡县，"侨"州、郡、县包括实土、无实土两类）：

（1）实州领实郡，又领侨郡

如《宋书·州郡志》扬州、徐州（泰始前）、兖州（泰始前）、江州、青州（泰始前）、荆州等皆是。扬州领实郡9、侨郡1（淮南郡）；徐州领实郡8、侨郡4（淮阳、阳平、济阴、北济阴）；兖州领实郡5、侨郡1（阳平）；江州领实郡8、侨郡1（南新蔡）；青州领实郡7、侨郡2（北海、太原）；荆州领实郡8、侨郡4（南义阳、新兴、南河东、永宁）。

（2）侨州领侨郡

如《宋书·州郡志》冀州所领9郡（广川、平原、清河、乐陵等）、秦州所领

14郡(武都、略阳、安固、西京兆等),即侨州所领皆侨郡例。其冀州9郡多有实土,秦州14郡则无实土。

(3) 侨州领侨郡,又领实郡

如《宋书·州郡志》南徐州、南兖州、南豫州、豫州、司州、雍州皆是。南徐州领侨郡15,实郡2(晋陵、义兴),南兖州宋末领侨郡8,实郡3(广陵、海陵、盱眙),南豫州宋末领侨郡11,实郡8(历阳、庐江、晋熙、弋阳、安丰、南陈左、边城左、光城左),豫州领侨郡2,实郡8(汝南、谯、梁、陈、南顿、颍川、汝阳、汝阴),司州领侨郡1,实郡3(义阳、随阳、安陆),雍州领侨郡13,实郡4(襄阳、南阳、新野、顺阳)。

(4) 实郡领实县,又领侨县

如《宋书·州郡志》兖州东平郡领实县1(无盐)、侨县4(平陆、须昌等),益州蜀郡领实县4、侨县1(永昌),雍州顺阳郡领实县4、侨县3(槐里、清水、郑)。《南齐书·州郡志》豫州弋阳郡领实县2、侨县3(南新蔡、上蔡、平舆),南豫州庐江郡领实县4、侨县3(和城、西华、谯)。

(5) 实郡领侨县

如《宋书·州郡志》徐州钟离郡领县3(燕、朝歌、乐平),都是侨县;又徐州马头郡领县3(虞、零、济阳),也皆为侨县。实郡所领皆为侨县,例不多见。

(6) 侨郡领侨县,又领实县

这类侨郡为数很多,如《宋书·州郡志》扬州淮南郡领实县1(于湖)、侨县5,南徐州南东海郡领实县3(丹徒、武进、毗陵)、侨县3,雍州河南郡领实县2(棘阳、襄乡)、侨县3等。

(7) 侨郡领侨县

这类侨郡县大多没有实土,如《宋书·州郡志》南徐州所领南兰陵、南东莞、临淮、淮陵、南彭城、南清河、南高平、南平昌、南济阴、南濮阳、南泰山、济阳、南鲁13侨郡,所领皆为侨县,"郡无实土"。

又就上所述,按照州—郡—县三级行政体系重为综合,可得东晋南朝地方行政制度的四种类型:

其一,实州—实郡—实县。这是最正常的类型,这种类型没有受到侨州郡县的干扰,如交州、广州、宁州及其所领郡县即是。

其二,实州—实郡或侨郡—实县或侨县。如江州(实)—寻阳郡(实)—柴桑(实)、彭泽(实)、松滋(侨),又江州(实)—南新蔡郡(侨)—苞信(侨)、慎(侨)、宋(侨)、阳唐左县(实)。

其三,侨州—侨郡或实郡—侨县或实县。如雍州(侨)—始平郡(侨)—始平(侨)、武功(侨)、平阳(侨)、武当(实),又雍州(侨)—新野郡(实)—新野(实)、山都(实)、穰(实)、交木(实)、池阳(侨)。

其四,侨州—侨郡—侨县。如《宋书·州郡志》冀州、秦州,例如秦州—金城郡—金城、榆中①。

据上,东晋南朝的当地州郡县,由于侨州郡县的插入、叠置以至混合编制,产生了动荡,并逐渐形成了新的地方行政辖属系统,这也就是以《宋书·州郡志》与《南齐书·州郡志》为代表的地方行政辖属系统。而这一系统的形成,又与土断有着密切的关系,详见下一小节的讨论。

5. 侨州郡县设官施政的特点

旧土沦陷,侨置尚存,所以东晋南朝有幽、冀、秦、雍诸州刺史,高阳、上党、京兆、广川诸郡太守。又据《宋书·州郡志》于有实土、无实土的侨州郡下,屡载户多少、口若干,既存在户籍登录机构,则说明侨州郡县无论有无实土,都具备一定的行政机构。侨州郡县拥有实土后,设官施政与一般州郡县没有本质的区别;但侨无实土乃至初有实土时,其官吏设置与行政状况,自有其独具的一些特点。

(1) 设官

如上所述,一般州郡县作为实土政区,以属地为原则,即先划分行政区域,再组建地方政府。而侨州郡县情况特殊,当其没有改为实土时,是以属人为原则的,此"人"且是流徙的乡族集团;改成实土后,因为所领仍多是与土著不同的侨流人口及其后裔,所以设官分职方面仍要考虑到其领民的利益与要求。以下举例说明之。

《晋书》卷67《郗鉴传》载徐、兖二州刺史郗鉴逊位疏曰:

> 臣所统错杂,率多北人,或逼迁徙,或是新附。百姓怀土,皆有归本之心。臣宣国恩,示以好恶,处与田宅,渐得少安。闻臣疾笃,众情骇动,若当北渡,必启寇心。臣亡兄息晋陵内史(郗)迈,谦爱养士,深为流亡所宗,又是臣门户子弟,堪任兖州刺史。公家之事,知无不为,是以敢希祁奚之举。

又《晋书》卷67《郗昙传》与《郗愔传》分载:

---

① 周振鹤:《地方行政制度志》第273—274页综合为"全实"、"全侨"、"侨实混合"三种类型,更为简要。

　　　　(郗鉴子昙)仍除北中郎将,都督徐、兖、青、幽、扬州之晋陵诸军事,领徐、兖二州刺史,假节。

　　　　大司马桓温以(郗鉴子)愔与徐、兖有故义,乃迁愔都督徐、兖、青、幽、扬州之晋陵诸军事,领徐、兖二州刺史,假节。

按侨兖州所领侨流,多为旧兖州民户;郗氏既是兖州高平望族,又为流民帅,尤其郗鉴与兖州侨流的关系相当持久、十分密切,自为"流亡所宗"。以此,郗鉴前后刺兖州近20年,在病重逊位时犹推举其"门户子弟"为继任①。郗昙、郗愔先后刺兖州,也在于与兖民"有故义"。又《梁书》卷18《康绚传》:

　　　　康绚字长明,华山蓝田人也。其先出自康居。……晋时陇右乱,康氏迁于蓝田。绚曾祖因为苻坚太子詹事,生穆。穆为姚苌河南尹。宋永初中,穆举乡族三千余家入襄阳之岘南,宋为置华山郡蓝田县,寄居于襄阳,以穆为秦、梁二州刺史,未拜,卒。绚世父元隆、父元抚,并为流人所推,相继为华山太守。……(绚)除振威将军、华山太守。推诚抚循,荒余悦服。迁前军将军,复为华山太守。

康氏兄弟父子相继为华山太守,与郗氏刺兖州一样,也是"为流人所推"之故。

　　再检之纪传,侨州郡县初设立时,授刺史、太守、令长者,就以此类侨流领袖居多,而且存在相袭为职的现象,郗氏之于兖州,康氏之于华山郡,即是其例。这颇不同于一般州郡县长官之经过正常选举途径派遣与必须定期撤换。按此并非偶然。东晋南朝政权本是以侨姓士族为主体、南北士族联合专政的政权,它必须维护侨姓士族的利益。"中国亡官失守之士"所以拥戴江东、追随司马氏渡江,是为了求官吴越;而政府出于政治与军事需要,也是"收其贤人君子,与之图事",使侨姓士族"多居显位"②,成为执政于朝廷与握兵于重镇的将相大臣。由于侨姓士族南来及定居,多与其宗族、乡里、宾客、部曲等结成内部稳定性颇大的乡族集团;当时人们的地域乡里观念又相当深固,不仅要求统领者是与他们同乡里的有势力人物,而且赞同其子孙承继。在这种情况下,政府侨建州郡县以处侨流,其侨州刺史、侨郡太守、侨县令长以及军府、州郡县僚

---

① 《世说新语》卷上《德行》注引《中兴书》述及郗迈仕履,不言莅兖州刺史之任,疑朝廷未授。按郗鉴举荐郗迈而以"门户子弟"为言,在当时为习见之事,《晋书》卷74《桓冲传》所谓"郗鉴、庾亮、庾翼临终皆有表,树置亲戚"是也。
② 《晋书》卷58《周馥传》,卷65《王导传》。

佐，就多授予乡族集团领袖及其部属①，而且存在上一级军府僚佐担任下一级太守令长的情况②。这样，侨置机构的官员设置与乡族集团核心系统便保持了大体上的一致与相当程度上的稳固，这不仅有利于侨流的安居、治理与利用，而且使侨姓士族继续保持着宗主的地位，增加其参政的机会，又部分地避免了在谋求官位中与南方士族发生的矛盾。此外，由于西晋末以来，州刺史、郡太守以及国相、内史多加将军、加督、加节、置军府，及其失地南来，往往统率兵众；政府出于羁縻与利用他们的目的，也每每因其所至之地，侨立州郡，假以名号，进行安抚。

侨州郡县授官任职的另一种情形，则以刘宋元嘉以降青齐地区的冀州及所领郡县为代表③。自刘裕灭南燕，青齐地区归属东晋刘宋达60年（义熙六年至泰始五年，410—469）。其冀州刺史，据《宋书》卷36《州郡志》："义熙中更立，治青州。又省。文帝元嘉九年，又分青州立，治历城，割土置郡县。"领侨郡9（广川、平原、清河、乐陵、魏、河间、顿丘、高阳、勃海）、侨县50。又青州领有太原等侨郡。按冀州及诸郡县的侨置，与南迁青齐的河北大族有关。当北魏攻占河北，河北大族与拓跋统治者矛盾尖锐，清河崔氏、房氏、张氏、傅氏，太原王氏，平原刘氏、明氏，勃海封氏、高氏等，都携带宗族、乡里成员以及依附人口，进入青齐。他们与后燕范阳王慕容德所部残余势力结合，建立起南燕政权。在南燕政权下，这批河北大族享有政治上与经济上的优越待遇，从而扩大

---

① 安田二郎《晋宋革命和雍州（襄阳）的侨民——从军政统治到民政统治》论证此一重要问题的原委时说："侨民中，各家族单独移住的情形不少，但多数情况，是由当时形成社会秩序的豪族中才能、人品优秀的、众望所归的人物，或者由同族集团的代表性人物统率，形成同乡性质的集团一起移住。路程当中是最困难的，即使是在途中，尤其要克服困难以确保在新住地进行再生产。这时，首领与其集团成员间的结合就更加牢固，这是由集团成员对首领的信赖、敬意以及恩义意识作保证的，其结果是首领对集团成员的约束力及支配力得到加强。国家正是把这种靠首领和乡族成员牢固的结合关系所构成的乡族集团看作是'县'。"如上康氏的例子，"在任命侨郡太守上，其流民（乡族）集团成员的意向反映自治性，其首领（子孙）仍被任命为太守，从这一具体事例推断，正因为是基础性的单位，流住集团的首领直接被任命为侨县的令长这大概是惯例，这样说可能没有什么不妥。也就是说，国家根据流住集团的实际状态，将现实存在并起着作用的社会秩序的存在方式照原样承认下来，然后据此将其编入权力机构的基层单位，实行一定的控制"，这便是由首领（侨县令）统率的乡族集团（无实土侨县）。
② 《廿二史考异》卷23云："晋自南渡以后，军府僚佐，皆带本州守相，取其干禄，故高祖以北府参军，得领下邳太守。及建义之后，幕僚如刘穆之为录事参军，堂邑太守，徐羡之除琅邪内史，仍为从事中郎，刘怀慎为镇军参军，彭城内史，刘粹为镇军参军，沛郡太守，孟怀玉为镇军参军，下邳太守。高祖时领徐州刺史，诸人所领，皆徐州郡也。"按钱氏所列皆是侨郡，并属以军府僚佐领侨郡守相。唯钱氏"取其干禄"之说，失之表象，夏日新《关于东晋侨州郡县的几个问题》（《魏晋南北朝隋唐史资料》第11辑，武汉大学出版社，1991年）指出："以军府僚佐担任侨郡守相决不仅是领其干禄，而是统带以乡里为纽带组织起来的武装军事集团。"
③ 详唐长孺：《北魏的青齐土民》，收入所著《魏晋南北朝史论拾遗》。

了土地与依附人口的占有,拥有以宗族、门附组成的私人武装,在侨居地发展成强大的地方势力——青齐土民,甚至压倒了当地豪强。南燕灭亡后,慕容部残余势力被消灭,这批大族的利益并未触动。刘宋即借助他们的武装力量,守卫这块与北魏相邻的土地。出于照顾这批河北大族的利益,侨置了他们的本籍州、郡、县,有的还割成实土;为争取他们佐助王业,在官吏派置上也给予优待。诸侨郡太守、侨县令长及军府、州郡县僚佐,一般都在崔、刘、房、王、明诸大族中选拔;冀州刺史有时也由冀州人充任,如元嘉九年(432)置冀州时,清河崔湮领州,其后又有平原明僧胤、清河崔元孙,又申恬魏郡魏人,王玄谟太原祁人,也属河北大族。泰始四年(468)清河崔道固以历城降魏后,冀州移侨郁洲,宋、齐之世领州者,刘善明、明庆符平原人,崔祖思、崔平仲清河人,王文和太原人等。这种除官任职,是由南迁青齐的河北大族的固有势力所决定的。

(2) 施政

侨州郡县不同于一般州郡县。一般州郡县既有民户又有土地;侨州郡县虽大多领有侨流人口,却"无有境土",而这样的虚幻政区,就使得它们在行政、户籍、赋役等方面,与一般州郡县迥然有别。如侨州郡县"官职的设置并不是依行政区划为据,而是以侨人集团为基础。……侨州郡县的长官所辖只是户口,而无一般州刺史、郡太守和县令长在地理意义上的权力圈,即施政范围"①。

侨州郡县制度的一个重要组成部分,是侨籍的建立。侨州郡县成立后,政府通过种种手段,使得大部分侨流在侨置机构下登录户籍。这些侨流户籍都做成白籍。"不以黄籍籍之而以白籍,谓以白纸为籍,以别于江左旧来土著者也。"②据此,侨籍是白籍。而侨籍最关键的内容之一,还是籍注中籍贯一项"许其挟注本郡"③。

考"本郡",与"本州"、"本国"、"本县"、"本邑"、"本乡"、"桑梓"意义相同,在三国、两晋、南朝时代,都是指故乡所在、原籍所系之地④。如此,则侨籍"挟注本郡",也就是夹注原籍。侨流"庶有旋反之期",本以为侨居南土是暂时的事情⑤,所以不愿编入当地黄籍中,而是单立户籍,且夹注原来的州、郡、县。但由于侨州、侨郡、侨县"皆取旧壤之名",即皆取侨流原籍的地方政区名称设

---

① 周振鹤:《地方行政制度志》,第268页。
② 胡三省:《通鉴释文辩误》卷4。按黄籍是西晋以来全国统一的正式户籍。
③ 《晋书》卷75《范宁传》。
④ "本郡"、"本州"等谓原籍、故乡,矢野主税《土断与白籍——南朝的建立》(《史学杂志》第79编第8号,1970年)一文多有举例与考证,可参阅。
⑤ 出土于今南京市中华门外戚家山的东晋谢鲲墓志记:"假葬建康县石子罡","旧墓在荥阳"。这显然有暂葬建康,待神州光复,回葬河南之意。

立，所以侨籍注本州、本郡、本县，形式上也基本就是注侨州、侨郡、侨县；侨州、侨郡、侨县因此成为侨人名义上的"本州"、"本郡"、"本县"，即以侨寓地形式表现出来的故乡本土。这样的例子甚多。如刘宋皇室彭城人，侨彭城郡遂成"桑梓本乡，加隆攸在，优复之制，宜同丰、沛"①；又萧齐称"南兰陵桑梓本乡"②；东莞姑幕人徐邈以侨东莞郡为本郡；兖州高平金乡人檀道济、檀韶，兖州东平范人吕僧珍以侨兖州（即南兖州）为本州④；等等皆是。而侨置之所以能使"皆有归本之心"但个人无力实现的侨流寄寓南土，就如同在北方故地，又使他们不忘旧里、保持着将来回归故土的愿望，正与侨籍的这种特性有着密切关系。

在行政方面，侨州郡县不仅有着因时之变，如随着无实土状态向实土状态的转变，其行政方式自然会有颇大的差异；而且各别地域的侨州郡县，也存在着一些不同。如《宋书》卷37《州郡志》雍州刺史京兆太守条云："雍州侨郡先属府，武帝永初元年属州。"所谓"属府"，即侨雍州及其郡县以及襄阳地区的其他侨郡县，在刘宋永初元年（420）以前，归都督—将军府而非州职机构管理，即实行的是军政统治而非民政统治⑤。这种军政统治的情形，在近边地带的众多侨州郡县中应是比较普遍的。领这些侨州刺史、侨郡太守者，多带都督军

---

① 《宋书》卷3《武帝纪》。
② 《南齐书》卷2《高帝纪》。
③ 见《宋书》卷78《萧思话传》、卷87《萧惠开传》，《南齐书》卷38《萧景先传》、《萧赤斧传》、卷42《萧谌传》、《萧坦之传》、卷46《萧惠基传》等。
④ 见《晋书》卷91《儒林·徐邈传》，《宋书》卷43《檀道济传》、卷45《檀韶传》，《梁书》卷11《吕僧珍传》。
⑤ 《宋书》卷83《宗越传》："宗越，南阳叶人也。本河南人，晋乱，徙南阳宛县，又土断属叶。本为南阳次门，安北将军赵伦之镇襄阳，襄阳多杂姓，伦之使长史范觊之条次氏族，辨其高卑，觊之点越为役门。"按范觊之为雍州刺史赵伦之安北府长史；而"条次氏族，辨其高卑"本属民政范畴，与选举有关，刺史之下，有"别驾、西曹主吏及选举事"(《宋书》卷40《百官志》)。范觊之是以府佐掌州吏职，可见民政事务是由府佐系统处理的。这种军府管理形态的产生，当与雍州及其郡县侨置的地域及所安置的侨流素质有关。"胡亡氐乱，雍、秦流民多南出樊沔，晋孝武始于襄阳侨立雍州，并立侨郡县。"秦、雍流民的南徙，多由原住地的豪族统领，这些豪族俱是有战斗力的武人集团。而以武人集团为核心组成的流徙乡族集团，使处兵马强盛、边蛮带敌的重镇襄阳，是很容易转化为军事集团的；以这种乡族集团为主体侨立的州郡县本身，也就极易招致与民政管理相反的军政管理的形态。刘宋王朝创立的永初元年（420），雍州侨郡县变更为州职机构管理，主要原因在于满足秦、雍大姓由州职起家入仕的要求。参阅安田二郎《晋宋革命和雍州（襄阳）的侨民——从军政统治到民政统治》。又夏日新《关于东晋侨州郡县的几个问题》指出：东晋政权设置侨州郡县安置流民集团，主要是利用其作为军事基础，因而对侨州郡县实际进行管理的，不是侨郡县所属州，而是侨置地区的军府。这不仅在襄阳地区是这样，其他设置侨州郡县的军事重镇地区也是如此。又张琳《东晋南朝时期襄宛地方社会的变迁与雍州侨置始末》(《魏晋南北朝隋唐史资料》第15辑，武汉大学出版社，1997年)认为："侨立之初的雍州郡县属军府统辖，这样虽可利用雍州侨人武勇之力屯戍北疆，但随着郡部军事势力的发展、壮大，雍州侨郡属地方军府，不利于加强中央集权，故而刘宋建祚之初，便改属州。"

事,加将军号,开府置佐,如长史、司马、参军之属;府佐又多带本州守、相、内史或领县令、长、相,而且军府系统的职权一般重于州郡系统,在行政上占着主导地位,侨州郡县从而呈现出较浓厚的军事色彩。设置相对较少的内地侨州郡县则不然。大凡内地,多无战乱,以"治民为职,不宜置军府"①,如宋元嘉中,就罢江州军府,文武悉配雍州②,与此相联系,内地的侨置机构便多以民政支配形态为主。

至于侨州郡县的具体施政状况,总的来说较一般州郡县宽松。"侨杂伧楚,应在绥抚"③,设置侨州郡县,建立侨籍制度,正是"绥抚"的主要措施。如果事事精核,政从苛细,不仅会引致侨流的不满,而且也不利于招抚新附,所以侨州郡县施政上务求疏阔,"牧司之任,示举大纲而已",领侨郡县者,往往是"空受名领,终无实益"④。而且由于侨州郡内部设中正、行选举仍多在侨流人口及其后裔中进行,故所察举征辟者,也必以侨流人士及其后裔居多,这有利于保证其政策的一贯性。作为注册侨籍的侨民,抛弃了田园家业,资财大部丧于路途,因此大都贫困。他们的流动性、分散性较大,所谓"凡诸流寓,本无定憩,十家五落,各自星处,一县之民,散在州境,西至淮畔,东屆海隅","去来纷扰,无暂止息"⑤,对这种"散居无实土"的侨流,政府"矜迁萌之失土,假长复而不役"⑥。实际状况是这些"迁萌"家计未立,也根本无法向政府提供租税赋役,即使象征性地负担一些,也无多大的实际意义,如颖川、汝阳二侨郡,"荒残来久,流民分散在谯、历二境,多蒙复除,获有郡名,租输益微"⑦即是。类似的记载屡见于史:晋元帝以琅邪国侨人立怀德县,"昔汉高祖以沛为汤沐邑,光武亦复南顿,优复之科一依汉氏故事"⑧。宋大明中,雍州刺史王玄谟上言:"侨郡县无有境土,新旧错乱,租课不时。"⑨陈太建十一年(579),"诏淮北义人率户口归国者,建其本属旧名,置立郡县,即隶近州,赋给田宅,唤订一无所预"⑩。政

---

① 《宋书》卷52《庾悦传》。
② 《宋书》卷79《竟陵王诞传》:宋文帝"欲大举北讨,以襄阳外接关、河,欲广其资力,乃罢江州军府,文武悉配雍州,湘州入台税杂物,悉给襄阳"。
③ 《梁书》卷49《文学·钟嵘传》。
④ 《宋书》卷36《州郡志》司州刺史,《南齐书》卷14《州郡志》南豫州。
⑤ 《南齐书》卷14《州郡志》南兖州,《宋书》卷11《志序》。
⑥ 《南齐书》卷14《州郡志》南兖州,《晋书》卷127《慕容德载记》。按慕容德南燕政权对河北南迁青齐的大族及侨之政治与经济待遇优越,一如东晋南朝对北方南渡世族及侨流人民。参看唐长孺:《北魏的青齐土民》。
⑦ 《南齐书》卷14《州郡志》南豫州。
⑧ 《晋书》卷6《元帝纪》。
⑨ 《资治通鉴》卷128大明元年。
⑩ 《陈书》卷5《宣帝纪》。

府对侨州郡县减免赋役负担,不仅出于无奈,这样做还对"延长侨州郡人民……破产时期的到来,有着决定性的作用;而且对于吸引中原地区人民像怒潮似地涌向江南,也起过一定的作用"①。

三、侨州郡县与侨籍的整理：土断

上一小节就东晋南朝侨州郡县的设立,区别为5种主要情形,并分析了侨州郡县与原州郡县的12种关系、侨州郡县设立后的8种变化以及侨州郡县与当地州郡县的5种关系;在这种种的情形、关系与变化中,土断是理解问题的一大关键,东晋南朝的实际地方行政辖属系统,正是通过土断实现的。又侨州郡县的设官施政本来独具一些特点,而随着土断对侨州郡县与侨籍的整理,这些特点逐渐丧失。

土断的重要性还不仅止此。错综复杂的东晋南朝历史,侨旧问题是其中明显的主要线索。而理解侨旧问题的关键之一,又在土断。正是通过土断,侨寓渐同土著;侨寓之渐同土著,又广泛影响了东晋南朝乃至此后的社会、政治、军事、经济、文化等各方面。

土断之重要性如此！但是,对于土断的研究,却不能让人满意。以代表流行或权威说法的上海辞书出版社《辞海》为例,1979年、1989年、1999年三版释"土断"皆曰:"东晋、南朝废除侨置郡县,使侨寓户口编入所在郡县的办法。"又述及咸康七年(341)、兴宁二年(364)、义熙九年(413)的三次土断,"此后南朝各代,又曾数次土断,整顿户籍,搜出不少士族挟藏户口,增加了国家财政收入"。其实这一释义,并不准确：

第一,土断不始于东晋。

第二,东晋可考的首次土断在咸和年间(326—334),而非咸康七年;南朝的"数次"土断则可初定为六次。

第三,土断对侨州郡县不是"废除",而是进行整理。

第四,土断户口,也不限于"侨寓户口";对于侨寓户口来说,土断是一个白籍户的黄籍化过程。

以下就此四点进行讨论②。

---

① 王仲荦:《魏晋南北朝史》上册,第348页。
② 土断作为一项政策,涉及方面众多;而土断与黄、白籍的关系,诸家观点更是颇多分歧。本小节意在表明笔者的看法,故于诸家分歧不再一一涉及与讨论。需要说明的是,本小节有关土断与黄、白籍关系的论述,主要参考了高敏《关于东晋时期黄、白籍的几个问题》一文,载《中国史研究》1980年第4期。

1. 土断的概念与东晋南朝见载于史的十次土断

土断并不始自东晋。据笔者读史所及,这一概念的最早出现,当推《晋书》卷36《卫瓘传》与卷46《李重传》。《卫瓘传》云:

> 瓘以魏立九品,是权时之制,非经通之道,宜复古乡举里选。与太尉亮等上疏曰:"……斯则乡举里选者,先王之令典也。自兹以降,此法陵迟。魏氏承颠覆之运,起丧乱之后,人士流移,考详无地,故立九品之制,粗且为一时选用之本耳。……中间渐染……其弊不细。今九域同规,大化方始,臣等以为宜皆荡除末法,一拟古制,以土断定,自公卿以下①,皆以所居为正,无复悬客远属他土者。如此,则同乡邻伍,皆为邑里,郡县之宰,即以居长,尽除九品中正之制,使举善进才,各由乡论……"

当时卫瓘位居司空、尚书令、加侍中,"太尉亮"指汝南王司马亮。又《李重传》载始平王文学李重上疏陈九品曰:

> 然承魏氏凋弊之迹,人物播越,仕无常朝,人无定处,郎吏蓄于军府,豪右聚于都邑,事体驳错,与古不同。谓九品既除,宜先开移徙,听相并就。且明贡举之法,不滥于境外,则冠带之伦将不分而自均,即土断之实行矣。

按卫、李二疏上于西晋武帝年间。他们以为"九品始于丧乱,军中之政,诚非经国不刊之法"②,主张"尽除九品中正之制",恢复东汉的乡举里选制度;而当时"一国之士多者千数,或流徙异邦,或取给殊方,面犹不识"③,又谈何选举?故他们提出"以土断定",即自公卿以下的客寓他乡人士,皆依其现居地断入当地户籍,即以客籍作为本贯,使侨寓成为"土著",以参与当地选举。进行的步骤是,"先开移徙,听相并就,且明贡举之法",接着就"以土断定",使社会上"无复悬客远属他土者"。因此,西晋所谓"土断之实行",可以说与选举制度直接相关,它是试图解决当时流移、侨寓人士及其子弟参与选举的一项特殊政策。

"皆以所居为正"的土断方法,西晋以降迄至南朝,一直沿而不废。《宋书》卷5《文帝纪》元嘉二十八年(451)二月癸酉诏:"流寓江淮者,并听即属,并蠲复税调。"又《梁书》卷2《武帝纪》天监十七年(518)正月丁巳诏:"凡天下之民,有流移他境,在天监十七年正月一日以前,可开恩半岁,悉听还本,蠲课三年。其流

---

① 中华书局点校本第1058页读作"以土断,定自公卿以下",不从。详下讨论。
② 《晋书》卷46《李重传》。
③ 《晋书》卷45《刘毅传》。

寓过远者,量加程日。若有不乐还者,即使著土籍为民,准旧课输。"这类使侨流就地属籍的诏令,常见于帝纪;"著土籍为民"者,如胡颖,"吴兴东迁人也,其先寓居吴兴,土断为民"①。不过值得注意的是,上述之土断方法,在东晋南朝时已不占主导地位。从东晋南朝明确见载于史的十次土断看,其目的、方法和内容都与西晋之土断区别甚大,而产生这种区别的最大原因,则莫过于侨州郡县的设置与侨籍制度的建立。此先述十次土断之概况如下。

第一次土断,仅见载于《陈书》卷1《高祖纪》:"汉太丘长陈寔之后也,世居颍川";及陈达,"永嘉南迁,为丞相掾,历太子洗马,出为长城令,悦其山水,遂家焉。……达生康,复为丞相掾。咸和中土断,故为长城人"。按陈霸先祖先事不尽可信,《南史》卷9《陈本纪》即称其"自云"陈寔之后。然而冒称陈寔后裔与土断为长城人固是两事,将咸和土断列为东晋可考的首次土断,应当是没有问题的。这次土断的背景是咸和年间的流民问题与户籍问题。咸和二年(327),"苏峻、祖约为乱于江淮,胡寇又大至,百姓南渡者转多"②;次年二月,乱军攻入首都建康;咸和四年叛乱被平定。在叛乱中,建康"台省及诸营寺署一时荡尽"③,"版籍焚烧",故叛乱平定后,东晋政府马上重建户籍④。咸和土断应该就与重建户籍有关,而部分侨流人口则在土断中按其居住地认定了新的籍贯。只是这次土断的规模估计不大,否则《晋书》不会毫无涉及。盖东晋元、明、成帝时期,大量北方官民南渡,过淮过江,出于安抚侨流计,主要是"侨立郡县,以司牧之",土断在这时还没有成为处理侨流问题的主要办法。

第二次土断,《晋书》卷7《成帝纪》咸康七年(341)四月诏:"实编户,王公已下皆正,土断白籍。"⑤按"王公已下皆正"与前引《卫瓘传》"自公卿以下,皆以所居为正"意思是一样的,此诏意为:核实编户,王公以下侨流人户都以所居为正,对白籍进行土断。

第三次土断即著名的"庚戌土断",主持者为当时的权臣桓温。《晋书》卷

---

① 《陈书》卷12《胡颖传》。
② 《晋书》卷15《地理志》扬州。
③ 《晋书》卷100《苏峻传》。
④ 详《通典》卷3《食货典·乡党》引沈约语。按苏峻叛乱于咸和四年二月被平定,重新整理造册的户籍则起自咸和三年(《南史》卷59《王僧孺传》作"二年")。
⑤ 中华书局点校本第183页作"实编户,王公已下皆正土断白籍",又中华书局点校本《资治通鉴》卷96作"诏实王公以下至庶人皆正土断、白籍"。这两种读法皆不妥。土断与白籍的关系,是白籍为土断的对象。胡三省《通鉴》注云:"时王公庶人多自北来,侨寓江左;今皆以土著为断,著之白籍也。"依此则白籍是土断的结果。不从,说详下。

8《哀帝纪》兴宁二年(364)三月庚戌(初一日),"大阅户人,严法禁,称为庚戌制"。刘裕后来回忆这次土断说:"自永嘉播越,爰托淮海,朝有匡复之算,民怀思本之心,经略之图,日不遑给。是以宁民绥治,犹有未遑。及至大司马桓温,以民无定本,伤治为深,庚戌土断,以一其业。于时财阜国丰,实由于此。"①

第四次土断为义熙九年(413)权臣刘裕下令进行。庚戌土断后,"弥历年载,画一之制,渐用颓弛,杂居流寓,闾伍弗修,王化所以未纯,民瘼所以犹在",以此刘裕"请准庚戌土断之科。……于是依界土断,唯徐、兖、青三州居晋陵者,不在断例,诸流寓郡县,多被并省"②。

第五次土断在宋初。《南齐书》卷52《丘巨源传》:"丘巨源,兰陵兰陵人也。宋初土断属丹阳,后属兰陵。""宋初土断"的具体年份,疑为元嘉八年(431)或稍后③。《宋书》卷35《州郡志》南徐州刺史:元嘉八年,以"江南为南徐州,治京口,割扬州之晋陵、兖州之九郡侨在江南者属焉"。又南兖州刺史:"文帝元嘉八年,始割江淮间为境,治广陵。"配合这次大规模的州郡割属,对侨寓人户必也实施土断。兰陵郡及兰陵县本侨属南徐州,经过土断,丘巨源一家被割配扬州丹阳郡。

第六次土断为宋大明元年(457)"土断雍州诸侨郡县"④。《资治通鉴》卷128大明元年:"雍州所统多侨郡县。刺史王玄谟上言:侨郡县无有境土,新旧错乱,租课不时,请皆土断。秋七月辛未,诏并雍州三郡十六县为一郡。"而《宋书》卷76《王玄谟传》则称:"雍土多侨置,玄谟请土断流民。当时百姓不愿属籍,罢之。"考《宋书》卷37《州郡志》雍州刺史条,大明土断雍州,京兆、始平、扶风、河南、广平、冯翊、华山等侨郡增领当地实县,分得实土;京兆郡之池阳改隶新野郡,始平郡之槐里、清水及京兆郡之郑改隶顺阳郡,冯翊郡之高陆则大明元年新立;又北上洛、北京兆、义阳等郡及所领十侨县,以及卢氏、兰田、霸城、魏昌、阳城、曲周、邯郸、冀、下蔡等侨县及当地县朝阳,皆大明土断中省并。又《南齐书》卷25《张敬儿传》:"初,王玄谟为雍州,土断敬儿家属舞阴。敬儿至郡,复还冠军。"舞阴、冠军同属雍州实土南阳郡,张敬儿则为原籍南阳郡冠军县的旧民,犹被土断,则侨郡县与侨流人口可知矣。据此,《宋书》卷76《王玄谟传》所谓"罢之",当系暂罢,终复行之。

---

① 《宋书》卷2《武帝纪》。按前两次土断时,当政者分别是王导、庾亮与庾冰。
② 《宋书》卷2《武帝纪》。
③ 元嘉八年当431年,时虽历武、少二帝十余年,然相对于刘宋享国六十年而言,认之为宋初,可无大误。
④ 《宋书》卷6《孝武帝纪》。

第七次土断见《宋书》卷9《后废帝纪》元徽元年（473）八月辛亥诏："洎金行委御,礼乐南移,中州黎庶,襁负扬越,圣武造运,道一闳区,贻长世之规,申土断之制。而夷险相因,盈晦递袭,岁馑凋流,戎役惰散,违乡寓境,渐至繁积。宜式遵鸿轨,以为永宪,庶阜俗昌民,反风定保。"

第八次土断始于齐建元二年（480）。其时"虏寇边,上遣（吕）安国出司州,安集民户。诏曰：郢司之间,流杂繁广,宜并加区判,定其隶属"。吕安国乃"土断郢、司二境上杂民,大佳,民殆无惊恐"。次年,又令垣崇祖土断豫州,"商得崇祖启事,已行竟"。齐高帝又"欲土断江北",敕南兖州刺史柳世隆曰："卿视兖部中可行此事不？若无所扰,春便就手也。"柳世隆即"并省侨郡县","建元四年,罢北淮阳、北下邳、北济阴、东莞四郡"①。

第九次土断为梁天监元年（502）四月"土断南徐州诸侨郡县"②。临淮、淮陵、南东莞、南清河、南高平、南济阴、南濮阳诸侨郡及其领县,疑被省并③。

载籍可考的最后一次土断见于《陈书》卷3《世祖纪》。天嘉元年（560）七月乙卯诏："自顷丧乱,编户播迁,言念余黎,良可哀惕。其亡乡失土、逐食流移者,今年内随其乐适,来岁不问侨旧,悉令著籍,同土断之例。"

必须指出,如咸康、兴宁、义熙、元徽、天监、天嘉等次土断,上述皆是发布诏令或始行土断的时间,具体的土断工作,因为内容复杂、牵涉广泛,往往不是一两年内就可以完成的；《宋书·州郡志》所载相当一部分侨州郡县涉及土断的时间,就晚于诏令土断的时间。另外,除了这十次土断外,各级地方政府依照"土断条格"④进行的小范围或地区性土断,应该也一直没有停止过,如《宋书·州郡志》、《南齐书·州郡志》诸侨州郡县之省并、改属、割实等,都属土断的范畴,当然可认之为"土断"。

分析这十次土断可以看出,东晋南朝的土断,主要是为了解决两方面问题。第一是侨流问题。东晋南朝始终存在大量的流移与侨寓人口,其原籍北方的侨流大部分注籍侨州郡县,成为白籍户,享受优复也即免除赋役的待遇；另有一些"无贯之人,不乐州县编户者,谓之浮浪人,乐输亦无定数,任量,惟所输终优于正课焉"；再有都下人,"多为诸王公贵人左右、佃客、典计、衣食客之

---

① 《南齐书》卷29《吕安国传》、卷24《柳世隆传》,《南齐书》卷14《州郡志》南兖州、广陵郡。
② 《梁书》卷2《武帝纪》。
③ 据《宋书》卷35《州郡志》、《南齐书》卷14《州郡志》,此诸郡"无实土"；《梁书》、《陈书》无《志》,然此诸郡亦不见于史载,疑在这次土断中被省并。
④ 《南齐书》卷14《州郡志》南兖州有"刺史柳世隆奏：'尚书符下土断条格,并省侨郡县'"云云,详下。

类,皆无课役"①。至于南方土著人民因不堪赋役重负而投靠大族、逃亡他境及冒充白籍户者,也所在不少②。由于"编户虚耗,南北权豪,竞招游食"及"流民多庇大姓以为客",遂形成"国弊家丰"的严重局面③。政府为了制止民户流入私门,为了取消侨民的优复特权,为了改变"杂居流寓,间伍弗修"、"新旧错乱,租课不时"、"民无定本,伤治为深"的状况,实行土断和检籍④;其中土断,即意在通过"大阅户人",区别流杂,"定其隶属",强迫"逐食流移者"著籍及"土断白籍",以求得"宁民绥治"和"财阜国丰"。

土断试图解决的第二方面问题即整理侨州郡县。

按这两方面问题,其实又互为表里、密不可分。土断侨流,虽不限于注籍侨州郡县的侨民;但注籍侨州郡县的侨民占侨流人口的大多数,对于这部分侨流来说,只有先整理侨置,才能进而落实他们的定籍、间伍、租课诸问题。因此,一般说来,整理侨置是土断侨流的前提与依据,而侨流的土断又使侨置的整理具体化、深入化和实际化。如此,则范宁所谓"正其封疆,以土断人户,明考课之科,修间伍之法"⑤,便是对土断的最好解释;而自来论土断者,例多忽略土断对侨州郡县的整理,这样,"土断条格"、"土断人户",黄、白籍,以及有关土断的其他许多问题,也就无从讲清了。

2. 土断整理侨州郡县

土断整理侨州郡县,必要性何在?其实依据前面的讨论,已经能够明确这一问题,亦即越来越多的侨州郡县与越来越多的侨流人口,造成了地方行政的不便与户籍管理的麻烦。侨州郡县本身,既是"省置交加,日回月徙,寄寓迁流,迄无定托,邦名邑号,难或详书"⑥,当地州郡县系统在侨置的影响下,也是

---

① 《隋书》卷24《食货志》。按《隋书》卷24《食货志》所云"侨人"、"浮浪人"、"都下人"是三个不同的概念,虽然存在着某种相互包容关系,但不可视为一体;尤其是"侨人"与"浮浪人"不能混为一谈。"浮浪人"包括南方的"无贯之人","侨人"是"百姓之自拔南奔者",指东晋南朝疆域内的北方侨流人口及其近几代的后裔。论侨人负担不能说是"乐输"。笔者曾请教过谭其骧师、周一良先生,谭师、周先生也认可此论。
② 《南齐书》卷34《虞玩之传》,《宋书》卷54《羊玄保传》,《南史》卷70《循吏·郭祖深传》。
③ 《晋书》卷88《孝友·颜含传》,《南齐书》卷14《州郡志》南兖州。按"流民多庇大姓以为客",联系着当时重新制定的"给客制度"。《南齐书》卷14《州郡志》南兖州:"时百姓遭难,流移此境,流民多庇大姓以为客。元帝太兴四年,诏以流民失籍,使条名上有司,为给客制度,而江北荒残,不可检实。"又据《隋书》卷24《食货志》,可知按官品高低合法占客的数量以及"客皆注家籍"的大概。
④ 傅克辉《魏晋南北朝籍账研究》(齐鲁书社,2001年)第二篇"东晋南朝的户籍整理活动"指出:东晋南朝户籍存在的问题可以分为编贯不实、籍注伪乱两类,解决的方法也有土断、检籍两种;检籍,"除了为国家增加服役人口之外,更主要的目的是疏浚这条日益湮没的士庶界河"。值得注意的是,土断与检籍往往又是同时进行的。
⑤ 《晋书》卷75《范宁传》。
⑥ 《宋书》卷11《志序》。

不再正规、稳定,所谓"吴邦而有徐邑,扬境而宅兖民,上淆辰纪,下乱畿甸"①。凡此种种,又造成了为政府之大忌的"版籍为之浑淆,职方所不能记"②的状况,于是土断成为必要。

土断,正是通过调整地方政区设置,寻求侨州郡县与当地州郡县之间的协调,缓和因侨置引致的政区制度与政区建置的混乱局面。虽然在土断中,也调整了部分当地州郡县,但土断在政区方面的立意,主要还在于对侨州郡县进行整理。这种整理,方法是多种多样的,包括省并、割实、改属以及借侨名而新立郡县。

如何整理侨置,遵循着一定的"尚书符下土断条格"③。按在中央行政机构中,掌管这类条格的起草与颁发者,为尚书台成员尚书左、右丞④。《南齐书》卷16《百官志》尚书左、右丞各一人,"其……州郡租布、民户移徙、州郡县并帖、城邑民户割属、刺史二千石令长丞尉被收及免赠、文武诸犯削官事。白案,右丞上署,左丞次署;黄案,左丞上署,右丞次署。诸立格制及详谳大事宗庙朝廷仪礼,左丞上署,右丞次署"⑤。其中的"州郡租布、民户移徙、州郡县并帖、城邑民户割属"以及"诸立格制",正与土断相关,而须尚书左、右丞共署。

在土断中,侨州郡县是省并、割实,还是改属或者借侨名而新立,原因既不一致,其情形也各异。

其一,省并。省并是土断的一种主要方式。东晋义熙土断,"诸流寓郡县,多被并省"⑥;刘宋大明土断,"诏并雍州三郡十六县为一郡"⑦。省并侨置的具体情形,如萧齐建元土断,南兖州刺史柳世隆依据"尚书符下土断条格,并省侨郡县",于是北济阴郡6县、北下邳郡4县、北淮阳郡3县、东莞郡4县,凡4郡17县,"以散居无实土,官长无廨舍,寄止民村,及州治立,见省,民户帖属"于广陵郡⑧。另有因民户寡少而并合者。如东晋咸康八年(342),尚书殷融

---

① 《宋书》卷82《周朗传》。
② 《宋书》卷11《志序》。
③ 据祝总斌《两汉魏晋南北朝宰相制度研究》(中国社会科学出版社,1990年)第178—179页的考证,尚书符是根据政务需要和皇帝批准的原则,由处理全国日常政务的机构尚书台自行起草、颁下的文书。
④ 据《续汉书》志26《百官志》,东汉尚书台成员中,即有左、右丞各一人,为台长(令、仆射)助手,秩均四百石,掌录文书期会。
⑤ 周一良《魏晋南北朝史札记》之"《宋书》札记·诏黄"条(第179页)略云:"宋时已用黄纸为案。至齐世,立左右丞书案之制曰,白案则右丞书名在上,左丞次书;黄案则左丞上书,右丞下书。而世远莫知其何者为白案,何者为黄案。"
⑥ 《宋书》卷2《武帝纪》。
⑦ 《资治通鉴》卷128大明元年。
⑧ 《南齐书》卷14《州郡志》南兖州。

言:"襄阳、石城,疆埸之地,对接荒寇。诸荒残寄治郡县,民户寡少,可并合之。"①又如幽、冀、青、并4州,东晋先后侨立了州级机构,"后又以幽、冀合徐,青、并合兖"②,其原因也在于四州流寓者较少。至于建元二年(480),齐高帝以"江西萧索,二豫两办为难",而且"西豫吏民寡刻,分置两州,损费甚多",乃省南豫,以求"省一足一,于事为便"③,则又别属一种情形。

侨置的省并主要通过两种方式。一是省废。《宋书》卷35《州郡志》扬州刺史:"江左又立高阳、堂邑二郡,高阳领北新城、博陆二县,堂邑领堂邑一县。后省堂邑并高阳,又省高阳并魏郡,并隶扬州,寄治京邑。文帝元嘉十一年省(魏郡),以其民并建康。"又《宋书》卷35《州郡志》南徐州刺史南琅邪太守:"元嘉八年,省即丘并阳都。十五年,省费并建康、临沂。孝武大明五年,省阳都并临沂。"省废后,民户并入当地州郡县。二是并合。如何承天《宋书·州郡志》诸侨郡县有雁门郡领楼烦、阴馆、广武3县,平原郡领茌平、临淄、营城、平原4县,东平郡领范、朝阳、历城3县;而徐爰《宋书·州郡志》南东平郡领上述10县,"则是雁门、平原并东平也"④。又"上党百姓南渡,侨立上党郡为四县,寄居芜湖",后并合为上党、襄垣2侨县,属淮南侨郡⑤;长乐郡,江左侨立,"并合为县",隶属临淮侨郡⑥。并合与省废不同,它主要是由于民户寡少,而对侨置机构进行合并、裁减、降级,并未予以罢废。

其二,割实。州郡县侨立之初,"无有境土",后来出于种种情形,割成实土者不少。以雍州为例,先是西晋永嘉五年(311),雍州入刘聪,次年恢复,至建兴四年(316)仍为刘汉所有。雍州的侨置,前后有几次。《晋书》卷14《地理志》雍州云:"自元帝渡江……初以魏该为雍州刺史,镇酂城,寻省。"又《南齐书》卷15《州郡志》雍州:"朱序为雍州,于襄阳立侨郡县,没苻氏。氏败,复还南,复用朱序。……郗恢为雍州,于时旧民甚少,新户稍多。宋元嘉中,割荆州五郡属,遂为大镇。"又《宋书》卷37《州郡志》雍州刺史:"晋江左立。胡亡氐乱,雍、秦流民多南出樊、沔,晋孝武始于襄阳侨立雍州,并立侨郡县。宋文帝元嘉二十六年,割荆州之襄阳、南阳、新野、顺阳、随五郡为雍州⑦,而侨郡县犹

---

① 《南齐书》卷15《州郡志》雍州。
② 《宋书》卷35《州郡志》南徐州刺史。
③ 《南齐书》卷24《柳世隆传》、卷14《州郡志》南豫州。按"江西"指江北,"西豫"即豫州。
④ 《宋书》卷35《州郡志》南兖州刺史。
⑤ 《晋书》卷15《地理志》扬州,《宋书》卷35《州郡志》扬州刺史淮南太守。
⑥ 《宋书》卷35《州郡志》南徐州刺史临淮太守。
⑦ 钱大昕以为元嘉二十六年随郡未尝属雍州,是,说见《廿二史考异》卷23(第523—524页)及胡阿祥《宋书州郡志汇释》雍州刺史条(第203—205页)。

寄寓在诸郡界。孝武大明中，又分实土郡县以为侨郡县境。"又《晋书》卷14《地理志》雍州："其后秦、雍流人多南出樊、沔，孝武始于襄阳侨立雍州，仍立京兆、始平、扶风、河南、广平、义成、北河南七郡，并属襄阳。襄阳故属荆州。"据此，东晋时代侨立雍州并无实土；宋文帝元嘉二十六年（449），始割荆州之襄阳、南阳、新野、顺阳4郡属雍州，于是州成实土，治在襄阳，"而侨郡县犹寄寓在诸郡界。孝武大明中，又分实土郡县以为侨郡县境"，京兆、始平、扶风、河南、广平、冯翊、华山等侨郡增领当地实县，分得实土。类此者尚多，如《宋书·州郡志》南徐、南兖、南豫等州及所领南东海、淮南、秦、南谯、南梁等郡皆是。

按侨置是否割成实土，当然与所领侨民多少、土著势力大小、所处地理位置（包括军事、交通地位及自然条件如何等）诸要素有关，此毋庸多言。需加分析的是，割成实土还往往取决于侨置所代表的本贯的政治意义。以东平郡为例，宋末"侨立于淮阴"，及齐永明中，"割小户"成实土①。据《南齐书》卷14《州郡志》北兖州东平郡条：

> 东平郡。寿张，割山阳官渎以西三百户置。淮安，割直渎、破釜以东，淮阴镇下流杂一百户置。

东平郡的割实，有两方面原因。其一，宋泰始中，兖州本土沦落，泰始六年（470）乃侨立兖州，寄治淮阴。而"州无实土"的状况，深为兖州侨民所不满，戴尚伯等六十人即诉求曰："旧壤幽隔，飘寓失所。……窃见司、徐、青三州，悉皆新立，并有实郡"，何以兖州却侨无实土，以至"本壤族姓"，无所归依？其二，若割置实郡，置哪个郡呢？"东平既是望邦，衣冠所系"，又是"此州本领"，加上贵为光禄大夫的吕安国力称东平是其族"桑梓"，"愿立此邦"，遂"见许"②。而在上述两个原因中，若仅小民诉求就能使东平郡割成实土，亦属过论，故后一原因是主要的③。又《宋书》卷35《州郡志》南徐州刺史南琅邪太守条：

> 晋乱，琅邪国人随元帝过江千余户，太兴三年，立怀德县。丹阳虽有

---

① 《宋书》卷35《州郡志》兖州刺史，《南齐书》卷14《州郡志》北兖州。
② 详《宋书》卷35《州郡志》兖州刺史、东平太守，《南齐书》卷14《州郡志》北兖州。按《南齐书》卷29《吕安国传》称吕安国"广陵广陵人也"。考吕氏，本东平望族。《魏书》卷51《吕罗汉传》："本东平寿张人。"《梁书》卷11《吕僧珍传》："东平范人也，世居广陵。"安国亦出东平吕氏，东平是其本籍所在，故云"臣贱族桑梓"，广陵则寓居之地。东平郡有侨于广陵境者，见《宋书》卷35《州郡志》南兖州刺史条，云："孝武大明三年，以东平并广陵。"而吕安国也因此得称"广陵广陵人也"。
③ 中村圭尔《关于南朝贵族地缘性的考察——以对侨郡县的探讨为中心》认为：虽然在东平郡下设立了寿张、淮安两县，"可是，这两县之民分别只有三百户和一百户，而且恐怕他们是偶然流寓杂居在江淮地带的民庶，其大部分与原来的东平郡也没有什么渊源。……因此，应该看到东平郡的侨置在于一部分有力士族的主导这一情况，其目的就是为'使本壤族姓，有所归依'"。

琅邪相而无土地。成帝咸康元年,桓温领郡,镇江乘之蒲洲金城上,求割丹阳之江乘县境立郡,又分江乘地立临沂县。

按琅邪郡临沂县是东晋高门王氏、颜氏的本籍,琅邪又是晋元帝旧封,所以他们能利用其政治地位侨置本籍郡县,并使之割成实土,从而达到既有本邦之名又得土断之实的目的。再如兰陵郡兰陵县,东晋迄齐都是无实土侨郡县;及萧衍篡齐,乃改南东海郡(南徐州治下郡,实土)为兰陵郡,又将其祖先墓地所在的武进县改为本籍兰陵县①。这样,依"归正首丘"的习惯,侨兰陵县就在名实两方面都成了萧氏的本籍。萧氏的例子,更清楚地说明了政治权力的大小、社会地位的高低与本籍郡县是否侨置、是否割成实土之间的密切关系。中村圭尔指出:"被侨置的原籍是名义上的还是现实的这一点,与作为士族的等级上下有着深刻的关系。"②安田二郎同样认为:"侨郡县的实土化是贵族、地方大姓阶层的强烈愿望,作为自身维持乡里社会秩序的存在根据,即具有承担证明他们存在意义的作用。"③这样的看法可谓相当深刻。

其三,改属。对于大多数侨置郡县来说,成立之初,一般名义上仍属原州。这一点,钱大昕言之审矣。钱氏云:"顿丘本属司州,即使侨立徐土,徐州刺史得兼督之,而未经土断,当犹存司州之名,不得云属北徐州。……东平本属兖州,虽侨置江南,与东海、琅邪、兰陵之元属徐州者有别,未经土断,当犹属兖州,不得云属南徐州。"④钱氏盖以为侨郡在土断之前,理论上一般仍属原州⑤。而若原州有相应的侨州,则侨郡就属此侨州,如燕国(原属幽州)侨置属

---

① 《梁书》卷2《武帝纪》,《隋书》卷31《地理志》江都郡曲阿。
② 中村圭尔:《关于南朝贵族地缘性的考察——以对侨郡县的探讨为中心》。又就此问题,中村圭尔作出如下说明:"对于士族来说,和乡里社会的密切关系是不可或缺的,因为乡里社会的秩序正是他们存在的基础。只是,其关系并不能是武断乡曲式的直接关系,莫如说必须是较为抽象化的。所以,他们对于籍贯的标榜,就不单纯是商标(王仲荦:《魏晋南北朝史》上册),而有着强调其存在基础的乡里社会的意义";又"颜氏不能说是最上层的士族,可是因碰巧与王氏的原籍相同,所以产生这样的结果。还有,萧氏也可称为大族,但不能说是最上层的士族,想来这种情况与梁武帝的政策有些关系。因为尽管同样是皇室,但宋的刘氏、齐的萧氏就没有实际再现其原籍。只是对其详情准备将来再作探讨"。
③ 安田二郎:《刘宋大明年间的襄阳土断》,《湖北历史文化论集》(二),中国地质大学出版社,2000年。
④ 钱大昕:《廿二史考异》卷19,第440页。
⑤ 钱氏此论,准之大多数侨郡,是可以成立的。当然,也存在例外,如《宋书》卷37《州郡志》秦州及所领14郡42县无实土,未经土断,而安固郡,张氏于凉州立;京兆、冯翊、始平、扶风、安定等郡原属雍州,太原郡原属并州,金城郡原属凉州,侨置均属秦州。又《陈书》卷5《宣帝纪》太建十一年"诏淮北义人率户归国者,建其本属旧名,置立郡县,即隶近州",这种初侨立就隶属当地州的情况,与晋宋以来的一般情形大不相同。这涉及侨置制度的地区差异与时代差异问题。

幽州(侨治三阿)即是①。若原州无侨州,或侨州与侨郡不在同一区域②,则侨郡大多犹存隶属原州之名,但这种隶属并不具备实际的行政意义,其侨郡行政事务归当地州兼督。如豫州之西阳、新蔡二郡,司州之弘农郡,扬州之松滋郡,寄在寻阳一带,"人户杂居",东晋之世,江州刺史常兼督四郡,此以实州督理侨郡,四郡并不属江州,而仍遥隶原州。又义成,原扬州淮南郡属县,侨置为郡,治襄阳,东晋时由雍州建督而遥隶扬州。

土断者,"以土断定",对于侨置郡县来说,即依其寄寓之地,断入当地之州(实州或有实土的侨州);换言之,通过土断,改变了侨郡与原州名义的、悬属的关系,所在的当地之州则由对侨郡的"兼督"变为"实领"。按这种"依界土断"③的条格,遂导致了地方行政系统的重新组合。以宋元嘉八年(431)土断为例,据《宋书》卷35《州郡志》南徐州刺史条、南兖州刺史条,既割江南为南徐州实土,则侨兖州所领南高平、南平昌(初属青州,宋永初元年青并入兖,因改属)、南济阴、南濮阳、南泰山、济阳、南鲁(鲁郡西晋属豫州,东晋改属兖州。侨立也属侨兖州)等侨在江南诸郡,也就缘地改属南徐州。又上述新蔡郡改属江州;弘农、松滋二郡省为县,也改隶江州寻阳郡;义成郡则归属雍州。如果将《晋书·地理志》与《宋书·州郡志》、《南齐书·州郡志》相对照,则土断导致的郡县改属之频繁、普遍而且大多与侨州郡县有关,是不难考见的。

其四,借侨名而新立。钱大昕《十驾斋养新余录》卷中"晋书地理志之误"条考《宋书》卷35《州郡志》徐州刺史阳平太守云:"阳平,则云'流寓来配',虽不言何时立,据'来配'之文,亦当在义熙土断时。"按钱氏此论不诬也。

土断时期,政府对侨流实施割配,如《宋书》卷44《谢晦传》:义熙"土断侨流郡县,使(豫州治中从事谢)晦分判扬、豫民户,以平允见称"。《宋书》卷83《宗越传》:宗越,"本河南人。晋乱,徙南阳宛县。又土断属叶"。《南齐书》卷52《文学·丘巨源传》:丘巨源,"兰陵兰陵人也。宋初土断属丹阳,后属兰陵"。侨流割配后,为使侨流处于政府的牢固控制之下,堵塞大族兼并侨流人口的渠道,为确保人地结合,也为了缓和地方政府因侨流问题引起的矛盾,乃多借侨名立郡县以处侨流人口。《宋书·州郡志》"流寓来配"、"流寓割配"、

---

① 《晋书》卷79《谢安传》、《谢玄传》;王象之:《舆地纪胜》卷43高邮军,四川大学出版社,2005年。按侨州隶原州相应的侨州者很多,如下邳、彭城、东海、琅邪、东莞、临淮等侨隶徐州,京兆、扶风、始平等侨隶雍州,南谯、南汝阴等侨隶豫州等。见《宋书·州郡志》南徐州刺史、雍州刺史、南豫州刺史。
② 如沦陷诸州中,凉州未侨置;又侨置未久即废者有江北之幽、并等州。侨州与侨郡不在同一区域者,如新兴郡(西晋隶并州)侨荆州境内,而并州却侨在江北(今江苏苏北),秦国(西晋隶雍州)侨堂邑,而雍州侨在汉水流域等。见《宋书·州郡志》。
③ 《宋书》卷2《武帝纪》。

"流寓因配"、"流寓配属"、"土断立"一类郡县,多属此类。至于是建立侨郡还是建立侨县,则往往视侨流人口之数量多少或势力大小而定,如"民单户约,不可独建"者,就合置为县级机构,分拨他郡统领,"故魏邦而有韩邑,齐县而有赵民"①。另有一种情形是,若侨寓者连成一片,"乡屯里聚,二三百家,井甸可修,区域易分",则土断中也允许其别置"侨邦",所谓"别详立"即是②。

综上所述,土断是"废除侨置郡县"之说自不能成立。土断虽撤销、合并掉一些侨州郡县,但通过土断,未被省并的侨州郡县多分割(或增领)当地州郡县,有了实际辖地;当地州、郡又有增领侨郡、县者。土断中还借侨名新立了许多郡县③。质而言之,土断是对设置混乱、变化无常的侨州郡县的整理,使之由虚幻的、临时的、以管理侨流人口为目的的状态,成为现实的、正规的、拥有政区属地的状态;而土断对侨置的这种种整理,又导致侨州郡县与当地州郡县的混合编制,相互发生行政改属,其主要情形,如上一小节所述,即有7种情形、4种类型。由此可见,正是通过土断,才使得侨州郡县与当地州郡县一道,构筑成了新的地方行政辖属系统。

3. "土断白籍":白籍户的黄籍化

土断对侨州郡县的整理,事实上已经决定了"土断白籍"的具体方式。那么,何谓"白籍"?"土断白籍"又是什么意思呢?《晋书》卷75《范宁传》所载东晋太元十四年(389)豫章太守范宁陈时政疏为考究这一问题提供了线索:

> 帝诏公卿牧守普议时政得失,宁又陈时政曰:"古者分土割境,以益百姓之心;圣王作制,籍无黄白之别。昔中原丧乱,流寓江左,庶有旋返之期,故许其挟注本郡。自尔渐久,人安其业,丘垄坟柏,皆已成行,虽无本邦之名,而有安土之实。今宜正其封疆,以土断人户,明考课之科,修闾伍

---

① 《宋书》卷11《志序》。
② 《南齐书》卷14《州郡志》南兖州。
③ 补充说明两点:其一,如上所述,"在土断中,也调整了部分当地州郡县",而除了上文已有涉及者如分割、增领等以外,也有被省废者,如刘宋大明土断,省南阳郡叶县、新野郡蔡阳、顺阳郡朝阳,这三县都是当地旧县。其二,安田二郎《刘宋大明年间的襄阳土断》文中,把土断区别为"实土化土断"与"现土土断"。所谓"实土化土断",是"设置与侨民故乡名称完全或基本相同的郡县",即"无实土侨郡县的实土化以及对已经实土化侨郡县侨民(旧民)重新再编及属籍的实土化土断";所谓"现土土断",则是废省郡县,将侨郡县民在作为现住地的实土郡县之下属籍。就国家权力一方来看,"无实土侨郡县统治方式是缺乏一定境域支配、类似饲养鱼鹰方式的寄治体制……在其基本单位侨县(乡族集团)中,不少是自治体制……这是过分脆弱的统治体制",所以需要土断。而"实土化"与"现土"的两种土断方式中,国家权力与地方政府希望实施"现土土断";至于侨民,在不得不被土断时,方式上更加倾向于"实土化土断",毕竟"故乡的州郡县名和乡里自治的存在方式得到保证"。

之法。难者必曰:'人各有桑梓,俗自有南北,一朝属户,长为人隶。君子则有土风之慨,小人则怀下役之虑。'斯诚并兼者之所执,而非通理者之笃论也。"

分析范宁疏文,参证其他史料,可得如下几点认识:

其一,"圣王作制,籍无黄白之别",西晋时只有黄籍而无白籍。《太平御览》卷606引《晋令》云:"郡国诸户口,黄籍,籍皆用一尺二寸札,已在官役者载名。"此条文字对于西晋户籍的颜色、规格以及入籍范围言之甚明。黄籍是全国统一的正式户籍,东晋南朝之黄籍,也是"公家正取信"①之物,其籍注包括姓名、年龄、籍贯、家族、家庭成员、家庭成分、职历、爵位、健康情形、服役年限以及乡里清议、士庶门第等项目②,户口登记制度全面而周密。

其二,白籍的出现,始于"中原丧乱,流寓江左"之时。检阅史籍,西晋并无白籍的名称。可考的白籍名称的首次出现,是前引《晋书》卷7《成帝纪》咸康七年(341)四月诏之"土断白籍"。作为东晋时期才出现的"新生事物",并且是与黄籍并列的户籍,白籍与侨流人口、侨州郡县密切相关。"晋自中原丧乱,元帝寓居江左,百姓之自拔南奔者,并谓之侨人。"③大凡流寓之人,易动难安,"人仁鸿雁之歌,士蓄怀本之念,莫不各树邦邑,思复旧井"④,政府也以为"庶有旋返之期",出于慰藉侨流的"归本之心",乃"各因其所居旧土"⑤,陆续成立侨流的各级流亡政府——侨州、侨郡、侨县,且"侨置牧司",分设刺史、守、令,作为安置与管理侨流的机构。而大部分的侨流人口便在侨置机构下登录户籍。这些户籍,为了区别于土著人口的正式的黄籍,都做成白籍。所以,白籍是侨流人口的特殊的户籍,是一种侨籍。而白籍最关键的内容之一,如上所述,就是籍注中籍贯一项"许其挟注本郡",即夹注原籍。

其三,白籍户是不税不役的,黄籍户则纳税服役,这是黄、白籍的本质区别。黄、白籍之分,首先在于编造户口册的纸色不同。黄籍既是西晋以来正规的户籍,为了保存,故用入潢的黄纸⑥,它是土著户的户籍;而白籍作为侨籍,原系临时性质,故用普通白纸。其次,黄籍户一般是纳税服役的实户⑦,白籍

---

① 《宋书》卷91《孝义·何子平传》。
② 详参傅克辉:《魏晋南北朝籍账研究》第一篇"魏晋南朝黄籍之研究"。
③ 《隋书》卷24《食货志》。
④ 《宋书》卷11《志序》。
⑤ 《晋书》卷67《郗鉴传》;胡三省《通鉴释文辨误》卷4,第59页。
⑥ 以藥汁染纸谓之入潢。入潢则纸不生蠹虫,缝不绽解。又用黄纸造籍,还可能与当时崇尚黄色的观念有关。
⑦ 当然,如王公贵族等特殊阶层也是不税不役的,但毕竟是少数。

户则是不税不役的虚户。如宋孝建元年(454)"始课南徐州侨民租"①,则此以前南徐州侨民享受"优复"可知;又梁普通六年(525)"赐新附民长复除"②。按对侨流人口或归附之民给予一定期限的"复除"即免除赋役,本是秦汉以来的惯例,而东晋南朝时期尤其不应当例外。因为东晋南朝特别是东晋、宋、齐、梁政权,实质上是移民政权,为了自身的利益与政权的稳定,政府也必须给予"散居无实土"的侨流人口或归附之民以一定期限"复除"的优待。

其四,"土断白籍",即白籍户的黄籍化过程③。白籍户的例无征敛,与其贫困、分散、流动及"庶有旋返之期"有关。而"自尔渐久,人安其业,丘垄坟柏,皆已成行,虽无本邦之名,而有安土之实";而且南下侨流日益增多,数量巨大,政府自然不能一直对他们优复免役④。另外,白籍渐增,与黄籍对立,自成系统,也造成了户籍制度的混乱。有鉴于此,政府在整理侨州郡县以及连带涉及的当地州郡县的同时,对白籍侨民实行土断,通过里伍形式重新编制,使之固着于土地即名副其实的政区之上,与黄籍户一样承担国家税役,从而改变"杂居流寓、闾伍弗修","民无定本、伤治为深"的状况⑤,这便是"土断白籍"的目的所在,范宁所谓"土断人户,明考课之科,修闾伍之法",就是这个意思。虽然"土断人户"的范围较广,除白籍户外,应该还包括一些浮浪人、豪强士族隐占的人口以及南方土著逃亡他境者,但"土断人户"的主要内容是"土断白籍",应该是没有疑义的。

从临时性质的白籍土断为正式户籍,为得以长久保存,其形式上也改用黄纸做籍⑥。因此,"土断白籍"实质上就是白籍户的黄籍化,是不税不役户的役调化,是改白籍为黄籍。

其五,土断是对侨置的整理,而白籍户又是注册侨州郡县的侨民,则土断整理侨置的过程也就是"土断白籍"的过程。土断整理侨置,既方法不一,或省并,或割实,或改属,或借侨名而新立,可以推定,"土断白籍"也与之相应地表现为不同的形式。西晋的土断,是"以土断定",使侨流断入土著;东晋南朝的

---

① 《宋书》卷 6《孝武帝纪》。按南徐州元嘉八年(431)已划江南为实土,但又过了二十几年,才始课南徐州侨民租,则侨民原来享受优复可知。
② 《梁书》卷 3《武帝纪》。
③ 按土断与黄、白籍的关系,是学术界争论非常激烈的问题。主要的观点有两种。一种观点认为白籍是土断的结果(土断后白籍),另一种观点认为白籍是土断的对象,经过土断,改白籍为黄籍(土断前白籍)。笔者赞同土断前白籍说。
④ 当初实行优复政策是必要的,而且此政策对于吸引侨流南下起到了作用。然则政府之所以要吸引侨流南下,根本的现实考虑还在于增加征派赋役的对象。
⑤ 《宋书》卷 2《武帝纪》。
⑥ 周一良:《魏晋南北朝史札记》之"《南齐书》札记·虞玩之传诏书及表文"条,第 246 页。

土断，虽也是"以土断定"，然而所谓"土"的内涵却发生了变化，大部分侨流有了自己的原籍侨州郡县，在土断中，这些侨州郡县有的割成实土，其所领侨流经过土断，并未断入当地州郡县，虽然他们也纳税服役了，与一般黄籍户无异，却仍然保留着形式上的侨籍。所以，分析东晋南朝对侨流的"以土断定"，大致存在着四种情况：

对注籍于土断中被省并于当地州郡县的侨州郡县侨流来说，土断意味着侨籍的失去，他们改籍当地州郡县，从而完成侨寓户的土著化；

对注籍于土断中被并合于其他侨州郡县的侨州郡县侨流来说，土断也使他们失去旧的侨籍，但他们接受的是新的侨籍；

对注籍于土断中被割成实土的侨州郡县侨流，土断则使他们的侨籍得以保存；

对注籍于土断中借侨名而新立的郡县的侨流，土断更使他们的侨籍获得了承认[1]。

在土断中，是失去原来的侨籍、接受新籍，还是既保持形式上的侨籍，又得土断之实（即割成实土），也是与政治权利的大小、社会地位的高下相关的。流寓南方的琅邪王氏、颜氏、兰陵萧氏等ول望所以能长期保持，在于其是高门、是皇族；而兰陵周盘龙改籍东平，兰陵李安民改籍南彭城，颍川陈康改籍长城，河南宗越改籍南阳叶，平原明僧绍改籍齐郡，略阳垣崇祖、垣荣祖改籍下邳[2]，就在于他们是中下层贵族；至于一般侨流人民的改籍，应当更为普遍。

其六，侨流之人无论是改著新籍，还是保持旧望，基本上都以土断后所著之籍为本籍。这里首先存在个乡里观念变化的问题。侨置初不过一时权宜之计，然而"士民播流江表，已经数世，存者老子长孙，亡者丘陇成行"，"后来童幼，班荆辍音，积习成俗，遂望绝于本邦，宴安于所托"[3]；"宴安于所托"还在于侨流与土著相处既久，以杂居与联姻关系，其风习、观念、语言、饮食等方面难免相互影响与同化，侨旧隔阂因之而泯，畛域观念日渐淡漠，寓居地成为事实上的"本邦"。刘裕请土断表云：

> 所谓父母之邦以为桑梓者，诚以生焉终焉，敬爱所托耳。今所居累

---

[1] 据此，笼统地称土断是"使侨寓户口编入所在郡县的办法"，实在很不确当。
[2] 各详《南齐书》卷29《周盘龙传》、卷27《李安民传》，《陈书》卷1《高祖纪》，《宋书》卷83《宗越传》，《南齐书》卷54《高逸·明僧绍传》，《宋书》卷50《垣护之传》，《南齐书》卷25《垣崇祖传》、卷28《垣荣祖传》。
[3] 《资治通鉴》卷101隆和元年，《晋书》卷98《桓温传》。

世,坟垄成行,敬恭之诚,岂不与事而至?①

此即侨寄既久,引起乡里观念变化的集中说明。进之,由观念变化达成乡里的重新确定,则一般是通过土断来实现的。如陈霸先一家,虽"宗居汝颍",然以"世寓东南"之故,即以土断后所著之籍吴兴长城为"眷言桑梓"之地、"育圣诞贤之乡";安定席阐"因后秦之乱,寓居于襄阳",著籍当地,"为襄阳著姓";柳氏本司州河东大姓,而柳元景、柳庆远以雍州(侨襄阳)为其"本州"、"乡里";兰陵丘巨源宋初土断属丹阳,故巨源得以"少举丹阳郡孝廉"②;如此等等,皆所谓以土断后所著之籍(或所居之地)为本籍。

侨流以世居之地、土断著籍为乡里、本籍的状况,对后世历史产生了多方面的深刻影响,若侨流"后裔遂长为南方之人矣"③,便造成了南方文化面貌的为之改观。就当时而言,其产生的影响也反映到了政治领域之中。东晋朝野上下,还意存规复,时时以北伐为念,这与侨流追尊旧壤、留恋桑梓、不愿著籍南土是一致的;而宋齐以降,侨人特别是其后裔不再作北伐之想者,则与侨流寓安所托、"土断后即以世居之地为本州",并进而安土重迁,不无关系④。

4. 土断的意义及其不彻底

据上所论,东晋南朝的土断,着力于整顿侨置即"正其封疆",重新定籍即"土断人户",目的在于"明考课之科,修闾伍之法"。纵观土断的概况,这些目的是部分地达到了。《宋书·州郡志》、《南齐书·州郡志》州郡县领属系统基本上轨道,说明因侨置造成的政区制度、政区建置的混乱,经过数次土断,已经大体得到了澄清。"皆取旧壤之名"造册的侨籍(白籍)引起的版籍紊乱,土断后也有所扭转,而且由于白籍户的黄籍化,大批侨人服役纳税,国家因此出现了"财阜国丰"⑤的局面。

但是,对于土断的意义也不可估计得太高。宋时周朗曾建议"寄土州郡,

---

① 《宋书》卷2《武帝纪》。按"坟垄成行"与"以为桑梓"之间的关系,如西晋城阳营陵人管彦既卒而葬洛阳,王裒谓彦弟曰:"今贤兄子葬父于洛阳,此则京邑之人也。"(《晋书》卷88《孝友·王裒传》)又陈郡阳夏谢灵运"父祖并葬(会稽郡)始宁县,并有故宅及墅。(灵运)遂移籍会稽,修营别业。……有终焉之志"(《宋书》卷67《谢灵运传》);又东莞姑幕人徐广永初中上表曰:"臣坟墓在晋陵,臣又生长京口,恋旧怀远,每感暮心。息道玄谬荷朝恩,忝宰此邑,乞相随之官,归终桑梓,微志获申,殁没无恨。"(《宋书》卷55《徐广传》)
② 各详《陈书》卷1《高祖纪》,《周书》卷44《席固传》,《宋书》卷77《柳元景传》,《梁书》卷9《柳庆远传》,《南齐书》卷52《文学丘巨源传》。
③ 谭其骧师:《晋永嘉丧乱后之民族迁徙》,收入所著《长水集》上册,第199页。
④ 参看周一良:《魏晋南北朝史札记》之"《梁书》札记·土断后所之州即称本州"条,第280—281页。按从理论上说,侨流人口在土断之前,仍是临时寄居的客,而土断之后,便是永久居住的主了。
⑤ 《宋书》卷2《武帝纪》。

宜通废罢"①，而实际状况是，侨州郡县在土断中被废罢的只是一部分；而且原来侨置不过是无实土寄寓，通过土断，许多侨州郡县反而分割或者增领当地州郡县，成为实土，又与当地州郡县混合编制，这样，原来稳定的当地州郡县系统产生了动荡，统辖关系益形繁杂，南北地名分合交叉，南州北郡、北州南郡，南郡北县、北郡南县，侨置本多实土，实土初为侨置，真是"名实混淆，观听眩瞀"②。因此，土断整理侨置的实际效果并不是太理想。

　　同样，"土断人户"也进行得并不彻底。由于土断是使不税不役的侨寓户役调化，又随着一部分侨州郡县的撤销，侨流失去旧籍，失去原来的郡望，这必然引起他们的反对，所谓"难者必曰：人各有桑梓，俗自有南北，一朝属户，长为人隶，君子则有土风之慨，小人则怀下役之虑"，便是他们反对土断的理由③。而每次土断，为了惩罚"竟不编户，迁徙去来，公违土断"者④，也总是"严法禁"⑤。庚戌土断，明确规定"不得藏户"，晋宗室彭城王司马玄"匿五户，桓温表玄犯禁，收付廷尉"⑥；义熙土断，刘裕"大示轨则，豪强肃然，远近知禁。至是会稽余姚虞亮复藏匿亡命千余人"，刘裕"诛亮，免会稽内史司马休之"⑦。大明土断"三辅豪族"所聚的雍州，由于朝中实力派人物雍州宗强领袖柳元景的强烈抵制，进展得相当艰难，"郡县流民不愿属籍"，并讹言主持这次土断的雍州刺史王玄谟"欲反"，"元景弟僧景为新城太守，以元景之势，制令南阳、顺阳、上庸、新城诸郡并发兵讨玄谟。玄谟令内外晏然，以解众惑，驰启孝武，具陈本末。帝知其虚，驰遣主书吴喜公抚慰之"，于是"分实土郡县以为侨郡县境"⑧。由此看来，土断中实充满了土断与反土断的激烈斗争，而这也使得土断人户、勒令属籍，总是难以彻底。即以雷厉风行、成效甚显的义熙土断为例，尚明确规定"徐、兖、青三州居晋陵者，不在断例"，"盖刘裕北来而寓晋陵，京口

---

① 《宋书》卷82《周朗传》。
② 钱大昕：《东晋疆域志·序》，第1页。
③ 所谓"君子"、"小人"者，应指土断后仍然免税免役者与不再免税免役者，故"君子"反对土断，是因为寄居之地成了隶籍之乡（"土风之慨"），而"小人"反对土断，则是因为失去了免税免役的优遇（"下役之虑"）。按即便经过土断，那些侨流人口中的高门士族（门阀世族地主）由注白籍改成了注黄籍，仍然可以享受免税免役的特权，"这是因为户籍中注明了他们的家世、官位、爵级、勋状及其他与特权享受有关的内容"。参高敏主编：《魏晋南北朝经济史》，上海人民出版社，1996年，第597页。
④ 《南齐书》卷34《虞玩之传》。
⑤ 《晋书》卷8《哀帝纪》。
⑥ 《晋书》卷37《彭城穆王权传附玄传》。
⑦ 《宋书》卷2《武帝纪》。
⑧ 王谟《汉唐地理书钞》（中华书局1961年影印本）引梁鲍至《南雍州记》，《资治通鉴》卷128大明元年，《宋书》卷76《王玄谟传》、卷37《州郡志》雍州刺史。

起义及佐命诸臣亦十九隶籍徐、兖、青三州。宗室诸刘而外,如刘康祖、刘毅皆彭城人,刘穆之、童厚之、臧熹兄弟皆东莞人,刘蔚兄弟临淮人,刘粹沛郡人,皆徐州也;檀超兄弟叔侄高平人,魏咏之兄弟任城人,皆兖州也;孟昶兄弟、孟怀玉兄弟平昌人,皆青州也;外戚如孝穆赵后下邳人,孝懿萧后兰陵人,武敬臧后东莞人,皆属徐州;刘康祖、刘穆之、刘粹、檀氏兄弟、孟怀玉兄弟史皆言其世居京口……孟昶未达时家在京口……此外刘裕从龙诸臣大约亦多居晋陵郡地",所以刘裕虽具震主之威,仍不得不置晋陵郡界侨郡县及侨寓户于土断之外①。又义熙土断乃"准庚戌土断之科",则庚戌土断"大阅户口,令所在土断,严其法制"②,果其然乎,也很值得怀疑。

土断的不彻底还表现在每次土断规模的不同和土断或有执行不力上。东晋的四次土断,咸和土断规模不大,后三次则规模都较大。南朝的土断,多限在某一区域内进行,如元嘉土断基本限于长江下游的南徐、南兖、扬三州;大明土断以雍州为主;建元土断主要在郢、司、豫、南兖四州,且不仅"罢侨邦",还"革游滥","随界并帖"荒邑③;天监土断在南徐州;天嘉土断,则"不问侨旧,悉令著籍",包括了南北一切"逐食流移者"④。由于土断规模、地域范围及对象的不同,使得一些侨置集中地区反而未被土断,如南徐州晋陵郡界之临淮、淮陵、南东莞等侨郡,寄在汉中的秦州及所领侨郡县,东晋、宋、齐的历次土断均未触及。《宋书·州郡志》梁州所领侨郡县,益州所领侨郡县,多无实土,也没有被土断的记载⑤。即使在土断区域内,因为土断执行得不甚严格,也有幸存的未被土断的侨郡县。如义熙土断,"唯徐、兖、青三州居晋陵者,不在断例",而侨在晋陵的冀州南清河郡也未土断⑥;又大明土断雍州,进行得比较彻底,而建昌郡寄治襄阳,未被土断⑦。类似的情况还有不少。

最后,在整理侨置、土断白籍的同时,由于疆场一此一彼,北方人民相继南

---

① 周一良:《南朝境内之各种人及政府对待之政策》,《魏晋南北朝史论集》,第85页。又夏日新《关于东晋侨州郡县的几个问题》分析此一问题认为:"刘裕是依靠京口地区的侨民起家的。京口地区的侨民不土断,除了是对他们的优待外,主要还是保留这个地区的侨民作为兵源基地,依靠京口集团来控制全国。"
② 《宋书》卷2《武帝纪》,《资治通鉴》卷101兴宁二年。
③ 《南齐书》卷29《吕安国传》、卷24《柳世隆传》、卷14《州郡志》南兖州。
④ 《陈书》卷3《世祖纪》。
⑤ 《南史》卷47《胡谐之传附范柏年传》:"柏年本梓潼人,土断属梁州华阳郡。初为州将,刘亮使出都谘事,见宋明帝。"按《宋书》卷37《州郡志》,华阳郡"寄治州下",尚无实土;其土断当在大明八年后。
⑥ 说详胡阿祥:《〈南齐书·州郡志〉札记》,《历史地理》第10辑,上海人民出版社,1992年。
⑦ 《宋书》卷37《州郡志》雍州刺史建昌太守。

来,侨州郡县不断设置,白籍侨户因此一批批地新添。这种此断彼起,也使得以"正其封疆"、"土断白籍"为主要内容的土断,虽屡行不辍、历时二百多年,而侨置与白籍问题仍绵延不断、难以根绝。直到隋朝重新统一、南北界线泯灭、侨州郡县存在的社会基础已不再存在时,侨州郡县以及所有的相关制度包括其中的白籍问题,才最终得到了解决,变成了历史的陈迹①。

四、侨州郡县的地理分布

以上三小节,主要是从时间的角度,论述了东晋南朝的侨州郡县设置与侨置制度的大概。接续值得探讨的问题,是依据本卷第十编"东晋南朝侨州郡县考表"的具体考证结论,从空间的角度,概括说明东晋南朝侨州郡县的地理分布格局,并讨论形成这一地理分布格局的若干原因。

1. 侨州郡县的地理分布格局

参照疆域形势、自然地理、行政区域等因素,东晋南朝境内②侨州郡县的地理分布,可以划分为5大区、11小区,而侨州郡县的地理分布格局也由此可见。

(1) 江南区

长江以南,东起吴郡海虞,西至寻阳,基本为西晋扬州之地。又可分为东、西两小区,东区为《宋书·州郡志》、《南齐书·州郡志》所载南徐州、扬州之地,西区则在南豫州及江州之江南境内。此区一直为东晋南朝据有,是政治与经济重心所在。侨州郡县建置较早,而且基本保持稳定,主要分布在近江地带,以旧晋陵郡境最为集中,建康、江乘、姑熟、芜湖、寻阳等地也较为密集。

(2) 江淮区

江、淮之间,东起江域江阳、淮域淮阴,西抵江域黄梅、淮域固始。可分东、西两小区。东区为今苏北,西区主要包括今安徽及河南的江北淮南部分。东晋、刘宋基本拥有此区,萧齐东昏后为北魏所取,梁时一度恢复,及陈地入高齐。侨州郡县以东晋、刘宋时代设立者居多,而置废不够稳定。其分布总的来说比较分散,相对集中在邗沟一线(淮阴、山阳、广陵郡境)、沿淮一线(盱眙、钟

---

① 关于东晋南朝各个地区侨州郡县的最后废除或改名,需要联系其疆域的最后入北来看,而具体情况多见载于《魏书·地形志》尤其是《隋书·地理志》中,详细的考辨则可参考杨守敬《隋书地理志考证附补遗》、王仲荦《北周地理志》。大体而言,河淮侨州郡县为北魏省并改名者居多,汉中、巴蜀侨州郡县为西魏、北周省并改名者居多,襄汉侨州郡县为北齐省并改名者居多,淮南侨州郡县为北齐、杨隋省并改名者居多,长江以南侨州郡县的最终罢废或改名则由平灭陈朝的隋朝完成。

② 此所谓"东晋南朝境内",指曾入东晋南朝版图的各地区,不计其时间长短。

离、寿春等)、傍江一带(堂邑、历阳、居巢等)及合肥近傍。

(3) 河淮区

河、淮之间,东始淮域郁洲、河域寿光,西迄淮域汝南、河域洛阳。包括东徐、中原、青齐三小区。东晋南朝拥有此区的时间不长,大约为东晋义熙间至刘宋泰始中约60年。侨州郡县散布河、淮之间,唯郁洲、朐县一带,淮阳、东阳、升城之间,侨置相对密集。

(4) 江汉区

北起汉域义阳、南阳,南达江南武陵、安乡,西自沔境武当、均县,东抵江域罗田、武昌。基本为西晋荆州之地,可分江域、汉域两小区。东晋、宋、齐基本守有此区;萧齐东昏后,沔北诸郡相继沦没,及陈,长江以北、汉沔全境均为高齐所取。侨州郡县设置后比较稳定,其分布大要集中在三个地域,即襄阳、南阳、义阳之间而以襄阳为中心的汉域,南郡、上明、安乡一带的江域上游,以武昌、江夏为中心的江域下游。

(5) 梁益区

自吉阳而西至汉中,转南及武阳,再东达巴东。包括汉中、巴蜀两小区,主要为西晋及东晋南朝梁、益二州之地。东晋穆帝以前为成汉政权所有,347年桓温灭成汉后地入东晋,历宋、齐、梁不变,其间范贲(350—352)、苻坚(373—385)、谯纵(405—413)、北魏(504—508)、萧纪(552—553)先后割据占有若干年,梁末归入西魏版图。侨州郡县主要设置于东晋、刘宋时代,甚是纷杂,但侨立后尚能基本保持稳定。汉中区侨置集中在南郑一带;巴蜀区则沿今广元、剑阁、绵阳、成都一线及涪江一线(今绵阳至重庆)分布,尤以剑阁、成都之间为密集。

又东晋义熙末,刘裕伐取关中,侨有东秦州、并州及天水郡、平阳郡;而不久复失。

试就上述各区作综合之观察,则东晋南朝侨州郡县的分布是相当广泛、基本呈散布状态的;而各区之中,又明显存在着若干侨置集中点(如京口、建康、广陵、寿春、郁洲、襄阳、南郑、成都)与侨置分布线(如沿江南北、淮南一线、汴泗邗沟、汉沔沿线、川陕通途)。侨州郡县形成这种大分散、小集中、诸点成线、诸线成面的分布格局,原因何在呢?

2. 侨州郡县地理分布格局的形成

探讨东晋南朝侨州郡县地理分布格局的形成,离不开对侨流人口的全面考量。如:侨流人口沿着怎样的路线迁移、停留于何地? 侨流人口迁移后,地域选择的主动与被动情形如何? 又侨州郡县作为东晋南朝政府安置侨流人口而设立的特殊政区,政府在此问题上自然也有多方面的考虑。试举一例。江淮之间的颇多侨州郡县,与郗鉴一类流民帅及其率领的侨流人口有关,而田余庆《论郗鉴——兼论京口重镇的形成》讨论郗鉴一类流民帅及其率领的侨流人口与东晋政府的关系云:

> 士族专兵是东晋特有的现象。……士族有兵可专,则是由于北方流民不断南来,补充着兵的队伍。士族依以统兵作战的武将,是久事疆场的流民帅。……郗鉴,高平金乡人。……郗鉴南来……率有流民是可信的。但南来流民大体上是屯驻合肥,未得过江。流民帅所率流民不得过江而至建康,这在当时是通例,不独郗鉴所部如此。……屯驻于江淮之间受东晋委署的流民帅,多数曾有在北方抗拒胡羯的历史。他们所统的武装力量长期追随,多少具有私兵性质。东晋朝廷不得不重视他们,又不敢放心大胆地使用他们。他们是东晋的一支唯一可用的兵力,可又是朝廷不能完全信赖的兵力。一般说来,东晋是按照他们原有的地位高低和兵力多寡,委之以太守、刺史、将军之号,划分大致的地盘,羁縻于长江之外,拒绝他们过江南来。对于已经到达或者将要到达长江的流民帅,东晋往往以军事理由促其北返①。

按江淮之间特别是后来的广陵、京口、晋陵地区,集中了诸多的侨州、侨郡、侨县,即既有交通条件、自然环境、土著势力的因素,也与东晋朝廷对流民帅及其统领的侨流人口防范与利用的双重心理有关。其实道理很明显,大量而具实力的流民帅与侨流人口,朝廷如果利用好了,可以任为兵,可以用作农,可以强化东晋南朝政权的军事力量、经济基础、政治统治;如若安置与处理不当,则也会引发土著与侨流之间、吴姓与侨姓之间、不同层次与不同时间南迁的侨流之间、来自不同地方与居住不同地方的侨流之间、在中枢与在地方以及在朝与在野的侨流之间等的矛盾、冲突。以此,东晋南朝侨州郡县的地理分布格局虽不难明了,而欲明了这种格局的形成、发展与变迁的影响诸因素,却极为不易,其间所牵涉的方面实在太多、太为复杂。以下提要性或举例式地略作探讨,以见概况或类型②。

(1) 交通因素

安置侨流人口,本是侨州郡县设立的主要方式与主要目的;而侨流人口的迁徙路线,遂与侨州郡县的地理分布之间,存在着相当明显的对照关系。

---

① 田余庆:《东晋门阀政治》,北京大学出版社,2005年,第33、35、40页。
② 谭其骧师《晋永嘉丧乱后之民族迁徙》一文对形成侨州郡县地理分布的侨流迁徙因素,有系统而又简要的表述。凡谭文已详者,本小节不再重复。

关于东晋南朝侨流的迁徙路线，谭其骧师《晋永嘉丧乱后之民族迁徙》指出(参见图1)：

　　中原人民南迁，其所由之途径，颇多可寻。如汉水为陕甘人东南下之通途，故南郑、襄阳为汉域两大都会，同时亦为陕甘移民之二大集合地。金牛道(即南栈道)为陕、甘人西南下之通途，故四川省境内之侨郡县，皆在此道附近。时邗沟已凿，穿通江、淮，故沟南端之江都及其对岸之镇江、武进，遂为山东及苏北移民之集合地。淮域诸支流皆东南向，故河南人大都东南迁安徽，不由正南移湖北也。

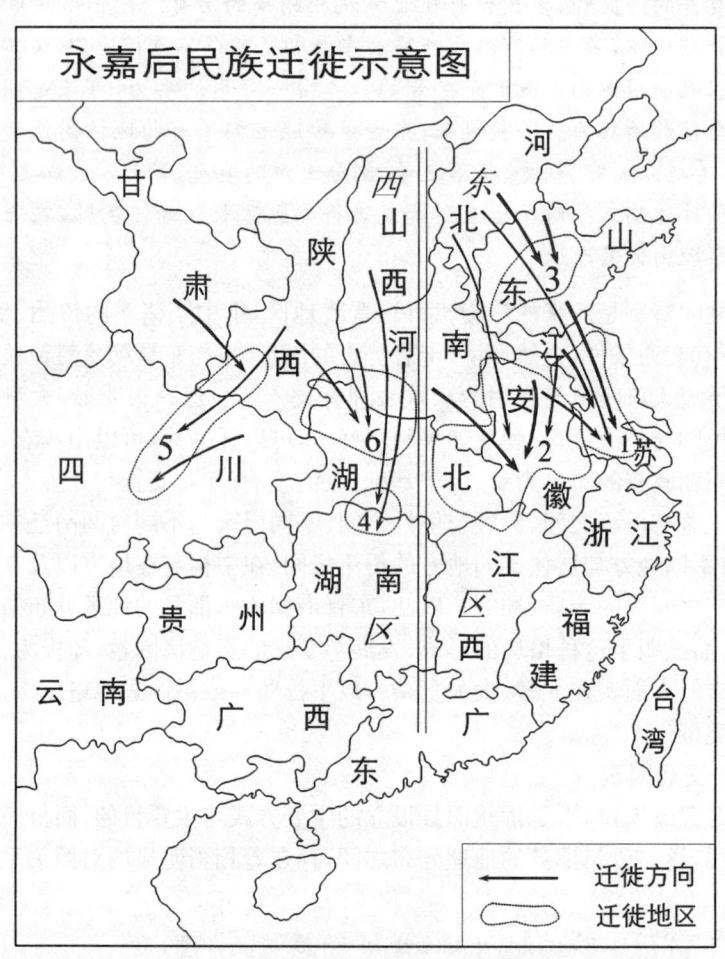

图1　晋永嘉乱后人口迁徙示意图(谭其骧，1934年)

今按：在相关史料中，有关东晋南朝侨流人口迁徙的具体路线的记载其实颇少。依据交通史的研究成果，结合水路与陆路在古代人口迁移中的优势比较（水路胜于陆路），旁证以侨州郡县的地理分布，并综合分析其时之地理环境、地形地貌条件、政治与军事形势、经济开发程度等状况，则略可归纳出如下五条侨流人口的主要迁徙路线：

江左线。晋元帝创基江左，定都建康。以正朔所在，晋朝王公大臣及司、青、兖、并、幽、冀诸州流人，多由汴水、菏水、濉水、沂水、沭水、泗水等线，会于彭城、相县、下邳、东海、淮阳等地，过淮则栖息于山阳、淮阴一带。若更南迁，则沿沟通江淮的邗沟抵广陵，渡江至京口，寄寓晋陵郡境及江乘、建康等地①。所经之地为侨州郡县最为密集的地区。

淮南线。大凡司、豫二州流人，其南迁多取道淮域诸支流如涡水、颍水、汝水等，过淮寄寓在钟离、马头、寿春一线。若更南迁，则经由皖中丘陵平原南北狭长地带，而散处于合肥、庐江、居巢、历阳、新蔡诸地，又有过江寄居姑熟、芜湖、春谷、寻阳等地者。这一区域侨州郡县的分布及其疏密状况，与此种迁流形势大体一致。

汉水线。汉水与关中、河洛邻近。司、雍、并、秦、梁诸州流人南迁，或来自汉中，或顺武关路出关中，或沿南阳路下南阳；再多由汉水东南下，寄居于沔北、襄阳以至南郡、上明等地。司、豫流人又有出弋阳路（古柏举道）、义阳路，越过大别山脉，南下至邾城、安陆等地者。江汉区侨州郡县的分布，即决定于此种迁流形势。

秦岭道。雍、秦、凉三州流人多由秦岭通道即褒斜道、傥洛道、子午道入汉中，故汉中侨州郡县多为这几州流人设置。

剑阁道。梁州流人及诸州流人寄寓汉中者，又有经剑阁道（由今广元，经剑阁、绵阳、德阳抵成都）入巴蜀者；此道另有一条支线，自今广元分路，沿嘉陵江到南部，转西经盐亭、三台，合剑阁道于今德阳西北。巴蜀境内侨州郡县基本沿上述通道分布。

上面由东到西，粗线条地勾画了交通因素对于侨州郡县地理分布的重要影响。侨州郡县的分布大势及"诸点成线"的特点，即可与侨流人口的地域构成、迁徙路线及迁流时间相互印证与发明。交通因素的影响，还表现在大凡交通要冲所在，侨流人口相对集中，因此形成某些侨置集中点，江左线的淮阴、广

---

① 又有泛海南渡至广陵一带者，如《晋书》卷100《苏峻传》：峻"率其所部数百家泛海南渡，既到广陵"即是。

陵、京口,淮南线的钟离、寿春,汉水线的襄阳等处皆是。

(2) 土著因素

东晋南朝大量侨流人口的移居南方,多与当地土著产生矛盾。此种矛盾多基于地域之间的隔阂、对立与歧视,基于侨流与土著之间礼俗、语言的难以同化,更基于一定生产力水平下土地"载人量"有限而引起的"生存竞争"。主客的矛盾,有时甚至表现为激烈的冲突。这种冲突,在西晋时代汉族的大流徙中,就表现得十分明显①。

"客主难久,嫌隙易构"②,这也是东晋南朝统治者面临的一大问题。事实上,理解东晋南朝历史的关键正是侨(侨流)旧(土著)问题,东晋的立国及东晋南朝诸多的政治、经济、军事政策,都与此有关;侨州郡县的地理分布也不例外,甚至可以说,哪些地域设置侨州郡县,这些侨州郡县安置来自哪些地域与属于哪些阶层的侨流,往往受到土著因素的直接作用或间接影响。质言之,侨州郡县也是东晋南朝政府为了避免与土著在政治矛盾之外再起经济冲突所采取的重要措施之一③。

所谓经济冲突,指的是侨旧之间在经济利益方面的矛盾。田余庆指出:东晋"严格说来,居政而有实权者只限于侨姓士族,吴姓士族只不过是陪衬。吴姓士族政治上不能获得更多好处,经济上却必须坚守既得利益,不容侵犯"④。按"不容侵犯"的经济利益,在当时又特别具体地表现在居住地域的冲

---

① 如西晋时,关中地区华戎杂处,因起竞争,于是百姓流移南迁,散在梁益,"流人刚剽而蜀人懦弱,客主不能相制",蜀人既不得已,除"保险结坞"者外,或南下宁州,或东下荆州。蜀人入宁州,引致"宁州饥疫,死者以十万计";而数万家巴蜀流人"布在荆、湘间",也"与土人忿争"。详《晋书》卷120《李特载记》、卷100《杜弢传》、卷66《刘弘传》、卷43《王澄传》、《资治通鉴》卷85 太安二年、卷86 光熙元年。按这种土著与侨流的矛盾以至冲突,可谓普遍现象,如《晋书》卷100《王弥传》:"河东、平阳、弘农、上党诸流人之在颍川、襄城、汝南、南阳、河南者数万家,为旧居人所不礼,皆焚烧城邑,杀二千石长吏以应弥。"又清及民国时代客家与土著之间因土地因水源的争夺乃至因观念的冲突而引起的武力械斗,更是人所共知的近事。

② 《晋书》卷100《杜弢传》。

③ 按侨流与土著之间的政治矛盾,先则缘于西晋时代作为征服者的北人与作为被征服者的吴人之间的历史矛盾,次则缘于司马睿作为孙吴仇雠敌国的子孙(司马睿的祖父司马伷是西晋灭吴之役中接受吴主孙皓请降的主帅),不得已而过江寄寓在孙吴故地的现实矛盾,再则缘于司马睿、王导作为外来势力、作为侨人,却反客为主,摒吴人于政治势力之外的利益矛盾。以言政治利益方面的矛盾,如早在司马睿、王导初到江左时,即因"中国亡官失守之士避乱来者,多居显位,驾御吴人",而使"吴人颇怨",义兴人周玘"因之欲起兵",其父周纪则"忧愤发背而卒"(《晋书》卷58《周玘传》、《周纪传》);甚至直到南齐时,吴兴人丘灵鞠还对吴郡顾荣接纳北方大族南渡之事耿耿于怀,并痛恨地说:"我应还东掘顾荣冢。江南地方数千里,士子风流,皆出此中。顾荣忽引诸伧渡,妨我辈涂辙,死有余罪。"(《南齐书》卷52《文学·丘灵鞠传》详参胡阿祥:《六朝疆域与政区研究》,第1—15页;胡阿祥:《关于六朝史研究的几个问题》,《扬州师院学报》1995年第1期。

④ 田余庆:《东晋门阀政治》,第284页。

突上。王仲荦指出：

> 据颜之推《观我生赋》自注中说："中原冠带，随晋渡江者百家，故江东有百[家]谱。"这一百个世家大族，他们带着自己的宗族、乡里、宾客、部曲到达江东以后，最迫切需要解决的，就是土地的占有问题。江南的膏壤沃野，自东吴以来，久为江东世家大族所据有，北来的世家大族，若再向同一地带发展，必然会损害到江东世家大族的经济利益，那就毫无疑问地要遭受到江东世家大族的强烈反对①。

陈寅恪甚至认为："北人南来之路线及其居住地域问题，实为江左三百年政治社会经济史之关键所在。"②然则探讨东晋南朝侨州郡县的地理分布，也是关键环节之一。

以江南为例，避难南来的北方侨流大体可以分为三层，"其上层阶级为晋之皇室及洛阳之公卿士大夫，中层阶级亦为北方士族，但其政治社会文化地位不及聚集洛阳之士大夫集团……大抵不以学术擅长，而用武勇擅战著称，下层阶级为长江以北地方低等士族及一般庶族，以地位卑下及实力薄弱，远不及前二者之故，遂不易南来避难，其人数亦因是较前二者为特少也"。在此三层侨流中，除了"下层阶级大抵分散杂居于吴人势力甚大之地域，既以人数寡少，不能成为强有力之集团，复因政治社会文化地位之低下，更不敢与当地吴人抗衡，遂不得不逐渐同化于土著之吴人，即与吴人通婚姻，口语为吴语"外，其上层阶级与中层阶级都与江南土著存在着居住地域冲突的现实与可能。当然此江南土著，并不是一般意义上的百姓，而是一些具有强大地方势力与社会影响的江南名族，如吴郡顾氏、陆氏、朱氏、张氏，吴兴沈氏、丘氏，义兴周氏，会稽贺氏、孔氏等。其顾、贺诸氏为文化士族，相对容易笼络，周、沈诸氏则为武力强宗，难以驯服③。

那么，南渡的上层阶级与中层阶级如何消解或避免与江南大族的经济矛盾特别是地域冲突呢？要而言之，则南渡上层阶级选择东土五郡从事经济活动，南渡中层阶级选择旧晋陵郡境作为集中居住地域，如此，便避开了江南大族尤其是其中的武力强宗的核心地区，从而达成相安少事的局面；而江南东区侨州郡县的分布格局也因此而定。

---

① 王仲荦：《魏晋南北朝史》上册，第328页。
② 陈寅恪：《述东晋王导之功业》，收入所著《金明馆丛稿初编》，第55页。按本目引述此文甚多，以下不一一出注。
③ 胡阿祥：《中古时期郡望郡姓地理分布考论》。

先言南渡上层阶级之选择东土五郡从事经济活动及对侨置的影响。不必赘言的是，既是南渡上层阶级，自当迁居在首都建康及其近旁之地①；建康、江乘一带侨置了较多的郡县，即与此有关。又这一区域"虽居都邑"，"堪垦之田"甚多，所谓"萦原抱隰，其处甚多，旧遏古塘，非惟一所"②，当也是得以安置侨流、设立侨郡县的重要因素。然而相对于南渡上层阶级强大的政治势力，则建康、江乘一带的侨置郡县仍然显得不够密集，其间原因，正如陈寅恪所云，在于建康"本为孙吴旧都，吴人之潜在势力甚大，又人口繁庶"之故。进而论之，南渡上层阶级喘息稍定后，不能不作"求田问舍"之计，以恢复其昔日物质上与精神上的享受，而这种"求田问舍"——如王羲之所云"修植桑果……并行田视地利，颐养闲暇"③，为了避免与当地吴人再起经济竞争，则多选择渡过钱塘江，到吴人势力较弱的东土五郡（会稽、东阳、新安、临海、永嘉），尤其是较为近捷而为战略后方的会稽郡发展的策略。如北地傅氏、颍川庾氏、高阳许氏、陈郡谢氏、陈留阮氏、太原王氏、琅邪王氏、太原孙氏、高平郗氏、谯郡戴氏、乐安高氏、琅邪颜氏、济阳江氏、济阳蔡氏、庐江何氏、高阳许氏、鲁国孔氏等，或优游，或仕宦，或兴产殖利于东土。东土佳山水、美田园，人口宽稀，相对和平安宁，适宜于他们"颐养闲暇"、"游放山水"，广占田宅，发展起庄园经济。此正如陈寅恪所言，"北来上层社会阶级虽在建业首都作政治之活动，然其殖产兴利为经济之开发，则在会稽、临海间之区域。故此一带区域亦是北来上层社会阶级所居住之地也"。然而也正是由于他们属原籍散布北方诸地的"北来上层社会阶级"，不是一般意义上的侨民，又基本享受优复待遇，加上东土并没有足够数量的一般阶层的团聚侨流人口（乡族集团或北来劳动人民），所以对于居住东土的这部分特殊侨人，并没有采取侨置州郡县的措施。

次言南渡中层阶级之选择旧晋陵郡境作为集中居住地域及对侨置的影响。考江南东区侨州郡县的分布，尤其集中在旧晋陵郡境，推测其主动原因（政府方面）在于利用这批侨流人口的军事实力（详下），而被动原因（侨流人口方面）则在于避免过分的主客冲突，使侨寓与土著的居住地域分开。陈寅恪指

---

① 陈寅恪《述东晋王导之功业》："南来北人之上层社会阶级本为住居洛阳及其近旁之士大夫集团，在当时政治上尤其在文化上有最高之地位，晋之司马氏皇室既舍旧日之首都洛阳，迁于江左之新都建业，则此与政治中心最有关系之集团自然随司马氏皇室，移居新政治中心之首都及其近旁之地。王导之流即此集团之人物，当时所谓'过江名士'者是也。"
② 《南齐书》卷40《竟陵王子良传》。
③ 《晋书》卷80《王羲之传》。

出:"东西晋之间江淮以北次等士族避乱南来,相率渡过阻隔胡骑之长江天堑,以求保全,以人事地形便利之故,自必觅较接近长江南岸,又地广人稀之区域,以为安居殖产之所。"而旧晋陵郡境即京口、晋陵、丹徒、武进、无锡、曲阿一带,正符合这一条件。这一区域孙吴时设有毗陵典农校尉,以其人户稀少、土田未垦之故,立为屯田区。西晋置为毗陵郡,永嘉中司马睿改名晋陵郡。当东晋时,晋陵郡地广人稀的情况尚未改变,《元和郡县图志》卷 25 江南道润州丹阳县:"新丰湖,在县东北三十里,晋元帝大兴四年晋陵内史张闿所立。旧晋陵地广人稀,且少陂渠,田多恶秽。闿创湖,成灌溉之利。"又东晋干宝《搜神记》卷 5 谓京口一带"甚多草秽"。既多荒田草秽、人口稀少,又处在长江南岸、建康近傍,当水陆交通要会,则旧晋陵郡境侨流人口辐辏,以至于侨置荟萃,备有徐、兖、幽、冀、青、并、司、豫、扬九州郡邑的状况,自不难解释。

然则综上所述,又可理解侨州郡县之不及于吴郡、吴兴郡及义兴郡境的奇怪现象①,也正与土著因素的影响有关。其时,江南境内地广野丰,水道纵横,交通便利。由京口、晋陵经吴郡达钱塘的江南运河已经开通,由建康经人工运河破岗渎可接江南运河;钱塘至会稽,会稽至临海、东阳、句章等地,也都有水道沟通②。以一般情势推论,侨流人口自不必汇集于晋陵一隅、傍江一带,而是大可南进,以安家置业。然而从史实看,渗进吴郡、吴兴郡及义兴郡境的北方侨流虽不是没有③,但人数相对较少、地位一般相对较低(陈寅恪所谓下层阶级)并且不呈团聚状态却是肯定的。这一现象的产生,即与这一区域吴人势力强盛,侨流人口尤其是具有一定政治地位、军事力量的侨流人口(陈寅恪所谓上层阶级与中层阶级)不便或不易插入有关④。以义兴周氏、吴兴沈氏为

---

① 唯"晋元帝初,割吴郡海虞县之北境为东海郡,立郯、朐、利城三县。……穆帝永和中,郡移出京口,郯等三县亦寄治于京"(《宋书》卷 35《州郡志》南徐州刺史南东海太守)。考海虞,邻晋陵郡境,又近海边荒,故得以安集一些侨流,侨置郡县。但是这样的例外,维持的时间并不长,不久即移寄京口。
② 正是会稽、吴郡、吴兴、义兴诸郡这样的经济地位与交通条件,相当程度上支撑着首都建康地区的粮食供应以及建康以下长江两岸军队的物资给养,这是吴地大族对东晋南朝流寓政权的支持。而在此种情形下,东晋南朝流寓政权也当考虑尽量不损害吴地大族的经济利益,以求得双方的长久合作。详田余庆:《论郗鉴——兼论京口重镇的形成》,收入所著《东晋门阀政治》。
③ 如陈霸先祖先陈达,"出为长城令,悦其山水,遂家焉"(《陈书》卷 1《高祖纪》);河南轵人郭文"步担入吴兴余杭大辟山中穷谷无人之地"(《晋书》卷 94《隐逸·郭文传》)等。
④ 其上层阶级已如上述。又中层阶级,陈寅恪《述东晋王导之功业》云:"此种人群在当时既非占有政治文化上之高等地位,自不能亦不必居住长江南岸新立之首都建康及其近旁。复以人数较当时避难南来之上下两层社会阶级为多之故,又不便或不易插入江左文化士族所聚居之吴郡治所及其近旁,故不得不择一距新邦首都不甚远,而又在长江南岸较安全之京口晋陵近旁一带,此为事势所必致者也。"

例,二者均势力强大,所谓"江东之豪莫强周、沈"①,诚为实录。他们既难驯服,又最易与北来侨流发生利害冲突②。因此,建康及其周边地区以及晋陵郡境的北方侨流遂难以大批移居吴、吴兴、义兴等郡地,而侨州郡县的分布区域,也随之与吴人势力强盛地区截然分开。

吕思勉曾指出:"盖古之为治,习于属人。侨居之民与当地之民,不易浃洽,故特立郡县以抚安之。"又云:"新旧侨民,既难浃洽,则绥抚之者,不得不设侨州、郡、县。"③上述江南东区侨州郡县基本限于旧晋陵郡境及江乘、建康沿江一带,与江南士族强宗居住地域基本不相冲突,这样既"抚安"了侨流,又一定程度上缓和了侨旧因地域冲突所引致的矛盾。此即土著因素影响侨州郡县地理分布的一种形式。

中部地区侨州郡县的集中分布地襄阳一带的情形,又不同于江南。"自永嘉乱,襄阳民户流荒"④,其具体过程与情形是:流民的起义与骚扰,石赵的占领与破坏,引致南阳乐氏、刘氏、宗氏及新野庾氏等上层士族移居江陵,土著人民则或被石赵强行赶到沔北,或自行南下江陵,或逆汉水而上流亡汉中以至巴蜀,于是"当地人口骤减,一片荒凉。襄阳地方的这种'空白化'……从更为混乱的华北各地招致了大量难民"⑤,如永嘉乱后以至东晋末年,河南宗氏,河东柳氏,北地傅氏,京兆韦氏、杜氏、王氏,扶风鲁氏,安定席氏,天水杨氏等司秦大姓、雍州豪强及诸州流人,陆续南出樊沔,侨于汉侧,其结果,使得襄阳一带"旧民甚少,新户稍多"⑥,即侨流人口在数量上以及势力上都压倒了当地土著,于是侨立雍州并立诸州侨郡县,及刘宋元嘉、大明中,还分实土郡县以为侨州郡县境。又与襄阳一带之情形相仿佛者,是西部的侨置集中地汉中地区。《南齐书》卷15《州郡志》梁州条云:汉"为巴蜀捍蔽……是以蜀有难,汉中辄没,虽时还复,而户口残耗。……关、陇流民,多避难归化,于是民户稍实",汉

---

① 《晋书》卷58《周札传》。如周玘、周勰欲起反兵,而司马睿、王导等委曲求全,一再绥抚,"以周氏奕世豪望,吴人所宗","宗族强盛,人情所归"之故也;沈充从王敦反,"及败归吴兴,亡失道,误入其故将吴儒家。儒诱充内重壁中,因笑谓充曰:'三千户侯也。'充曰:'封侯不足贪也。尔以大义存我,我宗族必厚报汝。若必杀我,汝族灭矣。'儒遂杀之。充子劲竟灭吴氏。"沈氏之宗强势大可见。详《晋书》卷58《周勰传》、《周玘传》,卷98《沈充传》。
② 陈寅恪《述东晋王导之功业》即以义兴周氏为例,论述了南来北人之中层阶级居住地域与义兴周氏居住地域接近,而双方人数、武力又颇足对抗,两不相下,利害冲突,并不能同化,遂势成仇敌的经过。
③ 吕思勉:《两晋南北朝史》,第940、952页。
④ 《南齐书》卷15《州郡志》雍州。
⑤ 安田二郎:《晋宋革命和雍州(襄阳)的侨民——从军政统治到民政统治》。
⑥ 《南齐书》卷15《州郡志》雍州。

中因此密集了秦、雍、凉、并诸州侨郡县。按襄阳、汉中两地,"民户流荒"、"户口残耗"并缺少强悍的土著大族的人文环境,使侨流荟萃成为可能,以至于逐渐形成了侨流压倒土著的局面。而在这种情形下,土著因素对侨州郡县地理分布的影响,就不占主导地位了,是否设置侨州郡县以及设置多少侨州郡县,起决定作用的是自然与经济等条件或军事与政治等因素。

(3) 自然条件与经济条件,军事因素与政治因素

对于襄阳地区来说,所以能容纳20多个侨州、郡以及更多的侨县,基本没有土著因素的妨碍,只是前提条件。毕竟,大量侨州郡县的设立,一般而言,也就意味着众多侨流人口需要安置;众多侨流人口的安置,则需要适宜的自然环境、起码的经济基础。衡之以襄阳地区,是具备这样的条件的。《晋书》卷73《庾翼传》评价襄阳云:"西接益梁,与关陇咫尺,北去洛河,不盈千里,土沃田良,方城险峻,水路流通,转运无滞,进可以扫荡秦赵,退可以保据上流。"又《南齐书》卷15《州郡志》雍州云:"襄阳左右,田土肥良,桑梓野泽,处处而有。……疆蛮带沔,阻以重山,北接宛、洛,平涂直至,跨对樊、沔,为鄢郢北门。"一直关注襄阳地区的日本学者安田二郎描述包括南阳、新野、顺阳等在内的襄阳地方说:"这里位于汉水的转弯处,有广阔肥沃的堆积土壤,不仅适合农作物,也适合桑梓的生长,沼泽众多,水产资源丰富,养殖、渔业古时起就很兴盛。而且原野辽阔,牧畜发达,尤其以军马产地闻名,人人善骑射,尚武风气浓厚";后汉末以来,"襄阳不仅是军事据点,而且作为经济、文化中心曾繁荣一时"①。这样的自然与经济条件,为侨流人口的择居与侨州郡县的设置提供了物质基础。而由上引史料与描述,可知襄阳地区特殊的军事地位与政治意义,值得强调的是,这种军事地位与政治意义,也是朝廷在襄阳地区安置侨流人口、遍布侨州郡县的重要原因之一。

如上所述,东晋、宋、齐时代基本守有襄阳地区,只是襄阳地区作为对十六国北魏战略前沿地带的性质,仍十分明显。这样的对敌前沿,所流住的侨流人口,按照陈寅恪的说法,又"俱是有战斗力之武人集团",而且是"与长江下游居住京口晋陵一带之南来北人为武力集团者正同,但其南迁之时代较晚……故其战斗力之衰退亦较诸居住长江下游京口晋陵一带之武力集团为稍迟,梁武帝之兴起实赖此集团之武力"。据此,该武力集团无论是对内还是对外,都是不可小觑的重要力量。而原东晋以及宋、齐中央政府的本意,无论为安置他们而设立的侨州郡县是属都督—将军府的军政统治,还是属州的民政统治,都有

---

① 安田二郎:《晋宋革命和雍州(襄阳)的侨民——从军政统治到民政统治》。

利用为对外防御乃至进攻的企图。事实也正是这样,比如"南朝时候,这里不仅优秀武将辈出,其士兵的能征善战也颇得好评",又东晋后期以来,"由于当地自然条件本来优越,以侨民为中心进行了再度开发,物质财富渐渐充实起来",这便从人与物两方面强化了作为对北方战略要地的襄阳地区的实力;及至刘宋中后期襄阳地区侨州郡县拥有了实土,治于襄阳的雍州更是迅速发展成为"兵马重镇",且在此后的宋、齐、梁政局演变与军事舞台上扮演了重要角色①。

然则襄阳地区侨州郡县的设立、割实,有着自然、经济、军事、政治的多重考虑。而由此思路再回看京口晋陵地区,则孟昭庚的旱田说、田余庆的安全说,也都具有某种补充意义。所谓旱田说,孟昭庚以为,"南下人口多种旱田,水田耕作一时还未能适应,因此,南来人口多向江南的岗阜地区发展"②。按今镇江、丹阳、常州一线,是平岗黄土层,适合耕种旱田、栽植桑麻,故此侨流人口最为集中,侨州郡县十分密集。又所谓安全说,田余庆指出:

> 士族南来,只要不与吴姓士族利益冲突,也就是说只要他们愿意逐空荒而居,其停驻地就有较大的选择自由。……但是零散的流民,却没有多少自由选择停驻之处的余地。他们在胡骑追逼下节节南行,一般只是想找一个接近北土的地方停留,以便有朝一日重返故园。他们资财匮乏,人力寡弱,一旦到达可以暂时栖息的安全地方以后,就无力继续南行。所以他们集中寄寓的地方,一般限于长江南缘一带,至少在东晋初年是这样。以下游而论,下游南缘胡骑难于到达的地方,比较理想的是江南的东隅,也就是京口、晋陵一带。……特别是京口,宽四十里的长江,是它的一道重要屏障。……京口、晋陵可以吸引流民,而流民可以组成军队。京口、晋陵密迩三吴,而三吴的物产可以支援京口之军③。

---

① 参考安田二郎《晋宋革命和雍州(襄阳)的侨民——从军政统治到民政统治》、《刘宋大明年间的襄阳土断》。又张琳《东晋南朝时期襄宛地方社会的变迁与雍州侨置始末》指出:"力量强大的雍、秦流人集团麇集襄宛,这是东晋政权在襄阳最终侨置雍州的最直接的导因。……整个侨雍州地方社会在东晋政治中扮演的便是朝廷将帅(如郗恢、桓宣)或者干脆就是雍州流民帅(如杨佺期、鲁宗之)统御下的流民武装群落";刘宋元嘉雍州实土化以后,"雍州逐渐代替京口晋陵,成为朝廷用武所资凭的兵源所在";再到宋末齐初,"雍州发展成为处江汉上游对北防御、居分陕之重牵制荆州的全局性重镇";齐、梁之际,雍州由鼎盛走向衰落;及至554年西魏破江陵,雍州沦陷,"东晋南朝时期,雍州侨治在襄阳的历史至此终结"。
② 孟昭庚:《六朝门阀士族评述》,《南京教育学院学报》1987年第2期。
③ 田余庆:《论郗鉴——兼论京口重镇的形成》,收入所著《东晋门阀政治》,第75—76页。按田余庆比较安全之地应当是吸引北方侨流的一个重要条件的说法是有道理的,而"零散的流民"云云,则起码对于京口、晋陵一带是不合适的,笔者更倾向于陈寅恪南渡中层阶级之说。

至于京口在政治、军事上的作用,还在东晋初年,便有控制三吴、抵御海寇、拱卫京师三个方面。要之,京口、晋陵一带之汇聚侨流人口,"晋人谓京口为北府"①、"徐州人多劲悍,号精兵。故桓温常曰'京口酒可饮,箕可用,兵可使'"②,与侨州郡县密集分布、南徐州割成实土等现象之间,实在有着密切的内在联系,并受到了多种因素的综合影响。

以上围绕襄阳地区与京口、晋陵一带涉及自然、经济、军事、政治诸因素的分析,也可施之于其他存在侨州郡县的地区。为免琐碎,兹作突出重点的概括交代。

对于北方南来的侨流人口来说,自然条件恶劣、地理位置偏僻的地区,缺乏吸引力;反之,那些土田肥美之乡、水陆交通要会,则吸引力自然很大。如青齐地区侨州郡县基本都分布在黄河以南、鲁中南低山丘陵的西部与北部外围,其原因即在于这一带具有富足的经济实力③,使安置大批侨流人口成为可能;侨州郡县则多设立在交通要冲或军事重镇,如历城、广固、升城、梁邹、盘阳、东阳等地。侨置阳平郡的无盐一带,济、汶、洪、洸诸水纵横,也是南北漕运要地。同样,长江沿岸如南郡、上明、江夏、武昌、芜湖、姑熟等地,每有侨置郡县,与"缘江上下,皆有良田"④及水路流通不无关系。又"彼寿阳者,南引荆汝之利,东连三吴之富;北接梁宋,平涂不过七日;西援陈许,水陆不出千里;外有江湖之阻,内保淮淝之固。龙泉之陂,良田万顷,舒六之贡,利尽蛮越,金石皮革之具萃焉,苞木箭竹之族生焉,山湖薮泽之隈,水旱之所不害;土产草滋之实,荒年之所取给"⑤,以此等地利,侨流人口又何乐而不之? 但这类地方大多先为土著占有,侨流既不易插足,则另外选择有开发潜力的荒田废村,也是理所当然。以淮南言之,"淮南旧田,触处极目,陂遏不修,咸成茂草,平原陆地,弥望尤多"⑥,这种百废待兴的地域,正适合侨流人口的垦辟与定居,故此土著颇称流荒的江淮之间,侨流人口既多散布,而侨州郡县也是处处而有。为使人地结合,有时地方政府甚至中央政府也迁徙侨流,使就宽乡,如晋成帝时,"诸郡失

---

① 《资治通鉴》卷104太元二年胡注。又钱大昕《廿二史考异》卷22:"徐兖二州都督,例以'北'为号,故有'北府'之称。"
② 《世说新语》卷中《捷悟》注引《南徐州记》,第320页。
③ 所谓"青齐沃壤,号曰'东秦',土方二千,户余十万,四塞之固,负海之饶,可谓用武之国"(《晋书》卷127《慕容德载记》),"北有河、济,又多陂泽"(《宋书》卷50《垣护之传》),东靠渤海,平衍沃美,擅鱼盐之利。
④ 《晋书》卷67《温峤传》。
⑤ 《晋书》卷92《文苑·伏滔传》。
⑥ 《南齐书》卷44《徐孝嗣传》。

土荒民数千无佃业,(荆州刺史庾)翼表移西阳、新蔡二郡荒民就陂田于寻阳",于是侨立西阳郡与新蔡郡①。然则政府迁徙侨流而置之此类侨州郡县,其地理分布除自然条件与经济条件外,受政治因素或军事因素的影响也就较大。

政治因素对侨州郡县地理分布的影响,除政府主动移民而侨置者外,还表现在京畿以及各个地区的政治中心易于汇集起较多的侨流人口,从而导致侨州郡县密集,如建康一带、南郡周围、江夏附近、成都近傍等地皆是。至于州郡县的辗转南侨现象,则与政治治乱、疆域盈缩有关。以淮南江北、江南为例,"晋永嘉大乱,幽、冀、青、并、兖州及徐州之淮北流民,相率过淮",于是"徐、兖二州或治江北,江北又侨立幽、冀、青、并四州"及诸州侨郡县;"其后中原乱,胡寇屡南侵。……成帝初,苏峻、祖约为乱于江淮,胡寇又大至",淮南不可安居,"民南度江者转多","晋成帝咸和四年,司空郗鉴又徙流民之在淮南者于晋陵诸县。其徙过江南及留在江北者,并立侨郡县以司牧之"②,而尤以江南侨立为多。侨州郡县分布上这种逐渐南移、步步深入的情形,在江汉区、梁益区也表现得甚是明显。

又有一些侨州郡县,或出于正统观念以备职方立,或侨立之初主要是考虑到安置失地官吏,其分布随宜性、不稳定性较大,如中原等地侨州郡县基本呈散布状态,即是其例。

总之,阐释、解说东晋南朝侨州郡县的地理分布,既要考虑到相关侨流人口的迁出地区、迁入地区、迁移时间、阶级阶层、文武素质,也要关注因时而变、因地而异的南北对立形势、军事重镇变迁、中央地方关系,并且注意联系朝廷、地方、流民帅、侨流人口等不同主体的政策、措施、想法、希望;而具体到各别地区或地点的侨州郡县,则上述之交通因素、土著因素、自然条件、经济条件、军事因素、政治因素等,往往并不是各自单独发生作用,而是或同时存在、相互交织,或彼轻此重、共同影响。东晋南朝侨州郡县的地理分布格局,即是复杂时空环境下诸多因素综合作用的结果。

3. 侨州郡县地理分布与侨流人口地理分布的不相一致

讨论东晋南朝侨州郡县的地理分布,无法回避的一个连带问题是,侨州郡县的地理分布与侨流人口的地理分布并不一致,有些地方甚至可以说存在着颇大的出入。如上文所讨论的,南渡长江下游的上层阶级选择东土五郡从事

---

① 《南齐书》卷14《州郡志》豫州;《廿二史考异》卷24,第541页。关于徙民新地,参阅《宋书》卷64《何承天传》、卷82《周朗传》。
② 《宋书》卷35《州郡志》南徐州刺史、扬州刺史淮南太守。

经济活动,南渡长江下游的下层阶级大抵分散杂居于吴人势力甚大的地域即吴郡、吴兴郡、义兴郡境①,但无论东土五郡还是吴、吴兴、义兴郡境,都未设置侨州郡县。按这样的情况也存在于长江南岸稍远以及东晋南朝的内地:以皖南、浙西的新安郡(东土五郡之一)为例,据宋明时代一些方志、宗谱的记载,河间俞氏晋永嘉之乱后迁移新安郡,北方程、鲍、黄、谢、詹、胡、郑、余诸氏东晋南朝时携子孙徙居新安郡,如此,新安郡侨流人口颇多,然而新安郡境并无侨州郡县的设置。又侨流还有南迁得更远的,如世传侨流有南迁八闽者,《直斋书录解题》卷8引唐林谞《闽中记》云:"永嘉之乱,中原仕族林、黄、陈、郑四姓先入闽。"而明何乔远《闽书》卷152称"衣冠始入闽者八族",又有詹、丘、何、胡四姓;再有泉州清原郡,《太平御览》卷170引《十道志》:"东晋南渡,衣冠士族多萃其地,以求安堵。"按"中原仕族"、"衣冠士族"云云,出自后世追记,或有附会的可能,但永嘉乱后,东晋南朝有北方一般家族、零散侨流或由海路或由陆路迁入福建八闽之地,应该还是可以肯定的,因为较之更远的岭南之地,当时史籍也明确记载有北方侨流的踪迹:如东晋义熙末,"东海人徐道期流寓广州,无士行,为侨旧所陵侮。因刺史谢欣死,合率群不逞之徒作乱,攻没州城,杀士庶素憾者百余,倾府库,招集亡命,出攻始兴"②,徐道期显然就是北方移民或其后裔,而其所率徒众中也应当有不少的北方移民或其后裔。又宋泰始中,交州"土人李长仁为乱,悉诛北来流寓,无或免者"③;此"北来流寓",也有直接迁自北方的可能。然而,无论福建八闽,还是岭南交广,也都不见侨州郡县的设立。

进一步比较侨州郡县与侨流人口的分布,还会发现一个连带问题,即设置有侨州郡县的区域,侨流人口也不一定固定居住在相应区域内,这又特别明显地体现于北方南来上层士族。据秦冬梅的考证,"籍属琅邪的王氏家族和颜氏家族都没有居住在侨琅邪郡的范围内,而是居住在秦淮河以南的地区。……原籍为陈郡阳夏县都乡吉迁里的谢氏家族也并没有居住在其籍贯所在的侨陈郡或阳夏县中,从上述分析可知,世家大族的居住地与其侨籍所在地是分离的,多数世家大族并没有居住在其所属的侨州郡县之中。……世家大族不固定居所的原因有很多,因游宦、退隐、迷信等原因离开他们到南方后第一居所的例子很多,虽然原因不同,但造成的结果是相同的,那就是与侨州郡县及宗族本家的脱离"④。

---

① 以吴兴郡为例,河内郭文隐居吴兴余杭,颍川陈达家于吴兴长城,胡颖寓居吴兴。又《晋书》卷78《孔坦传》载其为吴兴内史时,"时使坦募江淮流人为军",可见吴兴郡境的江淮流人数量必定不少。
② 《宋书》卷50《刘康祖传》。
③ 《宋书》卷94《恩倖·徐爰传》。
④ 秦冬梅:《论东晋北方士族与南方社会的融合》,《北京师范大学学报》2003年第5期。

然则总结造成东晋南朝侨州郡县地理分布与侨流人口地理分布并不一致的缘故,尤其重要者当有两点。其一,大凡因侨流人口而置侨州郡县,其侨流人口一般是呈团聚状态的乡族集团,即人数较多而且相对集中。那些迁入长江南岸稍远以至八闽、岭南等悬远内地的侨流,毕竟只是发源于北方之移民大潮的无力余波,他们人数既少,迁移时间与迁入地区又较分散而不集中,加之南方地广人稀,便于他们随宜而居,故既不必也无法为他们侨建州郡县;至于东土五郡殖产兴利的北方南来上层阶级,居住秦淮河畔、乌衣巷里的琅邪王、陈郡谢一类侨姓名族,大多已有本籍侨州郡县安置了其乡族,他们本身则因政治而游走宦海、因经济而求田问舍、因文化而纵意肆游、因出身而免除税役,对于他们,自然也是既不能也不必再置侨州郡县的。其二,东晋南朝政府侨立州郡县的本意,在于表示一种收复失地的决心,在于以为侨流人口"庶有旋反之期"、侨置初不过是一时权宜之计,在于利用北方南来侨流的归本之心、武勇之力屯戍北部疆土、捍卫军事重镇、北伐西征。以此,不仅绝大多数一般层次的侨流人口既无心也无力远迁东晋南朝之内地,政府也不愿他们远迁内地、失去控制、不便利用;而与此相呼应,政府建立的侨州郡县,自就不必远离北方侨流人口之故土以至深僻南方内地,将州、郡、县侨立在大江南北、淮东淮西、青徐中原、沔汉梁益,使其总的形势靠近北方,这与上述的侨置本意也是一致的[①]。

最后必须说明的是,以上有关侨州郡县地理分布与侨流人口地理分布不相一致的讨论,只是立足于宏观角度的整体观照,其细部不相一致之处当然甚多,如注籍侨州郡县的侨民只是侨流人口的一大部分,南迁侨流有"多庇大姓以为客"[②]者,有散居于当地州郡县而编入当地户籍者,有"不乐州县编户"的"浮浪人"[③],又有政府强令属籍当地者。可见侨流人口不尽注籍于侨州郡县,而当地州郡县所领也不是没有侨流人口。

要之,侨流人口的南来,情形各异,南来后的境况,也是颇不相同;而侨州郡县的设立,无论有无实土,总归相对固定。复杂流动的侨流人口与相对固定

---

① 夏日新《关于东晋侨州郡县的几个问题》认为:"侨州郡县设置地区京口、广陵、芜湖、上明、夏口、寻阳、襄阳等都是自孙吴以来的军事重镇,这不是偶然的。……东晋政权设置侨州郡县安置流民集团,主要是利用其作为军事基础。"又田余庆《东晋门阀政治》第285页分析:"谢玄从流民和流民帅中募北府兵将成功,由此而有淝水之战的胜利,这与郗鉴早期经营京口因而得以羁縻江淮以北的流民帅,当有重要关系。与下游北府经营相应,上游也出现了襄阳的经营。诸庾、诸桓控制上游时都十分重视襄阳流民的作用,其经营办法与下游京口相似。所以襄阳的流民武装,得以成为屏蔽荆、江的重要力量。"
② 《南齐书》卷14《州郡志》南兖州。按此"大姓"当既有迁来的侨姓,也有土著的吴姓。
③ 《隋书》卷24《食货志》。按浮浪人还包括南方的"无贯之人"。

的侨州郡县,焉能完全对应?而其间的种种差异,以上仅略言大概耳。

第五节 东晋南朝的双头州郡

双头州郡是东晋南北朝时代地方政区设置的特殊现象。在中国历史上,也只有东晋南北朝时代存在过双头州郡。关于双头州郡,现有的研究成果极为缺乏。吴应寿师曾撰有《东晋南朝的双头州郡》一文①,概要分析了双头州郡的类别及双头单称现象。本节试图在此基础上,进一步就东晋南朝双头州郡的概念、种类、名称、设置情况以及设置原因进行讨论。

一、双头州郡的概念

《魏书》卷106《地形志》颍州条:"汝阴、弋阳二郡。萧衍置双头郡县,魏因之。领县七。户一千六百六十五,口六千七十八。汝阴、陈留、楼烦、宋、弋阳、新息、期思。"钱大昕《廿二史考异》卷29解释说:

> 双头郡者,两郡同治,一人带两郡守也。此本汝阴郡地,又侨立弋阳郡,《宋志》所谓"帖治"。

按钱大昕用"双头郡"来解释"双头郡县",是认为"双头郡县"即双头郡及其领县。何谓双头郡呢?二郡同治一地,设置一名太守,实际上合为一个行政单位;虽然侈称二郡,其实是一郡②。因此,"双头郡县"并不是指双头郡与双头县,双头县是不存在的。

又有双头州。《南齐书》卷15《州郡志》秦州:晋安帝"隆安二年,郭铨始为梁、南秦州刺史。州寄治汉中"。汉中又为梁州治,而"梁州常带南秦州刺史",宋齐之世,吉翰、刘道产、萧思话、刘秀之、王玄载、崔慧景、曹虎诸人,皆为梁、南秦二州刺史;梁、南秦二州即双头州。又宋泰始年间失淮北后,青州、冀州均侨治郁洲,且"二州共一刺史"③,也是双头州。双头州者,二州同治,共一刺史,合为一个行政单位;虽侈称二州,其实是一州。

---

① 载《历史地理研究》第1辑,复旦大学出版社,1986年。
② 如《魏书》卷106《地形志》颍郡"领郡二十",志文仅列11目,即11个行政单位:2个单郡(东恒农郡、新兴郡)、9个双头郡(汝阴弋阳二郡、北陈留颍川二郡、财丘梁兴二郡、西恒农陈南二郡、东郡汝南二郡、清河南阳二郡、新蔡南陈留二郡、荥阳北通二郡、汝南太原二郡),置太守11。又楚州"领郡十二",志文也只列出10目(彭沛二郡、马头郡、沛郡、安定郡、广梁郡、鲁郡、北谯郡、济阳郡、北阳平郡、钟离陈留二郡),是名为12郡,其实10郡。
③ 《南齐书》卷14《州郡志》冀州。

既然如此,则双头州所领郡、双头郡所领县,应当隶属双头州刺史、双头郡太守,而不再分此州与彼州、此郡与彼郡,如前引《魏书》卷106《地形志》汝阴、弋阳二郡领县七,户、口若干,这七个县及若干户口,统归汝阴弋阳双头郡;又《南齐书》卷14《州郡志》:"东莞琅邪二郡。治朐山也。即丘、南东莞、北东莞。"所领三县也不分彼此。然而《宋书》卷36《州郡志》南豫州刺史南顿太守"帖治陈郡",豫州刺史新蔡太守"帖治汝南",这两个双头郡领县仍分在四郡下记载,四郡各为一目,各有属县;又青冀二州为双头州,《南齐书》卷14《州郡志》青州领齐郡、北海郡、东莞琅邪二郡,冀州领北东海郡,也是将双头州领郡分载于两州之下,如此等等。笔者认为,这种记载表明的是合为双头州、双头郡前的郡、县领属情况,是记双头州、双头郡的不规范方法,很容易引致误解。

二、双头州郡的种类与名称

依照二州、二郡的组合,双头州郡可分为以下三类(诸例详下目):
(1) 实土郡—实土郡
两个实土郡同治,即一郡帖治另一郡。这种情况不多见,而且在双头州中未见类似情况。如《宋书·州郡志》豫州之汝南、新蔡二郡,陈、南顿二郡,汝阳、颍川二郡等,都曾以实土郡联合为双头郡。
(2) 实土州、郡—侨州、郡
侨州与实土州、侨郡与实土郡合置一刺史、太守,同治一地的情况较多。双头州如梁(实)、南秦(侨)二州,合治梁州南郑;宋元嘉中徐(实)、兖(侨)二州合治徐州彭城,而以一人领二州刺史;又晋义熙至宋大明中,青、冀二州也常联合为双头州,合治东阳城或历城。双头郡如巴西郡寄治实土梓潼郡,自晋迄梁恒置一太守,合为巴西梓潼二郡。这一类双头州郡,一般是侨州、郡帖治实土州、郡,但也有侨州、郡割成实土后,实土州、郡反而帖治侨州、郡者,如淮南宣城二郡,淮南为侨郡,后有实土,而宣城实土郡,晋及宋齐间,常合二郡置一太守,治于湖(淮南郡治);又如青冀二州,冀州为侨州,割成实土,治历城,青州实土州,宋孝建三年(456)至大明八年(464),青州帖治历城[1],垣护之曾领二州

---

[1] 青州移治历城,《宋书》卷36《州郡志》青州刺史条作孝建二年,《宋书》卷100《自序》作孝建元年,《宋书》卷50《垣护之传》及《资治通鉴》皆作孝建三年。当以孝建三年为是。据《宋书》卷6《孝武帝纪》,孝建二年十一月以垣护之为青、冀二州刺史,次年五月:"木连理生北海都昌",垣护之以闻(《宋书》卷29《符瑞志》);考"北海都昌",寄治青州东阳城,北海郡且常与齐郡(青州治)共一太守,合为双头郡,可见孝建三年五月时,青州尚未移治历城。参考下文"双头州郡常单称"及"齐北海二郡"。

刺史。

(3) 侨州、郡—侨州、郡

即两个侨州、郡同治,设一刺史、太守,合为双头州、郡。如前述宋泰始后之青冀二州(同治郁洲);又东晋朱序以青、兖二州刺史镇淮阴,谯王司马恬以青、兖二州刺史镇京口,均为双头州。双头郡则更多,如略阳武都二郡、南彭城临淮二郡、清河广川二郡等皆是。这一类双头郡,又可分别为三种:其一,实土侨郡合为双头郡,如清河广川二郡,《宋书》卷36《州郡志》冀州侨郡,割为实土,曾以一人领之,合治清河郡盘阳城。其二,无实土侨郡帖治实土侨郡,如南琅邪临淮二郡,南琅邪有实土,临淮无实土,临淮郡帖治南琅邪郡,共一太守。其三,无实土侨郡合为双头郡,南彭城下邳二郡、临淮济阳二郡等皆是。

双头州郡既是二州、二郡的联合,其名称也应当是二州、二郡的合称,如青冀二州、北新蔡安丰二郡等。然而双头州郡的名称不完全是原二州、二郡的组合的现象,也很常见,这又极易导致误解、误考;归纳起来,主要有以下四种情形:

(1) 双头郡"南"或"北"字贯下而言

"南"字贯下而言而省"南"字,如南彭城下邳二郡,宋时晋熙王刘昶、巴陵王刘休若、庐江王刘祎、桂阳王刘休范、南郡王刘义宣之子刘恺等,都曾领此二郡太守。然而据《宋书·州郡志》及《晋书·地理志》,南彭城郡属南徐州,侨在江南武进;下邳郡属徐州,治淮北下邳,这两郡不可能合治一地、由一人兼领。再按《宋书》卷35《州郡志》南徐州刺史南彭城太守条:"江左侨立。晋明帝又立南下邳郡,成帝又立南沛郡。……孝武大明四年,以二郡并并南彭城。"而南彭城所领十二县中,下邳、北凌、僮皆"本属南下邳"。据此,南彭城下邳二郡即南彭城"南"下邳二郡。又《南齐书》卷40《巴陵王子伦传》:永明"十年,迁北中郎将、南琅邪彭城二郡太守。郁林即位,以南彭城禄力优厚,夺子伦与中书舍人綦母珍之,更以南兰陵代之"。萧子伦所迁南琅邪彭城二郡即南琅邪"南"彭城二郡,尤为显然。

"北"字贯下而言而省"北"字,如北琅邪兰陵二郡。宋泰始中,垣崇祖以辅国将军为之,镇朐山;《南齐书》卷29《周盘龙传》:"北兰陵兰陵人。"按北兰陵郡,即《宋书》卷35《州郡志》徐州刺史所领兰陵郡,时称北兰陵①,垣崇祖所领北琅邪兰陵二郡盖即北琅邪"北"兰陵二郡。

---

① 《廿二史考异》卷25。

(2) 双头郡省称"南"字

《梁书》卷3《武帝纪》大同三年(537)四月丁卯,"以南琅邪彭城二郡太守河东王誉为南徐州刺史",而《梁书》卷55《河东王誉传》作"出为琅邪彭城二郡太守"。按琅邪、彭城二郡,都是《宋书》卷35《州郡志》徐州属郡,但不相邻,萧誉所为盖南琅邪南彭城二郡太守(治白下城),省称"琅邪彭城二郡"。梁世邵陵王萧纶、武陵王萧纪皆以宁远将军领琅邪彭城二郡太守。又《南齐书》卷24《张瓖传》载宋末昇明中,张瓖"除冠军将军、东海东莞二郡太守,不拜",当时徐州东海郡及东莞郡已不为宋守,这里"东海东莞二郡"应该指南东海南东莞二郡(治京口)。

(3) 双头州郡省"二"字为称

领双头州刺史、双头郡太守者,史文一般记作"××二州刺史"、"××二郡太守",但也有省称"二"字者,如《梁书》卷30《顾协传》西丰侯萧"正德为巴西梓潼郡"一类。这种记法,给判断双头州郡带来了困难。以南梁北巴州为例,《隋书》卷29《地理志》巴西郡"梁置南梁北巴州",杨守敬《隋书地理志考证附补遗》卷2认为"此双头州郡也",而钱大昕《廿二史考异》卷33则疑《隋书·地理志》有脱文,"当云梁置南梁州,后改为北巴州",说误。

(4) 双头州郡常单称

史书记双头州郡,应当举其全名,然而也常省一称一。如南梁北巴州,"《一统志》作南梁,《通典》作北巴,皆举其半"[①];又如梁南秦二州单称梁州,青冀二州单称青州或冀州,汝南新蔡二郡(治悬瓠)单称汝南郡等,吴应寿师已有考述。类似的双头单称现象还有不少,掌握这一点,对研究双头州郡十分重要。由于双头州郡常以单称形式出现,也给判断与研究双头州郡造成了很大的困难。

三、双头州郡的设置与判断

见于地志记载的双头州郡,《宋书·州郡志》有南豫州南顿郡"帖治陈郡",豫州新蔡郡"今帖治汝南";《南齐书·州郡志》有梁南秦二州、青冀二州(治郁洲)及东莞琅邪二郡;《魏书·地形志》有"萧衍置,魏因之"双头郡凡八。梁、陈《书》无《志》,《晋书·地理志》则不见双头州郡的记载。依此,东晋南朝的双头州郡,存在者寥寥;又有学者认为,"双头郡县始见于《南齐书·州郡志》",青州

---

① 洪齮孙:《补梁疆域志》卷4,《二十五史补编》本,中华书局,1955年,第64页。

之东莞、琅邪二郡即其滥觞"①。然而考之纪传,东晋南朝所置的双头州郡固不止此,其滥觞也非东莞琅邪二郡。

东晋最早出现的可考双头郡,推巴西梓潼二郡,穆帝永和三年(347)前即已设置②。又《晋书》卷81《毛璩传》略云:

> 孝武太元中,转西中郎司马、龙骧将军、谯梁二郡内史。寻代郭铨为建威将军、益州刺史。及安帝反政,诏曰:璩可进征西将军,加散骑常侍,都督益、梁、秦、凉、宁五州军事,行宜都、宁蜀太守。文处茂宣赞蕃政,蒙险夷难,可辅国将军、西夷校尉、巴西梓潼二郡太守。又诏西夷校尉瑾为持节督梁秦二州军事、征虏将军、梁秦二州刺史、略阳武都太守。

这里,谯梁二郡、巴西梓潼二郡、略阳武都二郡以及梁秦二州,都可以认为是双头州郡(详后),可知双头州郡制度此时当推行已广。

东晋双头州郡设立尚不多;入宋以后及齐梁,双头州郡建置渐繁,有些较稳定,如青冀二州(治东阳城或历城)、南琅邪彭城二郡等;另一些双头州郡则不够稳定或不稳定,时分时合,分时为二州、二郡,合则为双头州、双头郡,双头州如东晋的徐兖二州,双头郡如淮南历阳二郡等,合为双头州郡都是偶尔为之,所以史传中领此类双头州刺史、双头郡太守的例子并不多见。

根据诸史纪传资料判断双头州郡尚需注意,一人带二州刺史、领二郡太守者固极多,但这二州、二郡不一定就是双头州郡。依照钱大昕的定义,一人带二州刺史、领二郡太守外,还必须这二州、二郡同治一地,方才可以认为是双头州郡。但二州、二郡同治一地,常常缺乏直接的史料予以证明。一般说来,若二州恒置一刺史、二郡恒置一太守,而又屡见于纪传者,就很有可能是双头州郡;如果这二州、二郡中有一州、一郡是侨州郡,而又侨在或毗邻另一州另一郡,或这二州二郡都是侨州郡,且侨在一处或相邻,则这二州二郡可进一步断定为双头州、双头郡。笔者依照以上原则,细检《晋书》、《宋书》、《南齐书》、《梁书》、《陈书》与《魏书》、《隋书》等有关纪传志资料,参考《资治通鉴》的相关记载与钱大昕《廿二史考异》、洪齮孙《补梁疆域志》、王仲荦《北周地理志》的考证,

---

① 顾颉刚、史念海:《中国疆域沿革史》,第123页。
② 说详吴应寿师:《东晋南朝的双头州郡》。

结合侨置州郡的研究,得出东晋南朝双头州凡9,双头郡70余①,今略依时代先后与分布区域,作"东晋南朝双头州与双头郡表"如下,希望能够稍补晋、宋、齐等《志》所未备。

表5 东晋南朝双头州与双头郡表②

名 称	种类	治 地	年 代
徐兖二州	侨侨	广陵、京口、下邳	东晋
青兖二州	侨侨	淮阴、京口	东晋太元中
梁南秦二州(梁秦二州、南秦梁二州)	实侨	梁州汉中南郑	东晋隆安至梁
青冀二州(北青冀二州)	实侨	青州东阳城,宋曾迁历城	东晋义熙至宋大明
青冀二州	侨侨	郁洲	宋泰始至梁
南北青二州(南北二青州)	侨侨	(江苏赣榆县西)	梁
徐兖二州(兖徐二州)	实侨	徐州彭城	宋元嘉中
南梁北巴州	侨实	北巴阆中	梁
西益潼二州	侨实	梓潼郡涪城	梁
巴西梓潼二郡(巴西梓潼郡)	侨实	梓潼郡涪城	东晋穆帝永和三年前至梁
(南)谯(南)梁二郡	侨侨	浣川	东晋孝武宁康、太元中

① 除了下表中的73个双头郡外,又有《晋书》卷81《毛安之传》所见堂邑、泰山二郡,《晋书》卷84《刘敬宣传》"宣城内史,领襄城太守",迁"安丰太守、梁国内史",《宋书》卷53《张茂度传》"临海、东阳太守",《宋书》卷65《申恬传》"海陵、广陵太守",《宋书》卷74《臧质传》"仍迁竟陵、江夏内史",《梁书》卷12《韦爱传》"汝阴、钟离二郡太守",《梁书》卷46《胡僧祐传》"又得还国,除南天水、天门二郡太守",《陈书》卷35《周迪传》"天门、义阳二郡太守樊毅"等,虽以一人领二郡太守,然而没有证据表明二郡合治一地,疑非双头郡,故不列。

② 表中各双头州、双头郡的具体资料出处,为省篇幅,一皆略去。有兴趣的读者,可参阅胡阿祥:《东晋南朝双头州郡考论》,《中国历史地理论丛》1989年第2辑。又表头各义项的说明:"名称",包括别称,凡省"南"省"北"者,加"( )"补出;"种类",分"实实"即实土郡—实土郡,"实侨"即实土州郡—侨州郡,"侨侨"即侨州郡—侨州郡三类,其顺序与组成双头州、双头郡的二州、二郡顺序保持一致;"治地",无确考者,以"( )"注出其大致地域范围,又二侨郡组成双头郡,如果其中一侨郡有实土,另一无实土,则治地一般作帖治有实土侨郡处理;"年代",或为双头州、双头郡见载的年代,与双头州郡实际存在时代容有前后。

续表

名　　称	种类	治　地	年　代
秦北陈留二郡	侨侨	堂邑	东晋（义熙中废北陈留）
高阳临淮二郡	侨侨	高阳	东晋义熙中
西阳新蔡二郡	侨侨	西阳	东晋义熙中
安固汶山二郡	侨实	汶山	东晋义熙中
清河阳平二郡	侨侨	（淮北）	东晋义熙中
咸阳始平二郡	实实	咸阳	东晋义熙末
淮南历阳二郡	侨实	淮南郡于湖	东晋义熙中
淮南宣城二郡（宣城淮南二郡）	侨实	淮南郡于湖	东晋末宋齐
略阳武都二郡	侨侨	南郑	东晋义熙中
河南河内二郡	实侨	洛阳	东晋末宋初
南琅邪（南）彭城二郡（南彭城琅邪二郡、琅邪彭城二郡、彭城琅邪二郡）	侨侨	琅邪金城，齐移琅邪白下	宋至陈
南琅邪临淮二郡（琅邪临淮二郡）	侨侨	南琅邪郡	宋
南琅邪（南）泰山二郡	侨侨	南琅邪郡	宋
南琅邪（南）清河二郡（琅邪清河二郡）	侨侨	南琅邪郡	齐梁
南琅邪济阳二郡	侨侨	南琅邪郡	宋
南琅邪（南）济阴二郡	侨侨	南琅邪郡	宋
南彭城（南）下邳二郡	侨侨	武进	宋（大明四年废南下邳郡）
南彭城（南）东海二郡	侨侨	南东海郡	宋
南彭城（南）沛二郡（彭城沛二郡）	侨侨	武进	宋（大明四年废南沛郡）
南彭城（南）东莞二郡	侨侨	武进、晋陵南境一带	宋

续 表

名　称	种类	治　地	年　代
南彭城临淮二郡	侨侨	武进	齐
南彭城(南)平昌二郡	侨侨	京口、武进一带	齐
南兰陵(南)下邳二郡	侨侨	江乘、武进一带	宋(大明四年废南下邳郡)
(南)东海(南)东莞二郡	侨侨	南东海郡	宋昇明中
广陵南沛二郡	实侨	广陵郡	宋元嘉中
秦南沛二郡	侨侨	(江北境)	宋大明至宋末
晋陵南下邳二郡	实侨	京城	宋太初中
临淮济阳二郡	侨侨	(江南)	宋大明中
淮陵南彭城二郡	侨侨	武进	宋泰始中
南高平临淮二郡	侨侨	(江南)	宋泰始中
襄阳义成二郡	实侨	襄阳	宋初
襄阳新野二郡	实实	襄阳	宋元嘉中
京兆广平二郡	侨侨	樊城	宋元嘉中
平原乐安二郡	侨实	乐安郡	宋(泰始前)
济南平原二郡	实侨	济南郡	宋(泰始前)
清河广川二郡	侨侨	清河盘阳城	宋(泰始前)
乐安勃海二郡	实侨	梁邹	宋(泰始前)
高阳勃海二郡	侨侨	临济城	宋(泰始前)
乐陵河间二郡	侨侨	《宋书·州郡志》冀州刺史领郡	宋(泰始前)
齐北海二郡	实侨	齐郡东阳城	宋(泰始前)
鲁阳平二郡	实侨	鲁郡	宋(泰始前)
东平阳平二郡	实侨	东平郡无盐	宋(泰始前)
汝阳颍川二郡	实实	(淮北)	宋(泰始前)
汝南新蔡二郡	实实	汝南悬瓠	宋(泰始前)

续 表

名　　称	种类	治　地	年　代
北谯(北)梁二郡	实实	(《宋书·州郡志》豫州刺史领郡)	宋元嘉中
东莞东安二郡(东安东莞二郡)	实实	东安团城	宋(泰始前)
陈南顿二郡	实实	陈郡项城	宋(泰始前)
陈南顿二郡	侨侨	陈郡(侨在淮南)	宋(泰始后)
北琅邪(北)兰陵二郡	实侨	琅邪朐山	宋泰始中
历阳南谯二郡	实侨	历阳郡	宋齐
北巴西(南)新巴二郡	侨侨	(剑南地)	齐建元中
西汝南北义阳二郡	侨侨	舞阴城	齐
寻阳南新蔡二郡	实侨	寻阳	齐永明中
北新蔡安丰二郡	侨实	北新蔡建安城	齐末
边城(北)新蔡二郡	实实	北新蔡建安戍	齐末
南汝阴(南)谯二郡	侨侨	南汝阴	齐末
东莞琅邪二郡	侨侨	朐山	齐梁
新兴永宁二郡	侨侨	(《南齐书·州郡志》荆州属郡)	齐梁
钟离陈留二郡	实侨	钟离	梁
彭沛二郡	侨侨	(淮南)	梁
汝阴弋阳二郡	实侨	汝阴郡	梁
财丘梁兴二郡		梁兴郡	梁
西恒农陈南二郡		胡城	梁
东郡汝南二郡		济阳	梁
清河南阳二郡		清河	梁
新蔡南陈留二郡	实侨	新蔡郡	梁
荥阳北通二郡		临淮	梁
汝南太原二郡		安城	梁

续　表

名　称	种类	治　地	年　代
白马义阳二郡		义阳	梁
西阳武昌二郡	侨实	武昌	梁至陈初
高唐太原二郡	侨侨	南陵	陈初

四、双头州郡的设置原因

由上表可知，双头州郡的设置，东晋发其端，刘宋最多，齐、梁、陈渐趋于少；其分布甚广，西自巴蜀、汉中，东及长江南北，北达青齐、淮北。"随着南北形势的发展，侨置州郡的土断和隋朝的统一，双头州郡也随之消失。"① 而分析双头州郡的设置原因，可言者有四：

其一，与侨置州郡有关。

双头州郡主要起于侨寄。侨州郡寄治实土州郡、两个侨州郡同治，使合置一刺史、太守，比较简便易行；尤其是无实土侨州郡帖治实土州郡或有实土侨州郡，而以实带侨、置双头州郡者更多。这一类双头州郡，与侨置州郡的兴废迁徙等密切相关。

其二，临边诸州郡因土地荒残、民户寡少，故合二州、二郡置一刺史、太守。

青冀二州合治郁洲，"流荒之民，郡县虚置，至于分居土著，盖无几焉。……郡县十无八九，但有名存"②，所以二州恒置一刺史。又《宋书》卷 36《州郡志》豫州刺史领十郡，除汝阴、陈留（侨郡）二郡以相隔悬远而不联合外，其余 8 郡合为 4 个双头郡，即汝南新蔡二郡、谯梁二郡、陈南顿二郡、汝阳颍川二郡，此盖与豫州近边、民户流荒有一定关系。又《魏书》卷 106《地形志》颍州所领"萧衍置，魏因之"诸双头郡，领县既少，户口亦微③，诸双头郡的设置与保持，也有政务不繁、民户寡少的缘故。

其三，以战守需要，于边地形胜冲要之处置双头州郡。

宋孝建三年（456），以历下要害，将青州（治东阳城）移镇历城，与冀州合治。此举意义，正如青冀二州刺史垣护之所云，在于加强前沿实力，《宋书》卷

---

① 吴应寿师：《东晋南朝的双头州郡》。
② 《南齐书》卷 14《州郡志》青州、冀州。
③ 如财丘梁兴二郡，领县 4，户 283，口 1 069。西恒农陈南二郡、清河南阳二郡、新蔡南陈留二郡、荥阳北通二郡、汝南太原二郡等郡的情状也相似。

50《垣护之传》：

> 青州北有河、济，又多陂泽，非虏所向；每来寇掠，必由历城。二州并镇，此经远之略也。北又近河，归顺者易，近息民患，远申王威，安边之上计也。

按历城，"山川严阻，控临河朔，形胜之要，擅名自古"①，所以平原郡也移寄济南郡历城，合为济南平原双头郡。又汝南新蔡二郡，合治悬瓠，悬瓠城控带颍、洛，当时视为淮、泗屏蔽。类此者尚有徐兖二州合治彭城，陈南顿二郡合治项城等。所谓"边境镇戍，虽领民不多，欲重其将帅，皆建为郡，或一人领二三郡太守"者②，正是出于战守的需要。

其四，沿长江上下、近畿要地，为重其资力、藉资控御而置③。

这一类大多是比较稳定的双头郡。如南朝常置南琅邪彭城二郡，且常以皇子皇孙居之，以其治地金城、白下为京师附近的军事要地，南彭城又"禄力优厚"之故也。又淮南宣城二郡，晋末、宋、齐均见于记载；《南齐书》卷28《刘善明传》："太祖践祚，以善明勋诚，欲与善明禄，召谓之曰：'淮南近畿，国之形势，自非亲贤，不使居之。卿为我卧治也。'代高宗为征虏将军、淮南宣城二郡太守。"淮南、宣城合为双头郡的用意，于此可见。再如巴东、建平二郡，"军府富实，与江夏、竟陵、武陵并为名郡"，"郡居三峡，恒以威力镇之"④，既为军事要冲，复有"蛮夷"盘踞，故东晋及宋、齐常二郡置一太守，盖欲重其资力以镇之。另外，巴西、梓潼二郡，也是军事、交通要地，加上地多"蛮僚"，尤需镇摄，合为双头郡，也是为了重其资力。至于历阳南谯二郡镇历阳，西阳武昌二郡镇武昌，南东海与南彭城、南东莞联合为双头郡镇京口等，皆此一类。

第六节 南朝的宁蛮府、左郡左县、俚郡僚郡

南朝特殊政区，侨州郡县、双头州郡以外，又有宁蛮府，左郡、左县、俚郡、僚郡。这是当时针对少数民族或曰非汉民族特设的政区。对此，周一良曾认

---

① 《宋书》卷78《萧思话传》。
② 《资治通鉴》卷158大同五年。一人领三郡者，如东晋义熙二年，刘毅表辅国将军张畅领淮南、安丰、梁国三郡，治寿阳，即因豫州"西界荒余，密迩寇虏；北垂萧条，土气强犷……比年以来，无月不战，实非空乏所能独抚"（《南齐书》卷14《州郡志》豫州）之故。
③ 严耕望《中国地方行政制度史》乙部上册《魏晋南朝地方行政制度》第四章之（三）对此有所论述，可参阅。
④ 《宋书》卷74《沈攸之传》，《梁书》卷53《良吏·孙谦传》。

为:左郡左县"上焉者或仅而收羁縻之效,下焉者则徒负空名,县自县蛮自蛮也。在地方行政机构上固无足轻重,今地亦十九不可考"①。唯从政区制度的角度看,宁蛮府之划领郡县既颇具时代特色,而左郡左县、俚郡僚郡上承秦汉的道制、下启唐宋的羁縻府州县,也是很值得重视与研究的。

一、宁蛮府、左郡左县、俚郡僚郡一览

为了方便下文的讨论,这里先据《宋书·州郡志》、《南齐书·州郡志》所载,简单交代宁蛮府、左郡左县、俚郡僚郡的建置情况。

1. 宁蛮府

《南齐书》卷15《州郡志》宁蛮府领西新安、义宁、南襄、北建武、蔡阳、永安、安定、怀化、武宁、新阳、义安、高安、左义阳、南襄城、广昌、东襄城、北襄城、怀安、北弘农、西弘农、析阳、北义阳、汉广、中襄城,凡24郡,前12郡领66县,后12郡领县缺载。按《宋书·州郡志》未列宁蛮府及所领郡县。梁仍置宁蛮府,领郡可考者有南襄、安定、蔡阳、弘化等。

2. 左郡左县

《宋书·州郡志》、《南齐书·州郡志》有关左郡、左县的记载,经整理并参证其他史料,略如下表。

表6 南朝宋、齐左郡左县表

左郡左县	建置沿革	属州属郡	
		宋	齐
南陈左郡 赤官左县 蓼城左县	宋永初中置,景平中省,以宋民度属南梁、南汝阴郡。孝建二年(455)以蛮户复立。领县二:赤官左县、蓼城左县(分赤官置)。大明八年(464)省郡为南陈左县,与赤官、蓼城并属南汝阴郡。后复置郡,领二县同前。齐建元二年(480),罢赤官、蓼城二左县,又省郡为南陈左县,属南汝阴郡。永元中罢南陈左县	南豫州	豫州
太湖左县 吕亭左县	宋元嘉二十五年(448)以豫部蛮民立,后省。泰始二年(466)复立。齐建元二年,吕亭左县划属庐江郡	南豫州晋熙郡	豫州晋熙郡 南豫州庐江郡

---

① 周一良:《南朝境内之各种人及政府对待之政策》,收入所著《魏晋南北朝史论集》,第41页。

续　表

左郡左县	建　置　沿　革	属州属郡	
		宋	齐
始新左县	置于元嘉二十年后,疑即元嘉二十五年所置。泰始三年改为始新县	南豫州庐江郡	
宋安左郡	宋文帝立,领拓边、绥慕、乐宁、慕化、仰泽、革音、归德七县。后省。泰始初又置。齐世领乐宁、仰泽、襄城三县,并分置东义阳左郡、南淮安左郡等	荆州	司州
边城左郡	元嘉二十五年,以豫部蛮民立茹由、乐安、光城、零娄、史水、开化、边城七县,属弋阳郡。后分后四县建边城左郡,大明八年省郡,还属弋阳。后复立。领四县同前。齐改边城郡	南豫州	
光城左郡	大明中分弋阳郡茹由、乐安、光城三县立。大明八年省,三县还属弋阳。泰始初复立	南豫州	豫州
阳唐左县	大明八年立	江州南新蔡郡	
东随安左郡	何时置无考,隶属义阳。大明八年省为宋安县,属义阳郡。明帝复立为宋安郡,后又省。齐复置东随安左郡,领西随、高城、牢山三县	南豫州义阳郡	司州
蕲水左县	元嘉二十五年,以豫部蛮民立建昌、南川、长风、赤亭、鲁亭、阳城、彭波、迁溪、东丘、东安、西安、南安、房田、希水、高坡、直水、蕲水、清石十八县,属西阳郡。大明八年,赤亭、彭波并阳城,其余不详何时省	西阳郡(先属豫州,孝建元年度郢州,泰始五年又度豫州,后又还郢州)	郢州西阳郡
东安左县	先为西阳郡东安县(元嘉二十五年以豫部蛮民立),后省。永光元年(465)复以西阳郡蕲水、直水、希水三屯立东安左县		
希水左县	置立不详,当同蕲水左县		

续 表

左郡左县	建 置 沿 革	属州属郡	
		宋	齐
建宁左郡 阳城左县	先为西阳郡建宁县（元嘉二十年后立），后立为建宁左郡，领有阳城左县（按非西阳郡之阳城县）。大明八年省郡为建宁左县，属西阳郡，阳城左县亦改属西阳郡。齐复置左郡，领建宁、阳城二县	郢州	司州
安蛮左郡	元嘉二十年后立安蛮县，属安陆郡，寻改安蛮郡。大明八年省为县，属安陆郡。泰始初又立为左郡，宋末又省。齐复置，领木兰、新化、怀、中聂阳、南聂阳、安蛮六县	南豫州。泰始六年立司州又属焉	司州
义安左县	泰始二年以来流民立，齐改为左县		郢州西阳郡
乐化左县	宋末立,后废	湘州始建国	
建陵左县	齐置		湘州始安郡
方城左郡	齐置。领城阳、归义二县		郢州
义安左郡	齐置。领绥安一县		
北遂安左郡	齐永明三年(485)前置。领东城、绥化、富城、南城、新安五县		
南新阳左郡	齐置。领南新阳、新兴、北新阳、角陵、新安五县		
新平左郡	齐永明六年前置。领平阳、新市、安城三县		
宜人左郡	齐永明六年前置。领县与否无考		
建安左郡	齐置。领霄城一县		
永宁左郡	齐置。领曲陵、中曲陵、孝怀、安德四县		司州
东义阳左郡	齐置。领永宁、革音、威清、永平四县		
东新安左郡	齐置。领第五、南平林、始平、始安、平林、义昌、固城、新化、西平九县		
北随安左郡	齐置。领济山、油潘二县		

续　表

左郡左县	建　置　沿　革	属州属郡	
		宋	齐
新城左郡	齐置。领孝怀、中曲、南曲陵、怀昌四县		司州
围山左郡	齐置。领及刺、章平、北曲、洛阳、围山、曲陵六县		
北淮安左郡	齐置。领高邑一县		
南淮安左郡	齐置。领慕化、柘源二县		
齐通左郡	齐建武三年置。无属县		益州
齐开左郡	齐建武三年置。无属县		

3. 俚郡僚郡

俚郡、僚郡仅见于《南齐书·州郡志》，如下表所示。

表 7　南朝齐俚郡僚郡表

俚郡僚郡	建　置　沿　革	属　州
吴春俚郡	齐永明六年置，无属县	越州
东宕渠僚郡	齐改东宕渠郡置，领宕渠、平州、汉初三县	益州
越巂僚郡	齐改越巂郡置	
沈黎僚郡	齐改沈黎郡置	
甘松僚郡	齐置，领蚕陵县，无户数	
始平僚郡	齐置	

二、蛮、左、俚、僚试释

宁蛮府、左郡左县、俚郡僚郡的得名，显然与蛮、左、俚、僚有关。不明蛮、左、俚、僚之所指，就势必难明宁蛮府、左郡左县、俚郡僚郡的内涵。今试释蛮、左、俚、僚如下。

1. 蛮、俚、僚

蛮、俚、僚是三大支非汉民族的名称。南朝境内的非汉民族，可以统称为蛮，细分之，则有蛮、俚、僚、巴、蜀、越、僇等各种名称。而蛮、夷、僚有时也用作泛称，故有蛮僚、蛮夷、夷僚、蛮俚、俚僚等混杂的称呼。作为专称的蛮、俚、僚三族，居地广，人数多，在经济文化上具有本民族的特点，同南朝政权的关系又相当密切，因此颇为重要。其他的非汉民族，或在史籍中偶尔一见，或人数极少，或活动情况不明，或与汉族的交融还在南朝以后，所以地位不甚重要。

南朝时期的蛮族，就其族类而言，又可分为两大类：一为"荆、雍州蛮"，据称是盘瓠之后，即以犬为图腾，故别称为盘瓠蛮或蛮族中的盘瓠种。东汉时，其主要居住地在武陵一带，即今湖南西北，又叫武陵蛮。东晋以降，渐得北迁，以荆、雍二州为活动中心，故史家以"荆、雍州蛮"称之。二为"豫州蛮"，相传是"廪君后也"，即以白虎为图腾。其先出于武落钟离山（今湖北长阳县西北），居于巴郡、南郡即今四川东部、湖北西部一带。东汉时东徙江夏界中，及南朝，主要基地在大别山西南麓的西阳郡，称西阳蛮。西阳有蕲、希、巴、赤亭、西归五水，故又称五水蛮。这是豫州蛮的主体。但豫州蛮的分布，并不限于五水流域，而是向四周不断扩展①。总蛮族分布而言，《魏书》卷101《蛮传》云：

  在江淮之间，依托险阻，部落滋蔓，布于数州。东连寿春，西通上洛，北接汝、颍，往往有焉。……陆浑以南，满于山谷②。

《南齐书》卷58《蛮传》又说："蛮，种类繁多，言语不一，咸依山谷，布荆、湘、雍、郢、司等五州界。"按这些记载大致符合蛮族聚居地区，但尚不完全。如果以南齐政区为准，则蛮"布荆、湘、雍、郢、司等五州界"外，据其活动考察，还分布在南豫、豫、江、梁、益五州③。

南朝时期的俚族，主要分布在岭南。《后汉书》卷86《南蛮传》："建武十二年，九真徼外蛮里张游，率种人慕化内属，封为归汉里君。"唐李贤注："里，蛮之别号，今呼为俚人。"这是俚人见于记载之始。建武十六年（40），交趾女子征侧、征贰反，"九真、日南、合浦蛮里皆应之"④。按九真、交趾、日南、合浦四郡，东汉属交州。马援平二征后，"徙其渠帅三百余口于零陵"⑤，于是俚人北入湘州境内。魏晋以降，"里"通作"俚"。西晋张华《博物志》卷9："交州夷名俚子。"不说有俚子而说名俚子，可知俚为岭南的主体民族。又孙吴丹阳太守万震撰于西晋的《南州异物志》叙述当时俚人分布甚详：

---

① 上述依据的是《后汉书》卷86《南蛮传》、《宋书》卷97《夷蛮传》。
② 寿春今安徽寿县，上洛今陕西商州市，汝、颍今河南中部，陆浑今河南嵩县东北。
③ 参阅周伟洲：《南朝蛮族的分布及其对长江中下游地区的开发》，载《古代长江下游的经济开发》，三秦出版社，1989年。
④⑤ 《后汉书》卷86《南蛮传》。

广州南有贼曰俚。此贼在广州之南,苍梧、郁林、合浦、宁浦、高凉五郡中央,地方数千里。往往别村,各有长帅,无君长。恃在山险,不用王法。自古及今,弥历年纪①。

据此,则俚人已进入广州,这里成为俚人新的居住中心。东晋南朝时期,俚人进一步向周围播散,向西进入了桂林、始安,向东进入了东江流域,向北进入始兴、临贺,而且越过南岭,入于湘、衡。但总的来说,南朝俚人的聚居地主要还是在岭南。《宋书》卷97《夷蛮传》:"广州诸山并俚僚,种类繁炽。"又卷38《州郡志》广州刺史:"虽民户不多,而俚僚猥杂。"又《南齐书》卷14《州郡志》越州:"威服俚僚。"这三处俚僚都是泛称,实指俚人。历史演进到中唐以后,讹俚为黎,即今黎族;而以海南岛为聚处,也是赵宋以后的事情②。

又僚,《魏书》卷101《僚传》云:"僚者,盖南蛮之别种,自汉中达于邛筰川洞之间,所在皆有。种类甚多,散居山谷,略无氏族之别。"按僚人并非梁、益土著,原居岭南,后部分僚人沿牂柯水(今红水河)上溯,散居于牂柯境内③。三国蜀汉时,其主要活动地在南中地区。及东晋初"李势时,诸僚始出巴西、渠川、广汉、阳安、资中、犍为、梓潼,布在山谷,十余万落,攻破郡县,为益州大患。自桓温破蜀之后,力不能治。又蜀人东流,山险之地多空,僚乃夹山傍谷,与人参居"④,并很快向北发展到梁州境内,向东达于荆州西界,于是梁、益二州遍布僚人。

上述蛮、俚、僚三族的分布,只是其大概情形,事实上民族之间是不可能划出截然的分界线的。又南朝蛮、俚、僚三族人口也是甚多。据朱大渭依可考资料所推梗概⑤,这三支非汉民族的部分人口数(远非全部)共计在300万人左右,其中蛮人140万左右,加上无考者,蛮人当是南朝非汉民族中人口最多的,沈约所谓诛讨蛮人,"系颈囚俘,盖以数百万计"⑥即是;僚人约30万户,150万人;俚人10余万口。按刘宋户口数字,据《宋书·州郡志》的记载进行统计,有户94万余,口546万余,这算是可考的南朝国家掌握的最多户口数字。两相对照,蛮、俚、僚人口数之多,可见一斑。这些蛮、俚、僚人,都不同程度地保存

---

① 转引自《太平御览》卷785。又西晋时苍梧等5郡相当于今广州以西南,西江两岸,南至于海,今广东的西南部、广西的南部。
② 谭其骧:《粤东初民考》,收入所著《长水集》上册。
③ 张泽洪:《魏晋南朝蛮、僚、俚族的北徙》,《四川大学学报》1988年第4期。
④ 《通典》卷187《边防典·南蛮》。
⑤ 详见朱大渭:《南朝少数民族概况及其与汉族的融合》,《中国史研究》1980年第1期。
⑥ 《宋书》卷97《夷蛮传》"史臣曰"。

着自己民族的文化习俗,如"蛮俗衣布徒跣,或椎髻,或剪发。兵器以金银为饰,虎皮衣楯,便弩射,皆暴悍"①;俚民"皆巢居鸟语"②;僚人"依树积木,以居其上","略无氏族之别,又无名字,所生男女,惟以长幼次第呼之","长者为王","父死则子继","喜则群聚,怒则相杀,虽父子兄弟,亦手刃之"③。但就其社会发展阶段看,有的已进入封建社会(如俚人。又蛮人产米、谷、布、绢,大姓有部曲、封地),同汉族融合较深;有的虽仍为奴隶制社会,却也开始向封建制转化(如僚人)。

综上所述,蛮、俚、僚三族人口众多,分布涉及南朝大部分地区,或地当腹心,或北接敌国,或南通海隅;与汉族也多有接触、交往。而南朝诸政权,土宇日蹙,编户日少,国力逐渐耗散,这就决定了蛮、俚、僚在南朝所具有的十分重要的政治、经济、军事地位。为了统治的稳固与发展,为了物质财富的增加与劳动人手的扩大,南朝政权也必然要加强对蛮、俚、僚的控制。除了与汉人错杂居住,已成国家编户齐民以及深山远夷未与汉人接触两种情形外,南朝政府对待蛮、俚、僚,或者迫使其归降,纳入州郡县系统,以征取赋役;或者"以夷制夷",敕封其首领,为建特殊政区;或者直接用武力讨伐"不宾",虏其生口,括其钱财。而宁蛮府、左郡左县、俚郡僚郡,也正是在这样的大背景下所产生的特殊政区。

2. 左

宁蛮府、俚郡、僚郡诚因蛮、俚、僚而名,那么,左郡左县又作何解释呢?对此,元人胡三省解释说:"自宋以来,豫部诸蛮率谓之蛮左,所置蛮郡谓之左郡。"④即所谓左郡左县,是为豫部诸蛮所置的郡县。胡注"豫部"不知何指,如果是指宋、齐的豫州,则左郡左县并不都属豫州。但左郡左县是以蛮民、蛮户而立的,应该没有疑义。问题在于,为俚、僚所立的政区径称俚郡、僚郡,为什么为蛮所立的郡县要别称左郡左县呢?

一种意见认为:"因当时习称'蛮民'为'蛮左',故名。"⑤其实,左郡左县只见于宋、齐两代,而蛮左之称,没有早于萧梁者⑥,则左郡左县制反而是"蛮左"

---

① 《南齐书》卷39《蛮传》。
② 《宋书》卷92《良吏·徐豁传》。
③ 《魏书》卷101《僚传》,《周书》卷49《僚传》。
④ 《资治通鉴》卷150梁普通八年胡注。
⑤ 《辞海》(1979年版)"左郡左县"条。
⑥ 《南齐书》卷15《州郡志》雍州条:"部领蛮左,故别置蛮府焉。"此盖萧子显在梁朝修史时追述齐代之语,非在齐朝时之文。详见杨武泉:《"蛮左"试释》,《江汉论坛》1986年第3期。

之称的语源①。另一种意见认为:"左有次义,贬官曰左迁,降秩曰左转,汉代还有左官,指次于京朝官之王国官属……左郡左县即次郡次县。"②按南北朝时代并不尚右,反而是尚左③,所以此说不通。即使假定左郡左县的意义是次郡次县,何以俚郡僚郡不称左郡?可见"左"义非"次"。又一种意见认为:蛮族可称"蛮楚","楚、左古音通,蛮左乃蛮楚音变而来,故蛮郡县就称为左郡左县了。当时蛮人忌讳以'蛮'相称,故以蛮民立的郡县,冠以'左'字,和一般郡县区别。"④今按楚,莫还切,十四部;左,则个切,十七部。笔者不谙音韵,但隔部相通也觉可疑。就假定楚、左或可音通,但因何必以左名不以楚称?也不知其所以然。倒是此说"蛮人忌讳以'蛮'相称"一语,为解左郡左县之谜开启了思路。

"南方曰蛮",称谓极为古老,起初并不含有贬义。秦汉大一统国家建立后,始以蛮为贬。南北朝时,蛮人并不自称为蛮,反而以"蛮"为辱。《隋书》卷31《地理志》荆州条:"诸蛮本其所出,承盘瓠之后,故服章多以班布⑤为饰。其相呼以蛮,则为深忌。"忌而且深,可知视为耻辱之甚。这种风俗,记录虽晚,却由来已久,如齐梁易代之际,"光城蛮酋"田益宗上表魏朝,主张北魏"乘机电扫,廓彼蛮疆"⑥即统一南方。蛮酋田氏不自居为蛮,反而指南朝为"蛮疆",可见蛮人不愿自称为蛮,蛮有贬义。

就现有史料分析,左郡左县制度创于刘宋建国初年。此时改朝换代之际,除旧布新,制礼作乐,是所不免。而对于政区名称,开国君主刘裕也是颇加用心、仔细斟酌的。如永初元年(420)开国伊始,刘裕就下诏侨置政区名称去"北"加"南",盖去"北"加"南",可以使侨人知其桑梓不在寄寓之地,应当时时以收复北方故土为念。本来,"语言塔布"(Verbal taboo)即语言拜物教现象,在历朝历代政区名称上都有充分的表现,无论是专名还是通名,统治者都非常注意其命名取意,力求不犯忌讳。同样的道理,刘宋王朝在蛮族聚居地设置治蛮郡县,势必也要考虑到蛮族心理而在通名上回避"蛮"字,或不加任何附加词

---

① 南北朝后期,常称蛮人为蛮左。王鸣盛《十七史商榷》卷67"蛮左"条:"'蛮左'即蛮夷,乃当时语。"隋统一后,蛮左之称又逐渐废弃。而前人在解释左郡左县时,例及蛮左,如前引胡《注》,这是不妥的。至于《中国通史参考资料》古代部分第三册(中华书局,1965年)第172页认为"蛮左指以蛮族聚居之地设置的郡县",则显然错误;又台湾《中文大辞典》第30册(台湾,中国文化学院,1968年)第77页:"蛮左,蛮夷之误也。夷字古作尼,与左形似而误也。"也不足征信。
② 杨武泉:《"蛮左"试释》引。
③ 赵翼:《陔余丛考》卷21"尚左尚右"条,河北人民出版社,1990年,第387—388页。
④ 张泽洪:《两晋南朝的蛮府与左郡县》,《四川师范学院学报》1990年第1期。
⑤ 班布,即虎纹布。
⑥ 《魏书》卷61《田益宗传》。

直接设置郡县,或选择妥当的、能为蛮人所接受的字如"左"字加诸政区名称。这两种方法,都为刘宋王朝所采用。

从语义上讲,左与蛮本无瓜葛,但因孔子说过"微管仲,吾其被发左衽矣",这就发生了关系。以"左衽"指代少数民族或者非汉民族,在文人笔下,是摇笔即来的熟语。魏晋南北朝时,鲜卑、柔然等北方民族,服装确为左衽。蛮族服装是否也是左衽,由于文献资料的缺乏,不得而知,但当时人认为也是属于"左衽"的。颜之推《观我生赋》云:"自东晋之违难,寓礼乐于江湘。迄此几于三百,左衽浃于四方。咏苦胡而永叹,吟微管而增伤。"在江湘,"浃于四方"的是蛮族。然而,左衽是就服装而言的,夷夏的不同,其实不在于衽而在于左,于是又以"左"为标志而延及其他。如西汉扬雄《蜀记》之"左语",西晋左思《魏都赋》之"左言",东晋郭璞《南郊赋》之"左带"。因此之故,"左"遂演化为蛮夷的代称。刘宋治蛮郡县,既然要回避"蛮"字,"左"也就成了最好的替代字。以"左"表"蛮",可谓雅而有据,而且其义来自服装,只是"殊俗",不含什么贬义①。所以以左代蛮,设置左郡左县,是可以为蛮族接受的,而不至于引起其反感②。

三、宁蛮府

齐、梁两代,宁蛮府单独划领郡县。其长官为宁蛮校尉,地位高于一般州刺史(刺史不领兵者)而相当于"刺史领兵者"③,即为地方最高行政长官,比于州级。

宁蛮校尉不始于齐。东晋安帝初,任命鲁宗之为雍州刺史,治襄阳,又建立宁蛮府,由鲁宗之兼领宁蛮校尉。自此以后,宁蛮校尉一职一般即由雍州刺

---

① 如《北齐书》卷25《王纮传》(中华书局,1972年)记载行台侯景与人论掩衣当左或当右,尚书敬显俊说:"孔子云:'微管仲,吾其被发左衽矣。'以此言之,右衽为是。"王纮则反驳说:"国家龙飞朔野,雄步中原,五帝异仪,三王殊制,掩衣左右,何足是非。"

② 有两个现象值得注意。其一,左郡左县只见于宋齐两代,而蛮左之称没有早于萧梁者;其二,甚至有以左人代称蛮人者,如《隋书》卷31《地理志》述荆州风俗,就以葬俗近于汉人的蛮为"左人"、"诸左"。对此,杨武泉"蛮左试释"解释说:"当族称之'左'尚在文人笔下掉弄的时候,人们是不会想到'蛮左'的。及宋齐既然有那么多的专为蛮族设置的郡县称'左',蛮郡蛮县之人,当然就是'左人'、'诸左'。于是'蛮'与'左'相联成词而广泛流行起来,成了王鸣盛所说的'当时语'。不过事物是有发展变化的。左郡左县制虽为蛮之称的语源,但当蛮左一词流行起来时,左郡左县已趋于消失,二者并不完全相合。如就涵义而言,左郡左县是以蛮族顺附为前提的,而史籍所载'蛮左'却不尽如此。"在地域分布上,有蛮左之称的地域也不一定曾有左郡左县。"这种歧异情况除反映事物的流变以外,也表明'蛮左'确为族称而非地理名词或蛮族郡县之类名,故一当成词以后即不以左郡左县的政区范围和政治上的顺附为界限。但尽管如此,左郡左县制与蛮左之称的源流关系还是存在的。当隋朝统一,政区面貌焕然一新后,左郡左县因成历史陈迹而被人们遗忘,蛮左之称因久不见'左'而被废弃,就是明证。"

③ 《宋书》卷40《百官志》。

史兼领。其开府置佐,有完整的机构,一如州府。又《宋书》卷45《刘粹传》:元嘉初任宁蛮校尉,"罢诸沙门二千余人,以补府吏",宁蛮府属吏之多由此可见。历东晋、宋、齐、梁四代,宁蛮府一直沿而不废,直到梁元帝承圣三年(554),西魏占领襄阳后,宁蛮府才不复存在。

设立校尉以管理非汉民族,始于汉武帝设戊己校尉抚纳西域。其后设置渐多,即以东晋南朝论,宁蛮校尉以外,其他的类似设置,举其要言之,尚有南蛮校尉,治荆州,理荆州蛮;安蛮校尉,治豫州,理豫州蛮;三巴校尉,治白帝,理荆益地界(曾置巴州)蛮僚;平蛮校尉,治益州,理梁、益二州僚;镇蛮校尉,治宁州,理宁州僚。这些校尉,大抵用所治地的州刺史兼领,唯南蛮校尉晋及宋多别以重人居之,至齐始以荆州刺史兼领。校尉以外,还有镇蛮、安远、宁蛮等治蛮护军,多以太守、内史领之,一般"镇蛮以加庐江、晋熙、西阳太守,安远以加武陵内史"①。谯、淮南、安丰、汝阴、梁、寻阳、南新蔡等郡国也曾设镇蛮护军,宁蛮护军曾加西阳、寻阳太守。又广州俚人"楼居山险,不肯宾服。西南二江,川源深远,别置督护,专征讨之"②,此即西江督护、南江督护,后又置东江督护。督护一职,在校尉之下,与护军略等,一般也以郡守充任(如高要太守多领西江督护)。而无论是校尉,还是护军、督护,皆得开府置佐。这类军府,独立于州府、郡府之外,掌握军队,配置僚属,有自己独立的经费开支,大多实力雄厚。以南蛮校尉府为例,上有长史、司马、参军、主簿等幕僚,为校尉助手;下有大量小吏,以供驱使。其资费甚大,《南齐书》卷22《豫章文献王传》载:"南蛮资费岁三百万,布万匹,绵千斤,绢三百匹,米千斛。"又有"兵籍",具体兵额虽然不知,但据《水经》卷35《江水注》,自油口以东,"渊潭相接,悉是南蛮府屯",可见握有重兵。南江、西江督护也是"卷握之资,富兼十世"③。这种行政、军事、经济三方面的独立,保证了校尉、护军、督护有足够的力量行使其职能,即全面负责蛮、俚、僚事务,实施军事性极强的统治,并强迫或招诱其归降,输赋服役,有时甚至参其内政④。

宁蛮府作为上述军府之一,其机构设置与基本职能当然也不例外。值得讨论的是,齐梁时代宁蛮府进而领有郡县,即由军事性统治机构过渡到兼具地方行政机构性质,这就区别于上述的各类军府。何以如此呢?当与其军事地理形势与民族分布状况有关。

---

① 《宋书》卷40《百官志》。
②③ 《南齐书》卷14《州郡志》广州。
④ 据《南齐书》卷22《豫章文献王传》,西溪蛮王田头拟死后,"其弟娄侯篡立。头拟子田都走入僚中,于是蛮部大乱"。宋安远护军、武陵内史萧嶷兵收娄侯,诛于郡狱,"命田都继其父,蛮众乃安"。

宁蛮府治襄阳。襄阳左右,"疆蛮带沔……部领蛮左,故别置蛮府"①,而且以雍州刺史兼领。雍州境内,"雍州蛮"分布密集,人数众多,在诸州蛮中,以其势力最为强盛,又多不宾服,恃险为乱,此尤以萃聚于沔北的蛮人为最。有关这方面的记载屡见于史,如元嘉初年的"所在并起,水陆断绝"②;元嘉十九年至二十六年长达八年的大规模反叛③。其造成的结果是,一方面使官军疲于征讨。元嘉二十六年冬沔北山蛮起事,沈庆之、柳元景等名将率兵数万,分八道镇压,自冬至春,久围不下;另一方面,又造成了雍州边防的不宁与吃紧。雍州与北朝相邻,雍州蛮地跨南北疆界,一旦起事,群山并作,诸蛮呼应,实为南朝树一劲敌,而易为北朝所乘④。事实上北朝对于雍州蛮,是一向加意招徕的,封官晋爵,以争取蛮酋。鉴于这种形势,刘宋时曾采取了多种措施,如移蛮人到京师,以削弱其力量⑤;引蛮人出平土,以便于控制⑥;割雍州为实土,以增加宁蛮府实力;任皇子为宁蛮校尉,以重其任⑦;乃至用奸计诱杀蛮人首领⑧,但收效总是不大,蛮人的反抗仍然前后相寻。及南齐,遂改变策略,干脆划出一部分靠近北朝、蛮人聚集的区域(主要是沔北地区)置郡立县,由宁蛮府直接实施行政管理,专心治蛮,一旦蛮人反叛,即迅速以重兵弹压,萧衍以任职雍州,举兵向阙,宁蛮府因而不废。宁蛮府划领郡县的原因,应当就在于此。而其他校尉府、护军府、督护府的军事形势均不及宁蛮府重要,即以刺史领校尉,太守、内史领护军、督护,开三府,一府莅民,一府统军,一府治蛮、俚、僚,三套机构分而治之,并由东晋而梁、陈,制度不变。

四、左郡左县、俚郡僚郡

作为南朝的特殊政区,左郡左县、俚郡僚郡在统治对象、统治方式、行政规模以及隶属关系等方面,都表现出了一定的特殊性,与一般郡县有着较大的

---

① 《南齐书》卷15《州郡志》雍州。
② 《宋书》卷46《张邵传》。
③ 《宋书》卷77《沈庆之传》。
④ 如《资治通鉴》卷147天监八年三月:"魏荆州刺史元志将兵七万寇潺沟,驱迫群蛮,群蛮悉渡汉水来降,雍州刺史吴平侯昺纳之。纲纪皆以蛮累为边患,不如因此除之。昺曰:'穷来归,我诛之不祥。且魏人来侵,吾得蛮以为屏蔽,不亦善乎!'乃开樊城受其降。"
⑤ 如《宋书》卷5《文帝纪》载:元嘉二十二年,雍州刺史、宁蛮校尉武陵王刘骏"讨缘沔蛮,移一万四千余口于京师"。《宋书》卷77《沈庆之传》:"前后所获蛮,并移京邑,以为营户。"
⑥ 如《宋书》卷65《刘道产传》:元嘉八年,刘道产为雍州刺史、宁蛮校尉,"善于临民,在雍部政绩尤著,蛮夷前后叛戾不受化者,并皆顺服,悉出缘沔为居。百姓乐业,民户丰赡,由此有《襄阳乐歌》"。
⑦ 如始安王刘休仁,巴陵王刘休若,永嘉王刘子仁,海陵王刘休茂,文惠太子及孝武帝为皇子时。
⑧ 《宋书》卷46《张邵传》:"丹、淅二川蛮屡为寇,邵诱其帅,因大会诛之,悉掩其徒党。"

不同。

第一，从时间上看，左郡左县存在于宋齐。《宋书》卷36《州郡志》南豫州刺史:"南陈左郡太守,少帝景平中省此郡,以宋民度属南梁、(南)汝阴郡。……孝建二年以蛮户复立。"这是见载左郡中,建立时间最早者,估计建立于永初元年(420)八月诏侨郡县去"北"加"南"稍后,或即同时。而在此以前,可考蛮郡最早者为武宁郡。《宋书》卷37《州郡志》荆州刺史武宁太守:

  晋安帝隆安五年,桓玄以沮、漳降蛮立。领县二。户九百五十八,口四千九百一十四。乐乡令,晋安帝立。长林男相,晋安帝立。

此事也见载于《晋书》卷99《桓玄传》,所谓桓玄"移沮、漳蛮二千户于江南,立武宁郡"即是。武宁郡虽以蛮户立,但不以左称,不是左郡。左郡左县制度的建立,当在刘宋永初年中,而在建立之初,制度并不完善。考南陈左郡,蛮户以外复有"宋民"(即汉人),这于治理多有不便,故至元嘉后期,左郡左县成为专为蛮户而立的特殊政区。

俚郡僚郡的建立,则晚至南齐。宋时以俚、僚所建郡县,不加"俚"、"僚"字样。

第二，从统治对象看,左郡左县、俚郡僚郡是为集中治理降附的蛮、俚、僚所置的。这有几点依据。其一,左郡左县多建于宋元嘉后期、孝建、大明、泰始及齐永明几个年代,尤以元嘉二十五年及齐永明中为主,这与蛮人起事被征服及蛮人归附的高潮,在时间上与地域上都是相当吻合的①;其二,左郡(及其领县)左县名称的意存抚慰,极为显然,如始新、乐安、开化、宋安、安蛮、慕化、仰泽、归德、东安、西安、南安、义安、乐化、遂安、新平、永宁、齐通、齐开等;其三,校尉、护军、督护等的设置与左郡左县、俚郡僚郡在时间上与地域上基本不相重复,校尉等主司镇慑讨伐,而左郡左县、俚郡僚郡隶属州郡县系统管辖,既一为军事管理、一为民事管理,则一为不宾、一为顺服甚明;其四,《太平寰宇记》卷80巂州条:汉置越巂郡,"后汉至晋宋皆因之,不朝贡。故《十道志》云'晋魏以还,蛮僚恃险抄窃,乍服乍叛'是也。至齐,彼夷长或来纳款,因为越巂僚郡以统之"。《宋书·州郡志》也每每明言以某部蛮民立左郡左县,其为归附蛮民自属无疑。

第三，从统治方式看,左郡左县、俚郡僚郡有两个特点:其一,保持旧有的统治方式,这主要表现在其太守、令长即以酋帅领任。《南齐书》卷58《蛮传》:

---

① 《宋书》卷77《沈庆之传》,卷76《王玄谟传》,卷97《夷蛮传》;《南齐书》卷58《蛮传》。

> (北魏侵扰齐境,永明)六年,除督护北遂安左郡太守田驷路为试守北遂安左郡太守,前宁朔将军田驴王为试守宜人左郡太守,田何代为试守新平左郡太守,皆郢州蛮也。

按以蛮俚僚酋帅治蛮俚僚民,实质上是不打乱其原有的聚居组织形式、管理与生活方式,不干预其内部事务,实行的是"保落奉政"①的政策。与此相对照,如果以汉治夷,则郡县名称就不冠以左、俚、僚字样。如前引桓玄以降蛮所立的武宁郡,历南朝不废。《梁书》卷50《文学·臧严传》:

> 历监义阳、武宁郡,累任皆蛮左②,前郡守常选武人,以兵镇之;严独以数门生单车入境,群蛮悦服,遂绝寇盗。

据此可知,武宁郡太守一直由汉人武将担任,以戎马征伐为务,所以不称武宁左郡而直云武宁郡。这种统治方式,在起始,夷人是不易或不愿接受的。还是以武宁郡为例,东晋隆安五年(401)初置时,凡蛮户二千;及至宋末,经过了70多年,不仅没有增加,反而减到不足千户。这也说明,强制的汉人武力统治,并不能消弭蛮人的逃亡以至反抗,而委任酋帅为守、令,既照顾了酋帅的利益,又让他们代表王朝治理夷民,其效果往往就要理想得多。其二,赋税征收方面有所优待(尽管偶尔也有例外)。一般"蛮人顺附者,一户输谷数斛,其余无事。宋人赋役严苦,贫者不复堪命,多逃亡入蛮。蛮无徭役,强者又不供官税"③。而纳入其他以汉治蛮俚僚郡县的蛮俚僚民,缴纳赋税之外,还有徭役负担。如宋元嘉时,"天门溇中令宋矫之徭赋过重,蛮不堪命"④。对未纳入州郡县管理且不宾服的蛮俚僚,政府则以武力"责赎"即收取赎罪钱⑤。

第四,从隶属关系与建置沿革看,左郡、俚郡、僚郡上属州,下领县或无属县。所领县,宋世有左县与县之分,两者有何区别,尚不明确;及齐世左郡领县,又无"左"字名号,疑是制度演变,以致如此。宋世左县或属一般郡,或属左郡,没有一定。又宋世左郡左县置废较为频繁,改名也多,或初无"左"字后加,或先有"左"字后无。取消"左"字,大概表示已改由汉官治理,赋税徭役与一般郡县拉平,其详则难以确考。

第五,从行政规模看,一般较小。表现之一是领县不多。俚郡僚郡多无属

---

① 《南齐书》卷58《蛮传》。
② 指所治理者主要是蛮人。
③ 《通典》卷187《边防典·南蛮》。
④ 《南史》卷79《蛮传》。
⑤ 《南齐书》卷22《豫章文献王传》,《资治通鉴》卷133泰豫元年胡注。

县。宋世左郡领 1—4 县,虽有领 7 县者,只是个别现象。齐世领县增多,如东新安左郡领至 9 县,但齐世郡县滥置,此种现象又当别解。表现之二是,郡县规模的大小,以所领户口的多寡为转移。据《宋书·州郡志》记载,边城左郡"领县四。户四百一十七,口二千四百七十九",则一县平均百余户、600 余口而已;又西阳郡领 10 县,户 2 983,口 16 120,有 5 个左县,假定一半户口属于左县,每左县也不过平均 298 户,1 612 口。表现之三是,县的大小,又略以令、长为差。就可考者而言,仅阳唐、乐化二左县为令,其余均为长。表现之四是,左郡甚至有不隶属于州而隶属于郡者,如东随安左郡曾隶义阳郡①,这虽然是特例,也殊觉可怪。规模较小的原因则在于划分标准不同于一般郡县,它不是按户口多少和辖区大小,而是按原部落组织的内部结构来进行划分。也由于其规模较小,加上本身经济文化水平的较为落后,所以地位不及一般郡县,许多左郡左县、俚郡僚郡很难确考其地望。

第六,从地域分布上看,左郡左县的分布范围甚广。宋世,在南豫、江、荆、豫、郢诸州蛮人居住地都设置过左郡左县,其范围东至安徽江淮之间的合肥、庐江一带,北及河南信阳、光山及安徽寿县一线,又西止溳水,南止长江,即分布在巢湖—淮河—溳水—长江围成的区域中;并呈相对集中趋势。齐世分布范围稍有扩大,西越溳水达于汉水,分布密度增大,相对集中趋势愈加明显,大别山以西南、长江以北、汉水以东、淮河上源以南建置尤众。而逸出上述区域者,宋世仅湘州始建国有乐化左县,齐世仅湘州始安郡(即宋始建国)有建陵左县,益州蜀中有齐通、齐开二左郡(无属县)。由此可以明确,左郡左县主要是为上述之部分豫州蛮所置,其分布区实为南朝内地的核心区域。其他蛮人如雍州蛮由宁蛮府统领,荆州蛮由南蛮校尉统领,武陵蛮由安远护军统领,均不置左郡左县。又豫州诸郡镇蛮护军,也随着左郡左县置蛮人于行政管理之下,再无设立必要而逐渐废弃。

齐世所置的僚郡,多在蜀中四周山地,分布较为零散。吴春俚郡属越州,确址无考,疑在今广西玉林地区及钦州地区东部范围内。俚、僚分布相当广泛,而所置俚郡、僚郡甚少,盖因不肯宾服,屡为侵暴,所以主要以平蛮校尉、平越中郎将、西江督护、南江督护等镇慑之。

第七,入梁以后,左郡左县、俚郡僚郡不再见于记载,它们或废或改(如梁改齐通左郡为齐通郡,建宁左郡为建宁郡,北随安左郡为北随郡,东随安左郡

---

① 《宋书》卷 36《州郡志》司州刺史义阳太守环水长条。按此条志文有误,其中"东随二左郡"当作"东随安左郡"。

为东随郡,始平僚郡为始平郡,东宕渠僚郡为东宕渠郡,越嶲僚郡为嶲州,置越嶲郡等),这至少表明了以下事实:其一,梁陈废除了此种制度。以蛮俚僚所置郡县,不再另加"左"、"俚"、"僚"等名号,其所管辖的蛮俚僚民,赋税徭役渐同于汉人编户齐民①。这应该是统治深化的结果。其二,宋齐两代左郡左县、俚郡僚郡统治下的蛮俚僚民,经济得以发展,文化得以渐进,"左"、"俚"、"僚"等名号的取消,也标志了其汉化的过程及所达到的一定程度②。其三,梁陈两代建立了新的治蛮俚僚制度,这主要包括两个方面。一是加重平越中郎将及三江(南、西、东)督护的职权,其背景是随着梁陈疆域的缩小,长江以北蛮区及梁益僚区渐入北朝之手,岭南地位上升,俚事渐重。二是广置州郡,大封酋帅为刺史、太守。以萧梁为例,在北部边境,为了笼络、争取蛮酋,建州置郡、封以官职,如雷乱清为充州刺史,田鲁生为北司州刺史,田鲁贤为北豫州刺史,田超秀为定州刺史,文子荣为仁州刺史,文僧明为乂州刺史,田清喜为沔东太守,田官德为边城太守,还利用田超秀及郢州刺史田粗憘等攻扰北朝边地③。在南部边地,梁武帝平俚洞后,"或因荒徼之民所居村落置州及郡县,刺史守令皆用彼人为之。"④陈世在岭南将这一政策更加以推广。梁陈两代,边地州郡设置多以至于滥,绥抚酋帅当是其中的重要原因。

---

① 如《太平寰宇记》卷87普州条:"梁普通中,益州刺史临汝侯赐群僚金券镂书,其文云:'今为汝置普慈郡,可率属子弟,奉官租以时输送。'"(中华书局,2007年)
② 《隋书》卷82《南蛮传》:"南蛮杂类,与华人错居……稍属于中国,皆列为郡县,同之齐人。"又《隋书》卷31《地理志》记南郡、江夏等十多郡"多杂蛮左,其与夏人杂居者,则与诸华不别"。
③ 《魏书》卷41《源贺传》,卷101《蛮传》,卷45《韦阆传》,卷78《张普惠传》;《梁书》卷22《安成王秀传》;《周书》卷28《贺若敦传》。
④ 《资治通鉴》卷158大同五年十一月。

第二编　三国两晋南朝都督区

本编凡例

1. 所谓都督区者,可理解为州以上的一级准行政区。严耕望《中国地方行政制度史·魏晋南北朝地方行政制度》卷上《魏晋南朝地方行政制度》开篇即指出:"魏、晋、南朝之地方行政,通常认为是州、郡、县三级制。实则州之上尚有更大之行政区域曰都督区,州刺史之上尚有更具权力之统制机构曰都督府。"①又周振鹤《中国历代行政区划的变迁》亦认为:魏晋南北朝的都督区,"这是以都督为军事长官,统辖数州的军务督理区。都督又例兼所驻州的刺史,实际上形成了州以上一级准行政区"②。今本此意,于州、郡、县行政区域之前,先立一编,专述三国、两晋、南朝之都督区③。

2. 三国西晋都督区制度处于形成阶段,都督区既废置无常,辖境变化较大,都督与刺史各自用人,二者未必驻于一地,其都督区治所亦大多史载有缺。东晋南朝都督区既有相对稳定的辖境,或辖数州,或辖本州,或辖零郡,而都督又常兼刺史、郡守,同治一地,则都督区之治所即为州郡治所。今于三国西晋少数有载的都督区治所,在本编中予以说明;东晋南朝与都督区相关之州郡治所,因已见于以下各编的考释中,为免繁琐,本编不再重复交代。

3. 史籍中并无专篇对都督区作系统之记载,都督区的置废时间等大多亦并不明确,故本编所搜录之都督区仅为稽考,又为免臆断,各都督区之起讫时间及断限情况亦从略。

4. 都督区之设置,并非都是平行架构,而是具有上下级之别,有统辖与被统辖关系。这种级别与关系,一方面体现在都督的头衔及其所对应的权责上④,另一方面体现在都督区的幅员与其行使职能的空间范围上。由于根据

---

① 严耕望:《中国地方行政制度史·魏晋南北朝地方行政制度》,上海古籍出版社,2007年,第1页。
② 周振鹤:《中国历代行政区划的变迁》,商务印书馆,1998年,第65页。
③ 本编之基础,为严耕望《中国地方行政制度史·魏晋南北朝地方行政制度》卷上第一章之"都督区"部分,第22—85页。
④ 严耕望在《中国地方行政制度史·魏晋南北朝地方行政制度》卷上第二章中总结出都督头衔有九种,分别是:使持节都督、使持节监、使持节督、持节都督、持节监、持节督、假节都督、假节监、假节督。

都督的头衔所体现出来的权责,多与都督个人权责挂钩,而与都督的辖区没有直接的联系,故本编划分都督区级别的标准主要采用后者,即都督区的辖境大小与隶属关系。三国两晋南朝都督区的辖境大小,每因人而异,隶属关系亦随之变动,二者皆不如州郡县政区稳定,但仍有一个常态辖境与隶属关系存在。本编即以常态辖境与隶属关系作为区分都督区级别的标准,具体如下:

(1) 辖境常态为一州至数州,或辖州外又辖零郡,设"州以上都督区"一级以处之。在此级别之中,按照都督区隶属关系的层级再分等级。不受其他都督区管辖者,级别最高,姑称为"第一等都督区",唯受"第一等都督区"管辖者,称"第二等都督区",依此类推,唯受"第二等都督区"管辖者,称"第三等都督区";

(2) 辖境常态为一郡或数郡,然不及一州者,设"郡以上都督区"一级;

(3) 辖境常态为不及一郡者,设"郡以下都督区"一级。

又"郡以上都督区"与"郡以下都督区"二级内部隶属关系目前尚欠明确,故暂不分等,一并述之。

5. 都督区存在承袭演变的情况,如东晋豫州都督区乃由扬州江西都督区演变而来,益州都督区乃由巴东都督区演变而来,刘宋青冀都督区常分为青州、冀州两都督区。此类有连带关系的都督区,以其常态酌定层级,置于一处论述。非常态的都督区则以"附"的形式列述于后。

6. 史籍中唯有都督之名,而无都督区之称。本编都督区名称参考严耕望《中国地方行政制度史·魏晋南北朝地方行政制度》卷上酌定。至于严著中未列者,或以史籍所载都督领某地诸军事之某地地名加"都督区",或以都督所领某州刺史、某郡太守之某州名、某郡名加"都督区"。若某都督区在史籍中有多个名称,则标目中列常用名称,其他名称以圆括号附列于后。

7. 萧齐都督区大多承袭刘宋,少有变动,故宋、齐都督区合并讨论;梁、陈二朝皆滥置政区,而梁末陈初之疆域变动亦较为连贯,故梁、陈都督区亦合并讨论。

8. 三国两晋南朝之都督,有时并无辖区,只是作为一个暂时的军事统帅而存在,如"都督征讨诸军事"等;又时有权臣"都督中外诸军事",此所谓"中外",究为中央与地方,抑或是宫内与宫外,学界尚无定见[①]。凡此不涉及行政辖区之都督,不在本编讨论范围之内。

[①] 参祝总斌:《都督中外诸军事及其性质、作用》,收入《纪念陈寅恪先生诞辰百年学术论文集》,北京大学出版社,1989年。

9. 本编征引文献,为省篇幅,或以简称出现。具体说明如下:
房玄龄等《晋书·地理志》,简称《晋志》;
沈约《宋书·州郡志》,简称《宋志》;
萧子显《南齐书·州郡志》,简称《南齐志》;
魏收《魏书·地形志》,简称《地形志》;
魏徵《隋书·地理志》,简称《隋志》;
李吉甫《元和郡县图志》,简称《元和志》;
乐史《太平寰宇记》,简称《寰宇记》;
洪齮孙《补梁疆域志》,简称《补梁志》;
臧励龢《补陈疆域志》,简称《补陈志》。

第一章 三国都督区

三国是都督区制度形成的阶段。都督有一个从临时差遣的军事统帅到相对固定的地方军政长官的转变过程，这种变化在曹魏建国前后最为明显。而从现有史料考察，三国时期的都督置废亦无定准，所以三国时期的都督辖区很不稳定。又三国分立，政局、疆域、国防态势等各不相同，三个政权的都督区制度亦有差异。综而言之，曹魏都督区较大，跨州连郡，分布范围逐渐扩大，由缘边诸地渐至内地腹心，皆置都督区，等级相对明确；蜀汉都督区较小，唯有郡及郡以下两个级别，且分布范围不广，仅限于缘边重地；孙吴都督区介于曹魏、蜀汉之间，缘边置督，以郡以上一级都督区为主。及蜀汉灭于曹魏，孙吴灭于司马晋，曹魏都督区制度乃为后世所沿袭的主流形式。

第一节 曹魏都督区

曹魏常设都督区有五，即扬州都督区、豫州都督区、荆豫都督区、雍凉都督区、青徐都督区，是为曹魏主要都督区。《晋书》卷 2《景帝纪》所载魏嘉平四年(252)，"诸葛诞、毌丘俭、王昶、陈泰、胡遵都督四方"①是也。其他又多有因军政变动而析置与增置者。今一并考述于下。

---

① 按《三国志》卷 28《魏书·诸葛诞传》，正始中，"王凌之阴谋也，太傅司马宣王潜军东伐，以诞为镇东将军、假节都督扬州诸军事，封山阳亭侯"。及嘉平四年十二月伐吴，"遣诞督诸军讨之，与战，不利。还，徙为镇南将军"。卷 28《魏书·毌丘俭传》："迁左将军，假节监豫州诸军事，领豫州刺史，转为镇南将军。诸葛诞战于东关，不利，乃令诞、俭对换。诞为镇南，都督豫州。俭为镇东，都督扬州。"是嘉平四年初诸葛诞为扬州都督，毌丘俭为豫州都督。卷 27《魏书·王昶传》："正始中，转在徐州，封武观亭侯，迁征南将军，假节都督荆、豫诸军。"直至甘露四年薨于任。是嘉平四年王昶为荆豫二州都督。卷 4《魏书·三少帝纪》：嘉平四年"冬十一月，诏征南大将军王昶、征东将军胡遵、镇南将军毌丘俭等征吴"。至毌丘俭反，卷 28《魏书·毌丘俭传》："征东将军胡遵督青、徐诸军出于谯、宋之间，绝其归路。"是嘉平四年胡遵为青徐二州都督。于是可知嘉平四年，诸葛诞、毌丘俭、王昶、胡遵均有都督、督、监之类的都督号，所谓"都督四方"是也。唯卷 22《魏书·陈群传附陈泰传》："嘉平初，代郭淮为雍州刺史，加奋威将军……淮薨，泰代为征西将军，假节都督雍、凉诸军事。"卷 26《魏书·郭淮传》："嘉平元年，迁征西将军，都督雍、凉诸军事……正元二年薨。"是嘉平四年都督雍、凉军事者为郭淮，陈泰时为雍州刺史，无都督号，及正元二年陈泰乃代郭淮为雍、凉都督，故上引《晋书》中"陈泰"恐为"郭淮"之讹。

一、州以上都督区

(一) 第一等都督区

1. 雍凉都督区

曹魏建国伊始即置雍凉都督区以备蜀汉,镇长安。曹真于黄初初年(220)至三年都督雍、凉州诸军事①;司马懿于太和五年(231)至青龙三年(235)屯长安,都督雍、凉二州诸军事②;赵俨于正始初年(240)至四年以征西将军都督雍、凉。其后,夏侯玄于正始四年至嘉平元年(249)以征西将军都督雍、凉州诸军事;郭淮于嘉平元年至正元二年(255)复以征西将军都督雍、凉诸军事;陈泰于正元二年至甘露元年(256)代郭淮,仍都督雍、凉诸军事。及甘露元年至景元元年(260),又有司马望都督雍、凉二州诸军事③。是曹魏有雍凉都督区,所辖即为雍、凉二州。然其所辖之关中地区又别置都督④。甘露元年,有邓艾出任陇右都督⑤,时司马望尚为雍凉都督。司马望以后,雍凉都督遂不可考,恐其地为关中、陇右两都督区所分。唯魏末咸熙元年(264),钟会反于蜀地,魏使贾充都督关中、陇右诸军事⑥,贾充未莅镇而钟会之乱平,此尚存雍凉都督区之遗制也。

2. 河北都督区

曹氏崛起之初,即置都督于河北,荀衍"以监军校尉守邺,都督河北事"⑦,以备袁氏。曹魏建国后承之,《三国志》卷21《魏书·吴质传》:"以文才为文帝所善,官至振威将军,假节都督河北诸军事。"裴注又曰:"及魏有天下,文帝征质……拜北中郎将,封列侯,使持节督幽、并诸军事,治信都。"是曹魏建国后之河北都督区较前自冀州北移至幽、并。后陈本以镇北将军都督河北诸军事,刘靖复以镇北将军都督河北诸军事⑧;嘉平六年,魏又使许允以镇北将军都督河

---

① 《三国志》卷9《魏书·曹真传》。
② 《晋书》卷1《宣帝纪》。原文作"都督雍、梁二州诸军事",卷后"校勘记"[四]疑"雍、梁"当为"雍、凉"。按其时无梁州,所疑甚是,今据改。
③ 《三国志》卷23《魏书·赵俨传》,卷9《魏书·夏侯玄传》,卷26《魏书·郭淮传》,卷22《魏书·陈群传附陈泰传》;《晋书》卷37《宗室·义阳王望传》。
④ 参本节下文"关中都督区"条。
⑤ 《三国志》卷28《魏书·邓艾传》。
⑥ 《晋书》卷40《贾充传》。
⑦ 《三国志》卷10《魏书·荀彧传》。
⑧ 《三国志》卷22《魏书·陈矫传》,卷10《魏书·刘馥传附刘靖传》。《水经注》卷14《鲍丘水》引《刘靖碑》:"魏使持节、都督河北道诸军事、征北将军、建城乡侯、沛国刘靖"云云,据《刘靖传》,"征北"乃其死后追赠,其为河北都督时之将军号为"镇北"。

北诸军事,然许允未及到任而罢。正元中,何曾仍以镇北将军都督河北诸军事①。是终曹魏之世,常设河北都督区。

3. 青徐都督区

曹魏建国前即置青徐都督区以绥靖东土。汉建安末,牵招曾"将兵督青、徐州郡诸军事,击东莱贼,斩其渠率,东土宁静"②;"文帝即位,以曹休都督青、徐"③;明帝时,桓范又"都督青、徐诸军事,治下邳"④;正始二年至嘉平二年,胡质乃以征东将军都督青、徐诸军事⑤;其后,胡遵又为青、徐都督⑥。是青徐都督区例辖青、徐二州。其中青州虽又别置都督⑦,然亦有例外,如甘露二年,诸葛诞反于淮南,青州都督石苞乃"统青州诸军,督兖州刺史州泰、徐州刺史胡质"⑧,是青徐都督区乃扩大至兖州,但此究属权宜,不为恒制。及甘露四年六月,更设徐州都督区⑨,青徐都督区遂分为青州都督区与徐州都督区,青徐都督区由此罢废。

4. 荆豫都督区

曹魏荆州得东汉荆州之江北及益州之房陵、上庸诸地。南临孙吴,西拒蜀汉,为重地。东汉延康元年(220)至黄初初年,曹仁都督荆、扬、益州诸军事,或屯襄阳,或屯宛⑩。其中益州盖为遥领,扬州唯得汉末扬州之淮南部分。黄初中,夏侯尚又以荆州刺史都督南方诸军事⑪。此盖荆豫都督区尚未定型,实为之滥觞。太和元年至四年,魏使司马懿督荆、豫二州诸军事,屯于宛⑫;后夏侯儒又都督荆、豫二州,直至正始二年卸任⑬;正始中后期,王昶又都督荆、豫诸军事,自宛移治新野,直至甘露四年卒于官⑭,荆豫都督区所辖仍为荆、豫二

---

① 《三国志》卷 9《魏书·夏侯玄传附许允传》,《晋书》卷 33《何曾传》。
② 《三国志》卷 26《魏书·牵招传》。
③ 《三国志》卷 18《魏书·臧质传》裴注引《魏略》。
④ 《三国志》卷 9《魏书·曹爽传》裴注引《魏略》。
⑤ 《三国志》卷 27《魏书·胡质传》。
⑥ 《晋书》卷 2《景帝纪》:正元二年二月"乃遣诸葛诞督豫州诸军自安风向寿春,征东将军胡遵督青、徐诸军出谯宋之间,绝其(毌丘俭、文钦)归路"。
⑦ 参本节下文"青州都督区"条。
⑧ 《晋书》卷 33《石苞传》。
⑨ 参本节下文"徐州都督区"条。
⑩ 《三国志》卷 9《魏书·曹仁传》。
⑪ 《三国志》卷 9《魏书·夏侯尚传》。
⑫ 《晋书》卷 1《宣帝纪》。又《三国志》卷 35《蜀书·诸葛亮传》裴注曰:"亮初屯阳平,宣帝尚为荆州都督,镇宛城。"此处"荆州都督"即当指司马懿于太和中都督荆、豫二州诸军事。
⑬ 《三国志》卷 15《魏书·张既传》裴注引《魏略》。
⑭ 《三国志》卷 27《魏书·王昶传》。

州,其中豫州又别置都督区①。然自魏平诸葛诞之乱后,甘露四年"分荆州置二都督,王基镇新野,州泰镇襄阳"②。荆豫都督区由此分而为三:豫州固自为一都督区,荆州地区则分为二都督区。荆豫都督区遂废。

及曹魏平蜀汉,"吴寇屯永安,遣荆、豫诸军犄角赴救……贼皆遁退"③。《晋书》卷39《王沈传》亦载:"迁征虏将军、持节、都督江北诸军事……平蜀之役,吴人大出,声为救蜀,振荡边境。沈镇御有方,寇闻而退。"是统御荆、豫者为江北都督,略存荆豫都督区之功效,然此为伐蜀汉时备孙吴而设,非为常制。

(二) 第二等都督区

1. 关中都督区

曹魏建国前尝以夏侯渊震慑关中,然不置都督。"文帝少与(夏侯)楙亲,及即位,以为安西将军、持节,承夏侯渊处都督关中。"④是魏初即立关中都督区。太和二年,"遣大将军曹真都督关右"⑤;正始中,夏侯玄亦曾为关中都督⑥;正元二年,以"蜀将姜维寇陇右,雍州刺史王经战败,遣(司马)孚西镇关中,统诸军事"⑦。其后,钟会于景元三年冬都督关中诸军事;李胤于伐蜀汉之役中督关中诸军事;卫瓘复因平蜀汉之功而除都督关中诸军事⑧。盖关中为抗御蜀汉之前沿,故于雍凉都督区中另设关中都督区。

2. 陇右都督区

甘露元年,魏以邓艾都督陇右诸军事⑨,陇右都督区之建始此,雍凉都督区因此而废⑩。陇右都督区的设立,盖亦为抗御蜀汉计,终魏世未变。

3. 扬州都督区

曹魏建国之初即有扬州都督区,治寿春,用以备吴。文帝时,曹休为扬州牧,及明帝即位,曹休乃"都督扬州如故"⑪。是文帝时即有扬州都督区。太和二年,"(曹)休薨,(满)宠以前将军代都督扬州诸军事"⑫。正始初至嘉平三

---

① 参本节下文"豫州都督区"条。
② 《晋书》卷2《文帝纪》甘露四年六月。
③ 《三国志》卷4《魏书·三少帝·陈留王奂纪》咸熙元年六月。
④ 《三国志》卷9《魏书·夏侯惇传》裴注引《魏略》。
⑤ 《三国志》卷3《魏书·明帝纪》太和二年。
⑥ 《三国志》卷9《魏书·夏侯玄传》裴注:"臣松之案:曹爽以正始五年伐蜀,时玄已为关中都督,至十年,爽诛灭后,方还洛耳。"
⑦ 《晋书》卷37《宗室·安平王孚传》。
⑧ 《三国志》卷28《魏书·钟会传》;《晋书》卷44《李胤传》,卷36《卫瓘传》。
⑨ 《三国志》卷28《魏书·邓艾传》。
⑩ 参本节上文"雍凉都督区"条。
⑪ 《三国志》卷9《魏书·曹休传》。
⑫ 《三国志》卷26《魏书·满宠传》。

年,王凌以征东将军都督扬州诸军事①;旋王凌谋反,乃"以诸葛诞为镇东将军,假节都督扬州诸军事"②。嘉平四年,毌丘俭继为扬州都督③;及正元二年,毌丘俭以谋反伏诛,魏"以(诸葛)诞久在淮南,乃复以为镇东大将军、仪同三司、都督扬州"④。至甘露二年,诸葛诞以淮南叛,魏乃废扬州都督区,使并入豫州都督区⑤。次年,"以淮南初定,转(王)基为征东将军,都督扬州诸军事"⑥。是魏复置扬州都督区。甘露四年,石苞代王基,仍都督扬州诸军事⑦。是扬州都督区例辖本州,终魏世未变。

4. 豫州都督区

曹魏豫州都督区之建立待考。明帝时,赵俨出监豫州诸军事⑧,是魏明帝时即有豫州都督区。及齐王芳时,毌丘俭以豫州刺史监豫州诸军事。嘉平四年,因扬州都督诸葛诞与吴"战于东关,不利,乃令诞、俭对换。诞为镇南,都督豫州。俭为镇东,都督扬州。"⑨及正元二年,魏平定淮南之叛,乃使王基以豫州刺史都督豫州诸军事。至甘露二年,诸葛诞反于寿春,魏乃使王基以豫州刺史都督扬、豫诸军事⑩。是扬州都督区并入豫州都督区。然此属权宜之计,非为常制。及甘露三年,诸葛诞平,扬州又从豫州都督区分出,重置都督⑪,豫州都督区乃复为旧规。陈骞以豫州刺史都督豫州诸军事,王沈以豫州刺史监豫州诸军事,司马亮又监豫州诸军事⑫。是豫州都督区终魏世未废。

5. 青州都督区

曹魏建国前即有青州都督区,汉延康元年,曹丕继为魏王,臧霸已都督青州诸军事⑬。至魏太和末,田豫以汝南太守督青州诸军事⑭;嘉平末,石苞复监青州诸军事;至甘露二年,因诸葛诞反于淮南,石苞乃以青州都督复统徐、兖⑮。

---

① 《三国志》卷28《魏书·王凌传》。
② 《三国志》卷28《魏书·诸葛诞传》。
③ 《三国志》卷28《魏书·毌丘俭传》。
④ 《三国志》卷28《魏书·诸葛诞传》。
⑤ 参《三国志》卷27《魏书·王基传》。并参本节下文"豫州都督区"条。
⑥ 《三国志》卷27《魏书·王基传》。
⑦ 《晋书》卷2《文帝纪》甘露四年,卷33《石苞传》。
⑧ 《三国志》卷23《魏书·赵俨传》。
⑨ 《三国志》卷28《魏书·毌丘俭传》。
⑩ 《三国志》卷27《魏书·王基传》。
⑪ 参本节上文"扬州都督区"条。
⑫ 《晋书》卷35《陈骞传》,卷39《王沈传》,卷59《汝南王亮传》。
⑬ 《三国志》卷18《魏书·臧霸传》。
⑭ 《三国志》卷26《魏书·田豫传》。
⑮ 参本节上文"青徐都督区"条。

及淮南底定,甘露四年,乃使宋钧监青州诸军事①。是青州都督区仍辖本州,复为常态。至陈留王曹奂即位,又使鲁芝以青州刺史监青州诸军事②。是青州都督区直至魏末不废。

6. 徐州都督区

徐州本隶青徐都督区,不设都督。甘露四年六月,以"钟毓都督徐州"③,徐州都督区遂立,青徐都督区因此而废④。平蜀汉后,卫瓘以功迁都督徐州诸军事,直至魏亡⑤。

7. 兖州都督区

《三国志》卷16《魏书·杜畿传附杜恕传》载杜恕之言曰:"今荆、扬、青、徐、幽、并、雍、凉缘边诸州皆有兵矣,其所恃内充府库外制四夷者,惟兖、豫、司、冀而已。"是兖州处曹魏内地,不被兵,乃不置都督。间有军事,隶于青徐都督区⑥。然魏末司马伷曾以兖州刺史监兖州诸军事⑦,是曹魏末年又曾置兖州都督区。

8. 交州都督区

魏本无东汉交州地,唯黄初二年吴主孙权称藩于魏,魏授孙权"以大将军使持节督交州,领荆州牧事"⑧,然魏实不能染指其土。景元四年,吴交趾郡吏吕兴叛吴附魏,九真、日南等郡响应,咸熙元年魏即以吕兴都督交州诸军事,然而"策命未至,兴为下人所杀"⑨。是魏之交州都督区皆虚置。

二、郡以上都督区

1. 淮北都督区

淮北都督区似与豫州都督区并置。嘉平三年,"大军讨王凌,帝(司马昭)督淮北诸军事,帅师会于项"⑩。此是淮北都督区首见。及甘露元年,"吴大将孙峻出淮、泗。以(陈)泰为镇军将军,假节都督淮北诸军事,诏徐州监军已下

---

① 《晋书》卷2《文帝纪》甘露四年六月。
② 《晋书》卷90《良吏·鲁芝传》。
③ 《晋书》卷2《文帝纪》甘露四年六月。
④ 参本节上文"青徐都督区"条。
⑤ 《晋书》卷36《卫瓘传》。
⑥ 参本节上文"青徐都督区"条。
⑦ 《晋书》卷38《宣五王·琅邪王伷传》。
⑧ 《三国志》卷47《吴书·吴主传》。
⑨ 《三国志》卷4《魏书·三少帝·陈留王奂纪》咸熙元年九月。
⑩ 《晋书》卷2《文帝纪》。

受泰节度"①。至甘露三年,寿春诸葛诞平,魏以陈骞"都督淮北诸军事、安东将军……转都督豫州诸军事、豫州刺史,持节、将军如故"②。后卢钦亦曾为淮北都督③。司马骏"出为平南将军、假节、都督淮北诸军事……转安东将军。咸熙初……转安东大将军,镇许昌"④。由淮北都督区所涉及之项、许昌诸地可知,淮北都督区大致与豫州都督区置于同一区域。盖为防吴及备淮南之叛而立⑤。

2. 荆州都督区

荆州本属荆豫都督区,不另置都督⑥。魏甘露四年,"分荆州置二都督,王基镇新野,州泰镇襄阳"⑦。荆豫都督区由此而废。荆州地区则分为二都督区。《三国志》卷27《魏书·王基传》又载,甘露四年,王基"转为征南将军,都督荆州诸军事"。是镇于新野之都督区乃以荆州都督区称之。景元二年,王基卒于任,魏乃使钟毓都督荆州;景元四年,钟毓卒,陈骞又为都督荆州诸军事⑧,直至魏末。然王基、钟毓、陈骞等虽有荆州都督之称,其所辖并不能达曹魏荆州全境,仅镇于新野,与江南都督区并置。

3. 江南都督区

据"荆豫都督区"、"荆州都督区"条考证,甘露四年,荆豫都督区废,荆州乃分置二都督区。其中荆州都督区镇新野。然襄阳处新野之南,更近于吴。《三国志》卷28《魏书·邓艾传附州泰传》载州泰"官至征虏将军,假节都督江南诸军事",《晋书》卷35《陈骞传》又载甘露四年六月后,"又转都督江南诸军事,徙都督荆州诸军事"。此处都督荆州诸军事,即当指分立于新野之都督区,而都督江南诸军事当即为分立于襄阳之都督区。

4. 南中都督区

曹魏本无南中都督,景元四年平蜀汉,蜀汉建宁太守、统南郡事霍弋率南中之建宁、永昌、牂柯、兴古、云南、朱提六郡降魏,其地略当蜀汉之庲降都督

---

① 《三国志》卷22《魏书·陈泰传》。
② 《晋书》卷35《陈骞传》。
③ 《晋书》卷44《卢钦传》。
④ 《晋书》卷38《宣五王·扶风王骏传》。
⑤ 严耕望在《中国地方行政制度史·魏晋南北朝地方行政制度》中以为曹魏淮北都督区自甘露二年始立,且自扬州都督区分出(第26页)。今并不取。
⑥ 《三国志》卷23《魏书·赵俨传》:"明帝即位,进……监荆州诸军事,假节。会疾,不行。"似早在明帝时即有意以荆州独立为一都督区,但未施行。
⑦ 《晋书》卷2《文帝纪》甘露四年六月。
⑧ 《三国志》卷13《魏书·钟毓传》,《晋书》卷35《陈骞传》。

区。魏即以霍弋为南中都督，委以本任①。

三、郡以下都督区

邺城都督区

曹魏建国后，又似曾于冀州之邺城置都督。《晋书》卷37《宗室·济南王遂传》："景元二年，转封武城乡侯、督邺城守诸军事、北中郎将。"然邺城都督仅此一见，姑附志于此。

第二节 蜀汉都督区

蜀汉在三国中疆域最为狭小，北有魏，东有吴，南有蛮。蜀汉于缘边皆置都督，然蜀汉仅有益州之地，故其都督区所辖，亦不过以郡县计而已。

一、郡以上都督区

1. 汉中都督区

蜀汉建国前，刘备取汉中郡，于汉建安二十四年（219）即命魏延以汉中太守督汉中，治南郑，用以备魏。及蜀汉建国，承此不废。至建兴五年（227），"诸葛亮驻汉中，更以（魏）延为督前部，领丞相司马、凉州刺史"②。是年罢汉中督。建兴十二年，诸葛亮卒，吴壹以雍州刺史督汉中③，至建兴十五年，王平代吴壹，仍督汉中。"延熙元年，大将军蒋琬住沔阳，（王）平更为前护军，署琬府事。"是汉中督再罢。延熙"六年，琬还住涪，拜（王）平前监军，镇北大将军，统汉中"④。似又重设汉中督。后胡济又以兖州刺史督汉中⑤。及景耀元年（258），"令督汉中胡济却住汉寿"⑥，于是汉中险要弃守。炎兴元年（263），蜀汉亡，汉中都督区废。

2. 巴东都督区（永安都督区）

巴东郡治永安，又有永安宫在焉，故巴东都督区也作永安都督区。李严于

---

① 《三国志》卷41《蜀书·霍峻传附霍弋传》。
② 《三国志》卷40《蜀书·魏延传》。此处之凉州刺史为遥领。
③ 《三国志》卷45《蜀书·杨戏传》，《季汉辅臣赞》陈寿注。此处吴壹之雍州刺史及下文胡济、邓芝之兖州刺史皆为遥领。
④ 《三国志》卷43《蜀书·王平传》。
⑤ 《三国志》卷39《蜀书·董和传》裴注。
⑥ 《三国志》卷44《蜀书·姜维传》。

章武三年(223)留督永安,然此时尚未有永安督之名①。建兴初陈到为永安都督;延熙后期至景耀元年,宗预又为永安督②。蜀汉末年,阎宇都督巴东,罗宪为阎宇副贰。及蜀汉亡,罗宪以巴东降,巴东都督区遂为魏晋所承③。

3. 庲降都督区

刘备定蜀后,于建安二十年即使邓方以朱提太守为庲降都督,屯南昌县④。裴松之曾讯之蜀人,云:"庲降地名,去蜀二千余里,时未有宁州,号为南中,立此职以总摄之。"⑤盖蜀汉置庲降都督以震慑南蛮。章武元年,邓方卒,李恢遂以交州刺史为庲降都督,住平夷县⑥,交州盖遥领。建兴九年,张翼以绥南中郎将出任庲降都督⑦。建兴十一年,"征庲降都督张翼还,以(马)忠代翼……故都督常驻平夷县。至忠,乃移治味县,处民夷之间。又越巂郡亦久失土地,忠率将太守张嶷开复旧郡"。延熙五年(242)马忠卸任,张表、阎宇"继踵在(马)忠后"⑧,其中张表督庲降、后将军⑨。此后,杨戏以南中郎参军、建宁太守为副贰庲降都督⑩;霍弋为参军庲降屯副贰都督。炎兴元年,蜀汉亡于魏,霍弋以地附魏⑪,庲降都督区遂废。

4. 关中都督区

蜀汉无关中之地,但置有关中都督一职。吴壹于章武元年为关中都督,后傅佥又为关中都督⑫,盖皆遥领。

二、郡以下都督区

1. 江州都督区

江州在蜀汉为巴郡属县。蜀汉建国,为防吴计,置江州都督区。章武元年,刘备伐吴,即以赵云督江州;章武末年,费观又以巴郡太守为江州都督;建

---

① 《三国志》卷40《蜀书·李严传》。
② 《三国志》卷45《蜀书·杨戏传》,《季汉辅臣赞》陈寿注;卷45《蜀书·宗预传》。
③ 《晋书》卷57《罗宪传》。
④ 《三国志》卷45《蜀书·杨戏传》,《季汉辅臣赞》陈寿注。《华阳国志》卷4《南中志》:"建安十九年,刘先主定蜀,遣安远将军南郡邓方为朱提太守、庲降都督治南昌县。"(刘琳:《华阳国志校注》,巴蜀书社,1984年,第350页)"朱提郡"条:"至建安二十年,邓方为都尉,先主因易名太守。"(第414页)
⑤ 《三国志》卷43《蜀书·李恢传》裴注。
⑥ 《三国志》卷43《蜀书·李恢传》。另卷45《蜀书·杨戏传》所录《季汉辅臣赞》陈寿注以邓方卒年为章武二年。
⑦ 《三国志》卷45《蜀书·张翼传》。
⑧ 《三国志》卷43《蜀书·马忠传》。
⑨⑩ 《三国志》卷45《蜀书·杨戏传》。
⑪ 《三国志》卷41《蜀书·霍峻传附霍弋传》。
⑫ 《三国志》卷45《蜀书·杨戏传》,《季汉辅臣赞》陈寿注;卷45《蜀书·杨戏传》,《季汉辅臣赞》陈寿注。

兴元年,李福以巴西太守为江州督①。至建兴四年,李严以前将军屯江州,江州督遂罢。建兴八年,李严奉命赴汉中,其子李丰乃"为江州都督督军,典严后事"②,是江州都督复立。及诸葛亮卒,邓芝又以兖州刺史督江州。延熙六年邓芝卸任③,此后江州督遂无考。

2. 武兴都督区

武兴隶武都郡,本县制,原属魏。建兴七年,蜀汉取武都④。"蜀以其处当冲要,遣蒋舒为武兴督守之。"⑤炎兴元年,曹魏钟会南下平蜀汉,武兴督蒋舒以城降魏,武兴都督区遂废⑥。

3. 建威都督区

建威隶武都郡,本县制,原亦属魏。建兴七年,蜀汉取武都。张翼延熙时督建威,假节⑦。是蜀汉尝置建威都督区,用以拒魏。炎兴元年,武都为魏所取,建威都督区遂废。

4. 西安围都督区

西安围之地难详考,王嗣延熙中以汶山太守为西安围督,"绥集羌、胡,咸悉归服,诸种素桀恶者皆来首降,嗣待以恩信,时北境得以宁静。大将军姜维每出北征,羌、胡出马牛羊毡毦及义谷裨军粮,国赖其资"⑧。是西安围都督区约在益州西鄙之汶山郡一带,用以"绥集羌、胡"。

5. 广武都督区

广武为阴平郡属县,建兴七年,蜀汉取魏之阴平⑨。廖化曾为广武督⑩,盖亦为防魏所置。

第三节 孙吴都督区

孙吴有扬、荆、交三州,后又分交州置广州。《南齐志》上扬州:"吴置持节

---

① 《三国志》卷36《蜀书·赵云传》裴注引《云别传》;卷45《蜀书·杨戏传》,《季汉辅臣赞》陈寿注。
② 《三国志》卷40《蜀书·李严传》。
③ 《三国志》卷45《蜀书·邓芝传》。
④ 《三国志》卷33《蜀书·后主传》建兴七年。
⑤ 《元和志》卷22《山南道二》"兴州"条。
⑥ 《三国志》卷44《蜀书·姜维传》裴注引《蜀记》曰:"蒋舒为武兴督,在事无称。蜀命人代之,因留舒助汉中守。舒恨,故开城出降。"
⑦ 《三国志》卷45《蜀书·张翼传》。
⑧ 《三国志》卷45《蜀书·杨戏传》裴注引《益部耆旧杂记》。
⑨ 《三国志》卷33《蜀书·后主传》建兴七年。
⑩ 《三国志》卷45《蜀书·廖化传》。

督州牧八人,不见扬州都督所治。"孙吴又于缘江镇戍置督将以备曹魏、蜀汉,史籍可考者有夏口督、芜湖督、临海督、江陵督、西陵督、鲁口督、沔中督、公安督、南陵督、濡须督、柴桑督、武昌督、蒲圻督、乐乡督、京下督、牛渚督、徐陵督、中夏督、夷道督、山阴督、扶州督、巴丘督,对于这些缘江各督,孙吴就某一大区域内置一都督以总辖各督。至于东南沿海之都督区则可辖一郡或数郡。岭南之都督区则辖州。以此,孙吴都督区建置较之曹魏、蜀汉为复杂,而规模介于二者之间。

一、州以上都督区

1. 广州都督区

吴于永安七年(264)割交州之南海、苍梧、郁林三郡置广州,治番禺[1]。《三国志》卷48《吴书·三嗣主·孙晧传》:天纪"三年夏,郭马反……攻杀广州督虞授。马自号都督交、广二州诸军事、安南将军,(殷)兴广州刺史。"是吴末广州亦置督。《晋书》卷57《滕修传》:"广州部曲督郭马等为乱,(孙)晧以修宿有威惠,为岭表所伏,以为使持节、都督广州军事、镇南将军、广州牧以讨之。未克而王师伐吴,修率众赴难。至巴丘而晧已降……诏以修为安南将军,广州牧、持节、都督如故。"是滕修以广州牧为广州都督区长官,治于番禺。吴为晋平,广州都督区乃为晋所承。

2. 交州都督区

孙吴初年之交州都督无考。永安六年,交州之交阯、九真、日南三郡附魏[2],宝鼎三年(268),郁林又叛吴附晋[3],晋军"自蜀出交阯,破吴军于古城,斩大都督修则、交州刺史刘俊。吴遣虞汜为监军,薛珝为威南将军、大都督,(陶)璜为苍梧太守……(珝)以璜领交州,为前部督"。是吴末有交州都督区,修则、薛珝为大都督,盖即交州都督。建衡元年(269)吴复克交阯,"吴因用璜为交州刺史……(孙)晧以璜为使持节、都督交州诸军事、前将军、交州牧"[4]。陶璜之后,修允乃为交州都督[5]。及晋平吴,交州都督区为晋所承。

3. 荆州都督区

《三国志》卷64《吴书·孙綝传》裴注引《吴历》,孙綝"求中书两郎,典知荆州诸军事,主者奏中书不应外出,(孙)休特听之,其所请求,一皆给与"。是吴

---

[1] 《三国志》卷48《吴书·三嗣主·孙休传》永安七年七月。
[2] 《资治通鉴》卷78魏元帝景元四年正月。
[3] 《资治通鉴》卷79晋武帝泰始四年十月。
[4][5] 《晋书》卷57《陶璜传》。

曾置荆州都督区,治武昌。

4. 徐州都督区

吴无徐州,淮南为魏、吴拉锯之地。五凤二年(255),吴因魏将文钦以淮南众数万口来奔,孙峻又破魏军于高亭,乃于淮南之广陵、东海二郡立城,希冀克魏徐州。乃"以冯朝为监军使者,督徐州诸军事,民饥,军士怨畔"①,都督区不久即废。

二、郡以上都督区

1. 巴丘以西都督区

吴境巴丘以西之督有信陵督、西陵督、夷道督、江陵督、乐乡督、公安督、巴丘督等,均沿江分布。《三国志》卷56《吴书·朱然传》:"(吕)蒙卒,(孙)权假然节,镇江陵……诸葛瑾子融、步骘子协,虽各袭任,权特复使然总为大督……赤乌十二年卒。"按步协时为西陵督,诸葛融时为公安督②,朱然既已领江陵督,又以大督兼统西陵、公安两督,则此都督区所辖至少有三督。后朱然子朱绩袭父业,任乐乡督。及永安初,"迁上大将军,都护督,自巴丘上迄西陵"③。盖乐乡处江陵以南,与之隔江相对,江陵实无督,《朱然传》所谓"镇江陵"即指屯乐乡以镇江陵也。及永安二年,陆抗"拜镇军将军,都督西陵,自关羽至白帝"④。于此可知,至永安初年,此都督区东扩至巴丘,西延伸至孙吴、蜀汉边境,北抵曹魏,南达洞庭以南。《南齐志》下荆州:"汉灵帝中平末刺史王睿始治江陵,吴时西陵督镇之。"盖此时陆抗以都督区长官都督西陵,实际治江陵也。及建衡二年,"大司马施绩卒,拜抗都督信陵、西陵、夷道、乐乡、公安诸军事,治乐乡"⑤。施绩即为朱绩⑥,观陆抗前后所督与朱绩所督略同。以此,吴境自巴丘沿江两岸至蜀为一都督区,其治乐乡或江陵,殆可断言。

2. 武昌都督区

吴之武昌都督区,所辖为以武昌为中心之区域,约略在吴荆州江夏郡境之

---

① 《三国志》卷48《吴书·三嗣主·孙亮传》五凤二年十二月。
② 《三国志》卷52《吴书·步骘传》,卷52《吴书·诸葛融传》。
③ 《三国志》卷56《吴书·朱然传附朱绩传》。
④ 《三国志》卷58《吴书·陆逊传附陆抗传》。其中关羽一地,严耕望据杨守敬《历代舆地图》,当即是益阳之关羽濑。(《中国地方行政制度史·魏晋南北朝地方行政制度》,第27页)
⑤ 《三国志》卷58《吴书·陆逊传附陆抗传》。
⑥ 《三国志》卷56《吴书·朱然传》:"朱然……(朱)治姊子也,本姓施氏。初治未有子,然年十三,乃启(孙)策乞以为嗣。"

沿江地区。然吴前中期武昌都督区之长官无都督称号。黄龙元年(229),孙权东巡建业,"(陆)逊辅太子,并掌荆州及豫章三郡事①……赤乌七年,代顾雍为丞相,诏曰:'……其州牧都护领武昌事如故。'"②武昌都督区之广狭于此可知。

"潘浚卒,(吕)岱代浚领荆州文书,与陆逊并在武昌,故督蒲圻……及陆逊卒,诸葛恪代逊,(孙)权乃分武昌为两部,岱督右部,自武昌上至蒲圻。"③继任为右部督者还有陆凯④。据此知武昌右部督治于蒲圻,所辖自武昌西至蒲圻,当包括夏口、沔中二督,西与巴丘以西都督区相接。又《三国志》卷51《吴书·宗室·孙贲传附孙邻传》:"迁夏口沔中督、威远将军。"是武昌右部督所辖之夏口、沔中又曾合置一督。

至于武昌左部督,当为武昌以东至柴桑段,含有半州督。范慎、薛莹、徐平等相继为武昌左部督⑤。然武昌左右两督之上,另有总率者,吴末就曾使陶璜出任武昌都督⑥;晋伐吴,虞昺亦曾为持节都督武昌已上诸军事⑦,此皆其证。及虞昺降晋,武昌都督区遂废。

3. 扶州至皖都督区、扶州至海都督区

扶州在何地难考,严耕望以为"必在建业濡须口间殆可断言,或者即洞口牛渚上下欤?"⑧《三国志》卷60《吴书·贺齐传》:建安末,"拜安东将军,封山阴侯,出镇江上,督扶州以上至皖"。卷56《吕范传》:"(孙)权破(关)羽还,都武昌,拜范建威将军,封宛陵侯,领丹杨太守,治建业,督扶州以下至海。"据知孙氏于建国前,即在长江下流以扶州为界东西分作二都督区。

4. 吴郡都督区

孙吴东、南二境临海,因而又多于临海诸郡置都督区,此亦缘边置督之意。《三国志》卷50《吴书·孙破虏吴夫人传》裴注引《吴书》:"(孙)权征荆州,拜(吴)奋吴郡都督,以镇东方。"此为临海置督之最北者。

---

① 豫章、鄱阳、庐陵三郡。参《三国志》卷58《吴书·陆逊传》。
② 《三国志》58《吴书·陆逊传》。
③ 《三国志》卷60《吴书·吕岱传》。
④ 《三国志》卷61《吴书·陆凯传》。
⑤ 参《三国志》卷59《吴书·吴主五子·孙登传》裴注引《吴录》,卷53《吴书·薛综传附薛莹传》,卷57《吴书·虞翻传》裴注引《会稽典录》。
⑥ 《晋书》卷57《陶璜传》。
⑦ 《三国志》卷57《吴书·虞翻传》裴注引《会稽典录》。
⑧ 严耕望:《中国地方行政制度史·魏晋南北朝地方行政制度》,第32页。按洞口又称洞浦,在今安徽和县西南临江处。吴增仅《三国郡县表附考证》以为在芜湖境内。

5. 会稽临海建安三郡都督区

《三国志》卷48《吴书·三嗣主·孙晧传》：凤凰"三年，会稽妖言章安侯奋当为天子。临海太守奚熙与会稽太守郭诞书，非论国政。诞但白熙书，不白妖言，送付建安作船。遣三郡督何植收熙"。又卷50《孙和何姬传》裴注引《江表传》："（孙）晧舅子何都颜状似晧，云都代立。临海太守奚熙信讹言，举兵欲还诛都，都叔父植时为备海督，击杀熙。"于此可知何植以备海督辖有三郡，收临海太守奚熙，则临海必在此都督区内。又自吴郡都督区南至交、广二都督区，缘海诸郡除临海外，唯会稽、建安二郡而已，故此都督区所辖当为会稽、临海、建安三郡。

第二章　西晋都督区

西晋兼魏、汉、吴三国之疆土，全盛时有司、兖、豫、冀、幽、平、并、雍、凉、秦、梁、益、宁、青、徐、荆、扬、交、广 19 州。元康元年（291）割荆、扬 2 州置江州①，永嘉元年（307）分荆、江、广三州置湘州②，是西晋后期乃有二十一州。《晋书》卷 47《傅玄传附傅咸传》载其咸宁中上书晋武帝云："旧都督有四，今并监军，乃盈于十。"《资治通鉴》卷 80 引此文，胡三省注曰："魏初置都督诸军，东南以备吴，西以备蜀，北以备胡，随其资望轻重而加以征、镇、安、平之号，有四而已。其后增置，有都督邺城守诸军，都督秦、雍、凉诸军，都督梁、益诸军，都督荆州诸军，都督扬州诸军，都督徐州诸军，都督淮北诸军，都督豫州诸军，都督幽州诸军，都督并州诸军，凡十。其资轻者，为监军。"西晋建兴元年（313），晋廷又有分全国为陕西、陕东为二大都督区之议。陕西、陕东者，实指弘农陕县以西与以东。愍帝"以镇东大将军、琅邪王睿为侍中、左丞相、大都督陕东诸军事，大司马、南阳王保为右丞相、大都督陕西诸军事"③。及建兴二年，又以琅邪王司马睿为"大都督中外诸军事"④，"分陕"立都督区之议由是名存实亡⑤。今于西晋都督区细加划分，分说于下。

第一节　州以上都督区

（一）第一等都督区

1. 河北都督区

西晋承魏置河北都督区，改治于邺，辖冀州，用以备胡。泰始中，晋廷曾欲

---

① 《晋书》卷 4《惠帝纪》元康元年七月。
② 《晋书》卷 5《怀帝纪》永嘉元年八月。参考第四编"西晋诸州郡县沿革"第一章第十八节"湘州沿革"。
③ 《晋书》卷 5《孝愍帝纪》建兴元年五月。
④ 《晋书》卷 6《元帝纪》。
⑤ 《晋书》卷 86《张轨传附张寔传》："会刘曜逼长安，寔遣将军王该率众以援京城。帝嘉之，拜都督陕西诸军事。"然张氏唯据凉州，此陕西都督区空存其名。

以华廙都督河北诸军事,然廙固辞未就,是晋初犹有河北都督区①。及八王之乱,东海王司马越受推为盟主,太安二年(303),乃以范阳王司马虓"都督河北诸军事、骠骑将军、持节,领豫州刺史……王浚表虓领冀州刺史,资以兵马"②,是此时河北都督区竟辖冀、豫二州,然此盖为乱世权宜之计。永兴二年(305)九月,"以成都王颖为镇军大将军、都督河北诸军事,镇邺"③。然其时成都王司马颖乃丧败之余,实未能莅任。是西晋河北都督区时置时不置,盖河北都督之职权,与督邺城守实多重合。

2. 幽州都督区

魏幽州不置都督区,幽州军事曾统于河北都督区。西晋于幽州置都督区,设都督,治蓟,用以震慑乌丸、鲜卑,东通马韩等东亚诸国族。晋初王乂以平北将军出督幽州诸军事④。泰始七年(271),又使卫瓘以征北大将军都督幽州诸军事⑤。泰始十年,分幽州昌黎、辽东、玄菟、带方、乐浪五郡国立平州⑥,卫瓘以幽州都督乃"兼督之"⑦,是幽州都督区所辖虽变更为幽、平二州,但所辖区域未变。太康三年(282),又以张华都督幽州诸军事⑧。此后,唐彬为使持节、监幽州诸军事,领乌丸校尉、右将军,"开拓旧境,却地千里。复秦长城塞,自温城洎于碣石,绵亘山谷且三千里……自汉魏征镇莫之比焉"⑨。于此可知幽州都督区在太康时向北扩展之概况。武帝末,又有刘宝为"使持节、安北大将军、领乌丸校尉、都督幽并州诸军事"⑩。至元康四年(294),刘弘又监幽州诸军事⑪。后王浚又都督幽州诸军事,及光熙元年(306),又诏以王浚"都督东夷河北诸军事,领幽州刺史"。永嘉五年(311),"(石)勒复寇冀州,刺史王斌为勒所害,浚又领冀州。诏进浚为大司马,加侍中、大都督、督幽冀诸军事。使者未及

---

① 《晋书》卷44《华表传附华廙传》。
② 《晋书》卷37《宗室·范阳王绥传附虓传》。
③ 《晋书》卷4《惠帝纪》永兴二年九月。
④ 《世说新语》卷上《德行》"祖光禄少孤贫"条刘注引《王乂别传》,徐震堮:《世说新语校笺》,中华书局,1984年,第16页。
⑤ 《晋书》卷3《武帝纪》泰始七年八月。
⑥ 《晋书》卷3《武帝纪》泰始十年二月:"分幽州五郡置平州。"《晋志》上平州:"咸宁二年十月,分昌黎、辽东、玄菟、带方、乐浪等郡国五置平州。"平州设立之时间,今以《武帝纪》为准。
⑦ 《晋书》卷36《卫瓘传》。
⑧ 《晋书》卷3《武帝纪》太康三年正月。
⑨ 《晋书》卷42《唐彬传》。
⑩ 《刘宝墓志》,罗新、叶炜主编:《新出魏晋南北朝墓志疏证》,中华书局,2005年,第5页。《疏证》:"西晋历任乌丸校尉,一般……都督幽州诸军事(卫瓘加督平州),未见有兼督并州者。刘宝'都督幽并诸军事',较为特别,也许是墓志刻写的问题,并州或当作平州。"
⑪ 《水经注》卷14"鲍邱水"条录《刘靖碑》:"晋元康四年,君少子骁骑将军、平乡侯弘,受命使持节、监幽州诸军事,领乌丸校尉、宁朔将军。"《水经注疏》,江苏古籍出版社,1989年,第1224—1225页。

发,会洛京倾覆,浚大树威令,专征伐"①。盖中原乱于羯胡,地多不守,以此幽州都督区渐染指河北,然"刘琨与浚争冀州"②,由此可知幽州都督区不能尽辖冀州地。建兴二年(314),石勒陷幽州,杀王浚,幽州都督区遂废除③。

3. 并州都督区

魏无并州都督区,并州军事一度隶于河北都督区。西晋以并州多胡人,为备胡人计而设并州都督,治晋阳。然并州都督时置时罢。自泰始中至咸宁二年(276),胡奋监并州诸军事④;咸宁三年,太原王辅又监并州诸军事;永康元年(300)至永嘉元年,东嬴公司马腾以并州刺史都督并州诸军事⑤;永嘉元年,刘琨出任并州刺史,然未有都督号。及愍帝即位,乃使刘琨以并州刺史都督并州诸军事。建兴三年,乃以刘琨都督并、冀、幽三州诸军事⑥,盖冀、幽残破,多为羯胡陷没,邺城督、冀州都督区、幽州都督区等多属异域,权以并州都督总领河北⑦,实不能尽辖三州之地。至东晋太兴元年(318),刘琨为段匹磾所害,河北冀、幽、并诸州陷没,并州都督区遂废⑧。

4. 豫州都督区

晋初豫州都督区承魏,与淮北都督区并置,治许昌。司马骏魏末都督淮北诸军事,及晋武帝践阼,乃以之都督豫州诸军事⑨;《晋书》卷42《王浑传》:"泰始初,增封邑千八百户。久之,迁东中郎将,监淮北诸军事,镇许昌……转征虏将军、监豫州诸军事、假节,领豫州刺史。浑与吴接境,宣布威信,前后降附甚多。"是西晋之初,豫州都督多有由淮北都督转任者。豫州都督区盖亦为防吴所设。及咸宁以后,吴平,豫州都督不废,然已无淮北都督之名号。咸宁三年,汝南王司马亮出为都督豫州诸军事;太康中,孔恂、梁王司马肜先后监豫州诸军事,镇许昌;及武帝末,复以汝南王司马亮出镇许昌,都督豫州诸军事;元康元年,又以何勖为都督豫州诸军事,镇许昌;此后,清河王司马遐又为豫州都督⑩。元

---

① ② 《晋书》卷39《王沈传附王浚传》。
③ 《晋书》卷5《愍帝纪》建兴二年三月。
④ 参《晋书》卷3《武帝纪》咸宁二年二月,卷57《胡奋传》。
⑤ 《晋书》卷37《宗室·太原王辅传》,卷37《宗室·新蔡王腾传》。
⑥ 《晋书》卷62《刘琨传》。
⑦ (西晋)刘越石《劝进表》:"建兴五年三月癸未朔十八日辛丑,使持节散骑常侍都督河北并冀幽三州诸军事、领护军匈奴中郎将、司空、并州刺史、广武侯臣(刘)琨……顿首死罪,上书。"《文选》卷37"表"上,中华书局1977年影印清胡克家本,第526页。
⑧ 《晋书》卷6《元帝纪》太兴元年五月。
⑨ 《晋书》卷38《宣五王·扶风王骏传》。
⑩ 以上分别据《晋书》卷59《汝南王亮传》,卷38《宣五王·梁王肜传》,卷59《汝南王亮传》,卷4《惠帝纪》元康元年八月,卷38《文六王·乐安王鉴传》。

康、永康之际,王浚以东中郎将、齐王司马冏以平东将军先后镇许昌,然皆无都督号①。永宁、太安之际,复以范阳王司马虓都督豫州诸军事②;永兴、光熙至永嘉初,南阳王司马模、东海王司马越先后镇许昌,仍未有都督号③。是西晋豫州都督虽时置时不置,然例以辖本州为限。至永嘉五年二月,石勒陷许昌,杀豫州都督司马确④,后刘乔虽复以豫州刺史都督豫州诸军事,然已不能尽辖豫州地。旋刘乔卒于任上,豫州全境沦丧,豫州都督遂不可考。

5. 扬州都督区

西晋初承魏,设扬州都督区,治寿春,用以备吴。吴平以前,魏晋扬州唯淮南弋阳、安丰、庐江、淮南四郡。南北相杂,扬州都督区所辖甚狭。石苞在魏末已为扬州都督,晋武建国,承之未变。后汝阴王司马骏、陈骞先后都督扬州诸军事⑤;咸宁三年七月,王浑又转为都督扬州诸军事⑥。太康元年,晋平吴,南北二扬州合而为一,扬州都督区所辖由此扩展至江南。太康六年,王浑卸任,褚䂮、周浚继之,皆都督扬州诸军事⑦。《晋书》卷64《武十三王·淮南王允传》:"太康十年,徙封淮南,仍之国,都督扬江二州诸军事、镇东大将军、假节。元康九年入朝。"扬州都督区所辖进而再次扩展为扬、江二州⑧。此后,又有谯定王司马士会以安东大将军都督扬、江二州诸军事⑨。永嘉元年,时周馥为扬州都督⑩,晋廷乃更"以平东将军、琅邪王(司马)睿为安东将军、都督扬州江南诸军事、假节,镇建邺"⑪,是该年扬州都督区析而为二,一镇寿春,一镇建邺,有江北、江南之别。司马睿复"受(司马)越命,讨征东将军周馥,走之"⑫。《晋书》卷35《裴秀传附裴邵传》:"元帝为安东将军……征为太子中庶子,复转散

---

① 《晋书》卷39《王沈传附王浚传》,卷59《齐王冏传》。
② 《晋书》卷37《宗室·范阳王绥传附虓传》。
③ 《晋书》卷37《宗室·南阳王模传》,卷59《东海王越传》。
④ 《晋书》卷104《石勒载记上》。
⑤ 《晋书》卷38《扶风王骏传》,卷35《陈骞传》。
⑥ 《晋书》卷3《武帝纪》咸宁三年七月。
⑦ 《晋书》卷3《武帝纪》太康六年正月,卷61《周浚传》。
⑧ 吴廷燮《晋方镇年表》认为,据《晋志》下"扬州"条,江州之置在元康元年(291),而太康十年(289)乃书都督扬、江诸军事者,乃预书尔。《二十五史补编》本,第11页。
⑨ 《水经注》卷23"阴沟水":"涡水南有谯定王司马士会冢。冢前有碑,晋永嘉三年立。碑南二百许步,有两石柱,高丈余,半下为束竹交文,作制工巧。石榜云:晋故使持节、散骑常侍、都督扬州、江州诸军事、安东大将军、谯定王河内温司马公墓之神道。"杨守敬以为:"按《晋书·谯王逊传》,子定王随立,薨,以此云士会证之即定王随无疑。盖随字士会,又以字行,故此称士会乎?"段熙仲、陈桥驿以为杨说"可信"。《水经注疏》,第1950—1951页。
⑩ 《晋书》卷61《周馥传》。
⑪ 《晋书》卷5《怀帝纪》永嘉元年七月。
⑫ 《晋书》卷6《元帝纪》。

骑常侍,使持节、都督扬州江西淮北诸军事、东中郎将。"及司马睿进为丞相,以周札"监扬州江北军事、东中郎将,镇涂中,未之职"①,又以王导为扬州刺史监江南诸军事②。是西晋末司马睿虽逐周馥而占有扬州,然扬州都督区仍有江南、江北(江西淮北)之分。唯江北部分罹于寇难,辖区盈缩无常,大有南缩之势。

6. 关中都督区

西晋关中都督区例辖雍、凉二州,镇长安,用以备蜀汉。"石函之制,非亲亲不得都督关中"③,司马氏建国,汝南王司马亮乃为都督关中雍、凉诸军事④。泰始五年,西晋分雍、凉二州置秦州⑤,泰始六年,秦州刺史胡烈为虏所害⑥,司马亮上言:"节度之咎由亮而出。"⑦是关中都督区乃辖秦州。是年,由于陇右羌患大炽,乃别置都督区于秦州⑧。故汝阴王司马骏代司马亮为关中都督时,乃不再督秦州,任"镇西大将军、都督雍凉二州诸军事"⑨。太康七年,以陇西王司马泰都督关中诸军事;太康十年,秦王司马柬又都督关中⑩;至元康元年,"以征东将军、梁王肜为征西大将军、都督关西诸军事"⑪,《晋书》卷38《宣五王·梁王肜传》载:"元康初,转征西将军,代秦王柬都督关中军事,领护西戎校尉。加侍中,进督梁州。"是此时关中都督区乃辖雍、凉、梁三州。是年九月,又"以赵王伦为征西大将军、都督雍梁二州诸军事"⑫,是关中都督区所辖复为雍、梁二州。元康末,以氐羌反叛,以梁王司马肜"复为征西大将军,代赵王伦镇关中,都督凉、雍诸军事"⑬。是元康末,关中都督区所辖复为雍、凉二州。元康九年,河间王司马颙代梁王司马肜以平西将军都督关中⑭。光熙元年,南阳王司马模杀河间王司马颙⑮。次年即永嘉元年,南阳王司马模又代司马颙镇关中,怀帝以司马模为"征西大将军、都督秦雍梁益四州诸军事,镇长

---

① 《晋书》卷58《周处传附周札传》。
② 《晋书》卷65《王导传》。
③ 《晋书》卷59《河间王颙传》。
④ 《晋书》卷59《汝南王亮传》。
⑤ 《晋志》上"秦州"条。
⑥ 《晋书》卷3《武帝纪》泰始六年六月。
⑦ 《晋书》卷59《汝南王亮传》。
⑧ 参本节下文"陇右都督区"条。
⑨ 《晋书》卷3《武帝纪》泰始六年七月。
⑩ 《晋书》卷3《武帝纪》太康七年十一月、太康十年十一月。
⑪ 《晋书》卷4《惠帝纪》元康元年四月。
⑫ 《晋书》卷4《惠帝纪》元康元年九月。
⑬ 《晋书》卷38《宣五王·梁王肜传》。
⑭ 《晋书》卷59《河间王颙传》。
⑮ 《晋书》卷5《怀帝纪》光熙元年十二月。

安"①。是西晋之末,李氏起于益梁,关中都督区所辖大为扩张,然实不得尽有益、梁二州辖地。永嘉五年,长安为刘粲攻陷,南阳王司马模死②。此后,晋虽一度复取关中,然关中都督则不可考。疑永嘉五年后关中都督区遂废。

7. 青徐都督区

西晋有青徐都督区,辖青、徐二州之地。太康初,琅邪王司马伷以平吴之功由徐州都督"并督青州诸军事"③。后下邳王司马晃以镇东将军都督青、徐二州诸军事;太康中,梁王司马肜"又以本官代下邳王晃监青徐州军事";至元康元年四月,复以"太子少傅阮坦为平东将军、监青徐二州诸军事"④。及元康六年,石崇又出为使持节监青徐诸军事,镇下邳⑤。另有刘韬者,亦曾以征东将军都督青、徐诸军事⑥。然西晋青徐都督不常设,所辖青、徐二州常由青州都督与徐州都督分领之。

8. 兖州都督区

魏末置兖州都督区,琅邪王司马伷以兖州刺史监兖州诸军事,西晋之初,承之未变。泰始四年,司马伷解任⑦,兖州都督遂不可考。至惠帝永兴元年,竟陵王司马楙自承制为都督兖州刺史⑧。是该年兖州都督区复置。永嘉元年,苟晞代竟陵王司马楙,乃以兖州刺史都督兖、青诸军事⑨。是此年兖州都督区所辖扩大为二州。是年,司马越专权,以兖州为"天下枢要",自领兖州牧,并督兖、豫、司、冀、幽、并六州,迁镇于鄄城⑩。此盖权臣弄权所致。永嘉三年,司马越解兖州牧之任⑪,兖州旋陷于战乱。建兴以后,司马睿承制,假郗鉴龙骧将军、兖州刺史,镇邹山,后又加辅国将军、都督兖州诸军事,而"苟藩用李述,刘琨用兄子演,并为兖州,各屯一郡,以力相倾,阖州编户,莫知所适"⑫,兖

---

① 《晋书》卷5《怀帝纪》永嘉元年三月。
② 《晋书》卷5《怀帝纪》永嘉五年八月。
③ 《晋书》卷38《宣五王·琅邪王伷传》。
④ 《晋书》卷37《宗室·下邳王晃传》,卷38《宣五王·梁王肜传》,卷4《惠帝纪》元康元年四月。
⑤ 《三国志》卷20《魏书·武文世王公·楚王彪传》裴松之注曰:"(石)崇为征虏将军,监青、徐军事,屯于下邳。"《世说新语》卷中《品藻》"谢公云金谷中苏绍最胜"条,刘注引石崇《金谷诗叙》曰:"余以元康六年从太仆卿出为使持节、监青徐诸军事、征虏将军。"(徐震堮:《世说新语校笺》,第291页)而《水经注》卷16"榖水注"亦引此文,唯"元康六年"作"元康七年"。(《水经注疏》,第1384页)
⑥ 《刘韬墓志》,赵超编:《汉魏南北朝墓志汇编》,天津古籍出版社,2008年,第17页。
⑦ 《晋书》卷3《武帝纪》泰始四年二月。
⑧ 《晋书》卷37《宗室·竟陵王楙传》。
⑨ 《晋书》卷37《苟晞传》。
⑩ 《晋书》卷61《东海王越传》。
⑪ 《晋书》卷5《怀帝纪》永嘉三年三月,卷59《东海王越传》。
⑫ 《晋书》卷67《郗鉴传》。

州都督区名存实亡。

9. 荆州都督区

魏末荆州置二都督，一镇新野，处汉水之东；一镇襄阳，处汉水之西。西晋之初，承魏，荆州唯江北地，置二都督区。泰始五年，以羊祜都督荆州诸军事①。后又"诏罢江北都督，置南中郎将，以所统诸军在汉东江夏者皆以益祜"②，由此可知，西晋初期汉西镇于襄阳者称荆州都督区，汉东镇于新野者称江北都督区。至泰始七年，乃合此二都督区为一，仍称荆州都督区。泰始后期，胡奋都督荆州诸军事③；旋羊祜复任荆州都督，仍辖本州汉东、汉西地。然咸宁三年九月，又"以左将军胡奋为都督江北诸军事"④；咸宁四年，杜预代羊祜都督荆州诸军事，镇襄阳⑤。是羊祜之后，荆州都督区复分为二，而荆州都督区遂专指汉水以南镇襄阳者矣。《南齐志》下雍州："襄阳，晋中朝荆州都督所治也。"太康元年，晋平吴，取吴地，荆州都督区遂尽辖汉水以南之原晋、吴二荆州地。太康六年，杨济出为都督荆州诸军事；太康末，楚王司马玮复都督荆州诸军事；太安中，新野王司马歆又都督荆州诸军事⑥。至永兴元年，刘弘为"荆州刺史，假节都督荆、交、广州诸军事，封新城郡公。其在江、汉，值王室多难，得专命一方，尽其器能"⑦。是西晋之末，政局多变，荆州都督区所辖一度扩至三州。永嘉元年，以高密王司马简"为征南大将军、都督荆州诸军事，镇襄阳"⑧；然是年晋又分荆、江、广三州立湘州⑨。及永嘉三年，山简"出为征南将军、都督荆湘交广四州诸军事、假节，镇襄阳……寻加督宁、益军事"⑩。盖蜀中李氏乱，荆州都督区所辖及于益、宁二州。及建兴以后，王敦以江州刺史都

---

① 《晋书》卷3《武帝纪》泰始五年二月。
② 《晋书》卷34《羊祜传》。
③ 《晋书》卷57《胡奋传》。
④ 《晋书》卷3《武帝纪》咸宁三年九月。
⑤ 《晋书》卷3《武帝纪》咸宁四年十一月。《世说新语》卷中《方正》"杜预之荆州"条刘注引王隐《晋书》：杜预"为镇南将军，都督荆州诸军事，镇襄阳"。《世说新语校笺》，第163页。
⑥ 《晋书》卷3《武帝纪》太康六年正月，卷59《楚王玮传》，卷38《宣五王·新野王歆传》。
⑦ 《三国志》卷15《魏志·刘馥传》裴注引《晋阳秋》。并参《晋书》卷4《惠帝纪》永兴元年十二月。
⑧ 《晋书》卷5《怀帝纪》永嘉元年三月。另卷37《宗室·高密王泰传附孝王略传》："孝王略字元简……怀帝即位，迁使持节、都督荆州诸军事、征南大将军。"按略字元简，盖"简"即"略"也，"高密王简"即为"孝王略"。
⑨ 《宋志》三"湘州刺史"："分荆州之长沙、衡阳、湘东、邵陵、零陵、营阳、建昌，江州之桂阳八郡立。"《晋志》下荆州："怀帝又分长沙、衡阳、湘东、零陵、邵陵、桂阳及广州之始安、始兴、临贺九郡置湘州。"二者稍有差异。说见第四编"西晋诸州郡县沿革"之第十八节"湘州沿革"、第十九节"江州沿革"、第二十一节"广州沿革"三节。
⑩ 《晋书》卷43《山涛传附山简传》。

督江、扬、荆、湘、交、广六州军事①,而荆州都督遂不可考。

10. 司州都督区

西晋司隶为京畿近属,设司隶校尉,本不设都督区。及永嘉末,司隶被于战火,洛阳陷没,褚翜保聚司州河南郡新城、梁、阳城三县,司隶校尉荀组即给予褚翜都督三县之号。建兴初,褚翜即以豫州司马督司州军事②。建兴四年,"元帝承制,以(荀)组都督司州诸军"③,然荀组旋逼于石勒,不能自立,东晋太兴初,不得不弃地南奔。司州都督区遂废。

11. 益州都督区

西晋初年设益州都督区,用以取吴,镇成都。泰始七年,"分益州之建宁、兴古、云南,交州之永昌,合四郡为宁州"④,泰始九年,即以下邳王司马晃"为使持节、都督宁益二州诸军事、安西将军,领益州刺史"⑤,晃称疾不行。咸宁初,复以高密王司马泰为"使持节、都督宁益二州诸军事、安西将军,领益州刺史,称疾不行"⑥。是泰始、咸宁中,晋廷曾有设益州都督区之意,所辖为益、宁二州,略当原蜀汉益州中南部地,然而未能付诸施行。咸宁初,羊祜表请留益州刺史王濬"监益州诸军事,加龙骧将军,密令修舟楫,为顺流之计"⑦。是此时益州都督区尚只辖一州。及咸宁五年,晋廷乃拜王濬为"监梁、益二州军事"⑧。太康元年伐吴,王濬复进监为都督。是年吴平,王俊解任。此后益州都督遂不可考。

12. 广州都督区

太康元年,晋平吴,乃承吴设广州都督区,辖广州之地,镇番禺。即命原吴广州都督滕修为"安南将军、广州牧、持节、都督如故"。及太康九年,滕修卒于任上⑨,

---

① 《晋书》卷98《王敦传》。
② 《晋书》卷77《褚翜传》:"率数千家将谋东下,遇道险,不得进,因留密县。司隶校尉荀组以为参军、广威将军,复领本县,率邑人三千,督新城、梁、阳城三县诸营事。"卷后"校勘记"[三]:"《斠注》:《地理志》,新城、梁、阳城三县皆属司州河南郡,此'三郡'乃'三县'之讹。"
③ 《晋书》卷39《荀组传》。
④ 《晋志》上"宁州"条。《宋志》三宁州刺史:"晋武帝泰始七年分益州南中之建宁、兴古、云南、永昌四郡立。"二书所载略有差异,即《宋志》永昌郡属益州,《晋志》永昌郡属交州,对此,胡阿祥《六朝疆域与政区研究》云:"蜀汉永昌郡属庲降都督而隶于益州。此所谓'交州之永昌'者,盖用吴地志之说。吴交州士燮诱降蜀汉南中豪帅雍闿,使遥领永昌太守。虽雍闿因吕凯守永昌附蜀汉而未到任,但吴地志可能列永昌郡属交州,故《晋志》有此说。"(学苑出版社,2005年,第142页)
⑤ 《晋书》卷37《宗室·下邳王晃传》。
⑥ 《晋书》卷37《宗室·高密王泰传》。
⑦ 《晋书》卷34《羊祜传》。
⑧ 常璩:《华阳国志》卷8《大同志》,刘琳:《华阳国志校注》,第612页。
⑨ 《晋书》卷57《滕修传》。

此后，广州都督遂不可考。广州乃隶于荆州都督区。

(二) 第二等都督区

1. 冀州都督区

西晋又有冀州都督区。元康中，刘寔曾为冀州都督，直至元康九年离任①。时冀州都督与邺城督并置。《晋书》卷4《惠帝纪》，永兴元年十二月，诏以"东中郎将模为宁北将军、都督冀州，镇于邺"。《晋书》卷90《良吏·丁绍传》："时南阳王模为都督，留绍，启转为冀州刺史。到镇，率州兵讨破汲桑有功，加宁北将军、假节、监冀州诸军事。"②直至永嘉三年卒于任。"惠帝之后，冀州沦没于石勒。"③《文选》卷37载刘越石《劝进表》："建兴五年三月癸未朔十八日辛丑……使持节侍中都督冀州诸军事、抚军大将军、冀州刺史、左贤王、渤海公臣(段匹)磾，顿首死罪，上书。"似直至西晋末冀州都督区犹存，然此所谓"都督冀州诸军事"者，实不能辖有其地，可谓有名无实。

2. 江州都督区

晋元康元年，"割扬州之豫章、鄱阳、庐陵、临川、南康、建安、晋安，荆州之武昌、桂阳、安成，合十郡，因江水之名而置江州"④。江州设立之初，不设都督，其军事受辖于扬州都督区⑤。至永嘉之末，《晋书》卷64《武十三王·清河王遐传附豫章王端传》："转封豫章，礼秩如皇子，拜散骑常侍、平南将军、都督江州诸军事、假节。当之国，会洛阳陷没……为石勒所没。"是怀帝时曾有设江州都督区之议，但未及行。及司马睿镇江东，建兴三年，王敦进驻豫章，"以元帅进镇东大将军、开府仪同三司，加都督江扬荆湘交广六州诸军事、江州刺史，封汉安侯。敦始自选置，兼统州郡焉"⑥。此格局后为东晋所承。

3. 陇右都督区（秦州都督区、凉州都督区）

魏曾置陇右都督区，以邓艾为都督。晋初无之。西晋"泰始五年，又以雍州陇右五郡及凉州之金城、梁州之阴平，合七郡置秦州，镇冀城"⑦。秦州一度受督于关中都督区⑧，泰始六年，"秦州刺史胡烈击叛虏于万斛堆，力战，死

---

① 《晋书》卷41《刘寔传》。
② 《晋书》卷37"校勘记"[一七]：丁邵，宋本"邵"作"劭"，《良吏传》、《石勒载记》、《通鉴》八六又作"绍"。
③ 《晋志》上"冀州"条。
④ 《晋志》下"扬州"条。
⑤ 参本节上文"扬州都督区"条。
⑥ 《晋书》卷98《王敦传》。
⑦ 《晋志》上"秦州"条。
⑧ 参本节上文"关中都督区"条。

之",乃"诏遣尚书石鉴行安西将军、都督秦州诸军事"①。是泰始六年,秦州都督区始建。《晋书》卷44《石鉴传》亦载此事:"时秦凉为虏所败,遣鉴都督陇右诸军事。"是秦州都督区亦可称作陇右都督区,所辖当为凉、秦二州。及太康三年,"罢秦州,并雍州"②。陇右都督区亦由此罢废。元康七年,复立秦州③,然都督区不可考。至西晋末年,胡寇内侵,张氏据凉州,永嘉四年,乃拜张轨为"镇西将军、都督陇右诸军事……策未至,而王弥遂逼洛阳"④,张轨卒后,子张寔继父任为凉州刺史,都督凉州诸军事,直至东晋⑤。是西晋末年重置陇右都督区,唯其所辖仅为张氏所属凉州而已。

4. 青州都督区

魏有青州都督区,西晋承之,镇临淄,例督青州。泰始五年,以卫瓘都督青州诸军事;太康三年,齐王司马攸出督青州诸军事;太康四年,又以下邳王司马晃都督青州诸军事。又王虔曾为监青州诸军事,司马机曾为青州都督⑥。是西晋前中期之青州都督区例辖本州。至永嘉元年,苟晞乃以青州刺史都督青州诸军事。及永嘉五年,中原多陷于战乱,苟晞乃以青州刺史督青、徐、兖、豫、荆、扬六州军事⑦。此盖乱世权宜所设,不为常法,苟晞寻为石勒所破,青州都督区遂废。

5. 徐州都督区

魏有徐州都督区,西晋承之,镇下邳,例督徐州。卫瓘于晋初即都督徐州诸军事;后琅邪王司马伷代卫瓘为徐州都督,镇下邳;惠帝初,石崇复监徐州诸军事,仍镇下邳。此后,永宁元年(301),东平王司马楙都督徐州诸军事;太安中,东海王司马越又以司空为徐州都督;旋晋廷以司马睿监徐州诸军事⑧。是西晋徐州都督区所辖以本州为限。永嘉四年,徐州监军王隆自下邳奔扬州都督周馥⑨。此后,徐州都督遂不可考。

---

① 《晋书》卷3《武帝纪》泰始六年六月。
② 《晋志》上"秦州"条。
③ 《宋志》三"秦州刺史"条。
④ 《晋书》卷86《张轨传》。
⑤ 《晋书》卷86《张轨传附张寔传》。
⑥ 《晋书》卷3《武帝纪》泰始五年二月、太康三年十二月,卷3《武帝纪》太康四年七月,卷93《外戚·王虔传》,卷38《宣五王·司马机传》。
⑦ 《晋书》卷61《苟晞传》。
⑧ 以上分别据《晋书》卷36《卫瓘传》,卷38《宣五王·琅邪王伷传》,卷33《石苞传附石崇传》,卷4《惠帝纪》永宁元年八月,卷59《东海王越转》,卷6《元帝纪》。
⑨ 《晋书》卷5《怀帝纪》永嘉四年九月。

6. 交州都督区（附：南中都督区）

魏平蜀汉，蜀汉庲降都督霍弋降①，即以霍弋为南中都督，直至于晋②。"泰始七年，武帝以益州地广，分益州之建宁、兴古、云南，交州之永昌，合四郡为宁州。"③是南中都督区所辖约略与宁州相当。又晋于太康元年平吴，乃承吴旧规，设交州都督区，辖交州之地，镇交趾。晋以吴降将陶璜为持节都督、交州刺史④。陶璜之后，复以吴降臣吾彦为交州刺史、南中都督⑤。是宁、交二州有合并成一都督区之势。吾彦卒后，交州都督遂不可考。

第二节　郡以上都督区

1. 淮北都督区

据"豫州都督区"条考证，西晋初年，承魏有淮北都督区，盖为防吴所置。咸宁以后，吴平，淮北都督区遂废。

2. 京口以南至芜湖都督区

《晋书》卷68《纪瞻传》：永嘉五年(311)，"石勒入寇，加扬威将军、都督京口以南至芜湖诸军事，以距勒。勒退，除会稽内史。"是京口以南至芜湖都督区因战而置，战罢则废。

3. 南平诸郡都督区

西晋荆州西部复以南平、天门、武陵三郡为都督区，用以抚蛮。永嘉中，王澄为荆州刺史兼南蛮校尉，以应詹督南平、天门、武陵三郡军事，及山简镇荆州，乃以应詹督南平等五郡军事，直至西晋灭亡⑥。

4. 沔北（江北）都督区（附：沔南都督区）

西晋沔北都督区所辖大约为荆州之沔东江北之区域，故亦可称为江北都督区。魏镇新野，西晋常镇于宛。武帝建晋，即以卢钦为都督沔北诸军事、平南将军⑦；泰始七年(271)，羊祜为荆州都督，曾罢江北都督区，划属荆州都督

---

① 参本编第一章第二节"庲降都督区"条。
② 《三国志》卷41《蜀书·霍峻传附霍弋传》裴注引《汉晋春秋》。
③ 《晋志》上"宁州"条。
④ 《晋书》卷57《陶璜传》。
⑤ 《晋书》卷57《吾彦传》。
⑥ 《晋书》卷70《应詹传》。
⑦ 《晋书》卷44《卢钦传》。

区,然旋复置①,咸宁三年(277),胡奋即出任都督江北诸军事②。永宁二年(302),孟观为监沔北军事,屯于宛③。太安二年(303),羊伊以"平南将军、都督江北诸军事,镇宛,为张昌所杀"④。永嘉中,沔中扰乱,山简为荆州刺史,使卞敦"监沔北七郡军事、振威将军、领江夏相,戍夏口。敦攻讨沔中皆平"⑤。及王弥入洛,荀藩承制,以荀崧"监江北军事、南中郎将、后将军、假节、襄城太守",建兴中,荀崧又"以勋进爵舞阳县公,迁都督荆州江北诸军事、平南将军、镇宛"⑥。又有杨咸者,曾以竟陵太守都督沔北六郡诸军事⑦。是沔北都督区至西晋末年犹存。

时似又有沔南都督区。惠帝时,孝王司马略曾为"安南将军、持节、都督沔南诸军事"⑧。吴廷燮以为此处"沔南"当为"沔北"之误,然未提及佐证,姑存疑待考⑨。

5. 巴东都督区

益州都督区所属有巴东都督区,辖巴东一郡军事,用以御吴,盖承蜀汉而来。魏晋之际,蜀汉罗宪降,即以为监巴东诸军事⑩。继之以唐彬为监巴东诸军事,及伐吴,又改监为都督⑪。吴平,巴东都督遂不可考。

第三节 郡以下都督区

1. 邺城都督区

邺城为魏郡属县,魏属冀州,西晋属司州。曹魏有督邺城守,与河北都督并置,西晋河北都督时置时罢,而督邺城守常置,且多以宗室为之。司马氏建国,济南王司马遂即承在魏时之职,督邺城守诸军事;其后,山涛、梁王司马肜、

---

① 参上节"荆州都督区"条。
② 《晋书》卷3《武帝纪》咸宁三年九月。
③ 《晋书》卷60《孟观传》:"赵王伦篡位,以观所在著绩,署为安南将军、监河北诸军事、假节,屯宛。"卷后"校勘记"[二]:"劳校:'河北'当作'沔北'。按:《通鉴》八四作'沔北'。今据改。"
④ 《晋书》卷34《羊祜传》。
⑤ 《晋书》卷70《卞壶传附卞敦传》。
⑥ 《晋书》卷75《荀崧传》。
⑦ 《(北)魏故清水太守恒农男杨公之墓志》:"父讳乾,字天念,恒农人也。晋故大司马从事中郎龙骧将军、都督瀰北六郡诸军事、开府、竟陵太守咸之曾孙。"(赵超:《汉魏南北朝墓志汇编》,第193页)按以竟陵地望推之,"瀰"当作"沔",盖形近而讹。今改之。
⑧ 《晋书》卷37《宗室·高密王泰传附孝王略传》。
⑨ 吴廷燮:《晋方镇年表》"都督沔北诸军事"条。
⑩ 《晋书》卷27《罗宪传》。
⑪ 《晋书》卷42《唐彬传》。

高阳王司马珪、彭城王司马权、高密王司马泰、赵王司马伦先后继其任,皆为邺城督①。至元康初,河间王司马颙又以北中郎将监邺城。其后,成都王司马颖以平北将军镇邺,然未有都督号②。《晋书》卷5《怀帝纪》:永嘉元年(307)三月,"改封安北将军、东燕王腾为新蔡王、都督司冀二州诸军事,镇邺"。卷37《宗室·新蔡王腾传》:"永嘉初,迁车骑将军、都督邺城守诸军事,镇邺。"是永嘉初之邺城督已辖司、冀二州矣。唯是年五月,汲桑破邺,杀新蔡王司马腾③。此后中原陷于战乱,邺城得失靡常,督邺城守遂废。

2. 西陵都督区

《晋书》卷3《武帝纪》泰始八年(272):"九月,吴西陵督步阐来降……吴将陆抗攻阐……十二月,阐城陷,为抗所禽。"《三国志》卷52《吴书·步骘传附步阐传》:"阐累世在西陵……据城降晋……晋以阐为都督西陵诸军事……(步)玑监江陵诸军事。"是泰始八年曾一度以吴降地置西陵、江陵二都督区。同年,失地于吴,复罢。

3. 江陵都督区

据上之"西陵都督区"考证,西晋泰始八年曾一度有江陵都督区,同年没于吴。

---

① 以上分别据《晋书》卷37《宗室·济南王遂传》,卷43《山涛传》,卷38《宣五王·梁王肜传》,卷37《宗室·高阳王珪传》,卷37《宗室·彭城王权传》,卷37《宗室·高密王泰传》,卷59《赵王伦传》。
② 《晋书》卷59《成都王颖传》。
③ 《晋书》卷5《怀帝纪》永嘉元年五月。

第三章　东晋都督区

东晋立国江南，因军事频仍，承西晋末期形势，分区置都督，或辖数州，或辖数郡，或以刺史为之，或以郡守为之。各都督区所辖区域较之三国、西晋时稳定，今分说于下。

第一节　州以上都督区

（一）第一等都督区

1. 扬州都督区

东晋扬州都督区常镇建康，时或镇姑孰。其所辖往往视人而定，最无定准。概而言之，东晋扬州都督区所辖大体为西晋扬州之地，时或加督淮南之豫州、徐州、兖州及自荆、扬二州所分出之江州地。太兴二年（319），王导"遣八部从事行扬州郡国"①，然未曾见王导有都督号。咸康五年（339），庾冰以扬州刺史都督扬、豫、兖三州军事②；建元元年（343），何充又以扬州刺史都督扬、豫二州及徐州之琅邪诸军事③；永和六年（350），殷浩以扬州刺史都督扬、豫、徐、兖、青五州诸军事④；永和十年后，王述以扬州刺史都督扬州及徐州之琅邪诸军事⑤；兴宁元年（363）王述解职，乃"以桓温为扬州牧"⑥，然桓温旋都督中外诸军事⑦；直至宁康元年（373），桓冲又以扬、豫二州刺史镇于姑孰，都督扬、豫、江三州军事⑧；至太元初，谢安又以扬州刺史都督扬、豫、徐、兖、青五州及幽州诸军事⑨。其中，徐、青、兖三州皆为侨置于淮南、江北者，即如豫州，成帝

---

① 《资治通鉴》卷90晋元帝太兴元年四月。
② 《晋书》卷8《成帝纪》咸康五年，卷73《庾亮传附庾冰传》。
③ 参《晋书》卷7《康帝纪》建元元年十月，卷77《何充传》。
④ 《晋书》卷8《穆帝纪》永和六年闰二月，卷77《殷浩传》。
⑤ 《晋书》卷8《穆帝纪》永和十年二月，卷75《王湛传附王述传》。
⑥ 《晋书》卷8《哀帝纪》兴宁二年五月。
⑦ 《晋书》卷98《桓温传》。
⑧ 《晋书》卷9《孝武帝纪》宁康元年七月，卷74《桓彝传附桓冲传》。
⑨ 《晋书》卷79《谢安传》。

时亦曾失淮南地而侨置于扬州境内。因此,除桓温镇扬州时外,扬州都督区虽因战事而其淮南地盈缩不定,且多含侨置州郡,然其区域大体不出淮南及扬、江二州之范围,此殆可确定。唯此后太元九年(384),谢安以扬州刺史都督扬、江、荆、司、豫、徐、兖、青、冀、幽、并、梁、益、雍、凉十五州军事①;隆安四年(400),司马元显以扬州刺史都督扬、豫、徐、兖、青、幽、冀、并、荆、江、司、雍、梁、益、交、广十六州诸军事②。谢安、司马元显二人虽有都督扬州之名,但其所辖几近全境。此为非常之制,难为准则。

2. 荆州都督区

东晋建国,重置荆州都督区,多以荆州刺史为都督,唯治所不定,"陶侃为刺史,治沌口。王敦治武昌。其后或还江陵,或在夏口。桓温平蜀,治江陵"③。"庾翼为荆州,治夏口……太元中,荆州刺史桓冲移镇上明。"④东晋之初,上游为江、荆二州牧,都督江、扬、荆、湘、交、广六州诸军事王敦之辖地,荆州都督区所辖甚狭,荆州刺史王廙于永昌元年(322)以前都督荆、梁二州军事⑤,其中梁州因没于成汉而侨置于荆州之襄阳⑥,故荆州都督区所辖仅为荆州一州之地。及王敦败,晋乃进王舒"都督荆州"⑦。是荆州都督区所辖仍以本州为限。太宁三年(325),陶侃以荆州刺史都督荆、湘、雍、梁四州,复加督益州⑧,然益、梁、雍三州或为遥领,或为侨置,实不能有其实土⑨,是此时荆州都督区实辖荆、湘二州地。及咸和四年(329)平苏峻之乱,湘州并入荆州⑩,陶侃加督交、广、宁三州,领江州刺史,自江陵移镇巴陵⑪,咸和五年又以擒郭默功,加陶侃都督江州,陶侃乃复自巴陵移镇武昌⑫。于是荆州都督区乃辖有八州⑬。咸和九年,陶侃卒,庾亮代之,仍镇于武昌,乃以江、豫、荆三州刺史都督

---

① 《晋书》卷9《孝武帝纪》太元九年九月。
② 《晋书》卷10《安帝纪》隆安四年十一月。
③ 《南齐志》下"荆州"条。
④ 《南齐志》下"郢州"条。
⑤ 《晋书》卷6《元帝纪》永昌元年十月。
⑥ 《宋志》三"梁州刺史"条:"李氏据梁、益,江左于襄阳侨立梁州。李氏灭,复旧。"
⑦ 《晋书》卷76《王舒传》。
⑧ 《晋书》卷6《明帝纪》太宁三年五月:"以征南大将军陶侃为征西大将军、都督荆湘雍梁四州诸军事、荆州刺史。"卷66《陶侃传》:"及王敦平,迁都督荆、雍、益、梁州诸军事,领护南蛮校尉、征西大将军、荆州刺史,余如故。"
⑨ 参《晋志》上"雍州"条、"梁州"条、"益州"条。
⑩ 《晋书》卷7《成帝纪》咸和四年二月:"以湘州并荆州。"
⑪⑫ 《晋书》卷66《陶侃传》。
⑬ 《晋书》卷66《陶侃传》载成帝诏:"故使持节、侍中、太尉、都督荆江雍梁交广宁八州诸军事、荆江二州刺史、长沙郡公经德蕴哲,谋猷弘远。"

江、荆、豫、益、梁、雍六州军事①，是庾亮所辖之荆州都督区较陶侃时少交、广、宁三州而多豫州。及咸康六年，庾亮卒，庾翼继庾亮为荆州都督，仍镇武昌，乃以荆州刺史都督江、荆、司、雍、梁、益六州诸军事。较之庾亮时，庾翼解督豫州而加督侨司州，荆州都督区所辖实无大变化。建元中，庾翼又移镇襄阳，及建元二年又移镇夏口，复使加督江州②。是建元末之荆州都督区所辖仍有七州。永和元年，晋使桓温以荆州刺史都督荆、司、雍、益、梁、宁六州诸军事③。永和三年，桓温灭成汉，至是，荆州都督区虽东无江州，南无交、广，然实有益、梁之地，其辖区整体西移④。至升平五年（361），桓温又改镇于宛⑤。及兴宁元年，桓温乃转为都督中外诸军事⑥，故兴宁三年，桓豁乃以荆州刺史监荆州、扬州之义城、雍州之京兆诸军事⑦，然义城、京兆并为寄治沔汉流域之侨郡⑧。是荆州都督区所辖实仅为本州，桓豁旋又加监宁、益军事。宁康元年，桓豁又"进督交广并前五州军事"⑨。然是年，前秦取梁、益二州，荆州都督区之西境复为之一蹙⑩。太元二年"八月……都督荆梁宁益交广六州诸军事、荆州刺史、征西大将军桓豁卒。冬十月……以车骑将军桓冲都督荆江梁益宁交广七州诸军事、领护南蛮校尉、荆州刺史"⑪。《晋书》卷74《桓彝传附桓冲传》："（桓）豁卒，迁都督江荆梁益宁交广七州、扬州之义成、雍州之京兆、司州之河东军事，领护南蛮校尉，荆州刺史……于是移镇上明。"太元九年，桓冲卒，桓石民以荆州刺史监荆州军事⑫。及太元十年，晋复取梁、益诸地。是荆州都督区所辖益州诸地乃为实土。太元十四年，"使持节、都督荆益宁三州诸军事、荆州刺史桓石虔卒"⑬。

---

① 《晋书》卷73《庾亮传》。
② 《晋书》卷73《庾亮传附庾翼传》。
③ 《晋书》卷8《穆帝纪》永和元年八月。
④ 隆和元年，东晋改授桓温"并、司、冀三州，以交广辽远，罢都督，温表辞不受。"（《晋书》卷98《桓温传》)《资治通鉴》卷101"永和三年五月"所载与此略同，胡三省注曰："温督荆、司、雍、益、梁、宁、交、广八州。"似此时荆州都督区亦曾一度辖交、广二州。
⑤ 《晋书》卷8《穆帝纪》升平五年四月。
⑥ 《晋书》卷8《哀帝纪》兴宁元年五月。
⑦ 《晋书》卷8《哀帝纪》兴宁三年二月。而卷74《桓彝传附桓豁传》："（桓）温既内镇，以（桓）豁监荆扬雍州诸军事，领南蛮校尉，荆州刺史，假节，将军如故。"是《桓豁传》中所言扬、雍二州，实代指义城、京兆二郡。
⑧ 参《宋志》三"雍州刺史"条。
⑨ 《晋书》卷74《桓彝传附桓豁传》。五州者，荆、宁、益、交、广五州。
⑩ 《晋书》卷9《孝武帝纪》宁康元年十一月。
⑪ 《晋书》卷9《孝武帝纪》太元二年。
⑫ 《晋书》卷74《桓彝传附桓石民传》。
⑬ 《晋书》卷9《武帝纪》太元十四年六月。按卷74《桓彝传附桓石虔传》，桓石虔卒于太元十三年，且未曾为荆州刺史，故此处桓石虔当为桓石民之误。

乃使王忱以荆州刺史都督荆、益、宁三州诸军事,镇江陵①。及太元十七年,王忱卒,殷仲堪代之,以荆州刺史都督荆、益、梁三州诸军事②。是太元中期以后,荆州都督区所辖例为三州。直至隆安四年,"诏以(桓)玄都督荆司雍秦梁益宁七州、后将军、荆州刺史……玄上疏固争江州,于是进督八州及杨豫八郡,复领江州刺史"③。荆州都督区之广乃臻于极致。及元兴三年(404)桓玄败,乃使司马休之以荆州刺史监荆、益、梁、宁、秦、雍六州诸军事④。义熙元年(405),魏咏之代司马休之,以荆州刺史都督六州⑤。是年,以刘道规为"使持节、都督荆宁秦梁雍六州司州之河南诸军事、领护南蛮校尉、荆州刺史"⑥。及义熙八年,刘道规卸任,乃进刘毅为"都督荆宁秦雍四州[司州]之河东河南广平扬州之义成四郡诸军事……荆州刺史……毅表荆州编户不盈十万,器械索然。广州虽凋残,犹出丹漆之用,请依先准。于是加督交、广二州"⑦。然是年诛刘毅,复出司马休之以荆州刺史都督荆、雍、梁、秦、宁、益六州军事⑧。义熙十年,司马休之败,乃使刘道怜以荆州刺史都督荆、湘、益、秦、宁、梁、雍七州诸军事⑨。其中湘州乃于义熙八年立,十二年又省⑩。故荆州都督区所辖乃为七州,然秦州寄治于梁州,雍州寄治于荆州,故荆州都督区之实土仍不出荆、益、梁、宁四州之地。义熙末年后,刘义隆以荆州刺史都督荆、益、宁、雍、梁、秦六州及豫州之河南、广平与扬州之义成、松滋四郡诸军事⑪。此格局后为刘宋所承。

3. 北雍州都督区

义熙十三年,东晋刘裕北伐,灭后秦,取河南、关中地,即置北雍州于西晋雍州故地。以刘义真为北雍州刺史,镇长安,"行都督雍凉秦三州司州之河东平阳河北三郡诸军事",寻又置东秦州,刘义真乃"进督并东秦二州、司州之东

---

① 《晋书》卷75《王湛传附王忱传》,《资治通鉴》卷107晋孝武帝太元十四年七月。
② 《晋书》卷9《孝武帝纪》太元十七年十一月;卷84《殷仲堪传》以为"授仲堪都督荆益宁三州军事、振威将军、荆州刺史、假节,镇江陵"。《纪》、《传》所载略有异。
③ 《晋书》卷99《桓玄传》。
④ 《晋书》卷37《宗室·司马休之传》。参《资治通鉴》卷113晋安帝元兴三年四月。
⑤ 《晋书》卷85《魏咏之传》。并参《资治通鉴》卷114晋安帝义熙元年三月。
⑥ 《宋书》卷51《宗室·刘道规传》。卷后"校勘记"[一八]:"按荆、宁、秦、梁、雍只五州,尚缺一州,疑有脱伪。"另参《资治通鉴》卷114晋安帝义熙元年九月。
⑦ 《晋书》卷85《刘毅传》。
⑧ 《晋书》卷37《宗室·司马休之传》。
⑨ 《宋书》卷51《宗室·刘道怜传》。
⑩ 《宋志》三"湘州刺史"条。
⑪ 《宋书》卷5《文帝纪》。

安定新平二郡诸军事,领东秦州刺史"①。是东晋以原后秦之地置一都督区。义熙十四年,刘义真东归,北雍州都督区乃分为关中都督区与河东平阳诸郡都督区。是原北雍州都督区一分为二,一辖关中,一辖河东。

(二) 第二等都督区

1. 湘州都督区

东晋初年,湘州曾别置都督。湘州都督例以湘州刺史兼任,仅辖本州。谯王司马承于太兴三年以湘州刺史监湘州诸军事②。永昌元年,谯王承卒③,乃以陶侃为"都督、湘州刺史",旋陶侃转他职④。及太宁三年,乃使王舒以湘州刺史都督湘州诸军事⑤。后又使卞敦以湘州刺史为督湘州诸军事⑥。咸和三年,湘州并入荆州⑦,湘州都督区遂废。义熙八年至十二年虽一度复立湘州,然隶于荆州都督区,而湘州都督则不可考。

2. 江州都督区

东晋初江州都督区承西晋末年之势,王敦以江州刺史都督江、扬、荆、湘、交、广六州诸军事,镇武昌,寻又领荆州刺史⑧。及王敦平,太宁二年,应詹以江州刺史都督江州诸军事⑨;咸和元年,应詹卒,温峤代之,"为平南将军、假节、都督,江州刺史"⑩。温峤之后,刘胤复以江州刺史都督江州诸军事⑪。是太宁至咸和初,江州都督区所辖唯限本州。至咸和五年,陶侃以破郭默功,以荆州都督领江州刺史,加都督号,镇武昌⑫。咸和九年,庾亮代陶侃,以荆、江、豫三州刺史都督江、荆、豫、益、梁、雍六州诸军事⑬,直至咸康六年卒于任⑭。是咸和五年至咸康六年,江、荆二都督区合而为一。此后,王允之、褚裒先后为江州刺史,然不加都督号,江州受辖于荆州都督区⑮。及建元元年,庾冰"求外

---

① 《宋书》卷 61《武三王·庐陵王义真传》。
② 《晋书》卷 37《宗室·谯王承传》,《资治通鉴》卷 91 晋元帝太兴三年十二月。
③ 《晋书》卷 6《元帝纪》永昌元年四月。
④ 《晋书》卷 66《陶侃传》。
⑤ 《晋书》卷 6《明帝纪》太宁三年六月,卷 76《王舒传》。
⑥ 《晋书》卷 70《卞壶传附卞敦传》。
⑦ 《宋志》三"湘州刺史"条。
⑧ 《晋书》卷 98《王敦传》。
⑨ 《晋书》卷 6《明帝纪》太宁二年十月。
⑩ 《晋书》卷 7《成帝纪》咸和元年七月、八月。
⑪ 《晋书》卷 81《刘胤传》。
⑫ 《晋书》卷 7《成帝纪》咸和五年五月,卷 66《陶侃传》。
⑬ 《晋书》卷 73《庾亮传》。
⑭ 《晋书》卷 7《成帝纪》咸康六年正月。
⑮ 《晋书》卷 76《王舒传附王允之传》,卷 93《褚裒传》。并参本节上文"荆州都督区"条。

出。会弟翼当伐石季龙,于是以本号除都督江荆宁益梁交广七州豫州之四郡军事、领江州刺史、假节,镇武昌,以为翼援"①。按前此庾翼以荆州刺史都督六州,庾冰此举,实以庾翼意图北伐,乃自以江州都督代行荆州都督之职②。庾冰于建元二年卒,而江州都督区统辖零郡即自庾冰在任时始③。是年,谢尚代庾冰,以江州刺史督豫州四郡④。后桓云亦曾以江州刺史都督司、豫二州军事,领西阳太守⑤。兴宁三年,桓冲以江州刺史监江州及荆州之江夏、随郡与豫州之汝南、西阳、新蔡、颍川六郡诸军事⑥。然宁康元年,桓冲转为扬州刺史、都督扬豫江三州诸军事⑦。是江州又受辖于扬州都督区。故桓石秀继为江州刺史时无都督号⑧。及太元二年,乃使桓冲以荆州刺史都督江、荆、梁、益、宁、交、广七州及扬州之义成、雍州之京兆、司州之河东诸军事,使桓嗣以江州刺史督荆州之三郡、豫州之四郡军事⑨。是江州虽设都督以辖荆、豫诸郡,而江州却隶于荆州都督区⑩。旋桓冲又领江州刺史,是江、荆复合为一都督区。直至太元九年,桓冲卒,桓伊乃以江州刺史都督江州、荆州十郡、豫州四郡军事,并移州治于寻阳⑪。是江州都督区复自荆州都督区中分出。太元十六年桓伊卒后⑫,王凝之为江州刺史,未见有都督号⑬。隆安元年,王愉以江州刺史都督豫州四郡⑭;隆安三年,桓玄以江州刺史都督荆州四郡⑮,胡三省以为是长沙、衡阳、湘东、零陵四郡⑯。旋桓玄复以江、荆二州刺史都督荆、司、

---

① 《晋书》卷73《庾亮传附庾冰传》。并参卷7《康帝纪》建元元年十月。又《南齐志》上"江州"条:"庾翼又还豫章。"似庾翼又曾镇豫章。
② 参本节上文"荆州都督区"条。
③ 《南齐志》上"江州"条:"庾亮领刺史,都督六州,云以荆、江为本,校二州户口,虽相去机事,实觉过半,江州实为根本。临终表江州宜治寻阳,以州督豫州新蔡、西阳二郡,治溢城,接近东江诸郡,往来便易。"是咸康中已有以江州都督辖豫州零郡之议。然考诸史实,未见施行之证。
④ 《晋书》卷79《谢尚传》。
⑤ 《晋书》卷74《桓彝传附桓云传》。
⑥ 《晋书》卷8《哀帝纪》兴宁三年二月。
⑦ 《晋书》卷9《孝武帝纪》宁康元年七月。
⑧ 《晋书》卷74《桓彝传附桓石秀传》。
⑨ 《晋书》卷74《桓彝传附桓冲传》、《桓嗣传》,《资治通鉴》卷104晋孝武帝太元二年七月。
⑩ 另参本节上文"荆州都督区"条。
⑪ 《晋书》卷9《孝武帝纪》太元九年三月,卷81《桓宣传附桓伊传》;《资治通鉴》卷105晋孝武帝太元九年二月。
⑫ 《建康实录》卷9《晋孝武帝纪》。
⑬ 《晋书》卷80《王羲之传附王凝之传》。
⑭ 《晋书》卷75《王湛传附王愉传》。
⑮ 《晋书》卷99《桓玄传》。
⑯ 《资治通鉴》卷111晋安帝隆安三年十二月,胡注。

雍、秦、梁、益、宁、江八州及扬、豫八郡①。是江、荆二都督区复合。及义熙二年,何无忌以江州刺史"都督江荆二州江夏随义阳绥安豫州西阳新蔡汝南颍川八郡军事……增督司州之弘农扬州之松滋"②。此后庾悦、孟怀玉先后为江州都督,均以都督江州与豫州之西阳、新蔡、汝南、颍川及司州之弘农、扬州之松滋为常态③。檀韶于义熙十二年,王弘于义熙十四年皆以江州刺史督江州及豫州之西阳、新蔡二郡诸军事④。由此可知,东晋一代,江州都督区时置时废,且常常并入荆州都督区。即便其自为都督区,亦常统豫、扬、司诸州零郡。然考之史实,"司州之弘农、扬州之松滋二郡寄在寻阳"⑤,又东晋豫州本为侨州,寄治江淮间⑥,庾翼曾"表移西阳、新蔡二郡荒民就陂田于寻阳"⑦,是江州都督区虽辖有诸多零郡,然大体仍不出江州与荆州之汉东及扬州淮西诸地。

3. 豫州都督区(附:扬州江西都督区)

晋失淮北地,扬州江西诸地遂为东晋新都建康之西北屏障。东晋初期即设立扬州江西都督区。太宁元年,王含即以征东大将军都督扬州江西诸军事⑧。咸和末,王允之复以宣城内史监扬州江西四郡诸军事,镇于湖⑨。及成帝时,"乃侨立豫州于江淮之间,居芜湖"⑩。是豫州一度侨置于扬州江西故地。豫州都督区遂渐取代扬州江西都督区。

豫州都督多以本州刺史为之,豫州治所多变,故豫州都督所镇之地亦随之变动。《宋志》二"南豫州刺史"条言之甚详:"成帝咸和四年,侨立豫州,庾亮为刺史,治芜湖。咸康四年,毛宝为刺史,治邾城。六年,荆州刺史庾翼镇武昌,领豫州。八年,庾怿为刺史,又镇芜湖。穆帝永和元年,刺史赵胤镇牛渚。二年,刺史谢尚镇芜湖;四年,进寿春;九年,尚又镇历阳;十一年,进马头。升平元年,刺史谢奕戍谯。哀帝隆和元年,刺史袁真自谯退守寿春。简文咸安元年,刺史桓熙戍历阳。孝武宁康元年,刺史桓冲戍姑孰。太元十年,刺史朱序

---

① 《晋书》卷99《桓玄传》。
② 《晋书》卷85《何无忌传》。严耕望以为此处"江荆二州"当作"江州、荆州"。(《中国地方行政制度史·魏晋南北朝地方行政制度》,第38页)又《晋志》下扬州:"旧江州督荆州之竟陵郡,及何无忌为刺史,表以竟陵去州辽远,去江陵三百里,荆州所立绥安郡人户入境,欲资此郡助江滨戍防,以竟陵郡还荆州。"
③ 《宋书》卷52《庾悦传》,卷47《孟怀玉传》。
④ 《宋书》卷45《檀韶传》,卷42《王弘传》。
⑤ 《晋志》下"扬州"条。
⑥⑩ 《晋志》上"豫州"条。
⑦ 《南齐志》上"豫州"条。
⑧ 《晋书》卷6《明帝纪》太宁元年十一月。
⑨ 《晋书》卷76《王舒传附王允之传》。

戍马头。十二年,刺史桓石虔戍历阳。安帝义熙二年,刺史刘毅戍姑孰。"胡三省所言"进取则屯寿春,守江则多在历阳、芜湖二处"①甚是。咸和四年,庾亮为豫州刺史,领宣城内史,都督豫州及扬州之江西、宣城诸军事②。咸和九年,以陶侃卒,庾亮乃领江、荆、豫三州刺史,都督江、荆、豫、益、梁、雍六州。是江、荆、豫三都督区合而为一。咸康四年,庾亮谋北伐,乃解豫州授毛宝,诏使毛宝以豫州刺史监扬州之江西诸军事,镇邾城③。是豫州复独立为一都督区。然邾城于咸康五年即为后赵所陷④。是年,豫州转为扬州都督庾冰所辖⑤。咸康八年,庾怿复以豫州刺史监宣城、庐江、历阳、安丰四郡诸军事,镇芜湖⑥。是豫州复置都督。然建元元年,豫州又为扬州都督何充所辖⑦。是年,庾冰复以江州刺史都督江、荆、宁、益、梁、交、广七州及豫州四郡诸军事⑧。是豫州复隶于江州都督区。及建元二年,谢尚代庾冰,"督豫州四郡,领江州刺史。俄而复转西中郎将,督扬州之六郡诸军事、豫州刺史"⑨。是豫州复自江州都督区中分出,自为一都督区。永和九年,复谢尚为"都督豫、扬、江西诸军事,领豫州刺史,镇历阳"⑩。永和十一年,"进豫州刺史谢尚督并冀幽三州诸军事、镇西将军,镇马头"⑪。后谢弈于升平元年以豫州刺史都督豫、司、冀、并四州军事⑫;谢万于升平二年又以豫州刺史监司、豫、冀、并四州诸军事⑬。隆和元年,使袁真以豫州刺史监护豫、司、并、冀四州诸军事;兴宁元年,复使袁真都督司、冀、并三州诸军事⑭。是永和以来,晋有北伐之势,豫州都督区乃辖有北方

---

① 《资治通鉴》卷100穆帝永和十一年十月。
② 《晋书》卷7《成帝纪》咸和四年三月,卷73《庾亮传》。
③ 《晋书》卷81《毛宝传》。
④ 《晋书》卷7《成帝纪》咸康五年九月。
⑤ 参本节上文"扬州都督区"条。
⑥ 《晋书》卷73《庾亮传附庾怿传》,《宋志》二"南豫州刺史"条。
⑦ 参本节上文"扬州都督区"条。
⑧ 参本节上文"江州都督区"条。
⑨ 《晋书》卷79《谢尚传》。
⑩ 《晋书》卷8《穆帝纪》永和九年十二月,卷79《谢尚传》:"出为都督江西淮南诸军事……豫州刺史……镇历阳,加都督豫州扬州之五郡军事。"
⑪ 《晋书》卷8《穆帝纪》永和十一年十月,卷79《谢尚传》:"升平初,又进都督豫、冀、幽、并四州。"《纪》、《传》所载略有不同。
⑫ 《晋书》卷8《穆帝纪》升平元年六月,卷79《谢安传附谢弈传》。《谢琰墓志》:"琰祖父讳弈,字无弈,使持节都督司豫幽并五州,扬州之淮南、历(淮南、历)阳、庐江、安东、唐邑五郡诸军事,镇西将军,豫州刺史。"(罗新、叶炜:《新出魏晋南北朝墓志疏证》,第34页)据此墓志所言谢弈所督为五州,而实载四州。又,"淮南历"三字重出,是此墓志所书极为粗疏,《疏证》亦以为"当时对墓志刻写不太重视"。今以《晋书》谢弈本传所载为准,墓志所书,聊以备考。
⑬ 《晋书》卷8《穆帝纪》升平二年八月,卷79《谢安传附谢万传》。
⑭ 《晋书》卷8《哀帝纪》隆和元年二月,兴宁元年五月。

诸州。然除"永和五年,桓温入洛,复置河南郡,属司州"①外,冀、并诸州非遥领即侨置,不能实有其土。兴宁三年,桓冲以江州刺史监江州与荆州之江夏、随郡及豫州之汝南、西阳、新蔡、颍川六郡诸军事②。是豫州诸郡复为江州都督区所辖。及宁康元年,桓冲又以扬、豫二州刺史都督扬、豫、江三州诸军事,镇姑孰③。是扬、豫二都督区合而为一。太元元年,桓冲又以车骑将军都督豫、江二州六郡军事,仍镇姑孰。胡三省以为此六郡是豫州之历阳、淮南、庐江、安丰、襄城及江州之寻阳④。然时淮南内史桓伊犹"进督豫州之十二郡扬州江西五郡军事",又领淮南、历阳二郡太守⑤。是江、豫二都督区虽合为一体,而豫州诸郡犹自设都督。及太元二年,桓冲转为荆州都督⑥,桓伊乃"进督豫州诸军事、西中郎将、豫州刺史"⑦。是豫州复得为一独立都督区。至太元九年,复使桓石虔代桓伊,以豫州刺史监豫州、扬州五郡军事⑧。太元十年,朱序代桓石虔,以豫州刺史监豫州、扬州五郡军事,先屯洛阳,又改镇马头⑨。旋桓石虔复为豫州都督,改镇历阳⑩。及太元十三年,桓石虔卒于官,庾准、庾楷先后出为豫州。至隆安初,"出王愉为江州,督豫州四郡……(庾)楷上疏以江州非险塞之地,而西府北带寇戎,不应使愉分督,诏不许"⑪。旋扬、豫八郡又为江、荆都督桓玄所辖。元兴中,桓玄复自领豫州刺史。是豫州都督区复并入江、荆都督区。及义熙初,豫州都督区复独立,刘毅乃以豫州刺史都督豫州及扬之淮南、历阳、庐江、安丰、堂邑五郡诸军事,旋又加都督宣城诸军事⑫。义熙七年,刘道规代刘毅,以豫州刺史都督豫、江二州及扬州之宣城、淮南、庐江、历阳、安丰、堂邑六郡诸军事,未行⑬,乃使诸葛长民以豫州刺史督豫州、扬州之六郡诸军事⑭。是义熙中,豫州都督区较为固定,例辖本州及扬州数郡,

---

① 《晋志》上"司州"条。
② 《晋书》卷8《哀帝纪》兴宁三年二月。
③ 《晋书》卷9《孝武帝纪》宁康元年七月,卷74《桓彝传附桓冲传》。另参本节上文"扬州都督区"条。
④ 《晋书》卷74《桓彝传附桓冲传》,《资治通鉴》卷104晋孝武帝太元元年正月。
⑤ 《晋书》卷81《桓宣传附桓伊传》。
⑥ 参本节上文"荆州都督区"条。
⑦ 《晋书》卷81《桓彝传附桓伊传》。
⑧ 《晋书》卷74《桓彝传附桓石虔传》,《资治通鉴》卷105晋孝武帝太元九年二月。
⑨ 《晋书》卷81《朱序传》:"转扬州豫州五郡军事、豫州刺史",卷后"校勘记"[二〇]以为"转"下脱"监"字。严耕望以为此处"扬州豫州"当乙,按严说是。今据改(《中国地方行政制度史·魏晋南北朝地方行政制度》,第40页)。另参《宋志》二"南豫州刺史"条。
⑩ 《晋书》卷74《桓彝传附桓石虔传》。
⑪ 《晋书》卷84《庾楷传》,《资治通鉴》卷111晋安帝隆安二年七月。
⑫ 《晋书》卷85《刘毅传》。
⑬ 《宋书》卷2《武帝纪》义熙七年二月,卷51《宗室·刘道规传》。
⑭ 《晋书》卷85《诸葛长民传》。

然豫州之西阳、新蔡、汝南、颍川诸侨郡则例受辖于江州都督区①。及义熙九年,"割扬州大江以西、大雷以北,悉属豫州,豫基址因此而立"②。豫州始有实土。义熙十二年,晋刘裕北伐,颇得西晋豫州故地,刘义庆便以豫州刺史督豫州诸军事,复督淮北诸军事③;此后,刘义康更以豫州刺史督豫、司、雍、并四州诸军事,寻又领司州刺史,进督徐州之钟离、荆州之义阳诸军事④。是晋末豫州都督区扩展至淮北河南,较前为大。

4. 广州都督区

晋室南渡之初,即设广州都督区,例以广州刺史为都督,镇南海郡番禺。太兴元年,陶侃为广州刺史,乃加都督交州诸军事⑤,是广州都督区辖有交、广二州。太宁三年,陶侃卸任,晋先后使王舒、刘顗以广州刺史都督广州诸军事⑥。及咸和二年,晋命阮孚以广州刺史都督交、广、宁三州军事,未果⑦。至咸和五年,郭默平,邓岳乃以广州刺史督交、广二州军事,咸康二年邓岳破夜郎,又加督宁州,此广州都督区之极盛⑧。后邓岳弟邓逸继其任,以广州刺史监交、广二州⑨。此后,岭南之地常隶于荆州都督区,交广之地不常置都督⑩。至太元中后期,始又有广州都督,孔汪以广州刺史都督交、广二州诸军事。然太元十七年孔汪卒后⑪,广州都督复不可考。唯桓玄于隆安元年至二年、吴隐之于元兴元年至三年、褚裕之于义熙七年至十年及王镇之、张裕于义熙末先后为广州都督,皆以辖交、广二州为常态,至晋末不变⑫。

5. 徐州都督区

永嘉之乱后,幽、冀、青、并、兖诸州并失,徐州亡其半,流人相率过江淮。东晋侨置诸州于江淮流域,并设都督区,多以青、徐、兖诸州刺史为都督,所辖大略以西晋徐州之淮南为基础,间及淮北及江南。

西晋建兴四年(316),司马睿扬言北伐,"遣宣城公裒督徐、兖二州,镇广

---

① 参本节上文"江州都督区"条。
② 《宋志》二"南豫州刺史"条。
③ 《宋书》卷51《宗室·刘义庆传》。
④ 《宋书》卷68《武二王·彭城王义康传》。
⑤ 《晋书》卷6《元帝纪》太兴元年十月,卷66《陶侃传》。
⑥ 《晋书》卷6《明帝纪》太宁三年五月、六月。
⑦ 《晋书》卷49《阮籍传附阮孚传》、《建康实录》卷7《晋成帝纪》咸和二年二月。
⑧ 《晋书》卷81《邓岳传》。此处"咸康二年",原文作"咸康三年",今据"校勘记"[一九]改。
⑨ 《晋书》卷81《邓岳传附邓逸传》。
⑩ 参本节上文"荆州都督区"条。
⑪ 《晋书》卷78《孔愉传附孔汪传》。
⑫ 参《晋书》卷99《桓玄传》,卷10《安帝纪》隆安二年七月、元兴元年二月、元兴三年十月;《宋书》卷52《褚叔度传》,卷92《良吏·王镇之传》,卷53《张茂度传》。

陵。其后或还江南,然立镇自此始也"①。及东晋立国,建武元年(317),乃以王舒继司马裒之任,监青、徐二州诸军事②。太兴四年,刘隗以青州刺史都督青、徐、幽、平四州诸军事,镇于淮阴③;至永昌元年(322),又使王邃都督青、徐、幽、平四州诸军事,仍镇淮阴④,后又加领徐州刺史⑤。晋室旋又使刘遐代王邃,以徐州刺史镇淮阴,监淮北军事⑥;而太宁三年,郗鉴又以兖州刺史都督青、兖二州诸军事,镇广陵⑦。是太宁末,江淮沿海地曾置二都督,一镇淮阴,监淮北;一镇广陵,都督淮南。及咸和元年,刘遐卒,其徐州刺史一职由郗鉴所承,而监淮北诸军事一职则由郭默所承⑧。是明帝初,淮南、淮北仍分置都督。咸和三年,以苏峻乱,进郗鉴都督扬州八郡军事;咸和四年,苏峻平,郗鉴复解八郡都督⑨。是年,郗鉴"又徙流民之在淮南者于晋陵诸县,其徙过江南及留在江北者,并立侨郡县以司牧之"⑩。咸和五年,郭默伏诛,淮北都督一职遂无考。咸和六年,郗鉴复加督扬州之晋陵、吴郡诸军事⑪。是徐州都督区淮南、淮北二部合为一体,且扩展至江南建康以东地。咸康五年(339),蔡谟代郗鉴,以徐州刺史都督徐、兖、青三州及扬州之晋陵、豫州之沛郡诸军事⑫。至咸康八年,何充以徐州刺史都督徐州、扬州之晋陵诸军事,仍镇京口⑬;建元元年(343),复使桓温以徐州刺史都督青、徐、兖三州诸军事⑭;建元二年,褚裒又以兖州刺史都督兖州、徐州之琅邪诸军事,镇金城⑮,旋又改授褚裒以徐、兖二州刺史都督徐、兖、青三州及扬州之晋陵、吴国诸军事,镇京口⑯。至永和五年(348),褚裒卒,荀羡乃以徐州刺史监徐、兖二州及扬州之晋陵诸军事,北镇淮

---

① 《南齐志》上"南兖州"条。《晋书》卷64《元四王·琅邪王裒传》:"拜散骑常侍、使持节、都督青徐兖三州诸军事。"
② 《晋书》卷64《元四王·琅邪王裒传》,卷76《王舒传》。
③ 《晋书》卷6《元帝纪》太兴四年七月,卷69《刘隗传》。
④ 《晋书》卷6《元帝纪》永昌元年十月。
⑤ 《晋书》卷6《明帝纪》太宁二年六月,卷98《王敦传》。
⑥ 《晋书》卷81《刘遐传》。
⑦ 《晋书》卷6《明帝纪》太宁三年七月:"以尚书令郗鉴为车骑将军、都督青兖二州诸军事、假节,镇广陵。"卷67《郗鉴传》:"俄而迁车骑将军、都督徐兖青三州军事、兖州刺史、假节、镇广陵。"今以《纪》为准,兼取《传》文。
⑧ 《晋书》卷7《成帝纪》咸和元年六月。
⑨ 《晋书》卷67《郗鉴传》。
⑩ 《宋志》一"南徐州刺史"条。
⑪ 《晋书》卷7《成帝纪》咸和六年正月,卷67《郗鉴传》。
⑫ 《晋书》卷7《成帝纪》咸康五年八月,卷77《蔡谟传》。
⑬ 《晋书》卷7《康帝纪》咸康八年七月,卷77《何充传》。
⑭ 《晋书》卷7《康帝纪》建元元年十月。
⑮ 《晋书》卷7《康帝纪》建元二年八月,卷93《外戚·褚裒传》。
⑯ 《晋书》卷93《外戚·褚裒传》。

阴,寻加监青州诸军事,领兖州刺史,镇下邳①。升平二年(358),荀羡解职②,乃使郗昙代镇下邳,以徐、兖二州刺史都督徐、兖、青、幽、冀五州及扬州之晋陵诸军事③。升平五年,范汪代郗昙,为徐、兖二州刺史,都督徐、兖、青、冀、幽五州及扬州之晋陵诸军事④。由此可见,永和五年至升平末,徐州都督区大体稳定。升平五年,范汪罢废后⑤,庾希于隆和元年(362)继为徐、兖二州刺史,仍镇下邳⑥,兴宁元年又加都督青州诸军事⑦。然都督徐、兖诸州军事者难考。直至太和二年,郗愔乃以徐、兖二州刺史都督徐、兖、青、幽四州及扬州之晋陵诸军事⑧。至太和四年,郗愔卸职,都督中外诸军事桓温乃领徐、兖二州刺史⑨,而徐、兖都督复不可考。此后,唯有毛穆之监江北军事,镇广陵⑩。直至宁康二年(374),王坦之以徐、兖二州刺史都督徐、兖、青三州诸军事⑪;宁康三年,桓冲代王坦之,以徐州刺史为都督,镇于京口,所辖为徐、兖、豫、青、扬五州,颇不同于常例⑫。

太元二年,桓冲卸任,王蕴乃以徐州刺史督江南晋陵诸军事;谢玄以兖州刺史监江北诸军事,镇于广陵⑬。是徐州都督区以江为界,一分为二,江北、江南各居其一。至太元八年,谢玄以徐、兖二州刺史都督徐、兖、青三州及扬州之晋陵、幽州之燕国诸军事⑭,徐州都督区始分而复合。及太元九年,东晋北伐,得西晋兖、青、司、豫之故土,"加(谢)玄都督徐、兖、青、司、冀、幽、并七州军事。

---

① 《晋书》卷8《穆帝纪》永和五年十二月,卷75《荀崧传附荀羡传》。《晋书》卷26《食货志》:"升平初,荀羡为北府都督,镇下邳。"是徐州都督亦可称为北府都督。
② 《晋书》卷75《荀崧传附荀羡传》。
③ 《晋书》卷8《穆帝纪》升平元年八月:"都督徐兖冀幽五州诸军事。"卷67《郗鉴传附郗昙传》:"都督徐兖青幽扬州之晋陵诸军事。"今兼取《纪》、《传》。
④ 《晋书》卷8《穆帝纪》升平五年正月;二月:"都督徐兖冀幽五州诸军事。"卷75《范汪传》:"都督徐兖青冀四州扬州之晋陵诸军事。"今兼取《纪》、《传》。
⑤ 《晋书》卷8《哀帝纪》升平五年十月。
⑥ 《晋书》卷8《哀帝纪》隆和元年二月。卷73《庾希传》以为镇于山阳。
⑦ 《晋书》卷8《哀帝纪》兴宁元年五月。
⑧ 《晋书》卷8《海西公纪》,卷67《郗鉴传附郗愔传》。
⑨ 《晋书》卷98《桓温传》。
⑩ 《晋书》卷81《毛宝传附毛穆之传》。
⑪ 《晋书》卷9《孝武帝纪》宁康二年二月,卷75《王湛传附王坦之传》。
⑫ 《晋书》卷9《孝武帝纪》宁康三年五月。卷74《桓彝传附桓冲传》:"改授都督徐兖豫青扬五州之六郡军事。"其文疑有脱讹。《资治通鉴》卷103晋孝武帝宁康三年五月:"诏以(桓)冲都督徐豫兖青扬五州诸军事。"此近乎合理,今以《资治通鉴》所载为准。
⑬ 《晋书》卷9《孝武帝纪》太元二年十月。卷93《外戚·王蕴传》:"授都督京口诸军事、左将军、徐州刺史。"卷79《谢安传附谢玄传》。
⑭ 《晋书》卷79《谢安传附谢玄传》。

玄上疏以方平河北,幽冀宜须总督,司州悬远,应统豫州"。谢玄乃屯淮阴①。是此时徐州都督区扩展至淮北、河南,辖徐、兖、青、并四州。然旋而丧军失地,徐州都督区之北境复退至淮北。至太元十二年,朱序以青、兖二州刺史监青、兖二州诸军事,仍镇淮阴②;太元十三年,谯王司马恬继以青、兖二州刺史都督兖、青、冀、幽及扬州之晋陵、徐州之南北郡军事③,徐州都督区所辖因而复为常态。

太元十五年,王恭以青、兖二州刺史都督青、兖、幽、并、冀、徐六州及扬州晋陵诸军事,镇于京口④。隆安二年,刘牢之代王恭,仍为都督兖、青、冀、幽、并、徐六州及扬州之晋陵诸军事⑤。及元兴三年,刘裕为徐州都督,都督扬、徐、兖、豫、青、冀、幽、并八州诸军事⑥。此后二三年间,刘裕复先后加都督江、荆、司、梁、益、宁、雍、凉、交、广诸军事,徐州都督俨然已辖东晋全境。然自元兴末、义熙初以来,处江淮区域之原徐州都督区实已分为淮北、淮南晋陵二都督区,徐州都督区遂废。

6. 淮北都督区

东晋淮北之地得失无恒,常属徐州都督区。元兴、义熙之际,徐州都督区废,淮北乃另置都督区,镇山阳。元兴末,刘道规以并州刺史督淮北诸军事⑦;诸葛长民继督淮北军事,镇山阳⑧;义熙前期,刘道怜复以并州刺史镇山阳,督淮北诸军事⑨。及义熙五年,置北青州于东阳⑩,并一度置冀州于此⑪。义熙七年,东晋又以淮北地为北徐州⑫,刘道怜乃于是年"解并州,加北徐州刺史,移镇彭城"⑬。淮北都督区乃渐转变为北徐州都督区⑭,刘怀慎乃于义熙八年监北徐州诸军事⑮;义熙十三年,刘义隆又以徐州刺史监徐、兖、青、冀四州诸

---

① 《晋书》卷79《谢安传附谢玄传》。
② 《晋书》卷9《孝武帝纪》太元十二年正月,卷81《朱序传》。
③ 《晋书》卷9《孝武帝纪》太元十三年四月,卷37《宗室·敬王恬传》。"徐州之南北郡",盖徐州侨郡分布于江之南北,故云。
④ 《晋书》卷9《孝武帝纪》太元十五年二月,卷84《王恭传》。
⑤ 《晋书》卷84《刘牢之传》。
⑥ 《宋书》卷1《武帝纪上》元兴三年三月。
⑦ 《宋书》卷51《宗室·临川王道规传》。
⑧ 《晋书》卷85《诸葛长民传》。
⑨ 《宋书》卷51《宗室·长沙王道怜传》。
⑩ 《宋志》二"青州刺史"条。
⑪ 《宋志》二"冀州刺史"条。
⑫ 《宋志》一"南徐州刺史"条。
⑬ 《宋书》卷51《宗室·长沙王道怜传》。
⑭ 又晋末义熙中,似曾置北青州都督。《宋书》卷45《向靖传》:"迁督北青州诸军事、北青州刺史。"
⑮ 《宋书》卷45《刘怀慎传》。

军事,镇彭城①;至元熙中,又有刘怀慎以徐州刺史督北徐、兖、青、淮北诸军事②。

7. 淮南晋陵都督区

淮南及江南晋陵诸地本隶徐州都督区。元兴、义熙之际,徐州都督区废,淮南晋陵诸地另置一都督区,镇于广陵或京口,辖原徐州都督区之淮南及晋陵等地,例以青州刺史或兖州刺史为都督。义熙初,诸葛长民以青州刺史、晋陵太守镇丹徒,都督青、扬二州诸军事③;檀祗又于义熙八年以青州刺史、广陵相"督江北淮南军郡事"④;是年,征刘道怜为"都督兖青二州晋陵京口淮南诸郡军事,兖青州刺史……还镇京口"⑤。及宋台立,刘怀慎又以南青州刺史督江北淮南诸军⑥。是淮南晋陵都督区至晋末犹存。

8. 益州都督区(附:巴东都督区)

东晋立国之初,无益州地,承西晋末年之势,权置巴东监军。建武、太兴之际,应詹即以益州刺史领巴东监军⑦;太兴末,柳纯又为巴东监军⑧;咸和时,又有毌丘奥为巴东监军⑨。后周抚"代毌丘奥监巴东诸军事、益州刺史……加督宁州诸军事"⑩。永和三年,桓温克蜀,东晋复得益、梁二州故地,周抚复进督梁州之汉中、巴西、梓潼、阴平四郡军事,镇彭模⑪。及兴宁三年,周抚子周楚代父为益州刺史,监梁、益二州⑫。至太和六年,周楚卒于官,督宁州诸军事周仲孙继为益州刺史,监益州及梁州之三郡⑬。直至太元四年,苻秦尽取益、梁之地,"梁州刺史杨亮、益州刺史周仲孙奔退,(桓)冲使(毛)穆之督梁州之三

---

① 《宋书》卷5《文帝纪》。
② 《宋书》卷45《刘怀慎传》。
③ 《晋书》卷85《诸葛长民传》。
④ 《宋书》卷47《檀祗传》。
⑤ 《宋书》卷51《宗室·长沙王道怜传》。卷后"校勘记"[四]引孙虨《宋书考论》,以为是年青州刺史为檀祗,故"兖青州刺史"中,"青"字衍。
⑥ 《宋书》卷45《刘怀慎传》。
⑦ 《晋书》卷70《应詹传》。
⑧ 《晋书》卷55《夏侯湛传附夏侯承传》。
⑨ 《晋书》卷7《成帝纪》咸和五年五月。
⑩ 《晋书》卷58《周访传附周抚传》。
⑪ 《晋书》卷58《周访传附周抚传》。严耕望《中国地方行政制度史·魏晋南北朝地方行政制度》认为东晋既灭成汉,益州都督当还镇成都(第43页)。
⑫ 《晋书》卷58《周访传附周楚传》。又卷8《海西公纪》太和六年三月:"监宁益二州诸军事、冠军将军、益州刺史、建城公周楚卒。"似此时益州都督区又为益、宁二州。
⑬ 《晋书》卷58《周访传附周仲孙传》:"除仲孙监益、豫、梁州之三郡。""豫"恐为衍文。又卷8《海西公纪》太和六年八月:"以前宁州刺史周仲孙为假节、监益梁二州诸军事、益州刺史。"

郡军事、右将军、西蛮校尉、益州刺史、领建平太守、假节、戍巴郡"①。东晋遂罢益州都督区。益州都督区在东晋中期所辖大致为益、宁及梁州数郡,同时隶属于荆州都督区②。

及太元八年,东晋复取蜀,重置益州都督区于此。《晋书》卷84《殷仲堪传》:"尚书下以益州所统梁州三郡人丁一千番戍汉中,益州未肯承遣。仲堪乃奏之曰:'……巴西、梓潼、宕渠三郡去汉中辽远,在剑阁之内,成败与蜀为一,而统属梁州,盖定鼎中华,虑在后伏,所以分斗绝之势,开荷戟之路……是以李势初平,割此三郡配隶益州……梁州以论求三郡,益州以本统有定,更相牵制,莫知所从。'"由此可见,太元末之益州都督区仍辖益州及梁州三郡。义熙元年,毛璩以益州刺史都督益、梁、秦、凉、宁五州诸军事③,其中秦州寄治梁州之南郑④,凉州恐为遥领。是年,谯纵割据蜀中,此后,晋益州都督区乃不可考。义熙九年,晋使朱龄石以益州刺史加节益州诸军事,规取蜀地,义熙十年,蜀地平,朱龄石又进监梁州之巴西、梓潼、宕渠、南汉中及秦州之安固、怀宁六郡诸军事⑤。是晋末益州都督区仍略同于旧日规制。

9. 关中都督区

义熙十三年,刘裕北伐,灭后秦,置北雍州都督区,以刘义真为都督。及义熙十四年,刘裕令刘义真东归,北雍州都督区乃分为关中都督区与河东平阳诸郡都督区。朱龄石乃以雍州刺史督关中诸军事⑥;旋关中没于夏,关中都督区遂废。

(三) 第三等都督区

1. 交州都督区

交州或隶于广州都督区,或隶于荆州都督区,例不另置都督。然亦间有例外,太宁中,阮放以交州刺史监交州诸军事⑦。义熙七年,杜慧度以交州刺史督交州诸军事,镇交趾郡之龙编,直至晋宋易代⑧。然此究非常制,姑附述于此。

2. 宁州都督区

东晋宁州常隶益州都督区,然又曾自为一都督区。《霍使君像铭》:"晋故使持节都督江南交宁二州诸军事建宁越巂兴古三郡太□南夷校尉交宁二州刺

---

① 《晋书》卷8《毛宝传附毛穆之传》。
② 参本节上文"荆州都督区"条。
③ 《晋书》卷81《毛宝传附毛璩传》。
④ 《宋志》三"秦州刺史"条。
⑤⑥ 《宋书》卷48《朱龄石传》。
⑦ 《晋书》卷49《阮籍传附阮放传》。
⑧ 《宋书》卷92《良吏·杜慧度传》。

史成都县侯霍使君"云云①。此盖承西晋交、宁二州合置都督区之趋势。然此后宁州都督区不可考。直至升平初,毛穆之以宁州刺史督宁州诸军事,而不及交州②;兴宁中,周仲孙复以宁州刺史都督宁州诸军事③。然宁州都督不常见,东晋宁州都督区时置时罢。

3. 梁秦都督区

东晋梁、秦二州常隶益州都督区,然东晋初年,似曾以梁、秦二州置一都督区,宋哲即以梁州刺史都督秦、梁二州诸军事④。然此后梁秦都督则不可考。直至晋末,梁、秦二州似又曾为一都督区。义熙元年,毛瑾以梁秦二州刺史、略阳武都太守监梁、秦二州诸军事⑤。然此后梁秦都督复不可考。

4. 司州都督区

东晋立国之初本无司州地。永和十二年(356),桓温北伐,克洛阳,复有西晋司州之河南地。《世说新语》卷中《赏誉》"桓宣武表云谢尚"条刘注引《桓温集》之《平洛表》曰:"今中州既平,宜时绥定。镇西将军、豫州刺史(谢)尚,神怀挺率,少致人誉。是以入赞百揆,出蕃方司。宜进据洛阳,抚宁黎庶。谓可本官都督司州诸军事。"《晋书》卷98《桓温传》:"欲修复园陵,移都洛阳,表疏十余上,不许。进温征讨大都督、督司冀二州诸军事,委以专征之任。"《世说新语》卷上《言语》"王司州至吴兴"条刘注引《王胡之别传》曰:"胡之字修龄,琅邪临沂人,王廙之子也……拜使持节、都督司州诸军事、西中郎将、司州刺史。"是东晋确曾一度置司州都督区。然兴宁三年,洛阳陷于前燕,司州都督区即废。及淝水之战后,东晋复得洛阳,司州则隶于雍州都督区⑥,而司州都督不可考。

第二节 郡以上都督区

1. 沔中都督区(沔北都督区、梁州都督区、雍州都督区)

东晋常于以襄阳为中心的沔水流域置一都督区,隶属荆州都督区。该都

---

① 赵超编:《汉魏南北朝墓志汇编》,第20页。铭文另记:"君讳□,字□嗣,□是荆州南郡枝江,□六十六岁薨。先葬蜀郡,以太元十□年二月五日改葬朱提。"按《三国志》卷41《蜀书·霍峻传》:"南郡枝江人也。"其子霍弋,字绍先,以蜀汉庲降都督附魏,至晋乃为南中都督。本传引《汉晋春秋》,霍弋孙霍彪为晋越巂太守。据《晋书》卷7《成帝纪》咸和八年正月,霍彪降成汉。而据《铭》文所载之年月推算,霍使君者,恐即为霍弋子、霍彪父。由此亦可知,霍氏自蜀汉末时即世代守南中。
② 《晋书》卷81《毛宝传附毛穆之传》。
③ 《晋书》卷58《周访传附周仲孙传》。
④ 《宋氏墓志》,《汉魏南北朝墓志汇编》,第19页。
⑤ 《晋书》卷81《毛宝传附毛璩传》。
⑥ 参下节"沔中都督区"条。

督区含沔水南北诸郡县，并含该区域内之侨郡县。"以其位于沔水（汉水）中流，故称沔中。又以其地区在沔水以北者远较以南为多，故一称沔北。"①其都督常以郡守兼充。又东晋初年，侨置梁州于襄阳，后期又侨置雍州于襄阳②，梁州刺史、雍州刺史亦常为都督，故称此都督区为梁州都督区、雍州都督区亦可。

建武元年（317），即于沔中置都督，周访以梁州刺史督梁州诸军，镇襄阳③；太兴三年（320），周访卒④，郭舒继其任⑤；其年，又使甘卓以梁州刺史督沔北诸军，镇襄阳⑥。至太宁初，复使任愔以梁州刺史督沔北诸军事⑦；旋又以周抚"为沔北诸军事、南中郎将、镇沔中"⑧；及咸和初，平苏峻，复以周抚监沔北军事，镇襄阳⑨。咸和中期，桓宣以江夏相监沔中军事，复克襄阳，乃移镇于此。至咸康五年（339），庾亮谋北伐，乃加桓宣司州刺史，都督沔北前锋征讨军事，仍镇襄阳⑩。建元元年（343），庾翼复欲北讨，更使桓宣以梁州刺史都督司、梁、雍三州及荆州之南阳、襄阳、新野、南乡四郡军事⑪，盖时梁州侨置襄阳，司、雍二州亦恐有流民迁入沔中而有侨郡寄治于此⑫。及建元二年，桓宣卒⑬，"（庾）翼以长子方之为义成太守，代领（桓）宣众"⑭；永和元年（345），桓温乃使刘惔代庾方之，以义成太守监沔中诸军事⑮。永和二年，又有袁乔以江夏相督沔中诸戍江夏、随、义阳三郡军事⑯。至永和后期，桓冲以义成、新野二郡太守督荆州之南阳、襄阳、新野、义阳、顺阳及雍州之京兆、扬州之义成七郡

---

① 严耕望：《中国地方行政制度史·魏晋南北朝地方行政制度》，第43页。
② 《宋志》三"梁州刺史"条、"雍州刺史"条。
③ 《晋书》卷6《元帝纪》建武元年九月，卷58《周访传》。
④ 《晋书》卷6《元帝纪》太兴三年八月。
⑤ 《晋书》卷43《郭舒传》："襄阳都督周访卒，（王）敦遣舒监襄阳军。甘卓至，乃还。"是沔中都督称襄阳都督亦可。
⑥ 《晋书》卷6《元帝纪》太兴三年八月，卷70《甘卓传》。
⑦ 《晋书》卷57《张光传》："义阳太守任愔为梁州。"卷98《王敦传》："以义阳太守任愔督河北诸军事、南中郎将。"百衲本《二十四史》所收宋本《晋书》此处"河北"作"沔北"，严耕望《中国地方行政制度史·魏晋南北朝地方行政制度》第41页亦作"沔北"，今据改。
⑧ 《晋书》卷58《周访传附周抚传》。卷后"校勘记"[六]："《通鉴》九二'为'作'督'。"
⑨ 《晋书》卷58《周访传附周抚传》。
⑩ 《晋书》卷81《桓宣传》，《资治通鉴》卷96晋成帝咸康五年三月。
⑪ 《晋书》卷81《桓宣传》，《资治通鉴》卷97晋康帝建元元年七月。
⑫ 《晋志》上"雍州"条。
⑬ 《晋书》卷7《康帝纪》建元二年八月。
⑭ 《晋书》卷73《庾亮传附庾方之传》。
⑮ 《晋书》卷73《庾亮传附庾爰之传》，《资治通鉴》卷97晋穆帝永和元年八月。
⑯ 《晋书》卷83《袁瓌传附袁乔传》。

军事,仍镇襄阳①,其中荆州五郡皆为实土,京兆、义成乃侨郡②。升平五年(361),桓豁又以新野、义成二郡太守督沔中七郡军事③。咸安中,毛穆之又以襄阳、义成、河南三郡太守督扬州之义成、荆州五郡、雍州之京兆军事,寻又领梁州刺史。不久,毛穆之解职④。是升平末至咸安,沔中都督区以辖七郡为常态。太元二年(377),桓豁"表以梁州刺史毛宪祖(穆之)监沔北军事,兖州刺史朱序为南中郎将,监沔中军事,镇襄阳,以固北鄙"⑤。是此时原沔中都督区乃析而为二。太元四年,襄阳陷于前秦⑥,沔中都督区遂不可考。

淝水之战后,东晋复取襄阳,并侨置雍州于此⑦,故此后沔中都督多以雍州刺史为之。太元十三年,朱序以雍州刺史都督"雍梁沔中九郡诸军事"⑧,然此时梁州已还镇汉中旧土,故沔中都督区较之于初已西扩至梁州汉中地区⑨。又因得河南故地,故朱序又加督司州诸军事,戍于洛阳⑩。"至太元十四年,雍州刺史朱序始督秦州,则孝武所置也。寄治襄阳,未有刺史,是后雍州刺史常督之。"⑪是淝水之战后,雍州都督区一度辖雍、梁、秦、司四州。及太元十七年,郗恢代朱序,复以雍州刺史理梁、秦、雍、司、荆、扬、并等州诸军事,镇襄阳,后又领秦州刺史,加督陇上军⑫。然此诸州大抵指某州之某侨郡而言。隆安二年(398),杨佺期代郗恢,以雍州刺史都督梁、雍、秦三州诸军事⑬,所辖实土仍未有何变动。然此后桓玄弄权,曾以习畅镇于襄阳,督八郡⑭,疑其辖区略同于太元以前。义熙前中期,鲁宗之为雍州刺史,然似未加都督号⑮。及义熙十一年(415)后,赵伦之复以雍州刺史辖有"雍梁南北秦四州荆州之河北诸军

---

① 《晋书》卷74《桓彝传附桓冲传》。
②⑦ 参《宋志》三"雍州刺史"条。
③ 《晋书》卷74《桓彝传附桓豁传》;《资治通鉴》卷101晋穆帝升平五年四月,胡注以为沔中七郡为魏兴、新城、上庸、襄阳、义成、竟陵、江夏。此颇不同于桓冲于太和时所督七郡,今不取。
④ 《晋书》卷81《毛宝传附毛穆之传》。
⑤ 《晋书》卷74《桓彝传附桓豁传》,卷9《孝武帝纪》太元二年二月。《晋书》卷81《朱序传》以此为宁康初年事。今以《纪》为准。
⑥ 《晋书》卷9《孝武帝纪》太元四年二月。
⑧ 《晋书》卷9《孝武帝纪》太元十三年四月。
⑨ 若参考上节"益州都督区"条,则似可知太元中东晋得梁州旧土,梁州一部隶益州都督区,一部隶雍州都督区(沔中都督区)。
⑩ 《晋书》卷81《朱序传》。
⑪ 《南齐志》下"秦州"条。
⑫ 《晋书》卷67《郗鉴传附郗恢传》,《资治通鉴》卷108晋孝武帝太元十七年十月。
⑬ 《晋书》卷84《杨佺期传》。
⑭ 《晋书》卷99《桓玄传》。
⑮ 《宋书》卷74《鲁爽传附鲁宗之传》。

事"①,其中北秦州为东晋立于氐池者②,恐未必真能辖有其地。晋末沔中都督区后为宋之雍州都督区所承。

2. 江夏诸郡都督区

东晋于汉水以东又曾另置一都督区。咸和四年(329),毛宝以江夏相督随、义阳二郡,镇上明③;咸康五年,陶称又以江夏相监江夏、随、义阳三郡军事④;及咸康末至建元,谢尚复以江夏相督江夏、义阳、随三郡军事⑤。成帝、康帝以后,此都督区遂难考。唯晋末义熙元年,刘怀肃督江夏九郡,镇夏口⑥,然所督九郡不详,姑存之以待后考。

3. 会稽都督区

东晋初年常于建康以南以东地设都督,用以拱卫京畿,然都督区时置时废,其所辖区域亦不固定。永昌元年(322),王敦发难,周莚都督会稽、吴兴、义兴、晋陵、东阳军事⑦。至咸和三年,苏峻作乱,"(陶)侃立行台,上(王)舒监浙江东五郡军事,(王)允之督护吴郡、义兴、晋陵三郡征讨军事"⑧。同时又以虞潭监扬州所辖浙江西军事⑨,似此时建康以东以南地分立为三都督区。然吴郡、晋陵等地旋转属徐州都督区⑩,虞潭以后,浙西亦不再设置。唯有浙东以会稽为中心之区域设都督,所辖为浙东五郡。五郡者,严耕望以为当是会稽、临海、东阳、永嘉、新安五郡⑪。会稽都督区虽时置时不置,然例辖此五郡,且多以会稽内史为都督。咸安元年(371),加会稽内史郗愔都督浙江东五郡军事⑫;太元前中期,王蕴又以会稽内史都督浙江东五郡⑬;后王荟以会稽内史都督浙江东五郡⑭,谢玄又以会稽内史都督会稽五郡诸军事,直至太元十三年卒于官⑮。隆安三年,因孙恩乱,乃以徐州刺史督吴兴、义兴二郡军事,屯乌

---

① 《宋书》卷43《徐羡之传》。
② 《晋志》上"秦州"条。
③ 《晋书》卷81《毛宝传》。
④ 《晋书》卷66《陶侃传附陶称传》。
⑤ 《晋书》卷79《谢尚传》。
⑥ 《宋书》卷47《刘怀肃传》。
⑦ 《晋书》卷58《周访传附周莚传》。
⑧ 《晋书》卷76《王舒传》。
⑨ 《晋书》卷76《虞潭传》。
⑩ 参上节"徐州都督区"条。
⑪ 严耕望:《中国地方行政制度史·魏晋南北朝地方行政制度》,第41页。
⑫ 《晋书》卷67《郗鉴传附郗愔传》。
⑬ 《晋书》卷93《外戚·王蕴传》。
⑭ 《晋书》卷65《王导传附王荟传》。
⑮ 《晋书》卷79《谢安传附谢玄传》。《谢琰墓志》:"次叔讳玄,字幼度,散骑常侍、使持节、都督会稽五郡诸军事、车骑将军、会稽内史,康乐县开国公,谥曰献武。"《新出魏晋南北朝墓志疏证》,第34页。

程,而以刘牢之都督吴郡诸军事。同年,复使谢琰以会稽内史都督五郡军事①。隆安四年,谢琰卒,刘牢之继之,都督会稽五郡,先屯上虞,后屯山阴②。义熙元年至二年,何无忌以会稽内史督江东五郡军事;后司马休之又于义熙前期至七年督浙江东五郡军事③。义熙八年至十年,孔靖复以会稽太守督五郡诸军事④。直至晋末,会稽都督区所辖皆为扬州属郡,故会稽都督区隶于扬州都督区。又永和中,会稽内史王羲之曾有"求分会稽为越州"⑤之议,是此都督区有独立为一行政区之趋势。

4. 河东平阳诸郡都督区

义熙十三年,刘裕灭后秦,置北雍州都督区,以刘义真为都督。及义熙十四年,刘义真东归,北雍州都督区乃分为关中都督区与河东平阳诸郡都督区。刘遵考以并州刺史、河东太守督并州及司州之北河东、北平阳、新平、安定、河北五郡军事,镇蒲坂⑥。后关中没于北,东晋唯保有河东、河南地区,毛德祖又以河东太守督司州之河东、平阳二郡诸军事,仍镇蒲坂,寻改镇彭城,"又除督司州之河东平阳河北雍州之京兆豫州之颍川兖州之陈留九郡军事、荥阳太守……又加京兆太守"⑦。终晋世未变。

5. 东燕四郡都督区

东晋又有东燕四郡都督区。太和四年(369),桓温伐前燕,大败而归,使毛穆之"督东燕四郡军事,领东燕太守。本官如故"⑧。同年,豫州刺史袁镇以寿阳叛乱,毛穆之乃转为都督扬州之江西诸军事,而东燕四郡都督区后遂无考。

6. 魏兴五郡都督区

《晋书》卷98《忠义·吉挹传》:"孝武帝初,苻坚陷梁益,桓豁表挹为魏兴太守,寻加轻车将军,领晋昌太守……苻坚将韦钟攻魏兴,挹遣众距之,斩七百余级,加督五郡军事。"据《通鉴》卷104,太元四年四月,魏兴没,则魏兴五郡都

---

① 《晋书》卷10《安帝纪》隆安三年十一月,卷79《谢安传附谢琰传》,卷84《刘牢之传》。
② 《晋书》卷10《安帝纪》隆安四年五月,卷84《刘牢之传》。
③ 《晋书》卷37《宗室·司马休之传》,《宋书》卷2《武帝纪中》义熙七年二月。
④ 《宋书》卷54《孔季恭传》。
⑤ 《晋书》卷80《王羲之传》。
⑥ 《宋书》卷11《宗室·营浦侯刘遵考传》以刘遵考所督为"并州司州之北河东北平阳北雍州之新平安定五郡诸军事"。钱大昕《廿二史考异》卷24《宋书二·武三王传》以为此处"北雍州"当作"司州",且诸郡中少"河北"一郡(上海古籍出版社,2004年,第415页)。今据补正。
⑦ 《宋书》卷95《索虏传》。卷后"校勘记"[二二]:"按九郡数之只六郡,疑'九'为'六'之讹。"其中京兆为侨置,《宋志》二"司州刺史"条载晋末宋初司州辖有东京兆,侨置荥阳。此处京兆当即为东京兆。
⑧ 《晋书》卷81《毛宝传附毛穆之传》。

督区亦当随之而废。

7. 马头淮西都督区

东晋又有马头淮西都督区。刘敬宣于义熙五年后"迁使持节、督马头淮西诸军郡事、镇蛮护军、淮南安丰二郡太守、梁国内史";义熙八年,向靖又以安丰汝阴二郡太守、梁国内史寻督马头淮西诸郡军事,戍寿阳。义熙十年,向靖转任他职①,马头淮西都督区遂不可考。

---

① 《宋书》卷47《刘敬宣传》,卷45《向靖传》。

第四章 南朝宋、齐都督区

东晋南朝疆域以晋末宋初最大,宋初都督区大多承晋末义熙间之格局。及景和中失河南,泰始初失淮北,诸州多侨寄于淮汉流域,故宋都督区数目时有变动,各都督区所辖亦前后不能划一。这一时期都督区的等级关系日益明显,所辖与被辖的各都督区之间的关系趋于固定。但此制度歧驳之处亦所在而有。萧齐立国短暂,其都督区之建置几全承宋,少有变动。今合并考述宋、齐二朝都督区如下。

第一节 州以上都督区

(一) 第一等都督区

1. 扬州都督区

刘宋立国之初,扬州似唯设刺史,不设都督,故宋初扬州刺史庐陵王刘义真、徐羡之、王弘均不加都督号①。元嘉六年(429),彭城王刘义康以南徐州刺史都督扬、南徐、兖三州诸军事。是宋初扬州曾隶于南徐州都督区。元嘉九年,刘义康代王宏为扬州刺史,而都督三州如故②。是为宋代扬州都督区之始。至元嘉十七年,江夏王刘义恭代刘义康都督扬、南徐、兖三州诸军事③,十八年,"解督南兖"④。故扬州都督区所辖唯余扬、南徐二州。至元嘉二十九年,刘义恭以扬州都督领南徐州刺史,仍镇东府。及孝武帝即位,刘义恭复以南徐、徐二州刺史都督扬、南徐二州诸军事,镇于京口。孝建二年(455),刘义恭乃为扬州刺史,并进督"东南兖二州"⑤。

---

① 《宋书》卷61《武三王·庐陵王义真传》,卷43《徐羡之传》,卷5《文帝纪》元嘉三年正月。
② 《宋书》卷68《武二王·彭城王义康传》。
③ 时始兴王刘濬、庐陵王刘绍相继为扬州刺史,故刘义恭仅为都督,不领刺史职。参《宋书》卷99《二凶·始兴王濬传》,卷61《武三王·庐陵王义真传附绍传》。
④ 《宋书》卷61《武三王·江夏王义恭传》。此处"南兖"当即指刘义恭所都督之兖州。《宋书》、《南齐书》中常以"兖"指代"南兖"。
⑤ 《宋书》卷61《武三王·江夏王义恭传》。东兖州待考。

是孝建初,扬州都督区所辖一度扩展至四州。然"孝建元年,分扬州之会稽、东阳、新安、永嘉、临海五郡为东扬州"①,故在此一时期内,扬州都督区所辖不及浙东之地。

孝建三年,西阳王刘子尚代刘义恭为扬州刺史,然无都督号。至大明三年(459),"分浙江西立王畿,以浙江东为扬州,命(豫章王)子尚都督扬州江州之鄱阳晋安建安三郡诸军事、扬州刺史"②。是此时扬州都督区乃转而辖浙东之地及江州三郡。及"前废帝即位,罢王畿复旧,征子尚都督扬、南徐二州诸军事,领尚书令,解督东扬州,余如故"③。是大明永光之际,扬州都督区所辖为原扬州之浙西及南徐州。至"前废帝永光元年,省东扬州并扬州"④。景和元年(465),建安王刘休仁以扬州刺史都督扬、南徐二州诸军事⑤,扬州都督区大致恢复到元嘉后期之态势。泰始五年(469),刘休仁复进督豫、司二州,颇不同于常例。然自是年起,刘休仁卸职,桂阳王刘休范、王景文等先后为扬州刺史,均不加都督号⑥。直至元徽二年(474),安成王刘准始以扬州刺史督扬、南豫二州诸军事⑦。昇明元年(477),晋熙王刘燮"都督扬南徐二州诸军事、抚军将军、扬州刺史"。及昇明二年,"齐王(萧道成)为南徐州,燮解督南徐,进督南豫、江州诸军事"⑧。同年,萧道成以扬州牧都督中外诸军事⑨,扬州都督区遂名存实亡。

齐扬州都督区较宋固定。豫章王萧嶷、临川王萧映、新安王萧昭文、始安王萧遥光、西昌侯萧鸾、晋安王萧宝义及萧衍等先后以扬州刺史都督扬、南徐二州诸军事⑩。唯有建武二年(495)至永元元年(499),因晋安王萧宝义以南徐州刺史都督南徐州军事,时任扬州都督的萧遥光自请解督南徐,唯都督本州⑪。此为例外。

———————

① ④ 《宋志》一"扬州刺史"条。
② 《宋书》卷80《孝武十四王·豫章王子尚传》。《宋志》一"扬州刺史"条:"大明三年罢州,以其地为王畿……而东扬州直云扬州。"
③ 《宋书》卷80《孝武十四王·豫章王子尚传》。《宋志》一"扬州刺史"条:大明"八年,罢王畿,复立扬州,扬州还为东扬州"。
⑤ 《宋书》卷8《明帝纪》景和元年十二月,卷72《文九王·始安王休仁传》。
⑥ 《宋书》卷72《文九王·始安王休仁传》,卷79《文五王·桂阳王休范传》,卷85《王景文传》。
⑦ 《宋书》卷10《顺帝纪》。
⑧ 《宋书》卷72《文九王·晋熙王昶传附燮传》。
⑨ 《南齐书》卷1《高帝纪上》昇明二年九月。
⑩ 《南齐书》卷22《豫章王嶷传》,卷35《高帝十二王·临川王映传》,卷5《海陵王纪》,卷45《宗室·始安王遥光传》,卷6《明帝纪》,卷50《明七王·巴陵王宝义传》;《梁书》卷1《高祖纪上》永元三年十二月。
⑪ 《南齐书》卷45《宗室·始安王遥光传》。

2. 南徐都督区

宋南徐州都督区承晋末徐州都督区之淮南及江南晋陵等地而立。长沙王刘道怜于永初元年(420)即以徐、兖二州刺史都督徐、兖、青三州及扬州之晋陵诸军事①。至永初三年,彭城王刘义康以南徐州刺史督南徐、兖②二州及扬州之晋陵诸军事③。元嘉三年,江夏王刘义恭代刘义康,"监南徐兖二州扬州之晋陵诸军事、徐州刺史"④。是刘宋初年南徐州都督区所辖大致为淮南及晋陵周边近江区域。

及元嘉六年,彭城王刘义康乃以南徐州刺史都督扬、南徐、兖三州诸军事。是南徐州都督区所辖有所扩大。至元嘉九年,刘义康转为扬州刺史,都督不变⑤。是南徐州都督区乃转化为扬州都督区。故是年衡阳王刘义季继为南徐州刺史时唯督本州⑥。元嘉十六年,南谯王刘义宣继为南徐州刺史,亦仅督本州⑦。可见此时南徐都督区常隶属于扬州都督区。元嘉二十一年,广陵王刘诞为南徐州刺史,不加督⑧。元嘉二十六年,始兴王刘濬继之都督南徐、兖二州诸军事,且领南徐、兖二州刺史⑨。元嘉二十八年,刘濬"解南兖州"⑩,然都督不变。

至元嘉二十九年,南徐州都督区与扬州都督区合并,江夏王刘义恭乃以南徐州刺史都督扬、南徐二州诸军事,镇东府。及孝武帝即位,刘义恭改镇京口,加领徐州刺史,而都督不变⑪。直至孝建二年(455),竟陵王刘诞才又以南徐

---

① 《宋书》卷51《宗室·长沙王道怜传》。《宋志》一"南徐州刺史"条:"(晋)安帝义熙七年,始分淮北为北徐,淮南犹为徐州。后又以幽、冀合徐,青、并合兖。武帝永初二年,加徐州曰南徐,而淮北但曰徐。文帝元嘉八年,更以江北为南兖州,江南为南徐州,治京口,割扬州之晋陵、兖州之九郡侨在江南者属焉。"《宋志》二"青州刺史"条:"江左侨立,治广陵。安帝义熙五年,平广固,北青州刺史治东阳城,而侨立南青州如故。"故此处徐、兖、青三州当在淮南及京口一带。
② 《宋志》一"南兖州刺史"条:"晋成帝立南兖州,寄治京口……文帝元嘉八年,始割江淮间为境,治广陵。"按:淮北之北兖州与南徐州有江淮阻隔,故与南徐并称之"兖",当为南兖。
③⑤ 《宋书》卷68《武二王·彭城王义康传》。
④ 《宋书》卷61《武三王·江夏王义恭传》。而卷5《文帝纪》元嘉三年正月:"南豫州刺史江夏王义恭改为南徐州刺史。"故疑"徐州刺史"前夺"南"字。
⑥ 《宋书》卷61《武三王·衡阳王义季传》。
⑦ 《宋书》卷68《武二王·南郡王义宣传》。
⑧ 《宋书》卷79《文五王·竟陵王诞传》。
⑨ 《宋志》一"兖州刺史"条:元嘉"二十年,省兖州,分郡属徐、冀州。三十年六月复立,治瑕丘"。故此处"兖"为指代"南兖"无疑。下同。
⑩ 《宋书》卷99《二凶·刘濬传》。
⑪ 《宋书》卷61《武三王·江夏王义恭传》。

州督南徐、兖二州诸军事①,而扬州亦别置都督②。扬、南徐二都督区始又分。大明元年(457),刘延孙代竟陵王刘诞为南徐州刺史,不加督③。大明五年,新安王刘子鸾为南徐州刺史,旋加督南徐州诸军事④。是大明末南徐州都督区仅辖本州。

泰始元年,桂阳王刘休范以南徐州刺史督南徐、徐、南兖、兖四州诸军事。是南徐州都督区扩展至淮北。泰始二年,刘休范又领兖州刺史⑤。然旋淮北徐、兖、青、冀四州并失,南徐州都督区之北境乃以淮为限。自泰始五年起,晋平王刘休祐、巴陵王刘休若、桂阳王刘休范、刘秉、刘景素均以南徐州刺史督南徐、徐、南兖、兖、青、冀六州诸军事为常态⑥。其中,兖州寄治淮阴,徐州寄治钟离,均处淮南;唯青、冀二州移治郁洲,处淮北一隅,为南徐州都督区新属之地⑦。又元徽元年,"分南兖州之钟离、豫州之马头,又分秦郡之顿丘、梁郡之谷熟、历阳之鄞,立新昌郡,置徐州"⑧,是南徐州之西境亦略有扩展。

元徽四年,武陵王刘赞"出为使持节、督南徐兖青冀五州诸军事、北中郎将、南徐州刺史"⑨。是此时南徐州都督区仍略同于前。昇明元年,萧道成"进督南徐州刺史……又进督豫、司二州"⑩。昇明二年,萧道成乃"都督南徐、南兖、徐、兖、青、冀、司、豫、荆、雍、湘、郢、梁、益、广、越十六州诸军事"⑪,然此乃非常之制,非为常例。

齐代南徐州都督区较宋固定。自建元起,长沙王萧晃、文惠太子萧长懋、竟陵王萧子良等均以南徐州刺史都督南徐、南兖二州诸军事⑫。至永明二年(484),桂阳王萧铄"出为南徐州刺史,镇京口。历代镇府,铄出蕃,始省军

---

① 《宋书》卷79《文五王·竟陵王诞传》。
② 参本节"扬州都督区"条。
③ 《宋书》卷78《刘延孙传》。
④ 《宋书》卷80《孝武十四王·始平王鸾传》。
⑤ 《宋书》卷79《文五王·桂阳王休范传》。
⑥ 参《宋书》卷72《文九王·晋平王休祐传》、《文九王·巴陵王休若传》,卷79《文五王·桂阳王休范传》,卷51《宗室·刘秉传》,卷72《文九王·建平王宏传附刘景素传》。
⑦ 《宋志》一"徐州刺史"条、"兖州刺史"条,《宋志》二"青州刺史"条。
⑧ 《宋志》一"徐州刺史"条。
⑨ 《宋书》卷80《孝武十四王·武陵王赞传》。卷后"校勘记"[一二]:"按五州数之只有四州,疑'南徐'下脱'徐'字。"
⑩⑪ 《南齐书》卷1《高帝纪上》。
⑫ 《南齐书》卷21《文惠太子传》、卷35《高帝十二王·长沙威王晃传》、卷40《武十七王·竟陵王子良传》均以为"都督南徐兖二州诸军事",此处"兖"指代"南兖"。严耕望:《中国地方行政制度史·魏晋南北朝地方行政制度》,第51页。下同。

府"①。是自此年起,南徐州不置都督,然建武二年,晋安王萧宝义以南徐州刺史都督南徐州军事②。是南徐州都督区复置,唯辖本州。永元元年起,江夏王萧宝玄、晋熙王萧宝嵩、鄱阳王萧宝夤均都督南徐、南兖二州军事③。南徐州都督区复为常态,终齐世未变。

3. 荆州都督区

宋初荆州都督区大体承东晋。所辖为荆、益、梁、宁、秦、雍六州。其中秦州侨置于梁州南郑,雍州侨置于荆州襄阳,均无实土,故荆州都督区所辖实土实际只有四州之地。然自永初元年,刘义隆为荆州都督,始进督北秦州④。《南齐志》下"秦州"条以为北秦州乃因氐所立,为示区别,镇于汉中南郑之秦州乃称南秦州。于是荆州都督区所辖乃拓至七州。永初三年,宋分荆州地立湘州⑤,仍受辖于荆州都督区。于是荆州都督区乃辖有荆、益、梁、宁、雍、湘、南秦、北秦八州。刘义隆、谢晦、彭城王刘义康、江夏王刘义恭在宋初先后为荆州都督,例辖此八州⑥。此后,宋荆州都督区以辖此八州为常态。又元嘉八年至十六年,湘州废并入荆州⑦,故在此时间内,临川王刘义庆以荆州刺史都督荆、雍、益、宁、梁、南秦、北秦七州诸军事⑧。然辖区大小与其督八州时无甚变化。及元嘉十六年,复置湘州,衡阳王刘义季乃以荆州刺史都督荆、湘、雍、益、梁、宁、南秦、北秦八州诸军事⑨;至元嘉二十一年,南郡王刘义宣乃以荆州刺史都督荆、湘、雍、益、梁、宁、南秦、北秦七州诸军事,至元嘉三十年,刘义宣复以荆、湘二州刺史都督荆、湘、雍、益、梁、宁、南秦、北秦八州诸军事⑩。是荆、湘二州都督区合而为一。孝建元年(454),"分荆州之江夏、竟陵、随、武陵、天门,湘州之巴陵,江州之武昌,豫州之西阳,又以南郡之州陵、监利二县度属巴陵,立郢州"⑪。后天门虽还属荆州,然郢州自立为都督区,其地不再隶属荆州都督区。故此后直至宋末,临海王刘彧、山阳王刘休祐、巴陵王刘休若、建平王刘景素、

---

① 《南齐书》卷35《高帝十二王·桂阳王铄传》。
② 《南齐书》卷50《明七王·巴陵王宝义传》。
③ 《南齐书》卷50《明七王·江夏王宝玄传》、《明七王·晋熙王宝嵩传》、《明七王·鄱阳王宝夤传》。
④ 《宋书》卷5《文帝纪》。
⑤⑦ 《宋志》三"湘州刺史"条。
⑥ 《宋书》卷44《谢晦传》:"以晦行都督荆湘雍益宁南北秦七州诸军事、抚军将军、领护南蛮校尉、荆州刺史。"少梁州。严耕望以为:"后文秦启云'八州之政',《悲人道》云'临八方以作镇',是亦八州。盖后又加督梁州也。(《中国地方行政制度史·魏晋南北朝地方行政制度》,第61页)《宋书》卷68《武二王·彭城王义康传》,卷61《武三王·江夏王义恭传》。
⑧ 《宋书》卷5《文帝纪》元嘉九年六月,卷51《宗室·临川王义庆传》。
⑨ 《宋书》卷61《武三王·衡阳王义季传》。
⑩ 《宋书》卷68《武二王·南郡王义宣传》。
⑪ 《宋志》三"郢州刺史"条。

沈攸之、武陵王刘赞、萧嶷先后为荆州都督，所辖固定为荆、益、梁、雍、湘、宁、南秦、北秦八州①，而实际面积已大不如前。

齐初豫章王萧嶷为荆州都督，仍承宋末规制，辖有荆、益、梁、雍、湘、宁、南秦、北秦八州。建元二年(480)，齐"分荆州巴东、建平，益州巴郡为州"②，是为巴州，属荆州都督区，故是年临川王萧映以荆州刺史都督荆、湘、雍、益、梁、巴、宁、南秦、北秦九州诸军事③。永明元年，巴州罢废，诸郡各还本属，于是荆州都督区所辖复为八州。然萧齐常以宗室诸王为刺史，都督例不督诸王所镇之州。于是荆州都督区所辖在荆、益、湘、雍、梁、宁、南秦、北秦八州范围内常有变动。永明元年，因鄱阳王萧锵为雍州都督④，故荆州都督庐陵王萧子卿不辖雍州。旋萧齐复以始兴王萧鉴为益州，荆州都督又解督益州⑤。是永明初荆州都督区所辖唯六州。永明五年，安陆王萧子敬为荆州都督，不辖益、宁二州，都督六州⑥；永明七年，鱼复侯萧子响为荆州都督，不辖益州，都督七州⑦；永明八年，随郡王萧子隆为荆州都督，"代鱼复侯子响为使持节，都督荆雍梁宁南北秦六州、镇西将军、荆州刺史，给鼓吹一部。其年，始兴王鉴罢益州，进号督益州……十一年，晋安王子懋为雍州，子隆复解督"⑧。永明以后，直至永元三年，巴陵王萧昭秀、桂阳王萧昭粲、萧遥欣、萧宝融、鄱阳王萧宝夤等先后都督荆州，均以辖荆、雍、益、宁、梁、南秦、北秦七州为常态而不辖湘州⑨。中兴元年(501)，萧颖胄行荆州刺史，"监八州军事"⑩，似荆州都督区复辖湘州。然此时雍、梁二州从萧衍起兵，荆州亦附从之，故该年萧憺代萧颖胄为荆州都督时，唯都督荆、湘、益、宁、南秦、北秦六州诸军事⑪，而不辖雍、梁二州。

---

① 以上分别据《宋书》卷6《孝武帝纪》大明六年七月，卷80《孝武十四王·临海王顼传》，卷72《文九王·晋平王休祐传》，卷8《明帝纪》泰始三年九月、泰始五年十一月，卷72《文九王·巴陵王休若传》，卷8《明帝纪》泰始七年二月，卷74《沈攸之传》，卷9《后废帝纪》泰豫元年闰七月，卷80《孝武十四王·武陵王赞传》，卷10《顺帝纪》昇明元年十一月；《南齐书》卷22《豫章王嶷传》；《宋书》卷10《顺帝纪》昇明三年正月。
② 《南齐志》下"巴州"条。
③ 《南齐书》卷35《高帝十二王·临川王映传》。
④ 《南齐书》卷35《高帝十二王·鄱阳王锵传》。
⑤ 《南齐书》卷40《武十七王·庐陵王子卿传》。
⑥ 《南齐书》卷40《武十七王·安陆王子敬传》。
⑦ 《南齐书》卷40《武十七王·鱼复侯子响传》。
⑧ 《南齐书》卷40《武十七王·随郡王子隆传》。
⑨ 以上分别据《南齐书》卷50《文二王·巴陵王昭秀传》，卷50《文二王·桂阳王昭粲传》，卷45《宗室·萧遥欣传》，卷8《和帝纪》，卷50《明七王·鄱阳王宝夤传》。
⑩ 《南齐书》卷38《萧赤斧传附萧颖胄传》。
⑪ 《梁书》卷22《太祖五王·始兴王憺传》。

4. 司州都督区

晋末刘裕取河南地,设司州,以荥阳太守毛德祖督司州之河东、平阳、河北及雍州之京兆、豫州之颍川、兖州之陈留九郡军事①。及刘氏建国,即授毛德祖以司州刺史督司、雍、并三州及豫州之颍川、兖州之陈留诸军事,镇于虎牢②。其中雍、并二州恐为遥领。然景平元年(423),魏取宋河南地,虎牢诸地尽失,司州都督区遂废。元嘉七年,宋复取河南诸地,重新置司州都督区,使尹冲以司州刺史督司、雍、并三州及豫州之颍川、兖州之陈留二郡诸军事,仍戍于虎牢③。然同年,河南地复失于魏,司州都督区再罢。

(二) 第二等都督区

1. 徐兖都督区

宋徐兖都督区承晋末北徐州都督区而来,例辖淮北,以徐州刺史兼之,镇彭城。永初元年,刘怀慎即以徐州刺史督北徐、兖、青淮北诸军事④。然永初三年后,徐州都督难考。元嘉七年,竟陵王刘义宣以徐州刺史督徐、兖、青、冀、幽五州诸军事⑤。吉翰于元嘉八年继之,以徐州刺史监徐兖二州及豫州之梁郡诸军事⑥。是宋初徐兖都督区以辖徐、兖二州为常,青、冀、幽诸州时辖时不辖。

自元嘉九年起,徐兖不置都督,原徐兖都督区所辖并入南兖都督区⑦。直至元嘉十八年,臧质方以徐、兖二州刺史都督徐、兖二州诸军事⑧。是徐兖都督区复置,但仍隶属于南兖都督区。至元嘉二十二年,都督南兖、徐、兖、青、冀、幽六州诸军事,南兖州刺史衡阳王刘义季进督豫州之梁郡,迁徐州刺史⑨。是南兖都督区转而并入徐兖都督区。至元嘉二十五年,武陵王刘骏又以徐州刺史都督南兖、徐、兖、青、冀、幽六州及豫州之梁郡诸军事,寻又领兖州刺史。是徐兖都督区尽辖淮南、淮北之地。唯元嘉二十六年后,因"始兴王濬为南兖州,上(武陵王骏)解督南兖"⑩。此后,南兖州自徐兖都督区中分出,徐兖都督

---

① 《宋书》卷95《索虏传》。卷后"校勘记"[二二]:"九郡数之只六郡,疑'九'为'六'字之讹。"
② 《宋书》卷95《索虏传》,《晋书》卷81《毛宝传附毛德祖传》。
③ 《宋书》卷95《索虏传》。
④ 《宋书》卷45《刘怀慎传》。
⑤ 《宋书》卷68《武二王·南郡王义宣传》。
⑥ 《宋书》卷65《吉翰传》。
⑦ 参本节"南兖都督区"条。
⑧ 《宋书》卷74《臧质传》。
⑨ 《宋书》卷61《武三王·衡阳王义季传》:"都督南兖徐青冀幽六州及诸军事。"卷后"校勘记"[三一]以为"徐"下脱"兖"字,今据补。
⑩ 《宋书》卷6《孝武帝纪》。

区复退至淮北。

元嘉二十八年至三十年,萧思话以徐兖二州刺史监徐、兖、青、冀四州及豫州之梁郡诸军事,镇彭城①。元嘉三十年,王玄谟以徐州刺史加都督号,而别使徐遗宝以兖州刺史督兖州诸军事,戍湖陆②。是徐、兖二州一度分置都督。然此后孝建、大明中,兖州都督无考,是徐、兖二州复合为一都督区。孝建元年,垣护之以徐州刺史督徐、兖二州及豫州之梁郡诸军事③。孝建二、三年间,申坦为徐兖二州刺史,不加都督号④。大明元年,沈昙庆以徐州刺史督徐、兖二州及梁郡诸军事⑤。然大明二、三年刘道隆为徐州刺史,不加都督号⑥。大明四年,巴陵王刘休若又以徐州刺史督徐州及豫州梁郡诸军事⑦。大明五年,王玄谟继为徐州刺史,加督⑧。大明八年,湘东王刘彧以徐州刺史督徐、兖二州及豫州之梁郡诸军事⑨。是孝武帝世,徐兖都督区时置时罢,且其所辖伸缩不定,然大体以淮北之徐、兖二州及梁郡为基本辖区。大明八年七月后,义阳王刘昶以徐州刺史督徐、兖、南兖、青、冀、幽六州及豫州之梁郡诸军事⑩。是东方淮水南北诸州复并入徐兖都督区。然次年,徐兖都督区又分,淮南仍隶南兖都督区⑪,而淮北徐、兖州则各置都督。徐州都督区近淮,兖州都督区近河。

2. 徐州都督区

宋徐州本属徐兖都督区,永光、景和之际,徐兖都督区废,徐州乃独立为一都督区。景和元年,薛安都代义阳王刘昶为徐州刺史,督徐州、豫州之梁郡诸军事⑫。泰始二年,张永以徐州刺史督徐、兖、青、冀四州诸军事⑬;是徐州都督区又全辖淮北地,兖州都督区转隶于徐州都督区。然泰始三年后,宋失淮北地于魏,唯青、冀保据淮北郁洲傍海一隅。北徐乃侨置于淮南南兖州之钟离,"泰豫元年,移治东海朐。后废帝元徽元年,分南兖州之钟离、豫州之马头,又

---

① 《宋书》卷78《萧思话传》。
② 《宋书》卷77《沈庆之传》。
③ 《宋书》卷5《垣护之传》。
④ 《宋书》卷65《申恬传附申坦传》。
⑤ 《宋书》卷54《沈昙庆传》。
⑥ 《宋书》卷45《刘怀慎传附刘道隆传》。
⑦ 《宋书》卷72《文九王·巴陵王休若传》。
⑧ 《宋书》卷6《孝武帝纪》大明五年十二月,卷76《王玄谟传》。
⑨ 《宋书》卷7《明帝纪》。
⑩ 《宋书》卷7《前废帝纪》大明八年七月,卷72《文九王·晋熙王昶传》。
⑪ 参本节"南兖都督区"条。
⑫ 《宋书》卷88《薛安都传》。
⑬ 《宋书》卷53《张茂度传附张永传》,卷8《明帝纪》泰始二年六月。

分秦郡之顿丘、梁郡之谷熟、历阳之鄚,立新昌郡,置徐州,还治钟离"①。徐州所处非旧地。泰始中,徐州都督亦常不可考。唯泰始七年王玄载以徐州刺史兼钟离太守,督徐、兖二州诸军事②。

至宋末昇明元年,王广之以徐州刺史、钟离太守督徐州军事③。入齐之后,王广之复以徐州刺史都督淮北军事,"广之引军过淮,无所克获,坐免官"④。是齐初徐州都督区仍不得过淮。自建元四年至永明六年,戴僧静、薛渊、王广之先后为徐州都督,所辖例以本州为限⑤。永明六年至十年,沈景德为徐州刺史,似未加都督号⑥。永明十年,王玄邈复以徐州刺史监徐州军事⑦。然永明十一年后,萧惠休、萧诞继为徐州刺史,似又不加都督号⑧。直至建武二年,裴叔业为徐州刺史,督徐州诸军事⑨。是徐州都督区复置。建武四年后,徐玄庆、王鸿为徐州刺史,似又不加都督号⑩,直至永元二年,张稷方复以北徐州刺史都督北徐州诸军事⑪。

3. 兖州都督区

宋兖州属徐兖都督区,永光、景和之际,徐兖都督区废,兖州乃独立为一都督区。永光元年,薛安都以兖州刺史督兖州诸军事,景和元年殷孝祖又以兖州刺史督兖州诸军事⑫。泰始二年,殷孝祖又以兖州刺史督兖、青、冀、幽四州诸军事⑬。时徐州都督区全辖淮北地,兖州都督区转隶于徐州都督区。泰始三年后,宋失淮北地于魏,唯青、冀保据淮北郁洲傍海一隅。兖州寄治于南兖州之淮阴⑭。泰始中,兖州都督常不可考。唯泰始五年,王玄载"督青、兖二州刺史"⑮。

宋末又有兖州都督区。元徽二年,吕安国以兖州刺史都督青、兖、冀三州

---

① 《宋志》一"徐州刺史"条。
② 《南齐书》卷27《王玄载传》。
③ 《宋书》卷10《明帝纪》昇明元年十二月,《南齐书》卷29《王广之传》。
④ 《南齐书》卷29《王广之传》。
⑤ 以上据《南齐书》卷3《武帝纪》建元四年十二月,卷30《戴僧静传》,卷3《武帝纪》永明四年正月,卷30《薛渊传》,卷3《武帝纪》永明四年九月,卷29《王广之传》。
⑥ 《南齐书》卷3《武帝纪》永明六年六月。
⑦ 《南齐书》卷3《武帝纪》永明十年正月,卷27《王玄载传附王玄邈传》。
⑧ 《南齐书》卷3《武帝纪》永明十一年五月,卷46《萧惠基传附萧惠休传》,卷5《海陵王纪》延兴元年八月,卷42《萧谌传附萧诞传》。
⑨ 《南齐书》卷6《明帝纪》建武二年三月,卷51《裴叔业传》。
⑩ 《南齐书》卷6《明帝纪》建武四年十二月,卷7《东昏侯纪》永元元年十一月。
⑪ 《梁书》卷16《张稷传》。
⑫⑬ 《宋书》卷86《殷孝祖传》。
⑭ 《宋志》一"兖州刺史"条。
⑮ 《南齐书》卷27《王玄载传》。

缘淮前锋诸军事①。昇明二年,垣崇祖继为刺史,仍督兖、青、冀三州诸军事②。萧齐建国,兖州都督区大体仍承宋末之旧。建元元年,周山图以兖州刺史督兖、青、冀三州徐州及东海朐山军事③。然建元四年后,兖州刺史张倪、桓敬似不加都督号④。至永明四年,王玄载以兖州刺史监兖州缘淮诸军事⑤。是兖州都督区复置,然其已不辖淮北青、冀之地。此后,周盘龙于永明六年以兖州刺史都督兖州缘淮诸军事⑥;垣荣祖于永明七年以兖州刺史督缘淮诸军事⑦;然永明十年后,王文和、刘灵哲先后为兖州刺史,似均不加都督号⑧。直至延兴元年(494),萧遥欣以兖州刺史督兖州缘淮诸军事⑨,所辖同于旧制。建武二年后,申希祖、徐玄庆、左兴盛、司马元和等为兖州刺史,又不加都督号⑩,似兖州都督区于齐末罢。

4. 南兖都督区

宋初南兖州寄治江淮区域,无有实土。故永初元年,刘道怜以徐、兖二州刺史都督徐、兖、青三州及扬州之晋陵诸军事⑪。是南徐、南兖二都督区实合而为一。然永初二年,刘粹以广陵太守督江北淮南军事⑫;永初三年,檀道济以南兖州刺史监南徐、兖之江北淮南诸军事。文帝即位后,道济"又增督青州、徐州之淮阳下邳琅邪东莞五郡诸军事"⑬。元嘉三年,长沙王刘义欣为南兖州刺史,不加都督⑭。直至元嘉八年,刘遵考复以南兖州刺史、广陵太守督南徐、兖州之江北淮南诸军事⑮。是宋初虽置南兖都督区,实质仍不出南徐都督区之范围。

元嘉八年,南兖州"割江淮间为境,治广陵"⑯,南兖州始有实土。元嘉九

---

① 《宋书》卷9《后废帝纪》元徽二年九月:"以游击将军吕安国为兖州刺史。"《南齐书》卷29《吕安国传》:"(元徽)三年,出为持节、都督青兖冀三州缘淮前锋诸军事、辅师将军、兖州刺史。"今兼取《宋书》、《南齐书》之记载,而吕安国任职时间以《宋书》为准。
② 《宋书》卷10《顺帝纪》昇明二年四月,《南齐书》卷25《垣崇祖传》。
③ 《南齐书》卷2《高帝纪下》建元元年六月,卷29《周山图传》。
④ 《南齐书》卷3《武帝纪》建元四年四月、永明三年四月。
⑤ 《南齐书》卷3《武帝纪》永明四年二月,卷27《王玄载传》。
⑥ 《南齐书》卷3《武帝纪》永明六年三月,卷29《周盘龙传》。
⑦ 《南齐书》卷3《武帝纪》永明七年十二月,卷28《垣荣祖传》。
⑧ 《南齐书》卷3《武帝纪》永明十年正月、永明十一年四月。
⑨ 《南齐书》卷4《郁林王纪》隆昌元年七月,卷45《宗室·始安王道生传附萧遥欣传》。
⑩ 《南齐书》卷6《明帝纪》建武二年八月、建武三年九月、建武四年十二月、永泰元年五月。
⑪ 详见本节上文"南徐都督区"条。
⑫ 《宋书》卷45《刘粹传》。
⑬ 《宋书》卷43《檀道济传》。卷后"校勘记"[九]引《廿二史考异》云:"文云五郡而实四郡,当有脱误。"
⑭ 《宋书》卷5《文帝纪》元嘉三年五月,卷51《宗室·长沙王道怜传附刘义欣传》。
⑮ 《宋书》卷5《文帝纪》元嘉八年二月,卷51《宗室·刘遵考传》。
⑯ 《宋志》一"南兖州刺史"条。

年,江夏王刘义恭以南兖州刺史督南兖、徐、兖、青、冀、幽六州及豫州之梁郡诸军事①。是徐州都督区所辖并入南兖都督区。南兖都督区乃尽辖近海之淮南、淮北地。后临川王刘义庆于元嘉十七年以南兖州刺史都督南兖、徐、兖、青、冀、幽六州诸军事②;广陵王刘诞于元嘉二十一年以南兖州刺史监南兖州诸军事③。是年,衡阳王刘义季又以南兖州刺史都督南兖、徐、兖、青、冀、幽六州诸军事④。然元嘉二十二年,衡阳王刘义季加督豫州之梁郡,并改迁为徐州刺史⑤。是南兖都督区转变成徐州都督区。而南兖都督则不可考。

及元嘉二十六年,始兴王刘濬以南徐、南兖二州刺史都督南徐、南兖二州诸军事⑥。然元嘉二十八年始兴王刘濬解南兖州刺史而都督如故⑦。是南兖州隶于南徐州都督区。是年,都督扬、南徐二州诸军事江夏王刘义恭"以本官领南兖州刺史,增督南兖、豫、徐、兖、青、冀、司、雍、秦、幽、并十一州诸军事,并前十三州,移镇盱眙"⑧。是南兖都督区复置,自广陵移镇盱眙,且辖区大为扩展。然此为特例,翌年即罢。

至元嘉三十年,沈庆之以南兖州刺史镇盱眙,督南兖、豫、徐、兖四州诸军事,次年,沈庆之又进督青、冀、幽三州⑨。是淮北之徐兖及青冀二都督区皆为南兖都督区所辖。孝建三年,西阳王刘子尚、建安王刘休仁皆以南兖州刺史都督南兖、徐二州诸军事⑩。至大明元年,竟陵王刘诞复以南兖州刺史都督南兖、徐、兖、青、冀、幽六州诸军事⑪。是大明初之南兖都督区约略当于元嘉孝建之际之格局。然大明三年,沈庆之以南兖州刺史都督南兖、徐、兖三州诸军事⑫。

---

① 《宋书》卷5《文帝纪》元嘉九年六月,卷61《武三王·江夏王义恭传》。
② 《宋书》卷5《文帝纪》元嘉十七年十月,卷51《宗室·临川王义庆传》。
③ 《宋书》卷5《文帝纪》元嘉二十一年二月,卷79《文五王·竟陵王诞传》。
④ 《宋书》卷5《文帝纪》元嘉二十一年八月,卷61《武三王·衡阳王义季传》:"都督南兖徐青冀幽六州诸军事。"卷后"校勘记"[三一]以为脱"兖"字,今据补。
⑤ 《宋书》卷5《文帝纪》元嘉二十二年七月,卷61《武三王·衡阳王义季传》。
⑥ 详见本节上文"南徐都督区"条。
⑦ 《宋书》卷99《二凶·始兴王濬传》。
⑧ 《宋书》卷61《武三王·江夏王义恭传》。
⑨ 《宋书》卷6《孝武帝纪》元嘉三十年闰六月,卷77《沈庆之传》。
⑩ 《宋书》卷80《孝武十四王·豫章王子尚传》:"都督南兖兖二州诸军事、北中郎将、南兖州刺史。"卷后"校勘记"[三]引张森楷《校勘记》云:"子尚为南兖州刺史,则当云都督南兖徐二州诸军事。"严耕望《中国地方行政制度史·魏晋南北朝地方行政制度》亦作如是说(第52页)。今据改。《宋书》卷72《文九王·始安王休仁传》。
⑪ 《宋书》卷79《文五王·竟陵王诞传》:"都督南兖南徐兖青冀幽六州诸军事、南兖州刺史。"严耕望《中国地方行政制度史·魏晋南北朝地方行政制度》以为此处"南徐"当作"徐"(第53页)。按严说是,今据改。
⑫ 《宋书》卷77《沈庆之传》,卷6《孝武帝纪》大明三年四月。

大明四年至七年,晋安王刘子勋继之,都督南兖州及徐州之东海诸军事①。是南兖都督区所辖之淮北区域日狭。及大明七年以后,南兖州乃不置都督,淮南江北之地均并入徐兖都督区②。直至泰始二年,桂阳王刘休范以南兖州刺史进据广陵,督北讨诸军事③。同年,张永复以南兖州刺史都督南兖、徐二州诸军事④。然此时淮北陷魏,张永未必真能辖有其地。及泰始四年,萧道成以南兖州刺史督南兖、徐二州诸军事,次年进督兖、青、冀三州⑤。其中徐、兖均寄治南兖,青、冀保据淮北近海一带。泰始七年后,沈怀明为南兖州刺史,似未曾加都督号⑥。至元徽二年,张永"都督南兖徐青冀益五州诸军事、征北将军、南兖州刺史"⑦。同年,萧道成继为刺史,都督南兖、徐、兖、青、冀五州军事⑧。然元徽五年,萧道成"进督南徐州刺史……又进督豫、司二州"⑨,此为特例。昇明元年,李安民以南兖州刺史督北讨诸军事⑩,昇明二年以后,黄回、萧映先后为南兖都督,所辖均为南兖、兖、徐、青、冀五州⑪。是宋末南兖都督区逐步定型。

萧齐南兖都督区全承宋末形势。自建元元年起,王敬则、陈显达、柳世隆、竟陵王萧子良、吕安国、安陆王萧子敬、晋安王萧子懋、西阳王萧子明、南海王萧子罕、王玄邈、庐陵王萧宝源、萧颖胄、陆慧晓等先后以南兖州刺史为南兖都督,所理均为南兖、兖、徐、青、冀五州诸军事⑫。唯齐末永元二年,张稷"都督南兖州诸军事、南兖州刺史。俄进督北徐、徐、兖、青、冀五州诸军事"⑬。中兴二年(502),萧景又督南兖州诸军事⑭。略不同于常例。

---

① 《宋书》卷6《孝武帝纪》大明四年八月,卷80《孝武十四王·晋安王子勋传》。
② 参本节上文"徐兖都督区"条。
③ 《宋书》卷79《文五王·桂阳王休范传》。
④ 《宋书》卷8《明帝纪》泰始二年七月,卷53《张茂度传附张永传》。
⑤ 《宋书》卷8《明帝纪》泰始四年五月,《南齐书》卷1《高帝纪上》。
⑥ 《宋书》卷8《明帝纪》泰始七年七月,卷77《沈庆之传附沈怀明传》。
⑦ 《宋书》卷53《张茂度传附张永传》。卷后"校勘记"[九]以为"'益'字为衍文,'徐'字下当有'兖'字"。严耕望《中国地方行政制度史·魏晋南北朝地方行政制度》以为"益"或作"并"(第53页)。
⑧ 《宋书》卷9《后废帝纪》元徽二年六月,《南齐书》卷1《高帝纪上》。
⑨ 《南齐书》卷1《高帝纪》。
⑩ 《宋书》卷10《顺帝纪》昇明元年七月,《南齐书》卷27《李安民传》。
⑪ 分据《宋书》卷10《顺帝纪》昇明二年二月,卷83《黄回传》,卷10《顺帝纪》昇明二年四月;《南齐书》卷35《高帝十二王·临川王映传》。
⑫ 分据《南齐书》卷26《王敬则传》、《陈显达传》,卷24《柳世隆传》,卷40《武十七王·竟陵王子良传》,卷29《吕安国传》,卷40《武十七王·安陆王子敬传》,卷40《武十七王·晋安王子懋传》,卷《武十七王·西阳王子明传》、《武十七王·南海王子罕传》、《武十七王·安陆王子敬传》,卷27《王玄载传附王玄邈传》,卷50《明七王·庐陵王宝源传》,卷38《萧赤斧传附萧颖胄传》,卷46《陆慧晓传》。
⑬ 《梁书》卷16《张稷传》。并参《南齐书》卷7《东昏侯纪》永元二年十一月。
⑭ 《梁书》卷24《萧景传》。

5. 雍州都督区

宋初雍州承晋，诸郡县侨置于沔汉一带，无实土，治于襄阳①。雍州都督区所辖大约是汉水流域及荆州北部地区。故元嘉二十六年前，褚叔度、刘粹、刘遵考、刘道产、萧思话、武陵王刘骏先后为雍州都督时，所辖大致以雍、梁、南秦、北秦四州及荆州之南阳、竟陵、顺阳、襄阳、新野、随六郡为常态②。及元嘉二十六年，宋割雍州都督区所辖之襄阳、新野、南阳、顺阳四郡为雍州③，雍州始有实土。于是元嘉二十六年后，广陵王刘诞、柳元景、武昌王刘浑先后为雍州都督时，所辖大致为雍、梁、南秦、北秦四州及荆州之竟陵、随二郡④。唯有元嘉二十八年至三十年臧质为雍州都督时，只监雍、梁、南秦、北秦四州诸军事，而不及竟陵、随二郡⑤。及孝建元年后，竟陵、随二郡转属郢州⑥，刘延孙、海陵王刘休茂、永嘉王刘子仁、刘秀之、晋安王刘子勋先后为雍州都督⑦，雍州都督区所辖乃更为雍、梁、南秦、北秦四州及郢州之竟陵、随二郡，实与孝建以前无甚差别。及永光元年至泰始五年，随由郢州转属雍州⑧，故湘东王刘彧、袁顗、沈攸之、巴陵王刘休若在永光至泰始初为雍州都督时乃辖雍、梁、南秦、北秦四州及郢州之竟陵⑨。至泰始五年随复还郢州⑩，故张兴世于泰豫元年（472）为雍州都督时，督雍、梁、南秦、北秦四州及郢州之竟陵、随二郡诸军事⑪，雍州都督区所辖名号复与孝建至永光时相同。然元徽四年后，随复改属

---

① 《宋志》三"雍州刺史"条。
② 《宋书》卷52《褚叔度传》，卷45《刘粹传》，卷51《宗室·刘遵考传》，卷65《刘道产传》，卷78《萧思话传》，卷6《孝武帝纪》。其中唯有元嘉八年至十九年刘道产为雍州都督时，唯督雍、梁、南秦三州及荆州六郡，不辖北秦。
③ 《宋志》三"雍州刺史"条："割荆州之襄阳、南阳、新野、顺阳、随五郡为雍州。"其中随郡未尝于此年划为雍州。《宋志》二"司州刺史"条载，随国，本属荆州，"孝武孝建元年度属郢，前废帝永光元年度属雍，明帝泰始五年还属郢，改为随阳，后废帝元徽四年，度属司州"。是随郡唯永光元年至泰始五年属雍州，其余时候均不属雍州。又《宋志》三"荆州刺史"条："分南阳、顺阳、襄阳、新野、竟陵为雍州。"而"郢州刺史"条则明载孝建元年分荆州之竟陵、随ী郡为郢州，是孝建后竟陵亦不属雍州。
④ 《宋书》卷79《文五王·竟陵王诞传》，卷77《柳元景传》，卷79《文五王·武昌王浑传》。
⑤ 《宋书》卷74《臧质传》。
⑥ 《宋志》三"郢州刺史"条。
⑦ 《宋书》卷78《刘延孙传》，卷79《文五王·海陵王休茂传》，卷80《孝武十四王·永嘉王子仁传》，卷81《刘秀之传》，卷80《孝武十四王·晋安王子勋传》。
⑧⑩ 《宋志》二"司州刺史随阳太守"条。
⑨ 《宋书》卷8《明帝纪》，卷74《沈攸之传》。《宋书》卷84《袁顗传》："即以顗为使持节、督雍梁南北秦四州郢州之竟陵随二郡诸军事，领宁蛮校尉、雍州刺史。"严耕望《中国地方行政制度史·魏晋南北朝地方行政制度》以"随二"为衍文（第66页）。按严说是。另《宋书》卷72《文九王·巴陵王休若传》：泰始"二年，迁雍梁南北秦四州郢州之竟陵随二郡诸军事、宁蛮校尉、雍州刺史"。此处亦衍"随二"二字。
⑪ 《宋书》卷50《张兴世传》。

司州①，雍州都督又解督南秦、北秦，故宋末张敬儿、萧长懋为雍州都督，所辖为雍、梁二州及郢州之竟陵、司州之随郡而不及南秦、北秦二州②。是直至宋末，雍州都督区所辖才有稍大变动。

齐初雍州都督区承宋末之势，萧长懋仍为雍州都督，都督雍、梁二州及郢州之竟陵、司州之随郡。然自建元二年萧赤斧为雍州都督起，鄱阳王萧锵、张瓌、陈显达、安陆王萧缅、王奂、晋安王萧子懋、萧衍、萧伟等先后为雍州都督，所辖复以雍、梁、南秦、北秦四州及郢州之竟陵、司州之随郡为常态③。其区域大小与宋元徽以前全同，唯有隆昌元年（494）至永泰元年曹虎为雍州都督时，只辖"雍州郢州之竟陵司州之随郡"④，不及梁、南秦、北秦诸州，然此为一时例外，非为常制。

6. 郢州都督区

宋初无郢州，"孝建元年，分荆州之江夏、竟陵、随、武陵、天门，湘州之巴陵，江州之武昌，豫州之西阳，又以南郡之州陵、监利二县度属巴陵，立郢州。天门后还荆"⑤。郢州设立之初，即设郢州都督区。孝建元年，宋廷以萧思话"都督郢湘二州诸军事、镇西将军、郢州刺史……镇夏口"⑥。是郢州都督区设立之初所辖为郢、湘二州。然孝建二年，刘秀之为郢州都督，仅以郢州刺史都督郢州诸军事⑦。大明四年，安陆王刘子绥又"为都督郢州诸军事、冠军将军、郢州刺史"⑧。泰始五年，沈攸之"出为持节、监郢州诸军、郢州刺史"⑨。是此时郢州都督区仍只辖一州。然是年，郢州属郡西阳度属豫州⑩，故自泰始六年起，沈攸之以郢州都督"进监豫州之西阳、司州之义阳二郡军事"⑪。是郢州都督区所辖北扩至司州。此后，刘秉、晋熙王刘燮先后为郢州都督，所辖均为郢州、豫州之西阳、司州之义阳⑫。然西阳郡后又还属郢州⑬，故自昇明元年起，

---

① 《宋志》二"司州刺史随阳太守"条。
② 《南齐书》卷25《张敬儿传》，卷21《文惠太子传》。
③ 《南齐书》卷38《萧赤斧传》，卷35《高帝十二王·鄱阳王锵传》，卷24《张瓌传》，卷26《陈显达传》，卷45《宗室·安陆王缅传》，卷49《王奂传》，卷40《武十七王·晋安王子懋传》，《梁书》卷1《武帝纪上》，卷22《太祖五王·南平王伟传》。
④ 《南齐书》卷30《曹虎传》。
⑤ 《宋志》三"郢州刺史"条。
⑥ 《宋书》卷78《萧思话传》。
⑦ 《宋书》卷81《刘秀之传》。
⑧ 《宋书》卷61《武三王·江夏王义恭传》。
⑨⑪ 《宋书》卷74《沈攸之传》。
⑩⑬ 《宋志》三"郢州刺史西阳太守"条。
⑫ 《宋书》卷51《宗室·刘秉传》，卷72《文九王·晋熙王昶传附燮传》。

随阳王刘翙、武陵王刘赞为郢州都督时,所督均为郢州、司州之义阳诸军事①,盖西阳郡已含在郢州之内,黄回、李安民等继为都督②,辖区仍无变化,直至宋末。

齐初郢州都督区全承宋末形势,西昌侯刘鸾、庐陵王刘子卿、安陆王刘缅、沈文季先后为郢州都督,所辖仍为郢州、司州之义阳③。然自永明七年,建安王刘子真以郢州刺史都督郢、司二州军事起,其继任为郢州都督者,如晋熙王刘銶、萧遥昌、江夏王刘宝玄、鄱阳王刘宝夤、张冲、程茂、曹景宗诸人,皆以辖郢、司二州为常态④。严耕望以为:"盖义阳一郡为司州重地,且即为司州刺史治所,郢州都督既统义阳,即无异兼统全司州也。是名异而实亦同。"⑤

7. 益州都督区

宋益州都督区大体仍承东晋形势。元嘉初年,张茂度、吉翰等先后以益州刺史督益、宁二州及梁州之巴西、梓潼、宕渠、南汉中,秦州之安固、怀宁六郡诸军事⑥。是宋初益州都督区仍同于晋末义熙之规制。然据《宋志》三"梁州刺史"、"秦州刺史"条及《宋志》四"益州刺史"条,梁州之巴西、梓潼、宕渠、南汉中,秦州之安固、怀宁六郡均于元嘉十六年度属益州。故此后陆徽、刘秀之、萧惠开、张岱、王玄载等先后为益州都督,所辖以益、宁二州为常态⑦,实质与元嘉十六年以前无甚差别。

齐益州都督区全承宋,一无变更。如傅琰、陈显达、始兴王刘鉴、刘俊、萧业等先后以益州刺史或都督,或监,或督益、宁二州诸军事⑧,终齐世未变。

8. 豫南豫都督区

宋初豫州承晋末形势,有淮北、河南地。彭城王刘义康以豫、司二州刺史

---

① 《宋书》卷90《明四王·随阳王翙传》,卷80《孝武十四王·武陵王赞传》。
② 《宋书》卷83《黄回传》,《南齐书》卷27《李安民传》。
③ 《南齐书》卷6《明帝纪》,卷40《武十七王·庐陵王子卿传》,卷45《宗室·安陆王缅传》,卷44《沈文季传》。
④ 《南齐书》卷40《武十七王·建安王子真传》,卷35《高帝十二王·晋熙王銶传》,卷45《宗室·萧遥昌传》,卷50《明七王·江夏王宝玄传》,卷50《明七王·鄱阳王宝夤传》,卷49《张冲传》;《梁书》卷9《曹景宗传》。
⑤ 严耕望:《中国地方行政制度史·魏晋南北朝地方行政制度》,第71页。
⑥ 《宋书》卷53《张茂度传》,卷65《吉翰传》。
⑦ 《宋书》卷92《良吏·陆徽传》,卷81《刘秀之传》,卷87《萧惠开传》;《南齐书》卷32《张岱传》,卷27《王玄载传》。
⑧ 《南齐书》卷53《良政·傅琰传》,卷26《陈显达传》,卷35《高帝十二王·始兴王鉴传》,卷37《刘俊传》;《梁书》卷23《长沙王业传》。

督豫、司、雍、并四州及徐州之钟离、荆州之义阳诸军事①。

至永初三年,分淮东为南豫州,治历阳;淮西为豫州,治睢阳②。是豫州以淮为界,析而为二。南豫、豫二州各立都督区。是年,彭城王刘义康以南豫州刺史监南豫、豫、司、雍、并五州诸军事③。同年,庐陵王刘义真以南豫州刺史都督南豫、豫、司、雍、秦、并六州诸军事④。此后,直至元嘉六年,江夏王刘义恭、到彦之先后为南豫州都督,所辖均为此淮汉流域之六州⑤。而两豫分立之后,刘粹于永初三年至元嘉二年以豫州刺史督豫、司、雍、并四州及南豫州之梁郡、弋阳、马头三郡诸军事⑥。由此可见豫州都督区较之南豫州都督区大致相同而略小。

元嘉七年,二豫合而为一,仍称豫州⑦,唯置一都督。长沙王刘义欣于是年以豫州刺史监豫、司、雍、并四州诸军事,镇于寿阳。此都督区直至元嘉十六年未尝变⑧,略同于永初三年时刘义康在任时之南豫州都督区。

元嘉十六年,宋复分豫州为二⑨。始兴王刘濬、武陵王刘骏先后为南豫州都督,所辖为南豫、豫、司、雍、并五州。元嘉二十一年,武陵王刘骏为都督时,复加督秦州⑩。南平王刘铄继之,以南豫州刺史都督南豫、豫、司、雍、秦、并六州诸军事⑪。而刘遵考自元嘉十六年至二十一年为豫州都督,所辖为豫、司、雍、并四州及南豫州之梁郡、弋阳、马头及荆州之义阳四郡诸军事⑫。

元嘉二十二年,二豫又合⑬,南平王刘铄乃以豫州刺史都督豫、司、雍、秦、并五州诸军事,镇于寿阳⑭。此盖承前此之南豫州都督区而来。此后,元嘉三十年至孝建元年鲁爽为豫州都督,孝建三年至大明三年宗悫为豫州都督,所辖皆以此五州为常态⑮。

大明三年,二豫再分,然泰始前南豫州似不置都督。又大明五年,割扬州之淮南、宣城属南豫州,徙治姑孰⑯。直至永光元年,湘东王刘彧方以南豫州

---

① 《宋书》卷68《武二王·彭城王义康传》。
②⑦⑨⑬⑯ 《宋志》二"南豫州刺史"条。
③ 《宋书》卷68《武二王·彭城王义康传》系于永初二年,今据《宋志》二"南豫州刺史"条改。
④ 《宋书》卷61《武三王·庐陵王义真传》。
⑤ 《宋书》卷61《武二王·江夏王义恭传》、《南史》卷25《到彦之传》。
⑥ 《宋书》卷45《刘粹传》。
⑧ 《宋书》卷51《宗室·长沙王道怜传附义欣传》。
⑩ 《宋书》卷99《二凶·始兴王濬传》,卷6《孝武帝纪》。
⑪⑭ 《宋书》卷72《文九王·南平王铄传》。
⑫ 《宋书》卷51《宗室·刘遵考传》。
⑮ 《宋书》卷74《鲁爽传》,卷76《宗悫传》。

刺史督南豫、豫、司、江四州及扬州之宣城诸军事①。然同年，刘遵考继为南豫州都督，仅都督本州诸军事②。泰始二年正月，山阳王刘休祐又以南豫州刺史都督江、南豫、司三州诸军事③。至于豫州都督区，垣护之于大明四年以豫州刺史督豫、司二州诸军事④。及泰始元年，殷琰乃以豫州刺史督豫、司二州及南豫州之梁郡诸军事⑤。是大明以后，豫、南豫都督区已不辖沔汉流域之雍、秦二州，唯辖有淮水中上游地区。

泰始二年，以豫州刺史殷琰反，二豫又合，淮南、宣城还属扬州⑥，两都督区亦合而为一，乃由原南豫州都督山阳王刘休祐任豫州刺史，都督豫、江、司三州诸军事⑦。是年九月，豫州再分为二，重置南豫州于历阳⑧。王玄谟以南豫州刺史为都督，唯辖本州⑨；而张兴世则以豫州刺史督豫、司二州及南豫州之梁郡诸军事⑩。

泰始三年，豫州淮西地没于魏，五月，乃"罢南豫州并豫州"⑪，治寿春。是此时豫州唯有淮南之地，约当泰始前之南豫州。泰始三年至五年，刘勔以豫州刺史督豫、司二州诸军事⑫。

泰始七年，"复分(豫州之)历阳、淮阴、南谯、南兖州之临江立南豫州"⑬。王玄载即于泰始末及泰豫中以南豫州刺史都督二豫⑭，然自元徽以后，宋世南豫州似常不置都督，唯有元徽四年，阮佃夫以南豫州刺史督本州诸军事⑮；昇明元年，邵陵王刘友以南豫州刺史都督南豫、豫、司三州诸军事⑯。与此同时，豫州泰始七年至元徽二年似无都督。元徽三年，刘怀珍始以豫州刺史督豫、司二州及郢州之西阳诸军事，昇明二年，刘怀珍复增督南豫、北徐二州⑰。然是年，萧晃继为豫州都督，唯监豫、司二州及郢州之西阳诸军事⑱。

----

① 《宋书》卷8《明帝纪》。
② 《宋书》卷51《宗室·刘遵考传》。
③ 《宋书》卷72《文九王·晋平王休祐传》。
④ 《宋书》卷50《垣护之传》。
⑤ 《宋书》卷87《殷琰传》。
⑥⑧⑬ 《宋志》二"南豫州刺史"条。
⑦ 《宋书》卷72《文九王·晋平王休祐传》。
⑨ 《宋书》卷76《王玄谟传》。
⑩ 《宋书》卷50《张兴世传》。
⑪ 《宋书》卷8《明帝纪》泰始三年五月。
⑫ 《宋书》卷50《刘勔传》。
⑭ 《南齐书》卷27《王玄载传》。
⑮ 《宋书》卷94《恩倖·阮佃夫传》。
⑯ 《宋书》卷90《明四王·邵陵王友传》。
⑰ 《南齐书》卷27《刘怀珍传》。
⑱ 《南齐书》卷35《高帝十二王·长沙王晃传》。

齐世豫、南豫都督区大体承宋。豫、南豫多分少合。无论分置都督或合置一都督，大致均在两豫、司州之境内。建元元年，柳世隆即以南豫州刺史都督南豫、司二州诸军事①；垣崇祖以豫州刺史监豫、司二州诸军事②。此盖承宋末二豫分立之态势，唯各都督区所辖略有变化。建元二年，齐省南豫，并入豫州③，二都督区亦合而为一。垣崇祖仍以豫州刺史监豫、司二州诸军事④。这实质上是建元元年豫、南豫二都督区的加和。

　　永明二年，"割扬州宣城、淮南，豫州历阳、谯、庐江、临江六郡，复置南豫州"⑤。豫、南豫二州乃各置都督区。永明三年，晋安王萧子懋以南豫州刺史都督南豫、豫、司三州，旋因"鱼复侯子响为豫州，子懋解督"⑥。此后除永明十年至十一年间萧昭文一度以南豫州刺史仅都督本州诸军事外⑦，其他为南豫州都督者，如建安王萧子真、巴陵王萧子伦、庐陵王萧子卿、宜都王萧铿等，皆以辖南豫、司二州为常态⑧，永明以后，南豫州都督则不可考。而自两豫分立之后，永明三年，鱼复侯萧子响以豫州刺史都督豫州及郢州之西阳、司州之汝南二郡军事，次年，复进督"南豫州之历阳、淮南、颍川、汝阳四郡"⑨。自永明五年起，萧鸾、王敬则、崔慧景、王广之、萧遥昌先后以豫州刺史为都督，所辖均为豫州及郢州之西阳、司州之汝南⑩。建武四年起，裴叔业、萧懿先后为豫州都督，则仅督本州⑪。建武以后，豫州唯见刺史，都督则不可考。

　　9. 江州都督区

　　宋初江州都督区全承晋末格局，王弘以江州刺史监江州及豫州之西阳、新

---

① 《南齐书》卷24《柳世隆传》。
② 《南齐书》卷25《垣崇祖传》。
③ 《南齐志》上"南豫州刺史"条。
④ 《南齐书》卷25《垣崇祖传》。
⑤ 《南齐志》上"南豫州"条。
⑥ 《南齐书》卷40《武十七王·晋安王子懋传》。
⑦ 《南齐书》卷5《海陵王纪》。
⑧ 《南齐书》卷40《武十七王·建安王子真传》、《武十七王·巴陵王子伦传》，卷35《高帝十二王·宜都王铿传》。其中，永明十一年，庐陵王萧子卿为南豫州都督，《南齐书》卷40《武十七王·庐陵王子卿传》："俄迁使持节、都督南豫豫司三州军事。"上引文中，后一"豫"字为点校者所增补，卷后"校勘记"[二九]曰："按南豫州刺史例兼督南豫、豫、司三州军事，明此脱一'豫'字，今补。"此说恐不确，萧查南豫州刺史以督南豫、司二州为常，故似"豫"字不当补，"三州"当改为"二州"。
⑨ 《南齐书》卷40《武十七王·鱼复侯子响传》。卷后"校勘记"[三一]引钱大昕《廿二史考异》曰："《州郡志》颍川、汝阳二郡皆属豫州，不属南豫。"
⑩ 《南齐书》卷6《明帝纪》，卷26《王敬则传》，卷51《崔慧景传》，卷29《王广之传》，卷45《宗室·萧遥昌传》。
⑪ 《南齐书》卷51《裴叔业传》，《梁书》卷23《萧懿传》。

蔡二郡①。元嘉三年至十三年，檀道济为江州刺史，乃都督江州与荆州之江夏及豫州之西阳、新蔡、晋熙四郡诸军事②。是江州都督区西部较前略有扩大。然元嘉十三年后，南郡王刘义宣、临川王刘义庆为江州都督时，江州都督区以辖江州与豫州之西阳、晋熙、新蔡三郡为常态③。直至元嘉十七年，彭城王刘义康以江州刺史督江州诸军事，次年，因刘义康辞州而增督广、交二州及湘州之始兴诸军事④。然此究非常制。元嘉二十二年，庐陵王刘绍复以江州刺史进督江州及豫州之西阳、晋熙、新蔡三郡诸军事⑤，同于元嘉十三年后之建置。

至元嘉二十六年，因"上欲大举北讨，以襄阳外接关、河，欲广其资力，乃罢江州军府，文武悉配雍州"⑥，故是年，建平王刘宏为江州刺史不加督⑦。及元嘉二十八年武陵王刘骏以江州刺史督江州与荆州之江夏及豫州之西阳、晋熙、新蔡四郡诸军事⑧，是江州都督区旋又复置。此后，元嘉三十年，臧质督江州诸军事⑨。孝建元年至大明二年，萧思话复督江州及豫州之西阳、晋熙、新蔡三郡诸军事⑩。然西阳郡于孝建元年即自豫州度属郢州⑪，故大明二年至三年，晋熙王刘昶以江州刺史都督江州与郢州之西阳及豫州之新蔡、晋熙三郡诸军事⑫。大明三年，桂阳王刘休范为江州刺史，无都督号⑬，疑此时江州都督区复罢。大明七年，晋安王刘子勋复以江州刺史督江州及南豫州之晋熙、新蔡、郢州之西阳三郡⑭。泰始元年，山阳王刘休祐以江州刺史"都督江郢雍湘五州"⑮，颇不同于常制。泰始二年，王景文又以江州刺史督江州及郢州之西阳、豫州之新蔡、晋熙三郡诸军事⑯。泰始三年，桂阳王刘休范以江州刺史都督江、郢、司、广、交五州及豫州之西阳、新蔡、晋熙与湘州之始兴四郡诸军事，

---

① 《宋书》卷42《王弘传》。
② 《宋书》卷43《檀道济传》。
③ 《宋书》卷68《武二王·南郡王义宣传》，卷51《宗室·临川王义庆传》。
④ 《宋书》卷68《武二王·彭城王义康传》。
⑤ 《宋书》卷61《武三王·庐陵王义真传附绍传》。
⑥ 《宋书》卷79《文五王·竟陵王诞传》。
⑦ 《宋书》卷72《文九王·建平王宏传》。
⑧ 《宋书》卷6《孝武帝纪》。
⑨ 《宋书》卷74《臧质传》。
⑩ 《宋书》卷78《萧思话传》。
⑪ 《宋志》三"郢州刺史西阳太守"条。
⑫ 《宋书》卷6《孝武帝纪》大明二年十月，卷72《文九王·晋熙王昶传》。
⑬ 《宋书》卷79《文五王·桂阳王休范传》。
⑭ 《宋书》卷80《孝武十四王·晋安王子勋传》。
⑮ 《宋书》卷72《文九王·晋平王休祐传》。"校勘记"[二二]以为"五州止四州，夺去一州，或'五'是'四'之误。"
⑯ 《宋书》卷85《王景文传》。

次年复进督越州①，此又为特例。至元徽二年，邵陵王刘友以江州刺史督江州及豫州之西阳、新蔡、晋熙三郡诸军事②。江州都督区乃复为常态。然昇明二年后，萧赜、萧嶷、王延之先后以江州刺史都督江州及豫州之新蔡、晋熙二郡诸军事③。较之于前，少西阳郡，是宋末江州都督区较前为小。

齐初江州都督区全承宋末，王延之以江州刺史都督江州及豫州新蔡、晋熙二郡诸军事④。及建元四年，安成王萧暠乃以江州刺史督江州、豫州之晋熙诸军事⑤。至永明二年，萧齐又"省江州军府"⑥，故诸刺史皆不加都督号。至永明九年、十年间，复以江州刺史鄱阳王萧锵督江州诸军事，"先是（永明）二年省江州府，至是乃复"⑦。此后，陈显达、晋安王萧子懋、王广之、鄱阳王萧宝夤、邵陵王萧宝攸为江州都督时，唯辖本州⑧，江州都督区自东晋以来大体逐渐缩小，至此不再统辖零郡矣。

10. 广州都督区

宋初广州都督区全承晋末义熙间之格局，例辖广、交二州，以广州刺史兼都督。张茂度、刘湛在永初、景平中均以广州刺史督广、交二州诸军事⑨。然自元嘉始，广州刺史时加督、时不加督，即加有都督号者，亦常不到任。元嘉十五年前，除徐豁于元嘉五年以广州刺史督广、交二州诸军事而未拜外⑩，其余广州刺史似均不加督。元嘉十五年至二十年，陆徽又以广州刺史为广州都督，仍辖广、交二州⑪；元嘉二十八年，随王刘诞督广、交二州诸军事，未行⑫；元嘉二十九年，庐江王刘祎以广州刺史都督广、交二州及荆州之始兴、临贺、始安三郡诸军事⑬；孝建三年（456）王琨督交、广二州军事⑭；大明五年至八年，临海王刘子顼、始安王刘子真复以广州刺史为都督，辖广、交二州及湘州之始兴、始

---

① 《宋书》卷79《文五王·桂阳王休范传》。
② 《宋书》卷90《明四王·邵陵王友传》。
③ 《南齐书》卷3《武帝纪》，卷22《豫章王嶷传》，卷32《王延之传》。
④ 《南齐书》卷32《王延之传》。
⑤ 《南齐书》卷35《高帝十二王·安成王暠传》。
⑥ 《南齐书》卷49《王奂传》。
⑦ 《南齐书》卷35《高帝十二王·鄱阳王锵传》。
⑧ 《南齐书》卷26《陈显达传》，卷40《武十七王·晋安王子懋传》，卷29《王广之传》，卷50《明七王·鄱阳王宝夤传》、《明七王·邵陵王宝攸传》。
⑨ 《宋书》卷53《张茂度传》，卷69《刘湛传》。
⑩ 《宋书》卷92《良吏·徐豁传》。
⑪ 《宋书》卷92《良吏·陆徽传》。
⑫ 《宋书》卷79《文五王·竟陵王诞传》。
⑬ 《宋书》卷79《文五王·庐江王祎传》。
⑭ 《南齐书》卷32《王琨传》。

安、临贺三郡诸军事,然二人均未到任①。按始兴、始安、临贺三郡原均属荆州,元嘉二十九年改属广州,三十年又度属湘州②,是大明时之广州都督区与元嘉末年实无大变更。此后,泰始二年,宋廷使刘勔督广、交二州诸军事,未拜③;元徽二年,陈显达又以广州刺史督广、交、越三州及湘州之广兴军事④。其中越州乃泰始七年分交、广而立⑤,广兴即始兴⑥。盖广兴、始兴、临安、临贺虽屡有改属,或属荆州,或属广州,或属湘州,然地在岭南,故常隶于广州都督区。

齐广州都督仅一见,延兴元年(494)以王思远为广州刺史都督广、交、越三州诸军事,然未到任而罢⑦,其余广州都督则不可考。

(三) 第三等都督区

1. 青冀都督区(附:青州都督区、冀州都督区)

宋初似无冀州,唯有青州立于淮北,治东阳⑧,时置都督。元嘉三年至八年,萧思话以青州刺史督青州、徐州之东莞诸军事⑨。元嘉九年,分青州立冀州,治历城,割土置郡县⑩。是青、冀二州并置于原青州境内。然二州似均不置都督。元嘉十七年,杜骥以青、冀二州刺史督青、冀二州及徐州之东莞、东安二郡军事⑪。是此时青、冀合置一都督区,其所辖略同于前此之青州都督区。元嘉二十一年至二十二年,申恬继杜骥为冀州刺史,督冀州及青州之济南、乐安、太原三郡诸军事⑫。而同时期之青州都督则不可考。元嘉二十七年至二十八年,萧斌以青、冀二州刺史督青、冀、幽三州及徐州之东安、东莞二郡诸军事⑬。是青、冀二州又合置一都督。

元嘉二十九年,张永以冀州刺史督冀州及青州之济南、乐安、太原三郡诸

---

① 《宋书》卷80《孝武十四王·临海王子顼传》、《孝武十四王·始安王子真传》。
② 《宋志》三"湘州刺史广兴公相"条、"临庆内史"条、"始建内史"条。
③ 《宋书》卷86《刘勔传》。
④ 《南齐书》卷26《陈显达传》。
⑤ 《南齐志》上"越州"条。
⑥ 《宋志》三"湘州刺史广兴公相"条。
⑦ 《南齐书》卷43《王思远传》。
⑧ 《宋志》二"冀州刺史"条、"青州刺史"条。
⑨ 《宋书》卷5《文帝纪》元嘉三年十二月、元嘉八年二月,卷78《萧思话传》。
⑩ 《宋志》二"冀州刺史"条。
⑪ 《宋书》卷5《文帝纪》元嘉十七年七月,卷65《杜骥传》。
⑫ 《宋书》卷5《文帝纪》元嘉二十一年十月,卷65《申恬传》;钱大昕《廿二史考异》卷24《宋书二·垣护之传》:"是时冀州寄治历城……而济南乐安太原三郡乃在青州管内,常以冀州刺史兼督之。"
⑬ 《宋书》卷5《文帝纪》元嘉二十七年六月,卷95《索虏传》。

军事①。元嘉三十年,垣护之继以冀州刺史督冀州及青州之济南、乐安、太原三郡诸军事②,而申恬亦以青州刺史督徐州之东莞、东安二郡诸军事③。是青、冀二州分置都督。孝建元年,青州都督申恬复加督冀州④,是青、冀二都督区复合而为一。孝建二年,垣护之又以青、冀二州刺史督青、冀二州诸军事。孝建三年,青州改治历城,于是青、冀二州并治,垣护之复进督徐州之东莞、东安二郡军事⑤。大明二年,颜师伯继为青、冀二州刺史,乃督青、冀二州及徐州之东安、东莞与兖州之济北三郡军事⑥。是为青冀都督区所辖区域最大者。然大明四年颜师伯卸任后,青、冀都督遂不可考。

至大明八年,青州还治东阳⑦,青、冀二州乃各有其治所,二州遂分立都督。永光元年,沈文秀以青州刺史督青州及徐州之东莞、东安二郡诸军事⑧。然随后淮北动乱,青、冀二州常置一都督以总领诸州。泰始二年,张永以青、冀二州刺史监青、冀、幽、并四州诸军事⑨。泰始三年,崔道固以冀州刺史督冀、青、兖、幽、并五州诸军事⑩。盖此为战时权宜之制,非为恒例。泰始四年后,青、冀诸州尽失于北魏,青、冀二州乃迁于郁洲。此后,直至宋末,青、冀二州都督均不可考。

萧齐一代,青、冀"二州共一刺史"⑪,亦共立一都督,然时置时不置。建元二年,崔祖思以青、冀二州刺史督二州诸军事,然是年即罢⑫;建元四年,桓康以青、冀二州刺史督青、冀二州与东徐之东莞、琅邪二郡及朐山戍以及北徐之东海、涟口戍诸军事⑬;同年,垣荣祖代之为刺史,督青、冀二州诸军事⑭。明帝永明中,青、冀唯置刺史而不置都督。直至隆昌元年(494),周奉叔始以青州刺史都督青、冀二州诸军事⑮。此后,萧齐之青冀都督则不可考。

---

① 《宋书》卷5《文帝纪》元嘉二十九年四月,卷53《张茂度传附张永传》。
② 《宋书》卷6《孝武帝纪》元嘉三十年五月,卷50《垣护之传》。
③ 《宋书》卷6《孝武帝纪》元嘉三十年六月,卷65《申恬传》。
④ 《宋书》卷65《申恬传》。
⑤ 《宋书》卷6《孝武帝纪》孝建二年十一月,卷50《垣护之传》。
⑥ 《宋书》卷6《孝武帝纪》大明二年七月,卷77《颜师伯传》。
⑦ 《宋志》二"青州刺史"条。
⑧ 《宋书》卷7《前废帝纪》永光元年八月,卷88《沈文秀传》。
⑨ 《宋书》卷8《明帝纪》泰始二年三月,卷53《张茂度传附张永传》。
⑩ 《宋书》卷88《崔道固传》。
⑪ 《南齐志》上"冀州"条。
⑫ 《南齐书》卷2《高帝纪下》建元二年三月,卷28《崔祖思传》。
⑬ 《南齐书》卷2《高帝纪下》建元四年二月,卷30《桓康传》。
⑭ 《南齐书》卷3《武帝纪》建元四年七月,卷28《垣荣祖传》。
⑮ 《南齐书》卷29《周盘龙传附周奉叔传》。

2. 湘州都督区

宋武帝永初三年，曾立湘州于荆州东境，元嘉八年罢之①。《宋书》卷46《张邵传》："武帝受命……分荆州立湘州，以邵为刺史。将署府，邵以为长沙内地，非用武之国，置署妨人，乖为政要，帝从之。"是宋初湘州不置都督，唯隶于荆州都督区②。元嘉八年省湘州，元嘉十六年，宋复置湘州③，先后以始兴王刘濬、武陵王刘骏为刺史，都督湘州诸军事④。元嘉十七年，南平王刘铄复以湘州刺史都督湘州诸军事⑤。此后，自元嘉后期至孝建、大明中，湘州或置或废，而都督亦难考，常隶于荆州都督区。唯元嘉三十年，南郡王刘义宣以荆、湘二州刺史都督荆、湘、雍、益、梁、宁、南秦、北秦八州诸军事，荆、湘二都督区乃合而为一⑥。至泰始二年，乃使永嘉王刘子仁以湘州刺史都督湘、广、交三州诸军事，然是年即罢⑦。此后，巴陵王刘休若于泰始四年至五年、建平王刘景素于泰始五年至七年、王僧虔于泰始七年至元徽二年、随阳王刘翙于昇明元年先后为湘州都督，所辖均以本州为限⑧。同时亦隶属于荆州都督区。又元嘉二十九年，庾深之"自辅国长史为长沙内史。南郡王义宣为荆、湘二州，加深之宁朔将军，督湘州七郡"⑨。按《宋志》三"湘州刺史"条所载泰豫时湘州有长沙、衡阳、桂阳、零陵、营阳、湘东、邵陵、广兴、临庆、始建十郡国，其中广兴、临庆、始建三郡国于元嘉二十九年度属广州，因此，庾深之的所谓"督湘州七郡"与"督湘州诸军事"亦无甚差别。

萧齐湘州都督区承宋，唯辖本州，例以刺史为都督，王僧虔、王奂、吕安国、柳世隆、晋安王萧子懋、南平王萧锐、萧宝晊、始安王萧宝览先后为湘州都督，唯辖本州⑩。然时有宗室诸王出镇湘州，故湘州都督区常不隶属荆州都督区。

3. 侨司州都督区

宋初失河南地，司州都督区没。元嘉二十八年，魏鲁爽、鲁秀来投，宋以鲁

---

① ③ 《宋志》三"湘州刺史"条。
② ⑥ 参本节上文"荆州都督区"条。
④ 《宋书》卷99《二凶·始兴王濬传》，卷6《孝武帝纪》。
⑤ 《宋书》卷72《文九王·南平王铄传》。
⑦ 《宋书》8《明帝纪》泰始二年八月、十月，卷80《孝武十四王·永嘉王子仁传》。
⑧ 《宋书》卷72《文九王·巴陵王休若传》，卷72《文九王·建平王宏传附景素传》；《南齐书》卷33《王僧虔传》；《宋书》卷90《明四王·随阳王翙传》。
⑨ 《宋书》卷79《文五王·海陵王休茂传》。
⑩ 《南齐书》卷33《王僧虔传》，卷49《王奂传》，卷29《吕安国传》，卷24《柳世隆传》，卷40《武十七王·晋安王子懋传》，卷35《高帝十二王·南平王锐传》，卷45《宗室·安陆王缅传附宝晊传》、《宗室·萧遥光传附宝览传》。

爽"督司州豫州之陈留东郡济阴濮阳五郡军事、征虏将军、司州刺史……爽至汝南,加督豫州之义阳宋安二郡军事,领义阳内史"①。元嘉三十年,鲁爽复以司州刺史都督司州及豫州之新蔡、汝南、汝阳、颍川、义阳、弋阳六郡诸军事,并领汝南太守②。此即是《宋志》二"司州刺史"条所载之"文帝元嘉末,侨立(司州)于汝南"。是故司州都督所辖皆是豫州之郡,且司州都督区亦隶于豫州都督区。至大明初,刘季之为司州刺史,然似无都督号③,寻刘季之因谋逆被诛,侨司州亦随之而省废。直至大明八年,宗越才复以司州刺史督司州及豫州之汝南、新蔡、汝阳、颍川四郡诸军事,并领汝南、新蔡二郡太守④。是大明末曾设司州都督区于汝南。然此后数年,唯有司州刺史而未见司州都督。《宋志》二"司州刺史"条又载:"明帝复于南豫州之义阳郡立司州,渐成实土焉。"于是泰始四年宋复命常珍奇以司州刺史、汝南太守为司州都督时,督司、北豫二州诸军事⑤,而非前此之司州都督区辖豫州之零郡矣。此乃实土化之结果。此后,吕安国、李安民、姚道和、周盘龙等先后以司州刺史督司州诸军事,又常领义阳太守⑥,盖自泰始六年起,义阳为司州治所⑦,此制终宋世未变。

齐世司州都督区全承宋后期格局。萧景先、刘悛、崔慧景、薛渊、张冲等先后以司州刺史为司州都督⑧。司州都督区唯辖司州之地,然司州都督区亦同时为郢州、豫州二都督区所辖。

4. 梁南秦都督区

宋齐之时,梁、南秦常置一刺史,为双头州⑨,刺史亦常加都督。宋初吉翰、刘道产、萧思话先后以梁、南秦二州刺史为都督,例辖梁、南秦二州⑩。自元嘉二十五年起,梁南秦都督又常加督北秦,如刘秀之、王玄载等均以梁、南秦二州刺史督梁、南秦、北秦三州诸军事⑪。其中北秦州为宋元嘉中因氐而立⑫。唯宋末昇明三年,王玄邈复以梁、南秦二州刺史都督梁、南秦二州

---

① 《宋书》卷74《鲁爽传》。五郡脱去一郡,故唯有四郡。
② 《宋书》卷74《鲁爽传》。
③ 《宋书》卷6《孝武帝纪》大明二年三月。
④ 《宋书》卷83《宗越传》。
⑤ 《宋书》卷86《刘勔传》。
⑥ 《南齐书》卷29《吕安国传》,卷27《李安民传》,卷24《柳世隆传》,卷29《周盘龙传》。
⑦ 《南齐书》卷29《吕安国传》。
⑧ 《南齐书》卷38《萧景先传》,卷37《刘悛传》,卷51《崔慧景传》,卷30《薛渊传》,卷49《张冲传》。
⑨ 参《宋志》三"梁州刺史"条、"秦州刺史"条。
⑩ 《宋书》卷65《吉翰传》、《刘道产传》,卷78《萧思话传》。
⑪ 《宋书》卷81《刘秀之传》,卷27《王玄载传》。
⑫ 《南齐书》卷59《氐传》。

军事①。

齐世崔慧景、曹虎先后以梁、南秦二州刺史为都督,例辖梁、南秦、北秦及沙四州②,较之于宋略有变化。其中沙州乃建元元年(479)因仇池氐人首领杨广香降附而立③。又宋齐之世,梁、南秦都督区虽成为一都督区,但仍隶于雍州都督区,雍州都督区复隶于荆州都督区④。

5. 交州都督区

宋齐交州例属广州都督区,然宋亦曾一度置交州都督区,萧景宪于元嘉二十三年、吴喜于泰始四年皆曾以交州刺史督交州及广州之郁林、宁浦二郡诸军事⑤,然此后交州都督迄未再见。

6. 巴州都督区

南齐建元二年置巴州。《南齐书》卷28《苏侃传附苏烈传》:"建元中,为假节、督巴州军事、巴州刺史、巴东太守。"永明二年(484),巴州废,巴州都督区当随之而废。

第二节　郡以上都督区

1. 会稽都督区

东晋常以会稽内史都督浙东会稽、东阳、新安、永嘉、临海五郡,自成一都督区。然宋永初二年(421)正月,"罢会稽郡府"⑥。是宋初无会稽都督区。而《宋书》卷79《文五王·竟陵王诞传》:"迁都督广交二州诸军事、安南将军、广州刺史,当镇始兴,未行,改授都督会稽东阳新安临海永嘉五郡诸军事、安东将军、会稽太守,给鼓吹一部。元凶弑立,以扬州浙江西属司隶校尉,浙江东五郡立会州,以诞为刺史。"按《文帝纪》,竟陵王刘诞任广州刺史事在元嘉二十八年(451)五月。是元嘉末重置会稽都督区,其所辖全承晋旧,且隶属于扬州都督区⑦。元嘉三十年,晋熙王刘昶复以会稽太守监此五郡⑧。"孝建元年,分扬

---

① 《南齐书》卷27《王玄载传附王玄邈传》。
② 《南齐书》卷51《崔慧景传》,卷30《曹虎传》。
③ 《南齐书》卷59《氐传》。
④ 参上节"雍州都督区"条,"荆州都督区"条。
⑤ 《宋书》卷97《夷蛮·南夷林邑国传》,卷83《吴喜传》。
⑥ 《宋书》卷3《武帝纪》永初二年正月。
⑦ 参上节"扬州都督区"条。
⑧ 《宋书》卷72《文九王·晋熙王昶传》。

州之会稽、东阳、新安、永嘉、临海五郡为东扬州。"①晋熙王刘昶乃转为东扬州刺史,而都督似未变。至大明三年(459),"分浙江西立王畿,以浙江东为扬州,命(豫章王)子尚都督扬州江州之鄱阳晋安建安三郡诸军事、扬州刺史……五年……领会稽太守"②。是大明中后期,在原会稽都督区基础之上,改立扬州都督区,且其所辖扩展至江州诸郡。"(大明)八年,罢王畿,复立扬州,扬州还为东扬州。前废帝永光元年,省东扬州并扬州。"③泰始元年(465),巴陵王刘休若"出为使持节、都督会稽东阳永嘉临海新安五郡诸军事、领安东将军、会稽太守,率众东讨。进督吴、吴兴、晋陵三郡……又进督晋安□□二郡诸军事"④。是会稽都督区重置。然由于战事之影响,会稽都督区所辖未能守惯例。自泰始三年起,张永、王延之、蔡兴宗、王琨、江夏王刘跻、萧子良先后以会稽太守为都督,所辖均为会稽、东阳、新安、临海、永嘉五郡,终宋世未变⑤。

齐世会稽都督区全承宋旧,无所变更。武陵王萧晔于建元三年(481)、随郡王萧子隆于永明四年(486)、西阳王萧子明于永明十年、王敬则于隆昌元年(494)、庐陵王萧宝源于永泰元年(498),皆以会稽太守为都督,所辖仍以会稽、东阳、新安、临海、永嘉五郡为限⑥。

2. 岘南都督区

齐雍州都督区所辖另有岘南都督区。《元和志》卷21《山南道二》襄州襄阳县:"岘山,在县东南九里。山东临汉水,古今大路。"又《梁书》卷9《曹景宗传》:"齐鄱阳王锵为雍州,复以(曹景宗)为征虏中兵参军,带冯翊太守,督岘南诸军事。"冯翊治鄀⑦。其余则不可考。

3. 巴西梓潼都督区

宋元嘉十年,蜀乱。二月,"平西将军临川王义庆,以扬武将军、巴东太守周籍之即本号督巴西梓潼宕渠遂宁巴郡五郡诸军事、巴西梓潼二郡太守"⑧。同年,蜀平,巴西梓潼都督区乃废。

---

①③ 《宋志》一"扬州刺史"条。
② 《宋书》卷80《孝武十四王·豫章王子尚传》。
④ 《宋书》卷72《文九王·巴陵王休若传》。
⑤ 分别据《宋书》卷53《张茂度传附张永传》、《南齐书》卷32《王延之传》、《宋书》卷57《蔡廓传附蔡兴宗传》、《南齐书》卷32《王琨传》、《宋书》卷61《武三王·江夏王义恭传附刘跻传》、《南齐书》卷40《武十七王·竟陵王子良传》。
⑥ 《南齐书》卷35《高帝十二王·武陵王晔传》,卷40《武十七王·随郡王子隆传》、《武十七王·西阳王子明传》,卷26《王敬则传》,卷50《明七王·庐陵王宝源传》。
⑦ 参《宋志》三"雍州刺史冯翊太守"条,《南齐志》下"雍州冯翊郡"条。
⑧ 《宋书》卷45《刘粹传附刘道养传》。

4. 颍川荥阳都督区

宋景平元年(423),北魏南侵,"时宣威将军、颍川太守李元德成许昌,仍除荥阳太守,督二郡军事"①。同年,许昌没,颍川荥阳都督区废。

5. 泰山都督区

宋有泰山都督区。《宋书》卷65《申恬传》:"元嘉十二年,迁督鲁、东平、济北三郡军事、泰山太守。"此后泰山都督区乏考。

6. 吴兴钱塘都督区

宋有吴兴钱塘都督区。《南齐书》卷44《沈文季传》:"昇明元年,沈攸之反,太祖(萧道成)加文季为冠军将军,督吴兴钱塘军事。"次年,沈攸之平,吴兴钱塘都督区遂废。

7. 高平四郡都督区

宋有高平四郡都督区。《南齐书》卷29《周山图传》:元徽三年(475)后,"转督高平下邳淮阳淮西四郡诸军事、宁朔将军、淮南太守"。此后,高平四郡都督区遂无考。

8. 庐陵五郡都督区

齐中兴元年(501),雍州刺史萧衍立萧宝融为帝,东下攻建康,乃使萧颖孚以庐陵内史督庐陵、豫章、临川、南康、安成五郡军事。旋萧颖孚败亡,庐陵五郡都督区后遂无考②。

---

① 《宋书》卷95《索虏传》。
② 《梁书》卷10《萧颖达传》。《通鉴》卷144所载与此同。然《南齐书》卷38《萧赤斧传附萧颖胄传》:"以颖孚为督湘东衡阳零陵桂阳营阳五郡、湘东内史、假节,将军如故。寻病卒。"所载有异,今以《梁书》、《通鉴》为是。

第五章 南朝梁、陈都督区

梁初都督区大体尚能承宋齐旧制，少有更张。唯天监以后，置州甚滥。《梁书》、《陈书》又均无地志，所载唯赖《纪》、《传》。又梁末以后，南朝失地至多。故梁、陈二朝之都督区仅能言其大概。所幸"诸纪所记刺史任免仍惟旧州，诸传所记加都督者亦类为旧州刺史，则置州虽多，然重要州镇仍存旧观也"①。今以旧都督区为主，新置都督区亦间有涉及，考述梁、陈二朝都督区如下。

第一节 州以上都督区

（一）第一等都督区

1. 扬州都督区

梁初扬州都督区承齐，以辖扬、南徐二州为常态。临川王萧宏于天监元年（502）至四年、天监八年至十七年、普通元年（520）至七年，建安王萧伟于天监六年至八年均以扬州刺史都督扬、南徐二州诸军事②。普通五年三月，"分扬州、江州置东扬州"③，故此后晋安王萧纲于中大通二年（530）至三年、武陵王萧纪于中大通四年至大同四年（538）、宣城王萧大器于大同四年至太清三年（549）、南海王萧大临于太清三年虽亦以扬州刺史都督扬、南徐二州诸军事④，然其辖区已无浙东诸地。至承圣元年（552），王僧辩乃以扬州刺史都督扬、南徐、东扬三州诸军事⑤。是扬州都督区所辖区域复有浙东之地，且较原扬、南徐二州略有扩展。绍泰元年（555），陈霸先以扬、南徐二州刺史都督中外诸军

---

① 严耕望：《中国地方行政制度史·魏晋南北朝地方行政制度》，第72页。
② 《梁书》卷22《太祖五王·临川王宏传》、《太祖五王·建安王伟传》。
③ 《梁书》卷3《武帝纪下》普通五年三月。
④ 《梁书》卷4《简文帝纪》，卷55《武陵王纪传》，卷44《太宗十一王·南海王大临传》，卷8《哀太子大器传》："大同四年，授使持节，都督扬徐二州诸军事……扬州刺史。"疑"徐"字前夺"南"字。
⑤ 《梁书》卷45《王僧辩传》。

事。太平元年(556)，陈霸先解南徐州任扬州牧，而都督如故①。扬州都督遂不可考。

陈扬州都督区较梁为大。天嘉三年(562)，安成王陈顼以扬州刺史都督扬、南徐、东扬、南豫、北江五州诸军事②。其中南豫州治宣城，处扬州之西，北江州治南陵，又处南豫州之西③。是此时扬州都督区使下游沿江及东部沿海各州连成一片。天康元年(566)至光大二年(568)，安成王陈顼又以扬州刺史都督中外诸军事④。此又为特例。太建九年(577)至十四年，始兴王陈叔陵、新安王陈伯固先后都督扬、南徐、东扬、南豫四州诸军事⑤。祯明二年(588)，会稽王陈庄以扬州刺史都督扬州诸军事⑥。然次年陈亡，此恐为权宜之制。

2. 南兖都督区

萧梁南兖都督区仍大略承齐末旧制。天监元年，萧景以南兖州刺史"都督南北兖青冀四州诸军事"⑦。自天监五年至普通六年，昌义之、长沙王萧业、始兴王萧憺、晋安王萧纲、萧景、南康王萧绩先后为南兖州都督，所辖均为南兖、兖、徐、青、冀五州，一同于齐⑧。及大同九年至太清中，南康王萧会理以南兖州刺史都督南兖、北兖、北徐、青、冀、东徐、谯七州诸军事⑨。其中东徐州乃天监八年取魏宿预立⑩，谯州为中大通四年以魏之南兖州立⑪。是萧梁后期南兖都督区所辖渐广。然梁末丧乱，江北地尽失于北，南兖都督区遂罢。

陈初无淮江北地，故无南兖都督区。唯太建中北伐，一度进占淮南。太建八年，吴明彻以南兖州刺史都督南兖、北兖、南青、北青、谯五州诸军事⑫。

---

① 《陈书》卷1《高祖纪》。
②④ 《陈书》卷5《宣帝纪》。
③ 《隋志》下"宣城郡"条："旧置南豫州。平陈，改为宣州。"宣城郡南陵："梁置，并置南陵郡，陈置北江州。"
⑤ 《陈书》卷36《始兴王叔陵传》："(太建)九年，除使持节、都督扬徐东扬南豫四州诸军事、扬州刺史。"此"徐"字前疑夺"南"字。另见卷36《新安王伯固传》。
⑥ 《陈书》卷28《后主十一子·会稽王庄传》。
⑦ 《梁书》卷24《萧景传》。卷后"校勘记"[三]曰："各本皆作'都督北兖徐青冀四州诸军事'。《文馆词林》卷457梁孝元帝《郢州都督萧子昭碑铭》作'督南北兖、青、冀四州诸军事'。按：下云为南兖州刺史，则其所督诸州必首为南兖州。今据碑文补一'南'字，删一'徐'字。"
⑧ 《梁书》卷18《昌义之传》、卷23《长沙王业传》，卷22《太祖五王·始兴王憺传》，卷4《简文帝纪》，卷24《萧景传》，卷29《高祖三王·南康王绩传》。
⑨ 《梁书》卷29《高祖三王·南康王绩传附会理传》。
⑩ 《补梁志》卷1"东徐州"条。
⑪ 《梁书》卷3《武帝纪下》中大通四年春正月："魏南兖州刺史刘世明以城降，改魏南兖州为谯州，以世明为刺史。"
⑫ 《陈书》卷9《吴明彻传》。

太建十年,淳于量继为南兖州刺史,都督南兖、北兖、谯三州诸军事①。然太建十一年十二月,"南北兖、晋三州,及盱眙、山阳、阳平、马头、秦、历阳、沛、北谯、南梁等九郡,并自拔还京师。谯、北徐州又陷。自是淮南之地尽没于周矣。"②于是南兖都督区置而复罢。

3. 郢州都督区

梁初承齐,郢州都督区辖郢、司二州。自天监元年至七年,曹景宗、鄱阳王萧恢先后以郢州刺史都督郢、司二州诸军事③。天监六年,"分豫州置霍州"④。及天监七年,鄱阳王萧恢乃进督霍州⑤。此后,直至中大通元年,豫章王萧综、安成王萧秀、衡阳王萧元简、萧景、桂阳王萧象、元树先后以郢州刺史为都督,所辖均为郢、司、霍三州⑥,故天监七年后,郢州都督区西部扩展至原豫州境内。及大同元年至六年,寻阳王萧大心以郢州刺史都督郢、南司、北司、定、新五州诸军事⑦。其中司州因大通二年复萧齐旧境,故南北分立;定州为天监中因司州蛮而立⑧;新州为梁分郢州之新阳立⑨。是郢州都督区所辖州数目虽多,然不出原郢、司二州范围。大同六年至中大同元年(546),邵陵王萧纶以郢州刺史都督郢、定、霍、司四州诸军事⑩,所辖区域仍略同于原郢、司、霍三州。

梁末司州失陷于北。故陈之郢州都督区已无司州之地。陈氏天嘉元年败王琳,得郢州地,"分荆州之天门、义阳、南平,郢州之武陵四郡,置武州。其刺史督沅州,领武陵太守,治武陵郡。其都尉所部六县为沅州"⑪。天嘉二年,章昭达即以郢州刺史都督郢、巴、武、沅四州诸军事⑫。其中巴州乃梁元帝时以郢州之巴陵立⑬。是陈初之郢州都督区虽辖有四州,然其境约略当于梁初郢

---

① 《陈书》卷11《淳于量传》。
② 《陈书》卷5《宣帝纪》太建十一年十二月。
③ 《梁书》卷9《曹景宗传》,卷22《太祖五王·鄱阳王恢传》。
④ 《梁书》卷2《高帝纪中》天监六年十二月。
⑤ 《梁书》卷22《太祖五王·鄱阳王恢传》。
⑥ 《梁书》卷55《豫章王综传》,卷22《太祖五王·安成王秀传》,卷23《衡阳王元简传》,卷24《萧景传》,卷23《桂阳王象传》,卷39《元树传》。
⑦ 《梁书》卷44《太宗十一王·寻阳王大心传》。
⑧ 《梁书》卷22《太祖五王·安成王秀传》:"时司州叛蛮田鲁生、弟鲁贤、超秀,据蒙笼来降,高祖以鲁生为北司州刺史,鲁贤北豫州刺史,超秀定州刺史,为北境捍蔽。"
⑨ 《隋志》下"安陆郡京山"条:"旧曰新阳,梁置新州、梁宁郡。"
⑩ 《梁书》卷29《高祖三王·邵陵王纶传》。
⑪ 《陈书》卷3《世祖纪》天嘉元年三月。
⑫ 《陈书》卷11《章昭达传》。
⑬ 《元和志》卷27《江南道三》岳州:"吴于此置巴陵县,宋文帝又立为巴陵郡,梁元帝改为巴州。"

州及荆州南部三郡之地。至天嘉四年,沈恪又以郢州刺史都督郢、武、巴、定四州诸军事①。其中定州亦不出原郢州区域②。天嘉六年至太建六年(574),程灵洗、黄法𣰰、钱道戢先后以郢州刺史都督郢、巴、武三州诸军事③。太建五年,陈北伐,克黄城,"以黄城为司州,治下为安昌郡,浐淄为汉阳郡,三城依梁为义阳郡,并属司州"④。太建六年,即有淳于量以郢州刺史都督郢、巴、南司、定四州诸军事⑤。及北伐军败,江北地又失,太建十年,孙玚以郢州刺史都督荆、郢、巴、武、湘五州诸军事⑥。是中流江南诸州皆并入郢州都督区。太建十一年,樊毅乃都督荆、郢、巴、武四州水陆诸军事。太建十二年,周郧州总管司马消难以其所辖九州八镇来降,樊毅乃进督沔汉诸军事⑦。鲁广达更"都督郢州以上十州诸军事,率舟师四万,治江夏"⑧。盖此乃南北相争之际,郢州都督区处沿江对敌之地,故其所辖常有变动。太建晚期后,郢州都督区复为常态。陈慧纪以郢州刺史都督郢、巴二州诸军事⑨;祯明元年,荀法尚又以郢州刺史都督郢、巴、武三州诸军事⑩;祯明二年,南平王陈嶷"都督郢荆湘三州诸军事、征西将军、郢州刺史。未行而隋军济江"⑪。似陈末郢州都督区仍有所变动,未及行而难作。陈乃使周罗睺"都督巴峡缘江诸军事",与隋军相持于汉口一线⑫。其所辖区域亦略与郢州都督区相似。旋陈亡,郢州都督区废。

4. 豫州都督区(南豫都督区)

齐末豫州治寿阳陷魏,梁初豫州治历阳。天监四年,梁克合肥,迁豫州于此⑬。天监八年,冯道根以豫州刺史、汝阴太守督豫州诸军事,镇合肥。天监十一年至十四年,马仙琕继以豫州刺史督豫、北豫、霍三州诸军事⑭。其中霍州乃天监六年分豫州置⑮。是此时豫州都督区约略当于除淮南寿阳地区外之

---

① 《陈书》卷12《沈恪传》。
② 《隋志》下"永安郡麻城"条:"梁置信安,又有北西阳县。陈废北西阳,置定州。"
③ 《陈书》卷10《程灵洗传》,卷11《黄法𣰰传》,卷22《钱道戢传》。
④ 《陈书》卷5《宣帝纪》太建五年十月。
⑤ 《陈书》卷11《淳于量传》。
⑥ 《陈书》卷25《孙玚传》。
⑦ 《陈书》卷31《樊毅传》。
⑧ 《陈书》卷31《鲁广达传》。
⑨ 《陈书》卷15《陈慧纪传》。
⑩ 《陈书》卷13《荀朗传附荀法尚传》。
⑪ 《陈书》卷28《后主十一子·南平王嶷传》。
⑫ 《隋书》卷65《周罗睺传》,并参《隋书》卷45《文四子·秦王俊传》。
⑬ 《梁书》卷12《韦叡传》。
⑭ 《梁书》卷17《马仙琕传》。
⑮ 《梁书》卷2《高祖纪中》天监六年十二月。

原两豫之地。天监十六年,冯道根复为豫州刺史,仍督本州①;普通二年至七年,裴邃又以豫州刺史督豫、北豫、霍三州诸军事,镇合肥②。是此时豫州都督区同于天监十年至十四年时。

普通七年,梁克寿阳,"诏以寿阳依前代置豫州,合肥镇改为南豫州,以(夏侯)亶为使持节、都督豫州缘淮南豫霍义定五州诸军事、云麾将军、豫南豫二州刺史"③。其中义州为普通四年六月分霍州置④,治义城郡;定州为天监十三年因司州降蛮而立,治于蒙笼,处豫州之西境⑤。是普通七年至大通三年夏侯亶为豫州都督时,豫州都督区北达于淮,南含两豫之地。

至中大通二年,陈庆之以南、北二司州刺史都督南司、北司、西豫、豫四州诸军事,豫州不设都督,转属司州都督区⑥,而原属豫州都督区之南豫州,则以夏侯夔为刺史兼督本州诸军事。中大通六年至大同四年,豫州都督复置,夏侯夔乃以豫州刺史督豫、淮、陈、颍、建、霍、义七州诸军事⑦。其中淮州治于白苟堆⑧;陈州为中大通元年克魏陈留、颍川二郡置⑨;颍州乃普通中因魏之汝阴降附而立⑩;建州置于平高、新蔡、新城一带⑪。是梁中后期豫州都督区渐辖淮北新得境土,而不再辖南豫州。此后,豫州都督区渐与司州都督区合并。大同七年,羊鸦仁以北司州刺史都督南司、北司、豫、楚四州诸军事。太清元年(547),羊鸦仁更以司、豫二州刺史都督豫、司、淮、冀、殷、应、西豫⑫等七州诸军事,迁镇悬瓠⑬。乃"以悬瓠为豫州,寿春为南豫"⑭。太清二年,新得之河南淮北地弃守。此后二三年间,东魏北齐尽取梁两豫之淮南地。"梁承圣元年复江南南豫州。"⑮南豫州先镇宣城,陈晚期移于姑孰⑯。梁绍泰元年至太平

---

① 《梁书》卷18《冯道根传》。
② 《梁书》卷28《裴邃传》。
③ 《梁书》卷28《夏侯亶传》。
④ 《梁书》卷3《高祖纪下》普通四年六月。
⑤ 《梁书》卷22《太祖五王·安成王秀传》。
⑥ 详见本节下文"司州都督区"条。
⑦ 《梁书》卷28《夏侯亶传附夏侯夔传》。
⑧ 《地形志》中"西淮州"条:"萧衍置,魏因之。治豫州界白苟堆。"
⑨ 《地形志》中"颍州北陈留、颍川二郡"条:"萧衍为陈州。"
⑩ 参《梁书》卷28《裴邃传附裴之高传》。
⑪ 《隋志》下"弋阳郡殷城"条:"梁置义城郡及建州,并所领平高、新蔡、新城三郡。"
⑫ 《隋志》中"汝南郡新息"条:"后魏置东豫州。梁改曰西豫州,又改曰淮州。"
⑬ 详见本节下文"司州都督区"条。
⑭ 《梁书》卷3《武帝纪下》太清元年七月。
⑮ 《寰宇记》卷103《江南西道一》"宣州"条引《郡志》。
⑯ 胡三省曰:"陈南豫州治宣城,时徙镇姑孰。"《资治通鉴》卷177 隋开皇九年正月。

元年,胡颖即以南豫州刺史都督南豫州诸军事①。

陈朝南豫州都督区承梁末之势,唯辖本州。永定中,周文育、侯安都均以南豫州刺史都督南豫州诸军事②;永定三年至天嘉元年,程灵洗都督南豫州缘江诸军事③;天嘉二年,徐世谱出为"都督宣城郡诸军事、安西将军、宣城太守"④。按宣城为南豫州治,是宣城都督区亦略当于南豫州都督区。天嘉四年至五年,周敷亦为"都督南豫州缘江诸军事、镇南将军、南豫州刺史"⑤。光大以后,直至陈末,鲁广达、徐敬成、黄法氍等先后为南豫州都督,所辖仍以本州为限⑥。

太建中北伐,淮南江北之地一度入陈,陈重置诸州,并立豫州都督以总辖江北两豫、北徐旧地。太建五年,陈克寿阳,诏曰:"梁末得悬瓠,以寿阳为南豫州,今者克复,可还为豫州。"⑦吴明彻乃以豫州刺史都督豫、合、建、光、朔、北徐六州诸军事⑧。其中朔州治齐坂城⑨,光州治弋阳⑩,合州治合肥⑪。太建七年,黄法氍继以豫州刺史都督此六州诸军事⑫。太建十一年,陈败于周,江北淮南地再失,豫州都督区遂罢,陈乃复置南豫州都督区。任忠于太建十二年至至德元年(583),樊猛于至德四年皆以南豫州刺史都督南豫州诸军事⑬。是陈末南豫州都督区仍同于太建北伐前之规制。

5. 江州都督区

梁江州都督区承齐,唯辖本州。自天监元年至普通元年,陈伯之、王茂、安成王萧秀、萧颖达、建安王萧伟、晋安王萧纲、庐陵王萧续等先后以江州刺史都

---

① 《陈书》卷12《胡颖传》。
② 《陈书》卷8《周文育传》、《侯安都传》。
③ 《陈书》卷10《程灵洗传》。
④ 《陈书》卷13《徐世谱传》。
⑤ 此据《陈书》卷13《周敷传》所载天嘉五年诏书。另本传又载周敷"寻征为使持节、都督南豫北江二州诸军事、镇南将军、南豫州刺史"。按《隋志》下"宣城郡南陵"条:"梁置,并置南陵郡,陈置北江州。"似北江州沿江处南豫州之上游。故此处"都督南豫北江二州诸军事"似即可理解为"都督南豫州缘江诸军事",其详待考。
⑥ 《陈书》卷31《鲁广达传》,卷12《徐度传附徐敬成传》,卷11《黄法氍传》。唯《黄法氍墓志》:"(太建)四年除使持节散骑常侍■南豫州□江诸军事。"(罗新、叶炜:《新出魏晋南北朝墓志疏证》,第46页)疑"□"为"缘"字。《墓志》所载略不同于《陈书》卷11《黄法氍传》。
⑦ 《陈书》卷5《宣帝纪》太建五年十月。
⑧ 《陈书》卷9《吴明彻传》。
⑨ 《地形志》中"南朔州"条:"萧衍置,魏因之。治坂城。"
⑩ 《隋志》下"弋阳郡"条:"梁置光州。"
⑪ 《梁书》卷3《武帝纪下》太清元年七月:"改合肥为合州。"
⑫ 《陈书》卷11《黄法氍传》。
⑬ 《陈书》卷31《任忠传》、《樊毅传附樊猛传》。

督江州诸军事①。普通元年以后，江州刺史时加都督，时不加都督。南康王萧绩于普通五年至大通二年，桂阳王萧象于大通二年至中大通元年，庐陵王萧续于大同元年至三年，湘东王萧绎于大同六年至太清元年，杜崱于承圣元年前，皆曾以江州刺史加都督，所辖皆为本州②。

绍泰元年，侯瑱以江州刺史都督江、晋、吴、齐四州诸军事③。其中吴州治鄱阳郡④，晋州治晋熙郡⑤，齐州治不详⑥。是梁末之江州都督区一度凸至江北。梁陈之际，江州地区豪强割据，朝廷常假以刺史之号，而都督则另置。故自梁太平元年至陈天嘉三年，江州刺史皆由临川豪帅周迪任之，而江州都督则由朝廷派出。自梁太平元年至陈永定三年（559），周文育进抚岭表，乃都督江、广、衡、交四州诸军事⑦。天嘉元年，又因破郢州王琳，侯瑱遂都督湘、巴、郢、江、吴五州诸军事，镇湓城⑧。然此等连亘数州之大都督区皆一时权宜之制，非为常例。又"太平元年，割江州四郡置高州"⑨，以授巴山豪强黄法氍。太平二年，又"分寻阳、太原、齐昌、高唐、新蔡五郡，置西江州，即于寻阳仍充州镇"⑩。是高、西江二州域多从江州分出，然均不隶江州都督区。

陈"天嘉元年省西江州，江州自豫章复理浔（寻）阳"⑪。天嘉三年，华皎以寻阳太守监江州，督寻阳、太原、高唐、南新蔡、北新蔡五郡诸军事⑫。盖此时周迪为江州刺史占临川，诸南川豪帅尚盘踞江州，华皎只得以监江州身份督江州北部五郡之地，亦略当于原西江州之境域。然是年，周迪反，陈即以吴明彻"都督江吴二州诸军事、安南将军、江州刺史"⑬。此后，江州刺史、都督合置一

---

① 《梁书》卷20《陈伯之传》，卷9《王茂传》，卷22《太祖五王·安成王秀传》，卷10《萧颖达传》，卷22《太祖五王·南平王伟传》，卷4《简文帝纪》，卷29《庐陵王续传》。
② 《梁书》卷29《太祖五王·南康王绩传》，卷23《桂阳王象传》，卷29《太祖五王·庐陵王续传》，卷5《元帝纪》，卷46《杜崱传》。
③⑧ 《陈书》卷9《侯瑱传》。
④ 《元和志》卷28《江南道四》饶州："孙权分豫章立为鄱阳郡。梁承圣二年改为吴州，至陈光大元年省吴州，依旧置郡。"
⑤ 《梁书》卷22《太祖五王·鄱阳王恢传附范传》载：大宝元年，"以晋熙为晋州"。
⑥ 晋熙西南与江州相对者有齐郡，疑此齐州即以齐昌郡改置。其详待考。
⑦ 《陈书》卷8《周文育传》。
⑨ 《陈书》卷11《黄法氍传》。胡三省曰："四郡，盖临川、安成、豫宁、巴山，以其地在南江之西，负山面水，据高临深，因名高州。"《资治通鉴》卷166梁敬帝太平元年十一月注。
⑩ 《梁书》卷6《敬帝纪》太平二年正月。
⑪ 《元和志》卷28《江南道四》江州。
⑫ 《陈书》卷20《华皎传》。
⑬ 《陈书》卷35《周迪传》。

人。天嘉四年,"罢高州隶入江州"①,自是年至天嘉六年,侯安都、黄法氍均以江州刺史都督江、吴二州诸军事②。天嘉六年,章昭达继以江州刺史都督江、郢、吴三州诸军事③;光大二年(568),始兴王陈叔陵都督江州诸军事,太建元年又进为都督江、郢、晋三州诸军事④,唯太建五年陈方克晋州,故始兴王陈叔陵所督晋州恐为遥领⑤。至德元年至四年,晋熙王陈叔文、始兴王陈叔重先后以江州刺史都督本州诸军事⑥。及祯明二年,永嘉王陈彦乃以江州刺史都督江、巴、东衡三州诸军事,直至陈亡未变⑦。

6. 荆州都督区

梁初荆州都督区承齐,大致辖有荆、湘、雍、益、宁、梁诸州。然梁循旧例,诸王出镇不兼督,故荆州都督区常有变动。天监元年至七年,始兴王萧憺以荆州刺史都督荆、湘、益、宁、南秦、北秦六州诸军事而不及雍、梁⑧,盖天监元年至四年,建安王萧伟为雍州刺史⑨。安成王萧秀于天监七年至十一年、鄱阳王萧恢于天监十一年至十三年均以荆州刺史都督荆、湘、雍、益、宁、南梁、北梁、南秦、北秦九州诸军事,辖有全境⑩。天监十三年至十四年,晋安王萧纲以荆州刺史都督荆、雍、梁、南秦、北秦、益、宁七州诸军事而不及湘州⑪,盖时长沙王萧业为湘州刺史⑫。天监十四年至十八年,始兴王萧憺复以荆州刺史都督荆、湘、雍、宁、南梁、南秦、北秦七州诸军事而不及益州⑬,盖天监十三年至十七年鄱阳王萧恢为益州刺史。天监十八年至普通七年,鄱阳王萧恢以荆州刺史都督荆、湘、雍、梁、益、宁、南秦、北秦八州诸军事⑭。此后,荆州都督区例辖郢州。普通七年至大同五年,湘东王萧绎以荆州刺史都督荆、湘、郢、益、宁、南梁六州诸军事而不及雍州⑮,盖普通四年至中大通二年,晋安王萧纲为雍州刺

---

① 《陈书》卷3《世祖纪》天嘉四年正月。
② 《陈书》卷8《侯安都传》,卷11《黄法氍传》。
③ 《陈书》卷11《章昭达传》。
④ 《陈书》卷36《始兴王叔陵传》。
⑤ 《陈书》卷5《宣帝纪》太建五年八月:"平固侯陈敬泰等克晋州城。"
⑥ 《陈书》卷28《高宗二十九王·晋熙王叔文传》、《始兴王叔重传》。
⑦ 《陈书》卷28《后主十一子·永嘉王彦传》。
⑧ 《梁书》卷22《太祖五王·始兴王憺传》。
⑨ 《梁书》卷22《太祖五王·南平王伟传》。
⑩ 《梁书》卷22《太祖五王·安成王秀传》、《鄱阳王恢传》。
⑪ 《梁书》卷4《简文帝纪》。
⑫ 《梁书》卷23《长沙王业传》。
⑬ 《梁书》卷22《太祖五王·始兴王憺传》。
⑭ 《梁书》卷22《太祖五王·鄱阳王恢传》。
⑮ 《梁书》卷5《元帝纪》。

史①。此后,荆州都督区又例辖司州,是荆州都督区日益向东部扩展。又自大同三年起,武陵王萧纪出任益州刺史②,故此后荆州都督区皆不辖益州。大同五年至太清元年,庐陵王萧续以荆州刺史都督荆、郢、司、雍、南秦、北秦、梁、巴、华九州诸军事③。其中巴州治梁广④,华州亦置于原梁州境内⑤。太清元年至三年,湘东王萧绎复以荆州刺史都督荆、雍、湘、司、郢、宁、梁、南秦、北秦九州诸军事。至太清三年,萧绎乃为大都督中外诸军事⑥,继又称帝,荆州都督区遂废。

陈初无荆州地。至天嘉二年,"分荆州之南平、宜都、罗、河东四郡,置南荆州,镇河东郡"⑦。然未曾置都督。光大元年,陈平华皎后,尽取后梁江南地,又重置荆州于公安⑧,使沈恪以荆州刺史都督荆、武、信三州诸军事,然未到任⑨。光大二年,荆州都督解督武州,陆子隆便以荆州刺史都督荆、信、祐三州诸军事⑩。此后,樊猛于太建二年至四年、孙玚于太建四年至九年均以荆州刺史都督荆、信二州诸军事⑪。至太建十一年,樊毅乃都督荆、郢、巴、武四州水陆诸军事,次年又进督沔汉诸军事⑫。此乃因战事而设,非为常制。及至德二年,陈慧纪以荆州刺史都督荆、信二州诸军事⑬。是荆州都督区复为常态。

7. 广州都督区

梁初广州都督区同于宋末及齐。天监二年,乐蔼即以广州刺史督广、交、越三州诸军事⑭。后萧昌于天监六年至八年、柳恽于天监八年至十三年为广州都督,所辖均为广、交、越、桂四州⑮。其中桂州乃天监六年自广州分出⑯。

---

① 《梁书》卷4《简文帝纪》。
② 《梁书》卷55《武陵王纪传》。
③ 《梁书》卷29《高祖三王·庐陵王续传》。
④ 胡阿祥:《六朝疆域与政区研究》,第492页。
⑤ 《隋志》上"义城郡绵谷"条:"又有华阳郡,梁置华州。"
⑥ 《梁书》卷5《元帝纪》。
⑦ 《陈书》卷3《世祖纪》天嘉二年四月。
⑧ 《陈书》卷22《陆子隆传》:"是时荆州新置,治于公安,城池未固。"
⑨ 《陈书》卷12《沈恪传》。
⑩ 《陈书》卷22《陆子隆传》。谭其骧《〈补陈疆域志〉校补》卷2"祐州"条疑此祐州即为南荆州。见《长水集》(上),第128页。
⑪ 《陈书》卷31《樊毅传附樊猛传》,卷25《孙玚传》。
⑫ 《陈书》卷31《樊毅传》。
⑬ 《陈书》卷15《陈慧纪传》。
⑭ 《梁书》卷19《乐蔼传》。
⑮ 《梁书》卷24《萧景传附萧昌传》,卷21《柳恽传》。
⑯ 《梁书》卷2《武帝纪中》天监六年七月:"分广州置桂州。"

是广州都督区所辖区域实无甚变化。天监十三年,衡阳王萧简以广州刺史督广、越、交三州诸军事①;普通、中大通之际,元景隆都督广、越、交、桂等十三州诸军事②。及大同六年,改置桂州于湘州始安郡③。太清初,元景隆复以广州刺史都督广、越、交、桂等十三州诸军事④。是广州都督区所辖诸州名称略同于前,而辖境实扩至原湘州南部。

梁末萧勃以广州刺史为都督,割据岭南⑤。及太平二年,萧勃平,朝廷乃授王劢"都督广州等二十州诸军事……广州刺史。未行"⑥。陈永定元年,欧阳頠乃以广州刺史都督广(治番禺)、交(治龙编)、越(治合浦)、成(治梁信)、定(治布山)、明(治交谷)、新(治新兴)、高(治高凉)、合(治齐康)、罗(治石龙)、爱(治移风)、建(治安遂)、德(治九德)、宜(治所不详)、黄(治安平)、利(治金宁)、安(治宋寿)、石(夫宁)、双(治龙乡)⑦十九州诸军事⑧。是广州都督区所辖州虽多,然大体仍略同于原广、交、越三州范围。永定三年至天嘉五年,欧阳頠又增督衡州诸军事⑨。是岭南之地多为广州都督区所有。天嘉五年至太建元年,欧阳纥又以广州刺史都督交、广等十九州诸军事⑩。太建元年,陈平欧阳氏,乃以沈恪都督广、衡(治含洭)、东衡(治曲江)、交、越、成、定、新、合、罗、爱、德、宜、黄、利、安、石、双十八州诸军事⑪。及太建四年至六年,陈方泰继之,以广州刺史"都督广衡交越成定明新合罗德宜黄利安建石崖十九州诸军事"⑫。太建八年至十年,沈君高乃以广州刺史都督广交等十八州诸军事⑬。是广州

---

① 《梁书》卷23《衡阳王简传》。
②④ 《梁书》卷39《元法僧传附元景隆传》。
③ 《梁书》卷3《武帝纪下》大同六年十二月:"置桂州于湘州始安郡,受湘州督;省南桂州等二十四郡,悉改属桂州。"
⑤ 据《南史》卷51《梁宗室上·萧勃传》,萧勃任广州刺史,未曾为都督,而《隋书》卷80《列女·谯国夫人传》:"遇侯景反,广州都督萧勃征兵援台。"于是可知萧勃亦曾为广州都督。
⑥ 《陈书》卷17《王通传附王劢传》。
⑦ 各州治所参看胡阿祥《六朝疆域与政区研究》第十五章"史料评说及梁陈政区建置表"第三节"陈政区建置表(祯明二年588年底)",下同。
⑧ 《陈书》卷9《欧阳頠传》。(陈)徐陵《广州刺史欧阳頠德政碑》载欧阳頠"都督东衡州二十州诸军事"(许逸民:《徐陵集校笺》卷9,第1084页);(陈)江总《广州刺史欧阳頠墓志》载欧阳頠"都督南衡二十二州诸军事"(《艺文类聚》卷50,第898页)。三说各自不同,详参(清)王鸣盛《十七史商榷》卷64"欧阳頠传多误"条,今暂以《陈书》欧阳頠本传所载为准。
⑨ 《陈书》卷9《欧阳頠传》。
⑩ 《陈书》卷9《欧阳頠传附欧阳纥传》。
⑪ 《陈书》卷12《沈恪传》。
⑫ 《陈书》卷14《南康王昙朗传附陈方泰传》。卷后"校勘记"[四]:"按数之只十八州,疑脱一州,或'九'当作'八'。"
⑬ 《陈书》卷23《沈君理传附沈君高传》。

都督区所辖州数虽多少不定,然大体保持在十八州至二十州之间①,"实际地区,视梁世少桂州而多衡州东衡等耳"②。至德中,周罗睺都督南川诸军事③。及祯明三年,隋师过江,王勇乃以东衡州刺史"总督衡广交桂武等二十四州诸军事"④。是衡、广二都督区合而为一。又观《传》文,知此时广州都督区已辖至西北之武州境。《传》言王勇"移檄管内",而"丰州刺史郑万顷据州不受勇召"⑤,似原属东扬州都督区之丰州此时亦隶于广州都督区。另据《南史》卷24《王淮之传附王猛传》,西衡州、高州亦在广州都督区辖内⑤。是陈末广州都督区与前大不相同。旋陈亡,广州都督区遂废。

8. 安州都督区(定州都督区)

梁大同六年,"移安州置定远郡,受北徐州都督,定远郡改属安州"⑥。然梁后期虽置安州,而都督不可考。梁末安州失于北。陈太建五年复淮南地,乃设安州都督区,使周炅以安州刺史都督安、蕲、江、衡、司、定六州诸军事。是年,周炅转为定州刺史,而都督不变⑦。是安州都督区转而为定州都督区。此后,徐敬成重为安州都督时,"都督安元潼三州诸军事、安州刺史……镇宿豫"⑧。其中潼州本梁旧州,梁末失于北,太建七年自北齐复得之⑨。太建十一年,淮南地失,安州都督区遂废。

(二) 第二等都督区

1. 南徐都督区

萧梁开国,南徐都督区尚沿齐旧。天监元年,安成王萧秀以南徐州刺史都督南徐、南兖二州诸军事⑩。然此后,鄱阳王萧恢于天监二年至四年、建安王萧伟于天监四年至五年、豫章王萧综于天监五年至十年、南康王萧绩于天监十

---

① 并参(清)王鸣盛:《十七史商榷》卷64"欧阳頠传多误"条。
② 严耕望:《中国地方行政制度史·魏晋南北朝地方行政制度》,第84页。
③ 《隋书》卷65《周罗睺传》。
④⑤ 《陈书》卷14《王勇传》。
⑤ 《南史》卷24《王淮之传附王猛传》,王猛本名王勇。又《隋书》卷47《韦世康传附韦洸传》,隋伐陈,韦洸"至广州,说陈渝州都督王猛下之,岭表皆定"。渝州建置不可考,然渝州都督似与广州都督所辖颇同。
⑥ 《梁书》卷3《武帝纪下》大同六年九月。
⑦ 参《陈书》卷13《周炅传》。《隋志》下"蕲春郡"条:"后齐置雍州,后周改曰蕲州。"臧励龢《补陈志》卷2"蕲州"条以为:"盖后齐已有蕲州之名,陈伐齐得之,因而不改也。"
⑧ 《陈书》卷12《徐度传附徐敬成传》。
⑨ 《隋志》下"彭城郡符离"条:"后齐置睢南郡,开皇初郡废,有竹邑县,梁置睢州。"《地形志》中"睢州"条:"萧衍置潼州。"《陈书》卷31《樊毅传》:"(太建)七年,进克潼州、下邳、高栅等六城。"
⑩ 《梁书》卷22《太祖五王·安成王秀传》:"都督南徐兖二州诸军事、南徐州刺史。"按南徐州与兖州不接壤,此"兖"州当即"南兖"州。

年至十五年先后以南徐州刺史都督南徐州诸军事①。是梁代南徐都督区所辖较齐为小,仅辖南徐本州之地。然此后南徐都督不可考。直至太清三年至大宝二年,新兴王萧大庄方复以南徐州刺史都督南徐州诸军事②。承圣三年,陈霸先又以南徐州刺史都督南徐州诸军事,绍泰元年,陈霸先再以扬、南徐二州刺史都督中外诸军事③。此殊非常制。绍泰二年六月,"高祖(陈霸先)表解南徐州以授侯安都"④,侯安都乃以南徐州刺史都督南徐州诸军事。是南徐都督区复为常态。

陈南徐都督区承梁例辖本州。然陈世无江北之地,故南徐州都督时加督缘江诸军事。永定元年,徐度即以南徐州刺史理南徐州缘江诸军事⑤。此后,留异于永定二年、侯安都于永定三年至天嘉四年、黄法𣰽于天嘉四年、周宝安于天嘉四年至六年先后以南徐州刺史都督南徐州诸军事⑥。及天嘉六年,鄱阳王陈伯山复以南徐州刺史为缘江都督⑦。自光大元年至太建五年,黄法𣰽、淳于量先后以南徐州刺史都督南徐州诸军事⑧。至太建七年,新安王陈伯固乃以南徐州刺史都督南徐、南豫、南兖、北兖四州诸军事⑨。盖太建中得淮南地,故南徐都督区得以拓展至江北新置之南、北二兖州。然陈淮南地旋失,因此,太建十二年,河东王陈叔献仍以南徐州刺史都督南徐州诸军事⑩。是南徐都督区复为常态。

2. 徐州都督区

梁徐州都督区承宋末萧齐形势,镇钟离,隶于南兖都督区⑪。天监二年至六年,昌义之以北徐州刺史督北徐州诸军事⑫,天监十五年至普通二年,昌义

---

① 《梁书》卷22《太祖五王·鄱阳王恢传》、《南平王伟传》,卷55《豫章王综传》,卷29《高祖三王·南康王绩传》。
② 《梁书》卷4《简文帝纪》太清三年八月,卷44《太宗十一王·新兴王大庄传》。
③ 《陈书》卷1《高祖纪上》。
④ 《陈书》卷1《高祖纪上》。卷8《侯安都传》:"绍泰元年,以功授使持节、散骑常侍、都督南徐州诸军事、仁威将军、南徐州刺史。"按陈霸先于绍泰元年十月方任都督中外诸军事,扬、南徐二州刺史,时侯安都为高州刺史。故以《高祖纪》为准。
⑤ 《陈书》卷12《徐度传》:"寻前镇右将军、领军将军、徐州缘江诸军事、镇北将军、南徐州刺史。"卷后"校勘记"[五]引张森楷校勘记云:"'徐'上疑有'南'字,下称'南徐州刺史',则此不得徒称'徐'也。"
⑥ 《陈书》卷35《留异传》,卷8《侯安都传》,卷11《黄法𣰽传》,卷8《周文育传附周宝安传》。
⑦ 《陈书》卷28《世祖九王·鄱阳王伯山传》。
⑧ 《陈书》卷11《黄法𣰽传》、《淳于量传》。
⑨ 《陈书》卷36《新安王伯固传》。
⑩ 《陈书》卷28《高宗二十九王·河东王叔献传》。
⑪ 参本节上文"南兖都督区"条。
⑫ 《梁书》卷18《昌义之传》。

之复为北徐州刺史,都督北徐州缘淮诸军事①。裴邃于普通二年、韦放于中大通二年至四年,皆以北徐州刺史督北徐州诸军事②。及大同七年至八年,裴之礼乃以北徐州刺史都督北徐、仁、睢三州诸军事③。武帝末年,萧正表又为"都督北徐、西徐、仁、睢、安五州诸军事、北徐州刺史"④。其中西徐州为大通元年取魏之涡阳而置州⑤;仁州为大同二年以钟离北岸之赤坎成立⑥;睢州为大通元年克魏竹邑城(南济阴郡)立⑦;安州为大同六年置于北徐州南境之定远郡⑧。是除安州置于原北徐州境内外,其他西徐、仁、睢诸州均置于淮北原北魏境内,由此可知,梁中后期徐州都督区有跨淮向北扩展之趋势。然梁末淮南、淮北地尽失,徐州都督区遂废。

陈太建中北伐,一度得淮南之地。太建五年,鲁广达"进克北徐州,乃授都督北徐州诸军事,北徐州刺史"⑨。太建八年,程文季又以都督谯州诸军事、谯州⑩刺史进督北徐、仁州诸军事、北徐州刺史⑪。太建十年后,陈败于周,淮南地复失,徐州都督区又废。

3. 兖州都督区

梁兖州承齐,亦置都督区,以辖本州为惯例。天监七年至九年,张惠绍以北兖州刺史都督北兖州诸军事⑫;天监九年,康绚继之,以北兖州刺史督北兖州缘淮诸军事⑬;及天监十二年至十五年,萧渊藻以兖州刺史都督南兖、兖、徐、青、冀五州诸军事⑭,全同于此一时期之南兖都督区⑮。盖此时南兖州唯萧昂监之,无都督号⑯,故以北兖州刺史都督之。天监十五年至普通二年,明

---

① 《梁书》卷18《昌义之传》。
② 《梁书》卷28《裴邃传》、《韦放传》。
③ 《梁书》卷28《裴邃传附裴之礼传》。
④ 《魏故侍中吴郡王(萧正表)墓志》,赵超编:《汉魏南北朝墓志汇编》,第379页。
⑤ 《梁书》卷3《武帝纪下》大通元年十一月:"以涡阳置西徐州。"
⑥ 《寰宇记》卷17《河南道一七》宿州虹县:"赤坎故城……梁天监八年置赤坎戍,大同二年废戍,置仁州。"
⑦ 《地形志》中"睢州南济阴郡"条:"治竹邑城。孝昌中陷,萧衍为睢州。"《隋志》下"彭城郡符离"条:"有竹邑县,梁置睢州。"
⑧ 《梁书》卷3《武帝纪下》大同六年九月:"移安州置定远郡,受北徐州都督,定远郡改属安州。"
⑨ 《陈书》卷31《鲁广达传》。
⑩ 《陈书》卷5《宣帝纪》太建七年三月:"移谯州镇于新昌郡,以秦郡属之。"按新昌郡原亦在梁北徐州之南境。
⑪ 《陈书》卷10《程灵洗传附程文季传》。
⑫ 《梁书》卷18《张惠绍传》。
⑬ 《梁书》卷18《康绚传》。
⑭ 《梁书》卷23《长沙王业传附藻传》。
⑮ 参本节上文"南兖都督区"条。
⑯ 《梁书》卷24《萧景传附萧昂传》。

山宾又以北兖州刺史督缘淮诸军事①；中大通初，陈庆之复以北兖州刺史都督缘淮诸军事②。梁末失淮南地，故陈无兖州都督区。太建北伐，虽一度重置北兖州，然不置都督，旋又失之。

又梁朝徐州、兖州各置都督，互不相辖。然徐州都督、兖州都督常加督缘淮诸军事。严耕望疑此"亦可能兼统淮水中下流南北诸州。其详待考"③。查天监十五年至普通二年，兖州刺史明山宾督缘淮诸军事，同时北徐州刺史昌义之都督北徐州缘淮诸军事。同一时间、地点设二都督之可能性甚微。故疑此处"缘淮"，盖分指徐州境内之缘淮地区及兖州境内之缘淮地区。

4. 青冀都督区

梁朝承齐，青、冀二州常合置一刺史、一都督，辖淮北近海之地。天监六年，昌义之以青、冀二州刺史都督青、冀二州诸军事，未拜④；天监十年至十二年，张稷又以青、冀二州刺史都督青、冀二州诸军事⑤；天监十七年至普通四年，王神念复以青、冀二州刺史都督青、冀二州诸军事⑥；至太清三年四月，"青冀二州刺史明少遐……举州附于魏"⑦。此后南朝遂无淮北青冀之地。虽承圣中新安土豪程灵洗曾以新安太守、青州刺史都督青、冀二州诸军事⑧，承圣三年羊鹍复以青州刺史都督青、冀二州诸军事⑨，然此都督区非遥领即侨置。此后遂无青冀都督区。

5. 司州都督区

梁初司州都督区全承齐，唯辖本州。天监元年，蔡道恭即以司州刺史都督司州诸军事⑩。然天监三年，司州治义阳陷魏，梁乃移司州治于南义阳，后又移治安陆⑪。故天监六年至大通二年，马仙琕、夏侯亶、康绚、夏侯夔等先后为司州都督，所辖虽仍为本州，然其实际辖境已不如前⑫。"大通二年，魏郢州刺

---

① 《梁书》卷27《明山宾传》。
② 《梁书》卷32《陈庆之传》。
③ 严耕望：《中国地方行政制度史·魏晋南北朝地方行政制度》，第75页。
④ 《梁书》卷18《昌义之传》。
⑤ 《梁书》卷16《张稷传》。
⑥ 《梁书》卷39《王神念传》。
⑦ 《梁书》卷3《武帝纪下》太清三年四月。
⑧ 《陈书》卷10《程灵洗传》。
⑨ 《梁书》卷39《羊侃传附羊鹍传》。
⑩ 《梁书》卷10《蔡道恭传》。
⑪ 《梁书》卷2《武帝纪中》天监三年八月："魏陷司州，诏以南义阳置司州。"卷32《陈庆之传》：大同二年，"表省南司州，复安陆郡"。
⑫ 《梁书》卷17《马仙琕传》，卷28《夏侯亶传》，卷18《康绚传》，卷28《夏侯亶传附夏侯夔传》。

史元愿达请降……诏改魏郢州为北司州,以(夏侯)夔为刺史,兼督司州。"①是司州虽分南北,而司州都督区却合二司州为一。中大通二年,陈庆之以南、北二司州刺史都督南司、北司、西豫、豫四州诸军事②。其中西豫州治于原豫州之晋康郡③。大同七年,羊鸦仁"出为持节、都督南北司豫楚四州诸军事、轻车将军、北司州刺史"④。是梁中后期司州都督区有向东与豫州都督区合并之趋势。及太清元年,侯景以河南地投梁,羊鸦仁"仍为都督豫司淮冀殷应西豫等七州诸军事、司豫二州刺史,镇悬瓠。会侯景败于涡阳,魏军渐逼,鸦仁恐粮运不继,遂还北司"⑤。按淮、殷二州立于随侯景归附之北广陵、项城,皆处河南⑥,应州乃大同时以随州北界应浓山戍立⑦。同年,又命羊磊为"通直散骑常侍,梁兴郡开国侯、南司州诸军事、南司州刺史"⑧。似太清中,南、北司州各立为一都督区。此后,侯景乱梁,司州及豫州江北地并失,豫州又自为都督区⑨,司州都督区遂废。

陈太建五年北伐,得黄城,置司州。太建十二年,得安陆郡,又置南司州⑩。然似均不置都督。不数年,南、北二司州复陷于北。

6. 湘州都督区

梁初湘州都督区承齐,例辖本州。天监元年至三年,杨公则以湘州刺史都督湘州诸军事⑪。天监六年,"分湘广二州置衡州"⑫。故柳忱于天监六年至八年、昌义之于天监八年至九年、王珍国于天监九年至十二年虽均以湘州都督辖本州,然辖境已不如前⑬。普通三年至大通二年,安成王萧机乃以湘州刺史

---

① 《梁书》卷28《夏侯亶传附夏侯夔传》。《地形志》中"南司州"条载有齐安、义阳、宋安三郡,并注曰:"刘或置司州,正始元年改为郢州,孝昌三年陷,萧衍又改为司州。"按魏正始元年即梁天监三年,魏孝昌三年即梁大通元年。
② 《梁书》卷32《陈庆之传》。
③ 胡三省曰:"晋安帝分庐江郡立晋熙郡及怀宁县,梁置西豫州,隋为同安郡,唐为舒州。"《资治通鉴》卷161梁武帝太清二年十一月。
④ 《梁书》卷39《羊鸦仁传》。《地形志》中"西楚州"条:"萧衍置,魏因之。治楚城。"领汝阳、仵城、城阳三郡。《隋志》中"汝南郡城阳"条:"梁置楚州。"
⑤ 《梁书》卷39《羊鸦仁传》。
⑥ 见《梁书》卷3《武帝纪下》太清元年二月、七月。
⑦ 《元和志》卷27《江南道三》安州应山县:"梁大同,以随州北界应浓山戍置应州。"
⑧ 《羊玮墓志》,韩理洲编:《全隋文补遗》,三秦出版社,2004年,第250页。
⑨ 参本节上文"豫州都督区"条。
⑩ 《陈书》卷5《宣帝纪》太建五年十月、太建十二年九月。
⑪ 《梁书》卷10《杨公则传》。
⑫ 《梁书》卷2《武帝纪中》天监六年四月。
⑬ 《梁书》卷12《柳惔传附柳忱传》,卷18《昌义之传》,卷17《王珍国传》。

督湘、衡、桂三州诸军事①。其中桂州乃分广州置②。是湘州都督区之岭南部分更向原广州境内延伸。及大通二年,元愿达又以湘州刺史仅都督本州③。此后,桂阳王萧象为湘州都督,又辖湘、衡二州④。及大同九年至太清二年,张缵以湘州刺史都督湘、桂、东宁三州诸军事⑤。其中桂州已于大同六年改置于原湘州始安郡⑥,东宁州则置于原广州西北境齐熙郡⑦。太清二年,萧绎乃使其子萧方矩以湘州刺史督湘、郢、桂、宁、成、合、罗七州诸军事⑧。是此时湘州都督区北及郢州,西南至宁州,南至成、合、罗三州,与广州都督区呈犬牙交错之状态。

陈氏立国之初,无湘州地。及天嘉元年败王琳,乃以侯瑱都督湘、巴、郢、江、吴五州诸军事,镇溢城。是天嘉初,郢、湘二都督区实合为一都督区。至天嘉二年,陈败周师,侯瑱又以湘州刺史都督湘、桂、郢、巴、武、沅六州诸军事⑨。是年,徐度又以湘州刺史都督湘、沅、武、巴、郢、桂六州诸军事⑩。然即从该年起,郢州都督区始自其中分出。天嘉四年至光大元年(567),华皎即以湘州刺史都督湘、巴等四州诸军事⑪;光大元年至太建四年,吴明彻又以湘州刺史都督湘、桂、武三州诸军事⑫;此后,始兴王陈叔陵于太建四年至九年,周罗睺于至德前中期、晋熙王陈叔文于至德二年至祯明元年、岳阳王陈叔慎于祯明元年至三年,先后为湘州都督,所辖均以湘、衡、武、桂四州为常态⑬,"亦略相当于旧日湘州之域耳"⑭。

7. 雍州都督区

梁初雍州都督区全承齐旧。天监元年,建安王萧伟以雍州刺史都督雍、

---

① 《梁书》卷22《太祖五王·安成王秀传附机传》。
② 《梁书》卷2《武帝纪中》天监六年七月:"分广州置桂州。"
③ 《梁书》卷39《元愿达传》。
④ 《梁书》卷23《桂阳王象传》。
⑤ 《梁书》卷34《张缅传附张缵传》。
⑥ 《梁书》卷3《武帝纪下》大同六年十二月:"置桂州于湘州始安郡,受湘州督;省南桂林等二十四郡,悉改属桂州。"
⑦ 《隋志》下"始安郡义熙"条:"旧曰齐熙,置齐熙、黄水二郡及东宁州。"《元和志》卷37《岭南道四》融州:"萧齐于此置齐熙郡,梁大同中又于郡理置东宁州。"
⑧ 《梁书》卷8《愍怀太子方矩传》。
⑨ 《陈书》卷9《侯瑱传》。
⑩ 《陈书》卷12《徐度传》。
⑪ 《陈书》卷20《华皎传》。
⑫ 《陈书》卷9《吴明彻传》。
⑬ 《陈书》卷36《始兴王叔陵传》,《隋书》卷65《周罗睺传》,《陈书》卷28《高宗二十九王·晋熙王叔文传》、《高宗二十九王·岳阳王叔慎传》。
⑭ 严耕望:《中国地方行政制度史·魏晋南北朝地方行政制度》,第79页。

梁、南秦、北秦四州及郢州之竟陵、司州之随郡诸军事①。其中北秦州乃因氏而设,不能实辖其地,南秦州侨置于梁州,故雍州都督区所辖实土不过雍、梁二州及竟陵、随二郡。天监三年,梁州治南郑陷魏②。故天监四年至七年,柳庆远虽都督雍、梁、南秦、北秦四州诸军事③,然其西北境土已不如前。天监七年至十一年,萧景出任雍州刺史,仍都督此四州二郡④。天监十一年至十二年,萧渊藻乃都督雍、梁、秦三州及竟陵、随二郡诸军事⑤。后柳庆远于天监十三年至十四年,安成王萧秀于天监十六年至十八年,晋安王萧纲于普通四年至七年,均以雍州刺史都督雍、梁、南秦、北秦四州及郢州之竟陵、司州之随郡诸军事⑥。然普通七年至中大通二年,晋安王萧纲又"权进都督荆、益、南梁三州诸军事"⑦。盖普通七年,荆、益二州均有变故,故由雍州都督权辖之⑧,非为常制。中大通二年至大同元年,庐陵王萧续乃以雍州刺史都督雍、梁、秦、沙四州诸军事⑨,其中沙州处原梁州之西北境。是雍州都督区所辖实无大变化。大同七年至中大同元年,萧范又以雍州刺史都督雍、梁、东益、南秦、北秦五州诸军事⑩。其中东益州置于益州境内之南晋寿郡⑪。又前此之大同元年,梁复取南郑⑫,是雍州都督区非但恢复西北之旧境,且向西南延伸至原益州境内。中大同元年后,岳阳王萧詧即以雍州刺史都督雍、梁、东益、南秦、北秦五州及郢州之竟陵、司州之随郡诸军事⑬。及大宝元年岳阳王萧詧以雍州降西魏,大宝三年梁州亦陷没。此后,南朝遂无雍州都督区。

8. 益州都督区

梁初益州都督区与宋齐略同。天监初,西昌侯萧渊藻以益州刺史都督益、

---
① 《梁书》卷22《太祖五王·南平王伟传》。
② 《梁书》卷2《武帝纪中》天监三年二月。
③ 《梁书》卷9《柳庆远传》。
④ 《梁书》卷24《萧景传》。
⑤ 《梁书》卷23《长沙王业传附藻传》。
⑥ 《梁书》卷9《柳庆远传》,卷22《太祖五王·安成王秀传》,卷4《简文帝纪》。
⑦ 《梁书》卷4《简文帝纪》。
⑧ 普通七年,荆州刺史为萧恢,其子萧范将赴益州刺史之任,《梁书》卷22《太祖五王·鄱阳王恢传》载,萧恢于是年九月在荆州任上去世。《南史》卷52《梁宗室下·萧范传》载,萧范"行至荆州而忠烈王(萧恢)薨,因停自解。武帝不许,诏权监荆州"。
⑨ 《梁书》卷29《高祖三王·庐陵王续传》。
⑩ 《梁书》卷22《太祖五王·鄱阳王恢传附范传》。
⑪ 《隋志》上《蜀郡九陇》条:"旧曰晋寿,梁置东益州。"《元和志》卷31《剑南道上》彭州九陇县:"本汉繁县地……梁于此置东益州。"《寰宇记》卷73《剑南西道二》彭州:"梁天监中置东益州。"
⑫ 《梁书》卷3《武帝纪下》大同元年十一月:"北梁州刺史兰钦攻汉中,克之,魏梁州刺史元罗降。"
⑬ 《周书》卷48《萧詧传》。

宁二州诸军事①；及天监九年，始兴王萧憺出任益州刺史，都督益、宁、南梁、南秦、北秦、沙六州诸军事②；天监十三年至十七年，鄱阳王萧恢乃以益州刺史"都督益宁南北秦沙七州诸军事"③。普通元年至二年，晋安王萧纲又以益州刺史都督益、宁、雍、梁、南秦、北秦、沙七州诸军事④，盖时雍州刺史萧恪不加都督号⑤，故益州都督权辖雍州都督区所属之地。此后，由于梁朝州置繁多，大同三年，武陵王萧纪乃以益州刺史"都督益梁等十三州诸军事"⑥。大宝三年，武陵王萧纪称帝于蜀，承圣元年，益州陷于西魏，益州都督区遂废。

9. 合州都督区

梁太清元年，"改合肥为合州"⑦，然未尝设都督区于合州。陈天嘉初，以王琳平，荀朗以合州刺史都督霍、晋、合三州诸军事⑧。其中晋州为梁末萧范以豫州之晋熙立⑨；霍州为梁天监六年置于原豫州境内⑩。是合、晋、霍三州皆处原豫、南豫二州之江北境。陈天嘉中并无其地。胡三省以为："梁置合州于合肥，侯景之乱，已入于齐，齐之境土，南尽历阳。陈盖侨置合州于江滨。"⑪是天嘉中之合州都督区非为侨置即为遥领。太建中北伐，得江北淮南地，合州遂有实土。自太建五年至十一年，黄法氍、江夏王陈伯义、鲁广达先后以合州刺史都督合、霍二州诸军事⑫。太建十一年，江北淮南地沦陷，合州都督区遂废。

10. 定州都督区

梁天监十三年，"司州叛蛮田鲁生，弟鲁贤、超秀，据蒙笼来降，高祖以鲁生为北司州刺史，鲁贤北豫州刺史，超秀定州刺史，为北境捍蔽"⑬。然定州旋叛入魏⑭。梁后复得之。大宝二年（551），杜龛即以定州刺史督定州诸军事⑮。

---

① 《梁书》卷23《长沙王业传附藻传》。
② 《梁书》卷23《太祖五王·始兴王憺传》。
③ 《梁书》卷22《太祖五王·鄱阳王恢传》。卷后"校勘记"[一三]："按此只有五州，疑脱南北梁二州。"严耕望《中国地方行政制度史·魏晋南北朝地方行政制度》则以为所脱为"雍梁"。
④ 《梁书》卷4《简文帝纪》。
⑤ 《南史》卷52《梁宗室下·南平王伟传附恪传》。
⑥ 《梁书》卷55《武陵王纪传》，卷3《武帝纪下》大同三年闰九月。
⑦ 《梁书》卷3《武帝纪下》太清元年七月。
⑧ 《陈书》卷13《荀朗传》。
⑨ 《梁书》卷22《太祖五王·鄱阳王恢传附范传》："以晋熙为晋州。"
⑩ 《梁书》卷2《武帝纪中》天监六年十二月。
⑪ 《资治通鉴》卷168陈文帝天嘉二年正月胡注。
⑫ 《陈书》卷11《黄法氍传》，卷28《江夏王伯义传》，卷31《鲁广达传》。
⑬ 《梁书》卷22《太祖五王·安成王秀传》。
⑭ 谭其骧《补陈疆域志》校补卷2"定州"条：定州于天监"十四年叛入魏(注：《方舆纪要》)"。《长水集》(上)，第117页。
⑮ 《梁书》卷46《杜龛传》。

承圣元年，周炅为江州刺史，都督江、定二州诸军事。是定州隶于江州都督区。及陈天嘉元年，周炅以地降陈，陈乃使周炅以定州刺史带西阳、武昌二郡太守①。是梁末陈初定州未置都督。太建五年，周炅以安州刺史都督安、蕲、江、衡、司、定六州诸军事。旋周炅平定州刺史田龙升之叛，乃以周炅为"定州刺史，持节，都督如故……太建八年卒官"②。是太建中定州都督区乃由安州都督区转变而来。然太建九年，陈方庆以定州刺史都督定州诸军事，唯辖本州而已③。

11. 武州都督区

《隋志》下武陵郡："梁置武州。"《寰宇记》卷118《江南西道一六》"朗州"条引《舆地志》："梁太清四年，湘东王承制于荆州割武陵郡置武州。"然梁似未曾于武州置都督。天嘉元年，"分荆州之天门、义阳、南平、郢州之武陵四郡，置武州。其刺史督沅州，领武陵太守，治武陵郡。其都尉所部六县为沅州。别置通宁郡，以刺史领太守，治都尉城，省旧都尉"④。故天嘉初，吴明彻以武州刺史都督武、沅二州诸军事⑤；天嘉五年，陆子隆又都督武州诸军事；及光大中，华皎反，陆子隆复都督武州诸军事⑥。旋陈置荆州于公安，重设荆州都督区，取代武州都督区防北之职能。故太建以后，武州都督遂不见于史籍。

12. 交爱都督区

梁及陈初，交州皆隶属广州都督区，未见自置都督。然《新唐书》卷130《杨玚传》载："杨玚字瑶光，华州华阴人。五世祖缙为陈中书舍人，名属文，终交、爱九州都督、武康郡公。子林甫代领都督，隋灭陈，逾三年乃降，徙长安。"按杨缙、杨林甫未见于南北朝正史及《隋书》⑦。《文苑英华》卷912《碑六九》录

---

① 《陈书》卷13《周炅传》。《隋志》下"永安郡麻城"条："梁置信安，又有北西阳县。陈废北西阳，置定州。"谭其骧《〈补陈疆域志〉校补》卷2"定州"条以为"天嘉初，炅以地来归，陈始有定州，陈特迁州治于建宁郡之赤亭耳"。《长水集》（上），第122页。
② 《陈书》卷13《周炅传》。
③ 《陈书》卷14《南康王昙朗传附方庆传》。
④ 《陈书》卷3《世祖纪》天嘉元年三月。
⑤ 《陈书》卷9《吴明彻传》。
⑥ 《陈书》卷22《陆子隆传》。
⑦ 《艺文类聚》录有杨缙诗篇。卷33《人部一七》"游侠"篇"陈杨缙《侠客控绝影诗》"、卷55《杂文部一》"史传"篇"陈杨缙赋得《荆轲诗》"、卷97《虫豸部》"萤火"篇"陈杨缙赋得《照帙秋萤诗》"。《乐府诗集》卷58《琴曲歌辞》录《荆轲诗》作《荆轲歌》，记作者为"阳缙"。逯钦立《先秦汉魏晋南北朝诗·陈诗》卷6亦录此三诗，作者记为"阳缙"，且引《旧唐书》卷185下《良吏下·杨玚传》书其小传："缙，陈中书舍人，以辞学知名。陈灭，始自江左徙关中。"则杨缙即阳缙。中古时代"杨"、"阳"常杂用，如杨街之亦可作阳街之。华阴县，魏、晋属弘农郡，唐属华州，弘农华阴杨氏为望族，永嘉之后，部分杨氏族人南迁，然而郡望不改。及南并于北，又有杨氏族人北还。杨玚既为华州华阴人，则其先祖当以"杨"姓为是。

唐严识玄《潭州都督杨志本碑》曰:"公讳志本,字文范,弘农华阴人也……曾祖晋,陈内使舍人、临海王府长史、开蓬蒋、遂交、爱等九州刺史、武康节公……大父林甫,陈贞威将军、广州都督。"《碑》文所载杨晋当即杨缙,所言杨林甫为广州都督,恐误,参本节"广州都督区"条及前引《杨玚传》,广州都督另有其人,且陈亡时,广州都督区遂入隋,不待三年,今从《杨玚传》。《碑》文言杨缙为交、爱刺史在任临海王府长史之后。陈临海王陈伯宗即为陈废帝,光大二年(568)十一月,废帝退位为临海郡王,太建二年四月薨,其子陈至泽"太建元年,袭封临海嗣王。寻为宣惠将军,置佐史。陈亡入长安"①。则杨缙为交、爱等九州刺史、都督当在太建元年后,直至陈亡,其子杨林甫仍踞此地三年。是至迟于太建元年,陈置交爱都督区,辖九州之境。

(三)第三等都督区

1. 梁秦都督区

梁初梁秦都督区承齐,辖梁、秦二州,实即梁州一地。天监五年,王珍国"出为使持节、都督梁秦二州诸军事、征虏将军、南秦梁二州刺史。会梁州长史夏侯道迁以州降魏,珍国步道出魏兴,将袭之,不果,遂留镇焉"②。是天监五年后,梁秦都督镇魏兴,其所辖较宋、齐少汉中。吉士瞻于天监中为秦梁二州刺史,加都督③;韦放于大通元年至中大通二年以梁、南秦二州刺史督梁、南秦二州诸军事④;中大通、大同之际,兰钦以梁、南秦二州刺史都督南梁、南秦、北秦、沙四州诸军事⑤,梁秦都督区所辖仍略同于前。及大同元年,"北梁州刺史兰钦攻汉中,克之,魏梁州刺史元罗降"⑥。故大同初,杜怀宝为梁州刺史时,因"魏梁州刺史元罗举州内附,怀宝复进督华州"⑦。华州亦置于原梁州境内⑧。此后,阴子春亦曾以梁、秦二州刺史都督梁、秦、华三州诸军事⑨,仍略同于前。直至太清二年,萧绎以徐元盛为"督梁南秦沙东益巴北巴六州诸军

---

① 《陈书》卷7《废帝王皇后传附陈至泽传》。
② 《梁书》卷17《王珍国传》。《隋志》上"西城郡"条:"梁置梁州,寻改曰南梁州。"《寰宇记》卷141《山南西道九》金州:"梁于魏兴郡置北梁州,寻改为南梁州。"
③ 《南史》卷55《吉士瞻传》。
④ 《梁书》卷28《韦放传》。
⑤ 《梁书》卷32《兰钦传》。
⑥ 《梁书》卷3《武帝纪下》大同元年十一月。
⑦ 《梁书》卷46《杜崱传附杜怀宝传》。
⑧ 《隋志》上"义城郡绵谷"条:"又有华阳郡,梁置华州。"
⑨ 《梁书》卷46《阴子春传》。

事、仁威将军、秦州刺史"①。其中巴州治梁广②,北巴州治北巴西郡③。大宝三年,梁州陷魏,梁秦都督区遂废。

2. 南梁都督区

梁又有南梁州都督区。《梁书》卷2《武帝纪中》天监八年四月:"以北巴西郡置南梁州。"卷17《张齐传》:"初,南郑没于魏,乃于益州西置南梁州。"天监十七年至普通四年,张齐即以南梁州刺史都督南梁州诸军事。然此后,南梁都督区则不可考。

3. 东梁都督区

梁末又曾以东梁州诸地置都督区。《周书》卷44《李迁哲传》:"太清二年,移镇魏兴郡,都督魏兴、上庸等八郡诸军事……四年,迁持节、信武将军、散骑常侍、都督东梁洵兴等七州诸军事、东梁州刺史。"及大宝二年,西魏攻陷东梁州,李迁哲降魏,东梁州都督区遂废。

4. 衡州都督区

《梁书》卷24《萧景传附萧昌传》:"(天监)九年,分湘州置衡州,以昌为持节、督广州之绥建湘州之始安诸军事、信武将军、衡州刺史。"④普通中,衡州常隶于湘州都督区⑤,亦或自置都督。裴之平即因"衡州部民相聚寇抄,诏以之平……都督衡州五郡征讨诸军事"⑥。大同六年,移桂州于始安⑦,故大同中兰钦以衡州刺史都督衡、桂二州诸军事⑧。是衡州都督区所辖区域略无变化。大同以后,衡州不再受湘州都督区所辖,转而成为一独立都督区。大同十一年⑨,韦粲为衡州刺史,唯督本州。太清、大宝间,王冲又以衡州刺史督衡、桂、成、合四州诸军事⑩。及太平二年,因岭南萧勃平,以王劢为"使持节、都督广州等二十州诸军事……广州刺史。未行,改为衡州刺史,持节、都督并如故。王琳据有上流,衡、广携贰,劢不得之镇,留于大庾岭"⑪。是梁末衡、广二都督

---

① 《梁书》卷46《徐元盛传》。
② 胡阿祥:《六朝疆域与政区研究》,第492页。
③ 《隋志》上"巴西郡"条:"梁置南梁、北巴州。"盖此乃双头州。
④ 《梁书》卷24《萧景传附萧昌传》。卷2《武帝纪中》天监六年四月:"分湘广二州置衡州。"
⑤ 参本节上文"湘州都督区"条。
⑥ 《陈书》卷25《裴忌传附裴之平传》。
⑦ 《梁书》卷3《武帝纪下》大同六年十二月。
⑧ 《梁书》卷32《兰钦传》。
⑨ 《梁书》卷43《韦粲传》作"中大同十一年",恐误。按"中大同"唯元年、二年,不当有"中大同十一年"字样,"中"字疑当上属。
⑩ 《陈书》卷17《王冲传》。
⑪ 《陈书》卷17《王通传附王劢传》。

区合而为一,然朝命不行。是年,复使欧阳頠以衡州刺史都督衡州诸军事。頠"未至岭南,頠子纥已克定始兴"①,乃改授欧阳頠为广州都督。陈永定三年后,衡州乃受隶于广州都督区②。

天嘉元年,"改桂阳之汝城县为卢阳郡。分衡州之始兴、安远二郡,置东衡州"③。衡、东衡二州便成一都督区。都督或以衡州刺史,或以东衡州刺史为之。天嘉五年,钱道戢以衡州刺史、始兴内史都督东、西二衡诸军事;天康元年,沈君理以东衡州刺史、始兴内史都督东衡、衡二州诸军事④。祯明三年,王勇以东衡州刺史督衡、广、交、桂、武等二十四州诸军事⑤。是衡、广二都督区合并为一都督区。是年,陈亡,衡州都督区遂废。

5. 东衡州都督区

梁末亦曾一度置东衡州,唯辖本州。"梁元帝承制以始兴郡为东衡州,以(欧阳)頠……都督东衡州诸军事……东衡州刺史。"⑥钱大昕称:"东衡州实置于梁末,不知何年省入衡州。"⑦梁末之东衡州都督区唯此一见,后遂不可考。

6. 吴州都督区

《隋志》下鄱阳郡:"梁置吴州,陈废。"《元和志》卷28《江南道四》饶州:"孙权分豫章立为鄱阳郡。梁承圣二年改为吴州。"梁元帝使王质以吴州刺史、鄱阳内史都督吴州诸军事。"荆州陷,侯瑱镇于湓城,与质不协,遣偏将羊亮代质,且以兵临之,质率所部,度信安岭,依于留异。文帝(陈蒨)镇会稽,以兵助质,令镇信安县。"⑧是梁末吴州都督区未能实辖其地。及陈氏永定三年,胡颖以吴州刺史都督吴州诸军事。天嘉初,王琳平,赵知礼以吴州刺史督吴州诸军事;天嘉三年至五年,陈详复以吴州刺史都督吴州诸军事⑨。是陈之吴州都督区唯辖本州。"至陈光大元年省吴州,依旧置郡。"⑩吴州都督区遂废。

7. 高州都督区

梁"太平元年,割江州四郡置高州,以(黄)法氍为使持节、散骑常侍、都督

---

① ⑥ 《陈书》卷9《欧阳頠传》。
② 参本节上文"广州都督区"条。
③ 《陈书》卷3《世祖纪》天嘉元年五月。
④ 《陈书》卷22《钱道戢传》,卷23《沈君理传》。
⑤ 《陈书》卷14《王勇传》。
⑦ 《廿二史考异》卷27《陈书·世祖纪》。
⑧ 《陈书》卷18《王质传》。
⑨ 《陈书》卷12《胡颖传》,卷16《赵知礼传》,卷15《陈详传》。
⑩ 《元和志》卷28《江南道四》"饶州"条。

高州诸军事、信武将军、高州刺史、镇于巴山"①。盖高州及高州都督区皆为巴山土豪黄法𣰋而设。天嘉四年初,陈氏改黄法𣰋为南徐州刺史②。此后,高州及高州都督区遂不可考。

8. 缙州都督区

梁绍泰二年,以东阳土豪留异为缙州刺史,领东阳太守。陈因之,"世祖即位,改授(留异)都督缙州诸军事、安南将军,缙州刺史,领东阳太守"③。谭其骧先生以为:"天嘉三年(留)异平即罢州,以郡隶东扬州,以后缙州不见于史,是天嘉后无缙州也。"④缙州都督区亦因此而废。

9. 谯州都督区

梁中大通四年,"魏南兖州刺史刘世明以城降,改魏南兖州为谯州"⑤。旋使羊鸦仁"都督谯州诸军事、信威将军、谯州刺史"⑥。寻谯州又没于魏⑦,谯州都督区遂废。

10. 南谯州都督区

《寰宇记》卷128《淮南道六》滁州:"梁大同二年割北徐州之新昌、南豫州之南谯、豫州之北谯,凡三郡立为南谯州……梁末丧乱,地没高齐。"是梁后期已有南谯州。然史书中未见于南谯州设都督。陈太建五年北伐,"割南兖州之盱眙郡属谯州"⑧。太建七年三月,"移谯州镇于新昌郡,以秦郡属之……五月乙卯,割谯州之秦郡还隶南兖州。分北谯县置北谯郡,领阳平所属北谯、西谯二县。合州之南梁郡,隶入谯州"⑨。至太建八年,乃命程文季以谯州刺史都督谯州诸军事。裴忌亦曾以谯州刺史都督谯州诸军事⑩。太建十一年,陈失淮南、江北地,南谯都督区遂废。

11. 西豫都督区

《隋志》下"同安郡"条:"梁置豫州。"胡三省曰:"晋安帝分庐江郡立晋熙郡及怀宁县,梁置西豫州,隋为同安郡,唐为舒州。"⑪是西豫州约在梁庐江郡境

---

① 《陈书》卷11《黄法𣰋传》。
② 《陈书》卷3《世祖纪》天嘉四年正月。
③ 《陈书》卷35《留异传》。
④ 谭其骧:《〈补陈疆域志〉校补》卷1"东扬州"条,见《长水集》(上),第108—109页。
⑤ 《梁书》卷3《武帝纪下》中大通四年正月。
⑥ 《梁书》卷39《羊鸦仁传》。
⑦ 《梁书》卷39《元树传》。
⑧ 《陈书》卷5《宣帝纪》太建五年九月。
⑨ 《陈书》卷5《宣帝纪》太建七年三月、五月。
⑩ 《陈书》卷10《程灵洗传附程文季传》,卷25《裴忌传》。
⑪ 《资治通鉴》卷161梁太清二年十一月,胡注。

内。天监四年,梁使陈伯之以西豫州刺史都督西豫州诸军事。然陈伯之未之任①。此后,西豫州都督遂不可考。

12. 巴州都督区

《隋志》下"巴陵郡"条:"梁置巴州。"《元和志》卷27《江南道三》岳州:"宋文帝又立为巴陵郡,梁元帝改为巴州。"梁元帝承制,淳于量以巴州刺史都督巴州诸军事,用以阻遏侯景西上②。是巴州都督区始建于梁末。

终陈之世,巴州先隶湘州都督区,再隶郢州都督区③。光大元年(567),都督湘巴等四州诸军事、湘州刺史华皎反,乃使徐敬成以巴州刺史都督巴州诸军事④。及华皎平,鲁广达复以巴州刺史都督巴州诸军事⑤。是陈巴州都督区唯辖本州。太建以后,巴州都督区则不可考。

13. 桂州都督区

梁天监六年,"分广州置桂州"⑥。大同六年,"置桂州于湘州始兴郡,受湘州督;省南桂林等二十四郡,悉改属桂州"⑦。《元和志》卷37《岭南道四》桂州:"梁天监六年,立桂州于苍梧、郁林之境,因桂江以为名,大同六年移于今理。"⑧桂州设立之初不置都督,先后隶于湘州、广州、衡州都督区⑨。及承圣元年,始以淳于量为桂州刺史,都督桂、定、东宁、西宁四州诸军事⑩。其中(西)宁州本属益州都督区⑪,是时已没于西魏;(南)定州治郁林⑫;东宁州治齐熙,处桂州西邻⑬。是桂州都督区所辖实为桂、东宁、定三州。入陈以后,桂州都督区遂不可考。

14. 霍州都督区

梁天监六年十二月,"分豫州置霍州"⑭。霍州在梁代常隶于豫州都督

---

① 《梁书》卷20《陈伯之传》。
②⑩ 《陈书》卷11《淳于量传》。
③ 参本节上文"湘州都督区"条、"郢州都督区"条。
④ 《陈书》卷12《徐敬成传》。
⑤ 《陈书》卷31《鲁广达传》。
⑥ 《梁书》卷2《武帝纪中》天监六年七月。
⑦ 《梁书》卷3《武帝纪下》大同六年十二月。
⑧ "今理"即始安。
⑨ 参本节上文"湘州都督区"条、"广州都督区"条、"衡州都督区"条。
⑪ 参本节上文"益州都督区"条。
⑫ 《梁书》卷3《武帝纪下》普通四年六月:"分广州置……南定州。"《隋志》下"郁林郡"条:"梁置定州,后改为南定州。"
⑬ 《隋志》下"始安郡义熙"条:"旧曰齐熙,置齐熙、黄水二郡及东宁州。"《元和志》卷37《岭南道四》融州:"萧齐于此置齐熙郡,梁大同中又于郡理置东宁州。"
⑭ 《梁书》卷2《高祖纪中》天监六年十二月。

区①,本州似未曾置都督。梁末失地于北。至陈太建中北伐,复克霍州②。及陈北伐军败,乃使周罗睺为"使持节、都督霍州诸军事"③。旋霍州复陷,霍州都督区遂废。

第二节 郡以上都督区

1. 会稽都督区(东扬州都督区)

梁初承齐,置会稽都督区,辖扬州东部五郡。天监元年(502)至五年,永阳王萧伯游即以会稽太守督会稽、东阳、新安、永嘉、临海五郡诸军事④,全同于齐。普通五年(524)三月,"分扬州、江州置东扬州"⑤。以会稽太守武陵王萧纪为刺史⑥。太清中,临城公萧大连为东扬州刺史,"(太清)三年,会稽山贼田领群聚党数万来攻,大连命中兵参军张彪击斩之"⑦。按中兵参军乃军府僚佐,是梁末东扬州仍置都督。大宝二年(551),陈霸先又"都督会稽东阳新安临海永嘉五郡诸军事、平东将军、东扬州刺史,领会稽太守、豫章内史"⑧。按陈霸先以东扬州刺史为都督,史书不云"都督东扬州诸军事"者,疑此时会稽都督区仍仅辖此五郡,而不及东扬州境域。是东扬州虽立,而会稽都督仍承旧制,唯以东扬州刺史兼为都督而已。

及太平元年(556),陈氏平东扬州刺史张彪,"罢东扬州,还复会稽郡"⑨。陈蒨乃"授持节、都督会稽等十郡诸军事、宣毅将军、会稽太守"⑩。及陈氏代梁,永定三年(559),沈恪又以会稽太守进督会稽、东阳、新安、临海、永嘉、建安、晋安、新宁、信安九郡诸军事⑪;天嘉二年(561),徐度复以会稽太守都督此九郡诸军事⑫。是梁末陈初,会稽都督区较前南扩至原江州境内。天嘉三年六月,"以会稽、东阳、临海、永嘉、新安、新宁、晋安、建安八郡置东扬州。以扬

---

① 参本节上文"豫州都督区"条。
② 《陈书》卷31《任忠传》。
③ 《隋书》卷65《周罗睺传》。
④ 《梁书》卷23《永阳王伯游传》。
⑤ 《梁书》卷3《武帝纪下》普通五年三月。
⑥ 《梁书》卷55《武陵王纪传》。
⑦ 《梁书》卷44《太宗十一王·南郡王大连传》。
⑧ 《陈书》卷1《高祖纪下》。
⑨ 《梁书》卷6《敬帝纪》太平元年三月。
⑩ 《陈书》卷3《世祖纪》。
⑪ 《陈书》卷12《沈恪传》。
⑫ 《陈书》卷12《徐度传》。

州刺史始兴王伯茂为镇东将军、东扬州刺史"①。是东扬州所辖区域与此前之会稽都督区所辖区域大致相同,因而会稽都督区称为东扬州都督区亦可。此后,史书所载东扬州刺史所都督者,直曰某州,而不言都督某郡矣。故太建元年(569)至四年,豫章王陈叔英以东扬州刺史督东扬州诸军事②。然前此之光大二年(568),"割东扬州晋安郡为丰州"③。因此,陈末至德二年(584)至祯明元年(587),永阳王陈伯智、鄱阳王陈伯山先后以东扬州刺史都督东扬、丰二州诸军事④,所辖与前大体相当。

2. 南江州六郡都督区

梁大宝元年,陈霸先自岭南越大庾岭北进江州腹地,为李迁仕所阻,遂屯南康,萧绎承制授陈霸先以南江州刺史都督六郡诸军事⑤。大宝二年,李迁仕平,陈霸先自南康北上,南江州六郡都督区遂废。

3. 安成庐陵二郡都督区

梁大宝二年,"及高祖(陈霸先)下南康,留(杜)僧明顿西昌,督安成、庐陵二郡军事。"⑥旋杜僧明北上,安成、庐陵都督区遂废。

4. 高要七郡都督区

梁太清元年(547),授陈霸先为"西江督护、高要太守、督七郡诸军事"⑦。太清三年,陈霸先转为交州刺史。此后,高要七郡都督区遂不可考。

5. 高唐寻阳都督区

《陈书》卷18《韦载传》:"(梁)元帝以载为假节、都督太原高唐新蔡三郡诸军事、高唐太守。"此都督区处江州北境。及陈天嘉三年,乃授华皎"督寻阳太原高唐南北新蔡五郡诸军事、寻阳太守……监(江州)如故"⑧。盖梁末陈初,江州腹地多土豪,朝廷实难辖之,故权于其北部数郡设都督区。

6. 南琅邪彭城都督区

陈南琅邪、南彭城二郡为双头郡,治于扬州之白下⑨,陈于此置一都督区。

---

① 《陈书》卷3《世祖纪》天嘉三年六月。此八郡较前九郡少信安,据《宋志》一"扬州刺史"条、《南齐志》上"扬州"条,信安为扬州东阳郡之属县。《补陈志》卷1缙州信安郡:"《寰宇记》,陈改信安县为信都郡。按《一统志》,陈有信安县,疑陈于信安县置郡,非改置也。"
② 《陈书》卷28《高宗二十九王·豫章王叔英传》。
③ 《陈书》卷4《废帝纪》光大二年四月。
④ 《陈书》卷28《世祖九王·永阳王伯智传》、《鄱阳王伯山传》。
⑤⑦ 《陈书》卷1《高祖纪上》。
⑥ 《陈书》卷8《杜僧明传》。
⑧ 《陈书》卷20《华皎传》。
⑨ 胡阿祥:《六朝疆域与政区研究》,第494页。

永定、天嘉之际,始兴王陈伯茂即为"都督南琅邪彭城二郡诸军事、彭城太守"①。光大中,新安王陈伯固又为"都督南琅邪彭城东海三郡诸军事、云麾将军、彭城琅邪二郡太守"②。其中东海郡治京口③,是此都督区处于建康迤北近江一线。

7. 吴兴都督区

陈置吴兴都督区于吴兴郡。太建元年(569),乃授新安王陈伯固"都督吴兴诸军事、平东将军、吴兴太守"④。此后,武陵王陈伯礼于太建初至太建十一年,桂阳王陈伯谋、宜都王陈叔明于太建末均以吴兴太守都督吴兴诸军事⑤。是建康东南亦常设一都督区。

8. 豫章都督区

梁陈豫章郡一般不设都督。然太建六年,授陈方泰"都督豫章郡诸军事、豫章内史"⑥。太建后期,又授周罗睺"使持节、都督豫章十郡诸军事、豫章内史"⑦。其余则不可考。

---

① 《陈书》卷28《世祖九王·始兴王伯茂传》。
②④ 《陈书》卷36《新安王伯固传》。
③ 《通典》卷182《州郡典一二》丹阳郡:"宋置南东海郡及南徐州……齐梁以后,并因之。以至于陈,京口常为重镇。"
⑤ 《陈书》卷28《世祖九王·武陵王伯礼传》、《桂阳王伯谋传》;《陈叔明墓志》,《全隋文补遗》,第322页。
⑥ 《陈书》卷14《南康王昙朗传附方泰传》。
⑦ 《隋书》卷65《周罗睺传》。

第三编　三国诸州郡县沿革

本编凡例

1. 本编叙述三国诸州郡县沿革的时间,分别为:魏起始于黄初元年(220),终结于咸熙二年(265);汉(蜀汉)起始于章武元年(221),终结于炎兴元年(263);吴起始于建安二十五年(220)①,终结于天纪四年(280)②。

2. 陈寿《三国志》无地理志,故以《续汉书·郡国志》校《晋书·地理志》。诸州各郡之具体情况,例见诸州各郡按语。各郡诸县,凡二志归属情况一致且其间变化又乏考者,多直录于该郡之下,不出按语;凡二志归属、名称有变化者或有其他需要说明之情况,则或下按语或出注释。

3. 据《续汉书·郡国志》:"凡县名先书者,郡治所也。"故《续汉书·郡国志》各郡首县为该郡治所。今凡郡治失考者,若后汉时各郡首县仍属三国时之原郡,则暂以其为郡治。如《续汉书·郡国志》河南郡首县为洛阳,而洛阳魏时仍属河南尹,则魏时河南尹之治所为洛阳;同此例者,大体不出按语。治所乏考者,则或依据《中国历史地图集·三国西晋》分册所绘治所为定。

4. 三国诸州郡县存在的年限及名称的变更,在诸州郡县后以圆括号的形式标出,旋置旋废者,于考证文字中述其大概,而不单列。本编中州郡县废置时间的公元纪年标准为:若建置时间在某年之上半年,则以该年为建置年,若建置时间在某年之下半年,则以次年为建置年;若罢废时间为某年之上半年,则以上一年为罢废年,若罢废时间在某年之下半年,则以该年为罢废年。仅知为某年而不明上下半年者,以始设之年为起始年,省废之年的前一年为终止年。废置时间无法精确表示者,则据考证文字酌定,如大抵在某年,则在该年代后以问号标出,或在该年代后加"前"或"后"字。凡置、废均乏考的情况,用

---

① 高敏《读长沙走马楼简牍札记之一》(《郑州大学学报》2000年第3期)据《长沙走马楼吴简》和《建康实录》,以为孙权未奉曹魏黄初年号,而是仍用建安纪年,是也。然其依据出土吴简,以为建安二十八年方改为黄武元年,证据不足,吴简中并无"建安二十八年"记载,又简"入吏番观所备船师建安廿七年折咸米四斛"(6-2277)与简"其二斛八斗税昭勉□□陈晋黄武元年米"(6-2278)前后相承,亦有可能是当年改元,即建安二十七年改为黄武元年,不必隔年也。罗新《走马楼吴简中的建安纪年简问题》(《文物》2002年第10期)亦以为"建安十七年和黄武元年,事实上是同一年"。
② 天纪四年(280)三月西晋平吴,而本编为方便与下编之西晋政区年代标识相衔接,吴政区截止年代一律作天纪三年(279)。

(?)表示。郡县封国者,其封国之年为起始年,徙封、省废之年的前一年为终止年,一年内暂封俄变者,以此年为封国。

5. 在三国之曹魏、蜀汉、孙吴诸州郡县分别考证沿革之基础上,复以221年(曹魏黄初二年、蜀汉章武元年、孙吴建安二十六年)、239年(曹魏景初三年、蜀汉延熙二年、孙吴赤乌二年)、262年(曹魏景元三年、蜀汉景耀五年、孙吴永安五年)为断代,排列其时之州郡县领属情况,以见各自断代之三国政区总体面貌。

6. 本编中所提到的现代地名,以2004年《中华人民共和国行政区划简册》①为准。

7. 本编征引文献,为省篇幅,或以简称出现。具体说明如下:
陈寿《三国志·魏书》、《蜀书》、《吴书》,简称《魏志》、《蜀志》、《吴志》②;
班固《汉书·地理志》,简称《汉志》;
司马彪《续汉书·郡国志》,简称《续汉志》;
沈约《宋书·州郡志》,简称《宋志》;
房玄龄等《晋书·地理志》,简称《晋志》;
魏收《魏书·地形志》,简称《地形志》;
李吉甫《元和郡县图志》,简称《元和志》;
乐史《太平寰宇记》,简称《寰宇记》;
吴增仅《三国郡县表》,简称吴氏《表》;
吴增仅《〈三国郡县表〉考证》,简称吴氏《考证》;
杨守敬《〈三国郡县表〉补正》,简称杨氏《补正》;
洪亮吉《补三国疆域志》,简称洪氏《补志》;
谢锺英《〈补三国疆域志〉补注》,简称谢氏《补注》;
谢锺英《三国疆域志疑》,简称谢氏《志疑》;
金兆丰《校补三国疆域志》,简称金氏《校补》;
卢弼《三国志集解》,简称卢氏《集解》;
赵一清《三国志注补》,简称赵氏《注补》;
司马光《资治通鉴》,简称《通鉴》;
钱大昕《廿二史考异》,简称钱氏《考异》。

---

① 中华人民共和国民政部编,中国地图出版社,2005年。
② 本编所引《三国志》底本,除特别说明者外,概为卢弼《三国志集解》,标点由笔者酌加,其文字标点与通行本中华书局点校本《三国志》或有相异之处,特此说明。

第一章 曹魏诸州郡县沿革

第一节 司隶①部沿革

司隶(220—265),治洛阳(今河南洛阳市东北)。黄初元年(220),领河南、河东、河内、弘农、魏五郡②。黄初二年,分魏郡置阳平郡、广平郡。黄初中,置朝歌郡,旋废。正始三年(242),增置荥阳郡,嘉平初废,领县复属河南郡。正始八年,增置平阳郡。甘露年间(256—260),弘农郡划属豫州,后复属司隶③。景元三年(262)之司隶部政区见图2所示。

(一) 河南尹④(220—265)——治洛阳(今河南洛阳市东北)

按:《续汉志》河南尹领二十一县⑤,魏时陆浑、阳翟来属,领县二十三⑥。正始三年,荥阳郡置,割去九县,嘉平初复属。

1. 洛阳⑦(220—265)

---

① 吴氏《考证》卷1以为:魏晋司隶通称为司州,故司州可与司隶互称,而至晋太康元年始定名司州。是,从之。今叙魏事,姑且以司隶为名。
② 据《晋志》:"魏氏受禅,即都汉宫,司隶所部河南、河东、河内、弘农并冀州之平阳,合五郡,置司州。"其时魏郡属司隶,《晋志》误。平阳郡正始八年方置,《晋志》亦误。
③ 今检《魏志》卷4《三少帝纪》:"(咸熙元年)……是岁,罢屯田官以均政役,诸典农皆为太守,都尉皆为令长。"又《魏志》卷5《后妃传》:"景初元年……迁(毛)曾散骑常侍,后徙为羽林虎贲中郎将、原武典农。"又《魏志》卷9《曹真传》:"(何)晏等专政,共分割洛阳、野王典农部桑田数百顷。"又《晋书》卷37有原武太守、野王太守之记载。吴氏据此,以为其时增置原武、野王二郡。而查《晋书》卷57亦有洛阳太守之记载,联系到洛阳亦置典农,则按照吴氏思路,魏于咸熙元年又增置洛阳郡,然洛阳西晋时为京畿所在,《晋志》属河南郡,不当另立新郡,又吴氏《表》卷1所列原武、野王两郡均无县可考,《晋志》野王为县属河内,原武《晋志》不载,据《地形志》广武郡条下"原武,二汉属河南,晋罢",故可推知《晋书》所谓太守似以太守领县而非加太守者皆为领郡,吴氏误增,今不从。
④ 据《地形志》:"河南郡,秦置三川守,汉改为河南郡。后汉、晋为尹,后罢。"则魏时当为河南尹。
⑤ 《续汉志》有"平"县,吴氏《表》卷1以地志无考,阙而不载,从之。
⑥ 洪氏《补志》将阳城列入河南郡,谢氏《补注》非之,吴氏《表》卷1据《宋志》亦以阳城县魏时属河南郡,今检《宋志》未见吴氏所据之文,唯有"阳城、猴氏县,汉旧名,并属河南"。《晋志》阳城属河南,《宋志》似指从晋后的情况,而《续汉志》阳城属颍川,魏时阳城归属情况乏考,故洪氏《补志》欠妥,暂从谢氏。
⑦ 《续汉志》作"雒阳",《晋志》作"洛阳"。《寰宇记》卷3河南道河南府条:"魏受禅,都洛阳。"又《魏志》卷2《文帝纪》引《魏略》:"诏以汉火行也,火忌水,故'洛'去'水'而加'隹'。魏于行次为土,土,水之牡也,水得土而乃流,土得水而柔,故除'隹'加'水',变'雒'为'洛'。"则魏时当作洛阳。

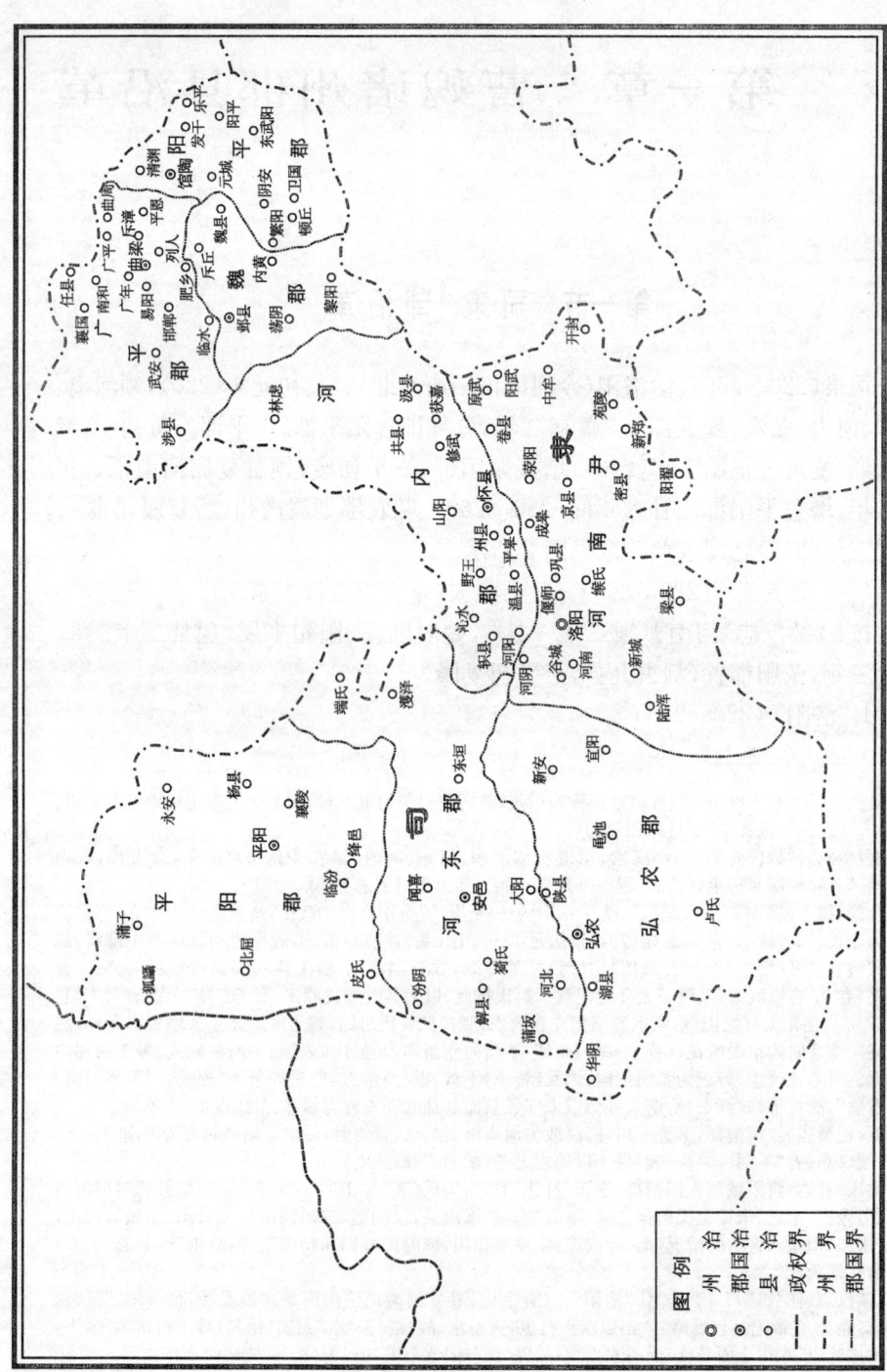

图 2 景元三年(262)三国曹魏司隶部郡政区

2. 巩（220—265）

3. 河阴①（220—265）

4. 成皋（220—265）

5. 缑氏（220—265）

6. 新城（220—265）

7. 偃师（220—265）

按：《续汉志》属，《晋志》无此县。《寰宇记》卷5河南道河南府偃师县条："偃师……晋并入洛阳。"《晋志》无，则当废于晋初。

8. 梁（220—265）

9. 新郑（220—265）

按：《续汉志》属，《晋志》无此县。吴氏《表》卷1引《寰宇记》以为新郑晋时省，今检《寰宇记》未见引文。杨氏《补正》引《左传·隐公十年》②杜注有"今河南新郑"，以为西晋时河南尚有新郑，是，则新郑魏时当属河南尹。

10. 谷城（220—265）

按：《续汉志》属，《晋志》无此县。《寰宇记》卷3河南道河南府条："谷城……西晋省，并入河南。"《晋志》无，当废于晋初。

11. 陆浑（220—265）

按：《续汉志》属弘农郡，《晋志》属。吴氏《表》卷1据《元和志》卷5河南府陆浑县条以为陆浑汉末属河南郡，是。

12. 阳翟（220—265）

按：《续汉志》属颍川郡，《晋志》属。今检《宋志》："阳翟，魏晋属河南。"则阳翟魏时确属河南尹。

13. 河南（220—265）

---

① 《续汉志》作"平阴"，《晋志》作"阴平"。洪氏《补志》据《水经注》卷4经文"（河水）又东过平阴县北"，《晋书》"嘉平三年帝薨，葬河阴"，以为魏改"平阴"为"河阴"。谢氏《补注》据《魏志》卷9《夏侯惇传》裴注引王沈《魏书》"（韩）浩舅杜阳为河阴令，（董）卓执之"，以为"河阴"乃桓灵后所改，洪氏误，卢氏《集解》、李晓杰《东汉政区地理》第一章第一节是之。今查《魏志》卷6《董卓传》："（董）卓遣疑兵若将于平阴渡者。"此与王沈《魏书》显然矛盾。又宋本《寰宇记》卷3河南道河南府洛阳县条："魏文帝改平阴为河阴。"如此确切的记载，乐史必有所据，查《水经注》卷4（凡未注明经文者，皆为郦道元注文，下同）："（平阴）魏文帝改曰河阴。"《寰宇记》所载似原乎此。又《舆地广记》卷5西京河南府赤阳县条："有汉平阴县故城，在县北五十里，魏文帝改为河阴。"则确是魏文帝改"平阴"为"河阴"。杨守敬《水经注疏》亦引王沈《魏书》以为东汉时已改河阴，却未见《魏志》的另一条记载，殊欠周密，卢氏《集解》引赵一清云"杜阳为令时不应有河阴之名，盖史家追改之"（今查赵氏《注补》，此语乃赵一清转引于顾祖禹，金氏《校补》亦引之），似更妥当，故今仍从洪氏，吴氏《表》卷1亦同，《宋志》"河阴子相，魏立"当为"河阴子相，魏改名"。

② 按：当是《左传·隐公十一年》。

按:《续汉志》《晋志》皆属。吴氏《表》卷1据《洛阳志》言河南县先废后复,今《续汉志》《晋志》河南郡均有河南县,吴氏所言其他文献无征,故不从。

14. 卷(220—242,249后—265)
15. 京(220—242,249后—265)
16. 密(220—242,249后—265)
17. 阳武(220—242,249后—265)
18. 苑陵(220—242,249后—265)
19. 中牟(220—222,223中牟国,224—242,249后—265)

按:《续汉志》《晋志》皆属。据《魏志》卷19《曹彰传》:"(黄初)三年立(曹彰)为任城王,四年朝京都,疾,薨于邸……(曹彰)子(曹)楷嗣徙封中牟,五年改封任城县,太和六年复改封任城国。"则黄初四年中牟县为王国,五年复为县。

20. 开封(220—242,249后—265)
21. 原武(220—242,249后—265)

按:《续汉志》属,《晋志》无此县。谢氏《补注》据《地形志》"原武二汉属河南,晋罢",以为魏时仍有原武县且属河南,是。正始三年移属荥阳郡,嘉平初复还,晋初见废。

22. 荥阳(220—242,249后—265)

(二) 荥阳郡(242—249后)——治乏考

按:《续汉志》无此郡,《水经注》卷7:"魏正始三年,岁在甲子,被癸丑诏书,割河南郡自巩、阙以东,创建荥阳郡。"则正始三年增置荥阳郡。《宋志》:"荥阳,晋武帝泰始元年,分河南立。"《晋志》《寰宇记》卷5皆言荥阳郡置于泰始二年(266),吴氏《考证》卷1据《魏志》卷21以为正始末仍有荥阳,且又据《魏志》卷4《三少帝纪》"(少帝时)郡国县道多所置省,俄或还复,不可胜纪",推论荥阳郡废于嘉平初年,杨氏《补正》引《晋书》卷41《魏舒传》"迁宜阳、荥阳二郡太守"以为晋文王时仍有荥阳郡,荥阳郡终魏未废,然其《水经注疏》则谓"盖魏建郡旋废而晋复置也"。今检《元和志》卷5河南府条:"魏文帝受禅,亦都洛阳,陈留王以司隶校尉所掌,置司州,领河南、河东、河内、弘农、平阳五郡。"则至迟景元(260—264)后荥阳郡已废,吴氏推论较为合理,即荥阳郡乃于正始三年置,后于嘉平初废,又于晋泰始初复置,金氏《校补》以为"魏末又废,晋初复置"近是,《宋志》不误,《晋志》《寰宇记》所言荥阳郡置于泰始二年当为泰始元年,杨氏《补正》所据《晋书》魏舒本传似误。又吴氏《考证》卷1以荥阳等九县皆在河南巩县之东,知魏立荥阳当尽有《晋志》所载八县和原武一县,是。

1. 荥阳(242—249 后)
2. 京(242—249 后)
3. 密(242—249 后)
4. 卷(242—249 后)
5. 阳武(242—249 后)
6. 苑陵(242—249 后)
7. 中牟(242—249 后)
8. 开封(242—249 后)
9. 原武(242—249 后)

按:《续汉志》属河南郡,《晋志》无此县。吴氏《考证》卷 1 据地望以为原武县正始三年后移属荥阳郡,《水经注》卷 7"创建荥阳郡"条杨守敬注疏谓:"荥阳东北有原武县,晋初省。似魏荥阳郡当领此九县。"均是也,从之,则原武县正始三年移属焉,嘉平初复还河南郡。

(三)弘农郡①(220—259 前,?—265)——治弘农(今河南灵宝市北)

按:据《晋志》:"魏氏受禅,即都汉宫,司隶所部河南、河东、河内、弘农并冀州之平阳,合五郡,置司州。"则魏代汉时弘农郡当属司隶。又《水经注》卷 4:"(柏谷)水出弘农县南石隄山,山下有石隄祠铭云:'魏甘露四年,散骑常侍征南将军豫州刺史领弘农太守南平公之所经建也。'"《水经注疏》:"守敬按:《历代史表》,魏甘露四年,豫州刺史,前为州太,后为陈骞。太为征东将军,骞为安东将军,皆非征南将军,亦不云领宏农太守,封南平公,疑此有讹文。"《水经注》所录为石铭记载,杨氏遽疑讹文所据不坚,又据《魏志》卷 4《三少帝纪》:"自帝即位至于是岁(嘉平五年),郡国县道多所置省,俄或还复,不可胜纪。"嘉平、甘露相去不远,弘农郡似有"俄或还复"、改隶豫州的可能,赵一清《注补》即据《水经注》所载之铭文以释所谓"俄或还复"。弘农郡还属司隶确年乏考。领县八。

1. 弘农(220 弘农国,221—259 前,?—265)

按:据《魏志》卷 20《曹干传》:"赵王(曹)干……(建安二十二年)改封弘农侯,黄初二年进爵,徙封燕公。"则弘农建安二十二年为侯国,黄初二年还国为县。

---

① 《通典》卷 177《州郡七》:"魏改为恒农,避献帝讳。晋复为弘农郡。"按献帝名协,与弘不相干,又据下所引铭文则其时当作"弘农",且《魏志》中多有"弘农",杜佑误甚,中华书局标点本《通典》亦失校。

2. 陕(220—259前,? —265)

3. 黾池(220—259前,? —265)

4. 宜阳(220—259前,? —265)

5. 华阴(220—259前,? —265)

6. 湖(220—259前,? —265)

7. 卢氏(220—259前,? —265)

按：《续汉志》属，《晋志》属上洛郡。今检《水经注》卷31经文："淯水出弘农卢氏县支离山。"则魏时卢氏县确属弘农郡①。

8. 新安(220—259前,? —265)

按：《续汉志》属，《晋志》属河南郡。吴氏《表》卷1据《宋志》所引《太康地志》，以为新安于太康时属河东，并疑新安于魏时移属河东郡。杨氏《补正》引《地形志》认为新安当属河南，"东"为"南"之讹。成孺《宋书州郡志校勘记》亦认为新安当属河南，中华书局校点本《宋书》据改，是。今检《元和志》卷5河南道河南府新安县条："新安县……本汉旧县，属弘农郡，晋改属河南郡。"则"河东"确为"河南"之讹。又《寰宇记》卷97江南东道衢州条引《舆地志》："后汉献帝初平三年分太末立新安县，晋太康元年以弘农有新安，改名为信安。"据此晋太康元年(280)新安县仍属弘农郡，其后新安县方移属河南郡，魏时新安确属弘农，吴氏误。

（四）河东郡(220—221,222—224河东国,225—265)——治安邑（今山西夏县西）

按：《续汉志》领县二十，魏初增置狐讘县，正始八年(247)，平阳郡置，割去十县，领县十一②。据《魏志》卷20《曹霖传》："东海定王霖，黄初三年立为河东王，六年，改封馆陶县。"吴氏《表》卷1以为河东郡黄初三年为王国，六年还国为郡，是。

1. 安邑(220—265)

---

① 据《四库全书总目》卷69地理类二《水经注》条提要："又《水经》作者，唐书题曰桑钦，然班固尝引（桑）钦说，与此经文异，（郦）道元注亦引（桑）钦所作《地理志》，不曰《水经》。观其涪水条中称'广汉'已为'广魏'，则决非汉时，锺水条中称'晋宁'仍曰'魏宁'，则未及晋代。推寻文句，大抵三国时人。"胡渭《禹贡锥指略例》以为桑钦所撰当是《地理志》而非《水经》，今检《说文解字》卷11上引桑钦《水经》凡两处："桑钦云（漯水）出平原高唐"、"桑钦说汶水出泰山莱芜西南入泲"。今本《水经注》经文皆无，故《水经注》经文非桑钦《水经》可知，则《水经注》经文作者当是三国时人，陈桥驿《郦学新论》(《文史哲》1987年第5期)是之。故凡《水经注》经文所载皆可视为三国时的情况（下同）。

② 吴氏《表》卷1据《晋志》增"汾阳"，杨氏《补正》据《左传·文公六年》杜预注、《尔雅·释水》郭璞注、《山海经·海内东经》郭璞注认为"汾阳"乃"汾阴"之讹，《晋志》误，吴氏《表》卷1误增，是。

2. 闻喜(220—265)

3. 东垣(220—265)

按:《续汉志》、《晋志》、吴氏《表》卷1均作"垣"。杨氏《补正》引《郑氏佚书·尚书注》卷3、《周官义疏》卷33、《说文》第11、《续汉志》以及《魏志》卷16"白骑攻东垣"以为当作"东垣",是,中华书局标点本《晋书》仍作"垣",失校。《通鉴》卷64"会白骑攻东垣"条胡注:"垣县,属河东郡,'东'字衍。"谢氏《补注》:"'东'上脱'河'字。"均误,不从。

4. 汾阴(220—265)

5. 大阳(220—265)

6. 猗氏(220—265)

7. 解(220—265)

8. 蒲坂(220—265)

9. 河北(220—265)

10. 濩泽(220—265)

11. 端氏(220—265)

12. 平阳(220—246)

13. 杨(220—246)

14. 永安(220—246)

15. 蒲子(220—246)

16. 襄陵(220—246)

17. 绛邑(220—246)

18. 临汾(220—246)

19. 北屈(220—246)

20. 皮氏(220—246)

21. 狐讘(220后—246)

按:《续汉志》无此县,《晋志》属平阳郡,据《元和志》卷12河东道隰州永和县条:"永和县……本汉狐讘县,属河东郡,后汉省,魏初复置狐讘县,属河东郡,魏废。"则魏初置狐讘县且属河东郡,而始置确年乏考。又《晋志》"狐讘"属平阳郡,则狐讘非废于魏,《元和志》所谓"魏废"似有误,查《寰宇记》卷48河东道隰州永和县:"曹魏初别置狐讘县,属河东郡,后魏太延二年省。"则《元和志》所谓"魏废"当为"后魏废"之讹,中华书局标点本《元和志》引《考证》以为"魏"前脱"后",是。"狐讘"终魏未废,当于正始八年移属平阳郡。

(五) 平阳郡(247—265)——治平阳①(今山西临汾市西)

按：《续汉志》无此郡，据《魏志》卷4《三少帝纪》："(正始)八年春二月朔……分河东之汾北十县为平阳郡。"则正始八年，增置平阳郡②，领十县，《晋志》领县十二，洪氏《补志》是之，中有"端氏"、"濩泽"二县，吴氏《考证》卷1以"端氏县在沁水东，濩泽县在沁水西，皆非汾北之地"驳之，是。

1. 平阳(247—265)

按：《续汉志》属河东郡，《晋志》属。据《元和志》卷12河东道晋州临汾县条、《寰宇记》卷43河东道晋州临汾县条："魏置平阳郡，平阳县属焉。"则其时平阳县确属平阳郡。

2. 杨(247—265)

按：《续汉志》属河东郡，《晋志》属。据《元和志》卷12河东道晋州洪洞县条、《寰宇记》卷43河东道晋州洪洞县条："魏置平阳郡，杨县属焉。"则其时杨县确属平阳郡。

3. 蒲子(247—265)

按：《续汉志》属河东郡，《晋志》属。据《元和志》卷12河东道隰州隰川县条、《寰宇记》卷48河东道隰州隰川县条："魏少帝分河东置平阳郡，蒲子县属焉。"则其时蒲子县确属平阳郡。

4. 襄陵(247—265)

按：《续汉志》属河东郡，《晋志》属。据《寰宇记》卷43河东道晋州襄陵县条："魏正始八年分河东汾北置平阳郡，以襄陵县属焉。"则其时襄陵县属平阳郡。

5. 永安(247—265)

按：《续汉志》属河东郡，《晋志》属。据《寰宇记》卷43河东道晋州霍邑县条："后汉顺帝改彘县为永安县……魏分河东置平阳，县又属焉。"则其时永安县属平阳郡。

6. 皮氏(247—265)

按：《续汉志》属河东郡，《晋志》属。据《寰宇记》卷46河东道蒲州龙门县

---

① 吴氏《表》卷1据《方舆纪要》以为平阳郡治平阳，暂从吴氏。杨氏《补正》据《水经注》卷6引《魏土地记》："平阳郡，治杨县。"认为魏时平阳郡治杨县，误，今检《水经注》卷9引《魏土地记》："建兴郡治阳阿县。"魏时无建兴郡，据《元和志》卷15河东道泽州条："后魏道武帝置建兴郡。"则所谓《魏土地记》当是后魏时之《土地记》，杨氏望文生义，今不从。

② 《地形志》："平阳郡，晋分河东置。"今据上引《魏志》及《宋志》"魏世分河东为平阳郡"，则《地形志》所谓"晋分河东置"显误，中华书局标点本《魏书》失校。钱氏《考异》卷15"徐邈传"条据《魏志》卷27"文帝践阼，历谯相，平阳、安平太守"，以为魏文帝时已有平阳郡，谢氏《志疑》、卢氏《集解》认为此处之"平阳"是"阳平"之讹，卢氏并引《魏志》卷2《文帝纪》"(黄初)二年……以魏郡东部为阳平郡"以证，此说近是。

条:"皮氏县……魏属平阳。"又《舆地广记》卷13陕西永兴军路河中府龙门县条:"(皮氏)二汉属河东郡,魏晋属平阳郡。"则其时皮氏县确属平阳郡。

7. 临汾(247—265)

按:《续汉志》属河东郡,《晋志》属。据《寰宇记》卷47河东道绛州正平县条:"魏正始八年分河东之汾北置平阳郡,临汾县属焉。"则其时临汾县属平阳郡。

8. 北屈(247—265)

按:《续汉志》属河东郡,《晋志》属。据《寰宇记》卷48河东道慈州条:"北屈县……魏晋属平阳郡。"则其时北屈县属平阳郡。

9. 绛邑(247—265)

按:《续汉志》属河东郡,《晋志》属。吴氏《表》卷1据《平阳府志》以为魏时绛邑属平阳郡,是。

10. 狐讘(247—265)

按:《续汉志》无此县,《晋志》属。据河东郡狐讘县条考证,魏初置狐讘县当属河东郡,吴氏《表》卷1据地望及《平阳府志》以为魏时狐讘属平阳郡,是。

(六)河内郡(220—265)——治怀(今河南武陟县西北)

按:《续汉志》河内郡领县十八。据《元和志》卷16河北道卫州条:"黄初中,置朝歌郡属冀州,晋武帝改朝歌为汲郡,仍属冀州。"又据《晋志》:汲郡,泰始二年置,领县六:朝歌、汲、共、获嘉、修武、林虑。则西晋泰始时汲郡所领似即黄初中所置朝歌郡所领,故黄初后河内郡割去朝歌等六县只领十二县。谢氏《补注》引《水经注》卷9"清水又东,过汲县北。县故汲郡治,晋太康中立"以为汲郡后立,非由朝歌改,又引《魏志》卷11《张范传》"张范,字公议,河内修武人",《魏志》卷23《杨俊传》"杨俊,字季才,河内获嘉人",以为朝歌置后不久即废,所辖六县复归河内郡;吴氏《考证》卷2以未见魏诸臣有守此郡者,认为朝歌旋立旋废,是。《续汉志》所载"荡阴、朝歌、林虑"三县,据《魏志》卷1《武帝纪》:"(建安十七年)割河内之荡阴、朝歌、林虑,东郡之卫国、顿丘、东武阳、发干,巨鹿之廮陶、曲周、南和,广平之任城,赵之襄国、邯郸、易阳以益魏郡。"则三县均划归魏郡,后又入朝歌郡。据《宋志》:"朝歌,二汉属河内,《晋太康地志》属汲郡,晋武太康元年始立。"则朝歌郡废后,朝歌县无属,似亦废,至晋太康元年(280)复置且属汲郡,吴氏《表》卷1误列朝歌,今不从。朝歌郡废后,荡阴未废又复属魏郡,林虑县未废又复属河内郡。吴氏《表》卷1有阳樊县,李晓杰《东汉政区地理》第一章第一节指出此乃吴氏误读原文,其时并无阳樊县,是。又《续汉志》所载武德县、波县,魏时归属情况乏考,故皆从吴氏《表》卷1,阙而不载。则河内郡魏时领县十四。

1. 怀(220—265)
2. 河阳(220—265)
3. 轵(220—265)
4. 沁水(220—265)
5. 温(220—265)
6. 野王(220—265)
7. 州(220—265)
8. 平皋(220—265)
9. 山阳(220—265)
10. 修武(220—223?,224?—265)

按：《续汉志》属，《晋志》属汲郡，据《晋志》："汲郡，泰始二年置。"则修武县泰始二年移属汲郡，魏时确属河内郡。

11. 汲(220—223?,224?—265)

按：《续汉志》属，《晋志》属汲郡，据《晋志》："汲郡，泰始二年置。"则汲县泰始二年移属汲郡，魏时确属河内郡。

12. 共(220—223?,224?—265)

按：《续汉志》属，《晋志》属汲郡，据《晋志》："汲郡，泰始二年置。"则共县泰始二年移属汲郡，魏时确属河内郡。

13. 获嘉(220—223?,224?—265)

按：《续汉志》属，《晋志》属汲郡，据《晋志》："汲郡，泰始二年置。"则获嘉县泰始二年移属汲郡，魏时确属河内郡。

14. 林虑(224?—265)

按：《续汉志》属，《晋志》属汲郡，建安十七年划属魏郡，黄初中复属，详本郡考证。又据《晋志》："汲郡，泰始二年置。"则林虑县泰始二年移属汲郡，魏时确属河内郡。

（七）魏郡①(220—265)——治邺（今河北磁县北）

按：《续汉志》魏郡领县十五，又《魏志》卷1《武帝纪》："（建安十七年）割河

---

① 吴氏《表》卷2将之列入冀州，不出考证，而《宋志》明载："魏郡太守……二汉属冀州，魏、晋属司隶。"洪氏《补志》卷3据《晋志》及《元和志》以驳《宋志》。今查《晋志》魏郡实属司州，洪氏此据误甚。而《元和志》卷5河南府条："魏文帝受禅，亦都洛阳，陈留王以司隶校尉所掌，置司州，领河南、河东、河内、弘农、平阳五郡。"在未有坚据的情况下，不当以唐人李吉甫所撰之《元和志》疑南朝梁沈约所撰之《宋志》。故不从洪氏、吴氏。《中国历史地图集·三国图组》（中国地图出版社，1982年）亦将魏郡画入冀州，今不从。

内之荡阴、朝歌、林虑,东郡之卫国、顿丘、东武阳、发干,巨鹿之廮陶、曲周、南和、广平之任城①,赵之襄国、邯郸、易阳以益魏郡……(建安十八年)分魏郡为东、西部,置都尉。"则后汉建安十七年魏郡似领县三十,卢氏《集解》以为魏郡地既广大,故分为东、西部。然《续汉志》有梁期县,据《水经注》卷10郦道元引应劭《地理风俗记》:"邺北五十里有梁期城,故县也。"杨守敬据此以为梁期后汉末已废,今遍查文献梁期县乏考,则杨说是也。又据上引《魏志》卷1《武帝纪》廮陶县建安十七年来属,遍查文献魏时廮陶情况乏考,今查《地形志》:"廮陶,二汉、晋属(巨鹿郡),治廮陶城。"《晋志》廮陶属巨鹿,《舆地广记》卷12河北西路赵州宁晋县条:"宁晋县,本廮陶县地,汉属巨鹿郡,后汉、晋、元魏为郡,治焉。"据此廮陶似来属后旋还,吴氏《表》卷2将之列入冀州巨鹿郡,《中国历史地图集·三国图组》将之画入巨鹿郡,均是也,而确年无考,李晓杰《东汉政区地理》第五章第二节据廮陶地望以为魏郡西部都尉地,然既是魏郡西部都尉地,据《魏志》卷2《文帝纪》当为广平郡,而李氏又以吴氏未划廮陶县入广平郡为然,前后矛盾,似误。则黄初时魏郡可考领县二十八。又《魏志》卷2《文帝纪》:"(黄初二年)以魏郡东部为阳平郡,西部为广平郡。"则黄初二年分置阳平郡、广平郡,魏郡领县复减为八县。朝歌郡置后唯朝歌、林虑割出,则魏郡领县减为六县②。

1. 邺(220—265)
2. 魏(220—265)
3. 斥丘(220—265)
4. 内黄(220—265)
5. 黎阳(220—265)
6. 荡阴(220—265)

按:《续汉志》属河内郡,《晋志》属。建安十七年来属。

7. 朝歌(220—223?)

按:《续汉志》属河内郡,《晋志》属。建安十七年来属,黄初中割属朝歌郡。

8. 林虑(220—223?)

---

① 钱氏《考异》卷15以为"广平之任城"当为"广平、任",是,详广平郡考证。
② 吴氏《表》卷2据《晋书·宗室传》司马孚有进封长乐侯事,故魏末有长乐县。今检《元和志》卷16河北道相州尧城县条:"本汉内黄县地,晋于此置长乐县。"则西晋时分内黄置长乐县,曹魏时无长乐县,吴氏误。《中国历史地图集·三国图组》与吴氏同。又《中国历史地图集·三国图组》魏郡列有安阳县,不知何据,今检《元和志》卷16河北道相州安阳县条:"汉初废,以其地属汤阴县。晋于今理西南三里置安阳县,属魏郡。"则西晋始分荡阴置安阳县。

按：《续汉志》属河内郡，《晋志》属汲郡，建安十七年来属，黄初中割属朝歌郡。

9. 馆陶(220)

按：《续汉志》属，《晋志》属阳平郡，黄初二年属阳平郡。

10. 元城(220)

按：《续汉志》属，《晋志》属阳平郡，黄初二年属阳平郡。

11. 清渊(220)

按：《续汉志》属，《晋志》作"清泉"，盖避唐高祖李渊讳，属阳平郡，黄初二年属阳平郡。

12. 卫(220)

按：《续汉志》属东郡，《晋志》属顿丘郡，建安十七年来属，黄初二年属阳平郡，据《晋志》顿丘郡泰始二年置，则卫县泰始二年移属顿丘郡。

13. 顿丘(220)

按：《续汉志》属东郡，《晋志》属顿丘郡，建安十七年来属，黄初二年属阳平郡，据《晋志》顿丘郡泰始二年置，则顿丘县泰始二年移属顿丘郡。

14. 繁阳(220)

按：《续汉志》属东郡，《晋志》属顿丘郡，黄初二年属阳平郡，据《晋志》顿丘郡泰始二年置，则繁阳县泰始二年移属顿丘郡。据《魏志》卷3《明帝纪》："(太和二年九月)乙酉立皇子穆为繁阳王……(三年)六月癸卯繁阳王穆薨。"则繁阳曾暂为王国。

15. 阴安(220)

按：《续汉志》属东郡，《晋志》属顿丘郡，黄初二年属阳平郡，据《晋志》顿丘郡泰始二年置，则阴安县泰始二年移属顿丘郡。

16. 东武阳(220)

按：《续汉志》属东郡，《晋志》属阳平郡，建安十七年来属，黄初二年属阳平郡。

17. 发干(220)

按：《续汉志》属东郡，《晋志》属阳平郡，建安十七年来属，黄初二年属阳平郡。

18. 曲梁(220)

按：《续汉志》属，《晋志》属广平郡，黄初二年属广平郡。

19. 平恩(220)

按：《续汉志》属，《晋志》属广平郡，黄初二年属广平郡。

20. 武安(220)

按：《续汉志》属，《晋志》属广平郡，黄初二年属广平郡。

21. 南和(220)

按：《续汉志》属巨鹿郡，《晋志》属广平郡，建安十七年来属，黄初二年属广平郡。

22. 广平(220)

按：《续汉志》属巨鹿郡，《晋志》属广平郡，建安十七年来属，黄初二年属广平郡。

23. 任(220)

按：《续汉志》属巨鹿郡，《晋志》属广平郡，建安十七年来属，黄初二年属广平郡。

24. 邯郸(220)

按：《续汉志》属赵国，《晋志》属广平郡，建安十七年来属，黄初二年属广平郡。

25. 易阳(220)

按：《续汉志》属赵国，《晋志》属广平郡，建安十七年来属，黄初二年属广平郡。

26. 襄国(220)

按：《续汉志》属赵国，《晋志》属广平郡，建安十七年来属，黄初二年属广平郡。

27. 涉(220)①

按：《续汉志》作"沙"属，《晋志》属广平郡，黄初二年似属广平郡。

28. 曲周(220)

按：《续汉志》属巨鹿郡，《晋志》无此县。建安十七年来属，据地望黄初二年属广平郡。

（八）阳平郡(221—265)——治馆陶②(今河北馆陶县)

按：《续汉志》无此郡，据《魏志》卷1《武帝纪》："(建安十八年)分魏郡为

---

① 《汉志》、《续汉志》均作"沙"，王念孙以为"沙"为传抄之误，当作"涉"，详《读书杂志·汉书》第六"沙"条。

② 据《地形志》："阳平郡，魏文帝黄初二年分魏置，治馆陶城。"《水经注》卷9："(馆陶)县即《春秋》所谓冠氏也，魏属阳平郡治也。"则阳平郡确治馆陶。《晋志》阳平郡首列元城县，《元和志》卷16河北道魏州元城县条："(魏)于此置阳平郡。"则阳平郡又似治元城。按北魏郦道元所撰之《水经注》、北齐魏收所撰之《魏书》均早于初唐官修《晋书》及唐人李吉甫所撰《元和志》，且《地形志》、《水经注》明确说明阳平郡治馆陶县，《晋志》、《元和志》都未作如此明确的说明，故从《地形志》、《水经注》。

东、西部,置都尉。"《魏志》卷 2《文帝纪》:"(黄初二年)以魏郡东部为阳平郡,西部为广平郡。"则阳平郡黄初二年以魏郡东部都尉置。洪氏《补志》、吴氏《表》卷 2 以为魏郡属冀州,故将之列入冀州,皆误。又据《魏志》卷 1《武帝纪》:"(建安十七年)割河内之荡阴、朝歌、林虑,东郡之卫国、顿丘、东武阳、发干,巨鹿之廮陶、曲周、南和,广平之任城,赵之襄国、邯郸、易阳以益魏郡。"《魏志》卷 2《文帝纪》:"(黄初二年)以魏郡东部为阳平郡,西部为广平郡。"《魏志》卷 17《乐进传》:"乐进字文谦,阳平卫国人也。"《宋志》:"顿丘令,二汉属东郡,魏属阳平。"可知卫国、顿丘建安十七年后属魏郡,黄初二年割属阳平。又卫国、顿丘,《晋志》均属顿丘郡,《晋志》:"晋……废东郡立顿丘","顿丘郡泰始二年置"。而《宋志》:"顿丘令,二汉属东郡,魏属阳平,晋武帝泰始二年,分淮阳置顿丘郡,顿丘县又属焉。"今查《续汉志》:"陈国,高帝置为淮阳,章和二年改(陈国)。"《晋志》:"后汉章帝改淮阳曰陈郡。"则魏时无淮阳郡,且《晋志》顿丘郡所领卫、顿丘二县魏时均属阳平郡,故《宋志》所谓"分淮阳置顿丘郡"似为"分阳平置顿丘郡"之讹,如此《晋志》顿丘郡所领卫、顿丘、繁阳、阴安四县似皆从阳平郡割出,繁阳、阴安二县似与卫、顿丘二县同时割属之,《晋志》所谓"废东郡立顿丘"误甚。则阳平郡初置时领县九,阳平、乐平二县归属时间不明,总领十一县。

1. 馆陶(221—224,225—231 馆陶国,232—265)

按:《续汉志》属魏郡,《晋志》属。据《元和志》卷 16 河北道魏州馆陶县条:"馆陶县……汉属魏郡,魏文帝改属阳平郡。"则馆陶县确是黄初二年由魏郡割属阳平郡。又《魏志》卷 20《曹霖传》:"东海定王(曹)霖,黄初三年立为河东王,六年,改封馆陶县……太和六年,改封东海。"则馆陶从黄初六年至太和五年(231)为王国。

2. 元城(221—224,225—229 元城国,230—265)

按:《续汉志》属魏郡,《晋志》属。据《元和志》卷 16 河北道魏州元城县条:"元城县……魏黄初二年①,于此置阳平郡。"则元城县确是黄初二年由魏郡割属阳平郡。又《魏志》卷 20《曹礼传》:"元城哀王(曹)礼……(黄初)六年,改封元城王,太和三年薨。"则元城从黄初六年至太和三年为王国。

3. 阳平(?—225,226—232 阳平国,233—265)

按:《续汉志》属东郡,《晋志》属。《元和志》卷 16 河北道魏州莘县条:"莘

---

① 中华书局标点本作"黄初三年",其标点底本为清光绪六年(1880)金陵书局刊本,其校勘记引岱南阁本、畿辅本《元和志》作"黄初二年"以疑之,是,今查殿本《元和志》亦作"黄初三年",误。

县,本卫地,汉为阳平县,属东郡,魏改属阳平郡。"则魏时阳平县由东郡割属阳平郡,而具体时间乏考。又《魏志》卷20《曹蕤传》:"北海悼王(曹)蕤,黄初七年明帝即位,立为阳平县王,太和六年改封北海。"则阳平从黄初七年至太和六年为王国。

4. 乐平(?—265)

按:《续汉志》属东郡,《晋志》属。据《宋志》徐州刺史钟离太守乐平令条:"乐平令,前汉曰清,属东郡,章帝更名,《晋太康地志》无。"《宋志》兖州刺史阳平太守乐平令条:"乐平令,魏立,属阳平。后汉东郡有乐平,非也。"然《地形志》:"乐平,二汉属东郡,晋属(阳平郡)。"又考诸形势,后汉东郡乐平即魏晋阳平郡乐平①。再检宋本《春秋经传集解·成公十七年》传文"告难于晋,待命于清"杜预注:"清,阳平乐县。"此乐县当为乐平县之讹。据《晋书》卷34《杜预传》:"既立功之后,从容无事,乃耽思经籍,为《春秋左氏经传集解》,又参考诸家谱第,谓之《释例》。"宋庆元本《春秋正义》所录杜预《后序》:"太康元年三月吴寇始平,余自江陵还襄阳,解甲休兵,乃申诉旧意,修成《春秋释例》及《经传集解》,始讫。"则杜预注《左传》于太康元年,而太康元年仍有乐平县且属阳平郡,此与《晋志》合。《宋志》所谓"《晋太康地志》无",据毕沅考证《晋太康地志》所录之断代年限为太康三年②,则乐平县当见废于太康元年后、太康三年前,魏时乐平县由东郡割属阳平郡,而具体时间乏考。

5. 清渊(221—265)

按:《续汉志》属魏郡,《晋志》属③。似于黄初二年割属阳平郡。

6. 卫(221—265)

按:《续汉志》属东郡,《晋志》属顿丘郡,魏黄初二年割属阳平郡,详本郡考证。

7. 顿丘(221—265)

按:《续汉志》属东郡,《晋志》属顿丘郡,魏黄初二年割属阳平郡,详本郡考证。

8. 繁阳(221—265)

按:《续汉志》属魏郡,《晋志》属顿丘郡,魏黄初二年割属阳平郡,详本郡考证,吴氏《表》卷2将之列入魏郡,不出考证,今不从。

---

① 参考胡阿祥:《宋书州郡志汇释》,安徽教育出版社,2006年,第77页。
② 详毕沅:《晋太康三年地志王隐晋书地道记总序》,《丛书集成初编》本。
③ 《晋志》作"清泉"。钱氏《考异》卷19以为"清泉"本作"清渊",避唐讳改,是。

9. 阴安(221—265)

按：《续汉志》属魏郡，《晋志》属顿丘郡，魏黄初二年割属阳平郡，详本郡考证，吴氏《表》卷 2 将之列入魏郡，不出考证，今不从。

10. 东武阳(221—265)

按：《续汉志》属东郡，《晋志》属。据《舆地广记》卷 10 河北东路开德府朝城县条："朝城县，本二汉东武阳县，属东郡……魏、晋属阳平郡。"则东武阳县建安十七年割属魏郡，黄初二年割属阳平郡。

11. 发干(221—265)

按：《续汉志》属东郡，《晋志》属。建安十七年割属魏郡，黄初二年割属阳平郡。

(九) 广平郡(221,222—223 广平国,224—265)——治曲梁①(今河北曲周县西南)

按：《续汉志》无此郡，据《魏志》卷 1《武帝纪》："(建安十八年)分魏郡为东、西部，置都尉。"《魏志》卷 2《文帝纪》："(黄初二年)以魏郡东部为阳平郡，西部为广平郡。"则广平郡黄初二年以魏郡西部都尉置②，领县十三，黄初三年分武安县置临水县，领县十四，又有斥漳、列人二县黄初二年后来属，总领十六县。据《魏志》卷 20《曹俨传》："清河悼王(曹)贡，黄初三年封，四年薨，无子，国除。"则广平郡黄初三年至四年为王国。

1. 曲梁(221—265)

按：《续汉志》属魏郡，《晋志》属。据《舆地广记》卷 11 河北西路洺州永年县条："永年县，本曲梁……魏、晋属广平郡。"曲梁又为广平郡治所，则曲梁县原属魏郡，黄初二年割属广平郡。

2. 平恩(221—265)

按：《续汉志》属魏郡，《晋志》属。据《寰宇记》卷 58 河北道洺州平恩县条："平恩县……魏属广平郡。"则平恩县于黄初二年割属广平郡。

3. 武安(221—239,240—249 武安国,250—265)

按：《续汉志》属魏郡，《晋志》属。据《元和志》卷 15 河东道磁州武安县

---

① 据《地形志》："广平郡……魏文帝黄初二年复，改治曲梁城。"则广平治曲梁。
② 据《魏志》卷 1《武帝纪》："(建安十七年)割河内之荡阴、朝歌、林虑，东郡之卫国、顿丘、东武阳、发干，巨鹿之廮陶、曲周、南和，广平之任城，赵之襄国、邯郸、易阳以益魏郡。"则广平郡似建安时已立。钱氏《考异》卷 15《魏志》、《献帝起居注》以为广平郡此时未置，"广平之任城"当为"广平、任"之讹。今检《续汉志》魏郡条刘昭注引《魏志》："建安十七年，割河内之荡阴、朝歌、林虑，东郡之卫国、顿丘、东武阳、发干，巨鹿之廮陶、曲周、南和、广平、任，赵之襄国、邯郸、易阳以益魏郡。"则南朝时人刘昭所见《魏志》文不误，今通行本"广平之任城"确为"广平、任城"之讹。

条:"汉属魏郡,魏属广平郡。"则武安县于黄初二年割属广平郡。又《魏志》卷9《曹爽传》:"齐王即位,加(曹)爽侍中,改封武安侯。"其后曹爽败除侯,则武安自正始元年(240)至嘉平元年(249)为侯国。

4. 临水(222—265)

按:《续汉志》无此县,《晋志》属。据《元和志》卷15河东道磁州滏阳县条:"滏阳县,本汉武安县之地,魏黄初三年分武安立临水县,属广平郡。"则临水县于黄初三年置,属广平国。

5. 邯郸(221—265)

按:《续汉志》属赵国,《晋志》属。据《元和志》卷15河东道磁州邯郸县条:"邯郸县……魏以为县①,属广平郡。"又《魏志》卷1《武帝纪》:"(建安十七年)割河内之荡阴、朝歌、林虑,东郡之卫国、顿丘、东武阳、发干,巨鹿之廮陶、曲周、南和,广平之任城,赵之襄国、邯郸、易阳以益魏郡。"则邯郸于建安十七年割属魏郡,黄初二年割属广平郡。

6. 肥乡(221—265)

按:《续汉志》无此县,《晋志》属。据《元和志》卷15河东道洺州肥乡县条:"肥乡县……魏黄初二年分邯郸、列人等县立肥乡,属广平郡。"则肥乡县于黄初二年置,属广平郡。

7. 斥漳(221后—265)

按:《续汉志》属巨鹿郡,《晋志》属。据《舆地广记》卷11河北西路洺州曲周县条:"洺水镇本汉斥漳县……魏、晋属广平郡。"则斥漳魏时属广平郡,移属确年乏考。

8. 广平(221—265)

按:《续汉志》属巨鹿郡,《晋志》属。建安十七年割属魏郡,黄初二年似割属广平郡。

9. 任(221—265)

按:《续汉志》属巨鹿郡,《晋志》属。杨氏《补正》据《魏志·管宁传》以为任属广平郡,是,建安十七年属魏郡,黄初二年割属广平郡。

10. 易阳(221—265)

按:《续汉志》属赵国,《晋志》属。建安十七年割属魏郡,黄初二年似割属广平郡。

11. 襄国(221—265)

---

① 中华书局标点本校勘记引清人张驹贤《考证》以为宜作"汉以为县",是。

按：《续汉志》属赵国，《晋志》属。建安十七年割属魏郡，黄初二年似割属广平郡。

12. 南和（221—265）

按：《续汉志》属巨鹿郡，《晋志》属。建安十七年割属魏郡，黄初二年似割属广平郡。

13. 涉（221—265）

按：《续汉志》作"沙"①，属魏郡，《晋志》属。据《中国历史地图集·三国图组》魏时涉县地望在上考诸县之西，若未废则当属广平郡。又《舆地广记》卷18河东路潞州涉县条："涉县，二汉属魏郡，晋属广平郡。"《晋志》确属焉，则涉县魏时似未废，黄初二年似割属广平郡。

14. 曲周（221—265）

按：《续汉志》属巨鹿郡，《晋志》无此县。据《元和志》卷15河东道洺州曲周县条："曲周县……后汉属巨鹿郡，魏属魏郡。"今查《水经注》卷10经文"（浊漳水）又东北过斥漳县南，又东北过曲周县东"，则曲周县与魏郡间隔斥漳县，斥漳县既属广平郡，曲周县亦然，汪士铎《水经注图·清淇荡洹浊漳清湛图》绘制明了，可参看，《中国历史地图集·三国图组》将曲周县画入广平郡，是。故曲周县建安十七年属魏郡，《元和志》据此而录，黄初二年当割属广平郡，《舆地广记》卷11河北西路洺州曲周县条："汉武帝建元四年置，属广平国，东汉属巨鹿郡，晋省之。"则晋初省曲周县。

15. 列人（221后—265）

按：《续汉志》属巨鹿郡，《晋志》属。今查《水经注》卷10经文"（浊漳水）又东过列人县南，又东北过斥漳县南"，则列人在斥漳县西南，又郦道元"又东过列人县"注文曰："（白渠）又东迳肥乡县故城北……《地理志》曰：'白渠东至列人入漳'，是也。"则列人在肥乡县东北，为斥漳、肥乡二县所环绕，当属广平郡，汪士铎《水经注图·清淇荡洹浊漳清湛图》绘制明了，可参看，《中国历史地图集·三国图组》将列人县画入广平郡，是。故列人县属广平郡，而归属确年无考。

16. 广年（221—265）

按：《续汉志》属巨鹿郡，《晋志》属。今据《中国历史地图集·三国图组》广年县为曲梁、易阳、南和等县环绕，而由上考可知曲梁、易阳、南和三县均于

---

① 《汉志》亦作"沙"，杨氏《补正》据《水经注·清漳水》、《汉书·王子侯表》以为"沙"当作"涉"，乃形近致误，是，王先谦《汉书补注》所见同之。

黄初二年归属广平郡,则广年县亦当于黄初二年移属焉,至晋不改。

第二节 豫州沿革

豫州(220—265),治所屡变①。据《续汉书·百官志第五》引《献帝起居注》:"豫州部郡本有颍川、陈国、汝南、沛国、梁国、鲁国。"建安时又置谯郡,入三国前,豫州当领七郡、国,后又分置诸郡得汝阴、弋阳两郡,共领九郡、国,景元元年(260)后汝阴郡见废,领八郡、国(景元三年之政区见图 3),咸熙元年(264)增置襄城郡,领九郡、国②。甘露年间(256—260),弘农来属,后还属司隶,详司隶弘农郡考证。

(一) 颍川郡(220—265)——治许昌(今河南许昌市东)

按:《续汉志》领县十七,其中襄、颍阳似废,繁阳新立,召陵来属,领县十七,咸熙元年割七县置襄城郡,领县十③。

1. 许昌(220—265)

按:《续汉志》作"许"属,《晋志》属。《魏志》卷 2《文帝纪》:"黄初二年……改许县为许昌县。"

2. 长社(220—248,249 后—265 长社国)

按:据《晋书》卷 37《司马孚传》:"及宣帝诛(曹)爽……(司马孚)以功进爵长社县侯。"此姑认作嘉平元年(249)后长社县为侯国。

3. 颍阴(220—225,226—265 颍阴国)

按:据《魏志》卷 22《陈群传》:"明帝即位,进封(陈群)颍阴侯。"魏明帝黄初七年(226)五月即位,则颍阴为侯国当在黄初七年。

4. 临颍(220—263,264—265 临颍国)

按:据《晋书》卷 40《贾充传》:"(晋文)帝袭王位……改封(贾充)临颍侯。"临颍为侯国当在咸熙元年。

5. 郾(220—265)

---

① 吴氏《考证》卷 1 据《魏志》贾逵、王凌、毌丘俭三传及《宋志》,考订豫州治所凡三变,文帝时治谯(今安徽亳州市),明帝时治项(今河南沈丘县),齐王治安成(今河南平舆县西南),是。
② 吴氏《表》卷 1 将安丰郡列入,不出考证,其时安丰郡当属扬州,详扬州安丰郡考证。
③ 《续汉志》颍川郡有襄县,文献阙考,今从吴氏《表》卷 1 暂不列入,颍阳亦然。谢氏《补注》据《元和志》志文,以为颍阳晋时省。今检《元和志》卷 5 河南道河南府颍阳县条:"古纶氏县……汉属颍川,晋省。后魏太和中,于纶氏县城置颍阳县,属河南尹。"《汉志》、《续汉志》颍川郡均有纶氏县,则志文所谓"颍阳"乃其时之"纶氏",志文实是承纶氏县为言,谢氏误读志文,今从吴氏《表》卷 1 暂不列入。

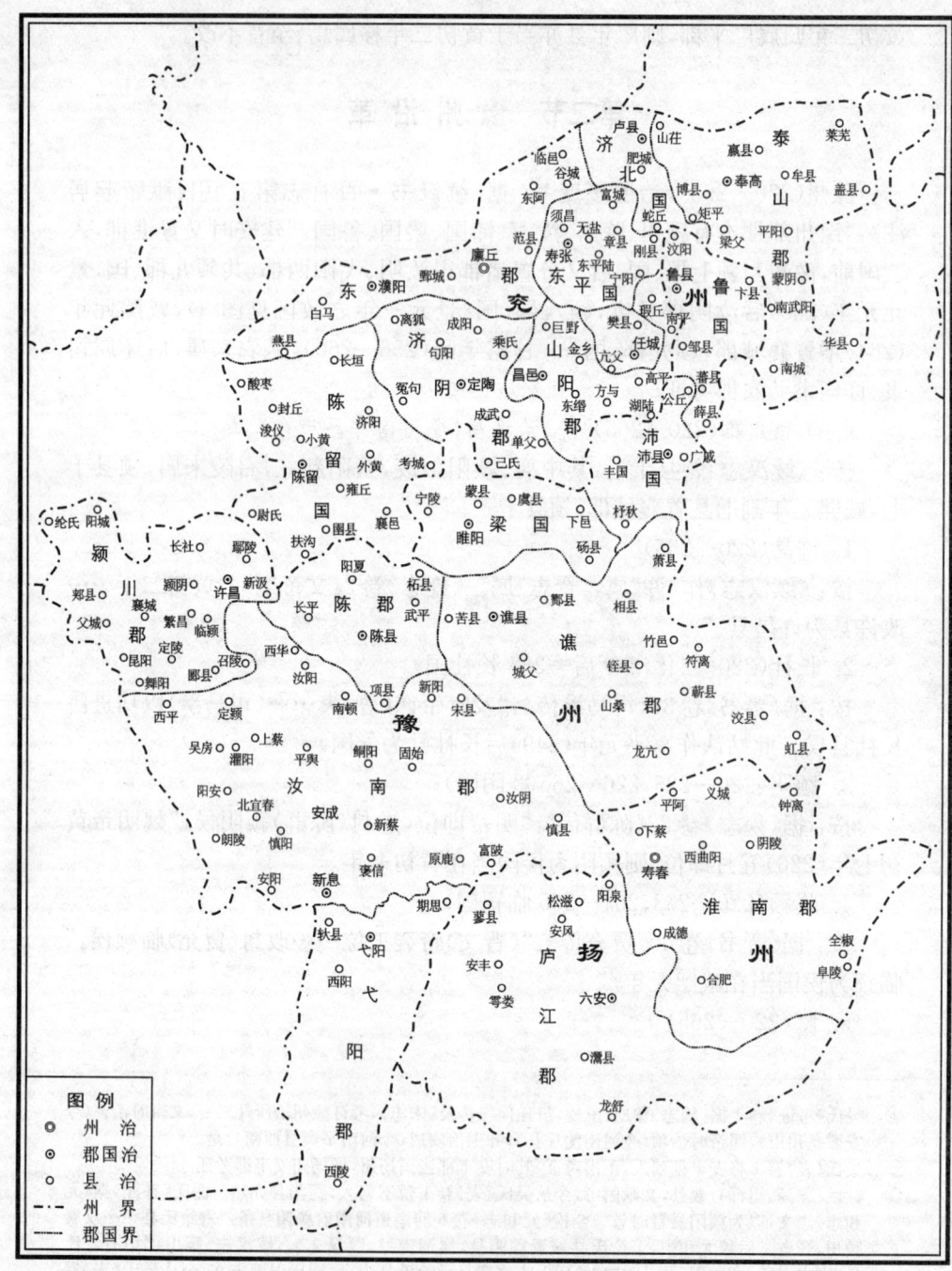

图3 景元三年(262)三国曹魏兖州、豫州、扬州政区

6. 召陵(220—225,226—265 召陵国)

按:《汉志》汝南郡、《续汉志》汝南郡作"召陵",《晋志》作"邵陵"属。今查《魏志》卷2《文帝纪》:"(黄初六年)三月行幸召陵。"《魏志》卷9《曹真传》:"明帝即位,进封(曹真)邵陵侯。"而宋本《春秋经传集解·桓公二年》经文"秋七月蔡侯郑伯会于邓"条杜预注:"颍川召陵县西南有邓城。"则太康元年(280)颍川郡有召陵县。又据孙吴荆州邵陵郡昭陵县考证,晋初邵陵郡有邵陵县,一国不当有两"邵陵"。则《魏志·曹真传》、《晋志》所谓"邵陵"当为"召陵"之讹,卢氏《集解》以为"至晋改属颍川郡,始曰邵陵",误。召陵县魏时归属情况乏考,吴氏《表》卷1将其列于颍川郡下,从之。又据《魏志》卷9《曹真传》:"明帝即位,进封(曹真)邵陵侯。"则召陵黄初七年后为侯国。

7. 鄢陵(220—265 鄢陵国)

按:据《魏志》卷19《曹彰传》:"建安二十一年,(曹彰)封鄢陵侯。"则鄢陵为侯国在入三国前。

8. 新汲(220—265)

9. 阳城(220—265)

按:《续汉志》属,《晋志》属河南郡,洪氏《补志》将阳城列入河南郡,谢氏《补注》非之,以为仍属颍川郡,吴氏《表》卷1据《宋志》亦以阳城县魏时属河南郡,今检《宋志》未见吴氏所据之文,唯有"阳城、缑氏县,汉旧名,并属河南"。《晋志》阳城属河南,《宋志》似指入晋后的情况,而魏时阳城归属情况乏考,故洪氏《补志》欠妥,谢氏是也,故仍据《续汉志》,将阳城列入颍川郡。

10. 纶氏(220—265)

按:《续汉志》属,《晋志》无此县。洪氏《补志》据《元和志》"汉属颍川,晋省",以为魏时纶氏县当属颍川郡,是。吴氏《考证》卷1因纶氏四境之阳城、新城、偃师、梁皆属河南,判定纶氏当属河南,今阳城一县魏时情况乏考,吴氏立论不坚,既上文已将之列入颍川郡,则毗邻之纶氏似亦当列入颍川郡,故不从吴氏之说。

11. 舞阳(220—225,226—263 舞阳国)

按:《续汉志》属,《晋志》属襄城郡,咸熙元年后属襄城郡。据《晋书》卷1《宣帝纪》:"明帝即位,改封(司马懿)舞阳侯。"则舞阳为侯国在黄初七年。

12. 襄城(220—263)

按:《续汉志》属,《晋志》属襄城郡。咸熙元年后属襄城郡。

13. 繁昌(220—263)

按:《续汉志》无此县,《晋志》属襄城郡,据《魏志》卷2《文帝纪》:"(黄初元年)以颍阴之繁阳亭为繁昌县。"则繁昌置县当在黄初元年。又《续汉志》颍川郡颍阴县条刘昭注引《帝王世纪》:"魏文皇帝登禅于曲蠡之繁阳亭,为县曰繁昌……今颍川繁昌县也。"据《隋书·经籍志》:"《帝王世纪》十卷,皇甫谧撰,起三皇尽汉魏。"又《晋书》卷51《皇甫谧传》:"时魏郡召上计掾举孝廉,景元初相国辟,皆不行……谧所著诗、赋、诔、颂、论、难甚多,又撰《帝王世纪》。"据此皇甫谧为魏末晋初人,则繁昌县魏时当属颍川郡,咸熙元年后属襄城郡。

14. 郏(233前—263)

按:《续汉志》无此县,《晋志》属襄城郡,据《舆地广记》卷9京西北路颍昌府郏县条:"郏县……汉属颍川郡,后汉省之,魏复置,青龙元年有龙见于郏之摩陂……晋属襄城郡。"则郏之复置至迟在青龙元年(233),当属颍川郡,咸熙元年后属襄城郡。

15. 定陵(220—225,226—263定陵国)

按:《续汉志》属,《晋志》属襄城郡,咸熙元年后属襄城郡。据《魏志》卷13《锺繇传》:"明帝即位,进封(锺繇)定陵侯。"则定陵为侯国在黄初七年。

16. 父城(220—263)

按:《续汉志》属,《晋志》属襄城郡,咸熙元年后属襄城郡。

17. 昆阳(220—263)

按:《续汉志》属,《晋志》属襄城郡,咸熙元年后属襄城郡。

(二) 襄城郡(264—265)——治乏考

按:《续汉志》无此郡,据《魏志》卷23《裴潜传》裴注引《魏略》襄城其时有典农中郎将,《魏志》卷4《三少帝纪》:"(咸熙元年)……是岁,罢屯田官以均政役,诸典农皆为太守,都尉皆为令长。"又《宋志》:"魏分颍川为襄城郡。"则咸熙元年襄城置郡,《晋志》载襄城郡泰始二年置,当为魏咸熙元年置。谢氏《补注》引《魏志》卷23《杜袭传》:"杜袭……颍川定陵人也。"以为襄城所属之定陵仍属颍川,则襄城立郡旋置旋废,后又于泰始二年(266)复置。然襄城郡立于魏末,"颍川定陵人"当指汉末魏初情况,陈寿自然不当用魏末建置追叙前事,谢氏虽尽弥缝之能事,但立论显然牵强,今不从。

1. 襄城(264—265)

按:《续汉志》属颍川郡,《晋志》属。咸熙元年移属襄城郡。

2. 繁昌(264—265)

按:《续汉志》无此县,《晋志》属。黄初元年置繁昌县,咸熙元年移属襄城郡。

3. 郏(264—265)

按：《续汉志》无此县，《晋志》属。郏之复置至迟在青龙元年，咸熙元年移属襄城郡。

4. 定陵(264—265)

按：《续汉志》属颍川郡，《晋志》属。咸熙元年移属襄城郡。

5. 父城(264—265)

按：《续汉志》属颍川郡，《晋志》属。咸熙元年移属襄城郡。

6. 昆阳(264—265)

按：《续汉志》属颍川郡，《晋志》属。咸熙元年移属襄城郡。

7. 舞阳(264—265)

按：《续汉志》属颍川郡，《晋志》属。咸熙元年移属襄城郡。

(三) 汝南郡(220—265)——治新息①(今河南息县)

按：《续汉志》领县三十七，其中山桑县，据《魏志》卷3《明帝纪》："(景初二年)分沛国萧……山桑、洨、虹十县为汝阴郡。"则其时山桑已属沛国，其间山桑究竟何属乏考，今暂将之列入沛国。项县移属陈郡。城父县移属谯郡。召陵县移属颍川郡。景初二年(238)前宋县割属沛国，其后移属谯郡，后复还。尚有细阳、滠强、宜禄、征羌、思善，皆乏考，故暂阙不录。黄初中割两县属弋阳郡，黄初三年前置汝阴郡，南顿等五县属焉，景元元年(260)后汝阴郡废，诸县复还，领县二十六。

1. 新息(220—265)

2. 安阳(220—265)

按：《续汉志》作"安阳"属，《晋志》作"南安阳"属。据《宋志》："安阳令，汉旧县，晋武太康元年改为南安阳。"则安阳加南在入晋后。又据《魏志》卷5《后妃传》："太和四年诏封(郭)表安阳亭侯，又进爵乡侯。"则安阳为侯国在太和四年(230)。

3. 安成(220—265)

4. 慎阳(220—265)

5. 北宜春(220—265)

按：《续汉志》、《晋志》均作"北宜春"属，其时吴扬州豫章郡有宜春县，又《水经注》卷21："(汝水)又东北迳北宜春县故城北，王莽更名之为宜孱也，豫章有宜春，故加北矣。"又《舆地广记》卷9京西北路蔡州汝阳县条："汉宜春县，属汝南郡，后汉曰北宜春，晋因之。"可见"北宜春"确不误，而洪氏《补志》、吴氏

---

① 《续汉志》治平舆，《晋志》治新息，吴氏《表》卷1以为魏治未详，今暂从《中国历史地图集》治新息。

《表》卷1均作"宜春",皆误。

6. 朗陵(220—265)

按:《续汉志》、《晋志》皆属。吴氏《表》卷1据《晋书》咸熙初何曾改封朗陵侯,以为咸熙初朗陵为侯国。检《魏志》卷4:"(咸熙元年)夏五月庚申相国晋王奏复五等爵。"则吴氏所谓"咸熙初"实指咸熙元年,朗陵咸熙元年后为侯国。

7. 阳安(220—265)
8. 上蔡(220—265)
9. 平舆(220—265)
10. 定颍(220—265)
11. 灈阳(220—265)
12. 吴房(220—265)
13. 西平(220—265)
14. 慎(220—265)

按:《续汉志》属,《晋志》属汝阴郡,据《宋志》:"汝阴太守,晋武帝分汝南立。"则慎县在未被划于西晋之汝阴郡前应属汝南。吴氏《表》卷1将其列入汝阴郡,未见根据。

15. 原鹿(220—265)

按:《续汉志》属,《晋志》属汝阴郡,据《宋志》:"汝阴太守,晋武帝分汝南立。"则原鹿县在未被划于西晋之汝阴郡前应属汝南。吴氏《表》卷1将其列入汝阴郡,未见根据。

16. 固始(220—265)

按:《续汉志》属,《晋志》属汝阴郡,今检《淮南子·人间训》:"寝邱者,其地确石而名丑。"高诱注:"寝邱,今汝南固始地。"高诱注《淮南子》在建安十年(205)至黄初三年之间(详本州梁国考证),则建安末黄初三年前,固始确属汝南郡。又据《宋志》:"汝阴太守,晋武帝分汝南立。"则固始县在未被划于西晋之汝阴郡前应属汝南。吴氏《表》卷1将其列入汝阴郡,未见根据。

17. 鲖阳(220—265)

按:《续汉志》属,《晋志》属汝阴郡,今检《史记》卷40《楚世家》"武王卒师中而兵罢"条裴骃《集解》引《皇览》:"楚武王冢在汝南郡鲖阳县葛陂乡城东北,民谓之楚王岑。"据兖州东平国考证,《皇览》成书于延康后黄初四年前,则黄初时确有鲖阳县,且属汝南郡。据宋本《春秋经传集解·襄公四年》传文"春,楚师为陈叛故,犹在繁阳"杜预注:"繁阳,楚地,在汝南鲖阳县南。"则太康元年时鮦阳县仍属汝南郡。据《宋志》："汝阴太守,晋武帝分汝南立。"又《晋志》："魏置郡,后废,泰始二年复置。"则武帝泰始二年分汝南郡置汝阴郡。鮦阳县汉魏以来皆属汝南郡,当于太康元年后移属汝阴郡。洪氏《补志》、谢氏《补注》、吴氏《表》卷1均误将其列入汝阴郡。

18. 宋(238后—265)

按:《续汉志》属,《晋志》属汝阴郡,据《魏志》卷3《明帝纪》:"(景初二年)分沛国萧……虹十县为汝阴郡,宋县、陈郡苦县皆属谯郡。"吴氏《考证》卷1详列四条理由,以为"为汝阴郡"为衍文,是,则景初二年前宋县割属沛国,其后移属谯郡。又《宋志》:"汝阴太守,晋武帝分汝南立。"则宋县在未属西晋之汝阴郡前应属汝南,吴氏《表》卷1误将其列入汝阴郡。宋县移属谯郡,后又还属,然其确年乏考。

19. 汝阴(222前,260后—265)

按:《续汉志》属,《晋志》属汝阴郡,黄初三年属汝阴郡,景元元年后复还,入晋后又属汝阴郡。

20. 南顿(222前,260后—265)

按:《续汉志》、《晋志》均属。黄初三年属汝阴郡,景元元年后复还。

21. 汝阳(222前,260后—265)

按:《续汉志》、《晋志》均属。黄初三年属汝阴郡,景元元年后复还。

22. 新蔡(222前,260后—265)

按:《续汉志》属,《晋志》属汝阴郡,黄初三年属汝阴郡,景元元年后复还,入晋后又属汝阴郡。

23. 褒信(222前,260后—265)

按:《续汉志》属,《晋志》属汝阴郡,黄初三年属汝阴郡,景元元年后复还,入晋后又属汝阴郡。

24. 西华(220—265)

按:《续汉志》属,《晋志》无此县。《宋志》:"(西华)晋初省。"则西华终魏属焉。

25. 新阳(220—265)

按:《续汉志》属,《晋志》无此县。《舆地广记》卷9京西北路蔡州真阳条:"汉新阳县属汝南郡,后汉因之,晋省焉。"则新阳终魏属焉。

26. 富陂(220—265)

按:《续汉志》作"富波"属,《晋志》无此县。《吴志》卷9《吕蒙传》:"吕蒙……汝南富陂人。"卢氏《集解》引孙叔敖碑以为"波"、"陂"古字通,是,富陂县其时当属汝南郡,入晋后似省,吴氏《表》卷1未列,今补入。

27. 弋阳(220—222前)

按:《续汉志》属,《晋志》属弋阳郡,黄初中弋阳郡置后属弋阳郡。

28. 期思(220—222前)

按:《续汉志》属,《晋志》属弋阳郡,黄初中弋阳郡置后属弋阳郡。

(四) 汝阴郡(222—260后)——治汝阴(今安徽阜阳市)

按:《续汉志》无此郡,《魏志》卷3《明帝纪》:"(景初二年)分沛国萧、相、竹邑、符离、蕲、铚、龙亢、山桑、洨、虹十县为汝阴郡,宋县、陈郡苦县皆属谯郡。"钱氏《考异》卷15以为《晋志》汝阴郡所载八县与此无一同者,遂疑有误。今检《晋志》汝阴郡"魏置郡,后废,泰始二年复置",《宋志》"汝阴太守,晋武帝分汝南立",据知《晋志》载县乃泰始二年复置汝阴郡时之情况,魏、晋汝阴郡本不相承,故钱氏所疑无据。然《元和志》卷7河南道颍州汝阴县条载:"汝阴县……魏文帝黄初三年属汝阴郡。"则黄初三年已置汝阴郡,这与《魏志》卷3《明帝纪》所载矛盾,吴氏《考证》卷1详列四条理由,以为《魏志》卷3《明帝纪》所谓"为汝阴郡"为衍文,汝阴郡当置于黄初三年,是。又《元和志》卷7河南道颍州条:"魏、晋于此置汝阴郡,司马宣王使邓艾于此置屯田。"魏汝阴郡治当即唐颍州治汝阴,又据《魏志》卷28《邓艾传》:"正始二年,乃开广漕渠",邓艾屯田始于正始二年(241),则至此汝阴郡仍未废,吴氏《表》卷1据《魏志》卷4《三少帝纪》"嘉平五年……郡国县道,多所省置"以为此时汝阴郡见废,所领诸县皆还汝南,此属猜测,无足采信。今检《晋书》卷39《王沈传》:"及高贵乡公将攻文帝……(王)沈、(王)业驰白帝……(王沈)寻迁尚书,出监豫州诸军事,奋武将军,豫州刺史。至镇,乃下教……于是九郡之士,咸悦道教,移风易俗。"高贵乡公事在景元元年前,则景元元年后豫州实领九郡,又据本州考证其时豫州恰领九郡,若汝阴郡嘉平已废,则此时豫州唯领八郡,故吴氏误,汝阴见废当在景元元年后。吴氏《表》卷1汝阴郡列有汝阴等十一县,今详考之,唯有五县。

1. 汝阴(222—260后)

按:《续汉志》属汝南郡,《晋志》属。黄初三年来属,景元元年后复还汝南郡。

2. 南顿(222—260后)

按:《续汉志》、《晋志》皆属汝南郡,吴氏《表》卷1将其归属汝阴郡,然未出考证,杨氏《补正》据《宋志》引《何志》以为南顿曾属汝阴,今查《宋志》引何氏曰:"(南顿)故属汝阳,晋武帝改属汝南。"沈约按语云:"《晋太康地志》、王隐《地道》无汝阳郡。"则何氏所谓"汝阳"似为"汝阴"之讹,方恺《新校晋书地理志》》"窃疑汝阳当作汝阴。"是。南顿当"故属汝阴"。两汉无汝阴郡,则黄初三年汝阴郡置后南顿属焉,景元元年后汝阴郡见废,南顿县又复属汝南郡,入晋后汝阴复置而南顿未属,故何氏所言"晋武帝改属汝南"亦误。

3. 汝阳(222—260 后)

按:《续汉志》、《晋志》均属汝南郡,据《宋志》引何氏云:"(汝阳)故属汝阴,晋武改属汝南。"两汉无汝阴郡,则黄初三年汝阴郡置后汝阳移属焉,景元元年后汝阴郡见废,汝阳县又复属汝南郡,入晋后汝阴复置而汝阳未属,故何氏所言"晋武改属汝南"亦误。

4. 新蔡(222—260 后)

按:《续汉志》属汝南郡,《晋志》属。据《舆地广记》卷 9 京西北路蔡州新蔡县条:"新蔡县……魏、晋属汝阴郡。"则新蔡魏时属汝阴,据本郡考证,黄初三年来属,景元元年后汝阴郡废,其复属汝南郡。

5. 褒信(222—260 后)

按:《续汉志》属汝南郡,《晋志》属。据《舆地广记》卷 9 京西北路蔡州褒信县条:"褒信县……魏、晋属汝阴郡。"则魏时属汝阴,据本郡考证,黄初三年来属,景元元年后汝阴郡废,其复属汝南郡。

(五)弋阳郡(222 前—222 弋阳国,223—265)——治弋阳①(今河南潢川县西)

按:《续汉志》无此郡,《晋志》:"魏文分汝南立弋阳郡。"钱氏《考异》卷 15 据《魏志·田豫传》以为"弋阳置郡当在建安之世,《晋志》谓魏文帝所置,似未然"。洪氏《补志》亦疑焉,吴氏《考证》卷 1 据《魏志》卷 26 所载田豫为弋阳太守其年为建安二十三年,以为弋阳郡建安时已置,又据《续汉书·百官志》注所引《献帝起居注》所载建安十八年"省州并郡"豫州所辖六郡无有弋阳,以为弋阳郡当置于此后,李晓杰《东汉政区地理》第一章第四节是之。今检《宋志》:"弋阳太守,本县名,属汝南,魏文帝分立。"《宋志》明言魏文帝时立,当有确据,又检《魏志》卷 16《郑浑传》:"文帝即位,(郑浑)为侍御使,加驸马都尉,迁阳平、沛郡二太守。"而阳平郡据《魏志》卷 2《文帝纪》:"(黄初二年)以魏郡东部为阳平郡。"陈寿于弋阳郡、阳平郡置前有弋阳太守、阳平太守之载,似为史家追书终言之法,非为坚据。同时,细绎《宋志》所谓"弋阳太守,本县名",似弋阳为以县名领太守,而以县名领太守者其时亦有,《晋书》卷 57 有"洛阳太守"。

---

① 据《舆地广记》卷 21 淮南西路广州定城县条:"故黄国也……二汉为弋阳县,属汝南郡,故城在今县西,魏置弋阳郡。"则弋阳郡始置时,似治弋阳县。

故凡加太守者非必为郡守。吴氏《考证》卷1据《魏志》建安二十三年有弋阳太守之文以疑《宋志》，立论不坚，今不从。据《魏志》卷20《曹彪传》："(黄初)三年封(曹彪)弋阳王，其年徙封吴王，五年改封寿春县。"则弋阳郡黄初三年为侯国，其后复为郡，文帝分置弋阳郡至迟在黄初三年。领县五。

    1. 弋阳(222前—265)

    按：《续汉志》属汝南郡，《晋志》属。据《舆地广记》卷21淮南西路广州定城县条："故黄国也……二汉为弋阳县，属汝南郡，故城在今县西，魏置弋阳郡。"则弋阳置郡时弋阳县当割属焉。

    2. 期思(222前—265)

    按：《续汉志》属汝南郡，《晋志》属。吴氏《表》卷1将之列入弋阳郡，未有确据，今检《寰宇记》卷127淮南道光州固始县期思城条："(期思县)魏、晋属弋阳。"则其时期思确属弋阳郡。

    3. 西阳(222前—265)

    按：《续汉志》属江夏郡，《晋志》属。据《宋志》："西阳太守，本县名，二汉属江夏，魏立弋阳郡，又属焉。"故魏时西阳县确属弋阳郡，《晋志》所谓"魏文分汝南立弋阳郡"误，当是魏文分汝南、江夏立弋阳郡。吴氏《考证》卷3据《释地》、《晋略》诸书，以为魏之西阳县属境移动，非汉旧县地，杨氏《补正》据《寰宇记》、《晋书》以驳之，是。

    4. 西陵(222前—265)

    按：《续汉志》属江夏郡，《晋志》属。据《舆地广记》卷27荆湖南路鄂州武昌县条："故西陵县，二汉属江夏郡，魏属弋阳郡。"则西陵魏时确属弋阳郡。吴氏《考证》卷3据《晋略》诸书，以为魏之西陵县属境移动，非汉旧县地，杨氏《补正》据《寰宇记》、《晋书》以驳之，是。

    5. 軑(222前—265)

    按：《续汉志》属江夏郡，《晋志》属。今检《方舆胜览》卷50淮西路光州沿革："(光州)汉属汝南郡之弋阳国及期思县、江夏郡之西阳县及軑县……魏置弋阳郡。"据上考弋阳县、期思县、西阳县魏时均属弋阳郡，则軑县亦当属焉。

    (六)陈郡(220—222，223—224陈国，225—231，232陈国，233—265)——治陈(今河南淮阳县)

    按：陈郡《续汉志》作陈国，后国郡往复，变化较为复杂，吴氏《表》卷1据《元和志》、《魏志》以为汉末国除为郡，黄初四年复封为国，六年还国为郡，太和六年又封为国，旋又废国为郡，是，从之。赵万里《汉魏南北朝墓志集释》录有《鲍捐神坐》文曰"魏故持节仆射陈郡鲍捐之神坐"、《鲍寄神坐》文曰"魏故处士陈郡鲍寄之神坐",则其时确有"陈郡"。又据《晋志》:"及武帝受命……合陈郡于梁国。"则既见于《续汉志》陈国又见于《晋志》梁国之县,魏时当仍属陈郡。《续汉志》陈国所领九县中,有宁平、新平、扶乐三县乏考,暂阙不录。项县来属,领七县。景初二年(238)苦县移属谯郡,领六县。

1. 陈(220—265)

按:《续汉志》属陈国,《晋志》属梁国,魏时属陈郡。

2. 苦(220—237)

按:《续汉志》属陈国,《晋志》属梁国,魏时当属陈郡。又据《魏志》卷3《明帝纪》:"(景初二年)分沛国萧、相、竹邑、符离、蕲、铚、龙亢、山桑、洨、虹十县为汝阴郡,宋县、陈郡苦县皆属谯郡。"则苦县景初二年移属谯郡,入晋后又属梁国。

3. 武平(220—265)

按:《续汉志》属陈国,《晋志》属梁国,魏时属陈郡。

4. 阳夏(220—265)

按:《续汉志》属陈国,《晋志》属梁国,魏时属陈郡。吴氏《表》卷1将其列入梁国,未有确据。

5. 长平(220—265)

按:《续汉志》属陈国,《晋志》属颍川郡。然《晋志》梁国下又有长平一县,洪氏《补志》据《元和志》以为长平为长社所分置,确年乏考。谢氏《补注》据《续汉志》以为长平县汉时即有,属陈国,洪氏误,是。谢氏又以为入晋后方属颍川郡,是。中华书局标点本《晋书》"梁国之长平"条校勘记引马与龙《晋书地理志注》:"县已见前颍川郡,此误复出。"是。

6. 项(?—265)

按:《续汉志》属汝南郡,《晋志》属梁国,《宋志》引《太康地志》:"(项城)属陈郡。"则项县似于魏时属陈郡,后于陈郡并入梁国时,归属梁国,吴氏《表》卷1先将之列入汝阴郡,非也,后将之列入陈郡,是,然其何时属陈郡,已难确考。

7. 柘(220—265)

按:《续汉志》属,《晋志》无此县。据《元和志》卷7河南道宋州柘城县条:"柘城县,《续汉志》属陈郡,至晋太康中废。"故《晋志》不载。又据《魏志》卷15《梁习传》载梁习"陈郡柘人也",可知魏时其确属陈郡。

(七) 鲁国(220—265)——治鲁(今山东曲阜市)

按:《续汉志》作鲁国,《晋志》作鲁郡,《魏志》卷17《张辽传》:"袁绍破,(曹操)别遣(张)辽定鲁国诸县。"则汉末仍未改国为郡。今检《史记》卷75《孟尝君列传》"婴卒,谥为靖郭君"条裴骃《集解》引《皇览》:"靖郭君冢在鲁国薛城中东南陬。"据兖州东平国考证,《皇览》成书于延康后黄初四年前,则黄初时以为鲁国。又据《寰宇记》卷21河南道兖州条:"晋改为鲁郡。"则入晋后方改国为郡,吴氏《表》卷1误作鲁郡。

1. 鲁(220—265)
2. 汶阳(220—265)
3. 卞(220—265)
4. 邹(220—265)
5. 蕃(220—265)
6. 薛(220—265)

(八)沛郡(220—231,232—265 沛国)——治沛(今江苏沛县)

按:《续汉志》、《晋志》均作沛国,吴氏《表》卷1据《魏志·司马芝传》,以为汉末已改沛国为沛郡,又据《魏志》鄄城王曹林改封沛国事,以为太和六年(232)沛郡又复为国,是。洪氏《补志》误以为沛景初元年(237)作国。《续汉志》沛国原领二十一县,临睢、太丘、穀阳、郸、向、建平六县无考似省,领县十五。据《魏志》卷3《明帝纪》:"(景初二年)分沛国萧、相、竹邑、符离、蕲、铚、龙亢、山桑、洨、虹十县为汝阴郡,宋县、陈郡苦县皆属谯郡。以沛、杼秋、公丘,彭城丰国、广戚并五县,为沛王国。"本州汝阴郡考证中已说明引文中"为汝阴郡"乃衍文。钱氏《考异》卷15以为"丰本属沛,今系彭城之下,恐误"。谢氏《补注》以为丰县魏初移属彭城后,于此时又复属沛,故志文不误,然不出考证,显为牵强。卢氏《集解》以为"丰"当在"彭城"前,因其时"彭城"为王国,"丰"为王国实在嘉平六年(254),此时不应称"丰国",故其时丰县仍属沛国,是乃灼见,从之。则景初二年割十一县属谯郡,彭城国广戚县来属,领县五。

1. 沛(220—265)
2. 杼秋(220—265)
3. 丰(220—253,254—265 丰国)

按:《续汉志》、《晋志》皆属。据《魏志》卷20《曹昂传》:"嘉平六年,以(曹)琬袭(曹)昂爵,为丰王。"则嘉平六年后丰县为王国。

4. 公丘(220—265)

按:《续汉志》属,《晋志》属鲁郡,据《魏志》卷3《明帝纪》:"(景初二年)以沛、杼秋、公丘,彭城丰国、广戚并五县,为沛王国。"则公丘县其时仍属沛国,入晋后似属鲁郡。

5. 蕲(220—237)

按：《续汉志》属，《晋志》属谯郡，景初二年割属谯郡。

6. 铚(220—237)

按：《续汉志》属，《晋志》属谯郡，景初二年割属谯郡。

7. 龙亢(220—237)

按：《续汉志》属，《晋志》属谯郡，景初二年割属谯郡。

8. 山桑(220—237)

按：《续汉志》属汝南郡，《晋志》属谯郡，景初二年割属谯郡。

9. 萧(220—233，234—237 萧国)

按：《续汉志》、《晋志》皆属。景初二年割属谯郡。而《晋志》属，似入晋后还属。据《魏志》卷19《曹熊传》："萧怀王熊，早薨……太和三年，又追封爵为王，青龙二年，子哀王(曹)炳嗣，食邑二千五百户，六年①，薨，无子，国除。"则青龙二年(234)至五年萧县为王国。

10. 相(220—237)

按：《续汉志》、《晋志》皆属。景初二年割属谯郡，而《晋志》属，似入晋后还属。

11. 竹邑(220—237)

按：《续汉志》属，《晋志》作"竺邑"属，据中华书局标点本《晋书》校勘记当作"竹邑"，是。景初二年割属谯郡。《晋志》属，似入晋后还属。

12. 符离(220—237)

按：景初二年割属谯郡。《晋志》属，似入晋后还属。

13. 虹(220—237)

按：景初二年割属谯郡。《晋志》属，似入晋后还属。

14. 洨(220—237)

按：景初二年割属谯郡。《晋志》属，似入晋后还属。

15. 宋(220—237)

按：《续汉志》、《晋志》皆属汝南郡。魏时来属，景初二年割属谯郡，详汝南郡宋县考证。

16. 广戚(238—?)

按：《续汉志》属兖州彭城国，《晋志》属徐州彭城国，景初二年由彭城国来属，其复属徐州彭城国之确年乏考。

---

① 青龙无六年，此处疑误。

(九) 谯郡①(220—265)——治谯(今安徽亳州市)

按:《续汉志》无此郡,《晋志》魏武分沛立谯郡,《宋志》引《何志》言"(谯郡)故属沛,魏明帝分立",沈约据王粲诗"既入谯郡界,旷然消人忧"以为"(王)粲是建安中亡,(谯郡)非明帝时立明矣"驳之,是。吴氏《考证》卷1又据《魏志》推论王粲作此诗时当为建安二十一年(216),今查《文选》此诗乃王粲《从军行》第五首,陆侃如《中古文学系年》亦系于建安二十一年,吴氏、陆氏推断皆然。《水经注》卷30载:"魏黄初中,文帝以酂、城父、山桑、铚置谯郡。"误。吴氏又据《续汉书·百官志》所引《献帝起居注》载建安十八年豫州诸郡不领谯郡,以为谯郡乃建安十八年夏五月魏国既建后分沛国所置,亦是。领县三,景初二年沛国十一县、陈郡苦县来属,领县十五,后宋县回属汝南郡,领县十四。

1. 谯(220—223,224—225 谯国,226—265)

按:《续汉志》属沛国,《晋志》属。据《魏志》卷18《许褚传》:"许褚字仲康,谯国谯人也。"则谯县魏时确属谯国,似于建安十八年后移属谯郡。又《唐钞〈文选集注〉汇存》卷113 所收《夏侯常侍诔一首》:"夏侯湛字孝若,谯国谯人也……元康元年夏五月壬辰寝疾,卒于延喜里第。"宋本《六臣注文选》同,胡克家翻刻《李善注文选》"谯国谯人"作"谯人",胡氏《文选考异》已指出其异,是,则至晋初未改。《魏志》卷20《曹林传》:"(黄初)三年为谯王,五年改封(曹林)谯县,七年徙封鄄城。"则谯县黄初五年至六年为王国。

2. 酂(220—265)

按:《续汉志》属沛国,《晋志》属。据《元和志》卷7河南道亳州酂县条:"魏,酂县属谯郡。"《寰宇记》卷12 河南道亳州酂县条引《舆地记》:"魏以酂县属谯郡。"则酂县魏时确属谯郡。

3. 城父(220—265)

按:《续汉志》属汝南郡,《晋志》属。吴氏《表》卷1据《舆地广记》以为魏时城父属谯郡,今遍检《舆地广记》未见吴氏所指之文,《宋志》引《太康地志》城父"属谯",则晋初城父属谯郡。今遍查文献,城父县魏时情况乏考②。汉魏之际州郡变化十分复杂,晋承魏制,州郡变化较之前者较为简单,今城父县魏时似未废又必当属某郡,且晋初即属谯郡,权衡之,将其列入谯郡,较

---

① 据《魏志》卷20《曹林传》:"(黄初)三年为谯王,五年改封(曹林)谯县。"则谯郡黄初三年改为谯国,五年复为郡。《元和志》卷7 河南道亳州条:"黄初元年,以先人旧郡,又立为谯国,与长安、许昌、邺、洛阳,号为五都。"此条舛乱,中华书局标点本校勘记未能出校。

② 《水经注》卷7"魏黄初中,文帝以酂、城父、山桑、铚置谯郡",此言舛乱殊甚,不可为据。

为合理。

4. 铚(238—265)

按：《续汉志》属沛国，《晋志》属。景初二年由沛国来属谯郡。

5. 龙亢(238—265)

按：《续汉志》属沛国，《晋志》属。景初二年由沛国来属谯郡。

6. 山桑(238—265)

按：《续汉志》属汝南郡，《晋志》属。景初二年由沛国来属谯郡。

7. 萧(238—265)

按：《续汉志》、《晋志》均属沛国，景初二年由沛国来属谯郡，《晋志》属沛国，似入晋后还属。

8. 相(238—265)

按：《续汉志》、《晋志》均属沛国，景初二年由沛国来属谯郡，《晋志》属沛国，似入晋后还属。

9. 竹邑(238—265)

按：《续汉志》、《晋志》均属沛国，景初二年由沛国来属谯郡，《晋志》属沛国，似入晋后还属。

10. 符离(238—265)

按：《续汉志》、《晋志》均属沛国，景初二年由沛国来属谯郡，《晋志》属沛国，似入晋后还属。

11. 虹(238—265)

按：《续汉志》、《晋志》均属沛国，景初二年由沛国来属谯郡，《晋志》属沛国，似入晋后还属。

12. 洨(238—265)

按：《续汉志》、《晋志》均属沛国，景初二年由沛国来属谯郡，《晋志》属沛国，似入晋后还属。

13. 蕲(238—265)

按：《续汉志》属沛国，《晋志》属。景初二年由沛国来属谯郡。

14. 苦(238—265)

按：《续汉志》属陈郡，《晋志》属梁国，景初二年由陈郡来属。《晋志》属梁国，似入晋后割属梁国。

15. 宋(238—?)

按：《续汉志》、《晋志》属汝南郡。景初二年割属谯郡，后回属汝南郡。

（十）梁国①（220—265）——治睢阳（今河南商丘市）

按：《续汉志》梁国领县九，其中谷熟县，《续汉志》、《晋志》皆属梁国，《寰宇记》卷12河南道宋州谷熟县条载："（谷熟县）魏文帝废。"吴氏《表》卷1据此以为其时谷熟已省，是。鄎县，吴氏《表》卷1引《寰宇记》以为晋时鄎县省，魏时仍属梁国，今遍检《寰宇记》未见吴氏所据之引文，故不从，鄎县魏时文献乏考，暂不列入。薄县，《续汉志》属梁国，魏时情况文献乏考，暂不列入。

1. 睢阳（220—265）
2. 蒙（220—265）
3. 虞（220—265）
4. 下邑（220—265）
5. 宁陵（220—222，223—265 宁陵国）

按：据《魏志》卷9《曹仁传》："黄初四年……转封（曹泰）宁陵侯。"则黄初四年后宁陵为侯国。

6. 砀（220—265）

按：《续汉志》属，《晋志》无此县。据《元和志》卷7河南道宋州砀山县条："砀山县，汉砀县，属梁国，后汉不改，晋以其地并入下邑。"则魏时当仍属梁国。

第三节 冀州沿革

冀州（220—265），治信都②（今河北冀州市）。《续汉志》冀州领郡九：魏、

---

① 《续汉志》为梁国，《晋志》亦为梁国，吴氏《考证》卷1据《魏志·卢毓传》载魏初时卢毓曾为梁郡太守，以为其时已改"梁国"为"梁郡"。今检《魏志》卷22《卢毓传》："文帝践阼，徙（卢毓）黄门侍郎，出为济阴相，梁、谯二郡太守……（卢毓）上表徙民于梁国，就沃衍。"则其时梁国并未改名，所谓二郡太守乃统而言之也。又《淮南子·地形训》"宋之孟诸"高诱注："孟诸，在今梁国睢阳东北泽是也。"检高诱《淮南子序》："建安十年辟司空掾，除东郡濮阳令，觏时人少为《淮南》者，惧遂陵迟。于是……为之注解，悉载本文并举音读……至十七年，迁监河东，复更补足。"则高诱注《淮南子》当在建安十年之后，至十七年又加以增补。又检今本《淮南子·地形训》高诱注有"扶风美阳县"、"冯翊池阳县"。据《晋志》："魏文帝即位……冯翊、扶风各除左右。"又《通典》卷173 岐州条："魏除右字，但为扶风郡，亦为重镇。晋因之。"又《通典》卷173 同州条："魏除左字，但为冯翊郡。晋因之。"则魏文帝时方有"扶风"、"冯翊"之称，则高诱至魏黄初时又增补其注。又《淮南子·地形训》："何谓六水？曰：河水、赤水、辽水、黑水、江水、淮水。"高诱注："淮水出桐柏山，南阳平氏县是也。"据荆州义阳郡平氏县考证，平氏于黄初三年割魏之义阳郡，则高诱注《淮南子》至迟于黄初三年，故高诱注《淮南子》在建安十年至黄初三年之间，则其时仍作"梁国"。又《元和志》卷7河南道宋州条："自汉至晋为梁国，属豫州，宋改为梁郡。"则吴氏之误，明矣。

② 据《地形志》："曹操为冀州，治邺，魏、晋治信都。"又邺县且属魏郡，魏都黄初时属司隶，则冀州建安时初治邺，黄初时已移治信都，《寰宇记》卷63河北道冀州条："魏黄初中，冀州刺史自邺徙理信都。"所谓"黄初中"微误，当作"魏黄初元年，冀州刺史自邺徙理信都"。

巨鹿、常山国、中山国、安平国、河间国、清河国、赵国、勃海。《续汉书·百官志》注引《献帝起居注》冀州领郡三十二："建安十八年三月庚寅，省州并郡，复《禹贡》之九州，冀州得魏郡、安平、巨鹿、河间、清河、博陵、常山、赵国、勃海、甘陵、平原、太原、上党、西河、定襄、雁门、云中、五原、朔方、河东、河内、涿郡、渔阳、广阳、右北平、上谷、代郡、辽东、辽东属国、辽西、玄菟、乐浪，凡三十二郡。"前后郡数极为悬殊，其中包含《续汉志》幽州刺史部、并州刺史部所领诸郡。据《魏志》卷24《崔林传》："文帝践阼，拜（崔林）尚书，出为幽州刺史。"又据《元和志》卷13河东道太原府条："后汉末，省并州入冀州，魏文帝黄初元年，复置并州。"则《献帝起居注》中冀州所领三十二郡当囊括冀州、并州、幽州属郡，黄初元年(220)后冀、并、幽三分，郡数自然减少。又《晋志》冀州领郡十三：赵国、巨鹿、安平、平原、乐陵国、勃海、章武国、河间国、高阳国、博陵、清河国、中山国、常山，与《献帝起居注》冀州领郡同者凡十郡。《晋志》所领乐陵国建安十八年(213)增置；章武国汉末置，后废，晋初复置；高阳国泰始元年(265)置。故冀州魏时领郡考证者凡十二郡（景元三年[262]之冀州政区见图4）。吴氏《表》卷2误将魏郡、阳平郡、广平郡列入冀州，详司隶魏郡考证。

（一）巨鹿郡(220—265)——治廮陶①（今河北宁晋县西南）

按：《续汉志》巨鹿郡领县十五，据《魏志》卷1《武帝纪》："（建安十七年）割河内之荡阴、朝歌、林虑，东郡之卫国、顿丘、东武阳、发干，巨鹿之廮陶、曲周、南和，广平之任城②，赵国之襄国、邯郸、易阳，以益魏郡。"则建安十七年后廮陶、曲周、南和、广平、任五县割属魏郡，廮陶县旋还，广宗县后割属安平郡，领县十。黄初二年广年移属广平郡，斥漳、列人黄初二年后移属之，则巨鹿郡领县七。

1. 廮陶(220—265)

2. 巨鹿(220—225，226—231巨鹿国，232—265)

按：据《魏志》卷20《曹干传》："（黄初）三年为河间王，五年改封乐城县，七年徙封巨鹿，太和六年改封赵王。"则巨鹿黄初七年至太和五年(231)为王国，后复为县。

3. 南𪤗(220—265)

按：《续汉志》属，《晋志》无此县。《地形志》："南𪤗，二汉属巨鹿，晋罢，后

---

① 据《舆地广记》卷12河北西路赵州宁晋县条："宁晋县，本廮陶县地，汉属巨鹿郡，后汉、晋、元魏为郡治焉。"则魏时巨鹿郡治所似为廮陶。
② 钱氏《考异》卷15以为"广平之任城"当为"广平、任"，是，详司隶广平郡考证。

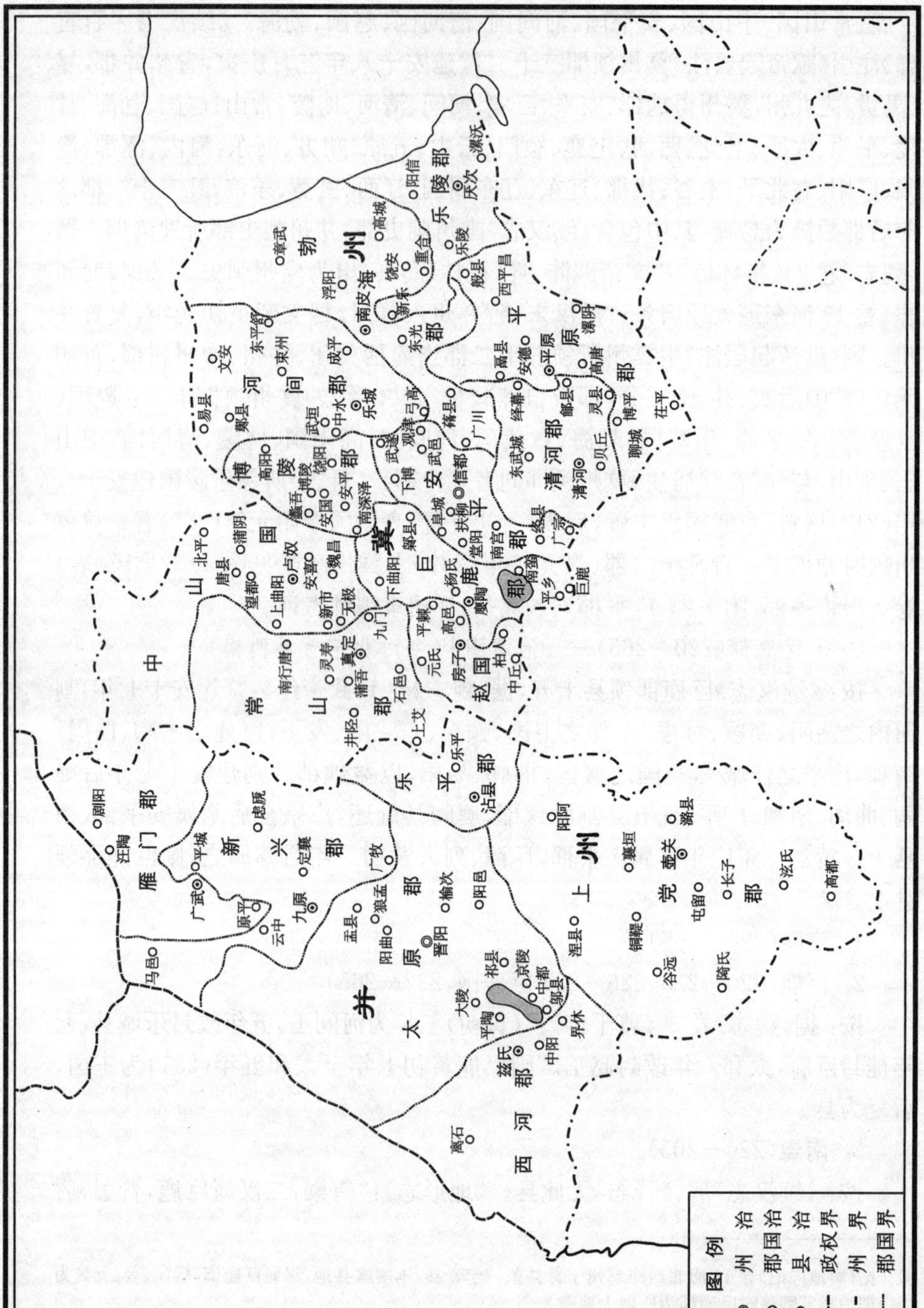

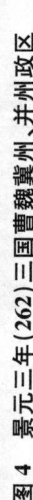

图 4 景元三年(262)三国曹魏冀州、并州政区

复。"今检《后汉书》卷1上《光武帝纪》"光武逆战于南䜌"条章怀太子注曰："（南䜌）县名，属巨鹿郡……左传齐国夏伐晋取栾，即其地也。"则"南栾"即"南䜌"也，故"南䜌"晋省①，而"南䜌"县魏时归属情况文献无考，今暂将之列入。

4. 下曲阳（220—265）

按：《续汉志》属，《晋志》属赵国，吴氏《表》卷2据《左传》昭公十二年杜预注"巨鹿下曲阳"以为晋初仍沿魏旧，后改属赵国，并将之列入巨鹿郡，是。

5. 杨氏（220—265）

按：《续汉志》属，《晋志》无此县。据《寰宇记》卷60河北道赵州宁晋县条："宁晋县东南三十五里……汉杨氏县属巨鹿郡……晋省。"遍查文献杨氏魏时归属情况乏考，暂将之列入巨鹿郡。

6. 鄡（220—265）

按：《续汉志》属，《晋志》属赵国，《舆地广记》卷11河北西路深州静安县条："故陆泽县，本鄡，汉属巨鹿郡，后汉作鄡，晋属赵国。"则魏时鄡县确属巨鹿郡，似于晋初移属赵国。

7. 平乡（220—265）

按：《续汉志》属巨鹿郡，《晋志》属赵国，其间归属情况文献乏考，又似未废，暂将之列入巨鹿郡。

8. 列人（220—221后）

按：《续汉书》属，《晋志》属广平郡，黄初二年后移属。

9. 斥漳（220—221后）

按：《续汉书》属，《晋志》属广平郡，黄初二年后移属。

10. 广年（220—221）

按：《续汉书》属，《晋志》属广平郡，黄初二年移属。

（二）赵郡（220—231，232—265赵国）——治房子（今河北高邑县西南）

按：《续汉志》赵国领县五，据《魏志》卷1《武帝纪》："（建安十七年）割河内之荡阴、朝歌、林虑，东郡之卫国、顿丘、东武阳、发干，巨鹿之廮陶、曲周、南和，广平之任城，赵国之襄国、邯郸、易阳，以益魏郡。"则建安十七年后襄国、邯郸、易阳三县割属魏郡，常山郡元氏、房子、平棘、高邑四县似魏时来属，领县六。据《魏志》卷20《曹干传》："（黄初）三年为河间王，五年改封乐城县，七年徙封巨鹿，太和六年改封赵王。"则赵郡太和六年后改为王国。

---

① 吴氏《表》卷2据《舆地广记》以为"南䜌"晋时省，今遍查《舆地广记》不见此文。

1. 房子(220—265)

按：《续汉志》属常山郡，《晋志》属。今遍查文献，房子县魏时归属情况乏考，又似未废，故暂将之列入赵国。

2. 柏人(220—265)

3. 中丘(220—225,226 中丘国,227—265)

按：《续汉志》、《晋志》皆属。据《魏志》卷20《曹茂传》："乐陵王（曹）茂……黄初三年进爵，徙封乘氏公。七年徙封中丘……太和元年徙封聊城公。"则中丘黄初七年为公国。

4. 元氏(220—265)

按：《续汉志》属常山郡，《晋志》属。据《舆地广记》卷11河北西路真定府元氏县条："元氏县……魏、晋、元魏属赵国。"则元氏县魏时确属赵国。

5. 平棘(220—265)

按：《续汉志》属常山郡，《晋志》属。今遍查文献，平棘县魏时归属情况乏考，又似未废，故暂将之列入赵国。

6. 高邑(220—265)

按：《续汉志》属常山郡，《晋志》属。今遍查文献，高邑县魏时归属情况乏考，又似未废，故暂将之列入赵国。

（三）安平郡(220—265)——治信都（今河北冀州市）

按：《续汉志》领县十三，《晋志》领县八，其中安平、饶阳、南深泽三县移属博陵国，则安平郡领县十[①]。《续汉志》巨鹿郡有广宗县，汉末来属，领县十一[②]。

1. 信都(220—265)
2. 下博(220—265)
3. 武邑(220—265)
4. 武遂(220—265)
5. 观津(220—234,235—265 观津国)

[①] 吴氏《表》卷2误将此三县仍列入安平郡，《中国历史地图集·三国图组》也将此三县画入安平郡，今并不从，详本州博陵郡考证。

[②] 吴氏《表》卷2据《元和志》以为枣强县魏时置，又据《畿辅志》以为枣强魏时属广平郡，今检《地形志》："枣强，前汉属清河，后汉罢，晋复，属广川。"《宋志》："（晋）成帝咸康四年……又侨立广川郡，领广川一县。"《何志》：广川江左所立。"又《晋志》："咸康四年，侨置魏郡、广川、高阳、堂邑等诸郡。"则广川郡乃东晋咸康四年(338)侨置，枣强复置并属之当在咸康四年后，魏时未有枣强县，吴氏所据不坚，《中国历史地图集·三国图组》冀州安平郡亦画有枣强县，并不从。又吴氏《表》卷2列有博陆县，当属博陵郡，详本州博陵郡考证。

按：据《魏志》卷5《后妃传》："青龙三年……帝进（郭）表爵为观津侯。"则青龙三年（235）后观津为侯国。

6. 扶柳（220—265）

7. 经（220—230,231—248 经国,249—265）

按：据《魏志》卷20《曹协传》："太和五年，追封（曹协）谥曰经殇公……青龙三年子殇王（曹）寻嗣……正始九年（曹寻）薨，无子国除。"则经县自太和五年至正始九年（248）为公国。

8. 南宫（220—265）

按：《续汉志》属，今查《晋志》、《宋志》皆不载南宫县，唯有《地形志》："南宫……后汉、晋属安平。"又《舆地广记》卷10河北东路冀州南宫县条："南宫县……后汉属广平国，晋省之，后复置。"南宫县魏县情况虽文献乏考，然据上引文，南宫县似魏时未废仍属安平郡，入晋后废，故《晋志》不录，今暂将之列入。

9. 堂阳（220—265）

按：《续汉志》属，今查《晋志》、《宋志》皆不载堂阳县，唯有《地形志》："堂阳……后汉、晋属安平国。"又《舆地广记》卷10河北东路冀州南宫县条："堂阳镇本汉堂阳县……后汉属安平国，晋省之，后复置。"堂阳县魏县情况虽文献乏考，然据上引文，堂阳县似魏时未废仍属安平郡，入晋后废，故《晋志》不录，今暂将之列入。

10. 阜城（220—265）

按：《续汉志》属，《晋志》属勃海郡，今查《水经注》卷10："衡水又北迳昌城县故城西……阚骃曰：'昌城本名阜城矣。'应劭曰：'堂阳县北三十里有昌城，故县也'。"又据《水经注》卷10经文："（浊漳水）又北过堂阳县西，又东北过扶柳县北，又东北过信都县西，又东北过下博县之西。"则昌城在下博县南，汪士铎《水经注图·清淇荡洹浊漳清漳图》描绘衡水在经昌城县[①]后北上直至安平郡下博县与长卢水合为漳水，是，此与勃海郡绝远，则似有两阜城。而据《汉志》昌城属信都国，阜城属勃海郡，又《续汉志》"阜城，故昌城"，则似后汉时将勃海之阜城废去，又将信都之昌城改为阜城并割属安平国。又据《舆地广记》卷10河北东路冀州信都县条："汉昌城县，属信都国，后汉改为阜城，后徙焉。"其后又似将安平之阜城移徙他处。又据《毛诗·邶鄘卫谱》唐人孔颖达疏解郑玄笺"北逾衡漳"条引《地理志》："漳水……东北至安平阜城入河。"唐人贾公彦

---

① 汪氏作"昌成"，误。

《周礼注疏》卷23亦引《地理志》："漳水……东北至安平阜城入河。"又《水经注》卷10经文："(浊漳水)又东北过下博县之西,又东北过阜城县北,又东北至昌亭,与滹沱河会。"此阜城在下博县北,其时黄河河道离之绝远,则上引所谓"入河"之河似指"滹沱河"。则此二水合口之阜城即安平之阜城,故阜城移徙后仍属安平且已昵近勃海,而移徙确年乏考但当在汉末晋初之间,其后又重归勃海郡而确年亦无考,故暂将其列入。吴氏《表》卷2据《皇舆表》将之列入,是,但所据不坚。

11. 广宗(220—265)

按:《续汉志》属巨鹿郡,《晋志》属。据《魏志》卷5《后妃传》:"文德郭皇后,安平广宗人也。"则广宗后汉末已归属安平郡。

(四)博陵郡(220—265)——治乏考

按:据《水经注》卷11:"(滱水)又东北迳博陵县故城南……汉质帝本初元年,续孝冲为帝,追尊父翼陵曰博陵,因以为县,又置郡焉,汉末罢,还安平。"杨守敬疏文以为:"《寰宇记》引《十三州志》,本初元年,蠡吾侯志继孝质,是为孝桓帝。追尊皇考蠡吾侯翼为孝崇皇帝,陵曰博陵,因以为郡。盖郦氏所据,当本是孝桓继为帝,传抄误作继孝冲为帝耳。"是。又《舆地广记》卷12河北西路永宁军博野县条:"博野县本蠡吾,汉属涿郡,后汉属中山国,桓帝父蠡吾后葬此,追尊为孝崇皇,其陵曰博陵,(汉桓帝)因分(蠡吾县)置博陵县,晋改为博陆,为高阳国治。"则汉桓帝即位初置博陵县并置博陵郡。今孔庙内仍存"汉博陵太守孔彪碑",王昶《金石萃编》卷14著录孔彪碑碑阴刻文曰:"故吏司徒掾博陵安平崔烈字威考』故吏齐□博陵安平崔恢字行孙』故吏乘氏令博陵安平王沛字公豫』故吏司空掾博陵安国刘悳字伯桓』故吏外黄令博陵安国刘楊字子長』故吏白馬尉博陵博陵齊智字子周[①]』故吏五官掾博陵安平劉麟字幼公』故吏五官掾博陵安平王瑶字顯祖』故吏五官掾博陵安平孟循字敬節』故吏五官掾博陵高陽史應字子聲』故吏五官掾博陵南深澤程祺字伯友』故吏五官掾博陵南深澤程祚字元祐』故吏五官掾博陵安國劉機字□阁。"其正面碑文中有"建宁四年七月辛未□□□哀哉。"钱大昕《潜研堂金石文跋尾》卷1"贞博陵太守孔彪碑并碑阴"条据此以为碑主孔彪建宁四年(171)七月卒[②],是,则至建宁四年博陵郡仍未废。又据《魏志》卷23《常林传》:"后刺史梁习荐州界名士(常)林及

---

① 洪氏晦木斋本洪适《隶释》卷8《汉博陵太守孔彪碑阴》作"博陵齊智"。钱大昕《潜研堂金石文跋尾》卷1"贞博陵太守孔彪碑并碑阴"条:"洪氏《隶释》本重出'博陵',俗刻本少两字,盖校书者误以为重复而去之耳。"是。

② 欧阳修《集古录》卷下、赵明诚《金石录》卷中皆误以为孔彪建宁四年十月卒。

杨俊、王凌、汪象、荀纬,太祖皆以为县长,(常)林宰南和治化有成,超迁博陵太守。"则汉末建安时有博陵郡。《魏志》卷15《梁习传》:"建安十八年,(并)州并属冀州",而《续汉书·百官志》注引《献帝起居注》并州诸郡已入冀州,则其所载之冀州诸郡乃建安十八年后之情况,其中冀州又有"博陵"郡,故建安十八年有博陵郡。又据《寰宇记》卷63河北道深州条:"深州饶阳郡……汉为饶阳县地,属涿郡,后汉属安平国,桓帝以后为博陵郡,晋为博陵郡。"《舆地广记》卷11河北西路深州条:"深州……后汉属安平国,魏、晋为博陵国,后魏、北齐、后周为博陵郡。"则从东汉桓帝直至魏,博陵郡未废,故《水经注》注文所谓"汉末罢"误甚,王鸣盛《十七史商榷》卷33"博陵郡"条以为博陵郡汉末罢,亦误。据《孔彪碑》,博陵郡其时可考属县有安平、南深泽、安国、高阳、博陵,凡五县,今检《晋志》博陵国领县四:安平、饶阳、南深泽、安国。而高阳、博陆①二县《晋志》属高阳国,据《晋志》高阳国泰始元年置,则此二县似于晋初泰始元年高阳国设置时割属焉。吴氏《考证》卷2误沿郦道元之谬,不列博陵郡,《中国历史地图集·三国图组》亦不画博陵郡并将博陆县②画入安平郡,今并不从。又饶阳县、蠡吾县来属,则魏时博陵郡领县七。

1. 安平(220—265)

按:《续汉志》属安平国,《晋志》属,据本郡考证,安平县魏时当属博陵郡。

2. 饶阳(220—265)

按:《续汉志》属安平国,《晋志》属。据《寰宇记》卷63河北道深州条:"深州饶阳郡……汉为饶阳县地,属涿郡,后汉属安平国,桓帝以后为博陵郡,晋为博陵郡。"又《舆地广记》卷11河北西路深州饶阳县条:"饶阳县,汉属涿郡,后汉属安平国,魏、晋属博陵国。"则饶阳魏时属博陵郡,疑博陵郡始设时来属。

3. 南深泽③(220—265)

按:《续汉志》属安平国,《晋志》属。据本郡考证,南深泽县魏时当属博陵郡。

4. 安国(220—254,254—263安国国,264—265)

按:《续汉志》属中山国,《晋志》属。据《魏志》卷24《高柔传》:"高贵乡公即位,进封(高柔)安国侯……景元四年,年九十薨……孙(高)浑嗣,咸熙中开建五等……改封(高)浑昌陆子。"开建五等在咸熙元年,则安国自正元元年

---

① 晋改博陵为博陆,见上引《舆地广记》。
② 其时博陵县名仍未改。
③ 宋绍兴刊本《后汉书》作"南深国",中华书局标点本据殿本改作"南深泽",是,从之。

(254)至景元末为侯国。

5. 高阳(220—265)

按:《续汉志》属河间国,《晋志》属高阳国。据本郡考证泰始元年移属高阳国。

6. 博陵(220—265)

按:《续汉志》无此县,《晋志》作"博陆"属高阳国。今检《舆地广记》卷12河北西路永宁军博野县条:"(汉桓帝)因分(蠡吾县)置博陵县,晋改为博陆,为高阳国治。"则后汉桓帝时分蠡吾县置博陵县,入晋后改博陵县为博陆县,又据本郡考证,泰始元年移属高阳国。

7. 蠡吾(220—265)

按:《续汉志》属中山国,《晋志》属高阳国,据《水经注》卷11注文"滱水东北迳蠡吾县故城南,《地理风俗记》曰:'县,故饶阳之下乡者也。'自河间分属博陵。"据本郡考证饶阳县属博陵郡,蠡吾与其地近,《水经注》注文又明言"属博陵",则蠡吾县当属博陵郡。又博陵、高阳二县泰始元年置高阳国时并属之,蠡吾《晋志》亦属高阳,则蠡吾似与博陵、高阳二县一并割属高阳国,而《水经注》注文所谓"自河间分属"似误,当为"自博陵分属"。吴氏《表》卷2将蠡吾县列入中山国,不出考证,未知所据,《中国历史地图集·三国图组》亦沿之,今并不从。

(五)中山郡(220—231,232—265中山国)——治卢奴(今河北定州市)

按:据《续汉志》中山国领县十三,其中安国县、蠡吾县魏时属博陵郡,吴氏《表》卷2误将此二县列入中山国,详本州博陵郡考证。广昌县,《晋志》属代郡,据《寰宇记》卷51河东道蔚州飞狐县条:"飞狐县……本汉广昌县地,属代郡,后汉属中山国,魏封乐进为广昌侯即谓此,后废,晋又属代郡。"考《魏志》卷17《乐进传》乐进封侯乃汉末建安时事,此后广昌何时见废文献乏考,又上庸郡魏时有广昌县,详荆州上庸郡广昌县考证,一国不当有两广昌,吴氏《表》卷2暂将之列入中山国,不出考证,今不从,暂阙不列。则中山郡领县十。杨氏《补正》据《魏志》、《水经注》以为灵丘县桓、灵时复置,今查《晋志》、《宋志》均无此县,又《地形志》:"灵丘,前汉属代,后汉、晋罢。"则灵丘县汉末当罢,杨氏误。据《魏志》卷20《曹衮传》:"(黄初)四年改封(曹衮)赞王,(黄初)七年徙封濮阳……(太和)六年改封中山王。"则中山自太和六年始为王国。

1. 卢奴(220—265)
2. 北平(220—265)
3. 新市(220—265)

4. 望都(220—265)

5. 唐(220—265)

6. 蒲阴(220—265)

7. 安喜(220—265)

按:《续汉志》作"安意"属。《魏志》卷5《后妃传》:"(青龙四年)追封(甄)逸世妇张为安喜君。"《晋志》亦作"安喜"属。则魏后均作"安喜",吴氏《表》卷5误作"安熹"。

8. 魏昌(220—265)

按:《续汉志》作"汉昌"属,《晋志》作"魏昌"属。据《元和志》卷18河北道定州陉邑县条:"陉邑县……汉属中山国,章帝改为汉昌,魏文帝改为魏昌。"则魏时有魏昌县,且属中山国。《宋志》"魏昌,魏立,属中山",当为"魏昌,魏改,属中山"。

9. 无极①(220—265)

按:《续汉志》作"毋极"属,《晋志》无此县。据宋本《魏志》卷5《后妃传》:"文昭甄皇后,中山无极人。"又宋本《后汉书》卷70注引《袁绍传》:"甄氏,中山无极人。"则汉末"毋极"已改为"无极"。吴氏《表》卷2误作"毋极",《中国历史地图集·三国图组》亦误作"毋极"。又据《舆地广记》卷11河北西路中山府无极县条:"二汉为毋极属中山国,晋省之……武后改毋极为无极。"则无极县魏时未废,然归属情况无考,今暂将之列入。

10. 上曲阳(220—265)

按:《续汉志》属,《晋志》属常山郡,据西晋杜预《春秋释例》卷7:"北岳,中山上曲阳县西北恒山也。"则上曲阳晋初仍属中山国,其于魏时亦当属中山国,吴氏《表》卷2据《畿辅志》以为上曲阳魏属常山郡,所据不坚,今不从。

(六)河间郡(220—221,222—223河间国,224—265)——治乐城(今河北献县东南)

按:《续汉志》领县十一,其中高阳县,汉末已割属博陵郡,详本州博陵郡考证。东平舒县,建安末割属章武郡,嘉平中(249—254)复还,详本州章武郡考证。领县十。吴氏《表》卷2据《魏志》以为"河间国"魏初为"河间郡"。黄初三年为王国,黄初五年复为"河间郡",是。

1. 乐城(220—223,224—226乐城(王)国,227—265乐城(侯)国)

按:《续汉志》作"乐成"属,《晋志》作"乐城"属。据《魏志》卷20《曹干传》:

---

① 此所谓"武后改毋极为无极"者误。

"(黄初)五年改封(曹干)乐城县。七年,徙封巨鹿。"又《魏志》卷9《曹洪传》:"明帝即位拜(曹洪)后将军,更封乐城侯。"则魏时当作"乐城"。吴氏《表》卷2误作"乐成",《中国历史地图集·三国图组》亦误作"乐成",今不从。又据兖州陈留郡考证,魏制:黄初元年至五年皆以郡为王,黄初五年至太和六年皆以县为王,太和六年后复以郡为王。则乐城县自黄初五年至七年为王国,后又于明帝即位时即太和元年始为侯国。

2. 武垣(220—265)

3. 鄚国(220—265)

按:据《魏志》卷17《张郃传》:"及文帝践阼,进封(张郃)鄚侯。"则自黄初元年始鄚县即为侯国。

4. 易(220—265)

按:《续汉志》作"易"属,《晋志》作"易城"属。吴氏《表》卷2据《保定府志》以为魏时当作"易城"。杨氏《补正》据《地形志》、《水经注》驳之,是。《中国历史地图集·三国图组》亦作"易城"。今从杨氏。

5. 中水(220—265)

6. 成平(220—265)

7. 弓高(220—265)

按:《续汉志》属,《晋志》无此县。据《寰宇记》卷63河北道冀州阜城县条:"弓高城……晋省县。"《寰宇记》卷68河北道定远军东光县条:"废弓高县……汉县也,属河间国……晋废。"又《舆地广记》卷10河北东路永静军东光县条:"弓高镇,本汉县属河间国,后汉因之,晋省焉。"则弓高县直至入晋后方废,其在魏时当属河间国,吴氏《表》卷2河间国漏列弓高县且不出考证,《中国历史地图集·三国图组》河间国亦漏画弓高县。

8. 东平舒(249后—265)

按:《续汉志》属,《晋志》属章武国,建安末割属章武郡,嘉平中复还,西晋泰始元年移属章武国,详本州章武郡东平舒县考证。

9. 文安(220—246,247—265 文安国)

按:《续汉志》属,《晋志》属章武国,而魏时情况文献无考,文安县似未废,今暂将之列入,吴氏《表》卷2据《一统志》将之列入章武郡,所据不坚,今不从。据《魏志》卷20《曹蕤传》:"景初二年立(曹赞)为饶安王,正始七年徙封文安。"则正始七年后,文安始为王国。

10. 束州(220—265)

按:《续汉志》属,《晋志》属章武国,而魏时情况文献无考,束州县似未废,今暂将之列入，吴氏《表》卷2据《畿辅志》将之列入章武郡，所据不坚，今不从。

（七）勃海郡（220—265）——治南皮（今河北南皮县北）

按：《续汉志》勃海郡领县八，其中阳信县移属乐陵郡，清河国广川县来属，饶安县新置，领县九。

1. 南皮（220—265）
2. 高城（220—265）
3. 重合（220—265）
4. 东光（220—265）
5. 浮阳（220—265）
6. 蓨（220—265）

按：《续汉志》作"修"属，《晋志》作"蓨"亦属焉。据《元和志》卷17河北道德州蓨县条："蓨县，本汉脩县……汉脩县属信都国，后汉属勃海郡。晋改'脩'为'修'。隋开皇三年废勃海郡，属冀州。五年改修县为蓨县，属观州。"今查《汉志》信都国有"修"县，《续汉志》勃海郡有"修"县，又《魏志》卷11《田畴传》："建安十二年，太祖北征乌丸……拜（田畴）为蓨令。"则汉末为"蓨"县，《晋志》又作"蓨"县，故《元和志》于此舛乱殊甚，魏时当作"蓨"。

7. 广川（220—265）

按：《续汉志》属清河国，《晋志》属。据《宋志》："广川县，前汉属信都，后汉属清河，魏属勃海，晋还清河。"则广川县魏时确属勃海郡，晋时还属清河郡。

8. 饶安（220—237,238—246饶安国，247—265）

按：《续汉志》无此县，《晋志》属。吴氏《考证》卷2据《魏志》卷2《文帝纪》、《元和志》、《水经注》以为饶安县延康元年（220）置且属勃海郡，是。又据《魏志》卷20《曹蕤传》："景初二年立（曹赞）为饶安王，正始七年徙封文安。"则饶安自景初二年（238）至正始七年为王国。

9. 章武（220—265）

按：《续汉志》属，《晋志》属章武国，而魏时情况文献无考，章武县似未废，今暂将之列入，吴氏《表》卷2据《一统志》将之列入章武郡，所据不坚，今不从。

（八）章武郡（220—249后）——治乏考

按：吴氏《考证》卷2据《魏志·杜畿传》、《献帝起居注》、《晋志·序例》以为章武郡建安末置，且于嘉平中省，西晋泰始元年复置章武国，是。杨氏《补正》据《水经注》引《魏土地记》以为章武郡治东平舒，《魏土地记》乃记后魏地理，详司隶平阳郡考证，今不从。吴氏《表》卷2据《畿辅志》以为束州县属焉，据《一统志》以为文安、章武二县亦属焉，所据不坚，今并不从。

东平舒(220—249 后)

按：《续汉志》属河间国，《晋志》属章武国，章武郡废后，当还属河间郡，至泰始元年章武国复置，又割属焉。

(九) 清河郡(220—221,222—223 清河国,224—265)——治清河(今山东临清市东北)

按：《续汉志》："清河国，高帝置，桓帝建和二年改为甘陵。"吴氏《表》卷 2 据《后汉书·献帝纪》、《舆地广记》以为魏时复为清河郡，是。据《魏志》卷 20《曹贡传》："清河悼王(曹)贡，黄初三年封，四年薨，无子，国除。"则清河郡黄初三年至四年为王国。《续汉志》领县七，其中广川县魏时割属勃海郡，领县六。

1. 清河(220—225,226 清河国,227—265)

按：《续汉志》作"甘陵"属，《晋志》作"清河"属，据本郡考证清河国曾名甘陵郡，则甘陵县似即清河县。《魏志》卷 3《明帝纪》："(黄初)七年，立皇子冏为清河王……冬十月，清河王冏薨。"吴氏《考证》卷 2 以为此清河王为县王，是，则其时甘陵已改为清河，清河县于黄初七年曾暂为王国。

2. 贝丘(220—265)

3. 东武城(220—265)

按：《续汉志》、《晋志》皆属。宋绍兴刊本《后汉书》作"东武成"，中华书局标点本据汲本、殿本改为"东武城"，是。

4. 鄃国(220—265)

按：《魏志》卷 17《张郃传》裴注引《九州春秋》："文帝即位，封(朱)灵鄃侯。"则黄初元年始，鄃即为侯国。

5. 灵(220—265)

6. 绎幕(220—265)

(十) 常山郡(220—265)——治真定①(今河北石家庄市北)

按：《续汉志》领县十三，其中元氏、房子、平棘、高邑四县割属赵国。又都乡县，今查《晋志》、《宋志》、《地形志》、《南齐志》、《隋志》皆无此县，而《魏志》为都乡侯者数十处，据《魏志》卷 5《后妃传》"初，太后弟(卞)秉以功封都乡侯"条下卢氏《集解》引钱大昕曰："东京人封都乡侯者甚多，都乡者近郭之乡，班在乡侯之上。"则《魏志》中众多"都乡侯"难知孰为都乡县之侯国，孰为都乡侯之侯

---

① 据《舆地广记》卷 11 河北西路真定府真定县条："真定县……东汉并入常山，魏、晋为郡治。"则魏时常山郡治真定县。

国,唯知入晋后都乡县当省,而魏时都乡县归属情况乏考,吴氏《表》卷2阙如,今姑且从之。《续汉志》常山郡有栾城县,吴氏《表》卷2据《元和志》以为后汉末省,是。又石邑县复置。领县八。

1. 真定(220—253,254—265 真定国)

按:据《魏志》卷20《曹彪传》:"(正元元年)封(曹)彪世子(曹)嘉为常山真定王。"则真定正元元年(254)为王国。

2. 井陉(220—265)

3. 蒲吾(220—265)

按:《续汉志》、《晋志》皆属。吴氏《表》卷2据《寰宇记》以为魏废去蒲吾县。据《晋志》常山郡明有蒲吾县,《地形志》:"蒲吾,二汉、晋属(常山郡)。"《舆地广记》卷11河北西路真定府平山县条:"平山县……二汉为蒲吾县属常山郡,魏、晋皆因之。"皆未言蒲吾县有废置情况,今查《寰宇记》卷61河北道镇州平山县条:"平山县……本汉蒲吾县地,属常山郡,后汉于此立房山县,魏晋以来废,隋开皇十六年又置房山县。"此谓房山县魏晋以来废,非指蒲吾县也,吴氏盖误读志文。

4. 南行唐(220—265)

5. 灵寿(220—265)

6. 九门(220—265)

7. 石邑(220—265)

按:《续汉志》无此县,《晋志》属。据《魏志》卷2《文帝纪》①:"(延康元年)八月石邑县言凤皇集。"则汉末石邑县复置,且当属焉。又《地形志》:"石邑,前汉属(常山),后汉罢,晋复,属(常山)。"所谓"晋复",当作"魏复"。

8. 上艾(220—265)

按:《续汉志》属,《晋志》属并州乐平郡,其魏时归属情况乏考,今暂将之列入常山郡。

(十一)平原郡(220—221,222—226 平原国,227—265)——治平原(今山东平原县西南)

按:吴氏《考证》卷2据《晋志》、《献帝起居注》以为建安末平原郡由青州来属冀州,是。《续汉志》领县十(原作九,阙西平昌县,详下),其中乐陵县、厌次县后属乐陵郡,祝阿县后属青州济南郡,兖州东郡之博平、聊城二县,兖州济北之茌平县来属,则魏时平原郡领县十。据《魏志》卷2《文帝纪》:"(黄初三

---

① 吴氏《表》卷2误引《魏志·武帝纪》,且误作建安二十五年。220年三月,已改建安年号为延康。

年)三月乙丑,立齐公(曹)叡为平原王。"又《魏志》卷3《明帝纪》:"(黄初)三年为平原王……七年夏五月,(文)帝病笃,乃立为皇太子,丁巳即皇帝位。"则平原郡自黄初三年至七年为王国。

1. 平原(220—265)
2. 高唐(220—265)
3. 安德(220—265)
4. 般(220—265)
5. 鬲①(220—265)
6. 西平昌(220—265)

按:宋绍兴刊本《后汉书》平原郡无"西平昌"县,而平原郡后之乐安国下小注:"高帝西平昌置。"钱氏《考异》卷14引《后汉书·宦者传》以为"西平昌"三字为衍文,当属上文平原郡,且平原郡领县九,当为领县十,是,则《续汉志》属,《晋志》亦属焉。

7. 博平(220—265)

按:《续汉志》属兖州东郡,《晋志》属。今检《舆地广记》卷10河北东路博州博平县条:"博平县,汉属东郡,魏、晋属平原国。"则魏时博平县来属。

8. 聊城(220—226,227—231聊城国,232—265)

按:《续汉志》属兖州东郡,《晋志》属。今查《舆地广记》卷10河北东路博州聊城县条:"聊城县……二汉属东郡,魏、晋属平原国。"则魏时聊城县来属。又《魏志》卷20《曹茂传》:"太和元年徙(曹茂)封聊城公,其年为王……六年改封曲阳王。"则聊城县太和元年为公国,随即改为王国,六年复为县。

9. 茌平(220—265)

按:据《舆地广记》卷10河北东路博州聊城县条:"汉茌平县属东郡,后汉属济北郡,魏、晋属平原国。"则魏时茌平县来属。

---

① 宋本《汉书》、《后汉书》、《晋书》地理志平原郡皆有"鬲"县,中华书局标点本《汉书》、《后汉书》、《晋书》皆作"鬲",且均未出校记,似以"鬲"与"鬲"为一字。据宋本《春秋经传集解·襄公四年》传文"靡奔有鬲氏"杜预注"有鬲,国名,今平原鬲县",则确当作"鬲"县,又陆德明《释文》:"(鬲)音革。"今检《汉志》平原郡"鬲"县条颜师古注曰:"读与隔同。"唐何超《晋书音义》卷之上"志第四卷":"鬲,音革。"四部丛刊初编宋本《尔雅音释中》:"鬲,(音)革。"则此"鬲"唐时确乎音革,而宋雍熙本《说文解字·第三下》鬲部引孙愐《唐韵》:"(鬲)郎激切。"即使古人重声不重字,其二字之音亦复相异,故"鬲"、"鬲"明为两字。又《刘宋明昙憘墓志》(拓片见《南京太平门外刘宋明昙憘墓》,《考古》1976年第1期):"君讳憘,字永源,平原鬲人也。"则六朝时写作"鬲"。又敦煌残写本《笺注本切韵》(斯二七〇一):"鬲,县名,在平原。"则唐时写本亦作"鬲"。中华书局标点本《汉书》、《后汉书》、《晋书》作"鬲"者皆误,《中国历史地图集·三国图组》冀州平原郡所绘"鬲"县,亦当改作"鬲"县。

10. 漯阴(220—265)

按:《续汉志》作"湿阴"属,《晋志》无此县。今查《魏志》卷11《王修传》:"(袁)谭之败,刘询起兵漯阴,诸城皆应。"则汉末时作"漯阴"。又《汉志》作"漯阴",《水经注》卷5:"漯水又东北迳漯阴县故城北。"则"湿阴"似为"漯阴"之讹。又检《汉书》卷55《霍去病传》"(汉武帝)封浑邪王万户为漯阴侯"颜师古注:"如淳曰:'漯阴,平原县也。'"又据颜师古《汉书叙例》:"如淳,冯翊人,魏陈郡丞。"则魏时漯阴县仍属平原郡。吴氏《表》卷3据《左传》杜预注逆推"湿阴"属青州济南郡,《中国历史地图集·三国图组》将"漯阴"绘入青州济南郡,并误。

(十二)乐陵郡(220—265)——治厌次①(今山东阳信县东南)

按:吴氏《考证》卷2据《魏志·韩暨传》、《献帝起居注》、《宋志》、《晋志》考订乐陵郡建安十八年置,属冀州,是。《宋志》:"乐陵太守,晋武帝分平原立。"误甚。领县五。

1. 厌次(220—265)

按:《续汉志》属兖州平原郡,《晋志》属。据《寰宇记》卷64河北道棣州厌次县条:"厌次县……本汉富平县也,属平原郡……曹魏属乐陵国。晋乐陵郡理于此。"则厌次县于乐陵郡置时即割属之。

2. 乐陵(220—243,244—265乐陵国)

按:《续汉志》属兖州平原郡,《晋志》属。魏时乐陵县归属情况无考,然乐陵郡似未废,今暂将之列入。据《魏志》卷20《曹茂传》:"(太和)六年,改封曲阳王……(正始)五年徙封(曹茂)乐陵。"则自正始五年(244)乐陵县为王国。

3. 阳信(220—265)

按:《续汉志》属勃海郡,《晋志》属。据《元和志》卷17河北道棣州阳信县条:"阳信县,本汉旧县属勃海郡,魏属乐陵国。"则阳信县魏时割属乐陵郡。

4. 新乐(220—265)

按:《续汉志》无此县,《晋志》属。据《宋志》:"新乐令,二汉无,魏分平原为乐陵郡,属冀州,而新乐县属焉。"细绎引文,新乐县当为魏所置,且属乐陵郡。

---

① 《寰宇记》卷64河北道棣州厌次县条:"厌次县……本汉富平县也,属平原郡……曹魏属乐陵国。晋乐陵郡理于此。"则乐陵郡治厌次县。

5. 漯沃(220—265)

按：《续汉志》无此县，《晋志》属。据《宋志》："溼沃令，前汉属千乘，后汉无，何云：'魏立'，当是魏复立也。"今查《汉志》千乘郡确有溼沃县，钱氏《考异》卷5以为："'溼'当作'漯'，音它合反。"是。又顾炎武《金石文字记》卷1"李翕析里桥郙阁铭"条详考"濕"即"漯"，是。则"溼沃"即"濕沃"，"濕沃"即"漯沃"。故《宋志》之"溼沃"即《晋志》之"漯沃"。《宋志》引何承天说已明言漯沃县当是魏立，又《元和志》卷17河北道棣州条："棣州……汉为平原、渤海、千乘三郡地，曹魏属乐陵国。"据此魏时乐陵郡属县当来自平原、勃海、千乘三郡地，今已考出厌次县、阳信县属乐陵郡且分别来自平原郡、勃海郡，恰少来自千乘郡之属县，而漯沃县正属千乘郡，故魏时漯沃属乐陵郡当确然无疑。又《地形志》："濕沃，前汉属千乘国，后罢，晋复，属（乐陵郡）。"《舆地广记》卷10河北东路棣州滴河县："汉濕沃县，属千乘郡，后汉省之，晋复置，属乐陵国。"亦以为濕沃县晋复置。并误。《寰宇记》卷64河北道滨州蒲台县条："蒲台县……本汉濕沃县属千乘郡，《续汉书志》无濕沃县，宋复置濕沃县属乐陵郡。"亦误。

第四节 兖州沿革

兖州(220—265)，治廪丘①（今山东郓城县西北）。《续汉志》兖州领陈留、东、东平、任城、泰山、济北、山阳、济阴八郡，《晋志》兖州领陈留、濮阳、济阴、高平、任城、东平、济北、泰山八郡，其中《晋志》之濮阳、高平乃是承袭《续汉志》之东郡、山阳郡而来，详见考证，则兖州所领八郡自汉末历魏未有变化（景元三年[262]之兖州政区见前文图3）。

（一）陈留郡(220—221，222—224陈留国，225—231，232—265陈留国)——治陈留（今河南开封市东南）

按：《续汉志》领县十七，其中东昏县，据《舆地广记》卷54东京开封府东明县条："东明县，本汉东昏县属陈留郡……后汉复曰东昏，后省为东明镇。"则东昏县后汉末已省。平丘县，《晋志》无此县，今遍查文献平丘县魏时情况乏考，吴氏《表》卷2引《开封府志》以为晋省且将之列入陈留郡，所据不坚，今不从，暂阙不录。己吾县，《晋志》无此县，今检《魏志》卷1《武帝纪》载："（中平六年，曹操）始起兵于己吾。"杨氏《补正》据此并《一统志》以为己吾县至晋方省，

---

① 据《宋志》："兖州刺史，后汉治山阳昌邑，魏、晋治廪丘。"则魏时兖州治廪丘。

太祖时实为汉末而非魏时,《一统志》亦非坚据,故不从,暂阙不录。领县十四。据《魏志》卷20《曹据传》:"(黄初)五年诏曰:'先王建国,随时而制,汉祖增秦所置郡,至光武以天下损耗并省郡县,以今比之,益不及焉,其改封诸王,皆为县王。'(曹)据改封定陶县,太和六年改封诸王,皆以郡为国,(曹)据复封彭城。"则魏制:黄初元年(220)至五年皆以郡为王,黄初五年至太和六年(232)皆以县为王,太和六年后复以郡为王,今检《魏志》卷20《曹峻传》:"(黄初)三年,(曹峻)为陈留王,五年改封襄邑县,太和六年又封陈留。"则陈留郡自黄初三年至五年为王国,太和六年后复为王国。

1. 陈留(220—265)

按:《续汉志》属,《晋志》无此县,据《舆地广记》卷54东京开封府陈留县条:"汉武帝元狩元年置陈留郡,晋为陈留国,治小黄,而省陈留县。"又《晋志》无陈留县,则陈留县入晋后省,而确年乏考,《寰宇记》卷1河南道开封府陈留县条:"陈留县……西晋末郡县并废。"误。

2. 浚仪(220—226,227浚仪国,228—265)

按:据《魏志》卷19《曹植传》:"太和元年徙(曹植)封浚仪,二年复还雍丘。"则太和元年浚仪为侯国。

3. 封丘(220—265)

4. 尉氏(220—265)

5. 雍丘(220—222,223—226雍丘国,227,228雍丘国,229—265)

按:据《魏志》卷19《曹植传》:"(黄初)四年徙(曹植)封雍丘王……太和元年徙封浚仪,二年复还雍丘……三年徙封东阿。"则自黄初四年至七年雍丘为王国,太和二年复为王国,太和三年复为县。

6. 襄邑(220—223,224—231襄邑国,232—265)

按:据兖州陈留郡考证魏制:黄初元年至五年皆以郡为王,黄初五年至太和六年皆以县为王,太和六年后复以郡为王,今检《魏志》卷20《曹峻传》:"(黄初)五年,改封(曹峻)襄邑县。太和六年,又封陈留。"则襄邑县自黄初五年至太和五年为王国。吴氏《表》卷2据《晋书·宗室传》以为咸熙元年(264)后襄邑县为男相,是。

7. 外黄(220—265)

8. 小黄(220—265)

9. 济阳(220—222,223—265济阳国)

按:据《魏志》卷20《曹玹传》:"黄初二年,改封(曹壹)济阳侯,四年进爵为公。"则自黄初四年起济阳为公国。

10. 酸枣(220—265)

11. 长垣(220—240后,240后—265长垣国)

按:据《魏志》卷22《卫臻传》:"正始中,进(卫臻)长垣侯。"则正始(240—249)后长垣为侯国。

12. 考城(220—265)

按:《续汉志》属,《晋志》无此县。今检《艺文类聚》卷50有蔡邕《考城县颂》:"暧暧玄路,北至考城。"蔡邕汉末时人,则考城县汉末仍未废。又《晋书》卷77《蔡谟传》:"蔡谟,字道明,陈留考城人也。"蔡谟西晋时人,则考城县西晋初亦未废。又《宋志》:"考城令……章帝更名属陈留,《太康地志》无。"且《晋志》本郡亦不载考城县,唯有"义熙七年……以盱眙立盱眙郡,统考城、直渎、阳城三县",则考城县似于西晋时见废,东晋又复置而确年无考。

13. 圉(220—265)

按:《续汉志》属,《晋志》无此县。今查《魏志》卷24《高柔传》:"高柔,字文惠,陈留圉人也。"又《晋书》卷41《高光传》:"高光,字宣茂,陈留圉城人,魏太尉(高)柔之子也。"高光西晋时人,则圉县历三国至西晋时未废。又《宋志》:"圉县令,前汉属淮阳,后汉属陈留,《晋太康地志》无此县",且《晋志》亦不载圉县,则圉县似于西晋时见废,而魏时当属焉。

14. 扶沟(220—265)

按:《续汉志》属,《晋志》无此县。今检杜预《春秋释例》卷5:"或以为陈留扶沟县东北有圉城,迂远,非。"又《宋志》:"(扶沟)前汉属淮阳,后汉、《晋太康地志》属陈留。"则扶沟似至入晋后仍未废。又《舆地广记》卷54东京开封府扶沟县条:"扶沟县……汉属淮阳国,东汉属陈留郡,晋省,元魏复置,东魏属许昌郡。"则扶沟县似于西晋太康后见废。又《地形志》:"扶沟,前汉属淮阳,后汉、晋属陈留……(真君七年)后属(许昌郡)。"则其后似又复置。又《元和志》卷8河南道许州扶沟县条:"扶沟县,本汉旧县,属淮阳国,后汉属陈留郡,魏属许昌郡。"《寰宇记》卷2开封府扶沟县条:"扶沟县……后汉属陈留郡,魏隶许昌郡。"魏时无许昌郡,所谓"魏属许昌郡"、"魏隶许昌郡"均误,似当为"后魏属许昌郡"、"后魏隶许昌郡"。

(二)东郡(220—265)——治濮阳①(今河南濮阳县南)

按:《续汉志》东郡领县十五,共划出八县,即卫国、顿丘、东武阳、发干四县建安中割属司隶魏郡,阳平、乐平二县魏时割属司隶阳平郡,博平、聊城二县

---

① 吴氏《表》卷2据《魏志·武帝纪》以为东郡治所曾由濮阳徙治东武阳后又复还,是。

魏时割属冀州平原郡。又从济阴郡割属二县，领县九①。

1. 濮阳(220—225,226—231 濮阳国,232—265)

按：《续汉志》属，《晋志》属濮阳国，据《魏志》卷20《曹衮传》："(黄初)四年改封赞王,(黄初)七年徙(曹衮)封濮阳……(太和)六年改封中山王。"则濮阳自黄初七年至太和五年为王国。

2. 白马(220—225,226—231 白马国,232—265)

按：《续汉志》属,《晋志》属濮阳国，据《魏志》卷20《曹彪传》："(黄初)三年封(曹彪)弋阳王……(黄初)七年徙封白马……(太和)六年改封楚。"则白马自黄初七年至太和五年为王国。

3. 廪丘(220—265)

按：《续汉志》属济阴郡，《晋志》属濮阳国，其于魏时似当属焉。

4. 鄄城(220—221,222 鄄城国,223—225,226—231 鄄城国,232—265)

按：《续汉志》属济阴郡，《晋志》属濮阳国，其于魏时似当属焉。据《魏志》卷19《曹植传》："(黄初)三年立(曹植)为鄄城王……四年徙封雍丘王。"又《魏志》卷20《曹林传》："(黄初)七年徙(曹林)封鄄城……(太和)六年改封沛。"则鄄城当黄初三年、黄初七年至太和五年为王国。

5. 燕(220—265)

按：《续汉志》属，《晋志》无此县。今查宋本《春秋经传集解·隐公五年》"卫人以燕师伐郑"条杜预注："南燕国，今东郡燕县。"则太康元年(280)燕县仍属东郡，其于魏时当属焉。

6. 东阿(220—228,229—231 东阿国,232—265)

按：《续汉志》属，《晋志》属济北国，今查《魏志》卷14《程昱传》："程昱，字仲德，东郡东阿人也。"《晋书》卷63《魏浚传》："魏浚，东郡东阿人也。"则魏时东阿当属东郡，入晋后属济北国。吴氏《表》卷2据杜预注有"济北东阿"以为东阿县魏时已经割属济北国，论证牵强，杨氏《补正》已疑之，今不从。《中国历史地图集·三国图组》东阿属济北国，亦不从。据《魏志》卷19《曹植传》："(太和)三年徙(曹植)封东阿……(六年)以陈四县封植为陈王。"则自太和三年至五年东阿为王国。

---

① 《晋志》无东郡，今检《史记》卷1《五帝本纪》"颛顼崩"条裴骃《集解》引《皇览》："颛顼冢在东郡濮阳顿丘城门外广阳里中。"据本州东平国考证，《皇览》成书于延康后黄初四年前，则其时确有东郡，又《宋志》："南濮阳太守，本东郡，属兖州，晋武帝咸宁二年以封子(司马)允，以'东'不可为国名，东郡有濮阳县，故曰濮阳国。"《晋志》："濮阳国，故属东郡，晋初分东郡置"。则东郡乃于西晋初改名濮阳国，《晋志》濮阳国所领濮阳、白马、廪丘、鄄城四县，在魏时当属东郡。

7. 谷城(220—265)

按：《续汉志》属，《晋志》属济北国，今检《史记》卷7《项羽本纪》"以鲁公礼葬项王谷城"条裴骃《集解》引《皇览》："项羽冢在东郡谷城，东去县十五里。"据兖州东平国考证，《皇览》成书于延康后、黄初四年前，则黄初时确有谷城县，且属东郡。又查北魏贾思勰《齐民要术》卷4种枣第33引《广志》："东郡谷城紫枣长二寸。"《隋书·经籍志》子部杂家类著录"广志二卷，郭义恭撰"，姚振宗《隋书经籍志考证》卷30以为"郭义恭，始末未详"。据《齐民要术》卷4柰林檎第39引《广志》："魏明帝时，诸王朝，夜赐东城柰一夜。"则郭氏必是魏以后人，又《齐民要术》卷2种芋第16引《广志》："蜀汉既繁芋，民以为资。"《齐民要术》卷6养鸡第59引《广志》："吴中送长鸣鸡，鸡鸣长倍于常鸡。"可见郭氏频用"蜀汉"、"吴中"等词乃是去三国鼎立之时未远之证，故郭氏当是三国末期西晋初期时人，《说郛》卷6、《玉函山房辑佚书·子编道家类》、《汉学堂知足斋丛书·子史钩沉》皆辑录《广志》且题曰：晋郭义恭撰，此所谓"晋"当指"西晋初"。其谓"东郡谷城"，则魏时谷城当属东郡，而据《宋志》："谷城令，前汉无，后汉属东郡，《晋太康地志》属济北。"则太康后谷城割属济北国。吴氏《表》卷2据杜预注有济北谷城逆推谷城县魏时已经割属济北国，论证牵强，杨氏《补正》已疑之，《中国历史地图集·三国图组》同吴氏，并不从。

8. 临邑(220—265)

按：《续汉志》属，《晋志》属济北国，今检《元和志》卷10河南道齐州临邑县条："临邑县，本汉旧县，属东郡，至晋，属济北国。"文义昭然，临邑县当入晋后属济北国。吴氏《表》卷2据《宋志》所引《晋太康地志》济北有临邑县逆推临邑县魏时属济北国，论证牵强，杨氏《补正》已疑之，《中国历史地图集·三国图组》同吴氏，并不从。

9. 范(220—265)

按：《续汉志》属，《晋志》属东平国，今检《水经注》卷24："（瓠子河）又北过东郡范县东北。"据司隶弘农郡卢氏县考证，《水经注》经文为三国时人所撰，则范县在魏时当仍属东郡。吴氏《表》卷2据杜预注有"东平范县"逆推范县魏时属东平国，论证牵强，《中国历史地图集·三国图组》同吴氏，并不从。

（三）济北郡(220—231，232—265济北国)——治卢（今山东肥城市北）

按：《续汉志》领县五，其所领茌平县魏时割属冀州平原郡，所领刚县魏时割属东平国，所领成县，文献无考，暂阙不录。肥城县新置，领县三。据《魏志》卷19《曹植传》："（太和六年）其二月，以陈四县封（曹）植为陈王……遂发疾薨，时年四十一……子（曹）志嗣，徙封济北王。"则太和六年后，济北为王国。

1. 卢(220—265)
2. 蛇丘(220—265)
3. 肥城(220—265)

按：《续汉志》、《晋志》均无此县，杨氏《补正》据《地形志》以为后汉济北国有肥成(城)县，至晋方省，《续汉志》脱此县。今检《舆地广记》卷7京东西路东平大都督府平阴县条："汉肥城县，故肥子国也，属泰山郡。后汉省之，其后复焉。"则《续汉志》或非漏载，肥城县其先似已废后又复置而已，又《地形志》："肥城，前汉属泰山，后汉属济北，晋罢。"则魏时肥城县当属济北国，至晋方省，且杨氏所谓"肥成"应作"肥城"。《中国历史地图集·三国图组》沿杨氏之讹绘作"肥成"。吴氏《表》卷2阙载肥城县，李晓杰《东汉政区地理》济北国亦未列此县，并误。

（四）东平郡(220—223前，223寿张国，224—231寿张郡，232—265东平国)——治寿张①(今山东东平县南)

按：今检《史记》卷1《五帝本纪》"(黄帝)遂擒杀蚩尤"条裴骃《集解》引《皇览》："蚩尤冢在东平郡寿张县阚乡城中……肩髀冢在山阳郡巨野县重聚。"司马贞《索隐》谓："《皇览》，书名也。记先代冢墓之处，宜皇王之省览，故曰《皇览》。是魏人王象、缪袭等所撰也。"又《魏志》卷9《曹真传》裴注引《魏略》："延康中，(桓范)为羽林左监。以有文学，与王象等典集《皇览》。"又《魏志》卷22《杨俊传》裴注引《魏略》："王象字羲伯……魏有天下，拜象散骑侍郎，迁为常侍，封列侯。受诏撰《皇览》，使象领秘书监。象从延康元年始撰集，数岁成，藏于秘府，合四十余部，部有数十篇，通合八百余万字。"则裴骃所引《皇览》为曹魏时王象等人所编集，成书于黄初年间。据《魏志》卷20《曹徽传》："(黄初)四年徙(曹徽)封寿张王，五年改封寿张县，太和六年改封东平。"魏制：黄初元年至五年皆以郡为王，黄初五年至太和六年皆以县为王，太和六年后复以郡为王(详兖州陈留郡考证)，上引《皇览》有"东平郡寿张县"，则黄初时有东平郡，至迟于黄初四年改名寿张国，故有《魏志》所谓寿张王，黄初五年后复为郡，太和六年似又改寿张郡为东平且为王国，而《皇览》所撰成亦必在延康后、黄初四年之前。《续汉志》东平国领县七，刚县来属，领县八。

1. 寿张(220—223，224—231寿张国，232—265)

按：据《魏志》卷20《曹徽传》："(黄初)四年徙(曹徽)封寿张王，五年改封寿张县，太和六年改封东平。"则寿张县自黄初五年至太和五年为王国。

---

① 吴氏《考证》卷2详考史志以为东平国治寿张，是。

2. 无盐(220—265)

3. 东平陆(220—265)

4. 富城(220—265)

按:《续汉志》作"富成"属,《汉志》、《地形志》、《晋志》皆作"富城"属,"成"似为"城"之讹。吴氏《表》卷2作"富成",不从。

5. 须昌(220—265)

6. 宁阳(220—265)

按:《续汉志》属,《晋志》无此县。据《舆地广记》卷7京东西路兖州龚丘县条:"龚丘县本汉宁阳县属泰山郡,后汉属东平国,晋省之。"则宁阳魏时属焉,晋初见废。

7. 章(220—265)

按:《续汉志》属,《晋志》无此县。今查《水经注》卷24经文:"(汶水)又西南过东平章县西。"《水经注》经文既是三国时人所撰,则章县于魏时当属焉,吴氏《表》卷2东平国漏载章县,《中国历史地图集·三国图组》亦漏绘章县。

8. 刚(220—265)

按:《续汉志》属济北国,《晋志》作"刚父"属。杨氏《补正》据《水经注》、《地形志》以为魏时仍作"刚",入晋后方改为"刚父",是。遍查文献刚县魏时情况乏考,其时该县似未废,今暂将之列入东平郡。

(五)济阴郡(220—221,222—223济阴国,224—265)——治定陶(今山东定陶县)

按:《续汉志》济阴郡领县十一,所领廪丘、鄄城二县魏时割属东郡,领县九。又《魏志》卷20《曹据传》:"黄初二年进(曹据)爵为公,三年为章陵王,其年徙封义阳。文帝以南方下湿,又以环太妃彭城人,徙封彭城,又徙封济阴。五年诏曰:'先王建国,随时而制,汉祖增秦所置郡,至光武以天下损耗并省郡县,以今比之,益不及焉,其改封诸王,皆为县王。'(曹)据改封定陶县。"则济阴曾于黄初三年至四年为王国,五年复为郡。

1. 定陶(220—223,224—231定陶国,232—265)

按:据兖州陈留郡考证魏制:黄初元年至五年皆以郡为王,黄初五年至太和六年皆以县为王,太和六年后复以郡为王,今检《魏志》卷20《曹据传》:"(黄初五年曹)据改封定陶县,太和六年改封诸王,皆以郡为国,(曹)据复封彭城",则自黄初五年至太和五年定陶为王国。

2. 乘氏(220—221,222—225乘氏国,226—265)

按:据《魏志》卷20《曹茂传》:"(黄初)三年进(曹茂)爵,徙封乘氏公,七年徙封中丘。"则自黄初三年至黄初六年乘氏为公国。

3. 句阳(220—225,226—231 句阳国,232—265)

按：据《魏志》卷20《曹敏传》："(黄初)七年徙(曹敏)封句阳……(太和六年)改封(曹敏)琅邪王。"则自黄初七年至太和五年句阳为王国。

4. 离狐(220—265)

按：《魏志》卷18《李典传》载："迁(李典)离狐太守。"钱氏《考异》卷15据此以为"离狐县，前汉属东郡，后汉属济阴郡，史无置郡之文，盖建安初暂置而即罢。"赵氏《注补》亦据此以为离狐曾置郡，吴氏《表》卷2亦同之。以县名领太守者其时亦有，今检《晋书》卷57《马隆传》有"洛阳太守"，故凡加太守者非必为郡守，钱氏、赵氏、吴氏三家之说未必确然。

5. 单父(220—223,224—231 单父国,232—265)

按：据兖州陈留郡考证魏制：黄初元年至黄初五年皆以郡为王，黄初五年至太和六年皆以县为王，太和六年后复以郡为王，今检《魏志》卷20《曹宇传》："(黄初)五年(曹宇)改封单父县，太和六年改封(曹宇)燕王。"则自黄初五年至太和五年单父为王国。

6. 成武(220—222,223—235 成武国,236—265)

按：据《魏志》卷20《曹整传》："郿戴公子(曹)整……(建安)二十三年薨，无子……以彭城王(曹)据子(曹)范奉(曹)整后，(黄初)三年封平氏侯，四年(曹范)徙封成武……青龙三年薨。"则自黄初四年至青龙三年(235)成武为侯国。吴氏《表》卷2以为封成武者为曹整，误。

7. 己氏(220—222,223—236 己氏国,237—238,239—245 己氏国,246—265)

按：据《魏志》卷20《曹琮传》："(黄初)四年徙封(曹琮)己氏公……景初元年(曹)琮坐于中尚方作禁物，削户三百，贬爵为都乡侯。三年，复为己氏公。正始七年，转封平阳公。"则黄初四年至青龙四年、景初三年(239)至正始六年(245)己氏为公国。

8. 冤句(220—265)

按：《续汉志》作"冤句"属，《晋志》作"宛句"属。今查《汉志》、《宋志》、《地形志》均作"冤句"，故"宛"似为"冤"之讹。

9. 成阳(220—265)

按：《续汉志》作"成阳"属，《晋志》作"城阳"属，今查《汉志》、《水经注》卷40均作"成阳"，故"城"似为"成"之讹。

(六)泰山郡(220—265)——治奉高(今山东泰安市东)

按：《续汉志》领县十二，所领费县割属兖州琅邪国，平阳、华、蒙阴三县新置,领县十四。

1. 奉高(220—265)
2. 博(220—265)
3. 矩平(220—265)
4. 山茌(220—265)

按:《续汉志》作"茌"属,《晋志》作"山茌"属。据《魏志》卷3《明帝纪》:"景初元年春正月壬辰,山茌县言黄龙见。"《宋志》亦作"山茌",则"茌"似为"山茌"之讹,中华书局标点本《后汉书》校勘记引钱大昕说将"茌"改为"山茌"是也,洪氏《补志》作"山茌"亦是也①。

5. 梁父(220—265)

按:《续汉志》作"梁甫"属,《晋志》作"梁父"属。今检《汉志》、《宋志》、《地形志》皆作"梁父"。又《淮南子·氾论训》:"夫颜啄聚,梁父之大盗也。"高诱注:"梁父,齐邑,今属太山。"高诱注《淮南子》在建安十年(205)至黄初三年之间(详豫州梁国考证),则其时亦作"梁父","甫"似为"父"之讹。

6. 嬴(220—265)
7. 莱芜(220—265)
8. 南武阳(220—265)
9. 南城(220—265)

按:《续汉志》作"南城"属,《晋志》作"南武城"属,中华书局标点本《晋书》校勘记据钱氏《考异》以为"南武城"当作"南城"并改之,是。

10. 牟(220—265)

按:《续汉志》作"牟"属,《晋志》作"东牟"属,中华书局标点本《晋书》校勘记据钱氏《考异》以为"东"字衍,当作"牟"并改之,是。

11. 平阳(220—265)

按:《续汉志》无此县,《晋志》作"新泰"属,吴氏《考证》卷2据《魏志》、《左传》杜预注、《水经注》、《晋志》以为魏时置"平阳县",至晋改为"新泰县",是。杨氏《补正》据《水经注》以为"平阳"前当加"东"字,误。

12. 盖(220—265)

按:《续汉志》属,《晋志》属徐州东莞郡,今检《水经注》卷25经文:"洙水

---

① 谢氏《补注》引《魏志》卷3《明帝纪》"泰山茌县言黄龙见"以为仍当作"茌",不知所据何本,王先谦《后汉书集解》已驳之。吴氏《考证》卷2亦引《魏志》卷3《明帝纪》却作"山茌县言黄龙见"并据之以为当作"山茌"。今查宋绍熙刊本《三国志》作"山茌县言黄龙见",吴氏所见不知何本。

出泰山盖县临乐山。"《水经注》经文为三国人所撰,则盖县魏时当属泰山郡。吴氏《表》卷3据《魏志·国渊传》"国渊,字子尼,乐安盖人"认定盖县魏时属青州乐安郡,杨氏《补正》以为盖县与乐安地不相接,《魏志》所谓"乐安"当为"东安"之讹,钱氏《考异》卷15以为"乐安盖人"当为"乐安益人"之讹,赵氏《注补》亦以为"盖"为"益"之讹,检《后汉书》卷35《郑玄传》中亦有"乐安国渊",则钱说是,杨说非,吴氏所据《魏志》之文非为坚据,故不从。

13. 华(220—265)

按:《续汉志》无此县,《晋志》属徐州琅邪国,洪氏《补志》据《泰山都尉孔宙碑》以为华县复置于汉末,是。吴氏《考证》卷2据《左传》杜预注等以为华县汉末置,属徐州琅邪国,而杨氏《补正》引《后汉书》、《魏志》、《泰山都尉孔宙碑》以为华县魏时属泰山郡。今查《水经注》卷24经文:"时水东至临淄县西,屈南过太山华县东,又南至费县,东入于沂。"《水经注》经文为三国人所撰,则魏时华县确属泰山郡,吴氏误。

14. 蒙阴(220—265)

按:《续汉志》无此县,《汉志》属,《晋志》属徐州琅邪国,今检《续汉书·律历志》章怀太子注引《袁山松书》:"刘洪,字元卓,泰山蒙阴人也……延熹中以校尉应太史征,拜郎中,迁常山长史。"则汉末蒙阴县已重置且属泰山郡,又《水经注》卷40经文"蒙山在太山蒙阴县西南",《水经注》经文为三国人所撰,则魏时蒙阴县仍属泰山郡。洪氏《补志》据《晋志》以为蒙阴县魏时属徐州琅邪国,吴氏《表》卷2据《左传》杜预注逆推魏时蒙阴县属徐州东莞郡,《中国历史地图集·三国图组》亦将蒙阴绘入徐州东莞郡,今并不从。

(七)山阳郡(220—265)——治昌邑(今山东金乡县西北)

按:《续汉志》领县十,《晋志》无山阳郡。今检《史记》卷1《五帝本纪》"(黄帝)遂擒杀蚩尤"条裴骃《集解》引《皇览》:"蚩尤冢在东平郡寿张县阚乡城中……肩髀冢在山阳郡巨野县重聚。"据本州东平郡考证,《皇览》成书于延康后黄初四年前,而上文《皇览》所引有"山阳郡巨鹿县",则黄初时确有山阳郡。又《宋志》:"高平太守,故梁国,汉景帝中六年,分为山阳国,武帝建元五年为郡,晋武帝泰始元年更名。"《地形志》:"高平郡,故梁国,汉景帝分为山阳国,武帝改为郡,晋武帝更名。"则武帝泰始元年改山阳郡为高平国。《晋志》:"高平国,故属梁国,晋初分山阳置。"当为"晋初改山阳置"。《晋志》高平国所领七县魏时当属山阳郡。《续汉志》山阳郡所领瑕丘、东缗二县晋初省,则魏时领县九。《续汉志》山阳郡所领防东县,遍查文献魏时情况乏考,暂阙不录。

1. 昌邑(220—226,227—265 昌邑国)

按：《续汉志》属，《晋志》属高平国。据《魏志》卷26《满宠传》："明帝即位，进封(满宠)昌邑侯。"则太和元年之后昌邑为侯国。

2. 巨野(220—265)

按：《续汉志》属，《晋志》属高平国，今检《史记》卷1《五帝本纪》"(黄帝)遂擒杀蚩尤"条裴骃《集解》引《皇览》："蚩尤冢在东平郡寿张县阚乡城中……肩髀冢在山阳郡巨野县重聚。"据本州东平郡考证，《皇览》成书于延康后黄初四年前，则其时确有巨野县且属山阳郡。

3. 方与(220—265)

按：《续汉志》属，《晋志》属高平国，魏时属焉。

4. 金乡(220—265)

按：《续汉志》属，《晋志》属高平国，魏时属焉。

5. 湖陆(220—265)

按：《续汉志》属，《晋志》作"陆湖"，属高平国，中华书局标点本校勘记引吴士鉴《晋书斠注》等以为当作"湖陆"而乙正，是。魏时属焉。

6. 高平(220—254后,254后—257高平国,258—265)

按：《续汉志》属，《晋志》属高平国，魏时属焉。据《魏志》卷28《诸葛诞传》："(正元中)进封(诸葛诞)高平侯……(甘露三年)斩(诸葛)诞，传首，夷三族。"则自正元中至甘露二年(257)高平为侯国。

7. 南平阳(220—265)

按：《续汉志》属，《晋志》属高平国，魏时属焉。

8. 瑕丘(220—265)

按：《续汉志》属，《晋志》无此县。据《舆地广记》卷7京东西路兖州瑕丘县条："瑕丘县……二汉属山阳郡，晋省入南平阳属高平国。"则魏时瑕丘未废，又宋本《春秋经传集解·哀公七年》传文"负瑕故有绎"杜预注"高平南平阳县西北有瑕丘城"，则晋太康元年时瑕丘县已省且并入南平阳，吴氏《表》卷2虽将瑕丘县列入山阳郡，然其引《兖州府志》，所据不坚，未为确证。

9. 东缗(220—265)

按：《续汉志》属，《晋志》无此县。今检《水经注》卷8经文"(济水)又东过东缗县北"，《水经注》经文为三国人所撰，则三国时东缗县仍未废，又宋本《春秋经传集解·僖公二十三年》经文"二十有三年，春，齐侯伐宋，围缗"杜预注："缗，宋邑，高平昌邑县东南有东缗城。"则晋太康元年东缗县已省且并入昌邑县，故《晋志》无此县。吴氏《表》卷2漏列此县。

（八）任城郡(220—221,222 任城国,223—231,232—245 任城国,246—265)——治任城(今山东邹城市西南)

按:《续汉志》、《晋志》所领三县皆同,故任城国自汉末历魏至晋初所领诸县未变也。据《魏志》卷19《曹彰传》:"(黄初)三年立(曹彰)为任城王,四年朝京都,疾,薨于邸……(曹彰)子(曹)楷嗣徙封中牟,五年改封任城县,太和六年复改封任城国……正始七年徙封济南。"则黄初三年、太和六年至正始六年任城郡为王国。

1. 任城(220—223,224—231 任城国,232—265)

按:据《魏志》卷19《曹彰传》:"(曹彰)子(曹)楷嗣徙封中牟,(黄初)五年改封任城县,太和六年复改封任城国。"则黄初五年至太和五年任城县为王国。

2. 亢父(220—265)

3. 樊(220—221 樊国,222—265)

按:据《魏志》卷20《曹均传》:"建安二十二年封(曹均)樊侯,二十四年薨,(曹均)子(曹)抗嗣……(黄初)三年徙封薊公。"则自黄初元年至黄初二年樊县为公国。

第五节 徐州沿革

徐州(220—265),治彭城①(今江苏徐州市)。《续汉志》徐州领东海、琅邪、彭城、广陵、下邳五郡,《续汉书·百官志》注引《献帝起居注》:"(建安十八年)徐州部郡得下邳、广陵、彭城、东海、琅邪、利城、城阳、东莞。"其中利城郡、东莞郡旋置旋废,故徐州领郡六(景元三年[262]之徐州政区见图5)②。

（一）彭城郡(220—221,222—? 彭城国,?—231,232—265 彭城国)——治彭城(今江苏徐州市)

按:《续汉志》领县八,所领菑丘县魏时归属情况文献乏考,暂阙不录,领县七③。据《魏志》卷20《曹据传》:"(黄初三年)徙(曹据)封彭城,又徙封济阴……太和六年(曹)据复封彭城。"则黄初三年(222)彭城郡为王国,其后复为

---

① 据《宋志》:"徐州刺史,后汉治东海郯县,魏、晋、宋治彭城。"《地形志》:"徐州,后汉治东海郡,魏、晋治彭城。"则徐州魏时确治彭城,吴氏《考证》卷2详列《魏志》诸传以为当治下邳,虽推断似乎有据,但所引各条均未明言徐州其时治下邳,故不从,金氏《校补》以为有时移治下邳,近是,然常治彭城也。

② 吴氏《考证》卷3引《通鉴》胡注以为城阳郡魏时属青州,非为坚据,今不从。

③ 吴氏《表》卷2将丰县列入,误,详豫州沛国考证。

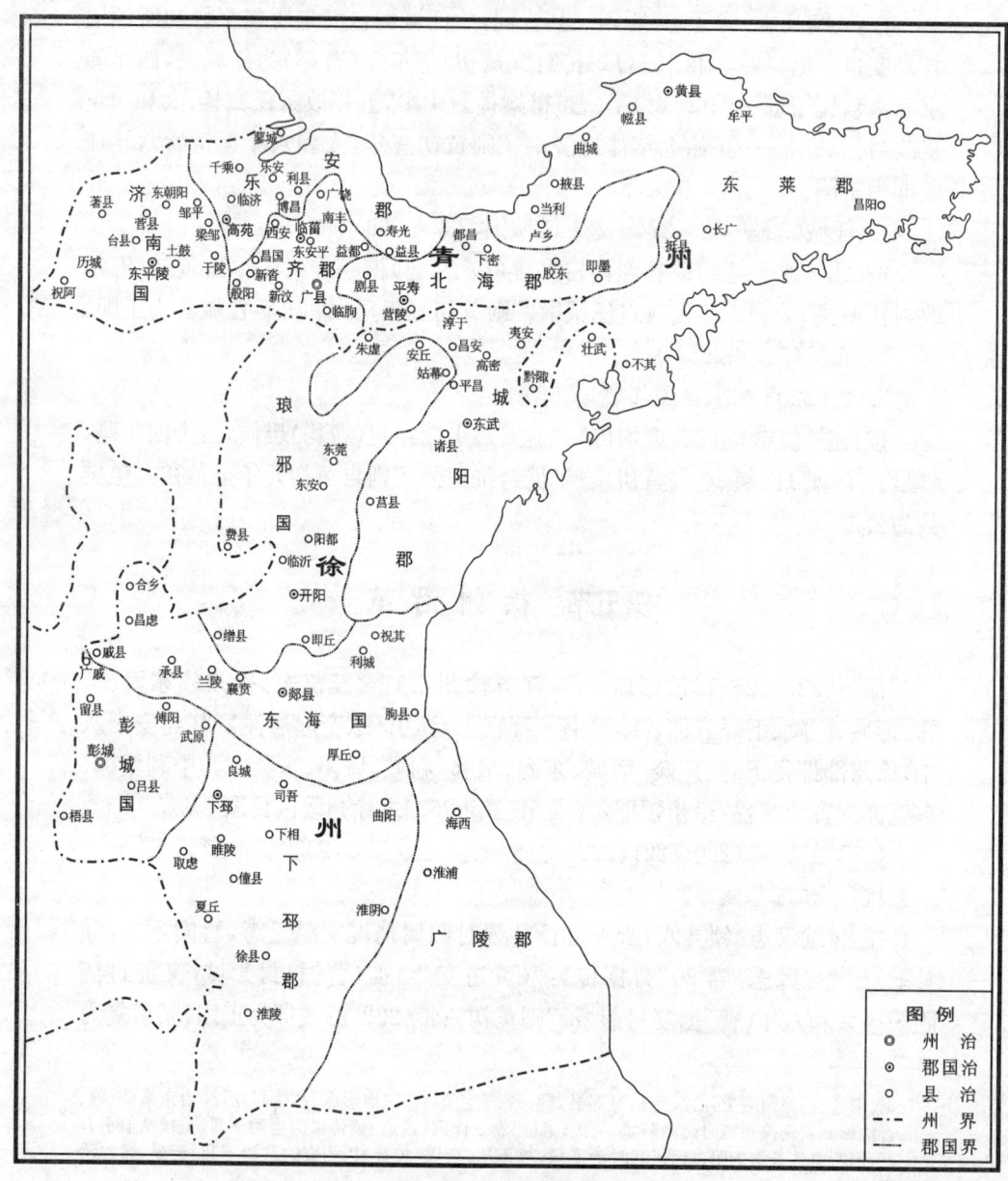

图 5 景元三年(262)三国曹魏青州、徐州政区

郡,太和六年(232)又为王国。

1. 彭城(220—265)
2. 留(220—265)
3. 傅阳(220—265)
4. 武原(220—265)
5. 吕(220—265)
6. 梧(220—265)
7. 广戚(220—237,? —265)

按:《续汉志》、《晋志》均属。景初二年(238)割属豫州沛国,后复属而复属确年乏考。

(二)下邳郡(220—221,222—223 下邳国,224—265)——治下邳(今江苏邳州市南)

按:《续汉志》领县十七,《晋志》领县七,又据《晋志》:"太康元年,复分下邳属县在淮南者置临淮郡。"则《晋志》临淮郡所领十县于太康前当属下邳国。《续汉志》下邳国所领高山、盱台、东城、潘旌四县,据吴氏《考证》卷2以为是魏、吴两界弃地,是。所领淮浦县魏时割属广陵。领县十二。据兖州陈留郡考证,魏制:黄初元年至五年皆以郡为王,黄初五年至太和六年皆以县为王,太和六年后复以郡为王,今检《魏志》卷20《曹宇传》:"(黄初)三年,(曹宇)为下邳王,五年改封单父县。"则下邳郡黄初三年至四年为王国。

1. 下邳(220—265)
2. 睢陵(220—265)
3. 夏丘(220—265)
4. 取虑(220—265)
5. 僮(220—265)
6. 良成国(220—265)

按:《续汉志》作"良成"属,《晋志》作"良城"属。据《魏志》卷18《臧霸传》:"及(魏文帝)践阼,进封(臧霸)开阳侯,徙封良成侯。"则魏时当作"良成"。又《宋志》、《地形志》皆作"良城",似后改"良成"为"良城"。又据上引《魏志》可知,黄初元年后,良成县为侯国。

7. 下相(220—265)

按:《续汉志》属,《晋志》属临淮郡,魏时当属下邳郡。

8. 司吾(220—265)

按:《续汉志》属,《晋志》属临淮郡,魏时当属下邳郡。

9. 徐(220—265)

按:《续汉志》属,《晋志》属临淮郡,魏时当属下邳郡。

10. 淮陵(220—265)

按:《续汉志》属,《晋志》属临淮郡,魏时当属下邳郡。

11. 曲阳(220—231,232—243 曲阳国,244—265)

按:《续汉志》属,《晋志》无此县。今查《宋志》:"曲阳令,前汉属东海,后汉属下邳,《晋太康地志》无。"《地形志》:"曲阳,前汉属东海,后汉属下邳,晋罢。"则曲阳县至晋初方省,其在魏似当属下邳郡,今暂将之列入。又《魏志》卷20《曹茂传》:"(太和)六年改封(曹茂)曲阳王……(正始)五年徙封乐陵。"则曲阳县太和六年至正始四年(243)为王国。

12. 淮阴(220—265)

按:《续汉志》属,《晋志》属广陵郡,吴氏《考证》卷2据《魏志》、《吴志》推论淮阴魏时属广陵郡并为郡治,杨氏《补正》引《水经注》经文"又东北至下邳淮阴城西"以为淮阴于魏时当仍属下邳郡,杨说是。《中国历史地图集·三国图组》亦沿吴氏考证,今不从。

(三) 广陵郡(220—265)——治乏考①

按:《续汉志》领县十一,《晋志》领县八,吴氏《考证》卷2据《吴志》、《通鉴》胡注以为《续汉志》广陵郡所领堂邑、舆、东阳、安平、盐渎五县为魏、吴间弃地,是。又《续汉志》广陵郡所领淩县,据《宋志》:"淩令,前汉属泗水,后汉属广陵,三国时废,晋武帝太康二年又立,属广陵。"吴氏《表》卷2将之列入广陵郡,《中国历史地图集·三国图组》亦将之画入广陵郡,并误。

1. 海西(220—265)

按:《续汉志》属,《晋志》无此县。今检《魏志》卷22《徐宣传》:"徐宣,字宝坚,广陵海西人也。"则魏时海西未废且属广陵郡。又《宋书》卷29《符瑞志下》:"太康三年六月,木连理生广陵海西。"则晋太康三年广陵郡有海西县,又《宋志》:"海西令,前汉属东海,后汉、晋属广陵",则西晋有海西且属广陵郡,明矣。《晋志》广陵郡失载海西县,中华书局标点本《晋书》失校。

2. 淮浦(220—265)

按:《续汉志》属下邳郡,《晋志》属。吴氏《表》卷2据《魏志》卷22《徐宣

---

① 广陵郡原治广陵,据《吴志》卷1《孙策传》裴注引《江表传》:"广陵太守陈登,治射阳。"则广陵郡汉末已移治射阳,又《续汉志》广陵郡所领广陵、江都、海陵、射阳、高邮五县魏时已废,吴氏《考证》卷2引《宋志》以证之,是,则广陵郡治所已乏考,吴氏《考证》卷2又引《魏志》、《吴志》以为其时广陵郡治淮阴,而其时淮阴县属下邳郡,吴氏推断误,不从,详本州下邳郡考证。

传》以为淮浦县魏时属广陵郡,是。

(四) 东海郡(220—231,232—265 东海国)——治郯①(今山东郯城县)

按:《续汉志》领县十三,所领赣榆县,据《宋志》:"赣榆令,前汉属琅邪,后汉属东海,魏省,晋武帝太康元年复立。"则魏时无赣榆县。又所领阴平县,魏时归属情况文献乏考,暂阙不录。据《魏志》卷1《武帝纪》:"(建安三年)分琅邪、东海、北海为城阳、利城、昌虑郡。"又《魏志》卷28《诸葛诞传》:"黄初中利城郡反,杀太守徐箕。"则利城郡至黄初时仍未废,洪氏《补志》以为因利城郡反叛遂废之,吴氏《表》卷2是之,今姑从之,利城郡废后利城县当还属东海郡。则领县十一。据《魏志》卷20《曹霖传》:"太和六年,改封(曹霖)东海。嘉平元年薨。子启嗣。景初、正元、景元中,累增邑,并前六千二百户。"则太和六年后,东海郡为王国。

1. 郯(220—243,244—253 郯国,254—265)

按:据《魏志》卷4《三少帝纪》:"正始五年,封(曹髦)郯县高贵乡公。"则自正始五年至正元元年(254)曹髦即位前,郯县为公国。又吴氏《表》卷2据《晋书·陈骞传》以为郯县魏末为侯国,是。

2. 祝其(220—265)

3. 朐(220—265)

4. 襄贲(220—265)

5. 昌虑(220—265)

6. 厚丘(220—265)

按:《续汉志》作"厚丘"属,《晋志》作"原丘"属,中华书局标点本《晋书》校勘记据殿本《晋书》、《汉志》、《续汉志》、《水经注》、《寰宇记》以为"原丘"当作"厚丘"并改之,是。

7. 兰陵(220—226,227—263 兰陵国,264—265)

按:据《魏志》卷13《王朗传》:"明帝即位,进封(王朗)兰陵侯……(咸熙中)改封(王)恂为承子。"王恂改封承子在咸熙元年开建五等时,则兰陵县自太和元年至景元末年为侯国。

8. 承(220—265)

按:《续汉志》、《晋志》均作"承"。据宋绍熙刊本《魏志》卷13《王朗传》:"(咸熙中)改封(王)恂为承子。"则确当作"承"。吴氏《表》卷2误作"丞",《中国历史地图集·三国图组》亦作"丞"。据上引《魏志》,承县咸熙后为子相。

---

① 吴氏《表》卷2据《舆地广记》"后汉至晋皆治郯"以为魏时治郯,是。

9. 戚(220—265)

10. 合乡(220—265)

按：《续汉志》作"合城"属，《晋志》作"合乡"属，中华书局标点本《后汉书》引王先谦《后汉书集解》以为当作"合乡"并改之，是。吴氏《表》卷2误作"合城"，《中国历史地图集·三国图组》亦作"合城"。

11. 利城(220后—265)

按：曾属利城郡，黄初时利城郡废，其复属焉，详本郡考证。

（五）琅邪郡(220—231,232—265琅邪国)——治开阳①(今山东临沂市北)

按：《续汉志》领县十三，所领琅邪县省入东武，东武、莒、诸三县魏时割属城阳郡，所领西海县，魏时归属情况文献乏考，暂阙不录。费县新置，安丘县来属，领县十。据《魏志》卷20《曹敏传》："（太和六年）改封（曹）敏琅邪王。"则太和六年后琅邪郡为王国。

1. 开阳(220—225,226—265开阳国)

按：据《魏志》卷5《后妃传》："黄初七年，进封（卞秉）开阳侯。"则黄初七年后开阳为侯国。

2. 临沂(220—265)

3. 阳都(220—265)

4. 缯(220—265)

5. 即丘(220—265)

6. 东安(220—265)

按：吴氏《表》卷2据《宋志》所引《晋太康地志》"（东安）属东莞"逆推东安县魏时亦属东莞郡，今检《舆地广记》卷6京东东路沂州沂水县条："东安，汉属城阳国，后汉及晋属琅邪国。"则东安县又似于晋初移属东莞，吴氏逆推魏时情况，文献无征，故不从其说。

7. 费(220—265)

按：《续汉志》无此县，《晋志》属。吴氏《考证》卷2据《左传》杜预注等推断费县魏时属琅邪国，而《宋志》引《晋太康地志》亦云："（费县）属琅邪。"费县魏时归属情况文献乏考，暂从吴氏之说。

8. 安丘(220—265)

按：《续汉志》属青州北海国，《晋志》属徐州东莞郡，吴氏《表》卷2据《宋

---

① 据《舆地广记》卷6京东东路沂州临沂县条："汉开阳县属东海郡……后汉、晋为琅邪国治。"则其时开阳县为琅邪郡治所。

志》所引《晋太康地志》"(安丘)属琅邪"以为魏时安丘县属琅邪国,今遍查文献安丘县魏时归属情况乏考,暂从吴氏之说。《中国历史地图集·三国图组》将安丘县绘入北海国,不知所据,今不从。

9. 东莞(220—265)

按:《续汉志》属,《晋志》属东莞郡,今检《水经注》卷26经文"沭水出琅邪东莞县西北山",《水经注》经文为三国人所撰,则魏时东莞县当属琅邪国。吴氏《考证》卷2据《魏志》有"东莞太守"之载以为魏时有东莞郡且东莞县属东莞郡,钱氏《考异》卷19亦据其时有"东莞太守"以为魏时有东莞郡。今检《宋志》:"东莞太守,晋武帝泰始元年,分琅邪立,咸宁三年复以合琅邪,太康十年复立。"又《地形志》:"东莞郡,晋武帝置。"又《晋志》:"及太康(此为再置)元年……分琅邪置东莞郡。"皆未言魏时置东莞郡。而以县名领太守者其时亦有,今检《晋书》卷57《马隆传》有"洛阳太守"。故凡加太守者非必为郡守,则吴氏、钱氏所引《魏志》诸传有"东莞太守"者非为确据,不从。且据《续汉书·百官志》注引《献帝起居注》东莞置郡当在汉末建安时,不久当废,《通鉴》卷75嘉平四年(252)"(张后)东莞太守(张)缉之女也"条胡注以为"当是魏既分(东莞郡)而复属于琅邪,晋又分也",近是。

10. 姑幕(220—265)

按:《续汉志》属,《晋志》属城阳郡,今检《水经注》卷25:"京相璠曰:'琅邪姑幕县南四十里员亭,故鲁郰邑,世变其字,非也。'"又《水经注》卷16载:"京相璠与裴司空彦季修《晋舆地图》,作《春秋地名》。"又《隋书·经籍志》:"《春秋土地名》三卷,晋裴秀客京相璠等撰。"则郦道元所谓裴司空即裴秀,姚振宗《隋书经籍志考证》以为"《晋书·裴秀传》:(裴)秀为司空,作《禹贡地域图》十八篇,奏之。(京相)璠等是书盖作于其时,晋武帝泰始中也。"是,则京相璠所谓"琅邪姑幕县"当是晋泰始时情况,故姑幕县自汉末至晋初皆属琅邪。吴氏《表》卷3据《左传》杜预注有"城阳姑幕"逆推姑幕县魏时属城阳郡,《中国历史地图集·三国图组》亦将姑幕县绘入城阳郡,并不从。

(六) 城阳郡(220—265)——治莒(今山东莒县),后治东武(今山东诸城市)①

按:《续汉志》无此郡,据《魏志》卷1《武帝纪》:"(建安三年)分琅邪、东海、北海为城阳、利城、昌虑郡。"则城阳郡建安三年(198)置且其所领诸县当来自琅邪、东海、北海三郡地。又《晋志》:"城阳郡,汉置,属北海,自魏至晋,分北海

---

① 据《寰宇记》卷24河南道密州莒县条:"汉文帝二年封朱虚侯章为城阳王,都莒,魏明帝以为城阳郡,莒县属焉,而城阳郡徙理东武。"则魏明帝前似为城阳国且治莒,此后治东武。

而立焉。"据下考诸县情况,《晋志》误,当作"分琅邪、北海而立焉",中华书局标点本《晋书》失校①。其时领县十。

1. 莒(220—265)

按:《续汉志》属琅邪国,《晋志》属。据《寰宇记》卷 24 河南道密州莒县条:"汉文帝二年封朱虚侯章为城阳王,都莒,魏明帝以为城阳郡,莒县属焉,而城阳郡徙理东武。"则莒县魏时确属城阳郡。

2. 东武(220—257,258—265 东武国)

按:《续汉志》属琅邪国,《晋志》属。据《寰宇记》卷 24 河南道密州莒县条:"汉文帝二年封朱虚侯章为城阳王,都莒,魏明帝以为城阳郡,莒县属焉,而城阳郡徙理东武。"则东武县魏时确属城阳郡。又据《魏志》卷 24《王基传》:"寿春既拔……淮南初定,转(王)基为征东将军,都督扬州诸军事,进封东武侯",则甘露三年(258)后东武县为侯国。

3. 诸(220—265)

按:《续汉志》属琅邪国,《晋志》属。吴氏《表》卷 3 据《左传》杜预注有"城阳诸县"逆推诸县魏时属城阳郡,今遍查文献诸县魏时归属情况乏考,据《魏志》卷 1《武帝纪》:"(建安三年)分琅邪、东海、北海为城阳、利城、昌虑郡。"诸县原属琅邪国,其割属城阳郡亦属可能,故暂从吴氏之说。

4. 壮武(220—265)

按:《续汉志》属青州北海国,《晋志》属。吴氏《表》卷 3 据《左传》杜预注有"城阳壮武"逆推壮武县魏时属城阳郡,今遍查文献壮武县魏时归属情况乏考,据《魏志》卷 1《武帝纪》:"(建安三年)分琅邪、东海、北海为城阳、利城、昌虑郡。"壮武县原属北海国,其割属城阳郡亦属可能,故暂从吴氏之说。

5. 淳于(220—265)

按:《续汉志》青州北海国,《晋志》属。吴氏《表》卷 3 据《宋志》所引《晋太康地志》"属城阳"逆推淳于县魏时属城阳郡,今遍查文献淳于县魏时归属情况乏考,据《魏志》卷 1《武帝纪》:"(建安三年)分琅邪、东海、北海为城阳、利城、昌虑郡",淳于县原属北海国,其割属城阳郡亦属可能,故暂从吴氏之说。

6. 高密(220—265)

按:《续汉志》属青州北海国,《晋志》属。今查《舆地广记》卷 6 京东东路

---

① 吴氏《表》卷 3 据《宋志》所引《晋太康地志》"(黔陬县)属城阳"逆推黔陬县魏时属城阳郡,今检黔陬县《续汉志》属青州东莱郡,据《魏志》卷 1《武帝纪》:"(建安三年)分琅邪、东海、北海为城阳、利城、昌虑郡。"黔陬县不属琅邪、东海、北海三郡地,故不从吴氏之说。

密州高密县条:"高密县……后汉属北海郡,魏、晋属城阳郡。"则高密县魏时确属城阳郡。又据《魏志》卷1《武帝纪》:"(建安三年)分琅邪、东海、北海为城阳、利城、昌虑郡",则高密县似于建安三年割属城阳郡。

7. 朱虚(220—265)

按:《续汉志》属青州北海国,《晋志》属东莞郡,吴氏《表》卷3据《宋志》所引《晋太康地志》"属城阳"逆推朱虚县魏时属城阳郡,今遍查文献朱虚县魏时归属情况乏考,据《魏志》卷1《武帝纪》:"(建安三年)分琅邪、东海、北海为城阳、利城、昌虑郡。"朱虚县原属北海国,其割属城阳郡亦属可能,故暂从吴氏之说。

8. 昌安(220—265)

按:《续汉志》属青州北海国,《晋志》属。吴氏《表》卷3据《宋志》所引《晋太康地志》"属城阳"逆推昌安县魏时属城阳郡,今遍查文献昌安县魏时归属情况乏考,据《魏志》卷1《武帝纪》:"(建安三年)分琅邪、东海、北海为城阳、利城、昌虑郡。"昌安县原属北海国,其割属城阳郡亦属可能,故暂从吴氏之说。

9. 平昌(220—220后,?—265)

按:《续汉志》属青州北海国,《晋志》属。据《宋志》:"平昌太守,故属城阳,魏文帝分城阳立,后省,晋惠帝又立。"又《宋志》引《晋太康地志》:"(平昌县)属城阳。"则平昌县曾属城阳郡,及魏文帝置平昌郡,平昌县当属焉,其后平昌郡废,平昌县又复属城阳,而确年不可考,故暂将之列入。

10. 夷安(220—265)

按:《续汉志》属青州北海国,《晋志》无此县。据《地形志》:"夷安,前汉属(高密),后汉属北海,晋属城阳。"则西晋时城阳郡有夷安县。《晋志》阙载夷安县。吴氏《表》卷3据《宋志》所引《晋太康地志》"属城阳"逆推夷安县魏时属城阳郡,今遍查文献夷安县魏时归属情况乏考,据《魏志》卷1《武帝纪》:"(建安三年)分琅邪、东海、北海为城阳、利城、昌虑郡。"夷安县原属北海国,其割属城阳郡亦属可能,故暂从吴氏之说,则夷安县魏时似属城阳郡。

第六节 扬州沿革

扬州(220—265),治寿春①(今安徽寿县)。《续汉志》扬州领郡六,据《晋

---

① 《魏志》卷23《常林传》裴注引《魏略》:"时苗……建安中入丞相府,出为寿春令。令行风靡,扬州治在其县。"又《宋志》:"扬州刺史……魏、晋治寿春。"则魏之扬州治寿春。吴氏《考证》卷4据《魏志》、《吴志》以为魏扬州之治所屡变,而以寿春为常,是。

志》:"江西庐江、九江之地,自合肥之北至寿春悉属魏。"则魏之扬州唯领庐江、九江两郡。黄初年间分庐江郡置安丰郡,于嘉平五年(253)后废,县复属庐江,吴氏《表》卷1将之列入豫州,庐江本属扬州,安丰郡由之分出,后又复入庐江,则安丰郡当属扬州无疑,吴氏显误①。景元三年之扬州政区见前文图3。

(一)淮南郡(220 九江郡,221—222 淮南国,223—232前,232前—248 楚国,249—265)——治寿春②(今安徽寿县)

按:《续汉志》九江郡领县十四,据《宋志》:"晋武帝太康元年,复立历阳、当涂、逡道诸县,二年复立钟离县,并二汉旧县也。三国时,江淮为战争之地,其间不居者各数百里,此诸县并在江北淮南,虚其地,无复民户。"则魏时历阳、当涂、逡道③三县"虚其地,无复民户",钟离县亦废,领县十,后钟离县复置,领县十一。据《魏志》卷20《曹邕传》:"黄初二年,封(曹邕)淮南公,以九江郡为国,三年进为淮南王,四年改封陈。"又《魏志》卷20《曹彪传》:"(太和)六年改封楚……嘉平元年……(楚王曹)彪乃自杀……国除为淮南郡。"则黄初二年(221)九江郡改为淮南国(公国),翌年为王国,旋废,又后似于太和六年(232)前改名为楚国,嘉平元年复为郡。

1. 寿春(220—223,224—225 寿春国,226—265)

按:据《魏志》卷20《曹彪传》:"(黄初)三年封(曹彪)弋阳王,其年徙封吴王,五年改封寿春县,七年徙封白马。"则黄初五年至六年寿春县为王国。

2. 成德(220—265)
3. 下蔡(220—265)
4. 义城(220—265)
5. 西曲阳(220—265)
6. 平阿(220—265)
7. 全淑(220—265)
8. 阜陵(220—265)
9. 合肥(220—265)
10. 阴陵(220—265)

---

① 《淮南子·俶真训》"夫历阳之都,一夕反而为湖"高诱注:"历阳,淮南国之县名,今属江都。"高诱注《淮南子》在建安十年(205)至黄初三年之间(详豫州梁国考证),则其时似曾置江都郡,后又旋废,详情乏考。

② 据《宋志》:"淮南太守,秦立九江郡……汉高帝四年,更名淮南国……(汉)武帝元狩元年,复为九江郡……魏复曰淮南,徙治寿春。"则其时淮南郡治寿春。

③ 《汉志》、《晋志》皆作"逡道",《续汉志》、《南齐志》、《水经注》卷32作"浚道",《宋志》:"逡道令,汉作逡道,晋作逡道。"中华书局标点本《宋志》校勘记已疑之,沈氏似误。

11. 钟离(240后—?)

按:《续汉志》属九江郡,《晋志》属。吴氏《考证》卷4据《吴志·孙权传》裴注所引《吴历》推断正始初年钟离县复置,魏末又省,是。

(二)庐江郡(220—221,222庐江国,223—265)——治六安①(今安徽六安市北)

按:《续汉志》庐江郡领县十四,据吴氏《表》卷4临湖、襄安、皖、寻阳四县建安中即入吴境,又据吴氏《考证》卷4舒、居巢二县为魏、吴两境之间,难定何属,是。阳泉、安风、蓼三县移属安丰郡,领县五。嘉平五年后,安丰郡废,所属四县复属焉,领九县。据《魏志》卷20《曹徽传》:"东平灵王(曹)徽……(黄初)三年为庐江王,四年徙封寿张王。"则黄初三年庐江郡为王国。

1. 六安(220—265)

按:《晋志》作"六"。今检《左传·文公五年》经文、《左传·文公十二年》经文、《左传·昭公十二年》杜注有庐江六安县,则当作"六安"。

2. 龙舒(220—265)

3. 灊(220—265)

4. 零娄(220—265)

按:《续汉志》属,《晋志》属安丰郡,魏时情况乏考,姑将零娄列于庐江郡。汪士铎《三国庐江郡考》②以为黄初元年后零娄属安丰郡,而不出考证,文献无征,不从。

5. 安丰(220—265)

按:《续汉志》属,《晋志》属安丰郡,今检《水经注》卷30经文:"(淮水)又东过庐江安丰县东北,决水从北来注之。"《水经注》卷40经文:"大别山在庐江安丰县西南。"《水经注》经文为三国人所撰,则安丰县其时属庐江郡。汪士铎《三国庐江郡考》以为黄初元年后安丰县属安丰郡,不出考证,文献无征,不从。

6. 松滋(253后—265)

按:《续汉志》无此县,《晋志》属安丰郡,嘉平五年后移属庐江郡。

7. 阳泉(220—220后,253后—265)

按:黄初年间移属安丰郡,嘉平五年后复属庐江郡。

8. 安风(220—220后,253后—265)

---

① 吴氏《考证》卷4据《魏志》、《吴志》以为庐江郡治所屡变,杨氏《补正》引《陈善余集·答吴郡书》以为吴氏《考证》卷4初稿以为庐江郡治六安,后复修改乃非,并附以考证以显吴氏之误改,是。

② 载《汪梅村先生集》卷2。

按:《续汉志》属,《晋志》属安丰郡,黄初年间移属安丰郡,嘉平五年后复属庐江郡。

9. 蓼(220—220后,253后—265)

按:《续汉志》属,《晋志》属安丰郡,黄初年间移属安丰郡,嘉平五年后复属庐江郡。

(三)安丰郡(220后—253后)——治乏考

按:《续汉志》无此郡。据《宋志》:"安丰太守,魏文帝分庐江立。"又《宋志》:"安丰县名……晋武帝立为安丰郡。"洪氏《补志》据《宋志》太康元年(280)"改蕲春之安丰为高陵"以为魏立安丰郡后旋废并以其县属蕲春郡,后又于晋武帝时废蕲春郡重置安丰郡,吴氏《考证》卷1以为魏文帝时蕲春入吴,魏不得有蕲春地,洪氏误解《宋志》之文,是。杨氏《补正》据《寰宇记》以为蕲春之安丰县非魏之安丰县,亦是。吴氏《考证》卷1又据《晋书·李胤传》以为至高贵乡公正元、甘露之际魏仍有安丰太守,则安丰终魏未废;然《晋书》乃唐人官修,据之以证稍显乏力,若安丰郡终魏未废,《宋志》所谓"晋武帝立为安丰郡"无从解释,谢氏《补注》据《魏志》引《魏略》嘉平五年张特迁安丰太守,以为安丰郡魏文帝时置,于嘉平五年后废,县复属庐江郡。今检《寰宇记》卷146山南东道荆州松滋县条:"(松滋县)汉属江陵郡,后汉省,魏复立之,以属安丰及庐江郡。"则松滋县似于安丰郡置后复立,其后安丰郡废,再属庐江郡,故有所谓"以属安丰及庐江郡"之说,可见吴氏误,谢氏推断是也。

1. 松滋(220后—253后)

按:《续汉志》无此县,《晋志》属。据《寰宇记》卷146山南东道荆州松滋县条:"(松滋县)汉属江陵郡,后汉省,魏复立之,以属安丰及庐江等郡。"则松滋县黄初后复置,且属安丰郡。吴氏《考证》卷1以为松滋县晋始立县,检《汉志》有松滋,《宋志》有"松滋伯相,前汉属庐江",则吴氏误。吴氏又以汉无江陵郡,杨氏《补正》以为"江陵"乃"庐江"之讹,是。

2. 阳泉(220后—253后)

按:《续汉志》、《晋志》均属庐江郡,据《舆地广记》卷21淮南西路寿州安丰县条:"安丰县,汉阳泉、安风、蓼三县地,属六安国,东汉属庐江郡,魏置安丰郡。"则阳泉县黄初后确属安丰郡。吴氏《表》卷4将之列入庐江郡,误。

3. 安风(220后—253后)

按:《续汉志》属庐江郡,《晋志》属。据《舆地广记》卷21淮南西路紧寿州望安丰县条:"安丰县,汉阳泉、安风、蓼三县地,属六安国,东汉属庐江郡,魏置安丰郡。"则安风县黄初后确属安丰郡。

4. 蓼(220 后—253 后)

按:《续汉志》属庐江郡,《晋志》属。据《舆地广记》卷 21 淮南西路寿州安丰县条:"安丰县,汉阳泉、安风、蓼三县地,属六安国,东汉属庐江郡,魏置安丰郡。"则蓼县黄初后确属安丰郡。

第七节 青州沿革

青州(220—265),治广县①(今山东青州市)。《续汉志》青州领济南、平原、乐安、北海、东莱、齐国六郡,《续汉书·百官志》刘昭注引《献帝起居注》:"青州得齐国、北海、东莱、济南、乐安。"则建安末青州领郡五。《晋志》青州领齐国、济南、乐安、城阳、东莱、长广六郡,其中"济南"实为"北海"之讹。洪氏《补志》据《魏志》以为青州当有长广郡,吴氏《考证》卷 3 详考诸书,以驳洪氏,以为长广郡置于建安初,旋废,后又于晋初咸宁时复置,所论精当,是,故青州魏时领郡五(景元三年[262]之青州政区见前文图 5)。

(一)北海郡(220—221,222—225 北海国,226—231,232—233 北海国,234—265)——治平寿②(今山东潍坊市南)

按:北海郡(国)《晋志》不载,今检《魏志》卷 20《曹衮传》:"(黄初)三年,(曹衮)为北海王……(黄初)七年徙封濮阳……太和六年(曹蕤)改封北海,青龙元年薨,二年以琅邪王子(曹)赞奉(曹)蕤后,封昌乡公。"《宋书》卷 28《符瑞志中》:"泰始三年五月乙卯,白麞见北海都昌,青州刺史沈文秀以献。"《宋书》卷 17《礼志四》:"太学博士傅休议:礼无皇子出后告庙明文。晋太康四年封北海王(司马)寔绍广汉殇王后。"则自魏至晋初北海国皆未废。又《晋书》卷 14 殿本考证曰:"按:注总数虽符,细计之,止得一百七十一,未见汉景所置北海郡,又考《宋书》则此书济南所领之县皆彼北海所领,而彼济南所领者皆此书之所无,再检《文献通考》却与此书同,当是本书有脱误耳。"是,则《晋志》济南郡即北海国。除祝阿县外,其所领平寿、下密、胶东、即墨四县,魏时当属北海郡,而《晋志》阙载济南郡所领诸县。《续汉志》领县十八。其中淳于、高密、壮武、

---

① 据《寰宇记》卷 18 河南道青州条:"(青州)谓理广固,魏因之。"又据《元和志》卷 10 河南道青州益都县条:"广固城,在(益都)县西四里。晋永嘉五年,东莱牟平人曹嶷为刺史所筑,有大涧,甚广固,故谓之广固。"则魏时未有广固,而广固县傍靠益都,益都魏时分广县立,详下齐国广县、益都县考证,则青州魏时治所似在广县,吴氏《表》卷 3 以为青州魏时治所在临淄,不出考证,今不从。

② 杨氏《补正》据《九州春秋》以为其时北海国当治都昌,今遍查《九州春秋》未见其所据之文,今人吴之称为杨氏《补正》作注亦以为杨氏之说恐不足据。今暂从《中国历史地图集》治平寿。

平昌、朱虚、昌安、夷安七县割属徐州城阳郡；安丘县割属徐州琅邪国；东安平县割属齐国；挺县割属东莱郡；观阳县《晋志》、《宋志》无此县，据《地形志》："前汉属胶东，后汉属北海，后罢，兴和中复。"则观阳县魏时已废。领县七。据上引《魏志》，黄初三年（222）至六年、太和六年（232）至青龙元年（233）北海为王国。

1. 平寿（220—265）

按：《续汉志》属，《晋志》属济南郡，魏时当属北海郡。

2. 下密（220—265）

按：《续汉志》属，《晋志》属济南郡，魏时当属北海郡。

3. 胶东（220—265）

按：《续汉志》属，《晋志》属济南郡，魏时当属北海郡。

4. 即墨（220—265）

按：《续汉志》属，《晋志》属济南郡，魏时当属北海郡。

5. 都昌（220—265）

按：《续汉志》属，《晋志》无此县。今检《宋书》卷28《符瑞志中》："泰始三年五月乙卯，白麢见北海都昌，青州刺史沈文秀以献。"又宋本《春秋经传集解·庄公元年》经文"齐师迁纪邢、鄑、郚"杜预注"北海都昌县西有訾城"，则都昌县至晋太康元年（280）仍未废，又据《寰宇记》卷18河南道潍州昌邑县条："（都昌）汉、魏、晋为县，属北海郡，后废。"则都昌县魏时确属北海郡。

6. 营陵（220—265）

按：《续汉志》属，《晋志》属徐州东莞郡，今检《太平御览》卷884引《列异传》："北海营陵有道人。"又《隋书·经籍志》："《列异传》三卷，魏文帝撰。"又《旧唐书·经籍志》："《列异传》三卷，张华撰。"《新唐书·艺文志》："（张华）《列异传》一卷。"姚振宗《隋书经籍志考证》详考历代《列异传》著录情况，推断"张华续文帝书而后人合之"。故《列异传》所载内容乃魏文帝与晋初张华之见闻，据此，所谓"北海营陵"之载可证营陵县于魏初或是晋初时仍属北海郡，故将营陵列入北海郡。吴氏《考证》卷3据《宋志》所引《晋太康地志》有"（营陵）属城阳"逆推营陵县魏属城阳郡，误。

7. 剧（220—265）

按：《续汉志》属，《晋志》属徐州东莞郡，吴氏《表》卷2据《宋志》所引《晋太康地志》"（剧县）属琅邪"逆推剧县魏时属琅邪国，今检《寰宇记》卷18河南道潍州条引《魏志》："徐干，北海剧人。"又徐干《中论》有序曰："世有雅达君子者，姓徐名干，字伟长，北海剧人也。"严可均辑《全三国文》卷55收有此序并云:"《中论》元板本。按:此序徐干同时人作,旧无名氏。"又《中论序》言:"先目其德,以发其姓名、述其雅好、不刊之行,属之篇首,以为之序";"会上公拨乱,王路始辟,(徐干)遂力疾应命";"余数侍坐,观君之言常怖,笃意自勉,而心自薄也"。则撰者确为魏时人,严氏是也。据《魏志》卷 21 徐干建安二十二年(217)卒①,则剧县至建安时仍当属北海郡,吴氏之说非为的论,今遍查文献剧县魏时归属情况乏考,而剧县未废,暂将之列入北海郡。

(二)东莱郡(220—265)——治黄(今山东龙口市东南)②

按:《续汉志》领县十三,所领东牟县,《晋志》、《宋志》并无此县,故暂阙不录,吴氏《表》卷 3《登州府志》以为东牟县魏时属东莱郡,所据不坚,今不从。又其所领葛卢县魏时归属情况乏考,暂阙不录。北海国挺县来属,领县十二。

1. 黄(220—265)
2. 掖(220—265)
3. 当利(220—265)
4. 卢乡(220—265)
5. 曲城(220—265)

按:《续汉志》作"曲成"属,《晋志》作"曲城"属,吴氏《表》卷 3、《中国历史地图集·三国图组》亦作"曲成"。今查《魏志》卷 27《王基传》:"王基,字伯舆,东莱曲城人也。"《宋志》、《地形志》皆作"曲城",则"曲成"当是"曲城"之讹,或"成"、"城"音同可通。

6. 㡉(220—265)

按:《续汉志》作"惤"属,《晋志》作"㡉"属,中华书局标点本《后汉书》校勘记引张森楷《校勘记》以为"惤"当作"㡉",是,吴氏《表》卷 3 作"惤",误。

7. 长广(220—265)

按:《续汉志》属,《晋志》属长广郡,今检《晋志》:"长广郡,咸宁三年置。"又《宋志》:"长广太守,本长广县,前汉属琅邪,后汉属东莱,《晋太康地志》云:'故属东莱。'""长广令,前汉属琅邪,后汉属东莱,《晋太康地志》属长广。"则晋武帝咸宁三年(277)分东莱郡置长广郡,《晋志》长广郡有长广县,则长广县魏时当属东莱郡,咸宁三年分置长广郡时移属焉。

8. 不其(220—265)

按:《续汉志》作"不期"属,《晋志》作"不其"属长广郡,中华书局标点本

---

① 《中论序》作"建安二十三年卒"。卢氏《集解》详考诸书以为徐干卒年当作"建安二十二年",是。
② 吴氏《表》卷 3 据《寰宇记》"后汉移理黄县,至魏不改"以为东莱郡魏时治黄县,是。

《后汉书》校勘记以为"不期"当作"不其"。今检《汉志》、《宋志》、《地形志》均作"不其"。故"不期"当为"不其"之讹,吴氏《表》卷 3 作"不期",误。又检《晋志》:"长广郡,咸宁三年置。"又《宋志》:"长广太守,本长广县,前汉属琅邪,后汉属东莱,《晋太康地志》云:'故属东莱。'""不其令,前汉属琅邪,后汉属东莱,《晋太康地志》属长广。"则晋武帝咸宁三年分东莱郡置长广郡,《晋志》长广郡有不其县,则不其县魏时当属东莱郡,咸宁三年分置长广郡时移属焉。

9. 挺(220—265)

按:《续汉志》作"拒"属北海国,《晋志》作"挺"属长广郡,中华书局标点本《后汉书》校勘记据《后汉书集解》所引钱大昕考证及《宋志》以为"拒"当作"挺",是。又检《晋志》:"长广郡,咸宁三年置。"又《宋志》:"长广太守,本长广县,前汉属琅邪,后汉属东莱,《晋太康地志》云:'故属东莱。'""挺令,前汉属胶东,后汉属北海,《晋太康地志》属长广。"则晋武帝咸宁三年分东莱郡置长广郡,《晋志》长广郡有挺县,则挺县魏时当属东莱郡,咸宁三年分置长广郡时移属焉。

10. 牟平(220—265)

按:《续汉志》属,《晋志》无此县。今查《地形志》:"牟平,二汉属东莱,晋罢。"《寰宇记》卷 20 河南道登州文登县条:"文登县……本汉牟平县地……本属东莱郡,自汉迄魏皆为牟平县地。"则牟平县晋时方省,魏时当属东莱郡。

11. 昌阳(220—265)

按:《续汉志》属,《晋志》无此县。今查《地形志》:"昌阳,二汉属东莱,后罢,晋惠帝复。"《舆地广记》卷 6 京东东路莱州莱阳县条:"莱阳县,二汉昌阳县,属东莱郡,晋省之,其后复置。"则昌阳县晋时方省,魏时当属东莱郡。

12. 黔陬(220—265)

按:《续汉志》属,《晋志》属城阳郡,吴氏《表》卷 3 据《宋志》所引《晋太康地志》"(黔陬县)属城阳"逆推黔陬县魏时属城阳郡,今查黔陬县《续汉志》属青州东莱郡,据《魏志》卷 1《武帝纪》"(建安三年)分琅邪、东海、北海为城阳、利城、昌虑郡",黔陬县不属琅邪、东海、北海三郡地,故不从吴氏之说。而黔陬县魏时似又未废,故暂将之列入。

(三)齐郡(220,221 齐国,222—234,235—238 齐国,239—265)——治临菑(今山东淄博市东北)

按:《续汉志》领县六,又似阙载广饶县,北海国东安平来属,益都、新沓、新汶、南丰四县魏时新置,领县十二。据《魏志》卷 3《明帝纪》:"黄初二年,(曹睿)为齐公,三年为平原王。"《魏志》卷 4《三少帝纪》:"青龙三年,立(曹芳)为齐王……景初三年……（曹芳）即皇帝位。"则齐郡黄初二年暂为公国，青龙三年(235)至景初二年(238)为王国。

1. 临菑(220 临菑国，221—265)

按：《续汉志》作"临菑"属，《晋志》作"临淄"属，今查《汉志》、《宋志》、《地形志》皆作"临淄"。又《魏志》卷4《三少帝纪》："（正始元年）以辽东汶、北丰县民流徙渡海，规齐郡之西安、临菑、昌国县界为新汶、南丰县，以居流民。"故后汉、魏时当作"临菑"。据《魏志》卷19《曹植传》："（建安）十九年徙封（曹植）临菑侯……（黄初二年）改封鄄城侯。"则临菑黄初元年为侯国。

2. 西安(220—265)

3. 昌国(220—265)

4. 般阳(220—265)

按：《续汉志》属，《晋志》无此县。据《宋志》："般阳令，前汉属济南，后汉、《晋太康地志》属齐。"则魏时般阳县似属齐郡。

5. 广饶(220—265)

按：《续汉志》齐国无此县，《晋志》属。据《地形志》："广饶，二汉、晋属（齐郡）。"则《续汉志》似阙载广饶县，又孙吴陆机《毛诗草木鸟兽虫鱼疏》卷上"隰有树檖"条："檖……齐郡广饶县……有。"则魏时广饶县确属齐郡。

6. 东安平(220—265)

按：《续汉志》属北海国，《晋志》属。据《宋志》："（东安平）前汉属淄川，后汉属北海，魏度属齐。"则东安平县魏时确属齐国。

7. 益都(220—265)

按：《续汉志》、《晋志》均无此县，据《宋志》："益都令，魏立。"《地形志》："益都，魏置。"《元和志》卷10 河南道青州益都县条："益都县，本汉广县①地，魏于今寿光县南十里益都城置益都县，属齐国。"则益都县确为魏时所置且属齐国，晋初见废。

8. 新沓(239—265)

按：《续汉志》、《晋志》均无此县，据《魏志》卷4《三少帝纪》："（景初三年）以辽东东沓县吏民渡海居齐郡界，以故纵城为新沓县，以居徙民。"则景初三年置新沓县，而《宋志》、《南齐志》、《地形志》均无此县，新沓县似其后

---

① "广县"原作"广固县"，中华书局标点本《元和志》校勘记引张驹贤《考证》："《地理志》广县，无'固'字。晋筑城始有'广固'之名，不置县。"是。检《舆地广记》卷6京东东路青州益都县条："益都县，本二汉广县地属齐郡，晋废之。"则"广固县"确为"广县"之讹。

遂废,而确年乏考。又据《晋书》卷43《山涛传》:"咸熙初,封(山涛)新沓子……泰始初,加(山涛)奉车都尉,进爵新沓伯。"则新沓县终魏未废,似于晋初时废。

9. 新汶(240—?)

按:《续汉志》、《晋志》均无此县,据《魏志》卷4《三少帝纪》:"(正始元年)以辽东汶、北丰县民流徙渡海,规齐郡之西安、临菑、昌国县界为新汶、南丰县,以居流民。"则正始元年(240)置新汶县,而《宋志》、《南齐志》、《地形志》均无此县,新汶县似其后遂废,而确年乏考。

10. 南丰(240—?)

按:《续汉志》、《晋志》均无此县,据《魏志》卷4《三少帝纪》:"(正始元年)以辽东汶、北丰县民流徙渡海,规齐郡之西安、临菑、昌国县界为新汶、南丰县,以居流民。"则正始元年置南丰县,而《宋志》、《南齐志》、《地形志》均无此县,南丰县似其后遂废,而确年乏考。

11. 临朐(220—265)

按:《续汉志》属,《晋志》属徐州东莞,吴氏《表》卷2据《左传》杜预注有"东莞临朐"逆推临朐魏时属东莞郡,今知魏时未置东莞郡,则吴说自破。今检《宋志》、《南齐志》均无临朐县,又《水经注》卷26经文:"又北过临朐县东。"《水经注》经文为三国人所撰,则魏时临朐县未废,又《舆地广记》卷6京东东路青州临朐县条:"临朐县,二汉临朐、昌国县并属齐郡,晋省临朐入昌国。"则临朐县当于晋初移属东莞郡,后划入昌国县,其魏时归属情况文献乏考,暂将之列入。

12. 广(220—265)

按:《续汉志》属,《晋志》属徐州东莞郡,吴氏《表》卷2据《晋志》广县属东莞逆推广县魏时亦属东莞,今知魏时东莞郡未置,则吴说自破。据《史记·高祖功臣侯年表》司马贞《索隐》引《晋书·地道记》:"广县在东莞。"《水经注》卷26郦道元注文有"王隐《晋书·地道记》"云云,《晋书·地道记》作者王隐为西晋、东晋之交时人,故而广县似至东晋未废,其于魏时归属情况则乏考,今暂将之列入。

(四)济南郡(220—245,246—265济南国)——治东平陵(今山东章丘市西北)

按:《续汉志》领县十,《晋志》虽有"济南郡"之名而其属县皆为《续汉志》北海国之属县,济南国之领县均阙。祝阿县由平原郡来属,领县十一。据《魏志》卷19《曹楷传》:"正始七年,徙(曹楷)封济南。"则正始七年后,济南为王国。

1. 东平陵(220—265)

按：《续汉志》属，《晋志》无此县。据《宋志》："平陵令，汉旧县，至晋并曰东平陵。"又《魏志》卷15《司马朗传》"初(司马)朗所与俱徙赵咨，官至太常，为世好士"裴注："(赵)咨字君初，子(赵)酆……晋骠骑将军，封东平陵公。"则至晋东平陵未废，《晋志》阙载。又据《地形志》："平陵，二汉、晋属(济南郡)，曰东平陵，后改。"则东平陵魏时当仍属济南郡。

2. 于陵(220—265)

按：《续汉志》属，《晋志》无此县。据宋本《春秋经传集解·昭公十年》传文"棘子山……而反棘焉"杜预注"济南于陵县西北有于亭"，则太康元年时仍有于陵县，又《寰宇记》卷19河南道淄州长山县条："汉于陵县，在今县理南二十五里，于陵故城是也，自汉至晋，恒为于陵县地不改。"又《舆地广记》卷6京东东路淄州长山县条："本二汉于陵县地，属济南郡，晋省之。"则于陵县至晋太康元年未废而后省，《续汉志》、杜预注于陵县皆属济南郡，则于陵县魏时似仍属济南郡。

3. 历城(220—221 历城国，222—265)

按：《续汉志》属，《晋志》无此县。据《魏志》卷20《曹徽传》："建安二十二年封(曹徽)历城侯，黄初二年进爵为公，三年为庐江王。"又宋本《春秋经传集解·桓公十八年》经文"十有八年春王正月，公会齐侯于泺"杜预注"泺水在济南历城县西北入济"，则历城县至晋太康元年时仍未废。《续汉志》、杜预注历城县皆属济南郡，又《地形志》："历城，二汉、晋属(济南郡)。"则历城县魏时属济南郡。又据上引《魏志》，历城县黄初元年为侯国，黄初二年为公国，三年复为县。

4. 东朝阳(220—265)

按：《续汉志》属，《晋志》属乐安国。据宋本《春秋经传集解·襄公二十七年》传文"成请老于崔"杜预注"济南东朝阳县西北有崔氏城"，则晋太康元年东朝阳县仍属济南郡。又杜预《春秋释例》卷6"济南东朝阳县西北有崔氏城"，四库馆臣所作《〈春秋释例〉校订》"案《晋书地理志》东朝阳属乐安国不属济南郡"以疑之，今查《宋志》："朝阳令，前汉曰朝阳，后汉、晋曰东朝阳，二汉属济南，《晋太康地志》属乐安。"则太康三年前东朝阳县移属乐安国，又《水经注》卷5郦道元引杜预《释地》曰："济南东朝阳县西北有崔氏城。"则杜预注及《春秋释例》所谓"济南东朝阳"无误，似于太康元年后、太康三年前割属乐安郡。东朝阳县《续汉志》、杜预注皆属济南郡，则东朝阳县魏时似仍属济南郡。

5. 菅(220—265)

按：《续汉志》属，《晋志》无此县。据《水经注》卷8经文："(济水)又东北过菅县南。"又杜预《春秋释例》卷6"哀六年赖"条："或曰济南菅城南有赖亭。"则菅县历魏至晋未废，《续汉志》、《春秋释例》菅县皆属济南郡，则菅县魏时仍属济南郡。

6. 著(220—265)

按：《续汉志》属，《晋志》无此县。据《地形志》："蓍，二汉、晋属(济南郡)。"殿本《魏书》考证云："'蓍'字乃'著'字之误，两汉有著县属济南，晋省。"其谓"蓍"当作"著"是也，其谓"晋省"非也，杨氏《补正》据《晋书》卷60"解系，济南著人"以为今本《晋志》脱此县且魏、晋皆有此县，是，又《续汉志》、《晋书》著县皆属济南郡，则著县魏时似仍属济南郡。

7. 邹平(220—265)

按：《续汉志》属，《晋志》无此县。据《晋书》卷33《何曾传》："(何)机为邹平令①，性亦矜傲，责乡里谢鲲等拜，或戒之曰：'礼敬年爵，以德为主，令鲲拜势，惧伤风俗。'机不以为惭。"则晋初有邹平县。又《寰宇记》卷19河南道淄州邹平县条："邹平县……本汉旧县属济南郡，后汉及晋并不改，永嘉之乱其县遂废。"则邹平县魏时属济南郡。

8. 土鼓(220—265)

按：《续汉志》属，《晋志》无此县。据《宋志》："土鼓，汉旧县，晋罢。"则土鼓县入晋后方罢，又《地形志》："土鼓，二汉属(济南郡)，晋罢。"则土鼓县魏时似仍属济南郡。

9. 梁邹(220—265)

按：《续汉志》属，《晋志》作"邹"属安乐国。据《水经注》卷8经文："(济水)又东过梁邹县北。"则梁邹魏时未废。又《水经注》卷8郦道元引京相璠曰："济南梁邹县有袁水者也。"据徐州琅邪国姑幕县考证，郦道元所引京相璠之语当是指西晋泰始时情况，则梁邹县至晋初仍属济南郡，故梁邹县魏时似仍属济南郡。又《晋书》卷38《司马鉴传》："咸宁初，以齐之梁邹益封(司马鉴)。"又《宋书》卷33《五行志四》："太康六年……乐安梁邹等八县……陨霜伤桑麦。"

---

① 《白孔六帖》卷24"责桑梓拜"条小注："陆机为邹平令，性亦矜傲，责乡里谢鲲等拜，或戒曰：'礼敬年爵，以德为先，令鲲拜势，惧伤风俗。'机不以为惭。"今查《晋书》，何机、谢鲲均为陈国阳夏人，而陆机为吴郡人，不当与谢鲲为"乡里"。故《白孔六帖》所谓"陆机"当为"何机"之讹。

则梁邹县西晋咸宁初已割属齐郡,太康时又已割属乐安国。《晋志》所谓"邹"当为"梁邹"之讹,中华书局标点本《晋书》失校。

10. 台(220—265)

按:《续汉志》属,《晋志》无此县。据《水经注》卷 8 经文:"(济水)又东北过卢县北,又东北过台县北,又东北过菅县南,又东过梁邹县北。"则台县魏时未废。又据《水经注》卷 8 经文"(济水)又东北过卢县北"郦道元注"济水又迳卢县故城北……又东北,泺水入焉,水出历城县故城西南",则历城在卢县东北方,而据上引《水经注》经文则历城当在卢县与台县二者之间,且历城当在台县西南方,故台县当在历城县东北方、菅县西南方、梁邹县西方,如此台县处于历城、菅县、梁邹三县之包围中,汪士铎《水经注图·巨洋淄汶潍胶图》将台县绘于泺水、菅县、梁邹三县包围中,是。又据上述考证,历城、菅县、梁邹三县魏时皆属济南郡,则台县魏时自当亦属济南郡。

11. 祝阿(220—265)

按:《续汉志》属平原郡,《晋志》属。据《后汉书》卷 48"(陈浮)徙封蕲春侯"条章怀太子注:"《东观记》:'诏书以祝阿益济南国。'"今查《隋书·经籍志》:"《东观汉记》一百四十三卷,起光武记注至灵帝,长水校尉刘珍等撰。"《四库全书总目》"《东观汉记》"条详考其历年修撰过程,以为其记载至于献帝末,则祝阿县至迟于汉末建安时已属济南郡。又宋本《春秋经传集解·昭公二十五年》经文"齐侯唁公于野井"杜预注"济南祝阿县东有野井亭",则祝阿县至晋太康元年时仍确属济南郡,故祝阿县于魏时当属济南郡。

(五)乐安郡①(220—265)——治高苑(今山东淄博市西北)

按:《续汉志》领县九,魏时未有变化。

1. 高苑(220—265)
2. 临济(220—265)
3. 博昌(220—265)
4. 蓼城(220—265)
5. 寿光(220—265)
6. 千乘(220—265)

按:《续汉志》属,《晋志》无此县。据《地形志》:"千乘,前汉属千乘,后汉属(乐安郡),晋罢,后复,属(乐安郡)。"《舆地广记》卷 6 京东东路青州千乘县条:"千乘县,汉旧县,后汉属乐安国,晋省之。"则千乘县至晋方罢,其于魏时似

---

① 吴氏《考证》卷 3 据《魏志·王修传》、《桓阶传》、《刘劭传》以为乐安魏时当为郡,不当为国,是。

仍属乐安郡。

7. 乐安（220—265）

按：《续汉志》属，《晋志》无此县。据《舆地广记》卷6京东东路青州博兴县条：“博兴县，本汉乐安县，属千乘郡，后汉属乐安国，晋省之。”则乐安县至晋方罢，其于魏时似仍属乐安郡。

8. 利（220—265）

按：《续汉志》属，宋本《晋志》"利"、"益"二字连刻，故通行本多作"利益"。中华书局标点本《晋志》亦作"利益"。今查《水经注》卷8经文："（济水）又东北过利县西。"则魏时仍有利县，各通行本并误，中华书局标点本《晋志》失校。郦道元对此条经文加注云："《地理志》齐郡有利县，王莽之利治也。"杨守敬《水经注疏》按曰："后汉、魏、晋并属乐安，宋废。"故利县魏时仍属乐安郡。

9. 益（220—265）

按：《续汉志》属，宋本《晋志》"利"、"益"二字连刻，故通行本多作"利益"，中华书局标点本《晋志》亦作"利益"，并误，详上条考证。益县自东汉至晋初皆属乐安郡。又《魏志》卷11《国渊传》："国渊，字子尼，乐安盖人。"吴氏《表》卷3据此以为盖县魏时属青州乐安郡，杨氏《补正》以为盖县与乐安地不相接，《魏志》所谓"乐安"当为"东安"之讹，钱氏《考异》卷15以为"乐安盖人"当为"乐安益人"之讹，赵氏《注补》亦以为"盖"为"益"之讹，钱说是，杨说非，吴氏误。吴氏又以为魏时所立之益都县即是此益县之改名，今知益都县仍分广县所立，详齐郡益都县考证，吴氏之说谬甚。

第八节 荆州沿革

荆州（220—265），治宛①（今河南南阳市）。《续汉志》荆州部领南阳、南郡、江夏、零陵、桂阳、武陵、长沙七郡，《续汉书·百官志》注引《献帝起居注》："建安十八年……荆州得交州之苍梧、南海、九真、交趾、日南，与其旧所部南

---

① 据《元和志》卷21山南道邓州南阳县条："汉置宛县，属南阳郡，更始即帝位，世祖纳阴后，并于宛城，魏代，荆州都督所理。"《通典》卷183"荆州南北双立"条杜佑自注："魏荆州理宛，今南阳郡，吴荆州理江陵，今郡也。"《寰宇记》卷148江南东道荆州条："故《三国志》：魏荆州理宛，今南阳郡是也，吴荆州理江陵，今郡是也。"今遍查《三国志》未见引文，或为《三国志》佚文，而《水经注》卷31："古宛城也，荆州刺史治，故亦谓之荆州城。"则宛确曾为荆州刺史治，而《元和志》、《通典》又有明文，则魏时当治宛。又《宋志》："荆州刺史……魏、晋治江陵。"洪氏《补志》以为《三国志》江陵属吴，为吴荆州治所，不得云魏"，是。吴氏《考证》卷3据《通鉴》胡注以为荆州刺史正始中由宛移新野，所据不坚，今不从；钱大昕《地名考异》荆州条以为"魏之荆州治襄阳"，亦不知何据。

阳、章陵、南郡、江夏、武陵、长沙、零陵、桂阳。"吴氏《考证》卷3详考三国纷争诸事,以为曹氏败于赤壁后,荆州所领为南阳、南乡、襄阳、章陵及江夏之北境,是。延康元年(220)置新城郡,黄初二年(221)复置魏兴郡,黄初三年分南阳置义阳郡,正始元年(240)见废,太和二年(228)置上庸郡而废置频仍,又置锡郡,景初元年(237)省。景元元年(260)之荆州政区见图6。

(一)南阳郡(220—265)——治宛(今河南南阳市)

按:《续汉志》领县三十七,所领酂、顺阳、南乡、丹水、武当、阴、筑阳、析八县魏时割属南乡郡。其所领成都县,诸志皆无,文献无考,故暂阙不录。新置平氏、义阳二县,黄初三年后,新野、棘阳、安昌、平林、平氏、义阳移属义阳郡,领县二十四。正始元年新野、棘阳、安昌、平林、平氏、义阳复属,领县三十。黄初时中卢县未属,旋属襄阳郡,确年乏考。

1. 宛(220—221宛国,222—265)

按:据《魏志》卷20《曹据传》:"彭城王(曹)据……(建安)二十二年徙封宛侯,黄初二年进爵为公,三年为章陵王。"则宛县黄初元年为侯国,黄初二年为公国,三年复为县。

2. 西鄂(220—265)

3. 雉(220—265)

4. 鲁阳(220—221鲁阳国,222—231,232—265鲁阳国)

按:据《魏志》卷20《曹宇传》:"(建安)二十二年改封(曹宇)鲁阳侯,黄初二年进爵为公,三年为下邳王。"又《魏志》卷20《曹邕传》:"(黄初)三年进(曹邕)为淮南王……太和三年薨,五年以任城王楷子(曹)温嗣(曹)邕后,六年改封鲁阳。"则鲁阳县黄初元年为侯国,二年为公国,后复为县,太和六年后为王国。

5. 犨(220—265)

6. 博望(220—265)

7. 堵阳(220—265)

8. 叶(220—265)

按:《魏志》卷3《明帝纪》:"景初元年……分襄阳郡之鄀、叶县属义阳郡。"据《水经注》卷31、《中国历史地图集·三国图组》叶县乃在舞阴县北,与襄阳郡间隔遥远,又《续汉志》、《晋志》均属南阳郡,故《魏志》此文有误,吴氏《表》卷3据此将之列入襄阳郡而不考叶县地望,误。

9. 舞阴(220—265)

10. 比阳(220—265)

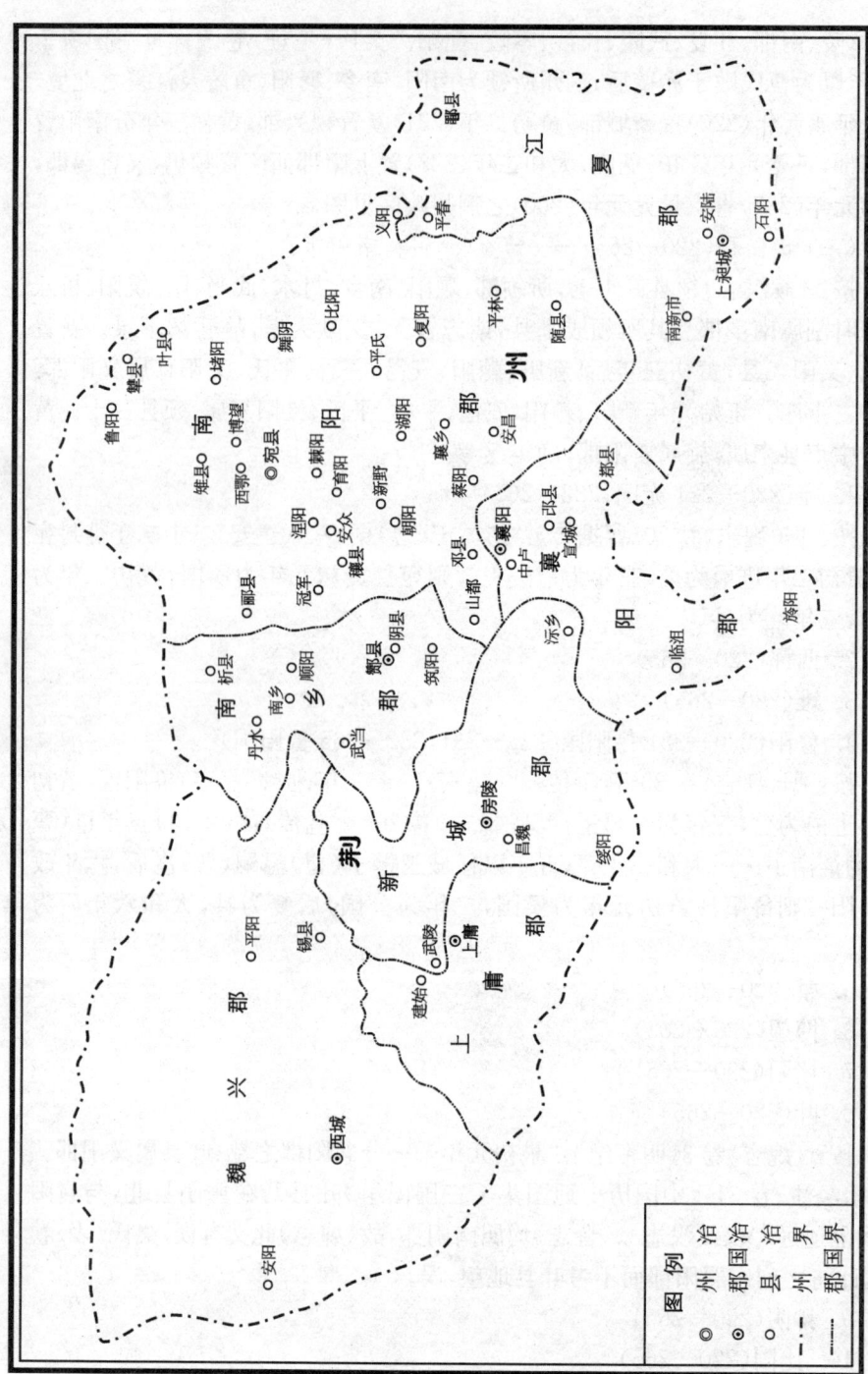

图 6　景元元年(260)三国曹魏荆州政区

11. 冠军(220—221,222 冠军国,223—265)

按:《续汉志》、《晋志》皆属。据《魏志》卷20《曹琮传》:"(黄初)三年进(曹)琮爵,徙封冠军公,四年徙封己氏公。"则冠军县黄初三年为公国,四年复为县。

12. 郦(220—265)

13. 涅阳(220—265)

14. 育阳(220—265)

按:《续汉志》作"育阳"属,《晋志》作"淯阳"属,今检《汉志》作"育阳"。《宋志》:"云阳男相,汉旧县。故名育阳,晋孝武改。"《地形志》:"云阳,二汉、晋曰育阳,属(南阳郡)。"又《蜀志》卷13《黄权传》:"(魏)文帝善之,拜(黄权)为镇南将军,封育阳侯,加侍中。"又《华阳国志》卷12:"雅重车骑将军,育阳景侯黄权,字公衡。"则魏时当作"育阳"。《晋志》所谓"淯阳"当为"育阳"之讹,中华书局标点本《晋书》失校。吴氏《表》卷3作"淯阳"不出考证,今不从。又《水经注》皆作"淯阳",实缘"淯水"得名,《水经注》卷29载:"故《地理志》谓之淯水,言熊耳之山,淯水出焉,又东南至顺阳,入于沔。"而查北宋景祐刊本《汉志》弘农郡卢氏县条"熊耳山在东……又有'育水',南至顺阳入沔"、南阳郡郦县条"育水出西北南入汉"、南阳郡育阳县,则"淯水"又似为"育水"之讹,杨守敬《水经注疏》以为"淯"即"育",以为弥缝,似属牵强,今不从。

15. 朝阳(220—265)

按:《续汉志》属,《晋志》属义阳郡。据《舆地广记》卷8京西南路穰县条:"二汉朝阳县属南阳郡,晋属义阳郡。"则似于晋初义阳郡复置时移属焉。

16. 安众(220—265)

按:《续汉志》属,《晋志》无此县。吴氏《表》卷3据《舆地广记》以为晋始省县,是。

17. 随(220—265)

按:《续汉志》属,《晋志》属义阳郡。据《水经注》卷30:"阚骃言:'晋太始中割南阳东鄙之安昌、平林、平氏、义阳四县,置义阳郡于安昌城,又《太康记》、《晋书·地道记》并有义阳郡,以南阳属县为名。'"据阚骃之说,西晋之义阳郡初置时无随县,随县仍当属南阳,而后割属之,故《晋志》随县属义阳郡,则随县魏时确属南阳郡。谢氏《补注》据《宋志》"太康年,(晋武帝)又分义阳置随国"以为随县魏时当属义阳郡,谢氏不知义阳郡有二,魏之义阳郡领县可考者唯安昌等六县,并无随县,谢氏用《晋志》所载西晋太康时已属复置之义阳郡领县情况逆推魏之义阳郡领县情况,误。

18. 湖阳(220—265)

按：《续汉志》属，《晋志》无此县。今查《舆地广记》卷 8 京西南路唐州湖阳县条："湖阳县，故蓼国，二汉属南阳郡，晋省入棘阳①。"又宋本《春秋经传集解·桓公十一年》传文"郧人军于蒲骚，将与随、绞、州、蓼伐楚师"杜预注"蓼国今义阳棘阳县东南湖阳城"，则晋太康元年(280)前湖阳县已省，湖阳县于魏时似仍属南阳郡。

19. 安昌(222,240—265)

按：《续汉志》作"章陵"属，《晋志》属义阳郡。据《水经注》卷 28："(安昌县)汉元帝以长沙卑湿，分白水、上唐二乡为舂陵县，光武即帝位，改为章陵县，置园庙焉，魏黄初二年更从今名，故义阳郡治也。"则章陵县黄初二年改名为安昌县，黄初三年章陵郡见废后移属南阳郡，旋属义阳郡。又据《水经注》卷 30："阚骃言：'晋太始中割南阳东鄙之安昌、平林、平氏、义阳四县，置义阳郡于安昌城。'"又《晋志》安昌县属义阳郡，故其于正始元年(240)魏之义阳郡见废后当属南阳郡，又于太康时晋之义阳郡复置时割属。

20. 平氏(220—221,240—265)

按：《续汉志》属，据《寰宇记》卷 132 淮南道信阳军条："《魏志》：'(魏)文帝分南阳立义阳郡，居安昌城，领安昌、平林、平氏、义阳、平春五县。'"又据本州义阳郡考证，义阳郡置于黄初三年，则平氏曾属南阳郡，后于黄初三年割属魏之义阳郡。又《水经注》卷 30："阚骃言：'晋太始中割南阳东鄙之安昌、平林、平氏、义阳四县，置义阳郡于安昌城。'"《晋志》属义阳郡，故其于正始元年魏之义阳郡见废后还属南阳郡，又于太康时晋之义阳郡复置时割属焉。

21. 平林(220—221,240—265)

按：《续汉志》无此县，据《后汉书》卷 41："平林人陈牧、廖湛，复聚众千余人，号平林兵。"则西汉末已有平林县，其后似省。又据《寰宇记》卷 132 淮南道信阳军条："《魏志》：'(魏)文帝分南阳立义阳郡，居安昌城，领安昌、平林、平氏、义阳、平春五县。'"又据本州义阳郡考证，义阳郡置于黄初三年，则魏曾于南阳郡复置平林县，后于黄初三年魏之义阳郡初置时移属之。又《水经注》卷 30："阚骃言：'晋太始中割南阳东鄙之安昌、平林、平氏、义阳四县，置义阳郡于安昌城。'"《晋志》属义阳郡，故其于正始元年魏之义阳郡见废后当属南阳郡，

---

① 四库本《舆地广记》"棘阳"作"枣阳"，李勇先、王小红校勘本《舆地广记》未出校注，其时有"棘阳"县，无"枣阳"，四库本误。

又于太康时晋之义阳郡复置时割属焉。

22. 义阳(220—221,240—265)

按:《续汉志》无此县,今据《元和志》卷9河南道申州义阳县条:"义阳县,本汉平氏县义阳乡之地,魏文帝分平氏立义阳县。"又《寰宇记》卷132淮南道信阳军条:"《魏志》:'(魏)文帝分南阳立义阳郡,居安昌城,领安昌、平林、平氏、义阳、平春五县。'"又据本州义阳郡考证,义阳郡置于黄初三年,此时已有义阳县,疑魏初已分平氏置义阳县且属南阳郡,而确年乏考,后于黄初三年魏之义阳郡初置时移属焉。又《水经注》卷30:"阚骃言:'晋太始中割南阳东鄙之安昌、平林、平氏、义阳四县,置义阳郡于安昌城。'"《晋志》属义阳郡,故其于正始元年魏之义阳郡见废后当属南阳郡,又于太康时晋之义阳郡复置时割属焉。

23. 穰(220—265)

按:《续汉志》属,《晋志》属义阳郡。据《水经注》卷31:"晋咸宁二年,封大司马扶风武王少子(司马)歆为新野郡公,割南阳五属:棘阳、蔡阳、穰、邓、山都。"则穰县至晋初仍属南阳郡,故其魏时当属南阳郡。

24. 邓(220—265)

按:《续汉志》属,《晋志》属义阳郡。据《蜀志》卷5《诸葛亮传》"(诸葛)亮躬耕陇亩,好为梁父吟"条裴注引《汉晋春秋》:"(诸葛)亮家于南阳之邓县。"则汉末建安时邓县仍属南阳郡。又《水经注》卷31:"晋咸宁二年,封大司马扶风武王少子(司马)歆为新野郡公,割南阳五属:棘阳、蔡阳、穰、邓、山都。"则邓县至晋初仍属南阳郡,故邓县魏时当属南阳郡。

25. 蔡阳(220—265)

按:《续汉志》属,《晋志》属义阳郡。据《水经注》卷31:"晋咸宁二年,封大司马扶风武王少子(司马)歆为新野郡公,割南阳五属:棘阳、蔡阳、穰、邓、山都。"则蔡阳县至晋初仍属南阳郡,故蔡阳县魏时当属南阳郡。

26. 山都(220—265)

按:《续汉志》属,《晋志》属襄阳郡。据《吴志》卷2《孙权传》:"南阳阴、酂、筑阳、山都、中卢五县民五千家来附。冬,魏嗣王称尊号,改元为黄初。"则山都县黄初时当属南阳郡。又《宋志》载:"襄阳公相,魏武帝平荆州,分南郡编以北及南阳之山都立。"今检《水经注》卷28:"魏武平荆州,分南郡立为襄阳郡。"《晋志》:"后汉献帝建安十三年,魏武尽得荆州之地,分南郡以北立襄阳郡。"则《宋志》所谓"及南阳之山都"误,吴氏《表》卷3据此将山都县列入襄阳郡,《中国历史地图集·三国图组》将山都县绘入襄阳郡,并不从。又《水经注》卷31:"晋咸宁二年,封大司马扶风武王少子(司马)歆为新野郡公,割南阳五属:棘阳、蔡阳、穰、邓、山都。"则山都县至晋初仍属南阳郡,故山都县魏时当属南阳郡。

27. 复阳(220—265)

按:《续汉志》属,《宋志》、《南齐志》、《地形志》、《晋志》皆不载。今检宋碛砂藏本《法苑珠林》卷32"晋复阳县有牛变"条"晋复阳县里民有一家儿牧牛"云云其后小注曰:"右一验,出顾徵《广州纪录》。"复阳县之地望本与广州无涉,不知道宣是否引据有误,然道宣为初唐人,去魏晋并未久远,所见材料当有所据。又宋李昉等所编《太平广记》卷426"牧牛儿"条"晋复阳县里民儿常牧牛"其后小注曰:"出《广异记》。"宋李昉等所编《文苑英华》卷737收有顾况《戴氏〈广异记〉序》,其中有言:"至德初,天下肇乱,况始与同登一科,君自校书,终饶州录事参军,时年五十七,有文集二十卷,此书二十卷。"顾况《旧唐书》有传,"至德"为唐肃宗年号,故撰《广异记》之戴君为唐人无疑。道宣、戴氏亦为唐人,同录此条材料,当有所据,故复阳县似至晋时仍有。今暂将之列入。

28. 襄乡(220—265)

按:《续汉志》属,《晋志》无此县。据《宋志》:"襄乡令,前汉无,后汉有,属南阳。徐《志》属义阳。""徐志"指徐爰《宋书·州郡志》,所记起自东晋义熙元年(405),迄于刘宋大明之末,则此条材料不足证明襄乡县魏时未废。今检胡克家本李善注《文选》卷4张衡《南都赋》"太一余粮,中黄瑴玉"条李善注:"《博物志》曰:'⋯⋯欲得好瑴玉,用合浆,于襄乡县旧穴中凿取。'"又胡氏李注《文选》卷23嵇康《幽愤诗》李善注、胡氏李注《文选》卷35张景阳《七名》李善注皆引"张华《博物志》"。据《隋书·经籍志》:"《博物志》十卷,张华撰。"《晋书》卷36《张华传》:"张华,字茂先,范阳方城人也,父(张)平,魏渔阳郡守⋯⋯陈留阮籍见之,叹曰:'王佐之才也'⋯⋯(张)华著《博物志》十篇。"则李善注所引《博物志》当为西晋张华所撰,西晋时襄乡县仍有,《晋志》漏载此县,明矣。又《水经注》卷28:"沔水又东合洞口,水出安昌县故城东北大父山,西南流谓之白水⋯⋯白水又西合浕水,水出襄乡县东北阳中山,西迳襄乡县之故城北⋯⋯浕水又西迳蔡阳县故城东。"则襄乡县处于白水与浕水之汭,而白水出安昌,浕水又经蔡阳县城东,襄乡县当处蔡阳、安昌二县之间,汪士铎《水经注图·沔浐丹滠钧赣溳庐江白粉十水图》将襄乡县绘于蔡阳、安昌二县之间。据本郡蔡阳县考证,魏时其属南阳郡,据本郡安昌县考证,其即为《续汉志》之章陵县,后改名,且于黄初三年前属南阳郡,正始元年后又属焉,又据上考襄乡县魏时未废,且居二县之间,则其在黄初三年前、正始元年后当属南阳郡,黄初三年至正始元年魏之义阳郡立,襄乡县是否属焉无考,今姑仍将之视为南阳郡属县。吴氏《表》卷3漏载襄乡县,《中国历史地图集·三国图组》亦漏绘襄乡县。

29. 棘阳(220—222后,240—265)

按:《续汉志》属,《晋志》属义阳郡。据《魏志》卷28《邓艾传》:"邓艾字士载,义阳棘阳人也。"则棘阳县魏时曾属义阳郡。而据《寰宇记》卷132淮南道信阳军条:"《魏志》:'(魏)文帝分南阳立义阳郡,居安昌城,领安昌、平林、平氏、义阳、平春五县。"魏之义阳郡初置时未有棘阳县,则棘阳县当在黄初三年分置魏之义阳郡(详本州义阳郡考证)后属焉,而确年乏考。查《水经注》卷31:"晋咸宁二年,封大司马扶风武王少子(司马)歆为新野郡公,割南阳五属:棘阳、蔡阳、穰、邓、山都。"则棘阳县于正始元年义阳郡废后(详本州义阳郡考证)还属南阳郡。又《水经注》卷30:"阚骃言:'晋太始中割南阳东鄙之安昌、平林、平氏、义阳四县,置义阳郡于安昌城,又《太康记》、《晋书地道记》并有义阳郡,以南阳属县为名。'"则西晋之义阳郡初置时无棘阳县,棘阳县似仍属南阳郡,而后割属之,故《晋志》棘阳县属义阳郡。

30. 新野(220—222后,240—265)

按:《续汉志》属,《晋志》属义阳郡。据《蜀志》卷12《来敏传》:"来敏字敬达,义阳新野人",《蜀志》卷15《邓芝传》:"邓芝字伯苗,义阳新野人",则新野县魏时曾属义阳郡。而据《寰宇记》卷132淮南道信阳军条:"《魏志》:'(魏)文帝分南阳立义阳郡,居安昌城,领安昌、平林、平氏、义阳、平春五县。"魏之义阳郡初置时未有新野县,魏之义阳郡黄初三年置(详本州义阳郡考证),则新野县当于黄初三年后移属焉,而确年乏考。又《水经注》卷30:"阚骃言:'晋太始中割南阳东鄙之安昌、平林、平氏、义阳四县,置义阳郡于安昌城,又《太康记》、《晋书地道记》并有义阳郡,以南阳属县为名。'"则西晋之义阳郡初置时亦未有新野县,新野县当于晋初泰始时义阳郡置后,从南阳郡移属之,故《晋志》新野县属义阳郡。新野县自正始元年魏之义阳郡废后(详本州义阳郡考证)至晋泰始时仍当属南阳郡。

31. 中卢(220—?)

按:《续汉志》属南郡,《晋志》属襄阳郡。据《吴志》卷2《孙权传》:"南阳阴、酂、筑阳、山都、中卢五县民五千家来附,冬,魏嗣王称尊号,改元为黄初。"则黄初元年中卢县属焉,旋属襄阳郡。

32. 阴(220—220后)

按:《续汉志》属,《晋志》属顺阳郡,黄初时移属南乡郡。

33. 筑阳(220—220后)

按:《续汉志》属,《晋志》属顺阳郡,黄初时移属南乡郡。

(二) 义阳郡(222—239)——治安昌(今湖北枣阳市南)

按:《续汉志》无此郡,据《宋志》:"义阳太守,魏文帝立,后省,晋武帝又立。"又《寰宇记》卷132淮南道信阳军条:"《魏志》:'(魏)文帝分南阳立义阳郡,居安昌城,领安昌、平林、平氏、义阳、平春五县。"则义阳郡魏文帝时置,治安昌,领安昌、平林、平氏、义阳、平春五县。又据《魏志》卷20《曹据传》:"黄初二年进(曹据)爵为公,三年为章陵王,其年徙封义阳。"则义阳郡当置于黄初三年或此前。又据《水经注》卷28:"(安昌县)汉元帝以长沙卑湿,分白水、上唐二乡为舂陵县,光武即帝位改为章陵县,置园庙焉,魏黄初二年更从今名,故义阳郡治也。"则黄初二年改章陵县为安昌县,其后章陵郡不久即废,据上引《魏志》黄初三年仍有章陵郡,则章陵郡之废亦当在此年,章陵郡废后安昌县归属南阳郡,旋又割属义阳郡为义阳郡郡治,故有《寰宇记》"分南阳立义阳郡"之说,故义阳郡当置于黄初三年。谢氏《补注》据《魏志》以为安昌县不得早于义阳郡先有,故《水经注》安昌县黄初二年改名为误,吴氏《考证》卷3亦同之,且以为《水经注》"黄初二年"当作"黄初三年"。谢氏、吴氏皆不明魏制黄初元年至黄初五年皆以郡为王、黄初五年至太和六年皆以县为王、太和六年后复以郡为王(详兖州陈留郡考证),曹据既黄初三年为章陵王,则为章陵郡之王,非为章陵县之王,章陵郡所领之章陵县改名为安昌县,与郡名无涉,章陵县黄初二年改名安昌县与黄初三年仍有章陵郡没有矛盾,谢氏、吴氏并误。吴氏《考证》卷3据《魏志·明帝纪》、《齐王芳纪》与《左传》杜预注以为义阳郡当废于正始元年,是。义阳郡初置时领五县,其后新野、棘阳、𨚫三县来属,领县八[①]。

1. 安昌(222—239)

按:《续汉志》作"章陵"属南阳郡,《晋志》属。安昌县即《续汉志》南阳郡之章陵县,黄初二年章陵改名安昌,黄初三年由南阳郡割属义阳郡,正始元年义阳郡废后还属南阳郡,晋初又割属义阳郡。

2. 平林(222—239)

按:《续汉志》无此县,据《后汉书》卷41:"平林人陈牧、廖湛,复聚众千

[①] 《魏志》卷3《明帝纪》:"景初元年……分襄阳郡之郐、叶县属义阳郡。"则叶县景初元年后似属义阳郡。据《水经注》卷31、《中国历史地图集·三国图组》,叶县乃在舞阴县北,与襄阳郡间隔遥远,杨氏《补正》据此以为不当远属义阳郡,是,又《续汉志》、《晋志》均属南阳郡,故《魏志》此文有误,吴氏《表》卷3据此将之列入义阳郡而不考叶县地望,误。

余人,号平林兵。"则西汉末已有平林县,其后似省,《晋志》属。其于黄初三年由南阳郡割属义阳郡,正始元年义阳郡废后还属南阳郡,晋初又割属义阳郡。

3. 平氏(222 平氏国,223—239)

按:《续汉志》属南阳郡,《晋志》属。其于黄初三年由南阳郡割属义阳郡,正始元年义阳郡废后还属南阳郡,晋初又割属义阳郡。据《魏志》卷20《曹范传》:"(黄初)三年封(曹范)平氏侯,四年徙封成武。"则黄初三年平氏为侯国。

4. 义阳(222—239)

按:《续汉志》无此县,今据《元和志》卷9河南道申州义阳县条:"义阳县,本汉平氏县义阳乡之地也,魏文帝分平氏立义阳县。"则义阳县由平氏县分出,《晋志》属。其于黄初三年由南阳郡割属义阳郡,正始元年义阳郡废后还属南阳郡,晋初又割属义阳郡。

5. 平春(222—239)

按:《续汉志》、《晋志》属江夏郡,据本郡考证,黄初三年义阳郡置时即有平春县,其时当属焉,正始元年义阳郡废,吴氏《表》卷3以为平春县此时似还属江夏郡,晋初又割属义阳郡。

6. 新野(222后—239 新野国)

按:《续汉志》属南阳郡,《晋志》属。据《蜀志》卷12《来敏传》:"来敏字敬达,义阳新野人",《蜀志》卷15《邓芝传》:"邓芝字伯苗,义阳新野人。"则新野县魏时曾属义阳郡,而义阳郡初置时未有新野县,则新野县当在黄初三年后属魏之义阳郡。又据《魏志》卷18《文聘传》:"文帝践阼……与夏侯尚围江陵,使(文)聘别屯沔口……御贼有功,迁后将军,封新野侯……聘薨……聘养子休嗣。卒,子武嗣。"则黄初四年后新野为侯国,或即在是年新野属义阳郡。正始元年义阳郡省,新野当还属南阳郡。

7. 鄀(237—239)

按:《续汉志》、《晋志》均属南郡。《魏志》卷3《明帝纪》:"景初元年……分襄阳郡之鄀、叶县属义阳郡。"则鄀县于景初元年(237)割属义阳郡。正始元年义阳郡省,鄀县当还属襄阳郡。

8. 棘阳(222后—239)

按:《续汉志》属南阳郡,《晋志》属。据《魏志》卷28《邓艾传》:"邓艾字士载,义阳棘阳人也。"则棘阳县魏时曾属义阳郡,而义阳郡初置时未有棘阳县,棘阳县当在黄初三年后属魏之义阳郡,而确年乏考。正始元年义阳郡废,棘阳还属南阳郡。

(三) 章陵郡(220—221)——治章陵(今湖北枣阳市南)

按:吴氏《考证》卷3据《后汉书·刘表传》注引《百官仪》、《魏志·刘表传》注引《傅子》、《魏志·赵俨传》以为章陵郡置于建安初年,是。据义阳郡考证,章陵郡废于黄初三年,领县可考者唯有章陵一县。

章陵(220,221安昌)

按:《续汉志》属南阳郡,据义阳郡考证,章陵县于黄初二年改名安昌,黄初三年郡废后,安昌县割属义阳郡。

(四) 南乡郡(220—265)——治酂①(今湖北老河口市西北)

按:据《宋志》:"顺阳太守,魏分南阳立曰南乡,晋武帝更名。"又《晋志》:"后汉献帝建安十三年,魏武尽得荆州之地……又分南阳西界立南乡郡……及(晋)武帝平吴……改南乡为顺阳郡。"则南乡郡当是建安十三年(208)从南阳郡分出,晋武帝平吴后,又改曰顺阳郡。《晋志》顺阳郡所领诸县,即从《续汉志》南阳郡分出,其在魏时当属南乡郡②。

1. 酂③(220—221酂国,222,223—225酂国,226—265)

按:《续汉志》属南阳郡,《晋志》属顺阳郡,据本郡考证酂县黄初时属南阳郡,其后来属且为郡治,而移属确年乏考。又据注引《魏志》文,酂县黄初元年为侯国,二年为公国,三年还为县,黄初四年至六年为王国。

---

① 据《水经注》卷20:"丹水又南迳南乡县故城东北,汉建安中,割南阳右壤为南乡郡,逮晋封宣帝孙(司马)畅为顺阳王,因立为顺阳郡,而南乡为县。(南乡郡)旧治酂城,永嘉中丹水浸没,至永和中徙治南乡故城。"则南乡郡旧治酂县。而检《吴志》卷2《孙权传》:"南阳阴、酂、筑阳、山都、中卢五县民五千家来附。冬,魏嗣王称尊号,改元为黄初。"则酂县黄初时当属南阳郡,其于黄初后来属,而确年乏考,故南乡郡初置时郡治非酂县,此后徙治酂县,吴氏《表》卷3据《舆地广记》以为南乡郡魏置,郡治南乡,今遍查《舆地广记》不见吴氏所据之文,不知吴氏所据何本,今不从。
② 杨氏《补正》据洪适《隶续》"晋南乡太守司马整碑"其中有"从掾位南阳郭□长先"以为魏南乡郡有南阳县。《隶释》传世之本实非完帙且多舛乱,今检各本《隶释》均无所谓"晋南乡太守司马整碑"。唯其卷末附残碑一卷,而碑名不可知,不知杨氏所据《隶释》为何本,而残碑碑文中确有"从掾位南阳郭□长先"。杨氏所指仅此残碑,而细读碑文,有县名凡九:武当、阴、析、酂、筑阳、丹水、顺阳、南乡、南阳。洪迈《容斋随笔》卷11"南乡掾史"条:"金石刻有'晋南乡太守司马整碑',其阴刻掾史以下姓名,合三百五十一……至晋泰始中,所管八县,才二万户耳,而掾史若是之多。"则洪迈所见"晋南乡太守司马整碑"载县唯八。又《续汉书》、《宋志》(宋志亦有"南阳令",其为江东侨置而非承晋之旧县)、《晋志》均无南阳县之载,则"南阳"当是"南乡"之讹,如此正合洪所谓"八县",此讹为后世迻录《隶释》者手误无疑,故不从杨氏之说。
③ 《续汉志》、《晋志》皆作"酂",吴氏《表》卷3据《魏志·曹衮传》"(建安二十二年)改封(曹衮)赞侯……黄初二年,进爵为公……(黄初)三年为北海王……(黄初)四年改封赞王,七年徙封濮王"以为"酂"当作"赞"。今检《吴志》卷2《孙权传》:"南阳阴、酂、筑阳、山都、中卢五县民五千家来附。冬,魏嗣王称尊号,改元为黄初。"则黄初时确作"酂"。又《宋志》、《地形志》皆作"酂",故吴氏所据《魏志》文当有误。

2. 南乡(220—265)

按：《续汉志》属南阳郡，《晋志》属顺阳郡，魏时属南乡郡。

3. 顺阳(220—265)

按：《续汉志》属南阳郡，《晋志》属顺阳郡，魏时属南乡郡。

4. 丹水(220—265)

按：《续汉志》属南阳郡，《晋志》属顺阳郡，魏时属南乡郡。

5. 武当(220—265)

按：《续汉志》属南阳郡，《晋志》属顺阳郡，魏时属南乡郡。

6. 析(220—265)

按：《续汉志》属南阳郡，《晋志》属顺阳郡，魏时属南乡郡。

7. 阴(220后—265)

按：《续汉志》属南阳郡，《晋志》属顺阳郡。今检《吴志》卷2《孙权传》："南阳阴、酂、筑阳、山都、中卢五县民五千家来附。冬，魏嗣王称尊号，改元为黄初。"则黄初时阴县仍属南阳郡，其后来属，而确年乏考。

8. 筑阳(220后—265)

按：《续汉志》属南阳郡，《晋志》属顺阳郡。今检《吴志》卷2《孙权传》："南阳阴、酂、筑阳、山都、中卢五县民五千家来附。冬，魏嗣王称尊号，改元为黄初。"则黄初时筑阳县仍属南阳郡，其后来属，而确年乏考。

(五) 襄阳郡(220—265)——治襄阳(今湖北襄樊市)

按：《续汉志》无此郡，据《宋志》："襄阳公相，魏武帝平荆州，分南郡编以北及南阳之山都立，属荆州。"今检《水经注》卷28："魏武平荆州，分南郡立为襄阳郡。"《晋志》："后汉献帝建安十三年，魏武尽得荆州之地，分南郡以北立襄阳郡。"《元和志》卷21山南道襄州襄阳县条："襄阳县，本汉旧县也，属南郡……魏武帝平荆州，分南郡置襄阳郡，县属焉，后遂不改。"则《宋志》所谓"及南阳之山都"当误，襄阳郡乃建安十三年分南郡置。领县七。景初元年(237)郡县移属义阳郡，领县六。正始元年郡县复属襄阳郡，领县七①。

1. 襄阳(220—265)

按：《续汉志》属南郡，《晋志》属襄阳郡，据《元和志》卷21山南道襄州襄阳县条："襄阳县，本汉旧县也，属南郡……魏武帝平荆州，分南郡置襄阳郡，县

---

① 《魏志》卷3《明帝纪》："景初元年……分襄阳郡之鄀、叶县属义阳郡。"则叶县景初元年前似属襄阳郡，据《水经注》卷31、《中国历史地图集·三国图组》叶县乃在舞阴县北，与襄阳郡间隔遥远，又《续汉志》、《晋志》均属南阳郡，故《魏志》此文有误，吴氏《表》卷3据此将之列入襄阳郡而不考叶县地望，误。

属焉,后遂不改。"则襄阳县魏时属襄阳郡①。

2. 临沮(220—265)

按:《续汉志》属南郡,《晋志》属襄阳郡,《魏志》卷3《明帝纪》:"(景初元年)分襄阳临沮、宜城、旍阳、邔四县置襄阳南部都尉。"则魏时当属襄阳郡。

3. 宜城(220—265)

按:《续汉志》属南郡,《晋志》属襄阳郡,《魏志》卷3《明帝纪》:"(景初元年)分襄阳临沮、宜城、旍阳、邔四县置襄阳南部都尉。"则魏时当属襄阳郡。

4. 旍阳(220—265)

按:《续汉志》无此县,《晋志》作"旌阳"属南郡,《宋志》:"二汉无旌阳,见《晋太康地志》,疑是吴所立。"今检《魏志》卷17《乐进传》:"(乐进)袭关羽、苏非等,皆走之。南郡诸郡,山谷蛮夷诣(乐)进降,又讨刘备临沮长杜普、旌阳长梁大,皆大破之。"则旌阳县建安时即有。钱氏《考异》卷15以为"旌阳即旍阳",是。《宋志》所谓"二汉无旌阳",误。旍阳何时置乏考,《魏志》卷3《明帝纪》:"(景初元年)分襄阳临沮、宜城、旍阳、邔四县置襄阳南部都尉。"则魏时当属襄阳郡。

5. 邔(220—265)

按:《续汉志》属南郡,《晋志》属襄阳郡,《魏志》卷3《明帝纪》:"(景初元年)分襄阳临沮、宜城、旍阳、邔四县置襄阳南部都尉。"则魏时当属襄阳郡。

6. 中卢(220后—265)

按:《续汉志》属南郡,《晋志》属。今查《吴志》卷2《孙权传》:"南阳阴、酇、筑阳、山都、中卢五县民五千家来附。冬,魏嗣王称尊号,改元为黄初。"则黄初时中卢县属南阳郡。而据《吴志》卷11《朱然传》"赤乌五年,征柤中"裴注引《襄阳记》:"魏时,夷王梅敷兄弟三人部曲万余家屯此,分布在中卢、宜城西山鄢、沔二谷中。"中卢、宜城二县连述,似同属一郡,而据上考,宜城其时属襄阳郡,则中卢亦应属襄阳郡,故中卢黄初时属南阳郡,旋属襄阳,而确年乏考。

7. 邓(220—236,240—265)

按:《续汉志》、《晋志》均属南郡。又据《魏志》卷3《明帝纪》:"景初元年……分襄阳郡之邓、叶县属义阳郡。"则邓县似于建安十三年割属襄阳郡,又于景初元年割属义阳郡,正始元年义阳郡省,邓县当还属襄阳郡。

---

① 《宋志》:"襄阳令,汉旧县,属南郡。"又沈约自谓《宋志》书法"自汉至宋,郡县无改移者,则注云'汉旧'"。然襄阳县魏时已属襄阳郡,《宋志》此处为例不纯。

（六）江夏郡(220—265)——始治石阳(今湖北汉川市西北)，嘉平中移治安陆上昶城(今湖北云梦县)①

按：《续汉志》领县十四。西阳、西陵、轪三县割属豫州弋阳郡；蕲春县后别立郡，吴氏《考证》卷7据《吴志·孙权传》、《寰宇记》以为蕲春郡吴黄武二年(223)复立，其地属吴，是；沙羡、竟陵、云杜、鄂、下雉、安陆、南新市七县入吴；邾县，吴氏《表》卷3以为当是魏、吴双方之弃地，杨氏《补正》据《宋志》以为邾县当属吴扬州蕲春郡，杨说是；平春县黄初三年移属义阳郡，正始元年复属。吴江夏郡之安陆、南新市二县青龙四年(236)时复来属。石阳县新置，领县五。

1. 石阳(220—265)

按：《续汉志》无此县，据《魏志》卷18《文聘传》："太祖先定荆州……乃以(文)聘为江夏太守……孙权以五万众，自围(文)聘于石阳。"吴氏《考证》卷3据此以为石阳县魏武帝平荆州时即属江夏郡，是。

2. 鄳(220—265)

3. 安陆(236—265)

按：吴氏《考证》卷3据《魏志·蒋济传》、《吴志·周鲂传》以为黄武七年时安陆属吴，是。今检《吴志》卷13《陆逊传》："嘉禾五年……(陆逊)潜遣将军周峻、张梁等击江夏新市、安陆、石阳。"吴嘉禾五年(236)为魏青龙四年，吴氏《考证》卷3据此以为安陆县青龙四年时属魏之江夏郡，是。

4. 南新市(236—265)

按：吴氏《考证》卷3据《吴志·孙皎传》以为建安中南新市属吴，是。今检《吴志》卷13《陆逊传》："嘉禾五年……(陆逊)潜遣将军周峻、张梁等击江夏新市②、安陆、石阳。"吴嘉禾五年为魏青龙四年，吴氏《考证》卷3据此以为南新市县青龙四年时属魏之江夏郡，是。

5. 平春(220—221，240—265)

按：据本州义阳郡考证，黄初三年义阳郡置时即有平春县，则其时移属焉，正始元年义阳郡废，吴氏《表》卷3以为平春县此时似还属江夏郡，晋初又割属义阳郡，旋还江夏郡，而确年乏考。

（七）魏兴郡(221—265)——治西城(今陕西安康市)

按：《续汉志》无此郡，据《魏志》卷1《武帝纪》："(建安二十年)分汉中之安

---

① 吴氏《考证》卷3据《吴志·孙权传》、《魏志·文聘传》、《王基传》与《元和志》以为江夏郡始治石阳，嘉平中移治安陆上昶城，是。
② 《水经注》卷28："又西南流迳杜城西，新市县治也，《郡国志》以为南新市也，中山有新市，故此加南。"魏时中山国仍领新市县，故此"新市"即为"南新市"。

阳、西城为西城郡。"又《水经注》卷 27:"汉水又东迳西城县故城南,《地理志》汉中郡之属县也,汉末为西城郡,建安二十四年刘备以申仪为西城太守,(申)仪据郡降魏,魏文帝改为魏兴郡,治故西城县之故城也。"《蜀志》卷 10《刘封传》"(魏假申)仪魏兴太守"裴注引《魏略》:"至建安末,(申仪)为蜀所攻,以其郡西属,黄初中(申)仪复来还,诏即以兄故号加(申)仪,因拜魏兴太守,封列侯。"《华阳国志》卷 2:"黄初二年文帝转(申)仪为魏兴太守,封鄜乡侯。"则魏兴郡乃为建安所置之西城郡,西城郡设置后一度属蜀汉,又于黄初二年复属魏,且改名魏兴郡,治所为西城县。吴氏《考证》卷 3 以为魏文帝于黄初元年置魏兴郡,误。又《宋志》:"魏兴太守,魏文帝以汉中遗民在东垂者立,属荆州。"所谓"魏文帝立"当指魏兴郡之改置,则魏兴郡其时属荆州。领县四。景初元年(237),魏阳县割属上庸郡,锡县来属,领县四。嘉平中魏阳县回属,领县五①。

1. 西城(221—265)

按:《续汉志》属益州汉中郡,《晋志》属。黄初元年属新城郡,黄初二年魏兴郡置后属焉且为魏兴郡治。

2. 安阳(221—265)

按:《续汉志》属益州汉中郡,《晋志》作"安康"属。据《魏志》卷 1《武帝纪》:"(建安二十年)分汉中之安阳、西城为西城郡。"则安阳县于建安末西城郡设置时即属焉,黄初元年属新城郡,黄初二年魏兴郡置后属焉。又《水经注》卷 27 经文:"(沔水)又东过魏兴安阳县南。"据本郡考证,魏兴郡为黄初二年西城郡改名,则可证《水经注》经文为三国人撰也,且安阳县其时确属魏兴郡。又《宋志》:"安康令,二汉安阳县,属汉中,汉末省,魏复立,属魏兴。晋武帝太康元年更名。"《地形志》:"安康,二汉曰安阳,属汉中,汉末省,魏复,武帝更名,属魏兴郡,后属(安康郡)。"则安阳汉末时曾暂省,建安二十年前复置,而确年乏考,至西晋太康元年(280)更名安康县。杨氏《补正》据《水经注》"安阳县,故隶汉中,魏分汉中立魏兴郡,安阳隶焉"以为安阳"非汉末废,魏复立也",今据上引《魏志》文可知郦道元此注微误,分汉中所立为西城郡而非魏兴郡,其时为汉末,安阳县旋废旋复,后又属魏之魏兴郡,其中并无抵牾,杨氏所据不坚,今不从。杨氏《补注》又据《水经注》有"魏兴安康县治有成,统领流杂"以为魏时有安康县且属魏兴郡,杨氏不知郦注非述魏时事,据上文考证"安阳"入晋后已改

---

① 据《寰宇记》卷 141 引《舆地志》:"魏置魏兴郡,领洵(旬)阳等六县。"吴氏《考证》卷 3 据《宋志》旬阳晋太康四年方置以驳之,是。

名为"安康",故此处"魏兴安康"当指入晋后事,杨氏再误。

3. 魏阳(221—237,249后—265)

按:《续汉志》、《晋志》均无此县,据《魏志》卷3《明帝纪》:"景初元年……分魏兴之魏阳,锡郡之安富、上庸为上庸郡,省锡郡,以锡县属魏兴郡。"则魏时有魏阳县且属魏兴郡,而魏阳县设置确年乏考,吴氏《表》卷3以为魏阳县与西城郡同时并置,暂从之。景初元年魏阳县移属上庸郡,据《水经注》卷25郦道元引陆机《行思赋》"行魏阳之枉渚",陆机吴末晋初人,则魏阳县似至魏末晋初仍未废,嘉平中上庸郡见废后其属郡乏考,今暂将之列入魏兴郡。

4. 锡(237—265)

按:《续汉志》属益州汉中郡,《晋志》属。黄初元年属新城郡,太和二年(228)割属锡郡。据《魏志》卷3《明帝纪》:"景初元年……分魏兴之魏阳,锡郡之安富、上庸为上庸郡,省锡郡,以锡县属魏兴郡。"则景初元年后锡县割属魏兴郡。

5. 平阳(?—265)

按:《续汉志》无此县,《宋志》魏兴太守领有兴晋县:"兴晋令,魏立曰平阳,晋武帝太康元年更名。"《晋志》魏兴郡有"晋兴"县,中华书局标点本《晋书》校勘记引方恺《新校晋书地理志》:"'晋兴'当作'兴晋'。"则平阳县魏时确属魏兴郡,而始置确年乏考。

(八)上庸郡(228—229,237—249后,259—265)——治上庸(今湖北竹山县西南)

按:《续汉志》无此郡,吴氏《考证》卷3据《魏志·武帝纪》、《蜀志·刘封传》裴注引《魏略》,以为上庸郡建安末始置,黄初元年并于新城郡,是。又据宋绍兴刊本《魏志》卷3《明帝纪》:"(太和二年)分新城之上庸、武陵、巫县为上庸郡①……(太和四年)省上庸郡……(景初元年)分魏兴之魏阳、锡郡之安富、上庸为上庸郡。"则上庸郡太和二年又置,领上庸、武陵、巫三县,太和四年再废,景初元年复置,且领魏阳、安富、上庸三县。又《魏志》卷4《三少帝纪》:"(甘露四年)分新城郡复置上庸郡。"则上庸郡景初元年后又废,吴氏《考证》卷3以为其废当在嘉平中,姑从之,后于甘露四年(259)又置,甘露四年后领

---

① 据《百衲本二十四史校勘记·三国志校勘记》"武陵"明南监、北监、汲古阁本及殿本均作"武灵",卢氏《集解》以为各本皆误,当从宋本作"武陵",是。殿本《考证》云宋刻本无"巫"县,今宋绍兴刊本《三国志》确有"巫"县,殿本所据不知何本,今不从。

县六。

1. 上庸(228—229,237—249后,259—265)

按：《续汉志》属益州汉中郡，《晋志》属。据《魏志》卷3《明帝纪》："(太和二年)分新城之上庸、武陵、巫县为上庸郡……(太和四年)省上庸郡……(景初元年)分魏兴之魏阳、锡郡之安富、上庸为上庸郡。"又《魏志》卷4《三少帝纪》："(甘露四年)分新城郡复置上庸郡。"《晋志》上庸县属上庸郡。如此，则上庸县太和二年属上庸郡，太和四年上庸郡废，上庸县当属锡郡，景初元年上庸郡复置后上庸县属焉，后嘉平中上庸郡再废，当还属新城郡，甘露四年上庸郡复置后，又还属焉。

2. 武陵(228—229)

按：《续汉志》无此县，《晋志》属。吴氏《考证》卷3据《宋志》以为魏立武陵县，今遍查《宋志》无此引文，不知吴氏所引《宋书》为何本。钱氏《考异》卷15以为武陵县"后汉并省，疑蜀先主更置也"，亦不知何据。据《魏志》卷3《明帝纪》："(太和二年)分新城之上庸、武陵、巫县为上庸郡……(太和四年)省上庸郡。"又《寰宇记》卷143山南东道房州竹山县条："古上庸城在县东四十里，武陵故城是也，后汉省，魏更立属新城郡，明帝改属上庸郡。"则太和二年前武陵县当已置且属新城郡。今《晋志》上庸郡有武陵县，而《宋志》"武陵令，前汉属汉中，后汉、《晋太康地志》、王隐并无"(王隐似指王隐《晋书地道记》)，则武陵县晋初已废。

3. 巫①(228—229,259—265)

按：《续汉志》属南郡，《晋志》作"北巫"属上庸郡。钱氏《考异》卷15以为巫县"亦属蜀所置"，巫县后汉本有，汉末未有见废记载，钱氏不知何据。据《魏志》卷3《明帝纪》："(太和二年)分新城之上庸、武陵、巫县为上庸郡……(太和四年)省上庸郡。"则巫县太和二年前当属新城郡，太和二年至太和四年属上庸郡，上庸郡省后当还属新城郡。又《魏志》卷4《三少帝纪》："(甘露四年)分新

---

① 洪氏《补志》据《晋志》以为"巫"当作"北巫"。吴氏《考证》卷3详考诸书以为"北巫"乃是晋武平吴、南北一家后，巫县方加"北"字，以别于巫县之在南者，是。《宋志》："上庸太守，魏明帝太和二年分新城之上庸、武陵、北巫为上庸郡。"对照上引《魏志》卷3《明帝纪》文，可知"北巫"为"巫"之讹。又《宋志》："北巫令，《何志》晋武帝立，按魏所分新城之巫，应即是此县，然则非晋武立明矣。"中华书局标点本《宋书》校勘记据成孺《宋书州郡志校勘记》"据上庸太守序云，魏明帝太和二年，分新城之上庸、武陵、北巫为上庸郡，知此'巫'上脱'北'字"，而改《宋志》文为"按魏所分新城之北巫"。今查宋蜀大字本《宋书》确为"按魏所分新城之巫"，故确当作"巫"，成孺不据《魏志》文而妄改原文，而中华书局标点本以讹传讹，亦属失察。胡阿祥《宋书州郡志汇释》卷3(安徽教育出版社，2006年)以为："《成校》及'中华校'误。盖依《成校》及'中华校'，'应即是此县'一句无有着落。"是。

城郡复置上庸郡。"则巫县又于甘露四年重归上庸郡。

4. 安富(237—249 后,259—265)

按:《续汉志》无此县,《晋志》属。吴氏《考证》卷 3 据《宋志》以为安富县魏立,今遍查《宋志》未见吴氏所据之文,不知吴氏所据《宋书》为何本。据《魏志》卷 3《明帝纪》:"(景初元年)分魏兴之魏阳、锡郡之安富、上庸为上庸郡。"则安富县景初元年前当已置且属锡郡,景初元年后属上庸郡,直至嘉平中上庸郡废。又《魏志》卷 4《三少帝纪》:"(甘露四年)分新城郡复置上庸郡。"《宋志》:"安富令,《晋太康地志》、《永初郡国》、何、徐并有。"《晋志》安富县又属上庸郡,则嘉平中上庸郡废后,安富县当属新城郡,又于甘露四年上庸郡复置时属焉。

5. 魏阳(237—249 后)

按:《续汉志》、《晋志》均无此县。据《魏志》卷 3《明帝纪》:"景初元年……分魏兴之魏阳、锡郡之安富、上庸为上庸郡,省锡郡,以锡县属魏兴郡。"则魏时有魏阳县且属魏兴郡,其设置确年乏考,吴氏《表》卷 3 以为魏阳县与西城郡同时并置,不出考证,可备一说。景初元年魏阳县始属上庸郡,直至嘉平中上庸郡见废后,似复属魏兴郡。

6. 安乐(？—263,264—265 安乐国)

按:《续汉志》、《晋志》均无此县,杨氏《补正》据《华阳国志》上庸郡有安乐县且"安乐县咸熙元年为公国",以为魏时上庸郡当有安乐县,是。

7. 广昌(？—265)

按:《续汉志》、《晋志》均无此县,今检《宋志》:"《晋地记》:'武帝太康元年,改上庸之广昌为庸昌,二年省',疑是魏所立。"是,则魏时当有广昌县,然设置确年乏考。

8. 建始(？—265)

按:《续汉志》无此县,《晋志》作"微阳"属,今检《宋志》:"微阳令,魏立曰建始,晋武帝改。"则建始县当魏所立似属上庸郡,而设置确年乏考。

(九) 锡郡(228—236)——治锡(今陕西白河县)

按:《续汉志》、《晋志》均无此郡,据《魏志》卷 3《明帝纪》:"(太和二年)分新城之上庸、武陵、巫县为上庸郡,锡县为锡郡。"则锡郡太和二年置,始置时唯有锡县。又据《魏志》卷 3《明帝纪》:"景初元年……分魏兴之魏阳、锡郡之安富、上庸为上庸郡,省锡郡,以锡县属魏兴郡。"则景初元年锡郡见废。

1. 锡(228—236)

按:《续汉志》属益州汉中郡,《晋志》属魏兴郡,太和二年前属新城郡,其后割属锡郡,景初元年后锡县割属魏兴郡。

2. 安富(228后—236)

按:《续汉志》无此县,《晋志》属上庸郡。吴氏《考证》卷3据《宋志》以为安富县魏立,今遍查《宋志》未见吴氏所据之文,不知吴氏所据《宋书》为何本。据《魏志》卷3《明帝纪》:"(景初元年)分魏兴之魏阳、锡郡之安富、上庸为上庸郡。"则安富县景初元年前当已置且属锡郡,景初元年后属上庸郡。

3. 上庸(230—236)

按:《续汉志》属益州汉中郡,《晋志》属上庸郡。据《魏志》卷3《明帝纪》:"(太和二年)分新城之上庸、武陵、巫县为上庸郡……(太和四年)省上庸郡……(景初元年)分魏兴之魏阳、锡郡之安富、上庸为上庸郡。"则太和四年上庸郡废,上庸县当属锡郡,景初元年上庸郡复置后上庸县还属焉。

(十) 新城郡(220—265)——治房陵①(今湖北房县)

按:《续汉志》无此郡。据《魏志》卷14《刘晔传》:"延康元年,蜀将孟达率众降……文帝甚器爱之,使(孟)达为新城太守。"《蜀志》卷10《刘封传》:"魏文帝……合房陵、上庸、西城三郡为新城郡,以(孟)达领新城太守。"则新城郡延康元年(220)始置,且其领县原属房陵、上庸、西城三郡,吴氏《考证》卷3以为其时新城郡乃遥领三郡,而据《魏志》卷9《夏侯尚传》:"文帝践阼……(夏侯尚)遂勒诸军,击破上庸,平三郡九县。"则其时三郡为实土,吴氏似误。《续汉志》房陵县属益州汉中郡,刘昭注引《巴汉志》:"建安十三年别属新城郡。"则新城郡似建安十三年前已置,谢氏《补注》详考诸书以为此文为误,是。延康元年领县十,黄初二年,西城、安阳二县移属魏兴郡,领县八。太和二年上庸、巫、武陵移属上庸郡,锡县割属锡郡,领县四。太和四年巫县回属,领县五。甘露四年巫县再属上庸郡,领县四②。

---

① 据《水经注》卷28:"魏文帝合房陵、上庸、西城立以为新城郡,以孟达为太守,治房陵。"《华阳国志》卷2:"魏文帝善(孟)达姿才容观,以为散骑常侍……(孟)达据房陵,文帝合三郡为新城,以(孟)达为太守。"则孟达未领新城太守前已据房陵,《水经注》谓新城郡治房陵县实为可信。《寰宇记》卷143山南东道房州条:"《华阳国志》:孟达降魏,魏文帝合三郡为新城郡,以(孟)达为太守,理上庸,(孟)达后叛归蜀,司马宣王讨之,仍从新城移理房陵。"今遍检《华阳国志》不见乐史所引,且"仍从新城移理房陵"不通,亦误。谢氏《补注》据《晋书·宣帝纪》以为新城郡其时治西城,今检《晋书》无有明文,谢氏臆度也,今不从。

② 谢氏《补注》又据《宋志》以为微阳县魏立且属新城郡,今遍检《宋志》未见谢氏所据之文,不知谢氏所据为何本,今不从。

1. 房陵(220—265)

按：《续汉志》属益州汉中郡，《晋志》属。

2. 绥阳(？—265)

按：《续汉志》无此县，《晋志》作"绥阳"属。据《宋志》："绥阳令，魏立，后改为秭归，晋武帝太康二年，复为绥阳。"中华书局标点本《晋书》校勘记据此以为当作"绥阳"，是。《华阳国志》卷2新城郡有绥阳县①，则绥阳县入晋后仍属新城郡，其在魏时归属情况文献乏考，今暂将之列入新城郡。

3. 昌魏(？—265)

按：《续汉志》无此县，《晋志》属。据《宋志》："昌魏令，魏立。"宋本《春秋经传集解·桓公十二年》"伐绞之役，楚师分涉于彭"杜预注"彭水在新城昌魏县"，则太康元年时昌魏县仍属新城郡，又《华阳国志》卷2新城郡有昌魏县，则昌魏县入晋后确仍属新城郡，其在魏时归属情况文献乏考，今暂将之列入新城郡。

4. 沶乡(？—265)

按：《续汉志》无此县，《晋志》属。据《宋志》："祁乡令，《何志》魏立，《晋太康地志》作沶。"《水经注》卷28："(零水)东迳新城郡之沶乡县，县分房陵立。"又宋本《春秋经传集解·昭公十二年》传文"我先王熊绎辟在荆山"杜预注"在新城沶乡县南"。房陵于魏时属新城郡，沶乡分房陵立，又晋太康元年时确属新城郡，则沶乡魏时似仍属新城郡。

5. 西城(220)

按：《续汉志》属益州汉中郡，《晋志》属魏兴郡。据《魏志》卷1《武帝纪》："(建安二十年)分汉中之安阳、西城为西城郡。"则西城县建安二十年后即属西城郡，又据本郡考证，新城郡延康元年置，其所领诸县乃合西城、上庸、房陵三郡之县，西城县本属西城郡，故此时当属新城郡，黄初二年魏兴郡置后西城县属焉且为魏兴郡郡治，详本州魏兴郡考证。

6. 安阳(220)

按：《续汉志》属益州汉中郡，《晋志》作"安康"属魏兴郡。据《魏志》卷1《武帝纪》："(建安二十年)分汉中之安阳、西城为西城郡。"则安阳县建安二十年后即属西城郡，又据本郡考证，新城郡延康元年置，其所领诸县乃合西城、上庸、房陵三郡之县，安阳县本属西城郡，故此时当属新城郡，黄初二年魏兴郡置后安阳县属焉，详本州魏兴郡考证。又《宋志》："安康令，二汉安阳县，属汉中，

---

① "绥阳县"众本各异，有作"绥阳"、"绥阴"者，任乃强《华阳国志》校补图注以为当作"绥阳县"，是。

汉末省,魏复立,属魏兴。晋武帝太康元年更名。"则太康元年安阳县更名安康县。

7. 上庸(220—227,249后—258)

按:《续汉志》属益州汉中郡,《晋志》属上庸郡。据《魏志》卷3《明帝纪》:"(太和二年)分新城之上庸、武陵、巫县为上庸郡……(太和四年)省上庸郡……(景初元年)分魏兴之魏阳、锡郡之安富、上庸为上庸郡。"又《魏志》卷4《三少帝纪》:"(甘露四年)分新城郡复置上庸郡。"《晋志》上庸县属上庸郡。如此,则上庸县太和二年前属新城郡,此后属上庸郡,太和四年上庸郡废,上庸县当属锡郡,景初元年上庸郡复置后上庸县属焉,嘉平中上庸郡再废后,上庸县还属新城郡,甘露四年上庸郡复置后又还属焉。

8. 武陵(?—227,230—265)

按:《续汉志》无此县,《晋志》属上庸郡。吴氏《考证》卷3据《宋志》以为魏立武陵县,今遍查《宋志》无此引文,不知吴氏所引《宋书》为何本。钱氏《考异》卷15以为武陵县"后汉并省,疑蜀先主更置也",亦不知何据。据《魏志》卷3《明帝纪》:"(太和二年)分新城之上庸、武陵、巫县为上庸郡……(太和四年)省上庸郡。"又《寰宇记》卷143山南东道房州竹山县条:"古上庸城在县东四十里,武陵故城是也,后汉省,魏更立属新城郡,明帝改属上庸郡。"则太和二年前武陵县已置且属新城郡,此后武陵县属上庸郡,直至太和四年上庸郡废,详本州上庸郡考证。

9. 巫(220—227,230—258)

按:《续汉志》属南郡,《晋志》作"北巫"属上庸郡,"北巫"为"巫"之讹,详本州上庸郡巫县考证。钱氏《考异》卷15以为巫县"亦属蜀所置",巫县后汉本有,汉末未有见废记载,钱氏不知何据。据《魏志》卷3《明帝纪》:"(太和二年)分新城之上庸、武陵、巫县为上庸郡……(太和四年)省上庸郡。"又《魏志》卷4《三少帝纪》:"(甘露四年)分新城郡复置上庸郡。"则巫县太和二年前当属新城郡,太和二年至太和四年属上庸郡,上庸郡省后当还属新城郡,又于甘露四年重归上庸郡。

10. 安富(249后—258)

按:《续汉志》无此县,《晋志》属上庸郡。吴氏《考证》卷3据《宋志》以为安富县魏立,今遍查《宋志》未见吴氏所据之文,不知吴氏所据《宋书》为何本。据《魏志》卷3《明帝纪》:"(景初元年)分魏兴之魏阳、锡郡之安富、上庸为上庸郡。"则安富县景初元年前当已置且属锡郡,景初元年后属上庸郡,直至嘉平中上庸郡废。又《魏志》卷4《三少帝纪》:"(甘露四年)分新城郡复置上庸郡。"

《宋志》:"安富令,《晋太康地志》、《永初郡国》,何、徐并有。"《晋志》安富县又属上庸郡,则嘉平中上庸郡废后,安富县当属新城郡,又于甘露四年上庸郡复置时属焉。

11. 锡(220—227)

按:《续汉志》属益州汉中郡,《晋志》属魏兴郡。据《魏志》卷3《明帝纪》:"(太和二年)分新城之上庸、武陵、巫县为上庸郡,锡县为锡郡。"则锡县太和二年前当属新城郡,直至太和二年割属锡郡。

第九节 雍州沿革

雍州①(220—265),治长安②(今陕西西安市西北)。《汉志》、《续汉志》无雍州。据《后汉书·献帝纪》:"(兴平元年)夏六月丙子,分凉州河西四郡为雍州。"章怀注曰:"谓金城、酒泉、敦煌、张掖。"吴氏《考证》卷4据《魏志·庞淯传》所引《魏略》以为雍州四郡当有武威无金城,是。则兴平元年(194)置雍州,领郡四。又据《续汉书·百官志》注引《献帝起居注》:"建安十八年三月庚寅,省州并郡……省司隶校尉,以司隶部分属豫州、冀州、雍州。省凉州刺史,以并雍州部,郡得弘农、京兆、左冯翊、右扶风、上郡、安定、陇西、汉阳、北地、武都、武威、金城、西平、西郡、张掖、张掖属国、酒泉、敦煌、西海、汉兴、永阳、东安南,凡二十二郡。"《献帝起居注》又漏列新平郡,则建安十八年(213)雍州领郡二十三。又《晋志》:"魏武定霸……所省者七,上郡、朔方、五原、云中、定襄、渔阳、庐江。"则上郡后省。又《魏志》卷1《武帝纪》:"(建安十九年)省安东、永阳郡。"钱氏《考异》卷15:"雍州领二十二郡,东安南居其一,予初疑为南安之讹,此纪上文有南安字,似所省之安东,亦即南安之讹矣。然《明帝纪》:'太和二年,天水、南安、安定三郡吏民叛。'则南安仍未并省也……或者建安已省,而复置于魏初乎。"钱氏所疑诚有识见,则永阳郡后省,东安南即南安后省而于魏初又复。洪氏《补志》据《华阳国志》、《晋志》以为建安二十年魏平汉中又置阴平郡,是。则建安末雍州领郡二十二:弘农、京兆、左冯翊、右扶风、阴平、安定、陇西、汉阳、北地、武都、武威、金城、西平、西郡、张掖、张掖属国、酒泉、敦煌、西

---

① 《晋志》:"晋初于长安置雍州。"《元和志》卷1关内道京兆府条:"魏分河西为凉州,分陇右为秦州,三辅仍旧属司隶。晋初省司隶,复置雍州。"据此似魏时尝废雍州,《寰宇记》与之同。今检《魏志》卷28《邓艾传》:"(景元)四年秋诏诸军征蜀……雍州刺史诸葛绪要(姜)维,令不得归。"则直至魏末雍州未废明矣,《寰宇记》乃承《元和志》,与《晋志》并误。

② 《地形志》:"雍州汉改曰凉,治汉阳郡陇县,后治长安。"则魏时州治在长安。

海、汉兴、新平、南安。弘农后归属司隶,详司隶考证。今检《魏志》卷25《杨阜传》:"太祖以武都孤远欲移之……徙郡小槐里。"又《华阳国志》卷2:"阴平郡……魏亦遥置其郡属雍州。"则魏时武都、阴平二郡均为遥领①。吴氏《考证》卷4以为黄初后汉兴郡已省,是。其后又设广魏郡,则其时领实郡二十。又《魏志》卷15《张既传》:"文帝即王位,初置凉州。"《晋志》:"献帝时又置雍州,自三辅距西域皆属焉。魏文帝即位,分河西为凉州,分陇右为秦州,改京兆尹为太守,冯翊、扶风各除左右,仍以三辅属司隶。"则延康、黄初之间,雍州又割出河西、陇右数郡,分属凉、秦二州②。又《晋志》:"(秦州)魏始分陇右置焉,刺史领护羌校尉,中间暂废。及泰始五年,又以雍州陇右五郡及凉州之金城、梁州之阴平,合七郡置秦州。"则秦州亦为旋置旋废而确年乏考③。今检《晋志》凉州所领为西平、西海、西郡、敦煌、武威、酒泉、张掖、金城八郡,而其时张掖属国无考似废,则上文注中所谓雍州"十郡"当包括初分后归之秦州诸郡,如此雍州十郡加上凉州八郡,以及划出的弘农郡、已废的张掖属国,恰为建安末二十郡之目。故魏初雍州当领京兆、冯翊、扶风、安定、陇西、汉阳、北地、新平、南安、广魏凡十郡。景元末,蜀汉降魏后武都郡回属雍州(景元三年[262]之雍州政区见图7)。

---

① 其属县均乏考,吴氏《表》卷4所列武都、阴平二郡属县,均无文献根据,今不从。又据《蜀志》卷3《后主传》:"(建兴)七年春,(诸葛)亮遣陈式攻武都、阴平,遂克定二郡。"《华阳国志》卷2:"建兴七年,丞相诸葛亮遣护军陈戒伐之,遂平武都、阴平二郡。"戒或作式。蜀建兴七年即魏太和三年,则太和三年武都、阴平二郡罢。
② 据《魏志》卷16《仓慈传》裴注引《魏略》:"颜斐字文林。有才学。丞相召为太子洗马,黄初初转为黄门侍郎,后为京兆太守……京兆与冯翊、扶风接界,二郡道路既秽塞,田畴又荒莱,人民饥冻,而京兆皆整顿开明,丰富常为雍州十郡最。"又《地形志》:"京兆郡,秦为内史,汉高帝为渭南郡,武帝为京兆尹,后汉因之,属司隶,魏改,属(雍州)。"又陆增祥《八琼室金石补正》卷8《大将军曹真残碑并阴》其碑阴雍州吏民各著所籍诸郡为:京兆、天水、安定、冯翊、扶风、陇西、北地,而曹真卒于太和五年(《魏志·明帝纪》)。则三辅不属司隶,明矣。吴氏《考证》卷4以《晋志》为误,是。
③ 宋本《世说新语》下卷《贤媛门》"李平阳秦州子"条刘孝标注引《永嘉流人名》:"(李)康字玄胄,江夏人,魏秦州刺史。"今检《魏志》卷18《李通传》裴注引王隐《晋书》:"(李)绪子(李)秉,字玄胄,有俊才,为时所贵,官至秦州刺史……(李)秉尝答司马文王问,因以为《家诫》……(李)秉子(李)重,字茂曾,少知名,历位吏部郎、平阳太守。"则"李康"与"李秉"似为一人,而唐修《晋书》卷46《李重传》:"李重字茂曾,江夏钟武人也。父(李)景,秦州刺史、都亭定侯。"则又作"李景",中华书局标点本校勘记以为当是避唐高祖父李昞讳而改写,是,则当作"李秉",作"李康"者传写之讹。而其时又实有"李康",《文选》卷52收有李萧远《运命论》一则,李善注引刘义庆《集林》:"李康,字萧远,中山人也……魏明帝异其文,遂起家为寻阳长。"此李康与彼李秉风马牛不相及也,故前引《世说新语》注引《永嘉流人名》之李康当为李秉,实是魏末晋初之人,其"秦州刺史"当为晋官,吴氏《考证》卷4以为《世说》注引所谓"魏秦州刺史"中乃衍"魏"字,是。

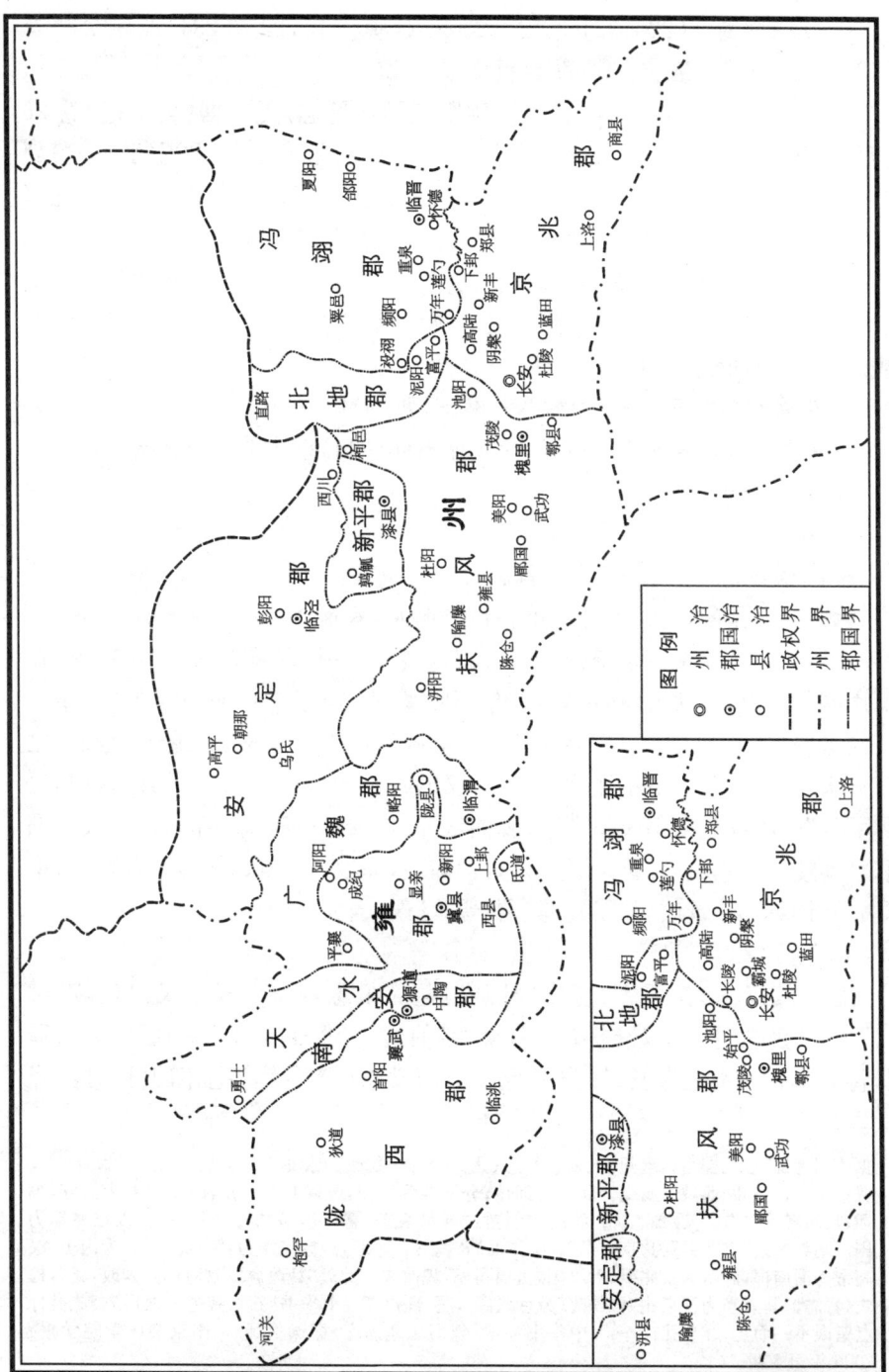

图 7 景元三年(262)三国曹魏雍州政区

（一）京兆郡①（220，221秦国，222—224京兆国，225—234，235—244秦国，245—265）——治长安（今陕西西安市西北）

按：《续汉志》京兆尹领县十，所领阳陵县，《晋志》无。据《寰宇记》卷26关西道雍州咸阳县条："阳陵城故弋阳地，景帝改为阳陵县，属左冯翊……曹魏省之。"则魏时阳陵县见废。东汉末安定郡阴槃县来属，黄初元年（220）冯翊郡高陵县来属，汉末置下邽令，则领县十二。据《魏志》卷20《曹礼传》："元城哀王（曹）礼，黄初二年封秦公，以京兆郡为国，三年改为京兆王，六年改封为元城王。"则黄初二年京兆郡改为秦国，三年改为京兆国，六年还为京兆郡。又据《魏志》卷3《明帝纪》："（青龙三年）八月庚午，立……（曹）询为秦王。"《魏志》卷4《三少帝纪》："（正始五年）秋八月秦王（曹）询薨……（冬十一月）乙酉复秦国为京兆郡。"则自青龙三年（235）至正始五年（244）京兆郡改为秦国，后复改。

1. 长安（220—265）
2. 霸城（220—265）

按：《续汉志》作"霸陵"属，《晋志》作"霸城"属。检《魏志》卷3《明帝纪》裴注引《魏略》："是岁，徙长安诸钟簴、骆驼、铜人、承露盘，盘折、铜人重，不可致，留于霸城。"此条注文系于景初元年（237），裴注又引《汉晋春秋》："帝徙盘，盘折，声闻数十里，金狄或泣，因留霸城。"则"霸陵"至迟于景初前改为"霸城"。吴氏《考证》卷4极言"霸陵"魏时改为"霸城"，却无文献根据，疏于"考证"之实。《宋志》南霸城条下小注："本霸陵，汉旧县，《太康地志》曰'霸城'，《何志》'魏□'。"胡阿祥《〈宋书·州郡志〉脱漏试补》："'魏'后所脱一字，疑为'改'，谓魏改'霸陵'为'霸城'。"是。《地形志》："霸城，郡治。二汉曰霸陵，晋改，属（中华书局版标点为'晋改属'误）。"其谓"晋改"误，当为"魏改"。

3. 杜陵（220—265）

按：《续汉志》、《晋志》皆作"杜陵"属。《宋志》："杜令，二汉曰杜陵，魏改。"今检《魏志》卷16《杜畿传》："杜畿，字伯侯，京兆杜陵人。"又杜预《春秋释例》卷7："杜，京兆杜陵县。"《宋书》卷28《符瑞志中》："太康七年四月，甘露降

---

① 据雍州考证，京兆郡当属雍州。《宋志》："京兆太守……魏改为京兆郡。"又据《晋志》："献帝时又置雍州，自三辅距西域皆属焉。魏文帝即位，分河西为凉州，分陇右为秦州，改京兆尹为太守，冯翊、扶风各除左右。"又《魏志》卷20《曹礼传》："元城哀王（曹）礼，黄初二年封秦公，以京兆郡为国。"则魏初改"京兆尹"为"京兆郡"。中华书局《魏书·地形志》标点误为："京兆郡，秦为内史，汉高帝为渭南郡，武帝为京兆尹，后汉因之，属司隶，魏改属。"此处"魏改属"当标点为"魏改，属"，检之《晋志》，其意当为"（京兆尹）魏改（为京兆郡），属（雍州）"。中华书局版《魏书·地形志》此类标点错误不一而足，详参孔祥军：《中华书局本〈魏书·地形志〉标点献疑》，《南京晓庄学院学报》2006年第5期。

京兆杜陵。"《晋书》卷34《杜预传》："杜预,字元凯,京兆杜陵人也。"则自汉末至晋初皆当为"杜陵"。《舆地广记》卷13陕西永兴军路京兆府万年县条："汉宣帝以杜东原上为初陵,故更名杜为杜陵,属京兆尹。后汉及晋皆因之。"是。《宋志》所谓"魏改",误。又《地形志》："杜……二汉曰杜陵,晋曰杜城,后改。"据此则西晋太康后曾改"杜陵"为"杜城",其确年不可考,元魏时又改"杜城"为"杜"。洪氏《补志》以为魏改为杜,谢氏《补注》已驳之,吴氏《考证》卷4亦以为魏时改"杜陵"为"杜"而未引文献,不知所据,《中国历史地图集·三国图组》亦作"杜县"。

4. 郑(220—265)

5. 新丰(220—265)

6. 蓝田(220—265)

7. 上洛(220—265)

按:《续汉志》属,《晋志》属上洛郡。《宋志》:"南上洛太守,《晋太康地志》分京兆立上洛,属司隶。"又《晋志》:"上洛郡,泰始二年,分京兆南部置。"故上洛郡所领诸县当从京兆郡划出,《晋志》上洛郡领上洛县,上洛县当于泰始二年(266)划属上洛郡,其魏时当属京兆郡。

8. 商(220—265)

按:《续汉志》属,《晋志》属上洛郡。《宋志》:"南上洛太守,《晋太康地志》分京兆立上洛,属司隶。"又《晋志》:"上洛郡,泰始二年,分京兆南部置。"故上洛郡所领诸县当从京兆郡划出,《晋志》上洛郡领商县,商县当于泰始二年划属上洛郡,其魏时当属京兆郡。

9. 长陵(220—265)

按:《续汉志》属,《晋志》无此县。据《魏志》卷23《常林传》裴注引《魏略》:"初(吉)茂同产兄(吉)黄,以十二年中,从公府掾为长陵令。是时科禁长吏擅去官,而(吉)黄闻司徒赵温薨,自以为故吏,违科奔丧,为司隶钟繇所收,遂伏法。"今检《后汉书》卷27《赵温传》:"(赵)温……建安十三年,以辟司空曹操子(曹)丕为掾,(曹)操怒,奏(赵)温辟臣子弟,选举不实,免官。是岁卒,年七十二。"则《魏略》所谓"十二年"当为"建安十二年",故建安十二年时仍有长陵县。又《寰宇记》卷26关西道雍州咸阳县条:"长陵……晋省。"《舆地广记》卷13陕西永兴军路京兆府咸阳县条:"汉长陵县,高帝所葬,属左冯翊。后汉属京兆尹。晋省之。"故长陵县当于晋初见废。吴氏《表》卷4京兆郡不列长陵县,以为魏时省,《中国历史地图集·三国图组》京兆郡漏绘长陵县,并误。

10. 高陆(220—265)

按：《续汉志》属左冯翊，作"高陵"，《晋志》作"高陆"属焉。《元和志》卷2关内道京兆府高陵县条："高陵县，本秦旧县，孝公置。汉属左冯翊。魏文帝改为高陆，属京兆郡。"中华书局版《通典》卷173京兆府高陵县条："魏文帝黄初元年改为高陆县，属京兆郡。"校勘记云："'陆'原讹'陵'，据傅校本、明抄本、明刻本及《元和郡县志》卷二、《太平寰宇记》卷二六改。"是。又《寰宇记》卷26关西道雍州高陵县条："高陵县……汉旧县属左冯翊，秦孝公所置，魏文帝改为高陆县，属京兆。"而四川大学版《舆地广记》卷13陕西永兴军路京兆府高陵县条"(高陵县)二汉属左冯翊，魏文帝改曰高陵"校勘记云："原作'高陆'，据四库本及《通典》卷一七三改"，即"(高陵)改曰高陵"。此属文义不通，据上引《元和志》、《寰宇记》当作"高陆"，故其误改明矣。则高陵县黄初元年时改为高陆县且划属京兆郡。《宋志》"高陆令，二汉、魏无"，误，当作"高陆令，汉旧县曰高陵，魏改名"；又《地形志》"高陆，郡治。二汉曰高陵，属(左冯翊)。晋属京兆，魏明帝改，属"，亦误，当作"魏文帝改高陵为高陆，属京兆"。洪氏《补志》以为"高陆，汉高陵县属冯翊。魏黄初元年改今名，移属此"，是。谢氏《补注》据《魏志》卷15《张既传》"张既，字德容，冯翊高陵人也"，以为魏时高陵既未改名又未划属京兆郡，以驳洪说，据《魏志》本传张既为汉末人，又据《晋志》"魏文帝即位……冯翊、扶风各除左右"，则《魏志》所谓"冯翊高陵"当指文帝即位后事，然魏文帝在位自黄初元年至七年共七年，《元和志》、《寰宇记》所载魏文帝改高陵为高陆且划属京兆郡事与《魏志》"冯翊高陵"并不矛盾，谢氏辩驳无力，今不从。

11. 阴槃(220—265)

按：《续汉志》作"阴盘"属安定郡，《晋志》作"阴般"属，今检宋本《汉志》作阴槃，宋本《宋书》卷28《符瑞志中》："太康六年九月，白龙见京兆阴槃。"《地形志》亦作"阴槃"。则似当作"阴槃"。据《寰宇记》卷151陇右道渭州潘原县条云："汉阴槃县地，《地理志》云属安定郡，后汉末移县属京兆郡。"则阴槃后汉末即来属。

12. 下邽(220—265)

按：《汉志》京兆尹有下邽县，《续汉志》无此县，《晋志》属冯翊郡。据《续汉志》京兆尹郑县条刘昭注引《黄图》："下邽县并郑，桓帝西巡复之。"则桓帝时已复置下邽县。又《魏志》卷13《华歆传》："董卓迁天子长安，(华)歆求出为下邽令。"则至汉末未省。据洪适《隶续》卷12所收《刘宽碑阴门生名》京兆有"下圭"县，此"下圭"似即"下邽"。洪氏简括其碑文题名大略为"中平二年故吏立碑于洛阳道",中平为东汉灵帝年号,则汉末时下邽当属京兆尹,《宋志》:"下邽令,《何志》:'汉旧县。'案二汉、晋并无此县。"沈约所加按语误。又今遍查典籍,下邽县魏时归属情况乏考,暂将其列入京兆郡。吴氏《表》卷4据上引《魏志》文将下邽列入冯翊郡,无根据,今不从。

(二)冯翊郡①(220—265)——治临晋②(今陕西大荔县)

按:《续汉志》左冯翊领县十三,高陵县黄初时移属京兆郡,池阳县移属扶风郡。所领衙县,《晋志》无此县。今检《寰宇记》卷28关西道同州白水县条:"后汉安帝以上郡避羌寇,寄理于此,因省衙县,晋惠帝时再置,寻又省焉。"则衙县汉末已废。新置怀德县,领县十一,太和、青龙间,云阳县罢,领县十。

1. 临晋(220—265)
2. 频阳(220—265)
3. 莲芍(220—265)
4. 重泉(220—265)
5. 郃阳(220—265)
6. 夏阳(220—265)
7. 粟邑(220—265)
8. 万年(220—265)

按:《续汉志》属,《晋志》属京兆郡。洪氏《补志》以为万年县于黄初元年属京兆郡,不知洪氏依据为何。吴氏《表》卷4直据洪氏《补志》将万年县列入京兆郡,疏之远矣。今检《舆地广记》卷13陕西永兴军路京兆府栎阳县条:"后汉省栎阳入万年,晋属京兆郡。"则魏时万年县似仍属冯翊郡,至晋初划归京兆郡。

9. 云阳(220—227后)

按:《续汉志》属,《晋志》无此县。《元和志》卷1关内道京兆府云阳县条:"本汉旧县,属左冯翊,魏司马宣王抚慰关中,罢县,置抚夷护军,及赵王(司马)伦镇长安,复罢护军。"据《魏志》司马懿抚慰关中当在太和、青龙间,而确年乏考,则云阳县当废于太和、青龙间。又《地形志》:"云阳,二汉属左冯翊,晋罢。"所谓"晋罢"似误。

10. 祋祤(220—265)

按:《续汉志》属,《晋志》无此县。据《魏志》卷14《刘放传》:"(曹操)乃以

---

① 《续汉志》作"左冯翊",《晋志》作"冯翊郡"。据《晋志》:"魏文帝即位……冯翊、扶风各除左右。"又《通典》卷173同州条:"魏除左字,但为冯翊郡。晋因之。"则魏时确改"左冯翊"为"冯翊郡"。

② 据《魏志》卷23《裴潜传》裴注引《魏略》:"建安初,关中始开,诏分冯翊西数县为左内史,郡治高陵,以东数县为本郡,治临晋。"又《晋志》冯翊郡首县为临晋,则冯翊郡似治临晋。

(刘)放参司空军事,历主簿记室,出为郃阳、祋祤、赞令。"则建安时祋祤仍未废。《水经注》卷 16 经文:"沮水出北地直路县,东过冯翊祋祤县北,东入于洛。"《水经注》经文乃三国人所撰,且据《晋志》:"魏文帝即位……冯翊、扶风各除左右。"则此处所谓"冯翊祋祤"当是魏文帝以后事,故魏时祋祤县当仍属冯翊郡。又《元和志》卷 2 关内道京兆府同官县条:"本汉祋祤县地,属左冯翊。晋属频阳。"又《寰宇记》卷 31 关西道耀州同官县条:"本汉祋祤县地,属左冯翊,晋为频阳地。"又《舆地广记》卷 14 陕西永兴军路耀州同官县条:"本汉祋祤县,属左冯翊。东汉因之。晋省焉。"据此可知祋祤县直到晋初方省,其地尽入频阳县,故《晋志》无载。据《地形志》:"北地郡,魏文帝分冯翊之祋祤置。"又据上引《水经注》经文亦有"北地直路",则魏时确有北地郡,而据上考祋祤县魏时实未废且属冯翊郡,故此处"分冯翊之祋祤置"当理解为分出冯翊祋祤县之一部分设置北地郡,《元和志》卷 2 关内道京兆府华原县条:"本汉祋祤县地,属左冯翊。魏晋皆于其地置北地郡。"《寰宇记》卷 31 关西道耀州华原县条:"本汉祋祤县地,属左冯翊。曹魏、元魏皆于其地置北地郡。"此两处所谓"其地"当指从冯翊祋祤分出之部分,非指祋祤全境。吴氏《表》卷 4 据《寰宇记》误以为祋祤汉末已废,《中国历史地图集·三国图组》亦漏绘祋祤县。

11. 怀德(220—265)

按:《续汉志》、《晋志》无此县,《汉志》左冯翊有怀德县。据《水经注》卷 40 经文"荆山在冯翊怀德县南",《水经注》经文为三国人撰,则魏时当有怀德县且属冯翊郡。又《续汉志》左冯翊云阳县条注引《帝王世纪》:"禹铸鼎于荆山,在冯翊怀德之南。"据豫州颍川郡繁昌县考证,皇甫谧为魏末晋初人,则《帝王世纪》所谓"冯翊怀德"当是指魏时事,与《水经》所载合。又《寰宇记》卷 31 关西道耀州富平县条:"怀德故城在今县西南十一里,非汉怀德县也,盖后汉末及三国时因汉旧名于此立县。"则怀德县汉末置且属冯翊郡,至晋初方省。吴氏《考证》卷 4 以为怀德县于魏初旋置旋废,杨氏《补正》据《帝王世纪》驳之,是;《中国历史地图集·三国图组》亦漏绘怀德县。

(三) 扶风郡①(220—265)——治槐里(今陕西兴平市)

按:《续汉志》领县十五。所领漆县,后移属新平郡。安陵县,《晋志》无此县。今遍查典籍,安陵县魏时情况乏考,故暂阙不录。左冯翊池阳县来属,领

---

① 《续汉志》作"右扶风",《晋志》作"扶风郡"。据《晋志》:"魏文帝即位……冯翊、扶风各除左右。"又《通典》卷 173 岐州条:"魏除右字,但为扶风郡,亦为重镇。晋因之。"则魏时确改"右扶风"为"扶风郡"。

县十四。

1. 槐里（220—265）

按：《续汉志》属，《晋志》属始平郡。据《宋志》："始平太守，晋武帝泰始二年，分京兆、扶风立。"则槐里县魏时当属扶风郡，泰始二年方移属始平郡。

2. 武功（220—265）

按：《续汉志》属，《晋志》属始平郡。据《宋志》："始平太守，晋武帝泰始二年，分京兆、扶风立。"则武功县魏时当属扶风郡，泰始二年方移属始平郡。

3. 鄠（220—265）

按：《续汉志》属，《晋志》属始平郡。据《宋志》："始平太守，晋武帝泰始二年，分京兆、扶风立。"则鄠县魏时当属扶风郡，泰始二年方移属始平郡。

4. 始平（220—265）

按：《续汉志》作"平陵"属，《晋志》属始平郡。据《元和志》卷1关内道京兆府兴平县条："本汉平陵县，属右扶风。魏文帝改为始平。"《寰宇记》卷26关西道雍州咸阳县条："平陵城，汉平陵县属右扶风……魏黄初中改为始平县。"则黄初时改平陵县为始平县，《宋志》"始平令，魏立"，《地形志》"始平，魏置"，皆不确，当作"魏改"。据《宋志》："始平太守，晋武帝泰始二年，分京兆、扶风立。"又《晋志》始平县属始平郡，则始平县魏时当属扶风郡，泰始二年方移属始平郡。

5. 池阳（220—265）

按：《续汉志》属左冯翊，《晋志》属。《水经注》卷19："（白渠）又东南迳池阳城北……白渠又东，枝渠出焉，东南迳高陵县故城北。"据此池阳城当在高陵县正西偏北方，汪士铎《水经注图·漆沮沮渭四水图》绘制明了，可参看。据京兆郡高陆县考证，魏文帝黄初时高陆县从冯翊郡移属京兆郡，而池阳县在高陆县正西，无由越过高陆县仍属冯翊郡，故魏黄初时池阳县不属冯翊郡，事为显然，吴氏《表》卷4据《长安志》误将池阳县仍旧列入冯翊郡。《晋志》池阳县为扶风郡首县，而《宋志》载："池阳令，汉旧名，属冯翊，《晋太康地志》属京兆。"似池阳于太康时当属京兆。今检《尔雅注疏》卷7释地篇十薮"周有焦护"条郭璞注："今扶风池阳县瓠中也。"《文选》卷9班叔皮《北征赋》"朝发轫于长都兮，夕宿瓠谷之玄宫"条李善注引："《尔雅》曰：'周有焦获。'郭璞曰：'音护，今扶风池阳县瓠中也。'"据《晋书》郭璞本传，其为西晋入东晋人，东晋偏安，则其所谓"今扶风池阳"当指西晋时事。又《地形志》："池阳，郡治，二汉属左冯翊，晋属扶风，后属（咸阳郡）。"《晋书》卷59《司马亮传》："咸宁初，以扶风池阳四千一百户为太妃伏氏汤沐邑。"《舆地广记》卷14陕西永兴军路耀州三原县条："本汉池阳县地,属左冯翊。东汉因之,晋为扶风郡治。"据上引诸条可知池阳县于西晋时确属扶风,《宋志》所谓"《晋太康地志》属京兆"误,又据上文考证池阳县于黄初高陵县移属京兆郡后,理当同时由冯翊郡割出,现又考知西晋时池阳县属扶风,故其于黄初时当已移属扶风郡。《中国历史地图集·三国图组》将池阳县绘入京兆郡,今不从。

6. 郿(220—265)

7. 雍(220—265)

8. 汧(220—265)

9. 陈仓(220—265)

10. 美阳(220—265)

11. 茂陵(220—265)

按:《续汉志》属,《晋志》无此县。据《魏志》卷21《卫觊传》:"太祖辟(卫)觊为司空掾属,除茂陵令。"则汉末建安时茂陵仍未废。又《寰宇记》卷27关西道雍州兴平县条:"茂陵……至宣帝始为县,晋并入始平县。"则茂陵至晋时方废,而确年乏考。吴氏《表》卷4误以为茂陵县魏时已省,《中国历史地图集·三国图组》亦漏绘茂陵县。茂陵县于魏时归属情况乏考,似仍属扶风郡。

12. 隃糜(220—265)

按:《续汉志》作"渝麋"属,《晋志》无此县。《汉志》作"隃麋"。《后汉书》卷19《耿弇传》:"进封(耿)况为隃糜侯。"《后汉书》卷87《西羌传》:"隃糜相曹凤上言:'西戎为害,前世所患。'"则"渝糜"当为"隃糜"之讹,吴氏《表》卷4作"渝糜",误。据《魏志》卷17《徐晃传》:"太祖军得渡,遂破(马)超等,使(徐)晃与夏侯渊平隃糜、汧诸氐。"《晋书》卷1《宣帝纪》:"(太和五年,司马懿)遂进军隃糜。"则隃糜县至太和时仍未废,又《舆地广记》卷15陕西秦凤路陇州汧阳县条:"二汉隃糜县地,属右扶风。晋省之。"则隃糜县至晋方省。

13. 栒邑(220—265)

按:《续汉志》属,《晋志》无此县。今检《舆地广记》卷14陕西永兴军路邠州三水县条:"汉之栒邑,即故豳国,周之先公刘所居,属右扶风,东汉因之……晋省焉。"据此,栒邑县晋初方省,其魏时情况乏考,今暂将其列入扶风郡。吴氏《表》卷4以为栒邑县魏时已省,《中国历史地图集·三国图组》亦不绘栒邑县,今并不从。又《晋志》新平郡有汾邑县,杨氏《补正》以为"晋新平郡之汾邑即此栒邑",其以《纪要》卷54"晋仍为栒邑,属新平郡"为据而无其他依据,纯属猜测,今检《寰宇记》卷34关西道邠州条:"后汉兴平元年分安定之鹑觚、右扶风之漆置新平郡……历魏晋同之,晋武帝分漆县置邠邑县。"则《晋志》新平郡"汾邑"当是"邠邑"之讹,且晋初从漆县割出,其与栒邑无涉也,杨氏误。

14. 杜阳(220—265)

按:《续汉志》属,《晋志》无此县。据孙吴陆机《毛诗草木鸟兽虫鱼疏》卷下"脊令在原"条:"脊令大如鹨雀,长脚长尾,尖喙,背上青灰色,腹下白,颈下黑如连钱,故杜阳人谓之连钱。"则杜阳县魏时未废。又《水经注》卷16经文:"漆水出扶风杜阳县俞山东,北入于渭。"《水经注》经文为三国人撰,则魏时杜阳属扶风郡。又《寰宇记》卷30关西道凤翔府普润县条引《郡国县道记》:"杜阳,晋省。"则其入晋后方省。

(四)新平郡(220—265)——治漆(今陕西彬县)

按:《续汉志》无此郡。据《续汉志》"右凉州刺史部"注引《袁山松书》:"兴平元年,分安定之鹑觚、右扶风之漆置新平郡。"《寰宇记》卷34关西道邠州条:"后汉兴平元年分安定之鹑觚、右扶风之漆置新平郡,理漆县……历魏晋不改。"则新平郡魏时当领鹑觚、漆二县,且治漆县。《地形志》"新平郡,后汉献帝建安中置",误,当改为"新平郡,后汉献帝兴平元年置"。又《续汉书·百官志》注引《献帝起居注》建安十八年雍州属郡亦漏列新平郡。

1. 漆(220—265)

按:《续汉志》属右扶风,《晋志》属。据《舆地广记》卷14陕西永兴军路邠州新平县条:"本二汉漆县,属右扶风。汉末置新平郡,晋因之,后改漆县为白土。"则漆县兴平元年(194)已移属新平郡,至晋不改。

2. 鹑觚(220—265)

(五)北地郡(220—265)——治乏考

按:《续汉志》属凉州,建安十八年省并州郡后,北地郡始入雍州,详雍州考证。又据《宋书》卷48《傅弘之传》:"傅弘之字仲度,北地泥阳人。傅氏旧属灵州,汉末郡境为虏所侵,失土,寄寓冯翊,置泥阳、富平二县,灵州废,不立,故傅氏悉属泥阳。晋武帝太康三年复立灵州县,傅氏还属灵州。"《寰宇记》卷34关西道宁州条引顾野王《舆地志》:"汉末北地郡但有泥阳、富平二县。"《地形志》:"北地郡,魏文帝分冯翊之祋祤置。"则汉末北地郡已废,后于冯翊祋祤地复置且领泥阳、富平二县。据本州冯翊郡祋祤县考证,魏时祋祤县未废且属冯翊郡,故《地形志》所谓"分冯翊之祋祤置"当理解为分出冯翊郡祋祤县之一部分设置北地郡,《元和志》卷2关内道京兆华原县条:"本汉祋祤县地,属左冯翊。魏晋皆于其地置北地郡。"《寰宇记》卷31关西道耀州华原县条:"本汉祋祤县地,属左冯翊。曹魏、元魏皆于其地置北地郡。"此两处"其地"亦当指从祋祤分出之部分,非指祋祤全境。后又置直路县,领县三。

1. 泥阳(220—265)

按：据《宋书》卷 48《傅弘之传》："傅弘之字仲度，北地泥阳人。傅氏旧属灵州，汉末郡境为虏所侵，失土，寄寓冯翊，置泥阳、富平二县。"然此泥阳非彼泥阳也。

2. 富平(220—265)

按：据《宋书》卷 48《傅弘之传》："傅弘之字仲度，北地泥阳人。傅氏旧属灵州，汉末郡境为虏所侵，失土，寄寓冯翊，置泥阳、富平二县。"然此富平亦非彼富平也。

3. 直路(?)

按：《续汉志》、《晋志》皆无此县。据《水经注》卷 16 经文："沮水出北地直路县，东过冯翊祋栩县北，东入于洛。"《水经注》经文为三国人撰，则魏时北地郡确有直路县，似旋置旋废，故文献无考。

(六) 安定郡(220—265)——治临泾[1](今甘肃镇原县东南)

按：《续汉志》属凉州，建安十八年省州并郡后，属雍州，详雍州考证。《续汉志》领县八，《寰宇记》卷 32 关西道泾州条引《晋太康地记》："安定郡领临泾、朝那、乌氏、鹑觚、阴密、西川六县，属雍州。"《晋志》比《晋太康地记》多领都卢一县，似为太康后所增。《续汉志》领有阴盘县，魏时移属京兆郡；又领有鹑觚县，魏时移属新平郡。领县六[2]。

1. 临泾(220—265)
2. 朝那(220—265)
3. 乌氏(220—265)

按：《续汉志》作"乌枝"属，《寰宇记》卷 32 关西道泾州保定县条引《续汉志》："乌氏县有瓦亭。"又宋本《汉志》、宋本《晋志》、《寰宇记》卷 32 关西道泾州条引《晋太康地记》并作"乌氏"。《隶释》卷 25 所收《禹庙碑》："右禹庙碑云：'光和二年十二月丙子朔十九日甲午，皮氏长南阳章陵刘寻孝嗣，丞安定乌氏樊璋元孙，其后叙禹平水土之功。'"则"乌枝"确是"乌氏"之讹。王先谦《后汉书集解》引惠栋曰："《史记》、《汉书》作'乌氏'音枝，本传亦作'氏'，作'枝'者，

---

[1] 据《舆地广记》卷 16 陕西秦凤路原州临泾条："汉属安定郡，东汉及晋为郡治焉。"则魏时安定郡治所亦当在临泾。

[2] 《寰宇记》卷 32 关西道泾州条引《晋太康地记》、《晋志》安定郡均领阴密县，而《续汉志》无此县，今检《地形志》："阴密县，前汉属安定，后汉罢，晋复。"则阴密县晋初方置，吴氏《表》卷 4 据《晋书·胡奋传》胡遵魏时封阴密侯以为魏时当有阴密县，据《魏志》未见封胡遵阴密侯事，不知《晋书》所据为何，今不从。

非也。"《地形志》作"乌氏",吴氏《表》卷4作"乌枝",并误。

4. 西川(220—265)

按:《续汉志》作"三水"属,《寰宇记》卷32关西道泾州条引《晋太康地记》作"西川",《晋志》作"西川"属。据《元和志》卷3关内道邠州三水县条:"本汉旧县,有铁官,属安定郡……魏改三水县为西川县,亦属安定。"则魏时改三水为西川,而确年乏考。

5. 高平(220—265)

按:《续汉志》属,《寰宇记》卷32关西道泾州条引《晋太康地记》、《晋志》无此县。据《魏志》卷26《郭淮传》:"(正始元年)凉州休屠胡梁元碧等率种落二千余家附雍州,(郭)淮奏请使居安定之高平。"则魏时高平县未废明矣。又《地形志》:"高平,二汉属安定,晋罢。"则高平县晋初见废。《寰宇记》卷32关西道原州"高平……至曹魏废",误。吴氏《表》卷4据《寰宇记》误以为魏时高平已废,《中国历史地图集·三国图组》亦漏绘高平。

6. 彭阳(220—265)

按:《续汉志》属,《寰宇记》卷32关西道泾州条引《晋太康地记》、《晋志》无此县。据《地形志》:"彭阳,二汉属安定,晋罢。"又《舆地广记》卷16陕西秦凤路原州彭阳县条:"二汉属安定郡,晋省之。"则彭阳县至晋方省,吴氏《表》卷4、《中国历史地图集·三国图组》并漏绘彭阳县。

(七)广魏郡(220—265)——治临渭(今甘肃天水市东)

按:《续汉志》无此郡。据《续汉志》汉阳郡注引《献帝起居注》:"初平四年十二月,已分汉阳、上郡为永阳。"《续汉书·百官志》注引《献帝起居注》,建安十八年州郡省并,其时雍州所领有永阳郡。又《魏志》卷1《武帝纪》:"(建安十九年)省安东、永阳郡。"则永阳郡建安十九年已省,其属县似各自回属。又《宋志》:"略阳太守,《晋太康地志》属天水,《何志》故曰汉阳,魏分立曰广魏。"又《晋志》:"略阳郡,本名广魏,泰始中更名焉。"又《魏志》卷3《明帝纪》裴注引《魏书》:"(景初二年)九月,雍州刺史郭淮遣广魏太守王赟、南安太守游奕将兵讨惇。"则魏时确有广魏郡,且其郡当从汉阳郡分出。《晋志》:"魏武定霸……所置者十二:新兴、乐平、西平、新平、略阳、阴平、带方、谯、乐陵、章武、南乡、襄阳。"所谓"略阳"当为"广魏"之讹。则建安末分汉阳置广魏郡。《地形志》"略阳郡,晋武帝分天水置"误,当作"略阳郡,晋武帝改广魏置",中华书局标点本《魏书》失校。又《水经注》经文多有"广魏白水县"、"广魏涪县"、"广魏洛县"之文,而"白水"、"涪县"、"洛县"《续汉志》均属广汉郡,其与魏时之广魏郡风马牛不相及,顾炎武《日知录》卷26魏书条以为郦道元因避讳而改"广汉"为"广魏",是。其时领县三①。

1. 临渭(？—265)

按：《续汉志》无此县，《晋志》属略阳郡。据《魏志》卷5《后妃传》裴注引《晋诸公赞》："咸熙初封郭建为临渭县公。"则魏时当已有临渭县，而确年乏考。

2. 平襄(220—265)

按：《续汉志》属汉阳郡，《晋志》属略阳郡。据上所考，《晋志》略阳郡即广魏郡，而广魏郡乃从汉阳郡分出，故平襄县似魏分立广魏郡时移属广魏郡，至晋不变。

3. 略阳(220—265)

按：《续汉志》属汉阳郡，《晋志》属略阳郡。据上所考，《晋志》略阳郡即广魏郡，而广魏郡乃从汉阳郡分出，故略阳县似魏分立广魏郡时移属广魏郡，至晋不变。

(八) 天水郡(220—265)——治冀②(今甘肃甘谷县东)

按：《续汉志》有汉阳郡无天水郡，谢氏《补注》、吴氏《考证》卷4据《三国志》及裴注所引诸书，以为魏未代汉前当为汉阳郡，黄初鼎革后则改汉阳郡为天水郡，文献具在，言之凿凿，是。《晋志》："天水郡，汉武置，孝明改为汉阳，晋复为天水。"中华书局标点本校勘记已指出其误，是。《续汉志》汉阳郡领县十三，平襄、略阳二县魏时移属广魏郡，獂道县移属南安郡，所领望恒、兰干二县，今遍检典籍，魏时情况乏考，暂阙不录。又立新阳县，领县九。

1. 冀(220—265)

按：《续汉志》属汉阳郡，《晋志》属。

2. 上邽(220—265)

按：《续汉志》属汉阳郡，《晋志》属。今检《宋志》："上邽令，前汉属陇西，后汉属汉阳，《晋太康地志》属天水。"据上所考，后汉之汉阳郡即魏之天水郡，上邽县所属似前后未变，故魏时上邽县当属天水郡。

---

① 吴氏《表》卷4广魏郡有清水县，今检《续汉志》无此县，据《地形志》："清水，前汉属天水，后汉罢，晋复，属(略阳郡)。"《舆地广记》卷15陕西秦凤路秦州清水县条："汉属天水郡。东汉省之。晋复置，属略阳郡。"又《宋志》："清水令……《晋太康地志》属略阳。"《晋志》清水县属略阳郡。则清水县东汉已省，晋初方置，明矣。吴氏据《纪要》将之列入广魏郡，《中国历史地图集·三国图组》广魏郡亦绘有清水县，并误。

② 据《蜀志》卷14《姜维传》裴注引《魏略》："天水太守马遵，将(姜)维及诸官属，随雍州刺史郭淮，偶自西至洛门案行。会闻(诸葛)亮已到祁山，(郭)淮顾(马)遵曰：'是欲不善。'遂驱东还上邽。(马)遵念所治冀县，界在西偏，又恐吏民乐乱，遂亦随(郭)淮去。"则冀县其时为天水郡治。

3. 显亲(220—265)

按：《续汉志》作"显亲"属汉阳郡，《晋志》"显新，汉显亲县"属。今检《魏志》卷9《夏侯渊传》："韩遂在显亲，(夏侯)渊欲袭取之。"《魏志》卷18《阎温传》："贼见其迹，遣人追遮，于显亲界得(阎)温。"又《宋书》卷91《孝义传》："追赠(贾恩)天水郡显亲县左尉。"又《地形志》："显亲，后汉属汉阳，晋属(天水郡)。"又《水经注》卷17："瓦亭水又西南迳显亲县故城东南。"则《晋志》作"显新"误，中华书局标点本《晋书》失校。又据上所考，后汉之汉阳郡即魏之天水郡，显亲县所属似前后未变，故魏时显亲县当属天水郡。

4. 成纪(220—265)

按：《续汉志》属汉阳郡，《晋志》属。据上所考，后汉之汉阳郡即魏之天水郡，成纪县所属似前后未变，故魏时成纪县当属天水郡。

5. 西(220—265)

按：《续汉志》属汉阳郡，《宋志》："西县令，前汉属陇西，后汉属汉阳，即天水，魏、晋属天水。"则魏时西县确属天水郡。又《晋志》天水郡无西县，而有始昌县，据《水经注》卷20引《晋书地道记》："天水始昌县，故城西也。"故始昌县即为西县。

6. 新阳(？—265)

按：《续汉志》、《晋志》并无此县。《宋志》天水太守条："新令，《晋太康地志》有，《何志》'魏立'。"中华书局标点本校勘记引《晋志》、《南齐志》、成孺《宋书州郡志校勘记》以为"新"当作"新阳"，是。今检《宋志》："新康男相，吴曰'新阳'，晋武帝太康元年更名。"吴本亦有新阳县，及晋灭吴，一国不当有两新阳，太康元年乃改吴之"新阳"为"新康"。又据《宋志》引《何志》，新阳县当是魏时所置且属天水郡，然确年乏考。

7. 阿阳(220—265)

按：《续汉志》属汉阳郡，《晋志》无此县。《宋志》："阿阳令，汉旧名，《晋太康地志》无。"则太康时确无阿阳县。今检《地形志》："阿阳，前汉属天水，后汉属汉阳，晋罢。"则阿阳县至晋省，其在魏时归属情况乏考，而据上考，后汉之汉阳郡即为魏之天水郡，阿阳县后汉时既属汉阳郡，今暂将其列入天水郡。洪氏《补志》以为阿阳县魏时已省，谢氏《补注》增补洪氏之漏，是。吴氏《表》卷4不列阿阳县，《中国历史地图集·三国图组》亦漏绘阿阳县，并不从。

8. 陇(220—265)

按：《续汉志》属汉阳郡，《晋志》无此县。检《地形志》："陇城，前汉属天水，后汉属汉阳，晋罢。"则陇县至晋方省，其在魏时归属情况乏考，而据上考，后汉之汉阳郡即为魏之天水郡,陇县后汉时既属汉阳郡,今暂将其列入天水郡。洪氏《补志》以为陇县魏时已省,谢氏《补注》增补洪氏之漏,是。吴氏《表》卷4不列陇县,《中国历史地图集·三国图组》亦漏绘陇县,并不从。

9. 勇士(220—265)

按:《续汉志》属汉阳郡,《晋志》无此县。检《水经注》卷2经文"(河水)又东北过天水勇士县北。"又《寰宇记》卷37关西道会州会宁县引《水经》与上同。《水经注》所录《水经》为三国人所撰,则三国时勇士县确属天水郡,似至晋初方省。吴氏《表》卷4不列勇士县,《中国历史地图集·三国图组》亦漏绘勇士县,并不从。

(九) 南安郡(220—265)——治豲道(今甘肃陇西县东南)

按:《续汉志》无此郡,《续汉志》汉阳郡注引《秦州记》:"中平五年,分置南安郡。"又《元和志》卷39陇右道渭州陇西县条:"本汉豲道县也,属天水郡,后汉末于此置南安郡。"又《寰宇记》卷151陇右道渭州陇西县条:"陇西县,本汉豲道县,后汉末于此置南安郡。"则其时南安郡唯领豲道一县,后又领中陶县,见中陶县考证。吴氏《表》卷4据《通鉴》胡注以为魏时南安郡领新兴县,《中国历史地图集·三国图组》南安郡亦绘有新兴县,今遍检典籍,魏时未见有南安新兴县之记载,故不从。

1. 豲道(220—265)

按:《续汉志》属汉阳郡,《晋志》属。据上考可知,豲道县于汉末中平五年(188)置南安郡时移属,至晋不改。

2. 中陶(?—265)

按:《续汉志》无此县,《晋志》属。据《宋志》:"中陶令,《何志》魏立。"则中陶县魏时已置,《舆地广记》卷16陕西秦凤路巩州陇西县条:"隋旧有陇西县,本豲道县,汉属天水郡,在襄武之东,灵帝置南安郡。晋因之,又置中陶县。"此处"又置中陶县"当为"魏置中陶县。"中陶县魏时归属情况乏考,今暂将之列入南安郡。

(十) 陇西郡(220—265)——治襄武①(今甘肃陇西县东)

按:《续汉志》领县十一。所领大夏县,《晋志》无此县,杨氏《补正》据《地形志》"大夏二汉属陇西,晋属晋兴"以为魏时仍有大夏县,今检《宋志》"大夏令,汉旧名,《晋太康地志》无",则晋初确无大夏县,此后当复置,而魏时情况不

---

① 检《后汉书》卷5《安帝纪》:"(永初五年)三月,诏陇西徙襄武。"《舆地广记》卷16陕西秦凤路巩州陇西县条:"本襄武县地,二汉属陇西郡,晋为郡治。"则自后汉安帝永初时陇西郡徙治襄武,至晋不改。

可考，今不从杨氏之说，暂阙不录。所领鄣县，洪氏《补志》据《寰宇记》载永嘉后鄣县废，逆推永嘉前鄣县未废，今检《三国志》、《晋志》、《宋志》、《地形志》均无陇西之鄣县，故不从洪氏之说。吴氏《表》卷4陇西郡亦列鄣县，不知所据，《中国历史地图集·三国图组》陇西郡亦绘有鄣县，并不从。所领白石、安故两县，今遍检典籍，魏时情况乏考，暂阙不录。其时领县七。

1. 襄武（220—265）
2. 首阳（220—265）

按：据《水经注》卷17经文"渭水出陇西首阳县渭谷亭南鸟鼠山"，《水经注》卷40经文"鸟鼠同穴山在陇西首阳县西南"，《舆地广记》卷15陕西秦凤路熙州狄道县条"汉首阳县地属陇西郡，东汉及晋皆因之"。《水经注》经文为三国人所撰，则魏时首阳县确属陇西郡。

3. 临洮（220—265）

按：据《地形志》"临洮郡，二汉、晋（为）县，属陇西"，则临洮县魏时确属陇西郡。

4. 狄道（？—265）

按：检《淮南子·氾论训》："丁壮丈夫，西至临洮、狄道。"高诱注："临洮，陇西之县，洮水出北。狄道，汉阳之县。"高诱注《淮南子》在建安十年至黄初三年之间，而汉阳郡改为天水郡在魏文帝黄初元年，则狄道于建安末曾移属汉阳郡，旋又复属陇西郡，而确年乏考。

5. 河关（222后—265）

按：《续汉志》属，《晋志》陇西郡无此县。检《晋志》："惠帝分陇西之狄道、临洮、河关，又立洮阳、遂平、武街、始兴、第五、真仇六县，合九县置狄道郡。"又《宋志》："河关令，前汉属金城，后汉、《晋太康地志》属陇西。"则晋初确有河关县。洪氏《补志》陇西郡有河关县，吴氏《考证》卷4据《魏志·郭淮传》以为河关其时当曹魏蜀汉之界已为弃地，以驳洪氏，《中国历史地图集·三国图组》亦不绘河关县，而杨氏《补正》据《水经注》经文有"陇西河关县"，以为魏时确有河关县，杨氏所正是也。正元、甘露间曹魏、蜀汉于陇右互有胜负，争夺激烈，然而其后蜀汉很快被灭，陇西所领诸县不当为弃地，故不从吴氏之说。又《淮南子·地形训》"河出积石"高诱注："积石山在金城郡河关县西南。"高诱注《淮南子》在建安十年至黄初三年之间，则汉建安末魏黄初初河关县一度移属金城郡，后又复属陇西郡，其确年乏考。

6. 枹罕（220—265）

按：《续汉志》属，《晋志》无此县。检《魏志》卷26《郭淮传》："太和二年……破陇西名羌唐蹏于枹罕。"又《魏志》卷22《陈泰传》："嘉平初……(姜)维等将数万人至枹罕,趣狄道。"则魏时确有枹罕县,而归属乏考,今暂将之列入陇西郡。吴氏《考证》卷4以为枹罕地处曹魏蜀汉之间,其时已废,详本郡河关县考证。

7. 氐道(220—265)

按:《续汉志》属,《晋志》无此县。检《水经注》卷20经文:"漾水出陇西氐道县嶓冢山。"《水经注》卷40经文:"嶓冢山在陇西氐道县之南。"《水经注》经文作者为三国时人,则魏时陇西郡确有氐道县。据《山海经》卷2"又西三百二十里曰嶓冢山"条郭璞注"今在武都氐道县南",郭璞两晋之交时人,则晋时确有氐道县且移属武都郡。《晋志》武都郡漏列氐道县,吴氏《表》卷4陇西郡不列氐道县,《中国历史地图集·三国图组》亦漏绘氐道县,并不从。

(十一) 武都郡(264—265)——治下辨(今甘肃成县西北)

按:据本州考证,魏明帝太和三年(229)地入蜀。检《元和志》卷22山南道凤州条:"汉高帝分陇西郡置广汉郡,武帝分广汉、陇西郡置武都郡,领县九。其属有故道、河池二县,今州即二县之地也。三国时属魏,明帝太和三年,其地没蜀,魏平蜀后复为雍州之地。"据《魏志》卷25《杨阜传》:"太祖以武都孤远欲移之……徙郡小槐里。"则自魏武时,武都郡即为遥领之地,《元和志》所谓河池县"三国时属魏"非为确论,至蜀汉建兴七年(即魏明帝太和三年)武都郡境土入蜀汉,武都郡方有实县。蜀汉降魏后,疑于景元五年武都郡来属。武都郡于蜀汉时郡治为下辨,领县六,详见下一章蜀汉益州武都郡诸县考证。

1. 下辨(264—265)
2. 河池(264—265)
3. 故道(264—265)
4. 沮(264—265)
5. 武都(264—265)
6. 羌道(264—265)

第十节 凉州沿革

凉州(220—265),治姑臧[①](今甘肃武威市南)。据《魏志》卷15《张既传》:

[①] 吴氏《表》卷5据《舆地广记》以为凉州治武威,今遍检《舆地广记》未见吴氏所据之文,而《舆地广记》卷17陕西路凉州姑臧县条:"二汉、魏、晋皆为武威郡治,兼为凉州刺史治焉。"则魏时凉州治姑臧。

"是时不置凉州,自三辅距西域皆属雍州。文帝即王位,初置凉州。"又《晋志》:"献帝时又置雍州,自三辅距西域皆属焉。魏文帝即位,分河西为凉州。"则黄初元年(220)复置凉州。《续汉志》凉州领郡国十二,魏时陇西、汉阳、安定、武都、北地郡移属雍州,张掖属国、张掖居延属国似废。汉献帝兴平二年(195)置西郡,建安时置西平郡、西海郡,领郡八(景元三年[262]之凉州政区见图8)。

(一)武威郡(220—265)——治姑臧①(今甘肃武威市南)

按:《续汉志》领县十四,其中休屠、张掖、鸾鸟、朴劓、左骑五县乏考,暂阙不录,领县九。

1. 姑臧(220—265)

2. 宣威(220—265)

3. 仓松(220—265)

按:《续汉志》、《晋志》均作"仓松"而属焉,洪氏《补志》、《中国历史地图集·三国图组》皆作"苍松",今不从。

4. 显美(220—265)

5. 揟次(220—265)

按:《续汉志》作"揟次"属,《晋志》作"揖次"属。今检《汉志》、《说文解字》卷12上、《地形志》皆作"揟次"。又《水经注》卷40:"河水又与长泉水合,水出姑臧东揟次县。"故"揖次"当为"揟次"之讹。《魏志》卷15《张既传》:"(黄初时张)既扬声军由鹯阴,乃潜由且次出至武威,胡以为神,引还显美。"所谓"且次"亦当为"揟次"之讹。《舆地广记》卷17陕西路凉州昌松县条:"汉揟次县,属武威郡。东汉以后因之,元魏属昌松郡。"则魏时揟次县确属武威郡,至晋不改。

6. 武威(220—265)

按:《续汉志》属,《晋志》无此县。今检《魏志》卷15《张既传》:"(黄初时张)既扬声军由鹯阴,乃潜由且次出至武威,胡以为神,引还显美,(张)既已据武威。"又《魏志》卷26《郭淮传》:"(正始九年)治无戴围武威……(郭)淮进军趣西海。"此两处"武威"当为"武威县",故魏时武威县仍未废。又《水经注》卷40经文:"都野泽在武威县东北。"《水经注》经文为三国人撰,则魏时确有武威县,至晋方省,吴氏《表》卷5武威郡不列武威县,误,然其时武威县归属情况乏考,今暂将之列入武威郡。

7. 鹯阴(220—265)

按:《续汉志》属,《晋志》无此县。今检《魏志》卷15《张既传》:"(黄初时

---

① 《舆地广记》卷17陕西路凉州姑臧县条:"二汉、魏、晋皆为武威郡治。"则魏时武威郡治姑臧。

412　中国行政区划通史·三国两晋南朝卷

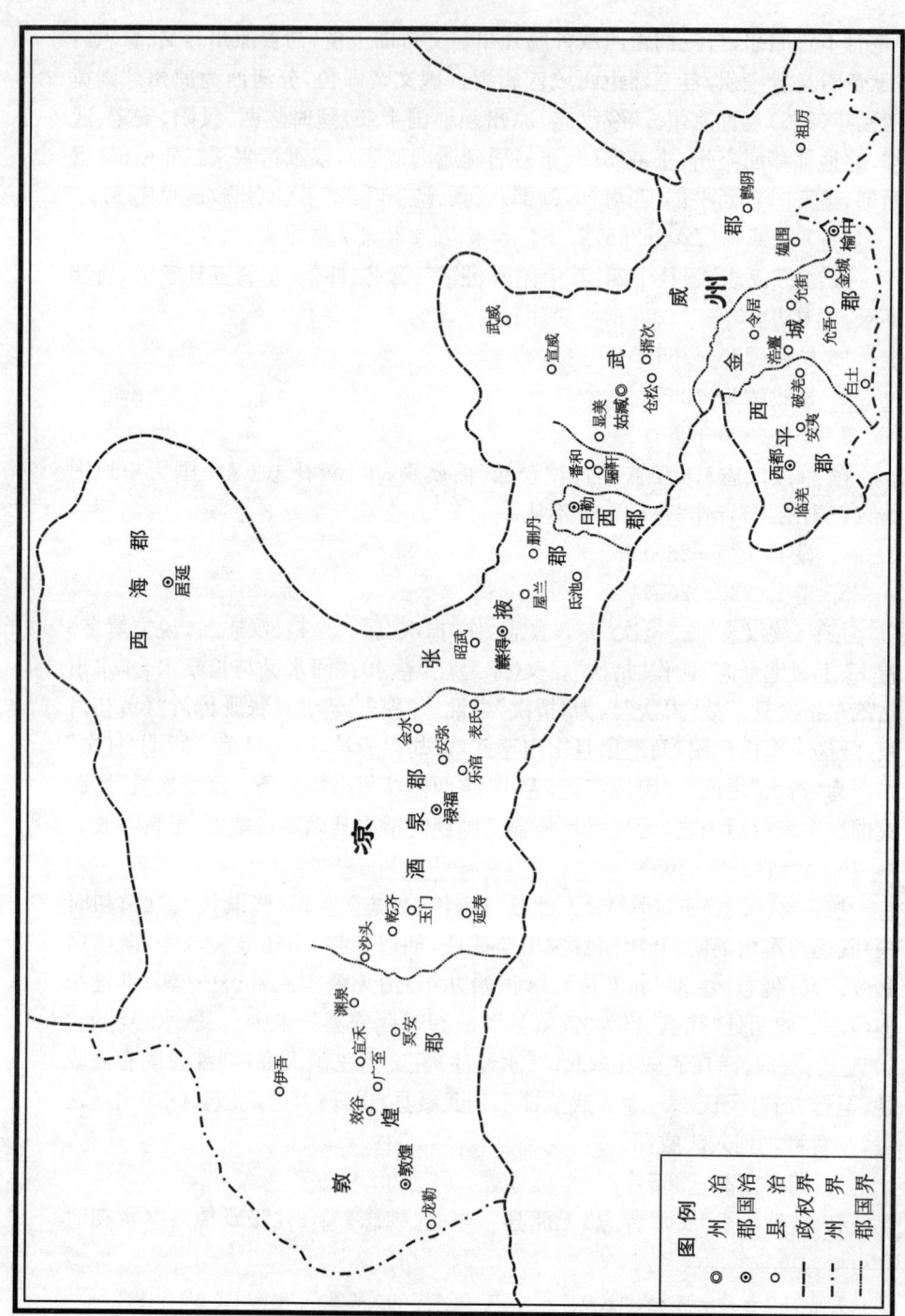

图 8　景元三年(262)三国曹魏凉州政区

张)既扬声军由鹯阴,乃潜由且次出至武威,胡以为神。"则黄初时仍有鹯阴县。又《地形志》:"鹯阴,(平凉)郡治。前汉属安定,后汉属武威,晋罢,后复。"《汉志》"鹯阴"县确属安定郡。《寰宇记》卷152陇右道凉州姑臧县条:"鹯阴城在(姑臧)县东……是汉鹯阴县。"据此"鹯阴"即为"鹯阴",鹯阴县至晋方省。吴氏《表》卷5武威郡不列鹯阴县,误,然鹯阴县魏时归属情况乏考,今暂将之列入武威郡。

8. 祖厉(220—265)

按:《汉志》作"祖厉"属安定,《续汉志》作"租厉"属,《晋志》无此县。今检《魏志》卷8《张绣传》:"张绣,武威祖厉人……边章、韩遂为乱,凉州金城麹胜袭杀祖厉长刘隽。"则建安时仍有祖厉县。又《地形志》:"祖居,前汉属(安定),罢,后复,属武威,晋罢,后复。"殿本《考证》以为"祖居"即为"祖厉",是。又《舆地广记》卷16陕西秦凤路会州乌兰县条:"本汉祖厉县地,属安定郡。东汉属武威郡,晋省之。"则魏时确有祖厉县,至晋方省。吴氏《表》卷5武威郡不列祖厉县,误,然祖厉县魏时归属情况乏考,今暂将之列入武威郡。

9. 媪围(220—265)

按:《续汉志》属,《晋志》无此县。检《水经注》卷2经文:"(河水)又东北过武威媪围县南。"《水经注》经文为三国人所撰,则魏时确有媪围县且属武威郡。吴氏《表》卷5漏列媪围县,《中国历史地图集·三国图组》武威郡亦漏绘媪围县。

(二)金城郡(220—265)——治榆中(今甘肃兰州市东)

按:《续汉志》领县十,其中破羌、临羌、安夷三县移属西平郡,枝阳县魏时存废情况乏考,洪氏《补志》、谢氏《补注》、吴氏《表》、杨氏《补正》皆不列此县,《中国历史地图集·三国图组》金城郡绘有枝阳县,不知所据,今不从。白土县来属,领县七。

1. 榆中(220—265)
2. 允街(220—265)
3. 金城(220—265)

按:今检《舆地广记》卷16陕西秦凤路兰州五泉县条:"本金城县,汉属金城郡……东汉及晋因之。"则魏时金城县确属金城郡。

4. 浩亹(220—265)
5. 白土(220—265)

按:《续汉志》属上郡,《晋志》属。今检《魏志》卷26《郭淮传》:"(正始)九年……(郭淮)据白土城,击(遮塞),大破之。"则魏时白土县未废。又《地形志》:"白土,二汉属上郡,晋属金城。"据《晋志》:"魏武定霸……所省者七,上郡、朔方、五原、云中、定襄、渔阳、庐江。"上郡建安时已省,而晋初白土县又属金城,则魏时白土县似属金城郡。

6. 令居(220—265)

按:《续汉志》属,《晋志》无此县。今检《魏志》卷26《郭淮传》:"令居恶虏在石头山之西,当大道止,断绝王使。(正始九年郭)淮还过,讨大破之。"则魏时仍有令居县。《汉书》卷61《张骞传》"汉始筑令居以西"颜师古注引臣瓒曰:"令居,县名也,属金城。"颜师古《汉书叙例》云:"有臣瓒者,莫知氏族,考其时代,亦在晋初。"则晋初仍有令居县且属金城郡,《晋志》漏列令居县,故魏时令居县当属金城郡,吴氏《表》卷5亦漏列令居县。

7. 允吾(220—265)

按:《续汉志》属,《晋志》无此县。今检《水经注》卷2经文:"(河水)又东过金城允吾县北。"《水经注》经文为三国人撰,则魏时确有允吾县,且属金城郡。

(三)西平郡(220—265)——治西都(今青海西宁市)

按:《汉志》、《续汉志》无此郡。吴氏《考证》卷5据《魏志》裴注引《魏略》、《元和志》、《寰宇记》考订西平郡建安中置,成书具在,考证详审,是。领县四。

1. 西都(227前—265)

按:《续汉志》无此县,《晋志》属。今检《元和志》卷39陇右道鄯州湟水县条:"湟水县,本汉破羌县地,属金城郡。魏分置西都县,属西平郡。"则魏时分破羌县置西都县且属西平郡。又《魏志》卷3《明帝纪》:"(太和元年)西平麹英反,杀临羌令、西都长。"则至迟于太和元年(227)前已置西都县。

2. 破羌(220—265)

按:《续汉志》属金城郡,《晋志》无此县。今检《舆地广记》卷16陕西秦凤路西宁州湟水县条:"二汉破羌县地,属金城郡。建安中改为西平郡,晋因之。"则破羌县建安中移属西平郡,《晋志》漏列破羌县,误。

3. 临羌(220—265)

按:《续汉志》属金城郡,《晋志》属。今检《魏志》卷3《明帝纪》:"(太和元年)西平麹英反,杀临羌令、西都长。"则魏时当属西平郡,至晋不改。

4. 安夷(220—265)

按:《续汉志》属金城郡,《晋志》属。今检《水经注》卷2:"湟水又东迳临羌县故城北……湟水又东迳安夷县故城……(湟水)东迳破羌县故城南。"据此则安夷县当在临羌、破羌二县之间,汪士铎《水经注图·东汉大河漯沁入海图》绘制明了,可参看。据破羌、临羌二县考证,其时二县均属西平郡,安夷县地处二县之中,无由他属,故魏时安夷县当属西平郡。

(四)张掖郡(220—265)——治觻得①(今甘肃张掖市西北)

按:《续汉志》张掖郡领县八,日勒县移属西郡,领县七。

1. 觻得(220—265)

按:《续汉志》属。检《元和志》卷40陇右道甘州张掖县条:"本汉觻得县,属张掖郡……晋改名永平县。"《晋志》张掖郡有永平县,则魏时觻得县当属张掖郡。又据《舆地广记》卷17陕西路甘州张掖县条:"汉立张掖郡,治觻得县,东汉因之。晋曰永平县。"则晋初觻得县改名永平县。

2. 屋兰(220—265)

3. 昭武(220—265)

按:《续汉志》属。检《舆地广记》卷17陕西路甘州张掖县条:"汉昭武县,属张掖郡。晋改曰临泽。"《晋志》张掖郡有临泽县,则魏时昭武县当属张掖郡。

4. 删丹(220—265)

按:《续汉志》属,《晋志》属西郡。检《魏志》卷3《明帝纪》裴注引《魏氏春秋》:"(青龙三年)是岁,张掖郡删丹县金山玄川溢涌。"又《宋书》卷27《符瑞志上》:"及魏之初兴也,张掖删丹县金山柳谷有石生焉。"又《史记》卷2《夏本纪》"弱水既西"条司马贞《索隐》引《水经》:"弱水出张掖删丹县西北。"则魏时删丹县确属张掖郡,至晋方移属西郡。《舆地广记》卷17陕西路甘州删丹县条"汉属张掖郡,东汉因之,后分属西郡,晋因之",当为"汉属张掖郡,东汉因之,晋移属西郡"。洪氏《补志》以为删丹魏时属西郡,误。

5. 氐池(220—265)

按:《续汉志》属,《晋志》无此县。检《魏志》卷3《明帝纪》裴注引《汉晋春秋》:"氐池县大柳谷口夜激波涌溢……有苍石立水中。"《宋书》卷28《符瑞志中》:"泰始三年四月戊午有司奏:张掖太守焦胜言:'氐池县大柳谷口青龙见'。"则晋初泰始时仍有氐池县,且属张掖郡,故魏时当有氐池县且属张掖郡,似于晋泰始三年(267)后见废。

6. 番和(220—265)

按:《续汉志》属,《晋志》属武威郡。检《魏志》卷28《毌丘俭传》"黄初中,(毌丘兴)为武威太守,伐叛柔服,开通河右……封高阳乡侯",裴注引《魏名臣

---

① 据《舆地广记》卷17陕西路甘州张掖县条:"汉立张掖郡,治觻得县,东汉因之。晋改曰永平县。"则魏时张掖郡似仍治觻得县。

奏》:"领太守毌丘兴到官,内抚吏民、外怀羌胡……张掖番和、骊靬二县吏民及郡杂胡弃恶诣(毌丘)兴,(毌丘)兴皆安恤。"则番和县魏时确属张掖郡。

7. 骊靬(220—265)

按:《续汉志》属,《晋志》属武威郡。检《魏志》卷28《毌丘俭传》"黄初中,(毌丘兴)为武威太守,伐叛柔服,开通河右……封高阳乡侯"裴注引《魏名臣奏》:"领太守毌丘兴到官,内抚吏民、外怀羌胡……张掖番和、骊靬二县吏民及郡杂胡弃恶诣(毌丘)兴,(毌丘)兴皆安恤。"则骊靬县魏时确属张掖郡。

(五)西郡(220—265)——治日勒(今甘肃永昌县西北)

按:《续汉志》无此郡。《续汉志》张掖郡注曰:"献帝分置西郡。"《寰宇记》卷152陇右道甘州删丹县条:"本汉旧县也,属张掖郡。后汉兴平二年分置西郡,以删丹县属焉。"则西郡似于献帝兴平二年(195)初置,且删丹县属焉。又《舆地广记》卷17陕西路甘州删丹县条:"汉日勒县,属张掖郡。东汉因之,后分立西郡,魏、晋、元魏因之。"则西郡初置时亦当有日勒县。今据张掖郡删丹县考证,删丹县魏时属张掖郡,谢氏《补注》因删丹县魏时属张掖郡即以为魏时西郡已废,推理无力、文献无征,《中国历史地图集·三国图组》亦不列西郡,今并不从。

日勒(220—265)

按:《续汉志》属张掖郡,《晋志》属。检《舆地广记》卷17陕西路甘州删丹县条:"汉日勒县,属张掖郡。东汉因之,后分立西郡,魏、晋、元魏因之。"则日勒县魏时当属西郡。《中国历史地图集·三国图组》不列西郡,而以日勒县属张掖郡,今不从。

(六)酒泉郡(220—265)——治禄福(今甘肃酒泉市)

按:《续汉志》领县九,魏时领县似未变。

1. 禄福(220—265)

按:《续汉志》、《晋志》并作"福禄"属。中华书局标点本《后汉书》校勘记以为当作"禄福",晋改"福禄",是。《魏志》卷18《庞淯传》有"禄福长尹嘉",又注引皇甫谧《列女传》:"酒泉烈女庞娥亲者,表氏庞子夏之妻,禄福赵君安之女也。"则魏时酒泉郡有禄福县。

2. 表氏(220—265)

按:检《魏志》卷18《庞淯传》:"庞淯字子异,酒泉表氏人也。"则魏时酒泉郡有表氏县。

3. 乐涫(220—265)

按:检《舆地广记》卷17陕西路肃州福禄县条:"本汉乐涫县,属酒泉郡。

东汉、晋因之。"则魏时酒泉郡有乐涫县。

4. 玉门(220—265)

按:检《舆地广记》卷17陕西路肃州玉门县条:"汉属酒泉郡……东汉、魏、晋因之。"则魏时酒泉郡有玉门县。

5. 会水(220—265)

6. 安弥(220—265)

7. 延寿(220—265)

8. 沙头(220—265)

9. 乾齐(220—265)

按:《续汉志》属,《晋志》属敦煌郡。检《魏志》卷18《阎温传》:"(张)恭即遣从弟(张)华攻酒泉沙头、乾齐二县。"其为建安末时事,洪氏《补志》从《晋志》将乾齐列入敦煌郡,谢氏《补注》从《魏志》将之列入酒泉郡,吴氏《表》卷5同之,今从谢氏、吴氏。

(七)敦煌郡(220—265)——治敦煌(今甘肃敦煌市)

按:《续汉志》领县六,后又从广至县分置宜禾县,又立伊吾县,领县八①。

1. 敦煌(220—265)

2. 效谷(220—265)

3. 广至(220—265)

4. 龙勒(220—265)

5. 冥安(220—265)

按:《续汉志》作"冥安"属,《晋志》作"宜安"属,《汉志》、《元和志》、《寰宇记》皆作"冥安"。《元和志》卷40陇右道瓜州晋昌县条:"本汉冥安县,属敦煌郡,因县界冥水为名也,晋元康中改属晋昌郡。"则确作"冥安",《晋志》误。

6. 渊泉(220—265)

按:《续汉志》作"拼泉"属,《晋志》作"深泉"属,今检《汉志》作"渊泉"。《隋书》卷52《韩擒传》殿本考证云:"韩擒本名韩擒虎,唐讳虎,遂去之……考八代史书,讳字甚多……渊讳为深。"《晋书》为唐初官修,则《晋志》所谓"深泉"实避"李渊"之讳,当为"渊泉"。又《史记》卷123《大宛列传》"敦煌置酒泉都尉"条裴骃注引徐广曰:"敦煌有渊泉县。"据裴骃《史记集解序》:"故中散大夫

---

① 吴氏《表》卷5据《元和志》魏时置阳关县,以为魏时敦煌郡有阳关县,今遍检《元和志》未见吴氏所据之文,唯有《元和志》卷40陇右道沙州寿昌县条:"阳关在(寿昌)县西六里……后魏尝于此置阳关县,周废。"或吴氏误认"后魏"为"魏"。

东莞徐广研核众本,为作《音义》。"检《宋书》卷55《徐广传》:"徐广,字野民。"《隋书·经籍志》:"《史记音义》十二卷,宋中散大夫徐野民撰。"则南朝时人仍知敦煌郡有渊泉县,《续汉志》、《晋志》似并误。

7. 宜禾(?—265)

按:《续汉志》无此县,《晋志》属。检《元和志》卷40陇右道瓜州常乐县条:"本汉广至县地,属敦煌郡。魏分广至置宜禾县。"则宜禾县乃是魏时分广至县置,而确年乏考,其时当属敦煌郡。

8. 伊吾(?—265)

按:《续汉志》无此县,《晋志》属。检《元和志》卷40陇右道伊州条:"至魏立伊吾县,晋立伊吾都尉,并寄理敦煌北界。"则魏时立伊吾县且属敦煌郡,而确年乏考。吴氏《表》卷5敦煌郡漏列伊吾县,《中国历史地图集·三国图组》亦漏绘伊吾县。

(八)西海郡(220—265)——治居延(今内蒙古额济纳旗东南)

按:《续汉志》无此郡。《续汉志》张掖居延属国居延县刘昭注:"献帝建安末,立为西海郡。"而据《续汉书·百官志》注引《献帝起居注》:"建安十八年三月庚寅,省州并郡……省司隶校尉,以司隶部分属豫州、冀州、雍州。省凉州刺史,以并雍州部,郡得弘农、京兆、左冯翊、右扶风、上郡、安定、陇西、汉阳、北地、武都、武威、金城、西平、西郡、张掖、张掖属国、酒泉、敦煌、西海、汉兴、永阳、东安南,凡二十二郡。"则所谓"建安末"当在"建安十八年"前。又《晋志》西海郡下小注:"故属张掖,汉献帝兴平二年,武威太守张雅请置。"吴氏《考证》卷5以为兴平二年请,而于建安末时设置,是。

居延(220—265)

按:《续汉志》属张掖居延属国,《晋志》属。

第十一节 并州沿革

并州(220—265),治晋阳①(今山西太原市西南)。《晋志》云:"灵帝末,羌胡大扰,定襄、云中、五原、朔方、上郡等五郡并流徙分散。建安十八年,省入冀州。二十年,始集塞下荒地立新兴郡,后又分上党立乐平郡。魏黄初元年,复置并州。自陉岭以北并弃之,至晋因而不改。"《元和志》卷13河东道太原府条:"魏文帝黄初元年,复置并州。"据此并州于黄初元年(220)复置,其所领诸

---

① 《地形志》:"并州,汉、晋治晋阳。"据下引《晋志》,晋因魏制不改,则魏时并州亦当治于晋阳。

郡当与晋初大致相同。《晋志》并州领郡国六：太原、上党、西河、乐平、雁门、新兴。魏时并州亦当领此六郡，其中西河郡乃黄初二年分太原郡四县置。青龙三年(235)复置朔方郡，领郡七，晋时见废，故《晋志》不载。《续汉志》并州所领另有上郡、五原、云中、定襄、朔方五郡，据《魏志》卷1《武帝纪》："建安二十年……省云中、定襄、五原、朔方郡，郡置一县领其民，合以为新兴郡。"又《晋志》："魏武定霸……所省者七，上郡、朔方、五原、云中、定襄、渔阳、庐江。"则朔方、五原、云中、定襄建安二十年(215)已省，上郡建安末亦省(景元三年[262]之并州政区见前文图4)。

（一）太原郡①(220—265)——治晋阳(今山西太原市西南)

按：《续汉志》太原郡领县十六，其中虑虒汉末见废，兹氏、界休二县黄初二年移属西河郡，汉末西河郡见废后中阳县来属，亦于黄初二年移属西河郡，领县十三。

1. 晋阳国(220—265)

按：检《魏志》卷17《张辽传》："文帝践阼，封(张辽)晋阳侯。"则晋阳黄初元年即为侯国。

2. 阳曲(220—249，250—263 阳曲国，264—265)

按：检《魏志》卷26《郭淮传》："(嘉平二年)进封(郭淮)阳曲侯……正元二年(郭淮)薨……子(郭)统嗣……(郭统)薨，子(郭)正嗣，咸熙中开建五等，以(郭)淮著勋前朝，改封(郭正)汾阳子。"则阳曲县嘉平二年(250)为侯国，咸熙元年(264)开建五等，复为县。又阳曲县建安中割出部分新置九原县，详本州新兴郡九原县考证。

3. 榆次(220—265)
4. 于离(220—265)
5. 孟(220—265)
6. 狼孟(220—265)
7. 阳邑(220—265)
8. 大陵(220—265)
9. 祁(220—265)
10. 平陶(220—265)

---

① 检《元和志》卷13河东道太原府条："魏文帝黄初元年，复置并州，改太原郡为太原国。"而《魏志》卷30《鲜卑传》："文帝践阼……步度根遣使献马，帝拜为王，后数与柯比能更相攻击，步度根部众稍寡弱，将其众万余落，保太原、雁门郡。"则黄初时当为太原郡，而《晋志》作太原国，则《元和志》志文似乎当为"晋武帝改太原郡为太原国"。

11. 京陵(220—250,251—265 京陵国)

按：检《魏志》卷 27《王昶传》："(嘉平)三年,进封(王昶)京陵侯。"则京陵嘉平三年后即为侯国。

12. 中都(220—221,222 中都国,223—237,238—263 中都国,264—265)

按：检《魏志》卷 20《曹昂传》："(黄初三年)以樊安公(曹)均子(曹)琬奉(曹)昂后,封中都公,其年徙封长子公。"则黄初三年中都曾暂为公国,后复为县。又《魏志》卷 14《刘放传》："景初二年……封本县,(刘)放方城侯,(孙)资中都侯……(嘉平)三年薨,谥曰贞侯,子(孙)宏嗣……(咸熙中,改封孙)宏离石子。"则景初二年(238)后中都又为侯国,至咸熙元年开建五等,复为县。

13. 邬(220—265)

14. 界休(220)

按：《续汉志》属,《晋志》属西河国。黄初二年移属西河郡。

15. 兹氏(220)

按：《续汉志》属,《晋志》无此县。黄初二年移属西河郡。

16. 中阳(220)

按：《续汉志》属西河郡,《晋志》属西河国。汉末西河郡见废,似入太原郡,黄初二年西河郡复置时移属焉。

(二) 西河郡(221—265)——治兹氏(今山西汾阳市)

按：据《元和志》卷 13 河东道汾州条："献帝末荒废,魏黄初二年,乃于汉兹氏县置西河郡。"又《水经注》卷 6："魏黄初二年,分太原,复置西河郡。"则西河郡复置于黄初二年[1]。又据上引《元和志》,西河郡似治兹氏。其时领县四。

1. 兹氏(221—265)

按：《续汉志》属太原郡,《晋志》无此县。兹氏县黄初二年后移属西河郡。又《元和志》卷 13 河东道汾州西河县条："本汉兹氏县也,曹魏于此置西河郡,晋改为国,仍改兹氏县为隰城县。"《晋志》西河郡有隰城县,则《晋志》之隰城即为魏时之兹氏。

2. 界休(221—265)

按：《续汉志》属太原郡,《晋志》作"介休"属。今检宋本《春秋经传集解·桓公二年》"初晋穆侯之夫人姜氏以条之役生大子,命曰'仇',其弟以千亩之战生,命之曰'成师'"条杜预注曰："桓叔也,西河界休县南有地,名千亩。"则

---

[1] 《寰宇记》卷 41 河东道汾州条："魏黄初二年于汉兹氏县置西河郡。"

"介休"当作"界休"。又据《水经注》卷6:"魏黄初二年,分太原,复置西河郡。晋徙封陈王(司马)斌于西河,故县有西河缪王司马子政庙。碑文云:'西河旧处山林,汉末扰攘,百姓失所。魏兴,更开疆宇,分割太原四县,以为邦邑,其郡带山侧塞矣。王以咸宁三年,改命爵土,明年十二月丧国。臣太农阎崇、离石令宗群等二百三十四人,刊石立碑,以述勋德。'碑北庙基尚存也。"则西河郡初置时当从太原郡割来四县。今界休县原属太原郡,晋初属西河郡,当于黄初二年复置西河郡时移属焉。

3. 中阳(221—265)

按:《续汉志》属后汉之西河郡,《晋志》属。检《元和志》卷13河东道汾州孝义县条:"本汉兹氏县地,曹魏移西河郡中阳县于今理。"则魏时中阳确属西河郡。西河郡初置时当从太原郡割来四县,据上考有兹氏、界休两县,则中阳县似为第三县,即于汉末西河郡废后,移属太原郡,后于黄初二年西河郡复置时移属焉。

4. 离石(221—265)

按:《续汉志》属后汉之西河郡,《晋志》属。西河郡初置时当从太原郡割来四县,据上考有兹氏、界休、中阳三县,而《晋志》西河郡有离石县,则离石县似为第四县。又《元和志》卷14河东道石州条:"《禹贡》冀州之域……在秦为西河郡之离石县。灵帝末,黄巾大乱,百姓南奔,其郡遂废。魏黄初三年复置离石县。"所谓"黄初三年复置离石县"似为"黄初二年复置离石县"之讹。黄初二年复置离石县当属太原郡,随后移属西河郡。据《魏志》卷14《刘放传》:"景初二年……封本县,(刘)放方城侯,(孙)资中都侯……(嘉平)三年薨,谥曰贞侯,子(孙)宏嗣……(咸熙中,改封孙)宏离石子。"则咸熙中后离石为子相。

(三) 上党郡(220—265)——治壶关①(今山西潞城市西)

按:《续汉志》领县十三,其中沾县魏时移属乐平郡,领县十二。

1. 壶关(220—265)

2. 潞(220—265)

3. 屯留(220—222,223—265 屯留国)

按:检《魏志》卷20《曹均传》:"(黄初)四年,徙封(曹均)屯留公。"则屯留黄初四年后即为公国。

---

① 据《地形志》:"上党郡,秦置治壶关,前汉治长子城,董卓作乱,治壶关城。"又《元和志》卷15河东道潞州条:"禹贡冀州之域……秦为上党郡地。后汉末,董卓作乱,移理壶关城。"则魏时上党郡当治壶关县。

4. 长子(220—221,222—253 长子国,254—265)

按：检《魏志》卷20《曹昂传》："(黄初三年)以樊安公(曹)均子(曹)琬奉(曹)昂后,封中都公,其年徙封长子公……嘉平六年以(曹)琬袭(曹)昂爵为丰王。"则长子自黄初三年为侯国,至嘉平六年(254)复为县。

5. 泫氏(220—265)

6. 高都(220—253,254—265 高都国)

按：检《晋书》卷2《景帝纪》："(正元元年)进封(司马师)高都侯……(甘露元年)进封(司马师)高都公。"则自正元元年(254)高都为侯国,至甘露元年(256)为公国。

7. 襄垣(220—265)

8. 铜鞮(220—265)

9. 涅(220—265)

10. 猗氏(220—265)

按：《续汉志》作"猗氏"属,《晋志》无此县。检《续汉志》河东郡有猗氏县,又《汉志》有上党"猗氏"县,宋本《说文解字·第十四下》："隨,上党猗氏阪也。"则《续汉志》上党"猗氏"当为"猗氏"之讹。吴氏《表》卷5亦误作"猗氏"。据《水经注》卷9经文："(沁水)南过谷远县东,又南过猗氏县东。"《水经注》经文为三国时人所撰,则魏时"猗氏"未废。据《元和志》卷12 河东道晋州冀氏县条："本汉猗氏县地也,属上党郡,至晋省。"则猗氏县至晋方省。其魏时归属情况乏考,今暂将之列入上党郡。

11. 谷远(220—265)

按：《续汉志》属,《晋志》无此县。检《水经注》卷9经文："(沁水)南过谷远县东,又南过猗氏县东。"《水经注》经文为三国时人所撰,则魏时谷远县未废明矣。《寰宇记》卷50河东道大通监绵上县条："本谷远之地,晋省谷远,以其地属介休。"则谷远县至晋方省,其于魏时归属情况乏考,今暂将之列入上党郡。

12. 阳阿(220—265)

按：《续汉志》属,《晋志》无此县。据《元和志》卷13 河东道仪州条："今州理即汉上党郡之涅氏县地也,后汉于此置阳阿县,属上党郡。晋改为轑阳,属乐平郡。"又《元和志》卷13 河东道仪州辽山县条："本汉涅氏县地,后汉于此置阳阿县,属上党郡。晋改为轑阳县,属乐平郡。"又《寰宇记》卷44 河东道辽州条："今州即汉上党郡之涅县地也,后汉于此置阳阿县属上党郡,晋改为轑阳属乐平郡。"《寰宇记》卷44 河东道辽州辽山县条："在汉为涅县之地,后汉于此置阳阿县,俱属上党郡,晋改为㿎阳县,属乐平郡。"①今检《汉志》有阳阿县,则西汉之阳阿县已省,东汉之阳阿非西汉之阳阿,乃分涅县后置,入晋后改为"㿎阳",移属乐平郡。《地形志》"阳阿,二汉属上党,晋罢",当改为"阳阿,前汉属上党,后汉省,后复亦属上党,晋改曰'㿎阳'属乐平"。洪氏《补志》、吴氏《表》卷5、吴氏《考证》卷5俱列"㿎阿"县,并误。谢氏《补注》、杨氏《补正》皆云别无所谓"㿎阿"县,是。《中国历史地图集·三国图组》既绘"㿎阿"县,又绘"阳阿"县且置于上党郡最南端,今不从。又检《水经注》卷9经文:"沁水出上党涅县谒戾山。"据汪士铎《水经注图·东汉大河漯沁入海图》,沁水源头在上党郡最北偏西端,则涅县亦当在上党郡最北部,而后汉新置之阳阿县亦当在这一范围,恰与《中国历史地图集·三国图组》所绘"㿎阿县"地望接近,故应将此"㿎阿"除去,于此加绘"阳阿"县,同时将上党郡最南端之阳阿县除去。

(四)乐平郡(220—265)——治沾②(今山西和顺县西北)

按:《续汉志》无此郡,《地形志》:"乐平郡,后汉献帝置。"又《晋志》:"(建安)二十年,始集塞下荒地立新兴郡,后又分上党立乐平郡。"则乐平郡当于建安二十年之后分上党置。吴氏《考证》卷5据《晋志》、《元和志》、《寰宇记》以为乐平郡魏末见废,又于晋初复置,杨氏《补正》以为其说不足为据,是。其时领县二③。

1. 沾(220—265)

按:《续汉志》属上党郡,《晋志》属。魏时沾县属乐平郡,且为郡治。又据《水经注》卷10:"《淮南子》曰:'清漳出谒戾山。'高诱云:'山在沾县。'"高诱注《淮南子》在建安十年至黄初三年之间(详豫州梁国考证),则建安十年后确有沾县,吴氏《表》卷5乐平郡不列沾县,误④。

2. 乐平(220—265)

按:《续汉志》无此县,《晋志》属。检《魏志》卷11《管宁传》:"并州牧高干表除(张臶)乐平令……太祖为丞相,辟(张臶),不诣。"据《魏志》卷1《武帝纪》高干败于建安十一年,则建安十一年前已置乐平县。又《水经注》卷10引《晋太康地记》:"乐平县旧名沾县,汉之故县也。"似其时改沾县为乐平县,而据本

---

① 金陵书局本《寰宇记》此两处"阳阿"作"阳河",据《续汉志》、《元和志》作"阳阿",则当作"阳阿",阿、河形近之讹。
② 《水经注》卷10:"后汉分沾县为乐平郡,治沾县。"则所分上党地为沾县,且为乐平郡治所。
③ 洪氏《补志》、吴氏《表》卷5皆将上艾县列入乐平郡,文献无征,《中国历史地图集·三国图组》乐平郡亦绘上艾县,今不从。
④ 《水经注》卷10经文:"清漳水出上党沾县西北少山大要谷。"其"上党沾县"当为"乐平沾县"之讹。

郡沾县考证,魏时确有沾县且为郡治,故乐平县当是从沾县析置而沾县未废,《晋太康地记》所谓"乐平县旧名沾县"当为"乐平县地,旧名沾县"。

(五) 雁门郡(220—265)——治广武(今山西代县西南)

按:《元和志》卷 14 河东道代州条:"秦置三十六郡,雁门是其一焉。汉因之。后汉末,匈奴侵边,其地荒废。"则后汉末其地已废。据《魏志》卷 26《牵招传》:"(牵招)出为雁门太守……郡所治广武。"又《寰宇记》卷 49 河东道代州条:"魏文帝移雁门郡南度句注,置广武城……晋如之。"则雁门郡魏时已复置,且移理广武县地。谢氏《补注》详考《魏志》、《晋书》以为魏武帝时并州以新兴为塞,魏明帝时以陉岭(即句注)为塞,少帝时逾陉岭而北,以剧阳为塞,雁门郡境日渐展扩,是;然谢氏遂据之以为其时置有阴馆、楼烦二县,《中国历史地图集·三国图组》亦绘有阴馆、楼烦二县。今二县不见《晋志》雁门郡,其或省或存,又无文献予以旁证,故今不从。其时领县四①。

1. 广武(220—265)
2. 原平(220—265)
3. 汪陶(220—265)
4. 剧阳(220—265)

按:《续汉志》属,《晋志》无此县。谢氏《补注》据《晋书·魏舒传》魏舒封剧阳子,以为魏时仍有剧阳县,是。又检《舆地广记》卷 19 蔚州善阳县条:"本剧阳县,汉属雁门郡……东汉复曰剧阳,晋省之。"则剧阳县至晋方省,其于魏时归属情况乏考,准之地望,当仍属雁门郡,吴氏《表》卷 5 雁门郡不列剧阳县,误。

(六) 新兴郡(220—265)——治九原(今山西忻州市)

按:《续汉志》并州无此郡。据《魏志》卷 1《武帝纪》:"(建安)二十年……省云中、定襄、五原、朔方郡,郡置一县领其民,合以为新兴郡。"则新兴郡置于建安二十年,其时当属雍州,黄初元年复置并州,新兴郡亦当移属。新兴郡所领诸县除上列四县外,又置平城、马邑、虑虒三县,领县七。又据《寰宇记》卷 42 河东道忻州引《十三州志》:"汉末大乱,匈奴侵边,自定襄以西尽云中、雁门之间遂空,建安中曹操集荒郡之户以为县,聚之九原界以立新兴郡,领九原等县。"《元和志》卷 14 河东道忻州条:"后汉末大乱,匈奴侵边,自定襄以西尽云

---

① 吴氏《表》卷 5 雁门郡列有繁畤、崞二县。今检《元和志》卷 14 河东道代州繁畤县条:"本汉旧县,属雁门郡。汉末匈奴侵寇,旧县荒废,晋又置繁畤县。"《元和志》卷 14 河东道代州崞县条:"本汉旧县,因山为名,属雁门郡。汉末荒废,晋初又置。"则繁畤、崞二县为晋初复置明矣,吴氏误。

中、雁门之间遂空,曹公立新兴郡以安集之,理九原。"据上引《魏志·武帝纪》新兴郡新立诸县皆非原县,则新兴郡治所当在新九原县。

1. 九原(220—265)

按:《续汉志》属五原郡,《晋志》属。据《元和志》卷14河东道忻州秀容县条:"本汉阳曲县地,属太原郡。后汉末于此置九原县,属新兴郡。"则新九原县于建安二十年割太原郡阳曲县地置,且属新兴郡,至晋不变。

2. 定襄(220—265)

按:《续汉志》无此县,《晋志》属。定襄县置于建安二十年,且属新兴郡,至晋不变。

3. 云中(220—265)

按:《续汉志》属云中郡,《晋志》属。据《魏志》卷1《武帝纪》:"(建安)二十年……省云中、定襄、五原、朔方郡,郡置一县领其民,合以为新兴郡。"则新云中县置于建安二十年,且属新兴郡,至晋不变。

4. 广牧(220—265)

按:《续汉志》属朔方郡,《晋志》属。据《魏志》卷1《武帝纪》:"(建安)二十年……省云中、定襄、五原、朔方郡,郡置一县领其民,合以为新兴郡。"则新广牧县置于建安二十年,且属新兴郡,至晋不变。

5. 平城(220—265)

按:据《元和志》卷14河东道云州条:"汉末大乱,匈奴侵边,自定襄以西,云中、雁门、西河遂空。曹公鸠集荒散,又立平城县,属新兴郡。晋又改属雁门。"《元和志》卷14河东道云州云中县条:"本汉平城县,属雁门郡。汉末大乱,其地遂空。魏武帝又立平城县,属新兴郡。晋改属雁门郡。"则新平城县建安中置且属新兴郡,至晋方移属雁门郡。

6. 马邑(220—265)

按:据《元和志》卷14河东道朔州条:"汉末大乱,郡遂荒废,建安中曹公又立马邑县,属新兴郡。晋改属雁门郡。"则新马邑县建安中置且属新兴郡,至晋方移属雁门郡。

7. 虑虒(220—265)

按:《续汉志》属太原郡,《晋志》无此县。据《地形志》:"驴夷,二汉属太原,曰虑虒,晋罢。"《元和志》卷14河东道代州五台县条:"本汉虑虒县,因虑虒水为名也,晋省。"《寰宇记》卷49河东道代州五台县条:"本汉虑虒县,属太原郡,因虑虒水为名,晋省。"则魏时当有虑虒县,至晋方省,据其地望,当属新兴郡。虑虒县似于汉末见废,建安二十年新兴郡复置后,虑虒县疑于魏初重置且归属。《中国历史地图集·三国图组》新兴郡绘有虑虒县,是。

(七)朔方郡(235—265)——治临戎(今地不详)

按:据《魏志》卷1《武帝纪》:"(建安)二十年……省云中、定襄、五原、朔方郡,郡置一县领其民,合以为新兴郡。"则朔方郡建安二十年见废。检《魏志》卷3《明帝纪》:"(青龙三年正月)己亥复置朔方郡。"则朔方郡青龙三年(235)复置。《水经注》卷3引《广志》:"朔方郡北移沙七所。"《广志》乃晋初郭义恭所撰,在晋初仍有朔方郡,后废,故《晋志》不载。洪氏《补志》漏载朔方郡,谢氏《补注》、吴氏《表》卷5以为朔方郡旋置旋废,《中国历史地图集·三国图组》亦漏绘朔方郡,并不从。

临戎(235—265)

按:《续汉志》属,《晋志》无此县。据《魏志》卷1《武帝纪》:"(建安)二十年……省云中、定襄、五原、朔方郡,郡置一县领其民,合以为新兴郡。"则朔方郡建安二十年见废,临戎亦废,又《水经注》卷3经文:"(河水)北过朔方临戎县西。"《水经注》经文为三国时人所撰,则魏时朔方郡置后临戎县亦当复置且属焉,晋初方省。

第十二节 幽州沿革

幽州(220—265),治蓟①(今北京市)。《续汉志》幽州领涿郡、广阳、代郡、上谷、渔阳、右北平、辽西、辽东、玄菟、乐浪、辽东属国共十一郡国。据《续汉书·百官志》注引《献帝起居注》冀州领郡三十二:"建安十八年三月庚寅,省州并郡,复《禹贡》之九州,冀州得魏郡、安平、巨鹿、河间、清河、博陵、常山、赵国、勃海、甘陵、平原、太原、上党、西河、定襄、雁门、云中、五原、朔方、河东、河内、涿郡、渔阳、广阳、右北平、上谷、代郡、辽东、辽东属国、辽西、玄菟、乐浪,凡三十二郡。"则建安十八年幽州已废,所领诸郡并入冀州。又检《魏志》卷24《崔林传》:"文帝践阼,拜(崔林)尚书,出为幽州刺史。"则黄初元年(220)幽州复置,除去冀州、并州所领诸郡,其中辽东属国汉末已废,其时公孙氏又盘踞海东,检《魏志》卷8《公孙度传》:"(景初二年)传(公孙)渊首洛阳,辽东、带方、乐浪、玄菟悉平。"则公孙氏所领似为此四郡,如此幽州复置时当领涿郡、渔阳、广

---

① 据《魏书》卷16《杜恕传》:"(嘉平元年)复出(杜恕)为幽州刺史……时征北将军程喜屯蓟,尚书袁侃等戒(杜)恕曰:'程申伯处先帝之世,倾田国,让于青州。足下今俱杖节,使共屯一城,宜深有以待之。'"又《寰宇记》卷69河北道幽州条:"和帝永元元年复立为广阳郡,幽州刺史与郡同理,至献帝又废郡,复立幽州理于蓟。"则幽州其时当治蓟县。

阳、右北平、上谷、代郡、辽西凡七郡。又《晋志》:"后汉末,公孙度自号平州牧……魏置东夷校尉,居襄平,而分辽东、昌黎、玄菟、带方、乐浪五郡为平州,后还合为幽州。"其中昌黎郡即复置后的辽东属国,详辽东属国考证,是景初二年(238)后此四郡当来属,正始五年(244)复置辽东属国(后改昌黎郡),而正始五年后置平州以统此五郡,似旋置旋废,平州所领诸郡还属幽州。景元三年(262)之幽州政区见图9。

(一) 涿郡(220—265)——治涿(今河北涿州市)

按:《续汉志》作"涿郡"属幽州,《晋志》作"范阳国"属幽州,洪氏《补志》据《寰宇记》以为涿郡黄初七年改为范阳郡,谢氏《补注》据《魏志·崔林传》、《魏志·王观传》以为魏时仍有涿郡,又据《水经注》卷12"(涿郡)晋太始元年改曰范阳郡"以为晋初方改涿郡为范阳郡,是。今再列数条,以驳洪氏《补志》之谬。检《宋志》:"晋武帝泰始元年,分涿为范阳。"则泰始元年(265)有涿郡,所谓"分涿为范阳",当为"改涿郡为范阳"。又《水经注》卷11经文:"易水出涿郡故安县阎乡西山。"《水经注》经文为三国人撰,故魏时涿郡未改范阳。又《水经注》卷12:"《诗·韩奕》章曰:'溥彼韩城,燕师所完,王锡韩侯,其追其貊,奄受北国'……王肃曰:'今涿郡方城县有韩侯城,世谓之寒号城。'"今检《魏志》卷13《王肃传》:"(王肃)黄初中为散骑黄门侍郎……甘露元年薨……初(王)肃善贾、马之学而不好郑氏,采会同异,为尚书、诗、论语、三礼、左氏解。"又《隋书·经籍志》:"毛诗二十卷,王肃注。"唐陆德明《毛诗注解传述人》:"魏太常王肃更述毛非郑……注二十卷。"则《水经注》所引王肃之言当是王肃《毛诗注》中语,王肃为魏人,其所谓"今涿郡方城县"当是魏时情况,故魏时涿郡未改名范阳,明矣。《晋志》云:"范阳国,汉置涿郡,魏文更名范阳郡。"显误,当作"晋泰始元年更名范阳郡"。吴氏《表》卷5亦据《寰宇记》以为黄初七年改涿郡为范阳郡,杨氏《补正》据《魏志·曹矩传》"(黄初)五年改封(曹)敏范阳王",以为黄初五年已改涿郡为范阳郡,杨氏不知魏制乃是黄初元年至黄初五年皆以郡为王、黄初五年至太和六年(232)皆以县为王、太和六年后复以郡为王,此范阳为涿郡之属县,其所封范阳王乃以县为王,以致错谬如此。《中国历史地图集·三国图组》亦绘作范阳郡,与吴氏、杨氏同误。《续汉志》领县七,新置容城县,领县八。

1. 涿(220—265)

按:《续汉志》属,《晋志》属范阳国。

2. 逎(220—265)

按:《续汉志》属,《晋志》属范阳国。

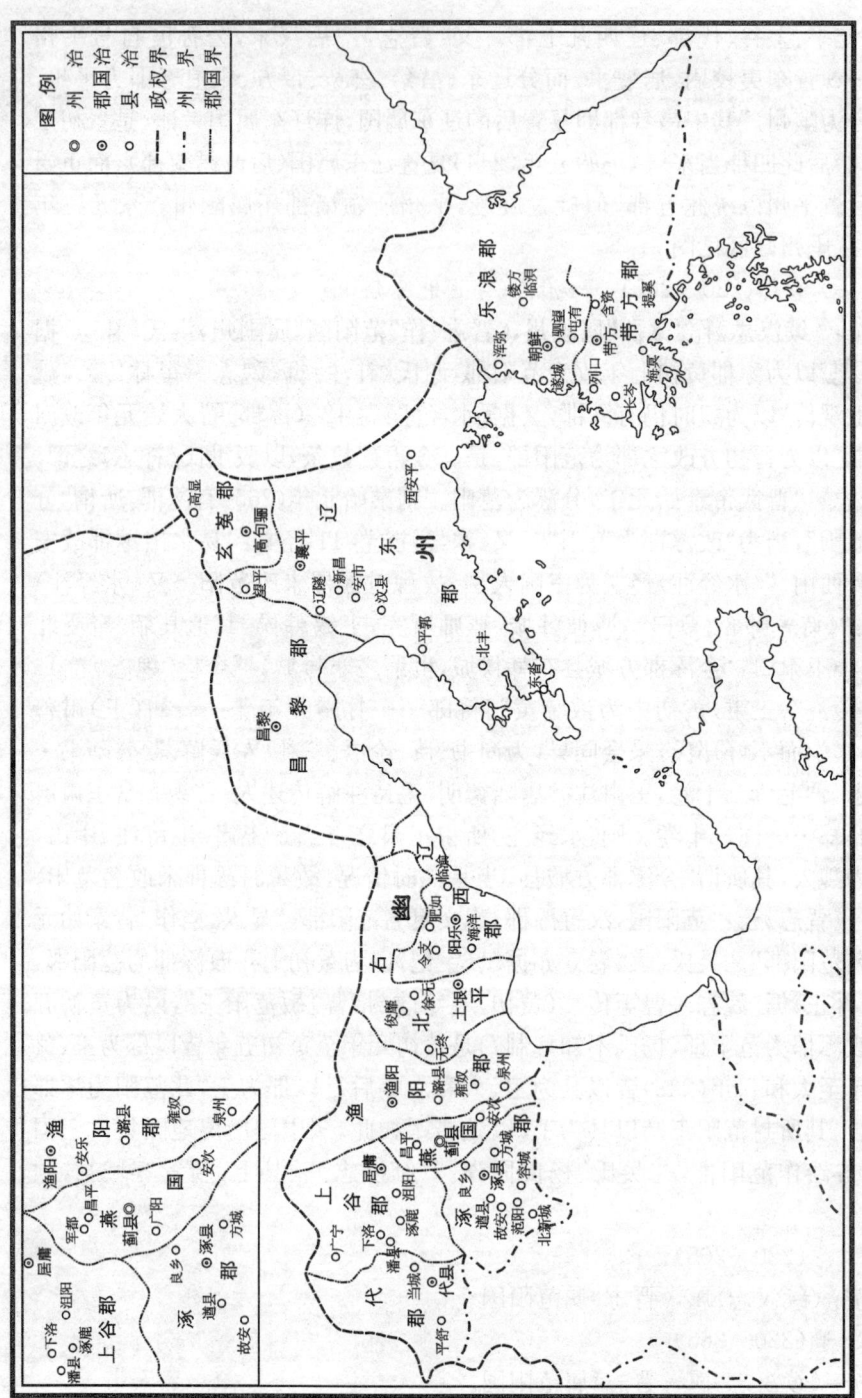

图 9 景元三年(262)三国曹魏幽州政区

3. 故安(220—265)

按:《续汉志》属,《晋志》属范阳国。

4. 范阳(220—223,224—226 范阳国,227—265)

按:《续汉志》属,《晋志》属范阳国。据兖州陈留郡考证,魏制:黄初元年至五年皆以郡为王,黄初五年至太和六年皆以县为王,太和六年后复以郡为王。检《魏志》卷20《曹矩传》:"(黄初)五年改封(曹)敏范阳王,(黄初)七年徙封句阳。"则范阳县自黄初五年至七年为王国。

5. 良乡(220—265)

按:《续汉志》属,《晋志》属范阳国。

6. 方城(220—237,238—265 方城国)

按:《续汉志》属,《晋志》属范阳国。据《魏志》卷14《刘放传》:"景初二年,辽东平定,以参谋之功,各进爵封本县,(刘)放方城侯。"则景初二年后方城为侯国。

7. 北新城(220—265)

按:《续汉志》属,《晋志》属高阳国。魏时北新城归属情况乏考,《晋志》:"高阳国,泰始元年置。"则北新城县似于高阳国初置时移属焉。又《地形志》:"新城,二汉、晋曰北新城,前汉属中山,后汉属涿,晋属(高阳郡)。"《舆地广记》卷12河北西路广信军遂城条:"本北新城,汉属中山国,后汉属涿郡,晋属高阳国。"故今暂将之列入涿郡。

8. 容城(220—255,256—265 容城国)

按:《汉志》属,《续汉志》无此县,《晋志》属。检《魏志》卷24《孙礼传》:"孙礼字德达,涿郡容城人也。"洪氏《补志》、吴氏《表》卷5据之以为魏时容城县复置,是。又《水经注》卷11经文:"(易水)又东过范阳县南,又东过容城县南。"《水经注》卷12经文:"(巨马河)又东南过容城县北。"《水经注》经文为三国人所撰,则魏时容城县确已复置①。又据《魏志》卷22《卢毓传》:"(正元三年)进爵封(卢毓)容城侯。"则正元三年(256)后,容城为侯国。

(二)燕国(220—221,222—231 燕郡,232—265)——治蓟(今北京市)

按:《续汉志》作"广阳郡"属,《晋志》作"燕国"属。据《魏志》卷8《公孙瓒传》:"(鲜于辅等)以燕国阎柔素有恩信,共推(阎)柔为乌丸司马。"《魏志》卷27《徐邈传》:"徐邈字景山,燕国蓟人也。"《宋志》:"广阳,汉高立为燕国,昭帝

---

① 《舆地广记》卷10河北东路雄州容城县条:"汉属涿郡,后汉省之,晋复置,属范阳国。"当为"魏复置,晋初属范阳国"。

更名。光武省并上谷，和帝永元八年复立。魏、晋复为燕国。"则广阳郡汉末时已复为燕国①。据《魏志》卷20《曹干传》："黄初二年，进（曹干）爵，徙封燕公，三年为河间王。"又《魏志》卷20《曹宇传》："太和六年，改封（曹宇）燕王。"则燕国黄初三年还为郡，又自太和六年为国，至晋不改。《续汉志》领县五，历魏不变。

1. 蓟（220—221，222蓟国，223—265）

按：据《魏志》卷20《曹抗传》："（黄初）三年，徙封（曹抗）蓟公，四年徙封屯留公。"则蓟县黄初三年为公国，四年还为县。

2. 安次（220—265）

按：《续汉志》属广阳郡，《晋志》属。安次县魏时当属燕国。

3. 昌平（220—265）

按：《续汉志》属广阳郡，《晋志》属。昌平县魏时当属燕国。

4. 军都（220—265）

按：《续汉志》属广阳郡，《晋志》属。军都县魏时当属燕国。

5. 广阳（220—265）

按：《续汉志》属广阳郡，《晋志》属。广阳县魏时当属燕国。

（三）渔阳郡（220—265）——治渔阳（今北京密云县）

按：《续汉志》领县九，《晋志》无此郡。今检《魏志》卷3《明帝纪》："（景初二年）六月，省渔阳郡之狐奴县，复置安乐县。"吴氏《考证》卷5据此以为魏时仍有渔阳郡，以驳《晋志》魏武省渔阳之说及洪氏《补志》不列渔阳郡之误，是。今再举数条证据如下。《左传·僖公四年》"赐我先君履东至海，西至于河"条唐孔颖达《正义》云："（杜预）《释例》曰：'海自辽西、北平、渔阳、章武、勃海、乐陵、乐安、北海、东莱、城阳、东海、广陵、吴郡、会稽十四郡之东界以东，河出西平西南二千里，从西平东北经金城、故北地、朔方、五原至故云中，南经平阳、河东之西界，东经河东、河内之南界，东北经汲郡、顿丘、阳平、平原、乐陵之东南入海。'杜（预）之此言据其当时之河耳。"据此则晋初确有渔阳郡。又《水经注》卷13经文："（㶟水）又东至渔阳雍奴县西。"《水经注》经文为三国人撰，则魏时确有渔阳郡。又《水经注》卷14载《刘靖碑》："至景元三年辛酉，诏书以民食转广，陆废不赡，遣谒者樊晨更制水门，限田千顷，刻地四千三百一十六顷，出给

---

① 《地形志》："燕郡，故燕，汉高帝为燕国，昭帝改为广阳郡，宣帝更为国，后汉光武并上谷，和帝永元六年（当作八年，详中华书局本《魏书·地形志》燕郡条校勘记及李晓杰《东汉政区地理》（山东教育出版社，1999年）第六章第三节广阳郡沿革）复，为广阳郡，晋改为国。"所谓"晋改为国"，误，当是"汉末改为燕国"。

郡县,改定田五千九百三十顷。水流乘车箱渠,自蓟西北迳昌平,东尽渔阳潞县,凡所润含,四五百里,所灌田万有余顷……元康五年十月十一日,刊石立表,以纪勋烈,并记遏制度,永为后式焉。"景元已近魏末,其时尚有渔阳郡。又《晋书》卷28《司马京传》:"咸宁初,征(司马机)为步兵校尉,以渔阳郡益其国。"则西晋咸宁时渔阳郡未废,明矣。《续汉志》渔阳郡领县九,所领平谷、傂奚、犷平三县,魏时存废情况乏考,今暂阙不录。安乐县见废,领县五。景初二年废狐奴县,复置安乐县,领县五。

1. 渔阳(220—265)

按:《续汉志》属,《晋志》无此县。检《水经注》卷14经文:"鲍丘水从塞外来,南过渔阳县东。"《水经注》经文为三国人撰,则魏时当有渔阳县。又《地形志》:"渔阳,二汉属(渔阳郡),晋罢。"则晋初渔阳县方省,其在魏时归属情况乏考,今疑其时属渔阳郡且与渔阳郡同省于晋初。

2. 潞(220—265)

按:《续汉志》属,《晋志》属燕国。检《水经注》卷14所载上引之《刘靖碑》,景元三年(262)时有"渔阳潞县",可知景元时潞县仍属渔阳郡,疑其于晋初渔阳郡见废后移属燕国。

3. 雍奴(220—265)

按:《续汉志》属,《晋志》属燕国。检《水经注》卷13经文:"(㶟水)又东至渔阳雍奴县西。"《水经注》经文为三国人撰,则魏时雍奴确属渔阳郡,疑其于晋初渔阳郡见废时移属燕国。

4. 泉州(220—265)

按:《续汉志》属,《晋志》属燕国。检孙吴陆机《毛诗草木鸟兽虫鱼疏》卷下"维鲂及鱮"条:"今伊、洛、济、颍鲂鱼也,广而薄肥,恬而少力,细鳞鱼之美者渔阳泉州及辽东梁水鲂特肥而厚,尤美于中国鲂。"则魏时泉州确属渔阳郡,疑其于晋初渔阳郡见废时移属燕国。

5. 安乐(238—265)

按:《续汉志》属,《晋志》属燕国。检《魏志》卷3《明帝纪》:"(景初二年)六月,省渔阳郡之狐奴县,复置安乐县。"则安乐县曾废,而确年乏考,至景初二年复置属渔阳郡,疑其于晋初渔阳郡见废时移属燕国。

6. 狐奴(220—237)

按:《续汉志》属,《晋志》属燕国。检《魏志》卷3《明帝纪》:"(景初二年)六月,省渔阳郡之狐奴县,复置安乐县。"则景初二年前狐奴县当属渔阳郡,景初二年废,其后似复置,而确年乏考,疑其于晋初渔阳郡见废时复置且属燕国。

（四）右北平郡①(220—265)——治土垠（今河北唐山市丰润区东）

按：《续汉志》领县四，历魏未变。

1. 土垠(220—265)

按：《续汉志》属，《晋志》属北平郡，其于魏时当属右北平郡。检《地形志》"土垠，二汉、晋属右北平"，显误，当是"土垠，二汉、魏属右北平，晋属北平"。又《舆地广记》卷12河北路檀州密云县条："故土垠县，二汉及晋属右北平郡"，亦误，当是"二汉及魏属右北平郡，晋属北平郡"。

2. 徐无(220—265)

按：《续汉志》属，《晋志》属北平郡，其于魏时当属右北平郡。检《地形志》"徐无，二汉、晋属右北平"，显误，当是"徐无，二汉、魏属右北平，晋属北平"。又《舆地广记》卷12河北路蓟州玉田县条"故徐无县，二汉及晋属右北平郡"，亦误，当是"二汉及魏属右北平郡，晋属北平郡"。

3. 无终(220—265)

按：《续汉志》属，《晋志》属北平郡。《魏志》卷11《田畴传》："田畴字子泰，右北平无终人也。"则其于魏时确属右北平郡。检《地形志》"无终，二汉、晋属右北平"，显误，当是"无终，二汉、魏属右北平，晋属北平"。

4. 俊靡(220—265)

按：《续汉志》属，《晋志》属北平郡，其于魏时当属右北平郡。

（五）上谷郡(220—265)——治居庸②（今北京延庆县）

按：《续汉志》领县八。所领宁、雊瞀二县，魏时存废无考，今暂阙不录，领县六。《晋志》领县二。据《晋志》："广宁郡，故属上谷，太康中置郡，都尉居，领县三。"则上谷郡有三县晋初移属广宁郡。

---

① 《续汉志》作"右北平"，《晋志》作"北平"。吴氏《表》卷5据《寰宇记》以为魏时去"右"为"北平"。今遍查《寰宇记》不见所据之文，杨氏《补正》据《魏志·程普传》、《魏志·田畴传》等以为魏时仍当作"右北平"，是。今检《寰宇记》卷69河北道幽州条："晋泰始初封文帝子（司马）机为燕王，(司马)机薨无子，国除，寻改范阳郡曰范阳国，分上谷置广宁郡，仍隶范阳国，改'右北平'曰'北平'。"则"右北平"改名"北平"乃晋泰始后事，吴氏误。杨氏又谓晋初仍为"右北平"。今检《左传·僖公四年》"赐我先君履东至海，西至于河"条唐孔颖达《正义》云："(杜预)《释例》曰：'海自辽西、北平、渔阳、章武、勃海、乐陵、乐安、北海、东莱、城阳、东海、广陵、吴郡、会稽十四郡之东界以东，河出西平西南二千里，从西平东北经金城、故北地、朔方、五原至故云中，南经平阳、河东之西界，东经河东、河内之南界，东北经汲郡、顿丘、阳平、平原、乐陵之东南入海。'杜(预)之此言据其当时之河耳。"又《左传·昭公元年》"晋中行穆子败无终及群狄于大原"条孔颖达《正义》云："(杜预)《释例》、《土地名》以北戎、山戎、无终三名为一，北平有无终县。"据此则晋初"右北平"确已改为"北平"。杨氏辩言此为后人据《晋书》删改。凡人作伪，必有奇好，不知后人删改《十三经》疏文所引杜预《春秋释例》之中的一个地名有何企图，杨氏欲弥缝其说之不固，反陷画虎类犬之讥，非审慎之举。

② 今检《水经注》卷13："沧河又西迳居庸县故城南，魏上谷郡治。"则魏时上谷郡当治居庸县。

1. 居庸(220—265)
2. 沮阳(220—265)
3. 下洛(220—265)

按:《续汉志》作"下落"属,《晋志》作"下洛"属广宁郡。检《水经注》卷13引《魏土地记》:"下洛城西南四十里有潘城。"《魏土地记》乃记后魏地理,则后魏时亦作"下洛"。至于曹魏作"下洛"抑或"下落"乏考,今暂以"下洛"为是。据本郡考证,下洛县晋初从上谷郡移属广宁郡。

4. 潘(220—265)

按:《续汉志》属,《晋志》属广宁郡,据本郡考证,潘县晋初从上谷郡移属广宁郡。

5. 涿鹿(220—265)

按:《续汉志》属,《晋志》属广宁郡,据本郡考证,涿鹿县晋初从上谷郡移属广宁郡。

6. 广宁(220—265)

按:《续汉志》属,《晋志》无此县。今遍检典籍,魏时广宁县存废情况乏考,而晋初分置广宁郡以其名郡,似当属焉,疑于其后省,今暂列入上谷郡。

(六)代郡(220—265)——治代(今河北蔚县东北)

按:《续汉志》领县十一。吴氏《表》卷5以为高柳、桑乾、道人、马城、班氏、狋氏、北平邑、东安阳八县魏时为鲜卑所侵,弃为荒地,是,领县三。

1. 代(220—265)
2. 平舒(220—265)
3. 当城(220—265)

(七)辽西郡(220—265)——治阳乐(今河北卢龙县东)

按:《续汉志》领县五,历魏未变。

1. 阳乐(220—265)
2. 海阳(220—265)
3. 肥如(220—265)
4. 临渝(220—265)

按:《续汉志》属,《晋志》无此县。检《舆地广记》卷12河北路平州石城县条:"本临渝,二汉属辽西郡。晋省入阳乐。"则临渝县魏时确属辽西郡,至晋方省。

5. 令支(220—265)

按:《续汉志》属,《晋志》无此县。检《舆地广记》卷12河北路平州卢龙县条:"故令支县,二汉属辽西郡。晋省之。"则令支县魏时确属辽西郡,至晋方省。

(八)辽东属国(244—?,?—265 昌黎郡)——治昌黎(今辽宁义县)

按:《续汉志》属幽州。检《魏志》卷4《三少帝纪》:"(正始五年)九月鲜卑内附,置辽东属国,立昌黎县以居之。"既言"置辽东属国"则辽东属国曾废,又于正始五年复置,其时领昌黎县。《晋志》无辽东属国,然于平州昌黎郡条下云:"汉属辽东属国都尉,魏置郡。"则辽东属国复置后似改为昌黎郡,而确年乏考。又《地形志》:"昌黎郡,晋分辽东(郡)置。"今检《晋志》昌黎郡领昌黎县,若从《地形志》之说则昌黎县当属辽东郡,而据上引《魏志》昌黎县正始五年属辽东属国,非属辽东郡,则《地形志》误,杨氏《补正》据之以为昌黎郡晋初设置,亦误,当从《晋志》。

昌黎(244—265)

按:《续汉志》属,《晋志》属昌黎郡。据《魏志》卷4《三少帝纪》:"(正始五年)九月鲜卑内附,置辽东属国,立昌黎县以居之。"则昌黎县魏时亦曾见废,后于正始五年复置。

(九)辽东郡(238—265)——治襄平(今辽宁辽阳市)

按:《魏志》卷8《公孙度传》:"(景初二年)传(公孙)渊首洛阳,辽东、带方、乐浪、玄菟悉平。"则景初二年后,公孙氏之辽东郡来属,领县十。参考本章所附"公孙氏所领诸郡沿革"之辽东郡条。

1. 襄平(238—265)
2. 汶(238—265)
3. 安市(238—265)
4. 新昌(238—265)
5. 西安平(238—265)
6. 北丰(238—?)
7. 平郭(238—?)
8. 东沓(238—?)
9. 辽隧(238—?)
10. 望平(238—265)

(十)玄菟郡(238—265)——治高句骊(今辽宁沈阳市东)

按:《魏志》卷8《公孙度传》:"(景初二年)传(公孙)渊首洛阳,辽东、带方、乐浪、玄菟悉平。"则景初二年后,公孙氏之玄菟郡来属。领县二。参考本章所附"公孙氏所领诸郡沿革"之玄菟郡条。

1. 高句骊(238—265)
2. 高显(238—265)

按：据《魏志》卷4《三少帝纪》："(甘露二年)夏四月癸卯，诏曰：'玄菟郡高显县吏民反叛，长郑熙为贼所杀。民王简负担熙丧，晨夜星行，远致本州，忠节可嘉。其特拜简为忠义都尉，以旌殊行。'"则甘露二年时玄菟郡确有高显县。

(十一) 乐浪郡(238—265)——治朝鲜(今朝鲜平壤市)

按：《魏志》卷8《公孙度传》："(景初二年)传(公孙)渊首洛阳，辽东、带方、乐浪、玄菟悉平。"则景初二年后，公孙氏之乐浪郡来属，领县七。参考本章所附"公孙氏所领诸郡沿革"之乐浪郡条。

1. 朝鲜(238—265)
2. 屯有(238—265)
3. 浑弥(238—265)
4. 遂城(238—265)
5. 镂方(238—265)
6. 驷望(238—265)
7. 临浿(238—265)

(十二) 带方郡(238—265)——治带方(今朝鲜沙里院南)

按：《魏志》卷8《公孙度传》："(景初二年)传(公孙)渊首洛阳，辽东、带方、乐浪、玄菟悉平。"则景初二年后，公孙氏之带方郡来属，领县六。参考本章所附"公孙氏所领诸郡沿革"之带方郡条。

1. 带方(238—265)
2. 列口(238—265)
3. 海冥(238—265)
4. 长岑(238—265)
5. 提奚(238—265)
6. 含资(238—265)

第十三节 梁州沿革

梁州(264—265)，治南郑(今陕西汉中市)。据《魏志》卷4《三少帝纪》："(景元四年十一月)是月，蜀主刘禅诣(邓)艾降，巴蜀皆平……(十二月)壬子，分益州为梁州。"《宋志》："魏元帝景元四年，平蜀，复立梁州，治汉中南郑，而益州治成都。"则景元四年(263)年末蜀汉降魏后,分益州为梁州,且治南郑①。据《华阳国志》卷1:"至魏咸熙元年②平蜀,始分益州巴汉七郡置梁州。"又《寰宇记》卷133山南西道兴元府条:"王隐《晋书》:'魏末克蜀,分广汉、巴、涪陵以北七郡为梁州。'"则其时梁州领七郡。又《华阳国志》卷3:"刘氏延熙中分广汉四县,置东广汉郡,咸熙初省,泰始末又分置新都郡,太康省,末年又置。"而《晋志》:"刘禅建兴二年……分广汉立东广汉郡。魏景元中,蜀平,省东广汉郡。"则景元末省东广汉郡,阴平郡见废,武都郡回属雍州。

(一) 汉中郡(264—265)——治南郑(今陕西汉中市)

按:景元四年后由蜀汉入魏,详参下章蜀汉益州汉中郡考证。

1. 南郑(264—265)
2. 褒中(264—265)
3. 沔阳(264—265)
4. 乐城(264—265)
5. 南乡(264—265)

(二) 梓潼郡(264—265)——治梓潼(今四川梓潼县)

按:景元四年后由蜀汉入魏,详参下章蜀汉益州梓潼郡考证。

1. 梓潼(264—265)
2. 涪(264—265)
3. 汉寿(264—265)
4. 白水(264—265)
5. 汉德(264—265)
6. 剑门(264—265)

(三) 广汉郡(264—265)——治雒(今四川中江县西)

按:景元四年后由蜀汉入魏,详参下章蜀汉益州广汉郡、东广汉郡考证。

1. 广汉(264—265)
2. 德阳(264—265)
3. 五城(264—265)
4. 雒(264—265)
5. 绵竹(264—265)

---

① 《晋志》梁州条:"泰始三年,分益州,立梁州于汉中。"《晋志》益州条:"武帝泰始二年,分益州置梁州,以汉中属焉。"《晋志》"泰始三年"、"泰始二年"均为"景元四年"之讹。又《方舆胜览》卷69利州西路沔州条:"蜀置梁州,治汉中之沔阳。"亦误。
② 刘琳校注以为当作景元四年,是。

6. 新都(264—265)

7. 什邡(264—265)

8. 郪(264—265)

9. 阳泉(264—265)

(四)涪陵郡(264—265)——治涪陵(今重庆市彭水县)

按：景元四年后由蜀汉入魏，详参下章蜀汉益州涪陵郡考证。又蜀汉涪陵郡有丹兴县，据《华阳国志》卷1："丹兴县，蜀时省。"则景元四年蜀汉降魏时已无此县。《寰宇记》卷120江南西道涪州条所引《晋太康地记》"省丹兴县"，似误。

1. 涪陵(264—265)

2. 汉平(264—265)

3. 汉发(264—265)

4. 万宁(264—265)

5. 汉复(264—265)

(五)巴郡(264—265)——治江州(今重庆市)

按：蜀汉巴郡原领江州、枳、临江、垫江、平都、乐城、常安七县，据《华阳国志》卷1巴志："(延熙)十七年，省平都、乐城、常安，咸熙元年(巴郡)但四县。"则其时巴郡确领四县。景元四年后由蜀汉入魏，详参下章蜀汉益州巴郡考证。

1. 江州(264—265)

2. 枳(264—265)

3. 临江(264—265)

4. 垫江(264—265)

(六)巴东郡(264—265)——治永安(今重庆市奉节县)

按：景元四年后由蜀汉入魏，详参下章蜀汉益州巴东郡考证。

1. 永安(264—265)

2. 朐忍(264—265)

3. 汉丰(264—265)

4. 羊渠(264—265)

5. 北井(264—265)

(七)巴西郡(264—265)——治阆中(今四川阆中市)

按：景元四年后由蜀汉入魏，详参下章蜀汉益州巴西郡考证。

1. 阆中(264—265)

2. 安汉(264—265)

3. 南充国(264—265)
4. 西充国(264—265)
5. 宣汉(264—265)
6. 汉昌(264—265)
7. 宕渠(264—265)

第十四节 益州沿革

益州(264—265),治成都(今四川成都市)。据《魏志》卷4《三少帝纪》:"(景元四年十一月)是月,蜀主刘禅诣(邓)艾降,巴蜀皆平……(十二月)壬子,分益州为梁州。"《宋志》:"魏元帝景元四年,平蜀,复立梁州,治汉中南郑,而益州治成都。"则景元四年(263)年末蜀汉降魏后,分益州为梁州,益州仍治成都。其时益州所领诸郡,当为益州分出梁州后所剩诸郡,梁州所领诸郡已详梁州考证,而其时益州所剩各郡及诸县情况,亦可参考下章蜀汉益州各郡及诸县考证,本节不赘述。

(一)蜀郡(264—265)——治成都(今四川成都市)

按:景元四年后由蜀汉入魏,详参下章蜀汉益州蜀郡考证。

1. 成都(264—265)
2. 江原(264—265)
3. 繁(264—265)
4. 广都(264—265)
5. 临邛(264—265)
6. 郫(264—265)
7. 汶江(264—265)
8. 蚕陵(264—265)
9. 升迁(264—265)

(二)汶山郡(264—265)——治绵虒(今四川茂县)

按:景元四年后由蜀汉入魏,详参下章蜀汉益州汶山郡考证。

1. 绵虒(264—265)
2. 广柔(264—265)
3. 都安(264—265)
4. 兴乐(264—265)
5. 平康(264—265)

(三) 犍为郡(264—265)——治武阳(今四川彭山县)

按：景元四年后由蜀汉入魏，详参下章蜀汉益州犍为郡考证。

1. 武阳(264—265)
2. 南安(264—265)
3. 资中(264—265)
4. 僰道(264—265)
5. 牛鞞(264—265)

(四) 江阳郡(264—265)——治江阳(今四川泸州市)

按：景元四年后由蜀汉入魏，详参下章蜀汉益州江阳郡考证。

1. 江阳(264—265)
2. 符节(264—265)
3. 汉安(264—265)

(五) 汉嘉郡(264—265)——治青衣(今四川天全县东北)

按：景元四年后由蜀汉入魏，详参下章蜀汉益州汉嘉郡考证。

1. 青衣(264—265)
2. 新道(264—265)
3. 徙阳(264—265)
4. 旄牛(264—265)

(六) 朱提郡(264—265)——治南昌(今云南镇雄县)

按：景元四年后由蜀汉入魏，详参下章蜀汉益州朱提郡考证。

1. 南昌(264—265)
2. 朱提(264—265)
3. 汉阳(264—265)
4. 南广(264—265)

(七) 越巂郡(264—265)——治邛都(今四川西昌市)

按：景元四年后由蜀汉入魏，详参下章蜀汉益州越巂郡考证。

1. 会无(264—265)
2. 台登(264—265)
3. 卑水(264—265)
4. 邛都(264—265)
5. 定莋(264—265)
6. 苏祁(264—265)
7. 阐(264—265)

8. 马湖(264—265)

9. 潜街(264—265)

(八)建宁郡(264—265)——治味(今云南曲靖市)

按:景元四年后由蜀汉入魏,详参下章蜀汉益州建宁郡考证。

1. 味(264—265)

2. 毋单(264—265)

3. 滇池(264—265)

4. 胜休(264—265)

5. 存䣖(264—265)

6. 俞元(264—265)

7. 昆泽(264—265)

8. 同濑(264—265)

9. 牧麻(264—265)

10. 谷昌(264—265)

11. 连然(264—265)

12. 秦臧(264—265)

13. 双柏(264—265)

14. 建伶(264—265)

(九)牂柯郡(264—265)——治乏考

按:景元四年后由蜀汉入魏,详参下章蜀汉益州牂柯郡考证。

1. 且兰(264—265)

2. 谈指(264—265)

3. 夜郎(264—265)

4. 毋敛(264—265)

5. 鳖(264—265)

6. 平夷(264—265)

7. 同并(264—265)

(十)永昌郡(264—265)——治不韦(今云南保山市东北)

按:景元四年后由蜀汉入魏,详参下章蜀汉益州永昌郡考证。

1. 不韦(264—265)

2. 㒼唐(264—265)

3. 哀牢(264—265)

4. 博南(264—265)

(十一) 云南郡(264—265)——治梇栋(今云南姚安县北)

按：景元四年后由蜀汉入魏，详参下章蜀汉益州云南郡考证。

1. 梇栋(264—265)
2. 云南(264—265)
3. 邪龙(264—265)
4. 楪榆(264—265)
5. 青蛉(264—265)
6. 遂久(264—265)
7. 姑复(264—265)

(十二) 兴古郡(264—265)——治宛温(今云南丘北县南)

按：景元四年后由蜀汉入魏，详参下章蜀汉益州兴古郡考证。

1. 宛温(264—265)
2. 贲古(264—265)
3. 西丰(264—265)
4. 句町(264—265)
5. 镡封(264—265)
6. 进乘(264—265)
7. 漏卧(264—265)
8. 西随(264—265)

附　公孙氏所领诸郡沿革

据《魏志》卷8《公孙度传》："初平元年……(公孙度)分辽东郡为辽西中辽郡，置太守。越海收东莱诸县，置营州刺史。自立为辽东侯、平州牧。"又《后汉书》卷74《公孙康传》："初平元年，(公孙度)乃分辽东为辽西中辽郡，并置太守，越海收东莱诸县，为营州刺史。自立为辽东侯、平州牧。"则公孙氏初平元年(190)即自领平州牧，盘踞海东，而所分辽西中辽郡，其时所领诸县无考，李晓杰《东汉政区地理》第六章第五节辽东郡沿革以为辽西中辽郡旋置旋废，所领诸县复属辽东，今从之。又《晋志》："后汉末，公孙度自号平州牧……魏置东夷校尉，居襄平，而分辽东、昌黎、玄菟、带方、乐浪五郡为平州，后还合为幽州。"(其中昌黎郡即复置后的辽东属国，详幽州辽东属国考证)又《魏志》卷8《公孙度传》："(景初二年)传(公孙)渊首洛阳，辽东、带方、乐浪、玄菟悉平。"则景初二年(238)后辽东、带方、乐浪、玄菟四郡来属，后合昌黎郡置平州以统之，旋废，而确年乏考，平州所领诸郡移属幽州。

(一) 辽东郡(220—237)——治襄平①(今辽宁辽阳市)

按：《续汉志》领县十一，其中候城县据钱氏《考异》卷 14 考证为衍文，番汗、无虑二县其时存废情况文献无考，暂阙不录。新置北丰、辽隧二县，领县十。

1. 襄平(220—237)
2. 汶(220—237)
3. 安市(220—237)
4. 新昌(220—237)
5. 西安平(220—237)
6. 北丰(？—237)

按：《续汉志》、《晋志》均无此县。据《魏志》卷4《三少帝纪》："(正始元年)以辽东汶、北丰县民流徙渡海，规齐郡之西安、临菑、昌国县界为新汶、南丰县，以居流民。"则其时公孙氏辽东郡当领有北丰县，而《宋志》、《南齐志》、《地形志》均无此县，北丰县似其后废，而确年乏考。

7. 平郭(220—237)

按：《续汉志》属，《晋志》无此县。据《魏志》卷8《公孙度传》："文帝践阼，遣使即拜(公孙)恭为车骑将军，假节封平郭侯。"则其时公孙氏辽东郡当领有平郭县，后废，而确年乏考。

8. 东沓(220—237)

按：《续汉志》作"沓氏"属，《晋志》无此县。据《魏志》卷4《三少帝纪》："(景初三年)以辽东东沓县吏民渡海居齐郡界，以故纵城为新沓县，以居徙民。"则其时公孙氏辽东郡当领有东沓县，后废，而确年乏考。

9. 辽隧(220—237)

按：《续汉志》、《晋志》均无此县。据《魏志》卷8《公孙度传》："景初元年乃遣幽州刺史毌丘俭等赍玺书征(公孙)渊，(公孙)渊遂发兵，逆于辽隧，与俭等战。"《永乐大典》卷11132所录《水经注》经文："(小辽水)西南至辽隧县入于大辽水也。"陈桥驿《水经注校释》所录《水经注》卷 14 经文："(小辽水)西南至辽隧县，入于大辽水也。""辽隊"当为"辽隧"之讹，陈氏《校释》未能出校。《水经注》经文为三国时人所撰，则其时确有辽隧县，且当属辽东郡，后废，而确年

---

① 据《魏志》卷3《明帝纪》："(景初二年秋八月)丙寅，司马宣王围公孙渊于襄平，大破之，传(公孙)渊首于京都，海东诸郡平。"又《吴志》卷 2《孙权传》嘉禾二年引《吴书》："初，张弥、许晏等俱到襄平，官属从者四百许人。(公孙)渊欲图(张)弥、(许)晏，先分其人众，置辽东诸县。"则其时公孙氏之治所当在襄平。

乏考。

10. 望平(220—237)

按：《续汉志》属，《晋志》属玄菟郡，其时归属情况乏考，今暂将之列入辽东郡。

(二)玄菟郡(220—237)——治高句骊(今辽宁沈阳市东)

按：《续汉志》领县六，其中西盖马、上殷台、辽阳、候城四县，其时存废情况文献乏考，今暂阙不录。领县二。

1. 高句骊(220—237)
2. 高显(220—237)

(三)乐浪郡(220—237)——治朝鲜(今朝鲜平壤市)

按：《续汉志》领县十八，其中带方、列口、长岑、提奚、含资、海冥六县移属带方郡。又訷邯、浿水、占蝉、增地、昭明、乐都六县，其时存废情况文献乏考，今暂阙不录。新置临浿县，领县七。

1. 朝鲜(220—237)
2. 屯有(220—237)
3. 浑弥(220—237)
4. 遂城(220—237)
5. 镂方(220—237)
6. 驷望(220—237)
7. 临浿(？—237)

按：《续汉志》、《晋志》均无此县。检《水经注》卷14经文："浿水出乐浪镂方县，东南过临浿县，东入于海。"《水经注》经文为三国时人所撰，则其时当有临浿县，今暂将之列入带方郡。杨氏《补正》据之以为魏、晋时均有临浿县，今《晋志》、《地形志》、《水经注》注文均不载此县，疑晋初已省。吴氏《考证》卷5乐浪郡不列临浿县，《中国历史地图集·三国图组》乐浪郡亦不绘临浿县，并不从。

(四)带方郡(220—237)——治带方(今朝鲜沙里院南)

按：《续汉志》无此郡。检《魏志》卷30《东夷传》："建安中公孙康分屯有县以南荒地为带方郡。"则带方郡乃建安中分乐浪郡屯有县以南地置。《晋志》带方郡所领诸县且《续汉志》属乐浪郡者，魏时当属带方郡。领县六①。

---

① 《晋志》云："带方郡，公孙度置。""公孙度"当为"公孙康"之讹。又云："魏武定霸……所置者十二：……带方。"带方郡非魏武所置，此处《晋志》亦误。

1. 带方(220—237)

按:《续汉志》属乐浪郡,《晋志》属。

2. 列口(220—237)

按:《续汉志》属乐浪郡,《晋志》属。

3. 海冥(220—237)

按:《续汉志》属乐浪郡,《晋志》属。

4. 长岑(220—237)

按:《续汉志》属乐浪郡,《晋志》属。

5. 提奚(220—237)

按:《续汉志》属乐浪郡,《晋志》属。

6. 含资(220—237)

按:《续汉志》属乐浪郡,《晋志》属。

第二章　蜀汉诸州郡县沿革

益 州 沿 革

益州(221—263),治成都①(今四川成都市)。《蜀志》卷1《刘二牧传》:"(刘)焉觌灵帝政治衰缺、王室多故乃建议……可选清名重臣以为牧伯,镇方安夏……出(刘焉)为监军使者,领益州牧,封阳城侯。"又《后汉书》卷75《刘焉传》:"出焉为监军使者,领益州牧,太仆黄琬为豫州牧,宗正刘虞为幽州牧,皆以本秩居职。州任之重,自此而始。"则灵帝时益州始从监察区转为行政区,刘焉为首任益州行政长官。此后刘焉子刘璋继任,《蜀志》卷1《刘二牧传》:"兴平元年,(刘焉)痈疽发背而卒……诏书因以(刘璋)为监军使者领益州牧。"直至建安十九年(214)刘璋降于刘备,《蜀志》卷2《先主传》:"(建安)十九年……(刘备)进围成都,数十日(刘)璋出降……先主复领益州牧。"从此刘备、刘禅父子盘踞益州,直至蜀汉政权覆亡②。初平元年(190),分巴郡为巴、永宁、巴东三郡,建安六年,刘璋改巴郡为巴西郡、永宁郡为巴郡,建安二十一年,刘备改巴东郡为固陵郡,章武元年(221)固陵郡复为巴东郡。建安十八年,刘璋置江阳郡。建安十九年刘备定蜀后,改犍为属国都尉为朱提郡。建安二十一年,置涪陵郡,后一度改为涪陵属国,后又改为郡。建安二十二年,置梓潼郡。建安二十三年,分巴郡置宕渠郡,旋废,延熙末复置宕渠郡。章武元年,改蜀郡属国为汉嘉郡。建兴三年(225),刘禅改广汉属国为阴平郡。建兴三年分建宁、牂柯二郡置兴古郡,分建宁、永昌、越巂三郡置云南郡。诸葛亮平定南中四郡之前改益州郡为建宁郡,至此建宁郡方为化内之实土。越巂郡建兴元年叛,建兴三年复平,直至延熙三年方为蜀汉实土。延熙中,分犍为郡置南广郡,旋废。延熙中,分广汉郡置东广汉郡,降魏后,东广汉郡见废。景耀五年(262)之益州政区见图10、图11。

---

① 据《蜀志》卷1《刘二牧传》:"(刘)焉徙治成都,既痛其子又感祅灾,兴平元年,(刘焉)痈疽发背而卒。"则刘焉时益州已徙治成都,直至刘禅炎兴元年(263)降魏,益州治所未改。又《方舆胜览》卷69利州西路沔州条:"蜀置梁州,治汉中之沔阳。"此误,中华书局标点本《方舆胜览》亦失校。
② 《通典》卷171:"蜀主全制巴蜀,置益、梁二州。"误,谢氏《补注》驳之,是,中华书局标点本《通典》失校。梁州乃魏景元四年(263)蜀汉降魏后所置,详魏梁州考证。

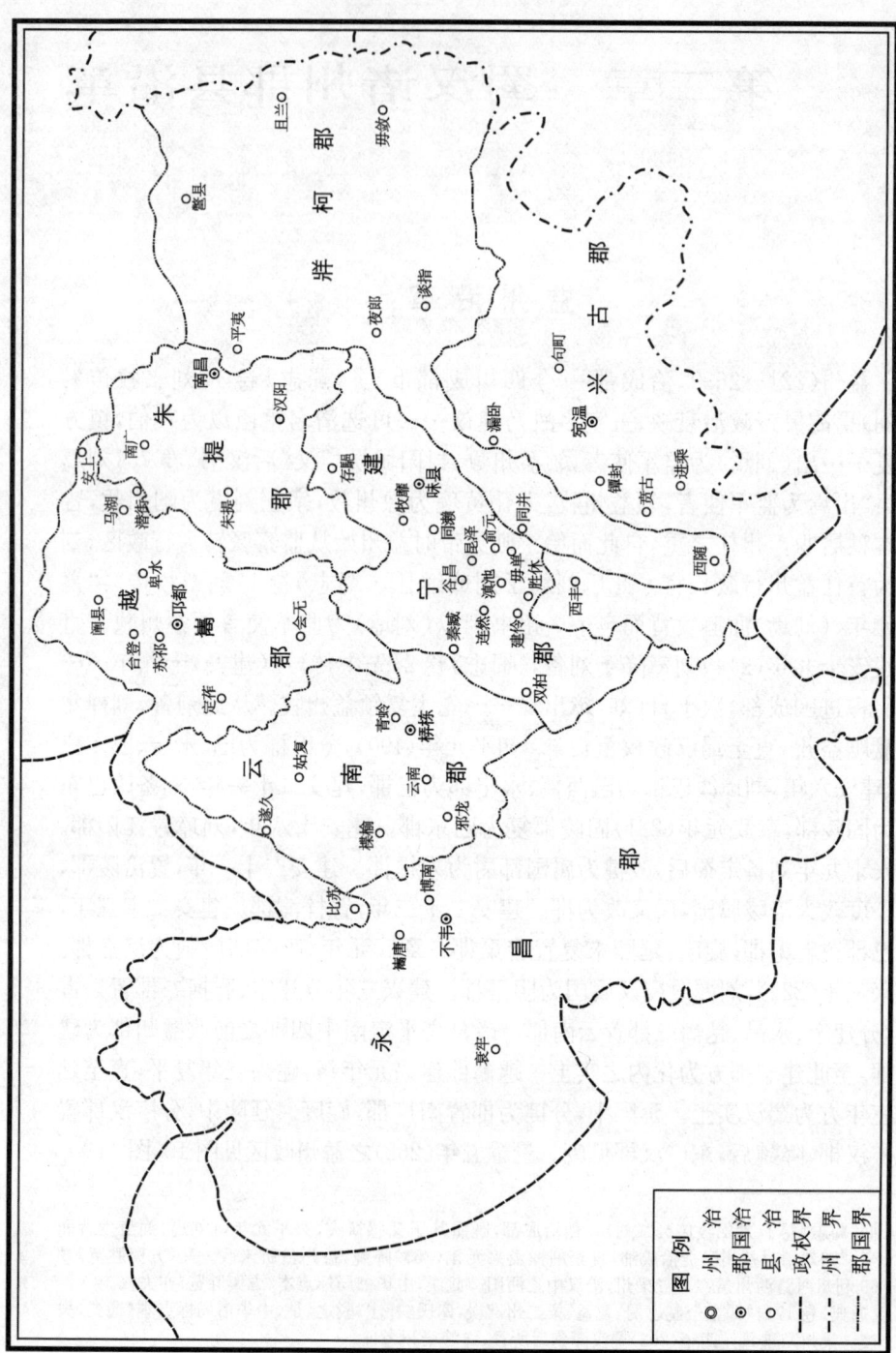

图 10 景耀五年 (262) 三国蜀汉益州南部

(一) 蜀郡(221—263)——治成都(今四川成都市)

按：《续汉志》蜀郡领县十一，其中广柔、绵虒道二县移属汶江郡，领县九①。

1. 成都(221—263)
2. 江原(221—263)
3. 繁(221—263)
4. 广都(221—263)
5. 临邛(221—263)
6. 郫(221—263)
7. 汶江(221—263)

按：《续汉志》作"汶江道"属，《晋志》作"广阳"属汶山郡。检《水经注》卷40经文："益州沱水在蜀郡汶江县西南。"《水经注》经文为三国时人所撰，则蜀汉时汶江县属蜀郡。又《元和志》卷32剑南道茂州汶山县条："本汉汶江县地，晋改为广阳县，属汶山郡。"则其似于晋初改为广阳县且移属汶山郡，洪氏《补志》、吴氏《表》卷6均误将其列入汶山郡，《中国历史地图集·三国图组》亦将其绘入汶山郡，并不从。

8. 蚕陵(221—263)

按：《汉志》作"蚕陵"属，《续汉志》作"八陵"属，《晋志》作"蚕陵"属汶山郡。王先谦《后汉书集解》引惠栋说："灵帝以汶江、蚕陵、广柔三县置汶山郡，'八陵'当作'蚕陵'。"今检《晋志》："灵帝又以汶江、蚕陵、广柔三县立汶山郡。"惠栋所言乃据《晋志》，是，则灵帝时已复称"蚕陵"。《舆地广记》卷30成都府路翼州条："本汉蚕陵县地，属汶山郡，郡废，属蜀郡，晋复属汶山郡。"则蚕陵县至晋初方移属汶山郡，洪氏《补志》、吴氏《表》卷6均将蚕陵县列入汶山郡，而不出考证，《中国历史地图集·三国图组》亦将蚕陵绘入汶山郡，并不从。

9. 氐道(221—263)

按：《续汉志》作"湔氐道"属，《晋志》作"升迁"属汶山郡。《水经注》卷33经文："岷山在蜀郡氐道县，大江所出，东南过其县北。"《水经注》经文为三国时人所撰，则蜀汉时当有氐道县且属蜀郡。又《晋志》作"升迁"。据《水经注》卷

---

① 《蜀志》卷3《后主传》"(建兴)十四年夏四月，后主至湔，登观阪，看汶水之流"裴注按："湔，县名。"《资治通鉴》卷73"夏四月，汉主至湔，登观阪，观汶水之流"条胡注："湔，即汉之湔氐道，属蜀郡。"洪氏《补志》、吴氏《表》卷6均据之以为蜀汉时蜀郡有湔县，谢氏《补注》以为湔氐道移属汶山郡，胡说实谬，杨氏《补正》以为湔乃水名，非为县名，裴氏误解志文，胡氏沿误。杨氏是。

33："江水自天彭阙东迳汶关，而历氐道县北……县本秦始皇置，后为升迁县也。"今检魏雍州陇西郡有氐道县，蜀汉降魏后，一国有两氐道，则"氐道"改名"升迁"当在魏咸熙元年(264)。又《宋志》："升迁令，《晋太康地志》属汶山。"则太康三年(282)前其移属汶山郡，而确年乏考。洪氏《补志》作"升迁"且列入汶山郡，吴氏《表》卷6作"氐道"亦列入汶山郡，并误，《中国历史地图集·三国图组》亦漏绘氐道县。

（二）汶山郡(221—263)——治绵虒①（今四川汶川县西南）

按：《续汉志》无此郡。据《后汉书》卷116《西南夷传》："冉駹夷者，武帝所开，元鼎六年，以为汶山郡，至地节三年，夷人以立郡赋重，宣帝乃省并蜀郡为北部都尉……灵帝时复分蜀郡北部为汶山郡。"则灵帝时已有汶山郡。检《蜀志》卷9《陈震传》："（陈震）随先主入蜀，蜀既定，（陈震）为蜀郡北部都尉，因易郡名，为汶山太守，转在犍为。"又《宋志》："汶山太守，《晋太康地志》：'汉武帝立，孝宣地节三年合蜀郡，刘氏又立。'"则汶山郡灵帝末时似废，于建安末又复置，钱氏《考异》卷16："或汉末仍复并省，至先主定蜀后复为郡也。"是。其时领县五。

1. 绵虒(221—263)

按：《续汉志》作"绵虒道"属蜀郡，《晋志》作"汶山"属。据《水经注》卷33："又有湔水入焉，水出绵虒道，亦曰绵虒县之玉垒山……县即汶山郡治，刘备之所置也。"则绵虒县蜀汉时确属汶山郡，且为郡治。又检《寰宇记》卷78茂州汶川县条："本汉绵虒县地，晋置汶川州于此。"此所谓"汶川州"当为"汶山县"之讹。

2. 广柔(？—263)

按：《续汉志》属蜀郡，《晋志》属。检《蜀志》卷8《秦宓传》裴注引谯周《蜀本纪》曰："禹本汶山广柔县人也。"谯周为蜀汉大臣，刘禅降魏，即为其所促成，所谓"汶山广柔县"当是其时政区情况，则蜀汉时广柔确属汶山郡。

3. 都安(？—263)

按：《续汉志》无此县，《晋志》属。检《宋志》："都安侯相，蜀立。"则都安为蜀汉所立，而确年乏考。又《舆地广记》卷30成都府路永康军导江县条："本汉郫、绵虒二县地，属蜀郡。蜀置都安县，属汶山郡。"则都安县乃分郫、绵虒二县地所置，蜀汉时确属汶山郡。

---

① 据《水经注》卷33："又有湔水入焉，水出绵虒道，亦曰绵虒县之玉垒山……县即汶山郡治，刘备之所置也。"则汶山郡治所当在绵虒县。

4. 白马(？—263)

按：《续汉志》无此县，《晋志》作"兴乐"属。检《宋志》："兴乐令，二汉、魏无。《晋太康地记》云：'元年更名，本曰白马，属汶山。'"则白马县似为蜀汉所立且属汶山郡，而确年乏考。魏时兖州东郡有白马县，蜀汉降魏后，一国而有两白马县，则白马更名为兴乐当在魏咸熙元年，《宋志》所引《晋太康地记》所谓"元年更名"或指"咸熙元年更名"。

5. 平康(？—263)

按：《续汉志》无此县，《晋志》属。检《蜀志》卷3《后主传》："(延熙十年)汶山平康夷反。"则蜀汉时汶山郡有平康县。洪氏《补志》据《蜀志·姜维传》以为蜀汉置平康县，是，而确年乏考。

(三) 犍为郡(221—263)——治武阳①(今四川彭山县)

按：《续汉志》领县九，其江阳、符节、汉安三县建安十八年移属江阳郡。领县六。延熙中，南广县他属，领县五。据《华阳国志》卷3："孝昭元年(犍为)郡治僰道，后遂徙武阳。至晋，属县五，户二万。"与此合②。

1. 武阳(221—263)
2. 南安(221—263)
3. 资中(221—263)
4. 僰道(221—263)
5. 牛鞞(221—263)
6. 南广(221—238后)

按：《续汉志》属，《晋志》属朱提郡。检《水经注》卷36经文："延江水出犍为南广县。"《水经注》经文为三国时人所撰，则蜀汉时南广县属犍为郡。据《水经注》卷33："(符黑)水出宁州南广郡南广县，县故犍为之属县也，汉武帝太初元年置，刘禅延熙中分以为郡。"则南广县于延熙时置郡。又《宋志》："南广令，汉旧县，属犍为，《晋太康地志》属朱提。"《晋志》南广县属朱提郡，则南广县太康时已属朱提郡，似南广郡后废，而确年乏考。南广郡废置后，南广县似移属朱提郡，而确年亦乏考。

---

① 据《舆地广记》卷29成都府路眉州彭山县条："本汉武阳县，属犍为郡……东汉为郡治焉，晋因之。"又《舆地广记》卷29成都府路嘉州犍为县条："按汉武帝开夜郎，置犍为郡，东汉及晋徙治武阳。"则犍为郡治所当是武阳县。

② 《蜀志》卷10《李严传》："(建安十九年)成都既定，(李严)为犍为太守……越巂夷率高定遣军围新道县。"吴氏《考证》卷6据此以为犍为郡其时当有新道县，杨氏补正据《水经注》卷33"峡山，邛崃山也，在汉嘉严道县，一曰新道山"，以为新道即汉嘉郡之严道，吴说误，是，谢氏《补注》更以新道属越巂郡，失之远矣。

（四）江阳郡（221—263）——治江阳①（今四川泸州市）

按：《续汉志》无此郡。检《华阳国志》卷3："江阳郡……本犍为枝江都尉，建安十八年置郡。"又《宋志》："江阳太守，刘璋分犍为立。"又《水经注》卷33："江阳县枕带双流，据江、洛会也。汉景帝六年，封赵相苏嘉为侯国，江阳郡治也，故犍为枝江都尉，建安十八年，刘璋立。"又《舆地纪胜》卷153潼川府路泸州条："东汉末刘璋立江阳为郡。"则江阳郡乃刘璋于建安十八年所置②。

1. 江阳（221—263）

按：《续汉志》属犍为郡，《晋志》属。

2. 符节（221—263）

按：《汉志》作"符"属犍为郡，《续汉志》作"符节"属犍为郡，《晋志》作"符"属。检《蜀志》卷15《季汉辅臣赞》陈寿自注："（王义强）从先主入蜀，后举孝廉，为符节长。"则蜀汉时当有"符节县"。又《舆地广记》卷31梓州路泸州合江县条："本汉符县地，属犍为郡……东汉曰'符节'，晋复曰'符'，属江阳郡。"则"符节县"至晋方复为"符县"。谢氏《补注》据此以驳洪氏《补志》作"符"，是。

3. 汉安（221—263）

按：《续汉志》属犍为郡，《晋志》属。其蜀汉时归属情况乏考，疑建安十八年江阳郡初置时由犍为郡来属。

（五）汉嘉郡（221—263）——治青衣（今四川天全县东北）

按：《续汉志》无此郡，据《晋志》："（章武元年）以蜀郡属国为汉嘉郡。"则章武元年改蜀郡属国为汉嘉郡。领县四。

1. 青衣（221—263）

按：《续汉志》作"汉嘉"属蜀郡属国，《晋志》作"汉嘉"属。《续汉志》蜀郡属国汉嘉县条："故青衣，阳嘉二年改。"今检《史记》卷90《彭越传》"上赦以为庶人，传（彭越）处蜀青衣"条裴骃《集解》引文颖曰："青衣，县名，在蜀。"又据颜师古《汉书叙例》："文颖，字叔良，南阳人，后汉末荆州从事，魏建安中为甘陵府丞。"则文颖为建安时人，其所云当为建安时事，故其时"汉嘉"似又改为"青衣"。又据《蜀志》卷2《先主传》"（建安二十五年）青衣侯向举……上言"，《华

---

① 据《水经注》卷33："江阳县枕带双流，据江、洛会也。汉景帝六年，封赵相苏嘉为侯国，江阳郡治也，故犍为枝江都尉，建安十八年，刘璋立。"则江阳郡治所当在江阳县。而《舆地广记》卷31梓州路泸州江安县条："本汉安县，东汉置，属犍为郡，蜀为江阳郡治。"误，四川大学标点本《舆地广记》失校。吴氏《表》卷6据之以为蜀汉时江阳郡治江安，亦误。

② 《晋志》云："（章武元年）分犍为立江阳郡。"显误。《寰宇记》卷72剑南西道益州条："（章武元年）分犍为立江阳郡。"《舆地广记》卷31梓州路泸州条："蜀章武元年立江阳郡。"此皆承《晋志》之误。《华

阳国志》卷6"(建安二十五年)青衣侯向举……上河洛符验",则建安末有青衣县。又《水经注》卷36经文:"青衣水出青衣县西蒙山。"《水经注》经文为三国时人所撰,则蜀汉时确有青衣县。又《水经注》卷36经文"(沫水)东北与青衣水合"注引《华阳国志》曰:"二水于汉嘉青衣县东,合为一川,自下亦谓之为青衣水。"此段引文今本《华阳国志》阙载,则至晋时汉嘉郡仍有青衣县,《晋志》汉嘉郡有"汉嘉"当为"青衣"之讹。《舆地广记》卷29成都府路嘉州龙游县条:"公孙述据蜀,青衣不宾,光武嘉之,阳嘉二年改曰汉嘉。刘先主因置汉嘉郡,领汉嘉、徙阳、严道、旄牛四县。"此"汉嘉"沿《晋志》亦当为"青衣"之讹。谢氏《补注》、吴氏《考证》卷6以为青衣县于蜀汉时又回改为汉嘉县,强为弥缝,难为定谳,洪氏《补志》作"阳嘉"则混年号为县名,又杨氏《补正》据《宋志》未载复立青衣县之说以为蜀汉无青衣县,其未检《史记》集解文颖注、《蜀志》、《水经注》而偏据刘宋沈约之《宋志》,亦属武断,《中国历史地图集·三国图组》亦误作"汉嘉",并不从。

2. 新道(221—263)

按:《续汉志》作"严道"属蜀郡属国,《晋志》作"严道"属。检《蜀志》卷10《李严传》:"(建安十九年)成都既定,(李严)为犍为太守……越巂夷率高定遣军围新道县。"又《水经注》卷33:"崃山,邛崃山也,在汉嘉严道县,一曰新道南山。"则"新道县"即为"严道县"。疑蜀郡属国章武元年改为汉嘉郡时,"严道县"亦改为"新道县",至晋方回改为"严道县"属。《舆地广记》卷29成都府路嘉州龙游县条:"公孙述据蜀,青衣不宾,光武嘉之,阳嘉二年改曰汉嘉。刘先主因置汉嘉郡,领汉嘉、徙阳、严道、旄牛四县。"此"严道"当为"新道"之讹。洪氏《补志》、吴氏《表》卷6皆作"严道",《中国历史地图集·三国图组》亦绘作"严道",并不从。

3. 徙阳(221—263)

按:《续汉志》作"徙"属蜀郡属国,《晋志》作"徙阳"属。检《舆地广记》卷29成都府路嘉州龙游县条:"公孙述据蜀,青衣不宾,光武嘉之,阳嘉二年改曰汉嘉。刘先主因置汉嘉郡,领汉嘉、徙阳、严道、旄牛四县。"则蜀汉时当作"徙阳"且属汉嘉郡。杨氏《补正》据《季汉辅臣赞》注以为其时吴壹为"徙侯"则当作"徙县",今查《蜀志》卷15《季汉辅臣赞》陈寿自注:"建兴八年,(吴壹)与魏延入南安界,破魏将费瑶,徙亭侯。"此"徙"为擢拜之意,非为县名,故杨氏误读注文,不可为据。

4. 旄牛(221—263)

按:《续汉志》属蜀郡属国,《晋志》属。

（六）广汉郡（221—263）——治雒（今四川广汉市北）

按：《续汉志》领县十一，其中梓潼、涪、葭萌、白水四县建安末移属梓潼郡，新置五城、阳泉二县，领县九。延熙中广汉、德阳、五城移属东广汉郡，领县六。据《华阳国志》卷3：" 刘氏延熙中分广汉四县，置东广汉郡，咸熙初省。泰始末又分置新都郡，太康省，末年又置。"又《晋志》："新都郡，泰始二年置，统县四。"则《晋志》新都郡所统雒、什邡、绵竹、新都四县蜀汉时当属广汉郡，后于泰始中移属新都郡。

1. 雒（221—263）

按：《续汉志》属，《晋志》属新都郡。蜀汉时雒县当属广汉郡，后于晋泰始中移属新都郡。

2. 广汉（221—238后）

按：《续汉志》、《晋志》均属。延熙中移属东广汉郡。

3. 德阳（221—238后）

按：《续汉志》、《晋志》均属。延熙中移属东广汉郡。

4. 五城（？—238后）

按：《续汉志》无此县，《晋志》属。《宋志》："伍城令……《何志》：'刘氏立。'"①则五城县蜀汉时新立，而始置确年乏考。延熙中移属东广汉郡。

5. 绵竹（221—263）

按：《续汉志》属，《晋志》属新都郡。蜀汉时绵竹县当属广汉郡，后于晋泰始中移属新都郡。

6. 新都（221—263）

按：《续汉志》属，《晋志》属新都郡。蜀汉时新都县当属广汉郡，后于晋泰始中移属新都郡。

7. 什邡（221—263）

按：《续汉志》作"什邡"属，《晋志》作"什方"属新都郡。检《蜀志》卷11《王连传》："及成都既平，以（王）连为什邡令。"又《宋志》："什邡令，汉旧县。"又《华阳国志》卷3："什邡县，山出好茶。"则《晋志》、吴氏《表》卷6作"什方"并误。蜀汉时什邡县当属广汉郡，后于晋泰始中移属新都郡。

8. 郪（221—263）

按：《续汉志》属，《晋志》无此县。检《魏志》卷28《钟会传》："刘禅诣（邓）艾降，遣使敕（姜）维等，令降于（钟）会。（姜）维至广汉郪县，令兵悉放器仗。"则蜀汉时确有郪县且属广汉郡。据《舆地广记》卷31梓州路梓州郪县条："二

---

① 《华阳国志》卷3"五城县"云："汉时置五仓，发五县民，尉部主之。后因以为县。"是本作"五城"。

汉属广汉郡,晋省之。"则其至晋方省。

9. 阳泉(?)

按:《续汉志》、《晋志》均无此县,今检《宋志》:"阳泉令,蜀分绵竹立。"则阳泉蜀汉时新立,当属广汉郡,后废,而立、废之确年均乏考。

(七)东广汉郡(238后—263)——治乏考

按:《续汉志》、《晋志》均无此郡。检《华阳国志》卷3:"刘氏延熙中分广汉四县,置东广汉郡,咸熙初省。泰始末又分置新都郡,太康省,末年又置。"而《晋志》:"刘禅建兴二年……分广汉立东广汉郡。魏景元中,蜀平,省东广汉郡。"《晋书》为唐人所编,《华阳国志》为东晋常璩所撰,今从常氏,则东广汉郡置于刘禅延熙中,咸熙中废置。其所领四县史载未明,吴氏《考证》卷6据《一统志》以为《晋志》广汉郡所领广汉、德阳、五城三县即为东广汉郡所领,今据汪士铎《水经注图·江潜涪梓潼沮漳夏青衣延江夷油蕲十二水图》、《中国历史地图集·三国图组》益州北部图,可知此三县确为《续汉志》广汉郡东部之三县,吴说是。吴氏《考证》卷6欲补足四县之数,又据《通鉴》胡注"东广汉郡治郪县"而列有郪县。今检《魏志》卷28《钟会传》:"刘禅诣(邓)艾降,遣使敕(姜)维等,令降于(钟)会。(姜)维至广汉郪县,令兵悉放器仗。"则蜀汉时郪县非属东广汉郡,胡、吴皆误,而准之《华阳国志》四县之说还阙一县,今文献无考,暂阙不列。广汉、德阳、五城三县当于延熙中从广汉郡来属,魏咸熙初回属广汉郡。

1. 广汉(238后—263)

按:《续汉志》、《晋志》均属广汉郡,延熙中来属,魏咸熙初复属广汉郡。

2. 德阳(238后—263)

按:《续汉志》、《晋志》均属广汉郡,延熙中来属,魏咸熙初复属广汉郡。

3. 五城(238后—263)

按:《续汉志》无此县,《晋志》属广汉郡,延熙中来属,魏咸熙初复属广汉郡。

(八)梓潼郡(221—263)——治梓潼(今四川梓潼县)

按:《续汉志》无此郡。检《华阳国志》卷2:"(建安)二十二年分广汉置梓潼郡,以(霍)峻为太守,属县六。"《晋志》:"刘备据蜀,又分广汉之葭萌、涪城、梓潼、白水四县,改葭萌曰汉寿,又立汉德县,以为梓潼郡。"据此,梓潼郡建安二十二年置,除文中所列五县,又置剑门县,领县六①。

---

① 洪氏《补志》、吴氏《考证》卷6并据《宋志》,以为蜀汉时梓潼郡当有昭欢县。今检《续汉志》、《晋志》均无此县,又《宋志》:"邵欢令,《永初郡国》、何、徐并有,不注置立,疑是蜀立曰昭欢,晋改也。"沈约所疑纯系猜测,并无文献根据。又《华阳国志》言梓潼郡始置时领县六,除上引《晋志》所列葭萌、涪、梓潼、白水、汉德五县外,另有剑门县,则蜀汉时无昭欢县,明矣。

1. 梓潼(221—263)

按：《续汉志》属广汉郡，《晋志》属。

2. 涪(221—263)

按：《续汉志》属广汉郡，《晋志》属。

3. 汉寿(221—263)

按：《续汉志》作"葭萌"属广汉郡，《晋志》作"晋寿"属。据《晋志》："刘备据蜀，又分广汉之葭萌、涪城、梓潼、白水四县，改葭萌曰汉寿，又立汉德县，以为梓潼郡。"又《华阳国志》卷2："晋寿县，本葭萌城，刘氏更曰'汉寿'。"则葭萌县似建安末改名"汉寿"且移属梓潼郡。又检《宋志》："晋寿令，属梓潼……按《晋起居注》：'武帝太康元年改梓潼之汉寿曰晋寿。'"则太康元年(280)始改"汉寿"为"晋寿"。

4. 白水(221—263)

按：《续汉志》属广汉郡，《晋志》属。

5. 汉德(221—263)

按：《续汉志》无此县，《晋志》属。据《晋志》："刘备据蜀，又分广汉之葭萌、涪城、梓潼、白水四县，改葭萌曰汉寿，又立汉德县，以为梓潼郡。"则汉德县建安末刘备置，蜀汉时确属梓潼郡，至晋不改。

6. 剑门(221—263)

按：《续汉志》无此县，《晋志》作"剑阁"属。检《方舆胜览》卷67利州东路剑门关条："蜀先主以霍峻为梓潼太守，是时有剑门县。"明曹学佺《蜀中广记》卷26引《舆地广记》曰："诸葛孔明以大剑至此有隘束之称，乃立剑门县，复于阁道置尉以守之。"蜀汉有剑门县明矣，而始置确年乏考，后或因阁道置尉，改剑门为剑阁，而确年亦乏考。洪氏《补志》、吴氏《表》卷6梓潼郡不列此县，《中国历史地图集·三国图组》亦不绘剑门县，并不从，谢氏《补注》作"剑阁县"，微误。

(九) 巴西郡(221—263)——治阆中(今四川阆中市)

按：《续汉志》无此郡。据《续汉志》巴郡刘昭注引谯周《巴记》："初平元年[①]，赵颖分巴为二郡，欲得巴旧名，故郡以垫江为治，安汉以下为永宁郡。建安六年，刘璋分巴，以永宁为巴东郡，以垫江为巴西郡。"又《华阳国志》卷1巴志条："献帝初平元年，征东中郎将安汉赵颖，建议分巴为二郡。(赵)颖欲得巴

---

① 原作"初平六年"，中华书局本《后汉书》校勘记引惠栋《补注》谓初平无六年，当依《华阳国志》作"初平元年"，并改，是。

旧名,故白益州牧刘璋(当作刘焉),以垫江以上为巴郡,江南庞羲为太守,治安汉,以江州至临江为永宁郡,朐忍至鱼复为固陵郡,巴遂分矣。建安六年,鱼复蹇胤白(刘)璋争巴名,(刘)璋乃改永宁为巴郡,以固陵为巴东,徙(庞)羲为巴西太守,是为三巴。"又文渊阁四库本《华阳国志》卷1巴东郡条:"巴东郡,先主入益州,改为江关都尉。建安二十一年,以朐忍、鱼复并羊渠及宜都与巫、北井共六县立为固陵郡……章武元年,朐忍徐虑、鱼复蹇机以失巴名,上表自讼,先主听复为巴东。"诸说颇多抵牾、莫衷一是。今检《蜀志》卷10《刘琰传》:"先主定益州,以(刘)琰为固陵太守。"则建安末仍有固陵郡,故《华阳国志》卷1巴志条所载"建安六年……以固陵为巴东"误,当据《华阳国志》卷1巴东郡条所载,则上引《华阳国志》卷1巴志条当改订为:"献帝初平元年,征东中郎将安汉赵颖,建议分巴为二郡。(赵)颖欲得巴旧名,故白益州牧刘焉,以垫江以上为巴郡,江南庞羲为太守,治安汉,以江州至临江为永宁郡,朐忍至鱼复为巴东郡,巴遂分矣。建安六年,鱼复蹇胤白(刘)璋争巴名,(刘)璋乃改永宁为巴郡,徙(庞)羲为巴西太守。建安二十一年改巴东郡为固陵郡,章武元年改固陵郡复为巴东郡,是为三巴。"今检《晋志》巴西、巴东、巴郡所领诸县与改订后之《华阳国志》所述情况几乎完全吻合,则据上引《华阳国志》、《续汉志》所载之巴郡当于初平元年(190)分为巴、永宁、巴东三郡,建安六年,刘璋改巴郡为巴西郡,改永宁郡为巴郡,巴东郡仍旧,建安二十一年,刘备改巴东郡为固陵郡,章武元年固陵郡复为巴东郡,巴西郡、巴郡仍旧。又据《华阳国志》卷1:"献帝初平元年,征东中郎将安汉赵颖,建议分巴为二郡。(赵)颖欲得巴旧名,故白益州牧刘璋(当作刘焉),以垫江以上为巴郡,江南庞羲为太守,治安汉。"则巴郡初平元年后所领诸县当为垫江以上诸县,治所当在安汉。又据《寰宇记》卷86剑南东道果州条:"建安六年(刘)璋改巴郡为巴西郡,徙理阆中。"则建安六年巴郡改为巴西郡,治所徙于阆中县①。《续汉志》巴郡领县十四,所领江州、枳、临

---

① 《续汉志》梁刘昭注引谯周《巴记》:"建安六年,刘璋分巴,以永宁为巴东郡。"《宋志》:"建安六年,刘璋改永宁为巴东郡。"《晋志》梁州条:"建安六年,刘璋改永宁为巴东郡。"《晋志》益州条:"建安六年,改永宁为巴东……二十一年,刘备分巴郡立固陵郡。蜀章武元年,又改固陵为巴东郡。"据上考均误,永宁郡建安六年当改为巴郡,钱氏《考异》卷19亦以为永宁郡后改巴郡而非巴东郡,是。然其又据《华阳国志》巴志条以为后汉初平元年刘焉分巴郡置巴、永宁、固陵三郡,不悟"固陵"实为"巴东"之讹,巴郡建安二十一年方改为固陵郡,钱氏误。吴氏《考证》卷6根据今地及《魏志》、《蜀志》亦以为《华阳国志》所述为胜,谯周《巴记》当有脱讹,《晋志》所载舛乱殊甚,不可为据,是,然吴氏仅据《华阳国志》卷1巴志条,不知当据《华阳国志》卷1巴东郡条正其舛乱,所见与钱氏同,亦误。又《续汉志》梁刘昭注引谯周《巴记》:"建安六年,刘璋分巴……以垫江为巴西郡。"《宋志》亦引谯周《巴记》:"建安六年,刘璋分巴郡垫江以上为巴西郡。"此两条《巴记》颇为舛乱,建安六年刘璋改巴郡为巴西郡,所领诸县未变,非分置巴西郡也。

江、平都四县移属蜀汉时巴郡,鱼复、朐忍两县移属巴东郡,涪陵县移属涪陵郡,宕渠县移属宕渠郡后复属,领县八,刘禅建兴十五年(237),垫江县移属巴郡,领县七。

1. 阆中(221—263)

按:《续汉志》属巴郡,《晋志》属。又据《寰宇记》卷86剑南东道果州条:"建安六年(刘)璋改巴郡为巴西郡,徙理阆中。"则阆中蜀汉时确属巴西郡,且为巴西郡治所,至晋不改。

2. 安汉(221—263)

按:《续汉志》属巴郡,《晋志》属。《华阳国志》卷1巴志条:"献帝初平元年,征东中郎将安汉赵颖,建议分巴为二郡。(赵)颖欲得巴旧名,故白益州牧刘璋(当作刘焉),以垫江以上为巴郡,江南庞羲为太守,治安汉……建安六年,鱼复蹇胤白(刘)璋争巴名,(刘)璋乃……徙(庞)羲为巴西太守。"则献帝初平元年至建安六年安汉为巴郡郡治,后巴郡改为巴西郡,安汉仍属焉,至晋不改。洪氏《补志》将之列入巴郡,谢氏《补注》指出其谬,谓其当属巴西郡,是。

3. 南充国(221—263)

按:《续汉志》无此县,《晋志》属,《华阳国志》卷1巴西郡亦有南充国县。《续汉志》巴郡充国条刘昭注引谯周《巴记》:"初平四年,复分为南充国县。"《宋志》亦引《巴记》:"初平六年①,分充国为南充国。"则南充国置于初平四年。

4. 西充国(221—263)

按:《续汉志》作"充国"属巴郡,《晋志》属。《续汉志》巴郡充国条刘昭注引谯周《巴记》:"初平四年,复分为南充国县。"吴氏《表》卷6以为南充国分立后,遂在充国县前加一"西"字,是。又据《蜀志》卷12《谯周传》:"谯周字允南,巴西西充国人也。"则西充国县蜀汉时确属巴西郡,至晋不改。

5. 垫江(221—236)

按:《续汉志》、《晋志》均属巴郡。检《宋志》:"垫江令,汉旧县(属巴郡),献帝建安六年度巴西,刘禅建兴十五年复旧。"则蜀汉建兴十五年前垫江县确属巴西郡,建兴十五年后移属巴郡。

6. 宕渠(221—238后,?—263)

按:《续汉志》属巴郡,《晋志》属。检《蜀志》卷13《王平传》:"王平字子均,巴西宕渠人也。"则宕渠县蜀汉时当属巴西郡,又据宕渠郡宕渠县考证,宕渠县延熙中当移属宕渠郡,九年后宕渠郡废,还属巴西郡,而确年均乏考。

---

① 初平无六年,当作四年,中华书局标点本改为四年,是。

7. 宣汉(221—263)

按:《续汉志》属巴郡,《晋志》无此县。检《方舆胜览》卷59夔州路达州:"后汉分宕渠置宣汉……刘璋分属巴西郡,晋省宣汉县。"又《宋志》:"宣汉令,前汉无,后汉属巴郡,《晋太康地志》无。"则宣汉蜀汉时属巴西郡,至晋方省。

8. 汉昌(221—263)

按:《续汉志》属巴郡,《晋志》属。检《蜀志》卷13《王平传》:"王平字子均,巴西宕渠人也……同郡汉昌句扶忠勇宽厚,数有战功。"则句扶当为巴西汉昌人,汉昌县蜀汉时当属巴西郡,至晋不改。

(十)宕渠郡(238后—?)——治宕渠(今四川渠县东北)

按:《续汉志》、《晋志》均无此郡。据《寰宇记》卷136山南西道渝州条:"(建安)二十一年,蜀先主……又以巴西郡所管宣汉、宕渠、汉昌三县置宕渠郡。"《寰宇记》卷138山南西道渠州条:"后汉建安二十三年,蜀先主分巴郡置宕渠郡,寻省。后主延熙中又置,寻又省。"《舆地纪胜》卷162潼川府路渠州条:"蜀先主割巴郡之宕渠等三县置宕渠郡,《元和郡县志》在建安末,《寰宇记》在建安二十四年,《续通典》云:'建安二十三年,蜀先主分巴郡置宕渠郡。'"则建安二十一年或是二十三年、二十四年刘备曾置宕渠郡而确年乏考,其时似有宣汉、宕渠、汉昌三县,寻省而确年亦乏考。又《华阳国志》卷1:"宕渠郡,延熙中置,以广汉王士为太守,郡建九年省。"则宕渠郡延熙中又置,九年后省,而确年乏考。

宕渠(238后—?)

按:《续汉志》属巴郡,《晋志》属巴西郡。今据上考,刘禅延熙中曾置宕渠郡,又据《舆地广记》卷33夔州路达州通川县条:"本宕渠县地,东汉置宣汉县,属巴郡。蜀刘氏分属宕渠郡,晋①省之,属巴西。"则宕渠县延熙时曾属宕渠郡,九年后宕渠郡废,其回属巴西郡,而确年乏考。

(十一)巴郡(221—263)——治江州(今重庆)

按:据《续汉志》巴郡刘昭注引谯周《巴记》:"初平元年,赵颖分巴为二郡,欲得巴旧名,故郡以垫江为治,安汉以下为永宁郡。建安六年,刘璋分巴,以永宁为巴东郡。"又《华阳国志》卷1巴志条:"献帝初平元年,征东中郎将安汉赵颖,建议分巴为二郡。(赵)颖欲得巴旧名……以江州至临江为永宁郡……建安六年,鱼复蹇胤白(刘)璋争巴名,(刘)璋乃改永宁为巴郡。"据巴西郡考证,

---

① 据《华阳国志》当作"后"。

《续汉志》刘昭注引谯周《巴记》"建安六年,刘璋分巴,以永宁为巴东郡"当改为"建安六年,刘璋分巴,以永宁为巴郡",《宋志》"建安六年,刘璋改永宁为巴东郡"当为"改永宁为巴郡"之讹,《晋志》梁州条"建安六年,刘璋改永宁为巴东郡"亦当为"改永宁为巴郡"之讹,又《晋志》益州条"建安六年,改永宁为巴东……二十一年,刘备分巴郡立固陵郡。蜀章武元年,又改固陵为巴东郡"当改为"建安六年,改永宁为巴郡……二十一年,刘备改巴东郡立固陵郡。蜀章武元年,又改固陵复为巴东郡"。钱氏《考异》卷19亦以为永宁郡后改巴郡而非巴西郡,是。今检《寰宇记》卷136山南西道渝州条:"初平中,益州牧刘璋(当作刘焉)分……垫江以下为永宁郡,理江州。"则永宁郡改为巴郡后,治所似仍为江州。其时领县六。刘禅建兴十五年,垫江县来属,领县七。延熙十七年(254),省平都、乐城、常安三县,领县四。

1. 江州(221—263)
2. 枳(221—263)
3. 临江(221—263)

按:检《寰宇记》卷149山南东道忠州条:"建安六年,改永宁郡为巴东郡①,临江县属焉。"则临江县蜀汉时当属巴郡,至晋不改。

4. 垫江(237—263)

按:《续汉志》、《晋志》属。检《宋志》:"垫江令,汉旧县(属巴郡),献帝建安六年度巴西,刘禅建兴十五年复旧。"则蜀汉建兴十五年前垫江县属巴西郡,建兴十五年后来属,至晋不改。

5. 平都(221—253)

按:《续汉志》属,《晋志》无此县。检《华阳国志》卷1巴志条:"(延熙)十七年,省平都、乐城、常安,咸熙元年(巴郡)但四县。"则延熙十七年前平都县当属巴郡,延熙十七年省。

6. 乐城(?—253)

按:《续汉志》、《晋志》均无此县。检《华阳国志》卷1巴志条:"(延熙)十七年,省平都、乐城、常安,咸熙元年(巴郡)但四县。"则延熙十七年前当有乐城县且属巴郡,延熙十七年省,而初置确年乏考②。

---

① 当作巴郡,详巴西郡考证。
② 《续汉志》汉中郡有成固县,据《华阳国志》卷2:"蜀时以沔阳为汉城,成固为乐城。"又《水经注》卷27亦引《华阳国志》:"蜀以成固为乐城县也。"又《舆地广记》卷32利州路兴元府城固县条:"二汉属汉中郡,蜀改为乐城,晋复故。"《晋志》汉中郡即有成固县。然从地理位置论,此成固县所改之乐城县在汉中,与巴郡乐城县距离悬远,当非同一县。

7. 常安(？—253)

按：《续汉志》、《晋志》均无此县。检《华阳国志》卷1巴志条："(延熙)十七年，省平都、乐城、常安，咸熙元年(巴郡)但四县。"则延熙十七年前当有常安县且属巴郡，延熙十七年省，而初置确年乏考。

(十二) 巴东郡(221—263)——治永安①(今重庆奉节县)

按：《续汉志》无此郡。据《华阳国志》卷1巴志条："献帝初平元年，征东中郎将安汉赵颖，建议分巴为二郡。(赵)颖欲得巴旧名，故白益州牧刘璋(当作刘焉)，以垫江以上为巴郡，江南庞羲为太守，治安汉，以江州至临江为永宁郡，朐忍至鱼复为固陵郡，巴遂分矣。建安六年，鱼复蹇胤白(刘)璋争巴名，(刘)璋乃改永宁为巴郡，以固陵为巴东，徙(庞)羲为巴西太守，是为三巴。"又文渊阁四库本《华阳国志》卷1巴东郡条："巴东郡，先主入益州，改为江关都尉。建安二十一年，以朐忍、鱼复并羊渠及宜都与巫、北井共六县立为固陵郡……章武元年，朐忍徐虑、鱼复蹇机以失巴名，上表自讼，先主听复为巴东。"今检《蜀志》卷10《刘琰传》："先主定益州，以(刘)琰为固陵太守。"则建安末仍有固陵郡，故《华阳国志》卷1巴志条所载"建安六年……以固陵为巴东"误，当据《华阳国志》卷1巴东郡条所载，则上引《华阳国志》卷1巴志条当改订为："献帝初平元年，征东中郎将安汉赵颖，建议分巴为二郡。(赵)颖欲得巴旧名，故白益州牧刘焉，以垫江以上为巴郡，江南庞羲为太守，治安汉，以江州至临江为永宁郡，朐忍至鱼复为巴东郡，巴遂分矣。建安六年，鱼复蹇胤白(刘)璋争巴名，(刘)璋乃改永宁为巴郡，徙(庞)羲为巴西太守。建安二十一年改巴东郡为固陵郡，章武元年改固陵郡复为巴东郡，是为三巴。"李晓杰《东汉政区地理》第九章第二节以为：建安二十年，刘备据有益州，改巴东郡为江关都尉。次年，复改江关都尉为固陵郡。章武元年，又改固陵郡为巴东郡。是。又据《寰宇记》卷148山南东道归州巴东县条："巴东县……本汉巫县地，三国时属吴。"《吴志》卷2《孙权传》："(建安二十四年)陆逊别取宜都，获秭归、枝江、夷道。"则巫县、宜都县后入吴。其时领县五。

1. 永安(221白帝，222—263)

按：《续汉志》、《晋志》均无此县。检《华阳国志》卷1："鱼复县，(巴东)郡治，公孙述更名白帝，章武二年改曰永安，咸熙初复。"《水经注》卷22："章武二年，刘备为吴所破，改白帝为永安，巴东郡治也。"则永安县本《续汉志》巴郡鱼

---

① 检《华阳国志》卷1："鱼复县，(巴东)郡治，公孙述更名白帝，章武二年改曰永安，咸熙初复。"《水经注》卷22："章武二年，刘备为吴所破，改白帝为永安，巴东郡治也。"则蜀汉时巴东郡治所为永安。

复县,公孙述改为白帝,刘备章武二年又改作永安。又《春秋经传集解·文公十六年》"唯裨、儵、鱼人实逐之"条杜预注曰:"鱼,鱼复县,今巴东永安县。"则太康元年时永安县仍未复称鱼复县,而《晋志》巴东郡有鱼复县,则永安县当在太康元年后复为鱼复县,上引《华阳国志》所谓"咸熙初复"误。《宋志》"鱼复侯相,汉旧县,属巴郡,刘备章武二年改为永安,晋武帝太康元年复旧",亦微误,当作"太康元年后复旧"。

2. 朐忍(221—263)

按:《续汉志》属巴郡,《晋志》作"朐䏰"属。刘琳《华阳国志校注》卷1引东汉《曹全碑》、《巴郡太守张纳碑阴》、《西狱华山亭碑》,以为当作"朐忍",是。又检文渊阁四库本《华阳国志》卷1巴东郡条:"巴东郡,先主入益州,改为江关都尉。建安二十一年,以朐忍、鱼复并羊渠及宜都与巫、北井共六县立为固陵郡……章武元年,朐忍徐虑、鱼复蹇机以失巴名,上表自讼,先主听复为巴东。"则朐忍县蜀汉时当属巴东郡,至晋不改。

3. 汉丰(221—263)

按:《续汉志》、《晋志》均无此县。检《华阳国志》卷1:"汉丰县,建安二十一年置。"《寰宇记》卷137山南西道开州开江县条:"本汉朐䏰县地,蜀先主建安二十一年于今县南二里置汉丰县,以汉土丰盛为名。"则汉丰县当置于建安二十一年,又文渊阁四库本《华阳国志》卷1巴东郡条:"巴东郡,先主入益州,改为江关都尉。建安二十一年,以朐忍、鱼复并羊渠及宜都与巫、北井共六县立为固陵郡……章武元年,朐忍徐虑、鱼复蹇机以失巴名,上表自讼,先主听复为巴东。"则汉丰县蜀汉时当属巴东郡①。

4. 羊渠(221—263)

按:《续汉志》、《晋志》均无此县。检文渊阁四库本《华阳国志》卷1巴东郡条:"巴东郡,先主入益州,改为江关都尉。建安二十一年,以朐忍、鱼复并羊渠及宜都与巫、北井共六县立为固陵郡……章武元年,朐忍徐虑、鱼复蹇机以失巴名,上表自讼,先主听复为巴东。"则建安时已有羊渠县,而始置确年乏考。又据《华阳国志》卷1:"迄吴平,巴东后省羊渠置南浦。"《晋志》巴东郡有南浦县,则太康元年改"羊渠"为"南浦"。《宋志》:"南浦令,刘禅建兴八年十月益州牧阎宇表改羊渠立。"曹学佺《蜀中广记》卷23引《华阳国志》:"晋武帝平吴之

---

① 《宋志》:"汉丰令,《何志》不注置立,《太康地志》巴东有汉昌县,疑是。"而蜀汉时及《晋志》巴西郡本有汉昌县,则《太康地志》所谓"巴东有汉昌"似为"巴西有汉昌"之讹,沈约所疑非是,汉丰县似后废而确年乏考。

后,巴东省羊渠置南浦。"则《华阳国志》原文当是,吴氏《表》卷6以为当从《华阳国志》,《宋志》误,是。

5. 北井(221—263)

按:《续汉志》无此县,《晋志》属建平郡。检文渊阁四库本《华阳国志》卷1巴东郡条:"巴东郡,先主入益州,改为江关都尉。建安二十一年,以朐忍、鱼复并羊渠及宜都与巫、北井共六县立为固陵郡……章武元年,朐忍徐虑、鱼复蹇机以失巴名,上表自讼,先主听复为巴东。"则建安二十一年时已有北井县,而始置确年乏考。又据《宋志》:"北井令,《晋太康地志》有,先属巴东,晋武帝泰始五年度建平。"又《华阳国志》卷1:"太康初,将巫、北井还建平。"此与上引《宋志》稍别,当从《太康地志》,则北井县蜀汉时当移属巴东郡,晋初泰始五年(269)移属建平郡。

(十三)涪陵郡(221—263)——治涪陵(今重庆彭水县)

按:《续汉志》无此郡。检《华阳国志》卷1:"(建安六年)涪陵谢本白(刘)璋,求以丹兴、汉发二县为郡,初以为巴东属国,后遂为涪陵郡。"又《宋志》:"(建安六年,刘璋)以涪陵县分立丹兴、汉葭二县,立巴东属国都尉,后为涪陵郡。"又《寰宇记》卷120江南西道涪州条:"献帝建安中涪陵谢本以涪陵广大,白州牧刘璋分理(当作置)丹兴、汉葭二县以为郡,(刘)璋乃分涪陵立永宁,兼丹兴、汉葭,合四县,置属国都尉,理涪陵。蜀先主改为涪陵郡,改永宁曰万宁,又增立汉复县,后主又立汉平县。《晋太康地记》:'省丹兴县①,郡移理汉复,领汉葭、涪陵、汉平、万宁等五县。'又言:'万宁在郡南。'"又《舆地广记》卷33夔州路涪州条:"建安二十一年蜀分立涪陵郡。"《舆地纪胜》174夔州路涪州条:"《晏公类要》及《舆地广记》云建安二十一年蜀分立涪陵。"则涪陵郡当是建安二十一年刘备所置。又《蜀志》卷3《后主传》:"(延熙十一年)秋涪陵属国民夷反,车骑将军邓芝往讨,皆破平之。"《蜀志》卷15《邓芝传》:"(延熙)十一年涪陵国人杀都尉反叛,(邓)芝率军征讨,即枭其渠帅,百姓安堵。"则涪陵郡后一度改为涪陵属国,又复为涪陵郡,而确年乏考。刘琳《华阳国志校注》却据此以为"涪陵属国"即"巴东属国",巴东属国至延熙十一年尚未改为涪陵郡,刘氏如此逻辑,令人难以明了,"涪陵属国"即"巴东属国"文献根据为何,以此臆想之推断以驳《寰宇记》、《舆地广记》、《晏公类要》等文献的明确记载,失之远矣。李晓杰《东汉政区地理》第九章第二节仍信刘氏之说,亦误。初置时涪陵郡领涪陵、万宁、丹兴、汉发、汉复五县,丹兴县后省,刘禅延熙十三年增立汉平县,

---

① 丹兴县蜀汉时省,详本郡丹兴县考证。

《晋志》涪陵郡领汉复、汉葭、涪陵、汉平、万宁五县,与《寰宇记》所引《晋太康地记》合。又《寰宇记》卷120江南西道黔州条:"黔州……(汉)武帝于此置涪陵县……后汉献帝时分为四县,属国都尉理。三国属蜀,先主又增一县。按《蜀志》云:'先主于五溪立黔安郡,领五县,至后主又增置一县。'晋平吴后,省一县,犹领五县。"其所叙黔安郡之地望、沿革与涪陵郡如出一辙,则涪陵郡其时当一度改名为"黔安郡",后又复旧,而改、复之确年均乏考。又据上引《寰宇记》,涪陵郡蜀汉时治所为涪陵县,晋初移理汉复县。吴氏《考证》卷6因《舆地纪胜》有载蜀汉置酉阳城,以为其时有酉阳县,按城、县非伦,不可混淆,且无其他文献材料,今不从吴氏之说。

1. 涪陵(221—263)

按:《续汉志》属巴郡,《晋志》属。

2. 丹兴(221—?)

按:《续汉志》、《晋志》均无此县。检《宋志》:"(建安六年,刘璋)以涪陵县分立丹兴、汉葭二县,立巴东属国都尉,后为涪陵郡。"又《寰宇记》卷120江南西道涪州条:"献帝建安中涪陵谢本以涪陵广大,白州牧刘璋分理(当作置)丹兴、汉葭二县以为郡,(刘)璋乃分涪陵立永宁,兼丹兴、汉葭,合四县,置属国都尉,理涪陵。蜀先主改为涪陵郡。"则丹兴县乃刘璋建安六年分涪陵县置,蜀汉时当属涪陵郡。又据《华阳国志》卷1:"丹兴县,蜀时省。"则蜀汉时丹兴县已省,而确年乏考,《寰宇记》卷120江南西道涪州条所引《晋太康地记》"省丹兴县",似误。

3. 汉发(221—263)

按:《续汉志》无此县,《晋志》作"汉葭"属。检《华阳国志》卷1:"(建安六年)涪陵谢本白(刘)璋,求以丹兴、汉发二县为郡,初以为巴东属国,后遂为涪陵郡。"则建安六年时已置汉发县。又宋绍熙刊本《吴书·钟离牧传》:"永安六年蜀并于魏,武陵五溪夷与蜀接界,时论惧其叛乱,乃以(钟离)牧为平魏将军领武陵太守,往之郡。魏遣汉发县长郭纯试守武陵太守。"则直至蜀汉降魏均有"汉发"。又《宋志》:"(建安六年,刘璋)以涪陵县分立丹兴、汉葭二县,立巴东属国都尉,后为涪陵郡。"又《寰宇记》卷120江南西道涪州条:"献帝建安中涪陵谢本以涪陵广大,白州牧刘璋分理(当作置)丹兴、汉葭二县以为郡,(刘)璋乃分涪陵立永宁,兼丹兴、汉葭,合四县,置属国都尉,理涪陵。蜀先主改为涪陵郡。"则汉发县乃刘璋建安六年分涪陵县置,蜀汉时当属涪陵郡,上引《宋志》、《寰宇记》所谓"汉葭"似为"汉发"之讹,而"葭"、"发"韵通,二者又似可通用。又据《寰宇记》卷120江南西道涪州条所引《晋太康地记》:"省丹兴县,郡移理汉复,领汉葭、涪陵、汉平、万宁等五县。"又《晋志》作"汉葭",则晋初似乃定为"汉葭",仍属涪陵郡。洪氏《补志》作"汉发"是也,吴氏《表》卷6涪陵郡作汉葭县,《中国历史地图集·三国图组》涪陵郡亦作汉葭县,并不从。

4. 万宁(221—263)

按:《续汉志》无此县,《晋志》属。检《寰宇记》卷120江南西道涪州条:"献帝建安中涪陵谢本以涪陵广大,白州牧刘璋分理(当作置)丹兴、汉葭二县以为郡,(刘)璋乃分涪陵立永宁,兼丹兴、汉葭,合四县,置属国都尉,理涪陵。蜀先主改为涪陵郡,改永宁曰万宁,又增立汉复县,后主又立汉平县。《晋太康地记》:'省丹兴县,郡移理汉复,领汉葭、涪陵、汉平、万宁等五县。'又言:'万宁在郡南。'"则刘璋建安中分涪陵县置永宁县,刘备于建安二十一年置涪陵郡时改"永宁"为"万宁"且属涪陵郡,至晋不改。

5. 汉复(221—263)

按:《续汉志》无此县,《晋志》属。检《寰宇记》卷120江南西道涪州条:"献帝建安中涪陵谢本以涪陵广大,白州牧刘璋分理(当作置)丹兴、汉葭二县以为郡,(刘)璋乃分涪陵立永宁,兼丹兴、汉葭,合四县,置属国都尉,理涪陵。蜀先主改为涪陵郡,改永宁曰万宁,又增立汉复县,后主又立汉平县。《晋太康地记》:'省丹兴县,郡移理汉复,领汉葭、涪陵、汉平、万宁等五县。'又言:'万宁在郡南。'"则刘备于建安二十一年置涪陵郡时增立汉复县,且属涪陵郡,至晋不改。

6. 汉平(250—263)

按:《续汉志》无此县,《晋志》属。检《华阳国志》卷1:"汉平县,延熙十三年置。"则汉平县置于延熙十三年。又《寰宇记》卷120江南西道涪州条:"献帝建安中涪陵谢本以涪陵广大,白州牧刘璋分理(当作置)丹兴、汉葭二县以为郡,(刘)璋乃分涪陵立永宁,兼丹兴、汉葭,合四县,置属国都尉,理涪陵。蜀先主改为涪陵郡,改永宁曰万宁,又增立汉复县,后主又立汉平县,《晋太康地记》:'省丹兴县,郡移理汉复,领汉葭、涪陵、汉平、万宁等五县。'又言:'万宁在郡南。'"则汉平县确属涪陵郡,至晋不改。

(十四) 汉中郡[①](221—263)——治南郑(今陕西汉中市)

按:《续汉志》领县九。西城、安阳、锡、上庸、房陵五县,建安二十五年后

[①] 据《魏志》卷1《武帝纪》:"(建安二十年)巴、汉皆降,复汉宁郡为汉中。"《蜀志》卷2《先主传》:"(建安二十四年)夏曹公果引军还,先主遂有汉中。"《宋志》:"汉中太守,秦立。汉献帝建安二十年魏武平张鲁,复汉宁郡为汉中。"又《元和志》卷22山南道兴元府条:"后汉末,张鲁据关中,改汉中为汉宁郡。曹公讨平之,复为汉中郡。蜀先主破魏将夏侯妙才,遂有其地,为重镇。"则汉中郡张鲁时改为汉宁郡,建安二十年曹操平张鲁回改曰汉中,建安二十四年为蜀汉所有。

地入曹魏。新置南乡县,成固县改为乐城县,领县五①。

1. 南郑(221—263)
2. 褒中(221—263)
3. 沔阳(221—263)

按:检《蜀志》卷5《诸葛亮传》:"景耀六年春,诏为(诸葛)亮立庙于沔阳。"则蜀汉确有沔阳县。又据《华阳国志》卷2"蜀时以沔阳为汉城",则蜀汉时曾改沔阳县为汉城县,旋又回改,而确年乏考。

4. 乐城(?—263)

按:《续汉志》、《晋志》作"成固"属。据《华阳国志》卷2:"蜀时以沔阳为汉城,成固为乐城",又《水经注》卷27亦引《华阳国志》:"蜀以成固为乐城县也。"则乐城县确是成固县所改,而确年乏考。又据《舆地广记》卷32利州路兴元府城固县条:"二汉属汉中郡,蜀改为乐城,晋复故。"《晋志》汉中郡有成固县,则晋初又改为成固县。吴氏《表》卷6汉中郡仍作成固县,《中国历史地图集·三国图组》汉中郡亦绘作成固县,并不从。

5. 南乡(?—263)

按:《续汉志》无此县,《晋志》作"西乡"属。检《宋志》:"西乡令,蜀立曰南乡,晋武帝太康二年更名。"《元和志》卷22山南道洋州条:"本汉汉中郡成固县地,先主分成固立南乡县,为蜀重镇,晋改为西乡县。"《元和志》卷22山南道洋州西乡县条:"本汉成固县地,蜀先主置南乡,晋改为西乡县。"《寰宇记》卷138山南西道洋州条:"先主分城固立南乡县……晋改南乡为西乡。"《寰宇记》卷138山南西道洋州西乡县条:"蜀先主分成固之地,立南乡县,属汉中郡,至晋太康二年改南乡为西乡。"则南乡县乃刘备从成固县分出,确年乏考,蜀汉时属汉中郡,晋太康二年更名西乡。

(十五)武都郡(229—263)——治下辨②(今甘肃成县北)

按:据《魏志》卷25《杨阜传》:"太祖以武都孤远欲移之……徙郡小槐里。"则魏曾遥领武都。又《蜀志》卷3《后主传》:"(建兴)七年春,(诸葛)亮遣陈式攻武都、阴平,遂克定二郡。"《华阳国志》卷2:"建兴七年,丞相诸葛亮遣护军陈戒伐之,遂平武都、阴平二郡。"则建兴七年(229)蜀汉平定武都诸境,当有实

---

① 洪氏《补志》据《晋志》、《通典》于蜀汉汉中郡又列有蒲池、兴道、黄金三县,谢氏《补注》删去兴势(兴道)、黄金二县,而存蒲池县。今遍检典籍未见蜀汉汉中郡有蒲池县之文,故暂阙不录,吴氏《考证》卷6亦不列此县。

② 据《舆地广记》卷15陕西秦凤路成州同谷县条:"本汉下辨县,属武都郡,东汉及晋皆为郡治焉。"则蜀汉平武都后,郡治当在下辨。

土。《续汉志》武都郡领县七,上禄县省,领县六①。

1. 下辨(229—263)

按:《续汉志》属,《晋志》作"下辩"属。检《汉志》、《宋志》、《地形志》、《水经注》、《华阳国志》皆作"下辨",则《晋志》所谓"下辩"误,中华书局标点本《晋书》失校。

2. 河池(229—263)

按:检《元和志》卷22山南道凤州条:"汉高帝分陇西郡置广汉郡,武帝分广汉、陇西郡置武都郡,领县九。其属有故道、河池二县,今州即二县之地也。三国时属魏,明帝太和三年,其地没蜀,魏平蜀后复为雍州之地。"据《魏志》卷25《杨阜传》:"太祖以武都孤远欲移之……徙郡小槐里。"则自魏武时,武都郡即为遥领之地,《元和志》所谓河池县"三国时属魏"非为确论。至蜀汉建兴七年(即魏明帝太和三年)武都郡境土入蜀汉,河池方为实县。

3. 故道(229—263)

按:检《元和志》卷22山南道凤州条:"汉高帝分陇西郡置广汉郡,武帝分广汉、陇西郡置武都郡,领县九。其属有故道、河池二县,今州即二县之地也。三国时属魏,明帝太和三年,其地没蜀,魏平蜀后复为雍州之地。"据《魏志》卷25《杨阜传》:"太祖以武都孤远欲移之……徙郡小槐里。"则自魏武时,武都郡即为遥领之地,《元和志》所谓故道县"三国时属魏"非为确论,至蜀汉建兴七年(即魏明帝太和三年)武都郡境土入蜀,故道方为实县。

4. 沮(229—263)

按:检《水经注》卷20经文:"(漾水)东至武都沮县为汉水。"《水经注》经文为三国人所撰,则沮县蜀汉时当属武都郡。

5. 武都(229—263)

6. 羌道(229—263)

按:《续汉志》属,《晋志》、《宋志》、《南齐志》、《地形志》并无此县。检《魏志》卷25《杨阜传》裴注引皇甫谧《列女传》:"赵昂妻异者,故益州刺史天水赵伟璋妻,王氏女也。(赵)昂为羌道令,留异在西(县)……建安中,(赵)昂转参军事。"则汉末仍有羌道县。又《太平御览》卷987引《吴氏本草经》:"石胆……生羌道。"《太平御览·经史图书纲目》有《吴氏本草》,无《吴氏本草经》,则二者当为一书,《证类本草》卷1:"《吴氏本草》,魏广陵人吴普撰,(吴)普,华佗弟

---

① 吴氏《表》卷6蜀汉武都郡列有上禄县,今检《晋志》武都郡无上禄县,《宋志》:"上禄令,汉旧县,后省,晋武帝太康三年又立。"则蜀汉时似上禄县已省,吴氏又未出考证,今不从。

子。"又《魏志》卷29《华佗传》："广陵吴普、彭城樊阿皆从（华）佗学。"《隋书·经籍志》有"《华佗弟子吴普本草》六卷"。则吴普确为华佗弟子，乃魏时人，《吴氏本草经》即为《华佗弟子吴普本草》，而其作《本草》所述"生羌道"，亦是三国时事，则蜀汉时当有羌道县，后省，而确年乏考。

（十六）阴平郡（221—224 广汉属国，225—263）——治阴平（今甘肃文县）

按：《续汉志》无此郡。据《华阳国志》卷2："阴平郡，本广汉北部都尉。永平后，羌虏数反，遂置为郡，属县四。"而据李晓杰《东汉政区地理》引论第三节，《续汉志》所载郡县的大体年代当为顺帝永和五年（140）左右，远晚于明帝永平时，其无阴平郡，则阴平郡后又废。又《晋志》："魏武定霸，三方鼎立，生灵版荡，关洛荒芜，所置者十二：新兴、乐平、西平、新平、略阳、阴平、带方、谯、乐陵、章武、南乡、襄阳。"则魏建安时已置阴平郡，洪氏《补志》据此以为汉末置郡，是。又《蜀志》卷3《后主传》："（建兴）七年春，（诸葛）亮遣陈式攻武都、阴平，遂克定二郡。"则似至建兴七年蜀汉始有阴平之地。而《宋志》北阴平太守条："《何志》，蜀分立。"《晋志》益州条："刘禅建兴二年，改益州郡为建宁郡，广汉属国为阴平郡。"《寰宇记》卷72剑南西道益州条："刘禅建兴二年，改益州郡为建宁郡，广汉属国为阴平郡。"蜀汉改益州郡为建宁郡在建兴三年，此处建兴二年似为建兴三年之讹，则建兴三年前蜀汉当有广汉属国，建兴三年改为阴平郡，故蜀汉之阴平郡当置于建兴三年，而建兴七年又将魏所置之阴平郡地划入焉。又据《晋志》："阴平郡，泰始中置。"则阴平郡似于魏末克蜀汉时见废，于晋泰始中复置，而废、置确年乏考。

1. 阴平（221—263）

按：《续汉志》作"阴平道"属广汉属国，《晋志》属。检《魏志》卷28《钟会传》："姜维自沓中还至阴平，合集士众……邓艾追姜维到阴平。"则蜀汉当作"阴平"。又《宋志》："阴平令，前汉、后汉属广汉属国，名宙底。《晋太康地志》阴平郡阴平县注云：'宙底。'"中华书局标点本校勘记云："《汉书·地理志》广汉郡、《续汉书·郡国志》广汉属国都尉、《华阳国志》阴平郡作甸氐。'宙'、'甸'形似而讹。"是，则《续汉志》广汉属国所领之甸氐道似于广汉属国改为阴平郡时省入阴平县，故《晋太康地志》阴平郡阴平县注云"宙底"。而《华阳国志》卷2阴平郡有甸氐县，则东晋时甸氐县又自阴平县划出。

2. 广武（？—263）

按：《续汉志》广汉属国无此县，《晋志》作"平广"属。今检《宋志》："平武

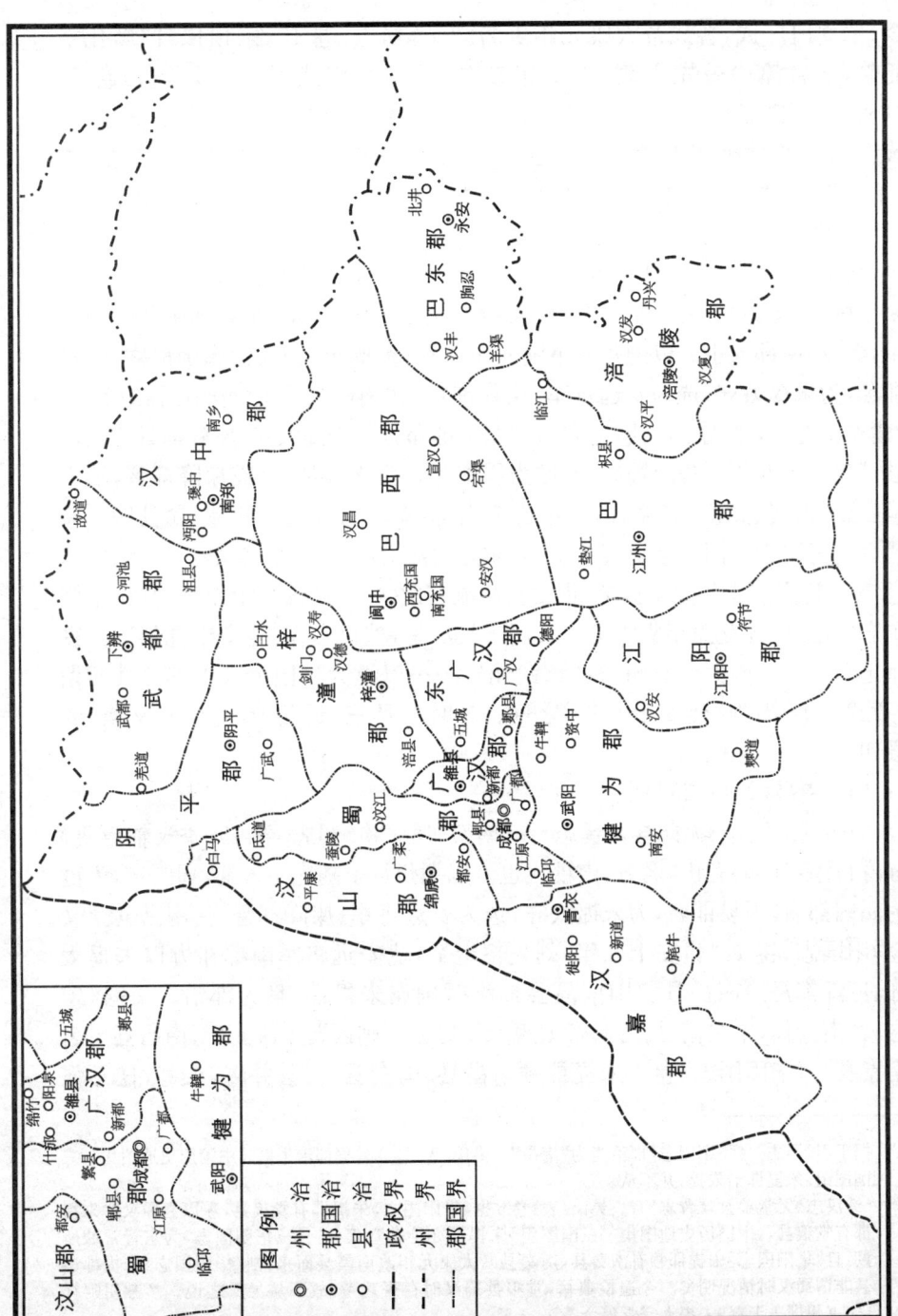

图 11 景耀五年(262)三国蜀汉益州北部

令,蜀立曰广武,晋武帝太康元年更名。"又《蜀志》卷15《宗预传》:"廖化字元俭,本名淳……先主薨,为丞相参军,后为督广武。"《华阳国志》卷7:"(景耀二年)广武督廖化为右车骑将军,领并州刺史。"则蜀汉时确有"广武"县,而始立确年乏考。广武县至太康元年遂改名为"平武",《晋志》之"平广"当为"平武"之讹,《华阳国志》卷2阴平郡有"武平"县,似亦为"平武"之讹。

(十七)朱提郡(221—263)——治南昌①(今云南镇雄县)

按:《续汉志》无此郡。检《蜀志》卷15《季汉辅臣赞》陈寿自注:"(邓)孔山,名方,南郡人也。以荆州从事随先主入蜀,蜀既定,为犍为属国都尉,因易郡名,为朱提太守,选为安远将军、庲降都督,住南昌县。"又《华阳国志》卷4:"建安十九年,刘先主定蜀,遣安远将军南郡邓方以朱提太守、庲降都督治南昌县。"建安十九年刘备定蜀后,改犍为属国都尉为朱提郡,并设庲降都督,治南昌。《华阳国志》卷4:"朱提郡,本犍为南部,孝武帝元封二年置,属县四。建武后省为犍为属国。至建安二十年,邓方为都尉,先主因易名太守。"《水经注》卷36:"建安二十年立朱提郡,郡治县故城。"此两处"建安二十年",刘琳《华阳国志校注》以为此盖年头年尾之故,非误也,是,然仍当作"建安十九年"。《寰宇记》卷72剑南西道益州条:"章武元年……以犍为属国为朱提郡。"其所谓"章武元年"当为"建安十九年"之讹。其时领县三,延熙中,南广县来属,领县四②。

1. 南昌(221—263)

按:《续汉志》无此县,《晋志》作"南秦"属。检《蜀志》卷15《季汉辅臣赞》陈寿自注:"(邓)孔山,名方,南郡人也。以荆州从事随先主入蜀,蜀既定,为犍为属国都尉,因易郡名,为朱提太守,选为安远将军、庲降都督,住南昌县。"又《华阳国志》卷4:"建安十九年,刘先主定蜀,遣安远将军南郡邓方以朱提太守、庲降都督治南昌县。"则南昌县蜀汉时确属朱提郡,且为郡治。又据《宋志》:"南秦长,本名南昌,晋武帝太康元年更名。"则西晋太康元年,南昌县更名南秦县。《华阳国志》卷4朱提郡领南昌县、南秦县,二县并置,误甚,任乃强

---

① 据下引《蜀志》、《华阳国志》郡治当为"南昌"。吴氏《表》卷6朱提郡治朱提,《中国历史地图集·三国图组》朱提郡治朱提,并不从。

② 《续汉志》无堂狼县,《晋志》有。吴氏《表》卷6据《晋志》朱提郡有堂狼县,遂以为蜀汉时朱提郡有堂狼县,《中国历史地图集·三国图组》朱提郡亦绘有堂琅县。按《华阳国志》为东晋常璩所撰,且《华阳国志》朱提郡领有南秦县,南秦县乃太康元年改南昌县而来,则《华阳国志》朱提郡诸县非谓蜀汉时情况明矣。今遍检典籍,堂狼县蜀汉时存否乏考,故不从吴氏之说。参考胡阿祥《宋书州郡志汇释》朱提太守堂狼令条。

《华阳国志校补图注》失校,刘琳《华阳国志校注》以为常璩因意存古制而并列二县,刘说回护古人,强为弥缝,亦无甚意义。

2. 朱提(221—263)

按:《续汉志》属犍为属国,《晋志》属。

3. 汉阳(221—263)

按:《续汉志》属犍为属国,《晋志》属。

4. 南广(?—263)

按:《续汉志》属犍为郡,《晋志》属。延熙中置南广郡前,南广县当属犍为郡,南广郡置后属焉,南广郡见废后,似移属朱提郡,而确年乏考。

(十八)南广郡(238后—?)——治南广(今云南盐津县)

按:《续汉志》、《晋志》均无此郡。检《水经注》卷33:"(符黑)水出宁州南广郡南广县,县故犍为之属县也,汉武帝太初元年置,刘禅延熙中分以为郡。"则南广县延熙时置郡。《宋志》:"南广令,汉旧县,属犍为,《晋太康地志》属朱提。"又《晋志》南广县属朱提郡,则南广县太康时已属朱提,似南广郡后废,而确年乏考。

南广(238后—?)

按:《续汉志》属犍为郡,《晋志》属朱提郡。据犍为郡南广县考证,延熙中置南广郡前,南广县当属犍为郡,南广郡置后属焉,南广郡见废后,似移属朱提郡,而确年乏考。

(十九)越巂郡(221—263)——治邛都(今四川西昌市)

按:《续汉志》、《晋志》均有此郡。据《蜀志》卷3《后主传》:"(建兴元年)越巂夷王高定亦背叛……(建兴)三年春三月,丞相(诸葛)亮南征四郡,四郡皆平。"《华阳国志》卷4:"先主薨后,越巂叟帅高定元杀郡将军焦璜,举郡称王以叛……建兴三年春,(诸葛)亮南征,自安上由水路入越巂……秋,遂平四郡。"四郡谓益州、永昌、牂柯、越巂,建兴元年叛,建兴三年复平。又《蜀志》卷13《张嶷传》:"初,越巂郡自丞相(诸葛)亮讨高定之后,叟夷数反,杀太守龚禄、焦璜,是后太守不敢之郡,只住安上县,去郡八百余里,其郡徒有名而已。时论欲复旧郡,除(张)嶷为越巂太守,(张)嶷将所领往之郡,诱以恩信,蛮夷皆服,颇来降附。"又《蜀志》卷3《后主传》:"(延熙)三年春,使越巂太守张嶷平定越巂郡。"则越巂郡直至延熙三年(240)方全为蜀汉实土,然安上县也仍属越巂郡境。故建兴三年前与延熙三年前之越巂郡姑仍列为蜀汉之郡,益州、永昌、牂柯三郡亦同此例。《续汉志》领县十四,所领青蛉、遂久、姑复三县地建兴三年移属云南郡。所领大莋县,据《华阳国志》卷2:"大笮县,汉末省也。"大笮即大苲,则其汉末已废。所领灵关道,检《舆地广记》卷30成都府路雅州庐山县条:"灵关寨,本汉灵关道,属越巂郡,后废。"然废置确年乏考,今暂阙不录。又所领莋秦、三缝县,蜀汉时存废情况乏考,暂阙不录①。新置安上、潜街、马湖三县,比苏县来属。领县十一。

  1. 邛都(221—263)

  2. 会无(221—263)

  3. 台登(221—263)

  4. 卑水(221—263)

  5. 定莋(221—263)

  按:《续汉志》属,《晋志》作"定苲"属。检《蜀志》卷13《张嶷传》:"时论欲复旧郡,除(张)嶷为越巂太守,(张)嶷将所领往之郡,诱以恩信,蛮夷皆服,颇来降附……在官三年,徙还故郡,缮治城郭,夷种男女,莫不致力。定莋、台登、卑水三县去郡三百余里,旧出盐铁及漆。"则蜀汉时当作"定莋"且属越巂郡,至晋不改。

  6. 苏祁(221—263)

  按:《续汉志》作"苏示"属,《晋志》无此县。检《华阳国志》卷3越巂郡有苏示县,且曰"县,晋省",则其废置前似仍属蜀汉越巂郡,今暂将之列入越巂郡。又《蜀志》卷13《张嶷传》:"苏祁邑君冬逢,(冬)逢弟隗渠等已降复反,(张)嶷诛(冬)逢。"吴氏《表》卷6据此以为当作"苏祁",则蜀汉时"苏示"已改为"苏祁"。《华阳国志》所载之"苏示"当为"苏祁"之讹。

  7. 阐(221—263)

  按:《续汉志》属,《晋志》无此县。检《华阳国志》卷3越巂郡有阐县,且云"今省",吴氏《表》卷6据此以为蜀汉越巂郡有阐县,刘琳《华阳国志校注》以为阐县晋初省,均是。

  8. 安上(221—263)

  按:《续汉志》、《晋志》均无此县。今检宋绍兴刊本《蜀志·张嶷传》:"初,越巂郡自丞相(诸葛)亮讨高定之后,叟夷数反,杀太守龚禄、焦璜,是后太守不敢之郡,只住安定县。"钱氏《考异》卷16按云:"两汉、晋、宋诸志,益州部无安定县,以《华阳国志》考之,盖安上县也,安上县属越巂,《晋

---

① 吴氏《表》卷6据《华阳国志》越巂郡有三缝县,以为蜀汉时越巂郡当有三缝县。常璩《华阳国志》所载各郡诸县非统一年代之制,舛乱殊甚,详刘琳《华阳国志校注·前言》,则吴说可不从。

志》亦不载。"今检《华阳国志》越嶲郡有安上县,又《华阳国志》卷 3:"丞相(诸葛)亮遣越嶲太守龚禄住安上县遥领太守,安上去郡八百里,有名而已。"则钱氏所言极是,蜀汉时越嶲郡当有安上县,似晋平蜀汉后省,而确年乏考。

9. 潜街(221—263)

按:《续汉志》、《晋志》均无此县。检《华阳国志》卷 3 越嶲郡有潜街县,且云:"潜街县,汉末置,晋初省。"则蜀汉时有潜街县且属越嶲郡,至晋方省,而置、废之确年均乏考。

10. 马湖(221—263)

按:《续汉志》、《晋志》均无此县。检《华阳国志》卷 3 越嶲郡有马湖县,且云:"马湖县……晋初省。"则蜀汉时有马湖县且属越嶲郡,至晋方省,而置、废之确年均乏考。

11. 青蛉(221—224)

按:《续汉志》属,《晋志》属云南郡。检《华阳国志》卷 4:"(建兴三年)分建宁、越嶲置云南郡,以吕凯为太守。"则青蛉县建兴三年前当属越嶲郡,似于建兴三年后移属云南郡。

12. 遂久(221—224)

按:《续汉志》属,《晋志》属云南郡。检《华阳国志》卷 4:"(建兴三年)分建宁、越嶲置云南郡,以吕凯为太守。"则遂久县建兴三年前当属越嶲郡,似于建兴三年后移属云南郡。

13. 姑复(221—224)

按:《续汉志》属,《晋志》属云南郡。检《华阳国志》卷 4:"(建兴三年)分建宁、越嶲置云南郡,以吕凯为太守。"则姑复县建兴三年前当属越嶲郡,似于建兴三年后移属云南郡[①]。

14. 比苏(221—?)

按:《续汉志》、《晋志》均属永昌郡。检《华阳国志》卷 5:"(曹)公时已定荆州,追刘主,不存礼(张)松,加表望不足,但拜越嶲比苏令,(张)松以是怨(曹)公。"则比苏建安末已移属越嶲,后又回属永昌郡,而确年乏考。

---

① 吴氏《表》卷 6 据《华阳国志》无姑复县,以为姑复县东汉废、东晋复立。常璩为东晋人,其撰《华阳国志》各郡诸县所载年代非为某一划定年代之制,不可率尔据之。今检《水经注》卷 37 经文:"(淹水)又东过姑复县南,东入于若水。"《水经注》经文为三国时人所撰,则蜀汉时姑复县未废明矣,吴氏误。

(二十)建宁郡(221—224益州郡,225—263)——治平夷(今贵州毕节市东),建兴十一年移治味(今云南曲靖市)①

按:《续汉志》无此郡,有益州郡。据《蜀志》卷3《后主传》:"先是益州郡有大姓雍闿反,流太守张裔于吴,据郡不宾。越嶲夷王高定亦背叛……(建兴)三年春三月,丞相(诸葛)亮南征四郡,四郡皆平。改益州郡为建宁郡。"又《华阳国志》卷4:"(建兴三年)秋,遂平四郡。改益州为建宁。"则益州郡改为建宁郡当在建兴三年②。《续汉志》领县十七,所领律高县,蜀汉时情况乏考,检《宋志》:"律高令,汉旧县,属益州郡,后省。晋武帝咸宁元年,分建宁郡修云、俞元二县间流民复立律高县。"则律高县晋咸宁元年(275)复置。所领同劳县,蜀汉时存废情况乏考,谢氏《补注》建宁郡、吴氏《表》卷6建宁郡均列有同劳县,然皆无文献依据,今不从,暂阙不录。平夷县来属,新置存䣖县。建兴三年,梇栋县移属云南郡,贲古、西丰二县移属兴古郡,领县十五。建兴十一年,平夷县移属牂柯郡,建兴中毋单县来属,领县十五③。

1. 味(221—263)

按:《续汉志》属益州郡,《晋志》属。

2. 平夷(221—232)

按:《续汉志》、《晋志》均属牂柯郡。检《蜀志》卷13《马忠传》:"(建兴)十一年南夷豪帅刘胄反,扰乱诸郡。征庲降都督张翼还,以(马)忠代(张)翼。(马)忠遂斩(刘)胄,平南土。加(马)忠监军,奋威将军,封博阳亭侯。初,建宁

---

① 据《蜀志》卷13《马忠传》:"(建兴)十一年南夷豪帅刘胄反,扰乱诸郡。征庲降都督张翼还,以(马)忠代(张)翼。(马)忠遂斩(刘)胄,平南土。加(马)忠监军,奋威将军,封博阳亭侯。初,建宁郡杀太守正昂,缚太守张裔于吴,故都督常驻平夷县,至(马)忠乃移治味县。"则建宁郡与庲降都督同治一城。而据《蜀志》卷15《季汉辅臣赞》陈寿自注:"(邓)孔山,名方,南郡人也。以荆州从事随先主入蜀,蜀既定,为犍为属国都尉,因易郡名,为朱提太守,选为安远将军、庲降都督,住南昌县。"又《华阳国志》卷4:"建安十九年,刘先主定蜀,遣安远将军南郡邓方以朱提太守、庲降都督治南昌县。"则庲降都督建安末时与朱提郡同治一城,其何时移与建宁郡同治乏考。据上引《蜀志·马忠传》,建兴十一年前,建宁郡似治平夷县,其后移治味县。《华阳国志》卷4晋宁郡条:"蜀建兴三年丞相(诸葛)亮之南征,以郡民李恢为太守,改曰建宁,治味县。"此所谓"治味县"当是建宁十一年后之制。

② 检《蜀志》卷13《李恢传》:"先主薨,高定恣睢于越嶲,雍闿跋扈于建宁,朱褒反叛于牂牁。丞相(诸葛)亮南征,先由越嶲,而(李)恢案道向建宁。"又《蜀志》卷13《马忠传》:"初,建宁郡杀太守正昂,缚太守张裔于吴。"则益州郡改建宁郡似在诸葛亮建兴三年平定南中四郡之前。按其时郡乱频仍,据土不宾,至建宁三年后始渐归化,蜀汉政权遂重整新土,故有建兴三年改益州郡为建宁郡之载,至此建宁郡方为化内之实土也,卢氏《集解》引潘眉以为《李恢传》所载"建宁"为误,钱氏《考异》卷10以为《马忠传》所载不当为"建宁",均似武断,今并不从。

③ 《晋志》建宁郡又有新定、修云、泠丘三县。今遍检典籍,三县蜀汉时情况乏考,洪氏《补志》、吴氏《表》卷6建宁郡均列此三县,然不出考证,今并不从。

郡杀太守正昂,缚太守张裔于吴,故都督常驻平夷县,至(马)忠乃移治味县。"则平夷县建兴十一年前似属建宁郡,且为治所,然其于后汉、晋初均属牂柯郡,则平夷县似于蜀汉初年来属,疑于建兴十一年建宁郡移治味县时回属牂柯郡。

3. 滇池(221—263)

按:《续汉志》属益州郡,《晋志》属。

4. 胜休(221—263)

按:《续汉志》作"勝休"(胜休)属益州郡,《晋志》作"滕休"属兴古郡,《汉志》、《华阳国志》卷4、《南齐志》、《水经注》卷36均作"胜休",则当作"胜休",中华书局标点本《晋书》失校。又检《宋志》:"腾休长,汉旧县,属益州郡,《晋太康地志》属兴古,《何志》:'故属建宁,晋武帝徙兴古治之,遂以属焉。'"此"腾休"亦当为"胜休"之讹。胜休县蜀汉时当属建宁郡,晋初移属兴古郡,而确年乏考。杨氏《补正》因《华阳国志》兴古郡有胜休县,遂以为蜀汉时胜休县属兴古郡,今知常璩《华阳国志》所载各郡诸县非统一年代之制,舛乱殊甚,详刘琳《华阳国志校注·前言》,则杨说误,今不从。

5. 俞元(221—263)

按:《续汉志》属益州郡,《晋志》属。

6. 昆泽(221—263)

按:《续汉志》属益州郡,《晋志》属。

7. 同濑(221—263)

按:《续汉志》属益州郡,《晋志》属。

8. 牧靡(221—263)

按:《续汉志》作"牧靡"属益州郡,《晋志》作"牧麻"。《隶释》卷17《益州太守无名碑》作"牧靡",刘琳《华阳国志校注》据之以为当作"牧靡",是。今检《水经注》卷36:"(涂)水出建宁郡之牧靡南山。"建宁郡蜀汉时所改,则其时当作"牧靡"明矣。《宋志》:"牧麻令,汉旧县,作牧靡。"又《晋志》亦作"牧麻",则似于晋初改,而确年乏考。又据本郡考证,益州郡蜀汉时改为建宁郡,则牧靡县蜀汉时当属建宁郡,至晋不改,吴氏《表》卷6作"牧麻",误。

9. 谷昌(221—263)

按:《续汉志》属益州郡,《晋志》属。

10. 连然(221—263)

按:《续汉志》属益州郡,《晋志》属。

11. 秦臧(221—263)

按:《续汉志》属益州郡,《晋志》属。

12. 双柏(221—263)

按:《续汉志》属益州郡,《晋志》属。

13. 建伶(221—263)

按:《续汉志》属益州郡,《晋志》无此县。检《宋志》:"建伶令,汉旧县,属益州郡。《晋太康地志》属建宁。"则晋初建伶县属建宁郡。据本郡考证,益州郡蜀汉时改为建宁郡,则建伶县蜀汉时当属建宁郡,至晋不改。《晋志》似阙载建伶县。

14. 贲古(221—224)

按:《续汉志》属益州郡,《晋志》属兴古郡。据《蜀志》卷3《后主传》:"(建兴)三年春三月,丞相(诸葛)亮南征四郡,四郡皆平。改益州郡为建宁郡……又分建宁、牂牁为兴古郡。"据本郡考证,益州郡建兴三年改为建宁郡,则贲古县似于建兴三年兴古郡初置时移属焉。吴氏《表》卷6据《华阳国志》云南郡有贲古县以为贲古县蜀汉时移属云南郡,今检《华阳国志》卷4,云南郡无贲古县,贲古县属梁水郡,梁水郡乃晋时分兴古郡所置,故吴氏误。

15. 西丰①(221—224)

按:据《蜀志》卷3《后主传》:"(建兴)三年春三月,丞相(诸葛)亮南征四郡,四郡皆平。改益州郡为建宁郡……又分建宁、牂牁为兴古郡。"据本郡考证,益州郡建兴三年改为建宁郡,则西丰县似于建兴三年兴古郡初置时移属焉。

16. 桥栋(221—224)

按:《续汉志》属益州郡,《晋志》属云南郡。据《蜀志》卷3《后主传》:"(建兴)三年春三月,丞相(诸葛)亮南征四郡,四郡皆平。改益州郡为建宁郡……分建宁、永昌郡为云南郡。"据本郡考证,益州郡建兴三年改为建宁郡,则桥栋县似于建兴三年云南郡初置时移属焉。

17. 存䭾(221—263)

按:《续汉志》无此县,《晋志》属。检《华阳国志》卷4建宁郡有存䭾县,且云:"雍闿反,结垒于(存䭾)县山。"又《蜀志》卷13《李恢传》:"先主薨,高定恣睢于越嶲,雍闿跋扈于建宁,朱褒反叛于牂牁。"则建兴初即有存䭾县,且属建宁郡,至晋不改。

---

① 《续汉志》作"毋椒"属益州郡,《晋志》作"毋掇"属兴古郡。今检《宋志》:"毋椒令,汉旧县,属益州郡,《晋太康地志》属兴古。刘氏改曰'西丰',晋武帝泰始五年复为'毋椒'。"则蜀汉时改"毋椒"为"西丰",而确年乏考。谢氏《补注》据《水经注》卷36"温水又东南迳兴古郡之毋掇县东"以为蜀汉时仍当作"毋掇",郦道元所注各郡诸县年代杂乱,此乃述晋泰始五年后之事,谢氏误。

18. 毋单（223后—263）

按：《续汉志》属牂柯郡，《晋志》作"母单"属。检《汉志》、《宋志》、《华阳国志》均作"毋单"，则《晋志》"母单"当为"毋单"之讹，中华书局标点本《晋书》失校。又《水经注》卷36："温水又东南迳牂柯之毋单县，建兴中刘禅割属建宁郡。"则毋单县建兴中由牂柯郡来属，至晋不改。

（二十一）牂柯郡①（221—263）——治乏考

按：《续汉志》领县十六，所领西随、宛温、句町、镡封、进乘、漏卧六县建兴三年移属兴古郡。毋单县建兴中移属建宁郡。谈稾县、漏江县，据《宋志》："谈稾令，汉旧县，属牂柯，晋武帝立……漏江令，汉旧县，属牂柯，晋武帝立。"则二县似蜀汉时已废，而晋初复立，领县七。

1. 且兰（221—263）

按：《续汉志》作"故且兰"属，《晋志》作"且兰"属。检《水经注》卷37经文："沅水出牂柯且兰县。"《水经注》经文为三国时人所撰，则蜀汉时有且兰县确属牂柯郡，至晋不改。

2. 谈指（221—263）

按：《续汉志》作"谈指"属，《晋志》作"指谈"属。检《汉志》、《华阳国志》并作"谈指"，则《晋志》"指谈"实为"谈指"之讹，中华书局标点本《晋书》乙正，是。

3. 夜郎（221—263）

4. 毋敛（221—263）

按：《续汉志》作"毋敛"属，《晋志》作"毋剑"属。检《汉志》、《宋志》、《华阳国志》并作"毋敛"，则《晋志》"毋剑"实为"毋敛"之讹，中华书局标点本《晋书》改作"毋敛"，是。

5. 鳖（221—263）

6. 平夷（233—263）

按：检《蜀志》卷13《马忠传》："（建兴）十一年南夷豪帅刘胄反，扰乱诸郡。征庲降都督张翼还，以（马）忠代（张）翼。（马）忠遂斩（刘）胄，平南土。加（马）忠监军，奋威将军，封博阳亭侯。初，建宁郡杀太守正昂，缚太守张裔于吴，故都督常驻平夷县，至（马）忠乃移治味县。"则平夷县建兴十一年前似属建宁郡，

---

① 《史记》卷116《西南夷列传》、《汉志》、《水经注》、《晋志》等作"牂柯"，《续汉志》、《三国志》等作"牂牁"，《宋志》、《南齐志》等作"牂牁"。据《汉志》颜师古注："牂柯，系船杙也。《华阳国志》云，楚顷襄王时，遣庄蹻伐夜郎，军至且兰，椓船于岸而步战。既灭夜郎，以且兰有椓船牂柯处，乃改其名为牂柯。"故"柯"为正字。然诸书写法既不同，今于史料之原文征引时仍从其旧，不予统一，其他则改"牁"为"柯"。

且为治所,然其于后汉、晋初均属牂柯郡,则平夷县其后属建宁郡,疑于建兴十一年建宁郡移治味县时回属牂柯郡。

7. 毋单(221—223 后)

按:《续汉志》属,《晋志》属建宁郡。毋单县汉末以来当属牂柯郡,至建兴中移属建宁郡。

8. 西随(221—224)

按:《续汉志》属,《晋志》无。检《水经注》卷 37 经文:"(叶榆水)入牂柯郡西随县北为西随水。"《水经注》经文为三国时人所撰,则西随县蜀汉时确属牂柯郡。又《宋志》:"西隋令,汉旧县,属牂柯,《晋太康地志》属兴古。并作'随'。"据《蜀志》卷3《后主传》:"(建兴)三年春三月,丞相(诸葛)亮南征四郡,四郡皆平。改益州郡为建宁郡,又分建宁、牂牁为兴古郡。"则西随县似于建兴三年兴古郡初置时移属焉。

9. 宛温(221—224)

按:《续汉志》属,《晋志》属兴古郡。据《蜀志》卷3《后主传》:"(建兴)三年春三月,丞相(诸葛)亮南征四郡,四郡皆平。改益州郡为建宁郡,又分建宁、牂牁为兴古郡。"则宛温县似于建兴三年兴古郡初置时移属焉。

10. 句町(221—224)

按:《续汉志》属,《晋志》属兴古郡。据《蜀志》卷3《后主传》:"(建兴)三年春三月,丞相(诸葛)亮南征四郡,四郡皆平。改益州郡为建宁郡……又分建宁、牂牁为兴古郡。"则句町县似于建兴三年兴古郡初置时移属焉。

11. 镡封(221—224)

按:《续汉志》属,《晋志》属兴古郡。据《蜀志》卷3《后主传》:"(建兴)三年春三月,丞相(诸葛)亮南征四郡,四郡皆平。改益州郡为建宁郡……又分建宁、牂牁为兴古郡。"则镡封县似于建兴三年兴古郡初置时移属焉。

12. 进乘(221—224)

按:《续汉志》属,《晋志》属兴古郡。据《蜀志》卷3《后主传》:"(建兴)三年春三月,丞相(诸葛)亮南征四郡,四郡皆平。改益州郡为建宁郡……又分建宁、牂牁为兴古郡。"则进乘县似于建兴三年兴古郡初置时移属焉。吴氏《表》卷6因《华阳国志》无进乘县,遂疑蜀汉时进乘县已废。检《魏志》卷4《三少帝纪》:"(咸熙元年)遣都尉唐谱等诣进乘县。"其时巴蜀甫定,蜀汉未废进乘明矣,《华阳国志》漏列进乘县,吴氏随之而误。

13. 漏卧(221—224)

按:《续汉志》属,《晋志》属兴古郡。据《蜀志》卷3《后主传》:"(建兴)三年春三月,丞相(诸葛)亮南征四郡,四郡皆平。改益州郡为建宁郡……又分建宁、牂牁为兴古郡。"则漏卧县似于建兴三年兴古郡初置时移属焉。吴氏《表》卷6因《华阳国志》无漏卧县,遂疑蜀汉时漏卧县已废,吴氏所疑非是,今不从。

14. 同并(221—263)

按:《续汉志》属,《晋志》无此县。检《宋志》:"同并长,汉旧县,前汉作同并,属牂牁,晋武帝咸宁五年省,哀帝复立。"则同并县至晋初咸宁五年(279)方省,其于蜀汉时当仍属牂牁郡。洪氏《补志》将之列入建宁郡,不出考证,《中国历史地图集·三国图组》亦将同并县绘入建宁郡,并不从。

(二十二)永昌郡(221—263)——治不韦①(今云南保山市东北)

按:《续汉志》领县八,所领比苏县建安末移属越巂郡,云南、邪龙、楪榆三县建兴三年移属云南郡,领县四②。

1. 不韦(221—263)
2. 巂唐(221—263)
3. 哀牢(221—263)
4. 博南(221—263)
5. 云南(221—224)

按:《续汉志》属,《晋志》属云南郡。检《蜀志》卷3《后主传》:"(建兴)三年春三月,丞相(诸葛)亮南征四郡,四郡皆平。改益州郡为建宁郡,分建宁、永昌郡为云南郡。"则云南县似于建兴三年云南郡初置时移属焉。

6. 邪龙(221—224)

按:《续汉志》属,《晋志》属云南郡。检《蜀志》卷3《后主传》:"(建兴)三年春三月,丞相(诸葛)亮南征四郡,四郡皆平。改益州郡为建宁郡,分建宁、永昌郡为云南郡。"又《水经注》卷37:"(叶榆水)又东南迳永昌邪龙县,县以建兴三年刘禅分隶云南。"则邪龙县确于建兴三年云南郡初置时移属焉。

7. 楪榆(221—224)

按:《续汉志》属,《晋志》属云南郡。检《蜀志》卷3《后主传》:"(建兴)三年春三月,丞相(诸葛)亮南征四郡,四郡皆平。改益州郡为建宁郡,分建宁、永昌郡为云南郡。"则楪榆县似于建兴三年云南郡初置时移属焉。

---

① 据《华阳国志》卷4永昌郡有不韦县,且曰:"不韦县,故郡治。"吴氏《表》卷6据之以为蜀汉时当治不韦,是。

② 《晋志》、《华阳国志》永昌郡又有永寿、南涪、雍乡三县,今遍检典籍,三县蜀汉时情况乏考,洪氏《补志》、吴氏《表》卷6永昌郡均列此三县,然不出考证,今并不从。

（二十三）云南郡(225—263)——治梇栋①(今云南姚安县北)

按：《续汉志》无此郡。检《蜀志》卷3《后主传》："(建兴)三年春三月，丞相(诸葛)亮南征四郡，四郡皆平。改益州郡为建宁郡，分建宁、永昌郡为云南郡。"又《华阳国志》卷4："(建兴三年)分建宁、越巂置云南郡，以吕凯为太守。"则云南郡乃刘禅建兴三年分建宁、永昌、越巂等郡置，领县七。

1. 梇栋(225—263)

按：《续汉志》属益州郡，《晋志》属。建兴三年来属。

2. 云南(225—263)

按：《续汉志》属永昌郡，《晋志》属。建兴三年来属。

3. 邪龙(225—263)

按：《续汉志》属永昌郡，《晋志》属。检《水经注》卷37："(叶榆水)又东南迳永昌邪龙县，县以建兴三年刘禅分隶云南。"则邪龙县确于建兴三年云南郡初置时移属焉，至晋不改。吴氏《表》卷6云南县漏列邪龙县，误。

4. 楪榆(225—263)

按：《续汉志》属永昌郡，《晋志》属。建兴三年来属。

5. 青蛉(225—263)

按：《续汉志》属越巂郡，《晋志》属。检《华阳国志》卷4："(建兴三年)分建宁、越巂置云南郡，以吕凯为太守。"则建兴三年前青蛉县当属越巂郡，建兴三年后移属云南郡。

6. 遂久(225—263)

按：《续汉志》属越巂郡，《晋志》属。建兴三年来属。

7. 姑复(225—263)

按：《续汉志》属越巂郡，《晋志》属。建兴三年来属。

（二十四）兴古郡(225—263)——治宛温②(今云南丘北县南)

按：《续汉志》无此郡。据《蜀志》卷3《后主传》："(建兴)三年春三月，丞相

---

① 据《寰宇记》卷79剑南西道姚州条："蜀刘氏分永昌、建宁为云南郡，而治于弄栋。""弄栋"《续汉志》、《宋志》、《晋志》皆作"梇栋"，则云南郡治所为梇栋县。

② 据《永乐大典》卷11140所录《水经注》："刘禅建兴三年，分牂柯置兴古，治宛温。"殿本《水经注》卷36："刘禅建兴三年，分牂柯置兴古郡，治温县。"此条下有校者按语："案原本及近刻并讹作'治宛温县'，今改正。《华阳国志》兴古郡属县十一，温县，郡治。"今检《汉志》、《续汉志》、《晋志》皆作"宛温"。《宋志》："宛暖令，汉旧，属牂柯。本名'宛温'，为桓温改。"则《华阳国志》所谓"温县，郡治"实为"宛温县，郡治"之讹，任乃强《华阳国志校补图注》据廖本补"宛"字，刘琳《华阳国志校注》据顾校补"宛"字，皆是，则殿本《水经注》校者之误明矣，陈桥驿《水经注校释》亦未能出校。则兴古郡治所当在宛温县。

(诸葛)亮南征四郡,四郡皆平。改益州郡为建宁郡……又分建宁、牂牁为兴古郡。"则兴古郡建兴三年分建宁、牂牁二郡置,领县八。

1. 宛温(225—263)

按:《续汉志》属牂牁郡,《晋志》属。建兴三年来属。

2. 贲古(225—263)

按:《续汉志》属益州郡,《晋志》属。建兴三年来属。

3. 西丰(225—263)

按:《续汉志》作"毋棳"属益州郡,《晋志》作"毋掇"属。建兴三年来属。

4. 句町(225—263)

按:《续汉志》属牂牁郡,《晋志》属。建兴三年来属。

5. 镡封(225—263)

按:《续汉志》属牂牁郡,《晋志》属。建兴三年来属。

6. 进乘(225—263)

按:《续汉志》属牂牁郡,《晋志》属。建兴三年来属①。

7. 漏卧(225—263)

按:《续汉志》属牂牁郡,《晋志》属。建兴三年来属。

8. 西随(225—263)

按:《续汉志》属牂牁郡,《晋志》无。检《宋志》:"西隋令,汉旧县,属牂牁,《晋太康地志》属兴古。并作'随'。"据《蜀志》卷3《后主传》:"(建兴)三年春三月,丞相(诸葛)亮南征四郡,四郡皆平。改益州郡为建宁郡,又分建宁、牂牁为兴古郡。"则西随县似于建兴三年兴古郡初置时移属焉。

---

① 吴氏《表》卷6因《华阳国志》无进乘县,遂疑蜀汉时进乘县已废。今检《魏志》卷4《三少帝纪》:"(咸熙元年)遣都尉唐谱等诣进乘县。"其时巴蜀甫定,蜀汉未废进乘,明矣。《华阳国志》既漏列进乘县,吴氏又随之而误。

第三章 孙吴诸州郡县沿革

第一节 扬州沿革

扬州（220—279），治建业①（今江苏南京市）。据《吴志》卷1《孙策传》"(孙策)渡江转斗，所向皆破，莫敢当其锋，而军令整肃，百姓怀之"裴注引《江表传》："(孙)策渡江，攻(刘)繇牛渚营，尽得邸阁粮谷、战具，是岁兴平二年也。"又《后汉书》卷9《献帝纪》："(兴平元年)是岁，杨[扬]州刺史刘繇与袁术将孙策战于曲阿，繇军败绩，孙策遂据江东。"《资治通鉴》卷61"(孙)策为人美姿颜"条《考异》从《江表传》，以为孙策初定江东当在兴平二年（195），是。则兴平二年后孙氏遂占江东之地。吴氏《考证》卷7、《表》卷7据《吴志》、《宋志》、《寰宇记》以为其时《续汉志》广陵、海陵、江都、舆、堂邑、阜陵、全淑、历阳、临湖、襄安、居巢等地为魏、吴弃地，不置郡县，是。《续汉志》扬州领郡六，吴氏《考证》卷7综合《吴志·朱然传》、《吴志·周鲂传》以为吴曾于扬州置临川郡，黄武后即废，领县乏考，是。献帝初平二年（191）置庐陵郡，孙策建安五年（200）复置。建安初置庐江郡，赤乌中废。建安十三年置新都郡，又置蕲春郡而后地入魏。建安十五年置鄱阳郡。孙权黄武二年（223）复置蕲春郡，五年置东安郡，七年废。嘉禾三年（234）后置云阳郡，旋废。嘉禾六年末置毗陵典农校尉。孙亮太平二年（257）置临海郡、临川郡。孙休永安三年（260）置建安郡。孙休时置故鄣郡。孙皓宝鼎元年（266）置东阳郡、吴兴郡。宝鼎二年置安成郡。永安五年之扬州政区见图12。

---

① 今检《元和志》卷25江南道润州上元县条："扬州故理，在(上元)县东百步。后汉末又理寿春，刘繇为扬州刺史，始移理曲阿。吴长沙桓王孙策定江东，置扬州于建业。"则扬州治所当在建业。

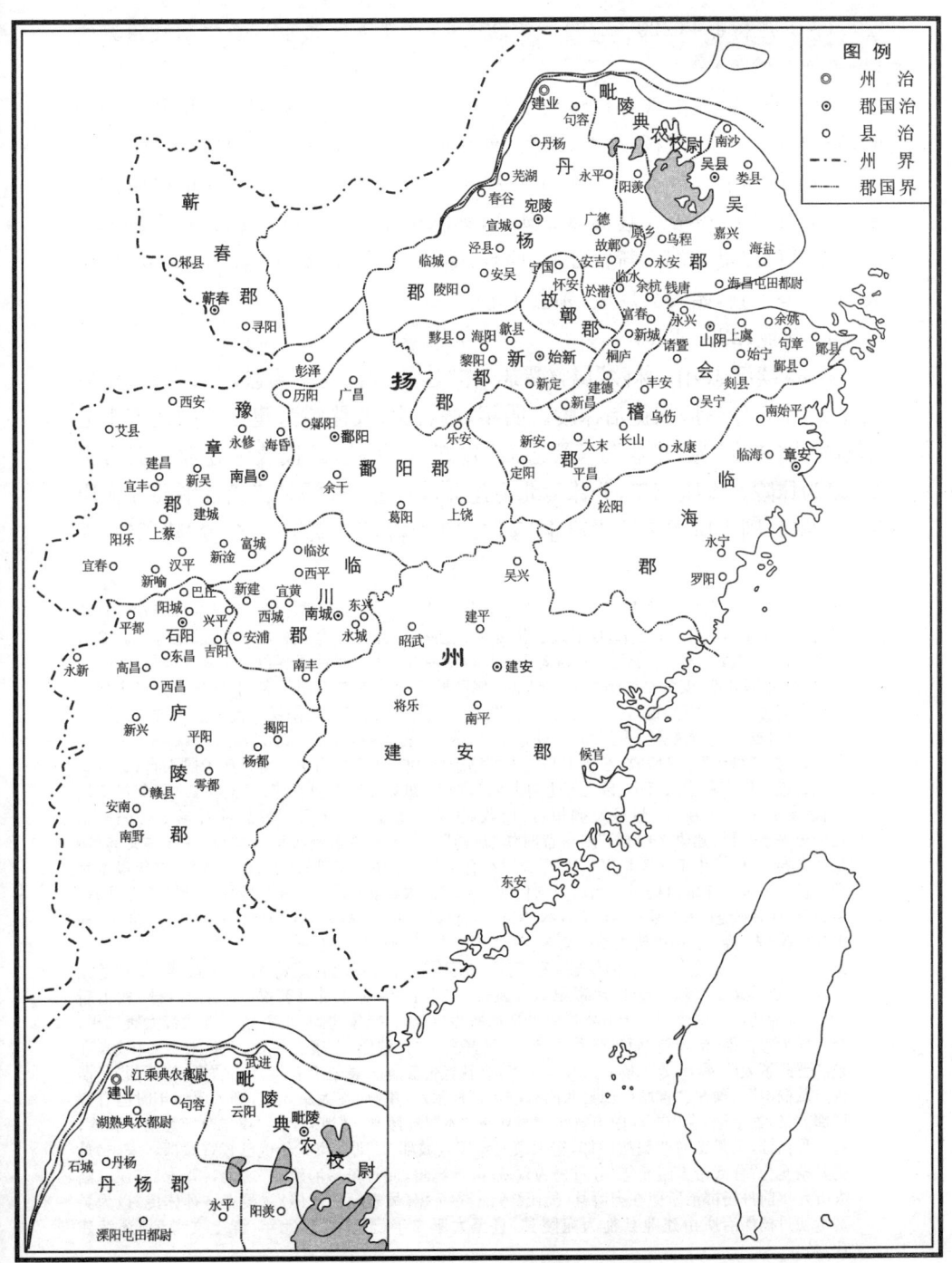

图 12 永安五年(262)三国孙吴扬州政区

（一）丹杨郡①（220—279）——治建业（今江苏南京市），嘉禾初徙治宛陵（今安徽宣城市）②

按：据《吴志》卷2《孙权传》："（建安）五年（孙）策薨，以事授（孙）权……是时惟有会稽、吴郡、丹杨、豫章、庐陵，然深险之地犹未尽从。"则建安五年丹杨郡已为孙氏所有。《续汉志》领县十六，所领黟、歙二县建安十三年移属新都郡，孙休时宁国、怀安二县移属故鄣郡，孙皓宝鼎元年（266）故鄣、安吉、於潜、原乡四县移属吴兴郡。新置宣城、原乡、临城、安吉、怀安、广德、宁国、安吴、始安、永平等十县，始安县后废，领县十七。

1. 建业（220—279）

按：《续汉志》作"秣陵"属，《晋志》作"建邺"属。检《吴志》卷2《孙权传》："（建安）十六年（孙）权徙治秣陵。明年，城石头，改秣陵为建业。"则建安十七年孙权改"秣陵"为"建业"。《晋志》："建邺，本秣陵，孙氏改为建业。武帝平吴，以为秣陵。太康三年，分秣陵北为建邺，改'业'为'邺'。"武帝平吴在太康元年（280），则太康元年后，"建业"又回改为"秣陵"。三年，又分置"建邺"。而

---

① 《续汉志》作"丹阳郡"，《晋志》作"丹杨郡"。今检《考古》1959年第4期刊有《武昌莲溪寺东吴墓清理简报》，文中提到1956年12月于武昌莲溪寺出土两枚吴铅券，其一释文曰："永安五年七月辛丑□十二日王（按：当作壬）子丹杨石城者……校尉彭卢五十九居沙羡县界以……今岁吉良。"又《文物》1986年第3期《安徽马鞍山东吴朱然墓发掘简报》所公布朱然墓出土名刺，文曰："丹杨朱然再拜　问起居　故鄣字义封"，文后之"谒"为："□节右军师左大司马当阳侯丹杨朱然再拜"，则孙吴时确作"丹杨"。今人姚迁、古兵编《六朝艺术》所收《西晋志砖》文曰："居丹杨江宁赖乡齐平里。"则西晋时作"丹杨"。又所收《东晋王兴之夫妇墓志》（1965年1月出土于南京燕子矶人台山）有文曰："咸康六年十月十八日卒"以七年七月廿六日葬于"丹杨建康之白石。"又《文物》2000年第7期《南京象山8号、9号、10号墓发掘报告》所收《王企之墓志》志文曰："晋故前丹杨令……王企之……葬于"丹杨建康之白石。"则东晋时作"丹杨"。又今人饶宗颐所编《敦煌吐鲁番本文选》所收写本卷子《任彦生王文宪集序》（法藏p2542）有文曰："永明元年进号（王俭）卫将军，二年以本官领丹杨尹……三年解丹杨尹。"则唐以前仍作"丹杨"。宋绍熙刊本《三国志》均作"丹杨郡"。则孙吴铅券、西晋砖志、东晋墓志、唐前写本、宋刊本皆作"丹杨"。故六朝时似当作"丹杨"。洪氏《补志》、吴氏《表》卷7、《中国历史地图集·三国图组》皆作"丹阳"，今不从。

② 据《吴志》卷15《吕范传》："（孙）权破（关）羽还，都武昌，拜（吕）范建威将军，封宛陵侯，领丹杨太守，治建业。"又据《魏志》卷1《武帝纪》："（建安）二十五年，春正月，（曹操）至洛阳（孙）权击斩（关）羽，传其首。"则建安二十五年后丹杨郡治所为建业。又《宋志》丹杨郡条："晋武帝太康二年，分丹杨为宣城郡，治宛陵，而丹杨移治建业。"《晋志》："宣城郡，太康二年置。"而《宋志》宣城太守条："晋武帝太康元年，分丹杨立。"今检宋本《春秋经传集解·哀公十五年》传文"夏，楚子西、子期伐吴及桐汭"杜预注："宣城广德县西南有桐水。"杜预作《集解》在太康元年，则太康元年时已有宣城郡。又《寰宇记》卷103江南道宣州宁国县条："本汉宛陵县。《地志》云：'汉末分宛陵南乡置焉，初属丹杨郡，吴景帝时改属故鄣郡，晋太康元年置宣城郡。'"则太康元年确已置宣城郡，《宋志》丹杨尹条实为"晋武帝太康元年，分丹杨为宣城郡，治宛陵，而丹杨移治建业"之讹，《晋志》亦误。则太康元年前丹杨郡治所似在宛陵县，吴氏《考证》卷7据《吴志·吕范传》、《吴志·孙休传》以为吴嘉禾初丹杨郡治所由建业县徙为宛陵县，直至太康二年（当作太康元年，详上文考证）还治建业，是。

《宋志》:"建康令,本秣陵县。汉献帝建安十六年置县,孙权改秣陵为建业,晋武帝平吴,还为秣陵。太康三年,分秣陵之水北为建业。愍帝即位,避帝讳,改为建康。"《续汉志》本有秣陵县,沈约谓"汉献帝建安十六年置县"不知何义,又谓"太康三年,分秣陵之水北为建业。愍帝即位,避帝讳,改为建康",晋愍帝名讳为邺,则"分秣陵之水北为建业"当为"分秣陵之水北为建邺"之讹,此正与《晋志》合,胡阿祥《宋书州郡志汇释》卷1以为"'建业'有僭越色彩,故改'建邺',《宋志》此处作'建业',疑误",是。

2. 丹杨(220—279)

按:《续汉志》作"丹阳"属,《晋志》作"丹杨"属。据本郡考证,吴时已改"丹阳郡"为"丹杨郡",则"丹阳县"亦当改为"丹杨县"。又据《吴志》卷6《孙皎传》:"(孙皎)建安二十四年卒,(孙)权追录其功,封(孙皎)子(孙)胤为丹杨侯,(孙)胤卒,无子,弟(孙)晞嗣,领兵,有罪自杀,国除。"则丹杨县建安二十四年即为侯国,其后还为丹杨县。

3. 芜湖国(220—279)

按:检《吴志》卷10《徐盛传》:"(建安末)迁安东将军,封芜湖侯……黄武中(徐盛)卒,子(徐)楷袭爵领兵。"则建安末芜湖为侯国。

4. 宛陵(220—221,222—252 宛陵国,253,254—264 宛陵国,265—279)

按:《续汉志》属,《晋志》属宣城郡。检《宋志》:"晋武帝太康元年,分丹杨为宣城郡,治宛陵,而丹杨移治建业。"则太康元年前宛陵县确属丹杨郡且为郡治。据《吴志》卷7《诸葛瑾传》:"黄武元年,迁(诸葛瑾)左将军,督公安,假节,封宛陵侯……赤乌四年,(诸葛瑾)年六十八,卒……(诸葛恪)弟(诸葛)融袭爵……(建兴二年诸葛)融饮药死。"又《吴志》卷14《孙霸传》:"五凤中,封(孙)基为吴侯,(孙)壹宛陵侯……孙皓①即位,追(孙)和、(孙)霸旧隙,削(孙)基、(孙)壹爵土。"则自吴黄武元年至建兴二年(253)宛陵县为侯国,后复为县,自五凤元年至孙皓即位元兴初宛陵县再为侯国,后又复为县。

5. 陵阳国(220—279)

按:《续汉志》属,《晋志》属宣城郡。检《宋志》:"晋武帝太康元年,分丹杨为宣城郡,治宛陵,而丹杨移治建业。"则太康元年前陵阳县当属丹杨郡。据《吴志》卷10《周泰传》:"(孙)权破关羽,欲进图蜀,拜(周)泰汉中太守、奋威将军,封陵阳侯。黄武中卒,子(周)邵(袭爵)……黄龙二年卒,弟(周)承领兵袭侯。"则自建安末陵阳县为侯国。

---

① 宋本作"孙皓",今一律从宋本。

6. 宣城(220—279)

按:《汉志》属,《续汉志》无此县,《晋志》属宣城郡。李晓杰《东汉政区地理》第十一章第二节据《后汉书·度尚传》、《吴志·太史慈传》以为宣城县至迟桓帝时已复立,是。《宋志》沈约云:"今唯以《续汉郡国》校《太康地志》,参伍异同,用相征验。自汉至宋,郡县无移改者,则注云'汉旧'。"又《宋志》:"宣城令,汉旧县。"据沈约之言,宣城县似自汉至晋无改,而《续汉志》丹阳郡十六城确无宣城县,故沈约之"汉旧"书法不可尽信,明矣。又《宋志》:"晋武帝太康元年,分丹杨为宣城郡,治宛陵,而丹杨移治建业。"则太康元年前宣城县当属丹杨郡。据《吴志》卷10《蒋钦传》:"(孙)权讨关羽,(蒋)钦督水军入沔,还,道病卒……子(蒋)壹封宣城侯,领兵拒刘备有功,还赴南郡,与魏交战,临阵卒,(蒋)壹无子。"则建安末宣城为侯国,后废。

7. 石城(220—222,223石城国,224—279)

按:《续汉志》属,《晋志》属宣城郡。今检《考古》1959年第4期刊有《武昌莲溪寺东吴墓清理简报》,文中提到1956年12月于武昌莲溪寺出土两枚吴铅券,其一释文曰:"永安五年七月辛丑□十二月王(按:当作壬)子丹杨石城者……校尉彭卢五十九居沙羡县界以……今岁吉安。"则孙吴时石城县确属丹杨郡。又《宋志》:"晋武帝太康元年,分丹杨为宣城郡,治宛陵,而丹杨移治建业。"则太康元年前石城县当属丹杨郡。《吴志》卷10《韩当传》:"黄武二年,封(韩当)石城侯……病卒,子(韩)综袭侯……(韩综)载父丧……奔魏。"则黄武二年石城县为侯国,不久即还为石城县。

8. 泾(220—279)

按:《续汉志》属,《晋志》属宣城郡。检《宋志》:"晋武帝太康元年,分丹杨为宣城郡,治宛陵,而丹杨移治建业。"则太康元年前泾县当属丹杨郡。

9. 春谷(220—279)

按:《续汉志》属,《晋志》属宣城郡。检《宋志》:"晋武帝太康元年,分丹杨为宣城郡,治宛陵,而丹杨移治建业。"则太康元年前春谷县当属丹杨郡。

10. 安吴(220—279)

按:《续汉志》无此县,《晋志》属宣城郡。检《吴志》卷10《程普传》:"(孙)策入会稽,以(程)普为吴郡都尉,治钱唐,后徙丹杨都尉,居石城,复讨宣城、泾、安吴、陵阳、春谷诸贼,皆破之。"又《宋志》:"安吴令,吴立。"则建安时已置安吴县。又《宋志》:"晋武帝太康元年,分丹杨为宣城郡,治宛陵,而丹杨移治建业。"则太康元年前安吴县当属丹杨郡。

11. 始安(220—?)

按：《续汉志》、《晋志》皆无此县。检《吴志》卷15《贺齐传》："(建安)二十一年，鄱阳民尤突受曹公印绶，化民为贼，陵阳、始安、泾县皆与(尤)突相应。(贺)齐与陆逊讨破(尤)突，斩首数千，余党震服，丹杨三县皆降。"据此建安末已有始安县。又《吴志》卷1《孙策传》"曹公表(孙)策为讨逆将军，封为吴侯"条裴注引《江表传》："(孙)策奉诏治严，当与(吕)布、(陈)瑀参同形势，行到钱塘，(陈)瑀阴图袭(孙)策，遣都尉万演等密渡江，使持印传三十余细贼，与丹杨宣城、泾、陵阳、始安、黟、歙诸险县大帅祖郎、焦已及吴郡乌程严白虎等，使为内应。"则建安初始安县属丹杨郡，后废，而确年乏考。卢氏《集解》、杨氏《补正》皆疑"安吴"即"始安"，又无确据，今不从。

12. 溧阳屯田都尉(220—? 溧阳，?—279)

按：《续汉志》、《晋志》均作"溧阳县"而属丹杨郡。检《吴志》卷15《吕范传》："(孙)权破(关)羽还，都武昌，拜(吕)范建威将军，封宛陵侯，领丹杨太守，治建业，督扶州以下至海，转以溧阳、怀安、宁国为奉邑。"则建安末仍有溧阳县。《宋志》："溧阳令，汉旧县。吴省为屯田，晋武帝太康元年复立。"据胡阿祥《宋书州郡志汇释》卷1考证"吴省为屯田"当为"吴省为屯田都尉"之讹。又据胡阿祥《六朝疆域与政区研究》第五章第二节"屯田都尉"条考证："孙吴是将原县整个地或部分地改置为县级屯田行政区，长官典农都尉、屯田都尉……既理屯田，又治民事，比于县级。"则溧阳县吴时改为溧阳屯田都尉，而确年乏考，后至太康元年方复为溧阳县。

13. 湖熟典农都尉(220—229以前湖熟，229以前—279)

按：《续汉志》、《晋志》均作"湖熟县"而属丹杨郡。检《吴志》卷12《朱据传》："(孙权)以为(朱)据才兼文武，可以继之，由是拜建义校尉，领兵屯湖熟。黄龙元年(孙)权迁都建业，征(朱)据尚公主，拜左将军。"则黄龙元年(229)前仍有湖熟县。《宋志》："湖熟令，汉旧县。吴省为典农都尉，晋武帝太康元年复立。"据胡阿祥《六朝疆域与政区研究》第五章第二节"典农都尉"条考证："孙吴是将原县整个地或部分地改置为县级屯田行政区，长官典农都尉、屯田都尉……既理屯田，又治民事，比于县级。"则湖熟县吴时改为湖熟典农都尉，后至太康元年方复为湖熟县。

14. 江乘典农都尉(220—? 江乘，?—279)

按：《续汉志》、《晋志》均作"江乘县"而属丹杨郡。检《吴志》卷9《周瑜传》："(周瑜)遂从(孙策)攻横江、当利皆拔之，乃渡江击秣陵，破笮融、薛礼，转下湖孰、江乘，进入曲阿。"则建安初仍有江乘县。《宋志》："江乘令，汉旧县。

本属丹杨,吴省为典农都尉,晋武帝太康元年复立。"据胡阿祥《六朝疆域与政区研究》第五章第二节"典农都尉"条考证:"孙吴是将原县整个地或部分地改置为县级屯田行政区,长官典农都尉、屯田都尉……既理屯田,又治民事,比于县级。"则江乘县吴时改为江乘典农都尉,而确年乏考,后至太康元年方复为江乘县。

15. 宁国(220—258后)

按:《续汉志》无此县,《晋志》属宣城郡。检《吴志》卷15《吕范传》:"(孙)权破(关)羽还,都武昌,拜(吕)范建威将军,封宛陵侯,领丹杨太守,治建业,督扶州以下至海,转以溧阳、怀安、宁国为奉邑。"则建安末已有宁国县。又《寰宇记》卷103江南西道宣州宁国县条:"本汉宛陵县,《地志》云:'汉末分宛陵南乡置焉,初属丹阳郡,吴景帝时改属故鄣郡,晋太康元年属宣城郡。'"则后汉末分宛陵县置宁国县且属丹杨郡,吴景帝孙休时移属故鄣郡。又据《宋志》:"晋武帝太康元年,分丹杨为宣城郡,治宛陵,而丹杨移治建业。"则太康元年后宁国县移属宣城郡。

16. 广德(220—279)

按:《续汉志》无此县,《晋志》属宣城郡。检《吴志》卷9《吕蒙传》:"(吕蒙)从讨丹杨,所向有功,拜平北都尉,领广德长,从征黄祖。"又据《吴志》卷2《孙权传》:"(建安)八年,(孙)权西伐黄祖,破其舟军。"则建安八年前已置广德县。又《元和志》卷28江南道宣州广德县条:"后汉分故鄣县置,属丹杨郡。"则后汉末分故鄣县置广德县且属丹杨郡。又据《宋志》:"晋武帝太康元年,分丹杨为宣城郡,治宛陵,而丹杨移治建业。"则太康元年后广德县移属宣城郡。又据《吴志》卷5《徐夫人传》:"(徐)琨以督军中郎将领兵,从破庐江太守李术,封广德侯,迁平虏将军。后从讨黄祖,中流矢卒……(徐)矫嗣父(徐)琨侯……先(徐)夫人卒,无子,弟(徐)祚袭封。"则建安中广德县为侯国。

17. 怀安(220—258后)

按:《续汉志》无此县,《晋志》属宣城郡。检《吴志》卷15《吕范传》:"(孙)权破(关)羽还,都武昌,拜(吕)范建威将军,封宛陵侯,领丹杨太守,治建业,督扶州以下至海,转以溧阳、怀安、宁国为奉邑。"则建安末已有怀安县。又《寰宇记》卷103江南西道宣州宁国县条:"怀安故城在(宁国)县东南一百里,《地理志》云:'吴大帝分宛陵之地置(怀安县),属丹阳郡,至景帝时属故鄣郡,晋太康二年属宣城郡。'"则后汉末孙权分宛陵县置怀安县且属丹杨郡,吴景帝孙休时移属故鄣郡,太康二年后怀安县移属宣城郡。

18. 临城(220—279)

按:《续汉志》无此县,《晋志》属宣城郡。检《吴志》卷10《徐盛传》:"后(徐盛)迁建武将军,封都亭侯,领庐江太守,赐临城县为奉邑。刘备次西陵,(徐)盛攻取诸屯。"则建安末已置临城县。又据《宋志》:"晋武帝太康元年,分丹杨为宣城郡,治宛陵,而丹杨移治建业。"则太康元年后临城县移属宣城郡。

19. 故鄣国(220—222 故鄣,223—265)

按:《续汉志》属,《晋志》属吴郡。检《吴志》卷3《孙皓传》"(宝鼎元年)分吴、丹杨为吴兴郡"条裴注引《孙皓诏》曰:"今吴郡阳羡、永安、余杭、临水及丹杨故鄣、安吉、原乡、於潜诸县,地势水流之便,悉注乌程,既宜立郡,以镇山越……其亟分此九县为吴兴郡,治乌程。"则故鄣县宝鼎元年后移属吴兴郡。又据《吴志》卷11《朱治传》:"(黄武)二年拜(朱治)安国将军,金印紫绶,徙封故鄣……黄武三年……(朱治子朱才)嗣父爵,迁偏将军……(朱)才子(朱)琬袭爵为将。"则黄武二年后故鄣县为侯国。

20. 於潜①(220—265)

按:《续汉志》属,《晋志》属吴兴郡。检《吴志》卷3《孙皓传》"(宝鼎元年)分吴、丹杨为吴兴郡"条裴注引《孙皓诏》曰:"今吴郡阳羡、永安、余杭、临水及丹杨故鄣、安吉、原乡、於潜诸县,地势水流之便,悉注乌程,既宜立郡,以镇山越……其亟分此九县为吴兴郡,治乌程。"则於潜县宝鼎元年后移属吴兴郡。

21. 安吉(220—265)

按:《续汉志》无此县,《晋志》属吴兴郡。检《宋志》:"安吉令,汉灵帝中平二年,分故鄣立。"则安吉县汉灵帝中平二年已置。又据《吴志》卷3《孙皓传》"(宝鼎元年)分吴、丹杨为吴兴郡"条裴注引《孙皓诏》曰:"今吴郡阳羡、永安、余杭、临水及丹杨故鄣、安吉、原乡、於潜诸县,地势水流之便,悉注乌程,既宜立郡,以镇山越……其亟分此九县为吴兴郡,治乌程。"则安吉县宝鼎元年后移属吴兴郡。

22. 原乡(220—265)

按:《续汉志》无此县,《晋志》属吴兴郡。检《宋志》:"原乡令,汉灵帝中平二年,分故鄣立。"则原乡县汉灵帝中平二年(185)已置。又据《吴志》卷3《孙皓传》"(宝鼎元年)分吴、丹杨为吴兴郡"条裴注引《孙皓诏》曰:"今吴郡阳羡、永安、余杭、临水及丹杨故鄣、安吉、原乡、於潜诸县,地势水流之便,悉注乌程,既宜立郡,以镇山越……其亟分此九县为吴兴郡,治乌程。"则原乡县宝鼎元年后移属吴兴郡。

---

① 洪氏《补志》据《吴录》以为其时作"於朁",至隋方改为"於潜",吴氏《表》卷7从之。而据上引《孙皓诏》,则其时作"於潜"明矣,洪氏、吴氏并误。

23. 永平(220—279)

按:《续汉志》无此县,《晋志》作"永世"属。检《吴志》卷10《凌统传》:"凌统,字公绩,吴郡余杭人也。父(凌)操,轻侠有胆气,孙策初兴,每从征伐,常冠军履锋。守永平长。"则建安初已有永平县。又据《宋志》:"永世令,吴分溧阳为永平县,晋武帝太康元年更名。"则建安初孙策分溧阳置永平县,直至晋武帝太康元年更名永世。《吴志》卷5《全夫人传》:"(孙)亮纳(全)夫人,(孙)亮遂为嗣。(全)夫人立为皇后……进封(全尚)永平侯,录尚书事。"又《吴志》卷5《何姬传》:"(孙)皓即位,尊(孙)和为昭献皇帝,何姬为昭献皇后,称升平宫,月余进为皇太后,封(何姬)弟(何)洪永平侯。"则永平县于孙亮即位建兴初和孙皓即位元兴初两度为侯国,而确年乏考。

24. 句容(220—279)

(二) 故鄣郡(258后—279)——治乏考

按:《续汉志》、《晋志》均无此郡。检宋本《寰宇记》卷103江南西道宣州宁国县条:"本汉宛陵县,《地志》云:'汉末分宛陵南乡置焉,初属丹阳郡,吴景帝时改属故鄣郡,晋太康元年属宣城郡。'"又《寰宇记》卷103江南西道宣州宁国县条:"怀安故城在(宁国)县东南一百里,《地理志》云:'吴大帝分宛陵之地置(怀安县),属丹阳郡,至景帝时改属故鄣郡,晋太康二年①属宣城郡。'"则吴景帝时确有故鄣郡,领县可考者宁国、怀安,故鄣郡至晋初方废,然置、废确年均乏考。洪氏《补志》、吴氏《表》卷7均漏列此郡。

1. 宁国(258后—279)

按:《续汉志》无此县,《晋志》属宣城郡。宁国县吴景帝时来属,至晋太康元年方移属宣城郡。

2. 怀安(258后—279)

按:《续汉志》无此县,《晋志》属宣城郡。怀安县吴景帝时来属,至晋太康元年方移属宣城郡。

(三) 新都郡(220—279)——治始新(今浙江淳安县西北)

按:《续汉志》无此郡,《晋志》作"新安郡"。检宋本《吴志》卷2《孙权传》:"(建安十三年)是岁,使贺齐讨黟、歙,分歙为始新、新定,以六县为新都郡。"②又《吴志》卷15《贺齐传》:"(建安十三年贺)齐复表分歙为新定、黎阳、休阳,并黟、歙凡六县,(孙)权遂割为新都郡,(贺)齐为太守,立府于始新,加偏将军。"

---

① 此二年似为元年之讹。
② 今通行本作"分歙为始新、新定、犁阳、休阳县,以六县为新都郡",多出"犁阳、休阳县"五字。

则建安十三年置新都郡,领县六,且治于始新。又《淳熙严州图经》卷1历代沿革条:"建安十三年……始分丹杨郡之歙县立始新、新定、犁阳、休阳四县,合黟与歙,为县六,为新都郡,治始新。"其所谓"犁阳"当为"黎阳"之讹。又《宋志》:"新安太守,汉献帝建安十三年,孙权分丹杨立曰新都,晋武帝太康元年更名。"则直至太康元年方改名"新安郡"。

1. 始新(220—279)

按:《续汉志》无此县,《晋志》属。检宋本《吴志》卷2《孙权传》:"(建安十三年)是岁,使贺齐讨黟、歙,分歙为始新、新定,以六县为新都郡。"则建安十三年分歙县置始新县且属新都郡,至晋不改。

2. 黟(220—279)

按:《续汉志》作"黝"属丹杨郡,《晋志》作"黝"属。中华书局本《晋书》校勘记据《汉志》颜师古注、《水经·渐江水注》、《宋志》、《南齐志》、《吴志·贺齐传》、《舆地广记》等并作"黟",王念孙《汉书杂志》亦谓当作"黟",以为"黝"乃"黟"形近之误。又检宋本《吴志·孙权传》、《吴志·贺齐传》均作"黟",则三国时确作"黟"。

3. 歙(220—279)

按:《续汉志》属丹杨郡,《晋志》属。

4. 新定(220—279)

按:《续汉志》无此县,《晋志》作"遂安"属。检宋本《吴志》卷2《孙权传》:"(建安十三年)分歙为始新、新定,以六县为新都郡。"则建安十三年分歙县置新定县且属新都郡。又此条志文"新定"下裴注引《吴录》:"晋改新定为遂安。"又《宋志》:"遂安令,孙权分歙为新定县,晋武帝太康元年更名。"则直至晋太康元年新定县始改名遂安县。

5. 黎阳(220—279)

按:《续汉志》无此县,《晋志》属。检《吴志》卷15《贺齐传》:"(建安十三年贺)齐复表分歙为新定、黎阳、休阳,并黟、歙凡六县,(孙)权遂割为新都郡。"则建安十三年分歙县置黎阳县且属新都郡,至晋不改。

6. 休阳(220—257,258—279海阳)

按:《续汉志》无此县,《晋志》作"海宁"属。检《吴志》卷15《贺齐传》:"(建安十三年贺)齐复表分歙为新定、黎阳、休阳,并黟、歙凡六县,(孙)权遂割为新都郡。"又《宋志》:"海宁令,孙权分歙为休阳县,晋武帝太康元年更名。"则似乎至晋太康元年休阳县始改名海宁县。又检《寰宇记》卷104江南西道歙州休宁县条:"按《邑图》云:'吴割歙县西川分置休阳县……吴避孙休之名改为海阳县。'"则休阳县于永安元年(258)改名海阳。又据曹魏幽州辽西郡考证,其时实有海阳县,太康元年平吴后一国有南北两海阳,则又改海阳县为海宁县,《宋志》失书休阳改海阳一节。

(四)庐江郡(220—238后)——治皖(今安徽潜山县)

按:吴氏《考证》卷7据《吴志·孙策传》、《吴志·孙权传》以为建安初吴即置庐江郡,直至赤乌中始废,唯领皖县,是。杨氏《补正》据《吴志·陈武传》"庐江松滋人"以为庐江郡领松滋,此庐江郡当指魏之庐江郡而非吴之庐江郡也,杨氏误,详曹魏扬州安丰郡松滋县考证。汪士铎《三国庐江郡考》以为庐江郡又领寻阳,文献无征,不从其说。

皖(220—238后)

(五)蕲春郡(223—279)——治蕲春(今湖北黄石市东)

按:《续汉志》、《晋志》均无此郡。检《宋志》:"吴立蕲春郡,寻阳县属焉。晋武帝太康元年,省蕲春郡,以寻阳属武昌,改蕲春之安丰为高陵,及邾县,皆属武昌。"则蕲春郡吴时置,至太康元年始废,诸县移属武昌郡。吴氏《考证》卷7据《吴志·孙权传》、《吴志·吕蒙传》以为建安十三年初分江夏置蕲春郡,后地入魏。黄武二年,吕蒙房晋宗,复置蕲春郡,是。其中邾县,吴氏《表》卷3以为当是魏、吴双方之弃地,杨氏《补正》据《宋志》以为邾县当属吴扬州蕲春郡,吴氏误,杨说是也,详邾县考证。

1. 蕲春(223—279)

按:《续汉志》属江夏郡,《晋志》属弋阳郡。检《宋志》:"蕲阳令,二汉江夏郡有蕲春县,吴立为郡,晋武帝太康元年省蕲春郡,而县属弋阳。"则蕲春县于吴黄武二年始置蕲春郡时移属焉,至晋太康元年蕲春郡省后移属弋阳郡。

2. 安丰(？—279)

按:《续汉志》无此县,《晋志》作"官陵"属武昌郡。检《宋志》:"吴立蕲春郡,寻阳县属焉。晋武帝太康元年,省蕲春郡,以寻阳属武昌,改蕲春之安丰为高陵,及邾县,皆属武昌。"则吴时安丰县确属蕲春郡,至晋太康元年蕲春郡废,改为"高陵"移属武昌郡。魏扬州安丰郡有安丰县,杨氏《补正》据《寰宇记》以为吴之安丰非魏之安丰,是,而其始置确年乏考。晋太康元年平吴后一国有两"安丰",故改"安丰"为"高陵"也。《晋志》武昌郡"官陵"县当为"高陵"之讹。吴氏《表》卷7蕲春郡漏列安丰县,《中国历史地图集·三国图组》亦漏绘安丰县。

3. 邾(223—279)

按:《续汉志》属江夏郡,《晋志》属弋阳郡。检《宋志》:"吴立蕲春郡,寻阳县属焉。晋武帝太康元年,省蕲春郡,以寻阳属武昌,改蕲春之安丰为高陵,及邾县,皆属武昌。"则邾县于吴黄武二年始置蕲春郡时移属焉,至晋太康元年蕲春郡废,移属武昌郡。《晋志》属弋阳郡当误,吴氏《表》卷7蕲春郡亦漏列邾县。

4. 寻阳(223—279)

按:《续汉志》、《晋志》均属庐江郡。检《宋志》:"吴立蕲春郡,寻阳县属焉。晋武帝太康元年,省蕲春郡,以寻阳属武昌,改蕲春之安丰为高陵,及邾县,皆属武昌。二年,以武昌之寻阳复属庐江郡。"据荆州江夏郡考证,寻阳曾属江夏郡,则寻阳县于吴黄武二年始置蕲春郡时移属焉,至晋太康元年蕲春郡废,移属武昌郡,二年又移属庐江郡。

(六)吴郡(220—279)——治吴(今江苏苏州市)

按:据《吴志》卷2《孙权传》:"(建安)五年(孙)策薨,以事授(孙)权……是时惟有会稽、吴郡、丹杨、豫章、庐陵,然深险之地犹未尽从。"则建安五年前吴郡已为孙氏所据。《续汉志》领县十二①。所领无锡县,据《宋志》:"无锡令,汉旧县,吴省,晋武帝太康元年复立。"则吴时无锡县见废。新置海昌屯田都尉、钱唐、永安、临水、建德、桐庐、新昌、新城、南沙等九县,领县二十。嘉禾六年(237)后,毗陵、云阳、武进三县移属毗陵典农校尉,领县十七。宝鼎元年(266)乌程、永安、临水、阳羡、余杭五县移属吴兴郡,领县十二。

1. 吴(220—228,229吴国,230—254后,254后—279吴国)

按:据《吴志》卷1《孙策传》:"(孙)权称尊号,追谥(孙)策曰长沙桓王,封子(孙)绍为吴侯,后改封上虞侯。"又《吴志》卷14《孙霸传》:"五凤中,封(孙)基为吴侯。"则自黄龙元年(229)吴县即为侯国,后还为县,五凤中又为侯国。

2. 海盐(220—279)

3. 嘉兴(220—221由拳,222—230由拳国,231—241禾兴国,242—256嘉兴国,257—263嘉兴,264—279嘉兴国)

按:《续汉志》作"由拳"属,《晋志》属。检《吴志》卷2《孙权传》:"(黄龙三年)由拳野稻自生,改为禾兴县……(赤乌)五年春正月,立子(孙)和为太子,大赦,改禾兴为嘉兴。"则由拳黄龙三年改名禾兴,至赤乌五年(242)又改名嘉兴,且均属吴郡,至晋不改。又据《吴志》卷11《朱桓传》:"(黄武元年)(孙)权嘉(朱)桓功,封嘉兴侯……赤乌元年卒……子(朱)异嗣……(太平二年,朱异)为

---

① 原作十三县,其中有安、娄两县,钱大昕《三史拾遗》卷5遍考诸书,以为"安"乃"娄"之衍字,是,则领县十二。

孙綝所枉害。"此"嘉兴侯"当作"由拳侯",则由拳县黄武元年后即为侯国,直至太平二年(257)朱异被杀,始还国为县。又《吴志》卷16《陆凯传》:"孙皓立,迁(陆凯)镇西大将军,都督巴丘,领荆州牧,进封嘉兴侯。"则孙皓即位元兴元年(264)后,嘉兴县复为侯国。

4. 海昌屯田都尉(220—?,?—279 盐官)

按:《续汉志》无,《晋志》作"盐官"属。检《吴志》卷13《陆逊传》:"(陆)逊年二十一,始仕幕府,历东西曹令史,出为海昌屯田都尉,并领县事。"卢氏《集解》推断陆逊二十一岁为建安八年,是。据胡阿祥《六朝疆域与政区研究》第五章第二节"屯田都尉"条考证:"孙吴是将原县整个地或部分地改置为县级屯田行政区,长官典农都尉、屯田都尉……既理屯田,又治民事,比于县级。"则建安八年前已置海昌屯田都尉。又《宋志》:"盐官令,汉旧县。《吴记》云:'盐官本属嘉兴,吴立为海昌都尉治,此后改为县。'非也。"谭其骧《海盐县的建置沿革、县治迁移和辖境变迁》(载《长水集续编》)一文以为:《汉书·地理志》会稽郡、《续汉书·郡国志》吴郡属县中明明只有海盐而无盐官,沈约误以盐官为汉县,故以《吴记》盐官本吴海昌都尉后乃改县之语为非。实则沈约自误,《吴记》所言可信。谭说是也。又上引《吴志·陆逊传》裴注引《陆氏祠堂像赞》曰:"海昌,今盐官县也。"又《寰宇记》卷93江南东道杭州盐官县条引《吴录地理》:"本名海昌,时改为盐官,属吴郡。"则海昌屯田都尉似于吴时改为盐官县且仍属吴郡,而确年乏考。

5. 钱唐(220—221,222—256 钱唐国,257,258—279 钱唐国)

按:《续汉志》无此县,《晋志》属。检《吴志》卷8《阚泽传》:"(阚泽)除钱唐长,迁郴令。孙权为骠骑将军,辟(阚泽)补西曹掾。及称尊号,以(阚)泽为尚书。"则建安末已置钱唐县。又据《吴志》卷15《全琮传》:"全琮,字子璜,吴郡钱唐人也。"则吴时钱唐县确属吴郡,至晋不改。又据《吴志》卷15《全琮传》:"(黄武元年)进封(全琮)钱唐侯……(赤乌)十二年(全琮)卒,子(全)怿嗣……(太平二年)降魏。"则黄武元年后钱唐县即为侯国,至太平二年始还国为县。又《吴志》卷3《孙休传》:"(永安元年冬十月)己丑,封……(孙)皓弟(孙)德钱唐侯。"则永安元年(258)后,钱唐县复为侯国。

6. 娄(220—228,229—279 娄国)

按:据《吴志》卷7《张昭传》:"(孙)权既称尊号……改封(张昭)娄侯……嘉禾五年卒……少子(张)休袭爵。"则黄龙元年后,娄县即为侯国。

7. 毗陵(220—221,222 毗陵国,223—236)

按:《续汉志》属,《晋志》属毗陵郡。据毗陵典农校尉考证,嘉禾六年

(237)后毗陵县移属毗陵典农校尉,至太康二年毗陵典农校尉废为毗陵郡后复属。据《吴志》卷11《朱治传》:"黄武元年,封(朱治)毗陵侯……(黄武二年)徙封故鄣。"则黄武元年毗陵县为侯国,二年即复为县。

8. 曲阿(220—228,229—233 曲阿国,234—236 云阳国)

按:《续汉志》属,《晋志》属毗陵郡。检《吴志》卷2《孙权传》:"(嘉禾三年)诏复曲阿为云阳,丹徒为武进。"又《宋志》:"曲阿令,本名云阳,秦始皇改曰曲阿。吴嘉禾三年,复曰云阳。晋武帝太康二年复曰曲阿。"则嘉禾三年改曲阿为云阳。又据毗陵典农校尉考证,嘉禾六年后云阳移属毗陵典农校尉,至太康二年毗陵典农校尉废为毗陵郡后,云阳改曰曲阿,又属毗陵郡。据《吴志》卷12《朱据传》:"黄龙元年,(孙)权迁都建业,征(朱)据尚公主,拜左将军,封云阳侯……赤乌九年,迁骠骑将军……赐死,时年五十七。孙亮时,二子熊、损各复领兵,为全公主所谮,皆死。永安中,追录前功,以熊子宣袭爵云阳侯,尚公主。孙皓时,宣至骠骑将军。"按嘉禾三年方才改曲阿为云阳,则此黄龙元年朱据所封"云阳侯"当作"曲阿侯",及嘉禾三年后随而改为云阳侯;又朱据被赐死在赤乌十三年(250),云阳国亦当改回云阳县。而永安中朱宣又为云阳侯,则云阳县又改为云阳国。

9. 丹徒(220—233,234—236 武进)

按:《续汉志》属,《晋志》属毗陵郡。检《吴志》卷2《孙权传》:"(嘉禾三年)诏复曲阿为云阳,丹徒为武进。"又《宋志》:"丹徒令……秦改曰丹徒。孙权嘉禾三年,改曰武进。晋武帝太康三年(当作二年),复曰丹徒。"则嘉禾三年改丹徒县为武进县。又据毗陵典农校尉考证,嘉禾六年后武进县移属毗陵典农校尉,至太康二年毗陵典农校尉废为毗陵郡后,武进县改曰丹徒县,又属毗陵郡。据《吴志》卷6《孙桓传》:"(孙桓)年二十五拜安东中郎将,与陆逊共拒刘备……(孙)桓以功拜建武将军,封丹徒侯……会卒。"则丹徒县曾暂为侯国。

10. 乌程(220—257,258—263 乌程国,264—265)

按:《续汉志》属,《晋志》属吴兴郡。检《吴志》卷3《孙皓传》"(宝鼎元年)分吴、丹杨为吴兴郡"条裴注引《孙皓诏》曰:"今吴郡阳羡、永安、余杭、临水及丹杨故鄣、安吉、原乡、於潜诸县,地势水流之便,悉注乌程,既宜立郡,以镇山越……其亟分此九县为吴兴郡,治乌程。"则宝鼎元年后,乌程县移属吴兴郡,且为其郡治。据《吴志》卷3《孙休传》:"(永安元年)己丑,封孙皓为乌程侯。"则永安元年(258)后乌程县为侯国,直至元兴元年(264)孙皓即位,复为乌程县。

11. 余杭(220—265)

按:《续汉志》属,《晋志》属吴兴郡。检《吴志》卷3《孙皓传》"(宝鼎元年)分吴、丹杨为吴兴郡"条裴注引《孙皓诏》曰:"今吴郡阳羡、永安、余杭、临水及丹杨故鄣、安吉、原乡、於潜诸县,地势水流之便,悉注乌程,既宜立郡,以镇山越……其呕分此九县为吴兴郡,治乌程。"则宝鼎元年后,余杭县移属吴兴郡。

12. 永安(220—221,222 永安国,223—257,258—265 永安国)

按:《续汉志》无此县,《晋志》作"武康"属吴兴郡。检《通典》卷182湖州武康县条引《舆地志》:"汉乌程县之余不乡地。汉末童谣云:'天子当兴东南三余之间',吴乃改会稽之余暨为永兴,分余不为永安,以协谣言。晋以平阳已有永安县,故改此永安为武康。"《元和志》卷25江南道湖州武康县条:"本汉乌程余不乡之地,汉末童谣云:'天子当兴于东南三余之间',故吴大帝改会稽之余暨为永兴,而分余不乡置永安县,属吴兴。晋平吴,改为武康。"《寰宇记》卷94江南东道湖州武康县条引《地理志》:"本汉乌程县之余不乡地,汉末童谣云:'天子当兴东南三余之间',吴乃改会稽之余暨为永兴,分余不乡为永安,以协谣言。晋以平阳已有永安县,复改为武康。"宋本《太平御览》卷170引《地理志》、《舆地广记》卷22所载略同,则似孙权建安时分乌程余不乡置永安县。而《宋志》:"武康令,吴分乌程、余杭立永安县,晋武帝太康元年更名。"所谓"分乌程余杭立永安县"似为"分乌程余不立永安县"之讹。《南史》卷57《沈约传》:"灵帝初平五年,分乌程、余杭为永安县,吴孙皓宝鼎二年(当作元年)分吴郡为吴兴郡,晋太康三年(当作元年)改永安为武康县。"似承《宋志》之误,而又舛乱殊甚。吴氏《考证》卷7据《南史》以为永安置于初平四年,亦误。又据《吴志》卷3《孙皓传》"(宝鼎元年)分吴、丹杨为吴兴郡"条裴注引《孙皓诏》曰:"今吴郡阳羡、永安、余杭、临水及丹杨故鄣、安吉、原乡、於潜诸县,地势水流之便,悉注乌程,既宜立郡,以镇山越……其呕分此九县为吴兴郡,治乌程。"则宝鼎元年永安县移属吴兴郡,晋太康元年改名武康。据《吴志》卷11《朱然传》:"(黄武元年)封(朱然)永安侯……改封当阳侯。"则黄武元年后永安县即为侯国,后复为县。又《吴志》卷3《孙休传》:"(永安元年冬十月)己丑……封……(孙)谦永安侯。"则永安元年后永安县又为侯国。

13. 临水(220—265)

按:《续汉志》无此县,《晋志》属吴兴郡。检《吴志》卷15《贺齐传》"(建安十六年,贺齐)表言分余杭为临水县"裴注引《吴录》:"晋改为临安。"又《宋志》:"临安令,吴分余杭为临水县,晋武帝太康元年更名。"则临水县建安十六年置。又据《吴志》卷3《孙皓传》"(宝鼎元年)分吴、丹杨为吴兴郡"条裴注引《孙皓诏》曰:"今吴郡阳羡、永安、余杭、临水及丹杨故鄣、安吉、原乡、於潜诸县,地势水流之便,悉注乌程,既宜立郡,以镇山越……其亟分此九县为吴兴郡,治乌程。"则临水县宝鼎元年移属吴兴郡,晋太康元年更名为临安县。

14. 阳羡(220—222,223—224 阳羡国,225—265)

按:《续汉志》属,《晋志》属吴兴郡。检《吴志》卷3《孙皓传》"(宝鼎元年)分吴、丹杨为吴兴郡"条裴注引《孙皓诏》曰:"今吴郡阳羡、永安、余杭、临水及丹杨故鄣、安吉、原乡、於潜诸县,地势水流之便,悉注乌程,既宜立郡,以镇山越……其亟分此九县为吴兴郡,治乌程。"则宝鼎元年后阳羡县移属吴兴郡。据《吴志》卷2《孙权传》"(黄武)四年夏五月,丞相孙邵卒"条裴注引《吴录》:"黄武初,(孙邵)为丞相,威远将军,封阳羡侯。"则黄武初阳羡县即为侯国,至黄武四年复为阳羡县。

15. 富春(220—225,229—279)

按:《续汉志》属,《晋志》作"富阳"属。据《吴志》卷2《孙权传》:"(黄武五年)分三郡恶地十县置东安郡……(黄武七年)罢东安郡。"裴注引《吴录》:"郡治,富春也。"则富春自黄武五年至七年属东安郡,后复属吴郡,至晋不改。又《宋志》:"富阳令,汉旧县。本曰富春。孙权黄武四年(当作五年),以为东安郡。七年,省。晋简文郑太后讳'春',孝武改曰富阳。"则至于东晋孝武帝方改富春为富阳,《晋志》作"富阳"误,中华书局标点本《晋书》失校。

16. 建德国(225—279)

按:《续汉志》无此县,《晋志》属。检《宋志》:"建德令,吴分富春立。"《元和志》卷25浙西观察使睦州建德县条:"本汉富春县地,吴黄武四年分(富春县)置建德县。"又《寰宇记》卷95江南东道睦州建德县条:"吴黄武四年分富春县之地置,属吴郡。"则建德县黄武四年置,且属吴郡,至晋不改。又据《吴志》卷6《孙韶传》:"(孙)权为吴王,迁扬威将军,封建德侯,(孙)权称尊号……赤乌四年卒,子(孙)越嗣。"孙权称吴王在黄武四年,即黄武四年后建德县为侯国。

17. 桐庐(225—279)

按:《续汉志》无此县,《晋志》属。检《宋志》:"桐庐令,吴分富春立。"又《元和志》卷25浙西观察使睦州桐庐县条:"本汉富春县之桐溪乡,吴黄武四年分置桐庐县。"又《舆地广记》卷20两浙路睦州桐庐县条:"汉富春县地,吴分置,属吴郡。"则桐庐县黄武四年置,且属吴郡,至晋不改。

18. 新昌(?—279)

按:《续汉志》无此县,《晋志》作"寿昌"属。检《宋志》:"寿昌令,吴分富春立新昌县，晋武帝太康元年更名。"其分置确年乏考，似亦当属吴郡，至太康元年改名寿昌。

19. 新城（?）

按：《续汉志》、《晋志》均无此县。检《水经注》卷40："桐溪又东北迳新城入浙江。县，故富春地，孙权置，后省并桐庐。"则孙权时当置新城县，似亦属吴郡，后省入桐庐，置、废确年均乏考。吴氏《表》卷7漏列，杨氏《补正》补之，是。

20. 南沙（?—279）

按：《续汉志》、《晋志》均无此县。检《吴志》卷2《孙权传》裴注引庾阐《扬都赋》注："孙权时，合暮举火于西陵，鼓三竟，达吴郡南沙。"又《宋志》："南沙令，本吴县司盐都尉署①，吴时名沙中。吴平后，立暨阳县，割属之。"则吴时吴郡确有南沙县，后似改名沙中，晋太康元年割属暨阳县。洪氏《补志》、吴氏《表》卷7、《中国历史地图集·三国图组》吴郡皆无南沙县，并不从。

（七）毗陵典农校尉（237—279）——治毗陵（今江苏常州市）

按：据《宋志》晋陵太守条："吴时分吴郡无锡以西为毗陵典农校尉。晋武帝太康二年省校尉，立以为毗陵郡，治丹徒，后复还毗陵。"又《宋书·百官志》："光武省都尉，后又往往置东部、西部都尉，有蛮夷者，又有属国都尉。汉末及三国多以诸部都尉为郡。"又据胡阿祥《六朝疆域与政区研究》第五章第二节"典农校尉"条考证："按毗陵典农校尉乃改吴郡西部都尉所置，实为相当于郡级的民屯行政区长官……（吴）是将原郡辖区整个地或部分地改置为郡级屯田行政区……故孙吴的典农校尉既管屯务，又兼民政。"又据陈玉屏《论孙吴毗陵屯田的性质》②一文的考证，《宋志》所谓"吴时分吴郡无锡以西为毗陵典农校尉"，当在吴嘉禾六年末（或赤乌元年初），则毗陵典农校尉置于此时。吴氏《考证》卷7不列毗陵典农校尉，误。《晋志》毗陵郡条："吴分会稽③无锡已西为屯田，置典农校尉。太康二年，省校尉为毗陵郡。统县七……丹徒、曲阿、武进、延陵、毗陵、暨阳、无锡。"又据《宋志》"延陵令，晋武帝太康二年，分曲阿之延陵乡立"，"无锡令，汉旧县，吴省，晋武帝太康元年复立"，"暨阳令，晋武帝太康二年分无锡、毗陵立"，"武进令，晋武帝太康二年，分丹徒、曲阿立"，则《晋志》所

---

① 成孺《宋书州郡志校勘记》"本吴郡司盐都尉署"条："'郡'，南监本作'县'。"杨守敬《校补宋书州郡志札记》："'郡'字是。"胡阿祥《宋书州郡志汇释》卷1云："吴县司盐都尉"当作"吴郡司盐都尉"。按先是汉代郡国产盐处设盐官，魏晋时以司盐都尉总领关于盐之政令；又洪饴孙《三国职官表》下："司盐都尉，郡国出盐者置，第六品（《水经注·沔水下》引乐资《九州记》，盐官县有马皋城，故司盐都尉城）。"据其品，司盐都尉为郡级吏员。

② 载《西南民族学院学报》1988年第2期。

③ 据《宋志》当作"吴郡"，中华书局标点本《晋书》失校。

领七县有四县为太康后置,仅剩丹徒、曲阿、毗陵三县。又据《宋志》:"丹徒令……秦改曰丹徒。孙权嘉禾三年,改曰武进。晋武帝太康三年(当作二年),复曰丹徒。"则丹徒即为吴嘉禾三年后之武进县。又《宋志》:"曲阿令,本名云阳,秦始皇改曰曲阿。吴嘉禾三年,复曰云阳。晋武帝太康二年复曰曲阿。"则曲阿即吴嘉禾三年后之云阳县。又据上引陈玉屏《论孙吴毗陵屯田的性质》,毗陵典农校尉置于嘉禾六年末(或赤乌元年初),则其时毗陵典农都尉当领毗陵、武进、云阳三县。

1. 毗陵(237—279)

按:《续汉志》属吴郡,《晋志》属毗陵郡。据本典农校尉考证,嘉禾六年后毗陵县移属毗陵典农校尉,至太康二年毗陵典农校尉废为毗陵郡后又属焉。

2. 武进(237—279)

按:《续汉志》作"丹徒"属吴郡,《晋志》作"丹徒"属毗陵郡。检《吴志》卷2《孙权传》:"(嘉禾三年)诏复曲阿为云阳,丹徒为武进。"又《宋志》:"丹徒令……秦改曰丹徒。孙权嘉禾三年,改曰武进。晋武帝太康三年①,复曰丹徒。"则嘉禾三年改丹徒县为武进县。又据本典农校尉考证,嘉禾六年后武进县移属毗陵典农校尉,至太康二年毗陵典农校尉废为毗陵郡后,武进县改曰丹徒县,又属毗陵郡。

3. 云阳(237—249 云阳国,250—258 后,258 后—279 云阳国)

按:《续汉志》作"曲阿"属吴郡,《晋志》作"曲阿"属毗陵郡。检《吴志》卷2《孙权传》:"(嘉禾三年)诏复曲阿为云阳,丹徒为武进。"又《宋志》:"曲阿令,本名云阳,秦始皇改曰曲阿。吴嘉禾三年,复曰云阳。晋武帝太康二年复曰曲阿。"则嘉禾三年改曲阿为云阳。又据本典农校尉考证,嘉禾六年后云阳移属毗陵典农校尉,至太康二年毗陵典农校尉废为毗陵郡后,云阳改曰曲阿,又属毗陵郡。而据《吴志》卷12《朱据传》:"黄龙元年,(孙)权迁都建业,征(朱)据尚公主,拜左将军,封云阳侯……赤乌九年,迁骠骑将军……赐死,时年五十七。孙亮时,二子熊、损各复领兵,为全公主所谮,皆死。永安中,追录前功,以熊子宣袭爵云阳侯,尚公主。孙皓时,宣至骠骑将军。"按嘉禾三年方才改曲阿为云阳,则黄龙元年朱据所封"云阳侯"当作"曲阿侯",及嘉禾三年后随而改为云阳侯;又朱据被赐死在赤乌十三年,云阳国亦当改回云阳县。永安中朱宣又为云阳侯,则云阳县又改为云阳国。

---

① 当作太康二年。检《宋志》:"武进令,晋武帝太康二年,分丹徒、曲阿立。"则太康二年已有丹徒县。又云阳县太康二年改为曲阿县,故此当作太康二年。中华书局标点本《宋书》失校。

(八) 东安郡(226—228)——治富春(今浙江富阳市)

按:《续汉志》、《晋志》均无此郡。据《吴志》卷2《孙权传》:"(黄武五年)分三郡恶地十县置东安郡……(黄武七年)罢东安郡。"裴注引《吴录》:"郡治,富春也。"则黄武五年至七年曾置东安郡,郡领十县,可考者唯有富春县。钱氏《考异》卷17据《宋志》、《水经注》卷40均载东安郡黄武四年置,以为分郡宜在四年,全琮为太守在五年。《吴志》记载皎然,钱氏强为弥缝,今不从其说。

富春(226—228)

(九) 云阳郡(234后—245后)——治乏考

按:《续汉志》、《晋志》均无此郡。检《吴志》卷7《顾邵传》:"(张)秉(为)云阳太守。"钱氏《考异》卷17以为云阳郡设置当在嘉禾三年后,且不久即废,是。据西城县考证,云阳郡至早于赤乌八年后见废。

西城(234后—245后)

按:《续汉志》、《晋志》均无此县。检《吴志》卷2《孙权传》:"(赤乌八年)凿句容中道,自小其至云阳西城。"杨氏《补正》据此疑云阳郡有西城县,今从之。

(十) 吴兴郡(266—279)——治乌程(今浙江湖州市西南)

按:《续汉志》无此郡。《吴志》卷3《孙皓传》:"(宝鼎元年)分吴、丹杨为吴兴郡。"裴注引《孙皓诏》曰:"今吴郡阳羡、永安、余杭、临水及丹杨故鄣、安吉、原乡、於潜诸县,地势水流之便,悉注乌程,既宜立郡,以镇山越……其亟分此九县为吴兴郡,治乌程。"则吴兴郡宝鼎元年置,治乌程,领乌程、阳羡、永安、余杭、临水、故鄣、安吉、原乡、於潜九县。

1. 乌程(266—279)

按:《续汉志》属吴郡,《晋志》属。

2. 故鄣国(266—279)

按:《续汉志》属丹杨郡,《晋志》属。据本郡考证,故鄣县宝鼎元年移属吴兴郡。据《吴志》卷11《朱治传》:"(黄武)二年拜(朱治)安国将军,金印紫绶,徙封故鄣……黄武三年(朱治)卒……(子朱才)嗣父爵,迁偏将军……(朱)才子(朱)琬袭爵为将。"则黄武二年后故鄣县为侯国。

3. 於潜(266—279)

按:《续汉志》属丹杨郡,《晋志》属。据本郡考证,於潜县宝鼎元年移属吴兴郡。

4. 安吉(266—279)

按:《续汉志》无此县,《晋志》属。据丹杨郡安吉县考证,安吉县汉灵帝中平二年已置,又据本郡考证,安吉县宝鼎元年移属吴兴郡。

5. 原乡(266—279)

按:《续汉志》无此县,《晋志》属。据丹杨郡原乡县考证,原乡县汉灵帝中平二年已置,又据本郡考证,原乡县宝鼎元年移属吴兴郡。

6. 余杭(266—279)

按:《续汉志》属吴郡,《晋志》属。据本郡考证,余杭县宝鼎元年移属吴兴郡。

7. 永安(266—279)

按:《续汉志》无此县,《晋志》属。据吴郡永安县考证,孙权建安时置永安县,永安元年后永安县又为侯国。又据本郡考证,永安国宝鼎元年移属吴兴郡。又据《吴志》卷3《孙皓传》:"(宝鼎元年)冬十月,永安山贼施但等聚众数千人,劫皓庶弟永安侯谦出乌程,取孙和陵上鼓吹曲盖。比至建业,众万余人。丁固、诸葛靓逆之于牛屯,大战,但等败走。获谦,谦自杀。"则宝鼎元年后永安国还为永安县。

8. 临水(266—279)

按:《续汉志》无此县,《晋志》作"临安"属。据吴郡临水县考证,孙权建安十六年置临水县,又据本郡考证,临水县宝鼎元年移属吴兴郡。

9. 阳羡(266—279)

按:《续汉志》属吴郡,《晋志》属。据本郡考证,阳羡县宝鼎元年移属吴兴郡。

(十一)豫章郡(220—279)——治南昌(今江西南昌市)

按:《续汉志》领县二十一。所领庐陵、石阳、平都、赣、雩都、南野六县初平二年移属庐陵郡。鄱阳、历陵、余汗、鄡阳四县建安十五年移属鄱阳郡。建安二十六年柴桑县移属武昌郡。新置西安、上蔡、新吴、永修、汉平、富城、宜丰、新喻、建平、阳乐十县,领县二十。孙亮太平二年(257),临汝、南城二县移属临川郡,领县十八。孙休永安三年(260),建平县移属建安郡,领县十七。孙皓宝鼎二年(267),宜春、新喻二县移属安成郡,领县十五。

1. 南昌(220—279)
2. 建城(220—279)
3. 新淦(220—279)

按:据《寰宇记》卷109江南西道吉州新淦县条:"汉旧县,属豫章郡,南有子淦山,因以为名,王莽改曰偶亭,晋复为新淦。"《续汉志》已作"新淦",则《寰宇记》所谓"晋复曰新淦"显误,吴氏《表》卷7据上引《寰宇记》以为新淦吴时见废,晋初复置,检《水经注》卷39经文:"(赣水)又东北过新淦县西。"《水经注》

经文为三国时人所撰,则吴时新淦县未废,吴氏误据文献。

4. 海昏(220—279)

5. 宜春(220—266)

按:《续汉志》属,《晋志》属荆州安成郡。孙皓宝鼎二年移属安成郡。

6. 西安(220—279)

按:《续汉志》无此县,《晋志》作"豫章"属。检《寰宇记》卷106江南西道洪州武宁县条:"古西安县也,后汉建安中分海昏县立西安县,至晋太康元年改为豫宁。"则西安县建安时分海昏所立。又《吴志》卷10《潘璋传》:"(潘璋)后为吴大市刺奸,盗贼断绝,由是知名,迁豫章西安长。"则西安县其时确属豫章郡。又《宋志》:"豫宁侯相,汉献帝建安中立,吴曰要安,晋武帝太康元年更名。"钱氏《考异》卷23以为此"要安"当为"西安"之讹,《晋志》"豫章"亦为"豫宁"之讹,是。中华书局标点本《晋书》失校。又《续汉志》豫章郡刘昭注引《豫章记》"豫章县,建安立"当作"西安县,建安立",吴氏《表》卷7据刘昭注引《豫章记》仍作"豫章",误。

7. 南城(220—256)

按:《续汉志》属,《晋志》属临川郡。孙亮太平二年移属临川郡。

8. 临汝(220—256)

按:《续汉志》属,《晋志》属临川郡。孙亮太平二年移属临川郡。

9. 彭泽(220—279)

10. 艾(220—279)

11. 建昌(220—227,228—231建昌国,232—279)

按:据《吴志》卷2《孙权传》:"(黄武)七年春三月封子(孙)虑为建昌侯……嘉禾元年春正月建昌侯(孙)虑卒。"则自黄武七年至嘉禾元年建昌县为侯国。

12. 上蔡(220—279)

按:《续汉志》无此县,《晋志》作"望蔡"属。检《宋志》:"望蔡子相,汉灵帝中平中,汝南上蔡民分徙此地,立县名曰上蔡,晋武帝太康元年更名。"又《续汉志》豫章郡刘昭注引《豫章记》:"新吴、上蔡、永修县,并中平中立。"又《寰宇记》卷106江南西道筠州高安县条引雷次宗《豫章记》:"后汉灵帝析建城,置上蔡县。"则上蔡县乃汉灵帝中平中析建城县所置,似当属豫章郡,今暂将之列入。

13. 新吴(220—279)

按:《续汉志》无此县,《晋志》属。检《宋志》:"新吴令,汉灵帝中平中立。"又《续汉志》豫章郡刘昭注引《豫章记》:"新吴、上蔡、永修县,并中平中立。"又

《元和志》卷28江南道洪州新吴县条："后汉灵帝中平中分海昏县置。"则汉灵帝中平中析海昏县置新吴县,似当属豫章郡,今暂将之列入。

14. 永修(220—279)

按:《续汉志》无此县,《晋志》属。检《宋志》:"永修男相,汉灵帝中平中立。"又《续汉志》豫章郡刘昭注引《豫章记》:"新吴、上蔡、永修县,并中平中立。"又《寰宇记》卷111江南西道南康军建昌县条引雷次宗《豫章记》:"后汉永元中分海昏立建昌县,以其户口昌盛,因以为名,又中分海昏、建昌立新吴、永修二县。"则汉灵帝中平中析置永修县,似当属豫章郡,今暂将之列入。

15. 汉平(220—279)

按:《续汉志》无此县,《晋志》作"吴平"属。检《宋志》:"吴平侯相,汉灵帝中平中立曰汉平,吴更名。"又《水经注》卷39经文:"(赣水)又东北过汉平县南。"《水经注》经文为三国时人所撰,则吴时当作"汉平"明矣。又《水经注》卷39:"牵水又东迳吴平县,旧汉平也,晋太康元年改为吴平矣。"则"汉平"太康元年改名"吴平"。《宋志》所谓"吴更名"当作"晋武帝太康元年更名",中华书局标点本校勘记已出校,是。吴氏《表》卷7据《宋志》之误载,以为吴时当作"吴平",《中国历史地图集·三国图组》豫章郡亦绘有吴平县,并不从。

16. 富城(220—279)

按:《续汉志》无此县,《晋志》作"丰城"属。检《宋志》:"丰城侯相,吴立曰富城,晋武帝太康元年更名。"又《寰宇记》卷106江南西道洪州丰城县条引顾野王《舆地志》:"后汉建安中,初立富城县于富水之西,因以为名。至晋太康元年改为丰城县,移于丰水之西,乃以为名。"则富城县汉建安中所置,其时似当属豫章郡,今暂将之列入。

17. 宜丰(?—279)

按:《续汉志》无此县,《晋志》属。检《寰宇记》卷106江南西道筠州高安县条引顾野王《舆地志》:"吴又置阳乐、宜丰二县。"则宜丰县吴所置,而确年乏考,其时似当属豫章郡,今暂将之列入。

18. 阳乐(222后—279)

按:《续汉志》无此县,《晋志》作"康乐"属。检《宋志》:"康乐侯相,吴孙权黄武中立曰阳乐,晋武帝太康元年更名。"又《寰宇记》卷106江南西道筠州高安县条引顾野王《舆地志》:"吴又置阳乐、宜丰二县。"则阳乐县吴黄武中所置,其时似当属豫章郡,今暂将之列入。

19. 新喻(220—266)

按:《续汉志》无此县,《晋志》作"新谕"属荆州安成郡。检《宋志》:"新喻侯相,吴立。"又《寰宇记》卷109江南西道吉州条引《地志》:"吴分豫章之新喻、宜春,庐陵之平都、永新,长沙之安成、萍乡,六县为安成郡。"则新喻县置后曾属豫章郡。又据《吴志》卷3《孙皓传》:"(宝鼎二年)分豫章、庐陵、长沙为安成郡。"则新喻县宝鼎二年后移属安成郡。

20. 建平(220—259)

按:《续汉志》无此县,《晋志》作"建阳"属建安郡。检《吴志》卷2《孙权传》:"(建安)十年,(孙)权使贺齐讨上饶,分为建平县。"又《吴志》卷15《贺齐传》:"(建安)十年,转讨上饶,分以为建平县。"则建平县孙权建安十年分上饶立,其时上饶仍属豫章郡,详鄱阳郡上饶县考证,则建平亦当属豫章郡,永安三年建安郡置后当移属焉。

(十二)庐陵郡(220—279)——治石阳(今江西吉水县北)

按:《续汉志》无此郡。据《吴志》卷1《孙策传》:"(孙策)渡江转斗,所向皆破,莫敢当其锋,而军令整肃,百姓怀之……(孙策)遂引兵渡浙江……乃攻破(严白)虎等。尽更置长吏……分豫章为庐陵郡,以(孙)贲弟(孙)辅为庐陵太守。"其中"(孙策)渡江转斗,所向皆破,莫敢当其锋,而军令整肃,百姓怀之"条裴注引《江表传》:"(孙)策渡江,攻(刘)繇牛渚营,尽得邸阁粮谷、战具,是岁兴平二年也。"则庐陵郡似置于兴平二年(195),杨氏《补正》、李晓杰《东汉政区地理》第十一章第五节据此以为庐陵郡置于汉末兴平二年。今检涵芬楼校本《说郛》卷51引雷次宗《豫章古今记》:"汉灵帝末,扬州刺史东莱刘遵行部以豫章地广远,奏请分置庐陵、鄱阳二郡,至献帝初平二年始分庐陵、石阳、平都、赣县、南野、零都等六县为庐陵郡。"又《舆地纪胜》卷31江南西路吉州州沿革"献帝时置庐陵郡"条王象之引《元和志》:"献帝初平二年分豫章,于此置庐陵郡。"今本《元和志》"初平二年"作"兴平二年",中华书局标点本校勘记引清人张驹贤《考证》以为此乃后人所改,甚是。王象之又言:"《通鉴》兴平元年孙策方见袁术请父兵,时年十七,不应孙策方请父兵便能分建州郡也,而雷次宗《豫章记》以为'灵帝末扬州刺史刘遵上书请置庐陵、鄱阳二郡,至献帝初平二年分豫章立庐陵郡',未几丹阳僮芝擅郡,自称被诏为太守,故《通鉴》建安三年书云:'僮芝擅庐陵。'又《通鉴》:'建安五年(今本《通鉴》作建安四年),孙策分豫章为庐陵郡,以孙辅为庐陵太守,会僮芝病,(孙)辅遂进取庐陵。'《通鉴》所书与雷次宗《豫章记》年月虽不相应,然僮芝擅命之初,已有庐陵郡,则郡非置于孙策矣,当从《元和志》在初平二年。"王象之此段分析极为清晰,惜乎他始终未能明白为何《通鉴》与《豫章记》年月不应的真正原因,实际上庐陵郡曾有两次建置。第一次当据《豫章记》在"初平二年",据《后汉书》卷9《献帝纪》,是年二月董卓自称太师,正是其权倾朝野、不可一世之时,则此次分置庐陵郡,似出其意。而第二次分置当据《通鉴》"(建安四年)策分豫章为庐陵郡,以孙贲为豫章太守,孙辅为庐陵太守,会僮芝病,(孙)辅遂进取庐陵",在"建安四年",此时孙策已据江东,渐次削平未服诸地,此次分置乃吴据有庐陵郡之始。郭黎安《读史札记三则》①之"庐陵郡始置于何年"条略云:据《三国志》等史籍所载孙策生平事迹,建安四年孙策攻刘勋,破皖城,刘勋求助于黄祖,策乃西进夏口攻打黄祖,从夏口东还经过豫章,豫章太守华歆幅巾奉迎。不久,又遣孙贲袭取割据庐陵的僮芝,遂分豫章立庐陵郡,是。则献帝初平二年(191)已置庐陵郡,其时领庐陵、石阳、南野、赣县、平都、雩都六县,后建安四年孙策再置庐陵郡,领县似当仍原制,亦为六县。前引杨氏《补正》、李晓杰《东汉政区地理》致误之由在于将"(孙策)渡江转斗,所向皆破"条之裴注"(孙)策渡江……是岁兴平二年也"误系于"(孙策)遂引兵渡浙江……乃攻破(严白)虎等。尽更置长吏……分豫章为庐陵郡,以(孙)贲弟(孙)辅为庐陵太守"后,其时当为"建安四年"。而《寰宇记》卷109江南西道吉州:"雷次宗《豫章记》云:'灵帝末,扬州刺史刘遵上书请置庐陵、鄱阳二郡,献帝兴平元年始立郡。'""兴平元年"当为"初平二年"之讹。又《水经注》卷39:"汉献帝初平二年,吴长沙桓王立庐陵郡。"此条实混淆庐陵郡二次分置,当为"汉献帝初平二年初置庐陵郡,建安五年吴长沙桓王复置"。《宋志》"庐陵太守,庐陵本县名,属豫章,汉献帝兴平元年,孙策分豫章立"、《续汉志》豫章郡庐陵县条刘昭注曰"兴平元年,孙策分立庐陵郡"、吴氏《考证》卷7以为庐陵郡置于建安元年,三说均误。据《水经注》卷39经文"(赣水)又东北过石阳县西"郦道元注曰:"汉和帝永平九年,分庐陵立。汉献帝初平二年,吴长沙桓王立庐陵郡,治此。"据上考庐陵郡两次建置,此条治所之记载究属前属后,乏考,今暂以其为治所。洪氏《补志》、钱仪吉《三国会要·舆地》、金兆丰《校补》均将庐陵南部都尉视为郡级政区,胡阿祥《六朝疆域与政区研究》第五章第二节以为:"郡置一名都尉时,都尉辖区即为郡区;郡置两名或两名以上都尉时,各辖郡区一部,而诸部都尉辖区的总和当为郡区。原则如此,实际却不尽然。"今检《宋志》:"临川内史,吴孙亮太平二年,分豫章东部都尉立。"则吴时豫章郡至少有东部、南部两都尉,则东部、西部都尉所辖区域是否即为稳定之政区,尚难遽断,故今从吴氏《表》,将庐陵南部都尉诸县仍归属庐陵郡。其时领县十八,宝鼎二年(267),平都、永新二县移属安成郡,领县十六。

---

① 载《学海》1995年第1期。

1. 石阳（220—279）

按：《续汉志》属豫章郡，《晋志》属。据本郡考证献帝初平二年庐陵郡初置时石阳县即属焉，后为庐陵郡治所。

2. 西昌（220—279）

按：《续汉志》作"庐陵"属豫章郡，《晋志》属。据本郡考证献帝初平二年庐陵郡初置时庐陵县即属焉，又据《寰宇记》卷109江南西道吉州太和县条引《舆地志》："汉时为庐陵县，属豫章，后改为西昌县。"则庐陵县后改名西昌，而确年乏考。

3. 平都（220—266）

按：《续汉志》属豫章郡，《晋志》属荆州安成郡。据本郡考证献帝初平二年庐陵郡初置时平都县即属焉，吴氏《表》卷7将平都县列入豫章郡，误，后于宝鼎二年移属安成郡。

4. 赣（220—279）

按：《续汉志》属豫章郡，《晋志》属南康郡。据本郡考证献帝初平二年庐陵郡初置时赣县即属焉，又《寰宇记》卷108江南西道虔州赣县条："本汉旧县也，属豫章郡，《吴录地理志》属庐陵郡。"则赣县吴时确属庐陵郡。又据《宋志》："南康公相，晋武帝太康三年，以庐陵南部都尉立。"《晋志》："南康郡，太康三年置。"则赣县当于太康三年移属南康郡。

5. 雩都（220—279）

按：《续汉志》属豫章郡，《晋志》属南康郡。据本郡考证献帝初平二年庐陵郡初置时雩都县即属焉，又据《宋志》："南康公相，晋武帝太康三年，以庐陵南部都尉立。"《晋志》："南康郡，太康三年置。"则雩都县当于太康三年移属南康郡。

6. 南野（220—279）

按：《续汉志》属豫章郡，《晋志》属。据本郡考证献帝初平二年庐陵郡初置时南野县即属焉，至晋不改。

7. 东昌（？—279）

按：《续汉志》无此县，《晋志》属。检《寰宇记》卷109江南西道吉州太和县条："东昌故城在（庐陵）县西六十里，《舆地志》云：'吴后主置。'"又《舆地纪胜》卷31江南西路吉州古迹东昌故县条引《舆地志》云："吴后主置。"此吴后主不知何指，则东昌乃吴所置无疑，而确年乏考，其时似当属庐陵郡。

8. 新兴（220—279）

按：《续汉志》无此县，《晋志》作"遂兴"属。检《宋志》："遂兴男相，吴立曰新兴,晋武帝太康元年更名。"又检《寰宇记》卷109江南西道吉州太和县条引《舆地志》云:"后汉献帝立遂兴县,吴大帝改曰新兴,晋武帝复为遂兴。"则献帝时立遂兴县,而确年乏考,孙权改曰"新兴",晋武帝太康元年又复为"遂兴"。其间归属乏考,今暂将其列入庐陵郡。

9. 巴丘(220—279)

按:《续汉志》无此县,《晋志》属。检《宋志》:"巴丘男相,吴立。"又《吴志》卷9《周瑜传》:"(建安三年,孙策)还定豫章、庐陵,(周瑜)留镇巴丘。"裴注曰:"孙策于时始得豫章、庐陵,尚未能得定江夏,(周)瑜之所镇,应在今巴丘县也。"则建安三年前巴丘县已置。又据《舆地广记》卷25江南西路抚州崇仁县条:"本吴置巴丘县,属庐陵郡。"则巴丘县吴时当属庐陵郡,至晋不改。

10. 兴平(220—279)

按:《续汉志》无此县,《晋志》属。检《宋志》:"兴平侯相,吴立。"又《寰宇记》卷109江南西道吉州吉水县条:"废兴平县,按《舆地志》云:'吴孙策二年立,隋开皇十年废焉。'"此孙策二年或指建安二年否,不得而知,然当于孙策时置,似当属庐陵郡,今暂将之列入。

11. 吉阳(?—279)

按:《续汉志》无此县,《晋志》属。检《宋志》:"吉阳男相,吴立。"据《寰宇记》卷109江南西道吉州吉水县条:"吉阳城在县东一百二十里,按《舆地志》云:'吴后主二年立。'隋开皇十年废。"此吴后主不知何指,吉阳乃吴所置则无疑,而确年乏考,其时似当属庐陵郡,今暂将之列入。

12. 永新(220—266)

按:《续汉志》无此县,《晋志》属荆州安成郡。检《吴志》卷15《吕岱传》:"建安二十年,(吕岱)督孙茂等十将从取长沙三郡。又安成、攸、永新、茶陵四县吏共入阴山城。"则建安二十年前已置永新县。又据《元和志》卷28江南道吉州永新县条:"本汉庐陵县地,吴归命侯所置,属安成郡。"归命侯即孙皓。又《寰宇记》卷109江南西道吉州永新县条:"汉庐陵县地,吴宝鼎中立永新县,属安成郡。"则永新县似以后废,于孙皓宝鼎中又置。又据《寰宇记》卷109江南西道吉州条引《地志》:"吴分豫章之新喻、宜春,庐陵之平都、永新,长沙之安成、萍乡,六县为安成郡。"则永新县复置后当属庐陵郡,后于宝鼎二年移属安成郡。

13. 阳城(?—279)

按:《续汉志》无此县,《晋志》作"阳丰"属。检《宋志》:"阳丰男相,吴曰阳城,晋武帝太康元年更名。"则阳城县似吴所置,而确年乏考,其时似属庐陵郡,今暂将之列入。

14. 杨都(220—279)

按:《续汉志》、《晋志》均无此县。检《宋志》:"宁都子相,吴立曰杨都,晋武帝太康元年更名。"又《寰宇记》卷108江南西道虔州虔化县条:"吴大帝时分赣县立为阳都县,《吴录地志》属庐陵郡之南部,晋武帝改为宁都。《起居注》云:'太康元年以庐陵郡都尉之阳都县来入。'是也。"则太康元年改杨都县为宁都县。《晋志》无宁都县,则宁都县太康元年后见废,或《晋志》南康郡漏载,今乏考。

15. 平阳(?—279)

按:《续汉志》无此县,《晋志》作"平固"属南康郡。检《宋志》:"平固侯相,吴立曰平阳,晋武帝太康元年更名。"又据《宋志》:"南康公相,晋武帝太康三年,以庐陵南部都尉立。"《晋志》平固县又属南康郡,据此逆推平阳县吴时当属庐陵南部都尉。

16. 安南(220—279)

按:《续汉志》无此县,《晋志》作"南康"属南康郡。检《宋志》:"南康公相,吴立曰安南,晋武帝太康元年更名。"《元和志》卷28江南道虔州南康县条:"本汉灌婴所置南壄县也,属豫章郡。献帝初平二年析南壄置南安县(当作安南),晋太康五年(当作太康元年)改为南康。"《寰宇记》卷108江南西道虔州南康县条:"汉献帝时吴大帝分南野立南安县(当作安南),《吴录》及《志》云:'属庐陵南部都尉。'晋武帝改曰南康,属南康郡。"《元和志》、《寰宇记》所载抵牾不合,《舆地纪胜》卷36江南西路南安军南康县条综合《通鉴》以为:"当从《寰宇记》云'汉献帝时吴大帝分立南安县(当作安南)',不当书在初平元年。"则安南县孙权建安时所置,而确年乏考。又据《寰宇记》引《吴录》,安南县其时当属庐陵南部都尉。

17. 揭阳(236—279)

按:《续汉志》无此县,《晋志》属南康郡。检《宋志》:"陂阳男相,吴立曰揭阳,晋武帝太康五年,以南康①揭阳移治故陂阳县,改曰陂县,然则陂阳先已为县矣。"又《寰宇记》卷108虔州虔化县废陂阳县条:"吴嘉禾五年置揭阳县,晋太康五年改为陂阳县,以陂阳水为名。"则揭阳县嘉禾五年(236)置。又据《宋志》:"南康公相,晋武帝太康三年,以庐陵南部都尉立。"《晋志》揭阳县又属南

---

① 原作西康,胡阿祥《宋书州郡志汇释》卷2以为当作南康,是。

康郡,据此逆推揭阳县吴时当属庐陵南部都尉。

18. 高昌(220—279)

按:《续汉志》无此县,《晋志》属。检《宋志》:"高昌男相,吴立。"又《寰宇记》卷109江南西道吉州庐陵县条:"后汉献帝兴平元年(当作建安四年)孙策分立庐陵郡,改县曰高昌。"又据本郡西昌县考证,庐陵县后名西昌,此处又言改名高昌,或因庐陵县县境广大,故一分为西昌、高昌二县,且属庐陵郡,至晋不改。

(十三)鄱阳郡(220—279)——治鄱阳(今江西鄱阳县东北),赤乌八年移治吴芮故城(今江西鄱阳县)①。

按:《续汉志》无此郡。检《吴志》卷2《孙权传》:"(建安)十五年,分豫章为鄱阳郡。"又据涵芬楼校本《说郛》卷51引雷次宗《豫章古今记》:"汉末建安十五年,汉祚已季,三分天下,孙氏又分鄱阳、历阳、余干、邹阳、乐安等五县及庐江共为鄱阳郡。"其中"邹阳"据休宁汪季青藏明钞残本《说郛》当作"鄡阳",则鄱阳郡初置时当领鄱阳、历阳、余干、鄡阳、乐安等五县及庐江郡,前五县皆自豫章郡分出,庐江地处曹、孙两方之间,战乱频仍,后当分出仅领皖县,详本州庐江郡考证。葛阳县来属,新置广昌、上饶二县,领县八②。

1. 鄱阳(220—279)

按:《续汉志》属豫章郡,《晋志》属。据本郡考证,建安十五年鄱阳县自豫章郡移属鄱阳郡,至晋不改。

2. 历阳(220—279)

按:《续汉志》作"历陵"属豫章郡,《晋志》作"历陵"属。检《吴志》卷3《孙皓传》"(天玺元年)鄱阳言历阳山石文理成字"裴注引《江表传》:"历阳县有石山临水……时历阳长表上,言石印发。"则鄱阳郡确有历阳县。又据上引涵芬楼校本《说郛》卷51引雷次宗《豫章古今记》:"孙氏又分鄱阳、历阳、余干、邹阳(当作鄡阳)、乐安等五县及庐江共为鄱阳郡。"则建安十五年时,似已改"历陵"为"历阳",入晋后又复为"历陵"。吴氏《考证》卷7已疑当作"历阳"而仍作"历陵",《中国历史地图集·三国图组》则漏绘历阳县。历阳县当于建安十五年自

---

① 据《宋志》:"鄱阳太守,汉献帝建安十五年,孙权分豫章立,治鄱阳县,赤乌八年,徙治吴芮故城。"又《续汉志》豫章郡鄱阳条刘昭注曰:"建安十五年,孙权分立鄱阳郡,治县。"则鄱阳郡初置时当治鄱阳县,后移治吴芮故城。

② 吴氏《表》卷7据《寰宇记》以为吴时鄱阳郡有钟陵县。检《宋志》、《晋志》鄱阳郡皆无此县,《三国志》亦无此县之记载,则"钟陵"当为"历陵"(其时为历阳,详历阳县考证,乐史以旧名记之也)之讹。《中国历史地图集·三国图组》吴扬州鄱阳郡亦绘有钟陵县,今不从。

豫章郡移属鄱阳郡，至晋不改。

3. 余干(220—279)

按：《续汉志》作"余汗"属豫章郡，《晋志》作"余汗"属。上引涵芬楼校本《说郛》卷51引雷次宗《豫章古今记》："孙氏又分鄱阳、历阳、余干、邹阳（当作鄡阳）、乐安等五县及庐江共为鄱阳郡。"则汉末、孙吴时作"余干"。余干县当于建安十五年自豫章郡移属鄱阳郡，至晋不改。

4. 乐安(220—279)

按：《续汉志》无此县，《晋志》属。检《宋志》："乐安男相，吴立。"则乐安县乃吴所立，而确年乏考。据本郡考证，乐安县当于建安十五年自豫章郡移属鄱阳郡，至晋不改。吴氏《表》卷7据《纪要》以为孙休永安中乐安县自豫章郡来属，误。

5. 鄡阳(220—279)

按：《续汉志》属豫章郡，《晋志》属。据本郡考证，建安十五年鄡阳县自豫章郡移属鄱阳郡，至晋不改。

6. 广昌(？—279)

按：《续汉志》无此县，《晋志》作"广晋"属。检《宋志》："广晋令，吴立曰'广昌'，晋武帝太康元年更名。"则广昌县吴时所立，而确年乏考，上引雷次宗《豫章古今记》无此县，则广昌县当于鄱阳郡置后立且属焉。

7. 葛阳(220—279)

按：《续汉志》无此县，《晋志》属。检《吴志》卷10《蒋钦传》："(蒋钦)与(孙)策周旋，平定三郡，又从定豫章，调授葛阳尉。"《宋志》："葛阳令，吴立。"孙策平豫章在兴平二年，则葛阳县于兴平二年前所立，而确年乏考，其时当属豫章郡。据《元和志》卷28江南道信州弋阳县条："后汉分余汗东界立葛阳县，自吴至陈并属鄱阳郡。"而上引雷次宗《豫章古今记》无此县，则葛阳县当于鄱阳郡置后移属焉。

8. 上饶(220—279)

按：《续汉志》、《晋志》均无此县。检《宋志》："上饶男相，吴立。《太康地志》有，王隐《地道》无。"则上饶县吴时所立。又据《吴志》卷2《孙权传》："(建安)十年，(孙)权使贺齐讨上饶，分为建平县。"则上饶县建安十年已置，而确年乏考，其时似属豫章郡。又据《寰宇记》卷107江南西道信州上饶县条："建安中吴立，为(当为"属"字)鄱阳郡。"又《舆地广记》卷24江南东路信州上饶县条："吴置，晋省之，宋复置。"则上饶县当于鄱阳郡置后移属焉，入晋后省。

(十四)临川郡(257—279)——治南城①(今江西南城县东南)

按:《续汉志》无此郡。检《吴志》卷3《孙亮传》:"(太平二年以)豫章东部为临川郡。"又《宋志》:"临川内史,吴孙亮太平二年,分豫章东部都尉立。"又《寰宇记》卷110江南西道抚州条:"吴太平二年以南城、临汝二县置临川郡,更增宜黄、安浦、新建、西平、西城、东兴、南丰、永城八县,至晋改西平为西丰,改西城为西宁。"则临川郡孙亮太平二年(257)分豫章郡置,初领二县,又增至十县。

1. 南城(257—279)

按:《续汉志》属豫章郡,《晋志》属。据本郡考证,南城县当于太平二年由豫章郡移属临川郡,至晋不改。

2. 临汝(257—279)

按:《续汉志》属豫章郡,《晋志》属。据本郡考证,临汝县当于太平二年由豫章郡移属临川郡,至晋不改。

3. 新建(257—279)

按:《续汉志》无此县,《晋志》属。检《宋志》:"新建侯相,吴立。"又《元和志》卷28江南道抚州崇仁县条:"本汉临汝县之地,吴少帝太平二年分临汝为新建县,属临川郡。"则孙亮太平二年分临汝县置新建县,且属临川郡,至晋不改。

4. 南丰(257后—279)

按:《续汉志》无此县,《晋志》属。检《宋志》:"南丰令,吴立。"又《元和志》卷28江南道抚州南丰县条:"本汉南城县之地,吴少帝分以为南丰县。"则孙亮时置南丰县。又据《寰宇记》卷110江南西道抚州条:"吴太平二年以南城、临汝二县置临川郡,更增宜黄、安浦、新建、西平、西城、东兴、南丰、永城八县。"则南丰县置后即属临川郡,至晋不改。

5. 宜黄(257后—279)

按:《续汉志》无此县,《晋志》属。检《宋志》:"宜黄侯相,吴立。"据《寰宇记》卷110江南西道抚州条:"吴太平二年以南城、临汝二县置临川郡,更增宜黄、安浦、新建、西平、西城、东兴、南丰、永城八县。"则宜黄县孙亮太平二年后置,且属临川郡,至晋不改。

6. 安浦(257—279)

按:《续汉志》无此县,《晋志》属。检《宋志》:"安浦男相,吴立。"又《寰宇

---

① 《记纂渊海》卷11建昌军沿革条:"吴孙亮分置临川郡,治南城。"则临川郡治所为南城县。

记》卷110江南西道抚州崇仁县条:"废安浦县在县西南二百六十里,吴太平二年置,以安浦村为名。"则安浦县孙亮太平二年置。据《寰宇记》卷110江南西道抚州条:"吴太平二年以南城、临汝二县置临川郡,更增宜黄、安浦、新建、西平、西城、东兴、南丰、永城八县。"则安浦县置后即属临川郡,至晋不改。

7. 西平(257后—279)

按:《续汉志》无此县,《晋志》作"西丰"属。检《宋志》:"西丰侯相,吴立曰西平,晋武帝太康元年更名。"又据《寰宇记》卷110江南西道抚州条:"吴太平二年以南城、临汝二县置临川郡,更增宜黄、安浦、新建、西平、西城、东兴、南丰、永城八县,至晋改西平为西丰。"则西平县孙亮太平二年后置,且属临川郡,至晋不改,晋时改名西丰。

8. 西城(257后—279)

按:《续汉志》无此县,《晋志》作"西宁"属。检《寰宇记》卷110江南西道抚州条:"吴太平二年以南城、临汝二县置临川郡,更增宜黄、安浦、新建、西平、西城、东兴、南丰、永城八县,至晋改西平为西丰,改西城为西宁。"则西城县孙亮太平二年后置,且属临川郡,至晋不改,晋时改名西宁。

9. 东兴(257后—279)

按:《续汉志》无此县,《晋志》属。检《宋志》:"东兴侯相,吴立。"又据《寰宇记》卷110江南西道抚州条:"吴太平二年以南城、临汝二县置临川郡,更增宜黄、安浦、新建、西平、西城、东兴、南丰、永城八县。"则东兴县孙亮太平二年后置,且属临川郡,至晋不改。

10. 永城(257后—279)

按:《续汉志》无此县,《晋志》作"永成"属。检《宋志》:"永城男相,吴立。"又据《寰宇记》卷110江南西道抚州条:"吴太平二年以南城、临汝二县置临川郡,更增宜黄、安浦、新建、西平、西城、东兴、南丰、永城八县。"则永城县孙亮太平二年后置,且属临川郡,至晋不改。《晋志》"永成"似为"永城"之讹,中华书局标点本《晋书》失校。

(十五) 安成郡(267—279)——治乏考

按:《续汉志》无此郡。检《吴志》卷3《孙皓传》:"(宝鼎二年)分豫章、庐陵、长沙为安成郡。"又据《寰宇记》卷109江南西道吉州条引《地志》:"吴分豫章之新喻、宜春,庐陵之平都、永新,长沙之安成、萍乡,六县为安成郡。"则孙皓宝鼎二年(267)置安成郡且领新喻、宜春、永新、平都、安成、萍乡六县。又据《晋志》:"及武帝平吴……以扬州之安成郡来属(荆州)。"则太康元年后安成郡移属荆州。

1. 新喻(267—279)

按:《续汉志》无此县,《晋志》属。新喻县吴时所立,且属豫章郡,宝鼎二年后移属安成郡。

2. 宜春(267—279)

按:《续汉志》属豫章郡,《晋志》属。宝鼎二年宜春县移属安成郡。

3. 永新(267—279)

按:《续汉志》无此县,《晋志》属。永新县建安曾置,后废,孙皓时复置属庐陵郡,宝鼎二年永新县移属安成郡。

4. 平都(267—279)

按:《续汉志》属豫章郡,《晋志》属。据庐陵郡考证献帝初平二年庐陵郡初置时平都县即属焉,宝鼎二年平都县移属安成郡。

5. 安成(267—279)

按:《续汉志》属荆州长沙郡,《晋志》作"安复"属。检《宋志》:"安复侯相,汉旧县,本名安成,晋武帝太康元年更名。"宝鼎二年安成县移属安成郡,太康元年改名安复。

6. 萍乡(267—279)

按:《续汉志》无此县,《晋志》属。检《宋志》:"萍乡侯相,吴立。"《元和志》卷28江南道袁州萍乡县条:"本汉宜春县地,吴宝鼎二年分立萍乡。"宝鼎二年萍乡县始立而属长沙郡,旋移属安成郡。

(十六)会稽郡(220—279)——治山阴(今浙江绍兴市)

按:《续汉志》领县十四,新置始宁、新安、定阳、吴宁、丰安、平昌、永康、建安、南平、汉兴、临海、南始平、松阳、罗阳、长山十五县,领县二十九。孙亮太平二年(257)临海、南始平、松阳、罗阳、永宁、章安移属临海郡,领县二十三。孙休永安三年(260),建安、南平、汉兴、候官四县移属建安郡,领县十九。孙皓宝鼎元年(266),长山、乌伤、太末三县移属东阳郡,领县十六。

1. 山阴国(220—279)

按:据《吴志》卷15《贺齐传》:"(建安二十一年)拜安东将军,封山阴侯。"则自建安二十一年后,山阴为侯国。

2. 上虞(220—228,229—269上虞国,270—279)

按:据《吴志》卷1《孙权传》:"(孙)权称尊号,追谥(孙)策曰长沙桓王,封子(孙)绍为吴侯,后改封上虞侯。(孙)绍卒,子(孙)奉嗣。孙皓时讹言谓(孙)奉当立,诛死。"又《吴志》卷14《孙奋传》:"(建衡二年)民间或谓(孙)皓死,讹言(孙)奋与上虞侯(孙)奉当有立者⋯⋯(孙皓)诛(孙)奋及其五子,国除。"则黄龙元年(229)后上虞县为侯国,至建衡二年(270)还国为县。

3. 始宁(220—279)

按:《续汉志》无此县,《晋志》属。检《宋志》:"始宁令……贺《续会稽记》①云:'顺帝永建四年,分上虞南乡立。'"又《续汉志》会稽郡上虞县刘昭注:"汉末分南乡立始宁县。"则汉末顺帝永建四年(129)分上虞县置始宁县,上虞县本属会稽郡,则始宁县似亦属会稽郡,至晋不改。

4. 余姚(220—279)

5. 句章(220—279)

6. 鄞(220—279)

7. 鄮(220—279)

8. 剡(220—279)

9. 诸暨(220—279)

10. 永兴(220—279)

按:《续汉志》作"余暨"属,《晋志》属。检《宋志》:"永兴令,汉旧余暨县,吴更名。"又《水经注》卷40:"汉末童谣云:'天子当兴东南三余之间。'故孙权改(余暨)曰永兴。"则孙权改余暨县为永兴县。

11. 新安(220—279)

按:《续汉志》无此县,《晋志》作"信安"属东阳郡。检《宋志》:"信安令,汉献帝初平三年,分太末立曰新安。晋武帝太康元年更名。"又《元和志》卷26江南道衢州信安县条:"汉太末县也,献帝初平三年,分太末立新安县,属会稽郡。晋太康元年,以弘农有新安,故改名信安。"则初平三年分太末县置新安县,且属会稽郡。吴氏《表》卷7据《衢州府志》以为新安县宝鼎元年后移属东阳郡,《衢州府志》不足为据,今不从。

12. 定阳(220—279)

按:《续汉志》无此县,《晋志》属东阳郡。检《宋志》:"定阳令,汉献帝建安二十三年,孙氏分信安②立。"则孙权建安二十三年分新安置定阳县。吴氏《表》卷7据《舆地广记》以为宝鼎元年定阳县移属东阳郡,今检《舆地广记》卷

---

① 胡阿祥《宋书州郡志汇释》卷1云:中华书局标点本"贺《续会稽记》"句读有误。按《隋书·经籍志二》有《会稽记》一卷,贺循撰;清姚振宗《隋书经籍志考证》卷21云:"《宋书州郡志》会稽始宁令下引贺续会稽记,或循之后别有修纂者,又疑续为循字之误,又或续上有循字,循盖续朱育之书也。"据《隋书·经籍志二》:"《会稽土地记》一卷,朱育撰。"朱育,三国吴人。又按语法,"贺《续会稽记》"不通。如此,则"贺《续会稽记》"疑当读作"贺续《会稽记》",或"贺循《会稽记》",或"贺循《续会稽记》"。
② 据本郡新安县考证,其时无"信安",当作"新安"。

23两浙路衢州西安县条:"故定阳县,汉末孙氏分新安置,晋属东阳郡。"细绎文意,定阳县当于晋初移属东阳郡,吴氏误读志文,今不从其说。

13. 吴宁(220—279)

按:《续汉志》无此县,《晋志》属东阳郡。检《续汉志》会稽郡诸暨县刘昭注引《越绝(书)》曰:"兴平二年分立吴宁县。"《宋志》:"吴宁令,汉献帝兴平二年,孙氏分诸暨立。"则兴平二年分诸暨县置吴宁县,其时诸暨县属会稽郡,则吴宁县似属会稽郡。吴氏《表》卷7据《金华府志》以为宝鼎元年后吴宁县移属东阳郡,《金华府志》不足为据,今不从其说。

14. 丰安(220—279)

按:《续汉志》无此县,《晋志》属东阳郡。检《宋志》:"丰安令,汉献帝兴平二年,孙氏分诸暨立。"又《续汉志》会稽郡太末县刘昭注:"建安四年,孙氏分(太末)立丰安县。"中华书局标点本《宋书》校勘记以为当从刘昭注,胡阿祥《宋书州郡志汇释》卷1以为"《宋志》云丰安分诸暨立,《续汉志》刘昭注云丰安分太末立,是两书分地互异。考诸地志,丰安县当东分自诸暨,西分自太末,两书各据一方而言也。"则孙氏建安四年分诸暨、太末二县置丰安县,其时诸暨、太末二县属会稽郡,则丰安县当属会稽郡。吴氏《表》卷7据《金华府志》以为丰安县宝鼎元年移属东阳郡,《金华府志》不足为据,今不从其说。

15. 平昌(239—279)

按:《续汉志》无此县,《晋志》作"遂昌"属东阳郡。检《宋志》:"遂昌令,孙权赤乌二年,分太末立曰平昌。晋武帝太康元年更名。"则孙权赤乌二年(239)分太末县置平昌县,其时太末县属会稽郡,则平昌县似属会稽郡。吴氏《表》卷7据《舆地广记》以为宝鼎元年后平昌县移属东阳郡,今检《舆地广记》卷23两浙路处州遂昌县条:"本汉太末县地,吴赤乌二年置平昌县。晋太康元年改为遂昌,属东阳郡。宋因之,后省而复置。"细绎文意,当是改名遂昌后属东阳郡,吴氏误读志文,今不从其说。

16. 永康(245—279)

按:《续汉志》无此县,《晋志》属东阳郡。检《宋志》:"永康令,赤乌八年分乌伤上浦立。"《寰宇记》卷97江南东道婺州永康县条引《东阳记》:"赤乌八年,分乌伤之上浦置为永康县,属会稽郡。"则永康县孙权赤乌八年分乌伤县置,且属会稽郡。吴氏《表》卷7据《舆地广记》以为宝鼎元年后永康县移属东阳郡,今检《舆地广记》卷22两浙路婺州永康县条:"吴赤乌中分乌伤之上浦置,自晋至隋,皆属东阳郡。"细绎文意,永康县当是入晋后移属东阳郡,吴氏误读志文,今不从其说。

17. 建安(220—259)

按:《续汉志》无此县,《晋志》属建安郡。检《寰宇记》卷101江南东道建州建安县条:"地本孙策于建安初分东侯官之地立此邑,即以年号为名,属会稽南部都尉,元是闽国,吴永安三年始立建安郡于此。"则建安县孙策建安时所置,而确年乏考,当属会稽郡,永安三年移属建安郡。

18. 南平(220—259)

按:《续汉志》无此县,《晋志》作"邵武"属建安郡。检《宋志》:"邵武子相,吴立曰昭武,晋武帝更名。"又《寰宇记》卷101江南东道建州条:"建安初分东侯官之地为建安,并南平、汉兴三县。"《寰宇记》卷101江南东道邵武军邵武县条:"本后汉东侯官县之北乡也。建安元年孙策称会稽守,置南平县,吴景帝三年改为昭武县,晋太康三年改为邵武县。"则孙策建安元年置南平县。又据《吴志》卷15《贺齐传》:"建安元年孙策临(会稽)郡……候官既平,而建安、汉兴、南平复乱。"则南平县其时当属会稽郡。据上引《寰宇记》吴景帝三年即孙休永安三年改南平县为昭武县,又据本州建安郡考证,其时移属建安郡。

19. 汉兴(220—259)

按:《续汉志》无此县,《晋志》作"吴兴"属建安郡。检《宋志》:"吴兴子相,汉末立曰汉兴,吴更名。"又《寰宇记》卷101江南东道建州浦城县条:"县本后汉东侯官之北乡也,献帝末立汉兴县,至吴永安三年改为吴兴县。"则汉兴县汉献帝末即置。又据《吴志》卷15《贺齐传》:"建安元年孙策临(会稽)郡……候官既平,而建安、汉兴、南平复乱。"则汉兴县建安时当属会稽郡,至永安三年改为吴兴县,据本州建安郡考证,其时移属建安郡。

20. 候官(220—259)

按:《续汉志》作"东部"属,《晋志》属晋安郡。检《宋志》:"候官□相①,前汉无,后汉曰东候官,属会稽。"则《续汉志》之"东部"当作"东候官"。又据《吴志》卷15《贺齐传》:"建安元年孙策临(会稽)郡……候官既平,而建安、汉兴、南平复乱。"则建安时东候官已经改为候官且仍属会稽郡,又据本州建安郡考证,永安三年建安郡初置时候官移属焉。

21. 临海(?—256)

按:《续汉志》无此县,《晋志》属临海郡。检《宋志》:"临海令,吴分章安立。"又《寰宇记》卷98江南东道台州条:"吴大帝时分章安、永宁置临海县。"则孙权分章安、永宁置临海县,而确年乏考。据本州临海郡考证,孙亮太平二年

---

① 据胡阿祥《宋书州郡志汇释》卷2该条集释,"候官"后所缺之字为"侯"字。

临海县移属临海郡。

22. 南始平(231前—256)

按：《续汉志》无此县，《晋志》作"始丰"属临海郡。检《宋志》："始丰令，吴立曰始平，晋武帝太康元年更名。"又《元和志》卷26江南道台州唐兴县条："三国时吴分章安置南始平县。晋武帝以雍州有始平，改为始丰。"又《寰宇记》卷98江南东道台州天台县条引《舆地志》："吴初置，为南始平县，晋太康元年更名始丰。"又《吴志》卷2《孙权传》："(黄龙三年)会稽南始平言嘉禾生。"则《宋志》所谓"吴立曰始平"当为"吴立曰南始平"之讹，中华书局标点本《宋书》失校。南始平县至迟置于黄龙三年，据本州临海郡考证，孙亮太平二年南始平县移属临海郡。

23. 松阳(220—256)

按：《续汉志》无此县，《晋志》属临海郡。检《宋志》："松阳令，吴立。"又《元和志》卷26江南道处州松阳县条："本汉回浦县之地，属会稽，后汉分立此县。"又《旧唐书·地理志》："后汉分章安之南乡置松阳县。"又《寰宇记》卷99江南东道处州白龙县条："本章安县之南乡，汉献帝八年吴立为县。《吴录》云：'取松阳木为名。'按《吴地记》云：'县东南临大溪有松阳树，大八十一围，腹中空，可容三十人坐，故取此为名。'"则松阳县当置于建安八年，据本州临海郡考证，孙亮太平二年松阳县移属临海郡。

24. 罗阳(？—256)

按：《续汉志》无此县，《晋志》作"安固"属临海郡。检《宋志》："安固令，吴立曰罗阳，孙皓改曰安阳。晋武帝太康元年更名。"则罗阳县吴时所立而确年乏考。据本州临海郡考证，孙亮太平二年(257)移属临海郡，孙皓时改为安阳县，确年亦乏考，晋武帝太康元年更名安固。

25. 长山(220—265)

按：《续汉志》无此县，《晋志》属东阳郡。检《续汉志》会稽郡乌伤县条刘昭注引《英雄交争记》："初平三年，分县南乡为长山县。"又《元和志》卷26江南道婺州金华县条："本汉乌伤县地，献帝初平三年，分乌伤置长山县。"又《寰宇记》卷97江南东道婺州金华县条："本汉乌伤县地，后汉初平三年，分乌伤置长山县，属会稽郡。"又《舆地广记》卷22两浙路婺州金华县条："本汉乌伤县地，属会稽郡。初平三年分县南乡置长山县，吴为东阳郡治。"则长山县确是汉献帝初平三年分乌伤县置，《宋志》"长山令，汉献帝初平二年，分乌伤立"误。长山县置后当属会稽郡，孙皓宝鼎元年移属东阳郡，且为郡治。

26. 乌伤(220—265)

按：《续汉志》属，《晋志》属东阳郡。乌伤县宝鼎元年移属东阳郡。

27. 太末(220—265)

按：《续汉志》属，《晋志》属东阳郡。太末县宝鼎元年移属东阳郡。

28. 章安(220—256)

按：《续汉志》属，《晋志》属临海郡。据其地望当于太平二年临海郡始置时移属焉。

29. 永宁(220—256)

按：《续汉志》属，《晋志》属临海郡。据其地望当于太平二年临海郡始置时移属焉。

(十七) 建安郡(260—279)——治建安①(今福建建瓯市)

按：《续汉志》无此郡。检《吴志》卷3《孙休传》："(永安三年)以会稽南部为建安郡。"又《宋志》："吴孙休永安三年，分(会稽)南部立为建安郡。"则孙休永安三年分会稽南部置建安郡。又据《寰宇记》卷101江南东道建州条："吴永安三年，割会稽南部，以建安、将乐、邵武(当作昭武)、建阳(当作建平)、吴兴、延平(当作南平)、东安、侯官(当作候官)等九(当为八)县为建安郡。"则建安郡初置时领建安、建平、将乐、昭武、吴兴、南平、东安、候官八县②。

1. 建安(260—279)

按：《续汉志》无此县，《晋志》属。据会稽郡建安县考证，建安县孙策建安时所置，永安三年移属建安郡。

2. 建平(260—279)

按：《续汉志》无此县，《晋志》作"建阳"属。建平县孙权建安十年置，属豫章郡，详豫章郡建平县考证。据本郡考证，永安三年建平县移属建安郡。又《元和志》卷29江南道建州建阳县条："本上饶县地，吴分置建平县，晋太元四年改为建阳。"《寰宇记》卷101江南东道建州建阳县条亦云"晋太元四年改建平为建阳，因山之阳为名"。而《宋志》："建阳男相，《晋太康地志》有。"则太康三年前已改建平为建阳，《元和志》误，《寰宇记》承之，中华书局标点本《元和郡县图志》失校。

3. 将乐(260—279)

按：《续汉志》无此县，《晋志》属。检《元和志》卷29江南道建州将乐县

---

① 据《舆地广记》卷34福建路建州建安县条："吴置建安县，以为郡治。"则建安郡治所当在建安县。
② 吴氏《考证》卷7据《寰宇记》建安郡有九县之载，以为其时当有东冶县，却无文献依据，今不从。

条:"吴永安三年置。"又《寰宇记》卷100江南东道南剑州顺昌县条:"本建安县之校乡地也,吴永安三年割建安之校乡置将乐县,又移于将水口置,属建安郡。"则永安三年分建安县之校乡置将乐县,且属建安郡,至晋不改。

4. 昭武(260—279)

按:《续汉志》无此县,《晋志》作"邵武"属。检《寰宇记》卷101江南东道邵武军邵武县条:"本后汉东侯官县之北乡也。建安元年孙策称会稽守,置南平县,吴景帝三年改为昭武县,晋太康三年改为邵武县。"则孙策建安元年置南平县,当属会稽郡,吴景帝三年即孙休永安三年改名为昭武县。据本郡考证,其时移属建安郡,至太康三年改名邵武县。

5. 吴兴(260—279)

按:《续汉志》无此县,《晋志》属。据会稽郡汉兴县考证,汉兴县汉献帝末即置,建安时当属会稽郡,至永安三年改为吴兴县,又据本郡考证,其时移属建安郡,至晋不改。

6. 南平(260—279)

按:《续汉志》无此县,《晋志》作"延平"属。检《寰宇记》卷100江南东道南剑州沙县条:"本古之南平县余迹也,自晋武帝时为延平县。"据会稽郡南平县考证,南平县置于建安元年,永安三年改南平县为昭武县。又据本郡考证,建安郡初置时有延平县,其"延平"当为"南平"之讹,则原南平县改名昭武县时当再置南平县,且属建安郡,至晋武帝时改名延平。

7. 东安(260—279)

按:《续汉志》无此县,《晋志》作"晋安"属晋安郡。检《宋志》:"晋安男相,吴立曰东安,晋武帝更名。"则东安县吴所置,而确年乏考。又据本郡考证,永安三年建安郡初置时,东安县属焉,则东安县至迟置于永安三年,至晋武帝时更名晋安。又据《宋志》:"晋安太守,晋武帝太康三年,分建安立。"则晋安县晋武帝太康三年移属晋安郡。

8. 候官(260—279)

按:《续汉志》作"东部"属会稽郡,《晋志》属晋安郡。据会稽郡候官县考证,建安时东候官已经改为候官且仍属会稽郡,又据建安郡考证,永安三年建安郡初置时候官移属焉。据《宋志》:"晋安太守,晋武帝太康三年,分建安立。"则候官县晋武帝太康三年移属晋安郡。

(十八) 临海郡(257—279)——治章安(今浙江台州市章安镇)

按:《续汉志》无此郡。检《吴志》卷3《孙亮传》:"(太平二年以)会稽东部为临海郡。"又《宋志》:"临海太守,本会稽东部都尉……孙亮太平二年立。"则孙亮太平二年以会稽东部都尉置临海郡。而《元和志》卷26江南道台州条："吴大帝时分章安、永宁置临海郡。"则临海郡似又置于孙权时。检《寰宇记》卷98江南东道台州条："吴大帝时分章安、永宁置临海县，少帝时又分临海、始平（当作南始平，详会稽郡南始平县考证）、松阳、罗阳四县以置临海郡。"则《元和志》所谓"吴大帝时分章安、永宁置临海郡"当为"置临海县"之讹，中华书局标点本失校。又据上引《寰宇记》，临海郡初置时当领临海、南始平、松阳、罗阳四县。又《吴志》卷2《孙权传》："（太元元年）初临海罗阳县有神。"谢氏《补注》以为此"系史家驳文，不得因是疑临海为（孙）权所置郡"。张政烺《临海水土异物志辑佚·序》据《宋志》临海太守、永嘉太守条以为吴时临海郡又领章安、永宁二县，据其地望，是，《寰宇记》漏载二县。又置罗江、初宁二县，领县八。

1. 章安(257—279)

按：《续汉志》属会稽郡，《晋志》属焉。据其地望当于太平二年临海郡始置时来属。

2. 临海(257—279)

按：《续汉志》无此县，《晋志》属。太平二年移属临海郡。

3. 南始平(257—279)

按：《续汉志》无此县，《晋志》作"始丰"属。太平二年移属临海郡。

4. 松阳(257—279)

按：《续汉志》无此县，《晋志》属。太平二年移属临海郡。

5. 罗阳(257—264后，264后—279安阳)

按：《续汉志》无此县，《晋志》作"安固"属。太平二年移属临海郡。据会稽郡罗阳县考证，孙皓时改为安阳县，确年亦乏考，晋武帝太康元年更名安固。

6. 罗江(257—279)

按：《续汉志》无此县，《晋志》属晋安郡。检《宋志》："罗江男相，吴立，属临海。晋武帝立晋安郡，度属。"吴氏《表》卷8疑罗江县与临海郡同立，今暂从之。

7. 初宁(264后—279)

按：《续汉志》、《晋志》均无此县。检《文选》卷12《江赋》李善注引《临海水土物志》："初宁县多鼍。"又查《隋书·经籍志》："《临海水土物志》一卷，沈莹撰。"又宋本《太平御览》卷780引《临海水土志》云："今安阳、罗江县民，是其子孙也。"据会稽郡罗阳县考证，孙皓时改罗阳为安阳，则沈莹为吴末之人，《临海志》所载当为孙皓时事。又据《吴志》卷3《孙皓传》："（天纪）四年……丹杨太守沈莹等，所在战克。"此与上文推论恰合，则孙皓时临海郡确有初宁县，始置确年乏考，入晋似废。

8. 永宁(257—279)

按：《续汉志》属会稽郡，《晋志》属焉。据其地望当于太平二年临海郡始置时来属。

(十九) 东阳郡(266—279)——治长山①(今浙江金华市)

按：《续汉志》无此郡。检《吴志》卷3《孙皓传》："(宝鼎元年)分会稽为东阳郡。"又《宋志》："东阳太守，本会稽西部都尉，吴孙皓宝鼎元年立。"又宋本《太平御览》卷171引刘宋郑缉之《东阳记》："吴宝鼎元年，始分会稽置东阳郡。"则东阳郡孙皓宝鼎元年分会稽西部都尉立。领县三。

1. 长山(266—279)

按：《续汉志》无此县，《晋志》属。宝鼎元年移属东阳郡，且为郡治。

2. 乌伤(266—279)

按：《续汉志》属会稽郡，《晋志》属。检《元和志》卷26江南道婺州条："今之州界，分得会稽郡之乌伤、太末二县之地，本会稽西部，常置都尉，孙皓始分会稽置东阳郡。"则乌伤县宝鼎元年移属东阳郡。

3. 太末(266—279)

按：《续汉志》属会稽郡，《晋志》属。检《元和志》卷26江南道婺州条："今之州界，分得会稽郡之乌伤、太末二县之地，本会稽西部，常置都尉，孙皓始分会稽置东阳郡。"则太末县宝鼎元年移属东阳郡。

第二节 荆 州 沿 革

荆州(220—279)，治江陵②(今湖北江陵县)。据《晋志》："后汉献帝建安十三年，魏武尽得荆州之地，分南郡以北立襄阳郡，又分南阳西界立南乡郡，分枝江以西立临江郡。及败于赤壁，南郡以南属吴，吴后遂与蜀分荆州。于是南郡、零陵、武陵以西为蜀，江夏、桂阳、长沙三郡为吴，南郡、襄阳、南乡三郡为魏。而荆州之名，南北双立。蜀分南郡立宜都郡③，

---

① 据《舆地广记》卷22两浙路婺州金华县条："本汉乌伤县地，属会稽郡。初平三年分县南乡置长山县，吴为东阳郡治。"则东阳郡治长山。

② 据《通典》卷183古荆州条："汉末，曹公赤壁败后，遂与吴、蜀三分其地……及刘备殁后，所分之地悉复属吴，而荆州南北双立，魏荆州理宛，今南阳。吴荆州理江陵，今郡也。"《寰宇记》卷146山南东道荆州条、《方舆胜览》卷27湖北路江陵府建置沿革均载吴之荆州理江陵，则江陵为荆州治所。钱大昕《地名考异》荆州条以为"吴之荆州治江陵"，是。吴氏《考证》卷8据《晋略·表》以为荆州当治乐乡，今遍检典籍未见吴氏所据之文，故不从其说。

③ 宜都郡乃临江郡改名，详本州宜都郡考证。

刘备没后,宜都、武陵、零陵、南郡四郡之地悉复属吴。"今检《吴志》卷2《孙权传》:"(建安二十四年)闰月权征羽……(十二月)遂定荆州。"卢氏《集解》云:"自是荆州全为吴有。"故《晋志》颇误。吴氏《考证》卷8以为刘备先得南郡、宜都、零陵、武陵四郡,孙权得江夏、长沙、桂阳三郡,建安二十四年(199),孙权使吕蒙袭取荆州,南郡、宜都、零陵、武陵四郡复为孙权所有,是。吴于建安二十六年徙都武昌时,以武昌、下雉、寻阳、阳新、柴桑、沙羡六县置武昌郡,旋废,诸县移属江夏郡。孙皓甘露元年(265)徙都武昌,分江夏郡再置武昌郡,宝鼎元年(266)还都建业,武昌郡再废。孙权黄武五年(226)分交州苍梧郡,置临贺郡属荆州。孙亮太平二年(257)分长沙西部都尉立衡阳郡、分长沙东部都尉立湘东郡。孙休永安三年(260)分宜都郡置建平郡,永安六年分武陵郡置天门郡。孙皓甘露元年分桂阳南部都尉置始兴郡、分零陵南部都尉置始安郡,宝鼎元年分零陵北部都尉置邵陵郡。永安五年之荆州政区见图13。

(一)南郡(220—279)——治公安①(今湖北公安县西北)

按:《续汉志》领县十七,《晋志》领县十一。其地本为三国纷争之所,吴所据可考者九县。

1. 公安(220—279)

按:《续汉志》、《晋志》均无此县。检《寰宇记》卷146山南东道荆州公安县条:"公安县即后汉作唐县地,在西偏,又为孱陵县地,俱属吴之南郡。《荆州记》云:'先主败于襄阳,奔荆州,吴大帝推先主为左将军、荆州牧,镇油口,即居此城,时号先主为左公,故名其城为公安也。'"则公安县乃建安中分作唐、孱陵二县置,吴时属南郡。又据《吴志》卷13《陆抗传》:"建衡二年,大司马施绩卒,拜(陆)抗都督信陵、西陵、夷道、乐乡、公安诸军事。"此处公安与众县并列,理当为县,则吴之公安县于孙皓建衡二年(270)仍未废。又《宋志》:"南平内史……晋武帝太康元年,分南郡江南为南平郡,治作唐,后治江安……江安侯相,晋武帝太康元年立。"《晋志》南平郡亦有江安县。疑江安县即晋平吴之太康元年(280)分置南平郡时由公安县改名并属焉。洪氏《补志》、吴氏《表》卷8南郡皆不列公安县,《中国历史地图集·三国图组》南郡亦无公安县,仅有公安城,今并不从。

---

① 吴氏《考证》卷8详考《吴志·周瑜传》、《吴志·吕蒙传》、《吴志·诸葛瑾传》、《通鉴》胡注以为南郡先治江陵后移治公安,是。

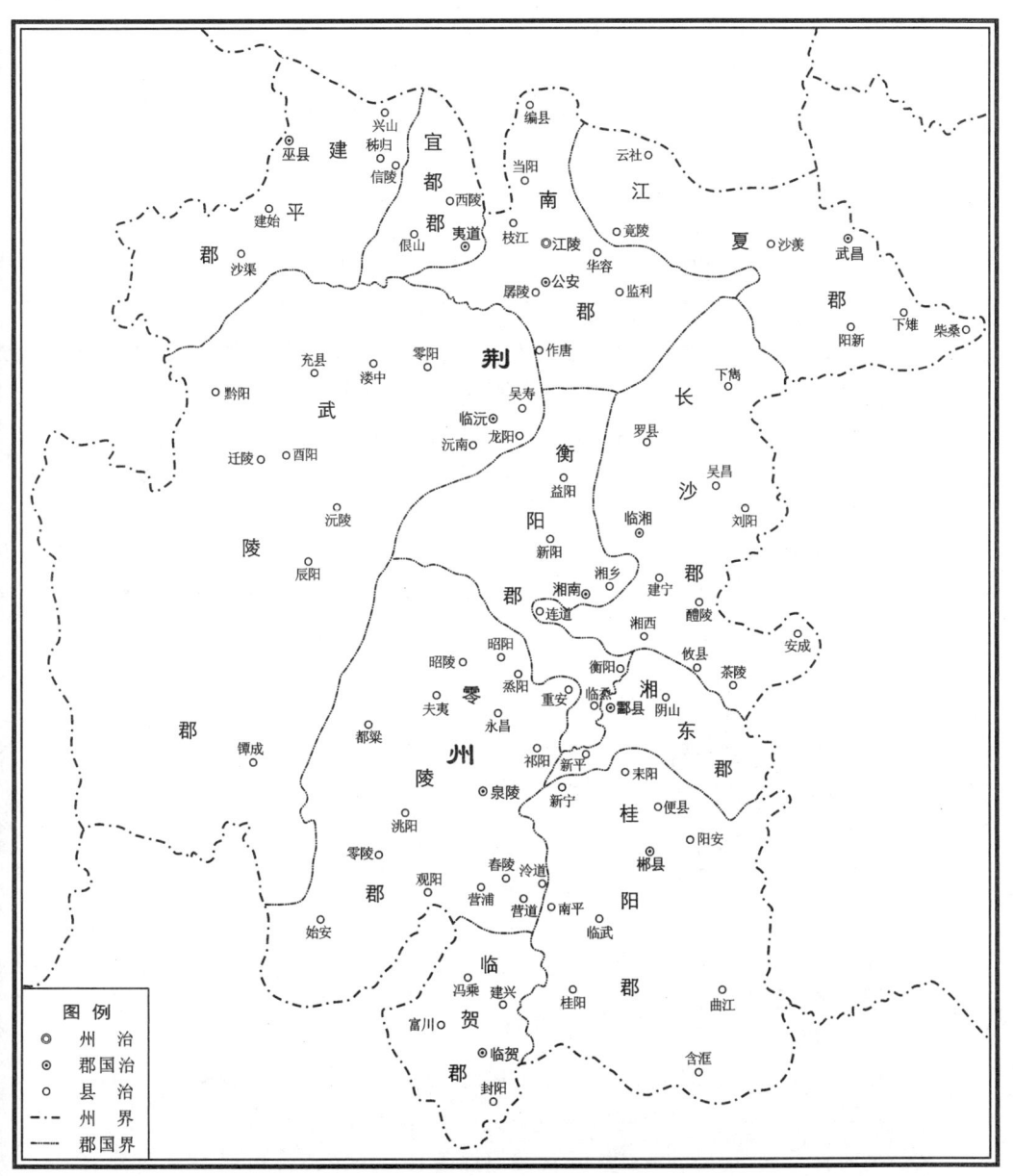

图 13　永安五年(262)三国孙吴荆州政区

2. 作唐(？—279)

按：《续汉志》属武陵郡，《晋志》属南平郡。检《寰宇记》卷146山南东道荆州公安县条："公安县即后汉作唐县地，在西偏，又为孱陵县地，俱属吴之南郡。"则吴时作唐县移属南郡，而确年乏考。又《宋志》："晋武帝太康元年，分南郡江南为南平郡，治作唐。"则作唐县太康元年移属南平郡，且为郡治。

3. 孱陵国(？—279)

按：《续汉志》属武陵郡，《晋志》属南平郡。检《寰宇记》卷146山南东道荆州公安县条："公安县即后汉作唐县地，在西偏，又为孱陵县地，俱属吴之南郡。"则吴时孱陵县移属南郡，而确年乏考。又《宋志》："晋武帝太康元年，分南郡江南为南平郡……孱陵侯相，二汉旧县，属武陵，《晋太康地志》属南平。"则孱陵县似于太康元年移属南平郡。又据《吴志》卷9《吕蒙传》："(关羽)父子俱获，荆州遂定，以(吕)蒙为南郡太守，封孱陵侯……(吕)蒙子(吕)霸袭爵……(吕)霸卒，兄(吕)琮袭侯。(吕)琮卒，弟(吕)睦嗣。"则自建安末孱陵即为侯国。

4. 江陵国(220—279)

按：《续汉志》、《晋志》属。检《吴志》卷13《陆逊传》："及至破(刘)备，计多出(陆)逊……加拜(陆)逊辅国将军，领荆州牧，即改封江陵侯。"则黄武初江陵即为侯国。

5. 编(220—279)

按：《续汉志》、《晋志》属。

6. 当阳(220—279)

按：《续汉志》、《晋志》属。

7. 华容(220—279)

按：《续汉志》、《晋志》属。

8. 枝江(220—279)

按：《续汉志》、《晋志》属。

9. 监利(？)

按：《续汉志》无此县，《晋志》属。检《宋志》："监利侯相，按《晋起居注》：'太康四年，复立南郡之监利县，寻复省之。'言由先有而被省也，疑是吴所立，又是吴所省。"又《记纂渊海》卷14江陵府江陵县沿革条："监利，本汉南郡华容县，吴置监利县，寻省之，晋太康复置，属巴陵郡(当作属南郡)。"则吴确置监利县且属南郡而后省，置、废确年均乏考。

(二)宜都郡(220—279)——治夷道①(今湖北宜都市)

按：《续汉志》无此郡，《晋志》有，领三县。检《宋志》："宜都太守，《太康地志》、王隐《地道》、何志并云吴分南郡立。张勃《吴录》云刘备立。按《吴志》，吕蒙平南郡，据江陵，陆逊别取宜都，获秭归、枝江、夷道县。初权与刘备分荆州，而南郡属备，则是备分南郡立宜都，非吴立也。习凿齿云，魏武平荆州，分南郡枝江以西为临江郡，建安十五年，刘备改为宜都。"《宋志》所言宜都郡建置沿革甚详。又《晋志》下荆州云："后汉献帝建安十三年，魏武尽得荆州之地……分枝江以西立临江郡。"又《吴志》卷2《孙权传》："(建安二十四年)陆逊别取宜都。"则建安十三年曹操置临江郡，刘备据之改曰宜都，建安二十四年吴取宜都。又据《通鉴》卷68献帝建安二十四年"(宜都太守孟达)杀房陵太守蒯祺"条胡注引张勃《吴录》："刘备分南郡立宜都郡，领夷道、狼山(当作佷山，详佷山县考证)、夷陵三县。"则宜都郡初置时领夷道、佷山、夷陵三县。黄武元年巫、秭归二县来属，领县五。孙休永安三年(260)巫、秭归二县移属建平郡，领县三。

1. 夷道(220—279)

按：《续汉志》属南郡，《晋志》属。

2. 西陵(220—221 夷陵，222—279)

按：《续汉志》作"夷陵"属南郡，《晋志》作"夷陵"属。检《吴志》卷2《孙权传》："(黄武元年)是岁，改夷陵为西陵。"《宋志》："夷陵令，汉旧县，吴改曰西陵，晋武帝太康元年复旧。"则吴黄武元年改夷陵为西陵，晋武帝太康元年复曰夷陵。

3. 佷山(220—279)

按：《续汉志》作"很山"属南郡，《晋志》属。据《蜀志》卷1《先主传》："(章武二年)二月先主自秭归率诸将进军，缘山截岭，于夷道猇亭驻营，自佷山通武陵。"则三国时当作"佷山"。

4. 巫(222—259)

按：《续汉志》属南郡，《晋志》属建平郡。吴氏《考证》卷8以为黄武元年巫县属宜都郡，甚是，从之。巫县后于孙休永安三年移属建平郡。

5. 秭归(222—259)

按：《续汉志》属南郡，《晋志》属建平郡。吴氏《考证》卷8以为黄武元年

---

① 据《水经注》卷34："夷道县，汉武帝伐西南夷，路由此出，故曰夷道矣……魏武分南郡置临江郡，刘备改曰宜都，郡治在(夷道)县东四百步故城，吴丞相陆逊所筑也。"又《记纂渊海》卷14荆湖北路峡州夷陵县沿革条："宜都，本秦南郡夷道县，属宜都，郡治此。"则宜都郡吴时治所当为夷道县。

秭归县属宜都郡,甚是,从之。秭归县后于孙休永安三年移属建平郡。

（三）建平郡(260—279)——治巫(今重庆巫山县)

按:《续汉志》无此郡。检《吴志》卷3《孙休传》:"(永安三年)分宜都置建平郡。"又《宋志》:"建平太守,吴孙休永安三年,分宜都立,领信陵、兴山、秭归、沙渠四县。"则建平郡初置时似领信陵、兴山、秭归、沙渠四县。又《水经注》卷34:"(巫)县故楚之巫郡也,秦省郡立县,以隶南郡,吴孙休分为建平郡,治巫城。"则建平郡治所当在巫县,《宋志》所谓四县,当阙巫县,实为五县。又有建始县。

1. 巫(260—279)

按:《续汉志》属南郡,《晋志》属。永安三年来属。

2. 秭归(260—279)

按:《续汉志》属南郡,《晋志》属。永安三年来属。

3. 兴山(260—279)

按:《续汉志》无此县,《晋志》属。检《寰宇记》卷148山南东道归州兴山县条:"本汉秭归县地,三国时其地属吴,至景帝永安三年分秭归县之北界,立为兴山县,属建平郡。"则孙休永安三年分秭归置兴山县,且属建平郡,至晋不改。

4. 信陵(260—279)

按:《续汉志》无此县,《晋志》属。检《宋志》:"信陵、兴山、沙渠,疑是吴立。"又据本郡考证,建平郡初置时有信陵县,疑信陵县乃与兴山县同于永安三年置。吴氏《考证》卷8据《吴志·钟离牧传》裴注引《会稽典录》以为信陵县吴末已为晋有,是。

5. 沙渠(260—279)

按:《续汉志》无此县,《晋志》属。检《元和志》卷30江南道施州条:"巫县即今夔州巫山县是也,吴分立沙渠县。"又据本郡考证,建平郡初置时有沙渠县,疑沙渠县乃与兴山县同于永安三年分巫县置。又《宋志》:"沙渠令,《晋起居注》:'太康元年立。'按沙渠是吴建平郡所领,吴平不应方立,不详。"疑沙渠县吴末见废,晋初复置。

6. 建始(260—279)

按:《续汉志》无此县,《晋志》属。检《方舆胜览》卷60梁山军施州建置沿革:"吴孙休置建平郡,建始、沙渠隶焉。"则吴时立建始县。洪氏《补志》以为:"疑县系吴永安中与郡同立。"或是。则《宋志》建平郡初领四县又漏列建始县,亦有可能建始县置于永安三年后,今两存其说。

(四)武昌郡(221,265—266)——治乏考

按:《续汉志》无此郡。检《吴志》卷2《孙权传》:"(黄初)二年四月,刘备称帝于蜀。(孙)权自公安都鄂,改名武昌,以武昌、下雉、寻阳、阳新、柴桑、沙羡六县为武昌郡。"则孙权以魏黄初二年即汉建安二十六年①置武昌郡,且领武昌、下雉、寻阳、阳新、柴桑、沙羡六县。又据《寰宇记》卷112江南西道鄂州武昌县条引《吴志》:"甘露初,析江夏置武昌郡。"又《舆地纪胜》卷81荆湖北路寿昌军条引《吴志》:"甘露初,析江夏置武昌郡。"据上引《吴志》,可知孙权所立之武昌郡后当省,而甘露初析江夏复置。程欣人《武汉出土的两块东吴铅券释文》②一文中收入《黄武六年铅地券》,释文为:"黄武六年十月戊戌朔十日辛未。吴郡男子郑丑,年七十五,以元年六月□□□江夏沙羡县物故。"据此沙羡县黄武元年已属江夏郡,则武昌郡旋置旋省。又《宋志》:"武昌太守,《晋起居注》:'太康元年,改江夏为武昌郡。'"则武昌郡后再省,故有所谓"改江夏为武昌郡"。据《吴志》卷3《孙皓传》:"(甘露元年)九月,从西陵督步阐表,徙都武昌……(宝鼎元年)十二月,(孙)皓还都建业。"孙皓似于徙都武昌之际重置武昌郡,又于宝鼎元年还都建业后废之。据上,则武昌郡前后沿革可概述之,即吴于建安二十六年徙都武昌时,以武昌、下雉、寻阳、阳新、柴桑、沙羡六县置武昌郡,旋废,诸县移属江夏郡,孙皓甘露元年徙都武昌,分江夏郡再置武昌郡,宝鼎元年还都建业,武昌郡再废。其所领诸县,唯有初置时可考,参下文江夏郡考证,复置时所领诸县之详情则乏考。

(五)江夏郡(220—279)——治武昌③(今湖北鄂州市西)

按:《续汉志》有江夏郡。三国魏、吴各置江夏郡。建安二十六年孙权徙都武昌时,以武昌、下雉、寻阳、阳新、柴桑、沙羡六县置武昌郡,旋废,诸县移属江夏郡。黄武二年(223)蕲春、寻阳、邾三县移属蕲春郡,黄武七年安陆县来属,嘉禾五年(236)安陆、南新市二县移属魏之江夏郡。领县七。

1. 武昌(221—279)

按:《续汉志》作"鄂"属,《晋志》属武昌郡。检《吴志》卷2《孙权传》:"(黄初)二年四月,刘备称帝于蜀。(孙)权自公安都鄂,改名武昌。"又据本州武昌郡考证,建安二十六年武昌郡见废后,武昌县即移属江夏郡。又据《宋志》:"武

---

① 高敏《读长沙走马楼简牍札记之一》(载《郑州大学学报》2000年第3期)据《长沙走马楼吴简》和《建康实录》,以为孙权未奉魏黄初年号,而是仍用建安纪年,是。
② 载《考古》1965年第10期。
③ 据《元和志》卷27江南道安州条:"南北二朝两置江夏郡,吴理武昌。"则武昌县为吴江夏郡治所。建安二十六年武昌郡见废后,武昌县即移属江夏郡,此前江夏郡治所乏考。

昌太守,《晋起居注》:'太康元年,改江夏为武昌郡。'"则吴之江夏郡部分领县太康元年改名武昌郡,武昌县仍属焉。

2. 沙羡(221—225,226—? 沙羡国)

按:《续汉志》属,《晋志》作"沙阳"属武昌郡。据本州武昌郡考证,建安二十六年武昌郡见废后,沙羡县即移属江夏郡。又据《舆地广记》卷27荆湖北路鄂州江夏县条:"本二汉沙羡地,属江夏郡,建安中,荆州牧刘表使黄祖守沙羡,为孙权所破,吴省之,晋太康元年复置。"则吴时沙羡县曾废,而确年乏考,当于太康元年复置。然《宋志》:"沙阳男相,二汉旧县,本名沙羡,属武昌,晋武帝太康元年更名,又立沙羡。"则吴沙羡县太康元年复置时已更名为沙阳,晋武帝又立沙羡县。据《吴志》卷6《孙奂传》:"(黄武五年)封(孙奂)沙羡侯。"则沙羡曾为侯国。

3. 柴桑(221—279)

按:《续汉志》属豫章郡,《晋志》属武昌郡。据本州武昌郡考证,建安二十六年武昌郡见废后,柴桑县即移属江夏郡。又据《宋志》:"武昌太守,《晋起居注》:'太康元年,改江夏为武昌郡。'"则吴之江夏郡部分领县太康元年改名武昌郡,柴桑县仍属焉。

4. 阳新(221—279)

按:《续汉志》无此县,《晋志》属武昌郡。检《宋志》:"阳新侯相,吴立。"又宋本《寰宇记》卷113江南西道兴国军永兴县条:"吴大帝分鄂立阳新县。"则孙权分鄂县立阳新县。又检《吴志》卷2《孙权传》:"(黄初)二年四月,刘备称帝于蜀。(孙)权自公安都鄂,改名武昌。"鄂县改名武昌在建安二十六年即魏黄初二年,则阳新县当置于建安二十六年前。据本州武昌郡考证,建安二十六年武昌郡见废后,阳新县即移属江夏郡。又据《宋志》:"武昌太守,《晋起居注》:'太康元年,改江夏为武昌郡。'"则吴之江夏郡部分领县太康元年改名武昌郡,阳新县仍属焉。

5. 下雉(221—279)

按:《续汉志》属,《晋志》无此县。据本州武昌郡考证,建安二十六年武昌郡见废后,下雉县即移属江夏郡。《晋志》、《宋志》、《南齐志》皆无此县,则下雉县后省。《乾隆一统志》卷259武昌府下雉故城条以为下雉县晋省,今暂从之。

6. 寻阳(221—222)

按:《续汉志》、《晋志》均属庐江郡。检《宋志》:"寻阳太守,寻阳本县名……吴立蕲春郡,寻阳县属焉。晋武帝太康元年,省蕲春郡,以寻阳属武昌……二年，以武昌之寻阳复属庐江郡。"又据本州武昌郡考证，建安二十六年武昌郡见废后，寻阳县即移属江夏郡，黄武二年移属蕲春郡，太康元年属武昌郡，二年复属庐江郡。

7. 竟陵（220—279）

按：《续汉志》、《晋志》属。检《吴志》卷6《孙皎传》："黄盖及兄（孙）瑜卒，又并其军，赐（孙皎）沙羡、云杜、南新市、竟陵为奉邑。"又《吴志》卷6《孙瑜传》："（孙瑜）建安二十年卒。"则竟陵县于建安二十年时已属吴。又《水经注》卷40经文："内方山在江夏竟陵县东北。"《水经注》经文为三国时人所撰，则吴江夏郡有竟陵县。又李蔚然《南京六朝墓葬的发现与研究》①所刊一方孙吴砖券拓片，文曰："太平二年，十二月丁卯朔，十日丙子。大男江夏竟陵张，年九十。"则竟陵县吴时确属江夏郡，晋武帝平吴后，南江夏郡改名武昌郡，竟陵县当于此时移属北江夏郡。

8. 云杜（220—279）

按：《续汉志》、《晋志》属。检《吴志》卷6《孙皎传》："黄盖及兄（孙）瑜卒，又并其军，赐（孙皎）沙羡、云杜、南新市、竟陵为奉邑。"又《吴志》卷6《孙瑜传》："（孙瑜）建安二十年卒。"则云杜县于建安二十年时已属吴，又《水经注》卷28经文："（沔水）又东南过江夏云杜县东。"《水经注》经文为三国时人所撰，则云杜县属吴之江夏郡，晋武帝平吴后，南江夏郡改名武昌郡，云杜县当于此时移属北江夏郡。

9. 安陆（228—235）

按：《续汉志》、《晋志》属。吴氏《考证》卷3据《魏志·蒋济传》、《吴志·周鲂传》以为黄武七年时安陆属吴，是。又检《吴志》卷13《陆逊传》："嘉禾五年……（陆逊）潜遣将军周竣、张梁等击江夏新市、安陆、石阳。"吴氏《考证》卷3据此以为安陆县吴嘉禾五年时移属魏之江夏郡，是。

10. 南新市（220—235）

按：《续汉志》、《晋志》属。吴氏《考证》卷3据《吴志·孙皎传》以为建安中南新市属吴，是。又检《吴志》卷13《陆逊传》："嘉禾五年……（陆逊）潜遣将军周峻、张梁等击江夏新市②、安陆、石阳。"吴氏《考证》卷3据此以为南新市县吴嘉禾五年时移属魏之江夏郡，是。

---

① 四川大学出版社，1998年。
② 《水经注》卷31："又西南流迳杜城西，新市县治也，《郡国志》以为南新市也，中山有新市，故此加南。"魏时中山国仍领新市县，故此"新市"当为"南新市"。

11. 蕲春（220—222）

按：《续汉志》属焉，《晋志》属弋阳郡。黄武二年移属蕲春郡。

12. 邾（220—222）

按：《续汉志》属焉，《晋志》属弋阳郡。黄武二年移属蕲春郡。

（六）武陵郡（220—279）——治临沅①（今湖南常德市）

按：《续汉志》领县十二，所领作唐、孱陵二县吴时属南郡，新置龙阳、黔阳、溇中三县，领县十三，孙休永安六年（263），溇中、零阳、充三县移属天门郡，领县十②。

1. 临沅（220—279）

2. 吴寿（220—279）

按：《续汉志》、《晋志》皆作"汉寿"属。检《宋志》："汉寿伯相……吴曰吴寿，晋武帝复旧。"又《宋书》卷28《符瑞志中》："赤乌十一年云阳言黄龙见，黄龙二又见武陵吴寿，光色炫耀。"可知吴时确作吴寿，且属武陵郡。

3. 沅陵（220—279）

4. 辰阳（220—279）

按：《续汉志》属，《晋志》无此县。检《舆地广记》卷28荆湖北路辰州辰溪县条："二汉辰阳县，属武陵郡，晋省之。"又《记纂渊海》卷14荆湖北路辰州沅陵县沿革条："辰溪，本汉武陵郡辰阳县，晋省之。"则吴时辰阳县仍似属武陵郡，至晋方省。

5. 酉阳（220—279）

6. 迁陵（220—279）

7. 镡成（220—279）

按：《续汉志》作"镡成"属，《晋志》作"镡城"属。检《水经注》卷37经文："沅水出牂柯且兰县，为旁沟水，又东至镡成县，为沅水，东过无阳县。"《水经注》经文为三国时人所撰，则吴时当作"镡成"。

8. 沅南（220—279）

9. 龙阳（？—279）

按：《续汉志》无此县，《晋志》属。检《宋志》："龙阳侯相，《晋太康地理

---

① 据《舆地广记》卷27荆湖北路鼎州武陵县条："本汉临沅县，属武陵郡，东汉为郡治，晋、宋、齐、梁、陈皆因之。"则吴时武陵郡治所仍为临沅县。

② 吴氏《表》卷8据《纪要》以为吴武陵郡有舞阳县。检《记纂渊海》卷14荆湖北路沅州庐阳县沿革："本汉武陵郡无阳县，晋置舞阳县。"则晋置舞阳县。《中国历史地图集·三国图组》武陵郡亦有舞阳县。并不从。

志》、《何志》吴立。"又宋本《寰宇记》卷118江南西道朗州龙阳县条:"本汉索县地也,吴分其地立龙阳县,《吴录地理志》:(龙阳县)属武陵郡。"则龙阳县吴立,而确年乏考,其时当属武陵郡,至晋不改。

10. 黔阳(？—275)

按:《续汉志》、《晋志》均无此县。检《寰宇记》卷120江南西道黔州彭水县条:"吴分酉阳之境置黔阳郡。"又《寰宇记》卷120江南西道黔州条引《吴录》:"黔阳属武陵郡。"则吴分酉阳县置黔阳县且属武陵郡。检《宋志》:"黾阳令……晋末①平吴时,峡中立武陵郡,有黾阳、黔阳县,咸宁元年并省。"黾阳县当是西晋所立,而黔阳县本吴武陵郡,后入晋并于咸宁元年(275)见废。

11. 零阳(220—262)

按:《续汉志》属,《晋志》属天门郡。据《吴志》卷3《孙休传》:"(永安六年)分武陵为天门郡。"则零阳县吴时当属武陵郡,孙休永安六年移属天门郡。

12. 充(220—262)

按:《续汉志》属,《晋志》属天门郡。据《吴志》卷3《孙休传》:"(永安六年)分武陵为天门郡。"则充县吴时当属武陵郡,孙休永安六年移属天门郡。

13. 溇中(？—262)

按:《续汉志》无此县,《晋志》属天门郡。检《宋志》:"溇中令,二汉无,《晋太康地志》有,疑是吴立。"又《舆地广记》卷27荆湖北路澧州慈利县条:"溇中县地,吴置。"又《记纂渊海》卷14荆湖北路澧州澧阳县沿革:"吴又置溇中县。"则溇中县为吴所置。又宋本《寰宇记》卷118江南西道澧州石门县条:"吴分三县置天门郡。"据零阳、充二县考证,永安六年二县移属天门郡,而《晋志》溇中县又属天门郡,则所谓三县当是零阳、充、溇中三县。若是,据《吴志》卷3《孙休传》:"(永安六年)分武陵为天门郡",则溇中县当置于永安六年前,且属武陵郡,孙休永安六年移属天门郡。

14. 作唐(220—？)

按:《续汉志》属,《晋志》属南平郡,吴时移属南郡。

15. 孱陵国(220—？)

按:《续汉志》属,《晋志》属南平郡,吴时移属南郡。

(七)天门郡(263—279)——治乏考

按:《续汉志》无此郡。检《吴志》卷3《孙休传》:"(永安六年)分武陵为天门郡。"又《宋志》:"天门太守,吴孙休永安六年,分武陵立。"又宋本《寰宇记》卷

---

① 胡阿祥《宋书州郡志汇释》卷3以为"晋末"当作"晋末",是。

118 江南西道澧州石门县条:"吴分三县置天门郡。"则孙休永安六年分武陵郡置天门郡,领县三。

1. 零阳(263—279)

按:《续汉志》属武陵郡,《晋志》属。永安六年来属。

2. 充(263—279)

按:《续汉志》属武陵郡,《晋志》属。永安六年来属。

3. 溇中(263—279)

按:《续汉志》无此县,《晋志》属。吴时置,永安六年来属。

(八) 长沙郡(220—279)——治临湘(今湖南长沙市)

按:《续汉志》领县十三。所领昭陵县建安时移属零陵郡,容陵县吴时情况乏考,《晋志》、《宋志》、《南齐志》皆无此县,似省①。新置吴昌、刘阳、新阳、湘西、建宁五县,黄武二年(223)置蒲圻县,后废,领县十六。鄳县太平二年(257)移属湘东郡,湘南、益阳、新阳三县太平二年移属衡阳郡,领县十二。孙皓宝鼎二年(267)置萍乡县,旋萍乡、安成二县移属安成郡,领县十一。又据本州湘东郡、衡阳郡考证,吴时长沙郡至少有东部、西部两都尉,而东部、西部都尉所辖区域是否即为稳定之政区,尚难遽断,故今从吴氏《表》,将二部都尉诸县仍归属长沙郡。

1. 临湘(220—222,232—271 临湘国,272—279)

按:据《吴志》卷7《步骘传》:"黄武二年,迁(步骘)右将军左护军,改封临湘侯……(凤皇元年,陆抗)斩(步)阐等,步氏泯灭。"则自黄武二年后,临湘县为侯国,至凤皇元年(272)还国为县。

2. 攸(220—279)

3. 下雋(220—279)

4. 醴陵(220—224,225—279 醴陵国)

按:据《吴志》卷7《顾雍传》:"(黄武四年)是岁,改(顾雍)为太常,进封醴陵侯。"则自黄武四年起,醴陵为侯国。

5. 罗(220—279)

6. 吴昌(220—279)

---

① 吴氏《表》卷8据《元和志》有吴立巴陵县之载以为吴时长沙郡有巴陵县。检《宋志》:"巴陵男相,晋武帝太康元年立,属长沙。"又《真诰》卷13"以其叔茂而名地焉"陶弘景小注:"巴陵县,始晋初。"又《水经注》卷38:"晋太康元年立巴陵县。"则晋太康元年置巴陵县。又杨氏《补正》据《吴志·周瑜传》、《吴志·孙皓传》以为巴陵县为晋置,是。今人王素《汉末吴初长沙郡纪年》(载《吴简研究》第一辑,崇文书局,2004年)以为吴嘉禾六年时长沙郡有巴陵县,亦误。

按：《续汉志》无此县，《晋志》属。检《宋志》："吴昌侯相，后汉立曰汉昌，吴更名。"又《元和志》卷27江南道岳州昌江县条："后汉分长沙为汉昌县，孙权改为吴昌县。"又据《记纂渊海》卷13荆湖南路潭州长沙县沿革："湘阴，春秋罗国。秦罗县属长沙郡，汉属长沙国，东汉分置汉昌县，吴改汉昌为吴昌，并属长沙郡。"则后汉时分长沙郡罗县立汉昌县，孙权改名吴昌，且属长沙郡，至晋不改。

7. 刘阳(220—228,229—279 刘阳国)

按：《续汉志》无此县，《晋志》属。检《吴志》卷9《周瑜传》："（孙）权拜（周）瑜偏将军，领南郡太守，以下隽、汉昌、浏阳、州陵为奉邑。"则建安中刘阳县已置。又据《舆地广记》卷26荆湖南路潭州浏阳县条："本汉临湘县地，吴置浏阳县，属长沙郡，晋、宋因之。"则浏阳县其时当属长沙郡，至晋不改。今检长沙走马楼吴简"刚佐刘阳区文年卅见"（简5977）、"入刘阳县还价人李绶米卅四斛"（简6718）、"钂佐刘阳丁光年卅三见"（简6759），均作"刘阳"。吴氏《表》卷8引吴谷朗碑以为"刘"无水旁，《晋志》亦作"刘阳"，均是。《吴志》、《舆地广记》"浏阳"似为"刘阳"之讹。据《吴志》卷16《潘濬传》："（孙）权称尊号，拜（潘濬）为少府，进封刘阳侯。"则自黄龙元年（229）始刘阳县为侯国，吴氏《表》卷8以为黄武初刘阳县即为侯国，误。

8. 建宁(? —279)

按：《续汉志》无此县，《晋志》属。检《宋志》："建宁子相，吴立。"又长沙走马楼吴简"乾锻佐建宁黄□年卅四单身见"（简5963）、"钱佐建宁黄取年卅五单身见"（简6604）、"治师建宁英汉年五十三见"（简6709），则吴时长沙郡确有建宁县，而始置确年乏考。

9. 蒲圻(223—?)

按：《续汉志》无此县，《晋志》作"蒲沂"属。检《元和志》卷27江南道鄂州蒲圻县条："吴大帝分立蒲圻县，因蒲圻湖为名，本属长沙郡。"《寰宇记》卷112江南西道鄂州蒲圻县条："吴黄武二年于沙羡县置蒲圻县，在㲦江口，属长沙郡。"又《舆地纪胜》卷66荆湖北路景物下蒲圻湖条引《晏公类要》："湖多生蒲草，吴大帝初，置蒲圻县于湖侧，故名。"《方舆胜览》卷28鄂州山川蒲圻湖条引《晏公类要》："湖多蒲草，吴大帝时（置）蒲圻县于湖侧。"则蒲圻县当于吴黄武二年置，且属长沙郡。而《宋志》："蒲圻男相，晋武帝太康元年立。"《舆地广记》卷27荆湖北路鄂州蒲圻县条："晋太康元年置，属长沙郡。"则蒲圻县晋初又置，似吴时曾废，而确年乏考。

10. 安成(220—266)

按：《续汉志》作"安城"属，《晋志》作"安复"属安成郡。检《宋志》："安复侯相,汉旧县,本名安成,晋武帝太康元年更名。"则太康元年安成县改名安复县。据长沙走马楼吴简"其一百廿四斛付安成县仓吏吴敦□□"(简3821)、"乾锻佐安成区承年廿二见"(简6704),又《吴志》卷15《吕岱传》:"(建安二十年)安成、攸、永新、茶陵四县吏共入阴山城。"则当作安成。又据《吴志》卷3《孙皓传》:"(宝鼎二年)分豫章、庐陵、长沙为安成郡。"《寰宇记》卷109江南西道吉州条引《地志》:"吴分豫章之新喻、宜春,庐陵之平都、永新,长沙之安成、萍乡,六县为安成郡。"则吴时安成县确属长沙郡,宝鼎二年移属安成郡。吴氏《表》卷8长沙郡漏列安成县。

11. 萍乡(267)

按:《续汉志》无此县,《晋志》属安成郡。检《元和志》卷28江南道袁州萍乡县条:"本汉宜春县地,吴宝鼎二年分立萍乡。"又《寰宇记》卷109江南西道袁州萍乡县条:"本汉宜春县地,属豫章郡,吴宝鼎二年分立萍乡。"则萍乡县宝鼎二年置。又据《吴志》卷3《孙皓传》:"(宝鼎二年)分豫章、庐陵、长沙为安成郡。"《寰宇记》卷109江南西道吉州条引《地志》:"吴分豫章之新喻、宜春,庐陵之平都、永新,长沙之安成、萍乡,六县为安成郡。"则萍乡县初置时当属长沙郡,旋置旋移属安成郡。

12. 酃(220—256)

按:《续汉志》属,《晋志》属湘东郡。检《舆地广记》卷26荆湖南路衡州衡阳县条:"本酃县地,汉属长沙国,东汉属长沙郡,吴置湘东郡及临烝县。"则吴时酃县当属长沙郡,后于孙亮太平二年移属湘东郡。

13. 茶陵(220—279)

按:《续汉志》作"荼陵"属,《晋志》属湘东郡。检宋本《吴志》卷2《孙权传》:"(赤乌八年)茶陵县鸿水溢出,流漂居民。"《吴志》卷15《吕岱传》:"(建安二十年)安成、攸、永新、茶陵四县吏共入阴山城。"则当作"茶陵"。又据《舆地广记》卷26荆湖南路衡州茶陵县条:"汉属长沙国,东汉属长沙郡,晋属湘东郡。"则茶陵县至晋初方属湘东郡。吴氏《表》卷8据《纪要》以为孙亮太平二年茶陵县移属湘东郡,《纪要》不可为据,《中国历史地图集·三国图组》亦绘入湘东郡,并不从。

14. 湘南(220—256)

按:《续汉志》属,《晋志》属衡阳郡。太平二年移属衡阳郡。

15. 益阳(220—256)

按:《续汉志》属,《晋志》属衡阳郡。太平二年移属衡阳郡。

16. 新阳(232前—256)

按:《续汉志》无此县,《晋志》作"新康"属衡阳郡。据《宋志》:"新康男相,吴曰新阳,晋武帝太康元年更名。"又《记纂渊海》卷13荆湖南路潭州长沙县沿革条:"宁乡,本汉益阳县地,吴分置新阳县,属衡阳郡,晋改为新康。"则吴时当从益阳县析置新阳县。又长沙走马楼吴简"乾锻师新阳邓桥子男连年廿四在本县"(简7431)、"物故绐白佐新阳□□妻□年卅一在本县"(简7465),走马楼吴简基本属于孙权嘉禾年,则新阳县嘉禾前已置而确年乏考,且属长沙郡,后于孙亮太平二年移属衡阳郡,《记纂渊海》当作"吴分置新阳县,后移属衡阳郡"。详本州衡阳郡考证。

17. 湘西(?—279)

按:《续汉志》无此县,《晋志》属衡阳郡。检《宋志》:"湘西令,吴立。"又《水经注》卷38:"湘水又东北迳湘南县东,又历湘西县南,分湘南置也。"则吴时分湘南县置湘西县,而始置确年乏考。湘南县原属长沙郡,故暂将之列入长沙郡。吴氏《表》卷8据《纪要》以为湘西县太平二年移属衡阳郡,今遍检典籍,未见湘西县移属之文,《纪要》不可为据,今不从吴氏之说。

18. 连道(220—279)

按《续汉志》属,《晋志》属衡阳郡。据长沙走马楼吴简:"入新吏烝勉还连道黄武□年米七□"(简1798)、"其二斛四斗新吏烝勉还连道县黄武六年米"(简2200),则黄武时连道县属长沙郡。吴氏《表》卷8据《长沙府志》以为连道县孙亮太平二年移属衡阳郡,今遍检典籍,未见连道县移属之文,《长沙府志》不可为据,今不从吴氏之说。

(九)湘东郡(257—279)——治酃①(今湖南衡阳市)

按:《续汉志》无此郡。检《吴志》卷3《孙亮传》:"(太平二年)以长沙东部为湘东郡,西部为衡阳郡。"又《宋志》:"湘东太守,吴孙亮太平二年,分长沙东部都尉立。"则孙亮太平二年分长沙东部都尉立湘东郡。领县四。

1. 酃(257—279)

按:《续汉志》属长沙郡,《晋志》属。

2. 新平(?—279)

按:《续汉志》无此县,《晋志》属。检《元和志》卷29江南道衡州常宁县条:"本秦耒阳县也,吴分耒阳置新平县。"宋本《寰宇记》卷115江南西道衡州常宁县条引《吴录地理志》:"新平属湘东郡。"又《宋志》:"湘东太

---

① 据《水经注》卷38:"临承即故酃县也,县即湘东郡治也。"又宋本《寰宇记》卷115江南西道衡州条:"吴少帝太平二年分长沙之东部立为湘东、(西部立为)衡阳二郡,湘东郡理酃县。"则湘东郡初置时治所即为酃县。

守……晋世七县,孝武太元二十年,省酃、利阳、新平。"其利阳、新平沈约自注:"张勃《吴录》有此二县。"则吴分耒阳县置新平县,且属湘东郡,而始置确年乏考。

3. 梨阳(？—279)

按:《续汉志》无此县,《晋志》作"利阳"属。检《宋志》:"湘东太守……晋世七县,孝武太元二十年,省酃、利阳、新平。"其利阳、新平沈约自注:"张勃《吴录》有此二县,利作梨,晋作利音。"则湘东郡有梨阳县,入晋后改为利阳,而始置确年乏考。

4. 阴山(257—279)

按:《续汉志》属桂阳郡,《晋志》属。检《宋志》:"阴山令,阴山乃是汉旧县,而属桂阳。吴湘东郡有此阴山县,疑是吴所立。"胡阿祥《宋书州郡志汇释》卷3以为"当是吴立湘东郡时度属;又汉晋阴山并治今湖南攸县西南。是则两汉、孙吴、晋、宋阴山为一地,《宋志》此处误,依志例,作'阴山令,汉旧县,属桂阳,吴度湘东'可矣。"则阴山县当于太平二年移属湘东郡,吴氏《表》卷8以为吴又立阴山县,误。

(十) 衡阳郡(257—279)——治湘南①(今湖南湘潭市西南)

按:《续汉志》无此郡。检《吴志》卷3《孙亮传》:"(太平二年)以长沙东部为湘东郡,西部为衡阳郡。"又《宋志》:"衡阳内史,吴孙亮太平二年,分长沙西部都尉立。"则孙亮太平二年分长沙西部都尉立衡阳郡。领县六。

1. 湘南(257—279)

按:《续汉志》属长沙郡,《晋志》属。太平二年自长沙郡来属。

2. 湘乡(257—279)

按:《续汉志》属零陵郡,《晋志》属。检《元和志》卷29江南道潭州湘乡县条:"本汉湘南县之湘乡也,后汉立为县,属零陵郡,自吴至陈并属衡阳郡。"湘乡县当于太平二年自零陵郡移属衡阳郡,至晋不改。

3. 益阳(257—279)

按:《续汉志》属长沙郡,《晋志》属。检《记纂渊海》卷13荆湖南路潭州长沙县沿革条:"益阳本汉(县),属长沙国,东汉属长沙郡,吴属衡阳郡。"益阳县于太平二年自长沙郡移属衡阳郡,至晋不改。

---

① 《永乐大典》卷11141所钞《水经注》:"湘水又东北迳湘南县东,又历湘西县南,分湘南置也,衡阳郡治,魏正元(当作甘露)二年,吴孙亮分长沙西部立,治湘南,太守可(当作何)承天徙郡(当作治)湘西矣。"据此,吴时衡阳郡治所为湘南县,至宋元嘉中徙治湘西县。吴氏《表》卷8据《纪要》以为衡阳郡治湘乡,误甚。

4. 新阳(257—279)

按：《续汉志》无此县，《晋志》作"新康"属。据本州长沙郡新阳县考证，新阳县当于孙权嘉禾前由益阳县析置。据《记纂渊海》卷13荆湖南路潭州长沙县沿革条："宁乡，本汉益阳县地，吴分置新阳县，属衡阳郡，晋改为新康。"新阳县太平二年自长沙郡移属衡阳郡。又据《宋志》："新康男相，吴曰新阳，晋武帝太康元年更名。"则太康元年新阳县更名新康县。

5. 临烝(257—279)

按：《续汉志》无此县，《晋志》属湘东郡。检《宋志》："临烝伯相，吴属衡阳，《晋太康地志》属湘东。"又《元和志》卷29江南道衡州衡阳县条："本汉酃县地，吴分置临蒸县，属衡山郡(当作衡阳郡)。"又宋本《寰宇记》卷115江南西道衡州衡阳县条："吴太平二年分酃县立为临蒸(烝)县。"则孙亮太平二年分酃县置临烝县且属衡阳郡，入晋后移属湘东郡。又《蜀志》卷5《诸葛亮传》裴注引《零陵先贤传》："亮时住临烝。"吴氏《表》卷8据此以为汉末立临烝县。按唐宋地志明言吴立临烝县，则或汉末临烝县后见废，而孙亮太平二年又重置临烝县。

6. 衡阳(257后—279)

按：《续汉志》无此县，《晋志》作"衡山"属。检《宋志》："衡山男相，吴立曰衡阳，晋惠帝更名。"又据《元和志》卷29江南道潭州湘潭县条："本汉湘南县地，吴分立衡阳县，晋惠帝更名衡山，历代并属衡阳郡。"据志文"历代并属衡阳郡"可知衡阳县当置于孙亮太平二年衡阳郡置后，故太平二年后吴分湘南县置衡阳县，属衡阳郡。吴氏《表》卷8以为衡阳县太平二年前即置，且属长沙郡，无文献根据，不从。

(十一) 零陵郡(220—279)——治泉陵①(今湖南永州市)

按：《续汉志》领县十三。吴置祁阳、永昌、观阳、舂陵四县，昭陵县来属，领县十八。孙亮太平二年，湘乡县移属衡阳郡，领县十七。孙皓甘露元年(265)，始安县移属始安郡，领县十六。宝鼎元年，昭阳、都梁、夫夷、昭陵四县移属邵陵郡，领县十二。据本州邵陵郡、始安郡考证，吴时零陵郡至少有北部、南部两都尉，而北部、南部都尉所辖区域是否即为稳定之政区，尚难遽断，故今从吴氏《表》，将二部都尉诸县仍归属零陵郡。

1. 泉陵(220—279)

2. 祁阳(？—279)

---

① 据《舆地广记》卷26荆湖南路永州零陵县条："本汉泉陵县，属零陵郡，东汉为郡治，晋、宋、齐、梁、陈因之。"则吴时零陵郡治所亦当为泉陵县。

按：《续汉志》无此县，《晋志》属。检《宋志》："祁阳子相，吴立。"又《元和志》卷29江南道永州祁阳县条："本汉泉陵县地，属零陵郡，吴分泉陵置。"又据宋本《寰宇记》卷116江南西道永州祁阳县条："汉泉陵县地，吴分泉陵于今县东北九十里立祁阳县，属零陵郡。"则吴时分泉陵县置祁阳县，且属零陵郡，而始置确年乏考。

3. 永昌（？—279）

按：《续汉志》无此县，《晋志》属。检《宋志》："永昌令，吴立。"又《记纂渊海》卷13荆湖南路永州零陵县沿革："祁阳，本汉泉陵县地，吴分置祁阳县，又置永昌县。"则吴时分泉陵县置永昌县，当亦属零陵郡，而始置确年乏考。

4. 零陵（220—279）

5. 洮阳（220—279）

6. 观阳（？—279）

按：《续汉志》无此县，《晋志》属。检《宋志》："观阳男相，吴立。"又《舆地广记》卷26荆湖南路全州灌阳县条："汉零陵县地，吴分置观阳，属零陵郡。"则吴时分零陵县置观阳县，且属零陵郡，而始置确年乏考。

7. 营浦（220—265，267—279）

按：据营阳郡考证，孙皓宝鼎元年营浦县移属营阳郡，后复还。

8. 营道（220—279）

9. 泠道（220—279）

10. 舂陵（？—279）

按：《续汉志》无此县，《晋志》作"舂阳"属。中华书局标点本《晋书》以为"舂阳"为"舂陵"之讹并改之，是。检《宋志》："舂陵令，前汉旧县，舂陵侯徙国南阳，省。吴复立，属零陵。"则吴时复置舂陵县，且属零陵郡，而始置确年乏考。

11. 重安（220—279）

按：《续汉志》属，《晋志》属衡阳郡。吴氏《表》卷8据《纪要》将重安县列入衡阳郡，今检《舆地广记》卷26荆湖南路衡州衡阳县条："汉钟武县地，属零陵郡，东汉改为重安，晋、宋以后属衡阳郡。"则重安县入晋后方属衡阳郡，吴氏误，《中国历史地图集·三国图组》衡阳郡亦绘有重安县，并不从。

12. 烝阳（220—279）

按：《续汉志》属，《晋志》属衡阳郡。吴氏《表》卷8据《纪要》将烝阳县列入衡阳郡，今遍检典籍无烝阳县移属衡阳郡之文，《中国历史地图集·三国图组》衡阳郡亦绘有烝阳县，并不从。

13. 湘乡(220—256)

按：《续汉志》属,《晋志》属衡阳郡。太平二年移属衡阳郡。

14. 始安(220—265)

按：《续汉志》属,《晋志》属广州始安郡。始安县于孙皓甘露元年移属始安郡。

15. 昭陵(220—265)

按：《续汉志》属长沙郡,《晋志》作"邵陵"属邵陵郡。检《元和志》卷29江南道邵州条："秦为长沙郡地,汉为昭陵县,属零陵郡。吴分置邵(陵)郡。"则昭陵似汉末即由长沙郡移属零陵郡,宝鼎元年移属邵陵郡。

16. 昭阳(220—265)

按：《续汉志》属,《晋志》作"邵阳"属邵陵郡。宝鼎元年移属邵陵郡。

17. 都梁(220—265)

按：《续汉志》属,《晋志》属邵陵郡。宝鼎元年移属邵陵郡。

18. 夫夷(220—265)

按：《续汉志》属,《晋志》属邵陵郡。宝鼎元年移属邵陵郡。

(十二) 邵陵郡(266—279)——治乏考

按：《续汉志》无此郡。据《吴志》卷3《孙皓传》："(宝鼎元年)以零陵北部为邵陵郡。"又《宋志》："邵陵太守,吴孙皓宝鼎元年,分零陵北部都尉立。"又宋本《寰宇记》卷115江南西道邵州条："《吴志》云：宝鼎元年分零陵郡北部立为邵陵郡。"则孙皓宝鼎元年分零陵北部都尉置邵陵郡[1]。领县六。

1. 昭陵(266—279)

按：《续汉志》属长沙郡,《晋志》作"邵陵"属。检《元和志》卷29江南道邵州条："秦为长沙郡地,汉为昭陵县,属零陵郡,吴分置邵(陵)郡。"昭陵县宝鼎元年移属邵陵郡。又据《记纂渊海》卷13荆湖南路宝庆府邵阳县沿革条："晋改昭陵为邵陵。"则晋初改昭陵县为邵陵县。钱仪吉《三国会要·舆地》作"昭陵",是。杨晨《三国会要·方域下》作"邵陵",误。

2. 昭阳(266—279)

按：《续汉志》属零陵郡,《晋志》作"邵阳"属。检《宋志》："邵阳男相,吴立

---

[1] 吴氏《考证》卷8以为孙皓所立当作"昭陵郡",晋初平吴后,司马氏避"昭"讳,方改为"邵陵郡",而陈寿由后言之,故曰"邵陵"。今遍检文献均作"邵陵郡"。又《吴志》卷10《蒋钦传》："以经拘、昭阳为(蒋钦)奉邑。"昭阳县入晋后改名邵阳县,不知陈寿此处为何没有由后言之作"以经拘、邵阳为(蒋钦)奉邑"。故吴所立当作"邵陵郡",吴氏误。

曰昭阳①，晋武改。"又《记纂渊海》卷13荆湖南路宝庆府邵阳县沿革条："邵阳，本汉长沙国，东汉别置昭阳县，属零陵郡。吴置邵陵郡，又置高平县，属焉。晋改昭陵为邵陵，又改昭阳为邵阳。"昭阳县于宝鼎元年自零陵郡移属邵陵郡，入晋后改名邵阳。钱仪吉《三国会要·舆地》作"昭阳"，是。杨晨《三国会要·方域下》作"昭阳"，误。

3. 高平(266—279)

按：《续汉志》无此县，《晋志》属。检《宋志》："高平男相，吴立。"又《舆地广记》卷26荆湖南路邵州邵阳县条："又吴置高平县，属邵陵郡。"又《记纂渊海》卷13荆湖南路宝庆府邵阳县沿革条："吴置邵陵郡，又置高平县，属焉。"则吴似于宝鼎元年始置邵陵郡时亦立高平县且属焉，至晋不改。吴氏《表》卷8将高平县列入零陵郡，文献无征，今不从。

4. 都梁(266—279)

按：《续汉志》属零陵郡，《晋志》属。据《记纂渊海》卷13荆湖南路武冈军武冈县沿革："本汉零陵郡都梁县，吴属邵陵郡。"都梁县宝鼎元年自零陵郡移属邵陵郡，至晋不改。

5. 夫夷(266—279)

按：《续汉志》属零陵郡，《晋志》属。据《记纂渊海》卷13荆湖南路武冈军武冈县沿革："新宁，本汉零陵郡夫夷县地，吴属邵陵郡。"又《舆地广记》卷26荆湖南路武冈军武冈县条："（武冈）亦二汉夫夷县地，属零陵郡，吴属邵陵郡。"夫夷县宝鼎元年自零陵郡移属邵陵郡，至晋不改。

6. 新(266后—279)

按：《续汉志》、《晋志》均无此县。据宋本《寰宇记》卷115江南西道邵州邵阳县条："古新县城，在县东九十里，孙吴置，晋永嘉中并入邵阳县，其城废。"则邵陵郡其时有新县，而始置确年乏考。《晋志》邵陵郡当阙载此县。

(十三) 营阳郡(266)——治营浦(今湖南道县东)

按：《续汉志》、《晋志》均无此郡。检《水经注》卷38："营水又东北迳营浦县南，营阳郡治也，魏咸熙二年，吴孙皓分零陵置，在营水之阳，故以名郡矣。"《元和志》卷29江南道道州："吴分零陵置营阳郡。"又宋本《寰宇记》卷116江南西道道州条："吴宝鼎元年分零陵北部为营阳郡，理营浦。"魏咸熙二年(265)与吴宝鼎元年(266)差一年，今以宝鼎元年为是，则吴宝鼎元年分零陵郡置营阳郡，治营浦县，所领诸县乏考。又《晋志》无此郡，则营阳郡似旋置旋废。

---

① 《续汉志》零陵郡有昭阳县，此曰"吴立"，误，中华书局标点本《宋书》失校。

营浦(266)

按:《续汉志》、《晋志》均属零陵郡。据本郡考证,宝鼎元年营浦自零陵郡来属,营阳郡见废后,复还零陵郡。

(十四) 始安郡(265—279)——治始安①(今广西桂林市)

按:《续汉志》无此郡。据《吴志》卷3《孙皓传》:"(甘露元年十一月)以零陵南部为始安郡。"又《宋志》:"始建内史,吴孙皓甘露元年,分零陵南部都尉立始安郡,属广州。"则孙皓甘露元年分零陵南部都尉置始安郡,据《宋志》初置时似属广州。检《晋志》荆州:"孙皓分零陵立始安郡……荆州统南郡、武昌、武陵、宜都、建平、天门、长沙、零陵、桂阳、衡阳、湘东、邵陵、临贺、始兴、始安十五郡……及武帝平吴……又以始兴、始安、临贺三郡属广州。"又《元和志》卷37岭南道桂州条:"吴归命侯甘露元年,于此置始安郡,属荆州,晋属广州。"则始安郡初置时当属荆州。谢氏《补注》以为始安、零陵之分宜与零陵并属荆州,是。又胡阿祥《宋书州郡志汇释》卷3以为《宋志》"属广州"三字前,当补"晋武帝平吴,以"六字。则始安郡初置时当属荆州,晋武帝平吴后移属广州。领县六。

1. 始安(265—279)

按:《续汉志》属零陵郡,《晋志》属。始安县于甘露元年自零陵郡移属始安郡,至晋不改。

2. 荔浦(265—279)

按:《续汉志》属苍梧郡,《晋志》属。据《元和志》卷37岭南道桂州荔浦县条:"本汉旧县,因荔水为名,属苍梧郡。县南有荔平关,今废。吴属始安郡。"则荔浦县似于孙皓甘露元年始安郡初置后移属焉,至晋不改。

3. 平乐(265—279)

按:《续汉志》无此县,《晋志》属。检《宋志》:"平乐侯相,吴立。"又《记纂渊海》卷15广南东路昭州平乐县沿革:"平乐,本汉荔浦县地,吴分置平乐县,属始安郡。"又《舆地广记》卷36广南西路昭州平乐县条:"本汉荔浦县地,属苍梧郡,吴分置平乐县,属始安郡。"则吴时分荔浦县置平乐县,且属始安郡。而《元和志》卷37岭南道昭州条:"本汉苍梧郡之富川县地也,吴甘露元年分富川县置平乐县。"《舆地纪胜》卷107广南西路昭州平乐县条:"《寰宇记》诸书皆以为本荔浦县,吴分荔浦县置平乐县。"则《元和志》所载似误,吴氏《表》卷8仍

---

① 据《记纂渊海》卷15广南东路桂州临桂县沿革条:"本汉零陵郡始安县,吴始安郡治。"则始安郡治所为始安县。

《元和志》之说，今不从。又据本郡考证孙皓甘露元年置始安郡，则平乐县似于甘露元年置。

4. 熙平（265—279）

按：《续汉志》无此县，《晋志》属。检《水经注》卷38："（熙平）县本始安之扶乡也，孙皓割以为县。"则似孙皓置始安郡时始分始安县之扶乡立熙平县，且属始安郡。而《宋志》："熙平令，吴立为尚安，晋武改。"吴氏《表》卷8从之。杨氏《补正》据《水经注》以为《晋志》有常安、熙平两县并属始安郡，则《宋志》当是"熙平令，吴立"，别有常安县，云："吴立为尚安，晋武改名。"杨氏又据清时永宁州南有常安故城，阳朔县东有熙平故城，二县相去甚远，故认为今本《宋志》有误无疑，甚是。

5. 尚安（？—279）

按：《续汉志》无此县，《晋志》作"常安"属。据本郡熙平县考证，吴时置尚安县，而确置时间乏考，今暂将之列入始安郡。

6. 永丰（265—279）

按：《续汉志》无此县，《晋志》属。检《宋志》："永丰男相，吴立。"又《元和志》卷37岭南道桂州永丰县条："吴甘露元年，析汉荔浦县之永丰县置。"则孙皓甘露元年分荔浦县置永丰县，似即属始安郡。

（十五）桂阳郡（220—279）——治郴[①]（今湖南郴州市）

按：《续汉志》领县十一。新置新宁县，孙亮太平二年阴山县移属湘东郡，领县十一。孙皓甘露元年，曲江、桂阳、含洭、浈阳四县移属始兴郡，领县七。

1. 郴（220—279）

2. 便（220—279）

3. 耒阳（220—279）

4. 新宁（？—279）

按：《续汉志》无此县，《晋志》属湘东郡。检《宋志》："新宁令，吴立。"又《舆地广记》卷26荆湖南路衡州常宁县："吴分沫阳（当作耒阳）置新宁县，晋属湘东郡。"又《记纂渊海》卷13荆湖南路衡州衡阳县沿革条："常宁，本秦耒阳县地，汉属桂阳郡，吴分置新宁县，晋属湘东郡。"则吴时分耒阳县置新宁县。据上引《舆地广记》、《记纂渊海》"（新宁县）晋属湘东郡"，则新宁县吴时属桂阳郡，至晋方移属湘东郡。吴氏《表》卷8以为新宁县于湘东郡初置时即属焉，

[①] 据《记纂渊海》卷13荆湖南路郴州郴县沿革："汉高帝置桂阳郡，治郴县，历代因之。"则吴时桂阳郡治所为郴县。

《中国历史地图集·三国图组》湘东郡亦绘有新宁县,并不从。

5. 阴山(220—256)

按:《续汉志》属,《晋志》属湘东郡。阴山县孙亮太平二年移属湘东郡。

6. 南平(220—279)

7. 临武(220—279)

8. 阳安(220—279)

按:《续汉志》作"汉宁"属,《晋志》作"晋宁"属。检《宋志》:"晋宁令,汉顺帝永和元年立,曰汉宁,吴改曰阳安,晋武帝太康元年改曰晋宁。"则吴时改汉宁县为阳安县,入晋后又改为晋宁县。

9. 曲江(220—264)

按:《续汉志》属,《晋志》属广州始兴郡。曲江县孙皓甘露元年移属始兴郡。

10. 桂阳(220—264)

按:《续汉志》属,《晋志》属广州始兴郡。桂阳县孙皓甘露元年移属始兴郡。

11. 含洭(220—264)

按:《续汉志》属,《晋志》属广州始兴郡。含洭县孙皓甘露元年移属始兴郡。

12. 浈阳(220—264)

按:《续汉志》属,《晋志》属广州始兴郡。浈阳县孙皓甘露元年移属始兴郡。

(十六)始兴郡(265—279)——治曲江①(今广东韶关市东南)

按:《续汉志》无此郡。据《吴志》卷3《孙皓传》:"(甘露元年十一月以)桂阳南部为始兴郡。"又《宋志》:"广兴公相,吴孙皓甘露元年,分桂阳南部都尉立为始兴郡。晋武帝平吴,以属广州。"则孙皓甘露元年分桂阳南部都尉置始兴郡。又《晋志》:"孙皓分零陵立始安郡,分桂阳立始兴郡……荆州统南郡、武昌、武陵、宜都、建平、天门、长沙、零陵、桂阳、衡阳、湘东、邵陵、临贺、始兴、始安十五郡……及武帝平吴……又以始兴、始安、临贺三郡属广州。"则吴时始兴郡当属荆州,晋武帝平吴移属广州。领县六。

---

① 据《水经注》卷38:"按《地理志》,曲江旧县也,王莽以为除虏,始兴郡治。魏元帝咸熙二年,孙皓分桂阳南部立。"则始兴郡治所当为曲江县。

1. 曲江(265—279)

按:《续汉志》属桂阳郡,《晋志》属。甘露元年来属焉。

2. 桂阳(265—279)

按:《续汉志》属桂阳郡,《晋志》属。检《元和志》卷29江南道连州桂阳县条:"本汉旧县,属桂阳郡,吴、宋、齐并属始兴郡。"则甘露元年来属焉。

3. 含洭(265—279)

按:《续汉志》属桂阳郡,《晋志》属。检《记纂渊海》卷15广南东路英德府真阳县沿革:"洺光本汉桂阳郡含洭县,吴以后属始兴。"则甘露元年来属焉。

4. 浈阳(265—279)

按:《续汉志》属桂阳郡,《晋志》属。检《元和志》卷34岭南道广州浈阳县条:"本汉旧县也,属桂阳郡,在浈水之阳,因名,吴属始兴郡。"则甘露元年来属焉。

5. 中宿(265—279)

按:《续汉志》属交州南海郡,《晋志》属。检《宋志》广兴公相中宿令条:"汉旧县,属南海,吴度(始兴郡)。"则甘露元年来属焉。

6. 始兴(265—279)

按:《续汉志》无此县,《晋志》属。检《宋志》:"始兴令,吴立。"又《寰宇记》卷159岭南道韶州曲江县条:"汉旧县……吴甘露元年于此置县并郡。"则始兴县当于甘露元年始兴郡初置时同立并属焉。

(十七)临贺郡(226—279)——治临贺①(今广西贺州市东南)

按:《续汉志》无此郡。据《元和志》卷37岭南道贺州条:"吴黄武五年,割苍梧置临贺郡……吴属荆州,晋属广州。"又《寰宇记》卷161岭南道贺州条:"吴黄武五年,割苍梧郡封阳、临贺、冯乘、富川、荡山、桂岭(当作建兴)等六县为临贺郡,晋因之。"则黄武五年孙权分苍梧郡置临贺郡,领封阳、临贺、冯乘、富川、荡山、建兴六县②。又《晋志》:"(孙权)分苍梧立临贺郡……孙皓……荆州统南郡、武昌、武陵、宜都、建平、天门、长沙、零陵、桂阳、衡阳、湘东、邵陵、临贺、始兴、始安十五郡……及武帝平吴……又以始兴、始安、临贺三郡属广州。"此与上引《元和志》合,则吴时临贺郡当属荆州,晋初属广州。又《宋志》:"临庆内史,吴分苍梧为临贺郡,属广州。"洪氏《补志》云:"今遍检诸地志,临贺郡之

---

① 据《记纂渊海》卷16广南西路贺州临贺县沿革条:"汉属苍梧郡,又封阳县,吴以临贺为郡治,封阳属焉。"则临贺郡治所当在临贺县。

② 吴氏《表》卷8据《纪要》以为临贺郡领谢沐县,文献无征,《纪要》不可为据,今不从吴氏之说。

立当在置广州之前,不得云立郡时已属广州。《通典》吴广州领郡六,亦不数临贺。"是,则《宋志》"属广州"当为"属荆州,晋移属广州"之讹。

1. 临贺(226—279)

按:《续汉志》属交州苍梧郡,《晋志》属。黄武五年来属。

2. 封阳(226—279)

按:《续汉志》属交州苍梧郡,《晋志》属。黄武五年来属。

3. 冯乘(226—279)

按:《续汉志》属交州苍梧郡,《晋志》属。黄武五年来属。

4. 富川(226—279)

按:《续汉志》属交州苍梧郡,《晋志》属。黄武五年来属。

5. 建兴(226前—279)

按:《续汉志》无此县,《晋志》作"兴安"属。检《宋志》:"兴安侯相,吴立曰建兴,晋武帝太康元年更名。"又《元和志》卷 37 岭南道贺州桂岭县条:"本汉临贺县之地,吴分置建兴县,属临贺郡。晋改为兴安县,隋开皇十八年改为桂岭县。"又《舆地广记》卷 36 广南西路贺州桂岭县条:"本建兴,吴置,属临贺郡,晋太康元年改为兴安,隋开皇十八年更今名。"则吴分临贺县置建兴县,当置于黄武五年前,入晋后改为兴安县,隋开皇十八年改名桂岭。本郡考证所引《寰宇记》临贺郡始置所领六县中桂岭县亦当为建兴县之讹。

6. 荡山(226前—?)

按:《续汉志》、《晋志》均无此县。据本郡考证,临贺郡始置时有此县,荡山县当置于黄武五年前,后废,置、废确年均乏考。

第三节 交 州 沿 革

交州(220—279),治番禺(今广东广州市),孙休永安七年(264)后移治龙编(今越南河北省仙游县东)。据《吴志》卷 15《吕岱传》:"(黄武五年吕)岱表分海南三郡为交州……海东四郡为广州。"考《晋志》交州条:"建安八年,张津为刺史,士燮为交阯太守,共表立为州,乃拜(张)津为交州牧……吴黄武五年,割南海、苍梧、郁林三郡(当为四郡,缺高凉郡)立广州,交阯、日南、九真、合浦四郡为交州。戴良为刺史,值乱不得入,吕岱击平之,复还并交部。"又《晋志》广州条:"至吴黄武五年,分交州之南海、苍梧、郁林、高梁四郡立为广州,俄复旧。"则上引《吴志》当为"分海南四郡为交州……海东四郡为广州"。是为交州第一次分置广州,旋废,诸郡复归交州,其时交州当领合浦、交阯、日南、九真、南海、苍梧、郁林、高凉八郡。又《吴志》卷3《孙休传》："(永安七年)复分交州置广州。"《宋志》："广州刺史,吴孙休永安七年,分交州立。"则孙休永安七年分交州再置广州,此乃第二次析置广州。据《宋志》："交州刺史,汉武帝元鼎六年开百越,交趾刺史治龙编。汉献帝建安八年,改曰交州,治苍梧广信县①。十六年,徙治南海番禺县。及分为广州,(广州)治番禺,交州还治龙编。"则自建安末时交州治所为番禺县,直至孙休永安七年改治龙编。吴建安二十三年(218)置宁浦郡,后废。赤乌五年(242)置珠崖郡。孙休永安三年置合浦北部都尉。永安七年,南海、苍梧、郁林三郡移属广州。孙皓建衡三年(271)置新昌郡、武平郡。天纪二年(278)后省日南郡,置九德郡。永安五年之交州政区见图14。

(一)合浦郡(220—227,228—? 珠官郡,? —279)——治合浦②(今广西合浦县东北)

按：据《吴志》卷1《孙权传》："(黄武七年)是岁,改合浦为珠官郡。"又《宋志》："合浦太守,汉武帝立,孙权黄武七年,更名珠官,孙亮复旧。"则合浦郡黄武七年改名珠官郡,孙亮时复旧。《续汉志》领县五,所领临元县③移属苍梧郡,高凉县建安二十五年移属高凉郡,平山、兴道、昌平三县来属,徐闻、珠崖二县赤乌五年移属珠崖郡,孙休永安三年,平山、兴道、昌平三县移属合浦北部都尉,领县一④。

1. 合浦(220—279)

2. 徐闻(220—241)

按：孙权赤乌五年移属珠崖郡。

3. 珠崖(220—241)

按：《续汉志》属,《晋志》无此县。孙权赤乌五年移属珠崖郡。

4. 平山(? —259)

按：《续汉志》无此县,《晋志》属宁浦郡。建安末为宁浦郡治所,详宁浦郡考证。宁浦郡废后当移属合浦郡,而确年乏考。检《宋志》："宁浦太守……《吴录》：'孙休永安三年,分合浦立为合浦北部尉,领平山、兴道、宁浦三县。'"则平

---

① 以上《宋志》交阯改交州及其治所问题,自来颇多异说,不赘,详参胡阿祥《宋书州郡志汇释》卷4之"集释"与"编者按"。
② 据《记纂渊海》卷16广南西路廉州合浦县沿革条："合浦,本汉合浦郡治,吴珠官、晋合浦、宋以后越州、唐廉州皆治此。"则吴合浦郡、珠官郡治所当为合浦县。
③ 据《汉志》合浦郡、《晋志》广州苍梧郡、《宋志》广州新宁太守领临允县,则《续汉志》"临元"当为"临允"之误。
④ 吴氏《表》卷8合浦郡又有南平、毒质二县,文献无征,今不从吴氏之说。

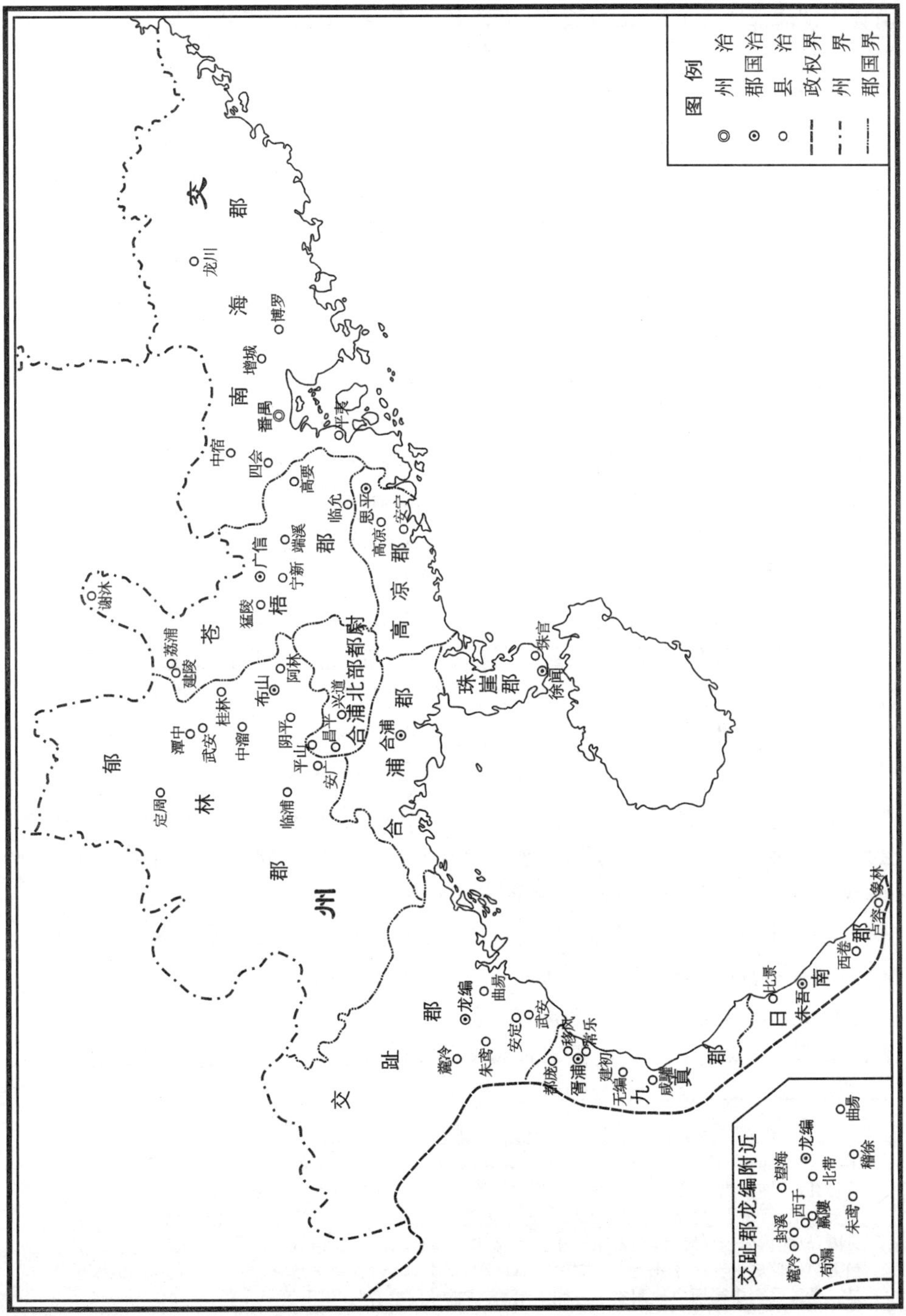

第三编·第三章 孙吴诸州郡县沿革 545

图 14 永安五年(262)三国孙吴交州政区

山县于宁浦郡废后当移属合浦郡,而确年乏考,孙休永安三年移属合浦北部都尉。

5. 兴道(? —259)

按:《续汉志》无此县,《晋志》作"连道"属宁浦郡。检《宋志》:"宁浦太守……《吴录》:'孙休永安三年,分合浦立为合浦北部尉,领平山、兴道、宁浦三县。'"则兴道县似属合浦郡,而确年乏考,孙休永安三年移属合浦北部都尉①。

6. 昌平(? —259)

按:《续汉志》无此县,《晋志》作"宁浦"属宁浦郡。检《宋志》:"宁浦太守……《吴录》:'孙休永安三年,分合浦立为合浦北部尉,领平山、兴道、宁浦(当作昌平)三县。'"又《宋志》:"宁浦令,《晋太康地记》本名昌平,武帝太康元年更名。"又《舆地纪胜》卷113广南西路横州宁浦县条:"《图经》云:吴立昌平县,晋更名宁浦。"则吴时置昌平县,其时当属宁浦郡,详宁浦郡昌平县考证。宁浦郡见废后,当属合浦郡,孙休永安三年移属合浦北部都尉,晋武帝太康元年(280)平吴后,似因幽州燕国有昌平县,故改此昌平县为宁浦县。

(二) 宁浦郡(220—?)——治平山(今广西横县北)

按:《续汉志》无此郡。检《宋志》:"宁浦太守……《广州记》:'汉献帝建安二十三年,吴分郁林立,治平山县。'"又《舆地纪胜》卷113广南西路横州条引《图经序》:"建安二十三年吴立宁浦郡。"《寰宇记》卷166岭南道横州条:"《吴录》云:'吴以合浦北部为宁浦郡。'《广州记》云:'吴分郁林郡置。'"又《旧唐书》卷41《地理志四》邕州下都督府横州宁浦县条:"州所治。汉广郁县地,属郁郡。吴分置宁浦郡。"又《舆地广记》卷37广南西路横州宁浦县条:"本汉广郁县地,吴分置宁浦县及立郡。"又《记纂渊海》卷15广南东路横州宁浦县沿革:"本汉广郁、高凉二县地,吴于高凉置宁浦县及郡。"综合以上所引诸条可以推知,建安二十三年吴确置宁浦郡,高凉县原属合浦郡,广郁县原属郁林郡,故宁浦郡当跨原合浦、郁林两郡地。而《宋志》:"宁浦太守,《晋太康地志》:武帝太康七年改合浦属国都尉立。"《元和志》卷38岭南道横州条:"晋于合浦北部置宁浦郡。"则晋太康七年又重置宁浦郡,故吴建安时所置宁浦郡后当见废,而确

---

① 《宋志》:"兴道令,晋武帝太康元年,以合浦北部营之连道立。《吴录》有此县,未详。"吴氏《表》卷8据此以为吴时合浦郡有连道县,至晋方改为兴道县。今吴荆州长沙郡考证可知吴时长沙郡有连道县,一国不当有两连道县,而长沙郡之连道县有走马楼吴简可确证,则合浦郡不当有连道县,明矣。细绎《宋志》之文,可知《吴录》合浦郡确有兴道县,永安三年兴道县移属合浦北部都尉后似见废,故沈约以未详疑之,至太康元年似于合浦北部营之连道乡再置兴道县,《晋志》所谓"连道"当为"兴道"之讹。中华书局标点本《晋书》校勘记引马与龙《晋书地理志注》:"晋县当曰兴道。"是。吴氏误,《中国历史地图集·三国图组》合浦郡亦误绘有"连道"。

年乏考。又据上引《广州记》，吴宁浦郡治平山县，而《宋志》宁浦太守条引《吴录》："孙休永安三年，分合浦立为合浦北部尉，领平山、兴道、宁浦三县。"则平山县后属合浦郡，故吴宁浦郡见废至迟在孙休永安三年前①。

1. 平山(220—?)

按：《续汉志》无此县，《晋志》属。宁浦郡废后其当移属合浦郡，而确年乏考。

2. 昌平(220—?)

按：《续汉志》无此县，《晋志》作"宁浦"属。据本州合浦郡昌平县考证，吴时置昌平县，晋太康元年改名宁浦县。又据《舆地广记》卷37广南西路横州宁浦县条："本汉广郁县地，吴分置宁浦县及立郡。"又《记纂渊海》卷15广南东路横州宁浦县沿革："本汉广郁、高凉二县地，吴于高凉置宁浦县及郡。"上引《舆地广记》及《记纂渊海》所谓"宁浦"当为"昌平"之讹，则昌平县似于宁浦郡初置时分合浦郡高凉、郁林郡广郁二县地所立。据本郡考证，宁浦郡初置于建安二十三年，则昌平县当于建安二十三年立，宁浦郡废后，昌平县当移属合浦郡。

(三) 合浦北部都尉(260—279)——治乏考

按：据《宋志》："宁浦太守，《晋太康地志》：武帝太康七年改合浦属国都尉立……《吴录》：孙休永安三年，分合浦立为合浦北部尉，领平山、兴道、宁浦(当作昌平，详本州合浦郡昌平县考证)三县。"②而《晋志》广州条："永安六年，复分交州置广州，分合浦立合浦北部，以都尉领之。"误甚。据上引《吴录》，合浦北部当置于永安三年，中华书局标点本《晋书》失校。据胡阿祥《六朝疆域与政区研究》第五章第二节："郡置一名都尉时，都尉辖区即为郡区。"故合浦北部都尉为郡级政区，其治所乏考。

1. 平山(260—279)

按：《续汉志》无此县，《晋志》属宁浦郡。永安三年自合浦郡移属焉。

---

① 洪氏《补志》云："遍检诸地志，吴时所置郡皆无宁浦，明郡系太康中所置。"吴氏《考证》卷8仍之。然前引《宋志》、《寰宇记》、《舆地广记》、《舆地纪胜》、《旧唐书·地理志》、《记纂渊海》均记载吴置宁浦郡，洪氏于此失检，吴氏亦失考。又谢氏《补注》以为沈约自嫌歧误而折中诸说，其不知浦郡前后两置，亦属臆度古人也。又王先谦《后汉书集解》以为《广州记》不足据，李晓杰《东汉政区地理》仍之，亦为失考之误。

② "合浦北部尉"，成孺《宋书州郡志校勘记》云："尉上疑脱都字。"中华书局本校勘记是之。又胡阿祥《六朝疆域与政区研究》第五章第二节云："据《宋书·州郡志》广州宁浦太守条，吴永安三年分合浦郡立合浦北部都尉，晋太康七年改合浦属国都尉立宁浦郡。疑晋灭吴后，改合浦北部都尉为合浦属国都尉。"

2. 兴道(260—279)

按：《续汉志》无此县，《晋志》作"连道"属宁浦郡。"连道"当为"兴道"之讹，参本州合浦郡兴道县考证。永安三年自合浦郡移属焉。

3. 昌平(260—279)

按：《续汉志》无此县，《晋志》作"宁浦"属。永安三年自合浦郡移属焉。

（四）珠崖郡(242—279)——治徐闻（今广东徐闻县南）

按：《续汉志》无此郡。据《晋志》："赤乌五年复置珠崖郡。"又《舆地广记》卷37广南西路琼州条："吴赤乌五年，复立珠崖郡，晋平吴，郡废入合浦。"又《方舆胜览》卷43海外四州琼州建置沿革："吴大帝于徐闻立珠崖郡，又于其地立珠官一县招抚，竟不从化。晋省珠崖入合浦。"则孙权赤乌五年置珠崖郡，晋武帝平吴后，所领诸县省入合浦郡。吴氏《考证》卷8据上引《方舆胜览》以为吴时珠崖郡治所似在徐闻，是。领县三。

1. 徐闻(242—279)

按：《续汉志》、《晋志》皆属合浦郡。赤乌五年置珠崖郡，徐闻当于此时移属焉，且为郡治。入晋后，复属合浦郡。

2. 珠官(242—279)

按：《续汉志》无此县，《晋志》属合浦郡。检《宋志》："朱官长，吴立，朱作珠。"又《方舆胜览》卷43海外四州琼州建置沿革："吴大帝于徐闻立珠崖郡，又于其地立珠官一县招抚，竟不从化。晋省珠崖入合浦，寻又废珠官。"又据本郡考证，孙权赤乌五年置珠崖郡，则分徐闻县置珠官县亦当在赤乌五年，其时珠官县当属珠崖郡，至晋初省珠崖郡入合浦郡，所领诸县当属合浦郡，故《晋志》珠官县属合浦郡。吴氏《表》卷8将珠官县列入合浦郡，误。

3. 珠崖(242—279)

按：《续汉志》作"朱崖"属合浦郡，《晋志》无此县。检《记纂渊海》卷16广南西路琼州条："东汉置珠崖县，属合浦郡，吴改（属）珠崖郡，晋废之。"据本郡考证，孙权赤乌五年置珠崖郡，珠崖县当于此时移属焉，入晋后见废[①]。

（五）交趾郡(220—279)——治龙编（今越南河北省仙游县东）

按：《续汉志》领县十二。新置交兴、武安两县，领县十四。孙皓建衡三年(271)，麓冷县移属新昌郡，封溪县移属武平郡，领县十二。

[①] 吴氏《考证》卷8据《元和补志》以为珠崖县即朱卢县。《宋志》："朱卢长，吴立。"按朱卢为《汉志》合浦郡属县，《续汉志》实讹"朱卢"为"朱崖"，而《宋志》"吴立"亦当作"吴改"。

1. 龙编(220—226 龙编国,227—279)

按:据《吴志》卷4《士燮传》:"(建安末士)燮又诱导益州豪姓雍闿等,率郡人民使遥东附,(孙)权益嘉之,迁(士燮)卫将军,封龙编侯……(黄武五年士氏兄弟)伏诛。"则建安末至黄武五年(226),龙编县为侯国,黄武五年后复为龙编县。

2. 羸陵(220—279)

3. 定安(220—279)

按:《续汉志》属,《晋志》作"安定"属,《宋志》作"定安"。杨氏《补正》据《魏志·三少帝纪》以为当作"定安",是。

4. 苟漏(220—279)
5. 曲昜(220—279)
6. 北带(220—279)
7. 稽徐(220—279)
8. 西于(220—279)
9. 朱鸢(220—279)
10. 望海(220—279)
11. 交兴(？—279)

按:《续汉志》无此县,《晋志》属。检《宋志》交趾太守条:"吴兴令,吴立。"据扬州会稽郡考证,永安三年后建安郡有吴兴县,一国不当有两吴兴,则当从《晋志》,"吴立"者为交兴。吴时置交兴县,而确年乏考,其时当属交趾郡。

12. 武安(？—279)

按:《续汉志》无此县,《晋志》作"南定"属。检《宋志》交趾太守条:"南定令,吴立曰武安,晋武改。"则吴置武安县,当属交阯郡,而确年乏考,晋武帝时改名南定县。

13. 麓泠(220—270)

按:《续汉志》属,《晋志》属新昌郡。建衡三年移属新昌郡。

14. 封溪(220—270)

按:《续汉志》属,《晋志》属武平郡。建衡三年移属武平郡。

(六)新昌郡(271—279)——治乏考

按:《续汉志》无此郡。据《吴志》卷3《孙皓传》:"(建衡三年)分交阯为新昌郡。"又《元和志》卷38岭南道峰州条:"吴归命侯建衡三年,分交阯立新昌郡。"又《建康实录》卷4:"(建衡三年)苍梧太守陶璜与监军虞氾大破晋交阯太守杨稷,(杨)稷降,因定日南、九真,大赦,分交阯为新昌郡,破扶严,置武平郡。"又《晋志》新昌郡条云"吴置"。则孙皓确于建衡三年分交趾置新昌郡。吴氏《考证》卷8据洪氏《补志》、《通典》以为当作"新兴郡"，误。领县三。

1. 麓泠(271—279)

按：《续汉志》属交趾郡，《晋志》属。据《元和志》卷38岭南道峰州条："汉平南越，置交趾郡之麓泠县地也。吴归命侯建衡三年，分交趾立新昌郡。"则麓泠县于建衡三年新昌郡初置时由交趾郡移属新昌郡。

2. 嘉宁(271—279)

按：《续汉志》无此县，《晋志》属。据《元和志》卷38岭南道峰州嘉宁县条："本汉麓泠县地，吴分其地立嘉宁县，后因之。"又《舆地广记》卷38广南路化外州峰州嘉宁县条："本汉麓泠县地，东汉分置封溪，吴分置嘉宁县，属新兴郡(当作新昌郡)。"据本郡考证，孙皓建衡三年始置新昌郡，则孙皓建衡三年分麓泠县置嘉宁县且属新昌郡。

3. 吴定(？—279)

按：《续汉志》无此县，《晋志》属。据《宋志》："吴定长，吴立。"则吴时置吴定县，而确年乏考，疑与新昌郡同置，今暂将之列入新昌郡。

(七) 武平郡(271—279)——治乏考

按：《续汉志》无此郡。据《吴志》卷3《孙皓传》："(建衡三年)诸将破扶严，置武平郡。"又《宋志》："武平太守，吴孙皓建衡三年讨扶严夷，以其地立。"则孙皓建衡三年置武平郡。领县四。

1. 武宁(271—279)

按：《续汉志》无此县，《晋志》属交趾郡。《宋志》交趾太守条有武宁令云"吴立"，又《舆地广记》卷38广南路化外州安南大都督府武平县："本东汉封溪县地，吴置武宁县，及立武平郡，晋以后因之。"据本郡考证，孙皓建衡三年置武平郡，则建衡三年分封溪县置武宁县，且属武平郡。《晋志》武平郡、交趾郡均有武宁县，而《宋志》九真太守条又有武宁县，则武宁县诸志所载颇为舛乱。据《水经注》卷37："南越王知不可战，却军住武宁县。按《晋太康记》，县属交趾。"则武宁县入晋后属交趾郡，而确年乏考，《晋志》武平郡之武宁县当删。

2. 平道(271—279)

按：《续汉志》、《晋志》无此县。检《元和志》卷35岭南道安南都护府平道县条："本扶严县地，吴时开为武平郡，立平道县属之。"据本郡考证，孙皓建衡三年置武平郡，则建衡三年置平道县，且属武平郡。又据《水经注》卷37："安阳王下船，迳出于海，今平道县后王宫城见有故处，《晋太康地记》，县属交趾。"

则平道县入晋后属交趾郡,而确年乏考。

3. 封溪(271—279)

按:《续汉志》属交趾郡,《晋志》属①。检《寰宇记》卷170岭南道交州土产猩猩条:"按交州界内有,吴武平郡封溪县有兽名猩猩。"则封溪县吴时属武平郡,疑武平郡初置时移属焉。据本郡考证,孙皓建衡三年置武平郡,则建衡三年置封溪县移属武平郡。又《艺文类聚》卷95兽部下猩猩条引《广志》:"(猩猩)出交阯封溪县。"又《寰宇记》卷179四夷哀牢国土俗物产亦引《广志》:"(猩猩)出交阯郡封溪县。"据魏兖州东郡谷城县条考证,《广志》撰者郭义恭乃晋初人,则晋初封溪县似又复属交趾郡。

4. 军平(?—279)

按:《续汉志》无此县,《晋志》作"海平"属交趾郡。检《宋志》交趾太守条有海平令云:"吴立曰军平,晋武改名。"则吴时置军平县,而始置确年乏考。又据《通典》卷184安南都护府安南府朱鸢县条:"吴军平县地,旧置武平郡。"则军平县曾属武平郡,入晋后改名海平县,似同时移属交趾郡。

(八)九真郡(220—279)——治胥浦②(今越南清化省清化西北)

按:《续汉志》领县五。无功县似废,新置常乐、都庞、建初三县,领县七,天纪二年(278)置九德县,后移属九德郡,领县七。

1. 胥浦(220—279)

2. 移风(220—279)

按:《续汉志》作"居风"属,《晋志》属。检《宋志》:"移风令,汉旧县。故名居风,吴更名。"则吴时改居风县为移风县。

3. 常乐(?—279)

按:《续汉志》无此县,《晋志》属。检《宋志》:"常乐令,吴立。"又《元和志》卷38岭南道爱州安顺县条:"本汉居风县地,吴改为移风,又分置常乐县,属九真郡。"则吴时析移风县置常乐县,且属九真郡,至晋不改。

4. 无编(220—279)

按:《续汉志》属,《晋志》无此县。检《舆地广记》卷38广南路化外州爱州长林县条:"本无编,二汉属九真郡,晋省之。"则吴时无编县似仍属九真郡,至晋方省。

---

① 《尔雅注疏》卷10释兽"猩猩小而好啼"条郭璞注曰:"《山海经》曰:'人面豕身能言语。'今交阯封溪县出猩猩。"据《晋书》郭璞本传,其为西晋入东晋人,则封溪县晋时确属交阯郡,《晋志》似误。
② 据《舆地广记》卷38广南路化外州下爱州下日南县条:"汉晋九真郡,治胥浦。"则吴时九真郡治胥浦县。

5. 都庞(220—279)

按:《续汉志》、《晋志》均无此县,《汉志》九真郡有都庞县。检《吴志》卷8《薛综传》:"交阯麓冷、九真都庞二县,皆兄死弟妻其嫂,世以此为俗。"吴氏《表》卷8据此以为汉末复立都庞县,是。《初学记》卷29《象第二》引《吴录地理志》:"九真郡庞县多象。"《太平御览》卷890引《吴录地理经》:"九真郡庞县多象。"所谓"庞县"皆为"都庞县"之讹。《宋志》:"都庞长,汉旧县,《吴录》有,《晋太康地志》无。"则都庞县晋初见废。

6. 咸骥(220—279)

按:《续汉志》属,《晋志》属九德郡。检《舆地广记》卷38广南路化外州骥州怀骥县条:"本咸骥,二汉属九真郡,晋属九德郡。"则咸骥县至晋方属九德郡①。

7. 建初(？—279)

按:《续汉志》无此县,《晋志》属。检《宋志》:"建初令,吴立。"则吴时置建初县,而确年及归属情况乏考,今暂将之列入九真郡。

8. 九德(278)

按:《续汉志》无此县,《晋志》属九德郡。检《宋志》:"九德令,《何志》吴立。"今检《元和志》卷38岭南道骥州条:"吴归命侯天纪二年,分九真之咸骥县置九德县,属交州。"则九德县孙皓天纪二年分咸骥县置。又《水经注》卷36引《交州外域记》:"九德县属九真郡,在郡之南,与日南接。蛮卢餐居其地,死,子宝纲代。孙党服从吴化,定为九德郡,又为隶之。"则九德县始置时当属九真郡,后置九德郡又隶之,而确年乏考。

(九)九德郡(279)——治乏考

按:《续汉志》无此郡。检《宋志》:"九德太守,故属九真,吴分立。"又《晋志》:"及孙皓,又立新昌、武平、九德三郡。"又《水经注》卷36引《交州外域记》:"九德县属九真郡,在郡之南,与日南接。蛮卢餐居其地,死,子宝纲代。孙党服从吴化,定为九德郡,又为隶之。"又据九真郡九德县考证,九德县孙皓天纪二年分咸骥县置,则九德郡置年当在天纪二年之后。吴氏《表》卷8据《元和志》以为孙皓天纪二年置九德郡,今检《元和志》卷38岭南道骥州条:"吴归命侯天纪二年,分九真之咸骥县置九德县,属交州。"则吴氏误引明矣。又《寰宇记》卷171岭南道骥州九德县条:"吴分日南置九德郡。"九德郡始置于天纪二

---

① 吴氏《表》卷8据《元和志》以为咸骥县孙皓天纪二年后移属九德郡。今检《元和志》卷38岭南道骥州条:"吴归命侯天纪二年,分九真之咸骥县置九德县,属交州。"并无吴氏所据之文,吴氏误引。

年后,而日南郡吴时省,则天纪二年后似省日南郡,诸县来属。领县八。

1. 九德(279)

按:《续汉志》无此县,《晋志》属。据本州九真郡九德县考证,孙皓天纪二年置九德县,先属九真郡,后移属九德郡。

2. 越裳(279)

按:《续汉志》、《晋志》皆无此县。检《元和志》卷38岭南道驩州越裳县条:"本吴所置,因越裳国以为名也,属九德郡。"则吴时置越裳县,且属九德郡,始置确年乏考,似同于九德郡置时。又《宋志》:"越常长,《何志》吴立,《太康地志》无。"则入晋后,越裳县见废。

3. 阳成(279)

按:《续汉志》无此县,《晋志》作"阳遂"属。"阳遂"当为"阳远"之讹,检《宋志》:"阳远(令),吴立曰阳成,太康二年更名,后省。"则吴时置阳成县,其时似属九德郡,今暂将之列入。太康二年更名阳远。

4. 西卷(279)

按:《续汉志》、《晋志》均属日南郡,天纪二年后来属。

5. 朱吾(279)

按:《续汉志》、《晋志》均属日南郡,天纪二年后来属。

6. 象林(279)

按:《续汉志》、《晋志》均属日南郡,天纪二年后来属。

7. 卢容(279)

按:《续汉志》、《晋志》均属日南郡,天纪二年后来属。

8. 比景(279)

按:《续汉志》、《晋志》均属日南郡,天纪二年后来属。

(十)日南郡(220—278)——治朱吾(今越南平治天省美丽)

按:据《宋志》:"日南太守,秦象郡,汉武元鼎六年更名。吴省,晋武帝太康三年复立。"又《寰宇记》卷165岭南道郁林州南流县条:"废牢州……秦为象郡地,二汉属日南郡,吴省,晋平吴复置。"又《寰宇记》卷171岭南道驩州九德县条:"吴分日南置九德郡。"又据九德郡考证,九德郡始置于天纪二年后,则天纪二年后省日南郡,诸县移属九德郡。杨氏《补正》据《水经注》以为其时有寿泠县,今检《宋志》"寿泠令,晋武太康十年分西卷置",故不从杨说。领县五。

1. 朱吾(220—278)

按:天纪二年后移属九德郡。

2. 西卷(220—278)

按：天纪二年后移属九德郡。

3. 象林(220—278)

按：天纪二年后移属九德郡。

4. 卢容(220—278)

按：天纪二年后移属九德郡。

5. 比景(220—278)

按：天纪二年后移属九德郡。

(十一) 南海郡(220—263)——治番禺(今广东广州市)

按：《续汉志》领县七，其中揭阳县吴时似废，又新置平夷县，领县七。又据广州条考证，南海郡孙休永安七年移属广州。

1. 番禺(220—263)

2. 四会(220—263)

3. 博罗(220—263)

4. 龙川(220—263)

5. 中宿(220—263)

6. 增城(222后—263)

按：《续汉志》、《晋志》均属。检《寰宇记》卷157岭南道广州增城县条："汉番禺县地，吴黄武中于此置东郡而立增城县。"吴氏《表》卷8据此以为汉末曾废增城县，吴黄武中又复置，是。

7. 平夷(？—263)

按：《续汉志》无此县，《晋志》属。检《宋志》："新夷令，吴立曰平夷，晋武帝太康元年更名，故属南海。"则吴时置平夷县且属南海郡，晋武帝太康元年更名新夷，《晋志》当作"新夷"。

(十二) 苍梧郡(220—263)——治广信①(今广西梧州市)

按：《续汉志》领县十一，其中临贺、封阳、冯乘、富川四县移属临贺郡，临允县来属，新置建陵、宁新、丰城三县，领县十一。又据广州条考证，苍梧郡孙休永安七年移属广州。

1. 广信(220—263)

2. 端溪(220—263)

---

① 据《舆地广记》卷36广南西路梧州苍梧县条："本汉广信县，为苍梧郡治，东汉以后因之。"则吴时苍梧郡治所当在广信县。

3. 高要(220—263)

4. 鄣平(220—263)

5. 猛陵(220—263)

6. 荔浦(220—263)

7. 临允(220—263)

按：《续汉志》属合浦郡，《晋志》属。检《宋志》："临允令，汉旧县，属合浦，《晋太康地志》属苍梧，《何志》吴度苍梧。"则吴时临允县移属苍梧郡。

8. 建陵(?—263)

按：《续汉志》无此县，《晋志》属。检《宋志》苍梧太守条："建陵、宁新，吴立。"则吴时置建陵县，而确年及归属情况乏考，今暂将之列入苍梧郡。又《宋志》："都城令，《何志》晋初分建陵立，今无建陵县。"则建陵县后废。

9. 宁新(?—263)

按：《续汉志》无此县，《晋志》作"新宁"属。《宋志》苍梧太守条："建陵、宁新，吴立。"则吴时置宁新县。吴氏《表》卷8从《晋志》作新宁，而吴荆州桂阳郡有新宁县，一国不当有两新宁，故吴所立当作宁新县，其确年及归属情况乏考，今暂将之列入苍梧郡。

10. 谢沐(220—263)

按：《续汉志》属，《晋志》属临贺郡。吴氏《表》卷8据《纪要》以为临贺郡领谢沐县，文献无征，《纪要》不可为据，今不从吴氏之说，仍暂将之列入苍梧郡。

11. 丰城(?—263)

按：《续汉志》无此县，《晋志》作"农城"属。检《宋志》："丰城令，吴立，属苍梧。"则吴时置丰城县，且属苍梧郡，《晋志》"农城"当为"丰城"之讹，中华书局标点本《晋书》失校。

(十三)郁林郡(220—263)——治布山(今广西桂平市西)

按：《续汉志》领县十一，其中增食、临尘二县吴时存废情况乏考，今暂省焉。新置新邑、建始、长平、武安四县，领县十三。又据广州条考证，郁林郡孙休永安七年移属广州。

1. 布山(220—263)

2. 阿林(220—263)

3. 安广(220—263)

4. 临浦(220—263)

按：《续汉志》、《晋志》均作"领方"属。检《宋志》："领方令，汉旧县，吴改曰临浦,晋武复旧。"则吴时当作临浦县,晋初复旧名领方,其间均属郁林郡。

5. 阴平(220—263)

按:《续汉志》作"广郁"属,《晋志》作"郁平"属。检《元和志》卷38岭南道贵州郁林县条:"本汉广郁县地,吴改为阴平,晋改为郁平。"则吴时当作阴平县,晋初改为郁平县,其间均属郁林郡。

6. 新邑(？—263)

按:《续汉志》无此县,《晋志》属。检《宋志》郁林太守条:"新邑令,吴立。"则吴时置新邑县,而确年与归属情况乏考,今暂将之列入郁林郡。

7. 建始(？—263)

按:《续汉志》无此县,《晋志》作"始建"属。检《宋志》郁林太守条:"安始令,吴立曰建始,晋武帝太康元年更名。"则吴时置建始县,而确年乏考,晋武帝太康元年更名"安始"。《晋志》所谓"始建"似为"安始"之讹。建始县吴时归属情况乏考,今暂将之列入郁林郡。

8. 长平(？—263)

按:《续汉志》无此县,《晋志》作"晋平"属。检《宋志》郁林太守条:"晋平令,吴立曰长平,晋武帝太康元年更名。"则吴时置长平县,而确年乏考,晋武帝太康元年更名"晋平"。长平县吴时归属情况乏考,今暂将之列入郁林郡。

9. 武安(？—263)

按:《续汉志》无此县,《晋志》作"武熙"属。检《宋志》桂林太守条:"武熙令,本曰武安,应是吴立,晋武帝太康元年更名。故属郁林。"则吴时置武安县,而确年乏考,其时当属郁林郡,晋武帝太康元年更名"武熙"。

10. 中溜(220—263)

按:《续汉志》属,《晋志》无此县。检《旧唐书》卷41《地理志四》:"武德,汉中留县地,属郁林郡,吴于县置郁林郡。"则吴时中溜县属郁林郡。又《宋志》桂林太守条:"中溜令,汉旧县,属郁林,《晋太康地志》无。"则中溜县似于晋初见废,吴氏《表》卷8以为吴省中溜县,误。

11. 定周(220—263)

按:《续汉志》属,《晋志》无此县。检《水经注》卷36经文:"(存水)东南至郁林定周县为周水。"《水经注》经文为三国时人所撰,则三国时郁林郡当有定周县,其后似废,确年乏考。吴氏《表》卷8郁林郡不列定周县,《中国历史地图集·三国图组》郁林郡漏绘定周县,并不从。

12. 桂林(220—263)

按:《续汉志》属,《晋志》无此县。

13. 潭中(220—263)

按：《续汉志》属，《晋志》属广州桂林郡。

(十四)高凉郡(220—279)——治思平(今广东恩平市北)

按：《续汉志》无此郡。据《宋志》："高凉太守，二汉有高凉县，属合浦，汉献帝建安二十三年，吴分立(高凉郡)，治思平县。"《续汉志》合浦郡高凉县条刘昭注曰："建安二十五年，孙权立高梁郡。"①吴氏《考证》卷 8 据《太平御览》所引《南越志》、《吴志·吕岱传》以为当从《续汉志》作"建安二十五年"，是。又据上引《宋志》，高凉郡始置时，治所为思平县。领县三。

1. 思平(220—279)

按：《续汉志》无此县，《晋志》属。据本郡考证，建安二十五年高凉郡初置时治所为思平县，则思平县似亦于此时所置。

2. 高凉(220—279)

按：《续汉志》属合浦郡，《晋志》属。检《续汉志》合浦郡高凉县条刘昭注曰："建安二十五年，孙权立高梁郡。"则建安二十五年高凉县即移属高凉郡，至晋不改。

3. 安宁(？—279)

按：《续汉志》无此县，《晋志》属。检《宋志》："安宁令，吴立。"又宋本《太平御览》卷 973 引《吴录地理志》："高凉安宁县有馀甘。"则吴时置安宁县且属高凉郡，而始置确年乏考。

第四节 广 州 沿 革

广州(225,264—279)，治番禺(今广东广州市)。据交州考证，吴曾两置广州，首置广州当在黄武五年(225)，据《晋志》广州条，其时广州当领南海、苍梧、郁林、高凉四郡，旋废。又《吴志》卷 3《孙休传》："(永安七年)复分交州置广州。"《宋志》："广州刺史，吴孙休永安七年，分交州立。"则孙休永安七年(264)分交州置广州，此乃第二次析置广州。据《晋志》："永安七年，复以前三郡(南海、苍梧、郁林)立广州。"则再置广州时领郡三：南海、苍梧、郁林。据《宋志》："交州刺史……汉献帝建安八年，改曰交州，治苍梧广信县。十六年，徙治南海番禺县。及分为广州，(广州)治番禺，交州还治龙编。"则其时广州当治番禺县。又《宋志》高凉太守条："吴又立高熙

---

① 按凉、梁同音异书，当以"凉"为是，《吴志》卷 15《吕岱传》正作"凉"。

郡。"其郡所领诸县乏考,吴氏《表》卷8据《晋志》高兴郡所载诸县逆推吴高熙郡所载诸县,不足为据,暂阙不录。孙皓凤凰三年(274)分郁林郡置桂林郡。

(一) 南海郡(264—279)——治番禺(今广东广州市)

按:领县七。孙皓甘露元年(265),中宿县移属荆州始兴郡,领县六。

1. 番禺(264—279)
2. 四会(264—279)
3. 博罗(264—279)
4. 龙川(264—279)
5. 平夷(264—279)
6. 增城(264—279)
7. 中宿(264)

按:《续汉志》属,《晋志》荆州始兴郡。检《宋志》广兴公相中宿令条:"汉旧县,属南海,吴度(始兴郡)。"据荆州始兴郡考证,孙皓甘露元年分桂阳郡置始兴郡,则中宿县当于此后移属焉。

(二) 苍梧郡(264—279)——治广信(今广西梧州市)

按:领县十一,孙皓甘露元年,荔浦县移属荆州始安郡,领县十。

1. 广信(264—279)
2. 端溪(264—279)
3. 高要(264—279)
4. 鄣平(264—279)
5. 猛陵(264—279)
6. 丰城(264—279)
7. 临允(264—279)
8. 建陵(264—279)
9. 宁新(264—279)
10. 谢沐(264—279)
11. 荔浦(264)

(三) 郁林郡(264—279)——治布山(今广西桂平市西)

按:领县十三。孙皓凤凰三年,省桂林县,潭中、武安二县移属桂林郡,领县十。

1. 布山(264—279)
2. 阿林(264—279)

3. 安广(264—279)

4. 临浦(264—279)

5. 阴平(264—279)

6. 新邑(264—279)

7. 建始(264—279)

8. 长平(264—279)

9. 武安(264—273)

按:《续汉志》无此县,《晋志》作"武熙"属。孙皓凤凰三年移属广州桂林郡,详本州桂林郡武安县考证。晋武帝太康元年(280)更名"武熙",似又复属郁林郡。

10. 中溜(264—279)

11. 定周(264—279)

12. 桂林(264—273)

按:《续汉志》属,《晋志》无此县。检《宋志》:"桂林太守,本县名,属郁林。吴孙皓凤凰三年,分郁林(立),治武熙县(当作武安,详武安县考证)。"则桂林县似于孙皓凤凰三年置桂林郡时省焉。

13. 潭中(264—273)

按:《续汉志》属,《晋志》属广州桂林郡。潭中县孙皓凤凰三年移属广州桂林郡,详本州桂林郡潭中县考证。

(四) 桂林郡(274—279)——治武安(今广西柳江县东南)

按:《续汉志》无此郡。检《吴志》卷3《孙皓传》:"(凤凰三年)分郁林为桂林郡。"又《宋志》:"桂林太守,本县名,属郁林。吴孙皓凤凰三年,分郁林(立),治武熙县(当作武安,详交州郁林郡武安县考证)。"则孙皓凤凰三年分郁林郡置桂林郡,治所当在武安。领县三。

1. 武安(274—279)

按:《续汉志》无此县,《晋志》作"武熙"属。据本郡考证,孙皓凤凰三年置桂林郡,武安为治所,则武安县凤凰三年来属。又《宋志》:"武熙令,本曰武安,应是吴立,晋武帝太康元年更名,故属郁林。"则晋武帝太康元年更名"武熙"。

2. 潭中(274—279)

按:《续汉志》属交州郁林郡,《晋志》属。检《舆地广记》卷36象州阳寿县条:"本汉潭中县地,吴分立桂林郡。"据本郡考证,孙皓凤凰三年置桂林郡,则潭中县当于此时移属焉。

3. 武丰(274—279)

按:《续汉志》无此县,《晋志》属。检《寰宇记》卷 162 岭南道桂州慕化县条:"本汉潭中县地。晋太康元年分吴所置武丰县,置长安县于此。"则吴时有武丰县,而始置确年乏考,似始置桂林郡时立,当属桂林郡。

第四章 三国诸州郡县各断代的地方行政区划

第一节 曹魏黄初二年、蜀汉章武元年、孙吴建安二十六年的行政区划

一、曹魏黄初二年(221)的州郡诸县

（一）司隶，治洛阳（今河南洛阳市东北）。尹一，郡六，县九十八

1. 河南尹，治洛阳，22县：洛阳、巩、河阴、成皋、缑氏、新城、偃师、梁、新郑、谷城、陆浑、阳翟、河南、卷、京、密、阳武、苑陵、中牟、开封、原武、荥阳。

2. 弘农郡，治弘农（今河南灵宝市北），8县：弘农、陕、黾池、宜阳、华阴、湖、卢氏、新安。

3. 河东郡，治安邑（今山西夏县西），21县：安邑、闻喜、东垣、汾阴、大阳、猗氏、解、蒲坂、河北、濩泽、端氏、平阳、杨、永安、蒲子、襄陵、绛邑、临汾、北屈、皮氏、狐讘。

4. 河内郡，治怀（今河南武陟县西南），13县：怀、河阳、轵、沁水、温、野王、州、平皋、山阳、修武、汲、共、获嘉。

5. 魏郡，治邺（今河北磁县北），8县：邺、魏、斥丘、内黄、黎阳、荡阴、朝歌、林虑。

6. 阳平郡，治馆陶（今河北馆陶县），11县：馆陶、元城、阳平、乐平、清渊、卫、顿丘、繁阳、阴安、东武阳、发干。

7. 广平郡，治曲梁（今河北曲周县西南），15县：曲梁、平恩、武安、邯郸、肥乡、斥漳、广平、任、易阳、襄国、南和、涉、曲周、列人、广年。

（二）豫州，治谯（治安徽亳州市）。王国二，郡五，县八十一

1. 颍川郡，治许昌（今河南许昌市东），17县：许昌、长社、颍阴、临颍、郾、召陵、鄢陵、新汲、阳城、纶氏、舞阳、襄城、繁昌、郏、定陵、父城、昆阳。

2. 汝南郡，治新息（今河南息县），27县：新息、安阳、安成、慎阳、北宜春、

朗陵、阳安、上蔡、平舆、定颍、灈阳、吴房、西平、慎、原鹿、固始、铜阳、汝阴、南顿、汝阳、新蔡、褒信、西华、新阳、富陂、弋阳、期思。

3. 陈郡,治陈(今河南淮阳县),7县:陈、苦、武平、阳夏、长平、项、柘。

4. 鲁国,治鲁(今山东曲阜市),6县:鲁、汶阳、卞、邹、蕃、薛。

5. 沛郡,治沛(今江苏沛县),15县:沛、杼秋、丰、公丘、蕲、铚、龙亢、山桑、萧、相、竹邑、符离、虹、洨、宋。

6. 谯郡,治谯(今河南亳州市),3县:谯、酂、城父。

7. 梁国,治睢阳(今河南商丘县),6县:睢阳、蒙、虞、下邑、宁陵、砀。

(三) 冀州,治信都(今河北冀州市)。郡十二,县八十八

1. 巨鹿郡,治廮陶(今河北宁晋县西南),7县:廮陶、巨鹿、南䜌、下曲阳、杨氏、鄡县、平乡。

2. 赵郡,治房子(今河北高邑县西南),6县:房子、柏人、中丘、元氏、平棘、高邑。

3. 安平郡,治信都(今河北冀州市),11县:信都、下博、武邑、武遂、观津、扶柳、经、南宫、堂阳、阜城、广宗。

4. 博陵郡,治乏考,7县:安平、饶阳、南深泽、安国、高阳、博陵、蠡吾。

5. 中山郡,治卢奴(今河北定州市),10县:卢奴、北平、新市、望都、唐、蒲阴、安喜、魏昌、无极、上曲阳。

6. 河间郡,治乐城(今河北献县东南),9县:乐城、武垣、鄚、易、中水、成平、弓高、文安、束州。

7. 勃海郡,治南皮(今河北南皮县北),9县:南皮、高城、重合、东光、浮阳、蓨、广川、饶安、章武。

8. 章武郡,治乏考,1县:东平舒。

9. 清河郡,治清河(今山东临清市东北),6县:清河、贝丘、东武城、鄃、灵、绎幕。

10. 常山郡,治真定(今河北石家庄市北),8县:真定、井陉、蒲吾、南行唐、灵寿、九门、石邑、上艾。

11. 平原郡,治平原(今山东平原县西南),10县:平原、高唐、安德、般、鬲、西平昌、博平、聊城、茌平、漯阴。

12. 乐陵郡,治厌次(今山东阳信县东南),5县:厌次、乐陵、阳信、新乐、漯沃。

(四) 兖州,治廪丘(在今山东郓城县西北)。郡八,县六十九

1. 陈留郡,治陈留(今河南开封市东南),14县:陈留、浚仪、封丘、尉氏、

雍丘、襄邑、外黄、小黄、济阳、酸枣、长垣、考城、圉、扶沟。

2. 东郡,治濮阳(今河南濮阳县南),9县：濮阳、白马、廪丘、鄄城、燕、东阿、谷城、临邑、范。

3. 济北郡,治卢(今山东肥城市北),3县：卢、蛇丘、肥城。

4. 东平郡,治寿张(今山东东平县南),8县：寿张、无盐、东平陆、富城、须昌、宁阳、章、刚。

5. 济阴郡,治定陶(今山东定陶县),9县：定陶、乘氏、句阳、离狐、单父、成武、己氏、冤句、成阳。

6. 泰山郡,治奉高(今山东泰安市东),14县：奉高、博、矩平、山茌、梁父、嬴、莱芜、南武阳、南城、牟、平阳、盖、华、蒙阴。

7. 山阳郡,治昌邑(今山东金乡县西北),9县：昌邑、巨野、方与、金乡、湖陆、高平、南平阳、瑕丘、东缗。

8. 任城郡,治任城(今山东邹城市西南),3县：任城、亢父、樊。

(五)徐州,治彭城(今江苏徐州市)。郡六,县五十二

1. 彭城郡,治彭城(今江苏徐州市),7县：彭城、留、傅阳、武原、吕、梧、广戚。

2. 下邳郡,治下邳(今江苏邳州市南),12县：下邳、睢陵、夏丘、取虑、僮、良成、下相、司吾、徐、淮陵、曲阳、淮阴。

3. 广陵郡,治乏考,2县：海西、淮浦。

4. 东海郡,治郯(今山东郯城县),11县：郯、祝其、朐、襄贲、昌虑、厚丘、兰陵、承、戚、合乡、利城。

5. 琅邪郡,治开阳(今山东临沂市北),10县：开阳、临沂、阳都、缯、即丘、东安、费、安丘、东莞、姑幕。

6. 城阳郡,治莒(今山东莒县),10县：莒、东武、诸、壮武、淳于、高密、朱虚、昌安、平昌、夷安。

(六)扬州,治寿春(今安徽寿县)。王国一,郡二,县十九

1. 淮南国,治寿春(今安徽寿县),10县：寿春、成德、下蔡、义城、西曲阳、平阿、全淑、阜陵、合肥、阴陵。

2. 庐江郡,治六安(今安徽六安市北),5县：六安、龙舒、灊、雩娄、安丰。

3. 安丰郡,治乏考,4县：松滋、阳泉、安风、蓼。

(七)青州,治广(今山东青州市)。王国一,郡四,县四十八

1. 北海郡,治平寿(今山东潍坊市南),7县：平寿、下密、胶东、即墨、都昌、营陵、剧。

2. 东莱郡,治黄(今山东龙口市东南),12县:黄、掖、当利、卢乡、曲城、㠍、长广、不其、挺、牟平、昌阳、黔陬。

3. 齐国,治临菑(今山东淄博市东北),9县:临菑、西安、昌国、般阳、广饶、东安平、益都、临朐、广。

4. 济南郡,治东平陵(今山东章丘市西北),11县:东平陵、于陵、历城、东朝阳、菅、著、邹平、土鼓、梁邹、台、祝阿。

5. 乐安郡,治高苑(今山东淄博市西北),9县:高苑、临济、博昌、蓼城、寿光、千乘、乐安、利、益。

(八)荆州,治宛(今河南南阳市)。郡七,县六十。

1. 南阳郡,治宛(今河南南阳市),29县:宛、西鄂、雉、鲁阳、犨、博望、堵阳、叶、舞阴、比阳、冠军、郦、涅阳、育阳、朝阳、安众、新野、随、湖阳、平氏、平林、义阳、穰、邓、蔡阳、山都、复阳、襄乡、棘阳。

2. 章陵郡,治章陵(今湖北枣阳市南),1县:章陵。

3. 南乡郡,治酂(今湖北老河口市西北),8县:酂、南乡、顺阳、丹水、武当、析、阴、筑阳。

4. 襄阳郡,治襄阳(今湖北襄樊市),7县:襄阳、临沮、宜城、旍阳、邔、中卢、鄀。

5. 江夏郡,治石阳(今湖北汉川市西北),3县:石阳、鄳、平春。

6. 魏兴郡,治西城(今陕西安康市),4县:西城、安阳、魏阳、平阳。

7. 新城郡,治房陵(今湖北房县),8县:房陵、绥阳、昌魏、沶乡、上庸、武陵、巫、锡。

(九)雍州,治长安(今陕西西安市西北)。王国一,郡九,县六十八。

1. 秦国,治长安(今陕西西安市西北),12县:长安、霸城、杜陵、郑、新丰、蓝田、上洛、商、长陵、高陆、阴槃、下邽。

2. 冯翊郡,治临晋(今陕西大荔县),11县:临晋、频阳、莲芍、重泉、郃阳、夏阳、粟邑、万年、云阳、祋祤、怀德。

3. 扶风郡,治槐里(今陕西兴平市),14县:槐里、武功、鄠、始平、池阳、郿、雍、汧、陈仓、美阳、茂陵、隃糜、栒邑、杜阳。

4. 新平郡,治漆(今陕西彬县),2县:漆、鹑觚。

5. 北地郡,治乏考,3县:泥阳、富平、直路。

6. 安定郡,治临泾(今甘肃镇原县东南),6县:临泾、朝那、乌氏、西川、高平、彭阳。

7. 广魏郡,治临渭(今甘肃天水市东),3县:临渭、平襄、略阳。

8. 天水郡，治冀(今甘肃甘谷县东)，9 县：冀、上邽、显亲、成纪、西、新阳、阿阳、陇、勇士。

9. 南安郡，治獂道(今甘肃陇西县东南)，2 县：獂道、中陶。

10. 陇西郡，治襄武(今甘肃陇西县东)，6 县：襄武、首阳、临洮、狄道、枹罕、氐道。

(十) 凉州，治姑臧(今甘肃武威市南)。郡八，县四十六

1. 武威郡，治姑臧，9 县：姑臧、宣威、仓松、显美、揖次、武威、鹯阴、祖厉、媪围。

2. 金城郡，治榆中(今甘肃兰州市东)，7 县：榆中、允街、金城、浩亹、白土、令居、允吾。

3. 西平郡，治西都(今青海西宁市)，4 县：西都、破羌、临羌、安夷。

4. 张掖郡，治觻得(今甘肃张掖市西北)，7 县：觻得、屋兰、昭武、删丹、氐池、番和、骊靬。

5. 西郡，治日勒(今甘肃永昌县西北)，1 县：日勒。

6. 酒泉郡，治禄福(今甘肃酒泉市)，9 县：禄福、表氏、乐涫、玉门、会水、安弥、延寿、沙头、乾齐。

7. 敦煌郡，治敦煌(今甘肃敦煌市)，8 县：敦煌、效谷、广至、龙勒、冥安、渊泉、宜禾、伊吾。

8. 西海郡，治居延(今内蒙古额济纳旗东南)，1 县：居延。

(十一) 并州，治晋阳(今山西太原市西南)。郡六，县四十二

1. 太原郡，治晋阳(今山西太原市西南)，13 县：晋阳、阳曲、榆次、于离、孟、狼孟、阳邑、大陵、祁、平陶、京陵、中都、邬。

2. 西河郡，治兹氏(今山西汾阳市)，4 县：兹氏、界休、中阳、离石。

3. 上党郡，治壶关(今山西潞城市西)，12 县：壶关、潞、屯留、长子、泫氏、高都、襄垣、铜鞮、涅、猗氏、谷远、阳阿。

4. 乐平郡，治沾(今山西和顺县西北)，2 县：沾、乐平。

5. 雁门郡，治广武(今山西代县西南)，4 县：广武、原平、汪陶、剧阳。

6. 新兴郡，治九原(今山西忻州市)，7 县：九原、定襄、云中、广牧、平城、马邑、虑虒。

(十二) 幽州，治蓟(今北京市)。王国一，郡六，县三十六

1. 涿郡，治涿(今河北涿州市)，8 县：涿、逎、故安、范阳、良乡、方城、北新城、容城。

2. 燕国，治蓟(今北京市)，5 县：蓟、安次、昌平、军都、广阳。

3. 渔阳郡，治渔阳（今北京密云县），5县：渔阳、潞、雍奴、泉州、狐奴。

4. 右北平郡，治土垠（今河北唐山市丰润区东），4县：土垠、徐无、无终、俊靡。

5. 上谷郡，治居庸（今北京延庆县），6县：居庸、沮阳、下洛、潘、涿鹿、广宁。

6. 代郡，治代（今河北蔚县东北），3县：代、平舒、当城。

7. 辽西郡，治阳乐（今河北卢龙县东），5县：阳乐、海阳、肥如、临渝、令支。

附　公孙氏政区，郡四，县二十五

1. 辽东郡，治襄平（今辽宁辽阳市），10县：襄平、汶、安市、新昌、西安平、北丰、平郭、东沓、辽隧、望平。

2. 玄菟郡，治高句骊（今辽宁沈阳市东），2县：高句骊、高显。

3. 乐浪郡，治朝鲜（今朝鲜平壤市），7县：朝鲜、屯有、浑弥、遂城、镂方、驷望、临浿。

4. 带方郡，治带方（今朝鲜沙里院南），6县：带方、列口、海冥、长岑、提奚、含资。

二、蜀汉章武元年(221)的州郡诸县

益州，治成都（今四川成都市）。郡十七，属国一，县一百二十七

1. 蜀郡，治成都（今四川成都市），9县：成都、江原、繁、广都、临邛、郫、汶江、蚕陵、氐道。

2. 汶山郡，治绵虒（今四川汶川县西南），5县：绵虒、广柔、都安、白马、平康。

3. 犍为郡，治武阳（今四川彭山县），6县：武阳、南安、资中、僰道、牛鞞、南广。

4. 江阳郡，治江阳（今四川泸州市），3县：江阳、符节、汉安。

5. 汉嘉郡，治青衣（今四川天全县东北），4县：青衣、新道、徙阳、旄牛。

6. 广汉郡，治雒（今四川广汉市北），9县：雒、广汉、德阳、五城、绵竹、新都、什邡、郪、阳泉。

7. 梓潼郡，治梓潼（今四川梓潼县），6县：梓潼、涪、汉寿、白水、汉德、剑门。

8. 巴西郡，治阆中（今四川阆中市），8县：阆中、安汉、南充国、西充国、垫江、宕渠、宣汉、汉昌。

9. 巴郡,治江州(今重庆市),6县：江州、枳、临江、平都、乐城、常安。

10. 巴东郡,治白帝(今重庆奉节县),5县：白帝、朐忍、汉丰、羊渠、北井。

11. 涪陵郡,治涪陵(今重庆彭水县),5县：涪陵、丹兴、汉发、万宁、汉复。

12. 汉中郡,治南郑(今陕西汉中市),5县：南郑、褒中、沔阳、乐城、南乡。

13. 广汉属国,治阴平(今甘肃文县),2县：阴平、广武。

14. 朱提郡,治南昌(今云南镇雄县),3县：南昌、朱提、汉阳。

15. 越巂郡,治邛都(今四川西昌市),14县：邛都、会无、台登、卑水、定莋、苏祁、阐、安上、潜街、马湖、青蛉、遂久、姑复、比苏。

16. 益州郡,治平夷(今贵州毕节市东),17县：平夷、味、滇池、胜休、俞元、昆泽、同濑、牧靡、谷昌、连然、秦臧、双柏、建伶、贲古、西丰、梇栋、存䭾。

17. 牂柯郡,治乏考,13县：且兰、谈指、夜郎、毋敛、鳖、毋单、西随、宛温、句町、镡封、进乘、漏卧、同并。

18. 永昌郡,治不韦(今云南保山市东北),7县：不韦、巂唐、哀牢、博南、云南、邪龙、楪榆。

三、孙吴建安二十六年(221)的州郡诸县

(一)扬州,治建业(今江苏南京市)。郡八,县一百一十八

1. 丹杨郡,治建业(今江苏南京市),24县：建业、丹杨、芜湖、宛陵、陵阳、宣城、石城、泾、春谷、安吴、始安、溧阳屯田都尉、湖熟、江乘典农都尉、宁国、广德、怀安、临城、故鄣、於潜、安吉、原乡、永平、句容。

2. 新都郡,治始新(今浙江淳安县西北),6县：始新、黟、歙、新定、黎阳、休阳。

3. 庐江郡,治皖(今安徽潜山县),1县：皖。

4. 吴郡,治吴(今江苏苏州市),18县：吴、海盐、由拳、海昌屯田都尉、钱唐、娄、毗陵、曲阿、丹徒、乌程、余杭、永安、临水、阳羡、富春、新昌、新城、南沙。

5. 豫章郡,治南昌(今江西南昌市),19县：南昌、建城、新淦、海昏、宜春、西安、南城、临汝、彭泽、艾、建昌、上蔡、新吴、永修、汉平、富城、宜丰、新喻、建平。

6. 庐陵郡,治石阳(今江西吉水县北),15县：石阳、西昌、平都、赣、零都、南野、新兴、巴丘、兴平、永新、阳城、杨都、平阳、安南、高昌。

7. 鄱阳郡,治鄱阳(今江西鄱阳县东北),8县：鄱阳、历阳、余干、乐安、鄡阳、广昌、葛阳、上饶。

8. 会稽郡,治山阴(今浙江绍兴市),27县：山阴、上虞、始宁、余姚、句章、

鄞、鄮、剡、诸暨、永兴、新安、定阳、吴宁、丰安、建安、南平、汉兴、候官、临海、南始平、松阳、罗阳、长山、乌伤、太末、章安、永宁。

(二)荆州,治江陵(今湖北江陵县)。郡七,县八十二

1. 南郡,治公安(今湖北公安县西北),9县:公安、作唐、屄陵、江陵、编、当阳、华容、枝江、监利。

2. 宜都郡,治夷道(今湖北宜都市),3县:夷道、夷陵、佷山。

3. 江夏郡,治武昌(今湖北鄂城市西),11县:武昌、沙羡、柴桑、阳新、下雉、寻阳、竟陵、云杜、南新市、蕲春、邾。

4. 武陵郡,治临沅(今湖南常德市),13县:临沅、吴寿、沅陵、辰阳、酉阳、迁陵、镡成、沅南、龙阳、黔阳、零阳、充、潕中。

5. 长沙郡,治临湘(今湖南长沙市),16县:临湘、攸、下隽、醴陵、罗、吴昌、刘阳、建宁、安成、酃、茶陵、湘南、益阳、新阳、湘西、连道。

6. 零陵郡,治泉陵(今湖南永州市),18县:泉陵、祁阳、永昌、零陵、洮阳、观阳、营浦、营道、泠道、舂陵、重安、烝阳、湘乡、始安、昭陵、昭阳、都梁、夫夷。

7. 桂阳郡,治郴(今湖南郴州市),12县:郴、便、耒阳、新宁、阴山、南平、临武、阳安、曲江、桂阳、含洭、浈阳。

(三)交州,治番禺(今广东广州市)。郡八,县六十五

1. 合浦郡,治合浦(今广西合浦县东北),6县:合浦、徐闻、珠崖、平山、兴道、昌平。

2. 交趾郡,治龙编(今越南河北省仙游县东),14县:龙编、羸陵、定安、苟漏、曲易、北带、稽徐、西于、朱鸢、望海、交兴、武安、麓冷、封溪。

3. 九真郡,治胥浦(今越南清化省清化西北),7县:胥浦、移风、常乐、无编、都庞、咸骥、建初。

4. 日南郡,治朱吾(今越南平治天省美丽),5县:朱吾、西卷、象林、卢容、比景。

5. 南海郡,治番禺(今广东广州市),6县:番禺、四会、博罗、龙川、中宿、平夷。

6. 苍梧郡,治广信(今广西梧州市),11县:广信、端溪、高要、郁平、猛陵、荔浦、临允、建陵、宁新、谢沐、丰城。

7. 郁林郡,治布山(今广西桂平县西),13县:布山、阿林、安广、临浦、阴平、新邑、建始、长平、武安、中溜、定周、桂林、潭中。

8. 高凉郡,治思平(今广东恩平市北),3县:思平、高凉、安宁。

第二节 曹魏景初三年、蜀汉延熙二年、孙吴赤乌二年的行政区划

一、曹魏景初三年(239)的州郡诸县

(一)司隶,治洛阳(今河南洛阳市东北)。尹一,郡六,县九十八

1. 河南尹,治洛阳(今河南洛阳市东北),22县:洛阳、巩、河阴、成皋、缑氏、新城、偃师、梁、新郑、谷城、陆浑、阳翟、河南、卷、京、密、阳武、苑陵、中牟、开封、原武、荥阳。

2. 弘农郡,治弘农(今河南灵宝市北),8县:弘农、陕、黾池、宜阳、华阴、湖、卢氏、新安。

3. 河东郡,治安邑(今山西夏县西),21县:安邑、闻喜、东垣、汾阴、大阳、猗氏、解、蒲坂、河北、濩泽、端氏、平阳、杨、永安、蒲子、襄陵、绛邑、临汾、北屈、皮氏、狐讘。

4. 河内郡,治怀(今河南武陟县西北),14县:怀、河阳、轵、沁水、温、野王、州、平皋、山阳、修武、汲、共、获嘉、林虑。

5. 魏郡,治邺(今河北磁县北),6县:邺、魏、斥丘、内黄、黎阳、荡阴。

6. 阳平郡,治馆陶(今河北馆陶县),11县:馆陶、元城、阳平、乐平、清渊、卫、顿丘、繁阳、阴安、东武阳、发干。

7. 广平郡,治曲梁(今河北曲周县西南),16县:曲梁、平恩、武安、临水、邯郸、肥乡、斥漳、广平、任、易阳、襄国、南和、涉县、曲周、列人、广年。

(二)豫州,治项(今河南沈丘县)。王国三,郡六,县八十五

1. 颍川郡,治许昌(今河南许昌市东),17县:许昌、长社、颍阴、临颍、郾、召陵、鄢陵、新汲、阳城、纶氏、舞阳、襄城、繁昌、郏、定陵、父城、昆阳。

2. 汝南郡,治新息(今河南息县),20县:新息、安阳、安成、慎阳、北宜春、朗陵、阳安、上蔡、平舆、定颍、灈阳、吴房、西平、慎、原鹿、固始、鲖阳、西华、新阳、富陂。

3. 汝阴郡,治汝阴(今安徽阜阳市),5县:汝阴、南顿、汝阳、新蔡、褒信。

4. 弋阳郡,治弋阳(今河南潢川县西),5县:弋阳、期思、西阳、西陵、軑。

5. 陈郡,治陈(今河南淮阳县),6县:陈、武平、阳夏、长平、项、柘。

6. 鲁国,治鲁(今山东曲阜市),6县:鲁、汶阳、卞、邹、蕃、薛。

7. 沛国,治沛(今江苏沛县),5县:沛、杼秋、丰、公丘、广戚。

8. 谯郡,治谯(今安徽亳州市),15县:谯、酂、城父、铚、龙亢、山桑、萧、相、竹邑、符离、虹、洨、蕲、苦、宋。

9. 梁国,治睢阳(今河南商丘市),6县:睢阳、蒙、虞、下邑、宁陵、砀。

(三)冀州,治信都(今河北冀州市)。王国二,郡十,县八十九

1. 巨鹿郡,治廮陶(今河北宁晋县西南),7县:廮陶、巨鹿、南䜌、下曲阳、杨氏、鄡、平乡。

2. 赵国,治房子(今河北高邑县西南),6县:房子、柏人、中丘、元氏、平棘、高邑。

3. 安平郡,治信都(今河北冀州市),11县:信都、下博、武邑、武遂、观津、扶柳、经、南宫、堂阳、阜城、广宗。

4. 博陵郡,治乏考,7县:安平、饶阳、南深泽、安国、高阳、博陵、蠡吾。

5. 中山国,治卢奴(今河北定州市),10县:卢奴、北平、新市、望都、唐、蒲阴、安喜、魏昌、无极、上曲阳。

6. 河间郡,治乐城(今河北献县东南),9县:乐城、武垣、鄚、易、中水、成平、弓高、文安、束州。

7. 勃海郡,治南皮(今河北南皮县北),9县:南皮、高城、重合、东光、浮阳、蓨、广川、饶安、章武。

8. 章武郡,治乏考,1县:东平舒。

9. 清河郡,治清河(今山东临清市东北),6县:清河、贝丘、东武城、鄃、灵、绎幕。

10. 常山郡,治真定(今河北石家庄市北),8县:真定、井陉、蒲吾、南行唐、灵寿、九门、石邑、上艾。

11. 平原郡,治平原(今山东平原县西南),10县:平原、高唐、安德、般、鬲、西平昌、博平、聊城、茌平、漯阴。

12. 乐陵郡,治厌次(今山东阳信县东南),5县:厌次、乐陵、阳信、新乐、漯沃。

(四)兖州,治廪丘(今山东郓城县西北)。王国四,郡四,县六十九

1. 陈留国,治陈留(今河南开封市东南),14县:陈留、浚仪、封丘、尉氏、雍丘、襄邑、外黄、小黄、济阳、酸枣、长垣、考城、圉、扶沟。

2. 东郡,治濮阳(今河南濮阳县南),9县:濮阳、白马、廪丘、鄄城、燕、东阿、谷城、临邑、范。

3. 济北国,治卢(今山东肥城市北),3县:卢、蛇丘、肥城。

4. 东平国,治寿张(今山东东平县南),8县:寿张、无盐、东平陆、富城、须

昌、宁阳、章、刚。

5. 济阴郡,治定陶(今山东定陶县),9县:定陶、乘氏、句阳、离狐、单父、成武、己氏、冤句、成阳。

6. 泰山郡,治奉高(今山东泰安市东),14县:奉高、博、矩平、山茌、梁父、嬴、莱芜、南武阳、南城、牟、平阳、盖、华、蒙阴。

7. 山阳郡,治昌邑(今山东金乡县西北),9县:昌邑、巨野、方与、金乡、湖陆、高平、南平阳、瑕丘、东缗。

8. 任城国,治任城(今山东邹城市西南),3县:任城、亢父、樊。

(五)徐州,治彭城(今江苏徐州市)。王国三,郡三,县五十一

1. 彭城国,治彭城(今江苏徐州市),6县:彭城、留、傅阳、武原、吕、梧。

2. 下邳郡,治下邳(今江苏邳州市南),12县:下邳、睢陵、夏丘、取虑、僮、良成、下相、司吾、徐、淮陵、曲阳、淮阴。

3. 广陵郡,治乏考,2县:海西、淮浦。

4. 东海国,治郯(今山东郯城县),11县:郯、祝其、朐、襄贲、昌虑、厚丘、兰陵、承、戚、合乡、利城。

5. 琅邪国,治开阳(今山东临沂市北),10县:开阳、临沂、阳都、缯、即丘、东安、费、安丘、东莞、姑幕。

6. 城阳郡,治东武(今山东诸城市),10县:东武、莒、诸、壮武、淳于、高密、朱虚、昌安、平昌、夷安。

(六)扬州,治寿春(今安徽寿县)。王国一,郡二,县十九

1. 楚国,治寿春(今安徽寿县),10县:寿春、成德、下蔡、义城、西曲阳、平阿、全椒、阜陵、合肥、阴陵。

2. 庐江郡,治六安(今安徽六安市北),5县:六安、龙舒、灊、雩娄、安丰。

3. 安丰郡,治乏考,4县:松滋、阳泉、安风、蓼。

(七)青州,治广(今山东青州市)。王国一,郡四,县四十九

1. 北海郡,治平寿(今山东潍坊市南),7县:平寿、下密、胶东、即墨、都昌、营陵、剧。

2. 东莱郡,治黄(今山东龙口市东南),12县:黄、掖、当利、卢乡、曲城、㽥、长广、不其、挺、牟平、昌阳、黔陬。

3. 齐国,治临菑(今山东淄博市东北),10县:临菑、西安、昌国、般阳、广饶、东安平、益都、新沓、临朐、广。

4. 济南郡,治东平陵(今山东章丘市西北),11县:东平陵、于陵、历城、东朝阳、菅、著、邹平、土鼓、梁邹、台、祝阿。

5. 乐安郡,治高苑(今山东淄博市西北),9县:高苑、临济、博昌、蓼城、寿光、千乘、乐安、利、益。

(八)荆州,治宛(今河南南阳市)。郡八,县六十三

1. 南阳郡,治宛(今河南南阳市),24县:宛、西鄂、雉、鲁阳、犨、博望、堵阳、叶、舞阴、比阳、冠军、郦、涅阳、育阳、朝阳、安众、随、湖阳、穰、邓、蔡阳、山都、复阳、襄乡。

2. 义阳郡,治安昌(今湖北枣阳市南),8县:安昌、平林、平氏、义阳、平春、新野、鄀、棘阳。

3. 南乡郡,治酂(今湖北老河口市西北),8县:酂、南乡、顺阳、丹水、武当、析、阴、筑阳。

4. 襄阳郡,治襄阳(今湖北襄樊市),6县:襄阳、临沮、宜城、旍阳、邔、中卢。

5. 江夏郡,治石阳(今湖北汉川市西北),4县:石阳、鄳、安陆、南新市。

6. 魏兴郡,治西城(今陕西安康市),4县:西城、安阳、锡、平阳。

7. 上庸郡,治上庸(今湖北竹山县西南),3县:上庸、安富、魏阳。

8. 新城郡,治房陵(今湖北房县),6县:房陵、绥阳、昌魏、沶乡、武陵、巫。

(九)雍州,治长安(今陕西西安市西北)。王国一,郡九,县六十八

1. 秦国,治长安(今陕西西安市西北),12县:长安、霸城、杜陵、郑、新丰、蓝田、上洛、商、长陵、高陆、阴槃、下邽。

2. 冯翊郡,治临晋(今陕西大荔县),10县:临晋、频阳、莲芍、重泉、郃阳、夏阳、粟邑、万年、祋祤、怀德。

3. 扶风郡,治槐里(今陕西兴平市),14县:槐里、武功、鄠、始平、池阳、郿、雍、汧、陈仓、美阳、茂陵、隃麋、栒邑、杜阳。

4. 新平郡,治漆(今陕西彬县),2县:漆、鹑觚。

5. 北地郡,治泥阳,3县:泥阳、富平、直路。

6. 安定郡,治临泾(今甘肃镇原县东南),6县:临泾、朝那、乌氏、西川、高平、彭阳。

7. 广魏郡,治临渭(今甘肃天水市东),3县:临渭、平襄、略阳。

8. 天水郡,治冀(今甘肃甘谷县东),9县:冀、上邽、显亲、成纪、西、新阳、阿阳、陇、勇士。

9. 南安郡,治豲道(今甘肃陇西县东南),2县:豲道、中陶。

10. 陇西郡,治襄武(今甘肃陇西县东),7县:襄武、首阳、临洮、狄道、河关、枹罕、氐道。

(十)凉州,治姑臧(今甘肃武威市南)。郡八,县四十六

1. 武威郡,治姑臧(今甘肃武威市南),9县:姑臧、宣威、仓松、显美、揖次、武威、鹯阴、祖厉、媪围。

2. 金城郡,治榆中(今甘肃兰州市东),7县:榆中、允街、金城、浩亹、白土、令居、允吾。

3. 西平郡,治西都(今青海西宁市),4县:西都、破羌、临羌、安夷。

4. 张掖郡,治䚋得(今甘肃张掖市西北),7县:䚋得、屋兰、昭武、删丹、氐池、番和、骊靬。

5. 西郡,治日勒(今甘肃永昌县西北),1县:日勒。

6. 酒泉郡,治禄福(今甘肃酒泉市),9县:禄福、表氏、乐涫、玉门、会水、安弥、延寿、沙头、乾齐。

7. 敦煌郡,治敦煌(今甘肃敦煌市),8县:敦煌、效谷、广至、龙勒、冥安、渊泉、宜禾、伊吾。

8. 西海郡,治居延(今内蒙古额济纳旗东南),1县:居延。

(十一)并州,治晋阳(今山西太原市西南)。郡七,县四十三

1. 太原郡,治晋阳(今山西太原市西南),13县:晋阳、阳曲、榆次、于离、孟、狼孟、阳邑、大陵、祁、平陶、京陵、中都、邬。

2. 西河郡,治兹氏(今山西汾阳市),4县:兹氏、界休、中阳、离石。

3. 上党郡,治壶关(今山西潞城市西),12县:壶关、潞、屯留、长子、泫氏、高都、襄垣、铜鞮、涅、猗氏、谷远、阳阿。

4. 乐平郡,治沾(今山西和顺县西北),2县:沾、乐平。

5. 雁门郡,治广武(今山西代县西南),4县:广武、原平、汪陶、剧阳。

6. 新兴郡,治九原(今山西忻州市),7县:九原、定襄、云中、广牧、平城、马邑、虑虒。

7. 朔方郡,治临戎(今内蒙古磴口县北),1县:临戎。

(十二)幽州,治蓟(今北京市)。王国一,郡十,县六十一

1. 涿郡,治涿(今河北涿州市),8县:涿、逎、故安、范阳、良乡、方城、北新城、容城。

2. 燕国,治蓟(今北京市),5县:蓟、安次、昌平、军都、广阳。

3. 渔阳郡,治渔阳(今北京密云县),5县:渔阳、潞、雍奴、泉州、安乐。

4. 右北平郡,治土垠(今河北唐山市丰润区东),4县:土垠、徐无、无终、俊靡。

5. 上谷郡,治居庸(今北京延庆县),6县:居庸、沮阳、下洛、潘、涿鹿、

广宁。

6. 代郡,治代(今河北蔚县东北),3县:代、平舒、当城。

7. 辽西郡,治阳乐(今河北卢龙县东),5县:阳乐、海阳、肥如、临渝、令支。

8. 辽东郡,治襄平(今辽宁辽阳市),10县:襄平、汶、安市、新昌、西安平、北丰、平郭、东沓、辽隧、望平。

9. 玄菟郡,治高句骊(今辽宁沈阳市东),2县:高句骊、高显。

10. 乐浪郡,治朝鲜(今朝鲜平壤市),7县:朝鲜、屯有、浑弥、遂城、镂方、驷望、临浿。

11. 带方郡,治带方(今朝鲜沙里院南),6县:带方、列口、海冥、长岑、提奚、含资。

二、蜀汉延熙二年(239)的州郡诸县

益州,治成都(今四川成都市)。郡二十一,县一百三十五

1. 蜀郡,治成都(今四川成都市),9县:成都、江原、繁、广都、临邛、郫、汶江、蚕陵、氐道。

2. 汶山郡,治绵虒(今四川汶川县西南),5县:绵虒、广柔、都安、白马、平康。

3. 犍为郡,治武阳(今四川彭山县),6县:武阳、南安、资中、僰道、牛鞞、南广。

4. 江阳郡,治江阳(今四川泸州市),3县:江阳、符节、汉安。

5. 汉嘉郡,治青衣(今四川天全县东北),4县:青衣、新道、徙阳、旄牛。

6. 广汉郡,治雒(今四川广汉市北),9县:雒、广汉、德阳、五城、绵竹、新都、什邡、郪、阳泉。

7. 梓潼郡,治梓潼(今四川梓潼县),6县:梓潼、涪、汉寿、白水、汉德、剑门。

8. 巴西郡,治阆中(今四川阆中市),7县:阆中、安汉、南充国、西充国、宕渠、宣汉、汉昌。

9. 巴郡,治江州(今重庆市),7县:江州、枳、临江、垫江、平都、乐城、常安。

10. 巴东郡,治永安(今重庆奉节县),5县:永安、朐忍、汉丰、羊渠、北井。

11. 涪陵郡,治涪陵(今重庆彭水县),6县:涪陵、丹兴、汉发、万宁、汉复、汉平。

12. 汉中郡,治南郑(今陕西汉中市),5县:南郑、褒中、沔阳、乐城、南乡。

13. 武都郡,治下辨(今甘肃成县北),6县:下辨、河池、故道、沮、武都、羌道。

14. 阴平郡,治阴平(今甘肃文县),2县:阴平、广武。

15. 朱提郡,治南昌(今云南镇雄县),4县:南昌、朱提、汉阳、南广。

16. 越巂郡,治邛都(今四川西昌市),11县:邛都、会无、台登、卑水、定莋、苏祁、阐、安上、潜街、马湖、比苏。

17. 建宁郡,治味(今云南曲靖市),14县:味、滇池、胜休、俞元、昆泽、同濑、牧靡、谷昌、连然、秦臧、双柏、建伶、存䣖、毋单。

18. 牂柯郡,治乏考,7县:且兰、谈指、夜郎、毋敛、鳖、平夷、同并。

19. 永昌郡,治不韦(今云南保山市东北),4县:不韦、嶲唐、哀牢、博南。

20. 云南郡,治槁栋(今云南姚安县北),7县:槁栋、云南、邪龙、楪榆、青蛉、遂久、姑复。

21. 兴古郡,治宛温(今云南丘北县南),8县:宛温、贲古、西丰、句町、镡封、进乘、漏卧、西随。

三、孙吴赤乌二年(239)的州郡诸县

(一)扬州,治建业(今江苏南京市)。郡十,校尉一,县一百三十

1. 丹杨郡,治宛陵(今安徽宣城市),24县:宛陵、建业、丹杨、芜湖、陵阳、宣城、石城、泾、春谷、安吴、始安、溧阳屯田都尉、湖熟典农都尉、江乘典农都尉、宁国、广德、怀安、临城、故鄣、於潜、安吉、原乡、永平、句容。

2. 新都郡,治始新(今浙江淳安县西北),6县:始新、黟、歙、新定、黎阳、休阳。

3. 庐江郡,治皖(今安徽潜山县),1县:皖。

4. 蕲春郡,治蕲春(今湖北黄石市东),4县:蕲春、安丰、邾、寻阳。

5. 吴郡,治吴(今江苏苏州市),17县:吴、海盐、禾兴、海昌屯田都尉、钱唐、娄、乌程、余杭、永安、临水、阳羡、富春、建德、桐庐、新昌、新城、南沙。

6. 毗陵典农校尉,治毗陵(今江苏常州市),3县:毗陵、武进、云阳。

7. 云阳郡,治乏考,1县:西城。

8. 豫章郡,治南昌(今江西南昌市),20县:南昌、建城、新淦、海昏、宜春、西安、南城、临汝、彭泽、艾、建昌、上蔡、新吴、永修、汉平、富城、宜丰、阳乐、新喻、建平。

9. 庐陵郡,治石阳(今江西吉水县北),18县:石阳、西昌、平都、赣、雩都、

南野、东昌、新兴、巴丘、兴平、吉阳、永新、阳城、杨都、平阳、安南、揭阳、高昌。

10. 鄱阳郡,治鄱阳(今江西鄱阳县东北),8县:鄱阳、历阳、余干、乐安、鄡阳、广昌、葛阳、上饶。

11. 会稽郡,治山阴(今浙江绍兴市),28县:山阴、上虞、始宁、余姚、句章、鄞、鄮、剡、诸暨、永兴、新安、定阳、吴宁、丰安、平昌、建安、南平、汉兴、候官、临海、南始平、松阳、罗阳、长山、乌伤、太末、章安、永宁。

(二)荆州,治江陵(今湖北江陵县)。郡八,县八十六

1. 南郡,治公安(今湖北公安县西北),9县:公安、作唐、孱陵、江陵、编、当阳、华容、枝江、监利。

2. 宜都郡,治夷道(今湖北宜都市),5县:夷道、西陵、佷山、巫、秭归。

3. 江夏郡,治武昌(今湖北鄂州市西),7县:武昌、沙羡、柴桑、阳新、下雉、竟陵、云杜。

4. 武陵郡,治临沅(今湖南常德市),13县:临沅、吴寿、沅陵、辰阳、酉阳、迁陵、镡成、沅南、龙阳、黔阳、零阳、充、潕中。

5. 长沙郡,治临湘(今湖南长沙市),16县:临湘、攸、下雋、醴陵、罗、吴昌、刘阳、建宁、安成、蒲、茶陵、湘南、益阳、新阳、湘西、连道。

6. 零陵郡,治泉陵(今湖南永州市),18县:泉陵、祁阳、永昌、零陵、洮阳、观阳、营浦、营道、泠道、春陵、重安、烝阳、湘乡、始安、昭陵、昭阳、都梁、夫夷。

7. 桂阳郡,治郴(今湖南郴州市),12县:郴、便、耒阳、新宁、阴山、南平、临武、阳安、曲江、桂阳、含洭、浈阳。

8. 临贺郡,治临贺(今广西贺州市东南),6县:临贺、封阳、冯乘、富川、建兴、荡山。

(三)交州,治番禺(今广东广州市)。郡八,县六十六

1. 珠官郡,治合浦(今广西合浦县东北),6县:合浦、徐闻、珠崖、平山、兴道、昌平。

2. 交趾郡,治龙编(今越南河北省仙游县东),14县:龙编、嬴陵、定安、苟漏、曲易、北带、稽徐、西于、朱鸢、望海、交兴、武安、麓泠、封溪。

3. 九真郡,治胥浦(今越南清化省清化西北),7县:胥浦、移风、常乐、无编、都庞、咸驩、建初。

4. 日南郡,治朱吾(今越南平治天省美丽),5县:朱吾、西卷、象林、卢容、比景。

5. 南海郡,治番禺(今广东广州市),7县:番禺、四会、博罗、龙川、中宿、增城、平夷。

6. 苍梧郡,治广信(今广西梧州市),11县:广信、端溪、高要、鄣平、猛陵、荔浦、临允、建陵、宁新、谢沐、丰城。

7. 郁林郡,治布山(今广西桂平市西),13县:布山、阿林、安广、临浦、阴平、新邑、建始、长平、武安、中溜、定周、桂林、潭中。

8. 高凉郡,治思平(今广东恩平市北),3县:思平、高凉、安宁。

第三节　曹魏景元三年、蜀汉景耀五年、孙吴永安五年的行政区划

一、曹魏景元三年(262)的州郡诸县

(一)司隶,治洛阳(今河南洛阳市东北)。尹一,郡七,县九十八

1. 河南尹,治洛阳(今河南洛阳市东北),22县:洛阳、巩、河阴、成皋、缑氏、新城、偃师、梁、新郑、谷城、陆浑、阳翟、河南、卷、京、密、阳武、苑陵、中牟、开封、原武、荥阳。

2. 弘农郡,治弘农(今河南灵宝市北),8县:弘农、陕、黾池、宜阳、华阴、湖、卢氏、新安。

3. 河东郡,治安邑(今山西夏县西),11县:安邑、闻喜、东垣、汾阴、大阳、猗氏、解、蒲坂、河北、濩泽、端氏。

4. 平阳郡,治平阳(今山西临汾市西),10县:平阳、杨、蒲子、襄陵、永安、皮氏、临汾、北屈、绛邑、狐讘。

5. 河内郡,治怀(今河南武陟县西北),14县:怀、河阳、轵、沁水、温、野王、州、平皋、山阳、修武、汲、共、获嘉、林虑。

6. 魏郡,治邺(今河北磁县北),6县:邺、魏、斥丘、内黄、黎阳、荡阴。

7. 阳平郡,治馆陶(今河北馆陶县),11县:馆陶、元城、阳平、乐平、清渊、卫、顿丘、繁阳、阴安、东武阳、发干。

8. 广平郡,治曲梁(今河北曲周县西南),16县:曲梁、平恩、武安、临水、邯郸、肥乡、斥漳、广平、任、易阳、襄国、南和、涉、曲周、列人、广年。

(二)豫州,治安成(今河南平舆县西南)。王国三,郡五,县八十五

1. 颍川郡,治许昌(今河南许昌市东),17县:许昌、长社、颍阴、临颍、郾、召陵、鄢陵、新汲、阳城、纶氏、舞阳、襄城、繁昌、郏、定陵、父城、昆阳。

2. 汝南郡,治新息(今河南息县),26县:新息、安阳、安成、慎阳、北宜春、朗陵、阳安、上蔡、平舆、定颍、灈阳、吴房、西平、慎、原鹿、固始、鲖阳、宋、汝阴、

南顿、汝阳、新蔡、褒信、西华、新阳、富陂。

3. 弋阳郡,治弋阳(今河南潢川县西),5县:弋阳、期思、西阳、西陵、軑。

4. 陈郡,治陈(今河南淮阳县),6县:陈、武平、阳夏、长平、项、柘。

5. 鲁国,治鲁(今山东曲阜市),6县:鲁、汶阳、卞、邹、蕃、薛。

6. 沛国,治沛(今江苏沛县),5县:沛、杼秋、丰、公丘、广戚。

7. 谯郡,治谯(今安徽亳州市),14县:谯、酂、城父、铚、龙亢、山桑、萧、相、竹邑、符离、虹、洨、蕲、苦。

8. 梁国,治睢阳(今河南商丘市),6县:睢阳、蒙、虞、下邑、宁陵、砀。

(三)冀州,治信都(今河北冀州市)。王国二,郡九,县八十九。

1. 巨鹿郡,治廮陶(今河北宁晋县西南),7县:廮陶、巨鹿、南䜌、下曲阳、杨氏、鄡、平乡。

2. 赵国,治房子(今河北高邑县西南),6县:房子、柏人、中丘、元氏、平棘、高邑。

3. 安平郡,治信都(今河北冀州市),11县:信都、下博、武邑、武遂、观津、扶柳、经、南宫、堂阳、阜城、广宗。

4. 博陵郡,治乏考,7县:安平、饶阳、南深泽、安国、高阳、博陵、蠡吾。

5. 中山国,治卢奴(今河北定州市),10县:卢奴、北平、新市、望都、唐、蒲阴、安喜、魏昌、无极、上曲阳。

6. 河间郡,治乐城(今河北献县东南),10县:乐城、武垣、鄚、易、中水、成平、弓高、东平舒、文安、束州。

7. 勃海郡,治南皮(今河北南皮县北),9县:南皮、高城、重合、东光、浮阳、蓨、广川、饶安、章武。

8. 清河郡,治清河(今山东临清市东北),6县:清河、贝丘、东武城、鄃、灵、绎幕。

9. 常山郡,治真定(今河北石家庄市北),8县:真定、井陉、蒲吾、南行唐、灵寿、九门、石邑、上艾。

10. 平原郡,治平原(今山东平原县西南),10县:平原、高唐、安德、般、鬲、西平昌、博平、聊城、茌平、漯阴。

11. 乐陵郡,治厌次(今山东阳信县东南),5县:厌次、乐陵、阳信、新乐、漯沃。

(四)兖州,治廪丘(今山东郓城县西北)。王国三,郡五,县六十九。

1. 陈留国,治陈留(今河南开封市东南),14县:陈留、浚仪、封丘、尉氏、雍丘、襄邑、外黄、小黄、济阳、酸枣、长垣、考城、圉、扶沟。

2. 东郡,治濮阳(今河南濮阳县南),9县:濮阳、白马、廪丘、鄄城、燕、东阿、谷城、临邑、范。

3. 济北国,治卢(今山东肥城市北),3县:卢、蛇丘、肥城。

4. 东平国,治寿张(今山东东平县南),8县:寿张、无盐、东平陆、富城、须昌、宁阳、章、刚。

5. 济阴郡,治定陶(今山东定陶县),9县:定陶、乘氏、句阳、离狐、单父、成武、己氏、冤句、成阳。

6. 泰山郡,治奉高(今山东泰安市东),14县:奉高、博、矩平、山茌、梁父、嬴、莱芜、南武阳、南城、牟、平阳、盖、华、蒙阴。

7. 山阳郡,治昌邑(今山东金乡县西北),9县:昌邑、巨野、方与、金乡、湖陆、高平、南平阳、瑕丘、东缗。

8. 任城郡,治任城(今山东邹城市西南),3县:任城、亢父、樊。

(五)徐州,治彭城(今江苏徐州市)。王国三,郡三,县五十二

1. 彭城国,治彭城(今江苏徐州市),7县:彭城、留、傅阳、武原、吕、梧、广戚。

2. 下邳郡,治下邳(今江苏邳州市南),12县:下邳、睢陵、夏丘、取虑、僮、良成、下相、司吾、徐、淮陵、曲阳、淮阴。

3. 广陵郡,治乏考,2县:海西、淮浦。

4. 东海国,治郯(今山东郯城县),11县:郯、祝其、朐、襄贲、昌虑、厚丘、兰陵、承、戚、合乡、利城。

5. 琅邪国,治开阳(今山东临沂市北),10县:开阳、临沂、阳都、缯、即丘、东安、费、安丘、东莞、姑幕。

6. 城阳郡,治东武(今山东诸城市),10县:东武、莒、诸、壮武、淳于、高密、朱虚、昌安、平昌、夷安。

(六)扬州,治寿春(今安徽寿县)。郡二,县二十

1. 淮南郡,治寿春(今安徽寿县),11县:寿春、成德、下蔡、义城、西曲阳、平阿、全淑、阜陵、合肥、阴陵、钟离。

2. 庐江郡,治六安(今安徽六安市北),9县:六安、龙舒、潜、零娄、安丰、松滋、阳泉、安风、蓼。

(七)青州,治广(今山东青州市)。王国一,郡四,县五十一

1. 北海郡,治平寿(今山东潍坊市南),7县:平寿、下密、胶东、即墨、都昌、营陵、剧。

2. 东莱郡,治黄(今山东龙口市东南),12县:黄、掖、当利、卢乡、曲城、

嵫、长广、不其、挺、牟平、昌阳、黔陬。

3. 齐郡，治临菑（今山东淄博市东北），12县：临菑、西安、昌国、般阳、广饶、东安平、益都、新沓、新汶、南丰、临朐、广。

4. 济南国，治东平陵（今山东章丘市西北），11县：东平陵、于陵、历城、东朝阳、菅、著、邹平、土鼓、梁邹、台、祝阿。

5. 乐安郡，治高苑（今山东淄博市西北），9县：高苑、临济、博昌、蓼城、寿光、千乘、乐安、利、益。

（八）荆州，治宛（今河南南阳市）。郡七，县六十六

1. 南阳郡，治宛（今河南南阳市），30县：宛、西鄂、雉、鲁阳、犨、博望、堵阳、叶、舞阴、比阳、冠军、郦、涅阳、育阳、朝阳、安众、随、湖阳、安昌、平氏、平林、义阳、穰、邓、蔡阳、山都、复阳、襄乡、棘阳、新野。

2. 南乡郡，治鄀（今湖北老河口市西北），8县：鄀、南乡、顺阳、丹水、武当、析、阴、筑阳。

3. 襄阳郡，治襄阳（今湖北襄樊市），7县：襄阳、临沮、宜城、旍阳、邔、中卢、鄀。

4. 江夏郡，治安陆上昶城（今湖北云梦县），5县：鄳、石阳、安陆、南新市、平春。

5. 魏兴郡，治西城（今陕西安康市），5县：西城、安阳、魏阳、锡、平阳。

6. 上庸郡，治上庸（今湖北竹山县西南），6县：上庸、巫、安富、安乐、广昌、建始。

7. 新城郡，治房陵（今湖北房县），5县：房陵、绥阳、昌魏、沶乡、武陵。

（九）雍州，治长安（今陕西西安市西北）。郡十，县六十八

1. 京兆郡，治长安（今陕西西安市西北），12县：长安、霸城、杜陵、郑、新丰、蓝田、上洛、商、长陵、高陆、阴槃、下邽。

2. 冯翊郡，治临晋（今陕西大荔县），10县：临晋、频阳、莲芍、重泉、郃阳、夏阳、粟邑、万年、祋祤、怀德。

3. 扶风郡，治槐里（今陕西兴平市），14县：槐里、武功、鄠、始平、池阳、郿、雍、汧、陈仓、美阳、茂陵、隃麋、栒邑、杜阳。

4. 新平郡，治漆（今陕西彬县），2县：漆、鹑觚。

5. 北地郡，治泥考，3县：泥阳、富平、直路。

6. 安定郡，治临泾（今甘肃镇原县东南），6县：临泾、朝那、乌氏、西川、高平、彭阳。

7. 广魏郡，治临渭（今甘肃天水市东），3县：临渭、平襄、略阳。

8. 天水郡,治冀(今甘肃甘谷县东),9县:冀、上邽、显亲、成纪、西、新阳、阿阳、陇、勇士。

9. 南安郡,治豲道(今甘肃陇西县东南),2县:豲道、中陶。

10. 陇西郡,治襄武(今甘肃陇西县东),7县:襄武、首阳、临洮、狄道、河关、枹罕、氐道。

(十)凉州,治姑臧(今甘肃武威市南)。郡八,县四十六

1. 武威郡,治姑臧(今甘肃武威市南),9县:姑臧、宣威、仓松、显美、揟次、武威、鹯阴、祖厉、媪围。

2. 金城郡,治榆中(今甘肃兰州市东),7县:榆中、允街、金城、浩亹、白土、令居、允吾。

3. 西平郡,治西都(今青海西宁市),4县:破羌、西都、临羌、安夷。

4. 张掖郡,治觻得(今甘肃张掖市西北),7县:觻得、屋兰、昭武、删丹、氐池、番和、骊靬。

5. 西郡,治日勒(今甘肃永昌县西北),1县:日勒。

6. 酒泉郡,治禄福(今甘肃酒泉市),9县:禄福、表氏、乐涫、玉门、会水、安弥、延寿、沙头、乾齐。

7. 敦煌郡,治敦煌(今甘肃敦煌市),8县:敦煌、效谷、广至、龙勒、冥安、渊泉、宜禾、伊吾。

8. 西海郡,治居延(今内蒙古额济纳旗东南),1县:居延。

(十一)并州,治晋阳(今山西太原市西南)。郡七,县四十三

1. 太原郡,治晋阳(今山西太原市西南),13县:晋阳、阳曲、榆次、于离、盂、狼孟、阳邑、大陵、祁、平陶、京陵、中都、邬。

2. 西河郡,治兹氏(今山西汾阳市),4县:兹氏、界休、中阳、离石。

3. 上党郡,治壶关(今山西潞城市西),12县:壶关、潞、屯留、长子、泫氏、高都、襄垣、铜鞮、涅、猗氏、谷远、阳阿。

4. 乐平郡,治沾(今山西和顺县西北),2县:沾、乐平。

5. 雁门郡,治广武(今山西代县西南),4县:广武、原平、汪陶、剧阳。

6. 新兴郡,治九原(今山西忻州市),7县:九原、定襄、云中、广牧、平城、马邑、虑虒。

7. 朔方郡,治临戎(今内蒙古磴口县北),1县:临戎。

(十二)幽州,治蓟(今北京市)。王国一,郡十一,县六十二

1. 涿郡,治涿(今河北涿州市),8县:涿、遒、故安、范阳、良乡、方城、北新城、容城。

2. 燕国,治蓟(今北京市),5县:蓟、安次、昌平、军都、广阳。

3. 渔阳郡,治渔阳(今北京密云县),5县:渔阳、潞、雍奴、泉州、安乐。

4. 右北平郡,治土垠(今河北唐山市丰润区东),4县:土垠、徐无、无终、俊靡。

5. 上谷郡,治居庸(今北京延庆县),6县:居庸、沮阳、下洛、潘、涿鹿、广宁。

6. 代郡,治代(今河北蔚县东北),3县:代、平舒、当城。

7. 辽西郡,治阳乐(今河北卢龙县东),5县:阳乐、海阳、肥如、临渝、令支。

8. 昌黎郡,治昌黎(今辽宁义县),1县:昌黎。

9. 辽东郡,治襄平(今辽宁辽阳市),10县:襄平、汶、安市、新昌、西安平、北丰、平郭、东沓、辽隧、望平。

10. 玄菟郡,治高句骊(今辽宁沈阳市东),2县:高句骊、高显。

11. 乐浪郡,治朝鲜(今朝鲜平壤市),7县:朝鲜、屯有、浑弥、遂城、镂方、驷望、临浿。

12. 带方郡,治带方(今朝鲜沙里院南),6县:带方、列口、海冥、长岑、提奚、含资。

二、蜀汉景耀五年(262)的州郡诸县

益州,治成都(今四川成都市)。郡二十二,县一百三十一

1. 蜀郡,治成都(今四川成都市),9县:成都、江原、繁、广都、临邛、郫、汶江、蚕陵、氐道。

2. 汶山郡,治绵虒(今四川汶川县西南),5县:绵虒、广柔、都安、白马、平康。

3. 犍为郡,治武阳(今四川彭山县),5县:武阳、南安、资中、僰道、牛鞞。

4. 江阳郡,治江阳(今四川泸州市),3县:江阳、符节、汉安。

5. 汉嘉郡,治青衣(今四川天全县东北),4县:青衣、新道、徙阳、旄牛。

6. 广汉郡,治雒(今四川广汉市北),6县:雒、绵竹、新都、什邡、郪、阳泉。

7. 东广汉郡,治乏考,3县:广汉、德阳、五城。

8. 梓潼郡,治梓潼(今四川梓潼县),6县:梓潼、涪、汉寿、白水、汉德、剑门。

9. 巴西郡,治阆中(今四川阆中市),7县:阆中、安汉、南充国、西充国、宕渠、宣汉、汉昌。

10. 巴郡,治江州(今重庆市),4县：江州、枳、临江、垫江。

11. 巴东郡,治永安(今重庆奉节县),5县：永安、朐忍、汉丰、羊渠、北井。

12. 涪陵郡,治涪陵(今重庆彭水县),6县：涪陵、丹兴、汉发、万宁、汉复、汉平。

13. 汉中郡,治南郑(今陕西汉中市),5县：南郑、褒中、沔阳、乐城、南乡。

14. 武都郡,治下辨(今甘肃成县北),6县：下辨、河池、故道、沮、武都、羌道。

15. 阴平郡,治阴平(今甘肃文县),2县：阴平、广武。

16. 朱提郡,治南昌(今云南镇雄县),4县：南昌、朱提、汉阳、南广。

17. 越巂郡,治邛都(今四川西昌市),11县：邛都、会无、台登、卑水、定莋、苏祁、阐、安上、潜街、马湖、比苏。

18. 建宁郡,治味(今云南曲靖市),14县：味、滇池、胜休、俞元、昆泽、同濑、牧靡、谷昌、连然、秦臧、双柏、建伶、存䣖、毋单。

19. 牂柯郡,治乏考,7县：且兰、谈指、夜郎、毋敛、鳖、平夷、同并。

20. 永昌郡,治不韦(今云南保山市东北),4县：不韦、巂唐、哀牢、博南。

21. 云南郡,治楪榆(今云南姚安县北),7县：楪榆、云南、邪龙、梇栋、青蛉、遂久、姑复。

22. 兴古郡,治宛温(今云南丘北县南),8县：宛温、贲古、西丰、句町、镡封、进乘、漏卧、西随。

三、孙吴永安五年(262)的州郡诸县

(一) 扬州,治建业(今江苏南京市)。郡十二,校尉一,县一百四十。

1. 丹杨郡,治宛陵(今安徽宣城市),21县：宛陵、建业、丹杨、芜湖、陵阳、宣城、石城、泾、春谷、安吴、溧阳屯田都尉、湖熟典农都尉、江乘典农都尉、广德、临城、故鄣、於潜、安吉、原乡、永平、句容。

2. 故鄣郡,治乏考,2县：宁国、怀安。

3. 新都郡,治始新(今浙江淳安县西北),6县：始新、黟、歙、新定、黎阳、海阳。

4. 蕲春郡,治蕲春(今湖北黄石市东),4县：蕲春、安丰、邾、寻阳。

5. 吴郡,治吴(今江苏苏州市),17县：吴、海盐、嘉兴、海昌屯田都尉、钱唐、娄、乌程、余杭、永安、临水、阳羡、富春、建德、桐庐、新昌、新城、南沙。

6. 毗陵典农校尉,治毗陵(今江苏常州市),3县：毗陵、武进、云阳。

7. 豫章郡,治南昌(今江西南昌市),17县：南昌、建城、新淦、海昏、宜春、

西安、彭泽、艾、建昌、上蔡、新吴、永修、汉平、富城、宜丰、阳乐、新喻。

8. 庐陵郡,治石阳(今江西吉水县北),18县:石阳、西昌、平都、赣、零都、南野、东昌、新兴、巴丘、兴平、吉阳、永新、阳城、杨都、平阳、安南、揭阳、高昌。

9. 鄱阳郡,治吴芮故城(今江西鄱阳县),8县:鄱阳、历阳、余干、乐安、鄡阳、广昌、葛阳、上饶。

10. 临川郡,治南城(今江西南城县东南),10县:南城、临汝、新建、南丰、宜黄、安浦、西平、西城、东兴、永城。

11. 会稽郡,治山阴(今浙江绍兴市),19县:山阴、上虞、始宁、余姚、句章、鄞、鄮、剡、诸暨、永兴、新安、定阳、吴宁、丰安、平昌、永康、长山、乌伤、太末。

12. 建安郡,治建安(今福建建瓯市),8县:建安、建平、将乐、昭武、吴兴、南平、东安、侯官。

13. 临海郡,治章安(今浙江台州市章安镇),7县:章安、临海、南始平、松阳、罗阳、罗江、永宁。

(二)荆州,治江陵(今湖北江陵县)。郡十一,县九十四

1. 南郡,治公安(今湖北公安县西北),9县:公安、作唐、孱陵、江陵、编、当阳、华容、枝江、监利。

2. 宜都郡,治夷道(今湖北宜都市),3县:夷道、西陵、佷山。

3. 建平郡,治巫(今重庆巫山县),6县:巫、秭归、兴山、信陵、沙渠、建始。

4. 江夏郡,治武昌(今湖北鄂州市西),7县:武昌、沙羡、柴桑、阳新、下雉、竟陵、云杜。

5. 武陵郡,治临沅(今湖南常德市),13县:临沅、吴寿、沅陵、辰阳、酉阳、迁陵、镡成、沅南、龙阳、黔阳、零阳、充、娄中。

6. 长沙郡,治临湘(今湖南长沙市),12县:临湘、攸、下隽、醴陵、罗、吴昌、刘阳、建宁、安成、茶陵、湘西、连道。

7. 湘东郡,治酃(今湖南衡阳市),4县:酃、新平、梨阳、阴山。

8. 衡阳郡,治湘南(今湖南湘潭市西南),6县:湘南、湘乡、益阳、新阳、临烝、衡阳。

9. 零陵郡,治泉陵(今湖南永州市),17县:泉陵、祁阳、永昌、零陵、洮阳、观阳、营浦、营道、泠道、舂陵、重安、烝阳、始安、昭陵、昭阳、都梁、夫夷。

10. 桂阳郡,治郴(今湖南郴州市),11县:郴、便、耒阳、新宁、南平、临武、阳安、曲江、桂阳、含洭、浈阳。

11. 临贺郡,治临贺(今广西贺州市东南),6县:临贺、封阳、冯乘、富川、

建兴、荡山。

（三）交州，治番禺（今广东广州市）。郡九，都尉一，县六十七

1. 合浦郡，治合浦（今广西合浦县东北），1县：合浦。

2. 合浦北部都尉，治乏考，3县：平山、兴道、昌平。

3. 珠崖郡，治徐闻（今广东徐闻县南），3县：徐闻、珠官、珠崖。

4. 交阯郡，治龙编（今越南河北省仙游县东），14县：龙编、羸陵、定安、苟漏、曲易、北带、稽徐、西于、朱鸢、望海、交兴、武安、麓冷、封溪。

5. 九真郡，治胥浦（今越南清化省清化西北），7县：胥浦、移风、常乐、无编、都庞、咸驩、建初。

6. 日南郡，治朱吾（今越南平治天省美丽），5县：朱吾、西卷、象林、卢容、比景。

7. 南海郡，治番禺（今广东广州市），7县：番禺、四会、博罗、龙川、中宿、增城、平夷。

8. 苍梧郡，治广信（今广西梧州市），11县：广信、端溪、高要、郡平、猛陵、荔浦、临允、建陵、宁新、谢沐、丰城。

9. 郁林郡，治布山（今广西桂平市西），13县：布山、阿林、安广、临浦、阴平、新邑、建始、长平、武安、中溜、定周、桂林、潭中。

10. 高凉郡，治思平（今广东恩平市北），3县：思平、高凉、安宁。

第四编　西晋诸州郡县沿革

本编凡例

1. 本编叙述西晋诸州郡县沿革的时间,除原孙吴政区外,起始于泰始元年(266)[①],原孙吴政区起始于太康元年(280)。与东晋政区相接者,终结于建兴四年(316),其他地区的终结时间以具体考证为准。

2. 诸州各郡之具体情况,例见诸州各郡按语。各郡诸县,凡三国时及《晋书·地理志》归属情况一致且其间变化又乏考者,多直录于该郡之下,不出按语;凡归属有变化者,皆明其前后之具体情况,且出注释或下按语。

3. 西晋祚运未久,凡郡治失考者,若魏之治所于西晋时仍属原郡,则暂以其为郡治。如魏河南尹治所为洛阳,而洛阳西晋时仍属河南尹,则西晋时河南尹之治所为洛阳;同此例者,大体不出按语。治所乏考者,则或依据《中国历史地图集·三国西晋》分册所绘治所为定。

4. 西晋诸州郡县存在的年限及名称的变更,在诸州郡县后以圆括号的形式标出;旋置旋废者,于考证文字中述其大概,而不单列。本编中州郡县废置时间的公元纪年标准为:若建置时间在某年之上半年,则以该年为建置年,若建置时间在某年之下半年,则以次年为建置年;若罢废时间为某年之上半年,则以上一年为罢废年,若罢废时间在某年之下半年,则以该年为罢废年。仅知为某年而不明上下半年者,以始设之年为起始年,省废之年的前一年为终止年。废置时间无法精确表示者,则据考证文字酌定,如大抵在某年,则在该年代后以问号标出,或在该年代后加"前"或"后"字。凡置、废均乏考的情况,用(?)表示。郡县封国者,其封国之年为起始年,徙封、省废之年的前一年为终止年,一年内暂封俄变者,以此年为封国。

5. 《晋书·地理志》政区断代取太康四年[②],杜预《春秋经传集解》所存地

---

① 曹魏咸熙二年(265)十二月为晋所革,改元为泰始元年。此为方便与三国政区年代标识相衔接,统一以266年为起始。
② 详孔祥军:《〈晋书·地理志〉政区断代考》,收入《汉唐地理志考校》,新世界出版社,2012年。

志断代取太康元年①,《太康地志》政区断代取太康三年②。

6. 在西晋诸州郡县分别考证沿革之基础上,复以281年(太康二年)、304年(永兴元年)为断代,排列其时之州郡县领属情况,以见西晋政区总体面貌。

7. 本编中所提到的现代地名,以2004年《中华人民共和国行政区划简册》③为准。

8. 本编征引文献,为省篇幅,或以简称出现。具体说明如下:

陈寿《三国志·魏书》、《蜀书》、《吴书》,简称《魏志》、《蜀志》、《吴志》④;

班固《汉书·地理志》,简称《汉志》;

司马彪《续汉书·郡国志》,简称《续汉志》;

沈约《宋书·州郡志》,简称《宋志》;

房玄龄等《晋书·地理志》,简称《晋志》;

魏收《魏书·地形志》,简称《地形志》;

李吉甫《元和郡县图志》,简称《元和志》;

乐史《太平寰宇记》,简称《寰宇记》;

毕沅《晋书地理志新补正》,简称毕氏《新补正》;

方恺《新校晋书地理志》,简称方氏《新校志》;

洪亮吉《东晋疆域志》,简称洪氏《东晋志》;

吴士鉴《晋书斠注》,简称吴氏《斠注》;

吴增仅《三国郡县表》,简称吴氏《表》;

吴增仅《〈三国郡县表〉考证》,简称吴氏《考证》;

杨守敬《〈三国郡县表〉补正》,简称杨氏《补正》;

洪亮吉《补三国疆域志》,简称洪氏《补志》;

谢锺英《〈补三国疆域志〉补注》,简称谢氏《补注》;

谢锺英《三国疆域志疑》,简称谢氏《志疑》;

金兆丰《校补三国疆域志》,简称金氏《校补》;

---

① 详孔祥军:《杜预〈春秋经传集解〉所存太康地志辑考》,收入《汉唐地理志考校》,新世界出版社,2012年。
② 详毕沅:《晋太康三年地志王隐晋书地道记总序》。
③ 中华人民共和国民政部编,中国地图出版社,2005年。
④ 本编所引《三国志》底本,除特别说明者外,概为卢弼《三国志集解》(中华书局,1982年),标点由笔者酌加,其文字标点与通行本中华书局点校本《三国志》或有相异之处,特此说明。

卢弼《三国志集解》,简称卢氏《集解》;
赵一清《三国志注补》,简称赵氏《注补》;
司马光《资治通鉴》,简称《通鉴》;
顾祖禹《读史方舆纪要》,简称《纪要》。

第一章 西晋诸州郡县沿革

第一节 司 州①沿 革

司州(266—311),治洛阳②(今河南洛阳市东北)。晋武帝泰始元年(265)分河南置荥阳郡,二年分河内置汲郡,分阳平置顿丘郡,又分雍州京兆郡置上洛郡,共十二郡,与《晋志》司州所领合(太康二年[281]之司州政区见图 15)。据《晋志》:"永嘉之后,司州沦没刘聪。"又《晋书》卷 5《孝怀帝纪》:"(永嘉五年六月)丁酉,刘曜、王弥入京师。"则永嘉五年(311)除荥阳、弘农诸郡外,司州大部沦没。

(一)河南尹③(266—311)——治洛阳(今河南洛阳市东北)

按:魏末河南尹领县二十二④,西晋泰始元年荥阳等八县割属荥阳郡,阳城县来属。太康元年后新郑县见废,新安县来属,领县十二⑤,与《晋志》河南尹所领合。

---

① 据《晋志》:"晋武帝太康元年,既平孙氏,凡增置郡国二十有三,省司隶置司州。"又《通典》卷 171《州郡一》:"晋武帝太康元年平吴,分为十九州部:置司州,治洛阳。"则司州太康元年前似当作司隶。吴氏《考证》卷 1 以为魏晋司隶通称为司州,故司州可与司隶互称,而至晋太康元年始定名司州,是。
② 据《通典》卷 177《州郡七》:"后汉为司隶,理洛阳……晋分置司州,领郡十一,理洛阳。"则西晋时司州当治洛阳。
③ 据《地形志》:"河南郡,秦置三川守,汉改为河南郡。后汉、晋为尹,后罢。"则西晋时当为河南尹。
④ 所领偃师县,据《寰宇记》卷 5 河南道河南府偃师县条:"偃师……晋并入洛阳。"《晋志》无此县,则当废于晋初。方氏《新校志》据《帝王世纪》有偃师县以为其西晋时未废,《寰宇记》乃承《晋志》望文生义。今检《隋书·经籍志》:"《帝王世纪》十卷,皇甫谧撰,起三皇尽汉魏。"又《晋书》卷 51《皇甫谧传》:"时魏郡召上计掾举孝廉,景元初相国辟,皆不行……(皇甫)谧所著诗、赋、诔、颂、论、难甚多,又撰《帝王世纪》。"据此皇甫谧为魏人,所撰《帝王世纪》乃"起三皇尽汉魏",不足以说明西晋时情况。又谷城县,据《寰宇记》卷 3 河南道河南府条:"谷城……西晋省,并入河南。"《晋志》无此县,当废于晋初。方氏又《山海经》郭璞注有谷城县以为西晋时有谷城县,《寰宇记》亦误。吴朝寅按语据原属谷城县之函谷关《晋志》列于新安县下,以为谷城县其时确然已省,且以为郭璞注所谓谷城县乃东晋复置,是。方氏于此二县之推断均误。又原武县,据《地形志》:"原武,二汉属河南,晋罢。"《晋志》无此县,当废于晋初。
⑤ 据《寰宇记》卷 5 河南道密县条:"晋泰始二年,分河南置阳翟郡,以密县属焉。"则泰始二年似曾分河南置阳翟郡,然《元和志》、《舆地广记》皆言阳翟郡后魏置,则此郡似旋置旋废。

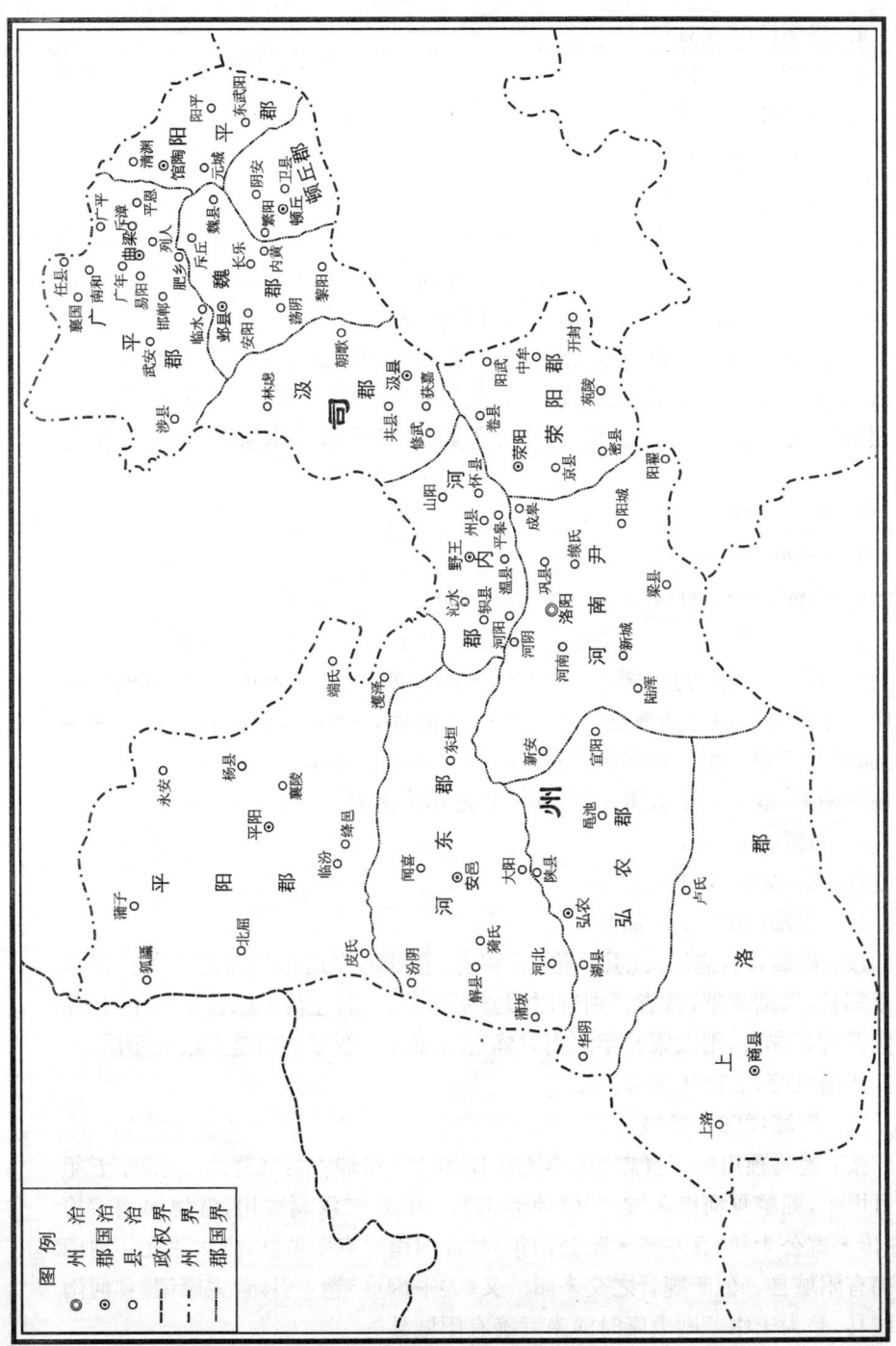

图 15 太康二年(281)西晋司州政区

1. 洛阳(266—311)
2. 巩(266—311)
3. 河南(266—311)
4. 河阴(266—311)
5. 成皋(266—311)

按：检《左传·隐公五年》、《左传·庄公二十一年》、《左传·成公四年》、《左传·昭公五年》杜注河南尹皆有成皋县，则太康元年河南尹确有成皋县。方氏《新校志》以为成皋县西晋时移属荥阳郡，后人窜改《昭公五年》杜注，故不可信。据上引《左传》隐公五年、庄公二十一年、成公四年、昭公五年杜注岂皆是后人窜改？且后人窜改一县属郡，又有何用意？方氏误甚。又《地形志》："成皋，二汉、晋属河南。"则成皋县西晋时当属河南尹。

6. 猴氏(266—311)
7. 新城(266—311)
8. 陆浑(280—311)

按：检《宋书》卷28《符瑞中》："泰始元年十二月，白虎见弘农陆浑。"则泰始元年时陆浑县移属弘农郡。又《左传·昭公四年》杜注河南尹有陆浑县，则太康元年河南尹确有陆浑县。又《宋志》："陆浑，汉旧县，属弘农，《晋太康地志》属河南。"则太康三年河南尹有陆浑县。《晋志》陆浑县属焉，则太康四年陆浑属河南尹，故至迟于太康元年，陆浑县复属河南尹。

9. 阳翟(266—311)
10. 梁(266—311)
11. 新郑(266—280后)

按：魏属，《晋志》无此县。检《元和志》卷8河南道郑州新郑县条："汉以为新郑县，属河南郡，晋省。"则晋时似省新郑县。而《左传·隐公十一年》杜注河南尹有新郑县，则太康元年河南尹确有新郑县。新郑县当是太康元年后、太康四年前见废，而确年乏考。

12. 阳城(266—311)

按：魏属颍川郡，《晋志》属，据《宋书》卷28《符瑞中》："(晋武帝)咸宁五年九月甲午，麒麟见河南阳城。"又《地形志》："阳城，二汉属颍川，晋属河南。"检《左传·宣公十年》、《左传·昭公四年》杜注河南尹有阳城县，则太康元年河南尹确有阳城县。似于魏晋之交来属。又《太平御览》卷4引《晋太康记》："河南阳城县，是为土中。"则太康时河南尹确有阳城县。

13. 新安(280 后—311)

按：魏属弘农郡，《晋志》属，检《寰宇记》卷 97 江南东道衢州条引《舆地志》："后汉献帝初平三年分太末立新安县，晋太康元年以弘农有新安改名为信安。"据此晋太康元年新安县仍属弘农郡。又《宋志》："新安，二汉属弘农，《晋太康地志》属河南①。"则太康三年前新安县已移属河南郡。又《地形志》："二汉属恒农，晋属河南。"又《元和志》卷 5 河南道河南府新安县条："新安县……本汉旧县，属弘农郡，晋改属河南郡。"则太康元年后、太康三年前新安县移属河南尹。

(二) 荥阳郡(266—316)——治荥阳(今河南荥阳市东北)

按：魏末无此郡，据《宋志》："荥阳，晋武帝泰始元年，分河南立。"则泰始元年晋武帝分河南尹置荥阳郡。《晋志》："荥阳郡，泰始二年置。""泰始二年"似为"泰始元年"之讹。《晋志》荥阳郡领县八，此八县均由河南尹划出。据《晋书》卷 5《愍帝纪》："及洛阳倾覆，避难于荥阳密县……(建兴元年)九月，司空荀藩薨于荥阳……(建兴五年)二月刘聪使其将刘畅攻荥阳，太守李矩击破之。"则终西晋荥阳未没。

1. 荥阳(266—316)

按：魏末属河南尹，《晋志》属。检《地形志》："荥阳，二汉属河南，晋属(荥阳郡)。"则荥阳县西晋时属荥阳郡。

2. 京(266—316)

按：魏末属河南尹，《晋志》属。检《左传·隐公元年》、《左传·僖公二十四年》、《左传·宣公十二年》杜注荥阳郡有京县，则太康元年荥阳郡确有京县。又《地形志》："京，二汉属河南，晋属(荥阳郡)。"则京县西晋时属荥阳郡。

3. 密(266—316)

按：魏末属河南尹，《晋志》属。检《左传·僖公六年》经文、《左传·僖公三十三年》、《左传·襄公元年》杜注荥阳郡有密县，则太康元年荥阳郡确有密县。又《地形志》："密，二汉属河南，晋属(荥阳郡)。"则密县西晋时属荥阳郡。

4. 卷(266—316)

按：魏末属河南尹，《晋志》属。检《左传·庄公二十三年》经文、《左传·僖公二十八年》、《左传·文公七年》经文、《左传·成公十年》杜注荥阳郡有卷县，则太康元年荥阳郡确有卷县。又《地形志》："卷，二汉属河南，晋属(荥阳郡)。"则卷县西晋时属荥阳郡。

---

① 原作属河东，中华书局标点本据成孺《宋书州郡志校勘记》改河东为河南，是。

5. 阳武(266—316)

按：魏末属河南尹,《晋志》属。检《地形志》:"阳武,二汉属河南,晋属荥阳。"则阳武县西晋时属荥阳郡。

6. 苑陵(266—316)

按：魏末属河南尹,《晋志》属。检《左传·隐公元年》经文、《左传·宣公元年》经文、《左传·成公十六年》杜注荥阳郡有苑陵县,则太康元年荥阳郡确有苑陵县。而《地形志》:"苑陵,二汉属河南,晋属汝阳。"方氏《新校志》、毕氏《新补正》皆以为"汝阳"当为"荥阳"之讹,其时无汝阳郡,是,则西晋时荥阳郡有苑陵县。

7. 中牟(266—316)

按：魏末属河南尹,《晋志》属。检《左传·僖公三十年》、《左传·僖公三十三年》、《左传·宣公元年》杜注荥阳郡有中牟县,则太康元年荥阳郡确有中牟县。又《地形志》:"中牟县,二汉属河南,晋属荥阳。"则中牟县西晋时属荥阳郡。

8. 开封(266—316)

按：魏末属河南尹,《晋志》属。检《左传·哀公十四年》杜注荥阳郡有开封县,则太康元年荥阳郡确有开封县。又《地形志》:"开封,二汉属河南,晋属荥阳。"则开封县西晋时属荥阳郡。

(三) 弘农郡(266—316)——治弘农(今河南灵宝市北)

按：魏末弘农郡领县八,其中卢氏县泰始二年后移属上洛郡,新安县太康元年后移属河南尹,领县六,与《晋志》本郡所领合。泰始元年陆浑县来属,旋又复归河南尹。据《通鉴》卷90"建武元年春正月,汉兵东略,弘农太守宋哲奔江东"胡三省注云:"哲屯华阴,汉兵自长安东略,故弃城来奔。"则至西晋末弘农未没,东晋建武元年(317)方陷。

1. 弘农(266—316)
2. 湖(266—316)
3. 宜阳(266—316)
4. 黾池(266—316)
5. 华阴(266—316)
6. 陕(266—316)
7. 卢氏(266)

按：魏末属,《晋志》属上洛郡,泰始二年后移属焉。

8. 新安(266—280后)

按：魏末属,《晋志》属河南尹,太康元年后移属焉。

9. 陆浑(266—279?)

按：魏末、《晋志》皆属河南尹，泰始元年陆浑县属弘农郡，太康元年前移属河南尹，而确年乏考。

（四）上洛郡(266—311)——治商(今陕西商洛市商州区)

按：魏末无此郡，检《宋志》："南上洛太守，《晋太康地志》分京兆立上洛郡，属司隶。"又《晋志》："上洛郡，泰始二年，分京兆南部置。"则泰始二年晋武帝分雍州京兆郡置上洛郡，且属司州。其时无司隶，《宋志》所谓"属司隶"乃用旧称，当作"属司州"①。《晋志》上洛郡领县三。泰始三年曾置丰阳、拒阳二县，旋废。

1. 商(266—311)

按：魏末属京兆郡，《晋志》属。检《左传·文公十年》杜注上洛郡有商县，则太康元年上洛郡确有商县。《地形志》："商，前汉属恒农，后汉属京兆，晋属上洛。"上洛郡泰始二年置，则泰始二年后商县似属上洛郡。

2. 上洛(266—311)

按：魏末属京兆郡，《晋志》属。检《地形志》："上洛，前汉属恒农，后汉属京兆，晋属（上洛）。"上洛郡泰始二年置，则泰始二年后上洛县似属上洛郡。

3. 卢氏(266—311)

按：魏末属弘农郡，《晋志》属。检《宋志》："卢氏……二汉属弘农，《晋太康地志》属上洛。"则太康三年上洛郡确有卢氏县，上洛郡泰始二年置，则泰始二年后卢氏县似移属焉。

4. 丰阳(267—?)

按：魏末、《晋志》皆无此县。检《寰宇记》卷141山南西道商州丰阳县条："晋太始三年分商县之地置丰阳县。因丰阳川以为名，寻废。"则丰阳县泰始三年置，当属上洛郡，后废，而确年乏考。

5. 拒阳(267—?)

按：魏末、《晋志》皆无此县。检《寰宇记》卷141山南西道商州洛南县条："晋太始三年分上洛地于今县东北八十里置拒阳县，属上洛郡，寻省。"则拒阳县泰始三年置，当属上洛郡，后废，而确年乏考。

（五）平阳郡(266—311)——治平阳(今山西临汾市西)

按：魏末领县十，端氏、濩泽二县自河东郡来属，领县十二，与《晋志》本郡

---

① 《寰宇记》卷141山南西道商州条："晋初改为京兆南部，后又立为上洛郡，即太始三年分京兆置上洛郡。"所谓"太始三年"，误。

所领合。

1. 平阳(266—311)
2. 杨①(266—311)
3. 端氏(266—311)

按：魏属河东郡，《晋志》属。检《地形志》："端氏，二汉属河东，晋属平阳。"则西晋时端氏县属平阳郡。

4. 永安(266—311)
5. 蒲子(266—311)
6. 狐讘(266—311)
7. 襄陵(266—311)
8. 绛邑②(266—311)
9. 濩泽(266—311)

按：魏属河东郡，《晋志》属。检《地形志》："濩泽，二汉属河东，晋属平阳。"则西晋时濩泽县属平阳郡。

10. 临汾(266—311)
11. 北屈(266—311)
12. 皮氏(266—311)

（六）河东郡(266—311)——治安邑(今山西夏县西)

按：魏末领县十一，端氏、濩泽移属平阳郡，领县九，与《晋志》本郡所领合。

1. 安邑(266—311)
2. 闻喜(266—311)
3. 东垣(266—311)

按：魏属，《晋志》作"垣"属，方氏《新校志》据《左传》杜预注、《山海经》郭璞注以为"垣"当作"东垣"，是。又百衲本《宋书·州郡志》："东垣，二汉、《晋太康地志》、何有东垣县。"中华书局标点本《宋书》校勘记引孙虨《宋书考论》云"当作河东有垣县"，并据之改为"河东有垣县"，误。检《左传·襄公元年》杜注

---

① 检《左传·庄公二十八年》、《左传·襄公二十九年》杜注平阳郡有杨县，又《地形志》："杨，二汉属河东，晋属平阳。"方氏《新校志》引《左传》僖公十五年、昭公二十八年杜预注以为"杨"当作"杨氏"，今遍检诸志及《晋书》未见平阳杨氏县之名，又《左传》僖公二十四年、襄公二十九年杜注皆作"平阳杨县"，则前二条杜注所谓"杨氏县"当为"杨县"之讹，明矣。

② 检《左传·隐公五年》、《左传·庄公二十六年》、《左传·成公六年》杜注平阳郡有绛邑县，则太康元年平阳郡有绛邑县。又《地形志》："北绛，二汉属河东，晋属平阳。二汉、晋曰绛。"《汉志》河东郡有绛县。则所谓"二汉、晋曰绛"当为"前汉为绛，后汉、晋为绛邑"。

河东郡有东垣县,则太康元年河东郡有东垣县。又《地形志》:"东垣,二汉、晋属河东。"则西晋时东垣县属河东郡。

4. 汾阴(266—311)

按:魏属,《晋志》作"汾阳"属,毕氏《新补正》、方氏《新校志》及吴氏《按》皆以为"汾阳"为"汾阴"之讹,是。检《左传·文公六年》杜注河东郡有汾阴县,则太康元年河东郡有汾阴县。又《地形志》:"汾阴,二汉、晋属河东。"则西晋时汾阴县属河东郡。

5. 大阳(266—311)

6. 猗氏①(266—311)

按:魏、《晋志》皆属。检《地形志》:"猗氏,二汉、晋属河东。"则西晋时猗氏县属河东郡。

7. 解(266—311)

8. 蒲坂(266—311)

9. 河北(266—311)

(七)汲郡(266—311)——治汲(今河南新乡市东北)

按:魏末无此郡。据《晋志》:"汲郡,泰始二年置。"而《水经注》卷9:"(清水)又东,过汲县北。县故汲郡治,晋太康中立。"检《宋志》卷33《五行四》:"咸宁五年六月庚戌,汲郡、广平、陈留、荥阳雨雹。"则咸宁时已有汲郡,《晋志》似不误,《水经注》所谓"晋太康中立",误,其所谓"县故汲郡治",似有所据,从之。领县六。

1. 汲(266—311)

按:魏属河内郡,《晋志》属。检《地形志》:"汲,二汉属河内,晋属(汲郡)。"则西晋时汲县属汲郡。

2. 朝歌(280—311)

按:魏末无此县,《晋志》属。检《宋志》:"朝歌,二汉属河内,《晋太康地志》属汲郡。晋武太康元年始立。"则太康元年朝歌县始立。又据《左传·隐公元年》、《左传·襄公二十三年》杜注汲郡有朝歌县,则朝歌县太康元年始置后即属汲郡。又据上引《宋志》,太康三年朝歌仍确属汲郡。又《地形志》:"朝歌,二汉属河内,晋属(汲郡)。"则西晋时朝歌县属汲郡。

---

① 毕氏《新补正》引《寰宇记》以为晋恭帝二年改猗氏县为桑泉县,今检《寰宇记》卷46河东道蒲州猗氏县条:"西魏恭帝二年,改猗氏为桑泉县。"又《元和志》卷12河中道河中府猗氏县条:"东魏恭帝二年,改猗氏为桑泉县。"则《寰宇记》所谓"西魏恭帝"当为"东魏恭帝"之讹,毕氏失检,误。

3. 共(266—311)

按：魏属河内郡，《晋志》属。检《左传·隐公元年》、《左传·隐公七年》经文杜注汲郡皆有共县，则太康元年汲郡有共县。又《地形志》："共，二汉属河内，晋属汲。"则西晋时共县属汲郡。

4. 林虑(266—311)

按：魏属河内郡，《晋志》属。检《左传·成公十七年》杜注汲郡有林虑县，则太康元年汲郡有林虑县。又《地形志》："林虑，二汉属河内，晋属汲郡。"则西晋时林虑县属汲郡。

5. 获嘉(266—311)

按：魏属河内郡，《晋志》属。检《地形志》："获嘉，二汉属河内，晋属（汲郡）。"则西晋时获嘉县属汲郡。

6. 修武(266后—311)

按：魏属河内郡，《晋志》属。检《水经注》卷9："京相璠曰：'河内修武县北有故隤城。'"又《水经注》卷16载："京相璠与裴司空彦季修《晋舆地图》，作《春秋地名》。"又《隋书·经籍志》："《春秋土地名》三卷，晋裴秀客京相璠等撰。"则郦道元所谓裴司空即裴秀，姚振宗《隋书经籍志考证》以为："《晋书》裴秀传：（裴）秀为司空，作《禹贡地域图》十八篇，奏之。（京相）璠等是书盖作于其时，晋武帝泰始中也。"是，则京相璠所谓"河内修武县"当是晋泰始时情况，泰始时修武属河内郡。又《左传·隐公十一年》、《左传·文公五年》、《左传·定公元年》杜注汲郡皆有修武县，则太康元年修武已移属汲郡。又《地形志》"南修武，二汉属河内，晋属（汲郡）"，当曰"南修武，二汉曰修武，属河内，晋曰修武，属（汲郡）"。

（八）河内郡(266—311)——治野王①(今河南沁阳市)

按：魏末河内郡领县十四，泰始二年汲郡由河内郡割出，领县九，与《晋志》本郡所领合。

1. 野王(266—311)
2. 州(266—311)
3. 怀(266—311)
4. 平皋(266—311)
5. 河阳(266—311)

---

① 据《元和志》卷16河北道怀州条："晋河内郡，移理野王。"又《寰宇记》卷53河北道怀州武陟县条："故怀县……两汉河内郡并理之，晋移郡理于野王。"则西晋时野王县为河内郡治所。

6. 沁水(266—311)

7. 轵(266—311)

8. 山阳(266—311)

9. 温(266—311)

10. 修武(266—?)

11. 汲(266)

12. 共(266)

13. 获嘉(266)

14. 林虑(266)

(九)广平郡(266—311)——治曲梁(今河北曲周县西南)

按：魏末领县十六①，广平县移属魏郡，后复属，领县十五，与《晋志》本郡所领合。

1. 曲梁(266—311)

2. 广平(266—279,282前—311)

按：魏末、《晋志》皆属。检《左传·昭公二十二年》杜注魏郡有广平县，则太康元年广平属魏郡，又《宋志》："广平令……《晋太康地志》属广平。"则太康三年广平郡有广平县，广平县似于太康元年后、太康三年前回属。又《地形志》："(广平县)晋属(广平郡)，后罢。"则西晋时广平郡有广平县。

3. 邯郸(266—311)

4. 易阳(266—311)

5. 武安(266—311)

6. 涉(266—311)

7. 襄国(266—311)

8. 南和(266—311)

9. 任(266—311)

10. 列人(266—311)

11. 肥乡(266—311)

12. 临水(266—311)

13. 广年(266—311)

---

① 其中曲周县，据《舆地广记》卷11河北西路洺州曲周县条："汉武帝建元四年置，属广平国，东汉属巨鹿郡，晋省之。"则其晋初见废。

14. 斥漳(266—311)

15. 平恩(266—311)

(十)阳平郡(266—311)——治馆陶(今河北馆陶县)

按：魏末阳平郡领县十一，泰始二年顿丘等四县移属顿丘郡，发干、乐平二县废又复置，领县七，与《晋志》本郡所领合。

1. 馆陶(266—311)

2. 元城(266—311)

3. 清渊①(266—311)

按：检《地形志》："清渊，二汉属魏郡，晋属(阳平郡)。"则西晋时阳平郡有清渊县。

4. 发干(266—282前,283—311)

按：魏末、《晋志》皆属。检《宋志》："(发干)《太康地志》无。"则太康三年时无发干县。据《地形志》："发干，二汉属东郡，晋属(阳平郡)。"又《晋志》本郡有发干县，则发干县太康四年复置。

5. 乐平(266—280后,283—311)

按：魏末、《晋志》皆属。检《左传·成公十七年》杜注阳平郡有乐平县，则太康元年阳平郡有乐平县。又《宋志》："乐平令，前汉曰清，属东郡，章帝更名，《晋太康地志》无。"则太康三年乐平县见废。《地形志》："乐平，二汉属东郡，晋属(阳平郡)。"又《晋志》本郡有乐平县，则乐平县太康四年复置。

6. 阳平(266—311)

7. 东武阳(266—311)

8. 顿丘(266)

9. 繁阳(266)

10. 阴安(266)

11. 卫(266)

(十一)顿丘郡(266—311)——治顿丘(今河南清丰县西南)

按：魏末无此郡，《晋志》："顿丘郡，泰始二年置。"而《宋志》："顿丘令，二汉属东郡，魏属阳平，晋武帝泰始二年，分淮阳置顿丘郡，顿丘县又属焉。"检《续汉志》："陈国，高帝置为淮阳，章和二年改(陈国)。"《晋志》："后汉章帝改淮阳曰陈郡。"则魏无淮阳郡，且《晋志》顿丘郡所领四县，于魏均属阳平郡，故《宋志》所谓"分淮阳置顿丘郡"似为"分阳平置顿丘郡"之讹。

---

① 《晋志》作"清泉"，钱氏《考异》卷19以为"清泉"本"清渊"，避唐讳改，是。

1. 顿丘(266—311)

按：魏末属阳平郡，《晋志》属。检《宋志》："顿丘令，二汉属东郡，魏属阳平，晋武帝泰始二年，分淮阳置顿丘郡，顿丘县又属焉。"又《地形志》："顿丘，二汉属东郡，晋属顿丘。"则西晋时顿丘县属顿丘郡。

2. 繁阳(266—311)

按：魏末属阳平郡，《晋志》属。检《地形志》："繁阳，二汉属（魏尹），晋属顿丘。"则西晋时顿丘郡有繁阳县。

3. 阴安(266—311)

按：魏末属阳平郡，《晋志》属。检《宋志》："阴安令，汉旧名，属魏郡，《晋太康地志》属顿丘。"则太康三年顿丘郡确有阴安县。又《宋志》："阴安令，二汉属魏，魏属阳平，晋属顿丘。"又《地形志》："阴安，二汉属魏郡，晋属（顿丘郡）。"则西晋时阴安县属顿丘郡。

4. 卫①(266—311)

按：魏末属阳平郡，《晋志》属。检《左传·文公元年》经文、《左传·昭公元年》杜注顿丘郡有卫县，则太康元年顿丘郡确有卫县。又《地形志》："卫国，二汉属东郡，晋属（顿丘郡）。"则西晋时顿丘郡有卫县。

（十二）魏郡(266—311)——治邺（今河北磁县南）

按：魏末领县六，太康元年前增置长乐县，广平县来属。太康三年前增置安阳县，广平县移属广平郡，领县八，与《晋志》本郡所领合。

1. 邺(266—311)

2. 内黄(266—311)

3. 长乐(280前—311)

按：魏末无此县，《晋志》属。检《元和志》卷16河北道相州内黄县条："尧城县，本汉内黄县地，晋于此置长乐县。"则西晋时分内黄置长乐县。又《左传·成公十七年》杜注魏郡有长乐县，则长乐县当置于太康元年前，而确年乏考。

4. 魏(266—311)

5. 荡阴(266—311)

6. 安阳(282前—311)

按：魏末无此县，《晋志》属。检《元和志》卷16河北道相州安阳县条："汉

---

① 方氏《新校志》以为"卫"当作"卫国"，检《续汉志》、《晋志》、宋本《春秋经传集解》杜预注，皆作"卫"，方氏误。

初废,以其地属汤阴县。晋于今理西南三里置安阳县,属魏郡。"则西晋时分荡阴置安阳县,且属魏郡。又《宋志》:"安阳令,《晋太康地志》有。"则安阳县当置于太康三年前,而确年乏考。

  7. 斥丘(266—311)

  8. 黎阳(266—311)

  9. 广平(280—282前)

  按:魏末、《晋志》皆属广平郡,太康元年属魏郡,又于太康三年前移属广平郡。

第二节 兖州沿革

  兖州(266—316),治廪丘(今山东郓城县西北)①。魏末领郡八,《晋志》领郡八,其中濮阳、高平乃是承袭魏末之东郡、山阳而来,则兖州所领八郡,自汉末历魏至西晋末年,未有变化(太康二年[281]之兖州政区见图16)。据《晋志》:"惠帝之末,兖州阖境沦没石勒。"然据《晋书》卷5《孝愍帝纪》:"(建兴元年)六月,石勒害兖州刺史田徽。是时,山东郡邑相继陷于勒。"则至愍帝建兴元年(313),除泰山郡,兖州大部始没。

  (一) 陈留国(266—313)——治小黄②(今河南开封市东北)

  按:魏末领县十四。陈留县晋初见废。考城县太康三年前见废。扶沟、圉二县废而复置。领县十二。又《宋志》:"济阳太守,晋惠分陈留为济阳国。"则惠帝时似分陈留为济阳国,而确年、属县皆乏考。又据济阴郡考证,太康三年后改济阴郡为济阳郡,则惠帝时似分陈留合济阳郡为济阳国,详情乏考。

  1. 小黄(266—313)

  2. 浚仪(266—313)

  3. 封丘(266—313)

  4. 酸枣(266—313)

  5. 济阳(266—313)

  6. 长垣(266—313)

---

① 据《宋志》:"兖州刺史,后汉治山阳昌邑,魏、晋治廪丘。"又《通典》卷171《州郡一》:"晋武帝太康元年平吴,分为十九州部……兖治廪丘。"则西晋时兖州治廪丘。

② 据《舆地广记》卷5东京开封府陈留县条:"汉武帝元狩元年置陈留郡,晋为陈留国,治小黄,而省陈留县。"则陈留国西晋时治小黄县。

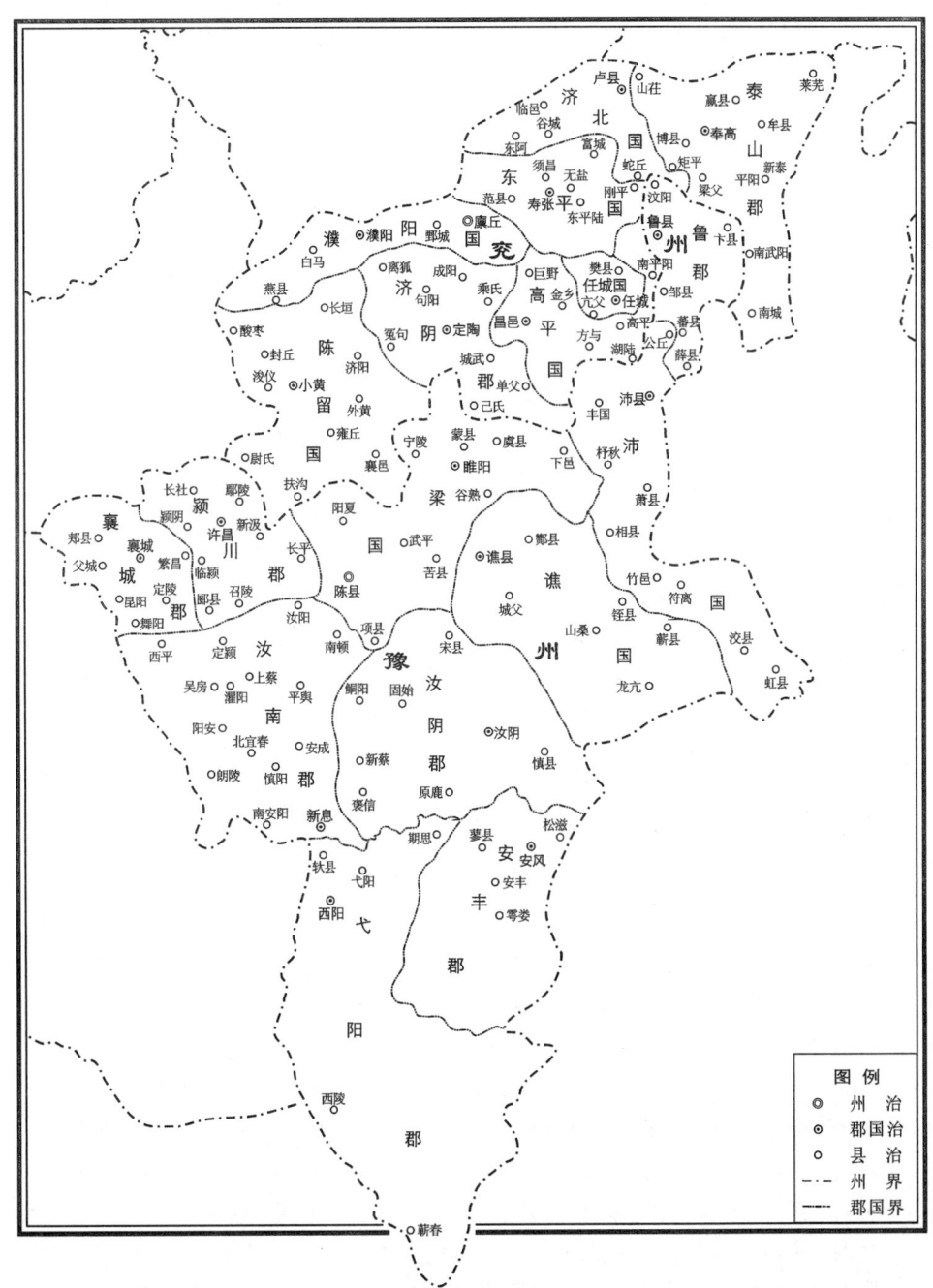

图 16　太康二年(281)西晋兖州、豫州政区

7. 雍丘(266—313)

8. 尉氏(266—313)

9. 襄邑(266—313)

10. 外黄(266—313)

11. 圉(266—280前,283后—313)

按：魏末属,《晋志》无此县,检杜预《春秋释例》卷5:"或以为陈留扶沟县东北有圉城,迂远,非。"则太康元年时圉县似已见废且并入扶沟县。又《宋志》:"圉县令,前汉属淮阳,后汉属陈留,《晋太康地志》无此县。"则太康三年陈留国无此县。而《地形志》:"圉城,二汉、晋曰圉,前汉属淮阳,后汉、晋属陈留。"则其后似又复置圉县,而确年乏考。

12. 扶沟(266—282,283后—313)

按：魏末属,《晋志》无此县,检杜预《春秋释例》卷5:"或以为陈留扶沟县东北有圉城,迂远,非。"则太康元年时陈留国当有扶沟县。又《宋志》:"(扶沟)前汉属淮阳,后汉、《晋太康地志》属陈留。"则太康三年陈留国确有扶沟县。而《晋志》无此县,则太康四年扶沟县废。又《地形志》:"扶沟,前汉属淮阳,后汉、晋属陈留……(真君七年)后属(许昌郡)。"则扶沟县其后又复置,确年均乏考。

13. 考城(266—282前)

按：魏末属,《晋志》无此县,检《晋书》卷77《蔡谟传》:"蔡谟,字道明,陈留考城人也。"蔡谟西晋时人,则考城县西晋时似仍未废。又《宋志》:"考城令……章帝更名,属陈留,《太康地志》无。"则太康三年陈留国无考城县,似于此前见废,而确年乏考。

(二)东郡(266—275,276—279濮阳国,280,281—313濮阳国)——治濮阳(今河南濮阳县南)

按：《晋志》:"濮阳国,故属东郡,晋初分东郡置。"检《宋志》:"南濮阳太守,本东郡,属兖州,晋武帝咸宁二年以封子(司马)允,以'东'不可为国名,东郡有濮阳县,故曰濮阳国。濮阳,汉旧名也。(司马)允改封淮南,还曰东郡。"则咸宁二年(276)后改名濮阳国。又《左传·隐公五年》杜注有东郡燕县,《左传·僖公十三年》经文杜注有东郡濮阳县,《左传·襄公二十四年》杜注有东郡白马县,则太康元年濮阳国又复为东郡。又《宋书》卷33《五行四》:"(太康二年五月)庚寅,河东、乐安、东平、济阴、弘农、濮阳……雨雹,伤禾稼。"则太康二年又改东郡为濮阳国。《宋志》:"白马令,汉属东郡,《晋太康地志》属濮阳。"则太康三年为濮阳国,此后似沿用濮阳之名。又《晋书》卷64《司马允传》:"咸宁三年,封濮阳王,拜越骑校尉。太康十年,徙封淮南。"此句年代舛乱,"咸宁三年"当为"咸宁二年"之讹,"太康十年"当为"太康元年"之讹。方氏《新校志》以为东郡、濮阳二郡俱存,误甚。魏末领县九,其中东阿、谷城、临邑三县晋初移属济北国,范县晋初移属东平国,领五。

1. 濮阳(266—313)
2. 廪丘(266—313)
3. 白马(266—313)
4. 鄄城(266—313)
5. 燕(266—313)

按:魏末属东郡,《晋志》无此县,检《左传·隐公五年》、《左传·僖公二十四年》、《左传·定公八年》经文杜注皆有东郡燕县,则太康元年东郡有燕县。《宋志》:"燕县,前汉曰南燕,后汉曰燕,并属东郡,《太康地志》属濮阳。"则太康三年燕县仍未见废,且属濮阳国。又《晋书》卷55《潘岳传》:"俄尔,(孙)秀遂诬(潘)岳……为乱。诛之,夷三族……(潘)岳母及兄侍御史(潘)释、弟燕令(潘)豹……一时被害。"据陆侃如《中古文学系年》考证,潘岳卒于永康元年(300),则直至惠帝永康元年仍有燕令,《晋志》濮阳国似失载燕县,《舆地广记》卷9京西北路滑州胙城县条:"故南燕国。二汉为南燕县,属东郡……而《晋史·地理志》无此郡县,岂永嘉丧乱,简编失亡故耶?"或是。

6. 东阿(266—280前)

按:魏末属,《晋志》属济北国,据济北国东阿县考证,太康元年前其已移属济北国。

7. 谷城(266—280前)

按:魏末属,《晋志》属济北国,据济北国谷城县考证,太康元年前其已移属济北国。

8. 临邑(266—282前)

按:魏末属,《晋志》属济北国,据济北国临邑县考证,太康三年前其已移属济北国。

9. 范(266—272前)

按:魏末属,《晋志》属东平国,据东平国范县考证,泰始八年(272)前其已移属东平国。

(三)济阴郡(266—282,283—313济阳郡)——治定陶(今山东定陶县)

按:魏作济阴郡,宋本《晋志》作"济阳郡",中华书局标点本《晋书》校勘记据钱氏《考异》及《宋志》、《左传》杜注以为当作"济阴郡",并改《晋志》正文为"济阴郡",方氏《新校志》、吴氏《斠注》皆同之,疑误。检《左传·隐公七年》经文杜注有济阴城武县,则太康元年仍作济阴郡。《宋志》:"城武令,前汉属山阳,后汉,《晋太康地志》属济阴。"则太康三年仍作济阴郡。而《通典》卷177《州郡七》:"曹州……汉改为梁国……宣帝更名定陶,后为济阴郡。后汉因之。晋为济阳郡。"又《舆地广记》卷7京东西路兴仁府济阴县条:"二汉置济阴郡,晋为济阳郡。"又《舆地广记》卷7京东西路洪州楚丘县条:"汉为己氏县,属梁国。后汉属济阴郡。晋属济阳郡。"则西晋确有"济阳郡"。而《晋志》政区断代在太康四年,则晋时改"济阴郡"为"济阳郡"当在太康四年,故《太康地志》为"济阴郡",而《晋志》为"济阳郡",中华书局标点本《晋书》误改。济阴郡魏末领县九,《晋志》领县九,其间未有变化。

1. 定陶(266—313)
2. 乘氏(266—313)
3. 句阳(266—313)
4. 离狐(266—313)
5. 冤句①(266—313)
6. 己氏(266—313)
7. 城武②(266—313)
8. 单父(266—313)
9. 成阳③(266—313)

(四) 济北国(266—313)——治卢(今山东肥城市北)

按:魏末领县三④,太康元年前东阿、谷城二县来属,太康三年前临邑县来属,领县五,与《晋志》本郡所领合。

1. 卢(266—313)
2. 蛇丘(266—313)
3. 东阿(280前—313)

按:魏属东郡,《晋志》属。检《左传·隐公四年》经文、《左传·桓公十年》经文、《左传·襄公十四年》杜注有济北东阿县,则太康元年前东阿县已移属济

---

① 魏作"冤句",《晋志》作"宛句"。今检《汉志》、《续汉志》、《宋志》、《地形志》均作"冤句",王鸣盛《十七史商榷》卷46"晋地理辨证"条引元板作"冤句",故"宛"似为"冤"之讹。《晋书音义》:"冤(原讹做宛)句,上于元反,下音劬。"既音yuan,则确为"冤"字。
② 魏作"成武",《晋志》作"成武"。检《左传·隐公七年》经文、《左传·隐公十年》经文、《左传·桓公二年》杜注有济阴城武县,又《宋志》:"城武令,前汉属山阳,后汉,《晋太康地志》属济阴。"则太康三年济阴郡有城武县。《地形志》亦作"城武",则《晋志》"成武"似为"城武"之讹。
③ 《晋志》作"城阳"。检《汉志》、《续汉志》、《水经注》卷40均作"成阳",故"城"似为"成"之讹。
④ 其中肥城县,据《地形志》:"肥城,前汉属泰山,后汉属济北,晋罢。"则肥城县晋初见废。

北国。又《地形志》:"东阿,二汉属东郡,晋属(济北)。"则太康元年东阿县确属济北国。又《宋志》:"东阿,二汉属东郡,晋无。"所谓"晋无",误。

4. 谷城(280前—313)

按:魏属东郡,《晋志》属。检《左传·庄公三十二年》经文、《左传·僖公二十六年》经文、《左传·文公十一年》杜注有济北谷城县,则太康元年前谷城县移属济北国。又《宋志》:"谷城令,前汉无,后汉属东郡,《晋太康地志》属济北。"则太康三年济北国有谷城县。又《地形志》:"谷城,后汉属东郡,晋属济北。"则太康元年后谷城县确属济北国。

5. 临邑(282前—313)

按:魏属东郡,《晋志》属。检《宋志》:"临邑,二汉属东郡,《晋太康地志》属济北。"又《地形志》:"临邑,二汉属东郡,晋属(济北)。"则太康三年前临邑县移属济北国,而确年乏考。

(五)东平国(266—313)——治寿张(今山东东平县南)

按:据《晋书》卷3《武帝纪》:"(泰始元年封皇从父弟司马)楙为东平王。"则泰始元年为东平国。魏末东平国领县八,其中宁阳县,据《舆地广记》卷7京东西路兖州龚丘县条:"龚丘县,本汉宁阳县,属泰山郡,后汉属东平国,晋省之。"则宁阳县晋初见废。又有章县,《晋志》不载,似亦见废。范县泰始八年前来属,则领县七,与《晋志》本郡所领合。

1. 寿张(266—313)

2. 须昌(266—313)

3. 范(272前—313)

按:魏末属东郡,《晋志》属。检《宋书》卷29《符瑞下》:"泰始八年正月,木连理生东平范。"则泰始八年时东平国有范县。又《左传·庄公三十一年》经文杜注有东平范县,则太康元年时东平国有范县。又《地形志》:"范,二汉属东郡,晋属兖州东平。"则西晋时范县确属东平国。

4. 无盐(266—313)

5. 富城(266—313)

6. 东平陆(266—313)

7. 刚(266—280后,280后—313刚平)

按:魏作"刚",《晋志》作"刚平"属。检《左传·哀公八年》经文杜注有东平刚县,则太康元年东平国有刚县。又《地形志》:"刚,前汉属泰山,后汉属济北,晋曰刚平。"又《舆地广记》卷7京东西路兖州龚丘县条:"汉刚县……后汉属济北国,晋曰刚平,属东平国。"则刚县似于太康元年后改名刚平县,仍属东平国。

（六）任城国(266—313)——治任城(今山东邹城市西南)

按：魏任城国领县三，与《晋志》本郡所领合。

1. 任城(266—313)
2. 亢父(266—313)
3. 樊(266—313)

（七）泰山郡(266—316)——治奉高(今山东泰安市东)

按：魏末领县十四，晋初华、蒙阴二县移属徐州琅邪国，盖县移属徐州东莞郡，领县十一，与《晋志》本郡所领合。莱芜后废，领县十。据《晋书》卷6《元帝纪》："(太兴二年四月)太山太守徐龛以郡叛，自号兖州刺史……四年春二月，徐龛又帅众来降……(永昌元年七月)石勒将石季龙攻陷太山，执守将徐龛。"则直至东晋太兴二年徐龛叛郡始没。

1. 奉高(266—316)
2. 博(266—316)
3. 嬴(266—316)
4. 南城①(266—316)
5. 梁父(266—316)
6. 山茌(266—316)
7. 平阳(266—280后，280后—316新泰)

按：魏作"平阳"属，《晋志》属。吴氏《考证》卷2据《魏志》、《左传》杜预注、《水经注》、《晋志》以为魏"平阳县"至晋改为"新泰县"，是。检《左传·宣公八年》杜注有泰山平阳县，则太康元年泰山郡有平阳县。《地形志》："新泰，魏置，晋属泰山。"则太康元年后，平阳县改名新泰县。

8. 南武阳(266—316)
9. 莱芜(266—283后)

按：魏、《晋志》皆属。检《左传·僖公元年》杜注有泰山莱芜县，则太康元年泰山郡有莱芜县。又《元和志》卷10河南道兖州莱芜县条："莱芜……至晋废。"则莱芜县后废，而确年乏考。

10. 牟②(266—316)
11. 矩平(266—316)

---

① 《晋志》作"南武城"，中华书局标点本《晋书》校勘记据钱氏《考异》以为"南武城"当作"南城"并改之，是。
② 《晋志》作"东牟"，中华书局标点本《晋书》校勘记据钱氏《考异》以为"东"字衍，当作"牟"并改之，是。

（八）高平国(266—313)——治昌邑(今山东金乡县西北)

按：魏末有山阳郡，《晋志》作"高平国"。检《宋志》："高平太守，故梁国，汉景帝中六年，分为山阳国，武帝建元五年为郡，晋武帝泰始元年更名。"《地形志》："高平郡，故梁国，汉景帝分为山阳国，武帝改为郡，晋武帝更名。"则泰始元年改山阳郡为高平国。《晋志》"高平国，故属梁国，晋初分山阳置"，当为"晋初改山阳置"。魏山阳郡领县九，其中瑕丘县，据《左传·哀公七年》传文杜注"高平南平阳县西北有瑕丘城"，则瑕丘县太康元年前省入南平阳县。又其中东缗县，《左传·僖公二十三年》经文杜注"缗，宋邑，高平昌邑县东南有东缗城"，则东缗县太康元年前已省入昌邑县。是高平国太康元年时领县七，与《晋志》本郡所领合。

1. 昌邑(266—313)
2. 巨野(266—313)
3. 方与(266—313)
4. 金乡(266—313)
5. 高平(266—313)
6. 南平阳(266—313)
7. 湖陆(266—313)
8. 瑕丘(266—280前)
9. 东缗(266—280前)

第三节 豫州沿革

豫州(266—316)，治陈(今河南淮阳县)。魏末领郡九，《晋志》领郡十，泰始二年(266)由汝南郡分出汝阴郡，咸宁元年(275)前增置安丰郡，太康二年(281)陈国见废(太康二年之豫州政区见前图16)。又《晋志》："惠帝分汝阴立新蔡，分梁国立陈郡，分汝南立南顿。"《宋志》："晋惠帝又分弋阳为西阳国。"则惠帝时新置四郡，而置废确年皆乏考，所属诸县亦乏考[1]。西晋末年领郡国十四。据《晋志》："永嘉之乱，豫州沦没石氏。"而《晋书》卷5《孝怀帝纪》："(永嘉五年)冬十月，勒寇豫州诸郡，至江而还。"则至永嘉五年(311)石勒方寇豫州。

---

[1] 按晋惠帝纪年，从永熙元年(290)到光熙元年(306)。因此四郡置废确年与所属诸县皆乏考，故以下诸郡县的考述，姑且略去新蔡、南顿、西阳三郡，三郡所属诸县亦按原郡属县标注年代，唯再置之陈郡列有可考之阳夏县。以下类似情况，同此处理。特此说明。

又据《晋书》卷5《孝愍帝纪》："(建兴元年)六月,石勒害兖州刺史田徽。是时,山东郡邑相继陷于勒。"则除谯郡、鲁郡、淮南之弋阳郡与安丰郡外,其余豫州诸郡似于建兴元年(313)沦没。

(一) 颍川郡(266—313)——治许昌(今河南许昌市东)

按:魏末领县十①,阳城县移属河南尹,太康元年前长平县来属,则领县九,与《晋志》本郡所领合。永康元年(300)增置西华县,领县十。

1. 许昌(266—313)
2. 长社(266—313)
3. 颍阴(266—313)
4. 临颍(266—313)
5. 鄢(266—313)
6. 召陵②(266—313)
7. 鄢陵(266—313)
8. 新汲(266—313)
9. 长平(280前—313)

按:魏末属陈郡,《晋志》属。检《左传·宣公十年》、《左传·襄公元年》、《左传·昭公二十年》杜注有颍川长平县,则太康元年颍川郡有长平县。《宋志》:"长平令,前汉属汝南,后汉属陈,《晋太康地志》属颍川。"则太康三年颍川郡有长平县。又《地形志》:"长平,前汉属汝南,后汉属陈国,晋属颍川。"则西晋时颍川郡有长平县。

10. 西华(300—313)

按:魏属汝南郡,《晋志》无此县。检《宋志》:"西华令,汉旧县,属汝南,晋初省,晋惠帝永康元年复立,属颍川。"又《地形志》:"西华,二汉属汝南,晋初省,惠帝永康元年复,属颍川。"则永康元年增置西华县且属颍川郡。

(二) 襄城郡(266—313)——治襄城③(今河南襄城县)

按:据《晋志》:"襄城郡,泰始二年置。"似泰始二年始置襄城郡。检《魏志》卷23《裴潜传》裴注引《魏略》,襄城其时有典农中郎将,《魏志》卷4《三少帝

---

① 其中纶氏县,据《元和志》卷5河南道河南府颍阳县条:"古纶氏县……汉属颍川,晋省。"则晋初见废。
② 《晋志》作"邵陵",检《汉志》汝南郡有"召陵"(《元和志》卷9河南道蔡州郾城条载:"汉置邵陵县,属汝南郡"误),《续汉志》汝南郡亦有"召陵"。又《左传·桓公二年》经文、《左传·僖公四年》经文、《左传·昭公十三年》杜预注有颍川邵陵县,又荆州邵陵郡昭陵县考证,晋初邵陵郡有邵陵县,一国不当有两"邵陵",故此当为"召陵"。
③ 《水经注》卷21:"汝水又东南,迳襄城县故城南……晋襄城郡治。"则晋时襄城郡治襄城县。

纪》:"(咸熙元年)……是岁,罢屯田官以均政役,诸典农皆为太守,都尉皆为令长。"又《宋志》:"魏分颍川为襄城郡。"则魏咸熙元年(264)置襄城郡。魏末领县七,与《晋志》本郡所领合。

1. 襄城(266—313)
2. 繁昌(266—313)

按:检《宋书》卷31《五行二》:"晋惠帝永宁元年,齐王冏举义军。军中有小儿出于襄城繁昌县,年八岁,发体皆白。"则惠帝永宁元年(301)襄城郡有繁昌县。又《地形志》:"襄城,二汉属颍川,晋属(襄城郡)。"则襄城县西晋时确属襄城郡。方氏《新校志》据《续汉志》注引《帝王世纪》以为晋时繁昌县属颍川郡,吴翔寅按语以为繁昌属颍川为魏时情况,魏末移属襄城郡,是,方氏误。

3. 郏(266—313)
4. 定陵(266—313)
5. 父城(266—313)
6. 昆阳(266—313)
7. 舞阳(266—313)

(三)汝南郡(266—313)——治新息①(今河南息县)

按:魏末领县二十六②,泰始二年分置汝阴郡,割出八县,太康元年后南顿县来属,鮦阳县移属汝阴郡,领县十五,与《晋志》本郡所领合。又《晋志》:"惠帝……分汝南立南顿。"则惠帝时分汝南郡置南顿郡,而属县乏考。

1. 新息(266—313)
2. 安阳(266—279,280—313南安阳)

按:《晋志》作"南安阳",据《宋志》:"安阳令,汉旧县,晋武太康元年改为南安阳。"则安阳加"南"字在太康元年。

3. 安成(266—313)
4. 慎阳(266—313)
5. 北宜春(266—313)
6. 朗陵(266—313)
7. 阳安(266—313)

---

① 据《舆地广记》卷9京西北路蔡州新息县条:"二汉属汝南郡,晋为郡治焉。"则西晋新息县为汝南郡治。
② 其中西华县,据《宋志》:"(西华)晋初省。"新阳县,据《舆地广记》卷9京西北路蔡州真阳条:"汉新阳县属汝南郡,后汉因之,晋省焉。"富陂县,文献无考,似于晋初见废。

8. 上蔡(266—313)

9. 平舆(266—313)

10. 定颍(266—313)

11. 灈阳(266—313)

12. 南顿(266,280后—313)

按：魏末、《晋志》均属。检《宋书》卷29《符瑞下》："晋武帝咸宁元年正月，木连理生汝阴南顿。"则泰始二年分汝南置汝阴郡时，南顿似已移属焉，故咸宁元年时南顿属汝阴郡。又《左传·僖公二十三年》杜注有汝阴南顿县，则至太康元年南顿仍属汝阴郡。又《地形志》："南顿。二汉、晋属汝南。"则太康元年后南顿复来属，而确年乏考。

13. 汝阳(266—313)

14. 吴房(266—313)

15. 西平(266—313)

16. 鲖阳(266—280后)

按：魏末属，《晋志》属汝阴郡。检《左传·襄公四年》杜注有汝南鲖阳县，则太康元年汝南郡有鲖阳县。又《地形志》："鲖阳，二汉属汝南，晋属汝阴。"则太康元年后，鲖阳县移属汝阴郡，而确年乏考。

(四) 汝阴郡(266—313)——治汝阴(今安徽阜阳市)

按：据《宋志》："汝阴太守，晋武帝分汝南立。"又《晋志》："汝阴郡，魏置郡，后废，泰始二年复置。"则武帝泰始二年分汝南郡置汝阴郡。泰始五年时有楼烦县，后废，太康元年后南顿县移属汝南郡，鲖阳县来属，领县八，与《晋志》本郡所领合。又《晋志》："惠帝分汝阴立新蔡。"则惠帝时分汝阴郡置新蔡郡，而领县乏考。

1. 汝阴(266—313)

按：魏末属汝南郡，《晋志》属。检《地形志》："汝阴，二汉属汝南，晋属(汝阴)。"则西晋时汝阴郡有汝阴县。

2. 慎(266—313)

按：魏末属汝南郡，《晋志》属。检《左传·哀公十四年》杜注有汝阴慎县，则太康元年汝阴郡有慎县。又《宋志》："慎令，汉属汝南，《太康地志》属汝阴。"则太康三年汝阴郡有慎县，其后似仍属。

3. 南顿(266—280后)

按：魏末、《晋志》属汝南郡。据汝南郡南顿县考证，太康元年后，南顿县由汝阴郡移属汝南郡。

4. 原鹿(266—313)

按：魏末属汝南郡，《晋志》属。检《左传·僖公二十一年》经文杜注有汝阴原鹿县，则太康元年汝阴郡有原鹿县，其后似仍属。

5. 固始(266—313)

按：魏末属汝南郡，《晋志》属。检《左传·宣公十二年》杜注有汝阴固始县，则太康元年汝阴郡有固始县。又《地形志》："固始，二汉属汝南，晋属汝阴。"则西晋时汝阴郡有固始县。

6. 新蔡(266—313)

按：魏末属汝南郡，《晋志》属。检《左传·昭公四年》杜注有汝阴新蔡县，则太康元年汝阴郡有新蔡县。又《地形志》："新蔡，二汉属汝南，晋属汝阴。"则西晋时汝阴郡有新蔡县。

7. 宋(266—313)

按：魏末属汝南郡，《晋志》属。检《地形志》："宋，前汉曰新郪，属汝南，后汉改，晋属（汝阴）。"则西晋时汝阴郡有宋县。

8. 褒信(266—313)

按：魏末属汝南郡，《晋志》属。检《左传·哀公十六年》杜注有汝阴褒信县，则太康元年汝阴郡有褒信县。又《宋志》："苞信令，前汉无，后汉属汝南，《晋太康地志》属汝阴。"又《宋志》："苞信令，本作褒信，《永初郡国》作苞信。"则太康三年时汝阴郡有褒信县，后似仍属。

9. 鮦阳(280 后—313)

按：魏末属汝南郡，《晋志》属。据汝南郡鮦阳县考证，太康元年后鮦阳县来属。

10. 楼烦(269—?)

按：魏末、《晋志》均无此县。检《宋书》卷 28《符瑞中》："泰始五年正月癸卯，白麞见汝阴楼烦，豫州刺史刘勋以献。"则泰始五年汝阴有楼烦县，其后似废，而确年乏考。

（五）梁国(266—313)——治睢阳(今河南商丘市南)

按：魏末领县六①，增置谷熟县，太康二年陈等四县来属，三年前苦县由谯国来属，领县十一。《晋志》领县十二，其中有长平县，据颍川郡考证晋时长平县属焉，中华书局标点本《晋书》"梁国之长平"条校勘记引马与龙《晋书地理

---

① 其中砀县，据《元和志》卷 7 河南道宋州砀山县条："砀山县，汉砀县，属梁国，后汉不改，晋以其地并入下邑。"

志注》:"县已见前颍川郡,此误复出。"是。惠帝时阳夏县移属陈郡,领县十。

1. 睢阳(266—313)
2. 蒙(266—313)
3. 虞(266—313)
4. 下邑(266—313)
5. 宁陵(266—313)
6. 谷熟(280前—313)

按:魏末无此县,《晋志》属。检《左传·文公十四年》经文杜注有梁国谷熟县,则太康元年梁国有谷熟县,谷熟县增置至迟在太康元年。又《宋志》:"谷熟令,前汉无,后汉、晋属梁。"则西晋时谷熟县属梁国。

7. 陈(281—313)

按:魏末属陈郡,《晋志》属。太康二年陈县来属。

8. 项(281—313)

按:魏末属陈郡,《晋志》属。太康二年项县来属。检《地形志》:"项,二汉属汝南,晋属梁国。"则太康二年后梁国确有项县。

9. 阳夏(281—290后)

按:魏末属陈郡,《晋志》属。太康二年阳夏县来属。惠帝时复属陈郡,而确年乏考。

10. 武平(281—313)

按:魏末属陈郡,《晋志》属。太康二年武平县来属。检《宋书》卷29《符瑞下》:"元康元年七月辛丑,梁国内史任式上言,武平界有柞栎二树,合为一体,连理。"则惠帝元康元年(291)梁国有武平县。

11. 苦(282前—313)

按:魏末属谯郡,《晋志》属。检《宋志》:"谷阳令,本苦县,前汉属淮阳,后汉属陈,《晋太康地志》属梁。"则太康三年梁国有苦县,当于此前来属。

(六)陈国(266—280,290后—313陈郡)——治陈①(今河南淮阳县)

按:据《晋书》卷3《武帝纪》:"(泰始元年封皇从叔父司马)斌为陈王。"则泰始元年为陈国。又据《晋志》:"武帝受命……合陈郡(当作陈国)于梁国。"武帝时合陈国入梁国。又陈国所领陈县,据《左传·僖公元年》杜注有陈国陈县,则太康元年陈县仍属陈国。又《宋志》:"陈令,前汉属淮阳,后汉属陈,《晋太康地志》属梁。"则太康三年梁国有陈县,陈县似于太康二年移属梁国。则陈国似

---

① 惠帝复置陈郡时,治所乏考。

于太康二年并入梁国。魏末陈郡领县六,晋初长平县移属颍川郡,太康二年四县移属梁国,柘县见废,陈郡亦废。又《晋志》:"惠帝……分梁国立陈郡。"则惠帝时分梁国复置陈郡,可考者惟阳夏一县。

1. 陈(266—280)

按:魏末属,《晋志》属梁国。太康二年移属梁国。

2. 项(266—280)

按:魏末属,《晋志》属梁国。太康二年移属梁国。

3. 武平(266—280)

按:魏末属,《晋志》属梁国。检《左传·成公十六年》杜注有陈国武平县,则太康元年武平县属陈国。又据本郡考证,其太康二年移属梁国。

4. 阳夏(266—280,290 后—313)

按:魏末属,《晋志》属梁国。据本郡考证,其太康二年移属梁国。检《地形志》:"阳夏,前汉属淮阳,后汉属陈国,晋初并梁,惠帝复。"惠帝时回属陈郡,而确年乏考。

5. 柘(266—280)

按:魏末属,《晋志》无此县。检《元和志》卷 7 河南道宋州柘城县条:"柘城县,《续汉志》属陈郡,至晋太康中废。"则柘县似于太康二年陈国并入梁国时见废。

6. 长平(266—280 前)

按:魏末属,《晋志》属颍川郡,太康元年前移属焉。

(七)沛国(266—313)——治沛(今江苏沛县)

按:据《晋书》卷 3《武帝纪》:"(泰始元年封皇从叔父司马)子文为沛王。"则泰始元年后为沛国。魏末沛国领县五,其后谯国六县来属,广戚县移属徐州彭城国。太康四年前公丘县移属鲁郡,领县九,与《晋志》本郡所领合。

1. 沛(266—313)

2. 相(266—313)

按:魏末属谯郡,《晋志》属。检《左传·桓公十五年》经文杜注有沛国相县,则太康元年沛国有相县。又《地形志》:"相,二汉、晋属(沛郡)。"则西晋时沛国有相县。

3. 丰(266—313)

4. 竹邑(266—313)

按:魏末属谯郡,《晋志》作"竺邑"属,据中华书局标点本《晋书》校勘记当作"竹邑"是也。检《宋志》:"《永初郡国》又有符离……竹邑,前汉曰竹……后汉曰竹邑。至晋并属沛。"则西晋时竹邑县移属沛国。

5. 符离（266—313）

按：魏末属谯郡，《晋志》属。检《宋志》："《永初郡国》又有符离……至晋并属沛。"则西晋时符离县移属沛国。

6. 杼秋（266—313）
7. 萧（266—313）

按：魏末属谯郡，《晋志》属。检《左传·庄公十二年》、《左传·昭公八年》经文杜注有沛国萧县，则太康元年沛国有萧县。又《地形志》："萧，二汉、晋属（沛郡）。"则西晋时沛国有萧县。

8. 洨（266—313）

按：魏末属谯郡，《晋志》属。检《宋志》："《永初郡国》又有符离、洨………至晋并属沛。"则西晋时洨县移属沛国。

9. 虹（266—313）

按：魏末属谯郡，《晋志》属。检《舆地广记》卷20淮南东路宿州虹县条："东汉虹属沛国，夏丘属下邳国，晋因之。"则西晋时虹移属沛国。

10. 公丘（266—283前）

按：魏属沛国，《晋志》属鲁郡。检《左传·隐公七年》经文杜注有沛国公丘县，则太康元年时沛国有公丘县。又《宋书》卷28《符瑞中》："太康九年十二月戊申，青龙一见鲁国公丘居民井中。"则太康九年前公丘确属鲁郡，而《晋志》公丘属鲁郡，则太康四年前公丘移属鲁郡。

（八）谯国（266—302，303—316谯郡）——治谯（今安徽亳州市）

按：据《晋书》卷3《武帝纪》："(泰始元年封皇从叔父司马)逊为谯王。"则泰始元年为谯国。又据《晋书》卷4《惠帝纪》："太安元年春正月庚子，安东将军、谯王（司马）随薨。"则泰始元年至太安元年（302）为谯国。《晋志》作谯郡，似误。魏末领县十四，晋初六县移属沛国，太康三年前苦县移属梁国，领县七，与《晋志》本郡所领合。据《宋志》总序云："江左又分荆为湘，或离或合，凡有扬、荆、湘、江、梁、益、交、广，其徐州则有过半，豫州唯得谯城而已。"又《宋志》南豫州刺史条："晋江左胡寇强盛，豫部歼覆，元帝永昌元年，刺史祖约始自谯城退还寿春。"则直至东晋永昌元年（322）谯城方没。

1. 谯（266—316）
2. 城父（266—313）
3. 酂（266—313）
4. 山桑（266—313）

5. 龙亢(266—313)

6. 蕲(266—313)

7. 铚(266—313)

8. 苦(266—282 前)

(九)鲁国(266—280 前,280 前—316 鲁郡)——治鲁(今山东曲阜市)

按:魏末作鲁国领县六,《晋志》作鲁郡。据《寰宇记》卷 21 河南道兖州条:"晋改为鲁郡。"又《左传·隐公元年》经文杜注有鲁国邹县、鲁国卞县,《左传·隐公十一年》杜注有鲁国薛县,则太康元年前已改国为郡。太康四年前,公丘县来属,领县七,与《晋志》本郡所领合。惠帝元康中蕃、薛二县移属徐州彭城郡,领县五。据《晋书》卷 6《元帝纪》:"(永昌元年七月)石勒将石季龙攻陷太山,执守将徐龛,兖州刺史郗鉴自邹山退守合肥。"鲁郡似于此时沦没。

1. 鲁(266—316)

2. 汶阳(266—316)

3. 卞(266—316)

4. 邹(266—316)

5. 蕃(266—291 后)

按:据《宋志》彭城太守条:"蕃令,汉旧县,属鲁。晋惠帝元康中度。"则其元康中移属徐州彭城郡。

6. 薛(266—291 后)

按:据《宋志》彭城太守条:"薛令,汉旧县,属鲁。晋惠帝元康中度。"则其元康中移属徐州彭城郡。

7. 公丘(283 前—316)

按:魏属沛国,《晋志》属。据沛国公丘县考证,太康四年前公丘移属鲁郡。

(十)弋阳郡(266—316)——治西阳①(今河南光山县西南)

按:魏末领县五,太康元年蕲春县来属,太康四年前邾县亦来属,领县七,与《晋志》本郡领县合。又《宋志》:"晋惠帝又分弋阳为西阳国,属豫州。"则晋惠帝时曾分弋阳郡置西阳国,而详情乏考。

1. 西阳(266—316)

2. 弋阳(266—316)

---

① 《舆地广记》卷 21 淮南西路光州光山县条:"汉为西阳县,属江夏郡。晋为弋阳郡治。"则西晋时弋阳郡治西阳县。

3. 軑（266—316）

4. 西陵（266—316）

5. 期思（266—316）

6. 蕲春（280—316）

按：吴时属蕲春郡，《晋志》属。检《宋志》："蕲阳令，二汉江夏郡有蕲春县，吴立为郡，晋武帝太康元年省蕲春郡，而县属弋阳。"则蕲春县吴时属蕲春郡，至晋太康元年蕲春郡省后移属弋阳郡。

7. 邾（283前—316）

按：吴时属蕲春郡，《晋志》属。检《宋志》："吴立蕲春郡，寻阳县属焉。晋武帝太康元年，省蕲春郡，以寻阳属武昌，改蕲春之安丰为高陵，及邾县，皆属武昌。"则吴时邾县属蕲春郡，至晋太康元年蕲春郡废移属武昌郡，太康四年前来属。

（十一）安丰郡（275前—316）——治安风（今安徽霍邱县西南）

按：据《晋志》："安丰郡，魏置。"而《宋志》："安丰县名……晋武帝立为安丰郡。"则安丰郡置而又废，武帝复置。谢氏《补注》据《魏志》引《魏略》嘉平五年（253）张特迁安丰太守，以为安丰郡魏文帝时置，于嘉平五年后废，是。《晋志》所谓"安丰郡，魏置"当为"安丰郡，魏置，后废。武帝时复置"。又《宋书》卷29《符瑞下》："晋武帝咸宁元年四月丁巳，白雉见安丰松滋。"则安丰郡复置当在咸宁元年（275）前。领县五。

1. 安风（275前—316）

按：魏末属扬州庐江郡，《晋志》属。

2. 松滋（275前—316）

按：魏末属扬州庐江郡，《晋志》属。检《宋志》："松滋令，前汉属庐江，后汉无，晋属安丰。"则西晋时安丰郡有松滋县。

3. 安丰（275前—316）

按：魏末属扬州庐江郡，《晋志》属。检《宋志》："安丰，县名……晋武帝立为安丰郡。"则西晋时安丰县属安丰郡。方氏《新校志》以为《宋志》载太康元年改安丰为高陵，而《宋志》又言晋武帝改安丰为安丰郡，二者矛盾。方氏不知三国魏扬州庐江郡、吴荆州蕲春郡各有安丰县，改为高陵者为吴之安丰，设安丰郡者为魏之安丰，二者本为两县，《宋志》所载并不矛盾，方氏所疑非是。

4. 蓼（275前—316）

按：魏末属扬州庐江郡，《晋志》属。检《左传·文公五年》杜注有安丰蓼县,则太康元年蓼县属安丰郡,其后仍属。

5. 雩娄(275前—316)

按:魏末属扬州庐江郡,《晋志》属。检《左传·襄公二十六年》杜注有安丰雩娄县,则太康元年雩娄县属安丰郡。又《宋志》:"雩娄令,二汉属庐江,《晋太康地志》云属安丰。"则太康三年安丰郡有雩娄县,其后仍属。

第四节 冀州沿革

冀州(266—313),治信都①(今河北冀州市)。《晋志》冀州领郡国十三,此外,又有中丘郡,详中丘郡考证;太康十年(289)置武邑国,惠帝时见废(太康二年之冀州政区见图17)。据《晋志》:"惠帝之后,冀州沦没于石勒。"又据《晋书》卷5《孝愍帝纪》:"(建兴元年)六月,石勒害兖州刺史田徽。是时,山东郡邑相继陷于勒。"则似于建兴元年(313),冀州诸郡沦没。

(一)赵国(266—313)——治房子(今河北高邑县西南)

按:魏末领县六,其后平乡、下曲阳、鄡三县来属,领县九,与《晋志》本郡所领合,后中丘县移属中丘郡,领县八。

1. 房子(266—313)
2. 元氏(266—313)
3. 平棘(266—313)
4. 高邑(266—313)
5. 中丘(266—283后)

按:检《地形志》:"中丘,前汉属常山,后汉、晋属赵国。"则西晋时赵国有中丘县,其后中丘县移属中丘郡,《晋志》本国有中丘县,则太康四年后移属焉,而确年乏考。

6. 柏人(266—313)
7. 平乡(283前—313)

按:魏属巨鹿郡,《晋志》属。当于晋太康四年前移属赵国而确年乏考。

8. 下曲阳(283前—313)

按:魏属巨鹿郡,《晋志》属。检《左传·昭公十二年》杜注有巨鹿下曲阳县,则太康元年时下曲阳仍属巨鹿国。又《地形志》:"曲阳,二汉、晋属赵国,曰下曲阳。"则太康元年后,太康四年前下曲阳移属赵国而确年乏考。

---

① 据《地形志》:"曹操为冀州,治邺,魏、晋治信都。"则冀州晋治信都。

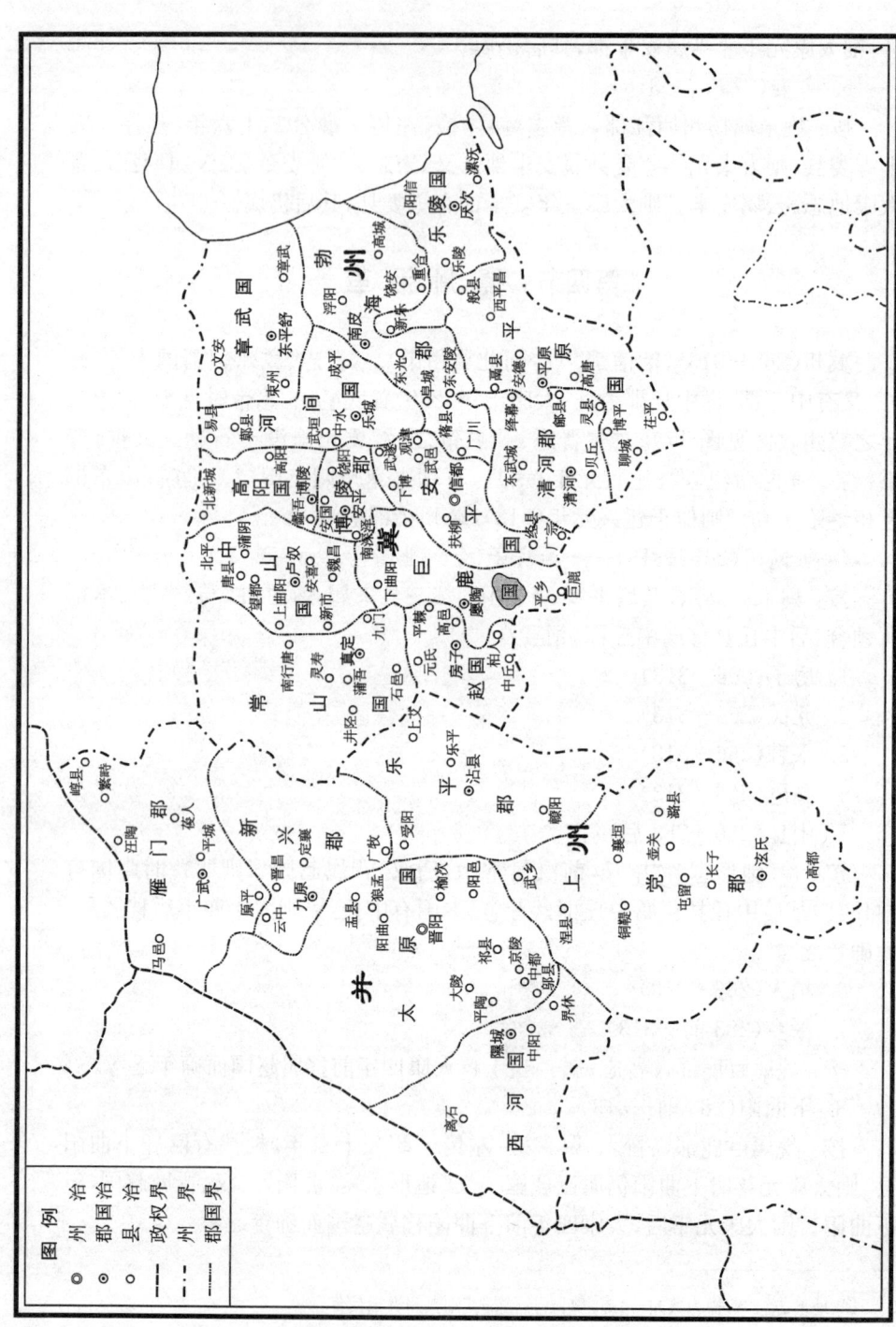

图 17 太康二年(281)西晋冀州、并州政区

9. 鄡(283前—313)

按：魏属巨鹿郡，《晋志》属。检《地形志》："鄡，二汉、晋属（巨鹿郡）。"而《舆地广记》卷11河北西路深州静安县条："故陆泽县，本鄡，汉属巨鹿郡，后汉作鄡，晋属赵国。"则鄡县当于晋太康四年前移属赵国而确年乏考。

（二）中丘郡(283后—313)——治中丘（今河北内丘县西南）

按：《晋志》无此郡，据《元和志》卷15河东道邢州内丘县条："在汉为中丘县，属常山郡。晋于此立中丘郡。"又《寰宇记》卷59河北道邢州内丘县条："在汉为中丘县，属常山郡……《赵记》：晋于此立中丘郡。"则晋时于中丘县置中丘郡。领县可考者唯有中丘县，中丘县似于太康四年后由赵国来属，则中丘郡置于太康四年后。

中丘(283后—313)

（三）巨鹿国(266—313)——治廮陶①（今河北宁晋县西南）

按：魏末领县七②。平乡、下曲阳、鄡三县晋时移属赵国。则领县二。与《晋志》本郡所领合。

  1. 廮陶(266—313)

  2. 巨鹿(266—313)

  3. 下曲阳(266—283前)

按：魏属，《晋志》属赵国，据赵国下曲阳县考证，太康四年前下曲阳移属赵国。

  4. 鄡(266—283前)

按：魏属，《晋志》属赵国，据赵国鄡县考证，鄡县太康四年前移属赵国。

  5. 平乡(266—283前)

按：魏属，《晋志》属赵国，当于太康四年前移属赵国。

（四）安平国(266—283，284—313长乐国)——治信都③（今河北冀州市）

按：魏末领县十一，晋初阜城县移属勃海郡，堂阳、南宫二县见废，领县八，与《晋志》本郡所领合。太康十年武遂、武邑、观津三县割属武邑国，惠帝时

---

① 据《舆地广记》卷12河北西路赵州宁晋县条："宁晋县，本廮陶县地，汉属巨鹿郡，后汉、晋、元魏为郡治焉。"则巨鹿国治廮陶。
② 其中南䜌县，据《地形志》："南䜌，二汉属巨鹿，晋罢，后复。"则晋时见废。杨氏县，据《寰宇记》卷60河北道赵州宁晋县条："宁晋县东南三十五里……汉杨氏县属巨鹿郡……晋省。"则晋时见废。
③ 据《舆地广记》卷10河北东路冀州信都县条："汉为信都国治，后汉为安平国治。晋因之。"则西晋时安平国治信都县。

三县复来属；南宫、堂阳二县后复，领县十。检《寰宇记》卷63河北道冀州条："至晋泰始元年封皇叔祖父（司马）孚为安平王。太康五年又改为长乐国，立（司马）孚曾孙（司马）祐为王。十年割武遂、武邑、观津三县为武邑国，以封南宫王（司马）承为武邑王。惠帝时（司马）承薨，无后，省还长乐。"则魏安平郡泰始元年（266）改为安平国，太康五年改为长乐国。

1. 信都（266—283,284—313长乐）

按：检《地形志》："信都，二汉、晋属（长乐）。"据本郡考证，西晋时信都县为安平国治所，则西晋时信都县确属焉。又据《水经注》卷5："长乐，故信都也。晋太康五年改从今名。"则太康五年改信都为长乐。

2. 下博（266—313）

3. 扶柳（266—313）

4. 广宗（266—313）

5. 经（266—313）

6. 南宫（283后—313）

按：魏属，《晋志》无此县。检《舆地广记》卷10河北东路冀州南宫县条："南宫县……后汉属广平国，晋省之，后复置。"则其晋初见废。又《地形志》："南宫……后汉、晋属安平。"则其后似又复置南宫县且属安平国。

7. 堂阳（283后—313）

按：魏属，《晋志》无此县。检《舆地广记》卷10河北东路冀州南宫县条："堂阳镇本汉堂阳县……后汉属广平国，晋省之，后复置。"则其晋初见废。又《地形志》："堂阳……后汉、晋属安平国。"则其后似又复置堂阳县且属安平国。

8. 武邑（266—289,290后—313）

按：太康十年移属武邑国，惠帝时复属长乐国。

9. 武遂（266—289,290后—313）

按：太康十年移属武邑国，惠帝时复属长乐国。

10. 观津（266—289,290后—313）

按：太康十年移属武邑国，惠帝时复属长乐国。

（五）武邑国（289—290后）——治武邑[①]（今河北武邑县）

按：魏末，《晋志》无此国，检《晋书》卷3《武帝纪》："（太康十年）冬十月壬子，徙南宫王（司马）承为武邑王。"又《寰宇记》卷63河北道冀州条："（太康）十

[①] 据《水经注》卷10："衡、漳东迳武邑县故城北……（晋武帝）后分武邑、武遂、观津为武邑郡（当作武邑国），治此。"则武邑国治武邑县。

年割武遂、武邑、观津三县为武邑国,以封南宫王(司马)承为武邑王。惠帝时(司马)承薨,无后,省还长乐。"则武帝太康十年置武邑国,武遂、武邑、观津三县属,惠帝时武邑国除,三县复属长乐国。

1. 武邑(289—290 后)

按:魏、《晋志》均属安平国。太康十年来属,惠帝时复属长乐国。

2. 武遂(289—290 后)

按:魏、《晋志》均属安平国。太康十年来属,惠帝时复属长乐国。

3. 观津(289—290 后)

按:魏、《晋志》均属安平国。太康十年来属,惠帝时复属长乐国。

(六)平原国(266—313)——治平原(今山东平原县西南)

按:据《晋书》卷3《武帝纪》:"(泰始元年封)皇叔父(司马)干为平原王。"则泰始元年后为平原国。魏末领县十,其中漯阴县,晋初移属青州济南郡,领县九,与《晋志》本郡所领合。

1. 平原(266—313)
2. 高唐(266—313)
3. 茌平(266—313)
4. 博平(266—313)
5. 聊城(266—313)
6. 安德(266—313)
7. 西平昌(266—313)
8. 般(266—313)
9. 鬲(266—313)

按:宋本《汉书》、《后汉书》、《晋书》地理志平原郡皆有"鬲"县,中华书局标点本《汉书》、《后汉书》、《晋书》皆作"鬴",并误。检《左传·襄公四年》杜注有平原鬲县,则太康元年平原国有鬲县。又《地形志》:"鬲,二汉、晋属平原。"则西晋时平原国有鬲县。

(七)乐陵国(266—313)——治厌次[①](今山东阳信县东南)

按:魏末领县五,《晋志》领县五,其间未有变化。

1. 厌次(266—313)
2. 阳信(266—313)

---

① 《寰宇记》卷64河北道棣州厌次县条:"厌次县……本汉富平县也,属平原郡……曹魏属乐陵国,晋乐陵理于此。"则乐陵郡治厌次县。

3. 漯沃(266—313)

4. 新乐(266—313)

5. 乐陵(266—313)

(八)勃海郡(266—313)——治南皮(今河北南皮县北)

按:魏末领县九,入晋后增置东安陵县,阜城县来属,章武县泰始元年移属章武国,领县十,与《晋志》本郡所领合。后广川县移属清河国,领县九。

1. 南皮(266—313)

2. 东光(266—313)

3. 浮阳(266—313)

4. 饶安(266—313)

5. 高城(266—313)

6. 重合(266—313)

7. 东安陵(266—313)

按:魏无此县,《晋志》属。检《寰宇记》卷64河北道德州安陵县条:"本汉蓨县地,属勃海郡。汉立安县。旧地理书但云蓨县,并失安县理所。今县东七里晋所置东安陵县城,即汉安县旧理也。"则西晋置东安陵县,其时当属勃海郡。

8. 蓨(266—313)

9. 广川(266—283后)

按:魏、《晋志》均属。检《宋志》:"广川县,前汉属信都,后汉属清河,魏属勃海,晋还清河。"则太康四年后其移属清河郡,而确年乏考。

10. 阜城(266—313)

按:魏属安平郡,《晋志》属。检《地形志》:"阜城,前汉属勃海,后汉属安平,晋属勃海。"则西晋时勃海郡有阜城县。

(九)河间国(266—313)——治乐城(今河北献县东南)

按:据《晋书》卷3《武帝纪》:"(泰始元年封)皇从父兄(司马)洪为河间王。"则泰始元年为河间国。魏末领县十[①],东平舒等三县泰始元年移属章武国。则领县六。

1. 乐城(266—313)

2. 武垣(266—313)

---

① 其中弓高县,据《寰宇记》卷63河北道冀州阜城县条:"弓高城……晋省县。"则其晋初省。

3. 郑(266—313)

4. 易(266—313)

按：魏属，《晋志》作"易城"属，《汉志》、《续汉志》、《地形志》皆作"易"，则"易城"似为"易"字之讹。检《地形志》："易，前汉属涿，后汉、晋属河间。"则西晋时河间国有易县。

5. 中水(266—313)

6. 成平(266—313)

(十)章武国(266—313)——治东平舒(今河北大城县)

按：魏末无此郡，据《晋志》："章武国，泰始元年置。"则武帝泰始元年置章武国。领县四。

1. 东平舒(266—313)

按：魏属河间郡，《晋志》属。检《地形志》："平舒，前汉属勃海，后汉属河间国，晋属(章武)。二汉、晋曰东平舒。"则西晋时章武国有东平舒县。

2. 文安(266—313)

按：魏属河间郡，《晋志》属。检《地形志》："文安，前汉属勃海，后汉属河间国，晋属(章武)。"则西晋时章武国有文安县。

3. 束州(266—313)

按：魏属河间郡，《晋志》属。检《地形志》："束州，前汉属勃海，后汉属河间国，晋属(章武)。"则西晋时章武国有束州县。

4. 章武(266—313)

按：魏属勃海郡，《晋志》属。检《地形志》："章武，二汉属勃海，晋属章武。"则西晋时章武国有章武县。

(十一)清河郡(266—313)——治清河(今山东临清市东北)

按：魏末领县六，与《晋志》本郡所领合。后广川县来属，领县七。

1. 清河(266—313)

2. 东武城(266—313)

3. 绎幕(266—313)

4. 贝丘(266—313)

5. 灵(266—313)

6. 鄃(266—313)

7. 广川(283后—313)

按：魏、《晋志》均属勃海。检《宋志》："广川县，前汉属信都，后汉属清河，魏属勃海，晋还清河。"则广川太康四年后来属，而确年乏考。

（十二）博陵郡(266—313)——治安平(今河北安平县)

按：魏末领县七，泰始元年高阳、博陆、蠡吾三县移属高阳国，领县四，与《晋志》本郡所领合。

1. 安平(266—313)
2. 饶阳(266—313)
3. 南深泽(266—313)
4. 安国(266—313)

（十三）高阳国(266—313)——治博陆①(今河北蠡县南)

按：魏末无此郡，据《晋书》卷3《武帝纪》："(泰始元年封皇从叔父司马)圭为高阳王。"又《晋志》："高阳国，泰始元年置。"则武帝泰始元年增置高阳国，领县四。

1. 博陆(266—313)

按：魏作"博陵"属博陵郡，《晋志》属，入晋后改为博陆县。检《宋志》："博陆县，霍光所封，而二汉无(东汉有博陵县)，晋属高阳。"则高阳国确有博陆县。

2. 高阳(266—313)

按：魏属博陵郡，《晋志》属。检《舆地广记》卷12河北西路顺安军高阳县条："汉属涿郡，后汉属河间国，晋属高阳国。"则西晋时高阳县确属高阳国。

3. 蠡吾(266—313)

按：魏属博陵郡，《晋志》属。检《地形志》："蠡吾，前汉属涿，后汉属中山，晋属(高阳)。"则西晋时蠡吾县确属高阳国。

4. 北新城(266—313)

按：魏属幽州涿郡，《晋志》属。检《宋志》："新城令，前汉属中山，后汉属涿，《晋太康地志》属高阳，并曰北新城。"则太康三年高阳国有北新城县，又《地形志》："新城，二汉、晋曰北新城，前汉属中山，后汉属涿，晋属(高阳郡)。"则西晋时高阳国有北新城县。

（十四）中山国(266—313)——治卢奴(今河北定州市)

按：据《晋书》卷3《武帝纪》："(泰始元年封皇从叔父司马)睦为中山王。"则泰始元年为中山国。魏末领县十②，上曲阳移属常山国，领县八，与《晋志》本郡所领合。

---

① 据《舆地广记》卷12河北西路永宁军博野县条："(汉桓帝)因分(蠡吾县)置博陵县，晋改曰博陆，为高阳国治。"则高阳国治博陆县。
② 其中无极县，据《舆地广记》卷11河北西路中山府无极县条："无极县，二汉为毋极，属中山国，晋省之……武后改毋极为无极。"则其晋初见废。

1. 卢奴(266—313)
2. 魏昌(266—313)
3. 新市(266—313)
4. 蒲阴(266—313)
5. 望都(266—313)
6. 唐(266—313)
7. 北平(266—313)
8. 安喜(266—313)
9. 上曲阳(266—283前)

按：魏属，《晋志》属常山郡。检杜预《春秋释例》卷7："北岳，中山上曲阳县西北恒山也。"则上曲阳晋初仍属中山国。又《地形志》："上曲阳，前汉属常山，后汉属（中山），晋属常山。"则太康四年前上曲阳移属常山国。

（十五）常山国(266—313)——治真定①（今河北石家庄市北）

按：据《晋书》卷3《武帝纪》："（泰始元年封皇从叔父司马）衡为常山王。"则泰始元年后为常山国，《晋志》作常山郡，似误。魏末领县八，其中上艾县晋初移属并州乐平郡，后上曲阳来属，领县八，与《晋志》本郡所领合。

1. 真定(266—313)
2. 石邑(266—313)
3. 井陉(266—313)
4. 蒲吾(266—313)
5. 南行唐(266—313)
6. 灵寿(266—313)
7. 九门(266—313)
8. 上曲阳(283前—313)

按：魏属中山国，《晋志》属。据中山国上曲阳县考证，晋初上曲阳县仍属中山国，其太康四年前来属。

第五节 幽州沿革

幽州(266—314)，治蓟（今北京市）。魏末领郡十二，泰始十年(274)分昌

---

① 据《舆地广记》卷11河北西路真定府真定县条："真定县……后汉并入常山，魏、晋为郡治。"则西晋时常山国治真定县。

黎、辽东、玄菟、带方、乐浪五郡置平州,咸宁后渔阳郡见废,而确年乏考,太康三年(282)前增置广宁郡,领郡国七(太康二年之幽州政区见图18)。据《晋志》:"惠帝之后,幽州没于石勒。"又据《晋书》卷5《孝愍帝纪》:"(建兴二年)三月癸酉,石勒陷幽州。"则似于建兴二年(314),幽州诸郡沦没。

(一)范阳国(266—314)——治涿(今河北涿州市)

按:魏末有涿郡,据《水经注》卷12:"(涿郡)晋太始元年改曰范阳郡。"又《宋志》:"晋武帝泰始元年,分(当作改)涿为范阳。"则泰始元年改涿郡为范阳郡。又《晋志》云:"范阳国,汉置涿郡,魏文更名范阳郡。"显误。又据《晋书》卷3《武帝纪》:"(泰始元年封皇从叔父司马)绥为范阳王。"则改范阳郡后,旋又置国。魏末涿郡领县八,其中北新城晋初移属高阳国,增置长乡县,则领县八,与《晋志》本郡所领合。

1. 涿(266—314)
2. 良乡(266—314)
3. 方城(266—314)
4. 长乡(266—314)

按:魏无此县,《晋志》属。检《寰宇记》卷70河北道涿州固安县条:"阳乡故城,汉为县……后汉省,晋复置为长乡。"则长乡县晋初置。又《地形志》:"苌乡,晋属(范阳)。"则西晋时范阳国有长乡县。

5. 遒(266—314)
6. 故安(266—314)
7. 范阳(266—314)
8. 容城(266—314)

(二)渔阳郡(266—275后)——治乏考

按:魏末有渔阳郡,《晋志》无。检《晋书》卷38《司马京传》:"泰始元年封燕王……咸宁初,征(司马京)为步兵校尉,以渔阳郡益其国。"则咸宁时渔阳郡未废,其后方省。魏末领县六,其中渔阳县,据《地形志》:"渔阳,二汉属(渔阳郡),晋罢。"则晋初渔阳县见废。

1. 潞(266—275后)

按:魏末属渔阳郡,《晋志》属燕国。检《地形志》:"潞,二汉属(渔阳),晋属燕国。"则潞县当于咸宁后渔阳郡见废时移属燕国,而确年乏考。

2. 雍奴(266—275后)

按:魏末属渔阳郡,《晋志》属燕国。检《地形志》:"雍奴,二汉属(渔阳),晋属燕国。"则雍奴县当于咸宁后渔阳郡见废时移属燕国,而确年乏考。

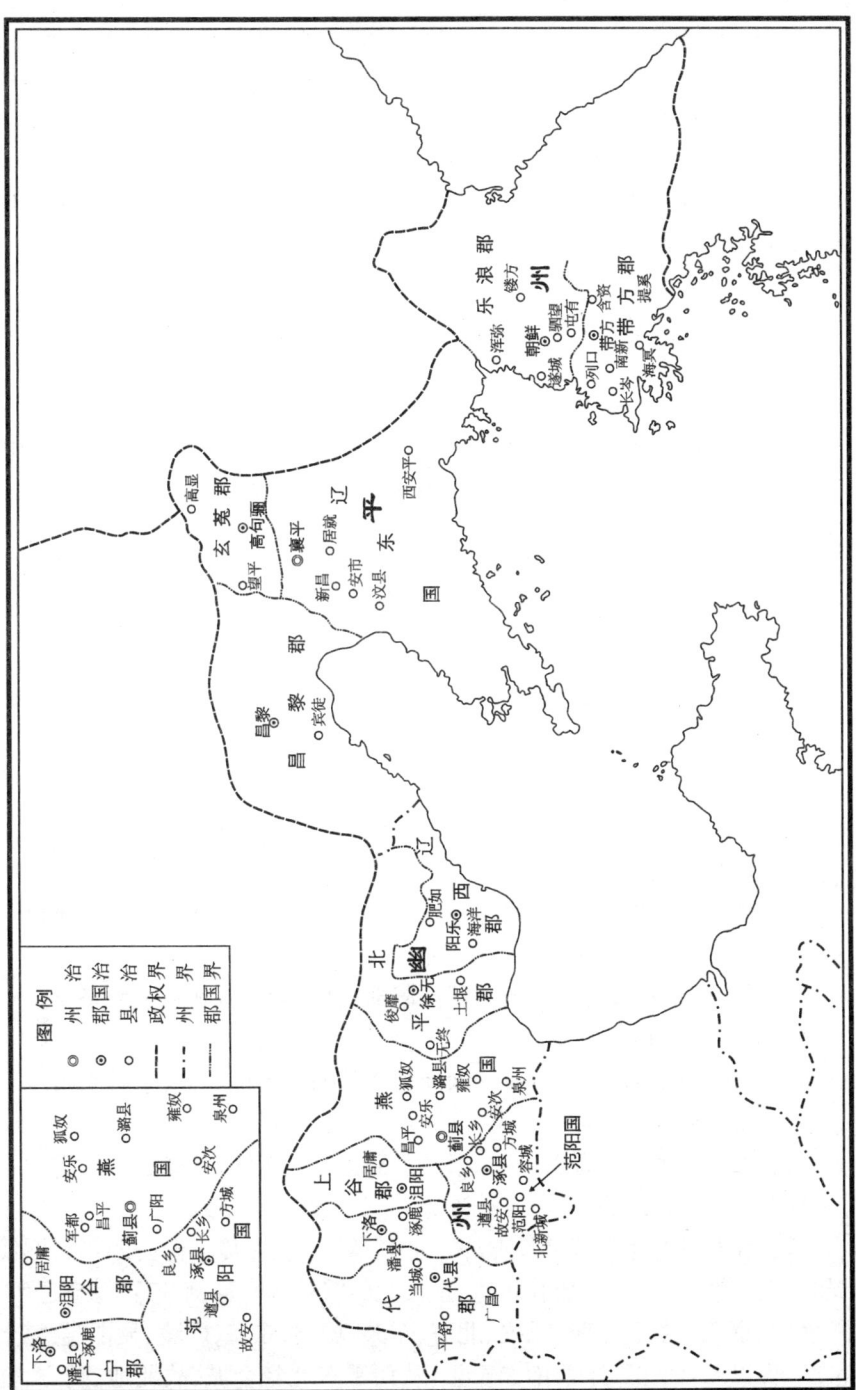

图 18 太康二年(281)西晋幽州政区

3. 安乐(266—275后)

按：魏末属渔阳郡，《晋志》属燕国。安乐县当于咸宁后渔阳郡见废时移属燕国，而确年乏考。

4. 泉州(266—275后)

按：魏末属渔阳郡，《晋志》属燕国。泉州县当于咸宁后渔阳郡见废时移属燕国，而确年乏考。

5. 狐奴(266—275后)

按：魏末无此县，《晋志》属燕国。狐奴县当于咸宁后渔阳郡见废时移属燕国，而确年乏考。

(三) 燕国(266—314)——治蓟(今北京市)

按：据《晋书》卷3《武帝纪》："(泰始元年封)皇弟(司马)机为燕王。"则泰始元年为燕国。魏末领县五，据渔阳郡考证，咸宁后渔阳郡五县来属，领县十，与《晋志》本郡所领合。

1. 蓟(266—314)
2. 安次(266—314)
3. 昌平(266—314)
4. 军都(266—314)
5. 广阳(266—314)
6. 潞(275后—314)

按：魏属渔阳郡，《晋志》属。据渔阳郡潞县考证，其咸宁后来属。

7. 雍奴(275后—314)

按：魏属渔阳郡，《晋志》属。据渔阳郡雍奴县考证，其咸宁后来属。

8. 安乐(275后—314)

按：魏属渔阳郡，《晋志》属。据渔阳郡安乐县考证，其咸宁后来属。

9. 泉州(275后—314)

按：魏属渔阳郡，《晋志》属。据渔阳郡泉州县考证，其咸宁后来属。

10. 狐奴(275后—314)

按：魏属渔阳郡，《晋志》属。据渔阳郡狐奴县考证，其咸宁后来属。

(四) 北平郡(266—314)——治徐无(今河北遵化市东)

按：魏末有右北平郡，《晋志》作"北平郡"。检《左传·僖公四年》"赐我先君履东至海西至于河"条唐孔颖达《正义》云："(杜预)《释例》曰：'海自辽西、北平、渔阳、章武、渤海、乐陵、乐安、北海、东莱、城阳、东海、广陵、吴郡、会稽十四郡之东界以东，河出西平西南二千里，从西平东北经金城、故北地、朔方、五原至故云中，南经平阳、河东之西界，东经河东、河内之南界，东北经汲郡、顿丘、阳平、平原、乐陵之东南入海。'杜(预)之此言，据其当时之河耳。"又《左传·昭公元年》"晋中行穆子败无终及群狄于大原"条孔颖达《正义》云："(杜预)《释例》、《土地名》以北戎、山戎、无终三名为一，北平有无终县。"据此则晋初"右北平"确已改为"北平"。魏末领县四，与《晋志》本郡所领合，其间未有变化。

1. 徐无(266—314)
2. 土垠(266—314)
3. 无终(266—314)
4. 俊靡(266—314)

(五) 上谷郡(266—314)——治沮阳(今北京延庆县西南)

按：魏末领县六，其中广宁县似省。太康三年前下洛等三县移属广宁郡，则领县二，与《晋志》本郡所领合。

1. 沮阳(266—314)
2. 居庸(266—314)
3. 下洛(266—282前)
4. 潘(266—282前)
5. 涿鹿(266—282前)

(六) 广宁郡(282前—314)——治下洛(今河北涿鹿县)

按：魏末无此郡，据《晋志》："广宁郡，故属上谷，太康中置郡。"则太康中增置广宁郡。检《寰宇记》卷71河北道妫州怀戎县条："本汉潘县也，属上谷郡。《晋太康地志》潘县更属广宁郡。"则至迟于太康三年已置广宁郡。

1. 下洛(282前—314)

按：魏属上谷郡，《晋志》属，当于广宁郡置时移属。

2. 潘(282前—314)

按：魏属上谷郡，《晋志》属，当于广宁郡置时移属。

3. 涿鹿(282前—314)

按：魏属上谷郡，《晋志》属，当于广宁郡置时移属。

(七) 代郡(266—314)——治代(今河北蔚县东北)

按：魏末领县三，晋时增置广昌县，领县四，与《晋志》本郡所领合。

1. 代(266—314)
2. 平舒(266—314)
3. 当城(266—314)

4. 广昌(266—314)

按：魏末无此县，《晋志》属。检《寰宇记》卷51河东道蔚州飞狐县条："飞狐县……本汉广昌县地，属代郡，后汉属中山国，魏封乐进为广昌侯即谓此，后废，晋又属代郡。"则晋时复置广昌县。

(八)辽西郡(266—314)——治阳乐(今河北卢龙县东)

按：辽西郡魏末领县五，两县见废①，则领县三，与《晋志》本郡所领合。

1. 阳乐(266—314)
2. 肥如(266—314)
3. 海阳(266—314)

(九)昌黎郡(266—273)——治昌黎(今辽宁义县)

按：魏末昌黎郡，领县一。泰始十年移属平州。

昌黎(266—273)

(十)辽东郡(266—273)——治襄平(今辽宁辽阳市)

按：魏末辽东郡领县十，其中北丰、平郭、东沓、辽隧四县见废，望平县晋时移属玄菟郡，增置力城县，领县六。泰始十年移属平州。

1. 襄平(266—273)
2. 汶(266—273)
3. 新昌(266—273)
4. 力城(266—273)

按：魏末无此县，检《宋书》卷29《符瑞下》："晋武帝泰始元年十二月，木连理生辽东力城。"则泰始元年辽东郡有力城县，其后似仍属焉。

5. 安市(266—273)
6. 西安平(266—273)

(十一)乐浪郡(266—273)——治朝鲜(今朝鲜平壤市)

按：魏末乐浪郡领县七，其中临浿县晋初似省，领县六。泰始十年移属平州。

1. 朝鲜(266—273)
2. 屯有(266—273)
3. 浑弥(266—273)

---

① 其中临渝县，据《舆地广记》卷12河北路平州石城县条："本临渝，二汉属辽西郡。晋省入阳乐。"则晋时见废。又令支县，据《舆地广记》卷12河北路平州卢龙县条："故令支县，二汉属辽西郡。晋省之。"亦晋时见废。

4. 遂城(266—273)

5. 镂方(266—273)

6. 驷望(266—273)

(十二)玄菟郡(266—273)——治高句骊(今辽宁沈阳市东)

按：魏末玄菟郡，望平县来属，领县三。泰始十年移属平州。

1. 高句骊(266—273)

2. 高显(266—273)

3. 望平(266—273)

按：魏末属辽东郡，《晋志》属焉，似于晋初来属，而确年乏考。

(十三)带方郡(266—273)——治带方(今朝鲜黄海北道凤山土城)

按：《晋志》云："带方郡，公孙度置。"检《魏志》卷30《东夷传》："建安中公孙康分屯有县以南荒地为带方郡。"则《晋志》"公孙度"当为"公孙康"之讹，中华书局标点本《晋书》失校。又云："魏武定霸……所置者十二：……带方。"带方郡非魏武所置，此处《晋志》亦误，中华书局标点本《晋书》失校。魏末带方郡领县六。泰始十年移属平州。

1. 带方(266—273)

2. 列口(266—273)

3. 海冥(266—273)

4. 长岑(266—273)

5. 提奚(266—273)

6. 含资(266—273)

第六节　平　州　沿　革

平州(274—316)，治襄平(今辽宁辽阳市)。魏末无此州。据《晋志》："咸宁二年十月，分昌黎、辽东、玄菟、带方、乐浪等郡国五置平州。"然《晋书》卷3《武帝纪》云："(泰始十年)二月，分幽州五郡置平州。"钱氏《考异》卷19据《晋书·卫瓘传》以为分立平州之议出于卫瓘出任幽州刺史时，而卫瓘泰始七年(271)八月被命之镇，是平州当置于泰始，不当在咸宁，是。《晋志》所谓"咸宁二年十月"当为"泰始十年二月"之讹。方氏《新校志》引《晋书·武帝纪》以为太康三年(282)平州见废，检《晋书》卷3《武帝纪》："(太康三年)秋七月，罢平州、宁州刺史三年一入奏事。"则非罢平州明矣，方氏误甚。又据《晋书》卷6《元帝纪》："(太兴二年)十二月乙亥，大赦，诏百官各上封事，并省众役。鲜卑慕容廆袭辽东,东夷校尉、平州刺史崔毖奔高句丽。"则似于太兴二年(319),平州诸郡沦没。据上引《晋志》,西晋时平州领昌黎、辽东、玄菟、带方、乐浪五郡。太康二年之平州政区见前图18。

(一)昌黎郡(274—316)——治昌黎(今辽宁义县)

按:晋初领县一,后似增置宾徒县,领县二。

1. 昌黎(274—316)

2. 宾徒(283前—316)

按:魏末无此县,《晋志》属。当为晋太康四年前增置,而确年乏考。

(二)辽东郡(274—276,277—283辽东国,284—316)——治襄平(今辽宁辽阳市)

按:据《晋书》卷38《文六王传》,"辽东悼惠王定国,年三岁薨。咸宁初追加封谥,齐王攸以长子蕤为嗣。"又《晋书》卷3《武帝纪》:"(咸宁三年九月)立齐王子(司马)蕤为辽东王……(太康四年五月)徙辽东王蕤为东莱王。"则咸宁三年(277)到太康四年间为辽东国。晋初领县六,后增置居就、乐就二县,领县八。

1. 襄平(274—316)

2. 汶(274—316)

3. 居就(283前—316)

按:魏末无此县,《晋志》属。当为晋太康四年前增置,而确年乏考。

4. 乐就(283前—316)

按:魏末无此县,《晋志》属。当为晋太康四年前增置,而确年乏考。

5. 安市(274—316)

6. 西安平(274—316)

7. 新昌(274—316)

8. 力城(274—316)

(三)乐浪郡(274—316)——治朝鲜(今朝鲜平壤市)

按:晋初领县六,与《晋志》本郡所领合。

1. 朝鲜(274—316)

2. 屯有(274—316)

3. 浑弥(274—316)

4. 遂城(274—316)

5. 镂方(274—316)

6. 驷望(274—316)

（四）玄菟郡(274—316)——治高句骊(今辽宁沈阳市东)

按：晋初领县三，与《晋志》本郡所领合。

1. 高句骊(274—316)
2. 高显(274—316)
3. 望平(274—316)

（五）带方郡(274—316)——治带方(今朝鲜黄海北道凤山土城)

按：晋初领县六，后增置南新县，领县七，与《晋志》本郡所领合。

1. 带方(274—316)
2. 列口(274—316)
3. 海冥(274—316)
4. 长岑(274—316)
5. 提奚(274—316)
6. 含资(274—316)
7. 南新(283前—316)

按：魏末无此县，《晋志》属。则南新县当于太康四年前增置，而确年乏考。

第七节 并 州 沿 革

并州(266—316)，治晋阳①(今山西太原市西南)。魏末领郡七，其中朔方郡似废于晋初，领郡六，与《晋志》本州领郡数合(太康二年之并州政区见前图17)。据《晋志》："及永兴元年，刘元海僭号于平阳，称汉，于是并州之地皆为元海所有。"又《晋书》卷5《孝怀帝纪》："(永嘉元年三月)并州诸郡为刘元海所陷，刺史刘琨独保晋阳。"则至永嘉元年(307)，并州除州治晋阳外，已经大部沦没。又检《晋书》卷5《孝愍帝纪》："(建兴四年十一月)司空长史李弘以并州叛，降于勒……(十二月)刘琨奔蓟，依段匹磾。"则并州晋阳于建兴四年(316)十二月丧失。

（一）太原国(266—316)——治晋阳(今山西太原市西南)

按：据《晋书》卷3《武帝纪》："(泰始元年封皇从叔父司马)瑰为太原王。"则泰始元年(266)为太原国。魏末太原郡领县十三，至晋初未有变化，与《晋志》本郡所领合。晋末狼孟县见废，领县十二。检《晋书》卷5《孝怀帝纪》：

---

① 据《地形志》："并州，汉、晋治晋阳。"则晋阳为并州治所。

"(永嘉元年三月)并州诸郡为刘元海所陷,刺史刘琨独保晋阳。"又《晋书》卷5《孝愍帝纪》:"(建兴四年十一月)司空长史李弘以并州叛,降于勒……(十二月)刘琨奔蓟,依段匹磾。"则太原晋阳至建兴四年方没。

1. 晋阳(266—316)
2. 阳曲(266—306)
3. 榆次(266—306)
4. 于离(266—306)
5. 盂(266—306)
6. 狼孟(266—?)

按:检《舆地广记》卷18河东路太原府阳曲县条:"本汉狼孟县地,故城今县东北,属太原郡……晋因之。"则西晋时狼孟县属太原国。又据《元和志》卷13河东道太原府阳曲县条:"狼孟故城……汉以为县,属太原郡,晋末省。"则狼孟县晋末省,而确年乏考。

7. 阳邑(266—306)
8. 大陵(266—306)
9. 祁(266—306)
10. 平陶(266—306)
11. 京陵(266—306)
12. 中都(266—306)
13. 邬(266—306)

按:魏末、《晋志》均属。《左传·昭公二十八年》杜注有太原邬县,则太康元年(280)太原国有邬县。又《地形志》:"邬,二汉、晋属(太原)。"则西晋时太原国有邬县。方氏《新校志》据郭璞《尔雅注》以为"邬"当作"邬陵",而据上引杜预注、《地形志》可知确作"邬",方氏误。

(二)西河国(266—306)——治隰城(今山西汾阳市)

按:魏末西河郡领县五。据《元和志》卷13河东道汾州西河县条:"本汉兹氏县也,魏于此置西河郡,晋改为国,仍改兹氏县为隰城县。"则晋初改西河郡为西河国。西河国领县四,与《晋志》本郡所领合。

1. 隰城(266—306)

按:魏末作"兹氏"属,《晋志》属。据《元和志》卷13河东道汾州西河县条:"本汉兹氏县也,曹魏于此置西河郡,晋改为国,仍改兹氏县为隰城县。"则兹氏晋初改名隰城。检《地形志》:"隰城,二汉、晋属(西河)。"则西晋时西河国有隰城县。

2. 离石(266—306)

3. 中阳(266—306)

4. 界休(266—306)①

按：检《左传·桓公二年》、《左传·僖公二十四年》、《左传·昭公二年》杜注有西河界休县，则太康元年西河国有界休县。

(三) 上党郡(266—306)——治泫氏②(今山西高平市)

按：魏末领县十二③，其中阳阿县，晋初改属乐平郡，又增置武乡县，领县十，与《晋志》本郡所领合。

1. 泫氏(266—306)

2. 屯留(266—306)

3. 长子(266—306)

4. 壶关(266—306)

5. 高都(266—306)

6. 铜鞮(266—306)

7. 涅(266—306)

8. 襄垣(266—306)

9. 武乡(283前—306)

按：魏无此县，《晋志》属焉。检《元和志》卷13河东道仪州榆社县条："本汉涅氏县地，晋于今县西北三十五里置武乡县，属上党郡。"则晋太康四年前增置武乡县，且属上党郡，而确年乏考。

10. 潞(266—306)

(四) 乐平郡(266—306)——治沾(今山西和顺县西北)

按：魏末乐平郡领县二，晋初轑阳、上艾二县来属，增置受阳县，领县五，与《晋志》本郡所领合。

1. 沾(266—306)

2. 乐平(266—306)

3. 轑阳(266—306)

---

① 《晋志》作"介休"，又《水经注》卷6："(绵水)出界休县之绵山北……袁山松《郡国志》曰：界休县有介山。"则所谓"介休"似因"介山"之名而以"界休"为"介休"。又据南京出土东晋咸康六年王兴之夫妇墓志，志文有"命妇西河界休郡乡吉迁里宋氏"，则当作"界休"明矣。

② 《地形志》："玄氏，二汉、晋属上党，郡治。"则西晋时上党郡治泫氏县。

③ 其中陭氏县，据《元和志》卷12河东道晋州冀氏县条："本汉陭氏县地也，属上党郡，至晋省。"则其晋初省。其中谷远县，据《寰宇记》卷50河东道大通监绵上县条："本谷远之地，晋省谷远。"则其晋初省。

按：魏作"阳阿"属上党，《晋志》属。据《元和志》卷13河东道仪州辽山县条："本汉涅氏县地，后汉于此置阳阿县，属上党郡。晋改为轑阳县，属乐平郡。"则阳阿入晋后改为"轑阳"，移属乐平郡。又《地形志》："轑阳，晋属（乐平）。"则西晋时轑阳县属乐平郡。

4. 受阳（282前—282，283—306寿阳）

按：魏无此县，《晋志》属。《水经注》卷6："按《晋太康地记》乐平郡有受阳县。"则太康三年乐平郡有受阳县。又《地形志》："受阳，晋属乐平。"《寰宇记》卷40河东道并州寿阳县条："本汉榆次县地，晋于此置寿阳县，属乐平郡。"则晋太康三年前增置受阳县，后改名寿阳，且属乐平郡。

5. 上艾（266—306）

按：魏属冀州常山郡，《晋志》属。检《元和志》卷13河东道太原府广阳县条："本汉上艾县地，属太原郡。后汉属常山国，晋属乐平郡。"则上艾县移属乐平郡。

（五）雁门郡（266—306）——治广武（今山西代县西南）

按：魏末领县四①，晋初增置崞、繁畤、莜人三县，平城、马邑二县由新兴郡来属，则领县八，与《晋志》本郡所领合。

1. 广武（266—306）
2. 原平（266—306）
3. 汪陶（266—306）
4. 崞（283前—306）

按：魏无此县，《晋志》属。检《元和志》卷14河东道代州崞县条："本汉旧县，因山为名，属雁门郡。汉末荒废，晋初又置。"则崞县太康四年前复置。又《地形志》："崞山，二汉、晋曰崞，属雁门。"则西晋时雁门郡有崞县。

5. 繁畤（283前—306）

按：魏无此县，《晋志》属。检《元和志》卷14河东道代州繁畤县条："本汉旧县，属雁门郡。汉末匈奴侵寇，旧县荒废，晋又置繁畤县。"则繁畤县太康四年前复置。又《地形志》："繁畤，二汉、晋属雁门。"则西晋时雁门郡有繁畤县。

6. 平城（266—306）

按：魏属新兴郡，《晋志》属。检《元和志》卷14河东道云州条："汉末大乱，匈奴侵边，自定襄以西，云中、雁门、西河遂空。曹公鸠集荒散，又立平城

---

① 其中剧阳县，据《舆地广记》卷19蔚州善阳县条："本剧阳县，汉属雁门郡……东汉复曰剧阳，晋省之。"则其晋初省。

县,属新兴郡,晋又改属雁门。"又《元和志》卷14河东道云州云中县条:"本汉平城县,属雁门郡。汉末大乱,其地遂空。魏武帝又立平城县,属新兴郡,晋改属雁门郡。"则平城县至晋移属雁门郡。

7. 莜人(283前—306)

按:魏无此县,《晋志》属。则当于晋太康四年前增置莜人县,且属雁门郡。

8. 马邑(266—306)

按:魏属新兴郡,《晋志》属。检《元和志》卷14河东道朔州条:"汉末大乱,郡遂荒废,建安中曹公又立马邑县,属新兴郡,晋改属雁门郡。"则马邑县至晋移属雁门郡。

(六)新兴郡(266—290后,290后—306晋昌郡)——治九原(今山西忻州市)

按:魏末领县七,其中虑虒县,据《地形志》:"驴夷,二汉属太原,曰虑虒,晋罢。"《元和志》卷14河东道代州五台县条:"本汉虑虒县,属太原郡,因虑虒水为名也,晋省。"则晋初见废。又平城、马邑二县,晋初移属雁门郡。增置晋昌县。领县五,与《晋志》本郡所领合。又《晋志》:"惠帝改新兴为晋昌郡。"则惠帝时改新兴郡为晋昌郡。

1. 九原(266—306)
2. 定襄(266—306)
3. 云中(266—306)
4. 广牧(266—306)
5. 晋昌(283前—306)

按:魏无此县,《晋志》属。当为太康四年前增置,且属新兴郡。

第八节 雍州沿革

雍州(266—316),治长安(今陕西西安市西北)。魏末领郡十一。其中略阳、天水、南安、陇西、武都五郡,泰始五年(269)移属秦州。泰始二年增置始平郡。太康三年(282)略阳、天水、南安、陇西、武都、阴平六郡来属,则领郡十三(太康二年之雍州政区见图19),《晋志》领郡七,漏列此六郡。或是秦州已列此六郡,故此处删去。元康六年(296)阴平、武都二郡移属梁州,元康七年略阳、天水、南安、陇西四郡移属秦州,领郡七。据《晋志》:"建兴之后,雍州没于刘聪。"又据《晋书》卷5《孝愍帝纪》,建兴四年(316)长安陷于刘聪,则似至此雍州沦没。

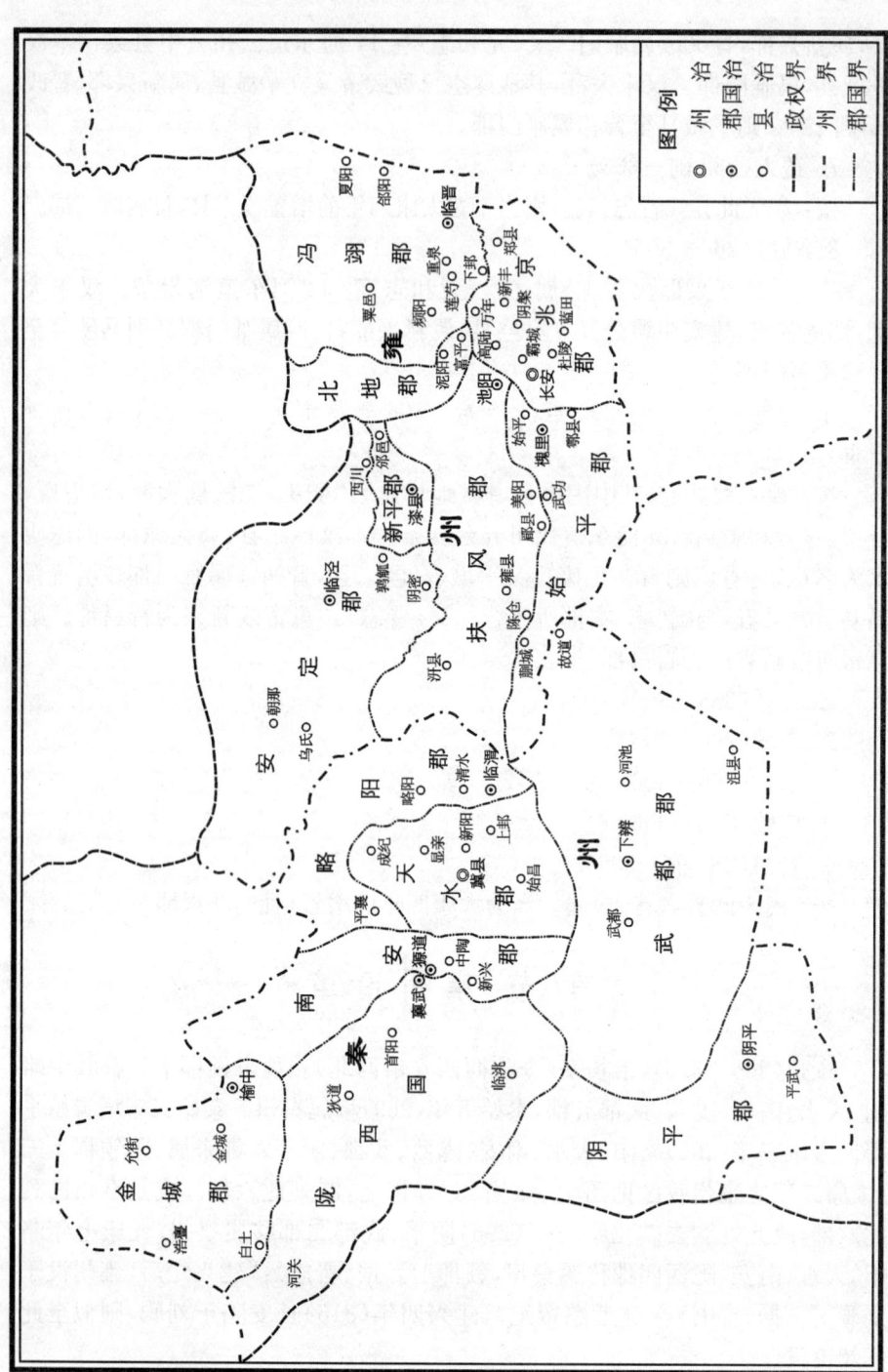

图 19 太康二年(281)西晋雍州政区

(一) 京兆郡(266—316)——治长安(今陕西西安市西北)

按：魏末京兆郡领县十二①，上洛、商二县泰始二年移属上洛郡，下邽县晋初移属冯翊郡，万年县晋初来属，领县九，与《晋志》本郡所领合。

1. 长安(266—316)
2. 杜陵(266—316)
3. 霸城(266—316)
4. 蓝田(266—316)
5. 高陆(266—316)
6. 万年(266—316)

按：魏属冯翊郡，《晋志》属。检《地形志》："万年，汉高帝置，二汉、晋属京兆。"则西晋时京兆郡有万年县。

7. 新丰(266—316)
8. 阴槃(266—316)

按：魏末属，《晋志》作"阴般"。检宋本《汉志》作阴槃，宋本《宋书》卷28《符瑞中》："太康六年九月，白龙见京兆阴槃。"则似当作"阴槃"，又太康六年京兆郡有阴槃县。又《地形志》："阴槃，二汉属安定，晋属(京兆)。"则西晋时京兆郡有阴槃县。

9. 郑(266—316)
10. 上洛(266)

按：魏属，《晋志》属司州上洛郡。泰始二年上洛县移属焉。

11. 商(266)

按：魏属，《晋志》属司州上洛郡。泰始二年商县移属焉。

(二) 冯翊郡(266—316)——治临晋(今陕西大荔县)

按：魏末领县十②，泰始元年下邽县来属，万年县晋初移属京兆郡，怀德县见废，领县八，与《晋志》本郡所领合。

1. 临晋(266—316)
2. 下邽(266—316)

---

① 其中长陵县，据《寰宇记》卷26关西道雍州咸阳县条："长陵……晋省。"《舆地广记》卷13陕西永兴军路京兆府咸阳县条："汉长陵县，高帝所葬，属左冯翊。后汉属京兆尹。晋省之。"则其于晋初见废。

② 其中祋祤县，据《元和志》卷2关内道京兆同官县条："本汉祋祤县地，属左冯翊。晋属频阳。"又《寰宇记》卷31关西道耀州同官县条："本汉祋祤县地，属左冯翊，晋为频阳地。"又《舆地广记》卷14陕西永兴军路耀州同官县条："本汉祋祤县，属左冯翊。东汉因之。晋省焉。"则其晋初省入频阳县。

按：魏属京兆郡，《晋志》属。检《宋书》卷28《符瑞中》："泰始元年十二月，凤凰三见冯翊下邽。"则泰始元年时下邽已移属冯翊郡。

3. 重泉（266—316）
4. 频阳（266—316）
5. 粟邑（266—316）
6. 莲芍（266—316）
7. 郃阳（266—316）
8. 夏阳（266—316）

（三）扶风国（266—289，290—313秦国，314—316扶风郡）——治池阳①（今陕西泾阳县西北）

按：据《晋书》卷3《武帝纪》："（泰始元年封皇叔父司马）亮为扶风王。"则泰始元年为扶风国。又《晋志》："惠帝即位，改扶风国为秦国。"据《晋书》卷3《武帝纪》："（太康十年十一月）改封南阳王（司马）柬为秦王。"又《晋书》卷64《司马柬传》："太康十年，徙封于秦，邑八万户……元康元年薨……无子，以淮南王（司马）允子（司马）郁为嗣，与（司马）允俱被害……又以吴王（司马）晏子（司马）邺嗣。怀帝崩，（司马）邺入纂帝位，国绝。"则改扶风国为秦国在武帝太康十年，永嘉七年（313）司马邺继帝位后国绝，当还为扶风郡。《晋志》雍州领"扶风郡"及"惠帝即位，改扶风国为秦国"并误，又《宋志》"郿县令，汉旧名，属扶风。《晋太康地志》属秦国"及《宋志》"陈仓令，汉旧县，属扶风。《晋太康地志》属秦国"，此二处"秦国"，亦当为"扶风国"之讹。魏时扶风郡领县十四②，泰始二年槐里等四县移属始平郡，领县六，与《晋志》本郡所领合。

1. 池阳（266—316）

按：魏末、《晋志》均属。检《地形志》："池阳，郡治，二汉属左冯翊，晋属扶风，后属（咸阳郡）。"且据本郡考证，池阳县为扶风国治，则西晋时扶风国确有池阳县。而《宋志》载："池阳令，汉旧名，属冯翊，《晋太康地志》属京兆。"似太康三年池阳县属京兆。据《晋书》卷59《司马亮传》："咸宁初，以扶风池阳四千

---

① 据《舆地广记》卷14陕西永兴军路耀州三原县条："汉池阳县地，属左冯翊。东汉因之，晋为扶风郡治。"则池阳县为扶风国治。

② 其中茂陵县，据《寰宇记》卷27关西道兴平县条："茂陵……至宣帝始为县，晋并入始平县。"又陇麋县，据《舆地广记》卷15陕西秦凤路陇州汧阳县条："二汉陇麋县地，属右扶风。晋省之。"栒邑县，据《舆地广记》卷14陕西永兴军路邠州三水县条："汉之栒邑，即故豳国，周之先公刘所居，属右扶风，东汉因之……晋省焉。"又杜阳县，据《寰宇记》卷30关西道凤翔府普润县条引《郡国县道记》："杜阳，晋省。"则晋初废茂陵、陇麋、栒邑、杜阳四县。

一百户为太妃伏氏汤沐邑。"则咸宁时池阳县属扶风。又《尔雅注疏》卷7释地篇十薮"周有焦护"条郭璞注："今扶风池阳县瓠中是也。"据《晋书》郭璞本传，其为西晋入东晋人，东晋偏安，其所谓"今扶风池阳"当指西晋时事，则西晋时池阳县确属扶风，《宋志》所谓"《晋太康地志》属京兆"当为"《晋太康地志》属扶风"之误。

2. 郿(266—316)

3. 雍(266—316)

4. 汧(266—316)

5. 陈仓(266—316)

6. 美阳(266—316)

7. 槐里(266)

按：魏属扶风郡，《晋志》属始平郡。泰始二年移属始平郡。

8. 始平(266)

按：魏属扶风郡，《晋志》属始平郡。泰始二年移属始平郡。

9. 武功(266)

按：魏属扶风郡，《晋志》属始平郡。泰始二年移属始平郡。

10. 鄠(266)

按：魏属扶风郡，《晋志》属始平郡。泰始二年移属始平郡。

（四）始平郡(266—316)——治槐里(今陕西兴平市东南)

按：魏末无此郡。检《宋志》："始平太守，晋武帝泰始二年，分京兆、扶风立。"又宋本《晋志》："始平郡，泰始二年置。"则泰始二年置始平郡。而《晋志》所著录之槐里、始平、武功、鄠县均来自扶风郡，详诸县本郡考证，又蒯城县后置，则《宋志》所谓"分京兆、扶风立"似为"分扶风立"之讹。

1. 槐里(266—316)

按：魏属扶风郡，《晋志》属。检《宋志》："槐里男相，汉旧名，属扶风，《晋太康地志》属始平。"则西晋太康三年始平郡有槐里县。又《地形志》："槐里，二汉、晋属始平。"则西晋时槐里县属始平郡。槐里当于泰始二年移属始平郡。

2. 始平(266—316)

按：魏属扶风郡，《晋志》属。又《地形志》："始平，魏置(当为魏改)，晋属始平。"则西晋时始平县属始平郡。始平县当于泰始二年移属始平郡。

3. 武功(266—316)

按：魏属扶风郡，《晋志》属。检《左传·昭公四年》、《左传·昭公九年》杜注有始平武功县,则太康元年始平郡有武功县。又《宋志》:"武功令,汉旧名,故属扶风,《晋太康地志》属始平。"则西晋太康三年始平郡有武功县。武功当于泰始二年移属始平郡。

4. 鄠(266—316)

按:魏属扶风郡,《晋志》属。检《宋书》卷 29《符瑞下》:"咸宁三年七月壬辰,木连理生始平鄠。"则咸宁三年(277)时鄠县属始平郡。又《左传·昭公元年》、《左传·昭公四年》杜注有始平鄠县,则太康元年始平郡有鄠县。又《宋志》:"鄠令,二汉属扶风,《晋太康地志》属始平。"则太康三年鄠县属始平郡。鄠县当于泰始二年移属始平郡。

5. 蒯城(278—316)

按:魏无此县,《晋志》属。检《史记》卷 98《周缧传》"蒯成侯(周)缧者"条张守节《正义》引《舆地志》:"晋武帝咸宁四年,分陈仓立蒯城县,属始平郡。"则武帝咸宁四年分扶风陈仓置蒯城县,且属始平郡,其后仍属焉。

(五)安定郡(266—316)——治临泾①(今甘肃镇原县东南)

按:魏末领县六②,鹑觚县晋初来属,阴密县复置,太康四年增置都卢县,领县七,与《晋志》本郡所领合。

1. 临泾(266—316)

2. 朝那(266—316)

3. 乌氏(266—316)

4. 鹑觚(266—316)

按:魏属新平郡,《晋志》属。检《寰宇记》卷 32 关西道泾州条引《晋太康地记》:"安定郡领临泾、朝那、乌氏、鹑觚、阴密、西川六县,属雍州。"则太康三年安定郡有鹑觚县。又《地形志》:"鹑觚,前汉属北地,后汉、晋属安定。"则西晋时鹑觚移属安定郡。

5. 阴密(266—316)

按:魏无此县,《晋志》属。检《地形志》:"阴密,前汉属安定,后汉罢,晋复。"则阴密县晋初复置。又《左传·昭公十五年》杜注有安定阴密县,则太康元年安定郡有阴密县。又《寰宇记》卷 32 关西道泾州条引《晋太康地记》:"安定郡领临泾、朝那、乌氏、鹑觚、阴密、西川六县,属雍州。"则太康三年安定郡有

---

① 据《舆地广记》卷 16 陕西秦凤路原州临泾县条:"汉属安定郡,东汉及晋为郡治焉。"则西晋时安定郡治临泾县。

② 其中高平县,据《地形志》:"高平,二汉属安定,晋罢。"则其晋初废。其中彭阳县,据《舆地广记》卷 16 陕西秦凤路原州彭阳县条:"二汉属安定郡,晋省之。"则其晋初废。

阴密县,其后仍当属焉。

    6. 西川(266—316)

    7. 都卢(283—316)

    按：魏无此县,《晋志》属。检《寰宇记》卷 32 关西道泾州条引《晋太康地记》:"安定郡领临泾、朝那、乌氏、鹑觚、阴密、西川六县,属雍州。"则太康三年无都卢县,当于太康四年增置。

    (六) 北地郡(266—316)——治乏考

    按：魏末领县三,其中直路县,西晋时似省,则领县二,与《晋志》本郡所领合。其后增置灵州县,旋废。据《地形志》:"北地郡,魏文帝分冯翊之祋祤置。"魏时祋祤县未废且属冯翊郡,《地形志》所谓"分冯翊之祋祤置"当理解为分出祋祤县之一部分设置北地郡。《元和志》卷 2 关内道京兆府华原县条:"本汉祋祤县地,属左冯翊。魏、晋皆于其地置北地郡。"《寰宇记》卷 31 关西道耀州华原县条:"本汉祋祤县地,属左冯翊。曹魏、元魏皆于其地置北地郡。"此两处所谓"其地",亦当指从祋祤分出之部分,非指祋祤全境。

    1. 泥阳(266—316)

    2. 富平(266—316)

    3. 灵州(282)

    按：魏、《晋志》均无此县。检《宋书》卷 48《傅弘之传》:"傅弘之字仲度,北地泥阳人。傅氏旧属灵州。汉末郡境为羌所侵,失土,寄寓冯翊,置泥阳、富平二县,灵州废,不立,故傅氏悉属泥阳。晋武帝太康三年,复立灵州县。"则太康三年增置灵州县,旋废。

    (七) 新平郡(266—316)——治漆①(今陕西彬县)

    按：魏末领县二,其中鹑觚县晋初移属安定郡,又增置邠邑县,领县二,与《晋志》本郡所领合。

    1. 漆(266—316)

    2. 邠邑(283 前—316)

    按：魏无此县,《晋志》作"汾邑"属。检《寰宇记》卷 34 关西道邠州条:"后汉兴平元年分安定之鹑觚、右扶风之漆置新平郡……历魏、晋同之,晋武帝分漆县置邠邑县。"则武帝时分漆县置邠邑县,当属新平郡,而其与汾水距离悬远,则《晋志》所谓"汾邑"误。

---

① 据《寰宇记》卷 34 关西道邠州条:"后汉兴平元年分安定之鹑觚、右扶风之漆置新平郡,理漆县……历魏晋同之。"则西晋时新平郡治漆县。

（八）陇西国（266—268，282—296）——治襄武（今甘肃陇西县）

按：据《晋书》卷3《武帝纪》："（泰始元年封皇从叔父司马）泰为陇西王。"则泰始元年为陇西国。魏末领县七，其中枹罕县晋初似省，又氐道县晋初移属武都郡，则领县五。据秦州考证，泰始五年前陇西国属雍州，泰始五年移属秦州，太康三年复属雍州，惠帝元康七年（297）再属秦州。

1. 襄武（266—268，282—296）
2. 首阳（266—268，282—296）
3. 临洮（266—268，282—296）
4. 狄道（266—268，282—296）
5. 河关（266—268，282—296）

按：魏末属，《晋志》秦州陇西郡无此县。检《宋志》："河关令，前汉属金城，后汉、《晋太康地志》属陇西。"则晋时确有河关县，《晋志》陇西郡似漏列河关。

（九）南安郡（266—268，282—296）——治獂道（今甘肃陇西县东南）

按：据秦州考证，泰始五年前南安郡属雍州，泰始五年移属秦州，太康三年复属雍州，惠帝元康七年再属秦州。

1. 獂道（266—268，282—296）
2. 中陶（266—268，282—296）
3. 新兴（282—296）

（十）天水郡（266—268，282—296）——治冀（今甘肃甘谷县东）

按：魏末领县九[①]，三县见废，领县六。据秦州考证，泰始五年前天水郡属雍州，泰始五年移属秦州，太康三年复属雍州，惠帝元康七年再属秦州。

1. 冀（266—268，282—296）
2. 上邽（266—268，282—296）
3. 显亲（266—268，282—296）
4. 始昌（266—268，282—296）
5. 新阳（266—268，282—296）
6. 成纪（266—268，282—296）

（十一）略阳郡（266—268，282—296）——治临渭（今甘肃天水市东）

按：魏作广魏郡。《晋志》："略阳郡，本名广魏，泰始中更名焉。"则泰始中广魏郡更名略阳郡。魏末领县三，晋初增置清水县，领县四。据秦州考证，泰

[①] 其中阿阳县，据《地形志》："阿阳，前汉属天水，后汉属汉阳，晋罢。"则其晋初省。其中陇县，据《地形志》："陇城，前汉属天水，后汉属汉阳，晋罢。"则其晋初省。又勇士县，晋初省。

始五年前略阳郡属雍州,泰始五年移属秦州,太康三年复属雍州,惠帝元康七年再属秦州。

1. 临渭(266—268,282—296)
2. 平襄(266—268,282—296)
3. 略阳(266—268,282—296)
4. 清水(266—268,282—296)

按:魏无此县,《晋志》属秦州略阳郡。检《宋志》:"清水令……《晋太康地志》属略阳。"则太康三年略阳郡已有清水县。又《地形志》:"清水,前汉属天水,后汉罢,晋复,属(略阳郡)。"又《舆地广记》卷15陕西秦凤路秦州清水县条:"汉属天水郡。东汉省之。晋复置,属略阳郡。"则西晋时有清水县。

(十二)武都郡(266—268,282—295)——治下辨(今甘肃成县西北)

按:魏末领县六,其中羌道县晋初似省,晋初氐道县来属,太康三年增置上禄县,旋废。据秦州考证,泰始五年前武都郡属雍州,泰始五年属秦州,太康三年复属雍州,又据《华阳国志》卷2:"武都郡……元康六年(原作太康六年,刘琳校注以为当作元康六年,是)还梁州。"则武都郡元康六年移属梁州。

1. 下辨(266—268,282—295)
2. 河池(266—268,282—295)
3. 故道(266—268,282—295)
4. 沮(266—268,282—295)
5. 武都(266—268,282—295)
6. 氐道(266—268,282—295)

按:魏末属陇西郡,《晋志》无此县。据《山海经》卷2"又西三百二十里曰嶓冢山"条郭璞注"今在武都氐道县南",郭璞两晋之交时人,则晋时确有氐道县且移属武都郡。《晋志》武都郡漏列氐道县,吴氏《表》卷4陇西郡不列氐道县,《中国历史地图集·西晋图组》亦漏绘氐道县,并不从。

7. 上禄(282)

按:魏、《晋志》无此县。检《宋志》:"上禄令,汉旧县,后省,晋武帝太康三年又立。"又《寰宇记》卷150陇右道成州条:"晋孝武时,氐豪杨定拥众仇池,称藩于晋,求割天水之西县、武都之上禄为仇池郡。"则上禄县属武都郡。毕氏《新补正》以为上禄县太康三年后废,是。

(十三)阴平郡(282—295)——治阴平(今甘肃文县)

按:魏末省,据《晋志》:"阴平郡,泰始中置。"则泰始中重置。据秦州考证,太康三年并入雍州。又据《华阳国志》卷2:"元康六年,还属梁州。"则元康六年还属梁州。

1. 阴平(282—295)
2. 平武(282—295)

第九节 凉州沿革

凉州(266—316),治姑臧①(今甘肃武威市南)。魏末领郡八,元康五年(295)增置晋昌郡,领郡九。据秦州考证,金城郡泰始五年(269)移属秦州,太康三年(282)复属凉州(太康二年之凉州政区见图20)。据《晋书》卷5《孝愍帝纪》:"(建兴四年四月)凉州刺史张寔遣步骑五千来赴京都。"则直至西晋结束,凉州仍隶晋室。

(一)金城郡(266—268,282—316)——治榆中(今甘肃兰州市东)

按:魏末领县七,晋初允吾县省,后令居县废,领县五,与《晋志》本郡所领合。据秦州考证,金城郡泰始五年移属秦州,太康三年复属凉州。

1. 榆中(266—268,282—316)
2. 允街(266—268,282—316)
3. 金城(266—268,282—316)
4. 白土(266—268,282—316)
5. 浩亹(266—268,282—316)
6. 令居(266—268)

按:魏属,《晋志》无此县。检《汉书》卷16《张骞传》"汉始筑令居以西"颜师古注引臣瓒曰:"令居,县名,属金城。"颜师古《汉书叙例》云:"有臣瓒者,莫知氏族,考其时代,亦在晋初。"则晋初仍有令居县且属金城郡,似后省,《嘉庆重修一统志》卷206"令居故城条"以为"晋初(令居)县废",是。

(二)西平郡(266—316)——治西都(今青海西宁市)

按:魏末领县四,后增置长宁县,领县五,《晋志》领县四,漏列破羌县。

1. 西都(266—316)
2. 临羌(266—316)
3. 安夷(266—316)
4. 破羌(266—316)

---

① 据《舆地广记》卷17陕西路凉州姑臧县条:"二汉、魏、晋皆为武威郡治,兼为凉州刺史治焉。"则西晋时凉州治姑臧。

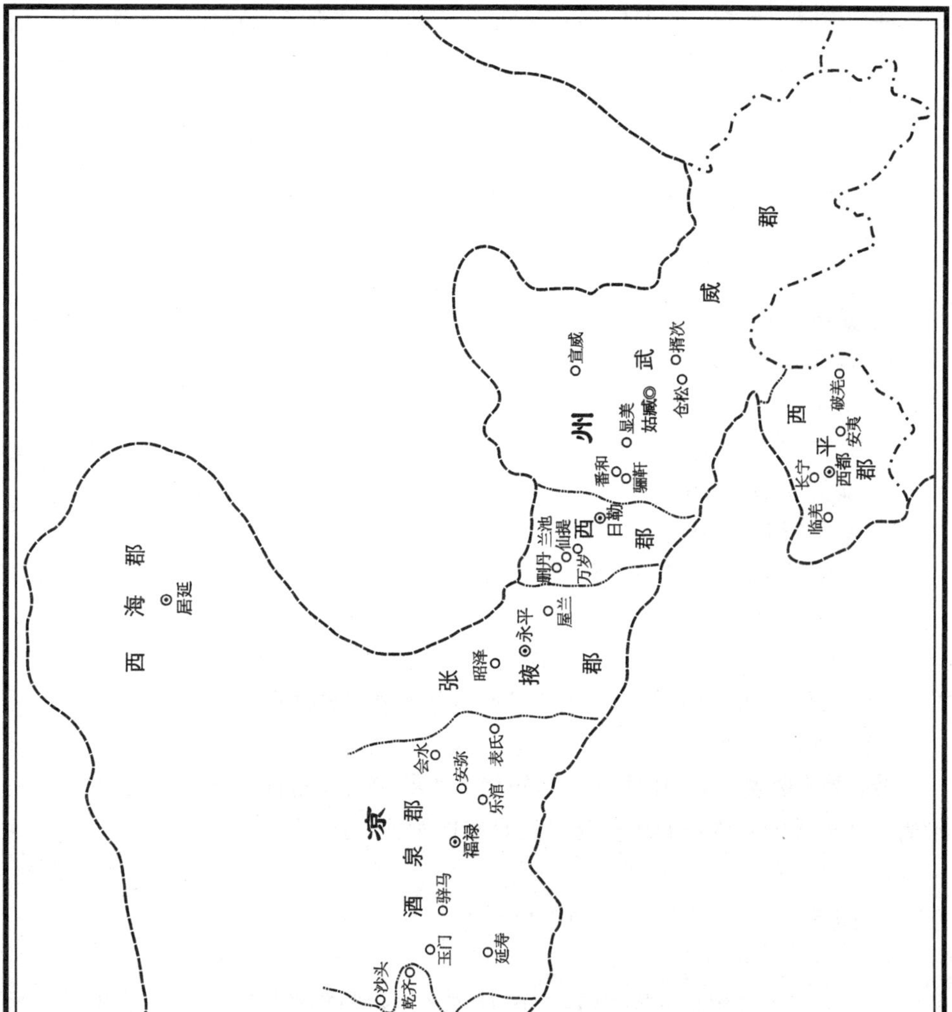

图 20 太康二年(281)西晋凉州政区

按：魏属，《晋志》无此县。检《舆地广记》卷16陕西秦凤路西宁州湟水县条："二汉破羌县地，属金城郡。建安中改为西平郡，晋因之。"则西晋西平郡有破羌县，《晋志》漏列破羌县，误。

5. 长宁(283前—316)

按：魏无此县，《晋志》属。当于太康四年前增置，而确年乏考。

(三) 武威郡(266—316)——治姑臧①(今甘肃武威市南)

按：魏末领县九②，晋初骊靬、番和二县由张掖郡来属，领县七。

1. 姑臧(266—316)

2. 宣威(266—316)

3. 揟次③(266—316)

4. 仓松(266—316)

5. 显美(266—316)

6. 骊靬(266—316)

按：魏属张掖郡，《晋志》属。其似晋初来属。

7. 番和(266—316)

按：魏属张掖郡，《晋志》属。检《舆地广记》卷17陕西路凉州天宝县条："本番和，二汉属张掖郡，晋属武威郡。"则晋初番和县移属武威郡。

(四) 张掖郡(266—316)——治永平(今甘肃张掖市西北)

按：魏末领县七，其中删丹县晋初移属西郡，番和、骊靬二县移属武威郡，泰始三年后氐池县废，领县三，与《晋志》本郡所领合。

1. 永平④(266—316)

2. 昭武⑤(266—279，280—316临泽)

---

① 《舆地广记》卷17陕西路凉州姑臧县条："二汉、魏、晋皆为武威郡治，兼为凉州刺史治焉。"则西晋时武威郡治姑臧。

② 其中鹯阴县，据《地形志》："鹯阴，(平凉)郡治。前汉属安定，后汉属武威，晋罢。"则其晋初废。其中祖厉县，据《地形志》："祖居，前汉属(安定)，罢，后复，属武威，晋罢。"则其亦晋初废。武威、媪围二县《晋志》不载，似于晋初省。

③ 《晋志》作"揟次"。检《汉志》、《续汉志》、《说文解字》卷12上、《地形志》皆作"揟次"。又《水经注》卷40："河水又与长泉水合，水出姑臧东揟次县。"故"揟次"当为"揟次"之讹，钱氏《考异》卷19以为当作"揟次"，是。

④ 魏作"觻得"，《晋志》作"永平"。检《元和志》卷40陇右道甘州张掖县条："本汉觻得县，属张掖郡……晋改曰永平县。"又《舆地广记》卷17陕西路甘州张掖县条："汉立张掖郡，治觻得县，东汉因之。晋改名永平县。"则觻得县晋初改为永平县。

⑤ 魏作"昭武"，《晋志》作"临泽"。检《舆地广记》卷17陕西路甘州张掖县条："汉昭武县，属张掖郡。晋改曰临泽。"则晋初改昭武县为临泽县。又《宋志》："邵武子相，吴立曰昭武，晋帝更名。"据此晋太康元年前张掖郡昭武县似仍未改名，故有改吴之昭武县为邵武县事。

3. 屋兰(266—316)

4. 氐池(266—267 后)

按：魏属，《晋志》无此县。检《宋书》卷 28《符瑞中》："泰始三年四月戊午有司奏：张掖太守焦胜言：氐池县大柳谷口青龙见。"则泰始三年时仍有氐池县，且属张掖郡，当于泰始三年后见废。

（五）西郡(266—316)——治日勒(今甘肃永昌县西北)

按：魏末领县一，晋初删丹县来属，增置仙提、万岁、兰池三县，领县五，与《晋志》本郡所领合。

1. 日勒(266—316)

2. 删丹(266—316)

按：魏属张掖郡，《晋志》属。则删丹县似于晋初来属。

3. 仙提(266—316)

按：魏无此县，《晋志》属。检《寰宇记》卷 152 陇右道甘州删丹县条："本汉旧县也，属张掖郡。后汉兴平二年分置西郡，以删丹县属焉。晋分删丹置兰池、万岁、仙提三县。"则晋初分删丹县置仙提县且属焉。

4. 万岁(266—316)

按：魏无此县，《晋志》属。检《寰宇记》卷 152 陇右道甘州删丹县条："本汉旧县也，属张掖郡。后汉兴平二年分置西郡，以删丹县属焉。晋分删丹置兰池、万岁、仙提三县。"则晋初分删丹县置万岁县且属焉。

5. 兰池(266—316)

按：魏无此县，《晋志》属。检《寰宇记》卷 152 陇右道甘州删丹县条："本汉旧县也，属张掖郡。后汉兴平二年分置西郡，以删丹县属焉。晋分删丹置兰池、万岁、仙提三县。"则晋初分删丹县置兰池县且属焉。

（六）酒泉郡(266—316)——治福禄(今甘肃酒泉市)

按：魏末领县九，其中乾齐县晋初移属敦煌郡，增置骍马县，领县九，与《晋志》本郡所领合。元康五年后沙头县移属晋昌郡，领县八。

1. 福禄(266—316)

2. 表氏(266—316)

3. 乐涫(266—316)

4. 玉门(266—316)

5. 会水(266—316)

6. 安弥(266—316)

7. 延寿(266—316)

8. 沙头(266—294)

按：检《晋志》："元康五年，惠帝分敦煌郡之宜禾、伊吾、冥安、深泉、广至等五县，分酒泉之沙头县，又别立会稽、新乡，凡八县为晋昌郡。"则沙头县元康五年移属晋昌郡。

9. 驿马(283 前—316)

按：魏无此县，《晋志》属焉。当于太康四年前增置，而确年乏考。

（七）敦煌郡(266—316)——治敦煌（今甘肃敦煌市）

按：魏末领县八，晋初乾齐县来属，增置昌蒲、阳关二县，领县十一。《晋志》又有新乡县，而《晋志》："元康五年，惠帝分敦煌郡之宜禾、伊吾、冥安、深泉、广至等五县，分酒泉之沙头县，又别立会稽、新乡，凡八县为晋昌郡。"则元康五年晋昌郡初置时新立新乡县，此新乡当为衍文。元康五年宜禾等五县移属晋昌郡，领县六。

1. 敦煌(266—316)
2. 效谷(266—316)
3. 广至(266—294)

按：检《晋志》："元康五年，惠帝分敦煌郡之宜禾、伊吾、冥安、深泉、广至等五县，分酒泉之沙头县，又别立会稽、新乡，凡八县为晋昌郡。"则广至县元康五年移属晋昌郡。

4. 龙勒(266—316)
5. 冥安①(266—294)

按：检《晋志》："元康五年，惠帝分敦煌郡之宜禾、伊吾、冥安、深泉、广至等五县，分酒泉之沙头县，又别立会稽、新乡，凡八县为晋昌郡。"又《元和志》卷40陇右道瓜州晋昌县条："本汉冥安县，属敦煌郡，因县界冥水为名也，晋元康中改属晋昌郡。"则冥安县元康五年移属晋昌郡。

6. 宜禾(266—294)

按：检《晋志》："元康五年，惠帝分敦煌郡之宜禾、伊吾、冥安、深泉、广至等五县，分酒泉之沙头县，又别立会稽、新乡，凡八县为晋昌郡。"则宜禾县元康五年移属晋昌郡。

7. 渊泉②(266—294)

---

① 《晋志》作"宜安"，《汉志》、《元和志》、《寰宇记》皆作"冥安"，中华书局标点本《晋书》改作"冥安"，是。
② 《晋志》作"深泉"，《史记》卷123《大宛列传》"敦煌置酒泉都尉"条裴骃注引徐广曰："敦煌有渊泉县。"据裴骃《史记集解序》："故中散大夫东莞徐广研核众本，为作《音义》。"检《宋书》卷55《徐广传》："徐广，字野民。"《隋书·经籍志》："《史记音义》十二卷，宋中散大夫徐野民撰。"则南朝时人仍知敦煌郡有渊泉县，则《晋志》所谓"深泉"实避"李渊"之讳，当为"渊泉"。

按：检《晋志》："元康五年，惠帝分敦煌郡之宜禾、伊吾、冥安、深泉、广至等五县，分酒泉之沙头县，又别立会稽、新乡，凡八县为晋昌郡。"则渊泉县元康五年移属晋昌郡。

8. 伊吾(266—294)

按：检《晋志》："元康五年，惠帝分敦煌郡之宜禾、伊吾、冥安、深泉、广至等五县，分酒泉之沙头县，又别立会稽、新乡，凡八县为晋昌郡。"则伊吾县元康五年移属晋昌郡。

9. 昌蒲(283前—316)

按：魏无此县，《晋志》属。当于太康四年前增置，而确年乏考。

10. 阳关(283前—316)

按：魏无此县，《晋志》属。当于太康四年前增置，而确年乏考。

11. 乾齐(266—316)

按：魏属酒泉郡，《晋志》属。则其于晋初来属。

(八) 西海郡(266—316)——治居延(今内蒙古额济纳旗东南)

按：魏末领县一，《晋志》领县一，前后未变。

居延(266—316)

(九) 晋昌郡(295—316)——治冥安(今甘肃安西县东南锁阳城)

按：魏无此郡。检《晋志》："元康五年，惠帝分敦煌郡之宜禾、伊吾、冥安、深泉、广至等五县，分酒泉之沙头县，又别立会稽、新乡，凡八县为晋昌郡。"则元康五年置晋昌郡，领县八。

1. 冥安(295—316)
2. 伊吾(295—316)
3. 宜禾(295—316)
4. 渊泉(295—316)
5. 广至(295—316)
6. 沙头(295—316)
7. 会稽(295—316)
8. 新乡(295—316)

第十节 秦州沿革

秦州(269—281,297—316)，治冀(今甘肃甘谷县东)，后治上邽(今甘肃天水市)。据《晋志》："泰始五年，又以雍州陇右五郡及凉州之金城、梁州之阴平，合七郡置秦州,镇冀城。太康三年,罢秦州,并雍州。七年,复立,镇上邽。"而《宋志》:"秦州刺史,晋武帝泰始五年分陇右五郡及凉州金城、梁州阴平并七郡为秦州,治天水冀县。太康三年并雍州,惠帝元康七年复立。"又《南齐志》下秦州云:"太康省,惠帝元康七年复置。"则泰始五年(269)置秦州,太康三年(282)罢;元康七年(297)复置,《晋志》所谓"七年"当为"元康七年",洪颐煊《诸史考异》卷2以为"七年"上脱"元康"二字,是。又《元和志》卷39陇右道秦州条:"魏分陇右为秦州……武帝泰始中又立秦川郡,与州同理。"今遍检文献,未见秦川郡之记载,吴氏《斠注》以为《元和志》乃据《太康三年地志》,不知何据,吴氏又以为太康三年罢秦州,秦川郡似于此时同废,或是。又《晋志》秦州领郡六,其中有原梁州之阴平郡,无原属凉州之金城郡,疑此处《晋志》所录政区为二次复置之秦州,若是,则太康三年秦州省后,阴平郡与陇右五郡并入雍州,而金城郡回属凉州,故惠帝元康七年复置秦州时金城郡不再来属。又据狄道郡考证,惠帝时增置狄道郡,当于元康七年复置秦州后。据《晋书》卷6《元帝纪》:"(太兴二年夏四月)秦州刺史陈安叛,降于刘曜。"则秦州似太兴二年(319)始没。太康二年之秦州政区参见前图19。

(一)陇西国(269—281,297—298,299—316 陇西郡)——治襄武①(今甘肃陇西县)

按:据《晋书》卷3《武帝纪》:"(泰始元年封皇从叔父司马)泰为陇西王。"则泰始元年为陇西国。又《晋书》卷4《惠帝纪》:"(元康九年)六月戊戌,太尉、陇西王(司马)泰薨。"则元康九年似改陇西国为陇西郡。魏末领县七,其中枹罕县晋初似省,又氐道县晋初移属武都郡,则领县五,《晋志》领县四,漏列河关县。惠帝时狄道等三县移属狄道郡,领县二。据本州考证,泰始五年陇西国由雍州来属,太康三年复属雍州,惠帝元康七年再属秦州。

1. 襄武(269—281,297—316)
2. 首阳(269—281,297—316)
3. 临洮(269—281,297—297 后)

按:据狄道郡考证,惠帝时临洮县移属此郡。

4. 狄道(269—281,297—297 后)

按:据狄道郡考证,惠帝时狄道县移属此郡。

5. 河关(269—281,297—297 后)

---

① 据《舆地广记》卷16陕西秦凤路巩州陇西县条:"本襄武县地,二汉属陇西郡,晋为郡治。"则西晋时陇西国治襄武县。

按：据狄道郡考证，惠帝时河关县移属此郡。

（二）南安郡(269—281,297—316)——治獂道（今甘肃陇西县东南）

按：魏末领县二，太康元年前增置新兴县，领县三，与《晋志》本郡所领合。据本州考证，泰始五年南安郡由雍州来属，太康三年复属雍州，惠帝元康七年再属秦州。

1. 獂道(269—281,297—316)
2. 中陶(269—281,297—316)
3. 新兴(280前—281,297—316)

按：魏无此县，《晋志》属。检《宋书》卷34《五行五》："太康六年三月，南安新兴县山崩，涌水出。"则太康六年南安郡有新兴县。又《宋志》："遂兴男相，吴立曰新兴，晋武帝太康元年更名。"一国不当有两新兴县，故晋武帝灭吴后改吴之新兴为遂兴，则至迟于太康元年前已增置南安之新兴县。

（三）天水郡(269—281,297—316)——治冀（今甘肃甘谷县东）

按：魏末领县九①，三县见废，则领县六，与《晋志》本郡所领合。据本州考证，泰始五年天水郡由雍州来属，太康三年复属雍州，惠帝元康七年再属秦州。

1. 冀(269—281,297—316)
2. 上邽(269—281,297—316)
3. 显亲②(269—281,297—316)
4. 始昌③(269—281,297—316)

按：据《宋志》："西县令，前汉属陇西，后汉属汉阳，即天水，魏、晋属天水。"则西晋时西县确属天水郡，而所谓"魏、晋属天水"当为"魏属天水，晋改曰始昌，属天水"。

5. 新阳(269—281,297—316)
6. 成纪(269—281,297—316)

（四）略阳郡(269—281,297—316)——治临渭（今甘肃天水市东）

按：魏作广魏郡。《晋志》："略阳郡，本名广魏，泰始中更名焉。"则泰始中广魏郡更名略阳郡。魏末领县三，晋初增置清水县，领县四，与《晋志》本郡所

---

① 其中阿阳县，据《地形志》："阿阳，前汉属天水，后汉属汉阳，晋罢。"则其晋初省。其中陇县，据《地形志》："陇城，前汉属天水，后汉属汉阳，晋罢。"则其晋初省。又勇士县，晋初省。
② 《晋志》作"显新"。检《宋书》卷91《孝义传》："追赠（贾恩）天水郡显亲县左尉。"《水经注》卷17："瓦亭水又西南迳显亲县故城东南。"则《晋志》作"显新"误。
③ 魏作"西"，《晋志》作"始昌"。检《水经注》卷20引《晋书地道记》："天水始昌县，故城西也。"故始昌县即为西县，似于晋时改名，而确年乏考。

领合。据本州考证,泰始五年略阳郡由雍州来属,太康三年复属雍州,惠帝元康七年再属秦州。

1. 临渭(269—281,297—316)
2. 平襄(269—281,297—316)
3. 略阳(269—281,297—316)
4. 清水(269—281,297—316)

(五) 武都郡(269—281,297—316)——治下辨①(今甘肃成县西北)

按:魏末领县六,其中羌道县晋初似省,晋初氐道县来属,太康三年增置上禄县,旋废。领县六,《晋志》领县五,漏列氐道县。据本州考证,泰始五年武都郡由雍州来属,太康三年复属雍州,又据《华阳国志》卷2:"武都郡……元康六年②还梁州。"则武都郡元康六年移梁州,元康七年再属秦州。

1. 下辨③(269—281,297—316)
2. 河池(269—281,297—316)
3. 故道(269—281,297—316)
4. 沮(269—281,297—316)
5. 武都(269—281,297—316)
6. 氐道(269—281,297—316)

(六) 阴平郡(269—281,297—316)——治阴平(今甘肃文县)

按:魏末领县二,与《晋志》本郡所领合。魏末省,据《晋志》:"阴平郡,泰始中置。"则泰始中重置。又据本州考证,泰始五年其由梁州移属秦州,太康三年并入雍州。又据《华阳国志》卷2:"元康六年,还属梁州。"则元康六年其由雍州移属梁州,元康七年再属秦州。

1. 阴平(269—281,297—316)
2. 平武④(269—281,297—316)

(七) 狄道郡(297后—316)——治狄道(今甘肃临洮县)

按:据《晋志》:"惠帝分陇西之狄道、临洮、河关,又立洮阳、遂平、武街、始

---

① 据《舆地广记》卷15陕西秦凤路成州同谷县条:"本汉下辨道,属武都郡,东汉及晋皆为郡治焉。"则西晋时武都郡治下辨县。
② 原作太康六年,刘琳校注以为当作元康六年,是。
③ 《晋志》作"下辩"。检《汉志》、《宋志》、《地形志》、《水经注》、《华阳国志》皆作"下辨",则《晋志》所谓"下辩"误。
④ 魏作"广武"属,《晋志》作"平广"属。检《宋志》:"平武令,蜀立曰广武,晋武帝太康元年更名。"又《元和志》卷33剑南道龙州条:"晋于此置平武县,属阴平郡。"则《晋志》所谓"平广"当为"平武"之讹,西晋时阴平郡有平武县。

兴、第五、真仇六县,合九县置狄道郡,属秦州。"据本州考证,元康七年复置秦州,则惠帝时当于此后增置狄道郡属秦州,领县九。

1. 狄道(297后—316)
2. 临洮(297后—316)
3. 河关(297后—316)
4. 洮阳(297后—316)
5. 遂平(297后—316)
6. 武街(297后—316)
7. 始兴(297后—316)
8. 第五(297后—316)
9. 真仇(297后—316)

(八)金城郡(269—281)——治榆中(今甘肃兰州市东)

按:据本州考证,金城郡泰始五年移属秦州,太康三年复属凉州。

1. 榆中(269—281)
2. 允街(269—281)
3. 金城(269—281)
4. 白土(269—281)
5. 浩亹(269—281)
6. 令居(269—281)

第十一节 梁州沿革

梁州(266—313),治南郑(今陕西汉中市)。据《晋志》梁州条:"泰始三年,分益州,立梁州于汉中。"《晋志》益州条:"武帝泰始二年,分益州置梁州,以汉中属焉。"则梁州似泰始时置。而检《魏志》卷4《三少帝纪》:"(景元四年十一月)蜀主刘禅诣(邓)艾降,巴蜀皆平……(十二月)壬子,分益州为梁州。"《宋志》:"魏元帝景元四年,平蜀,复立梁州,治汉中南郑,而益州治成都。"则景元四年(263)蜀汉降魏后,分益州为梁州,且治南郑。《晋志》"泰始三年"、"泰始二年"均为"景元四年"之讹。魏末领郡七。泰始二年(266)置新都郡,太康六年(285)新都郡见废。泰始时置阴平郡,五年移属秦州,元康六年(296)来属,七年再属秦州。武都郡元康六年来属,七年移属秦州。惠帝时增置宕渠郡,元康六年魏兴、上庸、新城三郡来属,不计阴平、武都二郡,梁州其时领郡十一,与《华阳国志》卷1所载元康六年梁州领郡数合(太康二年之梁州政区见图21)。

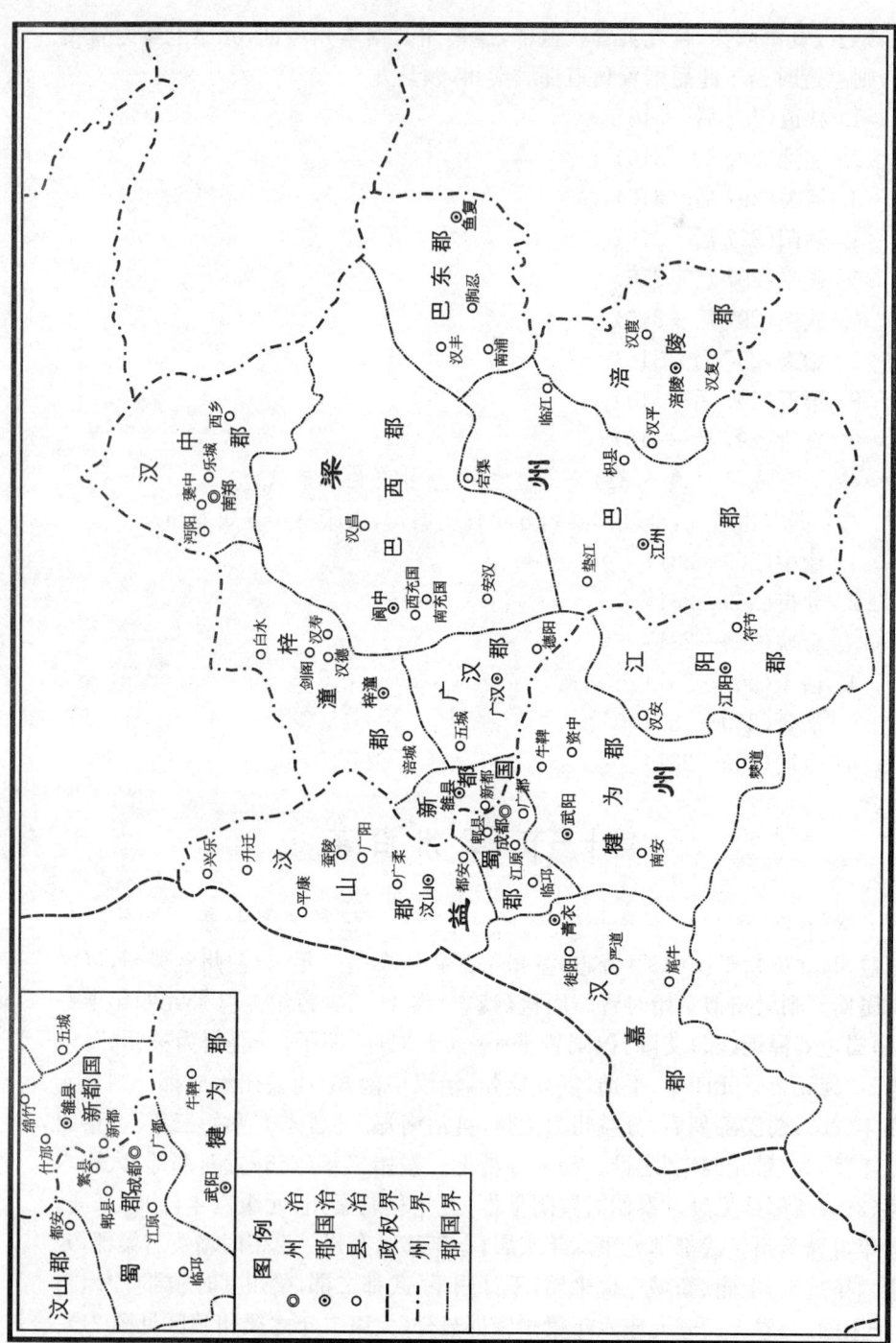

图 21 太康二年(281)西晋梁州、益州(北部)政区

永宁元年(301)广汉陷没,太安元年(302)梓潼、巴西陷没,永兴元年(304)巴郡、巴东、涪陵三郡移属益州,领郡五。据《晋书》卷5《孝愍帝纪》:"(建兴元年)十一月,流人杨武攻陷梁州。"则建兴元年(313)梁州尽没。

（一）汉中郡(266—313)——治南郑(今陕西汉中市)

按：魏末领县五,晋初增置蒲池、黄金、兴道三县,领县八,与《晋志》本郡所领合。

1. 南郑(266—313)

2. 褒中(266—313)

3. 沔阳(266—313)

4. 南乡①(266—280,281—313 西乡)

5. 乐城②(266—283 前,283 前—313 成固)

按：据《地形志》:"城固,二汉、晋属(汉中)。"则西晋时汉中郡有成固县。

6. 蒲池(283 前—313)

按：魏无此县,《晋志》属。当于太康四年前增置。

7. 兴道(283 前—313)

按：魏无此县,《晋志》属。当于太康四年前增置。

8. 黄金(283 前—313)

按：魏无此县,《晋志》属。当于太康四年前增置。

（二）梓潼郡(266—302,310)——治梓潼(今四川梓潼县)

按：魏末领县六,晋初增置武连、黄安二县,领县八,与《晋志》本郡所领合。据《华阳国志》卷8:"(太安元年春)梓潼太守张演委仓库走巴西,巴西郡丞毛植、五官襄班举郡降……(永嘉)四年,天水文石杀雄太宰李国,以巴西降尚,梓潼、巴西还属……五年春正月,李骧破涪城,获登,巴西、梓潼复为雄有。"则太安元年(302)梓潼陷没,永嘉四年(310)暂复旋没。

1. 梓潼(266—302,310)

2. 涪城(266—302,310)

---

① 魏末作"南乡",《晋志》作"西乡"。检《宋志》:"西乡令,蜀立曰南乡,晋武帝太康二年更名。"《元和志》卷 22 山南道洋州条:"本汉汉中郡成固县地,先主分成固立南乡县,为蜀重镇,晋改为西乡县。"《元和志》卷 22 山南道洋州西乡县条:"本汉成固县地,蜀先主置南乡,晋武帝改为西乡县。"《寰宇记》卷 138 山南西道洋州条:"先主分成固立南乡县……晋改南乡为西乡。"《寰宇记》卷 138 山南西道洋州西乡县条:"蜀先主分成固之地,立南乡县属汉中郡,至晋太康二年改南乡为西乡。"则南乡县晋太康二年更名"西乡"。

② 魏末作"乐城",《晋志》作"成固"。检《舆地广记》卷 32 利州路兴元府城固县条:"二汉属汉中郡,蜀改为乐城,晋复故。"则太康四年前复称成固县。

3. 汉寿(266—279,280—302 晋寿,310 晋寿)

按：魏作"汉寿"属，《晋志》属。检《宋志》："晋寿令，属梓潼，《何志》晋惠帝立。按《晋起居注》，武帝太康元年，改梓潼之汉寿曰晋寿。汉寿之名，疑是蜀立，云惠帝立，非也。"则太康元年改汉寿为晋寿。

4. 白水(266—302,310)

5. 汉德(266—302,310)

6. 剑阁①(266—302,310)

7. 武连(283 前—302,310)

按：魏无此县，《晋志》属。当于太康四年前增置。

8. 黄安(283 前—302,310)

按：魏无此县，《晋志》属。当于太康四年前增置。

(三) 广汉郡(266—301)——治广汉(今四川射洪县南)

按：魏末领县九②，五城县晋初省，咸宁四年(278)复，则领县七。据《晋志》："新都郡，泰始二年置。"又《晋志》新都郡领县四，而此四县魏属广汉郡，则此四县当于泰始二年由广汉郡割出，则其时广汉郡领县三，与《晋志》本郡所领合。又《晋志》："太康六年九月，罢新都郡，并广汉郡。"则此四县于太康六年回属广汉郡，领县七。据《华阳国志》卷 8："(永宁元年)冬十月……特等得广汉。"则广汉郡永宁元年为李特所陷。

1. 广汉(266—301)

2. 德阳(266—301)

3. 五城(278—285,286—301)

按：据《宋志》："伍城令，晋武帝咸宁四年立，太康六年省，七年又立。何志刘氏立。"则五城县晋初废置，咸宁四年复立，太康六年省，七年又立。

4. 雒(266,285—301)

按：魏末属，《晋志》属新都郡。泰始二年移属新都郡，太康六年回属。

5. 新都(266,285—301)

按：魏末属，《晋志》属新都郡。泰始二年移属新都郡，太康六年回属。

6. 绵竹(266,285—301)

按：魏末属，《晋志》属新都郡。泰始二年移属新都郡，太康六年回属。

---

① 魏作"剑门"，《晋志》作"剑阁"，似于晋初改剑门为剑阁，而确年乏考。
② 其中郪县，据《舆地广记》卷 31 梓州路梓州郪县条："二汉属广汉郡，晋省之。"则其晋初省。其中阳泉县，似于晋初省。

7. 什邡①(266,285—301)

按：泰始二年移属新都郡，太康六年回属。

(四) 新都郡(266—276,277—283 新都国,284)——治雒(今四川广汉市北)

按：魏末无此郡，据《晋志》："新都郡，泰始二年置。"又《晋志》："分广汉置新都郡。"《晋志》新都郡领县四：雒、新都、绵竹、什邡。则此四县当于泰始二年由广汉郡割出。又《晋志》："太康六年九月，罢新都郡，并广汉郡。"则太康六年四县复属广汉郡。又据《晋书》卷 3《武帝纪》："(咸宁三年)八月癸亥，徙扶风王(司马)亮为汝南王……(司马)该为新都王……(太康四年)冬十一月戊午，新都王该薨。"则咸宁三年至太康四年新都为王国。

1. 雒(266—284)

按：魏末属广汉郡，《晋志》属。泰始二年来属，太康六年回属广汉郡。

2. 新都(266—284)

按：魏末属广汉郡，《晋志》属。泰始二年来属，太康六年回属广汉郡。

3. 绵竹(266—284)

按：魏末属广汉郡，《晋志》属。泰始二年来属，太康六年回属广汉郡。

4. 什邡(266—284)

按：魏末属广汉郡，《晋志》作"什方"属。泰始二年来属，太康六年回属广汉郡。

(五) 涪陵郡(266—303)——治汉复②(今重庆市彭水县南)

按：魏末领县五，《晋志》与领县数合。据《华阳国志》卷 8："永兴元年春正月，尚至江阳。军司辛宝诣洛表状，诏书权统巴东、巴郡、涪陵三郡，供其军赋。"刘琳校注云："三郡本属梁州，因罗尚失益州，故令暂统三郡。"则永兴元年，涪陵郡移属益州。

1. 汉复(266—303)
2. 涪陵(266—303)
3. 汉葭(266—303)
4. 汉平(266—303)
5. 万宁(266—303)

---

① 《晋志》作"什方"属新都郡。检《宋志》："什邡令，汉旧县。"又《华阳国志》卷 3："什邡县，山出好茶。"则《晋志》作"什方"误。
② 蜀汉时涪陵治涪陵县，据《寰宇记》卷 120 江南西道涪州条引《晋太康地记》："郡移理汉复，领汉葭、涪陵、汉平、万宁等五县。"则晋时移理汉复。

(六) 巴郡(266—303)——治江州(今重庆市)

按：魏末领县四，与《晋志》本郡所领合。又南充国、宕渠县一度由巴西郡来属，后复。据《华阳国志》卷8："永兴元年春正月，尚至江阳。军司辛宝诣洛表状，诏书权统巴东、巴郡、涪陵三郡，供其军赋。"刘琳校注云："三郡本属梁州，因罗尚失益州，故令暂统三郡。"则永兴元年，巴郡移属益州。

1. 江州(266—303)
2. 枳(266—303)
3. 临江(266—303)
4. 垫江(266—303)
5. 南充国(279前—283前)

按：魏末、《晋志》均属巴西郡。检《宋书》卷28《符瑞中》："咸宁五年六月戊申，甘露降巴郡南充国。"则咸宁五年前南充国移属巴郡，后又于太康四年前复属巴西郡，而确年乏考。

6. 宕渠(282前—282)

按：魏末、《晋志》均属巴西郡。检《宋志》："宕渠令，二汉、《晋太康地志》属巴郡。"则太康三年前宕渠县移属巴郡，后又于太康四年复属巴西郡。

(七) 巴东郡(266—303)——治鱼复(今重庆奉节县)

按：魏末领县五。其中羊渠县，太康元年改立为南浦县，北井县，泰始五年移属建平郡，领县四，《晋志》领县三，阙载汉丰县。据《华阳国志》卷8："永兴元年春正月，尚至江阳。军司辛宝诣洛表状，诏书权统巴东、巴郡、涪陵三郡，供其军赋。"刘琳校注云："三郡本属梁州，因罗尚失益州，故令暂统三郡。"则永兴元年，巴东郡移属益州。又《宋志》巴东公相条"《晋太康地志》，巴东属梁州，惠帝太安二年度益州"，太安二年十二月成都方陷，此时不得以巴东属益州也，当从《华阳国志》作永兴元年。

1. 鱼复①(266—280 永安，281—303)

---

① 魏末作"永安"，《晋志》作"鱼复"，《续汉志》亦作"鱼复"。检《华阳国志》卷1："鱼复县，(巴东郡)治，公孙述更名白帝，章武二年改曰'永安'，咸熙初复。"《水经注》卷22："蜀章武二年，刘备为吴所破，改白帝为永安，巴东郡治也。"则永安本《续汉志》鱼复县，公孙述改为白帝，刘备于章武二年又改为永安。又《左传·文公十六年》"唯裨、鯈、鱼人实逐之"条杜预注曰："鱼，鱼复县，今巴东永安县。"则太康元年时永安县仍未复称鱼复县，而《晋志》巴东郡有鱼复县，则永安县当在太康元年后复为鱼复县，上引《华阳国志》所谓"咸熙初复"误。《宋志》"鱼复侯相，汉旧县，属巴郡，刘备章武二年改为永安，晋武帝太康元年复旧"，亦微误，当作"太康元年后复旧"。

2. 朐忍①(266—303)

3. 羊渠②(266—279,280—303 南浦)

4. 汉丰(266—303)

按：魏末有此县，《晋志》无此县。据《太平寰宇记》卷137山南西道开州条："后汉建安二年③分朐䏰西北界，于今州南二里置汉丰县，属固陵郡。蜀先主改固陵为巴东郡，历晋宋齐已来并属巴东郡。"则西晋有汉丰县。《宋志》巴东公相条："汉丰，何志不注置立，《太康地志》巴东有汉昌县，疑是。"方恺《新校志》以为："《太康地志》所云'汉昌'当属'汉丰'之误。"又以为西晋有汉丰县，《晋志》失载，是。

5. 北井(266—268)

按：魏末属，《晋志》属建平郡。检《宋志》："北井令，《晋太康地志》有，先属巴东，晋武帝泰始五年度建平。"又《华阳国志》卷1："晋太康初将巫、北井还建平。"此从《宋志》，北井县泰始五年移属建平郡。

（八）巴西郡(266—302,310)——治阆中(今四川阆中市)

按：魏末领县七，其中宣汉县晋初省，南充国、宕渠二县一度移属巴郡，后又复属。晋初又增置苍溪、岐惬二县，太康元年增置平州县，则领县九，与《晋志》本郡所领合。太康四年后宣汉县复置，惠帝时宕渠、汉昌、宣汉三县移属宕渠郡，领县七。据《华阳国志》卷8："（太安元年春）梓潼太守张演委仓库走巴西，巴西郡丞毛植、五官褰班举郡降……（永嘉）四年，天水文石杀雄太宰李国，以巴西降尚，梓潼、巴西还属……五年春正月，李骧破涪城，获登，巴西、梓潼复为雄有"，则太安元年巴西陷没，永嘉四年(310)暂复旋没。

1. 阆中(266—302,310)

2. 西充国(266—302,310)

3. 苍溪(283前—302,310)

按：魏末无此县，《晋志》属。当于太康四年前增置苍溪县。

4. 岐惬(283前—302,310)

按：魏末无此县，《晋志》属。当于太康四年前增置岐惬县。

---

① 《晋志》作"朐䏰"，刘琳《华阳国志校注》卷1引东汉《曹全碑》、《巴郡太守张纳碑阴》、《西岳华山亭碑》，以为当作"朐忍"（巴蜀书社，1984年，第79页），是。

② 《晋志》作"南浦"，检《华阳国志》卷1："迄吴平，巴东后省羊渠置南浦。"则太康元年省"羊渠"置"南浦"。《宋志》："南浦令，刘禅建兴八年十月益州牧阎宇表改羊渠立。"曹学佺《蜀中广记》卷23引《华阳国志》："晋武帝平吴之后，巴东省羊渠置南浦。"则《华阳国志》原文当是，《宋志》误。

③ 据《太平寰宇记》卷137山南西道开州开江县条，当作建安二十一年。

5. 南充国(266—279前,283前—302,310)

按：咸宁时南充国县移属巴郡，后又于晋太康初复属巴西郡，而确年乏考。

6. 宕渠(266—282前,283—290后)

按：太康三年前宕渠县移属巴郡，晋太康四年复属巴西郡。惠帝时宕渠县移属宕渠郡。

7. 汉昌(266—290后)

按：惠帝时汉昌县移属宕渠郡。

8. 安汉(266—302,310)

9. 平州(280—302,310)

按：魏无此县，《晋志》属。检《宋志》："平州令，晋武帝太康元年，以野民归化立。"则太康元年置平州县，当属巴西郡。

10. 宣汉(283后—290后)

按：魏末属，《晋志》无此县。检《方舆胜览》卷59夔州路达州："后汉分宕渠置宣汉……刘璋分属巴西郡，晋省宣汉县。"则其晋初省。又《宋志》："宣汉令，前汉无，后汉属郡，《晋太康地志》无。"则太康三年时仍无宣汉县。据《晋志》："惠帝复分巴西置宕渠郡，统宕渠、汉昌、宣汉三县。"则太康四年后复置宣汉县，而确年乏考。惠帝时宣汉县移属宕渠郡。

(九)宕渠郡(290后—313)——治宕渠(今四川渠县东北)

按：据《晋志》："惠帝复分巴西置宕渠郡，统宕渠、汉昌、宣汉三县。"则宕渠郡领县三。

1. 宕渠(290后—313)

2. 汉昌(290后—313)

3. 宣汉(290后—313)

(十)阴平郡(266后—268,296)——治阴平(今甘肃文县)

按：魏末领县二，与《晋志》本郡所领合。据《晋志》："阴平郡，泰始中置。"则其后省，泰始中重置。又据秦州考证，泰始五年其由梁州移属秦州，太康三年并入雍州，则泰始五年前复置阴平郡且属梁州，泰始五年移属秦州。又据《华阳国志》卷1云："元康六年……更割雍州之武都、阴平，荆州之新城、上庸、魏兴以属焉。"《华阳国志》卷2："元康六年，还属梁州。"则元康六年其由雍州来属，元康七年再属秦州。

1. 阴平(266后—268,296)

2. 平武(266后—268,296)

(十一)武都郡(296)——治下辨(今甘肃成县北)

按:据《华阳国志》卷1云:"元康六年……更割雍州之武都、阴平,荆州之新城、上庸、魏兴以属焉。"《华阳国志》卷2:"武都郡……元康六年①还梁州。"则武都郡元康六年来属,元康七年移属秦州。

1. 下辨(296)
2. 河池(296)
3. 故道(296)
4. 沮(296)
5. 武都(296)
6. 氐道(296)

(十二)新城郡(296—313)——治房陵(今湖北房县)

按:据《晋志》梁州条:"惠帝复分巴西置宕渠郡,统宕渠、汉昌、宣汉三县,并以新城、魏兴、上庸合四郡以属梁州。寻而梁州郡县没于李特。"又《晋志》荆州条:"惠帝分桂阳、武昌、安成三郡立江州,以新城、魏兴、上庸三郡属梁州。"又《华阳国志》卷1云:"元康六年……更割雍州之武都、阴平,荆州之新城、上庸、魏兴以属焉。"则其元康六年来属。

1. 房陵(296—313)
2. 绥阳②(296—313)
3. 昌魏(296—313)
4. 沵乡③(296—313)

按:魏、《晋志》属。检《左传·昭公十二年》杜注有新城沵乡县,则太康元年新城郡有沵乡县。

(十三)魏兴郡(296—313)——治兴晋(今湖北郧西县西北)

按:据《晋志》梁州条:"惠帝复分巴西置宕渠郡,统宕渠、汉昌、宣汉三县,并以新城、魏兴、上庸合四郡以属梁州,寻而梁州郡县没于李特。"又《晋志》荆州条:"惠帝分桂阳、武昌、安成三郡立江州,以新城、魏兴、上庸三郡属梁州。"又《华阳国志》卷1云:"元康六年……更割雍州之武都、阴平,荆州之新城、上庸、魏兴以属焉。"则其元康六年来属。

---

① 原作太康六年,刘琳校注以为当作元康六年,是。
② 魏末作"秭归",《晋志》作"绥阳"。据《宋志》:"绥阳令,魏立,后改为秭归,晋武帝太康二年,复为绥阳。"中华书局标点本《晋书》校勘记据此以为当作"绥阳",是。则太康二年复为绥阳县。
③ 《宋志》:"祁乡令,《何志》魏立,《晋太康地志》作沵。"检《水经注》卷28:"(零水)东迳新城郡之沵乡县,县分房陵立。"则《宋志》所谓"作沵",误。

1. 兴晋①(296—313)
2. 安康(296—313)

按：魏作"安阳"属，《晋志》属。检《宋志》："安康令，二汉安阳县，属汉中，汉末省，魏时复立，属魏兴。晋武帝太康元年更名。"《地形志》："安康，二汉曰安阳，属汉中，汉末省，魏复立，武帝更名，属魏兴郡。"则武帝太康元年改安阳县为安康县，其时当属魏兴郡。

3. 西城(296—313)
4. 锡(296—313)
5. 长利(296—313)
6. 洵阳(296—313)
7. 郧乡(296—313)

(十四) 上庸郡(296—313)——治上庸(今湖北竹山县西南)

按：据《晋志》梁州条："惠帝复分巴西置宕渠郡，统宕渠、汉昌、宣汉三县，并以新城、魏兴、上庸合四郡以属梁州，寻而梁州郡县没于李特。"又《晋志》荆州条："惠帝分桂阳、武昌、安成三郡立江州，以新城、魏兴、上庸三郡属梁州。"又《华阳国志》卷1云："元康六年……更割雍州之武都、阴平，荆州之新城、上庸、魏兴以属焉。"则其元康六年来属。

1. 上庸(296—313)
2. 安富(296—313)
3. 北巫(296—313)
4. 武陵(296—313)
5. 上廉(296—313)
6. 微阳(296—313)

第十二节 益州沿革

益州(266—316)，治成都②(今四川成都市)。魏末领郡十二。据宁州考

---

① 魏作"平阳"，《晋志》作"晋兴"。检《宋志》魏兴太守领有兴晋县："兴晋令，魏立，曰平阳，晋武帝太康元年更名。"则《晋志》"晋兴"当作"兴晋"，晋武帝太康元年改平阳县为兴晋县，中华书局标点本《晋书》校勘记引方氏《新校志》以为"晋兴"当作"兴晋"，是。
② 据《宋志》："魏元帝景元四年，平蜀，复立梁州，治汉中南郑，而益州治成都。"又《通典》卷171《州郡一》："晋武帝太康元年平吴，分为十九州部……益治成都。"则魏末平蜀汉直至西晋，益州皆治成都。

证,泰始七年(271),云南、兴古、建宁、永昌四郡移属宁州,太康五年(284)宁州见废,四郡又复属益州(太康二年之益州参见前图21及图22)。据《晋志》:"惠帝之后,李特僭号于蜀,称汉,益州郡县皆没于特。"又《晋书》卷4《惠帝纪》:"(太安二年)三月,李特攻陷益州。荆州刺史宋岱击特,斩之,传首京师。夏四月,特子雄复据益州……(十一月)李雄自郫城攻益州刺史罗尚,尚委城而遁,雄尽有成都之地。"则至惠帝太安二年(303)成都沦陷,疑汶山、汉嘉二郡于此时俱没。其时,建宁、兴古、云南、永昌、牂柯、越巂、朱提七郡移属宁州,江阳、犍为诸郡仍为晋益州所有。又据《华阳国志》卷8:"永兴元年春正月,尚至江阳。军司辛宝诣洛表状,诏书权统巴东、巴郡、涪陵三郡,供其军赋。"刘琳校注云:"三郡本属梁州,因罗尚失益州,故令暂统三郡。"则永兴元年(304),三郡来属。永嘉五年(311),犍为、江阳、巴郡陆续沦陷,领郡二。

(一) 蜀郡(266—288,289—303成都国)——治成都(今四川成都市)

按:魏末领县九,其中汶江、蚕陵、升迁三县,晋初移属汶山郡,领县六,与《晋志》本郡所领合。据《宋志》:"蜀郡太守,秦立。晋武帝太康中,改曰成都国。"又《晋书》卷3《武帝纪》:"(太康十年)立皇子(司马)乂为长沙王,(司马)颖为成都王。"则太康十年改蜀郡为成都国。据本州考证,太安二年成都沦没。

1. 成都(266—303)
2. 广都(266—303)
3. 繁(266—303)
4. 江原(266—303)
5. 临邛(266—303)
6. 郫(266—303)

(二) 犍为郡(266—310)——治武阳①(今四川彭山县)

按:魏末领县五,与《晋志》本郡所领合。据《华阳国志》卷8:"(永嘉)五年春正月……雄众攻僰道,走犍为太守魏纪。"则永嘉五年之初犍为沦陷。

1. 武阳(266—310)
2. 南安(266—310)
3. 僰道(266—310)
4. 资中(266—310)
5. 牛鞞(266—310)

---

① 据《舆地广记》卷29成都府路眉州彭山县条:"本汉武阳县,属犍为郡,东汉为郡治焉,晋因之。"则西晋时犍为郡治武阳县。

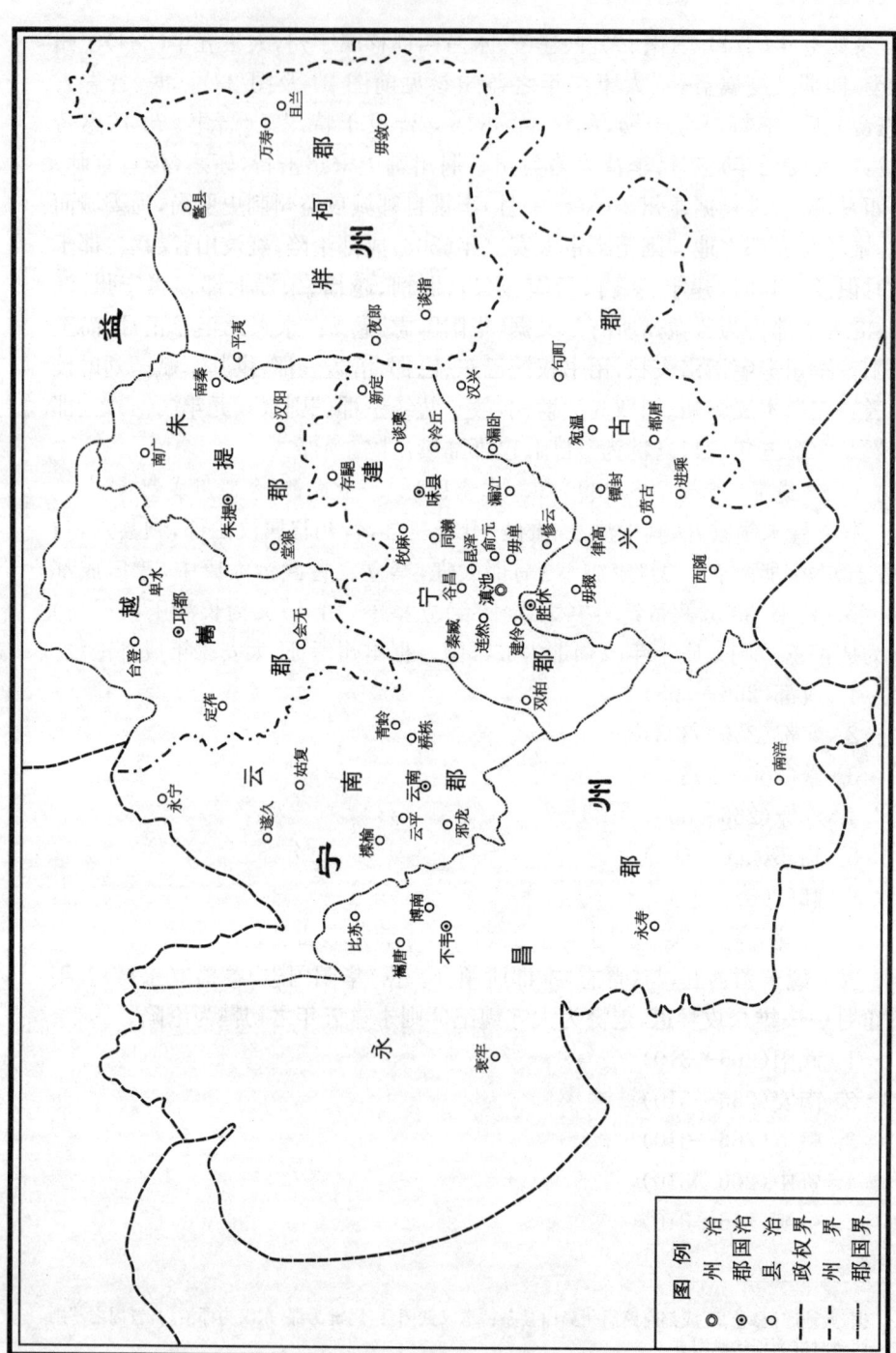

图 22 太康二年(281)西晋益州(南部)、宁州政区

（三）汶山郡(266—303)——治汶山(今四川茂县北)

按：魏末领县五，晋初广阳、升迁、蚕陵三县来属，领县八，与《晋志》本郡所领合。疑太安二年沦没。

1. 汶山①(266—303)
2. 升迁(266—303)

按：魏末属蜀郡，《晋志》属。检《宋志》："升迁令，《晋太康地志》属汶山。"则其晋初移属汶山郡。

3. 都安(266—303)
4. 广阳(266—303)

按：魏末作"汶江"属蜀郡，《晋志》属。检《元和志》卷32剑南道茂州汶山县条："本汉汶江县地，晋改为广阳县，属汶山郡。"则晋初改汶江县为广阳县，且属汶山郡。

5. 兴乐(266—303)
6. 平康(266—303)
7. 广柔(266—303)
8. 蚕陵(266—303)

按：魏末属蜀郡，《晋志》属。检《舆地广记》卷30成都府路翼州条："本汉蚕陵县地，属汶山郡，郡废，属蜀郡，晋复属汶山郡。"则蚕陵县晋初移属汶山郡。

（四）汉嘉郡(266—303)——治青衣(今四川天全县东北)

按：魏末领县四，与《晋志》本郡所领合。疑太安二年沦没。

1. 青衣②(266—303)
2. 徙阳(266—303)
3. 严道③(266—303)
4. 旄牛(266—303)

---

① 魏末作"绵虒"，《晋志》作"汶山"，似于晋初更名。
② 《晋志》作"汉嘉"。检《水经注》卷36经文"东北与青衣水合"注引《华阳国志》曰："二水于汉嘉青衣县东，合为一川，自下亦谓之为青衣水。"此段引文今本《华阳国志》阙载，则至晋时汉嘉郡仍有青衣县，《晋志》汉嘉郡"汉嘉"当为"青衣"之讹。《宋志》益州刺史晋原太守领汉嘉令，似于东晋时改。
③ 魏末作"新道"，《晋志》作"严道"。检《水经注》卷33："崃山，邛崃山也，在汉嘉严道县，一曰新道。"则"新道县"即为"严道县"。又《续汉志》严道县属蜀郡属国，《晋志》严道县属汉嘉郡，则疑蜀郡属国章武元年改为汉嘉时，"严道县"亦改为"新道县"，至晋方回改为"严道县"。

（五）江阳郡（266—310）——治江阳①（今四川泸州市）

按：魏末领县三，与《晋志》本郡所领合。据《华阳国志》卷8："永嘉五年春正月……雄众攻僰道，走犍为太守魏纪，杀江阳太守姚袭。"则永嘉五年之初江阳沦陷。

1. 江阳（266—310）
2. 符（266—310）

按：魏末作"符节"属，《晋志》属。检《舆地广记》卷31梓州路泸州合江县条："本汉符县地，属犍为郡……东汉曰'符节'，晋复曰'符'，属江阳郡。"则"符节县"至晋初改为"符县"，且属江阳郡。

3. 汉安（266—310）

（六）朱提郡（266—302）——治朱提（今云南昭通市）

按：魏末领县四，晋初增置堂狼县，领县五，与《晋志》本郡所领合。惠帝太安二年移属宁州。

1. 朱提（266—302）
2. 南广（266—302）
3. 汉阳（266—302）
4. 堂狼（282前—302）

按：魏末无此县，《晋志》属。检《宋志》："堂狼令……《晋太康地志》属朱提。"则太康三年朱提郡有堂狼县，当于晋太康三年前复置。

5. 南昌②（266—279，280—302南秦）

（七）越巂郡（266—302）——治邛都（今四川西昌市）

按：魏末领县九，其中苏祁、阐、潜街、马湖四县晋初省，则领县五，与《晋志》本郡所领合。惠帝太安二年移属宁州。

1. 邛都（266—302）
2. 会无（266—302）
3. 卑水（266—302）
4. 定笮（266—302）
5. 台登（266—302）

---

① 据《舆地广记》卷31梓州路泸州泸川县条："本江阳县，二汉属犍为郡，蜀属江阳郡。晋为江阳郡治焉。"则西晋时江阳郡治江阳县。
② 《晋志》作"南秦"。检《宋志》："南秦长，本名南昌，晋武帝太康元年更名。"则西晋太康元年南昌县更名南秦县。

（八）牂柯郡(266—302)——治乏考

按：魏末领县七。晋初增置万寿、并渠二县，咸宁五年(279)同并县见废，领县八，与《晋志》本郡所领合。惠帝太安二年移属宁州。

1. 万寿(283前—302)

按：魏末无此县，《晋志》属。检《宋志》："万寿令，晋武帝立。"则武帝时置万寿县，当属牂柯郡。

2. 且兰(266—282前,283—302)

按：魏末、《晋志》均属。检《宋志》："故且兰令……《晋太康地志》无。"则太康三年前且兰曾见省，太康四年复置。

3. 谈指①(266—302)

4. 夜郎(266—302)

5. 毋敛②(266—302)

6. 鳖(266—302)

7. 并渠(283前—302)

按：魏末无此县，《晋志》属，当于太康四年前增置，且属焉。

8. 平夷(266—302)

9. 同并(266—279)

按：魏末属，《晋志》无此县。检《宋志》："同并长，汉旧县，前汉作同并，属牂柯，晋武帝咸宁五年省，哀帝复立。"则其晋初咸宁五年省。

（九）云南郡(266—270,284—302)——治云南(今云南祥云县东南)

按：魏末领县七，咸宁五年增置云平县，晋初增置永宁县，领县九。据宁州考证，泰始七年云南郡移属宁州，太康五年复属益州，惠帝太安二年又属宁州焉。

1. 云南(266—270,284—302)

2. 永宁(284—302)

按：魏末无此县，《晋志》属。当于太康四年前增置，而确年乏考。

3. 梇栋(266—270,284—302)

4. 青蛉(266—270,284—302)

5. 楪榆(266—270,284—302)

---

① 《晋志》作"指谈"，检《汉志》、《华阳国志》并作"谈指"，则《晋志》"指谈"实为"谈指"之讹，中华书局标点本《晋书》乙正，是。
② 《晋志》作"毋剑"，检《汉志》、《宋志》、《华阳国志》并作"毋敛"，则《晋志》"毋剑"实为"毋敛"之讹。

6. 姑复（266—270，284—302）

7. 邪龙（266—270，284—302）

8. 遂久（266—270，284—302）

9. 云平（284—302）

按：魏末无此县，《晋志》属。检《宋志》："云平长，晋武帝咸宁五年立。"则武帝咸宁五年立云平县，其时当属云南郡。

（十）兴古郡（266—270，284—302）——治胜休①（今云南江川县北）

按：魏末领县八。晋咸宁元年增置律高县，太康二年增置都唐县，晋初又增置汉兴县，胜休县来属，领县十二。《晋志》领县十一，阙载西随县。据宁州考证，泰始七年兴古郡移属宁州，太康五年复属益州，惠帝太安二年又属宁州焉。

1. 胜休（266—270，284—302）

按：魏末属建宁，《晋志》作"滕休"属。检《汉志》、《华阳国志》卷4、《南齐志》、《水经注》卷36均作"胜休"，则当作"胜休"，中华书局标点本《晋书》失校。据《宋志》："腾休长，汉旧县，属益州郡，《晋太康地志》属兴古，《何志》：'故属建宁，晋武帝徙兴古治之，遂以属焉。'"则武帝时胜休县移属兴古郡且为兴古郡治所，其移属时间似为泰始元年。

2. 进乘（266—270，284—302）

3. 句町（266—270，284—302）

4. 宛温（266—270，284—302）

5. 漏卧（266—270，284—302）

6. 贲古（266—270，284—302）

7. 毋掇（266—268西丰，269—270，284—302）

按：魏末作"西丰"属，《晋志》属。检宋本《宋志》："毋掇令，汉旧县，属益州郡，《晋太康地志》属兴古。刘氏改曰'西丰'，晋武帝泰始五年，复为'毋掇'。"则泰始五年改西丰县为毋掇县，且属兴古郡。

8. 镡封（266—270，284—302）

9. 汉兴（284—302）

按：魏无此县，《晋志》属。检《宋志》："汉兴令，二汉、魏无，晋地志有，属兴古郡。"则太康四年前增置汉兴县，且属兴古郡。

---

① 据《宋志》："腾休长，汉旧县，属益州郡，《晋太康地志》属兴古，《何志》：'故属建宁，晋武帝徙兴古治之，遂以属焉。'"则武帝时兴古郡治胜休县。

10. 律高(284—302)

按：魏无此县，《晋志》属。检《宋志》："晋武帝咸宁元年，分建宁郡修云、俞元二县间流民复立律高县。"则咸宁元年增置律高县，且属兴古郡。

11. 都唐(284—302)

按：魏无此县，《晋志》作"都篖"属。检《宋志》引《晋起居注》："太康二年置兴古之都唐县。"则都唐县武帝太康二年置，且属兴古郡，"都篖"当作"都唐"。

12. 西随(266—270,284—302)

按：魏末属，《晋志》无此县。检《宋志》："西隋令，汉旧县，属牂柯，《晋太康地志》属兴古。并作随。"则太康三年有西随县。方国瑜《中国西南历史地理考释》第二篇兴古郡进桑条云："《华阳国志》梁水郡亦有西随县，则《晋志》应补此县。"是。

(十一) 建宁郡(266—270,284—302)——治味(今云南曲靖市)

按：魏末领县十四。晋初胜休县移属兴古郡，又增置新定、谈槀、漏江、修云、泠丘五县，领县十八，《晋志》领县十七，阙载建伶县。太康四年后，增置同乐县，领县十九。据宁州考证，泰始七年建宁郡移属宁州，太康五年复属益州，惠帝太安二年移属宁州。

1. 味(266—270,284—302)

2. 昆泽(266—270,284—302)

3. 存䣖(266—270,284—302)

4. 新定(284—302)

按：魏无此县，《晋志》属，当于太康四年前增置，且属焉。

5. 谈槀(284—302)

按：魏无此县，《晋志》属。检《宋志》："谈槀令，汉旧县，属牂柯，晋武帝立。"则太康四年前复置谈槀县，且属建宁郡。

6. 漏江(284—302)

按：魏无此县，《晋志》属。检《宋志》："漏江令，汉旧县，属牂柯，晋武帝立。"则太康四年前复置漏江县，且属建宁郡。

7. 毋单(266—270,284—302)

8. 同濑(266—270,284—302)

9. 牧麻(266—270,284—302)

10. 谷昌(266—270,284—302)

11. 连然(266—270,284—302)

12. 秦臧(266—270,284—302)

13. 双柏(266—270,284—302)

14. 俞元(266—270,284—302)

15. 修云(284—302)

按：魏无此县,《晋志》属。检《宋志》:"晋武帝咸宁元年,分建宁郡修云、俞元二县间流民复立律高县。"则咸宁元年前增置修云县,且属建宁郡,其后仍属焉。

16. 泠丘(284—302)

按：魏无此县,《晋志》属,当于太康四年前增置,且属焉。

17. 滇池(266—270,284—302)

18. 建伶(266—270,284—302)

19. 同乐(284后—302)

按：魏无此县,《宋志》建宁太守条云:"同乐令,晋武帝立",而《晋志》不载,当太康四年后置。

(十二) 永昌郡(266—270,284—302)——治不韦(今云南保山市东北)

按：魏末领县五,晋初增置雍乡、南涪、永寿三县,领县八,与《晋志》本郡所领合。据宁州考证,泰始七年永昌郡移属宁州,太康五年复属益州,惠帝太安二年又属宁州焉。

1. 不韦(266—270,284—302)

2. 巂唐(266—270,284—302)

3. 哀牢(266—270,284—302)

4. 博南(266—270,284—302)

5. 比苏(266—270,284—302)

按：检《宋志》:"芘苏令,前汉属益州郡,后汉、《晋太康地志》属永昌。'芘'作'比'。"则太康三年永昌郡有比苏县。

6. 雍乡(284—302)

按：魏无此县,《晋志》属。当于太康四年前增置,且属焉。

7. 南涪(284—302)

按：魏无此县,《晋志》属。当于太康四年前增置,且属焉。

8. 永寿(284—302)

按：魏无此县,《晋志》属。当于太康四年前增置,且属焉。

(十三) 巴东郡(304—316)——治鱼复(今重庆市奉节县)

按：据本州考证,其永兴元年来属。

1. 鱼复(304—316)
2. 朐忍(304—316)
3. 南浦(304—316)
4. 汉丰(304—316)

(十四) 涪陵郡(304—316)——治汉复(今重庆市彭水县南)

按：据本州考证，其永兴元年来属。

1. 汉复(304—316)
2. 涪陵(304—316)
3. 汉葭(304—316)
4. 汉平(304—316)
5. 万宁(304—316)

(十五) 巴郡(304—310)——治江州(今重庆市)

按：据本州考证，其永兴元年来属。永嘉五年沦陷。

1. 江州(304—310)
2. 枳(304—310)
3. 临江(304—310)
4. 垫江(304—310)

第十三节 宁州沿革

宁州(271—283,303—316)，治滇池(今云南晋宁县东)。据《宋志》："宁州刺史，晋武帝泰始七年，分益州南中之建宁、兴古、云南、永昌四郡立。"又《晋志》："泰始七年，武帝以益州地广，分益州之建宁、兴古、云南、交州之永昌，合四郡为宁州。"则泰始七年(271)分益州四郡置宁州，其时西晋无交州，《晋志》所谓"交州之永昌"显误。又据《宋志》："太康三年省(宁州)，立南夷校尉。惠帝太安二年复立，增牂柯、越巂、朱提三郡。"《晋志》："太康三年，武帝又废宁州入益州……太安二年，惠帝复置宁州，又分建宁以西七县别立为益州郡。"则似太康三年(282)宁州废入益州。然检《华阳国志》卷8："(太康)五年，罢宁州诸郡还益州，置南夷校尉。"《通鉴》卷81同之，《考异》曰："《地理志》：太康三年废宁州，置南夷校尉，今从《华阳国志》。"又据笔者考证，《晋志》政区断代当在太康四年，则宁州当废于太康五年，《宋志》、《晋志》皆误。惠帝太安二年(303)复置宁州，领建宁、兴古、云南、永昌、牂柯、越巂、朱提七郡，又立益州郡。建兴元年(313)又分牂柯立平夷、夜郎二郡，分云南置河阳郡，领郡十一。太康二年之宁州政区见前图22。

（一）云南郡(271—283,303—316)——治云南(今云南祥云县东南)

按：魏末领县七，晋初增置云平、永宁二县，领县九，与《晋志》本郡所领合。建兴元年，楪榆、永宁二县移属河阳郡，领县七。据本州考证，泰始七年，云南郡来属，太康五年复移益州，惠帝太安二年又来属。

1. 云南(271—283,303—316)
2. 梇栋(271—283,303—316)
3. 云平(279—283,303—316)

按：魏末无此县，《晋志》属。检《宋志》："云平长，晋武帝咸宁五年立。"则武帝咸宁五年(279)立云平县，其时当属云南郡。

4. 青蛉(271—283,303—316)
5. 楪榆(271—283,303—312)
6. 姑复(271—283,303—316)
7. 邪龙(271—283,303—316)
8. 遂久(271—283,303—316)
9. 永宁(283前—283,303—312)

按：魏无此县，《晋志》属。当于太康四年前增置，且属焉。

（二）兴古郡(271—283,303—316)——治胜休①(今云南江川县北)

按：魏末领县八。晋咸宁元年增置律高县，太康二年增置都唐县，晋初又增置汉兴县，胜休县来属，领县十二。《晋志》领县十一，阙载西随县。据本州考证，泰始七年，兴古郡来属，太康五年移属益州，惠帝太安二年又来属。

1. 胜休(271—283,303—316)
2. 句町(271—283,303—316)
3. 宛温(271—283,303—316)
4. 漏卧(271—283,303—316)
5. 贲古(271—283,303—316)
6. 毋掇(271—283,303—316)
7. 镡封(271—283,303—316)
8. 律高(275—283,303—316)

按：魏无此县，《晋志》属。检《宋志》："晋武帝咸宁元年，分建宁郡修云、

---

① 据《宋志》："滕休长，汉旧县，《晋太康地志》属兴古，《何志》：'故属建宁，晋武帝徙兴古治之，遂以属焉。'"则武帝时兴古郡治胜休县。

俞元二县间流民复立律高县。"则咸宁元年增置律高县,且属兴古郡。

9. 汉兴(283前—283,303—316)

按:魏无此县,《晋志》属。检《宋志》:"汉兴令,二汉、魏无,晋地志有,属兴古郡。"则太康四年前增置汉兴县,且属兴古郡。

10. 进乘(271—283,303—316)

11. 都唐(281—283,303—316)

按:魏无此县,《晋志》作"都篖"属。检《宋志》引《晋起居注》:"太康二年置兴古之都唐县。"则都唐县武帝太康二年置,且属兴古郡,"都篖"当作"都唐"。

12. 西随(271—283,303—316)

(三)建宁郡(271—283,303—316)——治味(今云南曲靖市)

按:魏末领县十四。晋初胜休县移属兴古郡,又增置新定、谈稾、漏江、修云、泠丘五县,领县十八,《晋志》领县十七,阙载建伶县。后增置同乐县,太安二年,双柏等七县移属益州郡,领县十二。据本州考证,泰始七年,建宁郡来属,太康五年移属益州,惠帝太安二年复来属。

1. 味(271—283,303—316)
2. 昆泽(271—283,303—316)
3. 存䣖(271—283,303—316)
4. 新定(283前—283,303—316)

按:魏无此县,《晋志》属,当于太康四年前增置,且属焉。

5. 谈稾(283前—283,303—316)

按:魏无此县,《晋志》属。检《宋志》:"谈稾令,汉旧县,属牂柯,晋武帝立。"则武帝时复置谈稾县,且属建宁郡。

6. 漏江(283前—283,303—316)

按:魏无此县,《晋志》属。检《宋志》:"漏江令,汉旧县,属牂柯,晋武帝立。"则武帝时复置漏江县,且属建宁郡。

7. 毋单①(271—283,303—316)
8. 同濑(271—283,303—316)
9. 牧麻(271—283,303—316)

按:魏作"牧靡"属,《晋志》属。似于晋初改"牧靡"为"牧麻"。

---

① 《晋志》作"母单"属。检《汉志》、《宋志》、《华阳国志》、《水经注》均作"毋单",则《晋志》"母单"当为"毋单"之讹。

10. 谷昌(271—283)

按：太安二年移属益州郡。

11. 连然(281—283)

按：太安二年移属益州郡。

12. 秦臧(281—283)

按：太安二年移属益州郡。

13. 双柏(281—283)

按：太安二年移属益州郡。

14. 俞元(281—283)

按：太安二年移属益州郡。

15. 修云(275前—283,303—316)

按：魏无此县，《晋志》属。检《宋志》："晋武帝咸宁元年，分建宁郡修云、俞元二县间流民复立律高县。"则咸宁元年前增置修云县，且属建宁郡，其后仍属焉。

16. 泠丘(283前—283,303—316)

按：魏无此县，《晋志》属，当于太康四年前增置，且属焉。

17. 滇池(281—283)

按：太安二年移属益州郡。

18. 建伶(271—283)

按：魏末属，《晋志》无此县。检《宋志》："建伶令……《晋太康地志》属建宁。"则太康三年建宁郡有建伶县，其后似仍属。《晋志》似阙载建伶县。太安二年移属益州郡。

19. 同乐(303—316)

（四）永昌郡(271—283,303—316)——治不韦(今云南保山市东北)

按：魏末领县五，晋初增置雍乡、南涪、永寿三县，则领县八，与《晋志》本郡所领合。建兴元年，比苏县移属河阳郡，领县七。据本州考证，泰始七年永昌郡来属，太康五年移属益州，惠帝太安二年又来属。据《晋书·王逊传》："(王逊)遣子澄奉表劝进于元帝，帝嘉之，累加散骑常侍、安南将军、假节，校尉、刺史如故，赐爵褒中县公。逊以地势形便，上分牂柯为平夷郡，分朱提为南广郡，分建宁为夜郎郡，分永昌为梁水郡，又改益州为晋宁郡，事皆施行。"则西晋末曾一度分永昌置梁水郡。又据《宋志》宁州刺史梁水太守条："晋成帝分兴古立。"则成帝时又置之，疑西晋时旋置旋废，领县乏考。

1. 不韦(271—283,303—316)

2. 嶲唐(271—283,303—316)

3. 哀牢(271—283,303—316)

4. 博南(271—283,303—316)

5. 比苏(271—283,303—312)

6. 雍乡(283前—283,303—316)

按：魏无此县,《晋志》属。当于太康四年前增置,且属焉。

7. 南涪(283前—283,303—316)

按：魏无此县,《晋志》属。当于太康四年前增置,且属焉。

8. 永寿(283前—283,303—316)

按：魏无此县,《晋志》属。当于太康四年前增置,且属焉。

(五) 朱提郡(303—316)——治朱提(今云南昭通市)

按：据本州考证,惠帝太安二年自益州来属。

1. 朱提(303—316)

2. 南广(303—316)

3. 汉阳(303—316)

4. 堂狼(303—316)

5. 南秦(303—316)

(六) 越嶲郡(303—316)——治邛都(今四川西昌市)

按：据本州考证,惠帝太安二年自益州来属。

1. 邛都(303—316)

2. 会无(303—316)

3. 卑水(303—316)

4. 定莋(303—316)

5. 台登(303—316)

(七) 牂柯郡(303—316)——治乏考

按：据本州考证,惠帝太安二年自益州来属。建兴元年平夷等四县分别移属平夷郡、夜郎郡。

1. 万寿(303—316)

2. 且兰(303—316)

3. 谈指(303—312)

4. 夜郎(303—312)

5. 毋敛(303—316)

6. 鳖(303—312)

7. 并渠(303—316)

8. 平夷(303—312)

(八)益州郡(303—310,311—316晋宁郡)——治滇池(今云南晋宁县东北)

按：据《晋志》："太安二年，惠帝复置宁州，又分建宁以西七县别立为益州郡。"则太安二年置益州郡，又据建宁郡地望，所谓"建宁以西七县"，似指双柏、秦臧、连然、建伶、谷昌、滇池、俞元七县。又《宋志》宁州刺史："晋宁太守，晋惠帝太安二年，分建宁西七县为益州郡，晋怀帝更名。"而《晋志》上宁州：怀帝"永嘉二年，改益州郡曰晋宁。又《晋书·王逊传》："永嘉四年，(宁州)治中毛孟诣京师求刺史……朝廷怜之，乃以逊为南夷校尉、宁州刺史……逊与孟俱行，道遇寇贼，逾年乃至……于是莫不振服，威行宁土。又遣子澄奉表劝进于元帝，帝嘉之，累加散骑常侍、安南将军、假节，校尉、刺史如故，赐爵褒中县公。逊以地势形便，上分牂柯为平夷郡，分朱提为南广郡，分建宁为夜郎郡，分永昌为梁水郡，又改益州为晋宁郡，事皆施行。"则王逊分改诸郡当在永嘉五年后，是《晋志》与《晋书·王逊传》异，若晋宁郡果为王逊改益州郡置，则不会早于永嘉五年。按永嘉为晋怀帝年号，计七年，而永嘉元年司马睿(即后来之晋元帝)已到江东建邺，故《晋书·王逊传》晋元帝时"又改益州为晋宁郡"与《晋志》"晋怀帝更名"其实并无不同。

1. 滇池(303—316)

2. 秦臧(303—316)

3. 连然(303—316)

4. 建伶(303—316)

5. 谷昌(303—316)

6. 双柏(303—316)

7. 俞元(303—316)

(九)平夷郡(313—316)——治平夷(今贵州毕节市东)

按：据《晋志》："永嘉二年，改益州郡曰晋宁，分牂柯立平夷、夜郎二郡。然是时其地再为李特所有。"而《晋书》卷81《王逊传》："永嘉四年，(宁州)治中毛孟诣京师求刺史……朝廷怜之，乃以逊为南夷校尉、宁州刺史……逊与孟俱行，道遇寇贼，逾年乃至……于是莫不振服，威行宁土。又遣子澄奉表劝进于元帝，帝嘉之，累加散骑常侍、安南将军、假节，校尉、刺史如故，赐爵褒中县公。逊以地势形便，上分牂柯为平夷郡，分朱提为南广郡，分建宁为夜郎郡，分永昌为梁水郡,又改益州郡为晋宁郡,事皆施行。"则王逊分改诸郡当在永嘉五年后。据《水经注》卷36:"晋建兴元年置平夷郡。"又《华阳国志》卷4:"平夷郡,晋元帝建兴元年置。"建兴为晋愍帝年号,则建兴元年分置平夷郡。据《华阳国志》卷4,其时平夷郡领县二:平夷、鳖。

1. 平夷(313—316)

2. 鳖(313—316)

(十)夜郎郡(313—316)——治夜郎(今贵州关岭县西)

按:据平夷郡考证,建兴元年分牂柯郡置夜郎郡,据《华阳国志》卷4,其时夜郎郡领县二:夜郎、谈指。

1. 夜郎(313—316)

2. 谈指(313—316)

(十一)河阳郡(313—316)——治河阳(今云南大理市东凤仪镇)

按:《宋志》宁州刺史东河阳太守条:"晋怀帝永嘉五年,宁州刺史王逊分永昌、云南立。"《华阳国志》卷4:"河阳郡,刺史王逊分云南置。属县四。"刘琳校注以为河阳郡当于建兴元年与夜郎、平夷二郡同时置,从之。又其所属四县,河阳县为随郡新置,揆诸地望,楪榆、永宁二县由云南郡来属,比苏县由永昌郡来属。

1. 河阳(313—316)

2. 楪榆(313—316)

3. 永宁(313—316)

4. 比苏(313—316)

第十四节 青州沿革

青州(266—313),治临淄①(今山东淄博市东北)。魏领郡五。晋时城阳郡来属,咸宁三年(277)增置长广郡,惠帝元康九年(299)后增置高密国,又据《晋志》:"惠帝元康十年(元康无十年唯有九年,或为"九年"之讹),又置平昌郡。"则领郡九(太康二年[281]之青州政区见图23)。据《晋志》:"自永嘉丧乱,青州沦没石氏。"又《晋书》卷5《孝愍帝纪》:"(建兴元年)六月,石勒害兖州刺史田徽。是时,山东郡邑相继陷于勒。"则似至建兴元年(313)青州沦没。

---

① 据《通典》卷171《州郡一》:"晋武帝太康元年平吴,分为十九州部……青治临淄。"则西晋时青州治临淄。

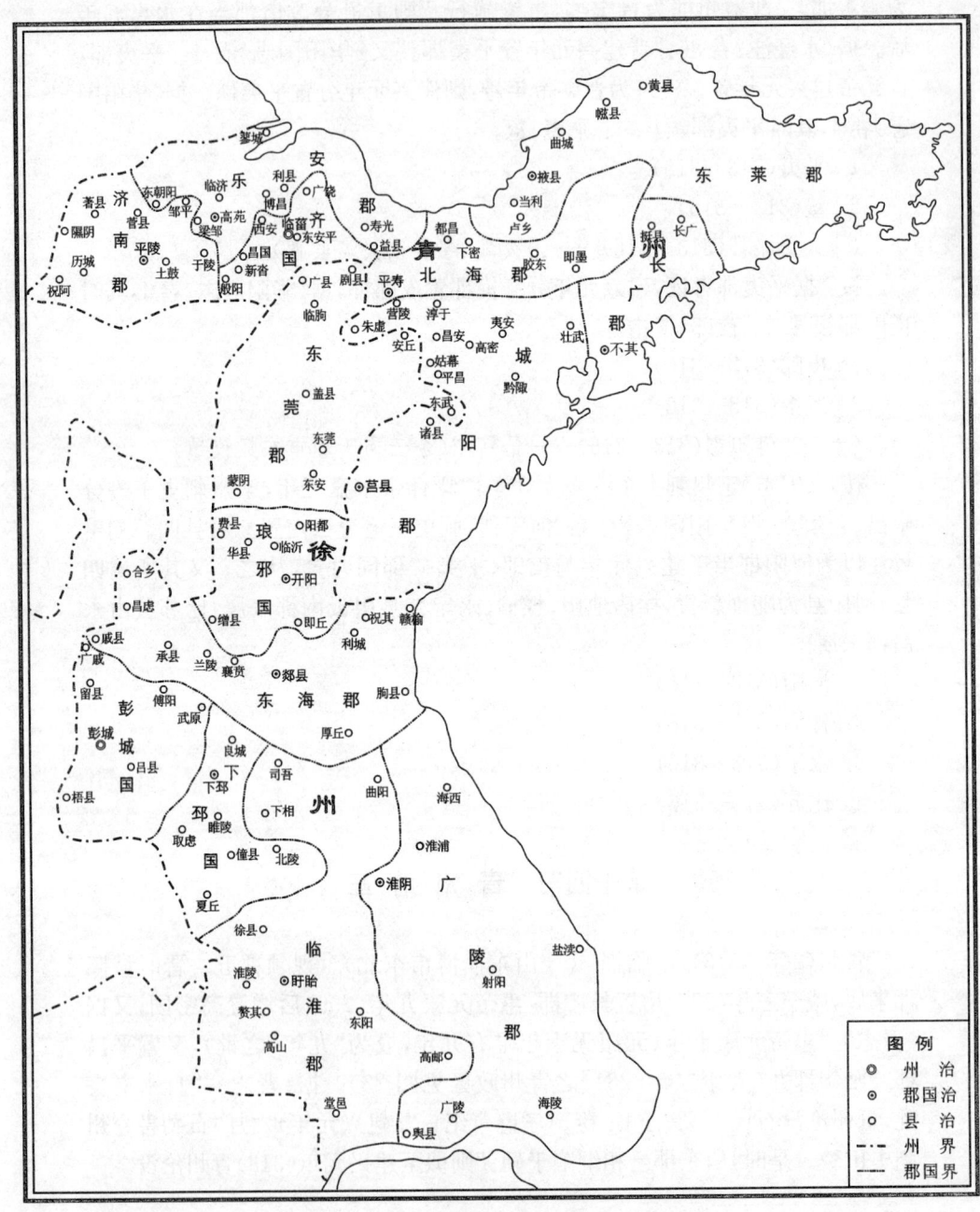

图 23　太康二年(281)西晋青州、徐州政区

(一) 齐国(266—313)——治临淄(今山东淄博市东北)

按：据《晋书》卷3《武帝纪》："(泰始元年封)皇弟(司马)攸为齐王。"则泰始元年(266)为齐国。魏末领县十二①。晋初临朐、广二县移属徐州东莞郡，咸宁时梁邹县来属，后复，新沓县后废，领县六。《晋志》领县五，阙载般阳县。

1. 临淄(266—313)
2. 西安(266—313)
3. 东安平(266—313)
4. 广饶(266—313)
5. 昌国(266—313)
6. 般阳(266—313)

按：魏时属，《晋志》无此县。检《宋志》："般阳令，前汉属济南，后汉、《晋太康地志》属齐。"则太康三年(282)齐国有般阳县。又《地形志》："盘阳(当作般阳)，前汉属济南，后汉、晋属(齐)。"则西晋时齐国有般阳县。《晋志》阙载，误。

7. 新沓(266—283前)

按：魏属，《晋志》无此县。检《晋书》卷43《山涛传》："咸熙初，封(山涛)新沓子……泰始初，加(山涛)奉车都尉，进爵新沓伯。"则晋初仍有新沓县，太康四年前似废，而确年乏考。

8. 梁邹(275—283前)

按：魏属济南郡，《晋志》作"邹"属乐安国。据济南郡梁邹县考证，咸宁时梁邹县暂属齐国，太康时移属乐安国。

(二) 北海国(266—313)——治平寿(今山东潍坊市南)

按：《晋志》无北海国。检《晋书》卷3《武帝纪》："(泰始元年封皇从叔父司马)陵为北海王。"则泰始元年有北海国。又《宋书》卷28《符瑞中》："泰始三年五月己卯，白麕见北海都昌，青州刺史沈文秀以献。"则泰始三年有北海国。又《左传·庄公元年》经文杜注有北海都昌县，《左传·襄公四年》杜注有北海平寿县，《左传·襄公六年》杜注有北海即墨县，则太康元年有北海国。又《宋书》卷17《礼志四》："晋太康四年封北海王(司马)寔绍广汉殇王后。"则太康四年有北海国。又《宋书》卷34《五行五》："(惠帝)永宁元年十月，南安、巴西、江

---

① 其中益都县，据《舆地广记》卷6京东东路青州益都县条："益都县，本二汉广县，地属齐郡，晋废之。"则其晋初省。南丰、新汶二县晋初亦省。

阳、太原、新兴、北海青虫食禾叶。"则惠帝永宁时有北海国。综此，晋时北海国未废。又殿本《晋书》卷14《考证》曰："按注总数虽符，细计之，止得一百七十一，未见汉景所置北海郡，又考《宋书》，则此书济南所领之县皆彼北海所领，而彼济南所领者皆此书之所无，再检《文献通考》，却与此书同，当是本书有脱误耳。"是，则《晋志》济南郡当为北海国，其所领诸县魏时属北海郡，而《晋志》阙载济南郡所领诸县。方氏《新校志》以为不应删去北海国，即西晋始终有北海国，是；洪颐煊《诸史考异》卷2以为"晋初"有北海国，误。魏末北海国领县七，晋初营陵移属青州城阳郡，剧县移属徐州东莞郡，领县五。

1. 平寿（266—313）

按：魏属，《晋志》属济南郡。检《左传·襄公四年》杜注有北海平寿县，则太康元年北海国有平寿县，其后仍属。又《地形志》北海郡："平寿，二汉属，晋属齐郡。"据上考平寿县属北海国，而《晋志》齐国亦无平寿县，则所谓"晋属齐郡"当为"晋属"之讹。

2. 都昌（266—313）

按：魏属，《晋志》无此县。检《宋书》卷28《符瑞中》："泰始三年五月己卯，白麞见北海都昌，青州刺史沈文秀以献。"则泰始三年北海国有都昌县。又《左传·庄公元年》经文、《左传·襄公十八年》杜注有北海都昌县，则太康元年北海国有都昌县，《晋志》无此县，误。

3. 即墨（266—313）

按：魏属，《晋志》属济南郡。检《宋书》卷29《符瑞下》："晋武帝泰始五年七月己亥，白兔见北海即墨。"则泰始五年北海国有即墨县。又《左传·襄公六年》杜注有北海即墨县，则太康元年北海国有即墨县。又《宋志》："即墨令……《晋太康地志》属北海。"则太康三年北海国有即墨县，其后似仍属。

4. 下密（266—313）

按：魏属，《晋志》属济南郡。检《宋志》："下密令……《晋太康地志》属北海。"则太康三年北海国有下密县。又《地形志》北海郡："下密，前汉属胶东国，后汉属，晋属齐郡。"据上考下密县属北海国，而《晋志》齐国亦无下密县，则所谓"晋属齐郡"当为"晋属"之讹。

5. 胶东（266—313）

按：魏属，《晋志》属济南郡。检《宋志》："胶东令，本胶东国，后汉、《晋太康地志》属北海。"则太康三年北海国有胶东县，其后似仍属。又《地形志》北海郡："胶东……晋属齐郡。"据上考胶东县属北海国，而《晋志》齐国亦无胶东县，则所谓"晋属齐郡"当为"晋属"之讹。

(三)济南国(266—276,277—313 济南郡)——治平陵(今山东章丘市西北)

按:据北海国考证,《晋志》所谓济南郡乃北海国之讹,而真正济南郡之领县阙,今试为考补。魏末领县十一,其中土鼓、台二县似于晋初见废,隰阴县来属,梁邹县泰始后移属齐国,于陵县太康元年后废,东朝阳县太康二年移属乐安国,领县七。据《晋书》卷3《武帝纪》:"(泰始元年封皇从叔父司马)遂为济南王……(咸宁三年徙)济南王(司马)耽为中山王。"则泰始元年至咸宁二年为济南国,后还为济南郡。

1. 平陵(266—279 东平陵,280—313)

按:魏作"东平陵"属,《晋志》无此县。检宋本《左传·庄公十年》经文杜注有济南平陵县,则太康元年济南郡有平陵县。又《宋志》:"平陵令,汉旧县,至晋并曰东平陵。"又《魏志》卷15《司马朗传》"初(司马)朗所与俱徙赵咨,官至太常,为世好士"裴注:"(赵)咨字君初,子(赵)酆字仲子,晋骠骑将军,封东平陵公。"则至晋初仍作"东平陵",至迟于太康元年前改为"平陵"。又《地形志》:"平陵,二汉、晋属(济南郡),曰东平陵,后改。"则西晋时济南郡有平陵县。

2. 历城(266—313)

按:魏属,《晋志》无此县。检《左传·桓公十八年》杜注有济南历城县,则太康元年济南郡有历城县。又《宋书》卷28《符瑞中》:"太康三年闰四月己丑,白龙二见济南历城。"则太康三年济南郡有历城县。又《地形志》:"历城,二汉、晋属(济南)。"则西晋时济南郡有历城县。

3. 祝阿(266—313)

按:魏、《晋志》均属。检《左传·襄公十九年》、《左传·昭公二十五年》经文、《左传·哀公十年》杜注有济南祝阿县,则太康元年济南郡有祝阿县。又《地形志》:"祝阿,二汉属平原,晋属济南。"则西晋时济南郡有祝阿县。

4. 于陵(266—280 后)

按:魏属,《晋志》无此县。检《左传·昭公十年》杜注有济南于陵县,则太康元年济南郡有于陵县。又《舆地广记》卷6京东东路淄州长山县条:"长山县,本二汉于陵县地,属济南郡,晋省之。"则太康元年后于陵县省,而确年乏考。

5. 隰阴(266—313)

按:魏作"漯阴"属平原郡,《晋志》无此县。检《左传·哀公十年》杜注有济南隰阴县,则太康元年济南郡有隰阴县。

6. 东朝阳(266—280)

按:魏属,《晋志》属乐安国。检《左传·襄公二十七年》杜注有济南东朝阳县,则太康元年济南郡有东朝阳县。又《宋志》:"朝阳令,前汉曰朝阳,后汉、晋曰东朝阳,二汉属济南,《晋太康地志》属乐安。"则太康三年东朝阳属乐安国,其似于太康二年移属乐安国。

7. 菅(266—313)

按:魏属,《晋志》无此县。检杜预《春秋释例》卷6"哀六年赖"条:"或曰济南菅城南有赖亭。"则菅县历魏至晋未废,且属济南郡。

8. 著(266—313)

按:魏属,《晋志》无此县。检《地形志》:"著,二汉、晋属(济南郡)。"殿本《魏书考证》云:"按著字乃著字之误,两汉有著县属济南,晋省。"其谓"著"当作"著"是也,其谓"晋省"则非。杨氏《补正》据《晋书》卷60"解系,济南著人"以为今本《晋志》脱此县且魏、晋皆有此县,是,其时当属济南郡。

9. 邹平(266—313)

按:魏属,《晋志》无此县。检《晋书》卷33《何曾传》:"(何)机为邹平令,性亦矜傲,责乡里谢鲲等拜,或戒之曰:'礼敬年爵,以德为主,令鲲拜势,惧伤风俗。'机不以为惭。"则晋初有邹平县。又《寰宇记》卷19河南道淄州邹平县条:"邹平县……本汉旧县,属济南郡,后汉及晋并不改,永嘉之乱其县遂废。"则邹平县西晋时属济南郡。

10. 梁邹(266—274)

按:魏属,《晋志》作"邹"属乐安国。检《水经注》卷8郦道元引京相璠曰:"济南梁邹县有袁水者也。"又《水经注》卷16载:"京相璠与裴司空彦季修《晋舆地图》、作《春秋地名》。"又《隋书·经籍志》:"《春秋土地名》三卷,晋裴秀客京相璠等撰。"则郦道元所谓裴司空即裴秀,姚振宗《隋书经籍志考证》以为:"《晋书》裴秀传:(裴)秀为司空,作《禹贡地域图》十八篇,奏之。(京相)璠等是书盖作于其时,晋武帝泰始中也。"是,则郦道元所引京相璠之语当是指西晋泰始时情况,梁邹县至晋初仍属济南郡。又《晋书》卷38《司马鉴传》:"咸宁初,以齐之梁邹益封(司马鉴)。"又《宋书》卷33《五行四》:"太康六年……乐安梁邹等八县……陨霜伤桑麦。"则梁邹县西晋咸宁初割属齐郡,太康时又割属乐安国。《晋志》所谓"邹"当为"梁邹"之讹。

(四)乐安国(266—313)——治高苑(今山东淄博市西北)

按:据《晋书》卷3《武帝纪》:"(泰始元年封皇弟司马)鉴为乐安王。"则泰始元年为乐安国。魏末领县九①,咸宁后,梁邹县来属,太康二年,东朝阳县来属,则领县九。

1. 高苑(266—313)
2. 临济(266—313)
3. 博昌(266—313)
4. 蓼城(266—313)
5. 寿光(266—313)
6. 利②(266—313)
7. 益(266—313)
8. 梁邹(283前—313)

按:魏属济南郡,《晋志》作"邹"属。检《宋书》卷33《五行四》:"太康六年……乐安梁邹等八县……陨霜伤桑麦。"则太康六年乐安郡有梁邹县,《晋志》所谓"邹"当为"梁邹"之讹。据济南郡梁邹县考证,太康四年前梁邹县由齐国来属。

9. 东朝阳(281—313)

按:魏属济南郡,《晋志》属。检《宋志》:"朝阳令,前汉曰朝阳,后汉、晋曰东朝阳,二汉属济南,《晋太康地志》属乐安。"则太康三年东朝阳属乐安国,据济南郡东朝阳县考证,似于太康二年来属。

(五)城阳郡(266—313)——治莒③(今山东莒县)

按:魏时城阳郡属徐州,当于晋初来属。魏末领县十,晋初营陵、黔陬、姑幕三县来属,太康元年,东武县移属东莞郡。四年,东武县复属焉,朱虚、营陵二县移属东莞郡,领县十一。《晋志》领县十,阙载夷安县。太康四年后,朱虚、营陵二县复属,领县十三。十年,莒、姑幕、诸、东武四县移属徐州东莞郡。元康九年后,黔陬等七县移属高密国,则领县二。

1. 莒(266—288)

按:检《左传·隐公二年》经文杜注有城阳莒县,则太康元年城阳郡有莒县。又《地形志》:"莒,前汉、晋属城阳。"则西晋时城阳郡有莒县。又据《晋志》:"太康十年,以青州城阳郡之莒、姑幕、诸、东武四县属东莞。"则太康十年

---

① 其中千乘县,据《舆地广记》卷6京东东路青州千乘县条:"千乘县,汉旧县,后汉属乐安国,晋省之。"则其晋初省。其中乐安县,据《舆地广记》卷6京东东路青州博兴县条:"博兴县,本汉乐安县,属千乘郡,后汉属乐安国,晋省之。"则其晋初省。
② 宋本《晋志》"利"、"益"二字连刻,故通行本多作"利益"。中华书局标点本《晋志》亦作"利益",误。
③ 太康十年后,莒县移属东莞郡,城阳郡治乏考。

其移属徐州东莞郡。

2. 东武(266—279,283—288)

按：魏、《晋志》均属。检《地形志》："东武，二汉属琅邪，晋属城阳。"则西晋时城阳郡有东武县。又《宋志》："东武令，二汉属琅邪，《晋太康地志》属东莞。"据东莞郡考证，太康元年东莞郡复置，东武似于此时移属东莞郡，太康四年还属城阳郡。又据《晋志》："太康十年，以青州城阳郡之莒、姑幕、诸、东武四县属东莞。"则太康十年其移属徐州东莞郡。

3. 诸(266—288)

按：魏、《晋志》均属。检《左传·隐公四年》经文杜注有城阳诸县，则太康元年城阳郡有诸县。又《宋志》："诸令，前汉属城阳，后汉属琅邪，《晋太康地志》属城阳。"则太康三年城阳郡有诸县。又《地形志》："诸，二汉属琅邪，晋属城阳。"则西晋时城阳郡有诸县。又据《晋志》："太康十年，以青州城阳郡之莒、姑幕、诸、东武四县属东莞。"则太康十年其移属徐州东莞郡。

4. 壮武(266—298)

按：魏、《晋志》均属。检《左传·隐公元年》杜注有城阳壮武县，则太康元年城阳郡有壮武县，其后仍属焉。据高密国考证，元康九年其移属焉。

5. 淳于(266—298)

按：魏、《晋志》均属。检《左传·隐公二年》经文、《左传·桓公五年》杜注有城阳淳于县，则太康元年城阳郡有淳于县。又《地形志》："淳于，二汉属北海，晋属城阳。"则西晋时城阳郡有淳于县。据高密国考证，元康九年其移属焉。

6. 高密(266—298)

按：魏、《晋志》均属。检《宋志》："高密令，前汉属高密，后汉属北海，《晋太康地志》属城阳。"则太康三年城阳郡有高密县。又《地形志》："高密，前汉属，后汉北海，晋属城阳。"则西晋时城阳郡有高密县。据高密国考证，元康九年其移属焉。

7. 黔陬(266—298)

按：魏属东莱郡，《晋志》属焉。检《左传·僖公二十九年》经文、《左传·襄公二十四年》杜注有城阳黔陬县，则太康元年城阳郡有黔陬县。又《宋志》："黔陬，前汉属琅邪，后汉属东莱，《晋太康地志》属城阳。"则太康三年城阳郡有黔陬县。《地形志》："黔陬，前汉属琅邪，后汉属东莱，晋属城阳。"则西晋时城阳郡有黔陬县。据高密国考证，元康九年其移属焉。

8. 昌安(266—298)

按：魏、《晋志》均属。检《宋志》："昌安令……后汉属北海，《晋太康地志》

属城阳。"则太康三年城阳郡有昌安县。又《地形志》："昌安,前汉属高密,后汉属北海,晋属城阳。"则西晋时城阳郡有昌安县。据高密国考证,元康九年其移属焉。

9. 平昌(266—298)

按：魏、《晋志》均属。检《左传·昭公五年》经文杜注有城阳平昌县,则太康元年城阳郡有平昌县。又《宋志》："平昌令,前汉属琅邪,后汉属北海,《晋太康地志》属城阳。"则太康三年城阳郡有平昌县。又《地形志》："平昌,前汉属琅邪,后汉属北海,晋属城阳。"则西晋时城阳郡有平昌县。据高密国考证,元康九年其移属焉。

10. 夷安(266—313)

按：魏属,《晋志》无此县。检《宋志》："夷安令……后汉属北海,《晋太康地志》属城阳。"则太康三年城阳郡有夷安县。又《地形志》："夷安……后汉属北海,晋属城阳。"则西晋时城阳郡有夷安县。《晋志》阙载夷安县,误。

11. 朱虚(266—282,283后—313)

按：魏属,《晋志》属徐州东莞郡。检《宋志》："朱虚令,前汉属琅邪……《晋太康地志》属城阳。"则太康三年城阳郡有朱虚县,太康四年移属徐州东莞郡,东莞郡太康四年后废,回属。

12. 营陵(266—282,283后—298)

按：魏属北海,《晋志》属徐州东莞郡。检《宋志》："营陵令,二汉属北海,《晋太康地志》属城阳。"则太康三年城阳郡有营陵县,太康四年移属徐州东莞郡,东莞郡太康四年后废,回属。据高密国考证,元康九年其移属焉。

13. 姑幕(266—288)

按：魏属琅邪国,《晋志》属。检《左传·文公十二年》经文、《左传·昭公五年》经文杜注有城阳姑幕县,则太康元年城阳郡有姑幕县。又《地形志》："姑幕,二汉属琅邪,晋属城阳。"则西晋时城阳郡有姑幕县。又据《晋志》："太康十年,以青州城阳郡之莒、姑幕、诸、东武四县属东莞。"则太康十年其移属徐州东莞郡。

(六)东莱郡(266—313)——治掖(今山东莱州市)

按：魏末领县十二①,晋初黔陬县移属城阳郡,则领县九。咸宁三年长广、不其、挺三县移属长广郡,则领县六,与《晋志》本郡所领合。

---

① 其中牟平县,据《地形志》："牟平,二汉属东莱,晋罢。"则其晋初省。其中昌阳县,据《舆地广记》卷6京东东路莱州莱阳县条："莱阳县,二汉昌阳县,属东莱郡,晋省之,其后复置。"其晋初亦废。

1. 掖(266—313)
2. 黄(266—313)
3. 当利(266—313)
4. 卢乡(266—313)
5. 曲城(266—313)
6. 㡉(266—313)
7. 长广(266—276)
8. 不其(266—276)
9. 挺(266—276)

(七) 长广郡(277—313)——治不其(今山东青岛市北)

按：魏无此郡。检《宋志》："《起居注》：咸宁三年，以齐东部县为长广郡。"又《晋志》："长广郡，咸宁三年置。"则咸宁三年增置长广郡。据下考太康三年长广郡领县三，与《晋志》本郡所领合，元康八年增置昌阳县，领县四。

1. 不其(277—313)

按：魏属东莱郡，《晋志》属。检《宋志》："不其令，前汉属琅邪，后汉属东莱，《晋太康地志》属长广。"则太康三年长广郡有不其县，据本郡考证，其当于咸宁三年来属。

2. 长广(277—313)

按：魏属东莱郡，《晋志》属。检《宋志》："长广令，前汉属琅邪，后汉属东莱，《晋太康地志》属长广。"则太康三年长广郡有长广县，据本郡考证，其当于咸宁三年来属。

3. 挺(277—313)

按：魏属东莱郡，《晋志》属。检《宋志》："挺令，前汉属胶东，后汉属北海，《晋太康地志》属长广。"则太康三年长广郡有挺县，据本郡考证，其当于咸宁三年来属。

4. 昌阳(298—313)

按：魏属东莱郡，《晋志》无此县。检《宋志》："昌阳令，晋惠帝元康八年分长广县立。"又《地形志》："昌阳，二汉属东莱，后罢，晋惠帝复。"又《舆地广记》卷6京东东路莱州莱阳县条："莱阳县，二汉昌阳县，属东莱郡，晋省之，其后复置。"则昌阳县惠帝元康八年分长广县复置，属长广郡。

(八) 高密国(299—313)——治乏考

按：据《晋志》："惠帝元康十年(元康唯九年，此"十"或为"九"之讹)，又置平昌郡。又分城阳之黔陬、壮武、淳于、昌安、高密、平昌、营陵、安丘、广①、剧、临朐十一县为高密国。"则高密国之置当在元康九年,领县十一。而安丘以下诸县其时属徐州东莞郡。吴氏《斠注》引周家禄《校勘记》:"营陵上宜冠徐州东莞,以别于城阳。"误,应作:"安丘上宜冠徐州东莞,以别于城阳。"

1. 黔陬(299—313)
2. 壮武(299—313)
3. 淳于(299—313)
4. 昌安(299—313)
5. 高密(299—313)
6. 平昌(299—313)
7. 营陵(299—313)
8. 安丘(299—313)
9. 广(299—313)
10. 剧(299—313)
11. 临朐(299—313)

第十五节 徐州沿革

徐州(266—316),治彭城②(今江苏徐州市)。魏末领郡六。晋初城阳郡移属青州。泰始元年(266)增置东莞国,咸宁三年(277)废。太康元年(280)增置临淮、东莞二郡(太康二年之徐州政区见前图23),太康四年后东莞郡再废。太康十年又置东莞郡,领郡七。元康元年(291)置兰陵郡,七年增置东安、淮陵二郡,后废。永兴元年(304)置堂邑郡。入东晋后,彭城、下邳、东海、东莞、琅邪、兰陵诸郡方渐次失守。

(一)彭城国(266—316)——治彭城(今江苏徐州市)

按:据《晋书》卷3《武帝纪》:"(泰始元年封皇从叔父司马)权为彭城王。"则泰始元年为彭城国。魏末领县七,与《晋志》本郡所领合。惠帝元康中,蕃、薛二县来属,领县九。傅阳、武原、梧、广戚四县似于永嘉之乱后见废,领县五。

---

① 原作"大",钱氏《考异》卷19:"东莞有广县,此云大者,疑亦避隋炀讳改之。"是。
② 据《宋志》:"徐州刺史,后汉治东海郯县,魏、晋、宋治彭城。"《地形志》:"徐州,后汉治东海郡,魏、晋治彭城。"则徐州西晋时治彭城。

1. 彭城(266—316)
2. 留(266—316)
3. 傅阳(266—311后)
4. 武原(266—311后)
5. 吕(266—316)
6. 梧(266—311后)
7. 广戚(266—311后)
8. 蕃(291后—316)

按：据《宋志》："蕃令，汉旧县，属鲁。晋惠帝元康中度。"则其元康中来属。

9. 薛(291后—316)

按：据《宋志》："薛令，汉旧县，属鲁。晋惠帝元康中度。"则其元康中来属。

(二) 下邳国(266—316)——治下邳(今江苏邳州市南)

按：据《晋书》卷3《武帝纪》："(泰始元年封皇从叔父司马)晃为下邳王。"则泰始元年为下邳国。魏末领县十二[①]。淮阴县，晋初移属广陵郡。太康元年，淮陵县移属临淮郡，其后，司吾等三县亦移属焉。二年前增置凌县，领县七，与《晋志》本郡所领合。北凌、夏丘、取虑三县似于永嘉之乱后见废，领县四。

1. 下邳(266—316)
2. 睢陵(266—282前,283—316)

按：魏、《晋志》均属。检《宋志》："睢陵令，前汉属临淮，后汉属下邳，《晋太康地志》无。"则太康三年时睢陵县暂废。又《地形志》："睢陵，前汉属临淮，后汉、晋属下邳。"则睢陵县后复，且属下邳国。

3. 夏丘(266—311后)
4. 取虑(266—311后)
5. 僮(266—316)
6. 良城(266—316)
7. 淮陵(266—279)

按：魏属，《晋志》属临淮。太康元年移属临淮。

---

① 其中曲阳县，据《宋志》："曲阳令，前汉属东海，后汉属下邳，《晋太康地志》无。"又《地形志》："曲阳，前汉属东海，后汉属下邳，晋省。"则其晋初省。

8. 司吾(266—280 后)

按：魏属，《晋志》属临淮。太康元年后移属临淮。

9. 下相(266—280 后)

按：魏属，《晋志》属临淮。太康元年后移属临淮。

10. 徐(266—280 后)

按：魏属，《晋志》属临淮。太康元年后移属临淮。

11. 凌(281 前—280，281—311 后北凌)

按：魏无此县，《晋志》作"凌"属。检《宋志》："北凌令，本属南下邳，二汉无，《晋太康地志》属下邳，本名凌。而广陵郡旧有凌县，晋武帝太康二年，以下邳之凌县非旧土而同名，改为北凌。"又《宋志》："凌令，前汉属泗水，后汉属广陵，三国时废，晋武帝太康二年又立，属广陵。"综合二条史文可知，武帝太康二年前于下邳国增置凌县，太康二年又于广陵郡复置凌县，于是有两凌县，而广陵凌县为旧县，故改下邳之凌县为北凌，以示区别，《晋志》当作北凌。洪亮吉《东晋志》引《寰宇记》以为北凌县永嘉后省，是。

(三) 临淮郡（280—299，300—301 临淮国，302—307，308—316 临淮国）——治盱眙(今江苏盱眙县东北)

按：魏无此郡。检《宋志》："晋武帝太康元年，复分下邳之淮南为临淮郡，治盱眙。"又《晋志》："及太康元年，复分下邳属县在淮南者置临淮郡。"则太康元年分下邳国置临淮郡，且治盱眙，领县八。其后司吾等三县来属，领县十一。《晋志》本郡领县十，阙载堂邑县。元康七年，司吾、徐县移属淮陵郡。永兴元年，堂邑县移属堂邑郡，领县八。又据《晋书》卷 53《司马臧传》，永康元年(300)到永宁元年(301)间，司马臧为临淮王；《晋书》卷 5《怀帝纪》："(永嘉二年十二月)立长沙王义子硕为长沙王，恕为临淮王。"则其间两度改为国。

1. 盱眙(280—316)

按：魏无此县，《晋志》属。其三国时为魏、吴两国之间弃地，太康元年平吴，又置临淮郡，则盱眙似于此时置。检《宋志》："盱眙太守，盱眙本县名，前汉属临淮，后汉属下邳，晋属临淮。"则盱眙县太康元年后属临淮郡。

2. 东阳(280—316)

按：魏无此县，《晋志》属。其三国时为魏、吴两国之间弃地，太康元年平吴，又置临淮郡，则东阳县似于此时置。检《宋志》："东阳令，前汉属临淮，后汉属广陵，《晋太康地志》属临淮。"则太康三年临淮郡有东阳县，其后仍属焉。

3. 高山(280—316)

按：魏无此县，《晋志》属。其三国时为魏、吴两国之间弃地，太康元年平吴，又置临淮郡，则高山县似于此时置。

4. 潘旌(280—316)

按：魏无此县，《晋志》属。其三国时为魏、吴两国之间弃地，太康元年平吴，又置临淮郡，则潘旌县似于此时置。

5. 赘其(280—316)

按：魏无此县，《晋志》属。其三国时为魏、吴两国之间弃地，太康元年平吴，又置临淮郡，则赘其县似于此时置。

6. 高邮(280—316)

按：魏无此县，《晋志》属。检《宋志》："高邮令，汉旧县，三国时废，晋武帝太康元年复立。"又《舆地广记》卷20淮南东路高邮军高邮县条："汉属广陵国。东汉属广陵郡。吴省之。晋武帝太康元年复立，属临淮郡。"其三国时为魏、吴两国之间弃地，太康元年平吴，又置临淮郡，则高邮县此时置。又《寰宇记》卷130淮南道高邮军高邮县条："高邮县……三国时荒废，晋太康中复立。"所谓"晋太康中"当为"晋太康元年"。

7. 淮陵(280—316)

按：魏属下邳郡，《晋志》属。检《宋志》："淮陵太守，本淮陵县，前汉属临淮，后汉属下邳，晋属临淮。"据本郡考证，临淮郡太康元年分下邳立，则其太康元年来属。

8. 司吾(280后—296)

按：魏属下邳郡，《晋志》属。检《宋志》："司吾令，前汉属东海，后汉属下邳，《晋太康地志》属临淮。"则太康三年临淮郡有司吾县。据本郡考证，临淮郡太康元年分下邳属县在淮南者立，而其地望在淮北，故当于太康元年后来属。元康七年移属淮陵郡。

9. 下相(280后—316)

按：魏属下邳郡，《晋志》属。检《地形志》："下相，前汉、晋属临淮。"据本郡考证，临淮郡太康元年分下邳属县在淮南者立，而其地望在淮北，故当于太康元年后来属。

10. 徐(280后—296)

按：魏属下邳郡，《晋志》属。检《宋志》："徐令，前汉属临淮，后汉属下邳，《晋太康地志》属临淮。"则太康三年临淮郡有徐县。据本郡考证，临淮郡太康元年分下邳属县在淮南者立，而其地望在淮北，故当于太康元年后来属。元康七年移属淮陵郡。

11. 堂邑(280—303)

按：魏、《晋志》均无此县。检《宋志》："堂邑本为县，前汉属临淮，后汉属广陵，晋又属临淮。"则其三国时为魏、吴二国间弃地，太康元年平吴，又置临淮郡，堂邑县似于此时置，而《晋志》失载，误。惠帝永兴元年移属堂邑郡。

（四）东海郡(266—272,273 东海国,274—290,291—316 东海国)——治郯①(今山东郯城县)

按：魏为东海国，《晋志》为东海郡。检《地形志》："郯郡，秦置，汉高改为东海，后汉为(东海)国，晋复(为东海郡)，武定八年改(为郯郡)。"则晋初为东海郡。魏末领县十一。太康元年增置赣榆县，领县十二，与《晋志》本郡所领合。元康元年，兰陵、昌虑、承、合乡、戚五县移属兰陵郡，领县七。又《晋书》卷3《武帝纪》："(泰始九年)三月立皇子(司马)祗为东海王……六月乙未，东海王祗薨"；《晋书》卷4《惠帝纪》："(元康元年八月)立陇西世子(司马)越为东海王。"则泰始九年、元康元年后，东海郡改为国。

1. 郯(266—316)
2. 祝其(266—316)
3. 朐(266—316)
4. 襄贲(266—316)
5. 昌虑(266—290)

按：魏、《晋志》均属。检《左传·庄公五年》经文、《左传·昭公三十一年》经文杜注有东海昌虑县，则太康元年东海郡有昌虑县。又《地形志》："昌虑，二汉、晋属东海。"则西晋时昌虑县属东海郡。元康元年移属兰陵郡。

6. 厚丘②(266—316)
7. 兰陵(266—290)
8. 承(266—290)
9. 戚(266—290)
10. 合乡(266—290)
11. 利城(266—316)
12. 赣榆(280—316)

---

① 据《舆地广记》卷6京东东路淮阳军下邳县条："郯县……二汉、晋为东海郡治。"则西晋时东海郡治郯县。
② 《晋志》作"原丘"，中华书局标点本《晋书》校勘记据殿本《晋书》以及《汉志》、《续汉志》、《水经注》、《寰宇记》以为"原丘"当作"厚丘"并改之，是。

按：魏无此县，《晋志》属。检《宋志》："赣榆令，前汉属琅邪，后汉属东海，魏省，晋武帝太康元年复立。"则太康元年复置赣榆县。又《左传·昭公十九年》杜注有东海赣榆县，则太康元年赣榆复置后即属东海郡。又《地形志》："赣榆，前汉属琅邪，后汉、晋属（东海）。"则太康元年后赣榆县确属东海郡。

（五）琅邪国(266—316)——治开阳①(今山东临沂市北)

按：据《晋书》卷3《武帝纪》："(泰始元年封皇叔父司马)伦为琅邪王。"则泰始元年为琅邪国。魏末领县十，东莞、安丘两县泰始元年移属东莞郡，姑幕县移属青州城阳郡，蒙阴、华二县晋初来属。则领县九：开阳、临沂、阳都、缯、即丘、费、华、蒙阴、东安。又据东莞郡考证，咸宁三年(277)东莞郡废，其所领六县并入琅邪国，则领县十五：开阳、临沂、阳都、缯、即丘、费、华、蒙阴、东安、东莞、安丘、临朐、剧、广、盖。太康元年东莞郡复置，六县回属，东安、蒙阴二县亦移属，领县七：开阳、临沂、阳都、缯、即丘、费、华。太康四年蒙阴、东安来属，领县九。太康四年后，东莞郡废，东莞等六县复来属，领县十五：开阳、临沂、阳都、缯、即丘、费、华、蒙阴、东安、东莞、安丘、临朐、剧、广、盖。太康十年东莞郡复置，东莞等七县又移属，领县八：开阳、临沂、阳都、缯、即丘、费、华、蒙阴。

1. 开阳(266—316)
2. 临沂(266—316)
3. 阳都(266—316)
4. 缯(266—316)
5. 即丘(266—316)
6. 费(266—316)
7. 华(266—316)

按：魏属兖州泰山郡，《晋志》属，似于晋初来属。

8. 蒙阴(266—279，283—316)

按：魏属兖州泰山郡，《晋志》属。检《舆地广记》卷6京东东路沂州新泰县条："汉蒙阴县属泰山郡……晋……属琅邪国。"则蒙阴县当于晋初来属。又《左传·庄公九年》、《左传·哀公十七年》杜注有东莞蒙阴县，则太康元年蒙阴县属东莞郡，又据东莞郡考证，太康元年复置东莞郡，蒙阴似于此时移属焉，太康四年其复属琅邪国。

---

① 据《舆地广记》卷6京东东路沂州临沂县条："汉开阳县属东海郡……后汉、晋为琅邪国治。"则西晋时琅邪国治开阳县。

9. 东安(266—279,283—288)

按：魏、《晋志》均属。检《宋志》："东安太守,东安故县名,前汉属城阳,后汉属琅邪,《晋太康地志》属东莞,晋惠帝分东莞立。"则太康三年东安县属东莞郡。据东莞郡考证,东安县似于太康元年东莞郡复置时移属,太康四年复属琅邪国,太康十年东莞郡复置,东安县再属焉。

10. 东莞(277—279,283 后—288)

按：魏属,《晋志》属东莞郡,咸宁三年来属,太康元年移属东莞郡,太康四年后东莞郡见废来属,太康十年东莞郡复置,又移属焉。

11. 安丘(277—279,283 后—288)

按：魏属,《晋志》属东莞郡,咸宁三年来属,太康元年移属东莞郡,太康四年后东莞郡见废来属,太康十年东莞郡复置,又移属焉。

12. 临朐(277—279,283 后—288)

按：魏属青州齐国,《晋志》属东莞郡,咸宁三年来属,太康元年移属东莞郡,太康四年后东莞郡见废来属,太康十年东莞郡复置,又移属焉。

13. 剧(277—279,283 后—288)

按：魏属青州北海国,《晋志》属东莞郡,咸宁三年来属,太康元年移属东莞郡,太康四年后东莞郡见废来属,太康十年东莞郡复置,又移属焉。

14. 广(277—279,283 后—288)

按：魏属青州齐国,《晋志》属东莞郡,咸宁三年来属,太康元年移属东莞郡,太康四年后东莞郡见废来属,太康十年东莞郡复置,又移属焉。

15. 盖(277—279,283 后—288)

按：魏属兖州泰山郡,《晋志》属东莞郡,咸宁三年来属,太康元年移属东莞郡,太康四年后东莞郡见废来属,太康十年东莞郡复置,又移属焉。

(六) 东莞国(266—276,280—283 后东莞郡,289—316 东莞郡)——治乏考

按：魏末无此郡。据《宋志》："东莞太守,晋武帝泰始元年,分琅邪立,咸宁三年复以合琅邪,太康十年复立。"又《晋书》卷3《武帝纪》："(泰始元年封皇叔父司马)伷为东莞王……(咸宁三年八月徙)东莞王(司马)伷为琅邪王。"则泰始元年置东莞国,咸宁三年见废,诸县并入琅邪国。又《左传·隐公元年》杜注有东莞剧县,《左传·庄公九年》杜注有东莞蒙阴县,则太康元年有东莞郡。又《晋志》："及太康元年……分琅邪置东莞郡。"则东莞郡太康元年复置。又检《宋志》："东安太守,东安故县名,前汉属城阳,后汉属琅邪,《晋太康地志》属东莞,晋惠帝分东莞立。"《宋志》："东武令,二汉属琅邪,《晋太康地志》属东莞。"

则太康三年仍有东莞郡。又《晋志》有东莞郡，则其太康四年后方省，又于太康十年复置。综上所考，并及其所领诸县考证，东莞郡沿革至为复杂，大致为：泰始元年初置，领县六：东莞、安丘、盖、临朐、剧、广。咸宁三年省，诸县并入琅邪国。太康元年再置，领县九：东莞、安丘、盖、临朐、剧、广、东武、东安、蒙阴。太康四年，朱虚、营陵二县来属，蒙阴、东安回属琅邪国，东武回属青州城阳郡，领县八，与《晋志》本郡所领合。太康四年后再废，诸县似仍属琅邪国，东武、朱虚、营陵三县回属城阳郡。太康十年，第三次重置，领县十一：东莞、安丘、盖、临朐、剧、广、东安、姑幕、诸、东武、莒。元康七年，东安、盖二县移属东安郡，领县九。元康九年，安丘、临朐、剧、广移属高密国，领县五。

1. 东莞（266—276,280—283后,289—316）

按：魏属琅邪国，《晋志》属。据本郡考证，东莞县似于泰始元年来属，咸宁三年回属琅邪国，太康元年再属东莞郡，太康四年后又属琅邪国，太康十年三属东莞郡。

2. 安丘（266—276,280—283后,289—298）

按：魏属琅邪国，《晋志》属。据本郡考证，安丘县似于泰始元年来属，咸宁三年回属琅邪国，太康元年再属东莞郡，太康四年后又属琅邪国，太康十年三属东莞郡。元康九年移属高密国。

3. 朱虚（283—283后）

按：魏属城阳郡，《晋志》属。据青州城阳郡朱虚县考证，太康四年来属，后复属城阳郡。

4. 营陵（283—283后）

按：魏属北海国，《晋志》属。据青州城阳郡营陵县考证，太康四年来属，后复属城阳郡。

5. 剧（266—276,280—283后,289—298）

按：魏属青州北海国，《晋志》属。检《左传·隐公元年》杜注有东莞剧人，则太康元年东莞郡有剧县。又据本郡考证，剧县似于泰始元年移属东莞郡，咸宁三年并入琅邪国，又于太康元年复属东莞郡，太康四年后其复入琅邪国，太康十年三属东莞郡。元康九年移属高密国。

6. 盖（266—276,280—283后,289—296）

按：魏属兖州泰山郡，《晋志》属。检《左传·襄公十八年》杜注有东莞盖人，则太康元年东莞郡有盖县。又据本郡考证，盖县似于泰始元年移属东莞郡，咸宁三年并入琅邪国，又于太康元年复属东莞郡，太康四年后其复入琅邪国，太康十年三属东莞郡。元康七年盖县移属东安郡。

7. 临朐(266—276,280—283后,289—298)

按：魏属青州齐国,《晋志》属。检《左传·庄公元年》经文杜注有东莞临朐人,则太康元年东莞郡有临朐县。又据本郡考证,临朐县似于泰始元年移属东莞郡,咸宁三年并入琅邪国,又于太康元年复属东莞郡,太康四年后其复入琅邪国,太康十年三属东莞郡。元康九年移属高密国。

8. 广(266—276,280—283后,289—298)

按：魏属青州齐国,《晋志》属。据本郡考证,广县似于泰始元年移属东莞郡,咸宁三年并入琅邪国,又于太康元年复属东莞郡,太康四年后其复入琅邪国,太康十年三属东莞郡。元康九年移属高密国。

9. 东武(280—282,289—316)

按：魏、《晋志》均属城阳郡。据青州城阳郡东武县考证,太康元年东武县来属,太康四年复属城阳郡,太康十年又来属。

10. 东安(280—282,289—296)

按：魏、《晋志》均属琅邪国。据琅邪国东安县考证,太康元年东安县来属,太康四年复属琅邪国。太康十年再来属。元康七年东安县移属东安郡。

11. 莒(289—316)

按：魏、《晋志》均属城阳郡。据青州城阳郡考证,其于太康十年来属。

12. 诸(289—316)

按：魏、《晋志》均属城阳郡。据青州城阳郡考证,其于太康十年来属。

13. 姑幕(289—316)

按：魏属琅邪国,《晋志》属城阳郡。据青州城阳郡考证,其于太康十年来属。

14. 蒙阴(280—282)

按：魏属兖州泰山郡,《晋志》属琅邪国。据琅邪国蒙阴县考证,其于太康元年来属,太康四年复属琅邪国。

(七)广陵郡(266—288,289—290广陵国,291—316)——治淮阴(今江苏淮安市西南),后移射阳(今江苏宝应县东)①

按：魏末领县二。晋初淮阴县来属,太康元年,复立射阳、舆、海陵、广陵四县,则领县七。太康二年又置淩、盐渎二县,领县九。《晋志》领县八,误列江都,漏列海西、淩县。太康六年置江都县,淮阴、射阳、盐渎、淮浦、海西、淩六县

---

① 据《宋志》:"广陵太守……晋武帝太康三年,治淮阴故城,后又治射阳。"则西晋时广陵郡似先治淮阴县,后移射阳。

晋末见废,领县四。又《晋书》卷3《武帝纪》:"(太康十年十一月立)皇孙(司马)遹为广陵王。"《晋书》卷4《惠帝纪》:"(太熙元年八月)立广陵王(司马)遹为皇太子。"则太康十年到太熙元年(290)间为广陵国。

1. 淮阴(266—311)

按:魏属下邳郡,《晋志》属。检《宋志》:"淮阴令,前汉属临淮,后汉属下邳,《晋太康地志》属广陵。"则太康三年广陵郡有淮阴县,其似于晋初移属焉。

2. 射阳(280—311)

按:魏末无此县,《晋志》属。检《宋志》:"射阳令,前汉属临淮,后汉属广陵,三国时废,晋武帝太康元年复立。"则射阳县武帝太康元年复置,且属广陵郡,其后仍属焉。

3. 舆(280—316)

按:魏末无此县,《晋志》属。三国时其为魏、吴间弃地,则舆县似于武帝太康元年平吴后所置。

4. 海陵(280—316)

按:魏末无此县,《晋志》作"海阳"属,中华书局标点本《晋书》校勘记据马与龙《晋书地理志注》改为"海陵",是。检《宋志》:"海陵令,前汉属临淮,后汉、晋属广陵①,三国时废,晋武帝太康元年复立。"则武帝太康元年复立海陵县。又《左传·哀公十二年》经文杜注有广陵海陵县,则太康元年海陵县复置时即属广陵郡。

5. 广陵(280—316)

按:魏末无此县,《晋志》属。三国时其为魏、吴间弃地,则广陵县似于武帝太康元年平吴后所置。

6. 盐渎(281—311)

按:魏末无此县,《晋志》属。检《宋志》:"盐城令,旧曰盐渎,前汉属临淮,后汉、晋属广陵,三国时废,晋武帝太康二年复立。晋安帝更名。"则太康二年复立盐渎县,且当属广陵郡,其后仍属焉。

7. 淮浦(266—311)

8. 江都(285—316)

按:魏无此县,《晋志》属。检《宋志》:"江都令,汉旧县,三国时废,晋武帝太康六年复立。"则太康六年复立江都县,且当属广陵郡,其后仍属焉。《晋志》

---

① 《续汉志》广陵郡无海陵县,又据《舆地广记》卷20淮南东路泰州海陵县条:"汉属临淮郡……东汉省之,晋复置,属广陵郡。"则所谓"后汉、晋属广陵"当为"后汉省,晋属广陵"。

录此江都,不合断限,当为衍文。

9. 海西(266—311)

按:魏属,《晋志》无此县。检《宋书》卷29《符瑞下》:"太康三年六月,木连理生广陵海西。"则晋太康三年广陵郡有海西县。又《宋志》:"海西令,前汉属东海,后汉、晋属广陵。"则西晋有海西县且属广陵郡,《晋志》广陵郡失载海西县,误。

10. 淩(281—311)

按:魏、《晋志》均无此县。检《宋志》:"淩令,前汉属泗水,后汉属广陵,三国时废,晋武帝太康二年又立,属广陵。"则太康二年复立淩县,且属广陵郡,其后仍属焉。《晋志》广陵郡失载淩县,误。

(八)兰陵郡(291—316)——治承(今山东枣庄市东南)

按:据《宋志》:"兰陵太守,晋惠帝元康元年,分东海立。"又《晋志》:"元康元年,分东海置兰陵郡。"则惠帝元康元年分东海置兰陵郡。洪亮吉《东晋疆域志》卷4据《太平寰宇记》以为兰陵郡初置时领县五:承、兰陵、戚、合乡、昌虑,且治承,是。

1. 承(291—316)

2. 兰陵(291—316)

3. 戚(291—316)

4. 合乡(291—316)

5. 昌虑(291—316)

(九)东安郡(297—300,301—304 东安,305—?)——治盖(今山东沂源县东南)

按:据《宋志》:"东安太守,东安故县名,前汉属城阳,后汉属琅邪,《晋太康地志》属东莞,晋惠帝分东莞立。"《晋志》:"元康元年,分东海置兰陵郡。七年又分东莞置东安郡。"则元康七年分东莞郡置东安郡。又《晋书》卷4《惠帝纪》永宁元年(301)到永兴元年有东安王司马繇,则东安曾为国。又《宋志》东安太守所领盖县,西晋时属东安,则东安郡初置时似有盖、东安二县。其后郡废,确年乏考。

1. 盖(297—?)

2. 东安(297—?)

(十)淮陵郡(297—300,301—? 淮陵国)——治乏考

按:据《晋志》:"元康元年,分东海置兰陵郡。七年又分东莞置东安郡,分临淮置淮陵郡。"又《宋志》:"淮陵太守,本淮陵县,前汉属临淮,后汉属下邳,晋

属临淮,惠帝永宁元年,以为淮陵国。"则元康七年分临淮置淮陵郡,永宁元年为淮陵国。又《宋志》淮陵太守所领司吾、徐二县,西晋时属临淮郡,则淮陵郡初置时似领此二县。其后郡废,确年乏考。

1. 司吾(297—?)
2. 徐(297—?)

(十一)堂邑郡(304—316)——治堂邑(今江苏南京六合区西北)

按:据《晋志》:"元康元年,分东海置兰陵郡。七年,又分东莞置东安郡,分临淮置淮陵郡,以堂邑置堂邑郡。"而《宋志》:"堂邑,本为县,前汉属临淮,后汉属广陵,晋又属临淮,晋惠帝永兴元年,分临淮淮陵立堂邑郡。"当从《宋志》。吴氏《斠注》引《宋志》"晋惠帝永兴元年,分临淮淮陵立堂邑郡",以为《晋志》此文误增"以堂邑"三字,且属诸元康七年,不如《宋志》之确,是。则永兴元年置堂邑郡,可考者唯有堂邑一县。

堂邑(304—316)

第十六节　荆州沿革

荆州(266—316),魏治宛(今河南南阳市),太康元年(280)移治江陵(今湖北江陵县),建兴元年(313)移治沌口(今湖北武汉市汉阳区东南)①。魏领南阳、南乡、襄阳、章陵、江夏、魏兴、义阳、上庸、新城九郡。咸宁元年(275)置建平郡。咸宁二年置新野郡,太康元年废,惠帝时复置。晋武帝太康元年平吴,南、建平、天门、武陵、宜都、长沙、衡阳、湘东、零陵、邵陵、武昌、桂阳、安成十三郡来属,分南郡置南平郡,吴之建平郡并入晋之建平郡,九年增置随国(太康二年之荆州政区见图24)。元康元年(291),武昌、桂阳、安成三郡移属江州,六年魏兴、上庸、新城三郡移属梁州,九年增置竟陵郡、建昌郡。又复置新野郡,确年乏考②。永嘉元年(307),长沙、衡阳、湘东、邵陵、零陵、建昌六郡移属湘州。永嘉中增置成都郡,建兴中废。

---

① 魏时荆州治宛,检《宋志》:"荆州刺史……魏、晋治江陵。"按魏治宛,详魏荆州考证。又《通典》卷183"荆州南北双立"条杜佑自注:"魏荆州理宛,今南阳郡,吴荆州理江陵,今郡也。"《南齐志》:"荆州,汉灵帝中平末,刺史王睿始治江陵,吴时西陵督镇之。晋太康元年平吴,以为刺史治。愍帝建兴元年,刺史周顗避杜弢贼奔建康,陶侃为刺史,治沌口。"则武帝平吴后移荆州刺史治江陵,建兴元年移治沌口。
② 毕氏《新补正》引盛弘之《荆州记》以为元康九年,今遍检文献,未见引文,不知毕氏所据何书。检《寰宇记》卷144山南东道复州景陵县条:"盛弘之《荆州记》云:晋元康九年,分江夏郡置竟陵郡,而县属焉。"则毕氏或误据此条,亦未可知。

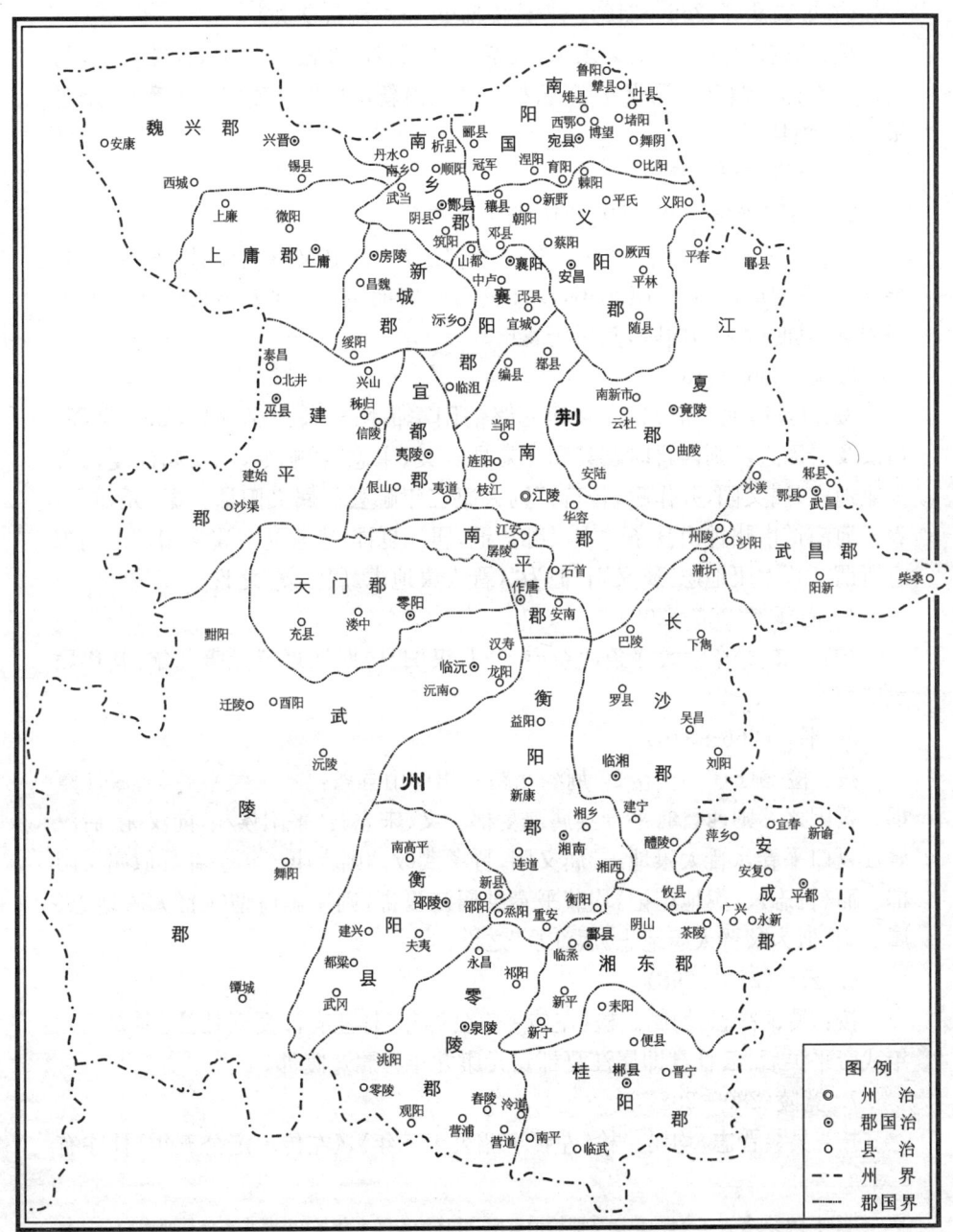

图 24 太康二年(281)西晋荆州政区

(一) 江夏郡(266—316)——治安陆①(今湖北云梦县)

按:魏末领县五。太康元年,武帝平吴,云杜、竟陵二县来属,领县七,与《晋志》本郡所领合。元康九年,云杜、竟陵、南新市移属竟陵郡。惠帝末,增置滠阳县,领县五。

1. 安陆(266—316)

2. 石阳(266—279,280—316 曲陵)

按:魏属,《晋志》作"曲陵"属。检《宋志》:"江夏又有曲陵县,本名石阳,吴立。《晋起居注》:太康元年,改江夏石阳曰曲陵②。"则太康元年江夏郡有石阳县,其时改名为曲陵,其后仍属焉。

3. 鄳(266—316)

按:检《舆地广记》卷 9 京西北路信阳军信阳县条:"汉鄳县,属江夏郡。后汉及晋因之。"则西晋时鄳县属江夏郡。又《宋志》:"鄳令,二汉属江夏,《晋太康地志》属义阳,并作鄳,音盲。"则太康三年鄳县似属义阳郡。据《元和志》卷 9 河南道申州钟山县条:"本汉鄳县地,属江夏郡,宋永初中属义阳郡。"则宋志所谓"《晋太康地志》属义阳"似为"《晋太康地志》属江夏"之讹。

4. 南新市(266—298)

按:《宋志》竟陵太守条:"新市子相,汉旧县,属江夏。"元康九年,其移属竟陵郡。

5. 平春(266—316)

按:检《舆地广记》卷 27 荆湖北路安州应山县条:"本东汉平春县,属江夏郡。晋因之。"则西晋时平春县属江夏郡。又《宋志》:"平阳侯相,前汉无,后汉属江夏曰平春,《晋太康地志》属义阳,晋孝武改。"则太康三年平春县似属义阳郡。而《晋志》、《舆地广记》均载平春县属江夏郡,则宋志所谓"《晋太康地志》属义阳"似为"《晋太康地志》属江夏"之讹。

6. 云杜(280—298)

按:吴、《晋志》均属。检《左传·宣公四年》杜注有江夏云杜县,则太康元年武帝平吴后,云杜县即属江夏郡。元康九年移属竟陵郡。

7. 竟陵(280—298)

按:吴、《晋志》均属。检《左传·昭公十三年》、《左传·定公五年》杜注有

---

① 三国时,魏、吴各置江夏郡,魏江夏郡始治石阳,后移治安陆上昶城(今湖北云梦县西南),吴江夏郡治武昌(今湖北鄂州市),各属荆州。晋平吴,原魏江夏郡移治安陆(今湖北云梦县),并改吴江夏郡为武昌郡。

② "曲陵",各本作"曲阳",中华书局标点本校勘记引成孺《宋书州郡志校勘记》以为当作"曲陵",是。

江夏竟陵县,则太康元年武帝平吴后,竟陵县即属江夏郡。元康九年移属竟陵郡。

8. 溾阳(306？—316)

按:魏末、《晋志》均无此县。据《宋志》江夏太守条:"羡阳子相,晋惠帝世,安陆人朱伺为陶侃将,求分安陆东界为此县。"而孙彛《宋书考论》卷2所见本"羡阳"作"溾阳"。洪亮吉《东晋疆域志》卷2荆州江夏郡、《南齐志》下郢州江夏郡亦作"溾阳"。按作"溾阳"是,似于惠帝末年置。

(二) 南郡①(280—316)——治江陵(今湖北江陵县)

按:吴末领县八。武帝太康元年平吴后,公安县废,作唐、孱陵二县移属南平郡,旌阳、都二县来属,增置州陵县,太康四年增置监利县,四年前置石首县,领县十。《晋志》领县十一,又领松滋县,西晋时松滋县属豫州安丰郡,此处为衍文。永嘉元年后,监利、州陵、华容三县移属成都郡。愍帝建兴中成都郡见废,三县复属,领县十。

1. 江陵(280—316)

按:吴、《晋志》属。检《左传·桓公二年》、《左传·庄公十九年》杜注有南郡江陵县,则太康元年南郡有江陵县,太康元年武帝平吴后,其属焉。

2. 编(280—316)

按:吴、《晋志》属。检《左传·庄公十八年》杜注有南郡编县,则太康元年南郡有编县,太康元年武帝平吴后,其属焉。

3. 当阳(280—316)

按:吴、《晋志》属。检《左传·庄公十八年》杜注有南郡当阳县,则太康元年南郡有当阳县,太康元年武帝平吴后,其属焉。

4. 华容(280—307后,316前—316)

按:吴、《晋志》属。检《左传·桓公十一年》、《左传·庄公十八年》、《左传·昭公七年》杜注有南郡华容县,则太康元年南郡有华容县,太康元年武帝平吴后,其属焉。又《宋志》:"华容公相,汉旧县,晋武太康元年省,后复立。"据杜注,则太康元年有华容县,《宋志》误。永嘉元年后移属成都郡,愍帝建兴中复还。

5. 郤(280—316)

按:魏属襄阳郡,《晋志》属。检《左传·庄公十九年》、《左传·僖公二十五年》杜注有南郡郤县,则太康元年南郡有郤县,太康元年武帝平吴后,其

---

① 据《宋志》南郡太守条:"晋武帝太康元年改曰新郡,寻复故。"则南郡一度改名新郡,寻复。

属焉。

6. 枝江(280—316)

按：吴，《晋志》属。检《左传·桓公十二年》杜注有南郡枝江县，则太康元年南郡有枝江县，太康元年武帝平吴后，其属焉。

7. 旌阳(280—316)

按：魏属襄阳郡，《晋志》属。太康元年武帝平吴后，其属焉。

8. 监利(283，284—307后，316前—316)

按：吴末无此县，《晋志》属。检《宋志》："监利侯相，按《晋起居注》：太康四年，复立南郡之监利县，寻复省之。"又《元和志》卷 21 山南道复州监利县条："本汉华容县地也，晋武帝太康五年分立监利县，属南郡。"则监利县似太康四年置，旋废，五年又复置，仍属焉。永嘉元年后移属成都郡，愍帝建兴中复还。

9. 州陵(280—307后，316前—316)

按：吴末无此县，《晋志》属。检《宋志》："州陵侯相，汉旧县，属南郡，晋武帝太康元年复立，疑是吴所省也。"则晋武帝太康元年复立州陵县。永嘉元年后移属成都郡，愍帝建兴中复还。

10. 石首(283前—316)

按：吴末无此县，《晋志》属。似太康四年前所置。

(三) 南平郡(280—316)——治作唐(今湖南华容县西)，后移江安(今湖北公安县西北)

按：吴无此郡。检《宋志》："南平内史……晋武帝太康元年，分南郡江南为南平郡，治作唐，后治江安。"又《晋志》荆州条："及武帝平吴，分南郡为南平郡。"则武帝太康元年平吴后，分南郡置南平郡。而《晋志》"南平郡，吴置，以为南郡，太康元年改曰南平"，误甚，当作"南平郡，太康元年分南郡置"。

1. 作唐(280—316)

按：吴属南郡，《晋志》属。检《宋志》："南平内史……晋武帝太康元年，分南郡江南为南平郡，治作唐。"则太康元年作唐即属南平郡。又《宋志》："作唐侯相，前汉无，后汉属武陵，《晋太康地志》属南平。"则太康三年南平郡有作唐县。

2. 孱陵(280—316)

按：吴属南郡，《晋志》属。检《宋志》："孱陵侯相，二汉旧县，属武陵，《晋太康地志》属南平。"则太康三年南平郡有孱陵县。据本郡考证，其似于太康元年移属南平郡。

3. 江安(280—316)

按:吴无此县,《晋志》属。检《宋志》:"江安侯相,晋武帝太康元年立。"又《舆地纪胜》卷 64 荆湖北路江陵府公安县条引《皇朝郡县志》:"晋杜预平江南,置江安县属南平郡,宋为南平郡治,后改公安。"则太康元年立江安县,且属南平郡,其后当仍属焉。

4. 安南(280—316)

按:吴无此县,《晋志》作"南安"属。检百衲本《宋志》:"安南①令,晋武帝分江安立。"百衲本《南齐志》南平郡有"安南",又《永乐大典》卷 11141 所钞《水经注》:"澧水又东迳安南县②南,晋太康元年分孱陵立。"则当作"安南",《晋志》误。据上引《宋志》、《水经注》,则太康元年置安南县,其时似先分孱陵置江安,再分江安置安南,故有《宋志》、《水经注》不同之记载,实非矛盾。

(四)襄阳郡(266—316)——治襄阳(今湖北襄樊市)

按:魏末领县七。太康元年鄀、旍阳二县移属南郡,山都县来属,领县六。《晋志》领县八,其中列有邓城、鄾二县。三国无邓城县,唯魏南阳郡有邓县,又《晋志》义阳郡有邓县,则此邓城显为衍文。又检《左传·桓公九年》杜注:"鄾,今邓县南,沔水之上。"若其时有鄾县,则当注曰"今襄阳鄾县",故此鄾亦为衍文。方氏《新校志》吴翊寅按语以为"邓城与鄾皆非晋县也",是。惠帝时山都县移属新野郡,领县五。

1. 襄阳(266—316)

2. 临沮(266—316)

3. 宜城(266—316)

4. 邔(266—316)

5. 中卢(266—316)

6. 山都(280—290 后)

按:魏属南阳郡,《晋志》属。检《水经注》卷 31:"晋咸宁二年,封大司马扶风武王少子(司马)歆为新野郡公,割南阳五属,棘阳、蔡阳、穰、邓、山都封焉。"则山都县至咸宁二年仍属南阳郡,其后似移属新野郡。又《宋志》:"山都男相,汉旧县,属南阳,《晋太康地志》属襄阳。"则太康三年山都属襄阳郡。据新野郡考证,新野郡太康元年废,山都县似于此时来属。惠帝时移属新野郡。

---

① 中华书局标点本《宋书》据成孺《宋书州郡志校勘记》改为"南安",误,胡阿祥《宋书州郡志汇释》卷 3 以为改为"南安"不妥,是。

② 殿本《水经注》出按语,以为近刻讹作"安南"而改为"南安",误甚,陈桥驿《水经注校释》从之,亦误。

7. 旌阳(266—279)

按：魏属，《晋志》属南郡。据南郡旌阳县考证，其于太康元年移属焉。

8. 邔(266—279)

按：魏属，《晋志》属南郡。据南郡邔县考证，其于太康元年移属焉。

(五)南阳国(266—316)——治宛(今河南南阳市)

按：魏末领县三十①。泰始元年(266)，安昌、平林、平氏、义阳四县移属义阳郡。咸宁二年，山都、穰、蔡阳、棘阳、邓五县移属新野郡。太康三年前，随县移属义阳郡，太康四年前，复阳县见废，新野、朝阳县移属义阳郡，领县十五。《晋志》领县十四，阙载襄乡县。

1. 宛(266—316)
2. 西鄂(266—316)
3. 雉(266—316)
4. 鲁阳(266—316)
5. 犨(266—316)
6. 博望(266—316)
7. 堵阳(266—316)
8. 叶(266—316)
9. 舞阴(266—316)
10. 比阳(266—316)
11. 冠军(266—316)
12. 郦(266—316)
13. 涅阳(266—316)
14. 育阳②(266—316)
15. 襄乡(266—316)

按：魏属，《晋志》无此县。检胡克家本《文选》卷4张衡《南都赋》李善注引《博物志》有襄乡县，又胡本《文选》卷23嵇康《幽愤诗》李善注、胡本《文选》卷35张景阳《七名》李善注皆引"张华《博物志》"。查《隋书·经籍志》："《博物志》十卷，张华撰。"又《晋书》卷36《张华传》："张华，字茂先，范阳方城人也，父

---

① 其中湖阳县，据《舆地广记》卷8京西南路唐州湖阳县条："湖阳县，故蓼国，二汉属南阳郡，晋省入棘阳。"又宋本《春秋经传集解·桓公十一年》传文"郧人军于蒲骚，将与随、绞、州、蓼伐楚师"杜预注"蓼国，今义阳棘阳县东南湖阳城"，则晋太康元年前湖阳县已省。安众县，晋初省。

② 《晋志》作"淯阳"。查《汉志》作"育阳"，《宋志》："云阳男相，汉旧县。故名育阳，晋孝武改。"《地形志》："云阳，二汉、晋曰育阳，属(南阳郡)。"则《晋志》当作"育阳"。

(张)平,魏渔阳郡守……陈留阮籍见之,叹曰:'王佐之才也'……(张)华著《博物志》十篇。"则李善注所引《博物志》当为西晋张华所撰,则西晋时襄乡县仍有,《晋志》漏载此县,误。

16. 山都(266—275)

按:魏属,《晋志》属襄阳郡。据襄阳郡山都县考证,其咸宁二年移属新野郡。

17. 穰(266—275)

按:魏属,《晋志》属义阳郡。据义阳郡穰县考证,其咸宁二年移属新野郡。

18. 邓(266—275)

按:魏属,《晋志》属义阳郡。据义阳郡邓县考证,其咸宁二年移属新野郡。

19. 蔡阳(266—275)

按:魏属,《晋志》属义阳郡。据义阳郡蔡阳县考证,其咸宁二年移属新野郡。

20. 棘阳(266—275)

按:魏属,《晋志》属义阳郡。据义阳郡棘阳县考证,其咸宁二年移属新野郡。

21. 新野(266—283前)

按:魏属,《晋志》属义阳郡。据义阳郡新野县考证,其太康四年前移属焉。

22. 随(266—282前)

按:魏属,《晋志》属义阳郡。据义阳郡随县考证,其太康三年前移属焉。

23. 朝阳(266—283前)

按:魏属,《晋志》属义阳郡。据义阳郡朝阳县考证,其太康四年前移属焉。

24. 复阳(266—283前)

按:魏属,《晋志》无此县。据魏荆州南阳郡复阳县考证,至晋仍有复阳县,后似于太康四年前省,而确年乏考。

(六)义阳郡(266—316)——治安昌(今湖北枣阳市南)

按:魏末无此郡。据《宋志》:"义阳太守,魏文帝立,后省,晋武帝又立。"又《宋书》卷29《符瑞下》:"泰始七年六月甲寅,义阳郡获铜鼎。"又《水经注》卷30:"阚骃言:晋太始中,割南阳东鄙之安昌、平林、平氏、义阳四县,置义阳郡于安昌城。又《太康记》、《晋书地道记》并有义阳郡,以南阳属县为名。"则泰始七年前已置义阳郡。胡阿祥《宋书州郡志汇释》卷2援引《寰宇记》以为泰始元年置义阳郡,是。《晋志》:"及武帝平吴,分南郡为南平郡,分南阳立义阳郡。"又《晋志》义阳郡下注曰:"太康中置。"吴氏《考证》卷3以为《晋志》"太康中置"当为"太始中置",微误。《寰宇记》卷142山南东道邓州南阳县条"晋太康元年置义阳郡,居新野县,属荆州",似承《晋志》而误甚。泰始元年,分南阳安昌、平林、平氏、义阳四县置义阳郡,且治安昌县。其后似增置厥西县。太康元年,穰、棘阳、邓、蔡阳四县来属,朝阳、新野、随三县后来属,领县十二,与《晋志》本郡所领合。太康九年,随、平林移属随郡,领县十。惠帝时,新野、棘阳、蔡阳、邓、穰五县移属新野郡,领县五。

1. 安昌(266—316)

按:魏末属南阳郡,《晋志》属。泰始元年来属。

2. 平林(266—287)

按:魏末属南阳郡,《晋志》属。据本郡考证,泰始元年来属。太康九年移属随郡。

3. 平氏(266—316)

按:魏末属南阳郡,《晋志》属。据本郡考证,泰始元年来属。

4. 义阳(266—316)

按:魏末属南阳郡,《晋志》属。检《地形志》:"义阳,晋属(义阳)。"则西晋时义阳郡有义阳县。据本郡考证,泰始元年来属。

5. 穰(280—290后)

按:魏末属南阳郡,《晋志》属。检《地形志》:"穰,二汉属南阳,晋属义阳。"则西晋时义阳郡有穰县。又《水经注》卷31:"晋咸宁二年,封大司马扶风武王少子(司马)歆为新野郡公,割南阳五属,棘阳、蔡阳、穰、邓、山都封焉。"则穰县至咸宁二年仍属南阳郡,后移属新野郡。据新野郡考证,太康元年新野郡废,穰县似于此时来属。惠帝时又移属新野郡。

6. 棘阳(280—290后)

按:魏末属南阳郡,《晋志》属。检《左传·桓公十一年》杜注有义阳棘阳县,则太康元年义阳郡有棘阳县。又《宋志》:"棘阳令,汉县,故属南阳,《晋太康地志》属义阳。"则太康三年义阳郡有棘阳县。又《水经注》卷31:"晋咸宁二年,封大司马扶风武王少子(司马)歆为新野郡公,割南阳五属,棘阳、蔡阳、穰、邓、山都封焉。"则棘阳县至咸宁二年仍属南阳郡,后移属新野郡。据新野郡考证,太康元年新野郡废,棘阳县似于此时来属。惠帝时又移属新野郡。

7. 蔡阳(280—290 后)

按：魏末属南阳郡，《晋志》属。检《水经注》卷 31："晋咸宁二年，封大司马扶风武王少子(司马)歆为新野郡公，割南阳五属，棘阳、蔡阳、穰、邓、山都封焉。"则蔡阳县至咸宁二年仍属南阳郡，后移属新野郡。据新野郡考证，太康元年新野郡废，蔡阳县似于此时来属。惠帝时又移属新野郡。

8. 邓(280—290 后)

按：魏末属南阳郡，《晋志》属。检《水经注》卷 31："晋咸宁二年，封大司马扶风武王少子(司马)歆为新野郡公，割南阳五属，棘阳、蔡阳、穰、邓、山都封焉。"则邓县至咸宁二年仍属南阳郡，后移属新野郡。据新野郡考证，太康元年新野郡废，邓县似于此时来属。惠帝时又移属新野郡。

9. 新野(283 前—290 后)

按：魏末属南阳郡，《晋志》属。检《地形志》："新野，二汉属南阳，晋属义阳。"则西晋时义阳郡有新野县。据本郡考证，义阳郡始置时领县四，无新野县，新野县当是其后移属，而确年乏考。惠帝时又移属新野郡。

10. 厥西(282 前—316)

按：魏无此县，《晋志》属。检《宋志》："厥西令，二汉无，《晋太康地志》属义阳。"则太康三年义阳郡有厥西县。据本郡考证，义阳郡始置时领县四，无厥西县，厥西县似于太康三年前增置而确年乏考。

11. 随(282 前—287)

按：魏属南阳郡，《晋志》属。检《宋志》："随阳子相，汉随县属南阳，《晋太康地志》属义阳。"则太康三年义阳郡有随县。据本郡考证，义阳郡始置时领县四，无随县，随县似于此后移属焉，而确年乏考。太康九年移属随郡。

12. 朝阳(283 前—316)

按：魏属南阳郡，《晋志》属。检《舆地广记》卷 9 京西南路邓州穰县条："二汉朝阳县，属南阳郡，晋属义阳郡。"据本郡考证，义阳郡始置时领县四，无朝阳县，则朝阳县似于义阳郡置后来属，而确年乏考。

(七)新野郡(276—279,290 后—316)——治乏考

按：魏无此郡。检《水经注》卷 31："晋咸宁二年，封大司马扶风武王少子(司马)歆为新野郡公，割南阳五属，棘阳、蔡阳、穰、邓、山都封焉。"则咸宁二年割南阳五县置新野郡。又《晋志》："(惠帝)分南阳立新野郡。"《地形志》："新野郡，晋惠帝置。"则新野郡后废，且于惠帝时复置，而领县乏考。又《左传·桓公十一年》杜注有义阳棘阳县，则太康元年棘阳县属义阳郡。又《宋志》："山都男相，汉旧县，属南阳，《晋太康地志》属襄阳。"则山都县太康三年属襄阳郡。《晋

志》又无此郡领县,则新野郡似于太康元年见废,后于惠帝时复置,领县六。

1. 棘阳(276—279,290后—316)

按:魏属南阳郡,《晋志》属义阳郡。咸宁二年来属,太康元年新野郡废,其当移属义阳郡。据《宋志》棘阳宋初属新野郡,似惠帝时再属。

2. 蔡阳(276—279,290后—316)

按:魏属南阳郡,《晋志》属义阳郡。咸宁二年来属,太康元年新野郡废,其当移属义阳郡。据《宋志》蔡阳宋初属新野郡,似惠帝时再属。

3. 穰(276—279,290后—316)

按:魏属南阳郡,《晋志》属义阳郡。咸宁二年来属,太康元年新野郡废,其当移属义阳郡。据《宋志》穰县宋时属新野郡,似惠帝时再属。

4. 邓(276—279,290后—316)

按:魏属南阳郡,《晋志》属义阳郡。咸宁二年来属,太康元年新野郡废,其当移属义阳郡。据《宋志》邓县宋初属新野郡,似惠帝时再属。

5. 山都(276—279,290后—316)

按:魏属南阳郡,《晋志》属襄阳郡。咸宁二年来属,太康元年新野郡废,其当移属襄阳郡。据《宋志》山都宋时属新野郡,似惠帝时再属。

6. 新野(290后—316)

按:魏属南阳郡,《晋志》属义阳郡。据《宋志》新野宋时属新野郡,似惠帝时来属。

(八)南乡郡(266—288,289—316 顺阳国)——治酂(今湖北老河口市西北)

按:据《晋志》:"顺阳郡,太康中置。"《宋志》:"顺阳太守,魏分南阳立曰南乡,晋武帝更名。"又《宋志》:"汎阳令,晋武帝太康五年立,属南乡,仍属顺阳。"则太康五年时仍有南乡郡。又《水经注》卷20:"丹水又南迳南乡县故城东北,汉建安中,割南阳右壤为南乡郡,逮晋封宣帝孙(司马)畅为顺阳王,因立为顺阳郡,而南乡为县。"《晋书》卷3《武帝纪》:"(太康十年)徙扶风王(司马)畅为顺阳王。"则太康十年方改南乡郡为顺阳国,《晋志》所谓"太康中置"当为"太康十年,改南乡为顺阳"。魏末领县八,与《晋志》本郡所领合,太康五年增置汎阳令,领县九。

1. 酂(266—316)

2. 顺阳(266—316)

3. 南乡(266—316)

4. 丹水(266—316)

5. 武当(266—316)

6. 阴(266—316)

7. 筑阳(266—316)

8. 析(266—316)

9. 汎阳(284—316)

按：魏、《晋志》无此县。检《宋志》："汎阳令，晋武帝太康五年立，属南乡，仍属顺阳。"则武帝太康五年置汎阳县。

（九）新城郡(266—295)——治房陵（今湖北房县）

按：魏末领县四，与《晋志》本郡所领合。元康六年移属梁州。

1. 房陵(266—295)

2. 秭归①(266—280，281—295 绥阳)

3. 昌魏(266—295)

4. 沶乡(266—295)

（十）魏兴郡(266—295)——治兴晋（今湖北郧西县西北）

按：魏末领县五，其中魏阳县似后省，太康四年增置洵阳、长利二县，领县六，与《晋志》本郡所领合。太康五年置郧乡县，领县七。元康六年移属梁州。

1. 兴晋②(266—279 平阳，280—295)

2. 安康③(266—279 安阳，280—295)

3. 西城(266—295)

4. 锡(266—295)

5. 长利(283—295)

按：魏无此县，《晋志》属。检《宋志》："锡县令，前汉长利县，属汉中，后汉省。晋武帝太康四年复立，属魏兴。"则太康四年复置长利县，且属魏兴郡。

6. 洵阳(283—295)

按：魏无此县，《晋志》属。检《宋志》："旬阳令，前汉有，后汉无，晋武帝太康四年复立。"又宋本《寰宇记》卷141 山南西道金州洵阳县条："本汉旧县……

---

① 《晋志》作"绥阳"。据《宋志》："绥阳令，魏立，后改为秭归，晋武帝太康二年，复为绥阳。"中华书局标点本《晋书》校勘记据此以为当作"绥阳"，是。则太康二年复为绥阳县。

② 《晋志》作"晋兴"。检《宋志》魏兴太守领有兴晋县："兴晋令，魏立，曰平阳，晋武帝太康元年更名。"则《晋志》所谓"晋兴"当作"兴晋"，晋武帝太康元年改平阳县为兴晋县，中华书局标点本《晋书》校勘记引方氏《新校志》以为"晋兴"当作"兴晋"，是。

③ 《晋志》作"安康"。检《宋志》："安康令，二汉安阳县，属汉中，汉末省，魏复立，属魏兴。晋武帝太康元年更名。"《地形志》："安康，二汉曰安阳，属汉中，汉末省，武帝复，武帝更名，属魏兴郡。"则武帝太康元年改安阳县为安康县。

后汉省,晋太康四年复立。"则太康四年复置洵阳县,且属魏兴郡。

7. 郧乡(284—295)

按:魏无此县。据《水经注》卷28:"汉水又东迳郧乡县故城南,谓之郧乡滩。县,故黎也,即长利之郧乡矣。《地理志》曰有郧关,李奇以为郧子国,晋太康五年立以为县。"则太康五年以长利县之郧乡置县。《宋志》:"郧乡令,本锡县……武帝太康五年,改为郧乡。"以为郧乡令为锡县所改,误甚。

(十一)上庸郡(266—295)——治上庸(今湖北竹山县西南)

按:魏末领县六。晋初,安乐县似省,增置上廉县,太康二年庸昌县废,太康四年置武陵县,领县六,与《晋志》本郡所领合。元康六年移属梁州。

1. 上庸(266—295)
2. 安富(266—295)
3. 北巫(266—295)
4. 武陵(283—295)

按:魏末无此县,《晋志》属。检《宋志》:"武陵令,前汉属汉中,后汉、《晋太康地志》、王隐并无。"则太康三年时武陵县仍未重置,太康四年方置。

5. 上廉(282前—295)

按:魏无此县,《晋志》属。检《宋志》:"上廉令,《晋太康地志》、《永初郡国》、徐并属上庸,何无。"宋本《寰宇记》卷141金州平利县条:"本汉西城地,两汉及魏盖为西城县地。晋于今县南平利川置上廉县,取上廉水为名。"则西晋太康三年前增置上廉县,而确年乏考。

6. 微阳(266—295)

按:魏作"建始"属,《晋志》属。检《宋志》:"微阳令,魏立曰建始,晋武帝改。"则武帝时改建始为微阳,而确年乏考。

7. 广昌(266—279,280庸昌)

按:魏作"广昌"属,《晋志》无此县。检《宋志》:"广昌子相……《晋地记》,武帝太康元年改上庸之广昌为庸昌,二年省。"则太康二年改广昌为庸昌,旋废,故《晋志》不载。

(十二)建平郡(275—316)——治巫(今重庆市巫山县)

按:魏末无此郡。检《宋志》:"晋又有建平都尉,领巫、北井、泰昌、建始四县。晋武帝咸宁元年,改都尉为郡。"据吴荆州建平郡考证,巫、建始二县其时当属孙吴建平郡,不当属晋所谓建平都尉。又《舆地广记》卷33夔州路大宁监大昌县条:"本泰昌,晋太康初分秭归置,属建平郡。"则太康时方置泰昌县,咸宁前所谓建平都尉何得领之,故《宋志》此条舛乱殊甚,似咸宁元年前曾以巴东郡之北井置建平都尉。又《宋志》："北井令，《晋太康地志》有，先属巴东，晋武帝泰始五年度建平。"则建平都尉似置于泰始五年，咸宁元年改其为建平郡，其时唯有北井一县。又《宋志》："于是吴、晋各有建平郡。太康元年吴平，并合。"《晋志》："建平郡，吴、晋各有建平郡，太康元年合。"则太康元年吴建平郡所领巫、秭归、信陵、兴山、建始五县来属，又置泰昌、沙渠二县，领县八，与《晋志》本郡所领合。

1. 巫(280—316)

按：吴、《晋志》均属。据本郡考证，其太康元年来属，其后仍属焉。

2. 北井(275—316)

按：魏末属巴东郡，《晋志》属。据本郡考证，北井县泰始五年移属建平都尉，咸宁元年属建平郡，其后仍属焉。

3. 泰昌(280—316)

按：三国无此县，《晋志》属。检《宋志》："泰昌令，《晋太康地志》有。"则太康三年已有泰昌县。又《舆地广记》卷33夔州路大宁监大昌县条："本泰昌，晋太康初分秭归置，属建平郡。"似太康元年分秭归置泰昌县，属建平郡。

4. 信陵(280—316)

按：吴、《晋志》均属。据本郡考证，其太康元年来属，其后仍属焉。

5. 兴山(280—316)

按：吴、《晋志》均属。据本郡考证，其太康元年来属，其后仍属焉。

6. 建始(280—316)

按：吴、《晋志》均属。据本郡考证，其太康元年来属。检《宋志》建平太守："(太康)五年，省建始县，后复立……建始，晋初所立也。"按洪亮吉《补志》卷13吴荆州建平郡建始条云："疑县系吴永安中与郡同立，后又属晋，至太康五年方省。"吴增仅《考证》则以为：孙吴建平郡领巫、秭归、兴山、信陵、沙渠、建始六县。其建始县，吴、魏各有建始县，魏建始县属上庸郡，见《宋志》梁州刺史上庸太守微阳令条"魏立曰建始，晋武帝改"，吴建始县属建平郡，见《方舆胜览》"吴置建平，建始隶焉"。此云太康"五年省建始县，后复立"，又云"建始，晋初所立也"，盖县立于晋国初建时(时为魏咸熙初)，至太康五年省，故《宋志》于太康五年省县之后又追书之曰"建始，晋初所立也"。晋建平亦有建始者，盖初属魏之上庸，晋初改属建平都尉，平吴之后，吴、晋建平既合为一，其时南北各有建始，故晋武帝改建始之在北者曰微阳，至太康五年又省吴时所立之建始，省后旋又复置，故《晋志》上庸郡有微阳，建平郡有建始。又吴、魏各有建始，犹各有巫、秭归、夷陵也。

7. 秭归(280—316)

按：吴、《晋志》均属。检《左传·僖公二十六年》杜注有建平秭归县，则太康元年建平郡有秭归县。

8. 沙渠(280—316)

按：吴无此县，《晋志》属。检《宋志》："沙渠令，《晋起居注》，太康元年立。"则太康元年立沙渠县。

(十三) 宜都郡(280—316)——治夷陵(今湖北宜都市)

按：太康元年，武帝平吴，宜都来属。吴末领县三，与《晋志》本郡所领合。

1. 夷陵①(280—316)
2. 夷道(280—316)
3. 佷山(280—316)

(十四) 武陵郡(280—316)——治临沅(今湖南常德市)

按：太康元年，武帝平吴，武陵来属。吴末武陵郡领县十②，晋太康时增置舞阳、黚阳二县，则领县十，与《晋志》本郡所领合。

1. 临沅(280—316)
2. 汉寿③(280—316)
3. 沅陵(280—316)
4. 舞阳(282前—316)

按：吴无此县，《晋志》属。检《记纂渊海》卷14荆湖北路沅州庐阳县沿革："本汉武陵郡无阳县，晋置舞阳县。"又《宋志》："舞阳令，前汉作无，后汉无，《晋太康地志》有。"则晋太康三年前已置舞阳县，疑是太康元年武帝平吴后置，当属武陵郡。

5. 酉阳(280—316)
6. 迁陵(280—316)
7. 镡城(280—316)
8. 沅南(280—316)
9. 龙阳(280—316)

---

① 吴末作"西陵"，《晋志》作"夷陵"。检《宋志》："夷陵令，汉旧县，吴改曰西陵，晋武帝太康元年复旧。"则晋武帝太康元年复曰夷陵。

② 其中辰阳县，据《舆地广记》卷28荆湖北路辰州辰溪县条："二汉辰阳县，属武陵郡，晋省之。"又《记纂渊海》卷14荆湖北路辰州沅陵县沿革条："辰溪，本汉武陵郡辰阳县，晋省之。"则晋初省。其中黔阳县，《晋志》无载，似于太康元年武帝平吴时废。

③ 吴作"吴寿"，《晋志》作"汉寿"。检《宋志》："汉寿侯相……吴曰吴寿，晋武帝复旧。"则似武帝太康元年平吴后改吴寿为汉寿。

10. 黚阳(282前—316)

按：吴无此县，《晋志》属。检《宋志》："黚阳长，二汉无，《晋太康地志》有。"则太康三年前已置黚阳县，疑是太康元年武帝平吴后置，当属武陵郡。

（十五）天门郡(280—316)——治零阳（今湖南慈利县）

按：吴领县三。太康元年，武帝平吴，其所领三县来属。太康四年，增置临澧、澧阳二县，领县五，与《晋志》本郡所领合。

1. 零阳(280—316)
2. 充(280—316)
3. 溇中(280—316)
4. 临澧(283—316)

按：吴无此县，《晋志》属。检《宋志》："临澧，晋武帝太康四年立。"则太康四年置临澧县，当属天门郡。

5. 澧阳(283—316)

按：吴无此县，《晋志》属。检《宋志》："澧阳，晋武帝太康四年立。"则太康四年置澧阳县，当属天门郡。

（十六）长沙郡(280—306)——治临湘（今湖南长沙市）

按：吴末领县十一。太康元年，武帝平吴，湘西、连道二县移属衡阳郡，茶陵县移属湘东郡，所领余八县来属，又增置蒲圻、巴陵二县，领县十，与《晋志》本郡所领合。元康九年下隽、巴陵二县移属建昌郡。永嘉元年移属湘州。

1. 临湘(280—306)
2. 攸(280—306)
3. 下隽(280—298)

按：元康九年移属建昌郡。

4. 醴陵(280—306)
5. 罗(280—306)
6. 吴昌(280—306)
7. 刘阳(280—306)

按：吴、《晋志》属。检《舆地广记》卷26荆湖南路潭州浏阳县条："本汉临湘地，吴置浏阳县，属长沙郡，晋、宋因之。"则刘阳县太康元年后确属长沙郡。

8. 建宁(280—306)
9. 蒲圻(280—306)

按：吴末无此县，《晋志》作"蒲沂"属。检《宋志》："蒲圻男相，晋武帝太康元年立。"《舆地广记》卷 27 荆湖北路鄂州蒲圻县条:"晋太康元年置,属长沙郡。"则太康元年增置蒲圻属长沙郡,《晋志》所谓"蒲沂"当为"蒲圻"之讹。

10. 巴陵(280—298)

按:吴无此县,《晋志》属。检《宋志》:"巴陵男相,晋武帝太康元年立,属长沙。"又《真诰》卷 13"以其叔茂而名地焉"陶弘景小注:"巴陵县,始晋初。"又《水经注》卷 38:"晋太康元年立巴陵县。"则晋太康元年置巴陵县,且属长沙郡。元康九年移属建昌郡。

(十七)衡阳郡(280—306)——治湘南(今湖南湘潭市西南)

按:吴领县六。太康元年,武帝平吴,临烝县移属湘东郡,所领余五县来属,又重安、烝阳、湘西、连道四县来属,领县九,与《晋志》本郡所领合。永嘉元年移属湘州。

1. 湘南(280—306)
2. 湘乡(280—306)
3. 益阳(280—306)
4. 新康①(280—306)
5. 衡阳②(280—290 后,290 后—306 衡山)
6. 重安(280—306)

按:吴属零陵郡,《晋志》属。检《舆地广记》卷 26 荆湖南路衡州衡阳县条:"汉钟武县地,属零陵郡,东汉改为重安,晋、宋以后属衡阳郡。"则重安县似于太康元年移属衡阳郡。

7. 烝阳(280—306)

按:吴属零陵郡,《晋志》属。其似于太康元年来属。

8. 湘西(280—306)

按:吴属长沙郡,《晋志》属。其似于太康元年来属。

9. 连道(280—306)

按:吴属长沙郡,《晋志》属。其似于太康元年来属。

(十八)湘东郡(280—306)——治酃(今湖南衡阳市)

按:吴领县四。太康元年,武帝平吴,其所领四县来属,又茶陵、临烝、新宁三县来属,领县七,与《晋志》本郡所领合。永嘉元年移属湘州。

---

① 吴作"新阳",《晋志》作"新康"。检《宋志》:"新康男相,吴曰新阳,晋武帝太康元年更名。"则太康元年新阳县更名新康县。
② 《晋志》作"衡山"。检《宋志》:"衡山男相,吴立曰衡阳,晋惠帝更名。"则惠帝时改衡阳为衡山,而确年乏考。

1. 酃(280—306)
2. 新平(280—306)
3. 利阳①(280—306)
4. 阴山(280—306)
5. 临烝(280—306)

按：吴属衡阳郡，《晋志》属。检《宋志》："临烝伯相，吴属衡阳，《晋太康地志》属湘东。"太康三年湘东郡有临烝县，其似于太康元年移属焉。

6. 茶陵(280—306)

按：吴属长沙郡，《晋志》属。其似于太康元年来属。

7. 新宁(280—306)

按：吴属桂阳郡，《晋志》属。检《舆地广记》卷26荆湖南路衡州常宁县："吴分沫阳(当作耒阳)置新宁县，晋属湘东郡。"其似于太康元年来属。

（十九）零陵郡(280—306)——治泉陵②(今湖南永州市)

按：吴末领县十二。太康元年，武帝平吴，重安、烝阳二县移属衡阳郡，所领余十县来属，《晋志》领县十一，误列应阳县。惠帝时增置应阳县，领县十一。永嘉元年移属湘州。

1. 泉陵(280—306)

按：检《宋书》卷28《符瑞中》："晋武帝太康元年三月，白鹿见零陵泉陵。"则太康元年零陵郡有泉陵县。

2. 祁阳(280—306)
3. 永昌(280—306)
4. 零陵(280—306)
5. 洮阳(280—306)
6. 观阳(280—306)
7. 营浦(280—306)
8. 营道(280—306)
9. 泠道(280—306)
10. 舂陵(280—306)
11. 应阳(290后—306)

---

① 吴作"梨阳"，《晋志》作"利阳"。检《宋志》"湘东太守……晋世七县，孝武太元二十年，省酃、利阳、新平三县"沈约自注："张勃《吴录》有此二县，利作梨，晋作利音。"则似入晋后改为利阳。
② 据《舆地广记》卷26荆湖南路永州零陵县条："本汉泉陵县，属零陵郡，东汉为郡治，晋、宋、齐、梁、陈因之。"则西晋时零陵郡治泉陵县。

按：吴无此县，《晋志》属。检《宋志》："应阳男相，晋惠帝分观阳立。"则惠帝时分观阳置应阳县，《晋志》误列此县。

（二十）邵陵郡（280—306）——治邵陵（今湖南邵阳市）

按：吴末领县六。太康元年，武帝平吴，所领六县来属，又置建兴县、武刚县，领县八。《晋志》领县六，阙载新县、武刚县。永嘉元年移属湘州。

1. 邵陵①（280—306）
2. 邵阳②（280—306）
3. 南高平③（280—383前，283前—306高平）
4. 都梁（280—306）
5. 夫夷（280—306）

按：检《宋志》："扶县令，汉旧县，至晋曰夫夷。汉属零陵，晋属邵陵。"则太康元年后邵陵郡有夫夷县。

6. 新（280—306）

按：吴属，《晋志》无此县。检宋本《寰宇记》卷115江南西道邵州邵阳县条："古新县城，在县东九十里，孙吴置，晋永嘉中并入邵阳县，其城废。"则晋时邵陵郡有新县，《晋志》邵陵郡阙载此县，误。

7. 建兴（280—306）

按：吴无此县，《晋志》属。检《宋志》："建兴男相，晋武帝分邵陵立。"则似太康元年分邵陵立建兴县。

8. 武刚（280—306）

按：吴无此县，《晋志》无此县。检《宋志》："武刚令，晋武分都梁立。"则似太康元年分都梁立武刚县，《晋志》阙载此县。

（二十一）桂阳郡（280—290）——治郴（今湖南郴州市）

按：吴末领县七。太康元年，武帝平吴，新宁县移属湘东郡，余六县来属，与《晋志》本郡所领合。惠帝元康元年其移属江州。

1. 郴（280—290）
2. 便（280—290）

---

① 吴作"昭陵"，《晋志》作"邵陵"。检《记纂渊海》卷13荆湖南路宝庆府邵阳县沿革条："晋改昭陵为邵陵。"则似太康元年改昭陵县为邵陵县。

② 吴作"昭阳"，《晋志》作"邵阳"。检《宋志》："邵阳男相，吴立曰昭阳，晋武改。"又《记纂渊海》卷13荆湖南路宝庆府邵阳县沿革条："晋改昭陵为邵陵，又改昭阳为邵阳。"则似太康元年改昭阳为邵阳。

③ 吴、《晋志》均作"高平"。检《宋志》："高平男相，吴立，晋武帝太康元年，改曰南高平，后更曰高平。"则太康元年改高平为南高平，太康四年前又改为高平。

3. 耒阳(280—290)

4. 南平(280—290)

5. 临武(280—290)

6. 晋宁①(280—290)

(二十二)武昌郡(280—290)——治武昌(今湖北鄂州市鄂城区西)

按：吴末无武昌郡。检《宋志》："武昌太守,《晋起居注》：太康元年,改江夏为武昌郡。"则太康元年平吴后,改吴之江夏郡部分领县为武昌郡,新置鄂县,邾、高陵、寻阳三县来属,领县九。太康二年寻阳县移属庐江郡,后邾县移属弋阳郡,领县七,与《晋志》本郡所领合。元康元年其移属江州。

1. 武昌(280—290)

按：吴末属江夏郡,《晋志》属。据本郡考证,太康元年随郡来属。

2. 沙阳②(280—290)

3. 柴桑(280—290)

按：吴末属江夏郡,《晋志》属。据本郡考证,太康元年随郡来属。

4. 阳新(280—290)

按：吴末属江夏郡,《晋志》属。据本郡考证,太康元年随郡来属。

5. 沙羡(280—290)

按：吴末无此县,《晋志》属。检《宋志》："沙阳男相,二汉旧县本名沙羡,属武昌,晋武帝太康元年更名,又立沙羡。"则太康元年增置沙羡县。

6. 鄂(280—290)

按：此非孙吴所置之旧"鄂"。检《吴志》卷2《孙权传》："(黄初)二年四月,刘备称帝于蜀,(孙)权自公安都鄂,改名武昌。"则吴初鄂县已改为武昌县。《宋志》："鄂令,汉旧县,属江夏。吴改鄂为武昌。晋武帝太康元年,复立鄂县,而武昌如故。"则此为新置之"鄂"。

7. 高陵③(280—290)

8. 寻阳(280)

按：吴属蕲春郡,《晋志》属庐江郡。检《宋志》："寻阳太守,寻阳本县

---

① 吴作"阳安",《晋志》作"晋宁"。检《宋志》："晋宁令,汉顺帝永和元年立,曰汉宁,吴改曰阳安,晋武帝太康元年改曰晋宁。"则太康元年改阳安县为晋宁县。

② 吴末作"沙羡",《晋志》作"沙阳"。检《宋志》："沙阳男相,二汉旧县本名沙羡,属武昌,晋武帝太康元年更名,又立沙羡。"则太康元年改沙羡为沙阳。

③ 吴作"安丰",《晋志》作"官陵"。检《宋志》："吴立蕲春郡,寻阳县属焉。晋武帝太康元年,省蕲春郡,以寻阳属武昌,改蕲春之安丰为高陵,及邾县,皆属武昌。"则太康元年高陵县来属,《晋志》之"官陵"显为"高陵"之讹。

名……吴立蕲春郡,寻阳县属焉。晋武帝太康元年,省蕲春郡,以寻阳属武昌……二年,以武昌之寻阳复属庐江郡。"则寻阳县太康元年属武昌郡,二年移属庐江郡。

9. 邾(280—283前)

按:吴属蕲春郡,《晋志》属弋阳郡。检《宋志》:"吴立蕲春郡,寻阳县属焉。晋武帝太康元年,省蕲春郡,以寻阳属武昌,改蕲春之安丰为高陵,及邾县,皆属武昌。"则太康元年邾县来属,太康四年前移属弋阳郡。

(二十三) 安成郡(280—290)——治平都(今江西安福县)

按:安成郡吴时属扬州。检《晋志》:"及武帝平吴……以扬州之安成郡来属(荆州)。"则太康元年后安成郡移属荆州。吴末领县六。增置广兴县,领县七,与《晋志》本郡所领合。惠帝元康元年其移属江州。

1. 平都(280—290)
2. 宜春(280—290)
3. 永新(280—290)
4. 新谕(280—290)
5. 安复①(280—290)
6. 萍乡(280—290)
7. 广兴(280—290)

按:吴无此县,《晋志》属。检《宋志》:"广兴侯相,《晋太康地志》有此县。"则太康三年已置广兴县,疑太康元年武帝平吴时置,当属安成郡。

(二十四) 随国(288—316)——治随(今湖北随州市)

按:据《元和志》卷21山南道随州条:"晋太康九年,分义阳置随郡。"又据《晋书》卷37《随穆王整传》:"武帝以义阳国一县追封为随县王。子迈嗣。太康九年,以义阳之平林益迈为随郡王。"则太康九年增置随国,初置时唯有随、平林两县。

1. 随(288—316)

按:据本郡考证,太康九年来属。

2. 平林(288—316)

按:据本郡考证,太康九年来属。

(二十五) 竟陵郡(299—316)——治云杜石城(今湖北钟祥市)

按:据《宋志》:"竟陵太守,晋惠帝元康九年分江夏西界立。"则元康九年

---

① 吴作"安成",《晋志》作"安复"。检《宋志》:"安复侯相,汉旧县,本名安成,晋武帝太康元年更名。"则太康元年安成县改名安复县。

增置竟陵郡。又据《水经注》卷28："沔水又南迳石城西,城因山为固,晋太傅羊祜镇荆州立。晋惠帝元康九年分江夏西部置竟陵郡,治此。"《舆地广记》卷27荆湖北路复州沔阳县条："汉云杜县地……云杜城,在县西北。又有石城,在西南……(晋)惠帝始置竟陵郡,治此。"则竟陵郡治云杜石城。

1. 云杜(299—316)

按：据本郡考证,元康九年来属。

2. 竟陵(299—316)

按：据《元和志》卷21山南道复州条："秦属南郡,在汉即江夏郡之竟陵县地也。晋惠帝分江夏立竟陵郡。"又《寰宇记》卷144山南东道复州景陵县条："盛弘之《荆州记》云：晋元康九年分江夏郡置竟陵郡,而县属焉。"则竟陵县元康九年来属。

3. 南新市(299—316)

(二十六)建昌郡(299—306)——治下雋(今湖北通城县西北)

按：《宋志》："建昌郡,晋惠帝元康九年,分长沙东北下雋诸县立,成帝咸康元年省。"则元康九年增置建昌郡。领县二。永嘉元年移属湘州。

1. 下雋(299—306)

按：据本郡考证,元康九年来属。

2. 巴陵(299—306)

按：据《水经注》："晋太康元年立巴陵县于此,后置建昌郡。"则巴陵县元康九年来属。

(二十七)成都郡(307后—316前)——治华容(今湖北监利县西北)

按：据《水经注》卷32："北临中夏水,自县东北迳成都郡故城南。晋永嘉中,西蜀阻乱,割华容诸城为成都王颖国。"杨守敬、熊会贞《水经注疏》以为："所谓为成都王(司马)颖国者,续颖之封,非谓颖及身封此也。"是。又《晋志》："时蜀乱,又割南郡之华容、州陵、监利三县别立丰都,合四县置成都郡,为成都王颖国,居华容县。愍帝建兴中,并还南郡,亦并丰都于监利。"则永嘉中增置成都郡,建兴中废。领县四。

1. 华容(307后—316前)

按：据本郡考证,永嘉中来属,建兴中回属南郡。

2. 州陵(307后—316前)

按：据本郡考证,永嘉中来属,建兴中回属南郡。

3. 监利(307后—316前)

按：据本郡考证,永嘉中来属,建兴中回属南郡。

4. 丰都(307 后—316 前)

按：吴末无此县，《晋志》："时蜀乱，又割南郡之华容、州陵、监利三县别立丰都，合四县置成都郡，为成都王颖国，居华容县。愍帝建兴中，并还南郡，亦并丰都于监利。"则永嘉中分华容等三县置，建兴中见废。

第十七节 扬州沿革

扬州(266—316)，治寿春(今安徽寿县)，太康元年(280)治秣陵(今江苏南京市)①。魏领郡二，太康元年武帝平吴，丹杨等十三郡来属，领郡十五，又增置宣城郡(太康二年之扬州政区见图25)。太康三年增置晋安郡、南康郡。惠帝元康元年(291)后豫章、鄱阳、庐陵、临川、南康、建安、晋安等七郡移属江州。永兴元年(304)增置历阳郡、义兴郡，领郡十三。

(一) 淮南郡(266—316)——治寿春(今安徽寿县)

按：魏有淮南郡。《晋志》："淮南郡，秦置九江郡。汉以为淮南国，汉武帝置九江郡。武帝改为淮南郡。"检《宋志》："淮南太守，秦立为九江郡……汉高帝四年，更名淮南国……(汉)武帝元狩元年，复为九江郡……魏复曰淮南，徙治寿春。晋武帝太康元年，复立历阳、当涂、逡道诸县，二年，复立钟离县，并二汉旧县也。"则《晋志》所谓"武帝改为淮南郡"误甚。魏末领县十，太康元年增置钟离等六县，领县十六，与《晋志》本郡所领合。永兴元年，历阳、乌江二县移属历阳郡，领县十四。

1. 寿春(266—316)
2. 成德(266—316)
3. 下蔡(266—316)
4. 义城(266—316)
5. 西曲阳(266—316)
6. 平阿(266—316)
7. 全淑(266—316)
8. 阜陵(266—316)
9. 合肥(266—316)
10. 阴陵(266—316)

---

① 《宋志》："扬州刺史……魏、晋治寿春。晋平吴，治建业。"则魏晋时扬州治寿春，太康元年改建业为秣陵，扬州移治焉。

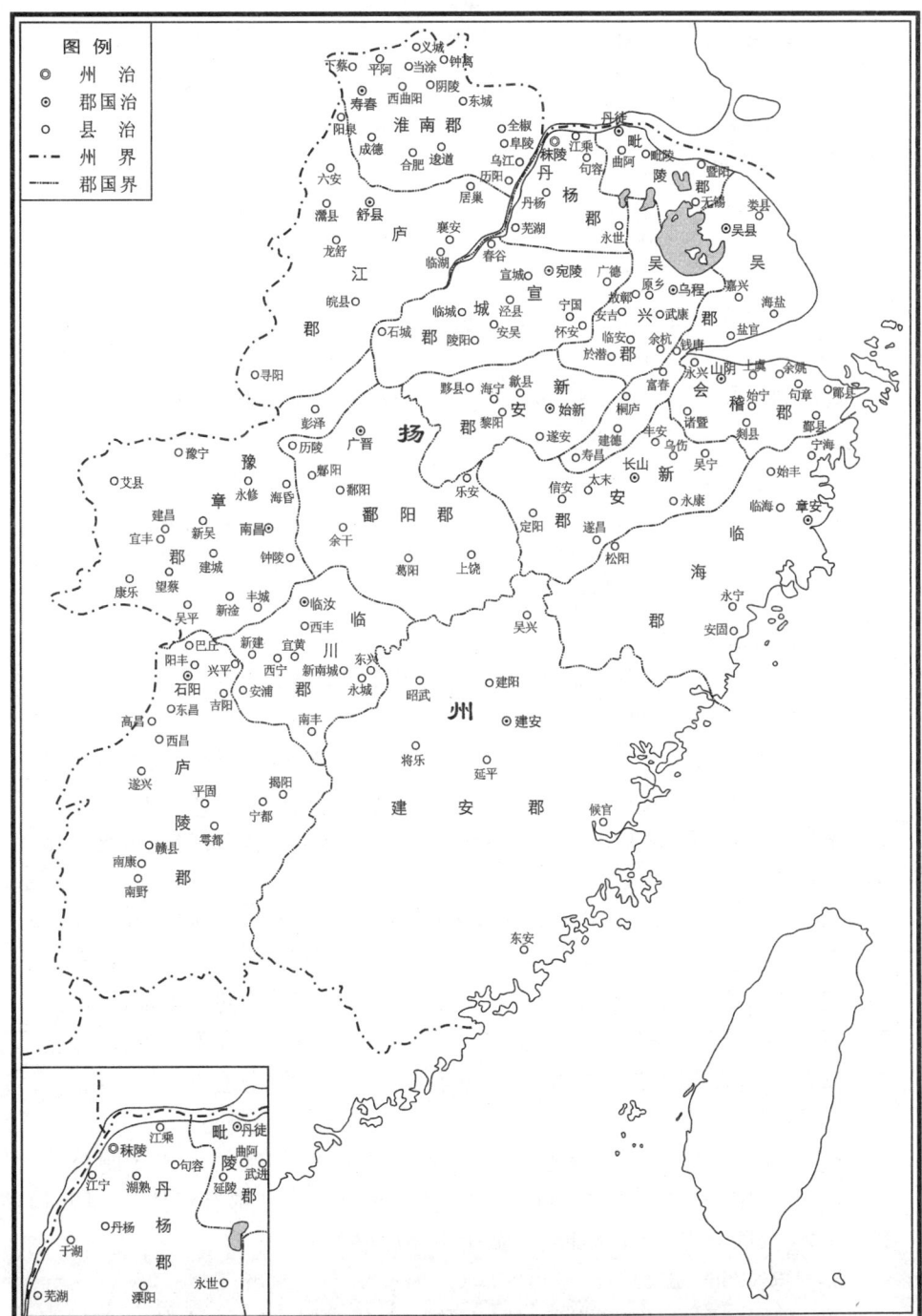

图 25　太康二年(281)西晋扬州政区

11. 钟离(280—316)

按：魏末无此县，《晋志》属。检《左传·成公十四年》经文杜注有淮南钟离县，则太康元年淮南郡有钟离县。又《宋志》："晋武帝太康元年，复立历阳、当涂、逡道诸县，二年复立钟离县，并二汉旧县也。"此所谓"二年复置"，误。

12. 历阳(280—303)

按：魏无此县，《晋志》属。检《宋志》："晋武帝太康元年，复立历阳、当涂、逡道诸县。"则太康元年复置历阳县。永兴元年移属历阳郡。

13. 当涂(280—316)

按：魏无此县，《晋志》属。检《宋志》："晋武帝太康元年，复立历阳、当涂、逡道诸县。"则太康元年复置当涂县。

14. 逡遒(280—316)

按：魏无此县，《晋志》属。检《左传·哀公十二年》杜注有淮南逡遒县，则太康元年淮南郡有逡遒县。而《宋志》："晋武帝太康元年，复立历阳、当涂、逡道诸县。"此"逡道"当为"逡遒"之讹。

15. 东城(280—316)

按：魏无此县，《晋志》属。似于太康元年武帝平吴后增置。

16. 乌江(280—303)

按：魏无此县，《晋志》属。检《寰宇记》卷124淮南道和州乌江县条："晋太康六年始于东城界置乌江县。"然则《晋志》政区断代标准年代为太康四年，似于太康元年武帝平吴后增置，《寰宇记》所谓"太康六年置"疑误。永兴元年移属历阳郡。

(二) 庐江郡(266—316)——治六安(今安徽六安市北)，移治舒(今安徽舒城县)

按：魏末领县九。咸宁元年(275)前松滋等五县移属豫州安丰郡，太康元年武帝平吴，增置舒等四县，阳泉县来属，领县九，太康二年寻阳县来属，领县十，与《晋志》本郡所领合。永兴元年，寻阳县移属寻阳郡，领县九。

1. 舒(280—316)

按：三国无此县，《晋志》属。检《左传·文公十二年》、《左传·昭公五年》、《左传·定公二年》杜注有庐江舒县，则太康元年庐江郡有舒县。三国时其地为魏、吴间弃地，似于太康元年武帝平吴后增置。

2. 六安(266—316)

按：魏属，《晋志》作"六"属。检《左传·文公五年》经文、《左传·文公十二年》经文、《左传·昭公十二年》杜注有庐江六安县,则当作"六安",太康元年庐江郡有六安县。

3. 龙舒(266—316)

4. 灊(266—316)

5. 居巢(280—316)

按:三国无此县,《晋志》属。三国时其地为魏、吴间弃地,似于太康元年武帝平吴后增置。

6. 皖(280—316)

按:吴末无此县,《晋志》属。吴赤乌前有皖县,则似于太康元年武帝平吴后复置皖县。

7. 寻阳(281—303)

按:吴属蕲春郡,《晋志》属。检《宋志》:"寻阳太守,寻阳本县名……吴立蕲春郡,寻阳县属焉。晋武帝太康元年,省蕲春郡,以寻阳属武昌……二年以武昌之寻阳复属庐江郡。"则寻阳县太康二年来属。永兴元年,移属江州寻阳郡。

8. 临湖(280—316)

按:三国无此县,《晋志》属。三国时其地为魏、吴间弃地,似于太康元年武帝平吴后增置临湖县,且属庐江郡。

9. 襄安(280—316)

按:三国无此县,《晋志》属。三国时其地为魏、吴间弃地,似于太康元年武帝平吴后增置襄安县,且属庐江郡。

10. 阳泉(280—316)

按:魏属安丰郡,《晋志》属。其似于太康元年武帝平吴后来属。

11. 松滋(266—275前)

按:魏末属,《晋志》属豫州安丰郡,咸宁元年前移属焉。

12. 安风(266—275前)

按:魏末属,《晋志》属豫州安丰郡,咸宁元年前移属焉。

13. 安丰(266—275前)

按:魏末属,《晋志》属豫州安丰郡,咸宁元年前移属焉。

14. 蓼(266—275前)

按:魏末属,《晋志》属豫州安丰郡,咸宁元年前移属焉。

15. 雩娄(266—275前)

按:魏末属,《晋志》属豫州安丰郡,咸宁元年前移属焉。

（三）丹杨郡(280—316)——治秣陵①(今江苏南京市)

按：吴末领县十七。据宣城郡考证，太康元年分丹杨郡置宣城郡。又《晋志》："及晋平吴，以安成属荆州，分丹杨之宣城、宛陵、陵阳、安吴、泾、广德、宁国、怀安、石城、临城、春谷十一县立宣城郡，理宛陵。"其中宁国、怀安二县其时属故鄣郡，非属丹杨郡，《晋志》误，则丹杨郡九县移属宣城郡，丹杨郡领县八。太康元年增置临江县，太康二年增置于湖县，三年增置建邺县，则领县十一，与《晋志》本郡所领合。

1. 秣陵(280—316)

按：吴末作"建业"属，《晋志》属。检《宋志》："建康令，本秣陵县。汉献帝建安十六年置县，孙权改秣陵为建业，晋武帝平吴，还为秣陵。"又《晋志》："建邺，本秣陵，孙氏改为建业。武帝平吴，以为秣陵。"则太康元年后，改"建业"为"秣陵"。

2. 建邺(282—312,313—316 建康)

按：吴无此县，《晋志》属。检《晋志》："建邺，本秣陵，孙氏改为建业。武帝平吴，以为秣陵。太康三年，分秣陵北为建邺，改'业'为'邺'。"则太康三年，又分置"建邺"。而《宋志》："建康令，本秣陵县。汉献帝建安十六年置县，孙权改秣陵为建业，晋武帝平吴，还为秣陵。太康三年，分秣陵之水北为建业。愍帝即位，避帝讳，改为建康。"沈约谓"太康三年，分秣陵之水北为建业。愍帝即位，避帝讳，改为建康"，晋愍帝名讳为邺，则"分秣陵之水北为建业"当为"分秣陵之水北为建邺"，此正与《晋志》合。胡阿祥《宋书州郡志汇释》卷1以为"'建业'有僭越色彩，故改'建邺'，《宋志》此处作'建业'，疑误"，是。又据《晋书》卷5《愍帝纪》："(建兴元年)秋八月癸亥，刘蜀等达于扬州。改建邺为建康。"则建兴元年(313)改建邺为建康。

3. 临江(280,281—316 江宁)

按：吴末无此县，《晋志》属。检《宋志》："江宁令，晋武帝太康元年，分秣陵立临江县。二年，更名。"则太康元年置临江县，二年改名江宁。《晋志》："江宁，太康二年分建邺置。"误甚。

4. 丹杨(280—316)

5. 于湖(281—316)

按：吴末无此县，《晋志》属。检《宋志》："于湖令，晋武帝太康二年，分丹杨县立。"则太康二年立于湖县。

---

① 据《宋志》丹杨尹条："晋武帝太康二年(当作太康元年)，分丹杨为宣城郡，治宛陵，而丹杨移治建邺。"太康元年建业改为秣陵，则西晋时丹杨郡治秣陵县。

6. 芜湖(280—316)

7. 永世①(280—303,316前)

按：永兴元年，永世县移属义兴郡，后还。

8. 句容(280—316)

9. 溧阳(280—316)

按：吴有溧阳屯田都尉，《晋志》属。检《宋志》："溧阳令，汉旧县。吴省为屯田，晋武帝太康元年复立。"据胡阿祥《宋书州郡志汇释》卷1考证"吴省为屯田"当为"吴省为屯田都尉"，则太康元年复立溧阳县。

10. 湖熟(280—316)

按：吴有湖熟典农都尉，《晋志》属。《宋志》："湖熟令，汉旧县。吴省为典农都尉，晋武帝太康元年复立。"则太康元年复立湖熟县。

11. 江乘(280—316)

按：吴有江乘典农都尉，《晋志》属。《宋志》："江乘令，汉旧县。本属丹杨，吴省为典农都尉，晋武帝太康元年复立。"则太康元年复立江乘县。

（四）宣城郡(280—316)——治宛陵(今安徽宣城市)

按：据《宋志》丹杨尹条："晋武帝太康二年，分丹杨为宣城郡，治宛陵，而丹杨移治建业。"《晋志》："宣城郡，太康二年置。"而《宋志》宣城太守条："晋武帝太康元年，分丹杨立。"检宋本《春秋经传集解·哀公十五年》传文"夏，楚子西、子期伐吴及桐汭"，杜预注"宣城广德县西南有桐水"。杜预作《集解》在太康元年，则太康元年时已有宣城郡。又《寰宇记》卷103江南道宣州宁国县条："本汉宛陵县，《地志》云：汉末分宛陵南乡置焉，初属丹杨郡，吴景帝时改属故鄣郡，晋太康元年属宣城郡。"则太康元年置宣城郡，治所当在宛陵县。又《晋志》："及晋平吴，以安成属荆州，分丹杨之宣城、宛陵、陵阳、安吴、泾、广德、宁国、怀安(宁国、怀安二县吴时属故鄣郡)、石城、临城、春谷十一县立宣城郡，理宛陵。"则宣城郡领县十一，与《晋志》本郡领县数合。

1. 宛陵(280—316)

按：吴属丹杨郡，《晋志》属。太康元年来属。

2. 宣城(280—316)

按：吴属丹杨郡，《晋志》属。太康元年来属。

3. 陵阳(280—316)

按：吴属丹杨郡，《晋志》属。太康元年来属。

---

① 吴末作"永平"，《晋志》作"永世"。检《宋志》："永世令，吴分溧阳为永平县，晋武帝太康元年更名。"

4. 安吴(280—316)

按：吴属丹杨郡，《晋志》属。太康元年来属。

5. 泾(280—316)

按：吴属丹杨郡，《晋志》属。太康元年来属。

6. 广德(280—316)

按：吴属丹杨郡，《晋志》属。检《左传·哀公十五年》杜注有宣城广德县，则太康元年宣城郡有广德县，太康元年来属。

7. 宁国(280—316)

按：吴属故鄣郡，《晋志》属。太康元年来属。

8. 怀安(280—316)

按：吴属故鄣郡，《晋志》属。太康元年来属。

9. 石城(280—316)

按：吴属丹杨郡，《晋志》属。太康元年来属。

10. 临城(280—316)

按：吴属丹杨郡，《晋志》属。太康元年来属。

11. 春谷(280—316)

按：吴属丹杨郡，《晋志》属。太康元年来属。

(五) 毗陵典农校尉(280,281—310 毗陵郡，311—316 晋陵郡)——治丹徒(今江苏镇江市东)，后移治毗陵(今江苏常州市)，永嘉五年还治丹徒

按：吴作毗陵典农校尉。据《宋志》晋陵太守条："吴时分吴郡无锡以西为毗陵典农校尉，晋武帝太康二年省校尉，立以为毗陵郡，治丹徒，后复还毗陵。东海王越世子名毗，而东海国故食毗陵，永嘉五年，元帝改为晋陵。始自毗陵徙治丹徒。"又《晋志》毗陵郡条："吴分会稽(当作吴分吴郡)无锡已西为屯田，置典农校尉，太康二年，省校尉为毗陵郡。"则太康二年改其为毗陵郡且治丹徒①，后移治毗陵。吴末毗陵典农校尉领县三，太康元年增置无锡县，太康二年增置暨阳、武进、延陵三县，领县七，与《晋志》本郡所领合。永嘉五年改称晋陵郡且还治丹徒。

1. 丹徒②(280 武进，281—316)

---

① 《晋志》："及晋平吴……又分丹杨立毗陵郡。"误甚。
② 《晋志》作"丹徒"。检《宋志》："丹徒令……秦改曰丹徒，孙权嘉禾三年，改曰武进，晋武帝太康三年，复曰丹徒。""太康三年"当作"太康二年"，检《宋志》："武进令，晋武帝太康二年，分丹徒、曲阿立。"则太康二年已改为丹徒县，又云阳县太康二年改为曲阿县，故此确为太康二年事，则太康二年改武进县为丹徒县。

2. 云阳①(280,281—316 曲阿)

3. 毗陵②(280—310,311—316 晋陵)

4. 武进(281—316)

按：吴无此县，《晋志》属。检《宋志》："武进令，晋武帝太康二年，分丹徒、曲阿立。"则太康二年分丹徒、曲阿置武进县。

5. 延陵(281—316)

按：吴无此县，《晋志》属。检《宋志》："延陵令，晋武帝太康二年，分曲阿之延陵乡立。"则太康二年分曲阿置延陵县。

6. 无锡(280—316)

按：吴无此县，《晋志》属。检《宋志》："无锡令，汉旧县，吴省，晋武帝太康元年复立。"则太康元年复立无锡县。

7. 暨阳(281—316)

按：吴无此县，《晋志》作"既阳"属。检《宋志》："暨阳令，晋武帝太康二年分无锡、毗陵立。"又《宋志》："南沙令，本吴县（当作吴郡）司盐都尉署，吴时名沙中，吴平后，立暨阳县，割属之。"则太康二年增置暨阳县，《晋志》所谓"既阳"当为"暨阳"之讹。

（六）吴郡(280—316)——治吴（今江苏苏州市）

按：吴末领县十二。晋初新城县见废，太康元年武帝平吴后诸县来属，其中沙中县太康二年省，太康四年增置海虞县，领县十一，与《晋志》本郡所领合。太康末似复置新城县，寻省。

1. 吴(280—316)

2. 海盐(280—316)

3. 嘉兴(280—316)

4. 盐官(280—316)

5. 钱唐(280—316)

6. 娄(280—316)

7. 富春③(280—316)

---

① 《晋志》作"曲阿"。检《宋志》："曲阿令，本名云阳，秦始皇改曰曲阿。吴嘉禾三年，复曰云阳。晋武帝太康二年复曰曲阿。"则太康二年改云阳县为曲阿县。

② 吴末、《晋志》皆作"毗陵"。据《宋志》："晋陵令，本名延陵，汉改曰毗陵，后与郡俱改。"则永嘉五年改毗陵为晋陵。

③ 《晋志》作"富阳"。检《宋志》："富阳令，汉旧县。孙权黄武四年（当作五年），以为东安郡，七年，省。晋简文郑太后讳'春'，孝武改曰富阳。"则至东晋孝武帝方改富春为富阳，《晋志》作"富阳"，误。

8. 建德(280—316)

9. 桐庐(280—316)

10. 寿昌①(280—316)

11. 海虞(283—316)

按：吴无此县，《晋志》属。检《宋志》："海虞令，晋武帝太康四年，分吴县之虞乡立。"则太康四年分吴县置海虞县。

12. 沙中(280)

按：吴属，《晋志》无此县。检《宋志》："南沙令，本吴县（当作吴郡）司盐都尉署，吴时名沙中，吴平后，立暨阳县，割属之。"又《宋志》："暨阳令，晋武帝太康二年分无锡、毗陵立。"则太康二年并沙中入暨阳县，故《晋志》无此县。

13. 新城(283 后—289 前)

按：吴末、《晋志》均无此县。检《宋志》："新城令，浙江西南名为桐溪，吴立为新城县，后并桐庐。《晋太康地志》无。张勃云：'晋末立。'疑是太康末立，寻复省也。"则太康末或有新城县，寻省。

（七）吴兴郡(280—316)——治乌程（今浙江湖州市南）

按：吴末领县九。晋初阳羡见废，太康元年武帝平吴，诸县来属，太康三年增置东迁、长城二县，领县十，与《晋志》本郡所领合。后复置阳羡县，永兴元年阳羡县移属义兴郡，领县十。

1. 乌程(280—316)

2. 阳羡(283 后—303)

按：吴属，《晋志》无此县。晋初见废，检《晋书》卷3《武帝纪》："（太康八年）十二月，吴兴人蒋迪聚党反，围阳羡县，州郡捕讨，皆伏诛。"则太康八年有阳羡县，似于太康四年后复置。又《晋志》："（永兴元年）割吴兴之阳羡并长城县之北乡置义乡、国山、临津并阳羡四县，又分丹杨之永世置平陵及永世，凡六县，立义兴郡……并属扬州。"则永兴元年其移属义兴郡。

3. 武康②(280—316)

4. 余杭(280—316)

---

① 吴作"新昌"，《晋志》作"寿昌"。检《宋志》："寿昌令，吴分富春立新昌县，晋武帝太康元年更名。"则太康元年新昌县改名寿昌县。

② 吴作"永安"，《晋志》作"武康"。检《宋志》："武康令，吴分乌程、余杭立永安县，晋武帝太康元年更名。"则太康元年改永安为武康。

5. 临安①(280—316)

6. 故鄣(280—316)

7. 安吉(280—316)

8. 原乡(280—316)

9. 於潜(280—316)

10. 东迁(282—316)

按：吴无此县，《晋志》属。检《宋志》："东迁令，晋武帝太康三年，分乌程立。"则太康三年分乌程县立东迁县。

11. 长城(282—316)

按：吴无此县，《晋志》属。检《宋志》："长城令，晋武帝太康三年，分乌程立。"②则太康三年分乌程县立长城县。

（八）会稽郡(280—316)——治山阴(今浙江绍兴市)

按：吴末领县十六。太康元年武帝平吴，其所领新安、平昌、吴宁、定阳、丰安、永康六县移属东阳郡，则领县十，与《晋志》本郡所领合。

1. 山阴(280—316)

2. 上虞(280—316)

3. 始宁(280—316)

4. 余姚(280—316)

5. 句章(280—316)

6. 鄞(280—316)

7. 鄮(280—316)

8. 剡(280—316)

9. 诸暨(280—316)

10. 永兴(280—316)

（九）东阳郡(280—316)——治长山③(今浙江金华市)

按：吴领县三。太康元年武帝平吴，诸县来属，又新安等六县由会稽郡来属，领县九，与《晋志》本郡所领合。

1. 长山(280—316)

---

① 吴作"临水"，《晋志》作"临安"。检《宋志》："临安令，吴分余杭为临水县，晋武帝太康元年更名。"则太康元年改临水为临安。

② 《东晋志》引《宋志》以为太康二年分乌程立长城，不知其所据《宋书》为何本。

③ 据《舆地广记》卷22两浙路婺州金华县条："本汉乌伤县地，属会稽郡。初平三年分县南乡置长山县，吴为东阳郡治，晋以后因之。"则西晋时东阳郡治长山县。

2. 乌伤(280—316)

3. 太末(280—316)

4. 信安(280—316)

按：吴作"新安"属会稽郡，《晋志》属。检《宋志》："信安令，汉献帝初平三年，分太末立曰新安。晋武帝太康元年更名。"又《元和志》卷26江南道衢州信安县条："汉太末县也，献帝初平三年，分太末立新安县，属会稽郡。晋太康元年，以弘农有新安，故改名信安。"则太康元年改新安为信安，亦似于此时来属。

5. 定阳(280—316)

按：吴属会稽郡，《晋志》属。检《舆地广记》卷23两浙路衢州西安县条："故定阳县，汉末孙氏分新安置，晋属东阳郡。"则其似于太康元年来属。

6. 吴宁(280—316)

按：吴属会稽郡，《晋志》属。则其似于太康元年来属。

7. 丰安(280—316)

按：吴属会稽郡，《晋志》属。则其似于太康元年来属。

8. 遂昌(280—316)

按：吴作"平昌"属会稽郡，《晋志》属。检《宋志》："遂昌令，孙权赤乌二年，分太末立曰平昌。晋武帝太康元年更名。"又《舆地广记》卷23两浙路处州遂昌县条："本汉太末县地，吴赤乌二年置平昌县，晋太康元年改为遂昌，属东阳郡。"则太康元年改平昌为遂昌，且移属东阳郡。

9. 永康(280—316)

按：吴属会稽郡，《晋志》属。检《舆地广记》卷22两浙路婺州永康县条："吴赤乌中分乌伤县上浦置，自晋至隋，皆属东阳郡。"则其似于太康元年来属。

（十）新安郡(280—316)——治始新(今浙江淳安县西北)

按：吴有新都郡领县六。据《宋志》："新安太守，汉献帝建安十三年，孙权分丹杨立曰新都，晋武帝太康元年更名。"又《晋志》："及晋平吴……改新都曰新安郡。"则太康元年改新都郡为新安郡，领县六，与《晋志》本郡所领合。

1. 始新(280—316)

2. 歙(280—316)

3. 黟[①](280—316)

[①] 《晋志》作"黝"，中华书局标点本《晋书》校勘记引众书皆作"黟"，而未改之。当作"黟"。

4. 遂安①(280—316)

5. 黎阳(280—316)

6. 海宁②(280—316)

(十一)临海郡(280—316)——治章安(今浙江台州市章安镇)

按：吴末领县八。太康元年武帝平吴，初宁县废，增置宁海县。太康三年，罗江县移属晋安郡，太康四年增置始阳县，领县八，与《晋志》本郡所领合。

1. 章安(280—316)

2. 永宁(280—316)

3. 临海(280—316)

4. 始丰③(280—316)

5. 宁海(280—316)

按：吴无此县，《晋志》属。检《宋志》："宁海令，何志，汉旧县。按二汉志晋太康地。"中华书局标点本《宋书》校勘记据《寰宇记》以为西晋时无宁海县，遂补为"按二汉志，晋太康地志无"。而宋《嘉定赤城志》卷1："晋武帝太康元年改始平为始丰，罗阳为安固，析临海之北置宁海县。"又宋《宝庆四明志》卷21象山县沿革条："《赤城志》云：晋武帝太康元年析临海之北置宁海县。"则宁海县当于太康元年析临海县置，中华书局标点本《宋书》误补。成孺《宋书州郡志校勘记》："《考证》：'地'字下当有阙文。考《二汉志》俱无宁海，未知其所阙者果系何字。案据志例，'二汉志'下当是'无'字；《晋志》有宁海，知'晋太康地'下，当是'志有'二字。"杨守敬《补校宋书州郡志札记》："宁海令，二汉志无，晋太康地志有，脱无字，又脱志有二字。"是。

6. 松阳(280—316)

7. 安固④(280—316)

---

① 吴作"新定"，《晋志》作"遂安"。检《吴志》卷2《孙权传》："(建安十三年)使贺齐讨黟、歙，分歙为始新、新定、犁阳、休阳县，以六县为新都郡。"此条志文"新定"下裴注引《吴录》："晋改新定为遂安。"又《宋志》："遂安令，孙权分歙为新定县，晋武帝太康元年更名。"则晋太康元年改新定县为遂安县。

② 吴作"海阳"，《晋志》作"海宁"。检《宋志》："海宁令，孙权分歙为休阳县，晋武帝太康元年更名。"则似至晋太康元年休阳县改名海宁县。又检《寰宇记》卷104江南西道歙州休宁县条："按《邑图》云：吴割歙县西川分置休阳县……吴避孙休之名改为海阳县。"则休阳县于孙吴永安元年(258)改名海阳，晋太康元年平吴后，一国有南北两海阳，故又改海阳县为海宁县，《宋志》微误。

③ 吴作"南始平"，《晋志》作"始丰"。检《宋志》："始丰令，吴立曰始平(当作南始平)，晋武帝太康元年更名。"又《寰宇记》卷98江南东道台州天台县条引《舆地志》："吴初置，为南始平县，晋武帝太康元年更名始丰。"则太康元年改南始平为始丰县。

④ 吴作"罗阳"，《晋志》作"安固"。检《宋志》："安固令，吴立曰罗阳，孙皓改曰安阳，晋武帝太康元年更名。"则太康元年改为安固县。

8. 始阳(283,284—316 横阳)

按：吴无此县，《晋志》属。检《宋志》："横阳令，晋武帝太康四年，以横屿船屯为始阳，仍复更名。"又《舆地广记》卷23两浙路温州平阳县条："本横阳县，晋太康四年置，曰始阳，后改名。"宋《嘉定赤城志》卷1："晋武帝太康元年改始平为始丰……四年，析安固置横阳县。"则太康四年析安固县置始阳县，旋改名横阳。

9. 罗江(280—281)

按：吴属，《晋志》属晋安郡。太康三年其移属晋安郡。

（十二）建安郡(280—290)——治建安(今福建建瓯市)

按：吴末领县八。太康元年武帝平吴，诸县来属，其中候官、东安二县太康三年移属晋安郡，晋初增置东平县，领县七，与《晋志》本郡所领合。据江州考证，惠帝元康元年建安郡移属江州。

1. 建安(280—290)
2. 建平①(280—282前，282前—290建阳)
3. 将乐(280—290)
4. 昭武②(280—281，282—290邵武)
5. 吴兴(280—290)
6. 延平③(280—290)
7. 东平(280—290)

按：吴无此县，《晋志》属。似于太康元年武帝平吴后置。

8. 东安(280—281)

按：吴属，《晋志》属晋安郡。据晋安郡晋安县考证，太康三年其移属晋安郡。

9. 候官(280—281)

按：吴属，《晋志》属晋安郡。据晋安郡候官县考证，太康三年其移属晋

---

① 《晋志》作"建阳"。检《元和志》卷29江南道建州建阳县条："本上饶县地，吴分置建平县，晋太元四年改为建阳。"《寰宇记》卷101江南东道建州建阳县条："吴志云：'建安十年，(孙)权使贺齐讨上饶，立建平县'是也，晋太元四年改建平为建阳，因山之阳为名。"而《宋志》："建阳男相，《晋太康地志》有。"则太康三年前已改建平为建阳，《元和志》误，《寰宇记》承之。
② 《晋志》作"邵武"。检《宋志》："邵武子相，吴立曰昭武，晋武帝更名。"又检《寰宇记》卷101江南东道邵武军邵武县条："本后汉东候官县之北乡也，建安元年孙策称会稽守，置南平县，吴景帝三年改为昭武县，晋太康三年改为邵武县。"则太康三年改昭武为邵武。
③ 吴作"南平"，《晋志》作"延平"。检《寰宇记》卷100江南东道南剑州沙县条："本古之南平县余迹也，自晋武帝时为延平县。"则似武帝太康元年平吴时改南平为延平。

安郡。

(十三)晋安郡(282—290)——治候官(今福建福州市)

按:吴无此郡。检《宋志》:"晋安太守,晋武帝太康三年,分建安立。"又《晋志》:"晋安郡,太康三年置。"则晋安郡太康三年置,领罗江、晋安、候官三县,又增置原丰、新罗、宛平、同安四县,太康四年增置温麻县,领县八,与《晋志》本郡所领合。据江州考证,惠帝元康元年其移属江州。

1. 候官(282—290)

按:吴属建安郡,《晋志》属。据本郡考证太康三年置晋安郡,其似于此时来属。

2. 原丰(282—290)

按:吴无此县,《晋志》属。检《宋志》:"原丰令,晋武帝太康三年,省建安典船校尉立。"则原丰县太康三年立。

3. 新罗(282—290)

按:吴无此县,《晋志》属。疑似太康三年晋安郡初置时立。

4. 宛平(282—290)

按:吴无此县,《晋志》属。疑似太康三年晋安郡初置时立。

5. 同安(282—290)

按:吴无此县,《晋志》属。疑似太康三年晋安郡初置时立。

6. 晋安(282—290)

按:吴作"东安"属建安郡,《晋志》属。据本郡考证太康三年置晋安郡,其似于此时来属。又《宋志》:"晋安男相,吴立曰东安,晋武帝更名。"则亦似于太康三年改东安为晋安。

7. 罗江(282—290)

按:吴属临海郡,《晋志》属。检《宋志》:"罗江男相,吴立,属临海。晋武帝立晋安郡,度属。"则太康三年罗江县来属。

8. 温麻(283—290)

按:吴无此县,《晋志》属。检《宋志》:"温麻令,晋武帝太康四年,以温麻船屯立。"则太康四年置温麻县。

(十四)豫章郡(280—290)——治南昌(今江西南昌市)

按:吴末领县十五。晋初增置钟陵县,领县十六,与《晋志》本郡所领合。据江州考证,惠帝元康元年其移属江州。

1. 南昌(280—290)

2. 建城(280—290)

3. 新淦(280—290)

4. 海昏(280—290)

5. 豫宁①(280—290)

6. 宜丰(280—290)

7. 艾(280—290)

8. 彭泽(280—290)

9. 建昌(280—290)

10. 望蔡②(280—290)

11. 新吴(280—290)

12. 永修(280—290)

13. 吴平③(280—290)

14. 丰城④(280—290)

15. 康乐⑤(280—290)

16. 钟陵(280—290)

按：吴无此县，《晋志》属。疑似太康元年置。

(十五) 临川郡(280—290)——治临汝(今江西抚州市)

按：吴领县十。太康元年武帝平吴，诸县来属，与《晋志》本郡所领合。据江州考证，惠帝元康元年其移属江州。

1. 临汝(280—290)

2. 新南城⑥(280—290)

3. 新建(280—290)

---

① 吴作"西安"，《晋志》作"豫章"。检《寰宇记》卷106江南西道洪州武宁县条："古西安县也，后汉建安中分海昏县立西安县，至晋太康元年改为豫宁。"又《宋志》："豫宁侯相，汉献帝建安中立，吴曰要安，晋武帝太康元年更名。"钱氏《考异》卷23以为此"要安"当为"西安"之讹，《晋志》"豫章"亦为"豫宁"之讹，是。则太康元年改西安县为豫宁县。
② 吴作"上蔡"，《晋志》作"望蔡"。检《宋志》："望蔡子相，汉灵帝中平中，汝南上蔡民分徙此地，立县名曰上蔡，晋武帝太康元年更名。"则太康元年改上蔡为望蔡。
③ 吴作"汉平"，《晋志》作"吴平"。检《宋志》："吴平侯相，汉献帝中平中立曰汉平，吴更名。"而《水经注》卷39："牵水又东迳吴平县，旧汉平也，晋太康元年，改为吴平矣。"则"汉平"太康元年改名"吴平"。《宋志》所谓"吴更名"当为"晋武帝太康元年更名"之讹，中华书局标点本校勘记已出校，是。
④ 吴作"富城"，《晋志》作"丰城"。检《宋志》："丰城侯相，吴立曰富城，晋武帝太康元年更名。"则太康元年改富城为丰城。
⑤ 吴作"阳乐"，《晋志》作"康乐"。检《宋志》："康乐侯相，吴孙权黄武中立曰阳乐，晋武帝太康元年更名。"则太康元年改阳乐为康乐。
⑥ 吴、《晋志》均作"南城"。检《宋志》："南城男相，汉旧县，晋武帝太康元年，更曰新南城，江左复旧。"则太康元年改南城为新南城，《晋志》"南城"当为"新南城"之讹。

4. 南丰(280—290)

5. 宜黄(280—290)

6. 安浦(280—290)

7. 西丰①(280—290)

8. 西宁②(280—290)

9. 东兴(280—290)

10. 永城③(280—290)

(十六)鄱阳郡(280—290)——治广晋(今江西鄱阳县北)

按：吴领县八。太康元年武帝平吴，诸县来属，后增置晋兴县，太康四年上饶县省，领县八，与《晋志》本郡所领合。据江州考证，惠帝元康元年其移属江州。

1. 广晋④(280—290)

2. 鄱阳(280—290)

3. 历陵⑤(280—290)

4. 余干⑥(280—290)

5. 乐安(280—290)

6. 鄡阳(280—290)

7. 葛阳(280—290)

8. 上饶(280—282)

按：吴属，《晋志》无此县。检《宋志》："上饶男相，吴立，《太康地志》有，王隐《地道》无。"则太康三年鄱阳郡有上饶县。又《舆地广记》卷24江南东路信州上饶县条："吴置，晋省之，宋复置。"则上饶县似于太康四年省。

---

① 吴作"西平"，《晋志》作"西丰"。检《宋志》："西丰侯相，吴立曰西平，晋武帝太康元年更名。"则太康元年改西平为西丰。

② 吴作"西城"，《晋志》作"西宁"。检《寰宇记》卷110江南西道抚州条："吴太平二年以南城、临汝二县置临川郡，更增宜黄、安浦、新建、西平、西城、东兴、南丰、永城八县。至晋改西平为西丰，改西城为西宁。"则太康元年改西城为西宁。

③ 《晋志》作"永成"。检《宋志》："永城男相，吴立。"又据《寰宇记》卷110江南西道抚州条："吴太平二年以南城、临汝二县置临川郡，更增宜黄、安浦、新建、西平、西城、东兴、南丰、永城八县。"则《晋志》"永成"似为"永城"之讹。

④ 吴作"广昌"，《晋志》作"广晋"。检《宋志》："广晋令，吴立曰'广昌'，晋武帝太康元年更名。"则太康元年改广昌为广晋。

⑤ 吴作"历阳"，《晋志》作"历陵"。似于太康元年武帝平吴后改历阳为历陵。

⑥ 《晋志》作"余汗"。涵芬楼校本《说郛》卷67下引雷次宗《豫章古今记》："孙氏又分鄱阳、历阳、余干、邹阳(当作鄡阳)、乐安等五县及庐江共为鄱阳郡。"又《宋志》、《南齐志》皆作"余干"。则"余汗"当为"余干"之讹。

9. 晋兴(283前—290)

按：吴无此县，《晋志》属，似于太康四年前增置。

(十七) 庐陵郡(280—290)——治石阳(今江西吉水县北)

按：吴领县十六。太康元年武帝平吴，诸县来属，太康三年揭阳等六县移属南康郡，领县十，与《晋志》本郡所领合。据江州考证，惠帝元康元年其移属江州。

1. 石阳(280—290)
2. 西昌(280—290)
3. 南野(280—290)
4. 东昌(280—290)
5. 遂兴①(280—290)
6. 巴丘(280—290)
7. 兴平(280—290)
8. 吉阳(280—290)
9. 阳丰②(280—290)
10. 高昌(280—290)
11. 揭阳(280—281)

按：吴属，《晋志》属南康郡。据南康郡考证，太康三年其移属南康郡。

12. 赣(280—281)

按：吴属，《晋志》属南康郡。据南康郡考证，太康三年其移属南康郡。

13. 雩都(280—281)

按：吴属，《晋志》属南康郡。据南康郡考证，太康三年其移属南康郡。

14. 平固(280—281)

按：吴作"平阳"属，《晋志》属南康郡。检《宋志》："平固侯相，吴立曰平阳，晋武帝太康元年更名。"则太康元年改平阳为平固。据南康郡考证，太康三年其移属南康郡。

15. 南康(280—281)

按：吴作"安南"属，《晋志》属南康郡。检《宋志》："南康公相，吴立曰安

---

① 吴作"新兴"，《晋志》作"遂兴"。检《宋志》："遂兴男相，吴立曰新兴，晋武帝太康元年更名。"又检《寰宇记》卷109江南西道吉州太和县条引《舆地志》云："后汉献帝立遂兴县，吴大帝改曰'新兴'，晋武帝复为遂兴。"则晋武帝太康元年又复为"遂兴"。

② 吴作"阳城"，《晋志》作"阳丰"。检《宋志》："阳丰男相，吴曰阳城，晋武帝太康元年更名。"则太康元年改阳城为阳丰。

南,晋武帝太康元年更名。"则太康元年改安南为南康。据南康郡考证,太康三年其移属南康郡。

16. 宁都(280—281)

按:吴作"杨都"属,《晋志》无此县。检《宋志》:"宁都子相,吴立曰杨都,晋武帝太康元年更名。"又《寰宇记》卷108江南西道虔州虔化县条:"吴大帝时分赣县立为阳都县,《吴录地志》属庐陵郡之南部,晋武帝改为宁都。《起居注》云:'太康元年以庐陵郡都尉之阳都县来入。'是也。"则太康元年改杨都县为宁都县。又《宋志》南康公相有宁都子相,则宁都县似于太康三年移属南康郡。

(十八)南康郡(282—290)——治雩都(今江西于都县东北)

按:吴无此郡。检《宋志》:"南康公相,晋武帝太康三年,以庐陵南部都尉立。"又《晋志》:"南康郡,太康三年置。"则武帝太康三年分庐陵郡置南康郡。《晋志》领县五,阙载宁都县。据江州考证,惠帝元康元年其移属江州。

1. 雩都(282—290)

按:吴属庐陵郡,《晋志》属。太康三年来属。

2. 揭阳(282—283,284—290 陂阳)

按:吴作"揭阳"属庐陵郡,《晋志》作"揭阳"属。据本郡考证,其当于太康三年来属。又《宋志》南康公相陂阳男相条:"吴立曰揭阳,晋武帝太康五年,以西康①揭阳移治故陂阳县,改曰陂阳。"又《太平寰宇记》卷108虔州虔化县废陂阳县条:"吴嘉禾五年置揭阳县,晋太康五年改为陂阳县,以陂阳水为名。"则太康五年改揭阳为陂阳。

3. 赣(282—290)

按:吴属庐陵郡,《晋志》属。太康三年来属。

4. 平固(282—290)

按:吴作"平阳"属庐陵郡,《晋志》属。太康三年来属。

5. 南康(282—290)

按:吴作"安南"属庐陵郡,《晋志》属。太康三年来属。

6. 宁都(282—290)

按:吴作"杨都"属庐陵郡,《晋志》无此县。太康三年来属。《晋志》阙载宁都县。

(十九)历阳郡(304—316)——治历阳(今安徽和县)

按:据《晋志》:"(永兴元年)分淮南之乌江、历阳二县置历阳郡。"又《宋

---

① 原作"西康",胡阿祥《宋书州郡志汇释》卷2以为当作"南康",是。

志》:"历阳太守,晋惠帝永兴元年,分淮南立,属扬州。"则永兴元年置历阳郡,领县二。

1. 历阳(304—316)
2. 乌江(304—316)

(二十) 义兴郡(304—316)——治阳羡(今江苏宜兴市)

按:据《晋志》:"(永兴元年)割吴兴之阳羡并长城县之北乡置义乡、国山、临津并阳羡四县,又分丹杨之永世置平陵及永世,凡六县,立义兴郡……并属扬州"①,又《宋志》:"义兴太守,晋惠帝永兴元年,分吴兴之阳羡、丹杨之永世立。"则永兴元年置义兴郡,领县六,后永世县还属丹杨郡,领县五。据《宋书州郡志汇释》:义兴郡始置年代有二说,一说晋惠帝永兴元年,一说晋怀帝永嘉四年,而又都与周玘有关。按周玘,阳羡人,惠帝永兴元年讨石冰,怀帝永嘉元年讨陈敏,永嘉四年诛钱璯,此号称"三定江南"。据《晋志》及《元和郡县图志》,立义兴郡以表周玘创义讨石冰之功,此永兴元年说;又据《晋书·周玘传》及《资治通鉴》,周玘"三定江南",晋琅邪王司马睿嘉其功,乃以玘为吴兴太守,并于其乡里置义兴郡以旌之,此永嘉四年说。今从《宋志》,取前说为是。

1. 阳羡(304—316)
2. 义乡(304—316)
3. 国山(304—316)
4. 临津(304—316)
5. 永世(304—316前)

按:据《宋志》:"义兴太守,晋惠帝永兴元年,分吴兴之阳羡、丹阳之永世立。永世寻还丹阳。"则永世寻还丹杨郡。

6. 平陵(304—316)

按:《宋志》:"义兴又有平陵县,董览《吴地志》云:'晋分永世。'《太康》、《永宁地志》并无,疑是江左立。"据上文所引《晋志》,平陵县永兴元年分永世立,此前之太康、永宁地志自然无此县,沈约所疑非是。

第十八节 湘州沿革

湘州(307—316),治临湘(今湖南长沙市)。三国无此州,据《晋志》:"怀帝

---

① "又分丹杨之永世置平陵,及永世凡六县,立义兴郡",中华书局标点本《晋书》作"又分丹杨之永世置平陵及永世,凡六县,立义兴郡",颇生歧义,今重加点断。

又分长沙、衡阳、湘东、零陵、邵陵、桂阳及广州之始安、始兴、临贺九郡置湘州。"其时桂阳郡属江州,《晋志》似误。又《晋志》:"怀帝永嘉元年,又以临贺、始兴、始安三郡凡二十县为湘州。"而《宋志》:"湘州刺史,晋怀帝永嘉元年,分荆州之长沙、衡阳、湘东、邵陵、零陵、营阳、建昌,江州之桂阳八郡立,治临湘。"《晋书》卷5《孝怀帝纪》:"(永嘉元年八月)分荆州、江州八郡为湘州。"《宋志》、《晋书·怀帝纪》同,钱氏《考异》卷23以为:营阳郡《晋志》以为东晋穆帝立,此《(宋)志》亦云江左分零陵立,则怀帝时不应有营阳矣。则永嘉元年(307)分荆州、扬州置湘州,领七郡,其后临贺、始兴、始安三郡来属,领郡十。

(一)长沙郡(307—316)——治临湘(今湖南长沙市)

按:永嘉元年来属,领县八。

1. 临湘(307—316)
2. 攸(307—316)
3. 蒲圻(307—316)
4. 醴陵(307—316)
5. 罗(307—316)
6. 吴昌(307—316)
7. 刘阳(307—316)
8. 建宁(307—316)

(二)衡阳郡(307—316)——治湘南(今湖南湘潭市西南)

按:永嘉元年来属,领县九。

1. 湘南(307—316)
2. 湘乡(307—316)
3. 益阳(307—316)
4. 新康(307—316)
5. 衡山(307—316)
6. 重安(307—316)
7. 烝阳(307—316)
8. 湘西(307—316)
9. 连道(307—316)

(三)湘东郡(307—316)——治酃(今湖南衡阳市)

按:永嘉元年来属,领县七。

1. 酃(307—316)
2. 新平(307—316)

3. 利阳(307—316)

4. 阴山(307—316)

5. 临烝(307—316)

6. 茶陵(307—316)

7. 新宁(307—316)

(四) 零陵郡(307—316)——治泉陵(今湖南永州市)

按：永嘉元年来属，领县十一。

1. 泉陵(307—316)

2. 祁阳(307—316)

3. 永昌(307—316)

4. 零陵(307—316)

5. 洮阳(307—316)

6. 观阳(307—316)

7. 营浦(307—316)

8. 营道(307—316)

9. 泠道(307—316)

10. 舂陵(307—316)

11. 应阳(307—316)

(五) 邵陵郡(307—316)——治邵陵(今湖南邵阳市)

按：永嘉元年来属，领县八。据宋本《寰宇记》卷115江南西道邵州邵阳县条："古新县城，在县东九十里，孙吴置，晋永嘉中并入邵阳县，其城废。"则永嘉后新县见废，领县七。

1. 邵陵(307—316)

2. 邵阳(307—316)

3. 高平(307—316)

4. 都梁(307—316)

5. 夫夷(307—316)

6. 建兴(307—316)

7. 新(307—307后)

8. 武刚(307—316)

(六) 建昌郡(307—316)——治下隽(今湖北通城县西北)

按：永嘉元年来属，领县二。

1. 下隽(307—316)

2. 巴陵(307—316)

(七)桂阳郡(307—316)——治郴(今湖南郴州市)

按：永嘉元年来属，领县七。

1. 郴(307—316)

2. 便(307—316)

3. 耒阳(307—316)

4. 南平(307—316)

5. 临武(307—316)

6. 晋宁(307—316)

(八)临贺郡(307后—316)——治临贺(今广西贺州市东南)

按：永嘉元年后来属，领县六。

1. 临贺(307后—316)

2. 封阳(307后—316)

3. 冯乘(307后—316)

4. 富川(307后—316)

5. 兴安(307后—316)

6. 谢沐(307后—316)

(九)始安郡(307后—316)——治始安(今广西桂林市)

按：永嘉元年后来属，领县七。

1. 始安(307后—316)

2. 荔浦(307后—316)

3. 平乐(307后—316)

4. 熙平(307后—316)

5. 常安(307后—316)

6. 永丰(307后—316)

7. 始阳(307后—316)

(十)始兴郡(307后—316)——治曲江(今广东韶关市东南)

按：永嘉元年后来属，领县七。

1. 曲江(307后—316)

2. 桂阳(307后—316)

3. 含洭(307后—316)

4. 浈阳(307后—316)

5. 中宿(307后—316)

6. 始兴(307 后—316)

7. 阳山(307 后—316)

第十九节 江州沿革

江州(291—316),治南昌(今江西南昌市)。三国无此州。检《宋志》:"江州刺史,晋惠帝元康元年,分扬州之豫章、鄱阳、庐陵、临川、南康、建安、晋安,荆州之武昌、桂阳、安成十郡为江州。初治豫章,成帝咸康六年,移治寻阳。"所谓"初治豫章",即治豫章郡南昌,"移治寻阳",即移治寻阳郡柴桑。又《晋志》:"惠帝元康元年,有司奏,荆、扬二州疆土广远,统理尤难,于是割扬州之豫章、鄱阳、庐陵、临川、南康、建安、晋安,荆州之武昌、桂阳、安成,合十郡,因江水之名而置江州。"又《晋书》卷4《惠帝纪》:"(元康元年)秋七月,分扬州、荆州十郡为江州。"则惠帝元康元年(291)置江州,领豫章、鄱阳、庐陵、临川、南康、建安、晋安、武昌、桂阳、安成十郡。永兴元年(304),置寻阳郡。永嘉元年(307),桂阳郡移属湘州,领郡十。

(一)豫章郡(291—316)——治南昌(今江西南昌市)

按:元康元年来属,领县十六。永嘉元年彭泽县移属寻阳郡,领县十五。

1. 南昌(291—316)

2. 建城(291—316)

3. 新淦(291—316)

4. 海昏(291—316)

5. 豫宁(291—316)

6. 宜丰(291—316)

7. 艾(291—316)

8. 彭泽(291—306)

按:永嘉元年移属寻阳郡。

9. 建昌(291—316)

10. 望蔡(291—316)

11. 新吴(291—316)

12. 永修(291—316)

13. 吴平(291—316)

14. 丰城(291—316)

15. 康乐(291—316)

16. 钟陵(291—316)

(二)鄱阳郡(291—316)——治广晋(今江西鄱阳县北)

按：元康元年来属，领县八。

1. 广晋(291—316)
2. 鄱阳(291—316)
3. 历陵(291—316)
4. 余干(291—316)
5. 乐安(291—316)
6. 鄡阳(291—316)
7. 葛阳(291—316)
8. 晋兴(291—316)

(三)庐陵郡(291—316)——治石阳(今江西吉水县北)

按：元康元年来属，领县十。

1. 石阳(291—316)
2. 西昌(291—316)
3. 南野(291—316)
4. 东昌(291—316)
5. 遂兴(291—316)
6. 巴丘(291—316)
7. 兴平(291—316)
8. 吉阳(291—316)
9. 阳丰(291—316)
10. 高昌(291—316)

(四)临川郡(291—316)——治临汝(今江西抚州市)

按：元康元年来属，领县十。

1. 临汝(291—316)
2. 新南城(291—316)
3. 新建(291—316)
4. 南丰(291—316)
5. 宜黄(291—316)
6. 安浦(291—316)
7. 西丰(291—316)
8. 西宁(291—316)

9. 东兴(291—316)

10. 永城(291—316)

(五)南康郡(291—316)——治雩都(今江西于都县东北)

按：元康元年来属，领县六。

1. 雩都(291—316)
2. 陂阳(291—316)
3. 赣(291—316)
4. 平固(291—316)
5. 南康(291—316)
6. 宁都(291—316)

(六)建安郡(291—316)——治建安(今福建建瓯市)

按：元康元年来属，领县七。

1. 建安(291—316)
2. 建阳(291—316)
3. 将乐(291—316)
4. 邵武(291—316)
5. 吴兴(291—316)
6. 延平(291—316)
7. 东平(291—316)

(七)晋安郡(291—316)——治候官(今福建福州市)

按：元康元年来属，领县八。

1. 候官(291—316)
2. 原丰(291—316)
3. 新罗(291—316)
4. 宛平(291—316)
5. 同安(291—316)
6. 晋安(291—316)
7. 罗江(291—316)
8. 温麻(291—316)

(八)武昌郡(291—316)——治武昌(今湖北鄂州市鄂城区西)

按：元康元年来属，领县七。永兴元年柴桑移属寻阳郡，领县六。

1. 武昌(291—316)
2. 沙阳(291—316)

3. 柴桑(291—303)

按：永兴元年移属寻阳郡。

4. 阳新(291—316)

5. 沙羡(291—316)

6. 鄂(291—316)

7. 高陵(291—316)

(九) 桂阳郡(291—306)——治郴(今湖南郴州市)

按：元康元年来属，领县六。永嘉元年移属湘州。

1. 郴(291—306)

2. 便(291—306)

3. 耒阳(291—306)

4. 南平(291—306)

5. 临武(291—306)

6. 晋宁(291—306)

(十) 安成郡(291—316)——治平都(今江西安福县)

按：元康元年来属，领县七。

1. 平都(291—316)

2. 新渝(291—316)

3. 宜春(291—316)

4. 永新(291—316)

5. 安复(291—316)

6. 萍乡(291—316)

7. 广兴(291—316)

(十一) 寻阳郡(304—316)——治柴桑①(今江西九江市西南)

按：据《晋志》："(惠帝)永兴元年，分庐江之寻阳、武昌之柴桑二县置寻阳郡，属江州……怀帝永嘉元年又以豫章之彭泽县属寻阳郡。"则永兴元年置寻阳郡，领县二，永嘉元年彭泽县来属，领县三。

1. 柴桑(304—316)

2. 寻阳(304—316)

3. 彭泽(307—316)

---

① 据《宋志》："柴桑男相，二汉属豫章，晋属武昌。(寻阳)郡既立，治此。"则寻阳郡治柴桑。

第二十节 交 州 沿 革

交州(280—316),治龙编①(今越南河北省仙游县东)。据《晋志》:"晋②平蜀,以蜀建宁太守霍弋遥领交州。"其时魏无交州,所谓遥领,非有实地也。太康元年(280)武帝平吴,诸郡来属,其中珠崖郡并入合浦郡,高凉郡、合浦北部都尉移属广州,领郡七(太康二年之交州政区见图26)。

(一) 合浦郡(280—316)——治合浦(今广西合浦县东北)

按:吴末领县一。太康元年武帝平吴,其来属。又《晋志》:"平吴后,省珠崖入合浦。"《舆地广记》卷37广南西路琼州条:"吴赤乌五年,复立珠崖郡,晋平吴,郡废入合浦。"又《方舆胜览》卷43海外四州琼州建置沿革:"吴大帝于徐闻立珠崖郡,又于其地立珠官一县招抚,竟不从化。晋省珠崖入合浦。"则太康元年珠崖郡并入合浦郡。吴珠崖郡领县三③,晋初又增置荡昌、南平、毒质三县,则领县六,与《晋志》本郡所领合,后又增置晋始县,领县七。

1. 合浦(280—316)
2. 珠官(280—316)

按:吴属珠崖郡,《晋志》属。太康元年来属。

3. 徐闻(280—316)

按:吴属珠崖郡,《晋志》属。检《宋志》:"徐闻令,故属朱崖。晋平吴,省朱崖,属合浦。"太康元年来属。

4. 荡昌(280—316)

按:吴无此县,《晋志》属。检《宋志》:"荡昌长,晋武分合浦立。"疑似于太康元年分合浦立荡昌县。

5. 南平(280—316)

按:吴无此县,《晋志》属。疑似于太康元年置。

6. 毒质(280—316)

按:吴无此县,《晋志》属。疑似于太康元年置。

---

① 据《元和志》卷34岭南道广州:"献帝末,孙权以步骘为交州刺史,迁州于番禺,即今州理是也。孙皓时,以交州土壤太远,乃分置广州,理番禺,交州徙理龙编,晋代因而不改。"则交州治龙编。
② 当作"魏",《晋书》误。
③ 其中珠崖县据《记纂渊海》卷16广南西路琼州条:"东汉置珠崖县,属合浦郡,吴改(属)珠崖郡,晋废之。"则其似于太康元年省。

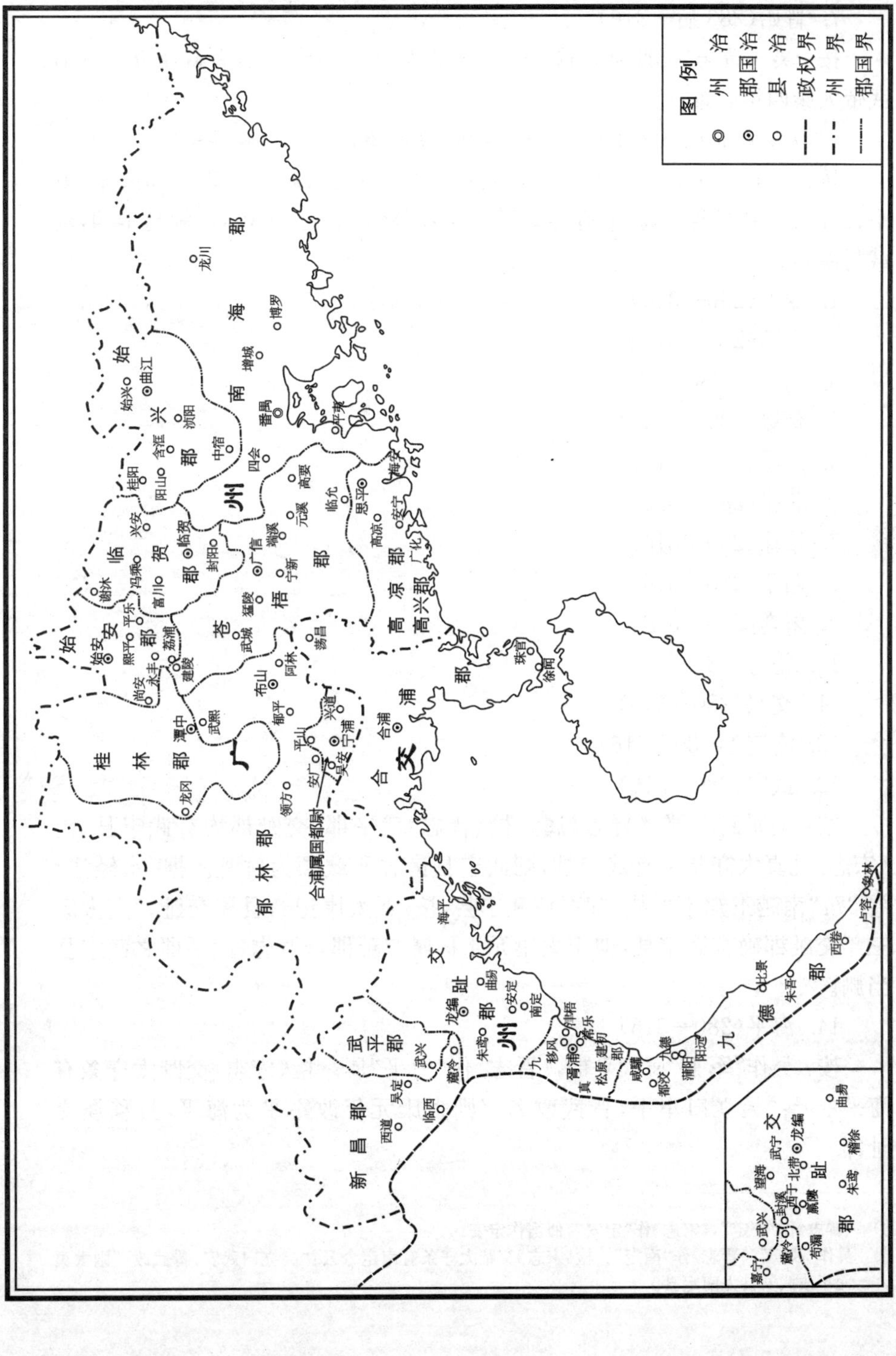

图 26 太康二年(281)西晋交州、广州政区

7. 晋始(283后—316)

按：吴、《晋志》无此县。检《宋志》合浦太守条："晋始长,晋武帝立。"疑似武帝太康四年后置。

(二) 交趾郡(280—316)——治龙编(今越南河北省仙游县东)

按：吴末领县十二。太康元年武帝平吴,诸县来属。又武平郡武宁、海平、封溪、平道四县来属,平道县太康四年省,领县十五。《晋志》领县十四,阙载封溪县。

1. 龙编(280—316)
2. 羸陵(280—316)
3. 定安①(280—316)
4. 苟扁(280—316)
5. 曲昜(280—316)
6. 北带(280—316)
7. 稽徐(280—316)
8. 西于(280—316)
9. 朱䳒(280—316)
10. 望海(280—316)
11. 交兴(280—316)
12. 南定②(280—316)
13. 武宁(280—316)

按：吴属武平郡,《晋志》属。检《晋志》武平郡、交趾郡均有武宁县,而《宋志》九真太守条又有武宁县,则武宁县诸志所载颇为舛乱。据《水经注》卷37："南越王知不可战,却军住武宁县,按《晋太康记》,县属交趾。"则太康三年交趾郡确有武宁县,似于太康元年移属交趾郡,《晋志》武平郡之武宁县当删。

14. 海平(280—316)

按：吴作"军平"属武平郡,《晋志》作"海平"属。检《宋志》交趾太守条有海平令云："吴立曰军平,晋武改名。"则太康元年改军平为海平,且移属交趾郡。

---

① 《晋志》作"安定",《宋志》作"定安",似当作定安。
② 吴作"武安",《晋志》作"南定"。检《宋志》交趾太守条有南定令云："吴立曰武安,晋武改。"则太康元年改武安县为南定县。

15. 封溪(280—316)

按：吴、《晋志》均属武平郡。检《艺文类聚》卷 95 兽部下猩猩条引《广志》："(猩猩)出交趾封溪县。"又《寰宇记》卷 179 四夷哀牢国土俗物产亦引《广志》："(猩猩)出交趾郡封溪县。"据魏兖州东郡谷城县条考证，《广志》撰者郭义恭乃晋初人，则晋初封溪县似又复属交趾郡。又《尔雅注疏》卷 10"猩猩小而好啼"条郭璞注曰："《山海经》曰：'人面豕身能言语。'今交趾封溪县出猩猩。"据《晋书》郭璞本传，其为西晋入东晋人，则封溪县晋时确属交趾郡，《晋志》阙载此县，误。

16. 平道(280—282)

按：吴属武平郡，《晋志》无此县。检《水经注》卷 37："安阳王下船迳出于海，今平道县后王宫城见有故处。《晋太康地记》，县属交趾。"则太康三年平道县属交趾郡，似于太康元年来属，太康四年省。

(三) 新昌郡(280—316)——治乏考

按：吴末领县三。太康元年武帝平吴，诸县来属。晋初又置封山、临西、西道三县，领县六，与《晋志》本郡所领合。

1. 麓冷(280—316)

2. 嘉宁(280—316)

3. 吴定(280—316)

4. 封山(280 后—316)

按：吴无此县，《晋志》属，似于太康时置，而确年乏考。

5. 临西(280 后—316)

按：吴无此县，《晋志》属，似于太康时置，而确年乏考。

6. 西道(280 后—316)

按：吴无此县，《晋志》属，似于太康时置，而确年乏考。

(四) 武平郡(280—316)——治乏考

按：吴末领县四。据交趾郡考证，太康元年均移属交趾郡，武平郡另增置武兴、进山、根宁、安武、扶安五县，领县五，《晋志》误列武宁、封溪二县，详交趾郡二县考证。

1. 武兴(280 后—316)

按：吴无此县，《晋志》属，似于太康时置，而确年乏考。

2. 进山(280 后—316)

按：吴无此县，《晋志》属，似于太康时置，而确年乏考。

3. 根宁(280 后—316)

按：吴无此县，《晋志》属，似于太康时置，而确年乏考。

4. 安武(280后—316)

按：吴无此县，《晋志》属，似于太康时置，而确年乏考。

5. 扶安(280后—316)

按：吴无此县，《晋志》属，似于太康时置，而确年乏考。

（五）九真郡(280—316)——治胥浦①(今越南清化省清化西北)

按：吴领县七。太康元年武帝平吴，诸县来属②。晋初咸驩县移属九德郡，又增置津梧、松原、扶乐，领县七，与《晋志》本郡所领合。后又增置高安、宁夷、军安三县，领县十。

1. 胥浦(280—316)
2. 移风(280—316)
3. 常乐(280—316)
4. 建初(280—316)
5. 津梧(280—316)

按：吴无此县，《晋志》属。检《宋志》："津梧长，晋武帝分移风立。"则似于太康元年分移风立津梧。

6. 松原(280—316)

按：吴无此县，《晋志》属。检《宋志》："松原令，晋武帝分建初立。"则似于太康元年分建初立松原。

7. 扶乐(280后—316)

按：吴无此县，《晋志》属。似于晋初置，而确年乏考。

8. 高安(283后—316)

按：吴、《晋志》无此县。检《宋志》九真太守："高安令，《何志》晋武帝立。《太康地志》无。《吴录》晋分常乐立。"则似于太康四年后置高安县。

9. 宁夷(283后—316)

按：吴、《晋志》无此县。检《宋志》九真太守："宁夷长，《何志》晋武帝立。《太康地志》无。"则似于太康四年后置宁夷县。

10. 军安(283后—316)

按：吴、《晋志》无此县。检《宋志》九真太守："何志晋武帝立。《太康地志》无此县。"则太康四年后置军安县。

---

① 据《舆地广记》卷38广南路爱州日南县条："汉晋九真郡，治胥浦。"则晋时九真郡治胥浦县。

② 其中无编县，据《舆地广记》卷38广南路爱州长林县条："本无编，二汉属九真郡，晋省之。"则其晋初省。都庞县，《宋志》："都庞长，汉旧县，吴录有，《晋太康地志》无。"则其晋初亦见废。

(六) 九德郡(280—316)——治乏考

按：吴末领县八。太康元年武帝平吴,诸县来属①。太康三年卢容、象林移属日南郡,太康四年朱吾、西卷、比景三县移属日南郡。而咸𩡧来属,又增置曲胥、都洨、扶苓、蒲阳、南陵五县,领县八,与《晋志》本郡所领合,后又增置西安县。

1. 九德(280—316)

2. 阳成②(280,281—316 阳远)

3. 咸𩡧(280—316)

按：吴属九真郡,《晋志》属。疑是太康元年来属。

4. 南陵(283—316)

按：吴无此县,《晋志》属。检《宋志》："南陵长,《何志》晋武帝立。《太康地志》无。王隐有。"则似于太康四年置南陵县。

5. 蒲阳(281—316)

按：吴无此县,《晋志》属。检《宋志》："蒲阳令,晋武帝分阳远立。"据上考,太康二年阳成县改名阳远,则似于太康二年分阳远置蒲阳县。

6. 曲胥(280—316)

按：吴无此县,《晋志》属,疑太康元年置。

7. 都洨(280—316)

按：吴无此县,《晋志》属,疑太康元年置。

8. 扶苓(280—316)

按：吴无此县,《晋志》属,疑太康元年置。

9. 西安(283 后—316)

按：吴、《晋志》无此县。检《宋志》："西安长,《何志》晋武帝立。《太康地志》无。"则似于太康四年后置。

10. 卢容(280—281)

按：吴末属,《晋志》属日南郡。据日南郡考证,太康三年卢容县移属焉。

11. 象林(280—281)

按：吴末属,《晋志》属日南郡。据日南郡考证,太康三年象林县移属焉。

---

① 其中越裳县,据《宋志》："越常长,《何志》吴立,《太康地志》无。"则晋初越裳县见废。
② 吴作"阳成",《晋志》作"阳遂"。检《宋志》："阳远,吴立曰阳成,太康二年更名,后省。"则阳成县太康二年更名阳远,《晋志》所谓"阳遂"当为"阳远"之讹。

12. 朱吾(280—282)

按：吴末属，《晋志》属日南郡。太康四年朱吾县移属焉。

13. 西卷(280—282)

按：吴末属，《晋志》属日南郡。太康四年西卷县移属焉。

14. 比景(280—282)

按：吴末属，《晋志》属日南郡。太康四年比景县移属焉。

（七）日南郡(282—316)——治卢容(今越南平治天省广田县东)

按：吴末无此郡。检《宋志》："日南太守，秦象郡，汉武元鼎六年更名，吴省，晋武帝太康三年复立。"又《水经注》卷 36："晋太康三年，省日南郡属国都尉，以其所统卢容县置日南郡及象林县之故治。"则似于晋初置日南属国都尉，太康三年改置日南郡，其时当领卢容县且为郡治，而象林县寄治卢容县。太康四年朱吾、西卷、比景三县来属，领县五，与《晋志》本郡所领合。又增置无劳县。太康十年增置寿泠县，领县七。

1. 卢容(282—316)

按：吴末属九德郡，《晋志》属。太康三年卢容县来属。

2. 象林(282—316)

按：吴末属九德郡，《晋志》属。太康三年象林县来属。

3. 朱吾(283—316)

按：吴末属九德郡，《晋志》属。太康四年来属。

4. 西卷(283—316)

按：吴末属九德郡，《晋志》属。太康四年来属。

5. 比景(283—316)

按：吴末属九德郡，《晋志》属。太康四年来属。

6. 无劳(283 后—316)

按：吴、《晋志》无此县。检《宋志》："无劳长，晋武分北景立。"则当于太康四年后置无劳，似仍属日南郡。

7. 寿泠(289—316)

按：吴、《晋志》无此县。检《宋志》："寿泠令，晋武帝太康十年，分西卷立。"则太康十年立寿泠县，当属日南郡。

第二十一节 广 州 沿 革

广州(280—316),治番禺①(今广东广州市)。吴领郡五。又据《晋志》荆州条:"及武帝平吴……又以始兴、始安、临贺三郡属广州。"又《晋志》广州条:"及太康中,吴平,遂以荆州始安、始兴、临贺三郡来属。"则太康元年(280)始安、始兴、临贺三郡来属,又交州之合浦北部都尉、高凉郡来属,领郡十(太康二年之广州政区见前图26)。太康四年后高兴郡省。永嘉元年(307)后,临贺、始兴、始安三郡移属湘州。

(一)南海郡(280—316)——治番禺(今广东广州市)

按:吴末领县六。太康元年武帝平吴,诸县来属。太康三年临贺县来属,旋还,领县六,与《晋志》本郡所领合。

1. 番禺(280—316)
2. 四会(280—316)
3. 博罗(280—316)
4. 龙川(280—316)
5. 平夷(280—316)
6. 增城(280—316)
7. 临贺(282)

按:吴、《晋志》均属临贺郡。检《宋志》:"临贺侯相,汉旧县。《晋太康地志》、王隐云属南海。"则太康三年临贺县暂属南海郡,旋还临贺郡。

(二)苍梧郡(280—316)——治广信(今广西梧州市)

按:吴末领县十。太康元年武帝平吴,诸县来属,其中谢沐县移属临贺郡,增置都罗、武城、元溪三县,领县十二,与《晋志》本郡所领合。太康七年增置丁留县,领县十三。

1. 广信(280—316)
2. 端溪(280—316)
3. 高要(280—316)
4. 鄣平(280—316)
5. 猛陵(280—316)

---

① 据《元和志》卷34岭南道广州:"献帝末,孙权以步骘为交州刺史,迁州于番禺,即今州理是也。孙皓时,以交州土壤太远,乃分置广州,理番禺,交州徙理龙编,晋代因而不改。"则其时广州治番禺。

6. 丰城①(280—316)

7. 临允(280—316)

8. 建陵(280—316)

9. 宁新②(280—316)

10. 都罗(280—316)

按：吴无此县，《晋志》属。检《宋志》："都城令……按《太康地志》唯有都罗、武城县。"则太康三年有都罗县，其置于太康三年前。又《宋志》："都罗，晋武分建陵立。"疑太康元年武帝平吴时分建陵县所置。

11. 元溪(280—316)

按：吴无此县，《晋志》属。检《宋志》："元溪令，《晋太康地志》属苍梧。"则太康三年苍梧郡有元溪县，其置于太康三年前，疑太康元年武帝平吴时所置。

12. 武城(280—316)

按：吴无此县，《晋志》属。检《宋志》："都城令……按《太康地志》唯有都罗、武城县。"则太康三年有武城县，其置于太康三年前，疑太康元年武帝平吴时所置。

13. 丁留(286—316)

按：吴无此县。检《宋志》："丁留令，晋武帝太康七年，以苍梧蛮夷宾服立。"

（三）郁林郡(280—316)——治布山(今广西桂平市西)

按：吴领县十。太康元年武帝平吴，诸县来属，中溜、定周二县省，武熙县来属，领县九，与《晋志》本郡所领合。太康六年增置安远县，领县十。

1. 布山(280—316)

2. 阿林(280—316)

3. 安广(280—316)

4. 领方③(280—316)

5. 郁平④(280—316)

---

① 《晋志》作"农城"。检《宋志》："丰城令，吴立，属苍梧。"则《晋志》"农城"当为"丰城"之讹。

② 《晋志》作"新宁"。检《宋志》："建陵、宁新，吴立。"则吴时置宁新县，又其时荆州桂阳郡有新宁县，一国不当有两新宁，故当作宁新县，《晋书》误。

③ 吴作"临浦"，《晋志》作"领方"。检《宋志》："领方令，汉旧县，吴改曰临浦，晋武复旧。"则晋初改临浦为领方。

④ 吴作"阴平"，《晋志》"郁平"。检《宋志》："郁平令，吴立曰阴平，晋武太康元年更名。"则武帝太康元年改阴平为郁平。

6. 新邑(280—316)

7. 安始①(280—316)

8. 晋平②(280—316)

9. 武熙(280—316)

按：吴末作"武安"属桂林郡，《晋志》属。检《宋志》："武熙令，本曰武安，应是吴立，晋武帝太康元年更名，故属郁林。"则晋武帝太康元年更名"武熙"，似于此时来属。

10. 安远(285—316)

按：吴、《晋志》均无此县。检《宋志》："安远令，晋武帝太康六年立，属郁林。"则太康六年立安远县，且属郁林郡。

（四）桂林郡(280—316)——治潭中（今广西柳州市东南）

按：吴末领县三。太康元年武帝平吴，诸县来属。武安县移属郁林郡，晋初增置粟平、洋平、龙冈、夹阳、军腾、常安六县，常安县后废，领县七。《晋志》领县八，列武城县，其时武城县属苍梧郡，于此重出，误衍。

1. 潭中(280—316)

2. 武丰(280—316)

3. 粟平(280—316)

按：吴无此县，《晋志》属。疑太康元年置。

4. 洋平(280—316)

按：吴无此县，《晋志》作"羊平"属。检《宋志》："阳平令……按晋武帝太康元年，立桂林之洋平县，疑是。"则太康元年立洋平县且属桂林郡，《晋志》"羊平"似为"洋平"之讹。

5. 龙冈(280—316)

按：吴无此县，《晋志》作"龙刚"属。检《宋志》："龙定令，晋武帝太康元年，立桂林之龙冈，疑是。"则太康元年立龙冈县且属桂林郡，《晋志》"龙刚"似为"龙冈"之讹。

6. 夹阳(280—316)

按：吴无此县，《晋志》属。检《宋志》："夹阳，晋武帝太康元年分龙冈立。"则太康元年分龙冈立夹阳县。

---

① 吴作"建始"，《晋志》作"始建"。检《宋志》："安始令，吴立曰建始，晋武帝太康元年更名。"则晋武帝太康元年更名"安始"，《晋志》"始建"似为"安始"之讹。

② 吴作"长平"，《晋志》作"晋平"。检《宋志》："晋平令，吴立曰长平，晋武太康元年更名。"则武帝太康元年改长平为晋平。

7. 军腾(280—316)

按：吴无此县，《晋志》属。疑太康元年置。

8. 常安(280—282)

按：吴、《晋志》均无此县。检《寰宇记》卷162岭南道桂州慕化县条："本汉潭中县地。晋太康元年分吴所置武丰县，置长安县于此。"又《宋志》桂林太守条："常安，《太康地志》有而王隐无。"其时京兆郡有长安县，则当作常安县，当于太康元年置，太康四年废。

（五）高凉郡(280—316)——治思平（今广东恩平市北）

按：吴末领县三，属交州。太康元年武帝平吴，诸县来属，领县三，与《晋志》本郡所领合。太康四年后高兴郡省，五县来属，领县八。

1. 思平(280—316)
2. 高凉(280—316)
3. 安宁(280—316)
4. 广化(283后—316)

按：太康四年后来属。

5. 海安(283后—316)

按：太康四年后其来属。

6. 莫阳(283后—316)

按：太康四年后来属。

7. 化平(283后—316)

按：太康四年后来属。

8. 西平(283后—316)

按：太康四年后来属。

（六）高兴郡(280—283后)——治乏考

按：吴无此郡，似太康元年武帝平吴后所置。又据《晋志》："武帝后省高兴郡。"而据本郡莫阳县考证，太康三年仍有高兴郡，且《晋志》有高兴郡，则高兴郡似太康四年后省。领县五。其所领诸县于《宋志》中皆属高凉郡，则本郡见废后，诸县移属高凉郡。

1. 广化(280—283后)

按：吴无此县，《晋志》属。检《宋志》："广化令，《晋太康地志》有，属高兴。"则太康三年高兴郡有广化县，其似于太康元年置，太康四年后移属高凉郡。

2. 海安(280—283后)

按：吴归属情况乏考，《晋志》属。检《宋志》："海安男相，吴曰海宁，晋武改名。《太康地志》属高兴。"则晋太康元年改海宁为海安,太康三年高兴郡有海安县,太康四年后移属高凉郡。

3. 莫阳(280—283 后)

按:吴无此县,《晋志》作"黄阳"属。检《宋志》:"莫阳令,《晋太康地志》有,属高兴。"则太康三年高兴郡有莫阳县,其似于太康元年置,太康四年后移属高凉郡。《晋志》"黄阳"似为"莫阳"之讹。

4. 化平(280—283 后)

按:吴无此县,《晋志》属。似于晋初置,太康四年后移属高凉郡。

5. 西平(280—283 后)

按:吴无此县,《晋志》属。似于晋初置,太康四年后移属高凉郡。

(七)合浦属国都尉(280—285,286—316 宁浦郡)——治宁浦(今广西横县南)

按:吴末有合浦北部都尉。太康元年武帝平吴,似改为合浦属国都尉。又《宋志》:"宁浦太守,《晋太康地志》:武帝太康七年改合浦属国都尉立。"则太康七年改合浦属国都尉为宁浦郡。吴末领县三。晋初增置吴安、始定两县,太康四年始定县废,领县四,《晋志》领县五,误列昌平县。太康七年增置涧阳县,领县五。

1. 宁浦(280—316)

按:吴末作"昌平"属合浦北部都尉,《晋志》属。检《宋志》:"宁浦令,《晋太康地记》本名昌平,武帝太康元年更名。"则太康元年改昌平为宁浦。《晋志》宁浦郡又列昌平县,显误。

2. 兴道(280—316)

按:吴末属合浦北部都尉,《晋志》作"连道"属。检《宋志》:"兴道令,晋武帝太康元年,以合浦北部营之连道立。《吴录》有此县,未详。"据吴荆州长沙郡考证,可知吴时长沙郡有连道县,一国不当有两连道县,而长沙郡之连道县有走马楼吴简可确证,则合浦郡不当有连道县,明矣。细绎《宋志》载文,可知《吴录》合浦郡确有兴道县,后似见废,故沈约以未详疑之,至太康元年似于合浦北部营之连道乡再置兴道县,《晋志》所谓"连道"当为"兴道"之讹,中华书局标点本校勘记引马与龙《晋书地理志注》"晋县当曰兴道",是。

3. 吴安(280—316)

按:吴无此县,《晋志》属。检《宋志》:"吴安令,《吴录》无。"疑于太康元年增置。

4. 平山(280—316)

按：吴末属合浦北部都尉,《晋志》属。检《宋志》:"平山令,《晋太康地记》有。"则太康三年有平山县。

5. 涧阳(286—316)

按：吴无此县。据《宋志》:"涧阳令,晋武帝太康七年立。"则太康七年增置涧阳县。

6. 始定(280—282)

按：吴无此县,《晋志》无此县。据《宋志》:"始定令,《晋太康地记》有,《永初郡国》无。"则太康三年前增置始定县,疑于太康元年增置。太康四年废。

(八) 临贺郡(280—307后)——治临贺(今广西贺州市东南)

按：吴末领县五。太康元年武帝平吴,诸县来属,苍梧郡谢沐县来属,领县六,与《晋志》本郡所领合。永嘉元年后移属湘州。

1. 临贺(280—281,283—307后)

按：太康三年临贺县暂属南海郡,旋还。

2. 封阳(280—307后)

3. 冯乘(280—307后)

4. 富川(280—307后)

5. 兴安①(280—307后)

6. 谢沐(280—307后)

按：吴属苍梧郡,《晋志》属。其似于太康元年来属。

(九) 始安郡(280—307后)——治始安(今广西桂林市)

按：吴末领县六。太康元年武帝平吴,诸县来属,增置始阳县,领县七,与《晋志》本郡所领合。永嘉元年后移属湘州。

1. 始安(280—307后)

2. 荔浦(280—307后)

3. 平乐(280—307后)

4. 熙平(280—307后)

5. 尚安②(280—282,283—307后常安)

6. 永丰(280—307后)

---

① 吴作"建兴",《晋志》作"兴安"。检《宋志》:"兴安侯相,吴立曰建兴,晋武帝太康元年更名。"则太康元年改建兴为兴安。

② 《晋志》作"常安"。据桂林郡常安县考证,太康元年桂林郡立常安县,太康四年废,则此后似改尚安县为常安县。

7. 始阳(283 前—307 后)

按：吴无此县，《晋志》属。似于太康四年前增置。

(十) 始兴郡(280—307 后)——治曲江(今广东韶关市东南)

按：吴末领县六。太康元年武帝平吴，诸县来属。晋初增置阳山县，领县七，与《晋志》本郡所领合。永嘉元年后移属湘州。

1. 曲江(280—307 后)
2. 桂阳(280—307 后)
3. 含洭(280—307 后)
4. 浈阳(280—307 后)
5. 中宿(280—307 后)
6. 始兴(280—307 后)
7. 阳山(280—307 后)

按：吴无此县，《晋志》属。检《宋志》："阳山侯相，汉旧县，后汉曰阴山，属桂阳。吴始兴郡无此县，当是晋后立。"疑于太康元年立阳山县。

第二章　西晋诸州郡县各断代的地方行政区划

第一节　西晋太康二年(281)的行政区划

（一）司州,治洛阳(今河南洛阳市东北)。尹一,郡十一,县九十七

1. 河南尹,治洛阳(今河南洛阳市东北),12县：洛阳、河南、巩、河阴、成皋、缑氏、新城、陆浑、梁、新安、阳翟、阳城。

2. 荥阳郡,治荥阳(今河南荥阳市东北),8县：荥阳、卷、京、密、阳武、苑陵、中牟、开封。

3. 弘农郡,治弘农(今河南灵宝市北),6县：弘农、陕、黾池、宜阳、湖、华阴。

4. 上洛郡,治商(今陕西商洛市商州区),3县：商、上洛、卢氏。

5. 平阳郡,治平阳(今山西临汾市西),12县：平阳、杨、蒲子、襄陵、永安、皮氏、临汾、北屈、绛邑、狐讘、濩泽、端氏。

6. 河东郡,治安邑(今山西夏县西),9县：安邑、闻喜、东垣、汾阴、大阳、猗氏、解、蒲坂、河北。

7. 汲郡,治汲(今河南新乡县东北),6县：汲、共、林虑、朝歌、获嘉、修武。

8. 河内郡,治野王(今河南沁阳市),9县：野王、怀、河阳、轵、沁水、温、州、平皋、山阳。

9. 广平郡,治曲梁(今河北曲周县西南),15县：曲梁、平恩、武安、临水、邯郸、肥乡、斥漳、任、易阳、襄国、南和、涉、列人、广平、广年。

10. 阳平郡,治馆陶(今河北馆陶县),5县：馆陶、元城、阳平、清渊、东武阳。

11. 顿丘郡,治顿丘(今河南清丰县西南),4县：顿丘、卫、繁阳、阴安。

12. 魏郡,治邺(今河北磁县南),8县：邺、魏、斥丘、内黄、黎阳、荡阴、长乐、安阳。

(二)兖州,治廪丘(今山东郓城县西北)。王国六,郡二,县五十八。

1. 陈留国,治小黄(今河南开封市东北),11县:小黄、浚仪、封丘、尉氏、雍丘、襄邑、外黄、济阳、酸枣、长垣、扶沟。

2. 濮阳国,治濮阳(今河南濮阳县南),5县:濮阳、白马、廪丘、鄄城、燕。

3. 济阴郡,治定陶(今山东定陶县),9县:定陶、乘氏、句阳、离狐、单父、城武、己氏、冤句、成阳。

4. 济北国,治卢(今山东肥城市北),5县:卢、蛇丘、东阿、谷城、临邑。

5. 东平国,治寿张(今山东东平县南),7县:寿张、无盐、东平陆、富城、须昌、刚平、范。

6. 任城国,治任城(今山东邹城市西南),3县:任城、亢父、樊。

7. 泰山郡,治奉高(今山东泰安市东),11县:奉高、博、矩平、山茌、梁父、嬴、莱芜、南武阳、南城、牟、新泰。

8. 高平国,治昌邑(今山东金乡县西北),7县:昌邑、巨野、方与、金乡、湖陆、高平、南平阳。

(三)豫州,治陈(今河南淮阳县)。王国三,郡七,县八十四。

1. 颍川郡,治许昌(今河南许昌市东),9县:许昌、长社、颍阴、临颍、郾、召陵、鄢陵、新汲、长平。

2. 襄城郡,治襄城(今河南襄城县),7县:襄城、繁昌、郏、定陵、父城、昆阳、舞阳。

3. 汝南郡,治新息(今河南息县),15县:新息、南安阳、安成、慎阳、北宜春、朗陵、阳安、上蔡、平舆、定颍、灈阳、吴房、西平、南顿、汝阳。

4. 汝阴郡,治汝阴(今安徽阜阳市),8县:汝阴、鲖阳、宋、新蔡、褒信、固始、慎、原鹿。

5. 梁国,治睢阳(今河南商丘市南),11县:睢阳、蒙、虞、下邑、宁陵、谷熟、苦、陈、武平、阳夏、项。

6. 沛国,治沛(今江苏沛县),10县:沛、杼秋、丰、公丘、萧、相、竹邑、符离、虹、洨。

7. 谯国,治谯(今安徽亳州市),7县:谯、鄼、城父、蕲、铚、龙亢、山桑。

8. 鲁郡,治鲁(今山东曲阜市),6县:鲁、汶阳、卞、邹、蕃、薛。

9. 弋阳郡,治西阳(今河南光山县西南),6县:西阳、弋阳、期思、西陵、轪、蕲春。

10. 安丰郡,治安风(今安徽霍邱县西南),5县:安风、松滋、安丰、蓼、雩娄。

(四)冀州,治信都(今河北冀州市)。王国十,郡三,县八十三

1. 赵国,治房子(今河北高邑县西南),6县:房子、柏人、中丘、元氏、平棘、高邑。

2. 巨鹿国,治廮陶(今河北宁晋县西南),5县:廮陶、巨鹿、平乡、下曲阳、鄡。

3. 安平国,治信都(今河北冀州市),8县:信都、下博、武邑、武遂、观津、扶柳、经、广宗。

4. 平原国,治平原(今山东平原县西南),9县:平原、高唐、安德、般、鬲、西平昌、博平、聊城、茌平。

5. 乐陵国,治厌次(今山东阳信县东南),5县:厌次、乐陵、阳信、新乐、漯沃。

6. 勃海郡,治南皮(今河北南皮县北),10县:南皮、高城、重合、东光、浮阳、蓨、广川、饶安、阜城、东安陵。

7. 河间国,治乐城(今河北献县东南),6县:乐城、武垣、鄚、易、中水、成平。

8. 章武国,治东平舒(今河北大城县),4县:东平舒、文安、束州、章武。

9. 清河郡,治清河(今山东临清市东北),6县:清河、贝丘、东武城、鄃、灵、绎幕。

10. 博陵郡,治安平(今河北安平县),4县:安平、饶阳、南深泽、安国。

11. 高阳国,治博陆(今河北蠡县南),4县:博陆、高阳、蠡吾、北新城。

12. 中山国,治卢奴(今河北定州市),9县:卢奴、北平、新市、望都、唐、蒲阴、安喜、魏昌、上曲阳。

13. 常山国,治真定(今河北石家庄市北),7县:真定、井陉、蒲吾、南行唐、灵寿、九门、石邑。

(五)幽州,治蓟(今北京市)。王国二,郡五,县三十四

1. 范阳国,治涿(今河北涿州市),8县:涿、遒、故安、范阳、良乡、方城、长乡、容城。

2. 燕国,治蓟(今北京市),10县:蓟、安次、昌平、军都、广阳、潞、雍奴、泉州、狐奴、安乐。

3. 北平郡,治徐无(今河北遵化市东),4县:徐无、土垠、无终、俊靡。

4. 上谷郡,治沮阳(今北京延庆县西南),2县:沮阳、居庸。

5. 广宁郡,治下洛(今河北涿鹿县),3县:下洛、潘、涿鹿。

6. 代郡,治代(今河北蔚县东北),4县:代、平舒、当城、广昌。

7. 辽西郡,治阳乐(今河北卢龙县东),3县：阳乐、海阳、肥如。

(六)平州,治襄平(今辽宁辽阳市)。王国一,郡四,县二十六

1. 昌黎郡,治昌黎(今辽宁义县),2县：昌黎、宾徒。

2. 辽东国,治襄平(今辽宁辽阳市),8县：襄平、汶、安市、新昌、西安平、居就、乐就、力城。

3. 乐浪郡,治朝鲜(今朝鲜平壤市),6县：朝鲜、屯有、浑弥、遂城、镂方、驷望。

4. 玄菟郡,治高句骊(今辽宁沈阳市东),3县：高句骊、高显、望平。

5. 带方郡,治带方(今朝鲜黄海北道凤山土城),7县：带方、列口、海冥、长岑、提奚、含资、南新。

(七)并州,治晋阳(今山西太原市西南)。王国二,郡四,县四十五

1. 太原国,治晋阳(今山西太原市西南),13县：晋阳、阳曲、榆次、于离、盂、狼孟、阳邑、大陵、祁、平陶、京陵、中都、邬。

2. 西河国,治隰城(今山西汾阳市),4县：隰城、界休、中阳、离石。

3. 上党郡,治泫氏(今山西高平市),10县：泫氏、壶关、潞、屯留、长子、高都、襄垣、铜鞮、涅、武乡。

4. 乐平郡,治沾(今山西和顺县西北),5县：沾、乐平、轑阳、受阳、上艾。

5. 雁门郡,治广武(今山西代县西南),8县：广武、原平、汪陶、崞、繁畤、葰人、平城、马邑。

6. 新兴郡,治九原(今山西忻州市),5县：九原、定襄、云中、广牧、晋昌。

(八)雍州,治长安(今陕西西安市西北)。王国一,郡六,县三十八

1. 京兆郡,治长安(今陕西西安市西北),9县：长安、霸城、杜陵、郑、新丰、蓝田、万年、高陆、阴槃。

2. 冯翊郡,治临晋(今陕西大荔县),8县：临晋、频阳、莲芍、重泉、郃阳、夏阳、粟邑、下邽。

3. 扶风国,治池阳(今陕西泾阳县西北),6县：池阳、郿、雍、汧、陈仓、美阳。

4. 始平郡,治槐里(今陕西兴平市东南),5县：槐里、始平、武功、鄠、蒯城。

5. 安定郡,治临泾(今甘肃镇原县东南),6县：临泾、朝那、乌氏、西川、鹑觚、阴密。

6. 北地郡,治乏考,2县：泥阳、富平。

7. 新平郡,治漆(今陕西彬县),2县：漆、邠邑。

(九)凉州,治姑臧(今甘肃武威市南)。郡七,县四十一

1. 西平郡,治西都(今青海西宁市),5县:西都、破羌、临羌、安夷、长宁。

2. 武威郡,治姑臧(今甘肃武威市南),7县:姑臧、宣威、仓松、显美、揟次、骊靬、番和。

3. 张掖郡,治永平(今甘肃张掖市西北),3县:永平、屋兰、临泽。

4. 西郡,治日勒(今甘肃永昌县西北),5县:日勒、删丹、仙提、万岁、兰池。

5. 酒泉郡,治福禄(今甘肃酒泉市),9县:福禄、表氏、乐涫、玉门、会水、安弥、延寿、沙头、骍马。

6. 敦煌郡,治敦煌(今甘肃敦煌市),11县:敦煌、效谷、广至、龙勒、冥安、渊泉、宜禾、伊吾、乾齐、昌蒲、阳关。

7. 西海郡,治居延(今内蒙古额济纳旗东南),1县:居延。

(十)秦州,治冀(今甘肃甘谷县东)。王国一,郡六,县三十二

1. 陇西国,治襄武(今甘肃陇西县),5县:襄武、首阳、临洮、狄道、河关。

2. 南安郡,治獂道(今甘肃陇西县东南),3县:獂道、中陶、新兴。

3. 天水郡,治冀(今甘肃甘谷县东),6县:冀、上邽、显亲、成纪、始昌、新阳。

4. 略阳郡,治临渭(今甘肃天水市东),4县:临渭、平襄、略阳、清水。

5. 武都郡,治下辨(今甘肃成县西北),6县:下辨、河池、故道、沮、武都、氐道。

6. 阴平郡,治阴平(今甘肃文县),2县:阴平、平武。

7. 金城郡,治榆中(今甘肃兰州市东),6县:榆中、允街、金城、浩亹、白土、令居。

(十一)梁州,治南郑(今陕西汉中市)。王国一,郡七,县三十八

1. 汉中郡,治南郑(今陕西汉中市),5县:南郑、褒中、沔阳、西乡、乐城。

2. 梓潼郡,治梓潼(今四川梓潼县),6县:梓潼、涪城、晋寿、白水、汉德、剑阁。

3. 广汉郡,治广汉(今四川射洪县南),3县:广汉、德阳、五城。

4. 新都国,治雒(今四川广汉市北),4县:雒、绵竹、新都、什邡。

5. 涪陵郡,治汉复(今重庆市彭水县南),5县:汉复、涪陵、汉葭、万宁、汉平。

6. 巴郡,治江州(今重庆市),5县:江州、枳、临江、垫江、宕渠。

7. 巴东郡,治鱼复(今重庆市奉节县),4县:鱼复、朐忍、南浦、汉丰。

8. 巴西郡,治阆中(今四川阆中市),6县:阆中、安汉、西充国、汉昌、平

州、南充国。

（十二）益州，治成都（今四川成都市）。郡八，县四十四

1. 蜀郡，治成都（今四川成都市），6县：成都、江原、繁、广都、临邛、郫。

2. 犍为郡，治武阳（今四川彭山县），5县：武阳、南安、资中、僰道、牛鞞。

3. 汶山郡，治汶山（今四川茂县北），8县：汶山、广柔、都安、兴乐、平康、广阳、蚕陵、升迁。

4. 汉嘉郡，治青衣（今四川天全县东北），4县：青衣、严道、徙阳、旄牛。

5. 江阳郡，治江阳（今四川泸州市），3县：江阳、符、汉安。

6. 朱提郡，治朱提（今云南昭通市），5县：朱提、南秦、汉阳、南广、堂狼。

7. 越巂郡，治邛都（今四川西昌市），5县：邛都、会无、台登、卑水、定莋。

8. 牂柯郡，治乂考，8县：万寿、且兰、谈指、夜郎、毋敛、鳖、平夷、并渠。

（十三）宁州，治滇池（今云南晋宁县东）。郡四，县四十七

1. 云南郡，治云南（今云南祥云县东南），9县：云南、梇栋、邪龙、楪榆、青蛉、遂久、姑复、云平、永宁。

2. 兴古郡，治胜休（今云南江川县北），12县：胜休、宛温、贲古、毋掇、句町、镡封、进乘、漏卧、汉兴、律高、都唐、西随。

3. 建宁郡，治味（今云南曲靖市），18县：味、滇池、俞元、昆泽、同濑、牧麻、谷昌、连然、秦臧、双柏、建伶、存䯂、毋单、修云、新定、谈槀、漏江、泠丘。

4. 永昌郡，治不韦（今云南保山市东北），8县：不韦、巂唐、哀牢、博南、雍乡、南涪、永寿、比苏。

（十四）青州，治临淄（今山东淄博市东北）。王国三，郡四，县五十

1. 齐国，治临淄（今山东淄博市东北），7县：临淄、西安、昌国、般阳、广饶、东安平、新沓。

2. 北海国，治平寿（今山东潍坊市南），5县：平寿、下密、胶东、即墨、都昌。

3. 济南郡，治平陵（今山东章丘市西北），8县：平陵、于陵、历城、菅、著、邹平、祝阿、隰阴。

4. 乐安国，治高苑（今山东淄博市西北），9县：高苑、临济、博昌、蓼城、寿光、梁邹、利、益、东朝阳。

5. 城阳郡，治莒（今山东莒县），12县：莒、营陵、黔陬、姑幕、诸、壮武、淳于、高密、朱虚、昌安、平昌、夷安。

6. 东莱郡，治掖（今山东莱州市），6县：掖、黄、当利、卢乡、曲城、𪩘。

7. 长广郡，治不其（今山东青岛市北），3县：不其、长广、挺。

(十五)徐州,治彭城(今江苏徐州市)。王国三,郡四,县六十二

1. 彭城国,治彭城(今江苏徐州市),7县:彭城、留、傅阳、武原、吕、梧、广戚。

2. 下邳国,治下邳(今江苏邳州市南),7县:下邳、睢陵、夏丘、取虑、僮、良城、北凌。

3. 临淮郡,治盱眙(今江苏盱眙县东北),11县:盱眙、东阳、高山、潘旌、赘其、高邮、堂邑、下相、司吾、徐、淮陵。

4. 东海郡,治郯(今山东郯城县),12县:郯、祝其、朐、襄贲、昌虑、厚丘、兰陵、承、戚、合乡、利城、赣榆。

5. 琅邪国,治开阳(今山东临沂市北),7县:开阳、临沂、阳都、缯、即丘、华、费。

6. 东莞郡,治乏考,9县:东莞、安丘、盖、临朐、剧、广、东武、东安、蒙阴。

7. 广陵郡,治淮阴(今江苏淮安市西南),9县:淮阴、海西、淮浦、射阳、舆、海陵、广陵、凌、盐渎。

(十六)荆州,治江陵(今湖北江陵县)。王国一,郡二十一,县一百六十三

1. 江夏郡,治安陆(今湖北云梦县),7县:安陆、鄳、曲陵、平春、南新市、云杜、竟陵。

2. 南郡,治江陵(今湖北江陵县),9县:江陵、编、当阳、华容、枝江、鄀、州陵、石首、旌阳。

3. 南平郡,治作唐(今湖南华容县西),4县:作唐、孱陵、江安、安南。

4. 襄阳郡,治襄阳(今湖北襄樊市),6县:襄阳、临沮、宜城、邔、中卢、山都。

5. 南阳国,治宛(今河南南阳市),15县:宛、西鄂、雉、鲁阳、犨、博望、堵阳、叶、舞阴、比阳、冠军、郦、涅阳、育阳、襄乡。

6. 义阳郡,治安昌(今湖北枣阳市南),12县:安昌、平氏、平林、义阳、穰、邓、蔡阳、棘阳、新野、随、朝阳、厥西。

7. 南乡郡,治酂(今湖北老河口市西北),8县:酂、南乡、顺阳、丹水、武当、阴、筑阳、析。

8. 新城郡,治房陵(今湖北房县),4:房陵、绥阳、昌魏、沶乡。

9. 魏兴郡,治兴晋(今湖北郧西县西北),4县:兴晋、安康、西城、锡。

10. 上庸郡,治上庸(今湖北竹山县西南),5县:上庸、安富、上廉、北巫、微阳。

11. 建平郡,治巫(今重庆市巫山县),8县:巫、北井、秭归、沙渠、信陵、兴

山、建始、泰昌。

12. 宜都郡，治夷陵(今湖北宜都市)，3县：夷陵、夷道、佷山。

13. 武陵郡，治临沅(今湖南常德市)，10县：临沅、汉寿、沅陵、酉阳、迁陵、镡城、沅南、龙阳、舞阳、黚阳。

14. 天门郡，治零阳(今湖南慈利县)，3县：零阳、充、溇中。

15. 长沙郡，治临湘(今湖南长沙市)，10县：临湘、攸、下隽、醴陵、罗、吴昌、刘阳、建宁、蒲圻、巴陵。

16. 衡阳郡，治湘南(今湖南湘潭市西南)，9县：湘南、湘乡、益阳、新康、衡阳、重安、烝阳、湘西、连道。

17. 湘东郡，治酃(今湖南衡阳市)，7县：酃、新平、利阳、阴山、茶陵、临烝、新宁。

18. 零陵郡，治泉陵(今湖南永州市)，10县：泉陵、祁阳、永昌、零陵、洮阳、观阳、营浦、营道、泠道、舂陵。

19. 邵陵郡，治邵陵(今湖南邵阳市)，8县：邵陵、邵阳、南高平、都梁、夫夷、新、建兴、武刚。

20. 桂阳郡，治郴(今湖南郴州市)，6县：郴、便、耒阳、南平、临武、晋宁。

21. 武昌郡，治武昌(今湖北鄂州市鄂城区西)，8县：武昌、沙阳、沙羡、柴桑、阳新、鄂、高陵、邾。

22. 安成郡，治平都(今江西安福县)，7县：平都、新谕、宜春、永新、安复、萍乡、广兴。

(十七) 扬州，治秣陵(今江苏南京市)。郡十六，县一百六十五

1. 淮南郡，治寿春(今安徽寿县)，16县：寿春、成德、下蔡、义城、西曲阳、平阿、全淑、阜陵、合肥、阴陵、钟离、历阳、当涂、逡遒、东城、乌江。

2. 庐江郡，治舒(今安徽舒城县)，10县：舒、六安、龙舒、灊、居巢、皖、临湖、襄安、阳泉、寻阳。

3. 丹杨郡，治秣陵(今江苏南京市)，10县：秣陵、丹杨、芜湖、溧阳、湖熟、江乘、永世、句容、江宁、于湖。

4. 宣城郡，治宛陵(今安徽宣城市)，11县：宛陵、广德、临城、陵阳、宣城、石城、泾、春谷、安吴、宁国、怀安。

5. 毗陵郡，治丹徒(今江苏镇江市东)，7县：丹徒、毗陵、曲阿、无锡、暨阳、武进、延陵。

6. 吴郡，治吴(今江苏苏州市)，10县：吴、海盐、嘉兴、盐官、钱唐、娄、富春、建德、桐庐、寿昌。

7. 吴兴郡,治乌程(今浙江湖州市南),8县:乌程、余杭、武康、临安、故鄣、於潜、安吉、原乡。

8. 会稽郡,治山阴(今浙江绍兴市),10县:山阴、上虞、始宁、余姚、句章、鄞、鄮、剡、诸暨、永兴。

9. 东阳郡,治长山(今浙江金华市),9县:长山、乌伤、太末、信安、定阳、吴宁、丰安、遂昌、永康。

10. 新安郡,治始新(今浙江淳安县西北),6县:始新、黟、歙、遂安、黎阳、海宁。

11. 临海郡,治章安(今浙江台州市章安镇),8县:章安、临海、始丰、松阳、安固、罗江、宁海、永宁。

12. 建安郡,治建安(今福建建瓯市),9县:建安、将乐、昭武、建阳、吴兴、延平、东安、候官、东平。

13. 豫章郡,治南昌(今江西南昌市),16县:南昌、建城、新淦、海昏、豫宁、彭泽、艾、建昌、望蔡、新吴、永修、吴平、丰城、宜丰、康乐、钟陵。

14. 临川郡,治临汝(今江西抚州市),10县:临汝、新南城、新建、南丰、宜黄、安浦、西丰、西宁、东兴、永城。

15. 鄱阳郡,治广晋(今江西鄱阳县北),9县:广晋、鄱阳、历陵、余干、乐安、鄡阳、葛阳、上饶、晋兴。

16. 庐陵郡,治石阳(今江西吉水县北),16县:石阳、西昌、南野、东昌、遂兴、巴丘、兴平、吉阳、阳丰、宁都、南康、揭阳、高昌、平固、赣、零都。

(十八)交州,治龙编(今越南河北省仙游县东)。郡六,县五十二

1. 合浦郡,治合浦(今广西合浦县东北),6县:合浦、徐闻、珠官、荡昌、南平、毒质。

2. 交趾郡,治龙编(今越南河北省仙游县东),16县:龙编、嬴陵、定安、苟扁、曲易、北带、稽徐、西于、朱䳒、望海、交兴、南定、武宁、海平、封溪、平道。

3. 新昌郡,治乏考,6县:麊泠、嘉宁、吴定、封山、临西、西道。

4. 武平郡,治乏考,5县:武兴、进山、根宁、安武、扶安。

5. 九真郡,治胥浦(今越南清化省清化西北),7县:胥浦、移风、常乐、建初、津梧、松原、扶乐。

6. 九德郡,治乏考,12县:九德、阳远、咸驩、蒲阳、曲胥、都洨、扶苓、卢容、象林、朱吾、西卷、比景。

(十九)广州,治番禺(今广东广州市)。郡九,属国都尉一,县六十八

1. 南海郡,治番禺(今广东广州市),6县:番禺、四会、博罗、龙川、增城、

平夷。

2. 苍梧郡,治广信(今广西梧州市),12县:广信、端溪、高要、鄣平、猛陵、临允、建陵、宁新、丰城、都罗、武城、元溪。

3. 郁林郡,治布山(今广西桂平市西),9县:布山、阿林、安广、领方、郁平、新邑、安始、晋平、武熙。

4. 桂林郡,治潭中(今广西柳州市东南),8县:潭中、武丰、粟平、洋平、龙冈、夹阳、军腾、常安。

5. 高凉郡,治思平(今广东恩平市北),3县:思平、高凉、安宁。

6. 高兴郡,治乏考,5县:广化、海安、莫阳、化平、西平。

7. 合浦属国都尉,治宁浦(今广西横县南),5县:宁浦、吴安、平山、兴道、始定。

8. 临贺郡,治临贺(今广西贺州市东南),6县:临贺、封阳、冯乘、富川、谢沐、兴安。

9. 始安郡,治始安(今广西桂林市),7县:始安、荔浦、平乐、熙平、尚安、永丰、始阳。

10. 始兴郡,治曲江(今广东韶关市东南),7县:曲江、桂阳、含洭、浈阳、中宿、始兴、阳山。

第二节 西晋永兴元年(304)的行政区划

(一)司州,治洛阳(今河南洛阳市东北)。尹一,郡十一,县九十九

1. 河南尹,治洛阳(今河南洛阳市东北),12县:洛阳、河南、巩、河阴、成皋、缑氏、新城、陆浑、梁、新安、阳翟、阳城。

2. 荥阳郡,治荥阳(今河南荥阳市东北),8县:荥阳、卷、京、密、阳武、苑陵、中牟、开封。

3. 弘农郡,治弘农(今河南灵宝市北),6县:弘农、陕、黾池、宜阳、湖、华阴。

4. 上洛郡,治商(今陕西商洛市商州区),3县:商、上洛、卢氏。

5. 平阳郡,治平阳(今山西临汾市西),12县:平阳、杨、蒲子、襄陵、永安、皮氏、临汾、北屈、绛邑、狐讘、濩泽、端氏。

6. 河东郡,治安邑(今山西夏县西),9县:安邑、闻喜、东垣、汾阴、大阳、猗氏、解、蒲坂、河北。

7. 汲郡,治汲(今河南新乡县东北),6县:汲、共、林虑、朝歌、获嘉、修武。

8. 河内郡,治野王(今河南沁阳市),9县:野王、怀、河阳、轵、沁水、温、州、平皋、山阳。

9. 广平郡,治曲梁(今河北曲周县西南),15县:曲梁、平恩、武安、临水、邯郸、肥乡、斥漳、任、易阳、襄国、南和、涉、列人、广年、广平。

10. 阳平郡,治馆陶(今河北馆陶县),7县:馆陶、元城、阳平、乐平、清渊、东武阳、发干。

11. 顿丘郡,治顿丘(今河南清丰县西南),4县:顿丘、卫、繁阳、阴安。

12. 魏郡,治邺(今河北磁县南),8县:邺、魏、斥丘、内黄、黎阳、荡阴、长乐、安阳。

(二)兖州,治廪丘(今山东郓城县西北)。王国六,郡二,县五十八

1. 陈留国,治小黄(今河南开封市东北),12县:小黄、浚仪、封丘、尉氏、雍丘、襄邑、外黄、圉、济阳、酸枣、长垣、扶沟。

2. 濮阳国,治濮阳(今河南濮阳县南),5县:濮阳、白马、廪丘、鄄城、燕。

3. 济阳郡,治定陶(今山东定陶县),9县:定陶、乘氏、句阳、离狐、单父、城武、己氏、冤句、成阳。

4. 济北国,治卢(今山东肥城市北),5县:卢、蛇丘、东阿、谷城、临邑。

5. 东平国,治寿张(今山东东平县南),7县:寿张、无盐、东平陆、富城、须昌、刚平、范。

6. 任城国,治任城(今山东邹城市西南),3县:任城、亢父、樊。

7. 泰山郡,治奉高(今山东泰安市东),10县:奉高、博、矩平、山茌、梁父、嬴、南武阳、南城、牟、新泰。

8. 高平国,治昌邑(今山东金乡县西北),7县:昌邑、巨野、方与、金乡、湖陆、高平、南平阳。

(三)豫州,治陈(今河南淮阳县)。王国二,郡八,县八十四

1. 颍川郡,治许昌(今河南许昌市东),10县:许昌、长社、颍阴、临颍、郾、召陵、鄢陵、新汲、长平、西华。

2. 襄城郡,治襄城(今河南襄城县),7县:襄城、繁昌、郏、定陵、父城、昆阳、舞阳。

3. 汝南郡,治新息(今河南息县),15县:新息、南安阳、安成、慎阳、北宜春、朗陵、阳安、上蔡、平舆、定颍、灈阳、吴房、西平、南顿、汝阳。

4. 汝阴郡,治汝阴(今安徽阜阳市),8县:汝阴、铜阳、宋、新蔡、褒信、固始、慎、原鹿。

5. 梁国,治睢阳(今河南商丘市南),11县:睢阳、蒙、虞、下邑、宁陵、谷熟、苦、陈、武平、项、阳夏。

6. 沛国,治沛(今江苏沛县),9县:沛、杼秋、丰、萧、相、竹邑、符离、虹、洨。

7. 谯郡,治谯(今安徽亳州市),7县:谯、酂、城父、蕲、铚、龙亢、山桑。

8. 鲁郡,治鲁(今山东曲阜市),5县:鲁、汶阳、卞、邹、公丘。

9. 弋阳郡,治西阳(今河南光山县西南),7县:西阳、弋阳、期思、西陵、軑、蕲春、邾。

10. 安丰郡,治安风(今安徽霍邱县西南),5县:安风、松滋、安丰、蓼、雩娄。

(四)冀州,治长乐(今河北冀州市)。王国十,郡四,县八十五。

1. 赵国,治房子(今河北高邑县西南),8县:房子、柏人、元氏、平棘、高邑、平乡、下曲阳、鄡。

2. 中丘郡,治中丘(今河北内丘县西南),1县:中丘。

3. 巨鹿国,治廮陶(今河北宁晋县西南),2县:廮陶、巨鹿。

4. 长乐国,治长乐(今河北冀州市),10县:长乐、下博、武邑、武遂、观津、扶柳、经、南宫、堂阳、广宗。

5. 平原国,治平原(今山东平原县西南),9县:平原、高唐、安德、般、鬲、西平昌、博平、聊城、茌平。

6. 乐陵国,治厌次(今山东阳信县东南),5县:厌次、乐陵、阳信、新乐、漯沃。

7. 勃海郡,治南皮(今河北南皮县北),9县:南皮、高城、重合、东光、浮阳、蓨、饶安、阜城、东安陵。

8. 河间国,治乐城(今河北献县东南),6县:乐城、武垣、鄚、易、中水、成平。

9. 章武国,治东平舒(今河北大城县),4县:东平舒、文安、束州、章武。

10. 清河郡,治清河(今山东临清市东北),7县:清河、贝丘、东武城、鄃、灵、绎幕、广川。

11. 博陵郡,治安平(今河北安平县),4县:安平、饶阳、南深泽、安国。

12. 高阳国,治博陆(今河北蠡县南),4县:博陆、高阳、蠡吾、北新城。

13. 中山国,治卢奴(今河北定州市),8县:卢奴、北平、新市、望都、唐、蒲阴、安喜、魏昌。

14. 常山国,治真定(今河北石家庄市北),8县:真定、井陉、蒲吾、南行唐、灵寿、九门、石邑、上曲阳。

（五）幽州，治蓟（今北京市）。王国二，郡五，县三十四。

1. 范阳国，治涿（今河北涿州市），8县：涿、遒、故安、范阳、良乡、方城、长乡、容城。

2. 燕国，治蓟（今北京市），10县：蓟、安次、昌平、军都、广阳、潞、雍奴、泉州、狐奴、安乐。

3. 北平郡，治徐无（今河北遵化市东），4县：徐无、土垠、无终、俊靡。

4. 上谷郡，治沮阳（今北京延庆县西南），2县：沮阳、居庸。

5. 广宁郡，治乏考，3县：下洛、潘、涿鹿。

6. 代郡，治代（今河北蔚县东北），4县：代、平舒、当城、广昌。

7. 辽西郡，治阳乐（今河北卢龙县东），3县：阳乐、海阳、肥如。

（六）平州，治襄平（今辽宁辽阳市）。郡五，县二十六。

1. 昌黎郡，治昌黎（今辽宁义县），2县：昌黎、宾徒。

2. 辽东郡，治襄平（今辽宁辽阳市），8县：襄平、汶、安市、新昌、西安平、居就、乐就、力城。

3. 乐浪郡，治朝鲜（今朝鲜平壤市），6县：朝鲜、屯有、浑弥、遂城、镂方、驷望。

4. 玄菟郡，治高句骊（今辽宁沈阳市东），3县：高句骊、高显、望平。

5. 带方郡，治带方（今朝鲜黄海北道凤山土城），7县：带方、列口、海冥、长岑、提奚、含资、南新。

（七）并州，治晋阳（今山西太原市西南）。王国二，郡四，县四十五。

1. 太原国，治晋阳（今山西太原市西南），13县：晋阳、阳曲、榆次、于离、盂、狼孟、阳邑、大陵、祁、平陶、京陵、中都、邬。

2. 西河国，治隰城（今山西汾阳市），4县：隰城、界休、中阳、离石。

3. 上党郡，治泫氏（今山西高平市），10县：泫氏、壶关、潞、屯留、长子、高都、襄垣、铜鞮、涅、武乡。

4. 乐平郡，治沾（今山西和顺县西北），5县：沾、乐平、轑阳、寿阳、上艾。

5. 雁门郡，治广武（今山西代县西南），8县：广武、原平、汪陶、崞、繁畤、葰人、平城、马邑。

6. 晋昌郡，治九原（今山西忻州市），5县：九原、定襄、云中、广牧、晋昌。

（八）雍州，治长安（今陕西西安市西北）。王国一，郡六，县三十九。

1. 京兆郡，治长安（今陕西西安市西北），9县：长安、霸城、杜陵、郑、新丰、蓝田、万年、高陆、阴槃。

2. 冯翊郡,治临晋(今陕西大荔县),8县:临晋、频阳、莲芍、重泉、郃阳、夏阳、粟邑、下邽。

3. 秦国,治池阳(今陕西泾阳县西北),6县:池阳、郿、雍、汧、陈仓、美阳。

4. 始平郡,治槐里(今陕西兴平市东南),5县:槐里、始平、武功、鄠、蒯城。

5. 安定郡,治临泾(今甘肃镇原县东南),7县:临泾、朝那、乌氏、西川、鹑觚、阴密、都卢。

6. 北地郡,治乏考,2县:泥阳、富平。

7. 新平郡,治漆(今陕西彬县),2县:漆、邠邑。

(九)凉州,治姑臧(今甘肃武威市南)。郡九,县四十八

1. 西平郡,治西都(今青海西宁市),5县:西都、破羌、临羌、安夷、长宁。

2. 武威郡,治姑臧(今甘肃武威市南),7县:姑臧、宣威、仓松、显美、揟次、骊靬、番和。

3. 张掖郡,治永平(今甘肃张掖市西北),3县:永平、屋兰、临泽。

4. 西郡,治日勒(今甘肃永昌县西北),5县:日勒、删丹、仙提、万岁、兰池。

5. 酒泉郡,治福禄(今甘肃酒泉市),8县:福禄、表氏、乐涫、玉门、会水、安弥、延寿、骍马。

6. 敦煌郡,治敦煌(今甘肃敦煌市),6县:敦煌、效谷、龙勒、乾齐、昌蒲、阳关。

7. 西海郡,治居延(今内蒙古额济纳旗东南),1县:居延。

8. 晋昌郡,治冥安(今甘肃安西县东南锁阳城),8县:冥安、宜禾、伊吾、渊泉、广至、沙头、会稽、新乡。

9. 金城郡,治榆中(今甘肃兰州市东),5县:榆中、允街、金城、浩亹、白土。

(十)秦州,治上邽(今甘肃天水市)。郡七,县三十二

1. 陇西郡,治襄武(今甘肃陇西县),2县:襄武、首阳。

2. 南安郡,治獂道(今甘肃陇西县东南),3县:獂道、中陶、新兴。

3. 天水郡,治冀(今甘肃甘谷县东),6县:冀、上邽、显亲、成纪、始昌、新阳。

4. 略阳郡,治临渭(今甘肃天水市东),4县:临渭、平襄、略阳、清水。

5. 武都郡,治下辨(今甘肃成县西北),6县:下辨、河池、故道、沮、武都、

氐道。

6. 阴平郡,治阴平(今甘肃文县),2县:阴平、平武。

7. 狄道郡,治狄道(今甘肃临洮县),9县:狄道、临洮、河关、洮阳、遂平、武街、始兴、第五、真仇。

(十一)梁州,治南郑(今陕西汉中市)。郡五,县二十八

1. 汉中郡,治南郑(今陕西汉中市),8县:南郑、褒中、沔阳、西乡、成固、蒲池、黄金、兴道。

2. 宕渠郡,治宕渠(今四川渠县东北),3县:宕渠、汉昌、宣汉。

3. 新城郡,治房陵(今湖北房县),4县:房陵、绥阳、昌魏、沵乡。

4. 魏兴郡,治兴晋(今湖北郧西县西北),7县:兴晋、西城、安康、锡、洵阳、长利、郧乡。

5. 上庸郡,治上庸(今湖北竹山县西南),6县:上庸、安富、上廉、北巫、武陵、微阳。

(十二)益州,治乏考。郡五,县二十一

1. 犍为郡,治武阳(今四川彭山县),5县:武阳、南安、资中、僰道、牛鞞。

2. 江阳郡,治江阳(今四川泸州市),3县:江阳、符、汉安。

3. 涪陵郡,治汉复(今重庆市彭水县南),5县:汉复、涪陵、汉葭、万宁、汉平。

4. 巴郡,治江州(今重庆市),4县:江州、枳、临江、垫江。

5. 巴东郡,治鱼复(今重庆市奉节县),4县:鱼复、朐忍、南浦、汉丰。

(十三)宁州,治滇池(今云南晋宁县东)。郡八,县六十六

1. 云南郡,治云南(今云南祥云县东南),9县:云南、楪栋、邪龙、楪榆、青岭、遂久、姑复、云平、永宁。

2. 兴古郡,治胜休(今云南江川县北),12县:胜休、宛温、贲古、毋掇、句町、镡封、进乘、漏卧、汉兴、律高、都唐、西随。

3. 建宁郡,治味(今云南曲靖市),12县:味、昆泽、同濑、牧麻、存䮾、毋单、修云、新定、谈棠、漏江、泠丘、同乐。

4. 永昌郡,治不韦(今云南保山市东北),8县:不韦、嶲唐、哀牢、博南、雍乡、南涪、永寿、比苏。

5. 益州郡,治滇池(今云南晋宁县东北),7县:滇池、俞元、谷昌、连然、秦臧、双柏、建伶。

6. 朱提郡,治朱提(今云南昭通市),5县:朱提、南秦、汉阳、南广、堂狼。

7. 越巂郡,治邛都(今四川西昌市),5县:邛都、会无、台登、卑水、定莋。

8. 牂柯郡,治乏考,8县:万寿、且兰、谈指、夜郎、毋敛、鳖、平夷、并渠。

(十四)青州,治临淄(今山东淄博市东北)。王国四,郡四,县五十

1. 齐国,治临淄(今山东淄博市东北),6县:临淄、西安、昌国、般阳、广饶、东安平。

2. 北海国,治平寿(今山东潍坊市南),5县:平寿、下密、胶东、即墨、都昌。

3. 济南郡,治平陵(今山东章丘市西北),7县:平陵、历城、菅、著、邹平、祝阿、隰阴。

4. 乐安国,治高苑(今山东淄博市西北),9县:高苑、临济、博昌、蓼城、寿光、梁邹、利、益、东朝阳。

5. 城阳郡,治乏考,2县:朱虚、夷安。

6. 东莱郡,治掖(今山东莱州市),6县:掖、黄、当利、卢乡、曲城、㡉。

7. 长广郡,治不其(今山东青岛市北),4县:不其、长广、挺、昌阳。

8. 高密国,治乏考,11县:黔陬、壮武、淳于、昌安、高密、平昌、营陵、安丘、广、剧、临朐。

(十五)徐州,治彭城(今江苏徐州市)。王国六,郡五,县六十四

1. 彭城国,治彭城(今江苏徐州市),9县:彭城、留、傅阳、武原、吕、梧、广戚、蕃、薛。

2. 下邳国,治下邳(今江苏邳州市南),7县:下邳、睢陵、夏丘、取虑、僮、良城、北凌。

3. 临淮郡,治盱眙(今江苏盱眙县东北),8县:盱眙、东阳、高山、潘旌、赘其、高邮、下相、淮陵。

4. 东海国,治郯(今山东郯城县),7县:郯、祝其、朐、襄贲、厚丘、利城、赣榆。

5. 琅邪国,治开阳(今山东临沂市北),8县:开阳、临沂、阳都、缯、即丘、华、费、蒙阴。

6. 东莞郡,治乏考,5县:东莞、东武、姑幕、诸、莒。

7. 广陵郡,治射阳(今江苏宝应县东),10县:射阳、海西、淮浦、淮阴、舆、海陵、广陵、凌、盐渎、江都。

8. 兰陵郡,治承(今山东枣庄市东南),5县:承、兰陵、昌虑、合乡、戚。

9. 东安国,治盖(今山东沂源县东南),2县:盖、东安。

10. 淮陵国,治乏考,2县:司吾、徐。

11. 堂邑郡,治堂邑(今江苏南京六合区西北),1县:堂邑。

(十六)荆州,治江陵(今湖北江陵县)。王国三,郡十七,县一百三十四

1. 江夏郡,治安陆(今湖北云梦县),4县:安陆、鄳、曲陵、平春。

2. 南郡,治江陵(今湖北江陵县),10县:江陵、编、当阳、华容、枝江、鄀、州陵、石首、旌阳、监利。

3. 南平郡,治江安(今湖北公安县西北),4县:江安、作唐、孱陵、安南。

4. 襄阳郡,治襄阳(今湖北襄樊市),5县:襄阳、临沮、宜城、邔、中卢。

5. 南阳国,治宛(今河南南阳市),15县:宛、西鄂、雉、鲁阳、犨、博望、堵阳、叶、舞阴、比阳、冠军、郦、涅阳、育阳、襄乡。

6. 义阳郡,治安昌(今湖北枣阳市南),5县:安昌、平氏、义阳、朝阳、厥西。

7. 顺阳国,治酂(今湖北老河口市西北),9县:酂、南乡、顺阳、丹水、武当、阴、筑阳、析、汎阳。

8. 竟陵郡,治云杜石城(今湖北钟祥市),3县:云杜、竟陵、南新市。

9. 建昌郡,治下隽(今湖北通城县西北),2县:下隽、巴陵。

10. 新野郡,治乏考,6县:新野、棘阳、蔡阳、邓、穰、山都。

11. 建平郡,治巫(今重庆市巫山县),8县:巫、北井、秭归、沙渠、信陵、兴山、建始、泰昌。

12. 宜都郡,治夷陵(今湖北宜都市),3县:夷陵、夷道、佷山。

13. 武陵郡,治临沅(今湖南常德市),10县:临沅、汉寿、沅陵、酉阳、迁陵、镡城、沅南、龙阳、舞阳、黚阳。

14. 天门郡,治零阳(今湖南慈利县),5县:零阳、充、溇中、临澧、澧阳。

15. 长沙郡,治临湘(今湖南长沙市),8县:临湘、攸、醴陵、罗、吴昌、刘阳、建宁、蒲圻。

16. 衡阳郡,治湘南(今湖南湘潭市西南),9县:湘南、湘乡、益阳、新康、衡山、重安、烝阳、湘西、连道。

17. 湘东郡,治酃(今湖南衡阳市),7县:酃、新平、利阳、阴山、茶陵、临烝、新宁。

18. 零陵郡,治泉陵(今湖南永州市),11县:泉陵、祁阳、永昌、零陵、洮阳、观阳、营浦、营道、泠道、舂陵、应阳。

19. 邵陵郡,治邵陵(今湖南邵阳市),8县:邵陵、邵阳、高平、都梁、夫夷、新、建兴、武刚。

20. 随国,治随(今湖北随州市),2县:随、平林。

(十七)扬州,治秣陵(今江苏南京市)。郡十三,县一百一十三

1. 淮南郡,治寿春(今安徽寿县),14县:寿春、成德、下蔡、义城、西曲阳、

平阿、全淑、阜陵、合肥、阴陵、钟离、当涂、逡遒、东城。

2. 庐江郡,治舒(今安徽舒城县),9县:舒、六安、龙舒、灊、居巢、皖、临湖、襄安、阳泉。

3. 丹杨郡,治秣陵(今江苏南京市),10县:秣陵、丹杨、芜湖、溧阳、湖熟、江乘、句容、建邺、江宁、于湖。

4. 宣城郡,治宛陵(今安徽宣城市),11县:宛陵、广德、临城、陵阳、宣城、石城、泾、春谷、安吴、宁国、怀安。

5. 毗陵郡,治毗陵(今江苏常州市),7县:毗陵、曲阿、丹徒、无锡、暨阳、武进、延陵。

6. 吴郡,治吴(今江苏苏州市),11县:吴、海盐、嘉兴、盐官、钱唐、娄、富春、建德、桐庐、寿昌、海虞。

7. 吴兴郡,治乌程(今浙江湖州市南),10县:乌程、余杭、武康、临安、故鄣、於潜、安吉、原乡、东迁、长城。

8. 会稽郡,治山阴(今浙江绍兴市),10县:山阴、上虞、始宁、余姚、句章、鄞、鄮、剡、诸暨、永兴。

9. 东阳郡,治长山(今浙江金华市),9县:长山、乌伤、太末、信安、定阳、吴宁、丰安、遂昌、永康。

10. 新安郡,治始新(今浙江淳安县西北),6县:始新、黟、歙、遂安、黎阳、海宁。

11. 临海郡,治章安(今浙江台州市章安镇),8县:章安、临海、始丰、松阳、安固、宁海、永宁、横阳。

12. 历阳郡,治历阳(今安徽和县),2县:历阳、乌江。

13. 义兴郡,治阳羡(今江苏宜兴市),6县:阳羡、义乡、国山、临津、永世、平陵。

(十八)江州,治南昌(今江西南昌市)。郡十一,县八十六。

1. 豫章郡,治南昌(今江西南昌市),16县:南昌、建城、新淦、海昏、豫宁、彭泽、艾、建昌、望蔡、新吴、永修、吴平、丰城、宜丰、康乐、钟陵。

2. 鄱阳郡,治广晋(今江西鄱阳县北),8县:广晋、鄱阳、历陵、余干、乐安、鄡阳、葛阳、晋兴。

3. 庐陵郡,治石阳(今江西吉水县北),10县:石阳、西昌、南野、东昌、遂兴、巴丘、兴平、吉阳、阳丰、高昌。

4. 临川郡,治临汝(今江西抚州市),10县:临汝、新南城、新建、南丰、宜黄、安浦、西丰、西宁、东兴、永城。

5. 南康郡,治雩都(今江西于都县东北),6县:雩都、宁都、南康、陂阳、平固、赣。

6. 建安郡,治建安(今福建建瓯市),7县:建安、将乐、邵武、建阳、吴兴、延平、东平。

7. 晋安郡,治候官(今福建福州市),8县:候官、原丰、新罗、宛平、同安、晋安、罗江、温麻。

8. 武昌郡,治武昌(今湖北鄂州市鄂城区西),6县:武昌、沙阳、阳新、沙羡、鄂、高陵。

9. 桂阳郡,治郴(今湖南郴州市),6县:郴、便、耒阳、南平、临武、晋宁。

10. 安成郡,治平都(今江西安福县),7县:平都、新渝、宜春、永新、安复、萍乡、广兴。

11. 寻阳郡,治柴桑(今江西九江市西南),2县:柴桑、寻阳。

(十九)交州,治龙编(今越南河北省仙游县东)。郡七,县五十九

1. 合浦郡,治合浦(今广西合浦县东北),7县:合浦、徐闻、珠官、荡昌、南平、毒质、晋始。

2. 交趾郡,治龙编(今越南河北省仙游县东),15县:龙编、羸陵、定安、苟扁、曲易、北带、稽徐、西于、朱鸢、望海、交兴、南定、武宁、海平、封溪。

3. 新昌郡,治乏考,6县:麓冷、嘉宁、吴定、封山、临西、西道。

4. 武平郡,治乏考,5县:武兴、进山、根宁、安武、扶安。

5. 九真郡,治胥浦(今越南清化省清化西北),10县:胥浦、移风、常乐、建初、津梧、松原、扶乐、高安、宁夷、军安。

6. 九德郡,治乏考,9县:九德、阳远、咸驩、南陵、蒲阳、曲胥、都洨、扶苓、西安。

7. 日南郡,治卢容(今越南平治天省广田县东),7县:卢容、象林、朱吾、西卷、比景、无劳、寿泠。

(二十)广州,治番禺(今广东广州市)。郡九,县六十九

1. 南海郡,治番禺(今广东广州市),6县:番禺、四会、博罗、龙川、增城、平夷。

2. 苍梧郡,治广信(今广西梧州市),13县:广信、端溪、高要、鄣平、猛陵、临允、建陵、宁新、丰城、都罗、武城、元溪、丁留。

3. 郁林郡,治布山(今广西桂平市西),10县:布山、阿林、安广、领方、郁平、新邑、安始、晋平、武熙、安远。

4. 桂林郡,治潭中(今广西柳州市东南),7县:潭中、武丰、粟平、洋平、龙

冈、夹阳、军腾。

5. 高凉郡,治思平(今广东恩平市北),8县:思平、高凉、安宁、广化、海安、莫阳、化平、西平。

6. 宁浦郡,治宁浦(今广西横县南),5县:宁浦、吴安、平山、兴道、涧阳。

7. 临贺郡,治临贺(今广西贺州市东南),6县:临贺、封阳、冯乘、富川、谢沐、兴安。

8. 始安郡,治始安(今广西桂林市),7县:始安、荔浦、平乐、熙平、常安、永丰、始阳。

9. 始兴郡,治曲江(今广东韶关市东南),7县:曲江、桂阳、含洭、浈阳、中宿、始兴、阳山。

第五编　东晋实州郡县沿革

本编凡例

1. 本编叙述东晋实州郡县沿革,时间跨度为:起始于建武元年(317),终结于元熙二年(420)。各州郡县的实际存废时间详参相应的按语考证。

2. 诸州郡县存在的年限及名称的变更,在诸州郡县名称后以圆括号的形式标出。本编中州郡废置时间的公元纪年标准为:若建置时间是在某年之上半年,则以该年为建置年,若建置时间在某年之下半年,则以次年为建置年;若罢废时间为某年之上半年,则以上一年为罢废年,若罢废时间在某年之下半年,则以该年为罢废年。置废年代不明者,以问号标出。置废年代大抵在某年,则在该年代后以问号标出,或在该年代后加"前"或"后"字。

3. 本编所叙为东晋实州郡县沿革,而侨州所领实郡、侨郡所领实县也在本编叙述范围之内。相关侨州、郡、县名加下划线,用以区别于实州郡县。

4. 东晋诸实州郡之治所及其于今地之定点,凡乏考者,则依《嘉庆重修一统志》、《中国历史地图集·东晋十六国南北朝》分册、胡阿祥《六朝疆域与政区研究(增订本)·东晋实州郡县(含实郡领侨县)建置表(义熙十四年418年)》酌定。现代地名则以2004年《中华人民共和国行政区划简册》[①]为准。

5. 在考证东晋实州郡县沿革基础之上,复以义熙十四年(418)为断代,排列其时之州郡县领属情况,以见东晋实州郡县概况。

6. 本编征引文献,为省篇幅,部分书名或以简称出现。具体说明于下:
班固《汉书·地理志》,简称《汉志》;
司马彪《续汉书·郡国志》,简称《续汉志》;
房玄龄等《晋书·地理志》,简称《晋志》;
沈约《宋书·州郡志》,简称《宋志》;
萧子显《南齐书·州郡志》,简称《南齐志》;
李吉甫《元和郡县图志》,简称《元和志》;
乐史《太平寰宇记》,简称《寰宇记》;

---

① 中华人民共和国民政部编,中国地图出版社,2005年。

钱大昕《廿二史考异》,简称《考异》;
司马光《资治通鉴》,简称《通鉴》;
洪亮吉《东晋疆域志》,简称《东晋志》;
吴增仅《〈三国郡县表〉考证》,简称吴氏《考证》。

第一章 东晋实州郡县沿革

第一节 扬州沿革

扬州(317—420)，治建康①(今江苏南京市)，据《晋志》："明帝太宁元年，分临海立永嘉郡，统永宁、安固、松阳、横阳等四县，而扬州统丹杨、吴郡、吴兴、新安、东阳、临海、永嘉、宣城、义兴、晋陵十一郡。"中华书局校勘记云："《考异》：自丹杨至晋陵止十郡，盖脱会稽一郡。"此说不确，西晋末年扬州领郡十三，太宁元年(323)分置永嘉郡，当领郡十四，其时又有淮南、庐江、历阳三郡。安帝时分庐江置晋熙郡，义熙元年(405)置马头郡，义熙八年省淮南郡，义熙九年庐江、历阳、晋熙、马头四郡移属豫州，领郡十一(义熙十四年之扬州政区见图27)。

（一）丹杨郡(317,318—420 丹杨尹)——治建康(今江苏南京市)

按：据《宋志》："(晋)元帝太兴元年，改(丹杨郡)为尹。"又《晋书·元帝纪》："(太兴元年)六月，旱，帝亲雩。改丹杨内史为丹杨尹。"则太兴元年(318)六月改丹杨郡为丹杨尹。西晋末丹杨郡领县十一，咸康元年(335)割江乘县置琅邪侨郡，义熙八年割于湖县置淮南侨郡，晋末省芜湖县，领县八。

1. 建康(317—420)
2. 秣陵(317—420)
3. 江宁(317—420)
4. 丹杨(317—420)
5. 永世(317—420)
6. 溧阳(317—420)
7. 湖熟(317—420)
8. 句容(317—420)
9. 于湖(317—411)

按：据《宋志》："晋末遂割丹阳之于湖县为淮南境。"钱大昕《潜研堂文

---

① 据《寰宇记》卷123淮南道扬州条："元帝渡江，历江左，扬州常理建业。"

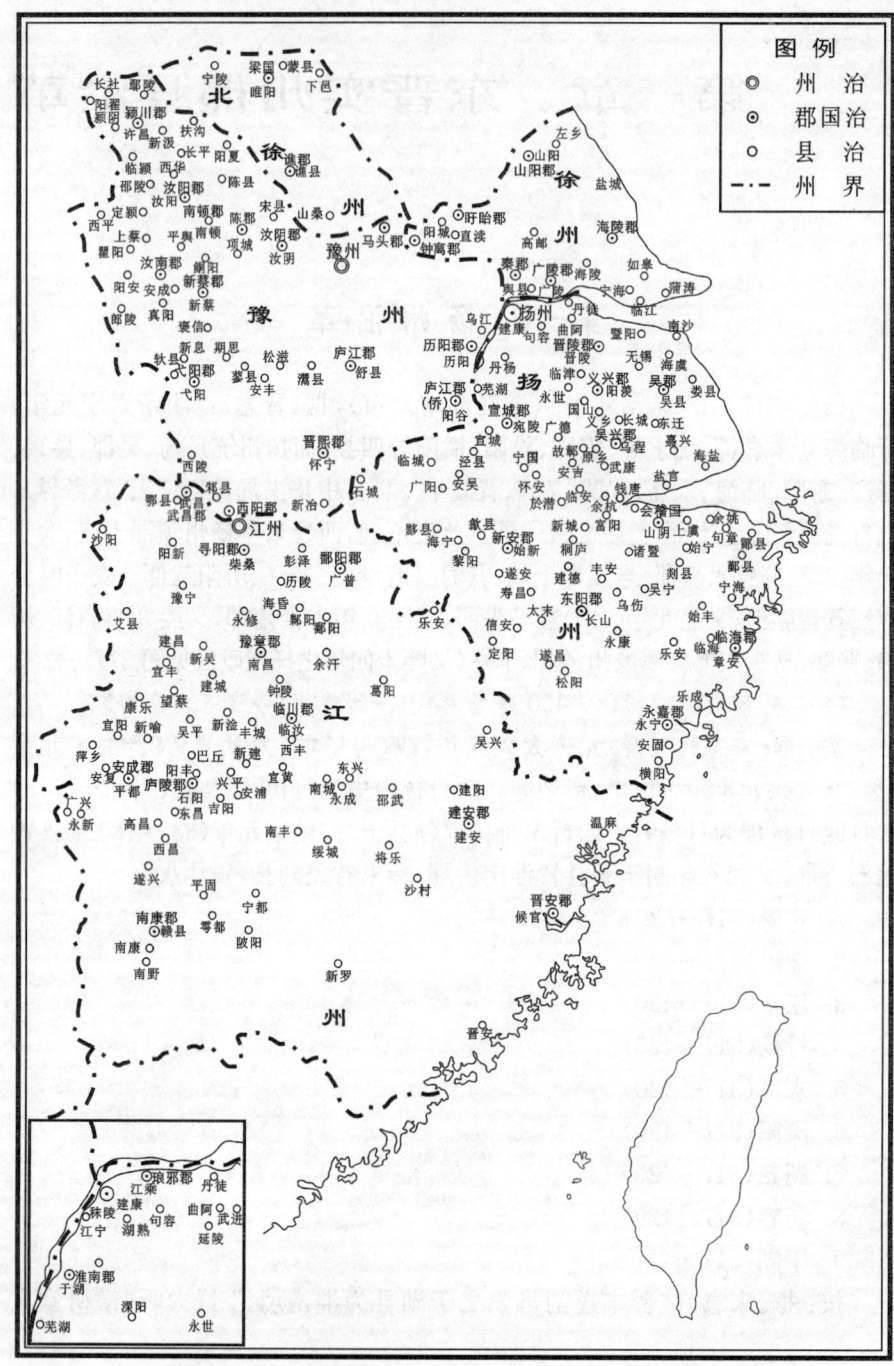

图27 义熙十四年(418)东晋扬州、徐州、北徐州(南部)、豫州、江州政区

集》卷32"答洪稚存书"略云：义熙八年土断扬、豫，其时割丹阳之于湖县为淮南郡境。《志》称晋末，即义熙八年也。则义熙八年前丹杨郡仍有于湖县，此后割置淮南侨郡。

10. 江乘(317—334)

按：据《宋志》一南徐州刺史南琅玡太守："晋乱，琅玡国人随元帝过江千余户，太兴三年，立怀德县。丹阳虽有琅玡相而无土地。成帝咸康元年，桓温领郡，镇江乘之蒲洲金城上，求割丹阳之江乘县境立郡，又分江乘地立临沂县。"则咸康元年(335)，江乘县割置琅邪侨郡①。

11. 芜湖(317—420前)

按：《东晋志》卷1据《宋志》、《元和志》以为"芜湖县之省当在晋末立襄垣县之时"，则晋末芜湖见废。

(二) 宣城郡(317—420)——治无定所②

按：西晋末宣城郡领县十一，咸和四年(329)后割春谷县置庐江侨郡，领县十。

1. 宛陵(317—420)
2. 宣城(317—420)
3. 陵阳(317—337, 338—420 广阳)

按：《宋志》："广阳令，汉旧县曰陵阳……晋成帝杜皇后讳'陵'，咸康四年更名。"《东晋志》卷1据《水经注》亦以为陵阳咸康四年改名广阳，是。

4. 安吴(317—420)
5. 临城(317—420)
6. 石城(317—420)
7. 泾(317—420)
8. 广德(317—420)
9. 宁国(317—420)
10. 怀安(317—420)
11. 春谷(317—329后)

---

① 《东晋志》以为江乘县咸康元年改属南琅邪郡，误。东晋诸郡不加"南"字，《考异》卷19晋书地理志下云："当时侨立诸郡，或在江南，或在江北，虽非故土，而不加南字。……永初受禅，乃诏郡县寓立于南者，听以南为号；以北为名者，悉除之。而《志》谓元明之世已有南琅玡、南东平、南兰陵、南彭城、南下邳、南东莞诸名，此二误也。"

② 据《元和志》卷28江南道宣城："东晋或理芜湖，或理姑熟，或理赭圻。"《东晋志》卷1以为此皆寄治，在丹杨郡境内，此后似以宛陵为郡城。

按：西晋有春谷县，今检百衲本《宋书》卷29《符瑞志下》："晋成帝咸和元年十月辛卯，宣城春谷县山岸崩，获石鼎重二斤。"《四部丛刊》三编所收宋本《太平御览》卷756《器物部·器皿·鼎》引《晋中兴书》曰："成帝咸和元年，宣城春谷山崩，得古鼎。"则《宋书》之"春谷"似即"春谷"。晋成帝咸和元年春谷仍属宣城郡。又据《宋书》卷29《符瑞志下》："晋成帝咸康八年九月，庐江春谷县留珪夜见门内有光，取得玉鼎一枚。"则咸康八年前春谷县移属庐江郡。《东晋志》卷1以为盖因苏峻之乱，淮南民流入江左，或于春谷县侨立庐江郡。《考异》卷23宋书符瑞志下"咸和在咸康之前，其时春谷尚属宣城，盖自苏峻、祖约作乱之后，淮南流人始移江南，此庐江置郡，必于咸和四年以后矣"。

（三）吴郡（317—420）——治吴（今江苏苏州市）

按：西晋吴郡领县十一，咸和九年复置新城县，领县十二。

1. 吴（317—420）
2. 嘉兴（317—420）
3. 海盐（317—420）

按：《东晋志》卷1引《晋书·五行志》"元帝太兴三年海盐郡雨雹"，以为海盐又尝作郡或旋废耳。今检百衲本《晋书》卷29《五行志》："（太兴）三年三月，海盐雨雹。是时，王敦陵上。"不知洪氏所据《晋书》为何本。又《宋书》卷33《五行志四》："太兴三年三月，海盐郡雨雹。是时，王敦陵上。"洪氏似指《宋书·五行志》而言，然此所谓"海盐郡"仅此一见，文献无载，又宋本《太平御览》卷14《天部·雹》引《晋中兴书》："太兴二年海盐雨雹，大如鸡子。"则此"海盐郡"之"郡"字颇疑为衍字。

4. 盐官（317—420）
5. 钱唐（317—420）
6. 富春（317—393，394—420 富阳）

按：今检《宋志》："富阳令……晋简文郑太后讳'春'，孝武改曰富阳。"又《晋书》卷9《孝武帝纪》："（太元）十九年夏六月壬子[1]，追尊会稽王太妃郑氏为简文宣太后。"则东晋孝武帝太元十九年（394）改富春为富阳。

7. 新城（334—420）

按：据《宋志》："新城令……张勃云：'晋末立。'疑是太康末立，寻复省也。晋成帝咸和九年又立。"则咸和九年复置新城县。

---

[1] 中华书局本"校勘记"："六月甲寅朔，无壬子。《礼志》上记此事作'二月'，二月丙辰朔，亦无壬子。"

8. 桐庐(317—420)

9. 建德(317—420)

10. 寿昌(317—420)

11. 娄(317—420)

12. 海虞(317—420)

(四)吴兴郡(317—420)——治乌程(今浙江湖州市南)

按:西晋末吴兴郡领县十,历东晋似未变化。

1. 乌程(317—420)

2. 临安(317—420)

3. 余杭(317—420)

4. 武康(317—420)

5. 东迁(317—420)

6. 於潜(317—420)

7. 故鄣(317—420)

8. 安吉(317—420)

9. 原乡(317—420)

10. 长城(317—420)

(五)会稽国(317—420)——治山阴(今浙江绍兴市)

按:西晋末会稽领县十,历东晋似未变化。《东晋志》卷1余姚县下云:"《山海经注》:'句余山,今在会稽余姚县南、句余县北。故此二县因此为名焉,见张氏地理志。'今案会稽有句章县,无句余县。"因以疑之。今检《古逸丛书》三编所收南宋池阳郡斋刻本《山海经传》卷1《南山经》:"(句余之山)今在会稽余姚县南,句章县北。故此二县因此为名云,见张氏地里志。"又《水经注》卷29:"(句余)山在余姚之南,句章之北也。"洪氏所据《山海经》不知何本,疑误。

1. 山阴(317—420)

2. 上虞(317—420)

3. 余姚(317—420)

4. 句章(317—420)

5. 鄞(317—420)

6. 鄮(317—420)

7. 始宁(317—420)

8. 剡(317—420)

9. 永兴(317—420)

10. 诸暨(317—420)

(六)东阳郡(317—420)——治长山①(今浙江金华市)

按:西晋末东阳郡领县九,历东晋似未变化。

1. 长山(317—420)
2. 永康(317—420)
3. 乌伤(317—420)
4. 吴宁(317—420)
5. 太末(317—420)
6. 信安(317—420)
7. 丰安(317—420)
8. 定阳(317—420)
9. 遂昌(317—420)

(七)新安郡(317—420)——治始新(今浙江淳安县西北)

按:西晋末新安郡领县六,历东晋似未变化。

1. 始新(317—420)
2. 遂安(317—420)
3. 黎阳(317—420)
4. 海宁(317—420)
5. 黝(317—420)
6. 歙(317—420)

(八)临海郡(317—420)——治章安(今浙江台州市章安镇)

按:西晋末临海郡领县八,康帝建元元年(343)前后分始丰置乐安,领县九,明帝太宁元年(323)永宁等四县移属永嘉郡,领县五。

1. 章安(317—420)
2. 临海(317—420)
3. 始丰(317—420)
4. 宁海(317—420)
5. 乐安(343?—420)

按:据《宋志》:"乐安令,晋康帝分始丰立。"晋康帝自咸康八年六月至建元二年九月在位,凡二年有余,故乐安之置当在康帝建元元年前后。

---

① 据《舆地广记》卷22两浙路上婺州金华县条:"本汉乌伤县地,属会稽郡。初平三年,分县南乡置长山县。吴为东阳郡治,晋以后因之。"则东晋时东阳郡治长山县。

6. 永宁(317—322)

7. 安固(317—322)

8. 松阳(317—322)

9. 横阳(317—322)

(九)永嘉郡(323—420)——治永宁(今浙江温州市)

按：据《宋志》："永嘉太守，晋明帝太宁元年，分临海立。"又《晋志》："明帝太宁元年，分临海立永嘉郡，统永宁、安固、松阳、横阳等四县。"则永嘉郡太宁元年置，领县四：永宁、安固、松阳、横阳。宁康三年(375)分永宁置乐成，领县五。又据《元和志》卷26江南道处州条："后汉改回浦为章安，晋立为永嘉郡，梁、陈因之。"似永嘉所置亦分章安之土，检《舆地广记》卷23两浙路温州永嘉县条："东汉永和三年以章安县之东瓯乡置永宁县，属会稽郡。吴属临海郡。晋、宋为永嘉郡治。"可知《元和志》行文简疏而致歧疑也。

1. 永宁(323—420)

2. 安固(323—420)

3. 松阳(323—420)

4. 乐成(375—420)

按：据《宋志》："乐成令，晋孝武宁康三年，分永宁立。"则宁康三年分永宁县置乐成县。

5. 横阳(323—420)

(十)义兴郡(317—420)——治阳羡(今江苏宜兴市)

按：西晋末义兴郡领县五，历东晋似未变化。

1. 阳羡(317—420)

2. 临津(317—420)

3. 义乡(317—420)

4. 国山(317—420)

5. 平陵(317—420)

(十一)晋陵郡(317—420)——初寄治京口，后还丹徒，又治晋陵①(今江苏常州市)

按：西晋末领县七，咸康七年增置南沙县，领县八。

1. 晋陵(317—420)

---

① 据《宋志》晋陵太守条："太兴初，郡及丹徒县悉治京口，郗鉴复徙还丹徒，安帝义熙九年，复还晋陵。"则晋陵郡太兴初寄治京口，后还丹徒，义熙九年移治晋陵。

2. 丹徒(317—420)

3. 曲阿(317—420)

4. 武进(317—420)

5. 延陵(317—420)

6. 暨阳(317—420)

7. 无锡(317—420)

8. 南沙(341—420)

按：据《宋志》："晋成帝咸康七年，罢盐署，立以为南沙县。"则咸康七年置南沙县。

(十二) 历阳郡(317—412)——治历阳(今安徽和县)

按：据《宋志》历阳太守条："晋惠帝永兴元年，分淮南立，属扬州，安帝割属豫州。"又《宋志》南豫州刺史条："宋武帝欲开拓河南，绥定豫土，(义熙)九年，割扬州大江以西、大雷以北，悉属豫州，豫基址因此而立。"历阳郡境正位于大江以西、大雷以北之域，故当于义熙九年割属豫州。又《宋志》历阳太守条："《永初郡国》唯有历阳、乌江、龙亢三县"，龙亢"汉旧名，属沛郡，《晋太康地志》属谯。江左流寓立"，故其时似领实县二、侨县一。

1. 历阳(317—412)

2. 乌江(317—412)

3. 龙亢

按：侨寄今安徽含山县南。

(十三) 淮南郡(317—327，349—411)——治寿春(今安徽寿县)

按：据《晋书》卷105《石勒载记》："(咸和三年)石堪攻晋豫州刺史祖约于寿春，屯师淮上。晋龙骧将军王国以南郡叛降于堪，南阳都尉董幼叛，率襄阳之众又降于堪。祖约诸将佐皆阴遣使附于勒。石聪与堪济淮，陷寿春，祖约奔历阳。"则咸和三年寿春失守，淮南陷没。又《南齐志》上豫州："穆帝永和五年，胡伪扬州刺史王浃以寿春降。"《晋书》卷8《穆帝纪》，永和五年(349)六月，"石遵扬州刺史王浃以寿阳来降"，则永和五年淮南得复。义熙八年土断扬、豫，割丹阳之于湖县为淮南郡境，因割寿阳县为梁郡实土，而淮南郡移于江南，寿阳不复为县矣。详下淮南侨郡考证。

寿春(317—327，349—393，394—411 寿阳)

按：西晋作"寿春"，据《通典》卷181《州郡典十一》寿州寿春云："东晋以郑皇后讳，改寿春为寿阳，宜春曰宜阳，富春曰富阳。凡名'春'，悉改之。"又《晋书》卷32《后妃传下》："简文宣郑太后讳阿春"，孝武太元十九年诏上尊号曰简文宣太后；又《宋志》扬州刺史吴郡太守富阳令条："本名富春。……晋简文郑太后讳'春'，孝武改曰富阳。"则晋孝武帝时改寿春为寿阳。

（十四）庐江郡(317—412)——治舒(今安徽舒城县)

按：西晋末年庐江郡领县九，入东晋除舒、灊二县外，存废情况乏考。安帝时又分庐江郡地设晋熙郡，《东晋志》卷1庐江郡条以为其时又分庐江郡置堂邑郡，堂邑远在江北，与庐江郡境中隔历阳郡，不知如何可割之而置堂邑郡，又晋惠帝永兴元年(304)已据堂邑县置堂邑郡，东晋堂邑郡侨寄京邑，洪氏显误。似于义熙九年割属豫州。

1. 舒(317—412)

2. 灊(317—412)

（十五）晋熙郡(397后—412)——治怀宁(今安徽潜山县)

按：据《宋志》晋熙太守条："晋安帝分庐江立。"唯确切时间待考。似于义熙九年割属豫州。

1. 怀宁(397后—412)

按：据《宋志》晋熙太守条："怀宁令，晋安帝立。"似随郡而置。

2. 新冶(397后—412)

按：据《宋志》晋熙太守条："新冶令，晋安帝立。"似随郡而置。

3. 阴安

按：据《宋志》晋熙太守条："阴安令，汉旧名，属魏郡，《晋太康地志》属顿丘。"此为侨县，侨寄今安徽枞阳县北柳寺村附近。

（十六）马头郡(405—412)——治马头城(今安徽怀远县南淮河南岸)

按：据《宋志》马头太守条："故淮南当涂县地，晋安帝立，因山形立名。"又《寰宇记》卷128淮南道濠州钟离县条："按晋太元二年，谢玄为兖州刺史，以为马头城。至义熙元年立为马头郡，缘山形为名。"则义熙元年始置马头郡。马头郡境亦位于大江以西、大雷以北之域，故当于义熙九年割属豫州。《宋志》马头太守条领县三，其中虞县"汉旧名，属梁郡，流寓因配"；济阳"故属济阳，流寓因配"；零县"晋安帝立"，零县疑亦"流寓因配"。考《宋志》二冀州刺史清河太守："零令，汉旧县作灵"；又《晋志》上冀州清河郡领灵县。则所领三县皆为侨县。

1. 虞

按：侨寄今安徽怀远县南淮河东岸马城镇。

2. 零

按：侨寄今安徽怀远县一带。

3. 济阳

按：侨寄今安徽怀远县一带。

（十七）淮南郡，侨寄江南，后割于湖（今安徽当涂县）为境

按：《宋志》一扬州刺史淮南太守："其后中原乱，胡寇屡南侵，淮南民多南度。成帝初，苏峻、祖约为乱于江淮，胡寇又大至，民南度江者转多，乃于江南侨立淮南郡及诸县，晋末遂割丹阳之于湖县为淮南境。宋孝武大明六年，以南郡并宣城，宣城郡徙治于湖。八年，复立淮南郡，属南豫州。明帝泰始三年，还属扬州。领县六。"六县即：于湖；当涂，"晋成帝世，与逡道俱立为侨县，晋末分于湖为境"；繁昌，"晋乱，省襄城郡，以此县属淮南，割于湖为境"；襄垣，"其地本芜湖……至于晋末，立襄垣县，属上党。上党民南过江，立侨郡县，寄治芜湖，后省上党郡为县，属淮南。文帝元嘉六年，省上党县并襄垣"；定陵，"汉旧名，本属襄城，后割芜湖为境"；逡道，"汉作逡遒，晋作逡道，后分芜湖为境"。其中于湖为实县，钱大昕《潜研堂文集》卷32"答洪稚存书"略云：检《宋书·刘敬宣传》，义熙五年出督淮西，其结衔云"淮南安丰二郡太守、梁国内史"，则其时尚有淮南郡，有郡则必有所领之县；至谓二郡之合在宋永初以后，则恐未然。考义熙八年土断扬、豫，是年向靖戍寿阳，《传》称"安丰、汝阴二郡太守，梁国内史"，不云淮南太守，是淮南已并入梁郡，不待永初也。盖其时割丹阳之于湖县为淮南郡境（《志》称晋末，即义熙八年也），因割寿阳县为梁郡实土，而淮南郡移于江南，寿阳不复为县矣。则义熙八年于湖割属淮南郡。又《晋志》上豫州："元帝渡江，以春谷县侨立襄城郡及繁昌县。……时淮南入北，乃分丹杨侨立淮南郡，居于湖，又以旧当涂县流人渡江，侨立为县。"又《东晋志》卷4扬州淮南郡上党："《图经》，故城在芜湖县西南"；定陵，"《图经》，故城在今青阳县东北"；逡遒，"《图经》，故城在今宣城县北六十里"。淮南侨郡六侨县，繁昌于宣城郡春谷县侨立，当涂分丹阳郡于湖侨立；襄垣、上党、逡遒、定陵侨于丹阳郡芜湖县境。而春谷县自晋元帝时起，便变成了繁昌县；繁昌本汉颍川郡属县，后属襄城郡，在江北；因侨立，是县之名遂移江南。芜湖自侨置襄垣，其名遂隐，重新出现要到五代之时。当涂亦沿名至今，其初割于湖为实土，治今安徽南陵东南，《通典》宣城郡南陵下有当涂故城；隋平陈，废入宣城，后复置当涂县，移姑熟，即今当涂县治。

1. 于湖（412—420）

按：据本郡考证，义熙八年割属淮南郡。

2. 襄垣

按：侨寄芜湖。

3. 当涂

按：侨于江南，后分于湖为境，今安徽南陵东南。

4. 上党

按：侨寄芜湖西南。

5. 定陵

按：侨寄芜湖界，今安徽青阳东北。

6. 逡道

按：侨寄芜湖界，今安徽宣州市境。

7. 繁昌

按：侨寄春谷(今安徽繁昌)东北。

(十八) 琅邪郡，侨寄丹阳郡(今江苏南京市)，移江乘金城(今江苏句容市西北)，成实土

按：《宋志》一南徐州刺史南琅琊太守："晋乱，琅琊国人随元帝过江千余户，太兴三年，立怀德县。丹阳虽有琅琊相而无土地。成帝咸康元年，桓温领郡，镇江乘之蒲洲金城上，求割丹阳之江乘县境立郡，又分江乘地立临沂县。《永初郡国》有阳都、费、即丘三县，并割临沂及建康为土。费县治宫城之北。元嘉八年，省即丘并阳都。十五年，省费并建康、临沂。孝武大明五年，省阳都并临沂。今领县二"，即临沂、江乘。按东晋时又领有开阳侨县。《宋志》一南徐州刺史南彭城太守开阳令："晋侨立，犹属琅琊，安帝度属彭城。"又《宋书》卷94《恩倖·徐爰传》："南琅琊开阳人也。"

1. 江乘(335—420)

按：据本郡考证，江乘实县咸康元年割属焉。

2. 怀德①

按：侨寄建康。

3. 费

按：侨寄建康。

4. 阳都

---

① 《建康实录》卷5："案，中宗初，琅琊国人置怀德县，在宫城南七里，今建初寺前路东，后移于宫城西北三里耆园寺西。帝又创已北为琅琊郡，而怀德属之，后改名费县。"依此，则怀德县后改名费县。《东晋志》同。然《实录》为唐人所撰；又考《宋书》卷28《符瑞志》中"晋元帝太兴三年四月，甘露降琅琊费"，时北土徐州琅琊国及费县已不为晋守，此"琅琊费"当为侨置，若然，则琅琊郡及费县之侨在太兴三年四月之前；而立怀德县，据《晋书》卷6《元帝纪》在太兴三年七月。以侨人立侨郡县之始，推琅琊郡及费县；而费县乃怀德县改名一说，颇可疑。

按：侨寄江乘。
5. 临沂
按：侨寄江乘西。
6. 即丘
按：侨寄江乘。
7. 开阳

第二节 徐州沿革

徐州(317—420)，治所屡变。《晋志》下徐州："元帝渡江之后，徐州所得惟半……是时，幽、冀、青、并、兖五州及徐州之淮北流人相帅过江淮，帝并侨立郡县以司牧之。……(徐州)初或居江南，或居江北，或以兖州领州。郗鉴都督青兖二州诸军事，兖州刺史，加领徐州刺史，镇广陵。苏峻平后，自广陵还镇京口。"又《考异》卷22晋书王恭传云："晋南渡已后，徐兖二州刺史，或镇京口，或镇广陵，或镇下邳，率以一人领之。太元二年，以王蕴为徐州刺史，镇京口；谢玄为兖州刺史，镇广陵，始分为二。未几，谢兼领徐州，仍合为一。"又同卷之桓冲传云："自桓温、刁彝、王坦之领徐、兖二州，皆镇广陵。其单称徐州刺史，自冲始；移镇京口亦自冲始。而京口遂专北府之名矣。嗣后王蕴代冲为徐州刺史，镇京口，谢玄除兖州刺史，镇广陵，而徐、兖遂分两镇。"据此，东晋立徐州，始以兖州领徐州，或镇京口，或镇广陵，或镇下邳；孝武宁康三年(375)，桓冲为徐州刺史，遂移镇京口，单称徐州，徐、兖遂分两镇。义熙中，刘裕北伐南燕，克复淮北，收复徐州旧土，原徐州分为北徐、徐二州，此即《宋志》—南徐州刺史所云"安帝义熙七年，始分淮北为北徐，淮南犹为徐州"。《东晋志》卷4侨州实郡第五列有徐州，而徐州治旧徐州境，所领亦多徐州旧郡，当为实州，洪氏误。徐州东晋建武元年(317)领郡八：广陵、彭城、下邳、东海、东莞、琅邪、兰陵、堂邑。太兴二年(319)前收复梁国，旋没。永昌元年(322)琅邪沦没，领郡七。太宁二年(324)彭城、东海、东莞沦没，领郡四。咸和元年(326)兰陵沦没，其后下邳沦没，领郡二。咸和八年，复谯郡，领郡三。永和五年(349)复彭城，领郡四。永和九年前复梁国，九年彭城郡再没，领郡四。升平二年(358)前，复下邳，领郡五。升平三年，谯郡沦没，太元九年(384)复。安帝隆安元年(397)后堂邑郡废，义熙五年(409)前置宿预郡，义熙六年复置兰陵郡、琅邪郡、彭城郡，领郡八。义熙七年置海陵、盱眙、钟离三郡，彭城、下邳、宿预、琅邪、兰陵、梁国移属北徐州，领郡四(义熙十四年之徐州政区见前图27)。

(一) 广陵郡(317—420)——治广陵①(今江苏扬州市西北蜀冈上)

按：西晋末领县四，其中江都县，据《宋志》："江都令……江左又省并舆县。"则东晋时并入舆县。领县三。高邮县来属，领县四。《东晋志》卷4将广陵郡列入实州侨郡误甚。

1. 广陵(317—420)
2. 海陵(317—420)
3. 高邮(317—420)

按：西晋属临淮郡，东晋移属广陵郡。

4. 舆(317—420)

(二) 海陵郡(411—420)——治建陵(今江苏姜堰市北)

按：据《宋志》："海陵太守，晋安帝分广陵立。"又《晋志》下徐州："义熙七年……又分广陵界置海陵、山阳二郡。"则义熙七年分扬州地界置海陵郡。领县实县四，侨县一。

1. 建陵

按：建陵，《汉志》上东海郡属县，治今江苏沭阳县西北；东汉废。《宋志》一南兖州刺史海陵太守："晋安帝分广陵立。……建陵令，晋安帝立。"则其为侨县，且为海陵郡治。又《隋志》下江都郡海陵："并建陵县入。"侨地在今泰州市，疑其义熙七年随郡而立。

2. 临江(411—420)

按：《宋志》："临江令，晋安帝立。"疑其义熙七年随郡而立。

3. 如皋(411—420)

按：《宋志》："如皋令，晋安帝立。"疑其义熙七年随郡而立。

4. 宁海(411—420)

按：《宋志》："宁海令，晋安帝立。"疑其义熙七年随郡而立。

5. 蒲涛(411—420)

按：《宋志》："蒲涛令，晋安帝立。"疑其义熙七年随郡而立。

(三) 盱眙郡(411—420)——治旧盱眙(今江苏盱眙县东北台子山上)

按：西晋无此郡，据《宋志》盱眙太守条："晋属临淮，晋安帝分立。"《晋志》下徐州："义熙七年……以盱眙立盱眙郡，统考城、直渎、阳城三县。"则义熙七年置盱眙郡。《东晋志》卷4盱眙郡条引《寰宇记》以为盱眙郡治台子山，是。

---

① 据《宋志》广陵太守条："江左治广陵。"则东晋时广陵郡治广陵。

1. 考城

按：《东晋志》卷4盱眙郡考城县条据《晋志》以为考城侨县义熙七年置，今遍检《晋志》未见所据，不知洪氏所引《晋志》为何本。又《东晋志》卷4兖州东燕郡考城云："《图经》，侨县在怀远县东南四十五里，今为考城铺。"此考城侨属盱眙郡，与东燕侨郡所领者别。则考城县侨在今安徽怀远县东南。

2. 阳城(411—420)

按：《宋志》："阳城令，晋安帝立。"疑其义熙七年随郡而立。

3. 直渎(411—420)

按：《宋志》："直渎令，晋安帝立。"疑其义熙七年随郡而立。

4. 盱眙(317—410)

按：据本郡考证，义熙七年以盱眙立盱眙郡，则盱眙县废于此年。

(四) 钟离郡(411—420)——治燕(今安徽凤阳县东北)

按：据《宋志》钟离太守条："本属南兖州，晋安帝分立。"则晋安帝时置钟离郡，疑与海陵、盱眙同时置，则在义熙七年。《考表》谓：此钟离郡所领三县，并"流寓因配"，东晋当同。此即实郡侨县之例。钟离初为淮南郡属县，晋安帝时改立燕县，为钟离郡治。

1. 燕

2. 朝歌

3. 乐平

(五) 彭城郡(317—323，349—352，410)——治彭城(今江苏徐州市)

按：据《通鉴》卷93："(太宁二年春)后赵将兵都尉石瞻寇下邳、彭城，取东莞、东海，刘遐退保泗口。"彭城似于此后陷没。又《通鉴》卷95："(咸和九年)十二月，赵徐州从事兰陵朱纵斩刺史郭祥，以彭城来降，赵将王朗攻之，纵奔淮南。"此时彭城仍未属晋，《东晋志》卷1彭城郡条将之归于咸和元年，误甚。又《通鉴》卷98："(永和五年秋七月)(褚)裒帅众三万径赴彭城，北方士民降附者日以千计。"此后多有晋兵驻守彭城之文，则彭城似于此役归晋。又据《晋书》卷110《慕容儁载记》："晋宁朔将军荣胡以彭城、鲁郡叛降于儁。"《十六国春秋》卷27将之系于前燕元玺二年，即东晋永和九年，则永和九年彭城郡再没，《东晋志》卷1以为义熙六年刘裕平慕容超徐境复全入晋，则义熙六年复置彭城郡，义熙七年移属北徐州。西晋末彭城郡领县五，《宋志》彭城太守条亦领此五县，其间似未有变化。

1. 彭城(317—323，349—352，410)

2. 吕(317—323，349—352，410)

3. 蕃(317—323,349—352,410)

4. 薛(317—323,349—352,410)

5. 留(317—323,349—352,410)

（六）下邳郡(317—326后,358前—410)——治下邳(今江苏邳州市南)

按：据《晋书》卷6《明帝纪》："(太宁元年三月)石勒攻陷下邳，徐州刺史卞敦退保盱眙。"又《通鉴》卷93："(太宁二年春)后赵将兵都尉石瞻寇下邳、彭城，取东莞、东海，刘遐退保泗口。"又《晋书》卷7《成帝纪》："(咸和元年)十二月，济岷太守刘闿杀下邳内史夏侯嘉，叛降石勒。"下邳似于此后陷没。又据《晋书》卷8《穆帝纪》："(升平二年八月)以散骑常侍郗昙为北中郎将、持节、都督徐兖青冀幽五州诸军事、徐兖二州刺史，镇下邳。"《晋书》卷8《哀帝纪》："(隆和元年)二月辛未，以辅国将军、吴国内史庾希为北中郎将、徐兖二州刺史，镇下邳。"则至迟于升平二年前，下邳复为东晋所有。义熙七年移属北徐州。西晋末彭城郡领县四：下邳、良城、僮、睢陵。《宋志》下邳太守条领县三：下邳、良城、僮。又《宋志》济阴太守条："睢陵令，前汉属临淮，后汉属下邳。孝武大明元年度。"则东晋时睢陵仍属下邳，其间似未有变化。

1. 下邳(317—326后,358前—410)

2. 良城(317—326后,358前—410)

3. 僮(317—326后,358前—410)

4. 睢陵(317—326后,358前—410)

（七）东海郡(317—323)——治乏考

按：据《晋书》卷105《石勒载记》下："勒将兵都尉石瞻寇下邳，败晋将军刘长，遂寇兰陵，又败彭城内史刘续，东莞太守竺珍、东海太守萧诞以郡叛降于勒。"又《通鉴》卷93："(太宁二年春)后赵将兵都尉石瞻寇下邳、彭城，取东莞、东海，刘遐退保泗口。"则太宁二年东海沦没。其时领县乏考。

（八）东莞郡(317—323)——治乏考

按：据《晋书》卷105《石勒载记》下："勒将兵都尉石瞻寇下邳，败晋将军刘长，遂寇兰陵，又败彭城内史刘续。东莞太守竺珍、东海太守萧诞以郡叛降于勒。"又《通鉴》卷93："(太宁二年)后赵将兵都尉石瞻寇下邳、彭城，取东莞、东海，刘遐退保泗口。"则太宁二年东莞沦没。其时领县乏考。

（九）谯郡(333—358,384—410)——治谯(今安徽亳州市)

按：谯郡原属豫州，据《晋书》卷7《成帝纪》："(咸和八年)秋七月戊辰，石勒死，子弘嗣伪位。其将石聪以谯来降。"又《通鉴》卷100："(升平三年冬十月)于是许昌、颍川、谯、沛诸城相次皆没于燕。"《通鉴》卷105："(太元九年)鹰扬将军刘牢之攻秦谯城拔之。"则谯郡咸和八年复来归，似于此时移属徐州，升平三年复陷没于燕，太元九年又复置，义熙七年移属北徐州。西晋末谯郡领县七，《东晋志》卷1引《晋书》以为东晋时谯郡领有谯、山桑二县，是。

  1. 谯(333—358,384—410)
  2. 山桑(333—358,384—410)
 （十）梁国(319前—319,353前—410)——治睢阳（今河南商丘市南）

  按：据《通鉴》卷91："(太兴二年)祖逖攻陈川于蓬关，石勒遣石虎将兵五万救之，战于浚仪。逖兵败，退屯梁国。勒又遣桃豹将兵至蓬关，逖退屯淮南。"则太兴二年前梁国收复，旋没。又据《通鉴》卷99："(永和九年)(殷)浩愈恶之(姚襄)，使龙骧将军刘启守谯，迁(姚)襄于梁国蠡台，表授梁国内史。"则永和九年前梁国再复，义熙七年移属北徐州。《东晋志》卷1引《晋书》以为东晋时梁国领有睢阳、蒙、项三县，漏列宁陵县。

  1. 睢阳(319前—319,353前—410)
  2. 蒙(319前—319,353前—410)
  3. 下邑(319前—319,353前—410)
  4. 宁陵(319前—319,353前—410)
 （十一）琅邪郡(317—321,394前—394,410)——治费（今山东费县西北）

  按：据《晋书》卷6《元帝纪》："(永昌元年八月)琅邪太守孙黙叛，降于石勒。"则琅邪郡永昌元年陷没。又《通鉴》卷96："(咸康五年)(蔡)谟上疏曰：'寿阳城小而固，自寿阳至琅邪，城壁相望。'"则咸康五年(339)琅邪仍为赵有。又《晋书》卷8《穆帝纪》："(永和十二年)①冬十月癸巳朔，日有蚀之。慕容恪攻段龛于广固，使北中郎将荀羡帅师次于琅邪以救之。"又《通鉴》卷100："(永和十二年)诏徐州刺史荀羡将兵随段蕴救之。羡至琅邪，惮燕兵之强不敢进。"胡三省注曰："此古琅邪也。"则永和十二年琅邪仍为燕有。据《通鉴》卷108："(太元十九年)燕主垂东巡阳平、平原，命辽西王农济河，与安南将军尹国略地青、兖。农攻廪丘，国攻阳城，皆拔之。东平太守韦简战死，高平、泰山、琅邪诸郡皆委城奔溃。"则太元十九年前，琅邪郡得复，太元十九年陷没。《东晋志》卷1以为义熙六年刘裕平慕容超徐境复全入晋，则义熙六年复置琅邪郡。西晋末琅邪郡领县八，《东晋志》卷1列有实县三：费、即丘、阳都，或为复置时所领。义熙七年移属北徐州。

---

① 《东晋志》引《晋志》作"永和十一年"，显误。

1. 费(317—321,394前—394,410)

2. 即丘(317—321,394前—394,410)

3. 阳都(317—321,394前—394,410)

4. 开阳(317—321)

5. 临沂(317—321)

6. 缯(317—321)

7. 华(317—321)

8. 蒙阴(317—321)

(十二)兰陵郡(317—325,410)——治承(今山东枣庄市东南)

按:《晋书》卷29《五行志》下:"元帝太兴元年六月,兰陵合乡蝗害禾稼。"则太兴元年时兰陵郡仍为晋有,又《通鉴》卷93:"(咸和元年十二月)彭城内史刘续复据兰陵石城,石瞻攻拔之。"则至咸和元年兰陵沦没。《东晋志》卷1以为义熙六年刘裕平慕容超徐境复全入晋,则义熙六年复置兰陵郡。西晋末领县五,《东晋志》卷1列有实县五:承、兰陵、戚、合乡、昌虑。是。义熙七年移属北徐州。

1. 承(317—325,410)

2. 兰陵(317—325,410)

3. 戚(317—325,410)

4. 合乡(317—325,410)

5. 昌虑(317—325,410)

(十三)宿预郡(409前—410)——治宿预(今江苏宿迁市东南旧黄河东北岸古城)

按:《东晋志》卷1引《魏书·地形志》司马德宗置宿预郡,又《宋志》淮阳太守条:"宿预令,晋安帝立。"以为宿预郡、县同置,或是。又《晋书》卷10《安帝纪》:"(义熙五年)二月慕容超将慕容兴宗寇宿豫。"则宿预郡当置于义熙五年前。义熙七年移属北徐州。

宿预(409前—410)

(十四)堂邑郡(317—397后)——治堂邑(今江苏南京六合区西北)

按:《晋志》上雍州:"有秦国流人至江南,改堂邑为秦郡,侨立尉氏县属焉。"又《宋志》一南兖州刺史秦郡太守:"晋武帝分扶风为秦国,中原乱,其民南流,寄居堂邑。……安帝改堂邑为秦郡。"则安帝时以堂邑郡为秦郡,而确年乏考。

堂邑(317—397后)

(十五) 山阳郡,侨寄射阳境,山阳(今江苏淮安市)

按:《续汉志》三:"山阳郡,故梁,景帝分置。"西晋改为高平国。东晋末侨立。当因高平流民而立。《宋志》—南兖州刺史山阳太守:"晋安帝义熙中土断分广陵立。"领县四:其山阳,"射阳县境,地名山阳,与郡俱立";盐城,旧县;东城、左乡,"晋安帝立"。山阳为侨郡,所置四县均为实县,义熙九年土断侨流郡县,此四县或于此时复置。

1. 山阳(413?—420)
2. 盐城(413?—420)
3. 东城(413?—420)
4. 左乡(413?—420)

(十六) 秦郡,侨寄堂邑

按:《晋志》上雍州:"有秦国流人至江南,改堂邑为秦郡,侨立尉氏县属焉。"又《宋志》—南兖州刺史秦郡太守:"晋武帝分扶风为秦国,中原乱,其民南流,寄居堂邑。……安帝改堂邑为秦郡。《永初郡国》属豫州,元嘉八年度南兖。《永初郡国》又领临涂(晋、宋立)①、平丘、外黄、沛、雍丘、浚仪、顿丘凡七县。何无雍丘、外黄、平丘、沛,徐又无浚仪。元嘉八年,以沛并顿丘。后废帝元徽元年,割顿丘属新昌。领县四。"所领四县,一秦;二义成,"江左立"②;三尉氏;四怀德。又《宋志》—徐州刺史新昌太守顿丘令:"江左流寓立,属秦,先有沛县,元嘉八年并顿丘,后废帝元徽元年度属此。"则秦郡始立时,顿丘、沛二县属焉。又《隋志》下江都郡清流:"旧曰顿丘,置新昌郡及南谯州。"则顿丘、沛二县在清流界。

1. 临涂(397?—420)

按:临涂之名,当与涂水有关,且无对应的原县,故疑为晋安帝新置的实县。

2. 秦
3. 外黄
4. 浚仪
5. 尉氏
6. 雍丘

---

① 《宋志》—南兖州刺史秦郡太守所谓"晋、宋立",文义不通,当作"晋末立"。宋、末盖形近致讹。
② 《东晋志》卷1豫州秦郡义成:"沈志,江左立。案名与淮南郡所属县同,地亦相近,而沈志于此下云江左立。故两存之。疑亦侨县也。俟更考。"

7. 顿丘
按：侨寄清流。
8. 沛
按：侨寄清流。
9. 义成
10. 平丘

第三节　北徐州沿革

北徐州(411—420)，治彭城(今江苏徐州市)。《晋志》下徐州："元帝渡江之后，徐州所得惟半。"义熙中，刘裕北伐南燕，克复淮北，收复徐州旧土，原徐州分为北徐、徐二州，此即《宋志》—南徐州刺史所云"安帝义熙七年，始分淮北为北徐，淮南犹为徐州"。则北徐州似置于义熙七年。《东晋志》卷1引《宋志》以为北徐州治彭城，是。又《晋志》下徐州："义熙七年，始分淮北为北徐州，淮南但为徐州，统彭城、沛、下邳、兰陵、东莞、东安、琅邪、淮阳、阳平、济阴、北济阴十一郡"。《东晋志》卷1琅邪国条据此以为除阳平等三郡外，皆为实郡。《考异》卷19云："《安帝纪》：'义熙五年慕容超将慕容兴宗寇宿预，阳平太守刘千载为贼所执。'此阳平侨置淮北之证。淮阳领甬城、宿预等县，去京都水七百，陆五百五十，亦淮北地也。"则阳平、淮阳、济阴、北济阴四郡皆为侨郡，《东晋志》卷1于北徐州列有淮阳郡，乃误认其为实郡也。义熙七年(411)，徐州七郡来属，增置东海、东莞、东安三郡，义熙九年沛郡来属，领郡十一(义熙十四年之北徐州政区见前图27及图28)。

（一）彭城郡(411—420)——治彭城(今江苏徐州市)
按：据本州考证，义熙七年彭城郡划属北徐州。
1. 彭城(411—420)
2. 吕(411—420)
3. 蕃(411—420)
4. 薛(411—420)
5. 留(411—420)

（二）沛郡(413—420)——治萧(今安徽萧县西北)
按：据豫州考证，义熙九年刘裕拓复旧土，豫州诸郡渐次恢复，沛郡或于其时复置，又《宋志》沛郡太守条："旧属豫州，江左改配。"则沛郡或于复置时移属北徐州也。

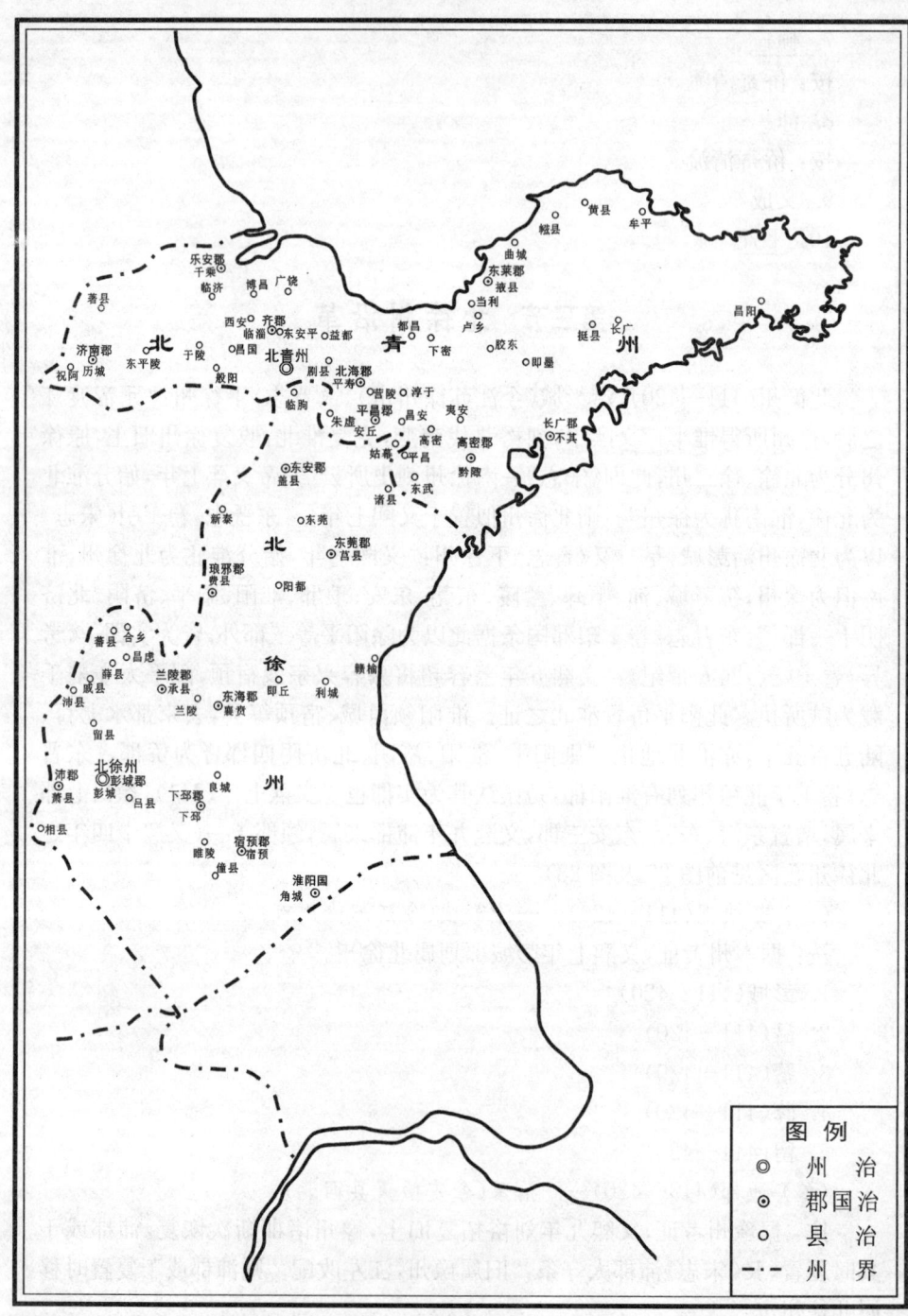

图 28 义熙十四年(418)东晋北徐州(北部)、北青州政区

1. 萧(413—420)

2. 相(413—420)

3. 沛(413—420)

(三)下邳郡(411—420)——治下邳(今江苏邳州市南)

按:据本州考证,义熙七年下邳郡划属北徐州。

1. 下邳(411—420)

2. 良城(411—420)

3. 僮(411—420)

4. 睢陵(411—420)

(四)东海郡(411—420)——治襄贲(今山东苍山县南)

按:据本州考证,义熙七年安帝分徐州置北徐州,东海郡或于此时复置,据《东晋志》卷1其时领县三。

1. 襄贲(411—420)

2. 赣榆(411—420)

3. 利城(411—420)

(五)东莞郡(411—420)——治莒(今山东莒县)

按:据本州考证,义熙七年安帝分徐州置北徐州,东莞郡或于此时复置,据《东晋志》卷1其时领县五。

1. 莒(411—420)

2. 姑幕(411—420)

3. 诸(411—420)

4. 东莞(411—420)

5. 临朐(411—420)

(六)谯郡(411—420)——治谯(今安徽亳州市)

按:据本州考证,义熙七年安帝分徐州置北徐州,谯郡或于此时来属。

1. 谯(411—420)

2. 山桑(411—420)

(七)梁国(411—420)——治睢阳(今河南商丘市南)

按:据本州考证,义熙七年安帝分徐州置北徐州,梁国或于此时来属。

1. 睢阳(411—420)

2. 蒙(411—420)

3. 下邑(411—420)

4. 宁陵(411—420)

(八) 琅邪郡(411—420)——治费(今山东费县西北)

按：据本州考证，义熙七年安帝分徐州置北徐州，琅邪郡或于此时来属。

1. 费(411—420)
2. 即丘(411—420)
3. 阳都(411—420)

(九) 兰陵郡(411—420)——治承(今山东枣庄市东南)

按：据本州考证，义熙七年安帝分徐州置北徐州，兰陵郡或于此时来属。

1. 承(411—420)
2. 兰陵(411—420)
3. 戚(411—420)
4. 合乡(411—420)
5. 昌虑(411—420)

(十) 东安郡(411—420)——治盖(今山东沂源县东南)

按：据本州考证，义熙七年安帝分徐州置北徐州，东安郡或于此时复置。《东晋志》卷1以为其时领实县二：盖、新泰。是。此外，另领侨县一。

1. 盖(411—420)
2. 新泰(411—420)
3. 发干

按：发干县，西晋属司州阳平郡，据《宋志》东安太守发干县条："汉旧名，属东郡，《太康地志》无。江左来配。"则东晋侨立，属东安郡。其侨地，据《魏书》卷106中《地形志》中南青州东安郡发干"有岘山庙"考之，在沂水县西北(《水经注》卷25沂水及杨《疏》、《元和志》卷11河南道沂州沂水县岜山)。

(十一) 宿预郡(411—420)——治宿预(今江苏宿迁市东南旧黄河东北岸古城)

按：西晋无此郡，《宋志》亦无此郡。据《通鉴》卷132："(泰始三年四月)魏尉元上表称：'彭城贼之要藩，不有重兵积粟，则不可固守；若资储既广，虽刘彧师徒悉起，不敢窥淮北之地。'又言：'若贼向彭城，必由清、泗过宿豫，历下邳；趋青州，亦由下邳、沂水经东安；此数者，皆为贼用师之要。今若先定下邳，平宿豫，镇淮阳，戍东安，则青、冀诸镇可不攻而克。'"尉元将下邳、宿预、淮阳、东安并列而称，足见其时有此郡，《宋志》政区断限为大明八年(464)而无此郡，其或阙载。《东晋志》卷1引《魏书·地形志》司马德宗置宿预郡，及《宋志》徐州刺史淮阳太守条"宿预令，晋安帝立"，以为宿预郡、县同置，或是。又《晋书》卷10《安帝纪》："(义熙五年)二月，慕容超将慕容兴宗寇宿豫。"则宿预郡当置于义熙五年前。义熙七年移属北徐州。

宿预(411—420)

(十二)淮阳国,侨寄角城(今江苏淮阴市西南)

按:《宋志》一徐州刺史淮阳太守:"晋安帝义熙中土断立,领县四。……角城令,晋安帝义熙中土断立;晋宁令,故属济岷,流寓来配;宿预令,晋安帝立;上党令,本流寓郡,并省来配。"其角城、宿预为实县,宿预初属宿预郡,后来属;上党、晋宁为侨县。

1. 角城(413—420)

按:据《宋志》"角城令,晋安帝义熙中土断立",义熙九年土断侨流郡县,则角城县或置于义熙九年。

2. 晋宁
3. 上党

第四节 兖州沿革

兖州(320—324,410—420),治滑台(今河南滑县东旧滑县)。据《晋书》卷5《孝愍帝纪》:"(建兴元年)六月,石勒害兖州刺史田徽。是时,山东郡邑相继陷于勒。"则至建兴元年(313),兖州大部已陷。又据《晋书》卷62《祖逖传》,太兴三年(320),祖逖进至封丘、雍丘一带,"由是黄河以南尽为晋土",则兖州或于此时得复。《东晋志》卷1引《晋书》以为太宁三年(325)司兖豫尽陷,太和中东燕等郡暂复仍失,是。洪氏又以为义熙末刘裕平慕容超后,兖州始有实土,据《晋书》卷10《安帝纪》:"(义熙)六年春二月丁亥,刘裕攻慕容超,克之,齐地悉平。"则刘裕平慕容超在义熙六年(410),非洪氏所言之义熙末。又据《宋志》兖州刺史条:"后汉治山阳昌邑,魏、晋治廪丘,武帝平河南,治滑台。"则兖州刺史治所在滑台。入东晋后兖州领郡三:泰山、高平、鲁郡。太兴二年徐龛叛降,泰山郡始没,四年又复。东燕郡复置至迟于太兴四年。永昌元年(322)泰山郡、鲁郡皆没。永和九年(353)鲁郡又没,鲁郡当于此前属晋。永和十一年前济北得复,永和十一年再陷。太和元年(366)前高平郡、鲁郡得复,太和元年二郡皆没,太和四年高平郡得复,其后东燕郡沦没。太元中济北郡得复。太元十一年(386)前泰山郡得复,太元十一年因张愿叛降而失守,后复。太元十二年再失高平郡、济北郡,太元十九年前东平郡得复,太元十九年东平郡、泰山郡再陷。义熙六年(410)诸郡复置,领郡九(义熙十四年之兖州政区见图29)。

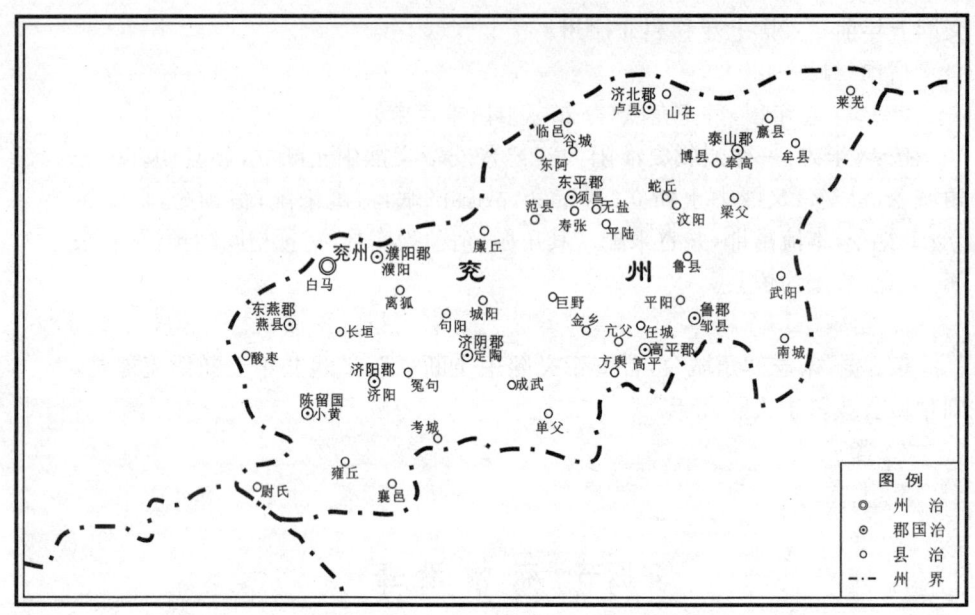

图 29　义熙十四年(418)东晋兖州政区

（一）濮阳郡(410—420)——治濮阳(今河南濮阳县西南)

按：濮阳自西晋末年失陷,似直至义熙六年刘裕平燕,方复。据《通鉴》107卷:"(太元九年)(慕容)垂之再围邺也,秦故臣西河朱肃等各以其众来奔,诏以(光)祚等为河北诸郡太守,皆营于济北、濮阳,羁属温详。详败,俱诣燕军降。"则濮阳郡曾暂复旋失,据《宋志》兖州刺史条载《永初郡国》濮阳郡领实县二:濮阳、廪丘。则东晋义熙六年后濮阳郡领此二县。《东晋志》卷1兖州濮阳郡领廪丘、鄄城二县,盖误以《宋志》南濮阳郡所领鄄城侨县混入,而漏列濮阳县。

1. 濮阳(410—420)

2. 廪丘(410—420)

（二）泰山郡(317—318,321,385前—385,394前—394,410—420)——治奉高(今山东泰安市东)

按：据《晋书》卷6《元帝纪》:"(太兴二年四月)太山太守徐龛以郡叛,自号兖州刺史……四年春二月,徐龛又帅众来降……(永昌元年七月)石勒将石季龙攻陷太山,执守将徐龛。"则太兴二年徐龛叛降,泰山郡始没,四年又复,永昌元年又陷。又《晋书》卷9《孝武帝纪》:"(太元十一年三月)太山太守张愿以郡叛,降于翟辽。"《通鉴》卷108:"(太元十九年十月)燕主垂东巡阳平、平原,命辽西王农济河,与安南将军尹国略地青、兖。农攻廪丘,国攻阳城,皆拔之。东平太守韦简战死,高平、泰山、琅邪诸郡皆委城奔溃。"则太元十一年前泰山郡得复,太元十一年因张愿叛降而失守,后复,太元十九年再陷,直至义熙六年刘裕平燕,泰山郡似方得复。西晋末领县十:奉高、博、钜平、山茌、梁父、嬴、南武阳、南城、牟、新泰。《宋志》兖州刺史泰山太守条领奉高等实县八:奉高、博、钜平、梁父、嬴、武阳、南城、牟,其中钜平县,《永初郡国》明言"无钜平县",则此钜平为刘宋时置。又《永初郡国》载泰山郡又领实县二:山茌、莱芜;侨县一:太原。则义熙六年后泰山郡似领实县九,侨县一。《东晋志》卷1泰山郡唯列山茌一县,永昌元年复置后、义熙六年前泰山郡所领可考者唯此一县。

1. 奉高(317—318,410—420)
2. 山茌(317—318,321,385前—385,394前—394,410—420)
3. 嬴(317—318,410—420)
4. 牟(317—318,410—420)
5. 南城(317—318,410—420)
6. 武阳(317—318,410—420)
7. 梁父(317—318,410—420)
8. 博(317—318,410—420)
9. 莱芜(410—420)

按:西晋泰山无此县,疑义熙六年新置。

10. 太原

按:据《宋志》二青州刺史太原太守太原令所谓"晋安帝义熙中土断立,属泰山",又《宋志》一兖州刺史泰山太守:"《永初郡国》又有……太原(原注:本郡,侨立此县)。"当是晋义熙六年平南燕后侨立,属泰山郡。东晋有太原侨县,而无太原侨郡。太原县侨地,据《魏志》中齐州太原郡太原:"司马德宗置,魏因之,治升城。"是也。升城,今山东长清区西南。

11. 新泰(317—319)
12. 钜平(317—319)

(三)高平郡(366前—366,369—386,410—420)——治高平(今山东微山县西北)

按:据《晋书》卷8《海西公纪》:"(太和元年十二月)慕容厉陷鲁郡、高平。"《晋书》卷73《庾希传》:"初慕容厉围梁父、断涧水,太山太守诸葛攸奔邹山,鲁、高平等数郡皆没。"则太和元年前高平得复,太和元年高平郡始没;又《晋书》卷8《海西公纪》:"(太和)四年夏四月庚戌,大司马桓温帅众伐慕容暐。"《晋书》卷111《慕容暐载记》:"晋大司马桓温、江州刺史桓冲、豫州刺史袁真,率众五万伐晔……慕容厉与温战于黄墟,厉师大败,单马奔还,高平太守徐翻以郡归顺。"则太和四年复归。又《晋书》卷9《孝武帝纪》:"(太元十二年四月)己丑,雨雹。高平人翟畅执太守徐含远,以郡降于翟辽。"则太元十二年再失高平郡,直至义熙六年刘裕北伐再复。西晋末领县七:南平阳、高平、方与、金乡、巨野、平阳、湖陆。《宋志》兖州刺史高平太守领县六,又谓"《永初郡国》及徐并又有任城县……后省",则高平郡得复后,领县七:任城、高平、方与、金乡、巨野、平阳、亢父。南平阳、湖陆二县似于太和元年高平郡陷没时见废,任城、亢父似于义熙六年复置高平郡时新置。《东晋志》卷4兖州高平郡领七县,盖以《宋志》实郡七县为侨郡领县,误。

1. 高平(366前—366,369—386,410—420)
2. 方舆(366前—366,369—386,410—420)
3. 金乡(366前—366,369—386,410—420)
4. 巨野(366前—366,369—386,410—420)
5. 平阳(366前—366,369—386,410—420)
6. 亢父(410—420)
7. 任城(410—420)
8. 湖陆(366前—366)
9. 南平阳(366前—366)

(四) 鲁郡(317—321,349后—352,366前—366,410—420)——治邹(今山东邹县东南)

按:西晋鲁郡属豫州,据《宋志》鲁郡太守条:"本属徐州,光武改属豫州①,江左属兖州。"则入东晋后鲁郡移属兖州。又据《晋书》卷6《元帝纪》:"(永昌元年七月)石勒将石季龙攻陷太山,执守将徐龛。兖州刺史郗鉴自邹山退守合肥。"鲁郡似于此时沦没。又《通鉴》卷98:"(永和五年七月)鲁郡民五百余家相与起兵附晋,求援于褚裒,裒遣部将王龛、李迈将锐卒三千迎之。赵南讨大都督李农帅骑二万与龛等战于代陂,龛等大败,皆没于赵。"则永和五年时鲁郡仍未属晋。又《晋书》卷110《慕容儁载记》:"晋宁朔将军荣胡以彭城、鲁郡叛降于儁。"《十六国春秋》卷27将之系于前燕元玺二年,即东晋永和九年,则永和九年鲁郡又没,鲁郡当于此前属晋。又据《晋书》卷8《海西公纪》:

---

① "豫州"各本并作"任城",成孺《宋书州郡志校勘记》云:"《续志》鲁国,秦薛郡,高后改。本属徐州,光武改属豫州。此误豫州为任城者,盖涉前行而讹也。"《汉志》下鲁国"属豫州",全祖望《汉书地理志稽疑》卷4云:"前汉鲁属徐州,世祖始改属豫州,见《续志》。则《前志》以鲁属豫者误也。"

"(太和元年十二月)慕容厉陷鲁郡、高平。"《晋书》卷 73《庾希传》："初慕容厉围梁父、断涧水,太山太守诸葛攸奔邹山,鲁、高平等数郡皆没。"则太和元年鲁郡再没,其当于此前复属东晋,直至义熙六年又复。西晋末领县五:鲁、汶阳、卞、邹、公丘。《宋志》鲁郡太守条鲁郡领县六:邹、汶阳、鲁、阳平、新阳、卞。其中阳平、新阳、卞三县为南朝宋所置,另三县则当为东晋末时所领。《东晋志》卷 1 以为东晋可考者仅邹县,则汶阳、鲁或为义熙六年时置。

1. 邹(317—321,349 后—352,366 前—366,410—420)
2. 汶阳(317—321,410—420)
3. 鲁(317—321,410—420)
4. 卞(317—321)
5. 公丘(317—321)

(五)济北郡(355 前—355,376 后—386,410—420)——治卢①(卢子城,今山东平阴县西旧东阿东北)

按:据《晋书》卷 110《慕容儁载记》:"济北太守高柱,建兴太守高瓮各以郡叛归于儁。"《通鉴》卷 100:"(永和十一年夏四月)兰陵太守孙黑、济北太守高柱、建兴太守高瓮及秦河内太守王会、黎阳太守韩高皆以郡降燕。"则永和十一年前济北得复,永和十一年再陷,据《通鉴》卷 106 太元十一年条:"初,燕太子洗马温详来奔,以为济北太守,屯东阿。"洪亮吉《东晋志》卷 1 以为此为太元中时事,或是,则太元中济北得复。《晋书》卷 9《孝武帝纪》:"(太元十二年春正月)戊午,慕容垂寇河东,济北太守温详奔彭城。"则太元十二年复没,直至义熙六年得复。《宋志》济北太守条领旧县三:卢、谷城、蛇丘。又《永初郡国》有临邑、东阿二县,则领县五。《东晋志》卷 1 以为东晋可考者仅卢、东阿二县,则另外三县或为义熙六年时置。

1. 卢(355 前—355,376 后—387,410—420)
2. 东阿(355 前—355,376 后—387,410—420)
3. 临邑(410—420)
4. 谷城(410—420)
5. 蛇丘(410—420)

(六)东燕郡(321 前—324,369 前—369 后,410—420)——治燕(今河南延津县东)

按:西晋无此郡,据《宋志》南兖州刺史条:"又有东燕郡,江左分濮阳所立

---

① 据本郡考证,济北郡于太元中曾一度治东阿。

也,领燕县……白马、平昌、考城凡四县。"又《通鉴》卷102"(太和四年)以毛虎生督东燕等四郡诸军事领东燕太守"条胡三省注曰:"沈约曰:东燕郡,江左分濮阳所立也。余按:石虎分东燕郡属洛州,则是郡盖祖逖在豫州时所置也。"祖逖死于太兴四年,据胡三省推测东燕郡复置至迟于太兴四年,太宁三年没,太和四年前复,其后又没,直至义熙六年复置。又此东燕实郡领燕、白马等县;领燕、白马、平昌、考城四县之东燕郡,则为侨郡。考平昌,在《晋志》属青州城阳郡,与实土之东燕国、郡相距甚远,自非移属;考城与实土之东燕国、郡间隔陈留郡,亦非移属。故此四县唯有属东燕侨郡,方可成说。《东晋志》卷1将平昌、考城均列入,实误。

1. 燕(410—420)
2. 白马(410—420)

(七) 陈留国(410—420)——治小黄(今河南开封市东北)

按:西晋末陈留沦没,据《通鉴》卷92:"(永昌元年)祖逖既卒,后赵屡寇河南,拔襄城、城父,围谯。豫州刺史祖约不能御,退屯寿春。后赵遂取陈留,梁、郑之间复骚然矣。"则陈留曾一度得复,旋失,似直至义熙六年方复。《东晋志》卷1谓《晋书》穆帝永和十年江西乞活郭敬(当作郭敞)等执陈留内史刘仕而叛,似意指此陈留内史为陈留实郡之内史。今检《晋书》卷8《穆帝纪》:"(永和十年)五月,江西乞活郭敞等执陈留内史刘仕而叛。"《通鉴》卷99:"(永和十年)五月,江西流民郭敞等执陈留内史刘仕,降于姚襄。"胡三省注云:"晋南渡后,陈留郡寄治谯郡长垣县界。"①是也,则此陈留内史为陈留侨郡之内史,洪氏混淆二者,误矣。

1. 小黄(410—420)
2. 雍丘(410—420)
3. 襄邑(410—420)
4. 尉氏(410—420)
5. 酸枣(410—420)
6. 长垣(410—420)

(八) 东平郡(394前—394,410—420)——治须昌(今山东东平县西北)

按:据《晋书》卷9《孝武帝纪》:"(太元十九年)冬十月,慕容垂遣其子恶奴

---

① 《宋志》陈留太守条云:寄治谯郡长垣县界。此陈留郡"寄治谯郡长垣县界",为侨郡,已非汉晋旧郡。按长垣,《晋志》上兖州陈留国属县,治今河南长垣县东北。《宋志》二豫州刺史谯郡太守长垣令:"汉旧县,属陈留。《永初郡国》无。何故属陈,徐新配",据知长垣盖东晋时侨置,先侨陈留郡,宋永初以后移属谯郡。据洪亮吉《东晋志》卷4兖州陈留郡引《一统志》,长垣废县在亳州东。

寇廪丘,东平太守韦简及垂将尹国战于平陆,简死之",则太元十九年前东平得复,太元十九年陷没,似直至义熙六年方复。

1. 须昌(394前—394,410—420)
2. 无盐(394前—394,410—420)
3. 平陆(394前—394,410—420)
4. 寿张(394前—394,410—420)
5. 范(394前—394,410—420)

(九)济阴郡(410—420)——治定陶(今山东定陶县)

按:济阳实郡自西晋末年陷没,似于义熙六年方复,并改济阳为济阴。

1. 定陶(410—420)
2. 句阳(410—420)
3. 成武(410—420)
4. 冤句(410—420)
5. 单父(410—420)
6. 城阳(410—420)
7. 离狐(410—420)

(十)济阳郡(410—420)——治济阳(今河南兰考县东北堌镇)

按:济阳实郡似于义熙六年置。

1. 济阳(410—420)
2. 考城(410—420)

第五节　豫州沿革

豫州(317—420),治寿阳(今安徽寿县)。西晋末年豫州领郡十三,入东晋后鲁郡移属兖州。又《宋志》总序云:"自夷狄乱华,司、冀、雍、凉、青、并、兖、豫、幽、平诸州一时沦没……江左又分荆为湘,或离或合,凡有扬、荆、湘、江、梁、益、交、广,其徐州则有过半,豫州唯得谯城而已。"又据《通鉴》卷90:"初,流民张平、樊雅各聚众数千人在谯,为坞主……(建武元年六月)雅即诣逖降。逖既入谯城,石勒遣石虎围谯,王含复遣桓宣救之,虎解去。逖表宣为谯国内史。"又据《晋书》卷6《元帝纪》:"(永昌元年冬十月)石勒攻陷襄城、城父,遂围谯,破祖约别军,约退据寿春。"则建武元年(317)谯郡收复,其时豫州领谯郡、弋阳、安丰三郡。太兴三年(320),黄河以南皆为祖逖所复,遂置汝南、汝阳、汝阴、新蔡、陈、南顿、颍川、襄城诸郡,领郡十一。永昌元年(322)谯郡再陷石勒,领郡十。据《晋书》卷6《明帝纪》:"(太宁三年四月)己亥,雨雹。石勒将石良寇兖州,刺史檀赟力战,死之。将军李矩等并众溃而归,石勒尽陷司、兖、豫三州之地。"又《晋书》卷105《石勒载记》:"先是,石季龙攻刘曜将刘岳于石梁,至是,石梁溃,执岳送襄国。季龙又攻王胜于并州,杀之。李矩以刘岳之败也,惧,自荥阳遁归。矩长史崔宣率矩众二千降于勒。于是尽有司、兖之地,徐、豫滨淮诸郡县,皆降之。"其时黄河之南、淮河之北大部沦没。其后诸郡稍复,咸康二年(336)省汝阴、襄城二郡,三年省汝阳郡,后汝南郡失陷,建元元年(343)汝南再复,升平三年(359)颍川陷没,兴宁二年(364)汝南、陈、南顿陷没,后新蔡郡失陷,安丰郡安帝时见废,领郡一。据《宋志》南豫州刺史条:"晋江左胡寇强盛,豫部歼覆,元帝永昌元年,刺史祖约始自谯城退还寿春……宋武帝欲开拓河南,绥定豫土,(义熙)九年,割扬州大江以西、大雷以北,悉属豫州,豫基址因此而立。十三年,刺史刘义庆镇寿阳。"刘裕欲开拓河南,绥定豫土,乃于义熙九年(413)割扬州大江以西、大雷以北,悉属豫州,豫州基址因此而立。义熙九年历阳、马头、庐江、晋熙四郡由扬州来属,义熙十二年复置汝南、汝阳、汝阴、新蔡、陈、南顿、颍川七郡,领郡十二。又有领实县侨郡一。义熙十三年,刺史刘义庆镇寿阳①,后常为州治,而遥领淮北诸实郡。义熙十四年之豫州政区参见前图27。

(一)谯郡(317—321)——治乏考

按:据本州考证,谯郡复置于建武元年,永昌元年陷没。领县一。

谯(317—321)

(二)汝南郡(320—336后,343—363,416—420)——治悬瓠城(今河南汝南县)

按:据《通鉴》卷91:"(太兴三年)后赵将刘夜堂以驴千头运粮馈(桃)豹,(祖)逖使韩潜及别将冯铁邀击于汴水,尽获之。豹宵遁,屯东燕城,逖使潜进屯封丘以逼之,冯铁据二台,逖镇雍丘,数遣兵邀击后赵兵。后赵镇戍归逖者甚多,境土渐蹙。先是,赵固、上官巳、李矩、郭默,互相攻击,逖驰使和解之,示以祸福,遂皆受逖节度。"《建康实录》卷5:"赵固、上官巳、李矩、郭默等皆受逖

---

① 此寿阳非实县,乃南梁郡侨寄之地。钱大昕《潜研堂文集》卷35"答洪稚存书"略云:检《宋书·刘敬宣传》,义熙五年出督淮西,其结衔云"淮南安丰二郡太守、梁国内史",则其时尚有淮南郡,有郡则必有所领之县;至谓二郡之合在宋永初以后,则恐未然。考义熙八年土断扬、豫,是年向靖戍寿阳,《传》称"安丰、汝阴二郡太守,梁国内史",不云淮南太守,是淮南已并入梁郡,不待永初也。盖其时割丹阳之于湖县为淮南郡境(《志》称晋末,即义熙八年也),因割寿阳为梁郡实土,而淮南郡移于江南,寿阳不复为县矣。晋宋时刺史镇戍之地,若姑孰、悬瓠、碻磝、滑台之类,皆非县名,但言镇寿阳,不足以为置县之证。

节度,于是黄河已南,尽为晋土。"又《元经》卷2:"(祖)逖使韩潜追击于汴水,豹宵遁。由是黄河以南尽为晋土。"据此,至太兴三年,黄河以南,皆为祖逖所复。又据《宋志》汝阳太守条:"《晋太康地志》、王隐《地道》无此郡,应是江左分汝南立。晋成帝咸康三年,省并汝南,后又立。"又《通鉴》卷97:"(建元元年)秋七月,赵汝南太守戴开帅数千人诣(庾)翼降",则汝南郡咸康三年后失陷,建元元年汝南再复,领县乏考。又据《晋书》卷8《哀帝纪》:"(隆和元年二月)袁真为西中郎将、监护豫司并冀四州诸军事、豫州刺史,镇汝南……(十二月)袁真自汝南退镇寿阳……(兴宁二年二月)慕容暐将慕容评袭许昌,颍川太守李福死之。评遂侵汝南,太守朱斌遁于寿阳。"则兴宁二年再陷,汝南似当在义熙十二年刘裕北伐时又置。

1. 上蔡(416—420)
2. 平舆(416—420)
3. 西平(416—420)
4. 郎陵(416—420)
5. 真阳(416—420)
6. 安阳(416—420)
7. 新息(416—420)
8. 安成(416—420)
9. 阳安(416—420)
10. 瞿阳(416—420)

(三)汝阳郡(321前—336,416—420)——治汝阳(今河南商水县西北)

按:据《宋志》汝阳太守条:"《晋太康地志》、王隐《地道》无此郡,应是江左分汝南立。晋成帝咸康三年,省并汝南,后又立。"又《晋书》卷62《祖逖传》:"逖恐南无坚垒,必为贼所袭,乃使从子汝南太守济率汝阳太守张敞、新蔡内史周闳率众筑垒,未成而逖病甚。"祖逖死于太兴四年,则汝阳郡当置于太兴四年前,领县乏考,咸康三年省。又据《通鉴》卷105:"(太元九年)(慕容)农间招庞儁官伟于上党……北召光烈将军平睿及睿兄汝阳太守幼于燕国,伟等皆应之。"则汝阴郡太元九年(384)时属燕,汝阳复置似当在义熙十二年刘裕北伐时置。

1. 汝阳(416—420)
2. 武津(416—420)

(四)汝阴郡(320—335,416—420)——治汝阴(今安徽阜阳市)

按:据《宋志》汝阴太守条:"成帝咸康二年,省并新蔡,后复立。"而太兴三年祖逖尽复黄河之南境土,则太兴三年汝阴得复,领县乏考,咸康二年省。义熙十二年刘裕北伐复置。领实县三,侨县一。

1. 汝阴(416—420)
2. 宋(416—420)
3. 安城(416—420)
4. 楼烦

按:《宋志》汝阴太守条:"楼烦令,汉旧县,属雁门。流寓配属。"显为侨县。

(五) 新蔡郡(320—364后,416—420)——治新蔡(今河南新蔡县)

按:据《宋志》汝阴太守条:"成帝咸康二年,省并新蔡,后复立。"而太兴三年祖逖尽复黄河之南境土,则太兴三年新蔡得复,领县三。又据陈郡陷没于兴宁二年,陈郡唯接新蔡以通晋土,若新蔡陷没,则陈郡无由悬存,故新蔡亦当于兴宁二年后失陷。据《通鉴》卷117:"(义熙十二年九月)徐州刺史姚掌以项城降(檀)道济,诸屯守皆望风款附。惟新蔡太守董遵不下,道济攻拔其城,执遵,杀之。进克许昌,获秦颍川太守姚垣。"则义熙十二年刘裕北伐复置新蔡郡。

1. 新蔡(320—363后,416—420)

按:鮦阳、固始二县咸康二年并入新蔡,则其时有新蔡县,后省。

2. 鮦阳(320—335,416—420)

按:《宋志》新蔡太守条:"鮦阳令,汉旧县。晋成帝咸康二年,省并新蔡,后又立。"

3. 固始(320—335,416—420)

按:《宋志》新蔡太守条:"固始令……晋成帝咸康二年,并新蔡,后又立。"

4. 苞信(416—420)

(六) 陈郡(320—363,416—420)——治项城(今河南沈丘县)

按:太兴三年祖逖尽复黄河之南境土,陈郡似于此时复置。又据《晋书》卷8《哀帝纪》:"(兴宁二年春二月)(慕容评)进围陈郡,太守朱辅婴城固守。桓温遣江夏相刘岵击退之……夏四月甲申,慕容暐遣其将李洪侵许昌,王师败绩于悬瓠。朱斌奔于淮南,朱辅退保彭城。"据《通鉴》卷101:"(兴宁二年)夏四月甲辰,燕李洪攻许昌、汝南,败晋兵于悬瓠,颍川太守李福战死,汝南太守朱斌奔寿春,陈郡太守朱辅退保彭城。大司马温遣西中郎将袁真等御之,温帅舟师屯合肥。燕人遂拔许昌、汝南、陈郡,徙万余户于幽、冀二州,遣镇南将军慕容尘屯许昌。"则兴宁二年陷没,后似于义熙十二年刘裕北伐时复置。

1. 项城(320—363,416—420)

2. 西华(320—363,416—420)

按：据《宋志》陈郡太守条："西华令,汉旧县,属汝南,晋初省,惠帝永康元年复立,属颍川。江左度此。"似江左陈郡复置时领有此县。

3. 扶沟(416—420)

4. 阳夏(416—420)

5. 陈(416—420)

6. 苦(320—336,337—363 谷阳)

按：据《宋志》陈郡太守条："谷阳令,本苦县,前汉属淮阳,后汉属陈,《晋太康地志》属梁,成帝咸康三年更名。"则苦县咸康三年更名谷阳,又《宋志》陈郡太守条："《永初郡国》……无谷阳。"则义熙复置陈郡时,似未置此县。

(七) 南顿郡(320—363,416—420)——帖治陈郡项城(今河南沈丘县)

按：吴应寿《东晋南朝的双头州郡》略云：陈南顿二郡,皆实土郡,南顿郡帖治陈郡项城(今河南沈丘)。项城当南北交通要冲。《宋志》南顿郡下失书"帖治"二字,致后世治历史地理者,失其所在。杨守敬《刘宋州郡图》与《南齐州郡图》中陈郡与南顿郡皆分治：陈郡治项城,南顿郡治南顿(今河南项城市西),皆误。此二郡为双头郡,其根据有以下三方面：其一,《宋志》南豫州之陈南顿二郡,当由此豫州之陈南顿二郡侨置,南豫州之南顿郡条云："帖治陈郡。"其二,《宋志》所载陈与南顿两郡去州与去京都水、陆道里相同,只有两郡同治,才有可能。双头郡即为两郡同治,则两郡去州与去京都水陆道里应该相同。其三,《宋书》纪传如《文帝纪》元嘉二十七年记事、《刘勔传》泰始中记事有淮北之陈南顿二郡,即此豫州之陈南顿二郡,非南豫州之陈南顿二郡。南顿郡既帖治于陈郡,似随陈郡之陷没、复置而变化。

1. 南顿(320—363,416—420)

2. 和城(320—363,416—420)

按：《宋志》南顿太守条："和城令,何江左立。"似南顿郡复置时新立。

(八) 颍川郡(320—358,416—420)——治许昌(今河南许昌市东)

按：太兴三年祖逖尽复黄河之南境土,颍川郡似于此时复置。据《宋志》颍川太守条："晋成帝咸康二年,省襄城还并颍川。"[1]据《通鉴》卷100："(升平

---

[1] 《元和志》卷8河南道四许州："晋咸和二年,征西庾亮表成帝曰：'颍川、襄城,本是一郡,户口今少,请迷合颍川。'从之。"考《晋书》卷73《庾亮传》,"咸和二年"当为"咸康二年"之误。《东晋志》卷1豫州颍川郡引《元和志》而不引《宋志》,误甚。

三年冬十月)于是许昌、颍川、谯、沛诸城相次皆没于燕。"则升平三年颍川陷没。据《通鉴》卷117:"(义熙十二年九月)徐州刺史姚掌以项城降(檀)道济,诸屯守皆望风款附。惟新蔡太守董遵不下,道济攻拔其城,执遵,杀之。进克许昌,获秦颍川太守姚垣。"则义熙十二年刘裕北伐复置颍川郡。《宋志》颍川太守条领汉旧县二:邵陵、临颍。《永初郡国》又有许昌、新汲、鄢陵、长社、颍阴、阳翟六县,据《东晋志》卷1颍川郡条其时又有长平县。则义熙十二年颍川郡复置时似领此九县。

1. 许昌(320—324,352—354,354后—358,363,416—420)

按:据《通鉴》卷93:"(太宁三年三月)都尉鲁潜以许昌叛,降于后赵。"则太宁三年许昌失陷。又《通鉴》卷99:"(永和七年)八月,魏徐州刺史周成……豫州牧张遇以廪丘、许昌等诸城来降……(永和八年二月)遇怒,据许昌叛……冬十月,谢尚遣冠军将军王侠攻许昌克之。"则永和七年许昌得复,旋没旋复。又《通鉴》卷100:"(永和十一年)五月,(姚)襄攻冠军将军高季于外黄,会季卒,襄进据许昌。"则永和十一年许昌再陷,后复。升平三年陷没,又据《通鉴》卷101:"(升平五年)夏四月,桓温以其弟黄门郎豁都督沔中七郡诸军事,兼新野、义城二郡太守,将兵取许昌,破燕将慕容尘……(兴宁元年)冬十月,燕镇南将军慕容尘攻陈留太守袁披于长平,汝南太守朱斌乘虚袭许昌,克之……(兴宁二年)夏四月甲辰,燕李洪攻许昌、汝南,败晋兵于悬瓠,颍川太守李福战死,汝南太守朱斌奔寿春,陈郡太守朱辅退保彭城。大司马温遣西中郎将袁真等御之,温帅舟师屯合肥。燕人遂拔许昌、汝南、陈郡,徙万余户于幽、冀二州,遣镇南将军慕容尘屯许昌。"则兴宁元年再复,二年又失。直至义熙十二年再复。

2. 长社(416—420)

3. 长平(416—420)

4. 鄢陵(416—420)

5. 临颍(416—420)

6. 邵陵(416—420)

7. 新汲(416—420)

8. 颍阴(416—420)

9. 阳翟(416—420)

(九)襄城郡(320—335)——治乏考

按:据《宋志》淮南太守繁昌令条:"魏分颍川为襄城,又属焉。晋乱,省襄城郡。"《宋志》颍川太守条:"晋成帝咸康二年,省襄城还并颍川。"则襄城郡似于太兴三年祖逖尽复黄河之南境土时复置,又于咸康二年省并颍川,领县乏考。

(十)弋阳郡(317—420)——治弋阳(今河南潢川县西)

按：弋阳郡地处淮南，率为东晋所控制。

1. 弋阳(317—405,410—420)

按：《宋志》弋阳太守条领汉旧县弋阳。据《通鉴》卷114："(义熙二年)二月甲戌,(司马)国璠等攻陷弋阳。"《通鉴》卷115："(义熙六年六月)司马国璠及弟叔璠、叔道奔秦。"则弋阳县义熙二年暂没，六年又复。

2. 期思(317—420)

按：《宋志》弋阳太守条领汉旧县期思。

3. 蓼(317—420)

4. 轪(317—420)

5. 松滋(317—420)

6. 安丰(397后—420)

按：《宋志》弋阳太守条："安丰令，旧郡，晋安帝并为县。"则晋安帝时安丰郡诸县见废，在原安风县境又新置安丰县属焉。

(十一)安丰郡(317—397后)——治安风(今安徽霍邱县西南)

按：据《宋志》弋阳太守条："安丰令，旧郡，晋安帝并为县。"则安丰郡安帝时见废。而《宋志》安丰太守条云："魏文帝分庐江立。江左侨立，晋安帝省为县，属弋阳，宋末复立。"此安丰郡与"江左侨立"的安丰郡非一郡。"江左侨立"的安丰郡，《宋志》二江州刺史寻阳太守松滋伯相云："江左流民寓寻阳，侨立安丰、松滋二郡，遥隶扬州，安帝省为松滋县。"是安丰侨郡在寻阳界内，并于东晋安帝义熙土断时与松滋侨郡一起省为松滋县。此安丰郡，三国"魏文帝分庐江立"，治安风(今安徽霍邱县西南)；"晋安帝省为县，属弋阳"，即上文弋阳太守所领安丰令，治今安徽霍邱县西南；"宋末复立"的安丰郡，治安丰县(秦置安丰县，治今河南固始县东南，东晋安帝时废，"宋末复立"的安丰郡所治安丰县，即弋阳郡所领的安丰县)。然则《宋志》此条，将安丰侨郡、安丰实郡并叙一处，易致混淆，"江左侨立"四字当删，志文当作："安丰太守，魏文帝分庐江立。晋安帝省为县，属弋阳。宋末复立。"

1. 安风(317—397后)

2. 安丰(317—397后)

(十二)历阳郡(413—420)——治历阳(今安徽和县)

按：据《宋志》历阳太守条："晋惠帝永兴元年，分淮南立，属扬州，安帝割属豫州。"又《宋志》南豫州刺史条："宋武帝欲开拓河南，绥定豫土,(义熙)九年,割扬州大江以西、大雷以北,悉属豫州,豫基址因此而立。"历阳郡境正位于大江以西、大雷以北之域,故当于义熙九年割属豫州。又《宋志》历阳太守条:"《永初郡国》唯有历阳、乌江、龙亢三县。"龙亢"汉旧名,属沛郡,《晋太康地志》属谯。江左流寓立",故其时似领实县二、侨县一。

1. 历阳(413—420)

2. 乌江(413—420)

3. 龙亢

按:侨寄今安徽含山县南。

(十三) 马头郡(413—420)——治马头城(今安徽怀远县南淮河南岸)

按:据《宋志》马头太守条:"故淮南当涂县地,晋安帝立,因山形立名。"又《寰宇记》卷128淮南道濠州钟离县条:"按晋太元二年,谢玄为兖州刺史,以为马头城。至义熙元年立为马头郡,缘山形为名。"则义熙元年始置马头郡。马头郡境亦位于大江以西、大雷以北之域,故当于义熙九年割属豫州。

1. 虞

按:侨寄今安徽怀远县南淮河东岸马城镇。

2. 零

按:侨寄今安徽怀远县一带。

3. 济阳

按:侨寄治今安徽怀远县一带。

(十四) 晋熙郡(413?—420)——治怀宁(今安徽潜山县)

按:似于义熙九年割属豫州。

1. 怀宁(413?—420)

2. 新冶(413?—420)

3. 阴安

按:侨寄今安徽枞阳县北柳寺村附近。

(十五) 庐江郡(413—420)——治舒(今安徽舒城县)

按:似于义熙九年割属豫州。

1. 舒(413—420)

2. 灊(413—420)

(十六) 庐江郡,侨寄春谷(今安徽繁昌县)

按:庐江郡侨置,《考异》卷23宋书符瑞志下"晋成帝咸康八年,庐江春谷县留珪,夜见门内有光,取得玉鼎一枚"条云:"按《晋志》春谷县属宣城,不属庐江,盖南渡后曾侨立庐江郡于此,而史失载尔。《志》又载:'穆帝永和元年,庐江太守路永上言,于春谷城北,见水岸边有紫赤光。'永和在咸康之后也。又云:'成帝咸和元年,宣城春谷县山岸崩,获石鼎。'咸和在咸康之前,其时春谷尚属宣城,盖自苏峻、祖约作乱之后,淮南流人始移江南,此庐江置郡,必于咸和四年以后矣。"

春谷(329后—394,395—420 阳谷)

按:《东晋志》卷1云:"阳谷……本名春谷,晋宁康中改。"揣度洪氏或因《晋志》"春谷,孝武改春为阳"而有此说,又《元和志》卷25江南道杭州:"富阳县,本汉富春县,属会稽郡。晋孝武帝太元中,避郑太后讳,改春为阳。"据《晋书》卷9《孝武帝纪》:"(太元)十九年夏六月壬子,追尊会稽王太妃郑氏为简文宣太后。"《通典》卷181《州郡典十一》寿州寿春云:"东晋以郑皇后讳,改寿春为寿阳,宜春曰宜阳,富春曰富阳。凡名'春',悉改之。"则改春谷为阳谷在太元十九年,洪氏误。

(十七)西阳郡,侨寄西阳(今湖北黄冈市东)

按:《考异》卷24宋书武二王传南郡王义宣云:"考汉之西阳,在淮水之南,即今光山县地。晋南渡后,荆州刺史庾翼表移西阳、新蔡二郡荒民,就陂田于寻阳,而江州界内,遂有侨立之西阳郡矣。自后西阳与新蔡、汝南、颍川谓之豫州四郡,江州刺史常兼督之。"又《水经注》卷35"江水注"云:"江水又左迳赤鼻山南……又东迳西阳郡南,郡治即西阳县也……江之右岸,有鄂县故城。"又《元和志》卷27黄州黄冈县有西阳故城:"在县东南一百三十里。"又《宋志》西阳太守条:"《永初郡国》、何、徐并有弋阳县。"则东晋西阳郡有弋阳侨县。又《宋志》西阳太守领孝宁侯相:"本轪县,汉旧县。孝武自此伐逆,即位改名。"汉魏轪县治今河南息县境,而宋志属西阳郡(治今湖北黄冈境),应该侨置于东晋,则又有侨县轪县。又《宋志》西阳太守领西陵县,此为实县。又《宋志》南豫州刺史条:"晋江左胡寇强盛,豫部歼覆,元帝永昌元年,刺史祖约始自谯城退还寿春。成帝咸和四年,侨立豫州,庾亮为刺史,治芜湖。咸康四年,毛宝为刺史,治邾城。"此邾城在今湖北黄冈市西北,为实县,或属西阳侨郡。

1. 西陵(317—420)
2. 邾(317—420)
3. 轪
4. 西阳
5. 弋阳

第六节 青州沿革

青州(351—356,384—398,410—420北青州),治东阳(今山东青州市)。据《晋书》卷8《穆帝纪》:"(永和)七年春正月丁酉,日有蚀之。辛丑,鲜卑段龛以青州来降。"又《晋书》卷13:"(永和)十二年十一月齐城陷,执段龛杀三千余人。"《晋书》卷9《孝武帝纪》:"(太元九年十月)苻坚青州刺史苻朗帅众来降……(太元十七年)夏四月,齐国内史蒋啬杀乐安太守辟闾浑,据青州反,北平原太守辟闾浑讨平之。"《晋书》卷10《安帝纪》"(隆安三年六月)慕容德陷青州。"又《晋志》:"自永嘉丧乱,青州沦没石氏。东莱人曹嶷为刺史[①],造广固城,后为石季龙所灭。季龙末,辽西段龛自号齐王,据青州。慕容恪灭赵,克青州。苻氏平燕,尽有其地。及苻氏败后,刺史苻朗以州降。朝廷置幽州,以别驾辟闾浑为刺史,镇广固。隆安四年,为慕容德所灭,遂都之。"则永和七年(351)青州得复,十二年复失。太元九年(384)来属,隆安三年(399)又失。又据《宋志》青州刺史条:"治临淄。江左侨立,治广陵。安帝义熙五年[②],平广固,北青州刺史治东阳城,而侨立南青州如故。后省南青州,而北青州直曰青州。"则义熙六年(410)刘裕灭南燕,收复青州,"留长史羊穆之为青州刺史,筑东阳城而居之。……至是始置北青州,镇东阳城"(《晋志》下青州),以侨立州为青州。而新复之实州青州直曰北青州,治东阳城。义熙十四年之北青州政区见前图28。

(一)齐郡(351—356,384—398,410—420)——治临淄(今山东淄博市东北)

按:齐郡之存废似随青州之存废,故则永和七年得复,十二年复失。太元九年来属,隆安三年又失,其间领县情况乏考。义熙六年再复,《宋志》齐郡太守条领县七,其中临淄、西安、东安平、般阳、广饶、昌国六县均为汉旧县,益都为曹魏新立实县,故东晋末似亦领此七县。

1. 临淄(351—356,384—398,410—420)
2. 西安(410—420)
3. 东安平(410—420)

[①] 《晋书》卷104《石勒载记》:"初,曹嶷据有青州,既叛刘聪,南禀王命,以建邺悬远,势援不接,惧勒袭之,故遣通和。勒授嶷东州大将军、青州牧,封琅邪公。"据此,则曹嶷据有青州之时非专意属晋,首鼠两端也。

[②] 刘裕平广固在义熙六年,此处作五年,误。

4. 般阳(410—420)

5. 广饶(410—420)

6. 昌国(410—420)

7. 益都(410—420)

(二)济南郡(351—356,384—398,410—420)——治历城(今山东济南市)

按:济南郡之存废似随青州之存废,故则永和七年得复,十二年复失。太元九年来属,隆安三年又失,其间领县情况乏考。义熙六年再复,《宋志》济南太守条领县六,其中历城、著、土鼓、东平陵皆为汉旧县,而《宋志》明谓土鼓"晋无",又《永初郡国》济南郡复有祝阿、于陵二县,故东晋末似亦领此五县。义熙中土断,济岷郡并入济南郡。

1. 历城(351—356,384—398,410—420)

2. 著(410—420)

3. 东平陵(410—420)

4. 祝阿(410—420)

5. 于陵(410—420)

(三)济岷郡——治乏考

按:据《宋志》济南太守条:"汉文帝十六年,分齐立。晋世济岷郡,云魏平蜀,徙蜀豪将家于济、河,故立此郡。安帝义熙中土断,并济南。案《晋太康地志》无济岷郡。"关于晋世之济岷郡,《晋志》下青州济南郡条亦云:"或云魏平蜀,徙其豪将家于济河北,故改为济岷郡。而《太康地理志》无此郡名,未之详。"《养新录》"济岷郡"条谓:"予谓此条亦《晋志》之误。考《宋志》南兖州篇云:'济岷郡,江左立。领营城、晋宁,江左立。凡二县。'蒙上《永初郡国》之文,是济岷郡本江左所立,而宋初尚有此郡也。又称何《志》有平原郡,领茌平、临菑、营城、平原四县。《起居注》:元嘉十一年,以平原之济岷、晋宁并营城。先是省济岷郡为县。是济岷郡废为县,并所领二县,改隶平原,在元嘉十一年以前也。又称徐《志》有南东平郡,领范、朝阳、历城、楼烦、阴观、广武、茌平、营城、临菑、平原十县。是元嘉以后,又并平原郡及所领县入南东平郡也。又称孝武大明五年,以东平并广陵,则并南东平之名亦不存矣。济岷一郡,侨置并合之迹,《宋志》历历可考。修《晋史》者,采无稽之谈,不一检照正史,甚矣其无识也。济岷郡本江左立,则《太康地志》自不应有此郡;而'徙蜀豪家'之说,不辨而知其诬矣。"今按:唐史臣撰《晋志》,于《宋志》多有参考,故上录《养新录》"济岷郡"条所辨《晋志》之误,同样适用于《宋志》此条;又济岷郡者,实郡乃东晋于青州所立，义熙中土断，并入济南郡，侨郡乃东晋咸和元年(326)以前侨置于江南，详参本卷第十编"东晋南朝侨州郡县考表"第三章。

1. 晋宁

按：《宋志》一徐州刺史淮阳太守领晋宁侨县，云"故属济岷，流寓来配"，当是故属济岷实郡，与侨晋陵郡界之济岷郡晋宁县非一也。义熙土断，济岷郡并入济南郡，而此县似废。

2. 营城

（四）乐安郡(351—356,384—398,410—420)——治千乘(今山东广饶县北)

按：乐安郡之存废似随青州之存废，故则永和七年得复，十二年复失。太元九年来属，隆安三年又失，其间领县情况乏考。义熙六年再复，《宋志》乐安太守条领县三，故东晋末似亦领此三县。

1. 千乘(351—356,384—398,410—420)
2. 临济(410—420)
3. 博昌(410—420)

（五）高密郡(351—356,384—398,410—420)——治黔陬(今山东胶州市西南黔陬东)

按：高密郡之存废似随青州之存废，故则永和七年得复，十二年复失。太元九年来属，隆安三年又失，其间领县情况乏考。义熙六年再复，《宋志》高密太守条领县六，故东晋末似亦领此六县。

1. 黔陬(351—356,384—398,410—420)
2. 淳于(410—420)
3. 高密(410—420)
4. 夷安(410—420)
5. 营陵(410—420)
6. 昌安(410—420)

（六）平昌郡(351—356,384—398,410—420)——治安丘(今山东安丘市西南)

按：平昌郡之存废似随青州之存废，故则永和七年得复，十二年复失。太元九年来属，隆安三年又失，其间领县情况乏考。义熙六年再复，《宋志》平昌太守条领县五，故东晋末似亦领此五县。

1. 安丘(351—355,384—398,410—420)
2. 平昌(410—420)

3. 东武(410—420)

4. 琅邪(410—420)

5. 朱虚(410—420)

(七)北海郡(351—356,384—398,410—420)——治平寿(今山东昌乐县东南)

按:北海郡之存废似随青州之存废,故则永和七年得复,十二年复失。太元九年来属,隆安三年又失,其间领县情况乏考。义熙六年再复,《宋志》北海太守条领县六,故东晋末似亦领此六县。

1. 平寿(351—356,384—398,410—420)

2. 下密(410—420)

3. 胶东(410—420)

4. 即墨(410—420)

5. 剧(410—420)

6. 都昌(410—420)

(八)东莱郡(351—356,384—398,410—420)——治掖(今山东莱州市)

按:东莱郡之存废似随青州之存废,故则永和七年得复,十二年复失。太元九年来属,隆安三年又失,其间领县情况乏考。义熙六年再复,《宋志》东莱太守条领县七,故东晋末似亦领此七县,又置东牟县,领县八。

1. 掖(351—356,384—398,410—420)

2. 曲城(410—420)

3. 㡉(410—420)

4. 卢乡(410—420)

5. 当利(410—420)

6. 牟平(410—420)

7. 黄(410—420)

8. 东牟(410—420)

按:《寰宇记》卷20河南道登州文登县条:"东牟故城,在县西北一十里,东汉牟县地也,属东莱郡,有铁官、盐官。高后六年封齐悼惠五子与俱为侯,至宋省。"则东晋末年有此县,疑义熙六年复置本郡时新置。

(九)长广郡(351—356,384—398,410—420)——治不其(今山东青岛市北)

按:长广郡之存废似随青州之存废,故则永和七年得复,十二年复失。太元九年来属,隆安三年又失,其间领县情况乏考。义熙六年再复,《宋志》长广太守条领县四,故东晋末似亦领此四县。

1. 不其(351—356,384—398,410—420)
2. 长广(410—420)
3. 昌阳(410—420)
4. 挺(410—420)

第七节 司州沿革

司州(317—324,349—351,356—364,384—398,416—420),治乏考。《宋志》司州刺史条:"汉之司隶校尉也。晋江左以来,沦没戎寇,虽永和、太元王化暂及,太和、隆安还复湮陷。牧司之任,示举大纲而已。县邑户口,不可具知。武帝北平关、洛,河南底定,置司州刺史,治虎牢,领河南……荥阳……弘农……实土三郡。"则司州治虎牢(今河南荥阳市西北汜水镇),此述司州沿革为大体之言,今详述之。西晋末司州保有荥阳、弘农两郡,建武元年(317)河南郡得复,弘农郡失陷,领郡二。太宁二年(324)河南郡复陷,三年,荥阳郡又陷,《晋书》卷6《明帝纪》:"(太宁三年四月)已亥,雨雹。石勒将石良寇兖州,刺史檀赟力战,死之。将军李矩等并众溃而归,石勒尽陷司、兖、豫三州之地。"又《晋书》卷105《石勒载记》下:"先是,石季龙攻刘曜将刘岳于石梁,至是,石梁溃,执岳送襄国。季龙又攻王胜于并州,杀之。李矩以刘岳之败也,惧,自荥阳遁归。矩长史崔宣率矩众二千降于勒。于是尽有司、兖之地,徐、豫滨淮诸郡县,皆降之。"其时黄河之南、淮河之北大部沦没,司州之土尽失。永和五年(349)河南得复,八年复失,十二年又复。升平三年(359)前荥阳郡得复,兴宁元年(363)又失。兴宁三年河南郡又失,太元九年(384)再复,隆安三年(399)再失,太元十年(385)荥阳又复,十四年又失,太元十一年弘农郡得复,隆安元年(397)又失。义熙十二年(416),河南郡、荥阳郡得复,十三年复弘农、河北两郡,十四年北河东郡来属,领郡五(见图30)。元熙元年(419),北河东、河北两郡再失,领郡三。

(一) 河南郡(317—323,349—351,356—364,385—399,416—420)——治洛阳(今河南洛阳市东北)

按:据《通鉴》卷90:"(建武元年八月)初,赵固与长史周振有隙,振密谮固于汉主聪。李矩之破刘畅也,于帐中得聪诏,令畅既克矩,还过洛阳,收固斩之,以振代固。矩送以示固,固斩振父子,帅骑一千来降,矩复令固守洛阳。"又《晋书》卷104《石勒载记》上:"刘聪将赵固以洛阳归顺。"则建武元年河南得

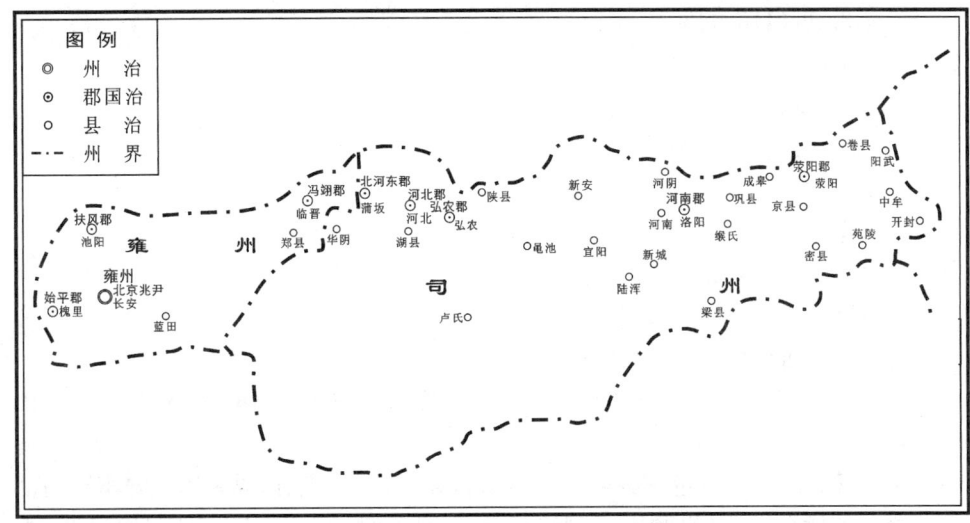

图 30　义熙十四年(418)东晋司州、北雍州政区

复。又《晋书》卷 6《明帝纪》："(太宁二年)是时,石勒将石生屯洛阳,豫州刺史祖约退保寿阳。"又《晋志》司州条："永和五年,桓温入洛,复置河南郡,属司州。"又《晋书》卷 8《穆帝纪》："(永和八年二月)镇西将军张遇反于许昌,使其党上官恩据洛阳……(十二年)三月,姚襄入于许昌,以太尉桓温为征讨大都督以讨之。秋八月己亥,桓温及姚襄战于伊水,大败之。襄走平阳,徙其余众三千余家于江汉之间,执周成而归。使扬武将军毛穆之、督护陈午、辅国将军河南太守戴施镇洛阳。"同卷《海西公纪》："(兴宁三年三月)慕容暐将慕容恪陷洛阳。"又据《通鉴》卷 105："(太元九年七月)荆州刺史桓石民据鲁阳,遣河南太守高茂北戍洛阳。"[①]又据《晋书》卷 10《安帝纪》："(隆安三年)冬十月,姚兴陷洛阳,执河南太守辛恭靖。"故太宁二年河南郡失陷,永和五年得复,八年复失,十二年又复,兴宁三年又失,太元九年再复,隆安三年再失,其间领县情况乏考。直至义熙十二年刘裕北伐方复河南之地,又《宋志》司州刺史条："武帝北平关、洛,河南底定,置司州刺史,治虎牢,领河南……荥阳……弘农……实土三郡。河南领洛阳、河南、巩、缑氏、新城、梁、河阴、陆浑、东垣、新安、西东垣,凡十一县。"

1. 洛阳(317—323,349—351,356—364,385—399,416—420)
2. 河南(416—420)

[①] 《东晋志》卷 2 司州河南郡条谓:"《孝武帝纪》太元八年桓石虔遣河南太守高茂北戍洛阳。"今检《晋书》卷 9《武帝纪》并无此文,且据《晋书》太元八年十月苻氏方大败于淝水,"(十二月)慕容垂自邺与(翟)辽合,遂攻坚子晖于洛阳",此时洛阳尚为苻氏所据,高茂何得而守,洪亮吉误甚。

3. 巩(416—420)

4. 缑氏(416—420)

5. 新城(416—420)

6. 梁(416—420)

7. 河阴(416—420)

8. 陆浑(416—420)

9. 东垣(416—420)

10. 新安(416—420)

11. 西东垣(416—420)

(二) 荥阳郡(317—324,359前—362,385—387,416—420)——治荥阳(今河南荥阳市东北)

按：据《晋书》卷6《元帝纪》："(太兴元年六月)庚寅,以荥阳太守李矩为都督司州诸军事、司州刺史。"《晋书》卷6《明帝纪》："(太宁三年四月)己亥,雨雹。石勒将石良寇兖州,刺史檀赟力战,死之。将军李矩等并众溃而归,石勒尽陷司、兖、豫三州之地。"则太宁三年荥阳失陷。西晋末年荥阳郡领县八,似于此时随郡皆没。又据《晋书》卷8《穆帝纪》："(升平三年)秋七月,平北将军高昌为慕容儁所逼,自白马奔于荥阳。"《晋书》卷8《哀帝纪》："(兴宁元年)夏四月,慕容暐寇荥阳,太守刘远奔鲁阳……(五月)癸卯,慕容暐陷密城,荥阳太守刘远奔于江陵。"则升平三年前荥阳郡得复,兴宁元年又失。又《晋书》卷9《孝武帝纪》："(太元十年)三月,荥阳人郑燮以郡来降……(十四年夏四月)翟辽寇荥阳,执太守张卓。"《晋书》卷13《天文志》下："(太元十四年)是年,翟辽又攻没荥阳,侵略陈项。"则太元十年荥阳又复,十四年又失。其间领县情况乏考。直至义熙十二年刘裕北伐方复荥阳之地,又《宋志》司州刺史条："武帝北平关、洛,河南底定,置司州刺史,治虎牢,领河南……荥阳……弘农……实土三郡……荥阳领京、密、荥阳、卷、阳武、苑陵、中牟、开封、成皋,凡九县。"

1. 荥阳(317—324,416—420)

2. 京(317—324,416—420)

3. 密(317—324,362,416—420)

4. 卷(317—324,416—420)

5. 阳武(317—324,416—420)

6. 苑陵(317—324,416—420)

7. 中牟(317—324,416—420)

8. 开封(317—324,416—420)

9. 成皋(416—420)

(三)弘农郡(386—397,417—420)——治弘农(今河南灵宝市北)

按:据《通鉴》卷90:"建武元年春正月,汉兵东略弘农,太守宋哲奔江东。"胡三省注云:"哲屯华阴,汉兵自长安东略,故弃城来奔。"则至西晋末弘农未没,东晋建武元年方陷。据《通鉴》卷106:"(太元十一年六月)荆州刺史桓石民遣将军晏谦击弘农,下之,初置湖、陕二戍。"胡三省注曰:"湖、陕二县皆属弘农。"则太元十一年弘农郡得复,其时似有湖陕二县。《通鉴》卷109:"(隆安元年九月)秦主兴入寇湖城,弘农太守陶仲山、华山太守董迈皆降之;遂至陕城,进寇上洛,拔之。"则隆安元年弘农又陷。直至义熙十三年刘裕北伐方复弘农之地,又《宋志》司州刺史条:"武帝北平关、洛,河南底定,置司州刺史,治虎牢,领河南……荥阳……弘农……实土三郡……弘农领弘农、陕、宜阳、黾池、卢氏、曲阳,凡七县。"所列弘农郡所领止六县,脱华阴县。其中曲阳为侨县,则领实县六、侨县一。

1. 弘农(417—420)
2. 陕(386—397,417—420)
3. 宜阳(417—420)
4. 黾池(417—420)
5. 卢氏(417—420)
6. 华阴(417—420)
7. 湖(386—397)
8. 曲阳

按:考《汉志》上东海郡、《续汉志》三徐州下邳国领有曲阳,以弘农实郡领东土旧县,其为侨县无疑。

(四)河北郡(417—418)——治河北(今山西芮城县西)

按:据《通鉴》卷118:"(义熙十三年二月)檀道济、沈林子自陕北渡河,拔襄邑堡,秦河北太守薛帛奔河东。"胡三省云:"襄邑堡在河北郡河北县,汉、晋属河东郡,秦分立河北郡。"则义熙十三年攻占河北郡,领实县一。《东晋志》卷2实州郡县漏列此郡,误。元熙元年(419)蒲坂失陷于夏,毛德祖退守虎牢,河北密迩蒲坂,似当于此时同没。

河北(417—418)

(五)北河东郡(418)——治蒲坂(今山西永济市西南蒲州镇)

按:据《宋书》卷51《宗室·刘遵考传》:"随高祖北伐。时高祖诸子并弱,宗室唯有遵考。长安平定,以督并州、司州之北河东、北平阳①、北雍州之新平、安定五郡诸军事,辅国将军,并州刺史,领河东太守,镇蒲坂。"又《通鉴》卷118:"(义熙十四年正月)以彭城内史刘遵考为并州刺史,领河东太守,镇蒲坂。"则义熙十四年克复北河东郡,领实县一。《东晋志》卷2实州郡县漏列此郡,误。细揣《宋书》文义,揆诸地势,则北河东、北平阳似先属侨置之并州,随即划属司州,而并州即废,故有所谓"并州、司州之北河东、北平阳"。又据《通鉴》卷118:"(元熙元年正月)夏将叱奴侯提帅步骑二万攻毛德祖于蒲阪,德祖不能御,全军归彭城。"则元熙元年北河东郡又陷。

蒲坂(418)

第八节　北雍州沿革

北雍州(418),治长安(今陕西西安市西北)。据《宋书》卷2《武帝纪》:"(义熙十二年)五月,羌伪黄门侍郎尹冲率兄弟归顺。又加公北雍州刺史。"又《通鉴》卷117:"(义熙十二年)五月癸巳,加太尉裕领北雍州刺史。"胡三省注云:"晋初置雍州于长安,永嘉之乱,没于刘、石。苻秦之乱,雍州流民南出樊沔,孝武始于襄阳侨立雍州。今裕欲取长安,故领北雍州刺史,以别襄阳之雍州也。"则晋末义熙十二年(416)初置北雍州,此时未有雍州实土。据《宋书》卷51《宗室·刘遵考传》:"随高祖北伐时高祖诸子并弱,宗室唯有遵考。长安平定,以督并州、司州之北河东、北平阳,北雍州之新平、安定五郡诸军事,辅国将军,并州刺史,领河东太守,镇蒲坂。"又《通鉴》卷118:"(义熙十四年正月)以彭城内史刘遵考为并州刺史,领河东太守,镇蒲坂。"则义熙十四年正月关中略定后,北雍州方有实土(见前图30),然至十一月,长安复陷于赫连勃勃,则北雍州似随即亦废。

(一) 北京兆郡(418)——治长安(今陕西西安市西北)

1. 长安(418)
2. 蓝田(418)
3. 郑(418)

(二) 冯翊郡(418)——治临晋(今陕西大荔县)

临晋(418)

---

① 刘裕义熙西征,未得平阳郡实地,此北平阳或为侨置以防御北道之夏国。

(三)扶风郡(418)——治池阳(今陕西泾阳县西北)

池阳(418)

(四)咸阳郡(418)——治乏考(约在今陕西咸阳市西北)

(五)始平郡(418)——治槐里(约在今陕西兴平市东南)

槐里(418)

(六)安定郡(418)——治乏考(约在今甘肃泾川县北泾河北岸)

(七)新平郡(418)——治乏考(约在今陕西彬县)

第九节 荆州沿革

荆州(317—420),治所屡变。西晋末荆州领南、南平、江夏、竟陵、襄阳、南阳、顺阳、义阳、随、新野、建平、宜都、武陵、天门、巴东十五郡。咸和三年(328)祖约降赵,南阳、顺阳沦陷,四年临贺、建昌、始兴、始安、长沙、衡阳、湘东、零陵、邵陵、桂阳十郡来属。咸康元年(335)建昌郡废,五年义阳、随、新野沦没;永和后分零陵郡置营阳郡,三年巴东郡来属,十二年东晋收复荆州北境,南阳、顺阳、义阳、随、新野得复;太和四年(369)桓温北伐失败,顺阳沦陷,后复;太元三年(378)南阳复没,四年顺阳、义阳、新野复没,九年淝水战后,南阳、顺阳、义阳、新野又复;隆安二年(398)南阳、顺阳、义阳、新野又没,五年置武宁郡;义熙元年(405)姚兴以十二郡之地还晋,南阳、顺阳、义阳、新野得复,八年临贺、营阳、始兴、始安、长沙、衡阳、湘东、零陵、邵陵、桂阳十郡移属湘州,义熙十三年十郡复来属(义熙十四年之荆州政区见图31)。又有领实县侨郡一。西晋末,荆州治沌口,据《宋志》荆州刺史条:"王敦治武昌,陶侃前治沔阳,后治武昌,王廙治江陵,庾亮治武昌,庾翼进襄阳,复还夏口,桓温治江陵,桓冲治上明,王忱还江陵。"又《南齐志》下荆州条:"太元十四年,王忱还江陵……自忱以来,不复动移。"则荆州历治武昌、沔阳、武昌、江陵、襄阳、夏口,上明,太元十四年后,定治江陵。

(一)南郡(317—420)——治江陵(今湖北江陵县)

按:西晋末领县十,其中鄀县东晋初移属襄阳郡,临沮由襄阳郡来属,又石首县东晋时存废情况文献乏考,而据《宋志》南郡太守条:"宋初领县九,后州陵、监利度属巴陵;旌阳文帝元嘉十八年省并枝江。二汉无旌阳,见《晋太康地志》,疑是吴所立。凡余六县。"所余六县分别为:江陵、华容、当阳、临沮、编、枝江。则晋末宋初南郡领县九:江陵、华容、当阳、临沮、编、枝江、州陵、监利、旌阳。石首县似废。

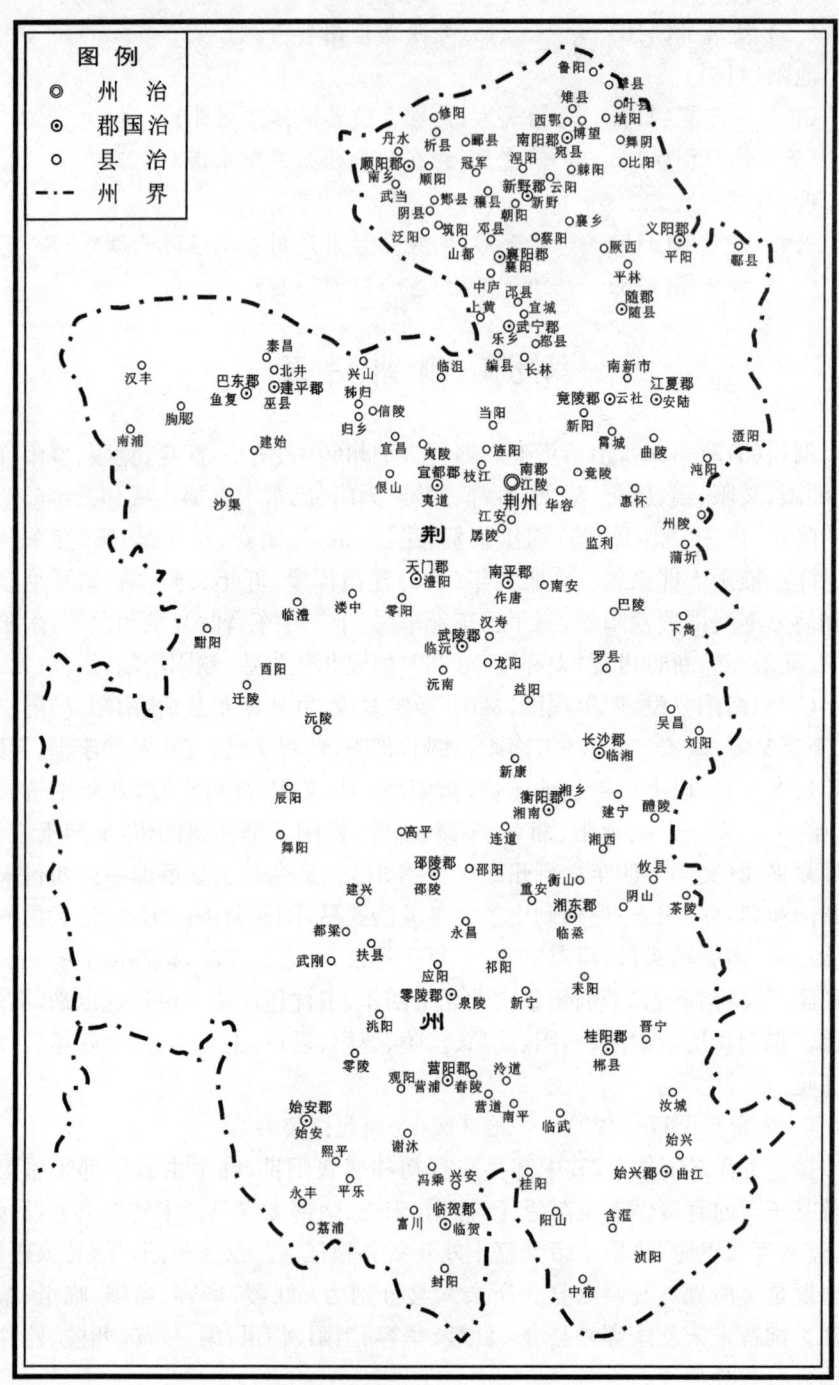

图 31 义熙十四年(418)东晋荆州政区

1. 江陵(317—420)

2. 华容(317—420)

3. 当阳(317—420)

4. 临沮(317—420)

按：西晋临沮属襄阳郡，检《宋志》："临沮伯相，汉旧县。《晋太康》、《永宁地志》属襄阳，后度。"疑东晋初来属。

5. 编(317—420)

6. 枝江(317—420)

7. 州陵(317—420)

8. 监利(317—420)

9. 旌阳(317—420)

（二）南平郡(317—420)——治江安(今湖北公安县西北)

按：西晋末领县四，历东晋似未变化。

1. 江安(317—420)

2. 孱陵(317—420)

3. 南安(317—420)

4. 作唐(317—420)

（三）武宁郡(401—420)——治乐乡(今湖北荆门市北)

按：据《宋志》武宁太守条："晋安帝隆安五年，桓玄以沮、漳降蛮立。"则隆安五年置武宁郡，领县二，此亦见载于《晋书》卷99《桓玄传》，所谓桓玄"移沮、漳蛮二千户于江南，立武宁郡"即是。武宁郡虽以蛮户立，但不以左称，不是左郡。

1. 乐乡(401—420)

按：据《宋志》武宁太守条："乐乡令，晋安帝立。"疑隆安五年随郡始置。

2. 长林(401—420)

按：据《宋志》武宁太守条："长林男相，晋安帝立。"疑隆安五年随郡始置。

（四）江夏郡(317—420)——治安陆(今湖北云梦县)

按：西晋末领县五，据《宋志》江夏太守领县七，其中羡阳县为西晋故县；沌阳、惠怀，"江左立"，则为东晋新置；汝南，"本沙羡土，晋末汝南郡民流寓夏口，因立为汝南县"，则其为侨县；孝昌，"《永初郡国》、何志并无，徐志有，疑是孝武世所立"，则其宋孝帝所立；沙阳，东晋属武昌；蒲圻，东晋属长沙。又据《宋志》安陆太守条，东晋时江夏郡又领有安陆、曲陵二县，又有鄳县，则东晋时领实县六、侨县一。又《宋志》江夏太守条："汉高帝立，本属荆州。《永初郡国》

及何志并治安陆,此后治夏口。"则东晋时江夏郡治所在安陆。

1. 安陆(317—420)
2. 曲陵(317—420)
3. 鄳(317—420)

按:《宋志》义阳太守条:"鄳令,二汉属江夏,《晋太康地志》属义阳,并作郻,音盲。"则太康三年(282)鄳县似属义阳郡。据《元和志》卷9河南道申州锺山县条:"本汉鄳县地,属江夏郡,宋永初中属义阳郡。"则宋志所谓"《晋太康地志》属义阳"似为"《晋太康地志》属江夏"之讹。则鄳县宋初移属义阳郡。

4. 㵐阳(317—420)
5. 沌阳(?—420)

按:《宋志》江夏太守条:"沌阳子相,江左立。"则沌阳东晋所置。

6. 惠怀(?—420)

按:《宋志》江夏太守条:"惠怀子相,江左立。"则惠怀东晋所置。

7. 汝南

(五)竟陵郡(317—420)——治云杜石城(今湖北钟祥市)

按:西晋末领县三,检《宋志》竟陵太守领县六,其中竟陵、南新市、云杜为西晋故县;霄城、新阳为东晋所置;苌寿,为宋末所置。故竟陵郡领县五。据《水经注》卷28"沔水注":"沔水又南径石城西,城因山为固,晋太傅羊祜镇荆州,立。晋惠帝元康九年,分江夏西部置竟陵郡,治此。"《舆地广记》卷27荆州北路上复州下沔阳县条:"云杜城,在县西北。又有石城,在西南……(晋)惠帝始置竟陵郡,治此。"则竟陵郡治云杜石城。

1. 云杜(317—420)
2. 竟陵(317—420)
3. 南新市(317—420)
4. 霄城(?—420)

按:据《宋志》竟陵太守条:"霄城侯相,《永初郡国》有。"则似为东晋所置。

5. 新阳(?—420)

按:据《宋志》竟陵太守条:"新阳男相,《永初郡国》有。"则似为东晋所置。

(六)襄阳郡(317—420)——治襄阳(今湖北襄樊市)

按:西晋末领县四,《宋志》襄阳公相领县三:襄阳、中庐、邔。又"《永初郡国》、何志并有宜城、鄀、上黄县",则又有宜城、鄀、上黄三县。又咸和三年祖约降赵,襄阳县沦陷,淮南沔北相继陷没,郡县既隔于沔北,似同被后赵攻陷,据《通鉴》卷95:"(咸和七年秋)(陶)侃兄子臻及竟陵太守李阳攻新野,拔之。

（郭）敬惧,遁去;（桓）宣遂拔襄阳。侃使宣镇襄阳。"则咸和七年桓宣收复襄阳县,郡县似亦于此时复置。太元四年襄阳县复没,九年淝水战后,襄阳县又复。

1. 襄阳(317—327,332—378,384—420)
2. 鄀(317—327,332—420)
3. 中庐(317—420)
4. 宜城(317—420)
5. 上黄(317—420)
6. 邔(317—420)

（七）南阳郡（317—327,356—365,365 后—377,384—397,405—420)——治宛(今河南南阳市)

按：咸和三年祖约降赵,南阳陷没,永和十二年东晋收复荆州北境,南阳得复;太和元年南阳督护赵亿据宛城降燕,则南阳复没;南阳后复,太元三年又没,九年淝水战后,南阳又复;隆安二年淮汉以北多降于秦,南阳与焉,义熙元年姚兴以十二郡之地还晋,南阳亦与焉。西晋末南阳郡领县十五,东晋时此十五县似随郡没、复,直至晋末。

1. 宛(317—327,356—365,365 后—377,384—397,405—420)
2. 比阳(317—327,356—365,365 后—377,384—397,405—420)
3. 鲁阳(317—327,356—365,365 后—377,384—397,405—420)
4. 堵阳(317—327,356—365,365 后—377,384—397,405—420)
5. 西鄂(317—327,356—365,365 后—377,384—397,405—420)
6. 犨(317—327,356—365,365 后—377,384—397,405—420)
7. 叶(317—327,356—365,365 后—377,384—397,405—420)
8. 雉(317—327,356—365,365 后—377,384—397,405—420)
9. 博望(317—327,356—365,365 后—377,384—397,405—420)
10. 涅阳(317—327,356—365,365 后—377,384—397,405—420)
11. 育阳(317—327,356—365,365 后—377,384—397 云阳,405—420 云阳)

按：西晋为育阳县,《宋志》南阳太守条:"云阳男相,汉旧县。故名育阳,晋孝武改。"则晋孝武帝时改焉。

12. 冠军(317—327,356—365,365 后—377,384—397,405—420)
13. 郦(317—327,356—365,365 后—377,384—397,405—420)
14. 舞阴(317—327,356—365,365 后—377,384—397,405—420)
15. 襄乡(317—327,356—365,365 后—377,384—397,405—420)

按：西晋有襄乡县，《宋志》河南太守条："襄乡令，前汉无，后汉有，属南阳。徐志属义阳。当是大明土断属此。"则直至宋大明土断时方度属河南。

（八）顺阳郡（317—327，356—368，368后—378，384—397，405—420）——治南乡（今河南淅川县南）

按：咸和三年祖约降赵，顺阳陷没，永和十二年东晋收复荆州北境，顺阳得复；太和四年桓温北伐失败，顺阳复没；顺阳后复，太元四年又没，九年淝水战后，顺阳又复；隆安二年淮汉以北多降于秦，顺阳与焉，义熙元年姚兴以十二郡之地还晋，顺阳亦与焉。西晋末顺阳郡领县九，东晋时此九县似随郡没、复，直至晋末。此外，朝阳县东晋时来属，修阳县东晋新置，则领县十一。又据《宋志》顺阳太守条："成帝咸康四年，复立南乡，后复旧。"据《晋书》卷118《姚兴载记》，义熙元年，刘裕遣使后秦，索取隆安时失地，姚兴以南乡、顺阳、新野、舞阴等十二郡归于晋。《孙考》"咸康后顺阳、南乡并立"之说是。而今人多认为咸康四年顺阳郡复名南乡郡，宋又改顺阳郡。此属对《宋志》志文理解偏误所致。则咸康四年曾析顺阳置南乡郡，详情不得而知，后又废南乡，属县复为顺阳所有。

1. 南乡（317—327，356—368，368后—378，384—397，405—420）
2. 顺阳（317—327，356—368，368后—378，384—397，405—420）
3. 丹水（317—327，356—368，368后—378，384—397，405—420）
4. 武当（317—327，356—368，368后—378，384—397，405—420）
5. 酇（317—327，356—368，368后—378，384—397，405—420）
6. 阴（317—327，356—368，368后—378，384—397，405—420）
7. 汎阳（317—327，356—368，368后—378，384—397，405—420）
8. 筑阳（317—327，356—368，368后—378，384—397，405—420）
9. 析（317—327，356—368，368后—378，384—397，405—420）
10. 朝阳（317—327，356—368，368后—378，384—397，405—420）

按：西晋末朝阳属义阳郡，似于东晋初年来属。

11. 修阳（317—327，356—368，368后—378，384—397，405—420）

按：西晋无此县，据《宋志》顺阳太守条："《永初郡国》及何志有……脩阳"，沈约注曰："唯见《永初郡国》。"则似东晋初年置。

（九）义阳郡（317—338，356—378，384—397，405—420）——治平阳（今河南信阳市）

按：咸康五年赵兵南进，义阳太守郑进降，义阳陷没，永和十二年东晋收复荆州北境，义阳得复；太元四年又没，九年淝水战后，义阳又复；隆安二年淮汉以北多降于秦,义阳与焉,义熙元年姚兴以十二郡之地还晋,义阳亦与焉。西晋末年领县五:安昌、平氏、义阳、朝阳、厥西。安昌、平氏、义阳县东晋时似废,朝阳县移属顺阳郡,平春县由江夏来属,领县二,似随郡复、没,直至晋末。

1. 平春(317—338,356—372,373—378 平阳,384—397 平阳,405—420 平阳)

按:据《宋志》义阳太守条:"平阳侯相,前汉无,后汉属江夏曰平春,《晋太康地志》属义阳,晋孝武改。"方恺《新校晋书地理志》江夏郡云:"案孝武以母郑太后名春,凡县名春者皆改。弋阳郡之蕲春、江夏郡之平春、安成郡之宜春、淮南郡之寿春、吴郡之富春等县,悉改春为阳。散见《州郡志》、《元和志》、《寰宇记》中。"则晋孝武帝宁康元年(373)后,改平春为平阳。

2. 厥西(317—338,356—378,384—397,405—420)

(十)随郡(317—338,356—420)——治随(今湖北随州市)

按:咸康五年赵兵南进,义阳等郡相继陷没,随郡地近诸郡,亦没;永和十二年东晋收复荆州北境,随郡得复。西晋末领县二,似随郡没、复。

1. 随(317—338,356—420)

2. 平林(317—338,356—420)

(十一)新野郡(317—338,356—378,384—397,405—420)——治新野(今河南新野县)

按:咸和三年,顺阳陷没,咸康五年赵兵南进,义阳又没,新野地处二郡之间,无能独全,故亦随之陷没;永和十二年东晋收复荆州北境,新野得复;太元四年又随顺阳、义阳二郡而没,九年得复;隆安二年随二郡再没,义熙元年再复。西晋末新野郡领县六,似随郡没、复。

1. 新野(317—338,356—378,384—397,405—420)
2. 棘阳(317—338,356—378,384—397,405—420)
3. 蔡阳(317—338,356—378,384—397,405—420)
4. 邓(317—338,356—378,384—397,405—420)
5. 穰(317—338,356—378,384—397,405—420)
6. 山都(317—338,356—378,384—397,405—420)

(十二)建平郡(317—420)——治巫(今重庆市巫山县)

按:西晋末建平郡领县八:北井、巫、秭归、沙渠、信陵、兴山、建始、泰昌。《宋志》建平太守列有七县,又"《永初郡国》有南陵、建始、信陵、兴山、永新、永宁、平乐七县,今并无",则东晋似有十四县。

1. 巫(317—420)

2. 秭归(317—420)

3. 归乡(？—420)

按：西晋无此县，似于东晋时置。

4. 北井(317—420)

5. 泰昌(317—420)

6. 沙渠(317—420)

7. 新乡(？—420)

按：西晋无此县，据《宋志》建平太守条："按《太康地志》无南陵、永新、永宁、平乐、新乡五县，疑是江左所立。"则其似于东晋时置。

8. 南陵(？—420)

按：西晋无此县，据《宋志》建平太守条："按《太康地志》无南陵、永新、永宁、平乐、新乡五县，疑是江左所立。"则其似于东晋时置。

9. 建始(317—420)

10. 信陵(317—420)

11. 兴山(317—420)

12. 永新(？—420)

按：西晋无此县，据《宋志》建平太守条："按《太康地志》无南陵、永新、永宁、平乐、新乡五县，疑是江左所立。"则其似于东晋时置。

13. 永宁(？—420)

按：西晋无此县，据《宋志》建平太守条："按《太康地志》无南陵、永新、永宁、平乐、新乡五县，疑是江左所立。"则其似于东晋时置。

14. 平乐(？—420)

按：西晋无此县，据《宋志》建平太守条："按《太康地志》无南陵、永新、永宁、平乐、新乡五县，疑是江左所立。"则其似于东晋时置。

(十三)宜都郡(317—420)——治夷道(今湖北枝江市)

按：西晋末领县三：夷道、佷山、夷陵。《宋志》宜都太守列有四县，增宜昌县，则领县四。

1. 夷道(317—420)

2. 佷山(317—420)

3. 夷陵(317—420)

4. 宜昌(？—420)

按：《宋志》宜都太守条："宜昌令，何志晋武帝立。按《太康》、《永宁地志》

并无,疑是此后所立。"则宜昌县似东晋所置。

（十四）武陵郡(317—420)——治临沅(今湖南常德市)

按：西晋末领县十：临沅、汉寿、沅陵、酉阳、迁陵、镡城、沅南、龙阳、舞阳、黚阳。《宋志》武陵太守条列十县,有辰阳无镡城,则镡城似省,辰阳为两汉旧县,西晋初年省,似于东晋初年①又复。

1. 临沅(317—420)
2. 龙阳(317—420)
3. 汉寿(317—420)
4. 沅南(317—420)
5. 迁陵(317—420)
6. 舞阳(317—420)
7. 酉阳(317—420)
8. 黚阳(317—420)
9. 沅陵(317—420)
10. 辰阳(？—420)

（十五）天门郡(317—420)——治澧阳(今湖南石门县)

按：西晋末领县五,入东晋后充县似省,则领县四。

1. 澧阳(317—420)
2. 临澧(317—420)
3. 零阳(317—420)
4. 溇中(317—420)

（十六）巴东郡(347—420)——治鱼复(今重庆奉节县)

按：西晋末属益州,又《宋志》巴东公相条："《晋太康地志》,巴东属梁州,惠帝太安二年度益州,穆帝永和初平蜀,度属荆州。"则永和三年桓温平蜀后,巴东移属荆州。

1. 鱼复(347—420)
2. 朐忍(347—420)
3. 南浦(347—420)
4. 汉丰(347—420)

---

① 《晋书》卷90《良吏·潘京传》："潘京,字世长,武陵汉寿人也。弱冠,郡辟主簿,太守赵廞甚器之,尝问曰：'贵郡何以名武陵？'京曰：'鄜郡本名义陵,在辰阳县界,与夷相接,数为所攻,光武时移东出,遂得全完,共议易号。《传》曰止戈为武,《诗》称高平曰陵,于是名焉。'"按潘京、赵廞皆东晋初年人,故疑东晋初即有辰阳县。

（十七）临贺郡(329—411,417—420)——治临贺(今广西贺州市东南)

按：临贺郡西晋末属湘州，《宋志》临庆内史条："吴分苍梧立为临贺郡……晋成帝度荆州。"其咸和四年来属，义熙八年复属湘州，义熙十三年复来属。

1. 临贺(329—411,417—420)
2. 冯乘(329—411,417—420)
3. 富川(329—411,417—420)
4. 封阳(329—411,417—420)
5. 兴安(329—411,417—420)
6. 谢沐(329—411,417—420)

（十八）建昌郡(329—334)——治下隽(今湖北通城县西北)

按：西晋末属湘州，其咸和四年来属，据《宋志》湘州刺史："建昌郡，晋惠帝元康九年，分长沙东北下隽诸县立，成帝咸康元年省。"则咸康元年建昌郡见废，又据《宋志》巴陵太守条："文帝元嘉十六年，分长沙之巴陵、蒲圻、下隽，江夏之沙阳四县立。"则建昌郡废后所领二县似移属长沙郡。

1. 下隽(329—334)
2. 巴陵(329—334)

（十九）始兴郡(329—411,417—420)——治曲江(今广东韶关市东南)

按：西晋末属湘州，其咸和四年来属，义熙八年复属湘州，义熙十三年复来属。

1. 曲江(329—411,417—420)
2. 桂阳(329—411,417—420)
3. 含洭(329—411,417—420)
4. 浈阳(329—411,417—420)
5. 中宿(329—411,417—420)
6. 始兴(329—411,417—420)
7. 阳山(329—411,417—420)

（二十）始安郡(329—411,417—420)——治始安(今广西桂林市)

按：西晋末属湘州，其咸和四年来属，义熙八年复属湘州，义熙十三年复来属。

1. 始安(329—411,417—420)
2. 荔浦(329—411,417—420)
3. 平乐(329—411,417—420)

4. 熙平(329—411,417—420)

5. 永丰(329—411,417—420)

(二十一) 长沙郡(329—411,417—420)——治临湘(今湖南长沙市)

按：西晋末属湘州，咸和四年来属，义熙八年复属湘州，义熙十三年复来属。据《宋志》长沙内史条："秦立，宋初十县。"其中八县为晋末所领，咸康元年废建昌郡，所领二县来属，领县十。

1. 临湘(329—411,417—420)

2. 攸(329—411,417—420)

3. 蒲圻(329—411,417—420)

4. 醴陵(329—411,417—420)

5. 罗(329—411,417—420)

6. 吴昌(329—411,417—420)

7. 刘阳①(329—411,417—420)

8. 建宁(329—411,417—420)

9. 下雋(335—411,417—420)

10. 巴陵(335—411,417—420)

(二十二) 衡阳郡(329—411,417—420)——治湘南(今湖南湘潭市西南)

按：西晋末属湘州，其咸和四年来属，义熙八年复属湘州，义熙十三年复来属。

1. 湘南(329—411,417—420)

2. 湘乡(329—411,417—420)

3. 益阳(329—411,417—420)

4. 新康(329—411,417—420)

5. 衡山(329—411,417—420)

6. 重安(329—411,417—420)

7. 连道(329—411,417—420)

8. 湘西(329—411,417—420)

(二十三) 湘东郡(329—411,417—420)——治临烝(今湖南衡阳市)

按：西晋末属湘州，其咸和四年来属，义熙八年复属湘州，义熙十三年复

---

① 《宋志》作"浏阳"，今检长沙走马楼吴简："刚佐刘阳区文年卅见"(简5977)、"入刘阳县还价人李绶米卅四斛"(简6718)、"鐽佐刘阳丁光年卅三见"(简6759)，均作"刘阳"。吴增仅《三国郡县表》卷8引吴谷朗碑以为"刘"旁无水字，《晋志》亦作"刘阳"，均是。《宋志》"浏阳"当为"刘阳"之讹。

来属。据《宋志》湘东太守条："晋世七县,孝武太元二十年,省酃、利阳、新平三县。"则太元二十年后领县四。

1. 临烝(329—411,417—420)
2. 茶陵(329—411,417—420)
3. 新宁(329—411,417—420)
4. 阴山(329—411,417—420)
5. 新平(329—394)
6. 利阳(329—394)
7. 酃(329—394)

(二十四) 零陵郡(329—411,417—420)——治泉陵(今湖南永州市)

按：西晋末属湘州,其咸和四年来属,义熙八年复属湘州,义熙十三年复来属。西晋末领县十一,据《晋志》："穆帝时,又分零陵立营阳郡。"而《宋志》营阳太守领县四,则晋穆帝时分零陵郡四县为营阳郡,领县七。

1. 泉陵(329—411,417—420)
2. 祁阳(329—411,417—420)
3. 永昌(329—411,417—420)
4. 零陵(329—411,417—420)
5. 洮阳(329—411,417—420)
6. 观阳(329—411,417—420)
7. 应阳(329—411,417—420)
8. 营道(329—345后)
9. 泠道(329—345后)
10. 舂陵(329—345后)
11. 营浦(329—345后)

(二十五) 营阳郡(345后—411,417—420)——治营浦(今湖南道县东)

按：据本州零陵郡考证,晋穆帝时分零陵郡四县置营阳郡。义熙八年移属湘州,义熙十三年复来属。

1. 营浦(345后—411,417—420)
2. 泠道(345后—411,417—420)
3. 舂陵(345后—411,417—420)
4. 营道(345后—411,417—420)

(二十六) 邵陵郡(329—411,417—420)——治邵陵(今湖南邵阳市)

按：西晋末属湘州,其咸和四年来属,义熙八年复属湘州,义熙十三年复来属。

1. 邵陵(329—411,417—420)
2. 邵阳(329—411,417—420)
3. 高平(329—411,417—420)
4. 都梁(329—411,417—420)
5. 夫夷(329—373前,373前—411扶,417—420扶)

按：西晋作夫夷,据《宋志》邵陵太守条："扶县令,汉旧县,至晋曰夫夷。汉属零陵,晋属邵陵。案今云扶者,疑是避桓温讳去'夷','夫'不可为县名,故为'扶'云。"东晋桓温父桓彝,盖同音避讳而去"夷"。桓温卒于宁康元年(373),则其改扶县当在此前,而确年乏考。

6. 建兴(329—411,417—420)
7. 武刚(329—411,417—420)

(二十七)桂阳郡(329—411,417—420)——治郴(今湖南郴州市)

按：西晋末属湘州,其咸和四年来属,义熙八年复属湘州,义熙十三年复来属。

1. 郴(329—411,417—420)
2. 汝城(329—411,417—420)
3. 耒阳(329—411,417—420)
4. 南平(329—411,417—420)
5. 临武(329—411,417—420)
6. 晋宁(329—411,417—420)

(二十八)新蔡郡,侨寄黥布旧城(今湖北黄梅县西)

按：《南齐志》上豫州："诸郡失土荒民数千无佃业,(庾)翼表移西阳、新蔡二郡荒民就陂田于寻阳。"按庾翼领荆州在成帝咸康六年庾亮卒后;及孝武时,"因新蔡县人于汉九江王黥布旧城置南新蔡郡,属南豫州"(《晋志》上豫州)[①];又《宋志》二江州刺史南新蔡太守："江左立。领县四",即苞信、慎、宋、阳唐左县("孝武大明八年立"),又领实县一。有实土,其侨地,《通鉴》卷164胡《注》云："沈约《宋志》,江州所部有南新蔡郡,不言侨置之地,但云去京都水行一千

---

① 《晋志》"置南新蔡郡,属南豫州"者误。按晋世当称"新蔡郡",时又无南豫州。《考异》卷19晋书地理志上云："晋世无'南豫'之名。宋武经略中原,以豫州镇寿阳,而遥领淮北诸实郡,豫犹未分。至永初受禅后,分淮东、西为二,乃有南豫之称。此志亦误以宋人追称为晋时本号也。"《宋志》江州有南新蔡,即是此郡。晋属豫州,至宋改属江州耳。"按晋世除江州刺史者,必亦督豫州之西阳、新蔡,此以实州理侨郡,非即属江州也。

三百七十六里有余。以水程约言之,南新蔡郡当置于今蕲州界。《五代志》：蕲州黄梅县,旧曰永兴,隋开皇初改曰新蔡,盖因南新蔡郡以名县也。刘昫曰：黄梅县,宋分置新蔡郡。"

1. 蕲阳(373 后—420)

按：《宋志》蕲阳令条："二汉江夏郡有蕲春县,吴立为郡,晋武帝太康元年,省蕲春郡,而县属弋阳,后属新蔡。"此云"属新蔡"者,东晋侨置之新蔡郡,宋改南新蔡郡,即《宋志》江州刺史所领南新蔡郡。《寰宇记》卷 127 淮南道蕲州蕲春县："《晋太康地记》云：'改属弋阳郡。'惠帝时属西阳郡,(晋)孝武改为蕲阳,属新蔡郡。"则晋孝武帝时改蕲春为蕲阳,且属新蔡侨郡,而确年乏考。

2. 慎
3. 宋
4. 苞信

第十节 湘 州 沿 革

湘州(317—328,412—416),治临湘(今湖南长沙市)。西晋末领郡十：长沙、衡阳、湘东、邵陵、零陵、建昌、桂阳、始安、始兴、临贺。据《宋志》湘州刺史条："(湘州)成帝咸和三年省。安帝义熙八年复立,十二年又省。"而《晋书》卷 7《成帝纪》：咸和四年(329)二月"壬寅,以湘州并荆州",《通鉴》从《晋志》,洪氏《东晋志》卷 2 亦从之,今即以咸和四年湘州并荆州。又《晋书》卷 10《安帝纪》：义熙八年(412)十二月,"分荆州十郡置湘州",按原湘州所属十郡中建昌郡于咸康元年(335)已省,晋穆帝时分零陵郡四县置营阳郡。则义熙八年(412)复分荆州十郡立湘州之"十郡"恰为除都昌郡之原属诸郡加营阳郡,义熙十二年又省湘州,诸郡似仍属荆州。

(一) 长沙郡(317—328,412—416)——治临湘(今湖南长沙市)

按：西晋末领县八,咸和四年移属荆州,义熙八年复来属时领县十,义熙十三年再移属荆州。

1. 临湘(317—328,412—416)
2. 攸(317—328,412—416)
3. 蒲圻(317—328,412—416)
4. 醴陵(317—328,412—416)
5. 罗(317—328,412—416)

6. 吴昌(317—328,412—416)

7. 刘阳(317—328,412—416)

8. 建宁(317—328,412—416)

9. 下隽(412—416)

10. 巴陵(412—416)

(二) 衡阳郡(317—328,412—416)——治湘南(今湖南湘潭市西南)

按：咸和四年移属荆州，义熙八年复来属，义熙十三年再移属荆州。西晋末领县九，《宋志》衡阳内史领县七，《一统志》连道县宋省入湘乡，则烝阳县似东晋初省，领县八。

1. 湘南(317—328,412—416)

2. 湘乡(317—328,412—416)

3. 益阳(317—328,412—416)

4. 新康(317—328,412—416)

5. 衡山(317—328,412—416)

6. 重安(317—328,412—416)

7. 连道(317—328,412—416)

8. 湘西(317—328,412—416)

(三) 湘东郡(317—328,412—416)——治酃(今湖南衡阳市)

按：西晋末领县七，咸和四年移属荆州，义熙八年复来属时领县四，义熙十三年再移属荆州。

1. 酃(317—328)

2. 新平(317—328)

3. 利阳(317—328)

4. 阴山(317—328,412—416)

5. 临烝(317—328,412—416)

6. 茶陵(317—328,412—416)

7. 新宁(317—328,412—416)

(四) 始兴郡(317—328,412—416)——治曲江(今广东韶关市东南)

按：咸和四年移属荆州，义熙八年复来属，义熙十三年再移属荆州。

1. 曲江(317—328,412—416)

2. 桂阳(317—328,412—416)

3. 含洭(317—328,412—416)

4. 浈阳(317—328,412—416)

5. 中宿(317—328,412—416)
6. 始兴(317—328,412—416)
7. 阳山(317—328,412—416)

(五)邵陵郡(317—328,412—416)——治邵陵(今湖南邵阳市)

按:咸和四年移属荆州,义熙八年复来属,义熙十三年再移属荆州。

1. 邵陵(317—328,412—416)
2. 邵阳(317—328,412—416)
3. 高平(317—328,412—416)
4. 都梁(317—328,412—416)
5. 夫夷(317—328,412—416 扶)
6. 武刚(317—328,412—416)
7. 建兴(317—328,412—416)

(六)建昌郡(317—328)——治下隽(今湖北通城县西北)

按:咸和四年移属荆州。

1. 下隽(317—328)
2. 巴陵(317—328)

(七)桂阳郡(317—328,412—416)——治郴(今湖南郴州市)

按:西晋末领县七,入东晋后便县似废,咸和四年移属荆州,义熙八年复来属,义熙十三年再移属荆州。

1. 郴(317—328,412—416)
2. 汝城(317—328,412—416)
3. 耒阳(317—328,412—416)
4. 南平(317—328,412—416)
5. 临武(317—328,412—416)
6. 晋宁(317—328,412—416)

(八)临贺郡(317—328,412—416)——治临贺(今广西贺州市东南)

按:咸和四年移属荆州,义熙八年复来属,义熙十三年再移属荆州。

1. 临贺(317—328,412—416)
2. 封阳(317—328,412—416)
3. 冯乘(317—328,412—416)
4. 富川(317—328,412—416)
5. 兴安(317—328,412—416)
6. 谢沐(317—328,412—416)

（九）始安郡(317—328,412—416)——治始安(今广西桂林市)

按：咸和四年移属荆州,义熙八年复来属,义熙十三年再移属荆州。西晋末领县七,《宋志》始建内史条领县七,无西晋所领之常安、始阳,又其中建陵、乐化二县宋时方属,则入东晋后常安、始阳二县似废,领县五。

1. 始安(317—328,412—416)
2. 荔浦(317—328,412—416)
3. 平乐(317—328,412—416)
4. 熙平(317—328,412—416)
5. 永丰(317—328,412—416)

（十）零陵郡(317—328,412—416)——治泉陵(今湖南永州市)

按：西晋末领县十一,咸和四年移属荆州,义熙八年复来属,领县七,义熙十三年再移属荆州。

1. 泉陵(317—328,412—416)
2. 祁阳(317—328,412—416)
3. 永昌(317—328,412—416)
4. 零陵(317—328,412—416)
5. 洮阳(317—328,412—416)
6. 观阳(317—328,412—416)
7. 应阳(317—328,412—416)
8. 营道(317—328)
9. 泠道(317—328)
10. 舂陵(317—328)
11. 营浦(317—328)

（十一）营阳郡(412—416)——治营浦(今湖南道县东)

按：义熙八年来属,义熙十三年移属荆州。

1. 营道(412—416)
2. 泠道(412—416)
3. 舂陵(412—416)
4. 营浦(412—416)

第十一节 江州沿革

江州(317—420),治所屡变。西晋末江州领郡十：豫章、鄱阳、庐陵、临川、南康、建安、晋安、武昌、寻阳、安成。东晋时期所领未变，《宋志》江州刺史条云："初治豫章，成帝咸康六年，移治寻阳，庾翼又治豫章，寻还寻阳。"则江州治所屡变。义熙十四年(418)之江州政区见前图27。

（一）寻阳郡(317—420)——治柴桑(今江西九江市西南)

按：西晋末领县三：柴桑、寻阳、彭泽。据《晋志》下扬州条："元帝渡江……寻阳郡又置九江、上甲二县，寻又省九江县入寻阳……安帝义熙八年，省寻阳县入柴桑县，柴桑仍为郡，后又省上甲县入彭泽县。"则东晋初年又新置九江、上甲县，九江县旋废，晋安帝义熙八年废寻阳县，后又废上甲县，领县二。又《宋志》寻阳太守条领县三，又有松滋县，"江左流民寓寻阳，侨立安丰、松滋二郡，遥隶扬州，安帝省为松滋县。寻阳又有弘农县流寓。文帝元嘉十八年，省并松滋"，则安帝时又置松滋、弘农二侨县。

1. 柴桑(317—420)
2. 彭泽(317—420)
3. 寻阳(317—411)
4. 九江(317后—?)
5. 上甲(317后—411后)
6. <u>松滋</u>
7. <u>弘农</u>

（二）豫章郡(317—420)——治南昌(今江西南昌市)

按：西晋末领县十五，检《通鉴》卷107："(太元十四年十一月)(范)宁在豫章，遣十五议曹下属城。"胡三省注曰："豫章领南昌、海昏、新淦、建成、望蔡、永修、建昌、吴平、豫章、彭泽、艾、康乐、丰城、新昌、宜丰、锺陵十六县，一县负郭，余十五县各遣一议曹。"胡氏以为豫章其时领有十六县，其中有彭泽县，而据寻阳郡考证，彭泽西晋末已移属寻阳郡，东晋以来皆属焉，故胡氏所云实误，此"十五议曹"当即豫章所领十五县也。

1. 南昌(317—420)
2. 海昏(317—420)
3. 新淦(317—420)
4. 建城(317—420)
5. 丰城(317—420)
6. 望蔡(317—420)
7. 吴平(317—420)
8. 永修(317—420)

9. 建昌(317—420)

10. 豫宁(317—420)

11. 康乐(317—420)

12. 新吴(317—420)

13. 艾(317—420)

14. 宜丰(317—420)

15. 锺陵(317—420)

(三) 鄱阳郡(317—420)——治广晋(今江西鄱阳县北)

按：西晋末领县八,《宋志》鄱阳太守条领县六：鄱阳、余干、乐安、广晋、葛阳、上饶。其中上饶为宋初所置,"《永初郡国》有历陵县",又据《寰宇记》卷107江南西道饶州鄱阳县条："废鄡阳县,在县西北一百二十里。按《鄱阳记》云：'汉高祖六年置,宋永初二年废。'"则鄡阳县宋初废,入东晋后晋兴县似废,则领县七。

1. 广晋(317—420)

2. 历陵(317—420)

3. 余汗(317—420)

4. 乐安(317—420)

5. 鄡阳(317—420)

6. 鄱阳(317—420)

7. 葛阳(317—420)

(四) 庐陵郡(317—420)——治石阳(今江西吉水县北)

按：西晋末领县十,入东晋后南野县似移属南康郡,领县九,正为《宋志》庐陵太守所领九县。

1. 石阳(317—420)

2. 西昌(317—420)

3. 高昌(317—420)

4. 巴丘(317—420)

5. 吉阳(317—420)

6. 兴平(317—420)

7. 阳丰(317—420)

8. 遂兴(317—420)

9. 东昌(317—420)

(五) 临川郡(317—420)——治临汝(今江西抚州市)

按：西晋末领县十,入东晋后西宁县似废,领县九,正为《宋志》临川内史所领九县。

1. 临汝(317—420)
2. 南城①(317—420)
3. 新建(317—420)
4. 南丰(317—420)
5. 宜黄(317—420)
6. 安浦(317—420)
7. 西丰(317—420)
8. 永成(317—420)
9. 东兴(317—420)

(六)南康郡(317—420)——治赣(今江西赣州市东北)

按：西晋末领县六，东晋初南野县来属，领县七，正为《宋志》南康公相所领除宋时新置之虔化县外之七县。

1. 赣(317—420)
2. 陂阳(317—420)
3. 雩都(317—420)
4. 平固(317—420)
5. 南康(317—420)
6. 宁都(317—420)
7. 南野(317—420)

(七)建安郡(317—420)——治建安(今福建建瓯市)

按：西晋末领县七，东晋初东平县似废，太元四年(379)废延平县后置沙村，晋安帝隆安三年(399)置绥成县，领县七。

1. 建安(317—420)
2. 建阳(317—420)
3. 将乐(317—420)
4. 邵武(317—420)
5. 吴兴(317—420)
6. 绥成(399—420)

按：西晋无此县，《宋志》建安太守条有绥成县，"《永初郡国》、何、徐并

---

① 西晋末作"新南城"，今检《宋志》临川内史条："南城男相，汉旧县，晋武帝太康元年，更曰新南城，江左复旧。"则东晋时改新南城为南城。

有",据《一统志》卷332邵武府建宁县条:"汉治县地,晋为邵武县地,东晋末析置绥成县,属建安郡,宋齐因之。"又宋本《寰宇记》卷100江南东道南剑州将乐县条:"绥安故城,《建安记》云:晋隆安三年又改将乐之西乡置绥安县,隋开皇中并入邵武县。"综合以上诸条材料,可知此处《寰宇记》所谓"绥安"者必为"绥成"之讹,则隆安三年分将乐置绥成县。

7. 延平(317—379后,379后—420沙村)

按:西晋末作"延平",今检《寰宇记》卷100江南东道南剑州沙县条:"自晋武帝时为延平县,属建州,地方乃南平乡地也。至太元四年废县额,改为沙戍。"又《宋志》建安太守有沙村,"《永初郡国》、何、徐并有",则太元四年后废延平县为沙戍,其后或基于此而新置沙村县,而确年乏考。《一统志》卷330延平府沙县条云:"晋初为延平县地,后分置沙村县,属建安郡,宋齐以后因之。"是也。

(八)晋安郡(317—420)——治候官(今福建福州市)

按:西晋末领县八,同安、宛平二县似入东晋后废,领县六,新罗县入宋废,余五县与《宋志》晋安太守所领五县合。

1. 候官(317—420)
2. 罗江(317—420)
3. 原丰(317—420)
4. 晋安(317—420)
5. 温麻(317—420)
6. 新罗(317—420)

按:据《一统志》卷333汀州府长汀县条:"晋置新罗县属晋安郡,宋以后废。"则新罗似入宋后废。

(九)武昌郡(317—420)——治武昌(今湖北鄂州市鄂城区西)

按:西晋末领县六,沙羡、高陵二县似入东晋后废,领县四。

1. 武昌(317—420)
2. 沙阳(317—420)
3. 阳新(317—420)
4. 鄂(317—420)

(十)安成郡(317—420)——治平都(今江西安福县)

按:西晋末领县七,与《宋志》安成太守所领七县同。

1. 平都(317—420)
2. 新喻(317—420)

3. 宜春①(317—375,376—420 宜阳)
4. 永新(317—420)
5. 安复(317—420)
6. 萍乡(317—420)
7. 广兴(317—420)

第十二节 梁州沿革

梁州(319—420),治所屡变。咸康五年(339)前复魏兴郡、上庸郡,永和三年(347)桓温平蜀,复汉中郡、新城郡、广汉郡、巴郡、宕渠郡、北巴西郡,置汶阳郡、涪郡,涪郡旋废,八年复梓潼郡,十一年置遂宁郡,宁康元年(373)梓潼郡、广汉郡、遂宁郡陷没,二年汉中郡陷没。太元四年(379)魏兴郡、新城郡、上庸郡、汶阳郡陷没,九年复新城郡、上庸郡、梓潼郡、遂宁郡、汶阳郡,十五年复汉中郡,置晋寿郡,隆安后置新巴郡,义熙元年(405)谯纵反,汉中郡、梓潼郡、晋寿郡、广汉郡、遂宁郡、北巴西郡陷没,二年宕渠郡陷没,九年汉中郡、梓潼郡、晋寿郡、广汉郡、遂宁郡、宕渠郡、北巴西郡又复(义熙十四年之梁州政区见图32)。又有领实县侨郡一。据《晋书》卷58《周访传》:"访以功迁南中郎将、督梁州诸军、梁州刺史,屯襄阳。"考《通鉴》卷91"访在襄阳"系太兴二年(319)事;再考《通鉴》卷96 咸康五年云:"司州刺史镇襄阳……梁州刺史镇魏兴。"胡《注》云:"周访领梁州,治襄阳;今司州既治襄阳,故梁州治魏兴。"是知侨梁州于襄阳在元帝太兴初年,至咸康五年又移寄魏兴。穆帝永和中,桓温灭成汉,梁州还旧治。及孝武宁康二年,苻秦陷蜀,并失汉中,太元中梁州又寄治襄阳,《通鉴》卷104 太元二年:"桓豁表兖州刺史朱序为梁州刺史,镇襄阳。"是也。又《寰宇记》133 山南西道兴元府条:"桓元子平蜀,梁州刺史复理汉中郡。谯纵时,又失汉中,刺史寄理魏兴郡,今金州也。谯纵灭,复理汉中之苞中县,今

---

① 原作"宜春",《宋志》安成太守条:"宜阳子相,汉旧县,本名宜春,属豫章,晋孝武改名。"宜春改宜阳年份有两说。一说在西晋武帝太康元年。《元和志》卷28 江南道四袁州宜春县:"晋武帝太康元年,以太后讳春,改为宜阳县。"《寰宇记》卷109 袁州:"晋太康元年平吴,改宜春为宜阳,避太后讳。"一说在东晋孝武帝时。清张驹贤《元和郡县图志考证》:宜作"晋孝武帝太元元年",见杭州富阳县及蕲州各叙,此传钞之误。按《晋书》卷31《后妃传》上,有"宣穆张皇后讳春华……武帝受禅,追尊为皇后",又,卷32《后妃传》上"简文宣郑太后,讳阿春",孝武太元十九年诏上尊号曰简文宣太后;"又《宋志》一扬州刺史吴郡太守富阳令条:"本名富春。……晋简文郑太后讳'春',孝武改曰富阳。"清人多从东晋孝武帝说,今人则多从太康元年说。按《通典》卷181《州郡典十一》寿州寿春云:"东晋以郑皇后讳,改寿春为寿阳,宜春曰宜阳,富春曰富阳。凡名'春',悉改之。"则东晋孝武帝说较胜。

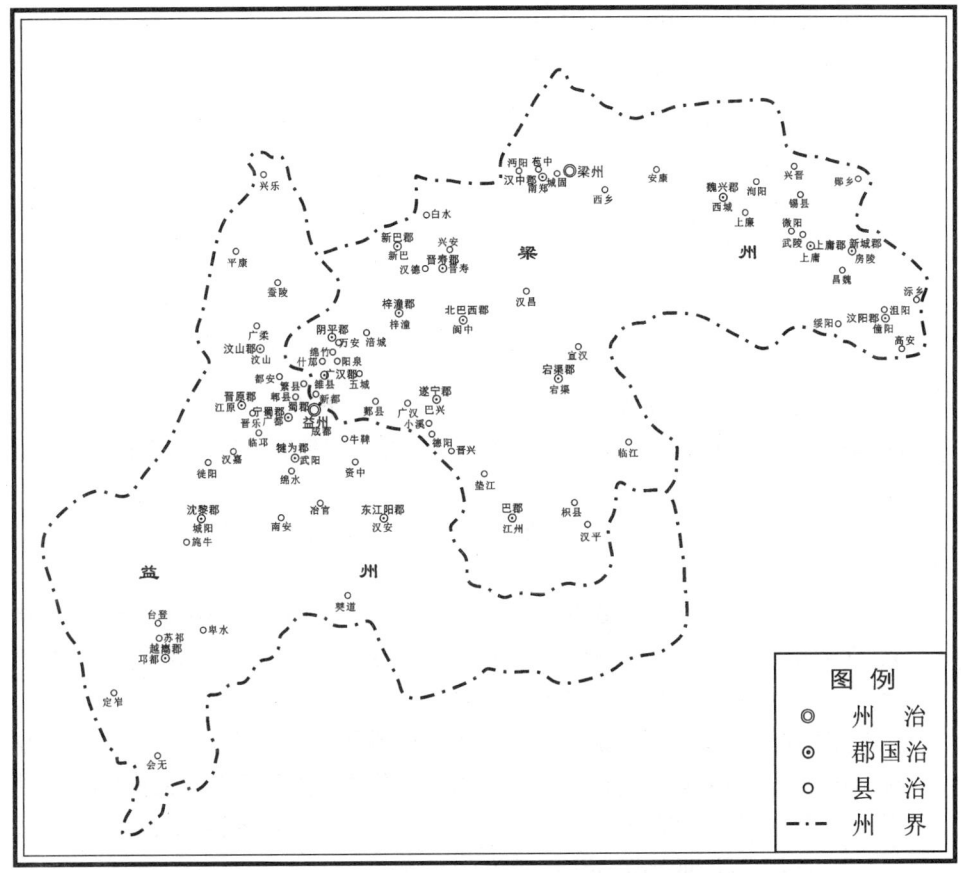

图 32　义熙十四年(418)东晋梁州、益州政区

苞城县也。东晋末又移理城固。"则太元九年,苻秦败,东晋进复汉中,梁州盖又复归旧治。安帝义熙初,谯纵又没汉中,刺史寄治魏兴。纵灭,还治汉中苞中县所谓南城,其后理城固(今陕西城固县东八里)。

(一)汉中郡(347—374,390—404,413—420)——治南郑(今陕西汉中市)

按:据《宋志》汉中太守条云:"《晋地记》云,孝武太元十五年,梁州刺史周琼表立。又疑是李氏所省,李氏平后复立。《永初郡国》又有苞中、怀安二县。"又领四县:南郑、沔阳、城固、西乡。据此,则永和三年平定蜀地后,曾复汉中郡,其属县详情乏考,宁康二年复没,太元十五年再置,义熙元年谯纵再没汉中,义熙九年得复,据《宋志》所载领县情况,可知义熙九年时汉中领县七。

1. 南郑(347—373,390—404,413—420)

2. 苞中(413—420)

按：西晋汉中郡有襃中县无苞中县，据《寰宇记》卷133山南西道一兴元府襃城县："本汉襃中县。……东晋义熙末梁州刺史理此，仍改为苞中县。"如此则汉、晋有襃中县，唯东晋义熙末改苞中耳。

3. 沔阳(413—420)

4. 城固(413—420)

5. 西乡(413—420)

6. 怀安(413—420)

7. 南汉(347—373,390—404,413—420)

按：西晋汉中郡无此县，据《宋志》宋兴太守条："南汉令，何志晋穆帝立。故属汉中，流寓来配。"则似晋穆帝永和三年复汉中郡时所置，又似于入宋后见废，另立为侨县。

（二）魏兴郡(339前—378,384—420)——治西城(今陕西安康市西北汉江北岸)

按：据《通鉴》卷96咸康五年云："司州刺史镇襄阳……梁州刺史镇魏兴。"《通鉴》卷104："(太元四年)夏四月戊申韦钟拔魏兴。"《通鉴》卷105："(太元九年)桓冲遣上庸太守郭宝攻秦魏兴、上庸、新城三郡，拔之。"又《寰宇记》133山南西道兴元府条："谯纵时，又失汉中，刺史寄理魏兴郡。"则魏兴郡似复置于咸康五年前，太元四年陷没，九年复，其间领县情况乏考。又据《宋志》魏兴太守条，可知魏兴郡东晋末领县六：西城、兴晋、安康、锡、郧乡、洵阳。

1. 西城(339前—378,384—420)

2. 兴晋(384—420)

3. 安康(384—420)

4. 锡(384—420)

5. 郧乡(384—420)

6. 洵阳(384—420)

（三）新城郡(347—378,384—420)——治房陵(今湖北房县)

按：永和三年梁州复，新城或于此时亦复；宁康二年汉中陷没，太元四年襄阳、顺阳、义阳、新野诸郡均没，新城地处其间，无由独存，故似亦于太元四年陷没，据《通鉴》卷105："(太元九年)桓冲遣上庸太守郭宝攻秦魏兴、上庸、新城三郡，拔之。"则太元九年新城得复，直至晋末，其间领县情况乏考。《宋志》新城郡领县六，其中阆阳、乐平二县，"何志不注置立"，则余所领四县或为东晋末年之情况。

1. 房陵(347—378,384—420)
2. 绥阳(384—420)
3. 昌魏(384—420)
4. 沵乡(384—420)

（四）上庸郡(339前—378,384—420)——治上庸(今湖北竹山县西南)

按：据《宋志》魏兴太守条："广昌子相,何志属上庸,晋成帝立。"又魏兴郡复置于咸康五年前,则上庸郡似亦如此；宁康二年汉中陷没,太元四年魏兴、新城陷没,上庸地处其间,无由独存,故似亦于太元四年陷没,据《通鉴》卷105："(太元九年)桓冲遣上庸太守郭宝攻秦魏兴、上庸、新城三郡,拔之。"则太元九年上庸得复,其间领县情况乏考。《宋志》上庸郡领县七,其中新安、北吉阳为侨县,《永初郡国》上庸郡又有广昌、上庸,则此九县或为东晋末年之情况。

1. 上庸(339前—378,384—420)
2. 安富(384—420)
3. 北巫(384—420)
4. 武陵(384—420)
5. 上廉(384—420)

按：据《宋志》魏兴太守条："上廉令,《晋太康地志》、《永初郡国》、徐并属上庸,何无。"则东晋末上庸郡有上廉县。

6. 微阳(384—420)
7. 广昌(339前—378,384—420)

按：据《宋志》魏兴太守条："广昌子相,何志属上庸,晋成帝立。"则其或上庸郡复立而置,在咸康五年前。

8. 新安

按：据《宋志》上庸太守条："新安令,《永初郡国》、何、徐有。何云本建平流民。"则新安县为侨县,寄治今湖北竹山县一带。

9. 北吉阳

按：据《宋志》上庸太守条："吉阳令,《永初郡国》云北吉阳,何、徐无。"庐陵郡有吉阳县,则此北吉阳县为侨县,当在今湖北竹山、竹溪等县一带。

（五）梓潼郡(352—373,384—404,413—420)——先治涪城(今四川绵阳市东),后移梓潼(今四川梓潼县)

按：《寰宇记》卷72剑南西道益州华阳县条称臧荣绪《晋书·穆帝纪》："永和八年,平西将军周抚攻涪,八月戊午克之,斩萧敬文,益州平,以三蜀流人立宁蜀、晋昌二郡。"则永和八年梓潼郡得复,《晋书》卷9《孝武帝纪》："(宁康元年)十一月苻坚将杨安陷梓潼。"宁康元年梓潼复没。又《通鉴》卷105:"(太元九年秋七月)秦康回兵数败,退还成都,梓潼太守垒袭以涪城来降。"则太元九年淝水之战后,梓潼郡再复。义熙元年谯纵再没梓潼,义熙九年得复。西晋末领县八,据《晋志》:"后孝武分梓潼北界立晋寿郡,统晋寿、白水、邵欢、兴安四县,梓潼郡徙居梓潼,罢剑阁县。"又据《宋志》梁州刺史条:"晋寿太守,《晋地记》云,孝武太元十五年,梁州刺史周琼表立。"则太元十五年分梓潼郡晋寿、白水二县置晋寿郡,同时废剑阁县,黄安县似入东晋时已废,新置万安县,则领县五,郡治亦由涪城移至梓潼。义熙九年新置新兴、西浦二县,领县七。

1. 梓潼(352—373,384—404,413—420)
2. 涪城①(352—373,384—404,413—420)
3. 万安(?—420)

按:西晋无此县,《宋志》梓潼太守有万安县,又《寰宇记》卷83剑南东道二绵州罗江县:"本涪县地。晋于梓潼水尾万安故城置万安县,晋末乱,移就潺亭。"则万安县当为东晋新置,具体时间乏考。

4. 白水(352—373,384—389)
5. 晋寿(352—373,384—389)
6. 汉德(352—373,384—404,413—420)
7. 武连(352—373,384—404,413—420)
8. 新兴(413—420)

按:西晋无此县,据《宋志》益州刺史梓潼太守条:"《永初郡国》又有汉德、新兴,徐同。徐云,新兴,义熙九年立。"则其为义熙九年所置。

9. 西浦(413—420)

按:西晋无此县,据《宋志》益州刺史梓潼太守条:"西浦令,徐志义熙九年立。"则其为义熙九年所置。

10. 剑阁(352—373,384—389)

(六) 晋寿郡(390—404,413—420)——治晋寿(今四川广元市南)

按:据梓潼郡考证,太元十五年置晋寿郡。义熙元年谯纵反,晋寿陷没,义熙九年得复。

1. 晋寿(390—404,413—420)
2. 白水(390—404,413—420)

---

① 西晋作涪城,《宋志》作涪县,今检《晋书》卷58《周鸠传》:"宁康初,苻坚将杨安寇梓潼,虢固守涪城。"则东晋仍当作涪城。

3. 兴安(390—404,413—420)

按：据《元和志》卷22山南道三利州绵谷县："东晋孝武帝分晋寿县置兴安县。"疑兴安县为太元十五年晋寿郡初置时分晋寿县置。

4. 邵欢(390—404,413—420)

按：据《晋志》："后孝武分梓潼北界立晋寿郡，统晋寿、白水、邵欢、兴安四县。"疑邵欢与兴安并于太元十五年时分置。

(七) 广汉郡(347—373,384—404,413—420)——治雒(今四川广汉市北)

按：永和三年，桓温平蜀，广汉郡得复，据《通鉴》卷103："(宁康元年十一月)秦遂取梁、益二州。"则宁康元年广汉陷没，太元九年淝水之战后，又复。义熙元年谯纵反，广汉陷没，义熙九年得复。西晋末领县七，绵竹县移属侨郡阴平郡，永和十一年，广汉、德阳移属遂宁郡，新置鄩、阳泉县，领县六。

1. 雒(347—373,384—404,413—420)
2. 什邡(347—373,384—404,413—420)
3. 五城(347—373,384—404,413—420)
4. 新都(347—373,384—404,413—420)
5. 鄩(？—420)

按：西晋无此县，盖为东晋新置也。

6. 阳泉(？—420)

按：西晋无此县，盖为东晋新置也。

7. 德阳(347—354)
8. 广汉(347—354)

(八) 遂宁郡(355—373,384—404,413—420)——治巴兴(今四川蓬溪县西南)

按：据《晋志》梁州条："及桓温平蜀之后……于德阳界东南置遂宁郡。"又《元和志》卷33剑南道下遂州："后分广汉为德阳县，东晋分置遂宁郡。"又《寰宇记》卷87剑南东道六遂州："后分广汉县，于此置德阳。东晋分置遂宁郡，属益州。"又永和十一年新置巴兴、小溪二县，则永和十一年，分广汉郡广汉、德阳二县，合巴兴、小溪共四县置遂宁郡。《宋志》遂宁太守巴兴县为首县，疑此时遂宁郡治所为巴兴，直至宋末。又据《通鉴》卷103："(宁康元年十一月)秦遂取梁、益二州。"则宁康元年遂宁陷没，太元九年淝水之战后，又复。义熙元年谯纵反，遂宁陷没，义熙九年得复。

1. 巴兴(355—373,384—404,413—420)

按：据《寰宇记》卷87剑南东道六遂州长江县："本东晋巴兴县，穆帝永和十一年置，属遂宁郡。"则穆帝永和十一年置巴兴县。

2. 德阳(355—373,384—404,413—420)

3. 广汉(355—373,384—404,413—420)

4. 晋兴(384—404,413—420)

按:《元和志》卷33剑南道下遂州青石县:"本晋之晋兴县也,本属巴郡,既置遂宁,乃割属焉。"又《寰宇记》卷87剑南东道六遂州青石县:"亦广汉之地。东晋孝武帝于此立为晋兴县,宋因之。"则晋兴县似于太元九年遂宁郡得复时置。

5. 小溪(355—373,384—404,413—420)

按:据《寰宇记》卷87剑南东道六遂州小溪县:"本晋小溪县地,穆帝永和十一年置,属遂宁郡。"则穆帝永和十一年置小溪县。

(九)汶阳郡(347—378,384—420)——治僮阳(今湖北保康县东南)

按:《宋志》荆州刺史条:"汶阳太守,何志新立。先属梁州,文帝元嘉十一年度。"《考异》:"案《南齐书·蛮传》:'汶阳本临沮西界二百里。中水陆迂狭,鱼贯而行,有数处不通骑,而水白田甚肥腴。桓温时割以为郡。西北接梁州新城,东北接南襄阳,南接巴巫。'然则汶阳郡晋时已有之,何承天以为新立者,非也。"又《南齐志》下荆州亦云:"桓温平蜀,治江陵。以临沮西界,水陆纡险,行迳裁通……立为汶阳郡,以处流民。"而《晋志》上梁州:"及安帝时,又立新巴、汶阳二郡。"则与《南齐书·蛮传》及《南齐志》下荆州异。当以《南齐书·蛮传》及《南齐志》下荆州所云为是。则永和三年置汶阳郡,宁康二年汉中陷没,太元四年襄阳、顺阳、义阳、新野诸郡皆没,汶阳地处其间,无由独存,故似亦于太元四年陷没,太元九年诸郡得复,汶阳亦复,直至晋末。《宋志》汶阳郡领县三,或为东晋末年之情况。

1. 僮阳(347—378,384—420)

2. 沮阳(384—420)

3. 高安(405后—420)

按:《水经注》卷32"沮水注":"沮水东南流,迳沮阳县东南。县有潼水,东迳其县南,下入沮水。沮水又东南迳汶阳郡北,即高安县界。……义熙初,分新城立。"则高安县义熙初方置。

(十)涪郡(347—347后)——治枳(今重庆涪陵区东北)

按:《元和志》卷30江南道涪州涪陵县条云:"桓温定蜀,以涪郡[①]理枳县

[①] 中华书局本《元和志》校勘记引张驹贤《考证》:"王象之引'涪都'作'涪陵',此误,官本作'郡',亦非。"今检清道光惧盈斋刻本《舆地纪胜》、《续修四库全书》影印国家图书馆藏清影宋抄本《舆地纪胜》皆作"涪郡",不知张氏所见为何本也。

城。"则永和三年时置涪郡,治枳县,然遍检《宋志》、《晋书》、《通鉴》均未见此郡,则此郡旋置旋没,枳县移属巴郡。

枳(347—347后)

(十一)巴郡(347—420)——治江州(今四川重庆市)

按:永和三年,桓温平蜀,巴郡似于此时得复,西晋末巴郡领县四,与《宋志》巴郡太守所领同。

1. 江州(347—420)
2. 垫江(347—420)
3. 临江(347—420)
4. 枳(347后—420)

(十二)宕渠郡(347—406,413—420)——治宕渠(今四川渠县东北)

按:永和三年,桓温平蜀,宕渠郡似于此时得复,据《通鉴》卷114:"(义熙二年九月)刘裕闻谯纵反,遣龙骧将军毛修之将兵与司马荣期、文处茂、时延祖共讨之。修之至宕渠,荣期为其参军杨承祖所杀,承祖自称巴州刺史,修之退还白帝。"则义熙二年后宕渠郡似没,义熙九年得复。西晋末领宕渠、汉昌、宣汉三县,据《宋志》梁州刺史条言:"《永初郡国》又有宕渠郡。"又南宕渠太守条云:"《永初郡国》有宕渠郡,领宕渠、汉兴、宣汉三县,属梁州,元嘉十六年,度属益州,非此南宕渠也。"则东晋宕渠郡领宕渠、汉兴、宣汉三县,汉昌县东晋时未置,洪亮吉《东晋志》卷3以为汉兴县于东晋重置宕渠郡时,由兴古郡来属,或是。

1. 宕渠(347—406,413—420)
2. 宣汉(347—406,413—420)
3. 汉兴(347—406,413—420)

(十三)新巴郡(397后—404,413—420)——治新巴(今四川江油市东北雁门坝)

按:西晋无此郡,据《宋志》梁州刺史:"新巴太守,晋安帝分巴西立。"所领三县亦皆为安帝新置①。《晋志》亦云:"及安帝时,又立新巴、汶阳二郡。"则晋安帝时置新巴郡,义熙元年谯纵反,郡没,义熙九年郡复。

1. 新巴(397后—404,413—420)
2. 晋城(397后—404,413—420)

---

① 《寰宇记》卷135山南西道利州葭萌县条:"太元中分晋寿置晋安县,属新巴郡。"此与《宋志》、《晋志》皆不合,疑有误。

3. 晋安(397后—404,413—420)

(十四) 北巴西郡(347—404,413—420)——治阆中(今四川阆中市)

按:《宋志》梁州刺史北巴西太守条云:"《永初郡国》领阆中、汉昌二县。"据志文,似东晋末所立,《永初郡国》及何、徐并有之。梁州北巴西郡为实郡,即晋旧巴西郡;此实郡之沿革,《宋志》误记在益州刺史巴西太守条,云:"巴西太守,谯周《巴记》,建安六年,刘璋分巴郡垫江以上为巴西郡。"新巴郡为安帝时分巴西郡置,则其时为巴西郡,似永和三年平蜀时所复,其加"北"字当在其后,义熙元年谯纵反,郡没,义熙九年郡复。

1. 阆中(347—404,413—420)
2. 汉昌(347—404,413—420)

(十五) 阴平郡,侨寄苌阳(今四川德阳市西北)

按:《宋志》四益州刺史南阴平太守:"永嘉流寓来属,寄治苌阳。领县二",即阴平、绵竹("汉旧县,属广汉")。《东晋志》卷4益州南阴平郡领有绵竹侨县。考绵竹,汉旧县,属广汉,《晋志》属梁州新都郡,非侨县也。

1. 绵竹(317—420)
2. 阴平

第十三节 益州沿革

益州(317—404,413—420),治成都(今四川成都市)。西晋末领巴东、涪陵、汉嘉三郡,太宁元年(323)汉嘉郡失陷,咸康八年(342)越巂郡来属,永和三年(347)平蜀,领有巴、晋原、犍为、汶山、东江阳、越巂、涪陵诸郡,蜀郡旋失,巴东郡移属荆州,五年蜀郡复。宁康元年(373)益州大部沦陷,太元九年(384)复,元兴三年(404)后涪陵郡废,义熙元年(405)谯纵反,益州没,义熙九年又复(义熙十四年之益州政区见前图32)。晋末又置沈黎郡。又有领实县侨郡一。

(一) 蜀郡(349—372,384—404,413—420)——治成都(今四川成都市)

按:永和三年,桓温平蜀,旋为邓定隗文所陷,且立范贲为帝。《晋书》卷8《穆帝纪》:"(永和五年)夏四月,益州刺史周抚、龙骧将军朱焘击范贲,获之,益州平。"则永和五年蜀郡得复。宁康元年蜀郡又失,太元九年复,义熙元年谯纵反,蜀郡再没,义熙九年又复。西晋末领县六,李雄分蜀郡置晋原郡,江原、临邛二县移属之,永和八年置宁蜀侨郡,广都属焉,牛鞞由犍为郡来属,领县四。

1. 成都(349—372,384—404,413—420)
2. 郫(349—372,384—404,413—420)

3. 繁(349—372,384—404,413—420)

4. 牛鞞(349—372,384—404,413—420)

按：西晋属犍为，据《宋志》益州蜀郡太守条："鞞县令，二汉、《晋太康地志》并曰牛鞞，属犍为，何志晋穆帝度此。"似永和五年蜀郡复置来属。

5. 广都(349—351)

(二) 晋原郡(347—372,384—404,413—420)——治江原(今四川崇庆县西北怀远镇)

按：《宋志》云："李雄分蜀郡为汉原，晋穆帝更名。"又据《寰宇记》卷72剑南西道益州条："穆帝永和三年平蜀之后，省沈黎、汉原二郡，又立南阴平郡，改汉原为晋原郡①。"则永和三年桓温平蜀后，改汉原郡为晋原郡，宁康元年晋原郡又失，太元九年复，义熙元年谯纵反，晋原郡再没，义熙九年又复。

1. 江原(347—372,384—404,413—420)

2. 临邛(347—372,384—404,413—420)

3. 徙阳(347—372,384—404,413—420)

4. 汉嘉(347—372,384—404,413—420)

5. 晋乐(347—372,384—404,413—420)

(三) 汉嘉郡(317—322)——治汉嘉(今四川芦山县)

按：据《晋书》卷6《明帝纪》："太宁元年春正月癸巳，黄雾四塞，京师火。李雄使其将李骧、任回寇台登，将军司马玖死之。越巂太守李钊、汉嘉太守王载以郡叛，降于骧。"则太宁元年汉嘉陷没。又据《宋志》益州刺史晋原太守有徙阳县，又："汉嘉令，前汉青衣县属蜀郡，顺帝阳嘉二年更名。……晋江右犹为郡，江左省为县。"则太宁元年汉嘉不复为郡，永和三年桓温平蜀后，复置徙阳、汉嘉、旄牛三县，分属晋原郡、沈黎郡。

1. 汉嘉(317—322)

2. 徙阳(317—322)

3. 严道(317—322)

4. 旄牛(317—322)

(四) 沈黎郡(？—420)——治城阳(今四川汉源县东北)

按：《宋志》益州刺史沈黎太守条云："二汉、晋并无此郡，《永初郡国》有。"

---

① 此处"晋原郡"诸本皆作"晋兴郡"，中华书局点校本"校勘记"引《寰宇记》卷75蜀州晋原县条、《元和志》卷31蜀州条及《宋志》四晋原太守条，以证此处"晋兴郡"当为"晋原郡"之讹。其说甚是，今据改。

又《晋志》上益州:"李雄又分汉嘉、蜀二郡立沈黎、汉原二郡。……桓温灭蜀,其地复为晋有,省汉原、沈黎。"则沈黎郡或是晋末所置。

1. 城阳(？—420)
2. 兰(？—420)
3. 旄牛(？—420)

(五) 犍为郡(347—372,384—404,413—420)——治武阳(今四川彭山县)

按:永和三年桓温平蜀后,犍为郡复,宁康元年犍为郡又失,太元九年复,义熙元年谯纵反,犍为郡再没,义熙九年又复。西晋末领县五,牛鞞县永和五年移属蜀郡,冶官县新置,领县五。

1. 武阳(347—372,384—404,413—420)
2. 南安(347—372,384—404,413—420)
3. 僰道(347—372,384—404,413—420)
4. 资中(347—372,384—404,413—420)
5. 冶官(414—420)

按:据《宋志》益州刺史犍为太守条:"冶官令,晋安帝义熙十年立。"则义熙十年置冶官县。

6. 牛鞞(347—348)

(六) 汶山郡(347—372,384—404,413—420)——治汶山(今四川茂县北)

按:永和三年桓温平蜀后,汶山郡复,宁康元年汶山郡又失,太元九年复,义熙元年谯纵反,汶山郡再没,义熙九年又复。西晋末领县八,广阳、升迁二县似废,领县六。

1. 汶山(347—372,384—404,413—420)
2. 蚕陵(347—372,384—404,413—420)
3. 都安(347—372,384—404,413—420)
4. 广柔(347—372,384—404,413—420)
5. 兴乐(347—372,384—404,413—420)
6. 平康(347—372,384—404,413—420)

(七) 东江阳郡(347—372,384—404,413—420)——先治江阳(今四川泸州市),后治汉安(今四川泸州市纳溪区西南)

按:据《元和志》卷33剑南道泸州泸川县条:"本汉江阳县也,属犍为郡……晋穆帝于县置东江阳郡,领江阳县。"《方舆胜览》卷62潼川府路泸州建置沿革亦云:"晋寄治武阳,穆帝置东江阳郡。宋齐因之。"则似永和三年平蜀时置东江阳郡,其时唯领江阳县,《宋志》益州刺史东江阳太守条云:"何志晋安帝初,流寓入蜀,今新复旧土为郡。"东江阳郡为穆帝所置,云安帝置,误也。宁康元年蜀地又失,东江阳郡陷没,太元九年复,此时复汉安县、置绵水县,领县二,义熙元年谯纵反,东江阳郡再没,义熙九年又复。

  1. 江阳(347—372)

  2. 汉安(384—404,413—420)

  3. 绵水(384—404,413—420)

  按:西晋无此县,据《宋志》东江阳太守绵水令条:"何志晋孝武立。"似太元九年东江阳郡复置时置。

  (八)涪陵郡(317—404后)——治涪陵(今重庆市彭水苗族土家族自治县南)

  按:西晋末领县五,东晋可考者一县,据《通鉴》卷113:"(元兴三年五月)涪陵太守文处茂收其余众保涪陵。"则元兴三年时涪陵郡领有涪陵县,《宋志》无此郡此县,则似于晋末俱废也。

涪陵(317—404后)

  (九)巴东郡(317—346)——治鱼复(今重庆奉节县)

  按:西晋末属益州,又《宋志》巴东公相条:"《晋太康地志》,巴东属梁州,惠帝太安二年度益州,穆帝永和初平蜀,度属荆州。"则永和三年桓温平蜀后,巴东移属荆州。西晋末领县四,《宋志》巴东公相条领县七,其中三县新置,故东晋时仍为四县。

  1. 鱼复(317—346)

  2. 朐䏰(317—346)

  3. 南浦(317—346)

  4. 汉丰(317—346)

  (十)越嶲郡(342—372,384—404,413—420)——治邛都(今四川西昌市)

  按:据《晋志》宁州条:"咸康四年,分牂柯、夜郎、朱提、越嶲四郡置安州。八年,又罢并宁州,以越嶲还属益州,省永昌郡焉。"按《晋书》卷7《成帝纪》"罢安州"在咸康七年十二月,今从《成帝纪》。则咸康四年牂柯等四郡移属安州,八年又复属益州。宁康元年蜀地又失,越嶲郡陷没,太元九年复,义熙元年谯纵反,越嶲郡再没,义熙九年又复。

  1. 邛都(342—372,384—404,413—420)

  2. 会无(342—372,384—404,413—420)

  3. 卑水(342—372,384—404,413—420)

4. 定莋(342—372,384—404,413—420)

5. 台登(342—372,384—404,413—420)

6. 苏祁(？—420)

按：西晋无此县，《宋志》越巂太守条："苏利长，汉县曰苏示，□曰苏利①。"或为晋末所置。

7. 晋兴(？—420)

按：西晋无此县，《宋志》越巂太守条："晋兴长，《永初郡国》有。"或为晋末所置。

8. 新兴(？—420)

按：西晋无此县，《宋志》越巂太守条："新兴令，《永初郡国》有。"或为晋末所置。

(十一)宁蜀郡，侨寄广都(今四川双流县)

按：《寰宇记》卷72剑南西道益州华阳县条称臧荣绪《晋书·穆帝纪》："永和八年，平西将军周抚攻涪，八月戊午克之，斩萧敬文，益州平，以三蜀流人立宁蜀、晋昌二郡。"又《宋志》四益州刺史宁蜀太守领县四：广汉("遂宁郡复有此县")、广都("汉旧县，属蜀郡")、升迁("《晋太康地志》属汶山")、西乡("本名南乡，属汉中，晋武太康三年更名")；又云："《永初郡国》及徐并有西垫江县，今无。"又《隋志》上蜀郡双流："旧曰广都，置宁蜀郡，后周郡废。"按诸《志》无寄治之文。据《宋志》宁蜀无水陆道里，又因流人而立，当为侨郡。其领县，据地望判断，广都为实县；另四县当为侨县，或即以其县流人侨置，故皆仍旧名，然诸地志不言，亦难断以究竟。

1. 广都(352—420)

2. 广汉

3. 西乡

4. 西垫江

5. 升迁

第十四节　宁州沿革

宁州(317—372,384—420)，治乏考。西晋末领郡十一，太宁元年(323)越

---

① 《三国志》卷43《蜀书·张嶷传》云："苏祁邑君冬逢、逢弟隗渠等，已降复反。(越巂太守张)嶷诛逢。"又清洪亮吉《东晋疆域志》卷3益州越巂郡领县作"苏祁"。据此，"利"或为"祁"之误，志文以作"苏祁长，汉县曰苏示，蜀曰苏祁"为妥。

犗陷没,后复,二年兴古郡陷没。成帝时置西平、梁水、兴宁、西河四郡。据《晋书》卷7《成帝纪》:"(咸和八年春正月)丙寅,李雄将李寿陷宁州,刺史尹奉及建宁太守霍彪并降之。"则咸和八年(333)宁州所领大部——建宁、夜郎、朱提、平夷、晋宁、西平、梁水、云南、兴宁、河阳、西河诸郡陷没,朱提郡后复,咸康二年(336)夜郎郡、兴古郡复,四年牂柯、夜郎、越巂、朱提移属安州,五年建宁郡复,新置建都郡,八年牂柯、夜郎、朱提三郡复属宁州,废永昌郡。永和三年(347)平夷、晋宁、西平、梁水、云南、兴宁、河阳、西河诸郡得复,置南广郡。宁康元年(373)诸郡陷没,太元九年(384)诸郡皆复,隆安二年(398)晋宁郡得复。义熙十四年(418)之宁州政区见图33。

(一)建宁郡(317—332,339—372,384—420)——治味(今云南曲靖市)

按:咸和八年随州陷没,据《通鉴》卷96:"(咸康)五年春正月辛丑,大赦,三月乙丑,广州刺史邓岳将兵击汉宁州,汉建宁太守孟彦执其刺史霍彪以降。"胡注云:"咸和八年,成取宁州,今复之。"则咸康五年复。宁康元年陷没,太元九年复。西晋末领县十二,咸和八年郡没时修云、泠丘二县似亦废,又增置同并、万安、新兴三县,领县十三。

1. 味(317—332,339—372,384—420)
2. 昆泽(317—332,339—372,384—420)
3. 存䭵(317—332,339—372,384—420)
4. 新定(317—332,339—372,384—420)
5. 谈稾(317—332,339—372,384—420)
6. 漏江(317—332,339—372,384—420)
7. 毋单(317—332,339—372,384—420)
8. 同濑(317—332,339—372,384—420)
9. 牧麻(317—332,339—372,384—420)
10. 同乐(317—332,339—372,384—420)
11. 泠丘(317—332)
12. 修云(317—332)
13. 同并(362后—372,384—420)

按:西晋无此县,据《宋志》建宁太守条:"同并长,汉旧县,前汉作同并,属牂柯。晋武帝咸宁五年省,哀帝复立。"则晋哀帝时复置同并县。

14. 万安(?—420)

按:西晋无此县,据《宋志》建宁太守条:"万安长,江左立。"则入东晋后置万安县。

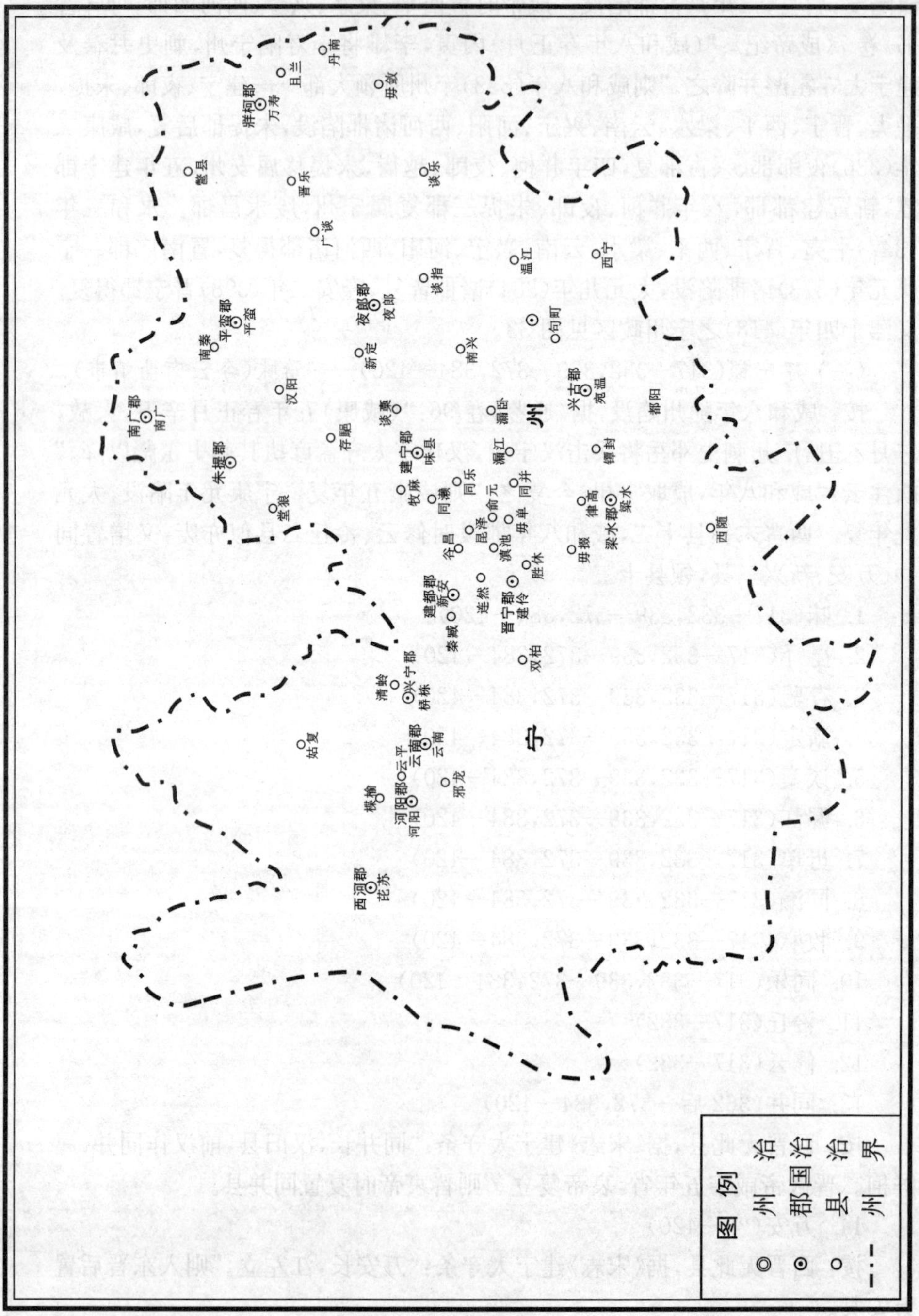

872　中国行政区划通史·三国两晋南朝卷

图 33　义熙十四年 (418) 东晋宁州政区

15. 新兴(？—420)

按：西晋无此县，据《宋志》建宁太守条："新兴长，江左立。"则入东晋后置新兴县。

(二)牂柯郡(317—337,342—372,384—420)——治万寿(今贵州瓮安县东北)

按：咸和八年宁州沦没，晋唯有牂柯，《华阳国志》卷4《南中志》："咸和八年……南中尽为(李)雄所有，惟牂柯谢恕不为(李)寿所用，遂保郡，独为晋。"又《晋书·李寿载记》：寿僭位(时在338年，改国号为汉)之后，"遣其镇东大将军李奕征牂柯，太守谢恕保城拒守者积日，不拔。会奕粮尽，引还"。又《华阳国志》卷4《南中志》："(谢恕)官至抚夷中郎将、宁州刺史。"则东晋移置宁州于牂柯地，不为汉李氏所有。据《晋志》宁州条："咸康四年，分牂柯、夜郎、朱提、越巂四郡置安州。八年，又罢，并宁州，以越巂还属益州，省永昌郡焉。"按《晋书》卷7《成帝纪》"罢安州"在咸康七年十二月；今从《成帝纪》则咸康四年牂柯等四郡移属安州，八年又复属宁州。宁康元年陷没，太元九年复。西晋末领县五，宁康元年郡没时并渠县似亦废，又增置丹南、晋乐县，领县五。

1. 万寿(317—337,342—372,384—420)
2. 且兰(317—337,342—372,384—420)
3. 毋敛(317—337,342—372,384—420)
4. 并渠(317—337,342—372)
5. 晋乐(？—420)

按：西晋无此县，据《宋志》牂柯太守条："晋乐令，江左立。"则入东晋后置晋乐县。

6. 丹南(？—420)

按：西晋无此县，据《宋志》牂柯太守条："丹南长，江左立。"则入东晋后置丹南县。

(三)越巂郡(317—322,337前—337)——治邛都(今四川西昌市)

按：据《晋书》卷6《明帝纪》："太宁元年春正月癸巳，黄雾四塞，京师火。李雄使其将李骧、任回寇台登，将军司马玖死之。越巂太守李钊、汉嘉太守王载以郡叛，降于骧。"则太宁元年越巂陷没。据牂柯郡考证咸康四年越巂移属安州，则其复置当在此前。

1. 邛都(317—322,338前—338)
2. 会无(317—322,338前—338)
3. 卑水(317—322,338前—338)

4. 定苲(317—322,338前—338)

5. 台登(317—322,338前—338)

(四)夜郎郡(317—332,336—337,342—372,384—420)——治夜郎(今贵州关岭县西)

按:咸和八年随州陷没,又据《通鉴》卷95:"(咸康二年)冬十月,广州刺史邓岳遣督护王随等击夜郎、兴古,皆克之。"则咸康二年复,又据牂柯郡考证咸康四年夜郎郡移属安州,八年复属宁州,宁康元年陷没,太元九年复。西晋末领县二,后增置谈乐、广谈二县,领县四。

1. 夜郎(317—332,336—337,342—372,384—420)

2. 谈指(317—332,336—337,342—372,384—420)

3. 广谈(?—420)

按:西晋无此县,《宋志》夜郎太守条有广谈县,又《华阳国志》卷4《南中志》牂柯郡所属有广谈县,方国瑜《中国西南历史地理考释》第二篇牂柯郡广谈条以为东晋增设广谈县,是。

4. 谈乐(?—420)

按:西晋无此县,据《宋志》夜郎太守条:"谈乐长,江左立。"则入东晋后置谈乐县。

(五)朱提郡(317—332,337前—337,342—372,384—420)——治朱提(今云南昭通市)

按:咸和八年随州陷没,据牂柯郡考证咸康四年朱提郡移属安州,则其复置当在此前。八年复属宁州,宁康元年陷没,太元九年复。西晋末领县五,李雄分南广置南广郡,又增置临利县,领县五。

1. 朱提(317—332,337前—337,342—372,384—420)

2. 南秦(317—332,337前—337,342—372,384—420)

3. 汉阳(317—332,337前—337,342—372,384—420)

4. 堂狼(317—332,337前—337,342—372,384—420)

5. 南广(317—332)

6. 临利(?—420)

按:西晋无此县,据《宋志》朱提太守条:"临利长,江左立。"则入东晋后置临利县。

(六)平蛮郡(317—332平夷郡,347—372,384—420)——治平蛮(今贵州毕节市西)

按:平蛮原名平夷,据《宋志》宁州刺史平蛮太守条:"后避桓温讳改。"疑平夷郡咸和八年随州沦没,及永和三年桓温西征灭成汉后,复置且改平夷名平蛮。其后宁康元年至淝水战前,沦没于秦,后复。西晋末领县二,东晋时期似未变化。

1. 平蛮(317—332平夷,347—372,384—420)
2. 鳖(317—332,347—372,384—420)

(七)南广郡(347—372,384—420)——治南广(今四川筠连县西南)

按:西晋无此郡,《宋志》云:"南广太守,晋怀帝分朱提立。"而《华阳国志》卷4《南中志》云:"南广郡,蜀延熙中置……元帝世,刺史王逊移朱提治郡南广……及雄定宁州,复置郡。"刘琳《校注》以为常璩仕于李氏,于此事甚详,不应有误,则入东晋时南广仍属朱提郡,南广郡置郡当在李雄陷宁州之后。永和三年桓温西征灭成汉后,亦置此郡。其后宁康元年至淝水战前,沦没于秦,后复,领县三。

1. 南广(347—372,384—420)
2. 晋昌(347—372,384—420)

按:西晋无此县,《宋志》南广太守条云:"晋昌令,江左立。"疑永和三年平蜀时置。

3. 常迁(347—372,384—420)

按:西晋无此县,《宋志》南广太守条云:"常迁长,江左立。"疑永和三年平蜀时置。

(八)建都郡(339—372,384—420)——治新安(今云南武定、禄丰二县地)

按:西晋无此郡,《宋志》云:"建都太守,晋成帝分建宁立,领县六。"疑成帝咸康五年建宁郡得复时分置,所领六县皆云"晋成帝立",则似随郡而置。其后宁康元年至淝水战前,沦没于秦,后复,直至晋末。

1. 新安(339—372,384—420)
2. 经云(339—372,384—420)
3. 永丰(339—372,384—420)
4. 临江(339—372,384—420)
5. 麻应(339—372,384—420)
6. 遂安(339—372,384—420)

(九)兴古郡(317—323,336—372,384—420)——治宛暖(今云南砚山县北小维摩附近)

按:据《晋书》卷6《明帝纪》:"(太宁二年)十二月壬子,帝谒建平陵,从大祥之礼。梁水太守爨亮、益州太守李逿以兴古叛,降于李雄。"则太宁二年兴古陷没。又《通鉴》卷95:"(咸康二年)冬十月,广州刺史邓岳遣督护王随等击夜郎、兴古,皆克之。"则咸康二年兴古得复。其后宁康元年至淝水战前,沦没于秦,后复,西晋末领县十二,太宁二年兴古郡沦没后,贲古、进乘二县似废,汉兴县移属宕渠郡,都唐县移属西平郡,毋掇、镡封、胜休、西随四县移属梁水郡,又新置西安、南兴二县,领县六。

1. 宛暖(317—323 宛温,336—372,384—420)

按:西晋作宛温,《宋志》兴古太守条云:"宛暖令……本名宛温,为桓温改。"则似于咸康二年复郡时改。

2. 句町(317—323,336—372,384—420)
3. 律高(317—323,336—372,384—420)
4. 漏卧(317—323,336—372,384—420)
5. 贲古(317—323)
6. 进乘(317—323)
7. 镡封(317—323)
8. 胜休(317—323)
9. 汉兴(317—323)
10. 毋掇(317—323)
11. 都唐(317—323)
12. 西随(317—323)
13. 西安(?—420)

按:西晋无此县,据《宋志》兴古太守条:"西安令,江左立。"则入东晋后置西安县。

14. 南兴(?—420)

按:西晋无此县,据《宋志》兴古太守条:"南兴长,江左立。"则入东晋后置南兴县。

(十)晋宁郡(317—332,347—372,398—420)——治建伶(今云南晋宁县)

按:咸和八年随州沦没,永和三年桓温西征灭成汉后,复置晋宁郡。其后宁康元年沦没于秦,又据《晋志》:"隆安二年,又立晋熙、遂宁、晋宁三郡云。"则至隆安二年方复置晋宁郡。西晋末领县七,《宋志》晋宁太守领县七,列有六县,阙俞元①,与西晋所领合,则东晋时领县似未有变化。

1. 建伶(317—332,347—372,398—420)
2. 双柏(317—332,347—372,398—420)
3. 秦臧(317—332,347—372,398—420)
4. 连然(317—332,347—372,398—420)
5. 谷昌(317—332,347—372,398—420)
6. 滇池(317—332,347—372,398—420)
7. 俞元(317—332,347—372,398—420)

(十一)西平郡(326后—332,347—372,384—420)——治西平(今广西西林县东南西林)

按：西晋无此郡,《宋志》宁州刺史西平太守条云:"晋怀帝永嘉五年,宁州刺史王逊分兴古之东立。何志晋成帝立,非也。"《考异》卷23宋书州郡志四:"按《王逊传》不言分立西平郡。《华阳国志》,'西平郡,刺史王逊时,爨量保盘南,逊出军攻讨,不能克。逊薨后,刺史尹奉募徼外夷刺杀量,盘南平,乃割兴古、云南之盘江、南如、南零三县为郡。'是西平非逊所分矣。"又方国瑜《中国西南历史地理考释》第二篇兴古郡云:"乃割兴古云南之盘江"当作"乃割兴古盘南之盘江"。据上《考异》引《华阳国志·南中志》,西平郡乃宁州刺史尹奉时立。考《华阳国志》作者常璩与尹奉为同时人,且曾为同事,故《华阳国志》所述应可信。又检清万斯同《晋方镇年表》、《东晋方镇年表》,西晋永嘉元年(307)十二月,王逊拜宁州刺史,四年始至镇,及东晋太宁元年四月王逊卒,逊子坚代任,三年,尹奉为宁州刺史。按太宁三年八月明帝崩,继位者为成帝。尹奉为宁州刺史至成帝咸和八年,是年,宁州降成汉李氏。如此,则何承天《志》所云西平"晋成帝立"是也,沈约《宋志》此处所云晋怀帝永嘉五年宁州刺史王逊立西平郡实误。及永和三年桓温西征灭成汉后,复置西平郡。其后宁康元年

---

① 《成校》:"'属'上原注'阙',下空十四格。案《南齐志》晋宁郡建伶、连然、滇池、俞元、谷昌、秦臧、双柏,全与宋同,疑此志所阙即俞元也。《两汉志》益州郡,《晋志》建宁郡并有俞元,据志例当补云'俞元长,汉旧县,属益州郡,《晋太康地志》属建宁'。"又《校补》杨守敬曰：成氏此条"至精确"。又《孙考》:"按南齐州诸郡领县多与此同,晋宁七县有俞元,俞元亦汉属益州郡,晋属建宁,可据补。鼎宜按：此条当补'俞元长,汉旧县,属益州郡,《晋太康地志》属建宁'十五字。寻前后列县例,类以称令者列前,称长者列后,今俞元阙处正在秦臧长、双柏长之间,故知当称长也。"又张元济曰：宋本"属建宁",殿本阙,"按晋宁太守领县七,自建伶至双栢,所列仅六"。又方国瑜《中国西南历史地理考释》第二篇建宁郡俞元条云:"《晋》、《宋志》并曰:'惠帝分建宁以西七县别立为益州郡,后改名晋宁郡。'然《宋志》晋宁郡只领六县,缺其一,成孺《宋书州郡志校勘记》、洪亮吉《补东晋疆域志》,并以为所缺者即俞元县,以地理考之,俞元应属晋宁郡,《南齐志》晋宁郡亦有俞元县,所说是也。"

至淝水战前,沦没于秦,后复。所领六县①,《宋志》皆云"何志晋成帝立",除都阳外,皆随郡而置。

1. 西平(326后—332,347—372,384—420)
2. 温江(326后—332,347—372,384—420)
3. 都阳(326后—332,347—372,384—420)

按:《宋志》西平太守条:"都阳令,何志晋成帝立。案《晋起居注》,太康二年置兴古之都唐县。疑是。"则都唐县移属西平郡时似改名都阳。

4. 晋绥(326后—332,347—372,384—420)
5. 义成(326后—332,347—372,384—420)
6. 西宁(326后—332,347—372,384—420)

(十二)梁水郡(326后—332,347—372,384—420)——治梁水(今云南开远市境)

按:西晋无此郡,据《宋志》宁州刺史条:"梁水太守,晋成帝分兴古立。"则成帝时分兴古置,咸和八年,随州陷没,及永和三年桓温西征灭成汉后,复置梁水郡。其后宁康元年至淝水战前,沦没于秦,后复。梁水县随郡而置,胜休等四县由兴古郡来属。

1. 梁水(326后—332,347—372,384—420)

按:西晋无此县,据《宋志》梁水太守条:"梁水令,与郡俱立。"则其随郡而置。

2. 胜休(326后—332,347—372,384—420)
3. 西随(326后—332,347—372,384—420)
4. 毋掇(326后—332,347—372,384—420)
5. 镡封(326后—332,347—372,384—420)

(十三)云南郡(317—332,347—372,384—420)——治云南(今云南祥云县东南)

按:咸和八年,随州陷没,及永和三年桓温西征灭成汉后,复置云南郡。其后宁康元年至淝水战前,沦没于秦,后复,直至晋末。西晋末领县七,遂久县似废,晋成帝时梼栋、青蛉二县移属兴宁郡,领县四。

1. 云南(317—332,347—372,384—420)

---

① 上文所引《华阳国志》有分兴古郡盘江、来如、南零之谓,刘琳《校注》以为此三县与《晋志》、《宋志》无一相合,疑是王逊所置,旋分为《宋志》西平郡所领诸县,其时兴古郡已沦没于李氏,或此三县为兴古故地,今不作深考,暂阙不录。

2. 云平(317—332,347—372,384—420)

3. 姑复(317—332,347—372,384—420)

4. 邪龙(317—332,347—372,384—420)

按:《宋志》云南郡领县五,而只著四县,所阙一县,据《成校》:"'五'下原注'疑'字。案《南齐志》云南郡东古复、西古复、云平下有邪龙,即《晋志》云南郡之邪龙。疑《宋志》本有邪龙县,而传写者失之。"或是。

5. 青蛉(317—326后)

6. 梇栋(317—326后)

7. 遂久(317—332)

(十四)兴宁郡(326后—332,347—372,384—420)——治梇栋(今云南姚安县北)

按:西晋无此郡,《宋志》宁州刺史条:"兴宁太守,晋成帝分云南立。"领县二:梇栋、青蛉。则晋成帝时分云南郡二县置。咸和八年,随州陷没,及永和三年桓温西征灭成汉后,复置兴宁郡。其后宁康元年至淝水战前,沦没于秦,后复。

1. 梇栋(326后—332,347—372,384—420)

2. 青蛉(326后—332,347—372,384—420)

(十五)河阳郡(317—332,347—372,384—420)——治河阳(治今云南大理市东凤仪镇)

按:咸和八年,随州陷没,及永和三年桓温西征灭成汉后,复置河阳郡。其后宁康元年至淝水战前,沦没于秦,后复,直至晋末。西晋末领县四,永宁县其后似废,晋成帝时比苏县移属西河郡,领县二。

1. 河阳(317—332,347—372,384—420)

2. 楪榆(317—332,347—372,384—420)

3. 永宁(317—332)

4. 比苏(317—326后)

(十六)西河郡(326后—332,347—372,384—420)——治芘苏(今云南云龙县)

按:西晋无此郡,《宋志》宁州刺史条:"西河太守,晋成帝分河阳立。"咸和八年,随州陷没,及永和三年桓温西征灭成汉后,复置西河郡。其后宁康元年至淝水战前,沦没于秦,后复,所领三县,芘苏由河阳郡移属,成昌、建安二县新置。

1. 芘苏①(326 后—332,347—372,384—420)
2. 成昌(326 后—332,347—372,384—420)
3. 建安(326 后—332,347—372,384—420)

（十七）永昌郡(317—341)——治不韦(今云南保山市东北)

按：据《晋志》宁州条："咸康四年，分牂柯、夜郎、朱提、越嶲四郡置安州。八年，又罢并宁州，以越嶲还属益州，省永昌郡焉。"则咸康八年郡废。

1. 不韦(317—341)
2. 嶲唐(317—341)
3. 哀牢(317—341)
4. 博南(317—341)
5. 永寿(317—341)
6. 雍乡(317—341)
7. 南涪(317—341)

第十五节 安州沿革

安州(338—341)，治乏考。据《晋志》宁州条："咸康四年，分牂柯、夜郎、朱提、越嶲四郡置安州。八年，又罢并宁州，以越嶲还属益州，省永昌郡焉。"按《晋书》卷 7《成帝纪》"罢安州"在咸康七年(341)十二月；今从《成帝纪》，则咸康四年牂柯等四郡移属安州，七年末废安州。

（一）牂柯郡(338—341)——治万寿(今贵州瓮安县东北)

1. 万寿(338—341)
2. 且兰(338—341)
3. 毋敛(338—341)
4. 并渠(338—341)

（二）越嶲郡(338—341)——治邛都(今四川西昌市)

1. 邛都(338—341)
2. 会无(338—341)
3. 卑水(338—341)
4. 定苲(338—341)

---

① 西晋作"比苏"，《宋志》宁州刺史西河太守条云："芘苏令，前汉属益州郡，后汉、《晋太康地志》属永昌。'芘'作'比'。"

5. 台登(338—341)

(三)夜郎郡(338—341)——治夜郎(今贵州关岭县西)

1. 夜郎(338—341)

2. 谈指(338—341)

(四)朱提郡(338—341)——治朱提(今云南昭通市)

1. 朱提(338—341)

2. 南秦(338—341)

3. 汉阳(338—341)

4. 堂狼(338—341)

第十六节 广 州 沿 革

广州(317—420),治番禺(今广东广州市)。西晋末领郡六,太兴元年(318)增置晋兴郡,咸和六年(331)增置东官郡,永和七年(351)增置晋康、新宁二郡,升平五年(361)增置永平郡,义熙九年(413)增置义安郡,元熙二年(420)增置新会郡。义熙十四年之政区见图34。

(一)南海郡(317—420)——治番禺(今广东广州市)

按:西晋末领县六,新置西平、怀化、盆允三县,元熙二年盆允、新夷二县移属新会郡,领县七。

1. 番禺(317—420)

2. 四会(317—420)

3. 博罗(317—420)

4. 龙川(317—420)

5. 新夷[①](317—419)

按:晋恭帝元熙二年移属新会郡。

6. 增城(317—420)

7. 酉平(？—420)

按:西晋无此县,《宋志》广州刺史南海太守条:"酉平令,《永初郡国》有。"则似为东晋新置。

---

① 西晋作"平夷",《宋志》广州刺史新会太守条:"新夷令,吴立曰平夷,晋武帝太康元年更名,故属南海。"洪亮吉《东晋志》卷3广州新会郡新夷条云:"《晋书·地理志》尚名平夷",《宋志》云云"似误",则似入东晋后改。

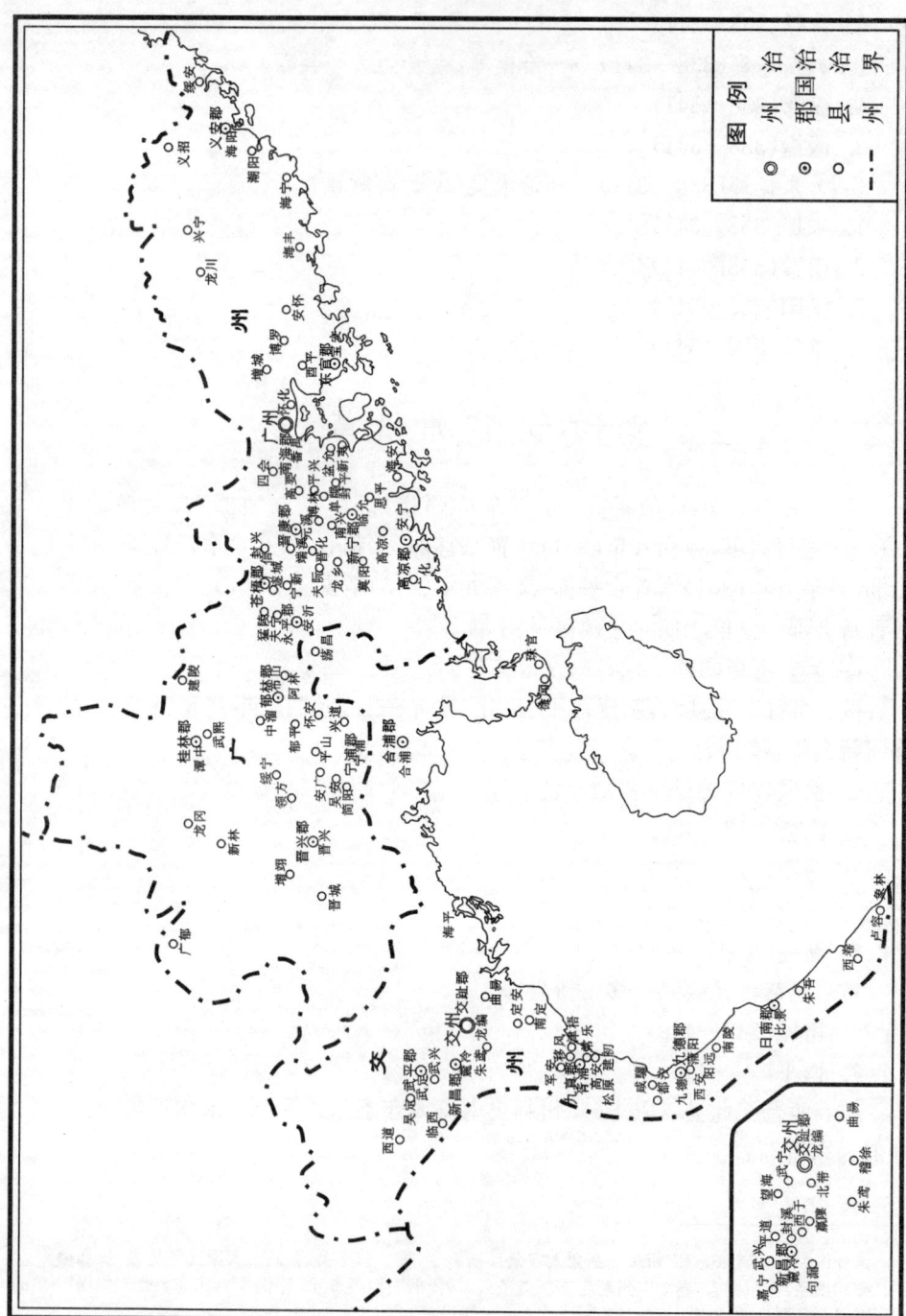

图 34　义熙十四年(418)东晋广州、交州政区

8. 怀化(397后—420)

按：西晋无此县,《宋志》广州刺史南海太守条:"怀化令,晋安帝立。"则似为晋安帝时新置。

9. 盆允(? —419)

按：西晋无此县,《宋志》广州刺史新会太守条:"盆允令,《永初郡国》故属南海。"则似为东晋新置。晋恭帝元熙二年移属新会郡。

(二)东官郡(331—420)——治宝安(今广东宝安区西南头镇)

按：西晋无此郡,《宋志》广州刺史东官太守条引《广州记》:"晋成帝咸和六年,分南海立。"《晋志》成帝分南海立东官郡,则咸和六年分南海置东官郡,领县六,义熙九年海阳县移属义安郡,领县五。

1. 宝安(331—420)

按：西晋无此县,《宋志》广州刺史东官太守条:"宝安男相,《永初郡国》、何、徐并不注置立。"《元和志》卷34岭南道一广州东莞县:"本汉博罗县地,晋成帝咸和六年于此置宝安县。"则县与郡同时立。

2. 安怀(? —420)

按：西晋无此县,《宋志》广州刺史东官太守条:"安怀令,《永初郡国》、何、徐并不注置立。"则似为东晋新置。

3. 兴宁(? —420)

按：西晋无此县,《宋志》广州刺史东官太守条:"兴宁令,江左立。"则似为东晋新置。

4. 海丰(? —420)

按：西晋无此县,《宋志》广州刺史东官太守条:"海丰男相,《永初郡国》、何、徐并不注置立。"则似为东晋新置。

5. 海安(331—420)

按：西晋属高凉郡,似置郡时来属。

6. 海阳(? —412)

按：西晋无此县,据《宋志》广州刺史义安太守条:"海阳令,何志晋初立。《晋太康地志》无。《晋地记》故属东官。"则其东晋初年置,义熙九年移属义安郡。

(三)新会郡(420)——治盆允(今广东新会区北)

按：西晋无此郡,《宋志》广州刺史条:"新会太守,晋恭帝元熙二年,分南海立。《广州记》云:'永初元年,分新宁立,治盆允。'未详孰是。"晋恭帝元熙二年即宋永初元年,元熙二年六月,刘裕代晋建宋,改元熙二年为永初元年,而

《晋志》下广州云:"恭帝分南海立新会郡。"则新会立郡在元熙二年六月前。又一云分南海立,一云分新宁立,考诸形势,当是分南海立,盖新会郡始立治盆允,而下"盆允令"条即云"《永初郡国》故属南海,何、徐同"。

    1. 盆允(420)

    2. 新夷(420)

(四)苍梧郡(317—420)——治广信(今广西梧州市)

按:西晋领县十三,鄣平县、武城县入东晋后似废,晋穆帝永和七年,元溪移属晋康郡、临允移属新宁郡,升平五年丰城移属永平郡,新置遂城、广陵、抚宁三县,领县十一。

    1. 广信(317—420)

    2. 端溪(317—420)

    3. 高要(317—420)

    4. 丁留(317—420)

    5. 猛陵(317—420)

    6. 丰城(317—360)

    7. 临允(317—350)

    8. 建陵(317—420)

    9. 宁新(317—420)

    10. 都罗(317—420)

    11. 元溪(317—350)

    12. 遂城[①](?—420)

按:西晋无此县,据《宋志》广州刺史苍梧太守条:"遂城令,《永初郡国》有。"则其似为东晋新立。

    13. 广陵(?—420)

按:西晋无此县,据《宋志》广州刺史苍梧太守条:"广陵令,《永初郡国》有。"则其似为东晋新立。

    14. 抚宁(?—420)

按:西晋无此县,据《宋志》广州刺史苍梧太守条:"《永初郡国》又有高要、建陵、宁新、都罗、端溪、抚宁六县。"则其似为东晋新立。

(五)晋康郡(351—420)——治元溪(今广东德庆县东)

按:西晋无此郡,据《宋志》广州刺史:"晋康太守,晋穆帝永和七年分苍梧

[①] 原作"遂成",《隋书·地理志》同。《南齐书·州郡志》、《元和志》作"遂城"。

立,治元溪。"则穆帝永和七年分苍梧郡置晋康郡。

1. 元溪(351—420)

按：原属苍梧郡,永和七年来属。

2. 龙乡(？—420)

按：西晋无此县,据《宋志》广州刺史晋康太守条："《永初郡国》治龙乡。何志无复龙乡县,当是晋末立,元嘉二十年前,以龙乡并端溪也。"则其为晋末新立。

3. 晋化(？—420)

按：西晋无此县,据《宋志》广州刺史晋康太守条："晋化令,何志不注置立,疑是晋末所立。"则其为晋末新立。

4. 夫阮(？—420)

按：西晋无此县,据《宋志》广州刺史晋康太守条："夫阮令,《永初郡国》有。"则其似为晋末新立。

5. 侨宁(？—420)

按：西晋无此县,据《宋志》广州刺史苍梧太守条："侨宁令,《永初郡国》有,及何志并属晋康,徐志度此。"则其似为东晋新立。

6. 封兴(？—420)

按：西晋无此县,据《宋志》广州刺史晋康太守条："《永初郡国》又有封兴、荡康、思安、辽安、开平县。何志无辽安、开平二县,余与《永初郡国》同。封兴、荡康、思安、辽安、开平,应是晋末立,元嘉二十年前省。"则封兴等五县晋末新立也。

7. 荡康(？—420)

8. 思安(？—420)

9. 辽安(？—420)

10. 开平(？—420)

(六)新宁郡(351—420)——治临允(今广东新兴县南)

按：西晋无此郡,据《宋志》广州刺史："新宁太守,晋穆帝永和七年,分苍梧立。"则穆帝永和七年分苍梧郡置新宁郡。

1. 临允(351—420)

按：原属苍梧郡,永和七年来属。

2. 南兴(？—420)

按：西晋无此县,据《宋志》广州刺史新宁太守条："南兴令,何志汉旧县。检二汉《地理》《郡国》、《晋太康地志》并无。《永初郡国》有。"则其为晋末新立。

3. 新兴(？—420)

按：西晋无此县，据《宋志》广州刺史新宁太守条："新兴令，《永初郡国》有，何志不注置立。"则其为晋末新立。

4. 博林(？—420)

按：西晋无此县，据《宋志》广州刺史新宁太守条："博林令，《永初郡国》有，何志不注置立。"则其为晋末新立。

5. 甘东(？—420)

按：西晋无此县，据《宋志》广州刺史新宁太守条："甘东令，《永初郡国》有，何志不注置立。"则其为晋末新立。

6. 单牒(？—420)

按：西晋无此县，据《宋志》广州刺史新宁太守条："单牒令，《永初郡国》有，何志不注置立。"则其为晋末新立。

7. 威平(？—420)

按：西晋无此县，据《宋志》广州刺史新宁太守条："威平令，《永初郡国》有，何志不注置立。"则其为晋末新立。

8. 封平(？—420)

按：西晋无此县，据《宋志》广州刺史新会太守条："封平令，《永初郡国》云故属新宁。"则其为晋末新立，其时似属新宁。

9. 平兴(？—420)

按：西晋无此县，据《宋志》广州刺史新宁太守条："《永初郡国》有平兴、永城县，何、徐志有永城，无平兴。此二县当是晋末立。"则此二县为晋末新立。

10. 永城(？—420)

(七) 永平郡(361—420)——治安沂(今广西岑溪市西北)

按：西晋无此郡，据《宋志》广州刺史："永平太守，晋穆帝升平五年，分苍梧立。"则穆帝升平五年分苍梧郡置永平郡。

1. 安沂(361—420)

按：西晋无此县，据《宋志》广州刺史永平太守条："安沂令，《永初郡国》有，何志不注置立。"疑随郡新置。

2. 丰城(361—420)

按：原属苍梧郡，升平五年来属。

3. 苏平(？—420)

按：西晋无此县，据《宋志》广州刺史永平太守条："苏平令，《永初郡国》

有。"则东晋新置。

  4. 畈安（？—420）

  按：西晋无此县，据《宋志》广州刺史永平太守条："畈安令，《永初郡国》有。"则东晋新置。

  5. 夫宁（？—420）

  按：西晋无此县，据《宋志》广州刺史永平太守条："夫宁令，《永初郡国》有。"则东晋新置。

  6. 雷乡（361—420）

  按：西晋无此县，《宋志》广州刺史永平太守条："《永初郡国》有雷乡、卢平、员乡、逋宁、开城五县，当是与郡俱立。"则升平五年置此五县。

  7. 卢平（361—420）

  8. 员乡（361—420）

  9. 逋宁（361—420）

  10. 开城（361—420）

  （八）郁林郡（317—420）——治布山（今广西桂平市西）

  按：西晋末领县十，太兴元年安广县移属晋兴郡，新置建初等十二县，领县二十一。

  1. 布山（317—420）

  2. 阿林（317—420）

  3. 安远（317—420）

  4. 领方（317—420）

  5. 郁平（317—420）

  6. 新邑（317—420）

  7. 安始（317—420）

  8. 晋平（317—420）

  9. 武熙（317—420）

  10. 安广（317）

  11. 建初（？—420）

  按：西晋无此县，《宋志》郁林太守条云："建初令，《永初郡国》有。"则其当为东晋新置。

  12. 宾平（？—420）

  按：西晋无此县，《宋志》郁林太守条云："宾平令，《永初郡国》有。"则其当为东晋新置。

13. 威化(？—420)

按：西晋无此县，《宋志》郁林太守条云："威化令，《永初郡国》有。"则其当为东晋新置。

14. 新林(？—420)

按：西晋无此县，《宋志》郁林太守条云："新林令，《永初郡国》有。"则其当为东晋新置。

15. 龙平(？—420)

按：西晋无此县，《宋志》郁林太守条云："龙平令，《永初郡国》有。"则其当为东晋新置。

16. 怀安(？—420)

按：西晋无此县，《宋志》郁林太守条云："怀安令……《永初郡国》有。"则其当为东晋新置。

17. 绥宁(？—420)

按：西晋无此县，《宋志》郁林太守条云："绥宁令，《永初郡国》并领方。"则其当为东晋新置，宋初并入领方。

18. 归化(？—420)

按：西晋无此县，《宋志》郁林太守条云："《永初郡国》有安远、程安、威定、中胄、归化五县。"则除安远外之四县当为东晋新置。

19. 中胄(？—420)

20. 程安(？—420)

21. 威定(？—420)

22. 建安(？—420)

按：西晋无此县，《宋志》郁林太守条云："建安令，《永初郡国》有。"则其当为东晋新置。

(九) 晋兴郡(318—420)——治晋兴(今广西南宁市南郁江南岸)

按：西晋无此郡，据《宋志》广州刺史："晋兴太守，晋元帝太兴元年，分郁林立。"则元帝太兴元年分郁林郡置永平郡。

1. 晋兴(318—420)

按：西晋无此县，似于太兴元年随郡而置。

2. 安广(318—420)

按：西晋属榆林郡，似于太兴元年置郡时来属。

3. 熙注(？—420)

按：西晋无此县，当为东晋新置。

4. 桂林(？—420)

按：西晋无此县，当为东晋新置。

5. 增翊(？—420)

按：西晋无此县，当为东晋新置。

6. 广郁(？—420)

按：西晋无此县，当为东晋新置。

7. 晋城(？—420)

按：西晋无此县，当为东晋新置。

8. 郁阳(？—420)

按：西晋无此县，当为东晋新置。

(十)桂林郡(317—420)——治潭中(今广西柳州市东南)

按：西晋末领县七，军腾、粟平二县见废，新置常安、中溜二县，领县七。

1. 潭中(317—420)
2. 武丰(317—420)
3. 夹阳(317—420)
4. 阳平(317—420)
5. 龙冈(317—420)
6. 常安(？—420)

按：西晋末无此县，《宋志》桂林太守条："常安，《太康地志》有而王隐无。"则王隐未见此县，当为东晋复置。

7. 中溜(？—420)

按：西晋末无此县，当为东晋新置。

(十一)高凉郡(317—420)——治安宁(今广东阳江市西)

按：西晋末领县八，入东晋后西平、化平二县似废，海安县咸和六年移属东官郡，新置石门、长度二县，领县七。

1. 安宁(317—420)
2. 思平(317—420)
3. 高凉(317—420)
4. 广化(317—420)
5. 莫阳(317—420)
6. 海安(317—330)
7. 石门(？—420)

按：西晋无此县，《宋志》云："《永初郡国》高凉又有石门、广化、长度、宋康四县。何、徐并无宋康,当是宋初所立,元嘉二十年以前省,其余当是江左所立①。"则石门、长度二县当为东晋新置。

8. 长度(？—420)

按：西晋无此县,当为东晋新置。

(十二) 宁浦郡(317—420)——治宁浦(今广西横县西南)

按：西晋末领县五,后增置始定县,领县六。

1. 宁浦(317—420)

2. 兴道(317—420)

3. 吴安(317—420)

4. 平山(317—420)

5. 简阳②(317—420)

6. 始定(？—420)

按：西晋末无此县,当为东晋新置。

(十三) 义安郡(413—420)——治海阳(今广东潮州市东北)

按：西晋无此郡,据《宋志》广州刺史："义安太守,晋安帝义熙九年,分东官立。"则义熙九年置义安郡。领县五。

1. 海阳(413—420)

按：原属东官郡,义熙九年来属。

2. 绥安(413—420)

按：西晋无此县,据《宋志》广州刺史义安太守条："绥安令,何志与郡俱立。"则其义熙九年置。

3. 海宁(413—420)

按：西晋无此县,据《宋志》广州刺史义安太守条："海宁令,何志与郡俱立。"则其义熙九年置。

4. 潮阳(413—420)

按：西晋无此县,据《宋志》广州刺史义安太守条："潮阳令,何志与郡俱立。"则其义熙九年置。

5. 义招(413—420)

按：西晋无此县,据《宋志》广州刺史义安太守条："义招令,晋安帝义熙九

---

① 《宋志》广州刺史宋康太守广化令条："《晋太康地志》有,属高兴,《永初郡国》属高凉。"则广化乃吴置,而非江左(东晋)立。

② 西晋作"涧阳",《宋志》"《永初郡国》作'简阳'"。

年,以东官五营立。"则其义熙九年置。

第十七节 交 州 沿 革

交州(317—420),治龙编(今越南河北省仙游县东)。西晋末领郡七,历东晋未有变化(义熙十四年[418]之政区见前图34)。

(一)交趾郡(317—420)——治龙编(今越南河北省仙游县东)

按:西晋末领县十五,入东晋后封溪县移属武平郡,领县十四。

1. 龙编(317—420)
2. 羸陵(317—420)
3. 定安①(317—420)
4. 句漏(317—420)
5. 曲昜(317—420)
6. 北带(317—420)
7. 稽徐(317—420)
8. 西于(317—420)
9. 朱䳒(317—420)
10. 望海(317—420)
11. 交兴(317—420)
12. 南定(317—420)
13. 武宁(317—420)
14. 海平(317—420)

(二)合浦郡(317—420)——治合浦(今广西合浦县东北)

按:西晋末领县七,东晋时增置朱卢、新安二县,领县九。

1. 合浦(317—420)
2. 珠官(317—420)
3. 徐闻(317—420)
4. 荡昌(317—420)
5. 南平(317—420)
6. 毒质(317—420)
7. 晋始(317—420)

---

① 按:吴属,《晋志》作"安定"属,《宋志》作"定安",似当作定安。

8. 朱卢(？—420)

按：西晋无此县，《续汉志》有珠崖县，殿本考证以为即《汉志》朱卢县，吴增仅《考证》卷 8 据《元和补志》以为《续汉志》珠崖县即朱卢县，今检《宋志》越州刺史合浦太守条："朱卢长，吴立。"则此所谓"吴立"当作"吴改"。《晋志》无朱卢县，《记纂渊海》卷 16 广南西路琼州条："东汉置珠崖县，属合浦郡，吴改（属）珠崖郡，晋废之。"则似入东晋后复置。

9. 新安(？—420)

按：西晋末无此县，《宋志》越州刺史合浦太守条："新安长，江左立。"则其当为东晋新置。

(三) 新昌郡(317—420)——治麓泠(今越南永富省安朗县西夏雷乡)

按：《宋志》无此郡，《通鉴》卷 159 梁武帝大同十一年胡三省注云："沈约志，吴孙晧建衡三年，分交趾立新兴郡①，并立嘉宁县。晋武帝太康三年，更郡曰新昌。"王鸣盛《十七史商榷》云："交州刺史领郡八，而今数之只七郡，少一郡。"孙彰《宋书考论》云："据《南齐志》，吴定、新道、晋化三县，并属新昌郡，而武平自领武定、封溪、平道、武兴、根宁、南移六县。此上云交州领郡八，今数之只七郡，盖即脱去新昌一郡。"西晋末领县六，东晋时增置新道、晋化二县。

1. 麓泠(317—420)

2. 嘉宁(317—420)

3. 吴定(317—420)

4. 封山(317—420)

5. 临西(317—420)

6. 西道(317—420)

7. 新道(？—420)

按：西晋末无此县，《宋志》交州刺史武平太守条："新道长，江左立。"则其当为东晋新置。

8. 晋化(？—420)

按：西晋末无此县，《宋志》交州刺史武平太守条："晋化长，江左立。"则其当为东晋新置。

---

① 《三国志》卷 48《吴书·孙晧传》："(建衡三年)分交阯为新昌郡。"又《元和志》卷 38 岭南道峰州条："吴归命侯建衡三年，分交趾立新昌郡。"又《建康实录》卷 4："(建衡三年)陶璜与监军泛氾大破晋交趾太守杨稷，(杨)稷降。因定日南、九真，大赦，分交趾为新昌郡，破扶严置武平郡。"又《晋志》新昌郡条云"吴立"，则孙晧确于建衡三年(271)分交趾置新昌郡，此处所谓"分交趾立新兴郡"，显误。

(四)武平郡(317—420)——治武定(今越南永富省永福县东南平州)

按:西晋末领县五,封溪县来属,增置武定、平道二县,领县八。

1. 武定(317—420)

按:西晋末无此县,其当为东晋新置。

2. 进山(317—420)

3. 根宁(317—420)

4. 安武(317—420)

5. 扶安(317—420)

6. 武兴(317—420)

7. 封溪(317—420)

8. 平道(?—420)

按:西晋末无此县,《宋志》交州刺史武平太守条:"晋化长,江左立。"则其当为东晋新置。

(五)九真郡(317—420)——治胥浦(今越南清化省清化西北)

按:西晋末领县九,东晋时增置军安、都庞二县,领县十一。

1. 胥浦(317—420)

2. 移风(317—420)

3. 常乐(317—420)

4. 建初(317—420)

5. 津梧(317—420)

6. 松原(317—420)

7. 扶乐(317—420)

8. 高安(317—420)

9. 宁夷(317—420)

10. 军安(?—420)

按:西晋末无此县,其当为东晋新置。

11. 都庞(?—420)

按:西晋末无此县,其当为东晋新置。

(六)九德郡(317—420)——治九德(今越南义安省荣市)

按:西晋末领县九,历东晋未有变化。

1. 九德(317—420)

2. 阳远(317—420)

3. 咸驩(317—420)

4. 南陵(317—420)
5. 浦阳(317—420)
6. 曲胥(317—420)
7. 都洨(317—420)
8. 扶苓(317—420)
9. 西安(317—420)

(七) 日南郡(317—420)——治比景(今越南广平省宋河下游高牢下村)

按：西晋末领县七，历东晋未有变化。

1. 比景(317—420)
2. 象林(317—420)
3. 朱吾(317—420)
4. 西卷(317—420)
5. 卢容(317—420)
6. 无劳(317—420)
7. 寿泠(317—420)

第二章　东晋义熙十四年(418)实州郡县行政区划

（一）扬州，治建康（今江苏南京市）。尹一，王国一，实郡九，领实县侨郡二，实县九十一

1. 丹杨尹，治建康（今江苏南京市），9县：建康、秣陵、江宁、丹杨、永世、溧阳、湖熟、句容、芜湖。

2. 宣城郡，治宛陵（今安徽宣城市），10县：宛陵、宣城、广阳、安吴、临城、石城、泾、广德、宁国、怀安。

3. 吴郡，治吴（今江苏苏州市），12县：吴、嘉兴、海盐、盐官、钱唐、富阳、新城、桐庐、建德、寿昌、娄、海虞。

4. 吴兴郡，治乌程（今浙江湖州市南），10县：乌程、临安、余杭、武康、东迁、於潜、故鄣、安吉、原乡、长城。

5. 会稽国，治山阴（今浙江绍兴市），10县：山阴、上虞、余姚、句章、鄞、鄮、始宁、剡、永兴、诸暨。

6. 东阳郡，治长山（今浙江金华市），9县：长山、永康、乌伤、吴宁、太末、信安、丰安、定阳、遂昌。

7. 新安郡，治始新（今浙江淳安县西北），6县：始新、遂安、黎阳、海宁、黟、歙。

8. 临海郡，治章安（今浙江台州市章安镇），5县：章安、临海、始丰、宁海、乐安。

9. 永嘉郡，治永宁（今浙江温州市），5县：永宁、安固、松阳、乐成、横阳。

10. 义兴郡，治阳羡（今江苏宜兴市），5县：阳羡、临津、义乡、国山、平陵。

11. 晋陵郡，治晋陵（今江苏常州市），8县：晋陵、丹徒、曲阿、武进、延陵、暨阳、无锡、南沙。

12. 淮南郡，侨寄于湖（今安徽当涂县），1县：于湖。

13. 琅玡郡，侨寄江乘（今江苏句容市西北），1县：江乘。

(二) 徐州,治所屡变。实郡四,领实县侨郡二,实县十五
　　1. 广陵郡,治广陵(今江苏扬州市西北蜀冈上),4县:广陵、海陵、高邮、舆。
　　2. 海陵郡,治建陵(今江苏姜堰市北),4县:临江、如皋、宁海、蒲涛。
　　3. 盱眙郡,治旧盱眙(今江苏盱眙县东北台子山上),2县:阳城、直渎。
　　4. 钟离郡,治燕(今安徽凤阳县东北),所领无实县。
　　5. 山阳郡,侨寄山阳(今江苏淮安市),4县:山阳、盐城、东城、左乡。
　　6. 秦郡,侨寄堂邑(今江苏南京六合区西北),1县:临涂。
(三) 北徐州,治彭城(今江苏徐州市)。王国一,实郡十,领实县侨国一,实县三十八
　　1. 彭城郡,治彭城(今江苏徐州市),5县:彭城、吕、蕃、薛、留。
　　2. 沛郡,治萧(今安徽萧县西北),3县:萧、相、沛。
　　3. 下邳郡,治下邳(今江苏邳州市南),4县:下邳、良城、僮、睢陵。
　　4. 东海郡,治襄贲(今山东苍山县南),3县:襄贲、赣榆、利城。
　　5. 东莞郡,治莒(今山东莒县),5县:莒、姑幕、诸、东莞、临朐。
　　6. 谯郡,治谯(今安徽亳州市),2县:谯、山桑。
　　7. 梁国,治睢阳(今河南商丘市南),4县:睢阳、蒙、下邑、宁陵。
　　8. 琅邪郡,治费(今山东费县西北),3县:费、即丘、阳都。
　　9. 兰陵郡,治承(今山东枣庄市东南),5县:承、兰陵、戚、合乡、昌虑。
　　10. 东安郡,治盖(今山东沂源县东南),2县:盖、新泰。
　　11. 宿预郡,治宿预(今江苏宿迁市东南旧黄河东北岸古城),1县:宿预。
　　12. 淮阳国,侨寄角城(今江苏淮阴市西南),1县:角城。
(四) 兖州,治滑台(今河南滑县东旧滑县)。王国一,实郡九,实县四十八
　　1. 濮阳郡,治濮阳(今河南濮阳市西南),2县:濮阳、廪丘。
　　2. 泰山郡,治奉高(今山东泰安市东),9县:奉高、山茌、嬴、牟、南城、武阳、梁父、博、莱芜。
　　3. 高平郡,治高平(今山东微山县西北),7县:高平、方舆、金乡、巨野、平阳、亢父、任城。
　　4. 鲁郡,治邹(今山东邹县东南),3县:邹、汶阳、鲁。
　　5. 济北郡,治卢(卢子城,今山东平阴县西旧东阿东北),5县:卢、东阿、临邑、谷城、蛇丘。
　　6. 东燕郡,治燕(今河南延津县东),2县:燕、白马。
　　7. 陈留国,治小黄(今河南开封市东北),6县:小黄、雍丘、襄邑、尉氏、酸

枣、长垣。

8. 东平郡,治须昌(今山东东平县西北),5县:须昌、无盐、平陆、寿张、范。

9. 济阴郡,治定陶(今山东定陶县),7县:定陶、句阳、成武、冤句、单父、城阳、离狐。

10. 济阳郡,治济阳(今河南兰考县东北堌镇),2县:济阳、考城。

(五) 豫州,治寿阳(今安徽寿县)。实郡十二,领实县侨郡二,实县五十

1. 汝南郡,治悬瓠城(今河南汝南县),10县:上蔡、平舆、西平、郎陵、真阳、安阳、新息、安成、阳安、瞿阳。

2. 汝阳郡,治汝阳(今河南商水县西北),2县:汝阳、武津。

3. 汝阴郡,治汝阴(今安徽阜阳市),3县:汝阴、宋、安城。

4. 新蔡郡,治新蔡(今河南新蔡县),4县:新蔡、铜阳、固始、苞信。

5. 陈郡,治项城(今河南沈丘县),5县:项城、西华、扶沟、阳夏、陈。

6. 南顿郡,帖治陈郡项城(今河南沈丘县),2县:南顿、和城。

7. 颍川郡,治许昌(今河南许昌市东),9县:许昌、长社、长平、鄢陵、临颍、邵陵、新汲、颍阴、阳翟。

8. 弋阳郡,治弋阳(今河南潢川县西),6县:弋阳、期思、蓼、轪、松滋、安丰。

9. 历阳郡,治历阳(今安徽和县),2县:历阳、乌江。

10. 马头郡,治马头城(今安徽怀远县南淮河南岸),无实县。

11. 晋熙郡,治怀宁(今安徽潜山县),2县:怀宁、新冶。

12. 庐江郡,治舒(今安徽舒城县),2县:舒、灊。

13. <u>庐江郡</u>,侨寄阳谷(今安徽繁昌县),1县:阳谷。

14. <u>西阳郡</u>,侨寄西阳(今湖北黄冈市东),2县:西陵、邾。

(六) 北青州,治东阳(今山东青州市)。实郡八,实县四十四

1. 齐郡,治临淄(今山东淄博市东北),7县:临淄、西安、东安平、般阳、广饶、昌国、益都。

2. 济南郡,治历城(今山东济南市),5县:历城、著、东平陵、祝阿、于陵。

3. 乐安郡,治千乘(今山东广饶县北),3县:千乘、临济、博昌。

4. 高密郡,治黔陬(今山东胶州市西南黔陬东),6县:黔陬、淳于、高密、夷安、营陵、昌安。

5. 平昌郡,治安丘(今山东安丘市西南),5县:安丘、平昌、东武、琅邪、

朱虚。

6. 北海郡,治平寿(今山东昌乐县东南),6县:平寿、下密、胶东、即墨、剧、都昌。

7. 东莱郡,治掖(今山东莱州市),8县:掖、曲城、㠉、卢乡、当利、牟平、黄、东牟。

8. 长广郡,治不其(今山东青岛市北),4县:不其、长广、昌阳、挺。

(七)司州,治乏考。实郡五,实县二十九

1. 河南郡,治洛阳(今河南洛阳市东北),11县:洛阳、河南、巩、缑氏、新城、梁、河阴、陆浑、东垣、新安、西东垣。

2. 荥阳郡,治荥阳(今河南荥阳市东北),9县:荥阳、京、密、卷、阳武、苑陵、中牟、开封、成皋。

3. 弘农郡,治弘农(今河南灵宝市北),7县:弘农、陕、宜阳、黾池、卢氏、华阴、湖。

4. 河北郡,治河北(今山西芮城县西),1县:河北。

5. 北河东郡,治蒲坂(今山西永济市西南蒲州镇),1县:蒲坂。

(八)北雍州,治长安(今陕西西安市西北)。实郡七,实县六

1. 北京兆郡,治长安(今陕西西安市西北),3县:长安、蓝田、郑。

2. 冯翊郡,治临晋(今陕西大荔县),1县:临晋。

3. 扶风郡,治池阳(今陕西泾阳县西北),1县:池阳。

4. 咸阳郡,治乏考(约在今陕西咸阳市西北),属县乏考。

5. 始平郡,治槐里(今陕西兴平市东南),1县:槐里。

6. 安定郡,治乏考(约在今甘肃泾川县北泾河北岸),属县乏考。

7. 新平郡,治乏考(约在今陕西彬县),属县乏考。

(九)荆州,治江陵(今湖北江陵县)。实郡二十六,领实县侨郡一,实县一百六十九

1. 南郡,治江陵(今湖北江陵县),9县:江陵、华容、当阳、临沮、编、枝江、州陵、监利、旌阳。

2. 南平郡,治江安(今湖北公安县西北),4县:江安、孱陵、南安、作唐。

3. 武宁郡,治乐乡(今湖北荆门市北),2县:乐乡、长林。

4. 江夏郡,治安陆(今湖北云梦县),6县:安陆、曲陵、鄳、溠阳、沌阳、惠怀。

5. 竟陵郡,治云杜石城(今湖北钟祥市),5县:云杜、竟陵、南新市、霄城、新阳。

6. 襄阳郡,治襄阳(今湖北襄樊市),6县:襄阳、鄀、中庐、宜城、上黄、邔。

7. 南阳郡,治宛(今河南南阳市),15县:宛、比阳、鲁阳、堵阳、西鄂、犨、叶、雉、博望、涅阳、云阳、冠军、郦、舞阴、襄乡。

8. 顺阳郡,治南乡(今河南淅川县南),11县:南乡、顺阳、丹水、武当、鄼、阴、汎阳、筑阳、析、朝阳、修阳。

9. 义阳郡,治平阳(今河南信阳市),2县:平阳、厥西。

10. 随郡,治随(今湖北随州市),2县:随、平林。

11. 新野郡,治新野(今河南新野县),6县:新野、棘阳、蔡阳、邓、穰、山都。

12. 建平郡,治巫(今重庆市巫山县),14县:巫、秭归、归乡、北井、泰昌、沙渠、新乡、南陵、建始、信陵、兴山、永新、永宁、平乐。

13. 宜都郡,治夷道(今湖北枝江市),4县:夷道、佷山、夷陵、宜昌。

14. 武陵郡,治临沅(今湖南常德市),10县:临沅、龙阳、汉寿、沅南、迁陵、舞阳、酉阳、黚阳、沅陵、辰阳。

15. 天门郡,治澧阳(今湖南石门县),4县:澧阳、临澧、零阳、溇中。

16. 巴东郡,治鱼复(今重庆奉节县),4县:鱼复、朐䏰、南浦、汉丰。

17. 临贺郡,治临贺(今广西贺州市东南),6县:临贺、冯乘、富川、封阳、兴安、谢沐。

18. 始兴郡,治曲江(今广东韶关市东南),7县:曲江、桂阳、含洭、浈阳、中宿、始兴、阳山。

19. 始安郡,治始安(今广西桂林市),5县:始安、荔浦、平乐、熙平、永丰。

20. 长沙郡,治临湘(今湖南长沙市),10县:临湘、攸、蒲圻、醴陵、罗、吴昌、刘阳、建宁、下隽、巴陵。

21. 衡阳郡,治湘南(今湖南湘潭市西南),8县:湘南、湘乡、益阳、新康、衡山、重安、连道、湘西。

22. 湘东郡,治临烝(今湖南衡阳市),4县:临烝、茶陵、新宁、阴山。

23. 零陵郡,治泉陵(今湖南永州市),7县:泉陵、祁阳、永昌、零陵、洮阳、观阳、应阳。

24. 营阳郡,治营浦(今湖南道县东),4县:营浦、泠道、舂陵、营道。

25. 邵陵郡,治邵陵(今湖南邵阳市),7县:邵陵、邵阳、高平、都梁、扶、建兴、武刚。

26. 桂阳郡,治郴(今湖南郴州市),6县:郴、汝城、耒阳、南平、临武、晋宁。

27. 新蔡郡,侨寄黝布旧城(今湖北黄梅县西),1县:蕲阳。

(十)江州,治寻阳(今江西九江市)。实郡十,实县七十三

1. 寻阳郡,治柴桑(今江西九江市西南),2县:柴桑、彭泽。

2. 豫章郡,治南昌(今江西南昌市),15县:南昌、海昏、新淦、建城、丰城、望蔡、吴平、永修、建昌、豫宁、康乐、新吴、艾、宜丰、钟陵。

3. 鄱阳郡,治广晋(今江西鄱阳县北),7县:广晋、历陵、余汗、乐安、鄡阳、鄱阳、葛阳。

4. 庐陵郡,治石阳(今江西吉水县北),9县:石阳、西昌、高昌、巴丘、吉阳、兴平、阳丰、遂兴、东昌。

5. 临川郡,治临汝(今江西抚州市),9县:临汝、南城、新建、南丰、宜黄、安浦、西丰、永成、东兴。

6. 南康郡,治赣(今江西赣州市东北),7县:赣、陂阳、雩都、平固、南康、宁都、南野。

7. 建安郡,治建安(今福建建瓯市),7县:建安、建阳、将乐、邵武、吴兴、绥成、沙村。

8. 晋安郡,治候官(今福建福州市),6县:候官、罗江、原丰、晋安、温麻、新罗。

9. 武昌郡,治武昌(今湖北鄂州市鄂城区西),4县:武昌、沙阳、阳新、鄂。

10. 安成郡,治平都(今江西安福县),7县:平都、新喻、宜阳、永新、安复、萍乡、广兴。

(十一)梁州,治汉中(今陕西汉中市东)。实郡十三,领实县侨郡一,实县六十二

1. 汉中郡,治南郑(今陕西汉中市),7县:南郑、苞中、沔阳、城固、西乡、怀安、南汉。

2. 魏兴郡,治西城(今陕西安康市西北汉江北岸),6县:西城、兴晋、安康、锡、郧乡、洵阳。

3. 新城郡,治房陵(今湖北房县),4县:房陵、绥阳、昌魏、沵乡。

4. 上庸郡,治上庸(今湖北竹山县西南),7县:上庸、安富、北巫、武陵、上廉、微阳、广昌。

5. 梓潼郡,治梓潼(今四川梓潼县),7县:梓潼、涪城、万安、武连、汉德、新兴、西浦。

6. 晋寿郡,治晋寿(今四川广元市南),4县:晋寿、白水、兴安、邵欢。

7. 广汉郡,治雒(今四川广汉市北),6县:雒、什邡、五城、新都、郪、阳泉。

8. 遂宁郡,治巴兴(今四川蓬溪县西南),5县:巴兴、德阳、广汉、晋兴、小溪。

9. 汶阳郡,治僮阳(今湖北保康县东南),3县:僮阳、沮阳、高安。

10. 巴郡,治江州(今四川重庆市),4县:江州、垫江、临江、枳。

11. 宕渠郡,治宕渠(今四川渠县东北),3县:宕渠、宣汉、汉兴。

12. 新巴郡,治新巴(今四川江油市东北雁门坝),3县:新巴、晋城、晋安。

13. 北巴西郡,治阆中(今四川阆中市),2县:阆中、汉昌。

14. <u>阴平郡</u>,侨寄苌阳(今四川德阳市西北),1县:绵竹。

(十二)益州,治成都(今四川成都市)。实郡七,领实县侨郡一,实县三十四

1. 蜀郡,治成都(今四川成都市),4县:成都、郫、繁、牛鞞。

2. 晋原郡,治江原(今四川崇庆县西北怀远镇),5县:江原、临邛、徙阳、汉嘉、晋乐。

3. 沈黎郡,治城阳(今四川汉源县东北),3县:城阳、兰、旄牛。

4. 犍为郡,治武阳(今四川彭山县),5县:武阳、南安、僰道、资中、冶官。

5. 汶山郡,治汶山(今四川茂县北),6县:汶山、蚕陵、都安、广柔、兴乐、平康。

6. 东江阳郡,治汉安(今四川泸州市纳溪区西南),2县:汉安、绵水。

7. 越巂郡,治邛都(今四川西昌市),8县:邛都、会无、卑水、定莋、台登、苏祁、晋兴、新兴。

8. <u>宁蜀郡</u>,侨寄广都(今四川双流县),1县:广都。

(十三)宁州,治乏考。实郡十五,实县七十三

1. 建宁郡,治味(今云南曲靖市),13县:味、昆泽、存䣖、新定、谈槀、漏江、毋单、同濑、牧麻、同乐、同并、万安、新兴。

2. 牂柯郡,治万寿(今贵州瓮安县东北),5县:万寿、且兰、毋敛、晋乐、丹南。

3. 夜郎郡,治夜郎(今贵州关岭县西),4县:夜郎、谈指、广谈、谈乐。

4. 朱提郡,治朱提(今云南昭通市),5县:朱提、南秦、汉阳、堂狼、临利。

5. 平蛮郡,治平蛮(今贵州毕节市西),2县:平蛮、鳖。

6. 南广郡,治南广(今四川筠连县西南),3县:南广、晋昌、常迁。

7. 建都郡,治新安(今云南武定、禄丰二县地),6县:新安、经云、永丰、临江、麻应、遂安。

8. 兴古郡,治宛暖(今云南砚山县北小维摩附近),6县:宛暖、句町、律

高、漏卧、西安、南兴。

  9. 晋宁郡，治建伶（今云南晋宁县），7县：建伶、双柏、秦臧、连然、谷昌、滇池、俞元。

  10. 西平郡，治西平（今广西西林县东南西林），6县：西平、温江、都阳、晋绥、义成、西宁。

  11. 梁水郡，治梁水（今云南开远市境），5县：梁水、胜休、西随、毋掇、镡封。

  12. 云南郡，治云南（今云南祥云县东南），4县：云南、云平、姑复、邪龙。

  13. 兴宁郡，治楒栋（今云南姚安县北），2县：楒栋、青蛉。

  14. 河阳郡，治河阳（治今云南大理市东凤仪镇），2县：河阳、楪榆。

  15. 西河郡，治芘苏（今云南云龙县），3县：芘苏、成昌、建安。

（十四）广州，治番禺（今广东广州市）。实郡十二，实县一百零九

  1. 南海郡，治番禺（今广东广州市），9县：番禺、四会、博罗、龙川、新夷、增城、酉平、怀化、盆允。

  2. 东官郡，治宝安（今广东宝安区西南头镇），5县：宝安、安怀、兴宁、海丰、海安。

  3. 苍梧郡，治广信（今广西梧州市），11县：广信、端溪、高要、猛陵、建陵、宁新、都罗、遂城、广陵、抚宁、丁留。

  4. 晋康郡，治元溪（今广东德庆县东），10县：元溪、龙乡、晋化、夫阮、侨宁、封兴、荡康、思安、辽安、开平。

  5. 新宁郡，治临允（今广东新兴县南），10县：临允、南兴、新兴、博林、甘东、单牒、威平、封平、平兴、永城。

  6. 永平郡，治安沂（今广西岑溪市西北），10县：安沂、丰城、苏平、畖安、夫宁、雷乡、卢平、员乡、逋宁、开城。

  7. 郁林郡，治布山（今广西桂平市西），21县：布山、阿林、安远、领方、郁平、新邑、安始、晋平、武熙、建初、宾平、威化、新林、龙平、怀安、绥宁、归化、中胄、程安、威定、建安。

  8. 晋兴郡，治晋兴（今广西南宁市南郁江南岸），8县：晋兴、安广、熙注、桂林、增翊、广郁、晋城、郁阳。

  9. 桂林郡，治潭中（今广西柳州市东南），7县：潭中、武丰、夹阳、阳平、龙冈、常安、中溜。

  10. 高凉郡，治安宁（今广东阳江市西），7县，安宁、思平、高凉、广化、莫

阳、石门、长度。

11. 宁浦郡,治宁浦(今广西横县西南),6县:宁浦、兴道、吴安、平山、简阳、始定。

12. 义安郡,治海阳(今广东潮州市东北),5县:海阳、绥安、海宁、潮阳、义招。

(十五)交州,治龙编(今越南河北省仙游县东)。实郡七,实县六十六

1. 交趾郡,治龙编(今越南河北省仙游县东),14县:龙编、嬴陵、定安、句漏、曲易、北带、稽徐、西于、朱䳒、望海、交兴、南定、武宁、海平。

2. 合浦郡,治合浦(今广西合浦县东北),9县:合浦、珠官、徐闻、荡昌、南平、毒质、晋始、朱卢、新安。

3. 新昌郡,治麓泠(今越南永富省安朗县西夏雷乡),8县:麓泠、嘉宁、吴定、封山、临西、西道、新道、晋化。

4. 武平郡,治武定(今越南永富省永福县东南平州),8县:武定、进山、根宁、安武、扶安、武兴、封溪、平道。

5. 九真郡,治胥浦(今越南清化省清化西北),11县:胥浦、移风、常乐、建初、津梧、松原、扶乐、高安、宁夷、军安、都庞。

6. 九德郡,治九德(今越南义安省荣市),9县:九德、阳远、咸驩、南陵、浦阳、曲胥、都浇、扶苓、西安。

7. 日南郡,治比景(今越南广平省宋河下游高牢下村),7县:比景、象林、朱吾、西卷、卢容、无劳、寿泠。

作者简介

胡阿祥，1963年生，安徽桐城人。先后就读于复旦大学历史系、南京大学中国语言文学系，获历史学学士、历史学硕士、文学博士学位。现为南京大学历史学系教授、博士生导师，南京六朝博物馆馆长，南京六朝文化研究中心主任。兼任中国地理学会历史地理专业委员会委员，中国魏晋南北朝史学会副会长，中国唐代文学学会韩愈研究会常务副会长，江苏省六朝史研究会会长。主要研究领域为中国中古文史、中国历史人文地理、地名学、南京地方史。出版专著及各类大小册子近三十种，发表论文与长短消闲文字约四百篇，主编著作多部。

孔祥军，1979年生，江苏扬州人。1997年考入扬州师范学院中文系，相继获汉语言文学学士、文艺学硕士学位。2004年考入南京大学历史学系，2007年获历史学博士学位。现为扬州大学社会发展学院副教授。主要从事中国历史政区地理、清代经学文献研究。在《历史地理》、《中国历史地理论丛》、《清史研究》、《中国经学》、《域外汉籍研究集刊》、《古典文献研究》等发表论文五十余篇，出版专著三种。

徐成，1984年生，江苏兴化人。2013年毕业于上海师范大学人文与传播学院，获历史学博士学位。现为扬州大学社会发展学院讲师。主要从事魏晋南北朝历史地理、隋唐制度史研究。在《江海学刊》、《中国历史地理论丛》、《历史地理》等发表论文十余篇。

作者简介

胡阿祥,1963年生,安徽桐城人。先后就读于复旦大学历史系、南京大学中国语言文学系,获历史学学士、历史学硕士、文学博士学位。现为南京大学历史学系教授、博士生导师,南京六朝博物馆馆长,南京六朝文化研究中心主任。兼任中国地理学会历史地理专业委员会委员,中国魏晋南北朝史学会副会长,中国唐代文学学会韩愈研究会常务副会长,江苏省六朝史研究会会长。主要研究领域为中国中古文史、中国历史人文地理、地名学、南京地方史。出版专著及各类大小册子近三十种,发表论文与长短消闲文字约四百篇,主编著作多部。

孔祥军,1979年生,江苏扬州人。1997年考入扬州师范学院中文系,相继获汉语言文学学士、文艺学硕士学位。2004年考入南京大学历史学系,2007年获历史学博士学位。现为扬州大学社会发展学院副教授。主要从事中国历史政区地理、清代经学文献研究。在《历史地理》、《中国历史地理论丛》、《清史研究》、《中国经学》、《域外汉籍研究集刊》、《古典文献研究》等发表论文五十余篇,出版专著三种。

徐成,1984年生,江苏兴化人。2013年毕业于上海师范大学人文与传播学院,获历史学博士学位。现为扬州大学社会发展学院讲师。主要从事魏晋南北朝历史地理、隋唐制度史研究。在《江海学刊》、《中国历史地理论丛》、《历史地理》等发表论文十余篇。

国家自然科学基金项目　国家社会科学基金项目（魏晋南北朝政区研究，编号10BZS018）
上海市社会科学重大项目　南京大学人文基金项目

周振鹤　主编

中国行政区划通史

三国两晋南朝卷（下册）

胡阿祥　孔祥军　徐　成　著

复旦大学出版社

三国两晋南朝卷 提要

本卷旨在通过对传世文献与文物考古资料的精细考证、系统分析，并充分吸取学界已有的研究成果，对三国两晋南朝之疆域变迁与政区制度进行全面讨论，对三国两晋南朝之政区建置，包括政区沿革、领属关系、治所变迁、境域盈缩以及置废并析诸般情形，作尽可能详尽的复原。

本卷所涉及的相关概念、学术回顾、文献资料、基本思路、核心理论、关键原则等问题，置于"绪言"中加以说明；"结语"则从宏观的视角，统合政区制度与政区建置二者，归纳现象、指陈规律、思考利弊得失，并就相关的政治地理问题，进行典型案例分析，以为"魏晋南北朝政治地理研究"开题。

本卷的主体撰述，分为十编。

第一编概述三国两晋南朝之疆域变迁与政区制度。疆域与政区为政治地理的一体两面，政区与区划又为地方行政的一体两面。本编先就三国、两晋、南朝各别政权的疆域变迁作出梳理与分析，再就这些政权的政区制度，分为一般制度如府州郡县乡里制度，特殊制度如尉部、遥领、虚封、侨置、双头以及宁蛮府、左郡左县、俚郡僚郡，加以说明与考证；所梳理与分析的疆域变迁，所说明与考证的政区制度，既为接续的九编张目，也以接续的九编之具体考述为基础。

第二编辑考三国两晋南朝都督区。都督区从临时设置到相对稳定，从单一的大军区设置到分层分级设置，逐步形成基于州、郡、县而又凌驾其上的另一套行政区划系列。本编即从实证的角度，全面展现了这一多头并进的历史进程。

第三编、第四编分别考述三国、西晋诸州郡县沿革，第五编至第九编分别考述东晋与南朝宋、齐、梁、陈之实州郡县沿革，又与各编之考述文字对应，分别选择断代年份，排出其时行政区划，并配以对应的政区地图，展现各别政权相对稳定的政区状况。对于相应时段内其他独立的地方政权或政治势力，如汉末公孙氏、梁陈间之后梁与王琳的政区沿革考证，则附于相关政权之后。

第十编略依《晋书·地理志》所列州郡顺序，以考表的形式，通过原州郡县与侨州郡县的对照、州郡县侨置经过的叙述、附注与备考的说明，集中处理东晋南朝尤为复杂繁琐的侨州郡县，既力求呈现其沿革之全貌，亦与东晋、宋、齐、梁、陈实州郡县各编中的相关内容彼此呼应。

本卷之"附录"，除了梁、陈两朝难以绘制外，制作了三国、西晋州郡沿革表与东晋、南朝宋、南朝齐实州郡沿革表。由此沿革表，可以全面直观地从时间维度考察相关各朝政区变迁的诸多细节。

本卷可与《中国历史地图集》三国两晋南朝部分相互参照，也可供高等院校历史、地理专业师生及相关研究人员参考使用。

第六编　南朝宋实州郡县沿革

本编凡例

1. 本编叙述南朝宋实州郡县沿革,时间跨度为:起始于永初二年(421)①,终结于昇明二年(478)②。各州郡县的实际存废时间详参相应的按语考证。

2. 南朝宋诸州郡县存在的年限及名称的变更,在诸州郡县名称后以圆括号的形式标出。本编中州郡废置时间的公元纪年标准为:若建置时间是在某年之上半年,则以该年为建置年,若建置时间在某年之下半年,则以次年为建置年;若罢废时间为某年之上半年,则以上一年为罢废年,若罢废时间在某年之下半年,则以该年为罢废年。置废年代不明者,以问号标出。置废年代大抵在某年,则在该年代后以问号标出,或在该年代后加"前"或"后"字。

3. 本编所叙为刘宋一代实州、郡、县沿革,而侨州所领实郡、侨郡所领实县也在本编叙述范围之内。相关侨州、郡、县名加下划线,用以区别于实州郡县。

4. 诸实州、郡之沿革情况,见各实州、郡下之按语;诸郡所领实县之沿革,凡东晋末与《宋书·州郡志》归属情况一致,且于宋代之变化乏考者,则直录于该郡之下,不出按语;凡归属有变化者,则出按语以明晰之。

5. 刘宋政区沿革考证中,凡郡治失考者,若东晋之治所于宋时仍属原郡,则暂以为郡治,不出按语;治所乏考者,依《中国历史地图集·东晋十六国南北朝》分册所绘治所为定。

6. 本编中于今地之定点,依《嘉庆重修一统志》、《中国历史地图集·东晋十六国南北朝》分册、胡阿祥《六朝疆域与政区研究(增订本)·宋政区建置表(大明八年464年)》酌定。本编中所提到的现代地名,以2004年《中华人民共和国行政区划简册》为准③。

---

① 东晋元熙二年(520),晋禅位于宋。是年改元永初。此处以永初二年为宋代起始年者,盖方便与第五编"东晋实州郡县沿革"相衔接且不重复。特此说明。
② 宋昇明三年(479),齐革宋鼎,改元建元,然以昇明二年为宋之终结年者,盖方便与第七编"南朝齐实州郡县沿革"相衔接且不重复。特此说明。
③ 中华人民共和国民政部编,中国地图出版社,2005年。

7.《宋书·州郡志》自言其州郡县的记载"大较以大明八年为正"。然其断限并不严格①。今即以大明八年(464)为其断限。特殊情况具体分析。

8. 本编在考证刘宋诸实州郡县沿革的基础上,以大明八年(464)为断代,排列其时之实州郡县领属情况。

9. 本编征引文献,为省篇幅,部分书名或以简称出现。具体说明于下：

  房玄龄等《晋书·地理志》,简称《晋志》；

  沈约《宋书·州郡志》,简称《宋志》；

  萧子显《南齐书·州郡志》,简称《南齐志》；

  司马光《资治通鉴》,简称《通鉴》；

  李吉甫《元和郡县图志》,简称《元和志》；

  乐史《太平寰宇记》,简称《寰宇记》；

  钱大昕《廿二史考异》,简称《考异》。

---

① 详参胡阿祥：《宋书州郡志汇释》"序",安徽教育出版社,2006年。

第一章　南朝宋实州郡县沿革

第一节　扬州沿革

扬州(421—458,459—463王畿,464—478),治建康(今江苏南京市)。东晋末领实郡十一,元嘉八年(431)晋陵郡移属南徐州,泰始四年(468)义兴郡移属南徐州,又据《宋志》扬州刺史条:"孝建元年,分扬州之会稽、东阳、新安、永嘉、临海五郡为东扬州。大明三年罢州,以其地为王畿,以南台侍御史部诸郡,如从事之部传焉,而东扬州直云扬州。八年,罢王畿,复立扬州,扬州还为东扬州(该年之政区见图35)。前废帝永光元年,省东扬州并扬州。"则孝建元年(454)会稽等五郡移属东扬州,永光元年(465)复归扬州,领郡九。

(一)丹阳尹(421—478)——治建康(今江苏南京市)

按:晋末领县八,与《宋志》、《南齐志》丹杨郡领县同,历南朝宋似未有变化。

　1. 建康(421—478)
　2. 秣陵(421—478)
　3. 江宁(421—478)
　4. 丹杨(421—478)
　5. 永世(421—478)
　6. 溧阳(421—478)
　7. 湖熟(421—478)
　8. 句容(421—478)

(二)宣城郡(421—460,466—467,469—478)——治宛陵①(今安徽宣城市)

按:据《宋志》南豫州刺史条:"永初三年,分淮东为南豫州,治历阳;淮西为豫州。文帝元嘉七年〔合二豫州为一,十六年又分,二十二年又合,孝武大明

---

① 据《元和志》卷28《江南道四》宣州:"东晋或理芜湖,或理姑熟,或理赭圻。"《东晋志》卷1以为此皆寄治,在丹杨郡境内,此后似以宛陵为郡城。

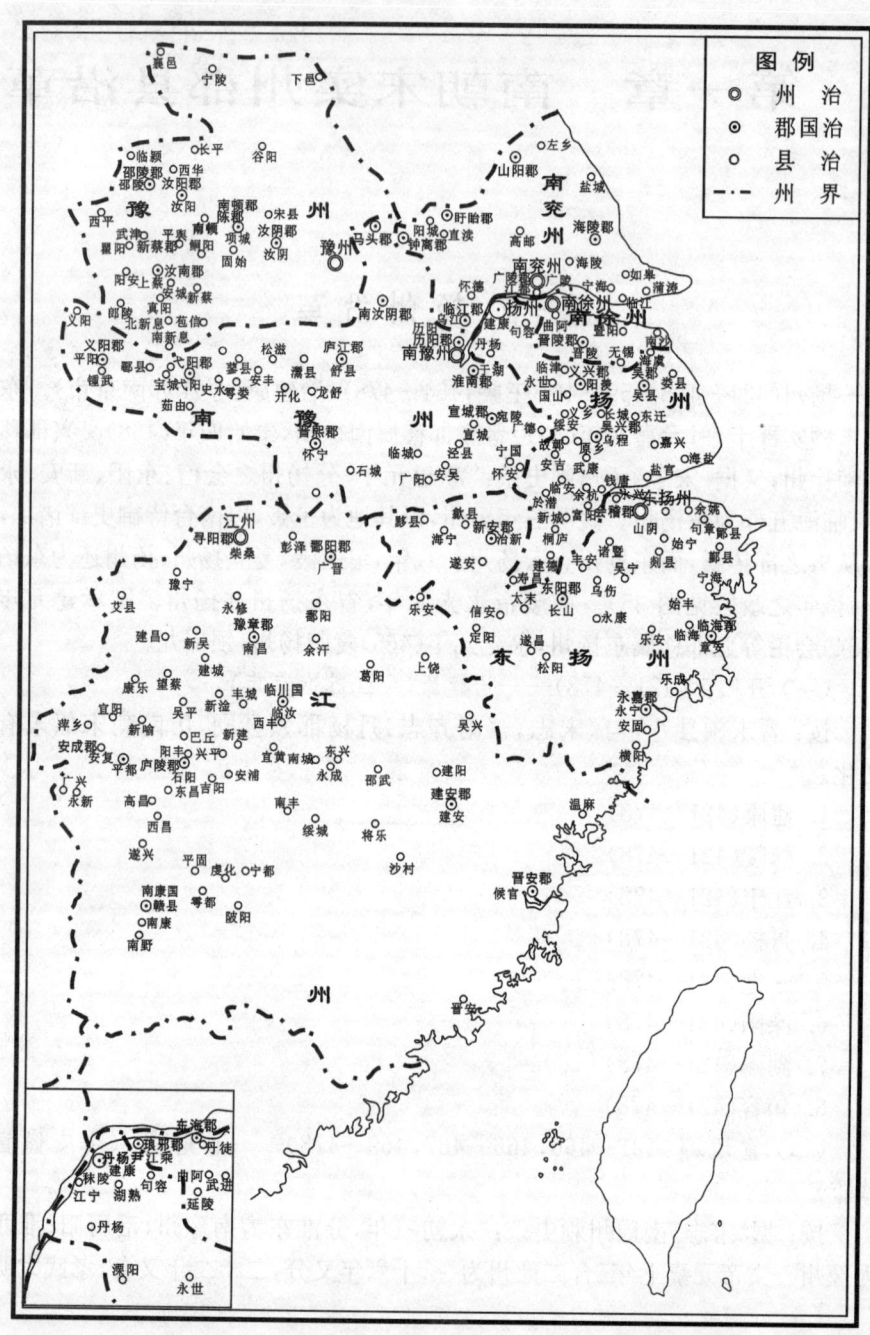

图35 大明八年(464)南朝宋扬州、东扬州、南徐州、南兖州、豫州、南豫州、江州政区

三年〕又分。五年,割扬州之淮南、宣城又属焉。徙治姑孰。明帝泰始二年又合,而以淮南、宣城还扬州。九月又分,还治历阳。三年五月,又合。四年,以扬州之淮南、宣城为南豫州①,治宣城,五年罢。"据此,则大明五年(461)宣城郡割属南豫州,泰始二年(466)复还扬州,四年再属南豫州,五年又复归扬州。东晋末领县十,《宋志》宣城郡领县十,《南齐志》宣城郡领县十一,多建元县,此建元为南朝齐萧道成第一个年号,似为南朝齐建元年间增置,故历南朝宋,宣城郡领县似未变。

1. 宛陵(421—460,466—467,469—478)
2. 宣城(421—460,466—467,469—478)
3. 广阳(421—460,466—467,469—478)
4. 安吴(421—460,466—467,469—478)
5. 临城(421—460,466—467,469—478)
6. 石城(421—460,466—467,469—478)
7. 泾(421—460,466—467,469—478)
8. 广德(421—460,466—467,469—478)
9. 宁国(421—460,466—467,469—478)
10. 怀安(421—460,466—467,469—478)

(三) 吴郡(421—462,464—478)——治吴(今江苏苏州市)

按:据《宋志》扬州刺史吴郡太守条:"孝武大明七年,度属南徐,八年,复旧。"则其一度移属南徐侨州。东晋末领县十二,《宋志》、《南齐志》吴郡皆领十二县,似历南朝宋未变。

1. 吴(421—462,464—478)
2. 嘉兴(421—462,464—478)
3. 海盐(421—462,464—478)
4. 盐官(421—462,464—478)
5. 钱唐(421—462,464—478)
6. 富阳(421—462,464—478)
7. 新城(421—462,464—478)
8. 桐庐(421—462,464—478)

---

① 钱大昕《考异》云:"案帝纪,泰始五年,分豫州、扬州立南豫州。盖分豫州之历阳,扬州之淮南、宣城也。事见《庐江王祎传》。志失书历阳郡,又误以为四年事。"若泰始五年立南豫州,据《宋志》五年又废矣,一年之中旋置旋废,不若《宋志》作泰始四年更妥也,今从《宋志》。

9. 建德(421—462,464—478)
10. 寿昌(421—462,464—478)
11. 娄(421—462,464—478)
12. 海虞(421—462,464—478)

(四)吴兴郡(421—478)——治乌程(今浙江湖州市南)

按:东晋末吴兴郡领县十,《宋志》、《南齐志》吴兴郡皆领十县,似历南朝宋未变。

1. 乌程(421—478)
2. 临安(421—478)
3. 余杭(421—478)
4. 武康(421—478)
5. 东迁(421—478)
6. 於潜(421—478)
7. 故鄣(421—478)
8. 安吉(421—478)
9. 原乡(421—478)
10. 长城(421—478)

(五)会稽郡(421—453,465—478)——治山阴(今浙江绍兴市)

按:据《宋志》扬州刺史条:"孝建元年,分扬州之会稽、东阳、新安、永嘉、临海五郡为东扬州。大明三年罢州,以其地为王畿,以南台侍御史部诸郡,如从事之部传焉,而东扬州直云扬州。八年,罢王畿,复立扬州,扬州还为东扬州。前废帝永光元年,省东扬州并扬州。"则孝建元年会稽等五郡移属东扬州,永光元年五郡复归扬州。东晋末会稽领县十,《宋志》、《南齐志》会稽郡皆领十县,历南朝宋似未变化。

1. 山阴(421—453,465—478)
2. 上虞(421—453,465—478)
3. 余姚(421—453,465—478)
4. 句章(421—453,465—478)
5. 鄞(421—453,465—478)
6. 鄮(421—453,465—478)
7. 始宁(421—453,465—478)
8. 剡(421—453,465—478)
9. 永兴(421—453,465—478)

10. 诸暨(421—453,465—478)

(六)东阳郡(421—453,465—478)——治长山(今浙江金华市)

按：据会稽郡考证,孝建元年东阳郡移属东扬州,永光元年东阳郡复归扬州。东晋末东阳郡领县九,《宋志》、《南齐志》东阳郡皆领九县,历南朝宋似未变化。

1. 长山(421—453,465—478)
2. 永康(421—453,465—478)
3. 乌伤(421—453,465—478)
4. 吴宁(421—453,465—478)
5. 太末(421—453,465—478)
6. 信安(421—453,465—478)
7. 丰安(421—453,465—478)
8. 定阳(421—453,465—478)
9. 遂昌(421—453,465—478)

(七)新安郡(421—453,465—478)——治始新(今浙江淳安县西北)

按：据会稽郡考证,孝建元年新安郡移属东扬州,永光元年新安郡复归扬州。东晋末新安郡领县六,其中黎阳县大明八年废,《宋志》、《南齐志》新安郡皆领五县。

1. 始新(421—453,465—478)
2. 遂安(421—453,465—478)
3. 歙(421—453,465—478)
4. 海宁(421—453,465—478)
5. 黟(421—453,465—478)
6. 黎阳(421—453)

按：据《宋志》扬州刺史新安太守海宁令条:"分歙置诸县之始,又分置黎阳县,大明八年,省并海宁。"

(八)临海郡(421—453,465—478)——治章安(今浙江台州市章安镇)

按：据会稽郡考证,孝建元年临海郡移属东扬州,永光元年临海郡复归扬州。东晋末临海郡领县五,《宋志》、《南齐志》临海郡皆领此五县,历南朝宋似未变。

1. 章安(421—453,465—478)
2. 临海(421—453,465—478)
3. 始丰(421—453,465—478)

4. 宁海(421—453,465—478)

5. 乐安(421—453,465—478)

(九) 永嘉郡(421—453,465—478)——治永宁(今浙江温州市)

按：据会稽郡考证，孝建元年永嘉郡移属东扬州，永光元年永嘉郡复归扬州。东晋领县五，《宋志》《南齐志》临海郡皆领此五县，历南朝宋似未变。

1. 永宁(421—453,465—478)

2. 安固(421—453,465—478)

3. 松阳(421—453,465—478)

4. 乐成(421—453,465—478)

5. 横阳(421—453,465—478)

(十) 义兴郡(421—467)——治阳羡(今江苏宜兴市)

按：据《宋志》南徐州刺史义兴太守条："本扬州，明帝泰始四年，度南徐。"则其泰始四年移属南徐侨州。东晋末义兴郡领县五，永初三年(422)置绥安县，元嘉九年省平陵县，领县五，《宋志》、《南齐志》临海郡皆领此五县。

1. 阳羡(421—467)

2. 临津(421—467)

3. 义乡(421—467)

4. 国山(421—467)

5. 平陵(421—431)

按：据《宋志》扬州刺史丹杨尹永世令条："义兴又有平陵县……文帝元嘉九年，以并永世、溧阳二县。"则其元嘉九年废。

6. 绥安(422—467)

按：东晋无此县，据《宋志》南徐州刺史义兴太守："绥安令，武帝永初三年，分宣城之广德，吴兴之故鄣、长城及阳羡、义乡五县立。"则永初三年置绥安县。

(十一) 晋陵郡(421—430)——治晋陵(今江苏常州市)

按：据《宋志》南徐州刺史晋陵太守条："本属扬州，文帝元嘉八年，度属南徐。"则元嘉八年晋陵郡移属南徐侨州。

1. 晋陵(421—430)

2. 南沙(421—430)

3. 曲阿(421—430)

4. 无锡(421—430)

5. 延陵(421—430)

6. 暨阳(421—430)

7. 武进(421—430)

8. 丹徒(421—430)

(十二)淮南郡,侨寄江南,后割于湖(今安徽当涂县)为境

按:据《宋志》南豫州刺史条:"永初三年,分淮东为南豫州,治历阳;淮西为豫州。文帝元嘉七年〔合二豫州为一,十六年又分,二十二年又合,孝武大明三年〕又分。五年,割扬州之淮南、宣城又属焉。徙治姑孰。明帝泰始二年又合,而以淮南、宣城还扬州。九月又分,还治历阳。三年五月,又合。四年,以扬州之淮南、宣城为南豫州①,治宣城,五年罢。"据此,则大明五年割淮南侨郡属南豫州,泰始二年复还扬州,四年再属南豫州,五年又复归扬州。

1. 于湖(421—460,466—467,469—478)

2. 襄垣

按:侨寄芜湖。

3. 当涂

按:侨于江南,后分于湖为境,今安徽南陵东南。

4. 繁昌

按:侨寄春谷(安徽繁昌)东北。

5. 定陵

按:侨寄芜湖界,今安徽青阳东北。

6. 逡道

按:侨寄芜湖界,今安徽宣州市境。

(十三)南琅邪郡,侨寄江乘金城(今江苏句容市西北)

按:《宋志》南徐州刺史条:"文帝元嘉八年,更以江北为南兖州,江南为南徐州,治京口,割扬州之晋陵、兖州之九郡侨在江南者属焉。"则元嘉八年移属南徐侨州。

1. 江乘(421—430)

2. 临沂

按:侨寄江乘西。

---

① 钱大昕《考异》云:"案帝纪,泰始五年,分豫州、扬州立南豫州。盖分豫州之历阳,扬州之淮南、宣城也。事见《庐江王祎传》。志失书历阳郡,又误以为四年事。"若泰始五年立南豫州,据《宋志》五年又废矣,一年之中旋置旋废,不若《宋志》作泰始四年更妥也,今从《宋志》。

第二节 东扬州沿革

东扬州(454—458,459—463扬州,464),治乏考。东晋无此州,据《宋志》扬州刺史条:"孝建元年,分扬州之会稽、东阳、新安、永嘉、临海五郡为东扬州。大明三年罢州,以其地为王畿,以南台侍御史部诸郡,如从事之部传焉,而东扬州直云扬州。八年,罢王畿,复立扬州,扬州还为东扬州。前废帝永光元年,省东扬州并扬州。"则孝建元年(454)会稽等五郡来属,大明三年(459)改名为扬州,八年复名东扬州(该年之政区见前图35),永光元年罢州(465),五郡复归扬州。

(一) 会稽郡(454—464)——治山阴(今浙江绍兴市)
1. 山阴(454—464)
2. 上虞(454—464)
3. 余姚(454—464)
4. 句章(454—464)
5. 鄞(454—464)
6. 鄮(454—464)
7. 始宁(454—464)
8. 剡(454—464)
9. 永兴(454—464)
10. 诸暨(454—464)

(二) 东阳郡(454—464)——治长山(今浙江金华市)
1. 长山(454—464)
2. 永康(454—464)
3. 乌伤(454—464)
4. 吴宁(454—464)
5. 太末(454—464)
6. 信安(454—464)
7. 丰安(454—464)
8. 定阳(454—464)
9. 遂昌(454—464)

(三) 新安郡(454—464)——治始新(今浙江淳安县西北)
1. 始新(454—464)

2. 遂安(454—464)

3. 歙(454—464)

4. 海宁(454—464)

5. 黟(454—464)

6. 黎阳(454—463)

按：据《宋志》扬州刺史新安太守海宁令条："分歙置诸县之始，又分置黎阳县，大明八年，省并海宁。"

（四）临海郡(454—464)——治章安(今浙江台州市章安镇)

1. 章安(454—464)

2. 临海(454—464)

3. 始丰(454—464)

4. 宁海(454—464)

5. 乐安(454—464)

（五）永嘉郡(454—464)——治永宁(今浙江温州市)

1. 永宁(454—464)

2. 安固(454—464)

3. 松阳(454—464)

4. 乐成(454—464)

5. 横阳(454—464)

第三节　南徐州所辖实郡沿革

东晋无此侨州，据《宋志》南徐州刺史条："文帝元嘉八年，更以江北为南兖州，江南为南徐州，治京口，割扬州之晋陵、兖州之九郡侨在江南者属焉。"则元嘉八年(431)置侨州南徐州于京口，领有实郡一。元嘉三十年南兖州废诸郡来属，孝建元年(454)复。大明七年(463)吴郡来属，旋复(大明八年之政区见前图35)。泰始四年(468)义兴郡来属，领实郡二，领侨郡有实县者二。

（一）晋陵郡(431—478)——治晋陵(今江苏常州市)

按：据《宋志》南徐州刺史晋陵太守条："本属扬州，文帝元嘉八年，度属南徐。"则元嘉八年晋陵郡移属南徐州。原领县八，元嘉八年丹徒移属南东海郡，大明末武进亦移属焉，领县六。

1. 晋陵(431—478)

2. 南沙(431—478)

3. 曲阿(431—478)

4. 无锡(431—478)

5. 延陵(431—478)

6. 暨阳(431—478)

7. 武进(431—463)

按：据《宋志》南徐州刺史南东海太守条："武进令,晋武帝太康二年,分丹徒、曲阿立,(属)毗陵①,宋孝武大明末,度属此。"则大明末武进县移属南东海郡。

(二) 吴郡(463)——治吴(今江苏苏州市)

按：据《宋志》扬州刺史吴郡太守条："孝武大明七年,度属南徐,八年,复旧。"则其一度移属南徐州。

1. 吴(463)

2. 嘉兴(463)

3. 海盐(463)

4. 盐官(463)

5. 钱唐(463)

6. 富阳(463)

7. 新城(463)

8. 桐庐(463)

9. 建德(463)

10. 寿昌(463)

11. 娄(463)

12. 海虞(463)

(三) 义兴郡(468—478)——治阳羡(今江苏宜兴市)

按：据《宋志》南徐州刺史义兴太守条："本扬州,明帝泰始四年,度南徐。"则其泰始四年来属。

1. 阳羡(468—478)

2. 临津(468—478)

---

① 中华本《宋志》作："毗陵令,宋孝武大明末,度属此。"《孙考》："殿本毗陵下无令字,并宋孝武十一字连上武进为一条,毛本同。又按毗陵上当有属字。鼎宜按,此谓宜合上条为一条也。"今检晋陵太守有晋陵县"本名延陵,汉改曰毗陵,后与郡俱改"。此晋陵即汉代以来之毗陵,永嘉五年随郡改名晋陵县,而此处又有毗陵,显然矛盾,故依孙氏说,则此条志文当作："武进令,晋武帝太康二年,分丹徒、曲阿立,属毗陵,宋孝武大明末,度属此。"即度属南东海郡。

3. 义乡(468—478)

4. 国山(468—478)

5. 绥安(468—478)

(四) 南东海郡,侨寄京口

按:据《宋志》南徐州刺史南东海太守条:"文帝元嘉八年立南徐,以东海为治下郡,以丹徒属焉。"则元嘉八年时南东海侨郡领有丹徒实县,大明末武进实县来属,领实县二。

1. 丹徒(431—478)

2. 武进(464—478)

3. 朐

按:侨寄丹徒。

4. 利城

按:侨寄江阴。

5. 郯

按:侨寄丹徒。

(五) 南琅邪郡,侨寄江乘金城(今江苏句容市西北)

按:元嘉八年来属。

1. 江乘(431—478)

2. 临沂

按:侨寄江乘西。

(六) 广陵郡(453)——治广陵(今江苏扬州市西北蜀冈上)

按:元嘉三十年来属,旋复。

1. 广陵(453)

2. 海陵(453)

3. 高邮(453)

4. 江都(453)

(七) 海陵郡(453)——治建陵(今江苏姜堰市北)

按:元嘉三十年来属,旋复。

1. 建陵

2. 临江(453)

3. 如皋(453)

4. 宁海(453)

5. 蒲涛(453)

（八）盱眙郡(453)——治旧盱眙(今江苏盱眙县东北台子山上)

按：元嘉三十年来属，旋复。

1. 考城
2. 阳城(453)
3. 直渎(453)

（九）钟离郡(453)——治燕(今安徽凤阳县东北)

按：元嘉三十年来属，旋复。

1. 燕
2. 朝歌
3. 乐平

（十）山阳郡，侨寄射阳境，山阳(今江苏淮安市)

按：元嘉三十年来属，旋复。

1. 山阳(453)
2. 盐城(453)
3. 东城(453)
4. 左乡(453)

第四节 南徐州沿革

南徐州(421徐州，422—430)，治广陵。东晋原名徐州，据《宋志》南徐州刺史条："武帝永初二年，加徐州曰南徐，而淮北但曰徐。文帝元嘉八年，更以江北为南兖州，江南为南徐州，治京口，割扬州之晋陵、兖州之九郡侨在江南者属焉。"又《宋志》南兖州刺史条："文帝元嘉八年，始割江淮间为境，治广陵。"则东晋徐州原为淮南地，宋武帝永初二年(421)改名南徐州，元嘉八年(431)省，诸郡移属侨州南兖州。

（一）广陵郡(421—430)——治广陵(今江苏扬州市西北蜀冈上)

按：据《宋志》南兖州刺史条："文帝元嘉八年，始割江淮间为境，治广陵。"则元嘉八年改置南兖州，广陵郡即于此时移属焉。

1. 广陵(421—430)
2. 海陵(421—430)
3. 高邮(421—430)
4. 舆(421—430)

(二)海陵郡(421—430)——治建陵(今江苏姜堰市北)

按:元嘉八年改置南兖州,海陵郡即于此时移属焉。

1. 建陵
2. 临江(421—430)
3. 如皋(421—430)
4. 宁海(421—430)
5. 蒲涛(421—430)

(三)盱眙郡(421—430)——治旧盱眙(今江苏盱眙县东北台子山上)

按:元嘉八年改置南兖州,海陵郡即于此时移属焉。

1. 考城
2. 阳城(421—430)
3. 直渎(421—430)

(四)钟离郡(421—430)——治燕(今安徽凤阳县东北)

按:元嘉八年改置南兖州,钟离郡即于此时移属焉。

1. 燕
2. 朝歌
3. 乐平

(五)山阳郡,侨寄射阳境,山阳(今江苏淮安市)

按:元嘉八年改置南兖州,山阳侨郡即于此时移属焉。

1. 山阳(421—430)
2. 盐城(421—430)
3. 东城(421—430)
4. 左乡(421—430)

(六)秦郡,侨寄堂邑

1. 临涂(421—430)

按:据《宋志》南兖州刺史秦郡太守秦令条:"文帝元嘉八年,以临涂并秦。"则临涂县元嘉八年废。同年,雍丘侨县度属历阳。

2. 秦
3. 外黄
4. 浚仪
5. 尉氏
6. 雍丘
7. 顿丘

按：侨寄清流。

8. 沛

按：侨寄清流。

9. 义成

10. 平丘

第五节　南兖州所辖实郡沿革

东晋无此侨州，据《宋志》南徐州刺史条："武帝永初二年，加徐州曰南徐，而淮北但曰徐。文帝元嘉八年，更以江北为南兖州，江南为南徐州，治京口，割扬州之晋陵、兖州之九郡侨在江南者属焉。"《宋志》南兖州刺史条："文帝元嘉八年，始割江淮间为境，治广陵……元嘉二十八年，南兖州徙治盱眙。三十年，省南兖州并南徐，其后复立，还治广陵。"则永初二年（421）改徐州为南徐州，元嘉八年（431）改置南兖州，三十年又省之，并入南徐侨州。又据《宋书·孝武帝纪》及《沈庆之传》，复立南兖州在孝建元年（454），即省并于南徐州的次年。元徽元年（473）置北徐州，钟离郡移属焉。大明八年（464）之南兖州政区见前图35。

（一）广陵郡（431—452，454—478）——治广陵（今江苏扬州市西北蜀冈上）

按：广陵郡元嘉八年来属，三十年移属南徐侨州，次年又复属南兖州。

1. 广陵（431—452，454—478）

2. 海陵（431—452，454—478）

3. 高邮（431—452，454—478）

4. 舆（431—435）

按：据《宋志》南兖州广陵太守条："《永初郡国》又有舆，前汉属临淮，后汉省临淮属广陵，文帝元嘉十三年并江都也。"则其元嘉十三年并入江都。

5. 江都（436—452，454—478）

按：据《宋志》南兖州刺史广陵太守条："江都令，汉旧县。三国时废，晋武帝太康六年复立。江左又省并舆县，元嘉十三年复立，以并江都。"参考上文，可知此谓东晋江都县并入舆县，宋元嘉十三年复立江都县，且以舆县并入江都县。

（二）海陵郡（431—452，454—478）——治建陵（今江苏姜堰市北）

按：海陵郡元嘉八年来属，三十年移属南徐侨州，次年又复属南兖州。

1. 建陵

2. 临江（431—452，454—478）

3. 如皋(431—452,454—478)

4. 宁海(431—452,454—478)

5. 蒲涛(431—452,454—478)

6. 临泽(472—478)

按：东晋无此县，据《宋志》南兖州海陵太守条："临泽令，明帝泰豫元年立。"则泰豫元年(472)置临泽县。

(三) 盱眙郡(431—452,454—478)——治旧盱眙(今江苏盱眙县东北台子山上)

按：盱眙郡元嘉八年来属，三十年移属南徐侨州，次年又复属南兖州。

1. 考城

2. 阳城(431—452,454—478)

3. 直渎(431—452,454—478)

(四) 钟离郡(431—452,454—472)——治燕(今安徽凤阳县东北)

按：钟离郡元嘉八年来属，三十年移属南徐侨州，次年又复属南兖州。元徽元年移属北徐州焉。

1. 燕

2. 朝歌

3. 乐平

(五) 山阳郡，侨寄射阳境，山阳(今江苏淮安市)

按：山阳侨郡元嘉八年来属，三十年移属南徐侨州，次年又复属南兖州。

1. 山阳(431—452,454—478)

2. 盐城(431—452,454—478)

3. 东城(431—452,454—478)

4. 左乡(431—452,454—478)

(六) 临江郡(463—464,471前—471)——治乌江(今安徽和县东北)

按：东晋无此郡，据《宋志》南兖州刺史秦郡太守条："怀德令，孝武大明五年立。又以历阳之乌江，并此为二县，立临江郡。前废帝永光元年，省临江郡。"《宋书》卷6《孝武帝纪》：大明七年(463)二月，"割历阳、秦郡置临江郡"。"历阳"者，历阳郡乌江县；"秦郡"者，秦郡怀德县。志文当于"又以"前补"七年"二字，如此语义更明。则大明七年置临江郡，领县二，永光元年(465)废。又《宋志》南豫州刺史条："(泰始)七年，复分历阳、淮阴、南谯、南兖州之临江立南豫州。"《南齐志》南豫州有临江郡领有乌江、怀德二实县，云建元二年(480)罢，则宋末南豫有临江。故泰始七年(471)前临江郡又复置。

1. 乌江(463—464,471前—471)
2. 怀德(463—464,471前—471)

（七）秦郡，侨寄堂邑(今江苏南京市六合区北)

1. 怀德(461—462,465—471前)

按：东晋无此县，据《宋志》南兖州刺史秦郡太守条："怀德令，孝武大明五年立。又以历阳之乌江，并此为二县，立临江郡。前废帝永光元年，省临江郡。怀德即住郡治，乌江还本也。"《宋书》卷6《孝武帝纪》：大明七年二月，"割历阳、秦郡置临江郡"。则怀德县大明五年立，七年移属临江郡，永光元年复来属，泰始七年前再移属临江郡。

2. 秦
3. 尉氏
4. 浚仪
5. 义成
6. 雍丘
7. 顿丘

按：侨寄清流。

8. 平丘

第六节 徐州沿革

徐州(421北徐州,422—467)，治彭城(今江苏省徐州市)。东晋末领实郡十一，景平元年(423)谯郡、梁国沦没，泰始二年(466)十二月彭城郡、沛郡失守，三年东海、下邳、宿预三郡失守，东莞、东安二郡移属东徐州，四年琅邪、兰陵二郡失守，至此徐州全境沦没。大明八年(464)之徐州政区见图36。

（一）彭城郡(421—466)——治彭城(今江苏省徐州市)

按：据《通鉴》卷131："(泰始二年十二月)魏尉元至彭城，薛安都出迎。"则泰始二年十二月彭城郡失守。

1. 彭城(421—466)
2. 吕(421—466)
3. 蕃(421—466)
4. 薛(421—466)
5. 留(421—466)

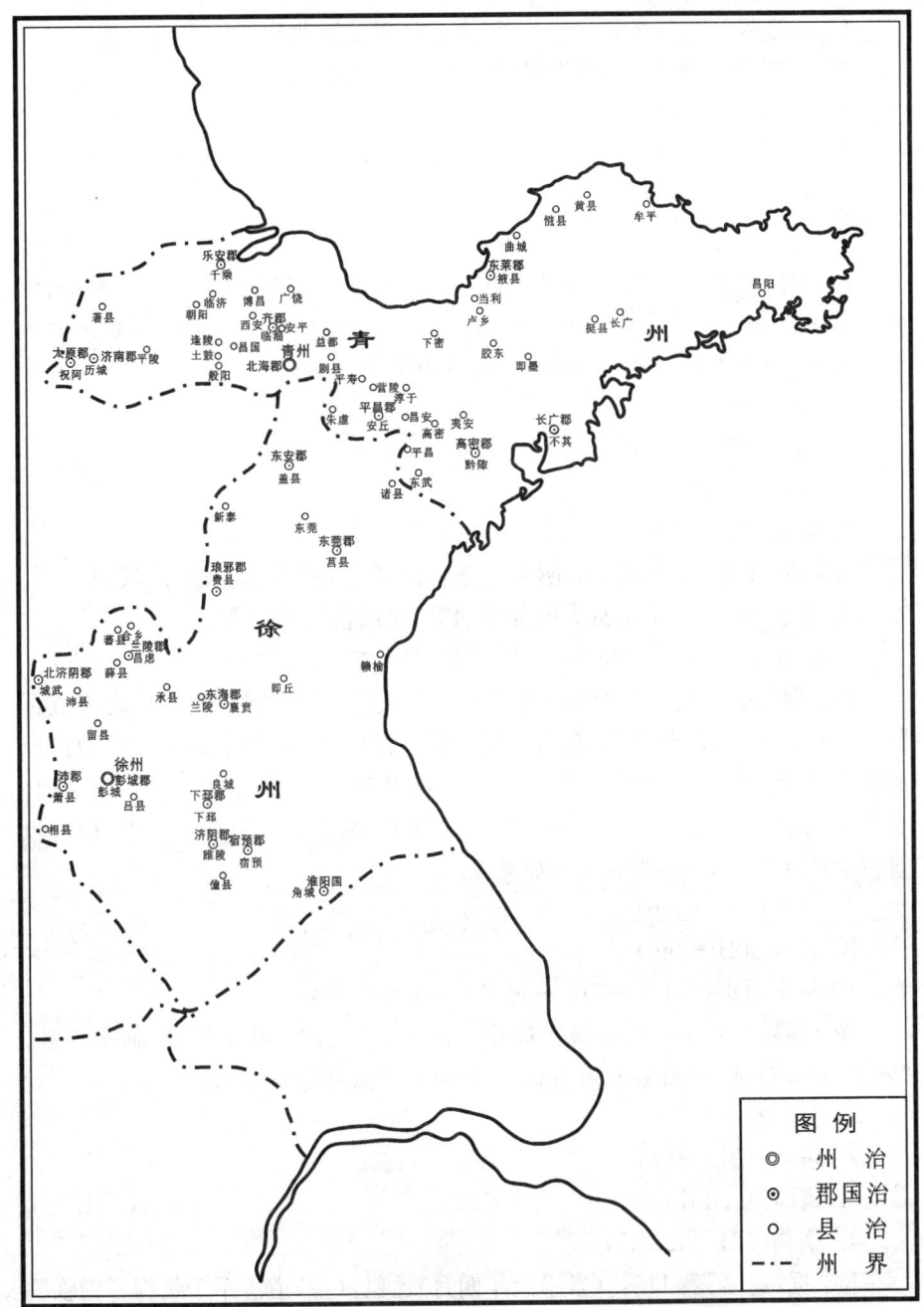

图36 大明八年(464)南朝宋徐州、青州政区

（二）沛郡（421—466）——治萧（今安徽萧县西北）

按：沛郡傍依彭城，其陷没时间大抵与彭城相同。

1. 萧（421—466）
2. 相（421—466）
3. 沛（421—466）

（三）下邳郡（421—467）——治下邳（今江苏邳州市南）

按：据《通鉴》卷132："（泰始三年八月）尉元以书谕徐州刺史王玄载，玄载弃下邳走。魏以陇西辛绍先为下邳太守，绍先不尚苛察、务举大纲，教民治生御寇而已，由是下邳安之。"则泰始三年下邳失守。

1. 下邳（421—467）
2. 良城（421—467）
3. 僮（421—467）
4. 睢陵（421—456）

按：据《宋志》徐州刺史济阴太守条："睢陵令，前汉属临淮，后汉属下邳。孝武大明元年度。"则睢陵县大明元年（457）移属侨郡济阴郡。

（四）东海郡（421—466）——治襄贲（今山东苍山县南）

按：据《通鉴》卷132泰始三年二月："帝使怀珍帅龙骧将军王广之将五百骑、步卒二千人浮海救之，至东海，（明）僧暠已退保东莱。"则泰始三年二月，东海郡似失守。东晋末领县三，其中利城县，《宋志》东海郡无此县，据《寰宇记》卷22《河南道二》海州怀仁县条："故利城，汉县，故城在今县西六十里，后汉献帝曾于此立郡，宋省。"则其入宋后见废。

1. 襄贲（421—466）
2. 赣榆（421—466）

（五）东莞郡（421—467）——治莒（今山东莒县）

按：泰始三年十一月移属东徐州。东晋末领县五，其中姑幕、临朐二县，《宋志》东莞郡无，姑幕县入宋后省，临朐县景平元年（423）后省。

1. 莒（421—467）
2. 东莞（421—467）
3. 诸（421—467）
4. 临朐（421—423后）

按：据《通鉴》卷119："（景平元年四月）己巳，（檀）道济军于临朐。"则临朐见废当在此后。

（六）谯郡(421—422)——治谯(今安徽亳州市)

按：据《通鉴》卷119："(景平元年闰四月)奚斤等悉定司、兖、豫诸郡县，置守宰以抚之。"胡三省注云："是时司州之地尽入于魏。兖州之地自湖陆以南，豫州之地自项城以南，皆为宋守，魏未能悉定诸郡县也。"据此，此时项城以北悉为魏有，谯郡正处其地，沦没于魏。

1. 谯(421—422)
2. 山桑(421—422)

（七）梁国(421—422)——治睢阳(今河南商丘市南)

按：据谯郡考证，项城以北悉为魏有，梁国正处其地，沦没于魏。

1. 睢阳(421—422)
2. 蒙(421—422)
3. 下邑(421—422)
4. 宁陵(421—422)

（八）琅邪郡(421—467?)——治费(今山东费县西北)

按：考琅邪郡地望，北为东莞郡，西有兰陵郡，南为东海郡，东临大海，泰始四年正月东莞郡失守，随即兰陵郡亦没，泰始三年二月东海郡已没，则琅邪郡至迟于泰始三年、四年之际失守。东晋末领县三，其中阳都县，《宋志》琅邪郡无此县，似入宋后省并。

1. 费(421—467)
2. 即丘(421—467)

（九）兰陵郡(421—467)——治昌虑(今山东滕州市东南)

按：《通鉴》卷132："(泰始四年正月)(尉)元又说兖州刺史王整、兰陵太守桓忻，整、忻皆降于魏。"则泰始四年正月兰陵郡失守。东晋末领县五，其中戚县，《宋志》兰陵郡无，似入宋后省并。

1. 昌虑(421—467)
2. 承(421—467)
3. 合乡(421—467)
4. 兰陵(421—467)

按：《宋志》兰陵郡无此县，《南齐书》卷29《周盘龙传》："北兰陵兰陵人也。宋世土断，属东平郡。"《考异》卷25周盘龙传曰："按史称南兰陵者，南徐州之兰陵也；称北兰陵者，徐州之兰陵也。《宋志》徐州兰陵郡领昌虑、承、合乡三县，不见兰陵县，疑《志》有脱漏矣。"另有证据两条：其一，《宋志》南徐州刺史南兰陵太守兰陵令条注云"别见"，而遍检《宋志》，不见兰陵令，是本有而后脱漏也;其二,《魏书》卷106中《地形志》中徐州兰陵郡领县四,即昌虑、承、合乡、兰陵,注并云"二汉、晋属东海,后属",未见有刘宋废置兰陵县的记载。据此,《宋志》兰陵太守本有"兰陵令,汉旧县"一条,及此条脱漏,校书者遂改"领县四"为"领县三"以求相符。宋泰始以后,淮北陷没,侨立淮南,土断改属东平,故《齐志》无北兰陵之名也。

(十)东安郡(421—467)——治盖(今山东沂源县东南)

按:泰始三年十一月移属东徐州。

1. 盖(421—467)
2. 新泰(421—467)
3. 发干

(十一)宿预郡(421—467)——治宿预(今江苏省宿迁市东南)

按:据《通鉴》卷132:"(泰始三年八月)孔伯恭进攻宿豫,宿豫戍将鲁僧遵亦弃城走。"则宿预郡泰始三年失守。

宿预(421—467)

(十二)淮阳国,侨寄角城(今江苏淮阴市西南)

按:据《通鉴》卷132:"(泰始三年八月)魏将孔大恒等将千骑南攻淮阳,淮阳太守崔武仲焚城走。"则淮阳侨郡泰始三年失守。

1. 角城(421—467)
2. 晋宁
3. 上党

(十三)济阴郡,侨寄睢陵(今江苏睢宁县)

按:据《宋志》徐州刺史济阴太守条:"睢陵令,前汉属临淮,后汉属下邳。孝武大明元年度。"则济阴郡大明元年割睢陵成实土。又睢陵原属之下邳郡泰始三年没于北魏,此侨郡或亦于其时陷没。

1. 睢陵(457—466)
2. 顿丘
3. 定陶

(十四)北济阴郡,侨寄城武(今山东单县)

按:据《宋志》徐州刺史北济阴太守条:"孝武孝建元年升立。"则北济阴侨郡孝建元年(454)置,领实县二,侨县一。泰始四年徐州陷没,此郡或亦随没。

1. 城武(454—467)

按:东晋无此县,似随郡新置,泰始四年初陷没。

2. 丰(457—467)

按：东晋无此县，据《宋志》徐州刺史北济阴太守条："丰令，汉旧名，属沛。孝武大明元年复立。"则其大明元年新置，泰始四年初陷没。

3. 离狐

按：侨寄山东单县。

第七节　徐州所辖实郡沿革

徐州，侨寄钟离(今安徽凤阳县东北)。据《宋志》徐州刺史："明帝世，淮北没寇，侨立徐州，治钟离。泰豫元年，移治东海朐。后废帝元徽元年，分南兖州之钟离、豫州之马头，又分秦郡之顿丘、梁郡之谷熟、历阳之酂，立新昌郡，置徐州，还治钟离。"是宋泰始后徐州侨置于钟离，移东海朐，又还钟离。元徽元年(473)领实郡有三：钟离郡、马头郡(治今安徽怀远县南淮河南岸)、新昌郡(治今安徽滁州市)，三郡所领皆为侨县。

(一) 钟离郡(473—478)——治燕(今安徽凤阳县东北)

按：据本州考证，元徽元年自南兖侨州来属。

1. 燕

2. 朝歌

3. 乐平

(二) 马头郡(473—478)——治马头城(今安徽怀远县南淮河南岸)

按：据本州考证，元徽元年自豫州来属。

1. 虞

按：侨寄今安徽怀远县南淮河东岸马城镇。

2. 零

按：侨寄今安徽怀远县一带。

3. 济阳

按：侨寄治今安徽怀远县一带。

(三) 新昌郡(473—478)——治顿丘(今安徽滁州市)

按：据《宋志》徐州刺史："明帝世，淮北没寇，侨立徐州，治钟离。泰豫元年，移治东海朐。后废帝元徽元年，分南兖州之钟离、豫州之马头，又分秦郡之顿丘、梁郡之谷熟、历阳之酂，立新昌郡，置徐州，还治钟离。"据本州考证，元徽元年置。所属皆侨县。

1. 顿丘

2. 谷熟

3. 鄼

第八节　东徐州沿革

东徐州(467)，治乏考。据《宋书》卷8："(泰始三年十一月)乙卯，分徐州置东徐州，以辅国将军张谠为刺史。"又《宋书》卷88《薛安都传》："先是，东安、东莞二郡太守张谠守团城，在彭城东北。始同安都，末亦归顺。太宗以为东徐州刺史，复为虏所没。"则泰始三年(467)十一月分徐州置东徐州，领东莞、东安二郡。又《通鉴》卷132："(泰始四年正月)魏尉元遣使说东徐州刺史张谠，谠以团城降魏。"则翌年正月东徐州失守。

（一）东莞郡(467)——治莒(今山东莒县)

1. 莒(467)

2. 东莞(467)

3. 诸(467)

（二）东安郡(467)——治盖(今山东沂源县东南)

1. 盖(467)

2. 新泰(467)

3. 发干

第九节　兖州沿革

兖州(421—422,430—466)，治瑕丘(今山东兖州市)。东晋末领郡十，永初三年(422)末、景平元年(423)初，诸郡陷没。元嘉七年(430)，泰山、高平、鲁、东平、济北诸郡得复，泰始二年(466)末又没(大明八年[464]之兖州政区见图37)。

（一）濮阳郡(421—422)——治濮阳(今河南濮阳市西南)

按：据《通鉴》卷119："(景平元年闰四月)奚斤等悉定司、兖、豫诸郡县，置守宰以抚之。"胡三省注云："是时司州之地尽入于魏。兖州之地自湖陆以南，豫州之地自项城以南，皆为宋守，魏未能悉定诸郡县也。"濮阳郡地处胡陆之北，当于此时沦没于魏。

1. 濮阳(421—422)

2. 廪丘(421—422)

（二）泰山郡(421—422,430—466)——治奉高(今山东泰安市东)

按：据《通鉴》卷119："(永初三年十二月)癸未，兖州刺史徐琰弃尹卯南

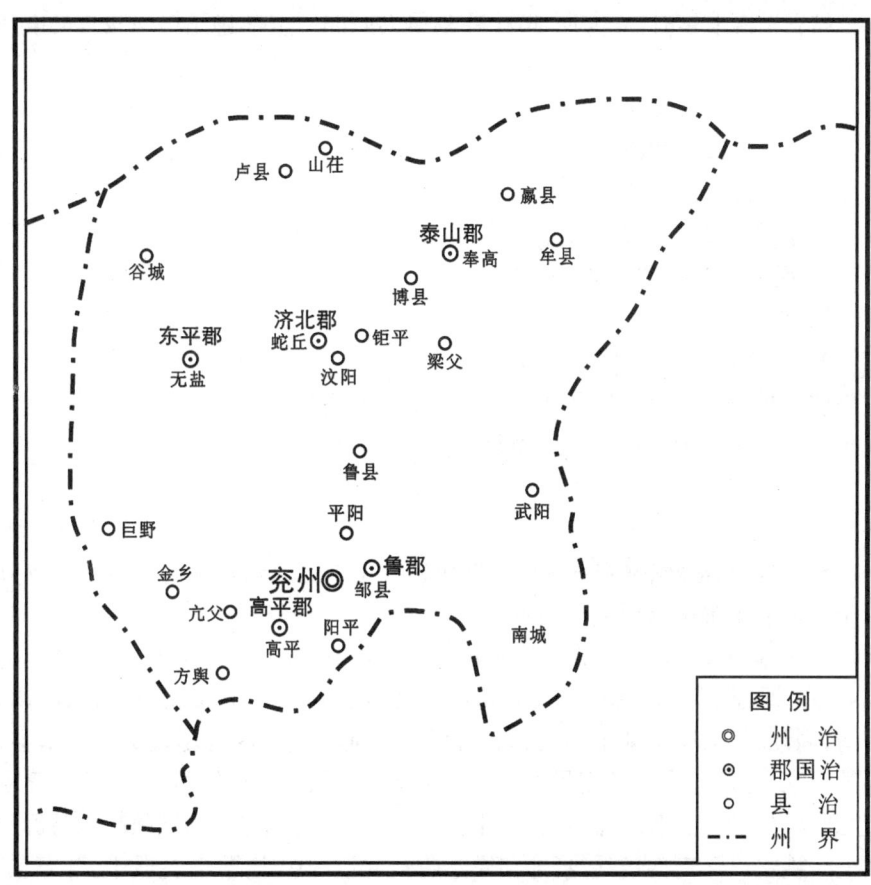

图 37　大明八年(464)南朝宋兖州政区

走。于是泰山、高平、金乡等郡皆没于魏。"又《宋书》卷 95《索虏传》："(永初三年十二月)兖州刺史徐琰委军镇走,于是泰山诸郡并失守。"则永初三年十二月诸郡陷没。据《通鉴》卷 121："(元嘉七年)到彦之自淮入泗,水渗,日行才十里。自四月至秋七月,始至须昌。乃泝河西上。魏主以河南四镇兵少,命诸军悉收众北渡……于是司、兖既平。"《宋志》兖州刺史有此实郡,则元嘉七年泰山诸郡得复,又《通鉴》卷 131："(泰始二年)十一月,壬子,魏师至瑕丘,(兖州刺史)(毕)众敬请降于魏,尉元遣部将先据其城,众敬悔恨,数日不食,元长驱而进。"则泰山郡似于此后沦没。

1. 奉高(421—422,430—466)
2. 山茌(421—422,430—432)

按：元嘉十年时，立太原郡，山茌割属太原郡。至孝建元年（454），又度属济北郡。

3. 嬴（421—422，430—466）
4. 牟（421—422，430—466）
5. 南城（421—422，430—466）
6. 武阳（421—422，430—466）
7. 梁父（421—422，430—466）
8. 博（421—422，430—466）
9. 莱芜（421—422）

按：据《宋志》兖州刺史泰山太守所领无莱芜令，《永初郡国》有莱芜，则其或于元嘉七年泰山郡得复时未曾复置。

10. 太原
11. 钜平（430—466）

按：据《宋志》兖州刺史泰山太守所领有钜平令，《永初郡国》无钜平，则其或于元嘉七年泰山郡得复时增置。

（三）高平郡（421—422，430—466）——治高平（今山东微山县西北）

按：据《通鉴》卷119："（景平元年三月）乙丑，魏主引兵北济，西如河内。娥清、周几、闾大肥徇地至湖陆、高平，民屯聚而射之。清等尽攻破高平诸县，灭数千家，虏掠万余口。"则景平元年高平诸县尽没。《通鉴》卷121："（元嘉七年）到彦之自淮入泗，水渗，日行才十里。自四月至秋七月，始至须昌。乃泝河西上。魏主以河南四镇兵少，命诸军悉收众北渡……于是司、兖既平。"《宋志》兖州刺史有此实郡，则元嘉七年高平郡得复，又《通鉴》卷131："（泰始二年）十一月，壬子，魏师至瑕丘，（兖州刺史）（毕）众敬请降于魏，尉元遣部将先据其城，众敬悔恨，数日不食，元长驱而进。"则似高平郡于此后沦没。

1. 高平（421—422，430—466）
2. 方舆（421—422，430—466）
3. 金乡（421—422，430—466）
4. 巨野（421—422，430—466）
5. 平阳（421—422，430—466）
6. 亢父（421—422，430—466）
7. 任城（421—422）

按：据《宋志》兖州刺史高平太守所领无任城令，《永初郡国》有任城，并云"后省"，则其或于元嘉七年高平郡得复时未曾复置。

（四）鲁郡(421—422,430—466)——治邹(今山东邹县东南)

按：《宋志》兖州刺史有此实郡，鲁郡毗邻泰山、高平，二郡没于永初三年末、景平元年初，元嘉七年复，泰始二年末又没，则鲁郡复、没或与其同时。

1. 邹(421—422,430—466)

2. 汶阳(421—422,430—466)

3. 鲁(421—422,430—466)

4. 新阳(457后—466)

按：东晋无此县，据《宋志》兖州刺史鲁郡太守条："新阳令，孝武大明中立。"则其大明中增置。

5. 卞(466)

按：东晋末年无此县，据《宋志》兖州刺史鲁郡太守条："卞令，明帝泰始二年立。"则其泰始二年增置。

6. 阳平(457—466)

按：东晋无此县，据《宋志》兖州刺史鲁郡太守条："阳平令，孝武大明元年立。"则其大明元年(457)增置。

（五）济北郡(421—422,430—466)——治蛇丘(今山东肥城市东南)

按：据《通鉴》卷119："(景平元年四月)奚斤等悉定司、兖、豫诸郡县，置守宰以抚之。"胡三省注云："是时司州之地尽入于魏。兖州之地自湖陆以南，豫州之地自项城以南，皆为宋守，魏未能悉定诸郡县也。"济北郡地处胡陆之北，当于此时沦没于魏。《通鉴》卷121："(元嘉七年)到彦之自淮入泗，水渗，日行才十里。自四月至秋七月，始至须昌。乃泝河西上。魏主以河南四镇兵少，命诸军悉收众北渡……于是司、兖既平。"《宋志》兖州刺史有此实郡，则元嘉七年济北郡得复，又《通鉴》卷131："(泰始二年)十一月，壬子，魏师至瑕丘，(兖州刺史)(毕)众敬请降于魏，尉元遣部将先据其城，众敬悔恨，数日不食，元长驱而进。"则似济北郡于此后沦没。

1. 蛇丘(421—422,430—466)

2. 谷城(421—422,430—466)

3. 卢(421—422,430—466)

4. 临邑(421—422,430—456)

按：据《宋志》兖州刺史济北太守条："《永初郡国》有临邑，东阿(二汉属东郡，晋无。)二县，孝武大明元年省。"则其大明元年见废。

5. 东阿(421—422,430—456)

按：据上引《宋志》，东阿县大明元年见废。

6. 山茌(454—466)

按：据《宋志》青州刺史太原太守山茌令条："孝武孝建元年，度济北。"则孝建元年山茌县来属。

（六）东燕郡(421—422)——治燕(今河南延津县东)

按：据《通鉴》卷119："(景平元年四月)奚斤等悉定司、兖、豫诸郡县，置守宰以抚之。"胡三省注云："是时司州之地尽入于魏。兖州之地自湖陆以南，豫州之地自项城以南，皆为宋守，魏未能悉定诸郡县也。"东燕郡毗邻濮阳，既处其地，当于此时沦没于魏。

1. 燕(421—422)
2. 白马(421—422)

（七）陈留郡(421—422)——治小黄(今河南开封市东北)

按：据《通鉴》卷119："(永初三年十月)陈留太守冯翊严稜诣(奚)斤降，魏以王玉为陈留太守，给兵守仓垣。"则陈留永初三年十月失守。

1. 小黄(421—422)
2. 雍丘(421—422)
3. 襄邑(421—422)
4. 尉氏(421—422)
5. 酸枣(421—422)
6. 长垣(421—422)

（八）东平郡(421—422，430—466)——治无盐(今山东东平县东)

按：据《通鉴》卷119："(景平元年四月)奚斤等悉定司、兖、豫诸郡县，置守宰以抚之。"胡三省注云："是时司州之地尽入于魏。兖州之地自湖陆以南，豫州之地自项城以南，皆为宋守，魏未能悉定诸郡县也。"东平郡地处胡陆之北，当于此时沦没于魏。《通鉴》卷121："(元嘉七年)到彦之自淮入泗，水渗，日行才十里。自四月至秋七月，始至须昌。乃泝河西上。魏主以河南四镇兵少，命诸军悉收众北渡……于是司、兖既平。"《宋志》兖州刺史有此实郡，则元嘉七年东平郡得复，又《通鉴》卷131："(泰始二年)十一月，壬子，魏师至瑕丘，(兖州刺史)(毕)众敬请降于魏，尉元遣部将先据其城，众敬悔恨，数日不食，元长驱而进。"则似东平郡于此后沦没。

1. 无盐(421—422，430—466)
2. 须昌(421—422)

按：《宋志》兖州刺史东平太守条云：须昌、平陆、寿张、范，"四县并治郡下"，则似于元嘉七年东平郡复置后未复此实土四县，而将须昌诸县侨置于郡治也。

3. 平陆(421—422)

4. 寿张(421—422)

5. 范(421—422)

(九)济阴郡(421—422)——治定陶(今山东定陶县)

按：据《通鉴》卷119："(景平元年四月)奚斤等悉定司、兖、豫诸郡县,置守宰以抚之。"胡三省注云："是时司州之地尽入于魏。兖州之地自湖陆以南,豫州之地自项城以南,皆为宋守,魏未能悉定诸郡县也。"济阴郡毗邻陈留,既处其地,当于此时沦没于魏。

1. 定陶(421—422)

2. 句阳(421—422)

3. 成武(421—422)

4. 冤句(421—422)

5. 单父(421—422)

6. 城阳(421—422)

7. 离狐(421—422)

(十)济阳郡(421—422)——治济阳(今河南兰考县东北堌镇)

按：据《通鉴》卷119："(景平元年四月)奚斤等悉定司、兖、豫诸郡县,置守宰以抚之。"胡三省注云："是时司州之地尽入于魏。兖州之地自湖陆以南,豫州之地自项城以南,皆为宋守,魏未能悉定诸郡县也。"济阳郡毗邻陈留、济阴,既处其地,当于此时沦没于魏。

1. 济阳(421—422)

2. 考城(421—422)

第十节　豫　州　沿　革

豫州(421—478),治寿阳(今安徽寿县)。据《宋志》南豫州刺史条："永初三年,分淮东为南豫州,治历阳;淮西为豫州。文帝元嘉七年〔合二豫州为一,十六年又分,二十二年又合,孝武大明三年〕又分。五年,割扬州之淮南、宣城又属焉。徙治姑孰。明帝泰始二年又合,而以淮南、宣城还扬州。九月又分,还治历阳。三年五月,又合。四年,以扬州之淮南、宣城为南豫州①,

---

① 钱大昕《廿二史考异》云："案帝纪,泰始五年,分豫州、扬州立南豫州。盖分豫州之历阳,扬州之淮南、宣城也。事见《庐江王祎传》。《志》失书历阳郡,又误以为四年事。"

治宣城①,五年罢。时自淮以西,悉没寇矣。七年,复分历阳、淮阴、南谯、南兖州之临江立南豫州。泰豫元年,以南汝阴度属豫州,豫州之庐江度属南豫州。按淮东自永初至于大明,便为南豫,虽乍有离合,而分立居多。爰自泰始甫失淮西,复于淮东分立两豫。今南豫以淮东为境,不复于此更列二州,览者按此以淮东为境,推寻便自得泰始两豫分域也。"又《宋志》豫州刺史条:"《永初郡国》,何、徐寄治睢阳,而郡县在淮西。"钱氏《考异》:"睢阳即寿阳也。晋末,侨立南梁郡于寿阳,并置睢阳县,后乃省寿阳入睢阳,名实之混淆如此。凡豫州属郡,言'去州水陆若干'者,皆据寿阳而言。"历阳郡永初三年(422)移属南豫州,元嘉七年(430)复属豫州,十六年又移南豫州,二十二年再复,大明三年(459)再移属南豫州,明帝泰始二年(466)复而又分,三年又复,七年又移南豫州。永初后置南陈左郡,景平中废,孝建二年(455)复。大明三年(459)庐江、马头、晋熙、弋阳、南左陈郡移属南豫州,泰始二年(466)来还。汝南、陈、南顿、颍川、谯、新蔡、梁郡泰始二年十二月失守,汝阳郡、汝阴郡泰始四年二月沦没。泰豫元年(472)庐江郡移属南豫州。宋末复置南左陈郡、边城左郡、光城左郡、安丰郡。新置初安、绥城二郡,后废。领实县侨郡二(大明八年之豫州政区见前图35)。

(一)汝南郡(421—466)——治悬瓠城(今河南汝南县)

按:据《宋书》卷29《符瑞志下》:"孝武帝大明七年三月辛巳,白鹊见汝南安阳,太守申令孙以献。"又《宋志》豫州刺史领有汝南太守,则至大明八年时仍有此郡,又据《通鉴》卷131:"(泰始二年十二月)西河公石至上蔡,常珍奇帅文武出迎。石欲顿军汝北,未即入(悬瓠)城。中书博士郑羲曰:'今珍奇虽来,意未可量,不如直入其城,夺其管钥,据有府库,制其腹心,策之全者也。'石遂策马入城,因置酒嬉戏。羲曰:'观珍奇之色甚不平,不可不为之备。'乃严兵设备。其夕,珍奇使人烧府屋,欲为变,以石有备而止。"则汝南郡泰始二年十二月失守也。东晋末领县十,刘宋分新息为南北二县,领县十一。

1. 上蔡(421—466)
2. 平舆(421—466)
3. 西平(421—466)
4. 郎陵(421—466)
5. 真阳(421—466)

---

① 《南齐志》上南豫州:"泰始二年治历阳,三年治宣城。"《宋志》治宣城在泰始四年。考《宋书·明帝纪》及《庐江王祎传》,治宣城事在泰始五年。

6. 安阳(421—466)

7. 北新息(421—466)

按：东晋末作"新息"，刘宋分置为南、北新息县。

8. 南新息(421—466)

9. 阳安(421—466)

10. 瞿阳(421—466)

11. 安成(421—466)

(二)汝阳郡(421—467)——治汝阳(今河南商水县西北)

按：据《通鉴》卷119条："(景平元年)十一月，魏周畿寇许昌，许昌溃，颍川太守李元德奔项，戊辰，魏人围汝阳，汝阳太守王公度亦奔项。"则似景平元年(423)汝阳郡失守。而《宋书》卷95《索虏传》："其年十一月，虏遣军并招集亡命，攻逼许昌城……虏又围汝阳，太守王公度将十余骑突围奔项城。虏又破邵陵县，残害二千余家，尽杀其男丁，驱略妇女一万二千口……虏掘破许昌城，又毁坏钟离城，以立疆界而还。"则其时魏军虽曾攻克诸县，然旋即退兵，并以许昌钟离为界，汝阳地在界南，仍属刘宋之境也。又《宋书》卷28《符瑞中》："文帝元嘉五年四月乙巳，白麂獐见汝阳武津，太守郑据获以献。"则元嘉五年时有此郡。又《宋志》豫州刺史领有汝阳太守，则至大明八年时仍有此郡。又《通鉴》卷132："(泰始)四年春正月己未，上祀南郊，大赦。魏汝阳司马赵怀仁帅众寇武津，豫州刺史刘勔遣龙骧将军申元德击破之，又斩魏于都公阕于拔于汝阳台东……(二月)辛丑，以前龙骧将军常珍奇为都督司·北豫二州诸军事、司州刺史。魏西河公石攻之，珍奇单骑奔寿阳。"则直至泰始四年正月汝阳仍为宋有，二月豫州刺史奔寿阳，汝阳似于此时失守。

1. 汝阳(421—467)

2. 武津(421—467)

(三)汝阴郡(421—467)——治汝阴(今安徽阜阳市)

按：据《通鉴》卷132："(泰始三年十二月)魏西河公石复攻汝阴，汝阴有备，无功而还……(泰始四年二月)辛丑，以前龙骧将军常珍奇为都督司·北豫二州诸军事司州刺史，魏西河公石攻之，珍奇单骑奔寿阳。"则直至泰始三年十二月汝阴仍为宋有，泰始四年二月豫州刺史奔寿阳，汝阴似于此时失守。

1. 汝阴(421—467)

2. 宋(421—467)

3. 安城(421—467)

4. **楼烦**

(四) 新蔡郡(421—466)——帖治悬瓠城①(今河南汝南县)

按：新蔡、汝南既两郡共治，而汝南郡泰始二年十二月失守，则新蔡郡当与之同没也。

1. 新蔡(421—466)
2. 鲖阳(421—466)
3. 固始(421—466)
4. 苞信(421—466)

(五) 陈郡(421—466)——治项城(今河南沈丘县)

按：据《通鉴》卷131："(泰始二年十二月)淮西七郡民多不愿属魏，连营南奔。魏遣建安王陆馛宣慰新附。民有陷军为奴婢者，馛悉免之，新民乃悦。"胡注云："淮西七郡：汝南、新蔡、汝阳、汝阴、陈郡、南顿、颍川。"又卷132："(泰始三年)二月，魏西河公石自悬瓠引兵攻汝阴太守张超，不克，退屯陈项。"胡注云："陈、项本二邑，时陈郡治项，因曰陈项。"则陈郡当是泰始二年十二月失守。东晋末领县五，入刘宋后陈县似省，永初后增置谷阳、长平二县，大明八年前省扶沟、阳夏二县，领县四。

1. 项城(421—466)
2. 西华(421—466)
3. 扶沟(421—464前)

按：东晋有此县，《宋志》陈郡太守无此县，且云："《永初郡国》有扶沟。"则其或于大明八年前省。

4. 阳夏(421—464前)

按：东晋有此县，《宋志》陈郡太守无此县，且云："《永初郡国》有……阳夏。"则其或于大明八年前省。

5. 谷阳(422后—466)

按：东晋末无此县，据《宋志》陈郡太守有谷阳县，且云："《永初郡国》……无谷阳、长平。"则其或于永初后所置。

---

① 吴应寿《东晋南朝的双头州郡》(《历史地理研究》第1辑，复旦大学出版社，1986年)略云：根据有关纪、传记载，此帖治之郡确系两郡同治，一人带两郡太守。如《宋书》殷琰、宗越等传中所载之汝南新蔡二郡可证。其中《殷琰传》云：泰始元年(465)，"汝南新蔡二郡太守周矜起义于悬瓠"。悬瓠城即汝南郡治，新蔡"帖治"汝南。此汝南新蔡二郡乃实土郡帖治实土郡。两实土郡同治，主要出于战守需要设置，故于边地冲要形胜之地，此新蔡郡帖治汝南郡上蔡县，而上蔡县治于历史上有名的悬瓠城(今河南汝南)，其地控带颍洛，当时视为淮泗屏蔽。又双头郡既为两郡同治，则两郡去州与去京都水陆道里应该相同，但《宋书·州郡志》所载则多仍按未帖治前原郡去州与去京都水陆道里记载，故不相同，如豫州之汝南、新蔡二郡即是。

6. 长平(422后—466)

按：东晋无此县，据《宋志》陈郡太守有长平县，且云："《永初郡国》……无谷阳、长平。"则其或于永初后所置。

(六)南顿郡(421—466)——帖治项城(今河南沈丘县)

按：陈、南顿既两郡共治，而陈郡泰始二年十二月失守，则南顿郡当与之同没也。

1. 南顿(421—466)

2. 和城(421—466)

(七)颍川郡(421—466)——治邵陵(今河南许昌市东)

按：据《通鉴》卷119："(景平元年三月)奚斤自虎牢将步骑三千攻颍川太守李元德等于许昌，元德等败走。魏以颍川人庾龙为颍川太守，戍许昌。"《宋书》卷95《索虏传》："(景平元年)其年十一月，虏遣军并招集亡命，攻逼许昌城……虏又围汝阳，太守王公度将十余骑突围奔项城。虏又破邵陵县，残害二千余家，尽杀其男丁，驱略妇女一万二千口……虏掘破许昌城，又毁坏钟离城，以立疆界而还。"则北魏所得乃许昌以北，唯有颍川之半，故《宋志》豫州刺史仍有实郡颍川且领邵陵、临颍二县也，二县地望正在许昌之南。又《通鉴》卷131："(泰始二年十二月)淮西七郡民多不愿属魏，连营南奔。魏遣建安王陆馛宣慰新附。民有陷军为奴婢者，馛悉免之，新民乃悦。"胡注云："淮西七郡：汝南、新蔡、汝阳、汝阴、陈郡、南顿、颍川。"则颍川郡当于泰始二年十二月失守。

1. 邵陵(421—466)

2. 临颍(421—466)

3. 长平(421—422)

4. 许昌(421—422)

5. 长社(421—422)

6. 鄢陵(421—422)

7. 新汲(421—422)

8. 颍阴(421—422)

9. 阳翟(421—422)

10. 曲阳

按：东晋无此县，据《宋志》豫州刺史颍川太守有此县，且云"《永初郡国》……无曲阳"，则曲阳当为刘宋所置侨县。

(八)谯郡(464前—466)——治乏考(约在今安徽蒙城县西北)

按：谯郡此前已没，而《宋志》豫州刺史领有谯郡太守，则似至迟于大明八年前谯郡复置,且移属豫州。泰始二年十二月淮西诸郡失守,谯郡似亦于此时陷没。

1. 蒙
2. 蕲(464前—466)
3. 宁陵(464前—466)
4. 魏
5. 襄邑(464前—466)
6. 长垣

(九)梁郡(464前—466)——治乏考(约在今安徽砀山县)

按:梁郡此前已没,而《宋志》豫州刺史领有梁郡太守,则似至迟于大明八年前谯郡复置,且移属豫州。泰始二年十二月淮西诸郡失守,梁郡似亦于此时陷没。

1. 下邑(464前—466)
2. 砀(464前—466)

(十)马头郡(421—458,466—472)——治马头城(今安徽怀远县南淮河南岸)

按:据《宋志》南豫州刺史条:"永初三年,分淮东为南豫州,治历阳;淮西为豫州。文帝元嘉七年〔合二豫州为一,十六年又分,二十二年又合,孝武大明三年〕又分。五年,割扬州之淮南、宣城又属焉。徙治姑孰。明帝泰始二年又合,而以淮南、宣城还扬州。"又《宋志》徐州刺史有马头太守云"属南豫州",而徐州刺史则云:"后废帝元徽元年,分南兖州之钟离、豫州之马头,又分秦郡之顿丘、梁郡之谷熟、历阳之酂,立新昌郡,置徐州,还治钟离。"则此侨州徐州乃元徽元年(473)所置,其时马头属豫州,则"属南豫州"之指或即是大明八年,如此,其大明三年移属南豫州,泰始二年来还。元徽元年移属徐州。

1. 虞

按:侨寄今安徽怀远县南淮河东岸马城镇。

2. 零

按:侨寄今安徽怀远县一带。

3. 济阳

按:侨寄今安徽怀远县一带。

(十一)晋熙郡(421—458,466—478)——治怀宁(今安徽潜山县)

按:据《宋志》南豫州刺史条:"永初三年,分淮东为南豫州,治历阳;淮西为豫州。文帝元嘉七年〔合二豫州为一,十六年又分,二十二年又合,孝武大明三年〕又分。五年,割扬州之淮南、宣城又属焉。徙治姑孰。明帝泰始二年又合,而以淮南、宣城还扬州。"又《宋志》南豫州刺史有晋熙太守,则其大明三年移属南豫州,泰始二年来还。

1. 怀宁(421—458,466—478)
2. 新冶(421—458,466—478)
3. 太湖左县(466—478)

按:东晋无此县,据《宋志》南豫州刺史晋熙太守条:"太湖左县长,文帝元嘉二十五年,以豫部蛮民立太湖、吕亭二县,属晋熙,后省,明帝泰始二年复立。"

4. 吕亭左县(466—478)

按:东晋无此县,据太湖左县所引《宋志》,泰始二年复立者,不仅太湖左县,还有吕亭左县,《南齐志》上南豫州庐江郡有"吕亭左县(建元二年,割晋熙属)",则刘宋时其属焉。

5. 太湖(448—?)

按:元嘉二十五年置,后省。

6. 吕亭(448—?)

按:元嘉二十五年置,后省。

7. 阴安

按:侨寄今安徽枞阳县北柳寺村附近。

8. 南楼烦

按:雁门郡有楼烦县,东晋刘宋时侨于广陵;此侨县盖宋末置,而为区别于侨立之楼烦县,故加"南"字。侨寄今安徽桐城、潜山、望江等市县一带。

(十二)庐江郡(421—458,466—471)——治舒(今安徽舒城县)

按:据《宋志》南豫州刺史条:"永初三年,分淮东为南豫州,治历阳;淮西为豫州。文帝元嘉七年〔合二豫州为一,十六年又分,二十二年又合,孝武大明三年〕又分。五年,割扬州之淮南、宣城又属焉。徙治姑孰。明帝泰始二年又合,而以淮南、宣城还扬州……泰豫元年,以南汝阴度属豫州,豫州之庐江度属南豫州。"又《宋志》南豫州刺史有庐江太守,则其大明三年移属南豫州,泰始二年来还,泰豫元年又移属南豫州。

1. 舒(421—458,466—471)
2. 灊(421—458,466—471)
3. 始新左县(448—458,466,467—471 始新)

按：东晋无此县，胡阿祥《南朝宁蛮府、左郡左县、俚郡僚郡述论》①谓："始新左县，置于元嘉二十年后，疑即元嘉二十五年所置。泰始三年改为始新县。"

（十三）弋阳郡（421—458，466—478）——治弋阳（今河南潢川县西）

按：据《宋志》南豫州刺史条："永初三年，分淮东为南豫州，治历阳；淮西为豫州。文帝元嘉七年〔合二豫州为一，十六年又分，二十二年又合，孝武大明三年〕又分。五年，割扬州之淮南、宣城又属焉。徙治姑孰。明帝泰始二年又合，而以淮南、宣城还扬州。"又《宋志》南豫州刺史有弋阳太守，则其大明三年移属南豫州，泰始二年来还。东晋末领县六，入宋后轪、蓼二县似废，元嘉二十五年新置茹由等七县，宋末时安丰、松滋移属安丰郡。

1. 弋阳（421—458，466—478）
2. 期思（421—458，466—478）
3. 安丰（421—458，466—478 前）
4. 松滋（421—458，466—478 前）
5. 茹由（448—458，466—478）

按：西晋无此县，据《宋志》南豫州刺史弋阳太守条："乐安令，新立。"又《宋志》南豫州刺史边城左郡太守条："文帝元嘉二十五年，以豫部蛮民立茹由、乐安、光城、零娄、史水、开化、边城七县。"则元嘉二十五年新置此七县。

6. 乐安（448—458，466—478）

按：西晋无此县，元嘉二十五年新置。

7. 光城（448—458，466—478）

按：西晋无此县，元嘉二十五年新置。

8. 零娄（448—458，466—478）

按：西晋无此县，元嘉二十五年新置。

9. 史水（448—458，466—478）

按：西晋无此县，元嘉二十五年新置。

10. 开化（448—458，466—478）

按：西晋无此县，元嘉二十五年新置。

11. 边城（448—458，466—478）

按：西晋无此县，元嘉二十五年新置。

---

① 载《历史地理》第 13 辑，上海人民出版社，1996 年。

（十四）历阳郡(421,430—438,445—458,467—470)——治历阳（今安徽和县）

按：据《宋志》南豫州刺史条："永初三年，分淮东为南豫州，治历阳。"其时历阳郡移属南豫州也。又云"文帝元嘉七年〔合二豫州为一，十六年又分，二十二年又合，孝武大明三年〕又分。五年，割扬州之淮南、宣城又属焉。徙治姑孰。明帝泰始二年又合，而以淮南、宣城还扬州。九月又分，还治历阳。三年五月，又合。四年，以扬州之淮南、宣城为南豫州①，治宣城②，五年罢。时自淮以西，悉没寇矣。七年，复分历阳、淮阴、南谯、南兖州之临江立南豫州。"则历阳郡元嘉七年复属豫州，十六年又移南豫州，二十二年再复，大明三年再移属南豫州，明帝泰始二年复而又度，三年又复，七年又移南豫州。

1. 历阳(421,430—438,445—458,467—471)

2. 乌江(421,430—438,445—458,467—471前)

按：据南兖州临江郡乌江县考证，乌江县泰始七年前移属临江郡。

3. 龙亢

按：侨寄今安徽含山县南。

4. 雍丘

按：原属秦郡，据《宋志》南豫州刺史历阳太守雍丘令条："文帝元嘉八年度。"则其元嘉八年度属。

5. 酂

按：原属谯郡，据《宋志》南豫州刺史历阳太守酂令条："文帝元嘉八年度。"则其元嘉八年度属。

（十五）南陈左郡(421后—424?,455—458,478前—478)——治乏考

按：东晋无此郡，据《宋志》南豫州刺史南陈左郡太守条："少帝景平中省此郡，以宋民度属南梁、汝阴郡，而《永初郡国》无，未详。孝建二年以蛮户复立。分赤官左县为蓼城左县。领县二……大明八年，省郡，即名为县，属陈左县。"胡阿祥《南朝宁蛮府、左郡左县、俚郡僚郡述论》略谓：南陈左郡，宋永初中置，景平中省，以宋民度属南梁、南汝阴郡。孝建二年(455)以蛮户复立。领县二：赤官左县、蓼城左县（分赤官置）。大明八年省郡为南陈左县，属南豫侨州南汝阴郡。后复置郡，领二县同前。据此，则孝建二年复立此郡，领县二，大

---

① 钱大昕《廿二史考异》云："案帝纪，泰始五年，分豫州、扬州立南豫州。盖分豫州之历阳，扬州之淮南、宣城也。事见《庐江王祎传》。《志》失书历阳郡，又误以为四年事。"

② 《南齐志》上南豫州："泰始二年治历阳，三年治宣城。"《宋志》治宣城在泰始四年。考《宋书·明帝纪》及《庐江王祎传》，治宣城事在泰始五年。

明三年移属南豫州,宋末复立郡。

1. 赤官左县(455—458,478前—478)
2. 蓼城左县(455—458,478前—478)

(十六) 初安郡(443前—464前)——治乏考

按:东晋无此郡,据《宋志》豫州刺史条:"何又有初安、绥城二郡,初安领新怀、怀德二县,绥城领安昌、招远二县,并云新立。徐无,则是徐志前省也。"何志讫元嘉二十年,则此前新置二郡,徐志讫大明之末,"则是徐志前省也",谓初安、绥城二郡及所领四县大明末年前省。而据《魏书》卷106中《地形志》中,豫州初安郡领有新怀、怀德、安昌县,则初安、绥城二郡及所领四县地"宋末陷于魏"后,魏又复置初安郡及新怀、怀德、安昌三县。

1. 新怀(443前—464前)
2. 怀德(443前—464前)

(十七) 绥城郡(443前—464前)——治乏考

按:东晋无此郡,据初安郡考证所引《宋志》,元嘉二十年前新置,大明末年前省。

1. 安昌(443前—464前)
2. 招远(443前—464前)

(十八) 边城左郡(478前—478)——治乏考(约在今河南商城县东)

按:据南豫州边城左郡考证,宋末复立此郡。

1. 雩娄(478前—478)
2. 史水(478前—478)
3. 开化(478前—478)
4. 边城(478前—478)

(十九) 光城左郡(478前—478)——治地在今河南光山县

按:据南豫州光城左郡考证,宋末复立此郡。

1. 茹由(478前—478)
2. 乐安(478前—478)
3. 光城(478前—478)

(二十) 安丰郡(478前—478)——治安丰(今安徽寿县西南)

按:东晋末无此郡,据《宋志》南豫州刺史:"安丰太守,魏文帝分庐江立。江左侨立,晋安帝省为县,属弋阳,宋末复立。"此安丰郡与"江左侨立"的安丰郡非一郡。"江左侨立"的安丰郡,《宋志》二江州刺史寻阳太守松滋伯相云:"江左流民寓寻阳,侨立安丰、松滋二郡,遥隶扬州,安帝省为松滋县。"是安丰侨郡在寻阳界内,并于东晋安帝义熙土断时与松滋侨郡一起省为松滋县。此安丰郡,三国"魏文帝分庐江立",治安风(今安徽霍邱县西南);"晋安帝省为县,属弋阳",即上弋阳太守所领安丰令,治今安徽寿县西南;"宋末复立"的安丰郡,治安丰县(秦置安丰县,治今河南固始县东南,东晋安帝时废,"宋末复立"的安丰郡所治安丰县,即弋阳郡所领的安丰县)。然则《宋志》此条,将安丰侨郡、安丰实郡并叙一处,易致混淆,"江左侨立"四字当删,志文当作:"安丰太守,魏文帝分庐江立。晋安帝省为县,属弋阳。宋末复立。"

1. 安丰(478前—478)
2. 松滋(478前—478)

(二十一)南汝阴郡,侨寄合肥(今安徽合肥市西)

按:泰始五年来属,宋末诸实县复置南陈左郡。

1. 南陈左县(469—478前)

按:大明八年南陈左郡省立为此县。

2. 赤官左县(469—478前)
3. 蓼城左县(469—478前)
4. 汝阴
5. 慎
6. 宋
7. 阳夏
8. 安阳

(二十二)西阳郡,侨寄西阳(今湖北黄冈市东)

按:孝建元年移属郢州,泰始五年复,后又移属郢州。东晋末领实县二,其中邾县入宋后似省。又据《宋志》郢州刺史西阳太守蕲水左县条:"文帝元嘉二十五年,以豫部蛮民立建昌、南川、长风、赤亭、鲁亭、阳城、彭波、迁溪、东丘、东安、西安、南安、房田、希水、高坡、直水、蕲水、清石十八县,属西阳。孝武大明八年,赤亭、彭波并阳城,其余不详何时省。"则元嘉二十五年新置建昌等二十五左县,其中大部分左县随后旋废。

1. 西阳
2. 西陵(421—453,469—?)
3. 蕲水左县(448—453,469—?)
4. 东安(448—453,469—? 东安左县)

按:据《宋志》郢州刺史西阳太守条:"东安左县长,前废帝永光元年,复以西阳蕲水、直水、希水三屯为县。"胡阿祥《南朝宁蛮府、左郡左县、俚郡僚郡述论》:"东安左县,先为西阳郡东安县(元嘉二十五年以豫部蛮民立),后省。永光元年复以西阳郡蕲水、直水、希水三屯立东安左县。"

5. 希水左县(448—453,469—?)
6. 建宁左县(448—453,469—?)
7. 阳城左县(448—453,469—?)
8. 赤亭左县(448—453)
9. 彭波左县(448—453)
10. 义安
11. 孝宁
12. 弋阳
13. 蕲阳(469—?)

第十一节　南豫州所辖实郡沿革

据《宋志》南豫州刺史条:"永初三年,分淮东为南豫州,治历阳;淮西为豫州。文帝元嘉七年〔合二豫州为一,十六年又分,二十二年又合,孝武大明三年〕又分。五年,割扬州之淮南、宣城又属焉。徙治姑熟。明帝泰始二年又合,而以淮南、宣城还扬州。九月又分,还治历阳。三年五月,又合。四年,以扬州之淮南、宣城为南豫州①,治宣城②,五年罢。时自淮以西,悉没寇矣。七年,复分历阳、淮阴、南谯、南兖州之临江立南豫州。泰豫元年,以南汝阴度属豫州,豫州之庐江度属南豫州。按淮东自永初至于大明,便为南豫,虽乍有离合,而分立居多。爰自泰始甫失淮西,复于淮东分立两豫。今南豫以淮东为境,不复于此更列二州,览者按此以淮东为境,推寻便自得泰始两豫分域也。"而《宋志》南豫州所领诸实郡,乃为大明八年(464)时之情况,南豫州所领实郡情况于此时为最详也。永初三年(422),历阳郡来属。元嘉七年(430),历阳郡度属豫州,十六年又来属,二十二年再度属豫州。大明三年,历阳、义阳、庐江、马头、晋熙、弋阳、南陈左郡来属,其后新置边城左郡、光城左郡,五年宣城郡来属,八年南陈左郡、边城左郡、光城左郡见废(此年之政区见前图35)。泰始二年(466),庐江、马头、晋熙、弋阳诸郡度属豫州,宣城郡度属扬州;泰始三年,增置

---

① 钱大昕《廿二史考异》云:"案帝纪,泰始五年,分豫州、扬州立南豫州。盖分豫州之历阳,扬州之淮南、宣城也。事见《庐江王祎传》。《志》失书历阳郡,又误以为四年事。"
② 《南齐志》上南豫州:"泰始二年治历阳,三年治宣城。"《宋志》治宣城在泰始四年。考《宋书·明帝纪》及《庐江王祎传》,治宣城事在泰始五年。

宋安郡,后废,历阳郡又度属豫州,四年宣城郡又来属,五年义阳郡度属郢州,宣城郡度属扬州,七年历阳、临江郡来属;泰豫元年(472)庐江郡又来属。

(一)历阳郡(422—429,439—444,459—466,471—478)——治历阳(今安徽和县)

按:历阳郡永初三年来属,元嘉七年度属豫州,十六年又来属,二十二年再度属豫州,大明三年再来属,明帝泰始二年度而又来,三年又度属豫州,七年又来属。

1. 历阳(422—429,439—444,459—466,471—478)
2. 乌江(422—429,439—444,459—462,465—466)

按:据《宋志》南兖州刺史秦郡太守条:"怀德令,孝武大明五年立。又以历阳之乌江,并此为二县,立临江郡。前废帝永光元年,省临江郡。怀德即住郡治,乌江还本也。"《宋书·孝武帝纪》:大明七年二月,"割历阳、秦郡置临江郡"。则乌江县大明七年移属南兖州临江郡,永光元年(465)复还历阳郡。

3. 龙亢

按:侨寄今安徽含山县南。

4. 雍丘
5. 鄄

(二)庐江郡(459—465,472—478)——治舒(今安徽舒城县)

按:大明三年庐江郡来属,泰始二年度属豫州,泰豫元年又来属。

1. 舒(459—465,472—478)
2. 灊(459—465,472—478)
3. 始新左县(459—465,472—478 始新)

(三)马头郡(459—465)——治马头城(今安徽怀远县南淮河南岸)

按:据《宋志》南豫州刺史条:"永初三年,分淮东为南豫州,治历阳;淮西为豫州。文帝元嘉七年〔合二豫州为一,十六年又分,二十二年又合,孝武大明三年又分。五年,割扬州之淮南、宣城又属焉。徙治姑孰。"又《宋志》南豫州刺史有庐江太守,则其大明三年来属,泰始二年度属豫州。

1. 虞

按:侨寄今安徽怀远县南淮河东岸马城镇。

2. 零

按:侨寄今安徽怀远县一带。

3. 济阳

按:侨寄治今安徽怀远县一带。

(四) 晋熙郡(459—465)——治怀宁(今安徽潜山县)

按：晋熙郡大明三年来属，泰始二年还属豫州。

1. 怀宁(459—465)

2. 新冶(459—465)

3. <u>阴安</u>

按：侨寄今安徽枞阳县北柳寺村附近。

4. <u>南楼烦</u>

按：侨寄今安徽桐城、潜山、望江等市县一带。

(五) 弋阳郡(459—465)——治弋阳(今河南潢川县西)

按：其大明三年来属，泰始二年度属豫州。大明中乐安等七县分属边城左郡、光城左郡，八年复还。

1. 弋阳(459—465)

2. 期思(459—465)

3. 安丰(459—465)

4. 松滋(459—465)

5. 乐安(459—459后，464—465)

6. 茹由(459—459后，464—465)

7. 光城(459—459后，464—465)

8. 雩娄(459—459后，464—465)

9. 史水(459—459后，464—465)

10. 开化(459—459后，464—465)

11. 边城(459—459后，464—465)

(六) 边城左郡(459后—463)——治乏考(约在今河南商城县东)

按：东晋无此郡，据《宋志》南豫州刺史边城左郡太守条："文帝元嘉二十五年，以豫部蛮民立茹由、乐安、光城、雩娄、史水、开化、边城七县，属弋阳郡。徐志有边城郡，领雩娄、史水、开化、边城四县。大明八年复省为县，属弋阳，后复立。领县四。"胡阿祥《南朝宁蛮府、左郡左县、俚郡僚郡述论》略谓：宋元嘉二十五年，以豫部蛮民立茹由、乐安、光城、雩娄、史水、开化、边城七县，属弋阳郡。后分后四县建边城左郡(又分前三县建光城左郡)，大明八年省郡，还属弋阳。宋末以诸县复置边城左郡。

1. 雩娄(459后—463)

2. 史水(459后—463)

3. 开化(459后—463)

4. 边城(459后—463)

(七) 光城左郡(459后—463)——治乏考(约在今河南光山县)

按：东晋无此郡，据《宋志》南豫州刺史光城左郡太守："《永初郡国》、何、徐并无。按《起居注》，大明八年，省光城左郡为县属弋阳，疑是大明中分弋阳所立。八年复省，后复立。"胡阿祥《南朝宁蛮府、左郡左县、俚郡僚郡述论》略谓：宋大明中分弋阳郡茹由、乐安、光城三县立光城左郡。大明八年省，三县还属弋阳。宋末以诸县复置光城左郡。

1. 茹由(459后—463)

2. 乐安(459后—463)

3. 光城(459后—463)

(八) 宣城郡(461—465,468)——治宛陵(今安徽宣州市)

按：大明五年宣城郡来属，泰始二年复还扬州，四年再属，五年又复归扬州。

1. 宛陵(461—465,468)

2. 宣城(461—465,468)

3. 广阳(461—465,468)

4. 安吴(461—465,468)

5. 临城(461—465,468)

6. 石城(461—465,468)

7. 泾(461—465,468)

8. 广德(461—465,468)

9. 宁国(461—465,468)

10. 怀安(461—465,468)

(九) 义阳郡(459—468)——治平阳(今河南信阳市)

按：东晋义阳郡属荆州，据《宋志》司州刺史义阳太守条："《太康地志》、《永初郡国》、何志并属荆州，徐则南豫也。明帝泰始五年，度郢州。"又大明三年分置南豫州，义阳郡或于此时来属，泰始五年度属郢州。

1. 平阳(459—468)

2. 义阳(459—468)

3. 鄳(459—468)

4. 钟武(459—468)

5. 宝城(459—468)

6. 平春(459—468)

7. 宋安(464—466)

按：东晋无此县，据《宋志》司州刺史义阳太守环水长："宋安，本县名，孝武大明八年，省义阳郡所统东随二左郡立为宋安县，属义阳。明帝立为郡。"又《宋志》司州刺史义阳太守环水长："《永初郡国》、何、徐并无，明帝泰始三年，度属宋安郡，后省宋安，还此。"泰始三年移属宋安郡。

8. 环水(467前—466)

按：东晋无此县，据宋安县考证所引《宋志》，则其至迟置于泰始三年前，泰始三年移属宋安郡。

（十）南陈左郡(459—463)——治乏考

按：东晋无此郡，据《宋志》南豫州刺史南陈左郡太守条："少帝景平中省此郡，以宋民度属南梁、汝阴郡，而《永初郡国》无，未详。孝建二年以蛮户复立。分赤官左县为蓼城左县。领县二……大明八年，省郡，即名为县，属陈左县。"胡阿祥《南朝宁蛮府、左郡左县、俚郡僚郡述论》略谓：南陈左郡，宋永初中置，景平中省，以宋民度属南梁、南汝阴郡。孝建二年(455)以蛮户复立。领县二：赤官左县、蓼城左县(分赤官置)。大明八年省郡为南陈左县，属南汝阴郡。后复置郡，领二县同前。据此，则孝建二年复立此郡，领县二，大明三年来属，大明八年郡废，诸县移属侨郡南汝阴郡。

1. 赤官左县(459—463)
2. 蓼城左县(459—463)

（十一）宋安郡(467—?)——治乏考

按：东晋无此郡，据《宋志》司州刺史义阳太守环水长："《永初郡国》、何、徐并无，明帝泰始三年，度属宋安郡，后省宋安，还此。"则似泰始三年增置宋安郡，后省。

1. 宋安(467—?)
2. 环水(467—?)

（十二）南汝阴郡，侨寄合肥(今安徽合肥市西)

按：大明八年南陈左郡见废，诸实县来属。泰始五年移属豫州。

1. 南陈左县(464—468)

按：大明八年南陈左郡省立为此县。

2. 赤官左县(464—468)
3. 蓼城左县(464—468)
4. 汝阴
5. 慎
6. 宋

7. 阳夏

8. 安阳

(十三) 淮南郡,侨寄江南,后割于湖(今安徽当涂县)为境

按:大明五年淮南侨郡来属,泰始二年复还扬州,四年再属,五年又复归扬州。

1. 于湖(461—465,468)

2. 襄垣

按:侨寄芜湖。

3. 当涂

按:侨于江南,后分于湖为境,今安徽南陵东南。

4. 繁昌

按:侨寄春谷(安徽繁昌)东北。

5. 定陵

按:侨寄芜湖界,今安徽青阳东北。

6. 逡道

按:侨寄芜湖界,今安徽宣州市境。

(十四) 临江郡(471—478)——治乌江(今安徽和县西北)

按:临江郡本属南兖州。《宋志》二南豫州刺史条:"(泰始)七年,复分历阳、淮阴、南谯、南兖州之临江立南豫州。"则泰始七年,临江郡来属。

1. 乌江(471—478)

2. 怀德(471—478)

第十二节 青州沿革

青州(421—468),先治东阳城(今山东青州市),后移历城,复移东阳城。东晋末称北青州,据《宋志》青州刺史:"后省南青州,而北青州直曰青州。"则其后改称青州。青州原治东阳城,孝建三年(456)移治历城[1],大明八年(464)还

---

[1] 《宋志》青州刺史条云:"孝武孝建二年,移治历城,大明八年,还治东阳。"胡阿祥《东晋南朝双头州郡考论》(《中国历史地理论丛》1989年第2辑)谓:青冀二州,冀州为侨州,割成实土,治历城,青州实土州,宋孝建三年至大明八年,青州帖治历城,垣护之曾领二州刺史。青州移治历城,《宋书·州郡志》青州刺史条作孝建二年,《宋书·自序》作孝建元年,《宋书·垣护之传》及《资治通鉴》皆作孝建三年。按当以孝建三年为是。据《宋书·孝武帝纪》,孝建二年十一月以垣护之为青、冀二州刺史,次年五月,"木连理生北海都昌",垣护之以闻(《宋书·符瑞志》)。考"北海都昌",寄治青州东阳城,北海郡且常与齐郡(青州治)共一太守,合为双头郡(详《宋书·崔道固传》、《宋书·自序》、《南齐书·刘善明传》),可见孝建三年五月时,青州尚未移治历城。

治东阳(此年之政区见前图36)。泰始四年(468)高密、北海、平昌、长广、东莱五郡移属东青州,泰始五年正月青州之地皆没。

(一) 齐郡(421—468)——治临淄(今山东淄博市东北)

按:据《通鉴》卷132:"(泰始)五年春正月,癸亥,上耕籍田,大赦。沈文秀守东阳,魏人围之三年,外无救援,士卒昼夜拒战,甲胄生虮虱,无离叛之志。乙丑,魏人拔东阳……于是青、冀之地尽入于魏矣。"则泰始五年正月齐郡失守。东晋末领县七,《宋志》青州刺史齐郡太守领县同。

1. 临淄(421—468)
2. 西安(421—468)
3. 安平①(421—468)
4. 般阳(421—468)
5. 广饶(421—468)
6. 昌国(421—468)
7. 益都(421—468)

(二) 济南郡(421—468)——治历城(今山东济南市)

按:泰始五年青冀之地尽入于魏,济南郡似亦于此时失守。东晋末领县五,永初时新置逢陵县,祝阿、于陵见废,大明八年前新置土鼓、朝阳二县,领县六。

1. 历城(421—468)
2. 著(421—468)
3. 平陵②(421—468)
4. 祝阿(421—422)

按:《宋志》青州刺史济南太守无此县,乃其云:"《永初郡国》济南又有祝阿、於陵县,而无朝阳、平陵二县。"则其永初时废。

5. 于陵(421—422)

按:《宋志》青州刺史济南太守无此县,据祝阿县所引,则其永初时废。

6. 土鼓(464前—468)

按:东晋无此县,为刘宋新置。

7. 朝阳(464前—468)

按:东晋无此县,为刘宋新置。

---

① 东晋作"东安平",《宋志》作"安平"。
② 东晋作"东平陵",《宋志》作"平陵"。

8. 逢陵(422前—468)

安：东晋无此县,据《宋志》青州刺史济南太守条:"二汉、晋无,《永初郡国》、何、徐有。"则其永初时置。

(三) 乐安郡(421—468)——治千乘(今山东广饶县北)

按：泰始五年青冀之地尽入于魏,乐安郡似亦于此时失守。东晋末领县三,《宋志》青州刺史乐安太守领县同。

1. 千乘(421—468)
2. 临济(421—468)
3. 博昌(421—468)

(四) 东莱郡(421—467)——治掖(今山东莱州市)

按：泰始四年移属东青州。东晋末领县八,其中东牟县,据《寰宇记》卷20《河南道二十》登州文登县条:"东牟故城,在县西北十里,汉东牟县地,属东莱郡。有铁官、盐官。高后六年封齐悼惠王子兴居为侯。至宋省。"则刘宋时省,所余七县与《宋志》青州刺史东莱太守所领同。

1. 曲城(421—467)
2. 掖(421—467)
3. 㡉(421—467)
4. 卢乡(421—467)
5. 当利(421—467)
6. 牟平(421—467)
7. 黄(421—467)

(五) 高密郡(421—454后,464前—467)——治黔陬(今山东胶州市西南黔陬东)

按：据《宋志》青州刺史高密太守条:"宋孝武并北海。"则孝武帝时高密郡一度并入北海,大明八年前又复,泰始四年移属东青州。东晋末领县六,《宋志》青州刺史高密太守领县同。

1. 黔陬(421—454后,464前—467)
2. 淳于(421—454后,464前—467)
3. 高密(421—454后,464前—467)
4. 夷安(421—454后,464前—467)
5. 营陵(421—454后,464前—467)
6. 昌安(421—454后,464前—467)

（六）平昌郡(421—467)——治安丘(今山东安丘市西南)

按：泰始四年移属东青州。东晋末领县五，《宋志》青州刺史平昌太守领县同。

1. 安丘(421—467)
2. 平昌(421—467)
3. 东武(421—467)
4. 琅邪(421—467)
5. 朱虚(421—467)

（七）长广郡(421—467)——治不其(今山东青岛市北)

按：泰始四年移属东青州。东晋末领县四，《宋志》青州刺史长广太守领县同。

1. 不其(421—467)
2. 长广(421—467)
3. 昌阳(421—467)
4. 挺(421—467)

（八）北海郡，寄治东阳城(今山东青州市)

按：据《宋志》青州刺史北海太守条"寄治州下"，又都昌令，"汉旧县。寄治州下，余依本治"。据此，北海郡及都昌县寄治东阳。此"寄治州下"，或以为寄治郁洲，误。考《宋志》二青州九郡四十六县皆青州侨置郁洲前之"旧州领"，北海郡、都昌县在此九郡四十六县内；且《宋志》北海郡及都昌县外，郡所领另五县"依本治"，细揣文意，"依本治"者，所叙为大明时情况，则北海郡、都昌县"寄治州下"亦应为大明时情况。北海郡侨郁洲，据《宋志》二青州刺史："明帝失淮北，于郁洲侨立青州，立齐、北海、西海郡。"又《南齐志》上青州："郁州在海中……后为齐郡治。建元初，徙齐郡治瓜步，以北海治齐郡故治，州治如旧。"泰始四年移属东青州。东晋末北海实郡领县六，入宋后除都昌侨寄州治外，另外五县与《宋志》青州刺史北海太守所领同，又孝武帝时高密郡六县来属，大明八年前复归高密。

1. 都昌

按：侨寄东阳城。

2. 下密(421—467)
3. 胶东(421—467)
4. 即墨(421—467)
5. 剧(421—467)

6. 平寿(421—467)

7. 黔陬(454 后—464 前)

8. 淳于(454 后—464 前)

9. 高密(454 后—464 前)

10. 夷安(454 后—464 前)

11. 营陵(454 后—464 前)

12. 昌安(454 后—464 前)

(九)太原郡,侨寄升城(今山东长清区西南)

按:据《宋志》青州刺史太原太守条:"文帝元嘉十年,割济南、泰山立。"则太原侨郡元嘉十年(433)置,泰始五年正月失守。

1. 太原

按:侨寄升城。

2. 祝阿(433—468)

按:则此实县元嘉十年复置。

3. 山茌(433—453)

按:据《宋志》青州刺史太原太守条:"山茌令,汉旧县,属泰山。孝武孝建元年,度济北。"则此实县元嘉十年来属,孝建元年移属济北郡。

第十三节 东青州沿革

东青州(468),治乏考。周一良《魏晋南北朝札记》之"《宋书》札记·州郡志诸问题":"志于青州下叙南北青州,而不及东青州。盖如序中所云,'大较以大明八年(464)为正'也。据明帝纪,太始四年(468)八月辛卯,分青州置东青州,以辅国将军沈文靖为东青州刺史。卷八八沈文秀传,以文靖统高密、北海、平昌、长广、东莱五郡军事,海道救青州。"又《通鉴》卷132:"(泰始四年八月)辛卯分青州置东青州,以文静为刺史",则泰始四年(468)分高密等五郡置东青州。泰始五年正月青冀之地皆没于魏,诸郡皆没。

(一)高密郡(468)——治黔陬(今山东胶州市西南黔陬东)

按:泰始四年来属,泰始五年失守。

1. 黔陬(468)

2. 淳于(468)

3. 高密(468)

4. 夷安(468)

5. 营陵(468)

6. 昌安(468)

(二) 平昌郡(468)——治安丘(今山东安丘市西南)

按：泰始四年来属，泰始五年失守。

1. 安丘(468)

2. 平昌(468)

3. 东武(468)

4. 琅邪(468)

5. 朱虚(468)

(三) 北海郡，寄治东阳城(今山东青州市)

按：泰始四年来属，泰始五年失守。

1. 都昌

按：侨寄东阳城。

2. 下密(468)

3. 胶东(468)

4. 即墨(468)

5. 剧(468)

6. 平寿(468)

(四) 东莱郡(468)——治掖(今山东莱州市)

按：泰始四年来属，泰始五年失守。

1. 掖(468)

2. 曲城(468)

3. 㡉(468)

4. 卢乡(468)

5. 当利(468)

6. 牟平(468)

7. 黄(468)

(五) 长广郡(468)——治不其(今山东青岛市北)

按：泰始四年来属，泰始五年失守。

1. 不其(468)

2. 长广(468)

3. 昌阳(468)

4. 挺(468)

第十四节 司 州 沿 革

司州(421—422),治乏考。据《通鉴》卷119:"(景平元年四月)奚斤等悉定司、兖、豫诸郡县,置守宰以抚之。"胡三省注云:"是时司州之地尽入于魏。"至此,司州之地皆没。元嘉七年(430)宋军不战而尽复司州故地,旋又皆没。

(一)河南郡(421—422)——治洛阳(今河南洛阳市东北)

按:据《通鉴》卷119:"(景平元年四月)奚斤等悉定司、兖、豫诸郡县,置守宰以抚之。魏主命周几镇河南,河南人安之。"则景平元年(423)河南失守。

1. 洛阳(421—422)
2. 河南(421—422)
3. 巩(421—422)
4. 缑氏(421—422)
5. 新城(421—422)
6. 梁(421—422)
7. 河阴(421—422)
8. 陆浑(421—422)
9. 东垣(421—422)
10. 新安(421—422)
11. 西东垣(421—422)

(二)荥阳郡(421—422)——治荥阳(今河南荥阳市东北)

按:据本州考证,景平元年荥阳郡失守。

1. 荥阳(421—422)
2. 京(421—422)
3. 密(421—422)
4. 卷(421—422)
5. 阳武(421—422)
6. 苑陵(421—422)
7. 中牟(421—422)
8. 开封(421—422)
9. 成皋(421—422)

(三)弘农郡(421—422)——治弘农(今河南灵宝市北)

按:据本州考证,景平元年荥阳郡失守。

1. 弘农(421—422)
2. 陕(421—422)
3. 宜阳(421—422)
4. 黾池(421—422)
5. 卢氏(421—422)
6. 华阴(421—422)
7. 曲阳

第十五节 荆州沿革

荆州(421—478),治江陵(今湖北江陵县)。东晋末领实郡二十六,又领实县侨郡一。永初三年(422)临贺、桂阳、始兴、始安、长沙、衡阳、零陵、湘东、营阳、邵陵诸郡国移属湘州,元嘉八年(431)十二月来还,十六年正月再属湘州,十一年汶阳郡来属,二十六年南阳、顺阳、新野、襄阳四郡移属侨州雍州,二十九年桂阳、长沙、衡阳、零陵、湘东、营阳、邵陵诸郡国再还,三十年又属湘州,又二十九年巴陵郡来属。孝建元年(454)巴陵、江夏、随、武陵、天门、竟陵移属郢州。大明三年(459)义阳郡移属侨州南豫州(大明八年之荆州政区见图38)。泰始三年(467)天门郡复属。

(一)南郡(421—478)——治江陵(今湖北江陵县)

按:据《宋志》南郡太守条:"宋初领县九,后州陵、监利度属巴陵;旌阳文帝元嘉十八年省并枝江。二汉无旌阳,见《晋太康地志》,疑是吴所立。凡余六县。"所余六县分别为:江陵、华容、当阳、临沮、编、枝江,则晋末宋初南郡领县九:江陵、华容、当阳、临沮、编、枝江、州陵、监利、旌阳,元嘉十八年旌阳省并枝江,孝建元年州陵、监利移属郢州巴陵郡,领县六。

1. 江陵(421—478)
2. 华容(421—478)
3. 当阳(421—478)
4. 临沮(421—478)
5. 编(421—478)
6. 枝江(421—478)
7. 州陵(421—453)

按:孝建元年移属郢州巴陵郡。

第六编·第一章 南朝宋实州郡县沿革 959

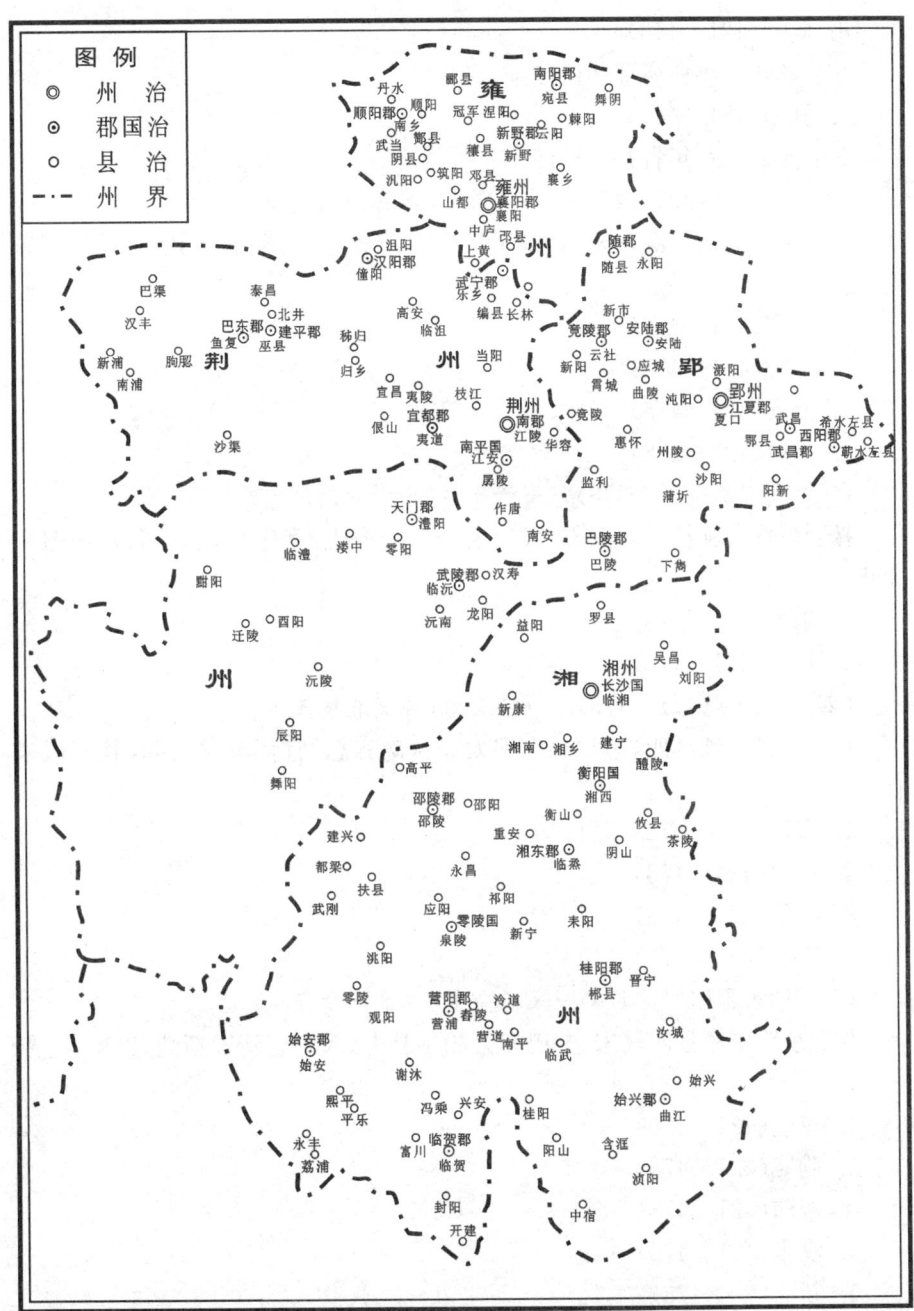

图38 大明八年(464)南朝宋荆州、郢州、湘州、雍州政区

8. 监利(421—453)

按：孝建元年移属郢州巴陵郡。

9. 旌阳(421—440)

按：元嘉十八年省并入枝江。

(二) 南平国(421—478)——治江安(今湖北公安县西北)

按：东晋末领县四，《宋志》南平太守、《南齐志》南平郡领县同，其间似未变化。

1. 江安(421—478)
2. 孱陵(421—478)
3. 南安(421—478)
4. 作唐(421—478)

(三) 武宁郡(421—478)——治乐乡(今湖北荆门市北)

按：东晋末领县二，《宋志》武宁太守、《南齐志》武宁郡领县同，其间似未变化。

1. 乐乡(421—478)
2. 长林(421—478)

(四) 宜都郡(421—478)——治夷道(今湖北枝江市)

按：东晋末领县四，《宋志》宜都太守、《南齐志》宜都郡领县同，其间似未有变化。

1. 夷道(421—478)
2. 佷山(421—478)
3. 夷陵(421—478)
4. 宜昌(421—478)

(五) 巴东郡(421—478)——治鱼复(今重庆奉节县)

按：东晋末领县四，《宋志》巴东公相领县七，入宋后新置新浦、巴渠、黾阳三县。

1. 鱼复(421—478)
2. 朐䏰(421—478)
3. 南浦(421—478)
4. 汉丰(421—478)
5. 新浦(？—478)

按：东晋无此县，据《宋志》荆州刺史巴东公相条："新浦令，何志新立。"则其为刘宋新置。

6. 巴渠(422后—478)

按：东晋无此县，据《宋志》荆州刺史巴东公相条："巴渠令，何志不注置立。"《永初郡国》无此县，则其永初后新置。

7. 鼋阳(422后—478)

按：东晋无此县，据《宋志》荆州刺史巴东公相条："鼋阳令，何志不注置立。"《永初郡国》无此县，则其永初后新置。

(六)建平郡(421—478)——治巫(今重庆市巫山县)

按：东晋末领县十四县。据《宋志》荆州刺史建平太守条领县七，且云"《永初郡国》有南陵、建始、信陵、兴山、永新、永宁、平乐七县，今并无。"则永初后此七县似废，建平郡领县七。

1. 巫(421—478)
2. 秭归(421—478)
3. 归乡(421—478)
4. 北井(421—478)
5. 泰昌(421—478)
6. 沙渠(421—478)
7. 新乡(421—478)
8. 南陵(421—422后)
9. 建始(421—422后)
10. 信陵(421—422后)
11. 兴山(421—422后)
12. 永新(421—422后)
13. 永宁(421—422后)
14. 平乐(421—422后)

(七)南阳郡(421—448)——治宛(今河南南阳市)

按：元嘉二十六年移属侨州雍州。东晋末领县十五，据《宋志》雍州刺史南阳太守条领县七，且云："《永初郡国》有比阳、鲁阳、赭阳、西鄂、犨、叶、雉、博望八县。何志无犨、雉。徐志无比阳、鲁阳、赭阳、西鄂、博望，而有叶，余并同。孝武大明元年，省叶县。"则永初时有比阳、鲁阳、赭阳、西鄂、犨、叶、雉、博望八县，何志讫元嘉二十年，则其时犨、雉二县已废。

1. 宛(421—448)
2. 比阳(421—448)
3. 鲁阳(421—448)

4. 堵阳(421—448)
5. 西鄂(421—448)
6. 犨(421—442前)
7. 雉(421—442前)
8. 叶(421—448)
9. 博望(421—448)
10. 涅阳(421—448)
11. 云阳(421—448)
12. 冠军(421—448)
13. 郦(421—448)
14. 舞阴(421—448)
15. 襄乡(421—448)

(八) 顺阳郡(421—448)——治南乡(今河南淅川县南)

按：元嘉二十六年移属侨州雍州。东晋末领县十一，据《宋志》雍州刺史顺阳太守条领县七，且云："《永初郡国》及何志有朝阳、武当、酂、阴、汎阳、筑(并别见)、析、脩阳(唯见《永初郡国》)。凡八县。徐志唯增朝阳。朝阳，孝武大明元年省。"则永初后析、脩阳并省，领县九。

1. 南乡(421—448)
2. 顺阳(421—448)
3. 丹水(421—448)
4. 武当(421—448)
5. 酂(421—448)
6. 阴(421—448)
7. 汎阳(421—448)
8. 筑阳(421—448)
9. 朝阳(421—448)
10. 析(421—422后)
11. 脩阳(421—422后)

(九) 义阳郡(421—458)——治平阳(今河南信阳市)

按：据《宋志》司州刺史义阳太守条："《太康地志》、《永初郡国》、何志并属荆州，徐则南豫也。明帝泰始五年，度郢州。"又大明三年分置南豫州，义阳郡或于此时移属，泰始五年度属郢州。东晋末领县二，其中厥西县，入刘宋后似省，永初时鄳县来属，增置钟武县，孝建三年增置义阳等三县,领县六。

1. 平阳(421—458)
2. 鄳(421—458)
3. 钟武(422前—458)

按:东晋无此县,据《宋志》司州刺史义阳太守钟武县条:"前汉属江夏,后汉、《晋太康地志》无,《永初郡国》属义阳。"则永初时增置钟武县。

4. 义阳(456—458)

按:东晋无此县,据《宋志》司州刺史义阳太守条:"义阳令,《晋太康地志》有,后省。孝武孝建三年,分平阳立。"则孝建三年增置此县。

5. 宝城(456—458)

按:东晋无此县,据《宋志》司州刺史义阳太守条:"宝城令,孝武孝建三年,分鄳立。"则孝建三年增置此县。

6. 平春(456—458)

按:东晋无此县,据《宋志》司州刺史义阳太守条:"平春令,孝武孝建三年,分平阳立。"则孝建三年增置此县。

(十)随郡(421—453)——治随(今湖北随州市)

按:据《宋志》司州刺史随阳太守条:"孝武孝建元年度属郢。"则孝建元年移属郢州。东晋末领县二,其中平林县,《宋志》随阳太守无,似宋初省。

随(421—453)

(十一)新野郡(421—448)——治新野(今河南新野县)

按:元嘉二十六年移属侨州雍州。

1. 新野(421—448)
2. 山都(421—448)
3. 穰(421—448)
4. 邓(421—448)
5. 蔡阳(421—448)
6. 棘阳(421—448)

(十二)襄阳郡(421—448)——治襄阳(今湖北襄樊市)

按:元嘉二十六年移属侨州雍州。

1. 襄阳(421—448)
2. 鄀(421—448)
3. 中庐(421—448)
4. 宜城(421—448)

5. 上黄(421—448)
6. 邔(421—448)

(十三) 江夏郡(421—453)——治安陆(今湖北云梦县)

按：孝建元年移属郢州。东晋末领实县六，宋初鄳县移属义阳郡，沙阳县来属，领实县六、侨县一。

1. 安陆(421—453)
2. 曲陵(421—453)
3. 沌阳(421—453)
4. 濄阳(421—453)
5. 惠怀(421—453)
6. 沙阳(421—438)

按：沙阳县东晋属武昌郡，据《宋志》郢州刺史巴陵太守条："文帝元嘉十六年，分长沙之巴陵、蒲圻、下雋，江夏之沙阳四县立。"则沙阳县宋初已移属江夏郡。

7. 汝南

(十四) 武陵郡(421—453)——治临沅(今湖南常德市)

按：孝建元年移属郢州。

1. 临沅(421—453)
2. 龙阳(421—453)
3. 汉寿(421—453)
4. 沅南(421—453)
5. 迁陵(421—453)
6. 舞阳(421—453)
7. 酉阳(421—453)
8. 黚阳(421—453)
9. 沅陵(421—453)
10. 辰阳(421—453)

(十五) 天门郡(421—453,467—478)——治澧阳(今湖南石门县)

按：孝建元年移属郢州，明帝泰始三年复旧。

1. 澧阳(421—453,467—478)
2. 临澧(421—453,467—478)
3. 零阳(421—453,467—478)
4. 溇中(421—453,467—478)

(十六)竟陵郡(421—453)——治云杜石城(今湖北钟祥市)

按:孝建元年移属郢州。

1. 云杜(421—453)
2. 竟陵(421—453)
3. 新市①(421—453)
4. 霄城(421—453)
5. 新阳(421—453)

(十七)临贺郡(421,432—438)——治临贺(今广西贺州市东南)

按:永初三年移属湘州,元嘉八年十二月来还,元嘉十六年正月再属湘州。东晋末领县六,入宋后新置宁新县,领县七。

1. 临贺(421,432—438)
2. 冯乘(421,432—438)
3. 富川(421,432—438)
4. 封阳(421,432—438)
5. 兴安(421,432—438)
6. 谢沐(421,432—438)
7. 宁新(421,432—438)

按:原属广州苍梧郡,《宋志》湘州刺史临庆内史有宁新县,此宁新似入宋后新置。

(十八)桂阳郡(421,432—438,452)——治郴(今湖南郴州市)

按:永初三年移属湘州,元嘉八年十二月来还,元嘉十六年正月再属湘州,元嘉二十九年再还,元嘉三十年又属湘州。

1. 郴(421,432—438,452)
2. 汝城(421,432—438,452)
3. 耒阳(421,432—438,452)
4. 南平(421,432—438,452)
5. 临武(421,432—438,452)
6. 晋宁(421,432—438,452)

(十九)始兴郡(421,432—438)——治曲江(今广东韶关市东南)

按:永初三年移属湘州,元嘉八年十二月来还,元嘉十六年正月再属湘州。

---

① 东晋时作"南新市",《宋志》作"新市"。

1. 曲江(421,432—438)
2. 桂阳(421,432—438)
3. 含洭(421,432—438)
4. 浈阳(421,432—438)
5. 中宿(421,432—438)
6. 始兴(421,432—438)
7. 阳山(421,432—438)

(二十) 始安郡(421,432—438)——治始安(今广西桂林市)

按：永初三年移属湘州，元嘉八年十二月来还，元嘉十六年正月再属湘州。

1. 始安(421,432—438)
2. 荔浦(421,432—438)
3. 平乐(421,432—438)
4. 熙平(421,432—438)
5. 永丰(421,432—438)

(二十一) 长沙国(421,432—438,452)——治临湘(今湖南长沙市)

按：永初三年移属湘州，元嘉八年十二月来还，元嘉十六年正月再属湘州，元嘉二十九年再还，元嘉三十年又属湘州。东晋末领县十，元嘉十六年长沙郡移属湘州时，蒲圻等三县移属巴陵郡，领县七。

1. 临湘(421,432—438,452)
2. 攸(421,432—438,452)
3. 建宁(421,432—438,452)
4. 醴陵(421,432—438,452)
5. 罗(421,432—438,452)
6. 吴昌(421,432—438,452)
7. 刘阳[①](421,432—438,452)
8. 蒲圻(421,432—438)

按：元嘉十六年移属湘州巴陵郡。

9. 下隽(421,432—438)

---

① 《宋志》作"浏阳"，今检长沙走马楼吴简"刚佐刘阳区文年卅见"(简5977)、"人刘阳县还价人李绶米卅四斛"(简6718)、"鑢佐刘阳丁光年卅三见"(简6759)，均作"刘阳"。吴增仅《三国郡县表》卷8引吴谷朗碑以为"刘"旁无水字，《晋志》亦作"刘阳"，均是。《宋志》"浏阳"当为"刘阳"之讹。

按：元嘉十六年移属湘州巴陵郡。

10. 巴陵(421,432—438)

按：元嘉十六年移属湘州巴陵郡。

(二十二) 衡阳国(421,432—438,452)——治湘西(今湖南株洲县西南)

按：永初三年移属湘州,元嘉八年十二月来还,元嘉十六年正月再属湘州,元嘉二十九年再还,元嘉三十年又属湘州。东晋末领县八,其中连道县,似入宋后见废。

1. 湘西(421,432—438,452)
2. 湘乡(421,432—438,452)
3. 益阳(421,432—438,452)
4. 新康(421,432—438,452)
5. 衡山(421,432—438,452)
6. 重安(421,432—438,452)
7. 湘南(421,432—438,452)

(二十三) 湘东郡(421,432—438,452)——治临烝(今湖南衡阳市)

按：永初三年移属湘州,元嘉八年十二月来还,元嘉十六年正月再属湘州,元嘉二十九年再还,元嘉三十年又属湘州。

1. 临烝(421,432—438,452)
2. 茶陵(421,432—438,452)
3. 新宁(421,432—438,452)
4. 阴山(421,432—438,452)

(二十四) 零陵国(421,432—438,452)——治泉陵(今湖南永州市)

按：永初三年移属湘州,元嘉八年十二月来还,元嘉十六年正月再属湘州,元嘉二十九年再还,元嘉三十年又属湘州。

1. 泉陵(421,432—438,452)
2. 祁阳(421,432—438,452)
3. 永昌(421,432—438,452)
4. 零陵(421,432—438,452)
5. 洮阳(421,432—438,452)
6. 观阳(421,432—438,452)
7. 应阳(421,432—438,452)

(二十五) 营阳郡(421,432—438,452)——治营浦(今湖南道县东)

按：永初三年移属湘州,元嘉八年十二月来还,元嘉十六年正月再属湘州,元嘉二十九年再还,元嘉三十年又属湘州。

   1. 营浦(421,432—438,452)
   2. 泠道(421,432—438,452)
   3. 舂陵(421,432—438,452)
   4. 营道(421,432—438,452)

(二十六) 邵陵郡(421,432—438,452)——治邵陵(今湖南邵阳市)

按:永初三年移属湘州,元嘉八年十二月来还,元嘉十六年正月再属湘州,元嘉二十九年再还,元嘉三十年又属湘州。

   1. 邵陵(421,432—438,452)
   2. 邵阳(421,432—438,452)
   3. 高平(421,432—438,452)
   4. 都梁(421,432—438,452)
   5. 扶(421,432—438,452)
   6. 建兴(421,432—438,452)
   7. 武刚(421,432—438,452)

(二十七) 巴陵郡(452—453)——治巴陵(今湖南岳阳市)

按:元嘉二十九年湘州废来属,孝建元年移属郢州。

   1. 巴陵(452—453)
   2. 蒲圻(452—453)
   3. 下雋(452—453)
   4. 沙阳(452—453)

(二十八) 汶阳郡(434—478)——治僮阳(今湖北保康县东南)

按:《宋志》荆州刺史条:"汶阳太守,何志新立。先属梁州,文帝元嘉十一年度。"则其元嘉十一年来属。

   1. 僮阳(434—478)
   2. 沮阳(434—478)
   3. 高安(434—478)
   4. 汶阳(434—464前)

按:据《宋志》荆州刺史汶阳太守:"宋初有四县,后省汶阳县。"则宋初增置此县,大明八年前废。

(二十九) 新蔡郡,侨寄黥布旧城(今湖北黄梅县西)

按:《南齐志》上豫州:"诸郡失土荒民数千无佃业,翼表移西阳、新蔡二郡荒民就陂田于寻阳。"按庾翼领荆州在成帝咸康六年(340)庾亮卒后;及孝武时,"因新蔡县人于汉九江王黥布旧城置南新蔡郡,属南豫州"(《晋志》上豫州)①。又《宋志》二江州刺史南新蔡太守:"江左立,领县四",即苞信、慎、宋、阳唐左县("孝武大明八年立"),又领实县一。有实土,其侨地,《通鉴》卷164胡《注》云:"沈约《宋志》,江州所部有南新蔡郡,不言侨置之地,但云去京都水行一千三百七十六里有余。以水程约言之,南新蔡郡当置于今蕲州界。《五代志》:蕲州黄梅县,旧曰永兴,隋开皇初改曰新蔡,盖因南新蔡郡以名县也。刘昫曰:黄梅县,宋分置新蔡郡。"

1. 蕲阳(421—463)

按:大明八年移属郢州侨郡西阳郡。

2. 慎

3. 宋

4. 苞信

第十六节 郢州沿革

郢州(454—478),治夏口(今湖北武汉市武昌)。东晋无此州,据《宋志》郢州刺史条:"孝武孝建元年,分荆州之江夏、竟陵、随、武陵、天门,湘州之巴陵,江州之武昌,豫州之西阳,又以南郡之州陵、监利二县度属巴陵,立郢州。天门后还荆。领郡六。"据此,孝建元年(454)郢州初置时领江夏等实郡七,又领实县侨郡一,此年又分江夏置安陆,领实郡八。后置安蛮、建宁左郡,大明八年(464)省(此年之政区见前图38)。永光元年(465)随郡度属侨州雍州,泰始初置安蛮左郡,泰始三年(467)天门郡还属荆州,五年义阳、随郡来属,西阳郡还属豫州,后复。元徽四年(476)安陆、随、义阳三郡移属侨州司州,宋末安蛮左郡见废,领实郡五,又领实县侨郡一。周一良《魏晋南北朝史札记》之"《宋书》札记·州郡志诸问题"条:"州郡志三记孝武孝建元年分荆州立郢州,治于夏口。当时江夏王义恭以为宜治巴陵,何尚之建议治夏口,具陈其形势云:'夏口在荆江之中,正对沔口,通接雍凉,实为津要。由来旧镇,根基不易。''镇在夏口,既有见城,浦大容舫。''诸郡至夏口,皆从流,并为便利。'遂从其议,见卷六

---

① 《晋志》"置南新蔡郡,属南豫州"者误。按晋世当称"新蔡郡",时又无南豫州。《考异》卷19晋书地理志上云:"晋世无'南豫'之名。宋武经略中原,以豫州镇寿阳,而遥领淮北诸实郡,豫犹未分。至永初受禅后,分淮东西为二,乃有南豫之称,此《志》亦误以宋人追称为晋时本号也。《宋志》江州有南新蔡,即是此郡。晋属豫州,至宋改属江州耳。"按晋世除江州刺史者,必亦督豫州之西阳、新蔡,此以实州理侨郡,非即属江州也。

六尚之本传。"胡阿祥《东晋南朝地方州镇略说》云：郢州之立，一则"分荆楚之势"（《南齐书·州郡志》），二则郢州"控带荆、湘，西注汉、沔"（《梁书·武帝纪》），当荆雍、江扬之间，"居上下之中，于事为便"（《南齐书·州郡志》），可以起到平衡东西的作用。郢州治夏口，何尚之具陈形势曰："夏口在荆、江之中，正对沔口，通接雍、凉，实为津要。由来旧镇，根基不易。"（《宋书·何尚之传》）

（一）江夏郡(454—478)——治夏口（今湖北武汉市武昌）

按：孝建元年来属。安陆、曲陵孝建元年移属安陆郡，沙阳、蒲圻来属，后又增置孝昌县。

1. 汝南
2. 惠怀(454—478)
3. 沌阳(454—478)
4. 㵐阳(454—478)
5. 孝昌(454后—478)

按：东晋无此县，据《宋志》郢州刺史江夏太守条："孝昌侯相，《永初郡国》、何志并无，徐志有，疑是孝武世所立。"则孝武时增置孝昌县。

6. 沙阳(454—478)

按：据《宋志》郢州刺史江夏太守条："沙阳男相……孝武孝建元年度江夏。"则其孝建元年来属。

7. 蒲圻(454—478)

按：按：据《宋志》郢州刺史江夏太守条："蒲圻男相……孝武孝建元年度江夏。"则其孝建元年来属。

（二）安陆郡(454—475)——治安陆（今湖北安陆市）

按：东晋无此郡，据《宋志》司州刺史："安陆太守，孝武孝建元年，分江夏立，属郢州，后废帝元徽四年度司州。"则其孝建元年分江夏置，元徽四年移属侨州司州。

1. 安陆(454—475)
2. 曲陵(454—469)

按：据《宋志》司州刺史安陆太守安陆公相条："（曲陵）明帝泰始六年，并安陆。"

3. 应城(?—475)

按：东晋无此县，《南齐志》安陆郡有应城县。《元和志》、《寰宇记》并云分安陆立。《宋书》卷54《孔季恭传》言：大明中"安陆应城县民张江陵"云云，则宋世安陆郡确有应城县。

4. 安蛮(454—?,464—465后)

按:东晋无此县,据《宋志》司州刺史安陆太守条:"徐志有安蛮县,《永初郡国》、何并无,当是何志后所立。寻为郡,孝武大明八年,省为县,属安陆;明帝泰始初,又立为左郡,宋末又省。"似孝建元年置安陆郡时新置安蛮县,寻为郡,大明八年复为安蛮县,泰始初又为郡,宋末郡废。

(三)竟陵郡(454—478)——治石城(今湖北钟祥市)

按:孝建元年来属。

1. 云杜(454—478)
2. 竟陵(454—478)
3. 新市(454—478)
4. 霄城(454—478)
5. 新阳(454—478)
6. 苌寿(470—478)

按:东晋无此县,据《宋志》郢州刺史竟陵太守条:"苌寿令,明帝泰始六年立。"则泰始六年增置此县。

(四)随郡(454—464,469—475)——治随(今湖北随州市)

按:据《宋志》司州刺史随阳太守条:"孝武孝建元年度属郢,前废帝永光元年度属雍,明帝泰始五年还属郢,改为随阳①,后废帝元徽四年,度属司州。"则孝建元年移属郢州,永光元年移属侨州雍州,泰始五年复来属,元徽四年移属侨州司州。

1. 随(454—464,469—475)
2. 永阳(464前—464,469—475)

按:东晋无此县,《宋志》司州刺史随阳太守有此县,则其至迟于大明八年前增置。

3. 阙西(?—475)

按:东晋无此县,《宋志》司州刺史随阳太守云"宋末新立",则宋末时增置阙西县。

4. 西平林(?—475)

按:东晋无此县,《宋志》司州刺史随阳太守云"宋末新立",则宋末时增置

---

① 洪颐煊《诸史考异》"随阳郡"条:"案《明帝纪》,泰始五年四月辛未,割雍州随郡属郢州,未尝改名随阳。《后废帝纪》,元徽四年九月丁亥,割郢州之随郡属司州。《顺帝纪》,昇明二年十二月甲子,改封南阳王翙为随郡王,改随郡。《志》误。"据《南齐志》下司州领有随郡,则随阳郡后又改回随郡。

西平林县。

（五）武陵郡（454—478）——治临沅（今湖南常德市）

按：孝建元年来属。

1. 临沅（454—478）
2. 龙阳（454—478）
3. 汉寿（454—478）
4. 沅南（454—478）
5. 迁陵（454—478）
6. 舞阳（454—478）
7. 酉阳（454—478）
8. 黚阳（454—478）
9. 沅陵（454—478）
10. 辰阳（454—478）

（六）天门郡（454—466）——治澧阳（今湖南石门县）

按：孝建元年来属，据《宋志》荆州刺史天门太守"明帝泰始三年复旧"，则泰始三年其复属荆州。

1. 澧阳（454—466）
2. 临澧（454—466）
3. 零阳（454—466）
4. 溇中（454—466）

（七）巴陵郡（454—478）——治巴陵（今湖南岳阳市）

按：孝建元年来属，据《宋志》郢州刺史巴陵太守："孝武孝建元年，割南郡之监利、州陵度江夏①，属郢州。二年，又度长宁之绥安属巴陵。"孝建元年监利、州陵二县来属，沙阳、蒲圻二县移属江夏郡，二年绥安县来属。

1. 巴陵（454—478）
2. 下隽（454—478）
3. 监利（454—478）
4. 州陵（454—478）
5. 绥安（455—467）

---

① 《成校》："案监利、州陵二县，历代未隶江夏郡。考本志郢州刺史下云，孝武孝建元年，又以南郡之州陵、监利二县度属巴陵，立郢州。据此，则'江夏'二字当为'巴陵'之误文，盖涉左方江夏而讹耳。"《孙考》："'度江夏'疑是'度巴陵'，当云以蒲圻沙阳度江夏，并脱。"

按：据《宋志》郢州刺史巴陵太守州陵侯相条："明帝泰始四年，以绥安县并州陵。"又《宋书》卷83《宗越传》："泰始四年，绥安县省。"则其泰始四年废。

（八）武昌郡（454—478）——治武昌（今湖北鄂州市鄂城区西）

按：孝建元年来属。

1. 武昌（454—478）
2. 鄂（454—478）
3. 阳新（454—478）

（九）义阳郡（469—475）——治平阳（今河南信阳市）

按：东晋义阳郡属荆州，据《宋志》司州刺史义阳太守条："《太康地志》、《永初郡国》、何志并属荆州，徐则南豫也。明帝泰始五年，度郢州。后废帝元徽四年，属司州。"则义阳郡泰始五年度属郢州，元徽四年移属侨州司州。

1. 平阳（469—475）
2. 义阳（469—475）
3. 鄳（469—475）
4. 钟武（469—475）
5. 宝城（469—475）
6. 平春（469—475）
7. 环水（？—475）

按：据《宋志》司州刺史义阳太守环水令："《永初郡国》、何、徐并无，明帝泰始三年，度属宋安郡，后省宋安，还此。"则宋安郡省废后，环水县复来属。

（十）西阳郡，侨寄西阳（今湖北黄州市黄州区东）

按：据《宋志》郢州刺史西阳太守条："宋孝武孝建元年，度郢州，明帝泰始五年，又度豫，后又还郢。《永初郡国》、何、徐并有弋阳县。"则西阳郡孝建元年来属①，泰始五年复属豫州，后又还属郢州。

1. 西阳
2. 西陵（454—468，？—478）
3. 蕲水左县（454—468，？—478）
4. 东安（454—？，465—468东安左县，？—478东安左县）

按：据《宋志》郢州刺史西阳太守条："东安左县长，前废帝永光元年，复以西阳蕲水、直水、希水三屯为县。"胡阿祥《南朝宁蛮府、左郡左县、俚郡僚郡述

---

① 《宋书》卷6《孝武帝纪》：大明二年"五月戊申，复西阳郡"。然则西阳郡孝建元年后曾暂废，大明二年似又复置。

论》:"东安左县,先为西阳郡东安县(元嘉二十五年以豫部蛮民立),后省。永光元年复以西阳郡蕲水、直水、希水三屯立东安左县。"

5. 希水左县(454—468,? —478)

6. 建宁左县(454—?,464—468,? —478)

按:据《宋志》郢州刺史西阳太守条:"建宁左县长,孝武大明八年省建宁左郡为县,属西阳。徐志有建宁县,当是此后为郡。"徐志讫大明之末,则孝建元年后、大明八年前以建宁左县为建宁左郡,大明八年复省为县。

7. 阳城左县(454—?,464—468,? —478)

按:据《宋志》郢州刺史西阳太守条:"阳城左县长,本属建宁左郡,孝武大明八年,省西阳之赤亭、阳城、彭波三县并建宁之阳城县,而以县属西阳。"则建宁左郡置后,阳城左县移属之,西阳侨郡又新置阳城左县,大明八年建宁左郡见废,所领阳城左县并西阳侨郡所领赤亭、彭波、阳城之地,属西阳侨郡。

8. 赤亭左县(454—463)

9. 彭波左县(454—463)

10. <u>义安</u>

11. <u>孝宁</u>

12. <u>弋阳</u>

13. 蕲阳(464—468,? —478)

按:据《宋志》郢州刺史西阳太守蕲阳条:"孝武大明八年,还西阳。"则其大明八年来属。

(十一) 建宁左郡(? —463)——治建宁左县(今湖北麻城市西南)

按:据《宋志》郢州刺史西阳太守条:"建宁左县长,孝武大明八年省建宁左郡为县,属西阳。徐志有建宁县,当是此后为郡。"徐志讫大明之末,则孝建元年后、大明八年前以建宁左县为建宁左郡,大明八年复省为县。胡阿祥《南朝宁蛮府、左郡左县、俚郡僚郡述论》:"建宁左郡,先为西阳郡建宁县(元嘉二十年后立),后立为建宁左郡,领有阳城左县(按非西阳郡之阳城县)。大明八年省郡为建宁左县,属西阳郡,阳城左县亦改属西阳郡。齐复置左郡,领建宁、阳城二县。"

1. 建宁左县(? —463)

2. 阳城左县(? —463)

(十二) 安蛮左郡(454后—463,465后—478前)——治乏考

按:东晋无此县,据《宋志》司州刺史安陆太守条:"徐志有安蛮县,《永初郡国》、何并无,当是何志后所立。寻为郡,孝武大明八年,省为县,属安陆,明

帝泰始初,又立为左郡,宋末又省。"似孝建元年置安陆郡时新置安蛮县,寻为郡,大明八年复为安蛮县,泰始初又为郡,宋末郡废。领县乏考。

第十七节 湘 州 沿 革

　　湘州(422—431,439—451,453—478),治临湘(今湖南长沙市)。西晋末无此州,据《宋志》湘州刺史条:"宋武帝永初三年又立,文帝元嘉八年省。十六年又立,二十九年又省。孝武孝建元年又立。"又《宋书》卷3《武帝纪下》:永初三年(422)二月,"又分荆州十郡还立湘州";则永初三年置湘州,其所领十郡为:长沙、衡阳、湘东、邵陵、零陵、营阳、桂阳、始安、始兴、临贺。又《宋书》卷5《文帝纪》:元嘉八年(431)十二月,"罢湘州还并荆州",十六年正月,"复分荆州置湘州",二十九年五月,"罢湘州并荆州";又《宋书》卷6《孝武帝纪》:元嘉三十年六月(按元嘉三十年四月孝武帝即位沿用元嘉年号,次年改元孝建)①,"以侍中南谯王世子恢为湘州刺史"。元嘉十六年增置巴陵郡,后移荆州,泰始六年(470)新置宋安郡,泰豫元年(472)废。文帝大明元年(457)前增置宋建郡,大明元年废(大明八年之湘州政区见前图38)。

　　(一) 长 沙 国(422—431,439—451,453—478)——治临湘(今湖南长沙市)

　　按:永初三年来属,元嘉八年十二月还属荆州,元嘉十六年正月再属,元嘉二十九年再还荆州,元嘉三十年又来属。东晋末领县十,元嘉十六年长沙国来属时,蒲圻等三县移属巴陵郡,领县七。

1. 临湘(422—431,439—451,453—478)
2. 攸(422—431,439—451,453—478)
3. 建宁(422—431,439—451,453—478)
4. 醴陵(422—431,439—451,453—478)
5. 罗(422—431,439—451,453—478)
6. 吴昌(422—431,439—451,453—478)

---

① 丁福林《校议》(上海古籍出版社,2002年):"《通鉴》卷一二七所载元嘉三十年闰月,'甲午,更以义宣为荆、湘二州刺史'之胡三省注:'……今按:是年四月元凶劭以营道侯义綦为湘州刺史,盖以义宣以荆州举义,欲分其军府耳。帝既即位,遂以义宣为荆、湘三州(今按:三州,应作二州)刺史。湘州之立,实在是年也。'今考之本书《孝武帝纪》亦有元嘉三十年六月,'丙辰,以侍中南谯王世子恢为湘州刺史'之记载,万斯同《宋方镇年表》即云元嘉三十年'四月,复立湘州'。皆足证此条之'孝武帝孝建元年又立'者,必误。"

7. 刘阳(422—431,439—451,453—478)

8. 蒲圻(422—431)

按：元嘉十六年移属巴陵郡。

9. 下隽(422—431)

按：元嘉十六年移属巴陵郡。

10. 巴陵(422—431)

按：元嘉十六年移属巴陵郡。

(二) 衡阳国(422—431,439—451,453—478)——治湘西(今湖南株洲县西南)

按：永初三年来属，元嘉八年十二月还属荆州，元嘉十六年正月再属，元嘉二十九年再还荆州，元嘉三十年又来属。

1. 湘西(422—431,439—451,453—478)

2. 湘乡(422—431,439—451,453—478)

3. 益阳(422—431,439—451,453—478)

4. 新康(422—431,439—451,453—478)

5. 衡山(422—431,439—451,453—478)

6. 重安(422—431,439—451,453—478)

7. 湘南(422—431,439—451,453—478)

(三) 湘东郡①(422—431,439—451,453—478)——治临烝(今湖南衡阳市)

按：永初三年来属，元嘉八年十二月还属荆州，元嘉十六年正月再属，元嘉二十九年再还荆州，元嘉三十年又来属。

1. 临烝(422—431,439—451,453—478)

2. 茶陵(422—431,439—451,453—478)

3. 新宁(422—431,439—451,453—478)

4. 阴山(422—431,439—451,453—478)

(四) 始兴郡(422—431,439—451,453—471,472—478 广兴郡)——治曲江(今广东韶关市东南)

按：据《宋志》湘州刺史广兴公相条："宋文帝元嘉二十九年，又度广州，三

---

① 据《宋志》湘州刺史湘东太守条有湘阴男相，且云："后废帝元徽二年，分益阳、罗、湘西及巴、硖流民立。"谭其骧《晋永嘉丧乱后之民族迁徙》以为湘阴为侨县。又从地理形势言，此湘阴县与湘东郡之间隔衡阳国、长沙国，然则湘东国遥领湘阴县欤？抑或湘阴县属长沙国(《南齐志》下湘州长沙郡即领湘阴县)，而本志误作湘东郡领县欤？待考。

十年,复度湘州……(泰豫元年)改始兴曰广兴。"则其永初三年来属,元嘉八年十二月还属荆州,元嘉十六年正月再属,元嘉二十九年度属广州,元嘉三十年又来属。东晋末领县七,泰始六年含洭、阳山二县移属宋安郡,泰豫元年复还。

1. 曲江(422—431,439—451,453—478)
2. 桂阳(422—431,439—451,453—478)
3. 含洭(422—431,439—451,453—469,472—478)

按:泰始六年移属宋安郡,泰豫元年复。

4. 浈阳(422—431,439—451,453—478)
5. 中宿(422—431,439—451,453—478)
6. 始兴(422—431,439—451,453—478)
7. 阳山(422—431,439—451,453—469,472—478)

按:泰始六年移属宋安郡,泰豫元年复。

(五)邵陵郡(422—431,439—451,453—478)——治邵陵(今湖南邵阳市)

按:永初三年来属,元嘉八年十二月还属荆州,元嘉十六年正月再属,元嘉二十九年再还荆州,元嘉三十年又来属。

1. 邵陵(422—431,439—451,453—478)
2. 邵阳(422—431,439—451,453—478)
3. 高平(422—431,439—451,453—478)
4. 都梁(422—431,439—451,453—478)
5. 扶(422—431,439—451,453—478)
6. 武刚(422—431,439—451,453—478)
7. 建兴(422—431,439—451,453—478)

(六)零陵国(422—431,439—451,453—478)——治泉陵(今湖南永州市)

按:永初三年来属,元嘉八年十二月还属荆州,元嘉十六年正月再属,元嘉二十九年再还荆州,元嘉三十年又来属。

1. 泉陵(422—431,439—451,453—478)
2. 祁阳(422—431,439—451,453—478)
3. 永昌(422—431,439—451,453—478)
4. 零陵(422—431,439—451,453—478)
5. 洮阳(422—431,439—451,453—478)
6. 观阳(422—431,439—451,453—478)

7. 应阳(422—431,439—451,453—478)

(七) 桂阳郡(422—431,439—451,453—478)——治郴(今湖南郴州市)

按：永初三年来属，元嘉八年十二月还属荆州，元嘉十六年正月再属，元嘉二十九年再还荆州，元嘉三十年又来属。

1. 郴(422—431,439—451,453—478)
2. 汝城(422—431,439—451,453—478)
3. 耒阳(422—431,439—451,453—478)
4. 南平(422—431,439—451,453—478)
5. 临武(422—431,439—451,453—478)
6. 晋宁(422—431,439—451,453—478)

(八) 临贺郡(422—431,439—451,453—465后,465后—478临庆国)——治临贺(今广西贺州市东南)

按：据《宋志》湘州刺史临庆内史条："宋文帝元嘉二十九年，度广州，三十年，复度湘州。明帝改名。"则其永初三年来属，元嘉八年十二月还属荆州，元嘉十六年正月再属，元嘉二十九年度属广州，元嘉三十年又来属。东晋末领县七，大明元年(457)开建县来属，泰始六年封阳县移属宋安郡，泰豫元年复，宋末新置抚宁县，领县九。

1. 临贺(422—431,439—451,453—478)
2. 封阳(422—431,439—451,453—469,472—478)

按：泰始六年移属宋安郡，泰豫元年复。

3. 冯乘(422—431,439—451,453—478)
4. 富川(422—431,439—451,453—478)
5. 兴安(422—431,439—451,453—478)
6. 谢沐(422—431,439—451,453—478)
7. 宁新(422—431,439—451,453—478)
8. 开建(457—478)

按：大明元年省宋建郡，开建县来属。

9. 抚宁(478前—478)

按：东晋无此县，据《宋志》湘州刺史临庆内史条："抚宁令，宋末立。"则其宋末新置。

(九) 始安郡(422—431,439—451,453—465后,465后—478始建国)——治始安(今广西桂林市)

按：据《宋志》湘州刺史始建内史条："宋文帝元嘉二十九年，度广州，三十年,复度湘州。明帝改名。"则其永初三年来属,元嘉八年十二月还属荆州,元嘉十六年正月再属,元嘉二十九年度属广州,元嘉三十年又来属。东晋末领县五,宋末建陵县来属,新置乐化左县,领县七。

1. 始安(422—431,439—451,453—478)
2. 荔浦(422—431,439—451,453—478)
3. 平乐(422—431,439—451,453—478)
4. 熙平(422—431,439—451,453—478)
5. 永丰(422—431,439—451,453—478)
6. 建陵(478前—478)

按:据《宋志》湘州刺史始建内史条:"建陵男相,吴立,属苍梧,宋末度。"则其宋末来属。

7. 乐化左县(478前—478)

按:东晋无此县,据《宋志》湘州刺史始建内史条:"乐化左令,宋末立。"则其宋末新置。

(十)营阳郡(422—431,439—451,453—478)——治营浦(今湖南道县东)

按:永初三年来属,元嘉八年十二月还属荆州,元嘉十六年正月再属,元嘉二十九年再还荆州,元嘉三十年又来属。

1. 营浦(422—431,439—451,453—478)
2. 泠道(422—431,439—451,453—478)
3. 舂陵(422—431,439—451,453—478)
4. 营道(422—431,439—451,453—478)

(十一)巴陵郡(439—451)——治巴陵(今湖南岳阳市)

按:东晋无此郡,据《宋志》郢州刺史:"巴陵太守,文帝元嘉十六年,分长沙之巴陵、蒲圻、下雋,江夏之沙阳四县立,属湘州。"则元嘉十六年新置巴陵郡,元嘉二十九年移属荆州。

1. 巴陵(439—451)
2. 蒲圻(439—451)
3. 下雋(439—451)
4. 沙阳(439—451)

(十二)宋安郡(470—471)——治乏考

按:东晋无此郡,据《宋志》湘州刺史广兴公相条:"明帝泰始六年,立冈溇县,割始兴之封阳、阳山、含洭四县①,立宋安郡,属湘州。泰豫元年复□②,省冈溪县。"则泰始六年新置宋安郡,领县四,泰豫元年见废,冈溪县亦废,而诸县复还。

1. 封阳(470—471)
2. 阳山(470—471)
3. 含洭(470—471)
4. 冈溪(470—471)

按:东晋无此县,据本郡考证,泰始六年新置,泰豫元年废。

(十三)宋建郡(456前—456)——治乏考

按:东晋无此郡,据《宋书》卷六《孝武帝纪》:"(大明元年夏四月)庚子,省湘州宋建郡,并临贺。"又《宋志》湘州刺史临庆内史条:"开建令,文帝分封阳立宋昌、宋兴、开建、武化、徍徍、永固、绥南七县。后又分开建、武化、宋昌三县立宋建郡,属广州。孝武大明元年悉省,唯余开建县。"则大明元年前增置宋建郡,领县三,大明元年郡废,开建县移属临贺郡,武化、宋昌见废。

1. 开建(456前—456)

按:东晋无此县,大明元年前新置,大明元年郡废,移属临贺郡。

2. 武化(456前—456)

按:东晋无此县,大明元年前新置,大明元年随郡废。

3. 宋昌(456前—456)

按:大明元年前由广州绥建郡来属,大明元年随郡废。

第十八节　雍州所辖实郡沿革

据《宋志》雍州刺史条:"宋文帝元嘉二十六年,割荆州之襄阳、南阳、新野、顺阳、随五郡为雍州。"钱氏《考异》:"按随郡本属荆州,孝武孝建元年度属郢,前废帝永光元年度属雍,明帝泰始五年还属郢,改为随阳,后废帝元徽四年度属司州,(见司州下)是元嘉廿六年随未尝属雍也。又考宋时雍州刺史如刘遵

---

① 各本并作"四县",成孺《宋书州郡志校勘记》云:"四当作三。"中华本校勘记以为成校是,并据之改正。宋安郡当领四县,即新立之冈溪,原属临贺(或临庆)之封阳,原属始兴之阳山、含洭,郡治当在冈溪,今广东连州市境内。
② 《成校》:"'复'下原注缺字。案据下云改始兴曰广兴,知是时宋安郡已省,所属三县复还始兴。疑'复'下所缺,当是'故'字。"《孙考》:"缺处疑是故字。"泰豫元年省宋安郡,封阳当还临庆,阳山、含洭还始兴。《孙考》"所属三县复还始兴"者微误,按诸地理形势,封阳县不应属始兴郡。

考、刘道产、萧思话、武陵王骏，俱称'都督荆州之南阳、竟陵、顺阳、襄阳、新野、随六郡诸军事'，盖在元嘉二十六年以前，雍州未有实土也。随王诞以元嘉二十六年除刺史，柳元景以元嘉末、孝建初两除刺史，武昌王浑以孝建元年除刺史，刘延珍以孝建二年除刺史，并云'都督荆州之竟陵、随二郡诸军事'，不及南阳等四郡者，已在雍州管内也。而随郡仍系之荆州，可证元嘉时随未尝属雍矣。至大明二年，除海陵王休茂，五年，除永嘉王子仁及刘秀之，八年，除晋安王子勋，并称'都督郢州之竟陵、随二郡'，则此二郡孝武时属郢州之证也。及前废帝永光元年五月，割郢州随郡属雍州，自后湘东王彧、沈攸之除雍州刺史，但云'都督郢州之竟陵'，不言随郡。至明帝泰始五年四月，随郡又改属郢州，故《张兴世传》复云'都督郢州之竟陵、随二郡'也。袁顗以永光元年九月、张永以泰始四年除刺史，本传称'都督郢州之竟陵、随二郡'；巴陵王休若以泰始二年除刺史，本传称'都督荆州之竟陵、随二郡'，皆误。"《孙考》："钱大昕据司州及列传除雍州刺史，说雍州未割随，而不满五郡数。今按荆州有北义阳，云省，此下引徐志雍州有义阳，领平氏、襄乡二县，并实土，是当日割五郡当数北义阳，盖休文寻校未悉也。又案二十六年，以随王诞为雍州，时方谋伐魏，以襄阳地接关河，治江州文武并之故。"《孙考》"时方谋伐魏，以襄阳地接关河，治江州文武并之故"云云，语意不明，《宋书》卷79《竟陵王诞传》相关文字如下："上欲大举北讨，以襄阳外接关、河，欲广其资力，乃罢江州军府，文武悉配雍州。"又《孙考》"当日割五郡当数北义阳"云云，误，盖北义阳为侨郡，与襄阳、南阳、新野、顺阳之荆州旧领四实郡不同。按钱氏《考异》说是，即"割荆州之襄阳、南阳、新野、随五郡为雍州"者，当作"割荆州之襄阳、南阳、新野、顺阳四郡为雍州"。则元嘉二十六年(449)四郡度属侨州雍州。永光元年(465)随郡来属，泰始五年(469)复属郢州(大明八年[464]之政区见前图38)。

（一）襄阳郡(449—478)——治襄阳(今湖北襄樊市)

按：元嘉二十六年来属。东晋末领县六，据《宋志》雍州刺史襄阳公相领县三，且云："《永初郡国》、何志并有宜城、鄀、上黄县，徐志无。"大明元年(457)，上黄移属侨郡华山郡，大明八年前宜城似废，鄀县移属侨郡冯翊郡。

1. 襄阳(449—478)
2. 邔(449—478)
3. 中庐(449—478)
4. 鄀(449—464前)

5. 宜城(449—464前)

6. 上黄(449—456)

(二) 南阳郡(449—478)——治宛(今河南南阳市)

按：元嘉二十六年来属。据《宋志》雍州刺史南阳太守条领县七，且云："《永初郡国》有比阳、鲁阳、赭阳、西鄂、雗、叶、雉、博望八县。何志无雗、雉。徐志无比阳、鲁阳、赭阳、西鄂、博望，而有叶，余并同。孝武大明元年，省叶县。"则大明元年省叶县，襄乡县移属河南侨郡，大明八年前鲁阳等四县皆废，比阳县移属广平侨郡。又领侨县许昌。

1. 宛(449—478)
2. 比阳(449—464前)
3. 鲁阳(449—464前)
4. 赭阳(449—464前)
5. 西鄂(449—464前)
6. 叶(449—456)
7. 博望(449—464前)
8. 涅阳(449—478)
9. 云阳(449—478)
10. 冠军(449—478)
11. 郦(449—478)
12. 舞阴(449—478)
13. 襄乡(449—456)

按：西晋有襄乡县，《宋志》河南太守条："襄乡令，前汉无，后汉有，属南阳。徐志属义阳。当是大明土断属此。"则直至宋大明土断时方度属河南。

14. 许昌

按：侨寄今河南南阳市一带。

(三) 顺阳郡(449—478)——治南乡(今河南淅川县南)

按：元嘉二十六年来属。据《宋志》雍州刺史顺阳太守条领县七①，且云："《永初郡国》及何志有朝阳、武当、酂、阴、汎阳、筑、(并别见)析、脩阳(唯见《永初郡国》)。凡八县。徐志唯增朝阳。朝阳，孝武大明元年省。"则大明元年省

---

① 顺阳郡领县中有朝阳县，误。如前南阳太守条，徐志有叶县，孝武大明元年，省叶县，而南阳郡所领七县中，即无叶县。

朝阳县,汎阳、筑阳县移属侨郡扶风郡,大明八年前酂、阴移属侨郡广平郡,武当移属侨郡始平郡。又领三侨县。

1. 南乡(449—478)
2. 顺阳(449—478)
3. 丹水(449—478)
4. 武当(449—464前)
5. 汎阳(449—456)
6. 筑阳(449—456)
7. 酂(449—464前)
8. 阴(449—464前)
9. 朝阳(449—456)
10. 槐里

按：侨寄今河南淅川县附近一带。

11. 清水

按：侨寄今河南淅川县附近一带。

12. 郑

按：侨寄今河南淅川县附近一带。

(四) 新野郡(449—478)——治新野(今河南新野县)

按：元嘉二十六年来属。据《宋志》雍州刺史新野太守条领县五,且云："《永初郡国》、何志有棘阳、(别见。)蔡阳、邓县。(并汉旧县。)徐无。孝武大明元年,省蔡阳。"则大明元年省蔡阳,棘阳移属侨郡河南郡,邓县移属侨郡京兆郡,新置交木县,又领侨县池阳。

1. 新野(449—453,457—478)

按：据《宋志》雍州刺史新野太守条："新野侯相,汉旧县,属南阳。文帝元嘉末省,孝武大明元年复立。"则新野县曾一度见废,后又重置。

2. 山都(449—478)
3. 穰(449—478)
4. 蔡阳(449—456)
5. 邓(449—456)
6. 棘阳(449—456)
7. 交木(457—478)

按：东晋无此县,《宋志》雍州刺史新野太守条："交木令,孝武大明元年立。"则大明元年新置交木县。

8. 池阳

按：侨寄今河南新野县及其周边一带。

（五）随郡（465—468）——治随（今湖北随州市）

按：据《宋志》司州刺史随阳太守条："孝武孝建元年度属郢，前废帝永光元年度属雍，明帝泰始五年还属郢，改为随阳①，后废帝元徽四年，度属司州。"则其永光元年来属，泰始五年复属郢州。

1. 随（465—468）

2. 永阳（465—468）

（六）京兆郡，侨寄今湖北襄阳区西北

按：大明元年，实县邓县来属。

1. 邓（457—478）

按：据《宋志》雍州刺史京兆太守："大明土断，割襄阳西界为实土"且领邓县。其大明土断在元年，则其大明元年来属。

2. 杜

按：侨寄今湖北襄阳区西。

3. 新丰

按：侨寄今湖北襄樊市、襄阳区一带。

（七）始平郡，侨寄今湖北丹江口市西北

按：大明八年前，实县武当县来属。

1. 武当（464前—478）

按：据《宋志》雍州刺史始平太守领武当县，则其大明八年前来属。

2. 始平

按：侨寄今湖北丹江口市一带。

3. 武功

按：侨寄今湖北丹江口市一带。

4. 平阳

按：侨寄今湖北丹江口市西北。

（八）扶风郡，侨寄今湖北谷城县东北

按：大明八年前，实县筑阳、汎阳县来属。

---

① 洪颐煊《诸史考异》"随阳郡"条："案《明帝纪》，泰始五年四月辛未，割雍州随郡属郢州，未尝改名随阳。《后废帝纪》，元徽四年九月丁亥，割郢州之随郡属司州。《顺帝纪》，昇明二年十一月甲子，改封南阳王翙为随郡王，改随阳郡。《志》误。"据《南齐志》下司州领有随郡，则随阳郡后又改回随郡。

1. 筑阳(457—478)

按：据《宋志》雍州刺史扶风太守领筑阳县条："大明土断属此。"其大明土断在元年，则其大明元年来属。

2. 汎阳(457—478)

按：据《宋志》雍州刺史扶风太守领汎阳县，似与筑阳并于大明元年来属。

3. 鄘，侨寄今湖北谷城县一带。

(九) 河南郡，侨寄今河南南阳市东南

按：大明元年，实县棘阳、襄乡县来属。

1. 棘阳(457—478)

按：据《宋志》雍州刺史河南太守领棘阳县条："大明土断属此。"其大明土断在元年，则其大明元年来属。

2. 襄乡(457—478)

按：据《宋志》雍州刺史河南太守领襄乡县条："当是大明土断属此。"其大明土断在元年，则其大明元年来属。

3. 河南

按：侨寄今河南南阳市东南。

4. 新城

按：侨寄今河南唐河、社旗二县境。

5. 河阴

按：侨寄今河南南阳市及其周边一带。

6. 洛阳

按：侨寄今河南南阳市及其周边一带。

(十) 广平郡，侨寄今河南邓州市东南

按：大明八年前，实县鄀、阴、比阳三县来属。

1. 鄀(464前—478)

按：据《宋志》雍州刺史广平太守领鄀县，则其大明八年前来属。

2. 比阳(464前—478)

按：据《宋志》雍州刺史广平太守领比阳县，则其大明八年前来属。

3. 阴(464前—478)

按：据《宋志》雍州刺史广平太守领阴县，则其大明八年前来属。

4. 广平

按：侨寄今河南邓州市东南。

（十一）冯翊郡，侨寄今湖北宜城市东南

按：大明八年前，实县郜县来属。

1. 郜(464前—478)

按：据《宋志》雍州刺史冯翊太守领郜县，则其大明八年前来属。

2. 莲勺

按：侨寄今湖北钟祥市西北。

3. 高陆

按：侨寄今湖北钟祥市北。

（十二）华山郡，侨寄今湖北宜城市北大堤村

按：大明元年，实县上黄县来属。

1. 上黄(457—478)

按：据《宋志》雍州刺史华山太守条"孝武大明元年立"，又上黄令条"立郡割度"，则其大明元年来属。

2. 华山

按：侨寄今湖北宜城市。

3. 蓝田

按：侨寄今湖北宜城市一带。

第十九节 江州沿革

江州(421—478)，治所屡变。东晋末江州领郡十，孝建元年(454)武昌郡移属郢州，领郡九，又有领实县侨郡一（大明八年[464]之江州政区见前图35）。周一良《魏晋南北朝史札记》之"《宋书》札记·州郡志诸问题"条云："……宋时江州又尝还治豫章。《宋书》六八彭城王义康传，改授都督江州诸军事江州刺史，出镇豫章。以萧斌为谘议参军，领豫章太守，事无大小皆以委之。是元嘉十七年十月事也。何时复治寻阳，史无明文。元嘉三十年四月孝武即位，以臧质为江州。孝建元年，质与义宣举兵，孝武答义宣诏有'告灵誓众，直造柴桑，枭轊元恶，以谢天下'之语，是江州刺史又治于寻阳矣。义宣传言其至寻阳与质俱下，亦足为证"。据《宋书·王景文传》，至明帝时，又有移治豫章之议。江州治所屡次转移于寻阳豫章两郡之间，"盖与当时中央与地方政治有关。寻阳地处长江中游，为自襄阳、江陵顺流下临建康必经之地。……江州之由寻阳又移治豫章，疑与宋文帝对任江州刺史之宗室诸王之猜忌防范有关"，

则江州治所往来于寻阳、豫章之间①。

（一）寻阳郡(421—478)——治柴桑(今江西九江市西南)

按：东晋末领实县二，《宋志》江州刺史寻阳太守领实县同。

1. 柴桑(421—478)

2. 彭泽(421—478)

3. 弘农

按：据《宋志》江州刺史寻阳太守松滋伯相条："寻阳又有弘农县流寓。文帝元嘉十八年，省并松滋。"

4. 松滋

（二）豫章郡(421—478)——治南昌(今江西南昌市)

按：东晋末领县十五，宜丰、钟陵县入宋后似废，永初后海昏县见废，领县十二。

1. 南昌(421—478)

2. 艾(421—478)

3. 新淦(421—478)

4. 建城(421—478)

5. 丰城(421—478)

6. 望蔡(421—478)

7. 吴平(421—478)

8. 永修(421—478)

9. 建昌(421—478)

10. 豫宁(421—478)

11. 康乐(421—478)

---

① 胡阿祥《东晋南朝地方州镇略说》(《东北亚历史地理研究》，中州古籍出版社，1988年)：自晋室南渡，长江一线形成荆扬两大中心，"对外固有东西并力之利，对内亦有东西抗衡之害"(详严耕望《中国地方行政制度史》上编卷中之上第一章下之二，台北，中研院历史语言研究所，1963年)。江州居荆、扬之间，遂成"中流衿带"(《南齐书·州郡志》)，东西锁钥，"国之南藩，要害之地"(《晋书·刘胤传》)。如东晋时，东西均势之转变常系于江州，若江州合于荆州，则对下游的优势更会加大，建康将只有仰其鼻息以图存；反之，若江州控制在建康朝廷之手，则荆州方镇有可能受制于建康，"故荆扬争衡得江州者恒胜，此殆终南朝不变之局"(详严耕望《中国地方行政制度史》上编卷中之上第一章下之二)。又江州治所屡次转移于寻阳、豫章二郡之间，此亦与当时上下流之争有关。荆州既然为重兵强将镇守之地，中央若猜忌江州刺史，则多徙治豫章；若防范上流藩镇拥兵割据，则迁治寻阳极为必要，盖自军事意义言，寻阳"接近东江诸郡，往来便易"(《南齐书·州郡志》)，远较豫章为重要；且其地处吴头楚尾的长江中下游之交，为江陵顺流下临建康的必经之地，又东带彭蠡，南依广阔富饶的鄱阳湖平原，东有湓浦良港，东北有桑落洲，沿江多矶头，可以泊舟，可以屯兵，又利于扼守。优越的地理位置与险峻的山川形势，遂使寻阳成为东南重镇。

12. 新吴(421—478)

13. 海昏(421—422后)

按:《宋志》江州刺史豫章太守条:"《永初郡国》有海昏,何志无。"则永初后,海昏县见废。

(三)鄱阳郡(421—478)——治广晋(今江西鄱阳县北)

按:东晋末领县七,永初二年鄡阳县见废,永初后历陵县见废,大明八年前增置上饶县,领县六。

1. 广晋(421—478)

2. 历陵(421—422后)

按:《宋志》江州刺史鄱阳太守条:"《永初郡国》有历陵县,何志无。"则永初后,历陵县见废。

3. 余汗(421—478)

4. 乐安(421—478)

5. 上饶(464前—478)

按:东晋末无此县,《宋志》江州刺史鄱阳太守有,则其大明八年前增置。

6. 鄱阳(421—478)

7. 葛阳(421—478)

8. 鄡阳(421)

按:据《寰宇记》卷107《江南西道二》饶州鄱阳县条:"废鄡阳县,在县西北一百二十里,按《鄱阳记》云:汉高帝六年置,宋永初二年废二县。"则其永初二年见废。

(四)庐陵郡(421—478)——治石阳(今江西吉水县北)

按:东晋末领县九,与《宋志》江州刺史庐陵太守所领九县同。

1. 石阳(421—478)

2. 西昌(421—478)

3. 高昌(421—478)

4. 巴丘(421—478)

5. 吉阳(421—478)

6. 兴平(421—478)

7. 阳丰(421—478)

8. 遂兴(421—478)

9. 东昌(421—478)

(五) 临川国(421—478)——治临汝(今江西抚州市)

按：东晋末领县九，与《宋志》江州刺史临川内史所领九县同。

1. 临汝(421—478)
2. 南城(421—478)
3. 新建(421—478)
4. 南丰(421—478)
5. 宜黄(421—478)
6. 安浦(421—478)
7. 西丰(421—478)
8. 永城(421—478)
9. 东兴(421—478)

(六) 南康国(421—478)——治赣(今江西赣州市东北)

按：东晋末领县七，大明五年(461)新置虔化县，领县八。

1. 赣(421—478)
2. 陂阳(421—478)
3. 雩都(421—478)
4. 平固(421—478)
5. 南康(421—478)
6. 宁都(421—478)
7. 南野(421—478)
8. 虔化(461—478)

按：东晋无此县，据《宋志》江州刺史南康公相："虔化男相，孝武大明五年，以虔化屯立。"则大明五年置虔化县。

(七) 建安郡(421—478)——治建安(今福建建瓯市)

按：东晋末领县七，《宋志》江州刺史建安太守所领脱建安县，余皆与东晋末所领同。

1. 建安(421—478)
2. 建阳(421—478)
3. 将乐(421—478)
4. 邵武(421—478)
5. 吴兴(421—478)
6. 绥成(421—478)
7. 沙村(421—478)

（八）晋安郡（421—478）——治候官（今福建福州市）

按：东晋末领县六，其中新罗县入宋废，余县与《宋志》江州刺史晋安太守所领五县同。

1. 候官（421—478）
2. 罗江（421—478）
3. 原丰（421—478）
4. 晋安（421—478）
5. 温麻（421—478）

（九）安成郡（421—478）——治平都（今江西安福县）

按：东晋末领县七，与《宋志》江州刺史安成太守所领七县同。

1. 平都（421—478）
2. 新喻（421—478）
3. 宜阳（421—478）
4. 永新（421—478）
5. 安复（421—478）
6. 萍乡（421—478）
7. 广兴（421—478）

（十）武昌郡（421—453）——治武昌（今湖北鄂州市鄂城区西）

按：孝建元年移属郢州。东晋末领县四，入刘宋后，沙阳县移属江夏郡。

1. 武昌（421—453）
2. 鄂（421—453）
3. 阳新（421—453）

（十一）南新蔡郡，侨寄今湖北黄梅县西

1. 阳唐左县（464—478）

按：东晋无此县，据《宋志》江州刺史南新蔡太守条："阳唐左县令，孝武大明八年立。"则大明八年新置此县。

2. 苞信

按：侨寄今湖北黄梅县西。

3. 慎

按：侨寄今湖北黄梅县、武穴市一带。

4. 宋

按：侨寄今湖北黄梅县、武穴市一带。

第二十节 梁州沿革

梁州(421—478),元嘉十年(433)后治南郑①(今陕西汉中市)。东晋末领实郡十三。宋初广汉、遂宁、巴郡及领实县之阴平侨郡移属益州,元嘉十一年汶阳郡移属荆州,十六年宕渠、梓潼郡移属益州。孝建二年(455)新置怀汉郡,大明八年(464)前新置巴渠、宋熙二郡(此年之政区见图39),宋末增置安康、北水、归化三郡。领郡十三。

(一)汉中郡(421—478)——治南郑(今陕西汉中市)

按:东晋末领七,其中南汉县入宋后见废,苞中、怀安二县,据《宋志》;梁州刺史汉中太守条云:"《永初郡国》又有苞中、怀安(汉、晋、何、徐并无二县)二县。"则其永初后见废,领县四。

1. 南郑(421—478)
2. 西乡(421—478)
3. 沔阳(421—478)
4. 城固(421—478)
5. 苞中(421—422后)
6. 怀安(421—422后)

(二)魏兴郡(421—478)——治西城(今陕西安康市西北汉江北岸)

按:东晋末领县六,永初前增置广城县,大明八年前上廉、广昌县来属,宋末安康县移属安康郡,领县八。

1. 西城(421—478)
2. 兴晋(421—478)
3. 安康(421—478前)

按:宋末移属安康郡。

4. 锡(421—478)
5. 郧乡(421—478)
6. 旬阳②(421—478)
7. 上廉(464前—478)

按:原属上庸,据《宋志》梁州刺史魏兴太守条:"上廉令,《晋太康地志》、

---

① 据《宋志》梁州刺史条:"文帝元嘉十年,刺史甄法护于南城失守,刺史萧思话还治南郑。"
② 东晋作"洵阳",《宋志》作"旬阳"。

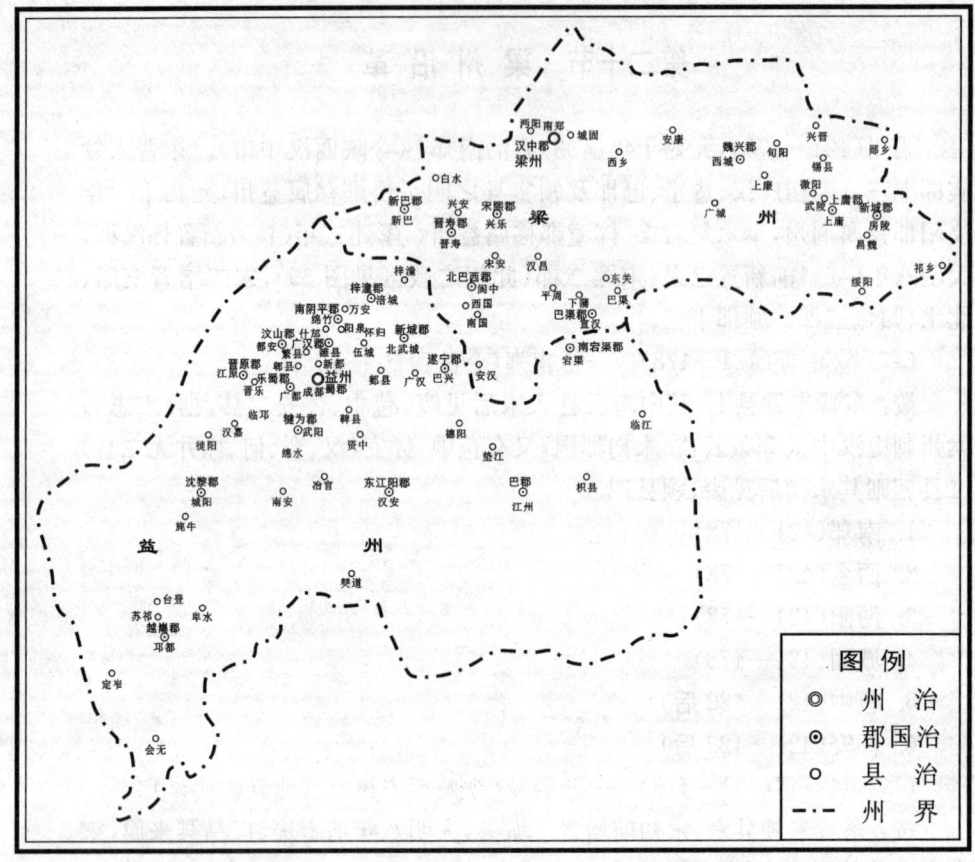

图 39 　大明八年(464)南朝宋梁州、益州政区

《永初郡国》、徐并属上庸,何无。"则大明八年前上廉县来属。

8. 广昌(464 前—478)

按:原属上庸,据《宋志》梁州刺史魏兴太守条:"广昌子相,何志属上庸。"则大明八年前广昌县来属。

9. 广城(422 前—478)

按:东晋无此县,据《宋志》梁州刺史魏兴太守:"广城令,《永初郡国》、何、徐并有,不注置立。"则其永初前新置。

(三) 新城郡(421—478)——治房陵(今湖北房县)

按:东晋末领县四,大明八年前增置阆阳、乐平二县,领县六。

1. 房陵(421—478)

2. 绥阳(421—478)

3. 昌魏(421—478)

4. 祁乡①(421—478)

5. 阆阳(464前—478)

按：东晋无此县，据《宋志》梁州刺史新城太守条："阆阳令，何志不注置立。"则大明八年前增置此县。

6. 乐平(464前—478)

按：东晋无此县，据《宋志》梁州刺史新城太守条："乐平令，何志不注置立。"则大明八年前增置此县。

（四）上庸郡(421—478)——治上庸(今湖北竹山县西南)

按：东晋末领实县七，侨县二。大明八年前，上廉、广昌二县移属魏兴郡。

1. 上庸(421—478)

2. 安富(421—478)

3. 北巫(421—478)

4. 武陵(421—478)

5. 微阳(421—478)

6. 上廉(421—464前)

按：大明八年前移属魏兴郡。

7. 广昌(421—464前)

按：大明八年前移属魏兴郡。

8. 新安

按：侨寄今湖北竹山县一带。

9. 吉阳

按：侨寄今湖北竹山、竹溪等县一带。

（五）梓潼郡(421—438)——治涪城(今四川绵阳市东)

按：东晋末领县七，其中武连县入宋后见废，领县六。文帝元嘉十六年，度益州。

1. 涪城(421—438)

2. 梓潼(421—438)

3. 万安(421—438)

4. 西浦(421—438)

---

① 东晋作"洓乡"，宋志作"祁乡"。

5. 新兴(421—438)

6. 汉德(421—438)

(六)晋寿郡(421—478)——治晋寿(今四川广元市南)

按：东晋末领县四，与《宋志》梁州刺史晋寿太守所领同。

1. 晋寿(421—478)

2. 白水(421—478)

3. 兴安(421—478)

4. 邵欢(421—478)

(七)汶阳郡(421—433)——治僮阳(今湖北保康县东南)

按：东晋末领县三，宋初增置汶阳县，领县四。元嘉十一年移属荆州。

1. 僮阳(421—433)

2. 沮阳(421—433)

3. 高安(421—433)

4. 汶阳(？—433)

按：东晋无此县，据《宋志》荆州刺史汶阳太守："宋初有四县，后省汶阳县。"则宋初增置此县，大明八年前废。

(八)宕渠郡(421—438)——治宕渠(今四川渠县东北)

按：据《宋志》梁州刺史条："《永初郡国》又有宕渠郡、北宕渠郡。《宋起居注》，元嘉十六年，割梁州宕渠郡度益州。今益部宕渠郡曰南宕渠。"又《宋志》益州刺史南宕渠太守条："《起居注》，本属梁州，元嘉十六年度。《永初郡国》梁州有宕渠郡，领县三，与此同，而无'南'字。"据此，则割属益州之前仍作宕渠郡，元嘉十六年割属益州后似加"南"字。

1. 宕渠(421—438)

2. 宣汉(421—438)

3. 汉兴(421—438)

(九)新巴郡(421—478)——治新巴(今四川江油市东北雁门坝)

按：东晋末领县三，与《宋志》梁州刺史新巴太守领县同。

1. 新巴(421—478)

2. 晋城(421—478)

3. 晋安(421—478)

(十)北巴西郡(421—478)——治阆中(今四川阆中市)

按：东晋末领县二，据《宋志》梁州刺史北巴西太守条："《永初郡国》领阆中、汉昌二县。何又有宋昌县，云新立。徐无宋昌，有宋寿。何、徐并领县四，今六。"而本郡《宋志》所领唯五县,孙彪《宋书考论》云:"《南齐志》七县,有汉昌、宋寿,此盖阙汉昌。"则永初后新置安汉等四县。

1. 阆中(421—478)
2. 汉昌(421—478)
3. 安汉(422后—478)
4. 南国(422后—478)
5. 西国(422后—478)
6. 平周(422后—478)

(十一)巴渠郡(464前—478)——治宣汉(今四川达州市)

按:东晋无此郡,据《宋志》梁州刺史:"巴渠太守,何志新立。"则其为刘宋于大明八年前新置,所领七县皆似随新置。

1. 宣汉(464前—478)
2. 始兴(464前—478)
3. 巴渠(464前—478)
4. 东关(464前—478)
5. 始安(464前—478)
6. 下蒲(464前—478)
7. 晋兴(464前—478)

(十二)宋熙郡(464前—478)——治兴乐(今四川旺苍县西嘉川镇)

按:东晋无此郡,据《宋志》梁州刺史:"宋熙太守,何、徐志新立。"则其为刘宋于大明八年前新置,"何志五县并新立"。则所领五县皆似随郡新置。

1. 兴乐(464前—478)
2. 归安(464前—478)
3. 宋安(464前—478)
4. 元寿(464前—478)
5. 嘉昌(464前—478)

(十三)怀汉郡(455—478)——治永丰(约在今四川南充、广元二市之间)

按:东晋无此郡,据《宋志》梁州刺史:"怀汉太守,孝武孝建二年立。"则其为孝建二年新置,其所领三县皆似随郡新置。

1. 永丰(455—478)
2. 绥来(455—478)
3. 预德(455—478)

(十四)安康郡(478前—478)——治安康(今陕西石泉县东南池河镇西北汉江东岸)

按:东晋无此郡,据《宋志》梁州刺史安康太守:"宋末分魏兴之安康县及晋昌之宁都县立。"则其宋末新置,领实县安康县、侨县宁都县。

1. 安康(478前—478)

2. 宁都

按:侨寄今陕西紫阳县西北安家河入汉江处。

(十五)北水郡(464后—478)——治乏考(约在今四川巴中市附近)

按:《宋志》无此郡。《寰宇记》卷139《山南西道七》巴州清化县条:"废盘道县,在县东四十里。本汉宕渠县地。宋末于今县西南十里置北水郡,梁普通六年于北水郡置难江县,因难江水为名。"当是宋末大明八年后所置,领县无考。

(十六)归化郡(464后—478)——治乏考(约在今四川巴中市东南曾江镇)

按:《宋志》无此郡。《寰宇记》卷139《山南西道七》巴州条:"至宋,乃于巴岭南置归化、北水二郡,以领獠户,归化郡即今理是也。齐因之。"当是宋末大明八年后所置,领县无考。

第二十一节 益州沿革

益州(421—478),治成都(今四川成都市)。东晋末领实郡七,又有领实县侨郡一。宋初广汉、遂宁、巴郡三实郡及领实县南阴平侨郡来属,元嘉十六年(439)梓潼、南宕渠两郡来属,大明八年(464)前新置新城郡(此年之政区见前图39),南宕渠郡后废,则宋末领实郡十二,又有领实县侨郡二。

(一)蜀郡(421—478)——治成都(今四川成都市)

按:东晋末领县四,与《宋志》益州刺史蜀郡太守、《南齐志》蜀郡领实县同,又领一侨县。

1. 成都(421—478)

2. 郫(421—478)

3. 繁(421—478)

4. 鞞①(421—478)

5. 永昌

────────

① 东晋作"牛鞞",《宋志》作"鞞"。

按：东晋无此侨县，据《宋志》益州蜀郡太守条："永昌令，孝建二年，以侨户立。"侨寄今四川成都市境。

(二) 晋原郡(421—478)——治江原(今四川崇庆县西北怀远镇)

按：东晋末领县五，与《宋志》益州刺史晋原太守、《南齐志》晋原郡领实县同。

1. 江原(421—478)
2. 临邛(421—478)
3. 徙阳(421—478)
4. 汉嘉(421—478)
5. 晋乐(421—478)

(三) 沈黎郡(421—478)——治城阳(今四川汉源县东北)

按：东晋末领县三，与《宋志》益州刺史沈黎太守领县同。

1. 城阳(421—478)
2. 兰(421—478)
3. 旄牛(421—478)

(四) 犍为郡(421—478)——治武阳(今四川彭山县)

按：东晋末领县六，其中牛鞞县入宋后见废，领县五，与《宋志》益州刺史犍为太守领县同。

1. 武阳(421—478)
2. 南安(421—478)
3. 僰道(421—478)
4. 资中(421—478)
5. 冶官(421—478)

(五) 汶山郡(421—478)——治都安(今四川都江堰市东)

按：东晋末领县六，入宋后汶山等五县似废，又大明八年前新置晏官县，领县二。

1. 都安(421—478)
2. 晏官(464前—478)

按：东晋无此县，《宋志》益州刺史汶山太守领有晏官县，则其大明八年前置。

(六) 东江阳郡(421—478)——治汉安(今四川泸州市西南大渡口镇)

按：东晋末领县二，与《宋志》益州刺史东江阳太守领县同。

1. 汉安(421—478)

2. 绵水(421—478)

(七)越巂郡(421—478)——治邛都(今四川西昌市)

按：东晋末领县八，与《宋志》益州刺史越巂太守领县同。

1. 邛都(421—478)
2. 会无(421—478)
3. 卑水(421—478)
4. 定苲(421—478)
5. 台登(421—478)
6. 苏祁(421—478)
7. 晋兴(421—478)
8. 新兴(421—478)

(八)梓潼郡(439—478)——治涪城(今四川绵阳市东)

按：原属梁州，文帝元嘉十六年来属，《宋志》益州刺史梓潼太守无汉德、新兴县，且云："《永初郡国》又有汉德、新兴，徐同。"则两县大明八年前见废，领县四。

1. 涪城(439—478)
2. 梓潼(439—478)
3. 万安(439—478)
4. 西浦(439—478)
5. 新兴(439—464前)
6. 汉德(439—464前)

(九)广汉郡(421—478)——治雒(今四川广汉市北)

按：原属梁州，宋初来属。东晋末领县六，与《宋志》益州刺史广汉太守所领同。

1. 雒(421—478)
2. 什邡(421—478)
3. 伍城①(421—478)
4. 阳泉(421—478)
5. 新都(421—478)
6. 郪(421—478)

---

① 东晋作"五城"，宋志作"伍城"。

(十)遂宁郡①(421—478)——治巴兴(今四川蓬溪县西南)

按：原属梁州，宋初来属。东晋末领县五，小溪县入宋后似废，领县四，与《宋志》益州刺史遂宁太守所领同。

1. 巴兴(421—478)
2. 德阳(421—478)
3. 广汉(421—478)
4. 晋兴(421—478)

(十一)巴郡(421—478)——治江州(今重庆市)

按：原属梁州，宋初来属。东晋末领县四，与《宋志》益州刺史巴郡太守所领同。

1. 江州(421—478)
2. 垫江(421—478)
3. 临江(421—478)
4. 枳(421—478)

(十二)南宕渠郡(439—478前)——治宕渠(今四川渠县东北)

按：原属梁州，元嘉十六年来属，郡名加"南"字。宕渠郡东晋末领县三，与《宋志》益州刺史南宕渠太守所领同。又，《寰宇记》卷138《山南西道六》广安军岳池县："宋武帝于此立南宕渠郡，寻废郡。"似宋末以前，益州之南宕渠郡已废。

1. 宕渠(439—478前)
2. 宣汉(439—478前)
3. 汉兴(439—478前)

(十三)新城郡(464前—478)——治北武城(今四川三台县)

按：东晋无此郡，《宋志》益州刺史新城太守条："新城太守，何志新分广汉立。领县二。"则其大明八年前增置，与梁州之新城郡无涉。

1. 北武城(464前—478)

按：东晋无此县，据《宋志》益州刺史新城太守条："北五城令，何志新分五城立。"似随郡新置。

2. 怀归(464前—478)

按：东晋无此县，据《宋志》益州刺史新城太守条："怀归令，何志新立。"似随郡新置。

---

① 《寰宇记》卷87《剑南东道六》遂州："宋泰始五年，刺史刘亮表分遂宁为东、西二郡。"似宋有东、西二遂宁郡。然西遂宁郡地望及属县皆无考，故附志于此。

(十四) 南阴平郡,侨寄苌阳(今四川德阳市西北)

1. 绵竹(421—478)
2. 阴平

按:侨寄今四川德阳市西北。

(十五) 宁蜀郡,侨寄广都(今四川双流县)

1. 广都(421—478)
2. 广汉
3. 西乡
4. 升迁

第二十二节 宁州沿革

宁州(421—478),治味(今云南曲靖市)。东晋末领实郡十五,与《宋志》宁州刺史领郡同。大明八年(464)之政区见图40。

(一) 建宁郡(421—478)——治味(今云南曲靖市)

按:东晋末领县十三,与《宋志》宁州刺史建宁太守、《南齐志》宁州建宁郡[①]领县同。

1. 味(421—478)
2. 昆泽(421—478)
3. 存䭾(421—478)
4. 新定(421—478)
5. 谈槀(421—478)
6. 漏江(421—478)
7. 毋单(421—478)
8. 同濑(421—478)
9. 牧麻(421—478)
10. 同乐(421—478)
11. 同并(421—478)
12. 万安(421—478)
13. 新兴(421—478)

---

① 今本《南齐志》"建宁郡"作"建平郡",当为"建宁郡"之讹,详周一良:《南齐志札记》,载《魏晋南北朝史札记》。

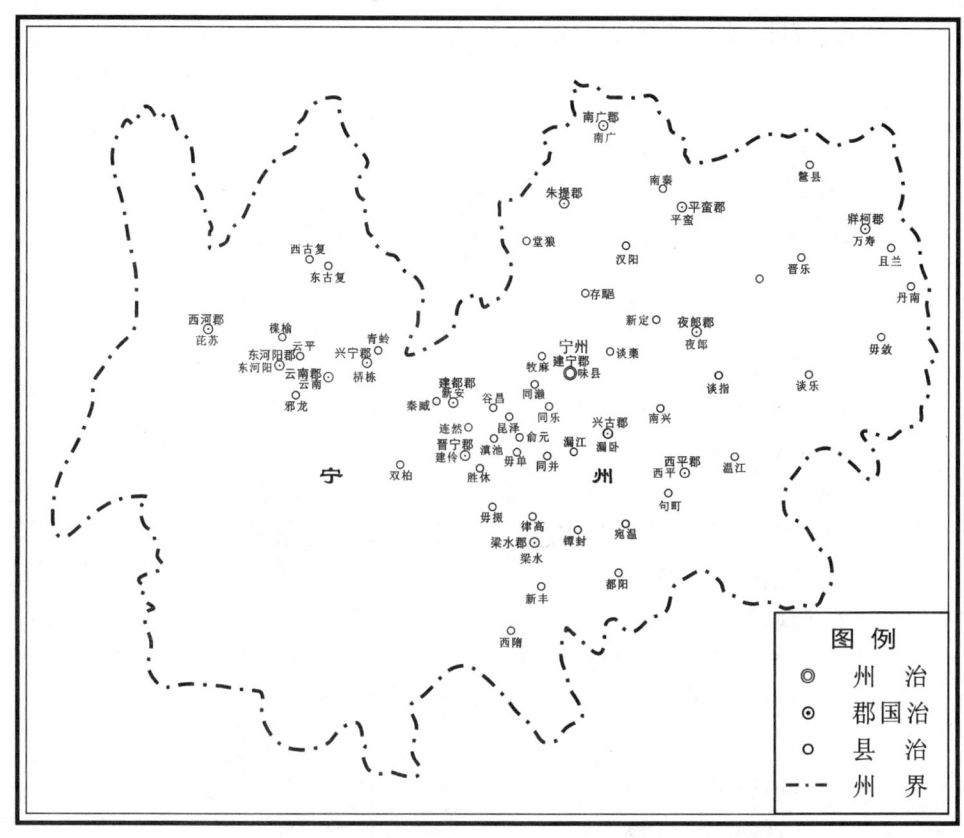

图 40 大明八年(464)南朝宋宁州政区

(二)牂柯郡(421—478)——治万寿(今贵州瓮安县东北)

按：东晋末领县五，大明八年前新置新宁县，领县六。

1. 万寿(421—478)

2. 且兰(421—478)

3. 毋敛(421—478)

4. 晋乐(421—478)

5. 丹南(421—478)

6. 新宁(464前—478)

按：东晋无此县，据《宋志》宁州刺史牂柯太守条："新宁长，何、徐不注置立。"则大明八年前新置新宁县。

(三)夜郎郡(421—478)——治夜郎(今贵州关岭县西)

按：东晋末领县四，与《宋志》宁州刺史夜郎太守、《南齐志》宁州夜郎郡领县同。

1. 夜郎(421—478)
2. 谈指(421—478)
3. 广谈(421—478)
4. 谈乐(421—478)

(四)朱提郡(421—478)——治朱提(今云南昭通市)

按：东晋末领县五，与《宋志》宁州刺史朱提太守领县同。

1. 朱提(421—478)
2. 南秦(421—478)
3. 汉阳(421—478)
4. 堂狼(421—478)
5. 临利(421—478)

(五)平蛮郡(421—478)——治平蛮(今贵州毕节市西)

按：东晋末领县二，与《宋志》宁州刺史平蛮太守领县同。

1. 平蛮(421—478)
2. 鳖(421—478)

(六)南广郡(421—478)——治南广(今四川筠连县西南)

按：东晋末领县三，大明八年前新置新兴县，领县四。

1. 南广(421—478)
2. 晋昌(421—478)
3. 常迁(421—478)
4. 新兴(464前—478)

按：东晋无此县，据《宋志》宁州刺史南广太守条："新兴令，何志不注置立。"则大明八年前新置新兴县。

(七)建都郡(421—478)——治新安(今云南武定、禄丰二县地)

按：东晋末领县六，与《宋志》宁州刺史建都太守领县同。

1. 新安(421—478)
2. 经云(421—478)
3. 永丰(421—478)
4. 临江(421—478)
5. 麻应(421—478)
6. 遂安(421—478)

(八)兴古郡(421—478)——治漏卧(今云南罗平县境)

按：东晋末领县六，与《宋志》宁州刺史兴古太守领县同。

1. 漏卧(421—478)
2. 句町(421—478)
3. 律高(421—478)
4. 宛暖(421—478)
5. 西安(421—478)
6. 南兴(421—478)

(九)晋宁郡(421—478)——治建伶(今云南晋宁县)

按：东晋末领县七，与《宋志》宁州刺史晋宁太守、《南齐志》宁州晋宁郡领县同。

1. 建伶(421—478)
2. 秦臧(421—478)
3. 连然(421—478)
4. 双柏(421—478)
5. 谷昌(421—478)
6. 滇池(421—478)
7. 俞元(421—478)

(十)西平郡(421—478)——治西平(今广西西林县东南西林)

按：东晋末领县六，大明八年前西宁县见废，领县五。

1. 西平(421—478)
2. 温江(421—478)
3. 都阳(421—478)
4. 晋绥(421—478)
5. 义成(421—478)
6. 西宁(421—464前)

按：《宋志》宁州刺史西平太守领县无西宁，且云"《永初郡国》、何志并有西宁县"。则宋初有西宁县，大明八年前见废。

(十一)梁水郡(421—478)——治梁水(今云南开远市境)

按：东晋末领县五，大明八年前增置新丰、建安二县，领县七，与《南齐志》宁州梁水郡领县同。

1. 梁水(421—478)
2. 胜休(421—478)
3. 西隋①(421—478)

---

① 东晋作"西随"，《宋志》作"西隋"。

4. 毋棳(421—478)

5. 镡封(421—478)

6. 新丰(464前—478)

按：东晋无此县，据《宋志》宁州刺史梁水太守条："新丰长，何志不注置立。"则大明八年前新置新丰县。

7. 建安(464前—478)

按：东晋无此县，据《宋志》宁州刺史梁水太守条："建安长，何志不注置立。"则大明八年前新置建安县。

(十二)云南郡(421—478)——治云南(今云南祥云县东南)

按：东晋末领县四，永初时增置西古复县，领县五。

1. 云南(421—478)

2. 云平(421—478)

3. 东古复①(421—478)

4. 邪龙(421—478)

5. 西古复(422前—478)

按：东晋无此县，据《宋志》宁州刺史云南太守条："西古复长，《永初郡国》有。何不注置立。"则永初时增置西古复县。

(十三)兴宁郡(421—478)——治桥栋(今云南姚安县北)

按：东晋末领县二，与《宋志》宁州刺史兴宁太守、《南齐志》宁州兴宁郡领县同。

1. 桥栋(421—478)

2. 青蛉(421—478)

(十四)东河阳郡②(421—478)——治东河阳(今云南大理市东凤仪镇)

按：东晋末领县二，与《宋志》宁州刺史东河阳太守领县同。

1. 东河阳(421—478)

2. 楪榆(421—478)

(十五)西河郡(421—478)——治芘苏(今云南云龙县)

按：东晋末领县三，与《宋志》宁州刺史西河太守领县同。

1. 芘苏(421—478)

2. 成昌(421—478)

---

① 东晋作"姑复"，据《宋志》宁州刺史云南太守条："东古复长，汉属越嶲，《晋太康地志》属云南，并云姑复。《永初郡国》何并云东古复。"则宋初即改姑复为东古复。

② 东晋作"河阳郡"，《宋志》宁州刺史有"东河阳太守"。

3. 建安(421—478)

第二十三节 广 州 沿 革

广州(421—478),治番禺(今广东广州市)。东晋末领郡十三,元嘉九年(432)新置宋康郡,十三年新置绥建郡,十六年新置海昌郡,十八年新置宋熙郡,二十九年始安郡来属,三十年移属湘州。大明八年(464)前新置乐昌郡、临漳郡(此年之政区见图41),泰始七年(471)临漳郡移属越州,领郡十八。

(一)南海郡(421—478)——治番禺(今广东广州市)

按:东晋末领县七,宋文帝时高要县来属,新置绥宁等三县,元嘉十三年四会县移属绥建郡,又增置欣乐县,宋末欣乐县移属东官郡,领县十。

1. 番禺(421—478)

2. 四会(421—435)

按:元嘉十三年移属绥建郡。

3. 博罗(421—478)

4. 龙川(421—478)

5. 怀化(421—478)

6. 增城(421—478)

7. 酉平(421—478)

8. 高要(424后—478)

按:原属苍梧郡,据《宋志》广州刺史南海太守:"高要子相,汉旧县,属苍梧,文帝废。"此作"文帝废","废(廢)"或是"度"之误,言本属苍梧郡,宋文帝度属南海郡,故下苍梧太守条云:"《永初郡国》又有高要、建陵、宁新、都罗、端溪、抚宁六县。……高要,何志无,余与《永初郡国》同。"又或"文帝废"后脱"后复置"三字。

9. 绥宁(424后—478)

按:东晋无此县,《宋志》广州刺史南海太守条:"绥宁男相,文帝立。"则其文帝时新置。

10. 始昌(424后—478)

按:东晋无此县,《宋志》广州刺史南海太守条:"始昌令,文帝立。"则其文帝时新置。

11. 熙安(424后—478)

按:东晋无此县,《宋志》广州刺史南海太守条:"熙安子相,文帝立。"则其文帝时新置。

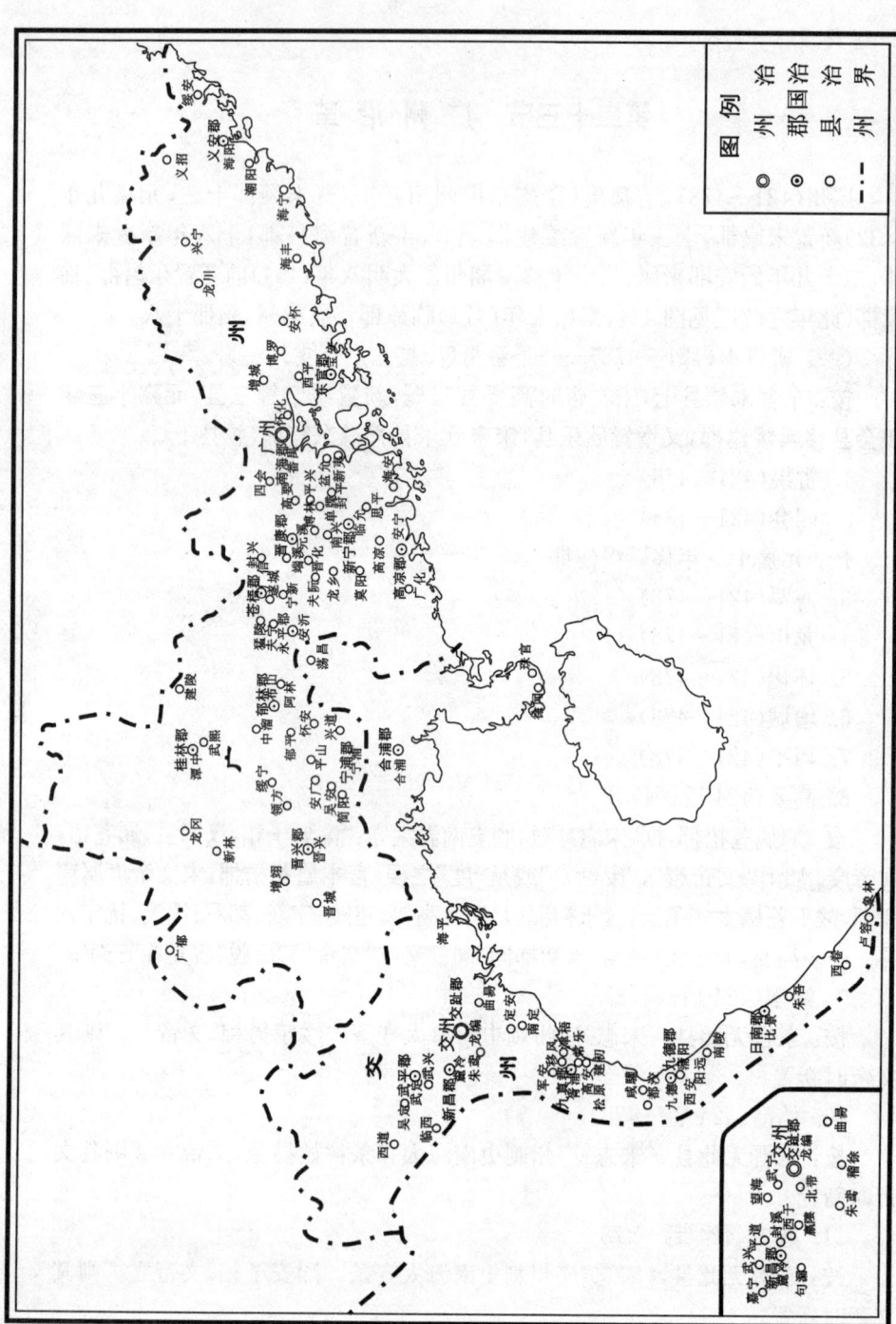

图 41 大明八年(464)南朝宋广州、交州政区

12. 欣乐(？—478前)

按：东晋无此县，《宋志》广州刺史东官太守条："欣乐男相，本属南海，宋末度。"则刘宋新置欣乐县，宋末移属东官郡。

(二) 东官郡(421—478)——治宝安(今广东宝安区西南头镇)

按：东晋末领县五，宋末欣乐来属，领县六。

1. 宝安(421—478)
2. 安怀(421—478)
3. 兴宁(421—478)
4. 海丰(421—478)
5. 海安(421—478)
6. 欣乐(478前—478)

按：原属南海郡，宋末来属。

(三) 新会郡(421—478)——原治盆允，后治宋元(今广东新会区)

按：东晋末领县二，宋初封平县来属，元嘉九年新置新熙等六县，十二年新置封乐县，十六年兴定县移属海昌郡，二十年前增置初宾等三县，领县十二。

1. 宋元(432—449宋安，450—478)

按：东晋无此县，据《宋志》广州刺史新会太守条："宋元令，《永初郡国》无，文帝元嘉九年，割南海、新会、新宁三郡界上新民立宋安、新熙、永昌、始成、招集五县。二十七年，改宋安为宋元。"则元嘉九年新置此五县。

2. 新熙(432—478)
3. 永昌(432—478)
4. 始成(432—478)
5. 招集(432—478)
6. 盆允(421—478)
7. 新夷(421—478)
8. 封平(421—478)

按：原属新宁郡，入宋后来属。

9. 封乐(435—478)

按：东晋无此县，据《宋志》广州刺史新会太守条："封乐令，文帝元嘉十二年，以盆允、新夷二县界归化民立。"则元嘉十二年新置此县。

10. 初宾(443前—478)

按：东晋无此县，《宋志》广州刺史新会太守条云："初宾令，何志新立。"则元嘉二十年前增置此县。

11. 义宁(443前—478)

按：东晋无此县，《宋志》广州刺史新会太守条云："义宁令，何志新立。"则元嘉二十年前增置此县。

12. 始康(443前—478)

按：东晋无此县，《宋志》广州刺史新会太守条云："始康令，何志新立。"则元嘉二十年前增置此县。

13. 兴定(432—438)

按：东晋无此县，据《宋志》广州刺史海昌太守条："兴定令，文帝元嘉九年立，属新会，后度此。"则其元嘉九年置，十六年移属海昌郡。

(四)苍梧郡(421—478)——治广信(今广西梧州市)

按：东晋末领县十一，永初后宁新等三县见废，文帝时新置怀熙县，高要县移属南海郡，元嘉十九年前新置文招县，十九年移属绥建郡，二十年前端溪县移属晋康郡，大明八年前思安等四县来属，宋末新置武化县，建陵县移属湘州始建国，领县十一。

1. 广信(421—478)

2. 端溪(421—443前)

按：据《宋志》广州刺史苍梧太守条："《永初郡国》又有高要、建陵、宁新、都罗、端溪、抚宁六县。"则宋初端溪属苍梧郡，又据《宋志》广州刺史晋康太守："元嘉二十年前，以龙乡并端溪也。"则元嘉二十年前端溪已移属晋康郡。

3. 高要(421—424后)

按：据端溪县考证所引《宋志》，宋初高要县仍属苍梧郡，文帝时移属南海郡。

4. 宁新(421—422后)

按：据端溪县考证所引《宋志》，宋初仍有宁新县属苍梧郡，其后似废。

5. 都罗(421—422后)

按：据端溪县考证所引《宋志》，宋初仍有都罗县属苍梧郡，其后似废。

6. 抚宁(421—422后)

按：据端溪县考证所引《宋志》，宋初仍有抚宁县属苍梧郡，其后似废。

7. 猛陵(421—478)

8. 丁留(421—478)

9. 遂成(421—478)

10. 广陵(421—478)

11. 建陵(421—478前)

按：宋末移属湘州始建国。

12. 怀熙(424后—478)

按：东晋无此县，《宋志》广州刺史苍梧太守条："怀熙令，文帝立。"则其文帝时新置。

13. 思安(464前—478)

按：原属晋康郡，大明八年前来属。

14. 封兴(464前—478)

按：原属晋康郡，大明八年前来属。

15. 荡康(464前—478)

按：原属晋康郡，大明八年前来属。

16. 侨宁(464前—478)

按：原属晋康郡，大明八年前来属。

17. 武化(478前—478)

按：东晋无此县，《宋志》广州刺史苍梧太守条："武化令，徐志以前无，疑是宋末所立。"则其宋末时新置。

18. 文招(441前—441)

按：东晋无此县，据《宋志》广州刺史绥建太守条："何、徐又有新招县。云本属苍梧，元嘉十九年改配。徐志晋康复有此县，疑误。"则元嘉十九年前新置文招县属苍梧郡，元嘉十九年移属绥建郡。

(五)晋康郡(421—478)——治元溪(今广东德庆县东)

按：东晋末领县十，文帝时新置安遂等三县，元嘉二十年前端溪县来属，龙乡、辽安、开平三县见废，元嘉二十年后新置乐城等四县。大明八年前新置都城县，文招县来属，侨宁等四县移属苍梧郡，领县十三。

1. 元溪(421—478)

2. 端溪(443前—478)

按：原属苍梧郡，据《宋志》广州刺史晋康太守条："《永初郡国》治龙乡。何志无复龙乡县，当是晋末立，元嘉二十年前，以龙乡并端溪也。"则其元嘉二十年前来属。

3. 龙乡(421—443前)

按：据端溪县考证所引《宋志》，其元嘉二十年前见废。

4. 晋化(421—478)

5. 夫阮(421—478)

6. 侨宁(421—464前)

按：据《宋志》广州刺史苍梧太守条："侨宁令,《永初郡国》有,及何志并属晋康,徐志度此。"则其大明八年前移属苍梧郡。

7. 封兴(421—464前)

按：据《宋志》广州刺史苍梧太守条："封兴令,《永初郡国》有,及何志并属晋康,徐志度此。"则其大明八年前移属苍梧郡。

8. 荡康(421—464前)

按：据《宋志》广州刺史苍梧太守条："荡康令,《永初郡国》有,及何志并属晋康,徐志度此。"则其大明八年前移属苍梧郡。

9. 思安(421—464前)

按：据《宋志》广州刺史苍梧太守条："思安令,《永初郡国》有,及何志并属晋康,徐志度此。"则其大明八年前移属苍梧郡。

10. 辽安(421—443前)

按：据《宋志》广州刺史晋康太守条："《永初郡国》又有封兴、荡康、思安、辽安、开平县。何志无辽安、开平二县。"则元嘉二十年前辽安县见废。

11. 开平(421—443前)

按：据辽安县考证所引《宋志》,则元嘉二十年前开平县见废。

12. 都城(464前—478)

按：东晋无此县,《宋志》广州刺史晋康太守条："都城令,何志晋初分建陵立,今无建陵县。按《太康地志》唯有都罗、武城县。"《晋志》下广州苍梧郡领有建陵、都罗、武城,唯建陵在今广西荔浦县境,武城在今广西平南县境,都罗虽不可考,亦当在今广西梧州市以西。如此,治今广东郁南县的都城县,与建陵、都罗、武城三县并无分合关系,都城县当是刘宋新置。则其大明八年前时新置。

13. 乐城(443后—478)

按：东晋无此县,《宋志》广州刺史晋康太守条："乐城令,何志无,徐志有。"则元嘉二十年后新置此县。

14. 宾江(443后—478)

按：东晋无此县,《宋志》广州刺史晋康太守条："宾江令,何志无,徐志有。"则元嘉二十年后新置此县。

15. 说城(443后—478)

按：东晋无此县,《宋志》广州刺史晋康太守条："说城令,何志无,徐志有。"则元嘉二十年后新置此县。

16. 安遂(443后—478)

按：东晋无此县,《宋志》广州刺史晋康太守条："安遂令,文帝立。"则其文

17. 永始(424 后—478)

按：东晋无此县，《宋志》广州刺史晋康太守条："永始令，文帝立。"则其文帝时新置。

18. 武定(424 后—478)

按：东晋无此县，《宋志》广州刺史晋康太守条："武定令，文帝立。"则其文帝时新置。

19. 文招(464 前—478)

按：据《宋志》广州刺史晋康太守条："文招令，何志无，徐志有二文招，一属绥建，一属晋康。"则大明八年前文招县来属。

20. 熙宁(443 后—478)

按：东晋无此县，《宋志》广州刺史晋康太守条："熙宁令，何志无，徐志有。"则元嘉二十年后新置此县。

(六) 新宁郡(421—478)——治南兴(今广东新兴县东北)

按：东晋末领县十，宋初封平县移属新会郡，文帝时新置龙潭等五县，元嘉二十年前平兴县见废，大明八年前增置抚纳、归顺二县，大明八年后永城县见废，领县十四。

1. 南兴(421—478)
2. 临允(421—478)
3. 新兴(421—478)
4. 博林(421—478)
5. 甘东(421—478)
6. 单牒(421—478)
7. 威平(421—478)
8. 平兴(421—443 前)

按：据《宋志》广州刺史新宁太守条："《永初郡国》有平兴、永城县，何、徐志有永城，无平兴。此二县当是晋末立。平兴当是元嘉二十年以前省，永城当是大明八年以后省。"则元嘉二十年前平兴见废。

9. 永城(421—464 后)

按：据平兴县考证所引《宋志》，则大明八年后永城县见废。

10. 龙潭(424 后—478)

按：东晋无此县，《宋志》广州刺史新宁太守条："龙潭令，文帝立。"则其文帝时新置。

11. 平乡(424后—478)

按：东晋无此县，《宋志》广州刺史新宁太守条："平乡令，文帝立。"则其文帝时新置。

12. 城阳(424后—478)

按：东晋无此县，《宋志》广州刺史新宁太守条："城阳令，文帝立。"则其文帝时新置。

13. 威化(424后—478)

按：东晋无此县，《宋志》广州刺史新宁太守条："威化令，文帝立。"则其文帝时新置。

14. 初兴(424后—478)

按：东晋无此县，《宋志》广州刺史新宁太守条："初兴令，文帝立。"则其文帝时新置。

15. 抚纳(464前—478)

按：东晋无此县，《宋志》广州刺史新宁太守条："抚纳令，徐志有。"则其大明八年前新置。

16. 归顺(464前—478)

按：东晋无此县，《宋志》广州刺史新宁太守条："归顺令，徐志有。"则其大明八年前新置。

(七)永平郡(421—478)——治安沂(今广西岑溪县西北)

按：东晋末领县十，文帝时增置熙平、武林二县，元嘉二十年前雷乡、员乡见废，大明八年后卢平等三县皆废，领县七。

1. 安沂(421—478)

2. 丰城(421—478)

3. 苏平(421—478)

4. 畂安(421—478)

5. 夫宁(421—478)

6. 雷乡(421—443前)

按：《宋志》广州刺史永平太守条："《永初郡国》有雷乡、卢平、员乡、逋宁、开城五县，当是与郡俱立。何、徐志无雷乡、员乡，又有熙平，云新立，疑是文帝所立。雷乡、员乡当是元嘉二十年以前省。卢平、逋宁、开城当是大明八年以后省。"则元嘉二十年前雷乡、员乡见废，大明八年后卢平、逋宁、开城三县皆废。

7. 卢平(421—464后)

按：据雷乡县考证，其大明八年后废。

8. 员乡(421—443前)

按：据雷乡县考证，其元嘉二十年前废。

9. 逋宁(421—464后)

按：据雷乡县考证，其大明八年后废。

10. 开城(421—464后)

按：据雷乡县考证，其大明八年后废。

11. 熙平(424后—478)

按：东晋无此县，《宋志》广州刺史永平太守条："何、徐志无雷乡、员乡，又有熙平，云新立，疑是文帝所立。"则其文帝时新置。

12. 武林(424后—478)

按：东晋无此县，《宋志》广州刺史永平太守条："武林令，文帝立。"则其文帝时新置。

（八）郁林郡(421—478)——治布山(今广西桂平市西)

按：东晋末领县二十一，永初后安远等三县移属桂林郡，大明八年前武熙县移属桂林郡，领县十七。

1. 布山(421—478)

2. 阿林(421—478)

3. 安远(421—422后)

按：据《宋志》广州刺史桂林太守条："安远令，晋武帝太康六年立，属郁林。《永初郡国》犹属郁林，何、徐属此。"则永初后其移属桂林郡。

4. 领方(421—478)

5. 郁平(421—478)

6. 新邑(421—478)

7. 安始(421—478)

8. 晋平(421—478)

9. 武熙(421—464前)

按：据《宋志》广州刺史桂林太守条："武熙令，本曰武安，应是吴立，晋武帝太康元年更名。故属郁林。"则大明八年前其移属桂林郡。

10. 建安(421—478)

11. 建初(421—478)

12. 宾平(421—478)

13. 威化(421—478)

14. 新林(421—478)

15. 龙平(421—478)

16. 怀安(421—478)

17. 绥宁(421—478)

18. 归化(421—478)

19. 中胄(421—478)

20. 程安(421—422后)

按:据《宋志》广州刺史桂林太守条:"程安令,《永初郡国》属郁林,何、徐属此。"则永初后其移属桂林郡。

21. 威定(421—422后)

按:据《宋志》广州刺史桂林太守条:"威定令,《永初郡国》属郁林,何、徐属此。"则永初后其移属桂林郡。

(九)晋兴郡(421—478)——治晋兴(今广西南宁市南郁江南岸)

按:东晋末领县八,宋初安广县移属宁浦郡,大明八年前复还。

1. 晋兴(421—478)

2. 安广(464前—478)

按:宋初移属宁浦郡,大明八年前复还。

3. 熙注(421—478)

4. 桂林(421—478)

5. 增翊(421—478)

6. 广郁(421—478)

7. 晋城(421—478)

8. 郁阳(421—478)

(十)桂林郡(421—478)——治中溜(今广西武宣县西南)

按:东晋末领县七,入宋后武丰、潭中二县见废,永初后安远、程安、威定三县来属,夹阳、常安见废,大明八年前武熙县来属,领县七。

1. 中溜(421—478)

2. 龙定①(421—478)

3. 阳平(421—478)

4. 夹阳(421—422后)

按:据《宋志》广州刺史桂林太守条:"《永初郡国》有常安、夹阳二县……

---

① 东晋作"龙冈",据《宋志》广州刺史桂林太守:"龙定令,晋武帝太康元年立桂林之龙冈,疑是。《永初郡国》、何、徐并云龙定。"则入宋后改称龙定。

何、徐并无此二县。"则永初后二县并废。

5. 常安(421—422后)

按：据夹乡县考证，其永初后常安县见废。

6. 安远(422后—478)

7. 程安(422后—478)

8. 威定(422后—478)

9. 武熙(464前—478)

(十一) 高凉郡(421—478)——治安宁(今广东阳江市西)

按：西晋末领县七，入宋后高凉县似废，永初时增置宋康县，元嘉九年广化、石门县移属宋康郡，元嘉二十年前增置平定等四县，宋康县见废，大明八年前长度县见废，领县七。

1. 安宁(421—478)

2. 思平(421—478)

3. 宋康(421后—443前)

按：东晋无此县，《宋志》广州刺史高凉太守条云："《永初郡国》高凉又有石门、广化、长度、宋康四县。何、徐并无宋康，当是宋初所立，元嘉二十年以前省，其余当是江左所立①。"则永初时增置宋康县，元嘉二十年前见废。

4. 广化(421—431)

按：据《宋志》广州刺史宋康太守："广化令，《晋太康地志》有，属高兴，《永初郡国》属高凉。"而宋康郡元嘉九年新置，疑广化县于此时移属焉。

5. 莫阳(421—478)

6. 石门(421—431)

按：据《宋志》广州刺史宋康太守："石门长，何志故属高凉。"而宋康郡元嘉九年新置，疑石门县于此时移属焉。

7. 长度(421—464前)

按：《宋志》广州刺史高凉郡未领此县，且云："《永初郡国》高凉又有石门、广化、长度、宋康四县。何、徐并无宋康。"则元嘉二十年后、大明八年前长度县见废。

8. 平定(443前—478)

按：东晋无此县，《宋志》广州刺史高凉太守条云："平定令，何志有，不注

---

① 《宋志》广州刺史宋康太守广化令条："《晋太康地志》有，属高兴，《永初郡国》属高凉。"则广化乃吴置，而非江左(东晋)立。

置立。"则元嘉二十年前增置此县。

9. 罗州(443前—478)

按：东晋无此县，《宋志》广州刺史高凉太守条云："罗州令，何志新立。"则元嘉二十年前增置此县。

10. 西筆(443前—478)

按：东晋无此县，《宋志》广州刺史高凉太守条云："西筆令，何志新立。"则元嘉二十年前增置此县。

11. 禽乡(443前—478)

按：东晋无此县，《宋志》广州刺史高凉太守条云："禽乡令，何志新立。"则元嘉二十年前增置此县。

(十二) 宁浦郡(421—478)——治宁浦(今广西横县西南)

按：东晋末领县六，宋初安广县来属，大明八年前复还。

1. 宁浦(421—478)
2. 涧阳①(421—478)
3. 兴道(421—478)
4. 吴安(421—478)
5. 平山(421—478)
6. 始定(421—478)
7. 安广(421—464前)

按：东晋属晋兴郡，《宋志》广州刺史晋兴太守领有此县，宁浦太守未领此县而云"《永初郡国》有安广县"，则永初时此县来属，大明八年前复还。

(十三) 义安郡(421—478)——治海阳(今广东潮州市东北)

按：东晋末领县五，与《宋志》广州刺史义安太守领县同。

1. 海阳(421—478)
2. 绥安(421—478)
3. 海宁(421—478)
4. 潮阳(421—478)
5. 义招(421—478)

(十四) 宋康郡(432—478)——治广化(今广东江阳市西)

按：东晋无此郡，据《宋志》广州刺史宋康太守条："宋康太守，本高凉西营，文帝元嘉九年立。"则元嘉九年新置此郡，广化、石门二县来属，二十年前增

① 《宋志》"《永初郡国》作'简阳'"，则宋初作"简阳"。

置单城等六县,大明八年前新置威覃县,领县九。

1. 广化(432—478)

按:原属高凉郡,元嘉九年来属。

2. 单城(443前—478)

按:东晋无此县,《宋志》广州刺史宋康太守条云:"单城令,何志新立。"则元嘉二十年前增置此县。

3. 逐度(443前—478)

按:东晋无此县,《宋志》广州刺史宋康太守条云:"逐度令,何志新立。"则元嘉二十年前增置此县。

4. 海邻(443前—478)

按:东晋无此县,《宋志》广州刺史宋康太守条云:"海邻令,何志新立。"则元嘉二十年前增置此县。

5. 化隆(443前—478)

按:东晋无此县,《宋志》广州刺史宋康太守条云:"化隆令,何志新立。"则元嘉二十年前增置此县。

6. 开宁(443前—478)

按:东晋无此县,《宋志》广州刺史宋康太守条云:"开宁令,何志新立。"则元嘉二十年前增置此县。

7. 绥定(443前—478)

按:东晋无此县,《宋志》广州刺史宋康太守条云:"绥定令,何志新立。"则元嘉二十年前增置此县。

8. 石门(432—478)

按:原属高凉郡,元嘉九年来属。

9. 威覃(464前—478)

按:东晋无此县,《宋志》广州刺史宋康太守条云:"威覃长,徐志有。"则大明八年前增置此县。

(十五)绥建郡(436—478)——治新招(今广东广宁县南)

按:东晋无此郡,据《宋志》广州刺史绥建太守条:"文帝元嘉十三年立。"则元嘉十三年新置绥建郡,其时领县四,后又增置绥南等五县,元嘉十九年文招县来属,孝建元年(454)前化注等五县割属临贺,大明八年前增置化穆县,绥南县复属,文招县移属晋康郡,领县六。

1. 新招(436—478)

按:东晋无此县,据《宋志》广州刺史绥建太守条:"新招令,本四会之官细乡,元嘉十三年分为县。"则其元嘉十三年新置。

2. 化蒙(436—478)

按:东晋无此县,据《宋志》广州刺史绥建太守条:"化蒙令,本四会古蒙乡,元嘉十三年分为县。"则其元嘉十三年新置。

3. 怀集(436—478)

按:东晋无此县,据《宋志》广州刺史绥建太守条:"怀集令,本四会之银屯乡,元嘉十三年分为县。"则其元嘉十三年新置。

4. 四会(436—478)

按:原属南海郡,元嘉十三年来属。

5. 绥南(436后—454前,464前—478)

按:东晋无此县,据《宋志》广州刺史绥建太守条:"孝武孝建元年,有司奏化注、永固、绥南、宋昌、宋泰五县,旧属绥建,中割度临贺,相去既远,疑①还绥建。今唯有绥南,余并无。"则其元嘉十三年立绥建郡后新置绥南等五县,孝建元年前绥南等四县移属临贺郡,大明元年前宋昌县移属宋建郡,大明八年前绥南复还。

6. 永固(436后—454前)

按:据绥南县考证,其元嘉十三年后新置,孝建元年前移属临贺郡。

7. 化注(436后—454前)

按:据绥南县考证,其元嘉十三年后新置,孝建元年前移属临贺郡。

8. 宋昌(436后—456前)

按:据绥南县考证,其元嘉十三年后新置,大明元年前移属宋建郡。

9. 宋泰(436后—454前)

按:据绥南县考证,其元嘉十三年后新置,孝建元年前移属临贺郡。

10. 文招(442—464前)

按:据《宋志》广州刺史绥建太守条:"何、徐又有新招县。云本属苍梧,元嘉十九年改配。徐志晋康复有此县,疑误。"检《宋志》广州刺史晋康太守领有文招县,云"文招令,何志无,徐志有二文招,一属绥建,一属晋康"。据此,晋康郡何志无文招县,而徐志有,徐志绥建郡又有文招,则上志文所谓"何、徐又有新招县",当作"何、徐又有文招县"。又原此段志文之义,也不应有"新招县",盖"新招令"已见下文"新招令"条,云"新招令,本四会之官细乡,元嘉十三年分

---

① 张元济曰:宋本、三本、北本、汲本作"疑",殿本作"宜","按疑字似当旁注"。殿本作"宜",于语义更胜。

为县",与此"本属苍梧,元嘉十九年改配"之县沿革不合。则元嘉十九年文招县来属,大明八年前移属晋康郡。

11. 化穆(464前—478)

按:东晋无此县,据《宋志》广州刺史绥建太守条:"化穆令,何志新立。"则其大明八年前新置。

(十六)海昌郡(439—478)——治宁化(今广东高州市东北)

按:东晋无此郡,据《宋志》广州刺史海昌太守条:"海昌太守,文帝元嘉十六年立。"则元嘉十六年新置此郡,领宁化等五县,元嘉二十年前增置覃化县,大明八年前废,领县五。

1. 宁化(439—478)

按:东晋无此县,据《宋志》广州刺史海昌太守条:"宁化令,徐志新立。"疑元嘉十六年随郡新置。

2. 威宁(439—478)

按:东晋无此县,据《宋志》广州刺史海昌太守条:"威宁令,徐志新立。"疑元嘉十六年随郡新置。

3. 永建(439—478)

按:东晋无此县,据《宋志》广州刺史海昌太守条:"永建令,徐志新立。"疑元嘉十六年随郡新置。

4. 招怀(439—478)

按:东晋无此县,据《宋志》广州刺史海昌太守条:"招怀令,徐志新立。"疑元嘉十六年随郡新置。

5. 兴定(439—478)

按:原属新会郡,据《宋志》广州刺史海昌太守条:"兴定令,文帝元嘉九年立,属新会,后度此。"疑元嘉十六年来属。

6. 覃化(443前—464前)

按:东晋无此县,据《宋志》广州刺史海昌太守条:"何有覃化县,徐无。"则元嘉二十年前增置覃化县,大明八年前见废。

(十七)宋熙郡(441—449,450—454后宋隆郡,454后—478)——治平兴(今广东高要市东)

按:东晋无此郡,据《宋志》广州刺史宋熙太守条:"宋熙太守,文帝元嘉十八年,以交州流寓立昌国、义怀、绥宁、新建四县为宋熙郡,今无此四县。二十七年,更名宋隆。孝武孝建中,复改为宋熙。领县七。"则元嘉十八年置宋熙郡,领侨县四,大明八年前四侨县见废,又新置平兴等实县七,领县七。

1. 平兴(464前—478)

按：东晋无此县，据《宋志》广州刺史宋熙太守条："平兴令，徐志新立。"则大明八年前新置此县。

2. 初宁(464前—478)

按：东晋无此县，据《宋志》广州刺史宋熙太守条："初宁令，徐志新立。"则大明八年前新置此县。

3. 建宁(464前—478)

按：东晋无此县，据《宋志》广州刺史宋熙太守条："建宁令，徐志新立。"则大明八年前新置此县。

4. 招兴(464前—478)

按：东晋无此县，据《宋志》广州刺史宋熙太守条："招兴令，徐志新立。"则大明八年前新置此县。

5. 崇化(464前—478)

按：东晋无此县，据《宋志》广州刺史宋熙太守条："崇化令，徐志新立。"则大明八年前新置此县。

6. 熙穆(464前—478)

按：东晋无此县，据《宋志》广州刺史宋熙太守条："熙穆令，徐志新立。"则大明八年前新置此县。

7. 崇德(464前—478)

按：东晋无此县，据《宋志》广州刺史宋熙太守条："崇德令，徐志新立。"则大明八年前新置此县。

8. 昌国

9. 义怀

10. 绥宁

11. 新建

(十八) 乐昌郡(464前—478)——治乐昌(今广东四会市北)

按：东晋无此郡，《宋志》广州刺史有此郡，而无其他说明，则其当于大明八年前新置，所领乐昌等六县唯有县名，亦未见说明，当并为大明八年前新置。

1. 乐昌(464前—478)

2. 始昌(464前—478)

3. 宋元(464前—478)

4. 乐山(464前—478)

5. 义立(464前—478)

6. 安乐(464前—478)

(十九)临漳郡(464前—470)——治乏考

按:东晋无此郡,《宋志》越州刺史有此郡,且云"先属广州",泰始七年分置越州,则似大明八年前增置临漳郡,泰始七年移属越州。《宋志》不列属县,可考者一。

丹城(464前—470)

按:《太平御览》卷74《地部三九》"塘"引《南越志》曰:"丹城县有釜塘,金沙自是而出。"据《新唐书》卷48《艺文志》乙部地理类:"沈怀远《南越志》五卷。"《宋书》卷82《沈怀文传附沈怀远传》:沈怀远为宋文帝及孝武帝时人,曾流放岭南,"撰《南越志》及(沈)怀文文集,并传于世"。则刘宋时乃有丹城县。

(二十)始安郡(452)——治始安(今广西桂林市)

按:据《宋志》湘州刺史始建内史条:"宋文帝元嘉二十九年,度广州,三十年,复度湘州。明帝改名。"则其元嘉二十九年度属广州,元嘉三十年还属湘州。

1. 始安(452)
2. 荔浦(452)
3. 平乐(452)
4. 熙平(452)
5. 永丰(452)

第二十四节 交州沿革

交州(421—478),治龙编(今越南河北省仙游县东)。东晋末领郡七,日南为林邑所陷,大明八年(464)前新置宋平、宋寿二郡(此年之政区见前图41),泰始七年(471)合浦、宋寿二郡移属越州,宋末增置义昌郡,领郡七。

(一)交趾郡(421—478)——治龙编(今越南河北省仙游县东)

按:东晋末领县十四,北带、稽徐二县入宋后似废,孝武帝时新置宋平县,大明八年移属宋平郡,领县十二。

1. 龙编(421—478)
2. 嬴陵(421—478)
3. 定安(421—478)
4. 句漏(421—478)
5. 曲昜(421—478)

6. 海平(421—478)

7. 武宁(421—478)

8. 西于(421—478)

9. 朱鸢(421—478)

10. 望海(421—478)

11. 吴兴①(421—478)

12. 南定(421—478)

13. 宋平(454后—464前)

按：东晋无此县，据《宋志》交州刺史宋平郡："孝武世，分日南立宋平县，后为郡。"则孝武帝时新置此县，大明八年前复置为郡。

(二) 合浦郡(421—470)——治合浦(今广西合浦县东北)

按：东晋末领县九，入宋后南平、毒质二县似废，领县七，泰始七年合浦郡移属越州。

1. 合浦(421—470)

2. 珠官(421—470)

3. 徐闻(421—470)

4. 荡昌(421—470)

5. 晋始(421—470)

6. 朱卢(421—470)

7. 新安(421—470)

(三) 武平郡(421—478)——治武定(今越南永富省永福县东南平州)

按：东晋末领县八，《宋志》武平太守自"去州水二百一十陆"后残缺，《孙考》："据《南齐书》，吴定、新道、晋化三县并属新昌郡，而武平郡自领武定、封溪、平道、武兴、根宁、南移六县，与此《志》不同。此上云交州领郡八，今数之，只七郡，盖脱去新昌一郡。又案《通鉴》宋大明八年，胡三省据沈约《志》列是年州郡数，交州有新昌，又梁大同十一年引沈约《志》，吴孙皓建衡三年分交趾立新兴郡，并立嘉宁县，晋武帝太康三年，更郡曰新昌。鼎宜按：此谓武平郡失去所领六县，而所列吴定、新道、晋化三县自属新昌郡，是志文又失去新昌郡小序也。"据此，进山、安武、扶安三县入宋后似废，又新置南移县，领县六。

1. 武定(421—478)

2. 平道(421—478)

---

① 东晋作"交兴"，《宋志》作"吴兴"。

3. 根宁(421—478)

4. 封溪(421—478)

5. 武兴(421—478)

6. 南移(421—478)

(四)新昌郡(421—478)——治麓泠(今越南永富省安朗县西夏雷乡)

按:东晋末领县八,历刘宋时期似未变化。

1. 麓泠(421—478)

2. 嘉宁(421—478)

3. 吴定(421—478)

4. 封山(421—478)

5. 临西(421—478)

6. 西道(421—478)

7. 新道(421—478)

8. 晋化(421—478)

(五)九真郡(421—478)——治移风(今越南清化省清化北马江南岸)

按:西晋末领县十一,宋初新置武宁县,领县十二。

1. 移风(421—478)

2. 胥浦(421—478)

3. 常乐(421—478)

4. 建初(421—478)

5. 津梧(421—478)

6. 松原(421—478)

7. 扶乐(421—478)

8. 高安(421—478)

9. 宁夷(421—478)

10. 军安(421—478)

11. 都庞(421—478)

12. 武宁(421—478)

按:东晋无此县,据《宋志》交州刺史九真太守:"武宁令,吴立,何志武帝立。"则其似宋初新置。

(六)九德郡(421—478)——治浦阳(今越南义安省荣市东南)

按:东晋末领县九,入宋后曲苓、扶苓二县见废,大明八年前新置越常县,宋末新置宋泰等三县,阳远县见废,领县十。

1. 浦阳(421—478)
2. 阳远(421—478前)

按：据《宋志》交州刺史九德太守浦阳县条："吴立曰阳成,太康二年更名,后省。"则其宋末省。

3. 咸驩(421—478)
4. 南陵(421—478)
5. 九德(421—478)
6. 都洨(421—478)
7. 西安(421—478)
8. 越常(464前—478)

按：东晋无此县,据《宋志》交州刺史九德太守："越常长,何志吴立。《太康地志》无。"似大明八年前新置此县。

9. 宋泰(478前—478)

按：东晋无此县,据《宋志》交州刺史九德太守："宋泰令,宋末立。"则其宋末新置。

10. 宋昌(478前—478)

按：东晋无此县,据《宋志》交州刺史九德太守："宋昌令,宋末立。"则其宋末新置。

11. 希平(478前—478)

按：东晋无此县,据《宋志》交州刺史九德太守："希平令,宋末立。"则其宋末新置。

(七) 宋平郡(464前—478)——治宋平(今越南河内市)

按：东晋无此郡,《宋志》交州刺史领有宋平郡,且云："孝武世,分日南立宋平县,后为郡。"则孝武帝时新置此县,大明八年前复置为郡。

宋平(464前—478)

(八) 义昌郡(478前—478)——治乏考

按：东晋无此郡,《宋志》交州刺史云："义昌郡,宋末立。"则宋末新置此郡,而领县乏考。

(九) 宋寿郡(464前—470)——治乏考

按：东晋无此郡,《宋志》越州刺史云："宋寿太守,先属交州。"则大明八年前新置此郡属交州,泰始七年移属越州,而领县乏考。

第二十五节 越 州 沿 革

越州(471—478),治合浦(今广西合浦县东北)。东晋无此州,据《宋志》越州刺史:"明帝泰始七年立。"则其泰始七年(471)置,领郡三,又新置百梁等六郡,领郡九。

(一)合浦郡(471—478)——治合浦(今广西合浦县东北)

按:原属交州,泰始七年来属。

1. 合浦(471—478)

2. 珠官(471—478)

3. 徐闻(471—478)

4. 荡昌(471—478)

5. 晋始(471—478)

6. 朱卢(471—478)

7. 新安(471—478)

(二)宋寿郡(471—478)——治乏考

按:原属交州,泰始七年来属。

(三)临漳郡(471—478)——治乏考

按:原属广州,泰始七年来属。领县一。

丹城(471—478)

按:《宋志》无此县,然据广州临漳郡考证,临漳郡领有丹城县。

(四)百梁郡(471—478)——治乏考

按:东晋无此郡,《宋志》越州刺史云"百梁太守,新立",疑泰始七年随州新置,领县乏考。

(五)龙苏郡(471—478)——治乏考

按:东晋无此郡,《宋志》越州刺史云"龙苏太守,新立",疑泰始七年随州新置,领县乏考。

(六)永宁郡(471—478)——治乏考

按:东晋无此郡,《宋志》越州刺史云"永宁太守,新立",疑泰始七年随州新置,领县乏考。

(七)安昌郡(471—478)——治乏考

按:东晋无此郡,《宋志》越州刺史云"安昌太守,新立",疑泰始七年随州新置,领县乏考。

(八) 富昌郡(471—478)——治乏考

按：东晋无此郡，《宋志》越州刺史云"富昌太守，新立"，疑泰始七年随州新置，领县乏考。

(九) 南流郡(471—478)——治乏考

按：东晋无此郡，《宋志》越州刺史云"南流太守，新立"，疑泰始七年随州新置，领县乏考。

第二十六节　司州所辖实郡沿革

《宋志》司州刺史云："文帝元嘉末，侨立于汝南，寻亦省废。明帝复于南豫州之义阳郡立司州，渐成实土焉。"元徽四年(476)义阳、安陆、随三郡来属。

(一) 义阳郡(476—478)——治平阳(今河南信阳市)

按：元徽四年来属。

1. 平阳(476—478)
2. 义阳(476—478)
3. 鄳(476—478)
4. 钟武(476—478)
5. 宝城(476—478)
6. 平春(476—478)
7. 环水(476—478)

(二) 安陆郡(476—478)——治安陆(今湖北安陆市)

按：元徽四年来属。

1. 安陆(476—478)
2. 应城(476—478)

(三) 随郡(476—478)——治随(今湖北随州市)

按：元徽四年来属。

1. 随(476—478)
2. 永阳(476—478)
3. 阙西(476—478)
4. 西平林(476—478)

第二章　南朝宋大明八年(464)实州郡县行政区划

(一)扬州,治建康(今江苏南京市)。尹一,实郡三,实县三十五

1. 丹阳尹,治建康(今江苏南京市),8县:建康、秣陵、丹杨、溧阳、永世、湖熟、江宁、句容。

2. 吴郡,治吴(今江苏苏州市),12县:吴、娄、海虞、嘉兴、海盐、钱唐、富阳、盐官、新城、建德、寿昌、桐庐。

3. 吴兴郡,治乌程(今浙江湖州市南),10县:乌程、武康、余杭、东迁、长城、於潜、临安、故鄣、安吉、原乡。

4. 义兴郡,治阳羡(今江苏宜兴市),5县:阳羡、临津、国山、义乡、绥安。

(二)东扬州,治山阴(今浙江绍兴市)。郡五,县三十四

1. 会稽郡,治山阴(今浙江绍兴市),10县:山阴、永兴、上虞、余姚、诸暨、剡、鄞、始宁、句章、鄮。

2. 东阳郡,治长山(今浙江金华市),9县:长山、太末、乌伤、永康、信安、吴宁、丰安、定阳、遂昌。

3. 新安郡,治始新(今浙江淳安县西北),5县:始新、黟、遂安、歙、海宁。

4. 临海郡,治章安(今浙江台州市章安镇),5县:章安、临海、宁海、始丰、乐安。

5. 永嘉郡,治永宁(今浙江温州市),5县:永宁、安固、松阳、横阳、乐成。

(三)南徐州,治京口(今江苏镇江市)。实郡一,领实县侨郡二,实县十

1. 晋陵郡,治晋陵(今江苏常州市),7县:晋陵、无锡、延陵、曲阿、暨阳、南沙。

2. 南东海郡,侨寄京口(今江苏镇江市),2县:丹徒、武进。

3. 南琅邪郡,侨寄江乘(今江苏句容市西北),1县:江乘。

(四)南兖州,治广陵(今江苏扬州市西北蜀冈上)。实郡五,领实县侨郡一,实县十六

1. 广陵郡,治广陵(今江苏扬州市西北蜀冈上),4县:广陵、海陵、高邮、江都。

2. 海陵郡,治建陵(今江苏姜堰市北),4县:临江、如皋、宁海、蒲涛。
3. 盱眙郡,治旧盱眙(今江苏盱眙县东北台子山上),2县:阳城、直渎。
4. 钟离郡,治燕(今安徽凤阳县东北),所领皆侨县。
5. 山阳郡,侨寄山阳(今江苏淮安市),4县:山阳、盐城、东城、左乡。
6. 临江郡,治乌江(今安徽和县东北),2县:乌江、怀德。

(五)徐州,治彭城(今江苏徐州市)。郡九,领实县侨郡三,县二十八
1. 彭城郡,治彭城(今江苏徐州市),4县:彭城、吕、蕃、薛、留。
2. 沛郡,治萧(今安徽萧县西北),3县:萧、相、沛。
3. 下邳郡,治下邳(今江苏邳州市南),3县:下邳、良城、僮。
4. 东海郡,治襄贲(今山东苍山县南),2县:襄贲、赣榆。
5. 东莞郡,治莒(今山东莒县),3县:莒、东莞、诸。
6. 琅邪郡,治费(今山东费县西北),2县:费、即丘。
7. 兰陵郡,治承(今山东枣庄市东南),4县:昌虑、承、合乡、兰陵。
8. 东安郡,治盖(今山东沂源县东南),2县:盖、新泰。
9. 宿预郡,治宿预(今江苏宿迁市东南旧黄河东北岸古城),1县:宿预。
10. 淮阳国,侨寄角城(今江苏淮阴市西南),1县:角城。
11. 济阴郡,侨寄睢陵(今江苏睢宁县),1县:睢陵。
12. 北济阴郡,侨寄城武(今山东单县),2县:城武、丰。

(六)兖州,治瑕丘(今山东兖州市)。实郡五,实县二十四
1. 泰山郡,治奉高(今山东泰安市东),8县:奉高、嬴、牟、南城、武阳、梁父、博、钜平。
2. 高平郡,治高平(今山东微山县西北),6县:高平、方舆、金乡、巨野、平阳、亢父。
3. 鲁郡,治邹(今山东邹县东南),5县:邹、汶阳、鲁、新阳、阳平。
4. 济北郡,治蛇丘(今山东肥城市东南),4县:蛇丘、谷城、卢、山茌。
5. 东平郡,治无盐(今山东东平县东),1县:无盐。

(七)豫州,治寿阳(今安徽寿县)。实郡九,实县三十三
1. 汝南郡,治悬瓠城(今河南汝南县),11县:上蔡、平舆、西平、郎陵、真阳、安阳、北新息、南新息、阳安、瞿阳、安成。
2. 汝阳郡,治汝阳(今河南商水县西北),2县:汝阳、武津。
3. 汝阴郡,治汝阴(今安徽阜阳市),3县:汝阴、宋、安城。
4. 新蔡郡,帖治悬瓠城(今河南汝南县),4县:鲖阳、新蔡、固始、苞信。
5. 陈郡,治项城(今河南沈丘县),4县:项城、西华、谷阳、长平。

6. 南顿郡,帖治项城(今河南沈丘县),2县:南顿、和城。

7. 颍川郡,治邵陵(今河南许昌市东),2县:邵陵、临颍。

8. 谯郡,治乏考(约在今安徽蒙城县西北),3县:蕲、宁陵、襄邑。

9. 梁郡,治乏考(约在今安徽砀山县),2县:下邑、砀。

(八)<u>南豫州</u>,治姑熟(今安徽当涂县)。实郡七,领实县侨郡二,实县三十九

1. 历阳郡,治历阳(今安徽和县),1县:历阳。

2. 庐江郡,治舒(今安徽舒城县),3县:舒、灊、始新左县。

3. 马头郡,治马头城(今安徽怀远县南淮河南岸),所领皆侨县。

4. 晋熙郡,治怀宁(今安徽潜山县),2县:怀宁、新冶。

5. 弋阳郡,治弋阳(今河南潢川县西),11县:弋阳、期思、安丰、松滋、乐安、茹由、光城、雩娄、史水、开化、边城。

6. 宣城郡,治宛陵(今安徽宣城市),10县:宛陵、宣城、广阳、安吴、临城、石城、泾、广德、宁国、怀安。

7. 义阳郡,治平阳(今河南信阳市),8县:平阳、义阳、鄳、钟武、宝城、平春、宋安。

8. <u>南汝阴郡</u>,侨寄合肥(今安徽合肥市西),3县:南陈左县、赤官左县、蓼城左县。

9. <u>淮南郡</u>,侨寄于湖(今安徽当涂县),1县:于湖。

(九)青州,治东阳城(今山东青州市)。实郡七,领实县侨郡二,实县四十四

1. 齐郡,治临淄(今山东淄博市东北),7县:临淄、西安、安平、般阳、广饶、昌国、益都。

2. 济南郡,治历城(今山东济南市),6县:历城、著、平陵、土鼓、朝阳、逢陵。

3. 乐安郡,治千乘(今山东广饶县北),3县:千乘、临济、博昌。

4. 东莱郡,治掖(今山东莱州市),7县:曲城、掖、㡉、卢乡、当利、牟平、黄。

5. 高密郡,治黔陬(今山东胶州市西南黔陬东),6县:黔陬、淳于、高密、夷安、营陵、昌安。

6. 平昌郡,治安丘(今山东安丘市西南),5县:安丘、平昌、东武、琅邪、朱虚。

7. 长广郡,治不其(今山东青岛市北),4县:不其、长广、昌阳、挺。

8. 北海郡，侨寄东阳城（今山东青州市），5县：下密、胶东、即墨、剧、平寿。

9. 太原郡，侨寄升城（今山东长清区西南），1县：祝阿。

（十）荆州，治江陵（今湖北江陵县）。国一，实郡六，实县三十三

1. 南郡，治江陵（今湖北江陵县），6县：江陵、华容、当阳、临沮、编、枝江。

2. 南平国，治江安（今湖北公安县西北），4县：江安、孱陵、南安、作唐。

3. 武宁郡，治乐乡（今湖北荆门市北），2县：乐乡、长林。

4. 宜都郡，治夷道（今湖北枝江市），4县：夷道、佷山、夷陵、宜昌。

5. 巴东郡，治鱼复（今重庆奉节县），7县：鱼复、朐䏰、南浦、汉丰、新浦、巴渠、鼋阳。

6. 建平郡，治巫（今重庆市巫山县），7县：巫、秭归、归乡、北井、泰昌、沙渠、新乡。

7. 汶阳郡，治僮阳（今湖北保康县东南），3县：僮阳、沮阳、高安。

（十一）郢州，治夏口（今湖北武汉市武昌）。实郡八，领实县侨郡一，实县四十五

1. 江夏郡，治夏口（今湖北武汉市武昌），6县：惠怀、沌阳、滠阳、孝昌、沙阳、蒲圻。

2. 安陆郡，治安陆（今湖北安陆市），4县：安陆、曲陵、应城、安蛮。

3. 竟陵郡，治石城（今湖北钟祥市），5县：云杜、竟陵、新市、霄城、新阳。

4. 随郡，治随（今湖北随州市），2县：随、永阳。

5. 武陵郡，治临沅（今湖南常德市），10县：临沅、龙阳、汉寿、沅南、迁陵、舞阳、酉阳、黚阳、沅陵、辰阳。

6. 天门郡，治澧阳（今湖南石门县），4县：澧阳、临澧、零阳、溇中。

7. 巴陵郡，治巴陵（今湖南岳阳市），5县：巴陵、下隽、监利、州陵、绥安。

8. 武昌郡，治武昌（今湖北鄂州市鄂城区西），3县：武昌、鄂、阳新。

9. 西阳郡，侨寄西阳（今湖北黄州市黄州区东），6县：西陵、蕲水左县、希水左县、建宁左县、阳城左县、蕲阳。

（十二）湘州，治临湘（今湖南长沙市）。国三，实郡七，实县六十二

1. 长沙国，治临湘（今湖南长沙市），7县：临湘、攸、建宁、醴陵、罗、吴昌、刘阳。

2. 衡阳国，治湘西（今湖南株洲县西南），7县：湘西、湘乡、益阳、新康、衡山、重安、湘南。

3. 湘东郡，治临烝（今湖南衡阳市），4县：临烝、茶陵、新宁、阴山。

4. 始兴郡,治曲江(今广东韶关市东南),7县:曲江、桂阳、含洭、浈阳、中宿、始兴、阳山。

5. 邵陵郡,治邵陵(今湖南邵阳市),7县:邵陵、邵阳、高平、都梁、扶、武刚、建兴。

6. 零陵国,治泉陵(今湖南永州市),7县:泉陵、祁阳、永昌、零陵、洮阳、观阳、应阳。

7. 桂阳郡,治郴(今湖南郴州市),6县:郴、汝城、耒阳、南平、临武、晋宁。

8. 临贺郡,治临贺(今广西贺州市东南),8县:临贺、封阳、冯乘、富川、兴安、谢沐、宁新、开建。

9. 始安郡,治始安(今广西桂林市),5县:始安、荔浦、平乐、熙平、永丰。

10. 营阳郡,治营浦(今湖南道县东),4县:营浦、泠道、舂陵、营道。

(十三)雍州,治襄阳(今湖北襄樊市)。实郡四,领实县侨郡七,实县二十七。

1. 襄阳郡,治襄阳(今湖北襄樊市),3县:襄阳、邔、中庐。

2. 南阳郡,治宛(今河南南阳市),6县:宛、涅阳、云阳、冠军、郦、舞阴。

3. 顺阳郡,治南乡(今河南淅川县南),3县:南乡、顺阳、丹水。

4. 新野郡,治新野(今河南新野县),4县:新野、山都、穰、交木。

5. 京兆郡,侨寄今湖北襄阳区西北,1县:邓。

6. 始平郡,侨寄今湖北丹江口市西北,1县:武当。

7. 扶风郡,侨寄今湖北谷城县东北,2县:筑阳、汎阳。

8. 河南郡,侨寄今河南南阳市东南,2县:棘阳、襄乡。

9. 广平郡,侨寄今河南邓州市东南,3县:鄳、比阳、阴。

10. 冯翊郡,侨寄治今湖北宜城市东南,1县:郡。

11. 华山郡,侨寄今湖北宜城市北大堤村,1县:上黄。

(十四)江州,治柴桑(今江西九江市西南)。国二,实郡七,领实县侨郡一,实县六十六。

1. 寻阳郡,治柴桑(今江西九江市西南),2县:柴桑、彭泽。

2. 豫章郡,治南昌(今江西南昌市),12县:南昌、艾、新淦、建城、丰城、望蔡、吴平、永修、建昌、豫宁、康乐、新吴。

3. 鄱阳郡,治广晋(今江西鄱阳县北),6县:广晋、余汗、乐安、上饶、鄱阳、葛阳。

4. 庐陵郡,治石阳(今江西吉水县北),9县:石阳、西昌、高昌、巴丘、吉阳、兴平、阳丰、遂兴、东昌。

5. 临川国，治临汝（今江西抚州市），9县：临汝、南城、新建、南丰、宜黄、安浦、西丰、永城、东兴。

6. 南康国，治赣（今江西赣州市东北），8县：赣、陂阳、零都、平固、南康、宁都、南野、虔化。

7. 建安郡，治建安（今福建建瓯市），7县：建安、建阳、将乐、邵武、吴兴、绥成、沙村。

8. 晋安郡，治候官（今福建福州市），5县：候官、罗江、原丰、晋安、温麻。

9. 安成郡，治平都（今江西安福县），7县：平都、新喻、宜阳、永新、安复、萍乡、广兴。

10. <u>南新蔡郡</u>，侨寄黟布旧城附近，1县：阳唐左县。

（十五）梁州，治南郑（今陕西汉中市）。实郡十，实县五十二

1. 汉中郡，治南郑（今陕西汉中市），4县：南郑、西乡、沔阳、城固。

2. 魏兴郡，治西城（今陕西安康市西北汉江北岸），9县：西城、兴晋、安康、锡、郧乡、旬阳、上廉、广昌、广城。

3. 新城郡，治房陵（今湖北房县），6县：房陵、绥阳、昌魏、祁乡、阆阳、乐平。

4. 上庸郡，治上庸（今湖北竹山县西南），5县：上庸、安富、北巫、武陵、微阳。

5. 晋寿郡，治晋寿（今四川广元市南），4县：晋寿、白水、兴安、邵欢。

6. 新巴郡，治新巴（今四川江油市东北雁门坝），3县：新巴、晋城、晋安。

7. 北巴西郡，治阆中（今四川阆中市），6县：阆中、汉昌、安汉、南国、西国、平周。

8. 巴渠郡，治宣汉（今四川达州市），7县：宣汉、始兴、巴渠、东关、始安、下蒲、晋兴。

9. 宋熙郡，治兴乐（今四川旺苍县西嘉川镇），5县：兴乐、归安、宋安、元寿、嘉昌。

10. 怀汉郡，治永丰（约在今四川南充、广元二市之间），3县：永丰、绥来、预德。

（十六）益州，治成都（今四川成都市）。实郡十三，领实县侨郡二，实县五十四

1. 蜀郡，治成都（今四川成都市），4县：成都、郫、繁、鞞。

2. 晋原郡，治江原（今四川崇庆县西北怀远镇），5县：江原、江原、临邛、徙阳、汉嘉、晋乐。

3. 沈黎郡,治城阳(今四川汉源县东北),3县:城阳、兰、旄牛。

4. 犍为郡,治武阳(今四川彭山县),5县:武阳、南安、僰道、资中、冶官。

5. 汶山郡,治都安(今四川都江堰市东),2县:都安、晏官。

6. 东江阳郡,治汉安(今四川泸州市西南大渡口镇),2县:汉安、绵水。

7. 越嶲郡,治邛都(今四川西昌市),8县:邛都、会无、卑水、定苲、台登、苏祁、晋兴、新兴。

8. 梓潼郡,治涪城(今四川绵阳市东),4县:涪城、梓潼、万安、西浦。

9. 广汉郡,治雒(今四川广汉市北),6县:雒、什邡、伍城、阳泉、新都、鄏。

10. 遂宁郡,治巴兴(今四川蓬溪县西南),4县:巴兴、德阳、广汉、晋兴。

11. 巴郡,治江州(今重庆市),4县:江州、垫江、临江、枳。

12. 南宕渠郡,治宕渠(今四川渠县东北),3县:宕渠、宣汉、汉兴。

13. 新城郡,治北武城(今四川三台县),2县:北武城、怀归。

14. <u>南阴平郡</u>,侨寄苌阳(今四川德阳市西北),1县:绵竹。

15. <u>宁蜀郡</u>,侨寄广都(今四川双流县),1县:广都。

(十七)宁州,治味(今云南曲靖市)。实郡十五,实县七十七。

1. 建宁郡,治味(今云南曲靖市),13县:味、昆泽、存䭾、新定、谈槀、漏江、毋单、同濑、牧麻、同乐、同并、万安、新兴。

2. 牂柯郡,治万寿(今贵州瓮安县东北),6县:万寿、且兰、毋敛、晋乐、丹南、新宁。

3. 夜郎郡,治夜郎(今贵州关岭县西),4县:夜郎、谈指、广谈、谈乐。

4. 朱提郡,治朱提(今云南昭通市),5县:朱提、南秦、汉阳、堂狼、临利。

5. 平蛮郡,治平蛮(今贵州毕节市西),2县:平蛮、鳖。

6. 南广郡,治南广(今四川筠连县西南),4县:南广、晋昌、常迁、新兴。

7. 建都郡,治新安(今云南武定、禄丰二县地),6县:新安、经云、永丰、临江、麻应、遂安。

8. 兴古郡,治漏卧(今云南罗平县境),6县:漏卧、句町、律高、宛暖、西安、南兴。

9. 晋宁郡,治建伶(今云南晋宁县),7县:建伶、秦臧、连然、双柏、谷昌、滇池、俞元。

10. 西平郡,治西平(今广西西林县东南西林),5县:西平、温江、都阳、晋绥、义成。

11. 梁水郡,治梁水(今云南开远市境),7县:梁水、胜休、西隋、毋棪、镡封、新丰、建安。

12. 云南郡,治云南(今云南祥云县东南),5县:云南、云平、东古复、邪龙、西古复。

13. 兴宁郡,治梇栋(今云南姚安县北),2县:梇栋、青蛉。

14. 东河阳郡,治东河阳(今云南大理市东凤仪镇),2县:东河阳、楪榆。

15. 西河郡,治苴苏(今云南云龙县),3县:苴苏、成昌、建安。

(十八)广州,治番禺(今广东广州市)。实郡十九,实县一百六十一。

1. 南海郡,治番禺(今广东广州市),11县:番禺、博罗、龙川、怀化、增城、酉平、高要、绥宁、始昌、熙安、欣乐。

2. 东官郡,治宝安(今广东宝安区西南头镇),5县:宝安、安怀、兴宁、海丰、海安。

3. 新会郡,治宋元(今广东新会区),12县:宋元、新熙、永昌、始成、招集、盆允、新夷、封平、封乐、初宾、义宁、始康。

4. 苍梧郡,治广信(今广西梧州市),11县:广信、猛陵、丁留、遂成、广陵、建陵、怀熙、思安、封兴、荡康、侨宁。

5. 晋康郡,治元溪(今广东德庆县东),13县:元溪、端溪、晋化、夫阮、都城、乐城、宾江、说城、安遂、永始、武定、文招、熙宁。

6. 新宁郡,治南兴(今广东新兴县东北),15县:南兴、临允、新兴、博林、甘东、单牒、威平、永城、龙潭、平乡、城阳、威化、初兴、抚纳、归顺。

7. 永平郡,治安沂(今广西岑溪县西北),10县:安沂、丰城、苏平、畔安、夫宁、卢平、通宁、开城、熙平、武林。

8. 郁林郡,治布山(今广西桂平市西),17县:布山、阿林、领方、郁平、新邑、安始、晋平、建安、建初、宾平、威化、新林、龙平、怀安、绥宁、归化、中胄。

9. 晋兴郡,治晋兴(今广西南宁市南郁江南岸),8县:晋兴、安广、熙注、桂林、增翊、广郁、晋城、郁阳。

10. 桂林郡,治中溜(今广西武宣县西南),7县:中溜、龙定、阳平、安远、程安、威定、武熙。

11. 高凉郡,治安宁(今广东阳江市西),7县:安宁、思平、莫阳、平定、罗州、西鞏、禽乡。

12. 宁浦郡,治宁浦(今广西横县西南),6县:宁浦、涧阳、兴道、吴安、平山、始定。

13. 义安郡,治海阳(今广东潮州市东北),5县:海阳、绥安、海宁、潮阳、义招。

14. 宋康郡,治广化(今广东江阳市西),9县:广化、单城、逐度、海邻、化隆、开宁、绥定、石门、威罩。

15. 绥建郡,治新招(今广东广宁县南),6县:新招、化蒙、怀集、四会、绥南、化穆。

16. 海昌郡,治宁化(今广东高州市东北),5县:宁化、威宁、永建、招怀、兴定。

17. 宋熙郡,治平兴(今广东高要市东),7县:平兴、初宁、建宁、招兴、崇化、熙穆、崇德。

18. 乐昌郡,治乐昌(今广东四会市北),6县:乐昌、始昌、宋元、乐山、义立、安乐。

19. 临漳郡,治乏考。1县:丹城。

(十九)交州,治龙编(今越南河北省仙游县东)。实郡八,实县五十四

1. 交趾郡,治龙编(今越南河北省仙游县东),12县:龙编、羸陵、定安、句漏、曲易、海平、武宁、西于、朱鸢、望海、吴兴、南定。

2. 合浦郡,治合浦(今广西合浦县东北),7县:合浦、珠官、徐闻、荡昌、晋始、朱卢、新安。

3. 武平郡,治武定(今越南永富省永福县东南平州),6县:武定、平道、根宁、封溪、武兴、南移。

4. 新昌郡,治麓泠(今越南永富省安朗县西夏雷乡),8县:麓泠、嘉宁、吴定、封山、临西、西道、新道、晋化。

5. 九真郡,治移风(今越南清化省清化北马江南岸),12县:移风、胥浦、常乐、建初、津梧、松原、扶乐、高安、宁夷、军安、都庞、武宁。

6. 九德郡,治浦阳(今越南义安省荣市东南),8县:浦阳、阳远、咸驩、南陵、九德、都洨、西安、越常。

7. 宋平郡,治宋平(今越南河内市),1县:宋平。

8. 宋寿郡,治乏考,领县乏考。

第七编　南朝齐实州郡县沿革

本编凡例

1. 本编叙述南朝齐诸实州郡县沿革,时间跨度为:起自建元元年(479),终结于中兴元年(501)①。各实州郡县的起讫时间详见按语考证。

2. 诸实州郡县存在的年限及名称的变更,在诸州郡县名称以后以圆括号的形式标出。

3. 本编中州郡县废置时间的公元纪年标准为:若建置时间在某年之上半年,则以该年为建置年,若建置时间在某年之下半年,则以次年为建置年;若罢废时间为某年之上半年,则以上一年为罢废年,若罢废时间在某年之下半年,则以该年为罢废年。废置时间无法精确表示者,则据考证文字酌定,如大抵在某年,则在该年代后以问号标出,或在该年代后加"前"或"后"字。

4. 本编所叙为萧齐一代实州、郡、县沿革,而侨州所领实郡、侨郡所领实县也在本编叙述范围之内。相关侨州、郡、县名加下划线,用以区别于实州郡县。

5. 诸实州、郡之沿革情况,见各实州、郡下之按语;诸郡所领实县之沿革,凡南朝宋末与《南齐书·州郡志》归属情况一致或于齐代之变化乏考者,则直录于该郡之下,不出按语;凡归属有变化者,则出按语以明晰之。

6. 萧齐立国唯二十三年,运祚不长。今凡郡治失考者,若刘宋之治所于萧齐时仍属原郡。则暂以为郡治,不出按语;治所乏考者,依《中国历史地图集·东晋十六国南北朝》分册所绘治所为定。

7. 本编中古地于今地之定点,依《嘉庆重修一统志》、《中国历史地图集·东晋十六国南北朝》、胡阿祥《六朝疆域与政区研究(增订本)·齐政区建置表(建武四年497年)》酌定。本编中所提到的现代地名,以2004年《中华人民共和国行政区划简册》为准②。

---

① 齐中兴二年(502)四月,梁革齐鼎,改元天监。本编为方便与第八编"南朝梁实州郡县沿革"年代相衔接且不重复,故以中兴元年为萧齐终结之年。
② 中华人民共和国民政部编,中国地图出版社,2005年。

8.《南齐书·州郡志》政区断代有二说,一为建元时①,一为永明八年(490)②,今取永明八年为其断限。

9. 本编在考证萧齐诸实州郡县沿革的基础上,以建武四年(497)为断代,排列其时之实州郡县领属情况。

10. 本编所征引文献,为省篇幅计,部分书名或以简称出现。具体情况说明于下:

房玄龄等《晋书·地理志》,简称《晋志》;
沈约《宋书·州郡志》,简称《宋志》;
萧子显《南齐书·州郡志》,简称《南齐志》;
魏收《魏书·地形志》,简称《地形志》;
长孙无忌等《隋书·地理志》,简称《隋志》;
司马光《资治通鉴》,简称《通鉴》;
杜佑《通典·州郡》,简称《州郡典》;
李吉甫《元和郡县图志》,简称《元和志》;
乐史《太平寰宇记》,简称《寰宇记》;
顾祖禹《读史方舆纪要》,简称《方舆纪要》;
穆彰阿等《嘉庆重修一统志》,简称《一统志》;
洪龁孙《补梁疆域志》,简称《补梁志》;
成孺《宋州郡志校勘记》,简称《成校》;
孙虨《宋书考论》,简称《孙考》;
胡阿祥《东晋南朝侨州郡县与侨流人口研究·东晋南朝侨州郡县考表》,简称《考表》;
胡阿祥《六朝疆域与政区研究·齐政区建置表(建武四年497年)》,简称《齐政区建置表》。

---

① 谭其骧《自汉至唐海南岛历史政治地理——附论梁隋间高凉冼夫人功业及隋唐高凉冯氏地方势力》(载《历史研究》1988年第5期)认为"《南齐书·州郡志》所载州郡县以建元时建制为准"。
② 胡阿祥《〈南齐书·州郡志〉札记》(氏著《六朝疆域与政区研究(增订本)》附录四,学苑出版社,2005年)据《南齐志》南豫州淮南郡于湖条"永明八年,省角城、高平、下邳三县并",以为《南齐志》断限为永明八年。

第一章　南朝齐实州郡县沿革

第一节　扬州沿革

扬州(479—501),治建康(今江苏南京市)。宋末扬州领实郡九,领实县侨郡一。永明二年(484),割宣城郡、淮南侨郡移属南豫州,而南徐州之义兴郡来属,乃领实郡九。旋义兴郡还属南徐州,齐末扬州领实郡八(建武四年[497]之政区见图42)。

(一)丹阳尹(479—501)——治建康(今江苏南京市)

按:《南齐志》所载虽为丹阳郡,然《纪》、《传》中多载为丹阳尹。《南齐书》卷16《百官志》亦载:"丹阳尹,位次九卿下。"则似仍以丹阳尹为是。宋末丹阳尹领建康等八县,《南齐志》同此八县。

1. 建康(479—501)
2. 秣陵(479—501)
3. 丹阳(479—501)
4. 溧阳(479—501)
5. 永世(479—501)
6. 湖熟(479—501)
7. 江宁(479—501)
8. 句容(479—501)

(二)会稽郡(479—501)——治山阴(今浙江绍兴市)

按:宋末扬州会稽郡领县十,《南齐志》同此十县。

1. 山阴(479—501)
2. 永兴(479—501)
3. 上虞(479—501)
4. 余姚(479—501)
5. 诸暨(479—501)
6. 剡(479—501)

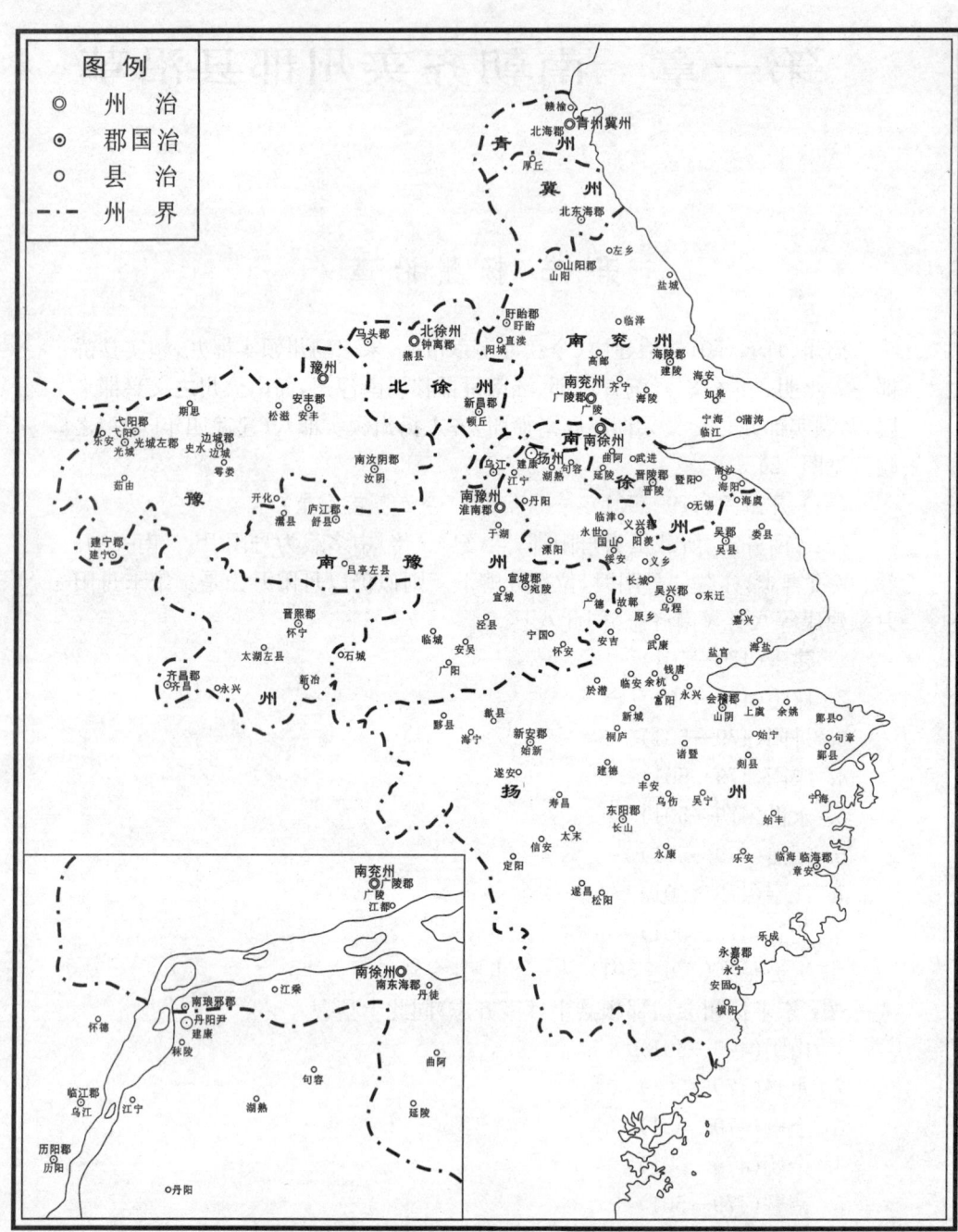

图 42 建武四年(497)南朝齐扬州、南徐州、豫州、南豫州、南兖州、北徐州、冀州、青州政区

7. 鄞(479—501)

8. 始宁(479—501)

9. 句章(479—501)

10. 鄮(479—501)

(三)吴郡(479—501)——治吴(今江苏苏州市)

按:《元和志》卷25《江南道一》苏州条:"后汉顺帝永建四年……割浙江以东为会稽,浙江以西为吴郡……历晋至陈不改,常为吴郡。"宋末扬州吴郡领县十二,《南齐志》同此十二县。

1. 吴(479—501)

2. 娄(479—501)

3. 海虞(479—501)

4. 嘉兴(479—501)

5. 海盐(479—501)

6. 钱唐(479—501)

7. 富阳(479—501)

8. 盐官(479—501)

9. 新城(479—501)

10. 建德(479—501)

11. 寿昌(479—501)

12. 桐庐(479—501)

(四)吴兴郡(479—501)——治乌程(今浙江湖州市)

按:《寰宇记》卷94《江南东道六》湖州条:"吴分吴、丹阳二郡置吴兴郡,即今州是也……历晋、宋、齐、梁如之。"宋末扬州吴兴郡领县十,《南齐志》同此十县。

1. 乌程(479—501)

2. 武康(479—501)

3. 余杭(479—501)

4. 东迁(479—501)

5. 长城(479—501)

6. 於潜(479—501)

7. 临安(479—501)

8. 故鄣(479—501)

9. 安吉(479—501)

10. 原乡(479—501)

(五)东阳郡(479—501)——治长山(今浙江金华市)

按:《寰宇记》卷97《江南东道九》婺州条:"郑缉之《东阳记》云:'……吴宝鼎元年始分会稽置东阳郡。'属扬州。晋、宋、齐皆因之不改。"宋末扬州东阳郡领县九,《南齐志》同此九县。

1. 长山(479—501)
2. 太末(479—501)
3. 乌伤(479—501)
4. 永康(479—501)
5. 信安(479—501)
6. 吴宁(479—501)
7. 丰安(479—501)
8. 定阳(479—501)
9. 遂昌(479—501)

(六)新安郡(479—501)——治始新(今浙江淳安县西北新安江北岸)

按:《寰宇记》卷104《江南西道二》歙州条:"晋平吴,改新都郡为新安郡,历宋、齐、梁、陈,并因之。"宋末扬州新安郡领县五,《南齐志》同此五县。

1. 始新(479—501)
2. 黟(479—501)
3. 遂安(479—501)
4. 歙(479—501)
5. 海宁(479—501)

(七)临海郡(479—501)——治章安(今浙江临海市东南章安镇)

按:宋末扬州临海郡领县五,《南齐志》同此五县。

1. 章安(479—501)
2. 临海(479—501)
3. 宁海(479—501)
4. 始丰(479—501)
5. 乐安(479—501)

(八)永嘉郡(479—501)——治永宁(今浙江温州市)

按:《寰宇记》卷99《江南东道十一》温州条:"《舆地志》云:'……晋明帝以温峤岭以南分永宁等四县置永嘉郡。'属东扬州。历宋、齐、陈皆因之。"宋末扬州永嘉郡领县五,《南齐志》同此五县。

1. 永宁(479—501)
2. 安固(479—501)
3. 松阳(479—501)
4. 横阳(479—501)
5. 乐成(479—501)

(九) 义兴郡(484—484后)——治阳羡(今江苏宜兴市)

按:义兴郡本南徐州属县,《南齐志》上南徐州义兴郡条:"永明二年,割属扬州,后复旧。"领县五,参南徐州义兴郡条考证。

1. 阳羡(484—484后)
2. 临津(484—484后)
3. 国山(484—484后)
4. 义乡(484—484后)
5. 绥安(484—484后)

(十) 淮南郡,侨寄姑熟(今安徽当涂县)

按:宋末扬州领淮南郡,侨寓所立。《南齐志》扬州无此郡而系之为南豫州属郡。据南豫州考证,淮南郡永明二年割属南豫州。则永明二年前,淮南郡当承宋属扬州。《宋志》领六县,《南齐志》同此六县,其中唯于湖为实县。

1. 于湖(479—483)
2. 繁昌
3. 当涂
4. 浚遒
5. 定陵
6. 襄垣

(十一) 宣城郡(479—483)——治宛陵(今安徽宣州市)

按:宋末扬州领宣城郡,领县十,《南齐志》领县十一,增建元县。据南豫州条考证,宣城郡永明二年割属南豫州。

1. 宛陵(479—483)
2. 广德(479—483)
3. 怀安(479—483)
4. 广阳(479—483)
5. 石城(479—483)
6. 临城(479—483)
7. 宁国(479—483)

8. 宣城(479—483)

9. 建元(？—483)

按：刘宋扬州宣城郡无此县，"建元"为萧齐第一个年号，疑建元县为齐初置。

10. 泾(479—483)

11. 安吴(479—483)

第二节　南徐州所辖实郡沿革

宋末南徐州领实郡二，领实县侨郡二。永明二年(484)，义兴郡移属扬州，乃领实郡一。旋义兴郡还属南徐州，仍领实郡二，另有领实县侨郡二(建武四年[497]之政区见前图42)

(一) 南东海郡，侨寄京口(今江苏镇江市)

按：宋末南东海郡领实县二：丹徒、武进。《南齐志》同，仍领实县二。

1. 丹徒(479—501)

2. 武进(479—501)

3. 郯

4. 祝其

5. 襄贲

6. 利成

7. 西隰

(二) 晋陵郡(479—501)——治晋陵(今江苏常州市)

按：宋末晋陵郡领实县六，萧齐永明八年前置海阳，《南齐志》乃领七县。

1. 晋陵(479—501)

2. 无锡(479—501)

3. 延陵(479—501)

4. 曲阿(479—501)

5. 暨阳(479—501)

6. 南沙(479—501)

7. 海阳(490前—501)

按：宋末晋陵郡无此县，《南齐志》载之，当是永明八年前置。

(三) 义兴郡(479—483，484后—501)——治阳羡(今江苏宜兴市)

按：宋末南徐州义兴郡领县五，《南齐志》同此五县。又，《南齐志》上南徐州义兴郡条:"永明二年,割属扬州,后复旧。"则义兴郡永明二年移属扬州,后复来属。

1. 阳羡(479—483,484后—501)
2. 临津(479—483,484后—501)
3. 国山(479—483,484后—501)
4. 义乡(479—483,484后—501)
5. 绥安(479—483,484后—501)

(四)南琅邪郡,先治金城,后治白下(今江苏南京市北幕府山南麓)

按:《南齐志》上南徐州南琅邪郡:"本治金城,永明徙治白下。"宋末南徐州南琅邪太守领江乘实县一,《南齐志》同。

1. 江乘(479—501)
2. 临沂
3. 兰陵

按:《考表》谓:《南齐志》南琅邪郡下领有兰陵、承二县。考兰陵、承二县,《宋志》以为属南徐州南兰陵郡,而《南齐志》无南兰陵郡,是齐时省南兰陵郡入南琅邪郡也。

4. 承

按:《南齐志》上南徐州南琅邪郡承:"建武三年省"。

5. 谯

按:《南齐志》上南徐州南琅邪郡谯:"建元二年,平阳郡流民在临江郡者,立宣祚县,寻改为谯。永明元年,省怀化一县并属。"

第三节　豫州所辖实郡沿革

宋末豫州领实郡六,领实县侨郡一。齐初豫州移边城左郡于郢州,乃领南陈左郡、晋熙、弋阳、安丰、光城左郡五实郡及南汝阴侨郡。建元二年(480),罢南陈左郡。是年,又罢南豫州,其所领庐江、历阳、临江三郡来属,其中临江郡并入历阳郡,豫州乃领实郡六。永明二年(484)复置南豫州,历阳、庐江二郡还属,豫州乃领实郡四。永明四年,边城、齐昌、建宁三郡自郢州来属,庐江郡自南豫州来属,乃领实郡八。永明七年,庐江郡还属南豫州,乃领实郡七。永元元年(499)前,边城郡并入安丰郡,安丰郡之松滋县移属北新蔡侨郡。永元元年,安丰郡、南汝阴侨郡、北新蔡侨郡陷没。至齐末,豫州乃领实郡五,另有领实县侨郡一(建武四年[497]之政区见前图42)。

(一) 南汝阴郡，治汝阴(今安徽合肥市西)

按：《南齐志》上豫州南汝阴郡："建元二年罢南陈左郡二县并。"《通鉴》卷143永元二年三月条："丙申，(魏)彭城王勰、王肃击(胡)松、(陈)伯之等，大破之，进攻合肥，生擒(李)叔献。"南汝阴郡遂陷。所属诸县亦当随郡而没。

1. 南陈左县(480—499)

按：《南齐志》上豫州南汝阴郡南陈左县："《永元志》无。"据豫州南陈左郡考证，建元二年罢南陈左郡所领赤官、蓼城二县，并为南陈左县来属。

2. 边水(480—499)

按：《南齐志》上豫州南汝阴郡边水："《永元志》无。"亦当是随郡而置。

3. 慎
4. 汝阴
5. 宋
6. 安阳
7. 和城
8. 南顿
9. 阳夏
10. 宋丘
11. 樊
12. 郑
13. 东宋

(二) 南陈左郡(479)——治乏考(约在今安徽合肥、寿县间)

按：《宋志》二南豫州刺史南陈左郡太守："大明八年，省郡，即名为县，属陈左县。"《成校》"属陈左县"："县，疑作郡。"《孙考》："属陈左县语疑有误。且郡既省，《志》何以复列？此更可疑也。"胡阿祥《南朝宁蛮府、左郡左县、俚郡僚郡述论》略谓：南陈左郡孝建二年(455)以蛮户复立。领县二：赤官左县、蓼城左县(分赤官置)。大明八年(464)省为南陈左县，属南汝阴郡。后复置郡，领二县同前。齐建元二年，罢赤官、蓼城二左县，又省郡为南陈左县。胡文所说是，今从之。《南齐志》豫州南汝阴郡条："建元二年罢南陈左郡二县并。"则萧齐初有南陈左郡，至建元二年废。

1. 赤官左县(479)
2. 蓼城左县(479)

(三) 晋熙郡(479—501)——治怀宁(今安徽潜山县)

按：齐之晋熙郡承宋末，属豫州，领实县四。建元二年吕亭左县移属庐江郡,永明八年前又置齐兴县,齐末仍领实县四。

1. 怀宁(479—501)
2. 新冶(479—501)
3. 齐兴(490前—501)

按:宋末晋熙郡无此县,《南齐志》有,当是永明八年前置。

4. 太湖左县(479—501)
5. 吕亭左县(479)

按:宋末吕亭左县为晋熙郡属县,《南齐志》上南豫州庐江郡吕亭左县:"建元二年,割晋熙属。"则建元二年移属于庐江郡。

6. 阴安
7. 南楼烦

(四) 弋阳郡(479—501)——治弋阳(今河南潢川县西)

按:宋末弋阳郡领弋阳、期思实县二,《南齐志》同此二县。

1. 弋阳(479—501)
2. 期思(479—501)
3. 南新息
4. 上蔡
5. 平舆

(五) 安丰郡(479—499)——治安丰(今安徽寿县西南)

按:宋末豫州领有安丰郡,萧齐承之。《南齐书》卷57《魏虏传》:永元二年,"虏既得淮南,其夏,遣伪冠军将军南豫州刺史席法友攻北新蔡、安丰二郡太守胡景略于建安城,死者万余人,百余日,朝廷无救,城陷,虏执景略以归"。《通鉴》系此事于永元二年三月。则安丰郡失陷于此时。宋末安丰郡领安丰、松滋二实县。齐初移松滋县于北新蔡郡,永明八年前复来属。又置新化、扶阳二县。永元元年前,边城郡废,并入安丰郡,其所属零娄、史水、开化、边城四县来属,安丰郡乃领实县八,及永元二年安丰郡陷,所属诸县随之而没。

1. 安丰(479—499)
2. 松滋(479—?,490前—498前)

按:《南齐志》上豫州安丰郡松滋:"《永元志》属北新蔡。"据本郡考证,北新蔡、安丰二郡为双头郡,则松滋当是永明八年前来属。永元元年前移属北新蔡侨郡。

3. 扶阳(497前—499)

按:宋末安丰郡无此县,然《齐政区建置表》列此县,或是建武四年(497)

前置。今姑从之。

4. 新化(497前—499)

按：宋末安丰郡无此县，然《齐政区建置表》列此县，或是建武四年前置。今姑从之。

5. 史水(499前—499)

按：本边城郡属县，永元元年前边城郡废，并入安丰郡，来属。

6. 开化(499前—499)

按：本边城郡属县，永元元年前边城郡废，并入安丰郡，来属。

7. 边城(499前—499)

按：《一统志》卷133六安州边城废郡："《宋书·州郡志》南豫州边城左郡，文帝元嘉二十五年以豫部蛮民立，大明八年省为县，属弋阳郡，后复置，齐省入安丰郡，后又置复。"边城县在齐本边城郡属县，永元元年前边城郡废，并入安丰郡，来属。

8. 雩娄(499前—499)

按：本边城郡属县，永元元年前边城郡废，并入安丰郡，来属。

(六) 光城左郡(479—501)——治光城(今河南光山县)

按：宋豫州领有光城左郡，领县三，《南齐志》同此三县。

1. 光城(479—501)
2. 乐安(479—501)
3. 茹由(479—501)

(七) 边城郡(486—499前)——治边城(今河南商城县东)

按：宋末豫州领有边城左郡，领县四。然《南齐志》上豫州："边城郡……建宁郡……齐昌郡……右三郡，永明四年割郢州属。"似宋末齐初，边城郡曾自豫州度属郢州，永明四年又还属豫州。又，《南齐志》上豫州边城郡："《永元元年地志》无。"不列属县。则边城郡永明四年来属，永元元年前废。所属四县移属安丰郡。详参郢州边城郡考证。

1. 边城(486—499前)
2. 雩娄(486—499前)
3. 史水(486—499前)
4. 开化(486—499前)

(八) 建宁郡(486—501)——治建宁(今湖北麻城市西南)

按：《南齐志》上豫州："边城郡……建宁郡……齐昌郡……右三郡，永明四年割郢州属。"则建宁郡永明四年来属。领县二。详参郢州建宁郡考证。

1. 建宁(486—501)
2. 阳城(486—501)

(九)齐昌郡(486—501)——治齐昌(今湖北蕲春县西南)

按:《南齐志》上豫州:"边城郡……建宁郡……齐昌郡……右三郡,永明四年割郢州属。"则齐昌郡永明四年来属。领县四。详参郢州齐昌郡考证。

1. 阳塘(486—501)
2. 保城(486—501)
3. 齐昌(486—501)
4. 永兴(486—501)

(十)历阳郡(480—483)——治历阳(今安徽和县)

按:历阳郡本属南豫州,建元二年南豫州省,并入豫州,历阳郡乃度属豫州,时原属南豫州之临江郡罢,并入历阳郡,其所属乌江、怀德二实县亦当移属历阳郡,乃领实县三。及永明二年复置南豫州,历阳郡还属南豫州。

1. 历阳(480—483)
2. 乌江(480—483)
3. 怀德(480—483)
4. <u>龙亢</u>
5. <u>雍丘</u>
6. <u>鄄</u>

(十一)庐江郡(480—483,486—488)——治舒(今安徽舒城县)

按:庐江郡宋末属南豫州,建元二年省南豫州,乃度属豫州。永明二年复置南豫州,庐江郡复还属,永明四年又度属豫州,永明七年复还属。《宋志》二南豫州刺史庐江太守领舒、灊、始新三实县,萧齐增置吕亭左县,《南齐志》乃领实县四。

1. 舒(480—483,486—488)

按:《南齐志》上南豫州庐江郡舒:"建元二年为郡治。"

2. 灊(480—483,486—488)
3. 始新(480—483,486—488)

按:《南齐志》上南豫州:永明七年,南豫州别驾殷灊称"庐江属南豫……郡领灊舒及始新左县"云云,则始新为左县。

4. 吕亭左县(480—483,486—488)

按:吕亭左县宋末属豫州之晋熙郡,《南齐志》上南豫州庐江郡吕亭左县:

"建元二年,割晋熙属。"则吕亭左县于建元二年来属。

5. 谯
6. 和城
7. 西华

(十二) 北新蔡侨郡,治固始(今河南固始县东北)

按:北新蔡侨郡所领本皆侨县,永元元年前,松滋县来属,乃领实县一。永元二年没。

1. 松滋(499前—499)

按:松滋县本安丰属县,《南齐志》上豫州安丰郡松滋:"《永元志》属北新蔡。"则永元元年前来属。

2. 固始
3. 苞信
4. 鲖阳
5. 新蔡

第四节 南豫州所辖实郡沿革

齐初承宋有南豫州,领实郡三。《南齐志》上南豫州:"建元二年,太祖以西豫吏民寡刻,分置两州,损费甚多,省南豫……永明二年,割扬州宣城、淮南,豫州历阳、谯、庐江、临江六郡,复置南豫州。"是齐初即有南豫州,建元二年(480)罢南豫州,并入豫州,至永明二年(484)乃复置。及永明四年,"冠军长史沈宪启:'二豫分置,以桑堁子亭为断。颍川、汝阳在南谯、历阳界内,悉属西豫,庐江居晋熙、汝阴之中,属南豫。求以颍川、汝阳属南豫,庐江还西豫'"(《南齐志》上南豫州)。则永明四年,庐江度属豫州,而颍川、汝阳来属。及永明七年,"南豫州别驾殷灉称:'颍川、汝阳,荒残来久,流民分散在谯、历二境,多蒙复除,获有郡名,租输益微,府州绝无将吏,空受名领,终无实益。但寄治谯、历,于方断之宜,实应属南豫。二豫亟经分置,庐江属南豫,滨带长江,与南谯接境,民黎租帛,从流送州,实为便利,远逾西豫,非其所愿,郡领灊舒及始新左县,村竹产,府州采伐,为益不少。府州新创,异于旧藩。资役多阙,实希得庐江。请依昔分置。'尚书参议:'往年虑边尘须实,故启回换。今淮、泗无虞,宜许所牒。'诏'可'"(《南齐志》上南豫州)。则颍川、汝阳复度属豫州,而庐江郡又来属。齐末领宣城、历阳、庐江、临江四实郡,另有领实县侨郡一(建武四年之政区见前图42)。

(一) 淮南郡,侨寄姑熟(今安徽当涂县)

按:淮南侨郡本扬州属郡,至永明二年复立南豫州时方自扬州来属,《南齐志》领实县一,参扬州淮南郡考证。

1. 于湖(484—501)

按:《南齐志》上南豫州淮南郡于湖:"永明八年,省(甬)〔角〕城、高平、下邳三县并。"中华书局校勘记云:"《通鉴》齐建元三年胡注云'甬城'当作'角城',今据改。按《水经·淮水注》'淮泗之会即角城也',杨守敬《疏证》云各书'甬''角'错出。"此说甚是,今从之。

2. 繁昌
3. 当涂
4. 浚遒
5. 定陵
6. 襄垣

(二) 宣城郡(484—501)——治宛陵(今安徽宣州市)

按:宣城郡本扬州属郡,至永明二年时方度属南豫州。《南齐志》领县十一,详参扬州宣城郡考证。

1. 广德(484—501)
2. 怀安(484—501)
3. 宛陵(484—501)
4. 广阳(484—501)
5. 石城(484—501)
6. 临城(484—501)
7. 宁国(484—501)
8. 宣城(484—501)
9. 建元(484—501)
10. 泾(484—501)
11. 安吴(484—501)

(三) 历阳郡(479,484—501)——治历阳(今安徽和县)

按:历阳本属南豫州,建元二年南豫州省,并入豫州,历阳郡乃度属豫州,及永明二年复置南豫州,历阳郡复来属。宋末南豫州历阳郡领历阳实县一,《南齐志》同。

1. 历阳(479,484—501)
2. 龙亢

3. 雍丘

(四) 庐江郡(479,484—485,489—501)——治舒(今安徽舒城县)

按：庐江郡宋末属南豫州，建元二年省南豫州，乃度属豫州。永明二年复置南豫州，庐江郡复来属，永明四年又度属豫州，永明七年复来属。宋末南豫州刺史庐江太守领舒、灊、始新三实县，萧齐建元二年增置吕亭左县，《南齐志》乃领实县四。

1. 舒(479,484—485,489—501)

按：《南齐志》上南豫州庐江郡舒："建元二年为郡治。"

2. 灊(479,484—485,489—501)

3. 始新(479,484—485,489—501)

按：《南齐志》上南豫州：永明七年，南豫州别驾殷瀰称："庐江属南豫……郡领灊舒及始新左县"云云，则始新为左县。

4. 吕亭左县(484—485,489—501)

按：吕亭左县宋末属豫州之晋熙郡，《南齐志》上南豫州庐江郡吕亭左县："建元二年，割晋熙属。"则吕亭左县于建元二年移属庐江郡。然当时庐江郡尚属豫州，及永明二年方来属。

5. 谯

6. 和城

7. 西华

(五) 临江郡(479,484—501)——治乌江(今安徽和县东北)

按：宋末南豫州领有临江郡，齐初承之。《南齐志》上南豫州临江郡："建元二年，罢并历阳，后复置。"当是建元二年罢南豫州时废临江郡。及永明二年复置南豫州，乃复置临江郡，还属南豫州。宋末临江郡领乌江、怀德实县二，《南齐志》同此二实县。

1. 乌江(479,484—501)

2. 怀德(479,484—501)

3. 酂

第五节 南兖州所辖实郡沿革

宋末南兖州领实郡三，领实县侨郡一。萧齐承之，亦领实郡三，领实县侨郡一(建武四年[497]之政区见前图42)。

（一）广陵郡(479—501)——治广陵(今江苏扬州市西北蜀冈上)

按：宋末南兖州广陵郡领县四，《南齐志》上南兖州广陵郡："建元四年，罢北淮阳、北下邳、北济阴、东莞四郡并。"然此四郡皆是侨郡，所领亦皆侨县。永明元年(483)又置齐宁县，故《南齐志》领县五。

1. 广陵(479—501)
2. 海陵(479—501)
3. 高邮(479—501)
4. 江都(479—501)
5. 齐宁(483—501)

按：《南齐志》上南兖州广陵郡齐宁："永明元年置。"《寰宇记》卷123《淮南道一》扬州江都县故齐宁县条："按阮升之记云：'齐高宗建武五年遏艾陵湖水立裘塘屯，移县于万岁村。中兴元年废县。'"则此县永明元年置，中兴元年(501)废。

（二）海陵郡(479—501)——治建陵(今江苏泰州市东北)

按：宋末南兖州海陵郡领实县五，萧齐永明元年置齐昌县，永明五年海安县来属，故《南齐志》领实县七。

1. 宁海(479—501)
2. 如皋(479—501)
3. 临江(479—501)
4. 蒲涛(479—501)
5. 临泽(479—501)
6. 齐昌(483—501)

按：《南齐志》上南兖州海陵郡齐昌："永明元年置。"《南齐书》卷18《祥瑞志》："(永明)十年六月，海陵齐昌县获嘉禾，一茎六穗。"

7. 海安(487—501)

按：《南齐志》上南兖州海陵郡海安："永明五年罢新[平]郡，并此县度属。"则海安县永明五年来属。

8. 建陵

（三）山阳郡，寄治山阳(今江苏淮安市)

按：宋末山阳侨郡领实县四，《南齐志》同此四县。

1. 山阳(479—501)
2. 东城(479—501)
3. 盐城(479—501)
4. 左乡(479—501)

(四)盱眙郡(479—501)——治盱眙(今江苏盱眙县东北都梁山东北麓)

按：宋末南兖州盱眙郡领阳城、直渎实县二，萧齐增置盱眙县，萧齐盱眙郡乃领实县三。

1. 盱眙(490前—501)

按：盱眙为汉晋旧县，《宋志》—南徐州刺史临淮太守："《永初郡国》又有盱眙县，何、徐无。"《宋志》盱眙太守无盱眙县，然《南齐志》列为盱眙郡属县，当是永明八年前置。

2. 阳城(479—501)
3. 直渎(479—501)
4. 长乐
5. 考城

第六节 北徐州所辖实郡沿革

宋元徽元年(473)置北徐侨州，所属实郡有钟离、新昌、马头三郡(建武四年[497]之政区见前图42)。然其所领皆侨县。萧齐承之。

(一)钟离郡(479—501)——治燕(今安徽凤阳县东北临淮关)

按：《南齐志》上北徐州："镇钟离……(宋)元徽元年置州，割为州治，防镇缘淮。"虽为实郡，然所属皆为侨县。南齐承之。

1. 燕
2. 朝歌
3. 虞
4. 零

(二)马头郡(479?—501)——治马头城(今安徽怀远县南淮河南岸)

按：马头郡本属豫州，宋末度属北徐州，虽为实郡，然所属皆为侨县。南齐承之。《通鉴》卷135建元二年："春，正月……魏陇西公琛等攻拔马头戍，杀太守刘从。"《南齐书》卷28《崔祖思附崔文仲传》："(建元)二年，虏攻钟离，文仲击破之。又遣军主崔孝伯等过淮攻拔虏苙眉戍，杀戍主龙得侯及伪阳平太守郭杜羝、馆陶令张德、濮阳令王明。时虏攻杀马头太守刘从，上曰：'破苙眉，足相补。'"则建元二年(480)马头曾一度失陷，然旋复。马头虽为实郡，然所属皆为侨县。宋、齐皆然。

己吾

(三)新昌郡(479—501)——治顿丘(今安徽滁州市)

按：据《宋志》，新昌郡为宋元徽元年随州而置，然所属皆侨县。南齐承之。

1. 顿丘
2. 谷熟
3. 尉氏

第七节　冀州所辖实县沿革

萧齐青、冀二州合置一刺史。《南齐志》上冀州："建元初,以东海郡属冀州。全领一郡。"为区别南徐州之南东海郡,乃称冀州之东海郡为北东海郡。则冀州有领实县侨郡一,建元初即置,姑以为建元元年(479)。建武二年(495)攻取魏厚丘县,属焉,至此北东海侨郡始领有实县(建武四年之政区见前图42)。

北东海郡,侨寄涟口①(今江苏涟水县)

按:北东海郡本为侨郡,所领亦皆是侨县。建武二年,伐魏得厚丘故县,自是年始有实县一。

1. 厚丘(495—501)

按:《南齐书》卷49《张冲传》:"建武二年,虏寇淮泗,假冲节,都督青冀二州北讨诸军事,本官如故。虏并兵攻司州,诏青徐出军分其兵势。冲遣军主桑系祖由渣口攻拔虏建陵、驿马、厚丘三城,多所杀获。又与洪轨范遣军主崔季延袭虏纪城,据之。"则建武二年得厚丘。

2. 襄贲
3. 僮
4. 下邳
5. 曲城

第八节　青州所辖实县沿革

青州,侨寄郁洲(今江苏连云港市东云台山一带)。萧齐青、冀二州合置一刺史。青州所领皆侨郡,唯北海侨郡领实县一,为领实县侨郡(建武四年[497]之政区见前图42)。

北海郡,侨寄郁洲(今江苏连云港市东云台山一带)

按:据《南齐志》所载,齐北海侨郡为青州属郡。赣榆在宋本为徐州东海

---

① 《南齐书》卷29《周山图传》:建元初,山图"表移东海郡治涟口"。《南齐志》上冀州条作"连口"。

郡属县,徐州没后,乃侨置青州于此,详参第六编"南朝宋实州郡县沿革"青州北海郡条。

　　1. 赣榆(479—501)

　　按:《元和志》卷11《河南道七》海州东海县:"本汉赣榆县地……宋明帝失淮北地,乃于郁洲上侨立青州。地后入魏,魏改青州为海州。"据史实,郁洲地入北在梁,故萧齐仍有赣榆县。

　　2. 都昌
　　3. 广饶
　　4. 胶东
　　5. 剧
　　6. 下密
　　7. 平寿

第九节　江　州　沿　革

　　江州(479—501),治湓城(今江西九江市)。宋末江州领实郡九,领实县侨郡一(建武四年[497]之江州政区见图43)。《南齐志》同此十郡,其中南新蔡郡为领实县侨郡。

　　(一) 寻阳郡(479—501)——治柴桑(今江西九江市西南)

　　按:宋末江州寻阳郡领实县二,《南齐志》同此二县。

　　1. 柴桑(479—501)
　　2. 彭泽(479—501)

　　(二) 豫章郡(479—501)——治南昌(今江西南昌市)

　　按:宋末江州寻阳郡领县十二,《南齐志》同此十二县。

　　1. 南昌(479—501)
　　2. 新淦(479—501)
　　3. 艾(479—501)
　　4. 建城(479—501)
　　5. 建昌(479—501)
　　6. 望蔡(479—501)
　　7. 新吴(479—501)
　　8. 永修(479—501)
　　9. 吴平(479—501)

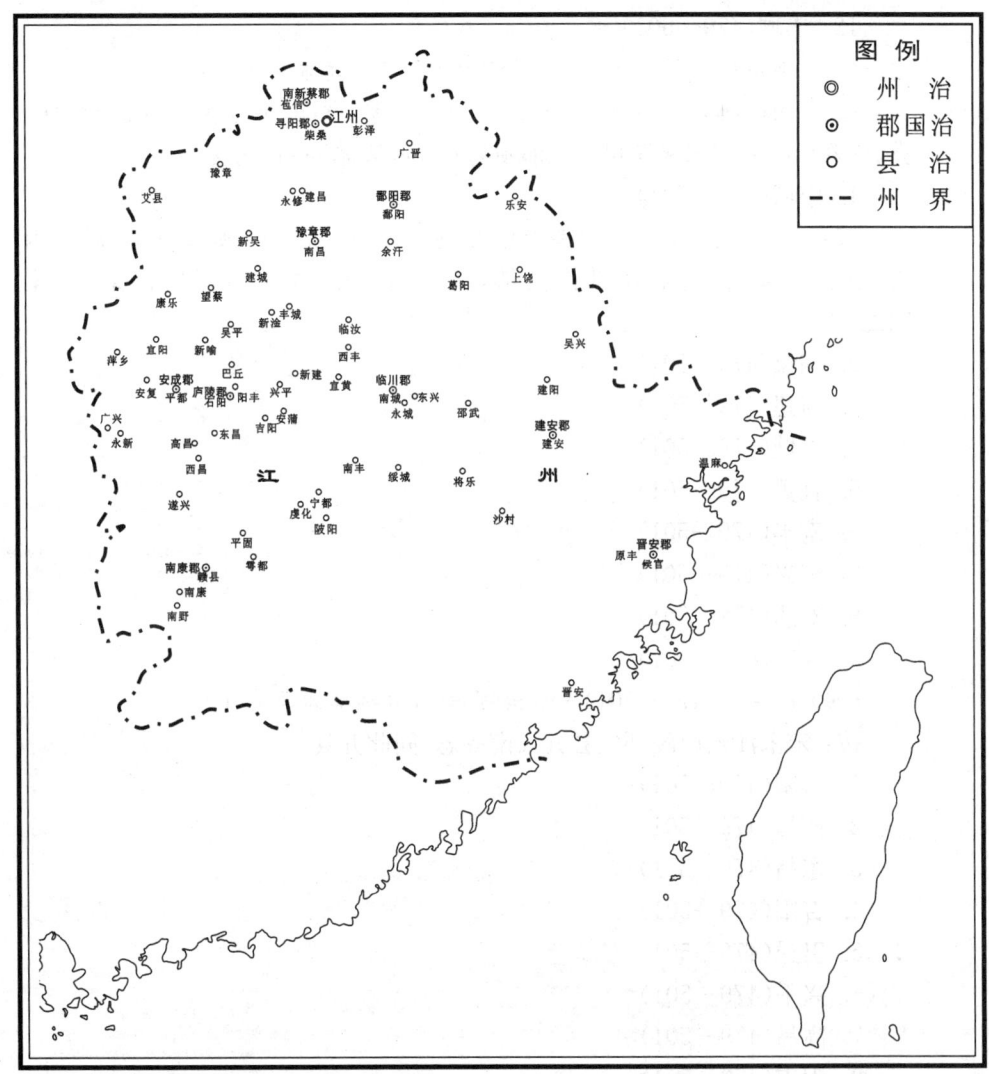

图 43　建武四年(497)南朝齐江州政区

10. 康乐(479—501)
11. 豫章①(479—501)

---

① 《晋志》同。《宋志》作"豫宁"。按王昙首追封豫宁县侯,见《宋书》本传。然《宋书》卷71《王僧绰传》、《南齐书》卷23《王俭传》均作袭封豫章县侯,僧绰,昙首子,俭,昙首孙也。《南史》卷22《王僧绰传》、卷22《王俭传》则又并作袭封豫宁县侯,与《宋志》合。又,《文选》任昉《王文宪集序》称俭袭爵豫宁县侯,李善注引萧子显《齐书》亦作"豫宁"。则疑《齐书》旧本亦作豫宁。此豫章疑亦豫宁之讹。

12. 丰城(479—501)

(三) 临川郡(479—501)——治南城(今江西南城县东南)

按:《州郡典》十二临川郡抚州:"二汉属[豫]章郡,吴分置临川郡,晋、宋、齐、梁陈皆因之。"宋末江州临川郡领县九,《南齐志》同此九县。

1. 南城(479—501)

按:《一统志》卷320建昌府南城县:"汉置南城县,属豫章郡,后汉因之,三国吴太平二年分属临川郡,晋、宋因之,萧齐移临川郡来治,梁因之。"

2. 临汝(479—501)
3. 新建(479—501)
4. 永城(479—501)
5. 宜黄(479—501)
6. 南丰(479—501)
7. 东兴(479—501)
8. 安浦(479—501)
9. 西丰(479—501)

(四) 庐陵郡(479—501)——治石阳(今江西吉水县东北)

按:宋末江州庐陵郡领县九,《南齐志》同此九县。

1. 石阳(479—501)
2. 西昌(479—501)
3. 东昌(479—501)
4. 吉阳(479—501)
5. 巴丘(479—501)
6. 兴平(479—501)
7. 高昌(479—501)
8. 阳丰(479—501)
9. 遂兴(479—501)

(五) 鄱阳郡(479—501)——治鄱阳(今江西鄱阳县)

按:《州郡典》十二鄱阳郡饶州:"二汉属[豫]章郡,吴主孙权分置鄱阳郡。晋、宋、齐因之。"宋末江州鄱阳郡领县六,《南齐志》同此六县。

1. 鄱阳(479—501)

2. 余汗①(479—501)

3. 葛阳(479—501)

4. 乐安(479—501)

5. 广晋(479—501)

6. 上饶(479—501)

(六)安成郡(479—501)——治平都(今江西安福县东南)

按:《州郡典》十二宜春郡袁州:"二汉属[豫]章郡,吴分置安成郡,晋、宋、齐以下皆因之。"宋末江州安成郡领县七,《南齐志》同此七县。

1. 平都(479—501)

2. 新喻(479—501)

3. 永新(479—501)

4. 萍乡(479—501)

5. 宜阳(479—501)

6. 广兴(479—501)

7. 安复(479—501)

(七)南康郡(479—501)——治赣(今江西赣州市东北)

按:《州郡典》十二南康郡虔州:"晋平吴,置南康郡,宋为南康国。齐、梁、陈皆为南康郡。"宋末江州南康国领县八,南齐永明八年(491)前置安远县,永明八年又废安远县,并入虔化县。《南齐志》乃领县九。

1. 赣(479—501)

2. 雩都(479—501)

3. 南野(479—501)

4. 宁都(479—501)

5. 平固(479—501)

6. 陂阳(479—501)

7. 虔化(479—501)

按:《南齐志》上江州南康郡虔化:"永明八年,罢安远县并。"

8. 南康(479—501)

9. 安远(490前—490)

---

① 原作"余干",中华书局本《宋书》卷36"校勘记"曰:"'余干',《汉书·严助传》、《南齐书·州郡志》同。《汉书·地理志》、《续汉书·郡国志》、《水经·赣水注》作'余汗'。杨守敬《隋书地理志考证》云:'《元和志》,汉余汗县,隋开皇九年,去水存干,名曰余干。考宋、齐《志》已均作余干,当是后人追改。'"今据改为"余汗"。

按：宋末江州南康郡无此县，而据虔化县考证，齐初当有此县。永明八年并入虔化县。又，《元和志》卷28《江南道四》虔州安远县条"梁大同中，于今县南七十里安远水南置安远县"云云，此言梁置安远县者，盖齐曾废安远县也。

（八）南新蔡郡，治苞信（今湖北黄梅县西南）

按：宋末江州南新蔡侨郡领阳唐左县，实县一，《南齐志》同。

1. 阳唐左县(479—501)
2. 慎
3. 苞信
4. 宋

（九）建安郡(479—501)——治建安（今福建建瓯市）

按：宋末江州建安郡领实县七，《南齐志》同此七县。

1. 建安(479—501)
2. 吴兴(479—501)
3. 将乐(479—501)
4. 邵武(479—501)
5. 建阳(479—501)
6. 绥城①(479—501)
7. 沙村(479—501)

（十）晋安郡(479—501)——治候官（今福建福州市）

按：宋末江州晋安郡领县五，《南齐志》同此五县。

1. 候官②(479—501)
2. 罗江(479—501)
3. 原丰(479—501)
4. 晋安(479—501)
5. 温麻(479—501)

第十节　广州沿革

广州(479—501)，治番禺（今广东广州市）。宋末广州领郡十八，永明八年

---

① 中华书局校勘记曰：南监本及《宋书·州郡志》作"绥成"。
② 中华本《南齐志》作"侯官"，然西晋、东晋、南朝宋均作"候官"，百衲本、中华再造善本所收宋刻三朝递修本《南齐志》亦作"候官"，今据以乙正。

(491)前增置广熙、齐乐、齐康、齐建、齐熙五郡,又增置黄水郡,齐末乃领郡二十四(建武四年[497]之政区见图44)。

(一) 南海郡(479—501)——治番禺(今广东广州市)

按:宋末广州南海郡领县十,萧齐省始昌县,永明八年前增置新丰、罗阳、安远、河源诸县,《南齐志》广州南海郡共领十三县。

1. 番禺(479—501)
2. 熙安(479—501)
3. 博罗(479—501)
4. 增城(479—501)
5. 龙川(479—501)
6. 怀化(479—501)
7. 酉平(479—501)
8. 绥宁(479—501)
9. 新丰(490前—501)

按:宋末南海郡无此县,《南齐志》列为南海郡属县。《一统志》卷445惠州府:"新丰废县,在长宁县东南,南齐置,属南海郡。"当是永明八年前置。

10. 罗阳(490前—501)

按:宋末南海郡无此县,《南齐志》列为南海郡属县。《一统志》卷445惠州府:"罗阳废县,在博罗县西南,南齐时分博罗县地置,属南海郡。梁、陈间废。"当是永明八年前置。

11. 高要(479—501)
12. 安远(490前—501)

按:《宋志》南海郡无此县,《南齐志》有,当是永明八年前置。

13. 河源(490前—501)

按:《宋志》南海郡无此县,《南齐志》有,当是永明八年前置。

(二) 东官郡(479—501)——治安怀(今广东惠东县西北梁化镇)

按:宋末广州东官郡领县六,永明八年前置齐昌、陆安,《南齐志》乃领县八。

1. 安怀①(479—501)
2. 宝安(479—501)

---

① 《南齐志》作"怀安"。中华书局校勘记曰:"《宋书·州郡志》作'安怀'。按《梁书·兰钦传》云钦封安怀县男,疑作'安怀'是。"今据改。

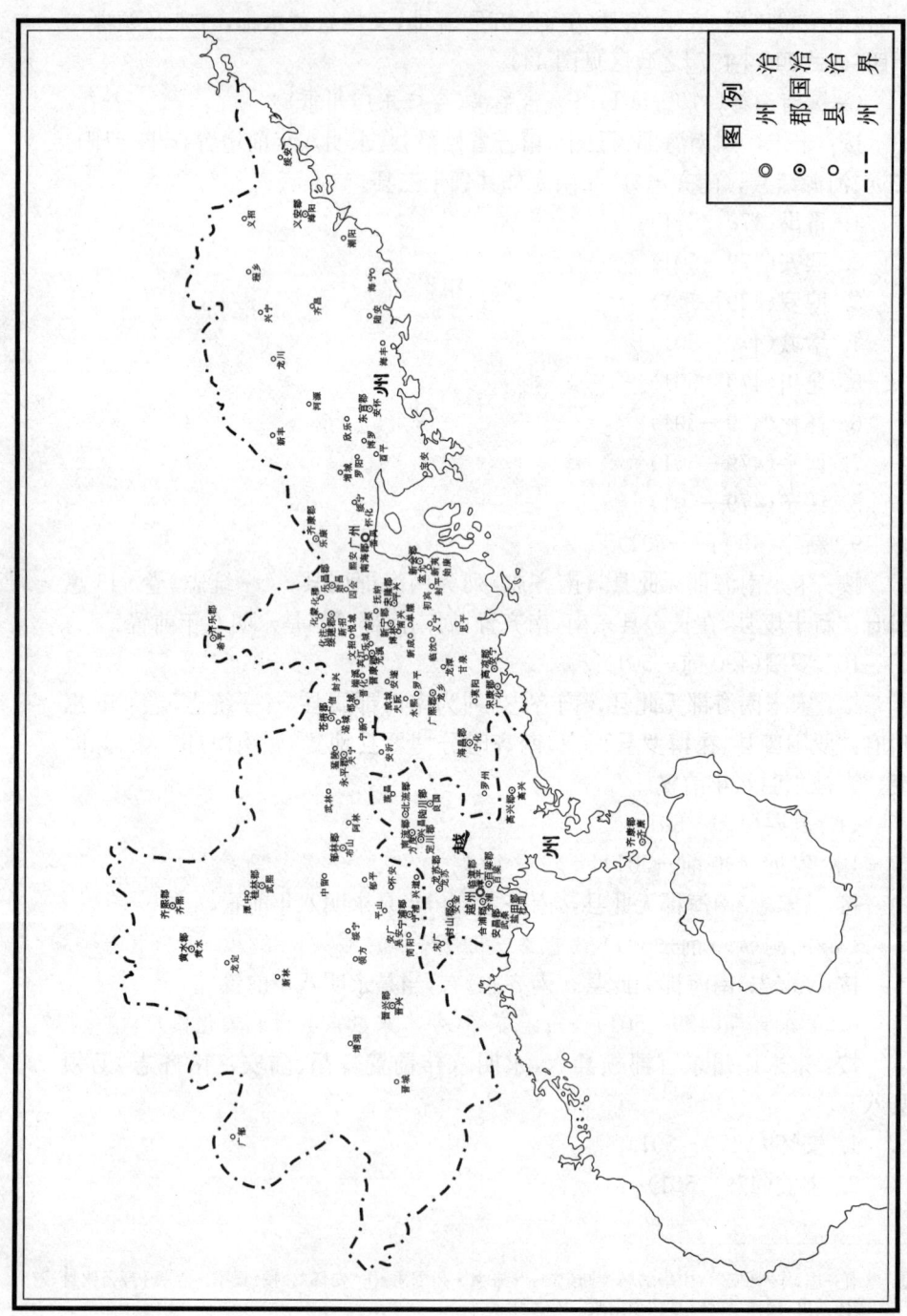

图 44 建武四年(497)南朝齐广州、越州政区

3. 海安(479—501)

4. 欣乐(479—501)

5. 海丰(479—501)

6. 齐昌(490前—501)

按：宋末东官郡无此县，《南齐志》列为东官郡属县。《一统志》卷456嘉应直隶州："齐昌废县，在兴宁县北，《齐志》东官郡领齐昌县，梁、陈时废。"当是永明八年前置。

7. 陆安(490前—501)

按：宋末东官郡无此县，《南齐志》列为东官郡属县。《一统志》卷445惠州府："陆安废县，在海丰县东南，齐置，属东官郡，梁、陈间废。"当是永明八年前置。

8. 兴宁(479—501)

(三) 义安郡(479—501)——治海阳(今广东潮州市东北)

按：宋末广州义安郡领县五，永明八年前分海阳置程乡，《南齐志》乃领县六。

1. 海阳(479—501)

2. 绥安(479—501)

3. 海宁(479—501)

4. 义招(479—501)

5. 潮阳(479—501)

6. 程乡(490前—501)

按：《元和志》卷34《岭南道一》潮州程乡县："本汉揭阳县地，齐于此置程乡县，盖分海阳县立焉，属义安郡。"当是永明八年前分置。

(四) 新宁郡(479—501)——治博林(今广东高要市西南)

按：《州郡典》十四新兴郡新州："晋分(合浦郡)置新宁郡，宋、齐因之。"宋末广州新宁郡领县十四，《南齐志》较之少新兴，增新成，亦领县十四。当是永明八年前省新兴而置新成，或"新成"即此前之"新兴"。

1. 博林(479—501)

2. 南兴(479—501)

3. 临沅[①](479—501)

---

① 中华书局校勘记曰："《汉书·地理志》、《晋书·地理志》、《宋书·州郡志》并作'临允'。"

4. 甘泉①(479—501)

5. 新成(490前—501)

6. 威平(479—501)

7. 单牒(479—501)

8. 龙潭(479—501)

9. 城阳(479—501)

10. 威化(479—501)

11. 归顺(479—501)

12. 初兴(479—501)

13. 抚纳(479—501)

14. 平乡(479—501)

(五)苍梧郡(479—501)——治广信(治今广西梧州市)

按:宋末广州苍梧郡领县十一,南齐省广陵、武化二县,永明八年前增置宁新、抚宁、广宁三县,《南齐志》乃领县十二。

1. 广信(479—501)

2. 宁新(490前—501)

按:《宋志》四广州刺史苍梧太守条略云:《永初郡国》有宁新县,为吴立。本名新宁,晋武帝太康元年(280),改新宁曰宁新。徐志无宁新县。则疑此宁新县为齐复置。又,同时之湘州临贺郡亦领有宁新县,盖宋末置②,萧齐承之,与苍梧之宁新有别。《一统志》卷469梧州府:"宁新旧县,在苍梧县东南,《宋书·州郡志》苍梧郡:'《永初郡国》有宁新县,吴立曰新宁,晋太康元年改曰宁新。'未几废。《南齐志》复有宁新县。"

3. 封兴(479—501)

4. 抚宁(490前—501)

按:《宋志》四广州刺史苍梧太守条略云:《永初郡国》有抚宁县,抚宁始见《永初郡国》,徐志无抚宁县。则疑此抚宁县为齐复置。又,同时之湘州临贺郡亦领有抚宁县,盖宋末置,萧齐承之,与苍梧之抚宁有别。

5. 遂城③(479—501)

6. 丁留(479—501)

---

① 中华书局校勘记曰:"《宋书·州郡志》作'甘东'。"
② 胡阿祥:《宋书州郡志汇释》临庆内史宁新县条。
③ 中华书局校勘记曰:"《元和志》同。《宋书·州郡志》、《隋书·地理志》作'遂成'。"

7. 怀熙(479—501)

8. 猛陵(479—501)

9. 广宁(490前—501)

按：宋末苍梧郡无此县，《南齐志》有，当是萧齐永明八年前置。

10. 荡康(479—501)

11. 侨宁(479—501)

12. 思安(479—501)

(六)高凉郡(479—501)——治安宁(今广东阳江市西)

按：《州郡典》十四高凉郡高州："吴置高凉郡，晋因之……齐亦为高凉郡。"宋末广州高凉郡领县七，《南齐志》亦领此七县。

1. 安宁(479—501)

2. 罗州(479—501)

3. 莫阳(479—501)

4. 西巩(479—501)

5. 思平(479—501)

6. 禽乡(479—501)

7. 平定(479—501)

(七)永平郡(479—501)——治夫宁(今广西藤县东北，北流江东岸)

按：宋末广州永平郡领县七，永明八年前增置卢平、员乡、逋宁、雷乡、开城五县，《南齐志》乃领县十二。

1. 夫宁(479—501)

2. 安沂(479—501)

3. 畟安(479—501)

4. 卢平(490前—501)

按：《宋志》四广州刺史永平太守条略云：《永初郡国》有卢平县，大明八年(464)以后省。此卢平当是齐永明八年前重置。

5. 员乡(490前—501)

按：《宋志》四广州刺史永平太守条略云：《永初郡国》有员乡县，何、徐志无员乡，当是元嘉二十年(443)前省。此员乡当是齐永明八年前重置。

6. 苏平(479—501)

7. 逋宁(490前—501)

按：《宋志》四广州刺史永平太守条略云：《永初郡国》有逋宁县，大明八年后似省。此逋宁当是齐永明八年前重置。

8. 雷乡(490前—501)

按:《宋志》四广州刺史永平太守条略云:《永初郡国》有雷乡,何、徐志无雷乡,当是元嘉二十年以前省。此雷乡当是齐永明八年前重置。

9. 开城(490前—501)

按:《宋志》四广州刺史永平太守条略云:《永初郡国》有开城县,当是大明八年以后省。此开城当是齐永明八年前重置。

10. 毗平(479—501)

按:中华书局本《宋志》三广州刺史永平太守"校勘记"曰:"永平太守序中有熙平,疑即《南齐书·州郡志》中之毗平。"或是,则毗平县乃宋旧县,为萧齐所承。

11. 武林(479—501)

12. 丰城(479—501)

(八) 晋康郡(479—501)——治元溪(今广东德庆县东)

按:《州郡典》十四晋康郡康州:"晋分(苍梧郡)置晋康郡,宋、齐以下因之。"宋末广州晋康郡领县十三,永明八年前增置威城、义立二县,《南齐志》乃领县十五。

1. 元溪(479—501)

2. 威城(490前—501)

按:宋末晋康郡无此县,《南齐志》有,当是齐永明八年前新置。

3. 都城(479—501)

4. 夫阮(479—501)

5. 安遂(479—501)

6. 晋化(479—501)

7. 永始(479—501)

8. 端溪(479—501)

9. 宾江(479—501)

10. 熙宁(479—501)

11. 乐城(479—501)

12. 武定(479—501)

13. 悦城[①](479—501)

14. 文招(479—501)

---

① 《宋志》作"说城"。

15. 义立(490前—501)

按：宋末晋康郡无此县，《南齐志》有，当是齐永明八年前新置。

(九) 新会郡(479—501)——治乏考(约在今广东新会区北)

按：《州郡典》十四义宁郡冈州："秦二汉并属南海郡地，东晋末，分置新会郡，宋、齐、梁、陈并因之。"宋末广州新会郡领县十二，萧齐省宋元县，《南齐志》乃领县十一。

1. 盆允(479—501)
2. 新夷(479—501)
3. 封平(479—501)
4. 初宾(479—501)
5. 封乐(479—501)
6. 义宁(479—501)
7. 新熙(479—501)
8. 永昌(479—501)
9. 始康(479—501)
10. 招集(479—501)
11. 始成(479—501)

(十) 广熙郡(490前—501)——治龙乡(今广东罗定市东南)

按：《宋志》无此郡。《南齐志》列为广州属郡，领县八。又，《宋志》四广州刺史晋康太守："晋康太守，晋穆帝永和七年分苍梧立，治元溪。《永初郡国》治龙乡。何志无复龙乡县，当是晋末立，元嘉二十年前，以龙乡并端溪也。"《一统志》卷457罗定州："晋为晋康郡地，齐置广熙郡，治龙乡县。"疑萧齐复立龙乡，并立广熙郡，所属诸县随之而立。

1. 龙乡(490前—501)
2. 罗平(490前—501)
3. 宾化(490前—501)
4. 宁乡(490前—501)
5. 长化(490前—501)
6. 定昌(490前—501)
7. 永熙(490前—501)
8. 宝宁(490前—501)

(十一) 宋康郡(479—501)——治广化(今广东阳江市西)

按：宋末广州宋康郡领县九，永明八年前增置舆定县，《南齐志》乃领县十。

1. 广化(479—501)
2. 石门(479—501)
3. 化隆(479—501)
4. 遂度①(479—501)
5. 威覃(479—501)
6. 单城(479—501)
7. 开宁(479—501)
8. 海邻(479—501)
9. 舆定(490前—501)

按：宋末宋康郡无此县，《南齐志》有，当是齐永明八年前置。

10. 绥定(479—501)

（十二）宋隆郡(479—501)——治平兴(今广东高要市东南)

按：《宋志》四广州刺史宋熙太守："（元嘉）二十七年，更名宋隆。孝武孝建中，复改为宋熙。"是宋曾一度名此郡为宋隆，宋末领七县。南齐以宋隆为名，永明八年前所属初宁县移属齐建郡，《南齐志》乃领六县。

1. 平兴(479—501)
2. 招兴(479—501)
3. 崇化(479—501)
4. 建宁(479—501)
5. 熙穆(479—501)
6. 崇德(479—501)
7. 初宁(479—490前)

按：据齐建郡初宁县考证，永明八年前移属齐建郡。

（十三）海昌郡(479—501)——治宁化(今广东高州市东北)

按：宋末广州海昌郡领县五，萧齐省威宁、兴定，永明八年前增置始化、新建，《南齐志》亦领五县。《一统志》卷449高州府条："海昌废郡，在电白县境，《宋书·州郡志》有海昌郡，元嘉十六年立，治宁化县，齐因之。"

1. 宁化(479—501)
2. 招怀(479—501)
3. 永建(479—501)

---

① 中华书局校勘记曰："《宋书·州郡志》作'逐度'。"

4. 始化(490前—501)

按：宋末海昌郡无此县，《南齐志》有，当是永明八年前置。

5. 新建(490前—501)

按：宋末海昌郡无此县，《南齐志》有，当是永明八年前置。

(十四) 绥建郡(479—501)——治新招(今广东广宁县南绥江南岸)

按：宋末广州绥建郡领县六，永明八年前，萧齐置齐乐郡，移绥南县属焉。又省怀集县，增置化注县，《南齐志》乃领县五。

1. 新招(479—501)

2. 四会(479—501)

3. 化蒙(479—501)

4. 化注(490前—501)

按：《宋志》四广州刺史绥建太守条略云：元嘉十三年置绥建郡，当有化注，后移属临贺，孝建元年(454)后似回属绥建，旋罢。《一统志》卷448肇庆府："化注废县，在广宁县西，《宋书·州郡志》：'孝建元年，有司奏化注等县旧属绥建，中割度临贺，相去既远，宜还绥建。'齐因之，后省。"疑永明八年前复置。

5. 化穆(479—501)

6. 绥南(479—490前)

按：据齐乐郡绥南县考证，永明八年前移属齐乐郡。

(十五) 乐昌郡(479—501)——治始昌(今广东四会市北)

按：宋末广州乐昌郡领县六，萧齐省乐昌县，《南齐志》乃领县五。

1. 始昌(479—501)

2. 乐山(479—501)

3. 宋元(479—501)

4. 义立(479—501)

5. 安乐(479—501)

(十六) 郁林郡(479—501)——治布山(今广西桂平市西南古城)

按：宋末广州郁林郡领县十七，萧齐省安始县，建元二年(480)，移新邑、建初度属越州齐宁郡，永明八年前增置始集县，《南齐志》乃领县十五。

1. 布山(479—501)

2. 郁平(479—501)

3. 阿林(479—501)

4. 建安(479—501)

5. 始集(490前—501)

按:宋末郁林郡无此县,《南齐志》有,当是永明八年前新置。

6. 龙平(479—501)
7. 宾平(479—501)
8. 新林(479—501)
9. 绥宁(479—501)
10. 中胄(479—501)
11. 领方(479—501)
12. 怀安(479—501)
13. 归化①(479—501)
14. 晋平(479—501)
15. 威化(479—501)
16. 新邑(479)

按:《南齐志》上越州齐宁郡:"建元二年置,割郁林之新邑、建初二县并。"是新邑县于建元二年度属越州齐宁郡。

17. 建初(479)

按:《南齐志》上越州齐宁郡:"建元二年置,割郁林之新邑、建初二县并。"是建初县于建元二年度属越州齐宁郡。

(十七)桂林郡(479—501)——治武熙(今广西柳州市东南)

按:宋末广州桂林郡领七县,萧齐省阳平县,永明八年前增置腾溪、潭平、龙冈、临浦、武丰、潭中、安化七县,《南齐志》乃领县十三。

1. 武熙(479—501)
2. 腾溪(490前—501)

按:宋末桂林郡无此县,《南齐志》有,当是永明八年前置。

3. 潭平(490前—501)

按:宋末桂林郡无此县,《南齐志》有,当是永明八年前置。

4. 龙冈(490前—501)

按:《宋志》四广州刺史桂林太守龙定令:"晋武帝太康元年立桂林之龙冈,疑是。《永初郡国》、何、徐并云龙定。"是《宋志》误以为宋之龙定即为晋之龙冈,今以《南齐志》视之,桂林郡并有龙冈、龙定,是二县有别。

---

① 中华书局本《宋志》四广州刺史郁林太守归代令条"校勘记"曰:"'归代',《南齐书·州郡志》作'归化'。"故疑宋之"归代"即为齐之"归化"。

5. 临浦（490前—501）

按：宋末桂林郡无此县，《南齐志》有，当是永明八年前置。

6. 中留①(479—501)

7. 武丰(490前—501)

按：宋末桂林郡无此县，《南齐志》有，当是永明八年前置。

8. 程安(479—501)

9. 威定(479—501)

10. 潭中(490前—501)

按：当是永明八年前置。《一统志》卷463柳州府："潭中废县……汉置县，属郁林郡。晋为桂林郡治，刘宋省，萧齐复置，属桂林郡，后废。"

11. 安远(479—501)

12. 安化(490前—501)

按：宋末桂林郡无此县，《南齐志》有，当是永明八年前置。

13. 龙定(479—501)

（十八）宁浦郡(479—501)——治宁浦(今广西横县西南7里，郁江南岸)

按：胡阿祥《南齐书州郡志札记》："广州领郡第十八宁浦，第十九晋兴，并有'安广'县。按二郡壤地相接，安广不应重出，宁浦安广疑涉下（晋兴安广）而衍。《宋志》宁浦太守领六县：涧阳（《永初郡国》作简阳）、兴道、宁浦、吴安、平山、始定；晋兴太守领八县：晋兴、熙注、桂林、增翊、安广、广郁、晋城、郁阳。《南齐志》晋兴郡所领八县同《宋志》，宁浦郡六县则有安广，无始定。按始定，晋分平山立（《宋志》宁浦太守），南齐时不云改属，当仍属宁浦。安广，《汉书·地理志》郁林郡领县，宋初曾隶宁浦（《宋志》宁浦太守：'《永初郡国》有安广县。'），后度属晋兴；而晋兴郡正'晋元帝太兴元年，分郁林立'（《宋志》晋兴太守）。《补梁疆域志》卷二、《补陈疆域志》卷四，晋兴郡并有安广。据此，《南齐志》宁浦郡疑涉下晋兴安广而衍'安广'而脱'始定'。"此说或是，则《南齐志》宁浦郡所属六县同宋末。

1. 宁浦(479—501)

2. 始定(479—501)

3. 简阳②(479—501)

---

① 中华书局本"校勘记"曰："南监本、局本及《续汉书·郡国志》作'中溜'。《汉书·地理志》、《宋书·州郡志》作'中留'。"

② 中华书局本"校勘记"曰："《宋书·州郡志》作'涧阳'，云《永初郡国》作'简阳'。按成孺《宋州郡志校勘记》云'润'为'涧'字之讹。"

4. 平山(479—501)

5. 兴道(479—501)

6. 吴安(479—501)

(十九)晋兴郡(479—501)——治晋兴(今广西南宁市南郁江南岸)

按:宋末广州晋兴郡领八县,《南齐志》同此八县。

1. 晋兴(479—501)

2. 熙注(479—501)

3. 桂林(479—501)

4. 增翊(479—501)

5. 安广(479—501)

6. 广郁(479—501)

7. 晋城(479—501)

8. 郁阳(479—501)

(二十)齐乐郡(490前—501)——治希平(今广东连山壮族瑶族自治县北)

按:《宋志》无此郡,当是齐永明八年前新置,所属六县亦当是随郡而置。

1. 希平(490前—501)

2. 观宁(490前—501)

3. 臻安(490前—501)

4. 宋平(490前—501)

5. 绥南(490前—501)

按:《宋志》四广州刺史绥建太守有绥南令,《南齐志》上广州绥建郡无此县,疑齐置齐乐郡,乃自绥建郡来属焉。

6. 封陵(490前—501)

(二十一)齐康郡(490前—501)——治乐康(今广东清远市)

按:《宋志》无此郡,《南齐志》列为广州属郡,领县一。《隋志》下南海郡清远:"齐置齐康郡。"当是永明八年前置。

乐康(490前—501)

(二十二)齐建郡(490前—501)——治乏考(约在今广东高要市东南)

按:《宋志》无此郡,《南齐志》列为广州属郡,领县二。当是永明八年前置。

1. 初宁(490前—501)

按:《宋志》四广州刺史宋熙太守有初宁令,齐改宋熙为宋隆,然所领无初宁县,疑置齐建郡时来属。

2. 永城(490前—501)

按：《宋志》四广州刺史新宁太守："《永初郡国》有平兴、永城县，何、徐志有永城……永城当是大明八年以后省。"宋隆郡与新宁郡相邻，故疑齐置齐建郡时复置永城县来属。

(二十三)齐熙郡(490前—501)——治齐熙(今广西融水苗族自治县)

按：《宋志》无此郡。《南齐志》列为广州属郡，不列属县。《元和志》卷37《岭南道四》融州："本汉郁林郡潭中县地也，自汉迄宋不改。萧齐于此置齐熙郡。"则齐至迟于永明八年置齐熙郡。又，《南齐志》下湘州亦列有齐熙郡，二者名称相同，地望相近，《中国历史地图集·南齐图组》仅于广州列齐熙郡，湘州不再列入，胡阿祥《齐政区建置表(建武四年)》同，今从之。

齐熙(490前—501)

按：《南齐志》齐熙郡无领县，然《舆地广记》卷36《广南西路上》中融州中融水县："本潭中县地。二汉属郁林郡。齐置齐熙县及郡。"是萧齐置齐熙郡，并有齐熙县。

(二十四)黄水郡(？—501)——治黄水(今广西罗城县西北)

按：《南齐志》无此郡，然《记纂渊海》卷15《广南东路》融州："齐置齐熙、黄水二郡，梁置东宁州。"《隋志》下始安郡义熙："旧曰齐熙，置齐熙、黄水二郡及东宁州。平陈，郡并废。"以地望揆之，则齐广州领有黄水郡，领县一。

黄水(？—501)

按：《隋志》下始安郡义熙："旧曰齐熙，置齐熙、黄水二郡及东宁州。平陈，郡并废。十八年改州曰融州，县曰义熙。大业初州废，并废临牂、黄水二县入焉。"则黄水郡或领黄水县，今姑列于此。

第十一节 交州沿革

交州(479—501)，治龙编(今越南北宁省仙游东)。宋末交州领郡七，建元二年(480)，宋寿郡自越州来属，永明八年(490)前增置齐隆郡，旋改为齐安，乃领郡九。后齐安郡移属越州，乃领郡八。永泰元年(498)，齐安郡改称齐隆郡，还属交州，齐末交州仍领郡九(建武四年[497]之交州政区见图45)。

(一)九真郡(479—501)——治移风(今越南清化省清化西北马江南岸)

按：宋末交州九真郡领县十一，萧齐省宁夷县，《南齐志》乃领县十。

1. 移风(479—501)
2. 胥浦(479—501)

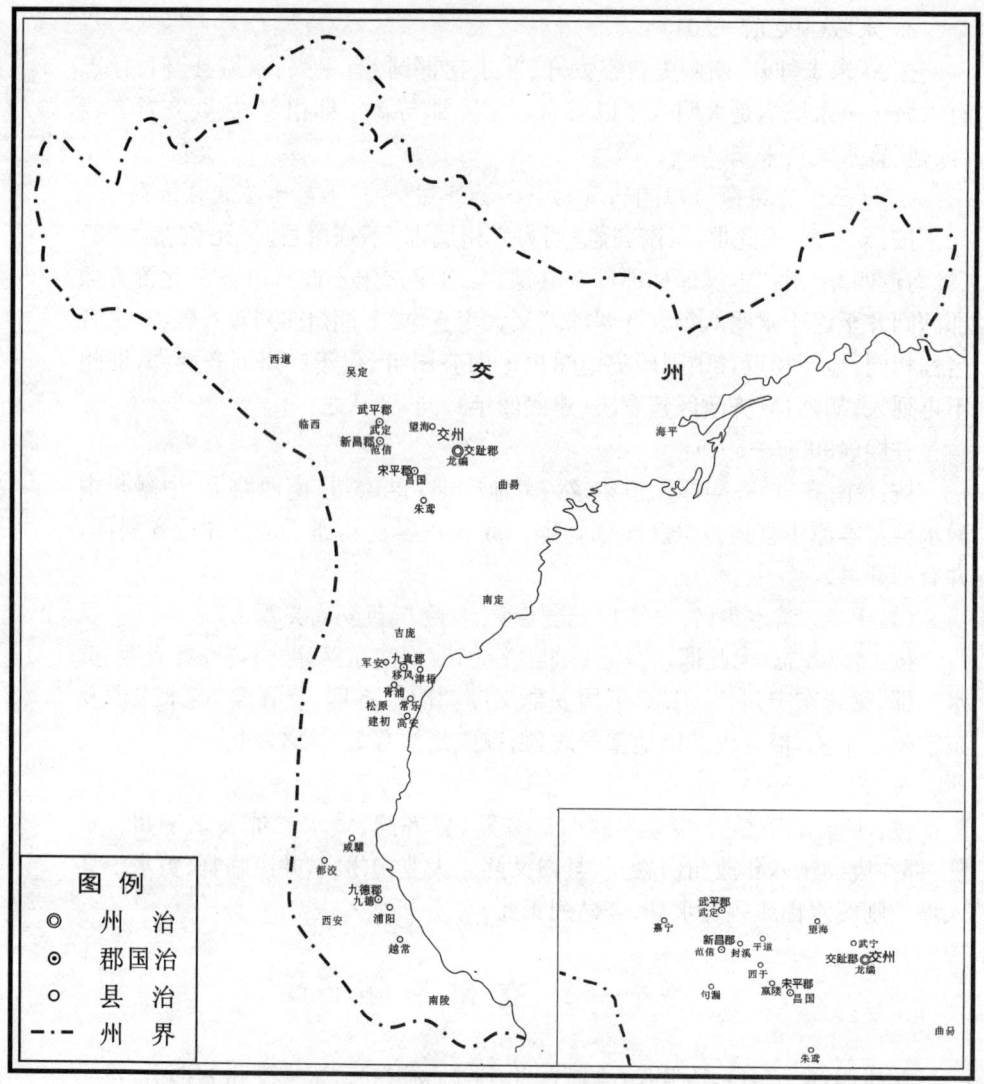

图 45　建武四年(497)南朝齐交州政区

3. 松原(479—501)
4. 高安(479—501)
5. 建初(479—501)
6. 常乐(479—501)
7. 津梧(479—501)

8. 军安(479—501)

9. 吉庞①(479—501)

10. 武宁(479—501)

(二)武平郡(479—501)——治武定(今越南永富省永福东南平州)

按：宋末交州武平郡领县六，《南齐志》同此六县。

1. 武定(479—501)

2. 封溪(479—501)

3. 平道(479—501)

4. 武兴(479—501)

5. 根宁(479—501)

6. 南移(479—501)

(三)新昌郡(479—501)——治范信(今越南永富省安朗县西夏雷乡)

按：宋末交州新昌郡领县八，《南齐志》同此八县。

1. 范信(479—501)

2. 嘉宁(479—501)

3. 封山(479—501)

4. 西道(479—501)

5. 临西(479—501)

6. 吴定(479—501)

7. 新道(479—501)

8. 晋化(479—501)

(四)九德郡(479—501)——治九德(今越南义安省荣市)

按：宋末交州九德郡领县十，萧齐省宋泰、宋昌、希平三县，《南齐志》乃领县七。

1. 九德(479—501)

2. 咸驩(479—501)

3. 浦阳(479—501)

4. 南陵(479—501)

5. 都洨②(479—501)

6. 越常(479—501)

---

① 中华书局本校勘记曰："南监本及《汉书·地理志》、《宋书·州郡志》作'都庞'。"

② 中华书局校勘记曰："都洨，《宋书·州郡志》作'都沇'。"

7. 西安(479—501)

(五)交趾郡(479—501)——治龙编(今越南北宁省仙游东)

按:宋末交州交趾郡领县十二,萧齐省定安县,《南齐志》乃领县十一。

1. 龙编(479—501)
2. 武宁(479—501)
3. 望海(479—501)
4. 句漏(479—501)
5. 吴兴(479—501)
6. 西于(479—501)
7. 朱䳒(479—501)
8. 南定(479—501)
9. 曲昜(479—501)
10. 海平(479—501)
11. 嬴陵①(479—501)

(六)宋平郡(479—501)——治昌国(今越南河内市)

按:《州郡典》十四安南都护府安南府:"宋又置宋平郡,齐因之,亦为交趾郡地。梁、陈因之。"《宋志》四交州刺史宋平郡:"孝武世,分日南立宋平县,后为郡。"宋末宋平郡领宋平一县,萧齐省,《南齐志》领昌国、义怀、绥宁三县。

1. 昌国(479—501)

按:《宋志》四广州刺史宋熙太守:"文帝元嘉十八年,以交州流寓立昌国、义怀、绥宁、新建四县为宋熙郡,今无此四县。"则萧齐所置昌国、义怀、绥宁当是仿刘宋旧例,乃置于交州之宋平郡。

2. 义怀(479—501)
3. 绥宁(479—501)

(七)宋寿郡(480—501)——治乏考(约在今广西钦州市东北钦江西北岸)

按:《南齐志》上交州宋寿郡:"建元二年,割越州属。"则建元二年宋寿郡自越州来属。领县乏考。

(八)义昌郡(500—501)——治乏考(当在今越南境内)

按:《宋志》四交州刺史义昌郡:"宋末立。"《南齐志》上交州义昌郡:"永元

---

① 中华书局校勘记曰:"南监本及《宋书·州郡志》作'嬴娄'。按成孺《宋州郡志校勘记》云:'《汉志》作"嬴陵",《续志》作"嬴陵",《晋志》作"嬴陵",《南齐志》同《汉志》。'"

二年,改沃屯置。"二者似相互矛盾,或是宋末有此郡,萧齐永元二年(500)改置于沃屯。然沃屯地望不明,未详所以。领县乏考。

(九)齐隆郡(490前—?,? —?齐安,498—501)——治乏考(约在今广东恩平市北)

按:《宋志》无此郡,《南齐志》上越州齐隆郡:"先属交州,中改为□□,永泰元年,改为齐隆,还属□州。"《舆地广记》卷35《广南东路》下南恩州:"古百越之地。秦属南海郡。二汉属合浦郡。吴属高兴郡。晋以后因之。齐立齐安郡。"齐安郡者,据《南齐志》,司州、雍州、梁州皆列有齐安郡,而岭南诸州无。疑上段《南齐志》越州条引文中前漫漶二字,即为"齐安"二字。又,《隋志》下高凉郡海安:"旧曰齐安,置齐安郡。平陈,郡废。开皇十八年改县名焉。"《南齐志》前空缺处当做"齐安",后空缺处以文意揆之,当作"交"。则齐隆郡本属交州,其间改名齐安,度属越州,永泰元年仍名齐隆,还属交州。然齐隆郡之于交州,实为飞地,所领为齐安县。

齐安(490前—?,498—501)

第十二节 越州沿革

越州(479—501),治漳平(今广西合浦县东北旧州东)。宋末越州领郡九,建元二年(480),宋寿郡移属交州。同年,置齐宁郡。永明六年(488),置北流郡、吴春俚郡。永明八年前,分南流郡置定川郡,又置思筑、盐田、陆川、越中、马门、封山、高兴七郡。永泰元年(498)前,交州之齐安郡来属,及永泰元年,齐安郡还属交州。齐又置齐康郡,故齐末领郡二十(建武四年[497]之政区见前图44)。

(一)临漳郡(479—501)——治漳平(今广西合浦县东北旧州东)

按:宋末越州临漳郡有丹城县,《南齐志》所列七县除丹城县外,其余六县当是永明八年前所置。《一统志》卷450廉州府越州故城:"《南齐书·州郡志》越州镇临漳郡,本合浦北界……其临障郡领漳平、丹城、劳石、容城、长石、都并、缓端七县,后俱废。"

1. 漳平(490前—501)
2. 丹城(479—501)

按:《宋志》无此县。《太平御览》卷14《地部三九》"塘"引《南越志》曰:"丹城县有釜塘,金沙自是而出。"据《新唐书》卷48《艺文志》乙部地理类:"沈怀远《南越志》五卷。"《宋书》卷82《沈怀文传附沈怀远传》:沈怀远为宋文帝及孝武帝时人,曾流放岭南,"撰《南越志》及(沈)怀文文集,并传于世。"似刘宋时乃有丹城县,非至南齐始置。

  3. 劳石(490前—501)

  4. 容城(490前—501)

  5. 长石(490前—501)

  6. 都并(490前—501)

  7. 缓端(490前—501)

(二) 合浦郡(479—501)——治合浦(今广西合浦县东北旧州)

按:宋末越州合浦郡领县七,齐省朱官县,永明八年前增置朱丰、宋丰、宋广三县,《南齐志》乃领县九。

  1. 合浦(479—501)

  2. 徐闻(479—501)

  3. 朱卢(479—501)

  4. 新安(479—501)

  5. 晋始(479—501)

  6. 荡昌(479—501)

  7. 朱丰(490前—501)

按:宋末合浦郡无此县,《南齐志》有,当是永明八年前置。

  8. 宋丰(490前—501)

按:宋末合浦郡无此县,《南齐志》有,当是永明八年前置。

  9. 宋广(490前—501)

按:宋末合浦郡无此县,《南齐志》有,当是永明八年前置。

(三) 永宁郡(479—501)——治乏考(约在今广东电白县东北)

按:宋末越州永宁郡不列属县。《南齐志》所列五县当是永明八年前置。

  1. 杜罗(490前—501)

  2. 金安(490前—501)

  3. 蒙(490前—501)

  4. 廖简(490前—501)

  5. 留城(490前—501)

(四) 百梁郡(479—501)——治百梁(今广西合浦县东北)

按:宋末越州百梁郡不列属县。《南齐志》所列三县当是永明八年前置。《一统志》卷450廉州府安昌故城:"按《宋志》越州领百梁郡,《南齐志》郡领百梁、始昌、宋西三县,盖亦废于梁、陈时,故址皆应在府境或曰在今县东百良山下。"

1. 百梁(490前—501)
2. 始昌(490前—501)

按：宋末广州南海郡领有始昌县，而《南齐志》无，《宋志》百梁太守无属县，而《南齐志》列有始昌县。今疑齐移广州南海郡之始昌县属越州之百梁。然地望相隔较远，姑且存疑。

3. 宋西(490前—501)

（五）安昌郡(479—501)——治武桑(今广西合浦县北)

按：《一统志》卷450廉州府安昌故城："《南齐书·州郡志》越州刺史，宋泰始七年始置安昌郡，领武桑、龙渊、石秋三县……宋郡并三县盖皆废于梁、陈时。"然宋末越州安昌郡未见属县，而《南齐志》上越州安昌郡领四县，《南齐志》所领四县当置于永明八年前。

1. 武桑(490前—501)
2. 龙渊(490前—501)
3. 石秋(490前—501)
4. 抚林(490前—501)

（六）南流郡(479—501)——治方度(今广西玉林市)

按：宋末越州南流郡未见属县，《南齐志》领县一，当是永明八年前所置。然《州郡典》十四定川郡牢州："二汉属日南郡，吴省，晋平吴，复置，宋分置南流郡。齐、梁曰定川郡。"《一统志》卷474郁林直隶州："两汉至晋为郁林、合浦二郡地，刘宋分置南流郡，齐又分置定川郡，梁、陈时省南流郡。"《南齐志》上越州并有南流、定川二郡。则以《一统志》所述近是。

方度(490前—501)

（七）北流郡(488—501)——治乏考(约在今广西北流市)

按：《南齐志》上越州北流郡："永明六年立，无属县。"

（八）龙苏[①]郡(479—501)——治龙苏(今广西合浦县北苏村附近)

按：宋末越州懒苏郡未见属县，《南齐志》领县一，当是永明八年前置。《隋志》下合浦郡龙苏条："旧置龙苏郡，平陈，郡废。"《一统志》卷450廉州府龙苏废县条："在合浦县东北。"

龙苏(490前—501)

（九）富昌郡(479—501)——治乏考

按：宋末越州富昌郡未见属县，《南齐志》领县三，当是永明八年前置。

[①] 龙苏，《南齐志》上"越州"序作"陇苏"，《宋志》四越州刺史作"懒苏"。

1. 南立(490前—501)
2. 义立(490前—501)
3. 归明(490前—501)

(十)高兴郡(490前—501)——治高兴(今广东化州市)

按：《宋志》不载高兴郡，然《宋书》卷97《夷蛮传》："世祖大明中，合浦大帅陈檀归顺，拜龙骧将军。四年，檀表乞官军征讨未附，乃以檀为高兴太守，将军如故。"是宋大明四年(460)前后有高兴郡。《宋志》四广州刺史高凉太守："吴又立高熙郡①，太康中省并高凉，宋世又经立，寻省。"则高兴郡确在刘宋重置过，然寻省，南齐高兴郡当是永明八年前分广州高凉郡而来，《南齐志》高兴郡领县十，设置时间不明，亦当随郡而置。

1. 高兴(490前—501)
2. 宋和(490前—501)
3. 宁单(490前—501)
4. 威成(490前—501)
5. 夫罗(490前—501)
6. 南安(490前—501)
7. 归安(490前—501)
8. 陈莲(490前—501)
9. 高城(490前—501)
10. 新建(490前—501)

(十一)思筑郡(490前—501)——治乏考(约在今广西境)

按：《宋志》不载此郡，《南齐志》列为越州属郡，当是永明八年前置。

(十二)盐田郡(490前—501)——治杜同(约在今广西北海市东北咸田处)

按：刘宋无此郡，《南齐志》列为越州属郡，领县一。《一统志》卷450廉州府石康废县："按《南齐志》，越州有盐田郡，领杜同一县，疑即五代之盐场县，当在今县东南界。"

杜同(490前—501)

按：当是随郡而置。

(十三)定川郡(490前—501)——治兴昌(今广西玉林市西南)

按：宋末越州无此郡。《南齐志》列为越州属郡，领县一。《隋志》下合浦

---

① 当作"高兴郡"。

郡定川:"旧立定川郡,平陈,郡废。"《一统志》卷474郁林直隶州:"两汉至晋为郁林、合浦二郡地,刘宋分置南流郡,齐又分置定川郡,梁、陈时省南流郡。"则至迟在永明八年,齐分南流郡置定川郡,领县一。

兴昌(490前—501)

按:当是随郡而置。

(十四)陆川郡①(490前—501)——治良国(今广西北流市东南陆靖)

按:《宋志》无此郡。《南齐志》列为越州属郡。当是萧齐永明八年前置,领县一。

良国(490前—501)

按:当是随郡而置。

(十五)齐宁郡(480—501)——治乏考(疑在今广西容县、北流市及玉林市北)

按:《宋志》无此郡,《南齐志》列为越州属郡,领县四,曰:"建元二年置,割郁林之新邑、建初二县并。"

1. 开城(480—501)

按:《南齐志》上越州齐宁郡开城:"建元二年置。"

2. 延海(490前—501)

按:《宋志》无此县,当是永明八年前置。

3. 新邑(480—501)

4. 建初(480—501)

(十六)越中郡(490前—501)——治乏考(当在今广西境)

按:宋末越州无此郡,《南齐志》列为越州属郡,当是永明八年前置。领县乏考。

(十七)马门郡(490前—501)——治乏考(疑在今广西博白县境)

按:宋末越州无此郡,《南齐志》列为越州属郡,当是永明八年前置。所属四县当是随郡而置。

1. 钟吴(490前—501)

2. 田罗(490前—501)

---

① 《南齐志》作"隆川郡",胡阿祥《南齐书州郡志札记》:"按'隆川'为'陆川'之误。陆川郡,《宋志》无,当是萧齐新置。杨守敬萧齐、萧梁《疆域图》并有陆川郡,治良国(今广西北流县东南陆靖),后省郡为县。汪士铎《南北史补志》卷六《地理志·梁陈》:'陆川郡,齐旧郡,后省为县。'《补陈疆域志》卷四合浦郡陆川引《一统志》:'本齐陆川郡,梁陈间废为县。'梁大业初,陆川县又废入北流县(《隋书·地理志》合浦郡北流)。唐武德四年复置,宋淳化五年始迁治今广西陆川县。"

3. 马陵(490前—501)

4. 思宁(490前—501)

(十八) 封山郡(490前—501)——治安金(今广西灵山县南安金镇)

按：宋末越州无此郡，《南齐志》列为越州属郡，领县一。《一统志》卷450廉州府封山废县："在合浦县西北，萧齐越州领封山郡，郡领安金一县，梁、陈时废郡为封山县。"当是永明八年前置。所领安金县当是随郡而置。

安金(490前—501)

(十九) 吴春俚郡(488—501)——治乏考

按：《南齐志》上越州吴春俚郡："永明六年立，无属县。"

(二十) 齐安郡(? —497)——治乏考(约在今广东恩平市北)

按：《宋志》无此郡，《南齐志》上越州齐隆郡："先属交州，中改为□□，永泰元年，改为齐隆，还属□州。"《舆地广记》卷35《广南东路》下南恩州："古百越之地。秦属南海郡。二汉属合浦郡。吴属高兴郡。晋以后因之。齐立齐安郡。"《南齐志》前空缺处当作"齐安"，后空缺处以文意揆之，当作"交"。则齐隆郡本属交州，其间改名齐安，度属越州，永泰元年仍名齐隆，还属交州。领齐安县。

齐安(? —497)

(二十一) 宋寿郡(479)——治乏考(约在今广西钦州市东北钦江西北岸)

按：宋末交州领有宋寿郡，《南齐志》上交州宋寿郡："建元二年，割越州属。"则宋寿郡于齐初当隶越州，建元二年度属交州。领县乏考。

(二十二) 齐康郡(? —501)——治齐康(今广西合浦县附近)

按：宋末越州无齐康郡，《南齐志》上越州亦不列此郡。然《隋志》下合浦郡隋康："旧曰齐康，置齐康郡。平陈，郡废，县改名焉。"《方舆纪要》卷104《广东五》雷州徐闻县："汉置县，为合浦郡治……(齐)又析置齐康县为齐康郡治。梁、陈间并徐闻县入焉。"则齐置齐康郡并齐康县。

齐康(? —501)

第十三节　荆州沿革

荆州(479—501)，治江陵(今湖北荆州市荆州区)。宋末荆州领实郡八，萧齐初承之，分别为南、南平、天门、宜都、汶阳、武宁、巴东、建平八郡，建元二年(480)巴东、建平二郡度属巴州，永明元年(483)复来属，故齐末仍领实郡八(建武四年[497]之政区见图46)。

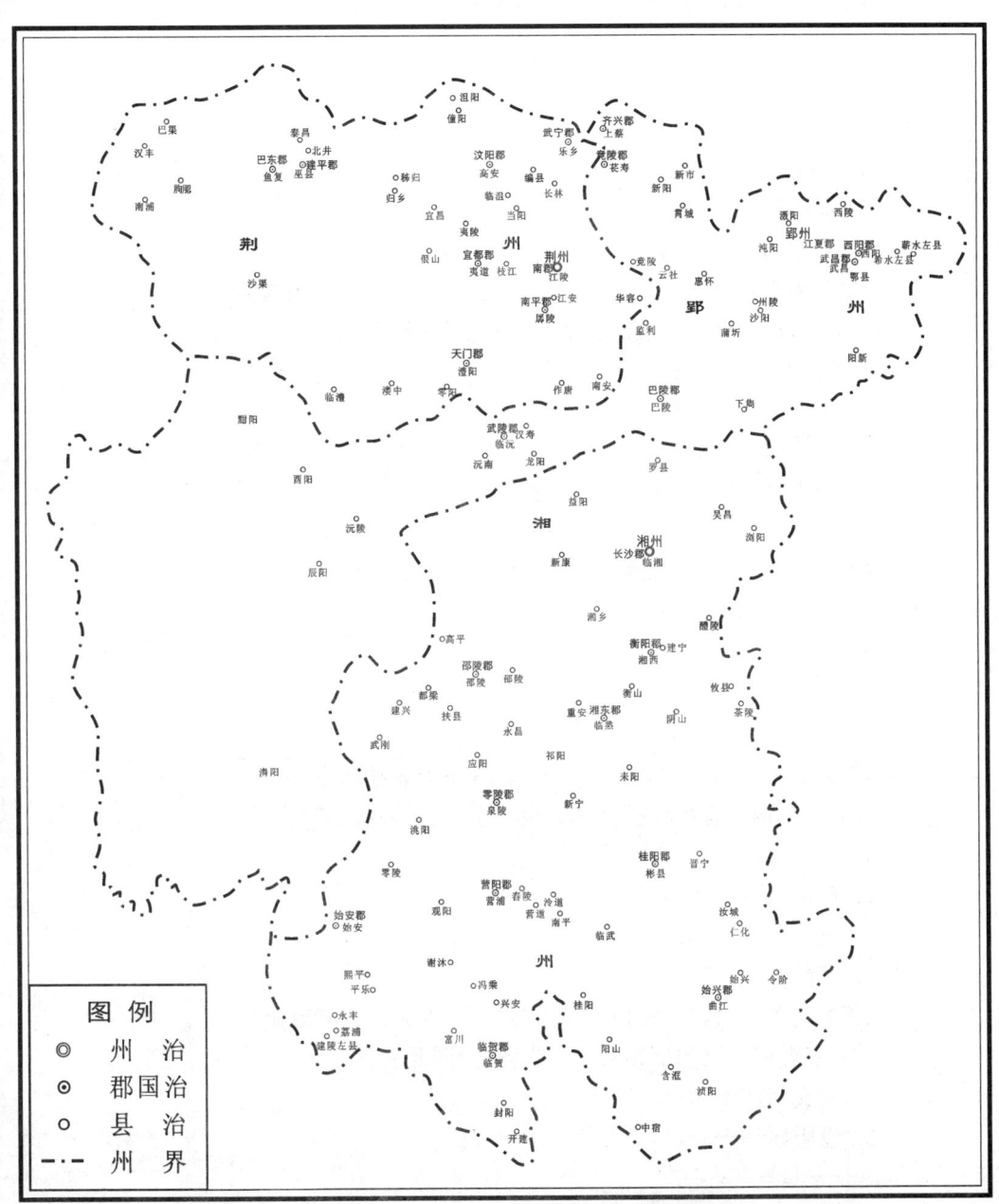

图46 建武四年(497)南朝齐荆州、郢州、湘州政区

(一) 南郡(479—501)——治江陵(今湖北荆州市荆州区)

按：宋末荆州南郡郡领县六，《南齐志》同此六县。

1. 江陵(479—501)
2. 华容(479—501)
3. 枝江(479—501)
4. 临沮(479—501)
5. 编(479—501)
6. 当阳(479—501)

(二) 南平郡(479—501)——治孱陵(今湖北公安县西南)

按：宋末荆州南平国领县四，《南齐志》同此四县。

1. 孱陵(479—501)
2. 作唐(479—501)
3. 江安(479—501)
4. 南安①(479—501)

(三) 天门郡(479—501)——治澧阳(今湖南石门县)

按：宋末荆州天门郡领县四，《南齐志》同此四县。

1. 澧阳(479—501)
2. 零阳(479—501)
3. 临澧(479—501)
4. 溇中(479—501)

(四) 宜都郡(479—501)——治夷道(今湖北枝江市)

按：宋末荆州宜都郡领县四，《南齐志》同此四县。

1. 夷道(479—501)
2. 佷山(479—501)
3. 夷陵(479—501)
4. 宜昌(479—501)

(五) 汶阳郡(479—501)——治高安(今湖北远安县西北)

按：宋末荆州汶阳郡领县三，《南齐志》同此三县。

1. 高安(479—501)
2. 僮阳(479—501)

---

① 《南齐志》作"安南"，中华书局本《宋志》三校勘记〔四〕据成孺《宋书州郡志校勘记》说改"安南"为"南安"，是。又，《晋书·地理志》亦作"南安"。今据改。

3. 沮阳(479—501)

(六)武宁郡(479—501)——治乐乡(今湖北荆门市)

按:宋末荆州武宁郡领县二,《南齐志》同此二县。

1. 乐乡(479—501)

2. 长林(479—501)

(七)巴东郡(479,483—501)——治鱼复(今重庆奉节县)

按:《南齐志》下巴州:"建元二年,分荆州巴东、建平,益州巴郡为州,立刺史,而领巴东太守,又割涪陵郡属。永明元年省,各还本属焉。"则巴东郡建元二年自荆州割属巴州,永明元年还属荆州。宋末荆州巴东郡领县七,南齐省龟阳,增置聂阳,或《南齐志》之聂阳即为《宋志》之龟阳。《南齐志》下巴州巴东郡仍领县七。

1. 鱼复(479,483—501)

2. 朐䏰(479,483—501)

3. 南浦(479,483—501)

4. 聂阳(479,483—501)

按:《宋志》无此县,当是齐置。

5. 巴渠(479,483—501)

6. 新浦(479,483—501)

7. 汉丰(479,483—501)

(八)建平郡(479,483—501)——治巫(今重庆巫山县)

按:《南齐志》下巴州:"建元二年,分荆州巴东、建平,益州巴郡为州,立刺史,而领巴东太守,又割涪陵郡属。永明元年省,各还本属焉。"则建平郡建元二年自荆州割属巴州,永明元年还属荆州。宋末荆州建平郡领县七。《南齐志》下巴州建平郡领六县,漏列归乡县。

1. 巫(479,483—501)

2. 秭归(479,483—501)

3. 北井(479,483—501)

4. 泰昌①(479,483—501)

5. 沙渠(479,483—501)

---

① 中华书局本《南齐书》作"秦昌",校勘记以为:"《晋书·地理志》同,按《宋书·州郡志》、《水经·江水注》作'泰昌'。《隋志》、《寰宇记》作大昌。盖北周为宇文泰讳已改也。疑'秦昌'为'泰昌'之讹。"今据改之。

6. 新乡(479,483—501)

7. 归乡(479,483—501)

按：宋末荆州建平郡有归乡县，《南齐志》不载此县。然《舆地广记》卷28《荆湖北路下》下归州下巴东县条："汉巫阳县地。宋有归乡县，属建平郡，初在秭归之东，后徙置于此。梁置信陵郡。后周郡废，改归乡曰乐乡。"似归乡县于齐时未废。当是《南齐志》漏载。

第十四节 巴州沿革

巴州(480—482)，治鱼复(今重庆奉节县东北白帝城)。《南齐志》下巴州："建元二年，分荆州巴东、建平，益州巴郡为州，立刺史，而领巴东太守，又割涪陵郡属。永明元年省，各还本属焉。"《南齐书》卷2《高帝纪》：建元二年"二月……置巴州。"《寰宇记》卷148《山南东道七》夔州："齐建元二年以荆州之巴东建平二郡、益州之巴郡、梁州之涪陵四郡立巴州。永明元年省巴州。"又，《南齐书》卷54《高逸·明僧胤传附明惠照传》："建元元年为巴州刺史，绥怀蛮蜒。"则似建元元年(479)即有巴州。然《通鉴》同《南齐志》，亦系置巴州事于建元二年三月，今即以《南齐志》、《通鉴》为准。巴州刺史领巴东太守，则疑巴州治巴东郡之鱼复。

(一) 巴东郡(480—482)——治鱼复(今重庆奉节县东北白帝城)

按：建元二年自荆州割属巴州，永明元年(483)还属荆州，领县七。参荆州巴东郡考证。

1. 鱼复(480—482)

2. 朐䏰(480—482)

3. 南浦(480—482)

4. 聂阳(480—482)

5. 巴渠(480—482)

6. 新浦(480—482)

7. 汉丰(480—482)

(二) 建平郡(480—482)——治巫(今重庆巫山县)

按：建元二年自荆州割属巴州，永明元年还属荆州，领县七。详参荆州建平郡考证。

1. 巫(480—482)

2. 秭归(480—482)

3. 北井(480—482)

4. 泰昌(480—482)

5. 沙渠(480—482)

6. 新乡(480—482)

7. 归乡(480—482)

(三) 巴郡(480—482)——治江州(今重庆市)

按：建元二年自益州割属巴州，永明元年还属益州。领县四。详参益州巴郡考证。

1. 江州(480—482)

2. 枳(480—482)

3. 垫江(480—482)

4. 临江(480—482)

(四) 涪陵郡(480—482)——治汉平(今重庆涪陵区东南)

按：建元二年自梁州来属，永明元年巴州废，复移属梁州，领县三。详参梁州涪陵郡考证。

1. 汉平(480—482)

2. 涪陵(480—482)

3. 汉玫(480—482)

第十五节 郢州沿革

郢州(479—501)，治夏口城(今湖北武汉市武昌)。宋末郢州领江夏、竟陵、武陵、巴陵、武昌实郡五，及西阳郡领实县侨郡一。齐建元四年(481)前置齐昌郡，永明三年(485)前置北遂安左郡，永明三年置齐兴郡，永明三年前置边城、建宁二郡，永明四年边城、建宁、齐昌三郡度属豫州。永明六年前置新平左郡、宜人左郡。直至永明八年前，又置方城左郡、北新阳郡、义安左郡、南新阳左郡、建安左郡。则齐末郢州共领实郡十四，另有领实县侨郡一(建武四年之政区见前图46)。

(一) 江夏郡(479—501)——治夏口城(今湖北武汉市武昌)

按：宋末郢州江夏郡领实县六，齐移孝昌县属司州南义阳郡，《南齐志》领实县五。

1. 沙阳(479—501)

2. 蒲圻(479—501)

3. 漯阳①(479—501)

4. 沌阳(479—501)

5. 惠怀(479—501)

6. 汝南

(二) 竟陵郡(479—501)——治苌寿(今湖北钟祥市)

按：宋末郢州竟陵郡领县六，《南齐志》同此六县。

1. 苌寿(479—501)

2. 竟陵(479—501)

3. 云杜(479—501)

4. 霄城(479—501)

5. 新市(479—501)

6. 新阳(479—501)

(三) 武陵郡(479—501)——治临沅(今湖南常德市)

按：宋末郢州武陵郡领县十，齐废迁陵县②，永明八年前增置零陵县，《南齐志》仍领县十。

1. 临沅(479—501)

2. 沅陵(479—501)

3. 零陵(490前—501)

按：宋末郢州武陵郡无此县，当是永明八年前置。

4. 辰阳(479—501)

5. 酉阳(479—501)

6. 沅南(479—501)

7. 汉寿(479—501)

8. 龙阳(479—501)

9. 潕阳③(479—501)

10. 黚阳(479—501)

---

① 《宋志》作"羕阳"，胡阿祥《宋书州郡志汇释》曰："《孙考》所见本'羕阳'作'漯阳'。洪亮吉《东晋疆域志》卷二荆州江夏郡、《南齐志》下郢州江夏郡亦作'漯阳'。按作'漯阳'是。杨守敬《水经注疏》云：'晋置县，属江夏郡，宋、齐、梁因。在今黄陂县南。'即治今湖北武汉市黄陂区西南。漯阳县名盖取意于漯水。漯水，《水经·涢水注》：'涢水又南，分为二水，东通漯水，西入于沔。'又《水经·江水注》三：'又东合漯口，山上承涢水于安陆县，而东迳漯阳县北，东流注入江。'"

② 《一统志》卷372永顺府保靖县："汉置迁陵县，属武陵郡，后汉以后因之，南齐省。"

③ 南监本及《晋志》、《宋志》作"舞阳"。

（四）巴陵郡(479—501)——治巴陵(今湖南岳阳市)

按：宋末郢州巴陵郡领县四，《南齐志》同此四县。

1. 巴陵(479—501)
2. 下隽(479—501)
3. 州陵(479—501)
4. 监利(479—501)

（五）武昌郡(479—501)——治武昌(今湖北鄂州市)

按：宋末郢州武昌郡领实县三，萧齐增置真阳县，《南齐志》领实县四。

1. 武昌(479—501)
2. 鄂(479—501)
3. 阳新(479—501)
4. 真阳(485后—501)

按：《南齐志》下郢州武昌郡真阳："《永明三年户口簿》无"。当是永明三年以后置。

5. 义宁

（六）西阳郡，治西阳(今湖北黄冈市东南)

按：宋末西阳侨郡领实县七。南齐时，建宁左县和阳城左县移置建宁左郡，属司州。又增置义安左县。《南齐志》乃领实县六。

1. 西陵(479—501)
2. 蕲阳(479—501)
3. 义安左县(479—501)

按：宋末郢州西阳郡领有义安侨县，为"明帝泰始二年以来流民立"①。《南齐志》无此侨县，而多义安左县，疑宋义安侨县以蛮民所立，齐改为左县。

4. 希水左县(479—501)
5. 东安左县(479—501)
6. 蕲水左县(479—501)
7. 西阳
8. 期思
9. 孝宁

（七）齐兴郡(485—501)——治上蔡(今湖北钟祥市北)

按：《南齐志》下郢州齐兴郡："永明三年置。"《通鉴》卷141永泰元年：

---

① 《宋志》三郢州刺史西阳太守义安令条。

"(八月)壬子,奉朝请邓学以齐兴郡降魏。"然似旋复。胡三省注曰:"武帝永明三年,置齐兴郡,属郢州,其地当在西阳、弋阳二郡界。"领实县五,当是随郡而置。

1. 绥怀(485—501)
2. 齐康(485—501)
3. 茸波(485—501)
4. 绥平(485—501)
5. 齐宁(485—501)
6. 上蔡

(八)方城左郡(490前—501)——治乏考(约在今湖北东部江北地)

按:宋末郢州无此郡,当为齐永明八年前置。《南齐志》领二县,亦当随郡而置。

1. 城阳(490前—501)
2. 归义(490前—501)

(九)北新阳郡(490前—501)——治乏考(约在今湖北钟祥市、京山县一带)

按:宋末郢州无此郡,当是萧齐永明八年前置,《南齐志》所属三县,当是随郡而置。

1. 西新阳(490前—501)
2. 安吉(490前—501)
3. 长宁(490前—501)

按:《一统志》卷352荆门直隶州:"汉置编县,属南郡,后汉因之,晋安帝分置长宁县,并置长宁郡,宋明帝改郡曰永宁,属荆州,齐置北新阳郡,以长宁县属焉。"然查《南齐志》下荆州永宁郡另有长宁侨县,则《一统志》所言误甚,长宁当为新置。

(十)义安左郡(490前—501)——治乏考(约在今湖北东部江北地)

按:宋末郢州无此郡,《南齐志》列为郢州属郡,当为永明八年前置。所属绥安县当为随郡而置。

绥安(490前—501)

(十一)南新阳左郡(490前—501)——治乏考(约在今湖北京山县、钟祥市一带)

按:宋末郢州无此郡,《南齐志》列为郢州属郡,当为永明八年前置。所属五县当是随郡而置。

1. 南新阳(490前—501)
2. 新兴(490前—501)
3. 北新阳(490前—501)
4. 角陵(490前—501)
5. 新安(490前—501)

（十二）北遂安左郡(485前—501)——治乏考(约在今湖北东部江北地)

按：宋末郢州无此郡，《南齐志》列为郢州属郡，并注曰："《永明三年簿》云'五县皆缺'。"则北遂安左郡为永明三年前置，而所属五县为永明三年至八年间置。

1. 东城(490前—501)
2. 绥化(490前—501)
3. 富城(490前—501)
4. 南城(490前—501)
5. 新安(490前—501)

（十三）新平左郡(488前—501)——治乏考(约在今湖北安陆、应城二市及京山县一带)

按：宋末郢州无此郡，《南齐志》列为郢州属郡。《南齐书》卷58《蛮传》："(永明)六年，除督护北遂安左郡太守田驷路为试守北遂安左郡太守，前宁朔将军田驴王为试守宜人左郡太守，田何代为试守新平左郡太守，皆郢州蛮也。"则永明六年前即置新平左郡。所属三县当为随郡而置。

1. 平阳(488前—501)
2. 新市(488前—501)
3. 安城(488前—501)

（十四）宜人左郡(488前—501)——治乏考

按：宋末郢州无此郡，《南齐志》亦不载此郡，然据新平左郡条考证，永明六年前确有此郡，又，与宜人左郡并列之新平左郡、北遂安左郡皆为萧齐郢州新置之属郡，今亦列宜人左郡为郢州属郡。领县乏考。

（十五）建安左郡(490前—501)——治乏考(约在今湖北京山县东南)

按：《宋志》无此郡，《南齐志》列为郢州属郡，当是永明八年前置，领县一。

霄城(490前—501)

按：霄城，《宋志》以为竟陵郡属县，《南齐志》同，然《南齐志》建安左郡亦领有霄城县。查竟陵郡与建安左郡地望，二者相邻，似属县不当重名，疑萧齐置建安左郡，移竟陵郡霄城来属，而《南齐志》仍误列霄城于竟陵郡下。然此无坚据,姑且认为二霄城县并存。

(十六)边城郡(？—485)——治边城(今河南商城县东)

按:边城左郡于宋末为豫州属郡,领县四。然《南齐志》上豫州:"边城郡……建宁郡……齐昌郡,右三郡,永明四年割郢州属。"《一统志》卷133六安直隶州边城废郡:"《宋书·州郡志》南豫州边城左郡,文帝元嘉二十五年以豫部蛮民立,大明八年省为县,属弋阳郡,后复置,齐省入安丰郡,后又置复。"则萧齐初年一度废郡,旋复置,属郢州,直至永明三年前仍当属郢州,永明四年乃度属豫州。

1. 边城(？—485)
2. 雩娄(？—485)
3. 史水(？—485)
4. 开化(？—485)

(十七)建宁郡(485前—485)——治建宁(今湖北麻城市西南)

按:《宋志》三郢州刺史略曰:以郢所属西阳郡之建宁左县置建宁左郡,后废。《南齐书》卷58《蛮传》:"蛮,种类繁多,言语不一,咸依山谷,布荆、湘、雍、郢、司等五州界。宋世封西阳蛮梅虫生为高山侯,田治生为威山侯……太祖即位,有司奏蛮封应在解例,参议以:'戎夷疏爵,理章列代;酋豪世袭,事炳前叶。今宸历改物,旧册构降,而梅生等保落奉政,事须绳总,恩命升赞,有异常品。谓宜存名以训殊俗'。诏:'特留。'以治生为辅国将军、虎贲中郎,转建宁郡太守,将军、侯如故。"《南齐志》上豫州:"边城郡……建宁郡……齐昌郡,右三郡,永明四年割郢州属。"则建元元年复以蛮置建宁郡,又,《南齐志》司州领有建宁左郡,所属建宁、阳城二县,同此。则建元元年所置之建宁郡为左郡,属司州。后复度属郢州,直至永明四年度属豫州。所属二县当为随郡而置。

1. 建宁(485前—485)

按:《宋志》三郢州刺史西阳太守属县有建宁左县,《南齐志》郢州西阳郡无此县,当是萧齐置建宁郡时来属。

2. 阳城(485前—485)

按:《宋志》三郢州刺史西阳太守属县有阳城左县,刘宋时曾一度度属建宁左郡,及建宁左郡废,还属西阳。《南齐志》郢州西阳郡无此县,当是萧齐置建宁郡时来属。

(十八)齐昌郡(482前—485)——治齐昌(今湖北蕲春县西南)

按:宋末郢州无齐昌郡,《南齐志》上豫州:"边城郡……建宁郡……齐昌郡,右三郡,永明四年割郢州属。"《寰宇记》卷127《淮南道五》蕲州:"《宋·州郡志》云：'大明八年，蕲阳县复置，属西阳郡。'齐高帝改置齐昌郡。"则齐昌郡为齐建元四年前所置。永明三年前当属郢州，永明四年度属豫州。所属四县当为随郡而置。

1. 齐昌（482前—485）
2. 阳塘（482前—485）
3. 保城（482前—485）
4. 永兴（482前—485）

第十六节　司州所辖实郡沿革

宋末司州领义阳、随阳、安陆三实郡，萧齐安陆"寄州治"①，乃成侨郡，所领亦成侨县。改义阳郡为北义阳郡，随阳郡为随郡。建元元年（479）置建宁左郡，建元四年（482）前置安蛮左郡。永明三年（485）前又置永宁左郡，永明四年前，移建宁左郡于郢州，永明八年前南义阳侨郡领有实县，置淮南侨郡，领实县。又增置齐安郡、宋安左郡、东义阳左郡、东新安左郡、新城左郡、围山左郡、北淮安左郡、南淮安左郡、北随安左郡、东随安左郡，则齐末司州领实郡十四，另领实县侨郡二（建武四年[497]之政区见图47）。

（一）南义阳郡，治孝昌（今湖北孝感市北）

按：宋末司州领有南义阳侨郡，然《宋志》阙载②。齐承之，永明八年前又置三实县，乃始为领实县侨郡。

1. 孝昌（490前—501）

按：《宋志》三郢州江夏郡领有孝昌县，《南齐志》下郢州江夏郡无此县，当是度属南义阳郡。

2. 义昌（490前—501）

按：宋无此县，当是永明八年前置。

3. 南安（490前—501）

按：宋无此县，当是永明八年前置。

4. 平春
5. 平舆

---

① 《南齐志》下司州安陆郡条。
② 详参吴应寿：《十六国汉、后赵及南朝齐司州治》(《历史地理研究》第2辑，复旦大学出版社，1990年)，文多不录。

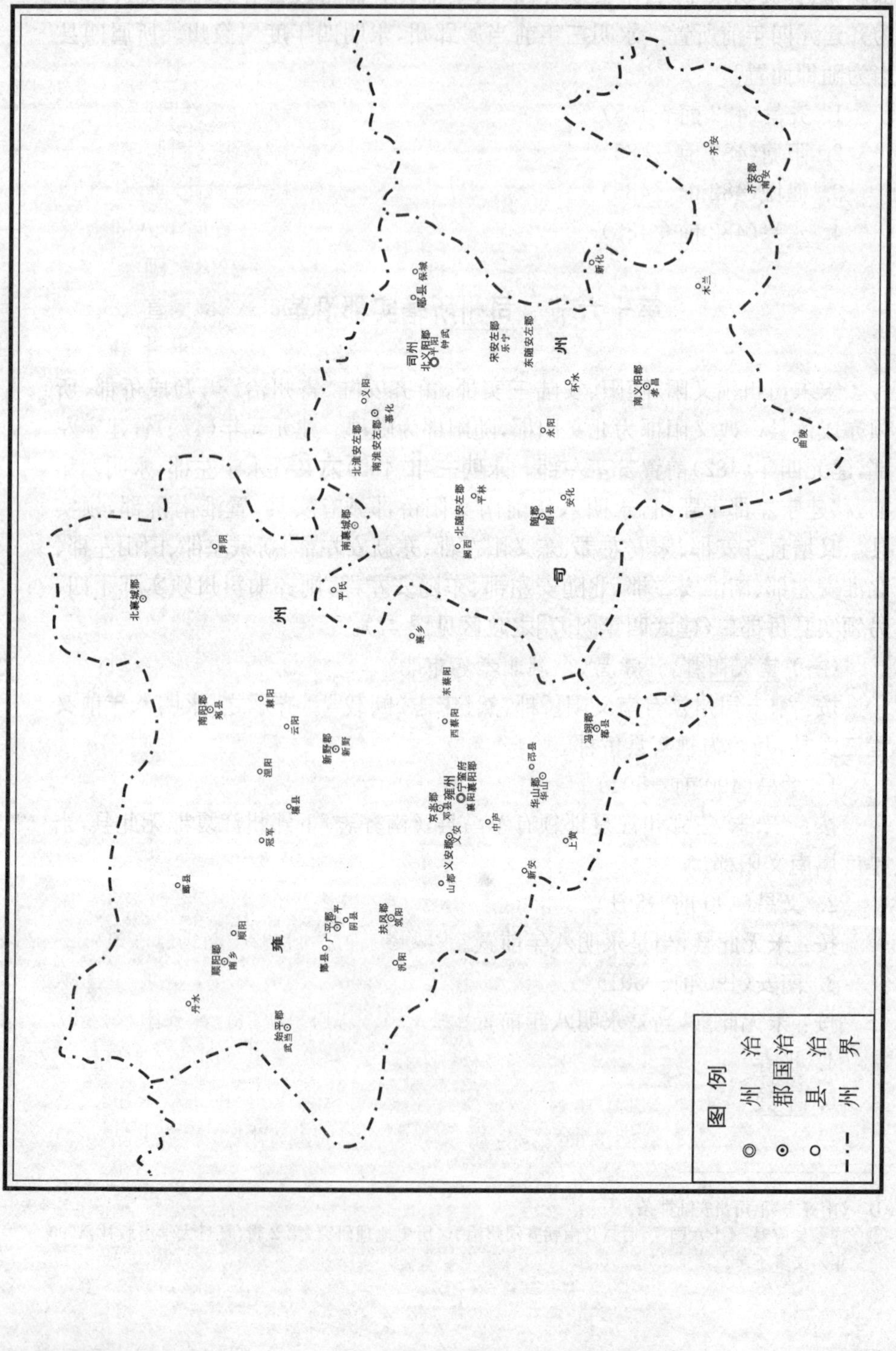

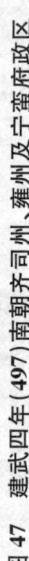

图 47 建武四年(497)南朝齐司州、雍州及宁蛮府政区

6. 平阳

(二) 北义阳郡(479—501)——治平阳(今河南信阳市)

按：宋末司州义阳郡领县七，萧齐之北义阳郡即为刘宋之义阳郡。萧齐省平春县，而置平春侨县于南义阳郡，《南齐志》领县六，阙载安昌县，齐末北义阳郡领实县七。

1. 平阳(479—501)

2. 义阳(479—501)

3. 保城(479—501)

按：《宋志》作"宝城"，今以"保城"地望揆之，二者地望相同，故疑齐之"保城"即为宋之"宝城"。

4. 鄳(479—501)

5. 钟武(479—501)

6. 环水(479—501)

7. 安昌(491前—501)

按：《南齐志》下司州北义阳郡不列此县，然《南齐书》卷18《祥瑞志》："(永明)九年，义阳安昌县获白獐一头。"则北义阳郡永明九年尚有安昌县。恐为《南齐志》阙载。

(三) 随郡(479—501)——治随(今湖北随州市)

按：《宋志》二司州刺史随阳太守："(晋)太康年，又分义阳为随国，属荆州。孝武孝建元年度属郢，前废帝永光元年度属雍；明帝泰始五年还属郢，改为随阳。"查宋随阳郡与齐随郡之领县多同，则萧齐复改称随阳为随。宋末随郡领县四，萧齐永明八年前移西平林县于东新安左郡，另置安化县。《南齐志》亦领县四。

1. 随(479—501)

按：《宋志》曰"随阳"，此亦当因旧日郡名改换而称"随"。

2. 永阳(479—501)

3. 阙西(479—501)

4. 安化(490前—501)

按：《寰宇记》卷144《山南东道三》随州光化县："自汉至宋，为随县之地，南齐立为安化县。"则安化乃萧齐从随县分出，当置于永明八年前。

5. 西平林(479—490前)

按：宋末随郡领有西平林县。据东新安郡平林县考证，永明八年前移属东新安郡。

（四）齐安郡（490前—501）——治南安（今湖北新洲区）

按：宋末司州无此郡，《隋志》下永安郡黄冈："齐曰南安，又置齐安郡。"《州郡典》十三齐安郡黄州："晋为西阳国。宋为西阳郡。齐又分置齐安郡。"《元和志》卷27《江南道三》黄州："晋为西阳国，封子弟为王，萧齐于此置齐安郡。"则此地本为郢州西阳郡境，萧齐永明八年前分置齐安郡，属司州。《南齐志》领六县，当是随郡而置。

1. 南安（490前—501）

按：《隋志》下永安郡黄冈："齐曰南安，又置齐安郡。"《明一统志》卷61安德府黄冈县："本汉西陵县地，属江夏郡，南齐置南安县，为齐安郡治。"

2. 齐安（490前—501）
3. 始安（490前—501）
4. 义城（490前—501）
5. 义昌（490前—501）
6. 义安（490前—501）

（五）淮南郡，治平氏（今河南桐柏县西北平氏）

按：宋司州无淮南侨郡，当是南齐永明八年前置。

1. 平氏（487—501）

按：平氏，《晋志》属义阳郡，《元和志》卷21《山南道二》唐州平氏县："本汉旧县，属南阳郡。晋属义阳郡，其后为北人侵掠，县皆丘墟。后魏于平氏故城重置。"又，《寰宇记》卷142《山南东道一》唐州桐柏县条："淮水，出废平氏县桐柏山，东流。"则《元和志》所载或误，以地望揆之，萧齐司州淮南侨郡所属之平氏当即为平氏旧县，不必待北魏置。故《一统志》卷211南阳府平氏故城条言："在桐柏县西，汉县属南阳郡，后汉因之，更始初立，申屠建为平氏王，晋为西平氏县，属义阳郡，宋省，齐永明五年陈显达城平氏，复置。"则永明五年萧齐复置平氏县。

2. 阁口（490前—501）

按：宋末无阁口县，《南齐志》列为淮南郡属县。当非旧县侨寄，盖永明八年前置。

（六）宋安左郡（490前—501）——治乐宁（今河南信阳市南）

按：《宋志》三荆州刺史："文帝世，又立宋安左郡，领拓边、绥慕、乐宁、慕化、仰泽、革音、归德七县，后省改。"是宋时曾置宋安左郡，后废，《南齐志》列为司州属郡，属县中仰泽、乐宁二县亦为旧县重置，此郡及所属三县当是永明八年前置。

1. 乐宁(490前—501)
2. 仰泽(490前—501)
3. 襄城(490前—501)

(七)安蛮左郡(482前—501)——治木兰(今湖北黄陂区北姚家集)

按：《宋志》二司州刺史安陆太守："徐志有安蛮县，《永初郡国》、何并无，当是何志后所立。寻为郡，孝武大明八年，省为县，属安陆，明帝泰始初，又立为左郡，宋末又省。"然《南齐志》下司州："元徽四年，又领安陆、随、安蛮三郡。"似宋末又有安蛮郡，《南齐志》列安蛮左郡为司州属郡，当是承宋所置。所属诸县当是随郡而置。《南齐书》卷18《祥瑞志》："建元四年三月，白虎见安蛮虔化县。"则建元四年前即有安蛮左郡，《南齐志》领六县，脱虔化县。齐末乃领县七。

1. 木兰(482前—501)

按：《一统志》卷340黄州府木兰故城："在黄安县南，《南齐书·州郡志》安蛮左郡木兰，《隋书·地理志》永安郡木兰，梁曰梁安，置永安、义阳二郡。"

2. 新化(482前—501)
3. 怀(482前—501)
4. 中聂阳(482前—501)
5. 南聂阳(482前—501)
6. 安蛮(482前—501)
7. 虔化(482前—501)

按：《南齐志》安蛮左郡无此县，据本州考证，建元四年前安蛮左郡领有虔化县。

(八)永宁左郡(485前—501)——治曲陵(今湖北汉川市西北麻河镇)

按：宋末司州无此郡，《南齐志》列永宁左郡为司州属郡。《南齐书》卷18《祥瑞志》："(永明三年)十二月，永宁左郡楠木连理。"则永明三年前即有此郡，属司州。《南齐志》领四县，亦当为随郡而置。

1. 曲陵(485前—501)
2. 中曲陵(485前—501)

按：《宋志》二司州刺史安陆公相："江夏又有曲陵县，本名石阳，吴立。《晋起居注》，太康元年，改江夏石阳曰曲陵；明帝泰始六年，并安陆。"此曲陵县当为萧齐复置。

3. 孝怀(485前—501)
4. 安德(485前—501)

（九）东义阳左郡(490前—501)——治乏考(约在今河南信阳县南,湖北广水市、大悟县一带)

按:《宋志》无此郡,《南齐志》列为司州属郡,当为永明八年前置,所属四县亦当是随郡而置。

1. 永宁(490前—501)
2. 革音(490前—501)

按:《宋志》二司州刺史随阳太守:"徐志又有革音县,今无。"则萧齐永明八年前重置革音县。

3. 威清(490前—501)
4. 永平(490前—501)

（十）东新安左郡(490前—501)——治乏考(约在今湖北安陆市、孝感市、黄陂区以北)

按:宋末司州无此郡,《南齐志》列为司州属郡,当为永明八年前置,所领九县当为随郡而置。

1. 第五(490前—501)
2. 南平林(490前—501)
3. 始平(490前—501)
4. 始安(490前—501)
5. 平林(490前—501)

按:《宋志》三司州刺史随阳太守有西平林县,《南齐志》下司州随郡无此县,当是改称"平林"来属。

6. 义昌(490前—501)
7. 固城(490前—501)
8. 新化(490前—501)
9. 西平(490前—501)

（十一）新城左郡(490前—501)——治乏考(疑在今湖北应城市、汉川市一带)

按:宋末司州无此郡,《南齐志》列为司州属郡,当为永明八年前置,所领四县当为随郡而置。

1. 孝怀(490前—501)
2. 中曲(490前—501)
3. 南曲陵(490前—501)
4. 怀昌(490前—501)

（十二）围山左郡(490前—501)——治乏考(疑在今湖北应城市、汉川市一带)

按：宋末司州无此郡，《南齐志》列为司州属郡，当为永明八年前置，所领六县当为随郡而置。

1. 及剌(490前—501)
2. 章平(490前—501)
3. 北曲(490前—501)
4. 洛阳(490前—501)
5. 围山(490前—501)
6. 曲陵(490前—501)

（十三）建宁左郡(479—485前)——治建宁(今湖北麻城市西南)

按：《宋志》三郢州刺史略曰：西阳太守领有建宁左县与阳城左县，刘宋时曾置建宁左郡，后废。《南齐书》卷58《蛮传》："蛮，种类繁多，言语不一，咸依山谷，布荆、湘、雍、郢、司等五州界。宋世封西阳蛮梅虫生为高山侯，田治生为威山侯……太祖即位，有司奏蛮封应在解例，参议以：'戎夷疏爵，理章列代；酋豪世袭，事炳前叶。今宸历改物，旧册杓降，而梅生等保落奉政，事须绳总，恩命升赞，有异常品。谓宜存名以训殊俗。'诏：'特留。'以治生为辅国将军、虎贲中郎，转建宁郡太守，将军、侯如故。"《南齐志》列建宁左郡为司州属郡，则建元元年即以郢州之建宁左县和阳城左县置建宁左郡来属。后此郡移属郢州，永明四年复度属豫州。参郢州建宁郡考证。《南齐志》领县二，当是随郡而置。

1. 建宁(479—485前)
2. 阳城(479—485前)

（十四）北淮安左郡(490前—501)——治乏考(约在今河南信阳市西北)

按：宋末司州无此郡，《南齐志》列为司州属郡，当为永明八年前置，所属高邑县亦当随郡而置。

高邑(490前—501)

（十五）南淮安左郡(490前—501)——治慕化(河南信阳市西北)

按：宋末司州无此郡，《南齐志》列为司州属郡，当为永明八年前置，所属二县亦当随郡而置。

1. 慕化(490前—501)

按：《宋志》三荆州刺史："文帝世，又立宋安左郡，领拓边、绥慕、乐宁、慕化、仰泽、革音、归德七县，后省改。"是宋时曾置宋安左郡，慕化县属焉，后废。

《隋志》下义阳郡淮源："后齐置,曰慕化,置淮安郡。"《隋志》恐误,慕化之置当在萧齐。

2. 栢源(490前—501)

（十六）北随安左郡(490前—501)——治乏考(约在今湖北随州市唐县镇)

按：宋末司州无此郡,《南齐志》列为司州属郡,当为永明八年前置,所属二县亦当随郡而置。

1. 济山(490前—501)
2. 油潘①(490前—501)

（十七）东随安左郡(490前—501)——治乏考(约在今湖北广水市东北)

按：《宋志》二司州刺史义阳太守环水长："宋安,本县名,孝武大明八年,省义阳郡所统东随二左郡立为宋安县,属义阳。明帝立为郡。"胡阿祥《南朝宁蛮府、左郡左县、俚郡僚郡述论》略谓："'东随二左郡'当作'东随安左郡'",后省。甚是。《一统志》卷343德安府礼山故城："在应山县东,南北朝宋立东随郡,南齐为东随安左郡。"则萧齐之东随安左郡为重置宋之东随安左郡而来。当是永明八年前置,所属三县亦当随郡而置。

1. 西随(490前—501)
2. 高城(490前—501)
3. 牢山(490前—501)

第十七节　雍州所辖实郡沿革

宋末侨雍州领实郡四,领实县侨郡七。永明八年(490)前又置齐安、齐康、招义三实郡。则萧齐雍州一度领实郡七,另有领实县侨郡七。《南齐书》卷6《明帝纪》："永泰元年春正月……沔北诸郡为虏所侵,相继败没。"《通鉴》卷141永泰元年(498)正月,"魏统军李佐攻新野,丁亥,拔之……戊子,湖阳戍主蔡道福,辛卯,赭阳戍主成公期,壬辰,舞阴戍主黄瑶起、南乡太守②席谦相继南遁。……二月……甲子,魏人拔宛北城,房伯玉面缚出降。"其中赭阳为宁蛮府所属北襄城郡治,舞阴为西汝南、北义阳二郡治,宛为南阳治。是永泰元年初,新野、顺阳、南阳三实郡及北襄城、西汝南北义阳二侨郡皆没。齐安、齐康、

---

① 殿本《考证》云："南监本无'潘'字。"
② 南乡为顺阳郡治所,不得称太守,此处"南乡太守"当为"顺阳太守"之讹。

招义三实郡,广平、京兆、河南三领实县之侨郡亦随之而没。齐末雍州领实郡一,领实县侨郡四(建武四年[497]之政区见前图47)。

(一)襄阳郡(479—501)——治襄阳(今湖北襄樊市)

按:宋末雍州襄阳国领县三,齐永明八年前增置建昌县,《南齐志》乃领县四。

1. 襄阳(479—501)
2. 中庐(479—501)
3. 邔(479—501)
4. 建昌(490前—501)

按:宋末雍州襄阳国无此县,当是永明八年前置。

(二)南阳郡(479—497)——治宛(今河南南阳市)

按:宋末雍州南阳郡领实县六,齐承之,《南齐志》同此六县。据本州考证,南阳郡于永泰元年初没,所领诸县当随郡而没。

1. 宛(479—497)
2. 涅阳(479—497)
3. 冠军(479—497)
4. 舞阴(479—497)
5. 郦(479—497)
6. 云阳(479—497)
7. 许昌

(三)新野郡(479—497)——治新野(今河南新野县)

按:宋末雍州新野郡领实县四,齐增置惠怀,《南齐志》乃领实县五。据本州考证,新野郡于永泰元年初没,所领诸县当随郡而没。

1. 新野(479—497)
2. 山都(479—497)
3. 穰(479—497)
4. 交木(479—497)
5. 惠怀(490前—497)

按:宋末雍州新野郡无此县,当是萧齐永明八年前置。

6. 池阳

(四)始平郡,寄治武当(今湖北丹江口市西北丹江镇北)

按:宋末雍州始平郡领武当实县一,《南齐志》同。

1. 武当(479—501)

2. 武功①

3. 始平

4. 平阳

（五）广平郡，治广平（今湖北丹江口市东南）

按：宋末雍州广平郡领实县三，《南齐志》同此三实县。永泰元年，沔北诸郡没于魏，广平郡无由得存，亦当于此时陷没，所领诸县当随郡而没。

1. 鄝(479—497)

2. 比阳(479—497)

3. 广平

4. 阴(479—497)

（六）京兆郡，寄治邓（今湖北襄阳区西北）

按：宋末雍州京兆郡领邓县实县一，《南齐志》同。又，《南齐书》卷51《崔慧景传》："永泰元年，慧景至襄阳，五郡已没。……慧景顿涡口村，与太子中庶子梁王及军主前宁州刺史董仲民、刘山阳、裴飏、傅法宪等五千余人进行邓城。……既而房众转盛，慧景于南门拔军，众军不相知，随后奔退。房军从北门入"。《通鉴》系此事于永泰元年三月。是邓县于此时沦陷，京兆郡当随之而没。

1. 邓(479—497)

2. 新丰

3. 杜

4. 魏

（七）扶风郡，寄治筑阳（今湖北谷城县东）

按：宋末雍州扶风郡领实县二，《南齐志》同此二县。

1. 筑阳(479—501)

2. 汎阳(479—501)

3. 郿

（八）冯翊郡，寄治郃（今湖北宜城市东南）

按：宋末雍州冯翊郡领郃实县一，《南齐志》同。

1. 郃(479—501)

2. 莲勺

---

① 武功，《南齐志》作"武阳"，《宋志》作"武功"。按武功，旧始平郡属县；武阳，前汉属东海郡，后汉省，以东海郡属县侨置于武当附近，可疑，当作"武功"。

3. 高陆

（九）河南郡，侨寄棘阳、襄乡一带（今河南南阳县东南）

按：宋末雍州河南郡领实县二，《南齐志》同此二实县。永泰元年，河南侨郡以北之南阳郡、以南之新野郡皆没，河南郡势难独存，亦当在此年没，所领诸县当随郡而没。

1. 棘阳（479—497）

2. 襄乡（479—497）

3. 河南

4. 新城

5. 河阴

（十）华山郡，治华山（今湖北宜城市）

按：宋末雍州华山郡领上黄实县一，《南齐志》同。

1. 上黄（479—501）

按：《南齐志》下荆州永宁侨郡亦领有上黄县，以地望揆之，两上黄县实为一县。则萧齐时，上黄县曾一度属荆州永宁侨郡，唯确切时间尚待确考。

2. 蓝田

3. 华山

（十一）顺阳郡①（479—497）——治南乡（今河南淅川县西南老城镇东南原丹江南岸[今已成水库]）

按：宋末雍州顺阳郡领实县三，南齐承之，《南齐志》乃领实县三。据本州考证，顺阳郡于永泰元年没，所领诸县当随郡而没。

1. 南乡（479—497）

按：《南齐书》卷26《陈显达传》："永元元年，显达督平北将军崔慧景众军四万，围南乡界马圈城，去襄阳三百里，攻之四十日。……虏突走，斩获千计，官军竞取城中绢，不复穷追。显达入据其城，遣军主庄丘黑进取南乡县，故顺阳郡治也。"寻魏援至，南乡复没。

2. 顺阳（479—497）

3. 丹水（479—497）

4. 槐里

5. 清水

---

① 《南齐志》原作"从阳郡"，中华书局本校勘记曰："'从阳'，毛本、殿本作'顺阳'，下从阳县同。按萧子显避梁讳，'顺'字皆改作'从'。"今据回改。

6. 郑

（十二）齐安郡（490前—497）——治乏考（当在雍州北境，沔水以北）

按：宋末雍州无此郡，《南齐志》列为雍州属郡，当为永明八年前置。《南齐志》下雍州："齐安郡……不见属县。"永泰元年没魏。

（十三）齐康郡（490前—497）——治乏考（当在雍州北境，沔水以北）

按：宋末雍州无此郡，《南齐志》列为雍州属郡，当为永明八年前置。《南齐志》下雍州："齐康郡……不见属县。"永泰元年没魏。

（十四）招义郡（490前—497）——治乏考（当在雍州北境，沔水以北）

按：宋末雍州无此郡，《南齐志》列为雍州属郡，当为永明八年前置。《南齐志》下雍州："招义郡……不见属县。"永泰元年没魏。

第十八节　宁蛮府沿革

宁蛮府（479—501），治襄阳（今湖北襄樊市）。《宋志》未列宁蛮府及所领郡县。《南齐志》附于雍州后，则宁蛮府所辖郡县当为萧齐置。《南齐书》卷16《百官志》："宁蛮校尉，府亦置佐史，隶雍州。"然宁蛮校尉之置则早在晋末义熙中，《宋书》卷40《百官志下》："宁蛮校尉，晋安帝置，治襄阳，以授鲁宗之。"此后，雍州刺史常兼宁蛮校尉，而宁蛮府之设立，宋时屡见，如宋时张敬儿为宁蛮府行参军，刘悛为宁蛮府主簿①。然未见宋时宁蛮府领有郡县。《通鉴》卷135建元二年（480）春正月："群蛮依阻山谷，连带荆、湘、雍、郢、司五州之境，闻魏师入寇，乃尽发民丁，南襄城蛮秦远乘虚寇潼阳，杀县令。"胡注曰："萧子显《齐志》宁蛮府领郡有南襄城、东襄城、北襄城、中襄城郡。盖因群蛮部落分署为郡也。"似建元元年宁蛮府即领有郡县。而宁蛮府作为一行政区，亦当以建元元年为始。所属郡县当是随州而置。《南齐志》宁蛮府领郡二十四，其中北义阳郡或是侨郡，则宁蛮府领实郡二十三。永泰元年（498），左义阳、南襄城、广昌、东襄城、北襄城、怀安、北弘农、西弘农、析阳、北义阳、汉广、中襄城等十二郡没魏，齐末乃领实郡十一（建武四年［497］之政区见前图47）。

（一）西新安郡（479—501）——治乏考

按：参本州考证，当是建元元年立，所属四县当是随郡而立。

1. 新安（479—501）

2. 汎阳（479—501）

---

① 参《南齐书》卷25《张敬儿传》、卷37《刘悛传》。

3. 安化(479—501)

4. 南安(479—501)

(二)义宁郡(479—501)——治乏考

按:参本州考证,当是建元元年立,所属五县当是随郡而立。

1. 筑(479—501)

2. 义宁(479—501)

3. 汎阳(479—501)

4. 武当(479—501)

5. 南阳[①](479—501)

(三)南襄郡(479—501)——治新安(今湖北南漳县)

按:参本州考证,当是建元元年立,所属四县当是随郡而立。

1. 新安(479—501)

2. 武昌(479—501)

3. 建武(479—501)

4. 武平(479—501)

(四)北建武郡(479—501)——治乏考

按:参本州考证,当是建元元年立,所属六县当是随郡而立。

1. 东苌秋(479—501)

2. 霸(479—501)

3. 北邿(479—501)

4. 高罗(479—501)

5. 西苌秋(479—501)

6. 平丘(479—501)

(五)蔡阳郡(479—501)——治乏考(约在今湖北枣阳市西南蔡阳铺)

按:参本州考证,当是建元元年立,所属六县当是随郡而立。

1. 乐安(479—501)

2. 东蔡阳(479—501)

3. 西蔡阳(479—501)

4. 新化(479—501)

5. 杨子(479—501)

---

① 中华书局本校勘记曰:"毛本、局本作'武阳'。案武阳前汉属东海郡,后汉省。东晋南渡,徐、兖属邑,例侨置于江淮南北,甚少寄治雍州襄阳附近者,疑作'南阳'为是。"

6. 新安(479—501)

(六)永安郡(479—501)——治乏考

按：参本州考证，当是建元元年立，所属四县当是随郡而立。

1. 东安乐(479—501)
2. 新安(479—501)
3. 西安乐(479—501)
4. 劳泉(479—501)

(七)安定郡(479—501)——治乏考(约在今湖北南漳县西)

按：参本州考证，当是建元元年立，所属六县当是随郡而立。

1. 思归(479—501)
2. 归化(479—501)
3. 皋亭(479—501)
4. 新安(479—501)
5. 士汉(479—501)
6. 士顷(479—501)

(八)怀化郡(479—501)——治乏考

按：参本州考证，当是建元元年立，所属七县当是随郡而立。

1. 怀化(479—501)
2. 编(479—501)
3. 遂城(479—501)
4. 精阳(479—501)
5. 新化(479—501)
6. 遂宁(479—501)
7. 新阳(479—501)

(九)武宁郡(479—501)——治乏考

按：参本州考证，当是建元元年立，所属五县当是随郡而立。

1. 新安(479—501)
2. 武宁(479—501)
3. 怀宁(479—501)
4. 新城(479—501)
5. 永宁(479—501)

(十)新阳郡(479—501)——治乏考

按：参本州考证，当是建元元年立，所属八县当是随郡而立。

1. 东平林(479—501)
2. 头章(479—501)
3. 新安(479—501)
4. 朗城(479—501)
5. 新市(479—501)
6. 新阳(479—501)
7. 武安(479—501)
8. 西林(479—501)

(十一)义安郡(479—501)——治义安(今湖北襄阳区西)

按：参本州考证,当是建元元年立,所属九县当是随郡而立。

1. 义安(479—501)
2. 郊乡(479—501)
3. 东里(479—501)
4. 永明(479—501)
5. 山都(479—501)
6. 义宁(479—501)
7. 西里(479—501)
8. 南锡(479—501)
9. 义清(479—501)

(十二)高安郡(479—501)——治乏考

按：参本州考证,当是建元元年立,所属二县当是随郡而立。

1. 高安(479—501)
2. 新集(479—501)

(十三)左义阳郡(479—497)——治乏考

按：参本州考证,当是建元元年立。《南齐志》曰"没虏",当是永泰元年陷没。

(十四)南襄城郡(479—497)——治隔城(今河南桐柏县西北)

按：参本州考证,当是建元元年立。《南齐志》曰"没虏",当是永泰元年陷没。

(十五)广昌郡(479—497)——治乏考(约在今湖北枣阳市)

按：参本州考证,当是建元元年立。《南齐志》曰"没虏",当是永泰元年陷没。

(十六)东襄城郡(479—497)——治乏考

按：参本州考证,当是建元元年立。《南齐志》曰"没虏",当是永泰元年

(十七) 北襄城郡(479—497)——治赭阳城(今河南方城县东)

按：参本州考证，当是建元元年立。《南齐志》曰"没虏"，据雍州条考证，北襄城于永泰元年没。

(十八) 怀安郡(479—497)——治乏考

按：参本州考证，当是建元元年立。《南齐志》曰"没虏"，当是永泰元年陷没。

(十九) 北弘农郡(479—497)——治乏考

按：参本州考证，当是建元元年立。《南齐志》曰"没虏"，当是永泰元年陷没。

(二十) 西弘农郡(479—497)——治乏考

按：参本州考证，当是建元元年立。《南齐志》曰"没虏"，当是永泰元年陷没。

(二十一) 析阳郡(479—497)——治乏考(约在今河南西峡县)

按：参本州考证，当是建元元年立。《南齐志》曰"没虏"，当是永泰元年陷没。

(二十二) 汉广郡(479—497)——治乏考(约在今河南南阳县南)

按：参本州考证，当是建元元年立。《南齐志》曰"没虏"，当是永泰元年陷没。

(二十三) 中襄城郡(479—497)——治乏考

按：参本州考证，当是建元元年立。《南齐志》曰"没虏"，当是永泰元年陷没。

第十九节 湘 州 沿 革

湘州(479—501)，治临湘(今湖南长沙市)。宋末湘州领郡十，萧齐改广兴郡为始兴郡，改临庆国为临贺郡。《南齐志》仍领郡十一(建武四年[497]之政区见前图46)。

(一) 长沙郡(479—501)——治临湘(今湖南长沙市)

按：宋末湘州长沙内史领实县七，《南齐志》较之少攸县，余同。攸县于萧齐永明八年(490)前移属湘东郡。《南齐志》长沙郡乃领实县六。

1. 临湘(479—501)
2. 罗(479—501)

3. 醴陵(479—501)

4. 浏阳(479—501)

5. 建宁(479—501)

6. 吴昌(479—501)

7. 攸(479—490前)

8. 湘阴

(二)桂阳郡(479—501)——治郴(今湖南郴州市)

按：宋末湘州桂阳郡领县六，《南齐志》同此六县。

1. 郴(479—501)

2. 临武(479—501)

3. 南平(479—501)

4. 耒阳(479—501)

5. 晋宁(479—501)

6. 汝城(479—501)

(三)零陵郡(479—501)——治泉陵(今湖南永州市)

按：宋末湘州零陵内史领县七，《南齐志》同此七县。

1. 泉陵(479—501)

2. 洮阳(479—501)

3. 零陵(479—501)

4. 祁阳(479—501)

5. 观阳(479—501)

6. 永昌(479—501)

7. 应阳(479—501)

(四)衡阳郡(479—501)——治湘西(今湖南株洲市西南)

按：宋末湘州衡阳内史领县七，萧齐永明八年前，重安县移属湘东郡，湘南县废，《南齐志》乃领县五。

1. 湘西(479—501)

2. 益阳(479—501)

3. 湘乡(479—501)

4. 新康(479—501)

5. 衡山(479—501)

6. 重安(479—490前)

按：宋末衡阳国领有重安县。据湘东郡重安县考证,永明八年前,重安县移属湘东郡。

7. 湘南(479—490前)

按：宋末衡阳国领有湘南县，《南齐志》无。《一统志》卷355长沙府湘南故城："秦置湘南县，汉属长沙国，后汉为湘南侯国，三国吴仍为县，为衡阳郡治，齐废。"当是永明八年前废。

(五)营阳郡(479—501)——治营浦(今湖南道县东北)

按：宋末湘州营阳郡领县四，《南齐志》同此四县。

1. 营浦(479—501)
2. 营道(479—501)
3. 泠道(479—501)
4. 舂陵(479—501)

(六)湘东郡(479—501)——治临蒸(今湖南衡阳市)

按：宋末湘州湘东郡领实县四，萧齐永明八年前，攸县自长沙来属，重安自衡阳来属，《南齐志》乃领实县六。

1. 临蒸[①](479—501)
2. 茶陵(479—501)
3. 新宁(479—501)
4. 攸(490前—501)

按：宋末湘州长沙国有攸县，《南齐志》无，盖永明八年前来属。

5. 重安(490前—501)

按：宋末湘州刺史衡阳国有重安县，《南齐志》无，盖永明八年前来属。

6. 阴山(479—501)

(七)邵陵郡(479—501)——治邵陵(今湖南邵阳市)

按：宋末湘州邵陵郡领县七，《南齐书》同此七县。

1. 邵陵(479—501)
2. 都梁(479—501)
3. 高平(479—501)
4. 武刚(479—501)
5. 建兴(479—501)
6. 邵阳(479—501)
7. 扶(479—501)

---

① 《宋志》作"临烝"，各本《南齐志》皆作"临蒸"。

（八）始兴郡（479—501）——治曲江（今广东韶关市南武水西岸）

按：《宋志》三湘州刺史广兴公相："吴孙皓甘露元年，分桂阳南部都尉，立为始兴郡……泰豫元年……改始兴曰广兴。"《州郡典》十四始兴郡韶州："吴分（桂阳郡）置始兴郡，晋因之。宋改为广兴郡，齐又为始兴郡。"则萧齐之始兴郡即承刘宋之广兴郡而来，并改为旧称。宋末广兴郡领县七，萧齐永明八年前增置仁化、令阶、灵溪三县，《南齐志》乃领县十。

1. 曲江（479—501）

2. 桂阳（479—501）

3. 仁化（490前—501）

按：宋末始兴郡无仁化县，《南齐志》列为始兴郡属县。《一统志》卷444韶州府仁化县："汉曲江县地，萧齐置仁化县，属始兴郡，后省。"当是永明八年前置。

4. 阳山（479—501）

5. 令阶（490前—501）

按：宋末始兴郡无令阶县。《一统志》卷454南雄直隶州正阶故城："在始兴县西，萧齐置，梁移始兴县来治，而故县废……《寰宇记》县西七里有萧齐正阶故县城尚存……按《南齐志》始兴郡有令阶县，《梁书》邵陵王纶子确，大同二年封正阶侯，《隋志》始兴县：'齐曰正阶，梁改名。'当是齐置令阶，寻改为正阶。"当是永明八年前置。

6. 含洭（479—501）

7. 灵溪（490前—501）

按：《宋志》无此县，《南齐志》列为始兴郡属县，当是永明八年前置。

8. 中宿（479—501）

9. 浈阳①（479—501）

10. 始兴（479—501）

（九）临贺郡（479—501）——治临贺（今广西贺州市东南贺街镇）

按：《州郡典》十四临贺郡："吴分（苍梧郡）置临贺郡，晋因之。宋文帝改为临庆国。齐复为临贺郡。"宋末湘州临庆国领县九，《南齐志》同此九县。

1. 临贺（479—501）

2. 冯乘（479—501）

3. 富川（479—501）

---

① 《宋志》三湘州刺史广兴公相贞阳侯相："宋明帝泰始三年，改'浈'为'贞'。"是其原名为"浈阳"，宋改之，至萧齐复旧。

4. 封阳(479—501)
5. 谢沐(479—501)
6. 兴安(479—501)
7. 宁新(479—501)
8. 开建(479—501)
9. 抚宁(479—501)

(十)始安郡(479—501)——治始安(今广西桂林市)

按：《南齐志》下湘州始安郡："本名始建，齐改。"《宋志》三湘州刺史始建内史领县七，齐省乐化县，《南齐志》乃领县六。

1. 始安(479—501)
2. 荔浦(479—501)
3. 建陵左县(479—501)
4. 熙平(479—501)
5. 永丰(479—501)
6. 平乐(479—501)

第二十节 梁州沿革

梁州(479—501)，治南郑(今陕西汉中市东)。宋末梁州领实郡十三，建元元年(479)置涪陵郡，建元二年涪陵郡移属巴州，永明元年(483)复还属。梁州乃领实郡十四，永明七年置齐兴郡，永泰元年(498)置东晋寿郡，永明八年前又置弘农等四十四郡，然皆是"荒或无民户"，除北宕渠郡可认为是侨郡外，其他诸郡为实郡抑或为侨郡并不明(建武四年[497]之梁州政区见图48)。

(一)汉中郡(479—501)——治南郑(今陕西汉中市东)。

按：宋末梁州汉中郡领实县四，《南齐志》同此四县。

1. 南郑(479—501)
2. 城固(479—501)
3. 沔阳(479—501)
4. 西乡(479—501)
5. 西上庸

(二)魏兴郡(479—501)——治西城(今陕西安康市西北汉江北岸)

按：宋末梁州魏兴郡领实县八，其中郧乡、锡二县于永明七年移属齐兴郡，永明八年前上廉县又移属上庸郡，齐增置南广城县，《南齐志》乃领实县六。

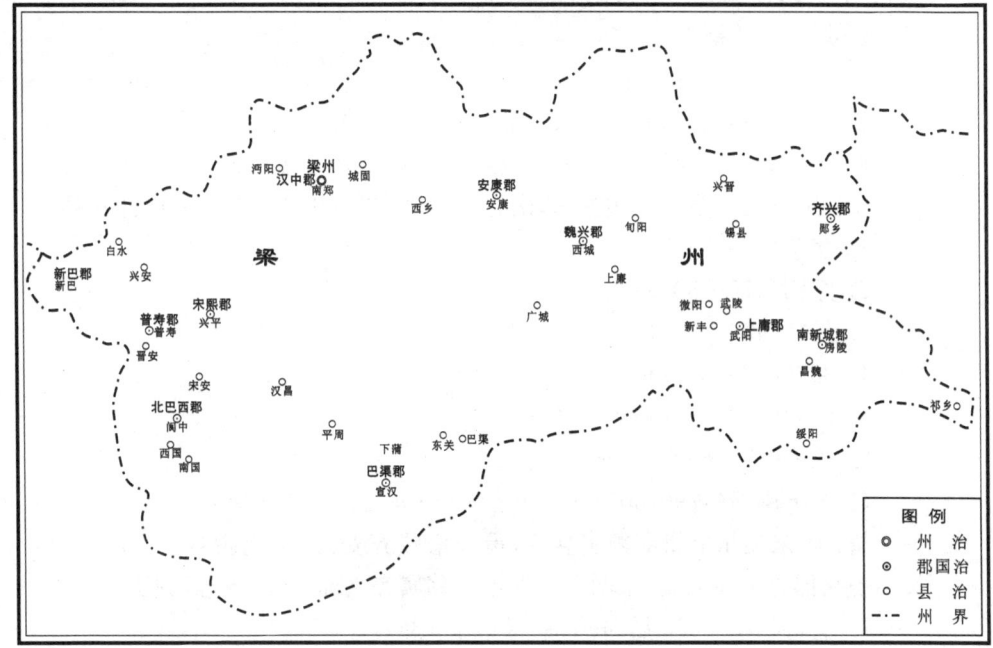

图 48　建武四年(497)南朝齐梁州政区

后南广城于永元元年前废,则齐末魏兴郡领实县五。

1. 西城(479—501)

2. 旬阳(479—501)

3. 兴晋(479—501)

4. 广昌(479—501)

5. 南广城(490前—499前)

按:《宋志》无此县,当是永明八年前置。又,《南齐志》下梁州魏兴郡南广城:"《永元志》无。"则南广城县当是永元元年前废。

6. 广城(479—501)

7. 郧乡(479—488)

按:《南齐志》下梁州魏兴郡不载此县,然宋末有之。盖《南齐志》之断限为永明八年,而郧乡已于永明七年移属齐兴郡。则永明七年前魏兴郡领有此县。详参齐兴郡考证。

8. 锡(479—488)

按:《南齐志》下梁州魏兴郡不载此县,然宋末有之。盖《南齐志》之断限为永明八年,而锡县已于永明七年移属齐兴郡。则永明七年前魏兴郡领有此县。详参齐兴郡考证。

9. 上廉(479—490 前)

按:宋末魏兴郡领有上廉县,据上庸郡考证,永明八年前移属上庸郡。

(三) 南新城郡(479—501)——治房陵(今湖北房县)

按:宋末梁州新城郡领县六,南齐改称之为"南新城郡",所领同此六县。

1. 房陵(479—501)
2. 绥阳(479—501)
3. 昌魏(479—501)
4. 祁乡(479—501)
5. 沶阳(479—501)
6. 乐平(479—501)

(四) 上庸郡(479—501)——治上庸(今湖北竹山县西南)

按:宋末梁州上庸郡领实县五,萧齐增置齐安县,析上庸县另立新丰县,又移魏兴郡之上廉来属,永明七年安富县移属齐兴郡。《南齐志》领实县七。

1. 上庸(479—490 后,490 后—501 武阳)

按:《寰宇记》卷143《山南东道二》房州竹山县条:"废上庸县,在州西二百五十里。本汉上庸县,古上庸城,在县东四十里武陵故城是也。后汉省。曹魏更立,属新城郡,明帝改属上庸郡。萧齐改为武阳县。"似永明八年后,上庸县曾改名武阳。

2. 武陵(479—501)
3. 齐安(490 前—501)

按:宋末上庸无此县,当是永明八年前置。

4. 北巫(479—501)
5. 上廉(490 前—501)

按:宋末上廉县为梁州魏兴郡属县,《南齐志》魏兴郡无,盖移上廉来属。

6. 微阳(479—501)
7. 新丰(490 前—501)

按:《元和志》卷21《山南道二》房州上庸县:"萧齐武帝分上庸县地于此立新丰县,属上庸郡。"当是永明八年前置。

8. 安富(479—488)

按:《宋志》三梁州刺史上庸太守列此县,然永明七年移属齐兴郡。而《南齐志》之断限为永明八年，故《南齐志》下梁州上庸郡不载此县。

9. 新安

10. 吉阳

（五）晋寿郡（479—501）——治晋寿（今四川广元市西南）

按：宋末梁州晋寿郡领县四，《南齐志》同此四县。永泰元年兴安县移置东晋寿郡，故齐末晋寿郡领县三。

1. 晋寿（479—501）

2. 邵欢（479—501）

3. 兴安（479—497）

按：《寰宇记》卷135《山南西道三》利州条："齐明帝永泰元年分晋寿郡之兴安县置东晋寿郡于乌奴北一里，即今州是也。"

4. 白水（479—501）

（六）新巴郡（479—501）——治新巴（今四川江油市东北雁门坝）

按：宋末梁州新巴郡领县三，《南齐志》同此三县。

1. 新巴（479—501）

2. 晋城（479—501）

3. 晋安（479—501）

（七）北巴西郡（479—501）——治阆中（今四川阆中市）

按：宋末梁州北巴西郡领县六，萧齐增置宋寿县，《南齐志》乃领县七。

1. 阆中（479—501）

2. 安汉（479—501）

3. 宋寿（490前—501）

按：宋末梁州刺史北巴西郡无此县，当为永明八年前置。

4. 南国（479—501）

5. 西国（479—501）

6. 平周（479—501）

7. 汉昌（479—501）

（八）巴渠郡（479—501）——治宣汉（今四川达县市）

按：宋末梁州巴渠郡领县七，《南齐志》同此七县。

1. 宣汉（479—501）

2. 晋兴（479—501）

3. 始兴（479—501）

4. 巴渠（479—501）

5. 东关(479—501)

6. 始安(479—501)

7. 下蒲(479—501)

(九) 宋熙郡(479—501)——治兴平(今四川旺苍县西)

按:宋末梁州宋熙郡领县五,《南齐志》较之少归安县,而多阳安县,仍领县五。然以地望揆之,宋之归安与齐之阳安略相当,疑为传写之误或改名。永元元年(499)前废嘉昌县,齐末乃领县四。

1. 兴平①(479—501)

2. 宋安(479—501)

3. 阳安(479—501)

4. 元寿(479—501)

5. 嘉昌(479—499前)

按:《南齐志》下梁州宋熙郡嘉昌:"《永元志》无。"则永元元年前省。

(十) 涪陵郡(479,483—501)——治汉平(今重庆涪陵区东南)

按:《宋志》无涪陵郡。《南齐志》下巴州:"建元二年,分荆州巴东、建平,益州巴郡为州,立刺史,而领巴东太守,又割涪陵郡属。永明元年省,各还本属焉。"《寰宇记》卷148《山南东道七》夔州:"齐建元二年以荆州之巴东建平二郡、益州之巴郡、梁州之涪陵四郡立巴州。永明元年省巴州。"似齐初即有涪陵郡,属梁州。《通鉴》卷97永和二年(346)十一月条胡注:"梁州四郡,涪陵、巴东、巴西、巴郡也。"是东晋中期,涪陵郡即属梁州。《宋志》虽无涪陵郡,然《宋书》卷45《刘道济传》:"元嘉九年……涪陵太守阮惠、江阳太守杜玄起、遂宁太守冯迁闻涪城不守,并委郡出奔。"《通鉴》系此事于元嘉九年(432)六月,是刘宋亦曾有涪陵郡。建元二年自梁州移属巴州,永明元年巴州废,复还属梁州。

1. 汉平(479,483—501)

按:《寰宇记》卷120《江南西道十八》涪州条引《晋太康地记》:"(涪陵)郡移理汉复,领汉葭、涪陵、汉平、万宁等五县。"《隋志》上巴郡涪陵:"旧曰汉平,置涪陵郡。"《水经注》卷33《江水注》:"江水又东迳涪陵故郡北……江水又东迳汉平县二百余里,左自涪陵冬出百余里。"是涪陵郡旧有汉平县。

2. 涪陵(479,483—501)

---

① 兴平,《宋志》作"兴乐"。

3. 汉玫①(479,483—501)

(十一)安康郡(479—501)——治安康(今陕西石泉县东南池河西北,汉江东岸)

按:宋末梁州安康郡领安康实县一,《南齐志》同。

1. 安康(479—501)

2. 宁都

(十二)怀汉郡②(479—501)——治永丰(约在今四川南充、广元二市之间)

按:宋末梁州怀汉郡领县三,《南齐志》同此三县。

1. 永丰(479—501)

2. 绥成(479—501)

3. 预德(479—501)

(十三)齐兴郡(489—501)——治郧乡(今湖北郧县)

按:宋梁州无齐兴郡。《寰宇记》卷143《山南东道二》均州:"晋属顺阳郡。齐永明七年于今郧乡县置齐兴郡"。则永明七年置齐兴郡,所属六实县当随郡而置。永元元年前,齐兴、安昌罢,齐末乃领实县三。

1. 郧乡(489—501)

按:《宋志》列郧乡于梁州之魏兴郡,《南齐志》魏兴郡无此县,而列为齐兴郡属县。盖齐置齐兴郡时来属。

2. 齐兴(489—499前)

按:《宋志》无此县,盖随郡而置。《南齐志》下梁州齐兴郡齐兴:"《永元志》无。"则永元元年前废。

3. 安昌(489—499前)

按:《宋志》三梁州刺史无安昌县。盖随郡而置。《南齐志》下梁州齐兴郡安昌:"《永元志》无。"则永元元年前废。

4. 锡(489—501)

按:《宋志》列锡县于梁州之魏兴郡,《南齐志》魏兴郡无此县,而列为齐兴郡属县。盖齐置齐兴郡时来属。

5. 安富(489—501)

---

① 中华书局本校勘记曰:"按'汉玫'不见于他地志。《华阳国志》,刘璋立涪陵郡,属县有汉葭县。《晋书·地理志》,涪陵郡统县五,有汉复县、汉葭县。此'汉玫'非'汉葭'之讹,即'汉复'之讹。"

② 《南齐志》原作"怀安郡",中华书局本校勘记曰:"南监本、殿本及《宋书·州郡志》并作'怀汉郡'。"

按：《宋志》列安富县于梁州上庸郡，《南齐志》上庸郡无此县，而列为齐兴郡属县。盖齐置齐兴郡时来属。

6. 略阳

（十四）东晋寿郡（498—501）——治兴安（今四川广元市）

按：宋末梁州无此郡，《南齐志》列为梁州属郡，然"县邑事亡"。据《寰宇记》卷135《山南西道三》利州："齐明帝永泰元年分晋寿郡之兴安县置东晋寿郡于乌奴北一里，即今州是也。"领县一。

兴安（498—501）

（十五）弘农郡（490前—501）——治乏考

按：宋梁州无此郡，《南齐志》列为梁州属郡，当是永明八年前置。《南齐志》："荒或无民户。"

（十六）东昌魏郡（490前—501）——治乏考

按：宋梁州无此郡，《南齐志》列为梁州属郡，当是永明八年前置。《南齐志》："荒或无民户。"

（十七）略阳郡（490前—501）——治乏考

按：宋梁州无此郡，《南齐志》列为梁州属郡，当是永明八年前置。《南齐志》："荒或无民户。"

（十八）北梓潼郡（490前—501）——治乏考

按：宋梁州无此郡，《南齐志》列为梁州属郡，当是永明八年前置。《南齐志》："荒或无民户。"

（十九）广长郡（490前—501）——治乏考（今四川广元市东北嘉陵江西岸广坪河口附近）

按：《宋志》三秦州刺史北扶风太守条："时又有广长郡，又立成阶县，领氐民，寻省。"此广长郡或为萧齐重置。《南齐志》："荒或无民户。"

（二十）弍水郡（490前—501）——治乏考

按：宋梁州无此郡，《南齐志》列为梁州属郡，当是永明八年前置。《南齐志》："荒或无民户。"

（二十一）思安郡（490前—501）——治乏考

按：宋梁州无此郡，《南齐志》列为梁州属郡，当是永明八年前置。《南齐志》："荒或无民户。"

（二十二）宋昌郡（490前—501）——治乏考

按：宋梁州无此郡，《南齐志》列为梁州属郡，当是永明八年前置。《南齐志》："荒或无民户。"

(二十三)建宁郡(490前—501)——治乏考

按：宋梁州无此郡，《南齐志》列为梁州属郡，当是永明八年前置。《南齐志》："荒或无民户。"

(二十四)南泉郡(490前—501)——治乏考

按：宋梁州无此郡，《南齐志》列为梁州属郡，当是永明八年前置。《南齐志》："荒或无民户。"

(二十五)三巴郡(490前—501)——治乏考

按：宋梁州无此郡，《南齐志》列为梁州属郡，当是永明八年前置。《南齐志》："荒或无民户。"

(二十六)江陵郡(490前—501)——治乏考

按：宋梁州无此郡，《南齐志》列为梁州属郡，当是永明八年前置。《南齐志》："荒或无民户。"

(二十七)怀化郡(490前—501)——治乏考

按：宋梁州无此郡，《南齐志》列为梁州属郡，当是永明八年前置。《南齐志》："荒或无民户。"

(二十八)归宁郡(490前—501)——治乏考

按：宋梁州无此郡，《南齐志》列为梁州属郡，当是永明八年前置。《南齐志》："荒或无民户。"

(二十九)东槥郡(490前—501)——治乏考

按：宋梁州无此郡，《南齐志》列为梁州属郡，当是永明八年前置。《南齐志》："荒或无民户。"

(三十)宋康郡(490前—501)——治乏考

按：宋梁州无此郡，《南齐志》列为梁州属郡，当是永明八年前置。《南齐志》："荒或无民户。"

(三十一)南汉郡(490前—501)——治乏考

按：宋梁州无此郡，《南齐志》列为梁州属郡，当是永明八年前置。《南齐志》："荒或无民户。"

(三十二)南梓潼郡(490前—501)——治乏考

按：宋梁州无此郡，《南齐志》列为梁州属郡，当是永明八年前置。《南齐志》："荒或无民户。"

(三十三)始宁郡(490前—501)——治乏考

按：宋梁州无此郡，《南齐志》列为梁州属郡，当是永明八年前置。《南齐志》："荒或无民户。"

（三十四）江阳郡（490前—501）——治乏考

按：宋梁州无此郡，《南齐志》列为梁州属郡，当是永明八年前置。《南齐志》："荒或无民户。"

（三十五）南部郡（490前—501）——治乏考（今四川南部县）

按：宋梁州无此郡，《南齐志》列为梁州属郡，当是永明八年前置。《南齐志》："荒或无民户。"

（三十六）南安郡（490前—501）——治乏考

按：宋梁州无此郡，《南齐志》列为梁州属郡，当是永明八年前置。《南齐志》："荒或无民户。"

（三十七）建安郡（490前—501）——治乏考

按：宋梁州无此郡，《南齐志》列为梁州属郡，当是永明八年前置。《南齐志》："荒或无民户。"

（三十八）寿阳郡（490前—501）——治乏考

按：宋梁州无此郡，《南齐志》列为梁州属郡，当是永明八年前置。《南齐志》："荒或无民户。"

（三十九）南阳郡（490前—501）——治乏考

按：宋梁州无此郡，《南齐志》列为梁州属郡，当是永明八年前置。《南齐志》："荒或无民户。"

（四十）宋宁郡（490前—501）——治乏考

按：宋梁州无此郡，《南齐志》列为梁州属郡，当是永明八年前置。《南齐志》："荒或无民户。"

（四十一）归化郡（479—501）——治乏考（约在今四川巴中市东南曾江镇）

按：《寰宇记》卷139《山南西道七》巴州："至宋，乃于巴岭南置归化、北水二郡，以领獠户，归化郡即今理是也。齐因之。"似归化郡乃因宋之旧。《南齐志》："荒或无民户。"

（四十二）始安郡（490前—501）——治乏考

按：宋梁州无此郡，《南齐志》列为梁州属郡，当是永明八年前置。《南齐志》："荒或无民户。"

（四十三）平南郡（490前—501）——治乏考（约在今四川南江县北巴山南麓）

按：宋梁州无此郡，《南齐志》列为梁州属郡，当是永明八年前置。《南齐志》："荒或无民户。"

(四十四)怀宁郡(490前—501)——治乏考

按:宋梁州无此郡,《南齐志》列为梁州属郡,当是永明八年前置。《南齐志》:"荒或无民户。"

(四十五)新兴郡(490前—501)——治乏考

按:宋梁州无此郡,《南齐志》列为梁州属郡,当是永明八年前置。《南齐志》:"荒或无民户。"

(四十六)南平郡(490前—501)——治乏考

按:宋梁州无此郡,《南齐志》列为梁州属郡,当是永明八年前置。《南齐志》:"荒或无民户。"

(四十七)齐兆郡(490前—501)——治乏考

按:宋梁州无此郡,《南齐志》列为梁州属郡,当是永明八年前置。《南齐志》:"荒或无民户。"

(四十八)齐昌郡(490前—501)——治乏考

按:宋梁州无此郡,《南齐志》列为梁州属郡,当是永明八年前置。《南齐志》:"荒或无民户。"

(四十九)新化郡(490前—501)——治乏考

按:宋梁州无此郡,《南齐志》列为梁州属郡,当是永明八年前置。《南齐志》:"荒或无民户。"

(五十)宁章郡(490前—501)——治乏考

按:宋梁州无此郡,《南齐志》列为梁州属郡,当是永明八年前置。《南齐志》:"荒或无民户。"

(五十一)邻溪郡(490前—501)——治乏考

按:宋梁州无此郡,《南齐志》列为梁州属郡,当是永明八年前置。《南齐志》:"荒或无民户。"

(五十二)京兆郡(490前—501)——治乏考

按:宋梁州无此郡,《南齐志》列为梁州属郡,当是永明八年前置。《南齐志》:"荒或无民户。"

(五十三)义阳郡(490前—501)——治乏考(约在今四川巴中市东南恩伯镇)

按:宋梁州无此郡,《南齐志》列为梁州属郡,当是永明八年前置。《南齐志》:"荒或无民户。"

(五十四)归复郡(490前—501)——治乏考

按:宋梁州无此郡,《南齐志》列为梁州属郡,当是永明八年前置。《南齐志》:"荒或无民户。"

(五十五) 安宁郡(490前—501)——治乏考(约在今四川南江县北巴山南麓)

按:宋梁州无此郡,《南齐志》列为梁州属郡,当是永明八年前置。《南齐志》:"荒或无民户。"

(五十六) 东宕渠郡(490前—501)——治乏考

按:宋梁州无此郡,《南齐志》列为梁州属郡,当是永明八年前置。《南齐志》:"荒或无民户。"

(五十七) 宋安郡(490前—501)——治乏考

按:宋梁州无此郡,《南齐志》列为梁州属郡,当是永明八年前置。《南齐志》:"荒或无民户。"

(五十八) 齐安郡(490前—501)——治乏考

按:宋梁州无此郡,《南齐志》列为梁州属郡,当是永明八年前置。《南齐志》:"荒或无民户。"

(五十九) 北水郡(479—501)——治乏考(约今四川巴中市附近)

按:《寰宇记》卷139《山南西道七》巴州清化县:"废盘道县,在县东四十里。本汉宕渠县地,宋末于今县西南十里置北水郡,梁普通六年于北水郡置难江县,因难江水为名。"另据归化郡考证,宋、齐皆有北水郡。领县乏考。

第二十一节 益州沿革

益州(479—501),治成都(今四川成都市)。宋末益州领实郡十二,领实县侨郡二。萧齐改沈黎郡为沈黎獠郡,改越巂郡为越巂獠郡。又置齐乐郡。建元二年(480),巴郡移属巴州,永明元年(483),巴郡复还属益州。永明八年前,增置北部都尉、甘松獠郡、始平獠郡,永明十一年前,析汶山之齐基县为齐基郡。建武三年(496)又增置齐开左郡、齐通左郡(建武四年之政区见图49)。则齐末领实郡十九,都尉一,另有领实县侨郡二。

(一) 蜀郡(479—501)——治成都(今四川成都市)

按:宋末益州蜀郡郡领实县四,《南齐志》同此四实县。

1. 成都(479—501)
2. 郫(479—501)

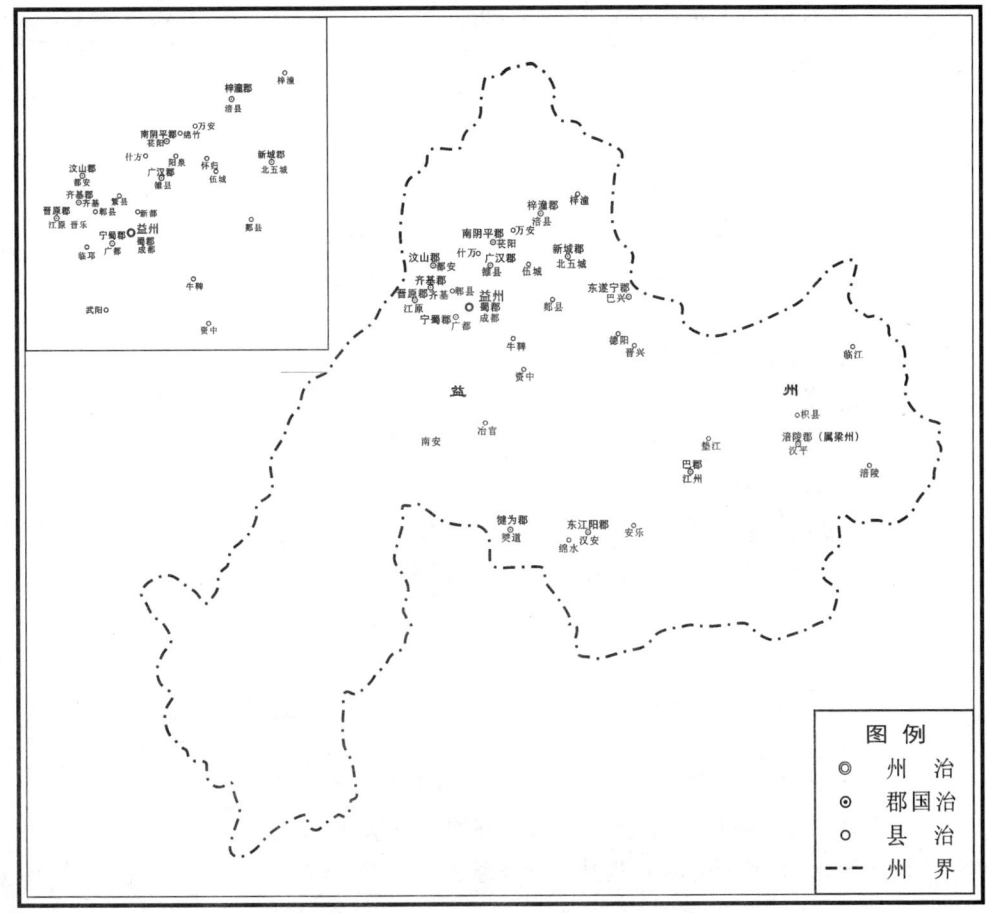

图 49　建武四年(497)南朝齐益州政区

3. 牛鞞①(479—501)

4. 繁(479—501)

5. <u>永昌</u>

(二) 广汉郡(479—501)——治雒(今四川广汉市北)

按：宋末益州广汉郡领县六，《南齐志》同此六县。

1. 雒(479—501)

---

① 《宋志》四益州刺史蜀郡太守："鞞县令,二汉、《晋太康地志》并曰牛鞞,属犍为,何志晋穆帝度此。"则萧齐乃用汉晋旧称,称之为"牛鞞"。

2. 什方①(479—501)

3. 新都(479—501)

4. 郫(479—501)

5. 伍城(479—501)

6. 阳泉(479—501)

(三) 晋原郡②(479—501)——治江原(今四川崇庆市西北怀远镇)

按:宋末益州晋原郡领县五,《南齐志》同此五县。

1. 江原(479—501)

2. 临邛(479—501)

3. 徙阳(479—501)

4. 晋乐(479—501)

5. 汉嘉(479—501)

(四) 宁蜀郡,寄治广都(今四川双流县)

按:宋末益州宁蜀郡领广都实县一,《南齐志》同。

1. 广都(479—501)

2. 广汉

3. 升迁

4. 垫江

(五) 汶山郡(479—501)——治都安(今四川都江堰市东)

按:宋末益州汶山郡领县二,萧齐增置齐基县,《南齐志》乃领县三。永明八年至永明十一年间,齐基县移置齐基郡。

1. 都安(479—501)

2. 齐基(490前—493前)

按:《宋志》无此县,《南齐志》列为汶山郡属县。《旧唐书》卷41《地理志

---

① 《宋志》作"什邡"。

② 《南齐志》原作"晋康郡",胡阿祥《南齐书州郡志札记》:"'晋康'或是'晋原'之误。《宋志》益州刺史晋原太守:'李雄分蜀郡为汉原,晋穆帝更名,领县五',即江原(郡治,今四川崇庆西北)、临邛、晋乐、徙阳、汉嘉。《南齐志》晋康郡所领与《宋志》晋原太守同。考晋康,'乃晋穆帝永和七年分苍梧立,治元溪',宋《永初郡国》治龙乡,元嘉中徙治端溪(《宋志》广州刺史晋康太守),《南齐志》治威城,属广州。可见晋康郡与益州邈不相涉。再检诸史传,未见益州晋原郡有改晋康郡的记载;诸地志如《隋书·地理志》(蜀郡晋原):'旧曰江原,及置江原郡,后周废郡,县改名焉')、《元和郡县图志》(卷三一剑南道蜀州晋原县:'本汉江原县,属蜀郡。李雄时改为江原,晋为晋原。周立多融县,又改为晋原,属益州')、《太平寰宇记》('多融县,后周改为晋原县,以县界晋原山为名')等,记叙晋原沿革甚详备,也都不载晋原曾改晋康,则《南齐志》益州'晋康郡'疑为'晋原郡'之误,'康'、'原'为字形相似致讹。"此说或是,今据改。

四》蜀州晋源:"汉江源县地,南齐置齐基县。"当是永明八年前置。据齐基郡考证,永明八年至永明十一年间,齐基县移置齐基郡。

3. 溠官①(479—501)

(六)南阴平郡,侨寄苌阳(今四川德阳市西北)

按:宋末益州南阴平郡领绵竹实县一,《南齐志》同。

1. 绵竹(479—501)

2. 阴平

3. 南郑

4. 南长乐

(七)东遂宁郡(479—501)——治巴兴(今四川蓬溪县)

按:《舆地广记》卷31《梓州路》中都督府遂州:"东晋桓温平蜀,于德阳界东南置遂宁郡。宋因之。齐、梁置东遂宁。"则宋曰遂宁郡,萧齐改置为东遂宁郡。然《寰宇记》卷87《剑南东道六》遂州:"宋泰始五年,刺史刘亮表分遂宁为东、西二郡。"似宋有东、西二遂宁郡,然查《宋志》之遂宁郡属县与《南齐志》东遂宁郡属县全同,则西遂宁郡当别置属县。宋末益州遂宁郡领县四,《南齐志》下益州东遂宁郡所属同此四县。

1. 巴兴(479—501)

2. 小广汉②(479—501)

3. 晋兴(479—501)

4. 德阳(479—501)

(八)西遂宁郡(479—501)——治乏考(约在今四川蓬溪县附近)

按:据东遂宁郡考证,自刘宋泰始五年(469)后,有西遂宁郡。《隋志》上蜀郡雒:"又有西遂宁郡……后周废西遂宁,改为怀中。"似西遂宁郡直至北周时方废,则萧齐当有此郡。然《南齐志》不载,属县无考。

(九)犍为郡(479—501)——治僰道(今四川宜宾市西南安边场)

按:宋末益州犍为郡领县五,《南齐志》同此五县。

1. 僰道(479—501)

2. 南安(479—501)

3. 资中(479—501)

---

① 南监本及《宋志》作"晏官"。
② 《南齐志》原作"小汉"。中华书局本校勘记曰:"南监本及《宋书·州郡志》作'广汉'。按广汉,汉旧县,属广汉郡。汉时县名与郡名同者,往往加'小'字以别之,故广汉亦称小广汉,疑此'小'字下脱一'广'字。"今据改。

4. 冶官(479—501)

5. 武阳(479—501)

(十)梓潼郡(479—501)——治涪(今四川绵阳市东)

按：宋末益州梓潼郡领县四，萧齐增置汉德、新兴二县，《南齐志》乃领县六。

1. 涪(479—501)

2. 梓潼(479—501)

3. 汉德(490前—501)

按：《宋志》四益州刺史梓潼太守："《永初郡国》又有汉德……义熙九年立；汉德，旧县。案二汉并无汉德县，《晋太康地志》、王隐并有，疑是刘氏所立。"刘宋后废汉德县，此当是永明八年前复置。

4. 新兴(490前—501)

按：《宋志》四益州刺史梓潼太守："《永初郡国》又有……新兴……义熙九年立。"后废。此当是永明八年前复置。

5. 万安(479—501)

6. 西浦(479—501)

(十一)东江阳郡(479—501)——治汉安(今四川纳溪区西南)

按：宋末益州东江阳郡领县二，萧齐增置安乐县，《南齐志》乃领县三。

1. 汉安(479—501)

2. 安乐(490前—501)

按：《元和志》卷33《剑南道下》泸州合江县："本汉符县地，晋穆帝于此置安乐县，梁改置安乐戍。"则东晋即置安乐县，然《宋志》无载，恐后废。此当是萧齐永明八年前置。

3. 绵水(479—501)

(十二)巴郡(479，483—501)——治江州(今四川重庆市)

按：《南齐志》下巴州："建元二年，分荆州巴东、建平，益州巴郡为州，立刺史，而领巴东太守，又割涪陵郡属。永明元年省，各还本属焉。"宋末益州巴郡领县四，《南齐志》下巴州巴郡同此四县。

1. 江州(479,483—501)

2. 枳(479,483—501)

3. 垫江(479,483—501)

4. 临江(479,483—501)

(十三)新城郡(479—501)——治北五城(今四川三台县)

按：宋末益州新城郡领北五城、怀归二实县，《南齐志》领下辨等四侨县而无实县,而《补梁志》卷 4 新州新城郡领北五城、下辩、略阳、汉阳、安定五县。则疑北五城、怀归二县在萧齐未尝废,实为《南齐志》漏载。今姑且从之。

1. 北五城(479—501)
2. 怀归(479—501)

按:《一统志》卷 407 潼川府怀归废县:"在中江县西北,《宋书·州郡志》新城郡领怀归县,何志新立。《寰宇记》在县北二十里。李膺《蜀记》云:宋元嘉九年置,后周明帝初并入元武。"则似怀归自刘宋置县以来,直至齐、梁亦未曾废。

3. 下辩
4. 略阳
5. 汉阳
6. 安定

(十四)北部都尉(490 前—501)——治乏考(约在今四川茂县西北)

按:宋益州无北部都尉,《南齐志》属益州。《一统志》卷 415 茂州直隶州:"(汉)武帝元鼎六年以其地置汶山郡,治汶江县,宣帝地节三年省属蜀郡为北部都尉,后汉因之。建安中先主定蜀,复以北部为汶山郡,晋时徙郡治汶山县,改汶江为广阳属之。东晋后废,萧齐复置北部都尉。"《隋志》上汶山郡汶山条:"旧曰广阳,梁改为北部都尉。"恐误。《一统志》卷 415 茂州:"按《隋志》汶山县,旧曰广阳,梁改为北部都尉。今考《齐志》有北部都尉而无广阳县,盖北部置于齐,州郡县皆置于梁时也。"此说甚是。北部都尉之置当在萧齐永明八年前。领县无考。

(十五)越巂獠郡(479—501)——治乏考(约在今四川西昌市东南)

按:宋益州领有越巂郡,领县八,《南齐志》无越巂郡,而有越巂獠郡,列为益州属郡。《寰宇记》卷 80《剑南西道九》嶲州:"《十道志》云:'魏、晋以还,蛮獠恃险抄窃,乍服乍叛'是也。至齐,而夷长或来纳款,因为越巂獠郡以统之。"《一统志》卷 400 宁远府:"汉初为邛都国,元鼎六年开置越巂郡,属益州,后汉因之,三国属汉,晋亦曰越巂郡,徙治会无县……刘宋还治邛都,齐曰越巂獠郡而县废,寻没于獠。梁时尝开置巂州。"则齐之越巂獠郡为承宋之越巂郡而来,齐梁时废。领县无考。

(十六)沈黎獠郡(479—501)——治乏考(约在今四川汉源县东北)

按:《宋志》四益州刺史领有沈黎太守,《南齐志》无沈黎郡而有沈黎獠郡,以地望揆之,刘宋之沈黎郡与萧齐之沈黎獠郡同处一地。然《宋志》沈黎太守所领诸县皆为《南齐志》沈黎獠郡所无,则疑萧齐之沈黎獠郡为刘宋之沈黎郡改置而来。

（十七）甘松獠郡（490前—501）——治蚕陵（今四川茂县北迭溪）

按：《宋志》无此郡，《南齐志》列为益州属郡，不列属县，当是永明八年前置。

蚕陵（490前—501）

按：蚕陵本汉晋旧县，属汶山郡，然《宋志》无载，恐废。《南齐志》列为沈黎獠郡属县，当为永明八年前重置。然蚕陵与沈黎獠郡地望相隔甚远，而与甘松獠郡地望相当，故《南齐志》将蚕陵置于沈黎獠郡下当是错简。以地望揆之，蚕陵当置于甘松獠郡条后。又，《南齐志》下益州沈黎獠郡蚕陵："无户数。"

（十八）始平獠郡（490前—501）——治乏考（约在今四川三台县西北花园）

按：《宋志》无此郡，《南齐志》列为益州属郡，不列属县。《隋志》上金山郡涪城："旧置始平郡，西魏改郡为涪城。"以地望揆之，《隋志》所言始平郡当即为萧齐之始平獠郡，应为永明八年前置。

（十九）齐开左郡（496—501）——治乏考（约在今四川资中县西北）

按：宋末益州无齐开左郡，《南齐志》下益州："齐开左郡……建武三年置。"领县乏考。

（二十）齐通左郡（496—501）——治乏考（约在今四川眉山市）

按：宋末益州无齐通左郡，《南齐志》下益州："齐通左郡……建武三年置。"领县乏考。

（二十一）齐乐郡（？—501）——治齐乐（今四川丹棱县附近）

按：《南齐志》下益州不载此郡，然《元和志》卷32《剑南道中》眉州丹棱县："本南齐之齐乐郡也。"洪雅县："本齐乐郡之南境也，自晋迄宋，夷獠有其地。"按其地望，当属益州。

齐乐（？—501）

按：《舆地广记》卷29《成都府路上》上眉州望丹棱县："南齐置齐乐县。"按地望，当属齐乐郡。

（二十二）齐基郡（493前—501）——治齐基（今四川都江堰市西南徐家渡）

按：《隋志》上蜀郡清城："旧置齐基郡，后周废为清城县。"《记纂渊海》卷16《广南西路》永康军青城："本汉江源县地，齐武帝置齐基郡，后周改青城县，属犍为郡。"似齐基当为齐置，然《南齐志》益州无齐基郡，而汶山郡领有齐基县。《南齐志》之断限为齐武帝永明八年,则萧齐当在永明八年至永明十一年之间于汶山郡之齐基县置齐基郡。

齐基(493前—501)

第二十二节 宁州沿革

宁州(479—501),治同乐(今云南陆良县境)。宋末宁州刺史领郡十五,萧齐改朱提郡为南朱提郡,永明二年(484)置南犍为郡,永明五年前置平乐郡,永明五年分平乐郡置益宁郡,永明八年前分东河阳郡置西河阳郡、北朱提郡、宋昌郡、永昌郡,隆昌元年(494)分平乐郡置安宁郡,至此平乐郡废,分宋昌郡置江阳郡、犍为郡,同年又置西益、永兴、永宁、安宁等四郡,延兴元年(494)置东朱提郡,建武三年(496)分宋昌置安上郡,宋昌郡乃废(建武四年之宁州政区见图50)。齐末领郡二十八。

(一)建宁郡①(479—501)——治同乐(今云南陆良县境)

按:宋末宁州刺史建宁太守领县十三,《南齐志》同此十三县。

1. 同乐(479—501)
2. 同濑(479—501)
3. 牧麻(479—501)
4. 新兴(479—501)
5. 新定(479—501)
6. 味(479—501)
7. 同并(479—501)
8. 万安(479—501)
9. 昆泽(479—501)
10. 漏江(479—501)
11. 谈槀(479—501)
12. 毋单(479—501)

---

① 《南齐志》下宁州条,原作"建平"。胡阿祥《南齐书州郡志札记》:"'建平'疑作'建宁'为是。《南齐志》:'宁州,镇建宁郡。'州郡志体例先书州所治郡,宁州既治建宁,则州下当先书之,《宋志》宁州首郡即为建宁(治味县,今云南曲靖北)。又《宋志》建宁太守领味、同乐等十三县,《南齐志》领同乐(郡治,今云南陆靖县境)、味等十三县者,则'建平郡',而史传不言建宁曾改建平,是《南齐志》'建平'或系'建宁'之误。齐时也有建平郡,《南齐志》巴州所领,治巫(今四川巫山北),与宁州远不相涉。"今据改。

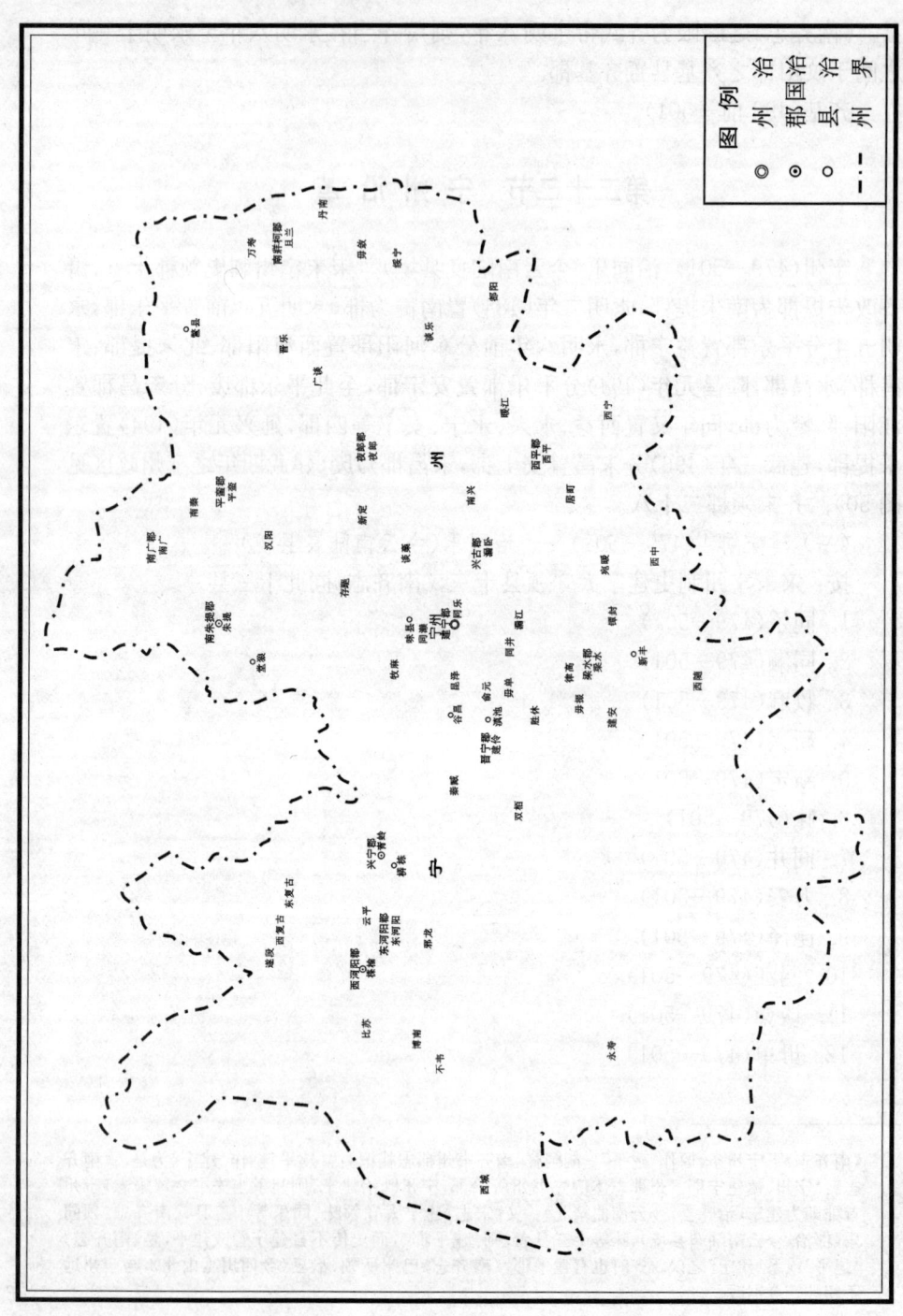

图 50　建武四年(497)南朝齐宁州政区

13. 存䭾(479—501)

(二) 南广郡(479—501)——治南广(今四川筠连县西南)

按：宋末宁州南广郡领县四,《南齐志》同此四县。

1. 南广(479—501)

2. 常迁(479—501)

3. 晋昌(479—501)

4. 新兴(479—501)

(三) 南朱提郡(479—501)——治朱提(今云南昭通市)

按：宋末宁州朱提郡领县五,南齐省临利县,《南齐志》乃领县四。又,南齐于宁州增置北朱提郡与东朱提郡,为示区别,故改宋之朱提郡,称为南朱提郡。

1. 朱提(479—501)

2. 汉阳(479—501)

3. 堂狼(479—501)

4. 南秦(479—501)

(四) 南牂柯郡(479—501)——治且兰(今贵州黄平县西南)

按：宋末宁州牂柯郡领县六,南齐改牂柯郡为南牂柯郡,省新宁县,增置绥宁县,《南齐志》仍领县六。

1. 且兰(479—501)

2. 万寿(479—501)

3. 毋敛(479—501)

4. 晋乐(479—501)

5. 绥宁(490前—501)

按：《宋志》无此县,当是永明八年前置。

6. 丹南(479—501)

(五) 梁水郡(479—501)——治梁水(今云南开远市境)

按：宋末宁州梁水郡领县七,《南齐志》同此七县。

1. 梁水(479—501)

2. 西随(479—501)

3. 毋棳(479—501)

4. 胜休(479—501)

5. 新丰(479—501)

6. 建安(479—501)

7. 镡封①(479—501)

(六)建都郡②(479—501)——治新安(今云南武定、禄劝二县地)

按：宋末宁州建都郡领县六,《南齐志》同此六县。

1. 新安(479—501)
2. 永丰(479—501)
3. 绥云③(479—501)
4. 遂安(479—501)
5. 麻雅④(479—501)
6. 临江(479—501)

(七)晋宁郡(479—501)——治建伶(今云南晋宁县)

按：宋末宁州晋宁郡领县七,《南齐志》同此七县。

1. 建伶(479—501)
2. 连然(479—501)
3. 滇池(479—501)
4. 俞元(479—501)
5. 谷昌(479—501)
6. 秦臧(479—501)
7. 双柏(479—501)

(八)云南郡(479—501)——治东古复(今云南永胜县境)

按：宋末宁州云南郡领县五,《南齐志》领县四,无云南县,疑漏载。

1. 东古复(479—501)
2. 西古复(479—501)
3. 云平(479—501)
4. 邪龙(479—501)
5. 云南(479—501)

按：《一统志》卷478大理府云南县："三国汉建兴二年为云南郡治,晋、宋至梁皆因之。"则齐亦当有此县。

---

① 《南齐志》作"骠封",中华书局本校勘记曰："《两汉志》、《华阳国志》、宋本《晋书·地理志》、《宋书·州郡志》、《水经·温水注》并作'镡封'。"今据改。
② 《南齐志》作"建宁郡",胡阿祥《南齐书州郡志札记》："按《宋志》宁州刺史建都太守：'晋成帝分建宁立,领县六。'一如《南齐志》建宁郡六县,而建都也不曾改称建宁,是《南齐志》建宁郡又或是建都郡之误。"今据改。
③ 中华书局校勘记曰："《宋书·州郡志》作'经云'。"
④ 中华书局校勘记曰："《宋书·州郡志》作'麻应'。"

（九）西平郡(479—501)——治西平(今广西西林县东南西平)

按：宋末宁州西平郡领县五，齐省义成，增置西宁、新城，《南齐志》乃领县六。

1. 西平(479—501)
2. 暖江①(479—501)
3. 都阳(479—501)
4. 西宁(490前—501)

按：《宋志》四宁州刺史西平太守："《永初郡国》、何志并有西宁县，何云晋成帝立，今无。"是刘宋初年曾有西宁县，后废，永明八年前复置。

5. 晋绥(479—501)
6. 新城(490前—501)

按：宋末宁州西平郡无此县，《南齐志》列为西平郡属县。当是永明八年前置。

（十）夜郎郡(479—501)——治夜郎(今贵州关岭布依族苗族自治县西南)

按：宋末宁州夜郎郡领县四，《南齐志》同此四县。

1. 夜郎(479—501)
2. 谈柏(479—501)
3. 谈乐(479—501)
4. 广谈(479—501)

（十一）东河阳郡(479—501)——治东河阳(今云南大理市东南凤仪镇)

按：宋末宁州东河阳郡领县二，《南齐志》同此二县。然《南齐志》西河阳郡亦领有楪榆县，且列为首县，则疑楪榆在萧齐永明八年前度属西河阳郡。详参西河阳郡考证。

1. 东河阳(479—501)
2. 楪榆(479—490前)

（十二）西河郡(479—501)——治比苏(今云南大理市北喜洲)

按：宋末宁州西河郡领县三，《南齐志》同此三县。《宋志》原作"西河太守"，中华本据《南齐志》改作"西河阳太守"。今据《中国历史地图集·南齐图组》、胡阿祥《六朝疆域与政区研究》仍作"西河郡"。

---

① 中华书局校勘记曰："《宋书·州郡志》作'温江'。"

1. 比苏①(479—501)
2. 建安(479—501)
3. 成昌(479—501)

(十三) 平蛮郡(479—501)——治平蛮(今贵州毕节市境)

按：宋末宁州平蛮郡领县二,《南齐志》同此二县。

1. 平蛮(479—501)
2. 鳖(479—501)

(十四) 兴古郡(479—501)——治漏卧(今云南文山壮族苗族自治州境)

按：宋末宁州兴古郡领县六,《南齐志》同此六县。

1. 漏卧(479—501)
2. 西中②(479—501)
3. 宛暖(479—501)
4. 律高(479—501)
5. 句町(479—501)
6. 南兴(479—501)

(十五) 兴宁郡(479—501)——治青蛉(今云南大姚县)

按：宋末宁州兴宁郡领县二,《南齐志》同此二县。

1. 青蛉(479—501)
2. 弄栋(479—501)

(十六) 西河阳郡(490前—501)——治楪榆(今云南大理市西北洱海西畔)

按：宋末宁州无此郡,《宋志》四宁州刺史东河阳太守条曰："《永初郡国》又有西(阿)[河阳],领楪榆、遂段、新丰三县,何、徐无。"则宋初有西河阳郡,后废。《南齐志》列为宁州属郡,盖永明八年前置。所领三县中,楪榆本东河阳郡属县,遂段、新丰二县地原亦在东河阳郡境。盖此郡实为分东河阳郡所置。

1. 楪榆(490前—501)

按：楪榆本东河阳郡属县,及置西阿郡,乃来属焉。

2. 新丰(490前—501)

按：萧齐置西阿郡时,复置遂段、新丰二县。

3. 遂段(490前—501)

---

① 《宋志》四宁州西河阳太守条作"芘苏"。
② 中华书局本校勘记曰："《宋书·州郡志》作'西安'。"

(十七)平乐郡(487前—493)——治乏考(约在今云南昆明市西)

按：宋末宁州无此郡，当是萧齐新置。《南齐志》列为宁州属郡。及永明五年，以益宁县为郡，隆昌元年，又以安宁县为郡，平乐郡乃废。

1. 益宁(487前—486)

按：《南齐志》下宁州益宁郡："永明五年，刺史董仲舒启置，领二县，无民户，自此已后皆然也。"则益宁县永明五年废，改置为郡。

2. 安宁(487前—493)

按：《南齐志》下宁州："安宁郡……隆昌元年置。"则安宁县隆昌元年废，改置为郡。

(十八)北朱提郡(490前——501)——治乏考(约在今云南永善县境)

按：宋末宁州无此郡，《南齐志》列为宁州属郡，盖永明八年前置。所领二县当随郡而置。

1. 河阳(490前——501)

2. 义城(490前——501)

(十九)宋昌郡(490前—495)——治乏考(约在今四川屏山县附近)

按：宋末宁州无此郡，《南齐志》列为宁州属郡，当是萧齐新置。江阳、犍为二县于隆昌元年析置为郡，安上县于建武三年析置为郡，至此，宋昌郡乃废。

1. 江阳(490前—493)

按：《南齐志》下宁州："江阳郡……隆昌元年置。"

2. 安上(490前—495)

按：《南齐志》下宁州安上郡："建武三年，刺史郭安明启置。"

3. 犍为(490前—493)

按：《南齐志》下宁州："犍为郡……隆昌元年置。"

(二十)永昌郡(490前—501)——治永寿(今云南耿马傣族佤族自治县境)

按：《宋志》无此郡，当是萧齐立，《南齐志》下宁州永昌郡："有名无民曰空荒不立。"①所属七县当为随郡而立。

---

① 胡阿祥《宋书州郡志汇释》："作为宁州西南边疆的永昌郡，不见载于《宋书·州郡志》，研究者认为其原因是宋元嘉中永昌郡内少数民族闽濮的反抗，虽然爨颜'收合精锐，五千之众，身伉矢石，扑碎千计'(《爨龙颜碑》)，将之镇压下去，却未能将永昌郡重新建立起来。永昌郡的不能复立，说明刘宋对宁州西南边疆的统治仍然松弛"，"《南齐书·州郡志》虽有了永昌郡的记载，但'有名无民，曰空荒不立'，形同虚设"。

1. 永寿①(490前—501)
2. 永安(490前—501)
3. 不韦②(490前—501)
4. 楪榆(490前—501)
5. 雍乡(490前—501)
6. 西城(490前—501)
7. 博南(490前—501)

(二十一)益宁郡(487—501)——治乏考(约在今云南昆明市西)

按:《南齐志》下宁州益宁郡:"永明五年,刺史董仲舒启置,领二县,无民户。"益宁本为平乐郡属县,则益宁郡盖是从平乐郡析置也。所属二县当为随郡所置。

1. 武阳(487—501)
2. 绵水(487—501)

(二十二)南犍为郡(484—501)——治乏考(约在今四川宜宾市南与云南省接壤一带)

按:宋末宁州无此郡,《南齐志》下宁州南犍为郡:"永明二年置。"领县乏考。

(二十三)西益郡(494—501)——治乏考

按:《南齐志》下宁州:"西益郡、江阳郡、犍为郡、永兴郡、永宁郡、安宁郡,右六郡,隆昌元年置。"领县乏考。

(二十四)江阳郡(494—501)——治乏考(疑在今四川屏山县一带)

按:据西益郡考证,隆昌元年置。江阳本是宋昌郡属县,则至隆昌元年,乃析置为郡,领县乏考。

(二十五)犍为郡(494—501)——治乏考(疑在今四川宜宾市南与云南省接壤一带)

按:据西益郡考证,隆昌元年置。犍为本是宋昌郡属县,则至隆昌元年,

---

① 《南齐志》本作"永",中华书局本校勘记曰:"各本并同,疑有夺字。《华阳国志》、《晋书·地理志》永昌郡有永寿县,此或'永'下脱'寿'字。"今据补。

② 《南齐志》原作"不建"。胡阿祥《南齐书州郡志札记》曰:"不韦,《汉书·地理志》益州郡领县,汉武帝置。其得名,据《后汉书·西南夷列传》注引东晋孙盛《蜀谱》曰:'初,秦徙吕不韦子弟宗族于蜀,汉武帝开西南夷,置郡县,徙吕氏以充之,因置不韦县';又《华阳国志·南中志》云:'孝武时通博南山,度兰沧水,渚溪,置嶲唐、不韦二县。徙南越相吕嘉子孙宗族实之,因名不韦,以彰其先人恶。'东汉、蜀、晋、萧齐因置,隶永昌郡。《宋志》不载,疑以其僻远荒废,不在域内也。"或是,今姑从之。

乃析置为郡,领县乏考。

（二十六）永兴郡(494—501)——治乏考

按：据西益郡考证,隆昌元年置,领县乏考。

（二十七）永宁郡(494—501)——治乏考(约在今云南中甸县境)

按：据西益郡考证,隆昌元年置,领县乏考。

（二十八）安宁郡(494—501)——治乏考(约在今云南安宁市)

按：据西益郡及平乐郡安宁县考证,隆昌元年置。安宁本为平乐郡属县,此郡盖平乐郡废后改置。领县乏考。

（二十九）东朱提郡(494—501)——治乏考(约在今贵州水城县境)

按：《南齐志》下宁州东朱提郡："延兴元年立。"领县乏考。

（三十）安上郡(496—501)——治乏考(约在今四川屏山县境)

按：《南齐志》下宁州安上郡："建武三年,刺史郭安明启置。"又,安上本为宋昌郡属县,至此乃析置为郡。

第二章 南朝齐建武四年(497)实州郡县行政区划

(一)扬州,治建康(今江苏南京市)。尹一,实郡八,实县六十九

1. 丹阳尹,治建康(今江苏南京市),8县:建康、秣陵、丹阳、溧阳、永世、湖熟、江宁、句容。

2. 会稽郡,治山阴(今浙江绍兴市),10县:山阴、永兴、上虞、余姚、诸暨、剡、鄞、始宁、句章、鄮。

3. 吴郡,治吴(今江苏苏州市),12县:吴、娄、海虞、嘉兴、海盐、钱唐、富阳、盐官、新城、建德、寿昌、桐庐。

4. 吴兴郡,治乌程(今浙江湖州市),10县:乌程、武康、余杭、东迁、长城、於潜、临安、故鄣、安吉、原乡。

5. 东阳郡,治长山(今浙江金华市),9县:长山、太末、乌伤、永康、信安、吴宁、丰安、定阳、遂昌。

6. 新安郡,治始新(今浙江淳安县西北新安江北岸),5县:始新、黟、遂安、歙、海宁。

7. 临海郡,治章安(今浙江临海市东南章安镇),5县:章安、临海、宁海、始丰、乐安。

8. 永嘉郡,治永宁(今浙江温州市),5县:永宁、安固、松阳、横阳、乐成。

9. 义兴郡,治阳羡(今江苏宜兴市),5县:阳羡、临津、国山、义乡、绥安。

(二)南徐州,侨寄京口(今江苏镇江市)。实郡一,领实县侨郡二,实县十

1. 南东海郡,侨寄京口(今江苏镇江市),2县:丹徒、武进。

2. 晋陵郡,治晋陵(今江苏常州市),7县:晋陵、无锡、延陵、曲阿、暨阳、南沙、海阳。

3. 南琅邪郡,寄治白下(今江苏南京市北幕府山南麓),1县:江乘。

(三)豫州,治睢阳(今安徽寿县)。实郡七,领实县侨郡一,实县二十五

1. 南汝阴郡,治汝阴(今安徽合肥市西),2县:南陈左县、边水。

2. 晋熙郡,治怀宁(今安徽潜山县),4县:怀宁、新冶、齐兴、太湖左县。

3. 弋阳郡,治弋阳(今河南潢川县西),2县:弋阳、期思。

4. 安丰郡,治安丰(今安徽寿县西南),4县:安丰、松滋、扶阳、新化。

5. 光城左郡,治光城(今河南光山县),3县:光城、乐安、茹由。

6. 边城郡,治边城(今河南商城县东),4县:边城、零娄、史水、开化。

7. 建宁郡,治建宁(今湖北麻城市西南),2县:建宁、阳城。

8. 齐昌郡,治齐昌(今湖北蕲春县西南),4县:阳塘、保城、齐昌、永兴。

(四) 南豫州,侨寄姑熟(今安徽当涂县)。实郡四,领实县侨郡一,实县十九。

1. 淮南郡,侨寄姑熟(今安徽当涂县),1县:于湖。

2. 宣城郡,治宛陵(今安徽宣州市),11县:广德、怀安、宛陵、广阳、石城、临城、宁国、宣城、建元、泾、安吴。

3. 历阳郡,治历阳(今安徽和县),1县:历阳。

4. 庐江郡,治舒(今安徽舒城县),4县:舒、灊、始新、吕亭左县。

5. 临江郡,治乌江(今安徽和县东北),2县:乌江、怀德。

(五) 南兖州,治广陵(今江苏扬州市西北蜀冈上)。实郡三,领实县侨郡一,实县十九。

1. 广陵郡,治广陵(今江苏扬州市西北蜀冈上),5县:广陵、海陵、高邮、江都、齐宁。

2. 海陵郡,治建陵(今江苏泰州市东北),7县:宁海、如皋、临江、蒲涛、临泽、齐昌、海安。

3. 山阳郡,寄治山阳(今江苏淮安市),4县:山阳、东城、盐城、左乡。

4. 盱眙郡,治盱眙(今江苏盱眙县东北都梁山东北麓),3县:盱眙、阳城、直渎。

(六) 北徐州,治燕(今安徽凤阳县东北临淮关)。实郡三,无实县

1. 钟离郡,治燕(今安徽凤阳县东北临淮关),所领无实县。

2. 马头郡,治马头城(今安徽怀远县南淮河南岸),所领无实县。

3. 新昌郡,治顿丘(今安徽滁州市),所领无实县。

(七) 冀州,侨寄郁洲(今江苏连云港市东云台山一带)。领实县侨郡一,县一

北东海郡,侨寄涟口(今江苏涟水县),1县:厚丘。

(八) 青州,侨寄郁洲(今江苏连云港市东云台山一带)。领实县侨郡一,县一

北海郡,侨寄郁洲(今江苏连云港市东云台山一带),1县:赣榆。

(九)江州,治溢城(今江西九江市)。实郡九,领实县侨郡一,实县六十六

1. 寻阳郡,治柴桑(今江西九江市西南),2县:柴桑、彭泽。
2. 豫章郡,治南昌(今江西南昌市),12县:南昌、新淦、艾、建城、建昌、望蔡、新吴、永修、吴平、康乐、豫章、丰城。
3. 临川郡,治南城(今江西南城县东南),9县:南城、临汝、新建、永城、宜黄、南丰、东兴、安浦、西丰。
4. 庐陵郡,治石阳(今江西吉水县东北),9县:石阳、西昌、东昌、吉阳、巴丘、兴平、高昌、阳丰、遂兴。
5. 鄱阳郡,治鄱阳(今江西鄱阳县),6县:鄱阳、余汗、葛阳、乐安、广晋、上饶。
6. 安成郡,治平都(今江西安福县东南),7县:平都、新喻、永新、萍乡、宜阳、广兴、安复。
7. 南康郡,治赣(今江西赣州市东北),8县:赣、雩都、南野、宁都、平固、陂阳、虔化、南康。
8. <u>南新蔡郡</u>,治苞信(今湖北黄梅县西南),1县:阳唐左县。
9. 建安郡,治建安(今福建建瓯市),7县:建安、吴兴、将乐、邵武、建阳、绥城、沙村。
10. 晋安郡,治候官(今福建福州市),5县:候官、罗江、原丰、晋安、温麻。

(十)广州,治番禺(今广东广州市)。实郡二十四,实县一百九十

1. 南海郡,治番禺(今广东广州市),13县:番禺、熙安、博罗、增城、龙川、怀化、酉平、绥宁、新丰、罗阳、高要、安远、河源。
2. 东官郡,治安怀(今广东惠东县西北梁化镇),8县:安怀、宝安、海安、欣乐、海丰、齐昌、陆安、兴宁。
3. 义安郡,治海阳(今广东潮州市东北),6县:海阳、绥安、海宁、义招、潮阳、程乡。
4. 新宁郡,治博林(今广东高要市西南),14县:博林、南兴、临沧、甘泉、新成、威平、单牒、龙潭、城阳、威化、归顺、初兴、抚纳、平乡。
5. 苍梧郡,治广信(今广西梧州市),12县:广信、宁新、封兴、抚宁、遂城、丁留、怀熙、猛陵、广宁、荡康、侨宁、思安。
6. 高凉郡,治安宁(今广东阳江市西),7县:安宁、罗州、莫阳、西翚、思平、禽乡、平定。
7. 永平郡,治夫宁(今广西藤县东北,北流江东岸),12县:夫宁、安沂、畞安、卢平、员乡、苏平、通宁、雷乡、开城、毗平、武林、丰城。

8. 晋康郡,治元溪(今广东德庆县东),15 县:元溪、威城、都城、夫阮、安遂、晋化、永始、端溪、宾江、熙宁、乐城、武定、悦城、文招、义立。

9. 新会郡,治乏考(约在今广东新会区北),11 县:盆允、新夷、封平、初宾、封乐、义宁、新熙、永昌、始康、招集、始成。

10. 广熙郡,治龙乡(今广东罗定市东南),8 县:龙乡、罗平、宾化、宁乡、长化、定昌、永熙、宝宁。

11. 宋康郡,治广化(今广东阳江市西),10 县:广化、石门、化隆、遂度、威覃、单城、开宁、海邻、舆定、绥定。

12. 宋隆郡,治平兴(今广东高要市东南),6 县:平兴、招兴、崇化、建宁、熙穆、崇德。

13. 海昌郡,治宁化(今广东高州市东北),5 县:宁化、招怀、永建、始化、新建。

14. 绥建郡,治新招(今广东广宁县南绥江南岸),5 县:新招、四会、化蒙、化注、化穆。

15. 乐昌郡,治始昌(今广东四会市北),5 县:始昌、乐山、宋元、义立、安乐。

16. 郁林郡,治布山(今广西桂平市西南古城),15 县:布山、郁平、阿林、建安、始集、龙平、宾平、新林、绥宁、中胄、领方、怀安、归化、晋平、威化。

17. 桂林郡,治武熙(今广西柳州市东南),13 县:武熙、腾溪、潭平、龙冈、临浦、中留、武丰、程安、威定、潭中、安远、安化、龙定。

18. 宁浦郡,治宁浦(今广西横县西南 7 里,郁江南岸),6 县:宁浦、始定、简阳、平山、兴道、吴安。

19. 晋兴郡,治晋兴(今广西南宁市南郁江南岸),8 县:晋兴、熙注、桂林、增翊、安广、广郁、晋城、郁阳。

20. 齐乐郡,治希平(今广东连山壮族自治县北),6 县:希平、观宁、臻安、宋平、绥南、封陵。

21. 齐康郡,治乐康(今广东清远市),1 县:乐康。

22. 齐建郡,治乏考(约在今广东高要市东南),2 县:初宁、永城。

23. 齐熙郡,治齐熙(今广西融水苗族自治县),1 县:齐熙。

24. 黄水郡,治黄水(今广西罗城县西北),1 县:黄水。

(十一)交州,治龙编(今越南北宁省仙游东)。实郡七,实县四十五

1. 九真郡,治移风(今越南清化省清化西北马江南岸),10 县:移风、胥浦、松原、高安、建初、常乐、津梧、军安、吉庞、武宁。

2. 武平郡,治武定(今越南永福省东南平州),6县：武定、封溪、平道、武兴、根宁、南移。

3. 新昌郡,治范信(今越南永福省安浪县西夏雷乡),8县：范信、嘉宁、封山、西道、临西、吴定、新道、晋化。

4. 九德郡,治九德(今越南义安省荣市),7县：九德、咸驩、浦阳、南陵、都洨、越常、西安。

5. 交趾郡,治龙编(今越南北宁省仙游东),11县：龙编、武宁、望海、句漏、吴兴、西于、朱鸢、南定、曲易、海平、嬴陵。

6. 宋平郡,治昌国(今越南河内市),3县：昌国、义怀、绥宁。

7. 宋寿郡,治乏考(约在今广西钦州市东北钦江西北岸),领县乏考。

(十二)越州,治漳平(今广西合浦县东北旧州东)。实郡二十一,实县五十七

1. 临漳郡,治漳平(今广西合浦县东北旧州东),7县：漳平、丹城、劳石、容城、长石、都并、缓端。

2. 合浦郡,治合浦(今广西合浦县东北旧州),9县：合浦、徐闻、朱卢、新安、晋始、荡昌、朱丰、宋丰、宋广。

3. 永宁郡,治乏考(约在今广东电白县东北),5县：杜罗、金安、蒙、廖简、留城。

4. 百梁郡,治百梁(今广西合浦县东北),3县：百梁、始昌、宋西。

5. 安昌郡,治武桑(今广西合浦县北),4县：武桑、龙渊、石秋、抚林。

6. 南流郡,治方度(今广西玉林市),1县：方度。

7. 北流郡,治乏考(约在今广西今市),无属县。

8. 龙苏郡,治龙苏(今广西合浦县北苏村附近),1县：龙苏。

9. 富昌郡,治乏考(今地不明),3县：南立、义立、归明。

10. 高兴郡,治高兴(今广东化州市),10县：高兴、宋和、宁单、威成、夫罗、南安、归安、陈莲、高城、新建。

11. 思筑郡,治乏考(约在今广西境),领县乏考。

12. 盐田郡,治杜同(约在今广西北海市东北咸田处),1县：杜同。

13. 定川郡,治兴昌(今广西玉林市西南),1县：兴昌。

14. 陆川郡,治良国(今广西北流市东南陆靖),1县：良国。

15. 齐宁郡,治乏考(疑在今广西容县、北流市及玉林市北),4县：开城、延海、新邑、建初。

16. 越中郡,治乏考(约在今广西境),领县乏考。

17. 马门郡,治乏考(疑在今广西博白县境),4县:钟吴、田罗、马陵、思宁。

18. 封山郡,治安金(今广西灵山县南安金镇),1县:安金。

19. 吴春俚郡,治乏考(今地不明),领县乏考。

20. 齐安郡,治乏考(约在今广东恩平市北),1县:齐安。

21. 齐康郡,治齐康(今广西合浦县附近),1县:齐康。

(十三)荆州,治江陵(今湖北荆州市荆州区)。实郡八,实县三十七

1. 南郡,治江陵(今湖北荆州市荆州区),6县:江陵、华容、枝江、临沮、编、当阳。

2. 南平郡,治孱陵(今湖北公安县西南),4县:孱陵、作唐、江安、南安。

3. 天门郡,治澧阳(今湖南石门县),4县:澧阳、零阳、临澧、溇中。

4. 宜都郡,治夷道(今湖北枝江市),4县:夷道、佷山、夷陵、宜昌。

5. 汶阳郡,治高安(今湖北远安县西北),3县:高安、僮阳、沮阳。

6. 武宁郡,治乐乡(今湖北荆门市),2县:乐乡、长林。

7. 巴东郡,治鱼复(今重庆奉节县),7县:鱼复、朐䏰、南浦、聂阳、巴渠、新浦、汉丰。

8. 建平郡,治巫(今重庆巫山县),7县:巫、秭归、北井、泰昌、沙渠、新乡、归乡。

(十四)郢州,治夏口城(今湖北武汉市武昌)。实郡十四,领实县侨郡一,实县六十

1. 江夏郡,治夏口城(今湖北武汉市武昌),5县:沙阳、蒲圻、濦阳、沌阳、惠怀。

2. 竟陵郡,治苌寿(今湖北钟祥市),6县:苌寿、竟陵、云杜、霄城、新市、新阳。

3. 武陵郡,治临沅(今湖南常德市),10县:临沅、沅陵、零陵、辰阳、酉阳、沅南、汉寿、龙阳、潕阳、黔阳。

4. 巴陵郡,治巴陵(今湖南岳阳市),4县:巴陵、下儁、州陵、监利。

5. 武昌郡,治武昌(今湖北鄂州市),4县:武昌、鄂、阳新、真阳。

6. 西阳郡,治西阳(今湖北黄冈市东南),6县:西陵、蕲阳、义安左县、希水左县、东安左县、蕲水左县。

7. 齐兴郡,治上蔡(今湖北钟祥市北),5县:绥怀、齐康、茸波、绥平、齐宁。

8. 方城左郡,治乏考(约在今湖北东部江北地),2县:城阳、归义。

9. 北新阳郡,治乏考(约在今湖北钟祥市、京山县一带),3县:西新阳、安吉、长宁。

10. 义安左郡,治乏考(约在今湖北东部江北地),1县:绥安。

11. 南新阳左郡,治乏考(约在今湖北京山县、钟祥市一带),5县:南新阳、新兴、北新阳、角陵、新安。

12. 北遂安左郡,治乏考(约在今湖北东部江北地),5县:东城、绥化、富城、南城、新安。

13. 新平左郡,治乏考(约在今湖北安陆、应城二市及京山县一带),3县:平阳、新市、安城。

14. 宜人左郡,治乏考(今地不明),领县乏考。

15. 建安左郡,治乏考(约在今湖北京山县东南),1县:霄城。

(十五)司州,寄治平阳(今河南信阳市)。实郡十四,领实县侨郡二,实县六十七。

1. 南义阳郡,寄治孝昌(今湖北孝感市北),3县:孝昌、义昌、南安。

2. 北义阳郡,治平阳(今河南信阳市),7县:平阳、义阳、保城、鄳、钟武、环水、安昌。

3. 随郡,治随(今湖北随州市),4县:随、永阳、阙西、安化。

4. 齐安郡,治南安(今湖北新洲区),6县:南安、齐安、始安、义城、义昌、义安。

5. 淮南郡,寄治平氏(今河南桐柏县西北平氏),2县:平氏、阁口。

6. 宋安左郡,治乐宁(今河南信阳市南),3县:乐宁、仰泽、襄城。

7. 安蛮左郡,治乏考(约在今湖北黄陂区北姚家集),7县:木兰、新化、怀、中聂阳、南聂阳、安蛮、虔化。

8. 永宁左郡,治曲陵(今湖北汉川市西北麻河镇),4县:曲陵、中曲陵、孝怀、安德。

9. 东义阳左郡,治乏考(约在今河南信阳县南、湖北广水市、大悟县一带),4县:永宁、革音、威清、永平。

10. 东新安左郡,治乏考(约在今湖北安陆市、孝感市、黄陂区以北),9县:第五、南平林、始平、始安、平林、义昌、固城、新化、西平。

11. 新城左郡,治乏考(疑在今湖北应城市、汉川市一带),4县:孝怀、中曲、南曲陵、怀昌。

12. 围山左郡,治乏考(疑在今湖北应城市、汉川市一带),6县:及剌、章平、北曲、洛阳、围山、曲陵。

13. 北淮安左郡,治乏考(约在今河南信阳市西北),1县:高邑。

14. 南淮安左郡,治慕化(约在河南信阳市西北),2县:慕化、栢源。

15. 北随安左郡,治乏考(约在今湖北随州市唐县镇),2县:济山、油潘。

16. 东随安左郡,治乏考(约在今湖北广水市东北),3县:西随、高城、牢山。

(十六)雍州,寄治襄阳(今湖北襄樊市)。实郡七,领实县侨郡七,实县二十九

1. 襄阳郡,治襄阳(今湖北襄樊市),4县:襄阳、中庐、邔、建昌。
2. 南阳郡,治宛(今河南南阳市),6县:宛、涅阳、冠军、舞阴、郦、云阳。
3. 新野郡,治新野(今河南新野县),5县:新野、山都、穰、交木、惠怀。
4. 始平郡,寄治武当(今湖北丹江口市西北丹江镇北),1县:武当。
5. 广平郡,治广平(今湖北丹江口市东南),3县:鄀、比阳、阴。
6. 京兆郡,寄治邓(今湖北襄阳区西北),1县:邓。
7. 扶风郡,寄治筑阳(今湖北谷城县东),2县:筑阳、汎阳。
8. 冯翊郡,寄治鄀(今湖北宜城市东南),1县:鄀。
9. 河南郡,侨寄棘阳、襄乡一带(今河南南阳县东南),2县:棘阳、襄乡。
10. 华山郡,治华山(今湖北宜城市),1县:上黄。
11. 顺阳郡,治南乡(今河南淅川县西南老城镇东南原丹江南岸[今已成水库]),3县:南乡、顺阳、丹水。
12. 齐安郡,治乏考(当在雍州北境,沔水以北),领县乏考。
13. 齐康郡,治乏考(当在雍州北境,沔水以北),领县乏考。
14. 招义郡,治乏考(当在雍州北境,沔水以北),领县乏考。

(十七)宁蛮府,治襄阳(今湖北襄樊市)。实郡二十三,实县六十六

1. 西新安郡,治乏考(今地不明),4县:新安、汎阳、安化、南安。
2. 义宁郡,治乏考(今地不明),5县:筑、义宁、汎阳、武当、南阳。
3. 南襄郡,治乏考(约在今湖北南漳县),4县:新安、武昌、建武、武平。
4. 北建武郡,治乏考(今地不明),6县:东冡秋、霸、北鄀、高罗、西冡秋、平丘。
5. 蔡阳郡,治乏考(今湖北枣阳市西南蔡阳铺),6县:乐安、东蔡阳、西蔡阳、新化、杨子、新安。
6. 永安郡,治乏考(今地不明),4县:东安乐、新安、西安乐、劳泉。
7. 安定郡,治乏考(今湖北南漳县西),6县:思归、归化、皋亭、新安、士汉、士顷。

8. 怀化郡,治乏考(今地不明),7县:怀化、编、遂城、精阳、新化、遂宁、新阳。

9. 武宁郡,治乏考(今地不明),5县:新安、武宁、怀宁、新城、永宁。

10. 新阳郡,治乏考(今地不明),8县:东平林、头章、新安、朗城、新市、新阳、武安、西林。

11. 义安郡,治义安(今湖北襄阳区西),9县:义安、郊乡、东里、永明、山都、义宁、西里、南锡、义清。

12. 高安郡,治乏考(今地不明),2县:高安、新集。

13. 左义阳郡,治乏考(今地不明),领县乏考。

14. 南襄城郡,治隔城(今河南桐柏县西北),领县乏考。

15. 广昌郡,治乏考(约在今湖北枣阳市),领县乏考。

16. 东襄城郡,治乏考(今地不明),领县乏考。

17. 北襄城郡,治赭阳城(今河南方城县东),领县乏考。

18. 怀安郡,治乏考(今地不明),领县乏考。

19. 北弘农郡,治乏考(今地不明),领县乏考。

20. 西弘农郡,治乏考(今地不明),领县乏考。

21. 析阳郡,治乏考(约在今河南西峡县),领县乏考。

22. 汉广郡,治乏考(约在今河南南阳县南),领县乏考。

23. 中襄城郡,治乏考(今地不明),领县乏考。

(十八)湘州,治临湘(今湖南长沙市)。实郡十,实县六十六

1. 长沙郡,治临湘(今湖南长沙市),6县:临湘、罗、醴陵、浏阳、建宁、吴昌。

2. 桂阳郡,治郴(今湖南郴州市),6县:郴、临武、南平、耒阳、晋宁、汝城。

3. 零陵郡,治泉陵(今湖南永州市),7县:泉陵、洮阳、零陵、祁阳、观阳、永昌、应阳。

4. 衡阳郡,治湘西(今湖南株洲市西南),5县:湘西、益阳、湘乡、新康、衡山。

5. 营阳郡,治营浦(今湖南道县东北),4县:营浦、营道、泠道、春陵。

6. 湘东郡,治临蒸(今湖南衡阳市),6县:临蒸、茶陵、新宁、攸、重安、阴山。

7. 邵陵郡,治邵陵(今湖南邵阳市),7县:邵陵、都梁、高平、武刚、建兴、邵阳、扶。

8. 始兴郡,治曲江(今广东韶关市南武水西岸),10县:曲江、桂阳、仁化、

阳山、令阶、含洭、灵溪、中宿、浈阳、始兴。

9. 临贺郡,治临贺(今广西贺州市东南贺街镇),9 县：临贺、冯乘、富川、封阳、谢沐、兴安、宁新、开建、抚宁。

10. 始安郡,治始安(今广西桂林市),6 县：始安、荔浦、建陵左县、熙平、永丰、平乐。

(十九) 梁州,治南郑(今陕西汉中市东)。实郡五十八,实县六十一

1. 汉中郡,治南郑(今陕西汉中市东),4 县：南郑、城固、沔阳、西乡。

2. 魏兴郡,治西城(今陕西安康市西北汉江北岸),6 县：西城、旬阳、兴晋、广昌、广城、南广城。

3. 南新城郡,治房陵(今湖北房县),6 县：房陵、绥阳、昌魏、祁乡、阆阳、乐平。

4. 上庸郡,治上庸(今湖北竹山县西南),7 县：上庸、武陵、齐安、北巫、上廉、微阳、新丰。

5. 晋寿郡,治晋寿(今四川广元市西南),4 县：晋寿、邵欢、兴安、白水。

6. 新巴郡,治新巴(今四川江油市东北雁门坝),3 县：新巴、晋城、晋安。

7. 北巴西郡,治阆中(今四川阆中市),7 县：阆中、安汉、宋寿、南国、西国、平周、汉昌。

8. 巴渠郡,治宣汉(今四川达县市),7 县：宣汉、晋兴、始兴、巴渠、东关、始安、下蒲。

9. 宋熙郡,治兴平(今四川旺苍县西),5 县：兴平、宋安、阳安、元寿、嘉昌。

10. 涪陵郡,治汉平(今重庆涪陵区东南),3 县：汉平、涪陵、汉玫。

11. 安康郡,治安康(今陕西石泉县东南池河西北,汉江东岸),1 县：安康。

12. 怀汉郡,治永丰(约在今四川南充、广元二市之间),3 县：永丰、绥成、预德。

13. 齐兴郡,治郧乡(今湖北郧县),5 县：郧乡、齐兴、安昌、锡、安富。

14. 弘农郡,治乏考(今地不明),领县乏考。

15. 东昌魏郡,治乏考(今地不明),领县乏考。

16. 略阳郡,治乏考(今地不明),领县乏考。

17. 北梓潼郡,治乏考(今地不明),领县乏考。

18. 广长郡,治乏考(今地不明),领县乏考。

19. 弐水郡,治乏考(今地不明),领县乏考。

20. 思安郡,治乏考(今地不明),领县乏考。
21. 宋昌郡,治乏考(今地不明),领县乏考。
22. 建宁郡,治乏考(今地不明),领县乏考。
23. 南泉郡,治乏考(今地不明),领县乏考。
24. 三巴郡,治乏考(今地不明),领县乏考。
25. 江陵郡,治乏考(今地不明),领县乏考。
26. 怀化郡,治乏考(今地不明),领县乏考。
27. 归宁郡,治乏考(今地不明),领县乏考。
28. 东楗郡,治乏考(今地不明),领县乏考。
29. 宋康郡,治乏考(今地不明),领县乏考。
30. 南汉郡,治乏考(今地不明),领县乏考。
31. 南梓潼郡,治乏考(今地不明),领县乏考。
32. 始宁郡,治乏考(今地不明),领县乏考。
33. 江阳郡,治乏考(今地不明),领县乏考。
34. 南部郡,治乏考(约在今四川南部县),领县乏考。
35. 南安郡,治乏考(今地不明),领县乏考。
36. 建安郡,治乏考(今地不明),领县乏考。
37. 寿阳郡,治乏考(今地不明),领县乏考。
38. 南阳郡,治乏考(今地不明),领县乏考。
39. 宋宁郡,治乏考(今地不明),领县乏考。
40. 归化郡,治乏考(约在今四川巴中市东南曾江镇),领县乏考。
41. 始安郡,治乏考(约在今地不明),领县乏考。
42. 平南郡,治乏考(约在今四川南江县北巴山南麓),领县乏考。
43. 怀宁郡,治乏考(今地不明),领县乏考。
44. 新兴郡,治乏考(今地不明),领县乏考。
45. 南平郡,治乏考(今地不明),领县乏考。
46. 齐兆郡,治乏考(今地不明),领县乏考。
47. 齐昌郡,治乏考(今地不明),领县乏考。
48. 新化郡,治乏考(今地不明),领县乏考。
49. 宁章郡,治乏考(今地不明),领县乏考。
50. 邻溪郡,治乏考(今地不明),领县乏考。
51. 京兆郡,治乏考(今地不明),领县乏考。
52. 义阳郡,治乏考(约在今四川巴中市东南恩伯镇),领县乏考。

53. 归复郡,治乏考(今地不明),领县乏考。

54. 安宁郡,治乏考(约在今四川南江县北巴山南麓),领县乏考。

55. 东宕渠郡,治乏考(今地不明),领县乏考。

56. 宋安郡,治乏考(今地不明),领县乏考。

57. 齐安郡,治乏考(今地不明),领县乏考。

58. 北水郡,治乏考(约在今四川巴中市附近),领县乏考。

(二十)益州,治成都(今四川成都市)。实郡十九,领实县侨郡二,都尉一,实县四十六。

1. 蜀郡,治成都(今四川成都市),4县:成都、郫、牛鞞、繁。

2. 广汉郡,治雒(今四川广汉市北),6县:雒、什方、新都、郪、伍城、阳泉。

3. 晋原郡,治江原(今四川崇庆市西北怀远镇),5县:江原、临邛、徙阳、晋乐、汉嘉。

4. 宁蜀郡,寄治广都(今四川双流县),1县:广都。

5. 汶山郡,治都安(今四川都江堰市东),2县:都安、湿官。

6. 南阴平郡,侨寄苌阳(今四川德阳市西北),1县:绵竹。

7. 东遂宁郡,治巴兴(今四川蓬溪县),4县:巴兴、小广汉、晋兴、德阳。

8. 西遂宁郡,治乏考(约在今四川蓬溪县附近),领县乏考。

9. 犍为郡,治僰道(今四川宜宾市西南安边场),5县:僰道、南安、资中、冶官、武阳。

10. 梓潼郡,治涪(今四川绵阳市东),6县:涪、梓潼、汉德、新兴、万安、西浦。

11. 东江阳郡,治汉安(今四川纳溪区西南),3县:汉安、安乐、绵水。

12. 巴郡,治江州(今四川重庆市),4县:江州、枳、垫江、临江。

13. 新城郡,治北五城(今四川三台县),2县:北五城、怀归。

14. 北部都尉,治乏考(约在今四川茂县西北),领县乏考。

15. 越嶲獠郡,治乏考(约在今四川西昌市东南),领县乏考。

16. 沈黎獠郡,治乏考(约在今四川汉源县东北),领县乏考。

17. 甘松獠郡,治乏考(约在今四川茂县北迭溪),1县:蚕陵。

18. 始平獠郡,治乏考(约在今四川三台县西北花园),领县乏考。

19. 齐开左郡,治乏考(约在今四川资中县西北),领县乏考。

20. 齐通左郡,治乏考(约在今四川眉山市),领县乏考。

21. 齐乐郡,治乏考(约在今四川丹棱县附近),1县:齐乐。

22. 齐基郡,治齐基(今四川都江堰市西南徐家渡),1县:齐基。

（二十一）宁州，治同乐（今云南陆良县境）。实郡二十八，实县九十

1. 建宁郡，治同乐（今云南陆良县境），13县：同乐、同濑、牧麻、新兴、新定、味、同并、万安、昆泽、漏江、谈槀、毋单、存䮼。

2. 南广郡，治南广（今四川筠连县西南），4县：南广、常迁、晋昌、新兴。

3. 南朱提郡，治朱提（今云南昭通市），4县：朱提、汉阳、堂狼、南秦。

4. 南牂柯郡，治且兰（今贵州黄平县西南），6县：且兰、万寿、毋敛、晋乐、绥宁、丹南。

5. 梁水郡，治梁水（今云南开远市境），7县：梁水、西随、毋棳、胜休、新丰、建安、镡封。

6. 建都郡，治新安（今云南武定、禄劝二县地），6县：新安、永丰、绥云、遂安、麻雅、临江。

7. 晋宁郡，治建伶（今云南晋宁县），7县：建伶、连然、滇池、俞元、谷昌、秦臧、双栢。

8. 云南郡，治乏考（约在今云南永胜县境），5县：东古复、西古复、云平、邪龙、云南。

9. 西平郡，治西平（今广西西林县东南西平），6县：西平、暖江、都阳、西宁、晋绥、新城。

10. 夜郎郡，治夜郎（今贵州关岭布依族苗族自治县西南），4县：夜郎、谈柏、谈乐、广谈。

11. 东河阳郡，治东河阳（今云南大理市东南凤仪镇），1县：东河阳。

12. 西河郡，治乏考（约在今云南大理市北喜洲），3县：比苏、建安、成昌。

13. 平蛮郡，治平蛮（今贵州毕节市境），2县：平蛮、鳖。

14. 兴古郡，治漏卧（今云南文山壮族苗族自治州境），6县：漏卧、西中、宛暖、律高、句町、南兴。

15. 兴宁郡，治青蛉（今云南大姚县），2县：青蛉、弄栋。

16. 西河阳郡，治楪榆（今云南大理市西北洱海西畔），3县：楪榆、新丰、遂叚。

17. 北朱提郡，治乏考（约在今云南永善县境），2县：河阳、义城。

18. 永昌郡，治永寿（今云南耿马傣族佤族自治县境），7县：永寿、永安、不韦、犍琅、雍乡、西城、博南。

19. 益宁郡，治乏考（约在今云南昆明市西），2县：武阳、绵水。

20. 南犍为郡，治乏考（当在今四川宜宾市南与云南省接壤一带），领县乏考。

21. 西益郡,治乏考(今地不明),领县乏考。
22. 江阳郡,治乏考(疑在今四川屏山县一带),领县乏考。
23. 犍为郡,治乏考(疑在今四川宜宾市南与云南省接壤一带),领县乏考。
24. 永兴郡,治乏考(今地不明),领县乏考。
25. 永宁郡,治乏考(约在今云南中甸县境),领县乏考。
26. 安宁郡,治乏考(约在今云南安宁市),领县乏考。
27. 东朱提郡,治乏考(约在今贵州水城县境),领县乏考。
28. 安上郡,治乏考(约在今四川屏山县境),领县乏考。

第八编　南朝梁实州郡县沿革

本编凡例

1. 本编叙述南朝梁实州郡县沿革。时间跨度为：起始于天监元年(502)，终结于太平二年(557)。各州、郡的实际存废时间详参各州、郡之按语考证。

2. 诸实州郡县存在的年限及名称的变更，在诸州郡县名称以后概以圆括号的形式标出。

3. 本编中州郡废置时间的公元纪年标准为：若建置时间是在某年之上半年，则以该年为建置年，若建置时间在某年之下半年，则以次年为建置年；若罢废时间为某年之上半年，则以上一年为罢废年，若罢废时间在某年之下半年，则以该年为罢废年。废置时间无法精确表示者，则据考证文字酌定，如大抵在某年，则在该年代后以问号标出，或在该年代后加"前"或"后"字。

4. 本编所叙萧梁一代实州、郡、县沿革，而侨州所领实郡、侨郡所领实县也在本编叙述范围之内。相关侨州、郡、县名加下划线，用以区别实州郡县。

5. 梁代州置猥多，为醒目起见，梁代实州郡县不再每州立一节，而将梁代政区分江表、淮南、淮北、河南、江汉、岭南、沅湘、巴汉、蜀中（含南中）九个区域，每区域立一节。凡州治在某区域内者，即将该州归入某节，所属诸郡列于该州之下。

6. 《梁书》无地理志，本编所述南朝梁之实州、郡、县及其隶属关系皆为辑考。故本编所列州、郡、县皆出按语。州、郡隶属关系凡无确证者，或依齐末建置，或依地望酌定。

7. 梁县多难确考，隶属关系亦难隶定。故梁郡下不再列其所属之县。而另立"梁实县存考"一目，依梁政区所划分之九区域，将考得之梁县依地望列于各区域之内，乃于每节末附该区域梁实县存考，并略去梁县的存废时间。

8. 梁代诸实州、郡之治所及其于今地之定点，凡乏考者，则依《嘉庆重修一统志》、《中国历史地图集·东晋十六国南北朝》、胡阿祥《六朝疆域与政区研究（增订本）·梁政区建置表（中大同元年546年）》酌定。现代地名则以2004

年《中华人民共和国行政区划简册》为准①。

9. 由于梁代实州、郡、县皆为辑考,其政区沿革仅得其涯略,疏漏之处在所难免。故梁代实州郡县沿革表不再强而为之,以免武断。

10. 在考证梁代实州郡县沿革基础之上,复以中大同元年(546)为断代,排列其时之州郡领属情况,以见梁代实州郡概况。梁县之隶属情况则从略。

11. 本编所征引文献,为省篇幅计,部分书名或以简称出现。具体情况说明于下:

  房玄龄等《晋书·地理志》,简称《晋志》;
  沈约《宋书·州郡志》,简称《宋志》;
  萧子显《南齐书·州郡志》,简称《南齐志》;
  魏收《魏书·地形志》,简称《地形志》;
  长孙无忌等《隋书·地理志》,简称《隋志》;
  刘昫等《旧唐书·地理志》,简称《旧志》;
  司马光《资治通鉴》,简称《通鉴》;
  杜佑《通典·州郡》,简称《州郡典》;
  李吉甫《元和郡县志》,简称《元和志》;
  乐史《太平寰宇记》,简称《寰宇记》;
  顾祖禹《读史方舆纪要》,简称《方舆纪要》;
  钱大昕《廿史考异》,简称《考异》;
  穆彰阿等《嘉庆重修一统志》,简称《一统志》;
  洪齮孙《补梁疆域志》,简称《补梁志》;
  王仲荦《北周地理志》,简称《北周志》;
  施和金《北齐地理志》,简称《北齐志》;
  胡阿祥《六朝疆域与政区研究·梁政区建置表(中大同元年546年)》,简称《梁政区建置表》。

---

① 中华人民共和国民政部编,中国地图出版社,2005年。

第一章 南朝梁实州郡县沿革

第一节 江表诸州

中大同元年(546)之江表诸州所辖情况见图51。

一、扬州沿革

扬州(502—557),治建康(今江苏南京市)。萧齐有扬州,梁承之。改丹阳尹为丹阳郡,析丹阳郡之江宁县置南丹阳郡。普通五年(524),会稽、新安、临海、东阳、永嘉诸郡移置东扬州。中大同元年前,原属南豫州之淮南、宣城、南陵郡来属。太清三年(549),于钱塘县置临江郡,于富阳县置富春郡,又以吴郡之海盐、胥浦二县置武原郡。是年,吴郡、武原郡移属吴州。大宝元年(550),吴州罢,吴郡、武原郡复还属。承圣二年(553),析新安郡置新宁郡。绍泰元年(555),以吴兴郡置震州。绍泰二年又置广梁郡。太平元年(556)震州罢,吴兴郡还属扬州,是年,东扬州罢,所属会稽、新安、临海、建安、永嘉五郡来属,旋东阳郡亦来属。太平二年(557)前,南丹阳郡、宣城郡又移属南豫州。

(一)丹阳郡(502—557)——治建康(今江苏南京市)

按:东晋南朝旧有丹阳尹。《隋志》下丹阳郡江宁:"梁置丹阳郡及南丹阳郡,陈省南丹阳郡。平陈,又废丹阳郡。"似梁改旧日之丹阳尹为丹阳郡。太清三年三月,侯景攻入建康,丹阳乃陷。及承圣元年三月,王僧辩平侯景,丹阳乃复。

(二)南丹阳郡(?—557前)——治采石(今安徽马鞍山市采石矶)

按:《隋志》下丹阳郡江宁:"梁置丹阳郡及南丹阳郡,陈省南丹阳郡。"以地望揆之,当属扬州。然《陈书》卷1《高祖纪上》载太平二年(557)策陈霸先诏书曰:"今授公相国,以南豫州之陈留、南丹阳、宣城、扬州之吴兴、东阳、新安、新宁,南徐州之义兴,江州之鄱阳、临川十郡,封公为陈公。"则梁末南丹阳郡又移属南豫州。

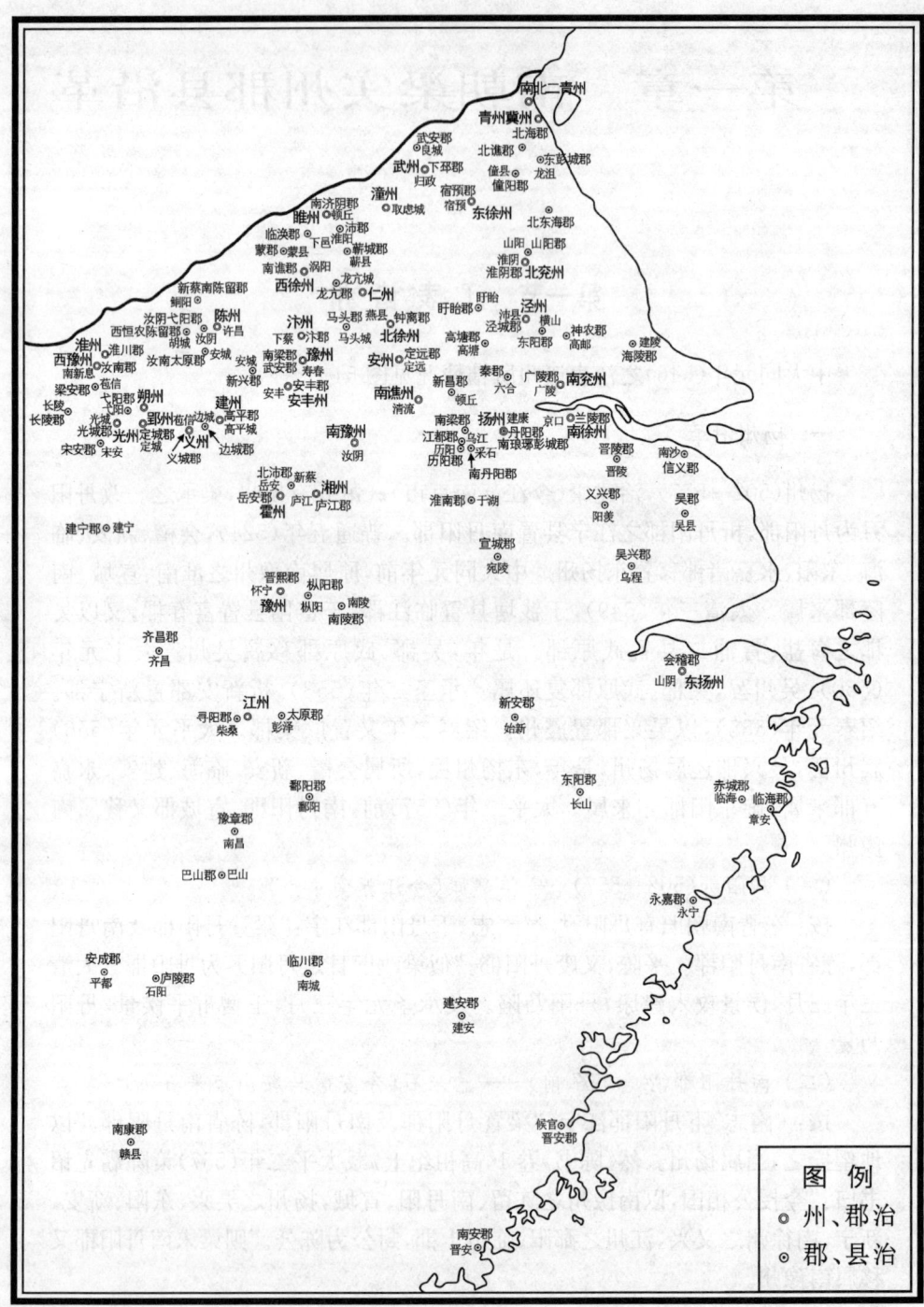

图51 中大同元年(546)南朝梁江表诸州、淮南诸州、淮北诸州、河南诸州所辖实郡示意

（三）淮南郡，寄治于湖（今安徽当涂县）

按：齐末淮南侨郡领于湖实县，隶南豫州。《梁政区建置表》列淮南郡为扬州属郡，似淮南郡于中大同元年前来属。今从之。

（四）宣城郡（546前—557前）——治宛陵（今安徽宣州市）

按：据南豫州宣城郡考证，梁承齐有宣城郡，属南豫州。中大同元年前来属。又据南丹阳郡考证所引《陈书》，梁末宣城郡又还属南豫州。

（五）吴郡（502—549，550—557）——治吴（今江苏苏州市）

按：扬州旧有吴郡，《梁书》卷4《简文帝纪》：太清三年七月"戊辰，以吴郡置吴州"，大宝元年二月，"省吴州，如先为郡"。则吴郡太清三年七月移置吴州，大宝元年二月还属。又据武原郡考证，太清三年分吴郡所属之海盐、胥浦二县置武原郡。

（六）武原郡（550—557）——治乏考（约在今浙江海盐县附近）

按：《梁书》卷56《侯景传》：太清三年六月，"（侯）景乃分吴郡海盐、胥浦二县为武原郡"。则太清三年六月分吴郡置武原郡。太清三年七月以吴郡置吴州，武原郡当移属焉。大宝元年吴州废，武原郡复来属。

（七）富春郡（550—557）——治富阳（今浙江富阳市）

按：《梁书》卷56《侯景传》：太清三年十一月，"（侯）景以钱塘为临江郡，富阳为富春郡。"《陈书》卷18《袁泌传》："（侯）景平，王僧辩表泌为富春太守"。则似太清三年十一月始有富春郡。

（八）临江郡（550—557）——治钱塘（今浙江杭州西湖区）

按：《梁书》卷56《侯景传》：太清三年十一月，"（侯）景以钱塘为临江郡"。然此郡于陈无考，疑陈初即废。

（九）吴兴郡（502—554，556—557）——治乌程（今浙江湖州市）

按：南齐扬州领有吴兴郡，梁承之。绍泰元年以吴兴郡置震州，太平元年震州罢，吴兴郡复还属扬州。详参震州考证。

（十）南陵郡（546前—557）——治南陵（今安徽贵池市西南）

按：据南豫州南陵郡考证，普通六年置南陵郡，属南豫州。中大同元年前来属。

（十一）新宁郡（553—557）——治海宁（今安徽休宁县东北）

按：旧无此郡。《元和志》卷28《江南道四》歙州歙县："本秦旧县也，县西有歙浦，因以为名。晋后属新都郡，或属新安郡，或属新宁郡。"《陈书》卷1《高祖纪上》，太平二年八月，梁朝策陈霸先曰："今授公相国，以南豫州之陈留、南丹阳、宣城，扬州之吴兴、东阳、新安、新宁，南徐州之义兴，江州之鄱阳、临川十郡，封公为陈公。"《一统志》卷112徽州府："晋属新安郡，宋、齐因之，梁末分置新宁郡,陈省新宁仍属新安郡。"注曰:"《府志》,承圣二年置,治海宁";"案《陈书·文帝纪》,天嘉三年,以新宁郡属东扬州,盖其后省也"。则梁末承圣二年置新宁郡,属扬州。

(十二) 会稽郡(502—523,556—557)——治山阴(今浙江绍兴市)

按:南齐扬州领有会稽郡。据东扬州考证,会稽郡于普通五年自扬州移属东扬州,太平元年还属扬州。

(十三) 新安郡(502—523,556—557)——治始新(今浙江淳安县西北)

按:南齐扬州领有新安郡。据东扬州考证,新安郡于普通五年移东扬州,太平元年还属扬州。

(十四) 临海郡(502—523,556—557)——治章安(今浙江临海市东南章安镇)

按:齐末扬州领有临海郡。据东扬州考证,临海郡于普通五年移属东扬州,太平元年还属扬州。

(十五) 建安郡(556—557)——治建安(今福建建瓯市)

按:建安郡于齐末本江州属郡,普通五年转属东扬州,及太平元年东扬州废,建安郡转属于扬州。详参东扬州建安郡条考证。

(十六) 东阳郡(502—523,557前—557)——治长山(今浙江金华市)

按:南齐扬州领有东阳郡,萧梁承之。据东扬州考证,普通五年移属东扬州,承圣二年前于东阳郡置婺州,乃改属焉。然《陈书》卷1《高祖纪上》,太平二年八月,梁朝策陈霸先曰:"今授公相国,以南豫州之陈留、南丹阳、宣城,扬州之吴兴、东阳、新安、新宁,南徐州之义兴,江州之鄱阳、临川十郡,封公为陈公。"则太平二年八月前,东阳郡复移属扬州。

(十七) 永嘉郡(502—523,556—557)——治永宁(今浙江温州市)

按:南齐扬州领有永嘉郡,据东扬州考证,永嘉郡于普通五年移属东扬州,太平元年还属扬州。

(十八) 广梁郡(556—557)——治乏考

按:《陈书》卷15《陈详传》:"(杜)龛平,以功授散骑侍郎、假节,雄信将军、青州刺史资,割故鄣、广德置广梁郡,以详为太守。"平杜龛事,《陈书》系之于绍泰元年,《通鉴考异》不取其说,乃系之于绍泰二年正月,必有所据,今从之。则广梁郡之设,亦当在绍泰二年。以地望揆之,当属扬州。

二、吴州沿革

吴州(549),治吴(今江苏苏州市)。《梁书》卷4《简文帝纪》:太清三年七月"戊辰,以吴郡置吴州",大宝元年二月,"省吴州,如先为郡"。则太清三年置吴州,吴、武原二郡当来属。大宝元年吴州罢,吴、武原二郡当移属扬州。

(一)吴郡(549)——治吴(今江苏苏州市)

按:吴郡为扬州旧郡,据本州考证,太清三年置吴州,乃移属焉。及大宝元年吴州罢,复还属扬州。

(二)武原郡(549)——治乏考(约在今浙江海盐县附近)

按:《梁书》卷56《侯景传》:太清三年六月,"(侯)景乃分吴郡海盐、胥浦二县为武原郡"。是年,吴郡移置吴州,武原郡当随之移属吴州。及大宝元年吴州罢,武原郡当还属扬州。

三、东扬州沿革

东扬州(524—555),治山阴(今浙江绍兴市)。《舆地广记》卷22《两浙路上》大都督越州:"宋兼置东扬州,寻废。梁复置东扬州。"《宋志》一扬州刺史条:"孝建元年,分扬州之会稽、东阳、新安、永嘉、临海五郡为东扬州。"梁析临海郡置赤城郡。《梁书》卷3《武帝纪下》:普通五年"三月甲戌,分扬州、江州置东扬州"。又,义安郡自广州来属,后又移置瀛州。承圣二年前,东阳郡移置婺州。《梁书》卷6《敬帝纪》:太平元年"三月丙子,罢东扬州,还复会稽郡"。则梁之东扬州始自普通五年,终于太平元年。

(一)会稽郡(524—555)——治山阴(今浙江绍兴市)

按:据本州考证,会稽郡于普通五年自扬州来属,太平元年还属扬州。

(二)临海郡(524—555)——治章安(今浙江临海市东南章安镇)

按:齐末扬州领有临海郡。《梁书》卷26《傅昭传》:"(天监)十七年,出为智武将军、临海太守。"卷24《萧昱传》:"普通五年,坐于宅内铸钱,为有司所奏,下廷尉,得免死,徙临海郡。"卷33《王筠传》:中大通三年,"寻出为贞威将军、临海太守,在郡被讼,不调累年"。卷41《刘潜传》:大同十年(544),"出为伏波将军、临海太守"。卷6《敬帝纪》:太平元年正月,"东扬州刺史张彪围临海太守王怀振于剡岩"。则梁自始至终皆有临海郡。据本州考证,临海郡于普通五年移属东扬州,太平元年还属扬州。

(三)赤城郡(?)——治临海(今浙江临海市)

按:《赤城志》卷1《地里门一》上台州:"宋孝建元年析扬之五郡为东扬州,临海与焉。梁武帝改为赤城郡,寻复为临海县。"《赤城志》所言甚不明确,其意应当是,宋置东扬州,临海郡与焉,而梁又改临海郡之临海县为赤城郡。据临海郡考证,梁朝自始至终皆有临海郡,梁析临海郡临海县置赤城郡。

（四）新安郡(524—555)——治始新(今浙江淳安县西北)

按：据本州考证，新安郡于普通五年自扬州移属东扬州，太平元年还属扬州。

（五）东阳郡(524—553前)——治长山(今浙江金华市)

按：南齐扬州领有东阳郡，萧梁承之。据本州考证，普通五年移属东扬州，承圣二年前于东阳郡置婺州，乃改属焉。详参婺州考证。

（六）永嘉郡(524—555)——治永宁(今浙江温州市)

按：南齐扬州领有永嘉郡，据本州考证，永嘉郡于普通五年移属东扬州，太平元年还属扬州。

（七）建安郡(524—555)——治建安(今福建建瓯市)

按：建安郡于南齐本江州属郡，普通五年置东扬州，乃来属焉。《寰宇记》卷101《江南东道十三》建州引《郡国志》："汉立(建安)郡于东溪南覆船山下。宋元嘉元年徙于溪北黄花山西。梁承圣三年封萧基为常乐侯于此。梁末，城池被盗陵夷，其后谢竭为太守，于西溪之右编木栅为理所。"《陈书》卷1《高祖纪上》：太平元年"十月戊辰，进高祖爵为王，以扬州之会稽、临海、永嘉、建安，南徐州之晋陵、信义，江州之寻阳、豫章、安成、庐陵并前为二十郡，益封陈国"。则太平元年东扬州废，建安郡转属于扬州。

（八）义安郡(524—?)——治海阳(今广东潮州市东北)

按：义安郡本广州属郡，《隋志》下义安郡："梁置东扬州，后改曰瀛州，及陈州废。"则当是普通五年来属。后移置瀛州。详参瀛州考证。

四、震州沿革

震州(555)，治乌程(今浙江湖州市)。《寰宇记》卷94《江南东道六》湖州："梁敬帝绍泰元年改(吴兴)郡为震州。"《通鉴》卷166绍泰元年六月："吴兴太守杜龛，王僧辩之婿也。僧辩以吴兴为震州，用龛为刺史。"《梁书》卷6《敬帝纪》：太平元年二月"己未，罢震州，还复吴兴郡"。则绍泰元年以吴兴郡置震州，太平元年罢。

吴兴郡(555)——治乌程(今浙江湖州市)

按：吴兴郡本扬州属郡，据本州考证，绍泰元年以吴兴郡置震州。太平元年震州罢，吴兴郡还属扬州。

五、婺州沿革

婺州(553前—556前，556前—557前缙州)，治长山(今浙江金华市)。

《通鉴》卷165承圣二年十月："己酉,王僧辩至姑孰,遣婺州刺史侯瑱……筑垒东关,以待齐师。"胡三省注曰："东阳郡,梁置婺州。"《陈书》卷35《留异传》："绍泰二年,以应接之功,除持节、通直散骑常侍、信武将军,缙州刺史,领东阳太守。"《一统志》卷299金华府："三国吴宝鼎元年于长山县置东阳郡,晋及宋、齐因之,梁末置缙州,陈改置金华郡。"则承圣二年前置婺州于东阳,绍泰二年前又改为缙州。据扬州东阳郡考证,太平二年前,东阳郡移属扬州,则疑缙州暂废。

东阳郡（553前—557前）——治长山（今浙江金华市）

按：南齐扬州领有东阳郡,萧梁承之。据本州考证,普通五年移属东扬州,承圣二年前于东阳郡置婺州,乃改属焉。然《陈书》卷1《高祖纪上》,太平二年八月,梁朝策陈霸先曰："今授公相国,以南豫州之陈留、南丹阳、宣城,扬州之吴兴、东阳、新安、新宁,南徐州之义兴,江州之鄱阳、临川十郡,封公为陈公。"则太平二年八月前,东阳郡复移属扬州。

六、东嘉州沿革

东嘉州（？）,治乏考（约在今福建温州市南）。《寰宇记》卷99《江南东道十一》温州瑞安县："《舆地志》云：'后汉光武改为章安县,吴曰罗阳,后改为安阳。至晋太康元年改为安固县,因界内安固山为名。'梁、陈属东嘉州也。"以地望揆之,东嘉州之设,当在原永嘉郡境内。所领郡乏考。

七、南徐州所辖实郡沿革

南徐州,侨寄京口（今江苏镇江市）。萧齐有南徐州,梁承之。改南琅邪郡为南琅邪、（南）彭城二郡；天监六年（507）自晋陵郡析置信义郡；太平二年又自晋陵郡析置江阴郡。

（一）兰陵郡,侨寄延陵（今江苏镇江市）

按：齐末南徐州领有南东海侨郡,领丹徒、武进二实县。《梁书》卷2《武帝纪中》：天监元年四月,"改南东海为兰陵郡"。梁又改武进县为兰陵县。则梁兰陵侨郡领丹徒、兰陵二实县。

（二）晋陵郡（502—557）——治晋陵（今江苏常州市）

按：南齐南徐州领有晋陵郡。《梁书》卷5《元帝纪》：承圣三年正月"辛丑,陈霸先遣晋陵太守杜僧明率众助东方光"。则梁亦有晋陵郡。

（三）信义郡（507—557）——治南沙（今江苏常熟市西北）

按：《隋志》下吴郡常熟："旧曰南沙,梁置信义郡。平陈废,并所领海阳、前京、信义、海虞、兴国、南沙入焉。"又,《寰宇记》卷91《江南东道三》苏州昆山县:"本汉娄县地,属会稽郡。梁天监六年分娄县置信义县。"则疑信义郡与信义县同于天监六年置。以地望揆之,当自晋陵郡析置。

(四)江阴郡(557)——治江阴(今江苏江阴市东南)

按:《记纂渊海》卷9《两浙西路》江阴军:"晋置暨阳县,属毗陵郡。梁太平二年置江阴郡、江阴县。隋平陈废郡,以县属常州。"《陈书》卷33《儒林·沈文阿传》:"及(侯)景平,高祖以文阿州里,表为原乡令,监江阴郡。"则梁太平二年置江阴郡。以地望揆之,当自晋陵郡析置。

(五)义兴郡(502—557)——治阳羡(今江苏宜兴市)

按:齐末南徐州领有义兴郡,萧梁多有任义兴太守者,则梁承齐旧有义兴郡。

(六)南琅邪、(南)彭城二郡,寄治白下城(今江苏南京市北金川门外,幕府山南麓)

按:齐末南徐州领有南琅邪侨郡,领江乘实县。《梁书》卷3《武帝纪下》:大同三年"夏四月丁卯,以南琅邪、彭城二郡太守河东王誉为南徐州刺史"。则梁改南琅邪侨郡为南琅邪(南)彭城二郡,亦领江乘县。

八、江州沿革

江州(502—557),治所屡变。齐末有江州,梁承之。天监中,自晋安郡分置南安郡,普通五年,建安郡移属东扬州。大通二年(528)自临川、庐陵、豫章三郡析置巴山郡。又自寻阳郡析置太原郡。大宝元年前于豫章郡置豫州。据宁州考证,承圣元年于临川故郡置宁州;据高州考证,承圣二年,移鄱阳郡置吴州;绍泰元年后于豫章郡析置豫宁郡;据高州考证,太平元年十一月,分巴山、临川、安成、豫宁四郡置高州;据南江州考证,太平二年前,以豫章之新吴县置南江州;据西江州考证,太平二年,寻阳、太原等郡移属西江州;太平二年前豫州废,豫章郡复来属;太平二年南江州、西江州又废,寻阳、太原等郡复来属。

(一)寻阳郡(502—557)——治柴桑(今江西九江市西南)

按:齐末江州领有寻阳郡,梁承之。据西江州考证,太平二年移属西江州,旋西江州废,复来属。

(二)太原郡,寄治彭泽(今江西彭泽县东北)

按:《隋志》下九江郡彭泽:"梁置太原郡,领彭泽、晋阳、和城、天水。平陈,郡县并废。"其中彭泽本寻阳郡属县,晋阳、和城、天水三县当为新置。疑太原郡自寻阳郡析置。据西江州考证,太平二年移属西江州,旋西江州废,复来属。所领彭泽为实县。

(三)豫章郡(502—550前,557前—557)——治南昌(今江西南昌市)

按:齐末江州领有豫章郡,梁承之。大宝元年前移置豫州。太平二年前,豫州废,豫章郡复来属。详参豫州考证。

(四)庐陵郡(502—557)——治石阳(今江西吉水县东北)

按:齐末江州领有庐陵郡,梁有庐陵王萧续,则梁承旧有庐陵郡。

(五)南康郡(502—557)——治赣(今江西赣州市东北)

按:齐末江州领有南康郡,梁有南康王萧绩,则梁承旧有南康郡。

(六)晋安郡(502—557)——治候官(今福建福州市)

按:齐末江州领有晋安郡,梁简文帝初为晋安王,则梁承旧有晋安郡。

(七)南安郡(519前—557)——治安(今福建南安市东丰州)

按:《隋志》下建安郡南安:"旧曰晋安,置南安郡。平陈,郡废。"《方舆纪要》卷99《福建五》泉州府南安县:"三国吴置东安县,属建安郡。晋改曰晋安,属晋安郡,宋、齐因之。梁为南安郡治,隋废郡,改县曰南安。"《一统志》卷428泉州府:"梁天监中分(晋安郡)置南安郡。"晋安于齐末本为江州晋安郡属县,则南安郡当是天监中自晋安郡析出。

(八)鄱阳郡(502—552)——治鄱阳(今江西鄱阳县)

按:齐末江州领有鄱阳郡,梁承之。据吴州考证,承圣二年移置吴州。

(九)临川郡(502—556)——治南城(今江西南城县东南)

按:齐末江州领有临川郡,梁承之。据宁州考证,承圣元年,以临川故郡析置宁州,据高州条考证,太平元年,临川郡移置高州。

(十)安成郡(502—556)——治平都(今江西安福县东南)

按:齐末江州领有安成郡,梁承之。据高州考证,太平元年移置高州。

(十一)巴山郡(528—556)——治巴山(今江西崇仁县西南)

按:《隋志》下临川郡崇仁:"梁置巴山郡,领大丰、新安、巴山、新建、兴平、丰城、西宁七县。平陈,郡县并废,以置县焉。"《寰宇记》卷106《江南西道四》洪州丰城县:"梁大通二年分立广丰、新安二县,又分庐陵之兴平、临川之新建等二县,立西宁、巴山二县,合其县立为巴山郡。"卷110《江南西道八》抚州:"梁分新建、西宁二县立巴山县,更置巴山郡,取庐陵之兴平、南昌之丰城以益之。"其中,新建为临川郡旧县,兴平为庐陵郡旧县,丰城为豫章郡旧县,余皆新置。则巴山郡当是大通二年自临川、庐陵、豫章三郡中析出。据高州考证,太平元年移置高州。

（十二）建安郡(502—523)——治建安(今福建建瓯市)

按：南齐江州领有建安郡。普通五年乃移属东扬州。详参东扬州建安郡考证。

（十三）豫宁郡(555后—556)——治乏考

按：《寰宇记》卷106《江南西道四》洪州武宁县："陈武帝初割建昌、豫宁、艾、永修、新吴等五县，立为豫宁郡，属江州。隋平陈，废郡。"卷111《江南西道九》南康军建昌县："顾野王《舆地志》云：'陈武割建昌、豫宁、永修、艾四县为豫宁郡。'"《补梁志》卷2高州条以为豫宁郡之置，"虽出自陈武帝，而尚在未革梁代以前。犹之梁置西江州而《元和志》以为陈武帝置也"。此说甚是，今从之。则豫宁郡当在绍泰元年以后分豫章郡置。据高州考证，太平元年移置高州。

九、西江州沿革

西江州(557)，治柴桑(今江西九江市西南)。《梁书》卷6《敬帝纪》：太平二年正月，"分寻阳、太原、齐昌、高唐、新蔡五郡，置西江州，即于寻阳仍充州镇"。《考异》卷26《梁书·梁敬帝纪》："寻阳本江州治所，侯瑱为刺史，移镇豫章。瑱为余孝顷所败诣阕，孝顷遂据新吴，称刺史。故此《纪》称孝顷为南江州刺史，而《陈书·周文育传》称为'新吴洞主'也。西江州之设，盖以备孝顷，其刺史疑即以周文育为之。故孝顷疑惧，举兵以应萧勃，及孝顷退走，即正授文育江州刺史也。《隋志》不载西江州之名，亦以其不久即废也。梁时置太原郡于彭泽县，齐昌郡今蕲州，高唐郡今宿松县，新蔡郡今黄梅县地。"其中，寻阳、太原二郡及新蔡侨郡析自江州，齐昌郡、高塘侨郡析自南豫州。则太平二年置西江州，是年余孝顷平，乃罢州。

（一）寻阳郡(557)——治柴桑(今江西九江市西南)

按：寻阳郡本江州属郡，太平二年来属。同年，西江州罢，寻阳郡还属江州。

（二）太原郡，寄治彭泽(今江西彭泽县东北)

按：太原郡本江州属郡，太平二年来属。同年，西江州罢，太原郡还属江州。所领彭泽为实县。

（三）齐昌郡(557)——治齐昌(今湖北蕲春县西南)

按：齐昌郡本南豫州属郡，太平二年来属。同年，西江州罢，齐昌郡还属南豫州。

十、南江州沿革

南江州(557前—557)，治新吴(今江西奉新县西)。《陈书》卷1《高祖纪上》：太平二年二月"南江州刺史余孝顷起兵应勃,高祖命周文育、侯安都率众讨平之"。卷8《周文育传》："广州刺史萧勃举兵逾岭,诏文育督众军讨之。时新吴洞主余孝顷举兵应勃。"《通鉴》卷167太平二年二月：广州刺史萧勃反,"南江州刺史余孝顷以兵会之"。胡注曰："孝顷据新吴,盖就置南江州,命为刺史。"《通鉴考异》曰："《典略》作'南康州刺史',今从《梁书》。"则太平二年前以豫章郡新吴县置南江州。及太平二年平余孝顷,当罢南江州。所领郡县乏考。

十一、豫州沿革

豫州(550前—557前),治南昌(今江西南昌市)。《陈书》卷1《高祖纪上》：大宝元年六月,"承制授高祖通直散骑常侍、使持节、信威将军、豫州刺史,领豫章内史,改封长城县侯"。似至迟于大宝元年已于豫章郡设豫州。所领当即为豫章郡。《一统志》卷307江西统部："(太平)二年又移江州治豫章。"则豫州于太平二年前废。

豫章郡(550前—557前)——治南昌(今江西南昌市)

按：豫章本江州属郡。据本州考证,大宝元年前移置豫州,太平二年还属江州。

十二、宁州沿革

宁州(552—557),治南城(今江西南城县东南)。《陈书》卷13《周敷传》："周敷,字仲远,临川人也。为郡豪族……敷镇临川故郡。侯景平,梁元帝授敷使持节、通直散骑常侍、信武将军、宁州刺史……王琳平,授散骑常侍、平西将军、豫章太守。"《通鉴》卷167永定二年六月"宁州刺史周敷"云云,胡注曰："时盖即临川故郡置宁州,以敷为刺史。"侯景平在承圣元年,今即以该年为置宁州时,而王琳平在陈,则直至梁末皆有宁州。所领郡县乏考。

十三、吴州沿革

吴州(553—557),治鄱阳(今江西鄱阳县)。《隋志》下鄱阳郡："梁置吴州,陈废。平陈,置饶州。"《元和志》卷28《江南道四》饶州："孙权分豫章立为鄱阳郡。梁承圣二年改为吴州,至陈光大元年省吴州,依旧置郡。"则直至梁末皆有吴州。

鄱阳郡(553—557)——治鄱阳(今江西鄱阳县)

按：鄱阳郡本江州属郡。据本州考证,承圣二年置吴州,乃来属焉。

十四、高州沿革

高州(557),治巴山(今江西崇仁县西南)。旧无高州,《陈书》卷11《黄法氍传》:"太平元年,割江州四郡置高州,以法氍为使持节、散骑常侍、都督高州诸军事、信武将军、高州刺史,镇于巴山。"《通鉴》系此事于太平元年十一月,胡注曰:"四郡,盖临川、安成、豫宁、巴山,以其地在南江之西,负山面水,据高临深,因名高州。"则太平元年十一月置高州,直至梁末皆有之。

(一)临川郡(557)——治南城(今江西南城县东南)

按:临川郡本江州属郡。据本州考证,太平元年来属。

(二)安成郡(557)——治平都(今江西安福县东南)

按:安成郡本江州属郡。据本州考证,太平元年来属。

(三)豫宁郡(557)——治豫宁(今江西武宁县西)

按:豫宁郡本江州属郡。据本州考证,太平元年来属。

(四)巴山郡(557)——治巴山(今江西崇仁县西南)

按:巴山郡本江州属郡。据本州考证,太平元年来属。

附 江表诸实县存考

1. 建康

按:建康为旧县,东晋南朝扬州皆治建康。梁承之,亦有建康县。

2. 江宁

按:南齐末丹阳尹有江宁县。《隋志》下丹阳郡江宁:"梁置丹阳郡及南丹阳郡,陈省南丹阳郡。平陈,又废丹阳郡,并以秣陵、建康、同夏三县入焉。"则梁亦有江宁县。

3. 溧阳

按:齐末丹阳尹有溧阳县。《隋志》下丹阳郡溧水:"旧曰溧阳……(开皇)十八年改焉。"则梁有溧阳县。

4. 永世

按:齐末丹阳尹有永世县。《隋志》下宣城郡永世:"平陈废。"则梁有永世县。

5. 秣陵

按:南齐丹阳尹有秣陵县,《梁书》卷2《武帝纪中》:天监七年(508)四月辛未,"秣陵县获灵龟一"。则梁亦当有秣陵县。

6. 同夏

按：《寰宇记》卷90《江南东道二》昇州上元县："同夏故城，在县东十五里。《舆地志》云：梁大通三年分建康之同夏里置同夏县。陈平，毁之。"《六朝事迹编类》卷上"同夏县城"条："《南史》梁武帝以宋孝武大明元年生于秣陵县同夏里三桥宅。及即位，大同元年分同夏里为同夏县。"《记纂渊海》卷10《江南东路》建康府："梁大同元年置同夏县，省江乘、湖熟二县。"似当以《记纂渊海》所言为确。则同夏县为大同元年（535）省江乘、湖熟并秣陵之同夏里为县。

7. 湖熟

按：南齐扬州丹阳尹有湖熟县，据同夏县考证，大同元年省并为同夏县。

8. 句容

按：句容本汉旧县，南齐扬州丹阳尹领有句容县，此后皆因之。梁亦当有句容县。

9. 吴

按：吴本汉旧县，南齐扬州吴郡领有吴县，直至隋唐此县犹存，则梁亦当有吴县。

10. 嘉兴

按：南齐扬州吴郡领有嘉兴县，《梁书》卷56《侯景传》："王僧辩遣侯瑱率军追（侯）景。景至晋陵，劫太守徐永东奔吴郡，进次嘉兴，赵伯超据钱塘拒之。"则梁亦有嘉兴县。

11. 昆山

按：《寰宇记》卷91《江南东道三》苏州昆山县："本汉娄县地，属会稽郡。梁天监六年分娄县置信义县。大同初又分信义县置昆山县，属吴郡。因县有昆山，故立名也。"则梁大同元年置昆山县。

12. 娄

按：齐末扬州吴郡领有娄县，《寰宇记》卷91《江南东道三》苏州昆山县："本汉娄县地，属会稽郡。梁天监六年分娄县置信义县。"《陈书》卷33《儒林·陆庆传》："释褐梁武陵王国右常侍，历征西府墨曹行参军，除娄令。"则梁亦有娄县。

13. 钱塘

按：《宋志》、《南齐志》扬州吴郡均领有钱唐县，《梁书》卷27《陆襄传》"贼寻寇东境，没吴郡。（侯）景将宋子仙进攻钱塘，会海盐人陆黯举义，有众数千人，夜出袭郡"云云，则梁有钱塘县①，即为旧日之钱唐，属吴郡。《梁书》卷56

---

① 梁亦有称钱唐者，《梁书》卷50《文学下·庾仲容传》："历为永康、钱唐、武康令，治县并无异绩，多被劾。"

《侯景传》：太清三年(549)十一月，"(侯)景以钱塘为临江郡"。则太清三年后又属临江郡。

14. 海盐

按：齐扬州吴郡领有海盐县，《梁书》卷56《侯景传》：太清三年六月，"(侯)景乃分吴郡海盐、胥浦二县为武原郡"。则海盐县至梁犹存，该县于太清三年自吴郡移属武原郡。

15. 胥浦

按：《一统志》卷83松江府胥浦废县条："在娄县西南，梁置，《梁书·侯景传》，简文初立，分吴郡胥浦属武原郡。《府志》大通六年析海盐东北境置，地接胥浦因名，寻省。"《补梁志》以为"大通止二年，'六'字误"，甚是，姑置之大通元年(527)后。《梁书》卷56《侯景传》：太清三年六月，"(侯)景乃分吴郡海盐、胥浦二县为武原郡"。则太清三年六月，胥浦县划属武原郡。

16. 富阳

按：南齐扬州吴郡领有富阳县，《梁书》卷34《张缅传附张缵传》："缵年十一，尚高祖第四女富阳公主。"卷56《侯景传》："太清三年十一月，"(侯)景以钱塘为临江郡，富阳为富春郡"。则梁亦有富阳县。

17. 桐庐

按：孙吴立桐庐县，晋、宋因之，南齐扬州吴郡领有桐庐县，陈并有桐庐县，则梁亦当有此县。

18. 盐官

按：南齐吴郡领有盐官县，《陈书》卷33《儒林·戚衮传》："戚衮字公文，吴郡盐官人也……梁武帝敕策《孔子正言》并《周礼》、《礼记》义，衮对高第。"《陈书》卷33《儒林·顾越传》："顾越字思南，吴郡盐官人也……梁太子詹事周舍甚赏之。"是梁有盐官县。

19. 新城

按：齐末扬州吴郡领有新城县，《梁书》卷31《袁昂传附子君正传》："寻转吴郡太守。侯景乱，率数百人随邵陵王赴援，及京城陷，还郡……贼遣于子悦攻之，新城戍主戴僧易劝令拒守。"则梁有新城县，属吴郡。

20. 山阴

按：南齐扬州会稽郡领有山阴县，《梁书》卷26《陆杲传》："山阴令虞肩在任，赃污数百万。"卷36《江革传》："琅邪王骞为山阴令，赃货狼藉，望风自解。"卷42《傅岐传》："父翙，天监中，历山阴、建康令，亦有能名。"则梁有山阴县。

21. 永兴

按：南齐扬州会稽郡领有永兴县。《梁书》卷56《侯景传》：大宝元年(550)十二月，"张彪起义于会稽，攻破上虞，(侯)景太守蔡台乐讨之，不能禁。至是，彪又破诸暨、永兴等诸县"。则梁有永兴县。

22. 上虞

按：南齐扬州会稽郡领有上虞县。据永兴县考证所引《梁书》，梁有上虞县。

23. 诸暨

按：南齐扬州会稽郡领有诸暨县。据永兴县考证所引《梁书》，梁有诸暨县。

24. 余姚

按：南齐扬州会稽郡领有余姚县。《梁书》卷2《武帝纪中》：天监七年四月"戊寅，余姚县获古铜剑二"。卷50《文学下·王籍传》："历余姚、钱塘令，并以放免。"则梁有余姚县。

25. 剡

按：南齐扬州会稽郡领有剡县。《梁书》卷49《文学上·刘昭传》："出为剡令，卒官。"则梁有剡县。

26. 鄞

按：南齐扬州会稽郡领有鄞县。《梁书》卷2《武帝纪中》：天监七年"十一月辛巳，鄞县言甘露降"。则梁有鄞县。

27. 始宁

按：南齐扬州会稽郡领有始宁县，《隋志》下会稽郡会稽："旧置会稽郡。平陈，郡废，又废山阴、永兴、上虞、始宁四县入。"则梁当有此县。

28. 句章

按：南齐扬州会稽郡领有句章县，《隋志》下会稽郡句章："平陈，并余姚、鄞、鄮三县入。"则梁似亦当有此县。

29. 鄮

按：南齐扬州会稽郡领有鄮县。《梁书》卷51《处士·陶弘景传》：天监四年，"乃诣鄮县阿育王塔自誓，受五大戒"。卷54《诸夷·扶南国传》："(天监)二年，改造会稽鄮县塔。"则梁有鄮县，亦属会稽郡。

30. 乌程

按：南齐扬州吴兴郡领有乌程县。《梁书》卷15《谢朏传附谢览传》："(天监)十二年春，出为吴兴太守。中书舍人黄睦之家居乌程，子弟专横，前太守皆折节事之。"则梁有乌程县。

31. 武康

按：南齐扬州吴兴郡领有武康县。《梁书》卷7《高祖阮修容传》："承圣二年，追赠太后父齐故奉朝请灵宝散骑常侍、左卫将军，封武康县侯，邑五百户。"卷48《儒林·沈峻传》："沈峻，字士嵩，吴兴武康人……出为武康令，卒官。"则梁有武康县。

32. 余杭

按：南齐扬州吴兴郡领有余杭县，《隋志》下余杭郡领有余杭县，则梁亦当有余杭县。

33. 东迁

按：南齐扬州吴兴郡领有东迁县，《陈书》卷8《周文育传》："累前后功，除游骑将军、员外散骑常侍，封东迁县侯。"则梁有东迁县。

34. 长城

按：南齐扬州吴兴郡领有长城县，《梁书》卷6《敬帝纪》：绍泰元年（555）十月，"震州刺史杜龛举兵，攻信武将军陈蒨于长城"。卷14《江淹传附江蒍传》："自丹阳尹丞为长城令。"则梁有长城县。

35. 於潜

按：南齐扬州吴兴郡领有於潜县。《一统志》卷283杭州府於潜县条："秦鄣郡地，汉置於潜县，属丹阳郡。后汉曰於潜，吴宝鼎元年分属吴兴郡，晋以后因之，陈属钱唐郡。"则梁亦有於潜县。

36. 临安

按：南齐扬州吴兴郡领有临安县。《梁书》卷26《傅昭传》："长子谞，尚书郎，临安令。"则梁亦有临安县。

37. 故鄣

按：南齐扬州吴兴郡领有故鄣县，《梁书》卷49《文学上·吴均传》："吴均字叔庠，吴兴故鄣人也。"则梁亦有故鄣县。

38. 安吉

按：南齐扬州吴兴郡领有安吉县。《陈书》卷15《陈详传》："高祖东征杜龛，详别下安吉、原乡、故鄣三县。"则梁有安吉县。

39. 原乡

按：南齐扬州吴兴郡领有原乡县。据安吉县考证所引《陈书》，梁亦有安吉县。

40. 始新

按：南齐扬州新安郡领有始新县。《梁书》卷53《良吏·伏暅传》："征为新安太守。在郡清恪……属县始新、遂安、海宁,并同时生为立祠。"则梁亦有始新县,属新安郡。

41. 遂安

按:南齐扬州新安郡领有遂安县。据始新县考证所引《梁书》,梁亦有遂安县。

42. 海宁

按:南齐扬州新安郡领有海宁县。据始新县考证所引《梁书》,梁亦有海宁县。又,《一统志》卷112徽州府:"晋属新安郡,宋、齐因之,梁末分置新宁郡,陈省新宁仍属新安郡。"注曰:"《府志》,承圣二年置,治海宁。"则承圣二年(553)后,海宁又移属新宁郡。

43. 黟

按:南齐扬州新安郡领有黟县。《梁书》卷15《谢朏传附谢览传》:"(天监)九年夏,山贼吴承伯破宣城郡,余党散入新安,叛吏鲍叔等与合,攻没黟、歙诸县。"则梁有黟县,属新安郡。

44. 歙

按:南齐扬州新安郡领有歙县,梁亦有之。据黟县考证所引《梁书》,歙县属新安郡。

45. 梁安

按:《元和志》卷28《江南道四》歙州绩溪县:"本梁大通元年于此置梁安县,武德中废。"《寰宇记》卷104《江南西道二》歙州绩溪县:"县则歙之华阳古镇,梁大同元年置为梁安县。"梁安县之始置时间史籍记载有异,然梁置梁安县当无疑问。

46. 寿昌

按:南齐扬州吴郡领有寿昌县。《梁书》卷6《敬帝纪》:太平元年(556)十二月"甲午,以前寿昌令刘叡为汝阴王"。《陈书》卷8《周文育传》:"少孤贫,本居新安寿昌县。"则梁有寿昌县,属新安郡。

47. 黎阳

按:《方舆纪要》卷28《南直隶十》徽州府休宁县海阳废县条:"黎阳废县,在县西北。孙吴析歙县地置,晋属新安郡,刘宋大明中省入海宁。梁承圣中复置黎阳县,属新宁郡,陈省。"则梁有黎阳县。

48. 章安

按:南齐扬州临海郡领有章安县,《隋志》下永嘉郡临海:"旧曰章安,置临海郡。平陈,郡废,县改名焉。"则梁当有此县。

49. 临海

按：南齐扬州临海郡领有临海县，陈亦有之。《赤城志》卷1《地里门一》上台州："宋孝建元年析扬之五郡为东扬州，临海与焉。梁武帝改为赤城郡，寻复为临海县。"则梁亦有临海县。

50. 宁海

按：南齐扬州临海郡领有宁海县。《梁书》卷41《刘毅传》："自国子礼生射策高第，为宁海令。"则梁亦有宁海县。

51. 始丰

按：南齐扬州临海郡领有始丰县。《梁书》卷2《武帝纪中》：天监五年夏四月丙申，"始丰县获八目龟一"。则梁亦有始丰县。

52. 乐安

按：乐安为晋旧县，宋、齐皆属临海郡，隋唐亦有此县，则梁亦当有乐安县。

53. 长山

按：南齐扬州东阳郡领有长山县。《梁书》卷7《太宗王皇后传》：王皇后生"长山公主妙纮翾"。则梁亦有长山县。

54. 太末

按：南齐扬州东阳郡领有太末县。《梁书》卷50《文学下·刘勰传》："出为太末令，政有清绩。"则梁亦有太末县。

55. 永康

按：南齐扬州东阳郡领有永康县。《梁书》卷50《文学下·庾仲容传》："历为永康、钱唐、武康令，治县并无异绩，多被劾。"则梁亦有永康县。

56. 信安

按：南齐扬州东阳郡领有信安县。《梁书》卷2《武帝纪中》：天监二年"六月丁亥，诏以东阳、信安、丰安三县水潦，漂损居民资业，遣使周履，量蠲课调"。则梁亦有信安县。

57. 吴宁

按：南齐扬州东阳郡领有吴宁县。《陈书》卷34《文学·岑之敬传》："父善纡，梁世以经学闻，官至吴宁令、司义郎。"则梁有吴宁县。

58. 丰安

按：南齐扬州东阳郡领有丰安县。据信安县考证所引《梁书》，梁亦有丰安县。

59. 乌伤

按：齐末扬州东阳郡领有乌伤县。《隋志》下东阳郡亦领有乌伤县，则梁亦当有此县。

60. 定阳

按：南齐扬州东阳郡领有定阳县。《陈书》卷33《儒林·陆诩传》："梁世百济国表求讲礼博士，诏令诩行。还除给事中、定阳令。"则梁有定阳县。

61. 遂昌

按：南齐扬州东阳郡领有遂昌县。《梁书》卷43《江子一传》："出为遂昌、曲阿令，皆著美绩。"则梁有遂昌县。

62. 建德

按：南齐扬州吴郡领有建德县。《梁书》卷56《侯景传》：承圣元年"十二月，谢答仁、李庆等至建德，攻元頵、李占栅，大破之"。则梁亦有建德县。

63. 永宁

按：南齐扬州永嘉郡领有永宁县。《隋志》下永嘉郡永嘉："旧曰永宁，置永嘉郡。平陈，郡废。县改名焉。"则梁亦当有永宁县。

64. 安固

按：南齐扬州永嘉郡领有安固县。《寰宇记》卷99《江南东道十一》温州瑞安县："《舆地志》云：'后汉光武改为章安县。吴曰罗阳，后改为安阳。至晋太康元年改为安固县，因界内安固山为名。'梁、陈属东嘉州也。"则梁亦有安固县。

65. 松阳

按：南齐扬州永嘉郡领有松阳县。《陈书》卷30《萧济传》："预平侯景之功，封松阳县侯，邑五百户。"则梁亦当有松阳县。

66. 乐成

按：南齐扬州永嘉郡领有乐成县。《元和志》卷26《江南道二》温州乐成县："本汉回浦县地，东晋孝武帝分永宁县置，隋废。"则梁有乐成县。

67. 横阳

按：南齐扬州永嘉郡领有横阳县，《元和志》卷26《江南道二》温州横阳县："本晋太康元年分安固南横屿屯置，隋平陈废入安固县。"则梁有横阳县。

68. 信义

按：《寰宇记》卷91《江南东道三》苏州昆山县："本汉娄县地，属会稽郡。梁天监六年分娄县置信义县。"则信义县置于天监六年。

69. 常熟

按：南齐无常熟县。《寰宇记》卷91《江南东道三》苏州常熟县引《南徐州记》："梁大同六年置常熟县。"则梁大同六年(540)置常熟县于原吴县地。

70. 海虞

按：南齐扬州吴郡领有海虞县。《舆地广记》卷22《两浙路上》望平江府望常熟县："本汉吴县地。晋分置海虞县，属吴郡。梁分置南沙、常熟二县。隋平陈，徙常熟于南沙，而省海虞入焉。"则直至陈皆有海虞县，梁亦当有之。

71. 前京

按：《一统志》卷83松江府前京旧县："在华亭县东南八十五里，梁置。《陈书·高帝纪》，永定二年割吴郡前京县置海宁郡。《舆地纪胜》，前京城在华亭县东南，以近京浦因名。梁天监七年筑。按《隋志》，平陈并入常熟。考常熟去华亭西北几三百里，且中隔昆山。疑《隋志》误，或别一城也。"则梁置前京县。

72. 丹徒

按：丹徒为汉旧县，南齐南徐州南东海郡领有丹徒县，直至隋唐亦有此县，梁亦当有丹徒县。

73. 兰陵

按：齐末南徐州南东海侨郡领有武进县。《隋志》下江都郡曲阿："有武进县，梁改为兰陵，开皇九年并入。"则梁有兰陵县。

74. 曲阿

按：南齐南徐州晋陵郡领有曲阿县。《梁书》卷43《江子一传》："出为遂昌、曲阿令，皆著美绩。"则梁亦有曲阿县。

75. 晋陵

按：南齐南徐州晋陵郡领有晋陵县。《梁书》卷49《文学上·吴均传》："天监初，历官中军临川王参军。出为晋陵令。"则梁亦有晋陵县。

76. 无锡

按：南齐南徐州晋陵郡领有无锡县。《梁书》卷49《文学上·刘昭传》："天监初，起家奉朝请，累迁征北行参军、尚书仓部郎，寻除无锡令。"则梁有无锡县。

77. 延陵

按：南齐南徐州晋陵郡领有延陵县。《梁书》卷40《刘之遴转》："迁平南行参军，尚书起部郎，延陵令。"则梁有延陵县。

78. 暨阳

按：南齐南徐州晋陵郡领有暨阳县。《梁书》卷48《司马筠传》："天监初，为本州治中，除暨阳令，有清绩。"则梁亦有暨阳县。

79. 南沙

按：南齐南徐州晋陵郡领有南沙县。《陈书》卷24《袁宪传》："以贵公子选尚南沙公主,即梁简文之女也。"则梁有南沙县。

80. 海阳

按：南齐南徐州晋陵郡领有海阳县。《陈书》卷16《蔡景历传》：梁时,"解褐诸王府佐,出为海阳令,为政有能名"。则梁有海阳县。

81. 江阴

按：《记纂渊海》卷9《两浙西路》江阴军："晋置暨阳县,属毗陵郡。梁太平二年置江阴郡、江阴县。隋平陈废郡,以县属常州。"则梁太平二年置江阴郡及江阴县。

82. 梁丰

按：《方舆纪要》卷25《南直七》常州府江阴县利城废县条："梁末又析暨阳置利城、梁丰二县,属江阴郡。陈因之。隋废。"当是随江阴郡而置。

83. 利城

按：据梁丰县考证所引《方舆纪要》,梁置利城县,属江阴郡。

84. 阳羡

按：南齐南徐州义兴郡领有阳羡县。《梁书》卷41《刘潜传》："出为戎昭将军、阳羡令,甚有称绩。"则梁亦有阳羡县。

85. 临津

按：南齐南徐州义兴郡领有临津县。《梁书》卷50《文学下·刘杳传》："出为临津令,有善绩。"则梁亦有临津县。

86. 国山

按：南齐南徐州义兴郡领有国山县,《隋志》下毗陵郡义兴："旧曰阳羡,置义兴郡。平陈,郡废,改县名焉,又废义乡、国山、临津三县入焉。"则梁亦当有此县。

87. 义乡

按：南齐南徐州义兴郡领有义乡县,据国山县考证所引《隋志》,梁亦当有此县。

88. 江乘

按：南齐南徐州南琅邪郡领有江乘县,据同夏县考证,大同元年省江乘县并入同夏县。

89. 吴兴

按：南齐江州建安郡领有吴兴县。《寰宇记》卷101《江南东道十三》建州浦城县:"本后汉东侯官之北乡也。献帝末立汉兴县。至吴永安三年改为吴兴县,历代不改。按《邑图》云:'晋尚书陆迈、宋尚书郎江淹皆为吴兴令。'按淹自序云:'吴兴地在东南峤外,闽越之旧境是也。'唐武德四年改为唐兴县。"则梁亦当有吴兴县。

90. 建安

按:南齐江州建安郡领有建安县。《寰宇记》卷101《江南东道十三》建州建安县:"孙策于建安初分东侯官之地立此邑,即以年号为名,属会稽南部都尉。元是闽国,吴永安三年始立建安郡于此。历代如之。唐武德四年又置郡于此。"则梁亦当有建安县。

91. 将乐

按:南齐江州建安郡领有将乐县。《元和志》卷29《江南道五》建州将乐县:"吴永安三年置,隋开皇九年省。"则梁有将乐县。

92. 邵武

按:南齐江州建安郡领有邵武县。《元和志》卷29《江南道五》建州邵武县:"本汉冶县地,吴于此立昭武县,晋改为邵武。"是直至于唐皆有邵武县。则梁当有邵武县。

93. 建阳

按:南齐江州建安郡领有建阳县。《梁书》卷49《文学上·吴均传》:"(江)洪为建阳令,坐事死。"则梁亦有建阳县。

94. 绥城

按:南齐江州建安郡领有绥城县。《寰宇记》卷101《江南东道十三》邵武军建宁县:"本将乐县地,晋绥城县,莫傜之民居焉。唐武德中并入邵武。"则梁有绥城县。

95. 沙村

按:南齐江州建安郡领有沙村县。《一统志》卷430延平府沙县:"晋初为延平县地,刘宋元嘉中分置沙村县,属建安郡。齐以后因之,隋开皇中改曰沙县,寻废。"则梁亦有沙村县。

96. 彭泽

按:齐末江州寻阳郡领有彭泽县,梁承之。据江州太原郡考证,梁时移属太原郡。

97. 南昌

按:齐末江州豫章郡领有南昌县,《梁书》卷41《王规传》:天监中,"父忧去职。服阕,袭封南昌县侯"。则梁有南昌县。

98. 新淦

按：齐江州豫章郡领有新淦县，《梁书》卷3《高祖纪下》：大同八年"春正月，安成郡民刘敬躬挟左道以反……进攻庐陵，取豫章，妖党遂至数万，前逼新淦、柴桑"。则梁有新淦县。

99. 柴桑

按：齐末江州寻阳郡领有柴桑县，据新淦县考证所引《梁书》，梁亦有柴桑县。

100. 建城

按：齐末江州豫章郡领有建城县，《梁书》卷16《王莹传》："高祖践阼，迁侍中、抚军将军，封建城县公。"则梁亦有建城县。

101. 吴平

按：齐末江州豫章郡领有吴平县，《梁书》卷24《萧景传》："高祖践阼，封吴平县侯。"则梁亦有吴平县。

102. 康乐

按：齐末江州豫章郡领有康乐县，《陈书》卷9《侯瑱传》："梁末改封康乐县公。"则梁有康乐县。

103. 宜丰

按：东晋江州豫章郡领有宜丰县，宋、齐无。《梁书》卷6《敬帝纪》：太平元年正月"己亥，以太保、宜丰侯萧循袭封鄱阳王"。则梁似复置宜丰县，姑列于此。

104. 钟陵

按：东晋江州豫章郡领有钟陵县，宋、齐无。《南史》卷70《郭祖深传》：梁武帝时，"擢为豫章钟陵令"。则梁似复置钟陵县，姑列于此。

105. 石阳

按：齐末江州庐陵郡领有石阳县。《梁书》卷18《张惠绍传》："高祖践阼，封石阳县侯，邑五百户。"则梁亦有石阳县。

106. 高昌

按：齐末江州庐陵郡领有高昌县。《一统志》卷328吉安府高昌故城条："《寰宇记》：'孙策改庐陵曰高昌，梁改高昌为石阳。'按石阳县后汉永光元年置，晋、宋、齐三史庐陵郡并兼有石阳、高昌二县。今曰梁改高昌为石阳，当是并二县为一，非改也。"甚是，则梁亦有高昌县，后并入石阳县。

107. 西昌

按：齐末江州庐陵郡领有西昌县。《梁书》卷23《萧藻传》："天监元年，封西昌县侯,食邑五百户。"则梁有西昌县。

108. 东昌

按:齐末江州庐陵郡领有东昌县。《梁书》卷24《萧景传附萧尚之传》:"高祖即位,追封东昌县侯。"则梁有东昌县。

109. 阳丰

按:齐庐陵郡领有阳丰县,《〈补陈疆域志〉订补》以为阳丰县历梁、陈皆因之,至隋并入庐陵县。今从之。

110. 巴丘

按:齐末江州庐陵郡领有巴丘县。《陈书》卷10《程灵洗传》:梁元帝时,"封巴丘县侯,邑五百户"。则梁有巴丘县。

111. 遂兴

按:齐末江州庐陵郡领有遂兴县。《陈书》卷12《胡颖传》:"侯景之乱,高祖克元景仲,仍渡岭援台,平蔡路养、李迁仕,颖皆有功。历平固、遂兴二县令。"则梁有遂兴县。

112. 平固

按:齐末江州南康郡领有平固县。据遂兴县考证所引《陈书》,梁亦有平固县。

113. 赣

按:齐末江州南康郡领有赣县。《寰宇记》卷108《江南西道六》虔州赣县:"本汉旧县也……宋昇明初移置赣水东三百里。梁承圣初又迁赣水南。"则梁亦有赣县。

114. 雩都

按:齐末江州南康郡领有雩都县。《陈书》卷1《高祖纪上》载太平二年策陈霸先文曰:"清祅氛于灉石,灭沴气于雩都。此又公之功也。"则梁有雩都县。

115. 南野

按:齐末江州南康郡领有南野县。《陈书》卷1《高祖纪上》:大宝元年正月,"湘东王承制授高祖员外散骑常侍、持节、明威将军、交州刺史,改封南野县伯"。则梁有南野县。

116. 宁都

按:齐末江州南康郡领有宁都县。《梁书》卷10《夏侯详传》:"天监元年,征为侍中、车骑将军,论功封宁都县侯,邑二千户。"则梁有宁都县。

117. 陂阳

按:齐末江州南康郡领有陂阳县。《寰宇记》卷108《江南西道六》虔州虔化县:"废陂阳县……晋太康五年改为陂阳县,以陂阳水为名。隋开皇十三年废入宁都县。"则梁有陂阳县。

118. 安远

按:《元和志》卷28《江南道四》虔州安远县:"梁大同中,于今县南七十里安远水南置安远县,隋开皇中废。"《寰宇记》卷108《江南西道六》虔州安远县:"梁大同十年置安远县。"以地望揆之,当属江州南康郡。

119. 南康

按:齐末江州南康郡领有南康县。《元和志》卷28《江南道四》虔州南康县:"(汉)献帝初平二年析南壄置南安县,晋太康五年改为南康。"此县至唐犹存。则梁亦当有南康县。

120. 候官

按:齐末江州晋安郡领有候官县。《陈书》卷35《陈宝应传》:绍泰二年(556),"封候官县侯,邑五百户"。则梁亦有候官县。

121. 晋安

按:齐末江州晋安郡领有晋安县。《隋志》下建安郡南安:"旧曰晋安,置南安郡。平陈,郡废,县改名焉。"则梁有晋安县。

122. 龙溪

按:《隋志》下建安郡龙溪:"梁置。开皇十二年并兰水、绥安二县入焉。"则梁当有龙溪县。以地望揆之,当属江州南安郡。

123. 兰水

按:《一统志》卷429漳州府:"兰水废县,在南靖县界,梁置,属南安郡。隋开皇十二年并入龙溪。"则梁置兰水县,属江州南安郡。

124. 上甲

按:东晋江州寻阳郡领有上甲县,后省。《梁书》卷44《浔阳王大心传》"上甲侯萧韶南奔"云云,则梁似又重置上甲县。

125. 鄱阳

按:齐末江州鄱阳郡领有鄱阳县,《隋志》下鄱阳郡亦领有鄱阳县,则梁当有此县。

126. 葛阳

按:齐末江州鄱阳郡领有葛阳县。《隋志》下鄱阳郡弋阳:"旧曰葛阳,开皇十二年改。"则梁亦当有葛阳县。

127. 广晋

按:齐末江州鄱阳郡领有广晋县。《梁书》卷27《陆襄传》:中大通六年

(534),"出为鄱阳内史。先是,郡民鲜于琛……大同元年,遂结其门徒,杀广晋令王筠"云云。则梁有广晋县。

128. 上饶

按:齐末江州鄱阳郡领有上饶县。《元和志》卷28《江南道四》信州上饶县:"本吴所置,隋平陈省。"则梁有上饶县。

129. 余干

按:齐末江州鄱阳郡领有余汗县,或作余干县。《梁书》卷27《陆襄传》:"侯景平,世祖追赠侍中、云麾将军。以建义功,追封余干县侯,邑五百户。"则梁有余干县。

130. 临汝

按:齐末江州临川郡领有临汝县。《梁书》卷41《宗懔传》:普通中,"历临汝、建成、广晋等令"。则梁有临汝县。

131. 南城

按:齐末江州临川郡领有南城县。《梁书》卷39《王神念传》:"封南城县侯,邑五百户。"则梁有南城县。

132. 南丰

按:齐末江州临川郡领有南丰县。《梁书》卷42《傅岐传》:太清中,"以岐勤劳,封南丰县侯,邑五百户"。则梁有南丰县。

133. 东兴

按:齐末江州临川郡领有东兴县。《梁书》卷11《郑绍叔传》:天监中,"改封东兴县侯,邑如故"。则梁有东兴县。

134. 定川

按:《寰宇记》卷110《江南西道八》抚州:梁"又分临汝境置定川县,隶临川郡"。则梁有定川县。

135. 永新

按:齐末江州安成郡领有永新县。《梁书》卷20《陈伯之传》:天监初,"以为使持节、都督西豫州诸军事、平北将军、西豫州刺史、永新县侯,邑千户"。则梁有永新县。

136. 宜阳

按:齐末江州安成郡领有宜阳县。《梁书》卷17《王珍国传》:天监中,"改封宜阳县侯"。则梁有宜阳县。

137. 平都

按:齐末江州安成郡领有平都县,《方舆纪要》卷87《江西九》吉安府安福县:"后汉改安平县曰平都……三国吴宝鼎二年分置安成郡治焉,晋以后因之。隋平陈郡废,改平都曰安成县,属吉州。"则梁有平都县。

138. 新喻

按:齐末江州安成郡领有新喻县,《隋志》下宜春郡领有新喻县,则梁、陈亦当有此县。

139. 萍乡

按:齐末江州安成郡领有萍乡县,《隋志》下宜春郡领有萍乡县,则梁、陈亦当有此县。

140. 安复

按:齐末江州安成郡领有安复县,《隋志》下庐陵郡领有安复县,则梁、陈亦当有此县。

141. 广兴

按:齐末江州安成郡领有广兴县。《梁书》卷53《良吏·何远传》:"高祖践阼,为步兵校尉,以奉迎勋封广兴男,邑三百户。"则梁有广兴县。

142. 豫宁

按:齐末江州豫章郡领有豫章县,或以为豫宁县。据江州豫宁郡考证,梁末陈霸先割建昌、豫宁、艾、永修、新吴等五县立为豫宁郡,属江州。则梁有豫宁县。

143. 艾

按:齐末江州豫章郡领有艾县,据豫宁县考证,梁江州有艾县。

144. 永修

按:齐末江州豫章郡领有永修县,据豫宁县考证,梁江州有永修县。

145. 新吴

按:齐末江州豫章郡领有新吴县,据豫宁县考证,梁江州有新吴县。

146. 建昌

按:齐末江州豫章郡领有建昌县,据豫宁县考证,梁江州有建昌县。

147. 巴山

按:《寰宇记》卷106《江南西道四》洪州丰城县:"梁大通二年……又分庐陵之兴平、临川之新建等二县,立西宁、巴山二县,合其县立为巴山郡。"《陈书》卷11《黄法氍传》:"梁元帝承制授超猛将军、交州刺史资,领新淦县令,封巴山县子,邑三百户。"则梁有巴山县。

148. 西宁

按:《寰宇记》卷110《江南西道八》抚州崇仁县:"废西宁县……吴太平二

年置,以宁水为名。隋开皇九年废,并入崇仁县。"《方舆纪要》卷86《江西四》抚州府崇仁县新建废县条引旧《志》:"又西宁废县,在县南六十三里。梁大同二年置,与巴山县并属巴山郡。陈因之,隋废。"则梁有西宁县。

149. 西丰

按:齐末江州临川郡领有西丰县。《梁书》卷44《安陆王大春传》:"大同六年,封西丰县公,邑一千五百户。"则梁亦有西丰县。

150. 新安

按:《寰宇记》卷106《江南西道四》洪州丰城县:"梁大通二年分立广丰、新安二县,又分庐陵之兴平、临川之新建等二县,立西宁、巴山二县,合其县立为巴山郡。"则梁置新安县,属巴山郡。

151. 广丰

按:据新安县考证所引《寰宇记》,梁置广丰县,属巴山郡。

152. 新建

按:齐末江州临川郡领有新建县。据新安县考证所引《寰宇记》,梁亦有此县,属江州。

153. 兴平

按:齐末江州庐陵郡领有兴平县。据新安县考证所引《寰宇记》,梁亦有此县,属江州。

154. 丰城

按:齐末江州豫章郡领有丰城县。《梁书》卷10《夏侯详传》:"天监元年……改封丰城县公,邑如故。"则梁有丰城县。

155. 宜黄

按:齐末江州临川郡领有宜黄县。《寰宇记》卷110《江南西道八》抚州宜黄县:"本临川县地,梁大同二年置巴山郡,因立宜黄县于宜黄水侧,以水为名。"此说恐误,宜黄县于萧齐已置,不待萧梁。然梁有宜黄县当无疑问。

156. 安浦

按:齐临川郡领有安浦县。《寰宇记》卷110《江南西道八》抚州崇仁县:"废安浦县……吴太平二年置,以安浦村为名。隋开皇九年并入崇仁县。"则梁有安浦县。

第二节 淮南诸州

中大同元年(546)之淮南诸州所辖情况见前图51。

一、南兖州所辖实郡沿革

南兖州,寄治广陵(今江苏扬州市西北蜀冈上)。宋、齐皆有南兖州。梁承之,废南沛侨郡置泾州,移山阳郡于北兖州。又置广业郡,寻改为神农郡。大宝元年(550)以秦郡置西兖州。《陈书》卷1《高祖纪上》:(大宝)三年七月,"会齐人来聘,求割广陵之地,王僧辩许焉,仍报高祖,高祖于是引军还南徐州,江北人随军而南者万余口"。则南兖州大宝三年(承圣元年,553)没,所属诸郡县亦当随郡而没。

(一)广陵郡(502—551)——治广陵(今江苏扬州市西北蜀冈上)

按:齐南兖州领有广陵郡,梁承之,并析置广业郡于高邮县。详参神农郡考证。据本州考证所引《陈书》。大宝三年广陵陷没。

(二)海陵郡(502—551)——治建陵(今江苏姜堰市北)

按:宋、齐南兖州皆有海陵郡,然《隋志》下江都郡海陵:"梁置海陵郡。"《补梁志》卷1南兖州海陵郡条以为,宋、齐"特海陵县尚隶广陵,梁时始移郡治于此",故《隋志》言海陵郡为"梁置"。或是。今从之。

(三)秦郡,侨寄六合(今江苏南京市六合区)

按:《梁书》卷56《侯景传》:大宝元年七月,"景以秦郡为西兖州,阳平郡为北兖州"。则大宝元年秦郡移置西兖州。秦郡领六合、堂邑二实县。

(四)神农郡(?—? 广业,?—551)——治高邮(今江苏高邮市)

按:《隋志》下江都郡高邮:"梁析置竹塘、三归二县,及置广业郡,寻以有嘉禾,为神农郡。开皇初郡废,又并竹塘、三归、临泽三县入焉。"则梁析广陵郡置广业郡,寻又改为神农郡。

(五)盱眙郡(502—551)——治盱眙(今江苏盱眙县东北)

按:齐末南兖州领有盱眙郡,《梁书》卷18《昌义之转》:"天监元年,封永丰县侯,邑五百户。除骁骑将军。出为盱眙太守。"则梁承旧有盱眙郡,以地望揆之,当属南兖州。

二、泾州沿革

泾州(?—553),治沛(今安徽天长市西北)。《隋志》下江都郡永福:"旧曰沛,梁置泾城、东阳二郡①,陈废州,并二郡为沛郡。后周改沛郡为石梁郡,改

---

① 中华书局本"校勘记"曰:"'梁置泾城、东阳二郡',《廿二史考异》:'《通鉴》胡注引此云"梁置泾州,领泾城、东阳二郡",当从之'。"则梁所置当为泾州。

沛县曰石梁县。"《寰宇记》卷 123《淮南道一》扬州六合县石梁溪引《郡国志》云："梁于石梁置泾州。"以地望揆之，梁当废原南兖州之南沛侨郡置泾州。《梁书》卷 5《元帝纪》：承圣三年(554)春正月甲午，"秦州刺史严超达自秦郡围泾州，侯瑱、张彪出石梁，为其声援"。此后泾州乃没。

（一）泾城郡(？—553)——治沛(今安徽天长市西北)

按：据本州考证，随郡而置。

（二）东阳郡(？—553)——治横山(今安徽天长市东南)

按：据本州考证，随州而置。

三、北兖州所辖实郡沿革

北兖州，寄治淮阴(今江苏淮阴区西南甘罗城)。齐末有北兖侨州，所领皆侨郡县。梁承齐之北兖州，然渐领实郡、实县。《梁书》卷 3《武帝纪下》：太清元年(547)"冬十一月，魏遣大将军慕容绍宗等至寒山。丙午，大战，渊明败绩，及北兖州刺史胡贵孙等并陷魏。绍宗进围潼州"。《梁书》卷 56《侯景传》：太清三年三月，"初，北兖州刺史定襄侯祇与湘潭侯退，及前潼州刺史郭凤同起兵，将赴援。至是，凤谋以淮阴应景，祇等力不能制，并奔于魏。景以萧弄璋为北兖州刺史，州民发兵拒之，景遣厢公丘子英、直阁将军羊海率众赴援，海斩子英，率其军降于魏，魏遂据其淮阴"。然《地形志》中淮州："萧衍置，魏因之。治淮阴城。"似梁即于淮阴置淮州，故《补梁志》卷 1 淮州条、《北齐志》卷 5 淮州条均以为梁改北兖州为淮州，为东魏所承袭。然此于《梁书》中无载，且据上文考证，直至太清三年淮阴失陷，尚称为北兖州。又，《隋志》下江都郡山阳："后魏淮阴郡，东魏改为淮州。"此与《梁书》所载合。今从《梁书》、《隋志》。《梁书》卷 56《侯景传》：大宝元年七月，"景以秦郡为西兖州，阳平郡为北兖州"。此盖淮阴失陷，故移北兖州治于阳平郡。旋又没。

（一）山阳郡，寄治山阳(今江苏淮安市)

按：齐末南兖州领有山阳侨郡，领实县四。《梁政区建置表》以之为北兖州属郡，今从之。太清三年没。

（二）淮阴郡(？—548)——治淮阴(今江苏淮阴区西南甘罗城)

按：《隋志》下江都郡山阳："有后魏淮阴郡，东魏改为淮州。"《地形志》中淮州："萧衍置，魏因之。治淮阴城。"淮州又领有淮阴郡。《方舆纪要》卷 22《南直四》淮安府山阳县淮阴城条："梁亦谓之北兖州，后又改置淮州及淮阴郡。太清三年没于东魏，亦曰淮州及淮阴郡。"所谓梁置淮州，本州考证已证其非。然梁置淮阴郡，确为有据，今从《方舆纪要》。

四、西兖州所辖实郡沿革

西兖州，治尉氏（今江苏南京市六合区）。《梁书》卷56《侯景传》：大宝元年七月，"景以秦郡为西兖州，阳平郡为北兖州"。《北齐书》卷4《文宣纪》：天保六年（梁绍泰元年，555）十一月，"东南道行台赵彦深获秦郡等五城，户二万余，所在安辑之"。则西兖州大宝元年置，绍泰元年没。

秦郡，侨寄六合（今江苏南京市六合区）

按：据本州考证，秦郡本南兖州属郡，领六合、堂邑二实县。据本州考证，大宝元年七月来属，绍泰元年没。

五、南豫州所辖实郡沿革

南豫州，治所屡变。齐末豫州治寿阳失陷，梁初似省南豫州，并入豫州。《梁书》卷2《武帝纪中》：天监五年（506）五月"辛巳，豫州刺史韦叡克合肥城"。《梁书》卷12《韦叡传》："至是迁豫州于合肥。"《梁书》卷3《武帝纪下》：普通七年（526）十一月"辛巳，夏侯亶、胡龙牙、元树、曹世宗等众军克寿阳城……以寿阳置豫州，合肥改为南豫州"。《梁书》卷3《武帝纪下》：太清元年（547）"秋七月庚申，羊鸦仁入悬瓠城。甲子，诏曰：'二豫分置，其来久矣。今汝、颍克定，可依前代故事，以悬瓠为豫州，寿春为南豫，改合肥为合州，北广陵为淮州，项城为殷州，合州为南合州'"。《梁书》卷22《太祖五王·鄱阳王范传》："京城不守，范乃弃合肥，出东关，请兵于魏，遣二子为质。魏人据合肥，竟不出师助范。"《通鉴》系此事于太清三年七月，则太清三年七月，合州江北地沦陷。此后乃仍称南豫州。南北乃相持于江南。《寰宇记》卷103《江南西道一》宣州："《郡志》云：'梁承圣元年复江南南豫州。'（宣城）郡不废。历梁、陈之代，亦为重镇。"则自承圣元年起，梁保有南豫州之江南地。天监元年置安丰郡，普通六年（525）置南陵郡；梁又改临江郡为江都郡；天监十三年，建宁郡移置定州；普通二年前分置义州。中大同元年（546）前，宣城、南陵、淮南侨郡移属扬州，大同元年（535）安丰郡移置安丰州。后齐昌郡移属北江州。大宝元年前，晋熙郡移置晋州；大宝二年后，齐昌郡自齐州来属。梁末，宣城郡、南丹阳郡自扬州来属。梁世，庐江郡移置湘州，光城、弋阳郡移属光州。

（一）晋熙郡（502—550前）——治怀宁（今安徽潜山县）

按：齐豫州领有晋熙郡，齐末豫州治所寿阳没，豫州并入南豫州，南豫州乃改称豫州。梁承之，有晋熙郡。据晋州考证，大宝元年前，晋熙郡移置豫州（晋州）。

（二）建宁郡(502—513)——治建宁(今湖北麻城市西南)

按：齐末豫州领有建宁郡，据定州考证，天监十三年置定州，建宁郡乃移属焉。

（三）齐昌郡(502—?,551后—557)——治齐昌(今湖北蕲春县西南)

按：齐末豫州领有此郡，梁承之。据北江州考证，齐昌郡大宝二年后移属北江州，后又历属齐州、西江州，梁末复来属。

（四）宣城郡(502—546前,557前—557)——治宛陵(今安徽宣州市)

按：齐末南豫州领有宣城郡，《梁书》卷2《武帝纪中》："(天监九年)六月癸丑，盗杀宣城太守朱僧勇。"卷3《武帝纪下》："(中大通四年正月)庚午，立嫡皇孙大器为宣城郡王。"则梁承旧，亦有宣城郡。据《梁政区建置表》，中大同元年前，宣城郡移属扬州。今从之。《陈书》卷1《高祖纪上》载太平二年策陈霸先诏书曰："今授公相国，以南豫州之陈留、南丹阳、宣城，扬州之吴兴、东阳、新安、新宁，南徐州之义兴，江州之鄱阳、临川十郡，封公为陈公。"则梁末宣城郡又还属南豫州。

（五）南丹阳郡(557前—557)——治采石(今安徽马鞍山市采石矶)

按：据扬州南丹阳郡考证，梁置南丹阳郡，本属扬州。又据宣城郡考证所引《陈书》，后移属南豫州。

（六）南陵郡(525—546前)——治南陵(今安徽贵池区西南)

按：《隋志》下宣城郡南陵："梁置，并置南陵郡，陈置北江州。"《寰宇记》卷105《江南西道三》池州贵池县："南陵故城，在县西南一十二里，按《舆地志》'南陵县有旧地置戍'，即普通六年置南陵郡城也。"则南陵郡为普通六年置。据《梁政区建置表》，中大同元年前，移属扬州。今从之。

（七）庐江郡(502—?)——治庐江(今安徽舒城)

按：齐末南豫州领有此郡，《隋志》下庐江郡："梁置南豫州，又改为合州。"《隋志》下庐江郡庐江："齐置庐江郡，梁置湘州。"则梁承齐有庐江郡，后移置湘州。

（八）淮南郡，寄治于湖(今安徽当涂县)

按：齐末淮南侨郡领于湖实县，隶南豫州。据《梁政区建置表》，中大同元年前移属扬州。今从之。

（九）历阳郡(502—551)——治历阳(今安徽和县)

按：齐末南豫州领有此郡，则梁承齐有历阳郡。《通鉴》卷164承圣元年五月："丙戌，齐合州刺史斛斯昭攻历阳，拔之。"则历阳郡承圣元年陷。

（十）江都郡(502—549)——治乌江(今安徽和县东北)

按：南齐南豫州领有临江郡，领乌江、怀德二实县。《隋志》下历阳郡乌江："梁置江都郡，后齐改为齐江郡，陈又改为临江郡。"则梁改南齐之临江郡为江都郡，太清三年没。陈北伐暂得之，复称临江郡。详参第九编"南朝陈实州郡县沿革"南豫州临江郡条。

（十一）安丰郡(502—534)——治乏考(约在今安徽霍邱县西南)

按：南齐豫州领有安丰郡，永元二年(550)没。《寰宇记》卷129《淮南道七》寿州霍丘县："古安丰州，在县西南一十三里，北临淮。盖春秋时蓼国，杜注：'蓼国，今安丰蓼县。'所言安丰即此城是也……梁天监元年移此县于霍丘戍城东北置安丰。至大同元年又改为安丰州，此城遂废。"则天监元年复置安丰郡于故蓼县。大同元年乃移置安丰州。

（十二）光城郡(502—?)——治光城(今河南光山县)

按：齐末豫州领有光城左郡，梁改为光城郡。据光州考证，光城郡后移置光州。

（十三）弋阳郡(502—?)——治弋阳(今河南潢川县西)

按：齐末豫州领有此郡，《隋志》下弋阳郡："梁置光州。"则弋阳郡后移置光州。

六、豫州所辖实郡沿革

豫州，寄治寿阳(今安徽寿县)。《梁书》卷3《武帝纪下》：普通七年十一月"辛巳，夏侯亶、胡龙牙、元树、曹世宗等众军克寿阳城……以寿阳置豫州，合肥改为南豫州。"《寰宇记》卷129《淮南道七》寿州寿春县："故寿春县……《舆地志》云：'梁武克寿春，置豫州，立梁南、梁西、汝阴、武安四郡，于城中置淮南州城也。'"《梁书》卷3《武帝纪下》：太清元年"秋七月庚申，羊鸦仁入悬瓠城。甲子，诏曰：'二豫分置，其来久矣。今汝、颍克定，可依前代故事，以悬瓠为豫州，寿春为南豫，改合肥为合州，北广陵为淮州，项城为殷州，合州为南合州。'"《北齐书》卷4《文宣纪》：武定七年(梁太清三年)十一月，"梁齐州刺史茅灵斌、德州刺史刘领队、南豫州刺史皇甫眘等并以州内属"。则普通七年克魏寿阳，置豫州于此。及太清元年，又改豫州为南豫州。太清三年没于北。

（一）南梁郡，侨寄睢阳(今安徽寿县境内)

按：据本州考证所引《寰宇记》，梁豫州领梁南郡，此恐为南梁郡之误。是南梁郡随州而置。据《补梁志》卷1，南梁郡领有虞、义宁、崇义三实县。或是，今姑列于此。太清三年随州而没。

(二) 武安郡(526—549)——治乏考(约在今安徽寿县境内)

按：据本州考证所引《寰宇记》，武安郡随州而置，太清三年随州而没。

七、南谯州所辖实郡沿革

南谯州，侨寄清流(今安徽全椒县西北二十里南谯故城)。《通鉴》卷151大通元年正月："谯州刺史湛僧智围魏东豫州。"胡注曰："帝置谯州，治新昌城，领新昌、高塘、临徐①、南梁郡。《五代志》：江都郡清流县，旧置新昌郡。"《寰宇记》卷128《淮南道六》滁州："梁大同二年割北徐州之新昌、南豫州之南谯、豫州之北谯，凡三郡立为南谯州，居桑根山之西，今州西南八十里全椒县界南谯故城是也。梁末丧乱，地没高齐；至天保三年徙南谯州于新昌郡，今之州城是也，又改北谯为临滁郡，南谯州领临滁、新昌、高塘三郡。"《寰宇记》所言之大同二年置州，恐误，谯州之置当在大通元年前。又《寰宇记》所言南谯州者，疑此州本名谯州，盖中大通四年另置谯州，故名此州为南谯州。《隋志》下江都郡全椒："梁曰北谯，置北谯郡，后齐改郡为临滁。"《地形志》中谯州："萧衍置，魏因之。治新昌城。"领高塘、临滁、南梁、新昌四郡，其中新昌为州治所在。则疑大宝三年(北齐天保三年即为梁大宝三年)前，北谯郡先没，梁又重置，更名为临滁郡。大宝三年后，新昌、南梁、临滁、高塘郡四郡又没。

(一) 新昌郡(527前—552后)——治顿丘(今安徽滁州市)

按：新昌郡本北徐州属郡，据本州考证所引《寰宇记》，梁置南谯州，乃来属焉。大宝三年后没。

(二) 高塘郡(527前—552后)——治高塘城(今安徽来安县东北半塔集)

按：据本州考证所引《通鉴》胡注，南谯州领有高塘郡，大宝三年后没。

(三) 南梁郡(527—552后)——治阜陵戍(今安徽全椒县东南)

按：据本州考证所引《通鉴》胡注，南谯州领有南梁郡，大宝三年后没。

(四) 临滁郡(552前—552后)——治乏考

按：据本州考证所引《寰宇记》、《隋志》，大宝三年前北谯郡没后，改置为临滁郡，寻又没。

八、晋州沿革

晋州(？—549 豫州，550—554)，寄治怀宁(今安徽潜山县)。《隋志》下同

---

① 《地形志》中谯州有临徐郡，《考异》卷29《魏书二·地形志中》："徐"当作"滁"。杨校曰："郡领乌江、酂等县，皆近滁水。'滁'一作'涂'，此'徐'为'涂'之误。"钱、杨二说甚是，当以"临滁"为是。

安郡:"梁置豫州,后改曰晋州,后齐改曰江州。"《梁书》卷22《太祖五王·鄱阳王范传》:"寻阳要还九江,欲共治兵西上,范得书大喜,乃引军至湓城,以晋熙为晋州,遣子嗣为刺史。"《通鉴》系此事于大宝元年。则梁于晋熙郡置豫州当在大宝元年前。《梁书》卷56《侯景传》:大宝元年七月,"任约、卢晖略攻晋熙郡,杀鄱阳世子嗣"。《梁书》卷4《简文帝纪》,大宝二年"八月丙午,晋熙人王僧振、郑宠起兵袭郡城,伪晋州刺史夏侯威生、仪同任延遁走"。《北齐书》卷4《文宣纪》:天保六年(梁绍泰元年)四月"丁卯,仪同萧轨克梁晋熙城,以为江州"。则大宝元年前以晋熙为豫州,绍泰元年(555)没。

(一)晋熙郡(?—554)——治怀宁(今安徽潜山县)

按:晋熙郡本南豫州属郡。据本州考证,梁置豫州于晋熙郡,后改为晋州。绍泰元年没。

(二)枞阳郡(?—554)——治枞阳(今安徽枞阳县)

按:《寰宇记》卷125《淮南道三》舒州桐城县:"枞阳故城,在县东南二百里。按《地理志》云:'汉武帝元封五年置枞阳县,属庐江郡。'梁天监年改县为枞阳郡。陈太建中亦为枞阳县,割属熙州。"《隋志》下同安郡同安:"旧曰枞阳,并置枞阳郡。"以地望揆之,当属晋州。

九、西晋州沿革

西晋州(553—?),治乏考。《梁书》卷39《羊侃传附羊鹍传》:"征陆纳,加散骑常侍。平峡中,除西晋州刺史。破郭元建于东关,迁使持节、信武将军、东晋州刺史。承圣三年,西魏围江陵,鹍赴援不及"云云。《考异》卷26《梁书·羊侃传》:"东、西晋二州,当是元帝所置。《隋志》'同安郡,梁置豫州,后改曰晋州',初不见东、西之名。"征陆纳及征武陵王萧纪于峡口皆是承圣二年事,今即以承圣二年为置东晋州、西晋州之始。其地望及所领郡县皆不明,姑附于此。

十、东晋州沿革

东晋州(553—?),治乏考。据西晋州考证,承圣中置州。其地望及所领郡县皆不明,姑附于此。

十一、湘州所辖实郡沿革

湘州,寄治庐江(今安徽舒城)。齐末庐江为南豫州属郡,《隋志》下庐江郡庐江:"齐置庐江郡,梁置湘州,后齐州废,开皇初郡废。"南豫州(合州)太清三年没,湘州亦当随之而没。

庐江郡(?—549)——治庐江(今安徽舒城)

按：庐江郡本南豫州属郡，据本州考证所引《隋志》，梁以庐江郡置湘州，当随州而没。

十二、霍州沿革

霍州(508—549)，治岳安(今安徽霍山县)。《梁书》卷2《武帝纪中》：天监六年十二月，"分豫州置霍州"。《梁书》卷3《武帝纪下》：普通四年六月乙丑，"分霍州置义州"。南豫州(合州)太清三年没，则霍州亦当随之而没。

（一）岳安郡(508—549)——治岳安(今安徽霍山县)

按：《隋志》下庐江郡霍山："梁置霍州及岳安郡、岳安县。后齐州废。开皇初郡废，县改名焉。"则梁置霍州，并置岳安郡，领有岳安县。

（二）北沛郡(508—549)——治新蔡(今安徽霍山县东北)

按：《隋志》下庐江郡淠水："梁置北沛郡及新蔡县。开皇初郡废，又废新蔡入焉。"以地望揆之，当属霍州。姑列于此。

十三、安丰州沿革

安丰州(535—549)，治安丰(今安徽霍邱县南)。《寰宇记》卷129《淮南道七》寿州霍丘县："废安丰州，在县南四十里射鹄村。东魏天平二年，两魏初分，此地入梁，大同元年徙旧安丰郡于此置州。至太清二年，侯景破梁，为中军大都督王贵显以寿春降魏，此州又入东魏……古安丰州，在县西南一十三里，北临淮。盖春秋时蓼国。杜注：'蓼国，今安丰蓼县。'所言安丰即此城是也……梁天监元年移此县于霍丘戍城东北置安丰。至大同元年又改为安丰州，此城遂废。"据南豫州安丰郡考证，梁初置安丰郡于故蓼县。则大同元年得魏地，乃并置为安丰州。太清三年，寿春没北，安丰州当随之而没。

安丰郡(535—549)——治安丰(今安徽霍邱县南)

按：《隋志》下淮南郡霍丘："梁置安丰郡，东魏废。"安丰："梁置陈留、安丰二郡，开皇初并废。"据南豫州安丰郡考证，安丰郡本南豫州属郡，治于故蓼县，大同元年乃移置于安丰县，并置州。

十四、义州沿革

义州(521前—?)，治苞信(今河南商城县西)。《梁书》卷3《武帝纪下》：普通二年"六月丁卯，信威将军、义州刺史文僧明以州叛入于魏"。《梁书》卷28《裴邃传》："普通二年，义州刺史文僧明以州叛入于魏，魏军来援。以邃为假节、信武将军,督众军讨焉。遂深入魏境,从边城道,出其不意,魏所署义州刺史封寿据檀公岘,遂击破之,遂围其城,寿面缚请降,义州平。"《通鉴》卷149普通二年:"六月丁卯,义州刺史文僧明、边城太守田守德拥所部降魏,皆蛮酋也。"胡注以为此义州"当置于齐安郡木兰县界",恐误。盖齐安郡处司、郢之间,与边城郡相距较远,而与普通四年分霍州所置之义州相近。胡氏盖以彼义州为此义州,混为一谈。则义州为普通二年前置,此后义州无考。

(一)义城郡(521前—?)——治苞信(今河南商城县西)

按:《隋志》下弋阳郡殷城:"旧曰包信,开皇初改名焉。梁置义城郡"。则梁置义城郡。以地望揆之,当属义州。

(二)边城郡(521前—?)——治边城(今河南商城县东)

按:齐末豫州领有边城郡,永元元年(499)前废,据本州考证,梁当是复置边城郡,以处蛮酋。以地望揆之,当属义州。

十五、北徐州所辖实郡沿革

北徐州,治燕(今安徽凤阳县东北)。南齐有北徐州,镇钟离。梁承之。天监三年得魏丰城,置临濠郡,后改为定远郡;天监三年后置九江郡;大通元年前,割新昌郡移属南谯州;普通三年置西沛郡。大同六年,定远、西沛二郡移属安州。《通鉴》卷162"太清三年正月"条:"戊辰,封山侯正表以北徐州降东魏。"则北徐州太清三年陷。

(一)钟离郡(502—548)——治燕(今安徽凤阳县东北)

按:齐末北徐州领有钟离郡,《隋志》下钟离郡钟离:"旧置郡,开皇初郡废。"则梁承齐有钟离郡。太清三年没。

(二)马头郡(502—548)——治马头城(今安徽怀远县南淮河南岸)

按:齐末北徐州领有马头郡,《一统志》卷125凤阳府怀远县:"晋属淮南郡,安帝侨置马头郡……刘宋初以郡属南豫州,泰始后属北徐州。萧齐因之,东魏属楚州,北齐改曰马头县。"《方舆纪要》卷21《南直三》凤阳府怀远县马头郡城:"梁天监五年,魏将元英等复取梁城,遂北至马头城,攻拔之。寻复入于梁。梁末,魏复取之。"则梁北徐州亦当领有马头郡。太清三年乃没。

(三)新昌郡(502—527前)——治顿丘(今安徽滁州市)

按:齐末北徐州领有新昌郡,梁承之。据南谯州考证,大通元年前,割新昌郡移属南谯州。

(四)淮陵郡(502—548)——治乏考(疑在今安徽明光市南)

按:《补梁志》卷1北徐州以为梁北徐州承旧有淮陵郡,置于钟离界。然南齐北徐州并无淮陵郡,今姑列于此,以俟后考。

（五）临濠郡(505—?,? —540定远郡)——治定远(今安徽定远县东南)

按:《隋志》下钟离郡定远:"旧曰东城。梁改曰定远,置临濠郡。后齐改曰广安。"《寰宇记》卷128《淮南道六》濠州定远县:"梁天监三年,土人祭丰据东城自魏归,武帝嘉之,改曰丰城,立为定远郡,又改为广安郡定远县。"《寰宇记》此处所载多歧义,所谓"广安郡"者,据《隋志》,当是高齐改。综合《隋志》与《寰宇记》之文意,当是天监三年梁得魏之东城,梁改东城为丰城,置临濠郡。后又改丰城为定远县,改临濠郡为定远郡。《梁书》卷3《武帝纪下》:大同六年"九月,移安州置定远郡,受北徐州都督,定远郡改属安州"。则大同六年,定远郡移属安州。

（六）西沛郡(522—540)——治乏考(约在今安徽定远县北)

按:《寰宇记》卷128《淮南道六》濠州定远县:"废间城,在县西北一百五十里。故老相传云后魏大武南征时筑。梁普通三年于中置西沛郡,至梁大宝二年废。"以地望揆之,当属北徐州,姑列于此。大同六年移属安州。详参安州西沛郡条按语。

（七）九江郡(504后—548)——治乏考(约在今安徽淮南市西淮河南岸)

按:《隋志》下钟离郡定远:"又有旧九江郡,后齐废为曲阳县。"则梁置九江郡,隶北徐州,据临濠郡考证,其地天监三年来属,则九江郡当是天监三年后置。太清三年没。

十六、安州沿革

安州(540前—548),先治乏考,后治定远(今安徽定远县东南)。《隋志》下钟离郡定远:"旧曰东城。梁改曰定远,置临濠郡……又有梁置安州,侯景乱废。"《梁书》卷3《武帝纪下》:大同六年"九月,移安州置定远郡,受北徐州都督,定远郡改属安州"。据其语意,大同六年前已有安州,大同六年北徐州之定远郡来属,且以为治所而已。太清三年,北徐州没,安州当随之而罢废。

（一）定远郡(541—548)——治定远(今安徽定远县东南)

按:据北徐州临濠郡考证,大同六年前改临濠郡曰定远郡,大同六年来属。太清三年当随州而没。

（二）西沛郡(541—548)——治乏考(约在今安徽定远县北)

按:据北徐州西沛郡考证,普通三年置西沛郡。《补梁志》卷1北徐州定远郡条附有西沛郡。以为大同六年定远郡移属安州,西沛郡似当随属安州。今从之。

十七、建州沿革

建州(？—550后)，治高平城(今河南商城县东)。《地形志》中南建州："萧衍置,魏因之。治高平城。"《隋志》下弋阳郡殷城："梁置……建州,并所领平高、新蔡、新城三郡。开皇初并废。""平高",杨守敬《隋书地理志考证》以为当从《地形志》,作"高平",今从之。《通鉴》卷163大宝元年七月："(任)约遂略地至溢城……(寻阳王大心帐下)咸劝大心走保建州。"胡注曰："后汉汝南郡有苞信县,江左侨置于弋阳界。《五代志》：弋阳郡殷城县,旧曰苞信,梁置义城郡及建州。帐下劝大心走保之者,便于入齐也。"则建州大宝元年后没。

(一)高平郡(？—550后)——治高平城(今河南商城县东)

按：据本州考证所引《隋志》,梁建州领有高平郡,当是随州而置。

(二)新城郡(？—550后)——治乏考(约在今河南光山县南)

按：据本州考证所引《隋志》,梁建州领有新城郡,当是随州而置。

十八、光州沿革

光州(？—551后),治光城(今河南光山县)。《隋志》下弋阳郡："梁置光州。"《地形志》中光州："萧衍置,魏因之。治光城。"《元和志》卷9《河南道五》光州："在汉为西阳,属江夏。晋安帝立光城县,理于此。梁末于县置光州。"齐末豫州属郡中有光城左郡。则光州乃梁末自豫州析出。《通鉴》卷162太清三年正月："(侯)景乞割江右四州之地"云云,胡注曰："江右四州：南豫、西豫、合州、光州。"《梁书》卷55《武陵王纪传》,太清五年(大宝二年)六月,梁元帝予武陵王萧纪书曰："光州刺史郑安忠,指宣往怀"云云,则光州之没,当在大宝二年六月后。

(一)光城郡(？—551后)——治光城(今河南光山县)

按：齐末豫州领有光城左郡。据本州考证,梁移置光州。《舆地广记》卷21《淮南西路》上光州中下光山县："晋为弋阳郡治。梁置光州及光城郡。"所谓"梁置光州及光城郡"者,盖梁于光城郡置光州,而光城郡本为旧郡,不待梁置。

(二)北光城郡(？—551后)——治乏考(约在今河南息县东南)

按：《隋志》中汝南郡新息："后魏置东豫州。梁改曰西豫州,又改曰淮州。东魏复曰东豫州……又梁置滇州,寻废。又梁置北光城郡,东魏废。又有北新息县,后齐废。"则梁有北光城郡,《补梁志》卷1列北光城郡为光州属郡,姑从之。

(三) 弋阳郡(？—551后)——治弋阳(今河南潢川县西)

按：齐末豫州领有弋阳郡。《补梁志》卷1、《梁政区建置表》列弋阳郡为光州属郡，今从之。当是梁置光州时来属。

(四) 宋安郡(？—551后)——治宋安(今河南光山县西南)

按：《隋志》下弋阳郡乐安："梁置宋安郡，及宋安、光城二县，又有丰安郡，开皇三年并废入焉。"以地望揆之，当属光州。

(五) 梁安郡(？—551后)——治苞信(今河南息县东北)

按：《隋志》中汝南郡褒信："又梁置梁安郡，开皇初废。又有长陵郡，后齐废为县。"以地望揆之，当属光州。

(六) 长陵郡(？—551后)——治长陵(今河南息县东)

按：据梁安郡考证所引《隋志》，梁有长陵郡，又，《地形志》中东豫州长陵郡："萧衍置，魏因之。"以地望揆之，当属光州。

十九、朔州沿革

朔州(？—551后)，治齐坂城(今河南潢川县东)。《地形志》中南朔州："萧衍置，魏因之。治齐坂城。"疑梁所置者为朔州，及入魏后，因魏于云中郡已设朔州，故称之为南朔州。《梁政区建置表》即以为朔州，今从之。以地望揆之，朔州在光州西，淮水以南，当在原来豫州境内。设置时间不明，当与光州同没。所领郡县乏考。

二十、郢州沿革

郢州(？—551后)，治赤石关(今河南潢川县南)。《地形志》中南郢州："萧衍置，魏因之。治赤石关。"以地望揆之，此州在原豫州境内。且南朝江夏郡旧有郢州，此州处江夏之北，不当曰南郢州，疑为魏改。《梁政区建置表》称之为郢州，今从之。设置时间不明，当与光州同没。

定城郡(？—551后)——治定城(今河南潢川县南)

按：《地形志》中南郢州领定城、边城、光城三郡，其中边城、光城郡当为魏置，《一统志》卷222光州直隶州："梁置南郢州及定城郡。"则定城郡当是梁所置。

附 淮南诸实县存考

1. 广陵

按：南齐南兖州广陵郡领有广陵县，梁承之。《梁书》卷56《侯景传》载有

"广陵令霍俊",则梁有广陵县。《陈书》卷1《高祖纪上》:大宝三年七月,"会齐人来聘,求割广陵之地,王僧辩许焉"。则大宝三年,南兖州没,广陵县随之陷没。

2. 海陵

按:南齐南兖州广陵郡领有海陵县。《州郡典》十一广陵郡海陵:"汉旧县。"至唐仍存之,则梁亦当有海陵县。大宝三年没。

3. 高邮

按:南齐南兖州广陵郡领有高邮县。《州郡典》十一广陵郡高邮:"汉旧县。"此县至唐仍存之,则梁亦当有高邮县。大宝三年没。

4. 竹塘

按:《隋志》下江都郡高邮:"梁析置竹塘、三归二县,及置广业郡,寻以有嘉禾,为神农郡。开皇初郡废,又并竹塘、三归、临泽三县入焉。"则梁有竹塘县。

5. 三归

按:据竹塘县考证所引《隋志》,梁置三归县于南兖州广陵郡境。则梁有三归县。

6. 江都

按:南齐南兖州广陵郡领有江都县。《梁书》卷56《侯景传》:大宝元年正月,"前江都令祖皓起兵于广陵"云云,则梁亦有江都县。大宝三年没。

7. 宁海

按:南齐南兖州海陵郡领有宁海县。《梁书》卷41《刘毅传》:"自国子礼生射策高第,为宁海令。"则梁有宁海县。大宝三年没。

8. 如皋

按:南齐南兖州海陵郡领有如皋县。《隋志》下江都郡宁海县:"开皇初并如皋县入。"则隋以前皆有如皋县,梁自当有之。大宝三年没。

9. 临泽

按:南齐南兖州海陵郡领有临泽县。据竹塘县考证所引《隋志》,则梁亦当有临泽县。

10. 盱眙

按:南齐南兖州盱眙郡领有盱眙县。《隋志》下江都郡盱眙:"旧魏置盱眙郡。陈置北谯州,寻省。开皇初郡废,又并考城、直渎、阳城三县入。"则梁亦当有盱眙县。大宝三年没。

11. 直渎

按:南齐南兖州盱眙郡领有直渎县,据盱眙县考证所引《隋志》,梁当有直渎县。大宝三年没。

12. 阳城

按：南齐南兖州盱眙郡领有阳城县，据盱眙县考证所引《隋志》，梁当有阳城县。大宝三年没。

13. 山阳

按：南齐南兖州山阳侨郡领有山阳县。《隋志》下江都郡亦领有山阳县。则梁亦当有山阳县。太清三年(549)没。

14. 盐城

按：南齐南兖州山阳侨郡领有盐城县。《隋志》下江都郡盐城："后齐置射阳郡，陈改曰盐城，开皇初郡废。"则盐城没北后，高齐以之置郡，陈复得之，改为旧称。是梁有盐城县。

15. 平陆

按：《梁书》卷27《明山宾传》："天监十五年，出为持节、督缘淮诸军事、征远将军、北兖州刺史……初，山宾在州，所部平陆县不稔，启出仓米以赡人。"则梁北兖州所辖有平陆县。当随州而没。

16. 怀宁

按：齐末豫州晋熙郡领有怀宁县，梁承之，后改晋熙郡为晋州，以之为州治。详参晋州考证。

17. 枞阳

按：《隋志》下同安郡同安："旧曰枞阳，并置枞阳郡。"则梁枞阳县属枞阳郡，隶晋州。

18. 阴安

按：《寰宇记》卷125《淮南道三》舒州桐城县："阴安故城，在县东南一百八十里。按《宋书·州郡志》：'晋熙郡阴安县也。'又云梁以阴安改属枞阳郡。隋开皇三年罢郡，县遂省。"则梁有阴安县。

19. 决口(临水)

按：《寰宇记》卷129《淮南道七》寿州霍丘县："废决口县，在县西一百五十五里。梁普通七年于古城内立决口县，大通三年改为临水县。"则梁置决口县，又改为临水县。

20. 开化

按：《隋志》下庐江郡开化："梁置。"《补梁志》卷1列为义州边城郡属县。或是。

21. 蓼

按：《隋志》下弋阳郡固始："梁曰蓼县。"《补梁志》卷1列为建州新蔡郡属县。或是。

22. 光城

按：齐末豫州光城左郡领有光城县，《元和志》卷9《河南道五》光州："在汉为西阳，属江夏。晋安帝立光城县，理于此。梁末于县置光州。"则梁亦有光城县，为光州治。

23. 东新蔡

按：《隋志》下弋阳郡定城："又后魏置弋阳郡，及梁东新蔡县。"则梁有东新蔡县。《补梁志》卷1列为光州弋阳郡属县，或是。

24. 宋安

按：《隋志》下弋阳郡乐安："梁置宋安郡，及宋安、光城二县，又有丰安郡，开皇三年并废入焉。"则梁有宋安县，当隶光州。

25. 定城

按：据郢州定城郡考证，梁置定城郡，《补梁志》卷1南郢州定城郡治定城，《梁政区建置表》同，则梁或有定城县，姑从之。

26. 乌江

按：《寰宇记》卷124《淮南道二》和州乌江县："晋太康六年始于东城界置乌江县。隋为乌江郡。"南齐南豫州临江郡领有乌江县。梁改临江郡为江都郡，则梁亦当有乌江县。太清三年七月，合州沦陷，乌江县当没。

27. 灊

按：齐末南豫州庐江郡领有灊县。《梁书》卷2《高祖纪中》：天监七年(508)"二月乙卯，庐江灊县获铜钟二"。则梁亦有灊县。

28. 庐江

按：《寰宇记》卷126《淮南道四》庐州庐江县："梁武帝置庐江县。"据湘州考证，庐江县曾为湘州治。

29. 岳安

按：《隋志》下庐江郡霍山："梁置霍州及岳安郡、岳安县。后齐州废。"则梁之岳安县属岳安郡。

30. 新蔡

按：《隋志》下庐江郡淠水："梁置北沛郡及新蔡县。开皇初郡废，又废新蔡入焉。"据霍州考证，新蔡县当属霍州。

31. 于湖

按：于湖县于齐末本为南豫州淮南侨郡所领之实县。《元和志》卷28《江南道四》宣州当涂县:"隋大业十年废于湖县。"则梁当有于湖县。

32. 宛陵

按:齐末南豫州宣城郡领有宛陵县。《梁书》卷47《孝行传》:"宣城宛陵有女子与母同床寝"云云,则梁亦有宛陵县。

33. 广德

按:齐末南豫州宣城郡领有广德县。《陈书》卷15《陈详传》:梁末,"割故鄣、广德置广梁郡,以详为太守"。则梁亦有广德县。

34. 宁国

按:齐末南豫州宣城郡领有宁国县。《梁书》卷44《太宗十一王·南海王大临传》:"大同二年,封宁国县公。"则梁有宁国县。

35. 宣城

按:齐末南豫州宣城郡领有宣城县。《隋志》下宣城郡宣城:"旧曰宛陵,置宣城郡。平陈,郡废,仍并怀安、宁国、当涂、浚遒四县入焉。"是隋之宣城县为旧日之宛陵县改置,而梁或有宣城县。今姑列于此。

36. 怀安

按:齐末南豫州宣城郡领有怀安县。据宣城县考证所引《隋志》,则梁当有怀安县。

37. 安吴

按:齐末南豫州宣城郡领有安吴县。《隋志》下宣城郡泾:"平陈,省安吴、南阳二县入焉。"则梁有安吴县。

38. 泾

按:齐末南豫州宣城郡领有泾县。据安吴县考证所引《隋志》,则梁当承齐有泾县。

39. 南阳

按:《补梁志》卷1南豫州宣城郡列南阳县,为梁置。另据安吴县考证所引《隋志》,陈末亦有南阳县,则梁或有此县,姑列于此。

40. 南陵

按:《隋志》下宣城郡南陵:"梁置,并置南陵郡,陈置北江州。"则梁置南陵郡及南陵县。

41. 石埭

按:《寰宇记》卷105《江南西道三》池州石埭县:"本吴石城县地……《舆地志》云:'梁大同二年置石埭县,因贵池原有两小石埭堰溪水,遂以为名。'陈灭,废,遂以石埭并入南陵。"则梁有石埭县。

42. 石城

按：齐末南豫州宣城郡领有石城县。《隋志》下宣城郡南陵："梁置，并置南陵郡，陈置北江州。平陈，州郡并废，并所管石城、临城、定陵、故治、南陵五县入焉。"则梁亦当有石城县。

43. 临城

按：齐末南豫州宣城郡领有临城县。据石城县考证所引《隋志》，梁亦当有临城县。

44. 石封

按：《隋志》下宣城郡绥安："旧曰石封，平陈，改名焉。"《舆地广记》卷24《江南东路》同下州广德军望广德县："晋太康中置广德县。及宋、齐皆属宣城郡。梁分置石封县，并置大梁郡。"所谓"大梁郡"者，当是避隋炀帝杨广讳，改"广"为"大"。则梁有石封县。

45. 历阳

按：齐末南豫州宣城郡领有历阳县。《隋志》下历阳郡历阳："旧置历阳郡，开皇初废。"则梁亦当有历阳县。

46. 高塘

按：《梁书》卷44《太宗十一王·新兴王大庄传》："大同九年，封高唐县公。"另据南谯州高塘郡考证，"高塘"亦作"高唐"。梁当置高塘县，为高塘郡治。

47. 新冶

按：齐晋熙郡领有新冶县，梁承之。《寰宇记》卷125《淮南道三》舒州望江县："汉皖县地，《宋书·州郡志》：'晋安帝于此立新冶县，属晋熙郡。'亦为大雷戍。按《宋书》注云：'西岸有大雷江，自寻阳、柴桑沿流三百里入江，即新冶县也。'历宋、齐、梁不改。至陈于新冶置大雷郡。隋开皇初郡废。"则梁亦有新冶县。

48. 六合

按：南齐无此县。《隋志》下江都郡六合："旧曰尉氏，置秦郡。后齐置秦州。后周改州曰方州，改郡曰六合。"然《通鉴》卷145"天监元年闰四月"条，陈伯之集府州僚佐谓曰："奉齐建安王教，帅江北义勇十万，已次六合"云云。则《隋志》所载恐不确切，据《通鉴》，梁初已有六合县。《补梁志》属之于秦州秦郡，今从之。

49. 横山

按：《隋志》下江都郡永福："旧曰沛，梁置[泾州，领]泾城、东阳二郡，陈废州,并二郡为沛郡。后周改沛郡为石梁郡,改沛县曰石梁县,省横山县入焉。"《方舆纪要》卷21《南直三》凤阳府天长县:"梁置泾州,领泾城、东阳二郡,后齐因之。"天长县石梁城条:"横山城,在县西南三十里。梁置横山县于此,后周省入石梁。"则梁有横山县。

50. 寿阳

按:《梁书》卷3《武帝纪下》:普通七年十一月"辛巳,夏侯亶、胡龙牙、元树、曹世宗等众军克寿阳城"。

51. 定远

按:据北徐州临濠郡考证,天监三年得魏之丰城,梁改为定远县,属临濠郡。

52. 安丰

按:南齐豫州安丰郡领有安丰县,然永元二年(500)没。《梁书》卷2《高祖纪中》:天监十年"夏五月癸酉,安丰县获一角玄龟"。然据南豫州安丰郡考证,此安丰县当置于故蓼县,与南齐之安丰县有别。

53. 松滋

按:齐安丰郡领有松滋县,后没。梁复得安丰郡。《寰宇记》卷129《淮南道七》寿州霍丘县:"废松滋县……东魏及周属安丰州。开皇三年废。"则梁有松滋县。

54. 长陵

按:《地形志》中东豫州长陵郡长陵:"萧衍置,魏因之。"据光州长陵郡考证,长陵县当属光州。

55. 苞信

按:《地形志》中东豫州长陵郡苞信:"萧衍置,魏因之。"《隋志》中汝南郡褒信:"宋改曰包信。大业初改复旧焉。又梁置梁安郡,开皇初废。"《隋志》所载,当即为苞信。则苞信为光州梁安郡属县。

56. 安宁

按:《地形志》中东豫州长陵郡安宁:"萧衍置,魏因之。"据光州长陵郡考证,安宁当为光州属县。

第三节 淮北诸州

中大同元年(546)之淮北诸州所辖情况见前图51。

一、武州沿革

武州(533—550)，治下邳城(今江苏睢宁县西北古邳镇东三里)。《梁书》卷3《武帝纪下》：中大通五年(533)"六月己卯，魏建义城主兰宝杀魏东徐州刺史，以下邳城降。秋七月辛卯，改下邳为武州"。《地形志》中东徐州："孝昌元年置，永熙二年州郡陷，武定八年复。治下邳城。"魏之永熙二年即为中大通五年，而魏之武定八年则为梁之大宝元年(550)。则梁中大通五年置武州，大宝元年陷。

（一）下邳郡(533—550)——治归政(今江苏睢宁县西北古邳镇东三里)

按：《隋志》下下邳郡下邳："梁曰归政，置武州、下邳郡。"则下邳郡当为随州而置。大宝元年武州没，下邳郡亦当随之而没。

（二）武安郡(533—550)——治良城(今江苏邳州市西北)

按：《隋志》下下邳郡良城："梁置武安郡，开皇初郡废。"以地望揆之，武安郡当属武州。疑亦是中大通五年置，大宝元年没。

二、西徐州所辖实郡沿革

西徐州，治涡阳(今安徽蒙城县)。《梁书》卷3《武帝纪下》：大通元年(527)"冬十月庚戌，魏东豫州刺史元庆和以涡阳内属。甲寅，曲赦东豫州"；十一月，"以涡阳置西徐州"。《元和志》卷7《河南道三》亳州蒙城县："后魏孝文帝于此置涡州，理山桑城。其地后入于梁，梁于此置西徐州。后复入魏，改为谯州，改谯县为涡阳县。"则魏之东豫州或亦称作涡州，《梁书》卷3《武帝纪下》：太清二年正月"己亥，魏陷涡阳"。《地形志》中谯州："景明中置涡阳郡，孝昌中陷，武定七年复置州。镇涡阳城。"此说与《梁书》合。则大通元年以魏之东豫州(涡州)为西徐州，太清二年(548)陷。

（一）南谯郡，寄治涡阳(今安徽蒙城县)

按：《地形志》中谯州南谯郡："司马昌明置，魏因之。"则此郡为东晋以后所置，历属南北，无所变更。据本州考证，大通元年来属，太清二年没。

（二）龙亢郡(527—547)——治龙亢城(今安徽怀远县西北七十五里龙亢集)

按：《地形志》中谯州龙亢郡："萧衍置，魏因之。"则龙亢郡为随州而置。

（三）蕲城郡(527—547)——治蕲(今安徽宿县南蕲县集)

按：《地形志》中谯州蕲城郡："萧衍置，魏因之。"则蕲城郡为随州而置。

（四）临涣郡(527—547)——治下邑(今安徽宿县西南)

按：《地形志》中谯州临涣郡："萧衍置，魏因之。"《元和志》卷7《河南道三》

亳州临涣县："梁武帝普通中克铚城，置临涣郡，以临涣水为名。"云普通中者，盖梁普通八年（527）伐魏，大通元年得地，此概而言之。当亦是大通元年来属。

（五）蒙郡（527—547）——治蒙（今安徽蒙城县西北）

按：《地形志》中谯州蒙郡："萧衍置，魏因之。"则蒙郡为随州而置。

（六）阳夏郡（527—547）——治乏考（约在今安徽蒙城县境）

按：《隋志》中谯郡山桑："后魏置涡州、涡阳县，又置谯郡。梁改涡州曰西徐州。东魏改曰谯州……又梁置阳夏郡，东魏废。"则阳夏郡当是随州而置。

三、东徐州沿革

东徐州（509—548），治宿预（今江苏宿迁市东南旧黄河东北岸古城）。《隋志》下下邳郡："后魏置南徐州，梁改为东徐州，东魏又改曰东楚州，陈改为安州。"《地形志》中东楚州："司马德宗置宿豫郡。高祖初，立东徐州，后陷，世宗初，改为镇，后陷。武定七年复改。为宿豫郡。"查《梁书》卷2《武帝纪中》：天监八年（509）正月"壬辰，魏镇东参军成景俊斩宿预城主严仲宝，以城内属"。《梁书》卷18《张惠绍传》："魏宿预、淮阳二城内附，惠绍抚纳有功。"《梁书》卷3《武帝纪下》：大同四年（538）"八月甲辰，诏'南兖、北徐、西徐、东徐、青、冀、南北青、武、仁、潼、睢等十二州，既经饥馑，曲赦逋租宿责，勿收今年三调'"。《梁书》卷3《武帝纪下》：太清三年四月，"青、冀二州刺史明少遐、东徐州刺史湛海珍、北青州刺史王奉伯各举州附于魏"。梁之太清三年即为魏之武定七年。《地形志》、《梁书》所载相合。是天监八年得魏宿预，梁置东徐州，太清三年乃没。

（一）宿预郡（509—548）——治宿预（今江苏宿迁市东南旧黄河东北岸古城）

按：《梁书》卷2《高祖纪中》：天监五年"五月辛未，太子左卫率张惠绍克魏宿预城"。《考异》卷26《梁武帝纪中》："宿预城得而不能守，《纪》但书克，不书陷，此史臣粉饰之词。"则是年宿预得而复失。直至天监八年又来属，太清三年随州而没。

（二）淮阳郡（509—548）——治乏考（约在今江苏淮阴区西古泗水西岸）

按：《地形志》中东楚州淮阳郡："萧衍置，魏因之。"《隋志》下下邳郡淮阳："梁置淮阳郡。"是梁置淮阳郡，属东徐州。

（三）朝阳郡（509—548）——治乏考（约在今江苏宿迁市东南）

按：《隋志》下下邳郡宿豫："梁置朝阳、临沐二郡。"则梁亦当有朝阳郡，属东徐州。

(四) 临沭郡(509—548)——治乏考(约在今江苏新沂市南)

按:《隋志》下下邳郡宿豫:"梁置朝阳、临沭二郡。"则梁亦当有临沭郡,属东徐州。

(五) 晋宁郡(509—548)——治晋宁(今江苏宿迁市东)

按:《地形志》中东楚州晋宁郡:"萧衍置,魏因之。"然《隋志》下下邳郡宿豫:"后齐置晋宁郡。"恐误,高齐之晋宁郡当是承萧梁而来,今从《地形志》。

(六) 高平郡,寄治高平(今江苏盱眙县西北洪泽湖中)

按:《隋志》下下邳郡徐城:"梁置高平郡……开皇初郡废。"则梁亦当有高平侨郡,所领高平为实县,属东徐州。

(七) 朱沛郡(509—548)——治乏考(约在今江苏盱眙县西北)

按:《地形志》中东楚州高平郡朱沛:"武定七年改萧衍朱沛、修仪、安丰三郡置。"《隋志》下下邳徐城:"东魏……并梁朱沛、循仪、安丰三郡置朱沛县。"则梁东徐州领有朱沛郡。

(八) 修仪郡(509—548)——治乏考(约在今江苏盱眙县西北)

按:据《地形志》中东楚州条,梁东徐州领有修仪郡,然《隋志》作循仪。疑"循"为"脩(修)"之伪。今姑以《地形志》为准,作"修仪"。

(九) 安丰郡(509—548)——治乏考(约在今江苏盱眙县西北)

按:据朱沛郡考证所引《地形志》、《隋志》,梁东徐州当有安丰郡。

(十) 绥化郡(509—548)——治乏考(约在今江苏淮阴区西古泗水西)

按:《地形志》中东楚州淮阳郡绥化:"武定七年改萧衍绥化、吕梁二郡置。"则梁东徐州领有绥化郡。

(十一) 吕梁郡(509—548)——治乏考(约在今江苏淮阴区西南古泗水西)

按:据绥化郡考证所引《地形志》,梁东徐州领有吕梁郡。

(十二) 恩抚郡(509—548)——治乏考(约在今江苏淮阴区西南古泗水西境)

按:《地形志》中东楚州淮阳郡招义:"武定七年改萧衍恩抚郡二县置。"则梁东徐州领有恩抚郡。

(十三) 西淮郡(509—548)——治乏考(约在今江苏淮阴区西南古泗水西境)

按:《地形志》中东楚州淮阳郡淮阳:"武定七年改萧衍西淮郡七县置。"则梁东徐州领有西淮郡。

（十四）扶风郡(509—548)——治乏考(约在今江苏宿迁市东一带)

按：《地形志》中东楚州晋宁郡富城："武定七年改萧衍下邳、扶风、清河三郡置。"则梁东徐州领有扶风郡。

（十五）兰陵郡(509—548)——治乏考(约在今江苏宿迁市东一带)

按：《地形志》中东楚州晋宁郡招农："武定七年改萧衍兰陵郡十二县置。"则梁东徐州领有兰陵郡。

（十六）清河郡(509—548)——治乏考(约在今江苏宿迁市西南一带)

按：据扶风郡考证所引《地形志》，梁东徐州领有清河郡。

（十七）巨鹿郡(509—548)——治乏考(约在今江苏盱眙县境)

按：《地形志》中东楚州安远郡巨鹿："武定七年改萧衍巨鹿郡六县置。"则梁东徐州领有巨鹿郡。

（十八）太山郡(509—548)——治乏考(约在今江苏盱眙县境)

按：《地形志》中东楚州安远郡淮浦："武定七年改萧衍太山郡四县置。"则梁东徐州领有太山郡。

（十九）东平郡(509—548)——治乏考

按：《地形志》中东楚州高平郡高平："武定七年改萧衍东平、阳平、清河、归义四郡置。"则梁东徐州领有东平郡。

（二十）阳平郡(509—548)——治乏考

按：据东平郡考证所引《地形志》，梁东徐州领有阳平郡。

（二十一）归义郡(509—548)——治乏考

按：据东平郡考证所引《地形志》，梁东徐州领有归义郡。

四、谯州沿革

谯州(532)，治谯(今安徽亳县)。《梁书》卷3《武帝纪下》：中大通四年正月"癸未，魏南兖州刺史刘世明以城降，改魏南兖州为谯州，以世明为刺史"。《通鉴》卷155中大通三年："是岁，魏南兖州城民王乞得劫刺史刘世明，举州来降……上以侍中元树为镇北将军、都督北讨诸军事，镇谯城。"胡注曰："魏正光中置南兖州，治谯城，领陈留、梁、谯、沛、下蔡、北梁、马头等郡。"及中大通四年七月，"魏东南道大行台樊子鹄围元树于谯城，分兵攻取蒙县等五城，以绝援兵之路。树请帅众南归，以地还魏"。则谯州在梁不足一年，所领郡乏考。

五、仁州沿革

仁州(535前—548)，治赤坎戍(今安徽固镇县东南)。《地形志》中仁州：

"萧衍置,魏因之。治赤坎城。"《寰宇记》卷17《河南道十七》宿州虹县:"赤坎故城,在县西南一百九十五里,梁天监八年置赤坎戍,大同二年废戍,置仁州。唐武德四年废。"然《魏书》卷98《岛夷萧衍传》:天平二年(535)"五月,衍仁州刺史黄道始寇北济阴,徐州刺史任祥讨破之"。东魏天平二年即为梁大同元年,则梁大同元年前已有仁州。《梁书》卷3《武帝纪下》:大同四年"八月甲辰,诏'南兖、北徐、西徐、东徐、青、冀、南北青、武、仁、潼、睢等十二州,既经饥馑,曲赦逋租宿责,勿收今年三调'";太清元年三月"甲辰,遣司州刺史羊鸦仁、兖州刺史桓和、仁州刺史湛海珍等应接北豫州"。则太清元年仁州尤存。太清二年,河南没,三年,寿春又没,仁州当随之而没。所领郡县乏考。

六、睢州沿革

睢州(527—547),治竹邑城(今安徽宿县北符离集)。《地形志》中睢州南济阴郡:"治竹邑城。孝昌中陷,萧衍为睢州,武定五年复。"《梁书》卷3《武帝纪下》:大通元年"夏五月丙寅,成景隽克魏临潼、竹邑"。梁大通元年即魏孝昌三年,《地形志》、《梁书》所载相合。则梁大通元年置睢州,太清元年(魏武定五年)没。

(一) 南济阴郡(527—547)——治顿丘(今安徽宿县北符离集)

按:据本州考证,梁大通元年取魏南济阴郡,承之。太清元年没。

(二) 沛郡(527—547)——治淮阳(今安徽宿县东北)

按:《地形志》中睢州睢南郡:"萧衍置沛郡,武定六年改。"则梁置沛郡。然以地望揆之,或属睢州,或属潼州。《补梁志》卷1列沛郡于睢州条下,姑从之。

七、潼州沿革

潼州(527—547),治取虑城(今安徽灵璧县东北潼郡村)。《地形志》中睢州:"萧衍置潼州,武定六年平,改置。治取虑城。"临潼郡:"治临潼城。孝昌中陷,武定六年置。"临潼郡取虑:"州治。"又《梁书》卷3《武帝纪下》:大通元年"夏五月丙寅,成景隽克魏临潼、竹邑"。则潼州亦是大通元年取魏地而置。《梁书》卷3《武帝纪下》:太清元年"冬十一月,魏遣大将军慕容绍宗等至寒山。丙午,大战,渊明败绩,及北兖州刺史胡贵孙等并陷魏。绍宗进围潼州"。《地形志》、《梁书》所载相合。魏武定六年即为梁太清二年,则潼州于太清二年没。所领郡县乏考。

八、陈州沿革

陈州(528—548)，治许昌(今安徽阜阳市东)。《地形志》中颍州北陈留、颍川二郡："萧衍为陈州，武定七年改置。"颍州："武泰元年陷，武定七年复。"然《地形志》中谯州下蔡郡："萧衍颍川郡，武定六年改置。"魏武泰元年为梁大通二年，武定六年为梁太清二年，武定七年为梁太清三年。则梁大通二年得魏之颍州地，置陈州，太清二、三年间没。

(一) 汝阴、弋阳二郡(528—548)——治汝阴(今安徽阜阳市)

按：《地形志》中颍州汝阴、弋阳二郡："萧衍置双头郡县，魏因之。"则梁之陈州领有汝阴、弋阳二郡。

(二) 财丘、梁兴二郡(528—548)——治梁兴(今安徽临泉县南)

按：《地形志》中颍州财丘、梁兴二郡："萧衍置，魏因之。"则梁之陈州领有财丘、梁兴二郡。

(三) 西恒农、陈南二郡(528—548)——治胡城(今安徽阜阳市西)

按：《地形志》中颍州西恒农、陈南二郡："萧衍置，魏因之。"则梁之陈州领有西恒农、陈南二郡。

(四) 清河、南阳二郡(528—548)——治清河(疑在今安徽界首市及阜阳、太和、临泉三县境)

按：《地形志》中颍州清河、南阳二郡："萧衍置，魏因之。"则梁之陈州领有清河、南阳二郡。

(五) 汝南、太原二郡(528—548)——治安城(今安徽阜南县东)

按：《地形志》中颍州汝南、太原二郡："萧衍置，魏因之。"则梁之陈州领有汝南、太原二郡。

(六) 东恒农郡(528—548)——治阳武(疑在今安徽界首市及阜阳、太和、临泉三县境)

按：《地形志》中颍州东恒农郡："萧衍置，魏因之。"则梁之陈州领有东恒农郡。

(七) 新蔡、南陈留二郡(528—548)——治鲖阳(今河南项城市东南)

按：《地形志》中颍州新蔡、南陈留二郡："萧衍置，魏因之。"则梁之陈州领有新蔡、南陈留二郡。

(八) 荥阳、北通二郡(528—548)——治临淮(疑在今安徽界首市及阜阳、太和、临泉三县境)

按：《地形志》中颍州荥阳、北通二郡："萧衍置，魏因之。"则梁之陈州领有荥阳、北通二郡。

（九）新兴郡(528—548)——治安城(今安徽寿县西淮河南岸)

按：《地形志》中颍州新兴郡："萧衍置，魏因之。"安城："郡治。萧衍置，魏因之。"则梁之陈州领有新兴郡。

（十）东、汝南二郡(528—548)——治济阳(疑在今安徽界首市及阜阳、太和、临泉三县境)

按：《地形志》中颍州列有东、汝南二郡，然不注为梁置抑或为魏置。《补梁志》卷1陈州条以为是梁置，《梁政区建置表》同，姑从之。

九、青、冀二州所辖实郡沿革

青、冀二州，侨寄郁洲(今江苏连云港市东云台山一带)。齐末有青、冀二州，为双头州。《梁书》卷16《张稷传》："出为使持节、散骑常侍、都督青冀二州诸军事、安北将军、青冀二州刺史。"是梁承齐旧，仍有青、冀二州。《梁书》卷3《武帝纪下》：大同四年"八月甲辰，诏'南兖、北徐、西徐、东徐、青、冀、南北青、武、仁、潼、睢等十二州，既经饥馑，曲赦逋租宿责，勿收今年三调'"。《梁书》卷3《武帝纪下》：太清三年四月，"青、冀二州刺史明少遐、东徐州刺史湛海珍、北青州刺史王奉伯各举州附于魏"。《地形志》中海州："刘子业置青州，武定七年改。"《地形志》所言刘子业置者，盖误。据《宋志》当为宋明帝立。然"武定七年改"与《梁书》所载之太清三年没契合。今从之。

（一）北海郡，寄治都昌(今江苏连云港市东云台山一带)

按：《地形志》中海州东海郡："萧衍改置北海郡，武定七年复。"此言恐误。齐末青、冀二州已有北海侨郡，领赣榆实县一，梁承之。此处不当言"萧衍改置"，当是武定七年改梁之北海郡为东海郡。

（二）东彭城郡(502—548)——治龙沮(今江苏灌云县西龙苴镇)

按：《地形志》中海州东彭城郡："萧衍置，魏因之。"则梁有东彭城郡。

（三）北谯郡(502—548)——治乏考(疑在今江苏东海县东)

按：《地形志》中海州琅邪郡山宁："萧衍北谯郡，武定七年改置。"则梁有北谯郡。

（四）北东海郡，寄治涟口(今江苏涟水县东)

按：《地形志》中海州海西郡："萧鸾置东海郡，武定七年改。"《地形志》所言东海郡，当即为齐末之北东海侨郡，所领厚丘为实县。《地形志》中海州海西郡临海："萧衍置，魏因之。"则梁北东海侨郡又领有临海县。

（五）僮阳郡(506—548)——治僮（今江苏沭阳县）

按：《地形志》中海州沭阳郡："萧衍置僮阳郡，武定七年改。"《隋志》下东海郡沭阳："梁置潼阳郡。东魏改曰沭阳郡。"《寰宇记》卷22《河南道二十二》海州沭阳县："文帝元嘉四年于此立僮县，属南彭城郡。梁武帝天监五年复置僮阳郡，领僮县，至太清三年，地入魏。"则天监五年有僮阳郡，太清三年没。

十、南、北二青州所辖实郡沿革

南、北二青州，侨寄今江苏赣榆县西。《隋志》下东海郡："梁置南、北二青州，东魏改为海州。"《梁书》卷3《武帝纪下》：大同四年"八月甲辰，诏'南兖、北徐、西徐、东徐、青、冀、南北青、武、仁、潼、睢等十二州，既经饥馑，曲赦逋租宿责，勿收今年三调'"。则梁大同四年前置南北二青州，其地在青、冀二州附近。《梁书》卷3《武帝纪下》：太清三年四月，"青、冀二州刺史明少遐、东徐州刺史湛海珍、北青州刺史王奉伯各举州附于魏"。似太清三年，南、北二青州没。所领郡县乏考。

十一、汴州沿革

汴州(527后—549)，治下蔡（今安徽淮南市西北）。《地形志》中汴州："萧衍置，魏因之。治汴城。"《一统志》卷126凤阳府下蔡故城："梁大通中，魏乱，梁得下蔡，改置汴州及汴郡。"则大通中梁置汴州，太清三年十一月，寿春没北，汴州当随之而没。

（一）汴郡(527后—549)——治下蔡（今安徽淮南市西北）

按：《隋志》中汝阴郡下蔡："梁置汴郡，后齐郡废……又梁置淮阳郡，后齐改曰颍川郡。"则梁有汴郡，当是随州而置。

（二）淮阳郡(527后—549)——治乏考（约在今安徽凤台县西北）

按：据汴郡考证所引《隋志》，梁有淮阳郡，当是随州而置。

附 淮北诸实县存考

1. 赣榆

按：齐末青、冀二州之北海侨郡领有赣榆县。《元和志》卷11《河南道七》海州东海县："本汉赣榆县地，俗谓之郁州，亦谓之田横岛。宋明帝失淮北地，乃于郁州上侨立青州。地后入魏，魏改青州为海州。"则地入魏前皆有赣榆县，梁亦当有之。

2. 招远

按：《地形志》中海州琅邪郡朐："二汉属东海，晋曰临朐，属。萧衍改为招远，武定七年复。"以地望揆之，当属梁青、冀二州。

3. 海安

按：《地形志》中海州琅邪郡海安："萧衍置，魏因之。"以地望揆之，当属梁青、冀二州。

4. 龙沮

按：《地形志》中海州东彭城郡龙沮："萧衍置，魏因之。"据青、冀二州考证，龙沮当为东彭城郡属县。

5. 彭城

按：《地形志》中海州东彭城郡安乐："萧衍置彭城县，武定七年改。"据青、冀二州考证，彭城当为东彭城郡属县。

6. 清河

按：《地形志》中海州东彭城郡勃海："萧衍置清河县，武定七年改。"据青、冀二州考证，清河当为东彭城郡属县。

7. 高密

按：《地形志》中海州武陵郡洛要："萧衍置高密县，武定七年改。"据青、冀二州考证，高密县当为侨齐郡属县。

8. 临海

按：《地形志》中海州海西郡临海："萧衍置，魏因之。"据青、冀二州考证，临海县当为北东海侨郡属县。

9. 归政

按：梁中大通五年（533）得魏东徐州，改为武州，《隋志》下下邳郡下邳："梁曰归政，置武州、下邳郡。"则梁有归政县，属武州。

10. 涡阳

按：据西徐州考证，大通元年（527），得魏涡阳，以为西徐州治，太清二年（548）陷没。

11. 下邑

按：《寰宇记》卷17《河南道十七》宿州临涣县："《梁书》云：'普通六年北伐铚城，置临涣郡，以郡界临涣水为名，仍置下邑县以隶焉。'"则梁有下邑县。

12. 蕲

按：《方舆纪要》卷21《南直三》凤阳府宿州蕲城条："秦置县……晋属谯郡。宋及后魏因之。梁改置蕲郡，东魏因之，后齐亦为蕲郡治。"顾氏之言，必有所本。然《地形志》中谯州蕲城郡蕲城:"武定六年置。"未省孰是,今姑列于此。

13. 蒙

按:《地形志》中谯州蒙郡蒙:"郡治。"《通鉴》卷155中大通四年七月:"魏东南道大行台樊子鹄围元树于谯城,分兵攻取蒙县等五城。"则梁实有蒙县。

14. 平原

按:据东徐州考证,梁天监八年(509)得魏之宿豫,置东徐州,太清三年没。《地形志》中东楚州宿豫郡临泗:"武定七年改萧衍平原、清河置。"则梁东徐州属县中有平原、清河二县。

15. 清河

按:据平原县考证,梁东徐州有清河县。

16. 临淮

按:《寰宇记》卷17《河南道十七》淮阳军宿迁县角城条引《县道记》云:"晋安帝义熙中于此置淮阳郡,仍置角城县。梁改为临淮县。"则梁有临淮县,以地望揆之,当属东徐州。

17. 梁兴

按:《地形志》中东楚州晋宁郡魏兴:"武定七年改萧衍梁兴、临沂、兴义三县置。"则梁有梁兴县,属东徐州。

18. 临沂

按,据梁兴县考证所引《地形志》,梁有临沂县,属东徐州。

19. 兴义

按:据梁兴县考证所引《地形志》,梁有兴义县,属东徐州。

20. 临清

按:《地形志》中东楚州淮阳郡角城:"武定七年改萧衍临清、天水、浮阳三县置。"《隋志》下下邳郡淮阳:"又有梁临清、天水、浮阳三郡,东魏并为甬城县。"是《地形志》以临清为县,《隋志》以临清为郡,今姑从《地形志》。则梁东徐州有临清县。

21. 天水

按:据临清县考证,梁东徐州有天水县。

22. 浮阳

按:据临清县考证,梁东徐州有浮阳县。

23. 高平

按:《地形志》中东楚州高平郡襄邑:"武定七年改萧衍馆陶、下邳、梁招、高平四县置。"则梁有高平县,以地望揆之,当属东徐州。

24. 谯

按:据谯州考证,梁中大通四年得魏南兖州,然困守谯城七月而没。是梁曾一度有谯县。

25. 下蔡

按:《一统志》卷126凤阳府下蔡故城:"梁大通中,魏乱,梁得下蔡,改置汴州及汴郡。"则梁有下蔡县。

26. 顿丘

按:据睢州考证,梁大通元年取魏竹邑,置睢州。《补梁志》卷1睢州条以为领南济阴郡,治顿丘。姑从之。

27. 淮阳

按:《地形志》中睢州睢南郡斛城:"武定中改萧衍淮阳置。"则梁当有淮阳县。据睢州考证,或属睢州。

28. 萧

按:《梁书》卷32《兰钦传》:"大通元年,攻魏萧城,拔之。"则梁有萧县。《补梁志》卷1睢州沛郡列有萧县,姑从之。

29. 宁陵

按:《地形志》中谯州下蔡郡肥阳:"萧衍宁陵县,武定六年改。"据陈州考证,宁陵当为陈州颍川郡属县。

30. 宋

按:《地形志》中颍州汝阴、弋阳二郡宋:"萧衍置,魏因之。"据陈州考证,宋当为陈州汝阴、弋阳二郡属县。

31. 新息

按:《地形志》中颍州汝阴、弋阳二郡新息:"萧衍置新息"。据陈州考证,新息当为陈州汝阴、弋阳二郡属县。

32. 期思

按:《地形志》中颍州汝阴、弋阳二郡期思:"萧衍置,魏因之。"据陈州考证,期思当为陈州汝阴、弋阳二郡属县。

33. 梁兴

按:《地形志》中颍州财丘、梁兴二郡梁兴:"萧衍置,魏因之。"据陈州考证,梁兴当为陈州财丘、梁兴二郡属县。

34. 梁城

按:《地形志》中颍州财丘、梁兴二郡梁城:"萧衍置,魏因之。"据陈州考证,梁城当为陈州财丘、梁兴二郡属县。

35. 汝阳

按:《地形志》中颍州财丘、梁兴二郡汝阳:"萧衍置,魏因之。"据陈州考证,汝阳当为陈州财丘、梁兴二郡属县。

36. 胡城

按:《地形志》中颍州西恒农、陈南二郡胡城:"萧衍置,魏因之。"据陈州考证,胡城当为陈州西恒农、陈留二郡属县。

37. 南顿

按:《地形志》中颍州西恒农、陈南二郡南顿:"萧衍置,魏因之。"据陈州考证,南顿当为陈州西恒农、陈留二郡属县。

38. 济阳

按:《地形志》中颍州东郡、汝南二郡济阳:"萧衍置,魏因之。"以地望揆之,济阳当为陈州属县。

39. 清河

按:《地形志》中颍州清河、南阳二郡清河:"萧衍置,魏因之。"据陈州考证,清河当为陈州清河、南阳二郡属县。

40. 汝南

按:《地形志》中颍州清河、南阳二郡汝南:"萧衍置,魏因之。"据陈州考证,汝南当为陈州清河、南阳二郡属县。

41. 阳武

按:《地形志》中颍州东恒农郡阳武:"萧衍置,魏因之。"据陈州考证,阳武当为陈州东恒农郡属县。

42. 鲖阳

按:《地形志》中颍州新蔡、南陈留二郡鲖阳:"萧衍置,魏因之。"据陈州考证,鲖阳当为陈州新蔡、南陈留二郡属县。

43. 临淮

按:《地形志》中颍州荥阳、北通二郡临淮:"萧衍置,魏因之。"据陈州考证,临淮当为陈州荥阳、北通二郡属县。

44. 汝阴

按:《地形志》中颍州荥阳、北通二郡汝阴:"萧衍置,魏因之。"据陈州考证,汝阴当为陈州荥阳、北通二郡属县。

45. 安城

按:《地形志》中颍州汝南、太原二郡安城:"萧衍置,魏因之。"据陈州考证,安城当为陈州汝南、太原二郡属县。

46. 新息

按:《地形志》中颍州汝南、太原二郡新息:"萧衍置,魏因之。"据陈州考证,新息当为陈州汝南、太原二郡属县。

47. 安城

按:《地形志》中颍州新兴郡安城:"萧衍置,魏因之。"据陈州考证,安城当为陈州新兴郡属县。

48. 都立

按:《地形志》中颍州新兴郡都立:"萧衍置,魏因之。"据陈州考证,都立当为陈州新兴郡属县。

49. 新兴

按:《地形志》中颍州新兴郡新兴:"萧衍置,魏因之。"据陈州考证,新兴当为陈州新兴郡属县。

50. 义兴

按:《地形志》中颍州新兴郡义兴:"萧衍置,魏因之。"据陈州考证,义兴当为陈州新兴郡属县。

51. 宿预

按:宋徐州宿预郡领有宿预县,梁复宿预郡,置东徐州。宿预为宿预郡治,则梁亦当有宿预县。

第四节 河南诸州

中大同元年(546)之河南诸州所辖情况见前图51。

一、豫州所辖实郡沿革

豫州,治悬瓠城(今河南汝南县)。《梁书》卷2《武帝纪中》:天监七年(508)冬十月"丁丑,魏悬瓠镇军主白阜生、豫州刺史胡逊以城内属,以阜生为镇北将军、司州刺史,逊为平北将军、豫州刺史"。然据《魏书》卷19下《中山王英传》,悬瓠旋为魏所复得。《梁书》卷3《武帝纪下》:太清元年(547)"秋七月庚申,羊鸦仁入悬瓠城。甲子,诏曰:'二豫分置,其来久矣。今汝、颍克定,可依前代故事,以悬瓠为豫州,寿春为南豫,改合肥为合州,北广陵为淮州,项城为殷州,合州为南合州。'"《梁书》卷56《侯景传》:"景复请兵于司州刺史羊鸦仁,鸦仁遣长史邓鸿率兵至汝水,元庆军又夜遁。于是据悬瓠、项城,求遣刺史以镇之。诏以羊鸦仁为豫、司二州刺史,移镇悬瓠;西阳太守羊思建为殷州刺史,镇项城。《梁书》卷3《武帝纪下》:太清二年春正月"己亥,魏陷涡阳","甲辰,豫州刺史羊鸦仁、殷州刺史羊思达,并弃城走,魏进据之"。则太清元年七月始置豫州于悬瓠,历时半年后没。

汝南郡(547)——治上蔡(今河南汝南县)

按:《地形志》中豫州列有汝南郡,所属上蔡县之悬瓠城为梁豫州治,则梁亦当有汝南郡。《地形志》中豫州汝南郡上蔡:"州、郡治。"

二、滇州沿革

滇州(?),治乏考(今河南息县东南)。《隋志》中汝南郡新息:"又梁置滇州,寻废。"则梁曾置滇州,然设置时间与所辖郡县并不明。

三、西豫州所辖实郡沿革

西豫州,寄治广陵城(今河南息县)。《梁书》卷28《夏侯夔传》:普通八年(527),"是时谯州刺史湛僧智围魏东豫州刺史元庆和于广陵,入其郛……庆和于内筑栅以自固,及(夏侯)夔至,遂请降……诏以僧智领东豫州,镇广陵。夔引军屯安阳。夔又遣偏将屠楚城,尽俘其众,由是义阳北道遂与魏绝"。《梁书》卷3《武帝纪下》:大通元年(527)"冬十月庚戌,魏东豫州刺史元庆和以涡阳内属。甲寅,曲赦东豫州"。《隋志》中汝南郡新息:"后魏置东豫州。梁改曰西豫州,又改曰淮州。"《梁书》卷3《武帝纪下》:太清元年"秋七月庚申,羊鸦仁入悬瓠城。甲子,诏曰:'二豫分置,其来久矣。今汝、颍克定,可依前代故事,以悬瓠为豫州,寿春为南豫,改合肥为合州,北广陵为淮州,项城为殷州,合州为南合州。'"则大通元年得魏东豫州,乃以为西豫州,及太清元年乃改为淮州。《地形志》中东豫州:"孝昌三年陷,武定七年复。"魏之武定七年即为梁之太清元年。则梁改西豫州为淮州之当年,淮州即没。

汝南郡(527—547)——治南新息(今河南息县)

按:梁克魏东豫州之广陵,以为治所,而广陵城处魏东豫州汝南郡之南新息。故梁之西豫州当领有汝南郡。《补梁志》卷1淮州领有北广陵郡,未知何据,今不取。

四、淮州沿革

淮州(527—546,547西淮州),治白狗堆(今河南正阳县西南)。《地形志》中西淮州:"萧衍置,魏因之。治豫州界白苟堆。"然《隋志》中汝南郡真阳:"又有白狗县,梁置淮州。"当是梁于此地置淮州,及太清元年以西豫州为淮州,乃改称西淮州,又为东魏所承。以地望揆之,当亦是大通元年来属,太清元年没。

淮川郡(527—547)——治白狗堆(今河南正阳县西南)

按:《地形志》中西淮州领郡一,为淮川郡。梁亦当有之。

五、殷州沿革

殷州(547),治项(今河南沈丘县)。《梁书》卷3《武帝纪下》:太清元年"秋七月庚申,羊鸦仁入悬瓠城。甲子,诏曰:'二豫分置,其来久矣。今汝、颍克定,可依前代故事,以悬瓠为豫州,寿春为南豫,改合肥为合州,北广陵为淮州,项城为殷州,合州为南合州。'"《梁书》卷56《侯景传》:"(侯)景复请兵于司州刺史羊鸦仁,鸦仁遣长史邓鸿率兵至汝水,元庆军又夜遁。于是据悬瓠、项城,求遣刺史以镇之。诏以羊鸦仁为豫、司二州刺史,移镇悬瓠;西阳太守羊思建为殷州刺史,镇项城。"《梁书》卷3《武帝纪下》:太清二年春正月魏陷涡阳,"甲辰,豫州刺史羊鸦仁、殷州刺史羊思达,并弃城走,魏进据之"。《地形志》中北扬州:"治项城。"则梁于太清元年置殷州,半年后没。

陈郡(547)——治项(今河南沈丘县)

按:《地形志》中北扬州陈郡领有项县,为梁殷州治。则梁当有陈郡。

六、南荆州沿革

南荆州(528—549),治乏考(约在今河南确山县南)。《梁书》卷3《武帝纪下》:大通二年夏四月,"时魏大乱……其北青州刺史元世隽、南荆州刺史李志亦以地降。"《通鉴》卷147天监十一年:"是岁,魏以桓叔兴为南荆州刺史,治安昌,隶东荆州。"卷149普通二年五月"辛巳,魏南荆州刺史桓叔兴据所部来降"。《梁书》卷4《简文帝纪》:"在襄阳拜表北伐……魏南荆州刺史李志据安昌城降,拓地千余里。"《南史》卷63《徐嗣徽传》:"从征巴丘,以功为太子右卫率,监南荆州。"则普通二年桓叔兴仅以其所部来降,其州未降。而南荆州入梁在大通二年简文帝萧纲为雍州刺史时,以地望考之,魏之南荆州处原雍州汉水东岸。徐嗣徽所监之南荆州未知是否即为承魏之南荆州。《补梁志》卷1华州条、《梁政区建置表》以为是,姑从之。《梁书》卷4《简文帝纪》,大宝元年(550)正月,"西魏寇安陆,执司州刺史柳仲礼,尽没汉东之地"。则南荆州当随之而没。所领郡县乏考。

附 河南诸实县存考

1. 上蔡

按：梁太清元年(547)得魏上蔡悬瓠城，置豫州。《地形志》中豫州汝南郡上蔡："州、郡治。"则梁一度有上蔡县，旋没。

2. 南新息

按：《地形志》中东豫州汝南郡南新息："孝昌三年陷，武定七年没。"则梁有南新息县。据西豫州考证，南新息为西豫州汝南郡治。

3. 真阳

按：梁取魏豫州之白狗堆置淮州，《地形志》中西淮州淮川郡领有真阳县，梁亦当有之。

4. 梁兴

按：梁取魏豫州之白狗堆置淮州，《地形志》中西淮州淮川郡领有梁兴县，梁亦当有之。

5. 项

按：据殷州考证，梁太清元年以项为殷州治，则梁有项县。半年后没。

第五节 江汉诸州

中大同元年(546)江汉诸州所辖情况见图52。

一、鲁州沿革

鲁州(?)，治乏考(约在今湖北武汉市西)。南齐鲁州无考。《梁书》卷28《裴之横传》："又随(王)僧辩追(侯)景，平郢、鲁、江、晋等州，恒为前锋陷阵。"以地望揆之，鲁州当介于郢、江、晋诸州之间。查《通鉴》卷164大宝二年(551)六月："(侯景)以丁和为郢州刺史，留宋子仙等，众号二万，戍郢城；别将支化仁镇鲁山，范希荣行江州事，仪同三司任延和、晋州刺史夏侯威生守晋州。"则江夏西之鲁山戍，或梁元帝以为鲁州。

二、楚州沿革

楚州(527—549)，治楚城(今河南信阳市东北长台关西)。《隋志》中汝南郡城阳："旧废，梁置，又有义兴县。后魏置城阳郡，梁置楚州，东魏置西楚州。"《地形志》中西楚州："萧衍置，魏因之。治楚城。"其所领三郡、七县皆注曰："萧衍置，魏因之。"《考异》卷26《梁书·羊鸦仁传》以为《地形志》所载西楚州即为

图52 中大同元年(546)南朝梁江汉诸州所辖实郡示意

梁之楚州,甚是。《通鉴》卷151大通元年(527)九月:"(夏侯)夔引军屯安阳,遣别将屠楚城,由是义阳北道遂与魏绝。"则梁得楚城置楚州当在大通元年。楚州之地,本在司州北境,淮水北岸,梁天监三年(504)司州治义阳没,其地随之而没。至此复得之,并置楚州。《北齐书》卷4《文宣纪》:武定八年(梁大宝元年)"春正月庚申,梁楚州刺史宋安颢以州内属"。则梁失楚州在大宝元年。

(一) 城阳郡(527—549)——治城阳(今河南信阳市西北)

按:《地形志》中西楚州城阳郡:"萧衍置,魏因之。"当是随州而置。

(二) 西汝南郡(527—549)——治鄳(今河南信阳市东北)

按:《元和志》卷9《河南道五》申州罗山县:"本汉鄳县地,梁武帝置西汝南郡于此。隋开皇三年,并入钟山。"则梁有西汝南郡。以地望揆之,当属楚州。

(三) 汝阳郡,寄治义阳(今河南正阳县东南)

按:《地形志》中西楚州汝阳郡:"萧衍置,魏因之。"汝阳郡当是随州而置。

(四) 仵城郡(527—549)——治淮阴(今河南正阳县西南)

按:《地形志》中西楚州仵城郡:"萧衍置,魏因之。"仵城郡当是随州而置。

三、华州沿革

华州(535—552),治淮安(今河南桐柏县东固县镇)。《隋志》中淮安郡桐柏:"梁置,曰淮安,并立华州,又立上川郡。"《寰宇记》卷142《山南东道一》唐州桐柏县:"《汉志》平氏县有桐柏大复山。梁大同元年于此置华州及上川郡。西魏元年改华州为淮州"。以地望考之,华州处原司州之西北境,大同元年(535)析出,置华州,承圣元年①(552)没。

(一) 上川郡(535—552)——治淮安(今河南桐柏县东固县镇)

按:据本州考证,梁置华州,上川郡随州而置。

(二) 西义阳郡(?—552)——治乏考(约在今河南桐柏县东固县镇西)

按:《隋志》中淮安郡桐柏:"又梁置西义阳郡。"以地望揆之,西义阳郡当亦属华州,姑列于此。

四、荆州沿革

荆州(502—554),治江陵(今湖北荆州市荆州区)。宋、齐皆有荆州,治于江陵。梁移巴东、建平二郡于益州,宜都郡移置宜州。《通鉴》卷164 承圣元

---

① 西魏废帝无年号,其元年即称西魏元年,其年为梁承圣元年。

年:"侯景之乱,州郡太半入魏,自巴陵以下至建康,以长江为限,荆州界北尽武宁,西拒硖口,岭南复为萧勃所据,诏令所行,千里而近,民户着籍,不盈三万而已。"《梁书》卷5《元帝纪》:承圣三年十一月,"(江陵)城陷于西魏。"则承圣三年十一月,荆州江北地陷没。荆州江南地为南北两属之地。

(一)南郡(502—554)——治江陵(今湖北荆州市荆州区)

按:齐末荆州领有南郡,梁有南郡王萧大连,则梁亦当有南郡。承圣三年没。

(二)南平郡(502—554)——治孱陵(今湖北公安县西)

按:齐末荆州领有南平郡,《隋志》下澧阳郡孱陵:"旧曰作唐,置南平郡。平陈,郡废,县改名焉。"则梁承旧有南平郡。

(三)天门郡(502—554)——治澧阳(今湖南石门县)

按:齐末荆州领有天门郡,《梁书》卷17《张齐传》:"天监二年,还为虎贲中郎将。未拜,迁天门太守,宁朔将军如故。"则梁承旧有天门郡。

(四)汶阳郡(502—554)——治高安(今湖北远安县西北)

按:齐末荆州领有汶阳郡,《隋志》下夷陵郡远安:"旧曰高安,置汶阳郡。又周改县曰安远。开皇七年郡废。"则梁承旧有汶阳郡。汶阳郡处江北,当于承圣三年没于北。

(五)武宁郡(502—554)——治乐乡(今湖北荆门市北)

按:齐末荆州领有武宁郡,据本州考证,承圣元年时,武宁已为荆州北境,承圣三年,荆州没,武宁郡当随之而没。

(六)南安湘郡(?)——治安南(今湖南华容县)

按:《隋志》下巴陵郡华容:"旧曰安南,梁置南安湘郡,寻废。"杨守敬《隋书地理志考证》疑"湘"字为衍文,然无确证,今不从。姑暂将南安湘郡列于此。

(七)宜都郡(502—?)——治夷道(今湖北枝江市)

按:齐末荆州领有宜都郡,据宜州考证,梁移置为宜州。承圣三年没。

(八)义阳郡,寄治安乡(今湖南安乡县西南)

按:齐末荆州领有义阳侨郡,所领皆侨县。《隋志》下澧阳郡安乡:"旧置义阳郡。平陈,郡废。"《方舆纪要》卷77《湖广三》澧州府安乡县:"东晋侨置南义阳郡,梁又置安乡县为义阳郡治。"则梁之义阳郡乃领有安乡县。

五、宜州沿革

宜州(?—554),治夷陵(今湖北宜昌市西北)。《隋志》下夷陵郡:"梁置宜州,西魏曰拓州。"《寰宇记》卷147《山南东道六》峡州:夷陵,"历晋、宋、齐,并为宜都郡理。又《宜都记》云:'郡城,即陆抗攻步阐,拒晋于此垒。'梁武天监中于此置宜州,以旧宜都为州之名"。《通鉴》卷163大宝元年七月:"湘东王绎改宜都为宜州。"二说未知孰是,待考。

宜都郡(?—554)——治夷道(今湖北枝江市)

按:宜都本荆州属郡,据本州考证,梁移置为宜州。承圣三年没。

六、西荆州沿革

西荆州(?),治乏考。《梁书》卷46《杜幼安传》:"太清中,与兄崱同归世祖,世祖以为云麾将军、西荆州刺史,封华容县侯,邑一千户。"《梁书·纪》、《隋志》不载此州。地望及设置时间并乏考。

七、郢州沿革

郢州(502—557),治夏口城(今湖北武汉市武昌)。齐末有郢州,梁承之。竟陵、齐兴二郡移置北新州;大同五年增置上隽郡,又增置南阳、州城、营阳、沔阳、夜郎等郡;太清三年后,武陵郡移置武州;大宝元年,沔阳、营阳、州城、建安郡没于北;太清二年后,巴陵郡移置巴州;承圣三年,以上隽郡为隽州。《通鉴》卷166绍泰元年(555)正月:"齐主使清河王岳将兵攻魏安州,以救江陵。岳至义阳,江陵陷,因进军临江,郢州刺史陆法和及仪同三司宋茝举州降之;长史江夏太守王珉不从,杀之。"五月,北齐、萧梁言和,齐兵北撤。则郢州之江夏沦陷不足半年后复①。

(一)江夏郡(502—557)——治汝南(今湖北武汉市武昌)

按:齐末郢州领有江夏郡,梁承之。据本州考证,梁承圣四年正月至五月沦陷于北齐,后复。

(二)沔阳郡(534前—549)——治沔阳(今湖北仙桃市西南沔城)

按:《舆地广记》卷27《荆湖北路上》上复州:"春秋、战国属楚。秦属南郡。二汉属南、江夏二郡。晋元康元年分置竟陵郡。宋、齐因之。梁又置沔阳郡。

---

① 齐末郢州有南新阳左郡,领南新阳、新兴、北新阳、角陵、新安五县,《补梁志》卷3列为郢州所属郡县,核之史籍,南新阳左郡及其所领五县皆无确考。然《地形志》下南郢州(杨守敬以为当为西郢州)列有□子郡,领有南新阳、西新、北新阳、新兴四县,其中有三县与萧齐之南新阳左郡属县皆同;又,北遂安郡所领有新安县,而萧齐郢州北遂安郡亦领有新安县;□□郡领有东新市、西新市、长安三县,而萧齐郢州东犍柯侨郡亦领有东新市、西新市县。则梁郢州或承齐旧有南新阳左郡,梁末没于北,北魏承之。然无确证,当俟后考。

后周置复州。隋因之。"则沔阳郡自竟陵郡析出，以地望揆之，当处沔水之北。《通鉴》卷156中大通五年(533)十二月："魏荆州刺史贺拔胜寇雍州……胜又遣军攻冯翊、安定、沔阳、鄀城，皆拔之。"则梁中大通五年前即有沔阳郡。《梁书》卷4《简文帝纪》，大宝元年正月，"西魏寇安陆，执司州刺史柳仲礼，尽没汉东之地。"则沔阳郡亦当于是年没。

(三) 营阳郡(？—549)——治乏考(约在今湖北仙桃市西)

按：《隋志》下沔阳郡沔阳："梁置沔阳、营阳、州城三郡。西魏省州陵、惠怀二县，置县曰建兴。后周置复州，后又省州城、州城二郡入建兴。"则梁置营阳郡。以地望揆之，当于大宝元年没于北。

(四) 州城郡(？—549)——治州陵(今湖北洪湖市东北)

按：据营阳郡考证所引《隋志》，梁置州城郡于沔北，大宝元年没于北。《补梁志》卷3以为州城郡领州陵县，今从之。

(五) 武昌郡(502—557)——治武昌(今湖北鄂州市)

按：齐末郢州领有武昌郡，《梁书》卷53《良吏·何远传》：何远在梁，"迁武昌太守"。则梁承旧有武昌郡。

(六) 西阳郡，治西阳(今湖北黄石市东南)

按：齐末郢州领有西阳侨郡，所领有实县。《梁书》卷56《侯景传》："诏以……西阳太守羊思建为殷州刺史，镇项城。"则梁亦有西阳郡。

(七) 建安郡(502—549)——治京山(今湖北天门市北)

按：齐末郢州领有建安左郡，《隋志》下沔阳郡竟陵："旧曰霄城，置竟陵郡。后周改曰竟陵……又有京山县，齐置建安郡，西魏改曰光川。"则梁改建安左郡为建安郡，治所当承旧为京山。大宝元年没于北。

(八) 上隽郡(539—553)——治下隽(今湖北通城县西北)

按：《隋志》江夏郡蒲圻："梁置上隽郡。"《寰宇记》卷112《江南西道十》鄂州崇阳县："梁大同五年于下隽县置上隽郡，乃分为乐化县。至承圣三年改为隽州。"下隽旧为郢州巴陵郡属县，则大同五年以之置郡，至承圣三年乃为隽州。

(九) 巴陵郡(502—549后)——治巴陵(今湖南岳阳市)

按：齐末郢州领有巴陵郡。据上隽郡考证，大同五年析所属下隽县置上隽郡。又据巴州考证，太清三年后以巴陵郡置巴州。

(十) 武陵郡(502—549后)——治临沅(今湖南常德市)

按：齐末郢州领有武陵郡，梁有武陵王萧纪，则梁承旧有武陵郡。据武州考证，梁元帝承制时，以武陵郡置武州。

（十一）南阳郡，寄治建昌（今湖南泸溪县西南）

按：《隋志》下沅陵郡辰溪："又梁置南阳郡、建昌县，陈废县。开皇初废郡。"则梁置南阳侨郡，以地望揆之，当属郢州。

（十二）夜郎郡（？—557）——治夜郎（今湖南吉首市一带）

按：《隋志》下沅陵郡辰溪："旧曰辰阳。平陈，改名；并废故夜郎郡，置静人县，寻废。"《方舆纪要》卷81《湖广七》辰州府辰溪县建昌废县条："萧梁时于辰阳县境置夜郎郡及县，隋废郡。"则梁置夜郎郡。

八、沙州沿革

沙州（554—557），治沙阳（今湖北嘉鱼县东北长江南岸）。《隋志》江夏郡蒲圻："梁置上隽郡，又有沙阳县，置沙州，州寻废。平陈，郡废。"《寰宇记》卷112《江南西道十》鄂州蒲圻县："其沙阳县，本名沙羡，晋安帝改为沙阳县，仍旧属上隽。梁承圣三年改为沙州。陈初复还县，又属上隽。隋开皇元年，使人韦焜省上隽郡，又立乐化县，废沙阳入蒲圻，始属鄂州。"则梁承圣三年以江夏郡所属之沙阳县置沙州，寻废。

九、隽州沿革

隽州（554—557），治下隽（今湖北通城县西北）。《寰宇记》卷112《江南西道十》鄂州崇阳县："梁大同五年于下隽县置上隽郡，乃分为乐化县。至承圣三年改为隽州。陈天嘉四年州废。洎隋开皇九年废州，省乐化、下隽两县入蒲圻。"蒲圻县："盛弘之《荆州记》云长沙郡有蒲圻县。宋元嘉七年属巴陵郡。孝建元年属江夏。大同五年于巴陵郡下隽立乐化县，还属上隽郡。陈又改上隽郡为隽州。天嘉元年还复本名。其沙阳县，本名沙羡，晋安帝改为沙阳县，仍旧属上隽。梁承圣三年改为沙州。陈初复还县，又属上隽。隋开皇元年，使人韦焜省上隽郡，又立乐化县，废沙阳入蒲圻，始属鄂州。"《梁书》卷28《裴遂传附裴之高传》："子畿，累官太子右卫率、隽州刺史。西魏攻陷江陵，畿力战死之。"则梁承圣三年于郢州之上隽郡置隽州。

上隽郡（554—557）——治下隽（今湖北通城县西北）

按：据本州考证，承圣三年以上隽郡置隽州。

十、新州沿革

新州（527—550），治新阳（今湖北京山县）。《隋志》下安陆郡京山："旧曰新阳，梁置新州、梁宁郡。西魏改州为温州，改县为角陵。"《元和志》卷21《山南道二》郢州:"本江夏郡云杜县之地。《周地图记》曰:'蛮人酋渠田金生代居此地,常为边患,梁普通末,遣郢州刺史元树讨平之,因置新州。'后魏废帝二年改为温州,因温水为名也。"据《梁书》卷39《元树传》:普通六年(525),"迁使持节、督郢、司、霍三州诸军事、云麾将军、郢州刺史,增封并前为三千户。讨南蛮贼,平之"。则新州之立当在普通六年至八年之间。今姑以普通八年为置新州之年。《北齐书》卷4《文宣纪》:天保二年(梁大宝二年)三月,"梁交州刺史李景盛、梁州刺史马嵩仁、义州刺史夏侯珍洽、新州刺史李汉等并率州内附"。则大宝二年新州没。

(一)梁宁郡(527—550)——治新阳(今湖北京山县)

按:据本州考证,梁置新州,并置梁宁郡。大宝二年没。

(二)富水郡(?—550)——治富水(今湖北京山县东北)

按:《隋志》下安陆郡富水:"旧曰南新市。西魏改为富水,又置富水郡。开皇初郡废。"似富水郡为西魏置。然《寰宇记》卷112《江南西道十》鄂州江夏县:"曲池水,在县东三里。梁太清四年,邵陵王萧纶为富水郡太守。"则梁已有富水郡,以地望揆之,当属新州。

十一、交州沿革

交州(?—550),治乏考。《北齐书》卷4《文宣纪》:天保二年(梁大宝二年)三月,"梁交州刺史李景盛、梁州刺史马嵩仁、义州刺史夏侯珍洽、新州刺史李汉等并率州内附"。则梁北境当有交州,大宝二年三月没于北齐。地望及所领郡县乏考。

十二、梁州沿革

梁州(?—550),治乏考。据交州考证所引《北齐书》,梁北境当有梁州。大宝二年三月没于北齐。地望及所领郡县乏考。

十三、北新州沿革

北新州(?—557),治长寿(今湖北钟祥市)。《隋志》下江夏郡:"旧置郢州。梁分置北新州,寻又分北新立土、富、洄、泉、豪五州。"《隋志》下竟陵郡长寿:"又梁置北新州及梁宁等八郡,后周保定中,州及八郡总管废入焉。"《寰宇记》卷112《江南西道十》鄂州:"夏口……梁武起兵襄阳,东下攻围二百余日,方降,因分置北新州,寻分北新州为土、富、洄、泉、豪五州。梁末,北齐得之,遣慕容俨守之,为陈将侯瑱攻围,凡二百日,不下。后因二国通和,乃复归陈。隋平陈,改为鄂州。"因梁于新阳置新州,故此新州称作北新州。此处《寰宇记》言分北新州为土、富等五州者,据《隋志》,当为土、富等五州自北新州中析出,非废北新州而另置五州。又,所谓"北齐得之",又"复归于陈"者,盖因绍泰元年齐一度得江夏郡及周边之地,旋复归梁,后为陈所承。

(一)竟陵郡(？—557)——治霄城(今湖北京山县东南)

按:齐末郢州领有竟陵郡,据新州条考证,梁分竟陵郡之新阳县为新州。以地望揆之,竟陵郡当属北新州。

(二)齐兴郡(？—557)——治上蔡(今湖北钟祥市北)

按:齐末郢州领有齐兴郡,以地望揆之,齐兴郡于梁当移属北新州。

十四、土州沿革

土州(？—557),治龙巢(今湖北随州市东北)。《隋志》下汉东郡土山:"梁曰龙巢,置土州、东西二永宁、真阳三郡,及置石武县。后周废三郡为齐郡,改龙巢曰左阳;又有阜陵县,改为漳川县。"另据北新州考证,土州当自北新州析出。

(一)东永宁郡(？—557)——治龙巢(今湖北随州市东北)

按:据本州考证所引《隋志》,梁置土州,并有东永宁郡。

(二)西永宁郡(？—557)——治阜陵(今湖北随州市东)

按:据本州考证所引《隋志》,梁置土州,并有西永宁郡。

(三)真阳郡(？—557)——治石武(今湖北随州市东)

按:据本州考证所引《隋志》,梁置土州,并有真阳郡。

十五、富州沿革

富州(？—557),治乏考(约在今湖北京山县东北)。据北新州考证,梁自北新州析置富州。所领郡县乏考。

十六、洄州沿革

洄州(？—557),治乏考(当在今湖北钟祥、京山二县境)。据北新州考证,梁自北新州析置洄州。所领郡县乏考。

十七、泉州沿革

泉州(？—557),治乏考(当在今湖北钟祥、京山二县境)。据北新州考证,梁自北新州析置泉州。所领郡县乏考。

十八、豪州沿革

豪州(？—557),治乏考(当在今湖北钟祥、京山二县境)。据北新州考证,梁自北新州析置豪州。所领郡县乏考。

十九、巴州沿革

巴州(549后—554,555—557),治巴陵(今湖南岳阳市)。《隋志》下巴陵郡:"梁置巴州。平陈,改曰岳州。"《元和志》卷27《江南道三》岳州:"宋文帝又立为巴陵郡,梁元帝改为巴州。隋开皇九年改为岳州。"《通鉴》卷164大宝二年四月:"湘东王绎以王僧辩为大都督,帅巴州刺史丹杨淳于量、定州刺史杜崱、宜州刺史王琳、郴州刺史裴之横东击(侯)景。"胡注曰:"《五代志》:巴陵郡,梁置巴州。夷陵郡,梁置宜州。桂阳郡,梁置郴州。"据《梁书》卷5《元帝纪》,梁元帝萧绎太清三年(549)四月即因侯景陷建康而承制,则所谓"梁元帝改为巴州者",不必待梁元帝即位。则太清三年后即以巴陵郡置巴州。承圣三年(554),荆州江陵陷,巴州亦为后梁所取。《通鉴》卷166绍泰元年二月:梁将侯平"攻后梁巴、武二州,故刘荣主帅赵朗杀宋文彻,以邵陵归于王琳。"五月,"侯平等擒莫勇、魏永寿。"则绍泰元年,梁复取巴州。

巴陵郡(549后—554,555—557)——治巴陵(今湖南岳阳市)

按:齐末郢州领有巴陵郡。据本州考证,太清三年后于巴陵郡置巴州。

二十、武州沿革

武州(549后—554,555—557),治临沅(今湖南常德市)。《隋志》下武陵郡:"梁置武州,后改曰沅州。平陈,为朗州。"《补梁志》卷3沅州自《舆地纪胜》转引《寰宇记》,以为"湘东王承制,割武陵郡置武州"。然遍检今本《寰宇记》,未见此语,不知先人所据何本。今姑从之。梁元帝萧绎太清三年四月始承制,则武州之置当在太清三年四月后。承圣三年,荆州江陵陷,武州亦为后梁所取。《通鉴》卷166绍泰元年二月:梁将侯平"攻后梁巴、武二州,故刘荣主帅赵朗杀宋文彻,以邵陵归于王琳"。五月,"侯平等擒莫勇、魏永寿。"则绍泰元年,梁复取武州。

武陵郡(549后—554,555—557)——治临沅(今湖南常德市)

按:武陵本郢州属郡,据本州考证,梁末以武陵郡置武州。

二十一、卢州沿革

卢州(511—?),治乏考(约在今湖南泸溪县西南)。《元和志》卷30《江南道六》辰州卢溪县:"本汉沅陵县地。梁天监十年置卢州。"《补梁志》卷3沅州条以为梁置卢州,不久即废。或是,今从之。

二十二、司州所辖实郡沿革

司州,寄治平阳(今河南信阳市)。《隋志》下义阳郡:"齐置司州。梁曰北司州,后复曰司州。"《梁书》卷2《武帝纪中》:天监三年"八月,魏陷司州,诏以南义阳置司州。"《魏书》卷19下《景穆十二王下·中山王英传》:"(梁)三关戍闻之(义阳失陷),亦弃城而走。"则天监三年八月,司州没[①]。《梁书》卷3《武帝纪下》:大通二年"夏四月辛丑,魏郢州刺史元愿达以义阳内附,置北司州"。《梁书》卷32《陈庆之传》:中大通四年(532)后,"又表省南司州,复安陆郡,置上明郡"。然据南司州考证,南司州并入司州,当在太清元年前。《通鉴》卷162太清三年十二月:"东魏使金门公潘乐等将兵五万袭司州,刺史夏侯强降之。于是东魏尽有淮南之地。"胡注曰:"太清二年,东魏使辛术略江、淮之北,至是方尽有淮南之地。"《梁书》卷4《简文帝纪》,大宝元年正月,"西魏寇安陆,执司州刺史柳仲礼,尽没汉东之地"。则大宝元年,司州地尽没。梁时增置曲阳、北随、崇义等郡,大同二年后,平靖郡又来属。梁世,又析司州置湘、定、沙等州。

(一) 北义阳郡(502—504,528—549)——治平阳(今河南信阳市)

按:齐末司州领有北义阳郡,据本州考证,天监三年没,大通二年复。《通鉴》卷162太清三年十一月,"魏杨忠将至义阳,太守马伯符以下溠城降之,忠以伯符为乡导"。则太清三年没于西魏。

(二) 随郡(502—504,528—549)——治随(今湖北随州市)

按:齐末司州领有随阳郡。据本州考证,天监三年没,大通二年复。《周书》卷2《文帝纪下》:大统十五年(梁太清三年)十一月,"遣开府杨忠率兵与行台仆射长孙俭讨之,攻克随郡"。则太清三年没于北。

(三) 曲阳郡(?—549)——治曲陵(今湖北汉川县西北麻河镇)

按:《寰宇记》卷144《山南东道三》随州随县:"汉旧县……梁立曲阳郡。

---

① 《梁书》卷22《太祖五王·安成王秀传》:"时司州叛蛮田鲁生、弟鲁贤、超秀,据蒙笼来降,高祖以鲁生为北司州刺史,鲁贤北豫州刺史,超秀定州刺史,为北境捍蔽。"《通鉴》系此事于天监十三年二月。则在司州沦没期间,梁曾置北司州,然此北司州为处蛮夷而置,地望乏考。

后西魏复得其地,因立郡于此。"《州郡典》同。然《隋志》下汉东郡隋:"旧置随郡……梁又置曲陵郡。开皇初郡并废。"岂齐末司州永宁左郡领有曲陵县,而《隋志》以为梁置曲陵郡欤?"曲阳"、"曲陵",二说未知孰是。《梁政区建置表》以为当作"曲阳郡",今暂从之。

(四)齐安郡(502—504,528—549)——治齐安(今湖北麻城市西南)

按:齐末司州领有齐安郡。《隋志》下永安郡黄冈:"齐曰南安,又置齐安郡。开皇初郡废,十八年改县曰黄冈。"则梁有齐安郡及齐安县。太清三年没。

(五)北随郡(?—549)——治乏考(约在今湖北随州市唐县镇)

按:《隋志》下汉东郡顺义:"梁置北随郡。西魏改为南阳。"则梁有北随郡,以地望揆之,当属司州。《补梁志》卷3司州北随郡条以为:"齐有北随安左郡,梁改置。"或是。太清三年没。

(六)崇义郡(?—549)——治梁安(今湖北随州市西南)

按:《隋志》下竟陵郡清腾:"梁置,曰梁安,又立崇义郡。后周废郡。"则梁置崇义郡,又置梁安县。以地望揆之,当属司州。

(七)安陆郡(547前—549)——治安陆(今湖北安陆市)

按:据南司州考证,太清元年前,南司州并入北司州,则安陆郡来属。大宝元年没于西魏。

(八)平靖郡(536后—549)——治乏考(约在今湖北应城市东北)

按:据应州考证,大同二年梁置应州,并置平靖郡。旋应州废,平靖郡当来属。大宝元年没于西魏。

二十三、南司州所辖实郡沿革

南司州,寄治安陆(今湖北安陆市)。《梁书》卷2《武帝纪中》:天监三年"八月,魏陷司州,诏以南义阳置司州"。《通鉴》卷151大通元年正月:"司州刺史夏侯夔帅壮武将军裴之礼等出义阳道,攻魏平静、穆陵、阴山三关,皆克之。"《梁书》卷3《武帝纪下》:大通二年"夏四月辛丑,魏郢州刺史元愿达以义阳内附,置北司州"。《梁书》卷32《陈庆之传》:中大通四年至大同二年间,"又表省南司州,复安陆郡,置上明郡"。《考异》卷26《梁书·陈庆之传》:"庆之卒于大同五年,而《羊鸦仁传》'大同七年,除都督南北司、豫、楚四州诸军事,北司州刺史',则其时尚有南司州。至太清元年,鸦仁始为司豫二州刺史,镇悬瓠,南司州之省,盖在太清初,庆之殁已久矣。"钱说甚是。则梁并南、北二司州当在太清元年前。

安陆郡(504—547前)——治安陆(今湖北安陆市)

按：南朝宋置安陆实郡，治安陆。萧齐安陆乃为侨郡，侨寄北义阳郡。据本州考证，天监三年北义阳没，则安陆侨郡当随之而没。乃于安陆郡置司州。则此处之安陆郡当处刘宋安陆实郡之地。后义阳复，乃置北司州，司州乃称南司州。太清元年前，南司州并入北司州。安陆郡亦移属焉。

二十四、应州沿革

应州(536—?)，治永阳(今湖北应城市)。《隋志》下安陆郡应山："梁置，曰永阳，仍置应州，又有平靖郡。西魏又置平靖县。开皇初郡废，大业初州废，又省平靖县入焉。"《元和志》卷27《江南道三》安州应山县："本汉随县地，梁大同，以随州北界应浓山戍置应州，又分随县置永阳县。隋开皇十八年改永阳为应山县。"《寰宇记》卷132《淮南道十》安州应山县："本汉随县地，属南阳郡。梁大同二年分随县置永阳县，兼立应州于此。寻废，以其县属平靖郡。"则梁大同二年于北司州境置应州，寻废。《隋志》所言"大业初州废"者，盖其地入北后，西魏、北周又置应州，至隋方废。

平靖郡(536—?)——治乏考(约在今湖北应城市东北)

按：据本州考证，梁置应州，并置平靖郡。旋应州废，平靖郡当移属北司州。

二十五、北郢州沿革

北郢州(?—549)，治定阳(今湖北随州市西北)。《隋志》下汉东郡安贵："梁置，曰定阳，又置北郢州。西魏改定阳曰安贵，改北郢州为歟州。"则梁有北郢州，治定阳。以地望揆之，大宝元年，西魏没汉东之地，北郢州亦当没。

上明郡(532后—549)——治平林(今湖北随州市东北)

按：《隋志》下汉东郡平林："梁置上明郡，开皇初废。"《梁书》卷《陈庆之传》："中大通二年，除都督南、北司、西豫、豫四州诸军事、南、北司二州刺史，余并如故……二年之后……又表省南司州，复安陆郡，置上明郡。"则梁中大通四年后置上明郡，大宝元年没。以地望揆之，当属北郢州。

二十六、定州沿革

定州(514—549)，治蒙笼城(今湖北麻城市东北)。《梁书》卷22《太祖五王·安成王秀传》："时司州叛蛮田鲁生，弟鲁贤、超秀，据蒙笼来降，高祖以鲁生为北司州刺史，鲁贤北豫州刺史，超秀定州刺史，为北境捍蔽。"《通鉴》系此事于天监十三年二月。胡注曰："《魏收志》，定州治蒙笼城，领弋阳、汝阴、安定、新蔡、北建宁郡,皆蛮郡也。《水经注》:举水出龟头山西北流,径蒙笼戍南,梁定州治。"《魏书》卷9《肃宗纪》:延昌四年(515)七月"庚辰,萧衍定州刺史田超秀率众三千请降"。然田超秀虽降魏,而定州未曾入魏。《北齐书》卷4《文宣纪》:武定八年(梁大宝元年)正月,"梁定州刺史田聪能、洪州刺史张显等以州内属"。《考异》卷26《梁书·夏侯宣传》:"魏收《志》'南定州萧衍置,治蒙笼',即隋之麻城县也。"则梁天监十三年置定州,大宝元年没。

建宁郡(514—549)——治建宁(今湖北麻城市西南)

按:齐末豫州领有建宁郡,以地望揆之,天监十三年置定州,建宁郡当来属。《地形志》中南定州列有北建宁郡。《补梁志》卷3定州、《梁政区建置表》亦以为建宁郡当属定州,今从之。

二十七、沙州沿革

沙州(?—503),治白沙关(今湖北红安县东北)。《地形志》中沙州:"萧衍置,魏因之。治白沙关城。"以地望揆之,沙州当置于原司州境内。《方舆纪要》卷76《湖广二》黄州府麻城县虎头关条:"又白沙关,亦在县北九十里,西至大胜关六十里,东北至光山县百四十里,与黄土关密迩,峭险壁立,登者委折而上。萧梁置沙州,治白沙关城,领建宁、齐安二郡。天监二年将军吴子扬与魏将元英战于白沙,败绩,其地遂入魏,魏亦置州于此。"《方舆纪要》所言沙州领二郡,恐误。盖建宁郡在梁为豫州属郡,齐安郡为司州属郡。而梁沙州所领郡县乏考。

二十八、北江州沿革

北江州(?—549),治鹿城关(今湖北麻城市西)。《地形志》中北江州:"萧衍置,魏因之。治鹿城关。"《通鉴》卷162太清三年十二月:"东魏使金门公潘乐等将兵五万袭司州,刺史夏侯强降之。于是东魏尽有淮南之地。"北江州亦当随之而没。北江州所领诸郡中,齐昌郡后移属齐州。然《通鉴》卷164承圣元年五月:"扶风民鲁悉达,纠合乡人以保新蔡,力田蓄谷。时江东饥乱,饿死者什八九,遗民携老幼归之。悉达分给粮廪,全济甚众,招集晋熙等五郡,尽有其地。使其弟广达将兵从王僧辩讨侯景,景平,以悉达为北江州刺史。"以鲁悉达保新蔡、尽有晋熙五郡地诸事揆之,承圣元年后之北江州为侨州,今唯讨论此前之实州。

(一)永安郡(?—549)——治浠水(今湖北浠水县)

按:《隋志》下蕲春郡浠水:"旧置永安郡,开皇初郡废。"则梁或有永安郡,以地望揆之,当属北江州。今姑列于此。

(二)阴平郡(?—549)——治阴平(今湖北麻城市东北)

按:《隋志》下永安郡麻城:"梁置信安,又有北西阳县。陈废北西阳,置定州……又有建宁、阴平、定城三郡。开皇初州郡并废。"则梁有阴平郡,以地望揆之,当属北江州。

(三)齐昌郡(?)——治齐昌(今湖北蕲春县西南)

按:齐昌郡本南豫州属郡,梁置北江州,乃来属。《通鉴》卷163大宝元年九月:"(邵陵王)纶出营巴水,流民八九千人附之,稍收散卒,屯于齐昌。"胡注曰:"据《魏收志》:梁武帝置北江州,治鹿城关,领义阳、齐昌、新昌、梁安、齐兴、光城郡。《五代志》:黄州木兰县,梁曰梁安郡。又有义阳郡,后齐置湘州,后改曰北江州。则齐昌亦当在木兰县界,唐省木兰入黄冈县。宋白曰:吴置蕲春郡,晋惠帝改西阳郡,南齐、北齐改西阳为齐昌郡,唐为蕲州。"则梁有齐昌郡。据齐州考证。梁邵陵王纶又以齐昌置齐州。

(四)梁安郡(?—549)——治梁安(今湖北黄陂区北)

按:《隋志》下沔阳郡甑山:"梁置梁安郡。西魏改曰魏安郡"。则梁有梁安郡,以地望揆之,当属北江州。

二十九、齐州沿革

齐州(?—551后),治齐昌(今湖北蕲春县西南)。《北齐书》卷4《文宣纪》:武定七年(梁太清三年)十一月,"梁齐州刺史茅灵斌、德州刺史刘领队、南豫州刺史皇甫慎等并以州内属"。则梁有齐州。《通鉴》卷163大宝元年九月:"初,邵陵王纶以衡阳王献为齐州刺史,镇齐昌,任约击擒之,送建康,杀之。"《北齐书》既言太清三年齐州已没于北,而《通鉴》于大宝元年又言有齐州。盖齐州实未陷,然此后齐州无存,齐昌郡移属西江州。

齐昌郡(?—551后)——治齐昌(今湖北蕲春县西南)

按:齐昌郡本北江州属郡,据本州考证,梁邵陵王纶以齐昌置齐州,后又先后移属西江州、南豫州。

三十、德州沿革

德州(?—549),治乏考。《北齐书》卷4《文宣纪》:武定七年(太清三年)十一月,"梁齐州刺史茅灵斌、德州刺史刘领队、南豫州刺史皇甫慎等并以州内属"。则梁有德州,太清三年没。地望及所领郡县乏考。

三十一、湘州所辖实郡沿革

湘州,侨寄新化(今湖北大悟县东北)。《地形志》中湘州:"萧衍置,魏因之。治大治关城。"安蛮郡新化:"州、郡治。"魏湘州所领之安蛮郡当即为梁司州之安蛮左郡,此湘州盖自司州析出。其设置时间不明,当与光州同没。

(一)安蛮郡(?—551后)——治新化(今湖北大悟县东北)

按:齐末司州领有安蛮左郡,梁承之,《地形志》安蛮郡所领新化县亦是齐安蛮左郡所领旧县。梁置湘州乃来属。

(二)梁宁郡(?—551后)——治聂阳(今湖北孝感市东)

按:《地形志》中湘州领有梁宁郡,当是梁置,魏承之。《地形志》梁宁郡领溵阳县,《补梁志》卷1湘州梁宁县以为即是司州安蛮左郡之中聂阳县。或是。今姑列于此。

三十二、雍州所辖实郡沿革

雍州,寄治襄阳(今湖北襄樊市)。萧齐雍州寄治襄阳,齐末雍州沔北诸郡多没于北。《梁书》卷4《简文帝纪》:"在襄阳拜表北伐……克平南阳、新野等郡,魏南荆州刺史李志据安昌城降,拓地千余里。"《梁书》卷3《武帝纪下》:普通七年十一月,"魏新野太守以郡降"。则梁收复沔北南阳、新野诸郡在普通七年。《周书》卷14《贺拔胜传》:"太昌初(魏太昌元年即为梁中大通四年)……胜攻拔下迮戍,擒其戍主尹道珍等……汉南大骇。胜遣大都督独孤信、军司史宁、欧阳鄷城。南雍州刺史长孙亮、南荆州刺史李魔怜、大都督王元轨取久山、白洎,都督按略昶、史仵龙取义城、均口,擒梁将庄思延,获甲卒数千人。攻冯翊、安定、沔阳,并平之。胜军于樊、邓之间。"《通鉴》卷162中大通五年十二月:"魏荆州刺史贺拔胜寇雍州,拔下迮戍,扇动诸蛮;雍州刺史庐陵王续遣军击之,屡为所败,汉南震骇。胜又遣军攻冯翊、安定、鄷城,皆拔之。续遣电威将军柳仲礼屯谷城以拒之,胜攻之,不克,乃还;于是沔北荡为丘墟矣。"则沔北于中大通五年再失。梁世,雍州增置鄷城、德广、兴国、秦南、沔东诸郡。《通鉴》卷162太清三年十一月:雍州刺史岳阳王萧詧,"既与湘东王绎为敌,恐不能自存,遣使求援于魏,请为附庸"。自此雍州乃为萧詧所占,为西魏、北周之附庸。

(一)襄阳郡(502—549)——治襄阳(今湖北襄樊市)

按:齐末雍州领有襄阳郡,梁承之。太清三年,雍州刺史岳阳王萧詧附于北,襄阳遂没。

（二）酂城郡（？—533）——治酂（今湖北丹江口市东南）

按：《隋志》下襄阳郡阴城："西魏置酂城郡"。然《通鉴》卷162中大通五年十二月，"魏荆州刺史贺拔胜寇雍州，拔下迮戍，扇动诸蛮；雍州刺史庐陵王续遣军击之，屡为所败，汉南震骇。胜又遣军攻冯翊、安定、沔阳、酂城，皆拔之。"则梁已有酂城郡，中大通五年没。

（三）冯翊郡，寄治郡（今湖北宜城市东南）

按：齐末雍州领有冯翊侨郡，《通鉴》卷146天监六年六月："丙午，冯翊等七郡叛降魏。"梁后当复得其地，中大通五年再失。领实县一，都。

（四）德广郡（？—549）——治略阳（今湖北宜城市东）

按：《隋志》下襄阳郡上洪："宋侨立略阳县，梁又立德广郡。西魏改县曰上洪。开皇初郡废。"则梁置德广郡，太清三年附于北。

（五）南阳郡（527—533）——治宛（今河南南阳市）

按：萧齐雍州领有南阳郡，齐末没于北。据本州考证，普通七年梁复得到沔北，克南阳郡，乃来属。中大通五年末，魏又陷沔北，南阳陷。

（六）新野郡（527—533）——治新野（今河南新野县）

按：萧齐雍州领有新野郡，齐末没于北。据本州考证，普通七年梁复得到沔北，克新野郡，乃来属。中大通五年末，魏又侵得沔北，新野陷。

（七）始平郡，寄治武当（今湖北丹江口市西北丹江镇北）

按：齐末雍州领有始平侨郡，领武当实县一。《梁书》卷3《高祖纪下》：普通二年"八月丁亥，始平郡中石鼓村地自开成井"。则梁亦有始平郡。《隋志》中淅阳郡武当："旧置武当郡。又侨置始平郡，后改为齐兴郡。梁置兴州，后周改为丰州。"此言恐误，萧梁梁州旧有齐兴郡，为始平郡之西邻，据兴州考证，梁以齐兴郡为兴州，与始平郡无涉。《元和志》卷21《山南道二》均州："汉南阳郡武当县地也，因山为名。永嘉之乱，雍州始平郡流人出在襄阳者，江左因侨立始平郡以领之，寄理襄阳。宋孝武帝割武当县以隶之。后魏改始平郡为武当郡，隋开皇三年罢郡。"则梁有始平郡，太清三年没于魏。

（八）华山郡，治华山（今湖北宜城市）

按：齐末雍州领有华山侨郡，领实县一，上黄。《隋志》下襄阳郡汉南："宋曰华山，置华山郡。西魏改县为汉南，属宜城郡。"则梁有华山郡。太清三年附北。

（九）兴国郡（？—549）——治乏考（约在今湖北谷城县西）

按：《隋志》下襄阳郡谷城："又梁有兴国、义城二郡，并西魏废。"则梁有兴国郡，其地当在汉水南岸，太清三年附于北。

(十)秦南郡(？—549)——治乏考(约在今湖北宜城市西南)

按:《隋志》下襄阳郡汉南:"又梁置秦南郡,后周并武泉县俱废。"则梁有秦南郡,其地当在汉水南岸,太清三年附于北。

(十一)沔东郡(？—505,527—549)——治乏考(约在今湖北枣阳市西南)

按:《魏书》卷8《世宗纪》:正始二年(梁天监四年)八月,"(萧)衍沔东太守田青喜率郡七、县三十一、户万九千内附"。则梁天监四年前即有沔东郡。胡注曰:"考之《北史》,青喜所据之地盖在襄阳之东,竟陵之西。"此郡普通七年当复,太清三年附于北。

(十二)广平郡,治广平(今湖北丹江口市东南)

按:齐雍州领有广平侨郡,领实县三,永泰元年(498)没于北。《南史》卷64《杜崱传附杜岸传》载杜岸等降萧绎后,"请以五百骑袭襄阳,去城三十里,城中觉之。(萧)詧夜知其师掩襄阳,以岸等襄阳豪帅,于是夜遁归襄阳。岸等知詧至,遂奔其兄南阳太守巚于广平"。则梁普通七年复广平郡,太清三年又附于北。

(十三)顺阳郡(526—533)——治南乡(今河南淅川县西南老城镇东南原丹江南岸[今已成水库])

按:齐末顺阳郡没于北。《通鉴》卷150普通六年十月:"曹义宗等取魏顺阳、马圈,与裴衍等战于淅阳,义宗等败退……未几,义宗击衍等,破之,复取顺阳。"则梁普通六年得魏顺阳。《隋志》中南阳郡顺阳:"旧置顺阳郡。西魏析置郑县,寻改为清乡。后周又并顺阳入清乡。开皇初又改为顺阳。"以顺阳处沔北之地望揆之,当于中大通五年没于魏。

三十三、宛州沿革

宛州(506),治乏考(约在今河南唐河县西北)。《通鉴》卷146天监五年四月:"江州刺史王茂将兵数万侵魏荆州,诱魏边民及诸蛮更立宛州,遣其所署宛州刺史雷豹狼等袭取魏河南城。魏遣平南将军杨大眼都督诸军击茂,辛酉,茂战败,失亡二千余人。大眼进攻河南城,茂逃还;大眼追至汉水,攻拔五城。"胡注曰:"更魏荆州为宛州也";"萧子显《齐志》雍州有河南郡,所领五县惟棘阳为实土,则河南郡当在南阳棘阳县界,《五代志》邓州,新野县旧曰棘阳"。

河南郡,侨寄棘阳一带(今河南唐河县西北)

按:齐雍州领有河南侨郡,领棘阳、襄乡二实县。齐末没于北。据本州考证,梁天监五年得之,以为宛州,旋失。

三十四、宁蛮府沿革

宁蛮府(502—549),治襄阳(今湖北襄樊市)。齐有宁蛮校尉,治襄阳,领有郡县。梁历任雍州刺史多带宁蛮校尉,直至末任雍州刺史萧詧,皆如是。梁之宁蛮府亦当辖有郡县。太清三年,雍州刺史岳阳王萧詧附于魏,则宁蛮府亦随之而附北。

(一) 南襄郡(502—549)——治乏考(约在今湖北南漳县)

按:《一统志》卷346襄阳府南漳县:"晋属襄阳郡,齐置南襄郡,领新安、武昌、建武、武平四县,属(安)〔宁〕蛮府。西魏改(为郡,)曰南襄阳郡,并新安等四县为重阳县。"则梁有南襄郡。以地望揆之,南襄郡处汉水以南,当是太清三年没。

(二) 安定郡(502—533)——治乏考(约在今湖北南漳县西)

按:齐末宁蛮府有安定郡,《通鉴》卷162中大通五年十二月,"魏荆州刺史贺拔胜寇雍州,拔下迮戍,扇动诸蛮;雍州刺史庐陵王续遣军击之,屡为所败,汉南震骇。胜又遣军攻冯翊、安定、沔阳、鄀城,皆拔之。续遣电威将军柳仲礼屯谷城以拒之,胜攻之,不克,乃还;于是沔北荡为丘墟矣。"则梁亦有安定郡,中大通五年没。

(三) 蔡阳郡(502—533)——治蔡阳(今湖北枣阳市西南蔡阳铺)

按:齐末宁蛮府有蔡阳郡,《隋志》下春陵郡蔡阳:"梁置蔡阳郡,后魏置南雍州。西魏改曰蔡州。"则梁有蔡阳郡,当是中大通五年没。

(四) 弘化郡(?—515)——治乏考

按:《通鉴》卷148天监十四年十月:"甲午,弘化太守杜桂举郡降魏。"胡注曰:"弘化地阙,盖亦缘边蛮郡也。"则天监十四年前即有弘化郡,《梁政区建置表》列为宁蛮府属郡,姑从之,天监十四年没于北。

三十五、郧州沿革

郧州(?),治乏考。《梁书》卷46《杜崱传》:"太清中与诸父同归世祖,世祖以为持节、忠武将军、郧州刺史。"则梁有郧州,地望及所领郡县并乏考,今姑附于此。

附 江汉诸实县存考

1. 江陵

按:齐末荆州南郡治江陵,梁承之。承圣三年(554),江陵没于西魏。

2. 枝江

按：齐末荆州南郡领有枝江县。《梁书》卷3《武帝纪下》：中大通三年（531）六月癸丑，"枝江公誉为河东郡王"。则梁亦有枝江县。

3. 华容

按：齐末荆州南郡领有华容县。《梁书》卷3《武帝纪下》：中大通三年六月癸丑，"立昭明太子子南徐州刺史华容公欢为豫章郡王"。则梁有华容县。

4. 当阳

按：齐末荆州南郡领有当阳县。《梁书》卷10《邓元起传》："天监初，封当阳县侯。"则梁亦有当阳县。

5. 临沮

按：齐末荆州南郡领有临沮县。《梁书》卷14《江淹传》：天监元年（502），"封临沮县开国伯。"则梁有临沮县。

6. 安居

按：《隋志》下南郡当阳："梁又置安居县，开皇十八年改曰昭丘。"则梁有安居县。

7. 孱陵

按：齐末荆州南平郡领有孱陵县。《隋志》下南郡公安："陈置荆州。开皇九年省孱陵、永安二县入。"则梁有孱陵县。

8. 作塘

按：齐末荆州南平郡领有作唐县，亦称作"作塘"。《梁书》卷50《文学下·王籍传》："湘东王为荆州，引为安西府谘议参军，带作塘令。"则梁有作塘县。

9. 江安

按：齐末荆州南平郡领有江安县。《梁书》卷16《张稷传》："高祖受禅，以功封江安县侯。"则梁亦有江安县。

10. 南安

按：齐末荆州南平郡领有南安县。《梁书》卷18《康绚传》："天监元年，封南安县男。"则梁亦有南安县。

11. 澧阳

按：齐末荆州南平郡领有澧阳县。《舆地广记》卷27《荆湖北路上》上澧州望澧阳县："晋太康四年置，属天门郡。宋因之，后省焉。隋复置，及置澧州。"《补梁志》卷3荆州天门郡仍列有澧阳县。则梁时或有此县，今从之。

12. 安乡

按：《隋志》下澧阳郡安乡："旧置义阳郡。平陈，郡废。"《方舆纪要》卷77

《湖广三》澧州府安乡县:"东晋侨置南义阳郡,梁又置安乡县为义阳郡治。"则梁之义阳郡乃领有安乡县。

13. 溇中

按:齐末荆州天门郡领有溇中县。《方舆纪要》卷77《湖广三》岳州府慈利县充城条:"溇中城……三国吴置溇中县,晋因之,属天门郡……齐、梁属天门郡,隋废。"则梁有溇中县。

14. 临澧

按:齐末荆州天门郡领有临澧县。《一统志》卷374澧州直隶州临澧故城:"西汉置充县,晋改临澧,南北朝梁以后省。"则梁或存此县,今姑列于此。

15. 高安

按:齐末荆州汶阳郡领有高安县。《隋志》下夷陵郡远安:"旧曰高安,置汶阳郡。又周改县曰安远,开皇七年郡废。"则梁有高安县,承圣三年没于北。

16. 乐乡

按:齐末荆州武宁郡领有乐乡县。《隋志》下竟陵郡乐乡:"旧置武宁郡,西魏置郡州。又梁置旌阳县,后改名惠怀,西魏又改曰武山。"则梁亦有乐乡县,承圣三年没北。

17. 旌阳(惠怀)

按:据乐乡县考证所引《隋志》,梁又置旌阳县,后改为惠怀,承圣三年没北。

18. 长林

按:齐末荆州武宁郡领有长林县。《隋志》下南郡长林:"旧曰长宁县。开皇十一年省长林县入,十八年改曰长林。"其中长宁为荆州永宁侨郡所领之侨县。则梁亦当有长林县。

19. 安南

按:《隋志》下巴陵郡华容:"旧曰安南,梁置南安湘郡,寻废。"则梁有安南县。

20. 夷道

按:齐末荆州宜都郡领有夷道县。《陈书》卷31《樊毅传》:梁末,"以功授持节、通直散骑常侍、贞威将军,封夷道县伯,食邑三百户"。则梁有夷道县。

21. 佷山

按:齐末荆州宜都郡领有佷山县。《寰宇记》卷147《山南东道六》峡州长阳县:"本汉佷山县……隋开皇八年,李伯禽据县,背陈入隋,即改佷山县为长阳县"。则梁当有佷山县。

22. 夷陵

按：齐末荆州宜都郡领有夷陵县。《隋志》下夷陵郡夷陵："带郡。"另据宜州考证，夷陵县当为宜州治所。

23. 宜昌

按：齐末荆州宜都郡领有宜昌县。《隋志》下南郡领有宜昌县，则梁亦当有宜昌县。

24. 沙阳

按：齐末郢州江夏郡领有沙阳县。《隋志》江夏郡蒲圻："梁置上隽郡，又有沙阳县，置沙州，州寻废。平陈，郡废。"则梁有沙阳县。

25. 滠阳

按：齐末郢州江夏郡领有滠阳县。《梁书》卷17《王珍国传》："天监初，封滠阳县侯。"则梁有滠阳县。

26. 沔阳

按：《元和志》卷21《山南道二》复州沔阳县："本汉云杜县地，梁天监二年分置沔阳县。"则梁有沔阳县。

27. 沌阳

按：齐末郢州江夏郡领有沌阳县。《梁书》卷39《元法僧传》："(元)景隆封沌阳县公。"则梁亦有沌阳县。

28. 州陵

按：据郢州州城郡考证，州城郡治州陵。又，《梁书》卷12《柳忱传》："高祖践阼……论建义功，封州陵伯。"则梁有州陵县。

29. 武昌

按：齐末武昌郡领有武昌县。《隋志》下江夏郡武昌："旧置武昌郡。平陈，郡废，又废西陵、鄂二县入焉。"则梁有武昌县。

30. 鄂

按：齐末武昌郡领有鄂县，据武昌县考证所引《隋志》，梁亦当有鄂县。

31. 阳新

按：齐末武昌郡领有阳新县。《隋志》下江夏郡永兴："陈曰阳新。平陈，改曰富川。"则梁有阳新县。

32. 霄城

按：齐末建安左郡领有霄城县。《隋志》下沔阳郡竟陵："旧曰霄城，置竟陵郡。后周改曰竟陵……又有京山县，齐置建安郡，西魏改曰光川"。则梁亦当有霄城县。

33. 京山

按：据霄城县考证所引《隋志》，梁当有京山县。大宝元年(550)没北。

34. 下隽

按：齐末郢州巴陵郡领有下隽县。据隽州考证，梁有下隽县，隶上隽郡，为治所。

35. 蒲圻

按：齐末郢州江夏郡领有蒲圻县。《隋志》下江夏郡蒲圻："梁置上隽郡。"则梁有蒲圻县。

36. 乐化

按：《寰宇记》卷112《江南西道十》鄂州蒲圻县："盛弘之《荆州记》云长沙郡有蒲圻县。宋元嘉七年属巴陵郡。孝建元年属江夏。大同五年于巴陵郡下隽立乐化县，还属上隽郡。"则大同五年(539)置乐化县。

37. 新阳

按：齐末郢州竟陵郡领有新阳县。据新州考证，梁置梁宁郡于竟陵郡之新阳，则梁亦当有新阳县。

38. 新市

按：齐末竟陵郡领有新市县。《隋志》下安陆郡富水："旧曰南新市。西魏改为富水。"《梁书》卷46《胡僧佑传》：大宝二年，"封新市县侯"。今从《梁书》，则梁有新市县。

39. 竟陵

按：齐末竟陵郡领有竟陵县。《梁书》卷9《曹景宗传》："天监元年，进号平西将军，改封竟陵县侯。"则梁有竟陵县。

40. 云杜

按：齐末竟陵郡领有云杜县。《梁书》卷9《柳庆远传》："天监二年，迁中领军，改封云杜侯。"则梁有云杜县。

41. 苌寿

按：齐末竟陵郡领有苌寿县。《元和志》卷21《山南道二》郢州长寿县："本汉竟陵县地，宋分置长寿县，理石城，即今县理是也，属竟陵郡。魏文帝大统后，属温州。"则梁亦有苌寿县。

42. 龙巢

按：《隋志》下汉东郡土山："梁曰龙巢，置土州、东西二永宁、真阳三郡，及置石武县。后周废三郡为齐郡，改龙巢曰左阳；又有阜陵县，改为漳川县。"则梁有龙巢县，当属土州。

43. 石武

按：据龙巢县考证所引《隋志》，梁置石武县，属土州。

44. 阜陵

按：据龙巢县考证所引《隋志》，梁置阜陵县，属土州。

45. 巴陵

按：齐末郢州巴陵郡领有巴陵县。《隋志》下巴陵郡巴陵："旧置巴陵郡。平陈，郡废。"则梁亦当有巴陵县。

46. 监利

按：齐末郢州巴陵郡领有监利县。《隋志》下沔阳郡领有监利县，则梁、陈当有监利县。

47. 吴昌

按：齐末湘州长沙郡领有吴昌县。《隋志》下巴陵郡罗："开皇九年废吴昌、湘滨二县入。"则梁有吴昌县。

48. 临沅

按：齐末郢州武陵有临沅县。《隋志》下武陵郡武陵："旧置武陵郡。平陈，郡废，并临沅、沅南、汉寿三县置武陵县。"则梁亦当有临沅县。

49. 汉寿

按：齐末郢州武陵郡领有汉寿县。据临沅县考证所引《隋志》，陈隋之际亦有汉寿县。则梁或有汉寿县。

50. 沅南

按：齐末郢州武陵郡领有沅南县。据临沅县考证所引《隋志》，陈隋之际亦有沅南县。则梁或有沅南县。

51. 大乡

按：《隋志》下沅陵郡大乡："梁置。"则梁有大乡县。

52. 盐泉

按：《隋志》下沅陵郡盐泉："梁置。"则梁有盐泉县。

53. 龙檦

按：《隋志》下武陵郡龙檦："梁置。"则梁有龙檦县。

54. 沅陵

按：齐末郢州武陵郡领有沅陵县。《隋志》下沅陵郡亦领有沅陵县。则梁亦当有此县。

55. 辰阳

按：齐末郢州武陵郡领有辰阳县。《隋志》下沅陵郡辰溪："旧曰辰阳。平陈,改名。"则梁亦当有辰阳县。

56. 龙阳

按:齐末郢州武陵郡领有龙阳县。《隋志》下武陵郡亦领有龙阳县。则梁亦当有此县。

57. 建昌

按:《隋志》下沅陵郡辰溪:"又梁置南阳郡、建昌县,陈废县。开皇初废郡。"则梁有建昌县。

58. 夜郎

按:《隋志》下沅陵郡辰溪:"旧曰辰阳。平陈,改名;并废故夜郎郡,置静人县,寻废。"《方舆纪要》卷81《湖广七》辰州府辰溪县建昌废县条:"萧梁时于辰阳县境置夜郎郡及县,隋废郡。"《补梁志》卷3沅州夜郎郡条以为梁置夜郎县,姑从之。

59. 新化

按:齐末司州安蛮左郡领有新化县。据湘州考证,新化为湘州治,亦为安蛮郡治。

60. 中聂阳

按:齐末司州安蛮左郡领有中聂阳县。据湘州梁宁郡考证,当即为梁宁郡所领之溠阳县。

61. 义阳

按:据楚州考证,魏之西楚州本自梁之楚州。《地形志》中西楚州所载郡县皆承梁旧。据《地形志》,义阳县为西楚州汝阳郡属县,则梁亦当有此县,属楚州汝阳郡。

62. 城阳

按:魏之西楚州本自梁之楚州。据《地形志》,城阳县为西楚州仵城郡属县,则梁亦当有此县,属楚州仵城郡。

63. 淮阴

按:魏之西楚州本自梁之楚州。据《地形志》,淮阴县为西楚州仵城郡属县,则梁亦当有此县,属楚州仵城郡。

64. 平春

按:魏之西楚州本自梁之楚州。据《地形志》,平春县为西楚州城阳郡属县,则梁亦当有此县,属楚州城阳郡。

65. 义兴

按:魏之西楚州本自梁之楚州。据《地形志》,义兴县为西楚州城阳郡属县,则梁亦当有此县,属楚州城阳郡。

66. 皖城

按:魏之西楚州本自梁之楚州。据《地形志》,皖城县为西楚州城阳郡属县,则梁亦当有此县,属楚州城阳郡。

67. 淮安

按:据华州考证,梁大同元年置华州及上川郡,治淮安。则梁有淮安县。

68. 义乡

按:《元和志》卷21《山南道二》唐州桐柏县:"汉平氏县之东界也,梁于此置义乡县,隋开皇十八年改为桐柏,取桐柏山为名也。"则梁有义乡县。

69. 定阳

按:《隋志》下汉东郡安贵:"梁置,曰定阳,又置北郢州。西魏改定阳曰安贵,改北郢州为欻州。"则梁有定阳县,当属北郢州。

70. 平林

按:《隋志》下汉东郡平林:"梁置上明郡,开皇初废。"据北郢州上明郡考证,梁当有平林县,为上明郡治。

71. 建宁

按:齐末司州建宁郡领有建宁县,据定州考证,天监十三年,建宁郡移属定州,大宝元年没。《地形志》中南定州北建宁郡领有建宁县,则梁亦当有建宁县。

72. 阳武

按:齐末司州建宁郡领有阳武县,据定州考证,天监十三年,建宁郡移属定州,大宝元年没。《地形志》中南定州北建宁郡领有阳武县,则梁亦当有阳武县。

73. 信安

按:《隋志》下永安郡麻城:"梁置信安,又有北西阳县。陈废北西阳,置定州。"则梁有信安县。

74. 北西阳

按:据信安县考证所引《隋志》,梁有北西阳县。

75. 浠水

按:《隋志》下蕲春郡浠水:"旧置永安郡,开皇初郡废。"据北江州考证,永安郡为北江州属郡,则梁有浠水县,为永安郡属县。

76. 梁安

按:《隋志》下永安郡木兰:"梁曰梁安,置梁安郡。"则梁有梁安县,属梁安郡。

77. 平阳

按：齐末司州有平阳县，《梁书》卷3《武帝纪下》：大同六年"六月丁未，平阳县献白鹿一"。则梁亦有平阳县。

78. 孝昌

按：齐末司州南义阳侨郡领有孝昌县。《隋志》下安陆郡亦领有孝昌县，则梁亦当有此县。

79. 安昌

按：齐末司州北义阳郡领有安昌县。《梁书》卷17《张齐传》："高祖受禅，封齐安昌县侯。"则梁亦当有安昌县。

80. 保城

按：齐末司州北义阳郡领有保城县。《梁书》卷28《夏侯夔传》：大通三年(529)，"封保城县侯"。则梁亦有保城县。

81. 永阳

按：齐末司州随郡领有永阳县。《隋志》下安陆郡应山："梁置，曰永阳，仍置应州。"据应州考证，梁有永阳县，为应州治。

82. 安化

按：齐末司州随郡领有安化县。《记纂渊海》卷12《淮南西路》随州随县："南齐分置安化县，西魏改新化。"则梁亦当有安化县。

83. 曲陵

按：齐末司州永宁左郡领有曲陵县，据司州曲阳郡考证，梁置曲阳郡，曲陵为其治所。

84. 南安

按：齐末司州齐安郡领有南安县。《隋志》下永安郡黄冈："齐曰南安，又置齐安郡。开皇初郡废，十八年改县曰黄冈。"则梁有南安县，太清三年没。

85. 齐安

按：齐末司州齐安郡领有齐安县，《元和志》卷27《江南道三》黄州黄冈县："萧齐于此置齐安县，隋开皇十八年改为黄冈。"则梁亦当有齐安县。

86. 平氏

按：齐末司州淮南侨郡领有平氏县。《隋志》中淮安郡亦领有平氏县。则梁亦当有平氏县。

87. 梁安

按：《隋志》下竟陵郡清腾："梁置，曰梁安，又立崇义郡。后周废郡。"则梁置崇义郡,又置梁安县。以地望揆之,当属司州。

88. 襄阳

按:齐末雍州襄阳郡领有襄阳县。《隋志》下襄阳郡亦领有襄阳县,则梁亦当有此县。

89. 中庐

按:齐末雍州襄阳郡领有中庐县。《梁书》卷36《江革传》:"建安王为雍州刺史,表求管记,以革为征北记室参军,带中庐令。"则梁有中庐县。

90. 邔

按:齐末雍州襄阳郡领有邔县。《梁书》卷41《刘孺传附刘遵传》:"(晋安)王后为雍州,复引为安北谘议参军,带邔县令。"则梁有邔县。

91. 率道

按:《隋志》下襄阳郡率道:"梁置。"则梁有率道县。

92. 鄀

按:萧齐雍州广平侨郡领有鄀县。梁置鄀城郡,以地望揆之,当以鄀县为治所。则梁或承旧有鄀县。

93. 郃

按:齐末雍州冯翊侨郡领有郃县。《隋志》下襄阳郡领有郃县,则梁亦当有此县。

94. 棘阳

按:齐雍州河南侨郡领有棘阳县。《隋志》中南阳郡新野:"旧曰棘阳,置新野郡。又有汉广郡,西魏改为黄冈郡。又有南棘阳县,改为百宁县。后周二郡并废,并南棘县入焉。"《隋志》以为棘阳置新野郡者,盖以汉晋旧规言之。则梁亦当有棘阳县。

95. 上黄

按:齐末雍州华山侨郡领有上黄县。《旧志》二《山南东道》襄州南漳:"汉临沮县,属南郡。晋立上黄县,后魏改为重阳县,隋改为南漳。"则梁亦当有上黄县。

96. 宛

按:齐雍州南阳郡领有宛县。《隋志》中南阳郡南阳:"旧曰上陌,置南阳郡。后周并宛县入。"梁一度得南阳郡,亦当有宛县。

97. 涅阳

按:齐雍州南阳郡领有涅阳县。《隋志》中南阳郡课阳:"旧曰涅阳,开皇初改焉。"梁一度得南阳郡,亦当有涅阳县。

98. 冠军

按：齐雍州南阳郡领有冠军县，《隋志》中南阳郡亦领有冠军县。梁一度得南阳郡，亦当有此县。

99. 酈

按：齐雍州南阳郡领有酈县。《隋志》中南阳郡菊潭："旧曰酈，开皇初改焉。"梁一度得南阳郡，亦当有此县。

100. 云阳

按：齐雍州南阳郡领有云阳县。齐末南阳郡没北，普通七年（526）梁复得南阳郡，中大通五年再失。《地形志》下荆州南阳郡领有云阳县，梁一度得南阳郡，亦当有云阳县。

101. 新野

按：齐雍州新野郡领有新野县。齐末新野郡没北，普通七年梁复得新野郡，中大通五年再失。《地形志》下荆州新野郡领有新野县。梁一度得新野郡，亦当有新野县。

102. 穰

按：齐雍州新野郡领有穰县。齐末新野郡没北，普通七年梁复得新野郡，中大通五年再失。《地形志》下荆州新野郡领有穰县，梁一度得新野郡，亦当有穰县。

103. 武当

按：齐末雍州始平侨郡领有武当县，《隋志》中淅阳郡亦领有武当县，则梁当有此县。

104. 顺阳

按：萧齐雍州顺阳郡领有顺阳县。《隋志》中南阳郡顺阳："旧置顺阳郡。西魏析置郑县。"又据雍州顺阳郡考证，梁一度得顺阳郡，则梁有顺阳县。

105. 南乡

按：萧齐雍州顺阳郡领有南乡县。《隋志》中淅阳郡亦领有南乡县，另据雍州顺阳郡考证，梁一度得顺阳郡，则梁当有南乡县。

106. 丹水

按：萧齐雍州顺阳郡领有丹水县。《隋志》中淅阳郡亦领有丹水县，另据雍州顺阳郡考证，梁一度得顺阳郡，则梁当有丹水县。

107. 新安

按：齐末宁蛮府南襄郡领有新安县。《一统志》卷346襄阳府南漳县："晋属襄阳郡，齐置南襄郡，领新安、武昌、建武、武平四县，属（安）[宁]蛮府。西魏改(为郡,)曰南襄阳郡,并新安等四县为重阳县。"则梁亦有新安县,后没魏。

108. 武昌

按：齐末宁蛮府南襄郡领有武昌县。据新安县考证所引《一统志》,梁亦有武昌县,后没魏。

109. 建武

按：齐末宁蛮府南襄郡领有建武县。据新安县考证所引《一统志》,梁亦有建武县,后没魏。

110. 武平

按：齐末宁蛮府南襄郡领有武平县。据新安县考证所引《一统志》,梁亦有武平县,后没魏。

第六节 岭南诸州

中大同元年(546)岭南诸州所辖情况见图53。

一、广州沿革

广州(502—557),治番禺(今广东广州市)。齐末有广州,梁承之,增置梁化、梁泰郡。天监六年(507),齐乐郡移属衡州,晋兴郡移属桂州。普通初,高凉、宋康、海昌郡移属高州。普通四年(523),郁林、宁浦郡移属南定州,苍梧郡移属成州,广熙郡移置建州。普通五年,义安郡移属东扬州。大同中析南海郡高要县为高要郡,齐熙、黄水郡移属东宁州。大同六年(540),桂林郡移属桂州。大同七年前,新宁郡移属新州。绍泰元年(555)前,永平郡移属石州。

(一)南海郡(502—557)——治番禺(今广东广州市)

按：齐末广州领有南海郡,梁有南海王大临,则梁承齐旧有南海郡。

(二)东官郡(502—557)——治宝安(今广东宝安区西南头镇)

按：齐末广州领有东官郡,《隋志》下南海郡增城:"旧置东官郡,平陈废。"政宾:"旧置东官郡。平陈,郡废。"则东官郡直至隋平陈方废,则梁当承齐有东官郡。

(三)绥建郡(502—557)——治新招(今广东广宁县南)

按：齐末广州领有绥建郡,《隋志》下南海郡四会:"旧置绥建郡,又有乐昌郡。平陈,二郡并废。"则梁亦当有绥建郡。

(四)郁林郡(502—522)——治布山(今广西桂平市西南古城)

按：齐末广州领有郁林郡,据南定州考证,普通四年置南定州,乃移属焉。

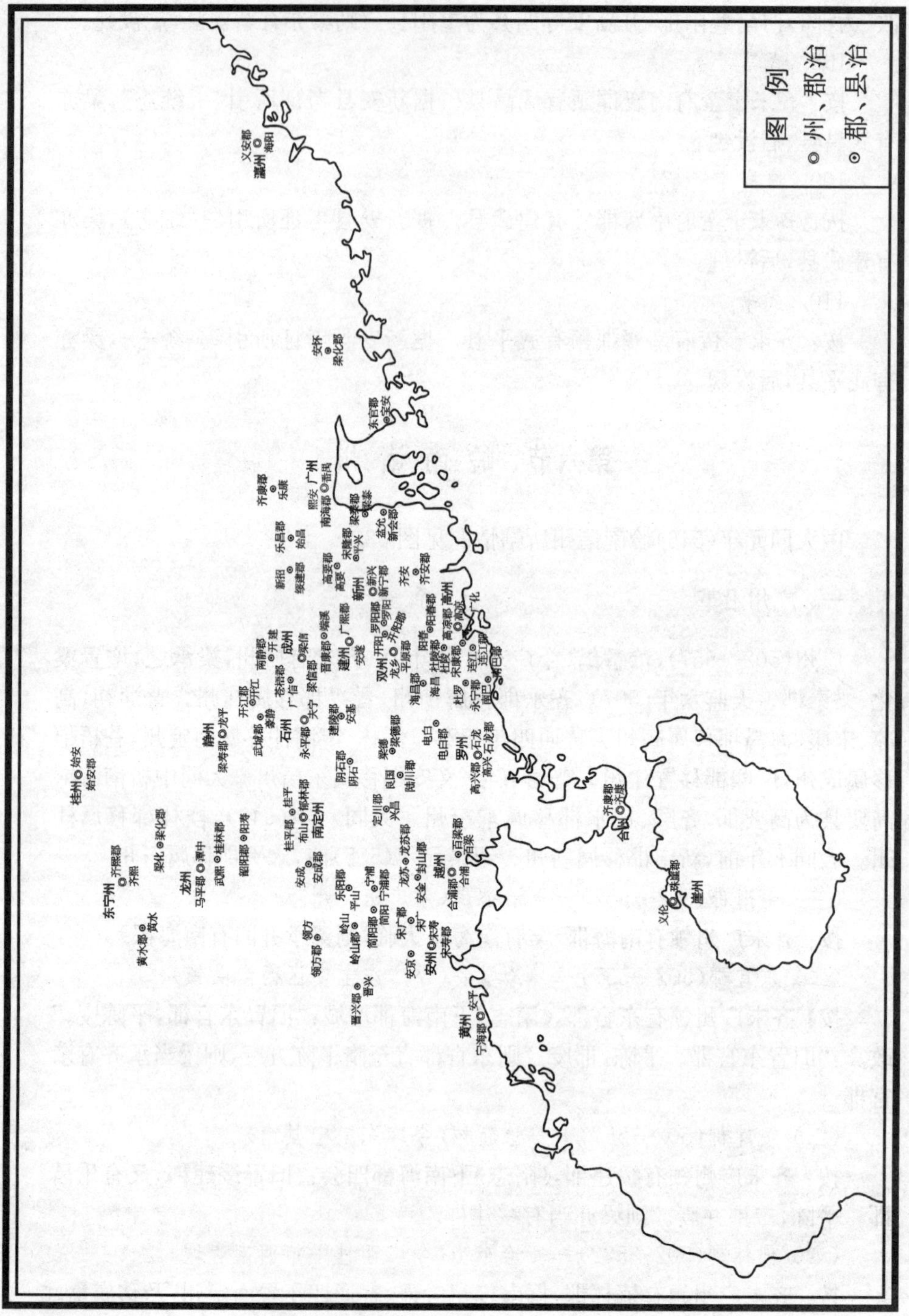

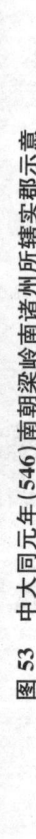

图 53 中大同元年(546)南朝梁岭南诸州所辖实郡示意

(五) 宁浦郡(502—522)——治宁浦(今广西横县西南七里,郁江南岸)

按:齐末广州领有宁浦郡,据南定州考证,普通四年置南定州,乃移属焉。

(六) 梁化郡(？—557)——治安怀(今广东惠东县西北梁化镇)

按:《元和志》卷34《岭南道一》循州:"今州即汉南海郡之博罗县也。梁置梁化郡,隋开皇十年于此置循州。"循州归善县:"本汉博罗县地也,宋于此置归善县,属郡。梁属梁化郡,隋开皇十年废梁化郡。"则梁置梁化郡。

(七) 齐康郡(502—557)——治乐康(今广东清远市)

按:齐末广州领有齐康郡,《隋志》下南海郡清远:"又齐置齐康郡,至是(隋平陈——引者注)亦废入(清远县)焉。"则梁承旧,广州领有齐康郡。

(八) 高要郡(535后—557)——治高要(今广东肇庆市)

按:《隋志》下信安郡高要:"旧置高要郡。平陈,郡废。"《元和志》卷34《岭南道一》端州:"本秦南海郡地,汉武帝置苍梧郡,则为苍梧郡之高要县也,梁大同中,于此立高要郡。"高要在齐末为广州南海郡之属县,当是梁大同中析南海郡之高要县为高要郡,至隋方废。

(九) 乐昌郡(502—557)——治始昌(今广东四会市北)

按:齐末广州领有乐昌郡,《隋志》下南海郡四会:"旧置绥建郡,又有乐昌郡。平陈,二郡并废。"则梁亦当有乐昌郡。

(十) 新会郡(502—557)——治盆允(今广东新会区北)

按:齐末广州领有新会郡,《隋志》下南海郡新会:"旧置新会郡。平陈,郡废,又并盆允、永昌、新建、熙潭、化召、怀集六县入,为封州。"则梁当有新会郡,属广州。

(十一) 宋隆郡(502—557)——治平兴(今广东高要市东南)

按:齐末广州领有宋隆郡,《隋志》下信安郡平兴:"旧置宋隆郡……平陈,郡废。"则梁亦当有此郡。

(十二) 晋康郡(502—557)——治端溪(今广东德庆县)

按:齐末广州领有晋康郡,《隋志》下信安郡端溪:"旧置晋康郡。平陈,郡废。"则晋康郡直至隋平陈方废。又,《陈书》卷9《侯瑱传》:梁末,"累功授轻车府中兵参军、晋康太守"。则梁当承齐旧有晋康郡。

(十三) 梁泰郡(？—557)——治梁泰(今广东高明区东)

按:《隋志》下信安郡平兴:"又梁置梁泰郡及县。平陈,郡废,县改曰清泰。"以地望揆之,梁泰郡当属广州。

(十四) 义安郡(502—523)——治海阳(今广东潮州市东北)

按:齐末广州领有义安郡,《隋志》下义安郡:"梁置东扬州,后改曰瀛州,及陈州废。"据东扬州考证,普通五年置东扬州,义安郡乃移属东扬州焉。

(十五) 宋康郡(502—520后)——治广化(今广东阳江市西)

按:齐末广州领有宋康郡,据高州考证,普通初移属高州。

(十六) 海昌郡(502—520后)——治海昌(今广东高州市东北)

按:齐末广州领有海昌郡,据高州考证,普通初移属高州。

(十七) 永平郡(502—555前)——治夫宁(今广西藤县东北浔江南、北流江东岸)

按:齐末广州领有永平郡,据石州考证,梁绍泰元年前置石州,乃移属焉。

(十八) 新宁郡(502—541前)——治新兴(今广东新兴县)

按:齐末广州领有新宁郡,据新州考证,大同七年前置新州,乃移属焉。

(十九) 苍梧郡(502—522)——治广信(今广西梧州市)

按:齐末广州领有苍梧郡,据成州考证,普通四年置成州时当移属焉。

(二十) 齐乐郡(502—506)——治熙平(今广东连山壮族瑶族自治县北)

按:齐末广州领有齐乐郡,《隋志》下熙平郡熙平:"旧置齐乐郡,平陈,郡废。"据衡州考证,天监六年置衡州,乃移属焉。

(二十一) 广熙郡(502—522)——治安遂(今广东郁南县东南连滩)

按:齐末广州领有广熙郡,据建州考证,普通四年六月移置建州。

(二十二) 齐熙郡(502—535后)——治齐熙(今广西融水苗族自治县)

按:齐末广州领有齐熙郡,据东宁州考证,大同中置东宁州,乃移属焉。

(二十三) 黄水郡(502—535后)——治黄水(今广西罗城仫佬族县西北)

按:齐末广州领有黄水郡,据东宁州考证,大同中置东宁州,乃移属焉。

(二十四) 晋兴郡(502—506)——治晋兴(今广西南宁市南郁江南岸)

按:齐末广州领有晋兴郡,天监六年分广州置桂州,以地望揆之,当移属焉。

(二十五) 桂林郡(502—539)——治武熙(今广西柳江县东南)

按:齐末广州领有桂林郡,据桂州考证,大同六年移属桂州。

(二十六) 高凉郡(502—520后)——治高凉(今广东阳江市西)

按:齐末广州领有高凉郡,据高州考证,普通初置高州,高凉郡乃移属焉。

二、瀛州沿革

瀛州(524后—557),治海阳(今广东潮州市东北)。《隋志》下义安郡:"梁置东扬州,后改曰瀛州,及陈州废。"所谓"后改曰瀛州"者,非东扬州改称为瀛州,当是义安郡自东扬州析出,立为瀛州。《隋志》所言微误。东扬州乃普通五年置。则义安郡移置瀛州当在普通五年后,直至陈立国方罢废。

义安郡(524 后—557)——治海阳(今广东潮州市东北)

按:义安郡先属广州,普通五年移属东扬州。据东扬州考证,义安郡普通五年后自东扬州移置瀛州。

三、新州沿革

新州(541 前—557),治新兴(今广东新兴县)。《隋志》下信安郡新兴:"梁置新州、新宁郡。平陈,郡废。"《寰宇记》卷 163《岭南道七》新州新兴县:"汉临允县,属合浦郡。晋置新宁郡。梁置新州。"《通鉴》卷 158 大同七年十二月:"上遣(萧)谘与高州刺史孙冏、新州刺史卢子雄将兵击之(李贲)。"则大同七年前梁置新州。至陈平乃废。

新宁郡(541 前—557)——治新兴(今广东新兴县)

按:新宁郡本广州属郡,据本州考证所引《隋志》,大同七年前置新州,当随之来属。

四、高州沿革

高州(520 后—557),治高凉(今广东阳江市西)。《隋志》下高凉郡:"梁置高州。"《寰宇记》卷 158《岭南道二》恩州:"汉置为高凉县,属交州合浦郡。梁大通中为高州。隋置高凉郡。"《隋志》下合浦郡海康:"梁大通中,割番州合浦立高州,寻又分立合州。"①然据《梁书》卷 3《武帝纪下》:普通四年六月乙丑,"分广州置成州、南定州、合州、建州"。梁置合州为普通四年。又据《隋仪同三司建州刺史故徐使君墓志铭并序》:"公讳智竦,字达恭,兖州高平人也。……父儒章,梁普通六年,释褐开远将军、高州长史。"②是至迟于普通六年已有高州。《隋志》所载"大通"实为"普通"之讹。《寰宇记》等沿袭《隋志》,并误。今从《梁书》。梁置高州当于普通元年至普通三年之间。

(一)高凉郡(520 后—557)——治高凉(今广东阳江市西)

按:齐末广州领有高凉郡,据本州考证所引《隋志》,普通初置高州,乃来属焉。

(二)电白郡(?—557)——治电白(今广东高州市东北)

按:《隋志》下高凉郡电白:"梁置电白郡。平陈,郡废。又有海昌郡废入

---

① 《隋志》所谓"番州",当是避隋炀帝杨广讳,改"广州"为"番州"。
② 王其祎、周晓薇:《隋代墓志铭汇考》第 4 册,线装书局,2007 年,第 223 页。

焉。"《寰宇记》卷161《岭南道五》高州电白县:"梁置电白郡,隋改为县。"以地望揆之,当属高州。姑列于此。

(三)杜陵郡(？—557)——治杜陵(今广东阳江市西)

按:《隋志》下高凉郡杜原:"旧曰杜陵。梁置杜陵郡,又有永宁、宋康二郡。平陈,并废为县。"则梁有杜陵郡。以地望揆之,当属高州。

(四)宋康郡(520后—557)——治广化(今广东阳江市西)

按:宋康郡本广州属郡,《隋志》下高凉郡杜原:"旧曰杜陵。梁置杜陵郡,又有永宁、宋康二郡。平陈,并废为县。"以地望揆之,普通初置高州,当来属。

(五)海昌郡(520后—557)——治海昌(今广东高州市东北)

按:海昌郡本属广州,《隋志》下高凉郡电白:"梁置电白郡。平陈,郡废。又有海昌郡废入焉。"以地望揆之,普通初当移属高州。

(六)齐安郡(520后—557)——治齐安(今广东恩平市北)

按:梁初越州领有齐安郡。《隋志》下高凉郡海安:"旧曰齐安,置齐安郡。平陈,郡废。"以地望揆之,梁置高州,乃来属。

(七)连江郡(？—557)——治连江(今广东电白县电城镇东)

按:《隋志》下高凉连江:"梁置连江郡。平陈,郡废。梁又置梁封县,开皇十八年改为义封。"则梁置连江郡,以地望揆之,当属高州。

(八)南巴郡(？—557)——治南巴(今广东高州市东)

按:《隋志》下高凉连江:"梁又置南巴郡。平陈,郡废为南巴县。"则梁置南巴郡,以地望揆之,当属高州。

(九)阳春郡(？—557)——治阳春(今广东阳春市)

按:《隋志》下高凉郡阳春:"梁置阳春郡,平陈,郡废。"以地望揆之,当在高州境内,姑列于此。

(十)齐康郡(520后—522)——治齐康(今广东徐闻县南)

按:齐康郡本越州属郡。据合州考证,普通初置高州,齐康郡当来属。及普通四年置合州,又度属焉。

五、成州沿革

成州(523—557),治梁信(今广东封开县东南贺江口)。《隋志》下苍梧郡:"梁置成州,开皇初改为封州。"《梁书》卷3《武帝纪下》:普通四年六月乙丑,"分广州置成州、南定州、合州、建州"。《通鉴》卷163太清三年六月:"西江督护陈霸先……与成州刺史王怀明等集兵南海,驰檄以讨(元)景仲"云云。《陈书》卷20《韩子高传》:"(天嘉)二年,迁员外散骑常侍、壮武将军、成州刺史。"

则直至陈尚有成州。

（一）梁信郡（523—557）——治梁信（今广东封开县东南贺江口）

按：《隋志》下苍梧郡封川："梁曰梁信，置梁信郡。平陈，郡废。"《元和志》卷34《岭南道一》封州："秦为南海郡之地。汉平南越，置苍梧郡，今州即汉苍梧郡之广信县地也，梁于此置梁信郡，属成州。隋开皇十年改为封州。"《寰宇记》卷164《岭南道八》封州："梁置梁信郡，兼置成州。"以地望揆之，当是普通四年自苍梧郡析出。

（二）苍梧郡（523—557）——治广信（今广西梧州市）

按：苍梧本为广州属郡，据本州考证所引《隋志》，普通四年置成州，乃来属焉。

六、合州沿革

合州（523—546，547—557南合州），治徐闻（今广东海康县）。《梁书》卷3《武帝纪下》：普通四年六月乙丑，"分广州置成州、南定州、合州、建州"。《隋志》下合浦郡海康："梁大通中，割番州合浦立高州，寻又分立合州。大同末，以合肥为合州，此置南合州。平陈，以此为合州。"据高州考证，《寰宇记》所言"大通"实为"普通"之讹。《梁书》所载分广州置合州者，恐为连带言之，实不确切。当为分高州地为合州。《梁书》卷3《武帝纪下》：太清元年（547）"秋七月庚申，羊鸦仁入悬瓠城。甲子，诏曰：'二豫分置，其来久矣。今汝、颍克定，可依前代故事，以悬瓠为豫州，寿春为南豫，改合肥为合州，北广陵为淮州，项城为殷州，合州为南合州。'"则《隋志》所载大同末以合州为南合州，不确，改合州为南合州当为太清元年七月事。

齐康郡（523—557）——治齐康（今广东徐闻县南）

按：齐康郡本越州属郡，普通初移属高州。以地望揆之，普通四年梁置合州，当来属焉。

七、建州沿革

建州（523—557），治安遂（今广东郁南县东南连滩）。《梁书》卷3《武帝纪下》：普通四年六月乙丑，"分广州置成州、南定州、合州、建州"。《隋志》下永熙郡安遂："梁置建州、广熙郡。寻废。"[1]后建州又析置双州，详参双州考证。

---

[1] 中华书局校勘记曰："'寻废'下疑脱'郡'字，因州至大业初始废。"疑是。则梁置广熙郡后或废，姑存疑。

广熙郡(523—?)——治安遂(今广东郁南县东南连滩)

按：齐末广州领有广熙郡，据本州考证所引《隋志》，普通四年六月置建州，乃来属焉。

八、双州(泷州)沿革

双州(泷州)(523 后—557)，治龙乡(今广东罗定市南)。《寰宇记》卷 164《岭南道八》康州泷水县废泷州条引《南越志》云："龙乡县属广熙郡。梁大同中分广熙置建州，又分建州之双头洞立双州。"据建州考证，梁置建州在普通四年，《寰宇记》所引《南越志》有误。则双州之置当在普通四年置建州后。《隋志》下永熙郡泷水："旧置开阳县，置开阳、平原、罗阳等郡。平陈，郡并废，以名县。"此地旧无此三郡，当是梁以广熙郡置建州后，另析置此三郡。《记纂渊海》卷 15《广南东路》德庆府："梁别立开阳等郡置双州。"则双州所领为开阳、平原、罗阳三郡。然《隋志》下永熙郡："梁置泷州。"《一统志》卷 457 罗定州条以为："双、泷音同，疑即泷州也。"或是，今从之。则双州本以建州之双头洞立，旋乃自广熙析置出平原等三郡移属焉。

(一) 平原郡(523 后—557)——治龙乡(今广东罗定市南)

按：据本州考证，大同元年后析广熙郡置，乃来属焉。

(二) 开阳郡(523 后—557)——治开阳(今广东罗定市东南)

按：据本州考证，大同元年后析广熙郡置，乃来属焉。

(三) 罗阳郡(523 后—557)——治罗阳(及广东罗定市西)

按：据本州考证，大同元年后析广熙郡置，乃来属焉。

九、崖州沿革

崖州(? —557)，治义伦(今海南省儋州市西北)。《隋志》下珠崖郡："梁置崖州。"《方舆纪要》卷 105《广东六》琼州府："梁置崖州及珠崖郡。隋初郡废州存。"则梁置崖州，然设置时间乏考。

珠崖郡(? —557)——治义伦(今海南省儋州市西北)

按：据本州考证所引《方舆纪要》，梁置珠崖郡。

十、石州沿革

石州(555 前—557)，治夫宁(今广西藤县东北浔江南、北流江东岸)。《通鉴》卷 166 绍泰元年十月："(陈霸先)留高州刺史侯安都、石州刺史杜棱宿卫台省。"胡注曰："《五代志》：永平郡，梁置石州，隋后改曰藤州。"查今本《隋志》下永平郡:"平陈,置藤州。"胡氏所引未知何本,然文意较今本《隋志》为长,姑从之。则梁于故广州地置石州,设置时间不明,当在绍泰元年前。陈平乃废。

(一)永平郡(555前—557)——治夫宁(今广西藤县东北浔江南、北流江东岸)

按:永平郡于齐末为广州属郡,据本州考证所引《通鉴》胡注,梁置石州,乃来属。

(二)建陵郡(?—557)——治安基(今广西岑溪市西北)

按:《隋志》下永平郡安基:"梁置建陵郡,平陈,郡废。"《记纂渊海》卷15《广南东路》藤州:"晋置永平郡,梁置安基县及建陵郡。"以地望揆之,当属石州。姑列于此。

(三)阴石郡(?—557)——治阴石(今广西容县)

按:《隋志》下永平郡普宁:"旧曰阴石,梁置阴石郡。平陈,郡废"。则梁曾置阴石郡,以地望揆之,当属石州。姑列于此。

(四)梁德郡(?—557)——治梁德(今广东信宜市东北)

按:《隋志》下永熙郡怀德:"旧曰梁德,置梁德郡。平陈,废郡。"以"梁德"二字来看,当是梁置;以地望揆之,当属石州。姑列于此。

(五)永业郡(?)——治乏考(约在今广西岑溪市东北筋竹)

按:《隋志》下永熙郡永业:"梁置永业郡,寻改为县,后省。开皇十六年又置。"则梁一度有永业郡。以地望揆之,当属石州。

十一、东宁州沿革

东宁州(535后—557),治齐熙(今广西融水苗族自治县)。《隋志》下始安郡义熙:"旧曰齐熙,置齐熙、黄水二郡及东宁州。平陈,郡并废。"《元和志》卷37《岭南道四》融州:"萧齐于此置齐熙郡,梁大同中又于郡理置东宁州。隋开皇十八年改为融州,废齐熙郡为义熙县。"《记纂渊海》卷15《广南东路》融州:"齐置齐熙、黄水二郡,梁置东宁州。"《考异》卷26《梁书·张缵传》:"东宁州之名,《本纪》亦失书。《隋志》始安郡义熙县,旧曰齐熙,置齐熙、黄水二郡及东宁州。"据此,则梁大同中置东宁州。至隋始废。

(一)齐熙郡(535后—557)——治齐熙(今广西融水苗族自治县)

按:齐熙郡本广州属郡,据本州考证所引《隋志》、《元和志》,大同中置东宁州,乃来属。

(二)黄水郡(535后—557)——治黄水(今广西罗城仫佬族县西北)

按:黄水郡本广州属郡,据本州考证所引《隋志》、《元和志》,大同中置东宁州,乃来属。

（三）梁化郡(542—557)——治梁化(今广西鹿寨县北)

按:《隋志》下始安郡始安:"旧置始安、梁化二郡。平陈,郡并废。"《寰宇记》卷162《岭南道六》桂州慕化县:"本汉潭中县地,晋太康元年分吴所置武丰县置长安县于此。萧齐又于县理置常安戍。梁大同八年于县置梁化郡,改长安县为梁化县。十八年改梁化县为纯化县。大业二年省。"以地望揆之,梁化郡当是大同八年自湘州始安郡析出。姑附于此。

十二、龙州沿革

龙州(537—557),治龙城(今广西柳城县旧柳城西十里,龙江南岸)。《方舆胜览》卷38《广西路》柳州:"秦平百粤,属桂林郡。汉改郁林郡,又为郁林郡之潭中县地。梁置龙州,隋以马平县置象州,属始安郡。"《方舆纪要》卷109《广西四》柳州府:"祝穆曰:'三国吴析桂林郡置马平郡。梁大同中兼置龙州,治龙江南岸。隋废郡,徙州治江北。寻废州,而以马平郡置象州。'"《补梁志》卷2龙州条据《舆地纪胜》引张维《广西郡邑志》云:"梁大同三年八龙见于江,乃于江南置龙州及龙城县。"则梁大同三年置龙州。

马平郡(537—557)——治潭中(今广西柳州市东南柳江东南岸)

按:《隋志》下始安郡阳寿:"有马平、桂林、象、韶阳等四郡。平陈,并废。"《舆地广记》卷36《广南西路上》下柳州中马平县:"吴分属桂林郡,后置马平县及郡。隋废郡入象州。"《方舆胜览》卷38柳州:"汉改郁林郡,又为郁林郡之潭中县地。梁置龙州。隋以马平县置象州。"查《晋志》、《宋志》、《南齐志》,均无马平郡。则马平郡或是梁置,当属龙州。

十三、静州沿革

静州(549前—557),治龙平(今广西昭平县)。《隋志》下始安郡龙平:"梁置静州,梁寿、静慰二郡。平陈,并废。"《元和志》卷37《岭南道四》富州:"梁武帝分临贺郡置南静郡,隋开皇中废。"《记纂渊海》卷15《广南东路》昭州昭平:"本汉临贺、猛陵二县地,梁于临贺地置南静郡、龙平县,于猛陵地置开江郡、县,又置静州,安乐、博劳二县。隋废二郡,增置开化县。大业废州,并属始安郡。省开江、归化、安乐、博劳四县。"则梁武帝时置静州,至隋方废。

（一）梁寿郡(549前—557)——治龙平(今广西昭平县)

按:据本州考证,梁置静州时,并置梁寿郡。

(二)静慰郡(549前—557)——治乏考(约在今广西昭平县境)

按:《隋志》下始安郡龙平:"梁置静州,梁寿、静慰二郡。平陈,并废。"则梁置静慰郡,然《寰宇记》卷163《岭南道七》昭州龙平县:"废富州城……梁武帝分临贺置南静郡,陈为静尉郡。"二者矛盾,今姑从《隋志》,以静慰郡为梁置。

(三)武城郡(549前—557)——治豪静(今广西昭平县南百余里桂江西)

按:《隋志》下始安郡豪静:"梁置开江、武城二郡,陈置逍遥郡。平陈,郡并废。"则梁有武城郡,以地望揆之,属静州,当是梁武时置。

(四)开江郡(549前—557)——治开江(今广西昭平县东南马江)

按:《隋志》下始安郡豪静:"梁置开江、武城二郡,陈置逍遥郡。平陈,郡并废。"则梁有开江郡,以地望揆之,属静州,当是梁武时置。

(五)南静郡(549前—557)——治开建(今广东封开县北南丰东)

按:《隋志》下熙平郡开建:"梁置南静郡,平陈,郡废。"《元和志》卷37《岭南道四》富州:"今州即汉苍梧郡之临贺县地也。梁武帝分临贺郡置南静郡,隋开皇中废。"以地望揆之,南静郡当是自湘州临贺郡析出。

十四、南定州沿革

南定州(523—557),治布山(今广西桂平市西南古城)。《梁书》卷3《武帝纪下》:普通四年六月乙丑,"分广州置成州、南定州、合州、建州"。《隋志》下郁林郡:"梁置定州,后改为南定州。平陈,改为尹州。"因梁于司州境已置定州,故此定州称为"南定州"。

(一)郁林郡(523—557)——治布山(今广西桂平市西南古城)

按:郁林郡本广州属郡,据本州考证所引《隋志》,普通四年置南定州,来属焉。

(二)宁浦郡(523—557)——治宁浦(今广西横县西南七里,郁江南岸)

按:宁浦本广州属郡,《补梁志》、《梁政区建置表》列宁浦郡为南定州属郡,以地望揆之亦合。今从之。则普通四年置南定州时或来属焉。

(三)简阳郡(?—557)——治简阳(今广西横县西南郁江南岸)

按:齐广州宁浦郡领有简阳县。《隋志》下郁林郡宁浦:"旧置宁浦郡,梁分立简阳郡。平陈,郡废。"以地望揆之,当是梁置南定州时,析宁浦郡置简阳郡来属。

(四)乐阳郡(?—557)——治平山(今广西横县东北郁江北岸)

按:《隋志》下郁林郡乐山:"梁置乐阳郡。平陈,改为乐阳县。"以地望揆之,当属南定州。

(五)岭山郡(？—557)——治岭山(今广西横县西郁江南岸)

按:《隋志》下郁林郡岭山:"梁置岭山郡。平陈,改为岭县。"以地望揆之,当属南定州。

(六)桂平郡(？—557)——治桂平(今广西桂平市西)

按:《隋志》下郁林郡桂平:"梁置桂平郡。平陈,郡废。"《元和志》卷38《岭南道五》浔州桂平县:"梁于此置桂平郡,隋开皇十年罢郡为县。"《记纂渊海》卷15《广南东路》浔州:"梁置桂平郡及县,隋开皇废郡,以县属南尹州。"《梁政区建置表》列桂平郡为南定州属郡,以地望揆之亦合,今从之。

十五、桂州沿革

桂州(507—557),始无固定治所,大同六年后治始安(今广西桂林市)。《梁书》卷2《武帝纪中》:天监六年秋七月"丙寅,分广州置桂州。"《梁书》卷3《武帝纪下》:大同六年十二月,"置桂州于湘州始安郡,受湘州督;省南桂林等二十四郡,悉改属桂州"。《隋志》下始安郡:"梁置桂州。平陈,置总管府。"《元和志》卷37《岭南道四》桂州:"吴归命侯甘露元年,于此置始安郡,属荆州。晋属广州。梁天监六年,立桂州于苍梧、郁林之境,因桂江以为名,大同六年移于今理。"《寰宇记》卷162《岭南道六》桂州:"梁天监六年立桂州于苍梧、郁林之境,无定理处。大同六年移桂州于今理。"则梁天监六年置桂州于广州境,大同六年乃移治于始安郡。

(一)始安郡(540—557)——治始安(今广西桂林市)

按:始安郡本湘州属郡,据本州考证,大同六年移属桂州,以为治所。

(二)桂林郡(540—557)——治武熙(今广西柳江县东南)

按:桂林本广州属郡,《梁政区建置表》列桂林为桂州属郡,以地望揆之亦合。当是大同六年来属。

(三)安成郡(507—557)——治安成(今广西宾阳县东安城镇)

按:《隋志》下郁林郡安成:"梁置安成郡。平陈,郡废。"《元和志》卷38《岭南道五》宾州保城县:"本汉广郁县地,属郁林郡。梁置安成郡。"以地望揆之,安成郡当自广州郁林郡析出,移属桂州。

(四)领方郡(507—557)——治领方(今广西宾阳县西南古城)

按:领方于齐末本广州郁林郡属县。《隋志》下郁林郡领方:"梁置领方郡。平陈,郡废。"则领方郡当是梁自郁林郡中析出,移属桂州。

(五)晋兴郡(507—557)——治晋兴(今广西南宁市南郁江南岸)

按:晋兴本广州属郡,以地望揆之,天监六年分广州置桂州,当来属。

（六）韶阳郡（？—557）——治阳寿（今广西象州县）

按：《隋志》下始安郡阳寿："有马平、桂林、象、韶阳等四郡。平陈，并废。"则梁有韶阳郡。《梁政区建置表》以为韶阳郡当属桂州，今从之。设置时间乏考。

（七）象郡（？—557）——治乏考（今广西鹿寨县雒容南）

按：《方舆纪要》卷109《广西四》柳州府象州："梁置象郡。隋平陈郡废，置象州。"以地望揆之，象郡当属桂州。领县乏考。

十六、庐州沿革

庐州（？），治乏考。《陈书》卷13《周炅传》："父灵起，梁通直散骑常侍、庐桂二州刺史，保城县侯。"则梁似有庐州，所领郡县及地望乏考。姑附于此。

十七、交州沿革

交州（502—540,546—557），治龙编（今越南北宁省仙游东）。齐末有交州，梁承之。普通四年，九真郡移置爱州；大同八年前，宋寿郡移属安州；大同九年前，九德郡移置德州。又移新昌郡于兴州。《梁书》卷3《武帝纪下》：大同七年，"交州土民李贲攻刺史萧谘，谘输赂，得还越州"。大同十年"春正月，李贲于交趾窃位号，署置百官"。中大同元年（546）正月，"交州平"。则大同七年交州没，中大同元年复交州（此年之政区见图54）。太清二年五月，"辛亥，曲赦交、爱、德三州"。交州至梁末犹存。

（一）交趾郡（502—540,546—557）——治龙编（今越南北宁省仙游东）

按：齐末交州领有交趾郡，《隋志》下交趾郡龙编："旧置交趾郡。平陈，郡废。"梁承旧有交趾郡，治龙编。

（二）宋平郡（502—540,546—557）——治昌国（今越南河内市）

按：齐末交州领有宋平郡，《隋志》下交趾郡宋平："旧置宋平郡。平陈，郡废。"梁承旧有宋平郡。

（三）武平郡（502—540,546—557）——治武定（今越南永富省永福县东南平州）

按：齐末交州领有武平郡，治于武定。《隋志》下交趾郡隆平："旧曰武定，置武平郡。平陈，郡废。开皇十八年县改名焉。"则梁有武平郡。

（四）新昌郡（502—？）——治嘉宁（今越南永富省白鹤县南凤州）

按：齐末交州领有新昌郡，据兴州考证，梁置兴州，乃移属焉。

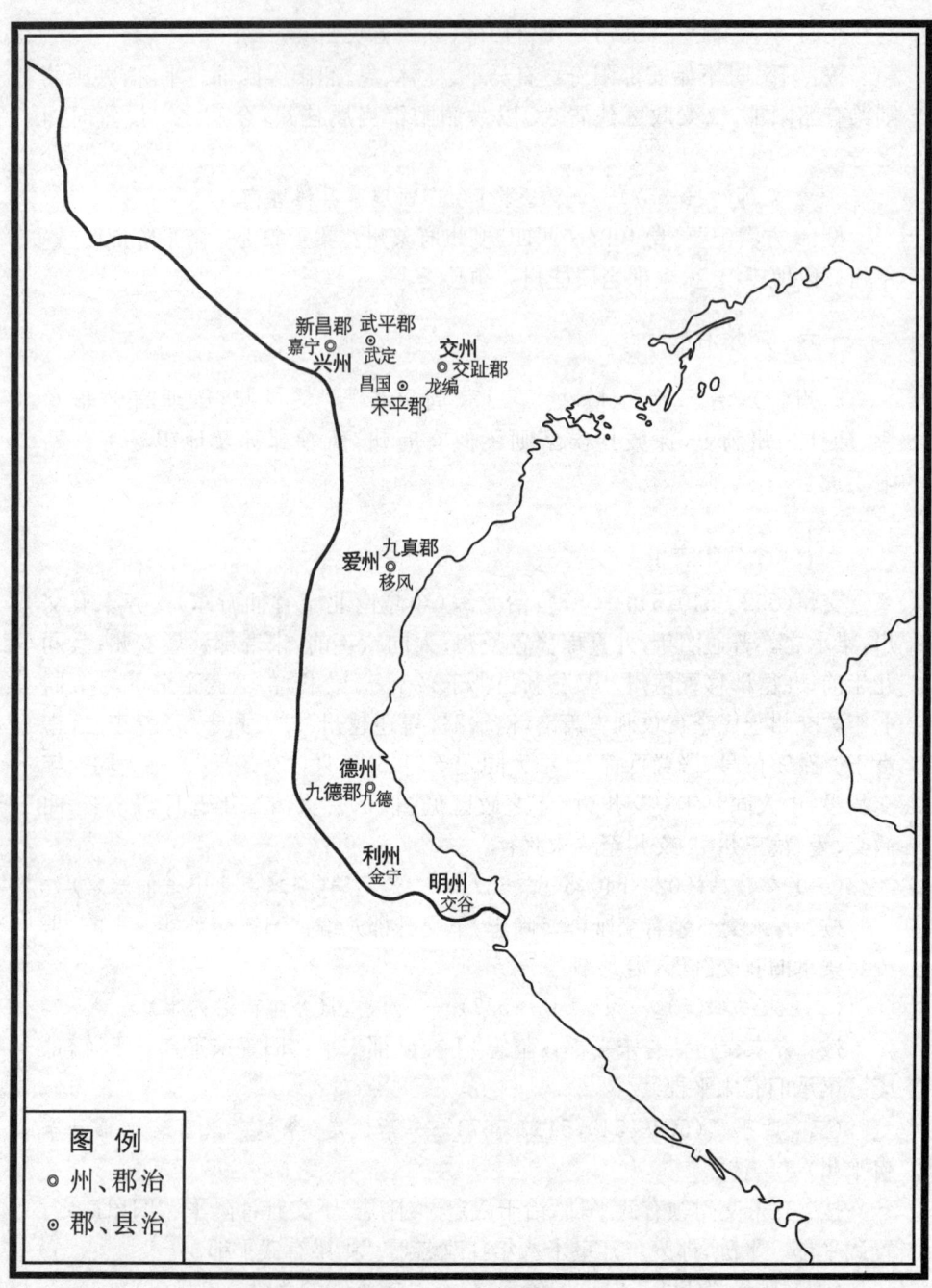

图 54 中大同元年(546)南朝梁岭南交州等示意

（五）九真郡(502—522)——治移风(今越南清化省清化北马江南岸)

按：齐末交州领有九真郡，据爱州考证，普通四年置爱州，乃移属焉。

（六）九德郡(502—543前)——治九德(今越南义安河荣市)

按：齐末交州领有九德郡，据德州九德郡考证，大同九年前置德州，乃移属焉。

（七）宋寿郡(502—542前)——治宋寿(今广西钦州市东北三十里，钦江西北岸)

按：齐末交州领有宋寿郡，据安州考证，大同八年前移属安州。

十八、兴州沿革

兴州(？—557)，治嘉宁(今越南永富省白鹤县南凤州)。旧无兴州，《隋志》下交趾郡嘉宁："旧置兴州、新昌郡。平陈，郡废。"《方舆纪要》卷112《广西七》太原府峰州城："三国吴建衡三年改为新昌郡，治嘉宁县。晋太康三年改为新昌郡，宋、齐因之。梁兼置兴州。隋平陈郡废，而州如故。"

新昌郡(？—557)——治嘉宁(今越南永富省白鹤县南凤州)

按：新昌郡本为交州属郡，据本州考证，梁置兴州，乃来属。

十九、爱州沿革

爱州(523—557)，治移风(今越南清化省清化北马江南岸)。《隋志》下九真郡："梁置爱州。"《元和志》卷38《岭南道五》爱州："秦象郡地也，汉元鼎六年平南越，置九真郡……梁武帝于郡理置爱州，隋大业三年改爱为九真郡。"《梁书》卷3《武帝纪下》：普通四年六月乙丑，"分交州置爱州"。《梁书》卷3《武帝纪下》：太清二年五月"辛亥，曲赦交、爱、德三州"。则梁普通四年于交州之九真郡置爱州。

九真郡(523—557)——治移风(今越南清化省清化北马江南岸)

按：九真郡本为交州属郡。据本州考证，普通四年置爱州，乃来属焉。

二十、黄州沿革

黄州(535—557)，治安平(今广西防城区西南东兴)。《隋志》下宁越郡海安："梁置，曰安平，置黄州及宁海郡。平陈，郡废。十八年改曰玉州。大业初州废，其年又省海平、玉山二县入。"《元和志》卷38《岭南道五》陆州："本汉交趾郡地，梁大同元年于郡分置黄州，隋开皇十八年改为陆州。"则梁大同元年置黄州于旧交州东北境，至隋方罢。

宁海郡(535—557)——治安平(今广西防城区西南东兴)
按：据本州考证，梁置黄州，并立宁海郡。

二十一、利州沿革

利州(？—557)，治金宁(今越南河静省河静西北)。《隋志》下日南郡金宁："梁置利州。开皇十八年改为智州。"则梁置利州，设置时间及所领郡乏考。

二十二、明州沿革

明州(？—557)，治交谷(今越南河静省河静以南)。《隋志》下日南郡交谷："梁置明州，大业初州废。"《梁书》卷6《敬帝纪》：太平元年(556)二月"癸亥，贼徐嗣徽、任约袭采石戍，执戍主明州刺史张怀钧，入于齐"。则梁末有明州。设置时间及所领郡乏考。

二十三、德州沿革

德州(543前—557)，治九德(今越南义安河荣市)。《隋志》下日南郡："梁置德州，开皇十八年改曰驩州。"《元和志》卷38《岭南道五》驩州："吴归命侯天纪二年，分九真之咸驩县置九德县，属交州。梁武帝于此置德州，隋开皇十八年改为驩州，取咸驩县为名也。"《梁书》卷3《武帝纪下》：大同九年"夏四月，林邑王破德州，攻李贲，贲将范修又破林邑王于九德，林邑王败走"。则德州置于大同九年前。

九德郡(543前—557)——治九德(今越南义安河荣市)
按：九德本交州属郡，《梁政区建置表》列九德郡为德州属郡，另据本州考证，大同九年前置德州，九德郡当来属焉。

二十四、安州沿革

安州(542前—557)，治宋寿(今广西钦州市东北三十里，钦江西北岸)。《隋志》下宁越郡："梁置安州，开皇十八年改曰钦州。"《元和志》卷38《岭南道五》钦州："宋分合浦置宋寿郡。梁武帝于今钦江县南三里置安州，隋开皇十八年改安州为钦州，取钦江为名也。"《梁书》卷3《高祖纪下》：大同八年三月，"遣越州刺史陈侯、罗州刺史宁巨、安州刺史李智、爱州刺史阮汉，同征李贲于交州"。则大同八年前即有安州。

（一）宋寿郡(542前—557)——治宋寿(今广西钦州市东北三十里,钦江西北岸)

按：宋寿本交州属郡,据本州考证,大同八年前置安州,当来属焉。

（二）安京郡(542前—557)——治安京(今广西钦州市北小董西)

按：《元和志》卷38《岭南道五》钦州安京县："梁武帝分宋寿郡于此置安京郡,隋开皇十年废郡为县,属钦州。"则梁置安京郡,以地望揆之,当属安州。

（三）宋广郡(542前—557)——治宋广(今广西灵山县西南陆屋)

按：《隋志》下宁越郡内亭："旧置宋广郡。平陈,郡废。"《通鉴》卷190武德五年(622)四月："隋鸿胪卿宁长真以宁越、郁林之地请降于李靖"云云,胡注曰："宁越郡,钦州,汉合浦县地,宋为宋寿、宋广郡。"查诸史籍,宋广郡乏考,然齐越州合浦郡领有宋广县,地望相合,则疑宋曾一度置宋广郡,后废为县,梁复置为郡。以地望揆之,当属安州。

二十五、越州沿革

越州(502—557),治合浦(今广西合浦县东北旧州)。齐末有越州,《隋志》下合浦郡："旧置越州。大业初改为禄州,寻改为合州。"梁承旧有越州。普通元年后,齐安、齐康郡移属高州；大同八年前高兴、永宁郡移属罗州；陆川郡后废。

（一）合浦郡(502—557)——治合浦(今广西合浦县东北旧州)

按：齐末越州领有合浦郡。据本州考证所引《隋志》,梁亦当有合浦郡。另据安州宋广郡考证,梁以合浦郡所属之宋广县置宋广郡,移属安州。

（二）龙苏郡(502—557)——治龙苏(今广西浦北县北苏村附近)

按：齐末越州领有龙苏郡。《隋志》下合浦郡龙苏："旧置龙苏郡。平陈,郡废。"则梁亦当有龙苏郡。

（三）陆川郡(502—?)——治良国(今广西北流市东南陆靖)

按：齐末越州领有陆川郡。乾隆《大清一统志》卷367郁林州陆川县："汉合浦县地,南齐置陆川郡。梁陈间废为陆川县。"然嘉庆重修《一统志》删去"南齐置陆川郡"一语。齐有陆川郡已确然可考,嘉庆重修《一统志》所作删节殊不可解。今不从。则梁亦当有陆川郡,罢废时间乏考。

（四）百梁郡(502—557)——治百梁(今广西合浦县东北)

按：齐末越州领有百梁郡。《一统志》卷450廉州府安昌故城："案《宋志》越州领百梁郡,《南齐志》领百梁、始昌、宋西三县,盖亦废于梁、陈时。"则梁或当有此郡。

（五）封山郡(502—557)——治封山(今广西灵山县南安金)

按：齐末越州领有封山郡。《一统志》卷450廉州府封山废县："在合浦县西北。萧齐越州领封山郡，郡领安金一县。梁陈时废郡为封山县。《隋书·地理志》合浦郡领封山县。"《梁书》卷22《太祖五王·临川王宏传》：萧宏子"正表封山侯"。然《方舆纪要》卷104《广东五》廉州府合浦县封山废县条："汉合浦县地，南齐置封山郡，治安金县。萧梁兼置封山县……隋郡废，以封山县属越州。"是梁时封山郡、县并存。《一统志》所言微误。则梁有封山郡，领封山县。

（六）定川郡(502—557)——治兴昌(今广西玉林市西南)

按：齐末越州领有定川郡，《隋志》下合浦郡定川："旧立定川郡。平陈，郡废。"则梁亦当有定川郡。

（七）高兴郡(502—542前)——治高兴(今广东化州市)

按：齐末越州领有高兴郡，大同八年前置罗州，以地望揆之，当移属焉。

（八）永宁郡(502—542前)——治杜罗(今广东电白县东北)

按：齐末越州领有永宁郡。《隋志》下高凉郡杜原："又有永宁、宋康二郡。平陈，并废为县。"则梁亦当有永宁郡，以地望揆之，大同八年前置罗州，当移属焉。

（九）齐安郡(502—520后)——治齐安(今广东恩平市北)

按：齐置齐隆郡，先属交州，后改名齐安，移属越州。齐末又称齐隆，还属交州。《隋志》下高凉郡海安："旧曰齐安，置齐安郡。平陈，郡废。"以地望揆之，梁当复称齐安，移属越州。普通元年后置高州，当移属焉。

（十）齐康郡(502—520后)——治齐康(今广东徐闻县南)

按：齐末越州领有齐康郡，《隋志》下合浦郡隋康："旧曰齐康，置齐康郡。平陈，郡废，县改名焉。"则梁亦有齐康郡。据高州、合州考证，梁普通元年后置高州，乃移属焉，及普通四年置合州，齐康郡又移属合州。

二十六、罗州沿革

罗州(542前—557)，治石龙(今广东化州市)。《隋志》下高凉郡石龙："旧置罗州、高兴郡。平陈，郡废。"《寰宇记》卷167《岭南道十一》化州吴川县："废石城县，本合浦郡地，宋将檀道济于陵罗江口筑石城，因置罗州，属高凉郡。梁、陈复置罗州。"《梁书》卷3《高祖纪下》：大同八年三月，"遣越州刺史陈侯、罗州刺史宁巨、安州刺史李智、爱州刺史阮汉，同征李贲于交州"。则梁当于大同八年前于檀道济所筑石城名"罗州"处置罗州。至陈平乃废。

（一）石龙郡（542前—557）——治石龙（今广东化州市）

按：《一统志》卷449高州府化州："萧齐复立高兴郡，梁置罗州及石龙郡，又分置石龙县为州郡治。隋平陈，郡废。"则大同八年前置罗州，石龙郡当随州而置。

（二）高兴郡（542前—557）——治高兴（今广东化州市）

按：高兴郡本越州旧郡，以地望揆之，大同八年前置罗州时当自越州来属。

（三）永宁郡（542前—557）——治杜罗（今广东电白县东北）

按：永宁本越州旧郡。梁大同八年前置罗州，以地望揆之，当来属焉。

二十七、衡州沿革

衡州（507—556），治含洭（今广东英德市西北洭浦）。《梁书》卷2《武帝纪中》：天监六年四月，"分湘广二州置衡州"①。《隋志》下南海郡含洭："梁置衡州、阳山郡。平陈，州改曰洭州，废郡。"《隋志》下南海郡始兴："齐曰正阶，梁改名焉，又置安远郡，置东衡州。平陈，改郡置大庾县。"《梁书》卷32《兰钦传》："又假钦节，都督衡州三郡兵，讨桂阳、阳山、始兴叛蛮，至即平破。"《陈书》卷25《裴忌传》："梁普通中众军北伐，（裴）之平随都督夏侯亶克定涡、潼，以功封费县侯。会衡州部民相聚寇抄，诏以之平为假节、超武将军、都督衡州五郡征讨诸军事。"则衡州一度领五郡。《陈书》卷9《欧阳頠传》："高祖以王怀明为衡州刺史，迁頠为始兴内史……梁元帝承制以始兴郡为东衡州，以頠为持节、通直散骑常侍、都督东衡州诸军事、云麾将军、东衡州刺史。"所谓"承制"，盖梁武帝末，梁元帝萧绎为荆州刺史，镇江陵，《梁书》卷5《元帝纪》：太清三年"三月，侯景寇没京师。四月，太子舍人萧歆至江陵宣密诏，以世祖为侍中、假黄钺、大都督中外诸军事、司徒承制，余如故"。及承圣元年，萧绎即皇位，则无所谓"承制"。则梁太清三年至承圣元年之间，以衡州之始兴郡置东衡州。《梁书》卷6《敬帝纪》：太平元年十二月壬申，"以新除左卫将军欧阳頠为安南将军、衡州刺史"。《陈书》卷9《欧阳頠传》亦载此事曰："寻授使持节、散骑常侍、都督衡州诸军事、忠武将军、衡州刺史，进封始兴县侯。时萧勃在广州，兵强位重，元帝深患之，遣王琳代为刺史。琳已至小桂岭，勃遣其将孙信监州，尽率部下至

---

① 《梁书》卷24《萧昌传》："（天监）九年，分湘州置衡州，以昌为持节、督广州之绥建湘州之始安诸军事、信武将军、衡州刺史，坐免。"此言天监九年置衡州者，恐为萧昌天监九年为衡州刺史，史传概而言之，今以《本纪》为准。

始兴,避琳兵锋。頠别据一城,不往谒勃,闭门高垒,亦不拒战。"则太平元年十二月,欧阳頠自东衡州刺史转为衡州刺史,然观《传》文,欧阳頠转为衡州刺史后,仍处始兴。钱氏《考异》卷363《陈书·世祖纪》:"东衡州实置于梁末,不知何年省入衡州。"以前所引《传》文查之,当是太平元年十二月,衡州并入东衡州,治始兴,东衡州乃称衡州。

(一) 清远郡(? —556)——治中宿(今广东清远市西北)

按:《隋志》下南海郡清远:"旧置清远郡,又分置威正、廉平、恩洽、浮护等四县。平陈并废,以置清远县。又齐置齐康郡,至是亦废入焉。"所谓"旧置清远郡"者,查宋、齐皆无,《元和志》卷34《岭南道一》广州清远县:"本汉中宿县地也,梁武帝于此置清远郡,中宿县属之。"《陈书》卷9《欧阳頠传》:"梁左卫将军兰钦之少也,与頠相善,故頠常随钦征讨。钦为衡州,仍除清远太守。"则梁置清远郡,属衡州。太平元年移属东衡州。

(二) 临贺郡(507—556)——治临贺(今广西贺州市东南贺街)

按:临贺郡本湘州属郡。《梁书》卷43《韦粲传》:"大同十一年……出为持节、督衡州诸军事、安远将军、衡州刺史……太清元年,粲至州无几,便表解职。"《陈书》卷9《欧阳頠传》:"时湘衡之界五十余洞不宾,敕令衡州刺史韦粲讨之,粲委頠为都督,悉皆平殄。"《陈书》卷1《高祖纪上》:太清三年,"是时临贺内史欧阳頠监衡州"。则疑临贺郡亦于天监六年移属衡州,太平元年又移属东衡州。

(三) 阳山郡(507—556)——治含洭(今广东英德市西北洽洭)

按:《隋志》下南海郡含洭:"梁置衡州、阳山郡。平陈,州改曰洭州,废郡。"《元和志》卷29《江南道五》连州阳山县:"本汉旧县……后汉省,晋重置,在洭水南。梁天监六年置阳山郡,以县属焉。隋开皇十年属连州。"《梁书》卷32《兰钦传》:"又假钦节,都督衡州三郡兵,讨桂阳、阳山、始兴叛蛮,至即平破之。"则梁天监六年置阳山郡,属衡州。太平元年十二月移属东衡州。

(四) 始兴郡(507—549后)——治曲江(今广东韶关市南武水西岸)

按:始兴本为湘州属郡,据本州考证,天监六年置衡州,乃移属焉。太清三年后移置东衡州。

(五) 安远郡(? —556)——治乏考(约在今广东南雄市东北)

按:《隋志》下南海郡始兴:"齐曰正阶,梁改名焉,又置安远郡,置东衡州。平陈,改郡置大庾县。"则梁置安远郡,又"置东衡州"者,据本州考证,东衡州为自衡州析出,则安远郡当本属衡州。太平元年十二月移属东衡州。

（六）梁乐郡(？—556)——治梁乐(今广东阳山县南)

按：《隋志》下熙平郡宣乐："梁置，曰梁乐，并置梁乐郡，平陈，郡废。"以地望揆之，或属衡州，姑列于此。太平元年十二月移属东衡州。

（七）齐乐郡(507—556)——治熙平(今广东连山壮族瑶族自治县北)

按：齐末广州领有齐乐郡，以地望揆之，其东为始兴郡，其西为临贺郡，皆为衡州属郡，梁置衡州，亦当来属焉。太平元年十二月移属东衡州。

（八）桂阳郡(507—556)——治郴(今湖南郴州市)

按：齐末湘州领有桂阳郡，《梁书》卷32《兰钦传》："又假钦节，都督衡州三郡兵，讨桂阳、阳山、始兴叛蛮，至即平破之。"则天监六年置衡州，乃移属焉。太平元年十二月移属东衡州。

二十八、东衡州沿革

东衡州(549后—556，557衡州)，治曲江(今广东韶关市南武水西岸)。《陈书》卷9《欧阳頠传》："高祖以王怀明为衡州刺史，迁頠为始兴内史……梁元帝承制以始兴郡为东衡州，以頠为持节、通直散骑常侍、都督东衡州诸军事、云麾将军、东衡州刺史。"则太清三年后以衡州始兴郡为东衡州。据衡州条考证，太平元年十二月，衡州并入东衡州，所属诸郡皆来属，东衡州乃改称衡州。

（一）始兴郡(549后—557)——治曲江(今广东韶关市南武水西岸)

按：据衡州考证，太清三年后析衡州置东衡州，始兴郡来属。

（二）清远郡(557)——治中宿(今广东清远市西北)

按：据本州考证，太平元年十二月自衡州来属。

（三）临贺郡(557)——治临贺(今广西贺州市东南贺街)

按：据本州考证，太平元年十二月自衡州来属。

（四）阳山郡(557)——治含洭(今广东英德市西北浛洭)

按：据本州考证，太平元年十二月自衡州来属。

（五）安远郡(557)——治乏考(约在今广东南雄市东北)

按：据本州考证，太平元年十二月自衡州来属。

（六）梁乐郡(557)——治梁乐(今广东阳山县南)

按：据本州考证，太平元年十二月自衡州来属。

（七）齐乐郡(557)——治熙平(今广东连山壮族瑶族自治县北)

按：据本州考证，太平元年十二月自衡州来属。

（八）桂阳郡(557)——治郴(今湖南郴州市)

按：据本州考证，太平元年十二月自衡州来属。

附 岭南诸实县存考

1. 番禺

按：齐末广州南海郡领有番禺县，为广州治。《梁书》卷8《昭明太子传》："尝泛舟后池，番禺侯轨盛称'此中宜奏女乐'。"则梁亦有番禺县。

2. 新丰

按：齐末广州南海郡领有新丰县。《南史》卷66《欧阳頠传》："梁元帝承制，以始兴郡为东衡州，以頠为刺史，封新丰县伯。"则梁亦有新丰县。

3. 龙川

按：齐末广州南海郡领有龙川县。《隋志》下龙川郡河源："开皇十一年省龙川县入焉。又有新丰县，十八年改曰休吉，大业初省入焉。"则梁有龙川县。

4. 河源

按：齐末广州南海郡领有河源县。《隋志》下龙川郡领有河源县，则梁、陈亦当有河源县。

5. 博罗

按：齐末广州南海郡领有博罗县。《隋志》下龙川郡领有博罗县，则梁、陈亦当有博罗县。

6. 增城

按：齐末广州南海郡领有增城县。《隋志》下南海郡增城："旧置东官郡，平陈废。"则梁、陈有增城县。

7. 广信

按：齐末广州苍梧郡领有广信县。《南史》卷52《始兴忠武王憺传附萧暎传》："普通二年，封广信县侯。"则梁亦有广信县。

8. 宁新

按：齐苍梧郡领有宁新县。《一统志》卷469梧州府宁新旧县："在苍梧县东南。《宋书·州郡志》苍梧郡：'《永初郡国》有宁新县，吴立曰新宁，晋太康元年改曰宁新。'未几废。《南齐志》复有宁新县，隋废。"则梁当有宁新县。

9. 遂成

按：《隋志》下永平郡戎成："梁置，曰遂成。开皇十一年改名焉。"《元和志》卷37《岭南道四》梧州戎城县："本汉广信县地，梁于此置遂城县。"《元和志》所言遂城当即是《隋志》所言之遂成。又，遂城县乃梁承旧而有，非梁所置。然梁有遂成县当无疑问。

10. 猛陵

按：齐末广州苍梧郡领有猛陵县。《隋志》下始安郡豪静："梁置开江、武城二郡,陈置逍遥郡。平陈,郡并废。又有猛陵、开江二县,大业初并废入焉。"则梁亦有猛陵县。

11. 博劳

按:《记纂渊海》卷15《广南东路》昭州:"本汉临贺、猛陵二县地。梁于临贺地置南静郡龙平县;于猛陵地置开江郡县,又置静州,安乐、博劳二县。"则梁有博劳县。

12. 盆允

按:齐末广州新会郡领有盆允县。《隋志》下南海郡新会:"旧置新会郡。平陈,郡废,又并盆允、永昌、新建、熙潭、化召、怀集六县入,为封州。"则梁亦当有盆允县。

13. 新夷

按:齐末广州新会郡领有新夷县。《隋志》下南海郡义宁:"开皇十年废新夷、初宾二县入。"则梁亦当有新夷县。

14. 熙潭

按:齐末广州新会郡领有始成县。《方舆纪要》卷101《广东二》广州府新会县新夷废县条:"梁、陈间改新熙为新建,始成曰熙潭,招集为怀集,又以废宋安县改置化召县,隋开皇十年悉并入新会县。"另据盆允县考证,隋平陈时有熙潭县,则梁有熙潭县。

15. 义宁

按:齐末广州新会郡领有义宁县。《方舆纪要》卷101《广东二》广州府新会县义宁废县条:"本新夷县地,宋置义宁县,属新会郡。齐、梁因之。隋属冈州。"则梁有义宁县。

16. 怀集

按:齐末广州新会郡领有招集县。据熙潭县考证所引《方舆纪要》及盆允县考证所引《隋志》,梁、陈时改招集县为怀集县,则梁当有怀集县。

17. 新建

按:齐末广州新会郡领有新熙县。据熙潭县考证所引《方舆纪要》及盆允县考证所引《隋志》,梁、陈时改新熙县为新建县,则梁或称之为新建县,姑列于此。

18. 化召

按:据熙潭县考证所引《方舆纪要》,梁、陈时当有化召县。

19. 永昌

按:齐末广州新会郡领有永昌县,据盆允县考证所引《隋志》,则梁当有永昌县。

20. 封乐

按：齐末广州新会郡领有封乐县，据盆允县考证所引《隋志》，则梁当有封乐县。

21. 始康

按：齐末广州新会郡领有始康县。《方舆纪要》卷101《广东二》广州府新会县封平废县条："始康废县，在县西南。刘宋元嘉中置，属新会郡。齐、梁因之，隋开皇十年废入封平县。"则梁有始康县。

22. 初宾

按：齐末广州新会郡领有初宾县。《方舆纪要》卷101《广东二》广州府新会县封平废县条："又有初宾废县，亦在县西。刘宋时置，属新会郡，齐、梁仍旧，隋开皇十年省入义宁县。"则梁有初宾县。

23. 增城

按：《一统志》卷441广州府增城县："汉番禺县地，后汉分置增城县，属南海郡，梁移东官郡来治。"则梁当承旧有增城县。

24. 封平

按：齐末广州新会郡领有封平县，《隋志》下南海郡义宁："开皇十年废新夷、初宾二县入；又有始康县，废入封平。大业初又废封平入焉。"则梁有封平县。

25. 宝安

按：《元和志》卷34《岭南道一》广州东莞县："本汉博罗县地，晋成帝咸和六年于此置宝安县，属东莞郡。隋开皇十年废郡，以县属广州。"则梁亦当有宝安县。

26. 海安

按：齐末广州东官郡领有海安县。《陈书》卷9《裴子烈传》："官至电威将军、北谯太守、岳阳内史，海安县伯，邑三百户。"则梁、陈亦当有海安县。

27. 海丰

按：齐末广州东官郡领有海丰县。《隋志》下龙川郡领有海丰县，则梁、陈亦当有海丰县。

28. 兴宁

按：齐末广州东官郡领有兴宁县。《陈书》卷10《周铁虎传》："事梁河东王萧誉，以勇敢闻，誉板为府中兵参军。誉为广州刺史，以铁虎为兴宁令。"则梁广州有兴宁县。

29. 新招

按：《一统志》卷448肇庆府新招废县："在广宁县西南，《宋书·州郡志》绥建郡有新招县，本四会之官细乡，元嘉十三年分为县。隋废入四会。"则梁有新招县。

30. 安怀

按：齐末广州郁林郡领有怀安县。《补梁志》卷2广州梁化郡列有怀安县，并以为梁改怀安为安怀县。《梁书》卷32《兰钦传》："封安怀县男。"则梁广州有安怀县。

31. 归善

按：《元和志》卷34《岭南道一》循州归善县："本汉博罗县地也，宋于此置归善县，属鄀郡。梁属梁化郡，隋开皇十年废梁化郡，以县属循州。"则梁有归善县，属广州梁化郡。

32. 欣乐

按：齐末广州东官郡领有欣乐县。《陈书》卷11《章昭达传》："天嘉元年，追论长城之功，封欣乐县侯，邑一千户。"则陈有欣乐县，梁亦当有之。

33. 海阳

按：齐末广州义安郡领有海阳县，为义安郡治。《隋志》下义安郡海阳："旧置义安郡。"则梁亦当有海阳县。

34. 绥安

按：齐义安郡领有绥安县，《一统志》卷429漳州府绥安故城："在漳浦县西南，汉揭阳县地，晋置。隋开皇并入龙溪。"则梁有绥安县。

35. 海宁

按：齐末广州义安郡领有海宁县，《隋志》下义安郡领有海宁县，则梁亦当有海宁县。

36. 潮阳

按：齐末广州义安郡领有潮阳县，《隋志》下义安郡领有潮阳县，则梁亦当有潮阳县。

37. 义招

按：齐末广州义安郡领有义招县。《一统志》卷446潮州府大埔县："汉揭阳县地，晋义熙九年分置义招县，宋、齐以后因之。隋大业初改曰万川，仍属义安郡。"《隋志》下义安郡万川："旧曰义招，大业初改名焉。"则梁有义招县。

38. 程乡

按：齐末广州义安郡领有程乡县，《隋志》下义安郡领有程乡县，则梁亦当有程乡县。

39. 高要

按：齐末广州南海郡领有高要县。《元和志》卷34《岭南道一》端州："本秦南海郡地，汉武帝置苍梧郡，则为苍梧郡之高要县也，梁大同中，于此立高要郡。"则梁亦有高要县，为高要郡属县。

40. 始昌

按：齐末广州乐昌郡领有始昌县。《隋志》下南海郡四会："旧置绥建郡，又有乐昌郡。平陈，二郡并废。大业初又并始昌县入焉。"则梁亦当有始昌县。

41. 安乐

按：齐末广州乐昌郡领有安乐县。《梁书》卷29《高祖三王·南康王绩附义理传》："大同八年，封安乐县侯，邑五百户。"则梁亦当有安乐县。

42. 阳春

按：《隋志》下高凉郡阳春："梁置阳春郡。平陈，郡废。"《方舆纪要》卷101《广东二》肇庆府阳春县："梁始置阳春县及阳春郡。隋平陈郡废，县属高州。"则梁有阳春县。

43. 新兴

按：《隋志》下信安郡新兴："梁置新州、新宁郡。平陈，郡废。"则梁有新兴县。

44. 铜陵

按：《方舆纪要》卷101《广东二》肇庆府阳春县铜陵废县条："县北八十里。汉合浦郡临允县地，刘宋置龙潭县，属新宁郡。齐因之。梁、陈间改曰铜陵。隋属端州。"则梁或有铜陵县。

45. 博林

按：齐末广州新宁郡领有博林县。《隋志》下信安郡博林："大业初废抚纳县入。"则梁亦当有博林县。

46. 抚纳

按：齐末广州新宁郡领有抚纳县。《隋志》下信安郡博林："大业初废抚纳县入。"则梁亦当有抚纳县。

47. 索卢

按：《隋志》下信安郡新兴："梁置新州、新宁郡。平陈，郡废。大业初，州废，又废索卢县入焉。"《方舆纪要》卷101《广州二》肇庆府新兴县临允废县条："索卢废县，在县南三十里。梁初置，属新宁郡。隋属新州，大业初废。"则梁有索卢县。

48. 南兴

按：齐新宁郡领有南兴县。《方舆纪要》卷101《广州二》肇庆府新兴县新昌废县条："又南兴废县，在县东北。亦晋末置，宋属新宁郡，齐、梁因之，隋废。"则梁有南兴县。

49. 单牒

按：齐新宁郡领有单牒县。《方舆纪要》卷101《广州二》肇庆府新兴县临允废县条："又单牒废县，志云：在县东二十五里。晋末置，宋属新宁郡，齐、梁因之，隋废。"则梁有单牒县。

50. 流南

按：《隋志》下信安郡铜陵："有流南县，开皇十八年改曰南流。又有西城县，大业初废入。"《方舆纪要》卷101《广东二》肇庆府阳春县流南废县条："县西北三十五里。梁置流南县，属新兴郡。隋属新州。"则梁有流南县。

51. 西城

按：《方舆纪要》卷101《广东二》肇庆府阳春县流南废县条："又西城废县，在县西南七十里。亦梁置，属新兴郡，隋大业初废入铜陵县。"另据流南县考证所引《隋志》，则梁当有西城县。

52. 高凉

按：《隋志》下高凉郡高凉："旧置高凉郡。平陈废，大业初复置。"《一统志》卷447肇庆府阳江县："梁大通中置高州，改（思平）县曰高凉。"则梁有高凉县。

53. 茂名

按：《隋志》下高凉郡领有茂名县，《方舆纪要》卷104《广东五》高州府茂名县："汉合浦郡地，晋南渡后置茂名县，属高兴郡，后废。梁复置，属高凉郡。"则梁有茂名县。

54. 电白

按：《隋志》下高凉郡电白："梁置电白郡，平陈，郡废。"则梁亦有电白县。

55. 杜陵

按：《隋志》下高凉郡杜原："旧曰杜陵。梁置杜陵郡。"《方舆纪要》卷101《广东二》肇庆府西平废县条："杜陵废县，在县西百二十里。梁置县，并置杜陵郡治焉。隋平陈郡废。"则梁有杜陵县。

56. 广化

按：《补梁志》卷2高州宋康郡列有广化县，曰："吴置。《一统志》'表'梁、陈间更名宋康。按《隋志》，平陈废宋康郡为县。是宋康乃隋县名，《一统志》

'表'恐误。"今从之。

57. 平兴

按：齐末广州宋隆郡领有平兴县。《隋志》下信安郡平兴："旧置宋隆郡，领初宁、建宁、熙穆、崇德、召兴、崇化、南安等县。平陈，郡废，并所领县入焉。"则梁有平兴县。

58. 招兴

按：齐末广州宋隆郡领有招兴县。据平兴县考证，《隋志》作召兴，恐为异称。梁当有招兴县。

59. 崇化

按：齐末广州宋隆郡领有崇化县。据平兴县考证所引《隋志》，梁当有崇化县。

60. 建宁

按：齐末广州宋隆郡领有建宁县。据平兴县考证所引《隋志》，梁当有建宁县。

61. 熙穆

按：齐末广州宋隆郡领有熙穆县。据平兴县考证所引《隋志》，梁当有熙穆县。

62. 崇德

按：齐末广州宋隆郡领有崇德县。据平兴县考证所引《隋志》，梁当有崇德县。

63. 初宁

按：宋广州宋隆郡领有初宁县，齐省之。然据平兴县考证所引《隋志》，梁或有初宁县。

64. 南安

按：据平兴县考证所引《隋志》，隋平陈时有南安县。《补梁志》卷2新州宋隆郡列有南安县。姑从之。

65. 安化

按：《陈书》卷1《高祖纪上》：梁大同中，"（萧）映为广州刺史……仍命高祖监宋隆郡。所部安化二县元不宾，高祖讨平之。"则梁宋隆郡领有安化县。

66. 海昌

按：《方舆纪要》卷104《广东五》高州府电白县良德废县条："海昌废县，在旧县北。梁置，并置海昌郡治焉。隋省。"此言不确，海昌郡为刘宋置，齐、梁承之。当是梁新置海昌县为海昌郡治。

67. 端溪

按：齐末广州晋康郡领有端溪县。《隋志》下信安郡领有端溪县，梁亦当有此县。

68. 威城

按：齐末广州晋康郡领有威城县。《隋志》下南海郡化蒙："大业初废威城县入焉。"则梁亦当有威城县。

69. 化蒙

按：齐末广州绥靖郡领有化蒙县。据威城县考证所引《隋志》，梁当有化蒙县。

70. 化穆

按：齐末广州绥建郡领有化穆县。《方舆纪要》卷101《广东二》肇庆府广宁县化穆废县条："刘宋置，属绥建郡。齐、梁因之，隋废。"则梁有化穆县。

71. 化注

按：齐末广州绥建郡领有化注县。《方舆纪要》卷101《广东二》肇庆府广宁县化穆废县条："化注废县，在县西四十里。亦刘宋置，属绥建郡。齐、梁因之，隋废。"则梁有化注县。

72. 都城

按：齐末广州晋康郡领有都城县。《梁书》卷28《裴遂传附裴之高传》："封都城县男，邑二百五十户。"则梁有都城县。

73. 晋化

按：齐末广州晋康郡领有晋化县。《隋志》下苍梧郡都城："开皇十二年省威城、晋化二县入焉。"则梁亦当有晋化县。

74. 悦城

按：齐末广州晋康郡领有悦城县。《隋志》下信安郡乐城："开皇十二年废文招、悦成二县入。"则梁亦当有悦城县。

75. 乐城

按：齐末广州晋康郡领有乐城县，据悦城县考证所引《隋志》，梁当有乐城县。

76. 文招

按：齐末广州晋康郡领有文招县，据悦城县考证所引《隋志》，梁当有文招县。

77. 梁泰

按：《隋志》下信安郡平兴："又梁置梁泰郡及县。平陈，郡废，县改曰清泰。"则梁有梁泰县,当属广州。

78. 齐安

按:《隋志》下高凉郡海安:"旧曰齐安,置齐安郡。平陈,郡废。开皇十八年县改名焉。"此齐安郡当即为齐末交州之齐隆郡。详参第七编"南朝齐实州郡县沿革"交州齐隆郡条。则梁有齐安县。

79. 连江

按:《隋志》下高凉郡连江:"梁置连江郡。平陈,郡废。梁又置梁封县,开皇十八年改为义封。"《方舆纪要》卷104《广东五》高州电白县保定废县条:"梁置连江县,为连江郡治。隋平陈郡废,县属高州。"则梁当有连江县。

80. 梁封(凉封)

按:《隋志》下高凉郡连江:"梁又置梁封县,开皇十八年改为义封。"《记纂渊海》卷15《广南东路》高州电白:"梁置电白、连江二郡,又置凉封县及南巴郡……隋废电白、连江为县。又改凉封为义封。"《记纂渊海》所言"凉封"即为《隋志》所言"梁封",则梁当有梁封县,属南巴郡。

81. 南巴

按:《隋志》下高凉连江:"梁又置南巴郡。平陈,郡废为南巴县。"然《方舆纪要》卷104《广东五》高州府茂名县南巴废县条:"梁置县,为南巴郡治。隋平陈郡废,县属高州。"则梁有南巴县。

82. 梁德

按:《隋志》下永熙郡怀德:"旧曰梁德,置梁德郡。平陈,废郡。"以"梁德"二字来看,当是梁置。

83. 梁信

按:《隋志》下苍梧郡封川:"梁曰梁信,置梁信郡。平陈,郡废。"则梁有梁信县,据成州考证,梁信县当属成州。

84. 封兴

按:《记纂渊海》卷15《广南东路》封州封川:"梁为梁信郡,治梁信县。又置封兴县,隋改封川。"则梁有封兴县。

85. 开建

按:齐末湘州临贺郡领有开建县。《隋志》下熙平郡开建:"梁置南静郡,平陈,郡废。"则梁当有开建县。

86. 梁泰

按:《隋志》下信安郡平兴:"又梁置梁泰郡及县。平陈,郡废,县改曰清泰。"则梁有梁泰县。

87. 梁乐

按：《隋志》下熙平郡宣乐："梁置，曰梁乐，并置梁乐郡，平陈，郡废，十八年改为宣乐。"则梁有梁乐县。

88. 武化

按：《隋志》下熙平郡武化："梁置。"则梁有武化县。以地望揆之，当属齐乐郡。

89. 观宁

按：齐末广州齐乐郡领有观宁县。《南史》卷52《梁宗室下·萧范传》："范乃复遣其弟观宁侯永将兵通南川"云云，则梁有观宁县。

90. 安遂

按：齐末广州晋康郡领有安遂县。《隋志》下永熙郡安遂："梁置建州、广熙郡。"则梁亦当有安遂县。

91. 永熙

按：齐末广州广熙郡领有永熙县。《隋志》下永熙郡永熙："大业初并安南县入。"则梁有永熙县。

92. 永业

按：《隋志》下永熙郡永业："梁置永业郡，寻改为县，后省。开皇十六年又置。"则梁有永业县。

93. 安南

按：《隋志》下永熙郡永熙："大业初并安南县入。"《补梁志》卷2建州广熙郡以为安南县为梁置，姑从之。

94. 罗平

按：齐末广州广熙郡领有罗平县。《梁书》卷22《太祖五王·临川王宏传》："高祖诏以罗平侯正立为世子，由宏意也。"则梁亦有罗平县。

95. 宾化

按：齐末广州广熙郡领有宾化县。《陈书》卷35《陈宝应传》："侯景之乱，晋安太守、宾化侯萧云以郡让（陈）羽。"则梁亦有宾化县。

96. 开阳

按：《隋志》下永熙郡泷水"旧置开阳县，置开阳、平原、罗阳等郡。平陈，郡并废，以名县。"另据双州考证，梁有开阳县。

97. 龙乡

按：齐末广州广熙郡领有龙乡县。《寰宇记》卷164《岭南道八》康州泷水县："本汉端溪县地，属苍梧郡。晋分端溪立龙乡县，即今州理。梁分广熙郡置建州,又分建州之双头洞立双州。隋改龙乡为平原县。"则梁平原郡领有龙乡县。

98. 罗阳

按:《方舆纪要》卷101《广东二》罗定州开阳废县条:"罗阳废县,在县西南。亦梁置县,为罗阳郡治。隋郡废,县属泷州。"则梁有罗阳县。

99. 义伦

按:《隋志》下珠崖郡领有义伦县,《方舆纪要》卷105《广东六》琼州府儋州宜伦废县条:"梁置义伦县,为珠崖郡治,隋因之。"则梁置义伦县。

100. 武德

按:《隋志》下珠崖郡领有武德县,《补梁志》卷2崖州珠崖郡以为梁置,今从之。

101. 夫宁

按:齐末广州永平郡领有夫宁县,梁承之,据广州、石州考证,夫宁县在梁仍为永平郡治。

102. 武林

按:齐末广州永平郡领有武林县。《梁书》卷56《侯景传》:大宝元年"十月,盗杀武林侯谘于广莫门"。则梁有武林县。

103. 安基

按:齐末广州永平郡领有安沂县。《一统志》卷469梧州府义昌旧县:"在藤县南。东晋置安沂县,为永平郡治。齐移郡治夫宁县,仍属焉。梁更名安基县,兼置建陵郡。"《隋志》下永平郡安基:"梁置建陵郡。平陈,郡废。"则梁有安基县。

104. 阴石

按:《隋志》下永平郡普宁:"旧曰阴石,梁置阴石郡。"则梁有阴石县。

105. 桂平

按:《隋志》下郁林郡桂平:"梁置桂平郡。平陈,郡废。"则梁有桂平县。

106. 齐熙

按:齐末广州齐熙郡领有齐熙县。《隋志》下始安郡义熙:"旧曰齐熙,置齐熙、黄水二郡及东宁州。平陈,郡并废。十八年改州曰融州,县曰义熙。大业初州废,并废临牂、黄水二县入焉。"则梁有齐熙县。

107. 黄水

按:齐置黄水郡,并领黄水县。据齐熙县考证所引《隋志》,梁当有黄水县。

108. 领方

按：齐末广州郁林郡领有领方县。《隋志》下郁林郡领方："梁置领方郡。平陈，郡废。"则梁当有领方县。

109. 安成

按：《隋志》下郁林郡安成："梁置安成郡。平陈，郡废。"则梁有安成县。

110. 潭中

按：《方舆纪要》卷109《广西四》柳州府马平县潭中废县："汉县，孙吴置桂林郡治此，晋、宋因之。齐移郡治武熙县，潭中属焉。隋废入马平县。"则梁有潭中县。

111. 马平

按：《隋志》下始安郡阳寿："有马平、桂林、象、韶阳等四郡。平陈，并废。"《舆地广记》卷36《广南西路上》下柳州中马平县："吴分属桂林郡，后置马平县及郡。隋废郡入象州。"据龙州马平郡考证，马平郡及马平县或为梁置，今姑列于此。

112. 龙城

按：《隋志》下始安郡龙城："梁置。"则梁有龙城县。

113. 龙平

按：《隋志》下始安郡龙平："梁置静州，梁寿、静慰二郡。平陈，并废。"则梁或有龙平县。

114. 怀安

按：齐末广州郁林郡领有怀安县。《梁书》卷29《高祖三王·邵陵王纶传》载萧纶与湘东王书："庄铁小竖作乱，久挟观宁、怀安二侯，以为名号"云云。则梁有怀安县。

115. 归化

按：齐末广州郁林郡领有归化县。《隋志》下始安郡龙平："梁……又置归化县。大业初（静）州废，又废归化、安乐、博劳三县入焉。"则梁有归化县。

116. 简阳

按：齐末广州宁浦郡领有简阳县。《隋志》下郁林郡宁浦："旧置宁浦郡，梁分立简阳郡。平陈，郡废。"则疑梁亦有简阳县，隶简阳郡。今姑列于此。

117. 平山

按：《方舆纪要》卷110《广西五》南宁府横州乐山废县："汉合浦郡高凉县地，晋置平山县，属宁浦郡。梁置乐阳郡治焉。隋平陈郡废，改县曰乐阳。"则梁有平山县，为乐阳郡治。

118. 乐山

按：齐末乐昌郡领有乐山县。《梁书》卷3《高祖纪下》：中大通三年(531)十月，"前乐山县侯萧正则有罪流徙"。则梁有乐山县。

119. 岭山

按：《隋志》下郁林郡岭山："梁置岭山郡。平陈，改为岭县。（开皇）十八年改为岭山。大业初并武缘县入。"然《方舆纪要》卷110《广西五》南宁府横州蒙泽废县条："又岭山废县，在州西北百里。梁置县，为岭山郡治。隋平陈郡废，改曰岭县，属简州。"则梁或有岭山县，姑附于此。

120. 武缘

按《补梁志》卷2龙州岭山郡列有武缘县，另据岭山县考证所引《隋志》，梁或有武缘县。

121. 晋兴

按：齐末广州晋兴郡领有晋兴县。《元和志》卷38《岭南道五》邕州晋兴县："本汉领方县地，晋于此置晋兴县，隋开皇十四年省。"则梁亦当有晋兴县。

122. 桂林

按：齐末广州晋兴郡领有桂林县。《隋志》下始安郡桂林："大业初并西宁县入。"则梁当有桂林县。

123. 中溜

按：齐末广州桂林郡领有中溜县，《一统志》卷470浔州府中留废县："在武宣县西南，汉置属郁林郡，后汉曰中溜，晋省，后复置。刘宋为桂林郡治，萧齐属桂林郡，隋开皇十一年省入桂林。"则梁有中溜县。

124. 博劳

按：《隋志》下始安郡龙平："梁……又置归化县。大业初州废，又废归化、安乐、博劳三县入焉。"《补梁志》卷2静州梁寿郡领有博劳县，以为"梁置"，姑从之。

125. 豪静

按：《隋志》下始安郡豪静："梁置开江、武城二郡，陈置逍遥郡。平陈，郡并废。"《一统志》以为梁置豪静县，今从之。

126. 开江

按：《隋志》下始安郡豪静："梁置开江、武城二郡，陈置逍遥郡。平陈，郡并废。又有猛陵、开江二县，大业初并废入焉。"则梁或有开江县，为开江郡治。

127. 布山

按：齐末广州郁林郡领有布山县，为郁林郡治。《隋志》下郁林郡郁林：

"旧置郁林郡。平陈,郡废。大业初又置郡,又废武平、龙山、怀泽、布山四县入。"则梁有布山县。

128. 郁林

按:齐末广州郁林郡领有郁林县,据布山县考证所引《隋志》,陈末郁林县犹存,则梁亦当有郁林县。

129. 郁平

按:齐末广州郁林郡领有郁平县,《隋志》下郁林郡领有郁平县,则梁亦当有此县。

130. 武平

按:《补梁志》卷2南定州郁林郡领有武平县。又,《隋志》下郁林郡郁林:"旧置郁林郡。平陈,郡废。大业初又置郡,又废武平、龙山、怀泽、布山四县入。"是陈、隋之际亦有武平,则梁或有武平县,今从《补梁志》。

131. 龙山

按:《一统志》卷470浔州府龙山废县:"在贵县北,《隋书·地理志》郁林郡郁林:'大业初废龙山县入。'按宋、齐《志》俱无龙山,疑梁、陈时置,以近龙山故名也。"则梁或有龙山县。今姑列于此。

132. 阿林

按:齐末广州郁林郡领有阿林县,《隋志》下郁林郡亦领有阿林县,梁亦当有此县。

133. 马度

按:《方舆纪要》卷108《广西三》浔州府贵县怀泽废县:"义山废县,在县北八十里。梁置马度县,属郁林郡,隋因之。"另《隋志》下郁林郡领有马度县,则梁有马度县。

134. 怀泽

按:《一统志》卷470浔州府怀泽废县:"在贵县南。梁陈时置,隋省入郁林……《元和志》:县北至贵州一百里。按《明[一]统志》作刘宋置,考宋、齐《志》有怀安而无怀泽,《隋志》无怀安,而郁林以怀泽并入,疑怀泽或即怀安也。"则梁或有怀泽县。今姑列于此。

135. 宁浦

按:齐末广州宁浦郡领有宁浦县。《隋志》下郁林郡宁浦:"旧置宁浦郡……平陈,郡废。"则梁有宁浦县。

136. 始安

按:齐末湘州始安郡领有始安县。《隋志》下始安郡领有始安县,则梁亦有始安县,属始安郡。

137. 荔浦

按:齐末湘州始安郡领有荔浦县。《隋志》下始安郡领有荔浦县,则梁亦有荔浦县,属始安郡。

138. 永丰

按:齐末湘州始安郡领有永丰县。《元和志》卷37《岭南道四》桂州永丰县:"吴甘露元年,析汉荔浦县之永丰乡置,隋开皇十年省入阳朔县。"则梁有永丰县。

139. 平乐

按:齐末湘州始安郡领有平乐县。《隋志》下始安郡领有平乐县,则梁亦有平乐县,属始安郡。

140. 阳寿

按:《隋志》下始安郡阳寿:"有马平、桂林、象、韶阳等四郡。平陈,并废。"《梁政区建置表》以为阳寿为韶阳郡治,今姑从之。

141. 临贺

按:齐末湘州临贺郡领有临贺县。《元和志》卷37《岭南道四》贺州临贺县:"本汉旧县也,自汉至陈不改。隋大业二年省临贺县入富川县。"则梁有临贺县。

142. 冯乘

按:齐末湘州临贺郡领有冯乘县。《隋志》下桂阳郡领有冯乘县,则梁亦当有冯乘县。

143. 富川

按:齐末湘州临贺郡领有富川县。《隋志》下始安郡富川:"旧置临贺、乐梁二郡。平陈,并废,置贺州。"则梁亦当有富川县。

144. 封阳

按:齐末湘州临贺郡领有封阳县。《隋志》下苍梧郡亦领有封阳县,则梁亦当有此县。

145. 兴安

按:齐末湘州临贺郡领有兴安县。《隋志》下始安郡始安:"旧置始安、梁化二郡。平陈,郡并废。大业初废兴安县入焉。"则梁亦当有兴安县。

146. 谢沐

按:齐末湘州临贺郡领有谢沐县。《隋志》下零陵郡永阳:"旧曰营阳,梁置永阳郡。平陈,郡废,并营浦、谢沐二县入焉。"则梁亦当有谢沐县。

147. 荡山

按：《元和志》卷37《岭南道四》贺州荡山县："萧梁于此立县，隋大业二年省。"则梁有荡山县。

148. 郴

按：齐末湘州桂阳郡领有郴县。《隋志》下桂阳郡郴："旧置桂阳郡。平陈，郡废。"则梁亦当有郴县。

149. 临武

按：齐末湘州桂阳郡领有临武县，《隋志》下桂阳郡领有临武县，则梁亦当有临武县。

150. 汝城

按：齐末湘州桂阳郡领有汝城县。《陈书》卷3《世祖纪》：天嘉元年（560）"五月乙卯，改桂阳之汝城县为卢阳郡"。则梁亦当有此县。

151. 石龙

按：《一统志》卷449高州府化州："晋为高凉郡地，刘宋分置罗州县，属高凉郡。萧齐复立高兴郡，梁置罗州及石龙郡，又分置石龙县为州郡治。隋平陈，郡废。"则梁有石龙县，属石龙郡。

152. 高兴

按：齐末越州高兴郡领有高兴县，据《补梁志》卷2罗州条，梁承旧有高兴郡，移属罗州，治高兴县，今从之。

153. 合浦

按：齐末越州合浦郡领有合浦县，《隋志》下合浦郡列有合浦县，则梁当有合浦县。

154. 雷川

按：《隋志》下合浦郡海康："梁……又分立合州。大同末，以合肥为合州，此置南合州。平陈，以此为合州，置海康县。大业初州废，又废摸落、罗阿、雷川三县入。"《方舆纪要》卷104《广东五》雷州府海康县雷川废县条："在府西，梁置。又有摸落、罗阿二县，隋大业初俱并入海康县。"则梁有雷川县。

155. 罗阿

按：据雷川县考证所引《隋志》，梁似有罗阿县。

156. 摸落

按：据雷川县考证所引《隋志》，梁似有摸落县。

157. 扇沙

按：《隋志》下合浦郡扇沙："旧有椹县，开皇十八年改为椹川，大业初废入。"《方舆纪要》卷104《广东五》雷州府遂溪县铁杷废县条:"扇沙废县,在县东。梁置扇沙县,属合浦郡。"则梁有扇沙县。

158. 椹

按:《隋志》下合浦郡扇沙:"旧有椹县,开皇十八年改为椹川。"《方舆纪要》卷104《广东五》雷州府遂溪县:"汉徐闻县地,梁为椹县地,属合浦郡。"则梁有椹县。

159. 北流

按:《方舆纪要》卷108《广西三》梧州府北流县:"汉合浦县地,梁、陈间置北流县,属合浦郡。隋属越州。"《隋志》下合浦郡北流:"大业初废陆川县入。"则梁或有北流县。

160. 陆川

按:《方舆纪要》卷108《广西三》梧州府陆川县:"汉合浦县地,梁、陈间为陆川县地,隋废。"另据北流县考证所引《隋志》,则梁或有陆川县。

161. 宋广

按:齐末越州合浦郡领有宋广县。据《补梁志》卷2安州条及前文考证,梁置宋广郡,治宋广县。则梁当有宋广县。

162. 齐康

按:齐末越州齐康郡领有齐康县。《隋志》下合浦郡隋康:"旧曰齐康,置齐康郡。平陈,郡废。县改名焉。"则梁当有齐康县,属齐康郡。

163. 徐闻

按:齐末越州合浦郡领有徐闻县,《方舆纪要》卷104《广东五》雷州府徐闻县徐闻旧县条:"在县西北。汉初置县于此,晋、宋以来因之。梁、陈间并入齐康县,隋改隋康。"则梁或有徐闻县。

164. 兴昌

按:齐末越州定川郡领有兴昌县,《补梁志》卷2龙州定川郡列有兴昌县,则梁或有此县。

165. 始昌

按:齐末广州乐昌郡领有始昌县。《隋志》下南海郡四会:"旧置绥建郡,又有乐昌郡。平陈,二郡并废。大业初又并始昌县入焉。"则梁亦有始昌县。

166. 大廉

按:《隋志》下合浦郡龙苏:"旧置龙苏郡。平陈,郡废。大业初又并大廉县入。"《方舆纪要》卷104《广东五》廉州府合浦县漳平废县条:"又大廉废县,在府南六十里。梁置县,属龙苏郡。隋废郡,改属越州。"则梁有大廉县。

167. 龙苏

按：齐末越州龙苏郡领有龙苏县，《隋志》下合浦郡亦领有龙苏县。《方舆纪要》卷104《广东五》廉州府合浦县漳平废县条："龙苏废县，在府东南。宋置龙苏郡，治龙苏县，齐、梁因之。隋平陈郡废，县属越州。"则梁有龙苏县。

168. 百梁

按：齐末越州百梁郡领有百梁县。《一统志》卷450廉州府安昌故城条："按《宋志》越州领百梁郡，《南齐志》郡领百梁、始昌、宋西三县，盖亦废于梁、陈时。"则梁或有百梁县。

169. 始昌

按：齐末越州百梁郡领有始昌县。据百梁县考证所引《一统志》，则梁或有始昌县。

170. 宋西

按：齐末越州百梁郡领有宋西县。据百梁县考证所引《一统志》，则梁或有宋西县。

171. 嘉宁

按：齐末交州新昌郡领有嘉宁县。《梁书》卷3《武帝纪下》：中大同元年(546)正月"癸丑，交州刺史杨瞟克交趾嘉宁城，李贲窜入獠洞，交州平"。则梁亦有嘉宁县。

172. 临西

按：齐末交州新昌郡领有临西县。《隋志》下交趾郡安人："旧曰临西，开皇十八年改名焉。"则梁亦有临西县。

173. 移风

按：齐末交州九真郡领有移风县。《隋志》下九真郡移风："旧置九真郡。平陈，郡废。"则梁有移风县。

174. 松原

按：齐末交州九真郡领有松原县，《方舆纪要》卷112《广西七》清化府安顺城条："松原废县，在府南。晋置，属九真郡，宋、齐因之，隋废。"则梁有松原县。

175. 高安

按：齐末交州九真郡领有高安县，《隋志》下九真郡隆安："旧曰高安，开皇十八年改名焉。"则梁有高安县。

176. 常乐

按：齐末交州有常乐县，《方舆纪要》卷112《广西七》清化府安顺城条："三国吴所置常乐县，属九真郡，宋以后因之。隋属爱州，开皇十六年改曰安顺县。"则梁有常乐县。

177. 胥浦

按：齐末交州九真郡领有胥浦县，《隋志》下九真郡列有胥浦县，则梁亦当有此县。

178. 津梧

按：齐末交州九真郡领有津梧县，《方舆纪要》卷112《广西七》清化府日南城条："津梧本晋县，隋废。"则梁有津梧县。

179. 军安

按：齐末交州九真郡领有军安县，《隋志》下九真郡领有军安县，则梁亦当有此县。

180. 日南

按：《方舆纪要》卷112《广西七》清化府日南城条："汉居风县地，梁置日南县，隋属爱州。"则梁有日南县。

181. 安平

按：《隋志》下宁越郡海安："梁置，曰安平，置黄州及宁海郡。平陈，郡废。十八年改州曰玉州。大业初州废，其年又省海平、玉山二县入。"则梁有安平县，属黄州。

182. 海平

按：齐末交州交趾郡领有海平县，另据安平县考证所引《隋志》，隋初有海平县，则梁亦当有此县。

183. 玉山

按：《补梁志》卷2爱州九真郡条以梁置玉山县。另据安平县考证所引《隋志》，隋大业初有玉山县，则梁或有此县。

184. 金宁

按：《方舆纪要》卷112《广西七》义安府越裳废县条："又金宁废县，在废越裳县西南。萧梁时置，兼置利州。隋开皇十八年改为智州，大业初州废，县属日南郡。"则梁有金宁县。

185. 交谷

按：《方舆纪要》卷112《广西七》义安府越裳废县条："交谷废县，在越裳县南。萧梁时置县，兼置明州。隋大业初州废，县属日南郡。"则梁有交谷县。

186. 龙编

按：齐末交州交趾郡领有龙编县。《隋志》下交趾郡龙编："旧置交趾郡。平陈，郡废。"则梁亦当有龙编县。

187. 朱鸢

按：齐末交州交趾郡领有朱鸢县。《隋志》下交趾郡朱鸢："旧置武平郡。平陈，郡废。"则梁有朱鸢县。

188. 昌国

按：齐末交州宋平郡领有昌国县。《梁书》卷39《羊侃传附羊鹍传》："世祖以鹍为持节、通直散骑常侍、都督青、冀二州诸军事、明威将军、青州刺史，封昌国县公。"则梁有昌国县。

189. 武定

按：齐末交州武平郡领有武定县。《隋志》下交趾郡隆平："旧曰武定，置武平郡。平陈，郡废。开皇十八年县改名焉。"则梁有武定县。

190. 南移

按：齐末交州武平郡领有南移县。《陈书》卷8《周文育传》："（侯）景平，授通直散骑常侍，改封南移县侯。"则梁有南移县。

191. 九德

按：齐末交州九德郡领有九德县。《元和志》卷38《岭南道五》驩州："吴归命侯天纪二年，分九真之咸驩县置九德县，属交州。梁武帝于此置德州，隋开皇十八年改为驩州，取咸驩县为名也。"《隋志》下日南郡领有九德县，则梁有九德县。

192. 安远

按：《方舆纪要》卷112《广西七》乂安府驩州城条："《志》：萧梁时置安远、西安二县，隋开皇十八年改西安曰广安。"《隋志》下日南郡领有安远县，则梁置安远县。

193. 咸驩

按：齐末交州九德郡领有咸驩县，《隋志》下日南郡亦领有咸驩县，则梁亦当有此县。

194. 浦阳

按：齐末交州九德郡领有浦阳县，《隋志》下日南郡亦领有浦阳县，则梁亦当有此县。

195. 越常

按：齐末交州九德郡领有越常县，《隋志》下日南郡亦领有越常县，则梁亦当有此县。

196. 西安

按：齐末交州九德郡领有西安县，《隋志》下日南郡光安："旧曰西安，开皇十八年改名焉。"则梁亦当有西安县。

197. 宋寿

按：《寰宇记》卷167《岭南道十一》钦州保京县："废钦江县，旧有州所理。汉合浦县地，宋分置宋寿郡及宋寿县。隋改为钦州，仍改宋寿为钦江。"则梁有宋寿县。

198. 安京

按：《方舆纪要》卷104《广东五》廉州府钦州安远废县条："汉合浦县地，萧梁治安京县，为安京郡治。隋平陈废郡，县属安州。"则梁有安京县。

199. 南昌

按：《一统志》卷474郁林直隶州南昌废县："在博白县南十五里，梁析合浦地置南昌县，隋属合浦郡。"则梁合浦郡领有南昌县。

200. 封山

按：《方舆纪要》卷104《广东五》廉州府合浦县封山废县条："汉合浦县地，南齐置封山郡，治安金县。萧梁兼置封山县……隋郡废，以封山县属越州。"则梁有封山县，属封山郡。

201. 廉昌

按：《方舆纪要》卷104《广东五》廉州府合浦县封山废县条："又廉昌废县，在县西南百二十里。梁置，属封山郡，隋大业初省入封山县。"则梁有廉昌县。

202. 梁化（纯化）

按：《寰宇记》卷162《岭南道六》桂州慕化县："本汉潭中县地，晋太康元年分吴所置武丰县置长安县于此。萧齐又于县理置常安成。梁大同八年于县置梁化郡。改长安县为梁化县。十八年改梁化县为纯化县。大业二年省。"则梁置梁化县，据东宁州考证，当为东宁州属县。

203. 曲江

按：齐末湘州始兴郡领有曲江县。《梁书》卷32《兰钦传》："改封曲江县公。"则梁有曲江县。

204. 梁化

按：《隋志》下南海郡乐昌："梁置，曰梁化，又分置平石。开皇十二年省平石入。"则梁有梁化县，以地望揆之，当属始兴郡。

205. 平石

按：据梁化县考证所引《隋志》，梁有平石县。以地望揆之，当属始兴郡。

206. 浈阳

按：齐末湘州始兴郡领有浈阳县。《元和志》卷34《岭南道一》广州浈阳县:"本汉旧县也,属桂阳郡,在浈水之阳,因名。吴属始兴郡,隋开皇十年改名贞阳。"则梁有浈阳县。

207. 翁源

按:《元和志》卷34《岭南道一》韶州翁源县:"本汉浈阳县地,在今广州界,梁承圣末萧勃分浈阳立翁源县,因县界翁水之源为名也,后因不改。"则梁有翁源县。

208. 始兴

按:齐末湘州始兴郡领有始兴县。《南史》卷66《欧阳頠传》:"寻授衡州刺史,进封始兴县侯。"则梁有始兴县。

209. 中宿

按:齐末湘州始兴郡领有中宿县。《元和志》卷34《岭南道一》广州清远:"本汉中宿县地也,梁武帝于此置清远郡,中宿县属之。"则梁有中宿县,属清远郡。

210. 耒阳

按:齐末桂阳郡领有耒阳县,《隋志》下衡山郡沫阴:"旧曰沫阳。平陈,改名焉。"《隋志》之沫阳,即为通称之耒阳。则梁亦当有耒阳县。

211. 含洭

按:齐末湘州始兴郡领有含洭县,《隋志》下南海郡含洭:"梁置衡州、阳山郡。平陈,州改曰洭州,废郡。"则梁、陈亦有含洭县。

212. 阳山

按:齐末湘州始兴郡领有阳山县。《元和志》卷29《江南道五》连州阳山县:"本汉旧县……后汉省,晋重置,在洭水南。梁天监六年置阳山郡,以县属焉。隋开皇十年属连州。"则梁、陈皆有阳山县。

213. 桂阳

按:齐末湘州始兴郡领有桂阳县,《隋志》下熙平郡桂阳:"梁置阳山郡。平陈,郡废。"则梁亦有桂阳县。

214. 广惠

按:《元和志》卷29《江南道五》连州连山县:"自汉至齐为桂阳郡之地。梁武帝分桂阳置广惠县。隋开皇十年改为广泽,属连州。"则梁有广惠县。

215. 南平

按:齐末湘州桂阳郡领有南平县。《元和志》卷29《江南道五》郴州蓝山县:"本汉南平县,至隋废。"则梁当有南平县。

216. 晋宁

按:齐末湘州桂阳郡领有晋宁县。《元和志》卷29《江南道五》郴州资兴县:"本汉郴县地,后汉于此置汉宁县,吴改曰阳安,晋改为晋宁。至隋省。"则梁有晋宁县。

217. 汝城

按:齐末湘州桂阳郡领有汝城县。《元和志》卷29《江南道五》郴州义昌县:"本汉郴县地,至东晋分置汝城县,属桂阳郡。隋改为卢阳县。"则梁有汝城县。

第七节 沅湘诸州

一、湘州沿革

湘州(502—557),治临湘(今湖南长沙市)。齐末有湘州。梁承之,改营阳郡为永阳郡,增置岳阳、乐梁、药山等郡。据衡州考证,天监六年(507)四月,临贺、始兴、桂阳三郡移置衡州;据桂州考证,大同六年(540)移桂州治于始安郡,始安郡乃移属桂州。太清三年(549)后,药山、岳阳郡移属罗州,永阳郡移置营州,承圣二年(553)初,永阳郡复还属湘州。

(一)长沙郡(502—557)——治临湘(今湖南长沙市)

按:齐末湘州领有长沙郡,《隋志》下长沙郡:"旧置湘州,平陈置潭州总管府。"则梁承旧有长沙郡。

(二)湘东郡(502—557)——治临烝(今湖南衡阳市)

按:齐末湘州领有湘东郡,梁有湘东王萧绎,则梁承旧有湘东郡。

(三)衡阳郡(502—557)——治湘西(今湖南株州市西南)

按:齐末湘州领有衡阳郡,《梁书》卷23《衡阳嗣王元简传》:天监元年,"封衡阳郡王"。则梁有衡阳郡。

(四)零陵郡(502—557)——治泉陵(今湖南永州市)

按:齐末湘州领有零陵郡。《梁书》卷35《萧子恪传》:"还除光禄卿,秘书监。出为明威将军、零陵太守。"则梁承旧有零陵郡。

(五)永阳郡(502—549后,553—557)——治营浦(今湖南道县西北)

按:《隋志》下零陵郡永阳:"旧曰营阳,梁置永阳郡。平陈,郡废,并营浦、谢沐二县入焉。"《隋志》所谓"旧曰营阳",查此地旧无营阳县,所指当为萧齐之营阳郡。则梁改营阳郡为永阳郡。《补梁志》卷3湘州永阳郡据《舆地纪胜》引《寰宇记》,以为梁改营阳为永阳在天监十四年,查今本《寰宇记》无此记载。今不从。《梁书》卷23《永阳嗣王伯游传》:"(天监)二年,袭封永阳郡王。"则梁初即有永阳郡。据营州考证,太清三年后永阳郡移置营州,承圣二年初,营州废,永阳郡复还属。

(六)临贺郡(502—506)——治临贺(今广西贺州市东南贺街)

按:齐末湘州领有临贺郡,据衡州考证,天监六年置衡州,乃移属焉。

(七)乐梁郡(550前—557)——治荡山(今广西贺州市西南)

按:《方舆纪要》卷107《广西二》平乐府贺县封阳废县条:"荡山废县,在县南。梁置,并置乐梁郡治焉。陈因之,隋初废郡,大业初并废县入富川。"《梁书》卷4《简文帝纪》:大宝元年(550)十月,"立皇子……大圜为乐梁郡王"。则梁大宝元年前置乐梁郡。《隋志》下始安郡富川:"旧置临贺、乐梁二郡。平陈,并废。"则乐梁郡直至陈隋之际犹存。以地望揆之,当属湘州。

(八)邵陵郡(502—557)——治邵陵(今湖南邵阳市)

按:齐末湘州领有邵陵郡,梁有邵陵王纶,则梁承旧有邵陵郡。

(九)岳阳郡(531前—549后)——治岳阳(今湖南汨罗市东长乐)

按:《隋志》下巴陵郡湘阴:"梁置岳阳郡及罗州,陈废州。平陈,废郡及湘阴入岳阳县,置玉州。寻改岳阳为湘阴,废玉山县入焉。"《梁书》卷3《高祖纪》:中大通三年(531)六月"癸丑,曲阿公誉为岳阳郡王"。则中大通三年前即有岳阳郡,置隋方废。据罗州考证,岳阳郡太清三年后移属罗州。

(十)药山郡(?—549后)——治药山(今湖南沅江市境)

按:《隋志》下巴陵郡沅江:"梁置,曰药山,仍为郡。平陈,郡废,县改曰安乐,十八年改曰沅江。"《补梁志》卷3列此郡为罗州属郡,以地望揆之亦合,今从之。然药山郡当先属湘州,后移属罗州。

(十一)始兴郡(502—506)——治曲江(今广东韶关市南武水西岸)

按:齐末湘州领有始兴郡,据衡州考证,天监六年置衡州,乃移属焉。

(十二)桂阳郡(502—506)——治郴(今湖南郴州市)

按:齐末湘州领有桂阳郡,梁有桂阳王大成,则梁承旧有桂阳郡。据衡州考证,天监六年置衡州,乃移属焉。

(十三)始安郡(502—539)——治始安(今广西桂林市)

按:齐末湘州领有始安郡,据桂州考证,大同六年移桂州治于始安郡,始安郡乃移属桂州焉。

二、罗州沿革

罗州(549后—557),治岳阳(今湖南湘阴县西)。《隋志》下巴陵郡湘阴:"梁置岳阳郡及罗州,陈废州。平陈,废郡及湘阴入岳阳县,置玉州。寻改岳阳为湘阴,废玉山县入焉。"《补梁志》卷3罗州据《舆地纪胜》以梁元帝置罗州。《通鉴》卷164大宝二年四月:湘东王萧绎"乃命罗州刺史徐嗣徽自岳阳,武州刺史杜崱自武陵引兵会(王)僧辩"。则大宝二年梁元帝即位前已有罗州。是梁置罗州当在太清三年四月梁元帝萧衍承制后。

(一) 岳阳郡(549后—557)——治岳阳(今湖南湘阴县西)

按:岳阳本湘州属郡,据本州考证所引《隋志》,太清三年后置罗州,乃来属焉。

(二) 药山郡(549后—557)——治药山(今湖南沅江市境)

按:药山本湘州属郡,以地望揆之,太清三年后置罗州,当来属。

三、营州沿革

营州(549后—552),治营浦(今湖南道县西北)。《通鉴》卷164承圣元年十一月:"侯景之乱,零陵人李洪雅据其郡,上即以为营州刺史。"胡注曰:"营阳郡,亦汉零陵郡之地,故因置营州。隋为永州。"则梁置营州当在梁元帝太清三年承制以后。《通鉴》卷165承圣二年二月:"庚子,李洪雅力屈,以空云城降陆纳。纳囚洪雅,杀丁道贵。"营州为因人而置,人废当罢。则承圣二年当罢营州。营州领永阳郡。

永阳郡(549后—552)——治营浦(今湖南道县西北)

按:永阳本名营阳,为湘州属郡,据本州考证,太清三年后移置营州,承圣二年罢营州,永阳郡当还属湘州。

四、郴州沿革

郴州(?),治乏考。《通鉴》卷164大宝二年四月:"湘东王绎以王僧辩为大都督,帅巴州刺史丹杨淳于量、定州刺史杜龛、宜州刺史王琳、郴州刺史裴之横东击(侯)景。"胡注曰:"《五代志》:巴陵郡,梁置巴州。夷陵郡,梁置宜州。桂阳郡,梁置郴州。"然查今本《隋志》下桂阳郡:"平陈,置郴州。"诸书皆同。未知胡氏所据何本。然梁有郴州则无疑。其地望、设置时间、所领郡县尚待确考。

附 沅湘诸实县存考

1. 熙平

按:齐末湘州始安郡领有熙平县。《隋志》下熙平郡熙平:"旧置齐乐郡,平陈,郡废。"则梁亦当有熙平县。

2. 岳阳

按：《方舆纪要》卷80《湖广六》长沙府湘阴县："刘宋为湘阴县地，梁析置岳阳县，属岳阳郡。陈因之。"则梁置岳阳县，为岳阳郡治。

3. 湘滨

按：《隋志》下巴陵郡罗："开皇九年废吴昌、湘滨二县入。"《陈书》卷24《周弘直传》："及梁元帝承制……行湘州府州事，湘滨县侯。"则梁有湘滨县。

4. 罗

按：齐末湘州长沙郡领有罗县，据湘滨县考证所引《隋志》，则梁、陈亦有罗县。

5. 药山

按：据湘州药山郡考证，梁置药山郡，并置药山县为其治所。

6. 临湘

按：齐末湘州长沙郡领有临湘县。《隋志》下长沙郡长沙："旧曰临湘，置长沙郡。平陈，郡废，县改名焉。"则梁有临湘县。

7. 醴陵

按：齐末湘州长沙郡领有醴陵县。《梁书》卷14《江淹传》：天监元年(502)，"改封醴陵侯"。则梁有醴陵县。

8. 浏阳

按：齐末湘州长沙郡领有浏阳县。《梁书》卷44《太宗十一王·浏阳公大雅传》："大同九年，封浏阳县公。"则梁有浏阳县。

9. 建宁

按：齐末湘州长沙郡领有建宁县。《隋志》下衡山郡湘潭："平陈，废茶陵、攸水、阴山、建宁四县入焉。"则梁亦有建宁县。

10. 茶陵

按：齐末湘州湘东郡领有茶陵县。据建宁县考证所引《隋志》，梁亦当有茶陵县。

11. 阴山

按：齐末湘州湘东郡领有阴山县。据建宁县考证所引《隋志》，梁亦当有阴山县。

12. 临蒸

按：齐末湘州湘东郡领有临蒸县。《陈书》卷10《周铁虎传》："(梁河东王萧)誉为广州刺史，以铁虎为兴宁令。誉迁湘州，又为临蒸令。"则梁亦有临蒸县。

13. 新宁

按：齐末湘州湘东郡领有新宁县。《元和志》卷29《江南道五》衡州常宁县："吴分耒阳置新平县，宋元徽中，三洞蛮抄掠州县，移就江东，因蛮寇止息，遂号新宁，即今理是，东俯潭水，西枕宜江。天宝元年改名常宁。"则梁有新宁县。

14. 攸

按：齐末湘州湘东郡领有攸县。《隋志》下衡山郡湘潭："平陈，废茶陵、攸水、阴山、建宁四县入焉。"则陈、隋之际称为攸水，然《隋书》卷75《儒林·萧该传》：梁时，"少封攸侯"，则梁时仍以"攸"名县。

15. 重安

按：齐末湘州湘东郡领有重安县。《隋志》下衡山郡衡阳："旧置湘东郡，平陈，郡废，并省临烝、新城、重安三县入焉。"则梁有重安县。

16. 衡山

按：齐末湘州衡阳郡领有衡山县。《梁书》卷22《太祖五王·南平王伟附恭传》："天监八年，封衡山县侯。"则梁有衡山县。

17. 湘西

按：齐末湘州衡阳郡领有湘西县。《梁书》卷12《席阐文传》：高祖受禅，"出为东阳太守，又改封湘西"。则梁有湘西县。

18. 益阳

按：齐末湘州衡阳郡领有益阳县。《梁书》卷34《张缵传》："（大同）九年，迁宣惠将军、丹阳尹，未拜，改为使持节，都督湘、桂、东宁三州诸军事、湘州刺史……益阳县人作田二顷，皆异亩同颖。"则梁湘州有益阳县。

19. 湘乡

按：齐末湘州衡阳郡领有湘乡县。《隋志》下长沙郡衡山："旧置衡阳郡。平陈，郡废，并衡山、湘乡、湘西三县入焉。"则梁有湘乡县。

20. 新康

按：齐末湘州衡阳郡领有新康县。《隋志》下长沙郡益阳："平陈，并新康县入焉。"则梁有新康县。

21. 湘潭

按：《元和志》卷29《江南道五》衡州衡山县："天监中分阴山立湘潭县，天宝八年改为衡山。"则梁有湘潭县。

22. 重华

按：《州郡典》十三巴陵郡沅江："梁置重华县，隋废之。"则梁有重华县。

23. 泉陵

按：齐末湘州零陵郡领有泉陵县。《梁书》卷53《良吏·何远传》："时泉陵侯渊朗为桂州，缘道剽掠，入始兴界，草木无所犯。"则梁亦有泉陵县。

24. 洮阳

按：齐末湘州零陵郡领有洮阳县。《梁书》卷11《张弘策传》："天监初，加散骑常侍，洮阳县侯，邑二千二百户。"则梁亦有洮阳县。

25. 零陵

按：齐末湘州零陵郡领有零陵县。《隋志》下零陵郡湘源："平陈，废洮阳、灌阳、零陵三县置县。"则梁当有零陵县。

26. 祁阳

按：齐末湘州零陵郡领有祁阳县。《梁书》卷29《高祖三王·南康简王绩附子会理传》：侯景之乱，"与弟祁阳侯通理并遇害"。则梁亦有祁阳县。

27. 观阳

按：齐零陵郡领有观阳县，《隋志》下零陵郡湘源："平陈，废洮阳、灌阳、零陵三县置县。"是陈隋之际有灌阳县。《方舆纪要》卷107《广西二》桂林府灌阳县："汉零陵县地，后汉建安中孙氏析置观阳县，以观水为名，仍属零陵县。晋以后因之。梁、陈间讹曰灌阳。"则梁当有观阳县。

28. 永昌

按：齐末湘州零陵郡领有永昌县。《隋志》下零陵郡零陵："旧曰泉陵，置零陵郡。平陈，郡废，又废应阳、永昌、初阳三县入焉。"则梁亦有永昌县。

29. 应阳

按：齐末湘州零陵郡领有应阳县。据永昌县考证所引《隋志》，则梁亦当有应阳县。

30. 营浦

按：齐末湘州营阳郡领有营浦县。据湘州永阳郡考证，梁改营阳郡为永阳郡。《隋志》下零陵郡永阳："旧曰营阳，梁置永阳郡。平陈，郡废，并营浦、谢沐二县入焉。"则梁有营浦县。

31. 泠道

按：齐末湘州营阳郡领有泠道县。《隋志》下零陵郡营道："平陈，并泠道、舂陵二县入。"则梁有泠道县。

32. 舂陵

按：齐末湘州营阳郡领有舂陵县。另据泠道县考证所引《隋志》，则梁亦当有舂陵县。

33. 营道

按：齐末湘州营阳郡领有营道县。《隋志》下零陵郡亦领有营道县，则梁亦当有此县。

34. 邵陵

按：齐末湘州邵陵郡领有邵陵县。《梁书》卷3《高祖纪下》：中大通四年(532)二月丙辰，"邵陵县获白鹿一"。则梁亦有邵陵县。

35. 都梁

按：齐末邵陵郡领有都梁县。《隋志》下长沙郡邵阳："旧置邵陵郡。平陈，郡废，并扶夷、都梁二县入焉。"则梁亦当有都梁县。

36. 高平

按：齐邵陵郡领有高平县。《方舆纪要》卷81《湖广七》宝庆府新化县新化旧城条："高平废县，在县南百里。三国吴置县，属邵陵郡，晋以后因之，隋省入邵陵县。"则梁有高平县。

37. 武强（武刚）

按：齐末邵陵郡领有武刚县。《元和志》卷29《江南道五》邵州武冈县："晋武帝分都梁县置。梁天监元年，以太子讳纲，故为武强，武德四年复旧。"《补梁志》卷3湘州邵陵郡武强县条以为："天监元年昭明太子尚在，简文帝时为晋安王，不应避讳。当是大通三年立晋安王为太子时改。《元和志》误。"此说甚是，今从之。

38. 邵阳

按：齐末邵陵郡领有邵阳县。《隋志》下长沙郡邵阳："旧置邵陵郡。平陈，郡废，并扶夷、都梁二县入焉。"则梁亦当有邵阳县。

39. 扶夷

按：西晋邵陵郡领有夫夷县，东晋改为扶，宋、齐承之。《隋志》下长沙郡邵阳："旧置邵陵郡。平陈，郡废，并扶夷、都梁二县入焉。"则梁、陈又改扶为扶夷。

第八节 巴汉诸州

中大同元年(546)巴汉诸州所辖情况见图55。

一、北梁州沿革

北梁州(502—504梁州，536—551)，治南郑(今陕西汉中市东)。梁承齐

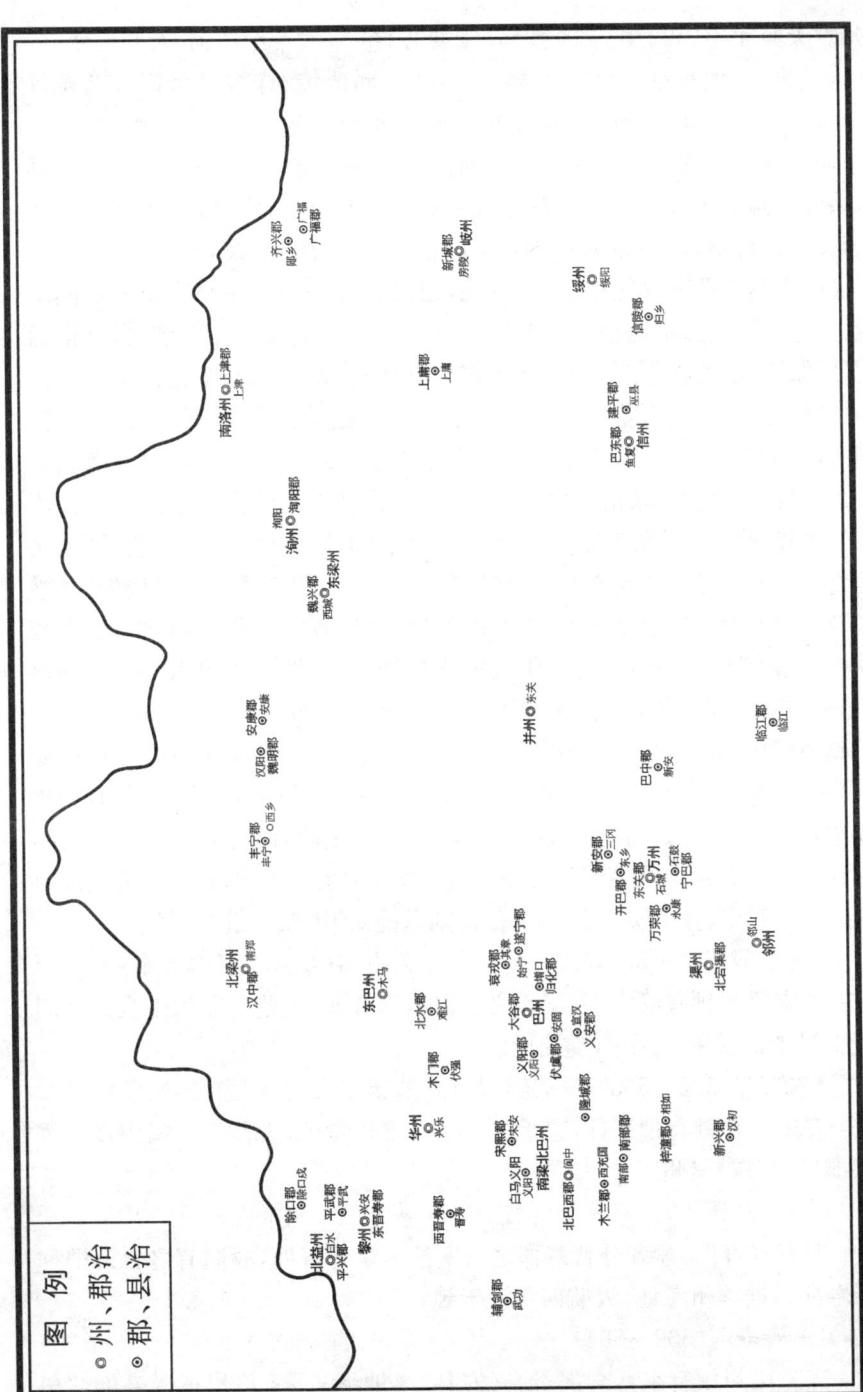

图55 中大同元年(546)南朝梁巴汉诸州辖实郡示意

有梁州。天监元年(502)增置隆城郡。《梁书》卷2《武帝纪中》：天监三年"二月，魏陷梁州"。魏军乘势南进，《魏书》卷65《邢峦传》详载其事曰："峦至汉中，白马已西犹未归顺，峦遣宁远将军杨举、统军杨众爱、汜洪雅等领卒六千讨之。军锋所临，贼皆款附，唯补谷戍主何法静据城拒守。举等进师讨之，法静奔溃，乘胜追奔至关城之下……晋寿太守王景胤等拥众七千，屯据石亭……遣统军李义珍讨晋寿，(王)景胤宵遁，遂平之……萧衍巴西太守庞景民恃远不降，峦遣巴州刺史严玄思往攻之，斩景民，巴西悉平……冠军将军鲁方达固南安，冠军将军任僧褒、辅国将军李畎戍石同。峦统军王足所在击破之，枭衍辅国将军乐保明、宁朔将军李伯度、龙骧将军李思贤，贼遂保回车栅。足又进击衍辅国将军范峻，自余斩获殆将万数。孔陵等收集遗众，奔保梓潼，足又破之，斩衍辅国将军符伯度，其杀伤投溺者万有余人。开地定民，东西七百，南北千里，获郡十四、二部护军及诸县戍，遂逼涪城。"《通鉴》系邢峦攻梁州事于天监四年。《梁书》卷10《邓元起传》："高祖亦假元起都督征讨诸军事，救汉中，比至，魏已攻陷两晋寿。"则天监四年，梁州东、西晋寿及巴西等十四郡皆失。《梁书》卷17《王珍国传》："会梁州长史夏侯道迁以州降魏，珍国步道出魏兴，将袭之，不果，遂留镇焉。"则梁天监三年虽失梁州治南郑，然梁州地未全失。梁州乃移镇魏兴郡。《梁书》卷3《武帝纪下》：大同元年(535)十一月"壬戌，北梁州刺史兰钦攻汉中，克之，魏梁州刺史元罗降"。则大同元年，复得汉中。汉中郡复来属。《考异》卷26《梁书·杜岸传》："《隋志》未见北梁州之名，盖大同初，梁州复治汉中，以西城为南梁，而汉中遂有'北梁'之称。"则此后治于汉中之梁州乃称为北梁州。《周书》卷2《文帝纪下》：魏废帝元年(承圣元年)四月，"达奚武围南郑，月余，梁州刺史、宜丰侯萧循以州降"。则承圣元年(552)，北梁州没。

(一) 汉中郡(502—503，536—551)——治南郑(今陕西汉中市东)

按：齐末梁州领有汉中郡，梁承之。据本州考证，天监三年汉中没。大同元年复得汉中郡。承圣元年，随州而没。

(二) 魏兴郡(502—503)——治西城(今陕西安康市西北双江北岸)

按：齐末梁州领有魏兴郡，梁承之。据东梁州考证，天监三年汉中没。梁于魏兴郡另立(东)梁州。

(三) 西晋寿郡(502—504)——治晋寿(今四川广元市南)

按：旧有晋寿郡，萧齐分晋寿郡之兴安县为东晋寿郡，故旧有之晋寿郡称为西晋寿郡。据本州考证，天监四年没于魏。

(四) 东晋寿郡(502—504)——治兴安(今四川广元市)

按：齐末梁州领有东晋寿郡，治兴安县。《地形志》下益州东晋寿郡："司马德宗置,魏因之。"①《隋志》上义城郡绵谷:"旧曰兴安,置晋寿郡。开皇初郡废。十八年,县改名焉。"则梁亦当有东晋寿郡。据本州考证,当于天监四年没北。

（五）北巴西郡(502—504)——治阆中(今四川阆中市)

按:齐末梁州领有北巴西郡,梁承之。据本州考证,天监四年没于魏。

（六）宋熙郡(502—504)——治宋安(今四川旺苍县西南)

按:齐末梁州领有宋熙郡,《地形志》下益州亦领有宋熙郡。则梁初亦当承齐旧有此郡,天监四年没。

（七）新城郡(502—503)——治房陵(今湖北房县)

按:齐末梁州领有南新城郡,治房陵,当即为梁之新城郡。天监三年,汉中没,于魏兴另置（东）梁州,新城郡乃移属焉。

（八）上庸郡(502—503)——治上庸(今湖北竹山县西南)

按:齐末梁州领有上庸郡,梁承之。天监三年,汉中没,于魏兴另置（东）梁州,上庸郡乃移属焉。

（九）涪陵郡(502—503)——治汉平(今重庆涪陵区东南)

按:齐末梁州领有涪陵郡,《隋志》上巴郡涪陵:"旧曰汉平,置涪陵郡。开皇初郡废。"则梁承齐有涪陵郡。天监三年,（北）梁州没,涪陵郡乃移属（东）梁州。

（十）南部郡(502—504)——治南部(今四川南部县)

按:齐末梁州领有南部郡,然《寰宇记》卷86《剑南东道五》阆州南部县:"梁于此置南部郡。后周闵帝元年罢郡,立南部县。"《隋志》上巴西郡南部:"旧曰南充国,梁曰南部,西魏置新安郡,后周郡废。"未知孰是。疑南部郡为齐、梁之际置,故众说纷纭。《补梁志》卷4以南部郡为南梁北巴州属郡,《梁政区建置表》同。当是天监三年汉中没北后,南部郡移属南梁北巴州。今从之。

（十一）归化郡(502—504)——治曾口(今四川巴中市曾口镇)

按:齐末梁州领有归化郡。《隋志》上清化郡化成:"梁曰梁广,仍置归化郡。后周改县曰化成。开皇初郡废。"所谓梁置归化郡,误。当为梁承齐之归化郡。天监四年没北,大同元年复得汉中,归化郡乃移属巴州。详参巴州考证。

---

① 《地形志》此处所言疑误,《寰宇记》卷135《山南西道三》利州条:"齐明帝永泰元年分晋寿郡之兴安县置东晋寿郡于乌奴城北一里,即今州是也。"似东晋寿郡为齐置,非晋置。

（十二）北水郡(502—504)——治难江(今四川南江县南八庙)

按：齐末梁州领有北水郡，《寰宇记》卷139《山南西道七》巴州清化县："废盘道县，在县东四十里。本汉宕渠县地，宋末于今县西南十里置北水郡。梁普通六年于北水郡置难江县，因难江水为名。梁末其地内属。后魏恭帝三年改难江县为盘道县。"则梁承齐有北水郡。天监四年汉中没，据前引《寰宇记》，普通六年尚有北水郡，则北水郡未尝没北。以地望揆之，则北水郡当于天监四年移属南梁北巴州。

（十三）隆城郡(502—504)——治仪陇(今四川仪陇县西南土门场)

按：《寰宇记》卷139《山南西道七》蓬州仪陇县："本汉阆中县地，梁天监元年于此置隆城郡，因隆城山为名，及仪隆县。隋开皇三年郡废，以县属蓬州。"则梁天监元年置隆城郡，天监三年汉中没，隆城郡当移属南梁北巴州。

（十四）安康郡(502—503)——治安康(今陕西石泉县东南池河西北，汉江东岸)

按：齐末梁州领有安康郡。《隋志》上西城郡安康："旧曰宁都，齐置安康郡，后魏置东梁州，后萧詧改直州。开皇初郡废。"所谓"萧詧改直州"者，当为中大同元年(546)后，萧詧为雍州刺史，都督雍、梁、东益、南、北秦等州军事时以安康郡为直州①。天监三年梁州治南郑没，安康郡乃移属治于西城之(东)梁州。

（十五）北巴西郡(502—504)——治阆中(今四川阆中市)

按：齐末梁州领有北巴西郡，梁承之。据本州考证，北巴西郡天监四年没。

（十六）齐兴郡(502—503)——治郧乡(今湖北郧县)

按：齐末梁州领有齐兴郡，天监三年汉中没，齐兴郡乃移属(东)梁州。

二、东梁州所辖实郡沿革

东梁州，寄治西城(今陕西安康市西北双江北岸)。据北梁州考证，天监三年，梁州汉中等郡没。《梁书》卷17《王珍国传》："会梁州长史夏侯道迁以州降魏，珍国步道出魏兴，将袭之，不果，遂留镇焉。"则梁天监三年虽失梁州治南郑，然梁州地未全失。梁州乃移镇魏兴郡。(北)梁州未没之魏兴、齐兴、新城、上庸、涪陵、安康诸郡来属。天监末，新城、上庸等郡移属岐州。《隋志》上西城郡："梁置梁州，寻改曰南梁州。西魏改置东梁州。"《考异》卷26《梁书·徐文

---

① 《周书》卷48《萧詧传》，第855页。

盛传》:"天监三年,夏侯道迁叛,而梁失汉中地,乃移梁州于西城。大同元年,汉中复为梁有。《隋志》'西城郡,梁置梁州',据天监三年以后言之也。又云:'寻改曰南梁州',则据大同元年以后,梁州复治汉中,当以西城为'南梁'矣。"则大同元年,梁得汉中,乃以治魏兴郡之梁州为南梁州。旋魏明、丰宁二郡来属,梁又置广福郡;中大同元年后,安康郡移置直州;太清元年(547),齐兴郡移置兴州。《通鉴》卷164承圣元年正月:"魏将王雄取上津、魏兴,东梁州刺史安康李迁哲军败。降之。"则大同元年后,南梁州又改为东梁州。承圣元年,东梁州没。

(一)魏兴郡(504—551)——治西城(今陕西安康市西北双江北岸)

按:魏兴于齐末本梁州属郡,据本州考证,天监三年,汉中没,乃于魏兴郡另置梁州,梁州又先后改为南梁州、东梁州,魏兴郡仍属焉。

(二)魏明郡(535后—551)——治汉阳(今陕西石泉县南)

按:《地形志》下东梁州领有魏明郡,领汉阳、宁都二县。梁本无此郡县,当是魏置。《梁政区建置表》列为东梁州属郡,以为梁复故地,承魏之魏明郡,今从之。当是大同元年梁收复汉中旧地后来属。

(三)丰宁郡(535后—551)——治丰宁(今陕西西乡县西)

按:《寰宇记》卷138《山南西道六》洋州:"晋改南乡为西乡。后魏正始中废西乡县,仍于今西乡县西五十里丰宁戍置丰宁郡及丰宁县,仍更立龙亭县,郡属直州。废帝二年于今西乡县置洋州,以水为名,领洋川、怀昌、洋中、丰宁四郡。"则丰宁郡本为魏置,以地望揆之,大同元年梁收复汉中旧地后当来属。

(四)齐兴郡(504—546)——治郧乡(今湖北郧县)

按:齐兴郡本(北)梁州属郡。天监三年汉中没,齐兴郡乃来属。据兴州考证,太清元年置兴州,齐兴郡乃移属焉。

(五)广福郡(?—551)——治广福(今湖北郧县东南)

按:《隋志》中淅阳郡安福:"梁置,曰广福,并为郡。开皇初郡废。"则梁有广福郡,以地望揆之,当属东梁州。

(六)新城郡(504—519前)——治房陵(今湖北房县)

按:新城郡本(北)梁州属郡。天监三年,汉中没,于魏兴另置梁州,新城郡乃来属。据岐州考证,天监末置岐州,新城郡乃移属焉。

(七)上庸郡(504—519前)——治上庸(今湖北竹山县西南)

按:上庸郡本(北)梁州属郡。天监三年,汉中没,于魏兴另置梁州,上庸郡乃来属。据岐州考证,天监末置岐州,上庸郡乃移属焉。

（八）涪陵郡(504—551)——治汉平(今重庆涪陵区东南)

按：涪陵郡本为(北)梁州属郡，天监三年，南郑没北，涪陵郡乃移属(东)梁州。承圣元年没。

（九）安康郡(504—546后)——治安康(今陕西石泉县东南池河西北，汉江东岸)

按：天监四年，汉中失，原属(北)梁州之安康郡来属。据直州考证，中大同元年后，安康郡移置直州。

三、南梁、北巴州沿革

南梁、北巴州(505—508巴州，509—552)，治阆中(今四川阆中市)。《隋志》上巴西郡："梁置南梁、北巴州，西魏置隆州。"杨守敬《隋书地理志考证》以为此为双头州郡，甚是。然梁初无此州。据北梁州条考证，天监四年，巴西郡没于魏。《魏书》卷65《邢峦传》："萧衍巴西太守庞景民恃远不降，峦遣巴州刺史严玄思往攻之，斩景民，巴西悉平。"又此年邢峦上表有云："又巴西、南郑相离一千四百，去州迢递，恒多生动。昔在南之日，以其统绪势难，故增立巴州，镇静夷獠，梁州藉利，因而表罢。彼土民望，严、蒲、何、杨，非唯五三，族落虽在山居，而多有豪右。文学笺启，往往可观，冠带风流，亦为不少。但以去州既远，不能仕进，至于州纲，无由厕迹。巴境民豪，便是无梁州之分，是以郁怏，多生动静。比建议之始，严玄思自号巴州刺史，克城以来，仍使行事。巴西广袤一千，户余四万，若彼立州，镇摄华獠，则大帖民情。从垫江已还，不复劳征，自为国有。"然魏主不从。《北周志》卷4《山南上》隆州以为："巴西豪右严蒲何杨诸大族，以仕进路狭，遂怀反侧，严玄始自称巴州刺史，魏亦以其自号之官授之者，遂欲藉其力以取巴蜀也。"然《通鉴》卷146天监四年十一月："(邢)峦之克巴西也，使军主李仲迁守之。仲迁溺于酒色，费散兵储，公事谘承，无能见者。峦忿之切齿，仲迁惧，谋叛，城人斩其首，以城来降。"则天监四年巴西郡复归梁有。《通鉴》卷148天监十六年十一月："甲子，巴州刺史牟汉宠叛，降魏。"胡注曰："《五代志》：巴西郡，梁置南梁州、北巴州。"则梁自天监四年收复巴西郡以来，即承魏以巴西郡为巴州。南部、南安、隆城、北水等梁州旧郡复来属。梁又增置白马义阳、木兰、辅剑、掌天、哀戎、遂宁、义阳、木门、梓潼、北宕渠等郡。《梁书》卷2《武帝纪中》：天监八年"夏四月，以北巴西郡置南梁州"。《梁书》卷17《张齐传》：天监七年，"迁武旅将军、巴西太守，寻加征远将军……初，南郑没于魏，乃于益州西置南梁州……十七年，迁持节、都督南梁州诸军事、智武将军、南梁州刺史"。则自天监八年四月，乃置南梁州帖治巴西郡，于是乃有南梁、北巴州之双头州郡。大同元年,哀戎、遂宁、义阳、木门、北水、隆城、梓潼移属巴州,大同三年,北宕渠郡移属渠州;《寰宇记》卷86《剑南东道五》阆州:"梁天监中又于此立南梁州及北巴郡。西魏废帝二年平蜀,改为隆州。"则南梁、北巴州承圣二年(西魏废帝二年)没。

(一)北巴西郡(505—552)——治阆中(今四川阆中市)

按:梁之北巴西郡本为(北)梁州属郡。据本州考证,北巴西郡天监四年没北,旋复。即以之置巴州。

(二)白马、义阳二郡(?—552)——治义阳(今四川苍溪县东北元坝子)

按:《隋志》上巴西郡奉国:"梁置白马、义阳二郡,开皇初郡废,并废义阳县入焉。"则梁有白马、义阳二郡。承圣二年没。

(三)南部郡(505—552)——治南部(今四川南部县)

按:南部郡本(北)梁州属郡,天监四年没于北。《补梁志》卷4以南部郡为南梁、北巴州属郡,《梁政区建置表》同,当是天监四年复得巴西郡时来属,姑从之。

(四)木兰郡(?—552)——治西充国(今四川南部县西北)

按:《隋志》上巴西郡晋城:"旧曰西充国,梁置木兰郡。西魏废郡,改县名焉。"则梁有木兰郡。《补梁志》卷4以木兰郡为南梁、北巴州属郡,《梁政区建置表》同,姑从之。承圣二年随州而没。

(五)辅剑郡(?—552)——治武功(今四川剑阁县西南)

按:《隋志》上普安郡武连:"旧曰武功,置辅剑郡。西魏改郡曰安都,县曰武连。开皇初郡废。"则梁有辅剑郡。承圣二年没。

(六)掌天郡(?—552)——治乏考(约在今四川剑阁县东南)

按:《隋志》上巴西郡西水:"梁置掌天郡,西魏改曰金迁,开皇初郡废。"则梁有掌天郡。《补梁志》卷4以掌天郡为南梁、北巴州属郡,《梁政区建置表》同,姑从之。承圣二年随州而没。

(七)哀戎郡(525—534)——治其章(今四川巴中市其章坝)

按:《寰宇记》卷139《山南西道七》巴州其章县:"汉葭萌县地,梁武帝普通六年于此置哀戎郡,以界内哀戎水为名,又置其章县……隋开皇三年罢郡,以县属巴州。"然《隋书》载牛弘为"奇章县公"者,盖"奇"、"其"音通故也。以地望揆之,哀戎郡当属南梁、北巴州。《补梁志》卷4、《梁政区建置表》列哀戎郡为巴州属郡者,疑大同元年置巴州,乃移属焉。今从之。

(八)遂宁郡(525—534)——治始宁(今四川巴中市东清江渡)

按:《隋志》上清化郡始宁:"梁置,并置遂宁郡。开皇初郡废。"《寰宇记》

卷139《山南西道七》巴州其章县:"废始宁县……本汉宕渠县地,梁普通六年于此置遂宁郡,又于郡理置始宁县,因山为名。隋开皇三年罢郡,以县属巴州。"以地望揆之,当属南梁、北巴州。《补梁志》卷4、《梁政区建置表》列遂宁郡为巴州属郡者,疑大同元年置巴州,乃移属焉。今从之。

(九)义阳郡(525—534)——治义阳(今四川巴中市西恩阳镇)

按:《寰宇记》卷139《山南西道七》巴州恩阳县:"汉阆中县地,梁普通六年分阆中置义阳郡,又于郡置义阳县,因界内山为名,属巴州。后魏以郡属江州。"则梁普通六年(525)置义阳郡,以地望揆之,当属南梁、北巴州。《寰宇记》所言"属巴州"者,盖大同元年置巴州,乃移属焉。

(十)木门郡(525—534)——治伏强(今四川旺苍县东南木门场)

按:《隋志》上清化郡清化:"梁置,曰伏强,有木门郡。开皇三年郡废,七年县改曰清化。"《寰宇记》卷139《山南西道七》巴州清化县:"本汉葭萌县地,梁普通六年于今县北二十里置木门郡,又于郡置伏强县,并因山为名。隋开皇中罢郡,以县属巴州。"以地望揆之,当属南梁、北巴州。《补梁志》卷4、《梁政区建置表》列木门郡为巴州属郡者,疑大同元年置巴州,乃移属焉。今从之。

(十一)北水郡(505—534)——治难江(今四川南江县南八庙)

按:北水郡为(北)梁州旧郡,《寰宇记》卷139《山南西道七》巴州清化县:"废盘道县……本汉宕渠县地,宋末于今县西南十里置北水郡。梁普通六年于北水郡置难江县,因难江水为名。梁末其地内属。后魏恭帝三年改难江县为盘道县。"则天监四年汉中虽没,而北水郡犹存。以地望揆之,北水郡当移属南梁、北巴州。据巴州条考证,大同元年移属巴州。

(十二)隆城郡(504—534)——治仪陇(今四川仪陇县西南土门场)

按:梁天监元年置隆城郡,隶(北)梁州。天监四年汉中没,以地望揆之,隆城郡当移属南梁、北巴州。《补梁志》卷4巴州条、《梁政区建置表》并以为隆城郡为巴州属郡,当是大同元年置巴州,隆城郡乃移属焉。今从之。

(十三)梓潼郡(507—534)——治相如(今四川蓬安县司南利溪镇)

按:《隋志》上巴西郡相如:"梁置梓潼郡,后魏郡废。"《寰宇记》卷86《剑南东道五》果州相如县:"梁天监六年置相如县,兼立梓潼郡于此。至后周郡废而县存。"以地望揆之,当属南梁、北巴州,则天监六年置梓潼郡。《补梁志》卷4巴州、《梁政区建置表》以为梓潼郡当属巴州,当是大同元年置巴州时移属焉。今从之。

(十四)北宕渠郡(522—536)——治乏考(约在今四川渠县)

按:《寰宇记》卷138《山南西道六》渠州:"普通三年又于汉宕渠县西南七

十里置北宕渠郡,即今州理是也。大同三年于郡理置渠州。后魏文帝十三年其地内属,仍旧为渠州,领北宕渠郡。"则普通三年梁置北宕渠郡,以地望揆之,当属南梁、北巴州。大同三年移置渠州。

四、黎州沿革

黎州(536—550),治兴安(今四川广元市)。据北梁州考证,天监四年,晋寿郡没北。《元和志》卷22《山南道三》利州:"晋改汉寿为晋寿。梁天监中以竺胤为太守,随夏侯道迁入后魏,改立西益州。梁大通六年又克之,始通剑路,改西益州为黎州。武陵王萧纪僭号于蜀,以席嶷为黎州刺史。嶷反,州属魏,复改黎州为西益州。"《元和志》所言大通六年克魏西益州,恐误。大通年号只三年,不当有"大通六年"字样。梁大同元年末复得汉中,乃复有晋寿郡地。《寰宇记》卷135《山南西道三》利州所载"梁大同二年改西益州为黎州",于理方合。则梁大同二年复得晋寿地,置黎州。《通鉴》卷163大宝元年九月:"黎州民攻刺史张贲,贲弃城走。州民引氐酋北益州刺史杨法琛据黎州,命王、贾二姓诣武陵王纪请法琛为刺史。纪深责之,囚法琛质子崇颙、崇虎。冬十月丁丑朔,法琛遣使附魏。"胡注曰:"《五代志》:义城郡,梁曰黎州,唐之利州是也。"则黎州大宝元年(550)没。

(一)东晋寿郡(536—550)——治兴安(今四川广元市)

按:东晋寿郡本梁州属郡,天监四年没,据本州考证,大同元年复,乃置黎州。东晋寿郡乃属焉。

(二)西晋寿郡(536—550)——治晋寿(今四川广元市南)

按:西晋寿郡本梁州属郡,天监四年没,据本州考证,大同元年复,乃属黎州。

(三)宋熙郡(536—550)——治宋安(今四川旺苍县西南)

按:据(北)梁州宋熙郡考证,齐末梁初有宋熙郡,天监四年没。《地形志》下益州领有宋熙郡。《寰宇记》卷86《剑南东道五》阆州岐坪县:"宋分晋寿于此立宋安县,属宋熙郡。后魏废帝三年改宋安为岐坪。"则大同元年梁复得故地,仍有宋熙郡,当属黎州。

五、直州沿革

直州(546后—551),治安康(今陕西石泉县东南)。《隋志》上西城郡安康:"旧曰宁都,齐置安康郡,后魏置东梁州,后萧詧改直州。开皇初郡废。"据北梁州安康郡考证,中大同元年后,萧詧以雍州刺史都督雍、梁、东益等州诸军事,以安康郡为直州。承圣元年,北梁、东梁州没,则直州亦当随之而没。

安康郡(546 后—551)——治安康(今陕西石泉县东南)

按:安康郡本(北)梁州属郡,天监四年移属(东)梁州。中大同元年后,以安康郡为直州。承圣元年没。

六、南洛州沿革

南洛州(?—551),治上津(今湖北郧西县西北上津)。《隋志》中上洛郡上津:"旧置北上洛郡,梁改为南洛州,西魏又改为上州。"又,《寰宇记》卷 141《山南西道九》商州上津县:"宋于此置北上洛郡。梁改为南洛州。"然《周书》卷 44《扶猛传》:"梁大同中……转上庸新城二郡守、南洛北司二州刺史,封宕渠县男。及侯景作乱,猛乃拥众自守,未有所从……魏废帝元年,魏兴叛,雄击破之,猛遂以众降。"而上洛郡本为侨郡,则梁以侨郡置南洛州。

上津郡(?—551)——治上津(今湖北郧西县西北上津)

按:《周书》卷 2《文帝纪下》:魏废帝元年(承圣元年)正月,"王雄平上津、魏兴,以其地置东梁州"。则梁有上津郡,承圣元年没于北①。

七、洵州沿革

洵州(?—551),治洵阳(今陕西旬阳县北旬河北岸)。《周书》卷 44《李迁哲传》:"(太清)四年,迁持节、信武将军、散骑常侍、都督东梁洵兴等七州诸军事、东梁州刺史……大统十七年,太祖遣达奚武、王雄等略地山南,迁哲率其所部拒战,军败,遂降于武。"则梁末已有洵州,西魏大统十七年(梁大宝二年)没。

洵阳郡(?—551)——治洵阳(今陕西旬阳县北旬河北岸)

按:《隋志》上西城郡洵阳:"旧置洵阳郡,开皇初郡废。"《梁政区建置表》以为梁洵州领有洵阳郡。今暂从之。

八、岐州沿革

岐州(519 前—551),治房陵(今湖北房县)。《隋志》上房陵郡光迁:"旧曰房陵,置新城郡。梁末置岐州,后周郡县并改为光迁。"《寰宇记》卷 143《山南

---

① 《寰宇记》卷 141《山南西道九》商州上津县:"宋于此置北上洛郡。梁改为南洛州。后魏废帝三年为上州,以晋时于此置洛津戍为名,仍于州置上津郡及上津县。"《北周志》据此,以为上津郡及上津县皆为西魏所置。然《周书》卷 2《文帝纪下》所载魏废帝元年(承圣元年)正月,"王雄平上津、魏兴"之言,似梁已有上津郡,疑西魏之上津郡及上津县皆为承梁规制。

东道二》房州:"历晋、宋、齐为新城、上庸二郡。梁天监末立岐州,与郡同理房陵。侯景之乱,地入后魏。"以地望揆之,北梁、东梁二州处岐州之北,皆承圣元年没,则岐州亦当随后而没。

(一)新城郡(519前—551)——治房陵(今湖北房县)

按:新城郡先属(北)梁州,后属(东)梁州,据本州考证,天监末来属。

(二)上庸郡(519前—551)——治上庸(今湖北竹山县西南)

按:上庸郡先属(北)梁州,后属(东)梁州,据本州考证,天监末来属。

九、绥州沿革

绥州(?—551),治绥阳(今湖北神农架林区东南)。《隋志》上房陵郡光迁:"又有旧绥州,开皇初,与(新城)郡并废。"《方舆纪要》卷79《湖广五》郧阳府房县永清城条:"绥阳城,在县西南百七十里。沈约曰:'魏置绥阳县,寻改曰秭归,晋太康二年复故,属新城郡。'宋、齐因之。梁置绥州,隋初与县俱废。"绥阳为新城郡之属县,则绥州当自新城郡析置。以地望揆之,亦当于承圣元年没。领郡乏考。

十、兴州沿革

兴州(547—550),治郧乡(今湖北郧县)。《隋志》中淅阳郡武当:"旧置武当郡。又侨置始平郡,后改为齐兴郡。梁置兴州,后周改为丰州。"《隋志》所言"始平郡改为齐兴郡"盖误,始平侨郡为雍州属郡,齐兴郡为梁州属郡。不当有前后相承之关系。《寰宇记》卷143《山南东道二》均州:"晋属顺阳郡。齐永明七年于今郧乡县置齐兴郡。《舆地志》云:'梁武帝以此郡为南始平郡,复有武功、武阳二县,仍属南雍州。太清元年于梁州之齐兴郡置兴州。'后魏废帝元年改兴州为丰州。"《周书》卷44《席固传》:"梁元帝嗣位江陵,迁兴州刺史……魏大统十六年,以地来附。"则梁太清元年于齐兴郡置兴州,大宝元年(西魏大统十六年)没。

齐兴郡(547—550)——治郧乡(今湖北郧县)

按:齐兴郡先属(北)梁州,再属(东)梁州。据本州考证,太清元年以齐兴郡置兴州,大宝元年没。

十一、北益州沿革

北益州(536—549,550—552 沙州),治白水(今四川青川县东北)。《一统志》卷391保宁府白水故城:"在昭化县西北。汉置白水县,属广汉郡。蜀汉分属梓潼郡，晋属晋寿郡，宋置白水郡，后魏为南白水郡，梁置平兴郡，兼置北益州。隋开皇初郡废，县改名平兴。"《梁书》卷3《高祖纪下》：大同元年十一月"壬戌，北梁州刺史兰钦攻汉中，克之，魏梁州刺史元罗降。癸亥，赐梁州归附者复除有差。甲子，雄勇将军、北益州刺史阴平王杨法深进号平北将军"。十二月，"平北将军、北益州刺史阴平王杨法深进号骠骑将军"。则北益州当是大同元年收复汉中，因氐酋归顺而置。《通鉴》卷163大宝元年九月："黎州民攻刺史张贲，贲弃城走。州民引氐酋北益州刺史杨法琛据黎州，命王、贾二姓诣武陵王纪请法琛为刺史。纪深责之，囚法琛质子崇颙、崇虎。冬，十月，丁丑朔，法琛遣使附魏。"胡注曰："魏以武兴为东益州，氐王杨氏居之。梁盖以为北益州。按下卷，杨法琛治平兴，则梁置北益州于平兴也。"《通鉴》卷165承圣二年五月："初，杨乾运求为梁州刺史，（萧）纪以为潼州；杨法琛求为黎州刺史，以为沙州：二人皆不悦。乾运兄子略说乾运曰：'今侯景初平，宜同心戮力，保国宁民，而兄弟寻戈，此自亡之道也。夫木朽不雕，世衰难佐。不如送款关中，可以功名两全。'乾运然之，令略将二千人镇剑阁，又遣其婿乐广镇安州，与法琛皆潜通于魏。"胡注曰："盖即以平兴为沙州也。"则北益州在大宝元年又改称为沙州。承圣二年没于西魏。

（一）平兴郡（536—552）——治白水（今四川青川县东北）

按：《隋志》上义城郡景谷："旧曰白水，置平兴郡。后周省东洛郡入。开皇初郡废，县改名平兴。"另据本州考证，梁置北益州，平兴郡随州而置。

（二）除口郡（536—552）——治除口戍（今陕西宁强县西北嘉陵江西岸燕子河口附近）

按：《魏书》卷65《邢峦传》："萧衍梁秦二州行事夏侯道迁以汉中内附，诏加峦使持节、都督征梁汉诸军事、假镇西将军，进退征摄，得以便宜从事……萧衍辅国将军任僧幼等三十余将，率南安、广长、东洛、大寒、武始、除口、平溪、桶谷诸郡之民七千余户，相继而至。"《通鉴》卷148天监十四年二月："魏之伐蜀也，军至晋寿，蜀人震恐。傅竖眼将步兵三万击巴北，上遣宁州刺史任太洪自阴平间道入其州，招诱氐、蜀，绝魏运路。会魏大军北还，太洪袭破魏东洛、除口二戍，声言梁兵继至，氐、蜀翕然从之。"时傅竖眼为魏益州刺史。梁后以为北益州，则梁似曾以除口戍为除口郡①。《梁政区建置表》列除口郡为北益州属郡，今姑从之。

---

① 据上引用《魏书》，梁似一度还有南安、广长、东洛、大寒、武始、平溪、桶谷等郡，唯地望、始置、罢废时间等难考，姑附于此，正文不再列入。

（三）平武郡(?)——治平武（今四川平武县东北）

按：《寰宇记》卷84《剑南东道三》龙州："晋于此置平武县,宋、齐皆因之。至梁,有杨、李二姓……至后魏武帝得其地,置江油郡,西魏废帝二年定蜀,于此立龙州。隋大业初废州为平武郡。"似平武郡始自隋。然据《水经注》卷20《漾水》："白水,出于平武郡东北瞩累亘下"云云,则梁当日有平武郡。《梁政区建置表》列平武为北益州属郡。今从之。

十二、华州沿革

华州（536—551），治兴乐（今四川广元市东南）。《隋志》上义城郡绵谷："又有华阳郡,梁置华州。西魏并废。"《梁书》卷46《杜崱传》："大同初,魏梁州刺史元罗举州内附,（杜）怀宝复进督华州。"则华州之置在大同元年收复汉中之时。所领华阳郡为侨郡,详参第十编"东晋南朝侨州郡县考表"华阳郡条。承圣元年,北梁州没,华州亦当随之而没。

十三、巴州沿革

巴州（535—553），治梁广（今四川巴中市东南）。《隋志》上清化郡："旧置巴州。"以地望揆之,当处齐末梁州境内。据北梁州考证,天监四年其地没于北。《北史》卷95《獠传》详载其事曰："正始中,夏侯道迁举汉中内附……其后,朝廷以梁、益二州控摄险远,乃立巴州以统诸獠……后元罗在梁州,为所陷,自此遂绝。"则梁之巴州乃大同元年复汉中时承魏而来,北魏所置之大谷郡随之来属；原（北）梁州之归化郡得以重置；南梁、北巴州所属之哀戎、遂宁、义阳、木门、北水、隆城、梓潼诸郡来属；大同元年置伏虞郡；大同中置新兴郡；太清元年置景阳郡；又增置义安郡。《通鉴》卷165承圣三年五月：西魏李迁哲与乐炽"徇地至巴州,巴州刺史牟安民降之,巴、濮之民皆附于魏"。则承圣三年五月,巴州没。

（一）大谷郡(535—553)——治梁广（今四川巴中市东南）

按：《寰宇记》卷139《山南西道七》巴州："后魏正始元年,梁州刺史夏侯通迁以其地内属,于是分其地于汉昌县理所置大谷郡,带防兵以镇抚之。延昌三年于大谷郡北置巴州,盖取古巴国以为名。"梁大同元年复汉中,乃承魏之大谷郡。承圣三年没。

（二）归化郡(535—553)——治增口（今四川巴中市曾口镇）

按：归化郡本为（北）梁州属郡。天监四年没北,大同元年复得其地。《补梁志》卷4巴州列有归化郡,《梁政区建置表》同。今从之。承圣三年没。

（三）哀戎郡(535—553)——治其章(今四川巴中市其章坝)

按：据南梁、北巴州哀戎郡考证，普通六年置哀戎郡。《补梁志》卷4、《梁政区建置表》以为哀戎郡为巴州属郡，当是大同元年梁置巴州时来属，今从之。

（四）遂宁郡(535—553)——治始宁(今四川巴中市东清江渡)

按：据南梁、北巴州遂宁郡考证，普通六年置遂宁郡。《补梁志》卷4、《梁政区建置表》以为遂宁郡为巴州属郡，当是大同元年梁置巴州时来属，今从之。

（五）义阳郡(535—553)——治义阳(今四川巴中市西恩阳镇)

按：《寰宇记》卷139《山南西道七》巴州恩阳县："汉阆中县地，梁普通六年分阆中置义阳郡，又于郡置义阳县，因界内山为名，属巴州。后魏以郡属江州。"则梁普通六年置义阳郡。以地望揆之，当属南梁、北巴州。及大同元年置巴州，乃来属。

（六）木门郡(535—553)——治伏强(今四川旺苍县东南木门场)

按：据南梁、北巴州木门郡考证，普通六年置木门郡，《补梁志》卷4、《梁政区建置表》以为木门郡为巴州属郡，当是大同元年梁置巴州时来属，今从之。

（七）北水郡(535—553)——治难江(今四川南江县南八庙)

按：北水郡本(北)梁州旧郡，天监四年汉中没北，北水郡乃移属南梁、北巴州。《补梁志》卷4、《梁政区建置表》以为木门郡为巴州属郡，当是大同元年梁置巴州时来属，今从之。

（八）伏虞郡(535—553)——治安固(今四川仪陇县东北)

按：《旧志》二《山南西道》蓬州下良山："汉宕渠地，梁置伏虞郡安固县。后周改伏虞为蓬州，安固为良山。"《寰宇记》卷139《山南西道七》蓬州："宋末属归化郡。梁大同元年于此置伏虞郡，又北置安固县，以属巴州。寻入后周。"蓬州良山县："梁大同元年分宕渠之地以置安固县，取安静永固为名，属伏虞郡。隋开皇三年罢郡，以县属蓬州。"则梁大同元年置伏虞郡，承圣三年没。

（九）隆城郡(535—553)——治仪陇(今四川仪陇县西南土门场)

按：《寰宇记》卷139《山南西道七》蓬州仪陇县："本汉阆中县地，梁天监元年于此置隆城郡，因隆城山为名，及仪隆县。隋开皇三年郡废，以县属蓬州。"据北梁州隆城郡、南梁、北巴州隆城郡条考证，隆城郡先属(北)梁州，再属南梁、北巴州，大同元年置巴州，乃来属焉。承圣三年没。

（十）义安郡(535后—553)——治宣汉(今四川仪陇县东北大罗)

按：《寰宇记》卷139《山南西道七》蓬州伏虞县："本汉宕渠县地，梁大同中于今县东三十里分置宣汉县，属义安郡。隋开皇三年废郡，以县属蓬州。"《补梁志》卷4巴州、《梁政区建置表》以为义安郡当属巴州,今从之。

(十一)梓潼郡(535—553)——治相如(今四川蓬安县司南利溪镇)

按:《隋志》上巴西郡相如:"梁置梓潼郡,后魏郡废。"《寰宇记》卷86《剑南东道五》果州相如县:"梁天监六年置相如县,兼立梓潼郡于此。至后周郡废而县存。"以地望揆之,当属南梁、北巴州,《补梁志》卷4巴州、《梁政区建置表》以为梓潼郡当属巴州,当是大同元年置巴州后来属。承圣三年没北。

(十二)新兴郡(535后—553)——治汉初(今四川武胜县西北)

按:《隋志》上涪陵郡汉初:"梁置新兴郡。西魏改郡曰清居,名县曰汉初。开皇初郡废。"《寰宇记》卷136《山南西道四》合州汉初县:"汉垫江县,宋改垫江为东宕渠县。梁武大同中于此立新兴郡。"则梁大同中置新兴郡。《隋志》所言西魏"名县曰汉初",恐误。齐末西宕渠侨郡领汉初侨县,则汉初之置不待西魏矣。《补梁志》卷4巴州、《梁政区建置表》以为新兴郡当属巴州,今从之。承圣三年没。

(十三)景阳郡(547—553)——治宕渠(今四川仪陇县东南)

按:《隋志》上宕渠郡宕渠:"梁置,并置境阳郡。开皇初郡废。"《寰宇记》卷139《山南西道七》蓬州良山县:"废宕渠县,在州东一百里。本汉旧县,属巴郡。梁太清元年于此置景阳郡及宕渠县,因县界山为名。隋初郡废,而县存"。"境"、"景"音相通,未知孰是,今姑作"景"。梁太清元年置景阳郡,承圣三年没。

十四、东巴州沿革

东巴州(535后—553),治木马(今四川南江县)。《寰宇记》卷140《山南西道八》集州:"梁武帝大同中又于巴岭侧立安宁、敬水、平南三郡,仍立东巴州以领三郡,州理在木马。按木马地名在今洋州界,无复遗址。后魏恭帝二年改东巴州为集州。"以地望揆之,东巴州处北梁州之南,巴州之北。当于承圣元年至三年间没。

(一)安宁郡(535后—553)——治乏考(约在今米仓山南,四川南江、通江县境)

按:据本州考证,梁大同中置东巴州,并置安宁郡。

(二)敬水郡(535后—553)——治乏考(约在今米仓山南,四川南江、通江县境)

按:据本州考证,梁大同中置东巴州,并置敬水郡。

（三）平南郡(535 后—553)——治乏考(约在今米仓山南，四川南江、通江县境)

按：据本州考证，梁大同中置东巴州，并置平南郡。

十五、渠州沿革

渠州(537—552 后)，治乏考(约在今四川渠县)。《隋志》上宕渠郡："梁置渠州。"《寰宇记》卷 138《山南西道六》渠州："普通三年又于汉宕渠县西南七十里置北宕渠郡，即今州理是也。大同三年于郡理置渠州。后魏文帝十三年其地内属，仍旧为渠州，领北宕渠郡。"后魏文帝十三年即为太清元年，此时渠州北部之北梁、东梁及南梁、北巴州等并存，渠州无由入魏。其没当在承圣元年至承圣三年之间。

北宕渠郡(537—552 后)——治乏考(约在今四川渠县)

按：据本州及南梁、北巴州北宕渠郡考证，普通三年置北宕渠郡，属南梁、北巴州，大同元年乃移置渠州。后随州而没。

十六、邻州沿革

邻州(537—552 后)，治邻山(今四川大竹县西南)。《隋志》上宕渠郡邻水："梁置县，并置邻州。后魏改邻山郡，开皇初郡废。"《寰宇记》卷 138《山南西道六》渠州邻山县："汉宕渠县地，自晋至齐，地并为夷獠所据。梁大同三年于此置邻州及邻山县。后魏废帝改为邻山郡，以山名之。至隋初郡废，并县入邻水。"则梁大同三年置邻州。领郡乏考，其没当在承圣元年至三年之间。

十七、万州沿革

万州(536—553)，治石城(今四川达州市)。《隋志》上通川郡："梁置万州，西魏曰通川。"《寰宇记》卷 137《山南西道五》达州："梁大同二年于宣汉县置万州，以州界内有地万余顷，因以数名之，领开巴、新宁、宁巴、寿阳、巴中五郡。后魏废帝二年开拓山南"云云。后魏废帝二年即为梁承圣二年。是年，万州没。

（一）东关郡(536—553)——治石城(今四川达州市)

按：《隋志》上通川郡通川："梁曰石城，置东关郡。开皇初郡废。"则梁有东关郡，当属万州。

（二）开巴郡(536—553)——治东乡(今四川宣汉县北)

按：据本州考证所引《寰宇记》，梁置开巴郡。

(三) 新安郡(536—553)——治三冈(今四川达县南平滩)

按：据本州考证所引《寰宇记》，梁似有新宁郡，然《隋志》上通川郡三冈："梁置，属新安郡。西魏改郡曰新宁。开皇初郡废。"则《寰宇记》此处所载之"新宁"误，当以"新安"为是。

(四) 宁巴郡(536—553)——治石鼓(今四川宣汉县南)

按：据本州考证所引《寰宇记》，梁置宁巴郡。

(五) 寿阳郡(536—553)——治乏考(约在今四川达县南境)

按：据本州考证所引《寰宇记》，梁置寿阳郡。

(六) 巴中郡(536—553)——治新安(今四川开江县东北)

按：据本州考证所引《寰宇记》，梁置巴中郡。

(七) 万荣郡(535后—553)——治永康(今四川达县西桥湾)

按：《隋志》上清化郡永穆："梁置，曰永康，又有万荣郡。开皇初郡废，十八年县改名焉。"《寰宇记》卷137《山南西道五》达州永穆县："梁大同中分宣汉县地置万荣郡于此，兼立永康县以属焉。"以地望揆之，万荣郡当属万州，姑附于此。

十八、并州沿革

并州(？—555)，治东关(今四川万源市南固军场)。《隋志》上通川郡宣汉："西魏置并州及永昌郡。"《寰宇记》卷137《山南西道五》达州："后魏废帝二年开拓山南……又于东关县置并州。"东乡县废宣汉县："后魏废帝二年于今县东一百五十里梁所置南晋郡西百步置并州。"然《周书》卷44《李迁哲传》："魏恭帝三年正月，军次并州。梁并州刺史杜满各望风送款。"则梁末已有并州，西魏盖承之尔。又，西魏之得并州在恭帝三年，非废帝二年，今从《周书》。是西魏恭帝三年(梁绍泰二年，556)初，梁之并州陷。

(一) 南晋郡(？—555)——治东关(今四川万源市南固军场)

按：《寰宇记》卷137《山南西道五》达州东乡县："废宣汉县，在州北一百七十里，本汉宕渠县地，后汉分为宣汉县，后魏废帝二年于今县东一百五十里，梁所置南晋郡西百步置并州，仍自州移理宣汉县。"则梁有南晋郡。

(二) 临江郡(540—555)——治临江(今重庆忠县)

按：《隋志》上巴东郡临江："梁置临江郡，后周置临州。"《寰宇记》卷149《山南东道八》忠州："梁大同六年于此立临江郡，以郡城临于江也。后魏废帝二年改为临州，领临江、万川二郡。"据本州考证，此处"废帝二年"当作"恭帝三年"。则大同六年置临江郡，西魏恭帝三年(梁绍泰二年)没。以地望揆之，当属并州。

十九、叠州沿革

叠州(？—555)，治乏考。《周书》卷 44《李迁哲传》："魏恭帝三年正月……进围叠州，克之，获刺史冉助国等。"则梁有叠州，西魏恭帝三年(梁绍泰二年)初陷。

二十、安州沿革

安州(？—552)，治南安(今四川剑阁县)。《隋志》上普安郡："梁置南梁州，后改为安州。西魏改为始州。"《元和志》卷 33《剑南道下》剑州："宋于此置南安郡，梁武陵王萧纪改郡立安州。后魏废帝二年，先下安州，始通巴、蜀，故改安州为始州。"《周书》卷 2《文帝纪下》：废帝三年正月，"改置州郡及县：……南梁为隆州……安州为始州"。《补梁志》卷 4 安州条据上引《周书》，以为梁时南梁州与安州并存，则《隋志》所言梁改南梁州为安州之说为误，安州当自南梁州析出。甚是，今从《元和志》与《补梁志》。《周书》卷 21《尉迟迥传》："魏废帝二年(承圣二年)春，自散关由固道出白马，趣晋寿，开平林旧道。前军临剑阁，(萧)纪安州刺史乐广，以州先降。"则梁末武陵王萧纪置安州，承圣二年没。安州所领南安郡为侨郡，详参第十编"东晋南朝侨州郡县考表"南安郡条。

附 巴汉诸实县存考

1. 郧乡

按：齐末梁州齐兴郡领有郧乡县，《隋志》中淅阳郡亦领有郧乡县，则梁亦当有此县。

2. 均阳

按：《隋志》中淅阳郡均阳："梁置。"则梁有均阳县。

3. 南郑

按：齐末梁州汉中郡领有南郑县，《隋志》上汉川郡领有南郑，则梁亦当有南郑县。

4. 城固

按：齐末梁州汉中郡领有城固县，《隋志》上汉川郡领有城固，则梁亦当有城固县。

5. 西乡

按：齐末梁州汉中郡领有西乡县，《隋志》上汉川郡领有西乡，则梁亦当有西乡县。

6. 兴安

按：齐末梁州东晋寿郡领有兴安县。《隋志》上义城郡绵谷："旧曰兴安，置晋寿郡。开皇初郡废。十八年，县改名焉。"则梁亦当有兴安县。

7. 晋寿

按：齐末晋寿郡领有晋寿县。《地形志》下益州东晋寿郡晋寿："晋惠帝置，属梓潼，后属。"则梁当有晋寿县。

8. 晋安

按：齐末梁州新巴郡领有晋安县。《地形志》下益州东晋寿郡晋安："司马德宗置，魏因之。"则梁当有晋安县。

9. 元寿

按：齐末梁州宋熙郡领有元寿县，《地形志》下益州宋熙郡亦领有元寿县，则梁亦当有此县。

10. 西城

按：齐末梁州魏兴郡领有西城县。《隋志》上西城郡金川："梁初曰上廉，后曰吉阳。西魏改曰吉安，后周以西城入焉。"则梁亦有西城县。

11. 上廉（吉阳）

按：齐末梁州上庸郡领有上廉县。《隋志》上西城郡金川："梁初曰上廉，后曰吉阳。西魏改曰吉安，后周以西城入焉。"则梁初有上廉县，后改曰吉阳县。

12. 安康

按：齐末梁州安康郡领有安康县，《地形志》下东梁州安康郡亦领有安康县，则梁亦当有此县。

13. 上津

按：《隋志》中上洛郡上津："旧置北上洛郡，梁改为南洛州，西魏又改为上州。"另参南洛州考证，梁有上津县，为上津郡治。

14. 武功

按：《寰宇记》卷143《山南东道二》均州："晋属顺阳郡。齐永明七年于今郧乡县置齐兴郡。《舆地志》云：'梁武帝以此郡为南始平郡，复有武功、武阳二县，仍属南雍州。太清元年于梁州之齐兴郡置兴州。'后魏废帝元年改兴州为丰州。"则梁有武功县。

15. 武阳

按：据武功县考证所引《寰宇记》，梁有武阳县。

16. 房陵

按：齐末梁州房陵郡领有房陵县。《隋志》上房陵郡光迁："旧曰房陵，置新城郡。梁末置岐州，后周郡县并改为光迁。"则梁有房陵县。

17. 安城

按：《隋志》上房陵郡竹山："梁曰安城，西魏改焉。"则梁有安城县。

18. 新丰

按：齐末梁州上庸郡领有新丰县。《隋志》上房陵郡上庸："梁曰新丰，西魏改焉。"则梁有新丰县。

19. 绥阳

按：齐末梁州南新城郡领有绥阳县。据绥州考证，绥阳县或为绥州治所，则梁当有绥阳县。

20. 阆中

按：齐末梁州北巴西郡领有阆中县。《隋志》上巴西郡阆内："梁置北巴郡，后魏平蜀，置盘龙郡。"《隋志》所言"阆内"者，盖避"忠"讳而改"中"为"内"。则梁有阆中县。

21. 汉昌

按：齐末梁州北巴西郡领有汉昌县。《隋志》上巴西郡苍溪："旧曰汉昌，开皇末改名焉。"则梁有汉昌县。

22. 胡原

按：《寰宇记》卷84《剑南东道三》剑州临津县："《旧图经》云：'梁天监十八年分阆中于此置胡原县，属巴西郡。隋开皇七年改为临津县。'"《隋志》上普安郡临津："旧曰胡原，开皇七年改焉。"则梁有胡原县。

23. 白水

按：《隋志》上义城郡景谷："旧曰白水，置平兴郡。后周省东洛郡入。开皇初郡废，县改名平兴。"则梁有白水县，属北益州之平兴郡。

24. 汉平

按：齐末梁州涪陵郡领有汉平县。《隋志》上巴郡涪陵："旧曰汉平，置涪陵郡。开皇初郡废。十三年县改名焉。"则梁亦当有汉平县。

25. 南部

按：《隋志》上巴西郡南部："旧曰南充国，梁曰南部，西魏置新安郡，后周郡废。"则梁有南部县。

26. 西充国

按：《隋志》上巴西郡晋城："旧曰西充国，梁置木兰郡。西魏废郡，改县名焉。"则梁有西充国。

27. 梁广

按：《隋志》上清化郡化成："梁曰梁广，仍置归化郡。后周改县曰化成。开皇初郡废。"则梁有梁广县。

28. 曾口

按：《隋志》上清化郡曾口："梁置。"则梁有曾口县。

29. 其章

按：《隋志》上清化郡其章："梁置。"则梁有其章县。

30. 始宁

按：《隋志》上清化郡始宁："梁置，并置遂宁郡。开皇初郡废。"则梁有始宁县。

31. 平州

按：《寰宇记》卷139《山南西道七》巴州曾口县："废归仁县……汉宕渠县地。梁普通六年于此置平州县，属遂宁郡，因县界平州水为名。"则梁有平川县。

32. 义阳

按：《寰宇记》卷139《山南西道七》巴州恩阳县："汉阆中县地，梁普通六年分阆中置义阳郡，又于郡置义阳县，因界内山为名，属巴州。后魏以郡属江州。"则梁有义阳县。

33. 伏强

按：《隋志》上清化郡清化："梁置，曰伏强，有木门郡。开皇三年郡废，七年县改曰清化。"则梁有伏强县。

34. 池川

按：《寰宇记》卷140《山南西道八》集州嘉川县："废通平县，在州西一百一十五里。梁大通六年于此置池川县，属木门郡。隋开皇三年省池川县入伏强。"则梁有池川县。

35. 难江

按：《寰宇记》卷139《山南西道七》巴州清化县："废盘道县……本汉宕渠县地，宋末于今县西南十里置北水郡。梁普通六年于北水郡置难江县，因难江水为名。梁末其地内属。后魏恭帝三年改难江县为盘道县。"则梁有难江县。

36. 安固

按：《旧志》二《山南西道》蓬州下良山："汉宕渠地，梁置伏虞郡安固县。

后周改伏虞为蓬州,安固为良山。"则梁有安固县。

37. 绥安

按:《寰宇记》卷139《山南西道七》蓬州蓬山县:"本汉宕渠县地,梁大同中于此置绥安县,属景阳郡。"则梁有绥安县。

38. 宕渠

按:《隋志》上宕渠郡宕渠:"梁置,并置境阳郡。开皇初郡废。"则梁有宕渠县。

39. 仪陇

按:《寰宇记》卷139《山南西道七》蓬州仪陇县:"本汉阆中县地,梁天监元年于此置隆城郡,因隆城山为名,及仪隆县。隋开皇三年郡废,以县属蓬州。"则梁有仪陇县。

40. 大寅

按:《隋志》上巴西郡大寅:"梁置。"《寰宇记》卷139《山南西道七》蓬州蓬池县:"本汉阆中县地,梁天监元年分阆中之地置大寅县,取邑西大寅山为名。"则梁有大寅县。

41. 宣汉

按:《隋志》上清化郡伏虞:"梁置,曰宣汉,及置伏虞郡。"则梁有宣汉县。

42. 安汉

按:齐末北巴西郡领有安汉县。《隋志》上巴西郡南充:"旧曰安汉,置宕渠郡。开皇初郡废。十八年,县改名焉。"则梁亦有安汉县。

43. 相如

按:《寰宇记》卷86《剑南东道五》果州相如县:"梁天监六年置相如县,兼立梓潼郡于此。至后周郡废而县存。"则梁有相如县。

44. 邻山

按:《寰宇记》卷138《山南西道六》渠州邻山县:"汉宕渠县地,自晋至齐,并为夷獠所据。梁大同三年于此置邻州及邻山县。后魏废帝改为邻山郡,以山名之。至隋初郡废,并县入邻水。"则梁有邻山县。

45. 邻水

按:《寰宇记》卷138《山南西道六》渠州邻水县:"汉宕渠县地,梁武大同三年置邻水县……寄理州城。"则梁有邻水县。

46. 石城

按:《隋志》上通川郡通川:"梁曰石城,置东关郡。开皇初郡废。"则梁有石城县。

47. 东乡

按：《隋志》上通川郡领有东乡县，《南史》卷51《梁宗室上·吴平侯景传》，萧景子勔为东乡侯，则梁有东乡县。

48. 永康

按：《隋志》上清化郡永穆："梁置，曰永康，又有万荣郡。开皇初郡废，十八年县改名焉。"则梁有永康县。

49. 东关

按：《寰宇记》卷137《山南西道五》达州东乡县："废宣汉县……后魏废帝二年于今县东一百五十里梁所置南晋郡西百步置并州，仍自州移理宣汉县于南晋郡北二百里，今无遗址。按并州领南晋郡，领东关、宣汉二县，理东关。周改南晋郡为和昌郡，又省郡郭东关入宣汉县。"则梁、西魏之际似有东关县。

50. 临江

按：《隋志》上巴东郡临江："梁置临江郡，后周置临州。"《寰宇记》卷149《山南东道八》忠州："梁大同六年于此立临江郡，以郡城临于江也。后魏废帝二年改为临州，领临江、万川二郡。"忠州临江县："梁立郡于此县，本以临江川为名。"则梁有临江县。

51. 南安

按：《隋志》上普安郡普安："旧曰南安。西魏改曰普安，置普安郡。"则梁有南安县。据安州南安郡考证，南安为南安郡治。

52. 梁安

按：《寰宇记》卷84《剑南东道三》剑州普成县："本汉梓潼县地，《周地图》：'梁置梁安县，属南梁州。'"则梁有梁安县。

53. 武功

按：《隋志》上普安郡武连："旧曰武功，置辅剑郡。西魏改郡曰安都，县曰武连。"则梁有武功县。

54. 白水

按：《隋志》上普安郡永归："旧曰白水，西魏改焉。"则梁有白水县。

55. 华阳

按：《隋志》上普安郡黄安："旧曰华阳，西魏改焉。"则梁有华阳县。

56. 洵阳

按：齐末梁州魏兴郡领有旬阳县。《隋志》上西城郡领有洵阳县。"洵"、"旬"相通，则梁亦当有洵阳县。

57. 汉阳

按:《地形志》下东梁州领有魏明郡,领汉阳、宁都二县。《梁政区建置表》以为魏明郡为东梁州属郡,治汉阳。今姑从之。

58. 宁都

按:据东梁州魏明郡及汉阳县考证,梁或有宁都县,今姑列于此。

59. 丰宁

按:《寰宇记》卷138《山南西道六》洋州:"晋改南乡为西乡。后魏正始中废西乡县,仍于今西乡县西五十里丰宁戍置丰宁郡及丰宁县。"据东梁州丰宁郡考证,丰宁郡一度入梁,则梁有丰宁郡,当治于丰宁县。

60. 梁广

按:《隋志》上清化郡化成:"梁曰梁广……后周改县曰化成。"《寰宇记》卷139《山南西道七》巴州化城县:"梁普通六年于梁大溪西三里置梁大县,属大谷郡。按《后周地图记》云:'大象二年改梁大县为化城县。'"《寰宇记》所言"梁大"者,盖承旧避隋炀帝讳而改。而"梁普通六年"置县者,恐亦误,时其地尚属北魏。梁得大谷郡当在大同元年后。然梁有梁广县为大谷郡治则无疑。

第九节　蜀中(含南中)诸州

中大同元年(546)蜀中诸州所辖情况见图56。

一、益州沿革

益州(502—553),治成都(今四川成都市)。萧齐有益州。梁承之,改旧日之梓潼郡为巴西、梓潼二郡,改晋原郡为江原郡;梁初,建平、巴东二郡自荆州来属;梁又增置始康、东阳、怀仁、席等郡;普通三年(522),北部都尉改称北部郡,移属绳州;普通四年,巴东、建平郡移置信州;普通中置普慈郡;大同三年(537)后,越嶲郡移置嶲州;大同中东江阳郡移属泸州;太清二年(548),齐通郡移置青州;大宝元年(550),巴郡移置楚州;承圣元年(552),西遂宁、新城、始平、西宕渠、东遂宁、普慈郡移属新州,巴西、梓潼二郡及南阴平郡移属西益、潼二州。《周书》卷21《尉迟迥传》:"魏废帝二年(梁承圣二年)春,自散关由固道出白马,趣晋寿,开平林旧道。前军临剑阁,(萧)纪安州刺史乐广,以州先降。纪梁州刺史杨乾运时镇潼州,又降。六月,迥至潼州,大飨将士,引之而西。纪益州刺史萧撝不敢战,遂婴城自守。进军围之……遂降……诏迥为大都督、益潼等十八州诸军事、益州刺史。"《梁书》卷5《元帝纪》:承圣二年"八月戊戌,尉

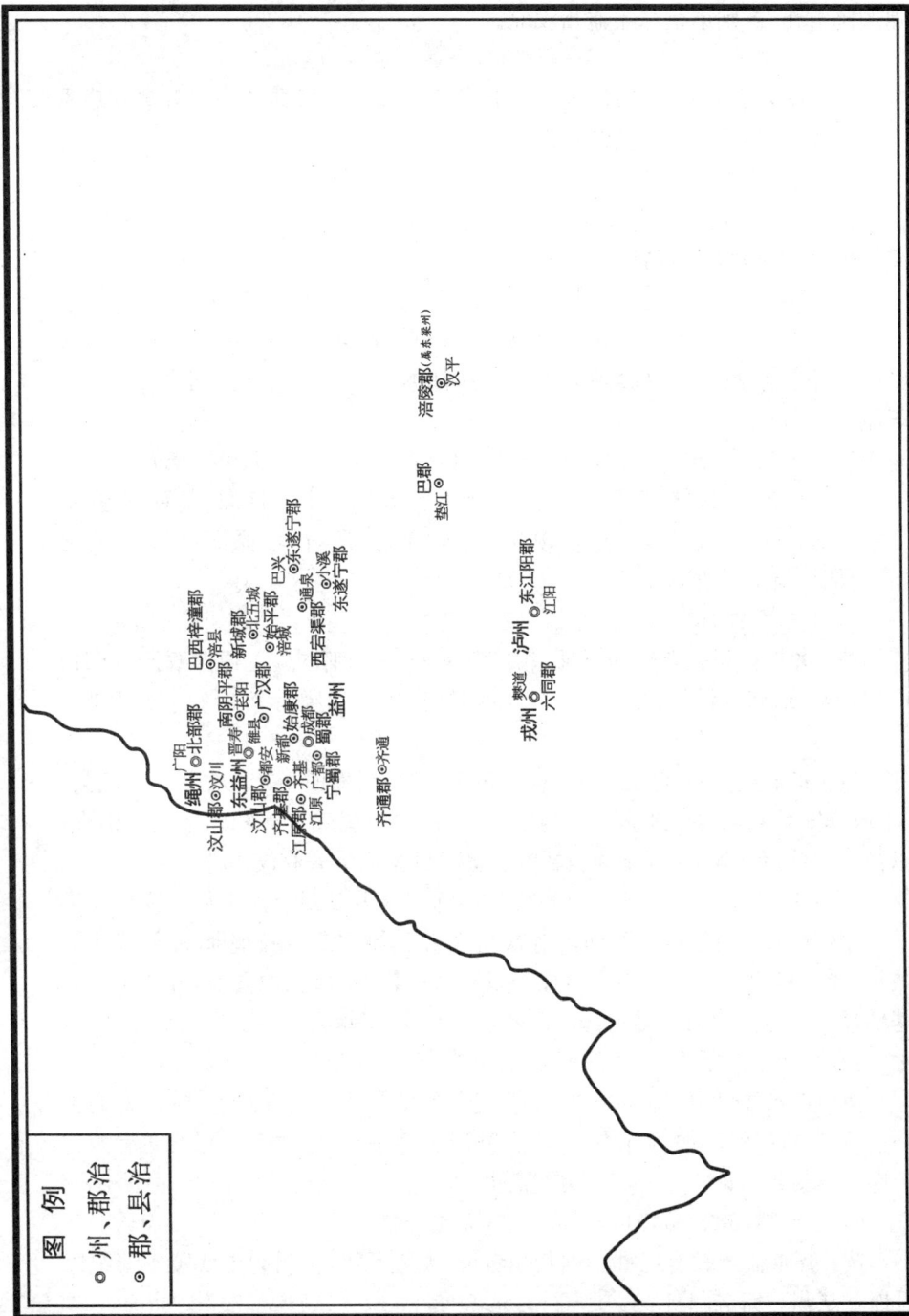

图 56 中大同元年(546)南朝梁蜀中诸州所辖实郡示意

迤迴陷益州"。则承圣二年益州没北。

（一）蜀郡（502—553）——治成都（今四川成都市）

按：齐末益州领有蜀郡，《隋志》上蜀郡成都："旧置蜀郡……开皇初废蜀郡。"则梁亦当有蜀郡，承圣二年没。

（二）广汉郡（502—553）——治雒（今四川广汉市北）

按：齐末益州领有广汉郡，《隋志》上蜀郡雒："旧曰广汉，又置广汉郡，开皇初郡废。"则梁有广汉郡。

（三）始康郡，寄治新都（今四川新都区城东）

按：《隋志》上蜀郡成都："旧置蜀郡，又有新都县。梁置始康郡，西魏废始康郡。开皇初废蜀郡，并废新繁入焉。"新都本为广汉郡属县。则梁置始康郡于原广汉郡境。

（四）江原郡（502—553）——治江原（今四川崇庆县西北怀远镇）

按：齐末益州领有晋原郡，《隋志》上蜀郡晋原："旧曰江原，及置江原郡。后周废郡，县改名焉。"以地望及领县查之，《隋志》所言"江原郡"即为萧齐之"晋原郡"，当是梁改"晋原"为"江原"。

（五）宁蜀郡，侨寄广都（今四川双流县）

按：齐末益州领有宁蜀侨郡，领广都实县一。《隋志》上蜀郡双流："旧曰广都，置宁蜀郡，后周郡废。仁寿元年改县曰双流。"则梁承齐旧有宁蜀侨郡。

（六）汶山郡（502—553）——治都安（今四川都江堰市东）

按：齐末益州领有汶山郡，《寰宇记》卷73《剑南西道二》永康军导江县："本属都安县地，《太康地志》云：'都安属汶山郡。'周武帝天和三年废汶山郡，以县并入益州之郫县，别于灌口置汶山县。"则梁当承齐有汶山郡。

（七）齐基郡（502—553）——治齐基（今四川都江堰市西南徐家渡）

按：齐末益州领有齐基郡，《隋志》上蜀郡清城："旧置齐基郡，后周废为清城县。"《记纂渊海》卷16《广南西路》永康军青城："本汉江源县地，齐武帝置齐基郡，后周改青城县，属犍为郡。"则齐置齐基郡，梁承之。

（八）西遂宁郡（502—551）——治乏考（约在今四川广汉市东北）

按：齐末益州领有西遂宁郡。《隋志》上蜀郡雒："又有西遂宁郡、南阴平郡。后周废西遂宁，改为怀中，南阴平郡曰南阴平县，寻并废。"则梁亦有西遂宁郡。据新州考证，承圣元年移属新州。

（九）巴郡（502—549）——治垫江（今重庆市）

按：齐末益州领有巴郡。据楚州考证，大宝元年，益州刺史武陵王萧纪以巴郡置楚州，乃移属焉。

(十)东阳郡(502—553)——治乏考(约在今重庆市北碚区东阳镇)

按:《一统志》卷 388 重庆府东阳城:"《舆地纪胜》:'在巴县西一百里。《旧志》云:"齐建武元年割巴县置东阳郡。"'《旧志》:'周时废,今为东阳镇。'"似齐即置东阳郡,后承之。然齐、梁东阳郡仅此一见。《梁政区建置表》列为益州属郡,姑从之,而南齐益州不再列入东阳郡。

(十一)新城郡(502—551)——治北伍城(今四川三台县)

按:齐末益州领有新城郡,梁承之。据新州考证,承圣元年,新城郡移置新州。

(十二)始平郡(502—551)——治涪城(今四川三台县西北花园)

按:齐末益州领有始平獠郡。《隋志》上金山郡涪城:"旧置始平郡,西魏改郡为涪城。"以地望揆之,《隋志》所言始平郡当即为萧齐之始平獠郡。是梁承齐之始平獠郡,改为始平郡。承圣元年移属新州。

(十三)西宕渠郡,寄治通泉(今四川射洪县东南杨溪镇附近)

按:齐末益州领有西宕渠侨郡,梁承之。《隋志》上新城郡通泉:"旧曰通泉,置西宕渠郡。西魏改郡、县俱曰涌泉。"则梁之西宕渠侨郡领通泉实县。据新州西宕渠郡考证,承圣元年移属新州。

(十四)东遂宁郡(502—551)——治小溪(今四川遂宁市)

按:齐末益州领有东遂宁郡,《隋志》上遂宁郡方义:"梁曰小溪,置东遂宁郡。西魏改县名焉。"则梁承旧有东遂宁郡。据新州东遂宁郡考证,承圣元年移属新州。

(十五)普慈郡(520 后—551)——治乏考(约在今四川乐至县东北龙门)

按:《寰宇记》卷 87《剑南东道六》普州:"李雄乱后,为獠所没。梁置普慈郡于此,梁普通中,益州刺史临汝侯赐群獠金券镂书,其文云:'今为汝置普慈郡,可率属子弟,奉官租以时输送。'周武帝建德四年于郡立普州。"承圣元年置新州,乃移属焉。

(十六)齐通郡(502—547)——治齐通(今四川眉山市)

按:齐末益州领有齐通左郡。《隋志》上眉山郡通义:"旧置齐通郡及青州。西魏改州曰眉州。开皇初郡废,改齐通曰广通。"则梁改齐通左郡为齐通郡。据青州考证,太清二年,齐通郡移置青州。

(十七)怀仁郡(?—553)——治乏考(约在今四川仁寿县东)

按:《隋志》上隆山郡仁寿:"梁置怀仁郡……开皇初郡废。"《寰宇记》卷 85《剑南东道四》陵州井研县:"本汉武阳县地,东晋置西江阳郡。梁置怀仁郡。魏置蒲亭县。"则梁有怀仁郡,设置时间及领县乏考。承圣二年没。

（十八）席郡（519前—553）——治乏考（约在今四川双流县东南籍田）

按：《寰宇记》卷85《剑南东道四》陵州籍县："梁天监中于此立席郡。隋废郡为县,始曰席"。则梁有席郡,设置时间及领县乏考。承圣二年没。

（十九）巴东郡（502—522）——治鱼复（今重庆奉节县东白帝城）

按：巴东在齐末本为荆州属郡,《梁书》卷3《武帝纪下》：普通四年"六月乙丑,分益州置信州"。据信州考证,巴东后为信州属郡。则梁初巴东郡自荆州来属,普通四年又移置信州。

（二十）建平郡（502—522）——治巫（今重庆巫山县）

按：建平在齐末本为荆州属郡,据信州考证,建平郡普通四年后为信州属郡。则梁初建平郡自荆州来属,普通四年又移置信州。

（二十一）东江阳郡（502—535后）——治江阳（今四川泸州市）

按：齐末益州领有东江阳郡。《隋志》上泸川郡泸川："旧曰江阳,并置江阳郡。开皇初郡废。大业初置泸川郡,县改名焉。"《一统志》卷412泸州直隶州："宋曰东江阳郡,齐因之。梁于郡置泸州。"则《隋志》所言之"江阳郡"当即为萧齐之"东江阳郡"。据泸州考证,大同中置泸州,东江阳郡乃移属焉。

（二十二）巴西、梓潼二郡（502—551）——治涪（今四川绵阳市东）

按：齐末益州领有梓潼郡,《梁书》卷11《庾域传》："天监初,封广牧县子,后军司马。出为宁朔将军、巴西、梓潼二郡太守。"卷17《张齐传》："（天监）十四年,迁信武将军、巴西、梓潼二郡太守。"卷30《顾协传》："侍西丰侯正德读。正德为巴西、梓潼郡,协除所部安都令。"卷55《武陵王纪传》："高祖崩后,纪乃僭号于蜀。改年曰天正……以巴西、梓潼二郡太守永丰侯撝为征西大将军、益州刺史,封秦郡王。"则梁改旧日之梓潼郡为巴西、梓潼二郡,为双头郡。据西益、潼二州考证,巴西、梓潼二郡于承圣元年移属西益、潼二州。

（二十三）南阴平郡,侨寄苌阳（今四川德阳市西北）

按：齐末益州领有南阴平侨郡,领绵竹实县一。《隋志》上蜀郡雒："又有西遂宁郡、南阴平郡。后周废西遂宁,改为怀中,南阴平郡曰南阴平县,寻并废。"则梁承旧有南阴平侨郡。《补梁志》卷4列为西益、潼二州属郡,《梁政区建置表》同,或是承圣元年置西益、潼二州,乃移属焉,今从之。

（二十四）北部都尉（502—521）——治广阳（今四川茂县）

按：《隋志》上汶山郡汶山："旧曰广阳。梁改为北部都尉,置绳州、北部郡。"然齐末益州已有北部都尉,《隋志》言梁置,盖误。据绳州考证,普通三年置绳州,北部都尉乃改称为北部郡移属焉。

（二十五）越巂郡(502—537后)——治乏考(约在今四川西昌市东南)

按：齐末益州领有越巂獠郡，梁改为越巂郡，据巂州考证，大同三年后移置巂州。

二、东益州沿革

东益州(？—553)，治晋寿(今四川彭县西北)。《隋志》上蜀郡九陇："旧曰晋寿，梁置东益州。后周州废，置九陇郡，并改县曰九陇。"则梁有东益州，所领南晋寿郡及其所领诸县皆为侨县。详参第十编"东晋南朝侨州郡县考表"南晋寿郡条。

三、楚州沿革

楚州(550—553)，治垫江(今重庆市)。《隋志》上巴郡："梁置楚州。开皇初改曰渝州。"《寰宇记》卷136《山南西道四》渝州："梁太清四年，武陵王萧纪于巴郡置楚州。西魏大统十七年改楚州为巴州。"太清四年即为大宝元年。西魏大统十七年为梁大宝二年，则楚州之没当在大宝二年。

巴郡(550—551)——治垫江(今重庆市)

按：巴郡本益州属郡，据本州考证，大宝元年置楚州，乃来属。大宝二年没。

四、戎州沿革

戎州(544—553)，治僰道(今四川宜宾市西南安边场)。《隋志》上犍为郡："梁置戎州。"《元和志》卷31《剑南道上》戎州："汉武帝建元六年，遣唐蒙发巴、蜀卒通西南夷自僰道抵牂柯，凿石开道，二十余里，通西南夷，置僰道县，属犍为郡，今州即僰道县也。戎獠之中，最有人道，故其字从'人'。李雄窃据，此地空废。梁武帝大同十年，使先铁讨定夷獠，乃立戎州，即以铁为刺史，后遂不改。"则梁大同十年置戎州。承圣二年益州没，戎州亦当随之而没。

六同郡(544—553)——治僰道(今四川宜宾市西南安边场)

按：《寰宇记》卷79《剑南西道八》戎州："汉武开置，故使唐蒙理道，如此而破牂柯、夜郎，立犍为郡……因置僰道县以属焉。历后汉、晋、宋、齐，皆因之。梁大同十年于此置六同郡，以六合所同为郡之名；寻又置戎州，以镇抚戎夷也。隋初郡废而州存。"则梁有六同郡。

五、信州沿革

信州(523—553)，治鱼复(今重庆奉节县东白帝城)。《梁书》卷3《武帝纪下》：普通四年"六月乙丑，分益州置信州"。《寰宇记》卷 148《山南东道七》夔州："梁大同三年于(巴东)郡理立信州。后魏废帝三年移巴东郡于梁置阳口县理。"今从《梁书》，以普通四年置信州为是。《通鉴》卷 165 承圣三年五月："(宇文)泰以(李)迁哲为信州刺史，镇白帝。"则承圣三年前信州已没。而承圣二年蜀中没，则信州亦当随之而没。

（一）巴东郡(523—553)——治鱼复(今重庆奉节县东白帝城)

按：《隋志》上巴东郡："梁置信州，后周置总管府。"隋之巴东郡与齐、梁之巴东郡地望相同，则梁置信州，巴东郡乃自益州来属焉。

（二）信陵郡(?—553)——治归乡(今湖北巴东县西北长江北岸)

按：《隋志》下巴东郡巴东："旧曰归乡，梁置信陵郡。后周郡废，县改曰乐乡。"则梁置信陵郡。以地望揆之，当属信州。

（三）建平郡(523—553)——治巫(今重庆巫山县)

按：《隋志》上巴东郡巫山："旧置建平郡，开皇初郡废。"然《寰宇记》卷 148《山南东道七》夔州巫山："汉改为巫县，属南郡。故城在今县北。晋移于此，立建平郡。梁武帝废郡。"似梁武帝时已废建平郡。然《梁书》卷 44《太宗十一王·建平王大球传》："大宝元年封建平王。"则梁末犹有建平郡，今从《隋志》、《梁书》。以地望揆之，建平郡当属信州。承圣二年没。

六、新州沿革

新州(552—553)，治北伍城(今四川三台县)。《隋志》上新城郡："梁末置新州。开皇末改曰梓州。"《元和志》卷 33《剑南道下》梓州："宋于此置新城郡，梁武陵王萧纪于郡置新州，隋开皇末改为梓州。"疑所谓梁末，当指承圣元年武陵王萧纪于益州称帝时。承圣二年益州没，新州亦当随之而没。

（一）新城郡(552—553)——治北伍城(今四川三台县)

按：新城郡本益州属郡。据本州考证，承圣元年，新城郡移置新州。

（二）始平郡(552—553)——治乏考(约在今四川三台县西北花园)

按：始平郡本益州属郡，《补梁志》卷 4 列为新州属郡。或是承圣元年置新州时来属，以地望揆之亦合。今从之。

（三）西遂宁郡(552—553)——治乏考(约在今四川广汉市东北)

按：西遂宁郡本益州属郡，《补梁志》卷 4 列为新州属郡。或是承圣元年置新州时来属，以地望揆之亦合。今从之。

（四）东遂宁郡(552—553)——治小溪(今四川遂宁市)

按：东遂宁郡本益州属郡，《补梁志》卷 4 列为新州属郡。或是承圣元年置新州时来属，以地望揆之亦合。今从之。

（五）普慈郡(552—553)——治乏考(约在今四川乐至县东北龙门)

按：普慈郡本益州属郡，《补梁志》卷4列为新州属郡。或是承圣元年置新州时来属，以地望揆之亦合。今从之。

（六）西宕渠郡，侨寄通泉(今四川射洪县东南杨溪镇附近)

按：西宕渠侨郡本益州属郡。《补梁志》卷4列为新州属郡。或是承圣元年置新州时来属，以地望揆之亦合。今从之。

七、青州沿革

青州(548—553)，治齐通(今四川眉山市)。《隋志》上眉山郡通义："旧置齐通郡及青州。西魏改州曰眉州。开皇初郡废，改齐通曰广通。"《元和志》卷32《剑南道中》眉州："在汉即犍为郡武阳县之南境。梁太清二年，武陵王萧纪开通外徼，于此立青州，取汉青衣县为名也。后魏废帝二年平蜀，改青州为眉州。"后魏废帝二年即为梁承圣二年。则梁太清二年于齐通郡置青州，承圣二年没。

齐通郡(548—553)——治齐通(今四川眉山市)

按：齐通郡本益州属郡。据本州考证，太清二年置青州，齐通郡来属，承圣二年没。

八、江州沿革

江州(？—553)，治江阳(今四川彭山县东)。《隋志》上隆山郡隆山："旧曰犍为，置江州。西魏改县曰隆山。后周省州，置隆山郡。开皇初郡废，又并江阳县入焉。"《南史》卷53《梁武帝诸子·武陵王纪传》载有武陵王萧纪梁末为益州刺史时有"所署江州刺史王开业"，则江州亦当为梁末置。以地望揆之，亦当于承圣二年与益州同没。所领江阳郡为侨郡，所领亦为侨县。详参第十编"东晋南朝侨州郡县考表"江阳郡条。

九、泸州沿革

泸州(535后—553)，治江阳(今四川泸州市)。《隋志》上泸川郡："梁置泸州。仁寿中置总管府，大业初府废。"《寰宇记》卷88《剑南东道七》泸州："晋于此立为江阳郡，宋、齐因之。梁大同中置泸州，远取泸川为名。"[1]则大同中置

---

[1]《元和志》卷33《剑南道下》泸州："梁大通初，割江阳郡置泸川，魏置泸州，取泸水为名。隋大业三年改为泸川郡。"此以魏置泸州，与《隋志》、《寰宇记》异，今不取。

泸州,承圣二年益州没,泸州当随之而没。

东江阳郡(535 后—553)——治江阳(今四川泸州市)

按:东江阳郡本益州属郡。据本州考证,大同中置泸州,乃来属。

十、邛州沿革

邛州(?—553),不领郡县。地在今四川邛崃市。《元和志》卷31《剑南道上》邛州:"秦为蜀郡地,今州即蜀郡之临邛县地也。宋及齐、梁不置郡县,惟豪家能服獠者名为保主,总属益州。梁益州刺史萧范于蒲水口立栅为城以备生獠,名为蒲口顿,武陵王萧纪于蒲口顿改置邛州。"《寰宇记》卷75《剑南西道四》邛州:"梁益州刺史萧范于蒲水口立垒栅为城,以税生獠,名曰蒲口顿。《周地图记》云:'梁武陵王萧纪于蒲水口始置邛州,取南界邛来山以为名。'未为郡县。后魏废帝二年定蜀,又置临邛、蒲源、蒲阳、濛山四郡以属之。"则梁末置邛州,不领郡县。

十一、西益、潼二州沿革

西益、潼二州(552—553),治涪(今四川绵阳市东)。《寰宇记》卷83《剑南东道二》绵州:"《郡国志》云:'梓潼东接巴西,南接广汉,西接阴平,北接汉中。'梁武陵王萧纪僭号,又于二郡置西、潼二州。隋文开皇五年改潼州为绵州,以绵水为称。"据益州巴西、梓潼二郡考证,《寰宇记》此处所言"二郡"极有可能为巴西、梓潼二郡。至于所谓"西、潼二州",《北周志》卷3《剑南》潼州条以为:"西下盖夺益字,谓置西益潼双头州也。是梁置西益潼双头州,至西魏乃改置潼州也。"《梁政区建置表》即以为"西益潼二州",今从之。《梁书》卷5《元帝纪》:承圣二年五月"甲戌,尉迟迥进逼巴西,潼州刺史杨虔运以城降,纳迥"。则梁之西益、潼二州当是承圣元年萧纪称帝时置,承圣二年没。

(一)巴西、梓潼二郡(552—553)——治涪(今四川绵阳市东)

按:巴西、梓潼二郡本益州属郡,据本州考证,承圣元年置西益、潼二州,乃来属焉,旋没。

(二)南阴平郡,侨寄苌阳(今四川德阳市西北)

按:南阴平侨郡本益州属郡,领绵竹实县一。《补梁志》卷4列为西益、潼二州属郡,《梁政区建置表》同,或是承圣元年置西益、潼二州时来属。今从之。

十二、绳州沿革

绳州(522—553),治广阳(今四川茂县)。《隋志》上汶山郡汶山:"旧曰广阳。梁改为北部都尉,置绳州、北部郡。后周改曰汶州。开皇初郡废。"齐末益州已有北部都尉,《隋志》所言"梁改为北部都尉",误。当作"梁改北部都尉置绳州、北部郡","为"当是衍文。《寰宇记》卷78《剑南西道七》茂州:"梁普通三年置绳州,取桃关之路以绳为桥,因作州称。后周武帝改为汶州,取汶水为名,并置汶山郡。"则梁普通三年置绳州,承圣二年当随益州而没。

(一)北部郡(522—553)——治广阳(今四川茂县)

按:齐末益州领有北部都尉,据本州考证,普通三年置绳州,北部都尉乃改称北部郡来属。

(二)汶山郡(?—553)——治汶川(今四川汶川县)

按:《元和志》卷32《剑南道中》茂州汶川县:"本汉绵虒县地,梁于此置汶川县,县西汶水,因以为名,仍于县置汶山郡。"然据本州考证所引《寰宇记》,汶山郡为周置,未知孰是。今姑列汶山郡于此,以俟后考。

十三、巂州沿革

巂州(537后—553),治乏考(约在今四川西昌市东南)。《一统志》卷400宁远府:"汉初为邛都国,元鼎六年开置越巂郡,属益州。后汉因之,三国属汉。晋亦曰越巂郡,徙治会无县,太安二年改属宁州,咸康八年还属益州。刘宋还治邛都,齐曰越巂獠郡,而县废,寻没于獠。梁时尝开置巂州,寻复陷没。"注曰:"《南史》:大同三年,武陵王纪为益州刺史,纪在蜀开建宁、越巂。"则梁大同三年后置巂州。承圣二年益州没,巂州亦当随之而没。

越巂郡(537后—553)——治乏考(约在今四川西昌市东南)

按:越巂郡本益州属郡。据本州考证,大同三年后置巂州,乃来属焉。承圣二年没。

十四、宁州沿革

宁州(502—553),治味(今云南曲靖市西)。齐有宁州,梁承之。梁益州刺史常加都督,所辖有宁州。大同中,晋宁郡移属南宁州。《通鉴》卷165承圣二年六月:梁益州刺史武陵王萧纪起兵东下,聚金敛财,"宁州刺史陈智祖请散之以募勇士,弗听,智祖哭而死"。《北周志》卷3《剑南》南宁州条:"西魏取蜀,南宁酋帅爨氏据有其地,北周羁縻而已。"则承圣二年萧纪败后,宁州遂没于爨氏。中大同元年宁州所辖情况见图57。

(一)建平郡(502—553)——治味(今云南曲靖市西)

按:齐末宁州领有建宁郡。《一统志》卷484曲靖府:"汉为益州、牂柯二

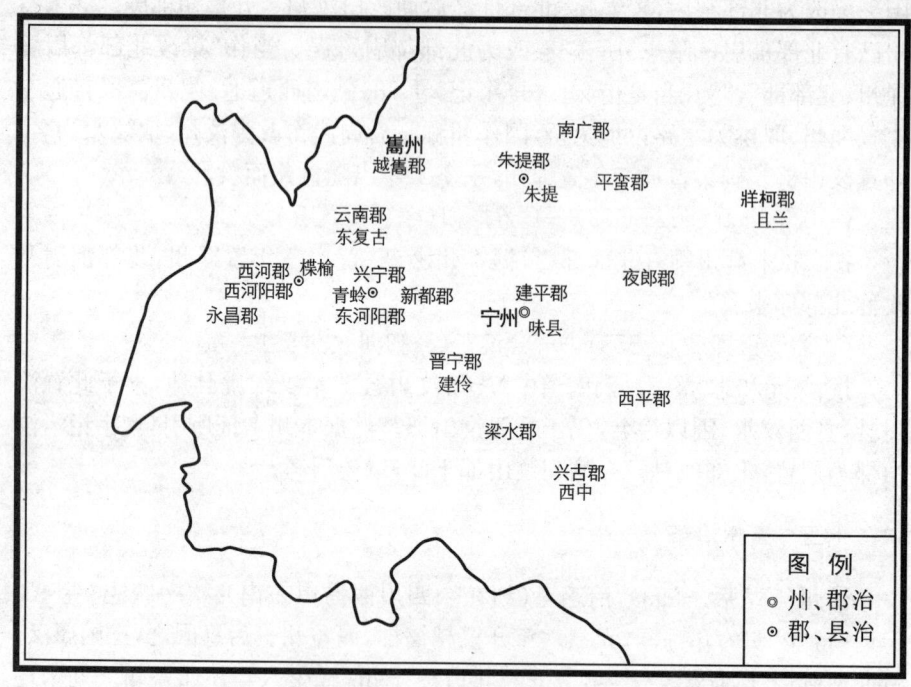

图 57　中大同元年(546)南朝梁宁州所辖实郡示意

郡地,三国汉改置建宁郡,晋置宁州,宋因之,齐改建宁郡曰左建平郡,梁末州郡俱废。"则梁有建平郡。

（二）南广郡(502—553)——治乏考(约在今四川筠连县西南)

按:《一统志》卷396叙州府南广故城:"在珙县西南,汉置属犍为郡,晋、宋、齐皆置南广郡,后没于蛮。"则梁有南广郡,承圣二年后没于爨氏。

（三）朱提郡(502—553)——治朱提(今云南昭通市)

按:齐末宁州领有朱提郡。《一统志》卷489东川府:"汉置堂琅县,属犍为郡。蜀汉分犍为地立朱提郡,县属朱提。晋、宋、齐因之,后入于蛮。"《补梁志》卷4、《梁政区建置表》列朱提郡为宁州属郡。今从之。

（四）牂柯郡(502—553)——治且兰(今贵州黄平县西南)

按:《舆地广记》卷33《夔州路》化外州下费州:"古蛮夷地。二汉、晋、宋属牂柯郡,山川险阻,为俚獠所居,多不宾附。至后周,始置为费州,以费水为名。"而齐末有牂柯郡。则梁亦当有此郡。

（五）梁水郡(502—553)——治乏考(约在今云南开远市境)

按:齐末宁州领有梁水郡,《梁政区建置表》列梁水郡为宁州属郡,今从之。

（六）建都郡(502—553)——治乏考(约在今云南武定、禄劝二县境)

按：齐末宁州领有建都郡，《梁政区建置表》列建都郡为宁州属郡，今从之。

（七）晋宁郡(502—535后)——治建伶(今云南晋宁县)

按：齐末宁州领有晋宁郡，《一统志》卷476云南府："晋太安二年复置益州郡，永嘉二年改为晋宁郡，宋、齐因之。梁初置南宁州，后入于爨蛮。"据南宁州考证，大同中置南宁州，乃移属焉。

（八）云南郡(502—553)——治东古复(今云南永胜县境)

按：齐末宁州领有云南郡，《梁政区建置表》列云南郡为宁州属郡，今从之。

（九）西平郡(502—553)——治乏考(约在今广西西林县东南西平)

按：齐末宁州领有西平郡，《梁政区建置表》列西平郡为宁州属郡，今从之。

（十）夜郎郡(502—553)——治乏考(约在今贵州关岭布依族苗族县西南)

按：齐末宁州领有夜郎郡，《梁政区建置表》列夜郎郡为宁州属郡，今从之。

（十一）东河阳郡(502—553)——治乏考(约在今云南大理市东南凤仪镇)

按：齐末宁州领有东河阳郡。《一统志》卷478大理府："汉云南郡地，晋永嘉五年分置东河阳郡，宋、齐因之。梁末入于蛮。"则梁亦当有东河阳郡，后没于爨氏。

（十二）西河郡(502—553)——治乏考(约在今云南云龙县境)

按：齐末宁州领有西河郡。《梁政区建置表》列西河郡为宁州属郡，今从之。

（十三）平蛮郡(502—553)——治乏考(约在今贵州毕节市境)

按：齐末宁州领有平蛮郡。《一统志》卷484曲靖府平彝县："汉平夷县，属牂牁郡。后汉因之，晋改曰平蛮，属平蛮郡。宋、齐因之，梁以后废。"则梁曾有平蛮郡，后没于爨氏。

（十四）兴古郡(502—553)——治西中(今云南文山壮族苗族自治州境)

按：齐末宁州领有兴古郡。《一统志》卷479临安府："汉武帝开西南夷，置句町县，属牂牁郡。后汉因之。三国汉属兴古郡，晋以后因之，梁末废。"则梁亦当有此郡,后没于爨氏。

(十五)兴宁郡(502—553)——治青蛉(今云南大姚县)

按:齐末宁州领有兴宁郡。《一统志》卷 480 楚雄府姚州:"三国汉属云南郡,晋成帝时为兴宁郡治,宋、齐因之,后废。"《梁政区建置表》列兴宁郡为宁州属郡。则梁或有兴宁郡,后没于爨氏。

(十六)西河阳郡(502—553)——治楪榆(今云南大理市北喜洲)

按:齐末宁州领有西河阳郡,《梁政区建置表》列西河阳郡为宁州属郡,今从之。

(十七)永昌郡(502—553)——治乏考(约在今云南保山市境)

按:齐末宁州领有永昌郡。《一统志》卷 487 永昌府保山县:"本汉不韦县,属益州郡。后汉为永昌郡治。晋省。齐复设永安县为永昌郡治。不韦属焉。梁以后废。"则梁有永昌郡,后没于爨氏。

十五、南宁州沿革

南宁州(535 后—549),治乏考。《一统志》卷 475 云南统部:"梁大同中置南宁州,太清二年为西爨窃据。"则梁又曾析宁州置南宁州。

晋宁郡(535 后—549)——治建伶(今云南晋宁县)

按:晋宁郡本宁州属郡,《一统志》卷 476 云南府:"晋太安二年复置益州郡,永嘉二年改为晋宁郡,宋、齐因之。梁初置南宁州,后入于爨蛮。"此处言"梁初置南宁州",与本州考证所引《一统志》有异。今从本州考证,以大同中置南宁州为准。晋宁郡亦当于大同中移属南宁州,太清三年没于爨氏。

附 蜀中(含南中)诸实县存考

1. 鱼复

按:齐末荆州巴东郡领有鱼复县。《陈书》卷 13《徐世谱传》:"字兴宗,巴东鱼复人也。"则梁当有鱼复县。

2. 阳口

按:《寰宇记》卷 148《山南东道七》夔州:"梁大同三年于(巴东)郡理立信州。后魏废帝三年移巴东郡于梁置阳口县理。"则梁有阳口县。

3. 朐䏰

按:齐末荆州巴东郡领有朐䏰县。《隋志》上巴东郡云安:"旧曰朐䏰,后周改焉。"则梁亦当有朐䏰县。

4. 南浦

按：齐末荆州巴东郡领有南浦县。《梁书》卷22《太祖五王传》载有"南浦侯推"，则梁亦当有南浦县。

5. 汉丰

按：齐末荆州巴东郡领有汉丰县。《隋志》上巴东郡盛山："梁曰汉丰，西魏改为永宁。"则梁亦当有汉丰县。

6. 新浦

按：齐末荆州巴东郡领有新浦县，《隋志》上巴东郡亦领有新浦县，则梁当有此县。

7. 归乡

按：《隋志》下巴东郡巴东："旧曰归乡，梁置信陵郡。后周郡废，县改曰乐乡。"则梁有归乡县，属信陵郡。

8. 巫

按：齐末建平郡领有巫县。《隋志》上巴东郡巫山："旧置建平郡，开皇初郡废。"《寰宇记》卷148《山南东道七》夔州巫山："汉改为巫县，属南郡。故城在今县北，晋移于此，立建平郡。梁武帝废郡。隋加'山'字。"则梁有巫县。

9. 泰昌

按：《舆地广记》卷33《夔州路》同下州大宁监中下大昌县："本泰昌，晋太康初分秭归置，属建平郡。宋、齐因之。后周避文帝名，改曰建昌。"则梁亦当有此县。

10. 北井

按：《舆地广记》卷33《夔州路》同下州大宁监中下大昌县："故北井县，晋属建平郡。宋、齐、梁因之。后周省入。"则梁有北井县。

11. 成都

按：齐末益州蜀郡领有成都县，为州、郡治。《隋志》上蜀郡亦领有成都县，则梁亦当有此县。

12. 郫

按：齐末益州蜀郡领有郫县，《隋志》上蜀郡亦领有郫县，则梁亦当有此县。

13. 牛鞞

按：齐末益州蜀郡领有牛鞞县。《隋志》上蜀郡阳安："旧曰牛鞞，西魏改名焉。"则梁亦当有牛鞞县。

14. 繁

按：齐末益州有繁县。《元和志》卷31《剑南道上》成都府新繁县："本汉繁县地，属蜀郡，因繁江以为名也。周改为新繁。"则梁亦当有繁县。

15. 伍城

按：齐末益州广汉郡领有伍城县。《隋志》上蜀郡玄武："旧曰伍城。后周置玄武郡。开皇初郡废，改县名焉。"则梁亦当有伍城县。

16. 新都

按：齐末益州广汉郡领有新都县。《隋志》上蜀郡成都："又有新都县。梁置始康郡，西魏废始康郡……（开皇）十八年，改新都曰兴乐。"则梁有新都县。

17. 江原

按：齐末益州晋原郡领有江原县。《隋志》上蜀郡晋原："旧曰江原，及置江原郡。后周废郡，县改名焉。"则梁亦当有江原县。

18. 广都

按：齐末益州宁蜀侨郡领有广都县。《隋志》上蜀郡双流："旧曰广都，置宁蜀郡，后周郡废。仁寿元年改县曰双流。"则梁亦当有广都县。

19. 都安

按：齐末益州汶山郡领有都安县。《寰宇记》卷73《剑南西道二》永康军导江县："本属都安县地，《太康地志》云：'都安属汶山郡。'周武帝天和三年废汶山郡，以县并入益州之郫县，别于灌口置汶山县。"则梁亦当有都安县。

20. 齐基

按：齐末益州齐基郡领有齐基县。《隋志》上蜀郡清城："旧置齐基郡，后周废为清城县。"《旧志》四《剑南道》蜀州青城："南齐置齐基县，后周改为青城。……旧'青'字加水，开元十八年，去'水'为'青'。"盖北周罢齐基郡及县，并为清城县。则梁有齐基县。

21. 垫江

按：齐末益州巴郡领有垫江县。《隋志》上巴郡巴："旧置巴郡，后周废枳、垫江二县入焉。"则梁有垫江县。

22. 枳

按：齐末益州巴郡领有枳县。《隋志》上巴郡巴："旧置巴郡，后周废枳、垫江二县入焉。"则梁有枳县。

23. 僰道

按：齐末益州犍为郡领有僰道县，《隋志》上犍为郡亦领有僰道县，则梁亦当有此县。

24. 南广

按：《隋志》上犍为郡南溪："梁置，曰南广，及置六同郡。开皇初郡废。仁寿初县改名焉。"则梁有南广县。

25. 北五城

按：齐末益州新城郡领有北五城县。《隋志》上新城郡郪："旧曰伍城。西魏改曰昌城，仍置昌城郡。"以地望揆之，《隋志》所言之"伍城"当即为萧齐之北五城县。则梁有北五城县。

26. 怀归

按：齐末益州新城郡领有怀归县。《一统志》卷407潼川府怀归废县："在中江县西北，《宋书·州郡志》新城郡领怀归县，何志新立。《寰宇记》在县北二十里。李膺《蜀记》云：宋元嘉九年置，后周明帝初并入（元）[玄]武。"则怀归自刘宋置县以来至北周方废。梁当有此县。

27. 通泉

按：《隋志》上新城郡通泉："旧曰通泉，置西宕渠郡。西魏改郡、县俱曰涌泉。"则梁之西宕渠侨郡领有通泉实县。

28. 小溪

按：《隋志》上遂宁郡方义："梁曰小溪，置东遂宁郡。西魏改县名焉。"则梁有小溪县。

29. 巴兴

按：齐末益州东遂宁郡领有巴兴县。《隋志》上遂宁郡长江："旧曰巴兴，西魏改名焉。"则梁有巴兴县。

30. 晋兴

按：齐末益州东遂宁郡领有晋兴县。《隋志》上遂宁郡青石："旧曰晋兴，西魏改名焉。"则梁有晋兴县。

31. 齐通

按：《一统志》卷410眉州直隶州："汉为犍为郡武阳县地，后汉及晋、宋因之。萧齐建武三年析置齐通左郡，梁曰齐通郡，置齐通县，又于郡置青州。"则梁有齐通县，为齐通郡治。

32. 江阳

按：《隋志》上泸川郡泸川："旧曰江阳，并置江阳郡。开皇初郡废。大业初置泸川郡，县改名焉。"则梁有江阳县，为（东）江阳郡治。

33. 汉安

按：齐末东江阳郡领有汉安县。《隋志》上泸川郡江安："旧曰汉安，开皇十八年改名焉。"则梁亦当有汉安县。

34. 绵水

按：齐末东江阳郡领有绵水县。《隋志》上泸川郡绵水："梁置。"恐误。梁之绵水县当是承齐旧而来。

35. 涪

按：齐末益州梓潼郡领有涪县。《隋志》上金山郡巴西："旧曰涪，置巴西郡。西魏改县曰巴西。"则梁当有涪县。

36. 屛亭

按：《隋志》上金山郡万安："旧曰屛亭，西魏改名焉。"则梁或有屛亭县。

37. 益昌

按：《隋志》上金山郡金山："旧置益昌、晋兴二县，西魏省晋兴入益昌。"则梁有益昌县。

38. 晋兴

按：据益昌县考证所引《隋志》可知梁有晋兴县。

39. 长杨

按：《隋志》上蜀郡绵竹："旧置晋熙郡及长杨、南武都二县。后周并二县为晋熙。"则梁有长杨县。

40. 南武都

按：据长杨县考证所引《隋志》可知梁有南武都县。

41. 绵竹

按：齐末益州南阴平侨郡领有绵竹县。《通鉴》卷147天监十三年十月："魏王足之入寇也……安西将军奚康生出绵竹"云云。则梁亦有绵竹县。

42. 广阳

按：《隋志》上汶山郡汶山："旧曰广阳。……仁寿元年改名焉。"则梁或有广阳县，姑列于此。

43. 汶川

按：《元和志》卷32《剑南道中》茂州汶川县："本汉绵虒县地，梁于此置汶川县，县西汶水，因以为名，仍于县置汶山郡。"则梁有汶川县。

44. 青蛉

按：齐末宁州兴宁郡领有青蛉县。《一统志》卷480楚雄府大姚县："本汉青蛉县地，属越嶲郡。三国汉属云南郡，晋咸康中改属兴宁郡，隋废。"则梁有青蛉县。

45. 味

按：齐末宁州建宁郡领有味县。《一统志》卷484曲靖府南宁县："汉置味县，属益州郡。后汉因之。三国汉为建宁郡治，晋分置同乐县，宋因之，齐以同乐县为郡治，味县属焉。梁末入于蛮。"则梁有味县。

46. 朱提

按：齐末宁州南朱提郡领有朱提县。《元和志》卷32《剑南道中》曲州："诸葛亮南征，复置朱提县。自梁、陈以来，不复宾服。"《梁政区建置表》以为梁宁州朱提郡治于朱提。则梁或有朱提县，今从之。

47. 且兰

按：齐末宁州南牂柯郡领有且兰县，《水经注》卷36《存水》："存水自县东南流，迳牧靡县北，又东迳且兰县北。"则梁当有且兰县。

48. 建伶

按：《一统志》卷476云南府建伶故城："在昆明县西北。汉县，属益州郡。后汉因之。《晋志》：'惠帝太安二年分建宁西七县为益州郡，永嘉二年更名晋宁，治建伶县。'宋因之，元嘉十八年晋宁太守爨赤子叛，讨平之。《齐志》晋宁郡亦治建伶。后废。"《梁政区建置表》以为梁宁州晋宁郡治于建伶。则梁或有建伶县，今从之。

49. 东古复

按：齐末宁州云南郡领有东古复县，《梁政区建置表》以为梁宁州云南郡治于东古复，今从之。

50. 西中

按：齐末兴古郡领有西中县。《一统志》卷484曲靖府马龙州："汉益州郡律高县地。三国汉为兴古郡地。晋析置西安县，齐为西中县，梁末废。"则梁有西中县。

第二章　南朝梁中大同元年(546)实州郡行政区划

一、江表诸州

(一)扬州,治建康(今江苏南京市)。实郡六,领实县侨郡一
1. 丹阳郡,治建康(今江苏南京市)。
2. 南丹阳郡,治采石(今安徽马鞍山市采石矶)。
3. 淮南郡,寄治于湖(今安徽当涂县)。
4. 宣城郡,治宛陵(今安徽宣州市)。
5. 吴郡,治吴(今江苏苏州市)。
6. 吴兴郡,治乌程(今浙江湖州市)。
7. 南陵郡,治南陵(今安徽贵池市西南)。

(二)东扬州,治山阴(今浙江绍兴市)。实郡七
1. 会稽郡,治山阴(今浙江绍兴市)。
2. 临海郡,治章安(今浙江临海市东南章安镇)。
3. 赤城郡,治临海(今浙江临海市)。
4. 新安郡,治始新(今浙江淳安县西北)。
5. 东阳郡,治长山(今浙江金华市)。
6. 永嘉郡,治永宁(今浙江温州市)。
7. 建安郡,治建安(今福建建瓯市)。

(三)南徐州,侨寄京口(今江苏镇江市)。实郡三,领实县侨郡二
1. 兰陵郡,侨寄延陵(今江苏镇江市)。
2. 晋陵郡,治晋陵(今江苏常州市)。
3. 信义郡,治南沙(今江苏常熟市西北)。
4. 义兴郡,治阳羡(今江苏宜兴市)。
5. 南琅邪、(南)彭城二郡,寄治白下城(今江苏南京市北金川门外,幕府山南麓)。

(四) 江州,治湓口城(今江西九江市)。实郡十,领实县侨郡一
  1. 寻阳郡,治柴桑(今江西九江市西南)。
  2. 太原郡,寄治彭泽(今江西彭泽县东北)。
  3. 豫章郡,治南昌(今江西南昌市)。
  4. 庐陵郡,治石阳(今江西吉水县东北)。
  5. 南康郡,治赣(今江西赣州市东北)。
  6. 晋安郡,治候官(今福建福州市)。
  7. 南安郡,治晋安(今福建南安市东丰州)。
  8. 鄱阳郡,治鄱阳(今江西鄱阳县)。
  9. 临川郡,治南城(今江西南城县东南)。
  10. 安成郡,治平都(今江西安福县东南)。
  11. 巴山郡,治巴山(今江西崇仁县西南)。

二、淮南诸州

(一) 南兖州,寄治广陵(今江苏扬州市西北蜀冈上)。实郡四,领实县侨郡一
  1. 广陵郡,治广陵(今江苏扬州市西北蜀冈上)。
  2. 海陵郡,治建陵(今江苏姜堰市北)。
  3. 秦郡,侨寄六合(今江苏南京市六合区)。
  4. 神农郡,治高邮(今江苏高邮市)。
  5. 盱眙郡,治盱眙(今江苏盱眙县东北)。

(二) 泾州,治沛(今安徽天长市西北)。实郡二
  1. 泾城郡,治沛(今安徽天长市西北)。
  2. 东阳郡,治横山(今安徽天长市东南)。

(三) 北兖州,寄治淮阴(今江苏淮阴区西南甘罗城)。实郡一,领实县侨郡一
  1. 山阳郡,寄治山阳(今江苏淮安市)。
  2. 淮阴郡,治淮阴(今江苏淮阴区西南甘罗城)。

(四) 南豫州,治汝阴(今安徽合肥市西)。实郡二
  1. 历阳郡,治历阳(今安徽和县)。
  2. 江都郡,治乌江(今安徽和县东北)。

(五) 豫州,寄治寿阳(今安徽寿县)。实郡一,领实县侨郡一
  1. 南梁郡,侨寄睢阳(今安徽寿县境内)。

2. 武安郡,治乏考(约在今安徽寿县境内)。
(六) 南谯州,侨寄清流(今安徽全椒县西北二十里南谯故城)。实郡三
1. 新昌郡,治顿丘(今安徽滁州市)。
2. 高塘郡,治高塘(今安徽来安县东北半塔集)。
3. 南梁郡,治阜陵戍(今安徽全椒县东南)。
(七) 豫州,寄治怀宁(今安徽潜山县)。实郡二
1. 晋熙郡,治怀宁(今安徽潜山县)。
2. 枞阳郡,治枞阳(今安徽枞阳县)。
(八) 湘州,寄治庐江(今安徽舒城)。实郡一
庐江郡,治庐江(今安徽舒城)。
(九) 霍州,治岳安(今安徽霍山县)。实郡二
1. 岳安郡,治岳安(今安徽霍山县)。
2. 北沛郡,治新蔡(今安徽霍山县东北)。
(十) 安丰州,治安丰(今安徽霍邱县南)。实郡一
安丰郡,治安丰(今安徽霍邱县南)。
(十一) 义州,治苞信(今河南商城县西)。实郡二
1. 义城郡,治苞信(今河南商城县西)。
2. 边城郡,治边城(今河南商城县东)。
(十二) 北徐州,治燕(今安徽凤阳县东北)。实郡四
1. 钟离郡,治燕(今安徽凤阳县东北)。
2. 马头郡,治马头城(今安徽怀远县南淮河南岸)。
3. 淮陵郡,治乏考(疑在今安徽明光市南)。
4. 九江郡,治乏考(约在今安徽淮南市西淮河南岸)。
(十三) 安州,治定远(今安徽定远县东南)。实郡二
1. 定远郡,治定远(今安徽定远县东南)。
2. 西沛郡,治乏考(约在今安徽定远县北)。
(十四) 建州,治高平城(今河南商城县东)。实郡二
1. 高平郡,治高平城(今河南商城县东)。
2. 新城郡,治乏考(约在今河南光山县南)。
(十五) 光州,治光城(今河南光山县)。实郡六
1. 光城郡,治光城(今河南光山县)。
2. 北光城郡,治乏考(约在今河南息县东南)。
3. 弋阳郡,治弋阳(今河南潢川县西)。

4. 宋安郡,治宋安(今河南光山县西南)。

5. 梁安郡,治苞信(今河南息县东北)。

6. 长陵郡,治长陵(今河南息县东)。

(十六) 朔州,治齐坂城(今河南潢川县东)。领郡乏考

(十七) 郢州,治赤石关(今河南潢川县南)。实郡一

定城郡,治定城(今河南潢川县南)。

三、淮北诸州

(一) 武州,治下邳城(今江苏睢宁县西北古邳镇东三里)。实郡二

1. 下邳郡,治归政(今江苏睢宁县西北古邳镇东三里)。

2. 武安郡,治良城(今江苏邳州市西北)。

(二) 西徐州,治涡阳(今安徽蒙城县)。实郡五,领实县侨郡一

1. 南谯郡,治涡阳(今安徽蒙城县)。

2. 龙亢郡,治龙亢城(今安徽怀远县西北七十五里龙亢集)。

3. 蕲城郡,治蕲(今安徽宿县南蕲县集)。

4. 临涣郡,治下邑(今安徽宿县西南)。

5. 蒙郡,治蒙(今安徽蒙城县西北)。

6. 阳夏郡,治乏考(约在今安徽蒙城县境)。

(三) 东徐州,治宿预(今江苏宿迁市东南旧黄河东北岸古城)。实郡二十,领实县侨郡一

1. 宿预郡,治宿预(今江苏宿迁市东南旧黄河东北岸古城)。

2. 淮阳郡,治乏考(约在今江苏淮阴区西古泗水西岸)。

3. 朝阳郡,治乏考(约在今江苏宿迁市东南)。

4. 临沭郡,治乏考(约在今江苏新沂市南)。

5. 晋宁郡,治晋宁(今江苏宿迁市东)。

6. 高平郡,寄治高平(今江苏盱眙县西北洪泽湖中)。

7. 朱沛郡,治乏考(约在今江苏盱眙县西北)。

8. 修仪郡,治乏考(约在今江苏盱眙县西北)。

9. 安丰郡,治乏考(约在今江苏盱眙县西北)。

10. 绥化郡,治乏考(约在今江苏淮阴区西古泗水西)。

11. 吕梁郡,治乏考(约在今江苏淮阴区西南古泗水西)。

12. 恩抚郡,治乏考(约在今江苏淮阴区西南古泗水西境)。

13. 西淮郡,治乏考(约在今江苏淮阴区西南古泗水西境)。

14. 扶风郡,治乏考(约在今江苏宿迁市东一带)。

15. 兰陵郡,治乏考(约在今江苏宿迁市东一带)。

16. 清河郡,治乏考(约在今江苏宿迁市西南一带)。

17. 巨鹿郡,治乏考(约在今江苏盱眙县境)。

18. 太山郡,治乏考(约在今江苏盱眙县境)。

19. 东平郡,治乏考(今地不明)。

20. 阳平郡,治乏考(今地不明)。

21. 归义郡,治乏考(今地不明)。

(四)仁州,治赤坎戍(今安徽固镇县东南)。领郡乏考

(五)睢州,治竹邑城(今安徽宿县北符离集)。实郡二

1. 南济阴郡,治顿丘(今安徽宿县北符离集)。

2. 沛郡,治淮阳(今安徽宿县东北)。

(六)潼州,治取虑城(今安徽灵璧县东北潼郡村)。领郡乏考

(七)陈州,寄治许昌(今安徽阜阳市东)。实郡十

1. 汝阴、弋阳二郡,治汝阴(今安徽阜阳市)。

2. 财丘、梁兴二郡,治梁兴(今安徽临泉县南)。

3. 西恒农、陈南二郡,治胡城(今安徽阜阳市西)。

4. 清河、南阳二郡,治清河(疑在今安徽界首市及阜阳、太和、临泉三县境)。

5. 汝南、太原二郡,治安城(今安徽阜南县东)。

6. 东恒农郡,治阳武(疑在今安徽界首市及阜阳、太和、临泉三县境)。

7. 新蔡、南陈留二郡,治鲖阳(今河南项城市东南)。

8. 荥阳、北通二郡,治临淮(疑在今安徽界首市及阜阳、太和、临泉三县境)。

9. 新兴郡,治安城(今安徽寿县西淮河南岸)。

10. 东郡、汝南二郡,治济阳(疑在今安徽界首市及阜阳、太和、临泉三县境)。

(八)青、冀二州,侨寄郁洲(今江苏连云港市东云台山一带)。实郡三,领实县侨郡二

1. 北海郡,寄治都昌(今江苏连云港市东云台山一带)。

2. 东彭城郡,治龙沮(今江苏灌云县西龙苴镇)。

3. 北谯郡,治乏考(疑在今江苏东海县东)。

4. 北东海郡,寄治涟口(今江苏涟水县东)。

5. 僮阳郡,治僮(今江苏沭阳县)。

(九)南、北二青州,寄治今江苏赣榆县西。领郡乏考

(十)汴州,治下蔡(今安徽淮南市西北)。实郡二

1. 汴郡,治下蔡(今安徽淮南市西北)。
2. 淮阳郡,治乏考(约在今安徽凤台县西北)。

四、河南诸州

(一)西豫州,寄治广陵城(今河南息县)。实郡一
汝南郡,治南新息(今河南息县)。

(二)淮州,治白狗堆(今河南正阳县西南)。实郡一
淮川郡,治白狗堆(今河南正阳县西南)。

(三)南荆州,治乏考(约在今河南确山县南)。领郡乏考

五、江汉诸州

(一)楚州,治楚城(今河南信阳市东北长台关西)。实郡三,领实县侨郡一

1. 城阳郡,治城阳(今河南信阳市西北)。
2. 西汝南郡,治郪(今河南信阳市东北)。
3. 汝阳郡,寄治义阳(今河南正阳县东南)。
4. 仵城郡,治淮阴(今河南正阳县西南)。

(二)华州,治淮安(今河南桐柏县东固县镇)。实郡二

1. 上川郡,治淮安(今河南桐柏县东固县镇)。
2. 西义阳郡,治乏考(约在今河南桐柏县东固县镇西)。

(三)荆州,治江陵(今湖北荆州市荆州区)。实郡六,领实县侨郡一

1. 南郡,治江陵(今湖北荆州市荆州区)。
2. 南平郡,治孱陵(今湖北公安县西)。
3. 天门郡,治澧阳(今湖南石门县)。
4. 汶阳郡,治高安(今湖北远安县西北)。
5. 武宁郡,治乐乡(今湖北荆门市北)。
6. 南安湘郡,治安南(今湖南华容县)。
7. 义阳郡,寄治安乡(今湖南安乡县西南)。

(四)宜州,治夷陵(今湖北宜昌市西北)。郡一
宜都郡,治夷道(今湖北枝江市)。

(五)郢州,治夏口城(今湖北武汉市武昌)。实郡十,领实县侨郡二
1. 江夏郡,治汝南(今湖北武汉市武昌)。
2. 沔阳郡,治沔阳(今湖北仙桃市西南沔城)。
3. 营阳郡,治乏考(约在今湖北仙桃市西)。
4. 州城郡,治州陵(今湖北洪湖市东北)。
5. 武昌郡,治武昌(今湖北鄂州市)。
6. 西阳郡,治西阳(今湖北黄石市东南)。
7. 建安郡,治京山(今湖北天门市北)。
8. 上隽郡,治下隽(今湖北通城县西北)。
9. 巴陵郡,治巴陵(今湖南岳阳市)。
10. 武陵郡,治临沅(今湖南常德市)。
11. 南阳郡,寄治建昌(今湖南泸溪县西南)。
12. 夜郎郡,治夜郎(今湖南吉首市一带)。
(六)新州,治新阳(今湖北京山县)。实郡一
梁宁郡,治新阳(今湖北京山县)。
(七)北新州,治苌寿(今湖北钟祥市)。实郡二
1. 竟陵郡,治霄城(今湖北京山县东南)。
2. 齐兴郡,治上蔡(今湖北钟祥市北)。
(八)土州,治龙巢(今湖北随州市东北)。实郡三
1. 东永宁郡,治龙巢(今湖北随州市东北)。
2. 西永宁郡,治阜陵(今湖北随州市东)。
3. 真阳郡,治石武(今湖北随州市东)。
(九)富州,治乏考(约在今湖北京山县东北)。领郡乏考
(十)洄州,治乏考(当在今湖北钟祥、京山二县境)。领郡乏考
(十一)泉州,治乏考(当在今湖北钟祥、京山二县境)。领郡乏考
(十二)豪州,治乏考(当在今湖北钟祥、京山二县境)。领郡乏考
(十三)北司州,寄治平阳(今河南信阳市)。实郡七
1. 北义阳郡,治平阳(今河南信阳市)。
2. 随郡,治随(今湖北随州市)。
3. 曲阳郡,治曲陵(今湖北汉川县西北麻河镇)。
4. 齐安郡,治齐安(今湖北麻城市西南)。
5. 北随郡,治乏考(约在今湖北随州市唐县镇)。
6. 崇义郡,治梁安(约在今湖北随州市西南)。

(十四)南司州,寄治安陆(今湖北安陆市)。实郡一
安陆郡,治安陆(今湖北安陆市)。
(十五)应州,治永阳(今湖北应城市)。实郡一
平靖郡,治乏考(约在今湖北应城市东北)。
(十六)北郢州,治定阳(今湖北随州市西北)。实郡一
上明郡,治平林(今湖北随州市东北)。
(十七)定州,治蒙笼城(今湖北麻城市东北)。实郡一
建宁郡,治建宁(今湖北麻城市西南)。
(十八)北江州,治鹿城关(今湖北麻城市西)。实郡四
1. 永安郡,治浠水(今湖北浠水县)。
2. 阴平郡,治阴平(今湖北麻城市东北)。
3. 齐昌郡,治齐昌(今湖北蕲春县西南)。
4. 梁安郡,治梁安(今湖北黄陂区北)。
(十九)湘州,寄治新化(今湖北大悟县东北)。实郡二
1. 安蛮郡,治新化(今湖北大悟县东北)。
2. 梁宁郡,治聂阳(今湖北孝感市东)。
(二十)雍州,寄治襄阳(今湖北襄樊市)。实郡五,领实县侨郡三
1. 襄阳郡,治襄阳(今湖北襄樊市)。
2. 德广郡,治略阳(今湖北宜城市东)。
3. 始平郡,寄治武当(今湖北丹江口市西北丹江镇北)。
4. 华山郡,治华山(今湖北宜城市)。
5. 兴国郡,治乏考(约在今湖北谷城县西)。
6. 秦南郡,治乏考(约在今湖北宜城市西南)。
7. 沔东郡,治乏考(约在今湖北枣阳市西南)。
8. 广平郡,治广平(今湖北丹江口市东南)。
(二十一)宁蛮府,治襄阳(今湖北襄樊市)。实郡一
南襄郡,治乏考(约在今湖北南漳县)。

六、岭南诸州

(一)广州,治番禺(今广东广州市)。实郡十一
1. 南海郡,治番禺(今广东广州市)。
2. 东官郡,治宝安(今广东宝安区西南头镇)。
3. 绥建郡,治新招(今广东广宁县南)。

4. 梁化郡,治安怀(今广东惠东县西北梁化镇)。
5. 齐康郡,治乐康(今广东清远市)。
6. 高要郡,治高要(今广东肇庆市)。
7. 乐昌郡,治始昌(今广东四会市北)。
8. 新会郡,治盆允(今广东新会区北)。
9. 宋隆郡,治平兴(今广东高要市东南)。
10. 晋康郡,治端溪(今广东德庆县)。
11. 梁泰郡,治梁泰(今广东高明区东)。
(二)瀛州,治海阳(今广东潮州市东北)。实郡一
义安郡,治海阳(今广东潮州市东北)。
(三)新州,治新兴(今广东新兴县)。实郡一
新宁郡,治新兴(今广东新兴县)。
(四)高州,治高凉(今广东阳江市西)。实郡九
1. 高凉郡,治高凉(今广东阳江市西)。
2. 电白郡,治电白(今广东高州市东北)。
3. 杜陵郡,治杜陵(今广东阳江市西)。
4. 宋康郡,治广化(今广东阳江市西)。
5. 海昌郡,治海昌(今广东高州市东北)。
6. 齐安郡,治齐安(今广东恩平市北)。
7. 连江郡,治连江(今广东电白县电城镇东)。
8. 南巴郡,治南巴(今广东高州市东)。
9. 阳春郡,治阳春(今广东阳春市)。
(五)成州,治梁信(今广东封开县东南贺江口)。实郡二
1. 梁信郡,治梁信(今广东封开县东南贺江口)。
2. 苍梧郡,治广信(今广西梧州市)。
(六)合州,治徐闻(今广东海康县)。实郡一
齐康郡,治齐康(今广东徐闻县南)。
(七)建州,治安遂(今广东郁南县东南连滩)。实郡一
广熙郡,治安遂(今广东郁南县东南连滩)。
(八)双州(泷州),治龙乡(今广东罗定市南)。实郡三
1. 平原郡,治龙乡(今广东罗定市南)。
2. 开阳郡,治开阳(今广东罗定市东南)。
3. 罗阳郡,治罗阳(及广东罗定市西)。

(九) 崖州,治义伦(今海南省儋州市西北)。实郡一

珠崖郡,治义伦(今海南省儋州市西北)。

(十) 石州,治夫宁(今广西藤县东北浔江南、北流江东岸)。实郡四

1. 永平郡,治夫宁(今广西藤县东北浔江南、北流江东岸)。
2. 建陵郡,治安基(今广西岑溪市西北)。
3. 阴石郡,治阴石(今广西容县)。
4. 梁德郡,治梁德(今广东信宜市东北)。

(十一) 东宁州,治齐熙(今广西融水苗族自治县)。实郡三

1. 齐熙郡,治齐熙(今广西融水苗族自治县)。
2. 黄水郡,治黄水(今广西罗城仫佬族县西北)。
3. 梁化郡,治梁化(今广西鹿寨县北)。

(十二) 龙州,治龙城(今广西柳城县旧柳城西十里,龙江南岸)。实郡一

马平郡,治潭中(今广西柳州市东南柳江东南岸)。

(十三) 静州,治龙平(今广西昭平县)。实郡五

1. 梁寿郡,治龙平(今广西昭平县)。
2. 静慰郡,治乏考(约在今广西昭平县境)。
3. 武城郡,治豪静(今广西昭平县南百余里桂江西)。
4. 开江郡,治开江(今广西昭平县东南马江)。
5. 南静郡,治开建(今广东封开县北南丰东)。

(十四) 南定州,治布山(今广西桂平市西南古城)。实郡六

1. 郁林郡,治布山(今广西桂平市西南古城)。
2. 宁浦郡,治宁浦(今广西横县西南七里,郁江南岸)。
3. 简阳郡,治简阳(今广西横县西南郁江南岸)。
4. 乐阳郡,治平山(今广西横县东北郁江北岸)。
5. 岭山郡,治岭山(今广西横县西郁江南岸)。
6. 桂平郡,治桂平(今广西桂平市西)。

(十五) 桂州,治始安(今广西桂林市)。实郡七

1. 始安郡,治始安(今广西桂林市)。
2. 桂林郡,治武熙(今广西柳江县东南)。
3. 安成郡,治安成(今广西宾阳县东安城镇)。
4. 领方郡,治领方(今广西宾阳县西南古城)。
5. 晋兴郡,治晋兴(今广西南宁市南郁江南岸)。
6. 韶阳郡,治阳寿(今广西象州县)。

7. 象郡,治乏考(约在今广西鹿寨县雒容南)。
(十六)交州,治龙编(今越南北宁省仙游东)。实郡三
1. 交趾郡,治龙编(今越南北宁省仙游东)。
2. 宋平郡,治昌国(今越南河内市)。
3. 武平郡,治武定(今越南永富省永福县东南平州)。
(十七)兴州,治嘉宁(今越南永富省白鹤县南凤州)。实郡一
新昌郡,治嘉宁(今越南永富省白鹤县南凤州)。
(十八)爱州,治移风(今越南清化省清化北马江南岸)。实郡一
九真郡,治移风(今越南清化省清化北马江南岸)。
(十九)黄州,治安平(今广西防城区西南东兴)。实郡一
宁海郡,治安平(今广西防城区西南东兴)。
(二十)利州,治金宁(今越南河静省河静西北)。领郡乏考
(二十一)明州,治交谷(今越南河静省河静以南)。领郡乏考
(二十二)德州,治九德(今越南义安河荣市)。实郡一
九德郡,治九德(今越南义安河荣市)。
(二十三)安州,治宋寿(今广西钦州市东北三十里,钦江西北岸)。实郡三
1. 宋寿郡,治宋寿(今广西钦州市东北三十里,钦江西北岸)。
2. 安京郡,治安京(今广西钦州市北小董西)。
3. 宋广郡,治宋广(今广西灵山县西南陆屋)。
(二十四)越州,治合浦(今广西合浦县东北旧州)。实郡六
1. 合浦郡,治合浦(今广西合浦县东北旧州)。
2. 龙苏郡,治龙苏(今广西浦北县北苏村附近)。
3. 陆川郡,治良国(今广西北流市东南陆靖)。
4. 百梁郡,治百梁(今广西合浦县东北)。
5. 封山郡,治封山(今广西灵山县南安金)。
6. 定川郡,治兴昌(今广西玉林市西南)。
(二十五)罗州,治石龙(今广东化州市)。实郡三
1. 石龙郡,治石龙(今广东化州市)。
2. 高兴郡,治高兴(今广东化州市)。
3. 永宁郡,治杜罗(今广东电白县东北)。
(二十六)衡州,治含洭(今广东英德市西北洭浦)。实郡八
1. 清远郡,治中宿(今广东清远市西北)。

2. 临贺郡,治临贺(今广西贺州市东南贺街)。
3. 阳山郡,治含洭(今广东英德市西北洭)。
4. 始兴郡,治曲江(今广东韶关市南武水西岸)。
5. 安远郡,治乏考(约在今广东南雄市东北)。
6. 梁乐郡,治梁乐(今广东阳山县南)。
7. 齐乐郡,治熙平(今广东连山壮族瑶族自治县北)。
8. 桂阳郡,治郴(今湖南郴州市)。

七、沅湘诸州

湘州,治临湘(今湖南长沙市)。实郡九
1. 长沙郡,治临湘(今湖南长沙市)。
2. 湘东郡,治临蒸(今湖南衡阳市)。
3. 衡阳郡,治湘西(今湖南株州市西南)。
4. 零陵郡,治泉陵(今湖南永州市)。
5. 永阳郡,治营浦(今湖南道县西北)。
6. 乐梁郡,治荡山(今广西贺州市西南)。
7. 邵陵郡,治邵陵(今湖南邵阳市)。
8. 岳阳郡,治岳阳(今湖南汨罗市东长乐)。
9. 药山郡,治药山(今湖南沅江市境)。

八、巴汉诸州

(一) 北梁州,治南郑(今陕西汉中市东)。实郡一
汉中郡,治南郑(今陕西汉中市东)。
(二) 东梁州,寄治西城(今陕西安康市西北双江北岸)。实郡七
1. 魏兴郡,治西城(今陕西安康市西北双江北岸)。
2. 魏明郡,治汉阳(今陕西石泉县南)。
3. 丰宁郡,治丰宁(今陕西西乡县西)。
4. 齐兴郡,治郧乡(今湖北郧县)。
5. 广福郡,治广福(今湖北郧县东南)。
6. 涪陵郡,治汉平(今重庆涪陵区东南)。
7. 安康郡,治安康(今陕西石泉县东南池河西北,汉江东岸)。
(三) 南梁、北巴州,治阆中(今四川阆中市)。实郡六
1. 北巴西郡,治阆中(今四川阆中市)。

2. 白马、义阳二郡,治义阳(今四川苍溪县东北元坝子)。
3. 南部郡,治南部(今四川南部县)。
4. 木兰郡,治西充国(今四川南部县西北)。
5. 辅剑郡,治武功(今四川剑阁县西南)。
6. 掌天郡,治乏考(约在今四川剑阁县东南)。

(四) 黎州,治兴安(今四川广元市)。实郡三
1. 东晋寿郡,治兴安(今四川广元市)。
2. 西晋寿郡,治晋寿(今四川广元市南)。
3. 宋熙郡,治宋安(今四川旺苍县西南)。

(五) 南洛州,治上津(今湖北郧西县西北上津)。实郡一
上津郡,治上津(今湖北郧西县西北上津)。

(六) 洵州,治洵阳(今陕西旬阳县北旬河北岸)。实郡一
洵阳郡,治洵阳(今陕西旬阳县北旬河北岸)。

(七) 岐州,治房陵(今湖北房县)。实郡二
1. 新城郡,治房陵(今湖北房县)。
2. 上庸郡,治上庸(今湖北竹山县西南)。

(八) 绥州,治绥阳(今湖北神农架林区东南)。领郡乏考

(九) 北益州,治白水(今四川青川县东北)。实郡三
1. 平兴郡,治白水(今四川青川县东北)。
2. 除口郡,治除口戍(今陕西宁强县西北嘉陵江西岸燕子河口附近)。
3. 平武郡,治平武(今四川平武县东北)。

(十) 华州,治兴乐(今四川广元市东南)。所领皆侨郡县

(十一) 巴州,治梁广(今四川巴中市东南)。实郡十二
1. 大谷郡,治梁广(今四川巴中市东南)。
2. 归化郡,治增口(今四川巴中市曾口镇)。
3. 哀戎郡,治其章(今四川巴中市其章坝)。
4. 遂宁郡,治始宁(今四川巴中市东清江渡)。
5. 义阳郡,治义阳(今四川巴中市西恩阳镇)。
6. 木门郡,治伏强(今四川旺苍县东南木门场)。
7. 北水郡,治难江(今四川南江县南八庙)。
8. 伏虞郡,治安固(今四川仪陇县东北)。
9. 隆城郡,治仪陇(今四川仪陇县西南土门场)。
10. 义安郡,治宣汉(今四川仪陇县东北大罗)。

11. 梓潼郡,治相如(今四川蓬安县司南利溪镇)。
12. 新兴郡,寄治汉初(今四川武胜县西北)。

(十二) 东巴州,治木马(今四川南江县)。实郡三
1. 安宁郡,治乏考(约在今米仓山南,四川南江、通江县境)。
2. 敬水郡,治乏考(约在今米仓山南,四川南江、通江县境)。
3. 平南郡,治乏考(约在今米仓山南,四川南江、通江县境)。

(十三) 渠州,治乏考(约在今四川渠县)。实郡一
北宕渠郡,治乏考(约在今四川渠县)。

(十四) 邻州,治邻山(今四川大竹县西南)。领郡乏考

(十五) 万州,治石城(今四川达州市)。实郡七
1. 东关郡,治石城(今四川达州市)。
2. 开巴郡,治东乡(今四川宣汉县北)。
3. 新安郡,治三冈(今四川宣汉县北)。
4. 宁巴郡,治石鼓(今四川宣汉县南)。
5. 寿阳郡,治乏考(约在今四川达县南境)。
6. 巴中郡,治新安(今四川开江县东北)。
7. 万荣郡,治永康(今四川达县西桥湾)。

(十六) 并州,治东关(今四川万源市南固军场)。实郡二
1. 南晋郡,治东关(今四川万源市南固军场)。
2. 临江郡,治临江(今重庆忠县)。

九、蜀中(含南中)诸州

(一) 益州,治成都(今四川成都市)。实郡十六,领实县侨郡四
1. 蜀郡,治成都(今四川成都市)。
2. 广汉郡,治雒(今四川广汉市北)。
3. 始康郡,寄治新都(今四川新都区城东)。
4. 江原郡,治江原(今四川崇庆县西北怀远镇)。
5. 宁蜀郡,侨寄广都(今四川双流县)。
6. 汶山郡,治都安(今四川都江堰市东)。
7. 齐基郡,治齐基(今四川都江堰市西南徐家渡)。
8. 西遂宁郡,治乏考(约在今四川广汉市东北)。
9. 巴郡,治垫江(今重庆市)。
10. 东阳郡,治乏考(约在今重庆市北碚区东阳镇)。

11. 新城郡,治北伍城(今四川三台县)。
12. 始平郡,治涪城(今四川三台县西北花园)。
13. 西宕渠郡,寄治通泉(今四川射洪县东南杨溪镇附近)。
14. 东遂宁郡,治小溪(今四川遂宁市)。
15. 普慈郡,治乏考(约在今四川乐至县东北龙门)。
16. 齐通郡,治齐通(今四川眉山市)。
17. 怀仁郡,治乏考(约在今四川仁寿县东)。
18. 席郡,治乏考(约在今四川双流县东南籍田)。
19. 巴西梓潼二郡,治涪(今四川绵阳市东)。
20. 南阴平郡,寄治苌阳(今四川德阳市西北)。

(二) 东益州,治晋寿(今四川彭县西北)。所领皆侨郡县

(三) 戎州,治僰道(今四川宜宾市西南安边场)。实郡一
六同郡,治僰道(今四川宜宾市西南安边场)。

(四) 信州,治鱼复(今重庆奉节县东白帝城)。实郡三
1. 巴东郡,治鱼复(今重庆奉节县东白帝城)。
2. 信陵郡,治归乡(今湖北巴东县西北长江北岸)。
3. 建平郡,治巫(今重庆巫山县)。

(五) 泸州,治江阳(今四川泸州市)。实郡一
东江阳郡,治江阳(今四川泸州市)。

(六) 绳州,治广阳(今四川茂县)。实郡二
1. 北部郡,治广阳(今四川茂县)。
2. 汶山郡,治汶川(今四川汶川县)。

(七) 巂州,治乏考(约在今四川西昌市东南)。实郡一
越巂郡,治乏考(约在今四川西昌市东南)。

(八) 宁州,治味(今云南曲靖市西)。实郡十六
1. 建平郡,治味(今云南曲靖市西)。
2. 南广郡,治乏考(约在今四川筠连县西南)。
3. 朱提郡,治朱提(今云南昭通市)。
4. 牂柯郡,治且兰(今贵州黄平县西南)。
5. 梁水郡,治乏考(约在今云南开远市境)。
6. 建都郡,治乏考(约在今云南武定、禄劝二县境)。
7. 云南郡,治东古复(今云南永胜县境)。
8. 西平郡,治乏考(约在今广西西林县东南西平)。

9. 夜郎郡,治乏考(约在今贵州关岭布依族苗族县西南)。
10. 东河阳郡,治乏考(约在今云南大理市东南凤仪镇)。
11. 西河郡,治乏考(约在今云南云龙县境)。
12. 平蛮郡,治乏考(约在今贵州毕节市境)。
13. 兴古郡,治西中(今云南文山壮族苗族自治州境)。
14. 兴宁郡,治青蛉(今云南大姚县)。
15. 西河阳郡,治楪榆(今云南大理市北喜洲)。
16. 永昌郡,治乏考(约在今云南保山市境)。

(九)南宁州,治乏考(今地不明)。实郡一

晋宁郡,治建伶(今云南晋宁县)。

第九编　南朝陈实州郡县沿革

本编凡例

1. 本编叙述南朝陈实州郡县沿革，时间跨度为：起始于永定二年（558）①，终结于祯明二年（588）②。各州、郡、县的实际存废时间详参相应的按语考证。

2. 诸实州、郡、县存废的年限与名称的变更，在诸州、郡、县名称后概以圆括号的形式标出。

3. 本编中州、郡、县废置时间的公元纪年标准为：若建置时间在某年之上半年，则以该年为建置年，若建置时间在某年之下半年，则以次年为建置年；若罢废时间为某年之上半年，则以上一年为罢废年，若罢废时间在某年之下半年，则以该年为罢废年。废置时间无法精确表示者，则据考证文字酌定，如大抵在某年，则在该年代后以问号标出，或在该年代后加"前"或"后"字。

4. 本编所叙陈代实州郡县沿革，而侨州所领实郡、侨郡所领实县也在本编叙述范围之内。相关侨州、郡、县名加下划线，用以区别实州、郡、县。

5. 陈代承梁遗绪，州置繁多。为醒目起见，仿《南朝梁实州郡县沿革》例，不再每州立一节，而将陈代政区分江表、淮南淮北、沅湘、岭南四个区域，每区域立一节。凡州治在某区域内者，即将该州归入某节，所属诸郡列于该州之下。

6.《陈书》无地理志，本编所述陈代之实州、郡、县及其隶属关系皆为辑考。故本编所列州、郡、县皆出按语。

7. 陈代诸实州郡之治所及其于今地之定点，凡乏考者，则依《嘉庆重修一统志》、《中国历史地图集·东晋十六国南北朝》、胡阿祥《六朝疆域与政区研究（增订本）·陈政区建置表（祯明二年588年底）》酌定。现代地名则以2004年《中华人民共和国行政区划简册》为准③。

---

① 梁太平二年（557），梁禅代于陈，改元永定。此处以永定二年为陈代起始年者，盖方便与上一编"南朝梁实州郡县沿革"年代衔接且不重复。
② 陈祯明三年（589）正月，隋军克建康，陈亡。然祯明三年即隋开皇九年，为免与隋代行政区划重复，故以祯明二年为陈之终结年。特此说明。
③ 中华人民共和国民政部编，中国地图出版社，2005年。

8. 由于陈代实州郡县皆为辑考，其政区沿革仅得其涯略，疏漏之处在所难免。故陈代实州郡县沿革表不再强而为之，以免武断。

9. 在考证陈代实州郡县沿革基础之上，复以祯明二年(588)为断代，排列其时之州郡领属情况，以见陈代实州郡县概况。

10. 南朝与陈并峙者有后梁政权，陈初又有王琳辖上游诸州。今将后梁政区沿革、王琳辖区政区沿革一并附于陈实州郡县后，以示南朝政区全貌。

11. 本编所征引文献，为省篇幅计，部分书名或以简称出现。具体情况说明于下：

  班固《汉书·地理志》，简称《汉志》；
  沈约《宋书·州郡志》，简称《宋志》；
  萧子显《南齐书·州郡志》，简称《南齐志》；
  魏收《魏书·地形志》，简称《地形志》；
  长孙无忌等《隋书·地理志》，简称《隋志》；
  刘昫等《旧唐书·地理志》，简称《旧志》；
  司马光《资治通鉴》，简称《通鉴》；
  杜佑《通典·州郡》，简称《州郡典》；
  李吉甫《元和郡县图志》，简称《元和志》；
  乐史《太平寰宇记》，简称《寰宇记》；
  顾祖禹《读史方舆纪要》，简称《方舆纪要》；
  穆彰阿等《嘉庆重修一统志》，简称《一统志》；
  钱大昕《廿二史考异》，简称《考异》；
  洪齮孙《补梁疆域志》，简称《补梁志》；
  臧励龢《补陈疆域志》，简称《补陈志》；
  王仲荦《北周地理志》，简称《北周志》；
  施和金《北齐地理志》，简称《北齐志》；
  胡阿祥《六朝疆域与政区研究·陈政区建置表(祯明二年588年底)》，简称《陈政区建置表》。

第一章　南朝陈实州郡县沿革

第一节　江表诸州

祯明二年(588)之扬州、吴州、南豫州、东扬州、南徐州、北江州所辖实郡情况见图57，江州、丰州情况见图58。

一、扬州沿革

扬州(558—588)，治建康(今江苏南京市)。梁末有扬州，陈承之。陈初移南陵郡置北江州。永定二年(558)改广梁郡为陈留郡；同年，析吴郡置海宁郡，旋废；永定三年，东阳郡移属缙州；据东扬州考证，天嘉三年(562)六月，会稽、临海、永嘉、新安、新宁五郡移置东扬州；太建十年(578)，改南琅邪、彭城二郡为建兴郡，旋复旧；据吴州考证，祯明元年(587)，吴兴、吴郡移置吴州。祯明三年陈亡，扬州亦没。

(一) 丹阳郡(558—588)——治建康(今江苏南京市)

按：梁末扬州领有丹阳郡，《隋志》下丹阳郡江宁："梁置丹阳郡及南丹阳郡……平陈，又废丹阳郡。"则陈承梁有丹阳郡，祯明三年没。

1. 建康(558—588)

按：建康旧为扬州、丹阳郡治，《隋志》下丹阳郡江宁："平陈，又废丹阳郡，并以秣陵、建康、同夏三县入焉。"则陈亦有建康县。

2. 秣陵(558—588)

按：秣陵旧为丹阳郡属县。据建康县考证所引《隋志》，陈有秣陵县。

3. 丹阳(558—588)

按：丹阳旧为丹阳郡属县。《陈书》卷33《儒林·郑灼传》："天嘉元年……出为丹阳令。"则陈亦有丹阳县。

4. 溧阳(558—588)

按：溧阳旧为丹阳郡属县。《隋志》下丹阳郡溧水："旧曰溧阳，开皇九年废丹阳郡入，十八年改焉。"则陈有溧阳县。

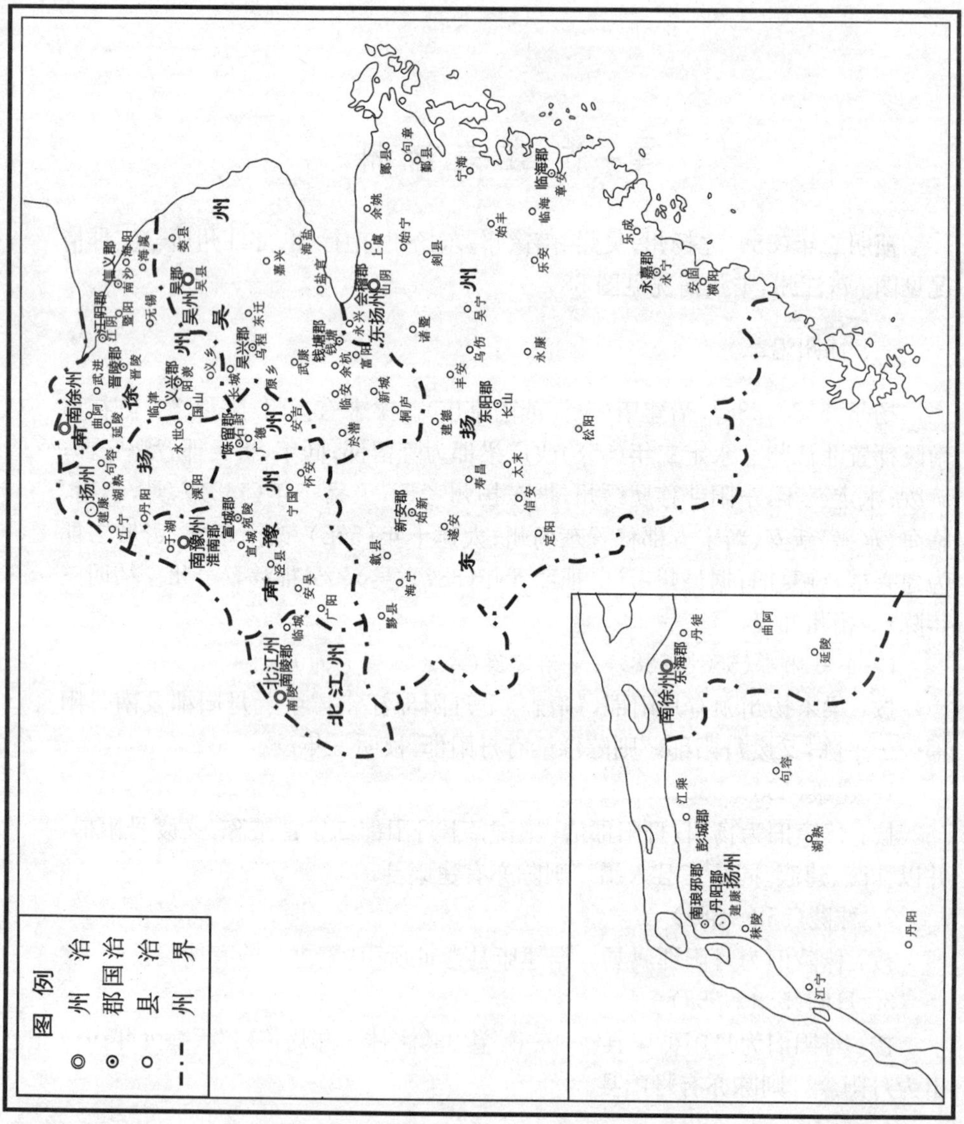

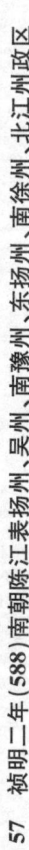

图57 祯明二年(588)南朝陈江表扬州、吴州、南豫州、东扬州、南徐州、北江州政区

5. 永世(558—588)

按：永世旧为丹阳郡属县。《隋志》下宣城郡永世："平陈废，开皇十二年又置。"则陈有永世县。

6. 江宁(558—588)

按：江宁旧为丹阳郡属县。《隋志》下丹阳郡亦领有江宁县，则陈当有江宁县。

7. 句容(558—588)

按：句容旧为丹阳郡属县。《隋志》下江都郡领有句容县，则陈当有句容县。

(二)南琅邪、彭城二郡，寄治白下城(今江苏南京市北金川门外，幕府山南麓)

按：梁末有南琅邪、彭城二郡，《陈书》卷5《宣帝纪》：太建十年"冬十月戊寅，罢义州及琅邪、彭城二郡。立建兴，领建安、同夏、乌山、江乘、临沂、湖熟等六县，属扬州"。则太建十年改南琅邪、彭城二郡为建兴郡。然《陈书》卷28《后主诸子·南平王嶷传》："至德元年，立为南平王。寻除信武将军、南琅邪彭城二郡太守，置佐史。"《陈书》卷6《后主纪》：至德二年(584)五月，"信武将军、南琅邪彭城二郡太守南平王嶷为扬州刺史"。则至德元年前，复有南琅邪、彭城二郡。《〈补陈疆域志〉校补》以为"太建十年后罢建兴，复立二郡"。甚是，今从之。

1. 建安(579—588)

按：扬州旧无建安县。据本郡考证，当是太建十年随建兴郡而置。

2. 同夏(558—588)

按：梁置同夏县，属扬州，据本州考证，同夏县先后属南琅邪、彭城二郡及建兴郡。

3. 乌山(579—588)

按：旧无乌山县，据本郡考证，当是太建十年随建兴郡而置。

4. 江乘(558—588)

按：梁南琅邪、彭城二郡领有江乘县，陈承之。据本郡考证，江乘县当先后属南琅邪、彭城二郡及建兴郡。

5. 湖熟(558—588)

按：扬州旧有湖熟县，梁中期似废，陈复置。据本州考证，湖熟县当先后属南琅邪、彭城二郡及建兴郡。

6. 临沂

(三)陈留郡，寄治石封(今安徽广德县)

按：《陈书》卷15《陈详传》：梁太平元年(556)，"(杜)龛平，以功授散骑侍郎、假节、雄信将军、青州刺史资,割故鄣、广德置广梁郡,以详为太守。高祖践祚,改广梁为陈留,又以为陈留太守。"《陈书》卷2《高祖纪下》:永定二年"八月景(丙)寅,以广梁郡为陈留郡"。则陈承梁有广梁郡,永定二年改广梁郡为陈留郡。梁之广梁郡为实郡,至陈乃为侨郡。

1. 石封(558—588)

按:《隋志》下宣城郡绥安:"旧曰石封,改名焉。梁末立大梁郡,又改为陈留。平陈,郡废。省大德、故鄣、安吉、原乡四县入焉。"《隋志》所言"大梁"、"大德"者,盖避隋炀帝杨广讳改,当作"广梁"、"广德"。

2. 故鄣(558—588)

按:梁末故鄣县属广梁郡,据石封县考证所引《隋志》,陈当承梁有故鄣县,属陈留郡。

3. 广德(558—588)

按:梁末广德县属广梁郡,据石封县考证所引《隋志》,陈当承梁有广德县,属陈留郡。

4. 安吉(558—588)

按:齐安吉县属吴兴郡,梁亦有安吉县。据石封县考证所引《隋志》,陈当承旧有安吉县,属陈留郡。

(四)吴郡(558—587)——治吴(今江苏苏州市)

按:齐、梁吴郡皆属扬州。《陈书》卷2《高祖纪下》:永定二年十二月"壬申,割吴郡盐官、海盐、前京三县置海宁郡,属扬州"。然据海宁郡考证,海宁郡旋废,盐官、海盐、前京三县复还属吴郡。《陈书》卷6《后主纪》:祯明元年十一月"乙亥,割扬州吴郡置吴州,割钱塘县为郡,属焉"。则祯明元年,吴郡及所领诸县乃移置吴州。

1. 吴(558—587)

按:齐扬州吴郡领有吴县,梁亦有之,《隋志》下吴郡领有吴县,则陈当有吴县,属吴郡。

2. 娄(558—587)

按:齐扬州吴郡领有娄县,梁亦有之,《陈书》卷32《孝行·殷不害传附子不佞传》:"高祖受禅,起为戎昭将军,除娄令。"则陈当承旧有娄县。

3. 嘉兴(558—587)

按:齐扬州吴郡领有嘉兴县,梁亦有之,《陈书》卷21《张种传》:"太建初……又累赐无锡、嘉兴县侯秩。"则陈有嘉兴县。

4. 昆山(558—587)

按:梁置昆山县,《隋志》下吴郡领有昆山县。则陈当有此县,属吴郡。

5. 桐庐(558—587)

按：齐吴郡领有桐庐县，梁亦有之。《隋志》下遂安郡桐庐："平陈废，仁寿中复。"则陈有桐庐县。

6. 海盐(558,？—587)

按：齐、梁皆有海盐县，属吴郡。据海宁郡考证，永定二年十二月移置海宁郡，旋复来属。

7. 前京(558,？—587)

按：梁置前京县，陈承之。据海宁郡考证，永定二年十二月移置海宁郡，旋复来属。

8. 盐官(558,？—587)

按：齐、梁皆有盐官县，属吴郡。据海宁郡考证，永定二年十二月移置海宁郡，旋复来属。

9. 钱塘(558—587)

按：齐有钱塘县，属吴郡，梁亦有之。据本郡考证，祯明元年十一月，以钱塘县置钱塘郡。

10. 富阳(558—587)

按：齐有富阳县，属吴郡，梁亦有之。《隋志》下余杭郡领有富阳县，则陈亦有富阳县。后属钱塘郡。

11. 新城(558—587)

按：齐、梁新城县皆为吴郡属县。《隋志》下余杭郡钱唐："旧置钱唐郡，平陈，废郡。并所领新城县入。"则陈亦有新城县，后属钱塘郡。

(五)海宁郡(559—？)——治乏考(约在今浙江海宁市附近)

按：《陈书》卷2《高祖纪下》：永定二年十二月"壬申，割吴郡盐官、海盐、前京三县置海宁郡，属扬州"。《一统志》卷284杭州府盐官故城："今海宁州治，本海盐县地……《陈书·高祖纪》：'永定二年割吴郡盐官、海盐、前京三县置海宁郡。'《隋书·地理志》盐官县属余杭郡，不云置郡，盖郡寻废也。"甚是，今从之。

1. 盐官(559—？)

按：盐官本吴郡属县。据本州考证，永定二年盐官县来属，旋海宁郡废，复还属吴郡。

2. 海盐(559—？)

按：海盐本吴郡属县。据本州考证，永定二年海盐县来属，旋海宁郡废，复还属吴郡。

3. 前京(559—?)

按：前京本吴郡属县。据本州考证，永定二年前京县来属，旋海宁郡废，复还属吴郡。

（六）吴兴郡(558—587)——治乌程(今浙江湖州市)

按：梁扬州领有吴兴郡，陈承之。《隋志》下吴郡乌程："旧置吴兴郡，平陈郡废，并东迁县入焉。"则陈有吴兴郡。《补陈志》卷1、《陈政区建置表》列吴兴为吴州属郡，疑祯明元年十一月置吴州，吴兴郡或移属焉，今姑从之。所属诸县当随之移属焉。

1. 武康(558—587)
2. 乌程(558—587)

按：齐、梁皆有乌程县，为吴兴郡治，据本州考证所引《隋志》，乌程县至隋犹存，则陈亦当有乌程县。

按：齐吴兴郡领有武康县，梁承之。《隋志》下余杭郡领有武康县，则陈亦当有武康县。

3. 东迁(558—587)

按：齐吴兴郡领有东迁县，梁承之。据本州考证所引《隋志》，东迁县至陈隋之际犹存，则陈亦当有东迁县。

4. 长城(558—587)

按：齐吴兴郡领有长城县，梁承之。《隋志》下吴郡长城："平陈废，仁寿二年复。"则陈亦当有长城县。

5. 临安(558—587)

按：齐吴兴郡领有临安县，梁承之。《陈书》卷34《文学·庾持传》：天嘉中"为宣惠始兴王府谘议参军。除临安令"。则陈亦当有临安县。

6. 余杭(558—587)

按：齐吴兴郡领有余杭县，梁承之。《隋志》下余杭郡领有余杭县。则陈亦当有余杭县。

7. 原乡(558—587)

按：齐吴兴郡领有原乡县，梁承之。《隋志》下宣城郡绥安："旧曰石封，改名焉。梁末立大梁郡，又改为陈留。平陈，郡废。省大德、故鄣、安吉、原乡四县入焉。"则陈亦当有原乡县。

8. 於潜(558—587)

按：齐有於潜县，属吴兴郡，梁亦有之。《隋志》下余杭郡领有於潜县，则陈当有於潜县。

(七) 会稽郡(558—561)——治山阴(今浙江绍兴市)

按：梁末扬州领有会稽郡,《隋志》下会稽郡会稽："旧置会稽郡,平陈,郡废。"则陈承旧有会稽郡。据东扬州考证,天嘉三年,会稽郡移属东扬州,所属诸县当随之移属焉。

1. 山阴(558—561)

按：齐会稽郡领有山阴县,梁承之。据会稽县考证所引《隋志》,陈有山阴县。

2. 会稽(558—561)

按：《隋志》下会稽郡会稽："旧置会稽郡,平陈,郡废,又废山阴、永兴、上虞、始宁四县入。"《方舆纪要》卷92《浙江四》绍兴府会稽县："本山阴县地,陈析置会稽县,后皆因之。"则陈有会稽县。

3. 永兴(558—561)

按：齐会稽郡领有永兴县,梁承之。据会稽县考证所引《隋志》,陈有永兴县。

4. 上虞(558—561)

按：齐会稽郡领有上虞县,梁承之。据会稽县考证所引《隋志》,陈有上虞县。

5. 始宁(558—561)

按：齐会稽郡领有始宁县,梁承之。据会稽县考证所引《隋志》,陈有始宁县。

6. 句章(558—561)

按：齐会稽郡领有句章县,梁承之。《隋志》下会稽郡句章："平陈,并余姚、鄞、鄮三县入。"则陈有句章县。

7. 余姚(558—561)

按：齐会稽郡领有余姚县,梁承之。据句章县考证所引《隋志》,陈有余姚县。

8. 鄞(558—561)

按：齐会稽郡领有鄞县,梁承之。据句章县考证所引《隋志》,陈有鄞县。

9. 鄮(558—561)

按：齐会稽郡领有鄮县,梁承之。据句章县考证所引《隋志》,陈有鄮县。

10. 诸暨(558—561)

按：齐会稽郡领有诸暨县,梁承之。《隋志》下会稽郡领有诸暨县,则陈亦有此县。

11. 剡(558—561)

按：齐会稽郡领有剡县，梁承之。《隋志》下会稽郡领有剡县，则陈亦有此县。

（八）临海郡(558—561)——治章安(今浙江临海市东南章安)

按：梁末扬州领有临海郡，《隋志》下永嘉郡临海："旧曰章安，置临海郡。平陈，郡废。"则陈承旧有临海郡。据东扬州考证，天嘉三年置东扬州，乃移属焉，所属诸县当随之移属。

1. 章安(558—561)

按：齐临海郡领有章安县，梁承之。《隋志》下永嘉郡临海："旧曰章安，置临海郡，平陈，郡废，县改名焉。"则陈亦有章安县。

2. 乐安(558—561)

按：齐临海郡领有乐安县，梁承之。《陈书》卷25《裴忌传》："太建元年，授东阳太守，改封乐安县侯。"则陈亦有乐安县。

3. 临海(558—561)

按：齐临海郡领有临海县，梁承之。《元和志》卷26《江南道二》台州临海县："本汉回浦县地，后汉更名章安。吴分章安置临海县，属会稽郡。武德五年改置台州，县属焉。"则临海县陈时亦存。

4. 宁海(558—561)

按：齐临海郡领有宁海县，梁承之。《元和志》卷26《江南道二》台州宁海县："晋穆帝永和三年分会稽之鄞县置宁海县，隋开皇九年废并入章安县。"则陈当有宁海县。

5. 始丰(558—561)

按：齐临海郡领有始丰县，梁承之。《一统志》卷297台州府天台县："后汉章安县地，三国吴析置始平县，属临海郡。晋太康初改曰始丰。宋、齐以后因之。隋省县入临海。"则陈当有始丰县。

（九）新安郡(558—561)——治始新(今浙江淳安县西北)

按：梁末扬州领有新安郡，《隋志》下遂安郡雉山："旧置新安郡，平陈，废为新安县。"则陈承旧有新安郡。据东扬州考证，新安郡天嘉三年移属东扬州，所属诸县当随之移属焉。

1. 始新(558—561)

按：齐新安郡领有始新县，梁承之。《一统志》卷302严州府始新故城："《新亭旧志》：始新故城在县西六十里威平镇，隋初改曰新安，后又移治雉山下,而此城废。"则陈有始新县。

2. 遂安(558—561)

按:齐新安郡领有遂安县,梁承之。《隋志》下遂安郡遂安:"平陈废,仁寿中复。"则陈有遂安县。

3. 黟(558—561)

按:齐新安郡领有黟县,梁承之。《隋志》下新安郡黟:"平陈废,十一年复。"则陈有黟县。

4. 歙(558—561)

按:齐新安郡领有歙县,梁承之。《隋志》下新安郡歙:"平陈废,十一年复。"则陈有歙县。

5. 寿昌(558—561)

按:梁末新安郡领有寿昌县。《陈书》卷8《周文育传》:陈初受封为寿昌县公。则陈有寿昌县。

(十) 东阳郡(558—559)——治长山(今浙江金华市)

按:梁承圣二年(553)前置婺州,后改为缙州,领东阳郡,梁末缙州罢,东阳郡还属扬州。然《陈书》卷3《世祖纪》:永定三年八月"癸巳,以平北将军、南徐州刺史留异为安南将军、缙州刺史"。则永定三年复置缙州,东阳郡当移属焉。

1. 长山(558—559)

按:齐东阳郡领有长山县,梁承之。《隋志》下东阳郡金华:"旧曰长山,置金华郡。平陈,郡废。又废建德、太末、丰安三县入,改为吴宁县。"则陈有长山县。

2. 太末(558—559)

按:齐东阳郡领有太末县,梁承之。据长山县考证所引《隋志》,陈亦有太末县。

3. 乌伤(558—559)

按:齐东阳郡领有乌伤县,梁承之。《陈书》卷26《徐陵传附子徐仪传》:"仪少聪警,以《周易》生举高第为秘书郎,出为乌伤令。"则陈有乌伤县。

4. 永康(558—559)

按:齐东阳郡领有永康县,梁承之。《隋志》下东阳郡领有永康县,则陈当有永康县。

5. 建德(558—559)

按:吴郡旧有建德县,然此处之建德县与吴郡之建德县地望不合,当是另有其县,据长山县考证,陈东阳郡曾领有建德县。

6. 丰安(558—559)

按:齐东阳郡领有丰安县,梁承之。据长山县考证所引《隋志》,陈亦有丰安县。

7. 信安(558—559)

按:齐东阳郡领有信安县,梁承之。《隋志》下东阳郡领有信安县,则陈亦当有信安县。

8. 定阳(558—559)

按:齐东阳郡领有定阳县,梁承之。《一统志》卷301衢州府定阳废县:"在常山县东南,后汉末孙氏所置,隋废。"则陈有定阳县。

9. 武义(558—559)

按:《州郡典》十二东阳郡武义:"吴赤乌八年,置武义县。"此县至唐犹存。则陈当有武义县。今姑列于此。

(十一) 永嘉郡(558—561)——治永宁(今浙江温州市)

按:梁末扬州领有永嘉郡,《隋志》下永嘉郡永嘉:"旧曰永宁,置永嘉郡,平陈,郡废。"则陈亦当有永嘉郡。据东扬州考证,永嘉郡天嘉三年移属东扬州,所属诸县当随之移属焉。

1. 永宁(558—561)

按:齐永嘉郡领有永宁县,梁承之。《隋志》下永嘉郡永嘉:"旧曰永宁,置永嘉郡,平陈,郡废。县改名焉。"则陈有永宁县。

2. 安固(558—561)

按:齐永嘉郡领有安固县,梁承之。《州郡典》十二永嘉郡安固:"吴曰罗阳,后曰安阳,晋改名。"是此县至唐犹存,则陈有安固县[①]。

3. 松阳(558—561)

按:齐永嘉郡领有松阳县,梁承之。《陈书》卷22《钱道戢传》:"侯安都之讨留异也,道戢帅军出松阳以断其后。"则陈有松阳县。

4. 乐成(558—561)

按:齐永嘉郡领有乐成县,梁承之。《元和志》卷26《江南道二》温州乐成县:"本汉回浦县地,东晋孝武帝分永宁县置,隋废。"则陈有乐成县。

[①] 《寰宇记》卷99《江南东道十一》温州瑞安县:"《舆地志》云:'后汉光武改为章安县。吴曰罗阳,后改为安阳。至晋太康元年改为安固县,因界内安固山为名。'梁、陈属东嘉州也。"似又有东嘉州,然此仅为孤证,姑列东嘉州于《梁实州郡县》之中,此处不再列入。

5. 横阳(558—561)

按：齐永嘉郡领有横阳县，梁承之。《元和志》卷26《江南道二》温州横阳县："本晋太康元年分安固南横屿屯置，隋平陈废入安固县。"则陈有横阳县。

(十二)新宁郡(558—561)——治海宁(今安徽休宁县东北)

按：梁末扬州领有新宁郡，领海宁县，陈承之。据东扬州考证，新宁郡天嘉三年移属东扬州，所属海宁县当随之移属焉。

海宁(558—561)

按：齐新安郡领有海宁县，梁承之，梁末移属新宁郡。《隋志》下新安郡休宁："旧曰海宁，开皇十八年改名焉。"则陈有海宁县。

二、吴州沿革

吴州(588)，治吴(今江苏苏州市)。《陈书》卷6《后主纪》：祯明元年十一月"乙亥，割扬州吴郡置吴州，割钱塘县为郡，属焉"。又，《补陈志》卷1、《陈政区建置表》列吴兴为吴州属郡，则吴兴郡或于是年来属，今从之。

(一)吴郡(588)——治吴(今江苏苏州市)

按：吴郡本扬州属郡，据本州考证，祯明元年十一月移置吴州。所属前京县移属信义郡，钱塘、富阳、新城移置钱塘郡，余县随之来属。

1. 吴(588)
2. 娄(588)
3. 嘉兴(588)
4. 昆山(588)
5. 盐官(588)
6. 桐庐(588)
7. 海盐(588)

(二)钱塘郡(588)——治钱塘(今浙江杭州市)

按：据本州考证，祯明元年十一月，自吴郡析钱塘、富阳、新城三县并吴兴郡之於潜置钱塘郡，移属吴州。

1. 钱塘(588)

按：本吴郡属县，据本州考证，陈置吴州钱塘郡，乃来属焉。

2. 富阳(588)

按：本吴郡属县，陈置吴州，乃来属，《补陈志》卷1、《陈政区建置表》列富阳为钱塘郡属县，以地望揆之亦合，今从之。

3. 於潜(588)

按：本吴兴郡属县，陈置吴州，乃来属，《补陈志》卷1、《陈政区建置表》列於潜为钱塘郡属县，以地望揆之亦合，今从之。

4. 新城(588)

按：本吴郡属县，陈置吴州，乃来属，《隋志》下余杭郡钱唐："旧置钱唐郡，平陈，废郡。并所领新城县入。"则陈之新城县隶钱塘郡。

(三) 吴兴郡(588)——治乌程(今浙江湖州市)

按：吴兴郡本扬州属郡，据本州考证，祯明元年十一月置吴州，乃来属焉。所属诸县除於潜县移属钱塘郡外，皆随之来属。

1. 乌程(588)
2. 武康(588)
3. 东迁(588)
4. 长城(588)
5. 临安(588)
6. 余杭(588)
7. 原乡(588)

三、东扬州沿革

东扬州(562—588)，治山阴(今浙江绍兴市)。《隋志》下会稽郡："梁置东扬州，陈初省，寻复。平陈，改曰吴州。"此言不确，《梁书》卷6《敬帝纪》：太平元年(556)"三月丙子，罢东扬州，还复会稽郡"。则东扬州之省当在梁末太平元年陈霸先当政时，故《隋志》误言陈初省。《陈书》卷3《世祖纪》：天嘉三年六月，"以会稽、东阳、临海、永嘉、新安、新宁、晋安、建安八郡置东扬州"。后新宁郡废，所属海宁县移属新安郡。光大二年(568)置丰州，晋安、建安二郡乃移属焉。

(一) 会稽郡(562—588)——治山阴(今浙江绍兴市)

按：会稽本扬州属郡，据本州考证，天嘉三年置东扬州，乃来属焉，所属诸县亦当随之来属。

1. 山阴(562—588)
2. 会稽(562—588)
3. 永兴(562—588)
4. 上虞(562—588)
5. 始宁(562—588)
6. 句章(562—588)

7. 余姚(562—588)

8. 鄞(562—588)

9. 鄮(562—588)

10. 诸暨(562—588)

11. 剡(562—588)

(二)临海郡(562—588)——治章安(今浙江临海市东南章安)

按:临海郡本扬州属郡,据本州考证,天嘉三年置东扬州,乃来属焉,所属诸县亦随之来属。

1. 章安(562—588)

2. 乐安(562—588)

3. 临海(562—588)

4. 宁海(562—588)

5. 始丰(562—588)

(三)新安郡(562—588)——治始新(今浙江淳安县西北)

按:新安郡本扬州属郡,据本州考证,天嘉三年置东扬州,乃来属焉,所属诸县亦随之来属。后新宁郡废,所属海宁县又来属。

1. 始新(562—588)

2. 遂安(562—588)

3. 黟(562—588)

4. 歙(562—588)

5. 寿昌(562—588)

6. 海宁(562后—588)

按:海宁本新宁郡属县,天嘉三年后,新宁郡废,所属海宁县当来属。

(四)东阳郡(562—588)——治长山(今浙江金华市)

按:东阳郡先属扬州,永定三年后属缙州,据本州考证,天嘉三年乃来属。《一统志》卷299金华府:"按《陈书·留异传》,梁绍泰二年除缙州刺史,领东阳太守。永定二年,世祖即位,改授都督缙州诸军事、缙州刺史,仍领东阳太守。《本纪》云,天嘉三年,东阳郡平。盖是后始改为金华。杜佑《通典》梁、陈置金华郡,乐史《太平寰宇记》梁武帝置金华郡,恐误。"此说不确,《〈补陈疆域志〉校补》多引陈中后期为东阳太守、东阳王之例以驳之,以为"终陈一带未尝改东阳为金华也"。今从之。

1. 长山(562—588)

2. 太末(562—588)

3. 乌伤(562—588)

4. 永康(562—588)

5. 建德(562—588)

6. 丰安(562—588)

7. 信安(562—588)

8. 定阳(562—588)

9. 武义(562—588)

(五)永嘉郡(562—588)——治永宁(今浙江温州市)

按：永嘉本扬州属郡，据本州考证，天嘉三年置东扬州，永嘉郡乃来属焉。所属诸县当随之来属。

1. 永宁(562—588)

2. 安固(562—588)

3. 松阳(562—588)

4. 乐成(562—588)

5. 横阳(562—588)

(六)新宁郡(562—562后)——治海宁(今安徽休宁县东北)

按：新宁郡本扬州属郡，据本州考证，天嘉三年来属。所属海宁县当随之来属。《一统志》卷112徽州府："晋属新安郡，宋、齐因之，梁末分置新宁郡，陈省新宁仍属新安郡。"注曰："《府志》，承圣二年置，治海宁"；"案《陈书·文帝纪》，天嘉三年，以新宁郡属东扬州，盖其后省也"。甚是，今从之。

海宁(562—562后)

(七)晋安郡(562—567)——治东候官(今福建福州市)

按：晋安郡本闽州属郡。据本州考证，天嘉三年六月置东扬州，晋安郡乃来属焉。另据丰州条考证，光大二年置丰州，晋安郡乃移属焉。

1. 东候官(562—567)

2. 候官(562—567)

3. 温麻(562—567)

(八)建安郡(562—567)——治建安(今福建建瓯市)

按：建安郡本闽州属郡，据本州考证，天嘉三年置东扬州，乃来属焉。所属诸县当随之来属。《补陈志》卷1、《陈政区建置表》列建安郡为丰州属郡，以地望揆之，亦合，或是光大二年置丰州，乃移属焉。今从之。

1. 建安(562—567)

2. 吴兴(562—567)

3. 将乐(562—567)
4. 建阳(562—567)
5. 邵武(562—567)
6. 绥城(562—567)
7. 沙村(562—567)

四、缙州沿革

缙州(560—561),治长山(今浙江金华市)。梁承圣二年前置婺州,后改为缙州,领东阳郡,梁末缙州罢,东阳郡还属扬州。然《陈书》卷3《世祖纪》:永定三年八月"癸巳,以平北将军、南徐州刺史留异为安南将军、缙州刺史"。卷3《世祖纪》:天嘉二年十二月,"先是,缙州刺史留异应于王琳等反,景(丙)戌,诏司空侯安都率众讨之"。《陈书》卷3《世祖纪》:天嘉三年三月,"司空侯安都破留异于桃支岭,异脱身奔晋安,东阳郡平"。当是永定三年复置缙州,用以授留异,天嘉三年留异平,缙州乃罢。

(一)东阳郡(560—561)——治长山(今浙江金华市)

按:陈初东阳郡为扬州属郡,据本州考证,陈永定三年八月置缙州,东阳郡来属。所属诸县当随之来属。据信安郡考证,东阳郡所属之信安县旋移置信安郡。天嘉三年,缙州刺史留异败,缙州罢。另据东扬州考证,天嘉三年置东扬州,东阳郡乃移属焉。

1. 长山(560—561)
2. 太末(560—561)
3. 乌伤(560—561)
4. 永康(560—561)
5. 建德(560—561)
6. 丰安(560—561)
7. 定阳(560—561)
8. 武义(560—561)

(二)信安郡(560—561)——治信安(今浙江衢州市)

按:《寰宇记》卷97《江南东道九》婺州:"郑辑之《东阳记》云:'……吴宝鼎元年始分会稽置东阳郡。'属扬州。晋、宋、齐皆因之不改。梁武帝又置金华郡于此。陈永定三年于此置缙州。寻又改信安县为信安郡。"所谓"梁武帝又置金华郡于此",据东扬州东阳郡考证,此说误甚;所谓"陈永定三年于郡置晋州",据本州考证,当是"陈永定三年于郡置缙州";所谓"改信安县为信安郡",

查信安县至隋犹存,当是"于信安县置信安郡"。后信安郡无考,当是天嘉三年缙州罢后,信安郡废,信安县还属东阳郡。

信安(560—561)

五、丰州沿革

丰州(558—564闽州,568—588),治东候官(今福建福州市)。《隋志》下建安郡:"陈置闽州,仍废。后又置丰州。平陈改曰泉州。"《陈书》卷35《陈宝应传》:"高祖受禅,授持节、散骑常侍、信武将军、闽州刺史。"卷3《世祖纪》:"(天嘉)四年春正月……甲申,周迪弃城走,闽州刺史陈宝应纳之。"则永定元年即置闽州,至天嘉四年闽州犹存,然所属晋安、建安郡已移置东扬州,闽州独空张名目。《陈书》卷3《世祖纪》:天嘉五年十一月"己丑,章昭达破陈宝应于建安,擒宝应、留异,送京师,晋安郡平"。此后,闽州则无闻,当是天嘉五年,陈宝应败,闽州罢。《陈书》卷4《废帝纪》:光大二年四月"丁亥,割东扬州晋安郡为丰州"。《补陈志》卷1丰州条、《陈政区建置表》又列建安、南安郡为丰州属郡,今从之。

(一)晋安郡(558—561,568—588)——治东候官(今福建福州市)

按:梁末江州领有晋安郡。《隋志》下建安郡闽:"旧曰东候官,置晋安郡。平陈,郡废。县改曰原丰。"则陈承旧有晋安郡。永定元年移置闽州。天嘉三年移属东扬州,据本州考证,光大二年置丰州,又来属焉。

1. 东候官(558—561,568—588)

按:据本郡考证所引《隋志》,陈有东候官县。

2. 候官(558—561,568—588)

按:齐晋安郡领有候官县,梁承之。《〈补陈疆域志〉校补》以为陈有侯(候)官县,今从之。

3. 温麻(558—561,568—588)

按:齐晋安郡领有温麻县,梁无考。《陈书》卷28《世祖九王·始兴王伯茂传》:光大二年十一月令曰,"可特降为温麻侯"。则陈有温麻县。

(二)建安郡(558—561,568—588)——治建安(今福建建瓯市)

按:梁末江州领有建安郡。《隋志》下建安郡建安:"旧置建安郡,平陈废。"永定元年移置闽州。天嘉三年移属东扬州,《一统志》卷424《福建统部》、《补陈志》卷1、《陈政区建置表》列建安郡为丰州属郡,以地望揆之,亦合,或是光大二年置丰州,又来属焉。今从之。

1. 建安(558—561,568—588)

按:齐建安郡领有建安县,梁承之。据本州考证所引《隋志》,隋建安郡领有建安县,则陈亦当有此县。

2. 吴兴(558—561,568—588)

按:齐建安郡领有吴兴县,梁承之。《寰宇记》卷101《江南东道十三》建州浦城县:"本后汉东侯官之北乡也。献帝末立汉兴县。至吴永安三年改为吴兴县,历代不改……唐武德四年改为唐兴县。"则陈当有吴兴县。

3. 将乐(558—561,568—588)

按:齐建安郡领有将乐县,梁承之。《元和志》卷29《江南道五》建州将乐县:"吴永安三年置,隋开皇九年省。"则陈有将乐县。

4. 建阳(558—561,568—588)

按:齐建安郡领有建阳县,梁承之。《元和志》卷29《江南道五》建州建阳县:"本上饶县地,吴分置建平县,晋太元四年改为建阳。隋开皇十年省入建安。"则陈有建阳县。

5. 邵武(558—561,568—588)

按:齐建安郡领有邵武县,梁承之。《陈书》卷11《章昭达传》:"给鼓吹一部,改封邵武县侯。"则陈有邵武县。

6. 绥城(558—561,568—588)

按:齐建安郡领有绥成县,梁承之。《寰宇记》卷101《江南东道十三》邵武军建宁县:"本将乐县地,晋绥城县,莫傜之民居焉。唐武德中并入邵武。"则陈有绥城县。

7. 沙村(558—561,568—588)

按:齐建安郡领有沙村县,梁承之。《一统志》卷430延平府沙县:"晋初为延平县地,刘宋元嘉中分置沙村县,属建安郡。齐以后因之,隋开皇中改曰沙县,寻废。"则陈有沙村县。

(三) 南安郡(568—588)——治晋安(今福建南安市东丰州)

按:南安郡本江州属郡,《一统志》卷424《福建统部》、《补陈志》卷1、《陈政区建置表》列南安郡为丰州属郡,或是光大二年置丰州时来属,今从之。所属诸县亦当随之来属。

1. 晋安(568—588)

2. 龙溪(568—588)

3. 兰水(568—588)

4. 绥安(568—588)

六、南徐州所辖实郡沿革

南徐州,侨寄京口(今江苏镇江市)。梁末有南徐州,《隋志》下江都郡延陵:"旧置南徐州、南东海郡,梁改曰兰陵郡。陈又改为东海。开皇九年州郡并废,又废丹徒县入焉。"则陈承梁,亦有南徐州。永定二年改南兰陵郡为东海郡。

(一)东海郡,侨寄京口(今江苏镇江市)

按:齐南徐州领有南东海郡,梁改曰兰陵郡。《陈书》卷2《高祖纪下》:永定二年八月,"改南徐州所领南兰陵郡复为东海郡"。此南兰陵郡当为梁南徐州之兰陵侨郡。

1. 郯
2. 丹徒(558—588)

按:齐南东海侨郡领有丹徒县,梁承之。据本州考证所引《隋志》,陈亦有丹徒县。

3. 兰陵(558—588)

按:齐南东海侨郡领有武进县,《隋志》下江都郡曲阿:"有武进县,梁改为兰陵,开皇九年并入。"则陈有兰陵县。

4. 曲阿(558—588)

按:齐晋陵郡领有曲阿县,梁承之。据兰陵县考证所引《隋志》,陈亦有曲阿县,当属东海侨郡。

(二)晋陵郡(558—588)——治晋陵(今江苏常州市)

按:梁末南徐州领有晋陵郡,《隋志》下毗陵郡晋陵:"旧置晋陵郡。平陈,郡废。"则陈承梁,有晋陵郡。

1. 晋陵(558—588)

按:齐晋陵郡领有晋陵县,梁承之。据本郡考证所引《隋志》,陈亦有晋陵县。

2. 延陵(558—588)

按:齐晋陵郡领有延陵县,梁承之。据本州考证所引《隋志》,则陈亦有延陵县。

3. 无锡(558—588)

按:齐晋陵郡领有无锡县,梁承之。《隋志》下毗陵郡领有无锡县,则陈亦当有此县。

4. 暨阳(558—588)

按:齐晋陵郡领有暨阳县,梁承之。《一统志》卷87常州府暨阳故城:"晋置暨阳县于此,隋省。"则陈有暨阳县。

(三)义兴郡(558—588)——治阳羡(今江苏宜兴市)

按:梁末南徐州领有义兴郡。《隋志》下毗陵郡义兴:"旧曰阳羡,置义兴郡。平陈,郡废,改县名焉。又废义乡、国山、临津三县入焉。"则陈亦有义兴郡。

1. 阳羡(558—588)

按:齐义兴郡领有阳羡县,梁承之。据本郡考证所引《隋志》,陈亦有阳羡县。

2. 临津(558—588)

按:齐义兴郡领有临津县,梁承之。据本郡考证所引《隋志》,陈亦有临津县。

3. 义乡(558—588)

按:齐义兴郡领有义乡县,梁承之。据本郡考证所引《隋志》,陈亦有义乡县。

4. 国山(558—588)

按:齐义兴郡领有国山县,梁承之。据本郡考证所引《隋志》,陈亦有国山县。

(四)江阴郡(558—588)——治江阴(今江苏江阴市)

按:梁末南徐州领有江阴郡。《隋志》下毗陵郡江阴:"梁置,及置江阴郡。平陈,废郡及利城、梁丰县入焉。"则陈亦有江阴郡。

1. 江阴(558—588)

按:梁置江阴县,属江阴郡。据本郡考证所引《隋志》,陈江阴郡领有江阴县。

2. 利城(558—588)

按:梁置利城县,属江阴郡。据本郡考证所引《隋志》,陈江阴郡领有利城县。

3. 梁丰(558—588)

按:梁置梁丰县,属江阴郡。据本郡考证所引《隋志》,陈江阴郡领有梁丰县。

(五)信义郡(558—588)——治南沙(今江苏常熟市西北)

按:梁末南徐州领有信义郡,《隋志》下吴郡常熟:"旧曰南沙,梁置信义郡。平陈废,并所领海阳、前京、信义、海虞、兴国、南沙入焉。"则陈承梁,有信义郡。

1. 南沙(558—588)

按：齐晋陵郡领有南沙县，梁承之，并置信义郡。据本郡考证所引《隋志》，陈承旧有南沙县，属信义郡。

2. 信义(558—588)

按：梁置信义县，据本郡考证所引《隋志》，陈信义郡领有信义县。

3. 海阳(558—588)

按：齐晋陵郡领有海阳县，梁承之，据本郡考证所引《隋志》，陈信义郡之海阳县当自晋熙郡来属。

4. 前京(588)

按：梁置前京县，陈承之，先属吴郡，再属海宁郡，复属吴郡。据本郡考证所引《隋志》，陈末信义郡当领有前京县。

5. 海虞(558—588)

按：齐吴郡领有海虞县，梁承之，据本郡考证所引《隋志》，陈海虞县之信义郡当自吴郡来属。

6. 兴国(558—588)

按：据本郡考证所引《隋志》，陈信义郡领有兴国县。

7. 常熟(558—588)

按：梁置常熟县，据本郡考证所引《隋志》，陈承梁有常熟县。

七、南豫州所辖实郡沿革

南豫州，先治姑熟（今安徽当涂县），再治历阳（今安徽和县），复治姑熟。《寰宇记》卷103《江南西道一》宣州："《郡志》云：'梁承圣元年复江南南豫州。'郡不废。历梁、陈之代，亦为重镇。"则陈初承梁末之势，南豫州唯江南地。天嘉五年罢南丹阳郡。《陈书》卷5《宣帝纪》：太建五年五月"辛巳，诏征南大将军、开府仪同三司、南豫州刺史黄法氍徙镇历阳，齐改县为郡者并复之"。《陈书》卷5《宣帝纪》：太建六年正月诏曰，"可赦江右淮北……南豫州之历阳、临江郡土民，罪无轻重，悉皆原宥"。则太建五年得历阳郡，南豫州徙镇江北之历阳，及太建十一年，江北地没，南豫州还镇姑熟。太建十二年又得临江郡，旋又没。

（一）淮南郡，寄治姑熟（今安徽当涂县）

按：梁末淮南侨郡属扬州，《隋志》下丹阳郡当涂："旧置淮南郡。平陈，废郡，并襄垣、平湖、繁昌、西乡入焉。"则陈承梁，有淮南侨郡。《补陈志》卷1、《陈政区建置表》列淮南侨郡为南豫州属郡，或是陈淮南侨郡移属南豫州。今姑从之。

1. 于湖(558—588)

按：齐淮南侨郡领有于湖县，梁承之。《元和志》卷28《江南道四》宣州当涂县："晋武帝太康初分丹阳置于湖县，成帝时以江北之当涂县流人过江在于湖者，侨立为当涂县，属淮南郡。隋大业十年废于湖县，以当涂属宣州。"则陈当有于湖县。

2. 西乡(558—588)

按：据本郡考证所引《隋志》，陈有西乡县。

3. 繁昌

4. 当涂

5. 襄垣

(二) 宣城郡(558—588)——治宛陵(今安徽宣州市)

按：梁末南豫州领有宣城郡，《隋志》下宣城郡："旧置南豫州，平陈，改为宣州。"则陈承梁，有宣城郡。

1. 宛陵(558—588)

按：齐宣城郡领有宛陵县，梁承之。《隋志》下宣城郡宣城："旧曰宛陵，置宣城郡。平陈，郡废。仍并怀安、宁国、当涂、浚遒四县入焉。"则陈承梁，亦有宛陵县。

2. 宁国(558—588)

按：齐宣城郡领有宁国县，梁承之。据宛陵县考证所引《隋志》，陈亦有宁国县，属宣城郡。

3. 宣城(558—588)

按：宣城郡旧有宣城县，梁承之。《一统志》卷116宁国府宣城故城："隋初改宛陵为宣城，而故城遂废。"是陈仍有宣城县，至隋乃废。

4. 石埭(558—588)

按：《寰宇记》卷105《江南西道三》池州石埭县："本吴石城县地……《舆地志》云：'梁大同二年置石埭县，因贵池原有两小石埭堰溪水，遂以为名。'陈灭，废，遂以石埭并入南陵。"则陈有石埭县。

5. 安吴(558—588)

按：齐宣城郡领有安吴县，梁承之。《隋志》下宣城郡泾："平陈，省安吴、南阳二县入焉。"则陈有安吴县。

6. 泾(558—588)

按：齐宣城郡领有泾县，梁承之，据安吴县考证所引《隋志》，陈亦有泾县，属宣城郡。

7. 广阳(558—588)

按：齐宣城郡领有广阳县。梁置南阳县，属宣城郡，另据安吴县考证所引《隋志》，陈似亦有南阳县。《补陈志》卷1南豫州宣城郡列有广阳县，以为《隋志》所载之南阳，即为旧日之广阳。《陈政区建置表》同，今从之。

8. 怀安(558—588)

按：齐宣城郡领有怀安县，梁承之。据宛陵县考证所引《隋志》，陈亦当有怀安县。

9. <u>逡道</u>

(三) 历阳郡(573—579)——治历阳(今安徽和县)

按：梁末南豫州之历阳郡失陷于北。《陈书》卷5《宣帝纪》：太建五年五月"景(丙)子，黄法氍克历阳城。"《陈书》卷5《宣帝纪》：太建十一年十二月"乙丑，南北兖、晋三州，及盱眙、山阳、阳平、马头、秦、历阳、沛、北谯、南梁等九郡，并自拔还京师"。则太建五年复得历阳郡，太建十一年又没。

历阳(573—579)

按：齐历阳郡领有历阳县。梁承之。据本郡考证，太建五年克历阳，十一年没。

(四) 临江郡(580—?)——治乌江(今安徽和县东北)

按：南齐南豫州领有临江郡。《隋志》下历阳郡乌江："梁置江都郡，后齐改为齐江郡，陈又改为临江郡，周改为同江郡。"则梁改南齐之临江郡为江都郡，陈复还旧称。梁太清三年江都郡没。《陈书》卷5《宣帝纪》：太建十二年八月"庚午，通直散骑常侍淳于陵克临江郡"。后没于周。

1. 乌江(580—?)

按：齐临江郡领有乌江县，梁承之。据本郡考证，陈复得临江郡，乌江县当亦来属。

2. 酂

按：齐临江郡领有酂县。《方舆纪要》卷29《南直十一》和州谷孰城："刘宋元嘉八年侨置酂县，属历阳郡……萧齐又改属临江郡。梁因之。东魏属临滁郡，后周废。"则陈复临江郡时当有此县。

(五) 南丹阳郡(558—563)——治采石(今安徽马鞍山市采石矶)

按：梁末南豫州领有南丹阳郡。《陈书》卷3《世祖纪》：天嘉五年"五月庚午，罢南丹阳郡"。则天嘉五年五月罢南丹阳郡，领县乏考。

八、北江州所辖实郡沿革

北江州，寄治南陵（今安徽贵池市西南）。按《隋志》下宣城郡南陵："梁置，并置南陵郡，陈置北江州。平陈，州郡并废，并所管石城、临城、定陵、故治、南陵五县入焉。"《陈书》卷2《高祖纪下》：永定三年五月"乙酉，北江州刺史熊昙朗杀都督周文育于军，举兵反。王琳遣其将常众爱、曹庆率兵援余孝劢"。《通鉴》卷167永定三年五月："鲁悉达部将梅天养等引齐军入城。悉达帅麾下数千人济江自归，拜平南将军、北江州刺史。"《陈书》卷3《世祖纪》：天嘉元年三月"丁巳，江州刺史周迪平南中，斩贼率熊昙朗，传首京师"。则陈初即置北江州。

南陵郡（558—588）——治南陵（今安徽贵池市西南）

按：南陵郡本扬州属郡，陈初置北江州，乃移属焉。

1. 南陵（558—588）

按：梁置南陵县，据本州考证所引《隋志》，则陈承梁有南陵县。

2. 临城（558—588）

按：齐宣城郡领有临城县，梁承之。据本州考证所引《隋志》，陈临城县属南陵郡。

3. 石城（558—588）

按：齐宣城郡领有石城县，梁承之。据本州考证所引《隋志》，陈石城县属南陵郡。

4. 定陵

按：齐淮南侨郡领有定陵侨县，梁承之。陈属南陵郡。

5. 故治（558—588）

按：据本州考证所引《隋志》，陈有故治县，属南陵郡。

九、吴州沿革

吴州（558—567，582—587前），治鄱阳（今江西鄱阳县）。《隋志》下鄱阳郡："梁置吴州，陈废。平陈置饶州。"《元和志》卷28《江南道四》饶州："孙权分豫章立为鄱阳郡。梁承圣二年改为吴州，至陈光大元年省吴州，依旧置郡。"是梁末有吴州，领鄱阳郡。《陈书》卷4《废帝纪》：光大二年正月"甲子，罢吴州，以鄱阳郡还属江州"。《陈书》卷5《宣帝纪》：太建十三年十月，"改鄱阳郡为吴州"。则光大二年罢吴州，太建十三年复有之。《〈补陈疆域志〉订补》以为，据《陈书》卷6《后主纪》：祯明元年十一月"乙亥，割扬州吴郡置吴州，割钱塘县为郡，属焉"。"若前领鄱阳郡之吴州不废，则祯明元年时陈有二吴州矣。此事当不可能出现。杨守敬《隋书地理志考证》云:'盖鄱阳复置吴州之后,未几即罢也。'杨氏所言甚是。"今从之。则祯明元年前,此吴州又罢。

鄱阳郡(558—567,582—587前)——治鄱阳(今江西鄱阳县)

按:据本州考证,陈初承梁末,鄱阳郡属吴州,光大二年正月,罢吴州,鄱阳郡移属江州;太建十三年十月,复置吴州,鄱阳郡复来属;祯明元年前,吴州罢,鄱阳郡又移属江州。

1. 鄱阳(558—567,582—587前)

按:齐鄱阳郡领有鄱阳县,梁承之。《隋志》下鄱阳郡鄱阳:"旧置鄱阳郡。平陈废。"则陈有鄱阳县。

2. 葛阳(558—567,582—587前)

按:齐鄱阳郡领有葛阳县,梁承之。《隋志》下鄱阳郡弋阳:"旧曰葛阳,开皇十二年改。"则陈当有葛阳县。

3. 银城(?)

按:《隋志》下鄱阳郡鄱阳:"旧置鄱阳郡。平陈废,又有陈银城县废入焉。"则陈置银城县。

4. 余干(558—567,582—587前)

按:齐江州鄱阳郡领有余汗县,或作余干县。梁亦有余干县。《隋志》下鄱阳郡领有余干县。则陈亦有余干县。

5. 上饶(558—567,582—587前)

按:齐江州鄱阳郡领有上饶县,《陈书》卷15《陈拟传》:陈建国,以陈炅为上饶县开国侯。则陈有上饶县。

6. 安仁(560后—567,582—587前)

按:《寰宇记》卷107《江南西道五》饶州余干县:"安仁故城……按《鄱阳记》云:'晋永嘉七年分余干置兴安县,寻废焉。陈天嘉中复于兴安故地置安仁县。'至隋开皇九年复废,并入余干。"则陈天嘉中置安仁县。

十、江州沿革

江州(558—588),治湓口城(今江西九江市)。旧有江州,陈承之。陈初置广丰郡;永定二年析安成郡置安乐郡。《陈书》卷3《世祖纪》:天嘉四年正月,"罢高州隶入江州"。于是高州所领巴山、豫宁、临川、安成四郡来属;光大二年,南安郡移属丰州。《陈书》卷5《宣帝纪》:太建六年正月诏曰,"可赦江右淮北……江州之齐昌、新蔡、高唐……郡土民,罪无轻重,悉皆原宥"。盖太建五年北伐,得齐昌、高唐、新蔡三郡,又得晋熙郡,皆属江州。《陈书》卷5《宣帝纪》：太建八年十一月"丁酉，分江州晋熙、高唐、新蔡三郡为晋州"。则太建八年，晋熙等三郡又自江州析出，移属晋州；太建十一年，江北地没，齐昌郡亦随之而没。

（一）寻阳郡(558—588)——治柴桑(今江西九江市西南)

按：旧有寻阳郡，陈承之。《隋志》下九江郡湓城："旧曰柴桑，置寻阳郡，梁又立汝南县。平陈，郡废，又废汝南、柴桑二县，立寻阳县。"则陈有寻阳郡，隋废。

1. 柴桑(558—588)

按：齐、梁寻阳郡皆有柴桑县，据本郡考证所引《隋志》，陈亦有此县。

2. 汝南

3. 上甲(558—588)

按：东晋江州寻阳郡领有上甲县，后废，梁复置。陈或有之，《补陈志》卷2列上甲县为江州寻阳郡属县，今姑从之。

4. 龙城(558—588)

按：《方舆纪要》卷85《江西三》九江府湖口县彭泽故城条略谓：陈罢太原郡及所领彭泽、晋阳、和城、天水四县，并为龙城。龙城县至隋改名彭泽。又，彭泽县龙城废县条："《志》云：'陈时移彭泽县治此，改名龙城，隋还旧治，仍为彭泽。'"然据江州太原郡考证，陈之太原郡及所领彭泽县至隋方废，龙城盖自彭泽县析出，今列为寻阳郡属县。

（二）鄱阳郡(568—581,587前—588)——治鄱阳(今江西鄱阳县)

按：据吴州鄱阳郡考证，光大二年正月，吴州废，鄱阳郡来属，太建十三年又置吴州，鄱阳郡乃移属焉。祯明元年前，吴州又罢，鄱阳郡复来属。

1. 鄱阳(568—581,587前—588)

2. 葛阳(568—581,587前—588)

3. 银城(？—588)

4. 余干(568—581,587前—588)

5. 上饶(568—581,587前—588)

6. 安仁(568—581,587前—588)

（三）太原郡，寄治彭泽(今江西彭泽县东北)

按：《隋志》下九江郡彭泽县："梁置太原郡，领彭泽、晋阳、和城、天水。平陈，郡县并废，置龙城县。"则陈当有太原侨郡，属江州。

1. 彭泽(558—588)

按：齐寻阳郡领有彭泽县，梁亦有之。据本郡考证所引《隋志》，陈彭泽县

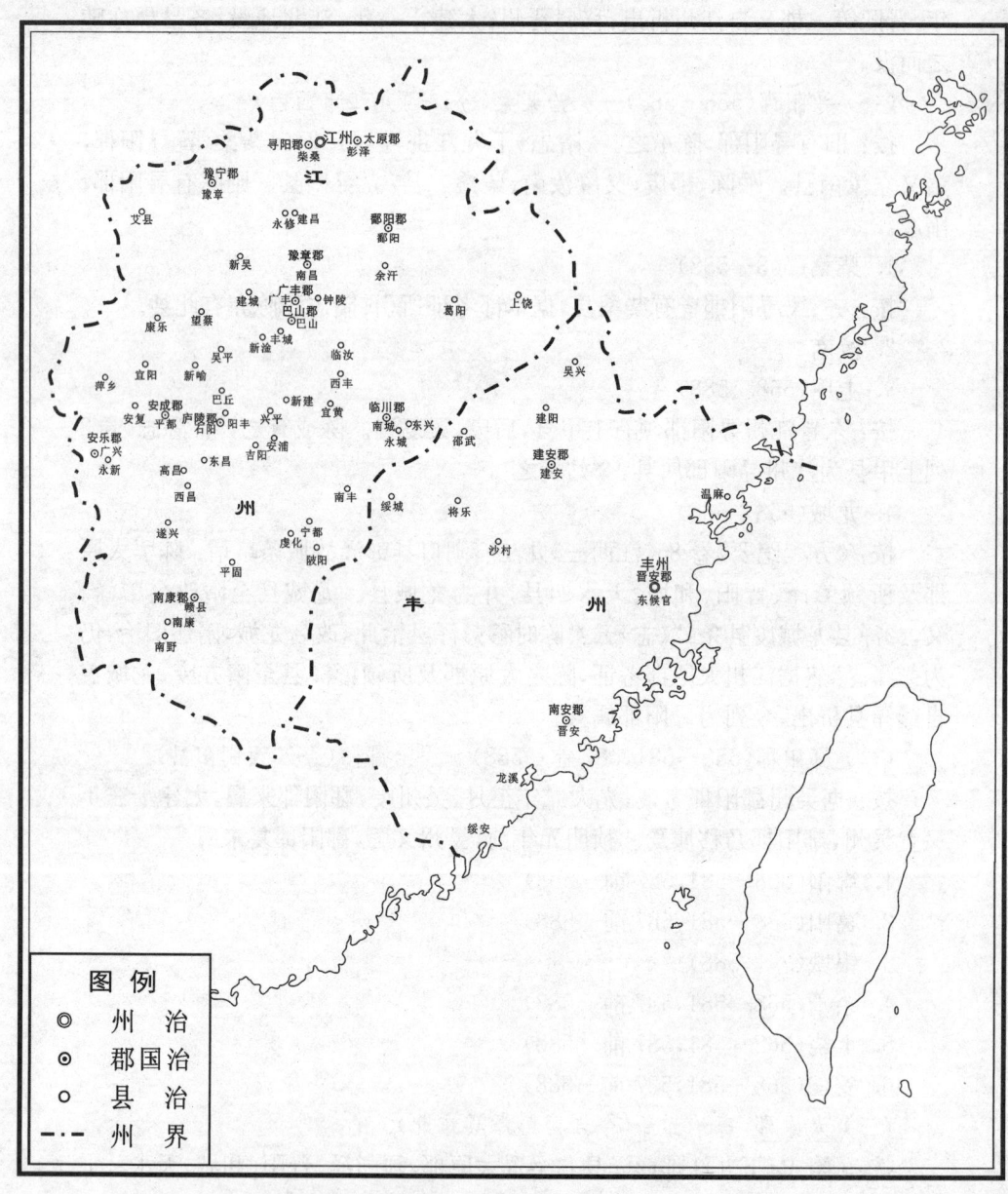

图 58 祯明二年(588)南朝陈江表江州、丰州政区

属太原侨郡。

2. 晋阳

3. 和城

4. 天水

（四）豫章郡(558—565,？—588)——治南昌(今江西南昌市)

按：梁末江州领有豫章郡，陈承之。《陈书》卷3《世祖纪》：天嘉六年"九月癸未，罢豫章郡"。《隋志》下豫章郡豫章："旧置豫章郡。平陈，郡废。大业初复置郡。"似陈、隋之际仍有豫章郡，故豫章郡当罢而复置。

1. 南昌(558—565,？—588)

按：齐豫章郡领有南昌县，梁承之。《州郡典》十二章郡南昌："汉旧县。隋改为章县。"则陈当有南昌县。

2. 建城(558—565,？—588)

按：齐豫章郡领有建城县，梁承之。《隋志》下豫章郡领有建城县，则陈当有此县。

3. 望蔡(558—565,？—588)

按：齐豫章郡领有望蔡县。《陈书》卷23《沈君理传》：太建二年，"高宗以君理女为皇太子妃，赐爵望蔡县侯"。则陈有望蔡县。

4. 吴平(558—565,？—588)

按：齐豫章郡领有吴平县，梁承之。《隋志》下宜春郡宜春："旧曰宜阳，开皇十一年废吴平县入。"则陈有吴平县。

5. 康乐(558—565,？—588)

按：齐豫章郡领有康乐县，梁承之。《陈书》卷35《陈宝应传》载有"定州刺史康乐县开国侯林冯"，则陈当有康乐县。

6. 宜丰(558—565,？—588)

按：梁豫章郡领有宜丰县，《寰宇记》卷106《江南西道四》筠州高安县："《舆地志》云：'……孙吴又置阳乐、宜丰二县'……隋开皇九年废望蔡、康乐、宜丰县归建城。"则陈当有宜丰县。

7. 钟陵(558—565,？—588)

按：梁豫章郡领有钟陵县，《陈书》卷15《陈拟传》：陈建国，封"(陈)褒钟陵县开国侯"。则陈当有钟陵县。

（五）庐陵郡(558—588)——治石阳(今江西吉水县东北)

按：旧有庐陵郡，《陈书》卷22《陆子隆传》：天嘉二年，"除明威将军、庐陵太守"。《隋志》下庐陵郡庐陵："旧置庐陵郡。平陈废，大业初复置。"则陈承旧有庐陵郡。

1. 石阳(558—588)

按：齐庐陵郡领有石阳县,梁承之。《元和志》卷28《江南道四》吉州庐陵县:"本汉石阳县,晋移郡于此,隋改为州,又改名石阳县为庐陵,因庐水为名。"则陈当有石阳县。

2. 吉阳(558—588)

按：齐庐陵郡领有吉阳县,《寰宇记》卷109《江南西道七》吉州吉水县:"本吉阳县地,县东古城是也。隋开皇十年废吉阳县入庐陵县。"则陈有吉阳县。

3. 巴丘(558—588)

按：齐庐陵郡领有巴丘县,梁承之。《方舆纪要》卷87《江西五》临江府峡江县巴丘城条引旧《志》:"(巴丘县)由晋、宋至陈,县皆属庐陵郡,隋并入新淦。"则陈有巴丘县。

4. 高昌(558—588)

按：齐庐陵郡领有高昌县,梁承之。《陈书》卷31《樊毅传》:"太建初,转丰州刺史,封高昌县侯,邑一千户。"则陈有高昌县。

5. 遂兴(558—588)

按：齐庐陵郡领有遂兴县,梁承之。《陈书》卷15《陈拟传》：陈建国,以陈详为遂兴县开国侯。则陈当有遂兴县。

6. 阳丰(558—588)

按：齐庐陵郡领有阳丰县,《〈补陈疆域志〉订补》以为阳丰县历梁、陈皆因之,至隋并入庐陵县。今从之。

7. 东昌(558—588)

按：齐庐陵郡领有东昌县,梁承之。《隋志》下庐陵郡泰和:"平陈置,曰西昌。(开皇)十一年省东昌入,更名焉。"则陈有东昌县。

8. 西昌(558—588)

按：齐庐陵郡领有西昌县,梁承之。据东昌县考证所引《隋志》,似西昌为隋置。然《〈补陈疆域志〉订补》以为隋之泰和县,本即为西昌。今从之。

(六)南康郡(558—588)——治赣(今江西赣州市西南)

按：江州旧有南康郡,《州郡典》十二南康郡:"晋平吴,置南康郡。宋为南康国。齐、梁、陈皆为南康郡。"则陈承旧有南康郡。

1. 赣(558—588)

按：齐南康郡领有赣县,梁承之。《隋志》下南康郡南康:"旧曰赣,大业初改名焉。"则陈当有赣县。

2. 雩都(558—?)

按:齐南康郡领有雩都县,梁承之。《隋志》下南康郡雩都:"旧废,平陈置。"则陈曾一度有雩都,后废。

3. 陂阳(558—588)

按:齐南康郡领有陂阳县,梁承之。《寰宇记》卷108《江南西道六》虔州虔化县:"废陂阳县……晋太康五年改为陂阳县,以陂阳水为名。隋开皇十三年废入宁都县。"则陈有陂阳县。

4. 宁都(558—588)

按:齐南康郡领有宁都县,梁承之。《陈书》卷15《陈拟传》:陈建国,封(陈)敬雅宁都县开国侯。则陈有宁都县。

5. 南康(558—588)

按:齐南康郡领有南康县,梁承之。《隋志》下南康郡赣:"旧曰南康,置南康郡。平陈,郡废。大业初县改名焉。"则陈当有南康县。

6. 南野(558—588)

按:齐南康郡领有南野县,梁承之。《方舆纪要》卷88《江西六》南安府南康县南埜废县条以为,南野县隋初废为南埜镇。则陈当有南野县。

7. 平固(558—588)

按:齐南康郡领有平固县,梁承之。《陈书》卷15《陈拟传》:陈建国,封(陈)敬泰平固县开国侯。则陈有平固县。

8. 虔化(558—588)

按:齐南康郡领有虔化县。《陈书》卷15《陈拟传》:陈建国,封(陈)诎虔化县开国侯。则陈有虔化县。

9. 安远(558—588)

按:梁置安远县,属南康郡。《元和志》卷28《江南道四》虔州安远县:"梁大同中,于今县南七十里安远水南置安远县,隋开皇中废。"则陈有安远县。

(七)巴山郡(563—588)——治巴山(今江西崇仁县西南)

按:巴山郡本高州属郡,《陈书》卷3《世祖纪》:天嘉四年正月,"罢高州隶入江州"。则巴山郡天嘉四年来属。所属诸县当随之来属。

1. 巴山(563—588)

2. 丰城(563—588)

3. 新建(563—588)

4. 新淦(563—588)

5. 兴平(563—588)

6. 西宁(563—588)

(八)豫宁郡(563—588)——治豫宁(今江西武宁县西)

按：豫宁郡本高州属郡，《陈书》卷3《世祖纪》：天嘉四年正月，"罢高州隶入江州"。则豫宁郡天嘉四年来属。所属诸县当随之来属。

1. 豫宁(563—588)

2. 艾(563—588)

3. 建昌(563—588)

4. 永修(563—588)

5. 新吴(563—588)

(九)临川郡(563—588)——治南城(今江西临川区西)

按：临川郡本高州属郡，《陈书》卷3《世祖纪》：天嘉四年正月，"罢高州隶入江州"。则临川郡天嘉四年来属。所属诸县当随之来属。

1. 南城(563—588)

2. 临汝(563—588)

3. 永城(563—588)

4. 宜黄(563—588)

5. 南丰(563—588)

6. 东兴(563—588)

7. 西丰(563—588)

8. 定川(563—588)

9. 安浦(563—588)

(十)安成郡(563—588)——治平都(今江西安福县东南)

按：安成郡本高州属郡，《陈书》卷3《世祖纪》：天嘉四年正月，"罢高州隶入江州"。则安成郡天嘉四年来属。所属诸县当随之来属。

1. 平都(563—588)

2. 新喻(563—588)

3. 永新(563—588)

4. 萍乡(563—588)

5. 宜阳(563—588)

6. 安复(563—588)

(十一)广丰郡(558—588)——治广丰(今江西丰城市南)

按：《隋志》下临川郡崇仁："梁置巴山郡，领大丰、新安、巴山、新建、兴平、丰城、西宁七县。平陈,郡县并废,以置县焉。"《隋志》所载"大丰"当为隋避炀帝杨广讳改,当作"广丰"。《寰宇记》卷106《江南西道四》洪州丰城县:"陈初……废新安入广丰郡。"则陈初置广丰郡,广丰县当属焉。

广丰(558—588)

(十二)安乐郡(559—588)——治广兴(今江西莲花县南)

按:《陈书》卷2《高祖纪下》:永定二年十二月,"以安成所部广兴六洞置安乐郡"。则永定二年末始有安乐郡,当属江州。

广兴(559—588)

(十三)齐昌郡(574—579)——治齐昌(今湖北蕲春县北)

按:梁末南豫州领有齐昌郡,陈初没北。《隋志》下蕲春郡蕲春:"旧曰蕲阳……后齐改曰齐昌,置齐昌郡。开皇十八年改为蕲春。开皇初郡废。"《陈书》卷5《宣帝纪》:太建五年五月"乙酉,南齐昌太守黄咏克齐昌外城"。《陈书》卷5《宣帝纪》:太建五年八月"戊申,罢南齐昌郡"。《陈书》卷5《宣帝纪》:太建五年十月"戊午,湛陁克齐昌城"。《陈书》卷5《宣帝纪》:太建六年正月诏曰,"可赦江右淮北……江州之齐昌、新蔡、高唐……郡土民,罪无轻重,悉皆原宥"。则陈太建五年十月,复得到齐昌郡,属江州。太建十一年,江北地没,齐昌郡随之而没。

1. 齐昌(574—579)

按:据本郡考证,陈当有齐昌县。

2. 蕲水(574—579)

按:南齐郢州西阳侨郡领有蕲水左县。《隋志》下蕲春郡领有蕲水县。蕲水县有郭默城,《陈书》卷5《宣帝纪》:太建五年十月"甲午,郭默城降"。则陈当一度得蕲水县。姑列于此。

(十四)晋熙郡(574—576)——治怀宁(今安徽潜山县)

按:梁有晋熙郡,属晋州,梁末没北。《陈书》卷5《宣帝纪》:太建五年八月"戊午,平固侯陈敬泰等克晋州城"。此处所言"晋州"城者,盖以梁之旧称名晋熙郡。《隋志》下同安郡:"梁置豫州,后改曰晋州。后齐改曰江州,陈又曰晋州。"则陈太建五年复晋熙郡,然据本州考证,晋熙郡先属江州,太建八年移置晋州。

怀宁(574—576)

按:齐晋熙郡领有怀宁县,梁承之。《隋志》下同安郡怀宁:"旧置晋熙郡,开皇初郡废。"则陈一度亦得怀宁县。

(十五)南安郡(558—567)——治晋安(今福建南安市东丰州)

按:梁末江州领有南安郡。《隋志》下建安郡南安:"旧曰晋安,置南安郡。

平陈,郡废,县改名焉。"则陈承梁有南安郡。《补陈志》卷1、《陈政区建置表》列南安郡为丰州属郡,或是光大二年置丰州时度属,今从之。

1. 晋安(558—567)

按:梁末晋安县为南安郡治,据本郡考证所引《隋志》,陈承梁,有晋安县,仍为南安郡治。

2. 龙溪(558—567)

按:梁置龙溪县,陈承之。《隋志》下建安郡龙溪:"梁置,开皇十二年并兰水、绥安二县入焉。"则陈亦有龙溪县。

3. 兰水(558—567)

按:梁置兰水县,陈承之。据龙溪县考证所引《隋志》,则陈有兰水县。

4. 绥安(558—567)

按:据龙溪县考证所引《隋志》,陈当有绥安县。

十一、高州沿革

高州(558—562),治巴山(今江西崇仁县西南)。梁末有高州,领巴山、豫宁、安成、临川四郡。《陈书》卷3《世祖纪》:天嘉四年正月,"罢高州隶入江州"。则高州天嘉四年废,所属郡县并入江州。

(一)巴山郡(558—562)——治巴山(今江西崇仁县西南)

按:梁末高州领有巴山郡。《隋志》下临川郡崇仁:"梁置巴山郡,领大丰、新安、巴山、新建、兴平、丰城、西宁七县。平陈,郡县并废。"《陈书》卷3《世祖纪》:天嘉四年正月,"罢高州隶入江州"。则巴山郡天嘉四年移属江州,所属诸县当随之移属。

1. 巴山(558—562)

按:梁置巴山县,据本郡考证所引《隋志》,陈当有巴山县。

2. 丰城(558—562)

按:齐豫章郡领有丰城县,梁承之。《隋志》下豫章郡丰城:"平陈废。"则陈当有丰城县。《补陈志》卷2、《陈政区建置表》列丰城为巴山郡属县,今从之。

3. 新建(558—562)

按:齐临川郡领有新建县,梁承之。据本郡考证所引《隋志》,陈当有新建县。

4. 新淦(558—562)

按:齐豫章郡领有新淦县,梁承之。《元和志》卷28《江南道四》吉州新淦县:"本汉旧县,豫章南部都尉所居,县有淦水,因以为名。陈割属巴山郡。隋开皇中废郡,县属吉州。"《隋志》下豫章郡领有新淦县,则陈巴山郡领有新淦县。

5. 兴平(558—562)

按:齐庐陵郡领有兴平县,梁承之。据本郡考证所引《隋志》,陈当有兴平县。

6. 西宁(558—562)

按:《寰宇记》卷110《江南西道八》抚州崇仁县:"废西宁县……吴太平二年置,以宁水为名。隋开皇九年废,并入崇仁县。"《方舆纪要》卷86《江西四》抚州府崇仁县新建废县条引旧《志》:"又西宁废县,在县南六十三里。梁大同二年置,与巴山县并属巴山郡。陈因之,隋废。"另据本郡考证所引《隋志》,陈当有西宁县。

(二)豫宁郡(558—562)——治豫宁(今江西武宁县西)

按:梁末高州领有豫宁郡。《寰宇记》卷106《江南西道四》洪州武宁县:"陈武帝初割建昌、豫宁、艾、永修、新吴等五县,立为豫宁郡,属江州。隋平陈,废郡。"此言陈武帝置豫宁郡者,盖指陈霸先在梁末执政时置。详参第八编"南朝梁实州郡县沿革"江州豫宁郡条。《陈书》卷3《世祖纪》:天嘉四年正月,"罢高州隶入江州"。则豫宁郡天嘉四年移属江州,所属诸县当随之而属。

1. 豫宁(558—562)

按:齐豫章郡领有豫章县,或以为豫宁县。详参第七编"南朝齐实州郡县沿革"江州豫章郡条。梁豫宁县移属豫宁郡。《陈政区建置表》列豫宁县为豫宁郡属县。今从之。

2. 艾(558—562)

按:梁末艾县属豫宁郡。《方舆纪要》卷84《江西二》南昌府宁州艾城:"汉置艾县,属豫章郡……晋仍属豫章郡,宋、齐以后因之,隋省入建昌县。"《方舆纪要》所言艾县于齐以后皆属豫章郡,微误。然陈有艾县,亦当属豫宁郡。

3. 建昌(558—562)

按:梁末建昌县属豫宁郡。《隋志》下豫章郡建昌:"开皇九年省并、永修、豫章、新吴四县入焉。"则陈有建昌县。

4. 永修(558—562)

按:梁末永修县属豫宁郡。据建昌县考证所引《隋志》,则陈当有永修县。

5. 新吴(558—562)

按:梁末新吴县属豫宁郡。据建昌县考证所引《隋志》,则陈当有新吴县。

(三) 临川郡(558—562)——治南城(今江西南城县东南)

按：梁末高州领有临川郡，临川郡至隋犹存。《陈书》卷3《世祖纪》：天嘉四年正月，"罢高州隶入江州"。则临川郡天嘉四年移属江州，所属诸县当随之而属。

1. 南城(558—562)

按：齐临川郡领有南城县，梁承之。《隋志》下临川郡领有南城县，则陈亦当有此县。

2. 临汝(558—562)

按：齐临川郡领有临汝县，梁承之。《陈书》卷14《南康愍王昙朗附子方庆传》："天嘉中，封临汝县侯。"则陈有临汝县。

3. 永城(558—562)

按：齐临川郡领有永城县。《陈书》卷12《杜棱传》："天嘉元年，以预建立之功，改封永城县侯，增邑五百户。"则陈有永城县。

4. 宜黄(558—562)

按：齐临川郡领有宜黄县，梁承之。《陈书》卷15《陈拟传》：陈建国，封陈慧纪宜黄县开国侯。则陈有宜黄县。

5. 南丰(558—562)

按：齐临川郡领有南丰县，梁承之。《元和志》卷28《江南道四》抚州南丰县："本汉南城县之地，吴少帝分以为南丰县。隋平陈，省入南城。"则陈有南丰县。

6. 东兴(558—562)

按：齐临川郡领有东兴县，梁承之。《陈书》卷25《裴忌传》："(天嘉)五年，授云麾将军、卫尉卿，封东兴县侯，邑六百户。"则陈有东兴县。

7. 西丰(558—562)

按：齐临川郡领有西丰县，梁承之。《陈书》卷35《周迪传》载有"领豫章太守西丰县侯周敷"，则陈有西丰县。

8. 定川(558—562)

按：梁分临汝县置定川县。《陈书》卷13《周敷传》："世祖遣都督章昭达征(周)迪，(周)敷又从军。至定川县，与迪相对。"则陈有定川县。

9. 安浦(558—562)

按：齐临川郡领有安浦县，梁承之。《寰宇记》卷110《江南西道八》抚州崇仁县："废安浦县……吴太平二年置，以安浦村为名。隋开皇九年并入崇仁县。"则陈有安浦县。

（四）安成郡(558—562)——治平都（今江西安福县东南）

按：梁末高州领有安成郡，《隋志》下庐陵郡安复："旧置安成郡。平陈，郡废。县改曰安成。"《陈书》卷3《世祖纪》：天嘉四年正月，"罢高州隶入江州"。则安成郡天嘉四年移属江州，所属诸县当随之而属。

1. 平都(558—562)

按：齐安成郡领有平都县，《方舆纪要》卷87《江西九》吉安府安福县："后汉改安平县曰平都……三国吴宝鼎二年分置安成郡治焉，晋以后因之。隋平陈郡废，改平都曰安成县，属吉州。"则陈有平都县。

2. 新喻(558—562)

按：齐安成郡领有新喻县，梁承之。《隋志》下宜春郡领有新喻县，则陈亦当有此县。

3. 永新(558—562)

按：齐安成郡领有永新县，梁承之。《元和志》卷28《江南道》吉州永新县："本汉庐陵县地，吴归命侯所置，属安城郡，隋开皇中废。"则陈有永新县。

4. 萍乡(558—562)

按：齐安成郡领有萍乡县，梁承之。《隋志》下宜春郡领有萍乡县，则陈亦当有此县。

5. 宜阳(558—562)

按：齐安成郡领有宜阳县，梁承之。《隋志》下宜春郡宜春："旧曰宜阳。开皇十一年废吴平县入。"则陈当有宜阳县。

6. 安复(558—562)

按：齐安成郡领有安复县，梁承之。《隋志》下庐陵郡领有安复县，则陈当有此县。

7. 广兴(558)

按：齐安成郡领有广兴县，梁承之。《陈书》卷2《高祖纪下》：永定二年十二月，"以安成所部广兴六洞置安乐郡"。则陈或有广兴县，永定二年末乃移属安乐郡。

十二、宁州沿革

宁州(558—560)，治南城（今江西南城县东南）。梁末置宁州于临川故郡。《陈书》卷13《周敷传》："周敷，字仲远，临川人也。为郡豪族……敷镇临川故郡。侯景平，梁元帝授敷使持节、通直散骑常侍、信武将军、宁州刺史……王琳平，授散骑常侍、平西将军、豫章太守。"《通鉴》卷167永定二年六月："宁州刺史周敷"云云,胡注曰:"时盖即临川故郡置宁州,以敷为刺史。"陈平王琳在天嘉元年,则宁州之废亦当在此年。所领郡县乏考。

第二节　淮南、淮北诸州

一、晋州沿革

晋州(577—579),治怀宁(今安徽潜山县)。梁置晋州于晋熙郡,梁末晋州失陷于北。据江州考证,太建五年(573)北伐,得晋州故地,属江州,《陈书》卷5《宣帝纪》:太建八年十一月"丁酉,分江州晋熙、高唐、新蔡三郡为晋州"。太建十一年十二月"乙丑,南北兖、晋三州,及盱眙、山阳、阳平、马头、秦、历阳、沛、北谯、南梁等九郡,并自拔还京师"。则陈太建八年置晋州,太建十一年又没。

(一)晋熙郡(577—579)——治怀宁(今安徽潜山县)

按:梁有晋熙郡,属晋州,梁末没北。《隋志》下同安郡:"梁置豫州,后改曰晋州,后齐改曰江州,陈又曰晋州。"据本州考证,太建八年置晋州,晋熙郡乃自江州来属。所属怀宁县随之来属。

怀宁(577—579)

按:梁晋熙郡领有怀宁县。《隋志》下同安郡领有怀宁县,则陈亦当一度有此县。

(二)大雷郡(577—579)——治新冶(今安徽望江县)

按:《寰宇记》卷125《淮南道三》舒州望江县:"本汉皖县地,《宋书·州郡志》云:'晋安帝于此立新冶县,属晋熙郡。'亦为大雷戍。按《宋书》注云:'西岸有大雷江,自寻阳、柴桑沿流三百里入江,即新冶县也。'历宋、齐、梁不改。至陈于新冶置大雷郡。隋开皇初郡废。"《隋志》下同安郡望江:"陈置大雷郡,开皇十一年改曰义乡。"以地望揆之,大雷郡置于江北。疑是太建八年置晋州时并置大雷郡。

新冶(577—579)

按:东晋以来晋熙郡皆有新冶县。据本郡考证,陈置大雷郡于新冶。

(三)枞阳郡(577—579)——治枞阳(今安徽枞阳县)

按:梁置枞阳郡,属晋州。梁末没于北。陈太建中北伐当复得其地。《陈书》卷5《宣帝纪》:太建十年"十二月乙亥,合州庐江蛮田伯兴出寇枞阳,刺史鲁广达讨平之"。《一统志》卷109安庆府桐城县:"汉置枞阳县,属庐江郡,后汉省枞阳,梁时复置,兼置枞阳郡。隋开皇初郡废,十八年,改县曰同安。"则陈一度得枞阳郡、枞阳县。以地望揆之,枞阳郡当属晋州。太建十一年没。

1. 枞阳(577—579)

按:梁置枞阳县,后没于北。据本郡考证,陈曾一度复得枞阳郡。枞阳郡、县同名,则陈曾一度得枞阳县。

2. 阴安

按:《寰宇记》卷125《淮南道三》舒州桐城县:"阴安故城,在县东南一百八十里。按《宋书·州郡志》云:'晋熙郡阴安县也。'又云梁以阴安改属枞阳郡。隋开皇三年罢郡,县遂省。"则陈一度有阴安县。

二、南兖州所辖实郡沿革

南兖州,侨寄广陵(今江苏扬州市西北蜀冈上)。梁有南兖州,梁末没于北。《陈书》卷5《宣帝纪》:太建五年九月"戊子,割南兖州之盱眙郡属谯州"。是太建五年北伐,置南兖州。《陈书》卷9《吴明彻传》:太建五年"初,秦郡属南兖州,后隶谯州,至是,诏以谯之秦、盱眙、神农三郡还属南兖州,以明彻故也"。《陈书》卷5《宣帝纪》:太建七年三月,"盱眙、神农二郡还隶南兖州"。《陈书》卷5《宣帝纪》:太建七年五月"乙卯,割谯州之秦郡还隶南兖州"。《陈书》卷5《宣帝纪》:太建十一年十二月"乙丑,南北兖、晋三州,及盱眙、山阳、阳平、马头、秦、历阳、沛、北谯、南梁等九郡,并自拔还京师"。则南兖州太建十一年没。

(一)广陵郡(574—579)——治广陵(今江苏扬州市西北蜀冈上)

按:梁南兖州领有广陵郡,后没。陈太建五年得广陵郡故地。据《一统志》卷96《扬州府表》,广陵郡至陈末犹存。今从之。则陈当承旧有广陵郡,太建十一年没。

1. 广陵(574—579)

按:齐广陵郡领有广陵县,梁承之。《隋志》下江都郡江阳:"旧曰广陵……(开皇)十八年改县为邗江,大业初更名江阳。"陈一度复得广陵县。

2. 江都(574—579)

按:齐广陵郡领有江都县,梁承之。《隋志》下江都郡江都:"自梁及隋,或废置。"则陈或有江都县。今姑列于此。

(二)海陵郡(574—579)——治建陵(今江苏姜堰市北)

按:齐、梁皆有海陵郡,梁末没北。陈太建北伐,复得之。太建十一年没。

1. 海陵(574—579)

按:齐海陵郡领有海陵县,梁承之。《隋志》下江都郡海陵:"梁置海陵郡。

开皇初郡废,又并建陵县入。"则陈一度得海陵县。

2. 建陵

3. 宁海(574—579)

按:齐海陵郡领有宁海县,梁承之。《隋志》下江都郡宁海:"开皇初并如皋县入。"则陈一度得宁海县。

4. 如皋(574—579)

按:齐海陵郡领有如皋县,梁承之。据宁海县考证所引《隋志》,陈当一度得如皋县。

5. 临泽(574—579)

按:齐海陵郡领有临泽县,梁承之。《隋志》下江都郡高邮:"梁析置竹塘、三归二县,及置广业郡。寻以有嘉禾。为神农郡。开皇初郡废,又并竹塘、三归、临泽三县入焉。"则陈一度得临泽县。

(三) 盱眙郡(575—579)——治盱眙(今江苏盱眙县东北)

按:据南谯州盱眙郡考证,陈太建五年得盱眙郡,属南谯州。《陈书》卷5《宣帝纪》:太建七年三月,"盱眙、神农二郡还隶南兖州"。则太建七年,盱眙郡来属。所属诸县当随之来属。太建十一年没。

1. 盱眙(575—579)

2. 阳城(575—579)

3. 长乐

4. 直渎(575—579)

5. 考城(575—579)

(四) 秦郡,寄治尉氏(今江苏南京市六合区)

按:据南谯州秦郡考证,陈太建五年得秦郡,属谯州。《陈书》卷5《宣帝纪》:太建七年五月"乙卯,割谯州之秦郡还隶南兖州"。《陈书》卷5《宣帝纪》:太建十年"八月乙丑朔,改秦郡为义州"。则太建七年,秦郡自谯州移属南兖州,太建十年,秦郡乃移置义州。然《陈书》卷5《宣帝纪》:太建十年"冬十月戊寅,罢义州及琅邪、彭城二郡"。则秦郡复还属南兖州。太建十一年没。

1. 堂邑(575—578,579)

2. 昌国

3. 尉氏

(五) 神农郡(575—579)——治高邮(今江苏高邮市)

按:梁置神农郡,梁末没于北。据南谯州神农郡考证,陈太建五年复得其地。《陈书》卷5《宣帝纪》:太建七年三月,"盱眙、神农二郡还隶南兖州"。则太建七年三月，神农郡自谯州来属，所属诸县亦当随之来属。太建十一年没。

1. 高邮(575—579)
2. 竹塘(575—579)
3. 三归(575—579)

（六）盐城郡(574—579)——治盐城(今江苏盐城市)

按：《隋志》下江都郡盐城："后齐置射阳郡，陈改曰盐城，开皇初郡废。"《陈书》卷12《徐度传附徐敬成传》：太建五年，"其年随都督吴明彻北讨……遂克淮阴、山阳、盐城三郡"。则陈太建五年得盐城郡。太建十一年没。

盐城(574—579)

按：齐南兖州山阳侨郡领有盐城县，梁承之。据本郡考证所引《隋志》，陈当一度得盐城县。

（七）沛郡，寄治沛(今安徽天长市西北)

按：梁置泾州，梁末没于北。《隋志》下江都郡永福："旧曰沛，梁置泾城、东阳二郡。陈废州，并二郡为沛郡。后周改沛郡为石梁郡，改沛县曰石梁县，省横山县入焉。"《陈书》卷5《宣帝纪》：太建五年六月，"豫章内史程文季克泾州城"。《陈书》卷10《程灵洗附程文季传》：太建五年，"又别遣文季围泾州，屠其城，进攻盱眙，拔之。仍随明彻围寿阳"。《陈书》卷5《宣帝纪》：太建十一年十二月"乙丑，南北兖、晋三州，及盱眙、山阳、阳平、马头、秦、历阳、沛、北谯、南梁等九郡，并自拔还京师"。则陈太建五年得梁泾州地，改为沛郡。太建十一年没。以地望揆之，沛郡当属南兖州。

1. 沛
2. 横山(573—579)

按：梁置横山县。据本州考证所引《隋志》，则陈亦当一度有横山县。

3. 义城(573—579)

按：《方舆纪要》卷21《南直三》凤阳府天长县石梁城："又有义城，在县南三十五里。或曰梁时尝置义城县于此。"今姑从之。

三、义州沿革

义州(578)，治尉氏(今江苏南京市六合区)。《陈书》卷5《宣帝纪》：太建十年"八月乙丑朔，改秦郡为义州"。太建十年"冬十月戊寅，罢义州及琅邪、彭城二郡"。则太建十年置义州，同年罢。

秦郡，寄治尉氏(今江苏南京市六合区)

按：秦郡先属谯州，再属南兖州。据本州考证，太建十年，以南兖州之秦郡置义州,然旋罢,当还属南兖州。

1. 堂邑(578)
2. 昌国
3. 尉氏

四、北兖州所辖实郡沿革

北兖州,侨寄淮阴城(今江苏淮阴区西南甘罗城)。梁有北兖州,治淮阴,领阳平、山阳诸郡。梁末没于北。《陈书》卷5《宣帝纪》:太建五年八月"乙未,山阳城降"。《陈书》卷5《宣帝纪》:太建五年十一月"甲戌,淮阴城降"。《陈书》卷5《宣帝纪》太建六年正月赦江右淮北诸州诏中有"北兖州"。《陈书》卷5《宣帝纪》:太建十一年十二月"乙丑,南北兖、晋三州,及盱眙、山阳、阳平、马头、秦、历阳、沛、北谯、南梁等九郡,并自拔还京师"。则陈太建五年末得复得北兖州,太建十一年没。

(一) 淮阴郡(574—579)——治淮阴城(今江苏淮阴区西南甘罗城)

按:梁置淮阴郡,属北兖州。梁末没于北。《陈书》卷12《徐度传附徐敬成传》:太建五年,"随都督吴明彻北讨……自繁梁湖下淮,围淮阴城。仍监北兖州……遂克淮阴、山阳、盐城三郡"。则太建五年得淮阴郡,太建十一年没。

怀恩(574—579)

按:《地形志》中淮州淮阴郡怀恩:"州、郡治。"《北齐志》卷5《淮南地区》淮州淮阴郡:"天保七年后淮阴郡只领怀恩一县。"《隋志》下江都郡山阳:"有后魏淮阴郡,东魏改为淮州。后齐并鲁、富陵立怀恩县,后周改曰寿张。"则陈亦当承北齐末年规制,领怀恩县。

(二) 阳平郡,寄治安宜(今江苏宝应县西南)

按:梁北兖州领有阳平侨郡。梁末没于北。《陈书》卷5《宣帝纪》:太建五年五月"癸酉,阳平郡城降"。则陈太建五年复得阳平郡。《陈书》卷5《宣帝纪》:太建七年五月,"分北谯县置北谯郡,领阳平所属北谯、西谯二县"。则太建七年自阳平郡析置北谯郡。太建十一年阳平郡随州而没。

1. 安宜

按:齐阳平侨郡领有安宜侨县。《隋志》下江都郡安宜:"梁置阳平郡及东莞郡。开皇初郡废,又废石鳖县入焉。"则陈当一度得安宜县。

2. 石鳖(573—579)

按:据安宜县考证所引《隋志》,隋前当有石鳖县。《补陈志》卷2南兖州阳平郡列有石鳖县,今从之。

3. 太清

按：齐阳平侨郡领有泰清侨县。《地形志》中淮州阳平郡领有太清县，为郡治。"泰"、"太"音通。《补陈志》以为陈亦当有此县。今从之。

4. 北谯

5. 西谯(573—574)

按：据本郡考证所引《隋志》，陈阳平郡领有西谯县，太建七年移置北谯郡，当属南谯州。

(三) 山阳郡，寄治山阳(今江苏淮安市)

按：梁北兖州领有山阳侨郡，梁末没于北。《陈书》卷5《宣帝纪》：太建五年八月"乙未，山阳城降"。则陈太建五年复得山阳郡。太建十一年又没。

山阳(573—579)

按：齐山阳侨郡领有山阳县，梁承之。《隋志》下江都郡领有山阳县，则陈亦当一度有此县。

五、南谯州所辖实郡沿革

南谯州，先治盱眙(今江苏盱眙县东北)，后治顿丘(今安徽滁州市)。梁置南谯州，后没于北。陈太建五年北伐，复得其地，《陈书》卷5《宣帝纪》太建六年正月赦江右淮北诸州诏中有"南谯州"。则陈复置南谯州。《陈书》卷9《吴明彻传》：太建八年，"授都督南北兖、南北青、谯五州诸军事、南兖州刺史。"卷11《淳于量传》："(太建)十年……授散骑常侍、都督南北兖、谯三州诸军事、车骑将军、南兖州刺史。"《〈补陈疆域志〉校补》以为陈之南谯州亦称为谯州，甚是。陈南谯州领盱眙、神农、秦、新昌、高塘、南谯等郡。《陈书》卷5《宣帝纪》：太建七年三月，"移谯州镇于新昌郡，以秦郡属之"。同年，南梁郡自合州来属，北谯郡又来属。《陈书》卷5《宣帝纪》：太建十一年十二月，"谯、北徐州又陷。自是淮南之地尽没于周矣"。

(一) 盱眙郡(574)——治盱眙(今江苏盱眙县东北)

按：齐南兖州领有盱眙郡，梁承之，梁末没于北。《陈书》卷5《宣帝纪》：太建五年八月"壬寅，盱眙城降"。《陈书》卷5《宣帝纪》：太建五年九月"戊子，割南兖州之盱眙郡属谯州"。则陈太建五年得盱眙，属南谯州。《陈书》卷5《宣帝纪》：太建七年三月，"盱眙、神农二郡还隶南兖州。"则太建七年，盱眙郡移属南兖州。

1. 盱眙(574)

按：齐盱眙郡领有盱眙县，梁承之。《隋志》下江都郡盱眙："旧魏置盱眙郡。陈置北谯州,寻省。开皇初郡废。又并考城、直渎、阳城三县入。"此处所言"陈置北谯州",当为"陈置南谯州"之误。则陈一度得盱眙县。

2. 阳城(574)

按:齐盱眙郡领有阳城县,梁承之。据盱眙县考证所引《隋志》,陈当一度得阳城县。

3. 长乐

4. 直渎(574)

按:齐盱眙郡领有直渎县,梁承之。据盱眙县考证所引《隋志》,陈当一度得直渎县。

5. 考城

按:齐盱眙郡领有考城县,梁承之。据盱眙县考证所引《隋志》,陈当一度得考城县。

(二)新昌郡(573—579)——治顿丘(今安徽滁州市)

按:梁南谯州领有新昌郡,后没于北。《隋志》下江都郡清流:"旧曰顿丘,置新昌郡及南谯州。开皇初改为滁州,郡废。"另据本州考证,陈太建七年移南谯州治于新昌郡,则陈太建北伐当复有新昌郡。太建十一年没。

1. 顿丘

2. 乐巨(573—579)

按:《隋志》下江都郡清流:"旧曰顿丘,置新昌郡及南谯州。开皇初改为滁州,郡废。又废乐巨、高塘二县入顿丘。"据《北周志》卷6《淮南》南谯州新昌郡,高塘县为北周置,而乐巨县则建置不详,《补陈志》卷2列为南谯州新昌郡属县,今姑从之。

(三)神农郡(573—574)——治高邮(今江苏高邮市)

按:梁置神农郡,梁末没于北。陈太建五年复得其地。《隋志》下江都郡高邮:"梁析置竹塘、三归二县,及置广业郡。寻以有嘉禾,为神农郡。开皇初郡废,又并竹塘、三归、临泽三县入焉。"陈一度亦有神农郡。《陈书》卷9《吴明彻传》:"初,秦郡属南兖州,后隶谯州,至是,诏以谯之秦、盱眙、神农三郡还属南兖州,以明彻故也。"《陈书》卷5《宣帝纪》:太建七年三月,"盱眙、神农二郡还隶南兖州"。则太建七年三月,神农郡移属南兖州。

1. 高邮(573—574)

按:齐广陵郡领有高邮县,梁亦有高邮县。据本郡考证所引《隋志》,陈亦当一度有高邮县。

2. 竹塘(573—574)

按：梁置竹塘县，属神农郡，据本郡考证所引《隋志》，陈亦曾一度得竹塘县。

3. 三归(573—574)

按：梁置三归县，属神农郡，据本郡考证所引《隋志》，陈亦曾一度得三归县。

(四) <u>秦郡</u>，治<u>尉氏</u>(今江苏南京市六合区)

按：《陈书》卷9《吴明彻传》：太建五年北伐，"秦郡乃降"。卷5《宣帝纪》：太建七年五月"乙卯，割谯州之秦郡还隶南兖州"。《陈书》卷9《吴明彻传》：太建五年"初，秦郡属南兖州，后隶谯州，至是，诏以谯之秦、盱眙、神农三郡还属南兖州，以明彻故也"。《〈补陈疆域志〉校补》以为《吴明彻传》所言太建五年以谯州之秦郡移属南兖州为误，当以太建七年为是。甚是，今从《宣帝纪》。则太建五年得秦郡，属谯州，太建七年，秦郡自谯州移属南兖州。

1. 堂邑(573—574)

按：《隋志》下江都郡六合："旧曰尉氏，置秦郡。后齐置秦州。后周改州曰方州，改郡曰六合。开皇初郡废，四年改尉氏曰六合，省堂邑、方山二县入焉。"则陈一度得堂邑县。

2. <u>昌国</u>

3. <u>尉氏</u>

(五) 南梁郡(575—579)——治阜陵成(今安徽全椒县东南)

按：南梁本合州属郡，《陈书》卷5《宣帝纪》：太建七年五月，"合州之南梁郡，隶入谯州"。则太建七年南梁郡自合州来属。太建十一年没。

慎

(六) <u>北谯郡</u>，治<u>北谯</u>(今安徽全椒县北)

按：梁南谯州领有北谯侨郡，梁末没于北。《陈书》卷5《宣帝纪》：太建七年五月，"分北谯县置北谯郡，领阳平所属北谯、西谯二县"。则陈太建七年自北兖州阳平郡析置北谯郡，属南谯州。太建十一年当随州而没。

1. <u>北谯</u>

2. <u>西谯</u>(575—579)

按：据本州考证，陈有西谯县。

(七) 高塘郡(573—579)——治高塘城(今安徽来安县东北半塔集)

按：梁南谯州领有高塘郡，梁末没于北。《地形志》中谯州领有高塘郡，"治高塘城"，领平阿、盘塘、石城、兰陵四县。《陈书》卷5《宣帝纪》：太建五年五月"己卯,北高唐郡城降"。太建五年九月"壬申,高唐太守沈善度克马头城"。则陈太建五年复得高塘郡。《北周志》卷6《淮南》新昌郡高塘县条据《方舆纪要》以为,梁置高塘郡,北周改为高塘县。《地形志》所载四县于《北齐志》列为高塘郡属县,《补陈志》同,今从之。太建十一年没。

1. 平阿
2. 盘塘(573—579)
3. 石城(573—579)
4. 兰陵

六、合州沿革

合州(573—579),治合肥城(今安徽合肥市)。《隋志》下庐江郡:"梁置南豫州,又改为合州。开皇初改为庐州。"梁合州治合肥,后没于北。《陈书》卷5《宣帝纪》:太建五年六月,"黄法𣰰克合州城"。《陈书》卷11《黄法𣰰传》:太建五年,"进兵合肥,望旗降款,法𣰰不令军士侵掠,躬自抚劳,而与之盟,并放还北。以功加侍中,改封义阳郡公,邑二千户。其年,迁都督合、霍二州诸军事、征西大将军、合州刺史"。《陈书》卷5《宣帝纪》所载太建六年正月赦江右淮北诸州诏中有"合州"。太建十一年没。

(一)南梁郡(573—574)——治阜陵戍(今安徽全椒县东南)

按:梁南谯州领有南梁郡,梁末没于北。《隋志》下庐江郡慎:"东魏置平梁郡,陈曰梁郡。开皇初郡废。"《〈补陈疆域志〉订补》卷2南谯州南梁郡条以为:"《魏书·地形志》无平梁郡,慎县属合州南梁郡。《考异》以为此'东魏置平梁郡,陈曰梁郡'即是南梁郡。此郡本梁置,后地入魏,故《隋志》误为东魏置,又讹'南'为'平'。"甚是,今从之。《陈书》卷5《宣帝纪》:太建七年五月,"合州之南梁郡,隶入谯州"。则陈太建五年复置南梁郡,太建七年移属谯州。

慎

(二)庐江郡(573—579)——治庐江(今安徽庐江县西一百二十里)

按:梁南豫州(合州)有庐江郡,梁末没北。《陈书》卷5《宣帝纪》:太建五年五月"甲戌,徐櫻克庐江郡城"。则陈太建五年复得庐江郡,太建十一年没。

庐江(573—579)

按:梁置庐江县,属庐江郡。《隋志》下庐江郡领有庐江县,则陈当有庐江县。

七、安州沿革

安州(575—579),治宿预(今江苏宿迁市东南旧黄河东北岸古城)。梁之东徐州镇宿预,梁末没于北。《陈书》卷31《萧摩诃传》:"(太建)七年,又随(吴)明彻进围宿预,击走齐将王康德。"《陈书》卷5《宣帝纪》:太建七年三月,"改梁东徐州为安州,武州为沅州"。《陈书》卷12《徐度传附徐敬成传》:太建五至七年间,"寻复为持节、都督安、元、潼三州诸军事、安州刺史,将军如故,镇宿预"。则太建七年得梁东徐州故地,改为安州。太建十一年没。

(一)宿预郡(575—579)——治宿预(今江苏宿迁市东南旧黄河东北岸古城)

按:梁置宿预郡,属东徐州。梁末没于北。《隋志》下下邳郡宿豫:"旧置宿豫郡,开皇初郡废……又梁置朝阳、临沭二郡,后齐置晋宁郡。寻并废。"陈太建中当复得宿预郡,太建十一年没。

宿预(575—579)

按:梁宿预郡领有宿预县。《隋志》下下邳郡领有宿豫,则陈亦一度有宿预县。

(二)高平郡,治高平(今江苏盱眙县西北洪泽湖中)

按:梁置高平侨郡,属东徐州,梁末没于北。《隋志》下下邳郡徐城:"梁置高平郡,东魏又并梁东平、阳平、清河、归义四郡为高平县。又并梁朱沛、循仪、安丰三郡置朱沛县,又有安远郡,后齐废。后周又并朱沛入高平。"陈复得梁东徐州故地,当复得高平侨郡。

1. 高平(575—579)

按:梁高平郡领有高平县,后没,据本郡考证所引《隋志》,高平县历北齐、北周皆存,则陈亦当一度有高平县。

2. 朱沛(575—579)

按:据本郡考证所引《隋志》,东魏并梁朱沛、循仪①、安丰三郡置朱沛县,后周又并朱沛入高平,陈介于其间,当有朱沛县。

八、沅州沿革

沅州(575—579),治下邳(今江苏睢宁县西北古邳城)。梁置沅州,镇下

---

① 《隋志》此处"循仪",《地形志》中东楚州条作"修仪",本卷《南朝梁实州郡县沿革》部分以"修仪"为是。

邳,梁末没于北。《陈书》卷5《宣帝纪》:太建七年"二月戊申,樊毅克下邳、高栅等六城"。《陈书》卷5《宣帝纪》:太建七年三月,"改梁东徐州为安州,武州为沅州"。则陈太建七年得梁武州故地,改置为沅州,太建十一年没。

下邳郡(575—579)——治下邳(今江苏睢宁县西北古邳城)

按:梁置下邳郡,属武州,梁末没于北。《隋志》下下邳郡下邳:"梁曰归政,置武州、下邳郡。魏改县为下邳,置郡不改。改州曰东徐。后周改州为邳州。开皇初郡废。"另据本州考证,陈太建七年复得下邳郡,太建十一年没。

下邳(575—579)

按:据本郡考证所引《隋志》,魏置下邳县,至隋犹存,则陈当一度得下邳县。

九、冀州所辖实郡沿革

冀州,侨寄襄贲(今江苏涟水县北)。梁有青、冀二州,治郁洲,梁末没于北。《陈书》卷12《徐度传附徐敬成传》:太建五年,"遂克淮阴、山阳、盐城三郡,并连口、朐山二戍。仍进攻郁州,克之"。《陈书》卷5《宣帝纪》所载太建六年正月赦江右淮北诸州诏中有冀州。则太建五年复得梁青、冀二州故地,太建十一年没。

(一)海西郡(574—579)——治涟口(今江苏涟水县北)

按:齐冀州领有北东海侨郡,《地形志》中海州海西郡:"萧鸾置东海郡,武定七年改置。"《北齐志》卷3《河南地区(上)》海州海西郡以为北齐末领有襄贲、海西二县。陈太建五年复青、冀二州故地,当承之。太建十一年没。

1. 襄贲

2. 海西(574—579)

按:《地形志》中海州海西郡海西:"武定七年分襄贲置。"

(二)沭阳郡(574—579)——治怀文(今江苏沭阳县东)

按:梁青、冀二州领有僮阳郡,梁末没于北。《隋志》下东海郡沭阳:"梁置潼阳郡。东魏改曰沭阳郡,置县曰怀文,后周改县曰沭阳。开皇初郡废。"《陈书》卷5《宣帝纪》:太建五年北伐,六月"庚戌,淮阳、沭阳郡并弃城走"。则陈得齐沭阳郡。太建十一年没。

怀文(574—579)

按:据本郡考证所引《隋志》,东魏、齐沭阳郡领怀文县,北周改为沭阳,则陈时当为怀文县。

（三）淮阳郡(574—579)——治乏考(约在今江苏淮阴区西古泗水西岸)

按：梁置淮阳郡，属东徐州，梁末没于北。《陈书》卷5《宣帝纪》：太建五年六月，伐北齐，"庚戌，淮阳、沭阳郡并弃城走"。《隋志》下下邳郡淮阳："梁置淮阳郡。东魏并绥化、吕梁二郡置绥化县。后周改县为淮阳，开皇初郡废。又有梁临清、天水、浮阳三郡，东魏并为甬城县，后齐改曰文城县，后周又改为临清。开皇三年省入焉。"则陈太建五年复得淮阳郡，太建十一年没。

1. 绥化(574—579)

按：据本郡考证所引《隋志》，东魏置绥化县，北周乃改为淮阳，则陈仍当曰绥化。

2. 文成(574—579)

按：据本郡考证所引《隋志》，北齐淮阳郡领有文成县，北周改为临清，则陈仍当曰文成。

十、南、北二青州所辖实郡沿革

南、北二青州，侨寄朐山(今江苏赣榆县西)。梁置南、北二青州。梁末失于北。《陈书》卷12《徐度传附徐敬成传》：太建五年，"遂克淮阴、山阳、盐城三郡，并连口、朐山二戍。仍进攻郁州，克之"。《陈书》卷9《吴明彻传》：太建八年，"授都督南北兖南北青谯五州诸军事、南兖州刺史"。则陈太建五年复置南、北二青州，太建十一年没。

琅邪郡，寄治朐(今江苏赣榆县西)

按：齐、梁青、冀二州皆有东莞、琅邪二侨郡，领无实县，梁末没于北。据《北齐志》卷3《河南地区(上)》海州列有琅邪侨郡，北齐末领朐县。陈承之。

朐(574—579)

按：《地形志》中海州琅邪郡朐："二汉属东海，晋曰临朐，属。萧衍改为招远，武定七年复。"《寰宇记》卷22《河南道二十二》海州朐山县："本汉朐县也……梁于今县北二里琅邪故城置招远县，属琅邪郡，后属魏，改为朐县，高齐不改。周武帝建德六年改琅邪为朐山郡，改朐县为朐山县。"则在陈当称为朐县。

十一、豫州所辖实郡沿革

豫州，寄治寿阳(今安徽寿县)。梁置豫州于寿春，梁末没于北。《陈书》卷5《宣帝纪》：太建五年十月"乙巳，吴明彻克寿阳城……景(丙)辰，诏曰：'梁末得悬瓠，以寿阳为南豫州，今者克复，可还为豫州。'"《陈书》卷5《宣帝纪》所载太建六年正月赦江右淮北诸州诏中有"豫州"。《陈书》卷5《宣帝纪》：太建十一年十一月"戊申,豫州陷"。则太建五年重置豫州,太建十一年没。

(一) 梁郡,寄治寿阳(今安徽寿县)

按：齐、梁豫州皆有侨梁郡,所领皆为侨县。梁末梁郡没。《隋志》下淮南郡寿春："旧有淮南、梁郡、北谯、汝阴等郡,开皇初并废。"则陈一度得梁郡,据本州考证,太建五年复得寿阳,梁郡当领有寿阳县。

寿阳(574—579)

按：梁有寿阳县,梁末没于北。《北齐志》、《北周志》扬州淮南郡皆治寿阳县,陈得其地,亦当有寿阳县①。

(二) 安丰郡(574—579)——治安丰(今安徽霍邱县南)

按：梁自南豫州析安丰郡置安丰州,梁末没于北。陈复得其地。《隋志》下淮南郡安丰："梁置陈留、安丰二郡,开皇初并废。"则陈当一度有安丰郡。

1. 安丰(574—579)

按：梁安丰郡治安丰县,据本郡考证所引《隋志》,安丰县至隋犹存,陈得安丰郡,当领有安丰县。

2. 松滋(574—579)

按：齐安丰郡领有松滋县,梁承之。《寰宇记》卷129《淮南道七》寿州霍丘县："废松滋县……东魏及周属安丰州。开皇三年废。"则陈得安丰郡,当有松滋县。

十二、仁州沿革

仁州(573—579),治赤坎城(今安徽固镇县东南)。梁置仁州,梁末没于北。《陈书》卷5《宣帝纪》：太建五年六月,"吴明彻师次仁州,甲子,克其州城"。《陈书》卷9《吴明彻传》：太建五年北伐,"进克仁州"。《陈书》卷5《宣帝纪》所载太建六年正月赦江右淮北诸州诏中有仁州。则太建五年得仁州,太建十一年当没。

(一) 谷阳郡(573—579)——治高昌(今安徽固镇县固镇)

按：《地形志》中仁州："萧衍置,魏因之。治赤坎城。"《地形志》所载之仁州领临淮郡,临淮郡领己吾、义城二县。《隋志》下彭城郡谷阳："后齐置谷阳郡,开皇初郡废。又有己吾、义城二县,后齐并以为临淮县,大业初并入。"则北

---

① 寿阳,古称寿春,东晋以郑皇后讳而改为寿阳。而《地形志》、《隋志》皆作寿春。王仲荦《北周志》亦作"寿春"(中华书局,1980年,第534页),今从《陈书》本纪作"寿阳"。

齐之谷阳郡当属仁州,直至于周、隋。陈介于其间,陈之仁州亦当领谷阳郡。

1. 高昌(573—579)

按:《地形志》中睢州谷阳郡高昌:"武定六年置。郡治。"《北齐志》、《北周志》皆列高昌为谷阳郡属县,陈亦当一度有高昌县。

2. 临淮(573—579)

按:据本郡考证,北齐仁州临淮郡罢为临淮县,移属谷阳郡,至隋初犹存,则陈当有临淮县。

(二)蕲城郡(573—579)——治蕲城(今安徽宿州市西南三十六里蕲县集)

按:梁西徐州领有蕲城郡,后没于北。《隋志》下彭城郡蕲:"梁置蕲郡,后齐置仁州,又析置龙亢郡。开皇初郡废,大业初州废。"则陈得仁州,亦当领蕲城郡。

蕲城(573—579)

按:《地形志》中谯州蕲城郡领有蕲城县。《元和志》卷9《河南道五》宿州蕲县:"本秦旧县,汉属沛郡,后汉属沛国……宋于此置谯郡,齐以为北谯郡。后魏改蕲县为蕲城县,隋开皇三年去'城'字,属仁州。"则陈当一度有蕲城县。

十三、司州所辖实郡沿革

司州,寄治黄城(今湖北黄陂区东)。《隋志》下永安郡黄陂:"后齐置南司州。后周改曰黄州。"据《北齐志》,北齐之南司州治黄城。《陈书》卷5《宣帝纪》:太建五年九月"丁亥,前鄱阳内史鲁天念克黄城小城,齐军退保大城……壬辰晦,夜明。黄城大城降"。《陈书》卷5《宣帝纪》:太建五年十月"乙巳,吴明彻克寿阳城……景(丙)辰,诏曰:'梁末得悬瓠,以寿阳为南豫州,今者克复,可还为豫州。以黄城为司州,治下为安昌郡,浐、湍为汉阳郡,三城依梁为义阳郡,并属司州。'"又,《陈书》卷5《宣帝纪》所载太建六年正月赦诏江右淮北有"南司州"。盖陈无北司州,故此司州亦可称作南司州。《周书》卷7《宣帝纪》:大象元年(陈太建十一年)十一月,"韦孝宽拔寿阳,杞国公亮拔黄城,梁士彦拔广陵。陈人退走。于是江北尽平"。则太建五年底得黄城,改北齐之南司州置司州,太建十一年没。

(一)安昌郡(574—579)——治黄城(今湖北黄陂区东)

按:《元和志》卷27《江南道三》黄州黄陂县:"安昌故城,在县西南七十里。高齐筑,以捍陈寇。"据本州考证,陈置安昌郡于黄城。则安昌郡之名当取之于齐之安昌城。《北齐志》据此以为安昌郡为北齐所置,或是。

黄陂(574—579)

按：《元和志》卷27《江南道三》黄州黄陂县："本汉西陵县地，三国时刘表为荆州刺史，以此地当江、汉之口，惧吴侵轶，建安中使黄祖于此筑城镇遏，因名黄城镇。周大象元年，改镇为南司州，并置黄陂县。"似北周始置黄陂县。《北齐志》以为《元和志》所载北周置南司州有误，则北周置黄陂事亦不确，故《北齐志》从《方舆纪要》，乃列黄陂为安昌郡属县。或是。今姑列于此。

(二)汉阳郡(574—579)——治汋(今湖北孝感市东)

按：据本州考证，太建五年以汋、湍置汉阳郡。太建十一年没。

1. 汋(574—579)

按：《隋志》下永安郡黄陂："又后齐置汋州，陈废之。"又据本州考证所引《陈书》，陈汉阳郡所领有汋县。

2. 湍(574—579)

按：据本州考证，陈汉阳郡领湍县。

(三)义阳郡，寄治义阳(今湖北武汉黄陂区北)

按：据本州考证所引《陈书》卷5《宣帝纪》，陈以三城依梁为义阳郡，然未曾明言此三城之名。《考异》卷27《陈书·宣帝纪》："《隋志》木兰县下云：'梁置梁安郡，又有永安、义阳二郡'，即此《纪》之义阳郡也。"《北周志》卷6《淮南》黄州条以为，此依梁之义阳郡即为梁北江州之南义阳郡。所领三城者，当为信安、北西阳、义阳。梁之南司州义阳郡亦治此义阳县。今从之。据定州考证，太建五年后信安县当移属定州，北西阳县废。

1. 信安(574)

按：《隋志》下永安郡麻城："梁置信安，又有北西阳县，陈废北西阳置定州。后周改州曰亭州。"则陈一度有信安县。

2. 北西阳(574)

按：据信安县考证所引《隋志》，陈有北西阳县，旋置定州。

3. 义阳(574—579)

按：《地形志》中北江州："萧衍置，魏因之。治鹿城关。"领有义阳郡义阳："州、郡治。"据《北周志》，义阳县至北周时犹存，则陈当有义阳县。

十四、霍州沿革

霍州(574—579)，治岳安(今安徽霍山县)。梁置霍州，后没。魏、北齐承之。《陈书》卷5《宣帝纪》：太建五年十二月"壬午，任忠克霍州城。"《陈书》卷11《黄法氍传》：太建五年，"迁都督合、霍二州诸军事、征西大将军、合州刺史"。《陈书》卷5《宣帝纪》所载太建六年正月赦江右淮北诸州诏中有霍州。《陈书》卷5《宣帝纪》：太建十一年十一月"辛亥，霍州又陷"。则太建五年末复得霍州，太建十一年没。

（一）岳安郡（574—579）——治岳安（今安徽霍山县）

按：梁霍州领有岳安郡，后没。《隋志》下庐江郡霍山："梁置霍州及岳安郡、岳安县……开皇初郡废，县改名焉。"陈复霍州，当领有岳安郡。

1. 岳安（574—579）

按：据本郡考证所引《隋志》，岳安郡领有岳安县。至隋方有变更，则陈当一度有岳安县。

2. 开化（574—579）

按：《隋志》下庐江郡开化："梁置。"《地形志》中霍州边城郡领有开化县。据《北齐志》，边城郡于北齐废，开化县移属岳安郡。此县至隋犹存，则陈亦当一度有开化县。

（二）北沛郡（574—579）——治新蔡（今安徽霍山县东北）

按：梁霍州领有北沛郡，后没。《隋志》下庐江郡淠水："梁置北沛郡及新蔡县，开皇初郡废，又废新蔡入焉。"则陈亦当一度有北沛郡。

新蔡（574—579）

按：据本郡考证所引《隋志》，梁北沛郡领有新蔡县，至隋方废，则陈当一度有新蔡县，属北沛郡。

十五、谯州沿革

谯州（574—578），治涡阳（今安徽蒙城县）。《隋志》中谯郡山桑："后魏置涡州、涡阳县，又置谯郡。梁改涡州曰西徐州。东魏改曰谯州。开皇初郡废，十六年改涡阳为肥水。大业初州废，改县曰山桑。"《地形志》中谯州："景明中置涡阳郡，孝昌中陷，武定七年复置州。治涡阳城。"据《北齐志》，北齐末，谯州领南谯、蒙、龙亢等郡。《陈书》卷5《宣帝纪》：太建五年十二月"乙未，谯城降"。则陈太建五年后一度复得谯州南谯郡，太建十年，周败陈军于吕梁，谯州当没。

（一）南谯郡（574—578）——治涡阳（今安徽蒙城县）

按：《地形志》中谯州南谯郡："司马昌明置，魏因之。"据本州考证所引《隋志》，谯郡至隋方废。则陈当一度得南谯郡。

涡阳（574—578）

按：据本州考证所引《隋志》，陈当一度有涡阳县。

（二）龙亢郡（574—578）——治龙亢（今安徽怀远县西北七十五里龙亢集）

按：《地形志》中谯州龙亢郡："萧衍置，魏因之。"《隋志》下彭城郡蕲："梁置蕲郡，后齐置仁州，又析置龙亢郡。开皇初郡废，大业初州废。"陈一度得其地，亦当领龙亢郡。

龙亢（574—578）

按：《地形志》中谯州龙亢郡龙亢："武定六年置。"《寰宇记》卷17《河南道十七》宿州蕲县龙亢故城："在县南八十里。……隋开皇六年废，隶蕲县。"则陈当一度有龙亢县。

十六、元州沿革

元州（573后—579前），治乏考。《陈书》卷12《徐度传附徐敬成传》：太建五至七年间，"寻复为持节、都督安、元、潼三州诸军事、安州刺史，将军如故，镇宿预"。则陈一度置元州，所领郡县及地望乏考。

十七、北徐州所辖实郡沿革

北徐州，寄治钟离（今安徽凤阳县东）。梁有北徐州，领钟离、马头诸郡，梁末没于北。《地形志》中楚州："萧衍置北徐州，武定七年改。治钟离城。"《隋志》下钟离郡："后齐曰西楚州，开皇二年改曰濠州。"《陈书》卷5《宣帝纪》：太建五年九月"壬申，高唐太守沈善度克马头城"。《陈书》卷31《鲁广达传》：太建五年，"进克北徐州，乃授都督北徐州诸军事、北徐州刺史"。《陈书》卷5《宣帝纪》所载太建六年正月赦江右淮北诸州有"北徐州"。《陈书》卷5《宣帝纪》：太建十一年十二月"乙丑，南北兖、晋三州，及盱眙、山阳、阳平、马头、秦、历阳、沛、北谯、南梁等九郡，并自拔还京师。"《陈书》卷5《宣帝纪》：太建十一年十二月，"谯、北徐州又陷。自是淮南之地尽没于周矣"。则陈太建五年复得北徐州，太建十一年没。

（一）钟离郡（574—579）——治钟离（今安徽凤阳县东）

按：据本州考证所引《隋志》，自北齐至隋皆有钟离郡，陈亦当一度得钟离郡。

钟离（574—579）

按：《元和志》卷9《河南道五》濠州钟离县："本汉旧县，属九江郡，至晋属淮南郡。安帝时，因东郡燕县流入钟离者，于此置燕县，至高齐复为钟离县。"《隋志》下钟离郡钟离："旧置郡。"则陈当一度有钟离县。

(二) 马头郡(574—579)——治马头(今安徽怀远县西南)

按：齐、梁北徐州皆有马头郡，梁末没于北。《隋志》下钟离郡涂山："旧曰当涂。后齐改曰马头，置郡曰荆山。开皇初改县曰涂山，废郡。"是北齐改梁之马头郡为荆山郡。然《陈书》卷5《宣帝纪》：太建十一年十二月"乙丑，南北兖、晋三州，及盱眙、山阳、阳平、马头、秦、历阳、沛、北谯、南梁等九郡，并自拔还京师"。则陈仍旧称之马头郡。

马头(574—579)

按：据本郡考证所引《隋志》，北齐置马头县，属马头郡，隋改县为涂山，则陈当仍曰马头。

(三) 济阴郡(574—579)——治睢陵(今安徽明光市东北)

按：《隋志》下钟离郡化明："故曰睢陵，置济阴郡，后齐改县曰池南，陈复曰睢陵，后周改为昭义。开皇初郡废。"则陈一度得济阴郡，属北徐州。

睢陵(574—579)

按：据本郡考证所引《隋志》，陈改北齐池南县为睢陵县。

(四) 阴陵郡(574—579)——治阴陵(今安徽定远县西北)

按：《北周志》卷6《淮南》西楚州条据《隋故齐汉阳王府记室参军皇甫君墓志铭》以为齐西楚州领有阴陵郡，周亦当有之。今从之。则陈复北徐州，亦当有阴陵郡。

阴陵(574—579)

按：《北周志》以为阴陵郡当领有阴陵县，此县当为北齐置。今从之。则陈亦当一度有阴陵县。

(五) 定远郡(574—579)——治定远(今安徽定远县东南)

按：梁北徐州领有临濠郡，后改为定远郡，梁末没于北。《隋志》下钟离郡定远："旧曰东城，梁改曰定远，置临濠郡。后齐改曰广安，开皇初郡废。"《陈书》卷8《周文育传附周瑴传》："历晋陵、定远二郡太守。太建九年卒。"则陈一度得此地，仍称为定远郡。

定远(574—579)

按：据本郡考证所引《隋志》，梁置定远县，历魏、北齐、北周、隋无所变更，则陈亦当有定远县。

十八、潼州沿革

潼州(575—579)，治夏丘(今安徽泗县)。《隋志》下下邳郡夏丘："后齐置，并置夏丘郡，寻立潼州。后周改州为宋州，县曰晋陵。开皇初郡废……又东魏置临潼郡、睢陵县,后齐改郡为潼郡。又梁置潼州,后齐改曰睢州,寻废,亦入潼郡。开皇初郡县并废。"《地形志》中睢州:"萧衍置潼州,武定六年平,改置。治取虑城。"《北齐志》卷4《河南地区(下)》潼州条:"梁之潼州治取虑城,东魏武定中已改为睢州,后齐废此州,故又于夏丘县另立潼州。"《陈书》卷5《宣帝纪》:太建七年正月"乙亥,左卫将军樊毅克潼州城"。则陈太建七年得齐之潼州。《陈书》卷12《徐度传附徐敬成传》:太建七年,"寻复为持节、都督安、元、潼三州诸军事、安州刺史,将军如故,镇宿预"。太建十一年当没。

(一)夏丘郡(575—579)——治夏丘(今安徽泗县)

按:据本州考证,北齐置夏丘郡,至隋方废,则陈当一度得之。

1. 夏丘(575—579)

按:《隋志》下下邳郡夏丘:"后齐置,并置夏丘郡,寻立潼州,后周改州为宋州,县曰晋陵。开皇初郡废,十八年州废,县复曰夏丘。又东魏置临潼郡、睢陵县。后齐改郡为潼郡。"则陈当一度有夏丘县。

2. 晋陵(575—579)

按:《地形志》中睢州临潼郡晋陵:"郡治。武定六年置。"然据夏丘县考证所引《隋志》,似晋陵县为北周改夏丘县而置。《北周志》卷8《河南下》潼州夏丘郡晋陵县条:"东魏曰夏丘,北周废晋陵入夏丘,并改夏丘曰晋陵。"今从《北周志》。则北齐有晋陵县,陈亦当有之。

(二)潼郡(575—579)——治睢陵(今江苏睢宁县西南)

按:《隋志》下下邳郡夏丘:"又东魏置临潼郡、睢陵县。后齐改郡为潼郡……开皇初,郡县并废。"则陈亦当一度有潼郡。

睢陵(575—579)

按:据本郡考证所引《隋志》,东魏置睢陵县,至隋方废,则陈当一度有睢陵县。

十九、豫州所辖实郡沿革

豫州,寄治宋安(今河南息县西南)。梁置西豫州于广陵城,后改为淮州,梁末没于北。《陈书》卷5《宣帝纪》:太建五年九月"景(丙)子,左卫将军樊毅克广陵楚子城"。胡注曰:"此广陵非江都之广陵……乃新息之广陵也。"《通鉴》卷171太建六年正月:"甲申,广陵金城降。"胡注曰:"去年九月,樊毅克广陵楚子城,其金城至是始降。"《隋志》中汝南郡新息:"后魏置东豫州。梁改曰西豫州,又改曰淮州。东魏复曰东豫州。后周改曰息州。大业初州废。又后魏置汝南郡,开皇初郡废。"《地形志》中豫州广陵郡:"兴和中分东豫州置。"故《方舆纪要》以为此时广陵城为广陵郡治,改隶豫州。《陈书》卷5《宣帝纪》所载太建六年赦江右淮北诸州中有豫州,则陈太建六年得北齐豫州之广陵郡,置豫州,《周书》卷7《宣帝纪》:大象元年(太建十一年)十一月,"韦孝宽拔寿阳,杞国公亮拔黄城,梁士彦拔广陵。陈人退走。于是江北尽平"。则陈豫州太建十一年没。

广陵郡(574—579)——治宋安(今河南息县西南)

按:据本州考证所引《地形志》,东魏置广陵郡,《北周志》据《杨畅墓志》,杨畅在北齐为广陵太守,则北齐有广陵郡;又,《周书》卷40《宇文孝伯传》:建德五年(576),"进爵广陵郡公"。则北周亦有广陵郡。陈介于其间,亦当有广陵郡。

1. 宋安(574—579)

按:《地形志》中豫州广陵郡宋安:"兴和中置。"陈得广陵郡,宋安随之来属。

2. 光城(574—579)

按:《地形志》中豫州广陵郡光城:"兴和中置。"陈得广陵郡,光城随之来属。

3. 安蛮(574—579)

按:《地形志》中豫州广陵郡安蛮:"兴和中置。"陈得广陵郡,安蛮随之来属。

4. 新蔡(574—579)

按:《地形志》中豫州广陵郡新蔡:"兴和中置。"陈得广陵郡,新蔡随之来属。

5. 汝南(574—579)

按:《地形志》中豫州广陵郡汝南:"兴和中置。"陈得广陵郡,汝南随之来属。

二十、永州沿革

永州(574—579),治楚城(今河南信阳市北六十里楚王城)。《地形志》中西楚州:"萧衍置,魏因之。治楚城。"《隋志》中汝南郡城阳:"旧废,梁置,又有义兴县。后魏置城阳郡,梁置楚州,东魏置西楚州,后齐曰永州。开皇九年,废入纯州。"《北齐志》卷4《河南地区(下)》永州条,北齐末永州唯领城阳郡,《北周志》卷7《河南(上)》永州亦唯领城阳郡。《补陈志》卷2永州条以为陈太建五年北伐得北齐永州,太建十一年没。今从之。

城阳郡(574—579)——治义兴(今河南信阳市东北)

按:据本州考证,北齐、北周皆有城阳郡,则陈亦当一度有此郡。

1. 义兴(574—579)

按:《地形志》中西楚州城阳郡义兴:"萧衍置,魏因之。"据本州考证所引《隋志》,隋初尚有义兴县,则陈亦当一度有之。

2. 城阳(574—579)

按:《地形志》中西楚州仵城郡城阳:"萧衍置,魏因之。"《隋志》中汝南郡亦领有城阳县。则陈亦当一度有之。

二十一、建州沿革

建州(574—579),治高平城(今河南商城县东)。梁置建州,后没于北。《地形志》中南建州:"萧衍置,魏因之。治高平城。"《隋志》下弋阳郡殷城:"梁置……建州,并所领平高、新蔡、新城三郡。开皇初并废。"《陈书》卷5《宣帝纪》所载太建六年正月赦诏中,江右淮北有建州。《陈书》卷11《黄法𣫊传》:太建七年,"徙都督豫建光朔合北徐六州诸军事、豫州刺史,镇寿阳"。则陈亦一度得建州。太建十一年当没。

(一)高平郡(574—579)——治高平城(今河南商城县东)

按:据本州考证所引《隋志》,梁置高平郡,至隋初犹存,《隋志》所言平高者,据《北周志》,当是北周改高平为平高。今径称之为高平。则陈当一度有高平郡。

高平(574—579)

按:《地形志》中南建州高平郡领高平、谯、弋阳、义昌四县。据本州考证所引《隋志》,隋初废高平郡。高平郡领高平县,郡县同名,当是随郡置废。则陈当一度得高平县。今姑附于此。

(二)新蔡郡,治固始(今河南固始县东)

按:据本州考证所引《隋志》,梁置新蔡侨郡,至隋犹存。则陈当一度有新蔡侨郡。

1. 固始(574—579)

按:梁建州新蔡侨郡治蓼,后没。《隋志》下弋阳郡固始:"梁曰蓼县,后齐改名焉,置北建州。寻废州,置新蔡郡。后周改置浍州。开皇初州郡并废入。又改县为固始。"则陈当有固始县。

2. 新蔡

(三) 新城郡(574—579)——治新城(今河南光山县南)

按：据本州考证所引《隋志》，梁置新城郡，至隋犹存。则陈当一度有新城郡。

新城(574—579)

按：《地形志》中南朔州新城郡："治新城。"领新城县。郡县同名，当随郡置废。则陈当一度有新城县。

二十二、朔州沿革

朔州(574—579)，治齐坂城(今河南潢川县东)。梁置朔州，治齐坂城，后没。《地形志》中南朔州："萧衍置，魏因之。治齐坂城。"《陈书》卷5《宣帝纪》所载太建六年正月赦诏中江右淮北有"朔州"。《陈书》卷11《黄法氍传》：太建七年，"徙都督豫建光朔合北徐六州诸军事、豫州刺史，镇寿阳"。则陈一度有朔州。《考异》卷27《陈书·吴明彻传》："朔州不见于《隋志》。按《魏收志》：'南朔州，萧衍置，治齐坂城，领梁、新蔡、边城、义阳、新城、黄川六郡。梁郡领新息县。'而黄川郡，据《隋志》，乃光山县地，则朔州盖在光、息之间矣。"《北齐志》卷5《淮南地区》南朔州以为北齐末南朔州领新城、黄川二郡，其中新城郡在陈当属建州。则陈得朔州，当领黄川郡。

黄川郡(574—579)——治安定(今河南光山县境)

按：《地形志》中南朔州领有黄川郡，《北齐志》以为黄川郡至北周方废，今从之。则陈得朔州，当有黄川郡。

安定

二十三、光州沿革

光州(574—579)，治光城(今河南光山县)。梁置光州，后没。《隋志》下弋阳郡："梁置光州。"《地形志》中光州："萧衍置，魏因之。治光城。"《元和志》卷9《河南道五》光州："在汉为西阳，属江夏。晋安帝立光城县，理于此。梁末于县置光州，隋大业二年，罢州为弋阳郡。"《陈书》卷5《宣帝纪》所载太建六年正月赦诏中江右淮北有"光州"。《陈书》卷11《黄法氍传》：太建七年，"徙都督豫建光朔合北徐六州诸军事、豫州刺史，镇寿阳"。则太建五年北伐得光州，太建十一年当没。

(一) 光城郡(574—579)——治光城(今河南光山县)

按：《地形志》中光州领有北光城郡，领光城、乐安二县，其中光城为州治；又有南光城郡，领光城、南乐安县，其中光城为郡治。《北齐志》卷5《淮南地区》南光州据杨守敬《隋书地理志考证》,以为北齐合二光城郡为一郡,又合二光城县为一县,再合二乐安县为一县。今从之。《隋志》下弋阳郡光山:"旧置光城郡,开皇初郡废。十八年置县焉。"则隋初尚有光城郡,陈亦当一度有之。

1. 光城(574—579)

按:据本郡考证,北齐合二光城县为一县。《隋志》下弋阳郡乐安:"梁置宋安郡,及宋安、光城二县,又有丰安郡,开皇三年并废入焉。"是光城县隋初方废,则陈当一度有光城县。

2. 乐安(574—579)

按:据本郡考证,北齐合二乐安县为一县。《隋志》下弋阳郡又领有乐安县。则陈当一度有乐安县。

(二)弋阳郡(574—579)——治定城(今河南潢川县西)

按:《地形志》中光州领有弋阳郡。《隋志》下弋阳郡定城略云:后魏置弋阳郡,开皇初废。则陈当一度有弋阳郡。

定城(574—579)

按:《地形志》中光州弋阳郡领有北弋阳、南弋阳二县。《隋志》下弋阳郡定城:"后齐置南郢州,后废入南、北二弋阳县,后又省北弋阳入南弋阳,改为定远焉。"则北齐并二弋阳县为一县。然《寰宇记》卷127《淮南道五》光州定城县引《舆地志》:"高齐后弋阳郡又为新蔡郡,改平舆县为南弋阳县。武平元年改南弋阳县为定城县。"杨守敬《隋书地理志考证》由此以为北齐并二弋阳县所置为定城县。今从之。则陈当一度有定城县。

(三)宋安郡(574—579)——治乐宁(今河南罗山县南)

按:《地形志》中光州领有宋安郡,领有乐宁、宋安二县,其中乐宁为郡治。《隋志》下弋阳郡乐安:"梁置宋安郡,及宋安、光城二县,又有丰安郡,开皇三年并废入焉。"则陈当一度有宋安郡。

1. 乐宁(574—579)

按:《地形志》中光州宋安郡领有乐宁县,为郡治。《方舆纪要》卷50《河南五》汝宁府罗山县礼山城条:"乐宁废县,在县南。萧齐置县,属宋安郡,或曰即郡治也。后魏宋安郡亦治此,高齐因之。后周移郡治平阳,县省入焉。"则陈当一度有乐宁县。

2. 宋安(574—579)

按:据本郡考证,宋安郡所属宋安县与郡相始终,则陈当一度有宋安县。

(四)丰安郡(574—579)——治新城(今河南光山县西一带)

按:《隋志》下弋阳郡乐安:"又有丰安郡。开皇三年并废入焉。"《方舆纪要》卷50《河南五》汝宁府光山县宋安城条:"丰安城,亦在县西。或曰本后魏所置永安郡也,治新城县。高齐改为丰安郡,隋废郡,以其地并入乐安。"则陈或有丰安郡。

新城(574—579)

按:据本郡考证,陈或有新城县,今姑列于此。

二十四、定州沿革

定州(574—579),治蒙笼城(今湖北麻城市东北)。梁置定州,治蒙笼城,后没于北,魏改为南定州,仍治蒙笼城。《隋志》下永安郡麻城:"梁置信安,又有北西阳县。陈废北西阳,置定州。后周改州曰亭州,又有建宁、阴平、定城三郡。开皇初州郡并废,十八年县改名焉。"《陈书》卷13《周炅传》:"初,萧督定州刺史田龙升以城降,诏以为振远将军、定州刺史,封赤亭王。及炅入朝,龙升以江北六州七镇叛入于齐,齐遣历阳王高景安帅师应之。于是令炅为江北道大都督,总统众军,以讨龙升。龙升使弋阳太守田龙琰率众二万阵于亭川,高景安于水陵、阴山为其声援,龙升引军别营山谷。炅乃分兵各当其军,身率骁勇先击龙升,龙升大败,龙琰望尘而奔,并追斩之,高景安遁走,尽复江北之地。以功增邑并前二千户,进号平北将军,定州刺史。"《通鉴》系此事于太建五年。《陈书》卷5《宣帝纪》所载太建六年正月赦江右淮北诸州诏中有"定州"。则陈太建五年得定州,太建十一年当没。

(一)弋阳郡,侨寄信安(今湖北麻城市东北)

按:《地形志》中南定州领弋阳侨郡,据本州考证所引《陈书》,定州刺史田龙升所部有弋阳太守田龙琰。则陈亦当有弋阳郡。

信安(574—579)

按:据本州考证所引《隋志》,梁置信安县。据司州义阳郡考证,信安县本为司州义阳郡属县,后当移属定州,此县至隋初方废。

(二)建宁郡(574—579)——治建宁(今湖北麻城市西南)

按:《地形志》中南定州领有北建宁郡,据《北齐志》卷5《淮南地区》南定州建宁郡条,北齐并沙州之建宁郡于南定州之建宁郡。据本州考证所引《隋志》,建宁郡至隋初方废,则陈当有建宁郡。

建宁(574—579)

按:《地形志》中南定州北建宁郡领有建宁县,郡县同名,建宁县当与建宁郡同置废。则陈或一度有建宁县。

（三）定城郡(574—579)——治乏考(约在今湖北麻城市境)

按：据本州考证所引《隋志》，周、隋之际有定城郡，《北齐志》卷5《淮南地区》列定城郡为南定州属郡，或是。则陈亦或一度有定城郡。领县乏考。

二十五、蕲州沿革

蕲州(574—579)，治乏考(约在今湖北浠水县)。《隋志》下蕲春郡："后齐置雍州，后周改曰蕲州。"《陈书》卷13《周炅传》："（太建）五年，进授使持节、西道都督安、蕲、江、衡、司、定六州诸军事、安州刺史。"则改北齐雍州为蕲州者为陈，不待北周。是陈太建中北伐，一度得北齐雍州，改为蕲州。太建十一年当没于北周。

永安郡(574—579)——治浠水(今湖北浠水县)

按：《隋志》下蕲春郡浠水："旧置永安郡，开皇初郡废。"《北齐志》、《北周志》皆列永安郡为罗州(蕲州)属郡，则陈亦当有永安郡。

浠水(574—579)

按：刘宋豫州西阳侨郡领有浠水左县，南齐承之。《方舆纪要》卷76《湖广二》黄州府蕲水县："汉江夏郡蕲县地，刘宋于此立浠水左县，属西阳郡，萧齐因之，梁又置永安郡。隋郡废，改县曰浠水。"或是。今姑列于此。

二十六、沔州沿革

沔州(567—?，580)，治甑山(今湖北汉川市东南)。《隋志》下沔阳郡甑山："梁置梁安郡。西魏改曰魏安郡，置江州，寻改郡曰汊川。后周置甑山县，建德二年州废。开皇初郡废。"《周书》卷2《文帝纪下》：西魏废帝三年正月，改江州为沔州。《陈书》卷10《程灵洗传》："因进攻周沔州，克之，擒其刺史裴宽。"《通鉴》系此事于光大元年(567)九月。则陈光大元年九月得周沔州，后当没于周，故太建十二年司马消难以地降陈，沔州又属焉。则《隋志》所言"建德二年州废"当有误。陈光大中与太建中二次得沔州，皆得而又没。

汊川郡(567—?，580)——治甑山(今湖北汉川市东南)

按：据本州考证所引《隋志》，西魏置汊川郡，《〈补陈疆域志〉订补》曰："《通典》、《旧唐书·地理志》、《寰宇记》、《舆地广记》、《纪要》等均作'汉川郡'，杨守敬《隋书地理志考证》引《名胜志》云：'以县南一里汉水为名，即《左传》之瀇水也。'该郡领有汊川县，是郡、县皆以汉水为名，汊川误也。"今从之，以汉川为此郡名,然汉水县似为唐置,不从①。

甑山(567—?,580)

按:据本州考证所引《隋志》,西魏置甑山县,至隋犹存,则陈曾得之。

第三节 沅湘诸州

祯明二年(588)之郢、巴、湘、武、沅、荆、信诸州政区见图59。

一、郢州沿革

郢州(560—588),治夏口城(今湖北武汉市武昌)。《通鉴》卷166太平元年(556)九月:"甲子,王琳以舟师袭江夏;冬十月壬申,丰城侯(萧)泰以州降之。"则郢州于梁末为王琳所有。《陈书》卷3《世祖纪》:天嘉元年(560)二月,"太尉侯瑱败王琳于梁山……王琳及其主萧庄奔于齐"。《陈书》卷3《世祖纪》:天嘉元年三月,"萧庄所署郢州刺史孙玚举州内附"。则陈天嘉元年始得郢州。然江北之地已为北周所取,陈所得者唯江南诸郡县。太建五年(574)北伐,得齐安、西阳二郡。太建十一年二郡当没。

(一)江夏郡(560—588)——治汝南(今湖北武汉市武昌)

按:齐、梁郢州领有江夏郡,梁末为王琳所有。据本州考证,天嘉元年郢州附陈,江夏郡乃来属。

1. 汝南
2. 永兴(560—588)

按:《一统志》卷336武昌府永兴故城:"陈置县,隋省入富川,又改富川为永兴。《隋书·地理志》江夏郡永兴:'陈曰阳新。平陈,改曰富川。开皇十一年废永兴县入焉。十八年改名。'《元和志》:'陈永兴故县在永兴县城东五十里,东临江水,俗云伍子胥所筑,一名子胥城。'"则陈置永兴县,至隋废。

(二)上隽郡(560—588)——治下隽(今湖北通城县西北)

按:梁、陈之际,上隽郡本隽州属郡,为王琳所占。天嘉元年,王琳败,陈乃得之。据隽州考证,天嘉元年,隽州废,上隽郡乃移属郢州,所属诸县亦随之来属。另,江夏郡之沙阳县亦来属。详参所附"王琳辖区政区沿革"隽州考证。

1. 下隽(560—588)
2. 沙阳(560—588)

---

① 《元和志》卷27《江南道三》沔州汉川县:"本汉阳县地,武德四年分置汉川县,因汉水为名也。"

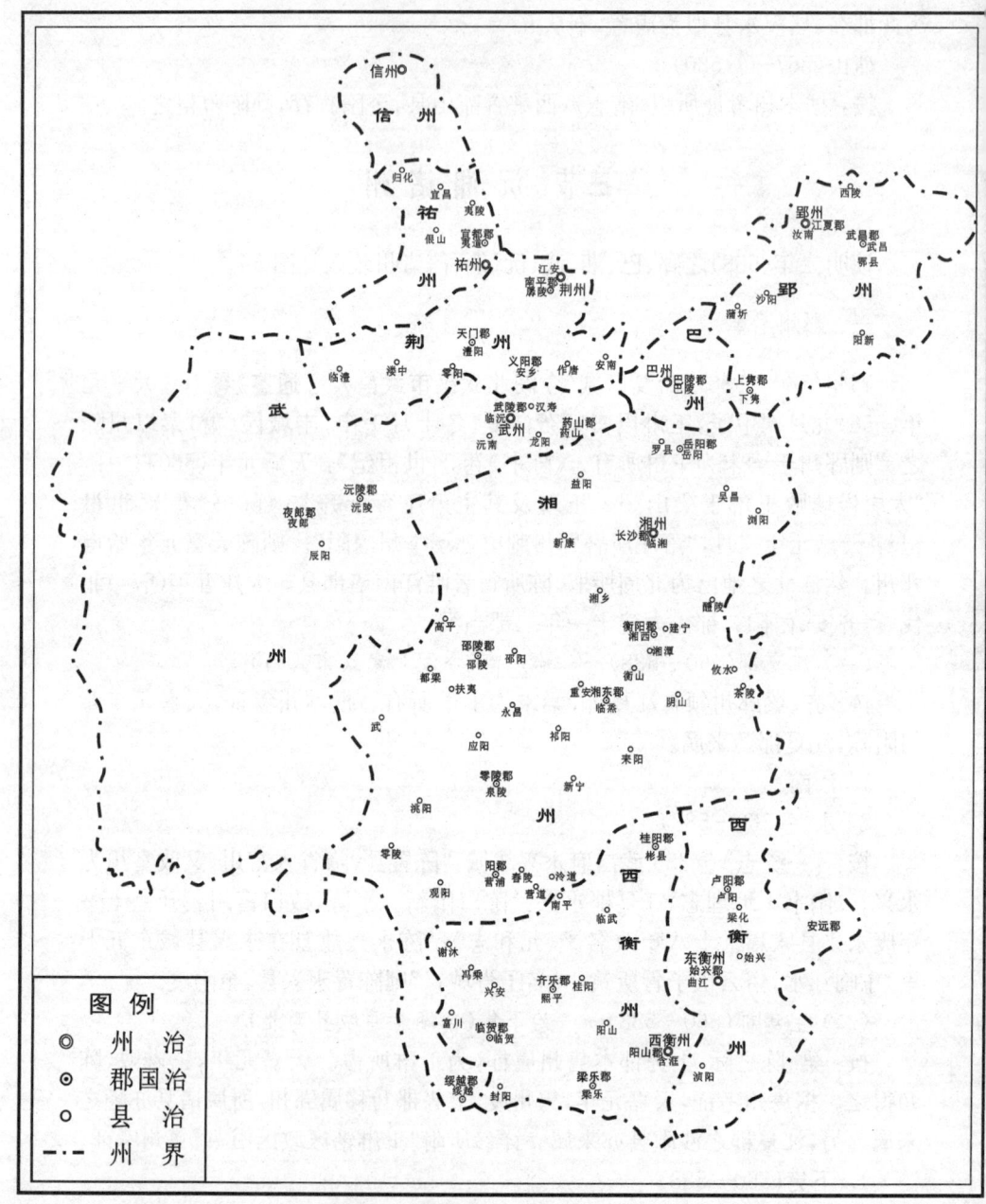

图 59 祯明二年(588)南朝陈郢州、巴州、湘州、武州、沅州、荆州、信州、东衡州、西衡州政区

3. 浦圻(560—588)

4. 乐化(560—588)

(三) 武昌郡(560—588)——治武昌(今湖北鄂州市)

按：齐郢州领有武昌郡，梁承之。《隋志》下江夏郡武昌："旧置武昌郡。平陈，郡废，又废西陵、鄂二县入焉。"则陈有武昌郡。

1. 武昌(560—588)

按：齐武昌郡领有武昌县，梁承之。据本郡考证所引《隋志》，陈亦当有武昌县。

2. 鄂(560—588)

按：齐武昌郡领有鄂县，梁承之。据本郡考证所引《隋志》，陈亦当有鄂县。

3. 阳新(560—588)

按：齐武昌郡领有阳新县，梁承之。《隋志》下江夏郡永兴："陈曰阳新。平陈，改曰富川。"则陈有阳新县。

4. 西陵(560—588)

按：齐末西阳侨郡领有西陵县，处江北。据本郡考证所引《隋志》，陈、隋之际亦有西陵县。然《隋志》所言之西陵县处江南。二者名同实异。杨守敬《隋书地理志考证》以为，梁、陈移动旧日江北之西陵置于江南，改属武昌郡，并引《舆地广记》为证。甚是，今从之。

(四) 齐安郡(574—579)——治齐安(今湖北麻城市西南)

按：齐、梁司州皆有齐安郡，梁末没于北。《隋志》下永安郡黄冈："齐曰南安，又置齐安郡。开皇初郡废，十八年改县曰黄冈。"《陈书》卷5《宣帝纪》：太建五年九月"甲戌，齐安城降。"《陈书》卷5《宣帝纪》：太建六年正月诏曰，"可赦江右淮北……郢州之齐安、西阳……郡士民，罪无轻重，悉皆原宥"。则太建五年北伐，得齐安郡，属郢州。太建十一年，淮南地没，齐安郡亦当随之而没。

1. 齐安(574—579)

按：萧齐齐安郡领有齐安县，梁承之。《元和志》卷27《江南道三》黄州黄冈县："萧齐于此置齐安县，隋开皇十八年改为黄冈。"则陈亦当一度有齐安县。

2. 南安(574—579)

按：萧齐齐安郡有南安县。《隋志》下永安郡黄冈："齐曰南安，又置齐安郡。开皇初郡废，十八年改县曰黄冈。"结合齐安县考证所引《元和志》，当是隋并齐安、南安二县为黄冈，则陈当一度有南安县。

（五）西阳郡，寄治保城（今湖北蕲春县西南）

按：齐郢州领有西阳侨郡，梁承之。梁、陈之际为王琳所占，天嘉元年，王琳败，乃没于北。《陈书》卷5《宣帝纪》：太建六年正月诏曰，"可赦江右淮北……郢州之齐安、西阳……郡士民，罪无轻重，悉皆原宥"。《陈书》卷5《宣帝纪》：太建七年八月，"移西阳郡治保城"。则太建北伐，得旧西阳侨郡，并移治于保城。太建十一年，江北地没，西阳侨郡亦当随之而没。后西阳侨郡或侨寄于武昌，详参第十编"东晋南朝侨州郡县考表"西阳郡条。

1. 保城（574—579）

按：齐豫州齐昌郡领有保城，梁末此地没于北。据本郡考证，陈一度将西阳侨郡治于保城。太建十一年当没。

2. 西阳

二、巴州沿革

巴州（561—588），治巴陵（今湖南岳阳市）。《隋志》下巴陵郡："梁置巴州。平陈，改曰岳州。"《通鉴》卷168天嘉元年八月："江陵之陷也，巴、湘之地皆入于周，周使梁人守之。"此言微误，巴、湘之地在陈初为王琳所占，及王琳败，后梁、周南略王琳故地，故得巴、湘州诸地。《通鉴》卷168天嘉元年十二月："己亥，周巴陵城主尉迟宪降，遣巴州刺史侯安鼎守之。"《通鉴》卷170光大元年（567）八月，因湘州刺史华皎叛，"巴州刺史戴僧朔等并隶于皎……司徒（陈）顼恐上流守宰皆附之，乃曲赦湘、巴二州"。胡注曰："文帝命皎都督湘、巴等四州。"旋华皎平，陈复得巴州。

巴陵郡（561—588）——治巴陵（今湖南岳阳市）

按：齐、梁郢州皆有巴陵郡，梁末以巴陵郡为巴州。据本州考证所引《隋志》，陈承旧，巴陵郡属巴州。

巴陵（561—588）

按：齐末巴陵郡领有巴陵县，梁承之。《隋志》下巴陵郡巴陵："旧置巴陵郡，平陈，郡废。"则陈亦当有巴陵县。

三、湘州沿革

湘州（560—588），治临湘（今湖南长沙市）。南朝皆有湘州。《通鉴》卷167太平二年三月："甲辰，以司空王琳为湘、郢二州刺史。"则湘州在梁末为王琳所有。《陈书》卷1《高祖纪上》：太平二年八月，"湘州刺史王琳拥兵不应命，高祖遣周文育、侯安都率众讨之"。《陈书》卷3《世祖纪》：天嘉元年二月，"太尉侯瑱败王琳于梁山……王琳及其主萧庄奔于齐"。此后,湘州诸郡为陈所有。唯长沙郡沦没于北周、后梁。《通鉴》卷168天嘉二年正月:"辛未,周湘州城主殷亮降,湘州平。"则天嘉二年长沙郡始属陈。至是,陈乃全有湘州之地。《通鉴》卷170光大元年四月:"湘州刺史华皎闻韩子高死,内不自安……皎遣使潜引周兵,又自归于梁,以其子玄响为质。"同年,华皎平,湘州复为陈有。陈又增置绥越郡为湘州属郡。

(一)长沙郡(561—588)——治临湘(今湖南长沙市)

按:齐湘州领有长沙郡,梁承之。《隋志》下长沙郡长沙:"旧曰临湘,置长沙郡。平陈,郡废,具改名焉。"则陈湘州仍有长沙郡。

1. 临湘(561—588)

按:齐长沙郡领有临湘县,梁承之。《隋志》下长沙郡长沙:"旧曰临湘,置长沙郡。平陈,郡废,县改名焉。"则陈有临湘县。

2. 醴陵(561—588)

按:齐长沙郡领有醴陵县,梁承之。《陈书》卷11《淳于量传》:光大元年,"进封醴陵县公",则陈有醴陵县。

3. 浏阳(561—588)

按:齐长沙郡领有浏阳县,梁承之。《元和志》卷29《江南道五》潭州浏阳县:"本汉长沙国临湘县地,吴置浏阳,因县南浏阳水为名。隋平陈废。"则陈有浏阳县。

4. 建宁(561—588)

按:齐长沙郡领有建宁县,梁承之。《隋志》下衡山郡湘潭:"平陈,废茶陵、攸水、阴山、建宁四县入焉。"则陈有建宁县。

(二)湘东郡(560—588)——治临烝(今湖南衡阳市)

按:齐湘州领有湘东郡,梁承之。《隋志》下衡山郡衡阳:"旧置湘东郡。平陈,郡废,并省临烝、新城、重安三县入焉。"则陈有湘东郡。

1. 临烝(560—588)

按:齐湘东郡领有临烝县,梁承之。据本郡考证所引《隋志》,陈当有临烝县。

2. 茶陵(560—588)

按:齐湘东郡领有茶陵县,梁承之。《隋志》下衡山郡湘潭:"平陈,废茶陵、攸水、阴山、建宁四县入焉。"则陈亦有茶陵县。

3. 耒阳(560—588)

按:齐桂阳郡领有耒阳县,梁承之。《隋志》下衡山郡沫阴:"旧曰沫阳,平陈。改名焉。"则陈有耒阳县。《补陈志》卷3、《陈政区建置表》以为耒阳县在陈为湘东郡属县,今从之。

4. 攸水(560—588)

按:齐湘东郡领有攸县,梁承之。据茶陵县考证所引《隋志》,陈有攸水县,当是陈改攸为攸水县。

5. 新城(？—588)

按:《方舆纪要》卷80《湖广六》衡州府衡阳县承阳城:"新城废县,在府东百二十里。陈析临烝县置,隋省入衡阳县。"则陈置新城县。

6. 阴山(560—588)

按:齐湘东郡领有阴山县,梁承之。据茶陵县考证所引《隋志》,陈亦有阴山县。

7. 新宁(560—588)

按:齐湘东郡领有新宁县,梁承之。《隋志》下衡山郡领有新宁县,陈亦当有新宁县。

8. 湘潭(560—588)

按:梁置湘潭县,《隋志》下衡山郡亦领有湘潭县,则陈亦当有此县。

(三) 衡阳郡(560—588)——治湘西(今湖南株洲市西南)

按:齐湘州领有衡阳郡,梁承之。《隋志》下长沙郡衡山:"旧置衡阳郡。平陈,郡废,并衡山、湘乡、湘西三县入焉。"则陈有衡阳郡。

1. 湘西(560—588)

按:齐衡阳郡领有湘西县,梁承之。据本郡考证所引《隋志》,陈亦当有湘西县。

2. 益阳(560—588)

按:齐衡阳郡领有益阳县,梁承之。《隋志》下长沙郡益阳:"平陈,并新康县入焉。"则陈有益阳县。

3. 湘乡(560—588)

按:齐衡阳郡领有湘乡县,梁承之。据本郡考证所引《隋志》,陈当有湘乡县。

4. 新康(560—588)

按:齐衡阳郡领有新康县,梁承之。据益阳县考证所引《隋志》,陈当有新康县。

5. 重安(560—588)

按:齐湘东郡领有重安县,梁承之。《方舆纪要》卷80《湖广六》衡州府衡阳县承阳城："钟武城……汉置县，属零陵郡，后汉永建三年改为重安县……三国吴属衡阳郡，晋、宋以后因之，隋省入衡阳县。"则陈当有重安县，属衡阳郡。

6. 衡山(560—588)

按：齐衡阳郡领有衡山县，梁承之。据本郡考证所引《隋志》，陈有衡山县。

（四）邵陵郡(560—588)——治邵陵(今湖南邵阳市)

按：齐、梁湘州皆有邵陵郡，《隋志》下长沙郡邵阳："旧置邵陵郡。平陈，郡废，并扶夷、都梁二县入焉。"则陈有邵陵郡。

1. 邵陵(560—588)

按：齐邵陵郡领有邵陵县，梁承之。《陈书》卷9《吴明彻传》：至德元年(583)，追封为"邵陵县开国侯"。则陈有邵陵县。

2. 都梁(560—588)

按：齐邵陵郡领有都梁县，梁承之。据本郡考证所引《隋志》，陈当有都梁县。

3. 扶夷(560—579)

按：西晋邵陵郡领有夫夷县，东晋改为扶，宋、齐承之。据本郡考证所引《隋志》，则梁、陈又改扶为扶夷。

4. 高平(560—588)

按：齐邵陵郡领有高平县，梁承之。《方舆纪要》卷81《湖广七》宝庆府新化县新化旧城："高平废县……三国吴置县，属邵陵郡，晋以后因之，隋省入邵陵县。"则陈有高平县。

5. 邵阳(560—588)

按：齐邵陵郡领有邵阳县，梁承之。据本郡考证所引《隋志》，则陈有邵阳县。

6. 武强(560—588)

按：齐邵陵郡领有武刚县，梁因避简文帝萧纲讳而改为"武强"，《元和志》卷29《江南道五》邵州武冈县："晋武帝分都梁县置。梁天监元年，以太子讳'纲'，故为武强，武德四年复旧。"①则陈当有武强县。

（五）岳阳郡(560—588)——治岳阳(今湖南汨罗市东长乐)

按：《隋志》下巴陵郡湘阴："梁置岳阳郡及罗州，陈废州。平陈，废郡及湘

---

① 《补梁志》卷3湘州邵陵郡武强县条以为："天监元年昭明太子尚在，简文帝时为晋安王，不应避讳。当是大通三年立晋安王为太子时改。《元和志》误。"此说甚是，今从之。

阴入岳阳县,置玉州。寻改岳阳为湘阴,废玉山县入焉。"是梁置罗州,并置岳阳郡属之,陈废罗州,岳阳郡乃属湘州。

1. 岳阳(560—588)

按:《一统志》卷354长沙府湘阴县:"梁又分置岳阳县。"据本郡考证所引《隋志》,陈有岳阳县。

2. 湘阴

3. 玉山(560—588)

按:据本郡考证所引《隋志》,陈似有玉山县。

4. 湘滨(560—588)

按:梁有湘滨县,《隋志》下巴陵郡罗:"开皇九年废吴昌、湘滨二县入。"则陈亦有湘滨县。

5. 吴昌(560—588)

按:齐长沙郡领有吴昌县,梁承之。据湘滨县考证所引《隋志》,则陈亦有吴昌县。

6. 罗(560—588)

按:齐长沙郡领有罗县,梁承之。据湘滨县考证所引《隋志》,则陈亦有罗县。

(六)零陵郡(560—588)——治泉陵(今湖南永州市)

按:齐湘州领有零陵郡,梁承之。《隋志》下零陵郡零陵:"旧曰泉陵,置零陵郡。平陈,郡废。又废应阳、永昌、祁阳三县入焉。大业初复置郡。"则陈承旧有零陵郡。

1. 泉陵(560—588)

按:泉陵为汉旧县,齐零陵郡领有泉陵县,梁承之。据本郡考证所引《隋志》,则陈有泉陵县。

2. 洮阳(560—588)

按:齐零陵郡领有洮阳县,梁承之。《隋志》下零陵郡湘源:"平陈,废洮阳、灌阳、零陵三县置县。"则陈有洮阳县。

3. 零陵(560—588)

按:齐零陵郡领有零陵县,梁承之。据洮阳县考证所引《隋志》,陈当有零陵县。

4. 祁阳(560—588)

按:齐零陵郡领有祁阳县,梁承之。据本郡考证所引《隋志》,陈有祁阳县。

5. 观阳(560—588)

按：齐零陵郡领有观阳县，据洮阳县考证所引《隋志》，似陈又有灌阳县。《方舆纪要》卷107《广西二》桂林府灌阳县："汉零陵县地，后汉建安中孙氏析置观阳县，以观水为名，仍属零陵县。晋以后因之。梁、陈间讹曰灌阳。"则陈当有观阳县。

6. 永昌(560—588)

按：齐零陵郡领有永昌县，梁承之。据本郡考证所引《隋志》，陈亦有永昌县。

7. 应阳(560—588)

按：齐零陵郡领有应阳县，梁承之。据本郡考证所引《隋志》，则陈当有应阳县。

(七) 永阳郡(560—588)——治营浦(今湖南道县西北)

按：齐湘州领有营阳郡，梁改营阳郡为永阳郡，《隋志》下零陵郡永阳："旧曰营阳，梁置永阳郡。平陈，郡废，并营浦、谢沐二县入焉。"则陈有永阳郡。

1. 营浦(560—588)

按：齐营阳郡领有营浦县，梁承之。据本郡考证所引《隋志》，陈当有营浦县。

2. 泠道(560—588)

按：齐营阳郡领有泠道县，梁承之。《隋志》下零陵郡营道："平陈，并泠道、舂陵二县入。"则陈有泠道县。

3. 营道(560—588)

按：齐营阳郡领有营道县，梁承之。《隋志》下零陵郡亦领有营道县，则陈亦当有此县。

4. 舂陵(560—588)

按：齐营阳郡领有舂陵县，梁承之。据泠道县考证所引《隋志》，则陈亦当有舂陵县。

(八) 绥越郡(？—588)——治绥越(今广西富川瑶族自治县南)

按：《隋志》下永平郡贺川："开皇十九年置，又陈置建陵、绥越、苍梧、永建等四郡。平陈，并废。"则陈当有绥越郡。

绥越(？—588)

按：《方舆纪要》卷107《广西二》平乐府贺县封阳废县条："绥越废县，旧志：荡山县南百里。亦梁置，隋省入富川。"《一统志》卷467平乐府绥越废县："《隋志》永平郡贺州：陈置绥越郡。则县之始置疑在陈时。"今从《一统志》，以绥越为陈所置,姑列于此。

（九）乐梁郡(560—588)——治荡山(今广西贺州市西南)

按:《隋志》下始安郡富川:"旧置临贺、乐梁二郡。平陈,并废。"《方舆纪要》卷107《广西二》平乐府贺县封阳废县条:"荡山废县,在县南。梁置,并置乐梁郡治焉。陈因之,隋初废郡,大业初并废县入富川。"则陈有乐梁郡。

1. 荡山(560—588)

按:《元和志》卷37《岭南道四》贺州荡山县:"萧梁于此立县,隋大业二年省。"则陈有荡山县。

2. 游安(560—588)

按:《舆地广记》卷35《广南东路》中都督府广州中怀集县:"故游水县,本汉封阳县地,属苍梧郡。齐置游安县。隋省之。"所谓"齐置游安县",查无实据,《隋志》下熙平郡领有游安县,不注置立,当是承陈旧而来。《陈书》卷36《始兴王叔陵传》:"陈智深以诛叔陵之功为巴陵内史,封游安县子。"则陈有游安县。

四、武州沿革

武州(560—574,575—575后,沅州,575后—588),治临沅(今湖南常德市)。梁末于郢州之武陵郡置武州。《隋志》下武陵郡:"梁置武州,后改曰沅州。平陈,为朗州。"《通鉴》卷166太平元年:"秋,七月,甲戌,前天门太守樊毅袭武陵,杀武州刺史衡阳王护,王琳使司马潘忠击之,执毅以归。"则自梁太平元年起,武州为王琳所有。天嘉元年,王琳败,此地乃为陈、北周两属之地。《陈书》卷3《世祖纪》:天嘉元年三月"甲子,分荆州之天门、义阳、南平,郢州之武陵四郡,置武州。其刺史督沅州,领武陵太守,治武陵郡。其都尉所部六县为沅州。别置通宁郡,以刺史领太守,治都尉城,省旧都尉"。则天嘉元年,重置武州,并置沅州。《通鉴》卷168天嘉二年正月:(周将)敦"乃自拔北归,军士病死者什五六。武陵、天门、南平、义阳、河东、宜都郡悉平"。自此,陈乃驱逐周人势力,全有武州之地。其中义阳为侨郡。《陈书》卷《宣帝纪》:太建七年三月,改"武州为沅州"。然《〈补陈疆域志〉校补》据《陈书》纪、传所载太建七年以后尚多有武州之称,以为"太建七年罢通宁之沅州,改武陵之武州为沅州,旋复以武陵为武州,而史阙其文也"。《〈补陈疆域志〉订补》以为"考《陈书》纪传,自太建以后不见沅州之名……太建七年当是并沅州入武州"。今并从之。《隋志》所载"后改曰沅州",当即为太建七年事,然沅州并入武州及复以武陵为武州事阙载。光大二年,天门、南平、义阳侨郡乃移属荆州。

(一)武陵郡(560—588)——治临沅(今湖南常德市)

按:据本州考证,武陵郡于梁末属武州,陈天嘉元年重置武州,武陵郡仍属焉。《陈书》卷3《世祖纪》所载天嘉元年以"郢州之武陵"等四郡置武州者,盖武陵郡在梁太清前属郢州。此沿用旧称。

1. 临沅(560—588)

按:齐武陵郡领有临沅县,梁承之。《隋志》下武陵郡武陵:"旧置武陵郡,平陈,郡废,并临沅、沅南、汉寿三县置武陵县。"则陈亦当有临沅县。

2. 沅南(560—588)

按:齐武陵郡领有沅南县,梁承之。据临沅县考证所引《隋志》,则陈亦当有沅南县。

3. 汉寿(560—588)

按:齐武陵郡领有汉寿县,梁承之。据临沅县考证所引《隋志》,则陈亦当有汉寿县。

4. 龙阳(560—588)

按:齐武陵郡领有龙阳县,梁承之。《陈书》卷14《陈方庆传附王勇传》:"以功封龙阳县子。"《隋志》下武陵郡领有龙阳县,则陈有龙阳县。

5. 辰阳(560—588)

按:齐武陵郡领有辰阳县,梁承之。《隋志》下沅陵郡辰溪:"旧曰辰阳。平陈,改名。"则陈当有辰阳县。

(二)南阳郡,寄治龙标(今湖南泸溪县西南)

按:梁置南阳侨郡,本隶郢州。《隋志》下沅陵郡辰溪:"又梁置南阳郡、建昌县。陈废县。开皇初废郡。"则陈有南阳侨郡。《陈政区建置表》列南阳侨郡为武州属郡,今姑从之。

龙标(560—588)

按:《隋志》下武陵郡龙标:"梁置。"则陈有龙标县,《补陈志》卷3、《陈政区建置表》列龙标为南阳郡属县,今从之。

(三)沅陵郡(575—588)——治沅陵(今湖南沅陵县西南)

按:《方舆纪要》卷81《湖广七》辰州府:"太建中以武陵为沅州,以沅陵为沅陵郡也。"《一统志》卷366辰州府:"汉为武陵郡地,后汉以后因之。陈天嘉元年分置沅州通宁郡。太建七年州废,改置沅陵郡。隋开皇中郡废。"则沅陵郡为太建七年废沅州而置,当属武州。原沅州通宁郡所属诸县当随之来属。详参沅州考证。

1. 沅陵(575—588)
2. 盐泉(575—588)
3. 大乡(575—588)
4. 零陵(575—588)

(四) 药山郡(560—588)——治药山(今湖南沅江市境)

按：梁置药山郡，先属湘州，后当移属罗州。《隋志》下巴陵郡沅江："梁置，曰药山，仍为郡。平陈，郡废，县改曰安乐。十八年改曰沅江。"陈废罗州①，以地望揆之，药山郡当移属武州。

1. 药山(560—588)

按：据本郡考证所引《隋志》，梁置药山郡及药山县，隋改药山县为安乐县。则陈有药山县。

2. 重华(560—588)

按：《州郡典》十三巴陵郡沅江："梁置重华县，隋废之。"则陈有重华县。《补陈志》卷3、《陈政区建置表》列重华县为药山郡属县，以地望揆之亦合，今从之。

(五) 夜郎郡(560—588)——治夜郎(今湖南吉首市一带)

按：《隋志》下沅陵郡辰溪："旧曰辰阳，平陈，改名；并废故夜郎郡，置静人县，寻废。"《方舆纪要》卷81《湖广七》辰州府辰溪县建昌废县条："萧梁时于辰阳县境置夜郎郡及县，隋废郡。"则梁置夜郎郡。

夜郎(560—588)

按：据本郡考证，梁置夜郎郡及县，陈承之。

(六) 天门郡(560—567)——治澧阳(今湖南石门县)

按：齐、梁荆州皆有天门郡，梁陈之际为后梁所有。据本州考证，天嘉元年，陈得天门郡，属武州。据荆州考证，光大二年，陈置荆州，天门郡乃移属焉。

1. 澧阳(560—567)

按：齐天门郡领有澧阳县。《舆地广记》卷27《荆湖北路上》上澧州望澧阳县："晋太康四年置，属天门郡。宋因之，后省焉。隋复置，及置澧州。"《〈补陈疆域志〉订补》、《陈政区建置表》列澧阳县为天门郡属县，则陈或有此县，今从之。

2. 零阳(560—567)

按：齐天门郡领有零阳县，《陈政区建置表》列零阳县为天门郡属县。今

---

① 《隋志》下巴陵郡湘阴："梁置岳阳郡及罗州，陈废州。"

从之。

3. 溇中(560—567)

按：齐天门郡领有溇中县，梁承之。《方舆纪要》卷77《湖广三》岳州府慈利县充城条："溇中城……三国吴置溇中县，晋因之，属天门郡……齐、梁属天门郡，隋废。"则陈有溇中县。

4. 临澧(560—567)

按：齐天门郡领有临澧县。《一统志》卷374澧州直隶州临澧故城："西汉置充县，晋改临澧，南北朝梁以后省。"《〈补陈疆域志〉订补》、《陈政区建置表》列临澧为天门郡属县，则陈或存此县，今姑列于此。

(七) 南平郡(560)——治孱陵(今湖北公安县西南)

按：齐、梁荆州领有南平郡，《隋志》下澧阳郡孱陵："旧曰作唐，置南平郡。平陈，郡废，县改名焉。"梁陈之际南平郡先属王琳、后属后梁。据本州考证，天嘉元年，陈得南平郡，属武州。据南荆州考证，天嘉二年，陈置南荆州，南平郡乃移属焉。

1. 孱陵(560)

按：齐南平郡领有孱陵县，梁承之。《隋志》下南郡公安："陈置荆州。开皇九年省孱陵、永安二县入。"则陈有孱陵县。

2. 作唐(560)

按：齐南平郡领有作唐县，梁承之。据本郡考证所引《隋志》，陈亦当有此县。

3. 公安(560)

按：《一统志》卷344荆州府公安县："汉置孱陵县，属武陵郡。后汉因之，三国蜀汉析置公安县，吴为南郡治。晋太康元年改县曰江安，郡曰南平，孱陵仍属焉。南北朝宋因之。南齐移郡治孱陵，江安为属县。陈复为公安。光大二年以江陵属后梁，乃于公安置荆州。隋开皇九年省孱陵入公安。"则陈有公安县。

4. 南安(560)

按：《隋志》下巴陵郡华容："旧曰安南，梁置南安湘郡，寻废。"则梁、陈有安南县，隋废。

5. 永安(560)

按：据孱陵县考证所引《隋志》，陈当有永安县，《补陈志》卷3、《陈政区建置表》列永安县为南平郡属县，今从之。

(八) 义阳郡，侨寄安乡(今湖南安乡县西南)

按：《隋志》下澧阳郡安乡："旧置义阳郡，平陈，郡废。"《方舆纪要》卷77

《湖广三》岳州府安乡县:"东晋侨置南义阳郡,梁又置安乡县为义阳郡治。"梁陈之际,义阳郡为后梁所有。据本州考证,天嘉元年,陈得义阳郡,属武州。据荆州考证,光大二年,陈置荆州,义阳乃移属焉。

1. 安乡(560—567)
2. <u>平氏</u>
3. <u>厥西</u>

五、沅州沿革

沅州(560—574),治沅陵(今湖南沅陵县西南)。《陈书》卷3《世祖纪》:天嘉元年三月"甲子,分荆州之天门、义阳、南平,郢州之武陵四郡,置武州。其刺史督沅州,领武陵太守,治武陵郡。其都尉所部六县为沅州。别置通宁郡,以刺史领太守,治都尉城,省旧都尉"。《〈补陈疆域志〉校补》以为:"天嘉元年,分武陵郡为二:一曰武陵,治旧郡治;一曰通宁,治旧都尉城,领都尉所部六县。都尉上当增'武陵'二字。"《陈书》卷《宣帝纪》:太建七年三月,改"武州为沅州"。《〈补陈疆域志〉订补》以为"考《陈书》纪传,自太建以后不见沅州之名……太建七年当是并沅州入武州",今从之。

通宁郡(560—574)——治沅陵(今湖南沅陵县西南)

按:据本州考证,天嘉元年置沅州,并置通宁郡。《方舆纪要》卷81《湖广七》辰州府:"都尉府盖即旧治置,陈初沅州、通宁郡皆治此。太建中以武陵为沅州,以沅陵为沅陵郡也。"太建七年沅州废,通宁郡当随之而废。

1. 沅陵(560—574)

按:齐武陵郡领有沅陵县,《隋志》下沅陵郡沅陵:"旧置沅陵郡。平陈,郡废。"则陈亦当有沅陵县。

2. 盐泉(560—574)

按:《隋志》下沅陵郡盐泉:"梁置。"则陈有盐泉县。

3. 大乡(560—574)

按:《隋志》下沅陵郡大乡:"梁置。"则陈有大乡县。

4. 零陵(560—574)

按:齐武陵郡领有零陵县,《补陈志》卷3沅州条、《陈政区建置表》列零陵为沅陵郡属县,则陈或有此县,姑列于此。

六、荆州沿革

荆州(568—588),治公安(今湖北公安县西北)。《陈书》卷3《世祖纪》:天嘉元年三月"甲子,分荆州之天门、义阳、南平,郢州之武陵四郡,置武州。其刺史督沅州,领武陵太守,治武陵郡。其都尉所部六县为沅州。别置通宁郡,以刺史领太守,治都尉城,省旧都尉"。《通鉴》卷168天嘉二年正月:(周将)敦"乃自拔北归,军士病死者什五六。武陵、天门、南平、义阳、河东、宜都郡悉平"。《陈书》卷3《世祖纪》:天嘉二年四月,"分荆州之南平、宜都、罗、河东四郡,置南荆州,镇河东郡"。此处所言陈分荆州置武州、分荆州置南荆州者,非陈有荆州,盖指梁及后梁之荆州地,陈于其地析置武州、南荆州。《陈书》卷22《陆子隆传》:光大元年,"寻迁都督荆、信、祐三州诸军事、宣毅将军、荆州刺史,持节、常侍如故。是时荆州新置,治于公安,城池未固,子隆修建城郭,绥集夷夏,甚得民和,当时号为称职"。《一统志》卷344荆州府公安县:"光大二年以江陵属后梁,乃于公安置荆州。"则光大二年,陈始置荆州。《补陈志》卷3沅州条以为废帝置荆州,原属武州之天门、义阳郡及原属南荆州之南平三郡乃来属,今从之。

(一) 南平郡(568—588)——治孱陵(今湖北公安县西南)

按:齐、梁荆州领有南平郡,梁陈之际,南平郡为后梁所占,天嘉元年,陈复得之,乃属武州。天嘉二年又移属南荆州。据本州考证,光大二年置荆州,南平郡乃来属焉。所属诸县当随之来属。

1. 孱陵(568—588)
2. 作唐(568—588)
3. 公安(568—588)
4. 安南(568—588)
5. 永安(568—588)

(二) 天门郡(568—588)——治澧阳(今湖南石门县)

按:天门郡在梁为荆州属郡,梁陈之际为后梁所有。天嘉元年得之,属武州,据本州考证,光大元年置荆州,乃来属焉,所属诸县当随之来属。

1. 澧阳(568—588)
2. 零阳(568—588)
3. 溇中(568—588)
4. 临澧(568—588)

(三) 义阳郡,侨寄安乡(今湖南安乡县西南)

按:义阳侨郡在梁为荆州属郡,梁陈之际为后梁所有。天嘉元年得之,属武州,据本州考证,光大二年置荆州,乃来属焉。所属诸县当随之来属。

1. 安乡(568—588)
2. 平氏

3. 厥西

七、南荆州所辖实郡沿革

南荆州，治松滋(今湖北松滋市西北长江南岸)。《通鉴》卷168天嘉二年正月：(周将贺若)敦"乃自拔北归，军士病死者什五六。武陵、天门、南平、义阳、河东、宜都郡悉平"。《陈书》卷3《世祖纪》：天嘉二年四月，"分荆州之南平、宜都、罗、河东四郡，置南荆州，镇河东郡"。天嘉三年闰二月"辛亥，以南荆州刺史吴明彻为安右将军"。此河东郡为侨郡，所领亦皆侨县。《隋志》下南郡松滋："江左旧置河东郡，平陈，郡废。"南荆州即治于河东郡所属之松滋县。又，《〈补陈疆域志〉校补》以为，陈天嘉二年置南荆州后，"嗣后不闻。按祐州境于荆、信、武等州接界，因疑祐州盖即以南荆州改置也"。《陈政区建置表》同，今从之。《陈书》卷5《宣帝纪》：太建十二年八月"景(丙)子，淳于陵克祐州城"。则南荆州似一度没北，太建中复之。

(一) 宜都郡(561—588)——治夷陵(今湖北枝江市)

按：齐荆州领有宜都郡，梁承之，后于宜都郡置宜州，梁末没于北。据本州考证，天嘉二年复之，属南荆州。

1. 夷陵(561—588)

按：齐宜都郡领有夷陵县、梁承之。《隋志》下夷陵郡夷陵："带郡。"则陈宜都郡领有夷陵县。

2. 夷道(561—588)

按：齐宜都郡领有夷道县，梁承之。《隋志》下夷陵郡夷道："旧置宜都郡，开皇七年废。"则陈亦当有夷道县。

3. 宜昌(561—588)

按：齐宜都郡领有宜昌县，梁承之。《隋志》下南郡领有宜昌县，则陈亦当有宜昌县。

4. 佷山(561—587)

按：齐宜都郡领有佷山县，梁承之。《寰宇记》卷147《山南东道六》峡州长阳县："本汉佷山县……隋开皇八年，李伯禽据县，背陈入隋，即改佷山县为长阳县。"则陈当有佷山县。

5. 归化(561—588)

按：《隋志》下南郡宜昌："开皇九年置松州，又省归化、受陵二县入。"则开皇九年前有归化、受陵二县，《〈补陈疆域志〉订补》、《陈政区建置表》列此二县为宜都郡属县，今从之。

6. 受陵(561—588)

按：据归化县考证所引《隋志》，陈或有受陵县，今姑列于此。

(二)南平郡(561—567)——治孱陵(今湖北公安县西南)

按：齐、梁荆州领有南平郡，梁陈之际，南平郡为后梁所占。天嘉元年，陈复得之，乃属武州。据本州考证，天嘉二年置南荆州，南平郡乃来属。据荆州考证，光大二年置荆州，南平郡又移属荆州，所属诸县当随之度属焉。

1. 孱陵(561—567)
2. 作唐(561—567)
3. 公安(561—567)
4. 安南(561—567)
5. 永安(561—567)

(三)罗郡(561—?)——治乏考

按：据本州考证所引《陈书》，天嘉二年，以罗郡等四郡置南荆州。《补陈志》卷3南荆州条以为"陈罢梁罗州置，寻罢"。然梁之罗州领岳阳、药山二郡，与南荆州地望不合，且药山郡已于天嘉元年属武州，岳阳郡已属湘州。故《补陈志》当为臆断。罗郡领县及地望当待后考。

八、信州沿革

信州(567前—588)，治安蜀城(今湖北宜昌市西北长江西陵峡口南岸)。梁析益州置信州，梁末没于西魏。《陈书》卷22《陆子隆传》：光大元年，"寻迁都督荆、信、祐三州诸军事、宣毅将军、荆州刺史，持节、常侍如故"。则至迟于光大元年已有信州。《陈书》卷11《章昭达传》："太建二年，率师征萧岿于江陵。时萧岿与周军大蓄舟舰于青泥中，昭达分遣偏将钱道戢、程文季等，乘轻舟袭之，焚其舟舰。周兵又于峡下南岸筑垒，名曰安蜀城，于江上横引大索，编苇为桥，以度军粮。昭达乃命军士为长戟，施于楼船之上，仰割其索，索断粮绝，因纵兵以攻其城，降之"。《隋书》卷48《杨素传》："陈主遣其信州刺史顾觉，镇安蜀城。"似陈末信州治安蜀城。所领郡县乏考。

第四节 岭南诸州

祯明二年(588)之广、新、高、南合、罗、越、桂、东宁、成、静、建、双、石、南宁、安、龙、崖、黄诸州政区见图60，东衡、西衡二州政区见前图59，兴、利、明、交、爱、德等州政区见图61。

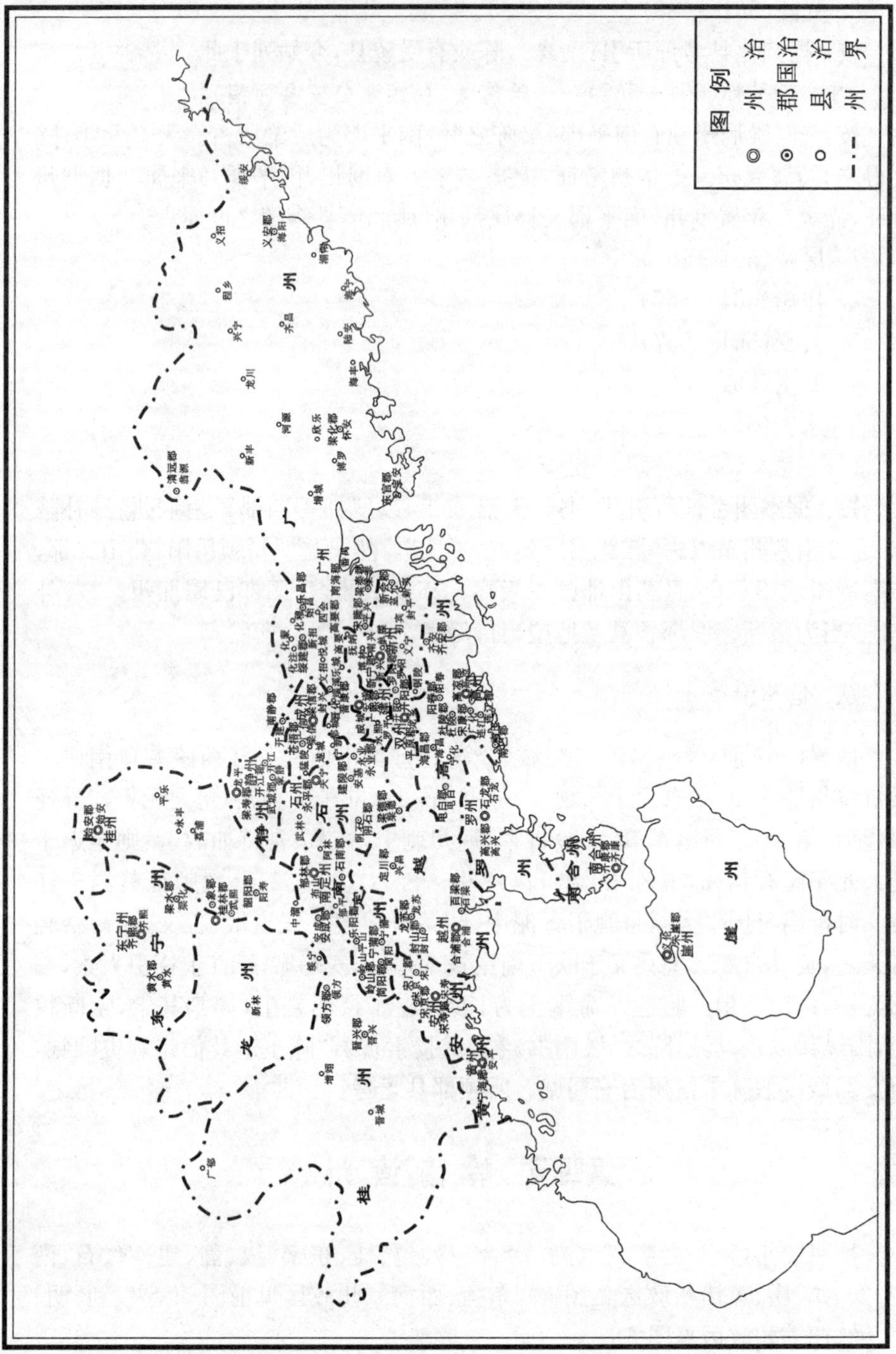

图 60 祯明二年(588)南朝陈岭南广、新、高、南合、罗、越、桂、东宁、成、静、建、双、石、南宁、安、龙、崖、黄诸州政区

一、广州沿革

广州(558—588),治番禺(今广东广州市)。旧有广州,《隋志》下南海郡:"旧置广州,梁、陈并置督府。平陈,置总管府。"则陈亦承旧有广州。陈初清远、义安二郡来属。

(一)南海郡(558—588)——治番禺(今广东广州市)

按:齐、梁广州皆有南海郡,《隋志》下南海郡南海:"旧置南海郡,平陈,郡废。"则陈亦有南海郡。

1. 番禺(558—588)

按:齐南海郡领有番禺县,梁承之。《陈书》卷21《萧允传附子萧引传》:"及章昭达平番禺,引始北还。"则陈有番禺县。

2. 龙川(558—588)

按:齐南海郡领有龙川县,梁承之。《隋志》下龙川郡河源:"开皇十一年省龙川县入焉。又有新丰县,十八年改曰休吉,大业初省入焉。"则陈有龙川县。

3. 博罗(558—588)

按:齐南海郡领有博罗县,梁承之。《隋志》下龙川郡领有博罗县,则陈亦当有博罗县。

4. 河源(558—588)

按:齐南海郡领有河源县,梁承之。《隋志》下龙川郡领有河源县,则陈当有河源县。

5. 陆安(558—588)

按:《一统志》卷445惠州府陆安废县:"在海丰县东南,齐置,属东官郡,梁、陈间废。"然《陈政区建置表》列陆安县为南海郡属县,今姑从之。

6. 新丰(558—588)

按:齐南海郡领有新丰县,梁承之。据龙川县考证所引《隋志》,陈有新丰县。

7. 增城(558—588)

按:齐南海郡领有增城县,梁承之。《隋志》下南海郡增城:"旧置东官郡,平陈废。"[1]则陈有增城县。

(二)东官郡(558—588)——治宝安(今广东宝安区西南头镇)

按:齐广州领有东官郡,梁承之。《隋志》下南海郡增城:"旧置东官郡,平

---

[1] 《隋志》此处所载有误,详参东官郡考证,然增城县至陈时尚存则确切无疑。

陈废。"政宾:"旧置东官郡,平陈郡废。"《〈补陈疆域志〉订补》以为《隋志》所载有误,"增城县陈时应属南海郡,东官郡则应领宝安等县,《隋志》系东官郡于政宾县下,有误"。甚是,今从之。则陈亦有东官郡。

1. 宝安(558—588)

按:齐东官郡领有宝安县,梁承之。《元和志》卷34《岭南道一》广州东莞县:"本汉博罗县地,晋成帝咸和六年于此置宝安县,属东莞郡。隋开皇十年废郡,以县属广州。"则陈亦当有宝安县。

2. 海安(558—588)

按:齐东官郡领有海安县,梁承之。《陈书》卷9《裴子烈传》:"官至电威将军、北谯太守、岳阳内史,海安县伯,邑三百户。"则陈亦当有海安县。

3. 齐昌(558—588)

按:《一统志》卷465嘉应直隶州齐昌废县:"在兴宁县北,《齐志》东官郡领齐昌县,梁、陈时废。"则陈或有齐昌县。

4. 海丰(558—588)

按:齐东官郡领有海丰县,梁承之。《隋志》下龙川郡领有海丰县,则陈亦当有海丰县。

5. 兴宁(558—588)

按:齐东官郡领有兴宁县,梁承之。《隋志》下龙川郡领有兴宁县,则陈亦当有兴宁县。

(三)高要郡(558—588)——治高要(今广东肇庆市)

按:梁置高要郡,属广州。《隋志》下信安郡高要:"旧置高要郡,平陈郡废。"则陈承旧有高要郡。

高要(558—588)

按:齐南海郡领有高要县,梁亦有此县。据本郡考证所引《隋志》,陈有高要县。

(四)晋康郡(558—588)——治端溪(今广东德庆县)

按:齐末广州领有晋康郡,梁承之。《隋志》下信安郡端溪:"旧置晋康郡。平陈,郡废。"则陈当承旧有晋康郡。

1. 端溪(558—588)

按:齐晋康郡领有端溪县,梁承之。据本郡考证所引《隋志》,陈当有端溪县。

2. 元溪(558—588)

按:《一统志》卷448肇庆府元溪废县:"本端溪县地,晋置,属苍梧郡。永和七年置晋康郡,治此。宋徙郡治端溪县,仍属焉。梁、陈间废。"《陈政区建置表》列元溪县为晋康郡属县,今从之。

3. 乐城(558—588)

按:齐晋康郡领有乐城县,梁承之。《隋志》下信安郡乐城:"开皇十二年废文招、悦成二县入。"则陈亦当有乐城县。

4. 悦城(558—588)

按:齐晋康郡领有悦城县,梁承之。据乐城县考证所引《隋志》,陈当有悦成县,《惰志》之"悦成"当为"悦城"之讹,陈当有悦城县。

5. 都城(558—588)

按:齐晋康郡领有都城县,梁承之。《隋志》下苍梧郡都城:"开皇十二年省威城、晋化二县入焉。"则陈有都城县。

6. 晋化(558—588)

按:齐晋康郡领有晋化县,梁承之。据都城县考证所引《隋志》,则陈有晋化县。

7. 文招(558—588)

按:齐晋康郡领有文招县,梁承之。据乐城县考证所引《隋志》,则陈当有文招县。

8. 威城(558—588)

按:齐晋康郡领有威城县,梁承之。据都城县考证所引《隋志》,则陈有威城县。

(五) 宋隆郡(558—588)——治平兴(今广东高要市东南)

按:齐广州领有宋隆郡,梁承之。《隋志》下信安郡平兴:"旧置宋隆郡,领初宁、建宁、熙穆、崇德、召兴、崇化、南安等县。平陈,郡废。并所领县入焉。"则陈亦当有此郡。

1. 平兴(558—588)

按:齐宋隆郡领有平兴县,梁承之。据本郡考证所引《隋志》,则陈有平兴县。

2. 建宁(558—588)

按:齐宋隆郡领有建宁县,梁承之。据本郡考证所引《隋志》,则陈有建宁县。

3. 招兴(558—588)

按:齐宋隆郡领有招兴县,梁承之。据本郡考证所引《隋志》,陈隋之际有召兴县,恐即为招兴之误,则陈当有招兴县。

4. 熙穆(558—588)

按：齐宋隆郡领有熙穆县，梁承之。据本郡考证所引《隋志》，则陈有熙穆县。

5. 崇德(558—588)

按：齐宋隆郡领有崇德县，梁承之。据本郡考证所引《隋志》，则陈有崇德县。

6. 崇化(558—588)

按：齐宋隆郡领有崇化县，梁承之。据本郡考证所引《隋志》，则陈有崇化县。

7. 南安(558—588)

按：梁宋隆郡领有南安县。据本郡考证所引《隋志》，则陈有南安县。

8. 初宁(558—588)

按：梁宋隆郡领有初宁县。据本郡考证所引《隋志》，则陈有初宁县。

(六) 梁泰郡(558—588)——治梁泰(今广东高明区东)

按：梁广州领有梁泰郡。《隋志》下信安郡平兴："又梁置梁泰郡及县。平陈，郡废。县改曰清泰。"则陈承旧有梁泰郡及梁泰县。

梁泰(558—588)

(七) 清远郡(558—588)——治翁源(今广东翁源县西北)

按：《隋志》下南海郡翁源："梁置，陈又置清远郡。平陈，郡废。"《隋志》下南海郡清远："旧置清远郡，又分置威正、廉平、恩洽、浮护等四县，平陈并废，以置清远县。又齐置齐康郡，至是亦废入焉。"所谓"旧置清远郡"者，查宋、齐皆无，《元和志》卷34《岭南道一》广州清远县："本汉中宿县地也，梁武帝于此置清远郡，中宿县属之。"似陈有二清远郡。然以地望揆之，二清远郡相距甚近，当是梁置清远郡于中宿，陈移治于翁源，非陈另置也。梁清远郡属衡州，《补陈志》卷4、《陈政区建置表》列清远为广州属郡，或是陈时度属焉。今姑从之。

1. 翁源(558—588)

按：据本郡考证所引《隋志》，梁置翁源县，陈承之。

2. 清远(558—588)

按：《补陈志》卷4广州清远郡清远县以为：梁于汉中宿县地置清远郡，陈移郡治于翁源，故以为县。《陈政区建置表》同，今从之。

3. 中宿(558—588)

按：梁有中宿县，属清远郡。《陈书》卷31《鲁广达传》："封中宿县侯。"则陈有中宿县。

4. 威正(558—588)

按：据本郡考证所引《隋志》，陈有威正县，属清远郡。

5. 恩洽(558—588)

按：据本郡考证所引《隋志》，陈有恩洽县，属清远郡。

6. 廉平(558—588)

按：据本郡考证所引《隋志》，陈有廉平县，属清远郡。

7. 浮护(558—588)

按：据本郡考证所引《隋志》，陈有浮护县，属清远郡。

(八)乐昌郡(558—588)——治始昌(今广东四会市北)

按：齐广州领有乐昌郡，梁承之。《隋志》下南海郡四会："旧置绥建郡，又有乐昌郡。平陈，二郡并废，大业初又并始昌县入焉。"则陈亦有乐昌郡。

1. 始昌(558—588)

按：齐乐昌郡领有始昌县，梁承之。据本郡考证所引《隋志》，陈亦当有始昌县。

2. 宋元(558—588)

按：齐乐昌郡领有宋元县，《陈政区建置表》列宋元县为乐昌郡属县，今姑从之。

3. 安乐(558—588)

按：齐乐昌郡领有安乐县，梁承之。《隋志》下始安郡龙平："梁……又置归化县，大业初……又废归化、安乐、博劳三县入焉。"则陈亦当有安乐县。

4. 乐山(558—588)

按：齐乐昌郡领有乐山县，《补陈志》卷4广州乐昌郡列有此县。《陈政区建置表》亦列乐山县为乐昌郡属县，则陈或有乐山县，今从之。

5. 义立(558—588)

按：齐乐昌郡领有义立县，《补陈志》卷4广州乐昌郡列有此县。《陈政区建置表》亦列义立县为乐昌郡属县，则陈或有义立县，今从之。

(九)梁化郡(558—588)——治怀安(今广东惠东县西北梁化)

按：《元和志》卷34《岭南道一》循州："今州即汉南海郡之博罗县也。梁置梁化郡，隋开皇十年于此置循州。"循州归善县："本汉博罗县地也，宋于此置归善县，属郭郡。梁属梁化郡，隋开皇十年废梁化郡。"则梁置梁化郡，属广州，陈承之。

1. 怀安(558—588)

按：《一统志》卷445惠州府归善县："汉南海郡博罗县地，刘宋分置安怀县，属东官郡。齐曰怀安，为东官郡治。梁改置梁化郡，隋平陈，置归善县。"则陈有怀安县。

2. 欣乐(558—588,589① 归善)

按：齐东官郡领有欣乐县。《陈书》卷11《章昭达传》："天嘉元年，追论长城之功，封欣乐县侯，邑一千户。"《补陈志》卷4广州归善郡条据《舆地纪胜》引《祥符图经》云："归善，晋欣乐县地，陈祯明三年改为归善。"今从之。

（十）义安郡(558—588)——治海阳(今广东潮州市东北)

按：齐广州领有义安郡，《隋志》下义安郡海阳："旧置义安郡。平陈，郡废。"义安郡："梁置东扬州，后改曰瀛州，及陈州废。"则陈有义安郡，且自瀛州还属广州。

1. 海阳(558—588)

按：齐义安郡领有海阳县，梁承之。《隋志》下义安郡海阳："旧置义安郡。"则陈当有海阳县。

2. 绥安(558—588)

按：《一统志》卷429漳州府绥安故城："在漳浦县西南，汉揭阳县地，晋置。隋开皇并入龙溪。"则陈有绥安县。

3. 海宁(558—588)

按：齐义安郡领有海宁县，梁承之。《隋志》下义安郡领有海宁县。则陈亦当有海宁县。

4. 潮阳(558—588)

按：齐义安郡领有潮阳县，梁承之。《隋志》下义安郡领有潮阳县。则陈亦当有潮阳县。

5. 义招(558—588)

按：《一统志》卷446潮州府大埔县："汉揭阳县地，晋义熙九年分置义招县，属义安郡，宋、齐以后因之。隋大业初改曰万川，仍属义安郡。"《隋志》下义安郡万川："旧曰昭义，大业初改名焉。"《隋志》所言昭义，当即为旧日之义招。则陈有义招县。

6. 程乡(558—588)

按：齐义安郡领有程乡县，梁承之。《隋志》下义安郡领有程乡县。则陈亦当有程乡县。

（十一）绥建郡(558—588)——治新招(今广东广宁县南)

按：齐广州领有绥建郡，梁承之。《隋志》下南海郡四会："旧置绥建郡，又

---

① 公元589年为陈祯明三年，也即为隋开皇九年。

有乐昌郡。平陈,二郡并废。"则陈亦当有绥建郡。

1. 新招(558—588)

按:齐绥建郡领有新招县,梁承之。《一统志》卷448肇庆府新招废县:"在广宁县西南,《宋书·州郡志》绥建郡领有新招县,本四会之官细乡,元嘉十三年分为县。隋废入四会。"则陈亦当有新招县。

2. 化蒙(558—588)

按:齐绥建郡领有化蒙县,梁承之。《隋志》下南海郡化蒙:"大业初废威城县入焉。"则陈有化蒙县。

3. 怀集(558—588)

按:宋广州绥建郡领有怀集县,齐省之。《隋志》下南海郡新会:"旧置新会郡,平陈,郡废。又并盆允、永昌、新建、熙潭、化召、怀集六县入,为封州。"则陈当有怀集县。

4. 四会(558—588)

按:齐绥建郡领有四会县,梁承之。据本郡考证所引《隋志》,则陈有四会县。

5. 化穆(558—588)

按:齐绥建郡领有化穆县。《方舆纪要》卷101《广东二》肇庆府广宁县化穆废县条:"刘宋置,属绥建郡。齐、梁因之,隋废。"则陈有化穆县。

6. 化注(558—588)

按:齐绥建郡领有化注县。《方舆纪要》卷101《广东二》肇庆府广宁县化穆废县条:"化注废县,在县西四十里。亦刘宋置,属绥建郡。齐、梁因之,隋废。"则陈有化注县。

二、新州沿革

新州(558—588),治新兴(今广东新兴县)。《隋志》下信安郡新兴:"梁置新州新宁郡。平陈,郡废。大业初州废。"则梁置新州,陈承之。陈时又移新会郡来属。

(一)新宁郡(558—588)——治新兴(今广东新兴县)

按:梁末新州领有新宁郡,据本州考证所引《隋志》,陈亦有新宁郡。

1. 新兴(558—588)

按:《一统志》卷447肇庆府新兴县条略谓,东晋置新兴县,齐更名新城,梁复称为新兴。据本州考证所引《隋志》,陈有新兴县,为新宁郡治。

2. 铜陵(558—588)

按:《方舆纪要》卷101《广东二》肇庆府阳春县铜陵废县条:"县北八十里。

汉合浦郡临允县地,刘宋置龙潭县,属新宁郡。齐因之。梁、陈间改曰铜陵。隋属端州。"则陈有铜陵县。以地望揆之,当属新宁郡。

3. 流南(558—588)

按:《隋志》下信安郡铜陵:"有流南县,开皇十八年改曰南流。又有西城县,大业初废入。"《方舆纪要》卷101《广东二》肇庆府阳春县流南废县条:"县西北三十五里。梁置流南县,属新兴郡。隋属新州。"《方舆纪要》所言"属新兴郡"者,据《一统志》卷447《肇州府表》,流南县为梁置,属新宁郡,开皇中更名,则陈有流南县。

4. 西城(558—588)

按:《方舆纪要》卷101《广东二》肇庆府阳春县流南废县条:"又西城废县,在县西南七十里。亦梁置,属新兴郡,隋大业初废入铜陵县。"此"新兴郡",亦为"新宁郡"之误。另据流南县考证所引《隋志》,则陈当有西城县。

5. 博林(558—588)

按:齐新宁郡领有博林县,梁承之。《隋志》下信安郡博林:"大业初废抚纳县入。"则陈亦当有博林县。

6. 索卢(558—588)

按:梁置索卢县,属新宁郡。《隋志》下信安郡新兴:"梁置新州、新宁郡。平陈,郡废。大业初州废,又废索卢县入焉。"则陈当有索卢县。

7. 抚纳(558—588)

按:齐新宁郡领有抚纳县,梁承之。《隋志》下信安郡博林:"大业初废抚纳县入。"则陈当有抚纳县。

8. 南兴(558—588)

按:齐新宁郡领有南兴县,梁承之。《方舆纪要》卷101《广州二》肇庆府新兴县新昌废县条引郡志:"又南兴废县,在县东北。亦晋末置,宋属新宁郡,齐、梁因之,隋废。"则陈有南兴县。

9. 单牒(558—588)

按:齐新宁郡领有单牒县,梁承之。《方舆纪要》卷101《广州二》肇庆府新兴县临允废县条:"又单牒废县,志云:在县东二十五里。晋末置,宋属新宁郡,齐、梁因之,隋废。"则陈有单牒县。

(二) 新会郡(558—588)——治盆允(今广东新会区北)

按:齐广州领有新会郡,梁承之。《隋志》下南海郡新会:"旧置新会郡,平陈,郡废。又并盆允、永昌、新建、熙潭、化召、怀集六县入,为封州。十一年改为允州,后又改为冈州。大业初州废,并废封乐县入。"则陈当有新会郡。《补陈志》卷4、《陈政区建置表》列新会郡于新州属郡,则陈或移新会郡属新州,今从之。

1. 盆允(558—588)

按:齐新会郡领有盆允县,梁承之。据本郡考证所引《隋志》,陈亦当有盆允县。

2. 新夷(558—588)

按:齐新会郡领有新夷县。《隋志》下南海郡义宁:"开皇十年废新夷、初宾二县入;又有始康县,废入封平"。则陈亦当有新夷县。

3. 封乐(558—588)

按:齐新会郡领有封乐县,梁承之。据本郡考证所引《隋志》,陈亦当有封乐县。

4. 义宁(558—588)

按:齐新会郡领有义宁县,梁承之。据新夷县考证所引《隋志》,陈有义宁县。

5. 封平(558—588)

按:齐新会郡领有封平县,梁承之。据新夷县考证所引《隋志》,陈当有封平县。

6. 初宾(558—588)

按:齐新会郡领有初宾县,梁承之。据新夷县考证所引《隋志》,陈当有初宾县。

7. 永昌(558—588)

按:齐新会郡领有永昌县,梁承之。据本郡考证所引《隋志》,陈当有永昌县。

8. 新建(558—588)

按:《方舆纪要》卷101《广东二》广州府新会县新夷废县条:"梁、陈间改新熙为新建,始成曰熙潭,招集为怀集,又以废宋安县改置化召县,隋开皇十年悉并入新会县。"另据本郡考证所引《隋志》,则陈有新建县。

9. 化召(558—588)

按:据新建县考证所引《方舆纪要》及本郡考证所引《隋志》,陈有化召县。

10. 熙潭(558—588)

按:据新建县考证所引《方舆纪要》及本郡考证所引《隋志》,陈有熙潭县。

11. 怀集(558—588)

按:据新建县考证所引《方舆纪要》及本郡考证所引《隋志》,陈有怀集县。

三、高州沿革

高州(558—588),治高凉(今广东阳江市西)。《隋志》下高凉郡:"梁置高州。"《寰宇记》卷158《岭南道二》恩州:"汉置为高凉县,属交州合浦郡。梁大通中为高州。隋置高凉郡。"则梁置高州,至陈犹存。陈时永宁郡自罗州来属。

(一) 高凉郡(558—588)——治高凉(今广东阳江市西)

按:齐广州领有高凉郡,梁移属高州。《隋志》下高凉郡高凉:"旧置高凉郡,平陈废。"则陈亦有高凉郡。

1. 高凉(558—588)

按:《隋志》下高凉郡高凉:"旧置高凉郡,平陈废,大业初复置。"则陈有高凉县。

2. 务德(?—588)

按:《隋志》下永熙郡良德:"陈置,曰务德,后改名焉。"《方舆纪要》卷104《广东五》高州府电白县良德废县条:"在旧县西北三十七里。陈置务德县,属高凉郡,后改曰良德。"则务德县为陈置。

3. 茂名(558—588)

按:《隋志》下高凉郡领有茂名县,《方舆纪要》卷104《广东五》高州府茂名县:"汉合浦郡地,晋南渡后置茂名县,属高兴郡,后废。梁复置,属高凉郡。"则陈当有茂名县。

(二) 杜陵郡(558—588)——治杜陵(今广东阳江市西)

按:梁高州领有杜陵郡。《隋志》下高凉郡杜原:"旧曰杜陵,梁置杜陵郡,又有永宁、宋康二郡,平陈,并废为县。"《方舆纪要》卷101《广东二》肇庆府西平废县条:"杜陵废县,在县西百二十里。梁置县,并置杜陵郡治焉。隋平陈郡废。"则陈有杜陵郡及杜陵县。

杜陵(558—588)

按:据本郡考证所引《隋志》及《方舆纪要》,陈有杜陵县,为杜陵郡治。

(三) 海昌郡(558—588)——治海昌(今广东高州市东北)

按:齐广州领有海昌郡,梁移属高州。《隋志》下高凉郡电白:"梁置电白郡,平陈,郡废。又有海昌郡废入焉。"则陈有海昌郡。

1. 海昌(558—588)

按:《方舆纪要》卷104《广东五》高州府电白县良德废县条:"海昌废县,在旧县北。梁置,并置海昌郡治焉。隋省。"[①]梁置海昌县为海昌郡治,陈承之。

[①] 《方舆纪要》此处所言梁置海昌郡,误。海昌郡为刘宋置。

2. 宁化(558—588)

按:《一统志》卷449高州府海昌废郡:"在电白县境。《宋书·州郡志》有海昌郡,元嘉十六年立,治宁化县。齐因之。隋平陈,废入电白县。"齐海昌郡犹领有宁化县。《补陈志》卷4、《陈政区建置表》列宁化县为海昌郡属县。今从之。

(四)永宁郡(558—588)——治乏考(约在今广东电白县东北)

按:宋置永宁郡,属越州,齐承之,梁移属罗州。《隋志》下高凉郡杜原:"又有永宁、宋康二郡,平陈并废为县。"《方舆纪要》卷101《广东二》肇庆府阳江县广化废县条:"又永宁废县,亦在县西。梁置永宁郡,隋废为县,属高州。"《补陈志》卷4、《陈政区建置表》列永宁郡为高州属郡,或是陈时来属焉。今从之。宋永宁郡不列属县,齐时乃有杜罗、金安、蒙、廖简、留城五县,《陈政区建置表》列此五县为永宁郡属县,是陈时此五县或存,今亦从之。

1. 杜罗(558—588)
2. 金安(558—588)
3. 蒙(558—588)
4. 廖简(558—588)
5. 留城(558—588)

(五)宋康郡(558—588)——治广化(今广东阳江市西)

按:齐广州领有宋康郡,梁移属高州。《隋志》下高凉郡杜原:"又有永宁、宋康二郡。平陈,并废为县。"《方舆纪要》卷101《广东二》肇庆府阳江县广化废县条:"三国吴析高凉县地置广化县,为高兴郡治,晋因之,后并郡入高凉。宋元嘉九年复析置宋康郡,治广化县,齐、梁因之。隋平陈,废郡为宋康县,属高州。"则陈有宋康郡。齐宋康郡领广化等十县,《补陈志》卷4、《陈政区建置表》宋康郡所领同此十县,今从之。

1. 广化(558—588)
2. 单城(558—588)
3. 石门(558—588)
4. 化隆(558—588)
5. 遂度(558—588)
6. 威覃(558—588)
7. 开宁(558—588)
8. 海邻(558—588)
9. 舆定(558—588)

10. 绥定(558—588)

(六)齐安郡(558—588)——治齐安(今广东恩平市北)

按：梁末高州领有齐安郡。《隋志》下高凉郡海安："旧曰齐安，置齐安郡。平陈，郡废。开皇十八年改县名焉。"则陈有齐安郡并领齐安县。

齐安(558—588)

(七)阳春郡(558—588)——治阳春(今广东阳春市)

按：梁高州领有阳春郡，《隋志》下高凉郡阳春："梁置阳春郡。平陈，郡废。"则陈亦当有阳春郡。

阳春(558—588)

按：《方舆纪要》卷101《广东二》肇庆府阳春县："梁始置阳春县及阳春郡。隋平陈郡废，县属高州。"则梁有阳春县。

(八)连江郡(558—588)——治连江(今广东电白县电城镇东)

按：梁高州领有连江郡。《隋志》下高凉郡连江："梁置连江郡，平陈，郡废。"则陈当有连江郡。

连江(558—588)

按：梁有连江县。《隋志》下高凉郡亦领有连江县。《方舆纪要》卷104《广东五》高州电白县保定废县条："梁置连江县，为连江郡治。隋平陈郡废，县属高州。"则陈有连江县。

(九)南巴郡(558—588)——治南巴(今广东高州市东)

按：梁高州领有南巴郡。《隋志》下高凉郡连江："梁又置南巴郡。平陈，郡废为南巴县。"则陈亦当有南巴郡。

1. 南巴(558—588)

按：据本郡考证所引《隋志》，似隋平陈方有南巴县。然《方舆纪要》卷104《广东五》高州府茂名县南巴废县条："梁置县，为南巴郡治。隋平陈郡废，县属高州。"似陈已有南巴县。今姑列于此。

2. 梁封(558—588)

按：《隋志》下高凉连江："梁置连江郡，平陈，郡废。梁又置梁封县。开皇十八年改为义封。"《记纂渊海》卷15《广南东路》高州电白："梁置电白、连江二郡，又置凉封县及南巴郡……隋废电白、连江为县。又改凉封为义封。"《记纂渊海》所言"凉封"即为《隋志》所言"梁封"，则陈有梁封县，属南巴郡。

(十)电白郡(558—588)——治电白(今广州高州市东北)

按：梁高州领有电白郡。《隋志》下高凉郡电白："梁置电白郡，平陈，郡废。又有海昌郡废入焉。"则陈亦当有电白郡。

电白(558—588)

按:《方舆纪要》卷104《广东五》高州电白县:"汉合浦郡高凉县地,梁置电白郡,治电白县。隋平陈郡废,县属高州。"则陈有电白县。

四、南合州沿革

南合州(558—588),治乏考(约在今广东海康县)。梁分广州置合州,后改为南合州。《隋志》下合浦郡海康:"梁大通中,割番州①合浦立高州,寻又分立合州。大同末,以合肥为合州,此置南合州。平陈,以此为合州,置海康县。大业初州废,又废摸落、罗阿、雷川三县入。"则陈承旧有南合州。

齐康郡(558—588)——治齐康(今广东徐闻县南)

按:梁南合州领齐康郡。《隋志》下合浦郡隋康:"旧曰齐康,置齐康郡。平陈,郡废。县改名焉。"则陈有齐康郡及齐康县。

1. 齐康(558—588)
2. 摸落(?—588)

按:据本州考证所引《隋志》,似陈有摸落县。《陈政区建置表》列摸落县为齐康郡属县,今从之。

3. 罗阿(?—588)

按:据本州考证所引《隋志》,似陈有罗阿县。《陈政区建置表》列罗阿县为齐康郡属县,今从之。

4. 雷川(558—588)

按:梁置雷川县,据本州考证所引《隋志》,则陈当有雷川县。

五、罗州沿革

罗州(558—588),治石龙(今广东化州市)。梁置罗州。《隋志》下高凉郡石龙:"旧置罗州、高兴郡。平陈,郡废。大业初州废。"则陈当有罗州。

(一)石龙郡(558—588)——治石龙(今广东化州市)

按:梁置石龙郡。《一统志》卷449高州府化州:"晋为高凉郡地,刘宋分置罗州县,属高凉郡。萧齐复立高兴郡,梁置罗州及石龙郡,又分置石龙县为州郡治。隋平陈,郡废。大业初,州废。以石龙县属高凉郡。"则陈亦有石龙郡并石龙县。

---

① "番州"盖避隋炀帝杨广讳,改广州称"番州"。

石龙(558—588)

(二)高兴郡(558—588)——治高兴(今广东化州市)

按:梁末越州领有高兴郡,据本州考证所引《隋志》,陈有高兴郡。齐高兴郡领高兴等十县,《补陈志》卷4罗州高兴郡条、《陈政区建置表》罗州高兴郡条亦列此十县。今从之。

1. 高兴(558—588)
2. 宋和(558—588)
3. 宁单(558—588)
4. 威成(558—588)
5. 夫罗(558—588)
6. 南安(558—588)
7. 归安(558—588)
8. 陈莲(558—588)
9. 高城(558—588)
10. 新建(558—588)

六、越州沿革

越州(558—588),治合浦(今广西合浦县东北旧州)。宋、齐、梁皆有越州。《隋志》下合浦郡:"旧置越州,大业初改为禄州。寻改为合州。"则陈有越州。

(一)合浦郡(558—588)——治合浦(今广西合浦县东北旧州)

按:旧有合浦郡,《陈书》卷9《欧阳頠传》载有合浦太守龚翊,合浦郡至隋犹存,则陈当有合浦郡。

1. 合浦(558—588)

按:《方舆纪要》卷104《广东五》廉州府合浦县:"汉县,属合浦郡,后汉及晋、宋皆为郡治,梁兼为越州治,自隋、唐以后州郡皆治此。"则陈有合浦县。

2. 椹(558—588)

按:《隋志》下合浦郡扇沙:"旧有椹县,开皇十八年改为椹川。"《方舆纪要》卷104《广东五》雷州府遂溪县:"汉徐闻县地,梁为椹县地,属合浦郡。"则陈有椹县。

3. 扇沙(558—588)

按:梁置扇沙县,据椹县考证所引《隋志》,则陈有扇沙县。

4. 北流(558—588)

按:《方舆纪要》卷108《广西三》梧州府北流县:"汉合浦县地,梁、陈间置北流县,属合浦郡。隋属越州。"则陈有北流县。

  5. 陆川(558—588)

  按:《隋志》下合浦郡北流:"大业初废陆川县入。"《方舆纪要》卷108《广西三》梧州府陆川县:"汉合浦县地,梁、陈间为陆川县地,隋废。"则陈有陆川县。

  6. 南昌(558—588)

  按:《一统志》卷474郁林直隶州南昌废县:"在博白县南十五里,梁析合浦地置南昌县,隋属合浦郡。"则陈有南昌县。

  (二)封山郡(558—588)——治封山(今广西灵山县南安金)

  按:齐越州领有封山郡,梁承之,治封山县。《方舆纪要》卷104《广东五》廉州府合浦县封山废县条:"汉合浦县地,南齐置封山郡,治安金县。萧梁兼置封山县……隋郡废,以封山县属越州。"则陈有封山郡,领封山县。

  1. 封山(558—588)

  2. 廉昌(558—588)

  按:《方舆纪要》卷104《广东五》廉州府合浦县封山废县条:"又廉昌废县,在县西南百二十里。梁置,属封山郡,隋大业初省入封山县。"则陈有廉昌县。

  (三)龙苏郡(558—588)——治龙苏(今广西浦北县北苏村附近)

  按:齐越州领有龙苏郡,梁承之。《隋志》下合浦郡龙苏:"旧置龙苏郡,平陈,郡废。"则陈当有龙苏郡。

  1. 龙苏(558—588)

  按:《方舆纪要》卷104《广东五》廉州府合浦县漳平废县条:"龙苏废县,在府东南。宋置龙苏郡,治龙苏县,齐、梁因之。隋平陈郡废,县属越州。"则陈有龙苏县。

  2. 大廉(558—588)

  按:《隋志》下合浦郡龙苏:"旧置龙苏郡,平陈,郡废。大业初又并大廉县入。"《方舆纪要》卷104《广东五》廉州府合浦县漳平废县条:"又大廉废县,在府南六十里。梁置县,属龙苏郡。隋废郡,改属越州。"则陈有大廉县。

  (四)定川郡(558—588)——治兴昌(今广西玉林市西南)

  按:齐越州领有定川郡,梁承之。《隋志》下合浦郡定川:"旧立定川郡,平陈,郡废。"则陈当有定川郡。

  兴昌(558—588)

  按:齐定川郡领有兴昌县,《补陈志》卷4、《陈政区建置表》皆列兴昌县为定川郡属县,是兴昌县至陈时或存。今从之。

（五）抱郡（？—588）——治抱（今广西容县至北海市之间）

按：《隋志》下合浦郡抱成："旧曰抱，并置郡。平陈，郡废。十八年改曰抱成。"则陈当有抱郡，并领抱县。

抱（？—588）

按：据本郡考证所引《隋志》，陈有抱郡，并领抱县。

（六）百梁郡（558—588）——治百梁（今广西合浦县东北）

按：齐越州领有百梁郡。《一统志》卷450廉州府安昌故城条："按《宋志》越州领百梁郡，《南齐志》郡领百梁、始昌、宋西三县，盖亦废于梁、陈时。"则陈似当有此郡。

百梁（558—588）

按：据本郡考证所引《一统志》，陈似当有百梁县。《陈政区建置表》列百梁县为百梁郡属县，今姑从之。

七、兴州沿革

兴州（558—588），治嘉宁（今越南永富省白鹤县南凤州）。梁置兴州，《隋志》下交趾郡嘉宁："旧置兴州、新昌郡。平陈，郡废。"则陈承旧有兴州。

新昌郡（558—588）——治嘉宁（今越南永富省白鹤县南凤州）

按：齐交州领有新昌郡，梁置兴州，乃来属焉。据本州考证所引《隋志》，陈当有新昌郡。

1. 嘉宁（558—588）

按：齐新昌郡领有嘉宁县，梁承之。据本州考证所引《隋志》，陈当有嘉宁县。

2. 范信（558—588）

按：齐新昌郡领有范信、西道、吴定、新道、晋化等县，《补陈志》卷4、《陈政区建置表》皆列为新昌郡属县，则陈新昌郡或仍有诸县，姑从之。

3. 西道（558—588）

4. 吴定（558—588）

5. 新道（558—588）

6. 晋化（558—588）

7. 临西（558—588）

按：齐新昌郡领有临西县，梁承之。《隋志》下交趾郡安人："旧曰临西，开皇十八年改名焉。"则陈有临西县。

第九编·第一章 南朝陈实州郡县沿革 1455

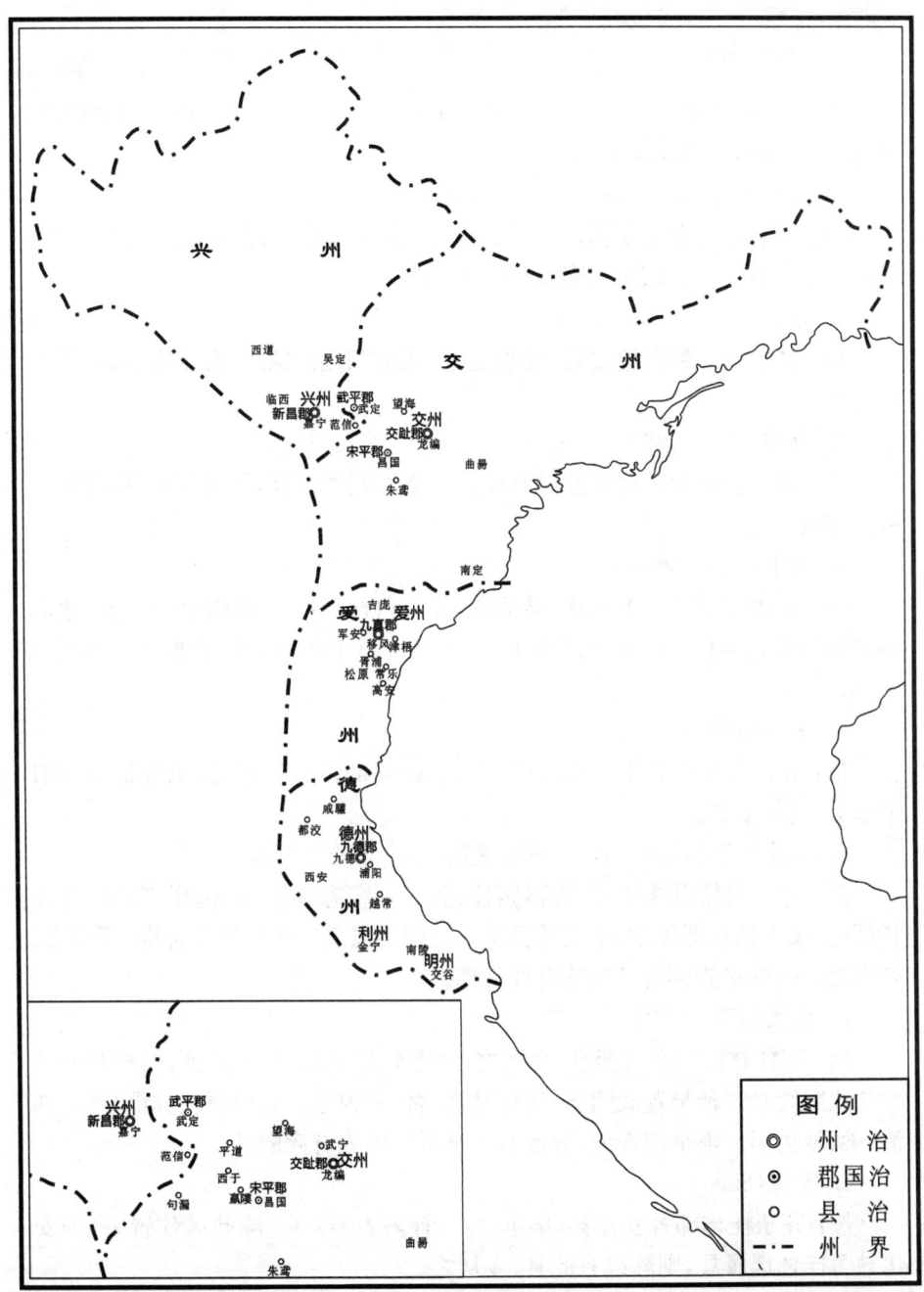

图61 祯明二年(588)南朝陈岭南兴、利、明、交、爱、德等州政区

八、桂州沿革

桂州(558—588),治始安(今广西桂林市)。《隋志》下始安郡:"梁置桂州。平陈,置总管府。"则陈当有桂州。

(一) 始安郡(558—588)——治始安(今广西桂林市)

按:齐湘州领有始安郡,梁大同中移属桂州。《寰宇记》卷162《岭南道六》桂州:"隋平陈,废始安郡。"则陈亦有始安郡。

1. 始安(558—588)

按:齐始安郡领有始安县,梁承之。《隋志》下始安郡领有始安县,则陈亦有始安县。

2. 荔浦(558—588)

按:齐始安郡领有荔浦县,梁承之。《隋志》下始安郡领有荔浦县,则陈亦有荔浦县。

3. 永丰(558—588)

按:齐始安郡领有永丰县,梁承之。《元和志》卷37《岭南道四》桂州永丰县:"吴甘露元年析汉荔浦县之永丰乡置,隋开皇十年省入阳朔县。"则陈有永丰县。

4. 平乐(558—588)

按:齐始安郡领有平乐县。《隋志》下始安郡领有平乐县,则陈似亦当有平乐县,属始安郡。

(二) 桂林郡(558—588)——治武熙(今广西柳江县东南)

按:齐广州领有桂林郡,梁移属桂州。《一统志》卷463柳州府:"秦为桂林郡地,汉为郁林郡潭中、中溜等县地。三国吴凤凰三年分置桂林郡,晋及宋、齐因之……隋平陈郡废。"则陈有桂林郡。

1. 武熙(558—588)

按:齐桂林郡领有武熙县,梁因之。《方舆纪要》卷109《广西四》柳州府马平县武熙废县:"孙吴置武熙县,属郁林郡,晋、宋因之。齐改属桂林郡,寻为郡治,梁、陈仍旧。隋平陈郡废,寻废县入马平。"则陈有武熙县。

2. 安化(558—588)

按:齐于桂林郡置安化县,梁承之。《补陈志》卷4、《陈政区建置表》列安化县为桂林郡属县,则陈或有此县,今从之。

3. 常安(558—588)

按:东晋桂林郡领有常安县,宋废。《陈书》卷22《骆牙传》:"封常安县侯,邑五百户。"则宋后复置常安县，陈时犹存。

4. 中溜(558—588)

按：齐桂林郡领有中留县，或作中溜县。《一统志》卷470浔州府中留废县："在武宣县西南，汉置属郁林郡，后汉曰中溜，晋省，后复置。刘宋为桂林郡治，萧齐属桂林郡，隋开皇十一年省入桂林。"则陈有中溜县。

（三）象郡(558—588)——治乏考（约在今广西鹿寨县雒容南）

按：《方舆纪要》卷109《广西四》柳州府象州："梁置象郡。隋平陈郡废，置象州。"则陈有象郡。领县乏考。

（四）韶阳郡(558—588)——治阳寿（今广西象州县）

按：《隋志》下始安郡阳寿："有马平、桂林、象、韶阳等四郡，平陈，并废。又有淮阳县，开皇十八年改曰阳宁。"《方舆纪要》卷109《广西四》柳州府象州阳寿废县："汉中溜县地，属郁林郡，后汉因之。晋废。后复置，属桂林郡，宋、齐因之。梁改置阳寿县，又置昭阳郡治焉。隋废郡，县属象州。"《方舆纪要》所言昭阳郡，当为韶阳郡之误。则陈有韶阳郡。

1. 阳寿(558—588)

按：据本郡考证所引《隋志》及《方舆纪要》，陈有阳寿县。

2. 淮阳(558—588)

按：《方舆纪要》卷109《广西四》柳州府象州桂林废县条："淮阳废县，在州西南。梁置，属（昭）[韶]阳郡。梁开皇十八年改曰阳宁县，属象州。"另据本郡考证所引《隋志》，则陈有淮阳县。

3. 西宁(558—588)

按：《隋志》下始安郡桂林："大业初并西宁县入。"《陈政区建置表》列西宁为韶阳郡属县，今从之。

（五）安成郡(558—588)——治安成（今广西宾阳县东安城镇）

按：梁置安成郡，属桂州。《隋志》下郁林郡安成："梁置安成郡。平陈，郡废。"《方舆纪要》卷109《广西四》柳州府宾州保城废县条："本领方县地，梁析置安城县，并置安城郡。隋平陈郡废，县属尹州。"则陈有安成郡，并领有安成县。

安成(558—588)

（六）领方郡(558—588)——治领方（今广西宾阳县西南古城）

按：梁置领方郡，属桂州。《隋志》下郁林郡领方："梁置领方郡。平陈，郡废。"《方舆纪要》卷109《广西四》柳州府宾州："汉属郁林郡，宋、齐因之。梁置领方郡。隋平陈郡废，属尹州。"则陈有领方郡。

领方(558—588)

按:《方舆纪要》卷109《广西四》柳州府宾州领方废县:"汉置县,属郁林郡,郡都尉治焉。后汉亦属郁林郡。三国吴改曰临浦,晋太康初复曰领方县,仍属郁林郡。宋、齐因之。梁为领方郡治。隋初郡废,县属尹州"。则陈有领方县。

(七)晋兴郡(558—588)——治晋兴(今广西南宁市南郁江南岸)

按:齐广州领有晋兴郡,梁时移属桂州。《隋志》下郁林郡宣化:"旧置晋兴郡,平陈废为县。"《方舆纪要》卷109《广西四》柳州府象州武德废县条:"晋兴废县,在州西。晋大兴初分郁林郡置晋兴郡,领晋兴等县,宋、齐因之,隋郡县俱废。"则陈有晋兴郡。齐晋兴郡领晋兴等八县,《补陈志》卷4桂州晋兴郡、《陈政区建置表》桂州晋兴郡所领同此八县。今从之。

1. 晋兴(558—588)

按:据本郡考证所引《方舆纪要》,陈晋兴郡领有晋兴县。

2. 熙注(558—588)
3. 桂林(558—588)
4. 增翊(558—588)
5. 安广(558—588)
6. 广郁(558—588)
7. 晋城(558—588)
8. 郁阳(558—588)

九、东衡州沿革

东衡州(560—573后,581—588),治曲江(今广东韶关市南武水西岸)。《陈书》卷3《世祖纪》:天嘉元年(560)五月,"分衡州之始兴、安远二郡,置东衡州"。《陈书》卷8《侯安都传》:"上乃下诏,改桂阳之汝城县为卢阳郡,分衡州之始兴、安远二郡,合三郡为东衡州。"《陈书》卷5《宣帝纪》:太建十三年(581)四月"乙巳,分衡州始兴郡为东衡州,衡州为西衡州"。则天嘉至太建间,东西二衡州曾合。查《陈书》卷5《宣帝纪》:太建五年三月"景(丙)戌,西衡州献马生角"。太建五年尚有西衡州,则东、西二衡州之合当在太建五年三月至太建十三年三月之间。

(一)始兴郡(560—573后,581—588)——治曲江(今广东韶关市南武水西岸)

按:始兴郡本衡州属郡,据本州考证,天嘉元年来属,太建五年后还属衡州,太建十三年再置东衡州,复来属。

1. 曲江(560—573 后,581—588)
2. 梁化(560—573 后,581—588)
3. 浈阳(560—573 后,581—588)
4. 平石(560—573 后,581—588)

(二)安远郡(560—573 后,581—588)——治乏考(约在今广东南雄市东北)

按:安远郡本衡州属郡,据本州考证,天嘉元年来属,太建五年后还属衡州,太建十三年再置东衡州,复来属。

1. 始兴(560—573 后,581—588)
2. 须阳(560—573 后,581—588)

(三)卢阳郡(560—573 后,581—588)——治卢阳(今湖南汝城县南)

按:《陈书》卷3《世祖纪》:天嘉元年"五月乙卯,改桂阳之汝城县为卢阳郡"。然《旧志》三郴州义昌:"晋分郴县置汝城、晋宁二县,陈废二县立卢阳郡,领卢阳县。"又,《寰宇记》卷117《江南西道十五》郴州义昌县引《舆地志》云:"陈太建五年省并汝城、晋宁二县,立卢阳郡,领卢阳一县。"《隋志》下桂阳郡卢阳:"陈置卢阳郡。平陈,郡废。"综合以上材料,卢阳郡之始置时间当从《陈书》,为天嘉元年,而汝城、晋宁二县于卢阳郡、县之废置更替情形当从《旧志》、《寰宇记》。于是可知,天嘉元年五月废汝城、晋宁二县置卢阳郡,领卢阳县。据本州考证,太建五年后移属衡州,太建十三年再置东衡州,复来属。

卢阳(560—573 后,581—588)

按:据本郡考证,天嘉元年置卢阳郡,并置卢阳县。

十、西衡州沿革

西衡州(558—559 衡州,560—573 后,573 后—580 衡州,581—588),治含洭(今广东英德市西北洭浈)。梁末衡州治曲江,领始兴、清远、临贺、阳山、安远、梁乐、齐乐、桂阳等郡。陈初清远郡移属广州。据东衡州条考证,天嘉元年桂阳郡所属晋宁、汝城二县废,改置为卢阳郡、县,移置东衡州。同年,始兴、安远二郡亦移属东衡州。衡州改治阳山郡含洭县。《陈书》卷5《宣帝纪》:太建十三年四月"乙巳,分衡州始兴郡为东衡州,衡州为西衡州"。又据东衡州考证,太建五年三月后,东衡州并入西衡州,十三年再分。

(一)阳山郡(558—588)——治含洭(今广东英德市西北洭浈)

按:梁末衡州领有阳山郡,《隋志》下南海郡含洭:"梁置衡州、阳山郡。平陈,州改曰洭州,废郡。"则陈衡州领有阳山郡。

1. 含洭(558—588)

按:齐始兴郡领有含洭县,梁承之。《隋志》下南海郡含洭:"梁置衡州、阳山郡。平陈,州改曰洭州,废郡。"则陈亦有含洭县。

2. 阳山(558—588)

按:齐始兴郡领有阳山县,梁亦有此县。《元和志》卷29《江南道五》连州阳山县:"本汉旧县……后汉省,晋重置,在洭水南。梁天监六年置阳山郡,以县属焉。隋开皇十年属连州。"则陈亦当有阳山县。

3. 桂阳(558—588)

按:齐始兴郡领有桂阳县,梁亦有之。《隋志》下熙平郡桂阳:"梁置阳山郡。平陈,郡废。"则陈有桂阳县。

4. 广惠(558—588)

按:《元和志》卷29《江南道五》连州连山县:"自汉至齐为桂阳郡之地。梁武帝分桂阳置广惠县,隋开皇十年改为广泽,属连州。"则陈有广惠县。

(二)梁乐郡(558—588)——治梁乐(今广东阳山县南)

按:梁置梁乐郡。《隋志》下熙平郡宣乐:"梁置,曰梁乐,并置梁乐郡,平陈,郡废,十八年改为宣乐。"则陈亦当有此郡。

梁乐(558—588)

按:据本郡考证所引《隋志》,梁置梁乐郡,并置梁乐县。则陈亦当有此县。

(三)桂阳郡(558—588)——治郴(今湖南郴州市)

按:齐湘州领有桂阳郡,梁末属衡州。《隋志》下桂阳郡郴:"旧置桂阳郡。平陈,郡废。"则陈亦当有桂阳郡。据东衡州卢阳郡条考证,天嘉元年,晋宁、汝城二县废。

1. 郴(558—588)

按:齐桂阳郡领有郴县,梁承之。《隋志》下桂阳郡郴:"旧置桂阳郡。平陈,郡废。"则陈亦当有郴县。

2. 临武(558—588)

按:齐桂阳郡领有临武县,梁承之。《隋志》下桂阳郡领有临武县。则陈亦当有临武县。

3. 南平(558—588)

按:齐桂阳郡领有南平县,梁承之。《元和志》卷29《江南道五》郴州蓝山县:"本汉南平县,至隋废。"则陈当有南平县。

4. 便(558—588)

按:《元和志》卷29《江南道五》郴州高亭县:"本汉便县,晋省,陈复置,至隋省入郴县。"则陈有便县。

5. 晋宁(558—559)

按:齐桂阳郡领有晋宁县,梁承之。据东衡州卢阳郡条考证,天嘉元年废。

6. 汝城(558—559)

按:齐桂阳郡领有汝城县,梁承之。据东衡州卢阳郡条考证,天嘉元年废。

(四)齐乐郡(558—588)——治熙平(今广东连山壮族瑶族自治县北)

按:梁末齐乐郡属衡州。《隋志》下熙平郡熙平:"旧置齐乐郡。平陈,郡废。"则陈有齐乐郡。

1. 熙平(558—588)

按:齐始安郡领有熙平县,梁承之。据本郡考证所引《隋志》,陈亦当有熙平县。

2. 武化(558—588)

按:《隋志》下熙平郡武化:"梁置。"则梁、陈皆有武化县。据地望揆之,当属齐乐郡。

3. 观宁(558—588)

按:齐齐乐郡领有观宁县,梁承之。《陈政区建置表》列观宁为齐乐郡属县,则陈或有此县。今从之。

(五)临贺郡(558—588)——治临贺(今广西贺州市东南贺街)

按:梁末衡州领有临贺郡。《隋志》下始安郡富川:"旧置临贺、乐梁二郡。平陈,并废。"则陈有临贺郡。

1. 临贺(558—588)

按:齐临贺郡领有临贺县,梁承之。《元和志》卷37《岭南道四》贺州临贺县:"本汉旧县也,自汉至陈不改。隋大业二年省临贺县入富川县。"则陈有临贺县。

2. 冯乘(558—588)

按:齐临贺郡领有冯乘县,梁承之。《隋志》下桂阳郡领有冯乘县,则陈亦当有冯乘县。

3. 谢沐(558—588)

按:齐临贺郡领有谢沐县,梁承之。《隋志》下零陵郡永阳:"旧曰营阳,梁置永阳郡。平陈,郡废,并营浦、谢沐二县入焉。"则陈有谢沐县。

4. 富川(558—588)

按:齐临贺郡领有富川县,梁承之。《隋志》下始安郡领有富川县。则陈亦当有富川县。

5. 封阳(558—588)

按:齐临贺郡领有封阳县,梁承之。《隋志》下苍梧郡领有封阳县,则陈亦当有此县。

6. 兴安(558—588)

按:齐临贺郡领有兴安县,梁承之。《隋志》下始安郡始安:"旧置始安、梁化二郡。平陈,郡并废。大业初废兴安县入焉。"则陈亦当有兴安县。

(六) 始兴郡(558—559,573后—580)——治曲江(今广东韶关市南武水西岸)

按:梁末衡州领有始兴郡,《隋志》下南海郡曲江:"旧置始兴郡。平陈废。十六年又废须阳县入焉。"则陈有始兴郡。据东衡州考证,天嘉元年,始兴郡移置东衡州。太建五年后东衡州废,复来属。太建十三年又置东衡州,始兴郡复移属焉。

1. 曲江(558—559,573后—580)

按:齐始兴郡领有曲江县,梁承之。据本郡考证所引《隋志》,陈当有曲江县。

2. 梁化(558—559,573后—580)

按:《隋志》下南海郡乐昌:"梁置,曰梁化,又分置平石县。开皇十二年省平石入,十八年改名焉。"则陈有梁化县。

3. 浈阳(558—559,573后—580)

按:齐始兴郡领有浈阳县,梁承之。《元和志》卷34《岭南道一》广州浈阳县:"本汉旧县也,属桂阳郡,在浈水之阳,因名。吴属始兴郡,隋开皇十年改为贞阳。"则陈有浈阳县。

4. 平石(558—559,573后—580)

按:据梁化县考证所引《隋志》,陈有平石县。

(七) 安远郡(558—559,573后—580)——治乏考(约在今广东南雄市东北)

按:梁末衡州领有安远郡。《隋志》下南海郡始兴:"齐曰正阶,梁改名焉,又置安远郡,置东衡州。平陈,改郡置大庾县。"[1]则陈有安远郡。

---

[1] 《隋志》此处言"置东衡州",盖梁之东衡州自衡州析出,安远郡随之而属焉,而安远郡原属衡州。

1. 始兴(558—559,573 后—580)

按:据本郡考证所引《隋志》,梁改南齐之正阶为始兴,陈承之。

2. 须阳(558—559,573 后—580)

按:《隋志》下南海郡曲江:"旧置始兴郡。平陈废。十六年又废须阳县入焉。"则陈似有须阳县,《补陈志》卷4东衡州条、《陈政区建置表》列须阳县为安远郡属县,姑从之。

(八)卢阳郡(573 后—580)——治卢阳(今湖南汝城县南)

按:据东衡州卢阳郡考证,天嘉元年五月置卢阳郡,领卢阳县。太建五年后东衡州废,卢阳郡乃来属。太建十三年再置东衡州,复还属焉。

卢阳(573 后—580)

十一、东宁州沿革

东宁州(558—588),治齐熙(今广西融水苗族自治县)。《隋志》下始安郡义熙:"旧曰齐熙,置齐熙、黄水二郡及东宁州。平陈,郡并废。"《方舆纪要》卷109《广西四》柳州府融县:"汉潭中县地,萧齐析置齐熙县,为齐熙郡治,梁兼置东宁州。隋平陈郡废,开皇十八年改州为融州,又改县曰义熙。"则陈有东宁州。

(一)齐熙郡(558—588)——治齐熙(今广西融水苗族自治县)

按:齐广州领有齐熙郡,梁时移置东宁州。据本州考证所引《隋志》及《方舆纪要》,陈有齐熙郡及齐熙县。

齐熙(558—588)

(二)黄水郡(558—588)——治黄水(今广西罗城县西北)

按:齐广州领有黄水郡,梁时移属东宁州。《隋志》下始安郡义熙:"旧曰齐熙,置齐熙、黄水二郡及东宁州。平陈,郡并废。十八年改州曰融州,县曰义熙。大业初州废,并废临牂、黄水二县入焉。"《方舆纪要》卷109《广西四》柳州府融县武阳废县条:"志云:'萧梁置黄水郡,并置黄水县,在今县西。又西北置临牂县,属黄水郡。隋平陈郡废,县皆属融州。'"则陈有黄水郡。

1. 黄水(558—588)

按:据本郡考证,陈有黄水县。

2. 临牂(558—588)

按:据本郡所引《隋志》,陈当有临牂县。

(三)梁化郡(558—588)——治梁化(今广西鹿寨县北)

按:梁置梁化郡,属东宁州。《隋志》下始安郡始安:"旧置始安、梁化二郡,平陈,郡并废。"则陈亦当有梁化郡。

1. 梁化(558—588)

按:《寰宇记》卷162《岭南道六》桂州慕化县:"本汉潭中县地,晋太康元年分吴所置武豊县置长安县于此。萧齐又于县理置常安成。梁大同八年于县置梁化郡,改长安县为梁化县。十八年改梁化县为纯化县。大业二年省。"所谓"十八年改梁化县为纯化县","校勘记"以为"十八年"前当缺"开皇"二字,今从之。则陈有梁化县,属梁化郡。

2. 建陵(558—588)

按:齐始安郡领有建陵左县,《补陈志》卷4、《陈政区建置表》列建陵为梁化郡属县,则陈或有建陵县,今从之。

十二、成州沿革

成州(558—588),治梁信(今广东封开县东南贺江口)。《隋志》下苍梧郡:"梁置成州,开皇初改为封州。"则陈有成州。

(一)梁信郡(558—588)——治梁信(今广东封开县东南贺江口)

按:《隋志》下苍梧郡封川:"梁曰梁信,置梁信郡。平陈,郡废。"《寰宇记》卷164《岭南道八》封州:"梁置梁信郡,兼置成州。隋平陈,废梁信郡,改成州为封州。"则陈有梁信郡,并有梁信县。

1. 梁信(558—588)

2. 封兴(558—588)

按:《记纂渊海》卷15《广南东路》封州封川:"梁为梁信郡,治梁信县。又置封兴县,隋改封川。"则陈有封兴县。

(二)苍梧郡(558—588)——治广信(今广西梧州市)

按:齐广州领有苍梧郡,梁时移属成州。《隋志》下苍梧郡苍梧:"旧置苍梧郡,平陈,郡废。"则陈亦有苍梧郡。

1. 广信(558—588)

按:齐苍梧郡领有广信县,梁承之。《元和志》卷34《岭南道一》封州封川县:"本汉广信县地,梁于此置梁信郡。隋开皇十年改为梁信县,属封州。"则陈有广信县。

2. 宁新(558—588)

按:齐苍梧郡领有宁新县。《一统志》卷469梧州府:"宁新旧县,在苍梧县东南,《宋书·州郡志》苍梧郡:'《永初郡国》有宁新县,吴立曰新宁,晋太康元年改曰宁新',未几废。《南齐志》复有宁新县,隋废。"则陈当有宁新县。

3. 遂城(558—588)

按：《隋志》下永平郡戎成："梁置，曰遂成。开皇十一年改名焉。"《元和志》卷37《岭南道四》梧州戎城县："本汉广信县地，梁于此置遂城县，隋开皇十年……改为戎城县。"《元和志》所言遂城当即是《隋志》所言之遂成。然遂城县乃梁承旧而来，非梁所置，至隋方改名。则陈有遂成县。

4. 猛陵(558—588)

按：齐苍梧郡领有猛陵县，梁承之。《隋志》下始安郡豪静："梁置开江、武城二郡，陈置逍遥郡，平陈，郡并废。又有猛陵、开江二县，大业初并废入焉。"则陈亦有猛陵县。

十三、静州沿革

静州(558—588)，治龙平(今广西昭平县)。《隋志》下始安郡龙平："梁置静州，梁寿、静慰二郡。平陈，并废。"则陈有静州。

(一)梁寿郡(558—588)——治龙平(今广西昭平县)

按：据本州考证所引《隋志》，梁置静州，并置梁寿郡，陈亦有之。

龙平(558—588)

按：旧有龙平县。据本州考证所引《隋志》，龙平县至隋犹存，则陈亦当有之。

(二)静慰郡(558—588)——治乏考(约在今广西昭平县北)

按：据本州考证所引《隋志》，梁置静慰郡，陈亦有之。

1. 博劳(558—588)

按：《隋志》下始安郡龙平："梁置静州、梁寿、静慰二郡。平陈，并废。又置归化县，大业初州废，又废归化、安乐、博劳三县入焉。"《记纂渊海》卷15《广南东路》昭州："本汉临贺、猛陵二县地。梁于临贺地置南静郡龙平县；于猛陵地置开江郡县，又置静州，安乐、博劳二县。隋废二郡，增置开化县。大业废州，并属始安郡，省开江、归化、安乐、博劳四县。"则梁置博劳县，至隋始废，陈亦当有此县。

2. 安乐(558—588)

按：据博劳县考证所引《记纂渊海》，梁置安乐县，至隋方废，则陈时此县当存，今列于此。

(三)南静郡(558—588)——治开建(今广东封开县北南丰东)

按：梁置南静郡，属静州。《隋志》下熙平郡开建："梁置南静郡，平陈，郡废。"则陈亦有南静郡。

开建(558—588)

按：梁置开建县。据本郡考证所引《隋志》，开建县至隋犹存。则陈亦当开建县，属南静郡。

（四）开江郡(558—588)——治开江(今广西昭平县东南马江)

按：梁置开江郡，属静州。《隋志》下始安郡豪静："梁置开江、武城二郡，陈置逍遥郡。平陈，郡并废。又有猛陵、开江二县，大业初并废入焉。"又据静慰郡博劳县考证所引《记纂渊海》，则陈时有开江郡，领有开江县。

开江(558—588)

（五）武城郡(558—588)——治豪静(今广西昭平县南百余里桂江西)

按：梁置武城郡，属静州。《隋志》下始安郡豪静："梁置开江、武城二郡，陈置逍遥郡。平陈，郡并废。又有猛陵、开江二县，大业初并废入焉。"则陈时有武城郡并有豪静县。

豪静(558—588)

（六）逍遥郡(？—588)——治乏考(约在今广西昭平县南)

按：《隋志》下始安郡豪静："梁置开江、武城二郡，陈置逍遥郡。平陈，郡并废。"《陈书》卷31《樊毅传》："后主即位，进号征西将军，改封逍遥郡公。"则陈有逍遥郡，领县乏考。

十四、建州沿革

建州(558—588)，治安遂(今广东郁南县东南连滩)。梁置建州。《隋志》下永熙郡安遂："梁置建州、广熙郡。寻废。"中华书局校勘记曰："'寻废'下疑脱'郡'字，因州至大业初始废。"甚是。则陈有建州。

广熙郡(558—588)——治安遂(今广东郁南县东南连滩)

按：齐广州领有广熙郡，梁时移属建州。据本州考证所引《隋志》，广熙郡寻废，则陈或无广熙郡。然《方舆纪要》卷101《广东二》罗定州晋康废县条："宋元嘉中置安遂县，属晋康郡。齐因之。梁置建州及广熙郡治此。隋平陈废郡。"《补陈志》卷4、《陈政区建置表》皆列广熙郡为建州属郡，则广熙郡或废而复置，今姑从《方舆纪要》。

1. 安遂(558—588)

按：齐晋康郡领有安遂县。《隋志》下永熙郡安遂："梁置建州、广熙郡。"另据本郡考证所引《方舆纪要》，则陈当有安遂县。

2. 永熙(558—588)

按：齐广熙郡领有永熙县。《隋志》下永熙郡永熙："大业初并安南县入。"

则陈有永熙县。

3. 安南(558—588)

按：梁广熙郡领有安南县。《隋志》下永熙郡永熙："大业初并安南县入。"《方舆纪要》卷101《广东二》罗定州镇南废县条："梁置安南县，属广熙郡。隋属建州，大业初年废入永熙县。"则陈有安南县。

4. 罗平(558—588)

按：齐广熙郡领有罗平县，梁承之。《补陈志》卷4、《陈政区建置表》建州广熙郡领有罗平县。今从之。

5. 宁乡(558—588)

按：齐广熙郡领有宁乡、长化、定昌、宝宁等县，《补陈志》卷4、《陈政区建置表》建州广熙郡皆列有上列四县。今皆从之。

6. 长化(558—588)

7. 定昌(558—588)

8. 宝宁(558—588)

十五、双州(泷州)沿革

双州(泷州)(558—588)，治龙乡(今广东罗定市南)。梁置双州，亦称作泷州，《隋志》下永熙郡："梁置泷州。"则此州陈时或存。今列于此。

(一) 平原郡(558—588)——治龙乡(今广东罗定市南)

按：《方舆纪要》卷101《广东二》罗定州泷水废县条："汉端溪县地，梁置平原县，为平原郡治。隋平陈郡废，县属泷州。"此处所言梁置平原县，误，平原县为隋置。然陈有平原郡则无误。

龙乡(558—588)

按：齐广熙郡领有龙乡县，梁移属平原郡。《寰宇记》卷164《岭南道八》康州泷水县："本汉端溪县地，属苍梧郡。晋分端溪立龙乡县，即今州理。梁分广熙郡置建州，又分建州之双头洞立双州。隋改龙乡为平原县。"则陈平原郡领有龙乡县。

(二) 开阳郡(558—588)——治开阳(今广东罗定市东南)

按：梁置开阳郡。《记纂渊海》卷15《广南东路》德庆府："梁别立开阳等郡置双州。"《方舆纪要》卷101《广东二》罗定州开阳废县条："梁置县，为开阳郡治。隋郡废，县属泷州。"则陈有开阳郡，并领开阳县。

开阳(558—588)

(三) 罗阳郡(558—588)——治罗阳(今广东罗定市西)

按：梁置罗阳郡。《方舆纪要》卷101《广东二》罗定州开阳废县条："又罗阳废县,在县西南。亦梁置县,为罗阳郡治。隋郡废,县属泷州。"则陈有罗阳郡,并领罗阳县。

罗阳(558—588)

十六、石州沿革

石州(558—588),治夫宁(今广西藤县东北浔江南、北流江东岸)。《通鉴》卷166绍泰元年(555)十月:"(陈霸先)留高州刺史侯安都、石州刺史杜棱宿卫台省。"胡注曰:"《五代志》:永平郡,梁置石州,隋后改曰藤州。"查今本《隋志》下永平郡:"平陈,置藤州。"胡氏所引未知何本,然文意较今本《隋志》为长,姑从之。则梁置石州,至隋方废。陈当有石州。

(一)永平郡(558—588)——治夫宁(今广西藤县东北浔江南、北流江东岸)

按:宋、齐广州领有永平郡,梁移属石州。据《通鉴》所引《五代志》,陈当有永平郡。南齐永平郡领夫宁等十二县,其中安沂县陈时改为安基县,属建陵郡。详参本州建陵郡安基县考证。余十一县与《补陈志》卷4、《陈政区建置表》永平郡所属十一县同。今并从之。

1. 夫宁(558—588)
2. 畝安(558—588)
3. 卢平(558—588)
4. 员乡(558—588)
5. 苏平(558—588)
6. 逋宁(558—588)
7. 雷乡(558—588)
8. 开城(558—588)
9. 毗平(558—588)
10. 武林(558—588)

按:齐永平郡领有武林县,《隋志》下永平郡领有武林县。则陈当有武林县。

11. 丰城(558—588)

(二)阴石郡(558—588)——治阴石(今广西容县)

按:梁置阴石郡,属石州。《隋志》下永平郡普宁:"旧曰阴石,梁置阴石郡。平陈,郡废,改县为奉化。"则陈有阴石郡,并领阴石县。

阴石(558—588)

（三）梁德郡(558—588)——治梁德(今广东信宜市东北)

按：梁置梁德县。《隋志》下永熙郡怀德："旧曰梁德，置梁德郡。平陈，废郡。十八年改名怀德。"则陈有梁德郡并有梁德县。

梁德(558—588)

（四）建陵郡(558—588)——治安基(今广西岑溪市西北)

按：梁置建陵郡，《隋志》下永平郡安基："梁置建陵郡。平陈，郡废。"《元和志》卷37《岭南道四》桂州建陵县："本汉荔浦县地，吴孙氏置建陵县，梁武帝立为郡。隋开皇十年废郡，仍为建陵县。"则陈有建陵郡及建陵县。

1. 安基(558—588)

按：《一统志》卷469梧州府义昌旧县："在藤县南。东晋置安沂县，为永平郡治。齐移郡治夫宁县，仍属焉。梁更名安基县，兼置建陵郡。隋废郡，以县属永平郡。"另据本郡考证所引《隋志》，则陈有安基县。

2. 建陵(558—588)

（五）永业郡(558—588)——治永业(今广西岑溪市东北筋竹)

按：梁置永业郡，属石州。《隋志》下永熙郡永业："梁置永业郡，寻改为县，后省。开皇十六年又置。"《方舆纪要》卷101《广东二》罗定州镇南废县条："又永业废县，在州东北。梁置永业郡，寻改为县。隋平陈县废。"则陈或有永业郡、县，姑列于此。

永业(558—588)

十七、南定州沿革

南定州(558—588)，治布山(今广西桂平市西南古城)。《隋志》下郁林郡："梁置定州，后改为南定州。平陈，改为尹州。"则梁置定州，后改为南定州，陈亦当承旧有之。陈曾置石南郡。

（一）郁林郡(558—588)——治布山(今广西桂平市西南古城)

按：齐广州领有郁林郡，梁时移属南定州，《隋志》下郁林郡郁林："旧置郁林郡，平陈，郡废。"则陈承旧有郁林郡。

1. 布山(558—588)

按：齐郁林郡领有布山县，为郁林郡治，梁承之。《隋志》下郁林郡郁林："旧置郁林郡，平陈，郡废。大业初又置郡，又废武平、龙山、怀泽、布山四县入。"则陈有布山县。

2. 郁林(558—588)

按：齐郁林郡领有郁林县，梁承之。据布山县考证所引《隋志》，则陈亦有郁林县。

3. 郁平(558—588)

按：齐郁林郡领有郁平县，《隋志》下郁林郡领有郁平县，则陈当有郁平县。

4. 怀泽(558—588)

按：《一统志》卷470浔州府怀泽废县："在贵县南。梁陈时置，隋省入郁林……《元和志》：县北至贵州一百里。按《明[一]统志》作刘宋置，考宋、齐《志》有怀安而无怀泽，《隋志》无怀安，而郁林以怀泽并入，疑怀泽或即怀安也。"则陈有怀泽县。

5. 马度(558—588)

按：《方舆纪要》卷108《广西三》浔州府贵县怀泽废县："义山废县，在县北八十里。梁置马度县，属郁林郡，隋因之。"另《隋志》下郁林郡领有马度县，则陈有马度县。

6. 龙山(558—588)

按：《一统志》卷470浔州府龙山废县："在贵县北，《隋书·地理志》郁林郡郁林：'大业初废龙山县入。'按宋、齐《志》俱无龙山，疑梁、陈时置，以近龙山故名也。"则陈有龙山县。

7. 阿林(558—588)

按：齐郁林郡领有阿林县，梁承之。《隋志》下郁林郡领有阿林县。则陈亦当有此县。

(二) 石南郡(？—588)——治乏考(约在今广西玉林市石南镇东北)

按：《隋志》下郁林郡石南："陈置石南郡，平陈郡废。"则陈有石南郡。领县乏考。

(三) 桂平郡(558—588)——治桂平(今广西桂平市西)

按：《隋志》下郁林郡桂平："梁置桂平郡，平陈，郡废。"《记纂渊海》卷15《广南东路》浔州："梁置桂平郡及县，隋开皇废郡，以县属南尹州。"则梁置桂平郡并桂平县，陈承旧有桂平郡领桂平县。

桂平(558—588)

(四) 宁浦郡(558—588)——治宁浦(今广西横县西南七里，郁江南岸)

按：齐广州领有宁浦郡，梁时移属南定州。《隋志》下郁林郡宁浦："旧置宁浦郡，梁分立简阳郡。平陈郡废，置简州。"则陈承旧有宁浦郡。

宁浦(558—588)

按：齐宁浦郡领有宁浦县，梁承之。据本郡考证所引《隋志》，此县至隋犹存,则陈有宁浦县。

(五)简阳郡(558—588)——治简阳(今广西横县西南郁江南岸)

按:梁置简阳郡,《隋志》下郁林郡宁浦:"旧置宁浦郡,梁分立简阳郡。平陈郡废,置简州。"则陈亦有简阳郡。

简阳(558—588)

按:齐宁浦郡领有简阳县,梁置简阳郡,领简阳县。《方舆纪要》卷110《广西五》南宁府横州简阳废县条:"梁简阳郡盖置于此。隋平陈郡县俱废。"则陈当有简阳县。

(六)乐阳郡(558—588)——治平山(今广西横县东北郁江北岸)

按:梁置乐阳郡,属南定州。《隋志》下郁林郡乐山:"梁置乐阳郡。平陈,改为乐县。"则陈有乐阳郡。

平山(558—588)

按:《方舆纪要》卷110《广西五》南宁府横州乐山废县:"汉合浦郡高凉县地,晋置平山县,属宁浦郡。梁置乐阳郡治焉。隋平陈郡废,改县曰乐阳。"则陈有平山县,为乐阳郡治。

(七)岭山郡(558—588)——治岭山(今广西横县西郁江南岸)

按:梁置岭山郡,属南定州。《隋志》下郁林郡岭山:"梁置岭山郡。平陈,改为岭县。"则陈有岭山郡,属南定州。

岭山(558—588)

按:《方舆纪要》卷110《广西五》南宁府横州蒙泽废县条:"又岭山废县,在州西北百里。梁置县,为岭山郡治。隋平陈郡废,改曰岭县,属简州。"则陈有岭山县。

十八、安州沿革

安州(558—588),治宋寿(今广西钦州市东北三十里,钦江西北岸)。梁置安州。《隋志》下宁越郡:"梁置安州。开皇十八年改曰钦州。"则陈有安州。

(一)宋寿郡(558—588)——治宋寿(今广西钦州市东北三十里,钦江西北岸)

按:齐交州领有宋寿郡,梁时移属安州。《元和志》卷38《岭南道五》钦州:"宋分合浦置宋寿郡。梁武帝于今钦江县南三里置安州,隋开皇十八年改安州为钦州。"钦州钦江县:"本汉合浦县之地,宋于此置宋寿郡,隋开皇十九年罢郡为钦江县。属钦州。"则陈有宋寿郡。

宋寿(558—588)

按:《寰宇记》卷167《岭南道十一》钦州保京县:"废钦江县,旧为州所理。汉合浦县地,宋分置宋寿郡及宋寿县。隋改为钦州,仍改宋寿为钦江。"则陈当有宋寿县。

(二) 宋广郡(558—588)——治宋广(今广西灵山县西南陆屋)

按:梁安州领有宋广郡。《隋志》下宁越郡内亭:"旧置宋广郡。平陈,郡废。"则陈亦有此郡。

宋广(558—588)

按:齐合浦郡领有宋广县,梁置宋广郡。郡县同名,隋废郡,县当同废。则陈或有宋广县。今姑列于此。

(三) 安京郡(558—588)——治安京(今广西钦州市北小董西)

按:梁置安京郡,属安州。《隋志》下宁越郡安京:"旧置安京郡。平陈郡废。"则陈有安京郡。

安京(558—588)

按:《方舆纪要》卷104《广东五》廉州府钦州安远废县条:"汉合浦县地,萧梁治安京县,为安京郡治。隋平陈废郡,县属安州。"则陈有安京县。

十九、龙州沿革

龙州(558—588),治龙城(今广西柳城县旧柳城西十里,龙江南岸)。《方舆胜览》卷38《广西路》柳州:"秦平百粤,属桂林郡。汉改郁林郡,又为郁林郡之潭中县地。梁置龙州,隋以马平县置象州,属始安郡。"《方舆纪要》卷109《广西四》柳州府:"祝穆曰:'三国吴析桂林郡置马平郡。梁大同中兼置龙州,治龙江南岸。隋废郡,徙州治江北。寻废州,而以马平郡置象州。'"则陈有龙州。

马平郡(558—588)——治潭中(今广西柳州市东南柳江东南岸)

按:梁置马平郡,属龙州。《方舆纪要》卷109《广西四》柳州府马平县:"本汉潭中县地,属郁林郡。吴属桂林郡。梁析置马平县,并置马平郡。隋郡废,为象州治。"则陈有马平郡。

1. 潭中(558—588)

按:《方舆纪要》卷109《广西四》柳州府马平县潭中废县:"汉县,孙吴置桂林郡治此,晋、宋因之。齐移郡治武熙县,潭中属焉。隋废入马平县。"此言恐误,桂林郡治为武熙县,潭中县当为马平郡治。

2. 马平(558—588)

按:据本郡考证所引《方舆纪要》,陈有马平县。

3. 建安(558—588)

按:《补梁志》卷 2、《补陈志》卷 4、《陈政区建置表》马平郡列有马平、建安、始集、龙平、宾平、新林、绥宁、中胄、晋平、威化诸县,今从之。

4. 始集(558—588)

5. 龙平(558—588)

6. 宾平(558—588)

7. 新林(558—588)

8. 绥宁(558—588)

9. 中胄(558—588)

10. 晋平(558—588)

11. 威化(558—588)

二十、崖州沿革

崖州(558—588),治义伦(今海南省儋州市西北)。《隋志》下珠崖郡:"梁置崖州。"《陈书》卷 14《南康愍王昙朗传附子方泰传》载太建四年陈方泰以广州刺史所都督十九州中有崖州。则陈承旧有崖州。

珠崖郡(558—588)——治义伦(今海南省儋州市西北)

按:《方舆纪要》卷 105《广东六》琼州府:"梁置崖州及珠崖郡。隋初郡废州存。"则陈犹有珠崖郡。

1. 义伦(558—588)

按:《方舆纪要》卷 105《广东六》琼州府琼山县古崖州条:"梁置崖州及珠崖郡。治义伦县。"《隋志》下珠崖郡义伦:"带郡。"则陈有义伦县。

2. 武德(558—588)

按:《一统志》卷 453 琼州府武德废县:"在琼山县东南,《隋书·地理志》珠崖郡领武德县,盖梁陈时废朱卢后置。唐初省。"则陈珠崖郡领有武德县。

二十一、宜州沿革

宜州(?—588),治乏考。《陈书》卷 14《南康愍王昙朗传附子方泰传》载太建四年陈方泰以广州刺史所都督十九州中有宜州。则陈岭南有宜州。所领郡县乏考。

二十二、黄州沿革

黄州(558—588),治安平(今广西防城区西南东兴,北仑河北岸)。梁置黄州。《隋志》下宁越郡海安:"梁置,曰安平,置黄州及宁海郡。平陈,郡废。十八年改州曰玉州。大业初州废,其年又省海平、玉山二县入。"则陈承旧有黄州。

宁海郡(558—588)——治安平(今广西防城区西南东兴,北仑河北岸)

按:据本州考证所引《隋志》,陈承旧有宁海郡,属黄州。领安平、海平、玉山三县。

1. 安平(558—588)
2. 海平(558—588)
3. 玉山(558—588)

二十三、利州沿革

利州(558—588),治金宁(今越南河静省河静西北)。梁置利州。《隋志》下九真郡金宁:"梁置利州,开皇十八年改为智州。"则陈承旧有利州。所领郡乏考。

金宁(558—588)

按:《方舆纪要》卷112《广西七》乂安府越裳废县条:"又金宁废县,在废越裳县西南。萧梁时置,兼置利州。隋开皇十八年改为智州,大业初州废,县属日南郡。"则陈有金宁县。

二十四、明州沿革

明州(558—588),治交谷(今越南河静省河静以南)。梁置明州。《隋志》下日南郡交谷:"梁置明州,大业初州废。"则陈承旧有明州。所领郡乏考。

交谷(558—588)

按:《方舆纪要》卷112《广西七》乂安府越裳废县条:"交谷废县,在越裳县南。萧梁时置县,兼置明州。隋大业初州废,县属日南郡。"则陈有交谷县。

二十五、交州沿革

交州(558—588),治龙编(今越南北宁省仙游东)。旧有交州。《隋志》下交趾郡:"旧曰交州。"《陈书》中多载有任交州刺史者。则陈承旧有交州。

(一) 交趾郡(558—588)——治龙编(今越南北宁省仙游东)

按:梁交州领有交趾郡,《隋志》下交趾郡龙编:"旧置交趾郡,平陈,郡废。"则陈承旧有交趾郡。齐交趾郡领龙编等十一县。其中海平县陈时乏考。余十县与《陈政区建置表》交州交趾郡所列诸县同。今从之。

1. 龙编(558—588)

按：齐交趾郡领有龙编，梁承之。据本郡考证所引《隋志》，隋亦有龙编县。则陈亦有龙编县。

2. 句漏(558—588)
3. 武宁(558—588)
4. 望海(558—588)
5. 吴兴(558—588)
6. 西于(558—588)
7. 南定(558—588)
8. 曲易(558—588)
9. 嬴陵(558—588)
10. 朱䳒(558—588)

(二)宋平郡(558—588)——治昌国(今越南河内市)

按：齐交州领有宋平郡，梁承之。《隋志》下交趾郡宋平："旧置宋平郡。平陈，郡废。"则陈承旧有宋平郡。

昌国(558—588)

按：齐宋平郡领有昌国县，梁承之。《隋志》下交趾郡平道："旧曰国昌，开皇十二年改名焉。"《隋志》所言"国昌"当即为"昌国"。则陈宋平郡领有昌国县。

(三)武平郡(558—588)——治武定(今越南永富省永福县东南平州)

按：齐交州领有武平郡，梁承之。《隋志》下交趾郡隆平："旧曰武定，置武平郡。平陈，郡废。开皇十八年县改名焉。"则陈承旧有武平郡。齐武平郡领有武定、平道、武兴、根宁、南移、封溪六县。据《补陈志》卷4交州武平郡条，封溪县在梁、陈时废入平道县。则陈武平郡乃领五县，《陈政区建置表》同。今从之。

1. 武定(558—588)

按：齐武平郡领有武定县，梁承之。据本郡考证所引《隋志》，陈亦有武定县。

2. 平道(558—588)
3. 武兴(558—588)
4. 根宁(558—588)
5. 南移(558—588)

二十六、爱州沿革

爱州(558—588),治移风(今越南清化省清化北马江南岸)。梁置爱州。《隋志》下九真郡:"梁置爱州。"《元和志》卷38《岭南道五》爱州:"秦象郡地也,汉元鼎六年平南越,置九真郡……梁武帝于郡理置爱州,隋大业三年改为九真郡。"则陈有爱州。

(一)九真郡(558—588)——治移风(今越南清化省清化北马江南岸)

按:齐交州领有九真郡,梁时移属爱州。《隋志》下九真郡移风:"旧置九真郡,平陈郡废。"陈亦有九真郡。

1. 移风(558—588)

按:齐九真郡领有移风县,梁承之。据本郡考证所引《隋志》,则陈有移风县。

2. 胥浦(558—588)

按:齐九真郡领有胥浦县,梁承之。《隋志》下九真郡领有胥浦县,则陈有胥浦县。

3. 日南(558—588)

按:《方舆纪要》卷112《广西七》清化府日南城条:"汉居风县地,梁置日南县,隋属爱州。"则陈有日南县。

4. 松原(558—588)

按:齐九真郡领有松原县,《方舆纪要》卷112《广西七》清化府安顺城条:"松原废县,在府南。晋置,属九真郡,宋、齐因之,隋废。"则陈有松原县。

5. 高安(558—588)

按:《方舆纪要》卷112《广西七》清化府安顺城条:"又隆安废县,在府东南。本常乐县地,晋分置高安县,仍属九真郡,宋、齐以后因之。隋属爱州,开皇十八年改曰隆安。"则陈有高安县。

6. 吉庞(558—588)

按:齐九真郡领有吉庞县,《汉志》、《宋志》作都庞县。《方舆纪要》卷112《广西七》清化府无编城:"又都庞废县,亦在府北。汉县,属九真郡……后汉省,三国吴复置,晋初废。寻复置,宋、齐因之,隋废。"则陈有吉庞县。

7. 常乐(558—588)

按:《方舆纪要》卷112《广西七》清化府安顺城条:"三国吴所置常乐县,属九真郡,宋以后因之。隋属爱州,开皇十六年改曰安顺县。"则陈有常乐县。

8. 津梧(558—588)

按:《方舆纪要》卷112《广西七》清化府日南城条:"津梧本晋县,隋废。"则陈有津梧县。

9. 武宁(558—588)

按：齐九真郡领有武宁县，《补陈志》卷4、《陈政区建置表》列武宁县为九真郡属县，则陈或有武宁县，今从之。

10. 军安(558—588)

按：齐九真郡领有军安县，梁承之。《隋志》下九真郡领有军安县，则陈有军安县。

二十七、德州沿革

德州(558—588)，治九德(今越南义安河荣市)。《隋志》下日南郡："梁置德州，开皇十八年改曰驩州。"是梁置德州，隋废。则陈亦有德州。

九德郡(558—588)——治九德(今越南义安河荣市)

按：齐交州领有九德郡，梁时九德郡移置德州。《寰宇记》卷171《岭南道十五》驩州："吴又置九德郡。晋、宋、齐因之。隋置驩州，后为日南郡。"《方舆纪要》卷112《广西七》乂安府驩州城条："吴分置九德郡，治九德县，晋、宋以后因之。梁兼置德州。……隋平陈，废郡存州。"则陈有九德郡。

1. 九德(558—588)

按：齐九德郡领有九德县，梁承之。《隋志》下日南郡领有九德县，则陈亦当有此县。

2. 安远(558—588)

按：《方舆纪要》卷112《广西七》乂安府驩州城条："志：萧梁时置安远、西安二县，隋开皇十八年改西安曰广安。"则陈或有安远县。

3. 咸驩(558—588)

按：齐九德郡领有咸驩县，梁承之。《隋志》下日南郡领有咸驩县，则陈有咸驩县。

4. 浦阳(558—588)

按：齐九德郡领有浦阳县，梁承之。《隋志》下日南郡领有浦阳县，则陈有浦阳县。

5. 南陵(558—588)

按：齐九德郡领有南陵县，《补陈志》卷4、《陈政区建置表》列南陵为九德郡属县，则陈或有此县。今从之。

6. 都泠(558—588)

按：齐九德郡领有都泠县，《补陈志》卷4、《陈政区建置表》列都泠为九德郡属县,则陈或有都浼县。今从之。

7. 越常(558—588)

按:齐九德郡领有越常县,《方舆纪要》卷112《广西七》乂安府越裳废县条:"吴置县,属九德郡。晋初废,后复置,仍属九德郡。宋、齐因之。隋属德州。"《方舆纪要》所载"越裳"当即"越常",则陈有越常县。

8. 西安(558—588)

按:《方舆纪要》卷112《广西七》乂安府驩州城条:"志云:萧梁时置安远、西安二县,隋开皇十八年改西安曰广安。"则陈有西安县。

第二章 南朝陈祯明二年(588)实州郡县行政区划

一、江表诸州

(一) 扬州,治建康(今江苏南京市)。实郡一,领实县侨郡二,实县十六

1. 丹阳郡,治建康(今江苏南京市),7县:建康、秣陵、丹阳、溧阳、永世、江宁、句容。

2. 南琅邪、彭城二郡,寄治白下城(今江苏南京市北金川门外,幕府山南麓),5县:建安、同夏、乌山、江乘、湖熟。

3. 陈留郡,寄治石封(今安徽广德县),4县:石封、故障、广德、安吉。

(二) 吴州,治吴(今江苏苏州市)。实郡三,实县十八

1. 吴郡,治吴(今江苏苏州市),7县:吴、娄、嘉兴、昆山、盐官、桐庐、海盐。

2. 钱塘郡,治钱塘(今浙江杭州市),4县:钱塘、富阳、於潜、新城。

3. 吴兴郡,治乌程(今浙江湖州市),7县:乌程、武康、东迁、长城、临安、余杭、原乡。

(三) 东扬州,治山阴(今浙江绍兴市)。实郡五,实县三十六

1. 会稽郡,治山阴(今浙江绍兴市),11县:山阴、会稽、永兴、上虞、始宁、句章、余姚、鄞、鄮、诸暨、剡。

2. 临海郡,治章安(今浙江临海市东南章安),5县:章安、乐安、临海、宁海、始丰。

3. 新安郡,治始新(今浙江淳安县西北),6县:始新、遂安、黟、歙、寿昌、海宁。

4. 东阳郡,治长山(今浙江金华市),9县:长山、太末、乌伤、永康、建德、丰安、信安、定阳、武义。

5. 永嘉郡,治永宁(今浙江温州市),5县:永宁、安固、松阳、乐成、横阳。

（四）丰州，治东侯官（今福建福州市）。实郡三，实县十四
　　1. 晋安郡，治东侯官（今福建福州市），3县：东候官、候官、温麻。
　　2. 建安郡，治建安（今福建建瓯市），7县：建安、吴兴、将乐、建阳、邵武、绥城、沙村。
　　3. 南安郡，治晋安（今福建南安市东丰州），4县：晋安、龙溪、兰水、绥安。
（五）南徐州，侨寄京口（今江苏镇江市）。实郡四，领实县侨郡一，实县二十一
　　1. 东海郡，侨寄京口（今江苏镇江市），3县：丹徒、兰陵、曲阿。
　　2. 晋陵郡，治晋陵（今江苏常州市），4县：晋陵、延陵、无锡、暨阳。
　　3. 义兴郡，治阳羡（今江苏宜兴市），4县：阳羡、临津、义兴、国山。
　　4. 江阴郡，治江阴（今江苏江阴市），3县：江阴、利城、梁丰。
　　5. 信义郡，治南沙（今江苏常熟市西北），7县：南沙、信义、海阳、前京、海虞、兴国、常熟。
（六）南豫州，寄治姑熟（今安徽当涂县）。实郡一，领实县侨郡一，实县十
　　1. 淮南郡，寄治姑熟（今安徽当涂县），2县：于湖、西乡。
　　2. 宣城郡，治宛陵（今安徽宣州市），8县：宛陵、宁国、宣城、石埭、安吴、泾、广阳、怀安。
（七）北江州，寄治南陵（今安徽贵池市西南）。实郡一，实县四
　　南陵郡，治南陵（今安徽贵池市西南），4县：南陵、临城、石城、故治。
（八）江州，治溢口城（今江西九江市）。实郡十一，领实县侨郡一，实县六十一
　　1. 寻阳郡，治柴桑（今江西九江市西南），3县：柴桑、上甲、龙城。
　　2. 鄱阳郡，治鄱阳（今江西鄱阳县），6县：鄱阳、葛阳、银城、余干、上饶、安仁。
　　3. 太原郡，寄治彭泽（今江西彭泽县东北），1县：彭泽。
　　4. 豫章郡，治南昌（今江西南昌市），8县：南昌、建城、望蔡、吴平、康乐、宜丰、钟陵。
　　5. 庐陵郡，治石阳（今江西吉水县东北），7县：石阳、吉阳、巴丘、高昌、遂兴、阳丰、东昌、西昌。
　　6. 南康郡，治赣（今江西赣州市西南），8县：赣、陂阳、宁都、南康、南野、平固、虔化、安远。
　　7. 巴山郡，治巴山（今江西崇仁县西南），6县：巴山、丰城、新建、新淦、兴平、西宁。

8. 豫宁郡，治豫宁(今江西武宁县西)，5县：豫宁、艾、建昌、永修、新吴。

9. 临川郡，治南城(今江西临川区西)，9县：南城、临汝、永城、宜黄、南丰、东兴、西丰、定川、安浦。

10. 安成郡，治平都(今江西安福县东南)，6县：平都、新喻、永新、萍乡、宜阳、安复。

11. 广丰郡，治广丰(今江西丰城市南)，1县：广丰。

12. 安乐郡，治广兴(今江西莲花县南)，1县：广兴。

二、沅湘诸州

(一) 郢州，治夏口城(今湖北武汉市武昌)。实郡三，实县九

1. 江夏郡，寄治汝南(今湖北武汉市武昌)，1县：永兴。

2. 上隽郡，治下隽(今湖北通城县西北)，4县：下隽、沙阳、浦圻、乐化。

3. 武昌郡，治武昌(今湖北鄂州市)，4县：武昌、鄂、阳新、西陵。

(二) 巴州，治巴陵(今湖南岳阳市)。实郡一，实县一

巴陵郡，治巴陵(今湖南岳阳市)，1县：巴陵。

(三) 湘州，治临湘(今湖南长沙市)。实郡九，实县四十三

1. 长沙郡，治临湘(今湖南长沙市)，4县：临湘、醴陵、浏阳、建宁。

2. 湘东郡，治临烝(今湖南衡阳市)，8县：临烝、茶陵、耒阳、攸水、新城、阴山、新宁、湘潭。

3. 衡阳郡，治湘西(今湖南株洲市西南)，6县：湘西、益阳、湘乡、新康、重安、衡山。

4. 邵陵郡，治邵陵(今湖南邵阳市)，6县：邵陵、都梁、扶夷、高平、邵阳、武强。

5. 岳阳郡，治岳阳(今湖南汨罗市东长乐)，5县：岳阳、玉山、湘滨、吴昌、罗。

6. 零陵郡，治泉陵(今湖南永州市)，7县：泉陵、洮阳、零陵、祁阳、观阳、永昌、应阳。

7. 永阳郡，治营浦(今湖南道县西北)，4县：营浦、泠道、营道、舂陵。

8. 绥越郡，治绥越(今广西富川瑶族自治县南)，1县：绥越。

9. 乐梁郡，治荡山(今广西贺州市西南)，2县：荡山、游安。

(四) 武州，治临沅(今湖南常德市)。实郡四，领实县侨郡一，县十三

1. 武陵郡，治临沅(今湖南常德市)，5县：临沅、沅南、汉寿、龙阳、辰阳。

2. 南阳郡，寄治龙㰅(今湖南泸溪县西南)，1县：龙㰅。

3. 沅陵郡,治沅陵(今湖南沅陵县西南),4县:沅陵、盐泉、大乡、零陵。

4. 药山郡,治药山(今湖南沅江市境),2县:药山、重华。

5. 夜郎郡,治夜郎(今湖南吉首市一带),1县:夜郎。

(五) 荆州,治公安(今湖北公安县西北)。实郡二,领实县侨郡一,县十

1. 南平郡,治屖陵(今湖北公安县西南),5县:屖陵、作唐、公安、安南、永安。

2. 天门郡,治澧阳(今湖南石门县),4县:澧阳、零阳、溇中、临澧。

3. 义阳郡,寄治安乡(今湖南安乡县西南),1县:安乡。

(六) 祐州,治松滋(今湖北松滋市西北长江南岸)。实郡一,实县六

宜都郡,治夷陵(今湖北枝江市),6县:夷陵、夷道、宜昌、佷山、归化、受陵。

(七) 信州,治安蜀城(今湖北宜昌市西北长江西陵峡口南岸)。所领郡县乏考。

三、岭南诸州

(一) 广州,治番禺(今广东广州市)。实郡十一,实县五十六

1. 南海郡,治番禺(今广东广州市),7县:番禺、龙川、博罗、河源、陆安、新丰、增城。

2. 东官郡,治宝安(今广东宝安区西南头镇),5县:宝安、海安、齐昌、海丰、兴宁。

3. 高要郡,治高要(今广东肇庆市),1县:高要。

4. 晋康郡,治端溪(今广东德庆县),8县:端溪、元溪、乐城、悦城、都城、晋化、文招、威城。

5. 宋隆郡,治平兴(今广东高要市东南),8县:平兴、建宁、招兴、熙穆、崇德、崇化、南安、初宁。

6. 梁泰郡,治梁泰(今广东高明区东),1县:梁泰。

7. 清远郡,治翁源(今广东翁源县西北),7县:翁源、清远、中宿、威正、恩洽、廉平、浮护。

8. 乐昌郡,治始昌(今广东四会市北),5县:始昌、宋元、安乐、乐山、义立。

9. 梁化郡,治怀安(今广东惠东县西北梁化),2县:怀安、欣乐。

10. 义安郡,治海阳(今广东潮州市东北),6县:海阳、绥安、海宁、潮阳、义招、程乡。

11. 绥建郡,治新招(今广东广宁县南),6县：新招、化蒙、怀集、四会、化穆、化注。

(二) 新州,治新兴(今广东新兴县)。实郡二,实县二十

1. 新宁郡,治新兴(今广东新兴县),9县：新兴、铜陵、流南、西城、博林、索卢、抚纳、南兴、单牒。

2. 新会郡,治盆允(今广东新会区北),11县：盆允、新夷、封乐、义宁、封平、初宾、永昌、新建、化召、熙潭、怀集。

(三) 高州,治高凉(今广东阳江市西)。实郡十,实县二十七

1. 高凉郡,治高凉(今广东阳江市西),3县：高凉、务德、茂名。

2. 杜陵郡,治杜陵(今广东阳江市西),1县：杜陵。

3. 海昌郡,治海昌(今广东高州市东北),2县：海昌、宁化。

4. 永宁郡,治乏考(约在今广东电白县东北),5县：杜罗、金安、蒙、廖简、留城。

5. 宋康郡,治广化(今广东阳江市西),10县：广化、单城、石门、化隆、遂度、威覃、开宁、海邻、舆定、绥定。

6. 齐安郡,治齐安(今广东恩平市北),1县：齐安。

7. 阳春郡,治阳春(今广东阳春市),1县：阳春。

8. 连江郡,治连江(今广东电白县电城镇东),1县：连江。

9. 南巴郡,治南巴(今广东高州市东),2县：南巴、梁封。

10. 电白郡,治电白(今广州高州市东北),1县：电白。

(四) 南合州,治乏考(约在今广东海康县)。实郡一,实县四

齐康郡,治齐康(今广东徐闻县南),4县：齐康、摸落、罗阿、雷川。

(五) 罗州,治石龙(今广东化州市)。实郡二,实县十一

1. 石龙郡,治石龙(今广东化州市),1县：石龙。

2. 高兴郡,治高兴(今广东化州市),10县：高兴、宋和、宁单、威成、夫罗、南安、归安、陈莲、高城、新建。

(六) 越州,治合浦(今广西合浦县东北旧州)。实郡六,实县十三

1. 合浦郡,治合浦(今广西合浦县东北旧州),6县：合浦、椹、扇沙、北流、陆川、南昌。

2. 封山郡,治封山(今广西灵山县南安金),2县：封山、廉昌。

3. 龙苏郡,治龙苏(今广西浦北县北苏村附近),2县：龙苏、大廉。

4. 定川郡,治兴昌(今广西玉林市西南),1县：兴昌。

5. 抱郡,治抱(今广西容县至北海市之间),1县：抱。

6. 百梁郡,治百梁(今广西合浦县东北),1县:百梁。

(七)兴州,治嘉宁(今越南永富省白鹤县南凤州)。实郡一,实县七

新昌郡,治嘉宁(今越南永富省白鹤县南凤州),7县:嘉宁、范信、西道、吴定、新道、晋化、临西。

(八)桂州,治始安(今广西桂林市)。实郡七,实县二十一

1. 始安郡,治始安(今广西桂林市),4县:始安、荔浦、永丰、平乐。
2. 桂林郡,治武熙(今广西柳江县东南),4县:武熙、安化、常安、中溜。
3. 象郡,治乏考(约在今广西鹿寨县雒容南),领县乏考。
4. 韶阳郡,治阳寿(今广西象州县),3县:阳寿、淮阳、西宁。
5. 安成郡,治安成(今广西宾阳县东安城镇),1县:安成。
6. 领方郡,治领方(今广西宾阳县西南古城),1县:领方。
7. 晋兴郡,治晋兴(今广西南宁市南郁江南岸),8县:晋兴、熙注、桂林、增翊、安广、广郁、晋城、郁阳。

(九)东衡州,治曲江(今广东韶关市南武水西岸)。实郡三,实县七

1. 始兴郡,治曲江(今广东韶关市南武水西岸),4县:曲江、梁化、浈阳、平石。
2. 安远郡,治乏考(约在今广东南雄市东北),2县:始兴、须阳。
3. 卢阳郡,治卢阳(今湖南汝城县南),1县:卢阳。

(十)西衡州,治含洭(今广东英德市西北浛洭)。实郡五,实县十八

1. 阳山郡,治含洭(今广东英德市西北浛洭),4县:含洭、阳山、桂阳、广惠。
2. 梁乐郡,治梁乐(今广东阳山县南),1县:梁乐。
3. 桂阳郡,治郴(今湖南郴州市),4县:郴、临武、南平、便。
4. 齐乐郡,治熙平(今广东连山壮族瑶族自治县北),3县:熙平、武化、观宁。
5. 临贺郡,治临贺(今广西贺州市东南贺街),6县:临贺、冯乘、谢沐、富川、封阳、兴安。

(十一)东宁州,治齐熙(今广西融水苗族自治县)。实郡三,实县五

1. 齐熙郡,治齐熙(今广西融水苗族自治县),1县:齐熙。
2. 黄水郡,治黄水(今广西罗城县西北),2县:黄水、临牂。
3. 梁化郡,治梁化(今广西鹿寨县北),2县:梁化、建陵。

(十二)成州,治梁信(今广东封开县东南贺江口)。实郡二,实县六

1. 梁信郡,治梁信(今广东封开县东南贺江口),2县:梁信、封兴。

2. 苍梧郡,治广信(今广西梧州市),4县:广信、宁新、遂城、猛陵。

(十三)静州,治龙平(今广西昭平县)。实郡六,实县六

1. 梁寿郡,治龙平(今广西昭平县),1县:龙平。

2. 静慰郡,治乏考(约在今广西昭平县北),2县:博劳、安乐。

3. 南静郡,治开建(今广东封开县北南丰东),1县:开建。

4. 开江郡,治开江(今广西昭平县东南马江),1县:开江。

5. 武城郡,治豪静(今广西昭平县南百余里桂江西),1县:豪静。

6. 逍遥郡,治乏考(约在今广西昭平县南),领县乏考。

(十四)建州,治安遂(今广东郁南县东南连滩)。实郡一,实县八

广熙郡,治安遂(今广东郁南县东南连滩),8县:安遂、永熙、安南、罗平、宁乡、长化、定昌、宝宁。

(十五)双州(泷州),治龙乡(今广东罗定市南)。实郡三,实县三

1. 平原郡,治龙乡(今广东罗定市南),1县:龙乡。

2. 开阳郡,治开阳(今广东罗定市东南),1县:开阳。

3. 罗阳郡,治罗阳(今广东罗定市西),1县:罗阳。

(十六)石州,治夫宁(今广西藤县东北浔江南、北流江东岸)。实郡五,实县十六

1. 永平郡,治夫宁(今广西藤县东北浔江南、北流江东岸),11县:夫宁、畞安、卢平、员乡、苏平、逋宁、雷乡、开城、毗平、武林、丰城。

2. 阴石郡,治阴石(今广西容县),1县:阴石。

3. 梁德郡,治梁德(今广东信宜市东北),1县:梁德。

4. 建陵郡,治安基(今广西岑溪市西北),2县:安基、建陵。

5. 永业郡,治永业(今广西岑溪市东北筋竹),1县:永业。

(十七)南定州,治布山(今广西桂平市西南古城)。实郡七,实县十二

1. 郁林郡,治布山(今广西桂平市西南古城),7县:布山、郁林、郁平、怀泽、马度、龙山、阿林。

2. 石南郡,治乏考(约在今广西玉林市石南镇东北),领县乏考。

3. 桂平郡,治桂平(今广西桂平市西),1县:桂平。

4. 宁浦郡,治宁浦(今广西横县西南七里,郁江南岸),1县:宁浦。

5. 简阳郡,治简阳(今广西横县西南郁江南岸),1县:简阳。

6. 乐阳郡,治平山(今广西横县东北郁江北岸),1县:平山。

7. 岭山郡,治岭山(今广西横县西郁江南岸),1县:岭山。

(十八) 安州,治宋寿(今广西钦州市东北三十里,钦江西北岸)。实郡三,实县三

1. 宋寿郡,治宋寿(今广西钦州市东北三十里,钦江西北岸),1县:宋寿。
2. 宋广郡,治宋广(今广西灵山县西南陆屋),1县:宋广。
3. 安京郡,治安京(今广西钦州市北小董西),1县:安京。

(十九) 龙州,治龙城(今广西柳城县旧柳城西十里,龙江南岸)。实郡一,实县十一

马平郡,治潭中(今广西柳州市东南柳江东南岸),11县:潭中、马平、建安、始集、龙平、宾平、新林、绥宁、中胄、晋平、威化。

(二十) 崖州,治义伦(今海南省儋州市西北)。实郡一,实县二

珠崖郡,治义伦(今海南省儋州市西北),2县:义伦、武德。

(二十一) 宜州,治乏考(今地不明)。所领郡县乏考。

(二十二) 黄州,治安平(今广西防城区西南东兴,北仑河北岸)。实郡一,实县三

宁海郡,治安平(今广西防城区西南东兴,北仑河北岸),3县:安平、海平、玉山。

(二十三) 利州,治金宁(今越南河静省河静西北)。领郡乏考,实县一

1县:金宁。

(二十四) 明州,治交谷(今越南河静省河静以南)。领郡乏考,实县一

1县:交谷。

(二十五) 交州,治龙编(今越南北宁省仙游东)。实郡三,实县十六

1. 交趾郡,治龙编(今越南北宁省仙游东),10县:龙编、句漏、武宁、望海、吴兴、西于、南定、曲易、嬴陵、朱鸢。
2. 宋平郡,治昌国(今越南河内市),1县:昌国。
3. 武平郡,治武定(今越南永富省永福县东南平州),5县:武定、平道、武兴、根宁、南移。

(二十六) 爱州,治移风(今越南清化省清化北马江南岸)。实郡一,实县十

九真郡,治移风(今越南清化省清化北马江南岸),10县:移风、胥浦、日南、松原、高安、吉庞、常乐、津梧、武宁、军安。

(二十七) 德州,治九德(今越南义安河荣市)。实郡一,实县八

九德郡,治九德(今越南义安河荣市),8县:九德、安远、咸驩、浦阳、南陵、都洨、越常、西安。

附一 后梁政区沿革

《通鉴》卷162太清三年(549)十一月：雍州刺史湘东王萧詧，"既与湘东王绎为敌，恐不能自存，遣使求援于魏，请为附庸"。自此年后，梁萧詧乃盘踞雍州，为西魏附庸。《通鉴》卷165承圣三年(554)十二月："魏立梁王詧为梁主，资以荆州之地，延袤三百里，仍取其雍州之地。詧居江陵东城，魏置防主，将兵居西城，名曰助防，外示助詧备御，内实防之。"绍泰元年(555)正月："梁王詧即皇帝位于江陵，改元大定。"为区别于南朝之萧梁，萧詧所建立者乃称为后梁。陈天嘉元年(560)、二年，陈夺取后梁江南地。陈太建三年，北周以基、平、郡三州予后梁。《周书》卷48《萧詧传》：后梁萧琮二年(广运二年，587)，"隋文帝又征琮入朝……隋文帝于是废梁国"。则后梁广运二年，后梁亡于隋。

一、雍州所辖实郡沿革

雍州，寄治襄阳(今湖北襄樊市)。南朝旧有雍州，寄治襄阳。《通鉴》卷162太清三年十一月：雍州刺史岳阳王萧詧，"既与湘东王绎为敌，恐不能自存，遣使求援于魏，请为附庸"。《周书》卷48《萧詧传》："大统十五年，乃遣使称藩，请为附庸……(十六年)太祖遂令假散骑常侍郑穆及荣权持节策命詧为梁王。詧乃于襄阳置百官，承制封拜。"承圣三年，西魏移萧詧于江陵，取后梁雍州，自此后梁乃无雍州。

(一) 襄阳郡(550—554)——治襄阳(今湖北襄樊市)

按：梁末雍州领有襄阳郡，《隋志》下襄阳郡襄阳："带襄阳郡，开皇初郡废。"则后梁承旧有襄阳郡，并领襄阳县。

1. 襄阳(550—554)

按：梁襄阳郡领有襄阳县，据本郡考证所引《隋志》，则后梁襄阳郡领有襄阳县。

2. 中庐(550—554)

按：梁襄阳郡领有中庐县，《元和志》卷21《山南道二》襄州义清县："本汉中庐县地也，西魏于此置义清县，后因之。"则后梁当有中庐县。

3. 率道(550—554)

按：《隋志》下襄阳郡率道："梁置。"是梁置率道县，至隋犹存，则后梁有率道县。

4. 穰(550—554)

按:《方舆纪要》卷79《湖广五》襄阳府南漳县中庐城:"汉置中庐县,属南郡。后汉曰中卢。晋仍曰中庐县,属襄阳郡。宋、齐因之。梁改置穰县,西魏曰义清县。"所谓"改置穰县",当为梁自中庐县析置穰县。则后梁襄阳郡领有穰县。

5. 安武(550—554)

按:《方舆纪要》卷79《湖广五》襄阳府南漳县新安城:"又安武城,亦在县西。梁置,属襄阳郡。"《隋志》下襄阳郡南漳:"西魏并新安、武昌、武平、安武、建平五县置。"则后梁有安武县。

(二) 始平郡,寄治武当(今湖北丹江口市西北丹江镇北)

按:齐雍州领有始平侨郡,领武当实县一。《隋志》中淅阳郡武当:"旧置武当郡,又侨置始平郡,后改为齐兴郡。梁置兴州,后周改为丰州。"此言恐误,齐梁州旧有齐兴郡,为始平郡之西邻,与始平郡无涉。然后梁雍州所属有始平郡,当无疑问。

武当(550—554)

按:齐始平郡领武当县,据本郡考证所引《隋志》,此县至隋犹存,则后梁始平郡领有武当县。

(三) 华山郡,寄治华山(今湖北宜城市)

按:齐雍州领有华山侨郡,领实县一。《隋志》下襄阳郡汉南:"宋曰华山,置华山郡。西魏改县为汉南,属宜城郡……又梁置秦南郡,后周并武泉县俱废。"则后梁当有华山郡。

1. 华山

2. 上黄(550—554)

按:齐华山侨郡领有上黄县,梁承之。《周书》卷48《萧詧传附魏益德传》:"及詧称帝,进位柱国,封上黄县侯。"则后梁有上黄县。

3. 蓝田

(四) 兴国郡(550—554)——治乏考(约在今湖北谷城县西)

按:梁雍州领有兴国郡。《隋志》下襄阳郡谷城:"又梁有兴国、义城二郡,并西魏废。"则后梁当有兴国郡,领县乏考。

(五) 秦南郡(550—554)——治乏考(约在今湖北宜城市西南)

按:梁雍州领有秦南郡。《隋志》下襄阳郡汉南:"梁置秦南郡,后周并武泉县俱废。"则后梁当有秦南郡。领县乏考。

二、荆州沿革

荆州(555—587),治江陵(今湖北江陵县)。梁有荆州,承圣三年十一月没于西魏。旋西魏以荆州处萧詧,《隋志》下南郡:"旧置荆州,西魏以封梁为藩国,又置江陵总管府。开皇初府废。七年并梁,又置江陵总管。"后梁乃有荆州。

(一)南郡(555—587)——治江陵(今湖北江陵县)

按:荆州旧有南郡。《隋志》下南郡江陵:"带南郡。开皇初郡废。"后梁亦有南郡。

江陵(555—587)

按:南郡旧治江陵,据本郡考证所引《隋志》,则后梁南郡领有江陵县。

(二)新兴郡,寄治定襄(今湖北江陵县东北)

按:齐、梁荆州领有新兴侨郡。《方舆纪要》卷78《湖广四》荆州府江陵县安兴城:"江左侨立新兴郡,领广牧、定襄、云中、九原、宕渠、新丰六县。宋省云中、九原、宕渠三县,余三县仍属于新兴郡,郡治广牧县。齐因之,梁改新丰为安兴县。隋开皇七年郡废,省安兴入广牧县,属江陵府,仁寿初改广牧曰安兴,大业初又以定襄县省入。"则后梁新兴侨郡领安兴实县。

1. 定襄

2. 广牧

3. 安兴(555—587)

按:据本郡考证所引《方舆纪要》,后梁新兴侨郡领有安兴县。

(三)监利郡(558前—558,560—587)——治监利(今湖北监利县东北)

按:《通鉴》卷167永定三年(559)三月:"王琳遣其将雷文策袭后梁监利太守蔡大有,杀之。"胡注曰:"沈约曰:监利县,疑是吴所立,晋属南郡,宋属巴陵郡。后梁置监利郡。今监利县在江陵府东南百八十里。"然据陈巴州监利郡考证,监利郡或是梁置。《周书》卷48《萧詧传附蔡大业传》:"詧称帝,历尚书左丞、开远将军、监利郡守。"《北周志》卷5《山南下》后梁蕃国荆州监利郡:"监利郡虽为王琳袭陷,及王琳败,后梁寻复得其地。"今从之。则后梁有监利郡。

1. 监利(558前—558,560—587)

按:齐巴陵郡领有监利县,梁承之。《隋志》下沔阳郡领有监利县,则后梁有监利县,当属监利郡。

2. 云泽(?—587)

按:《隋志》下南郡紫陵:"西魏置华陵县,后周改名焉。其城南面,梁置郡州,又置云泽县,大业初州县俱废入焉。"此处所言"又置云泽县",《北周志》以为当是后梁置。今从之。

（四）河东郡,侨寄今湖北松滋市西北

按：梁荆州领有河东侨郡。后为后梁所得。《通鉴》卷170光大元年(567)九月："吴明彻乘胜攻梁河东,拔之。"则陈光大元年后,后梁河东侨郡没于陈。

（五）天门郡(555—559)——治澧阳(今湖南石门县)

按：梁荆州领有天门郡,梁、陈之际为后梁所有。天嘉元年,陈得天门郡。然尚与后梁相持不下。《通鉴》卷168天嘉二年正月：(周将)敦"乃自拔北归,军士病死者什五六。武陵、天门、南平、义阳、河东、宜都郡悉平。"至此,天门郡全没于陈。

1. 澧阳(558—559)
2. 零阳(558—559)
3. 溇中(558—559)
4. 临澧(558—559)

（六）南平郡(559)——治孱陵(今湖北公安县西南)

按：齐、梁荆州领有南平郡,梁、陈之际为王琳所有。《通鉴》卷167永定二年十二月："后梁主遣其大将军王操将兵略取王琳之长沙、武陵、南平等郡。"永定二年末,后梁得南平郡。陈天嘉元年没于陈。

1. 孱陵(559)
2. 作唐(559)
3. 公安(559)
4. 南安(559)
5. 永安(559)

（七）宜都郡(555—560)——治夷陵(今湖北枝江市)

按：齐荆州领有宜都郡,梁承之,后于宜都郡置宜州,后宜都郡当为后梁所有。《通鉴》卷168天嘉二年正月：(周将)敦"乃自拔北归,军士病死者什五六。武陵、天门、南平、义阳、河东、宜都郡悉平"。则陈天嘉二年,宜都郡为陈所得。

1. 夷陵(555—560)
2. 夷道(555—560)
3. 宜都(555—560)
4. 佷山(555—560)
5. 归化(555—560)

6. 受陵(555—587)

三、基州沿革

基州(571—587),治丰乡(今湖北荆门市东南太平镇附近)。《隋志》下竟陵郡丰乡:"西魏置,又置基州及章山郡。开皇七年郡废,大业初州废。"《通鉴》卷170太建三年:"梁华皎将如周,过襄阳,说卫公直曰:'梁主既失江南诸郡,民少国贫;朝廷兴亡继绝,理宜资赡,望借数州以资梁国。'直然之,遣使言状,周主诏以基、平、鄀三州与之。"则自后梁天保十年(陈太建三年),后梁有基州。

(一)章山郡(571—587)——治丰乡(今湖北荆门市东南太平镇附近)

按:据本州考证所引《隋志》,后梁有章山郡并领丰乡县。

丰乡(571—587)

(二)上黄郡(571—587)——治禄麻(今湖北荆门市东南)

按:《隋志》下竟陵郡章山:"西魏置,曰禄麻,及立上黄郡。开皇七年郡废,大业初县改名焉。"《周书》卷48《萧詧传附柳洋传》:"出为上黄郡守。梁国废,以郡归隋。"则后梁有上黄郡并领禄麻县。

禄麻(571—587)

四、平州沿革

平州(571—587),治当阳(今湖北当阳市)。《隋志》下南郡当阳:"后周置平州,领漳川、安远二郡,属梁蕃。开皇七年改为玉州,九年州郡并废。梁又置安居县,开皇十八年改曰昭丘。"另据基州条考证所引《通鉴》,天保十年(571)北周以平州予后梁。则后梁有平州,并领漳川、安远二郡。

(一)漳川郡(571—587)——治当阳(今湖北当阳市)

按:据本州考证所引《隋志》,北周置漳川郡,天保十年予后梁。《周书》卷48《萧詧传附蔡大业传》:"(萧)岿嗣位,迁都官尚书,除贞毅将军、漳川太守。"则后梁有漳川郡。

1. 当阳(571—587)

按:齐南郡领有当阳县,梁承之。据本州考证所引《隋志》,当阳县至隋犹存,则后梁有当阳县。

2. 临沮(571—587)

按:齐南郡领有临沮县,梁承之。《一统志》卷342安陆府临沮故城:"在当阳县西北,汉置县,属南郡。后汉因之。晋属襄阳郡,宋、齐仍属南郡,隋省。"则后梁有临沮县。

3. 安居(571—587)

按：据本州考证所引《隋志》，后梁当有安居县。

(二) 安远郡(571—587)——治乏考(约在今湖北当阳、安远二市、县境内)

按：据本州考证所引《隋志》，后梁平州领有安远郡。领县乏考。

五、鄀州沿革

鄀州(571—587)，治乐乡(今湖北钟祥市西北)。《隋志》下竟陵郡乐乡："旧置武宁郡，西魏置鄀州。又梁置旌阳县，后改名惠怀，西魏又改曰武山。开皇七年郡废，大业初州废，又废武山入焉。"据基州考证所引《通鉴》，天保十年，北周以鄀州予后梁。

(一) 武宁郡(571—587)——治乐乡(今湖北钟祥市西北)

按：齐荆州领有武宁郡，梁承之。据本州考证所引《隋志》，则后梁有武宁郡。

1. 乐乡(571—587)

按：齐武宁郡领有乐乡县，梁承之。据本州考证所引《隋志》，此县至隋犹存，则后梁有乐乡县。

2. 武山(571—587)

按：据本州考证所引《隋志》，梁置旌阳县，西魏改为武山，隋废。则后梁有武山县。

3. 长林(571—587)

按：齐武宁郡领有长林县，梁承之。《隋志》下南郡长林："旧曰长宁县，开皇十一年省长林县入。十八年改曰长林。"则后梁有长林县。

(二) 永宁郡，治长宁(今湖北荆门市西北)

按：《方舆纪要》卷77《湖广三》承天府荆门州长林废县："东晋隆安五年置长宁县，为长宁郡治。宋泰始中以长宁名与文帝陵同，改为永宁郡，而县如故。齐、梁因之。隋郡废，开皇十八年改长宁曰长林。"以地望揆之，后梁当有永宁郡，领有长宁县。

长宁(571—587)

六、武州沿革

武州(559—560)，治临沅(今湖南常德市)。梁置武州，领武陵郡。武州在梁、陈之际为王琳所有。《通鉴》卷167永定二年十二月："后梁主遣其大将军王操将兵略取王琳之长沙、武陵、南平等郡。"则永定二年末，武州为后梁所有。

《通鉴》卷168天嘉二年正月：（周将贺若）敦"乃自拔北归，军士病死者什五六。武陵、天门、南平、义阳、河东、宜都郡悉平"。则陈天嘉二年，武陵、南平等郡并没于陈。

武陵郡（559—560）——治临沅（今湖南常德市）
1. 临沅（559—560）
2. 沅南（559—560）
3. 汉寿（559—560）
4. 龙阳（559—560）
5. 辰阳（559—560）

七、巴州沿革

巴州（560），治巴陵（今湖南岳阳市）。梁置巴州，领巴陵郡。梁、陈之际为王琳所有。王琳败，后梁得之。《通鉴》卷168天嘉元年十二月："己亥，周巴陵城主尉迟宪降，遣巴州刺史侯安鼎守之。"则陈天嘉元年末，巴州又为陈得。

巴陵郡（560）——治巴陵（今湖南岳阳市）
巴陵（560）

八、湘州沿革

湘州（560），治临湘（今湖南长沙市）。旧有湘州，梁末湘州为王琳所占。《通鉴》卷167永定二年十二月："后梁主遣其大将军王操将兵略取王琳之长沙、武陵、南平等郡。"则陈永定二年，湘州长沙郡为后梁所有。《陈书》卷3《世祖纪》："（天嘉）二年春正月……辛未，周湘州城主殷亮降，湘州平。"则陈天嘉二年，湘州长沙郡又没于陈。

长沙郡（560）——治临湘（今湖南长沙市）
1. 临湘（560）
2. 醴陵（560）
3. 浏阳（560）
4. 建宁（560）

附二　王琳辖区政区沿革

梁末陈初，王琳占上游湘、郢、武、巴等州。《通鉴》卷167绍泰二年（556）三月："甲辰，以司空王琳为湘、郢二州刺史。"王琳依违南北，不遵陈正朔。《通鉴》卷167永定元年(557)十月:"(王)琳乃移湘州军府就郢城,又遣其将樊猛袭据江州。"《通鉴》卷167永定二年三月:"齐发兵援送梁永嘉王庄于江南,册拜王琳为梁丞相、都督中外诸军、录尚书事。琳遣兄子叔宝帅所部十州刺史子弟赴邺。琳奉庄即皇帝位,改元天启。"至天嘉元年(560),王琳败于陈,乃亡奔于北齐。属地皆入于陈。

一、湘州沿革

湘州(558—559),先治临湘(今湖南长沙市),后治乏考。旧有湘州,梁末湘州为王琳所占。《通鉴》卷167永定二年十二月:"后梁主遣其大将军王操将兵略取王琳之长沙、武陵、南平等郡。"则陈永定二年,湘州长沙郡没于后梁。及天嘉元年王琳败,湘州诸郡乃为陈有所。

(一)长沙郡(558)——治临湘(今湖南长沙市)

1. 临湘(558)
2. 醴陵(558)
3. 浏阳(558)
4. 建宁(558)

(二)湘东郡(558—559)——治临烝(今湖南衡阳市)

1. 临烝(558—559)
2. 茶陵(558—559)
3. 耒阳(558—559)
4. 攸水(558—559)
5. 阴山(558—559)
6. 新宁(558—559)
7. 湘潭(558—559)

(三)衡阳郡(558—559)——治湘西(今湖南株洲市西南)

1. 湘西(558—559)
2. 益阳(558—559)
3. 湘乡(558—559)
4. 新康(558—559)
5. 重安(558—559)
6. 衡山(558—559)

(四)邵陵郡(558—559)——治邵陵(今湖南邵阳市)

1. 邵陵(558—559)

2. 都梁(558—559)

3. 扶夷(558—559)

4. 高平(558—559)

5. 邵阳(558—559)

6. 武强(558—559)

(五)零陵郡(558—559)——治泉陵(今湖南永州市)

1. 泉陵(558—559)

2. 洮阳(558—559)

3. 零陵(558—559)

4. 祁阳(558—559)

5. 观阳(558—559)

6. 永昌(558—559)

7. 应阳(558—559)

(六)永阳郡(558—559)——治营浦(今湖南道县西北)

1. 营浦(558—559)

2. 泠道(558—559)

3. 营道(558—559)

4. 春陵(558—559)

(七)乐梁郡(558—559)——治荡山(今广西贺州市西南)

1. 荡山(558—559)

2. 游安(558—559)

二、郢州沿革

郢州(558—559),治夏口城(今湖北武汉市武昌)。梁末陈初,王琳占郢州。《陈书》卷3《世祖纪》:天嘉元年三月,"萧庄所署郢州刺史孙玚举州内附"。则陈天嘉元年,郢州入于陈。

(一)江夏郡(558—559)——治汝南(今湖北武汉市武昌)

1. 汝南

2. 沙阳

按:齐江夏郡领有沙阳县,梁承之。据隽州考证。陈时沙阳县移属上隽郡。则王琳时沙阳县当属江夏郡。

(二)南阳郡,寄治建昌(今湖南泸溪县西南)

按:梁置南阳侨郡,隶郢州。《隋志》下沅陵郡辰溪:"又梁置南阳郡、建昌县。陈废县,开皇初废郡。"则王琳一度得南阳郡。

1. 建昌(558—559)
2. 龙樔(558—559)

按:《隋志》下武陵郡龙樔:"梁置。"龙樔在陈隶南阳郡,今亦附于此。

(三)武昌郡(558—559)——治武昌(今湖北鄂州市)

1. 武昌(558—559)
2. 鄂(558—559)
3. 阳新(558—559)
4. 西陵(558—559)

(四)夜郎郡(558—559)——治夜郎(今湖南吉首市一带)

按:梁置夜郎郡,隶郢州。《隋志》下沅陵郡辰溪:"旧曰辰阳,平陈,改名;并废故夜郎郡。"《方舆纪要》卷81《湖广七》辰州府辰溪县建昌废县条:"萧梁时于辰阳县境置夜郎郡及县,隋废郡。"则王琳时亦当存有夜郎郡。

夜郎(558—559)

三、巴州沿革

巴州(558—559),治巴陵(今湖南岳阳市)。《通鉴》卷166绍泰元年正月:"梁王詧即皇帝位于江陵,改元大定……以莫勇为武州刺史,魏永寿为巴州刺史。"胡注曰:"武州、巴州皆置于江陵之南岸,二将寻为侯平所擒,不能有二州也。"《通鉴》卷166绍泰元年二月:"侯平攻后梁巴、武二州,故刘荼主帅赵朗杀宋文彻,以邵陵归于王琳。"五月,"侯平等擒莫勇、魏永寿"。则梁末巴州为王琳所占。王琳败,巴州乃为后梁所有。

(一)巴陵郡(558—559)——治巴陵(今湖南岳阳市)

巴陵(558—559)

(二)监利郡(559)——治监利(今湖北监利县东北)

按:《通鉴》卷167永定三年三月:"王琳遣其将雷文策袭后梁监利太守蔡大有,杀之。"胡注曰:"沈约曰:监利县,疑是吴所立,晋属南郡,宋属巴陵郡。后梁置监利郡。今监利县在江陵府东南百八十里。"《方舆纪要》卷78《湖广四》荆州府监利县:"三国吴置监利县,寻省。晋太康四年复置,属南郡。刘宋孝建初改属巴陵郡,齐因之。梁置监利郡,后周郡废,县属复州。"则梁置监利郡。梁、陈之际,巴州为后梁所有。永定三年,王琳得监利郡,天嘉元年,王琳败,监利郡处于江北,当没于后梁。

监利(559)

按：齐、梁皆有监利县，属巴陵郡。梁又置监利郡于此。天嘉元年，当没于后梁。

四、武州沿革

武州(558)，治临沅(今湖南常德市)。梁置武州，领武陵郡。武州在梁、陈之际为王琳所有。《通鉴》卷167永定二年十二月："后梁主遣其大将军王操将兵略取王琳之长沙、武陵、南平等郡。"则永定二年末，武州没于后梁。

(一)武陵郡(558)——治临沅(今湖南常德市)

按：武陵本郢州属郡，梁末以武陵郡置武州，王琳当有其地。

1. 临沅(558)
2. 沅南(558)
3. 汉寿(558)
4. 龙阳(558)
5. 辰阳(558)

(二)南平郡(558)——治孱陵(今湖北公安县西南)

按：齐、梁荆州领有南平郡，据本州考证，梁、陈之际为王琳所有。永定二年末，没于后梁。今姑附南平郡于此。

1. 孱陵(558)
2. 作唐(558)
3. 公安(558)
4. 南安(558)
5. 永安(558)

五、巂州沿革

巂州(558—559)，治下巂(今湖北通城县西北)。《寰宇记》卷112《江南西道十》鄂州崇阳县："梁大同五年于下巂县置上巂郡，乃分为乐化县。至承圣三年改为巂州。陈天嘉四年州废。洎隋开皇九年废州，省乐化、下巂两县入蒲圻。"《寰宇记》卷112《江南西道十》鄂州蒲圻县："盛宏之《荆州记》云长沙郡有蒲圻县。宋元嘉七年属巴陵郡。孝建元年属江夏。大同五年于巴陵郡下巂立乐化县，还属上巂郡。陈又改上巂郡为巂州。天嘉元年还复本名。其沙阳县，本名沙羡，晋安帝改为沙阳县，仍旧属上巂。梁承圣三年改为沙州。陈初复还县，又属上巂。隋开皇元年，使人韦焜省上巂郡，又立乐化县，废沙阳入蒲圻，始属鄂州。"则巂州乃梁置，今从"鄂州蒲圻县"条所载，天嘉元年废巂州，上巂郡还属郢州。梁、陈之际为王琳所得。

上隽郡(558—559)——治下隽(今湖北通城县西北)

按：据本州考证，梁置上隽郡，后移置隽州。陈天嘉元年废隽州，上隽郡当移属郢州，所属诸县当随之而属。

1. 下隽(558—559)

按：齐巴陵郡领有下隽县，梁置上隽郡，乃移属焉。据本州考证，陈下隽属上隽郡。王琳时当有此县。

2. 浦圻(558—559)

按：齐江夏郡领有浦圻县，梁承之，并移属上隽郡。据本州考证，陈上隽郡仍有浦圻县。王琳时浦圻县当属上隽郡。

3. 乐化(558—559)

按：据本州考证，梁置乐化县，属上隽郡，陈承之。王琳时乐化县当属上隽郡。

六、北新州沿革

北新州(558—559)，治长寿(今湖北钟祥市)。梁置北新州。《隋志》下江夏郡："旧置郢州，梁分置北新州。"《隋志》下江夏郡："旧置郢州，梁分置北新州，寻又分北新立土、富、洄、泉、豪五州。平陈，改置鄂州。"以地望揆之，北新州在梁、陈之际当为王琳所有。天嘉元年，王琳败，乃没于北周。《〈补陈疆域志〉校补》以为北新州没北周后，北周并入土州。

(一) 竟陵郡(558—559)——治霄城(今湖北京山县东南)

按：齐郢州领有竟陵郡，梁置北新州，竟陵郡乃移属焉。梁末陈初为王琳所占。及天嘉元年，王琳败，乃没于北周。

1. 霄城(558—559)

按：齐末建安左郡领有霄城县。《隋志》下沔阳郡竟陵："旧曰霄城，置竟陵郡，后周改县曰竟陵。"则王琳亦当一度有霄城县。

2. 新市(558—559)

按：齐末竟陵郡领有新市县，梁承之。《隋志》下安陆郡富水："旧曰南新市，西魏改为富水。"此地望揆之，此南新市当即为旧日之新市。则王琳所属竟陵郡亦当一度有新市县。

3. 云杜(558—559)

按：齐末竟陵郡领有云杜县，梁承之。《元和志》卷21《山南道二》郢州京山县："本汉云杜县地，隋属温州，大业二年，改为京山县。"则王琳一度有云杜县。

（二）齐兴郡(558—559)——治上蔡(今湖北钟祥市北)

按：齐郢州领有齐兴郡，梁置北新州，齐兴郡乃移属焉。梁、陈之际，齐兴郡为王琳所有。天嘉元年没北周。领县乏考。

七、土州沿革

土州(558—559)，治龙巢(今湖北随州市东北)。梁置土州，《隋志》下汉东郡土山："梁曰龙巢，置土州、东西二永宁、真阳三郡，及置石武县。后周废三郡为齐郡，改龙巢曰左阳；又有阜陵县，改为漳川县。"则梁、陈之际王琳亦当有土州，并领三郡。

（一）东永宁郡(558—559)——治龙巢(今湖北随州市东北)

按：据本州考证所引《隋志》，梁置土州，并有东永宁郡。

龙巢(558—559)

按：据本州考证所引《隋志》，梁置东永宁郡，有龙巢县，北周废，则王琳当有之。

（二）西永宁郡(558—559)——治阜陵(今湖北随州市东)

按：据本州考证所引《隋志》，梁置土州，并有西永宁郡。

阜陵(558—559)

按：据本州考证所引《隋志》，梁置西永宁郡，有阜陵县，北周废，则王琳当有之。

（三）真阳郡(558—559)——治石武(今湖北随州市东)

按：据本州考证所引《隋志》，梁置土州，并有真阳郡。

石武(558—559)

按：据本州考证所引《隋志》，梁置真阳郡，有石武县，北周废，则王琳当有之。

八、富州沿革

富州(558—559)，治乏考(约在今湖北京山县东北)。据北新州考证，梁自北新州析置富州。所领郡县乏考。《〈补陈疆域志〉校补》以为富州没北周后，北周并入土州。王琳时当有富州。

九、洄州沿革

洄州(558—559)，治乏考(约在今湖北钟祥、京山二市、县境)。据北新州考证,梁自北新州析置洄州。所领郡县乏考。《〈补陈疆域志〉校补》以为洄州没北周后,北周并入土州。王琳时当有洄州。

十、泉州沿革

泉州(558—559),治乏考(当在今湖北钟祥、京山二市、县境)。据北新州考证,梁自北新州析置泉州。所领郡县乏考。《〈补陈疆域志〉校补》以为泉州没北周后,北周并入土州。王琳时当有泉州。

十一、豪州沿革

豪州(558—559),治乏考(约在今湖北钟祥、京山二市、县境)。据北新州考证,梁自北新州析置豪州。所领郡县乏考。《〈补陈疆域志〉校补》以为豪州没北周后,北周并入土州。王琳时当有豪州。

十二、罗州沿革

罗州(558—559),治岳阳(今湖南汨罗市东长乐)。《隋志》下巴陵郡湘阴:"梁置岳阳郡及罗州,陈废州。平陈,废郡及湘阴入岳阳县,置玉州。寻改岳阳为湘阴,废玉山县入焉。"是梁置罗州,并置岳阳郡属之,药山郡亦属焉。以地望揆之,罗州在梁、陈之际当为王琳所占。天嘉元年,王琳败,陈乃废罗州,所属岳阳郡并入湘州,药山郡并入武州。

(一) 岳阳郡(558—559)——治岳阳(今湖南汨罗市东长乐)

1. 岳阳(558—559)
2. 湘阴
3. 玉山(558—559)
4. 湘滨(558—559)
5. 吴昌(558—559)
6. 罗(558—559)

(二) 药山郡(558—559)——治药山(今湖南沅江市境)

1. 药山(558—559)
2. 重华(558—559)

第十编　东晋南朝侨州郡县考表

本编凡例

1. 本编依据正史地理志、后人补志、诸史纪传、文物考古资料,详考东晋南朝之侨州、侨郡、侨县。而考虑到侨置之名实混淆,易迷耳目,如果只用文字叙述,转滋丝棼,故此制成"东晋南朝侨州郡县考表",所谓"考表"者,考述与表格结合,冀清眉目。

2. 本表主要包括原州郡县、州郡县侨置经过、侨州郡县、附注及备考四大部分。凡西晋末年、东晋、宋、齐、梁、陈可考之侨州、侨郡、侨县均入表。东晋、宋、齐之侨州郡县,以《晋书·地理志》、《宋书·州郡志》、《南齐书·州郡志》等尚存,多可详考。梁、陈之侨州郡县,因《梁书》、《陈书》无地理志,此据《魏书·地形志》、《隋书·地理志》、清人补志及诸史纪传等入表,尚待补充;又以可考之侨州郡县甚少,故合置于一栏之中,而为示区别,凡梁有而陈无者标"○",梁无而陈有者标"△",梁、陈统有者则不标。

3. 本表大体以反映西晋统一之初政区状况的《晋书·地理志》所列州郡为顺序,参考惠、怀、愍时期之增省、改置、统属而略作变动。凡东晋南朝新置之州郡,依其治地,亦归入《晋书·地理志》相应之州下。

4. 本表以侨州、侨郡为单位,侨县归入所隶之侨郡或实郡下,于实郡则加"[ ]"表示。侨州、侨郡分合、迁徙、置废等甚是繁杂,或有一州、一郡侨置数处者,等等;凡其间有承袭关系者,于一横栏表之;无承袭关系者,则以横线隔开而另栏表之。

5. "原州郡县"栏表侨置前的州郡县,即与侨州郡县相对应的原州郡县。其"州统郡国"、"郡国统县"大较以《晋书·地理志》及《宋书·州郡志》所载为准。又凡后世侨郡所统侨县,不属原州或原郡者,于"旧属州郡国"栏注明原属何州何郡何国。"原州郡县"与"侨州郡县"之对应关系不敢以为必是者,则于相应的原州郡县后以(?)标示。其与侨州郡相对应的原州郡国之治地,于"州郡国治"栏注明;县则随附郡下。以原州郡县及其所在,与侨州郡县及其侨寄地相对照,则侨寄之迹厘然可寻。

6. "侨寄地"主要表侨州、侨郡所在,统注今地。今地确址不明者,以(?)标示。侨县之侨寄地,就可考者入表;未注者,依谭其骧《晋永嘉丧乱后之民族迁徙》例,可即以其所隶郡之侨寄地为侨寄地。

7. 侨州郡县部分分"东晋"(包括少数西晋末年者)、"宋"、"齐"、"梁、陈"五代四栏表之;对照以观,则侨州郡县之变迁情况可一目了然。

8. "侨郡统县"栏,凡先置而后废,或改属及后置者,多加"()"表示;又实郡领侨县者,于实郡亦加"[]"表示。

9. 本表于侨州、侨郡、侨县之判断,酌情处理:

(1) 东晋之侨县多难确考。本表据《宋书·州郡志》所载侨县,凡《永初郡国》所领及未注明为宋所立者,即以为东晋末年已有,入东晋表;个别例外按实际情况处理,而于"附注及备考"或"州郡县侨置经过"中说明。

(2) 凡郡名虽新创,然所统县为侨县,郡又寄在他处、无有实土者,列侨郡中,如怀宁郡等;又凡以侨流所立之郡县,虽郡县之名非故有郡县名,依杨守敬《历代舆地图》例,亦作为侨郡县处理,如晋昌郡及所领长乐、安晋等十县。

(3)《南齐书·州郡志》简而少注,或有难以判断是否侨置者,如雍州安定郡,属宁蛮府,郡及领县新置,当非侨郡,应以不入表为妥;又齐、梁、陈改建、增置州郡县甚多,时或亦有侨置迹象,然而诸史纪传及志不言,终难断以究竟;另外,侨置与虚设、遥领等,也每每难以区判。若此之类者,依实际情况,或入表,或不入表;入表者,于表中加以说明,以明取舍之故。

10. 各史记载侨州郡县既少,又多重复、讹误。如《宋书·州郡志》、《南齐书·州郡志》、《魏书·地形志》及《东晋疆域志》、《补梁疆域志》、《补陈疆域志》等,一卷之中,同名而其实不同之州郡县甚多,而记在此处与载入彼处,意义又往往大异,易致混淆。故本表于"州郡县侨置经过"与"附注及备考"栏中,多列依据史料,并就必要者加以考证。诸家说法或异或疑或误者,亦辩证异同,而多置之"附注及备考"栏中。

11. 本表征引资料,为省篇幅,多用简称,具体说明如下:

《汉书·地理志》,简称《汉志》;

《续汉书·郡国志》,简称《续汉志》;

洪亮吉《东晋疆域志》,简称《东晋志》;

《晋书·地理志》,简称《晋志》;

《宋书·州郡志》,简称《宋志》;

《南齐书·州郡志》,简称《南齐志》;

《魏书·地形志》,简称《魏志》;

洪齮孙《补梁疆域志》,简称《补梁志》;

臧励龢《补陈疆域志》,简称《补陈志》;

《隋书·地理志》,简称《隋志》(诸家征引,又作《五代志》);

《嘉庆重修一统志》,简称《一统志》;

《资治通鉴》,简称《通鉴》;

《资治通鉴》胡三省注,简称胡《注》;

钱大昕《廿二史考异》,简称《考异》;

今人谭其骧《晋永嘉丧乱后之民族迁徙》,简称《谭文》。

12. 侨州、侨郡又有合为双头州、双头郡者,又有此州、此郡帖治彼州、彼郡合为双头州、双头郡者,详见拙著《六朝疆域与政区研究》(学苑出版社,2005年)第八章与本卷第一编第二章第五节的论述,本表不赘。

13. 本表各处所括注之"今地",除征引史籍、论著者保留原文以外,县及县以上单位以 2004 年底行政区划为准①;至于县级以下的小地名,因资料所限,或有非 2004 年区划状况者。

14. 本表"州郡县侨置经过"栏本应置于"梁陈"侨州郡县栏与"附注及备考"栏之间,因表格设计的不便与合理安排页面的考虑,故插入侨州郡县栏之上。读表时,请仍按"原州郡县"、"东晋、宋、齐、梁陈"侨州郡县、"州郡县侨置经过"、"附注及备考"之顺序。

---

① 详中华人民共和国民政部编:《中华人民共和国行政区划简册(2005 年版)》,中国地图出版社,2005 年。

第一章 《晋书·地理志》司兖豫诸州之部侨州郡县考表

原州郡县		东晋		宋		齐		梁、陈		附注及备考
		侨置经过								
州郡国旧属州郡国	州郡国侨置	侨州	侨郡统县	侨州	侨郡统县	侨州	侨郡统县	侨州	侨郡统县	
		侨州	侨寄地	侨州	侨寄地	侨州	侨寄地	侨州	侨寄地	
		《晋志》上司州："永嘉之乱，司州沦没刘聪。……元帝渡江，亦侨置司州于徐。"《读史方舆纪要》卷3："大兴四年，司州侨治合肥。咸康五年(339)云：征西将军庾亮欲开复中原，表桓宣为都督河北前锋诸军事，司州刺史，镇襄阳。"胡《注》曰："自李矩以司州刺史退复还失略，《宋志》："晋江左以来，今始以司州冶襄阳。"《后司州旧地，一度收复，还复失陷，隆安还复重陷。牧司州之任，示举大纲而已。县户口，不可具知。且永和、太元王化暂及，太和、隆安还复重陷。牧司州刺史，治虎牢。……少帝景平初，司州复没北虏。文帝元嘉末，侨立于汝南（据《南齐志》下司州），魏略司州立于汝南（元徽中）渐成实土焉。"其立州于汝南悬瓠"，据《南齐志》"侨置司州于徐"又属"多以为治徐州临淮县南》。今按徐县2武帝纪及《南齐书》卷29《吕安国传》，在泰始六年(470)，自此以后，常为边镇。又《梁书》卷天监三年(504)八月，以夏侯查持节督司州诸军事，司州刺史，诏以南义阳郡，时南义阳郡徒镇安陆北。此江苏泗洪县南》。今按徐县后陷梁司州，魏略司州诸军事，司州刺史，大通二年(528)，魏郢州刺史元愿达以阴内附，诏政为之后已失于北，又《晋志》下北司州；南司州侨安陆依旧。以太清初年，省南司州，而北侨达以阴义阳郡，义阴郡，另参本表义阳郡条）。徐州沦没石氏，又嘉之乱，临淮，淮异》卷26梁书武帝纪中，陈庆之传，《隋志》下寻陷郡，义阳郡，另参本表义阳郡条）。陵并沦没石氏，如此，侨置

司州	洛阳（今河南洛阳市东北）	司州	暂寄徐（今江苏合肥市）、合肥（今安徽合肥市西）、荥阳（今河南荥阳市北）、移襄阳（今湖北襄阳市）、樊			司州之"徐"，当指尚未沦陷之徐州江北部分。杨守敬《东晋疆域图》则作"其地无考"。◎宋泰始后侨立州于义阳，此义阳郡，据《宋志》，何志太守，"太康地志"《永初郡国》《何志并豫地志二司州刺史"太康四年，属荆州"。徐则南豫也。明帝泰始五年，度邾州，《何志》废帝元徽四年，司州七，其首县平阳。而《南齐志》下司州以南义阳郡为侨郡为首郡。因南义阳郡以北义阳郡为治平阳，即义阳县。参本表义阳郡条。
	虎牢（今河南荥阳市西北）	司州	汝南悬瓠（今河南汝南），移义阳（今河南信阳市，渐成实土）	义阳	司州	据《晋志》上雍州，《宋志》三雍州《宋志》下雍州侨立于襄阳《宋志》三雍州并立侨郡县，晋孝武始于于襄阳立雍州，并立侨郡县。《宋志》及何志并义阳郡，侨无氏县，徐氏县，阳城县。孝武大明元年省。洛阳，当是何志后立。领县五，《南齐志》当属领河南郡所领五县，即河南、新城、河阴、襄乡。其棘阳、襄乡二县，旧县。据此，东晋当侨五县同《宋志》，齐末年发魏。又《南齐志》下河南郡，所领七县，惟棘阳为实土。"晋孝武太元十年立北河南郡，汝阴、汝阳，即新蔡、汝阴，宛治宛八。"即新蔡、汝阴，宛治宛八。《通鉴》卷146天监阳县四月"永明土断，即河南、新城、河阴、襄乡、河阴、襄乡、河阴、襄乡二县，齐又发魏"，则河南郡当立在南阳棘阳县界。《永初郡国》何志属此，明土断属此。《齐志》"北河南郡"，何、徐、并无。明帝泰始末复立《宋志》。（注）。"北河南郡"，何、徐、并无。明帝泰始始有。			◎胡《注》"惟棘阳为土"，考襄乡，为实土旧县。大明土断，改属河南郡。河阴郡，大明中分汭北为实土，以棘阳、襄乡为实土，于是各县皆有实土。◎《东晋志》卷4 司州河南郡云："又宛城县东，有南阳城。"考订立时侨在"洛阳，当是何志后立"，则皆有实土。

续表

原州郡县		州郡县侨置经过											附注及备考
		东晋			宋			齐			梁○、陈△		
州统郡国 郡国统县	旧属州郡国 州郡国治	侨州	侨郡统县	侨寄地	侨州	侨郡统县	侨寄地	侨州	侨郡统县	侨寄地	侨州	侨郡统县	侨寄地	
													始、缑氏、新安、洛阳，并云"别见"，是为八侨县。建武中没北魏。
河南郡 河阴 缑氏 阳城 新城 洛阳	洛阳（今河南洛阳市东北）		河南郡 河阴 缑氏 阳城 新城	襄阳（今湖北襄樊市）		河南郡 河阴 缑氏（阳城） 新城 （洛阳）	分河北为境，在缑阳（今河南南阳市南）、襄乡（今湖北枣阳市东北）一带		河南郡 河阴	缑阳、襄乡一带				《东晋志》误。又《宋志》北河南郡始末复立，寄治宛中，有洛阳、缑氏二县，当是由河南郡度属。
河南郡 新安 新蔡 苞信 固始 汝阴 上蔡 洛阳	豫州汝阴郡 豫州汝阴郡 豫州汝阴郡 豫州汝阴郡 豫州汝阴郡	北河南郡		襄阳，后省		北河南郡 新安 新蔡 苞信 固始 汝阴 上蔡 洛阳	复立，寄宛中（今河南南阳市一带）		北河南郡 新安 新蔡 苞信 固始 汝阴 上蔡 洛阳	宛中				
缑氏						缑氏	谷城（今湖北谷城东）		缑氏	谷城东				

弘农侨郡	弘农（今河南灵宝市东北）	寻阳（今江西九江市西南）			弘农侨郡，东晋分侨寻阳、上明二地，末季始末又有另立者：(1)《晋志》上司州；元帝渡江，"后以弘农人流寓寻阳者侨立为弘农郡"。《宋志》下扬州云：司州之弘农松滋伯相，"安帝寘省为弘农县，属寻阳郡。又《晋志》江州寻阳又有松滋，亦侨在杂居，文帝元嘉十八年，省并松滋。"按此松滋，先为晋成帝所立侨郡，后省为县，亦侨在寻阳。(2)《晋志》上司州；元帝渡江，又以河东人侨寓县界又上明地侨立河东郡。"统八县。弘农，统汾省人县。松滋一县亦与焉。《末志》云："孝武太元中……弘农，临汾并松滋，松滋二县并省。"据此，弘农先为松滋，后省为县，属河东侨郡。孝建中又并人侨上明之松滋县。故立。"(3)《南齐志》下雍州弘农郡领三县是也。《末志》云："末明帝末立，寄治五垒。"疑是有流民属河东郡领侨，即郧郿、桓农、南郿县皆是也。又弘农实郡领有曲阳侨县。《末志》司州，"晋又熙中，刘裕"北平关、洛、河南底定，置司州刺史，治虎牢，领河南六县，有曲阳。注云："前汉属东海，后汉属下郡"，其弘农郡领汉武领有曲阳，司州下邓国领及弘农郡恒沣郡土不废也。"考《汉志》上东郡领下邓国及弘农郡恒沣郡无疑。《续汉志》三徐州下邓国领曲阳，少帝景平初，其为侨县无疑。	○曲阳，两汉治今江苏沭阳县东南，西晋废。 ○五垒，今地待考，疑在寻阳、南阳间。 弘农侨郡领县卢氏，疑先居郡侨割邓县为实土，又据《北周地理志》卷"新野郡穰"条，今河南邓州市有五垒山。则五垒当在郧县一带。又据王仲华《北周地理志》卷"5"山南邓州市有五垒山。京兆当在北周本表京兆郡条。
弘农郡	上明（今湖北松滋市西北）				
弘农郡郧郿县 卢氏	司州广平郡（汉）兖州陈 留国 司州上洛郡		五垒（今河南邓州市境）	弘农郡 郧郿县 卢氏	五垒
[弘农郡] 曲阳	东汉徐州下邳国		[弘农郡] 曲阳	弘农	

续表

原州郡县			东晋		州郡县侨置经过					附注及备考
州统郡国	旧属州郡国	郡国治	侨州	侨郡统县	宋		齐		梁○，陈△	
					侨州	侨郡统县	侨州	侨郡统县	侨州	侨郡统县
			侨州	侨寄地	侨州	侨寄地	侨州	侨寄地	侨州	侨寄地
				上洛侨郡，可考者有四。(1)《宋志》三梁州刺史南上洛太守："永初郡国"，何志并属雍州。何志无徐志，徐志时已属梁州矣。"永初郡国"无何，徐并作拒阳。《何不注置立。领县六"，即上洛、商、丰阳，何、徐并作拒阳）。又《隋志》上洛郡丰阳"齐《下梁州南上洛郡领上洛、商、流民、义丰阳，徐志梁所立，西魏改都曰丰利。"梁时领县疑与徐武帝同齐。……"北上洛、商、丰阳，拒阳，阴亭，北拒阳并云安帝立，今无此省。据此，徐雍州刺史南上洛，建武中没落。(3)《宋志》三雍州刺史南上洛郡"建武中，此以下郡皆没寇。领县二"，即上洛、商，此上洛盖是向志以南雍州有北上洛，北拒阳，并云安帝立，今无此省。据此，徐雍州有北上洛，北拒阳，不见属县。疑在襄阳后徐立之年。今治合。……徐雍州南上洛一县同齐，徐志雍州南上洛郡以下徐郡侨县境，侨治无考，疑在襄阳一带。……徐雍州南上洛郡"建武中"，北阳亭，建武中侨置南上洛郡。(3)《宋志》三雍州刺史南上洛郡"建武中，此以下郡皆没寇。领县七"，建武中，此以下郡皆没寇。领县七，即北上洛，商、丰阳、阳亭、流民、拒阳、齐化，西丰阳。旧置北上洛郡，梁改为南洛州，西魏又改为上洛。《南齐志》下梁州郡领十三县。其侨地，《隋志》卷141山南西道商州上津条：宋于此置北上洛郡，西魏改为南洛州。							◎《晋志》上司州上洛郡上洛领上洛、商、卢氏三县。《东晋志》卷4引《太平寰宇记》云："晋泰始二年，分商县之地置上阳。因丰阳川为名。寻废。"又云："晋秦始三年，分上洛置拒阳县，旋省，是丰阳、拒阳本有实土，为上洛郡领县。◎东晋时侨郡当无"南"，"北"字号。◎白，今地待考，疑在襄阳，南阳间。◎东鄪阳，当作"东鄀阳"。
上洛郡 上洛 商 拒阳 阳亭 流民 义 丰阳		上洛（今陕西南洛市） 新立 疑新立 疑新立	上洛郡 上洛 商 拒阳 阳亭 流民		南上洛郡 上洛 商 渠阳 流民 义阳 北丰阳	魏兴（今陕西白河）	南上洛郡 上洛 商 渠阳 流民 义阳 北丰阳	魏兴	南上洛郡 上洛 商 渠阳 流民 义阳 北丰阳	丰利（今陕西白河南）

									上津
									南洛州○
		襄阳一带		白				上津	
		北上洛郡 上洛 丰阳 阳亭 北拒阳		南上洛郡 上洛 商				北上洛郡 上洛 丰阳 流民 阳亭 柜阳 商 西丰阳 东丰阳 齐宁 齐化 新宁 新附 京兆	
		襄阳（今湖北襄樊市）一带		白，疑在襄阳（今湖北襄樊市）、南阳（今河南南阳市）间				上津（今湖北郧西西北）	
上洛郡 上洛 北商 鄀阳 阳亭 北拒阳				南上洛郡 上洛 商 南阳亭 北阳亭 阳安				北上洛郡 上洛 丰阳 流民 阳亭 拒阳 商 西丰阳	
	新立			新立				疑新立 新立	
				豫州汝南郡					
上洛郡 上洛 商 丰阳 阳亭 拒阳								新立 新立 新立 新立 原雍州属郡	
								上洛郡 上洛 丰阳 流民 阳亭 拒阳 商 丰阳 齐宁 齐化 新宁 新附 京兆	

续表

原州郡县			侨置经过										附注及备考
			东晋			宋			齐			梁○、陈△	
州郡国统县	旧属州郡国	州郡国治	侨州	侨郡统县	侨寄地	侨州	侨郡统县	侨寄地	侨州	侨郡统县	侨寄地	侨州	侨郡统县	侨寄地	
平阳郡		平阳(今山西临汾市西南)	侨州	平阳郡	南义阳(今湖南安乡西南)	侨州	平阳郡	侨寄地	侨州		侨寄地	侨州		侨寄地	平阳郡侨置有二：(1)《宋志》"三荆州刺史南义阳人，于汉武陵郡孱陵县界上明地侨立河东郡，统安邑、闻喜、永安、临汾、弘农、谯、松滋、广戚八县，并寄居焉"。又《宋志》"三荆州刺史南河东太守"；《晋成帝咸康三年，征西将军庾亮以司州户口，于旧平阳郡领县，参本表义阳郡条。"侨地当在南义阳郡内，参本表义阳郡条。又以二县省为县，以二县度属河东郡，使镇旱北道"。按其时刘裕北伐并未取得平阳郡实地，侨置此郡，盖意在防御北道之夏国。不久复失。(2)《通鉴》卷118义熙十三年：刘"裕以薛辩为平阳太守，使镇旱北道"。按其时刘裕北伐并未取得平阳郡实地，侨置此郡，盖意在防御北道之夏国。不久复失。 ◎《东晋志》卷4荆州南义阳郡平阳侨县引《宋志》"宋立"。《宋志》亦以平阳为"江左侨立"。
平阳郡				平阳郡	蒲坂(今山西永济市西南蒲州镇)										《晋志》"上司州"，元帝渡江，后"又以河东人南寓者，于汉武陵郡孱陵县界上明地侨立河东郡，统安邑、闻喜、永安、临汾、弘农、谯、松滋、广戚并寄居焉"。又《宋志》"三荆州刺史南河东太守"；《晋成帝咸康三年，征西将军庾亮以司州户口，于旧平阳郡领县，安邑并永安"。《梁志》卷2《武帝纪》：中大通三年(531)六月，以"枝江公誉为江左河东郡王"；又《朴陈志》《隋志》下南陈郡领焦，闻喜、松滋三县。又《隋志》"江左侨置河东郡领四县同。又《朴陈志》"宋志"下南陈郡领焦、闻喜、松滋三县，又《隋志》"江左侨置河东郡松滋"；河东郡领四县同。又《朴陈志》"宋初四县"，即南陈、永安、松滋、进，"今领县四"，即南陈、永安、松滋、进。《南齐志》"枝江公誉为江左河东郡松滋"。《南齐志》"枝江公誉为江左河东郡松滋"；河东郡松滋"；"江左公誉为江南郡松滋"。

河东郡 安邑 闻喜 永安 临汾 弘农 谯 松滋 广戚	安邑（今山西夏县西北） 司州平阳郡 司州平阳郡 司州弘农郡 豫州谯郡 豫州安丰郡 徐州彭城郡	河东郡 安邑 闻喜 永安 临汾 弘农 谯 松滋 广戚	上明（今湖北松滋市西北）	南河东郡 闻喜 永安 谯 松滋	上明	河东郡 闻喜 永安 谯 松滋	松滋（今湖北松滋市西北）	◎十县，数之只九县，当有脱文，对照《晋志》上司州河内郡，疑脱"州"县。
						河东郡 闻喜 谯 松滋	松滋（今湖北松滋市西北）	
		《宋志》三司州刺史：义熙中，刘裕"北平关，洛，河南底定，置司州刺史，寄治河南。""寄治河内郡，领温,野王,轵,河阳,沁水,山阳,怀,平皋,朝歌凡十县，初复没。"						
河内郡 野王 轵 河阳 沁水 山阳 怀 平皋 朝歌 温 州	野王（今河南沁阳市）	河内郡 野王 轵 河阳 沁水 山阳 怀 平皋 朝歌 温 州	河阳（今河南洛阳市东北）	河内郡 野王 轵 河阳 沁水 山阳 怀 平皋 朝歌 温 州	河南			义熙中，刘裕"北平关，洛，河底定，置司州刺史，治虎牢"，领有河内郡，"领温,野王,轵,河阳,沁水,山阳,怀,平皋,朝歌凡十县，少帝景平初复没。"

续 表

原州郡县			州郡县侨置经过							附注及备考
州统郡国	旧属州郡国	州郡国治	东晋		宋		齐		梁○、陈△	
郡国统县			侨州	侨郡统县	侨州	侨郡统县	侨州	侨郡统县	侨郡统县	
			侨寄地		侨寄地		侨寄地		侨寄地	
广平郡 广平 易阳 曲梁			侨州	广平郡 广平 易阳 曲梁 鄡		侨州	南广平郡 广平 易阳 曲梁			○广平郡分侨二处。侨治丹徒之广平郡立于咸康四年之广平，咸康四年省，后又立。《东晋志》卷5《江左侨立郡纪》元嘉十八年(441)，"省南徐州之南燕、广平郡"。(2)《晋志》：江左侨立雍州，孝武始于襄阳侨立雍州，今为实土，领广平郡：江左三雍刺史南广平郡：领县四"，即广平、易阳、徐、南度以邺为郡县。洪亮吉盖误其为"立"，又以《晋书阁本》"咸康四年侨置"，则广平之侨已前有此，而《晋志》云在孝武帝时，亦有不合，此何问题实一待决者。班氏此疑，是不知广平分侨二地之故。
广平郡 广平 易阳 曲梁		广平(今河北鸡泽东南)	侨州	南广平郡 广平 易阳 曲梁	丹徒	侨州	南广平郡 广平 易阳 曲梁			
广平郡 广平 易阳 曲梁 邯郸		丹徒(今江苏镇江市东南丹徒镇)		广平郡 广平 (易阳) (曲梁) (邯郸)						
广平郡 广平 易阳 曲梁 邯郸		襄阳(今湖北襄樊市)		广平郡 广平 (易阳) (曲梁) (邯郸)	襄阳		广平郡 广平			
阳平郡		朝阳(今河南邓州市东南)		阳平郡 (易阳)	朝阳 河南邓州市东境			朝阳境		○《东晋志》引《一统志》云"阳平郡，本晋元帝置"，《宋书》卷1《武帝纪》刘裕又熙"五年二月，大破淮北，执阳平太守刘千载，济南太守赵元、徐州刺史》卷4《东晋志》引《一统志》云"阳平郡，本晋元帝置，后徐州所得唯半，乃申置准
										○《东晋志》引《一统志》云"阳平郡，本晋元帝置，盖误沿《晋志》下徐州有阳平郡也"，而《徐州》渡江之后，徐州所得唯半，乃申置准

郡县	地望	《宋志》		《南齐志》		考证
阳平郡 馆陶 阳平 濮阳 廪丘	元城（今河北大名东北） 兖州濮阳国 兖州濮阳国	阳平郡 馆陶 阳平 濮阳 廪丘	沛郡南界（今安徽灵璧南）	阳平郡 阳平 濮阳	移 钟离（今安徽凤阳县东北）一带	置，在今灵璧县南。"来属沛郡南界"，《魏志》中《徐州阳平郡》"治沛南界"是也。及秦始后淮北没于北魏，阳平郡又侨于北徐州境。《南齐志》：上北徐州有阳平郡，永明元年(483)省（参本表梁国条）；《考异》卷27陈书宣帝纪以《魏志》，即钟离之阳平（东魏楚州治钟离城）。(2)《宋志》一兖州刺史阳平太守："文帝元嘉中，流寓末属，后省。孝武大明元年复立。领县五"，即馆陶，"寄治无盐"；乐平，"寄治下鲁阳陆"；元城，兼丘。"后治日平原县"，又《平原》、顿丘"之旧。末侨郡当是泰始末寄治末之旧。"后治日平乐平"，属北兖州，《南齐志》下北兖州阳平郡领泰清、永陆改为山阳四县。又《隋志》下江都郡安宜：建元中，"于石鳖立阳平郡"，石鳖在山阳境内。《南齐书》卷162太清三年(548)："秦郡、阳平，时胎三郡皆降"。(疑)景，景改阳平为北沧州。"《梁置阳平郡》又《通鉴》卷29《周山图传》。
阳平郡 馆陶 元城 平原 乐平	冀州平原国	阳平郡 馆陶 元城 平原 乐平		阳平郡 阳平 濮阳	移 山阳（今江苏淮安市楚州区一带）	无盐（今山东东平东） 无盐 襄丘（今山东宁阳）
顿丘 泰清 永阳 安宜 丰国	司州顿丘郡新立 新立 新立 新立	顿丘 泰清 永阳 安宜 丰国		泰清 永阳 安宜 丰国	安宜	平陆 山东上西北 阳平郡○ 安宜（今江苏宝应县西南）

阳，阳平、济阴、北济阴四部。
参本表济阴郡条。
○阳平郡寄治东平郡无盐。
《宋书》卷84《邓琬传附刘胡传》卷86《殷孝祖传》有"东平阳平二郡"，双头郡也；而东平郡治无盐。

续 表

原州郡县			东晋		宋 郡 县 侨 置 经 过		齐		梁○、陈△		附注及备考
州统郡国	旧属州郡国	州郡国治	侨州	侨郡统县	侨州	侨郡统县	侨寄地	侨州	侨郡统县	侨寄地	
魏郡 肥乡 元城 广川	司州广平郡 司州阳平郡 冀州勃海郡	邺（今河北临漳西南）	侨州	侨郡统县	侨州	侨郡统县	侨寄地	侨州	侨郡统县	侨寄地	◎侨建康之魏郡，元嘉十一年六月丁未省废（《宋书》卷五《文帝纪》）。《宋志》"江左置魏"语当指侨治历城之魏郡，盖晋义熙平南燕后所置。《东晋志》卷4冀州魏郡条"魏郡"皆曰"故魏郡"，误。◎《宋志》:"故魏郡，流寓配属"，降至元嘉末省建，进谯郡。按旧县在今河南商丘市东北，《宋志》三蒙县《谭文》"汉旧县"，属梁，但《宋志》云蒙县"汉旧县"，并不云"长垣令"，即汉旧县故地，如本卷长垣令，汉旧县，属陈留"，则汉县不可能为汉旧县原地。又据《宋志》，谯郡治汉陆道三百五十，汉蒙县去州治为侨侨蒙城县西北蒙县，颖州府表蒙城县有东晋末侨置谯郡，治汉蒙县。又《一统志》:"去州境侨治魏郡，疑本表附始侨郡有长乐县。参本表附始侨置条。
魏郡 肥乡 广川		京邑（今江苏南京市）	魏郡	肥乡 广川	魏郡	京邑		侨州	侨郡统县	侨寄地	
魏郡		蒙（今安徽蒙城县境）	魏郡		魏郡	北徐州境，疑在马头郡（今安徽怀远南淮河近岸）附近		魏郡		北徐州境，疑在马头郡附近	

魏郡 魏 安阳 聊城 博平 肥乡 蠡吾 顿丘 临邑 邺	冀州平原国 冀州平原国 司州广平郡 冀州高阳郡 司州顿丘郡 兖州济北国	魏郡（今山东济南市）	历城（今山东济南市）	历城 魏 安阳 聊城 博平 肥乡 蠡吾 顿丘 临邑 邺	◎顿丘郡侨置有二。前人考顿丘侨置者，例合为一，不安。《考异》：顿丘本属司州，卷19晋书地理志下云："顿丘郡刺史得兼督之，而徐土未经土断，当犹存司州之名，不得云属冀州。"且元帝之世，未闻有南北徐之分。
顿丘郡 沛	顿丘（今河南浚县北） 豫州沛国	顿丘郡可考有二：（1）《宋志》—徐州刺史新昌太守顿丘令。元嘉八年并顿丘，后废帝元徽元年度属此。"故顿丘本为侨郡，《晋志》、《隋志》下徐州郡有下江都郡清流，其侨地，属北徐州"是也。后秦郡为县。置顿丘郡为县，孝武复省置，"江左委省置，顿丘太守"。（2）《宋志》二冀州刺史顿丘太守顿丘。"江左无考，疑北徐始后没于魏。侨地无考，疑在今山东济南、肥阳、阴安。秦始后省没于魏			
顿丘郡 顿丘 卫 肥阳 阴安	疑新立	顿丘郡 顿丘 卫国 肥阳 阴安	疑在今山东、济南、淄博两市之间		
		考兖州侨置有二，一为东晋讫陈之兖州（又称南兖州），一为朱齐梁之北兖州。（1）兖州（南兖州）之侨置，前后变化甚大。元和郡县图志》卷10河南道兖州峤理："晋建武初，兖州镇守理邹山即峤山。"邹山即峤山。中宗即位，遣龙骧将军兖州刺史，遣章城公贺督徐、兖二州，镇广陵，是为兖州峤立。《南齐书》，兖州寄理峤山。"据此，兖州寄理峤山，同时又于广陵立兖州，是为兖州立峤。据《晋书》上兖州，《南齐志》《晋书》卷67《都鉴传》下江郡都郡：遣黎南渡，元帝侨置兖州，寄居京口；明帝世先是王恭自此始也。"建兴四年，扬声北伐，遗峤山此峤。"据《晋书》《考异》卷22晋书镇汪徒无定。据《晋书》上兖州，《隋志》下江都郡，《南齐志》卷25南齐书|			◎《晋志》上兖州统郡国八，县五十六。其陈留国统县十，濮阳国统县四，济阴郡统县九，高平国统县七，任城国统县三，东平国统县七，济北国统县五，泰山郡统县十一。后又分陈留国分立济阳国。

续 表

原州郡县		侨置经过							附注及备考
旧属州郡国	州郡国治	东晋		宋		齐		梁◯、陈△	
		侨州	侨郡统县侨寄地	侨州	侨郡统县侨寄地	侨州	侨郡统县侨寄地	侨州 侨郡统县侨寄地	
州统郡国 郡国统县									◯《晋志》、《宋志》等述及东晋有兖州，南青等州者，误。详《考异》卷19晋书地理志。◯《南齐志》上青兖州云："晋末以广陵接接三齐，故置兖同镇广陵，谓又熙末以一人兼领州史同镇广陵，非以一人兼领也。南兖州治所矣。"说见《考异》卷25南齐志上。按治滑台、邹山、碻磝之兖州，为实州，所治亦在西兖州境内，盖移置，而非侨置也。◯宋兖州寄治淮阴，在泰始六年《宋书》卷94《恩倖阮佃夫传》。泰始"六年，出为辅国将军、兖州刺史，出淮阳。" 《宋书》（470），《南齐志》：刘宋灭南兖州，晋侨置兖郡无有广陵，或治淮阴，而遥领淮北实郡，又熙末，至永初受禅，始诏陈北加南。合肥，以郗鉴为刺史，太宁三年（325），又镇广陵，后或还京口，或治盱眙，后或居山阳，或镇广陵，或在下邳，盖无一定。而侨立之徐、兖二州刺史以一人领之，常以一人领之、镇淮阴，太元十二年，未序以青兖二州之始。此兖序同镇之始。《晋志》：晋末兖州镇广陵，乃迁治，历宋齐梁陈基本不变。侨兖州之范围，东晋及宋初亦大不相同，《宋志》：南兖州刺史："武帝及并州永初元年，省并青、兖。…… 元嘉二十八年，南兖州徙治盱眙。《宋书》卷6《孝武帝纪》及卷77《沈文之传》，复立兖州在孝建元年（按据南徐州刺史：武帝永初元年，青并徐州矣，江南嘉八年，始南徐为此。江以幽、冀合徐，青，并兖，并四州。后又以幽、冀合徐，青，并兖，并四州。永初二年，加徐州南徐州，还治广陵；又复立江北徐州，始复七年，始立南徐，又《宋志》—淮北但日徐。其后复立（按据文帝永初二年，安帝又熙二年，还治广陵。又，《宋志》之九郡侨在江南者属焉。"据知晋及宋时，兖州所领州郡县跨长江南北，一分淮北为北徐。元嘉八年（431），治碻磝。……宋泰始二年淮北失，于此立州镇，"胡（注）"：此北兖州当治淮阴，建元四年，移镇盱眙。《魏志》又治淮阴。太清二年（547）没于东魏。州改为吴州。治滑台。文帝元嘉十二年，治碻磝，……宋泰始二年淮北失，于此立州镇，建元四年，侨立兖州……"镇淮阴。……宋泰始二年淮北失，于此立州镇，"萧衍置，魏因之。治淮阴城。"是梁又改治北兖州为淮阴。中大通元年（529）："以淮庆之为北兖州刺史。"是梁又改治北兖州为淮阴，"十驾齐养新录》卷6"晋兖州郡无有广陵，但以刺史治广陵，或治淮阴，而遥领淮北实郡，又熙末，至永初受禅，始诏陈北加南。"（3）兖二兖分立，在文熙末年复立北兖州，不别立刺史治滑台，不得立北兖。然治陈立之州，孤不称南，而二兖始分。乃以兖州刺史治滑台，而二兖始分。

兖州	廩丘（今山东郓城西）	兖州	广陵（今江苏扬州市西北）；后又侨京口（今江苏镇江市），合肥（今安徽合肥西），广陵京口，盱眙（今江苏盱眙东北），山阴（今江苏淮安市楚州区），下邳（今江苏睢宁西北），淮阴（今江苏淮安市西南；后定治广陵	南兖州	广陵，又曾移盱眙。割江淮间为境	广陵	
兖州	滑台（今河南滑县东），移邹山（今山东邹城市东南），[侨]彭城，又治瑕丘（今山东兖州市）	兖州		北兖州	彭城（今江苏徐州市），移淮阴（今江苏淮安市西南）	北兖州	淮阴，又曾移盱眙（今江苏盱眙东北）	淮阴〇

续表

原州郡县		州郡县侨置经过							附注及备考
		东晋		宋		齐		梁○ 陈△	
州统郡国	旧属州郡国	侨州	侨郡统县	侨州	侨郡统县	侨州	侨郡统县	侨州 侨郡统县 侨寄地	
	州郡国治		侨寄地		侨寄地		侨寄地		
陈留国 小黄 酸枣 雍丘 白马 长垣	小黄（今河南开封市东） 兖州濮阳国	侨州	陈留国 小黄 酸枣 雍丘 白马 长垣	侨州	陈留郡 小黄 雍丘 白马	侨州	陈留郡 小黄 雍丘	陈留郡 小黄 雍丘	陈留侨，可考者有四。（1）《宋志》二豫州刺史陈留太守："汉武帝元符元年立，属兖州。中原乱废。晋成帝咸康四年复立。《永初郡国》无淩仪。《南豫州》属兖州，何，徐南豫州，有雍丘，今领县四，寄治谯郡长垣县界。"按长垣，东晋置，西晋时陈留郡属酸枣，今领县四，即淩仪、白马、雍丘，寄新附。《宋志》二豫州刺史雍丘令："又旧县，永初郡国属陈留，何故属陈留，徐新配。"据知长垣盖二晋陈留郡属县进县，先属陈留，未改属进县，今从《永初郡国》以后移属陈留。《东晋志》卷4兖州陈留国安丰县东北。侨立于淮南安丰县东北。据《南齐志》上豫州陈留郡领三县，即淩仪、小黄、雍丘；又《隋志》下淮南寿州雍丘县云："废陈留郡在今刘宋五里。陈留、安丰二郡"，又《太平寰宇记》卷129淮南道寿州雍丘："晋又照十二年刘义奏置。其陈留郡，淩仪、雍丘两县，南开皇三年废；小黄县唐武德七年……—郡三县。晋又照十二年刘义奏置。其陈留郡，淩仪、雍丘两县，南开皇三年废；小黄县唐武德七年……—郡三县。（2）考异卷24末书檀超传："牧向弥，督陈留郡事。而弥有成堂邑之文，无土断之陈留郡名矣。《州郡志》秦郡有陈留郡氏县，始又陈留郡，并置陈留国尉氏县，殆又陈留郡，是陈末土断九年永熙郡县时，并人秦郡也。"（3）《隋志》下宣城郡绥安："梁末立"，以广梁郡为陈留郡，又改陈留。东魏废州，陈改为陈留。陈定二年（558）八月景黄，以广梁郡为陈留郡，平梁废陈留郡非移梁郡而是陈郡也。《陈书》卷15《陈详传》亦云："高祖践祚，改广梁为陈留，又以陈留为陈留太守。"（4）《隋书》卷1《高祖纪》永定二年《陈详传》亦云："高祖践祚，改广梁为陈留，又以陈留为陈留太守。" ○陈留先为国，未改为郡，治白小黄移仓桓城。 ○《东晋志》卷4兖州陈留郡于侨兖州陈留郡，未子兖州陈留郡干侨兖州与侨之陈留郡属陈留郡，未子分别，误。 ○《寰宇记》"晋又照"，考之史传无此事，疑误。 ○《宋志》二南豫州刺史，何，徐领陈留《永初郡国》，何，徐领陈县情况，当移秦之豫州刺史太守下。
陈留国 小黄 酸枣 雍丘 白马 长垣	长垣（今安徽亳州市东）	陈留郡 小黄 酸枣 雍丘 白马 长垣		陈留郡 小黄 雍丘 白马		陈留郡 小黄 雍丘		陈留郡○ 小黄 雍丘	
		长垣，秦始移安丰（今安徽寿县西南东北）		长垣，秦始移安丰（今安徽寿县西南东北）		安丰东北		安丰东北	

第十编·第一章 《晋书·地理志》司兖豫诸州之部侨置郡县考表

						备注
浚仪 襄邑 封丘 尉氏	北陈留郡 尉氏 平丘 外黄 雍丘 浚仪	堂邑（今江苏南京市六合区北）	浚仪 襄邑 封丘 尉氏	浚仪		
陈留国 尉氏 平丘 外黄 雍丘 浚仪	汉属陈留郡					
陈留郡 陈留		仓垣（今河南开封市西）			陈留郡○ 陈留	颍阳（今安徽太和县东北）
陈留郡					陈留郡△	绥安（今安徽广德县）

○濮阳先为国，西晋末改为郡。
○《宋书》卷5《文帝纪》，元嘉十八年，"省南徐州之南燕、濮阳、南广平"，而《宋志》《南齐志》南徐州有南濮阳郡，不言何时省并，与纪文不相应。
○《东晋志》卷4兖州濮阳省立又立。

濮阳侨郡可考者有二：(1)《晋志》上兖州；明帝置濮阳郡。又《宋志》《南齐志》"永初郡国"又有鄄城县，"令领县二"一廪丘，"文帝元嘉十二年"上南徐州南濮阳郡领鄄丘、东燕、会、鄄城三县"，"建武三年省"。榆次（"南齐志"五县，榆饮、元嘉二年改属南徐州）。参本表徐州南徐州，先属兖州。元嘉八年省鄄城县，并属濮阳县。参本表南阳平郡条。(2)《宋志》"本流寓郡，并省来配。"是先为侨郡，后省为县。一徐州刺史南阳平太守侨郡领濮阳县，参本表南阳平郡条。

续表

原州郡县		东晋			宋			齐			梁○、陈△		附注及备考
州统郡国	郡国统县	旧属州郡国	州郡国治	侨州	侨郡统县	侨寄地	侨州	侨郡统县	侨寄地	侨州	侨郡统县	侨寄地	
濮阳郡	廪丘 榆次 鄄城	濮阳(今河南濮阳市西南) 并州太原国 旧东燕侨郡疑新立自侨济阳郡度	旧晋陵郡界(今江苏镇江、金坛、无锡、常州等一带)	侨州	濮阳郡 廪丘 榆次 鄄城	旧晋陵郡界	侨州	南濮阳郡 廪丘 榆次 东燕会 鄄城	旧晋陵郡界		侨郡统县	侨寄地	领濮阳、廪丘、鄄城三县,盖误以《宋志》兖州刺史中所领濮阳实郡(领濮阳、廪丘二县)为侨郡,而又以濮阳郡所领郡城县混入。○南濮阳之省并,疑在梁天监元年(502),是年,"土断"。"梁书"卷1《武帝纪》、《南齐书·州郡志》南徐州诸侨郡县如临淮、淮陵、南东莞、南青河、高平、南济阴,南濮阳等郡及领县,不见于梁、陈史载,疑在此次土断中省并。
濮阳郡						沛郡界,今安徽灵璧南							○《晋志》下:"元帝渡江之后,徐州所得惟半,乃侨置淮阳、阳平、济阴,北济阴四郡。"《考异》卷19云:"按淮阴四郡,《宋志》皆在徐州部内,彼志云:淮阴,宋孝武帝建立。北济阴,孝武帝大明元年立。济阴非元嘉末、孝武帝建元三年,义熙五年慕容超将慕容兴宗寇宿预,阳平太守刘千载

济阴侨郡可考者有三,分侨五地:(1)《晋志》上兖州。(2)《魏志》中济阴为土断时所寓,为夹县。(3)《宋志》—徐州刺史北济阴太守上北徐州济阴郡领四县,即睢陵,"永明元年,割顿丘之境,乐平"永明元年,割钟离属",济安"建武孝元年开立",领城武、丰、离孤三县;睢陵,其睢陵,大明八年度,盖郡侨于晋,大明元年中割睢陵,因割地为境。"(又《宋志》—南徐州刺史南济阴太守上南徐州南济阴郡领城武、单父县,无实。城阳临淮。"(前汉属临淮;前汉割睢陵地为境。"《宋志》:徐州刺史南济阴太守上南徐州南济阴郡领城武,单父,无实。《南齐书》卷19云:"按淮阴四郡,《宋志》皆在徐州部内,彼志云:淮阴、北济阴、济阴、阳平,济阴、北济阴、济阴、阳平则皆为徐州所有矣。《宋志》济阴非元嘉末,孝武帝建元三年,义熙五年慕容超将慕容兴宗寇宿预,阳平太守刘千载

第十编·第一章 《晋书·地理志》司兖豫诸州之部侨置郡县考表

济阴郡 城武 冤句 单父 句阳 定陶	定陶（今山东定陶西北）	济阴郡 城武 冤句 单父 句阳 定陶	旧晋陵郡界（今江苏镇江、金坛、常州、无锡等市一带地）	南济阴郡 城武 冤句 单父 句阳	旧晋陵郡界	南济阴郡 城武 单父 城阳		其离狐为侨县。《魏志》中徐州北济阴郡："刘骏置，魏因之。……离狐，晋乱置，魏因之。"《宋志》一南兖州刺史北济阴太守："其广平为旧县，汉属临淮郡；又《南齐志》上北兖州广陵郡："建元四年，置北淮阳，北下邳，北济阴，东莞四郡并。" 为贼所执。此阳平侨北济阴郡之证。淮北领甫城，省预等县，去京都水七百，临五百五十，亦准北地也。《志》既云临淮、淮陵沦没石氏，乃置此四郡，则四郡宜在淮南，微独与《宋志》不合，即与《安帝纪》亦自相抵悟矣。末末失淮北侨立，阳平于山阴，北济阴立于广陵，阳平山民，《志》殆误列末末侨置之郡以为元帝所立平？○《南齐志》上南兖州："永明元年，剥史柳世隆奏：'尚书符下土断条格，并省侨郡县，于是济阴郡三县，下邳郡四县，淮阳郡无实土，及州治立，省，寄止民村。'又云："见省，民户帖属"建元四年墨北淮阳"等郡者互异。考《南齐书》卷3《武帝纪》及卷40《竟陵文宣王子良传》，永明元年（483）正月至二年正月，子良为南兖州刺史；再按《建元书》卷24《柳世隆传》，建元三年（481），世隆为南兖刺史，高帝救世隆土断兖部，云云。据此，建元四年，永明元年等郡当在建元四年者误。
				睡陵	睡陵（今江苏睡宁）	钟离（今安徽凤阳东北）境		
济阴郡 定陶 顿丘 睡陵 乐平 济安	司州顿丘郡 徐州下邳国 汉兖州东郡 割钟离属	济阴郡 定陶 顿丘		济阴郡 顿丘 睡陵 乐安 济安		旧晋陵郡界		
济阴郡 离狐 定陶 阳平 上党 冤句 馆陶	司州阳平郡 并州上党郡	北济阴郡 离狐 定陶 阳平 上党 冤句 馆陶	离狐（今山东单县）、移广陵境（今江苏扬州市、泰州市一带），领定陶等五县	北济阴郡 定陶 阳平 上党 冤句 馆陶		广陵境		

续表

原州郡县	旧属州郡国		侨置经过							附注及备考
州统郡国 郡国统县		旧郡国治	东晋		宋		齐		梁○、陈△	
			侨州	侨郡统县	侨州	侨郡统县	侨州	侨郡统县	侨州 侨郡统县	
				侨寄地		侨寄地		侨寄地	侨寄地	
高平郡 金乡 湖陆 巨野 昌邑			侨州	高平郡 金乡 湖陆 巨野 昌邑	侨州	高平郡 金乡 湖陆 高平	侨州	高平郡 金乡 高平	侨州 高平郡○	高平侨郡可考者有三：(1)《晋志》《宋志》上兖州，即徐州刺史南高平太守云。"南徐州"《宋志》上南徐州南高平郡〔领金乡，高平二县，注云，天监元年立〕。又《南齐志》南徐州南高平郡〔领金乡，高平二县，注云"南徐"者，即"南兖"也。高平太守。"宋泰始五年侨立于湖。据志《南齐志》上南豫州淮南郡。复侨徙淮南郡于湖。参本表淮南郡初寄治淮阴，后又分侨于淮南当涂。"……开皇初郡废。○《东齐志》卷4兖州高平郡领任城，高平，方与七县，金乡，巨野，平阳元父七县，郡无实土，盖以宋志"永初郡国领巨野，元父二县，疑与高平郡注"兖州刺史高平太守为高平郡所领七县侨为郡领领府"者。(2)《南齐志》上南徐州南高平郡〔领金乡二县侨为郡界〕，领金乡，高平二县。其年又立年，复徙淮南当涂。又《隋志》注泰始五年复徙淮南当涂，中华书局南高平郡注作"复徙淮南当涂"者。《南齐志》上南徐州南高平郡当涂已废。南侨郡所侨置本当侨属兖州，南豫，后属南兖，点有误。按南齐南徐州所领南高平郡置于晋明帝；南高平郡另一高平侨郡，见载于《宋志》及《南齐志》一高平侨郡，泰始七年及《永明八年》，永明人年徐始所加；依此，则"后晋强一而加，标志点当强"复徙高平"二县"所属之中，当涂"谓属徐所加"，所属之中，当涂"谓徐所加"所属之中，当涂"谓徐所加二县也。
昌邑（今山东巨野南）						旧晋陵郡境		旧晋陵郡境		
高平（今山东微山西北）			旧晋陵郡境（今江苏镇江，金坛，无锡等市一带）		高平郡 金乡 高平		高平郡 金乡 高平			
高平郡 高平 金乡 睢陵 高平陵郡						淮阴（今江苏淮安市西南）；分侨于（今安徽当涂东）领二县		淮阴	当涂	
	徐州下邳郡								徐城（今江苏泗洪南）	

第十编·第一章 《晋书·地理志》司兖豫诸州之部侨州郡县考表

侨郡县	侨治地		本土	考证
东平国 范 蛇丘 历城	须昌(今山东东平西北)	东平郡 范 蛇丘 历城		○东平先为国,未改为郡。 ○《考异》卷19晋书地理志下云:"当时侨立诸郡,或在江北,虽非故土,而不加南字。……永初受禅,乃诏郡县寓立于南者,听以南为号。以北有名者,悉除之。而《志》谓元明之世已有南琅邪、南东平、南兰陵、南彭城,南下邳,南东莞诸名,此一误也。……东平本属兖,琅邪、兰陵之属徐,与东海、浪邪、兰陵之置江南,与东海、浪邪、兰陵之当犯属兖州,不得云属南徐州,此四误也。《晋书》阙。 ○谭文云:"宋时又有南东平郡,统范、蛇丘、历城、朝阳、寿张、平陆、平原(山东);南平原郡,统楼颓、阴馆、广武、门邑(山西);济岷郡、峄(广武、晋宁(山东);南齐郡,统临淄(山东)(又领并入广陵郡),后省并入广陵郡"。按"嘉八年以江北为兖州,治历下;南为南徐州,治京口。(宋志)大较以大明八年为断,其时南东平郡(领范、蛇丘、历城、高唐、平原(在平).
东平国 范	兖州济北国 青州济南郡	江乘(今江苏句容市北境)	江乘境	东平侨郡,可考者有三,又有实郡领侨县者:(1)《晋志》下徐州:元帝以江乘置南东平等郡。(2)《宋志》——南东平郡领范、蛇丘、历城凡三县。"……永初郡国领县十四郡。"——南东平郡治县何志云:"诸侨郡县自南徐州——是宋永初并于南徐州。……雁门领楼颓、阴馆、广武、平原四县,朝阳、历城三县。……《起居注》:元嘉十一年,以南兖州东平之平陆并入东平之范,寿张并朝阳……则南东平领范、朝阳、历城、楼颓、阴观、广武、平陆、寿张疑在《永初郡国志》,而无此此,未详。徐志有南东平也,领观、朝阳、历城、平陆、任平,以东平并雁门,东又以领无益,而又领雁门,领侨县县无考。以东平太守领侨阴",领侨官读以西三百户,据《南齐志》,平阴并雁门,平陆、范、寿昌、须昌无考;及平、据《南齐志》——县,东平侨领县:任、春、寿张、平陆、雁门、范五县,大明中省并治郡下,是为实郡领侨同成实土,盱眙同鎮下流杂一百户置。
东朝阳 历城 东平陆 寿张	青州乐安国 青州济南郡	南东平郡 范 蛇丘 历城		
楼颓 阴馆 广武 任城 营城 临淄 平原	旧并州雁门郡 旧并州雁门郡 并州雁门郡 冀州济岷郡 青州齐国 冀州平原国	东平郡 范 朝阳 历城 (平陆) (寿张) 楼颓 阴观 广武 任城 营城 临淄 平原	广陵境(今江苏扬州、高邮、泰州市一带)	

续表

原州郡县			东晋			宋			齐			梁○、陈△		附注及备考
州统郡国	郡国统县	旧属州郡国	州郡国国治	侨州	侨郡统县	侨寄地	侨州	侨郡统县	侨寄地	侨州	侨郡统县	侨寄地	侨州	侨郡统县	侨寄地
[东平郡] 东平陆 须昌 寿张 范		无盐（今山东东平东）					侨州	[东平郡] 平陆 须昌 寿张 范	无盐（今山东东平东）	侨州	东平郡 寿张 淮安			雁门郡（领楼烦、阴馆、广武、崞、马邑）、济岷郡（领营城、晋宁）、南齐郡（领西安、临淄）等七郡二十三县，《宋志》"并省属南徐州"，则诸郡县当侨在江南，何由由并入江北之广陵郡邪？（2）考《宋志》—南兖州刺史，何志又有钟离、雁门、平原，刺史云：南兖州诸侨郡县，东平、北沛五郡，按承天撰史在元嘉之世，何志大较是元嘉制度，时南兖州领江北之地，有东平郡（领范、朝阳、历城）、平原郡（领营城、茌平、临淄）、雁门郡（领楼烦、阴馆、广武、寿张）又领有平陆、阴馆、雁门二县，东平郡先入东平郡，大明五年，东兖州又领有广陵郡，南兖州所领者，南兖州、平原郡、雁门郡此，则非入广陵郡、平原郡、雁门郡耳。（3）再考一江而有二平原侨此以江北。
东平郡 寿张 淮安		新立						东平郡	淮阴（今江苏淮安市西南）		东平郡 寿张 淮安	淮阴，后割山阳（今江苏淮安市楚州区）、盱眙（今江苏盱眙东北）同成实土		

				郡，二东平侨郡，二雁门侨郡及所领侨县？盖侨郡立之初，诸郡县流人，侨寓在江南、北，及划江而分立于江之南北，此诸郡县遂分立于江之南、北。江南者称南平、南徐州，江北者称平原、东平、雁门（后省属南沛、北沛国郡）。又有南沛、北沛国郡，同此例。参本表沛国条。	
					◎《东晋志》卷 4 兖州泰山郡领县十，是以明帝侨立之泰山郡与泰山实郡（晋末兖州之泰山郡实郡）混而为一，误甚。
济北国	卢（今山东济南市长清区南），移蛇丘（今山东肥城市东南）	《宋志》—兖州刺史济北太守，实郡领县三，考。又《南齐志》上北兖州济北郡。	济北郡	淮阳（今江苏淮安市西南）	泰山侨郡有二，实郡领侨县一：（1）《晋志》下徐州云：明帝立南泰山，《宋志》永初郡国有十四郡，其南泰山太守："永初郡国有广平，寄治丹徒"，即南城。《宋志》—南徐州刺史南泰山太守，"省广平实土，领一县，建武三年省"。又《南齐志》—郡省，度属平昌，寻又省。"据本表—青州刺史太原令：晋安帝又熙中土断立，本郡泛元嘉中度属太原郡，属泰山。"又侨地在升城，"荒"。淮北后，泰山郡又侨于淮南《南齐志》上北兖州领泰山泰山郡。（2）《宋志》—兖州刺史太原太守太原国条。参本表太原国条。
		《宋志》—兖州刺史济北太守，实郡领蛇丘、卢、谷城三县，"宋末又侨立于淮阳"，领侨县无考。又《南齐志》上北兖州济北郡"荒"，后没于魏。			

续表

原州郡县		东晋			宋			齐			梁○、陈△		附注及备考
州统郡国	郡国统县	旧属州郡国	州郡国治	侨州	侨郡统县	侨寄地	侨州	侨郡统县	侨寄地	侨州	侨郡统县	侨寄地	
泰山郡 南城 武阳 广平		奉高（今山东泰安市东），本司州广平郡	侨州	侨郡统县	侨寄地	南泰山郡 南城 武阳 广平	侨郡统县	侨寄地	南泰山郡 南城 武阳 广平	武进，丹徒间	侨州	侨郡统县	侨寄地	
				泰山郡 南城 武阳	武进（今江苏丹阳市东）、丹徒（今江苏镇江市东南丹徒镇）间								
泰山郡 太原		奉高，本并州太原国	[泰山郡] 太原	奉高 升城（今山东济南市长清区西南）	[泰山郡] 太原	奉高 升城	泰山郡	淮南北兖州境（今江苏淮安市、洪泽县一带）					
								《宋志》—南兖州刺史："《永初郡国》领十四郡。……又有东燕郡，东晋分濮阳十四县。文帝元嘉十八年，省考城并东燕；属南濮阳；后又省东燕郡，县入东燕。"当是元嘉八年自兖度徐也，徐州南濮阳郡领有东燕县，则县省后又立也。侨地当在旧晋陵郡界。				
东燕郡 燕 白马 平昌 考城		燕（今河南延津东），青州城旧属陈留国	东燕郡 燕 白马 平昌 考城	旧晋陵郡界（今江苏镇江、金坛、常州、无锡等地一带）	东燕郡 燕 白马 平昌 考城	旧晋陵郡界							○东燕郡，东晋分濮阳立。领县四，疑有燕，白马，盖是东燕侨郡所领考平昌，乃南城侨阳郡相距甚远，与濮阳相距甚远，晋末惠帝分陈时移属；留立济阳，有考城，误。《南齐志》卷1兖州东燕郡实郡领者，燕，白马，平昌，误。○燕县又有侨州郡所领者，与东燕侨郡所领有别。

山阳郡	昌邑（今山东金乡西北）	《续汉志》三：“山阳郡，故梁，景帝分置。”西晋改为高平国。《宋志》——南兖州刺史山阳太守：“晋安帝又侨立。”《南齐书·州郡志》下江都郡山阳县；又"旧置山阳郡，开皇初郡废。”《隋书·地理志》下江都郡山阳县，1914年改名淮安，即射阳汉县故城也。汉之山阳郡为淮阳郡，后人于乎魏，旧县。按山阳郡，开皇初郡废，《十等斋新录》卷11《水经注》难尽以此。考山阳侨治射阳，封子翔为山阳公。汉世祖建武十五年，封子翔为山阳公。以典午之侨侨，当东汉以东。以典午之侨治，当东汉以东。以典午之侨封，岂其然乎？	《东晋志》卷4兖州东燕郡考城县。《图经》：“侨县在怀远县东南四十五里”，《宋志》东燕侨郡所领省别，与考城铺。按此考城侨属盱眙郡，与东燕侨郡所领省别，参本表盱眙郡条。
	山阳郡	射阳境，山阳（今江苏淮安市楚州区）	《宋志》——南兖州刺史山阳太守，则分此诸县置山阳郡，非山阳县。 ○汉郡。西晋改为高平国，治昌邑。 ○山阳郡，西晋土断中假阳射阳为界，分广陵郡射阳县而立，或新立或因旧名。 ○《晋志》上兖州：“安帝分广陵之建陵、临江，如皋、宁海、蒲涛五县置山阳郡。”
	山阳郡	山阳	
济阳国	济阳郡	济阳郡	《晋书》下徐州：明帝立南济阴等郡；又《宋志》——南兖州刺史济阳太守今领四县，济阳、考城、鄄城，寻又省。领地当在旧晋陵郡界。○《宋志》南济阴等郡（当即南济阳）。领十四郡"永初郡国"——南徐州领济阳等郡今并属徐州。又是元嘉八年属徐州。又《南齐书·州郡志》上南徐州刺史"建武三年省，领考城一县。"《宋志》考城县属郡，"建武三年，省济阳郡鄄城，又南濮阳省，又济阳郡尚领有鄄城。
	济阳（今河南兰考东北）旧属陈留国兖州濮阳国	旧晋陵郡界（今江苏常州、金坛、无锡等地一带）	
考城鄄城	考城鄄城	考城鄄城	○晋惠帝分陈留为济阳国，治济阴。南渡后废。

续表

原州郡县		州郡国治经过置侨县						附注及备考
州统郡国	旧属州郡国	东晋		宋		齐		
郡国统县	州郡国治	侨州	侨郡统县/侨寄地	侨州	侨郡统县/侨寄地	侨州	侨郡统县/侨寄地	
							梁○、陈△	
							侨州 侨郡统县/侨寄地	
		侨州	侨郡统县/侨寄地	侨州	侨郡统县/侨寄地	侨州	侨郡统县/侨寄地	据《晋书·地理志上》《宋书·州郡志上》，卷23宋书州郡志下宣城郡下，《隋志》梁书、陈纪、陈书、《通鉴》。永嘉之乱，豫州沦没于石氏。元帝永昌元年（322），刺史祖约始自谯城退屯寿春；成帝咸和四年（329），祖豫以城降后赵石勒，乃侨立豫州于江淮之间，黄亮为刺史，治芜湖，领陈留；咸康四年（338）以毛宝为刺史，治邾城，为后赵所覆；六年（341）以荆州刺史谢尚兼领州任，治芜湖，穆帝永和元年（345），刺史赵胤治牛渚，二年刺史谢尚镇无湖；八年，殷浩为刺史，治寿阳。后赵乱，刺史谢万进次涡颍，而刺史王述引军还寿春；不复归旧镇也；哀帝隆和元年（362），成历阳，孝武帝太元十年（385），刺史朱序反马头，十三年，刺史桓石虔还历阳，绥定豫土。又武帝咸安元年（371），剌史桓冲又徙石城还历阳；安帝宁康三年（373），刺史袁真自涡退徒春，乃又复镇寿阳，九年又移淮阴，又出镇石头，后移始熟，进主历阳。// 南豫州又治寿阳。元嘉七年（430）罢南豫州并豫州，大明三年（459）再分精南。大明五年（461）复北豫州，八年并省，泰始二年（466）又分豫州为五州，五年又分豫州之历阳，淮阴、历阳诸郡基新侨立，乃以豫州之历阳、南豫州立南豫州侨郡县。泰始七年（466）省南豫州南梁郡宣城，自来豫至子大明，即南豫州治寿阳；移治姑熟，还治始熟，复于太始二年（472），又以南陈郡淮，扬州之历阳江度属南豫州。// 南豫州为十三县，其南豫州侨郡九，卢江、临江、凡六郡复置南豫州之侨郡、南豫州、淮南、庐江、南齐两南侨治，基本沿宋之混淆情态。//《南齐书·州郡志》云：南豫州初立治寿阳，永明十年（492），乃复浔阳为寿春，复治寿春，后乃寿春县，名为寿阳，以史志仿作寿阳。//《宋志》《何、徐志志宛睢阳》，旧属豫郡寿阳。按睢阳汉旧名，北魏置为寿春县，名其实，故表中亦作寿阳，而不作睢阳。 ○《晋书志》《上豫州统郡国十，县八十五。即颍川郡九县，汝南郡十五县、梁国十二县、鲁郡七县、沛国九县、谯郡十七县、安丰郡五县、弋阳郡七县、汝阴郡十二县、新蔡，分国立陈郡，分改南立南顿，分弋阳立西阳县。○《南齐志》上南豫州二年治历阳，三年治宣城在秦始四年《宋书·明帝纪》及《卢江王祎传》。○《宋志》二豫州刺史，《何、徐志》旧属豫郡睢阳。按寿阳，汉旧名。北魏置立县，后乃寿春县。以史志仿作寿阳，名寿阳而不作睢阳。按《宋志》《南史·卢陵王祎传》《南齐书·张岱传》，然考西豫州之真传，《南史·卢陵王祎传》《南齐书·张岱传》

《南齐志》上南豫州等，即豫州，即豫州，治以本有西豫之称，因以西豫称寿阳故称西府，齐二《志》不以西豫参之，而末《齐二志》未著甲令也。参标目者，以其未书23末著书甲令废帝纪。《考异》卷23末书甲后废帝纪。						
		先侨合肥（今安徽合肥市），移寿阳，又移悬瓠（今河南汝南），怀宁（今安徽潜山）		合肥，移寿阳，退镇宜城，又曾移历阳		
		豫州○		南豫州		
		寿阳	淮南郡（姑熟今安徽当涂）			
		豫州		南豫州		
		寿阳，领淮南郡北魏失后又领淮南部县		历阳，姑熟，历阳，宣城，今安徽市；还淮南，领江南部；分郡县；失北，又置豫州		
		豫州		南豫州		
淮南郡，其豫州仍治寿阳。//梁二豫侨置；齐永元二年（500），豫州地入北魏（北魏改名扬州）；天监中，寿欲克合肥，侯景举十三州内属，梁又以悬瓠为豫州，次年，寿阳克，以悬瓠之地又尽归高齐，梁仍怀置豫州于怀宁（后改为晋州），大建五年（573）又曾徙镇历阳（宣帝纪》）。//陈南豫治宜城（隋初改名申州）。	豫州	州治迁徙无定，先侨芜湖（今安徽芜湖），移郡城（今湖北黄冈市西北），武昌（今湖北鄂州市）又移芜湖，牛诸（今安徽当涂县北长江南岸），再还芜湖寿春（今安徽寿县），移历阳（今安徽和县），进怀远南淮河南岸（今安徽毫州市），又还淮南及谯州寿春，再迁历阳，姑熟（今安徽当涂），又进马头，割成实土，常治寿阳（今安徽寿县）				
			陈县（今河南淮阳）			
豫州						

续表

原州郡县		旧属州郡国	侨置经过										附注及备考
州统郡国	郡国统县	州郡国治	东晋		宋			齐			梁○、陈△		
			侨州	侨郡统县	侨州	侨郡统县	侨寄地	侨州	侨郡统县	侨寄地	侨州	侨郡统县	侨寄地
[颍川郡]													颍川郡实郡领领侨县一，侨郡可考者二：(1)《宋志》二豫州刺史颍川太守实郡领部陵、临颍、曲阳三县。其曲阳云："前汉属东海，后汉属下邳。"又《晋太康地志》无曲阳县。依此，则是侨县也。(2)《水经注》卷28 沔水北出居巢县东"注云："沔水"出二为后湖北湖，湖南即塘之也。塘上有颍川侨郡故城也。"据此，则故址在居巢县东南，为南豫州刺史颍川太守领部陵、临颍、曲阳三县。又《南齐志》上豫州颍川郡领四县，即临颍、部陵、南许昌，曲阳。后废。(3)《隋志》中汝阴郡清丘，"梁曰许昌，及置颍川郡，开皇初废郡，十八年县改名焉。"
曲阳		许昌(今河南许昌市东)东汉徐州下邳国				曲阳	许昌						
颍川郡部陵临颍		部陵(今河南漯河市郾城区东)				颍川郡部陵临颍曲阳	居巢(今安徽巢湖市东南)		颍川郡部陵临颍曲阳			居巢东南	
曲阳许昌		东汉徐州下邳国							颍川郡南许昌				
颍川郡许昌												颍川郡许昌	清丘(今安徽阜阳市东)

第十编·第一章 《晋书·地理志》司兖豫诸州之部侨州郡县考表

汝南郡	汝南郡（今河南新息县南）	浈口（今湖北武汉市旧武昌县东）				
汝南郡 平舆 新息 慎阳 安成 新息 南安阳 临汝 汝南 上蔡	悬瓠（今河南汝南县）		南汝南郡 平舆 北新息 真阳 安城 南新息 安阳 临汝	义阳（今河南信阳市）南境 至安陆（今湖北安陆市）一带	汝南郡 平舆 北新息 真阳 安城 南新息 安阳 临汝 上蔡	义阳 义阳南境 至安陆一带	汝南郡○	吉阳（今湖北应城市北）
新立							
新立							

○汝南侨郡可考者有四：(1)《水经注》卷35江水下"江水东经大军山南"注："涂水西北流，经汝南侨郡故城南。咸和中，寇难南逼，因置斯郡，治于涂口"又《宋志》"三郡水口南渡，户口南溢，因置斯郡，治于涂口，因立为侨郡，后省为县，属江夏郡。"依此，汝南侨郡立江夏太守，本沙羡相。晋末汝南郡民流寓夏口，因立为侨郡。参本表江夏郡条。(2)《宋志》"二郡侨地，当是先侨立，即平舆、北新息、真阳、安城、南新息、南安阳、临汝。"司州刺史南汝南太守，领汝、安城、南新息、真阳、北新息、南安阳、临汝、汝诸县，当在司州（治汝阳）南境。又《南齐志》"州治，即汝南王大封子，封诸儿县，西魏改郡曰董城。"汝南郡，领十一县，与侨郡领县相较，多一阴陵；少一临汝，此侨郡当是泰始失淮北后，侨立于原汝南实郡领十一县。又考《宋志》"永元元年侨州当侨在江淮间的北部，南阳间，更考《南齐书》卷57《魏虏传》"军主鲍举助西汝南、北义阳二郡太守黄瑶起戍舞阴城。"则侨地疑在襄阴。

○临汝，《宋志》或注"新立，或注"汉旧名"。考汉抚州市，在豫章郡境（今江西抚州市），与侨南郡所领者别。当是"新立。

○汝南郡，初侨立，当属南豫州之义阳郡。后复于南豫州立南汝南郡。南豫州刺史仍兼督之。《考异》"按《州郡志》卷25南齐书·州郡志》"司州明帝纪云："考异"按《州郡志》"司州明帝复置司州，而豫州刺史仍兼督。"明帝纪云："按《州郡志》"司州治汝南，汝南郡乃改属司州，例兼督。"齐世除豫州初侨司州，司州之汝南，《晋书》、《宋志》治新息，晋司州寄州治，州治，未审何故。"

○汝南郡，《晋书》、《宋志》治新蔡。移治悬瓠，《晋志》《宋志》未审在何地。

续表

原州郡县		旧属州郡国	州郡国治	州郡县侨置经过								附注及备考
				东晋		宋		齐		梁○、陈△		
州统郡国	郡国统县			侨州	侨郡统县	侨州	侨郡统县	侨州	侨郡统县	侨州	侨郡统县	
汝南郡	上蔡 平舆 新息 慎 安成 新息 临汝 安阳 西平 瞿阳 灌阳	上蔡(今河南上蔡)		侨州	侨寄地	侨州	汝南郡 上蔡 平舆 北新息 真阳 安城 南新息 临汝 安阳 西平 瞿阳 安阳	侨州	汝南郡 上蔡	侨州	侨寄地	
							侨寄地 江淮间,今河南接壤安徽处		江淮间北部			
汝南郡								西汝南郡	舞阴(今河南泌阳西北)			
襄城郡 繁昌 定陵		襄城(今河南襄城)		襄城郡 繁昌 定陵	春谷(今安徽繁昌县境),芜湖界,今安徽阳县东北							○襄城,当是晋末安帝后省,《晋书》卷84刘敬宣传"安帝反政,征拜冠军将军,宣城内史,领襄城太守"是也。

《晋志》上豫州:"元帝渡江,以春谷县侨立襄城郡及繁昌县。"《宋志》:"隆安后又曾侨于历阳。"《宋志》—扬州刺史淮南太守繁昌令:"汉旧名,本属淮南,割于湖为境。"又定陵"汉旧名,本属汝南,后割芜湖襄城,疑亦属襄城郡也。参本表淮南郡条。

汝阴郡 汝阴 宋 慎 阳夏 南安阳 和城 南顿 宋丘 樊 郑 东宋(?)	汝阴(今安徽阜阳市)	南汝阴郡 汝阴 宋 慎	合肥(今安徽合肥市西)	南汝阴郡 汝阴 宋 慎 阳夏 安阳 和城 南顿 宋丘 樊 郑 东宋	合肥	汝阴郡○ 汝阴 慎	合肥	汝阴郡,侨郡可考者二,实郡领侨县者一: (1)《宋志》二南豫州刺史南汝阴太守南汝阴,即汝阴("所治即二汉,晋合肥县"),领汝阴("并属南梁,徐志属此"),则东晋南汝阴郡东晋南陈左郡,徐志属此",则东晋南汝阴郡、《建元二年奔南陈左郡二县并",领汝阴、宋、安阳、和城、南顿、阳夏、宋丘、樊、郑、东宋、南陈左县,边水十三县,后《永元志》今无。"按南陈左县为南陈左郡省,而《水元志》《水元年郡省划》、《永元年郡领县九,县改名焉。"分置北陈郡南顿郡,开皇初郡废,其楼烦、汉旧县、属雁门、即楼烦、汝阴、安城、阳夏、宋、陈、樊、安城、阳夏、汝阴、宋、安城、陈、平豫、固始、新蔡、汝南西汝阴郡寿春:"旧有……汝阴等郡,开皇初并废。"领汝阴、宋二县,考《隋志》下淮南郡寿春:"旧有……汝阴等郡,开皇初并废。" (2)《宋志》二南豫州刺史南汝阴太守合肥,"永初郡废,徐无此郡";又《南齐志》二南豫州刺史南汝阴太守合肥置于江淮间,何,徐《记》,流寓配属,"永宁记"引《舆地志》,"梁宁记"引《舆地志》,"梁武克寿春立",是郡泰始后又侨置于江淮间,何,徐《记》,流寓配属,"永宁记"引《舆地志》,"梁武克寿春立",开皇初并废。"	○《宋志》二豫州刺史汝阴太守宋城当作安城,《晋志》《南齐志》上豫州南汝阴郡亦作安城。 ○豫州西汝阴郡,东晋侨置,作"南汝阴郡",参本表梁国条。
				[汝阴郡] 楼烦	汝阴(今安徽阜阳市)			[汝阴郡] 楼烦		汉井州雁门郡	

续表

原州郡县		旧属州郡国		侨郡县置经过							附注及备考
				东晋		宋		齐		梁○、陈△	
州郡国统县	郡国统县	州郡国	郡国治	侨州郡县统县	侨寄地	侨州郡县统县	侨寄地	侨州郡县统县	侨寄地	侨州郡县统县	侨寄地
汝阴郡				侨州 侨郡统县	侨寄地	侨州 侨郡统县	江淮间北部	侨州 侨郡统县	江淮间北部	侨州 侨郡	寿春（今安徽寿县）
	汝阴	豫州汝南郡				西汝阴郡 汝阴		西汝阴郡 汝阴		西汝阴郡 汝阴	
	安成	汉并州雁门郡				安城 楼烦 宋		安城 楼烦 宋			
	楼烦										
	宋									宋	
	陈	豫州梁国						陈			
	平舆（?）	豫州汝南郡						平舆			
	固始		新立					固始			
	新蔡							新蔡			
	汝南							汝南			

梁国侨置有二，后或分为四：(1)《南齐志》上豫州云："孝武宁康元年，桓冲移姑熟，以逼寇未静，分割淮西，置之浣川。梁二郡见属，梁郡。"又《宋志》二浣川：南豫州刺史南梁太守：六年废属西豫，改名淮南，八年复旧。《永初郡国》又有虞故地，属徐州。武帝永初二年，还南豫。何、徐无宋土，晋末，又有又昌而无宁陵郡。"汉旧名，即睢阳，汉旧县九。"即睢阳，并睢阳。今领三县：宁陵、睢阳、梁。晋寿春县，改名寿春，八年复旧。废帝永光有又宁。晋末，又有宁，永光元年省此二县。永初郡国成实土，后割属南梁。何郡无。徐、郡末又有，末实土，新汲，崇又。"则又有安阳县，在今安徽寿县一带。又《南齐志》二南豫州有三梁，此则梁郡在浣川之初，并浣川立"。"永初郡国浣实土，侨有"。"何郡安阳"。"即梁郡领北淮，梁、豫、城父四县。疑此三郡均为南梁郡分置。又《宋志》卷1 南豫州梁郡旧梁，城又二县。南豫州南梁郡领蒙、虞、陈、新汲，又宁、崇义六县。又《隋志》二浣郡，当北徐《宋志》下淮南梁郡之侨置，盖秦始汉故并侨，侨置于淮北梁郡。后，侨汝根传考之，即《梁书》卷18（冯道根传）所据，其侨地据永明元年（483）省之，当车阜陵。

○浣川，今地待考，疑在安徽当涂一带。
○《考异》卷23 宋书州郡志二："睢阳即寿阳也。晋末，侨立于寿阳，并置睢阳郡。前梁郡子寿阳，后又置实阳，后乃省寿阳入睢阳，名实混淆如此。"
○《南齐志》上北徐州领沛郡，又云："永明元年，省北徐谯、梁、魏阳、彭城五郡，"此向未被人注意，而细考之，此六郡皆为侨郡，《末志》失载，按北徐州，乃宋末始失淮北后，分割钟离、马头、秦郡，梁郡、历阳之地置，治钟离。则此其侨地据。

梁国睢阳蒙虞谷熟陈夏阳夏新汲丰安阳汝南宁陵	睢阳(今河南商丘市南)	南梁郡睢阳蒙虞谷熟陈夏阳夏新汲丰安阳	先在浣川(?),后割实,移寄寿春(今安徽寿县)	南梁郡睢阳蒙虞谷熟陈新汲宁陵	睢阳(今安徽寿县)	南梁郡睢阳蒙 陈 新汲	睢阳	南梁郡○蒙 陈 新汲	睢阳一带	其五谯郡,梁郡,魏郡史所领为睢郡,梁郡,《宋志》二谯郡(属谯郡)之侨置《宋志》二豫州刺史领寄十郡,秦始后属全部豫寄置州,另其《宋志》二南豫州刺史；州刺史所领睢阳平,彭城,一徐州刺史之侨置；乃《宋志》沛郡领阳平,又《宋志》,沛郡平本为侨郡,至是移置也。
豫州颍川郡豫州安丰郡豫州汝南郡						梁郡北谯梁蒙城父	睢阳一带	梁郡○梁 城父	睢阳一带	○梁国东晋侨置,称"南梁郡"。"东晋志"卷4徐州琅郡郡云:"宋永初后,侨治全椒县。"南谯,南梁,南汝阴等置三年。南汝阴,南汝阴等郡太元后,已加南宁,又非自宋始。"而考诸史传,则仍多称梁郡,如《宋书》卷45《向靖传》,又熙八年(412),督马头,淮西诸军事,龙骧将军,安丰,汝阴二郡太守。"宋书》卷45《刘粹传》:"永初三年(422),督豫,雍,并州四州,南豫州之梁郡,司,雍,弋阳,马头,领梁郡太守,镇寿阳,领梁郡太守,镇寿阳,事,南豫,南汝阴郡亦仿此。
豫州谯郡司州河南郡豫州谯郡						北蒙北陈	北徐州境			
梁郡蒙陈							北徐州境(今安徽凤阳,明光,滁州等县市一带)	梁郡		
梁郡	下邑(今安徽砀山)							阜陵(今安徽全椒东南)	梁郡○	○南,北沛并立,如《宋书》卷5《文帝纪》元嘉二十六年二月乙丑,"申南,北沛,下邳三郡复",是其证。类此者尚多。
		沛国侨置,可考者三,后分为四。(1)《宋志》一南徐州刺史南彭城太守"一南徐州刺史南彭城太守,属南徐,而南沛抗属南徐"(460),以南沛郡并南彭城。又《宋志》:"诸侨郡县何志又有初郡,沛四县,又《宋志》一南兖州刺史南沛太守,杼秋四县。又《宋志》一南兖州刺史南沛太守领沛,萧,相,竹邑,符秋,汶,竹邑,杼秋"又符秋,汶,竹邑,杼秋"《起居注》:"孝武帝大明五年,分广陵为沛郡,治肥如县。……今领三郡竹邑并杼秋,又《南齐志》下江都郡永福"旧日即萧,相,沛,又《隋志》下邳郡永福"旧日								

续表

原州郡县		旧属州郡国	州郡国治	州郡县侨置经过								附注及备考
州统郡国	郡国统县			东晋		宋		齐		梁、陈△		
				侨州	侨郡统县/侨寄地	侨州	侨郡统县/侨寄地	侨州	侨郡统县/侨寄地	侨州	侨郡统县/侨寄地	
沛国			相（今安徽睢溪西北）		沛郡		南沛郡		沛郡		沛郡	沛、梁置兖州，领泾城、东阳二郡，陈废州，并二郡为沛郡，后周改沛郡为石梁郡、梁县。"据此，梁废南沛郡，陈又置。今按：沛郡当领侨县七，即符离、汶、竹邑、杼秋、萧、沛、相。侨地在京口、武进一带。《考异》卷35南史本纪七、《江北如广陵等地，江南如无锡等处》。又按：其无实土，江北为南徐州，江南为南兖州，当是沛郡流人，或在江南，或在江北。宋初名南沛郡。治文帝元嘉八年(431)分南徐、南兖之寄治广陵者别为南兖州。南沛郡亦因之分为二；以南沛之寄治广陵者为广陵郡，属南徐州。孝武帝大明四年，省南沛郡。本辽西郡名，因晋末侨立辽西郡于广陵界，大明五年又分广陵之肥如地立为郡治，南沛始省有实土。(2)《南齐志》上北徐州领有沛郡，领相、萧、沛三县，乃"徐云南沛"者。肥如、本辽西县名，即所谓"徐云南沛"者。肥如地立为郡治。南沛始有实土。(2)《南齐志》上北徐州领有沛郡，领相、萧、沛三县，乃"徐云南沛"者。(3)《隋志》下庐江郡弹水："梁置北沛郡及新蔡县。开皇初郡废，又废新蔡入焉。"
	相		京口（今江苏镇江市），武进（今江苏丹阳市东）一带		京口、武进一带		南沛郡					
	杼秋		无锡（今江苏无锡市）		无锡		杼秋					

第十编·第一章 《晋书·地理志》司兖豫诸兰之部侨兰郡县考表

	广陵（今江苏扬州市西北）				永福（今安徽天长市西北）
竹邑符离洨	竹邑				
沛国沛萧相	北沛郡（南沛郡）沛萧相	广陵，后分实土，治肥如（今安徽天长市）	肥如	沛郡△沛	
沛郡相萧沛	沛郡相萧沛	北徐州境（今安徽凤阳、明光、滁州等县市一带）	北徐州境	沛郡相萧沛	
萧（今安徽萧县西北）豫州汝阴郡					
沛郡新蔡				北沛郡○新蔡	谯水（今安徽霍山东北）

谯郡怀县，可考者三，又侨州一，实郡领怀县一：（1）《南齐志》上谯州"孝武宁康元年，桓冲移始熟，以边寇未静，分割谯，梁二郡见民，立为南谯，梁郡"。《太康地志》"又置沛国"又有郑县，何、徐无，今领县六"，即山桑、蕲、扶阳、城父。据此，是郡立于咸康元年，无实土；后割淮南领山桑、蕲、扶阳、城父，北汴县，嘉平六县，"梁曰北谯，置北谯郡"。《水经注》卷28污水"则当在今安徽巢湖市东南"。又《南齐志》上豫州有北谯郡，郡名新，县仍旧称。又《隋志》下江都郡清流县："旧曰顿丘，置新昌郡及南谯州，郡废。"开皇初收为滁州。（侯）景扬声趋合肥，临川谯国全淑。（3）"此谯州非涡阳之谯州。魏收《志》："梁置谯州于新昌郡。"来白曰：梁大同三年，割北徐州之新昌，豫州之南谯，立为南谯州，居桑根山西，今滁州城是也。"据此，则梁有南谯州，南谯郡。又《隋志》下江都郡清流县："旧曰顿丘，置新昌郡及南谯州，开皇初收为滁州，郡废。"

○浣川，今地待考。疑在今安徽涂一带。
○东晋侨置，名"南谯郡"。参本表梁国条。

续表

原州郡县	旧属州郡国	州郡国治	州郡县侨置经过							附注及备考
			东晋		宋		齐		梁○、陈△	
州统郡国 郡国统县			侨州	侨郡统县	侨州	侨郡统县	侨州	侨郡统县	侨州 侨郡统县	
				侨寄地		侨寄地		侨寄地	侨寄地	
谯郡 山桑 谯 铚 扶阳 鄸 城父 蕲 许昌 曲阳 嘉平		谯（今安徽亳州市） 汉豫州沛国 汉豫州沛国 汉豫州颍川郡 汉徐州下邳国 新立		又庐江郡襄安：“梁曰蕲，开皇初改焉。”(4)《宋志》二豫州表魏郡条、陈留国条，参本表魏郡条、陈留国条。以《宋志》二北徐州所领有谯郡，长垣为侨县。以《宋志》二北徐州马头郡已合：“永明元年，晏谯州马头郡当在马头条，《南齐志》上北徐州马头郡已省。侨地当在马头条，参本表马头条、梁国条。						
				南谯郡	南谯郡		南谯郡		南谯郡○	
				浣川（?），割实成居土，移巢（今安徽巢湖市）东南		居巢东南		居巢东南	居巢东南	
				山桑	山桑	今全椒、淑、无为、巢湖市一带	山桑	今淑、无为、巢、湖市一带		
				谯 铚	谯 铚					
				扶阳	扶阳		扶阳			
				鄸 城父	城父		北许昌 曲阳			
				蕲	蕲	襄安（今安徽巢湖市）	蕲	襄安	蕲 襄安	
							嘉平			

谯郡宁陵谯蕲	豫州梁国			北谯郡宁陵谯蕲	今安徽寿县、长丰县一带	北谯郡○北谯	全淑（今安徽全淑）
南谯州	新立					南谯州○南谯	清流（今安徽滁州市）
[谯郡]蒙魏长垣	蒙（今安徽蒙城境）本司州魏郡	[谯郡]蒙魏长垣	蒙（今安徽亳州市东今安徽凤阳一带）				
谯郡己吾	蒙兖州陈留国	谯郡己吾	马头郡境（今安徽怀远、凤阳一带）	谯郡己吾	马头郡境		

鲁郡侨置，可考者二，又实郡领侨县一：(1)《晋志》下徐州："南徐州刺史南鲁郡太守"。明帝又立南鲁等郡（按当云"鲁郡"），以属徐，兖二州。又《宋志》："又有樊县。今领县二。"《永初郡国》无侨徐，兖。齐郡过江侨立。后省，以西安配此。《汉旧郡国》无侨齐县。侨地当在西安县。（2）《宋志》：上南徐州南鲁郡领鲁、樊，西安凡嘉十八年，以樊并西安，建武二年省。"侨地当在旧晋陵郡界。《南齐志》上鲁陵郡可考侨县。《魏志》中兖州南鲁郡阳平：刘峻置南汝阴，阳平，新阴，下；其阳平为侨县。《南齐志》："又有淮南，侨县可考者鲁县、荒"，萧衍又置，萧衍置；魏因之。《图经》云："盱眙县属南失淮北后，又侨置于淮南，当即侨置。"又《魏志》中楚州领鲁郡，有鲁县故城，魏因置。"领县三：邹、砀、鲁。"

○鲁郡，《晋志》属豫州，东晋攻属兖州，侨置亦属兖州。当是元嘉八年度属南徐州。○《东晋志》卷4兖州鲁郡领邹、汝阳、鲁、樊四县，盖以末晋兖州刺史所领鲁郡实郡为侨郡，误。○一"豫州刺史梁郡"为侨郡。○砀，《宋志》二"汉旧令：太守砀令。"汉旧县。"

续表

原州郡国		旧属州郡国	州郡国治	东晋		侨置经过 宋		齐		梁○陈△		附注及备考
州统郡国	郡统县			侨州	侨郡统县	侨寄地	侨州	侨郡统县	侨寄地	侨州	侨郡统县	侨寄地
鲁郡	鲁樊西安	鲁(今山东曲阜市东) 兖州任城国 青州齐国		侨州	鲁郡/鲁樊	旧晋陵郡界(今江苏镇江、金坛、常州、无锡等市一带地)	侨州	南鲁郡/鲁樊西安	旧晋陵郡界	侨州	南鲁郡/鲁樊西安	旧晋陵郡界	
[鲁郡]	阳平	邹(今山东邹城东南) 司州阳平郡						阳平					
鲁郡	鲁砀邹	邹 豫州梁国						鲁郡/阳平	邹(今山东邹城市东南)		鲁郡	今江苏盱眙南	鲁郡/鲁砀邹	江苏盱眙南
colspan note				《宋志》二南豫州刺史安丰太守:"魏文帝分庐江立。江左侨立。晋安帝省为县,属弋阳。"按此侨郡据《宋志》二江州刺史寻阳太守松滋伯相"江左流民寓寻阳,侨立安阳、松滋二郡,遥隶扬州",则侨在江北旧寻阳界内。								
安丰郡		安风(今安徽霍邱西南)	安丰郡	寻阳(今湖北黄梅西南)									○安丰侨郡,省为县后属弋阳,则当侨于江北,在旧寻阳郡条,参本表寻阳郡界内。○安丰《宋志》安丰郡旧治安风,在今霍邱西南。《宋志》安丰郡治河南固始东南,此安丰旧置河南固始东南,后移置于今安徽寿县南。

[弋阳郡] 新息 上蔡 平舆	弋阳（今河南潢川西） 豫州汝南郡 豫州汝南郡 豫州汝南郡	《南齐志》上豫州弋阳郡领期思、弋阳及南新息、上蔡、平舆五县。后三县为侨县。	
		[弋阳郡] 南新息 上蔡 平舆	弋阳（今河南潢川西）	○松滋郡，乃以松滋县侨置。松滋县，《晋志》上属豫州安丰郡。
		《晋志》下扬州：成帝初，苏峻、祖约为乱于江淮，胡寇又大至，百姓南渡者转多，乃于江南侨立淮之弘农二郡及诸县。又于寻阳侨置松滋郡，遥隶扬州。安帝从之，乃以松滋郡属江州；后又省松滋郡为松滋县，属寻阳郡。按德化县，1914年改九江县，在今九江市西南。参本表寻阳郡条。	寻阳（今江西九江市西南）	
松滋县	今安徽霍邱东	新蔡郡侨置，可考者有三：(1)《南齐志》上豫州"上豫州"：上豫州在成帝咸康六年庚子无僑业。翼表移西阳，县人于江北鲩陂旧城置新蔡郡。按《晋志》上豫州，属南豫州，《宋末》《陈书》卷6《敬帝纪》："太平二年(557)，分寻阳、新蔡太守"。《晋左立，领县四"，即苟信、慎、未、阳唐县"《孝武大明八年立》"分寻阳、新蔡太守帖治南、为双头新蔡郡当置于今潘州界。《五代志》：黄梅县，未分置新蔡郡。"(2)《宋志》"豫州刺史帖汝南太守领新蔡、所领有新蔡郡。"其侨地，《通鉴》卷164胡(注)云："沈约之言之，江州南新蔡郡以名县也。刘晌曰：黄梅县，领县四"即蕲鲴县，固始、新蔡、苞信。《宋志》新蔡、苞信：《南齐郡，所领四县立，西苞信、西苞信：西苞信。(3)此郡秦始失土准北后侨立。《宋志》"豫州南豫唯一苞信一县有存。以水程安兴，旧日永兴，隋开皇初改日新蔡。又《南齐志》上豫州北新蔡郡领鲩鲴、固始、新蔡、苞信四县。是豫州改属江州，晋世豫州新蔡始失淮北，新蔡、固始、苞信始，固始侨在西阳。参本表寻阳郡条。		○《晋志》上豫州"惠帝分汝阴立新蔡"。 ○《晋志》"置豫新蔡郡属豫南"误。按晋世当称"新蔡郡"，时又属南豫州。《考异》卷19晋书地理志上云："晋世无南豫之名，未武经领中原，以豫州镇寿阳，而遥领淮诸实郡，豫犹未分。至永初受禅后，分淮东为二，乃有南豫之称，此志东西为误以宋人追称为晋时本号也。《宋志》按豫州，至末改属江州。晋世豫州，至末改属江州。晋志诸江州剌史者，必以实州理豫之西阳。新蔡，此以实州理侨

续表

原州郡县			州 郡 县 侨 置 经 过								附注及备考
州统郡国	旧属州郡国	郡国县治	东晋		宋		齐		梁○陈△		
			侨州侨郡统县	侨寄地	侨州侨郡统县	侨寄地	侨州侨郡统县	侨寄地	侨州侨郡统县	侨寄地	
新蔡郡 苞信 慎 宋	豫州新蔡	新蔡(今河南新蔡)	侨州 新蔡郡 苞信 慎 宋	鲦布旧城(今湖北黄梅西)	侨州 南新蔡郡 苞信 慎 宋	黄梅(今湖北黄梅西北)	侨州 南新蔡郡 苞信 慎 宋	黄梅	侨州 南新蔡郡○	黄梅	蕲春郡,非即属江州也。◎《宋志》卷37西阳太守领蕲春阳令条:"二汉江夏郡有蕲春县,吴立为郡,晋武帝太康元年,省蕲春郡,而县属弋阳。后属新蔡。"此云"属新蔡"者,东晋侨置之新蔡郡,宋改南新蔡郡,即《宋志》江州刺史所领南新蔡郡,《寰宇记》卷127蕲州蕲春县"蕲春太康地记"云改阳西阳郡。(晋)孝武帝时属蕲阳,属新蔡"。则晋孝武帝时改蕲春为蕲阳,且属新蔡侨郡。
新蔡郡	汝南(今河南上蔡南)				新蔡郡	汝南(今河南上蔡西南)	北新蔡郡 铜阳 固始 新蔡	固始(今河南固始东北)	新蔡郡	固始	
新蔡郡 铜阳 固始 新蔡 苞信					新蔡郡 铜阳 固始 新蔡 东苞信 西苞信	殷城(今河南南城西)	包信	殷城	包信	殷城	
			《宋志》二南豫州刺史陈郡太守领陈郡失淮北之地,乃侨置于淮南。又《南齐志》:"二豫州陈郡领南陈,苌平,项,西华,阳夏五县,当是《宋志》上豫州陈郡领南陈,苌平,项,西华,阳夏,无。"永元元年北陈郡注云:"又有北陈郡,恰领阳夏,西华,苌平,项四县,则是永元后分置北陈郡也",《隋志》下淮南郡长平:"梁置北陈郡,开皇初废,又并西华县人。"又《隋志》二豫州霍邱:"本置霍州,为庐江郡,下辖霍邱县,为霍州治;梁置霍山。"疑即齐南豫州刺史陈郡分置北陈郡后,领有南陈郡也。								◎《晋志》上豫州:"(惠帝)分陈国立陈郡。"此语不确,旧有陈郡,西晋初废人梁国,惠帝时复置耳。宋时治项城,则《宋志》三陈郡领史陈县……◎谷阳令合阴郡太守咸康三年更名。

陈郡 陈	项城（今河南沈丘） 南陈梁国		陈郡 南陈	淮南，今安徽霍山县、合肥市一带	霍山	南陈郡○ 南陈	◎《晋志》上豫州："惠帝分汝南立南顿，治南顿。"《宋志》二豫州刺史南顿太守实郡领江南顿、和城二县，和城"晋左立"。 ◎豫州南顿郡帖治陈郡，说见吴应寿《东晋南朝的双头州郡》。
陈郡 项 西华 阳夏 长平 苦阳	豫州梁国 豫州颍川郡梁国 豫州颍川郡梁国 豫州颍川郡梁国		北陈郡 项 西华 阳夏 长平 苦阳	长平（今安徽合肥市西）	长平	北陈郡○ 西华 阳夏	
		南顿侨郡，可考者三：（1）（2）《宋志》"二豫州刺史豫西地后帖双头郡又侨于淮南，《宋志》二南豫州刺史南豫州南顿郡领和城，郡南顿大宗："永熙元年地志""帖治陈郡"，领南顿、和城二县。"盖南顿郡"无"。参本表汝阴郡条。（3）豫州南顿郡领西南顿西南汝阴郡、和城、谯、平乡四县。"南齐志""永元元年地志""无"。按豫州治寿春。					
南顿郡 南顿 和城	南顿（今河南商丘市西南） 豫南汝南郡 东晋立	帖治陈郡（今河南沈丘）	南顿郡 南顿 和城	帖治陈郡，秦始后又侨于淮南（今安徽霍山县、合肥市一带），帖治侨陈郡，领二县	帖治侨陈郡		
南顿郡 南顿 和城 谯 平乡	豫州汝南郡 东晋立 豫州谯郡 冀州赵国			寿春（今安徽寿县）		西南南顿 西南和城 谯 平乡	

续表

原州郡县		旧属州郡国	州郡国治	侨置经过								附注及备考
州统郡国	郡国统县			东晋		宋		齐		梁○ 陈△		
				侨州	侨郡统县	侨州	侨郡统县	侨州	侨郡统县	侨州	侨郡统县	
				侨寄地		侨寄地		侨寄地		侨寄地		○《宋书》卷24《州郡志》荆州刺史庾翼表移西阳郡矣。自后西阳与新蔡、汝南、颍川谓之豫州郡南。郡治即西阳郡县也。"江水又东迳西阳郡南，郡治即西阳郡县也。""江水注"江左岸，有鄂县故城。""明帝泰始二年以来流民立三郡侨郡太守领县十，其西阳为侨县，西阳郡以蛮民所立，不知何地流民。《南齐书》卷44《西阳王子响传》下郢州西阳郡又领蜀期思。又《梁书》卷27黄冈县地志又元和郡县图志卷27黄冈县西阳故城，"在县东南一百三十里"。
西阳国	西阳义安期思	西阳（今河南光山西南） 豫州-七阳郡新立 豫州-七阳郡		西阳郡	西阳	西阳郡	西阳义安	西阳郡	西阳期思	西阳郡	西阳	移（今湖北鄂州市）
汝阳郡	汝阳武津	汝阳（今河南西北） 商水西南 豫州汝南郡 疑东晋立				汝阳郡	汝阳武津	汝阳郡	汝阳武津	南谯、历阳同	南谯、历阳	○《宋志》二豫州刺史汝阳太守汝阳领二县。晋成帝咸康三年江左分立汝南、汝阴、武津。

				汝阳郡○	义阳（今河南信阳市）
汝阳郡				《宋志》一徐州刺史淮阳太守："晋安帝义熙中土断立，晋宁今，故属济岷，流寓来配，东晋侨立，"宋末侨立"，领县四，北淮阳、北下邳、东莞为淮阳，晋宁为侨县。淮阳太守"立"，领晋宁、宿豫、角城、义熙中割安耳。又《宋志》一南兖州割安耳。又《宋志》一南兖州广陵郡："建元四年，上南兖州广陵郡并。淮阳郡先侨立角城，宋末又侨立于广陵郡内省中省为济阴郡条。上党郡条。	《汉志》下淮阳国："高帝十一年置，县九。"《续汉志》陈国："高帝置为淮阳，章和二年改，《晋志》上梁国。《晋志》上梁国属豫州。
淮阳国 上党 晋宁	陈（今河南淮阳）本并州上党郡青州济岷郡	淮阳国 上党 晋宁	角城 江苏淮安市西南）	角城	
淮阳国 晋宁 宿豫 角城	青州济岷郡东晋立东晋立	北淮阳郡 晋宁 宿豫 角城	广陵境（今江苏扬州、高邮、泰州市等地）	广陵境	○新平县，《汉志》二梁国属陈国县，《续汉志》二属陈国后废入梁国，而此县不见于《晋志》上梁国。考《晋志》豫州郡梁国领有长平县，又颍川郡亦领有长平县；梁国之"长平"当为"新平"之讹。○《南齐志》一南兖州"永明五年罢新郡"，"新平"当作"新平郡"，考《宋志》一南兖州刺史侨置新平郡，太守无海安县；此县乃侨置新
		《宋志》一南兖州刺史："宋又侨立新平、北淮阳、北济阴、北下邳、东莞五郡。"又《南齐志》一南兖州新平郡："上党侨新平郡，以县立。"注云："南齐末以县立度属。"《晋志》："永明五年罢县。"《宋志》下荆州湘东郡新平县（今湖南湘东），新平侨郡立于秦始七年，时失豫州东北，而宋末侨新平郡无长。其一，《宋志》上梁国领有长平县，又颖川郡亦领有长平县，北淮阳、北济阴、下邳等郡也；其二，新平县正在宋新平郡之地围内，则新平侨郡立于秦始七年，北淮北之地，新平县正在宋新平郡范围内；其三，《宋志》新平郡并，下邳等郡"也，而言"不言'侨立'，则只言"新平太守"，而言又并见于为新平郡，侨立新平郡改，故言"侨立"，为"新平郡"之一也，且同时因同样的原因侨置新平郡地，多襄阳附近汉中，虽亦有侨在淮南江北之地，考雍州郡县侨置，在东晋初年，其地形势与秦始后期相周别。若言此时侨置雍州新平郡于淮少数，且秦国侨置，其地形势与秦后期相周别，若言此时侨置雍州新平郡于淮				

续 表

原州郡县		旧属州郡国	州郡国治	东晋		宋		齐		梁○、陈△		附注及备考
州统郡国	郡国统县			侨州	侨郡统县	侨州	侨郡统县	侨州	侨郡统县	侨州	侨郡统县	
新平县			今河南淮阳东北	侨寄地		侨州	新平郡	侨州	新平郡		侨寄地	平郡时与郡同,后新平郡废,乃以此县废度。
							江阳（今江苏海安一带）		江阳			
边城郡			边城（今河南城东）	梁普通中,边城郡人千魏;梁乃侨置边城郡于黄冈,《隋志》下永安郡黄冈界旧有边城郡,开皇初并废。胡注:此正田守德所居之地,侨魏之,即并废。						侨州	边城郡○ 黄冈（今湖北武汉市新洲区）	○边城郡,宋元嘉中置；大明八年省为县,后复置。见《宋志》。二南豫州刺史边城左郡太守,《南齐志》上豫州边城郡。
义州			苞信（今河南商城西）	《通鉴》卷149普通二年(521)六月:"丁卯,义州刺史文僧明,边城郡太守田守德举所部降魏……魏以僧明为西豫州刺史,守德为义州刺史。"秋,七月丁酉,以大匠卿裴邃为信武将军,督众军讨义州,破魏义州观之,恐魏义州与封当于苞信,遂围其城。寿春降,复取义州。胡《注》:"以下文表邀复义州观之,则义州德所当为义州。"大致可信。初并废,侨义州郡为峰魏之义州,而边城侨郡也。又《隋志》下蕲春郡罗田,"梁置义州,又《梁书》卷2武帝纪晋通四年(549)又夫于东魏,《魏志》中所谓"义州,兼伺置,武定七年内属"是也。						义州○	罗田（今湖北罗田东）	○义州,梁置,治苞信。《隋志》下七阳郡殷城"旧曰包信,南豫州刺《晋志》地在豫州安丰郡界,故附表于此。

第二章 《晋书·地理志》冀幽平并雍凉秦梁益诸州之部侨州郡县考表

原州郡县	旧属州郡国/州郡国治	置 经 过											附注及备考
		东晋			宋			齐			梁○陈△			
		侨州	郡县	侨寄地	侨州	郡县	侨寄地	侨州	郡县	侨寄地	侨州	郡县	侨寄地	
州郡国 郡国统县		侨州 郡县统县												

徐文范《东晋南北朝舆地表·州郡表》卷2冀州：“怀帝永嘉中，石勒乱冀州，略据郡县，朝称赵王，以广平、赵等二十四郡国为赵国，冀州自是悉归石勒。其侨置是也。据《宋志》：'南徐州刺史'，江北又侨立幽、冀、青、并四州'，安帝又熙七年(411)，始分淮北为北徐，淮南但为南徐，后又侨州于江北，当在今扬州、高邮、泰州一带，后并入徐州。《宋志》：'冀州刺史'，又熙中更立，领郡九，县五十'，皆侨郡县。置冀都，并荒没，今所存者，泰始中更置立也。建元初，皇兴三年更名。据《末志》冀州，皇兴三年(469)，当末始五年，以东郡属冀州，全领一郡。'（青冀）二镇'亦始侨治青州，与侨青州同治，两州合一刺史。青冀之地又没于东魏。参本表青州条。

○《晋志》上冀州领郡国十三，县八十三，即赵国统县九，巨鹿国统县二，安平国统县八，平原国统县九，乐陵国统县十，章武国统县五，勃海郡统县十，河间国统县六，高阳国统县四，博陵郡统县四，清河国统县六，中山国统县八，常山郡统县八。后又改安平国为长乐国。
○《考异》卷25南齐书25州郡志，据桓康传条，桓康为青冀二州刺史。

续表

原州郡县		旧属州郡国	州郡国治	州郡县侨置经过							附注及备考
州统郡国	郡国统县			东晋		宋		齐		梁○、陈△ 侨州	
				侨州	侨郡统县	侨州	侨郡统县	侨州	侨郡统县	侨郡统县 侨寄地	
					侨寄地		侨寄地		侨寄地		
冀州			房子（今河北高邑西南）	冀州	江北，当在今江苏扬州、高邮、泰州市一带	侨州		侨州		侨州	督北徐之东海文，以为："今考桓康出镇，在建元四年，其时东海尚属北徐，虽为青冀刺史所督，犹未改表冀州，《志》所书恐非其实。"未知确否？
冀州				冀州	青州（东阳城，今山东青州市）						
冀州						冀州	历城（今山东济南市），有实土，移郁洲（今江苏连云港市东云台山），无实土	冀州	郁洲	冀州○ 郁洲	
巨鹿国	巨鹿郡		瘿陶（今河北宁晋南）		相县（今安徽濉溪西北）	巨鹿郡					巨鹿国侨置，《晋志》《宋志》《南齐志》皆无考，唯《宋书》卷51《宗室·长沙景王道邻传》云："又熙元年，索虏……寇徐州，改相县，执巨鹿太守贺申。"则东晋当有巨鹿侨郡，且疑其侨置在相县。

平原国 平原 高唐 茌平	平原国 平原 高唐 茌平	平原郡 平原 高唐 茌平	旧晋陵郡界（今江苏镇江、常州、金坛、无锡等市一带）	平原郡可考者四：(1)《宋志》："南兖州刺史云：'永初郡国'领十四郡。……南平原郡领平原、高唐、茌平凡三县。"并省属南徐州。参本表东平国条。(2)《晋志》下青州，隆安四年，刺史符朗以州叛。朝廷置幽州领太守朗以北平原太守领朗北平原镇周济乃以州降，为慕容德所灭，"及符氏败后，朝廷置领周济刺史有又辟周济同辟朗清朗朗……考辟周济太元十七年（392）"夏四月，齐国内史符朗……"平原，北平原太守辟同辟讨击之"是也。(3)《宋志》："南兖州刺史—南人东平、临淄、营城、平原四县。"后并入东平、高唐八县；此据青州反……平原，(4)《宋志》二冀州刘宋燕后，先治历城，孝建二年（455）移梁邹，魏志》治梁邹，魏因之。"郡疑置于义熙平南燕后，当是秦始后没于魏。	◎南平原郡当是宋元嘉十一年（434）后所省。《宋志》："南兖州刺史云'起居注'……元嘉十一年，以……平原之济岷，晋宁并营城、高唐并济岷是也。参本表济岷郡条。
平原国 茌平 临淄 营城 平原	青州齐国 青州济岷郡	南平原郡 平原 茌平 高唐 临淄 营城 平原	广陵境（今江苏扬州、高邮、泰州市一带）		
平原国		北平原郡	广固（今山东青州市西北）		
平原国 广宗 平原 高 安德 西平昌 鄃 茌平 高唐	冀州安平国	平原国 广宗 平原 高 安德 平昌 鄃 茌平 高唐	历城（今山东济南市）	梁邹（今邹平北故梁城）	

续表

原州郡县			州郡县侨置经过							附注及备考
州统郡国郡县	旧属州郡国	州郡国治	东晋		宋		齐		梁○陈△	
			侨州	侨郡统县	侨寄地	侨州	侨郡统县	侨寄地	侨州	侨郡统县	侨寄地
乐陵国新乐		厌次(今山东阳信东南)	侨州	侨郡统县	侨寄地	侨州	乐陵郡 乐陵 阳信 新乐 厌次 泾沃	京口(今江苏镇江市)一带				乐陵侨郡可考者二：(1)《宋志》"南徐州刺史南平昌太守新乐令"：晋江左立乐陵郡又诸县,后省,以新昌县属此,后平昌郡侨在京口,则乐陵郡亦侨在此一带。参本末平昌郡条。(2)《宋志》"冀州刺史乐陵太守领乐陵,阳信,新乐,厌次,泾沃五县,有实土"。又《魏志》"中青州乐陵郡"故千乘省,魏因之","领县五,阳信,有千乘城,博昌城；乐陵,有蒲始城；厌次；新乐；泾沃"。魏因之,刘又隆置。当是秦始后没于北魏。
乐陵国 乐陵 阳信 新乐 厌次 泾沃							乐陵国 乐陵 阳信 新乐 厌次 泾沃	千乘(今山东高青东南)、博昌(今山东博兴东南)一带				《宋志》"冀州刺史勃海太守"："江左省孝武又侨立","至是又立"；"蓨,重合又","蓨,重合县","领县三"。又《魏志》"中青州勃海郡领重合,蓨,长乐县三"。考东晋末孝武置当指侨郡,"江左省置当指侨郡,当指侨郡"。又《宋志》"冀州省置当有刘骏又县,,宋孝武帝刘骏又《广川大守》"；"向志"；"广川之广川县"。后废,而无广川。又孝武大明元年,省广川之浮阳,高城立广川县"。又《宋志》"二冀州刺史勃海太守南皮令"；勃海侨郡又领浮阳,而刘史河间太守同太守"。"冀州刺史勃海太守南皮先属广川侨," ；而刘史大明二年,大明七年前,又有南皮,又可推知勃海侨郡,孝武又侨立"在孝建年中。侨郡当是秦始后没于北魏。

勃海郡合 重络 长乐 浮阳 高城 南皮	南皮（今河北南皮东北）本冀州领郡	勃海郡合重络长乐（浮阳）高城（南皮）	临淄（今山东淄博市东北）	临淄	《宋志》二冀州刺史河间太守"江左又立"。何无。又《晋书》卷10《安帝纪》义熙六年"秋七月庚申，卢循遁走"。甲子，武垣、章武、南皮、阜城，即乐城，城平使辅国将军王仲德、广川太守刘钟、河间内史蒯恩等帅众追之"。按河间侨郡，当设立于晋义熙中刘裕平南燕时；东晋侨置，既言"内史"，则为国也。所领侨郡县据《宋志》二冀州刺史"江左又令孝武大明七年，自河间度属"。则先又有中水也。侨郡泰始中没于魏。侨地当在今山东寿光、广饶一带。	◎《魏志》中青州河间郡注："刘义隆置，魏因之。"与《宋志》"孝武又侨立"者异，未明孰是。
河间国 乐城 成平 武垣 章武 南皮 阜城 中水	乐城（今河北献县东南）	河间国乐城成平武垣章武南皮阜城（中水）	今山东寿光市，广饶县一带	今寿光市，广饶县一带		
	冀州章武国勃海郡勃海郡					
高阳国 北新城 博陆	博陆（今河北蠡县南）	高阳国北新城博陆	京邑（今江苏南京市）		高阳侨置，可考者二：(1)《宋志》一扬州刺史："江左又立高阳，后省堂邑一县，又省高阳并魏郡，又隶扬州。"以高阳内史刘钟领石头戍事，屯冶亭。"又《宋书》卷45《向靖传》："（义熙）十年，迁冠军将军，高阳内史，临淮太守。""江左又置省置，孝武又置，蠡吾令。"则安平，领京邑五"，即安平。大明七年省，置又领京邑五"，属高阳，秦始中没魏。(2)《宋志》二冀州刺史"江左又新城，又据《宋志》：饶阳、鄚、高阳、新城、领京邑五"。此郡当是义熙元年度置此，"则先又领蠡吾县。此郡当是义熙元年度置。	◎《魏志》中青州高阳郡"故乐安地，刘义隆置，魏因之"。《宋志》"孝武又侨立"，与明孰是。

续表

原州郡县			州郡县侨置经过								附注及备考
州统郡国郡国统县	旧属州郡国	旧郡国州治	东晋		宋		齐		梁○、陈△		
			侨州	侨郡统县	侨州	侨郡统县	侨州	侨郡统县	侨州	侨郡统县	
高阳国 安平 饶阳 鄚 高阳 北新城 蠡吾	冀州博陵郡 冀州博陵郡 司州魏郡	高阳郡	侨州	侨寄地	侨州	高阳国 安平 饶阳 鄚 高阳 新城 (蠡吾)	侨州	侨寄地	侨州	侨寄地	
			乐安（今山东邹平东北）		乐安						
											清河侨郡可考者二：(1)《晋志》下徐州：明帝立南清河等郡（当称清河郡）。又《宋志》—南徐州刺史南清河太守，领清河、东武城、绎幕、贝丘四县（疑东晋同）。又《南齐志》上南徐州郡界。(2)《宋志》清河郡领四县同《宋志》。疑梁天监元年(502)土断中省。侨地在旧晋陵郡界。二冀州刺史清河太守领县七，即清河、武城、绎幕、贝丘、零、鄃、安次。又《魏志》中齐州东清河郡，《隋志》中齐郡淄川之。"据此，则清河侨郡，盖置子义照中刘裕平南燕，秦始后没干北魏。其侨地："刘裕置。魏因之"，恐因当时侨户散在贝丘。当东清河郡，后齐郡废。"
清河国 清河 东武城 绎幕 贝丘		清河（今山东临清市东北）		清河郡 清河 东武城 绎幕 贝丘		旧晋陵郡界（今江苏镇江、金坛、常州、无锡等市一带地）		旧晋陵郡界		南清河郡 清河 东武城 绎幕 贝丘	旧晋陵郡界	

清河国 清河 东武城 绎幕 贝丘 灵 鄃 安次	清河郡	清河郡 清河 武城 绎幕 贝丘 零 鄃 安次	淄川(今山东淄博市西南淄川)	淄川
	幽州燕国			
		广川侨郡,领广川一县;宋初省为县,广川江左无。又隶魏郡。(1)《宋志》—扬州刺史:"成帝咸康四年,侨立魏郡……并隶扬州,寄治京邑。"(2)《宋志》二冀州刺史广川太守:"阿志,广川江左所立。又隶大明元年,省广川,属广川郡",即川太守,后汉,广川江左无,而阿志,勃海之浮阳,高城立广川县也,非旧广川县,领县四,即清河,中水,武强(阿江左立),孝武大明五年,非旧广川县也,属广川郡,又《宋志》二冀州刺史河间太守章武令:"刘裕置,属广川,孝武大明七年度此,属广川郡(阿江左立),是又领章武,武强,阿江左立,魏因之。"是郡盖置于南燕南燕后,秦始中又没于魏。又《魏志》中齐州广川郡长山:"旧曰武强,置广川郡"。其侨地,据《隋志》中齐郡长山:"旧曰武强,置广川郡改置。		
广川国 广川	信都(今河北冀州市) 冀州勃海郡	广川郡 广川	京邑(今江苏南京市)	
广川国 脩 章武 武强 索户 中水 广川 枣强	冀州勃海郡 冀州章武国 冀州武邑郡 冀州长乐国 冀州河间国 新立 冀州长乐国	广川郡 脩(章武) 武强 索户 中水 广川 (枣强)	长山(今山东邹平东)	长山	○《宋志》二冀州刺史广川太守:"本县名,属信都。《地理志》不言所立。景帝三年,以为广川国。宣帝甘露三年复。明帝更名乐安,安帝延光中,改曰安平。晋武帝太康五年,改曰长乐。"广川侨郡,盖以旧广川郡,又《东晋阿东晋侨郡释例》以广川为"旧县侨置改郡",失安。 ○《魏志》上冀州长乐郡领有索户,"晋广川";又有枣强,"属广川",对照《晋志》、《魏志》上冀州安平国郡。《宋志》冀州武邑郡,"晋武强"。有武邑二县,晋武帝置",当指侨立耳。 ○《东晋阿》卷4冀州广川郡领阿广川郡以侨京邑之广川郡与侨长山者混二为一。置考《河北东晋郡侨置考》同此误。

续 表

原州郡县		东晋			宋			齐			梁、陈			附注及备考
州郡国	旧属州郡国													
郡国统县	州郡国治	侨州	侨郡统县	侨寄地	侨州	侨郡统县	侨寄地	侨州	侨郡统县	侨寄地	侨州	侨郡统县	侨寄地	
长乐国	信都(今河北冀州市)	侨州	长乐郡	武进(今江苏丹阳市东)	侨州	侨郡统县		侨州	侨郡统县			侨郡统县	侨寄地	《宋志》—南徐州刺史临淮太守:"长乐令,本长乐郡,并合为县。"按临淮郡当亦在此。侨郡后省为县,属临淮侨郡。参本表临淮郡条。◎长乐国,晋太康五年(284)改安平国置。
高唐县	今山东邹平境											高唐郡	宿松(今安徽宿松)	《梁书》卷6敬帝纪太平二年(557),"分寻阳、太原、齐昌、高唐、新蔡五郡,置西江州";又《隋志》下同安郡宿松:"梁置高塘郡。开皇初郡废,改县曰高塘。"按高塘当作高唐。《隋书》卷33地理志下:"高唐郡地理志下" ……《考异》卷27陈书程灵洗传"出为高唐、太原二郡太守"条:"按梁陈之际,侨立高唐郡于宿松,太原郡于彭泽。"
														幽州侨置,可考者有三:(1)《晋书》卷6敬帝纪建兴二年(314)"三月癸酉,石勒陷幽州,杀侍中、大司马、幽州牧、博陵公王浚,焚烧城邑,害万余人",自此幽州陷。终东晋,幽州未获收复,流民过淮,乃于江北侨置幽州。《宋志》—南徐州刺史:"江北又侨北徐,淮南犹为北徐,后又以幽、冀合青,并四州。安帝又纪七年,谢玄始分淮北为北徐。"后又以幽、冀地纪胜卷43高邮军云:"高邮县,东晋有三阿。"王象之曰:"三阿即今北阿,苻坚地纪胜彭超,以兵六万围幽州田洛于三阿。"谢玄自广陵救三阿,大败其众,又杨守敬《东晋疆域图》于徐	◎《晋志》上冀州平原国领高唐县。治今山东禹城市西南,后又随平原郡侨在今山东邹平境。参本表平原国条。◎《晋志》上幽州郡国七,县三十四,即范阳国统县八,燕国统县十、北平郡统县四、上谷郡统县二、广宁郡统县三、代郡统县四、辽西郡统县三。

幽州	蓟（今北京城西南）			燕国之侨置，《晋志》《宋志》《南齐志》未之及，然可于纪传中求之。《晋书》卷79《谢安传》：孝武时，"复加侍中，都督扬、豫、徐、兖、青、冀、幽、并、司、梁、益十五州诸军事，假节"。又《晋书》卷79《谢安传》："诏以玄为前锋，都督徐兖青三州、扬州之晋陵、幽州之燕国诸军事。"《晋书》卷49《虞丘进传》："元兴三年，从平京城，定至邑，除燕国内史。"按燕国故地，向未收复，上述之燕国属侨置无疑。又《宋书》卷5《文帝纪》元嘉十八年（441）冬十月"乙卯，省南徐州之南燕、濮阳，南广平郡"。据此，则侨置燕郡亦曰："幽州之燕国实改为南燕郡，属南徐州，扬守敬《东晋疆域图》于扬州郡下相广阳"，其广阳，南广平郡"有下相广阳"，疑于扬阴为西晋幽州燕国属县，疑先属徐国，永初后改属琅玡。守："永初郡国"则为下相广阳一带。参本表淮阴国条。若然，则燕国当侨置在武进。
幽州		广固（今山东青州市西北）		
幽州		三阿（今江苏金湖东南）		
			梁邹（今山东邹平北故梁邹城）	

州之高邮注："侨幽州"，则幽州侨立三阿，当无疑义。（2）《晋志》下青州云："及苻氏败后，则史苻朗以青州降。朝廷置幽州以别驾辟周琼为刺史，镇广固"，此为孝武太元中事。《通鉴》卷111 隆安三年（399）胡《注》云："晋氏南渡，侨立幽、冀、青、并四州于江北。秦阊镇幽州刺史田洛于三阿，是其证也。孝武太元之季，复取齐地，徙幽、冀二州于齐，使领幽州而镇广固也"。又建二年，冀二州刺史。浑领齐德所灭，慕容德所灭，兼置幽州侨治。泰始三年，幽州刺史刘休宾守梁邹，不附魏，是也。"又《考异》年，置平原郡、魏书刘休宾传》"稍迁幽州刺史，镇梁邹"茶云："此刘宋侨立之幽州，无实土，而旋废也"。载，"《宋志》未见有此州，盖侨置未久，而旋废也。

续 表

原州郡县		旧属州郡国	州郡国国治	侨置经过								附注及备考
				东晋		宋		齐		梁○、陈△		
州统郡国	郡统县			侨州	侨郡统县	侨寄地	侨州	侨郡统县	侨寄地	侨州	侨郡统县	侨寄地
燕国			蓟(今北京城西南)	燕国	侨郡统县	旧晋陵郡界(今江苏镇江、金坛、新市、无锡等市一带)，晋广陵亦属山。又广陵亦云：肥如，今之天长县。"	侨州	南燕郡	旧晋陵郡界，疑在武进一带	侨州	侨郡统县	《宋志》一南兖州刺史广陵太守："永初郡国"又有奚、肥如、潞、真定、新市五县。"又注云：肥如、潞，真定并二汉旧名。肥如前汉属辽西，晋、东汉属常山。新市二汉、晋属中山。《永初郡国》云四县本属辽西，则是晋末辽西侨郡省并广陵也。"又肥如，《东晋志》卷4幽州侨郡国引《图经》云："侨县任今天长县。"宋书州郡志一亦云：肥如，今之天长县。"23宋书州郡志，今之天长县。
辽西郡		阳乐(今河北卢龙东南)		辽西郡	新市、潞、真定、肥如	广陵郡界(今江苏扬州、高邮、泰州等市一带)今安徽天长市						○《宋志》："潞属上党"。考《晋志》上、并州上党郡，而幽州燕国路县，西汉置，东汉改"潞"。据《考异》23宋书州郡志，钱氏所见《宋书》正作"路"。颇疑辽西侨郡所领潞县，为旧幽州燕国属县也。
新市潞真定肥如		冀州中山国幽州燕国(?)冀州常山郡										

平州	昌黎（今辽宁义县）	江北广陵郡（今江苏扬州、高邮、秦州等市一带）	永嘉之乱，平州刺史慕容廆为众所推，而遵晋正朔。及其孙儁移都于蓟，是为前燕也。《宋志》一总序云："自夷狄乱华，司、冀、雍、凉、青、并、兖、豫、幽、平诸州，一时沦没，遗民南渡，并侨置牧司，非旧土也。"又《晋书》卷69《刘隗传》："大兴中，'军镇北将军，都督青、徐、幽、平四州军事，假节，加散骑常侍。'进都督扬州、徐州之琅邪诸军事，卫将军，本镇不变。"又《晋书》卷75《王述传》："按晋失平州后，向未恢复，上述二传中之平州当属侨置。其侨置地，据本传，冀、幽、徐、青、平或并冀幽平四州并正，平连二传书，当在江北广陵郡一带。	◎《晋志》上平州领郡国五，统二十六县，即昌黎郡统县二，辽东国统县八，乐浪郡统县六，玄菟郡统县三，带方郡统县七。 ○侨平州，不见于晋、宋、齐诸《志》，东晋南朝亦无纪传。立朱久即废也。又平州诸郡县，东晋南朝亦无侨置者，或其地辽远，其民少有至者之故。
并州	晋阳（今山西太原市西南）	江北，疑在今江苏扬州、高邮、泰州等市一带	《晋志》上并州："惠帝'永兴元年，刘元海僭号于平阳，称汉。于是并州之地皆为元海所有'。其侨置可考有四：（1）《宋志》："江北又侨立徐、兖州立幽、冀、并、兖、洛、青、并州之流民，相通过于江淮……《通鉴》卷119永初元年（420）夏四月甲朔《注》云：'帝既平关，则并州寄治虎牢年也。'按《晋书》不载此事，并州刺史裴既自蒲坂屯虎牢，则并州之后于并州诸王室诸侯遵考。（3）《考异》卷44《李迁哲传》云：'军次并州。'《考异》卷32云："据此传，则并代已有之。'按梁此传，刘义陵王及永昌县。《考异》卷44《李迁哲传》：'军次并州。'《考异》卷32云："据此传，则并（并州）代已有之。'按梁代之并州，实未能有汾晋风土，此侨并州也。	◎《晋志》上并州统郡国十三，县四十五，即太原国统县十一，上党国统县十，西河国统郡门部四，乐平郡统县五，雁门郡统县八，新兴郡统县五。惠帝改新兴郡为晋昌郡。

续表

原州郡县	旧属州郡国	州郡国治	侨置经过							附注及备考
州统郡国 郡国统县			东晋		宋		齐		梁○、陈△		
			侨州	侨郡统县	侨州	侨郡统县	侨州	侨郡统县	侨州 侨郡统县	
并州			并州	侨寄地	并州	蒲坂(今山西永济市西南),移虎牢(今河南荥阳市西北)	侨州	侨郡统县	侨寄地	太原国之侨置情形,甚为复杂。(1)《宋志》三秦州刺史南太原太守,"阿志云,高堂县(别见清河,魏割配。《永初郡国》又有清河,高堂县)别见所立。疑东晋安帝所立。当在宋秦州侨地即汉中,参本表秦州条。(2)《宋志》一兖州刺史秦山太守……太原,本郡,领平陶县。梁无考,立此县。"当即是又熙后所立也,是东晋、泰山"是也。据《宋志》二青州立太原郡"。嘉定十年(433),"于青州立太原郡"。 ○太原县侨地,据《魏志》中齐州太原郡太原,"司马德宗置,魏因之,治升城,"升城又名东太原城,即太原郡侨治。 ○《宋志》二豫州刺史南顿太守和城今:"向江左立。"
并州					并州	升城(今山东济南市长清区西南)				
并州									并州○	宣汉 境(今四川万源市南固军坝)

太原国平陶清河高唐	晋阳(今山西太原市西南)冀州清河国冀州平原国	太原郡平陶清河高堂	汉中寻阳(今陕西汉中市)	南太原郡平陶	汉中	秦山立",领山在,太原,祝阿三县,其太原为侨县,侨地仍晋旧。兖州济北郡长清;"又有东太原郡,后齐废。"又《魏志》中牟州太原郡;"刘又隆置,魏因之"。当是秦始后没于魏。(3)《梁书·敬帝纪》太平二年(557)"分寻阳,太原,齐昌,高唐,新蔡五郡,置东江州,即于寻阳仍立江州镇。"考异早卷27陈书程灵洗传"出为高唐,太原二郡太守"条:"梁受陈之际,侨立高唐郡于彭松,太原郡子彭泽。"又《隋志》下九江郡彭泽县;"梁置太原郡,领彭泽,和城,天水,平陈,郡县并废,置龙城县。"
太原国	本并州太原国	太原郡		太原	长清(今山东济南市长清区西南)升城(今山东济南市长清区西南)	
太原国晋阳和城天水	豫州南顿郡本泰州天水郡			南太原郡晋阳和城天水	彭泽(今江西彭泽东北)	上党郡侨置,可考者有二:(1)《晋志》下扬州"孝武宁康中,"是时上党百姓南渡,侨立上党郡,寻又省上党郡为县"。据《宋志》"扬州刺史淮南太守襄垣,寄治上党。"上党民南过江,立侨襄垣县,寄治湖,考襄垣县,文帝元嘉九年,文帝人襄垣,属淮南。参本表淮南侨条。(2)《宋志》—徐州刺史淮湖之上党县上党郡,此上党郡别于侨羌湖之上党郡,又熙前土断立,属淮阳郡,是淮角城。考淮阳,又熙土断改县,后又流徙,乃再流江南。均有上党郡之侨置,盖先侨淮阴,参本表淮阳国条。

续表

原州郡县（州郡国统县）	旧属州郡国	州郡国治	东晋			宋			齐			梁○、陈△		附注及备考
			侨州	侨郡统县	侨寄地	侨州	侨郡统县	侨寄地	侨州	侨郡统县	侨寄地	侨郡统县	侨寄地	
上党郡 襄垣				上党郡 襄垣	芜湖（今安徽芜湖市西南）									
上党郡				上党郡	淮阳（今江苏淮安市西南）									
								雁门侨郡可考者二：(1)《宋志》—南兖州刺史："永初郡国"领十四郡。……雁门。"疑东晋末领县同，当在旧晋陵郡境。(2)《宋志》—南兖州刺史："诸侨郡县，同志又有……雁门郡，阴馆，广武，崞，马邑凡五县。"后省并东平郡于孝武大明五年，又以东平并于广陵。						
雁门郡 楼烦 阴馆 广武 崞 马邑	广武（今山西代县西南）旧领			雁门郡 楼烦 阴馆 广武 崞 马邑	旧晋陵郡境（今江苏镇江、金坛、常州、无锡等市一带）		雁门郡 楼烦 阴馆 广武 崞 马邑	旧晋陵郡						
雁门郡 楼烦 阴馆 广武	旧领									雁门郡 楼烦 阴馆 广武	广陵境（今江苏扬州、高邮、秦州等市一带）			

郡县	治所					考证
		新兴郡（云中）定襄 广牧 新丰 岢岚	安兴	新兴郡 定襄 广牧 新丰	新兴郡 定襄 广牧	
新兴郡 云中 九原 定襄 广牧 新丰 岢岚	九原（今山西忻州市） 安兴（今湖北江陵东） 雍州京兆 梁州巴西郡	《晋志》下荆州："元帝渡江，又侨立新兴、南河东二郡。"又《宋志》三荆州刺史新兴太守："晋江左侨立，末初六县。"孝武孝建二年，又省九原县并定襄，流寓六县同宋初。又《南齐志》下荆州新兴郡领三县同宋："汉旧名，新丰《宋志》。"疑东晋领六县同宋兆。《梁书》有《新兴王伟传》："大宝元年，封新兴郡王，邑二千户"；又《南史》卷52梁宗室《南平元襄王传》："子祇，天监中，封定襄县侯。"又《隋志》下南郡安兴云："旧置广牧县，开皇十一年省安兴县人，仁寿初改曰安兴。又有定襄二县，大业初废人。"据此，梁有新兴郡，领广牧、定襄二县。后废。				
疑新立侨郡		《东晋志》卷4并州侨郡有义昌，云："《宋书·州郡志》代诸葛长民为并州刺史，义昌太守"；《宋书》："是知并州刺史、义昌太守，疑侨在一处。据末书卷51《长沙景王道邻传》，又熙中，为义昌太守，镇山阴，或即义昌郡侨地？而钱大昕《东晋疆域志》序》则称："幽州燕国，并州义昌不言侨立何方。"				○按旧无义昌郡，诸《志》亦无义昌立属之义，则又昌党是侨郡否，尚有疑。姑附于此。
义昌郡(?)	山阳（今江苏淮安市楚州区）	《晋书》卷5《孝怀帝纪》《孝愍帝纪》云：永嘉五年（311），雍州人刘聪……次年恢复，至建兴四年（自元帝渡江……其后秦、雍流人多出襄沔，孝武帝于襄阳侨立雍州，仍寄故荆州，城，寻废。……又成，北河西七郡、南野，并属襄阳。嘉明二十六年，又分实士郡县以为侨县或。大明中，镇鄹城、襄阳别有重戍。庾翼为荆州，石城，疆埸之地，对接荒寇，八年，尚书胶融言："襄阳、石城对接荒寇，……"				○《晋志》：上雍州统郡国七，县三十九，即京兆郡统县九，冯翊郡统县八，扶风郡统县六，安定郡统县七，北地郡统县二，始平郡统县五，新平郡为秦国一。后又改扶风郡为秦国。○《考异》卷23末书州志孝武建"随郡本属荆州，孝武建

续表

原州郡县		置 经 过							附注及备考
州统郡国	旧属州郡国 郡国治	东晋		宋		齐		梁〇、陈△	
	郡国统县	侨州	侨郡统县	侨州	侨寄地	侨州	侨郡统县	侨州 侨郡统县	
雍州	长安（今陕西西安市西北）	侨州	侨寄地	雍州	襄阳，荆州襄阳，南阳，新野，顺阳四郡实土	雍州	襄阳	雍州〇 襄阳	之。朱序为雍州，治襄阳立侨郡县，没苻氏。秦梓野平，氏败，复还南，复用朱序。襄阳左右，田土肥良，于时民甚少，新户稍多。宋元嘉中，割荆州五郡入雍州，改治襄阳，遂为大镇。《通鉴》卷156中大通五年(533)"又下襄阳"胡注：""此梁之雍州，治襄阳。"《隋志》""江左并侨置雍州。西魏废改曰襄州，置总管府。""《通典》《舆地广记》《元和郡县图志》等所载皆类此。据此，大业初侨晋始侨州立时，无实土，寄治邓县；咸康中又省南出樊西，于雍州东阳立侨郡县，后没符秦；及胡亡氐乱，秦雍流民多于襄，孝武帝以朱序为刺史，于襄阳东泛寄侨郡县；襄阳新户多子旧民，大明中又割荆州四郡中及雍州四郡中实，而侨郡立，并立侨郡县，大明中，又分实土郡县以为侨郡县境。	元年度属郢，前废帝永光元年度属雍，明帝泰始五年还属郢，改治随阳。后废帝元徽四年度属司州，见下司州。是元嘉廿六年随永嘉始五年属雍也，永光元年至泰始五年属郢州，后改属郢州。○洪颐煊《诸史考异》云："顺帝升明二年十一月甲子，改封南阳王翙为随郡王，改随阳郡。""志误。"
									○雍州侨郡先属府，武帝永初元年属雍州。"盖侨雍州府初元年先由都督一将军府督系管理，永初元年(420)刘宋政权成立后，乃改由刺史州职系统管理。《永初郡国》有蓝田郡、池阳、南城、新野五县。卢氏当是何志后所立。《宋志》：""新疑是晋末所立。……新康阳即杜、邓及之广，新丰，其邓县为南阳郡旧县。盖京兆之广平、邓，京兆于广平二郡太守于樊城立府治，率所领立"即《宋书》卷77《柳元景传》"陕宁县二"。大明中割邓县属京兆郡，郡管

京兆郡 杜陵 新丰 蓝田 郑 池阳 南霸城 新康 卢氏 魏	长安（今陕西西安市西北）	京兆郡 杜陵 新丰 蓝田 郑 池阳 南霸城 新康	襄阳（今湖北襄樊市）	京兆郡 杜 新丰 蓝田 郑	襄阳，移境 邓（今湖北襄樊市西北），成实土	京兆郡 杜 新丰	邓县境	○《考异》卷30 魏书地形志下"京兆郡山北"条云："山北县云：晋又置，见《太平寰宇记》。"姚兴所置，东京兆凡六县，数之只五县，少别景平初，东京兆领不侨置十六国北朝所新置的州郡县，此山北侨县，盖属特例。
	雍州扶风郡	京兆郡 新丰 蓝田 霸城 新康	荥阳（今河南荥阳市东北）	东京兆郡 长安 万年 新丰 蓝田 蒲坂				○《南齐志》下雍州京兆郡领邓、新丰、杜、魏四县。（2）《宋志》二司州刺史（京兆别见"晋又熙中，东京兆下置"，河南底定，置司州刺史，治虎年，……东京兆寄治荥阳、万年、新丰、蓝田、蒲坂凡六县。"东京兆复罢。（3）《宋志》三雍州刺史，……北京兆领北蓝田、霸城、山北三郡。"按孝武大明中，又分实雍州有北上洛、北京兆、又阳三郡。（3）《宋志》三雍州下又阳三郡。"按又熙中又置北京兆于襄阳，领县三。"……北京兆领北刘省以复蓝田郡民，后东无此郡，今井无此郡。"按北京兆郡末景平中，又侨立三辅流民于襄阳一带，盖大明三，即蓝田、杜、鄠三县三，"晋末"甲申中流民出汉中省，领县三。"《宋书》卷5《文帝纪》元嘉二年"八月甲申，以关中流民出汉川，置京兆、扶风、冯翊等郡"是也。又《南齐志》下秦州京兆郡领县三同《宋志》。
	新立司州上洛郡 司州魏郡		（霸城） （卢氏）					
	司州河东郡	东京兆郡 长安 万年 新丰 蓝田 蒲坂						
	后秦置	北京兆郡 北蓝田 霸城 山北	襄阳（今湖北襄樊市）一带	魏				
	雍州始平郡	西京兆郡 蓝田 杜 鄠	汉中（今陕西汉中市）	京兆郡 杜 蓝田 鄠	汉中			

续 表

原州郡县	旧属州郡国	州郡国治	东晋			宋			齐			梁		附注及备考
州统郡国 郡国统县			侨州	侨郡统县	侨寄地	侨州	侨郡统县	侨寄地	侨州	侨郡统县	侨寄地	侨州	侨郡统县 陈	
冯翊郡 莲勺 频阳 下辩 高陆 万年 下邽			侨州	侨郡统县	侨寄地	侨州	侨郡统县	侨寄地	侨州	侨郡统县	侨寄地	侨州	侨郡统县 陈	侨冯翊郡可考者二:(1)《宋志》三秦州刺史冯翊太守:"三辅流民出汉中,文帝元嘉二年侨立。领县五",即莲勺、频阳、下辩、高陆、万年。又《南齐志》下秦州冯翊郡领莲勺、频阳、下辩、高陆、万年五县。(2)《宋志》三雍州刺史冯翊太守:"三辅流民出襄阳,文帝元嘉六年立。……冶郡,领县三",即郡县,莲勺为冯翊所领旧县,西晋属南郡。又《南齐志》下雍州冯翊郡领郡、莲勺、高陆三县;又《隋志》下冀陵县为东晋襄阳所置冯翊郡蓝水,又宋置高陆县,西魏改冯阳曰激水。"是梁有冯翊郡及莲勺、高陆二县。
冯翊郡 莲勺 频阳 下辩 高陆 万年 下邽	临晋(今陕西大荔)					冯翊郡 莲勺 频阳 下辩 高陆 万年	汉中(今陕西汉中市)		冯翊郡 莲勺 频阳 高陆 万年 下邽	汉中				
	秦州武都郡 雍州京兆郡 雍州京兆郡					冯翊郡 莲勺 高陆	襄阳(今湖北襄樊市),移郡(今湖北宜城市东南)		冯翊郡 莲勺 高陆	蓝水		冯翊郡 莲勺 高陆	蓝水	◎高陵,疑是高"陆(陵)"之误,盖形近而讹。
莲勺 高陆	雍州京兆郡						蓝水(今湖北钟祥市西北)							

					◎武江，疑当作武功。
扶风侨郡可考者有四：(1)《宋志》三雍州刺史扶风太守："怀立，治襄阳。"《宋志》三雍州郡国》及何志惟有郿，魏昌县。孝武大明元年省扶风郡国，汎阳，即筑阳（"大明土断属此"）。考《晋志》上雍州，扶风侨郡为晋郡旧县。其筑阳与汎阳为顺阳郡旧县。孝武时所立、"大明土断、大明土属，郡成实土。又《南齐志》下雍州扶风郡领县三，与《宋志》同，梁废。(2)《宋书》卷5《文帝纪》元嘉二年："秋八月甲申，以关中流民出汉川，置京兆，扶风，冯翊等郡。"又《宋志》下秦州三秦州刺史西扶风郡领二县同《宋志》。(3)《宋志》三秦州刺史西扶风郡领二县同《宋志》。领县二"，即郿，武功。又《南齐志》下秦州建二年，以秦，雍流民郡领武江，华阴，茂陵三县。见下武功，华阴，茂陵条。(4)《南齐志》下益州志扶风郡移置于益州境内。其侨地，据《隋志》上普安郡武连县："旧曰武功，晋末安帝立，宋元嘉中，于县南五里侨立武都郡下辩县。又改下辩侨置武功县。"则侨地在武连。"疑是北扶风郡无此郡。"又《元和郡县图志》卷33剑南道剑州武连条。	池阳（今陕西泾阳西北） 冀州中山国	襄阳（今湖北襄樊市） 魏昌			
			襄阳，成实土，割移治筑口（今湖北谷城东）	筑口	
扶风郡 郿	扶风郡 郿	扶风郡 郿			
魏昌	魏昌				
扶风郡 郿	雍州始平郡	西扶风郡 郿 武功	西扶风郡 郿 武功	汉中（今陕西汉中市）	汉中
扶风郡 武功 华阴 始平	雍州始平郡 司州弘农郡 雍州始平郡		北扶风郡 武功 华阴 始平	汉中（今陕西汉中市）	
扶风郡 武功 华阴 茂陵	雍州始平郡 司州弘农郡 汉扶风郡县		扶风郡 武功 华阴 茂陵	武连（今四川剑阁西南）	

续 表

原州郡县			州郡县侨置经过							附注及备考
州统郡国 郡国统县	旧属州郡国	州郡国治	东晋		宋		齐		梁○、陈△	
			侨州	侨郡统县	侨州	侨郡统县	侨州	侨郡统县	侨州 侨郡统县 侨寄地	
州统郡国 郡国统县 安定郡 朝那 宋兴	临泾(今甘肃镇原东南) 新立		侨州	侨寄地	侨州	安定郡 朝那 宋兴	侨州	安定郡 朝那 宋兴	侨州	《宋志》三秦州刺史安定太守下秦州安定郡领宋兴、朝那二县。 朝那令,汉旧名。宋兴令,何志新立。	◎《南齐志》下雍州宁蛮府领安定郡,郡统恩归、归化、皋亭、新安、土汉、土顷六县,此郡既属宁蛮府,县又均为新置,以不列入侨置为妥。
安定郡 朝那 宋兴					汉中(今陕西汉中市)	汉中				
始平郡 始平 平阳 清水	槐里(今陕西兴平市东南) 司州平阳郡,移武当(今湖北襄樊市),移当(今湖北) 秦州略阳郡		襄阳(今湖北襄樊市),移当(今湖)	始平郡 始平 平阳 清水	武当	始平郡 始平 平阳(清水)	武当	始平郡 始平 平阳	侨州 始平郡○ 武当	始平侨郡可考者三:(1)《晋志》:"始于雍州"上雍州:始平襄阳侨立雍州,仿立京兆、始平、扶风,河南、广平,又成,北河南七郡,并属襄阳。《宋志》永初郡国唯有始平、扶风、何志有槐里,宋宁、宋嘉二县。何志新立,今治武当。《永初郡国》三县清本,而清本,始平与《永初郡国》同。领县四,即武当、平阳("江左平阳郡民流寓,立此")。按武当,晋志三雍州刺史顺阳太守寄在襄阳,有"云三雍州刺史断属雍。又《南齐志》三雍始平郡领县四,始平、平阳、武当、清水、大明土断前,始有槐里"是也。(2)《南齐志》"是也。(3)《隋志》上金山郡浩城"萧梁始平侨置始平武帝纪普通二年(521)"八月丁亥,始平郡开平郡领县无,领县三,始平即汉中。据此,大明土断,槐里为侨县,宋熙"《读史方舆纪要》卷71置川府浩城刺史始平太守。"《宋志》三秦州始平郡浩城。 当作"始平。"按武当,武当,前汉后汉郡属东海郡,属汉省,以东海郡属东海郡,于武功。	◎《晋志》上雍州:"然自元帝渡江,所置雍州亦皆遥领,始以魏该为雍州刺史,镇鄀城,寻省,侨立始平郡,寄居襄当城,云云始平,则始平先在襄阳,后移寄襄阳,与《宋志》异。当依《南齐志》。 ◎《南齐志》武当,旧属始平郡,武当,前汉属汉中郡,后汉省,以东海郡附汉,可疑,当作"武功"。

槐里	北丹江口市西北），成实土	（槐里）武功			
新立		始平郡槐里始平宋熙	汉中（今陕西汉中市）	汉中	
				武功	始平郡槐里始平宋熙
					始平郡○始平
					涪城（今四川三台西北）

《晋志》上雍州："有秦国流人至江南，改邑曰为秦郡，怀立尉氏县属焉。"……安帝改堂邑为秦郡。史秦郡太守："晋武帝分扶风国为秦国。《永初郡国》属豫州，元嘉八年度南徐。《永初郡国》又领临渭（晋，末志）。雍丘、波仪、顿丘凡七县，何无雍丘、外黄、平丘、沛、徐又无波仪、顿丘并波仪，割顿丘属新昌。孝武帝建元年，以外黄并波仪。文帝元嘉八年，以尉丘并尉氏，领县四"；一秦："本属秦国，领县四"，本属秦国，流置新昌。孝武帝建元年，以波仪并尉氏，四怀德。按此怀德与建康之怀德别，此为大明五年（461）新立。文帝元嘉24末书礼留侨传，堂邑本有北陈留侨郡，则尉氏、平丘、外黄、波仪、参军陈留本属陈留国条。又据《考异》卷24末书礼留侨郡，反安帝元熙又熙九年王断侨流郡县时，则安帝时秦郡始合"。又《末志》："徐州刺史青州度属此。"又《末志》：永初顿丘，皮皮帝元徽元年度青州。又清流，置新昌郡云：永初顿丘，萎秦郡并人，洽瓜步。参本表新昌国条。后齐郡清氏。上青州齐氏，置秦郡。开皇初改州曰方州，改郡曰六合。《隋志》下江都郡六："旧曰尉氏合，后齐置163简东齐州刺史。后周文帝大宝元年（550）九月，宁州刺史彭城徐文盛募兵数万人讨侯景，湘东王绎之牧？"大同《梁书》卷1秦郡有秦州刺史，江都郡六合，旧曰秦郡。抑梁已置？又《梁书》（540），"秦郡献自魏"。据此，则梁东有秦州、秦郡，当是萧齐废，梁复置也。《武帝纪》"大同《梁书》卷3《武帝纪》大同六年（540），"秦郡献白雉"。据此，则梁有秦州、秦郡，当齐梁间置。又《朴梁书》卷1秦郡所领县四，即尉氏合、六合、堂邑、秦邑、昌国为侨县。

○《晋志》上雍州："惠帝即位，改扶风国为秦国。"而《末志》一南兖州刺史云："晋武帝分扶风为秦国。"两《志》异。考《晋书》《太康十年，徙献王柬传》云："太康十年，徙封于秦，邑八万户。"按柬为西晋首封秦王者，则改扶风为秦国在晋武太康十年（289），《晋志》误。○《末志》一南临徐所谓"晋、末立"，文又不通，当作"晋、末立"。又临涂《晋志》未盖形近致讹。又临涂之名，当与涂水有关。且无实置县的原委，故似为晋末新置秦县。○《东晋志》"江左立。"亲名江左立，地亦相近，故两存南郡所属昌县同，《末志》载邑未审，沈志于此下云江左立。

续 表

原州郡县			州郡县侨置经过						附注及备考
州国郡统郡县统	旧属州郡国	郡国治	东晋		宋		齐		梁、陈△
			侨州	侨郡统县	侨州	侨郡统县	侨州	侨郡统县	侨州 侨郡统县
秦国 秦 平丘	池阳(今陕西泾阳西北) 汉兖州陈留国	侨寄地	堂邑(江苏南京市六合区)	秦国 秦 平丘	堂邑	秦郡	(齐郡)	秦郡	秦郡 六合(今江苏南京市六合区)	○《梁书》卷33《杜崱传》下云"梁初建改秦州之名,则秦郡之号,梁末已有之矣。"疑亦侨县也。俟再考。○《考异》:"按《隋书地理志》齐将郭元建改秦州为严州
外黄 浚仪 尉氏 雍丘 顿丘	兖州陈留国 兖州陈留国 兖州陈留国 司州顿丘国	侨寄地		外黄 浚仪 尉氏 雍丘 顿丘		尉氏 雍丘		尉氏		
沛	徐州沛国			沛						
义城	扬州淮南郡	侨寄地	清流(安徽滁州市)	义成		义成				
昌国 秦州	青州齐国 新立			昌国 秦州				昌国 秦州	昌国 秦州 六合(今江苏六合)	○华山郡,汉、西晋无。《晋书》卷117《姚兴载记》"兴率众落胡城,晋弘农太守陶仲山、华山太守董迈皆降于兴"。按《魏书》下郡,盖东晋所立,后属华山郡。据华山郡领县五,即华山、夏阳、鄜城、郑、蓝田之华阴、鄜阴,疑东晋分弘农之华阴、京兆之郑,夏阳而置,华山郡地,主要在《晋志》雍州境内,故表于此。

《梁书》卷18《康绚传》:"华山蓝田人也。……宋永初中,(绚)相穆举乡族三千余家,……宋武帝之,伺南,宋以谁置华山郡蓝田县,寄居于襄阳,人襄阳之土冑中,父元抚并为流人所推,相继为华山太守。"又《宋志》:"三雍州刺史三雍州刺史陶仲山、华山太守董迈,晋世又隆。明元年立。今治大堤。立郡郡制度。"领传:"据传俱载,与郡俱立;蓝田今汉旧县,盖本武始郡华山郡立郡华山郡领县下雍州华山郡不始于孝武,置宜城郡,西魏改县为汉南。又《南齐志》:"华山郡领县华山、上黄,上黄京兆;本属东晋所,故以史以为孝武所立。"又"华山、上黄。据知梁有华山郡,又"城名。华山县也。"《隋志》下襄阳府郡"宋白华山,置华山郡三首曰:"大堤。"李白《大堤曲》又孝:"雍州北诸大堤。""汉水横襄阳,花开大堤暖""正谓此也。胡郡乃以"雍州北大堤暖"、"胡人流寓"所谓"胡人"指置"是也。书》卷18《康绚传》"其先出自康居",……晋时陇右大乱,康氏迁于蓝田"是也。

侨郡县	本土地望	今地	备考
华山郡 蓝田 华山	郑（今陕西华县） 雍州京兆郡		
	华山郡 蓝田 华山	大堤（今湖北宜城市北），割上黄成实土	华山郡 华山	汉南（今湖北宜城市）	《宋书》卷5《文帝纪》元嘉六年："九月戊午，于秦州置陇西、南秦二郡，督梁、南秦二州诸军事，宁远将军、西戎校尉，梁南秦二州刺史。"《宋书》卷65《刘道产传》："元嘉三年，督梁、南秦二州，在州有惠化，关中流民归之者甚多。六年，道产表置陇西、南秦二郡以领之。"考宋、南齐《志》无，当是后废。	◎郡以关中流民立，故表于此。
宋康郡		汉中（今陕西汉中市）	宋康郡		
新立侨郡					◎《晋志》上兖州："后石季龙改陈留郡为建昌郡，属洛州。"《宋志》《南齐志》下扬州豫章郡有建昌国县，《又志》下青州齐国有建昌国县，皆与此侨郡无涉。今始表于此。
建昌郡 永兴 安宁	新立侨郡 新立侨县	襄阳（今湖北襄樊市）	建昌郡 永兴 安宁	襄阳	《宋志》三雍州刺史朱修之充军户为永兴、安宁二县，今无。建昌又有永宁县，徐志。又《南齐志》下雍州建昌郡下："徐志、《补梁志》卷3雍州建昌郡领二县同。"据徐、《补梁志》，建昌又有永宁县，是建昌郡省入建昌也。	建昌郡 永兴 安宁	襄阳
昌国郡 永宁	新立侨郡 新立侨县	襄阳	昌国郡 永宁	（永宁）		
					◎凉州，《晋志》上京州领郡八，县四十六，即金城郡统县五、西平郡统县四、武威郡统县七、张掖郡统县三、西郡统县五、酒泉郡统县九、敦煌郡统县十二、西海郡统县一。惠帝又立晋昌郡，张轨又立

续表

原州郡县		旧属州郡国	州郡国治	东晋			宋			齐			梁○ 陈△			附注及备考
州统郡国	郡统县			侨州	侨郡统县	侨寄地	侨州	侨郡统县	侨寄地	侨州	侨郡统县	侨寄地	侨州	侨郡统县	侨寄地	
				侨州												武兴郡、晋兴郡兴,是时中原沧没,元帝徙居江左,轨乃控据河西,称晋正朔。凉州为前凉。东晋南朝,凉州未见侨置,然有侨郡县耳。
金城郡/榆中/金城/临洮/襄武		榆中(今甘肃榆中西北黄河南岸)/秦州陇西郡/秦州陇西郡					侨州	金城郡/榆中/金城	汉中(今陕西汉中市)	侨州	金城郡/榆中/金城/临洮/襄武	汉中				《宋志》三秦州刺史金城太守:"永初郡国"。《南齐志》下秦州志下秦州治即汉中。《宋志》三秦州刺史安固太守"张氏于凉州立"。又《南齐志》下秦州安固郡领七县,即略阳、桓陵、临渭、兴唐、南皐、清水、下邽,兴唐,即"永初郡国"之新立;今领三县:"永初郡国"又《南齐志》有南安固郡,又有南桓陵。据此,安固郡领安固、南桓陵二县。南安固郡疑侨在汉山,南桓陵,即桓陵。南安固郡领安固、桓陵、临渭、兴唐、南桐阳,兴此。安固郡先侨立汉中,后部分流民入蜀,帝时又分立南安固郡。《高帝纪》元熙初,萧承之迁扬武将军、安固、汉山二郡太守是也。○《南齐志》"襄"当作"襄武",宋于陇西侨郡所领与临洮度属陇西郡。参本表。○安固始立,确地无考。据《通鉴》卷86《张轨传附子寔传》及《晋书》卷90建置元年(317),有安固太守罗攀,明《注云:《晋志》曰:张茂为凉州。金城、西平、安故四郡为定州。盖张氏分金城、西平二州为定州。

安故郡（今甘肃临洮南）桓陵、桓陵、安故	安固郡桓陵	汉中（今陕西汉中市，又分侨山（今四川茂县）	汉中	汉中	郡地置安故郡也。按故县，一汉属陇西郡。……"安故郡"二县即置一县县南。"其地在今甘肃临洮县南。安固郡，盖即安故郡之侨置邪？张氏或则安故郡正明，始则置郡县，至十六国北朝之州所置郡县，故东晋可侨置郡之州，东晋南朝时南汉作南苞中，当是齐时南汉中郡并入安固。○南安郡所领六县，疑是元嘉十六年（439）度益州后所立。
秦州略阳郡、秦州略阳郡、秦州略阳郡、司州冯翊郡、新立、梁州汉中郡、梁州汉中郡、梁州汉中郡	安固郡	南安固郡略阳桓陵临渭清水下郡兴固	汉山境（今四川都江堰市西北）	安固郡桓陵临渭清水兴固南苞沔阳南城固	安固郡桓陵安固	○《晋志》上秦州统郡六，县二十四，即陇西郡统县四，南安郡统县三，天水郡统县六，略阳郡统县五，武都郡统县五，阴平郡统县二。惠帝又立张明平郡统县道郡。○《考异》卷23《宋书文帝纪北》云："《州郡志》止有秦州纪云：今考秦州本治陇西，晋渡后，寄治汉中，常以梁州刺史督之，是为南秦，即《志》所载北秦州治杨氏所授授北秦州刺史，其地不入版图，故不载于《志》。然南北秦之名，防于何代，《晋志》解之，不应竟缺：按《宋志》云：江左分梁州为秦，寄治梁州，又乃侨立秦州于魏兴。
					太兴三年（320），南阳王司马保为其下所杀，秦州地人刘曜，以陈安为秦州刺史，镇上邽。自此秦州没。其侨置甚晚，在晋孝武时。《南齐志》："中原乱，没胡。……至太元十四年，雍凉刺史未序始督秦州，则孝武所置也。寄治襄阳，未有刺史，《南秦州志》"下襄阳。四年，桓玄督七州，但梁州刺史，元兴三年，以氏王杨安之，郭铨始为梁，南秦州常带南秦州刺史。又熙三年，以氏王杨坚子宏为北秦州刺史。十四年，置氏秦州刺史，刘又真为梁州刺史，尹雅为秦州刺史。未文帝时为北秦州都督、督秦北凉。以南郑为治所；荆州刺史。《永明郡国志》秦州本治南《志》所载雍州刺史秦州为南秦。《元嘉计偿》亦云秦州，而荆州刺史督秦氐之北秦。南秦为一刺史，是则雍州刺史郭荫秦州常带秦阳，未有实此。据此，梁秦北秦者，以别于仇池氐之北秦；南秦为后，史家之追称耳。若东秦州，乃刘裕收复关中所置，属实州，宋初复失。又《魏书》卷8《世宗纪》正始元年（240）十一月辛卯朔"当梁天监四年正月朔"，"萧衍行梁州秦州侨置襄阳，盖未久即废任领汉中郡（即武都，略北，安固，西京兆，魏军入汉中，梁军之地太半入魏，梁州之地太半入魏，北扶风。《南齐志》下秦州所领十五郡（无北扶风，有仇池，东立二郡。又西京兆改京兆为汉中，又《晋志》"下秦州所领十五郡（无北扶风，有仇池，东立二郡。又西京兆改京兆为汉中，均寄在汉中，无事夏侯道正据汉中来降"，乃移梁州于魏兴。

续表

原州郡县	东晋		州郡县侨置经过							附注及备考
			宋			齐			梁○陈△	
州统郡国 郡国统县	旧属州郡国	州郡国治	侨州	侨郡统县	侨寄地	侨州	侨郡统县	侨寄地	侨州 侨郡统县 侨寄地	
秦州			侨州	侨郡统县	侨寄地					
	上邽（今甘肃天水市）		仍侨秦州，及大同元年（535）克复汉中，秦州仍治汉中。汉中之地，虽多次易手于梁魏，然多不为梁有也。							立氏池为北秦州，则北秦之名，东晋已有之，盖自又熙三年授杨盛始矣。
			秦州	襄阳（今湖北襄樊市，移汉中（今陕西汉中市）		秦州	汉中	侨寄地	秦州○ 汉中，移魏兴（今陕西安康市西北），还汉中	
			《宋志》三秦州刺史陇西太守："秦立。文帝元嘉初，关中民三千二百三十六户归化，六年立。所领六县即襄武、临洮、河关、狄道、首阳、大夏，其襄武、今领县六，户一千五百六十一，口七百五十二百三十。"又《南齐志》下秦州陇西郡领县四，即河关、狄道、首阳、大夏。《南齐志》下秦州陇西郡领县四，即河关、狄道、首阳、大夏、临洮二县度属金城郡。参本表金城郡条。							
陇西郡 襄武 临洮 河关 狄道 大夏 首阳	襄武（今甘肃陇西东南） 秦州狄道郡 秦州狄道郡 秦州狄道郡 （汉县）		陇西郡 襄武 临洮 河关 狄道 大夏 首阳	汉中（今陕西汉中市）		陇西郡（今汉中） 河关 狄道 大夏 首阳	汉中			○《晋志》上秦州：惠帝时，分陇西之狄道、临洮、河关，又立六县，置秦州。
			南安侨郡可考者二：(1)《宋志》三秦州刺史南安太守："何志云故属天水，魏分立。领县二，即桓道、中陶。"又《南齐志》下秦州南安郡领县同。(2)《南齐志》下益州南安郡："宋末于此置南安郡"者，不知孰否。《宋志》梁州、桓道、白水、华阳、乐安、桓道。"又《通鉴》卷 146 天监四年 (505)：南安郡：见《永元三年志》。							○《元和郡县图志》"永初郡"者，不知孰否。《宋志》梁州无南安郡。

南安郡源道中陶	源道（今甘肃陇西东南）	南安郡桓道中陶	汉中（今陕西汉中市）			"《梁将》鲁方达攻南安。"又《元和郡县图志》卷33剑南道剑州："宋于此置南安郡，梁武陵王萧纪改郡立安州。"《隋志》上邽安郡普安："旧曰南安，西魏改曰普安，置普安郡。"又永归："旧曰白水，西魏改焉，又置黄原郡。" 南安郡则与此别。〇华阳，疑是宋立。参本表华阳郡条。
南安郡	益州犍为郡	南安郡桓道		剑州（今四川剑阁）	南安郡〇	
		南安		普安（今四川剑阁）	南安	
	梁州华阳郡	华阳		黄安（今四川剑阁南）	黄安	
白水	梁州梓潼郡	白水		永归（今四川剑阁东南）	永归	
		天水侨郡可考者四：(1)《晋书》卷81《毛宝传附毛德祖传》："又熙中刘裕平关中，灭后秦，留德祖"为中兵参军，领天水太守。考刘裕未得天水地，此郡盖侨立关中。末至嘉中，裴方明平杨难当。度文明与千余家随居襄阳，乃立天水郡略阳县以居之。《宋志》三雍州刺史南天水太守："徐志本西政流寓，今治岩州。"永初郡国》、何志并无，当是阿志后所立。《南齐志》下雍州南天水郡领略阳、华阴，晋县二县。领县四。武大明元年省。领县四，即阿华阴、新阳，略阳、河阳。(3)《宋志》三泰州刺史天水太守："徐志三秦州南天水郡领县二："永初郡国》、何志无此郡。又《南齐志》下益州南天水郡领县四，即西、上邽、西县、冀。宋兴。怀地无考，疑在今四川东北部。	关中（今陕西关中）			〇"河阳"当作"阿阳"，说见《宋志》三校勘记[37]。〇《晋志》"西"县。检《水经注》卷20引《水地道记》："天水始昌县也，故城西昌县即为西昌，似于晋初改名，而确年无考。又《宋志》三雍州剌史《前汉天水，后汉阿县，晋属天水，魏，晋属天水，而所谓西县确属魏天水，晋改曰始昌，属天水"。南天水郡时确属西县，晋时属魏天水。(4)《宋志》"徐志兴"则西晋时西县不注置立"，上邽西，西县，即西，上邽冀，宋兴。怀地今四川东北部。
天水郡	上邽（今甘肃天水市）	天水				

续表

原州郡县			侨州郡县置经过									附注及备考
			东晋		宋		齐		梁○、陈△			
州郡国统县	旧属州郡国	州郡国治	侨州	侨郡统县	侨寄地	侨州	侨郡统县	侨寄地	侨州	侨郡统县	侨寄地	
天水郡 华阴 略阳郡 阿阳 冀	司州弘农郡 秦州略阳郡	(汉县)	侨州		侨寄地		南天水郡 华阴 略阳 阿阳（冀）	襄阳（今湖北襄樊市）、移岩州（今湖北宜城市东）		南天水郡 华阴 略阳	岩州	
天水郡 阿阳 新阳		(汉县)					天水郡 阿阳 新阳	汉中（今陕西关中市）		天水郡 阿阳 新阳	汉中	
天水郡 上邽 西 宋兴 冀		新立					天水郡 上邽 西 宋兴 冀	疑在今川东北部		天水郡 上邽 西 宋兴 冀	疑在今川东北部	
略阳郡 清水 略阳 临渭 上邽	临渭（今甘肃秦安东南） 新立 秦州天水郡		略阳郡 清水 略阳 临渭 上邽	汉中（今陕西汉中市）		略阳郡 略阳 临渭 上邽		汉中	略阳郡 略阳 临汉		汉中	《宋志》"三秦州刺史略阳太守：'《永初郡国》有清水县，何、徐无。领县三。'即略阳、临汉（"汉"志新立'）。又《南齐志》下秦州略阳郡领略阳、临汉二县。此郡疑为东晋安帝世侨立。

第十编·第二章 《晋书·地理志》冀幽平并雍凉秦梁益诸州之部侨州郡县考表

郡县	今地			考
武都郡 下辩 上禄 陈仓 河池 故道	下辩（今甘肃成县西）	武都郡 下辩 上禄 陈仓 河池 故道	汉中（今陕西汉中市）	武都侨郡可考者有三：(1)《宋志》三秦州刺史武都太守："《永初郡国》又有河池、故道县，今阙。"即下辩、上禄，后省，晋武帝太康三年又立"，陈仓（"汉旧县"），《南齐志》下秦州武都郡领三县同。按此武都郡疑东晋安帝世所立，侨地无考。据传文推之，疑任横江城屯住横江左侨郡，何志益州并无此郡，徐志本属秦州，流寓处。(3)《宋志》四益州刺史武都太守"《永初郡国》，武都当别江左侨郡"。"领县五"，即武都、下辩、汉阳（"汉旧名"）、略阳、安定（"旧安定郡，流寓郡"），又《元和郡县图志》卷33剑南道剑州武连县："宋元嘉中于县南五里侨立安定郡，流寓郡县。"又《南齐志》下益州新城郡领下辩、汉阳、略阳、安定四县，是齐省武都郡人新城也。参本表新城郡条。
雍州秦国		武都郡 下辩 上禄 陈仓	横江城（今安徽和县东南长江北岸）(?)	
		武都郡		
		武都郡 武都 下辩 汉阳 略阳 安定	武连（今四川剑阁西南）一带	
武都郡 武都 下辩 汉阳 略阳 安定	天水郡旧名秦州略阳郡本雍州安定郡			◎《宋志》三梁州刺史："《永初郡国》太守阴平今，即肃底也。(当是后又立此县，何、徐志误也)"据此，梁州刺史阴平郡青、肖旨五县，何、肖旨底县。《宋志》："寻而梁郡县没于李特，永嘉中又分属杨茂搜，其晋人流寓于梁、益者，仍于梁州立阴平郡。"据此，梁、益二州各有南、北二阴平郡，北阴平郡曰北阴平，南阴平郡曰南阴平，领郡平有四："《永初郡国》"北阴平，领县平，绵竹、平武、资中，肖旨有二，一为阴平，二为平武。……寄治州下，徐志阴平，领二县与此同。

| | | 汉中 | | ◎《宋志》汉阳，汉旧名。考东汉有汉阳郡，乃永平中以天水郡改名，治冀县。及三国魏仍改名天水郡。 |

续 表

原州郡县		旧属州郡国		州郡县侨置经过								附注及备考
州统郡国	郡统县	州	郡国	东晋		宋		齐		梁○陈△		
				侨州	侨郡统县	侨州	侨郡统县/侨寄地	侨州	侨郡统县/侨寄地	侨州	侨郡统县/侨寄地	
阴平郡 阴平 平武 绵竹 资中 甫底	阴平（今甘肃文县西） 梁州新都郡 益州犍为郡			侨州	侨寄地	侨州	侨郡统县 侨寄地	侨州	侨郡统县 侨寄地	侨州	侨郡统县 侨寄地	"寄治州下"即寄治梁州治，时梁州治汉中。又《南齐志》："寄治州下"即寄治汉中。《宋志》："三梁州刺史南阴平郡"。《宋志》："永初郡国"唯领南阴平一县。又《南齐志》下梁《宋志》下梁州南阴平郡领阴平、怀旧一县无阴平，云阴平旧民流寓北，怀旧。何无。今领二县。其侨地，《读史方舆纪要》卷3历代州域形势：今四川龙安府东百里有阴平故城。"(3)南阴平，"徐志本安固郡民流寓。领县四"，即阴平、南阳，扶风，慎阳。"徐志本南阳民流寓北阴平郡领县七，即阴平，顺阳。北阴郡，梁、益并无。"徐志本安固郡民流寓"，"又《隋志》"又利州晋寿郡四益州刺史北阴平太守。相领开民阴平、西魏攻都旧阴平，又名武，又《南齐志》下益州南阴县属始州。"又《通鉴》卷148天监十四年："胡《注》："此阴平非邓艾所由之阴平，三万击巴北，上遣宁州刺史任太洪自阴平间道入其州，领县二"，即阴平，南郑，其南长乐，南道宁州刺史刺史"永嘉流寇阴平太守，"永嘉流寇来属，寄治安阳。又《隋志》属，参本表汉中郡条。今利川之阴平县是也，益州南阴平郡下蜀郡下梁益州南阴平郡领阴平、绵竹。又《隋志》上蜀郡雄："又有西遂宁郡、南阴平郡，后周废西遂宁郡，改为怀中，南阴平县，寻并废。" 旨即甫底之侨县。 ○《晋志》上秦州阴平郡领阴平、当作平武、广县，说见《校勘记》[37]。 ○安固郡，相陵，张氏于京州部独立，参本表安固郡条。 ○《东晋志》卷4益州南阴平郡领绵竹、汉旧县，属广汉，《晋志》属梁州新都郡，非侨县也。
						汉中（今陕西汉中市）	北阴平郡 阴平 平武	汉中	北阴平郡 阴平 平武	汉中		

阴平郡 阴平 怀旧	疑新立	阴平郡 阴平	龙安府(今四川平武)东	南阴平郡 阴平 怀旧	龙安府东		
阴平郡 阴平 南阳	本荆州南阳郡			北阴平郡 阴平 南阳	阴平(今四川江油市东北)	北阴平郡 阴平	阴平
桓陵 顺阳 扶风	凉州安固郡 荆州顺阳郡 本雍州扶风			桓陵 顺阳 扶风		北桓陵 扶风	
慎阳 京兆	豫州汝南郡 本雍州京兆郡			慎阳 京兆		慎阳 京兆	
绥归	疑新立			绥归		绥归	
阴平郡 阴平 南郡 长乐	梁州汉中郡 东晋梁州梁昌郡	阴平郡 阴平	表阳(今四川德阳市西北)	南阴平郡 阴平 南郡 长乐	表阳	南阴平郡 阴平	表阳
		《宋志》四益州刺史怀宁太守:"秦、雍流民,晋安帝立。"永初郡国》直云西。何志故属天水,名西县。"万领县三,寄治成都。又《南齐志》下益州怀宁郡领万年、西平、怀道、始平四县。又《隋志》上蜀郡成都:"旧置怀宁、晋熙、束兴,寻二县并省,奉伯等败,还成都,元起进此西平。此郡盖先寄在汉中,元嘉十六年(439)又移寄成都也。"久之,寄二县下益州下怀宁郡成都。"此郡盖先寄在汉中,元嘉十六年(439)又移寄成都也。					
怀宁郡 始平 西平 万年 怀道	新立侨郡 雍州始平郡 秦州天水郡 雍州京兆郡 疑新立	怀宁郡 始平 西平 万年	汉中(今陕西汉中市)	怀宁郡 始平 西平 万年 怀道	汉中、移成都(今四川成都市)	怀宁郡 始平 西平 万年 怀道	成都	怀宁郡 西平	◎怀宁郡名新创,然所统县为侨县。郡亦因流民所在创立,又寄在他郡。他皆仿此。又侨郡中,非有实土,故列侨郡。故表以秦、雍流民立,本属南秦,故属于此。

续表

原州郡县	旧属州郡国	州郡国治	州郡县侨置经过							附注及备考
			东晋		宋		齐		梁、陈△		
			侨州	侨郡统县	侨州	侨郡统县	侨州	侨郡统县	侨州侨郡统县	
州统郡国郡国统县				侨寄地		侨寄地		侨寄地	侨寄地	
始康郡始康晋丰新城谈	新立侨郡新立新立新立		《宋志》四梁州刺史始康太守："关陇流民，晋丰，并"晋安帝立"。又《南齐志》上蜀始康郡，西魏郡废始康郡。"	侨州 始康郡 始康 晋丰 新城 谈	成都（今四川成都市）	侨寄地	始康郡 始康 晋丰 新城 谈	成都	始康郡○ 成都	◎《晋志》司州河南郡有新城县，荆州新城郡，与始康郡所领新城无关。又梁以关陇流民，故表于此。◎《朴梁志》卷4益州始康郡以"脱'下脱"始"字，而误合为一县者。不知确否？或齐并始康，晋丰二县为始康邪？始依《朴梁志》。
晋熙郡晋熙苌阳	新立侨郡新立新立		《宋志》三梁州刺史白水太守："永初郡国"，何并无。徐志作平州，仇池氏流寓立。又六"，即新巴、汉德、益昌、兴安、平周（"徐志作平周"）、此五县，徐并不注置立"。又下梁州白水郡领晋寿等六县同《宋志》；又《隋志》上义城郡旧日"白水"，梁改白水郡为平兴郡……开皇初郡废，县改白兴，是梁改白水郡为平兴郡。	晋熙郡 晋熙 苌阳	绵竹（今四川绵竹市）	绵竹			晋熙郡○	绵竹	◎仇池氏，在《晋志》秦州武都郡界，因表于此。◎《宋志》三梁州郡治，晋寿，兴安又属晋寿郡，平周又属北巴西郡，则白水郡所领诸县皆为侨郡，不知何据。

				备注
白水县	今四川青川		白水郡	县，或是两属，不明所是。姑录于此。◎白水，本梁州梓潼郡属县，治今四川青川县东北。盖因仇池氐流寓，乃改县为郡。
新巴	东北		新巴	
汉德	东晋梁州新巴郡		汉德	
晋寿昌	梁州梓潼郡		晋寿	
益昌	梁州梓潼郡		益昌	
兴安	宋益州巴西郡		兴安	
平州	宋梁州晋寿郡		平周	
汉昌	梁州巴西郡	(汉昌)		
仇池郡 上辩 仓泉 白石 夷安	新立侨郡 疑新立 疑新立 疑新立 疑新立	《南齐志》下秦州有仇池郡，领上辩、仓泉、白石、夷安四县。盖侨于秦州治即汉中。	仇池郡 上辩 仓泉 白石 夷安	◎此郡盖以仇池氏流寓立。仇池，在今甘肃武都和县西南，《晋志》秦州武都郡界，为氐族所聚居处，因表于此。
		《宋志》三秦州刺史北扶风太守："孝武孝建二年，以秦、雍流民立，又立成阶郡，领氐民，寻省。"	汉中（今陕西汉中市）	
广长郡 成阶	新立侨郡 新立		广长郡 成阶	◎以氐民立，故表于此。时又立广长郡，
东宁郡 西安 北地 南汉	新立侨郡 疑新立 本雍州北地郡 东晋梁州汉中郡	《南齐志》下秦州侨郡有东宁郡，领安、北地、南汉三县。	东宁郡 西安 北地 南汉	◎《晋志》上雍州有北地郡，或与此四州县有关；又南汉，《宋志》"四州晋穆帝立，流寓来配"，何志晋穆帝立。以侨附属秦州。◎东宁郡旧无，故侨附表于此。

景谷（今四川青川东北） 景谷

续 表

原州郡县		旧属州郡国	州郡国治	州郡县置经过							附注及备考
				东晋		宋		齐		梁○、陈△	
				侨州	侨郡统县	侨州	侨郡统县	侨州	侨郡统县	侨州 侨郡统县 侨寄地	
州郡国统郡县				侨州	侨郡统县	侨州	侨寄地	侨州	侨寄地		

据《晋志》上梁州、《宋志》三梁州刺史、《南齐志》下梁州、《隋志》及胡《注》《通鉴考异》等考之：梁州旧治汉中南郑。东晋南朝，梁州时没时复。东晋于襄阳立梁州，永嘉中又分属氐杨茂搜。李李特、中郎将，梁州刺史、屯襄阳"。考《通鉴》卷91"访在襄阳"系太兴二年(319)事；再考《通鉴》卷96咸康四年(338)云："司州刺史镇襄阳……梁州刺史寄治襄阳"。是知梁州于襄阳在元帝大兴初年，至咸康四年又移寄治魏兴。穆帝永和中，桓温天成汉，梁州还旧治。及孝武宁康二年(374)，苻秦陷蜀，并失汉中。太元中梁州又寄治魏兴。太元九年(377)桓冲表兖州刺史未序立梁州刺史，"镇襄阳"是也。太元十五年，苻秦败，东晋进复汉中。安帝又熙初，谯纵反汉中为巴蜀苻蔽，是以蜀有梁、汉中镇没。汉中既复，关陇流民多避难归化，子畏民户稀实。所有。萧思话又治襄阳。宋元嘉四年(505)，汉中太守夏侯道迁降魏，魏军人汉州，胡仿所致，失守。后氏房敷相攻击，东西七百里，南北千里，皆人于魏。梁州置汉中，亦为巴蜀苻强，遂入剑邻，又破梓潼，于是梁州十四郡地，大同初，收复汉中，梁州还旧治，任在寄治魏兴，而以魏兴之梁州为南梁乃东晋西魏兴，所至寄置梁州于魏兴，于是梁州又复陷魔复。汉中为东朝所有，则梁州南朝治，其置也，若汉中失守，任在寄置，魏兴再没，则寄治襄阳。此也大较也。 | | | | | | | | | | | ○《晋志》上梁州统郡八，县四十四，即汉中郡统县八，梓潼郡统县八，广汉中郡统县三，新都郡统县四，巴郡统县五、巴西郡统县三、涪陵郡统县县九、巴东郡统县三。太康中，又置新都郡并广汉郡。惠帝时，分巴西郡置岩渠郡，又以荆州新城、魏兴，上庸三郡属梁州，是梁州有郡十一。 |

| 梁州 | 南郑(今陕西汉中市东) | | 襄阳(今湖北襄樊市)，移魏兴(今陕西安康市西北)，[还旧治]，又 | | | | | | | | |

			梁州（北梁州，南梁州）。	移襄阳，[还旧治]，又寄魏兴.[还旧治]
				○长乐。据《晋志》上梁州，为桓温平蜀后所立于晋昌郡属县。《宋志》此条南汉中侨郡以后名，盖合述梁州汉中郡与南汉中侨郡一处。《晋志》三梁州刺史汉中郡及《晋地记》云云，此失其一证也。当以"徐志"为是。侨郡及领县皆大明三年(459)所立。《南齐志》卷4有南汉中南中侨郡者不安。 ○《东晋南汉》卷4梁州南汉中郡领南汉一县。考《宋志》："南汉中，晋益州刺史晋穆帝立。故属益州。流寓来配。"则南汉立时，为梁州南中实郡领县，非南汉中侨郡属县也至明也。
汉中郡 南郑 褒中 沔阳 城固 长乐	南郑（今陕西汉中市东） 东晋梁州晋昌郡	南汉中郡 南郑 南褒中 南沔阳 南城固 南长乐 苍阳（四川德阳市西北） 汶山（今四川茂县之间）		《宋志》四益州刺史南汉中太守："《晋地记》：孝武太元十五年，梁州刺史周琼表立。徐志：北汉中民流萬，孝武太元十六年度。以《永初郡国》检，则是太元所立，而何志无此年度。《宋志》此条《永初郡国》及《起居注》均是永初以后名立所，"徐志与部俱立"。又复立也。领县五。"《南齐志》下梁州无南汉中，南郑长乐，南苞中，南沔阳，南城固，南长乐，唯安固郡领有南郑，南阴平一侨郡。据志以为时南汉中南侨郡非人安固，南阴平二侨郡，汉中侨郡在二郡同领长乐二县，则齐时南汉中南侨郡非人安固，南阴平二郡同。《南齐志》下梁州安固郡条、阴平郡条，参《宋志》《南齐志》下梁州所领侨县。
[汉中郡] 上庸郡	梁州上庸郡		南郑（今陕西汉中市东）	[汉中郡] 西上庸
				巴西侨郡可考者二：(1)《宋志》四益州刺史巴西太守："本属梁州，文帝元嘉十六年度。……领县九，即阆中、西充国，南充国、安汉，汉昌、平州、怀归，益昌。无怀旧。按益州巴西郡为侨郡，考《晋书》《晋宋书》："十二月，振威将军萧敬文害征房将军杨谦，改取城，叛之。"《隋书》："旧日涪、改置巴西。"年)八月，平西将军周抚讨萧敬文子涪城，斩之。"又《南齐·上金山郡图志》上巴西郡曰巴西，开皇初郡废"，是巴西郡侨于涪城，晋孝武太帝元嘉初年自由沙改移汶昌县侨于此，仍属巴西郡，后33剑南道绵州昌明县："本汉汶昌明县，晋孝武帝立。"又《元和郡县图志》卷魏废帝改汶昌为昌隆郡。"又神泉县："本汉汶县地。晋武帝置西充国郡，属巴西郡"，此二郡太守，即所谓巴西梓潼一人带治。据其传之之，多以巴西梓潼并称，即所谓巴西梓潼童
				○《晋志》上梁州，桓温平蜀后，"又置益昌，又以汉流人立于巴西郡治昌郡，领有东关。《穆帝纪》：永和三年(347)……"(八)遂取巴西，通于汉中。……《晋书·穆帝纪》："旧日涪，置巴西。"又《隋书》："巴西郡治涪城，则侨治为梓潼，涪城，梓潼二郡立焉于此，梓潼一郡一人带治。据其传之之，多以巴西梓潼并称，即所谓巴西梓潼童

续表

原州郡县			东晋			宋			齐			梁○ 陈△			附注及备考
州郡国统县	旧属州郡国	州郡国治	侨州	侨郡统县	侨寄地	侨州	侨郡统县	侨寄地	侨州	侨郡统县	侨寄地	侨州	侨郡统县	侨寄地	
巴西郡 阆中		阆中(今四川阆中市)		巴西郡 阆中			巴西郡 阆中			巴西郡 阆中			巴西郡○	涪城	双头郡也。○《晋志》巴西、梓潼二郡相邻。《宋志》三梁州刺史北巴西太守注："宋末起居注：文帝元嘉十二年，于剑南立北巴西郡，属益州。今益州无此郡。又《徐志》巴西而益州无。疑是益部侨立。……何、徐并领县四(今六)，即阆中、安汉、南国、西国、平周、汉昌《据孙虨《宋书考证》补》。据此，则梁州之北巴西郡为侨郡，寻省。又《隋志》上金山郡金山："旧置益昌、晋兴二县，西魏省晋兴入益昌，后周别置金山，开皇四年，省益昌入金山。"据知梁有巴西郡及西侨郡，文帝元嘉十二年，于剑南立北巴西郡，即晋旧巴西郡为实郡，立于剑南之北巴西郡为侨郡，寻省。○《晋志》巴西、梓潼二郡相邻，以一部之地全寄邻郡，殊可注意者。
西充国 南充国 安汉 汉昌		西充国(今四川安县南) 神泉(今四川安县) 昌明(今四川江油市西南)		西充国 南充国 安汉 汉昌			西充国 南充国 汉昌	神泉 昌明		西充国 南充国 汉昌	神泉 昌明		西充国	神泉 昌明	
晋兴 平州 怀归 益昌 东关	东晋立 新立 东晋梁州晋昌郡	金山(今四川金山县) 益昌		晋兴 平州 怀归 益昌	金山		晋兴 平州 怀归 益昌	金山		晋兴 平州 益昌 东关	金山		晋兴 益昌	金山 金山	
巴西郡						北巴西郡	阆中(今四川阆中市)								

○《晋志》上梁二郡："惠帝复分巴西置宕渠郡，统宕渠、汉昌、宣汉三县。"按此郡东汉建安中刘备分巴西置，治宕渠。其后省分，惠帝时盖复置也。

宕渠侨郡可考者五。(1)《宋志》三梁州刺史，元嘉十六年，割梁州宕渠郡度益州。何、徐并有北宕渠郡，疑是东晋所立一县。何废；齐又置。《南齐志》下梁州有宕渠郡，荒或无民户。其侨地无考，疑在东汉中梁州即梁州度属益州。非此南宕渠郡，盖《永初郡国》有、《徐志》后所立"新置"。《宋志》：宕渠，元嘉十六年属益州。徐、宋志并无此郡。徐"宕渠后所立"之南宕渠郡当是侨所立上巴西郡南宕渠，开皇初郡废，领县三县，汉初三县。此郡乃宋元嘉中所置，平州于垫江。置宕渠郡。西魏改郡改名宕渠，汉初，宋夫四县，后魏恭帝移于涌泉，改名宕渠县33剑南道梓州通泉县。"据此，宋于新城郡通泉，置西广汉郡，县曰涌泉。西魏改郡改名。梁于此置北宕渠郡及县，后魏恭帝改为盐亭县。(2)《宋志》三梁州度属益州，宕渠，汉昌，宣汉三县。属益州，元嘉十六年属益州。徐、宋志并无此郡。徐"宕渠后所立"之南宕渠郡当是侨所立上巴西郡南宕渠，开皇初郡废，领县三县，汉初三县。此郡乃宋元嘉中所置，平州于垫江。置宕渠郡。又石镜县，《宋文帝元嘉中"旧曰安汉，领巴郡，齐时置。(4)《南齐志》下益州有西宕渠郡，领县、平昌、汉初三县。此郡宋元嘉中所置于巴西郡所立。《隋志》卷33剑南道合州石镜县"本汉宕渠县也。又《元和郡县图志》卷33剑南道梓州通泉县，"旧曰通泉，又夫四县，后魏恭帝移于涌泉，改名宕泉县。西魏改郡改名。梁于此置北宕渠郡及县，后魏恭帝改为盐亭县。"(5)《元和郡县图志》卷33剑南道梓州盐亭县："本汉广汉县地，梁于此置北宕渠郡及县，后魏恭帝改为盐亭县。

	宕渠郡 宕渠	北宕渠郡 宕渠	疑在汉中（今陕西南）秦岭一带	北宕渠郡 宕渠 汉安 宣汉 宋康	疑在汉中一带	南宕渠郡○	宕渠郡○
宕渠郡 宕渠	宕渠（今四川渠县东北）						
宕渠郡 宕渠 汉安 宣汉 宋康		新立		南宕渠郡 宕渠 汉安 宣汉 宋康	南充（今四川南充市北）	南充	
宕渠郡 宕渠 平州 汉初		新立		东宕渠僚郡 宕渠 平州 汉初	石镜（今重庆合川市）	石镜	
	梁州巴西郡 疑新立						

续表

原州郡县			侨置经过							附注及备考
			东晋		宋		齐		梁〇、陈△	
旧属州郡国	旧郡国	州国治	侨州	侨郡统县	侨州	侨郡统县	侨寄地	侨州	侨郡统县	侨寄地	侨州	侨郡统县	侨寄地	
州统郡国	郡国统县										
宕渠郡 宕渠 宣汉 东关	疑新立 东晋梁州 昌郡地		侨州		侨州	西宕渠郡 宕渠 宣汉 东关	通泉（今四川射洪东南）	侨州	西宕渠郡 宕渠 宣汉 东关	通泉	侨州	西宕渠郡	通泉	
宕渠郡 宕渠					《宋志》四益州刺史新城太守："何志新分广汉立"，领县二，北五城，"何志新立"。又《南齐志》下益州新城郡领下辩、北五城、汉阳、略阳、汉阳、安定四县，盖并武都侨郡诸县也。又《补梁志》卷四新州新城郡领北五城、下辩、略阳、汉阳、安定五县。参本表武都郡条。						北宕渠郡 宕渠	盐亭（今四川盐亭）	◎按《晋志》荆州有新城郡，惠帝改属梁州，与此郡当无涉。据《宋志》益州新城郡有水陆道里，知其为新立之郡。
[新城郡] 下辩 略阳 汉阳 安定	北五城（今四川三台） 秦州武都郡 秦州略阳郡 秦州天水郡 旧名 本雍州安定郡							[新城郡] 下辩 略阳 汉阳 安定	北五城		[新城郡]〇 下辩 略阳 汉阳 安定	北五城	

晋昌郡	新立侨郡	晋昌郡		晋昌郡		
		长乐（今陕西石泉东南）	长乐（今陕西安康二地区）		长乐	汉中与湖北西北角、四川东北角
长乐	新立	长乐	汉中与湖北西北角、四川东北角			
安晋	新立	安晋			安晋	
延寿	新立	延寿			延寿	
安乐	新立	安乐			安乐	
宣汉	新立	宣汉			宣汉	
宁都	新立					
新兴	新立	新兴			新兴	
吉阳	新立	吉阳		吉阳（今湖北竹溪西）	吉阳	
东关	新立	东关	吉阳		东关	
永安	新立		东关			
长寿					长寿	
						今陕西石泉东南

○《晋志》上梁州；"及桓温平蜀之后，以巴汉等地流人立，因表于此。"又《宋志》三梁州刺史新兴太守：《永初郡国》三梁晋昌郡，何、徐云新兴。……"吉阳二县同，注云：《永初郡国》有永安县，何、徐郡国志东关今，本建平流民。《南齐志》无，盖《齐末》又废新兴郡复置晋昌郡。安乐、延寿新兴、东关改郡曰魏昌。西魏改郡曰魏昌。"

○晋昌郡及十县，以巴汉流人立，因表于此。

○牧置晋昌郡乃以"巴汉流人立"，而共领长乐、安晋、延寿、安乐、宣汉、宁都等乃"蜀郡流民"，吉阳"本益州流民"，新兴"巴东夷人"，吉阳"本建平流民"，据此可知汉中当时流民成分之复杂。

○《南齐志》下梁州有晋昌郡，领安晋、宣汉、延寿、新兴、安乐八县，即齐平复置之晋昌郡也。

○《宋志》"华阴国志"者误。《何云"华阴国志"》亦无此郡。当依《晋志》。

○《宋志》三梁州刺史新兴太守："晋末省晋昌郡，立新兴郡。"又《宋志》三梁州刺史魏兴太守三梁晋昌之长乐、安晋、延寿、宣汉四县并云"永初郡国"。何、徐《徐县三县皆"永蜀郡流民"，宣汉云"本建平流民"，考《南齐志》下梁州魏兴郡无此四县，盖兴郡于宋末改隶晋昌郡也。

○安乐县据成孺《宋书州郡志校勘记》补。

○梁兴旧郡无属荆州，惠帝时改属梁州。

续 表

原州郡县	旧属州郡国	郡国治	东晋 侨州/侨郡统县		宋 侨州/侨郡统县/侨寄地			齐 侨州/侨郡统县/侨寄地			梁○,陈△ 侨州/侨郡统县/侨寄地			附注及备考
州郡国统 郡国统县			侨州	侨郡 统县	侨州	侨郡 统县	侨寄地	侨州	侨郡 统县	侨寄地	侨州	侨郡 统县	侨寄地	
[魏兴郡] 长乐 延寿 安乐 宣汉	梁州晋昌郡 梁州晋昌郡 梁州晋昌郡 梁州晋昌郡 梁州晋昌郡	西城(今陕西 安康市西北)				[魏兴郡] 长乐 延寿 安乐 宣汉	西城 汉中,湖 北西北 角,四川 东北角							
			《宋志》三梁州刺史安康太守:"宋末分魏兴之安康及晋昌郡之宁都县立。"又《南齐志》下梁州安康郡领安康、宁都二县;《隋志》上西城郡安康,齐置安康郡,后魏改东梁州……开皇初郡废。											
[安康郡] 宁都	安康(今陕西 石泉东南) 梁州晋昌郡				[安康郡] 宁都	安康 安康南 陕西紫阳 西北		[安康郡] 宁都	安康 安康南		[安康郡] 宁都	安康 安康南		○宋末分魏兴、晋昌二郡立,治安康。
			《宋志》三梁州刺史上庸太守实郡领县七,其新安云:"永初郡国七。"其吉阳云:"永初郡国"云:"上庸吉阳。何、徐有。何云《南齐志》下梁州上庸郡领二县盖侨置,此二县无。又《南齐志》下梁州上庸郡领二县同。											
[上庸郡] 新安 吉阳	上庸(今湖北 竹山西南) 新立 梁州晋昌郡			[上庸郡] 新安 北吉阳	[上庸郡] 新安 吉阳	上庸		[上庸郡] 新安 吉阳	上庸		[上庸郡] 新安 吉阳	上庸		○旧属荆州,惠帝时改属梁州。

第十编·第二章 《晋书·地理志》冀幽平并雍凉秦梁益诸州之部侨置郡县考表

新巴郡	《宋志》四益州刺史南新巴太守:"《起居注》:新巴民流寓,文帝元嘉十二年,于剑南立。何志:新巴民流寓,既立割配。领县六,徐有此郡,不注置立"。桓陵(按:晋哀帝立。何无此,徐有此郡,则非先有此郡,而云新立诸县,今疑之)。今按:南新巴,晋安帝立。汉昌,晋哀帝立。新巴、晋城,领六县;及宋元嘉中,侨置南新巴郡,领新巴、晋城、晋安、汉昌、桓陵、绥归均为侨县。"晋熙,《南齐志》下益州领新郡,以县来属,乃废宋晋熙侨郡(梁又复立晋熙郡),新巴、晋城、桓陵、晋熙新巴郡领新巴一县。参本表阴平郡条、晋熙郡条。又《补梁志》卷4西蜀二州薄置新巴一县。	新巴(今四川青川西) 东晋立 东晋立 梁州巴西郡 凉州安固郡 疑新立 本秦州侨郡	新巴 晋城 晋安 汉昌 桓陵 绥归 晋熙	南新巴郡(今四川剑南以南地) 新巴 晋城 晋安 汉昌 桓陵 绥归	阴平郡 阴平(今四川江油市东北) 绵竹(今四川绵竹市)	新巴 新巴 桓陵 晋熙	○据《宋志》三梁州刺史南新巴太守:新巴郡为晋安帝分巴西立,领新巴、晋城、晋安、旧又有新归县,并新立,治新巴。
晋寿郡 晋寿 先属梁州梓潼郡 益州汶山郡 先属梁州梓潼郡 疑新立	《宋志》四益州刺史南晋寿太守:"梁州刺史南晋寿,兴安、部欢、白马,又《南齐志》下益州领南晋寿、白水、南兴三县。此郡盖元嘉十年,即晋寿、兴安、兴乐、部欢,甄法护南城失守后侨立,同时侨立,置九陇郡,后周州废,梁置东益州。九陇:"旧曰晋寿,梁置东益州,并改县名为九陇。"	晋寿(今四川南广元市) 益州汶山郡 先属梁州梓潼郡	南晋寿郡 晋寿 兴安 兴乐 部欢 白水 南兴	剑南(今四川剑南以南地) 晋寿 白水	九陇(今四川彭州市西北) 九陇	南晋寿郡○ 晋寿	○东晋分梓潼郡立晋寿郡。据《宋志》三梁州刺史晋寿太守:"孝武太元十五年,宋领县四,兴安、白水、部欢、晋寿。"○《宋志》"白马"疑当作"白水",说见成篇《宋书州郡志校勘记》。

续表

原州郡国郡县	旧属州郡国	州郡国治	州郡县侨置经过										附注及备考
			东晋			宋			齐			梁、陈△	
			侨州	侨郡统县	侨寄地	侨州	侨郡统县	侨寄地	侨州	侨郡统县	侨寄地	侨州 \ 侨郡统县 \ 侨寄地	
怀安郡 怀安 义存		新立侨郡 新立	侨州	侨郡 怀安	侨寄地	侨州	侨郡 怀安 义存	侨寄地	侨州	侨郡 怀安 义存	侨寄地		《宋志》三梁州刺史怀安太守所领怀安，又存二县，"何志新立"，"寄治州下"。又《南齐志》下梁州怀安郡领二县同。
						汉中（今陕西汉中市）	怀安郡 怀安 义存	汉中					华阳侨郡可考者二：(1)《宋志》三梁州刺史华阳太守："徐志新立"，又"不注置立"。《永初郡国》、《太平寰宇记》卷133山南西道兴元府西县："按华阳县道里记"云，西，本名白马城，因山以名县，又曰咩口城，即宋于此城偏立华阳郡。……开皇三年罢州，幡家三县。又《南齐志》下梁州华阳郡领四县同《宋志》。又《魏志》下梁州领有华阳郡，统华阳，盖天监中人魏，其后二县不知是梁置抑人魏后所置？(2)梁失汉中华阳郡，又侨置华阳郡绵谷《隋志》上义城郡绵谷"又有华阳郡" 是也。
华阳郡 华阳 兴宋 谷渠 嘉昌		新立侨郡 新立 新立 梁西巴西郡 新立				华阳郡 华阳 兴宋 谷渠 嘉昌		白马城（今陕西勉县西北）	华阳郡 华阳 兴宋 谷渠 嘉昌		白马城	华阳郡 \ 华阳 \ 白马城	○郡新立，因在华山之阳而得名。西晋梁州在华阳域内，侨郡既立，又属梁州，因表于此。
华阳郡		白马城（今陕西勉县西北）										华阳郡○ \ \ 绵谷（今四川广元市境）	

[齐兴郡] 略阳	邸乡(今湖北郧县)秦州略阳郡		邸乡(今湖北郧县)	◎邸乡任《晋志》魏兴郡界内,因附表于此。
	《南齐志》下梁州齐兴郡领六县,有略阳。《晋志》虽无上益州,江左并遥置之。永兴元年(304)成王李雄陷成都,永兴元年(304)益州刺史罗尚屯巴郡,诏以长沙太守下邳皮素代之;寻为罗尚子所杀,建平都尉暴重又杀之,巴郡乱;此后益州刺史皆寄理巴东;东晋成府官属表巴东监军南阳韩松为假理巴东。按巴郡、《晋志》卷1亦云:"永和三年(347),桓温灭成汉,荷坚,谯纵割据和占咸和五年(330),巴东亦人成汉。胡孔福,南北朝侨置益州刺史于巴东是也。永和三年(347),桓温灭成汉,荷坚,谯纵割据和占又移治巴东,当属梁郡,胡孔福,南北朝侨置益州始治成都。其后东晋之世,益州又先后为范贲、荷坚,谯纵割据和占有,至是益州刺史始治还成都,益州人刘未饭图,此后即多为南朝所有。及梁末承圣二年(553),西魏平蜀,陈乃治西寸三峡而已。	益州	巴郡(今重庆市),又移巴郡(今重庆奉节东)	
		成都(今四川成都市)		
蜀郡 永昌	成都(今四川成都市)新立	《宋志》四益州刺史蜀郡太守领有永昌县,"孝建二年,以侨户立"。《南齐志》下益州蜀郡亦有此县。	[蜀郡] 永昌	◎永昌县以问地侨户立无考。
			成都(今四川成都市)	

◎《晋志》上益州统郡六、县十四。即蜀郡统县六,犍为郡统县八,汉嘉郡统县五,汶山郡统县八,江阳郡统县三,朱提郡统县四,越巂郡统县五,牂柯郡统县八。

续表

原州郡县			州 郡 县 侨 置 经 过										附注及备考
	旧属州郡国	州郡国治	东晋			宋			齐			梁○陈△	
州郡国统县	郡国统县		侨州	侨郡统县	侨寄地	侨州	侨郡统县	侨寄地	侨州	侨郡统县	侨寄地	侨州 侨郡统县 侨寄地	
													《宋志》四益州刺史江阳太守："刘璋分犍为立。"晋孝武、安、汉复，常安（"晋安帝立"），今新复旧土为郡，领汉安、绵水（"犍为旧土"，非侨郡，而江阳侨郡俗又加"西"字。《南齐志》卷4江州江阳郡领江阳、犍为、汉安、绵水四县。
江阳郡（今四川泸州市）东晋立			江阳郡	武阳（今四川彭山东）		（西）江阳郡	武阳		江阳郡	武阳		江阳郡 绵水 江阳 汉安	○《东晋志》卷3江阳郡及领县入益州所领实部县中，县列入益州所领实部县中，不妥。
绵水		新立		绵水 江阳 汉安 常安			绵水 江阳 汉安 常安			绵水 江阳 汉安 常安			
江阳													
汉安													
常安													
牂柯郡 宜 南平阳 西平阳	万寿（今贵州翁安东）州翁新立 疑新立 疑新立					《南齐志》下牂柯郡东新市："永明三年户口簿"云：新置，无属县。"阳、西新市、南新市、东新市，又《牂梁志》卷3牂州东牂柯郡领改新县同。既言"左郡"，则东牂柯郡志下牂州新平左郡领安城三县。亦以蛮民新立？	东牂柯郡 宜 南平阳 西平阳		牂州（治今湖北武昌）境	东牂柯郡 宜 南平阳 西平阳	汉市 武	牂州境		○牂柯郡，西晋属益州，东晋、宋属宁州，齐改牂州，《南齐志》下宁州所领无东牂柯郡。牂州所置，疑此侨柯郡有南牂柯者，当属宁州，唯此侨郡非为旧柯郡所设，特假名耳。侨地在牂州境。

南新市 西新市 东新市	疑新立 疑新立 疑新立			南新市 西新市 东新市	南新市 西新市 东新市	○按诸《志》无考洽之文。据《宋志》宁蜀无氺陆道里，又因流人而立，当为侨郡。其领县，据地望判断，广都为实县，另四县当为侨县，或即以其县流人侨置，故省仍以侨名，然诸地志不言，亦难断以究竟。
宁蜀郡 广汉 升迁 西乡 垫江	广都（今四川双流） 益州广汉郡汶山郡 梁州汉中郡梁州巴郡	广都（今四川双流） 广汉 升迁 西乡 西垫江	宁蜀郡 广汉 升迁 西乡 （西垫江）	宁蜀郡 广汉 升迁 垫江	广都 宁蜀郡○ 广都 升迁	《太平寰宇记》称岷疆《晋书·穆帝纪》："永和八年，平西将军周抚政潜，八月戊午克之，斩萧敬文，益州平，以蜀流人立宁蜀，晋昌、晋昌二郡。"又《宋志》"四益州刺史周蜀太守领县四，即"广汉"（"遂宁郡复有此县"），广都（"汉旧县，属蜀郡"），西乡（"本名南乡，属汉中，晋武太康三年更名"）；又云："永初郡国"及徐并有西垫江县。又《南齐志》下益州宁蜀郡领广汉、升迁、广都、垫江四县，《隋志》："旧曰广都，置宁蜀郡，后周郡废。"
			《晋志》下荆州："时蜀乱，又割南郡之华容、州陵、监利三县别立丰都，合四县置南郡，为成都王颖国，居帝建兴中，并还南郡，亦并丰都子监利。"又《晋书》卷59《成都王颖传》："太康受封，邑十万户。后颖作乱，败死；永嘉中，立东莱王遵为颖嗣，封华容县王。后没于贼，国际。"又《元和郡县图志》卷31剑南道成都府："永武帝改蜀郡为成都国，及成都国地没于李氏，乃假侨名而立国，所领有子颖封国，为司马颖封国。《读史方舆纪要》所谓"惠帝分南郡侨名而立。反颖为乱而败死，乃废此侨郡，为杜毁所败《晋书》卷43《王浚传》，即此。惠帝年封有成都内史王机，为杜毁所败《晋书》卷43《王浚传》，即此。	华容（今湖北监利西北）	成都郡	
成都国	成都（今四川成都市）					

第二章 《晋书·地理志》青徐荆湘扬江诸州之部侨州郡县考表

原州郡县		州 郡 县 侨 置 经 过							附注及备考
旧属州郡国	州郡国治	东晋		宋		齐		梁○陈△	
		侨州	侨郡统县	侨州	侨郡统县	侨州	侨郡统县	侨州	侨郡统县	
青州		侨州	侨寄地	侨州	侨寄地	侨州	侨寄地	侨州	侨寄地	○《晋志》下青州领郡国六,县三十七,即齐国统县五,济南郡统县十,乐安国统县八,城阳郡统县五,长广郡统县六,东莱国统县二,高密国统县一。 ○《晋志》下青州郡国及领县讹颇误。据诸家考证,西晋青州又领有北海郡。 ○按晋末收复青州如故,不加"南"字,宋初省青州,惠帝又立平昌郡,非以一人兼州,而侨置之青州,称北青州,来初省侨置之青州,《宋书》卷而北青州始去"北"字。(2)《宋书》卷

青州侨置,考之如下:《晋志》下青州:"自永嘉丧乱,青州沦没石氏。东莱人曹嶷为刺史,造广固城,后为石季龙所灭",后又为段龛、慕容德所有,苻氏所有,及苻朗败后,立南燕,"及苻朗败后,复改为青州。(1)"元帝渡江,于广陵侨置青州。"及安帝又熙六年(400),慕容德又南燕,"留长史羊穆之为青州刺史,筑东阳城而居之。"……至是始置北青州,镇东阳城,以侨立州为南青州,而后南青州,而北青州直曰青州"。又《南齐志》:"晋末以广陵接三齐,故青齐侨立,宋永初元年罢青并兖。"据此,青州侨置广陵。又南兖州以广陵为治处,《考异》卷25南齐书州郡志上云:"太元二十年,朱序为青兖二州刺史,桓冲难阴,此青州镇淮阴,徐永口等处。序移镇京口,此青兖治同镇:东晋为青兖,皆督京口......慕容授诸葛长民,檀王恬、王恭相代为青兖二州刺史,自领青兖,而刘敬宣代之,亦不兼兖州,及刘裕平桓氏,自领青兖,皆镇京口,又以宣为青州刺史,镇广陵,仍及长民还治京口,及刘潘祗,而刘怀镇代之,两镇祗为长民,徼羝为青州刺史,又不兼兖州,宋初青州复为青兖,而广陵治同宋末刘宣刺史中,谓又熙末两刺史同治广陵,非以一人兼领也。宋初省青人兖,而广陵治兖,"钱氏之说考究常为南兖州治州史有传,皆确。

青州	临淄（今山东淄博市东临淄区北）	侨淮阴（今江苏淮安市西南），移京口（今江苏镇江市），又镇广陵（今江苏扬州市西北），还京口，再迁广陵			51宗室·长沙王道邻传》："时北青州刺史刘该反。"此事在又熙之前。《考异》卷24云："此时北青州当别据，北青州当侨立于徐州境。"《晋志》青州皆失书。（3）宋末，青州又别有侨置。《宋志》二青州侨立于徐州境：孝武孝建二年，移治东阳。明帝失淮北，于郁洲侨立青州，立齐、北海、西海郡。又《南齐志》上青州云："青州，宋泰始初淮北没虏，始治郁洲上。郁洲在海中，周回数百里，岛出白鹿，土有田畴鱼盐之利……流民之民，六年，郡县虚置，至于分居土著，盖无几焉。建元四年，移镇朐山，后复旧。"梁仍齐旧。正平中没东魏。志盖误承《宋志》追称以为本号。又省青州人兖州，在永初受禅以后，亦不应阑入晋史。○《宋志》"孝建二年，移治"，详《垣护之传》，《南齐志》城"，当作"孝建三年"。○《宋志》作"郁洲"，《南齐志》作"郁州"，为免混乱，除引文外，今统一作"郁洲"。《通鉴》卷50《通鉴》
北青州	临淄	徐州境，当在淮南江北			
青州	东阳城（今山东青州市）	青州	郁洲（今江苏连云港市云台山一带）	郁洲，曾移朐山（今江苏连云港市西南锦屏山一带）	青州○
				郁洲	

续表

原州郡县	旧属州郡国	州郡国治	东晋 侨州	东晋 侨郡统县	宋 侨州	宋 侨郡统县	宋 侨寄地	齐 侨州	齐 侨郡统县	齐 侨寄地	梁、陈 侨郡统县	梁、陈 侨寄地	附注及备考
州统郡国 郡国统县			侨州	侨郡统县	侨州	侨郡统县	侨寄地	侨州	侨郡统县	侨寄地	侨郡统县	侨寄地	齐郡侨置可考者二：(1)《宋志》—南徐州刺史南鲁郡太守："西安，汉旧名，本属齐郡。齐郡过江侨立，后省，以西安配此。"考《宋志》—南徐州刺史"《永初郡国》领十四郡。……南齐郡领西安、临淄凡二县。"省南徐州，侨地当在旧晋陵郡界。参本表东平国条。(2)据《南齐志》"明帝失淮北，于郡州侨立青州，立本青州齐郡，侨郡领县。"齐郡旧领县七，侨郡领—青州刺史"六年，始治郁州上。郁州在海中，后为齐郡治。建元初，徙齐郡治瓜步。"又文中准北没房六年，始治郁州上。郁州在海中，后为齐郡治。建元初，徙齐郡治瓜步。"又《南齐志》："宋末始郡、益都。按"秦"当作"泰"，与尉氏旧齐郡并之，治瓜步，领县九，疑新立，《宋志》—秦、益都。按"秦"当作"泰"，与尉氏旧齐郡并之，治瓜步，领县九，疑新立，《宋志》徐州刺史淮阳太守领"秦"，晋安帝立，平昌无考，永明元年(483)、北淮阳郡省，盖以此县度属。议者以江右土沃、流民旧归，乃治瓜步。以怀慰为辅国将军、齐郡太守于京邑。及梁，又置秦州，复秦郡（领有旧齐郡县、萧衍齐梁郡上鲜武陵郡是也。候景郡侨县，而齐郡还治旧地。魏《志》中海州侨阳郡上鲜武陵郡改定七年改置是也。候景乱后，没于东魏。	◎《南齐志》"秦"县，当作"泰"县，为侨秦郡领县。◎《东晋志》及西安县侨立及省皆为齐郡及西安县侨立及省皆在东晋，不安。《宋志》明言《永初郡国》有，则南齐郡末初所侨省也。
齐国 西安 临淄	临淄（今山东淄博市东临淄区北）	旧晋陵郡界（今江苏镇江、金坛、常州、无锡等市一带）				南东郡 西安 临淄	旧晋陵郡界						

第十编·第三章 《晋书·地理志》青徐荆豫扬江诸王之部侨置郡县考表

齐郡 临淄 西安 昌国 益都 尉氏 宿豫 平房 齐安	兖州陈留国 雍州秦国 东晋豫州淮阳郡 疑新立 疑新立		齐郡 临淄 西安 昌国 益都	郁洲（今江苏连云港市东云台山）	瓜步（今江苏南京市六合区东南瓜埠山）	齐郡〇	上鲜（今江苏赣榆南）
			《通鉴》卷115 义熙五年（409）：慕容"超又遣公孙归等寇济南，俘男女千余人而去"。胡《注》："此济南郡亦是侨置于淮北。"				〇《晋志》下青州济南郡谬误不可读。此据《十驾斋养新录》卷六"青州脱北海郡"条。
济南郡	东平陵（今山东章丘市西北）	济南郡	淮北				○东晋于青州立济岷郡，领营城，晋宁等县。义熙青州刺史云：二青州刺史，云南太守。《宋志》："慕容豪家子济，河，故立此郡。"安帝义熙中土断，并济南郡。案《晋太康地志》下青州济岷郡，徒其豪将家于济河北，而注云："或云济河北，故改为济岷郡。"又《晋志》："济岷依《晋志》，是以济南为之详，钱大昕《十驾斋养新录》卷6"济岷郡"条辨之曰："济岷郡本江左立，则《太康地志》自不应有此郡；而徙
济岷郡 晋宁 营城		济岷郡 晋宁 营城	旧晋陵郡界				
济岷郡 晋宁 营城	东晋立，与济南郡（治历城，今山东济南市）为邻	济岷郡 晋宁 营城	旧晋陵郡界（今江苏镇江，金坛，常州，无锡等一带）				
			《宋志》一南兖州刺史："永初郡云：领十四郡，……济岷郡（江左立），领十县。"《宋志》："济岷郡一南兖州刺史，领南徐州，寿张并南徐州。济岷郡先省并营城，晋宁营城，晋宁，营城均先省为县。"据此，则济岷郡先省并朝阳，平原等县，后又属徐州，属南兖州。参本表东平国条，平原国条，以下部降"平原郡为南徐州之济岷"前，加上"以南徐州之济岷"。再考《晋书》卷105《石勒载记》云："成帝太守刘闰（因领有高唐之平原郡，因领有高唐之平原郡，）、将军张豺等叛。太兴表东平国条，平原国条。"案《晋志》"晋宁太守刘闰"五字，则与《石勒载记》略同。"系本事于咸和元年（326）十二月，则济岷郡置时间当在此以前。				

续表

原州郡县		侨置经过					附注及备考
旧属州郡国 州郡国治		东晋		宋		齐	
州统郡国 郡国统县		侨州	侨郡统县	侨州	侨郡统县	侨州	侨郡统县
							梁○、陈△
							侨州 侨郡统县
		侨州	侨寄地	侨州	侨寄地	侨州	侨寄地
							蜀豪将之说，不辨而知其诬也。" ○《宋志》—徐州刺史淮阳太守领晋宁侨县，云"故属济岷流寓来配"，当侨郡晋之济岷郡与侨晋界之济岷郡晋宁县非一也。
							《宋志》二青州刺史："孝武孝建二年，移治历城，大明八年，还治东阳"，其北海太守领县九，大明八年，"汉旧县今"，"据此，寄治州下"，"余依本治"，胶东、即墨诸县，考北海郡属焉，《志》"盖脱去北海郡原文。参《十驾斋养新录》卷6"青州脱北海郡"条。
							○《晋志》下青州无北海郡，而济南郡领平寿、下密、胶东、即墨诸县，考此北海郡及都昌县内，且《宋志》北海郡领四十六县外，益可明此也。又北海另五县"北海郡所依本治"，徙齐郡为齐郡所明也。又北海另五县"北海郡依本治"，合为双头郡，常与齐郡（治临淄）合为双头郡，亦可证北海时末侨治郁洲也。
							○《宋志》寄治郁洲，误。考《宋志》二青州郁洲前之"旧州领"，北海郡都昌县在此九郡四十六县内，且《宋志》领另五县"北海郡依本治"，徙齐郡为齐郡所明也。
北海郡 都昌 广饶 胶东 剧 下密 平寿	平寿（今山东昌乐东南）青州齐国 徐州东莞郡			东阳城（今山东青州市） 又移郁洲（今江苏连云港市东云台山）	北海郡 都昌 广饶 胶东 剧 下密 平寿	郁洲	北海郡 都昌 广饶 下密	

平昌郡 安丘 东武 新乐 高密	安丘（今山东安丘市西南） 冀州乐陵国 青州高密国	平昌郡 安丘 东武 新乐 高密	《晋志》下徐州，明帝又立南平昌等郡（当云平昌郡）；又《宋志》—南徐州刺史南平昌太守……领县四，即安丘、东武、新乐、高密。又《宋志》—南兖州国》领十四郡，平昌……今并属徐州，盖先属兖州于兖，又属之，又属徐州土断。"当是晋惠帝元嘉八年（431）度属也。又《南齐志》上南徐州南平昌郡领安丘、东武、新乐、高密四县，《南史》建元三年（496）省，以安丘、新乐改属南东莞郡。其侨地据南史杨传考之，当在京口一带，卷75关康之传》："河东杨人也。世居京口，惠属南平昌。"又《宋书》卷47《孟怀玉传》："平昌安丘人也。……世居京口。"参本表乐陵国条。
		南平昌郡 安丘 东武 新乐 高密	京口一带
		南平昌郡 安丘 东武 新乐 高密	京口一带	○《晋志》下青州："惠帝元康十年（按元康只九年），又置平昌郡。"据《宋志》二青州刺史……治安丘，新乐、高密、东武，《考异》又《宋志》二青州诸县。又《考异》卷22晋书文苑伏滔传云："《地理志》……惠帝元康十年置平昌郡，亦不言所领何县，以《宋志》考之，则安丘、平昌、东武，琅邪、朱虚五县，皆秦平昌也。又考《三国》孙礼历平昌太守，则魏时亦尝置平昌郡。"
高密国 淳于 黔陬 营陵 夷安	黔陬（今山东胶州市西南）	高密国 淳于 黔陬 营陵 夷安	高密侨郡可考者二：（1）《宋志》—南兖州刺史……"永初郡国》领十四郡，高密……省是高密国。"又《宋志》—南徐州领淳于、黔陬、营陵、夷安太守："高密令、江左立高密国，后为高密郡。文帝元嘉十八年，省为高密县，属此。"按南徐高密郡既省江左，则南平昌郡正侨在江南京口，则高密侨郡当亦在京口一带。（2）《通鉴》卷104太元四年（379五月）："（俱）难（彭）超拔盱眙，执高密内史毛璪之。"明《注》："高密，侨国也，祭之领内史，盛时盱眙。"	○《宋志》二青州刺史："晋惠帝又分城阳立……高密郡领淳于、即黔陬、淳于、高密、夷安、营陵、昌安，并云《晋太康地志》属城阳"。 ○《东晋志》卷4青州高密郡、夷安四县。高密、黔陬、营陵、淳于领县，侨在盱眙，执高密内史毛璪之，是误合二侨郡为一。
	南高密郡 淳于 黔陬 营陵 夷安	京口一带		
高密国	盱眙（今江苏盱眙东北）	高密国		

续表

原州郡县		州郡县侨置经过						附注及备考
旧属州郡国	州郡国治	东晋		宋		齐		梁○、陈△
		侨州	侨郡统县/侨寄地	侨州	侨郡统县/侨寄地	侨州	侨郡统县/侨寄地	侨州 / 侨郡统县 / 侨寄地
州统郡国	郡国统县	徐州	侨郡统县	徐州	侨郡统县/侨寄地	徐州	侨郡统县/侨寄地	徐州 / 侨郡统县 / 侨寄地

《晋志》：下徐州"元帝渡江之后，徐州所得惟半……是时，幽、冀、青、兖五州及徐州之淮北流人相帅过江淮，帝并侨立郡县以司牧之。"徐州初寄徐、青、兖州刺史，或居江南，或居江北，领徐州诸军事，兖州刺史治广陵。苏峻平后，自广陵镇京口。又《考异》卷22晋书王恭传云："晋室南渡已后，徐州刺史或镇京口，或镇广陵，镇广陵者谓之北徐。"太元二年，卒以王蕴为徐之桓冲传云："自桓温、刁彝、王坦之领徐州刺史，皆镇广陵，至谢玄为徐州刺史，谢玄之桓冲传之名矣。嗣后王蕴领广陵，其单称徐州刺史者皆镇下邳，刘裕北伐南燕，而徐、兖遂专领之任。桓冲代为徐州刺史，谢玄北伐，以王蕴领之镇下邳，或镇京口。孝武宁康三年(375)，桓冲北伐南燕，收复淮北。立徐、兖二州，镇彭城，始合分为二。太元二年，以王蕴为徐州刺史，遂移镇京口。义熙中，刘裕北伐南燕，兖冀北地南徐，遂徙京口。"《宋志》："安帝又假节徐州刺史。据《宋志》：'文帝永初元年(420)，割淮南江北为徐、兖二州，始分淮北为北徐、淮南为南徐，始今述南徐州旧土，原淮北出为北徐。'"《宋志》："南徐州刺史治京口，州领徐、兖之晋陵、兖州之九郡侨在江南诸郡界。"文帝永初中北徐亦分为北徐。"据《宋志》："兖州之晋陵、兖州之九郡侨在江南诸郡焉。"又《齐志》："据此武帝永初二年(421)，以淮北为徐、兖、幽、冀、青、并、梁七州，割晋郡延陵为实土。以兖州侨在江南诸郡界。"又元嘉八年(431)，又分兖州为江都。"据《南齐志》："据此元嘉二年，加领北徐，故南徐州备有徐、兖、青、冀、并、梁七州，割延陵为实土。以兖州侨在江南诸郡界。"又齐主土州。"又末年，徐州改为徐州，侨立江北。漆州马头头、镇锺离郡。明帝世，淮北没收为徐州，治彭城，徙州自南徐。"又《通鉴》卷146天监五年五月胡注："迁假节，辅国将军，镇锺离，北徐刺史。""大同三年(549)后置西徐州"又《隋志》"下江都全徐州，分南兖为北徐，又分秦郡之东阳为山阳，立新昌郡，故《宋书》《南齐诸志》《梁书》《南齐志》《梁书》《陈书》。"又《隋志》："开皇九年平陈，分江南为扬州，又有徐州。""南徐州、晋北徐州诸军事，还治锺离。寿州王三年(503)，又置徐州，徙北徐治京口。""南徐州。北徐治、晋北徐治京口，又废除。（3）反类，又置西徐州《梁书》卷2武帝纪："大通元年(527)："以涡阳日西徐州"又《隋志》"又武帝纪："大通元年日西徐州及太清二年又没于东魏。

○《晋志》：下徐州统郡国七，县六十一，即彭城统县七、下邳国统县十二、东莞郡统县基三、郎邪国统县九、东海郡统县八、临淮郡统县十、广陵郡统县五。后省东海郡，分临淮置淮阳郡；分东莞置东安郡，就堂邑置堂邑郡。
○梁普通中又置徐州于彭城，置东徐州于宿预，非侨州也。

徐州	彭城（今江苏徐州市）	徐州	广陵（今江苏扬州市西北），或镇京口（今江苏镇江市），或镇下邳（今江苏睢宁西北），又移京口	南徐州	京口，后割晋陵郡地（治晋陵，今江苏常州市，有今江苏常州、无锡三市及丹阳、金坛、江阴等地）为实土	南徐州	京口	
徐州				徐州	钟离（今安徽凤阳东北），移胸（今江苏连云港市西南），又还钟离	北徐州○	钟离	
徐州						西徐州○	涡阳（今安徽蒙城）	◎《晋志》南彭城郡立南晋明帝立南下邳，成帝立南沛，盖来时追称，晋时本无"南"字。◎蕃、薛二县，《晋志》上为豫州鲁郡属县，《宋志》—徐州彭城郡属县，"征为琅邪、彭城二郡太守云两县晋惠帝元

(1)《晋志》下徐州立：江左侨立，晋明帝又立南下邳郡，成帝又立南沛郡，而南沛犹属南徐。孝武大明四年，以二郡并并南彭城。考论郡有沛、吕、武原、开阳、杼秋、蕃、薛、傅阳、北淩、下邳等10县。又《南齐志》：南彭城郡领县吕、武原、开阳、杼秋、傅阳、蕃、薛、北淩、下邳、开阳七县。又《宋志》上南徐州南彭城郡领县吕尽同。按晋时当领有彭城、吕、武原、开阳、杼秋、蕃、薛、傅阳、北淩、下邳、开阳等县。《南史》卷51《梁宗室·吴平侯景弟昂传》："征为琅邪、彭城二郡太守"。又《陈书》卷5《宣帝纪》："太建十年，罢义州及琅邪、彭城二郡太守，是梁有此郡也。

续 表

原州郡县			东晋		州 郡 县 侨 置 经 过						附注及备考
州统郡国	郡国统县	旧属州郡国	州郡国治	侨州侨郡统县	侨寄地	宋		齐		梁○、陈△	
						侨州侨郡统县	侨寄地	侨州侨郡统县	侨寄地	侨州侨郡统县	侨寄地
彭城国 彭城 吕 武原 傅阳 蕃 薛 开阳 杼秋 汶 北陵 下邳 僮		彭城（今江苏徐州市）	徐州	彭城郡 彭城 吕 武原 傅阳 蕃 薛 开阳	武进（今江苏丹阳市东）	徐州	彭城郡 彭城 吕 武原 傅阳 蕃 薛 开阳	徐州	南彭城郡 彭城 吕 武进 傅阳 蕃 薛 开阳	徐州	南彭城郡 彭城	武进
									武进		
		徐州琅邪国					杼秋 汶 北陵 下邳 僮		杼秋 汶 北陵 下邳 僮		
		滁州沛国									
		滁州沛国						无锡（今江苏无锡市）		无锡	
		徐州下邳国									
		徐州下邳国									
		徐州下邳国									
彭城郡						彭城郡	北徐州境（今安徽凤阳、明光、滁州市一带）		北徐州境		

按：立建兴郡，属扬州，领县六，"后王敬则无之"，至德元二年有琅邪、彭城二郡太守或南琅邪、彭城二郡太守；上北徐州有南彭城郡，永明元年(483)省。平王凝传》及卷6《后主纪》太建十年(578)后置建兴，按此郡乃以《宋志》郡。考《陈书》卷28《信义王祇传》、《南国作陵。据《宋志》下邳郡《晋志》下《徐州下邳》——南徐州刺史南彭城太守，为晋武帝太康二年(281)改名。○杼秋，先为沛郡侨郡所领；后南沛郡省入南彭城郡，杼秋亦改隶南彭城郡。参本表沛国条。

康中度属彭城郡。○北陵，《晋志》下《徐州下邳》——南徐州刺史有南彭城郡侨郡。参本表梁国条。

第十编·第三章 《晋书·地理志》青徐荆湘扬江诸州之部侨置郡县考表

下邳国 北陵 下邳 僮 良城	下邳郡（今江苏睢宁北）	下邳郡 北陵 下邳 僮 良城	下邳侨郡可考者二：(1)《宋志》—南徐州刺史南彭城太守："晋明帝立南下邳郡，成帝又立南沛郡。……孝武大明四年，以二郡并省。文帝元嘉十二年，"木属南下邳"，又"南彭城领县十二年郡僮"。参本表彭城国条。(2)《宋志》—南兖州刺史北下邳太守："南下邳"当称下邳郡，领四县。东晋寄治北下邳太守："宋失淮北侨立"，领四县、宁城，当是秦始后侨立。又《南齐志》上南兖州《宋志》"领四见"，而通检《宋志》无此县，疑是"良城"，"宋志"之误。参本表济阴郡条。	◎《南齐志》上南兖州云"下邳郡四县"见省，而《宋志》《下邳》《宁城》只领四县，下邳当称下邳郡，领四县。东晋当称下邳太守："宋失淮北侨立"无此县，盖脱一县。又《宋志》宁城注"别见"，而遍检《宋志》无此县，疑是"良城"。或宁城新立，所脱一县为"良城"。
下邳郡 僮 下邳 宁城 良城	疑新立	北下邳郡 僮 下邳 宁城（?） 良城	东海侨郡可考者二：(1)《晋志》下徐州：元帝渡江之后，"割吴郡之海虞北境，立郡，胸、利城、祝其、厚丘、西隰、襄贲七县出居京口"。又《宋志》—南徐州刺史东海太守："南东海寄县等县寄治曲阿。"文帝元嘉八年立南东海，以东海分治下邳，文帝元嘉十二年省并省也。"领县六"，其丹徒、武进、毗陵为旧县。"晋江左东海"，其丹徒、永宁帝元嘉八年分丹徒之岘之界为"南东海郡"，文帝元嘉永宁帝后，又割吴郡海虞县北，立南东海郡，寄治京口，胸、武进、西隰、丹徒、宋文帝、武进也，与郡俱为实土。又《梁书》(558)卷2《武帝纪》天监元年(502)"改南东海郡复为东海郡"。按泰始七年(271)后之南东海郡，为侨郡，其侨置地在涟水。《元和郡县图志》卷9河南道泗州涟水县："明帝纪永定二年"、"明东海郡、立西海郡，并隶青州，徐州刺史割赣榆置郡。"	◎细考《晋志》《宋志》，语有乖作。《晋志》既侨割海虞北境立郡等七侨县，是实有实土。穆帝时，割海虞县北境为东海郡，为实土，郡治曲阿中，侨郡海虞郡为实土。以又言寄治曲阿及于江乘立？且东晋时不应有"南东海郡"。当东帝渡江之初，其侨置郡，东帝渡江之初，然无实土，西乘置实土，寄治祝其，又另有祝其土，旋割海虞县北境为侨郡立郡，利城三县，襄贲。永和中侨东海郡并侨郡三县置东海；另有祝其土，又徙京口；及宋世，武进，寄治京口；及宋世，以又徙武进。

续表

原州郡县			东晋			宋			齐			梁○、陈△		附注及备考
州统郡国	旧属州郡国	郡国州治县统	侨州	侨郡统县	侨寄地	侨州	侨郡统县	侨寄地	侨州	侨郡统县	侨寄地	侨郡统县	侨寄地	
东海郡		郯(今山东郯城北)		东海郡	江乘(今江苏句容市北),移海虞北(今江苏常熟市北),又移京口(今江苏镇江市)		南东海郡	京口		南东海郡	京口	东海郡△	延陵(今江苏镇江市)	毗陵等实土县割属,侨郡亦并有实土,郯、朐实土在丹徒;利城在江阴,胸属晋陵郡《隋志》下毗陵郡江阴,改属晋陵郡《考异》卷25南齐书《州志》:建元初,山图"表移东海郡治涟口",与《宋志》异,疑《传》为是。○《魏志》海西郡,当依《隋志》下东海郡涟水与《元和郡县图志》,作海安郡。
		郯、朐		朐	海虞北,移丹徒(今江苏镇江市东南)		郯 朐	丹徒 丹徒		郯 朐	丹徒			
		利城		利城	海虞北,移江阴(今江苏江阴市)		利城	江阴		利城	江阴			
		祝其		祝其	曲阿(今江苏丹阳市)		(祝其)	曲阿		祝其	曲阿			属焉。"《南齐志》上冀州北东海郡'治涟口',领襄贲、下邳、厚丘、曲城五县,其厚丘以外四县,所治并非旧地,当为侨县。又《魏志》中海州海西郡领襄贲、海西、临海三县,萧鸾置东海郡,武定七年改置,是东海郡太清中没于东魏也。

			襄贲 厚丘 西隰	曲阿 曲阿 曲阿	(襄贲) (厚丘) (西隰)	襄贲 西隰	曲阿 曲阿	
襄贲 厚丘 西隰	东晋立							
东海郡 襄贲 僮 下邳 曲城	襄贲(今山东苍山南)下邳国 僮 下邳国 曲城 青州东莱国			东海郡 襄贲	涟水(今江苏涟水)	北东海郡 襄贲 僮 下邳 曲城	东海郡○ 襄贲	涟水
		《宋志》："南徐州刺史南琅邪太守"：晋乱，琅邪国人随元帝过江千余户，大兴三年，立怀德县。丹阳虽有琅邪相而无土地，咸康元年，成帝土断，琅邪人统之蒲洲金城上。求割丹阳之江乘县境立郡，又分江乘地立临沂、阳都二县，即丘、费二县，并割临沂及建康之白下为境，即丘都并阳都。元嘉八年，省即丘并阳都。十五年，省阳都并南东海郡流民永熙徙治白下"。…《南齐志》："上南徐州南琅邪郡：本治金城，年，省阳都并下邳，省阳都并临沂。《南齐志》："建武三年省"。谯("建元二年、平阳入南琅邪郡，元康在临江郡者，立章怀"。领三县，即临沂、江乘、兰陵。《宋》："承之。考西晋初属东海郡，元康元年(291)分东海置兰陵郡，承之属兰陵。属南徐州南琅邪郡领临沂、江乘、兰陵。又《陈书》卷5《宣帝纪》："太建十年，墨又州王蕤传》《南梁》："无有兰陵二郡，立建兴郡。是齐时省南兰陵郡也。"又考又州有志：而考卷1南徐州南琅邪郡领临沂、江乘、兰陵、费县六；而后《陈书》卷28《信义王蕤传》《南平王蕤传》及卷6《后主本纪》，则太建十年(578)后罢建兴，复立二郡。			
琅邪国	开阳(今山东临沂市北)	琅邪郡	丹阳(今江苏南京市)，移江乘金城(今江苏句容市西北)，成土建康(今江苏南京市)	南琅邪郡	金城	南琅邪郡	金城，移白下(今江苏南京市北幕府山麓)	南琅邪郡
怀德	新立	怀德					白下	
								○按东晋时又领有开阳侨县。《宋志》："南徐州刺史南彭城太守开阳令"："晋侨立。《宋书》卷94《恩倖佞幸传》："南琅邪开阳人也"。○承，西晋初属东海郡，元康元年(291)分东海置兰陵郡，承，属兰陵。据《宋志》："一徐州刺史南彭城太守，承属兰陵。"○《建康实录》卷5："案中宗初琅邪国人置怀德县，在台城西七里，今建初寺前路东。后移千台城西北三里普园寺西，帝又创以北为琅邪郡，而怀德属之，后改名费县。依《晋志》，则怀德县后改名费县。《东晋志》同。又《宋书》卷28《符瑞志》中"晋元帝太兴三年四月，甘露降琅邪国及费县已不为侨置之。州琅邪国及费"当为侨置之。若然，此"琅邪郡"及费"当为侨置之怀德置在太

续表

原州郡县			东晋		宋			齐			梁○、陈△		附注及备考
州统郡国	旧属州郡国	州郡国治	侨州	侨郡统县	侨寄地	侨州	侨郡统县	侨寄地	侨州	侨郡统县	侨寄地	侨郡统县	侨寄地	
费 即丘				费 即丘	建康（今江苏句容市北）	徐州	(费)(即丘)	建康 江乘		(费)	江乘	徐州	费	建康	兴三年(320)四月之前；而立怀德县，据《晋书》卷6《元帝纪》在太兴三年七月。以侨人立侨郡县之始，推琅邪郡及费县、而费县乃怀德县改名一说，颇可疑。
阳都 临沂 开阳				阳都 临沂 开阳	江乘西（今江苏南京市东北）		(阳都) 临沂	江乘西		临沂	兰陵 承		临沂	江乘西	○莒、姑幕，诸旧属青州城阳郡，太康十年(289)改属东莞郡。○《补梁志》卷1南兖州东莞郡："其侨郡县，齐末俱废。"不知何据？
兰陵 承 谯	徐州兰陵郡 徐州兰陵郡 豫州谯郡													

东莞侨郡可考者四：(1)《晋志》下徐州："永初郡国"又有盖县；明帝立南东莞等郡（当称东莞郡）。又《宋志》一南徐州刺史南东莞太守，"永初郡国"又有盖县，始寓。其侨地，据《东晋志》《东莞通志》《江南通志》及《读史方舆纪要》常州武进县始寓。领3县，《东莞志》卷4徐州南东莞郡引及《一统志》在晋陵南境，今江苏常州武进区一带。又《南齐志》天监元年(502)土断入四县。(2)《宋志》："南兖州东莞太守"三县，"郡无实土"，领盖、莒、诸、东莞、桓人四县。"汉旧名，栢人云："建武三年省"，"宋失淮北侨立"。其侨地，疑梁《南齐志》上南徐州广陵郡广陵境，齐初废。(3)《南齐志》北兖州东莞琅邪二郡，北东莞领盖、莒、诸、东莞等四县。按东莞琅邪二郡帖双头郡，东莞侨郡所领。(4)《隋志》下江都郡安宜："梁置阳平郡及东莞郡，后改东莞为琅邪，北东莞认作原东莞郡所领。(4)《隋志》下江都郡安宜：胸山；此双头郡三县，今姑以南、北东莞郡，开皇初郡废。"

第十编·第三章 《晋书·地理志》青徐荆湘扬江诸州之部侨置郡县考表

东莞郡 东莞 莒 姑幕 盖	莒（今山东莒县）	东莞郡 东莞 莒 姑幕 盖									
东莞郡 东莞 莒 诸 东莞 柏人			冀州赵国		东莞郡 莒 诸 东莞 柏人	广陵境（今江苏扬州、高邮、泰州市一带）	东莞郡 莒 诸 东莞 柏人				
东莞郡 东莞 南东莞 北东莞				晋陵南境，今江苏常州市武进区一带		晋陵南境	南东莞郡 东莞 莒 姑幕				
东莞郡								胸山（今江苏连云港市西南）	东莞郡○	胸山	
东莞郡									东莞郡○	安宜（今江苏宝应西南）	《东晋志》卷4冀州高阳郡云："北东晋州郡侨置考亦云：'考东晋郡置广陵，在今安徽之石埭。'吾于广陵移置之另有考。"
广陵郡	淮阴（今江苏淮安市西南）			广陵郡（?）	陵阳（今安徽石台东北广阳镇东北）						◎今考《宋志》—扬州刺史宣城太守条，无东晋侨置广陵郡之文。《考异》卷19晋书地理志下"改陵阳为广陵"条云："《宋志》'广陵当作广阳，又'宋志'广陵阳—汉旧县曰陵阳，子明得仙于此县山，故以为名。晋成帝杜皇后讳诗，疑陵改'陵'，咸康四年更名。'据此，疑洪亮吉'班书阁'氏所据之本之'广陵'误作'广陵'，因之遂有乌有之'广陵'侨郡耳，不可信，姑录存之。

续　表

原州郡县		旧属州郡国	州郡国治	经过侨置								附注及备考
州统郡国	郡国统县			东晋			宋			齐		
				侨州	侨郡统县	侨寄地	侨州	侨郡统县	侨寄地	侨州	侨郡统县	侨寄地	梁○、陈△ 侨州 / 侨郡统县 / 侨寄地
临淮郡	盱眙	盱眙(今江苏东北)		徐州	临淮郡 盱眙 海西 射阳 凌 淮浦 淮阴 东阳 长乐	侨寄地	徐州	临淮郡 海西 射阳 凌 淮浦 淮阴 东阳 长乐	武进	徐州	临淮郡 海西 射阳 凌 淮阴 东阳	武进	徐州	侨寄地	《晋志》"下徐州：临淮，临淮之乱，临淮太守。……(元帝)分武进立临淮、淮陵。南琅城等郡。"又《宋志》—南徐州刺史临淮太守："江左怀立。"《永初郡国》又有盱眙县，领淮浦、射阳、凌、淮阴、长乐、海西、射阳、凌、淮阴、淮浦(建武二年省)。"疑梁天监元年土断中省。◎朴《梁志》卷1南徐州临淮郡领海西、射阳、淮阴、东阳四县，则梁有此郡，然无确据。
海西		徐州广陵郡											
射阳		徐州广陵郡	武进(今江苏丹阳市东)										
凌		徐州下邳国											
淮浦		徐州广陵郡											
淮阴		徐州广陵郡											
东阳													
长乐		本冀州长乐国											◎《晋志》下徐州："元康元年，分东海置兰陵等郡。"《宋志》"据《宋志》—徐州刺史兰陵太守，领有昌虑，承。合乡三县。而据《考异》卷25 南齐书周盘龙传，又领有兰陵县。◎改南东海为兰陵郡，改兰陵郡为兰陵郡，于是郡县皆有实土矣。

兰陵郡兰陵承合乡	承（今山东枣庄市东南）	兰陵郡兰陵承	江乘（今江苏句容市北）武进（今江苏丹阳市东）	郡"。又《隋志》下江都郡曲阿："有武进县，梁改为兰陵，开皇九年并入。"据此，又《朴梁志》卷1南徐州兰陵郡领县是，其领县既有旧南东海郡领县，即兰陵、承、丹徒、曲阿，又当增入利城一县，以利城旧属南东海，参本表东海郡条。琅邪郡条。(3)《南齐书》卷29《周盘龙传》："北兰陵承人。宋世土断，属东平郡。"《考异》卷25云："按史称南兰陵者，南徐州之兰陵也；称北兰陵者，徐州之兰陵也。《宋志》徐州兰陵郡领昌虑、承、合乡三县，不见兰陵县。疑《志》有脱漏矣。淮南、土断改属东平，故（齐志）无北兰陵之名也。"参本表东平国条。○据《一统志》常州府沿革，武进县皂地，置南兰陵郡，梁世复置兰陵县为郡治。又古迹：兰陵故城，在武进县西北九十里，则南兰陵郡侨治在武进县地。
兰陵郡		南兰陵郡合乡	江乘、武进同	
	徐州东海郡	郯		
祝其	徐州东海郡	祝其		
襄贲西隰兰陵	徐州东海郡东晋立兰陵郡	襄贲西隰兰陵		延陵（今江苏镇江市）丹徒（今江苏镇江市东南）曲阿（今江苏丹阳市）武进（今江苏丹阳市东）江阴（今江苏江阴市）
利城	徐州东海郡	利城		
兰陵郡兰陵	昌虑（今山东滕州市东南）	北兰陵郡兰陵	淮阴（今江苏淮安市西南）	

续表

原州郡县			州郡县侨置经过							附注及备考
州统郡国 郡统县	旧属州郡国	州郡国治	东晋		宋		齐		梁○、陈△	
			侨州	侨郡统县	侨州	侨郡统县	侨州	侨郡统县	侨郡统县	
				侨寄地		侨寄地		侨寄地	侨寄地	
[东安郡] 发干	盖(今山东沂源东南) 司州阳平郡(今山东冠县东南)			盖 发干		盖 发干				○《晋志》下徐州：一徐州刺史东安太守："发干今，汉旧名。"《太康地志》无。江左来配。《宋志》下徐州："东晋阳平郡，东晋侨立，属东莞。其侨地，据《魏志·中青州刺史东安郡发干、山茌二县，光武帝并上谷，和帝永元八年复立。"今领二县，即东莞、和平乐县西北《水经注》：《元和郡县图志》卷25沂水县及称及《元和郡县图志》卷11河南道沂州沂水县蒙山。秦始后地入北魏。 ○《晋志》下徐州：元康七年(297)，"又分东莞置东安郡"。
						沂水西北				
淮陵国 下相 广阳 司吾 徐 阳乐	司吾(今江苏新沂市南) 幽州燕国 幽州辽西郡 兖州泰山郡		淮陵郡 下相 广阳	武进 (江苏丹阳市东)	淮陵郡 (广阳) 司吾 徐 阳乐	武进	淮陵郡 司吾 徐 阳乐	武进		○《晋志》下徐州：元康七年，"又分临淮置淮陵郡"。又《宋志》："永嘉之乱，临淮、淮陵并沦没石氏。......（元帝）分武立临淮、淮陵太守"："永初郡国"又有下相、广阳。汉高立燕国，后汉为燕国，魏复为燕国，晋复为燕国。前汉、广阳，后汉省燕国并入辽西，晋复为燕国。"又南徐州刺史淮陵太守：——南徐州淮陵郡井上合，和帝永元元年，即四县。今领四县。二县，即东海，和帝永元二年，"汉旧名，徐，阳乐"（《南齐志》："建武三年省"）。又徐"汉旧乐"，司吾，阳乐井南徐州淮陵郡领司吾、徐、阳乐（"建武三年省"），武进（"建武三年，省泰山郡属"），甄城、阳乐，"郡无实土"，疑梁天监元年土断中省。○广阳、蔡先属侨燕国，又熙土断后，省燕国并入淮陵郡，广阳因属淮陵郡。○甄城，《宋志》无此县，又云：《宋州郡志》无泰山郡，若云郡城之伪，则已见南濮阳，不当《考异》卷25云：按泰山郡

第十编·第三章 《晋书·地理志》青徐荆湘扬江诸州之部侨州郡县考表

武阳郡城	武阳甄城		兖州濮阳国 重出也。"◎《朴梁志》卷1南徐州淮阳郡领司吾、武阳、甄城、阳乐四县。无确证。
堂邑郡 堂邑	堂邑	堂邑 京邑（今江苏南京市）	堂邑郡（今江苏南京市六合区北）	《宋书》卷51《宗室·长沙王道邻传》："高祖镇京口，进邻领军，又领堂邑太守。""江左又立高阳、堂邑二郡。……堂邑，领堂邑一县。后省堂邑并高阳，又省高阳并魏郡，并隶扬州，寄治京邑。文帝元嘉十一年省，以其民并省立堂邑郡，领以弟道邻为堂邑太守。安帝改堂邑为秦郡。"◎《晋志》下徐州：元康七年，又《宋志》"以堂邑为堂邑郡"。又《宋志》："堂邑郡，晋惠帝永兴元年分临淮、秦郡立。"◎《东晋疆域志》卷4冀州高阳郡云："东晋时江北之郡，虽在版图，亦曾侨立于江南。晋惠帝永兴元年，亦容以弟道邻领堂邑太守，刘裕改堂邑为秦郡。"
[海陵郡]	建陵，《汉志》上东海郡属县，治今江苏沭阳县西北。东汉废。《宋志》"南兖州刺史海陵太守：并建陵"。又《隋志》下江都郡海陵："晋分广陵郡分，……建陵郡立，建陵令、信都、前汉日留。"侨人。[海陵郡]	建陵（今江苏泰州市）	海陵县，西晋属广陵郡。东晋分广陵郡、东晋分广陵立郡，治侨建陵县。
[海陵郡]	[海陵郡]	[海陵郡]	[海陵郡]◎海陵（今江苏泰州市）建陵
建陵	建陵	建陵	《晋志》下徐州："义熙七年，以盱眙立盱眙郡，统考城、直渎、阳城三县。又《宋志》"考城、阳城、信都、睢陵为侨、睢陵为陈留，属梁国。《宋志》："盱眙太守领考城令、济阳令、前汉曰留。章帝更名，属陈留。《宋志》："前汉临淮，后汉下邳。""睢陵令——前汉临淮，后汉下邳。睢陵，长乐，无信都。《晋志》司州魏郡领县。南徐州刺史盱眙太守领考城、信都、睢陵为侨郡，睢陵为考城、阳城五县，其考城、睢陵、属陈留。"《宋志》："信都——南兖州刺史信都郡：考城、东燕郡，参本表东燕郡条。太末立。"地在河北。《南齐志》上南兖州盱眙郡有考城、长乐，无信都。《晋志》司州魏郡领县。"侨郡侨县（在北徐州境），后废郡，改隶盱眙郡。参本表魏郡条。

续 表

原州郡县		东晋			宋			齐			梁○、陈△		附注及备考
州统郡国	旧属州郡国	州郡国治	侨州	侨郡统县	侨寄地	侨州	侨郡统县	侨寄地	侨州	侨郡统县	侨寄地	侨州	侨郡统县	侨寄地
[盱眙郡]	盱眙(今江苏盱眙东北)			[盱眙郡]	盱眙		[盱眙郡]	盱眙		[盱眙郡]	今安徽怀远东南		侨寄地
考城	旧属兖州陈留郡			考城	今安徽怀远东南		考城	今安徽怀远东南		考城	长乐		
信都 睢陵 长乐	冀州安平国 徐州下邳国 司州魏郡	《宋志》二青州刺史："明帝失淮北,于郁洲侨立青州,立齐、北海、西海郡。"《宋志》二东海太守："明帝失淮北,侨立青州于赣榆县。西海郡,立西海郡,并表侨青、冀二州。"又《南齐书》卷28《刘善明传》：元徽二年,出为辅国将军、西海太守、行青冀二州刺史。"又《南齐志》无西海并省。考《南齐志》上青州北海郡都昌："宋割来并,建元中度西海郡,以郁县改名郁也。"依此,则疑齐建元中度西海郡于建元中度西海郡,求建置			信都 睢陵			长乐					
西海县(?)	东汉徐州琅邪郡(今山东日照市西)				西海郡	郁县(今江苏连云港市东北云台山一带)								○《续汉志》三徐州琅邪郡领有西海县,治今山东日照市西。晋国废。西海侨郡疑因此县而置,若然,则以旧县置郡都例。○胡孔福《南北朝侨置州郡考》卷2云："东晋失凉州,初未尝侨置凉州,但置侨县,至宋齐始侨置西海郡于海州也。"考《晋志》上凉州有西海郡,治居延(今内蒙古额济纳旗东南)。然以凉州旧境,甚不可信。

第十编·第三章 《晋书·地理志》青徐荆湘扬江诸州之部侨州郡县考表

			◎《晋志》下荆州统郡二十二，县一百六十九，即江夏郡十七县，南郡十一县，襄阳郡八县，南阳郡十四县，顺阳郡八县，义阳郡十二县，新野郡十县，天门郡五县，长沙郡七县，衡阳郡九县，湘东郡七县，新城郡四县，魏兴郡六县，上庸郡六县，建平郡八县，宜都郡三县，南平郡四县，零陵郡十一县，邵陵郡六县，桂阳郡六县。惠帝分桂阳、安成、武昌、安成三郡入江州，以新城、魏兴、上庸三郡属梁州，又新增新野、随、竟陵三郡。怀帝时分长沙、衡阳、湘东、零陵、邵陵、桂阳六郡属湘州。据此，西晋末荆州领郡十四。	荆州	东晋、宋、齐荆州为实州。其先治所屡迁，后定治江陵。梁先亦治江陵，后寄治武陵。《梁书》卷5《元帝纪》大宝元年(550)："以中卫将军、尚书令、南平王恪为荆州刺史，镇武陵。"按武陵，《南齐志》下属鄂州，不隶荆州，以荆州刺史地以江为限，自是寄治。后，"州徙纪南，自太半至建康以下至巴陵以下至建康以长江为限，荆州界北尽武宁，西拒峡口，盖自侯景乱后"。荆州郡太半人魏，自巴陵以下至建康以长江为限，荆州界北尽武宁，西拒峡口"，故侨寄荆州于武陵也。及陈，与梁分长江为界，陈不得有江陵故地，怀寄荆州于公安，后又移治。《陈书》卷3《世祖纪》："天嘉二年四月，分荆州之南平，分荆州之南平，置南荆州。"又《陈书》卷22《陆子隆传》："以平华皎功，治子公安，城池未固，子隆修建城郡，绥集夷夏，甚得民和，持节、常侍如故。"是时荆州新置，治于公安。《陈志》亦未见此。南平郡前年已改隶武州，刺史，当时号为称职。"又《隋志》下荆州公郡七："陈置荆州。"			
		荆州	《宋志》三郡刺江夏太守汝南侯相："本沙羡土。晋末汝南郡民流寓夏口，因立为沙羡令。汉旧县，吴省，晋武太康元年复立，孝武太元三年，省并沙口，寄治郡为汝县地，属江夏郡。东晋以汝南郡流人侨立汝南郡，后改为汝南县。《元和郡县图志》卷27 江南道鄂州汝南县："本汉沙羡县地，属鄂郡。"隋开皇九年改为江夏县。参本表汝南郡条。	武陵（今湖南常德市）移松滋（今湖北松滋市西北，又移公安（今湖北公安北）	[江夏郡] 汝南	夏口
				夏口（今湖北武汉市武昌）	[江夏郡] 汝南	夏口
荆州	[江夏郡]	安陆（今湖北安陆市）			[江夏郡] 汝南	夏口

续表

原州郡县			东晋			宋			齐			梁○、陈△			附注及备考
州郡国统县	旧属州郡国	州郡国治	侨州	侨郡统县	侨寄地	侨州	侨郡统县	侨寄地	侨州	侨郡统县	侨寄地	侨州	侨郡统县	侨寄地	
南阳郡 顺阳	宛（今河南南阳市） 荆州顺阳郡		侨州	南阳郡 顺阳	什邡（今四川什邡市）	侨州	[南阳郡] 许昌	宛（今河南南阳市）	侨州	[南阳郡] 许昌	宛	侨州	侨郡统县	侨寄地	南阳侨郡可考者二，实郡领侨县一：(1)《宋志》四益州刺史北阴平太守领有南阳，南阳白民流寓元年立侨郡。"徐志本南阳民流寓立"，又有顺阳。《益州记》云："南阳，汉中李雄乱蜀，遣李寿率众据汉州什邡县南阳郡故城条引李膺《益州记》三郡废。"(2)《宋南齐志》三雍州刺史南阳太守，许昌，此后所立。本属颍川，晋太康元年立侨郡，齐永元中，河北诸郡相继没魏，南阳亦没，梁乃侨置于阴城。"又《南齐志》下襄阳郡南阳郡阴城：又梁置南阳郡，《隋志》下襄阳郡阴城，西魏改为山都郡，后周废。
南阳郡 许昌	宛 豫州颍川郡														◎考李雄据蜀，在惠帝永兴元年（304），距太康纪元后十三年，乐史年月有误。疑是东晋平蜀后，就南阳流民立南阳郡，领南阳县。后废南阳郡，领县并入顺平郡。
												南阳郡○	阴城（今湖北谷城东南）		
[顺阳郡] 槐里 清水 郑	南乡（今河南淅川） 雍州始平郡 秦州略阳郡 雍州京兆郡						[顺阳郡] 槐里 清水 郑	南乡（今河南淅川）		[顺阳郡] 槐里 清水 郑	南乡				《宋志》三雍州刺史顺阳太守实郡领侨县三，即槐里："汉旧名，属扶风。《晋太康地志》属始平，侨立亦属始平，大明土断属此。""清水"，属京兆，《晋太康地志》属略阳，侨立亦属京兆，始平立。""郑"，汉旧名，侨立，属京兆。参本表京兆郡条，始平郡。永元后地入北魏。
[顺阳郡] 槐里 清水 郑															

义阳侨郡可考者七：(1)《晋志》下荆州；穆帝时，"以义阳流人在南郡者立为义阳郡"。(2)《宋志》三雍州刺史："孝武大明中，又分孔土郡县以为侨郡县省。徐兖雍州有北上洛，北京兆、义阳三郡。……今并土断省。(3)《晋志》下荆州："安帝安帝立，领平氏、襄乡二县。……大明土断省。(3)《晋志》下荆州："安帝义阳侨立。宋初有四县，孝建立年，以平阳县并厥西。平阳本为县，江左侨立。"《南齐志》下荆州南义阳郡领平阳郡，厥西、平阳、东义阳、长宁三郡。"是梁陈开有义阳郡。郡废。"(5)《南齐志》（另三郡另考）分平阳。平春为侨县（治义阳），南义阳郡；齐侨置平子阳郡，治平阳，曰平阳。(6)(7)《南齐志》下雍州义阳北汝南二郡太守黄瑶起反舞阴城。鲍举助西汝南北义阳二郡而侨舞阴，左义阳郡不知侨地。	义阳郡（今湖北江陵）.	襄阳（今湖北襄樊市境）	安乡（今湖北安乡西南）	义阳郡 安乡
		襄阳	安乡	南义阳郡 厥西 平阳
	义阳郡	义阳郡 平氏 襄乡	义阳郡 平氏 襄乡	南义阳郡 厥西 平阳（平阳）
	义阳郡			（南）义阳郡 厥西 平阳
	新野、东晋移平阳（今河南信阳市）			本司州平阳郡
义阳郡 平氏 襄乡				
义阳郡 厥西 平氏 平阳				

续表

原州郡县 州统郡国/郡统县	旧属州郡国	州郡国治	东晋 侨州/侨郡统县	东晋 侨寄地	宋 侨州/侨郡统县	宋 侨寄地	齐 侨州/侨郡统县	齐 侨寄地	梁○、陈△ 侨州/侨郡统县	梁○、陈△ 侨寄地	附注及备考
义阳郡			侨州 侨郡		侨州 侨郡		侨州 侨郡		侨州 侨郡		
义阳 平舆 平春		新立		东义阳郡（今湖北江陵东）			南义阳郡 平舆 平阳 平春	孝昌（今湖北孝感市北）	义阳郡○ 平阳	孝昌	
义阳郡							左义阳郡				
义阳郡							北义阳郡	舞阴（今河南泌阳西北）			《宋志》三雍州刺史大明中土断中土新野太守池阳今，"汉旧名。又《南齐志》下雍州新野郡有池阳。参本表京兆郡条。永元后地入北魏，乃于河南侨置新野郡，以集新附。又《隋志》下襄阳郡上洪：｢又梁置新野郡，于河南立新野郡当是分义阳郡｣兆。《宋志》下雍州新野郡条，《梁书》卷2《武帝纪》：永元二年（500），"千河南咸宁，后同废。
[新野郡] 池阳 新野郡	新野（今河南新野） 雍州扶风郡				[新野郡] 池阳	新野（今河南新野）	[新野郡] 池阳 新野郡	新野 上洪（今湖北宜城市东南）	新野郡△	上洪	○《晋志》下荆州：惠帝"分南阳立新野郡"。考《宋志》三雍州刺史新野太守领县，则新野郡当是分义阳郡立，《晋志》误。○《补梁书》卷3宛州新野郡以旧新野郡与新立之郡混二为一，误。考新野郡在西南百里外，自非侨立于河南之郡。

竟陵郡	石城（今湖北钟祥市）		竟陵郡△	《陈书》卷3《世祖纪》：天嘉二年（561）"十一月，以武昌国川为竟陵郡，以安流民。"《考异》卷27："此侨置之竟陵，《隋志》亦失书。"	◎《隋志》下荆州：惠帝、《宋志》"晋惠帝界立。"夏立竟陵郡"。《宋志》"晋惠帝无康刺史应詹太守，分江夏西界立。"
安陆郡 安陆 应城 南新市 宣化 荆州竟陵郡 荆州竟陵郡疑新立	安陆（今湖北安陆市）		武昌国川（疑在今湖北鄂州市）	《南齐志》下司州安陆郡领安陆、应城、新市、新阳、宣化五县，"寄州治"，时司州治安陆郡。参本表司州条。 天监三年（504）司州陷，侨安陆郡于安陆，而又侨司州于安陆郡。	◎《宋志》二司州安陆太守："孝武帝建元年，分江夏度司州。"旧领安陆，后废帝无徽四年（据中华书局本校勘记[62]补）二县。 ◎新市，《晋志》《宋志》作新阳，"汉旧县，属江夏"，竟陵太守作新市。《宋志》"永初之失郡何"，徐不注置立。 按安陆为末失之失郡，何以寄州治？待考。
	义阳（今河南信阳市）			《晋志》下荆州："安帝又侨立南义阳、东义阳、长宁三郡，末明帝立名与文帝陵同，改为永宁"（晋安帝无此县）并长宁县"，宋割上黄、安帝建二年后，上黄（晋安帝立）并长宁（晋安帝立），即长宁二县。……又《南齐志》下荆州永宁太守领犯私诸王府（按：父名永），新兴永宁二郡太守"，改长宁为长守。"又《梁书》卷16《张稷传》："普通四年，迁信郡阳王司马，宣惠司马，征西郡阳王府阳司马、开府仪同三司，江州刺史，后复旧。"又曾改郡公长守"，据此，新兴永宁二郡太守，封长宁郡公、食邑五千户"，齐改郡名长守，封长守为齐邑。世祖："以僧辩为征东将军、开府仪同三司、江州刺史，封长宁县公，食邑五千户"。又《通鉴》卷163大宝元年（550）胡《注》："永宁郡置于襄阳南章县界"。又《隋志》下南郡长林："旧日长宁县，开皇十八年改曰长林。"	◎《晋志》上凉州西平郡有长宁县，然似与侨长宁县无涉。今以其与义阳连书，又在制州界内，故与长宁当是新立侨郡，郡名虽新，而初无实土。

续 表

原州郡县	旧属州郡国	新立侨郡州国治	东晋			宋			齐			梁○,陈△			附注及备考
			侨州	侨郡统县	侨寄地	侨州	侨郡统县	侨寄地	侨州	侨郡统县	侨寄地	侨州	侨郡统县	侨寄地	
州郡国统郡国统县															
长宁郡 绥安 僮阳 绥宁 长宁		新立 新立 新立 新立		长宁郡 绥安 僮阳 绥宁 长宁	上黄(今湖北南漳东南)、无实土 长林(今湖北荆门市)		永宁郡 (绥安) (僮阳) 绥宁 长宁	割上黄为实土 长林		永宁郡 长宁	上黄 长林		永宁郡○ 长宁	上黄 长林	《晋书》卷99《桓玄传》:"移沮漳蛮二千户于江南,立武宁郡;更招集流人,立绥安郡。"考《南齐志》上江州:"何无忌表:……荆州所立绥安郡民户,参入此境,郡治常在夏口左右,欲资此郡助江左成防。"
绥安郡		新立侨郡	绥安郡		夏口(今湖北武汉市)左右										○绥安郡乃招集流人立,以何地流人立无考。姑表于此。
[齐兴郡] 上蔡	上蔡(今湖北钟祥市北) 豫州汝南郡					《南齐志》下郢州齐兴郡:"永明三年置","领六县有上蔡。后周郡废。开皇十八年县改名焉。"	[齐兴郡] 上蔡	上蔡(今湖北钟祥市北)	[齐兴郡] 上蔡	上蔡	又《隋志》下竟陵郡汉东:"齐置,曰上蔡"	侨郡[今齐兴郡]○ 上蔡	上蔡		○钟祥地,《晋志》在荆州界内,故表于此。

金城郡	新立侨郡	东山（今四川金堂境）	《东晋志》卷4益州金城郡："《太平御览》称《周地图记》曰：晋又熙末，刺史朱龄石率建平人征蜀，仍于东山立金城郡。后魏平蜀，改为金水郡。"案此郡未知何属，今以征郡所立，故附益州。考《宋书》卷48及《南史》卷16朱龄石传，无金城郡之事。东山，今地据蒲孝荣《四川历代政区治地今释》（四川省晋学社会科学研究所印），在四川金堂县境。	◎以征蜀之建平人立，故附此。建平，西晋荆州属郡，治巫（今重庆巫山县）。◎《晋志》凉州有金城郡，后侨于汉中，与此无涉。
应州	?		《南北史补志》卷8地理志第四襄阳郡："江左侨置应州，西魏改曰襄州。""今考《晋》、《宋》，梁置应州于应山（今湖北广水市），但非侨州。汪士铎不知何据，姑志之。	襄阳（今湖北襄樊市）
湘州	临湘（今湖南长沙市）		《隋志》下庐江郡庐江："梁置湘东，后齐州废。"又《魏志》湘州："萧衍置。"又"魏因之，领郡三，安蛮郡新化，州、郡治。"	庐江（今安徽庐江县） 新化（今湖北大悟东北） 湘州○ 湘州○	◎《晋志》下荆州，湘东、零陵、邵陵、桂阳及广州之始安、始兴、临贺九郡置湘州。
湘州					
[湘东郡] 湘阴	临烝（今湖南衡阳市）新立		《宋志》三湘州刺史湘阴属湘东太守湘阴男相，"后废帝元徽二年，分益阳、罗、湘西及巴陵，置湘阴县。"又《南齐志》下湘阴属湘州长沙郡，又《隋志》下巴陵郡湘阴："梁置岳阳郡及罗州。平陈，废郡及湘阴人岳阳县，置玉山。寻改岳阳为湘阴。废玉山为湘阴。"按《南齐书》卷33《王僧虔传》：宋元徽前，"巴峡流民多在湘土，僧虔表割益阳、罗、湘西三县缘江民立湘阴县。从之。"	[湘阴郡] 临烝 今湖南湘阴西北	[长沙郡] 湘阴 今湖南湘阴西北	[岳阳郡] 湘阴 今湖南湘阴西北 今湖南汨罗市东	◎长沙郡治临湘（今湖南长沙市），岳阳郡治湘阴（今湖南汨罗市东）。

续表

原州郡县		州郡县侨置经过						附注及备考
州郡国郡国统县	旧属州郡国 州郡国治	东晋		宋		齐	梁○、陈△	
		侨州	侨郡统县	侨州	侨郡统县	侨州侨郡统县	侨州侨郡统县	侨寄地
宣城郡	宛陵（今安徽宣城市）	侨州	侨郡统县	侨州	侨寄地	侨寄地		○扬州、实州。《晋志》下扬州统郡十八，县一百七十三，即丹阳郡统县十一、宣城郡统县十一、淮南郡统县十、庐江郡统县十、吴郡统县十二、吴兴郡统县十、会稽郡统县十、新安郡统县六、临海郡统县八、建安郡统县七、东阳郡统县九、豫章郡统县十六、鄱阳郡统县八、临川郡统县十、庐陵郡统县十、南康郡统县五、惠帝元康中，割扬州章、鄱阳、庐陵、临川、南康、建安、晋安入江州。永兴中，又割历阳、阳郡为晋陵郡十新安增阳郡并晋陵郡徙治改置历阳郡为晋陵郡，改建邺为建康。○扬州无侨州，有侨建县。
			《元和郡县图志》卷28江南道宣州："宣城郡本宛陵县，不常在苑陵丹阳郡。至其所领县，则为安县。"《东晋宣城郡"东晋或理芜湖，或理姑熟，不常所在郡内各有县界。据此，则丹阳统县十一、宣城郡统县十一，在丹阳郡治。"	芜湖（今安徽芜湖市东）、或理姑熟（今安徽当涂）		侨寄地			
				淮南侨郡可考者二：(1)《宋志》—扬州刺史淮南太守："其后中原乱大宁："其后中原乱大宁，民渡江者转多，乃于江南侨立淮南郡，及诸县。晋末遂割丹阳之于湖县为淮南境。宋孝武大明六年，以淮南郡并宣城，宣城郡徙治于湖。八年，复立淮南郡，属豫州。明帝泰始三年，还属扬州。领县六，当涂（"晋预注："荡春《左氏》哀十二年杜预注："襄宰，在淮南谯道县东即县为，宣城郡"浚道"						○洪颐煊《诸史考异》"浚道"。"浚道"、《晋书·地理志》改作"涿道"。《左氏》哀十二年杜预注："襄宰，在淮南谯道县东社。

						备注
淮南郡	寿春（今安徽寿县）	怀于江南，后割于湖（今安徽当涂为境）	淮南郡	今当涂	今当涂	南。陆德明《音义》：遣音因。"成蒨《宋书州郡志校勘记》云："今本《晋志》亦作'遣遗'。《春秋·哀公十二年，公会吴于橐皋》。杜注：在淮南逡遒县东南。此盖所据本作遗，遂有此说耳。沈约据本说与《晋志》同，误作"遣"，遂作"遒"，当作"遣道县"。○钱大昕《潜研堂文集》卷32"答洪稚存书"略云：晋末扬、豫，即又熙八年(412)土断扬、豫，盖其时割丹阳之于湖县为淮南郡之于湖县也。○按淮南郡春谷县侨立，当涂分丹阳郡于湖阳郡侨立，定陵侨于丹阳郡晋陵县境。而春谷县自晋元帝时起，侨置繁昌县，后属淮南郡，至江川郡属之。是县之名襄垣，因侨立，襄垣、繁昌城郡南。芜湖自侨襄垣，其名遂隐，当新出治今徽郡南陵下有当涂。《通典》云：故城，隋晋陈，废人襄垣，后复置当涂县，移姑孰，即当涂县治。
当涂	豫州襄城郡	当涂	当涂	当涂	今南陵东南	
繁昌	豫州襄城郡	春谷（今安徽繁昌）北	繁昌	繁昌	今繁昌东北	
襄垣	并州上党郡	芜湖（今安徽芜湖市）	襄垣	襄垣	今芜湖市	
上党	本并州上党郡	芜湖西南	（上党）	今芜湖西南		
定陵	豫州襄城郡	芜湖界，今安徽青阳东北	定陵	定陵	今青阳东北	
逡遒		芜湖界，今安徽宣城市境	逡遒	逡遒	今宣城市境	

续表

原州郡县	旧属州郡国 州郡国治	侨置经过 东晋 侨州	侨郡统县	侨寄地	宋 侨州	侨郡统县	侨寄地	齐 侨州	侨郡统县	侨寄地	梁○、陈△ 侨州	侨郡统县	侨寄地	附注及备考
[南陵郡]	南陵（今安徽池州市西南）豫州襄城郡													
定陵												[南陵郡] 定陵	南陵	
淮南郡									淮南郡	平氏（今河南桐柏西北）		淮南郡○	平氏 今青陵东北	
庐江郡		庐江郡		春谷（今安徽繁昌）										庐江郡侨置，《考异》卷 23 宋书符瑞志下"晋成帝咸康八年，庐江春谷县留珪夜见门内有光，取得玉鼎一枚"案云："按《晋志》春谷县属宣城，不属庐江，盖南渡后曾侨立庐江太守路永上言，于春谷城北见水岸边有紫赤光。失载尔。"又《志》又载，穆帝永和元年，庐江太守袁真表石上言：成帝咸和元年，宣城春谷县山崩，获石鼓。和在咸康之后，盖自苏峻，祖约作乱之后，淮南流人始移江南，其时春谷县尚属宣城，盖自苏峻，祖约作乱之后，淮南流人始移江南，此南豫州庐江郡治舒，领有和城、西华以后矣，《永元志》无"又庐江实郡领侨县；《南齐志》："永元二年"，谯；"建元二年，割南谯属。
[庐江郡] 和城	舒（今安徽舒城）							[庐江郡] 和城	舒（今安徽舒城）					○和城，《宋志》二豫州刺史南顿太守和城令："河江左。"《宋志》二豫州刺史陈郡太守西华令："汉旧县，属汝南，又西华，晋初省，惠帝永康元年复立。"晋左度此。
西华	东晋豫州南顿郡 东晋豫州陈郡							西华						
谯	豫州谯郡							谯						

[历阳郡]	历阳（今安徽和县）	龙元	今合山县东南	[历阳郡] 龙元 今合山县东南	○《晋志》下扬州："永兴元年……分淮南之乌江、历阳二县置历阳郡。"
龙元	豫州谯郡	鄂	今安徽全淑西南	雍丘	历阳实郡领怀县。《宋志》二南豫州刺史历阳太守："晋惠帝永兴元年，分淮南立。"其割属南豫州，乌江分准南，故有历阳，属扬州。安帝割属南豫州。《永初郡国》惟有历阳、乌江、龙亢三县。何、徐又有郧、雍丘二县。"汉旧县，龙亢《汉旧志》先属沛郡，文帝元嘉八年度，江左流寓立。流寓立。流寓，属陈留。流寓元嘉八年度"。又《朴梁志》南豫州历阳郡领历阳、龙亢、郧、雍丘三县。流寓乱后，历阳地人高齐，郧城。又《东晋志》卷1南豫州历阳郡云："今合山县南有龙亢村。"参本表秦国条、谯郡条。《东晋志》卷4豫州南郧湖溪："废县在全淑县西南郧湖溪。"
郧	豫州陈留国	雍丘			
		[历阳郡（今安徽和县）]		[历阳郡]	
		龙元	今合山县东南	龙元 今合山县东南	
		鄂		鄂	
		雍丘		雍丘	
[钟离郡]	燕（今安徽凤阳东北）	燕		[钟离郡] 燕	○《宋志》一徐州刺史钟离太守："本属南兖州，晋安帝分立。"案汉九江郡，晋淮南郡有钟离县，即此地也。
燕	东豫州兖州 燕郡	朝歌		朝歌	《宋志》一徐州刺史钟离太守领县三。一燕县，"故属东燕"；二朝歌，"本属河内"，晋太康地志"无"，朝歌，章帝更名；三乐平，《晋太康地志》同。又《徐州钟离南郡有燕县。又《梁书》卷2《梁武帝纪》："永明元年，割马头属。"零"，零亦侨立。"虞，零《齐志》无。梁景乱后，没于东魏。
朝歌	司州汲郡	乐平		乐平	○此即淮南郡属县。钟离郡初为淮南郡治。晋安帝时改立燕县，为钟离郡治。以其所领尽侨县，故何《志》列为侨州刺史。○《宋志》一南兖州复改燕县为钟离。
乐平	汉州兖州东梁国	虞		虞	
虞	冀州清河国	零		零	
灵					

续表

原州郡县		州郡国治	东晋		宋		齐		梁○、陈△		附注及备考
州统郡国	郡国统县		侨州	侨郡统县	侨州	侨郡统县	侨州	侨郡统县	侨州	侨郡统县	
				侨寄地		侨寄地		侨寄地		侨寄地	
冀州	旧属冀州		侨州		侨州		侨州		侨州		
豫州清河国 济阴国 济阴郡											
[马头郡] 灵 济阳 虞 己吾	马头城（今安徽怀远淮河南岸） 冀州清河国 兖州济阴国 豫州梁国 兖州济阴郡		[马头郡] 零 济阳 虞	侨寄地 怀远淮河南岸	[马头郡] 零 济阳 虞	马头城	[马头郡]	马头城 己吾			《宋志》一徐州刺史马头太守："属南豫州，汉旧名，属梁郡。"又《南齐志》上北徐州马头郡领县一，即已吾，注云："永明元年，又以济阳县并之。"《南齐志》注已吾："徐州刺史戴僧静又以济阳县并之，已吾亦省。"旧属兖州济阴郡，侨置先属谯郡。 ○零，《宋志》二冀州刺史清河太守："零，汉旧县作灵。"《晋志》有。 ○《南齐志》"又以济阳县并入已吾"，《志》"脱""阳"字。 ○《晋志》上兖州济阴郡领已吾，当作"己吾"。 ○按东晋成帝时，侨置马头城，以淮河津渡要冲，为东晋、南朝津渡南军事要地。安帝置马头郡，即以为治所，又曾为豫州治所。
[晋熙郡] 阴安 楼烦	怀宁（今安徽潜山） 司州顿丘国 并州雁门郡 旧县		[晋熙郡] 阴安	怀宁（今安徽潜山）	[晋熙郡] 阴安 南楼烦	怀宁 今安徽潜山北	[晋熙郡] 阴安 南楼烦	怀宁 今安徽潜山北	[晋熙郡] 阴安 南楼烦	怀宁 今安徽潜山北	《宋志》二南豫州刺史晋熙郡太守实郡领侨县二：阴安，"汉旧名，徐无"。按雁门郡有楼烦县，"徐无"。又《南齐志》上豫州晋熙郡领阴安、南楼烦二侨县，新治，太湖三实县，无南楼烦，而阴安改属枞阳郡。今安徽枞阳县北有阴之楼烦县而又加"南"字。晋梁晋熙郡领怀宁、新冶，大湖三实县，无南楼烦，而阴安改属枞阳郡。今安徽枞阳阳北有阴安故城，当即阴安侨县故地。 ○晋熙郡，晋安帝分庐江立，治怀宁。枞阳郡，《晋太康地志》盖为区别乃置。《旧志》下同安作"枞阳"，此侨广于陵。《南齐志》上豫州晋熙郡同安，南楼烦二侨县，又《朴梁志》卷1志"下同安作"枞阳"，并置枞阳郡，开皇初郡废。"

[枞阳郡]	同安(今安徽桐城市)			[枞阳郡]	
阴安	司州顿丘郡			阴安	同安(今安徽桐城市)今桐城市东南
		《南齐志》：上南豫州临江郡所领乌江、怀德、鄒三县，末时为侨县。平阳郡流民在临江郡者，《建元二年谱》："据此，临江郡先领有宣祚、怀化二侨县。怀化、鄒县又属南徐州南琅邪郡。表历阳郡条。"又《南齐志》：上南徐州南琅邪郡条。永明元年，省怀化一县并属宣祚，寻改宣祚为谯。永明元年(483)，省怀化入谯，又度属南豫南琅邪郡。		○《宋志》——南兖州刺史大明五年太守怀德令，孝武大明五年立。又以历阳之乌江，并此为二县。立临江郡。前废帝永光元年，省临江郡。后复置。○《南齐志》："建元二年，又《南齐志》："罢并历阳，后复置。○平阳郡流民散在多处，雍州始平等侨郡又有之。
[临江郡]	乌江(今安徽和县东北)		[临江郡]	[临江郡]	
鄒	豫州谯郡新立		鄒	鄒	乌江(今安徽和县东北)
宣祚	新立		宣祚(谯)怀化	宣祚	今安徽全椒西南
怀化				怀化	
		《宋志》——徐州刺史："后废帝元徽元年……又分秦郡之顿丘、梁郡之合熟，历阳之慈二县，郡郡清流。"又《南齐志》：新昌郡领顿丘、合熟、慈三县，尉氏。又《隋书》卷2《武帝纪》下江郡"，属侨州钟离之徐州。上北侨州及南谯州，开皇初改为徐州，郡废。参本表顿丘及下，梁国条、历阳郡条。			
[新昌郡]	顿丘(今安徽滁州市)		[顿丘(今安徽滁州市)	[新昌郡]	顿丘
顿丘	司州顿丘郡		清流(今安徽滁州市)	顿丘	清流
合熟	豫州梁国		今安徽全椒西南	合熟	六合(今江苏南京市六合区)
鄒	豫州谯郡		合熟	鄒	
尉氏	兖州陈留国		尉氏	尉氏	

续 表

原州郡县		州郡置县经过							附注及备考
旧属州郡国	州郡国治	东晋		宋		齐		梁○、陈△	
		侨州	侨郡统县	侨州	侨郡统县	侨州	侨郡统县	侨州 侨郡统县 侨寄地	
州郡国统县									
义城县 义城 下蔡 平阿 万年	扬州淮南郡 扬州淮南郡 扬州淮南郡 扬州淮南郡 雍州京兆郡	侨州	侨寄地	侨州	义城郡 义城 下蔡 平阿 万年	侨州	侨郡统县	侨州 侨郡统县 侨寄地	◎义成，《宋志》考《晋志》下淮南郡原有义城县，治今安徽怀远县东北。◎《东晋书》卷4扬州义成郡云："其侨置之地在荆州，其人户则属扬州也。"《考异》卷22晋书桓豁传亦云："宣与李阳平襄阳，陶侃使宣镇之，以其淮南郡曲立义成郡。此义成，京兆两郡得在淮州界内也，又成本以淮南人户立，故系之扬州。"
			襄阳（今湖北襄樊市）	义成郡 义成 下蔡 平阿 万年	均（今湖北丹江口市北）	义成郡 义成 万年	均	义成郡 义成	谷城（今湖北谷城）	《晋书》卷81《桓宣传》："宣与（冠陵太守李）阳平襄阳，佴遂以守武守下蔡，阿同，何同。孝武大明元年省下蔡、平阿县（"汉旧名，属冯翊"）。又《南齐志》下雍州义成郡领万年，开皇十八年改县名为。"《永初郡国志》"领县二"，即义成一县。又《南齐志》下雍州义成郡领万年，开皇十八年改县名也。宋、末兴二郡均以吴兵侨立。《宋书》卷45《刘道济传》："元嘉九年（432），"蜀土侨旧，翕然并反。道济惶惧，乃免吴兵三十六营以为平民，分沿末兴、末宁二郡，又招集商贾及免道俗奴僮，东西胜兵可有四千人"。（1）末宁郡。《宋志》四益州末宁太守："文帝元嘉九年，免吴西胜兵可有四千人立。宣县永欣平。领县三，即欣平、宜都、宋宁。又《隋志》："旧郡俱立，寄治成都"。《南齐志》三郡俱立，寄治成都。又《南齐志》三郡俱立，寄治成都。"末兴、末宁太守，复有南晋寿。建忠。徐忠。寅昌（"何志未配"）。故郡领有南汉中，流寅来附，建昌二县。又《隋志》："旧置怀宁，建昌，有永川，何云建忠。何志新立"）。永川《徐志》新立"）。又《南齐志》下蜀郡"旧属怀宁，晋熙、末宁四郡，至县同并废"。（2）《末志》四益州末兴太守："文帝元嘉九年，即南陵，末兴、末宁四郡。领县二。即永宁、建中。何志末立，领县二。即侨置元嘉九年，即南陵，建平二县，何志无何志新立"）。又《南齐志》下蜀郡"旧置怀宁，晋熙、末宁四郡，至宋嘉兴二郡并废"。
									◎二郡以"吴兵"侨立，疑是以江南吴地在蜀军户立，故表于此。◎宜昌，《宋志》三荆州武帝立。郡陵《宋志》三荆州武帝立。南陵郡晋南齐剌史建平太守，何志江左所立。◎《宋书》《文帝纪》元嘉十年七月，"于益州立宋宁、宋兴二郡"，与《宋志》异。

宋宁郡 欣平 宜昌 永安	新立侨郡 新立荆州宜都郡 新立	成都（今四川成都市）	成都	宋宁郡 欣平 宜昌 永安	宋宁郡○	◎《晋志》下扬州：惠帝元康元年（291），"割扬州之豫章、鄱阳、庐陵、临川、南康、桂阳、建安、晋安，荆州之武昌，合十郡，因江州之名而置江州"。后桂阳又划入湘州，永兴元年（304），又增置寻阳郡。
宋兴郡 南汉 建昌 永忠（建忠）（南陵）	新立侨郡 东晋梁州汉中郡 新立 新立 东晋荆州建平郡	成都（今四川成都市）	成都	宋兴郡 南汉 建昌	宋兴郡○	
			《陈书》卷13《鲁悉达传》："侯景之乱，悉达纠合乡人，保新蔡，力田蓄谷。……招集晋熙等五郡，尽有其地。景平，梁元帝授持节、仁威将军、散骑常侍、北江州刺史。……（后）悉达勒麾下数千人，济江而归高祖。（高祖）授平南将军、晋熙郡守、散骑常侍、封彭泽县侯。"《考异》卷27云：元帝所授任之"北江州当置于晋熙郡，陈授达以北江而归。北江州刺史，据《江汉纪程》"承圣元年，鲁悉达济江南，则云"所云"北江州是也"。又王风生《江汉纪程》："承圣元年，鲁悉达以平侯景功，授北江州刺史，寄治江南。"据此，是梁侨北江州于晋熙郡界，疑在新蔡；后没，陈又侨置于南陵。			
江州	豫章（今江西南昌市），东晋治寻阳（今江西九江市西南）			北江州○	晋熙郡界，疑在新蔡（今湖北黄梅西北）	
江州				北江州△	南陵（今安徽池州市西南）	

续 表

原州郡县		东晋		州郡县侨置经过						附注及备考
州统郡国 郡统县	旧属州郡国 州郡国治	侨州	侨郡统县	宋		齐		梁○、陈△		
				侨州	侨郡统县 侨寄地	侨州	侨郡统县 侨寄地	侨州	侨郡统县 侨寄地	
[武昌郡]		侨州	侨寄地	《南齐志》下邳州武昌郡："义宁、寄冶鄂。"						
武昌	武昌（今湖北鄂州市）							武昌（今湖北鄂州市）		
义宁	疑新立							鄂（今湖北鄂州市西南）		
				《宋志》二江州刺史寻阳太守："寻阳县太康地无。前汉属庐江，后汉无，《晋太康地志》有寻阳，《晋志》江左流民寓本县，寄立于安丰郡。江左流民寓本县，文帝元嘉十八年，省并松滋。滋当已废。又《隋志》下九江郡湓城，立寻阳二县，立柴桑，寻阳县。"据此，则梁陈寻阳郡领有汝南县。						○《晋志》下扬州："永兴元年，分庐江之寻阳，武昌之柴桑二县置寻阳郡，属江州……怀帝永嘉元年，又以豫章之彭泽县属寻阳郡。""初治寻阳（今湖北黄梅西南），东晋咸和中徙治柴桑，寻阳县亦移治今江西九江市西南，义熙八年废入柴桑县。○《宋志》"安丰"县名，前汉无，"宋"误。详中华书局本《校勘记》[38]条。
[寻阳郡]	寻阳（今湖北黄梅西南），移柴桑（今江西九江市西南）	[寻阳郡]	柴桑（今江西九江市西南）	[寻阳郡]	柴桑		又宁	[寻阳郡]	柴桑	
松滋	豫州安丰郡	松滋	松滋							
弘农	司州弘农郡	弘农	弘农							
汝南	本豫州汝南郡								汝南	

结　　语

如果我们不拘泥于传统史学纪年,而就历史事实本身立论,那么,"魏晋南北朝"之起始,可以从220年曹丕篡汉,提前到184年黄巾民变,或189年刘协(汉献帝)即位,或190年关东州郡起兵讨伐董卓,或196年曹操迎汉帝刘协至许(今河南许昌市);又"魏晋南北朝"之结束,也可以从581年杨坚代周建隋,延后到589年隋室灭陈、重建统一。若姑且取个整数的话,不妨即以189年至589年为所谓的"魏晋南北朝"。

这延续400年之久的"魏晋南北朝",可以划分为分裂的三国、统一的西晋、分裂的东晋十六国南北朝三个阶段,也可以区别为三国、西晋、东晋南朝、十六国北朝四个系统。就四个系统言,三国、西晋、东晋南朝的统治民族为汉族(或称华夏),十六国北朝的统治民族主要为非汉族(或称胡)。而对应到政区建置尤其是政区制度,则作为"外来"征服者的胡族之十六国北朝,颇异于作为"土著"的汉族之三国两晋南朝①。《中国行政区划通史》把"魏晋南北朝"分设为"三国两晋南朝"与"十六国北朝"两卷,其学理方面的考虑,当即在此吧。

有趣同时也显得诡异的史实又在于,历时400年之久的"魏晋南北朝"或"三国两晋南朝",在政区制度与政区建置方面,恰好构成了一个完整的单元,或者说构成了一个独立的阶段:以言政区制度,此前的秦汉与此后的隋唐,分别为郡县二级制与州(短期称郡)县二级制,而中间的"魏晋南北朝"或"三国两晋南朝"为州郡县三级制②;以言政区建置,此前的东汉,《续汉书》志第23《郡国志》"郡、国百五,县、邑、道、侯国千一百八十",此后的隋朝,《隋书》卷29《地理志》"大凡郡一百九十,县一千二百五十五",又《晋书》卷14《地理志》"凡十九州,郡国一百七十三",县1 200余,而中间的"魏晋南北朝",经过增置以至

---

① 如十六国政区,除了常规的、主体的州郡县外,另有军镇、护军、城、营等军政合一的类政区,又有坞堡、部落等社会组织代行政区的职能;至于北朝政区,除了常规的州郡县制外,亦有都督制、总管制、行台制、军镇制、护军制、领民酋长制等。
② 按照谭其骧师的表述,"黄巾起义后东汉朝廷加重州的首长刺史或牧的权任,从此州遂由两汉监察区转变为郡以上一级行政区"。谭其骧主编:《简明中国历史地图集》"三国时期图说",中国地图出版社,1991年。

滥置,到南北朝末年,州数曾经达到250左右,郡数曾经达到600余,县数也增长到近1600个。然则折腾了400年之久的州郡县三级制,为何仅存于这个时代而不见于秦汉与隋唐? 不断增置乃至滥置出来的诸多州郡县,又为何也仅仅存在于这个时代而不为后世所继承? 在历时2500年的中国行政区划史中,"魏晋南北朝"或"三国两晋南朝"的这400年,其政区制度与政区建置究竟经历怎样的演变、具备怎样的特点、呈现怎样的面貌、拥有怎样的地位? 这些问题,正是本卷力图解答或者有所涉及的。

本卷的正文十编,本着"详征史料,悉心比勘,精辨细析"(严耕望语)的追求,以百余万字的篇幅,综合文、表、图的形式,概述了三国两晋南朝之疆域变迁与政区制度,考证了三国两晋南朝之都督区与三国、西晋、东晋、南朝实州郡县与侨州郡县沿革。而遵从周振鹤主编对于《中国行政区划通史》的总体安排,本卷的上述内容尤其是第二编到第十编的内容,主要着意于、致力于史实的考述与梳理,当然,我们考述与梳理出来的所谓"史实",只是"中间性的,希望有人能证伪,能推翻,能有更新的认识"①的"史实";再者,遵从周振鹤主编对于《中国行政区划通史》的设计理念,"通代的政区变迁规律的研究"、"系统的理论性的分析","由卷前的《总论》来承担",故此本卷的第二编到第十编"一般较少涉及理论与规律性的论述"②。然则考虑到本卷的完整性,以及与"绪言"的配合,此亦不妨就三国两晋南朝之政区建置沿革与政区制度演变,特别是主体疆域一致的六朝(吴、东晋、宋、齐、梁、陈)之政区建置沿革与政区制度演变,稍作归纳总结,并就相关的政治地理问题,稍作举例式的延伸讨论,以为本卷的"结语"。

如果联系政区建置与政区制度两者立说,本卷之"不能视为最终结论"③的"结论",简而言之就是: 随着三国两晋南朝历史的推演,其诸多的政区制度指导下的政区建置,并未按照制度的设计、规定而发展、演变,由于政区建置的不断走向增滥,导致了政区制度陷入混乱、失常的状态,乃至步入虚妄的境地,并最终葬送了多种政区制度;这样的状况,又是令人深思的。

一、政区建置的增滥现象

三国两晋南朝政区的增置以至滥置现象,稍作数量的比较,即可得出堪称鲜明的印象。司马彪《续汉书·郡国志》以永和五年(140)为标准年代,"郡、国

---

① ③ 周振鹤:《中国行政区划通史·总论 先秦卷》,复旦大学出版社,2009年,"前言",第6页。
② 同上书,"总论 提要"。

百五,县、邑、道、侯国千一百八十"①,分由13州监察;及建安二十四年(219),郡国总数增至137②。三国政区的演变即以此为基础。又西晋统一之初的太康四年(283)之政区数量,据《晋书·地理志》凡19州,下统173郡国、1 232县;其后,经过惠、怀二帝的调整,西晋末年有州21、郡国近200、县1 300稍减。东晋政区的演变即以此为基础。

东汉而后为三国,三国疆域之和,稍小于东汉;统一以后的西晋疆域范围,则与三国疆域之和大体相当。西晋而后为东晋十六国,南方的东晋,其初疆域不到西晋之半。再往后的东晋南朝,虽然疆域变迁、广狭无常,大略论之,除了少数时段外,仍不及西晋之半。然而拥据着本来政区建置的数量、密度就少于、疏于北方的南方半壁江山的三国、东晋南朝,分州、设郡与置县的结果,却是数量颇众,既过于本来东汉的政区建置,更远过于本来西晋的政区建置,兹据以上各编的考证结果以及笔者的相关研究,表列其大致情形如下:

表8 三国两晋南朝政区建置数量表

	朝代及标准年代	州数	郡数	县数	资料出处③	备 注
三国	曹魏黄初二年(221)	12	86	707	第三编	同时公孙氏郡4、县25
	蜀汉章武元年(221)	1	18	127	第三编	
	孙吴建安二十六年(221)	3	23	265	第三编	
		16	127	1 099		221年合计数
	曹魏景初三年(239)	12	94	741	第三编	
	蜀汉延熙二年(239)	1	21	135	第三编	
	孙吴赤乌二年(239)	3	27	282	第三编	
		16	142	1 158		239年合计数
	曹魏景元三年(262)	12	92	749	第三编	
	蜀汉景耀五年(262)	1	22	131	第三编	
	孙吴永安五年(262)	3	34	302	第三编	
		16	148	1 182		262年合计数

---

① 此年实为106郡国。105郡国系永嘉元年(145)至建和元年(147)期间阜陵国暂绝未复时的制度。
② 李晓杰:《东汉政区地理》,山东教育出版社,1999年,第14页。
③ 此栏中所谓"编",即本卷正文相应的各编;"六朝书",指胡阿祥《六朝疆域与政区研究》(增订本,学苑出版社,2005年)"下编"之六朝"政区建置表"。按《六朝疆域与政区研究》之六朝"政区建置表"与本卷正文中孔祥军、徐成所撰相应各编的考证结论,容有小异,特此说明。

续 表

朝代及标准年代		州数	郡数	县数	资料出处	备注
西晋	太康二年(281)	19	170	1 227	第四编	
	永兴元年(304)	20	182	1 240	第四编	
东晋	义熙十四年(418)	15	158	907	第五编	实州郡县数
		23	252	1 236	六朝书	
宋	大明八年(464)	15	156	892	第六编	实州郡县数
		21	251	1 283	六朝书	
齐	建武四年(497)	13	271	1 024	第七编	实州郡县数
		22	373	1 444	六朝书	
梁	中大同元年(546)	89	340		第八编	实州郡数
		109	405		六朝书	
陈	祯明二年(588)	39	135	557	第九编	实州郡县数
		43	145	579	六朝书	

这里特别需要指出的是,上表数字是就可考见者统计的,即可以视为该年最少应有之数,当时政区的实数必不止此。然而问题的复杂之处在于,以上所涉的各朝之疆域大小既不一致,政局也是或分裂(三国之魏、汉、吴,南朝之宋、齐、梁、陈)或统一(西晋),故以下为了简便明确、有利比较起见,主要围绕六朝政区进行讨论。

如"绪言"中"相关概念"所指出的,"六朝"为孙吴、东晋、宋、齐、梁、陈的习称①。这样的习称能够成立,又有着多方面的依据:首先,"六朝"绝大部分时

---

① 当然,关于"六朝"的定义,并非没有异说。如以时代论,1979年版《辞海》即称"六朝"是"三世纪初至六世纪末前后三百余年的历史时期的泛称"(缩印本,上海辞书出版社,1980年,第344页),日本学者六朝概念的运用大都如此,国内学人也有这样混用的;又以朝代论,也还有北方六朝说,即把曹魏、西晋、北魏、北齐、北周、隋称为六朝,这比较多地用在旧时的文学史上。按时代意义上的"六朝"概念,毕竟与习用的"三国两晋南北朝"或"魏晋南北朝"概念混淆;而北方六朝说更欠妥当:不仅国都不一致(北魏早中期都平城,北齐、北周分都邺、长安,其他都洛阳)、时间不连续(缺十六国、东魏、西魏),而且性质也不同(曹魏、西晋、隋皇族为汉人,北齐为鲜卑化的汉人,北魏、北周为鲜卑拓跋部、宇文部;又西晋、隋为统一时期,其他则为分裂时期)。

间都以建业、建康(今江苏南京市)为首都①;其次,"六朝"之疆域虽有变动,但总以秦岭、汉水(中游)、淮河一线以南地区为主;又次,"六朝"虽以西晋统一为界,分成了孙吴与东晋、宋、齐、梁、陈前后两段,但仍算是基本连续的六个南方王朝②;最后,"六朝"在其他的诸多方面,也都具有一贯性相共通的特征③,所以适合被看作一个研究单元,而这在政区研究上并不例外。

然则六朝虽主体疆域保持稳定,各朝的疆域范围仍然差异不小,如义熙十四年(418)、中大同元年(546)分别为东晋、梁朝极盛期,疆域远过于孙吴天纪中(277—280)与陈朝祯明中(587—589),故此先就六朝首尾之疆域大体相当的吴、陈(陈稍小)两朝进行比较。按孙吴仅有东汉交州的全部,荆、扬 2 州的各一部分,而天纪四年(280)时,立有扬、荆、交、广 4 州;47 郡(含校尉部 1,都尉部 2,属国 1)中,东汉旧郡只有 18 个,所置新郡达到 29 个;至于 340 县(含都尉部 3)中,新置之县也是超过一半④。又陈朝的疆域范围以及户口数量都与孙吴接近⑤,但祯明二年(588)43 州、145 郡、579 县的政区规模,以视 300 年

---

① 东汉建安十六年(211)孙权自京(今江苏镇江市)徙治秣陵(今江苏南京市),次年改名建业。晋太康元年(280)灭吴,复改名秣陵。太康三年分淮水(今称秦淮河)南为秣陵,北为建业,并改"业"为"邺"。建兴元年(313)因避愍帝司马邺讳,改名建康。又 222 年十月至 229 年八月,265 年九月至 266 年十一月,孙吴曾两次迁都武昌(今湖北鄂州市);552 年十一月至 554 年十一月,梁元帝又都江陵(今湖北江陵县)。六朝其他时期,则皆都于建业、建康。
② 按灭吴后作为统一王朝的西晋,其纪年为 280 年到 316 年;而东晋纪年一般从 317 年算起,是年,司马睿即晋王位,改元建武。其实,东晋史可从 317 年提前至 307 年,因为正是在这一年,司马睿南渡,从而开南方的东晋南朝局面。如此,延续近 400 年(孙策过江、开始江东割据的 195 年,或孙权始建黄武年号的 222 年,到陈叔宝被俘的 589 年)南方六朝史中,仅有不到 30 年的时间为统一的西晋,所以六朝在时间上算是基本连续的。
③ 首先,六朝的后半段即东晋、宋、齐、梁、陈五朝之间,在许多方面一以贯之,保持着明显的共通性。比如其更迭皆出于禅让,国号虽改,国家性质不变;又前朝之贵戚,往往为后朝之功臣。其次,也是尤为重要的一点,西晋的短暂统一并未中断六朝前后两段之间的诸多联系。比如孙吴确立的"限江自保"政策,即以建业为中心,以扬州为根本,以日益发展的南方经济为基础,以南方土著豪族与北方南迁大姓的协力为依托,凭借地理上的山河之险,层层防御,从而与北方相对抗,这样的基本守国政策,为东晋南朝所继承;又孙吴对江南所作的普遍而又深入的播殖,孙吴对蛮越的开发,实为东晋及其后的南朝立国江南的契机;孙吴以荆州为军事重地,以扬州为财赋要区,即政治中心与军事中心分立,政治中心与经济区域重合,这样的立国形势,东晋南朝时也无大的改变。又笔者曾经撰文论证偏安的东晋虽然名义上仍是晋朝,衣冠礼乐或取则之,就国家基础的实质论,却是隔代继承了 30 多年前被晋朝灭亡的孙吴,而区别于建都洛阳的统一王朝西晋;孙吴与陈朝,且皆为"完全南方色彩的朝代"。这样,"东晋复活吴国及六朝首尾吴、陈两朝性质的一致,更进一步显示出六朝的一以贯之,或曰历史的共通性"(胡阿祥:《关于六朝史研究的几个问题》,《扬州师院学报》1995 年第 1 期)。
④ 具体的州郡县名目,详胡阿祥:《六朝疆域与政区研究》"下编"之"孙吴政区建置表(天纪四年 280 年)"。
⑤ 据《晋书》卷 3《武帝纪》(中华书局,1974 年),西晋平吴时,得 52.3 万户、230 万口;又据《北史》卷 11《隋本纪》(中华书局,1974 年),平陈时得 50 万户、200 万口。

前的孙吴,县增 0.67 倍,郡增两倍余,州增近十倍。如此,孙吴以视东汉,陈朝以视孙吴,州郡县的增置乃至滥置可见大概矣。而这样的情形,也表现在东晋以视西晋,南朝以视东晋,以及南朝之后朝以视前朝。

当然,六朝政区的增置乃至滥置,在各别朝代与各别地区的原因、方式或表现并不一致。以各别朝代言,孙吴新增的 29 郡中,有 10 郡是改尉部所置的,如改会稽东部都尉置临海郡,改会稽西部都尉置东阳郡,改零陵北部都尉置邵陵郡,改零陵南部都尉置始安郡,改长沙西部都尉置衡阳郡,改长沙东部都尉置湘东郡,改桂阳南部都尉置始兴郡。新都、东安、吴兴等郡的新置,庐陵、安成等郡的分置,以及诸多新县的设立,则与镇抚山越有关。又为了加强对南越以及武陵蛮的控制,孙吴于岭南分置八郡,于荆州西部分置建平、天门等郡,并林立新县。要之,改尉部、镇蛮越,是为孙吴增置郡县的最主要方式,这也从一个侧面反映了孙吴经济的发展与民族地区的开发。而东晋以视西晋,州、郡、县可称滥置的原因,则颇为单纯,即侨州郡县的广泛设置,洪亮吉《东晋疆域志·序》所谓"侨州至十数,侨郡至百,侨县至数百"是也;降至南朝宋、齐,随着疆域的一此一彼,次第或者屡次沦陷北方政权的州、郡、县,又次第或者屡次地侨置。据此,东晋、宋、齐政区的大量增置,除了经济开发、便于管理等一般原因外,侨置实为最主要的方式,如下表的统计:

表 9 　东晋、宋、齐侨州郡县占全部州郡县比例表①

年　　代	侨州数∶总州数(%)	侨郡数∶总郡数(%)	侨县数∶总县数(%)
东晋义熙十四年(418)	9∶23(39%)	93∶252(37%)	321∶1 236(26%)
宋大明八年(464)	7∶21(33%)	97∶251(39%)	386∶1 283(30%)
齐建武四年(497)	10∶22(45%)	106∶373(28%)	413∶1 444(29%)

东晋、宋、齐侨州、侨郡、侨县在全部政区中所占比例之大,由此可见;而此全部政区,相对于西晋既可谓增置乃至滥置,其增滥的基础无疑又在侨州郡县。另外,刘宋为加强对蛮族的控制,多置左郡左县;及齐,左郡左县多有增置,又宁蛮府划领郡县,在俚族僚族聚居区且置俚郡僚郡,政区于是愈趋复杂。及至萧梁,《隋书》卷 29《地理志》云:"大同年中,州一百七,郡县亦称于此。"杨守敬《隋书地理志考证附补遗》卷 1 释之曰:"言其析置之多,如二十三州增至一百七,凡四五倍,其郡县亦准此也。"可见滥置政区,至此已经无以复加;而究其原

---

① 　表中数据来源于胡阿祥:《六朝疆域与政区研究》"下编"之相关"政区建置表"的统计。

因，则是颇出多端，如经济开发、疆域扩展、开拓边疆、慰重将帅、笼络敌将、安置士族等①，与侨置有关的虚张声势、分州析郡②，相对不占重要地位。又陈朝虽然也沿袭了萧梁的滥置趋势，但因长江以北、三峡以西的大片国土丧失于北朝，所以州郡县的数量反而锐减，《隋书》卷29《地理志》记其"州有四十二，郡唯一百九，县四百三十八"。

　　再以各别地区言，一般说来，不同的地域，由于政治、军事、经济、民族等方面情况的不同，政区的划分也不一致。经济发达地区设郡立县往往比不发达地区要细、地位要高而且稳定；政治、军事重要地区州郡的建置，也要比其他地区细。而在内外关系、中央与地方关系复杂的六朝，各别地域政区的划分及其增置滥置情况又尤具各自的特点。如陈朝的州郡县数锐减，直接原因是长江以北、三峡以西的丧失，而此长江以北、三峡以西又是侨州郡县设置众多之地。事实上，东晋南朝尤其是东晋、宋、齐政区的增置以至滥置，与侨州郡县相关者，正以东晋南朝的疆域北部地区即黄河以南至长江南岸之间最为明显（长江南岸稍远便无侨州郡县的设置）。而如果把东晋南朝的疆域划分为南北两部，则疆域北部地区政区的增置以至滥置，实际是侨州郡县的设置以及政治隶属的多变、民族关系的复杂（汉中为獠，其他地区为蛮）、军事形势的重要、内部纷争的影响等因素的综合结果。至于东晋南朝的疆域南部地区，则长江南岸稍远与南岭之间，州郡县的划分因受经济基础、户口数量的制约而呈平稳发展态势；岭南地区的政区设置，在经济发展与民族开发的双重交互作用下，东晋、宋、齐逐渐增置，梁、陈则明显滥置；又西南宁州地方，州郡县设置没有大的变动，其原因在于政府对宁州控制的薄弱，土族爨氏称强，所以政区设置少有更张，多存旧规而已③。

---

① 按疆域扩展者，如每得北朝郡、县，往往升级为州、郡；开拓边疆者，如"西开牂柯，南平俚洞"后，为了加强对俚族獠族的控制，每于其聚居区置州及郡县；慰重将帅者，如出于军事原因，建镇戍之地为州郡；笼络敌将者，梁自天监至于大同，屡与北朝交战，互有胜负，而为了分化敌方，对于投诚的将领与官吏，多授以刺史、太守之职；安置士族者，梁世官僚机构膨胀，用增立州、郡的方法，可为士族特别是寒门地主开辟入仕的道路，以期达到统治的长治久安。
② 其时北魏分州设郡早已很滥，出于南北相高的心理，萧梁便也建设滋多，以显示国力，或虚张声势。
③ 在《六朝政区增置滥置述论》（《中国历史地理论丛》1993年第3期）文中，笔者以太湖流域、岭南地区、巴蜀地区为例，具体分析了其时这三个地区的政区增滥情况。就太湖流域论，政区的增置以孙吴、东晋为最。孙吴增置最密区为皖浙丘陵，东晋增置最密区为丹阳、晋陵、宣城三郡沿江一带，此盖与孙吴垦辟草莱、开发山越，东晋安置侨流、实施侨置有关。东晋以后宋齐梁陈，随着太湖流域经济、人口的稳步发展，郡、县也逐渐加密。唯齐梁以后，省废东晋、刘宋的侨置郡、县，故郡、县数反而下落；又实郡、县增置，主要集中于长江口南岸及东部沿海地区。至于州数，虽有较大增加，以视其他地区则远落在后。总而言之，太湖流域政区处于平稳发展之中，没有出现混乱，这实决定于该区的地位。六朝时期的太湖流域，是全国根本所系的扬州境内的心脏地区，（转下页）

进而言之，六朝政区的增置乃至滥置，还表现出政区级别越高、增滥越为显著的现象。本来，一般政区的演变与析置，就符合级别越高就越不稳定、增幅也越大的规律，这是由于县的划分以经济标准为主，是人口、交通、产业等方面的发展达到一定程度的结果，县又是直接"牧民"的基层政区，不宜频繁变动或幅员过小；郡的设置，则兼顾到政治、行政及经济发展等方面；而州的增设，主要是出于政治上或军事上的考虑①。如作为特殊政区的东晋南朝侨州郡

（接上页）全国政治中心所在的建康与经济中心所在的三吴，均在本区境内，故六朝历代政府均视之为股肱要地，兴之营之，不遗余力，以求根稳本固；其政区设置，与经济关系最为密切，也因此而较上轨道。又就岭南地区论，偏居南隅，北以南岭为天然屏障，战乱很少波及。六朝政权为了增强抗衡北方的实力，一向重视对岭南的开发，故由孙吴而宋、齐，岭南经济呈平稳发展态势；及梁、陈，岭南已崛起为当时举足轻重的重要经济区。在军事及民族关系上，随着南齐以后北方疆域的缩减，岭南的地位随之上升，政府为强化统治，一方面加强了岭南的军事力量，一方面敕封少数民族酋帅，借以控制边远。这些情形与政策，在政区设置上得到了充分的体现。开发岭南的第一次高潮是孙吴，第二次高潮是东晋，第三次高潮是梁；而岭南的政区设置，也以孙吴、东晋、梁为三个最重要时期。又岭南的开发，与强化对少数民族的统治是同步的，增置州郡县并向深山海隅等纵深僻远地带发展，显然与此有关。如宋末为镇慑俚人与开发俚区而新建越州，初仅9郡7县，及齐末发展为20郡55县。又如广州高凉郡，"俚人不宾，多为海暴"，萧劢为广州刺史时，当西江俚帅陈文彻降附后，"以南江危险，宜立重镇，乃表台于高凉郡立州。敕仍以为高州，以西江督护孙固为刺史"。高州后发展为领10余郡，县可考者25。再如高凉俚帅冼夫人，梁大同中率诸部归顺朝廷；梁陈更替之际，陈霸先先后以其子为阳春、石龙等郡太守，以稳定岭南局势。为了岭南社会安定与经济开发的大局，六朝政权对少数民族多实行以招抚为主的羁縻政策，《隋书》卷24《食货志》云："岭外酋帅，因生口、翡翠、明珠、犀象之饶，雄于乡曲者，朝廷多因而署之，以收其利，历宋、齐、梁、陈皆因而不改"，而岭南政区的增置，尤其是州的滥置，此为最重要的原因。再就巴蜀地区论，先是经过秦、两汉、蜀汉的不断开发，经济富饶，实力雄厚，人口众多，而在中心区域四周，遍布僚人。及至东汉以后，政治上的隶属不定，民族上僚人的满山满谷，地理上闭塞的自成一体，加上军事位置重要，为南北政权所必争，这种种因素结合在一起，使得巴蜀之地政区的分合纷错淆乱，变化极大，每有面目全非的感觉。而东晋、刘宋的大量侨置，萧齐的新建僚郡，齐、梁的析置州郡，也都极为显然。

① 谭其骧师指出："一级二级政区，如两汉六朝的州和郡……虽然也与地区开发有关，但关系并不大。因为一二级政区在其初设时为数不多，辖境甚广……后来增置日多，主要是由于辖境逐渐缩小，而不是由于疆域扩大或耕地、人口增加"；"县乃历代地方行政区划之基本单位。……大致与时俱增，置后少有罢并，比较稳定。……历代标准大致相似，虚置滥设者较少。一地方至于创建县治，大致即可以表示该地开发已臻成熟；而其设县以前所隶属之县，又大致即为开发此县动力所自来。"参阅谭其骧：《浙江各地区的开发过程与省界、地区界的形成》《历史地理研究》第1辑，复旦大学出版社，1986年)、《浙江省历代行政区域》（收入所著《长水集》上册，人民出版社，1987年，第403—404页）。又周振鹤对此也有精辟的论述："作为基层政区的县，其幅员大小是以行政管理的有效程度来确定的。不管什么朝代，都要维持正常的农业生产，才能保证王朝的长治久安。而县级政府正是直接'牧民'的基层组织，其劝课农桑和收租征赋的施政范围是不宜朝令夕改频繁变动的，否则将会影响国家职能的正常发挥。这就是县级政区的数目与幅员相对比较稳定的基本原因。"另外，"对县的幅员来说存在一个地域共同体的问题，这个共同体内在地理环境、经济发展和文化背景方面有一定的相似性，而相对于邻县则有较明显的差异性。这也是县级政区幅员相对比较稳定的原因之一。"参阅周振鹤：《中国历代行政区划的变迁》，中共中央党校出版社，1991年，第75、98页。

县,是否设置侨州,侨州是否拥有实土,最为中央政府与地方州镇重视与关心,若京口之徐州(南徐州)、广陵之兖州(南兖州)、寿春之豫州、淮阴之北兖州、义阳之司州、襄阳之雍州、南郑之秦州等侨州,都事关政治格局、军事形势、中央与地方关系等要害,而且都联系着相对应的侨流势力集团,所以设即不废,并多割有实土;至于侨县,因为基本上与呈团聚状态的侨流乡族集团有关,所以设置的随意性与侨州比较既要小得多,设置的数量也大体较为实在;而介于侨州与侨县之间的侨郡,行政管理的性质胜过政治与军事的需求,下与侨县、实县的联系胜过上与侨州、实州的关系,因此侨郡的设置较之侨州也要相对规范。正是在上述所谓一般规律与并不例外的侨州郡县的双重控制下,东晋南朝时州的增幅最大,最不稳定,或因人而设州,或侨置而设州,或为了巩固中央集权而使州处于割裂无常的状态,各州之间幅员相差也颇为悬殊,小者仅数百里见方;郡的增幅次之;县的增幅则最小,一般不超过一倍,如果去掉其中的侨县因素,那么县的增置及其在不同地域的差异,也就大体上与各别地域的经济开发过程与经济发展程度协调一致。

总之,政区增置的一般原因,不外以下几种:疆域扩大,户口滋殖,"蛮夷"向化,统治空白消失,地方分权加强,行政管理需要,经济开发加深等;至于分裂时期,则又往往加上了体制紊乱、虚张声势、彼此相高、抚绥迁流、位置官吏、控制要地等因素的影响。而上述种种,表现在六朝政区建置上,则是日加细密,以至于畸形发展,或割裂、或侨立、或析置,即听任政区愈划愈细,愈划愈多。

二、政区增置滥置的后果

州郡县分割增置,数量不断膨胀,其辖境、统隶与领户也自然随之缩减。

按东汉永和五年(140),有 106 个郡级政区,1180 个县级政区,户约 970 万,口约 4915 万①,分由 13 州监察,则平均 1 州察 8 郡,1 郡领 11 县,1 县有 8 千余户、4 万余口。汉代州郡县的这种幅员与人口规模,即当时所谓"万里之州"(一州约包含百县之地)、"千里之郡"(一郡约领十县之地)、"百里之县"(县的面积以百里见方为基数),是符合地方行政要求的,也体现了《礼记·王制》"凡居民,量地以制邑,度地以居民"的精神所在。以此为准,受政治、经济、人

---

① 司马彪《续汉书》志第 23《郡国志》:"民户九百六十九万八千六百三十,口四千九百一十五万二百二十。"按以下户口数字,均据史籍所载。史籍所载为编户齐民数,即户籍统计数字,实际人口数则不止于此。不入籍的情形颇多,如吏、兵、僧尼、奴婢不入民籍;豪强隐占户口,成为属下之部曲、佃客;人民之脱离户籍与大量流徙。其总数当十分可观。

口及地理诸因素的影响,在中原地区,州、郡、县的设置及面积密而小,远地或更远之地则稀而大。至于三国,曹魏景元三年(262)12州、92郡、749县,平均1州近8郡,1郡8县余,而景元四年66.34万户、443.28万口①,则1县平均880余户、5900余口;蜀汉景耀五年(262)22郡、131县,平均1郡6县,而炎兴元年(263)28万户、94万口②,则1县平均2100余户、7100余口;又孙吴天纪四年(280)4州、47郡、340县,平均1州近12郡,1郡7县余,1县1500余户、6700余口。及至西晋统一,太康二年(281)19州、170郡、1227县,平均1州近9郡,1郡7县余,而太康元年近246万户、1616万多口,则1县平均2000余户、13000余口③。三国、西晋政区的这种辖境、统隶与领户状况,应该算是比较正常的。然而进入东晋南朝时代,州郡县的辖境、统隶与领户开始逐渐失常,虽然长江、南岭之间,因为政治、军事波动较小,尚不过于紊乱,至于其他地区,则辖境愈分愈小,统隶愈变愈单,领户愈来愈少。

考东晋孝武帝时,范宁疏云:"今荒小郡县,皆宜并合,不满五千户,不得为郡,不满千户,不得为县。"④事实上5000户之郡、千户之县,在当时已属大郡大县。东晋初"江左区区,户不盈数十万。……荆州编户不盈十万"⑤。又明、成以后,江州仅56000户⑥。哀帝时,桓温尝言"户口凋寡,不当汉之一郡"⑦。简文帝时,略计户口,又"十分去三"⑧。东晋州郡之残破,户口之寡少,据此可知。

刘宋政区,依据《宋书·州郡志》的记载,州统郡数、郡统县数、县领户口,大体尚不失正轨。以大明八年(464)为断,21州领251郡,平均1州12郡;251郡领1283县,1郡得5县。又其时有户90余万、口546万余,则1县平均700余户、4200余口。但是各别地域之间相差已经颇大,豫、南豫、雍、梁、秦、益、宁等沿边或荒残之地,仅辖一二县的郡即达40余个;交州义昌、宋平2郡,越州百梁、富昌等8郡且不辖县。至于各县领户一二百者甚多,所领在百户以

---

① 《通典》卷7《食货》"历代盛衰户口":"除平蜀所得,当时魏氏唯有户六十六万三千四百二十三,口有四百四十三万二千八百八十一。"王文锦等点校《通典》,中华书局,1988年,第145页。
② 《三国志》卷33《蜀书·后主传》注引王隐《蜀记》:"遣尚书郎李虎送士民簿,领户二十八万,男女口九十四万,带甲将士十万二千,吏四万人。"
③ 《晋书》卷14《地理志》:"太康元年,平吴,大凡户二百四十五万九千八百四十,口一千六百一十六万三千八百六十三。"
④ 《晋书》卷75《范宁传》。
⑤ 《晋书》卷85《刘毅传》。
⑥ 《晋书》卷81《桓伊传》。
⑦ 《晋书》卷98《桓温传》。
⑧ 《晋书》卷69《刘波传》。

下者也不少①,又有50户以下者,如梁州北上洛郡七县254户,豫州陈留郡四县196户,益州沈黎郡三县65户,宁州建都郡六县107户,西平郡五县176户,皆为显例。

及至萧齐,虽然疆域视宋为小,由于政区割置益繁,所以州郡县数反较宋为多。若以建武四年(497)为断,虽有22州领373郡,平均1州17郡,但多为侨郡、荒郡;以郡县论,则1郡平均不足4县。《南齐书·州郡志》不载户口,而南豫州"民户益薄",颍川汝阳二郡"荒残来久",青冀二州"流荒之民,郡县虚置,至于分居土著,盖无几焉",广州"民户不多",宁州"齐民甚少"。更有宁州益宁郡,"永明五年,刺史董仲舒启置,领二县,无民户",南犍为、西益等9郡"皆然也"。又"有名无民曰空荒不立"的郡县也颇多。如北兖州5郡、梁州45郡"荒或无民户"。就其统辖而言,北兖州先唯领阳平1郡,后才增置东平郡。又郡领一二县者至50余,不领县或不见属县或荒废而不载属者更近百数,论其分布,则多在越、梁、秦、雍、司、北兖、益、宁、交等边州。

梁朝州郡设置,更是滥无限制,其统隶与领户情况视宋、齐为更坏。梁朝之州领三郡以内者颇多,而且不乏不领郡之州,新、郢、合、湘等州又异地同名,置有多处。郡领一县者比比皆是,不领县之郡也多,这种情形又以临边或荒远地区为甚。及陈,疆域大幅缩减,唯保东南与岭南富庶之区,以祯明二年(588)为断,平均每县领户900余、口3 700余,情形远较临边地区为好;然而一郡平均仅领不足4县,一州仅领3郡余,不领郡之州与不领县之郡也不鲜见,论者自不能无重叠之感。

进而论之,随着上述的辖境、统隶与领户失常,三国尤其东晋南朝的政区制度也逐渐混乱,走向没落与虚妄。以三国论,已有遥领、虚封淆人耳目;及东晋、刘宋多置侨州郡县,"增损离合,不能悉详"②,《宋书》卷11《志序》即云:

> 自戎狄内侮,有晋东迁,中土遗氓,播徙江外,幽、并、冀、雍、兖、豫、青、徐之境,幽沦寇逆。自扶莫而裹足奉首,免身于荆、越者,百郡千城,流寓比室。人仵鸿雁之歌,士蓄怀本之念,莫不各树邦邑,思复旧井。既而民单户约,不可独建,故魏邦而有韩邑,齐县而有赵民。且省置交加,日回月徙,寄寓迁流,迄无定托,邦名邑号,难或详书。大宋受命,重启边隙,淮

---

① 如雍州南上洛郡二县,144户,477口;秦州西扶风郡二县,144户;益州东江阳郡二县,142户,740口;宁州平蛮郡二县,245户;夜郎郡四县,288户;东江阳郡二县,152户;交州九德郡十一县,809户。

② 顾祖禹:《读史方舆纪要》卷4,中华书局,2005年。

北五州,翳为寇境,其或奔亡播迁,复立郡县,斯则元嘉、泰始,同名异实。盖省置迁流,侨实相错,遂致纷纭淆乱。至于萧齐,政区更形繁杂参差,《资治通鉴》卷135建元二年(480)胡注曰:

> 有寄治者,有新置者,有俚郡、僚郡、荒郡、左郡、无属县者,有或荒无民户者。郡县之建置虽多,而名存实亡,境土蹙于宋大明之时矣。

按胡注之"寄治者",是指为了安置侨流人口所设的侨州郡县;"俚郡"、"僚郡"、"左郡"则与南朝三大支非汉民族俚、僚、蛮有关,是为集中治理降附的俚、僚、蛮所置的特殊政区;至于所谓"新置者"、"荒郡"、"无属县者"、"荒无民户者"云云,则可看成是"郡县之建置虽多,而名存实亡"之政区紊乱以至没落状态的注脚。再到梁朝天监以后,州名浸多,分置离合,更是不可胜记,政区之混乱至此极矣。《资治通鉴》卷158大同五年(539)十一月条述其时事曰:

> 散骑常侍朱异奏:"顷来置州稍广,而大小不伦,请分为五品,其位秩高卑,参僚多少,皆以是为差。"诏从之。于是上品二十州,次品十州,次品八州,次品二十三州,下品二十一州。……其下品皆异国之人,徒有州名而无土地,或因荒徼之民所居村落置州及郡县,刺史、守、令皆用彼人为之,尚书不能悉领,山川险远,职贡罕通。五品之外,又有二十余州不知处所。凡一百七州。①

作为制度规定的一级政区的州,竟然能够如此"建置"!而以专业的职方之臣,"二十余州不知处所",更是宁非笑谈,岂不滑稽?其实,因为滥置而引起的政区之变化、政区制度之混乱与虚妄,又绝非仅此而已,举其要言之,尚有数端:

其一,就政区层级言,三国两晋南朝在制度上本为州郡县三级制。但由于州的面积缩小,数量增多,中央政府不便管理与号令;又时当分裂时代与内轻外重时代,每每南北交争,需要强化地方大员的军事统筹力量,于是在州之上,便有了再设一级的必要,都督区因而成立。此类都督区,或包有三五州,或含有七八州,也有兼统某州之某某数郡者,梁、陈更有督十几州者。这样,东晋南朝州的地位相形下降,统制机构称为都督府的都督区,则俨然成为最高一级政区,即兼具了地方行政机构的性质,州郡县三级制遂向府州郡县四级制过渡。

---

① 此段史料接续又云:"又以边境镇戍,虽领民不多,欲重其将帅,皆建为郡,或一人领二三郡太守,州郡虽多而户口日耗矣。"

其二，就县以下的基层组织论，三国时因为兵乱不已，民庶播迁，乡里制度已经受到冲击。及至东晋南朝，"氓俗巧伪，为日已久，至乃窃注爵位，盗易年月，增损三状，贸袭万端。或户存而文书已绝，或人在而反讬死叛，停私而云隶役，身强而称六疾。编户齐家，少不如此"①。其中情弊，则诚如虞玩之所说，编制版籍之时，"吏贪其赂，民肆其奸"，以致"改注籍状，诈入仕流，昔为人役者，今反役人。又生不长发，便谓为道人，填街溢巷，是处皆然。或抱子并居，竟不编户"②。按乡里组织直接管理编户齐民，征赋课役，实为"民之大纪，国之治端"③，而人民之脱籍如此，版籍之混乱若是，则可谓釜底抽薪，政区制度的基础已遭破坏，严重者乃至无民可牧。

其三，无民可牧，又使荒郡增多。此类荒郡"有名无民，曰空荒不立"，又何论县邑的充实！至于"山川险远，职贡罕通"的那些边州郡县，也往往是空存名称而已。

其四，侨州郡县在本来意义上是没有实土的，"散居无实土，官长无廨舍，寄止民村"④，便是其形象的写照。经过土断，这种情况自是大有改观；然而尽管屡行土断，仍有相当数量的侨州郡县未经土断，没有实土。这类没有实土的侨州郡县，虽有州郡县之名但无土地之实，虽有官长但无廨舍，如此建置，怎不令政区制度日趋紊乱？

其五，侨置、滥建，加上户口寡少等原因，又使二州二郡合治一地，成为一个行政单位，即所谓的"双头州郡"⑤。如齐时青冀二州仅领四郡，东莞、琅邪二郡才领三县，宜其合之为一也。及至萧梁，双头郡更有仅辖一县者，如新蔡、南陈留二郡领鲖阳一县。以二郡而才有一县，无怪今人发出"县令何太苦，郡守何太闲"的感叹⑥。

其六，上述种种，进而使得各级政区的统隶关系渐渐变更，一些州、郡、县的幅员与人口规模缩减到了最低极限。按州必统郡，郡必辖县，这是自东汉末年州郡县三级制成立以来不可变更的成规。而宋时已多有无县可属之郡，齐时这种情况尤为习见，梁、陈竟有州不领郡、郡不领县者。按总南北朝末年统

---

① ② ③ 《南齐书》卷34《虞玩之传》，中华书局，1972年。
④ 《南齐书》卷14《州郡志》。
⑤ 胡阿祥《述东晋南朝侨州郡对当时政区之影响》(《中国古中世史研究》第18辑，韩国·中国古中世史学会，冠岳社，2007年)认为："双头主要起于侨置，双头州郡之组合变迁既与侨州郡的兴废迁徙等密切相关，双头州郡的地理分布，即西自巴蜀、汉中，东及长江南北，北达青齐、淮北的分布形势，也与东晋南朝侨州郡的分布形势颇相一致。"
⑥ 顾颉刚、史念海：《中国疆域沿革史》，商务印书馆，1999年，第123页。

计,州 250 余,郡 600 余,县近 1 600①,以较西晋末年的 21 州、近 200 郡国、近 1 300 县,则此时的州已从实质上等同于彼时的郡。本来,按照州郡县三级政区制度的理想设计,州以承上,执行中央之政令,县以亲民,平狱讼,督赋役,郡居其间,承上启下,节制一方。此时州既大小不伦,小州辖地不及旧日一郡,县又领民不多乃至无民可牧,则郡级已经失去了存在的必要,太守渐成闲员;州郡县三级制至此也是穷途末路,必须改弦更张了。

然而,对于当时的中央政府与地方统治者来说,这样的政区建置状况与政区制度混乱,尽管已属穷途末路,却也是积久成俗、积重难返、莫之奈何,因为改弦更张所涉及的政治成本与社会成本太大,严重者还会导致政局的动乱与社会的动荡,以此,其彻底的"革命",有待新的势力特别是新的王朝,而非一以贯之、递嬗相承的东晋、宋、齐、梁、陈本身。历史提供了这样的机会。取北周而代之的隋朝,开国之初的开皇三年(583),即罢诸郡。《隋书》卷 46《杨尚希传》记其事曰:

> 尚希时见天下州郡过多,上表曰:"……窃见当今郡县,倍多于古,或地无百里,数县并置,或户不满千,二郡分领。具僚以众,资费日多,吏卒人倍,租调岁减。清干良才,百分无一,动须数万,如何可觅?所谓民少官多,十羊九牧。……今存要去闲,并小为大,国家则不亏粟帛,选举则易得贤才。敢陈管见,伏听裁处。"帝览而嘉之,于是遂罢天下诸郡。

隋又整顿县以下的基层组织。《隋书》卷 24《食货志》云:

> 及颁新令,制人五家为保,保有长。保五为闾,闾四为族,皆有正。畿外置里正,比闾正;党长,比族正。

及至开皇九年(589)隋灭陈,南方政区也进行了同样的改革:废郡存州、以州统县;地方设党、里、保,以相检察。至此,自东汉末年以来相沿 400 年之久的三级制回复为二级制;大业三年(607),隋炀帝又大举并省州县,并改州为郡,以郡统县②。并省以后,全国仅存 190 郡、1 255 县,其政区数目也近于天下分裂前的东汉(如永和五年的 106 个郡级政区、近 1 200 个县级政区)与西晋(如

---

① 按东晋南朝时代北方政区的增置滥置,也毫不逊色于南方。如《北齐书》卷 4《文宣帝纪》(中华书局,1972 年)北齐天保七年(556)省并州郡县诏云:"魏自孝昌之季,数钟浇否,禄去公室,政出多门……昧利纳财,启立州郡。……牧守令长,虚增其数。要荒之所,旧多浮伪,百室之邑,便立州名,三户之民,空张郡目。……循名督实,事归乌有。"再看具体政区数量,据《魏书·地形志》所记,有州 113、郡 519、县 1 352。《隋书》卷 29《地理志》(中华书局,1973 年)称北周大象二年(580),"通计州二百一十一、郡五百八、县一千一百二十四",陈亦"州有四十二,郡唯一百九,县四百三十八"。
② 此次改州为郡,易其名称而已,实质上"于制度之更易,疆域之变迁无与也"(顾颉刚、史念海:《中国疆域沿革史》,第 126 页)。

西晋末年的近 200 个郡国、近 1 300 个县)。

重建统一的隋朝之大力整顿政区建置与全面改革政区制度,使得政区面貌焕然一新,迥然有别于分裂的东晋十六国南北朝,而隋所禅代的北周及其前的北齐、东魏、西魏、北魏以及十六国,隋所征服的陈朝及其前的梁、齐、宋、东晋,种种特殊的、混乱的、随宜的政区建置与政区制度,也因此宣告终结。

三、关于三国两晋南朝政区的若干思考

1 400 多年前隋朝的统一,宣告了历经演变、延续 400 年之久的三国两晋南朝政区建置与政区制度的终结。然则三国两晋南朝政区的研究,除了其本身的学术意义外,其间的经验值得我们汲取,其间的教训值得我们借鉴。因为归根结底,历史研究其实无关古人旧事,古人故矣,旧事往矣,所以我们追问历史的终极目的,应该还是着眼于未来的发展吧!

历朝历代,"辨方正位,体国经野,设官分职",都是统治者首要的大事,地方政府施政区域——政区的建置与政区制度的设计,也因此成为治理百姓、巩固统治的直接需要与重要手段。以言三国两晋南朝的政区建置与政区制度,处于由盛汉型向盛唐型的过渡阶段①,既不同于前此之秦汉,也不同于后此之隋唐,并异于同时之北方十六国北朝政权。而这过渡阶段的三国两晋南朝政区,确有不少的经验值得我们关注。比如其时多特殊政区,这些特殊政区的成立又各有其必要性②。比如古代中国行政区划的三大原则,即总括人口原则、行政区与自然区重合原则、便宜赋税征收原则③,在其时没有得到完全的贯彻,或者说其时主动、被动地对之进行了变通。虽然总括人口原则在郡县两级政区划分时,行政区与自然区重合原则(又称山川形便原则)在州级政区划分时,便宜赋税征收原则在县及县以下基层政区划分时,尚具有较多的兑现机会;少数都督区、部分州的划分却有意采用犬牙交错原则,以防止地方割据,便于中央控制地方,一些都督区、州、尉部、侨州郡县、双头州郡的设置与划分,则与军事形势及

---

① 严耕望《魏晋南北朝地方行政制度约论》(《大陆杂志》第 27 卷第 4 期,1963 年)指出:"按汉为郡县两级制,郡以仰达君相,县以俯亲民事。而郡府尤为地方行政重心之所在,统地不广,而权力极重,故政令推行可彻底,谋叛中央则未能。此实为一良好制度。唐代前期典型制度亦州以仰达君相,县以俯亲民事。然曰'郡'曰'州',其名不同,唐代州长官之权力亦视汉代郡守为小弱,而州之上又有虚名统辖之都督,此其异耳。而尤要者,州府内部组织,上佐曰长史、司马,诸曹曰参军,与汉代郡府之置丞尉掾史者固异,与汉代州佐称从事者亦殊。而汉世州郡县之属吏由长官自辟用本地人,唐世州县僚佐则由朝廷除授,且大抵用外州县人。此亦殊异特甚。凡此不同之点甚多,皆由魏晋南北朝三百数十年间逐步自然演变有以致之,非有一人改汉型为唐型者。"
② 详本卷"绪言"之"五"、"六"小节。
③ 详侯甬坚:《古代中国的行政区划原则》,收入所著《历史地理学探索》,中国社会科学出版社,2004 年。

地方分权有关，又有遥领、虚封、侨置与政治因素、正统观念的关系较为密切，而宁蛮府划领郡县以及左郡左县、俚郡僚郡，就主要是境内民族矛盾的产物了①。

政区可以"一国多制"，原则可以适时变通，三国两晋南朝政区建置、政区制度的诸多特点，其实正决定于其时的社会背景（如外有异族强敌，内有军人弄权，军政局势迄不能宁等）与特殊国情（如侨流人口的众多，民族关系的复杂，地区开发的加深及地区差异的增大，大批官吏的需要安置等）。但尽管如此，这一时代的政区建置、政区制度在实际运作中还是产生了不少麻烦。本来就不可能有绝无利弊的制度，统治者只是权衡利弊大小而为之，而且制度实行之初，往往利是要大于弊的。由此出发，站在非当事人的今人之立场上，我们"理解的同情"，则三国两晋南朝政区所引发出的弊端，尤其值得注意者有以下几个方面：

其一，外重内轻，必然导致割据与动乱。

按汉制"外轻内重"，其时郡太守地位很高，但郡的幅员小、人口少、财力薄，难以形成割据局面；又州的幅员虽大、人口虽多、财力虽厚，但州是监察区，刺史为监察官，也不易造成分裂。及至东汉末年，州由监察区变为行政区，州牧刺史由监察官变为地方最高行政官，于是外重内轻局面逐渐形成。又汉末大乱，乃有都督制度的兴起。此本为统军而设，然而军事时期，军权高于一切，都督既握军权，势必凌驾刺史，以军干政，侵夺刺史职权。三国时已有都督兼领州牧，内亲民事，外领兵马；到了西晋末年，都督例兼治所之州刺史，而且能够控制治所以外诸属州，东晋南朝相承不改。都督制度及地方政权双轨制②更加剧了外重之局。这些都督刺史统辖数州，上马管军，下马管民，自辟属吏，荐用僚佐，拥带部曲为私人武力③。以此，都督刺史遂成为把持地方政治、影响中央政局的一股重要力量④。如在地方，都督刺史往往形成割据，而且彼此之间争斗不已；对于中央，则造成"藩伯强盛，宰相权弱"⑤的局面，并导致内外

---

① 及齐梁以后，由于政区的不断分割，境域的直线下降，政区划界遂无一定的规律与原则可寻。

② 所谓地方政权双轨制，即州、郡开府者，长官虽为一人，僚佐别为两系（府吏与州、郡吏）；又府吏由中央除授，并以外籍为原则，而州、郡吏则辟用本地人士。

③ 严耕望《魏晋南北朝地方行政制度约论》引四川云阳梁鄱阳王萧恢题名碑云："鄱阳王任益州，军府五万人从此过。"此即萧恢由荆州刺史转益州刺史时所自随之部曲。

④ 毛汉光《中国中古政治史论》（上海书店出版社，2002年）第六篇《五朝军权转移及其对政局之影响》一文曾论"地理形势使得五朝有同一的苦痛"，即出于攘外的需要，"五朝州刺史大都带有将军号。州刺史带将军号者类皆置府而有军权，其目的即在赋予州刺史御敌之力，不致发生远水不及近火的困窘；不独此也，因一州之力有限，为更有力防御强敌计，五朝沿用曹魏以来的都督制，将数州置于一个都督的统辖之下。……为了面对强敌而增加地方州牧军权，地方军权的增加引起地方割据。……在外重内轻的形势之下，都督刺史军权的转移，直接影响五朝政局与士族及其他阶层力量的增减"。

⑤ 《晋书》卷84《王恭传》。

矛盾、政局动乱乃至改朝换代,如刘裕据京口以篡晋,萧道成据淮阴以篡宋,萧衍据襄阳以篡齐,即为都督刺史势成尾大,举兵向阙而更代。"这种历史更替,充分说明军阀干政对于国家动乱之影响,已成为'历史的惯性'。中国古代的历史,似有这样一个规律:凡出现外重的局面,接着必定是军阀割据一方,于是社会动乱和国家分裂成为不可避免。反之,则社会比较安定,国家统一比较长久。"①

其二,军、政合治,必然导致民刑诸政不修。

按汉代郡县长官之僚佐仅有一个系统。东晋以降,军府形成,其时除单车刺史仅置州吏外,凡刺史加将军者皆得开府置佐,是为军府;刺史兼带护蛮夷校尉等名号者,还得另置校尉府一如军府,则其僚佐更有州吏、府吏与校尉府吏三个系统。又诸郡加督者以及位处军事重地、边控蛮夷者,也多置有军府。军府始置本理军务,原则上不予行政权,地方行政仍归州吏、郡吏,也就是地方上军政两套机构与官职同设并置,文武分职,各司其事。然而积时既久,不独军、政浑然不分,府吏还以亲倖权重,渐夺州吏郡吏职权,于是州吏郡吏退处闲散;又战争频繁的三国两晋南朝时期,军事第一,州郡长官及僚佐多系军人。军人当权,地方行政以为军事服务为中心、为转移,其轻视民刑诸政,是为必然结果。民刑不修,也表现在上述乡里组织的破坏上;而乡里组织既经破坏,户口著籍者寡少,州郡空虚,又动摇了政区制度乃至国家统治的基础。

其三,政区层次过多,政区制度过分不整齐划一,政区建置过滥,必然导致行政效率下降,政区混乱,各级权力衰弱。

按府、州、郡、县,行政层次达到四级,阻隔因之加大,政令不易贯彻,下情也不易上达,中央政府遂不能进行有效的行政管理;三国西晋尤其东晋南朝的特殊政区制度,虽为形势使然,不可妄议,但因之而建置的林林总总的各种特殊政区,却也造成了政区的混乱、系统的复杂,冲击与破坏着正常的政区制度与政区建置;行政区域的亟有分割,隶属关系的多有改变,既使政区的历史继承性与相对稳定性遭到沉重破坏,政区制度与政区建置走向没落与虚妄,又使各级政区的辖境、统隶、领户等逐渐失常、失控,地方权力近乎解体,中央集权也因此衰弱。

其四,机构重叠,官吏冗滥,必然导致地方吏治败坏。

按三国西晋尤其东晋南朝时期,依附政区之上的各级地方机构叠床架屋,设官置吏大多相似,于是职责不清,上下推诿;又官吏数目极为庞大,如宋永初

---

① 王超:《我国封建时代中央与地方关系述论》,《中国社会科学》1983年第1期。

二年(421),"初限荆州府置将不得过二千人,吏不得过一万人;州置将不得过五百人,吏不得过五千人。兵士不在此限"①。此项限制之数目已经极为惊人,况且平时必逾此数。下至小州,州府吏员各近千;郡县吏员也必不少。盖政局不安,地方政治为豪族所把持,地方长官又有很大的用人权②,吏员猥多不足为怪。然而长官及吏员每有食禄而不任事者,或优游岁月、风雅山水,或只以聚敛搜括为意。以言聚敛搜括,如当时"南土沃实,在任者常致巨富,世云'广州刺史但经城门一过,便得三千万'也",南齐王琨为广州刺史,"无所取纳,表献禄俸之半。……及罢任,孝武知其清,问还资多少,琨曰:'臣买宅百三十万,余物称之。'帝悦其对。"③清者如此,浊者可知! 其时官吏之贪婪,史不绝书,习以为常④。而大族子弟、寒门庶姓既多谋求地方权位,为着利益均沾,于是乃有任期制度的确立。《南史》卷77《恩倖·吕文显传》:"晋、宋旧制,宰人之官,以六年为限。近世(永明)以六年过久,又以三周(即三年)为期,谓之小满";齐建武三年(496),"诏申明守长六周之制,事竟不行"⑤。按此本良制,官有任期,则安于职守,有裨政务之推广,又可防止刺史、守、令成为地方恶势力;然而事实上却走向了反面。"选举惟以恤贫为先,虽制有六年,而富足便退"⑥,于是任期转而成为地方官汲汲于尽快尽量搜括的动力,又使选代频繁,迎来送往,浪费了大量的人力物力。吴孙皓时,"州县职司,或莅政无几,便征召迁转,迎新送旧,纷纭道路,伤财害民,于是为甚"⑦;及东晋时,情况更为严重,"长吏轻多去来,送故迎新,交错道路",乃至地方上专拨送迎钱,专置送迎

---

① 《宋书》卷3《武帝纪》,中华书局,1974年。
② 余行迈、魏向东《六朝地方官制述论》(《苏州大学学报》1990年第1期):"地方佐吏除了州之上纲与郡、县之上佐由朝廷除授外,其他内外诸职基本上由各级长官自行辟用。其掌军者所设军府佐吏虽说应由朝廷除授,但府主有推荐权,且可直接版授参军。州郡长官所辟属吏多是本籍人,多为大族子弟,因而地方行政难免为大族把持,由此而形成地区性的地方实力集团。"
③ 《南齐书》卷32《王琨传》。
④ 举个极端的例子。《梁书》卷28《鱼弘传》全文如下:"鱼弘,襄阳人。身长八尺,白皙美姿容。累从征讨,常为军锋,历南谯、盱眙、竟陵太守。常语人曰:'我为郡,所谓四尽:水中鱼鳖尽,山中獐鹿尽,田中米谷尽,村里民庶尽。丈夫生世,如轻尘栖弱草,白驹之过隙。人生欢乐富贵几何时!'于是恣意酣赏,侍妾百余人,不胜金翠,服玩车马,皆穷一时之绝。迁为平西湘东王司马、新兴永宁二郡太守,卒官。"
⑤ 《南史》卷5《齐本纪》,中华书局,1975年。
⑥ 《晋书》卷75《范宁传》。
⑦ 《三国志》卷61《吴书·陆凯传》。按所谓"迁转"者,也为地方官任用制度,如梁武帝著令"小县有能,迁为大县;大县有能,迁为二千石"(《梁书》卷53《良吏传·序》),即为县令长迁转制度。从制度上讲,迁转本为经世良法,即以县令长的迁转来说,究其意旨在奖掖贤能,盖令长为亲民之官,一经宰县,既深知民事,复具丰富的行政经验,然后提拔为高一级地方官,自能政通事举,少有窒碍。然而事实上因为任用滥,迁转也失其效。

吏,"受迎者惟恐船马之不多,见送者惟恨吏卒之常少。穷奢竭费谓之忠义,省烦从简呼为薄俗,转相放效,流而不反"①。如此种种,遂使吏治日坏,而又无完善的地方监察制度以弹纠、肃清、惩处之②,于是吏治更为败坏。吏治败坏又影响了地方行政,加深了政治危机。

然则诸如此类的经验与教训表明,政区建置与政区制度的得当与否,不单直接影响到地方政府的行政管理,而且确实关系到国家的巩固、民族关系的演变以及社会经济文化的发展。三国两晋南朝时期是这样,当今自然也不例外。

四、政治地理之典型案例:东晋南朝地方州镇分析

如上所述,若以政区建置与政区制度两者相互印证、解说与评价,则三国两晋南朝政区演变的基本轨迹是,由于政区建置的不断走向增滥,导致了政区制度陷入混乱、失常状态,乃至步入虚妄的境地,并最终葬送了多种政区制度。而由这样的"表象"继续深入下去或推扩开来,以本卷之疆域变迁、政区制度的概述与各朝具体的府州郡县的考说为基础素材,发掘与考量并不贫乏的文献记载,更有诸多的政治地理问题以及相关问题③值得我们探讨。姑举三段史料为例。

例一,《三国志》卷60《吴书·吕岱传》:

> 交阯太守士燮卒,权以燮子徽为安远将军,领九真太守,以校尉陈时代燮。岱表分海南三郡为交州,以将军戴良为刺史,海东四郡为广州,岱自为刺史。遣良与时南入,而徽不承命,举兵戍海口以拒良等。岱于是上疏请讨徽罪,督兵三千人晨夜浮海。……过合浦,与良俱进。徽闻岱至,果大震怖,不知所出,即率兄弟六人肉袒迎岱。岱皆斩送其首。徽大将甘醴、桓治等率吏民攻岱,岱奋击大破之,进封番禺侯。于是除广州,复为交州如故。

按黄武五年(226)孙权分交州置广州,并强行改派士徽(士燮之子,其时已自署交阯太守,以袭父职)领九真太守,是意在激起士徽的反叛,进而剿灭士氏,以

---

① 《晋书》卷82《虞预传》。
② 中央监察机构御史台只是不定期地派遣御史出巡,而无经常性的措施。及宋末齐世,乃以府吏中不登流品的典签监督刺史,此辈本为亲倖小臣,人微易忌,放诞恣纵,不顾大体,于是乃有宗室屠戮、政出多途、事权不一等后果。
③ 所谓相关问题,如三国两晋南朝时期之正统观念、人口迁移、民族政策、胡汉分治、侨旧关系、世族权力、军事形势、经济开发、地域意识等因素,对于政区制度创立、调整、流变乃至破坏、消亡的作用,以及给予具体的政区建置的影响。

改变汉末以来形成的士氏家族掌控岭南的局面①。而当这种企图达成以后，乃"除广州，复为交州如故"。如此，孙权的这次分交州置广州，可谓典型的通过改变政治地理格局，以求处理政治难题的实例。

例二，《晋书》卷84《殷仲堪传》：

> 尚书下以益州所统梁州三郡人丁一千戍汉中，益州未肯承遣。仲堪乃奏之曰："夫制险分国，各有攸宜，剑阁之隘，实蜀之关键。巴西、梓潼、宕渠三郡去汉中辽远，在剑阁之内，成败与蜀为一，而统属梁州，盖定鼎中华，虑在后伏，所以分斗绝之势，开荷戟之路。自皇居南迁，守在岷邛，衿带之形，事异曩昔。是以李势初平，割此三郡配隶益州，将欲重复上流为习坎之防。事经英略，历年数纪。梁州以统接旷远，求还得三郡，忘王侯设险之义，背地势内外之实，盛陈事力之寡弱，饰哀矜之苦言。……苟顺符指以副梁州，恐公私困弊，无以堪命，则剑阁之守无亿柝之储，号令选用不专于益州，虚有监统之名，而无制御之用，惧非分位之本旨，经国之远术。谓今正可更加梁州文武五百，合前为一千五百，自此之外，一仍旧贯。设梁州有急，蜀当倾力救之。"书奏，朝廷许焉。

按在东晋太元年间都督荆益宁三州军事、荆州刺史、镇江陵的殷仲堪看来，如果"定鼎中华，虑在后伏"，巴西、梓潼、宕渠三郡可属北方的梁州，而当"皇居南迁，守在岷邛"之时，由于"剑阁之隘，实蜀之关键"，此三郡又"去汉中辽远，在剑阁之内"，自应配隶南方的益州。盖按照政治地理思维，定鼎长江下游的政权，需要长江中上游的缓冲地带，长江上游的巴蜀之地，又需要汉中的屏蔽、剑阁的隘险，这就是"制险分国，各有攸宜"的原理②。

例三，《南齐书》卷14《州郡志》南豫州条：

> 永明二年，割扬州宣城、淮南，豫州历阳、谯、庐江、临江六郡，复置南豫州。四年，冠军长史沈宪启："二豫分置，以桑堁子亭为断。颍川、汝阳在南谯、历阳界内，悉属西豫，庐江居晋熙、汝阴之中，属南豫。求以颍川、汝阳属南豫，庐江还西豫。"七年，南豫州别驾殷弥称："颍川、汝阳，荒残来久，流民分散在谯、历二境，多蒙复除，获有郡名，租输益微，府州绝无将吏，空受名领，终无实益。但寄治谯、历，于方断之宜，实应属南豫。二豫

---

① 关于汉末以来形成的士氏家族掌控岭南的局面，详胡阿祥：《六朝疆域与政区研究》，第53—56页。
② 详胡阿祥：《东晋南朝的守国形势——兼说中国历史上的南北对立》，《江海学刊》1998年第4期。

亟经分置，庐江属南豫，滨带长江，与南谯接境，民黎租帛，从流送州，实为便利，远逾西豫，非其所愿，郡领灊、舒及始新左县，村竹产，府州采伐，为益不少。府州新创，异于旧藩。资役多阙，实希得庐江。请依昔分置。"尚书参议："往年虑边尘须实，故启回换。今淮、泗无虞，宜许所牒。"诏"可"。

按此段争议的关键，其实不在"空受名领，终无实益"的颍川、汝阳两个侨郡，而在江淮之间、可此可彼的庐江实郡。以淮域为主的豫州希望得到庐江郡，是因此郡居于辖下的晋熙、汝阴二郡之间，故从地理形势与方便治理言，本来就应该划归豫州；而以江域为主的南豫州不愿放弃庐江郡，则是看重了其租帛、竹产等资源以及这些资源"从流送州，实为便利"的交通条件。换言之，庐江郡在豫州与南豫州之间归属的游移不定，涉及了自然形势、资源物产、水陆交通、政区划界等诸多的政治地理问题。

然则通过以上所举三例，我们已经不难感触到三国两晋南朝政治地理领域的广泛与有趣。其实早在1999年，周振鹤发表的《建构中国历史政治地理学的设想》一文中，就提出了"中国历史政治地理学的研究在行政区划方面"应该包括"三个部分或者说三个步骤的内容"，首先，"复原疆域政区历史变迁的全过程"，即以"沿革表、历史地图与沿革史的撰写与编绘"等形式，开展通代与断代疆域政区地理的研究；其次，"就疆域政区本身的要素"，诸如政区结构、幅员、边界等，"进行分解式的以及政治学角度的研究"；第三，"研究政治过程对地理区域变迁的影响"，又包括政治地理格局的调整、对行政区域要素的调整、政治过程的决定性作用等方面[1]。而衡之以本卷百余万字的内容，所致力者还仅仅大体属于周先生所说的第一个部分或第一个步骤。考虑及此，这里试以本卷第二编为基础素材，选择东晋南朝地方州镇为例，分析其与疆域变迁、内部纷争的关系，既以殿本卷，也作为将来或当从事的"魏晋南北朝政治地理研究"课题的开篇。

何谓东晋南朝的地方州镇？《魏书》卷33《张济传》：

> 济自襄阳还，太祖问济江南之事，济对曰："司马昌明死，子德宗代立，所部州镇，迭相攻击，今虽小定，君弱臣强，全无纲纪。……"

按太祖拓跋珪"问济江南之事"，发生在北魏天兴二年（399）张济出使东晋还。

---

[1] 周振鹤：《建构中国历史政治地理学的设想》，《历史地理》第15辑，上海人民出版社，1999年。

此处之"州镇",也可称为方镇、藩镇、军州,一般多是都督兼要州刺史者①。当东晋南朝时代,地方州镇不仅是理解内部纷争的一个关键,也是影响疆域变迁的重要因素;又推而言之,东晋南朝地方州镇与内部纷争、疆域变迁的关系,作为中原王朝外重内轻政局的一个典型,也是颇具研究意义的。

东晋南朝之地方州镇,有所谓"莫过荆、扬"的说法②。《宋书》卷66《何尚之传》:

> 荆、扬二州,户口半天下。江左以来,扬州根本,委荆以阃外。

《宋书》卷66"史臣曰"发挥之云:

> 江左以来,树根本于扬越,任推毂于荆楚。扬土自庐蠡以北,临海而极大江。荆部则包括湘、沅,跨巫山而掩邓塞。民户境域,过半于天下。晋世幼主在位,政归辅臣,荆、扬司牧,事同二陕③。宋室受命,权不能移,二州之重,咸归密戚。

又《宋书》卷54"史臣曰":

> 江南之为国盛矣!虽南包象浦,西括邛山,至于外奉贡赋,内府充实,止于荆、扬二州。……荆域跨南楚之富,扬部有全吴之沃。

而荆、扬比较,荆州居建康上游,甲兵所聚,为用武之国;扬州乃王畿之地,谷帛所出,是文治之邦。所以荆州的军力更在扬州之上,以此荆州影响中央与地方之关系及疆域之伸缩甚大。如晋自南渡以后,"享国百年,五胡云扰,竟不能窥江汉;苻坚以百万之众,至于送死肥水"④,就是因为寄大权于州镇,州镇之任又莫过荆州。然而另一方面,荆州在东晋内部纷争中的地位也极为重要。荆州"刺史常都督七、八州",因此有荆州即等于割江左之半,其都督刺史据上游,握强兵,遥制朝权,甚至称兵作乱,谋夺中央政权。这种外重之局,又

---

① 清官修《历代职官表》卷50"总督巡抚·晋":"襄阳、江夏、彭城、广陵、历阳、京口各置名州,为藩镇重寄,当时所谓要州,盖谓此也。"(《四部备要》本)
② 《南齐书》卷15《州郡志》。
③ 《南齐书》卷15《州郡志》:"弘农郡陕县,周世二伯总诸侯,周公主陕东,召公主陕西,故称荆州为陕西也。"
④ 洪迈《容斋随笔》卷8"东晋将相",商务印书馆,1959年,第74页。此条又云:"荆州为国西门,刺史常都督七、八州,事力雄强,分天下半。自渡江迄于太元,八十余年,荷阃寄者,王敦,陶侃,庾氏之亮、翼,桓氏之温、豁、冲,石民,八人而已。非终于其军不辄易。将士服习于下,敌人畏敬于外。"按此前的孙吴,也是大体如此。孙权重视荆州,任荆州者皆为名臣宿将、国家柱石(如周瑜、鲁肃、吕蒙、陆逊),而且多是终身委任,授以全权;每值荆州有事,孙权还常亲自解决,甚至徙都武昌以镇定危疑,所以孙吴荆州形势颇称稳固。荆州稳固,则对外能屡摧大敌,对内可屏蔽建业。而陆抗病卒,荆州既乏将才,又懈武备,于是王濬楼船顺流而下,直逼建业。

予朝廷以莫大的威胁,所以朝廷对荆州每有猜防,庾翼、桓温欲以荆州之资北伐中原,均归无功,其原因就在于朝廷阻挠以败其事①。而且不仅外不能攘,中央与荆州的相互疑忌,也酿成了王敦的问鼎之心,桓玄的卒以篡晋,结果内也不能安。

东晋的这种"荆扬之争",几乎与国始终。及至刘裕凭借北府兵力相晋后,即诛讨了都督荆宁秦雍交广六州、司州之河东河南广平、扬州之义成四郡诸军事、荆州刺史刘毅。刘裕建宋伊始,又予荆州以多方面的防制:永初二年(421),初限荆州府州将吏数目,使不得自由扩充武力;永初三年,割荆州南部立湘州,以缩小荆州面积;又"以荆州上流形胜,地广兵强,遗诏诸子次第居之"②,以防异姓二心。文帝继承了武帝政策,以宗室出镇荆州,元嘉二十六年(449)又割荆州北部襄阳等郡为雍州。然而宗室过久其任,也生不端,孝武帝时刘义宣即以荆州发难,于是孝武改易"诸子次第居之"的高祖遗诏,并继续分割荆州,以东部及南部地立郢州,又罢南蛮校尉③。到了昇明元年(477),荆州刺史沈攸之反,东、北两面即因受郢、雍二州的牵制而迅速败灭。至于萧齐,连宗室也不敢相信了,更加重典签之权,用以钳制出镇诸王④,由是终萧齐之世,荆州相当稳定。

按荆州的连续分割,多方防制,使之"因此虚耗"⑤;而"藩城既剖,盗实人单,阃外之寄,于斯而尽"⑥,于是荆州于大局无关轻重,其地位为雍州所取代。

雍州是割荆州北部地成立的,位当南北冲要,其治所襄阳又是军事重镇,故宋末萧道成"将受禅……以襄阳兵马重镇,不欲处他族",出太子萧长懋"为持节、都督雍梁二州郢州之竟陵司州之随郡军事、左中郎将、宁蛮校尉、雍州刺史"⑦。及至萧齐,雍州地位已经驾乎荆州之上,足以制御荆州。齐末萧衍起

---

① 如桓温伐前燕,"众强士整,乘流直进",而申胤料其必败,"何则?晋室衰弱,温专制其国,晋之朝臣未必皆与之同心,故温之得志,众所不愿也,必将乘阻以败其事"(《资治通鉴》卷102太和四年,中华书局,1956年)。
② 《宋书》卷68《刘义宣传》。
③ 按荆州内怀百蛮,故荆州除了军府之外,另设南蛮校尉,以镇抚蛮族。荆州军府及南蛮校尉府兵力雄厚,及罢南蛮校尉,荆州军备也告削弱。
④ 《资治通鉴》卷139建武元年:"初,诸王出镇,皆置典签,主帅一方之事,悉以委之。时入奏事,一岁数返,时主辄与之间语,访以州事,刺史美恶专系其口,自刺史以下莫不折节奉之,桓虑弗及。于是威行州部,大为奸利。……竟陵王子良尝问众曰:'士大夫何意诣签帅?'参军范云曰:'诣长史以下皆无益,诣签帅立有倍本之价。不诣谓何!'子良有愧色。及宣城王诛诸王,皆令典签杀之,竟无一人能抗拒者。"
⑤ 《宋书》卷66《何尚之传》。
⑥ 《宋书》卷66"史臣曰"。
⑦ 《南齐书》卷21《文惠太子传》。

兵时即自诩:"荆州本畏襄阳人。……我若总荆、雍之兵,扫定东夏,韩、白重出,不能为计。"①萧颖胄当时行荆州刺史,其僚佐席阐文亦谓:"萧雍州蓄养士马,非复一日,江陵素畏襄阳人,人众又不敌。"②以此萧衍举事,荆州不敢不从,而郢州更不敌雍、荆之众,萧衍因之取天下。据此可知,雍州军力已经冠于西部诸州。到了梁末,雍州刺史萧詧"以襄阳形胜之地,又是梁武创基之所,时平足以树根本,世乱可以图霸功,遂克己励节,树恩于百姓,务修刑政,志存绥养"③,乘侯景之乱,引西魏兵攻陷江陵,杀原荆州刺史梁元帝萧绎,而梁祚遂亡。萧詧既杀萧绎,立国于江陵而为西魏藩臣,西魏则自取襄阳,于是长江之险,与北朝共之,陈画江为守,荆州治所迁至江南之公安。

本来,政区幅员的增减是可以作为一种政治地理手段来使用的,然而分荆置雍,却是弊多于利。盖分置以后,对内未必能制止州镇反抗中央的气焰,对外却因雍州实力比不上东晋的荆州而难以独立御侮④,加之荆、雍的互为防制,于是南朝自宋以后,对北方转采较为消极保守的态度,南北战争中也多处于败北的地位,疆域遂为北朝逐渐蚕食,是以宋初最大,齐、梁稍蹙,陈则极小,终为北方杨隋所灭。

长江中游的州镇是先荆州后雍州,至于长江下游州镇,始终以扬州最为重要。扬州"京辇神皋","望实隆重"⑤,首都建康即居扬州丹阳郡。又"三吴奥区,地惟河、辅,百度所资,罕不自出"⑥;浙东五郡(会稽、东阳、临海、永嘉、新安)也为建康的后方粮仓,以其富足而为政府财政所倚重,尤其是会稽郡,等于"昔之关中",所以"朝廷赋役繁重,吴会尤甚"⑦。

扬州的这种政治、经济地位,加上扬州地处远离西、北敌对政权直接威胁的内地,故自东晋以降,扬州就成为一个文治区域,而明显区别于荆、雍的以武勇见长。如"其地不设军府,建康仅有宿卫京师的左、右卫军,称为台军……扬州之域不准挟藏武器……吴会地区自然没有兵器铠甲",其造成的结果是"建康的防卫力极为薄弱,每不能抵挡叛军的攻势。……'三吴内地,非用兵之所',兵多不习战,常不敌贼寇的侵扰……而三吴为六朝之财赋要地,此一地区

---

① 《梁书》卷1《武帝纪》。
② 《梁书》卷10《萧颖达传》。
③ 《周书》卷48《萧詧传》,中华书局,1971年。
④ 如宋时,大凡有事,不得不将江、湘资力悉给雍州,《宋书》卷79《竟陵王诞传》:"上欲大举北讨,以襄阳外接关、河,欲广其资力,乃罢江州军府,文武悉配雍州,湘州入台税租杂物,悉给襄阳。"
⑤ 《南齐书》卷14《州郡志》。
⑥ 《南齐书》卷40《竟陵王子良传》。
⑦ 《晋书》卷77《诸葛恢传》,卷80《王羲之传》。

的破坏,亦即削弱江左的国力。陈室不振,实和三吴地区经过梁末侯景之乱的摧残,未能恢复,有密切的关系";又政治中心在扬州,"易疏忽边防,又因远离敌境,亦易生苟安心理,故(对外)采取消极退守的政策",对内则扬州在荆、扬之争中常处于下风①。

扬州既为政治、经济中心,又是文治区域,所以中央一般可以控制扬州,而权臣逆贼欲行禅代篡位者,也必须最后控制建康以至扬州,借京畿形势来号令全国。东晋时,扬州刺史往往由宰相兼领;与荆州一样,其大权多操于王、庾、桓、谢诸大族之手,司马氏皇室则始终不振②。大族之间又彼此矛盾,互相斗争。及至出身寒微的刘裕篡晋建宋,力图改变大族左右皇室的局面,以"扬州根本所系,不可假人"③,多以皇子宗室任扬州刺史,与荆州之任皇子宗室相同。齐、梁、陈也多以近支宗室刺扬州。扬州及荆、雍等州镇由皇子、宗室所控制,世家大族的军事实力与政治力量因之大为削弱,"此所以宋齐时地方起兵夺取中央政权者,非复昔时之世家大族,而为宗室诸王……(或)二流侨姓之握兵权者"④。另外,与荆州渐被分割一样,扬州割裂亦甚:西晋既割扬州西部及南部立江州,东晋义熙中又割扬州长江以西、大雷以北悉属豫州;宋永初三年分淮东为南豫州,大明中再割扬州江南之淮南、宣城二郡属南豫州;又宋元嘉中割扬州晋陵郡为南徐州实土,治京口,孝建初孝武帝复分扬州浙东五郡为东扬州,治会稽。分割扬州的原因,则在于"恶其强大","欲以削臣下之权";而既经分割,扬州也"因此虚耗"⑤。

扬州既文弱虚耗,在平衡上下游关系的过程中,江州、郢州、豫州的地位遂

---

① 本段引文,见刘淑芬:《建康与六朝历史的发展》,《大陆杂志》第66卷第4期,1983年。
② 《魏书》卷35《崔浩传》(中华书局,1974年):"僭晋卑削,主弱臣强,累世陵迟,故桓玄逼夺,刘裕秉权。"又《晋书》卷117《姚兴载记》记东晋人韦华奔后秦,论晋朝政化风俗云:"晋主虽有南面之尊,无总御之实,宰辅执政,政出多门,权去公家,遂成习俗。刑网峻急,风俗奢宕。"
③ 《宋书》卷42《刘穆之传》。
④ 周一良:《魏晋南北朝史札记》之"《晋书》札记·东晋南朝地理形势与政治"条,中华书局,1985年,第81页。
⑤ 《宋书》卷66《何尚之传》。又《资治通鉴》卷128孝建元年:"初,晋氏南迁,以扬州为京畿,谷帛所资皆出焉;以荆、江为重镇,甲兵所聚尽在焉;常使大将居之。三州户口,居江南之半,上恶其强大,故欲分之。癸未,分扬州浙东五郡置东扬州,治会稽;分荆、湘、江、豫州之八郡置郢州,治江夏;罢南蛮校尉,迁其营于建康。……既而荆、扬因此虚耗。尚之请复合二州,上不许。"李焘:《六朝通鉴博议》卷7(南京出版社,2007年,第225页)于此议论曰:"晋氏南迁,以扬州为腹心,荆、江为臂肘,积货财,聚甲兵,使之常重,势当然也。当无事之时,使强藩悍将,内有所畏;当有事之际,使腹心屏翰,外有所恃,此实经久不易之道。而刘氏父子,偷目前之利,破长久之规。文帝虚心事外,而江州之文武罢;(孝)武帝强支弱干,而荆、扬之势分。其后明帝之乱,会稽遂为贼境,而朝廷所保,仅百余年;齐之末,萧氏弟兄亦欲联郢、雍以图天下。虚心腹,肥支体,遂为后世深患,可不戒夫!"

日渐重要起来。如前所述,自从晋室南渡,长江一线形成荆、扬两大中心,而江州居荆、扬之间,遂成"中流衿带"①,东西锁钥,"国之南藩,要害之地"②。如东晋时,东西均势的转变常系于江州,若江州合于荆州,则对下游的优势更会加大,建康将只有仰其鼻息以图存;反之,若江州控制在建康朝廷之手,则荆州州镇有可能受制于建康,"故荆、扬争衡得江州者恒胜,此殆终南朝不变之局也"③。又江州治所屡次转移于寻阳、豫章二郡之间,也与当时上下游之争有关。荆州既为重兵强将镇守之地,中央若猜忌江州刺史,则多徙治豫章;若防范上游藩镇拥兵割据,则迁治寻阳极为必要。盖自军事意义言,寻阳远较豫章为重要,其地处吴头楚尾的长江中下游之交,为江陵顺流下临建康的必经之地,又东带彭蠡,南依鄱阳湖,东有湓浦良港,东北有桑落洲,沿江多矶头,可以泊舟,可以屯兵,又利于扼守。优越的地理位置与险峻的山川形势,遂使寻阳成为东南重镇。

郢州与夏口的地位,则与江州、寻阳相仿佛。按郢州之立,一则"分荆楚之势"④,二则郢州"控带荆、湘,西注汉、沔"⑤,当荆雍、江扬之间,"居上下之中,于事为便"⑥,可以起到平衡东西的作用。郢州治所夏口,何尚之具陈形势曰:"夏口在荆、江之中,正对沔口,通接雍、梁,实为津要。由来旧镇,根基不易。"⑦

又豫州州镇在对外军事与对内政局方面,也具有特殊重要的作用。《南齐书》卷14《州郡志》豫州:

> 义熙二年,刘毅复镇姑熟。上表曰:"忝任此州,地不为旷,西界荒余,密迩寇虏,北垂萧条,土气强犷,民不识义,唯战是习。逋逃不逞,不谋日会。比年以来,无月不战,实非空乏所能独抚。……"时豫州边荒,至乃如此。十二年,刘义庆镇寿春,后常为州治。抚接遐荒,捍御疆场。

又《南齐书》卷14《州郡志》南豫州:

> 建元二年……左仆射王俭启:"愚意政以江西连接汝、颍,土旷民希,匈奴越逸,唯以寿春为阻。若使州任得才,虏动要有声闻,豫设防御,此则

---

① 《南齐书》卷14《州郡志》。
② 《晋书》卷81《刘胤传》。
③ 严耕望:《中国地方行政制度史》上编卷中之上《魏晋南朝地方行政制度》,台北,中研院历史语言研究所,1963年,第47页。
④⑥ 《南齐书》卷15《州郡志》。
⑤ 《梁书》卷1《武帝纪》。
⑦ 《宋书》卷66《何尚之传》。

不俟南豫。假令或虑一失,丑羯之来,声不先闻,胡马倏至,寿阳婴城固守,不能断其路,朝廷遣军历阳,已当不得先机。戎车初戒,每事草创,孰与方镇常居,军府素正。临时配助,所益实少。安不忘危,古之善政。所以江左屡分南豫,意亦可求。……"

按此是就豫州、南豫州抗御北寇而言的;在内部纷争中,则豫部的作用在于防备上游权臣的兴师东下,或者平衡上下游之间的轻重。豫部之地东逼下游首都建康,西拒上游军事重镇,抵淮跨江,名川四带,既有舟楫之利,又有重险之固,既可以阻断南北,也足以控扼东西,于是成为建康的西藩,地位极为显要;又豫部境内,芜湖、姑熟、历阳等地俱为沿江重镇,是控扼江道的咽喉。如果豫部为上游重镇如东晋的荆州、江州或刘宋的荆州、郢州、江州的权臣甚至不轨之臣所控制,则对下游建康的压力将直接增大,中央政权即处于极为不利的境地。

按荆、雍、江、郢、豫、南豫诸州镇的上述互扼局面,盖为保证扬州的安全,使其在内部纷争中不致被地方权臣所攻取。又扬州对内对外的安全,也与京口、广陵、淮阴等州镇密切相关。如京口"东通吴、会,南接江、湖,西连都邑"①,即处三吴腹地与建康之间,控制着三吴粮食漕运建康的运输线;"宋氏以来,桑梓帝宅,江左流寓,多出膏腴"②,刘裕建功立业,篡晋建宋,所用谋臣武将,即多为京口所在之晋陵郡的徐、兖、青三州侨人;又京口自东晋以来号称"兵可用",自侨置徐州(宋改南徐州并割成实土)以后,徐州遂为捍卫江东的重要州镇。梁末南徐州刺史陈霸先自京口举兵十万,突袭把持建康的王僧辩,终至代梁建陈。又广陵"控接三齐"③,乃守江重镇,东晋侨置兖州(宋改南兖州并割成实土),兖州遂为建康的北门。又淮阴"北对清泗,临淮守险"④,宋泰始失淮北后,于淮阴立兖州。萧道成代宋,即以淮阴为根据地;其在淮阴所援引要结者,多为来自北方聚于其地的"伧楚壮士",后乃成为建立齐朝政权的武力支柱。

除了上述诸州镇外,在东晋南朝时期,随着疆域形势的变化,其他州镇也各有其地位。如湘州,"镇长沙郡。湘川之奥,民丰土闲……南通岭表,唇齿荆区"⑤,"自宋以后,湘州尝为重镇。梁、陈之间力争巴、湘,巴、湘属陈,而江南

---

① 《隋书》卷31《地理志》。
②③④ 《南齐书》卷14《州郡志》。
⑤ 《南齐书》卷15《州郡志》。

始可固"①；又梁州，"镇南郑。……州境与氐、胡相邻，亦为威御之镇"②；又益州，"镇成都。……方面强镇，涂出万里，晋世以处武臣。宋世亦以险远，诸王不牧。……州土瑰富，西方之一都焉"③；至于南土广、交、越、宁诸州，"以其辽远，蕃戚未有居者"④，其在攘外安内等方面的作用，固远不及江域、淮域、汉域诸州镇重要。

按吴廷燮《东晋方镇年表·序》云：

> 东晋疆域，广狭无恒，扬、荆、徐、豫皆为重镇。扬本畿甸，谷帛所出，领以宰辅；荆居上流，甲兵所萃，号曰分陕（督荆、江、雍、梁、益、宁、交、广八州，或六或七，时有增减）；徐曰北府（镇京口，督徐、兖、幽、青），豫曰西藩（镇历阳或寿春，督豫、司、并、冀。此二镇所督，举其多者），江、兖、雍、梁亦称雄据（兖治淮阴或广陵，雍治襄阳，非西朝之兖、雍），益、宁、交、广斯为边寄，冀、幽、青、并名存而已。……会稽内史都督五郡，亦方镇也（军号与诸州略同）。冀、幽诸州，但有侨寄刺史之任，特为虚荣；司、青之属，断续亦多，不复备录。

又周一良《魏晋南北朝史札记》之"《晋书》札记·东晋南朝地理形势与政治"条指出：

> 《隋书·百官志上》载梁天监七年所定十八班，以班多者为贵。当时计分二十三州，各州之别驾从事史俱依州之重要性（同时亦按照任刺史者之地位为皇弟皇子或嗣王庶姓），而属于不同班次。如扬州别驾十班，南徐州别驾八班，以下则荆、江、雍、郢、南兖州别驾为六班，湘、豫、司、益、广、青、衡为五班，北徐、北兖、梁、交、南梁为四班，最后越、桂、宁、霍为三班。各州别驾班次之高下及各州以类相从之组合，皆足以帮助说明，迄梁时为止南朝境内各州重要性及地位之高下。

据周先生"札记"以与吴"序"进行比较、推论，则东晋南朝各别州镇地位的轻重变化，又可大体了然。而所谓州镇地位的轻重变化，依上所述，又密切联系着这些州镇在外部攻守与内部纷争中的作用大小，如此，地方州镇与外部攻守、内部纷争的关系问题，就不仅是理解东晋南朝政局演变、疆域变迁的重要环节，也是更加深入系统地探讨东晋南朝政区以及推而扩之的魏晋南北朝政治地理的重要课题与独特视角了（参见图62）。

---

① 《读史方舆纪要》卷80。
②③ 《南齐书》卷15《州郡志》。
④ 《南齐书》卷14《州郡志》。

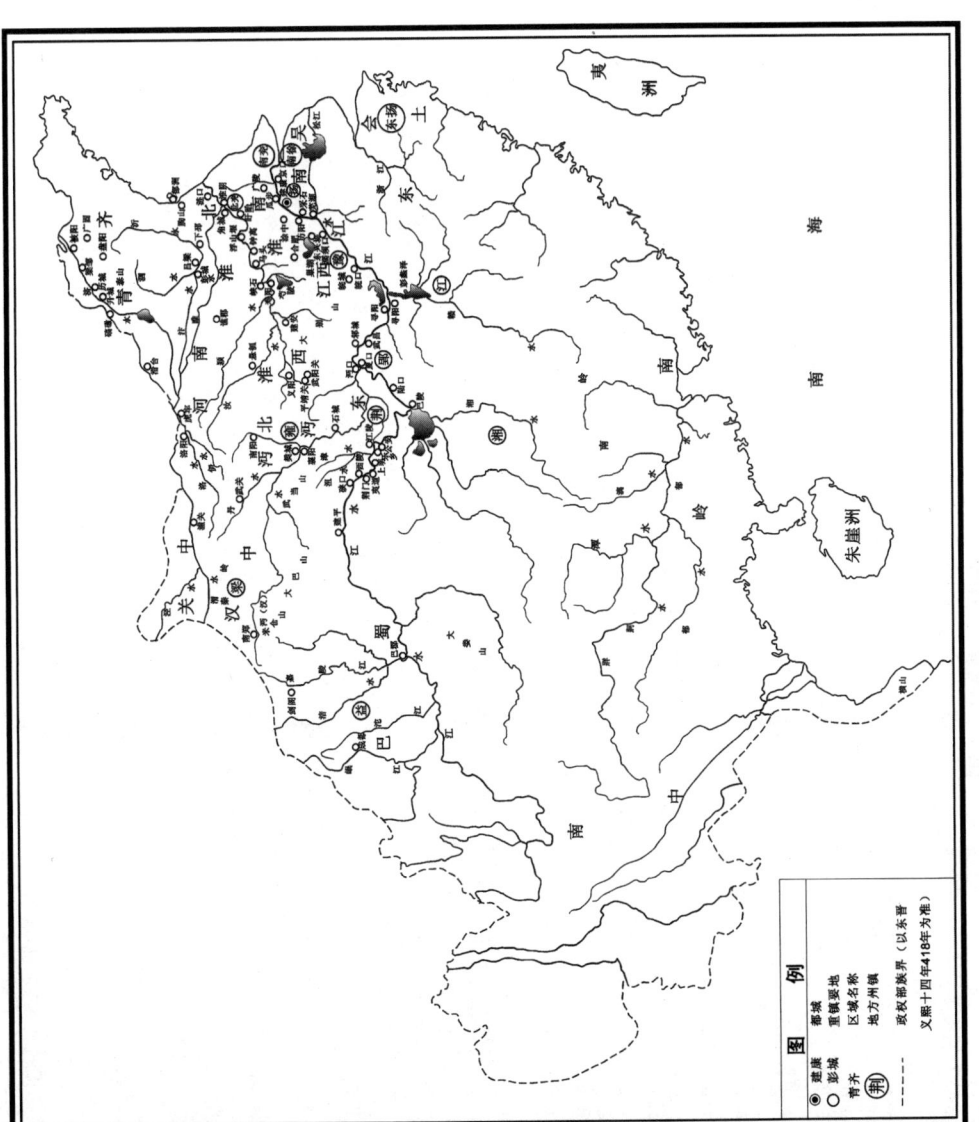

图 62 六朝重镇要地与地方州镇示意图

附录　三国两晋南朝梁齐政区沿革表

一、三国州郡沿革表

1. 曹魏州郡沿革表

司隶部州郡沿革表

年 号	司 隶 部					
黄初元年(220)	河南尹	河东	河内	弘农①	魏郡	
黄初二年					阳平	广平
正始三年(242)	荥阳					
正始九年		平阳				
嘉平初	河南尹废					

豫州州郡沿革表

年 号	豫 州							
黄初元年(220)	颍川	谯郡	鲁国	沛郡	梁国	陈郡	汝南	
黄初中							汝阴	弋阳
景元元年(260)后				沛国				
咸熙元年(264)	颍川	襄城					汝南废	

冀州州郡沿革表

年 号	冀 州										
黄初元年(220)	巨鹿	赵郡	乐陵	安平	博陵	中山郡	勃海	清河	河间	章武	常山	平原
青龙中		赵国				中山国			河间废			

兖州州郡沿革表

年 号	兖 州							
黄初元年(220)	陈留	东郡	任城	东平	泰山	济阴	济北	山阳

---

① 甘露年间(256—260),弘农郡划属豫州,后复属司隶。

徐州州郡沿革表

年　号	徐　州					
黄初元年(220)	东海	琅邪	彭城	广陵	下邳	城阳

扬州州郡沿革表

年　号	扬　州			
黄初元年(220)	庐江			九江
黄初年间	庐江		安丰	淮南
正始九年(248)				楚国
嘉平五年(253)后	庐江		废	淮南

青州州郡沿革表

年　号	青　州				
黄初元年(220)	齐郡	北海	东莱	济南	乐安

荆州州郡沿革表

年　号	荆　州							
黄初元年(220)	南阳	章陵	江夏	襄阳	南乡	新城		魏兴
黄初二年								
黄初三年	南阳	义阳	江夏					
太和二年(228)						新城	上庸	锡郡
太和四年						新城	废	锡郡
景初元年(237)		义阳		襄阳		新城	上庸	锡郡
景初元年后							废	魏兴
正始元年(240)	南阳	废	江夏	襄阳				
嘉平中						新城	废	
甘露四年(259)						新城	上庸	

雍州州郡沿革表

年　号	雍　州									
黄初元年(220)	京兆	冯翊	扶风	安定	陇西	天水	北地	新平	南安	广魏
景元五年(264)										武都

凉州州郡沿革表

年 号	凉 州							
黄初元年(220)	武威	金城	西平	张掖	西郡	酒泉	敦煌	西海

并州州郡沿革表

年 号	并 州						
黄初元年(220)	太原		乐平	上党	雁门	新兴	
黄初二年	太原	西河					
青龙三年(235)							朔方

幽州州郡沿革表

年 号	幽 州									
黄初元年(220)	涿郡	渔阳	燕国	右北平	上谷	代郡	辽西			
景初二年(238)后								辽东	带方	乐浪	玄菟
正始五年(244)后										辽东属国
咸熙二年(265)										昌黎

梁州州郡沿革表

年 号	梁 州						
黄初元年(220)							
景元四年(263)	汉中	梓潼	广汉	涪陵	巴郡	巴东	巴西

益州州郡沿革表

年 号	益 州									
黄初元年(220)										
景元四年(263)	蜀郡	汶山	犍为	江阳	汉嘉	朱提	越巂	建宁	牂柯	永昌	云南	兴古

2. 蜀汉州郡沿革表

蜀汉州郡沿革表

年号	章武元年(221)	建兴元年(223)	建兴三年	建兴七年	延熙三年(240)	延熙中
益州	蜀郡					
	汶山					
	江阳					
	汉嘉					
	犍为					南广①
	朱提					
	广汉					东广汉
	梓潼					
	巴西					宕渠②
	巴郡					
	巴东					
	涪陵					
	汉中					
				武都		
	广汉属国		阴平			
	越巂③	叛	平		越巂	
	永昌					
			云南			
	益州		建宁			
			兴古			
	牂柯					

① 延熙时分犍为置,旋废入朱提郡。
② 延熙中分巴西置,九年后省。
③ 建兴元年叛,建兴三年平,延熙三年方为实土。

3. 孙吴州郡沿革表

扬州州郡沿革表

年号	扬州								
黄武元年	丹杨	庐江	新都	鄱阳	豫章	庐陵	会稽	吴郡	
黄武二年(223)		蕲春①							
黄武五年								东安	
黄武七年								废	
嘉禾三年(234)后				云阳					
嘉禾六年								毗陵典农校尉	
赤乌后									
赤乌八年(245)后				废					
太平二年(257)					临川		临海		
太平三年后	故鄣								
永安三年(260)						建安			
宝鼎元年(266)							东阳	吴兴	
宝鼎二年					安成				

---

① 分荆州江夏郡置。

荆州州郡沿革表

年号	荆　　州										
黄武元年(222)	南郡	宜都	江夏	武陵		桂阳	长沙	零陵			
黄武五年					临贺①						
太平二年(257)						湘东②	衡阳③				
永安三年(260)		建平									
永安六年				天门							
甘露元年(265)			武昌		始兴						
宝鼎元年(266)			废					邵陵	营阳	始安	

交州州郡沿革表

年号	交　　州									
黄武元年(222)		合浦	宁蒲	交趾	九真	日南	高凉	南海④	苍梧	郁林
赤乌五年(242)	珠崖									
永安三年(260)前			废							
永安三年(260)		合浦北部都尉								
永安七年										
建衡三年(271)			新昌	武平						
天纪二年(278)					九德	废				

① 黄武五年孙权分苍梧郡置临贺郡。
② 黄武五年孙权分苍梧郡置临贺郡。
③ 黄武五年孙权分苍梧郡置临贺郡。
④ 永安七年南海、苍梧、郁林三郡移属广州。

广州州郡沿革表

年　号	广　　　　　州			
黄武元年(222)				
永安七年(264)	南海	苍梧	郁　林	
凤凰三年(274)				桂林

二、西晋州郡沿革表

司州州郡沿革表

年　号	司　　　　　州								
泰始元年(265)	河南尹	荥阳	弘农	平阳	河东	河内	广平	阳平	魏郡
泰始二年			上洛①			汲郡	河内	阳平	顿丘
永嘉五年(311)	沦没								

兖州州郡沿革表

年　号	兖　　　　　州							
泰始元年(265)	陈留国	东郡	济阴	济北国	东平国	任城国	高平国	泰山
咸宁二年(276)		濮阳国						
太康元年(280)		东郡						
太康二年		濮阳国						
太康四年			济阳					
建兴元年(313)	沦没							

豫州州郡沿革表

年　号	豫　　　　　州								
泰始元年(265)	弋阳	谯国	鲁国	沛国	梁国	陈国	汝南	颍川	襄城
泰始二年							汝南②	汝阴③	

---

① 泰始二年(266)晋武帝分雍州京兆郡置上洛郡,且属司州。
② 惠帝时分汝南郡置南顿郡,而确年乏考。
③ 惠帝时分汝阴郡置新蔡郡,而确年乏考。

续 表

年 号	豫 州								
泰始十年	安丰								
太康二年(281)				鲁郡①		梁国②	废		
太安二年(303)			谯郡						
建兴元年(313)					沦没				

冀州州郡沿革表

年 号	冀 州											
泰始元年(265)	赵国	常山国	乐陵国	安平国		中山国	勃海	巨鹿国	清河	河间国	章武国	高阳国	博陵	平原国
太康五年(284)	赵国	中丘		长乐国										
太康十年				长乐国	武邑国③									
建兴元年(313)					沦没									

幽州州郡沿革表

年 号	幽 州											
泰始元年(265)	范阳国	渔阳	燕国	北平	上谷		代郡	辽西	带方	辽东	乐浪	玄菟	昌黎
泰始十年									移属平州				
太康三年(282)					上谷	广宁							
建兴二年(314)					沦没								

---

① 太康元年前改鲁国为鲁郡。
② 惠帝时分梁国复置陈郡,而确年乏考。
③ 惠帝时武邑国除,而确年乏考。

平州州郡沿革表

年　号	平　州				
泰始十年(274)	带方	辽东	乐浪	玄菟	昌黎
咸宁三年(277)		辽东国			
太康四年(283)		辽东			
太兴二年(319)	沦没				

并州州郡沿革表

年　号	并　州					
泰始元年(265)	太原国	西河国	乐平	上党	雁门	新兴
永熙元年(290)后						晋昌
永嘉元年(307)	沦没					
建兴四年(316)	沦没					

雍州州郡沿革表

年　号	雍　州									
泰始元年(265)	京兆	冯翊	扶风国		安定	新平	北地	天水	陇西国	南安	略阳	武都
泰始二年			扶风国	始平								
泰始五年							移属秦州					
太康三年(282)								天水	陇西国	南安	略阳	武都	阴平
太康十年			秦国									
元康六年(296)											移属梁州	
元康七年							移属秦州					
永嘉七年(313)			扶风									
建兴四年	沦没											

凉州州郡沿革表

年 号	凉 州								
泰始元年(265)	武威	金城	西平	张掖	西郡	酒泉	敦煌		西海
泰始五年		移属秦州							
太康三年(282)		金城							
元康五年(295)						酒泉	敦煌	晋昌	

湘州州郡沿革表

年 号	湘 州								
永嘉元年(307)	长沙	衡阳	湘东	零陵	邵陵	建昌	桂阳		
永嘉元年后								临贺	始安	始兴

秦州州郡沿革表

年 号	秦 州						
泰始五年(269)		陇西国	天水	略阳	武都	阴平	南安	金城
太康三年(282)			移属雍州					移属凉州
元康七年(297)		陇西国	天水	略阳	武都	阴平	南安	
元康七年后	狄道	陇西国						
元康九年		陇西郡						

梁州州郡沿革表

年 号	梁 州									
泰始元年(265)	汉中	梓潼	广汉		涪陵	巴郡	巴东			巴西	
泰始二年			广汉	新都郡							
泰始五年前										阴平	
泰始五年										移属秦州	
咸宁三年(277)				新都国							

续 表

年 号	梁 州									
太康五年(284)			新都郡							
太康六年			废							
永熙元年(290)后		广汉							巴西	宕渠
元康六年(296)					魏兴	上庸	新城		阴平	武都
元康七年									移属秦州	
永宁元年(301)	沦没									
太安元年(302)		沦没							沦没	
永兴元年(304)				移属益州						
建兴元年(313)					沦没					

益州州郡沿革表

年 号	益 州												
泰始元年(265)	蜀郡	汉嘉	汶山	犍为	江阳	朱提	越巂	牂柯	云南	兴古	建宁	永昌	
泰始七年									移属宁州				
太康五年(284)									云南	兴古	建宁	永昌	
太康十年	成都国												
太安二年(303)		沦没				移属宁州							
永兴元年(304)										巴郡	巴东	涪陵	
永嘉五年(311)				沦没						沦没			

宁州州郡沿革表

年号	宁州									
泰始七年(271)	永昌	兴古	云南	建宁						
太康五年(284)	移属益州									
太安二年(303)	永昌	兴古	云南	建宁	益州	朱提	越巂		牂柯	
永嘉五年(311)					晋宁					
建兴元年(313)			云南	河阳				夜郎	牂柯	平夷

青州州郡沿革表

年号	青州							
泰始元年(265)	齐国	北海国	济南国	乐安国	城阳		东莱	
咸宁三年(277)			济南郡				东莱	长广
元康九年(299)					城阳	高密国		平昌
建兴元年(313)	沦没							

徐州州郡沿革表

年号	徐州							
泰始元年(265)	彭城国	下邳国		广陵	琅邪国	东莞国	东海	
泰始九年							东海国	
泰始十年							东海	
咸宁三年(277)				废				
太康元年(280)		下邳国	临淮		琅邪国	东莞		
太康四年后				废				
太康十年				广陵国	琅邪	东莞		
太熙元年(290)				广陵				
元康元年(291)							东海国	兰陵
元康七年		临淮	淮陵		东莞	东安		
永康元年(300)		临淮国						

续　表

年号	徐　州					
永宁元年(301)		临淮	淮陵国①			东安国
永兴元年(304)		临淮		堂邑		东安②
永嘉二年(308)		临淮国				

扬州州郡沿革表

年号	扬　州													
泰始元年(265)	淮南	庐江												
太康元年(280)			丹杨	宣城	毗陵典农校尉	吴郡	吴兴	会稽	东阳	新安	临海	建安	豫章	临川	鄱阳	庐陵
太康二年					毗陵										
太康三年											临海	晋安				庐陵	南康
元康元年(291)								移属江州							
永兴元年(304)	淮南	历阳	义兴												

荆州州郡沿革表

年号	泰始元年(265)	咸宁元年(275)	咸宁二年	太康元年(280)	太康九年	太康十年	元康元年(291)	元康六年	元康九年	永嘉元年(307)	永嘉中
荆州	江夏								江夏		
									武陵		

① 淮陵国后废,确年乏考。
② 东安郡后废,确年乏考。

续 表

年号	泰始元年(265)	咸宁元年(275)	咸宁二年	太康元年(280)	太康九年	太康十年	元康元年(291)	元康六年	元康九年	永嘉元年(307)	永嘉中
荆州	南郡										南郡
											成都
	南平										
	襄阳			襄阳							
	南阳国		南阳国								
				新野	废①						
	义阳			义阳		义阳					
					随国						
	南乡						顺阳国				
	新城										
	魏兴						移属梁州				
	上庸										
	巴东	巴东									
		建平									
				宜都							
				武陵							
				天门							
									建昌		
				长沙						长沙	
				衡阳						移属湘州	
				湘东							
				零陵							
				邵陵							

① 后于惠帝时复置,确年乏考。

续 表

年号	泰始元年(265)	咸宁元年(275)	咸宁二年	太康元年(280)	太康九年	太康十年	元康元年(291)	元康六年	元康九年	永嘉元年(307)	永嘉中
荆州				桂阳			移属江州				
				武昌							
				安成							

江州州郡沿革表

年号	江州									
元康元年(291)	豫章	鄱阳	庐陵	临川	南康	建安	安成	晋安	武昌	桂阳
永兴元年(304)										寻阳
永嘉元年(307)									移属湘州	

交州州郡沿革表

年号	交州						
太康元年(280)	合浦	交趾	新昌	武平	九真	九德	日南

广州州郡沿革表

年号	广州									
太康元年(280)	南海	苍梧	郁林	桂林	高凉	高兴	合浦属国都尉	临贺	始安	始兴
太康四年后						废				
太康七年							宁浦			
永嘉元年(307)后							移属湘州			

三、东晋实州郡沿革表

扬州州郡沿革表

年号	扬州													
建武元年(317)	丹杨	宣城	吴郡	吴兴	会稽	东阳	新安	临海	义新	晋陵	历阳	淮南	庐江	
太宁元年(323)								临海 永嘉						
咸和三年(328)														
咸康元年(335)	丹杨 琅邪侨郡													
永和五年(349)														
隆安元年(397)														
义熙元年(405)												庐江	晋熙	马头
义熙八年	淮南侨郡 丹杨													
义熙九年														
元熙二年(420)														

北徐州州郡沿革表

年号	北徐州										
义熙七年(411)	彭城	沛郡	下邳	东海	东莞	谯郡	梁国	琅邪	兰陵	东安	宿预
义熙九年											淮阳侨郡
元熙二年(420)											

北雍州州郡沿革表

年 号	北 雍 州						
义熙十四年(418)	北京兆	冯翊	扶风	咸阳	始平	安定	新平

徐州州郡沿革表

年 号	徐 州										
建武元年(317)	广陵			东莞	东海	下邳	彭城		琅邪	兰陵	堂邑
太兴元年(318)								梁国			
太兴二年											
永昌元年(322)											
太宁二年(324)											
咸和元年(326)											
咸和八年							谯郡				
永和五年(349)											
永和九年											
永和十二年											
升平二年(358)											
升平三年											
太元九年(384)											
太元十九年											
隆安元年(397)											
义熙五年(409)										宿预	
义熙六年											
义熙七年	广陵	海陵	盱眙	钟离			移属北徐州				秦侨郡
义熙九年	山阳侨郡	广陵									
元熙二年(420)											

兖州州郡沿革表

年 号	兖 州								
建武元年(317)	泰山	鲁郡							
太兴二年(319)									
太兴四年			东燕						
永昌元年(322)									
太宁三年(325)									
永和五年(349)									
永和九年									
永和十年		济北							
永和十一年	高平								
太和元年(366)									
太和四年									
太元十一年(386)									
太元十二年						东平			
太元十九年									
义熙六年(410)	濮阳				陈留		济阴	济阳	
元熙二年(420)									

司州州郡沿革表

年 号	司 州					
建武元年(317)	河南	荥阳	弘农			
太宁二年(324)						
太宁三年						
永和五年(349)						
永和八年						
永和十二年						
升平三年(359)						

续　表

年　号	司　　　　　州				
兴宁元年(363)					
兴宁三年					
太元九年(384)					
太元十年					
太元十一年					
太元十三年					
隆安元年(397)					
隆安三年					
义熙十二年(416)					
义熙十三年				河北	
义熙十四年					北河东
元熙元年(419)					
元熙二年					

青州州郡沿革表

年　号	青　　　　州①								
	齐郡	济南	济岷侨郡	乐安	高密	平昌	北海	东莱	长广
永和七年(351)									
永和十二年									
太元九年(384)									
隆安三年(399)									
义熙六年(410)			济南						
义熙十四年									
元熙二年(420)									

---

① 义熙六年复青州，改名北青州。

豫州州郡沿革表

年号	豫州											
建武元年(317)	谯郡							弋阳	安丰		西阳侨郡	
太兴三年(320)		汝南	汝阳	汝阴	新蔡	陈郡	南顿	颍川	襄城			
永昌元年(322)												
咸和四年(329)											庐江侨郡	
咸康二年(336)					新蔡			颍川				
咸康三年		汝南										
咸康五年												
建元元年(343)												
升平三年(359)												
兴宁二年(364)												
隆安元年(397)								弋阳				
义熙九年(413)								历阳	马头	晋熙	庐江	
义熙十二年		汝南	汝阳	汝阴	新蔡							
义熙十四年												
元熙二年(420)												

荆州州郡沿革表(一)

年　号	荆　　　州													
建武元年 (317)	南郡	南平		江夏	竟陵	襄阳	南阳	顺阳	义阳	随郡	新野	建平	宜都	武陵	天门	
咸和三年 (328)																
咸康五年 (339)																
永和二年 (346)																
永和三年																巴东
永和 十二年																
太和元年 (366)																
太和四年																
太元三年 (378)																
太元四年																
太元九年																
隆安二年 (398)																
隆安五年			武宁													
义熙元年 (405)																
元熙二年 (420)																

荆州州郡沿革表(二)

年　号	荆　　　　州									
建武元年(317)										
咸和四年(329)	临贺	都昌	长沙	始兴	始安	衡阳	湘东	零陵	邵陵	桂阳
咸和七年										
咸康元年(335)		长沙									
永和元年(345)								零陵	营阳		
升平五年(361)										
宁康元年(373)										
太元二十一年(396)										新蔡侨郡
义熙八年(412)	移属湘州									
义熙十三年	临贺	长沙	始兴	始安	衡阳	湘东	零陵	营阳	邵陵	桂阳	
元熙二年(420)											

湘州州郡沿革表

年　号	湘　　　　州									
建武元年(317)	建昌	长沙	衡阳	湘东	始兴	邵陵	桂阳	临贺	始安	零陵	
咸和四年(329)	移属荆州									
咸康元年(335)											
永和元年(345)											
升平五年(361)											
义熙八年(412)		长沙	衡阳	湘东	始兴	邵陵	桂阳	临贺	始安	零陵	营阳
义熙十三年	移属荆州									

江州州郡沿革表

年号	江州									
	寻阳	豫章	鄱阳	庐陵	临川	南康	建安	晋安	武昌	安成
建武元年(317)										
元熙二年(420)										

益州州郡沿革表

年号	益州									
建武元年(317)				汉嘉				涪陵	巴东	
太宁元年(323)										
咸康八年(342)										越嶲
永和三年(347)			晋原		犍为	汶山	东江阳	移属荆州		
永和五年	蜀郡									
永和八年	蜀郡	宁蜀侨郡								
宁康元年(373)										
太元九年(384)										
元兴三年(404)										
义熙元年(405)										
义熙九年										
元熙二年(420)				沈黎						

梁州州郡沿革表

年号	梁州									
建武元年(317)										阴平侨郡
咸康五年(339)	魏兴		上庸							
永和三年(347)	汉中	新城			广汉	汶阳	涪郡	巴郡	宕渠	北巴西

续 表

年 号	梁 州										
永和八年					梓潼						
永和十一年						广汉	遂宁		巴郡		
宁康元年(373)											
宁康二年											
太元四年(379)											
太元九年											
太元十五年					梓潼	晋寿					
隆安元年(397)										北巴西	新巴
义熙元年(405)											
义熙二年											
义熙九年											
元熙二年(420)											

宁州州郡沿革表

年 号	宁 州										
建武元年(317)	建宁		牂柯	越嶲	夜郎	朱提		平夷		兴古	晋宁	云南	河阳	永昌
太宁元年(323)											

续　表

年　号	宁　　　　　州										
太宁二年											
咸和元年(326)						西平	梁水	云南	兴宁	河阳	西河
咸和八年											
咸康二年(336)											
咸康四年		移属安州									
咸康五年	建宁	建都									
咸康八年			牂柯	夜郎	朱提						
永和三年(347)					南广	平蛮					
宁康元年(373)											
太元九年(384)											
隆安二年(398)											
元熙二年(420)											

安州州郡沿革表

年　号	安　　　州			
咸康四年(338)	牂柯	夜郎	朱提	越巂
咸康七年				
咸康八年	移属宁州			移属益州

广州州郡沿革表

年 号	广 州									
建武元年(317)	南海				苍梧		郁林		桂林	高凉	宁浦
太兴元年(318)							郁林	晋兴			
咸和六年(331)	南海	东官									
永和七年(351)				晋康	新宁	苍梧					
升平五年(361)						苍梧	永平				
义熙九年(413)		东官	义安								
元熙二年(420)	新会	南海									

交州州郡沿革表

年 号	交 州						
建武元年(317)	交趾	合浦	新昌	武平	九真	九德	日南
元熙二年(420)							

四、南朝宋实州郡沿革表

扬州州郡沿革表

年号	永初元年(420)	元嘉八年(431)	孝建元年(454)	大明五年(461)	大明七年(463)	大明八年(464)	永光元年(465)	泰始二年(466)	泰始三年(467)	泰始四年(468)	泰始五年(469)	昇明三年(479)
扬州	丹阳											
	宣城			移属南豫州				宣城		移属南豫州	宣城	
	淮南侨郡							淮南侨郡			淮南侨郡	

续 表

年号	永初元年(420)	元嘉八年(431)	孝建元年(454)	大明五年(461)	大明七年	大明八年	永光元年(465)	泰始二年(466)	泰始三年	泰始四年	泰始五年	昇明三年(479)
扬州	吴郡					吴郡						
	吴兴											
	会稽						会稽					
	东阳						东阳					
	新安		度属东扬州				新安					
	临海						临海					
	永嘉						永嘉					
	义兴								移属南徐州			
	晋陵											
	南琅邪侨郡	度属南徐州										

东扬州州郡沿革表

年 号	东 扬 州				
孝建元年(454)	会稽	东阳	新安	临海	永嘉
永光元年(465)					

南徐州州郡沿革表

年 号	南 徐 州				
永初元年(420)	广陵	海陵	盱眙	钟离	山阳侨郡	侨秦郡
元嘉八年(431)						

南徐州州郡沿革表

年 号	元嘉八年(431)	元嘉三十年	孝建元年(454)	大明七年(463)	大明八年	泰始四年(468)	昇明三年(479)
侨州南徐州	晋陵						

续 表

年 号	元嘉八年(431)	元嘉三十年	孝建元年(454)	大明七年(463)	大明八年	泰始四年(468)	昇明三年(479)
侨州南徐州		南东海侨郡					
		南琅邪侨郡					
						义兴	
					吴	移属扬州	
		广陵	移属南兖州				
		海陵					
		盱眙					
		钟离					
		山阳侨郡					

南兖州州郡沿革表

年 号	南 兖 州						
元嘉八年(431)	广陵	海陵	盱眙	钟离	山阳侨郡		侨秦郡
元嘉三十年	移属侨州南兖州						
孝建元年(454)	广陵	海陵	盱眙	钟离	山阳侨郡		
大明五年(461)							侨秦郡
大明七年						临江	
永光元年(465)							侨秦郡
泰始七年(471)						临江	
昇明三年(479)							

徐州州郡沿革表

年号	永初元年(420)	景平元年(423)	大明元年(457)	泰始二年(466)	泰始三年	泰始四年	元徽元年(473)	昇明三年(479)
徐州	彭城							
	沛郡							
	下邳							
	东海							
	东莞					移属东徐州		
	东安							
	谯郡							
	梁国							
	琅邪							
	兰陵							
	宿预							
	淮阳侨郡							
			济阴侨郡					
							钟离	
							马头	
							新昌	

东徐州州郡沿革表

年号	东徐州	
泰始三年(467)	东莞	东安

兖州州郡沿革表

年号	兖州									
永初元年(420)	濮阳	东燕	陈留	济阴	济阳	泰山	高平	鲁郡	济北	东平
永初三年										
景平元年(423)										
元嘉七年(430)						泰山	高平	鲁郡	济北	东平
泰始二年(466)										

豫州州郡沿革表(一)

年号	豫州										
永初元年(420)	汝南	汝阳	汝阴	新蔡	陈郡	南顿	颍川				
元嘉二十年(433)								初安	遂城		
大明八年(464)					谯郡	梁郡					
泰始二年(466)											
泰始三年											
泰始四年											
昇明三年(479)								边城左郡	光城左郡	安丰	

豫州州郡沿革表(二)

年号	豫州							
永初元年(420)	马头	晋熙	庐江	弋阳	历阳	南陈左郡		西阳侨郡
永初三年								
景平元年(423)								
景平二年								
元嘉七年(430)					历阳			
元嘉十六年								
元嘉二十二年					历阳			
孝建元年(454)								移属郢州
孝建二年						南陈左郡		
大明三年(459)			移属南豫州					
泰始二年(466)	马头	晋熙	庐江	弋阳	历阳			
泰始三年					历阳			
泰始五年							南汝阴侨郡	西阳侨郡
泰始六年								
泰始七年					移属南豫州			

续表

年 号	豫 州							
泰豫元年(472)		移属南豫州						
元徽元年(473)	移属徐州							
昇明三年(479)					南陈左郡			移属郢州

南豫州州郡沿革表(一)

年 号	南 豫 州							
永初三年(422)	历阳							
元嘉七年(430)	并入豫州							
元嘉十六年	历阳							
元嘉二十二年	并入豫州							
大明三年(459)	历阳	庐江	马头	晋熙	弋阳	边城左郡	光城左郡	
大明五年								宣城
大明七年								
大明八年								
泰始二年(466)	历阳	移属豫州						移属扬州
泰始三年	移属豫州							
泰始四年								宣城
泰始五年								移属扬州
泰始七年	历阳							
泰豫元年(472)		庐江						
昇明三年(479)								

南豫州州郡沿革表(二)

年 号	南 豫 州						
大明三年(459)	义阳	南陈左郡					
大明五年						淮南侨郡	
大明八年			南汝阴侨郡				
泰始二年(466)						移属扬州	
泰始三年					宋安		
泰始四年						淮南侨郡	
泰始五年	移属郢州			移属豫州		移属扬州	
泰始七年							临江
昇明三年(479)							

青州州郡沿革表

年 号	青 州								
永初元年(420)	齐郡	济南	乐安	平昌	长广	东莱	高密	北海侨郡	
元嘉十年(433)									太原侨郡
孝建元年(454)								北海侨郡	
大明八年(464)							高密	北海侨郡	
泰始四年(468)						移属东青州			
泰始五年									

东青州州郡沿革表

年 号	东 青 州				
泰始四年(468)	高密	平昌	北海侨郡	东莱	长广
泰始五年					

司州州郡沿革表

年 号	司 州		
永初元年(420)	河南	荥阳	弘农
景平元年(423)			

荆州州郡沿革表(一)

年号	永初元年(420)	永初三年	元嘉八年(431)	元嘉十六年	元嘉二十九年	元嘉三十年	昇明三年(479)
荆州	南郡						
	南平						
	武宁						
	宜都						
	巴东						
	建平						
	临贺	移属湘州	临贺	移属湘州			
	始兴		始兴				
	始安		始安				
	桂阳		桂阳		桂阳	移属湘州	
	长沙		长沙		长沙		
	衡阳		衡阳		衡阳		
	湘东		湘东		湘东		
	零陵		零陵		零陵		
	营阳		营阳		营阳		
	邵陵		邵陵		邵陵		

荆州州郡沿革表(二)

年号	永初元年(420)	元嘉十一年(434)	元嘉二十六年	元嘉二十九年	孝建元年(454)	大明三年(459)	大明八年	泰始三年(467)	昇明三年(479)
荆州	南阳		移属侨雍州						
	顺阳								
	新野								
	襄阳								
	义阳					移属豫州			
	随郡								
	江夏				移属郢州				

续　表

年号	永初元年(420)	元嘉十一年(434)	元嘉二十六年	元嘉二十九年	孝建元年(454)	大明三年(459)	大明八年	泰始三年(467)	昇明三年(479)
荆州	武陵				移属郢州				
	竟陵								
	天门							天门	
				巴陵					
		汶阳							
	新蔡侨郡								

郢州州郡沿革表

年　号	郢　　　州									
孝建元年(454)	江夏	巴陵	竟陵	武陵	武昌	安陆	随郡	天门	西阳侨郡	
大明七年(463)						安陆	安蛮左郡	随郡	天门	西阳侨郡	建宁左郡
大明八年						安陆				西阳侨郡	
永光元年(464)						安陆	移属侨州雍州				
泰始元年(465)						安陆	安蛮左郡				
泰始三年								移属荆州			
泰始五年								随郡	义阳	移属豫州	
元徽四年(476)							移属侨州司州		移属侨州司州		
昇明三年(479)										西阳侨郡	

湘州州郡沿革表

年号	永初三年(422)	元嘉八年(431)	元嘉十六年	元嘉二十九年	元嘉三十年	泰始元年(465)	泰始六年	泰豫元年(472)	昇明三年(479)
湘州				巴陵					
湘州		长沙	移属荆州	长沙	移属荆州	长沙			
湘州		衡阳	移属荆州	衡阳	移属荆州	衡阳			
湘州		湘东	移属荆州	湘东	移属荆州	湘东			
湘州		邵陵	移属荆州	邵陵	移属荆州	邵陵			
湘州		零陵	移属荆州	零陵	移属荆州	零陵			
湘州		桂阳	移属荆州	桂阳	移属荆州	桂阳			
湘州		营阳	移属荆州	营阳	移属荆州	营阳			
湘州		始兴		始兴		始兴		广兴	
湘州		临贺		临贺	移属广州	临贺	临庆		
湘州		始安		始安		始安	始建		
湘州							宋安		

雍州州郡沿革表

年号	雍 州								
元嘉二十六年(449)	襄阳	南阳	顺阳	新野					
大明元年(457)					京兆侨郡		河南侨郡		华山侨郡
大明八年					始平侨郡	扶风侨郡	广平侨郡	冯翊侨郡	
永光元年(465)					随郡				
泰始五年(469)					移属郢州				
昇明三年(479)									

江州州郡沿革表

年号	江 州										
	寻阳	豫章	鄱阳	庐陵	临川	南康	建安	晋安	安成	武昌	
永初元年(420)											
大明八年(464)											南新蔡侨郡
孝建元年(454)										移属郢州	
昇明三年(479)											

梁州州郡沿革表

年号		永初元年(420)	元嘉十一年(434)	元嘉十六年	孝建二年(455)	大明八年(464)	昇明二年(478)	昇明三年
梁州	汉中							
	魏兴							
	新城							
	上庸							
	晋寿							
	新巴							
	北巴西							
	梓潼		移属益州					
	宕渠		移属益州					
	汶阳	移属荆州						
						巴渠		
						宋熙		
					怀汉			
							安康	
							北水	
							归化	

益州州郡沿革表

年号	益州											南阴平侨郡	宁蜀侨郡
永初元年(420)	蜀郡	晋原	沈黎	犍为	汶山	东江阳	越巂	广汉	遂宁			南阴平侨郡	宁蜀侨郡
元嘉十六年(439)								梓潼	南宕渠				
大明七年(463)										新城			
大明八年													
昇明三年(479)													

宁州州郡沿革表

年号	宁州												
永初三年(422)	建宁	牂柯	夜郎	朱提	平蛮	南广	建都	兴古	晋宁	西平	梁水	云南	兴宁	东河阳	西河阳
昇明三年(479)															

广州州郡沿革表（一）

年号	广州											
永初元年(420)	南海	东官	新会	苍梧	晋康	新宁	永平	郁林	晋兴	桂林	高凉	宁浦	义安
昇明三年(479)													

广州州郡沿革表（二）

年号	元嘉九年(432)	元嘉十三年	元嘉十六年	元嘉十八年	元嘉二十七年	元嘉二十九年	元嘉三十年	孝建三年(456)	大明七年(463)	大明八年	泰始七年(471)	昇明三年(479)
广州	宋康											
		绥建										
			海昌									

续　表

年号	元嘉九年(432)	元嘉十三年	元嘉十六年	元嘉十八年	元嘉二十七年	元嘉二十九年	元嘉三十年	孝建三年(456)	大明七年(463)	大明八年	泰始七年(471)	昇明三年(479)
广州				宋熙	宋隆				宋熙			
											乐昌	
											临漳	
					始安	移属湘州						

交州州郡沿革表

年　号	交　　　州								
永初元年(420)	交趾	合浦	武平	新昌	九真	九德			
大明七年(463)								宋平	宋寿
大明八年									
泰始七年(471)		移属越州							移属越州
昇明三年(479)								义昌	

越州州郡沿革表

年　号	越　　　州							
泰始七年(471)	合浦	宋寿	临漳	百梁	悦苏	永宁	安昌	富昌	南流
昇明三年(479)									

司州州郡沿革表

年　号	侨　司　州		
元徽四年(476)	义阳	安陆	随郡
昇明三年(479)			

五、南朝齐实州郡沿革表

扬州州郡沿革表

年 号	扬 州										
建元元年(479)	丹阳	会稽	吴郡	吴兴	东阳	新安	临海	永嘉		宣城	淮南侨郡
永明二年(484)								义兴			
中兴二年(502)											

南徐州州郡沿革表

年 号	南 徐 州			
建元元年(479)	晋陵	义兴	南东海侨郡	南琅邪侨郡
永明二年(484)				
中兴二年(502)				

豫州州郡沿革表

年 号	豫 州									
建元元年(479)	南陈左郡	晋熙	弋阳	安丰			光城左郡			
建元二年	南汝阴侨郡							历阳	庐江	
永明二年(484)										
永明四年					边城	建宁	齐昌			
永明七年										
永明八年					安丰					
永元元年(499)										北新蔡侨郡
永元二年										
中兴二年(502)										

南豫州州郡沿革表

年 号	南 豫 州				
建元元年(479)	历阳	庐江	临江		
	并入豫州				
永明二年(484)	历阳	庐江	临江	宣城	淮南侨郡
永明四年					
永明七年					
中兴二年(502)					

南兖州州郡沿革表

年 号	南 兖 州				
建元元年(479)	广陵	新平侨郡	海陵	山阳侨郡	盱眙郡
永明五年(487)					
中兴二年(502)					

北徐州州郡沿革表

年 号	北 徐 州		
建元元年(479)	钟离	马头	新昌
中兴二年(502)			

冀州州郡沿革表

年 号	冀 州
建武二年(495)	北东海侨郡
中兴二年(502)	

青州州郡沿革表

年 号	青 州
建元元年(479)	北海侨郡
中兴二年(502)	

江州州郡沿革表

年 号	江 州								
建元元年(479)	寻阳	豫章	临川	庐陵	鄱阳	安成	南康	建安	晋安	南新蔡侨郡
中兴二年(502)										

广州州郡沿革表(一)

年 号	广 州									
建元元年(479)	南海	东官	义安	新宁	苍梧	高凉	永平	晋康	新会	宋康	宋隆	海昌
中兴二年(502)											

广州州郡沿革表(二)

年 号	广 州										
建元元年(479)	绥建	乐昌	郁林	桂林	宁浦	晋兴	广熙	齐乐	齐康	齐建	齐熙	黄水
永明八年(490)												
中兴二年(502)												

交州州郡沿革表

年 号	交 州								
建元元年(479)	九真	武平	新昌	九德	交趾	宋平	义昌		齐隆
建元二年								宋寿	ǀ
永明八年(490)									齐安
									ǀ
永泰元年(498)									齐隆
中兴二年(502)									

越州州郡沿革表

年号	建元元年(479)	建元二年	永明六年(490)	永明八年	永泰元年(498)	中兴二年(502)
越州	临漳					
	合浦					

续　表

年号	建元元年(479)	建元二年	永明六年(490)	永明八年		永泰元年(498)	中兴二年(502)
越州	永宁						
	百梁						
	安昌						
	南流		南流				
			定川				
	龙苏						
	富昌						
	宋寿						
		齐宁					
			北流				
			吴春俚郡				
		思筑					
		盐田					
		陆川					
		越中					
		马门					
		封山					
		高兴					
			齐安				
			齐康				

荆州州郡沿革表

年　号	荆　州							
建元元年(479)	南郡	南平	天门	宜都	汶阳	武宁	巴东	建平
建元二年							移属巴州	
永明元年(483)							巴东	建平
中兴二年(502)								

巴州州郡沿革表

年　号	巴　　　　　州			
建元二年(480)	巴东	建平	巴郡	涪陵
永明元年(483)				

郢州州郡沿革表

年号	建元元年	建元四年	永明三年	永明四年	永明六年	永明八年	中兴二年
郢州	江夏						
	竟陵						
	武陵						
	巴陵						
	武昌						
		北遂安左郡					
			齐兴				
		齐昌					
		边城		移属豫州			
		建宁					
			新平左郡				
			宜人左郡				
			方城左郡				
			北新阳左郡				
			义安左郡				
			南新阳左郡				
			建安左郡				
	西阳侨郡						

司州州郡沿革表

年号	建元元年(479)	建元四年	永明三年(485)	永明四年	永明八年	中兴二年(502)
司州	北义阳					
	随					
	建宁左郡					
		安蛮左郡				
			永宁左郡			
			齐安			
			宋安左郡			
			东义阳左郡			
			东新安左郡			
			新城左郡			
			围山左郡			
			北淮安左郡			
			南淮南郡			
			北随安左郡			
			东随安左郡			
			南义阳侨郡			
			淮南侨郡			

雍州州郡沿革表

年号	雍州												
	襄阳	南阳	新野	始平侨郡	广平侨郡	京兆侨郡	扶风侨郡	冯翊侨郡	河南侨郡	华山侨郡	顺阳	齐安	齐康	招义
建元元年(479)														
永明八年(490)														
永泰元年(498)														
中兴二年(502)														

宁蛮府州郡沿革表(一)

年号	宁蛮府										
	西新安	义宁	南襄	北建武	蔡阳	永安	安定	怀化	武宁	新阳	义安	高安
建元元年(479)											
中兴二年(502)											

宁蛮府州郡沿革表(二)

年号	宁蛮府										
	左义阳	南襄城	广昌	东襄城	北襄城	怀安	北弘农	西弘农	析阳	汉广	中襄城
建元元年(479)											
永泰元年(498)											
中兴二年(502)											

湘州州郡沿革表

年号	湘州									
	长沙	桂阳	零陵	衡阳	营阳	湘东	邵陵	始兴	临贺	始安
建元元年(479)										
永明八年(490)										
中兴二年(502)										

梁州州郡沿革表

年号	建元元年(479)	建元二年	永明元年(483)	永明七年	永明八年	永泰元年(498)	中兴二年(502)
梁州	汉中						
	魏兴						
	南新城						
	上庸						
	晋寿						晋寿
							东晋寿

续 表

年号	建元元年(479)	建元二年	永明元年(483)	永明七年	永明八年	永泰元年(498)	中兴二年(502)
梁州	新巴						
	北新巴						
	巴渠						
	宋熙						
	涪陵		涪陵				
	安康						
	怀汉						
	归化						
	北水						
					齐兴		
	弘农郡、东昌魏郡、略阳郡、北梓潼郡、广长郡、弌水郡、思安郡、宋昌郡、建宁郡、南泉郡、三巴郡、江陵郡、怀化郡、归宁郡、东樾郡、宋康郡、南汉郡、南梓潼郡、始宁郡、江阳郡、南部郡、南安郡、建安郡、寿阳郡、南阳郡、宋宁郡、始安郡、平南郡、怀宁郡、新兴郡、南平郡、齐兆郡、齐昌郡、新化郡、宁章郡、邻溪郡、京兆郡、义阳郡、归复郡、安宁郡、东宕渠郡、宋安郡、齐安郡						

益州州郡沿革表

年号	建元元年(479)	建元二年	永明元年(483)	永明八年	永明十一年	建武三年(496)	中兴二年(502)
益州	蜀郡						
	广汉						
	晋原						
	宁蜀侨郡						
	汶山				汶山		
					齐基		
	南阴平侨郡						

续　表

年号	建元元年 (479)	建元二年	永明元年 (483)	永明八年	永明十一年	建武三年 (496)	中兴二年 (502)
益州	东遂宁						
	西遂宁						
	犍为						
	梓潼						
	东江阳						
	巴郡		巴郡				
	新城						
	越巂獠郡						
	沈黎獠郡						
	北部都尉						
	甘松獠郡						
	始平獠郡						
						齐开左郡	
						齐通左郡	
				齐乐			

宁州州郡沿革表

年号	建元元年 (479)	永明二年 (484)		永明五年	永明八年	隆昌元年 (494)	建武三年 (496)	中兴二年 (502)
宁州	建宁							
	南广							
	南朱提							
	南牂柯							
	梁水							
	建都							
	晋宁							
	云南							

续 表

年号	建元元年(479)	永明二年(484)		永明五年	永明八年	隆昌元年(494)	建武三年(496)	中兴二年(502)
宁州	西平							
	夜郎							
	西河							
	平蛮							
	兴古							
	兴宁							
	东河阳			东河阳				
				西河阳				
		平乐		平乐		安宁		
				益宁				
		北朱提						
		宋昌				宋昌	安上	
						江阳		
						犍为		
		永昌						
			南犍为					
						西益		
						永兴		
						永宁		
						东朱提		

引 用 文 献

一、古代文献（按照文献首字的汉语音序排列）

经 部

C

《春秋经传集解》，晋杜预集解，《四部丛刊初编》，上海：上海书店，1989年影印本。

《春秋左传正义》，《十三经注疏》，北京：中华书局，1980年影印本。

S

《说文解字》，汉许慎撰，《四部丛刊初编》，上海：上海书店，1989年影印本。

《说文解字注》，汉许慎撰，清段玉裁注，上海：上海古籍出版社，1981年影印本。

史 部

B

《八琼室金石补正》，清陆增祥撰，北京：文物出版社，1985年影印本。

《百衲本二十四史校勘记·三国志校勘记》，张元济撰，王绍曾等整理，北京：商务印书馆，1999年。

《百衲本二十四史校勘记·宋书校勘记》，张元济撰，王绍曾等整理，北京：商务印书馆，2001年。

《北齐书》，唐李百药撰，北京：中华书局，1972年。

《北史》，唐李延寿撰，北京：中华书局，1974年。

《补陈疆域志》，臧励龢撰，《二十五史补编》，北京：中华书局，1955年。

《补晋方镇年表》，清秦锡圭撰，《二十五史补编》，北京：中华书局，1955年。

《补梁疆域志》，清洪齮孙撰，《二十五史补编》，北京：中华书局，1955年。
《补三国疆域志》，清洪亮吉撰，《二十五史补编》，北京：中华书局，1955年。
《补三国疆域志补注》，清谢锺英撰，《二十五史补编》，北京：中华书局，1955年。

C

《长沙走马楼三国吴简·竹简·壹》，北京：文物出版社，2003年。
《陈疆域图》，清杨守敬、熊会贞等编绘，清宣统三年刊本。
《陈书》，唐姚思廉撰，北京：中华书局，1972年。

D

《地名考异》，清钱大昕撰，《嘉定钱大昕全集》，南京：江苏古籍出版社，1997年。
《东晋方镇年表》，清万斯同撰，《二十五史补编》，北京：中华书局，1955年。
《东晋方镇年表》，清吴廷燮撰，《二十五史补编》，北京：中华书局，1955年。
《东晋疆域图》，清杨守敬、熊会贞等编绘，清宣统元年刊本。
《东晋疆域志》，清洪亮吉撰，《二十五史补编》，北京：中华书局，1955年。
《东晋南北朝舆地表》，清徐文范撰，《二十五史补编》，北京：中华书局，1955年。
《读史方舆纪要》，清顾祖禹撰，贺次君、施和金点校，北京：中华书局，2005年。
《读史纠谬》，清牛运震撰，济南：齐鲁书社，1989年。
《读通鉴论》，清王夫之撰，北京：中华书局，1975年。

F

《方舆胜览》，宋祝穆撰，宋祝洙增订，施和金点校，北京：中华书局，2004年。

G

《稿本三国志注补》，清赵一清撰，北京：书目文献出版社，1991年影印本。

《国朝汉学师承记》,清江藩撰,北京:中华书局,1983年。

H

《汉书》,汉班固撰,唐颜师古注,北京:中华书局,1962年。

《汉书补注》,汉班固撰,唐颜师古注,清王先谦补注,北京:书目文献出版社,1995年影印本。

《汉书地理志稽疑》,清全祖望撰,《二十五史补编》,北京:中华书局,1955年。

《汉唐地理书钞》,清王谟辑,北京:中华书局,1961年影印本。

《汉唐方志辑佚》,刘纬毅辑,北京:北京图书馆出版社,1997年。

《汉魏南北朝墓志集释》,赵万里集释,北京:科学出版社,1956年。

《汉魏南北朝墓志汇编》,赵超编,天津:天津古籍出版社,2008年。

《后汉纪》,晋袁宏撰,北京:中华书局,2002年。

《后汉书》,南朝宋范晔撰,唐李贤等注,北京:中华书局,1965年。

《后汉书集解》,南朝宋范晔撰,唐李贤等注,清王先谦集解,北京:中华书局,1984年影印本。

《华阳国志校补图注》,晋常璩撰,任乃强校补图注,上海:上海古籍出版社,1987年。

《华阳国志校注》,晋常璩撰,刘琳校注,成都:巴蜀书社,1984年。

J

《嘉定赤城志》,宋陈耆卿撰,《宋元方志丛刊》,北京:中华书局,1990年影印本。

《嘉庆重修一统志》,清官修,北京:中华书局,1986年影印本。

《建康实录》,唐许嵩撰,张忱石点校,北京:中华书局,1986年。

《建炎以来系年要录》,宋李心传撰,北京:中华书局,1956年。

《建炎以来系年要录》,宋李心传撰,文渊阁《四库全书》,台湾:商务印书馆,1983—1987年影印本。

《金石萃编》,清王昶编,西安:陕西人民美术出版社,1990年影印本。

《金石文字记》,清顾炎武撰,文渊阁《四库全书》,台湾:商务印书馆,1983—1987年影印本。

《晋方镇年表》,清万斯同撰,《二十五史补编》,北京:中华书局,1955年。

《晋方镇年表》,清吴廷燮撰,《二十五史补编》,北京:中华书局,1955年。

《晋书》,唐房玄龄等撰,北京:中华书局,1974年。
《晋书地理志新补正》,清毕沅撰,《二十五史补编》,北京:中华书局,1955年。
《晋书地理志注》,清马与龙撰,《二十四史订补》,北京:书目文献出版社,1996年影印本。
《晋书斠注》,唐房玄龄等撰,清吴士鉴、刘承干斠注,北京:中华书局,2008年影印本。
《旧唐书》,后晋刘昫等撰,北京:中华书局,1975年。

L

《历代职官表》,清官修,《四部备要》本。
《隶释·隶续》,宋洪适编撰,北京:中华书局,1986年影印本。
《梁书》,唐姚思廉撰,北京:中华书局,1973年。
《临海水土异物志辑校》,三国吴沈莹撰,张崇根辑校,北京:农业出版社,1981年。
《刘宋州郡图》,清杨守敬、熊会贞等编绘,清宣统元年刊本。
《六朝事迹编类》,宋张敦颐撰,王进珊点校,南京:南京出版社,1989年。
《六朝事迹编类》,宋张敦颐撰,张忱石点校,上海:上海古籍出版社,1995年。
《六朝通鉴博议》,宋李焘撰,胡阿祥、童岭点校,南京:南京出版社,2007年。
《麓山精舍丛书》,清陈运溶辑录,清光绪宣统间湘西陈氏刊本。

M

《闽书》,明何乔远撰,福州:福建人民出版社,1995年。
《明一统志》,明李贤等撰,文渊阁《四库全书》,台湾:商务印书馆,1983—1987年影印本。

N

《南北朝侨置州郡考》,清胡孔福撰,1912年刊行。
《南北史补志》,清汪士铎撰,《二十五史补编》,北京:中华书局,1955年。
《南北史世系表》,清周嘉猷撰,《二十五史补编》,北京:中华书局,1955年。

《南齐书》,梁萧子显撰,北京:中华书局,1972年。
《南齐州郡图》,清杨守敬、熊会贞等编绘,清宣统元年刊本。
《南史》,唐李延寿撰,北京:中华书局,1975年。
《廿二史札记校正》,清赵翼撰,王树民校正,北京:中华书局,1984年。
《廿二史考异》,清钱大昕撰,《嘉定钱大昕全集》,南京:江苏古籍出版社,1997年。
《廿二史考异》,清钱大昕撰,方诗铭、周殿杰点校,上海:上海古籍出版社,2004年。

Q

《齐方镇年表》,清万斯同撰,《二十五史补编》,北京:中华书局,1955年。
《乾隆大清一统志》,清官修,文渊阁《四库全书》,台湾:商务印书馆,1983—1987年影印本。
《潜研堂金石文跋尾》,清钱大昕撰,《嘉定钱大昕全集》,南京:江苏古籍出版社,1997年。
《清人文集地理类汇编》,谭其骧主编,杭州:浙江人民出版社,1986—1990年。

S

《三国会要》,清钱仪吉撰,上海:上海古籍出版社,1991年。
《三国会要》,清杨晨撰,北京:中华书局,1998年。
《三国疆域表》,清谢锺英撰,《二十五史补编》,北京:中华书局,1955年。
《三国疆域图》,清杨守敬、熊会贞等编绘,清光绪三十三年刊本。
《三国疆域志疑》,清谢锺英撰,《二十五史补编》,北京:中华书局,1955年。
《三国郡县表补正》,清杨守敬撰,《杨守敬集》,武汉:湖北人民出版社,1988年。
《三国郡县表附考证补正》,清吴增仅撰,清杨守敬补正,《二十五史补编》,北京:中华书局,1955年。
《三国职官表》,清洪饴孙撰,《二十五史补编》,北京:中华书局,1955年。
《三国志》,晋陈寿撰,南朝宋裴松之注,北京:中华书局,1959年。
《三国志》,晋陈寿撰,南朝宋裴松之注,北京:中华书局,1982年。
《三国志集解》,晋陈寿撰,南朝宋裴松之注,卢弼集解,北京:中华书局,

1982年。

《十六国疆域志》,清洪亮吉撰,《二十五史补编》,北京:中华书局,1955年。

《十七史商榷》,清王鸣盛撰,黄曙辉点校,上海:上海书店,2005年。

《史记》,汉司马迁撰,南朝宋裴骃集解,唐司马贞索引,唐张守节正义,北京:中华书局,1982年。

《史略》,宋高似孙撰,《丛书集成初编》,北京:中华书局,1985年。

《史通通释》,唐刘知几撰,清浦起龙通释,上海:上海书店,1988年。

《水经注校释》,后魏郦道元注,陈桥驿校释,杭州:杭州大学出版社,1999年。

《水经注疏》,后魏郦道元注,杨守敬、熊会贞疏,段熙仲点校,陈桥驿复校,南京:江苏古籍出版社,1989年。

《水经注图》,清汪士铎撰,陈桥驿校释,济南:山东画报出版社,2003年。

《四库全书总目》,清永瑢等撰,北京:中华书局,1965年影印本。

《宋本方舆胜览》,宋祝穆撰,宋祝洙补订,上海:上海古籍出版社,1991年影印本。

《宋本太平寰宇记》,宋乐史撰,北京:中华书局,2001年影印本。

《宋方镇年表》,清万斯同撰,《二十五史补编》,北京:中华书局,1955年。

《宋齐梁陈方镇年表》,清吴廷燮撰,《二十五史三编》,长沙:岳麓书社,1994年。

《宋书》,梁沈约撰,北京:中华书局,1974年。

《宋书考论》,清孙彪撰,孙鼎宜整理编次,《二十五史三编》,长沙:岳麓书社,1994年。

《宋书州郡志校勘记》,清成孺撰,《二十五史补编》,北京:中华书局,1955年。

《宋元方志丛刊》,北京:中华书局,1990年影印本。

《隋书》,唐魏徵等撰,北京:中华书局,1973年。

《隋书地理志考证附补遗》,清杨守敬撰,《二十五史补编》,北京:中华书局,1955年。

《隋书经籍志补》,清张鹏一撰,《二十五史补编》,北京:中华书局,1955年。

《隋书经籍志考证》,清姚振宗撰,《二十五史补编》,北京:中华书局,1955年。

《隋书经籍志考证》,清章宗源撰,《二十五史补编》,北京:中华书局,1955年。

T

《太平寰宇记》,宋乐史撰,清光绪八年金陵书局刻本。
《太平寰宇记》,宋乐史撰,王文楚等点校,北京:中华书局,2007年。
《通典》,唐杜佑撰,王文锦等点校,北京:中华书局,1988年。
《通鉴地理通释》,宋王应麟撰,《丛书集成初编》,北京:中华书局,1985年。
《通鉴释文辩误》,元胡三省撰,收入宋司马光撰、元胡三省音注《资治通鉴》附录,北京:中华书局,1956年。

W

《魏书》,北齐魏收撰,北京:中华书局,1974年。
《文献通考》,元马端临撰,北京:中华书局,1986年影印本。

X

《西晋地理图》,清杨守敬、熊会贞等编绘,清宣统元年刊本。
《萧梁疆域图》,清杨守敬、熊会贞等编绘,清宣统三年刊本。
《新出魏晋南北朝墓志疏证》,罗新、叶炜编著,北京:中华书局,2005年。
《新校晋书地理志》,清方恺撰,《二十五史补编》,北京:中华书局,1955年。
《新唐书》,宋欧阳修、宋祁撰,北京:中华书局,1975年。
《续汉书志》,晋司马彪撰,梁刘昭注补,收入范晔《后汉书》,北京:中华书局,1965年。

Y

《永乐大典本水经注》,后魏郦道元注,扬州:广陵古籍刻印社,1998年影印本。
《舆地广记》,宋欧阳忞撰,李勇先、王小红校注,成都:四川大学出版社,2003年。
《舆地纪胜》,宋王象之撰,北京:中华书局,2004年影印本。
《舆地纪胜》,宋王象之撰,李勇先点校,成都:四川大学出版社,2005年。

《元和郡县图志》,唐李吉甫撰,贺次君点校,北京:中华书局,1983年。
《元和郡县图志考证》,清张贤驹撰,收入唐李吉甫撰、贺次君点校《元和郡县图志》校勘记,北京:中华书局,1983年。

Z

《直斋书录解题》,宋陈振孙撰,徐小蛮、顾美华点校,上海:上海古籍出版社,1987年。
《周书》,唐令狐德棻等撰,北京:中华书局,1971年。
《诸史考异》,清洪颐煊撰,清光绪十五年广雅书局刻本。
《资治通鉴》,宋司马光撰,元胡三省音注,北京:中华书局,1956年。

子　部

B

《北堂书钞》,唐虞世南编,北京:中国书店,1989年影印本。
《博物志》,晋张华撰,《士礼居丛书》本。

C

《初学记》,唐徐坚编,北京:中华书局,1962年。

D

《读书杂志》,清王念孙撰,南京:江苏古籍出版社,1985年。

F

《法苑珠林》,唐道世撰,上海:上海古籍出版社,1991年影印本。

H

《陔余丛考》,清赵翼撰,栾保群、吕宗力校点,石家庄:河北人民出版社,1990年。
《淮南鸿烈解》,东汉高诱注,《道藏要籍选刊》,上海:上海古籍出版社,1989年影印本。
《淮南鸿烈解》,东汉高诱注,《四部丛刊初编》,上海:上海书店,1989年影印本。

J

《记篡渊海》,宋潘自牧编,文渊阁《四库全书》,台湾:商务印书馆,1983—1987年影印本。

Q

《齐民要术校释》,后魏贾思勰撰,缪启愉校释,北京:中国农业出版社,1998年。

R

《日知录集释》,清顾炎武撰,清黄汝成集释,秦克诚点校,长沙:岳麓书社,1994年。

《容斋随笔》,宋洪迈撰,北京:商务印书馆,1959年。

S

《世说新语》,南朝宋刘义庆撰,梁刘孝标注,北京:中华书局,1999年影印本。

《世说新语笺疏》,南朝宋刘义庆撰,梁刘孝标注,余嘉锡笺疏,上海:上海古籍出版社,1995年。

《世说新语校笺》,南朝宋刘义庆撰,梁刘孝标注,徐震堮校笺,北京:中华书局,1984年。

《说郛三种》,元陶宗仪编,上海:上海古籍出版社,1996年影印本。

《搜神记》,晋干宝撰,汪绍楹校注,北京:中华书局,1979年。

T

《太平御览》,宋李昉等编,北京:中华书局,1960年影印本。

Y

《颜氏家训集释》,北齐颜之推撰,王利器集释,上海:上海古籍出版社,1980年。

《艺文类聚》,唐欧阳询等编,汪绍楹校,上海:上海古籍出版社,1999年。

《玉海》,宋王应麟辑,南京:江苏古籍出版社,上海:上海书店,1987年联合影印本。

Z

《真诰》,梁陶弘景撰,《道藏要籍选刊》,上海:上海古籍出版社,1989年影印本。

集 部

D

《敦煌吐鲁番本文选》,饶宗颐编,北京:中华书局,2000年。

J

《江文通集汇注》,南朝齐江淹撰,明胡之骥注,北京:中华书局,1984年。

L

《六臣注文选》,梁萧统编,唐六臣注,北京:中华书局,1987年影印本。

O

《欧阳修全集》,宋欧阳修撰,李逸安点校,北京:中华书局,2001年。

Q

《潜研堂集》,清钱大昕撰,吕友仁点校,上海:上海古籍出版社,1989年。

《潜研堂文集》,清钱大昕撰,《嘉定钱大昕全集》,南京:江苏古籍出版社,1997年。

《全上古三代秦汉三国六朝文》,清严可均校辑,北京:中华书局,1958年影印本。

《全隋文补遗》,韩理洲辑,西安:三秦出版社,2004年。

R

《日藏弘仁本文馆词林校证》,唐许敬宗等编,罗国威整理,北京:中华书局,2001年。

S

《十驾斋养新录》,清钱大昕撰,《嘉定钱大昕全集》,南京:江苏古籍出版社,1997年。

《十驾斋养新录》,清钱大昕撰,北京:商务印书馆,1957年。

W

《文选》,梁萧统编,唐李善注,上海:上海古籍出版社,1986年。
《文选》,梁萧统编,唐李善注,上海:上海书店,1988年影印本。
《文苑英华》,宋李昉等编,北京:中华书局,1966年影印本。

X

《先秦汉魏晋南北朝诗》,逯钦立辑校,北京:中华书局,1983年。
《徐陵集校笺》,陈徐陵撰,许逸民校笺,北京:中华书局,2008年。

Y

《艺文类聚》,唐欧阳询等编,汪绍楹点校,上海:上海古籍出版社,1965年。
《玉台新咏》,陈徐陵编,清吴兆宜注,上海:上海书店,1988年影印本。
《乐府诗集》,宋郭茂倩编,北京:中华书局,1979年。

二、现代文献(按照作者姓氏首字的汉语音序排列)

1. 书目之部

C

柴德赓:《史籍举要》,北京:北京出版社,1982年。
陈寅恪:《金明馆丛稿初编》,上海:上海古籍出版社,1980年。
——《金明馆丛稿二编》,上海:上海古籍出版社,1980年。
辞海编辑委员会编:《辞海(1979年版)》(缩印本),上海:上海辞书出版社,1980年。
——《辞海》,上海:上海辞书出版社,1989年。
——《辞海》,上海:上海辞书出版社,1999年。
[日]重野安绎、河田罴:《支那疆域沿革略说》,东京:富山房,1903年。

D

丁福林:《宋书校议》,上海:上海古籍出版社,2002年。

F

方国瑜:《中国西南历史地理考释》,北京:中华书局,1987年。
傅克辉:《魏晋南北朝籍账研究》,济南:齐鲁书社,2001年。

G

高敏主编：《魏晋南北朝经济史》，上海：上海人民出版社，1996年。
顾颉刚、史念海：《中国疆域沿革史》，北京：商务印书馆，1999年。
顾颉刚、史念海：《中国疆域沿革史》，北京：商务印书馆，2004年。
［日］谷川道雄：《中国中世社会与共同体》，马彪译，北京：中华书局，2002年。

H

胡阿祥：《东晋南朝侨州郡县与侨流人口研究》，南京：江苏教育出版社，2008年。
——《六朝疆域与政区研究》（增订本），北京：学苑出版社，2005年。
——《六朝疆域与政区研究》，西安：西安地图出版社，2000年。
——《六朝政区》，南京：南京出版社，2008年。
——《宋书州郡志汇释》，合肥：安徽教育出版社，2006年。
胡阿祥等：《魏晋南北朝史十五讲》，南京：凤凰出版社，2010年。

J

金兆丰：《校补三国疆域志》，上海：商务印书馆，1935年。

K

孔祥军：《汉唐地理志考校》，北京：新世界出版社，2012年。
——《晋书地理志校注》，北京：新世界出版社，2012年。
——《三国政区地理研究》，台北：花木兰文化出版社，2012年。

L

李蔚然：《南京六朝墓葬的发现与研究》，成都：四川大学出版社，1998年。
李晓杰：《东汉政区地理》，济南：山东教育出版社，1999年。
陆侃如：《中古文学编年》，北京：人民文学出版社，1985年。
吕思勉：《两晋南北朝史》，上海：上海古籍出版社，2005年。

P

蒲孝荣：《四川历代政区治地今释》，成都：四川省哲学社会科学研究所，

1978年。

S

施和金:《北齐地理志》,北京:中华书局,2008年。
石璋如等:《中国历史地理》,台北:中国文化大学出版部,1983年。

T

谭其骧主编:《简明中国历史地图集》,北京:中国地图出版社,1991年。
——《中国历史地图集》第一册—第八册,北京:中国地图出版社,1982—1987年。
谭其骧:《长水集》,北京:人民出版社,1987年。
——《长水集续编》,北京:人民出版社,1994年。
唐长孺主编:《中国通史参考资料》,古代部分第三册,北京:中华书局,1965年。
唐长孺:《魏晋南北朝史论丛》,北京:三联书店,1955年。
——《魏晋南北朝史论拾遗》,北京:中华书局,1983年。
田余庆:《东晋门阀政治》,北京:北京大学出版社,2005年。
童书业:《中国疆域沿革略》,北京:中华书局,2008年。
——《中国疆域沿革略》,台北:台湾开明书店,1982年。

W

万绳楠整理:《陈寅恪魏晋南北朝史讲演录》,合肥:黄山书社,1987年。
王恢:《中国历史地理》,下册,台北:学生书局,1984年。
王其祎、周晓薇:《隋代墓志铭汇考》,北京:线装书局,2007年。
王仲荦:《北周地理志》,北京:中华书局,1980年。
——《宋书校勘记长编》,北京:中华书局,2009年。
——《魏晋南北朝史》,上册,上海:上海人民出版社,1979年。

Y

严耕望:《中国地方行政制度史》甲部《秦汉地方行政制度》,台北:中研院历史语言研究所,1990年。
——《中国地方行政制度史》乙部《魏晋南北朝地方行政制度》上册,台北:中研院历史语言研究所,1990年。

——《中国地方行政制度史》上编卷中之上《魏晋南朝地方行政制度》,台北:中研院历史语言研究所,1963年。

——《中国地方行政制度史·魏晋南北朝地方行政制度》(上、下),上海古籍出版社,2007年。

姚迁、古兵:《六朝艺术》,北京:文物出版社,1981年。

Z

张舜徽:《清儒学记》,济南:齐鲁书社,1991年。

张元济:《校史随笔》,长沙:商务印书馆,1938年。

中国历史大辞典·魏晋南北朝史编纂委员会编:《中国历史大辞典·魏晋南北朝史卷》,上海:上海辞书出版社,2000年。

中文大辞典编纂委员会编纂:《中文大辞典》第30册,台北:中国文化学院,1968年。

周一良:《魏晋南北朝史论集》,北京:中华书局,1963年。

——《魏晋南北朝史札记》,北京:中华书局,1985年。

周振鹤:《地方行政制度志》,上海:上海人民出版社,1998年。

——《西汉政区地理》,北京:人民出版社,1987年。

——《中国地方行政制度史》,上海:上海人民出版社,2005年。

——《中国行政区划通史·总论 先秦卷》,上海:复旦大学出版社,2009年。

——《中国历代行政区划的变迁》,北京:中共中央党校出版社,1991年。

祝总斌:《两汉魏晋南北朝宰相制度研究》,北京:中国社会科学出版社,1990年。

2. 文目之部

A

[日]安田二郎:《晋宋革命和雍州(襄阳)的侨民——从军政统治到民政统治》,刘俊文主编:《日本中青年学者论中国史》(六朝隋唐卷),上海:上海人民出版社,1995年。

——《刘宋大明年间的襄阳土断》,李锦章主编:《湖北历史文化论集》第2辑,武汉:中国地质大学出版社,2000年。

B

班书阁:《东晋侨置州郡释例》,北平:《禹贡》第5卷第7期,1936年。

——《河北东晋州郡侨置考》,保定:《河北月刊》第 4 卷第 5 期,1936 年。

C

曹文柱、李传军:《二十世纪魏晋南北朝史研究》,北京:《历史研究》2002 年第 5 期。

陈寅恪:《冯友兰中国哲学史上册审查报告》,《金明馆丛稿二编》,上海:上海古籍出版社,1980 年。

——《书世说新语文学类钟会撰四本论始毕条后》,《金明馆丛稿初编》,上海:上海古籍出版社,1980 年。

——《述东晋王导之功业》,《金明馆丛稿初编》,上海:上海古籍出版社,1980 年。

——《述东晋王导之功业》,广州:《中山大学学报》1956 年第 1 期。

陈玉屏:《论孙吴毗陵屯田的性质》,重庆:《西南民族学院学报》1988 年第 2 期。

G

高敏:《关于东晋时期黄、白籍的几个问题》,北京:《中国史研究》1980 年第 4 期。

H

韩昇:《论魏晋南北朝对高句丽的册封》,《地域社会与魏晋南北朝研究学术研讨会论文·讨论提纲》,广州:中山大学历史系,2008 年。

何德章:《读〈宋书·州郡志〉札记二则》,《魏晋南北朝隋唐史资料》第 15 辑,武汉:武汉大学出版社,1997 年。

——《六朝南方开发的几个问题》,南京:《学海》2005 年第 2 期。

侯甬坚:《古代中国的行政区划原则》,《历史地理学探索》,北京:中国社会科学出版社,2004 年。

胡阿祥、姚乐:《江苏省文化区的划分及其与自然区、经济区、行政区的关系》,《舆地、考古与史学新说——李孝聪教授荣休纪念论文集》,北京:中华书局,2012 年。

胡阿祥:《"天下之中"及其正统意义》,北京:《文史知识》2010 年第 11 期。

——《〈南齐书·州郡志〉札记》,《历史地理》第 10 辑,上海:上海人民出版社,1992年。

——《〈宋书·州郡志〉平议》,南京:《南京晓庄学院学报》2006年第3期。

——《东晋南朝的守国形势——兼说中国历史上的南北对立》,南京:《江海学刊》1998年第4期。

——《东晋南朝地方州镇略说》,孙进己主编:《东北亚历史地理研究》,郑州:中州古籍出版社,1998年。

——《东晋南朝侨流人口的输出与输入——分别以今山西省域与今安徽省域为例》,《文史》2008年第1辑,北京:中华书局,2008年。

——《东晋南朝侨州郡县的设立及其分析》,《庆祝卞孝萱先生八十华诞文史论集》,南京:江苏古籍出版社,2003年。

——《东晋南朝侨州郡县与侨流人口的文献记载与研究回顾》,《魏晋南北朝史研究:回顾与探索——中国魏晋南北朝史学会第九届年会论文集》,武汉:湖北教育出版社,2009年。

——《东晋南朝双头州郡考论》,西安:《中国历史地理论丛》1989年第2辑。

——《东晋十六国南北朝的疆域变动与侨州郡县设置》,中国古中世史学会编:《中国古中世史研究》第22辑,首尔:冠岳社,2009年。

——《東晉·十六国·南北朝の人口移動とその影響》,《魏晋南北朝における貴族制の形成と三教·文學——歷史學·思想史·文學の連攜による》,東京:汲古書院,2011年。

——《关于六朝史研究的几个问题》,扬州:《扬州师院学报》1995年第1期。

——《合则兼美 离则俱伤》,南京:《东南文化》2002年第6期。

——《理解与重视"老生常谈"的理论与学说》,开封:《史学月刊》2011年第11期。

——《六朝疆域与政区研究史料评说》,《历史地理》第12辑,上海:上海人民出版社,1995年。

——《六朝文化研究刍议》,南京:《东南文化》2009年第1期。

——《六朝政区增置滥置述论》,西安:《中国历史地理论丛》1993年第3辑。

——《南朝宁蛮府、左郡左县、俚郡僚郡述论》,《历史地理》第13辑,上海:上海人民出版社,1996年。

——《钱大昕论〈宋书·州郡志〉所载水陆道里》,《历史地理》第7辑,上海：上海人民出版社,1990年。

——《侨置的源流与东晋南朝侨州郡县的产生》,《高敏先生八十华诞纪念文集》,北京：线装书局,2006年。

——《十六国北朝侨州郡县与侨流人口研究引论》,西安：《中国历史地理论丛》2009年第3辑。

——《蜀汉史读书随笔二则》,南京：《南京晓庄学院学报》2009年第1期。

——《述东晋南朝侨州郡县对当时政区之影响》,中国古中世史学会编：《中国古中世史研究》第18辑,首尔：冠岳社,2007年。

——《中古时期郡望郡姓地理分布考论》,《历史地理》第11辑,上海：上海人民出版社,1993年。

L

梁翼：《南方六朝墓中出土文字杂识》,南京：《东南文化》第3辑,1988年。

刘淑芬：《建康与六朝历史的发展》,台北：《大陆杂志》第66卷第4期,1983年。

刘掞藜：《晋惠帝时代汉族之大流徙》,北平：《禹贡》第4卷第11期,1936年。

罗宗真：《略论江苏地区出土六朝墓志》,南京：《南京博物院集刊》第2辑,1980年。

M

毛汉光：《五朝军权转移及其对政局之影响》,《中国中古政治史论》,上海：上海书店出版社,2002年。

孟昭庚：《六朝门阀士族评述》,南京：《南京教育学院学报》1987年第2期。

Q

秦冬梅：《论东晋北方士族与南方社会的融合》,北京：《北京师范大学学报》2003年第5期。

S

施和金：《〈补陈疆域志〉订补》,《中国历史地理研究(续集)》,北京：中华书局,2009年。

[日]矢野主税:《土断与白籍——南朝的建立》,东京:《史学杂志》第79编第8号,1970年。

T

谭其骧:《〈补陈疆域志〉校补》,《长水集》,北京:人民出版社,1987年。

——《晋永嘉丧乱后之民族迁徙》,《长水集》,北京:人民出版社,1987年。

——《晋永嘉丧乱后之民族迁徙》,北平:《燕京学报》第15期,1934年。

——《粤东初民考》,《长水集》,北京:人民出版社,1987年。

——《浙江各地区的开发过程与省界、地区界的形成》,《历史地理研究》第1辑,上海:复旦大学出版社,1986年。

——《浙江省历代行政区域》,《长水集》,北京:人民出版社,1987年。

——《自汉至唐海南岛历史政治地理》,《长水集续编》,北京:人民出版社,1994年。

唐长孺:《北魏的青齐土民》,《魏晋南北朝史论拾遗》,北京:中华书局,1983年。

——《东汉末期的大姓名士》,《魏晋南北朝史论拾遗》,北京:中华书局,1983年。

——《西晋分封与宗王出镇》,《魏晋南北朝史论拾遗》,北京:中华书局,1983年。

——《西晋田制试释》,《魏晋南北朝史论丛》,北京:三联书店,1955年。

陶元珍:《三国吴兵考》,北平:《燕京学报》第13期,1933年。

田余庆:《论郗鉴——兼论京口重镇的形成》,《东晋门阀政治》,北京:北京大学出版社,2005年。

W

万绳楠:《江东侨郡县的建立与经济的开发》,北京:《中国史研究》1992年第3期。

王超:《我国封建时代中央与地方关系述论》,北京:《中国社会科学》1983年第1期。

王去非、赵超:《南京出土六朝墓志综考》,北京:《考古》1990年第10期。

王素:《汉末吴初长沙郡纪年》,《吴简研究》第1辑,武汉:崇文书局,

2004年。

吴应寿：《东晋南朝的双头州郡》，《历史地理研究》第1辑，上海：复旦大学出版社，1986年。

X

夏日新：《关于东晋侨州郡县的几个问题》，《魏晋南北朝隋唐史资料》第11辑，武汉：武汉大学出版社，1991年。

Y

严耕望：《魏晋南北朝地方行政制度约论》，台北：《大陆杂志》第27卷第4期，1963年。

杨武泉：《"蛮左"试释》，武汉：《江汉论坛》1986年第3期。

姚乐、胡阿祥：《略论两晋统县政区长官之官名问题》，《中古社会文明论集》，天津：天津古籍出版社，2010年。

姚士鳌：《历代地理志评议》，北京：《地学杂志》第12年第1期，1921年。

——《历代地理志评议（续）》，北京：《地学杂志》第12年第2期，1921年。

余行迈、魏向东：《六朝地方官制述论》，苏州：《苏州大学学报》1990年第1期。

Z

张琳：《东晋南朝时期襄宛地方社会的变迁与雍州侨置始末》，《魏晋南北朝隋唐史资料》第15辑，武汉：武汉大学出版社，1997年。

张学锋：《南京象山东晋王氏家族墓志研究》，《社会与国家关系视野下的汉唐历史变迁》，上海：华东师范大学出版社，2006年。

张泽洪：《两晋南朝的蛮府与左郡县》，南充：《四川师范学院学报》1990年第1期。

——《魏晋南朝蛮、僚、俚族的北徙》，成都：《四川大学学报》1988年第4期。

［日］中村圭尔：《关于南朝贵族地缘性的考察——以对侨郡县的探讨为中心》，刘驰译，南京：《南京晓庄学院学报》2005年第4期。

——《日本的魏晋南北朝史研究》，《魏晋南北朝史研究：回顾与探索——中国魏晋南北朝史学会第九届年会论文集》，武汉：湖北教育出版社，2009年。

周伟洲:《南朝蛮族的分布及其对长江中下游地区的开发》,《古代长江下游的经济开发》,西安:三秦出版社,1989年。

周一良:《南朝境内之各种人及政府对待之政策》,《魏晋南北朝史论集》,北京:中华书局,1963年。

——《南朝境内之各种人及政府对待之政策》,北平:《中央研究院历史语言研究所集刊》1938年第7分。

周振鹤:《建构中国历史政治地理学的设想》,《历史地理》第15辑,上海:上海人民出版社,1999年。

朱大渭:《南朝少数民族概况及其与汉族的融合》,北京:《中国史研究》1980年第1期。

朱绍侯:《中华本〈宋书〉校点失误商榷》,《庆祝何兹全先生九十岁论文集》,北京:北京师范大学出版社,2001年。

朱智武:《东晋南朝墓志研究》,南京:南京大学博士学位论文,2006年。

祝总斌:《都督中外诸军事及其性质、作用》,纪念陈寅恪教授国际学术讨论会秘书组编:《纪念陈寅恪先生诞辰百年学术论文集》,北京:北京大学出版社,1989年。

后　　记

　　从1998年夏秋之际加入"中国行政区划通史"项目团队、承担"魏晋南北朝卷"的写作，到2014年春夏之际大体竣工"中国行政区划通史·三国两晋南朝卷"，在我所有的撰述中，这是历时最为长久、压力最为沉重、心思至今仍感忐忑不安的一部著作。

　　历时最为长久，不必多说。压力最为沉重，则来自几个方面。主编周振鹤先生的高度信任，个人教学、科研与社会事务的越来越显繁乱，历史政区尤其是魏晋南北朝政区研究与复原的艰难复杂，如此等等，于是在这超过15年的时间里，"政区通史"成了我不断累积的身心压力甚至焦虑所在；又于是在这漫长的过程中，周振鹤先生理解地同情了我的请求，2003年分出"十六国北朝"部分，单独成卷，约请牟发松教授、毋有江博士接手，我又以"导师"的身份，2005年安排弟子孔祥军即以相关内容为博士论文选题，而孔祥军博士再以老师的身份，2010年安排学生徐成参与到项目之中。这样，经过任务的减量、队伍的扩编，以及国家社科基金项目"魏晋南北朝政区研究"（10BZS018）的支持与促进，本卷终于差强人意地完成了。

　　当然，我们三位作者感觉的差强人意，只是意味着我们在学力与精力能及的范围内，付出了努力。三国两晋南朝370年的政区建置、政区制度，有待细化或明确、有待深入或拓展的研究领域还有很多，本卷之文、图、表的疏漏乃至错误，也肯定还有不少。虽然我们可以借用周振鹤先生在《中国行政区划通史·前言》中的说明——"本书的结论是中间性的，希望有人能证伪，能推翻，能有更新的认识"——聊以自慰，但想到本卷面世后可能需要回应的质疑与批评，我们还是难免忐忑不安。

　　按照学术规范，本卷作为合作研究的成果，当明各位作者的文责所在：胡阿祥，规划全卷，确定体例，撰述绪言、第一编第一章第四节、第一编第二章、第十编、结语，审定第一编第一章第一节到第三节、第二编到第四编之正文，整合引用文献；孔祥军，撰述第三编、第四编、第五编、第六编，并编绘全部的政区地图；徐成，撰述第一编第一章第一节到第三节、第二编、第七编、第八编、第九编,并制作全部的政区沿革表。另外,在本卷撰述过程中,周振鹤主编多所指导,史立丽编辑细致校核,商务印书馆王卫东编审、复旦大学中国历史地理研究中心硕士生屈长乐清绘政区地图,这都是我们特别感谢的!

胡阿祥
2014 年 6 月 17 日于南京龙江三栖四喜斋

图书在版编目(CIP)数据

中国行政区划通史·三国两晋南朝卷/周振鹤主编;胡阿祥、孔祥军、徐成著.
—上海:复旦大学出版社,2014.12
ISBN 978-7-309-10429-5

Ⅰ.中… Ⅱ.①周…②胡…③孔…④徐… Ⅲ.①政区沿革-历史-中国
②政区沿革-历史-中国-三国时代③政区沿革-历史-中国-魏晋南北朝时代 Ⅳ.K928.2

中国版本图书馆 CIP 数据核字(2014)第 047539 号

中国行政区划通史·三国两晋南朝卷
周振鹤 主编 胡阿祥 孔祥军 徐 成 著
责任编辑/史立丽

复旦大学出版社有限公司出版发行
上海市国权路 579 号 邮编:200433
网址:fupnet@fudanpress.com http://www.fudanpress.com
门市零售:86-21-65642857 团体订购:86-21-65118853
外埠邮购:86-21-65109143
浙江新华数码印务有限公司

开本 787×960 1/16 印张 109.5 字数 1812 千
2014 年 12 月第 1 版第 1 次印刷

ISBN 978-7-309-10429-5/K·205
定价:230.00 元

如有印装质量问题,请向复旦大学出版社有限公司发行部调换。
版权所有 侵权必究